CB020833

DICIONÁRIO JURÍDICO

saraivajur.com.br
Visite nosso portal

Maria Helena Diniz

Titular de Direito Civil da PUCSP. Professora de Direito Civil Comparado, de Teoria Geral do Direito, de Filosofia do Direito e Coordenadora da Subárea de Direito Civil Comparado nos Cursos de Pós-Graduação em Direito da PUCSP.

DICIONÁRIO JURÍDICO

Q – Z

3ª edição
revista, atualizada e aumentada

Av. Marquês de São Vicente, 1697 — CEP 01139-904
Barra Funda — São Paulo-SP
Vendas: (11) 3613-3344 (tel.) / (11) 3611-3268 (fax)
SAC: (11) 3613-3210 (Grande SP) / 08000557688 (outras localidades)
E-mail: saraivajur@editorasaraiva.com.br
Acesse: www.saraivajur.com.br

FILIAIS

AMAZONAS/RONDÔNIA/RORAIMA/ACRE
Rua Costa Azevedo, 56 — Centro
Fone: (92) 3633-4227 — Fax: (92) 3633-4782 — Manaus

BAHIA/SERGIPE
Rua Agripino Dórea, 23 — Brotas
Fone: (71) 3381-5854 / 3381-5895
Fax: (71) 3381-0959 — Salvador

BAURU (SÃO PAULO)
Rua Monsenhor Claro, 2-55/2-57 — Centro
Fone: (14) 3234-5643 — Fax: (14) 3234-7401 — Bauru

CEARÁ/PIAUÍ/MARANHÃO
Av. Filomeno Gomes, 670 — Jacarecanga
Fone: (85) 3238-2323 / 3238-1384
Fax: (85) 3238-1331 — Fortaleza

DISTRITO FEDERAL
SIG QD 3 Bl. B - Loja 97 — Setor Industrial Gráfico
Fone: (61) 3344-2920 / 3344-2951
Fax: (61) 3344-1709 — Brasília

GOIÁS/TOCANTINS
Av. Independência, 5330 — Setor Aeroporto
Fone: (62) 3225-2882 / 3212-2806
Fax: (62) 3224-3016 — Goiânia

MATO GROSSO DO SUL/MATO GROSSO
Rua 14 de Julho, 3148 — Centro
Fone: (67) 3382-3682 — Fax: (67) 3382-0112 — Campo Grande

MINAS GERAIS
Rua Além Paraíba, 449 — Lagoinha
Fone: (31) 3429-8300 — Fax: (31) 3429-8310 — Belo Horizonte

PARÁ/AMAPÁ
Travessa Apinagés, 186 — Batista Campos
Fone: (91) 3222-9034 / 3224-9038
Fax: (91) 3241-0499 — Belém

PARANÁ/SANTA CATARINA
Rua Conselheiro Laurindo, 2895 — Prado Velho
Fone/Fax: (41) 3332-4894 — Curitiba

PERNAMBUCO/PARAÍBA/R. G. DO NORTE/ALAGOAS
Rua Corredor do Bispo, 185 — Boa Vista
Fone: (81) 3421-4246 / 3421-4510 — Recife

RIBEIRÃO PRETO (SÃO PAULO)
Av. Francisco Junqueira, 1255 — Centro
Fone: (16) 3610-5843 — Fax: (16) 3610-8284 — Ribeirão Preto

RIO DE JANEIRO/ESPÍRITO SANTO
Rua Visconde de Santa Isabel, 113 a 119 — Vila Isabel
Fone: (21) 2577-9494 — Fax: (21) 2577-8867 / 2577-9565 — Rio de Janeiro

RIO GRANDE DO SUL
Av. Ceará, 1360 — São Geraldo
Fone: (51) 3343-1467 / 3343-7563
Fax: (51) 3343-2986 / 3343-7469 — Porto Alegre

SÃO PAULO
Av. Marquês de São Vicente, 1697 — Barra Funda
Fone: PABX (11) 3613-3000 — São Paulo

ISBN 978-85-02-07184-1 obra completa
ISBN 978-85-02-06345-7 (Q - Z)

Dados Internacionais de Catalogação na Publicação (CIP)
(Câmara Brasileira do Livro, SP, Brasil)

> Diniz, Maria Helena
>   Dicionário jurídico / Maria Helena Diniz. – 3. ed. rev., atual. e aum. – São Paulo : Saraiva, 2008.
>   Obra em 4 v.
>
>   1. Direitos - Dicionários I. Título
>
> 07-1436   CDU-34(03)

Índice para catálogo sistemático:

1. Dicionário técnico jurídico   34(03)

Diretor editorial Antonio Luiz de Toledo Pinto
Diretor de produção editorial Luiz Roberto Curia
Editora Manuella Santos
Assistente editorial Rosana Simone Silva
Produção editorial Ligia Alves
　　　　　　　　　　Clarissa Boraschi Maria Coura
Preparação de originais Maria Lúcia de Oliveira Godoy
Arte e diagramação Cristina Aparecida Agudo de Freitas
　　　　　　　　　　　Gislaine Ribeiro
　　　　　　　　　　　Tavares Produção Gráfica
Revisão de provas Rita de Cássia Queiroz Gorgati
　　　　　　　　　　Alzira Muniz Joaquim
　　　　　　　　　　Ana Maria Benfica
Serviços editoriais Karla Maria de Almeida Costa
Secretária Fabiana Dias da Rocha
Capa Roney S. Camelo

[DATA DE FECHAMENTO DA EDIÇÃO: 30-9-2007.]

Nenhuma parte desta publicação poderá ser reproduzida por qualquer meio ou forma sem a prévia autorização da Editora Saraiva.
A violação dos direitos autorais é crime estabelecido na Lei n. 9.610/98 e punido pelo artigo 184 do Código Penal.

Q.I. *Medicina legal.* Iniciais de quociente de inteligência.

QUACKSALVER. *Termo inglês.* Charlatão.

QUADRA. 1. *Direito administrativo.* a) Quarteirão; área de terreno, urbano ou rural, compreendida entre quatro ruas (De Plácido e Silva); b) distância entre uma esquina e outra do mesmo lado da rua; c) cada uma das divisões quadradas de um jardim, cemitério etc. **2.** *Direito agrário.* Medida de extensão que, no Sul do Brasil, equivale a 132 metros. **3.** *Direito desportivo.* Área limitada de terreno, com demarcações regulamentares, para certos jogos, como tênis, bola-ao-cesto etc. **4.** *Direito marítimo.* Espaço livre do navio junto à popa.

QUADRA COMPRIDA. *Vide* QUADRA DE SESMARIA.

QUADRA DE SESMARIA. *Direito agrário.* Medida agrária que, no Rio Grande do Sul, equivale a 87,12 hectares, também designada "quadra comprida".

QUADRADO. 1. *História do direito.* a) Antiga disposição de tropas, na forma de quadrado, para organizar a resistência ao ataque inimigo nas quatro direções; b) conjunto de habitações de escravos, localizado no pátio inferior da fazenda. **2.** *Direito agrário.* Em São Paulo, é o carro quadrangular, usado no transporte de toras. **3.** Na *linguagem comum:* a) diz-se daquele que tem mentalidade pouco evoluída; b) retrógrado.

QUADRAGÉSIMO. 1. *História do direito.* Imposto romano correspondente a 2,5%. **2.** Na *linguagem comum* designa: a) o ordinal que corresponde ao número quarenta; b) espaço de quarenta dias.

QUADRAGESIMO ANNO. *Direito canônico.* Encíclica social escrita em 1931 pelo Papa Pio XI, em comemoração do quadragésimo aniversário da encíclica *Rerum Novarum*, preconizando a solidariedade e justiça nas relações entre o capital e o trabalho; a restauração e aperfeiçoamento da ordem social, pela reforma das instituições; a melhor repartição dos bens de consumo; a reforma dos costumes; a função social da propriedade etc.

QUADRANTE ABDOMINAL. *Medicina legal.* Intersecção de uma linha imaginária horizontal, ao nível da cicatriz umbilical, com outra vertical, que vem delimitar dois quadrantes súpero-inferiores, direito e esquerdo, na região abdominal (Croce e Croce Jr.).

QUADRA QUADRADA. *Direito agrário.* Medida que no Rio Grande do Norte equivale a 17.424 m² e no Maranhão e Piauí, a 48.400 m².

QUADRAR. 1. Na *linguagem comum:* a) convir; b) ajustar-se; c) dar forma quadrada. **2.** *Direito comparado.* Perfilar-se na frente do touro para espetar bandarilhas.

QUADRARÃO. *Sociologia geral.* Aquele que é filho de pessoa mulata e branca, tendo um quarto de sangue negro.

QUADRELA. *História do direito.* Pequeno campo cultivado.

QUADRIENAL. O que ocorre de quatro em quatro anos.

QUADRIÊNIO. Quatriênio, ou seja, período de quatro anos.

QUADRIFÍNIO. *História do direito.* Na antiguidade romana, era o conjunto de limites de uma propriedade com outras quatro circunvizinhas.

QUADRIGÊMEO. *Medicina legal.* Cada um daqueles quatro bebês que nasceram no mesmo parto.

QUADRIGEMINADO. *Medicina legal.* Pulso que apresenta pausa a cada quatro pulsações.

QUADRILHA. 1. *História do direito.* a) Companhia de guerreiros a cavalo; b) circunscrição sujeita à inspeção de oficial de justiça, nomeado pela câmara, para um período de três anos. **2.** *Direito agrário.* No sul do Brasil, é o pequeno lote de cavalos mansos e de pêlos diferentes, que segue a égua-madrinha. **3.** *Direito comparado.* Grupo de toureiros, comandados, na Espanha, por um espada. **4.** *Direito penal.* Bando de mais de três malfeitores, dirigidos por um chefe, que se reúnem para praticar crimes, como assalto, roubo e latrocínio. **5.** Na *linguagem comum,* é a turma de pares que executam diversas danças.

QUADRILHA CAIPIRA. *Sociologia geral.* Tradição sertaneja da quadrilha européia que é dançada, no Brasil, na zona rural ou urbana, por ocasião das festas juninas.

QUADRILHEIRO. 1. *História do direito.* a) Soldado da quadrilha; b) vigia da circunscrição territorial designada quadrilha; c) encarregado da partilha dos despojos de guerra; d) aquele que, na Roma antiga, zelava pelo sossego noturno. **2.** *Direito agrário.* Animal que faz parte da quadrilha. **3.** *Direito penal.* Membro de um bando de ladrões ou assaltantes ou de uma associação criminosa.

QUADRIMESTRAL. O que se dá de quatro em quatro meses.

QUADRIMESTRE. Período de quatro meses.

QUADRÍPARA. *Medicina legal.* Aquela que deu à luz quatro filhos.

QUADRIRREME. *História do direito.* Galera de quatro ordens de remos ou movida por quatro remadores em cada remo.

QUADRIVIUM. *História do direito.* Na Idade Medieval era a divisão dos estudos universitários na faculdade de artes ou de filosofia, que compreendia: a aritmética, a geometria, a música e a astronomia (Lalande).

QUADRO. 1. *Direito administrativo.* a) Número de funcionários públicos que preenchem os cargos de uma repartição; b) conjunto de cargos isolados e de carreira na Administração Pública, criados por lei ou regulamentos. **2.** *Direito agrário.* Terreno quadrado que, no Ceará, possui 75m de lado. **3.** *Direito civil* e *direito autoral.* a) Representação visual de um tema sobre tela ou papel, feita por pintura, desenho ou outro processo; b) divisão de peça teatral. **4.** *Direito marítimo.* Parte convencionada do porto onde fundeiam os navios sujeitos à fiscalização. **5.** *Direito militar.* Conjunto de graus numa unidade militar. **6.** *Direito desportivo.* Conjunto de jogadores de um clube esportivo; time. **7.** Na *linguagem jurídica* em geral pode ter, ainda, o significado de: a) lista de nomes, atos, acontecimentos, artigos, parágrafos etc.; b) espécie de habitação coletiva ou cortiço, em Pernambuco.

QUADRO DE ACESSO. *Direito administrativo.* Quadro de servidores públicos, civis ou militares, que têm aptidão para serem promovidos na carreira.

QUADRO DE FUNCIONÁRIOS PÚBLICOS. *Direito administrativo.* Conjunto dos que ocupam cargos de carreira ou isolados no âmbito da Administração Pública federal, estadual ou municipal.

QUADRO DE IMPORTAÇÃO (QI). *Direito internacional privado.* Documento de responsabilidade do órgão de importadores (OI), no qual contém informações sobre os bens ou serviços a serem importados, podendo ser elaborado, remetido e processado por intermédio de recursos de telemática.

QUADRO DE OFICIAIS CAPELÃES DA AERONÁUTICA (QOCPL) DA ATIVA. *Direito militar.* Destina-se a atender às necessidades de pessoal para o preenchimento de cargos e para o exercício de funções afetas aos Oficiais Capelães, de acordo com o previsto nas Tabelas de Lotação de Pessoal das Organizações Militares no Comando da Aeronáutica. Tal quadro é constituído por Oficiais dos seguintes postos: a) Segundo-Tenente; b) Primeiro-Tenente; c) Capitão; d) Major; e) Tenente-Coronel; f) Coronel.

QUADRO DE OFICIAIS ESPECIALISTAS EM SUPRIMENTO TÉCNICO (QOESUP). *Direito militar.* Destina-se a suprir as necessidades de pessoal para o preenchimento de cargos e o exercício de funções afetas à especialidade, de acordo com o previsto nas Tabelas de Lotação de Pessoal do Ministério da Aeronáutica.

QUADRO DE PESSOAL DO BANCO CENTRAL DO BRASIL. *Direito bancário.* É o formado pela Carreira de Especialista do Banco Central do Brasil, composta por cargos de Analista do Banco Central do Brasil, de nível superior, e por cargos de Técnico de Suporte do Banco Central do Brasil, de nível médio, e pela Carreira Jurídica do Banco Central do Brasil, composta por cargos de Procurador do Banco Central do Brasil, de nível superior.

QUADRO GERAL DOS CREDORES. *Direito falimentar.* O quadro geral de credores, assinado pelo juiz e pelo administrador judicial, menciona a importância e a classificação de cada crédito na data do requerimento da recuperação judicial ou da decretação da falência, e é juntado aos autos e publicado no órgão oficial, no prazo de cinco dias, contado da data da sentença que houver julgado as impugnações.

QUADRO ORGANIZADO DE CARREIRA. *Direito do trabalho.* É o que assegura ao empregado ascensão funcional no quadro da empresa conforme seu merecimento ou tempo de serviço.

QUADRUNVIRATO. *Ciência política.* Grupo de quatro homens que detêm o poder.

QUADRÚPEDE. *Direito agrário.* Animal mamífero que tem quatro pés.

QUADRÚPLEX. Sistema telegráfico que transmite, simultaneamente, quatro mensagens pelo mesmo fio, duas em cada direção.

QUAE AB INITIO SUNT VOLUNTATIS EA POSTFACTO SUNT NECESSITATIS. *Aforismo jurídico.* O que a princípio é de vontade, depois do fato torna-se de necessidade.

QUAE AD AGENDUM SUNT TEMPORALIA, AD EXCIPIENDUM SUNT PERPETUA. *Brocardo latino.* Todo direito a uma ação temporária corresponde ao direito a uma exceção perpétua.

QUAE CERNIMUS, SCIRE AFFIRMABIMUS. *Expressão latina.* Aquilo que vimos com nossos olhos podemos afirmar que sabemos.

QUAE CONTRA JUS FIUNT, DEBEN UTIQUE PRO INFECTIS HABERI. *Aforismo jurídico.* Tudo que é feito contra o direito deve ser considerado viciado.

QUAEDAM POSSUM PER ME, QUAE PER ALIUM NON POSSUM. *Aforismo jurídico.* O que posso fazer por mim nem sempre posso fazer pelos outros.

QUAE FUERUNT VITIA, MORES SUNT. *Expressão latina.* Os vícios de ontem são os costumes de hoje.

QUAE IGNORAMUS SPERNUNTUR. *Expressão latina.* Não consideramos o que ignoramos.

QUAE NON POSSINT SINGULA MULTA JUVANT. *Expressão latina.* O que um não pode, muitos fazem.

QUAE RURSUS REPETUNT, ODERUNT PRAELIA MULTI. *Expressão latina.* Muitos falam mal da guerra, mas não deixam de ir a ela.

QUAESTIO FACTI. *Locução latina.* Questão de fato.

QUAESTIO JURIS. *Locução latina.* Questão de direito.

QUAESTIONEM FERRE IN ALIQUEM. *Expressão latina.* Apresentar acusação contra alguém.

QUAESTIONES PERPETUAE. *Locução latina.* Processos de delitos públicos.

QUAESTIONES STATUS. *Locução latina.* Questões de estado.

QUAESTIO VOLUNTATIS. *Locução latina.* Questão de vontade.

QUAIRA. *História do direito.* Medida usada para cereais.

QUALES IN RE PUBLICA PRINCIPES ESSENT, TALES RELIQUOS SOLERE ESSE CIVES. *Expressão latina.* Tal como são os governantes, são os outros cidadãos.

QUALIDADE. 1. *Filosofia geral.* a) Acidente que, sem alterar a essência, modifica a substância; b) aquilo que em virtude do qual se diz algo que é tal e qual (Aristóteles); c) conjunto de aspectos sensíveis da percepção decorrentes de uma síntese levada a efeito pelo espírito; d) valor; perfeição. **2.** *Lógica jurídica.* Propriedade formal do juízo que percebe a conveniência ou desconveniência entre sujeito e predicado. **3.** Na *linguagem jurídica* em geral, pode ter o sentido de: a) título de habilitação profissional; b) requisito ou condição que confere a alguém a aptidão

para exercer um direito; c) caráter jurídico de uma pessoa; d) atributo pelo qual alguém se individualiza, distinguindo-se dos demais; e) talento; virtude; f) grau de perfeição, de precisão ou de conformidade a um certo padrão; g) função da qual decorrem direitos e deveres; h) posição; i) aquilo que impõe à coisa um caráter próprio, que a individualiza. **4.** *História do direito.* Nobreza; atributo outorgado à pessoa em razão de nobreza.

QUALIDADE ACIDENTAL. *Vide* QUALIDADE EXTRÍNSECA.

QUALIDADE DO ATENDIMENTO TELEFÔNICO. *Direito administrativo* e *direito das comunicações.* Conjunto de atributos dos serviços proporcionados pela concessionária objetivando satisfazer, com adequado nível de presteza e cortesia, as necessidades dos solicitantes, segundo determinados níveis de eficiência e eficácia.

QUALIDADE ESSENCIAL. *Vide* QUALIDADE INTRÍNSECA.

QUALIDADE EXTRÍNSECA. *Filosofia geral.* É a atribuída à coisa para que com ela se apresente, tendo caráter de acessória ou acidental por ser distintiva.

QUALIDADE INTRÍNSECA. *Filosofia geral.* É a qualidade essencial, por ser inerente à coisa, constituindo sua própria natureza ou substância. Sem ela a coisa perece, pois não subsiste sem esse predicado.

QUALIDADES OCULTAS. *Filosofia geral.* Propriedades não verificáveis, supostas na natureza para explicação dos fenômenos.

QUALIDADES PRIMÁRIAS. *Filosofia geral.* Aquelas sem as quais os corpos não podem ser concebidos, por ser encontrarem por toda parte e sempre na matéria, por exemplo: impenetrabilidade, extensão, figura, movimento, repouso etc.

QUALIDADES PRIMEIRAS. *Vide* QUALIDADES PRIMÁRIAS.

QUALIDADES SECUNDÁRIAS. *Filosofia geral.* Aquelas que podem, por abstração, ser eliminadas sem que haja supressão da idéia de corpo, uma vez que dela não são inseparáveis. Por exemplo: cor, calor, odor, sabor, som etc.

QUALIDADES SEGUNDAS. *Vide* QUALIDADES SECUNDÁRIAS.

QUALIFICAÇÃO. 1. Nas *linguagens jurídica* e *comum* quer dizer: a) ação ou efeito de qualificar ou de fornecer dados concernentes à própria identidade, estado civil, profissão, domicílio etc.; b) atribuição de nome, qualidade ou título a algo; determinação das qualidades de alguma coisa ou pessoa; c) aptidão ou habilitação para algum cargo, profissão ou emprego; qualidade relativa à competência ou capacitação; d) requisito que constitui condição para obter algum privilégio. **2.** *Direito eleitoral.* a) Processo de alistamento eleitoral; b) identificação do candidato a eleitor. **3.** *Direito processual.* Identificação pormenorizada das partes litigantes, do ofendido, do acusado e das testemunhas e apuração dos impedimentos porventura existentes e das relações de parentesco, amizade ou inimizade ou de dependência com as partes e interesse na causa. **4.** *Direito penal.* Determinação da natureza e das circunstâncias em que se deu infração da lei penal, para graduar a pena a ser imposta ao condenado. **5.** *Direito internacional privado.* Operação pela qual o órgão judicante, antes de prolatar a decisão, averigua, mediante a prova feita, qual a instituição jurídica correspondente ao fato interjurisdicional provado. Determinação da natureza jurídica de uma relação jurídica para solucionar, com base na *lex fori*, questão de conflito de leis no espaço, apontando qual o elemento de conexão tido como conveniente para indicar a lei substantiva aplicável ao fato interjurisdicional, que, quanto: a) à pessoa, será a nacionalidade, o domicílio, o local da constituição da pessoa jurídica etc.; b) à coisa móvel ou imóvel, será a lei da situação, do local do registro, ou da matrícula; do lugar do destino, se coisa em trânsito etc.; c) ao ato, será a lei do delito, da celebração, cumprimento ou execução do contrato, da efetiva prestação de serviço para o contrato de trabalho; d) à ação, será a lei do tribunal onde corre o feito. A qualificação do elemento de conexão só pode ser fornecida pela *lex fori*, por constituir o momento interpretativo da norma de direito internacional privado do *forum*, uma vez que o fato sempre gravitará para determinada jurisdição.

QUALIFICAÇÃO DE AVARIAS. *Direito marítimo.* Determinação da natureza das avarias sofridas pelo navio ou por sua carga, para rateio de despesas e encargos ou para obtenção da indenização do seguro.

QUALIFICAÇÃO DE TESTEMUNHA. *Direito processual.* Identificação da testemunha antes de seu depoimento em juízo.

QUALIFICAÇÃO DO CRIME. *Direito penal.* Especificação da natureza do crime conforme as circunstâncias em que foi praticado, com o escopo de graduação da pena a ser aplicada ao criminoso.

QUALIFICAÇÃO ELEITORAL. *Direito eleitoral.* Ato preliminar do alistamento eleitoral, em que o cidadão comprova que preenche todos os requisitos exigidos por lei para o exercício do direito de voto.

QUALIFICADO. 1. Na *linguagem jurídica* em geral quer dizer: a) que se qualificou; b) o que indica qualidade; c) aquele que preenche os requisitos ou condições exigidas; competente; capaz; d) aquele que está individualizado pela indicação de seus dados pessoais; e) conceituado. **2.** *Direito penal.* Crime que, em razão da circunstância agravante em que foi perpetrado, tem sua pena elevada, fazendo com que, ante os elementos que o acompanharam em sua execução, seja um delito distinto do normal.

QUALIFICADOR. Aquele que qualifica.

QUALIFICAR. 1. Na *linguagem jurídica* em geral: a) atribuir ou indicar uma qualidade; b) considerar; c) emitir opinião; d) conferir um título; e) avaliar; f) individualizar uma pessoa. **2.** *Direito penal.* Determinar a natureza de uma infração penal. **3.** *Direito eleitoral.* Alistar-se como eleitor.

QUALIFICATIVO. 1. O que exprime a qualidade de alguma coisa. **2.** Que qualifica.

QUALIFICÁVEL. Que se pode qualificar.

QUALIFIED ACCEPTANCE. *Locução inglesa.* Aceitação com ressalvas.

QUALISSIGNO. *Filosofia geral* e *semiótica.* Qualidade que, na medida em que for um signo, denota o objeto (Peirce).

QUALIS VITA, FINIS ITA. *Expressão latina.* Tal vida, tal morte.

QUALITATIVO. *Teoria geral do direito.* **1.** Determinativo da qualidade de algo. **2.** Relativo à qualidade da coisa ou da pessoa.

QUALQUER DO POVO. *Direito processual.* Pessoa natural que tem legitimidade processual para postular em juízo em nome da coletividade, defendendo interesse difuso (Othon Sidou).

QUALUNQUISMO. *Ciência política.* Conjunto de condutas políticas que exaltam a pessoa e seu trabalho, a defesa da família e da propriedade e a promoção da ordem e da lei (Pasquino).

QUAM MAXIME. *Locução latina.* O mais possível.

QUAM OB REM. *Locução latina.* Por esse motivo; por tal razão.

QUANDOCAÇÃO. *Filosofia geral.* Relação entre determinada substância e o tempo. É a existência temporal de uma substância corpórea (Van Acker).

QUANTA. *Filosofia geral* e *física.* **1.** Quantidades elementares que, segundo a teoria de Planck, devem-se considerar divididas certas grandezas, tradicionalmente, dadas como contínuas. **2.** Elementos componentes das moléculas do ácido nucléico encontrados no núcleo das células humanas (Othon Sidou). **3.** Unidades da variação descontínua da energia nos fenômenos.

QUANTIA. *Economia política.* Soma pecuniária.

QUANTIA CERTA. *Direito civil.* Soma em dinheiro cujo valor está fixado por estar expressa em determinada moeda ou em certo quantitativo referencial (Othon Sidou).

QUANTIA LÍQUIDA. *Direito civil.* Soma pecuniária certa quanto à sua existência e determinada quanto ao seu objeto, não se subordinando a qualquer mutação, por ser definitiva.

QUÂNTICO. **1.** *Filosofia geral* e *física.* Relativo aos quanta. **2.** *Filosofia do direito.* Diz-se do direito resultante do processo da organização do humano, atendendo às inclinações genéticas de um povo ou de um grupo social, exprimindo o seu sentimento ou estado de consciência, refletindo sua índole. O direito quântico é legítimo porque quantifica a movimentação humana, segundo o sistema ético de referência que espelha disposições genéticas da coletividade (Goffredo Telles Jr.).

QUANTIDADE. **1.** Nas *linguagens comum* e *jurídica:* a) porção indefinida de alguma coisa; b) número indefinido de pessoas ou coisas; c) porção determinada; d) grandeza de coisas que podem ser medidas ou expressas numericamente. **2.** *Filosofia geral.* Acidente que torna a substância divisível em partes. **3.** *Lógica jurídica:* a) Fato do termo ser tomado particular ou universalmente, ou, ainda, indivisamente; b) fato de o sujeito da proposição ser tomado numa ou noutra dessas quantidades (Lalande).

QUANTIDADE DA MERCADORIA. *Direito alfandegário.* Número total da mercadoria, calculado por unidade (por cento, por peça, por medida etc.), especificado na tarifa para cobrança de direitos aduaneiros, quando não forem exigidos *ad valorem.*

QUANTIDADE DE DINHEIRO. Valor representado pelo dinheiro.

QUANTIDADE DE VOLUMES. *Direito alfandegário.* Número de volumes contido na fatura consular, necessário ao despacho aduaneiro.

QUANTIDADE-LIMITE. *Direito ambiental.* Diz respeito a uma substância ou categoria de substâncias perigosas, cuja quantidade fixada pela legislação nacional com referência às condições específicas, que, se for ultrapassada, identifica uma instalação exposta a riscos de acidentes maiores.

QUANTIDADE PERMITIDA DE CARTUCHOS DE MUNIÇÃO. *Direito penal.* A quantidade anual máxima de cartuchos de munição de uso permitido que um mesmo cidadão poderá adquirir no comércio especializado, para manter em seu poder e estoque, com autorização da Polícia Federal, para armas cadastradas no SINARM, ou do Comando do Exército, para armas cadastradas no SIGMA, para armas de porte, de caça de alma raiada ou de caça de alma lisa, em um mesmo calibre, é de cinqüenta cartuchos. Os cartuchos excedentes a esse limite legal deverão ser entregues à Polícia Federal, com a utilização do mesmo sistema previsto para entrega de armas na campanha do desarmamento. A quantidade anual máxima de cartuchos de munição de uso restrito que poderá ser adquirida, diretamente do fabricante, com autorização do Comando do Exército, por um mesmo cidadão, civil ou militar, para armas de porte, em um mesmo calibre, e para manter em seu poder e estoque, é de cinqüenta cartuchos. Para aprimoramento e qualificação técnica, a quantidade de cartuchos de munição que cada militar, policial, atirador, caçador, instrutor de tiro e empresa ou clube de instrução de tiro pode adquirir será regulada por norma própria do Comando do Exército. O cidadão que possuir arma de caça de alma raiada, de uso permitido, poderá adquirir como acessório, no comércio especializado, com autorização do Comando do Exército ou do Departamento de Polícia Federal, caso o cadastro da arma de fogo tenha sido feito no SIGMA ou no SINARM, um dispositivo ótico de pontaria com aumento menos que seis vezes e diâmetro da objetiva menor que trinta e seis milímetros.

QUANTIFICAÇÃO. *Filosofia geral.* Conversão de qualidades em quantidades.

QUANTIFICAÇÃO DO PREDICADO. *Lógica jurídica.* Ato de enunciar na proposição a quantidade do predicado para tornar possível a transformação da cópula irreversível numa cópula simétrica (Hamilton).

QUANTIFICAR. **1.** *Lógica jurídica.* Atribuir uma quantidade a um termo. **2.** Na *linguagem jurídica* em geral: a) exprimir algo em quantidade; b) avaliar com exatidão.

QUANTIFICÁVEL. O que se pode quantificar.

QUANTI MINORIS. **1.** *Locução latina.* Ação pela qual o comprador de coisa adquirida com vício redibitório pretende obter a redução do seu preço, proporcionalmente ao defeito encontrado. **2.** *Direito processual civil.* Ação apropriada, movida pelo adquirente, para obter a redução do preço do objeto que contém vício redibitório. Tal ação é também designada ação estimatória, uma vez que por ela se reclama que o preço do bem seja reduzido proporcionalmente àquilo em que defeito oculto o depreciou.

QUANTITATIVO. **1.** Referente à quantidade. **2.** O que considera a quantidade. **3.** O que é avaliado ou expresso em quantidade.

QUANTOS BASTEM. *Direito processual civil.* Locução, peculiar à penhora, delimitadora do valor dos bens do devedor, a fim de que sejam suficientes para garantir a execução (Othon Sidou).

QUANTUM. *Termo latino.* **1.** Soma de dinheiro. **2.** Quantia indeterminada. **3.** Termo usado para designar certa quantidade determinada. **4.** O que é suscetível de quantidade.

QUANTUM DEBEATUR. *Locução latina.* Quantia devida.

QUANTUM LIBET. *Locução latina.* À vontade; quanto deseje.

QUANTUM SATIS. *Locução latina.* Quanto baste.

QUANTUM SUFFICIT. *Locução latina.* Em quantidade suficiente.

QUARENTENA. **1.** *Direito administrativo* e *direito marítimo.* a) Período originalmente de quarenta dias de incomunicabilidade de passageiros e animais transportados em veículos oriundos de países onde há surto de moléstia contagiosa grave ou epidemia, não só para efeito de observação e tratamento como também como medida acautelatória ou preventiva; b) local onde essas pessoas e animais ficam detidos ou isolados; c) conjunto de restrições que são impostas à entrada ou saída em lugar onde há caso de doença contagiosa;

d) interdição de transporte de cargas suspeitas de contaminação. **2.** *História do direito.* Taxa que fixava o laudêmio, quando não era convencionado o que devia ser pago na ocasião da venda do imóvel aforado. Tal taxa era a quadragésima parte do preço da venda, que, então, devia ser entregue ao senhorio. **3.** *Direito agrário.* a) Período de quarenta dias de isolamento de animais ou plantas (mudas, sementes, bulbos) em observação e tratamento de doença contagiosa ou praga; b) é a restrição do trânsito e a observação de grupos de animais aparentemente sadios, expostos ao risco de contágio e que, nesse momento, não têm contato direto com os animais infectados. Seu propósito é evitar o possível contágio em cadeia da doença para outros animais não diretamente expostos. **4.** *Ciência política.* Isolamento imposto como penalidade social ou política a uma nação, por exemplo: bloqueio. **5.** *Direito canônico.* Tempo de penitência. **6.** *Direito do consumidor* e *direito comercial.* Retenção temporária de matéria-prima, material de embalagem, produtos intermediários, a granel ou terminados, enquanto aguardam decisão de liberação, rejeição ou reprocessamento.

QUARENTENA DE INÍCIO. *Direito processual.* Para ingressar na magistratura e no Ministério Público será preciso aprovação em concurso público de provas e títulos, assegurada a participação da OAB em sua realização, e comprovação, pelo bacharel em direito, de no mínimo três anos de atividade jurídica, contados a partir da posse e não da inscrição no concurso.

QUARENTENA FINAL PARA MAGISTRADOS E MEMBROS DO MINISTÉRIO PÚBLICO. *Direito processual.* Magistrados e membros do Ministério Público estão proibidos de exercer advocacia no juízo, tribunal ou jurisdição, do qual se afastou antes de decorridos três anos do afastamento do cargo por aposentadoria ou exoneração.

QUARENTENAR. **1.** Pôr em quarentena. **2.** Isolar.

QUARENTENÁRIO. **1.** O que dura quarenta anos. **2.** Relativo a quarenta.

QUARENTENO. *Direito agrário.* Milho temporão, cujo ciclo vegetativo tem a duração de quarenta dias.

QUARENTIA. *História do direito.* Antigo tribunal de Veneza que se compunha de quarenta magistrados.

QUARTA. **1.** Na *linguagem comum* é cada uma das quatro partes em que um todo foi dividido. **2.**

QUARTÃ

História do direito. Medida de capacidade para cereais e legumes que correspondia a setenta e dois litros, outrora usada no norte e no nordeste do Brasil. **3.** *Direito agrário.* a) Medida agrária correspondente à quarta parte do alqueire; b) medida de capacidade de cereais e legumes que, no norte do Brasil, equivale a quarenta litros. **4.** *Direito desportivo.* Na esgrima, é o nome de uma das duas linhas altas e de uma das oito paradas simples.

QUARTÃ. *Medicina legal.* Febre intermitente que se repete de quatro em quatro dias.

QUARTADA. 1. *Direito processual penal.* Álibi; alegação de defesa convincente para se opor a uma acusação. **2.** *Direito agrário.* Conteúdo de uma quarta, que no Norte é a medida de capacidade para cereais e legumes.

QUARTA-DOENÇA. *Medicina legal.* Doença eruptiva similar à escarlatina, rubéola e sarampo.

QUARTA-DOENÇA VENÉREA. *Medicina legal.* Inflamação aguda da glande do pênis e da superfície oposta do prepúcio, que provoca ulcerações e até gangrena. Trata-se da linfogranulomatose inguinal venérea.

QUARTA FALCÍDIA. *Direito romano.* Parte da herança que o testador não podia dispor, constante da quarta parte de seus bens, por ser a reserva legítima do herdeiro direto.

QUARTA FUNERAL. *História do direito.* Quantia devida ao pároco, por direitos de estola, quando um fiel de sua paróquia era enterrado em paróquia estranha.

QUARTANÁRIO. 1. *Medicina legal.* Aquele que sofre de febre quartã. **2.** *História do direito.* Clérigo menor que recebia a quarta parte da côngrua de um cônego.

QUARTÃO. *Direito agrário.* Cavalo de pequeno porte usado no transporte de carga, por ter grande resistência.

QUARTA PEGASIANA. *Vide* QUARTA TREBELIANA.

QUARTAR. *Direito desportivo.* Em esgrima, é sair de linha.

QUARTÁRIO. *História do direito.* Aquele que cultivava uma quarta de terra, sem ser seu dono, pagando arrendamento.

QUARTA TREBELIANA. *Direito romano.* Direito que tinha o fiduciário de reter, sem encargo, a quarta parte de sua porção hereditária. Dizia-se, também, quarta pegasiana por ter sido constituída pelo senatus-consulto pegasiano (De Plácido e Silva).

QUARTEAÇÃO. *Direito agrário.* No nordeste do Brasil, é o contrato agrário misto de parceria pecuária e de trabalho, no qual os animais de cria situam-se em proporção superior a 25% do rebanho, com meação do leite e a comissão mínima de 5% por animal vendido, sendo que a quota do parceiro-proprietário é de 75% dos frutos e produtos (Fernando Pereira Sodero). Trata-se da pecuária ultra-extensiva.

QUARTEIRÃO. 1. *Direito administrativo.* Área quadrada circundada por ruas, no qual estão situados casas, edifícios, lojas etc. Trata-se da quadra. **2.** Na *linguagem policial* é a subdivisão de distrito. **3.** *História do direito.* Antigo imposto a que cada casal estava sujeito.

QUARTEIRO. *História do direito.* **1.** Imposto constituído pela quarta parte de um moio de cereais. **2.** Aquele colono ou lavrador que pagava esse imposto. **3.** Pensão que antigamente era paga trimestralmente. **4.** Antiga medida de quinze alqueires, ou seja, quarta parte do moio.

QUARTEL. 1. *Direito militar.* a) Prédio onde se alojam as tropas militares, o batalhão ou destacamento; b) posto militar; c) trégua. **2.** *História do direito.* a) Imposto, foro ou pensão que se pagava a cada trimestre. Pagamento recebido quatro vezes por ano; quarto da anuidade, que vencia de três em três meses; b) quarta parte de uma semana de trabalho que se pagava ou recebia; c) graça concedida aos inimigos fugitivos, poupando-lhes a vida. **3.** *Direito marítimo.* a) Adicional para aumentar a grossura e o comprimento dos mastros e vergas, quando feitos de uma peça de madeira; b) porta da escotilha dividida em duas, três ou quatro partes. **4.** Na *linguagem comum* quer dizer: a) quarta parte do século; período de vinte e cinco anos; b) quarta parte do ano; trimestre; c) quarta parte de um todo.

QUARTEL DE INVERNO. *Direito militar.* **1.** Local de recesso das tropas entre duas campanhas. **2.** Tempo de sua permanência nesse lugar.

QUARTEL-GENERAL. *Direito militar.* **1.** Sede dos oficiais e do Estado-Maior. **2.** Local onde está instalada a chefia de uma circunscrição militar, sob a superintendência de um general (De Plácido e Silva). **3.** Repartição militar de onde se administra o movimento, a economia e a disciplina de militares de uma região.

QUARTELISMO. *Ciência política.* Influência ou predomínio das Forças Armadas; militarismo.

QUARTELISTA. *Ciência política.* **1.** Militarista. **2.** Partidário do quartelismo.

QUARTEL-MESTRE. *História do direito.* **1.** Oficial encarregado de receber e distribuir os fundos do Exército para manutenção da tropa. **2.** Posto abaixo de 2º sargento e acima de cabo na hierarquia da Marinha de Guerra na época colonial e imperial.

QUARTEL PAULISTA. *Direito agrário.* Alqueire paulista.

QUARTIAÇÃO. *Vide* QUARTEAÇÃO.

QUARTIER-MAÎTRE. *Locução francesa.* Primeiro posto da Marinha militar francesa, que corresponde ao cabo do exército.

QUARTISTA. *História do direito.* Era, no contrato de parceria rural, o parceiro-outorgado cuja quota nos frutos ou produtos colhidos era de 40%, pois, atualmente, para evitar cláusulas leoninas, o percentual está previsto em lei.

QUARTO. **1.** Nas *linguagens comum* e *jurídica* em geral: a) compartimento para permanência prolongada; b) cômodo de dormir; c) o número quatro; d) cada quinze minutos; e) cada uma das quatro partes iguais em que um bem foi dividido. **2.** *Direito militar.* Cada quarta parte do dia ou da noite, em que soldados escalados fazem plantão, ou vigília, enquanto os demais descansam ou fazem o serviço. **3.** *Direito marítimo.* Peça do vão dos quartéis de mastro que não é feito de um só madeiro.

QUARTO DE SENTINELAS. *Direito militar.* Duas horas que dura cada vigília das sentinelas.

QUARTO ESTADO. *Ciência política.* É o da classe operária (Lassalle).

QUARTO PODER. *Ciência política.* É a imprensa quando em competição cooperativa com os órgãos do Poder Público (Zanone).

QUARTO SETOR. *Economia política.* É o composto por: ambulantes; catadores de papel, madeira, papelão, latas ou objetos que possam ser reciclados (Edson José Rafael).

QUASE. **1.** Aproximadamente. **2.** Pouco mais ou pouco menos. **3.** Com pouca diferença. **4.** Termo empregado para exprimir alguma semelhança ou para indicar circunstância que dá feição diferente à figura jurídica demonstrada pela palavra que lhe sucede (De Plácido e Silva).

QUASE-ACIDENTE. *Direito ambiental.* Designa qualquer evento inesperado, que envolva uma ou mais substâncias perigosas, que poderia ser levado a um acidente maior, caso ações e sistemas atenuantes não tivessem atuado.

QUASE-ALIJAMENTO. *Direito marítimo.* Translado de carga de embarcação em perigo iminente para lanchas, evitando, assim, de atirá-la ao mar, como se faz no alijamento.

QUASE-CONTRABANDO DE GUERRA. *Direito internacional público.* Ato similar ao contrabando de guerra, por exemplo: transporte de passageiros incorporados à Força Armada de um beligerante e transmissão de notícias no interesse de um beligerante (Hildebrando Accioly).

QUASE-CONTRATO. *História do direito* e *direito comparado.* Ato lícito praticado por alguém com o escopo de obrigar outrem, sem que haja qualquer convenção entre eles (Pothier), por exemplo, gestão de negócio e o pagamento indevido.

QUASE-CONTRATO ADMINISTRATIVO. *Direito administrativo.* Ato lícito decorrente da relação administrativa, pelo qual uma das partes executa ato de interesse da outra, sem que tenha havido qualquer delegação, gerando obrigações (José Cretella Jr.).

QUASE-CRIME. **1.** *Vide* CRIME IMPOSSÍVEL. **2.** *Direito penal.* Tentativa inidônea. **3.** Ato não tipificado criminalmente que revela periculosidade do agente, o qual, por isso, deve ficar submetido à medida de segurança (Marcus Cláudio Acquaviva).

QUASE-DELITO. **1.** *Vide* CRIME IMPOSSÍVEL. **2.** *Direito civil.* Ato ilícito culposo que causa dano a outrem, gerando o dever de repará-lo (José Náufel).

QUASE-DOMICÍLIO. **1.** *Direito civil.* Local onde se encontra aquele que não tem residência habitual ou que emprega a vida em viagens, sem ponto central de negócios. **2.** *Direito canônico.* Lugar da residência de uma pessoa, sem que esta tenha a intenção de nele permanecer definitivamente, ou pelo menos a maior parte do ano (Othon Sidou).

QUASE-FLAGRÂNCIA. *Direito processual penal.* Circunstância ou indício que evidencia, por presunção, a relação do autor com o crime, por exemplo: se surpreendido no local do delito; se perseguido pela vítima, pela autoridade ou por qualquer pessoa logo após o crime, por estar em situação que faça presumir que é o autor do delito; se encontrado, logo depois do crime, com armas ou objetos que façam presumir ser o autor da ação criminosa, torna-se o provável autor da infração.

QUASE-FLAGRANTE DELITO. *Vide* QUASE-FLA-GRÂNCIA.

QUASE-MOEDA. *Direito bancário.* Ativo líquido, desprovido de qualidade monetária corrente (dinheiro), constituído pelos débitos de instituições financeiras. Por exemplo: poupança e depósito a prazo (Geraldo Magela Alves).

QUASE-NADA. *Filosofia geral.* Passagem do nada ao ser e passagem do ser ao nada.

QUASE-PARÓQUIA. *Direito canônico.* Local situado em vicariato apostólico considerado território de missão.

QUASE-POSSE. *Direito civil.* Posse de direitos reais de fruição e de garantia.

QUASE-RENDA. *Economia política.* Diferença entre receita operacional e custos variáveis de produção. Trata-se do lucro bruto empresarial, ou seja, o que fica após o pagamento dos custos variáveis (Paulo Matos Peixoto).

QUASE-USUFRUTO. *Direito civil.* Usufruto impróprio, que é o que recai sobre bens consumíveis ou fungíveis. É denominado quase-usufruto, porque sua natureza não corresponde à essência do instituto, que requer que o usufrutuário não tenha a disposição da substância da coisa, a qual fica pertencendo ao nu-proprietário; conseqüentemente, não pode dar-se usufruto de coisas fungíveis ou consumíveis. No usufruto próprio há apenas utilização e fruição de coisa alheia; no impróprio, o usufrutuário adquire a propriedade da coisa, sem o que não poderia consumi-la ou aliená-la, devolvendo, por ocasião do término do usufruto, coisa equivalente em gênero, quantidade e qualidade, ou, sendo impossível o seu valor, pelo preço corrente ao tempo da restituição. No quase-usufruto não há simultaneidade de sujeitos (usufrutuário e nu-proprietário); há, tão-somente, um titular, o usufrutuário, que consome o bem, ressalvando-se ao nu-proprietário o direito de reclamar o equivalente ou o seu valor correspondente.

QUASI PUBLIC CORPORATION. *Expressão inglesa.* Sociedade de economia mista.

QUASI PULVEREM OB OCULOS... ADSPERGEBAT. *Expressão latina.* **1.** Induzir alguém em erro. **2.** Jogar poeira diante dos olhos.

QUASI-RENT. *Locução inglesa.* Aluguel recebido na locação de bens móveis.

QUASI VERO MIHI DIFFICILE SIT... NOMINATIM PROFERRE... HOMINES NOTOS SUMERE ODIOSUM EST, CUM ET ILLUD INCERTUM SIT VELINTNEII SESE NOMINARI. *Expressão latina.* É difícil citar nominalmente... É detestável falar de pessoas conhecidas quando não se sabe se elas querem ou não ser citadas.

QUATERNIDADE. Agrupamento de quatro coisas ou pessoas.

QUATREIRO. No Mato Grosso e Rio Grande do Sul, é o ladrão de gado.

QUATRIÊNIO. Quadriênio; período de quatro anos.

QUATROLHO. *Direito agrário.* Animal que tem um círculo claro em torno dos olhos.

QUATUORVIRAL. *História do direito.* Relativo a quatuórviro.

QUATUORVIRATO. *História do direito.* **1.** Cargo ou dignidade de quatuórviro. **2.** Período de duração desse cargo.

QUATUÓRVIRO. *História do direito.* Na antigüidade romana era: a) o título de cada um dos quatro magistrados encarregados da função de fiscalizar a viação pública; b) cada uma das quatro autoridades superiores que prestavam serviço e exerciam funções nas colônias e municípios romanos.

QUAY. *Termo inglês.* Embarcadouro.

QUAYAGE. *Termo francês.* Taxa de desembarque e depósito de mercadorias no cais do porto.

QUEBRA. **1.** *Direito comercial* e *direito falimentar.* a) Falência; b) peso do veículo, que efetua transporte, sem carga; c) desconto no peso de uma mercadoria; aquilo que se dá a mais para compensar eventual perda de peso; d) mercadoria que se dá a mais, em caso de compra de grande vulto, para agradar ao comprador. **2.** Na *linguagem jurídica,* em geral, significa: a) não cumprimento do dever assumido; b) desfalque; perda; c) interrupção; d)1 fratura; ruptura; e) perda de peso por secagem.

QUEBRA ANTECIPADA DO CONTRATO. *Direito comparado* e *direito civil.* É aquela que, em país de *common law,* se dá em caso de obrigação de execução futura, ou sem termo certo, ou, ainda, de execução diferida, na medida em que a renovação da obrigação, pelo pagamento da parcela no futuro, possibilita ao contratante o seu descumprimento antecipado. Três são as modalidades dessa *antecipated breach of contract* no sistema de *common law*: a) *renunciation*, se houver manifestação expressa da parte de que não cumprirá a obrigação; b) *implicit repudiation*, se atos revelarem que a obrigação não será cumprida; c) *failure to perform*, se houver mora no adimplemento contratual (Robb Brookes, Corbin e Paulo Roberto R. Nalin). No Brasil, opta-se pela execução forçada da obrigação e não pelo rompimento antecipado, porque se busca conservar a relação jurídica.

QUEBRADA. *Direito marítimo.* **1.** Recife por onde entra o mar, dando acesso a embarcações. **2.** Corte na costa do mar, que serve de marca aos navegantes.

QUEBRA DE CAIXA. *Direito comercial.* Pequena diferença normal entre a importância existente em caixa e quanto deveria haver, conforme o registro do que foi pago e recebido. O saldo é transferido a débito, se as diferenças para menos forem maiores, ou a crédito, se as diferenças para mais forem superiores, de uma conta de despesa (Geraldo Magela Alves).

QUEBRA DE FIANÇA. *Vide* QUEBRAMENTO DA FIANÇA.

QUEBRADO. **1.** *Direito falimentar.* a) Falido; b) que abriu falência. **2.** *Direito agrário.* Diz-se do animal em domação que obedece ao domador montado, quando este puxa seu queixo pelas rédeas. **3.** Na *linguagem jurídica*, em geral, quer dizer: a) partido; fraturado; fragmentado; b) interrompido; c) enfraquecido.

QUEBRA DOLOSA. *História do direito.* Bancarrota.

QUEBRA DO MILHO. *Direito agrário.* Colheita manual de espigas de milho, que é feita mediante quebra de hastes e das espigas pelo engaço.

QUEBRADOR. *Direito agrário.* **1.** Colhedor de castanha-do-pará. **2.** Aquele que quebra os pixídios para extrair as castanhas. **3.** Trabalhador rural que quebra invólucros de produtos vegetais como o coco, cacau, babaçu etc.

QUEBRADOS. Dinheiro trocado.

QUEBRA FRAUDULENTA. *Direito comercial* e *direito falimentar.* Falência em que houve fraude.

QUEBRA-GALHO. Solução de emergência.

QUEBRA-GELOS. *Direito marítimo.* Navio apropriado para abrir caminho nos mares gelados.

QUEBRA-MAR. *Direito marítimo.* Início da maré vazante.

QUEBRAMENTO. **1.** *Vide* QUEBRA. **2.** Ruptura. **3.** Rescisão. **4.** Perda. **5.** Despedaçamento. **6.** Fragmento. **7.** Descumprimento. **8.** Fadiga.

QUEBRAMENTO DA FIANÇA. *Direito processual penal.* Inadimplemento voluntário e injustificado pelo criminoso afiançado dos deveres que lhe foram impostos ou por ele assumidos, que rescinde a fiança e, por conseqüência, se decreta a sua prisão. Tal ocorrerá, por exemplo, se o réu: não comparecer, quando intimado, perante a autoridade, para atos do inquérito, da instrução criminal e para julgamento; mudar de residência sem prévia permissão da autoridade processante; ausentar-se por mais de oito dias de sua residência, sem comunicar àquela autoridade o local onde pode ser encontrado.

QUEBRA-QUILOS. *História do direito.* Partidário da sedição que ocorreu em 1875, na Província da Paraíba do Norte, contra os novos impostos provinciais e a lei imperial de 1º de janeiro de 1874, que estabeleceu, no Brasil, o sistema métrico decimal.

QUEBRAR. **1.** *Direito falimentar.* Falir. **2.** Na *linguagem jurídica,* em geral, designa: a) fragmentar-se; b) partir-se; c) fraturar; d) faltar no peso ou na medida; e) perder (a mercadoria) o peso; f) interromper; g) pôr termo; rescindir; h) dispensar o cumprimento.

QUEBRAS. *Direito comercial.* **1.** Perdas ou deteriorações de mercadorias, que depreciam seu valor. **2.** Aquilo que se recebe como bonificação ou vantagem numa compra.

QUEDA. **1.** *Ciência política.* Perda de influência ou de poder. **2.** Na *linguagem jurídica* em geral quer dizer: a) ação ou efeito de cair; b) propensão; tendência; vocação; c) descida; d) erro; perdição moral; e) descrédito; f) diminuição de intensidade, quantidade etc. **3.** *Medicina legal.* Desprendimento de uma parte do organismo.

QUEDA-D'ÁGUA. *Direito constitucional* e *direito civil.* Salto de água que, se muito volumoso, é grande potencial de energia hidráulica, cuja propriedade é distinta da do solo para efeito de exploração e aproveitamento industrial.

QUEDA DO GABINETE. *Ciência política, direito constitucional* e *direito comparado.* É, no regime parlamentarista, a renúncia ou demissão coletiva dos ministros que integram o governo, quando a maioria parlamentar vota moção de desconfiança ou rejeita a de confiança (Manoel Gonçalves Ferreira Filho).

QUEDA DO MINISTÉRIO. *Vide* QUEDA DO GABINETE.

QUEDIVA. *História do direito.* Título que recebiam os vice-reis turcos do Egito, de 1867 a 1914.

QUEDO. 1. Parado. **2.** Quieto.

QUEIMA. 1. Na *gíria comercial* significa: a) liquidação ou venda de mercadorias por preços baixos; b) venda de fim de estação, a preço baixo. **2.** *Direito agrário.* a) Efeito da geada sobre as plantas; b) queimada nas roças e nas matas. **3.** *História do direito.* Sentença do tribunal de inquisição, que condenava hereges à fogueira. **4.** Na *linguagem jurídica* em geral pode, ainda, ter o sentido de: a) cremação; b) ação ou efeito de queimar; c) destruição pelo fogo; d) incêndio.

QUEIMA CONTROLADA. *Direito agrário* e *direito ambiental.* É o emprego do fogo como fator de produção e manejo em atividades agropastoris ou florestais, e para fins de pesquisa científica e tecnológica, em áreas com limites físicos previamente definidos. O emprego do fogo mediante queima controlada depende de prévia autorização, a ser obtida pelo interessado junto ao órgão do Sistema Nacional do Meio Ambiente (Sisnama), com atuação na área onde se realizará a operação.

QUEIMADA. 1. *Direito agrário.* a) Terra calcinada que é usada como adubo; b) parte da mata ou campo que se incendeia casualmente; c) roça queimada propositadamente para que, preparado o terreno, nela se proceda à lavoura. **2.** Na *linguagem comum* é: a) o efeito ou o resultado da queima; b) o local onde estavam as coisas destruídas pelo fogo.

QUEIMADEIRA. *História do direito.* Local onde se queimavam aqueles que eram condenados à pena do fogo.

QUEIMA DO CAFÉ. *História do direito.* Inutilização do café que foi entregue no mercado como cota de sacrifício pela incineração, para fins de regularização de seu preço.

QUEIMADOR DA ROÇA. *Direito agrário.* Trabalhador rural encarregado de efetuar a queimada, que, para tanto, sob pena de responsabilidade civil pelos danos causados a vizinhos, deve cercar-se de todos os cuidados para evitar a propagação do fogo, fazendo, por exemplo, aceiro em torno do terreno em que foi feita a derrubada preparatória da queima.

QUEIMADURA. *Medicina legal.* Lesão cutânea causada pela ação de muitos agentes térmicos: químicos, físicos ou biológicos; quando atinge mais de um terço da superfície do corpo pode pôr em risco a vida do paciente, por desidratação.

QUEIMAR. 1. Na *linguagem jurídica*, em geral: a) incinerar; cremar; b) destruir por meio de fogo; c) irritar-se. **2.** *Medicina legal.* a) Estar febril; b) produzir queimadura. **3.** *Direito comercial.* Vender por preço baixo. **4.** *Direito desportivo.* Tocar o atleta, com qualquer parte do corpo, o limite a partir do qual é medido seu salto ou arremesso, ou os limites em que deve correr.

QUEIMAR CANDIDATO. *Ciência política.* Lançar candidato da maneira inviável.

QUEIMA-ROUPA. De muito perto; cara a cara.

QUEIXA. 1. Ação ou efeito de se queixar. **2.** Comunicação feita por iniciativa particular levando ao conhecimento da autoridade policial uma ação ou omissão delituosa. **3.** Reclamação baseada em ofensas físicas ou morais recebidas. **4.** Lamentação.

QUEIXA-CRIME. *Direito processual penal.* **1.** Exposição circunstanciada do fato criminoso feita, a uma autoridade competente, pela própria vítima ou por quem tiver a qualidade de representá-la, concluindo pelo pedido de condenação do delinqüente como incurso em lei penal (João Mendes). **2.** Peça inicial da ação penal privada, correspondendo à denúncia na ação penal pública (Marcus Cláudio Acquaviva). **3.** Ato formal de se acusar alguém em ação penal privada (Othon Sidou). **4.** É o ato processual pelo qual o particular, tratando-se de crime de ação penal privada, formaliza a acusação.

QUEIXAR. 1. Proferir queixa. **2.** Mostrar-se ofendido. **3.** Manifestar desagrado.

QUEIXOSO. *Direito processual penal.* **1.** Querelante; o que promove queixa-crime. **2.** Ofendido. **3.** Em que há queixa.

QUEIXUME. 1. Querela judicial. **2.** Lamentação. **3.** Queixa.

QUELHA. 1. Viela; rua estreita. **2.** Calha; rego.

QUELÓIDE. *Medicina legal.* **1.** Hipertrofia do tecido cicatricial desenvolvida após uma cirurgia ou incisão. **2.** Tumor cutâneo benigno, de tecido fibroso, que cresce sobre uma ferida, muito comum em pessoas da raça negra, podendo causar dano estético ou deformidade permanente.

QU'EN-DIRA-T-ON. *Expressão francesa.* **1.** Opinião pública. **2.** Crítica feita pelo público.

QUENTOMANIA. *Medicina legal.* Tendência mórbida pela qual o paciente produz cortes em si mesmo ou em outrem.

QUÉRABLE. *Termo francês.* **1.** Quesível. **2.** Pagamento que deve ser buscado pelo credor no domicílio do devedor.

QUERELA. 1. *Direito penal* e *direito processual.* a) Em sentido estrito designa: queixa ou acusação; b) em sentido amplo: denúncia em juízo; libelo. **2.** *Direito romano.* a) Protesto de alguma coisa com o escopo de impedir a decadência de uma exceção (*querela non numeratae pecuniae*); b) acusação sobre fato contrário à lei, em razão da qual a autoridade judicial tomava as medidas necessárias. Por exemplo: a que se fazia em relação a testamentos iníquos (*querela inofficiosi testamenti*) (De Plácido e Silva).

QUERELA DE NULIDADE. *Direito canônico.* Recurso contra sentença viciada, oponível em trinta anos se insanável a nulidade, e em dez dias, simultaneamente com a apelação, se sanável (Othon Sidou).

QUERELADO. *Direito processual penal.* Aquele contra quem foi formulada uma queixa-crime; acusado.

QUERELADOR. *Vide* QUERELANTE.

QUERELA INOFFICIOSI TESTAMENTI. *Direito romano.* Procedimento judicial próprio para anular testamento que deserdava parente próximo, acompanhado de ação de petição de herança, da competência do tribunal centunviral.

QUERELANTE. *Direito processual penal.* **1.** Aquele que oferece a queixa-crime, instaurando a ação penal privada. **2.** Queixoso; ofendido.

QUERELA PERFEITA. *História do direito.* Queixa ou denúncia com juramento.

QUERELA PROPRIETATIS. 1. *Locução latina.* Querela de propriedade. Pendência em razão de propriedade. **2.** *Direito civil* e *direito processual civil.* Contenda decorrente da alegação de propriedade ou de exceção de domínio na ação possessória. Admissível na disputa da posse, a título de domínio, por proprietários ou em caso de dúvida relativa à posse dos litigantes (Othon Sidou). Se o réu esbulhador alegar ser o dono da coisa esbulhada, seu argumento não será considerado porque não lhe assiste, ainda que sob alegação de domínio, molestar posse

alheia. Portanto, a posse merece proteção legal por si mesma, independentemente da alegação da propriedade. O juízo possessório independe do petitório.

QUERELAR. *Direito processual penal.* Exercer o direito de queixa, dando início à ação penal privada.

QUERELA SIMPLES. *História do direito.* Aquela queixa ou denúncia levada a efeito sem prestação de juramento.

QUERELOMANIA. *Medicina legal.* Prazer mórbido de promover demandas em juízo.

QUERELOMANÍACO. *Medicina legal.* Aquele que, por morbidez, ingressa em juízo; demandista crônico.

QUERENA. *Direito marítimo.* Parte do casco da embarcação, ou navio, que fica submersa.

QUERENADO. *Direito marítimo.* Diz-se do navio emborcado ou voltado com a querena para cima.

QUERENAR. *Direito marítimo.* **1.** Construir a querena de uma embarcação. **2.** Pôr a embarcação de querena para consertar ou limpar.

QUERER. 1. Ter intenção de algo. **2.** Pretender. **3.** Ordenar. **4.** Consentir. **5.** Tolerar. **6.** Julgar. **7.** Afirmar.

QUERER DEONTOLÓGICO. *Filosofia do direito.* **1.** Aquele que é expressão de fins nascidos do reconhecimento de valores como razão da conduta social (Miguel Reale); querer valorado. **2.** Diz-se do querer que se manifesta na norma jurídica, que não tem um caráter puramente volitivo, por ser a versão ou veste racional de um valor reconhecido como motivo determinante da conduta nela prescrita (Miguel Reale).

QUERIMA. *História do direito.* *Vide* QUERIMÔNIA.

QUERIMÔNIA. *História do direito.* Queixa que, no antigo direito lusitano, era endereçada ao rei, com o intuito de obter a reparação de um agravo oriundo de decisão judicial.

QUERMESSE. 1. *História do direito.* Missa que se celebrava para inaugurar uma igreja. **2.** *Direito civil.* Festa beneficente com grupo de barracas, rifas, jogos etc. **3.** *Direito comparado.* Feira anual das paróquias holandesas, com várias diversões para o povo.

QUEROFOBIA. *Medicina legal.* Tristeza ou melancolia mórbida provocada pela alegria alheia.

QUEROFÓBICO. *Medicina legal.* O que diz respeito à querofobia.

QUERÓFOBO. *Medicina legal.* Aquele que tem querofobia.

QUEROMANIA. *Medicina legal.* Alegria doentia.

QUEROMANÍACO. *Medicina legal.* **1.** Relativo a queromania. **2.** Aquele que sofre de queromania.

QUEROSENAGEM. *Direito agrário.* Tratamento agrícola por querosene para extermínio de insetos nocivos.

QUEROSENE. 1. Óleo de nafta originário do petróleo. **2.** Na Bahia, é o diamante de cor azul leitosa.

QUERULÊNCIA. *Medicina legal* e *psicologia forense.* Tendência mórbida de queixar-se de supostas injustiças.

QUÉRULO. *Psicologia forense.* **1.** Queixoso; plangente. **2.** Aquele que se queixa de supostos atos injustos.

QUESITO. 1. Na *linguagem jurídica,* em geral, quer dizer: a) requisito; b) problema; c) questão sobre a qual se pede o esclarecimento ou parecer de alguém; questão proposta; d) ponto que exige uma resposta. **2.** *Direito processual civil.* Questão formulada por itens pelas partes, pelo órgão de Ministério Público e magistrado ao perito, ou assistente, para a instrução da causa em assuntos técnico-científicos (Othon Sidou). **3.** *Direito processual penal.* a) Ponto relativo ao fato que se pretende esclarecer, contido no arrazoado ou libelo pedindo opinião ou parecer jurídico; b) questão formulada pela autoridade competente ou pelas partes ao perito que vai proceder ao exame de corpo de delito ou efetuar a perícia criminal para que esclareça circunstância ou pontos controvertidos que interessam à acusação ou à defesa; c) cada pergunta proposta pelo presidente do Tribunal do Júri sobre questões de fato aos jurados habilitados para o julgamento (Othon Sidou).

QUESITO DO JUIZ. *Direito processual civil.* Aquele formulado pelo juiz ao perito, ou assistente, para esclarecer a causa.

QUESITO IMPERTINENTE. *Direito processual.* **1.** Aquele que, por ser alheio à causa, ou por ser extemporâneo, se mostra inoportuno. **2.** Aquele formulado fora do prazo legal.

QUESITO INOPORTUNO. *Vide* QUESITO IMPERTINENTE.

QUESITO ORIGINÁRIO. *Direito processual.* É o apresentado tempestivamente, ou seja, dentro do prazo legal.

QUESITO PERTINENTE. *Direito processual.* É aquele que, legalmente autorizado, diz respeito aos fatos constantes nos autos, sendo, por isso, legítimo e conveniente (De Plácido e Silva).

QUESITOR. *História do direito.* Entre os romanos, era o juiz criminal.

QUESITO SUPLEMENTAR. *Direito processual civil.* **1.** É o formulado após o prazo legal mas antes que se processe a perícia ou a diligência (De Plácido e Silva). **2.** É o formulado pelas partes durante a diligência para substituir perito inidôneo, pouco hábil ou faltoso (Marcus Cláudio Acquaviva).

QUESÍVEL. *Direito civil.* Diz-se do pagamento que deve ser procurado pelo credor no domicílio atual do devedor, exceto se: a) houver estipulação do contrário, ou seja, de que competirá ao devedor oferecer o pagamento no domicílio do credor, hipótese em que se terá dívida portável; b) circunstâncias especiais exigirem outro lugar para o cumprimento, que não o domicílio do obrigado; c) o contrário decorrer em razão da natureza da obrigação, que, por si só, mostra o lugar do pagamento; d) a lei dispuser o contrário, pois nessa hipótese o pagamento far-se-á no local fixado legalmente.

QUESTÃO. 1. *Ciência política.* Pendência em cuja solução muitos países têm interesse. **2.** *Direito processual.* a) Assunto controvertido cuja solução compete ao órgão judicante; b) dúvida compreendida na pretensão ou na contestação; c) ponto duvidoso de fato ou de direito a ser solucionado pelo juiz no processo; d) motivo da demanda ou do litígio; e) controvérsia trazida a juízo para ser submetida, tendo em vista seu esclarecimento, a uma discussão judicial; f) conflito de interesses submetido à apreciação do magistrado. **3.** Nas *linguagens comum* e *jurídica,* pode ter o sentido de: a) indagação; b) interrogatório; c) tese; d) busca; e) dissidência; f) tema em discussão; g) problema; h) exame de um processo; i) demanda; litígio. **4.** *Filosofia geral.* Ato lingüístico que consiste em enunciar quer uma função proposicional, quer uma *lexis,* denotando que se pede a alguém para completá-la no primeiro caso e afirmá-la ou negá-la no segundo caso.

QUESTÃO ABERTA. *Teoria geral do direito.* **1.** Diz-se daquela para a qual não se encontrou uma solução definitiva. **2.** Aquela sujeita a discussão (Geraldo Magela Alves).

QUESTÃO AGRÁRIA. *Direito agrário.* **1.** Tese controvertida que pretende conferir ao trabalhador rural o direito sobre a gleba por ele cultivada. **2.** Deficiência estrutural agrária e sua modificação conforme os seguintes princípios de política agrária: aumento da produção e da produtividade; bem-estar e condições de progresso socioeconômico dos que exercem atividade agrária e preservação dos recursos naturais renováveis (Antonino C. Vivanco). **3.** Crise agrária no sentido de insuficiência das estruturas agrárias para atender as necessidades da produção de bens vitais e propiciar condições de progresso socioeconômico aos rurícolas ou agricultores (Rafael Augusto de Mendonça Lima). **4.** Complexo de problemas socioeconômicos relacionados com os trabalhadores da terra (Ambrosoli).

QUESTÃO DE ALTA INDAGAÇÃO. 1. *Filosofia do direito.* Investigação das causas definitivas e não secundárias dos fenômenos jurídicos como: origem do direito; razões da delinqüência; discussão da legalidade diante da legitimidade etc. (Sílvio de Macedo). **2.** *Filosofia geral* e *direito processual.* a) Aquela cuja solução depende de exame profundo e acurado e de ampla discussão e comprovação; b) é aquela que para ser desvendada requer provas e diligências mais complexas, que devem ser produzidas em forma regular.

QUESTÃO DE DIREITO. *Direito processual.* **1.** Matéria levantada pelos litigantes que para ser solucionada requer a interpretação de norma jurídica pelo órgão judicante. **2.** Aquela onde se discute apenas matéria jurídica, sendo uma questão de interpretação judicial da norma a ser aplicada ao caso *sub judice.*

QUESTÃO DE ESTADO. 1. *Direito administrativo.* Assunto que deve ser decidido pelo Estado por ser de seu interesse. **2.** *Direito processual civil.* a) Ponto controvertido relacionado com o estado da pessoa: filiação; emancipação etc.; b) é a argüida no decorrer da demanda cujo julgamento, se requerido como declaração incidente, é causa de suspensão do processo onde a sentença deve ser prolatada. Assim é porque a sentença de mérito tem por pressuposto o julgamento de questão de estado, requerido como declaração incidente.

QUESTÃO DE FAMÍLIA. Contenda doméstica; perturbação de relação familiar.

QUESTÃO DE FATO. 1. *Direito processual.* Aquela que diz respeito às provas sobre existência ou inexistência de um comportamento ou acontecimento relacionado, direta ou indiretamente, com a demanda, ou de situações ou circunstâncias que, por gerarem direitos e deveres, interessem ao pleito, devendo por isso ser esclarecidas. **2.** *Direito administrativo.* Motivo do ato administrativo, que lhe dá suporte material e está inserido na competência discricionária do administrador (Othon Sidou), sendo fundamento jurídico da legalidade ou do mérito (oportunidade ou conveniência).

QUESTÃO DE JEITO. Problema que só pode ser resolvido de maneira especial.

QUESTÃO DE LANA CAPRINA. Questão frívola ou que não tem valor algum.

QUESTÃO DE ORDEM. *Ciência política.* Problema levantado em órgão colegiado ou parlamentar, atinente à condução dos trabalhos, que deve ser resolvido pela mesa e, em grau de recurso, pelo plenário (Othon Sidou).

QUESTÃO DE SIMPLES INDAGAÇÃO. *Teoria geral do direito* e *direito processual.* É a que pode ser investigada mediante rápida diligência ou prova documental.

QUESTÃO DE SOMENOS. Tema de pouca importância.

QUESTÃO DE TEMPO. Aquela cuja solução se deixa ao correr do tempo.

QUESTÃO DE VIDA E MORTE. Assunto de grande importância.

QUESTÃO FECHADA. *Teoria geral do direito.* **1.** Problema resolvido. **2.** Tema que não admite discussão ou debate.

QUESTÃO FEDERAL. *Direito processual.* **1.** Assunto relativo às normas editadas pela União. **2.** Aquela que é apreciada em recurso extraordinário, e acolhida apenas quando houver conflito entre o enunciado normativo e a conclusão do julgado (Othon Sidou).

QUESTÃO INCIDENTAL. *Direito processual.* Alegação sobre incompetência, ilegitimidade ou falsidade, feita por um dos litigantes no curso da demanda, resolvida de pronto pelo órgão judicante por meio de decisão interlocutória, para que o processo continue, sob pena de nulidade.

QUESTÃO INCIDENTE. *Vide* QUESTÃO INCIDENTAL.

QUESTÃO MERIDIONAL. *Direito comparado.* Situação de atraso econômico-social e político em que se encontra, segundo alguns autores, a Itália meridional (Carlo Guarnieri, Bagnasco, Casillo e Cassese).

QUESTÃO OPERÁRIA. *Sociologia jurídica.* **1.** Conjunto de problemas peculiares à classe operária. **2.** Aspiração intensa do operariado contemporâneo por uma melhor situação (Leroy-Beaulieu).

QUESTÃO OPINATIVA. Aquela em que, na ausência de uma regra, a opinião é livre.

QUESTÃO POLÍTICA. 1. *Direito constitucional* e *direito processual.* Lide resultante de ato político da administração, que envolve lesão a direitos individuais ou que diga respeito à sua legalidade ou constitucionalidade (Manoel Gonçalves Ferreira Filho). **2.** *Direito administrativo.* Problema a ser decidido pela Administração Pública, no que atina a ato cuja oportunidade e conveniência está voltada para a consecução do fim pretendido.

QUESTÃO PRECLUSA. *Direito processual civil.* Aquela que não pode mais ser apreciada ou discutida no curso da demanda.

QUESTÃO PREJUDICIAL. 1. *Direito processual civil.* a) *Vide* EXCEÇÃO PREJUDICIAL; b) controvérsia de direito material que, além de antecedente lógico da decisão da causa, pode ser objeto de ação autônoma (Othon Sidou); c) aquela cuja solução é imprescindível para a decisão de uma outra, que é a principal. É a que deve ser decidida antes da questão principal da causa, por ser relevante ou decisiva na solução do litígio. **2.** *Direito processual penal.* a) Exceção que suspende o julgamento de um crime ou contravenção, até a verificação de um fato anterior, cuja apreciação é condição indispensável àquele julgamento (Faustin Hélie); b) questão que reclama decisão anterior à do mérito (Cardoso de Melo); c) antecedente lógico-jurídico do crime que pode ser discutido numa ação independente; d) questão jurídica que é pressuposto da decisão da controvérsia principal posta em juízo, no curso da ação penal, que ficará suspensa desde que verse sobre estado civil das pessoas, até que no cível seja a controvérsia dirimida, sem prejuízo da inquirição das testemunhas e de outras provas de natureza urgente. Observa Sylos Cintra que o sobrestamento necessário do processo criminal só se dá quando se questiona a respeito do estado das pessoas e a questão controvertida influi na apresentação dos elementos do crime e indispensáveis à sua existência. Versando a questão prejudicial sobre outro assunto, não é a suspensão obrigatória. **3.** *Direito administrativo.* É a que deve ser submetida a outra ordem de jurisdição (Rivero), logo o juiz da ação principal deve sobrestar sua decisão e esperar a de outro magistrado (Vedel). Por exemplo: questão de apreciação da legalidade do ato administrativo (Waline). **4.** Na *linguagem jurídica* em geral, pode significar: a) a que prejudica; b) que torna ineficaz; c) que anula; d) que prejulga; e) a que se antepõe a outra questão, para torná-la inefetiva.

QUESTÃO PRELIMINAR. 1. *Direito processual civil.* a) É a que antecede a matéria de mérito em contestação ou em petição de recurso, ou em decisão judicial, com a finalidade de regularizar o processo e que deve ser decidida com precedência, pois pode impedir o julgamento final (Othon Sidou); b) questão analisada e decidida relativamente ao desenvolvimento regular do processo. Trata-se da questão prévia, que constitui um incidente sobre o processo ou sobre sua validade e que, por isso, deve ser examinada em primeiro lugar (Marcos Afonso Borges). **2.** *Direito administrativo.* Questão acessória que pode ser decidida pelo próprio juiz da ação principal (Rivero; Vedel). Por exemplo: a decidida pelo Tribunal de Contas, ao julgar as contas dos responsáveis pelos bens públicos (José Cretella Jr.).

QUESTÃO PRÉVIA. 1. *Direito processual. Vide* QUESTÃO PRELIMINAR. **2.** *Ciência política.* É a proposta nas assembléias parlamentares, antes da discussão do projeto, podendo por isso rejeitar, adiar ou modificar aquele projeto.

QUESTÃO PRINCIPAL. 1. *Direito processual.* a) Aquela que, voltada à pretensão material da lide, é o núcleo da decisão judicial; b) aquela em que se funda o mérito da causa. **2.** *Filosofia geral.* a) Ponto central de um sistema normativo ou cultural; b) aquela que contém em si os valores mais altos.

QUESTÃO RELEVANTE. *Direito processual.* Matéria que possibilita o conhecimento do recurso extraordinário, em hipóteses em que, em regra, seria incabível, pelos reflexos do julgamento na ordem sociopolítica (Othon Sidou).

QUESTÃO SOCIAL. *Sociologia jurídica.* **1.** Problema alusivo ao desenvolvimento intelectual e moral da massa social, à convivência coletiva e ao nível econômico independentemente da forma de governo adotada pelo país ou do seu regime político. **2.** É a que procura a obtenção de um meio que possa diminuir os males comuns aos povos civilizados, oriundos da desigualdade de classes sociais ou da existente entre capitalistas e assalariados. **3.** Disputa entre a classe trabalhadora e a detentora do capital (Geraldo Magela Alves). **4.** Aquela que impede a realização da justiça social. **5.** Conjunto de teorias, problemas e fatos relativos à melhor regulamentação da convivência humana (Orlando Gomes e Elson Gottschalck).

QUESTÃO VITAL. Negócio demasiadamente importante, ligado a um sério interesse.

QUESTIONABILIDADE. Qualidade de questionável.

QUESTIONADO. 1. Controvertido. **2.** O que se questionou. **3.** Discutido.

QUESTIONADOR. O que questiona.

QUESTIONAR. 1. Discutir. **2.** Contestar em juízo.

QUESTIONÁRIO. Conjunto de quesitos ou de perguntas.

QUESTIONÁRIO DE BALLARD. *Medicina legal.* Prova para averiguar o grau de inteligência, consistente em estabelecer cem questões relativas às funções intelectuais, cujas respostas os examinandos deverão escrever, sinteticamente, em papel adequado a essa finalidade (José Lopes Zarzuela).

QUESTIONÁVEL. O que pode ser questionado.

QUESTION PRÉALABLE. *Locução francesa.* Na França, era o suplício que antecedia a execução capital, que foi abolido em 1788.

QUESTION PRÉPARATOIRE. *Locução francesa.* Interrogatório com tormento abolido, na França, em 1780.

QUESTIÚNCULA. 1. Questão sem importância. **2.** Discussão sobre tema fútil.

QUESTOR. *História do direito.* Na antiguidade romana era: a) o juiz criminal; b) o magistrado escolhido pelo rei para administrar as finanças; c) o juiz ou inquisidor encarregado de processar delitos de ação pública.

QUESTORADO. *História do direito.* Em Roma era: a) cargo de questor; b) duração do tempo de exercício desse cargo; c) área territorial da jurisdição do questor.

QUESTÓRIO. Referente à questão.

QUESTUÁRIO. Que só visa o lucro.

QUESTUOSO. O que é vantajoso.

QUESTURA. *História do direito.* Função de questor.

QUETZAL. *Direito comparado.* Unidade monetária da Guatemala, dividida em 60 pesos.

QUI AD AGENDUM ADMITTITUR, EST AD EXCIPIENDUM MULTO MAGIS ADMITTENDUS. *Expressão latina.* Quem é aceito para intentar uma ação deve, com mais forte razão, ser admitido para propor exceções.

QUI ADDIT SCIENTIAM, ADDIT ET LABOREM. *Expressão latina.* Quem aumenta a sabedoria aumenta o trabalho.

QUI ADIPISCI VERAM GLORIAM VOLET, JUSTITIAE FUNGATUR OFFICIIS. *Expressão latina.* Quem quiser alcançar a verdadeira glória deve cumprir os deveres da justiça.

QUIBANDO. *Direito agrário.* No norte do Brasil, é a peneira de junco.

QÜÍBUS. Recursos financeiros; dinheiro.

QUIÇAMÃ. *Direito agrário.* Variedade de cana-de-açúcar.

QUIÇAMBA. *Direito agrário.* Jacá de taquara usado para medir o milho em espiga.

QUI CONTRA JUS MERCATUR, BONAM FIDEM PRAESUMITUR NON HABERE. *Expressão latina.* Não se presume boa-fé da parte daquele que fez contrato contra o direito.

QUICQUID MULTIS PECCATUR, INULTUM EST. *Expressão latina.* Quando uma falta é cometida por muitos, fica impune.

QUICUMQUE SUB CONDITIONE OBLIGATUS CURAVERIT NE CONDITIO EXISTERET, NIHILO MINUS OBLIGATUR. *Expressão latina.* Quem, estando obrigado, sob condição, a agir de modo que esta não se cumpra continua, não obstante, obrigado.

QUID. *Termo latino.* **1.** Que. **2.** Alguma coisa. **3.** Ponto principal.

QUID AGENDUM? *Locução latina.* Que fazer?

QUIDAGRA. *Medicina legal.* Dor gotosa na mão.

QUIDAM. *Termo latino.* **1.** Certo. **2.** Qualquer pessoa; pessoa sem importância.

QUI DESIDERAT PACEM PRAEPARIT BELLUM. *Expressão latina.* Quem deseja a paz prepara a guerra.

QUI DE UNO DICIT, DE ALTERO NEGAT. *Expressão latina.* Quem afirma de um, nega de outro.

QÜIDIDADE. *Filosofia geral.* **1.** Essência, enquanto distinta da existência. **2.** O que uma coisa é em si. **3.** Qualidade essencial da coisa.

QUID INDE? *Locução latina.* Qual a conseqüência? E depois? Daí?

QÜIDITATIVO. *Filosofia geral.* Relativo à essência ou à substância essencial da coisa.

QUID IURIS? *Locução latina.* Que direito? Qual o direito? Qual a solução advinda do direito?

QUID MULTA? *Locução latina.* Para que mais palavras?

QUID PRODEST? *Locução latina.* Para que serve?

QUID PRO QUO. *Locução latina.* **1.** Confusão. **2.** Uma coisa por outra. **3.** Mal-entendido.

QUID QUID AGANT HOMINES, INTENTIO JUDICAT OMNES. *Expressão latina.* Em todos os atos humanos, a intenção é o juiz.

QUID SIT JURIS? *Expressão latina.* Que é o direito?

QUIES GENTIUM SINE ARMIS HABERI NEQUIT. *Expressão latina.* Não tem seguro seu Estado o rei desarmado.

QUI EXCIPIT NON FATETUR. *Aforismo jurídico.* Quem alega exceção não confessa.

QUI EXCIPIT PROBARE DEBET QUOD EXCIPITUR. *Expressão latina.* Quem opõe uma exceção deve fornecer as provas da exceção.

QUI FACIT PER ALIUM, EST PERINDE AC SI FACIAT PER SE IPSUM. *Aforismo jurídico.* Fazer por si ou por outrem é a mesma coisa.

QUI HABET COMMODA, FERRE DEBET ONERA. *Aforismo jurídico.* Quem goza o cômodo deve suportar o incômodo.

QUI JURE SUO UTITUR NEMINEM LAEDIT. *Aforismo jurídico.* Quem usa de seu direito próprio não prejudica ninguém.

QUILALGIA. *Medicina legal.* Dor nos lábios.

QUILATE. **1.** Boa qualidade; primor. **2.** Peso de quatro grãos. **3.** Unidade de peso usada para pérolas e pedras preciosas, equivalente a 205,3 miligramas. **4.** Medida da pureza do ouro, que corresponde à 24ª parte da onça. **5.** Quantidade de ouro em sua liga com outro metal; assim, o ouro de 18 quilates tem 18 partes de ouro e 6 de outro metal, pois o ouro puro tem 24 quilates.

QUILATE INTERNACIONAL. Unidade internacional de peso para pedras e metais preciosos, equivalente a 200 miligramas.

QUILATEIRA. Peneira usada para avaliação do quilate pelo volume das pedras preciosas.

QUILHA. **1.** *Direito marítimo.* Peça principal e inferior da embarcação, que faz parte do casco, indo da popa à proa e sustentando sua armação. **2.** *Direito aeronáutico.* Peça alongada que reforça a parte inferior dos flutuadores do hidroavião. **3.** *Direito agrário.* Defeito no cavalo que se caracteriza por uma saliência no osso do esterno.

QUILIARCO. *História do direito.* Na Grécia antiga, era o comandante da quiliarquia.

QUILIARE. *Direito agrário.* Medida agrária de mil ares.

QUILIARQUIA. *História do direito.* Divisão de mil homens na falange macedônica.

QUILIASMA. *Sociologia geral.* Forma de mentalidade utópica que visa suprimir as relações com as fases de existência histórica encontradas, em um processo diário de vir a ser, hostilizando-se com o mundo e sua cultura. A única característica identificadora da experiência quiliástica é a da atualidade absoluta. O presente imediato toma posse do mundo exterior e o transforma (Mannheim, Bloch e Münzer).

QUILIBET. *Termo latino.* Qualquer do povo.

QUILIBET PRAESUMITUR BONUS DONEC CONTRARIUM PROBETUR. *Expressão latina.* Qualquer um se presume bom, até prova em contrário.

QUILIOMBE. *História do direito.* Sacrifício de mil vítimas, na antigüidade grega.

QUILITE. *Medicina legal.* Inflamação dos lábios.

QUILO. **1.** Mil gramas. **2.** Abreviatura de quilograma.

QUILOBYTE. *Direito virtual.* Medida de capacidade da memória dos computadores, que corresponde a 1.024 *bytes.*

QUILOCACIA. *Medicina legal.* Endurecimento, inchação e rubefação labial.

QUILOCALORIA. Medida calorimétrica que corresponde a mil calorias.

QUILOFAGIA. *Medicina legal.* Vício de morder os lábios.

QUILOFÁGICO. *Medicina legal.* Referente à quilofagia.

QUILÓFAGO. *Medicina legal.* Aquele que tem quilofagia.

QUILOGNATOPALATOSQUISMA. *Medicina legal.* Fenda no lábio, no queixo superior e na abóbada palatina.

QUILOGNATOSQUISMA. *Medicina legal.* Divisão do lábio e do véu do paladar.

QUILOGRAMA. Peso de mil gramas.

QUILOMBO. *História do direito.* **1.** Arraial formado pelos escravos fugidos, ao se esconderem no mato. **2.** Pequeno assentamento rural que abrigava negros foragidos das fazendas, índios e mulatos. **3.** Mocambo.

QUILOMBOLA. *História do direito.* Escravo refugiado no quilombo.

QUILOMETRAGEM. Medição feita por quilômetro.

QUILOMETRAR. Medida em quilômetros; marcar por quilômetros.

QUILOMÉTRICO. **1.** Que diz respeito ao quilômetro. **2.** Que se mede por quilômetros. **3.** Extenso.

QUILÔMETRO. Medida itinerária que corresponde a mil metros.

QUILÔMETRO QUADRADO. Medida de área equivalente a mil metros quadrados.

QUILOPLASTIA. *Medicina legal.* Restauração cirúrgica dos lábios.

QUILORRAFIA. *Medicina legal.* Sutura provisória de um corte labial.

QUILORRAGIA. *Medicina legal.* Hemorragia pelos lábios.

QUILOSE. *Medicina legal.* Tumefação dos lábios.

QUILOSQUISMA. *Medicina legal.* Lábio leporino; fenda nos lábios.

QUILOWATT. Unidade elétrica de mil watts.

QUILÚRIA. *Medicina legal.* Estado mórbido que se caracteriza pela presença de gordura na urina.

QUI MANDAT SOLVI, IPSE VIDETUR SOLVERE. *Aforismo jurídico.* Quem manda pagar é como se tivesse pago pessoalmente.

QUI MEDIUM VULT, FINEM VULT. *Expressão latina.* Quem quer o meio, quer o fim.

QUIMERA. **1.** Utopia. **2.** Coisa impossível de realizar-se.

QUIMERA SANGÜÍNEA. *Medicina legal.* Gêmeo dizigótico que possui duas populações de glóbulos sangüíneos de grupos diferentes, uma de células próprias e outra oriunda de células hematopoéticas do irmão, enxertadas em seu organismo através de anastomoses de vasos placentários durante o período fetal, estabelecendo-se tolerância imunológica (Morris Fishbein).

QUIMÉRICO. **1.** Irreal. **2.** Utópico.

QUIMERISTA. Utopista.

QUÍMICO. **1.** *Direito do trabalho.* a) Profissional que se dedica a investigações, estudos, experiências e análises relacionadas com a composição, as propriedades e possíveis transformações de certas substâncias; b) pessoa versada em química que se dedica à fabricação de produtos químicos, à engenharia química ou ao ensino da química. **2.** Na *linguagem jurídica* em geral, é a qualidade do produto obtido em laboratório, mediante emprego de técnica especial.

QUÍMICO–LEGAL. *Direito processual.* Diz respeito à operação química ordenada pela Justiça.

QUIMIORRECEPTORES. *Medicina legal.* Receptores sensíveis contidos nos corpúsculos aórticos e carotídeos que reagem a algumas variações químicas da composição sangüínea e que desempenham grande papel na respiração, como a diminuição da tensão parcial de oxigênio, o aumento da concentração hidrogeniônica e do ácido carbônico, da nicotina e dos cianuretos (Croce e Croce Jr.).

QUIMIOTERAPIA. *Medicina legal.* Prevenção ou tratamento de determinadas moléstias (câncer, por exemplo) empregando-se agentes químicos que atuam como antisséptico no organismo patogênico ou inibem os parasitas invasores.

QUIMOFOBIA. *Medicina legal.* Pavor mórbido de tempestades.

QUIMOFÓBICO. *Medicina legal.* Referente à quimofobia.

QUIMÓFOBO. *Medicina legal.* Quem sofre de quimofobia.

QUIMOSE. *Medicina legal.* Inflamação na conjuntiva.

QUINÁRIO. **1.** Na *linguagem comum* é o relativo a cinco. **2.** *História do direito.* Moeda de prata que, em Roma, era equivalente a meio denário.

QUINAU. Sinal com que se marcam os erros escolares.

QÜINDECENVIRAL. *História do direito.* Relativo aos qüindecênviros.

QÜINDECENVIRATO. *História do direito.* Cargos dos qüindecênviros.

QÜINDECÊNVIRO. *História do direito.* Cada um dos quinze magistrados romanos encarregados do arquivo sibilino e da organização de determinadas cerimônias.

QÜINDENA. *História do direito.* Imposto consistente na décima quinta parte do rendimento.

QÜINDÊNIO. *Direito do trabalho.* Unidade temporal do trabalho avençado por quinzena (Othon Sidou).

QÜINGENTARIA. *História do direito.* Corpo militar que, entre os godos, correspondia a quinhentos soldados.

QÜINGENTÁRIO. *História do direito.* Comandante da qüingentaria.

QUINGUINGU. **1.** *História do direito.* Trabalho extraordinário que os escravos faziam durante a noite, obrigados pelo fazendeiro. **2.** *Direito agrário.* No Estado da Paraíba é a pequena cultura agrícola.

QUINHÃO. *Direito civil.* **1.** Parcela da distribuição de um todo dividido que cabe a cada um; porção cabível a cada condômino na divisão da coisa comum. **2.** Cota-parte a que cada quinhoeiro tem direito por força de lei ou de partilha. **3.** Parte da herança cabível a cada herdeiro, na partilha.

QUINHENTÃO. *História do direito.* **1.** Antiga nota de 500 mil-réis. **2.** Antiga moeda de 500 réis.

QUINHOAR. *Direito civil.* Dividir em quinhões.

QUINHOEIRO. *Direito civil.* **1.** Titular de um quinhão. **2.** O que recebe quinhão. **3.** Co-proprietário ou condômino de cota-parte ideal de prédio indiviso. **4.** Sócio. **5.** Comparte na renda ou nos frutos da coisa comum. **6.** Co-legatário, em relação à quota que lhe cabe no legado.

QUINHONISTA. *Direito comercial.* Portador de um quinhão numa sociedade anônima.

QUINIDINA. *Medicina legal.* Droga obtida do córtex de planta chamada cinchona, eficaz no tratamento de doença cardíaca como a que apresenta pulsação rápida e irregular como sintoma principal. É benéfica no tratamento da fibrilação do músculo cardíaco.

QUI NIHIL DEBET, LICTORES NON TIMET. *Expressão latina.* Quem não deve, não teme.

QUININO. *Medicina legal.* Droga, derivada do córtex de cinchona, usada no tratamento da malária, de certas formas de debilidade muscular e como auxiliar em casos de nevralgia.

QUI NON FACIT QUOD DEBET, NON RECIPIT QUOD OPORTET. *Aforismo jurídico.* Quem não faz o que deve, não recebe o que convém.

QUI NON HABET IN AERE, LUAT IN CORPORE. *Expressão latina.* Quem não pode pagar com dinheiro pague com sua pessoa, prestando serviço.

QUI NON PROHIBET CUM POTEST, JUBET. *Aforismo jurídico.* Não impedir, quando se pode, é ser cúmplice.

QUINOTERAPIA. *Medicina legal.* Tratamento de determinadas moléstias, empregando quinina.

QÜINQUAGENÁRIO. Aquele que está entre os cinqüenta e cinqüenta e nove anos de idade.

QÜINQUAGÉSIMA. Período de cinqüenta dias.

QÜINQÜENAL. **1.** Na *linguagem comum,* é o período de cinco anos. **2.** *História do direito.* Magistrado municipal romano, cujo cargo durava cinco anos.

QÜINQÜÊNIO. **1.** Na *linguagem comum,* é o período de cinco anos. **2.** *Direito administrativo* e *direito do trabalho.* Unidade-tempo usada para conceder vantagens salariais ou promocionais a servidores públicos ou empregados (Othon Sidou).

QÜINQÜERREME. *Direito marítimo.* Embarcação com cinco ordens de remos ou com cinco remadores em cada remo.

QÜINQÜEVIRATO. *História do direito.* **1.** Tribunal dos qüinqüéviros. **2.** Função de qüinqüéviro.

QÜINQÜÉVIRO. *História do direito.* Cada um dos cinco magistrados romanos que zelavam pela ordem pública.

QUINQUE VOCES. **1.** *Locução latina.* Cinco palavras. **2.** *Filosofia geral.* Cinco universais: o gênero, a espécie, a diferença, o próprio e o acidente (Porfírio; Lalande).

QÜINQÜÍDIO. Período de cinco dias.

QUINQUILHARIA. *Direito comercial.* **1.** Bagatela. **2.** Produto de pequeno valor. **3.** Objeto de comércio em casa de armarinho, como botões, alfinetes, colchetes etc. **4.** Mercadoria de casa de ferragens.

QUINQUILHEIRO. *Direito comercial.* Fabricante ou vendedor de quinquilharia.

QUINTA. **1.** *Direito agrário.* Pequena propriedade agrícola. **2.** *Direito desportivo.* Na esgrima, uma das paradas da linha alta. **3.** Na *linguagem comum* pode designar casa de campo para fins de recreação.

QUINTÃ. *Medicina legal.* Febre que sobrevém de cinco em cinco dias.

QUINTA-COLUNA. *Ciência política, direito internacional público* e *direito militar.* **1.** Pessoa estrangeira ou nacional que age em país beligerante fazendo espionagem ou propaganda subversiva ou preparando auxílio a serviço de outro Estado em caso de invasão. **2.** Espião. **3.** Traidor.

QUINTA-COLUNISMO. *Ciência política* e *direito internacional público*. **1.** Partido dos quinta-colunas. **2.** Ação própria de quinta-coluna.

QUINTA-COLUNISTA. *Ciência política* e *direito internacional público*. **1.** Referente ao quinta-colunismo. **2.** Aquele que pertence ao quinta-colunismo.

QUINTA DECIMANO. *História do direito.* Soldado romano da décima quinta legião.

QUINTA-ESSÊNCIA. 1. Grau mais elevado. **2.** Excelente.

QUINTAGEM. *História do direito.* **1.** Imposto de 5%. **2.** Ato de tirar o quinto. **3.** *Vide* QUINTO.

QUINTAL. 1. Na *linguagem comum* é o terreno contíguo a uma residência, ocupado por jardim, pequeno pomar ou horta, sendo considerado como imóvel urbano. **2.** *História do direito.* Medida de peso que equivalia a quatro arrobas ou a 60 quilos.

QUINTANA. *História do direito.* Manequim que era usado como alvo para adestramento dos que se exercitavam nas armas, os quais procuravam, então, golpeá-lo ou atingi-lo.

QUINTANOS. *História do direito.* Soldados da 5ª legião romana.

QUINTESSÊNCIA. *Vide* QUINTA-ESSÊNCIA.

QUINTO. 1. *História do direito.* Imposto que, no Brasil-colônia, era cobrado pela Metrópole, que equivalia à quinta parte (20%) das riquezas minerais aqui extraídas, e sobretudo do ouro. **2.** Na *linguagem comum* quer dizer a) o que numa série ocupa o quinto lugar; b) uma das partes da coisa que foi dividida por cinco. **3.** *Direito agrário.* Na Bahia, é o ônus de 20% cobrado pelos donos-de-serra sobre o produto extraído.

QUINTO CONSTITUCIONAL. *Direito processual* e *direito constitucional.* Maneira de preenchimento de vagas nos tribunais, consistente em quatro quintos para a classe de juízes e um quinto para a dos membros do Ministério Público e a dos advogados, sendo que para as últimas classes há revezamento: em cada dez vagas, uma é preenchida por membro do Ministério Público e a outra por advogado, indicados em lista sêxtupla pelos órgãos de representação das respectivas classes. Recebidas as indicações, o tribunal formará lista tríplice, enviando-a ao Poder Executivo, que, nos vinte dias subseqüentes, escolherá um de seus integrantes para nomeação. O membro do Ministério Público deverá ter mais de dez anos de carreira e o advogado,

notório saber jurídico, reputação ilibada e mais de dez anos de efetiva atividade profissional.

QUINTO SETOR. *Economia política.* Setor composto pelos sem-teto, ou sem-rumo, em decorrência de miséria (Edson José Rafael).

QUINZENA. 1. *Direito agrário.* Renda paga pelos lavradores aos donos de engenho, equivalente a uma em cada quinze arrobas de açúcar fabricado. **2.** *Direito do trabalho.* Remuneração salarial que corresponde a quinze dias de trabalho. **3.** Na *linguagem comum* é o período de quinze dias.

QUINZENAL. 1. Relativo a uma quinzena. **2.** Publicação de jornal ou revista que sai de quinze em quinze dias.

QUINZENALISTA. *Direito do trabalho.* Empregado que recebe salário a cada quinzena.

QUINZENÁRIO. Periódico que sai de quinze em quinze dias.

QUI OBTICESSIT, VEL PUDET, VEL QUID RESPONDEAT, NON HABET. *Aforismo jurídico.* Quem cala, ou se envergonha, ou não tem o que responder.

QUIONABLEPSIA. *Medicina legal.* Cegueira causada pela neve.

QUIOSQUE. Pequeno pavilhão colocado em jardins ou praças para recreação ou exposição de objetos à venda.

QUI PECCAT EBRIUS, LUAT SOBRIUS. *Aforismo jurídico.* Quem comete uma falta quando embriagado pague-a quando estiver sóbrio.

QUI PRODEST? *Locução latina.* A quem aproveita?

QÜIPROQUÓ. 1. Na *linguagem comum* significa: a) confusão; b) equívoco. **2.** *História do direito.* Receituário farmacêutico que orientava a substituição do remédio receitado não existente no estoque.

QUIQUE SUUM. *Locução latina.* A coisa a seu dono.

QUIRALGIA. *Medicina legal.* Dor na mão.

QUIRARTRITE. *Medicina legal.* Inflamação nas juntas das mãos.

QUIRARTROCACE. *Medicina legal.* Tumefação das juntas das mãos.

QUIRATE. *História do direito.* Semente de alfarroba que era usada pelo boticário e ourives como peso e que correspondia a seis grãos de trigo.

QUIRERA. *Direito agrário.* Farelo ou milho quebrado usado para alimentar aves.

QUIRITÁRIO. *História do direito.* **1.** Em Roma era o conjunto dos direitos exclusivos dos quirites. **2.** Referente aos quirites.

QUIRITE ROMANUS. *Locução latina.* Aquele que de fato é romano.

QUIRITES. *História do direito.* **1.** Sabinos que se fundiram com os romanos. **2.** Romanos de estirpe antiga. **3.** Cidadãos romanos com capacidade eleitoral.

QUIRLANGUIXE. *História do direito.* Pequeno barco que, por ser veloz, acompanhava a nau almirante turca.

QUIRODÁCTILO. *Medicina legal.* Qualquer dedo da mão.

QUIRÓGRAFA. *Direito canônico.* Bula consistorial despachada no Consistório de Cardeais, que é a ata a ela correspondente e firmada pelo Papa (Carlos Francisco Sica Diniz).

QUIROGRAFÁRIO. **1.** *Direito civil.* a) Diz-se do credor que relativamente à exigência de seu crédito não tem garantia real de preferência nem qualquer privilégio; b) crédito destituído de preferência ou privilégio; c) ausência de garantia real de um crédito. **2.** Na *linguagem jurídica* em geral pode ter o significado de: a) documento assinado pelo próprio devedor; b) o que se baseia em um documento particular; c) coleção de autógrafos ou manuscritos; d) escrito do próprio punho.

QUIRÓGRAFO. **1.** *Direito internacional público.* Ato diplomático autografado pelo seu prolator. **2.** *Direito civil.* a) Assinatura; b) manuscrito; documento escrito de próprio punho. **3.** *Direito canônico.* Breve do Papa não promulgado. **4.** *História do direito.* a) Obrigação assinada pelo devedor e entregue, como documento de dívida, ao credor; b) credor quirografário que, em Roma, tinha como prova do crédito um vale ou recibo assinado pelo devedor.

QUIROMANCIA. Sistema que visa adivinhar algo pelas linhas da palma da mão (Afonso Celso F. de Rezende).

QUIRÔNIA. *Medicina legal.* Úlcera que apresenta bordas duras e calosas.

QUIROPLASTIA. *Medicina legal.* Cirurgia plástica da mão.

QUIROPODALGIA. *Medicina legal.* Dor nas mãos e nos pés.

QUIROPRÁTICA. *Medicina legal.* Terapia consistente em pressionar com as mãos os nervos espinhais.

QUIROSCOPIA. *Medicina legal.* Processo de identificação humana por meio de impressões palmares (José Lopes Zarzuela).

QUIROTESIA. *Direito canônico.* Cerimônia de imposição das mãos, durante a crisma, ordenação ou sagração.

QUIROTONIA. *Direito comparado.* Ato de votar, entre os gregos, levantando as mãos.

QUI SCRIBIT BIS LEGIT. *Expressão latina.* Quem escreve lê duas vezes.

QUI SEMEL FURATUR, SEMPER FUR EST. *Expressão latina.* Quem furta uma vez, sempre será ladrão.

QUI SENTIT ONUS, SENTIRE DEBET COMMODUM, ET E CONTRA. *Aforismo jurídico.* Quem tem ônus deve ter proveitos e vice-versa.

QUISIAQUE. *Direito comparado.* Estrume de estábulos que, em determinadas regiões russas, é utilizado como combustível, sob a forma de tijolos.

QUISLING. *Ciência política.* **1.** Governante títere ou imposto. **2.** Traidor.

QUISQUIS INIQUA FACIT, PATIATUR INIQUA, NECESSE EST. *Expressão latina.* Quem fizer o mal que o pague.

QUISQUIS POPULO. *Locução latina.* Qualquer pessoa do povo.

QUISTO. *Medicina legal.* Vesícula que se desenvolve no tecido de um órgão, em uma cavidade natural do corpo, e contém matéria mórbida fluida ou semifluida. O mesmo que CISTO.

QUISTO RACIAL. *Sociologia jurídica.* Colônia de imigrantes que, por suas idéias e costumes, pode ameaçar a segurança do país em que se encontra.

QUISTO SEBÁCEO. *Medicina legal.* Tumor formado por uma bolsa cheia de matéria gordurosa e de células epidérmicas.

QUI SUO JURE UTITUR NEMINEM LAEDIT. *Expressão latina.* Quem exerceu seu direito não prejudica ninguém.

QUITA. *História do direito.* Remissão ou perdão do débito.

QUITAÇÃO. **1.** *Direito civil.* a) Prova do pagamento da dívida mediante recibo ou devolução do título; b) documento em que o credor, ou seu representante, reconhecendo ter recebido o pagamento do seu crédito, exonera o devedor da obrigação; c) recibo de pagamento; d) liberação de um débito. **2.** *Direito tributário.* Prova do pagamento dos impostos pelo contribuinte, que se faz pela expedição de certidão negativa fornecida pela repartição pública competente.

QUITAÇÃO GERAL. *Direito civil.* É o recibo dado em relação a todos os negócios efetivados entre credor e devedor. Nesse recibo devem ser individuados todos os pagamentos efetuados pelo devedor.

QUITAÇÃO JUDICIAL. *Direito processual civil.* É a passada em juízo, havendo consignação em pagamento mediante citação do credor, que se recusou a fornecer a prova do débito quitado. O devedor ficará quitado pela sentença que condenar o credor.

QUITAÇÃO PARCIAL. *Direito civil.* Recibo dado pela parcela do débito que foi solvido, muito comum, por exemplo, nos recebimentos de juros relativos ao principal da dívida ou de obrigação parcelada.

QUITAÇÃO PLENA. *Direito civil* e *direito comercial.* Quitação total pela qual o devedor que, voluntariamente, pagou toda a dívida, dela fica inteiramente desonerado, uma vez que cumpriu toda a obrigação. E se várias forem as prestações cumpridas, o recibo apresenta-se em termos gerais, sem fazer menção a cada uma delas.

QUITAÇÃO SALARIAL. *Direito do trabalho.* Pagamento do salário.

QUITAÇÃO TOTAL. *Vide* QUITAÇÃO PLENA.

QUI TACET, CONSENTIRE VIDETUR. *Expressão latina.* Quem cala consente.

QUI TACET NON FATETUR, SED NEC UTIQUE NEGARE VIDETUR. *Expressão latina.* O que cala não confessa, mas tampouco se entende que nega.

QUI TACET NON UTIQUE FATETUR: SED TAMEN VERUM EST EUM NON NEGARE. *Expressão latina.* Quem cala não confessa, mas também não nega.

QUITADO. *Vide* QUITE.

QUITADOR. *Direito civil.* Aquele que quita.

QUITAMENTO. *Vide* QUITAÇÃO.

QUITANDA. 1. *História do direito.* Estabelecimento onde, no norte do Brasil, era vendida a prata. **2.** *Direito comercial.* Estabelecimento onde se vendem frutas, verduras e legumes.

QUITANDEIRO. *Direito comercial.* **1.** Dono de quitanda. **2.** Vendedor de frutas e hortaliças.

QUITAR. *Direito civil.* **1.** Tornar quite. **2.** Cumprir, voluntariamente, obrigação, desonerando-se do débito. **3.** Liberar.

QUITCLAIM. *Termo inglês.* **1.** Absolvição. **2.** Livramento.

QUITE. 1. *Direito civil.* a) Desobrigado; b) livre da dívida; c) aquele que saldou suas contas; d) efeito da quitação. **2.** *Direito comparado.* Ato com que o toureiro, quando o cavaleiro está quase colhido pelo touro, desvia a atenção deste para outro lado.

QUITONOPTOSE. *Medicina legal.* Prolapso vaginal.

QUITTANCER. *Termo francês.* Dar quitação.

QUITUS. *Termo francês.* Quitação.

QUIVIS POPULO. *Locução latina.* Qualquer do povo.

QUIVIS PRAESUMITUR BONUS, DONEC PROBETUR MALUS. *Expressão latina.* Toda pessoa presume-se boa, até que se prove o contrário.

QUIVIS UNUS EX POPULO. *Locução latina.* Qualquer um do povo.

QUO CAPITA, TOT SENTENTIAE. *Expressão latina.* Tantas cabeças, tantas sentenças.

QUOCIENTAR. Encontrar ou determinar o quociente.

QUOCIENTE DE INTELIGÊNCIA. *Medicina legal* e *psicologia forense.* É o quociente do produto da idade mental por 100 pela idade cronológica do indivíduo (José Lopes Zarzuela). Tal relação assim se expressa:

$$QI = \frac{idade\ mental}{idade\ cronológica} \times 100$$

QUOCIENTE ELEITORAL. *Direito eleitoral.* Resultado da divisão do número de votos válidos apurados pelo de lugares a serem preenchidos em cada circunscrição eleitoral, desprezando-se a fração quando inferior a meio e contada como um, se superior (Othon Sidou).

QUOCIENTE PARTIDÁRIO. *Direito eleitoral.* Resultado da divisão do número de votos válidos sob a mesma legenda pelo quociente eleitoral (Walter Cruz Swensson; Othon Sidou).

QUOD AB INITIO NON VALET, IN TRACTU TEMPORIS, NON CONVALESCIT. *Aforismo jurídico.* O que não é válido desde o princípio, não o será com o correr do tempo.

QUOD ABUNDAT, NON NOCET. *Expressão latina.* O que abunda, não prejudica.

QUOD ALICUI GRATIOSE CONCEDITUR, TRAHI NON DEBET AB ALIIS IN EXEMPLUM. *Expressão latina.* O que se concede a alguém por favor não pode ser dado, como exemplo, a outros.

QUOD ALICUI SUO NON LICEBIT NOMINE, NEC ALIE-NO LICEBIT. *Expressão latina.* Não é permitido fazer em nome de outrem o que não podemos fazer em nosso próprio nome.

QUOD COMMUNE CUM ALIO EST, DESINIT ESSE PROPRIUM. *Expressão latina.* Aquilo que se tem em comum com outros deixa de ser próprio.

QUOD DEBETUR. *Locução latina.* O que deve ser feito.

QUOD DIFFERTUR NON AUFERTUR. *Expressão latina.* O que se prorroga não se perde.

QUOD DUBITAS, NE FECERIS. *Expressão latina.* Quando duvidares, não faças.

QUOD ERAT DEMONSTRANDUM. *Expressão latina.* O que era necessário demonstrar.

QUOD EST PER SE ESSE. *Expressão latina.* O ser por si mesmo.

QUOD EX LEGE DATUM EST LUCRUM, PRIVATUS AU-FERRE MODIS OMNIBUS NON VALEBIT. *Expressão latina.* O lucro dado pela lei não pode ser tirado pelo particular.

QUOD FACTUM FOEDUM EST, IDEM EST ET DICTU TURPE. *Expressão latina.* Aquilo que é abominável na sua execução torna, igualmente, torpes as palavras que o exprimem.

QUOD GRATIS ASSERITUR, GRATIS NEGATUR. *Aforismo jurídico.* O que se afirma gratuitamente, gratuitamente pode ser negado.

QUODLIBET. *Termo latino.* **1.** Argumento sustentado a capricho do autor. **2.** Resposta categórica. **3.** Réplica veemente.

QUODLÍBETO. *História do direito.* **1.** Tese de assunto filosófico ou teológico que, na Idade Média, era sustentada em praça pública. **2.** Prova pública que os doutorandos da universidade de Coimbra davam no novo ano de seus estudos.

QUOD METUS CAUSA GESTUM ERIT, NULLO TEM-PORE PRAETOR RATUM HABEBIT. *Expressão latina.* Aquilo em que houver coação o pretor não pode considerar como válido.

QUOD MIHI PRODEST, POSSUM IN RE MEA FACERE, QUAMVIS ALTERI NOCET. *Aforismo jurídico.* O que a mim aproveita, posso fazê-lo meu, ainda que prejudique a outro.

QUOD NON EST IN ACTIS NON EST IN MUNDO. *Expressão latina.* O que não está nos autos não existe.

QUOD NON EST, SUPPLERI NON POTEST. *Expressão latina.* O que não existe não se pode suprir.

QUOD NOSTRUM EST, SINE FACTO NOSTRO ALTE-RIUS FIERI NON POTEST. *Aforismo jurídico.* O que é nosso não pode ser de outro sem fato nosso.

QUOD NULLIUS EST, PRIMO OCCUPANTI CEDIT. *Aforismo jurídico.* O que não é de ninguém cai no poder do primeiro que dele se apoderar.

QUOD NULLUM EST, NULLUM PRODUCIT EFFECTUM. *Expressão latina.* O que é nulo, nenhum efeito produz.

QUOD OB GRATIAM ALICUJUS CONCEDITUR, NON EST IN EJUS DISPENDIUM RETORQUENDUM. *Expressão latina.* O que foi concedido por favor a uma pessoa, não se pode tomar em seu prejuízo.

QUOD OMNES TANGIT AB OMNIBUS APPROBARI DEBET. *Expressão latina.* **1.** O que toca a todos, por todos deve ser aprovado. **2.** Nos problemas que se relacionam com a coletividade, as deliberações devem ser aprovadas por todos.

QUOD PERIIT, PERIIT. *Expressão latina.* O que morreu, morreu.

QUOD PLERUMQUE ACCIDIT. *Expressão latina.* O que ordinariamente acontece.

QUOD PRINCIPI PLACUIT, LEGIS HABET VIGOREM. *Aforismo jurídico.* A vontade do rei tem força de lei.

QUOD QUIS MANDATO FACIT JUDICIS, DOLO FACERE NON VIDETUR: CUM HABEAT PARERE NECESSE. *Aforismo jurídico.* O que fazemos por ordem judicial não pode ser tido como dolo, pois somos obrigados a obedecê-la.

QUOD QUISQUE JURIS IN ALIUM STATUERIT, IPSO JURE UTATUR. *Aforismo jurídico.* O que de direito alguém estabelece para outros, disso mesmo ele use.

QUOD RARO EVENIT, PRAETEREUNT LEGISLATORES. *Expressão latina.* Os legisladores não levam em conta o que raramente acontece.

QUOD RARO FIT, NON OBSERVANT LEGISLATORIS. *Expressão latina.* Os legisladores não têm em vista o que mui raramente acontece.

QUOD TIBI NON NOCET, ET ALTERI PRODEST, FACI-LE EST CONCEDENDUM. *Aforismo jurídico.* O que a ti não prejudica e a outro aproveita, facilmente deve ser concedido.

QUOD TIBI NON VIS, ALTERI NE FACIES. *Expressão latina.* O que para ti não queres, não faças a outro.

QUOD TUA NON REFERT, PERCONTARI DESINAS. *Expressão latina.* Não indagues do que não te interessar.

QUOD VERUM EST, REFELLI NUNQUAM POTEST. *Expressão latina.* O que é verdade nunca pode ser refutado.

QUOMODO FUERIS, NON QUOMODO EVENERIT TIBI IMPUTABITUR. *Expressão latina.* Serás julgado pelo que quiseste fazer e não pelo que sucedeu.

QUORUM. 1. *Termo latino.* a) Dos que; dos quais; b) número legal de membros cuja presença é imprescindível para dar validade às deliberações e votos de um órgão colegiado ou assembléia (Pinto Ferreira; Eugène Pierre). **2.** *Direito civil* e *direito comercial.* Número mínimo indispensável de pessoas presentes para funcionamento ou aprovação de uma deliberação social de pessoa jurídica de direito privado ou de uma assembléia de condôminos.

QUORUM QUALIFICADO. *Ciência política* e *direito constitucional.* Qualificação da maioria de três quintos dos votos dos membros de cada Casa do Congresso Nacional para aprovação de emenda constitucional, ou de dois terços da Câmara dos Deputados para a admissão da acusação feita contra presidente da República por crime de responsabilidade ou comum (Celso Bastos).

QUORUM SIMPLES. *Ciência política* e *direito constitucional.* Maioria simples ou maioria obtida, estando presente mais da metade dos membros da Casa, mediante o atingimento de um número de votos dos presentes equivalente ao primeiro número inteiro depois da metade, ou seja, da metade dos integrantes mais um (Celso Bastos).

QUOTA. 1. *Direito civil.* a) Cota, porção determinada ou quinhão cabível a cada condômino na divisão da coisa comum; b) parte ideal de uma massa indivisa expressa por uma fração, correspondente a cada condômino; c) contribuição que cada um deve dar para a consecução de um fim; d) parcela de uma prestação que deve ser satisfeita periodicamente. **2.** *Direito comercial.* a) Importância com que cada sócio entra para o capital social; b) conjunto de direitos e deveres dos sócios, decorrentes do contrato de sociedade; c) fração ideal do patrimônio líquido do fundo de investimento (Luiz Fernando Rudge). **3.** *História do direito.* a) Nota concisa feita pelo advogado no corpo dos autos do processo; breve requerimento não articulado que, mediante termo de vista, era escrito pelo advogado no ventre dos autos, a bem da sua justiça; b) oferecimento de defesa não articulada; c) apontamento interlinear ou marginal nos autos; d)

advertência do juiz que, como corregedor, escrevia e rubricava à margem dos autos e livros a título de advertência para emenda ou remissão; e) nota da importância do salário lançada pelo serventuário à margem do ato praticado; f) nota marginal escrita pelo serventuário em autos, papéis avulsos ou livros de cartório; g) número ou letra com que se classificam as peças de um processo (Capitant). **4.** *Direito processual.* Nota concisa no corpo dos autos feita pelo desembargador, ao transmitir os autos ao revisor, depois de vistos. **5.** *Direito constitucional* e *direito tributário.* Quinhão recebido pelas pessoas jurídicas de direito público de administração direta no produto de arrecadação de impostos.

QUOTA DA HERANÇA. *Direito civil.* Fração ou parte ideal do patrimônio do *de cujus* cabível ao herdeiro.

QUOTA DE CAPITAL. *Direito comercial.* **1.** Conjunto de parcelas em que está dividido o capital da sociedade. **2.** Contribuição de cada sócio para formar o capital social da sociedade limitada (Waldirio Bulgarelli).

QUOTA DE DISTRIBUIÇÃO. *Direito processual.* Assento colocado pelo distribuidor na petição ou livro para indicar qual o juiz ou serventuário que irá funcionar no feito.

QUOTA DISPONÍVEL. *Direito civil.* Metade dos bens do testador existentes ao falecer, abatidas as dívidas e as despesas do funeral, da qual ele pode válida e livremente dispor, sem que seja atingida a outra porção reservada de seu patrimônio, que compõe a legítima de seus herdeiros necessários.

QUOTA INDISPONÍVEL. *Vide* QUOTA LEGITIMÁRIA.

QUOTA INDIVISA. *Direito comercial.* Quota que, na sociedade limitada, pelo contrato de sociedade, tem valor único, impondo, havendo compropriedade, a designação de um dos coproprietários para representar os demais no exercício dos direitos sociais (Othon Sidou).

QUOTA LEGITIMÁRIA. *Direito civil.* Legítima do herdeiro necessário da qual o testador não pode dispor.

QUOTA LITIS. 1. *Locução latina.* Parcela do litígio; cotalício; quota-parte. **2.** *Direito civil.* a) Pacto pelo qual um dos litigantes se compromete a dar ao advogado uma parte do objeto do litígio se vencer a demanda ou um valor fixado em percentual calculado sobre o montante dele. Logo, o contrato escrito de serviços advocatícios pode adotar a cláusula *quota litis*, condicionada à disponibilidade financeira do cliente para o custeio da causa. Tais honorários devem ser, quando possível, em pecúnia. Se acrescidos dos da sucumbência, que não sejam superiores às vantagens que advieram ao seu constituinte. Deve haver moderação, observando-se o valor da causa, a condição econômica do constituinte e o proveito que para ele resultar do serviço profissional; b) contrato aleatório pelo qual alguém se associa a um dos litigantes, dando-lhe auxílio financeiro, desde que receba uma percentagem no resultado da demanda (Othon Sidou); c) participação dos resultados da causa.

QUOTA MORATÓRIA. *História do direito.* Aquela que, não sendo motivada por moléstia grave, se destinava a procrastinar a decisão final da ação ou do processo, retardando o pronto expediente do feito (Galdino Siqueira; M. Costa Manso; Sousa Pinto), gerando responsabilidade do advogado.

QUOTA MORATÓRIA DE DOENÇA. *Direito processual.* Aquela que, em caso de enfermidade grave, caracterizando-se força maior, produz efeito dilatório do prazo para a prática de ato processual (Juárez Bezerra).

QUOTA–PARTE. 1. Divisão e avaliação de algum bem em partes iguais (Geraldo Magela Alves). **2.** Parcela ou quinhão cabível a cada pessoa numa partilha ou rateio. **3.** Quantia pecuniária de uma soma comum que deve ser paga em algum negócio. **4.** Quantia com que cada pessoa deve entrar para formar um capital.

QUOTA PRIMITIVA. *Direito comercial.* Quota com que cada sócio ingressa na sociedade limitada.

QUOTA VIRIL. *Direito civil.* Parte em que uma obrigação se divide, tendo por base cada um dos coobrigados (Othon Sidou).

QUOT CAPITA, TOT SENTENTIAE. *Expressão latina.* Tantas cabeças, tantas sentenças; em cada cabeça uma sentença.

QUOTED COMPANY. *Locução inglesa.* Sociedade de capital aberto.

QUOT HOMINES, TOT SENTENTIAE. *Expressão latina.* Tantos homens, tantas sentenças.

QUOTIDADE. 1. Na *linguagem jurídica* é: a) quantia fixa equivalente ao total de cada quota-parte; b) valor correspondente ao montante de cada quota-parte. **2.** *Direito tributário.* Determinação, fixada por lei, da alíquota do tributo a incidir sobre cada contribuinte (Othon Sidou). **3.** *Filosofia geral.* Conjunto de unidades naturais da mesma espécie (Lalande).

QUOTIDIANIZAR. Tornar-se cotidiano.

QUOTIDIANO. 1. Diário. **2.** O que se faz todos os dias.

QUOTILIQUÊ. 1. Na *linguagem comum* é o que tem pouco valor. **2.** *História do direito.* Coisa ou pessoa de pequeno valor.

QUOTISTA. *Direito comercial.* **1.** Aquele que tem quotas numa sociedade limitada. **2.** Sócio de sociedade limitada.

QUOTIZAÇÃO. *Direito comercial.* **1.** Contribuição obtida através de arrecadação para a formação do capital social. **2.** Ato ou efeito de quotizar. **3.** Quota-parte de cada um numa despesa comum e nos lucros da empresa.

QUOTIZAR. *Direito comercial.* **1.** Distribuir por quotas. **2.** Contribuir com quota. **3.** Arrecadar quota.

QUOTIZÁVEL. *Direito comercial.* O que é suscetível de quotização.

QUOUSQUE TANDEM ABUTERE, CATILLINA, PATIENTIA NOSTRA? *Expressão latina.* Até quando abusas, Catilina, de nossa paciência?

QUOVIS. *Termo latino.* Por toda parte; para onde quer que seja.

RA. *Medicina legal.* Abreviação de Reprodução Assistida.

RABADELA. *Direito comercial.* Porção de peixe que sobra da venda, usada pelos pescadores para o próprio consumo.

RABAIS. *Termo francês.* **1.** Abatimento no preço. **2.** Desconto.

RABAZ. *História do direito.* Ladrão.

RABDÓFORO. *História do direito.* **1.** Lictor romano. **2.** Meirinho de determinados magistrados, na Grécia antiga. **3.** Agente policial que, em Atenas e em Olímpia, nos jogos, se armava de uma varinha.

RABDOMANCIA. **1.** *História do direito.* Feitiçaria consistente em fazer adivinhações com o auxílio de uma varinha, cujo praticante era punido publicamente, açoitado com baraço e pregão pela vila e degredado para o Brasil. Pagavam-se três mil réis àquele que o acusava. **2.** *Direito agrário.* Processo de achar água ou minério por meio de varinha hidroscópica.

RABDOMIOMA. *Medicina legal.* Mioma formado de fibras estriadas.

RABECA. **1.** *Direito marítimo.* Uma das velas latinas que são utilizadas para estais. **2.** *Direito desportivo.* Peça do jogo de bilhar que serve de apoio ao braço, para impelir a bola que está em posição difícil.

RABEIRA. *Direito agrário.* **1.** Restos de grãos de trigo ou outros cereais que ficam no terreiro, juntamente com gravetos, pedrinhas e terra. **2.** Rede das armações fixas de pesca, que se dirige para o lado da terra.

RABELO. *Vide* RABIÇA.

RABIÇA. *Direito agrário.* Cabo do arado, onde o trabalhador rural segura quando lavra a terra.

RABICHO. *Direito agrário.* **1.** Parte do arreio da mula que passa por baixo da cauda, prendendo a sela, para que não escorregue para frente. **2.** Touro que não possui pêlos na extremidade da cauda.

RÁBICO. *Medicina legal.* O que diz respeito à raiva ou hidrofobia.

RABINADO. Função ou dignidade de rabino.

RABINISMO. Doutrina judaica baseada no Talmude.

RABINO. **1.** Sacerdote do culto judaico. **2.** Doutor da lei hebraica; intérprete da lei judaica.

RABUDA. **1.** *Direito agrário.* Cevada que fica com praganas por ter sido mal debulhada. **2.** *História do direito.* Letra gótica de alguns documentos.

RABUDO. *Direito agrário.* Armadilha para pegar peixes nos rios.

RÁBULA. **1.** Advogado chicaneiro que usa de meios inescrupulosos para embaraçar o processo. **2.** Advogado que fala muito, sem chegar a conclusão alguma. **3.** Aquele que advoga sem ser diplomado em ciências jurídicas ou sem estar matriculado em curso de direito.

RABULAGEM. **1.** Recurso ardiloso ou artifício usado por rábula. **2.** Chicana.

RABULAR. Advogar como rábula.

RABULEJAR. *Vide* RABULAR.

RABULICE. *Vide* RABULAGEM.

RABULISTA. Chicaneiro.

RAÇA. **1.** *Sociologia geral* e *medicina legal.* a) Conjunto de pessoas que têm os mesmos caracteres somáticos ou psicológicos transmitidos por hereditariedade (Oswaldo Pataro); b) diz-se dos indivíduos nos quais, através dos tempos, se encontra uma mesma característica. Por exemplo, a raça dos otimistas (Lalande); c) variedade. **2.** *Direito civil.* a) Conjunto de ascendentes e descendentes de uma mesma família; b) estirpe. **3.** *História do direito* e *direito comparado.* Requisito que foi ou é estabelecido em alguns países para provimento de cargo público. Por exemplo: na Alemanha hitlerista (José Cretella Jr.). **4.** *Direito agrário.* Classificação dos caracteres transmissíveis de determinada espécie animal.

RAÇADOR. *Direito agrário.* Reprodutor que pode melhorar o rebanho com descendência de alta qualidade.

RAÇA HUMANA. A humanidade; os homens em geral.

RAÇÃO. **1.** *Direito agrário.* Porção de alimento necessária para o consumo diário de um animal. **2.** *História do direito.* Foro que era pago pelo rendeiro à Coroa ou ao senhorio pela ocupação de terras, consistente na entrega de parte dos frutos produzidos, que se destinavam ao sustento do senhorio. **3.** Na *linguagem jurídica* em geral, consiste na porção de víveres que, diariamente, se distribui aos soldados, à equipagem de um navio, aos presos etc.

RAÇÃO DE ABANDONO. *Direito marítimo.* É uma ração alimentar destinada a ser utilizada nas embarcações de sobrevivência com o fim de manter os náufragos em condições psicofísicas tais que permitam a sua sobrevivência e posterior recuperação. Sua parte sólida é constituída, de modo geral, de carboidratos estáveis (açúcar) e amido ou equivalentes, tudo em quantidade capaz de proporcionar ao náufrago condições mínimas para a sua sobrevivência, e sua parte líquida, de água potável. A ração sólida deverá possuir menos de 1.667 kJ por dia para cada pessoa que a embarcação de sobrevivência estiver autorizada a acomodar. A dotação das rações de abandono deve ser tal que proporcione a cada náufrago condições de sobrevivência por: a) seis dias, para as embarcações que naveguem entre portos nacionais e internacionais; e b) dois dias, para as embarcações que naveguem entre portos e pontos do território nacional. A marcação nos invólucros das rações deverá ser em cores contrastantes e possuir as seguintes informações: número do Certificado de Aprovação da DPC, tipo de ração, data de fabricação e data de validade. Caso não possuam algum dos dados especificados, não poderão ser aceitas.

RAÇÃO PARA NÁUFRAGOS. *Direito militar.* Ração destinada a manter os náufragos vivos, em condições metabólicas e energéticas basais, devendo ser consumida em casos de naufrágios por um período de até seis dias. A Ração para Náufragos – R5 é apresentada pronta para o consumo, prescindindo de hidratação, aquecimento ou quaisquer outros cuidados. Para que o náufrago se mantenha em condições psicológicas favoráveis, é necessário que consuma, a cada dia, toda a ração. Entretanto, condições de momento, como previsão de um socorro muito demorado, número de náufragos superior à lotação da balsa ou perda de rações, podem acarretar um racionamento no consumo; mesmo assim, há necessidade de que sejam ingeridas, pelo menos, seis balas de goma e cinco sachês de 50 ml de água por homem/dia.

RAÇAS FUTURAS. Gerações porvindouras.

RACHADURA. *Direito agrário.* Ruptura na casca dos frutos, causada por excesso de seiva ou por agentes patogênicos.

RACHAR. 1. *Direito agrário.* Dividir madeira no sentido do comprimento. **2.** Nas *linguagens comum* e *jurídica* em geral, pode ter o sentido de repartir proporcionalmente.

RACHAT. *Termo francês.* Resgate.

RACIAL. Relativo à raça.

RACIALIDADE. *Direito internacional privado.* Aplicação da lei levando-se em conta o estatuto pessoal; personalidade da lei.

RACIALISMO. *Vide* RACISMO.

RÁCICO. *Vide* RACIAL.

RACIOCINADO. *Lógica jurídica.* Pensado.

RACIOCINANTE. *Lógica jurídica.* Aquele que raciocina.

RACIOCINAR. *Lógica jurídica.* **1.** Fazer raciocínios. **2.** Pensar. **3.** Deduzir razões.

RACIOCINATIVO. *Lógica jurídica.* **1.** Que se refere ao raciocínio. **2.** Que contém raciocínio.

RACIOCÍNIO. *Lógica jurídica.* **1.** Operação discursiva pela qual se conclui que uma ou várias premissas implicam a verdade ou a falsidade de uma outra, que é a conclusão (Lalande). **2.** Operação mental pela qual se deduz ou induz, de uma ou mais premissas, uma conclusão lógica (Othon Sidou). **3.** Encadeamento de argumentos. **4.** Ato de raciocinar. **5.** Silogismo.

RACIOCÍNIO CORNUTO. *Lógica jurídica.* Dilema.

RACIOCÍNIO DEDUTIVO. *Lógica jurídica.* **1.** Silogismo em que as premissas são mais gerais do que a conclusão. **2.** Aquele que parte do geral para o particular.

RACIOCÍNIO INDUTIVO. *Lógica jurídica.* **1.** Silogismo em que as premissas são mais particulares que a conclusão. **2.** Argumentação que, partindo do particular, atinge o geral.

RACIOCRACIA. *Sociologia geral.* Predomínio de certa raça.

RACIONAL. 1. *Filosofia geral.* a) Conforme a razão; b) o que é lógico; c) fundado sobre o raciocínio; d) homem; ser pensante. **2.** *História do direito.* Contador-mor da casa real.

RACIONALIDADE. *Filosofia geral.* **1.** Qualidade de racional. **2.** Faculdade de raciocínio. **3.** Conformidade com a razão e o bom senso. **4.** Diferença específica que identifica o homem no gênero animal.

RACIONALISMO. *Filosofia geral.* **1.** Método de observação das coisas que tem por base a razão. **2.** Sistema filosófico fundado na supremacia da razão humana (Aloísio Surgik). **3.** Teoria segundo a qual nada existe que não tenha sua razão de ser; logo, nada há que não seja inteligível (Lalande). **4.** Concepção que só admite confiança na razão. **5.** Doutrina segundo a qual a experiência apenas é possível para um espírito que possua razão; logo, esta organiza os dados empíricos (Kant). **6.** Teoria segundo a qual todo conhecimento certo advém de princípios evidentes (Descartes, Hegel, Espinosa). **7.** Sistema filosófico, no qual a razão é tida como fonte de todo o conhecimento; logo, para ele as idéias são independentes da experiência. **8.** Concepção que, rejeitando a intervenção do sentimento, exalta a autoridade soberana da razão.

RACIONALISMO DOGMÁTICO. *Vide* NORMATIVISMO JURÍDICO.

RACIONALISMO GNOSEOLÓGICO. *Filosofia geral.* Corrente pela qual os sentidos só podem captar as sensações, cabendo à razão a decodificação das informações recebidas pelos órgãos sensórios.

RACIONALISTA. *Filosofia geral.* **1.** Que diz respeito ao racionalismo. **2.** Aquele que é partidário das idéias do racionalismo.

RACIONALIZAÇÃO. **1.** *Psicologia forense.* Processo pelo qual, através do raciocínio, se justifica determinada conduta, atribuindo a ela outras razões que não as reais. **2.** *Economia política.* Sistema de organização da produção que, mediante uso de métodos racionais, eficientes e técnicos, aumenta o rendimento e reduz os custos com o mínimo de esforço. **3.** *Filosofia geral.* Ato ou efeito de racionalizar.

RACIONALIZAÇÃO DO PODER. *Ciência política.* **1.** Tendência que se esforça por envolver pela rede do direito escrito o conjunto da vida política, fazendo com que o social e o político se tornem jurídicos. Para tanto substituiu o fato metajurídico do poder pelas normas de direito escrito. É a substituição do histórico pelo jurídico (Boris Mirkine-Guétzévitch). **2.** Influência exagerada do jurídico no sistema político, ao supor que as normas jurídicas suprem as condições sociais, históricas e econômicas e que a perfeição técnica de uma Constituição é suficiente para a instalação de uma forma de governo onde inexistem condições propícias (Manoel Gonçalves Ferreira Filho). **3.** Teoria que, por ser conseqüência da decadência do mundo capitalista-liberal, marcada pelas duas grandes guerras mundiais, não considera o conteúdo do direito, reconhecendo ordens jurídicas de conteúdo político diverso do liberal ou social-democrático, admitindo também um direito soviético, fascista e nazista. Assim é ante sua vocação adiá-

fora da mais absoluta neutralidade em face do conteúdo político, ético e religioso das normas jurídicas. O normativismo jurídico de Kelsen foi fruto da racionalização do poder.

RACIONALIZAR. **1.** *Psicologia forense.* Realizar a racionalização. **2.** *Economia política.* Planejar método de organização econômica. **3.** *Filosofia geral.* a) Tornar racional; b) submeter as idéias aos princípios da razão e não à experiência. **4.** Inventar uma razão para um ato cujo motivo nos escapa (Ernest Jones).

RACIONAMENTO. *Economia política.* **1.** Medida pela qual o poder público providencia a fixação prévia e obrigatória da quantidade máxima de certos gêneros, assegurando sua justa distribuição para garantir o suprimento, atendendo a todos os usuários e consumidores, uma vez que determina a quantidade cabível a cada um deles. **2.** Redução no fornecimento de utilidades de uso geral como água, luz, alimentos, para distribuí-las com parcimônia. **3.** Ação ou efeito de racionar. **4.** Limitação do consumo dos recursos hídricos, determinada pelo MMA/SRH, na ausência do Comitê de Bacia Hidrográfica, a fim de garantir a distribuição eqüitativa para todos os usuários outorgados de uma bacia hidrográfica, bem como para os usos considerados insignificantes.

RACIONAR. **1.** *Economia política.* Economizar; poupar. **2.** *Direito agrário.* Dar ração aos animais.

RACIONÁVEL. *Economia política.* O que se pode racionar.

RACIOVITALISMO JURÍDICO. *Filosofia do direito.* Corrente que se liga à filosofia da razão vital de Ortega y Gasset, aplicada ao direito. A concepção orteguiana repercutiu na teoria de Recaséns Siches, que enquadra o direito entre os objetos culturais, considerando-o como um pedaço de vida humana objetivada. A ciência jurídica deve estudar a norma considerada em sua historicidade, empregando a lógica do razoável, e não a dedutiva. A lógica do razoável destina-se a compreender, buscando a significação ou o sentido dos fatos ou objetos humanos, mediante operações estimativas. Logo, a interpretação jurídica deve levar em conta os fins para os quais as normas foram feitas. A norma jurídica deve reviver sempre que for aplicada. O reviver concreto da norma fundamenta, na concepção de Siches, uma nova hermenêutica jurídica, pois a norma deve experimentar modificações para ajustar-se à nova realidade em que e para que é vivida. Só a lógica do razoável pode considerar essa permanente adequação do direito à vida, levando em conta a dialeticidade do fenômeno jurídico. A lógica do razoável não autoriza o intérprete ou aplicador a saltar por cima do ordenamento jurídico vigente, mas o obriga a manter-se fiel às normas, ensinando-o a conhecer qual é a norma aplicável, dando a solução mais justa possível.

RACISMO. 1. *Direito penal.* a) Teoria defensora da superioridade de uma raça humana sobre as demais; b) crime inafiançável e imprescritível consistente em fazer discriminação racial, sujeito a pena de reclusão; c) segregacionismo; tipo de preconceito conducente à segregação de determinadas minorias étnicas; d) ação ou qualidade de pessoa racista; e) discriminação e perseguição contra raças consideradas inferiores (Matteucci). **2.** *Sociologia geral.* a) Conjunto de caracteres físicos, morais e intelectuais que distinguem certa raça; b) apego à raça.

RACISTA. *Direito penal.* **1.** Aquele que professa o racismo. **2.** O que diz respeito ao racismo.

RACKETEER. *Termo inglês.* Extorsionário.

RACKETEERING. *Termo inglês.* Extorsão.

RACK–RENT. *Locução inglesa.* Aluguel exorbitante.

RACOLAGE. *Termo francês.* Engajamento por suborno.

RACOSE. *Medicina legal.* Distensão escrotal.

RADA. *Termo ucraniano.* Assembléia ou conselho da Ucrânia.

RADAR. 1. Abreviatura de *Radio Detection and Ranging.* **2.** Aparelho usado para localizar objetos por meio de ondas hertzianas ou eletromagnéticas extracurtas. **3.** Aparelho que pode determinar a posição e a velocidade de objetos a distância.

RADAR PORTÁTIL AVALIADOR DE VELOCIDADE. *Direito de trânsito.* Equipamento que tem por finalidade avaliar a velocidade instantânea dos veículos, com o objetivo de auxiliar o controle e a fiscalização do trânsito nas vias terrestres. O Radar Portátil Avaliador de Velocidade, para ser homologado, deve estar registrado no Instituto Nacional da Propriedade Industrial (INPI), e certificado pelo Instituto Nacional de Metrologia, Normalização e Qualidade Industrial (Inmetro) ou entidade por ele credenciada, de que o equipamento atenda aos requisitos técnicos estabelecidos pelo Contran, requisitos esses que são os seguintes, devendo ser atendidos,

no mínimo: a) ser portátil; b) possuir sensores adequados à sua finalidade; c) ser dotado de indicador da velocidade instantânea do veículo fiscalizado; d) resistir às intempéries; e) permitir sua calibração, antes de entrar em operação; f) operar na faixa de temperatura -10 a +50°C; g) possuir precisão de indicação da velocidade, menor ou igual a mais ou menos 3 km/h, em qualquer situação de emprego. O Radar Portátil Avaliador de Velocidade deve disponibilizar e registrar, no mínimo, as informações de: a) identificação do veículo; b) velocidade instantânea; c) identificação da via; d) data e hora do evento; e) identificação do radar. Para ser utilizado na fiscalização do trânsito, o Radar Portátil Avaliador de Velocidade deve estar homologado pela autoridade de trânsito com circunscrição sobre a via e aferido pelo Inmetro ou entidade por ele credenciada.

RADIAÇÃO. 1. Nas *linguagens jurídica* e *comum* é a transmissão de energia pelo espaço, à velocidade de até 300.000km. **2.** *Medicina legal.* Emprego terapêutico de raios Roentgen ou do rádio.

RADIAÇÃO IONIZANTE. 1. *Direito do trabalho.* Emissão de raios ionizantes que requerem o uso de medidas protetivas para reduzir o mais possível a exposição dos empregados a eles. **2.** *Direito ambiental* e *medicina legal.* Emissão de partículas alfa, beta, nêutrons, íons acelerados ou raios X ou gama, idôneos para provocar a formação de íons no tecido humano ou em materiais biológicos.

RADIAL. *Direito de trânsito.* Avenida que, partindo do centro urbano, vem atingir a periferia em linha reta.

RADIALISTA. *Direito do trabalho.* **1.** Aquele que exerce, profissionalmente, uma atividade em radiodifusão como o locutor, radioator, animador de programa etc. **2.** Profissional de rádio, de qualquer categoria.

RADICAÇÃO. Ato ou efeito de radicar.

RADICAÇÃO DE POPULAÇÃO. Estabelecimento permanente de uma população num dado território.

RADICADO. 1. Definitivamente domiciliado em algum lugar. **2.** Que se radicou.

RADICAL. 1. *Ciência política.* a) Partidário do radicalismo; b) que pretende fazer reformas ou mudanças políticas, sem admitir objeções conciliadoras de posições antagônicas, nem restrições. **2.** *Filosofia geral.* a) Fundamental; b) referente a fundamento; c) em profundidade.

RADICALISMO. **1.** *Sociologia geral* e *filosofia geral.* Teoria filosófica, política ou social que propugna mutações socioculturais, totais ou parciais na estrutura social existente, por rejeitá-la. **2.** *Ciência política.* Movimento que tem por escopo o abandono de qualquer tática para impulsionar a renovação nos vários setores da vida civil e da organização política (Arturo Colombo, Garrone, Halévy, Pegna e Nicolet).

RADICALISMO FILOSÓFICO. *Filosofia do direito.* Doutrina que se baseia no liberalismo, e, em particular, na ampla liberdade de comércio e indústria; no individualismo; na superioridade do governo representativo; na fé na razão etc. (Bentham, James Mill, Halévy).

RADICALISTA. *Sociologia geral* e *filosofia geral.* **1.** O que diz respeito ao radicalismo. **2.** Aquele que é adepto das idéias do radicalismo.

RADICAR. **1.** Estabelecer-se. **2.** Fixar domicílio definitivo.

RADICIBUS AMPUTARE. *Expressão latina.* Cortar pela raiz.

RADICULITE. *Medicina legal.* Inflamação das raízes dos nervos raquianos.

RÁDIO. **1.** Nas *linguagens jurídica* e *comum* é: a) o aparelho emissor ou receptor de ondas hertzianas empregado para radiodifusão ou radiocomunicação (Justino Adriano F. da Silva); b) apócope de radiotelefonia ou radiotelegrafia (De Plácido e Silva). **2.** *Medicina legal.* Elemento radioativo descoberto em 1898 por Pierre e Marie Curie, usado na medicina para tratamento do câncer e de certos tipos de doença da pele, porque impede o crescimento do tecido mórbido, sem afetar o tecido são. **3.** *Direito empresarial.* Empresa de radiodifusão. **4.** *Direito autoral.* Atividade artística, educativa e informativa da radiofonia. **5.** *Direito marítimo.* Instrumento usado para medir a altura meridiana do sol; radiômetro.

RADIOAÉREO. *Direito aeronáutico.* Serviço de radiocomunicação aplicado à aviação.

RADIOALTÍMETRO. *Direito aeronáutico.* Altímetro baseado na medição do tempo gasto por uma onda de rádio, emitida de uma aeronave, para voltar a esta, após refletir no solo.

RADIOAMADOR. **1.** Aquele que possui ou opera uma estação particular de radiotelefonia. **2.** Pessoa habilitada a operar estação do Serviço de Radioamador.

RADIOATIVADO. Que recebeu radioatividade.

RADIOATIVIDADE. *Direito ambiental.* Fenômeno que pode impressionar chapas fotográficas, excitar a condutibilidade elétrica dos gases, atravessar corpos opacos etc.

RADIOATIVO. *Direito ambiental.* **1.** Referente à radioatividade. **2.** O que possui radioatividade. **3.** Aquilo que é provocado por radioatividade.

RADIOATOR. **1.** *Direito do trabalho.* Ator de radioteatro. **2.** *Direito civil.* Aquele que atua na representação teatral na radiodifusora.

RADIOBOMBA. *Direito militar.* Bomba aérea detonada por pequeno radiorreceptor.

RADIOBRAS — EMPRESA BRASILEIRA DE COMUNICAÇÃO S/A. *Direito comercial.* Empresa pública com personalidade jurídica de direito privado, organizada sob a forma de sociedade por ações, com o escopo de: a) divulgar as realizações do Governo Federal nas áreas econômica, política e social e difundir para o exterior conhecimento adequado da realidade brasileira, bem como implantar e operar emissoras e explorar serviços de radiodifusão do Governo Federal; b) implantar e operar suas redes de repetição e retransmissão de radiodifusão, explorando seus serviços, prestando serviços especializados, bem como promovendo e estimulando a formação e o treinamento de pessoal especializado necessário às suas atividades; c) recolher, elaborar, produzir, transmitir e distribuir, diretamente ou em colaboração com os meios de comunicação social, o noticiário, fotografias, boletins e programas, referentes a atos e fatos da Administração Pública Federal e outros de interesse público de natureza política, econômico-financeira, cívica, social, desportiva, cultural e artística, mediante processos gráficos, fotográficos, cinematográficos, eletrônicos ou quaisquer outros; d) distribuir a publicidade legal dos órgãos, entidades e sociedades integrantes da Administração Pública Federal, direta e indireta, caso em que é equiparada às agências ou aos agenciadores de propaganda; e) exercer outras atividades afins, que lhe forem atribuídas pelo Secretário de Estado de Comunicação do Governo. Para consecução desses objetivos a Radiobras operará e explorará diretamente os seus serviços, podendo, ainda, celebrar contratos, convênios, ajustes ou acordos com outras entidades públicas e privadas. A Radiobras deverá operar dentro de elevados padrões técnicos, assim como propiciar o atendimento às regiões de baixa densidade demográfica e reduzido interesse comercial e às localidades julgadas estrategicamente importantes para a integração nacional.

RADIOCIMOGRAFIA. *Medicina legal.* Registro radiográfico, numa só chapa, dos movimentos de um órgão, nas suas fases de dilatação e contração.

RADIOCIMÓGRAFO. *Medicina legal.* Aparelho com que se pratica a radiocimografia.

RADIOCOMUNICAÇÃO. *Direito administrativo, direito das comunicações* e *direito constitucional.* Transmissão de sinais, sons e imagens através do espaço por meio de ondas eletromagnéticas. Abrange a radiodifusão, o telex, a telefonia, a telegrafia e a telefotografia (Paulo Matos Peixoto; Othon Sidou) e compreende serviços em que as mensagens são canalizadas para determinadas pessoas ou para um grupo (Justino Adriano F. da Silva).

RADIOCONDUTOR. Tubo de limalha de ferro usado na telegrafia sem fio.

RADIOCONTROLE. Comando ou controle feito por meio do rádio.

RADIOCULTURA. *Direito agrário.* Processo de cultura de planta, que emprega radiações (ondas ultra-sonoras, radiações de cor, telúricas, correntes de alta freqüência).

RADIOCULTURAL. *Direito agrário.* Relativo à radiocultura.

RADIODERMITE. *Medicina legal.* Lesão na pele provocada por sua excessiva exposição à ação dos raios X, que pode ir do simples eritema à escara profunda.

RADIODETECTOR. *Direito ambiental.* Aparelho apropriado para indicar radioatividade ou presença do rádio.

RADIODIFUNDIR. Fazer radiodifusão.

RADIODIFUSÃO. 1. *Direito constitucional* e *direito administrativo.* a) Transmissão de notícia e programa informativo ou recreativo por meio de radiofonia, sujeita a concessão ou permissão do poder público; b) transmissão ou recepção, sem fio, de escritos, sinais, imagens ou sons por meio de ondas hertzianas. **2.** *Direito autoral.* a) Difusão e reprodução de obras literárias, artísticas ou científicas pela estação de radiodifusão; b) transmissão sem fio, inclusive por satélites, de sons ou imagens e sons ou das representações desses, para recepção ao público e a transmissão de sinais codificados, quando os meios de

decodificação sejam oferecidos ao público pelo organismo de radiodifusão ou com seu consentimento.

RADIODIFUSOR. 1. Aparelho para radiodifusão. **2.** Emissor.

RADIODIFUSORA. 1. Estação de radiodifusão. **2.** Emissora.

RADIÓDIO. *Medicina legal.* Instrumento apropriado para aplicações terapêuticas do rádio.

RADIODOSIMETRIA. *Medicina legal.* Dosagem dos raios de Roentgen.

RADIOEMISSORA. 1. Estação de rádio ou de radiodifusão. **2.** Emissora. **3.** Transmissora. **4.** Empresa de transmissão de noticiários e programas de radiodifusão.

RADIOFAROL. *Direito marítimo* e *direito aeronáutico.* Transmissor radioelétrico apropriado para emitir sinais que servem de orientação para navios e aviões.

RADIOFISCAL. Serviço de escuta e controle de irradiações de anúncios feitos por empresas especializadas.

RADIOFONIA. Transmissão de sons pela telegrafia sem fio.

RADIOFÔNICO. 1. Relativo à radiofonia. **2.** O que se refere à atividade artística, educativa e informativa através de radiodifusão.

RADIOFONIZAR. *Direito autoral.* Escrever peças teatrais, crônicas, notícias etc. para programas de rádio.

RADIOFREQÜÊNCIA (RF). *Direito virtual* e *direito comercial.* Sistema utilizado para a comunicação em tempo real, via rádio, entre o sistema de administração de armazéns e os coletores (*scanners*), num centro de distribuição (CD) (James G. Heim).

RADIOGRAFIA. *Medicina legal.* Aplicação de raios X ou de raios de Roentgen para fins terapêuticos.

RADIOGRAMA. 1. Aerograma. **2.** Comunicação feita por meio de radiotelegrafia ou por aparelho de transmissão de mensagens através de ondas hertzianas. **3.** Mensagem transmitida por rádio ou radiotelegrafia.

RADIOJORNAL. Programa de rádio que transmite notícias.

RADIOLOGIA. *Medicina legal.* **1.** Aplicação de raios X no diagnóstico (radiografia, radioscopia) e tratamento de certas moléstias (radioterapia).

2. Técnica de observação dos órgãos internos do corpo humano, por meio de emprego de raios X (José Lopes Zarzuela).

RADIOMANIA. *Medicina legal.* Mania exagerada de radiodifusão ou de ouvir programas radiofônicos.

RADIOMARÍTIMO. *Direito marítimo.* Transmissão de radiogramas advindos de navio ou a ele destinados ou dirigidos.

RADIÔMETRO. 1. *Medicina legal.* Aparelho que possibilita determinar, com exatidão, a posição de corpos estranhos no organismo humano. **2.** *Direito marítimo.* Antigo instrumento náutico para verificar a altura dos astros.

RADIONECROSE. *Medicina legal.* Necrose provocada por radiações.

RADIONEURITE. *Medicina legal.* Neurite causada pelo rádio.

RADIOPATOLOGIA. *Medicina legal.* Estudo de acidentes ocasionados por radiações luminosas do raio X e pela ação de corpos radioativos.

RADIOPATRULHA. *Direito processual penal.* Organização da polícia, composta de um controle central que transmite ordens pelo rádio aos subordinados equipados de veículo motorizado, radiotransmissor e receptor, para que possam chegar logo ao local das ocorrências policiais.

RADIOPERADOR. *Direito marítimo.* Tripulante habilitado para: a) manter escuta permanente, só chamando em caso de atraso da estimada; b) acionar o homem de segurança, a embarcação de prontidão e a equipe de combate a incêndio; c) informar ao piloto a direção e intensidade do vento, a temperatura ambiente, a condição do mar, a situação do tempo e outros movimentos de aeronaves; d) orientar o operador do guindaste para colocar a lança na posição mais segura para as operações aéreas. Após essas providências, as comunicações com o piloto e estação de rádio ficarão a cargo do homem de segurança.

RADIOPROTEÇÃO. *Direito ambiental.* Conjunto de medidas legais, técnicas e administrativas que visam reduzir a exposição de seres vivos à radiação ionizante, a níveis tão baixos quanto razoavelmente exeqüíveis.

RÁDIOS COMUNITÁRIAS. Emissoras de rádio que atendem pequenas comunidades do interior ou bairros de grandes cidades, por terem conhecimento de seus interesses locais e suas necessidades específicas (Celso Bastos).

RADIOSSENSIBILIDADE. *Medicina legal.* Sensibilidade à ação dos raios X ou outras energias radiantes.

RADIOSSONDA. Aerostato que contém aparelho radioemissor para enviar, a estações que estão instaladas em terra, informações meteorológicas sobre as altas camadas da atmosfera.

RADIOSTEREOSCÓPIO. *Medicina legal.* Aparelho de radioscopia que coloca em relevo a imagem dos órgãos que estão sendo observados.

RADIOTEATRO. *Direito civil.* Representação teatral que é transmitida pelo rádio ou por estação radioemissora.

RADIOTÉCNICA. *Direito empresarial.* Aplicação de raios X ou de outras radiações em problemas de ordem industrial.

RADIOTÉCNICO. *Direito do trabalho.* Técnico encarregado da reparação de aparelhos eletrônicos e de radiorreceptores.

RADIOTELEFONIA. 1. Transmissão de som através de ondas eletromagnéticas. **2.** Telefonia sem fio, em que a comunicação entre dois interlocutores se dá por meio de transmissão feita por ondas hertzianas ou eletromagnéticas. **3.** Sistema de comunicação telefônica entre dois interlocutores feito através de transmissão por ondas hertzianas.

RADIOTELEGRAFIA. Transmissão telegráfica, pelo espaço, de mensagens por meio de ondas eletromagnéticas.

RADIOTELEGRAMA. Telegrama que é enviado pela radiotelegrafia ou pelo rádio.

RADIOTELEVISÃO. Sistema de televisão que transmite programas por meio de ondas eletromagnéticas.

RADIOTERAPÊUTICO. *Medicina legal.* Relativo à radioterapia.

RADIOTERAPIA. *Medicina legal.* **1.** Tratamento terapêutico mediante aplicação de cobalto, de raios de rádio, de polônio etc. **2.** Terapia que se baseia na ação biológica dos raios X, usada no tratamento do câncer.

RADIOVISÃO. 1. Televisão. **2.** Estação de radiotelevisão.

RADUBAR. *Direito marítimo.* Consertar ou reparar embarcação.

RAFAMÉIA. *Sociologia geral.* Plebe; camada social inferior.

RAFANIDOSE. *História do direito.* Pena aplicada, na antiga Atenas, ao adúltero, consistente na introdução de um nabo no ânus.

RAFEIRO. *Direito agrário.* Cão próprio para a guarda do gado.

RAFFISH. *Termo inglês.* Pessoa de má fama.

RAFIGRAFIA. Sistema de escrita em relevo, para uso dos cegos, consistente em pontos marcados com uma agulha que têm os caracteres do alfabeto dos cegos.

RÁGADE. *Medicina legal.* Ulceração, causada pela sífilis, que tem a forma de fenda.

RAGEIRA. *Direito marítimo.* **1.** Amarra. **2.** Cabo para amarrar a embarcação à terra.

RAIA. 1. *Direito agrário.* Risco feito, com ferro em brasa, sobre a marca do animal para anular o efeito desta. **2.** *Direito desportivo.* Pista de corrida de cavalos. **3.** *Direito civil* e *direito administrativo.* a) Fronteira; b) limite de uma circunscrição territorial.

RAIAL. *História do direito.* Antiga moeda de ouro portuguesa.

RAIAS. *Direito ambiental.* Sigla de Relatório de Ausência de Impacto Ambiental.

RAILROAD. *Termo inglês.* Estrada de ferro.

RAILWAY. *Termo inglês.* Estrada de ferro.

RAINHA. 1. *Direito internacional público.* a) Soberana de um país; b) esposa do rei. **2.** *Direito agrário.* a) Abelha fêmea fértil; abelha-mestra; b) qualidade de maçã, pêra e ameixa. **3.** *Direito desportivo.* Peça principal do jogo de xadrez, depois do rei, cujo andamento é em todas as direções.

RAIO. 1. Descarga elétrica acompanhada de trovão e relâmpago que pode causar incêndio ou até mesmo a morte de uma pessoa. **2.** Catástrofe. **3.** Cada peça que junta o cubo do eixo com a circunferência da roda de um veículo. **4.** Perímetro em que uma coisa, devidamente limitada, se encontra. **5.** Divisão territorial onde uma autoridade tem jurisdição.

RAIO DE AÇÃO. 1. Na *linguagem jurídica* em geral é a soma de atribuições exercidas por uma pessoa. **2.** *Direito militar.* Maior distância que pode ser percorrida por estilhaço de petrechos de guerra. **3.** *Direito aeronáutico* e *direito marítimo.* Distância máxima que uma aeronave ou navio podem percorrer para, sem reabastecimento, retornar ao ponto de partida.

RAIOS DA IGREJA. *Direito canônico.* Excomunhões.

RAIOS DE ROENTGEN. *Vide* RAIOS X.

RAIOS DE SANGUE. *Medicina legal.* **1.** Vestígios lineares de sangue que aparecem no muco da expectoração. **2.** Extravasamento sangüíneo nos capilares da esclerótica.

RAIOS DO VATICANO. *Vide* RAIOS DA IGREJA.

RAIOS X. *Medicina legal.* Raios de Roentgen, ou seja, radiações eletromagnéticas com poder de ionizar certos tecidos, de diagnosticar fraturas e moléstias, como tuberculose. Além disso servem para examinar: a) pacotes ou bagagens suspeitas de conter explosivos, armas etc.; b) moedas, averiguando se são autênticas ou falsificadas; c) cadáveres queimados para revelar anomalias ósseas, idade, sexo, trabalho de prótese dentária; d) impressões dígito-papilares de cadáveres em estado de decomposição; e) pinturas, para verificar se são imitações ou não; f) documentos, para comprovar a presença de escritas invisíveis; g) jóias, para identificar quais são as verdadeiras; h) lesões causadas por projétil de arma de fogo, para diagnosticar, por exemplo, a distância de tiro.

RAIS. *Direito do trabalho* e *direito comercial.* Sigla de Relação Anual de Informações Sociais, documento que deve ser preenchido pela empresa, contendo elementos destinados a suprir as necessidades de controle, estatística e informação das entidades governamentais da área social (Othon Sidou).

RAISED CHECK. *Locução inglesa.* Cheque de valor adulterado.

RAIVA. 1. *Medicina legal.* a) Hidrofobia; doença infecciosa de animal, causada por vírus e transmissível ao homem por ele mordido; b) prurido que aparece nas gengivas no período da dentição. **2.** Nas *linguagens comum* e *jurídica* em geral quer dizer: ódio; ira.

RAIVOSO. 1. Diz-se do cão atacado de raiva. **2.** Furioso. **3.** Aquele que está dominado pela raiva.

RAIZ. 1. *Filosofia geral.* a) Princípio; b) causa; c) origem. **2.** *Direito agrário.* Parte inferior da planta que a fixa no solo e absorve da terra as substâncias, como água e sais minerais, de que necessita para seu desenvolvimento. **3.** *Direito civil.* Diz-se do bem imóvel ou da propriedade imobiliária. **4.** *Medicina legal.* Prolongamento profundo de certos tumores.

RAIZADO. *Direito agrário.* Videira com raízes para plantação.

RAIZAME. *Direito agrário.* Conjunto de raízes de um vegetal.

RAJÁ. *Direito comparado.* **1.** Príncipe indiano. **2.** Príncipe cristão, na Turquia.

RAJADA. 1. *Direito agrário.* a) Variedade de maçã; b) espécie de mandioca. **2.** *Direito militar.* Descarga de metralhadora.

RAJADO. 1. *Direito agrário.* Animal malhado, que tem manchas escuras. **2.** *Direito comparado.* Território onde reina um rajá.

RAJAPUTRO. *Direito comparado.* Aquele que pertence à raça nobre do Industão, dedicada à milícia.

RAJEIRA. *Direito marítimo.* Cabo de amarrar a embarcação à terra.

RAJO. *Direito agrário.* Madeira de pinheiro que se corta para extração de resina.

RAKE–OFF. *Termo inglês.* Suborno.

RALÉ. *Sociologia geral.* Classe inferior; escória social; plebe.

RALLIÉ. *Termo francês.* Aliado.

RALLY. *Termo inglês.* Aumento diferenciado na cotação de um ativo financeiro em sucessão a um período de baixa ou estagnação nos preços (Luiz Fernando Rudge).

RAM. *Direito virtual.* **1.** Abreviação de *Random Access Memory,* isto é, memória de acesso aleatório, que é a de trabalho do computador que executa todas as operações e armazena temporariamente os resultados. **2.** Parte da memória do computador, cujo conteúdo é suscetível de alteração.

RAMA. *Direito agrário.* Conjunto de ramos e folhagens dos vegetais; ramagem.

RAMADA. 1. *Direito agrário.* a) É a cobertura feita de ramos ou de tábuas; b) abrigo, no campo, para gado bovino. **2.** *História do direito.* Pescaria que era feita com o trovisco ou armadilha preparada de ramos, lançada ao fundo do rio para que nela os peixes ficassem presos.

RAMAGEM. *Vide* RAMA.

RAMAL. 1. Ramificação de uma estrada de ferro, para servir outras paragens, onde a linha principal não passa. **2.** Galeria transversal que une pontos secundários de uma mina. **3.** Subdivisão.

RAMAL DE ENTRADA. *Direito administrativo.* Conjunto de condutores e acessórios instalados pelo consumidor entre o ponto de conexão ao sistema da concessionária de serviço público de distribuição de energia elétrica e o ponto de medição ou proteção da unidade consumidora.

RAMAL TELEFÔNICO. Linha secundária que sai da linha telefônica principal.

RAMEIRA. *Direito penal.* Prostituta.

RAMEIRO. *Direito civil.* Aquele que arremata algum ramo do contrato que tem por objeto propriedade imobiliária.

RAMI. *Direito agrário.* Erva da Ásia oriental muito cultivada pelo valor comercial de suas fibras, aplicadas na confecção de cordas, fios e tecidos.

RAMIFICAÇÃO. 1. *Direito agrário.* Conjunto de ramos em que um caule se divide. **2.** *Teoria geral do direito.* Cada divisão ou subdivisão de uma ciência jurídica. **3.** *Direito comercial.* Subdivisão de uma empresa em várias sucursais.

RAMO. 1. *Teoria geral do direito.* a) Parte especial de uma ciência jurídica; b) gênero de atividades. **2.** *Direito civil.* a) Descendência; b) representante de cada família do mesmo tronco; c) lote de coisas arrematadas em leilão. **3.** *Direito agrário.* Galho de árvore ou planta. **4.** *Direito comercial.* a) Estabelecimento onde se vende vinho; taberna; b) cada uma das divisões na natureza do comércio explorado; especialização na atividade empresarial.

RAMÔNIO. *Direito agrário.* Espécie de videira brasileira.

RAMOS DO DIREITO. *Teoria geral do direito.* Cada uma das divisões gerais do direito positivo em direito público e direito privado.

RAMOS DO DIREITO PRIVADO. *Teoria geral do direito.* Conjunto de disciplinas jurídicas que tratam das relações entre particulares com o direito civil, o direito comercial, o direito do consumidor e o direito do trabalho.

RAMOS DO DIREITO PÚBLICO. *Teoria geral do direito.* Subdivisões do direito público, que regem relações em que o sujeito é o Estado, tutelando interesses gerais e visando o fim social, quer perante os seus membros, quer perante outros Estados. Pertencem ao direito público interno: o direito constitucional, o direito administrativo, o direito tributário, o direito financeiro, o direito processual, o direito penal, o direito previdenciário e o direito internacional privado. É ramo do direito público externo o direito internacional público.

RAMPA DE LANÇAMENTO. *Direito aeronáutico* e *direito espacial.* Dispositivo que se constitui de uma rampa de inclinação variável, apropriada para lançamento de aviões catapultados ou mísseis.

RAMULOSE. *Direito agrário.* Doença do algodoeiro que se caracteriza pelo superbrotamento de ramos.

RANA. *Direito penal.* Ladrão que age a bordo da embarcação.

RANÁRIO. *Direito agrário.* Viveiro de rãs.

RANÇÃO. *História do direito.* Resgate de prisioneiro de guerra ou da equipagem de navio capturado.

RANCHÃO. *Direito administrativo.* Em Goiás, é o conjunto de pequenos cômodos construídos nos arredores de uma cidade para abrigar empregados braçais que trabalham, para a municipalidade, nos campos ou nas estradas.

RANCHEIRO. 1. *Direito agrário.* a) Morador de rancho; b) aquele que cuida do rancho; c) cavalo que tem hábito de parar em todas as casas que encontra. **2.** *Direito militar.* Encarregado de cuidar da comida dos soldados.

RANCHO. 1. *Direito agrário.* a) Choupana; b) sítio; c) choça usada para descanso dos trabalhadores rurais; d) habitação rústica do pessoal do seringal. **2.** *Direito militar* e *direito marítimo.* a) Conjunto de víveres para sustento de soldados e da equipagem; b) cada uma das divisões onde nos quartéis e nos navios se reúnem, comem e dormem os soldados e marinheiros; alojamento ou refeitório de soldados e marujos.

RANCOR. 1. Ressentimento. **2.** Ódio oculto e profundo. **3.** Ira secreta.

RANCOROSO. 1. *Direito processual.* Querelante num processo judicial. **2.** Na *linguagem comum* é aquele que não esquece nem perdoa as ofensas; o que guarda rancor.

RANHURA. 1. Na *linguagem comum:* a) vão, fresta, fissura, encaixe ou escavação; b) entalhe na espessura de uma tábua no sentido longitudinal. **2.** *Direito aéreo.* Obra ou entalhe feito na superfície do pavimento de pista dos aeroportos que facilita o escoamento de água nos dias de chuva e ameniza o pouso dos aviões. *Vide* GROOVING.

RANI. *Direito comparado.* Mulher de rajá.

RANICULTOR. *Direito agrário.* Aquele que se dedica à ranicultura.

RANICULTURA. *Direito agrário.* Criação de rãs em viveiros.

RANSOM. *Termo inglês.* Remição; resgate.

RÂNULA. *Medicina legal.* Tumor cístico na parte inferior da língua, devido à obstrução de algum ducto salivar de glândulas sublinguais ou submaxilares.

RAPA. *Direito administrativo.* No Rio de Janeiro, é o carro que conduz fiscais da Prefeitura e força policial para apreensão, na via pública, de mercadorias vendidas sem licença.

RAPACE. *Direito penal.* Que rouba.

RAPACIDADE. *Direito penal.* Tendência para roubar.

RAPADOR. *Direito agrário.* Campo em que o pasto foi meio consumido pelo gado.

RAPADOURO. *Direito agrário.* Campo limpo de vegetação que não serve para pasto.

RAPAZ. *Direito do menor.* Aquele que está no início da adolescência.

RAPÉ. Tabaco em pó, para cheirar.

RAPERE IN JUS. *Expressão latina.* Conduzir a juízo.

RAPIDEZ. 1. Velocidade; ligeireza. **2.** Brevidade.

RÁPIDO. 1. Nas *linguagens jurídica* e *comum,* significa: a) veloz; ligeiro; ágil; b) breve; c) imediato. **2.** *Direito comercial.* a) Trem de andamento mais acelerado, para transporte de pessoas, que só efetua paradas em estações maiores, fazendo o percurso em menor tempo; b) agência que entrega correspondência no perímetro urbano. **3.** *Direito processual civil.* Processo que não sofre retardamento, trazendo uma rápida solução ao litígio.

RAPINA. *Direito penal.* **1.** Roubo praticado com violência. **2.** Fruto desse roubo. **3.** Extorsão.

RAPINAGEM. *Direito penal.* **1.** Assalto. **2.** Ação de roubar com violência. **3.** Série de roubos. **4.** Conjunto de coisas roubadas.

RAPINAR. *Direito penal.* Roubar ardilosa e violentamente.

RAPORTE. 1. *Sociologia geral.* Relação entre duas ou mais pessoas, que estão em igualdade de condições para discussão. **2.** *História do direito.* Informação dada por meio de relatório.

RAPOSA. 1. Na *linguagem comum:* a) mamífero similar ao cão, tendo cauda felpuda, focinho curto e pontudo; b) pessoa sagaz. **2.** *Direito agrário.* Cesto apropriado para a colheita da uva. **3.** *História do direito.* Denominação dada pelos legalistas aos rebeldes da Sabinada, revolução baiana que se deu em 1837. **4.** *Direito marítimo.* a) Pequena âncora que serve de auxílio ao ferro de roça, para o navio não agarrar; b) saliência no costado de certos navios que serve de descanso da âncora.

RAPTADA. *História do direito.* Vítima de rapto.

RAPTAR. *História do direito.* Praticar crime de rapto.

RAPTO. 1. *Direito civil.* Subtração violenta de uma pessoa, afastando-a de seu domicílio para diversos fins, que constitui presunção *juris et de jure* de coação, não podendo se casar o raptor ou seqüestrador com a raptada ou seqüestrada, enquanto esta não se encontrar fora do seu poder e em local seguro, sob pena de anulabilidade do casamento por vício de vontade. **2.** *História do direito.* Crime contra os costumes, punido com reclusão, em que o agente tirava do lar uma mulher honesta de qualquer idade para submetê-la à prática de atos libidinosos, empregando violência, ameaça ou fraude, impedindo-a de retornar ao *statu quo ante*. **3.** *Medicina legal.* Manifestação súbita que surge, nos epilépticos, depois de uma tensão afetiva ou emocional, que pode, por liberar uma descarga, levá-los a praticar ações criminosas como atentados sexuais, homicídio, suicídio, agressões etc. (Croce e Croce Jr.).

RAPTO CONSENSUAL. *História do direito.* Tratava-se do rapto impróprio, punido com detenção, levado a efeito com o consentimento da raptada que é mulher maior de 14 anos e menor de 18, desde que não emancipada.

RAPTO DE ELOQÜÊNCIA. *Retórica jurídica.* Arrebatamento oratório, provocado pela exaltação de espírito do orador.

RAPTO IMPRÓPRIO. *Vide* RAPTO CONSENSUAL.

RAPTO PARLAMENTAR. *Ciência política.* Recurso ou expediente usado pelo governo, que consiste em nomear algum deputado para cargo que o afaste de suas funções no Poder Legislativo, para eliminar sua influência ou atuação, por considerá-la nefasta à Administração Pública.

RAPTO PRIVILEGIADO. *História do direito.* Era ato pelo qual o raptor subtrai a mulher de seu domicílio para fim matrimonial, fazendo com que houvesse diminuição de um terço da pena.

RAPTOR. *História do direito.* Aquele que raptava; agente do delito de rapto.

RAPTO VIOLENTO OU MEDIANTE FRAUDE. *História do direito.* Crime contra a liberdade sexual, punido com reclusão, que consistia em raptar mulher honesta, empregando violência ou fraude, para fim libidinoso.

RAPTURE. *Termo inglês.* Rapto.

RAQUIALGIA. *Medicina legal.* Dor aguda em alguma parte da coluna vertebral.

RAQUIANALGESIA. *Medicina legal.* Analgesia que consiste em introduzir anestésico no canal raquiano; raquianestesia.

RAQUIANESTESIA. *Vide* RAQUIANALGESIA.

RAQUIMENINGITE. *Medicina legal.* Inflamação das meninges raquianas.

RAQUIOMIELITE. *Medicina legal.* Inflamação da medula espinhal.

RAQUIOPARALISIA. *Medicina legal.* Raquioplegia; paralisia da medula espinhal.

RAQUIOPLEGIA. *Vide* RAQUIOPARALISIA.

RAQUIOTOMIA. *Medicina legal.* Seção da coluna vertebral do feto morto, para tornar mais fácil sua retirada.

RAQUITISMO. *Medicina legal.* Processo patológico infantil que, por deficiência de cálcio e vitamina D, provoca a curvatura da espinha dorsal, causando atrofia pulmonar e do coração e desenvolvimento exagerado da cabeça e do abdome.

RÁS. *Direito comparado.* Chefe etíope.

RASA. 1. *Direito processual.* Custas judiciais calculadas com base no número de linhas escritas contidas num documento. **2.** *História do direito.* Medida de capacidade que, outrora, equivalia ao alqueire. **3.** *Direito registrário.* Taxa estabelecida para cada linha datilografada de uma escritura, usada para cálculo dos emolumentos relativos ao trabalho do escrivão. **4.** *Direito comercial.* a) Preço tabelado; b) péssima situação financeira, que leva o comerciante ao descrédito.

RASCA. 1. *Direito agrário.* a) Rede de pesca; b) aparelho apropriado para apanhar ostras e mariscos. **2.** *Direito comercial.* Parcela do lucro. **3.** *Direito marítimo.* Embarcação pequena de dois mastros e velas latinas.

RASCO. *Direito agrário.* Garfo que serve para apanhar mexilhões.

RASCUNHAR. 1. Esboçar. **2.** Fazer o rascunho.

RASCUNHO. *Direito civil.* Minuta de um documento, que lhe serve de modelo, uma vez que nela são feitas as correções e acréscimos ou alterações até que esteja de acordo.

RASGAR UM CONTRATO. *Direito civil.* Rescindir contrato.

RASGO CULTURAL. *Sociologia geral.* Padrão cultural.

RASGO DE VALOR. *Retórica jurídica.* Entusiasmo oratório que revela grande eloqüência.

RASO. 1. *Direito agrário.* No Nordeste, é o campo baixo de difícil penetração; caatinga. **2.** *Direito marítimo.* a) Navio que se eleva pouco acima do mar; b) navio sem mastro. **3.** *Direito militar.* Soldado que não possui graduação alguma. **4.** *História do direito.* a) Medida parda de comprimento que era equivalente a um metro; b) dizia-se do escrito particular feito sem quaisquer formalidades. **5.** *Direito registrário.* Assinatura ou firma do Tabelião colocada no final do documento.

RASPA DE MANDIOCA. *Direito agrário.* Apara de mandioca utilizada na fabricação da farinha.

RASPADO. *Medicina legal.* Produto da curetagem feita numa cavidade corporal.

RASPADURA. 1. *Medicina legal.* Curetagem. **2.** *Direito penal.* a) Ato criminoso consistente em falsificar documento, por meio de raspagem de letras, palavras, alterando o sentido textual; b) omissão de declaração que devia conter um documento público ou particular; c) ato de inserir declaração falsa com o intuito de prejudicar direito, criar algum dever ou alterar a verdade sobre fato juridicamente importante.

RASPAGEM. *Vide* RASPADURA.

RASQUEIRO. *Direito agrário.* Aquilo que se pesca com o uso de rede de arrastar ou rasca.

RASTE. *História do direito.* Medida itinerária alemã que correspondia a 4.444m.

RASTEJANTE. *Direito agrário.* Planta cujo caule se estende horizontalmente sobre o solo.

RASTEJAR. 1. Seguir algo pelos vestígios que deixou. **2.** Investigar. **3.** Não ter estilo próprio. **4.** Ser servil.

RASTEJO. 1. Busca. **2.** Investigação. **3.** Ato de ir no rasto de pessoa ou animal.

RASTELAÇÃO. *Direito agrário.* Levantamento do café derriçado ou ajuntamento de plantas secas por meio de rastelo.

RASTILHO. 1. *Direito militar.* Cordão de pólvora, para comunicar fogo. **2.** *Sociologia jurídica.* O que serve de motivo para um violento acontecimento social (greve, revolução etc.).

RASTO. 1. Vestígio. **2.** Pegada.

RASTREAMENTO ELETRÔNICO DE CONDENADO COM SUSPENSÃO CONDICIONAL. *Direito comparado.* Nos EUA, consiste no acompanhamento do condenado por meio de dispositivo eletrônico nele colocado, e que aciona alarme se ele percorrer distância a que não está autorizado (Antônio Chaves).

RASTRILHO. 1. *Direito agrário.* Ancinho que desmancha torrões e limpa a terra. **2.** *História do direito.* Grade de ferro com pontas aguçadas usada para defender a praça, ao ser lançada do alto da muralha de modo que se cravasse no solo, impedindo que o inimigo avançasse para o interior da praça.

RASURA. Ato de riscar letras ou de introduzir outra, num documento, alterando seu texto.

RASURAÇÃO. Ato ou efeito de rasurar.

RASURADO. Aquilo que contém rasura.

RASURAR. Fazer rasuras.

RATA. 1. *Termo latino.* Percentagem; rateio; proporção, taxa. **2.** Na *linguagem comum* designa: a) gafe; b) má figura; c) erro.

RATABLE. *Termo inglês.* **1.** Tributável. **2.** Suscetível de avaliação. **3.** Proporcional.

RATE. *Termo inglês.* **1.** Taxa. **2.** Valor. **3.** Tarifa. **4.** Proporção. **5.** Percentagem.

RATEAÇÃO. *Vide* RATEIO.

RATEADO. *Direito civil* e *direito comercial.* O que foi distribuído por meio de rateio.

RATEAMENTO. *Vide* RATEIO.

RATEAR. *Direito civil* e *direito comercial.* Repartir proporcionalmente.

RATEIO. *Direito civil* e *direito comercial.* **1.** Distribuição proporcional de recompensas, de lucros, de dividendos ou de despesas. **2.** Divisão feita, proporcionalmente, entre co-devedores e co-credores.

RATEIRAS. *Direito marítimo.* Equipamento que tem como finalidade evitar o deslocamento de roedores entre uma embarcação e um porto ou vice-versa.

RATE OF EXCHANGE. *Locução inglesa.* Taxa de câmbio.

RATE OF INTEREST. *Locução inglesa.* Taxa de juros.

RATIFICAÇÃO. 1. *Direito civil.* a) Confirmação ou ato de tornar válido um ato anulável desde a sua formação, resguardados os direitos de terceiro; b) ato jurídico pelo qual uma pessoa faz desaparecer os vícios dos quais se encontra inquinada uma obrigação contra a qual era possível provar-se por via de nulidade ou de rescisão (Serpa Lopes); c) aprovação formal necessária para que um negócio anulável tenha validade; d) aprovação de ato praticado por pessoa que não estava autorizada. **2.** *Direito administrativo.* Ato de autoridade competente confirmando outro, anteriormente praticado por seus funcionários ou delegados, aprovando-o ou sanando vício existente.

RATIFICAÇÃO CONDICIONAL. *Direito civil.* Aprovação de um ato negocial feita sob condição.

RATIFICAÇÃO DE TRATADO INTERNACIONAL. 1. *Direito internacional público.* Ato formal pelo qual a parte contratante exprime sua aceitação à outra, por meio de depósito ou troca de instrumentos. **2.** *Direito constitucional.* Ato interno pelo qual o Legislativo aprova e autoriza o tratado, possibilitando ao Executivo condição para a realização da ratificação internacional, se esta for necessária, ou estabelece a legalidade sob o prisma constitucional da participação estatal num tratado que não necessita de ratificação internacional. **3.** *Direito administrativo.* Ato administrativo pelo qual o chefe de Estado, após a aprovação do Congresso Nacional, confirma o tratado firmado em seu nome ou no do Estado aceitando o convencionado pelo representante diplomático ou agente signatário.

RATIFICAÇÃO EXPRESSA. *Direito civil.* Reconhecimento feito por escrito ou verbalmente, por aquele que tem legitimidade para propor a anulatória, exprimindo sua vontade de confirmar o ato viciado, sanando-o.

RATIFICAÇÃO PURA E SIMPLES. *Direito civil.* Confirmação de um negócio, validando-o, sem impor qualquer condição ou restrição.

RATIFICAÇÃO TÁCITA. *Direito civil.* Confirmação de um negócio que resulta da prática de atos que demonstram a intenção de desistir de propor ação para sua anulação. Por exemplo: ato de executar, total ou parcialmente, uma obrigação.

RATIFICADO. Confirmado; o que se ratificou.

RATIFICADOR. *Vide* RATIFICANTE.

RATIFICANTE. Aquele que ratifica.

RATIFICAR. 1. Fazer ratificação. **2.** Confirmar. **3.** Aprovar.

RATIFICÁVEL. Aquilo que pode ser ratificado.

RATIHABITIO MANDATO COMPARATUR. *Expressão latina.* A ratificação equivale ao mandato.

RATIHABITIONEM RETRO TRAHI, ET MANDATO NON EST DUBIUM COMPARARI. *Expressão latina.* A ratificação tem efeito retroativo, equivalendo, indubitavelmente, a um mandato.

RATING. *Termo inglês.* **1.** Avaliação. **2.** Opinião de empresa especializada sobre a capacidade do emitente de pagar o principal e os juros do título emitido, sendo instrumento para medir risco de um banco. **3.** Diz-se da empresa que avalia e classifica risco de um banco, de um país ou de um ativo (Luiz Fernando Rudge).

RATINHAR. 1. Pechinchar. **2.** Regatear preço.

RATIO AEQUITATIS. *Locução latina.* Razão de eqüidade.

RATIO AGENDI. *Locução latina.* Interesse de agir; razão de agir.

RATIO ATTENDITUR MAGIS, QUAM DICTUM. *Aforismo jurídico.* Razão é atendível, mas não o simples dizer.

RATIO DECIDENDI. *Locução latina.* **1.** Razão de decidir; fundamento da decisão. **2.** Princípio de direito com base no qual o caso é decidido (Deflorian). **3.** Regra de direito, expressa ou implicitamente, tratada pelo juiz como um passo necessário para alcançar sua conclusão, conforme sua linha de raciocínio (Robert Cross).

RATIO DUBITANDI. *Locução latina.* Razão de duvidar.

RATIO ESSENDI. *Locução latina.* Razão de ser.

RATIO EST ANIMA LEGIS. *Aforismo jurídico.* A razão é o espírito da lei.

RATIO FORI. *Locução latina.* Em razão do foro.

RATIO IURIS. *Locução latina.* Razão de direito; razão jurídica.

RATIO LEGIS. *Locução latina.* Razão da lei; razão legal.

RATIO LEGIS, UBI MILITAT, IBI LEX LOQUITUR, DISPONIT, IPSAMQUE REGULAT LEGEM. *Aforismo jurídico.* Onde milita a razão da lei, ela dispõe, e pela razão deve ser regulada.

RATIONALITY TEST. *Locução inglesa.* Teste de racionalidade.

RATIO NATURALIS POTEST ALLEGARI, DEFICIENTE LEGE, VIM LEGIS HABET. *Aforismo jurídico.* Em falta da lei, pode-se alegar razão natural, que tem força de lei.

RATIONE AUCTORITATIS. *Locução latina.* Por força da autoridade.

RATIONE CONTRACTUS. *Locução latina.* Em razão de contrato.

RATIONE DOMICILII. *Locução latina.* Em razão do domicílio.

RATIONE DOMINATIONIS. *Locução latina.* Em razão do domínio ou da propriedade.

RATIONE IMPERII. *Locução latina.* Por força da própria autoridade.

RATIONE LEGIS. *Locução latina.* Em razão da lei.

RATIONE LOCI. *Locução latina.* Em razão do lugar ou da circunscrição judiciária competente.

RATIONE MATERIAE. *Locução latina.* Em razão da matéria.

RATIONE MUNERIS. *Locução latina.* Em razão do cargo ou função.

RATIONE OFFICII. *Locução latina.* **1.** Em razão do ofício. **2.** *Vide RATIONE MUNERIS.*

RATIONE PERSONAE. *Locução latina.* Em razão da pessoa.

RATIONES LEGIS CESSANT, EJUS DISPOSITIO CESSANTE. *Aforismo jurídico.* Cessando a razão da lei, cessa a sua disposição.

RATIONE TEMPORIS. *Locução latina.* Em razão do prazo ou do tempo.

RATIONE VALORI. *Locução latina.* Em razão do valor.

RATIONI CONGRUAT, UT SUCCEDAT IN ONERE QUI SUBSTITUITUR IN HONORE. *Expressão latina.* É razoável que quem sucede na dignidade, suceda aos encargos.

RATIO STRICTA. *Locução latina.* Razão estrita.

RATIO SUMMA. *Locução latina.* **1.** Suprema razão. **2.** Eqüidade.

RATIO UBI EST EADEM, DEBET ESSE EADEM JURIS DISPOSITIO. *Aforismo jurídico.* Sendo a mesma razão, deve ser a mesma disposição jurídica.

RATITAS. *Direito ambiental.* Aves corredoras que não possuem a capacidade de voar e que apresentam esterno sem quilha (avestruz – *Struthius camellus*, e ema – *Rhea americana*).

RATO. **1.** *Direito civil.* O que foi confirmado ou ratificado. **2.** *Medicina legal.* Roedor que causa grande perigo à saúde pública, por ser portador do bacilo da peste bubônica, que passa ao organismo do homem que for picado por suas pulgas, e causador da leptospirose, oriunda de sua urina. **3.** *Direito canônico.* Matrimônio não consumado. **4.** *Direito penal.* Larápio. **5.** Em *gíria:* a) ladrão de alfândega; b) aquele que freqüenta, com assiduidade, bibliotecas, teatros, sacristias etc. **6.** *Direito marítimo.* Pedra cujas arestas vivas cortam, se friccionadas, as amarras da embarcação fundeada.

RATONEAR. *Direito penal.* Furtar.

RATONEIRO. *Direito penal.* Aquele que furta coisas de pequeno valor.

RATUM QUIS HABERE NON POTEST, QUOD IPSIUS NOMINE NON EST GESTUM. *Aforismo jurídico.* Ninguém pode ratificar o que não foi feito em seu nome.

RAUSADA. *História do direito.* Dizia-se da mulher honesta que foi raptada ou deflorada ou daquela que foi violentada.

RAUSAR. *História do direito.* **1.** Raptar. **2.** Estuprar. **3.** Ato de violentar mulher.

RAUSO. *História do direito.* **1.** Rapto. **2.** Estupro.

RAUSOR. *História do direito.* **1.** Raptor. **2.** Estuprador.

RAV. Sigla de Retribuição Adicional Variável.

RAVAGE. *Termo inglês.* **1.** Estrago. **2.** Pilhagem. **3.** Roubo.

RAZÃO. **1.** *Direito comercial.* a) Livro de escrituração comercial ou classificador de contas, onde é lançado o resumo do débito e do crédito contidos no livro Diário, servindo-lhe de índice; b) nome pelo qual o empresário ou a sociedade empresária exerce suas atividades e assina os atos a elas concernentes. Trata-se do nome empresarial. **2.** *Direito civil.* Denominação de sociedades simples, associações e fundações. **3.** *Filosofia geral.* a) Procedência; b) fundamento objetivo e inteligível; princípio universal que faz com que uma coisa seja o que é; c) legitimidade; d) capacidade de percepção, distinguindo o verdadeiro do falso, estabelecendo juízos e relações entre fatos; raciocínio discursivo; entendimento; e) pressuposto; f) princípio *a priori* (Kant), independente da experiência; g) causa; h) argumento; i) faculdade de bem julgar.

RAZÃO COMERCIAL. *Direito comercial.* Denominação pela qual o empresário ou a sociedade empresária pratica e assina atos de atividade econômica organizada para produção ou circulação de bens ou serviços.

RAZÃO DE ESTADO. *Direito administrativo* e *ciência política.* **1.** Prevalência do interesse público que influi nos atos governamentais. **2.** Ato de governo levado a efeito em função do decisionismo do Estado que, apesar de extravasar a competência estabelecida em lei, se torna legítimo devido ao estado de necessidade (Othon Sidou). **3.** Decisão arbitrária do Poder Executivo que o leva à prática de um ato político, para atender a um interesse do Estado (José Cretella Jr.).

RAZÃO DE JUSTIÇA. *Filosofia do direito.* Invocação de um elemento supralegal ou extrapositivo, como valor, na aplicação da norma jurídica.

RAZÃO ESPECULATIVA. *Filosofia geral.* Aquela que apenas diz respeito ao conhecimento, conhece por conhecer. Trata-se da razão teórica.

RAZÃO ESTRITA. *Filosofia do direito.* Aplicação rigorosa dos princípios jurídicos.

RAZÃO HISTÓRICA. *Filosofia geral* e *filosofia do direito.* Acumulação de experiências vitais, que formam estruturas em que se articulam os componentes do processo comportamental, dando-lhe um significado, tornando-o compreensível (Dilthey; Recaséns Siches).

RAZÃO INDIVIDUAL. *Direito comercial.* Nome ou razão pelo qual um empresário (pessoa física) exerce seu comércio.

RAZÃO INTUITIVA. *Filosofia geral.* Teoria pela qual a inteligência conhece *a priori*, por intuição, as verdades essenciais e fundamentais dos fenômenos (Kant). É também denominada "razão pura".

RAZÃO JURÍDICA. *Filosofia do direito.* **1.** *Ratio juris* ou razão de direito. **2.** Aquilo que serve de fundamento jurídico.

RAZÃO NOVA. *Direito processual civil.* **1.** Matéria nova. **2.** Novel fundamento baseado em circunstâncias ou fatos relativos a pessoa, bem, tempo ou lugar, supervenientes à pretensão deduzida em juízo.

RAZÃO PRÁTICA. *Filosofia geral.* Teoria kantiana, pela qual a vontade se dirige para o bem, sem que haja qualquer interferência da inteligência. Trata-se do sistema moral de Kant, por ser a razão que contém o princípio *a priori* da ação, ou melhor, a regra da moralidade.

RAZÃO PÚBLICA. *Sociologia geral* e *sociologia jurídica.* Opinião pública; opinião geral.

RAZÃO PURA. *Vide* RAZÃO INTUITIVA.

RAZÃO RECÍPROCA. *Lógica jurídica.* Aquela que se forma pela inversão dos termos.

RAZÃO SOCIAL. **1.** *Direito comercial.* a) Nome empresarial; b) firma com que uma sociedade empresária é registrada no Registro de Empresas Mercantis para o exercício de suas atividades econômicas organizadas para a produção e a circulação de bens e serviços. **2.** *Direito civil.* Denominação de sociedade simples, associação e fundação.

RAZÃO SUFICIENTE. **1.** *Filosofia do direito.* É a *eadem ratio* ou *ratio juris* da lei, que significa relação de fundamento, a conseqüência ou relação da causalidade (Bobbio). **2.** *Filosofia geral.* a) Causa explicativa da totalidade do efeito; b) razão determinante que, *a priori*, diz o porquê da existência ou inexistência das coisas; ou explica por que algo é assim em vez de ser de outro modo (Leibniz).

RAZÃO TEÓRICA. *Vide* RAZÃO ESPECULATIVA.

RAZÃO VITAL. *Filosofia geral.* **1.** Conjunto de experiências humanas. **2.** Acúmulo de experiências pessoais e heteropessoais. **3.** Experiência de vida (Silvio de Macedo).

RÁZIA. **1.** Vandalismo. **2.** Assalto armado, acompanhado de saques e destruição, ou melhor, de pilhagem.

RAZOADO. *Direito processual.* **1.** Arrazoado. **2.** Peça processual que, contendo alegações da defesa, expõe razões de direito e de fato. **3.** Subordinado à justiça.

RAZOAMENTO. **1.** Arrazoado. **2.** Raciocínio. **3.** Discurso sobre certo tema.

RAZOÁVEL. **1.** Que possui a razão. **2.** Aquilo que está conforme a razão, o direito ou a eqüidade. **3.** Aceitável. **4.** Sensato. **5.** Diz-se de quem age ou pensa de tal modo que não comporte censura. **6.** Que demonstra ter juízo são e normal (Lalande).

RAZÕES. *Direito processual.* **1.** Arrazoado. **2.** Memorial. **3.** Exposição escrita onde os litigantes desenvolvem os motivos das suas alegações, sustentando-as com base na lei, na jurisprudência e na doutrina.

RAZÕES DE DECIDIR. *Direito processual.* **1.** Fundamentos apresentados pelo órgão judicante em sua decisão, ao julgar questões de fato e de direito. **2.** Motivos de decidir.

RAZÕES DE RECURSO. *Direito processual.* Fundamentos de fato e de direito apresentados, em grau de recurso, pela parte.

RAZÕES DE SUSTENTAÇÃO. *Direito processual.* São as apresentadas, verbalmente, pelo advogado durante o julgamento.

RAZÕES FINAIS. **1.** *Direito processual civil.* a) Alegações orais apresentadas, em juízo, pelos advogados de ambos os litigantes finda a instrução, pelo prazo de vinte minutos cada um, prorrogável por mais dez, a critério do juiz. Mas se a causa contiver questões complexas de fato ou de direito o debate oral pode ser substituído por memoriais, caso em que o magistrado designará dia e hora para seu oferecimento; b) arrazoado. **2.** *Direito processual penal.* Alegações oferecidas por escrito se se tratar de procedimento sumário alusivo ao julgamento de crimes punidos com reclusão, e de procedimento especial dos processos de crimes de homicídio cujo julgamento compete ao Tribunal do Júri. Se se tratar de procedimento sumário para repressão de crimes punidos com detenção ou do sumaríssimo das contravenções penais, aquelas alegações devem ser apresentadas depois do encerramento da instrução, na audiência de julgamento, possibilitando-se que haja entre as partes debate oral ou escrito.

RÉ. 1. *Direito processual.* Pessoa do sexo feminino acusada ou demandada em juízo. **2.** *Direito marítimo.* Espaço que se compreende entre o mastro grande e a popa do navio.

REABASTECIMENTO. 1. Ação ou efeito de abastecer novamente. **2.** Conjunto de medidas estatais que intervêm no domínio econômico para que haja matéria-prima, produtos e serviços suficientes ao atendimento do mercado consumidor (Hely Lopes Meirelles).

REABERTO. Diz-se do que abriu de novo.

REABERTURA. 1. Ação ou efeito de reabrir. **2.** Nova abertura do que se tinha fechado, por qualquer razão.

REABILITAÇÃO. 1. Na *linguagem comum* quer dizer: a) ato ou efeito de ser reabilitado; b) recuperação do crédito; c) restituição do bom conceito de que alguém, anteriormente, desfrutava; d) recuperação financeira; e) restituição da licença ou habilitação específica para o exercício da atividade profissional, em caso de perda ou suspensão; f) reaquisição da saúde; g) devolução das qualidades perdidas. **2.** *Direito falimentar.* Ato pelo qual o magistrado declara que o empresário está livre dos efeitos da falência, reintegrando-o em seus direitos. **3.** *Direito processual penal.* a) Cessação dos efeitos de uma sanção penal; b) restabelecimento do condenado na situação em que se encontrava antes da ocorrência do erro judiciário.

REABILITAÇÃO CRIMINAL. *Direito penal.* **1.** Benefício legal conferido a condenado por sentença definitiva, após o transcurso do prazo de dois anos da extinção da pena, computando-se o período de prova da suspensão e o do livramento condicional, assegurando-lhe o segredo sobre sua condenação, desde que preenchidos os determinados requisitos, entre eles bom comportamento e ressarcimento do dano causado pela ação criminosa. **2.** Reintegração do condenado no exercício dos direitos atingidos pela sentença (Damásio E. de Jesus).

REABILITAÇÃO DO CONDENADO. *Vide* REABILITAÇÃO CRIMINAL.

REABILITAÇÃO DO FALIDO. *Direito falimentar.* Declaração do magistrado que libera o empresário dos efeitos da falência, restituindo-lhe todos os direitos, inclusive o de exercer a mercancia livremente. Trata-se da cessação dos efeitos falenciais.

REABILITAÇÃO JUDICIAL. *Direito processual.* É a decretada pelo órgão judicante desde que cumpridas as exigências legais.

REABILITAÇÃO LEGAL. *Direito penal.* Aquela prevista em lei, que opera de pleno direito, havendo prescrição ou expiação do crime.

REABILITAÇÃO PROFISSIONAL. *Direito previdenciário.* Conjunto de meios imprescindíveis para a reeducação e readaptação profissional ou social do beneficiário que se tornou incapacitado total ou parcialmente para o trabalho, aproveitando sua capacidade residual. Dentre essas medidas podemos apontar: transporte de acidentado de trabalho; fornecimento ou reparação de aparelhos ortopédicos; recolocação no emprego, a quem ficou suspenso, para a mesma atividade exercida ou para outra diversa.

REABILITADO. Aquele que se reabilitou.

REABILITADOR. Que reabilita; reabilitante.

REABILITANTE. *Vide* REABILITADOR.

REABILITAR. 1. Restituir prerrogativas e direitos perdidos ou suspensos. **2.** Restabelecer ao estado anterior. **3.** Regenerar. **4.** Recuperar a saúde física ou mental. **5.** Tornar a habilitar profissionalmente quem deixou de o ser. **6.** Reintegrar ao estado anterior à sentença condenatória. **7.** Reobter a estima pública.

REABILITATIVO. 1. Que envolve reabilitação. **2.** Aquilo que serve para reabilitar. **3.** O que reabilita.

REABILITATÓRIO. *Vide* REABILITATIVO.

REABITAÇÃO. *Direito civil.* **1.** Ação de habitar de novo. **2.** Retomada do imóvel pelo locador para nele fixar residência.

REABITAR. *Direito civil.* Habitar novamente.

REABITUAR. Retomar certo hábito.

REABRASILEIRAMENTO. Ato ou efeito de fazer voltar à feição, ideal ou tradição dos brasileiros.

REABRIR. Tornar a abrir.

REAÇÃO. 1. *Psicologia forense.* Resposta a um estímulo. **2.** *Ciência política.* a) Absolutismo; sistema político que condena a liberdade; b) partido que acata o absolutismo; c) resistência a qualquer tendência que vise alterar uma situação política; d) oposição que visa neutralizar alguma ação; e) comportamento que visa inverter a tendência para uma democratização do poder político e um maior nivelamento de classe e de *status* para o que é designado progresso social (Giorgio Bianchi). **3.** *Direito penal.* Legítima defesa. **4.** Nas *linguagens comum* e *jurídica* em geral, pode significar: a) contra-ataque; b) ação que se opõe a outra; c) repulsa; d) repúdio; e) ação oposta à violação de um direito.

REAÇÃO ADVERSA A MEDICAMENTOS. *Medicina legal.* É qualquer resposta a um medicamento que seja prejudicial, não intencional, e que ocorra nas doses normalmente utilizadas em seres humanos para profilaxia, diagnóstico e tratamento de doenças, ou para a modificação de uma função fisiológica.

REAÇÃO CIRCULAR. *Sociologia geral.* Círculo de estimulação coletiva para averiguar as emoções, imprescindível para compreensão do comportamento popular e para a condução das multidões.

REAÇÃO DE WASSERMANN. *Medicina legal.* Prova para averiguar se o paciente sofre de sífilis ou de outra treponematose, feita mediante análise do soro sangüíneo e do líquido cefalorraquidiano (Morris Fishbein).

REAÇÃO DE WIDAL. *Medicina legal.* Reação de soroaglutinação para diagnóstico das febres tifóides e paratifóides (Morris Fishbein).

REAÇÃO NUCLEAR. *Direito ambiental* e *direito militar.* Mudança na composição do núcleo da bomba atômica provocada pela desintegração radioativa espontânea ou pelo bombardeio com partículas (nêutrons ou prótons).

REAÇÃO VITAL. *Medicina legal.* Conjunto de sinais microscópicos ou macroscópicos que possibilitam averiguar se uma lesão corporal foi provocada *intra vitam* ou *post mortem*. São sinais microscópicos da reação vital: congestão vascular, noviformação vascular e invasão dos interstícios do tecido lesado pelas células polimorfonucleares. Os sinais macroscópicos da reação vital são hemorragia interna e externa, coagulação sangüínea, inflamação e retração dos tecidos lesados (José Lopes Zarzuela). A reação vital, portanto, é um conjunto de fenômenos naturais que se manifestam no organismo vivo em resposta a uma ofensa física.

REACEITAR. Tornar a aceitar.

REACEITE. *Direito cambiário.* Novo aceite de título emitido, reafirmando uma obrigação que, apesar de aceita, não foi cumprida no seu vencimento.

REACIONÁRIO. *Ciência política.* **1.** Que é antiliberal ou antidemocrático; aquele que se opõe às idéias políticas sobre liberdades individuais. **2.** Prosélito da reação política ou social. **3.** Membro do partido da reação. **4.** Referente à reação ou ao sistema partidário da reação. **5.** Aquele que é prosélito do sistema social estagnado. **6.** Tirano. **7.** Aferrado à autoridade constituída.

REACIONARISMO. *Ciência política.* **1.** Qualidade de reacionário. **2.** Conjunto de idéias reacionárias.

REACIONARISTA. *Ciência política.* **1.** Partidário do reacionarismo. **2.** O que diz respeito ao reacionarismo.

REACIONISMO. *Vide* REACIONARISMO.

REACUSAÇÃO. *Direito processual penal.* **1.** Recriminação. **2.** Ato ou efeito de opor uma acusação a outra ou de fazer uma nova acusação.

REACUSAR. *Direito processual penal.* Recriminar; acusar de novo.

READAPTABILIDADE. 1. Qualidade do que é adaptável. **2.** Possibilidade de readaptação.

READAPTAÇÃO. 1. *Direito administrativo.* É a investidura de funcionário em função mais compatível com sua atual capacidade física ou mental, comprovada por exame médico. Aproveitamento de um funcionário público em seu cargo, mais consentâneo com sua capacidade intelectual, habilidade ou tendência vocacional equivalente ao antigo, sem que haja elevação funcional e aumento de vencimentos. **2.** *Direito do trabalho.* Ato de suscitar condições pessoais a um empregado acidentado de exercer seu trabalho mediante tratamento adequado, uso de aparelho ortopédico ou aproveitamento em serviço conforme suas possibilidades. **3.** Nas *linguagens comum* e *jurídica* pode ter, ainda, o significado de: a) nova adaptação às condições presentes; b) conformação ou remodelação de alguma coisa para que venha a se ajustar a um novo fim.

READAPTAR. Fazer readaptação; tornar a adaptar.

READAPTÁVEL. Que pode ser readaptado.

READJUDICAÇÃO. Ato ou efeito de tornar a adjudicar.

READMISSÃO. 1. *Direito administrativo.* Ato administrativo discricionário admitindo reingresso ao serviço público de funcionário exonerado ou afastado, desde que não haja qualquer ressarcimento de prejuízos e inconveniência para a Administração. Equivale, portanto, a uma nova nomeação. **2.** *Direito do trabalho.* Nova contratação de antigo empregado ou reingresso de trabalhador afastado do emprego, computando-se, no tempo de serviço, os períodos, mesmo que não contínuos, em que trabalhou anteriormente na empresa, exceto se houver sido despedido por falta grave, recebido indenização legal ou se aposentado espontaneamente.

READMITIR. *Direito administrativo* e *direito do trabalho.* Tornar a admitir.

READQUIRIR. Adquirir novamente.

READY–PAYMENT. *Locução inglesa.* Pagamento à vista.

REAFIRMAÇÃO. Confirmação; ato ou efeito de afirmar algo novamente.

REAFORAMENTO. 1. *Direito processual penal.* Retorno ao foro de competência originária, que havia sido afastado, por exemplo, em razão de dúvida de imparcialidade do júri, interesse público e insegurança pessoal do acusado (J. Motta Maia). **2.** *Direito administrativo* e *direito civil.* Revigoração do aforamento da mesma área de terra da União ao antigo foreiro.

REAFRETAR. Afretar de novo ou outra vez.

REAGIR. 1. *Psicologia forense.* Alterar comportamento. **2.** *Direito penal.* Agir em legítima defesa, oferecendo reação a uma ofensa física. **3.** Nas *linguagens comum* e *jurídica* em geral, tem o sentido de: a) exercer reação; b) resistir; c) protestar; d) lutar.

REAGRAVAR. 1. *Direito processual.* Agravar novamente de uma sentença. **2.** Nas *linguagens comum* e *jurídica* em geral, pode ter a acepção de: a) exacerbar; b) tornar a agravar; c) agravar de novo.

REAGRUPAMENTO. Ação ou efeito de reunir ou de agrupar outra vez.

REAJUSTAMENTO. 1. Ato ou efeito de reajustar. **2.** Resultado de um processo de modificações conscientes ou inconscientes que, em caso de desajustamento, tornam um dado comportamento conforme à sociedade. **3.** Remodelação. **4.** Estabelecimento de novas condições sobre certos fatos, equilibrando-os. **5.** Reorganização. **6.** Composição de uma nova ordem econômica ou social. **7.** Efetivação de um novo ajuste.

REAJUSTAMENTO DE VALORES DE BENEFÍCIOS. *Direito previdenciário.* Adaptação dos benefícios ao valor aquisitivo da moeda.

REAJUSTAMENTO DO CONDENADO. *Direito penitenciário* e *direito penal.* Reabilitação social do condenado, visando a sua recuperação.

REAJUSTAMENTO ECONÔMICO. *Economia política.* Reequilíbrio de uma situação econômica debilitada pela implantação de certas medidas que permitam a redução de débitos ou a obtenção de recursos.

REAJUSTAMENTO SALARIAL. *Direito do trabalho.* Determinação de novo nível de salário mais consentâneo com o custo de vida. Atualização salarial.

REAJUSTAMENTO SOCIAL. *Sociologia geral.* Ato que tem por escopo fazer com que alguém venha a readquirir a condição necessária para um bom convívio social.

REAJUSTAR. Tornar a ajustar.

REAJUSTE. 1. Reajustamento. **2.** Restabelecimento do equilíbrio. **3.** Correção de preço.

REAJUSTE SALARIAL. *Direito constitucional* e *direito do trabalho.* Ato de ajustar salário ou vencimento, tornando-o proporcional à elevação do custo de vida.

REAL. 1. *Economia política.* Unidade monetária brasileira. **2.** *História do direito.* a) Antiga moeda portuguesa; b) unidade convencional monetária, cujo plural era réis, que vigorava no Brasil e em Portugal, que não tem qualquer relação com o atual real. **3.** *Direito civil.* a) Diz-se do direito que se caracteriza como uma relação entre o homem e a coisa, que se estabelece diretamente e sem intermediário, contendo, portanto, três elementos: o sujeito ativo, a coisa e a inflexão imediata do sujeito ativo sobre a coisa; b) o que é relativo à coisa ou a um direito que incide sobre uma coisa. **4.** Nas *linguagens comum* e *jurídica*, em geral, pode ter a acepção de: a) efetivo; b) material; c) presente; d) concreto e existente; e) régio. **5.** *Direito comparado.* a) Relativo a país governado por um rei; b) referente à realeza ou ao rei. **6.** *Direito processual civil.* Ação que tem por objeto bem móvel ou imóvel (De Plácido e Silva). **7.** *Filosofia geral.* a) O que se opõe ao aparente; b) aquilo que é atual; c) definição que consiste em dizer o que uma coisa ou realidade é; d) definição descritiva que, utilizada pela ciência natural, é aquela que, na falta dos caracteres essenciais, enumera os caracteres exteriores mais marcantes de uma coisa, para permitir distingui-la de todas as outras; e) objeto que tem existência espácio-temporal, por estar na experiência sensível. **8.** Em *sentido figurado* significa: a) notável; b) nobre; c) superior; d) excelso.

REALÇAR. 1. Pôr em evidência. **2.** Dar mais força ou valor a algo. **3.** Salientar.

REALCE. 1. Evidência. **2.** Ênfase. **3.** Aumento de valor.

REAL E FILHADA. *Direito processual civil.* Locução usada para indicar a necessidade de que a penhora seja promovida com a efetiva e corporal apreensão e depósito do bem, lavrando-se um só ato se as diligências forem concluídas no mesmo dia. Todavia, atualmente, permite-se que o próprio devedor fique como depositário, exceto se o credor não concordar.

REALEIRA. *Direito agrário.* Cela especial onde a abelha rainha é criada até a fase adulta.

REALENGO. 1. *História do direito.* Reguengo, isto é, conjunto de bens da Coroa. **2.** Na *linguagem comum* significa: a) régio; b) digno de rei; c) no Rio Grande do Sul é aquilo que não tem dono, sendo, por isso, público. **3.** *Direito comparado.* Diz respeito ao poder real.

REAL ESTATE AGENCY. *Expressão inglesa.* Agência imobiliária.

REAL ESTATE BROKER. *Expressão inglesa.* Corretor de imóveis.

REAL ESTATE LISTING. *Expressão inglesa.* Contrato de corretagem imobiliária.

REALEZA. *Direito comparado.* **1.** Dignidade do rei ou rainha. **2.** Conjunto de pessoas pertencentes à família real. **3.** Influência do rei. **4.** Os reis de um país.

REALIDADE. 1. *Filosofia geral.* a) O que tem existência real; b) qualidade ou característica do que é real. **2.** *Teoria geral do direito* e *direito internacional privado.* Territorialidade das leis. **3.** *Direito de propriedade industrial.* Evidência do resultado obtido pelos meios criados pelo invento (De Plácido e Silva).

REALIDADE DO ESTADO. *Teoria geral do Estado.* Conjunto das três estruturas essenciais do Estado: a) a social, objeto da teoria social do Estado, que analisa a formação e o desenvolvimento da instituição estatal em razão de fatores sócio-econômicos; b) a jurídica, objeto da teoria jurídica do Estado, que estuda o ordenamento jurídico estatal; e c) a política, objeto da teoria política do Estado, que explica os fins do governo em razão dos vários sistemas de cultura (Miguel Reale). O Estado é uma realidade unitária e complexa, sendo, concomitantemente, social, político e jurídico.

REALIDADE JURÍDICO–ESTATAL. *Direito constitucional.* Funcionamento do Poder Executivo, Judiciário e Legislativo de conformidade com a Carta Magna e a realização histórico-social dos ideais jurídicos norteadores dos princípios e normas constitucionais (José Amado Nascimento).

REALIDADE VIRTUAL. *Direito virtual.* Simulação da realidade através de recursos de multimídia e computação.

REALISMO. 1. *Ciência política.* a) Monarquismo; b) sistema político segundo o qual só é admissível a soberania de um rei. **2.** *Filosofia geral.* a) Teoria metafísica pela qual os objetos são considerados como realmente existentes; b) doutrina que considera as idéias mais reais do que os seres individuais, que são seu reflexo (Lalande); c) disposição para pensar e agir conforme a realidade das coisas ou dos fatos; d) senso da realidade (Beaulavon); e) oposição ao idealismo; f) concepção segundo a qual o pensamento individual, ao conhecer, apreende, por meio de intuição direta, o não-eu, enquanto distinto do eu (Hamilton).

REALISMO ANGLO–SAXÔNICO. *Filosofia geral.* Transposição do dado para a realidade e alargamento da teoria das relações externas à relação cognitiva (Cabral de Moncada). É uma forma de realismo do mental, pelo qual o fato de uma coisa ser conhecida em nada altera a coisa conhecida; as relações são independentes dos termos da relação ou dos *correlata* (Moore Russel). Trata-se do idealismo ou neo-realismo.

REALISMO CRÍTICO. *Filosofia geral.* **1.** Concepção pela qual o pensamento reflete, modificando qualquer realidade que não seja o ato de pensar (Cabral de Moncada). **2.** Teoria para a qual a Ontologia deixa de ser mera descrição de fenômenos, passando a ser uma autêntica ciência do ser ou da realidade (Scheler, Hartmann e Heidegger). **3.** Corrente segundo a qual o objeto pensado apresenta uma realidade independente do pensamento (Herbart).

REALISMO INGÊNUO. *Filosofia geral.* **1.** Doutrina que considera o pensamento uma cópia do real. **2.** Crença do senso comum que admite a existência de um mundo de objetos materiais e de sujeitos conscientes, com os quais o conhecimento mantém uma relação mal definida, concebida como apreensão direta de coisas ou de seres diferentes do sujeito ou como uma relação análoga à de um retrato e do seu modelo (Lalande). É também denominado "realismo vulgar".

REALISMO JURÍDICO. *Filosofia do direito.* Conjunto de correntes teóricas que se afastam de qualquer investigação jusfilosófica de ordem metafísica ou ideológica, negando todo fundamento absoluto à idéia de direito, considerando tão-somente a realidade jurídica, isto é, o direito efetivamente existente ou os fatos sociais e históricos que lhe deram origem (Luiz Fernando Coelho). O realismo jurídico busca a realidade efetiva sobre a qual se apóia e dimana o direito, não a realidade sonhada ou ideal. Para os realistas, o direito real e efetivo é aquele que o tribunal declara ao tratar do caso concreto. O direito é o resultado de forças sociais e um instrumento de controle social. Abre, o realismo jurídico, perspectivas para a procura da realidade do direito nas decisões judiciais.

REALISMO JURÍDICO ESCANDINAVO. *Filosofia do direito.* Corrente que teve como sequazes Hägerström, Lundstedt, Olivecrona e Ross, e que preconiza uma interpretação antijusnaturalista dos ideais jurídicos, na descoberta dos princípios gerais do direito e dos ideais jurídicos empíricos, que resultam da experiência concreta da coletividade. Trata-se de uma concepção empírica do direito, com fundamento na natureza humana social, que pode ser descoberta mediante observações empíricas de cunho psicológico ou sociológico, buscando interpretar a vigência do direito em termos de efetividade social das normas jurídicas. Os realistas escandinavos concebem o direito como um meio de comunicação humana, como forma de controle social do comportamento; logo o sentido jurídico deve ser buscado pela análise lingüística. Daí ser um realismo lingüístico.

REALISMO JURÍDICO NORTE-AMERICANO. *Filosofia do direito.* Realismo psicológico representado por Gray, Llewellyn, Frank, Underhill Moore, Herman Oliphant, Walter Cook, Charles Clark, que procuraram demonstrar que a sentença não constitui um silogismo, por ser um ato mental, uma espécie de intuição intelectiva que abrange a decisão, os fatos relevantes e juridicamente qualificados e a norma pertinente. Identifica, como diz Gurvitch, a realidade concreta do direito com o direito dos juízes e tribunais, eliminando, devido ao seu ceticismo axiológico, da ciência jurídica, as considerações teleológicas e valorativas. Deveras, alguns realistas, como Llewellyn, voltam-se para uma sociologia jurídica baseada, exclusivamente, em julgamentos da realidade e libertada da dependência da ciência do direito, cuja única tarefa consiste em aplicar os resultados dos julgamentos da realidade, sem qualquer consideração de fins e valores. Outros, como Jerome Frank, eliminaram a ciência do direito para substituí-la pela psicanálise dos juristas. Outros, ainda, reduzem a ciência do direito apenas a uma técnica jurídica, baseada numa generalização indutiva do comportamento dos órgãos judiciais.

REALISMO LINGÜÍSTICO. *Vide* REALISMO JURÍDICO ESCANDINAVO.

REALISMO PSICOLÓGICO. *Vide* REALISMO JURÍDICO NORTE-AMERICANO.

REALISMO TRANSFIGURADO. *Filosofia geral.* Doutrina para a qual existe, além das representações individuais, um incognoscível tal que a toda modalidade do mundo perceptível corresponde uma modalidade determinada desse real, mas sem nenhuma semelhança entre uma e outra (Spencer).

REALISMO VULGAR. *Vide* REALISMO INGÊNUO.

REALISTA. 1. *Filosofia geral* e *filosofia do direito.* a) Referente ao realismo; b) sequaz do realismo. **2.** Na *linguagem comum* diz-se daquele que é sensato. **3.** *Ciência política.* Adepto do monarquismo; monarquista.

REALISTAMENTO. Novo alistamento.

REALISTAR. Tornar a alistar.

REALÍSTICO. Relativo ao realismo.

REALITY SHOWS. *Direito civil.* Programa decorrente de contrato entre emissora de televisão e participantes de programas como "Casa dos Artistas" e "Big Brother", no qual estes permitem, expressa e temporariamente, a divulgação de sua imagem, o acesso à sua privacidade, à sua intimidade ou a seus hábitos pessoais, expondo-os ao público telespectador, vindo a renunciar tais direitos da personalidade em troca de fama e de prestação pecuniária.

REALIZABILIDADE. Qualidade ou característica de realizável.

REALIZAÇÃO. **1.** *Economia política.* Transformação de bens em capital. **2.** *Direito comercial.* a) Entrega de bens ou valores para formação do capital social; b) venda de bens para obter pecúnia. **3.** *Direito civil.* Execução de uma obrigação assumida. **4.** Na *linguagem jurídica* em geral, pode ter o sentido de: a) ato ou efeito de realizar; b) obra de vulto; c) cumprimento ou efetivação de algo; d) empreendimento efetuado.

REALIZAÇÃO CONSTITUCIONAL. *Direito constitucional.* Ato de qualquer órgão constitucional tornar juridicamente eficaz a norma constitucional na sua atividade legiferante, administrativa e judicial (Canotilho).

REALIZAÇÃO DE LUCROS. *Direito comercial.* **1.** Venda de investimentos quando as cotações permitirem ao investidor obter boa margem de lucro. **2.** Venda de investimentos com lucro, quando o mercado tender à reversão (Luiz Fernando Rudge).

REALIZAÇÃO DO ATIVO. **1.** *Direito falimentar.* Conversão em dinheiro dos bens, direitos e ações da massa falida para pagar seus credores. Constitui fase inicial do processo de liquidação da falência. Logo após a arrecadação dos bens, com a juntada do respectivo auto ao processo de falência, será iniciada a realização do ativo. A alienação dos bens será realizada de uma das seguintes formas, observada a seguinte ordem de preferência: a) alienação da empresa, com a venda de seus estabelecimentos em bloco; b) alienação da empresa, com a venda de suas filiais ou unidades produtivas isoladamente; c) alienação em bloco dos bens que integram cada um dos estabelecimentos do devedor; d) alienação dos bens individualmente considerados. Se convier à realização do ativo, ou em razão de oportunidade, podem ser adotadas mais de uma forma de alienação. **2.** *Direito comercial.* Liquidação do ativo das sociedades empresárias para apurar numerário que for necessário para pagar o passivo.

REALIZAÇÃO DO CAPITAL. *Direito civil* e *direito comercial.* Pagamento do capital, em bens ou dinheiro, pelos sócios de uma sociedade, conforme o que estiver avençado no contrato social.

REALIZADO. **1.** Que se realizou. **2.** Efetuado. **3.** Aquele que alcançou seus objetivos. **4.** Completo.

REALIZADOR. **1.** Aquele que realiza. **2.** Diz-se daquele que é eficiente.

REALIZAR. **1.** Vender bens para obter dinheiro. **2.** Liquidar. **3.** Tornar algo efetivo ou real. **4.** Efetuar; efetivar. **5.** Verificar-se.

REALIZÁVEL. Aquilo que pode ser realizado ou levado a efeito.

REALTOR. *Termo inglês.* Corretor de imóveis.

REALTY. *Termo inglês.* Bens imóveis.

REALUGAR. *Direito civil* e *direito comercial.* **1.** Tornar a alugar; alugar de novo. **2.** Sublocar.

REALWISSENSCHAFT. *Termo alemão.* Ciência empírica.

REANÁLISE. **1.** *Direito do consumidor* e *direito comercial.* Análise realizada em matéria-prima, previamente verificada e aprovada, para confirmar a manutenção das especificações estabelecidas pelo fabricante, dentro do seu prazo de validade. **2.** *Direito agrário.* Análise de sementes realizada em amostra duplicata de um mesmo lote, ou análise realizada em nova amostra do lote, visando, exclusivamente, à revalidação da validade do teste de germinação, de viabilidade ou sementes infestadas.

REANEXAÇÃO. Nova anexação.

REAPLICAÇÃO. *Direito bancário.* Autorização para aplicação do rendimento em nova operação (Geraldo Magela Alves).

REAPOSSAR. Apossar-se de novo de alguma coisa.

REAPRECIAR. Apreciar novamente.

REAPRENDER. Readquir conhecimentos que foram, total ou parcialmente, esquecidos.

REAPRENDIZAGEM. Ato ou efeito de tornar a aprender.

REAPRESENTAÇÃO. Ato de exibir novamente uma peça teatral ou um filme.

REAPROVEITAMENTO. Novo aproveitamento.

REAPROVEITAMENTO ENERGÉTICO DE RESÍDUOS. *Direito ambiental.* Utilização de matéria-prima energética trazida pelo lixo (Celso A. P. Fiorillo e Marcelo A. Rodrigues).

REAPROXIMAÇÃO. 1. *Direito internacional público.* Política em que um Estado procura estabelecer com outro melhores relações ou reatar as interrompidas. **2.** Na *linguagem jurídica* em geral, tem o significado de: a) reconciliação; b) nova aproximação.

REAQUISIÇÃO. Ato ou efeito de readquirir.

REARBORIZAÇÃO. Ato ou efeito de rearborizar.

REARMAMENTO. *Direito militar.* Ato ou efeito de armar-se de novo.

REARMAMENTO MORAL. Movimento que visa reunir pessoas anticomunistas influentes, dispostas a pautar seu procedimento por absoluta honestidade.

REASONABLE MAN. *Locução inglesa.* **1.** Magistrado. **2.** Homem da justiça ou do direito.

REASONABLENESS STANDARD. *Locução inglesa.* Padrão de razoabilidade que, nos EUA, é um dos critérios de aferição de legalidade que visa remediar restrições indevidas a direitos e liberdades na vida administrativa e legislativa. Outro critério que tem esse escopo é o *rationality test.*

REASSEGURAR. Assegurar novamente.

REASSENHOREAR. Tornar a assenhorear-se.

REASSINAR. Assinar outra vez.

REASSUMIDO. 1. *Direito administrativo.* a) Aquele que continua na posse antiga; b) recebido em cargo público de que estava afastado por nova posse; c) reapossado no cargo. **2.** Na *linguagem jurídica* em geral, designa: a) aquilo que se assumiu; b) reapossado; c) recuperado; d) recobrado; e) readquirido.

REASSUMIR. 1. *Direito administrativo.* a) Tomar posse novamente; b) exercer novamente o cargo público do qual estava afastado. **2.** Na *linguagem jurídica* em geral: a) recobrar; b) recuperar.

REASSUNÇÃO. *Direito administrativo.* Ato ou efeito de o funcionário reassumir cargo público por ele ocupado do qual se afastou em razão de férias, inquérito administrativo etc.

REATADURA. *Direito marítimo.* Cada chapa de ferro, braçadeira ou volta de corda que liga as partes fendidas de um mastro, verga etc.

REATAMENTO. 1. *Direito internacional público.* a) Reinício de relações entre países; b) restabelecimento de relações diplomáticas que haviam sido interrompidas. **2.** Na *linguagem jurídica* em geral, é a ação ou efeito de reatar. **3.** *Direito comercial.* Retorno às antigas negociações ou prosseguimento de negociações que estavam paralisadas.

REATAR. 1. Tornar a atar. **2.** Continuar o que foi interrompido.

REATESTAR. Atestar novamente.

REATIBILIDADE. Possibilidade de reagir.

REATIVAR. Tornar algo ativo outra vez.

REATIVIDADE. 1. Propriedade ou qualidade de reagir. **2.** Resistência ativa a qualquer esforço (Laudelino Freire).

REATIVO. O que provoca reação.

REATO. 1. *Direito processual penal.* a) Incriminação; b) condição de réu ou acusado. **2.** *Direito canônico.* Obrigação de cumprir penitência imposta pelo confessor.

REATOR. 1. O que reage. **2.** Reacionário.

REATOR NUCLEAR. *Direito ambiental.* **1.** Reator a pilha atômica. **2.** Estrutura que contém combustível nuclear, disposto de tal modo que, dentro dela, possa ocorrer processo auto-sustentado de fissão nuclear, sem necessidade de fonte adicional de nêutrons.

REATUS. *Termo latino.* Acusado; condição de réu.

REAUMENTO. *Direito do trabalho.* **1.** Reajuste salarial. **2.** Novo aumento de salário.

REAVALIAÇÃO DO CONTRATO ADMINISTRATIVO VIGENTE E DA LICITAÇÃO EM CURSO. *Direito administrativo.* É a que tem por critério a conveniência, oportunidade e interesse público direcionado à contenção e à redução das despesas públicas, não podendo resultar: aumento de preços unitários e de quantidades; redução da periodicidade dos pagamentos ou dos reajustes e da qualidade dos bens fornecidos e dos serviços prestados e modificações contrárias ao interesse público.

REAVALIAÇÕES DOS AGROTÓXICOS. *Direito ambiental.* Serão efetuadas nas seguintes situações: a) quando ocorrer alerta de organização internacional responsável pela saúde, alimentação ou meio ambiente, da qual o Brasil seja membro integrante, ou signatário do acordo, ou convênio, sobre riscos ou que desaconselhe o uso de agrotóxico, componente ou afim; b) por iniciativa de um ou mais dos órgãos federais envolvidos no processo de avaliação e registro, para esclarecer suspeitas de ordem agronômica, toxicológica ou ambiental, ou quando houver indícios de redução de eficiência agronômica, alteração dos riscos à saúde humana, ou ao meio ambiente, ou ainda em função da adoção de novos critérios de avaliação; c) a pedido do titular de registro ou de outro interessado, desde que fundamentado tecnicamente.

REAVER. **1.** Readquirir. **2.** Recuperar. **3.** Haver de novo. **4.** Recobrar.

REAVIAR. **1.** Orientar-se. **2.** Tornar a encontrar-se no caminho perdido (Laudelino Freire).

REAVIR. Reconciliar-se.

REAVISAR. **1.** Tornar a avisar. **2.** Fazer nova advertência.

REAVISO. Segundo aviso.

REB. Sigla de Registro Especial Brasileiro.

REBAIXA. **1.** *Direito civil* e *direito comercial.* Abatimento do preço; rebate; desconto. **2.** *Direito agrário.* Ato de rebaixar a terra usada como canteiro da cultura de arroz, até o nível da água que serve de irrigação permanente.

REBAIXADA. *Vide* REBAIXA.

REBAIXADO. O que se rebaixou.

REBAIXADOR. Aquele que rebaixa.

REBAIXAMENTO. **1.** *Direito militar.* a) Perda de divisas; b) pena consistente em retrogradar o militar que cometeu falta grave, na escala hierárquica. **2.** Nas *linguagens comum* e *jurídica* em geral, pode significar: a) falta de dignidade; b) aviltamento; c) ato ou efeito de rebaixar-se; d) diminuição da categoria profissional.

REBAIXAR. **1.** *Direito militar.* Tirar divisas. **2.** *Direito civil* e *direito comercial.* Fazer diminuir o preço; abater. **3.** Na *linguagem jurídica* em geral, quer dizer: a) menosprezar; b) humilhar-se; c) aviltar-se.

REBAIXO. *Direito civil.* **1.** Inclinação do telhado de uma casa. **2.** Vão de escada.

REBANHIO. *Direito agrário.* Que anda em rebanho.

REBANHO. *Direito agrário.* **1.** Conjunto de animais que fica sob a guarda de um pastor. **2.** Porção de gado lanígero ou caprino.

REBANHO ESPIRITUAL. *Direito canônico.* Os paroquianos.

REBATE. **1.** *Direito comercial.* Desconto; rebaixamento de preço. **2.** Na *linguagem comum*: a) aviso sobre ameaça ou perigo; b) sinal de alarme. **3.** *Direito internacional privado.* Desconto concedido por empresa estrangeira de transporte sobre o frete para ter prioridade na condução de certas mercadorias.

REBATE DE PAPEL. *Direito cambiário.* **1.** Desconto de letra de câmbio ou de título de crédito, quando se troca por dinheiro. **2.** Endosso que transfere propriedade sobre o título. **3.** Desconto operado por meio do endosso (João Eunápio Borges).

REBATEDOR. *Direito desportivo.* Jogador de futebol que, ao jogar na defesa, tem o hábito de rebater a bola a esmo, sem entregá-la a um outro companheiro de equipe.

REBATE FALSO. Notícia falsa.

REBATER. **1.** *Direito cambiário.* Trocar título de crédito, com desconto, por dinheiro. **2.** *Direito comercial.* Descontar. **3.** Nas *linguagens comum* e *jurídica* em geral, tem o sentido de: a) tornar a bater; b) repelir; c) reprimir; d) refutar; e) censurar; f) debelar; g) adiantar com ágio. **4.** *Direito desportivo.* Impedir ou repelir a bola a esmo, sem direção. **5.** *Direito processual civil.* Contestar.

REBATIDA. **1.** Réplica. **2.** Refutação. **3.** Ação ou efeito de rebater.

REBATIDO. **1.** Descontado, com ágio. **2.** Repelido.

REBATIMENTO. Ação ou efeito de rebater.

REBATINHA. *História do direito.* Coisa muito disputada ou debatida.

REBELADO. Que se rebelou.

REBELAR. **1.** Tornar rebelde. **2.** Revoltar-se; insurgir-se. **3.** Incitar à rebelião.

REBELDE. **1.** Na *linguagem jurídica*, em geral, designa: a) aquele que se rebela; b) que não se submete a nada; c) obstinado; d) desertor; e) indisciplinado; f) difícil; g) traidor; h) participante de uma rebelião. **2.** *Direito processual civil.* Revel. **3.** *Ciência política.* a) O que se insurge contra o governo ou autoridade constituída; b) aquele que se opõe ao poder estabelecido.

REBELDIA. **1.** *Direito marítimo.* a) Ato ilícito praticado pelo comandante ou tripulação do navio contra a vontade do dono, causando dano à carga ou à embarcação (Othon Sidou); b) barataria. **2.** Na *linguagem jurídica* em geral, tem o significado de: a) qualidade do que é rebelde; b) ato ou efeito de rebelar-se; c) resistência; d) teimosia; e) oposição. **3.** *Direito penal.* a) Situação jurídica do rebelde; b) culpa do rebelde; c) crime do rebelde (De Plácido e Silva).

REBELIÃO. 1. *Ciência política.* a) Resistência pela força à autoridade ou à ordem jurídica; b) movimento popular que se opõe à ação do governo ou que pretende modificar as instituições. **2.** *Direito penitenciário.* Movimento coletivo de presidiários para, por exemplo, provocar fuga em massa. **3.** Na *linguagem jurídica* em geral, significa: a) revolução; b) motim; c) insurreição; d) conjunto de rebeldes.

REBELIONAR. Pôr em rebelião.

REBELIONÁRIO. *Vide* REBELDE.

REBENTADOR. *Direito militar.* Diz-se do explosivo de uma granada.

REBENTAR. 1. Explodir. **2.** Despedaçar. **3.** Romper. **4.** Desabrochar. **5.** Começar a deitar pus. **6.** Fadigar-se.

REBENTAR NA MÃO. 1. *Direito militar* e *medicina legal.* Explodir uma arma no instante em que se descarrega. **2.** Na *linguagem comum* significa falhar, de repente, um negócio quase que concluído.

REBENTINA. *História do direito.* **1.** Furor súbito. **2.** Explosão de cólera ou raiva.

REBENTO. 1. *Direito agrário.* Goma dos vegetais. **2.** *Direito civil.* a) Descendente; b) filho.

REBENTONA. 1. *Ciência política.* Motim ou revolta de caráter político. **2.** *Direito civil* e *direito comercial.* Diz-se de negócio que se está para decidir, apesar de haver dúvida em seu sucesso.

REBLAS. *Direito do consumidor.* Denominação comum dos laboratórios habilitados que integram a Rede Brasileira de Laboratórios Analíticos em Saúde.

REBOCADO. *Direito comercial.* Que é levado a reboque.

REBOCADOR. 1. *Direito comercial* e *direito marítimo.* a) Aquele que reboca; o que fornece apenas serviço de tração e seu pessoal, não tendo o dever de conservar a carga durante a viagem, nem de entregá-la ao destino ou observar a estivação; b) barco a vapor apropriado para rebocar, pela tração, embarcações, arrastando-as ao porto ou ao seu destino. **2.** *Direito agrário.* Agente dos seringais que, percorrendo as cidades do Nordeste, busca atrair pessoas para a Amazônia. **3.** *Direito civil.* Pedreiro que reveste paredes das construções.

REBOCADURA. *Direito marítimo.* **1.** Ação ou efeito de rebocar. **2.** Condução ou a puxada de um navio preso pela sirga; tração de uma embarcação por outra. **3.** Atividade do rebocador.

REBOCAR. 1. *Direito civil.* Cobrir parede de reboco. **2.** *Direito marítimo.* Levar a reboque; conduzir navio preso ao trator, cabo ou sirga.

REBOCO. *Direito civil.* Argamassa de cal e areia, ou cimento e areia, que reveste parede de prédios, dando-lhe acabamento, para que logo em seguida possa ser pintada.

REBOJAR. *Direito agrário.* Reunir o gado.

REBOJO. *Direito marítimo.* Remoinho perigoso à navegação, que se forma nos rios pela força da correnteza.

REBOLADA. *Direito agrário.* **1.** Em Pernambuco, é o grupo de pequenas árvores ou de vegetação baixa que se destaca num campo. **2.** No Estado da Paraíba é a pequena cultura agrícola. **3.** Grupo de árvores pertencentes a uma mesma espécie numa floresta.

REBOLEIRO. *Direito agrário.* Gado que vive em volta de casas.

REBOLO. *Direito agrário.* **1.** Parte da cana-de-açúcar que, contendo brotos, se planta como semente. **2.** Doença que atinge a oliveira, impossibilitando que dê azeitonas.

REBOQUE. 1. *Direito marítimo.* a) *Vide* CONTRATO DE REBOQUE; b) sirga ou cabo de que um barco faz uso para conduzir outro; c) serviço prestado por um navio ou embarcação com máquina de grande potência a outro navio desprovido de força motriz própria para deslocar-se ou efetuar manobras. **2.** *Direito de trânsito.* a) Guincho; veículo destinado a ser engatado atrás de um veículo automotor; b) carro-socorro para automóveis; c) bonde sem motor, engatado no bonde motorizado.

REBOQUE-MANOBRA. *Direito marítimo.* Serviço de auxílio ao navio para entrar e sair do porto.

REBOQUE-TRANSPORTE. *Direito marítimo.* Serviço de reboque que se realiza como verdadeiro trem de embarcação, levando o barco ao destino convencionado.

REBORA. *História do direito.* **1.** Arras confirmatórias; confirmação de ato negocial, mediante entrega de sinal. **2.** Ato de firmar novo contrato.

REBORA CUMPRIDA. *História do direito.* **1.** Idade da puberdade, que possibilitava contrair matrimônio. **2.** Idade legal para a emancipação (De Plácido e Silva).

REBORAR. *História do direito.* Confirmar algo, entregando sinal.

REBORDAGEM. *Direito marítimo.* **1.** Dano sofrido por embarcações em caso de abalroamento. **2.** Indenização por tal prejuízo.

REBORDO. *Economia política.* Limite extremo da orla da moeda, um pouco mais alto que as figuras e legendas, para evitar o desgaste rápido.

REBORDO COSTAL. *Medicina legal.* Limite inferior do tórax dado pelas costelas flutuantes (Croce e Croce Jr.).

REBOSCELIA. *Medicina legal.* Pernas encurvadas ou tortas.

REBUSQUE. 1. Negociata. **2.** Vantagem fortuita.

***REBUS SIC STANTIBUS. 1.** Vide* CLÁUSULA *REBUS SIC STANTIBUS.* **2.** Mesmo estado de coisas.

REBUTTER. *Termo inglês.* Tréplica.

RECABEDADA. *História do direito.* Aquela que era recebida solenemente como esposa.

RECABEDAR. *História do direito.* Receber, solenemente, mulher como esposa perante a Igreja.

RECABEDO. *História do direito.* **1.** Ato religioso solene pelo pelo qual se recebia uma mulher como esposa. **2.** Documento que confirmava a celebração do matrimônio e servia como quitação do dote recebido.

RECÁBEDO. *História do direito.* Recebedoria; arrecadação.

RECADAÇÃO. *História do direito.* Certidão ou prova de pagamento de imposto ou de sisa.

RECADEIRO. 1. Aquele que leva e traz recados. **2.** Mensageiro, que não age como representante, uma vez que apenas é mero instrumento material da exteriorização ou recepção da vontade alheia. **3.** Mandatário de mandato verbal (De Plácido e Silva).

RECADISTA. Quem transmite recado.

RECADO. 1. Notícia. **2.** Comunicação. **3.** Aviso. **4.** Mensagem escrita ou verbal. **5.** Cumprimento de uma obrigação. **6.** Mandato verbal (De Plácido e Silva).

RECADOS. *Direito agrário.* Arreios completos de montaria.

REÇAGADO. *Direito militar.* Soldado que, por estar fatigado, isola-se dos demais.

RECAÍDA. *Medicina legal.* **1.** Agravamento de uma moléstia. **2.** Reincidência num vício.

RECALADA. *Direito marítimo.* Entrada de navio em porto que não era o previsto para escala.

RECALAR. 1. *Direito marítimo.* Estivar; acondicionar carga no navio. **2.** *História do direito.* Buscar, o navio-negreiro, o local onde recebia escravos.

RECALCADO. 1. *Psicologia forense.* Diz-se do sentimento, pensamento ou desejo que está contido no subconsciente e excluído da consciência. **2.** *Direito agrário.* Animal cansado ante excesso de carga (Rio Grande do Sul).

RECALCADURA. *Medicina legal.* Entorse; forte distensão dos ligamentos da articulação.

RECALCAMENTO. *Psicologia forense.* Processo psíquico que afasta idéias incômodas do campo da consciência (Freud; Pradines).

RECALCITRÂNCIA. 1. Relutância. **2.** Resistência. **3.** Ato voluntário de deixar de executar determinação de superior hierárquico. **4.** Desobediência obstinada.

RECALCITRANTE. 1. Aquele que, obstinadamente, se recusa a cumprir uma ordem dada por alguém a quem deve obediência. **2.** Renitente.

RECALCULAR. Calcular novamente.

***RECALL.* 1.** *Termo inglês.* Revogação. **2.** *Ciência política* e *direito comparado.* a) Remédio outorgado aos eleitores dos EUA para que, por meio de uma eleição especial, votem na substituição de um titular dos poderes do Estado, antes do término do prazo para o qual foi eleito, em razão de prática de ato censurável, revogando, assim, seu mandato (Othon Sidou); b) revogação de mandato de funcionários eletivos outorgado pelo povo; c) meio usual nos EUA pelo qual o eleitorado pode obrigar magistrado a aplicar norma inconstitucional, por haver decidido pela sua constitucionalidade; d) voto destituinte, muito usado nos Estados Unidos. Se o governante, na esfera municipal, estadual ou federal, não cumprir seus deveres, os eleitores, pela maioria, poderão destituí-lo do cargo.

RECALL JUDICIAL. *História do direito.* Instituto que, nos EUA, foi preconizado por Roosevelt, em 1912, para que as decisões de juízes e Tribunais, negando a aplicação de uma lei inconstitucional, fossem anuladas pelo voto da maioria dos eleitores. Com essa anulação a lei passaria a ser constitucional e aplicada (Dalmo de Abreu Dallari).

RECALQUE. 1. *Psicologia forense.* Exclusão de certas ideias, desejos, sentimentos da órbita da consciência, causando com isso distúrbios mentais graves. **2.** *Direito civil.* Rebaixamento de parede ou de terra após a obra estar concluída.

RECÂMARA. *Medicina legal* e *direito militar.* Culatra de arma de fogo.

RECAMBIAR. *Direito cambiário.* **1.** Devolver título de crédito por não ter havido aceite ou pagamento. **2.** Promover um segundo câmbio em relação a uma operação feita anteriormente. **3.** Sacar novo título, à vista, de letra não paga e protestada, contra obrigado, para receber o *quantum* devido, incluindo-se juros, custas de protesto e dos avisos e demais despesas.

RECÂMBIO. *Direito cambiário.* **1.** Segunda operação de câmbio derivada do ressaque. Trata-se da nova emissão de um título de crédito à vista, após o protesto do primeiro não resgatado, feita pelo portador e sacado sobre um dos coobrigados. **2.** Segunda permuta de moedas alusiva a uma operação anterior. **3.** Soma cambial do novo saque (De Plácido e Silva). **4.** Direito que tem o portador de uma letra de câmbio não resgatada e protestada de reaver a quantia devida, acrescida de juros moratórios e das despesas havidas.

RECANALIZAÇÃO TUBÁRIA. *Medicina legal.* É uma microcirurgia que reconstitui e/ou desobstrui as trompas de Falópio que foram ligadas, com isso permitindo o encontro do espermatozóide com o óvulo e o deslocamento do embrião até o útero, possibilitando a gestação.

RECANDIDATAR. *Ciência política* e *direito eleitoral.* Candidatar-se novamente.

RECAPITULAÇÃO. 1. Repetição sumária do que se disse ou do que foi escrito. **2.** Formação de um capítulo, contendo síntese do que se expôs em outro. **3.** Exame sumário. **4.** Rememoração.

RECAPTURA. *Direito processual penal.* Nova captura de um condenado evadido.

RECARGA. *Direito comparado.* Nova investida que o touro faz contra o toureiro que o feriu.

RECASAR. *Direito civil.* Contrair novas núpcias, em razão de viuvez, divórcio ou invalidação do primeiro matrimônio.

RECATADO. 1. Aquele que tem modéstia. **2.** Que aparece pouco em público.

RECATO. 1. Resguardo. **2.** Modéstia. **3.** Precaução. **4.** Pudor. **5.** Honestidade.

RECAUÇÃO. 1. Ato ou efeito de recaucionar. **2.** Nova caução do que anteriormente caucionado; renovação de garantia.

RECAUCIONAR. Renovar caução.

RECAUCIONÁVEL. O que pode ser recaucionado.

RECAUS. *Direito agrário.* No Rio Grande do Sul designa os arreios da montaria.

RECEADO. Que causa receio ou medo.

RECEANTE. Que receia.

RECEAR. Ter medo.

RECEÁVEL. Que se pode temer.

RECEBEDOR. 1. *Direito comercial.* a) Consignatário da carga; b) caixa do guichê encarregado de receber. **2.** *Direito tributário.* Funcionário encarregado de arrecadar impostos.

RECEBEDORIA. *Direito tributário* e *direito administrativo.* **1.** Cargo de recebedor. **2.** Departamento fiscal. **3.** Repartição pública onde as rendas e os impostos são arrecadados e recolhidos.

RECEBER. 1. Aceitar. **2.** Perceber; tomar o que é dado como pagamento. **3.** Cobrar. **4.** Obter por remessa. **5.** Admitir. **6.** Hospedar. **7.** Sofrer ação. **8.** Casar. **9.** Acolher recurso.

RECEBER AS CREDENCIAIS. *Direito internacional público.* Ocorre quando um governo admite novo representante diplomático ou embaixada de outros países.

RECEBER AS ORDENS. *Direito canônico.* Ordenar-se padre.

RECEBER A TONSURA. *Vide* RECEBER AS ORDENS.

RECEBIMENTO. 1. Ação ou efeito de receber. **2.** Ato de convolar núpcias. **3.** Ato de aceitação. **4.** Apoderamento. **5.** Recepção. **6.** Admissão.

RECEBIMENTO DA OBRA. *Direito civil.* Aceitação da obra concluída.

RECEBIMENTO DE CAUÇÃO. *Direito civil.* Aceitação de uma garantia pelo credor.

RECEBIMENTO DO RECURSO. *Direito processual.* Admissão ou aceitação do recurso conforme o pedido, dando-lhe o andamento normal. Ato de dar provimento ao recurso.

RECEBÍVEL. 1. O que se pode aceitar ou receber. **2.** Instrumento financeiro que possui direitos creditórios, títulos ou cessão fiduciária com lastro, e somente pode ser emitido com o objetivo de negociar esses créditos (Luiz Fernando Rudge).

RECEBÍVEL IMOBILIÁRIO. *Direito civil.* Créditos imobiliários das entidades financiadoras junto a pessoas físicas e jurídicas, mutuárias dos empréstimos que lhes foram concedidos para construção ou aquisição de imóveis (Luiz Fernando Rudge).

RECEIO. 1. Temor. **2.** Ansiedade. **3.** Apreensão causada pela possibilidade de ocorrência de algum dano. **4.** Suspeita.

RECEITA. 1. Na *linguagem jurídica*, em geral, pode ter o sentido de: a) quantia integrante de um patrimônio; b) soma pecuniária recebida. **2.** *Direito comercial.* a) Entrada ou recebimento de dinheiro que constitui o crédito da conta; b) resultado de vendas à vista ou de prestações de serviços levadas a efeito em certo período. **3.** *Direito de propriedade industrial.* Fórmula de produto industrial. **4.** *Medicina legal.* a) Fórmula prescritiva de medicamento, indicando sua composição; b) papel contendo prescrições escritas de um médico.

RECEITA ADUANEIRA. *Direito alfandegário.* É a que advém de tributação sobre operações de importação e exportação de mercadorias. Trata-se da receita alfandegária ou dos direitos aduaneiros (J. Motta Maia).

RECEITA ALFANDEGÁRIA. *Vide* RECEITA ADUANEIRA.

RECEITA ANUAL. *Direito comercial.* Valor total dos recebimentos em dinheiro no período de um ano.

RECEITA BRUTA. *Direito comercial.* Aquela em que não há abatimento de despesas.

RECEITA CORRENTE. *Direito financeiro.* Receita do orçamento público, que se constitui pela receita tributária, patrimonial e industrial (Othon Sidou).

RECEITA CORRENTE LÍQUIDA. *Direito financeiro.* Somatório das receitas tributárias, de contribuições patrimoniais, industriais e agropecuárias, de serviços, transferências correntes e outras receitas também correntes.

RECEITA DE APLICAÇÃO ESPECIAL. *Vide* RECEITA ESPECIAL.

RECEITA DIÁRIA. *Direito comercial.* Féria do dia; soma pecuniária auferida durante um dia.

RECEITADO. Que se receitou.

RECEITA ESPECIAL. *Direito financeiro.* Soma em dinheiro que só pode ser aplicada para pagamento de certas despesas ou serviços previstos em lei ou em contrato. Trata-se da receita de aplicação especial.

RECEITA ESTIMADA. *Direito administrativo.* Valor resultante da multiplicação do coeficiente tarifário vigente fixado pela Agência Nacional de Transportes Terrestres (ANTT), para o serviço convencional com risco sanitário, pela quilometragem da linha a ser licitada, considerada a demanda estimada no respectivo projeto básico.

RECEITA EVENTUAL. Modalidade de receita extraordinária, constituída por rendas ocasionais e imprevistas (De Plácido e Silva).

RECEITA EXTRAORDINÁRIA. 1. Rendimento incerto ou eventual, resultante do fortuito, como, por exemplo, de herança ou multa. **2.** Rendimento previsto, oriundo de operação, que visa cobrir déficit do orçamento. Por exemplo: cobrança de débitos; venda de bens (De Plácido e Silva).

RECEITA FISCAL. *Direito tributário.* Renda tributária oriunda da arrecadação de impostos, taxas, contribuição de melhoria.

RECEITA GERAL. *Direito comercial* e *direito financeiro.* Soma de todas as receitas, sejam elas ordinárias ou extraordinárias.

RECEITA INDUSTRIAL. *Direito administrativo.* Entrada advinda de exploração de serviço industrial pelo Estado.

RECEITA LÍQUIDA. *Direito comercial.* Produto que fica, após as despesas terem sido abatidas.

RECEITA LÍQUIDA DE VENDAS E SERVIÇOS. *Direito tributário.* Resultado da receita bruta deduzida das devoluções de vendas e dos tributos incidentes sobre as vendas (ICMS, PIS e COFINS).

RECEITA MENSAL. *Direito comercial.* Total do dinheiro conseguido com as vendas correspondentes ao período de um mês.

RECEITA NACIONAL DE FORNECIMENTO AO CONSUMIDOR FINAL. *Direito administrativo* e *direito do consumidor.* Receita obtida pelas concessionárias, permissionárias e autorizadas do serviço público de distribuição, nas vendas de energia e nas prestações de serviços para consumidores finais.

RECEITA OPERACIONAL BRUTA. *Direito das comunicações.* É o valor da receita auferida na prestação de serviços de telecomunicações, pelo regime de competência, independentemente da emissão da fatura correspondente e de seu pagamento, excluídas as vendas canceladas e os descontos concedidos.

RECEITA ORÇADA. *Direito financeiro.* Aquela que está prevista no orçamento (Geraldo Magela Alves).

RECEITA ORÇAMENTÁRIA. *Direito financeiro.* Total das rendas previstas num orçamento, que se espera arrecadar, sob a forma de tributos, dentro de certo período. Pelo cotejo do *quantum* nela consignado com o arrecadado percebe-se o superávit ou o déficit da arrecadação (De Plácido e Silva). Nela se incluem as receitas correntes (tributária, patrimonial e industrial) e as de capital. *Vide* RECEITAS CORRENTES E RECEITAS DE CAPITAL.

RECEITA ORDINÁRIA. 1. Provento de fontes estabelecidas em lei. **2.** Diz-se da receita comum oriunda de recursos normais. **3.** É a que abrange as receitas tributária, industrial e patrimonial. **4.** É a proveniente da cobrança de tributos.

RECEITA ORIGINÁRIA. *Direito financeiro.* É a captada pelo Estado no exercício de sua atividade estatal, seja ela industrial ou mercantil.

RECEITA PARTICULAR. *Direito civil* e *direito comercial.* É a soma pecuniária pertencente a pessoa natural ou a pessoa jurídica de direito privado, que, constituída pelas suas rendas, integra seu patrimônio, aumentando-o.

RECEITA PATRIMONIAL. *Direito financeiro.* **1.** Modalidade de receita orçamentária que, fazendo parte das receitas correntes, se constitui de receitas imobiliárias, de receitas de valores mobiliários, participações e dividendos. É aquela obtida de rendimentos estatais oriundos da aplicação do capital em bens patrimoniais ou em arrendamentos imobiliários. **2.** É a criada pela exploração do patrimônio do Estado, administrado segundo normas de direito privado como as de locação, de cessão etc. (Celso Bastos).

RECEITA PÚBLICA. *Direito financeiro.* **1.** Entrada que, integrando-se no patrimônio público sem quaisquer reservas, condições ou correspondência no passivo, vem acrescer o seu vulto, como elemento novo e positivo (Aliomar Baleeiro). **2.** É a que advém da arrecadação de rendas de várias fontes previstas no orçamento. **3.** Ativo do orçamento de uma pessoa jurídica de direito público, que compreende o total dos bens disponíveis para fazer frente à sua economia. **4.** Ingresso de dinheiro nos cofres pú-

blicos (Celso Bastos). **5.** Conjunto de recursos monetários de que o Estado dispõe para cobrir suas despesas durante um exercício financeiro (José Náufel).

RECEITAR. *Medicina legal.* **1.** Prescrever como médico. **2.** Formular receita.

RECEITÁRIO. Local onde se guardam receitas médicas para evitar seu extravio, aviando-as pela ordem de entrada.

RECEITAS CORRENTES. *Direito financeiro.* São as incluídas na receita orçamentária, abrangendo a *receita tributária*, oriunda de arrecadação de impostos, taxas e contribuições de melhoria, a *receita patrimonial*, decorrente de receitas imobiliárias, de receitas de valores mobiliários, de participações e dividendos, e a *receita industrial*, que advém da receita de serviços industriais.

RECEITAS CREDITÍCIAS. *Direito financeiro.* São as decorrentes de operações feitas pelo Estado no mercado financeiro (Celso Bastos).

RECEITAS DE CAPITAL. *Direito financeiro.* São as incluídas na receita orçamentária, abrangendo: operações de crédito; alienações de bens móveis e imóveis; amortização de empréstimos concedidos; transferências de capital (J. Motta Maia).

RECEITA SEMANAL. *Direito comercial.* Total de rendas obtidas no período de uma semana.

RECEITA TRIBUTÁRIA. *Direito financeiro.* É a que advém da arrecadação de tributos, constituindo uma das espécies da receita corrente.

RECEITUÁRIO. 1. *Direito de propriedade industrial.* Conjunto de receitas utilizadas na indústria para a fabricação de seus produtos. **2.** *Medicina legal.* Formulário de medicamentos.

RECEIVED FOR SHIPMENT. *Direito marítimo* e *direito internacional privado.* Ordem de embarque. Conhecimento de embarque assinado pelo agente, indicando apenas que a carga foi recebida para embarque, não tendo, portanto, valor comercial junto a terceiros.

RECEIVER PENDENT LITE. *Locução inglesa.* Depositário judicial.

RECEIVER STOLEN PROPERTY. *Locução inglesa.* Receptação dolosa.

RECELEUR. *Termo francês.* Receptador.

RECÉM. 1. Recentemente. **2.** Agora há pouco. **3.** Agora mesmo.

RECÉM-CASADO. *Direito civil.* Aquele que se casou há pouco tempo.

RECÉM-EMANCIPADO. *Direito civil.* Aquele que foi emancipado recentemente.

RECÉM-FALECIDO. *Direito civil.* Indivíduo que acabou de falecer.

RECÉM-NADO. *Vide* RECÉM-NASCIDO.

RECÉM-NASCIDO. *Direito civil.* Aquele que nasceu há poucas horas ou o que tem a idade máxima de sete dias (De Plácido e Silva).

RECÉM-NATO. *Vide* RECÉM-NASCIDO.

RECÉM-NOBRE. *Direito comparado.* Aquele que recebeu título de nobreza há pouco tempo.

RECÉM-NOMEADO. *Direito administrativo.* Aquele que foi nomeado há pouco tempo.

RECÉM-PLANTADO. *Direito agrário.* O que se plantou recentemente.

RECENSÃO. 1. *Direito autoral.* a) Comparação feita de um texto de uma edição com o da anterior; b) apreciação crítica de uma obra literária. **2.** *História do direito.* Recenseamento.

RECENSEADO. Aquele que teve nome inscrito num recenseamento.

RECENSEADOR. 1. Na *linguagem jurídica* é aquele que tem a incumbência de fazer um recenseamento. **2.** *Direito autoral.* Aquele que faz crítica de obra literária.

RECENSEAMENTO. 1. Operação que visa, para fins de estatística, averiguar o número exato de fatos, animais, coisas ou pessoas, numa dada época e em determinado lugar. **2.** Arrolamento de animais ou de pessoas. **3.** Censo.

RECENSEAMENTO DA POPULAÇÃO. 1. Contagem efetiva dos habitantes de um país, em certo período, qualificando-os e indicando idade, sexo, nacionalidade, estado civil, profissão etc. **2.** Estatística administrativa que determina o número de habitantes de uma cidade ou de um Estado-membro da Federação.

RECENSEAMENTO DEMOGRÁFICO. *Vide* RECENSEAMENTO DA POPULAÇÃO.

RECENSEAR. 1. *Direito autoral.* Criticar a obra literária. **2.** Na *linguagem jurídica* em geral, significa: a) enumerar; b) incluir no recenseamento.

RECENSEIO. 1. *Vide* RECENSEAMENTO. **2.** Ato ou efeito de recensear.

RECENTAL. *Direito agrário.* Cordeiro de três para quatro meses.

RECENTE. O que se deu, ocorreu ou passou a existir há pouco tempo.

RECEPAGEM. *Direito agrário.* Operação consistente em cortar as plantas bem rente para que venham a rebentar com mais vigor.

RECEPÇÃO. 1. *Teoria geral do direito* e *direito constitucional.* a) Ato pelo qual uma nova norma revitaliza norma que lhe é inferior e anterior, por ser com ela compatível; b) subsistência de normas infraconstitucionais e de atos jurídicos anteriores não conflitantes com uma nova Constituição; c) eficácia construtiva, ou seja, incidência de uma nova norma constitucional sobre as da ordenação anterior compatíveis com ela, que, em nome do princípio da continuidade da ordem jurídica, são como que criadas por uma nova Carta Magna (José Afonso da Silva). Deveras, as normas de uma nova Constituição têm a propriedade de acolher, automaticamente, as normas anteriores infraconstitucionais, materialmente compatíveis com elas, confirmando sua vigência, eficácia e validade. **2.** *Direito administrativo.* a) Cerimônia na qual alguém fica empossado num cargo; b) solenidade pública para receber uma autoridade. **3.** *Direito civil.* a) Cerimonial com que se admite, oficialmente, um novo membro numa associação; b) momento consumativo de contrato entre ausentes, se o proponente se comprometeu a esperar a resposta. **4.** Na *linguagem comum* tem o sentido de: a) ato ou efeito de receber; b) recebimento.

RECEPÇÃO DE NORMA. *Direito constitucional.* Revitalização ou acolhimento de leis infraconstitucionais por uma nova Carta Constitucional, por serem compatíveis a ela, apesar de a antecederem.

RECEPÇÃO DE VOTOS. *Ciência política* e *direito eleitoral.* Recebimento dos votos dos eleitores, durante as eleições, pela mesa receptora, mediante depósito das cédulas oficiais em urnas.

RECEPÇÃO DO DIREITO POSITIVO. Adoção de uma ordem jurídica de um país por outro (Marcus Cláudio Acquaviva).

RECEPÇÃO DO DIREITO ROMANO. *História do direito.* Fenômeno pelo qual o *direito romano*, por obra da Escola de Bolonha, a partir do século XI ao XVI, passou a ser o direito positivo de várias nações européias, fazendo com que a lei escrita tivesse preponderância sobre o costume.

RECEPÇÃO DO TRATADO EM DIREITO NACIONAL. *Direito internacional público.* Incorporação do tratado ao direito interno de cada Estado signatário (Rezek).

RECEPCIONÁRIO. 1. *Direito comercial.* Quem recebe mercadorias ou valores. **2.** Na *linguagem comum* e na *jurídica,* em geral, é aquele que é recepcionado ou recebido.

RECEPCIONISTA. Aquele que tem o dever de receber os passageiros em aeroportos, cais, estação, os visitantes de uma empresa, os hóspedes de um hotel etc.

RECEPISSE. 1. *Termo latino.* Recibo. **2.** *Direito comercial.* a) Declaração escrita onde alguém reconhece ter recebido dinheiro, documentos etc.; b) recibo de depósito, comprovante da entrega de valores ou mercadorias para guarda.

RÉCÉPISSÉ. *Termo francês.* Diz-se, na França, do cheque considerado recibo transmissível caracterizado como ordem de pagamento que assegura ao portador embolsar-se, com o emitente, do respectivo valor. O *cheque récépissé* é um papel que contém a seguinte fórmula: "Recebi de *A* a quantia de *n* francos. a) *B*" (Othon Sidou).

RECEPTAÇÃO. *Direito penal.* Crime punido com reclusão e multa que consiste no fato de alguém adquirir, receber, transportar, conduzir ou ocultar, em proveito próprio ou alheio, coisa que sabe ser produto de crime ou influir terceiro de boa-fé a adquiri-la, recebê-la ou ocultá-la. Trata-se da receptação dolosa.

RECEPTAÇÃO CULPOSA. *Direito penal.* Crime punido com detenção ou multa ou com ambas as penas que consiste no ato de o agente adquirir ou receber coisa que, por sua natureza ou pela desproporção entre o valor e o preço, ou pela condição de quem a oferece, deve presumir ter sido obtida por meio criminoso.

RECEPTAÇÃO DOLOSA. *Vide* RECEPTAÇÃO.

RECEPTAÇÃO DOLOSA IMPRÓPRIA. *Direito penal.* Crime punido com reclusão e multa que consiste na aquisição, transporte, condução, recebimento ou ocultação, em proveito próprio ou alheio, de coisa que sabe ser produto de crime.

RECEPTAÇÃO DOLOSA PRÓPRIA. *Direito penal.* Crime apenado com reclusão e multa que consiste em influenciar terceiro de boa-fé a adquirir, receber ou ocultar coisa que sabe ser produto de ato punível.

RECEPTAÇÃO DO SUB-ROGADO. *Direito penal.* Ato de receber, em proveito próprio ou alheio, bem adquirido com o produto do crime.

RECEPTAÇÃO PRIVILEGIADA. *Direito penal.* Crime a que, sendo o receptador criminoso primário, o magistrado, em consideração às circunstâncias, pode deixar de aplicar a pena de detenção ou multa, desde que a receptação seja culposa; se for dolosa, sendo de pequeno valor a coisa, poderá substituir a pena de reclusão pela de detenção, diminuí-la de um a dois terços ou, ainda, aplicar somente a multa.

RECEPTAÇÃO QUALIFICADA. *Direito penal.* **1.** Crime de aquisição dolosa pelo receptador de bens e instalações do patrimônio da União, Estado, Município, empresa concessionária de serviços públicos ou sociedade de economia mista, apenado com reclusão e multa em dobro. **2.** Ato de adquirir, receber, transportar, conduzir, ocultar, ter em depósito, desmontar, montar, remontar, vender, expor à venda, ou de qualquer forma utilizar, em proveito próprio ou alheio, no exercício de atividade empresarial, coisa que deve saber ser produto de crime punido com reclusão e multa.

RECEPTADOR. *Direito penal.* **1.** Aquele que adquire, recebe ou oculta, em proveito próprio ou alheio, objeto que é produto de crime. **2.** Agente da receptação.

RECEPTAR. *Direito penal.* Adquirir, receber ou ocultar produto de crime sabendo ou presumindo sua origem.

RECEPTIBILIDADE. 1. *Filosofia geral.* Passividade no conhecimento. **2.** *Medicina legal.* Tendência orgânica para receber influência de agentes terapêuticos ou mórbidos. **3.** *Psicologia forense.* Faculdade de receber sugestão.

RECEPTÍVEL. 1. Aceitável. **2.** Admissível. **3.** Aquilo que pode ser recebido.

RECEPTIVIDADE. *Psicologia forense.* Estado em que o ser humano sofre, mais facilmente, a influência do mundo exterior, como, por exemplo, a de uma sugestão.

RECEPTIVO. *Psicologia forense.* **1.** Aquele que é sugestionável. **2.** Que recebe influência de agente exterior.

RECEPTOR. *Vide* RECEPTADOR.

RECERRAR. 1. Contrair. **2.** Ajustar. **3.** Concluir um negócio.

RECESSÃO. *Economia política.* Período em que ocorre a estagnação ou descompasso da economia, caracterizando-se pelo aumento do desemprego e pelo declínio da produção e das vendas. Se este estado perdurar por longo tempo ter-se-á a depressão.

RECESSO. 1. Na *linguagem jurídica*, em geral, é: a) suspensão temporária das atividades desenvolvidas por órgãos colegiados; b) folga; c) paralisação de atividade para descanso; d) local afastado e oculto. **2.** *Direito comercial.* a) Direito do acionista de retirar-se da sociedade (Geraldo Magela Alves); b) suspensão de atividades mercantis ou industriais (De Plácido e Silva).

RECESSO DO LAR. Intimidade do lar (De Plácido e Silva).

RECESSO PARLAMENTAR. *Ciência política* e *direito constitucional.* Intervalo de tempo em que as casas legislativas não se reúnem para realização de suas sessões, suspendendo seu funcionamento no período correspondente ao mês de julho e no que vai de 15 de dezembro a 15 de fevereiro.

RECHAÇA. 1. Ato de repelir ou retirar. **2.** Ato de retroceder.

RECHAÇADO. Repelido.

RECHAÇAR. 1. Repelir. **2.** Rebater.

RECHAÇO. 1. Na *linguagem comum* pode ter o sentido de: a) refutação; b) ato ou efeito de repelir algo; c) ato de retroceder. **2.** *Medicina legal.* Manobra que possibilita sentir o choque do feto, quando, impulsionado pelo parteiro, volta a ocupar sua posição normal, mergulhando no líquido amniótico e na cavidade uterina (Laudelino Freire).

RECHECAGEM. Ato ou efeito de reexaminar.

RECHEGA. *Direito agrário.* Operação consistente em fender o tronco do pinheiro em sentido longitudinal, com o objetivo de obter maior quantidade de resina.

RECHEGO. *Direito civil.* Esconderijo escolhido pelo caçador para espreitar a caça.

RECHTSFÄHIGKEIT. *Termo alemão.* Capacidade de direito.

RECHTSFINDUNG. *Termo alemão.* Heurística jurídica.

RECHTSGEFUL. *Termo alemão.* Sentimento de justiça.

RECHTSMENSCH. *Termo alemão.* Homem jurídico.

RECHTSMITTEL. *Termo alemão.* Recurso.

RECHTSMITTELKLAGE. *Termo alemão.* Ação recursal.

RECHTSNORM. *Termo alemão.* Norma jurídica.

RECHTSPFLEGER. *Termo alemão.* Funcionário que auxilia o magistrado nas funções de administração de justiça, no que atina a trabalhos não jurisdicionais (Prieto-Castro y Ferrández).

RECHTSSATZ. *Termo alemão.* Proposição jurídica.

RECHTSSCHUTZBEDURFNIS. *Termo alemão.* Interesse de agir.

RECHTSSTAAT. *Termo alemão.* Estado de Direito.

RECHT UEBER RECHT. *Expressão alemã.* Direito sobre direito.

RECIÁRIO. *História do direito.* Gladiador que, na antigüidade romana, se armava de tridente e de rede para prender seu adversário.

RECIBO. 1. *Direito civil.* Documento que materializa a quitação. **2.** *Direito comercial* e *direito do trabalho.* Documento assinado pelo credor que atesta o pagamento de uma quantia pecuniária ou a entrega de algum objeto. **3.** Na *gíria* tem o sentido de revide.

RECIBO DE CONFIANÇA. *Direito civil* e *direito comercial.* Documento que contém declaração do recebimento de bens, mercadorias e valores e da obrigação de restituí-los dentro de determinado prazo.

RECIBO DE PAGAMENTO. *Direito civil* e *direito comercial.* Documento assinado pelo credor dando quitação, parcial ou total, de um débito.

RECIBO DE RESERVA NA AQUISIÇÃO DE FRAÇÃO IDEAL DE TERRENO PARA INCORPORAÇÃO. *Direito civil.* Documento fornecido pelo vendedor ao comprador onde ocorre a declaração de recebimento de certa importância, quanto a uma reserva feita em empreendimento imobiliário (Afonso Celso F. de Rezende).

RECIBO EM CONTA. *Direito civil* e *direito comercial.* Documento que comprova o pagamento parcial de uma dívida.

RECIBO POR SALDO. *Direito civil.* Documento assinado pelo credor que materializa a quitação do saldo alusivo aos pagamentos feitos pelo devedor de todos os débitos existentes até determinada data.

RECICLAGEM. *Direito ambiental.* **1.** Reaproveitamento de matéria-prima encontrada no lixo, formando novos produtos. **2.** Conjunto de ações que permite a transformação dos resíduos, utilizando beneficiamento para o reaproveitamento ou reprocessamento destes, e da matéria-prima que os compõe para fabricação de novos produtos, evitando que sejam lançados ao meio ambiente. **3.** Processo de reaproveitamento de resíduo, após ter sido submetido a transformação. **4.** Processo de transformação dos resíduos que utiliza técnicas de beneficiamento para o reprocessamento, ou obtenção de matéria-prima para fabricação de novos produtos.

RECIDIVA. 1. *Direito penal.* Reincidência. **2.** *Medicina legal.* Recaída na moléstia.

RECIDIVAR. 1. *Direito penal.* Reincidir. **2.** *Medicina legal.* Reaparecer uma doença de que já se entrava em convalescença.

RECIDIVIDADE. 1. *Medicina legal.* Tendência para recaída de doença, após a convalescença ou cura. **2.** *Direito penal.* Obstinação em delinqüir (Othon Sidou), reveladora da periculosidade do agente.

RECIDIVISTA. *Direito penal.* Reincidente.

RECIDIVO. *Direito penal.* **1.** Reincidente. **2.** Ato de perpetrar o mesmo crime após o trânsito em julgado da sentença condenatória.

RECIJ. *Direito internacional público.* Abreviatura de Regulamento do Estatuto da Corte Internacional de Justiça.

RECINTO. *Direito civil.* **1.** Área compreendida dentro de certos limites. **2.** Terreno murado. **3.** Cômodo.

RECINTO COLETIVO. Local fechado destinado a permanente utilização simultânea por várias pessoas, tais como casas de espetáculos, bares, restaurantes e estabelecimentos similares. São excluídos do conceito os locais abertos ou ao ar livre, ainda que cercados ou de qualquer forma delimitados em seus contornos.

RECINTOS ALFANDEGADOS. *Direito aduaneiro.* Áreas alfandegadas que podem ser de zona primária ou secundária. São recintos alfandegados de zona primária: a) os armazéns, depósitos, terminais, pátios e outros locais destinados à movimentação e ao depósito de mercadorias importadas ou destinadas à exportação, que devam movimentar-se ou permanecer sob controle aduaneiro; b) as áreas reservadas à verificação de bagagens destinadas ao exterior ou dele procedentes; c) as dependências de lojas francas. São recintos alfandegados de zona secundária: a) os entrepostos, depósitos, terminais ou outras unidades destinadas ao armazenamento de mercadorias desde que se destinem aos fins previstos nas alíneas *a* e *b*, acima; b) as dependências destinadas ao depósito de remessas postais internacionais sujeitas a controle aduaneiro. São, portanto, espaços físicos delimitados na área aeroportuária, destinados à movimentação e armazenagem de mercadorias importadas ou a serem exportadas, que devam permanecer sob controle aduaneiro.

RECINTOS DE TRABALHO COLETIVO. *Direito do trabalho.* Áreas fechadas, em qualquer local de trabalho, destinadas a utilização simultânea por várias pessoas que nelas exerçam, de forma permanente, suas atividades.

RÉCIO. 1. *História do direito.* Logradouro público. **2.** *Direito agrário.* Imóvel destinado à agricultura, situado fora do perímetro urbano (De Plácido e Silva).

RECIPIENDÁRIO. *Direito civil.* **1.** Que recebe algo; recepcionário. **2.** Aquele que é oficialmente recebido numa sociedade ou associação.

RECIPIENTE. 1. *Direito comercial.* Utensílio apropriado para guardar mercadorias, como caixas, tonéis, garrafas, vasilhas, vasos etc. (De Plácido e Silva). **2.** *Direito civil.* Que recebe. **3.** *Direito bancário.* Aquele a quem se faz uma remessa; devedor da remessa, no contrato de conta corrente.

RECÍPROCA. 1. *Lógica jurídica.* a) Diz-se da proposição cuja tese é a hipótese de outra; ou daquela cujo sujeito se converte em atributo de outra e vice-versa; b) correspondência entre duas proposições. **2.** *Direito civil.* Obrigação que cria prestações para ambas as partes. Por exemplo, no contrato bilateral cada contratante é reciprocamente devedor e credor um do outro.

RECIPROCIDADE. 1. *Sociologia geral.* Relação social entre pessoas ou grupos que de um lado implica deveres e do outro, direitos e retribuições, dentro de uma escala de valores ou de um padrão aprovado socialmente. **2.** Na *linguagem jurídica,* em geral, pode ter o sentido de: a) característica ou condição do que é recíproco; b) correspondência mútua; c) igualdade de direitos ou de obrigações; d) qualidade do que estabelece condições mútuas. **3.** *Direito civil.* Qualidade do contrato bilateral, que gera obrigações para ambos os contratantes, pois cada um deles é credor e devedor um do outro. **4.** *Filosofia geral.* Título dado à categoria da comunidade, isto é, à ação recíproca entre agente e paciente (Kant). **5.** *Direito internacional público.* Implica troca ou correspondência, no que concerne aos benefícios concedidos pela legislação, inclusive previdenciária, dos países envolvidos nos acordos celebrados. **6.** *Lógica jurídica.* Argumento que se funda no estabelecimento de uma relação de simetria entre duas situações (Sudatti).

RECIPROCIDADE DIPLOMÁTICA. *Direito internacional público.* **1.** Igualdade de tratamento entre todos os países signatários de um tratado relativo à

RECIPROCIDADE INTERNACIONAL

concessão de benefícios idênticos aos seus súditos ou nas relações de comércio internacional (De Plácido e Silva). **2.** Princípio que confere ao estrangeiro o mesmo tratamento que em sua nação é dado ao nacional do país onde pretende obter uma vantagem (Othon Sidou).

RECIPROCIDADE INTERNACIONAL. *Vide* RECIPROCIDADE DIPLOMÁTICA.

RECÍPROCO. 1. *Lógica jurídica.* a) Diz-se do ato que, sendo dados os dois termos *A* e *B*, subsiste, concomitantemente, no sentido de *A* a *B* e no de *B* a *A* (Leibniz); b) termo que, por ter o mesmo significado de outro, pode ser a ele conversível. **2.** Na *linguagem jurídica,* em geral: a) diz-se de tudo que importar em permuta ou troca de coisas entre duas pessoas; b) aquilo em que há correspondência de parte a parte; c) o que possui a mesma força de outro, por ser equivalente a ele; d) direito que se apresenta na mesma correspondência de outro.

RÉCITA. *Direito civil* e *direito autoral.* **1.** Representação teatral. **2.** Espetáculo musical.

RECITAL. 1. Concerto de um só solista. **2.** Sessão onde se recita composição literária em prosa ou em verso.

RECKLESS HOMICIDE. *Locução inglesa.* Homicídio culposo.

RECLAMAÇÃO. 1. Na *linguagem jurídica*, em geral, designa: a) protesto; b) reivindicação de algum direito; c) pedido para que uma autoridade competente tome providências relativas a uma ilegalidade ou injustiça; d) queixa; e) pedido de restituição de alguma coisa pertencente ao reclamante. **2.** *Direito processual* e *direito constitucional.* a) Recurso interposto pelo interessado ou pelo Ministério Público, de conhecimento do Supremo Tribunal Federal ou do Superior Tribunal de Justiça, para garantir a competência e a autoridade das decisões do tribunal. Com isso cessam os efeitos de decisão exorbitante ou determinam-se medidas apropriadas para a preservação daquela competência (Othon Sidou); b) é a ação judicial que pode revestir-se de caráter incidental quando ajuizada no curso da lide principal que ensejou o ajuizamento da providência judicial. É uma ação autônoma se se tratar de insurgência contra ato administrativo violador de súmula vinculante. Tem por finalidade preservar a competência e garantir a autoridade das decisões do STF (Luciano Ferreira Leite). **3.** *Direito processual do trabalho.* a) Ato escrito ou verbal pelo qual o empregado, ou o empregador, na qualidade de reclamante, ingressa em juízo, pessoalmente, por meio de representantes ou de sindicatos, ou ainda por intermédio da Procuradoria Regional da Justiça do Trabalho, contra o reclamado, pleiteando a satisfação de um direito ou a reparação de um direito lesado em face da legislação trabalhista; b) pleito que o contratado faz ao contratante ou a terceiros a título de reembolso de despesas ou custos não incluídos no preço contratual original. A reclamação ocorre, por exemplo, por atrasos causados pelo contratante, erros nas especificações ou desenhos, litígios sobre alterações no trabalho contratado.

RECLAMAÇÃO ADMINISTRATIVA. *Direito administrativo.* Ato jurisdicionado, impugnando ato administrativo lesivo ao seu interesse ou direito, suspendendo, com isso, a prescrição.

RECLAMAÇÃO DE ESTADO. *Direito processual.* Ação intentada para obter declaração do estado civil daquele que não tem documentos ou meios para prová-lo.

RECLAMAÇÃO DO LANÇAMENTO. *Direito tributário.* Impugnação ao lançamento do tributo, para que a autoridade competente venha a modificar o valor da tributação lançada, considerado injusto (De Plácido e Silva).

RECLAMAÇÃO JUDICIAL. *Direito processual civil.* Protesto, feito em juízo, contra ato atentatório a um direito próprio ou alheio, pleiteando sua sustação ou modificação pelo lesante, reconhecendo o direito do lesado e desfazendo a injustiça contra ele cometida.

RECLAMAÇÃO REIVINDICATÓRIA. *Direito processual civil.* Ato pelo qual o reclamante pede a restituição do que é seu. É também denominada reclamação restitutória.

RECLAMAÇÃO RESTITUTÓRIA. *Vide* RECLAMAÇÃO REIVINDICATÓRIA.

RECLAMAÇÃO TRABALHISTA. *Direito processual do trabalho.* **1.** Petição inicial apresentada pelo empregado na Justiça Trabalhista, em primeira instância, reivindicando seus direitos (Afonso Celso F. de Rezende). **2.** É a ação judicial que visa a resgatar direitos decorrentes de contrato de trabalho, expressa ou tacitamente celebrado entre duas ou mais partes, e se inicia com a formalização do processo na Justiça do Trabalho, movido pelo trabalhador contra a empresa ou equiparado à empresa ou empregador doméstico a quem haja prestado serviços.

RECLAMADO. 1. *Direito processual.* Réu. **2.** *Direito do trabalho.* Aquele contra quem se dirige uma reclamatória na justiça trabalhista.

RECLAMANTE. 1. *Direito processual.* a) Autor; b) o que apresenta uma reclamação em juízo. **2.** *Direito do trabalho.* Aquele que propõe, na justiça trabalhista, uma reclamatória. Trata-se do autor da reclamação trabalhista.

RECLAMAR. 1. Reivindicar. **2.** Exigir. **3.** Pedir com protesto. **4.** Ter necessidade de alguma coisa.

RECLAMATÓRIA. *Direito do trabalho.* Manifestação escrita ou oral pela qual o empregado, ou empregador, na qualidade de reclamante, pede, ao abrir o dissídio, tutela jurisdicional.

RECLAMÁVEL. Aquilo que pode ser protestado, exigido ou reclamado.

RECLAME. *Direito do consumidor.* Anúncio comercial; propaganda.

RECLAMISTA. Aquele que faz propaganda comercial.

RECLAMO. 1. *Direito marítimo.* Calço de madeira rija, com uma goivadura e que entra em um gorne, aberto no topo do mastro (Laudelino Freire). **2.** *Direito comercial* e *direito do consumidor.* Propaganda; anúncio divulgando produtos ou serviços.

RECLASSIFICAÇÃO DE DOCUMENTOS. Atividade pela qual a autoridade responsável pela classificação dos documentos altera a sua classificação.

RECLUIR. *Direito penal.* Meter em cárcere.

RECLUSÃO. *Direito penal.* É a pena privativa da liberdade pessoal do condenado, mais severa ou rigorosa por haver um período inicial de isolamento noturno e diurno. Tal pena é aplicada a delitos mais graves, podendo ser cumprida em regime: a) fechado em estabelecimento de segurança máxima ou média; b) semi-aberto, em colônia agrícola, industrial ou estabelecimento similar; c) aberto, em casa de albergado.

RECLUSIONÁRIO. *Direito penal.* Aquele que foi condenado à pena de reclusão; recluso.

RECLUSO. 1. *Vide* RECLUSIONÁRIO. **2.** Na *linguagem comum* diz-se daquele que não freqüenta a sociedade. **3.** *Direito canônico.* Religioso que vive em clausura ou em convento.

RECOBRAMENTO. 1. Ato ou efeito de tornar a recuperar algo. **2.** Recuperação.

RECOBRAR. 1. Reaver. **2.** Recuperar. **3.** Retomar. **4.** Reivindicar.

RECOBRAR A POSSE. *Direito civil.* Reintegrar-se na posse.

RECOBRAR A RAZÃO. *Medicina legal.* **1.** Sair do estado de demência. **2.** Acalmar-se após um acesso de raiva.

RECOBRAR O DIREITO. Restabelecer o direito, tornando-o efetivo, novamente (De Plácido e Silva).

RECOBRAR O PREÇO. Readquirir a quantia paga, se aquele que a recebeu não puder cumprir a obrigação assumida.

RECOBRAR OS GASTOS. Recuperar o valor despendido.

RECOBRÁVEL. O que pode ser recobrado, recuperado ou restabelecido.

RECOBRO. 1. Recuperação. **2.** Ato ou efeito de recobrar.

RECOF. *Direito alfandegário.* Regime de entreposto industrial sob controle aduaneiro informatizado, permitindo à empresa importar, com ou sem cobertura cambial, e com suspensão do pagamento de tributos, mercadorias que, depois de submetidas à operação de industrialização, sejam destinadas à exportação (Antonio Carlos Rodrigues do Amaral).

RECOGNIÇÃO. 1. *Direito processual civil.* a) Reconhecimento do estado de algo; b) exame ou cotejo para averiguar ou constatar a qualidade de uma coisa; c) investigação feita para obter o conhecimento exato sobre um fato, coisa, dever ou direito; d) averiguação; e) conferência; f) inspeção; g) observação cautelosa; h) realização de nova perícia. **2.** *Filosofia geral.* Ato do espírito pelo qual uma representação se subsume num conceito (Kant, Spencer, Lalande).

RECOGNITIVO. 1. *Direito processual civil.* a) O que é idôneo para a recognição; o que serve para a investigação; b) referente à recognição. **2.** *Direito civil.* Diz-se do ato pelo qual se pode atestar a existência de uma obrigação ou contrato.

RECOGNIZANCE. *Termo inglês.* **1.** Obrigação mediante fiança ou consignação. **2.** Quantia afiançada ou consignada.

RECOGNOSCÍVEL. Aquilo que é suscetível de reconhecimento.

RECOLHA. *Direito agrário.* Local onde, mediante pagamento, o gado é, provisoriamente, recolhido.

RECOLHEDOR. *Direito agrário.* Empregado rural encarregado de procurar animais pelo campo, ajuntando-os para recolhê-los no curral ou estábulo.

RECOLHENÇA. *Direito agrário.* Colheita.

RECOLHER. 1. *Direito agrário.* a) Fazer colheita de produtos agrícolas; b) tirar o gado do campo, colocando-o no estábulo. **2.** Nas *linguagens comum* e *jurídica* em geral, pode ter o sentido de: a) reunir; b) coligir; c) retrair; d) abrigar; e) retirar-se do mundo ou da sociedade; f) guardar; g) prender; h) concentrar-se; i) inferir; j) depositar; k) entregar; l) pagar; m) devolver; n) tirar de circulação.

RECOLHIDA. 1. *Economia política.* Ato de retirar a moeda de circulação. **2.** *Direito canônico.* Aquela que vive reclusa num convento, isolada do mundo, sem, contudo, ter feito votos. **3.** *Direito agrário.* a) Colheita; b) ato de reunir animais no campo, para recolhê-los no curral ou estábulo.

RECOLHIDO. 1. Enclausurado. **2.** Aquele que não tem convivência social. **3.** Concentrado mentalmente. **4.** Aquele que se encontra em seus aposentos particulares. **5.** Apartado.

RECOLHIMENTO. 1. *Direito penitenciário* e *direito processual penal.* Encerramento de condenado em prisão pública. **2.** *Filosofia geral.* Meditação; concentração espiritual. **3.** *Direito civil.* Asilo. **4.** Nas *linguagens comum* e *jurídica* em geral, pode significar: a) recato; b) ato ou efeito de recolher; c) abrigo, local onde se recolhe alguém. **5.** *Direito financeiro* e *direito administrativo.* a) Ação ou efeito de promover a entrega de valores a uma repartição pública arrecadadora; b) ato de entregar quantia alusiva a uma contribuição de melhoria. **6.** *Direito bancário.* Depósito de dinheiro junto a estabelecimento bancário. **7.** *Economia política.* Ato que declara a moeda sem valor, retirando-a de circulação. **8.** *Direito tributário..* Ato jurídico de satisfazer a obrigação tributária (Geraldo Ataliba).

RECOLHIMENTO PARCELADO. *Direito tributário.* Pagamento do tributo feito, em certos casos, em prestações sucessivas e periódicas. A extinção da obrigação tributária só se dá com o pagamento de todas as prestações parciais (Geraldo Ataliba).

RECOLONIZAÇÃO. Ato ou efeito de tornar a colonizar.

RECOM. *Direito alfandegário.* Regime especial que permite a importação de insumos (peças, *chassis*, acessórios etc.) destinados à industrialização por encomenda, por conta e ordem de pessoa jurídica domiciliada no exterior (Antonio Carlos Rodrigues do Amaral).

RECOMBINAÇÃO GENÉTICA. *Direito ambiental* e *biodireito.* Nova associação de genes que resulta do contato e troca de genes entre organismos geneticamente diferentes.

RECOMEÇO. Ato de começar de novo.

RECOMENDAÇÃO. 1. Na *linguagem jurídica*, em geral, significa: a) ato ou efeito de recomendar; b) conselho; c) apresentação escrita ou verbal de uma pessoa a outra, para que esta a acolha bem; d) determinação ou resolução de órgão colegiado; e) indicação de alguém; f) instrução que ordena o modo pelo qual um ato deve ser executado. **2.** *Direito internacional público.* a) Sugestão tirada de conclusão a que se chegou numa Conferência, servindo de parâmetro aos Estados; b) ato pelo qual órgão internacional deliberativo ou consultivo, ante uma questão surgida entre dois ou mais países, vem a aconselhá-los a solucionar a pendência, evitando, assim, litígios entre eles (De Plácido e Silva).

RECOMENDADO. 1. Apresentado. **2.** Protegido. **3.** O que é objeto de recomendação.

RECOMENDADOR. Aquele que faz uma recomendação.

RECOMENDAR. 1. Apresentar. **2.** Aconselhar. **3.** Instruir. **4.** Pedir. **5.** Confiar algum encargo. **6.** Tornar digno de recomendação.

RECOMENDATIVO. Que serve para recomendar.

RECOMENDATÓRIO. *Vide* RECOMENDATIVO.

RECOMENDÁVEL. O que pode ser recomendado, por ser digno ou útil.

RECOMENTADO. Comentado novamente.

RECOMENTAR. Tornar a comentar.

RECOMPENSA. *Direito civil.* **1.** Prêmio concedido a alguém como remuneração de serviços prestados ou como reconhecimento de um ato meritório, ou ainda por ter ganho um concurso, mediante preenchimento de certas condições. **2.** Prêmio dado àquele que veio a encontrar objeto perdido, acrescido da indenização a que tem direito pelas despesas efetuadas com a conservação e transporte do bem. Trata-se do achádego. **3.** Indenização. **4.** Gratificação.

RECOMPENSADO. Aquele que recebeu uma recompensa.

RECOMPENSADOR. Que recompensa.

RECOMPENSA ESTIPULADA. *Direito civil.* Diz-se do prêmio fixado previamente numa promessa de recompensa a ser entregue a quem realizar certo ato ou preencher as condições exigidas.

RECOMPENSA INDUSTRIAL. *Direito comercial.* Condecoração; diploma, prêmio, medalha ou menção honrosa a que tem direito um empresário pela qualidade de seus serviços ou produtos. Geralmente tal recompensa é dada em exposições, feiras ou concursos, devendo ser registrada para que possa ser enunciada na publicidade de seu titular (De Plácido e Silva).

RECOMPENSAR. 1. Premiar. **2.** Dar recompensa. **3.** Indenizar; reparar.

RECOMPENSÁVEL. Que se pode recompensar.

RECOMPILAÇÃO. *Vide* RECOPILAÇÃO.

RECOMPOSIÇÃO. 1. Restabelecimento. **2.** Reorganização. **3.** Ato de refazer. **4.** Reconciliação. **5.** Restauração; reforma. **6.** Modificação.

RECOMPOSIÇÃO DE CADÁVER. *Medicina legal.* Ato de, efetuada a retirada, para fins de transplante, de tecidos, órgãos e partes, recompor o cadáver condignamente, de modo a recuperar, tanto quanto possível, sua aparência anterior, com a cobertura das regiões com ausência de pele e o enchimento, com material adequado, das cavidades resultantes da ablação.

RECOMPOSIÇÃO MINISTERIAL. *Ciência política.* Ato de reorganizar um ministério, devido à saída de alguns ministros, que devem ser substituídos por outros.

RECOMPRA. *Direito civil.* **1.** Objeto do pacto de retrovenda. **2.** Reaquisição feita pelo vendedor do bem vendido anteriormente por ele. Trata-se do ato de adquirir, por nova compra, aquilo que foi objeto de venda anterior.

RECOMPRAR. *Direito civil.* Tornar a comprar.

RECONCENTRAÇÃO. Ato ou efeito de reconcentrar.

RECONCENTRAÇÃO DE ESPÍRITO. 1. Reflexão. **2.** Meditação profunda.

RECONCENTRAR. 1. Refletir. **2.** Meditar. **3.** Reunir num ponto. **4.** Reforçar. **5.** Viver longe do convívio social; isolar-se.

RECONCERTAR. 1. Reconciliar. **2.** Fazer novo acordo.

RECONCERTO. Novo acordo.

RECONCILIAÇÃO. 1. *Direito processual civil.* a) Restabelecimento da sociedade conjugal; b) consecução de um acordo entre as partes litigantes, visando compor a lide, total ou parcialmente (Moacyr Amaral Santos). Trata-se da transação; c) nova conciliação; d) manifestação dos cônjuges separados de fato, restabelecendo a vida em comum. **2.** *Direito processual penal.* Promoção de entendimento entre autor e réu durante

o processo ou julgamento dos crimes contra a honra que tem por efeito o arquivamento dos autos, pondo fim ao processo, acarretando extinção da punibilidade do querelado, em razão da lavratura de termo de desistência da queixa por parte do promovente da ação penal. **3.** *Direito canônico.* a) Solenidade eclesiástica que reintegra um convertido no seio da Igreja; b) nova consagração de uma igreja, ou localidade, que havia sido profanada. **4.** *Direito internacional público.* Adaptação de um ato jurídico internacional bilateral aos termos de um tratado no que houver divergência. **5.** *Direito do consumidor* e *direito comercial.* Procedimento que tem por objetivo fazer uma comparação nas diferentes etapas de produção de um lote de produto, entre a quantidade real de produção e a quantidade teórica estabelecida.

RECONCILIADO. 1. *Direito canônico.* Penitente ou convertido acolhido solenemente pela Igreja. **2.** *Direito processual.* a) Aquele que se reconciliou; b) o que desistiu da inimizade.

RECONCILIADOR. Que reconcilia.

RECONCILIAR. 1. Na *linguagem jurídica* em geral, quer dizer: a) restabelecer sociedade conjugal; b) desistir da queixa; c) fazer transação; d) efetuar um acordo. **2.** *Direito canônico.* a) Absolver penitente; b) benzer local sagrado que foi profanado.

RECONCILIATÓRIO. 1. Que tem poder para reconciliar. **2.** Aquilo que serve para fazer reconciliação.

RECONCILIÁVEL. O que é suscetível de reconciliação.

RECONDICIONAR. 1. Reformar. **2.** Restaurar.

RECÔNDITO. 1. O que está escondido. **2.** Secreto. **3.** Desconhecido.

RECONDITÓRIO. 1. Esconderijo. **2.** Local oculto ou ignorado.

RECONDUÇÃO. 1. *Ciência política* e *direito eleitoral.* Reeleição. **2.** *Direito administrativo.* a) Continuação num cargo, além do período estabelecido, prorrogando seu exercício; b) despacho que faz com que um funcionário estável retorne ao mesmo cargo por ele anteriormente ocupado, conservando os mesmos direitos que tinha. **3.** *Direito civil.* a) Novo contrato com o mesmo artista para representação teatral seguinte; b) continuação de um contrato por tempo determinado, revigorando, mantendo as mesmas cláusulas; prorrogação contratual nas mesmas condições em que o contrato se firmou.

RECONDUÇÃO EXPRESSA. *Direito civil.* Acordo de vontades que, antecedendo o vencimento do contrato, o prolonga para além do prazo avençado.

RECONDUÇÃO TÁCITA. *Direito civil.* Protelação negocial deduzida do comportamento dos contratantes, que continuam o contrato, mesmo após o término do prazo estipulado.

RECONFIANÇA. Grande confiança depositada em algo.

RECONFIRMAÇÃO. Ato ou efeito de confirmar novamente.

RECONFORTO. Ato ou efeito de incutir novo ânimo, restaurando a força moral de alguém.

RECONHECENÇA. *História do direito.* Pensão que era paga a certos bispos.

RECONHECER. 1. Identificar. **2.** Admitir algo como verídico. **3.** Convencer-se. **4.** Afirmar. **5.** Autenticar. **6.** Mostrar-se agradecido. **7.** Examinar. **8.** Admitir. **9.** Subsumir um objeto de pensamento sob uma idéia geral (Lalande). **10.** Julgar que um objeto de pensamento já foi conhecido anteriormente (Lalande).

RECONHECIDO. 1. Que se reconheceu. **2.** Identificado. **3.** Agradecido.

RECONHECIMENTO. 1. *Direito militar.* a) Exame da situação ou da força da tropa inimiga ou de um local; b) operação para obter informação sobre a posição em que se encontra o inimigo. **2.** *Direito marítimo.* Galhardete usado para reconhecer sinais. **3.** *Direito notarial.* Ato pelo qual o notário autentica um documento ou uma assinatura; autenticação. **4.** *Ciência política.* Ato pelo qual se declara que um governo está legitimamente estabelecido. **5.** *Direito internacional público.* Ato unilateral pelo qual um Estado soberano aceita uma situação fática ou jurídica de outro, legitimando-a. **6.** *Direito civil.* a) Confissão; b) declaração aceitando uma situação de fato ou um direito; c) prêmio; recompensa; d) ato pelo qual se atesta ou se reconhece a existência de uma obrigação. **7.** *Direito processual civil.* a) Ato pelo qual o réu se conforma com a pretensão do autor; b) afirmação feita em juízo reconhecendo como verídico um documento ou um fato; c) inspeção judicial; d) identificação de pessoa ou de coisa; e) procedência do pedido. **8.** Na *linguagem jurídica,* em geral, pode ter a acepção de: a) afirmação sobre fatos reconhecidos, confirmando-os; b) atestação; c) comprovação da existência de um fato; d) aprovação; e) ato ou efeito de reconhecer; f) exame; g) verificação; h) gratidão. **9.** *Psicologia forense.* Aspecto funcional da memória pelo qual a pessoa sente algo já conhecido.

RECONHECIMENTO DA ASSINATURA. *Direito notarial.* Certificação da veracidade ou autenticidade de uma assinatura, mediante confronto com a existente em suas notas. Trata-se do reconhecimento de firma.

RECONHECIMENTO DA BELIGERÂNCIA. *Direito internacional público.* Ato pelo qual um país declara reconhecer como beligerantes os revolucionários de outra nação para tratá-los com neutralidade, admitindo-lhes os benefícios oriundos do direito de guerra.

RECONHECIMENTO DA DÍVIDA. *Direito civil.* **1.** Declaração do devedor, confirmando a dívida que tem para com o credor. **2.** Confissão de débito.

RECONHECIMENTO DA DUPLICATA. *Direito cambiário* e *direito comercial.* Aceitação da duplicata pelo comprador-devedor comprometendo-se a pagar o preço do contrato da compra e venda mercantil no dia avençado ao vendedor-credor.

RECONHECIMENTO DA ESCRITA. *Direito notarial.* Confirmação da autenticidade de um documento manuscrito, através de perícia, no que atina à letra ou à firma. Ato pelo qual o notário atesta a autoria do escrito.

RECONHECIMENTO DA FILIAÇÃO. *Direito civil.* Ato declaratório do estado de filiação, que estabelece, juridicamente, o parentesco entre pai e mãe e seu filho havido fora do matrimônio.

RECONHECIMENTO DA FIRMA. *Vide* RECONHECIMENTO DA ASSINATURA.

RECONHECIMENTO DA LETRA. *Vide* RECONHECIMENTO DA ESCRITA.

RECONHECIMENTO DA POSSE. *Direito processual civil.* Ato judicial que admite a posse de alguém, reconhecendo-a ao apreciar a ação possessória, mantendo-o ou reintegrando-o na mesma posse.

RECONHECIMENTO DE ASSOCIAÇÃO. *Direito civil.* Afirmação da existência legal de uma associação, feita por autoridade competente, por ter preenchido todos os requisitos e condições exigidas, permitindo seu funcionamento.

RECONHECIMENTO DE DOMÍNIO. *Direito civil* e *direito processual civil.* Atribuição da propriedade de coisa móvel ou imóvel a alguém, afirmando seu direito com base em prova documentária ou mediante adjudicação compulsória ou confirmação da aquisição do domínio pela posse prolongada, ou melhor, pelo usucapião.

RECONHECIMENTO DE ESTADO. *Direito internacional público.* Ato unilateral pelo qual um país declara a qualidade de Estado soberano de uma entidade homóloga, com a qual pretende manter relações. Trata-se da declaração da existência política de um novo Estado, que será, então, tratado como uma nação soberana e independente.

RECONHECIMENTO DE FILHO. *Vide* RECONHECIMENTO DA FILIAÇÃO.

RECONHECIMENTO DE GOVERNO. *Direito internacional público.* Ato pelo qual um Estado soberano declara que fará negociações e manterá relações diplomáticas com o novo governo que se impôs num país por força de uma revolução ou de um golpe de Estado, por considerá-lo legítimo.

RECONHECIMENTO DE PESSOAS OU DE COISAS. *Direito processual.* **1.** Inspeção judicial que visa identificar pessoas ou coisas para esclarecer fatos importantes à solução da demanda. **2.** Descrição feita em juízo de pessoa ou coisa. **3.** Identificação de pessoa ou de coisa por pessoa chamada para reconhecê-la.

RECONHECIMENTO DE PODERES. 1. Na *linguagem jurídica,* em geral, é a constatação comprovando que alguém está investido de autoridade, tendo poderes ou competência para a efetivação de certos atos. **2.** *Direito eleitoral.* Verificação feita pela justiça eleitoral de que o candidato a mandato eletivo foi eleito legitimamente (Othon Sidou).

RECONHECIMENTO DE SENTENÇA ESTRANGEIRA. *Direito internacional privado.* Aceitação da eficácia da sentença estrangeira para ser executada no território nacional ou para atender aos direitos adquiridos dela decorrentes, mediante o juízo de delibação, ou seja, processo e julgamento limitados ao exame de requisitos extrínsecos, ou melhor, da competência do juiz que a prolatou, da regularidade da citação, do trânsito em julgado e do respeito da ordem pública, da soberania nacional e dos bons costumes, não havendo qualquer exame do mérito. Assim sendo, a sentença estrangeira passa a ter eficácia na ordem jurídica do país em razão da sentença de delibação que conferirá valor formal de ato de soberania nacional ao conteúdo de ato

jurisdicional alienígena, ordenando sua aplicação e execução. Se presentes aqueles requisitos o julgado estrangeiro será homologado e reconhecido pelo Superior Tribunal de Justiça, passando a ter, então, força executória.

RECONHECIMENTO DE SINDICATO. *Direito do trabalho* e *direito constitucional.* Expedição de carta de reconhecimento de associação profissional, assinada pelo Ministro do Trabalho e Emprego, especificando a representação econômica ou profissional conferida e mencionando a base territorial outorgada, desde que preenchidos os seguintes requisitos: a) reunião de um terço, no mínimo, de empresas legalmente constituídas, se se tratar de associação de empregadores; ou de um terço dos que integrem a mesma categoria ou exerçam a mesma profissão liberal, se se tratar de associação de empregados ou de trabalhadores ou agentes autônomos ou de profissão liberal; b) duração de três anos para o mandato da diretoria; c) exercício do cargo de presidente e dos demais cargos de administração e representação por brasileiros. A associação profissional legalmente constituída deverá ser devidamente registrada para ser reconhecida como sindicato e investida nas prerrogativas conferidas pelas leis trabalhistas. O reconhecimento do sindicato por ato de autoridade competente é imprescindível para que ele possa funcionar e atingir os objetivos legais.

RECONHECIMENTO DE USUCAPIÃO. *Direito processual civil.* Declaração judicial da aquisição do domínio pela posse prolongada, desde que preenchidos os requisitos legais. Tal sentença deve ser levada a registro na circunscrição imobiliária competente se se tratar de usucapião de imóvel.

RECONHECIMENTO DE UTILIDADE PÚBLICA. *Direito administrativo.* Declaração de autoridade competente da utilidade pública de certas entidades privadas pelos relevantes serviços prestados, desinteressadamente, à comunidade, atendendo às necessidades dos mais carentes ou promovendo a educação, a cultura ou a pesquisa científica.

RECONHECIMENTO DO DIREITO. 1. *Direito civil.* a) Declaração pela qual se afirma ao titular a legitimidade de um direito seu; b) ato pelo qual alguém admite o direito de outro. **2.** *Direito processual civil.* Procedência do pedido.

RECONHECIMENTO DO FATO. *Direito processual civil.* Comprovação da veracidade do fato alegado em juízo.

RECONHECIMENTO DO LOCAL. *Direito processual civil* e *direito processual penal.* Inspeção feita por meio de perícia, localizando terras, averiguando fatos que se deram em determinado lugar, ou, ainda, examinando objetos encontrados em certo local.

RECONHECIMENTO DO PEDIDO. *Direito processual civil.* Declaração do réu admitindo a procedência, o pedido do autor, e extinguindo-se, então, o processo com julgamento do mérito.

RECONHECIMENTO DO TESTAMENTO. *Direito processual civil* e *direito civil.* Ato judicial que certifica a veracidade e autenticidade de um testamento, que preencheu todos os requisitos legais, para que ele possa produzir os seus efeitos jurídicos.

RECONHECIMENTO FALSO. *Direito penal.* Crime de falsidade documental que consiste em reconhecer, como verdadeira, no exercício de função pública, firma ou assinatura que não o seja, punido com reclusão e multa.

RECONHECIMENTO GEOLÓGICO. *Direito ambiental.* É o que contempla as atividades de coleta de sedimentos de corrente, mapeamento geológico e levantamentos aerogeofísicos.

RECONHECIMENTO JUDICIAL. *Direito processual civil.* Meio probatório feito na forma de inspeção judicial de pessoas ou coisas, realizada de ofício pelo magistrado, ou a requerimento do interessado, com o escopo de esclarecer fato decisivo para a solução da demanda.

RECONHECIMENTO JUDICIAL DE FILHO. *Direito processual civil.* É aquele que resulta de sentença proferida em ação intentada pelo filho (legitimidade *ad causam*), ou seu representante legal (legitimidade *ad processam*), se incapaz para esse fim, tendo, portanto, caráter pessoal, embora os herdeiros do filho possam continuá-la. A ação de investigação de paternidade ou de maternidade pode ser ajuizada desde que observados os pressupostos legais de sua admissibilidade, considerados como presunções de fato. Se o suposto pai não atender à notificação judicial ou negar a paternidade, o juiz remeterá os autos ao representante do Ministério Público para que intente a ação de investigação de paternidade. Essa iniciativa conferida ao Ministério Público não impede a quem tenha legítimo interesse de intentar investigação, visando a obter o pretendido reconhecimento da paternidade. Pode ser contestada por qualquer pessoa que tenha justo interesse econômico ou moral, como, por exemplo, a mulher do réu, seus filhos, os parentes sucessíveis ou qualquer entidade obrigada ao pagamento de pensão aos herdeiros do suposto pai. A sentença tem eficácia absoluta, valendo contra todos, ao declarar o vínculo de filiação equiparável ao da descendência matrimonial, nos seus efeitos pessoais e patrimoniais. A sentença que julgar procedente a ação de investigação deverá, para tanto, ser averbada no registro competente.

RECONHECIMENTO LEGAL. *Direito processual.* Ato que afirma a legalidade de fato, pessoa ou coisa.

RECONHECIMENTO VOLUNTÁRIO DE FILHO. *Direito civil.* Meio legal pelo qual o pai, a mãe, ou ambos, revelam espontaneamente o vínculo que os liga ao filho, dando-lhe o *status* correspondente (Antônio Chaves). Tal reconhecimento pode ser feito: a) no próprio termo de nascimento, pelo pai ou pela mãe, que, perante o oficial do registro público, presta declaração sobre a descendência do registrado; b) por escritura pública, que não precisa ter especificamente esse fim, pois o reconhecimento pode dar-se em uma escritura pública de compra e venda, bastando que a paternidade seja declarada de modo incidente ou acessório em qualquer ato notarial, assinado pelo declarante e pelas testemunhas, não se exigindo, portanto, nenhum ato público especial; c) por instrumento particular, com firma do signatário reconhecida, a ser arquivado em cartório; d) por manifestação expressa por termo nos autos; e e) por testamento cerrado, público ou particular, que, mesmo sendo nulo ou revogado, o reconhecimento nele exarado vale de per si, ainda que simples alusão à filiação, a menos que decorra de fato que acarrete sua nulidade, por exemplo, demência do testador.

RECONHECÍVEL. Aquilo que pode ser reconhecido.

RECONQUISTA. 1. Ato de readquirir por conquista o que se tinha perdido. **2.** Recuperação. **3.** Ação ou efeito de conquistar de novo. **4.** Local ou objeto que se reconquistou.

RECONSIDERAÇÃO. 1. *Direito administrativo.* Direito que tem o servidor público ou interessado de pedir a reforma da decisão superior que o prejudicou por meio da própria autoridade que a tomou. **2.** *Direito processual.* Ato pelo qual uma autoridade judiciária altera, a pedido do interessado, despacho ou decisão anterior, reexaminando o caso, dando-lhe nova solução. A mesma autoridade suspende a execução do ato que, anteriormente, ordenou, ao emitir nova decisão ou novo despacho modificando-o, desde que não haja preclusão *pro judicato*. P. ex., como não há mais agravo interno para atacar decisão de relator, o agravante deverá pedir ao relator a reconsideração da decisão. **3.** Na *linguagem comum*, significa: a) arrependimento; b) ato ou efeito de reconsiderar.

RECONSIDERAR. 1. Ponderar novamente. **2.** Refletir, suspendendo uma solução dada anteriormente. **3.** Arrepender-se. **4.** Proferir nova decisão ou novo despacho, alterando o ato anteriormente ordenado. **5.** Reformar; modificar. **6.** Invalidar.

RECONSORCIAR. Consorciar-se de novo.

RECONSTITUIÇÃO. 1. Ato ou efeito de reconstituir. **2.** Restabelecimento de forças.

RECONSTITUIÇÃO DE CRIME. *Direito processual penal.* Diligência consistente na reprodução que, simuladamente, uma autoridade competente faz de uma ação criminosa, para averiguar, durante o inquérito policial, a possibilidade de ter sido ele levado a efeito de certa maneira, esclarecendo dúvidas sobre determinadas circunstâncias materiais do crime, desde que não se contrarie a moral e a ordem pública.

RECONSTITUIDOR. Aquele que reconstitui.

RECONSTITUINTE. 1. O que reconstitui. **2.** O que é próprio para restabelecer as forças de alguém.

RECONSTITUIR. 1. Rememorar. **2.** Reproduzir. **3.** Formar-se de novo. **4.** Restabelecer.

RECONSTITUÍVEL. Que pode ser reconstituído.

RECONSTITUTIVO. *Vide* RECONSTITUINTE.

RECONSTRUÇÃO. 1. *Direito civil.* a) Ato ou efeito de tornar a construir; b) reedificação; nova construção; c) realização de uma nova obra, substituindo a destruída, aproveitando, ou não, o material oriundo de sua demolição ou desmoronamento; d) prédio que foi reconstruído. **2.** *Direito administrativo.* Reorganização ou recomposição de serviços públicos.

RECONSTRUÇÃO ADMINISTRATIVA. *Direito administrativo.* Ato de reorganizar serviços públicos.

RECONSTRUÇÃO DE CRIME. *Vide* RECONSTITUIÇÃO DE CRIME.

RECONSTRUÇÃO PARCIAL. *Direito civil.* Reconstrução da parte do prédio que foi destruída ou danificada.

RECONSTRUÍDO. O que foi construído novamente.

RECONSTRUINTE. Aquele que reconstrói.

RECONSTRUIR. 1. Tornar a construir. **2.** Reorganizar. **3.** Recompor.

RECONSTRUTIVO. 1. *Filosofia geral.* Método consistente em um conjunto de operações que, remontando a documentos ou a dados de fatos anteriores, provam sua existência (Dellepiane, Bernheim, Langlois, Seignobos e Chauffard). **2.** Nas *linguagens jurídica* e *comum,* quer dizer: o que reconstrói.

RECONSTRUTOR. Aquele que reconstrói.

RECONSULTAR. Consultar de novo.

RECONTAGEM. *Direito eleitoral.* Ato de contar novamente os votos quando houver dúvida quanto à exatidão do resultado.

RECONTRATAÇÃO. *Direito civil.* Ato ou efeito de as mesmas partes celebrarem novo contrato, tendo o mesmo objeto que o do anterior.

RECONTRATAR. *Direito civil.* Contratar de novo.

RECONTRATO. Ato ou efeito de recontratar.

RECONVALESCENÇA. Ato de tornar a convalescer.

RECONVENÇÃO. *Direito processual civil.* Ação incidente movida, no curso da demanda, pelo réu, que, tomando a ofensiva, invoca um novo pedido contra o autor, por haver conexão com a ação principal e com o fundamento da defesa.

RECONVENÇÃO TRABALHISTA. *Direito do trabalho.* Ação admitida no processo trabalhista por aplicação subsidiária da legislação processual civil, ante a omissão da CLT, tanto nos dissídios oferecidos pelo empregado contra o empregador, como nos deste contra aquele, em que o reclamado formula novo pedido contra o reclamante.

RECONVENCIONADO. *Vide* RECONVINDO.

RECONVENCIONAR. *Direito processual civil.* Propor reconvenção.

RECONVENIENTE. *Direito processual civil.* Autor da reconvenção e réu da ação; reconvinte; réu que requereu reconvenção contra o autor.

RECONVINDO. *Direito processual civil.* Aquele contra quem se propôs uma reconvenção. É o réu da reconvenção e o autor da ação originária ou principal. Trata-se do reconvencionado.

RECONVINTE. *Vide* RECONVENIENTE.

RECONVIR. *Direito processual civil.* Propor ou apresentar reconvenção.

RECOOP. Sigla de Programa de Revitalização de Cooperativas de Produção Agropecuária.

RECÓPIA. Reprodução de uma cópia.

RECOPIAR. Copiar novamente.

RECOPILAÇÃO. *Direito autoral.* **1.** Obra constituída por extratos ou excertos de vários autores ou por uma reunião de artigos do mesmo autor sobre determinado assunto. **2.** Sumário, resumo; síntese de uma obra literária ou científica.

RECOPILAÇÃO DE LEIS. *Teoria geral do direito.* Coleção sistemática e ordenada que, num só corpo, agrupa leis extravagantes relativas a uma matéria. Trata-se de uma consolidação de leis.

RECOPILADOR. *Direito autoral.* **1.** Autor que nada faz de original, pois apenas junta trechos de obras de vários autores ou documentos de diversas origens. **2.** Aquele que resume obra de grande porte.

RECOPILAR. *Direito autoral.* **1.** Resumir. **2.** Juntar excertos de vários autores numa só obra.

RECORDAÇÃO. **1.** Recapitulação da matéria estudada. **2.** Aquilo que, espontaneamente ou mediante esforço, é fornecido pela memória. **3.** Lembrança reavivada.

RECORDAÇÃO PURA. *Filosofia geral.* Representação concreta de um momento do passado, julgado como foi vivido (Bergson).

RECORDAR. **1.** Lembrar; trazer à memória. **2.** Repetir; recapitular.

RECORDE. *Direito desportivo.* Ato que, no esporte, supera tudo que, no gênero, foi feito anteriormente; ponto máximo que supera qualquer outro obtido em ocasião anterior.

RECORDISTA. *Direito desportivo.* Atleta que estabeleceu algum recorde.

RECORD ON APPEAL. *Locução inglesa.* Autos do recurso.

RECORREIÇÃO. *História do direito.* Freguesia.

RECORRÊNCIA. **1.** *Lógica jurídica.* a) Propriedade lógica consistente no enunciado, que é um dos valores possíveis de uma das variáveis que aí estão contidas (Delboeuf); b) característica do processo lógico que retorna sobre si próprio; reação do efeito sobre si próprio (Bernard, Belot e Delboeuf). **2.** *Medicina legal.* Reaparecimento dos sintomas de uma doença.

RECORRENTE. **1.** *Medicina legal.* Diz-se da moléstia que reaparece após haver desaparecido. **2.** *Direito processual.* Aquele que, tendo sido vencido numa ação, interpõe recurso contra uma decisão judicial, pleiteando a sua nulidade ou a alteração total ou parcial de seu teor.

RECORRER. **1.** *Direito processual.* Impugnar decisão; interpor recurso. **2.** Nas *linguagens comum* e *jurídica*, pode ter o sentido de: a) evocar; b) dirigir-se a alguém, pedindo algum auxílio; c) empregar; fazer uso; d) investigar; e) tomar novo curso.

RECORRIBILIDADE. *Direito processual.* Qualidade de recorrível.

RECORRIDA. *Direito agrário.* No Rio Grande do Sul, é a vistoria que se faz no campo para examinar o gado, as cercas, as benfeitorias, o açude etc.

RECORRIDO. *Direito processual.* **1.** Aquele contra quem se interpôs um recurso. **2.** Diz-se do juízo *a quo* de cuja decisão se recorreu para o tribunal *ad quem*. **3.** O que é objeto de recurso.

RECORRÍVEL. *Direito processual.* O que é passível de recurso.

RECORTADOR. *Direito do trabalho.* Operário que recorta.

RECOURS. *Termo francês.* **1.** Recurso. **2.** Apelação.

RECOURSE. *Termo inglês.* Recurso.

RECOURS EN GRÂCE. *Locução francesa.* Pedido de indulto.

RECOVA. *Vide* RECOVAGEM.

RÉCOVA. *História do direito.* Comitiva de homens a cavalo.

RECOVAGEM. **1.** *Direito comercial.* a) *Vide* CONTRATO DE RECOVAGEM; b) empresa encarregada do transporte de bagagens, mercadorias; c) preço desse transporte, ou frete devido ao recoveiro; d) carga ou serviço de recoveiro. **2.** *História do direito.* Turma que acompanhava o exército, transportando sua bagagem, e que não participava dos combates.

RECOVAR. *Direito comercial.* Ter o ofício de recoveiro.

RECOVEIRO. *Direito comercial.* **1.** Aquele que, na recovagem, assume o dever de efetuar o transporte. **2.** Condutor de bestas de carga.

RECREAÇÃO. **1.** Diversão. **2.** Ocupação agradável que visa o entretenimento, o descanso e a recuperação de forças para continuar o trabalho. **3.** Recreio.

RECREATIVO. **1.** O que dá prazer. **2.** Aquilo que é próprio para divertir.

RECREDENCIAL. *Direito internacional público.* Documento que os diplomatas, ao término de sua missão, trocam com os governos junto dos quais estiveram acreditados.

RECREIO. 1. Distração; divertimento; recreação. **2.** O que serve para entretenimento. **3.** Período que, na escola, é concedido aos alunos, no intervalo das aulas, para brincarem e tomarem lanche.

RECRIA. *Direito agrário.* Período compreendido entre a desmama do animal e sua utilização no trabalho.

RECRIMINAÇÃO. 1. *Direito processual penal.* a) Acusação feita contra aquele que acusou; b) ato ou efeito de responder o acusado a uma acusação, apresentando outra acusação, e apontando o responsável pelo crime. **2.** Na *linguagem comum,* censura ou exprobração pelo mau comportamento de alguém.

RECRIMINADOR. *Direito processual penal.* Aquele ou o que recrimina.

RECRIMINAR. *Direito processual penal.* Responder a uma acusação, acusando o acusador.

RECRIMINATÓRIO. *Direito processual penal.* Que contém recriminação.

RECRUDESCÊNCIA. *Medicina legal.* Reaparecimento dos sintomas de uma moléstia com mais intensidade, depois de breve intervalo, agravando-a de um modo assustador.

RECRUDESCIMENTO. *Vide* RECRUDESCÊNCIA.

RECRUTA. 1. *Direito agrário.* a) Porção de gado arrebanhado; b) conjunto de peões que, na estância, arrebanham o gado. **2.** *Direito militar.* a) Soldado novo que ainda não tem instrução militar; b) aquele que, recentemente, se incorporou às Forças Armadas para fazer serviço militar obrigatório; c) instrução do serviço militar que é dada aos recém-incorporados; d) aprendiz de soldado, que se encontra no período inicial da instrução militar.

RECRUTADO. *Direito militar.* **1.** Aquele que se incorporou às Forças Armadas para prestar serviço militar. **2.** Jovem incluído no recrutamento.

RECRUTADOR. *Direito agrário.* No Rio Grande do Sul, é o peão que arrebanha o gado disperso.

RECRUTAMENTO. 1. *Direito militar.* a) Inscrição anual de jovens que atingem a idade para prestar o serviço militar obrigatório; b) conjunto de recrutas; c) alistamento militar. **2.** Na *linguagem jurídica* em geral, é o aliciamento de pessoas para certas finalidades.

RECRUTAMENTO DE TRABALHADORES. *Direito do trabalho.* Ato pelo qual se conseguem trabalhadores assalariados para a execução de determinado serviço (De Plácido e Silva).

RECRUTAR. 1. *Direito agrário.* Arrebanhar gado disperso. **2.** *Direito do trabalho.* Reunir trabalhadores para executar serviços, mediante remuneração salarial. **3.** *Ciência política.* Aliciar adeptos para um partido político. **4.** *Direito militar.* Arrolar para o serviço militar obrigatório.

RECTA RATIO. *Locução latina.* Direito como razão reta.

RECTE AC MERITO. *Locução latina.* Ação feita com justiça.

RECTITUDO. *Termo latino.* Retidão.

RECTITUDO ACTIONIS. *Locução latina.* Retidão da ação.

RECTITUDO IN INTENTIONE. *Locução latina.* Retidão na intenção.

RECTITUDO IN OPERE. *Locução latina.* Retidão na obra.

RECTITUDO JUSTITIAE. *Locução latina.* Retidão da justiça.

RECTITUDO RATIONIS. *Locução latina.* Retidão do pensamento.

RECTIUS. *Termo latino.* Mais corretamente.

RÉCUA. 1. *Direito comercial.* a) Conjunto de bestas, em regra, presas umas às outras, usadas para transporte de carga; b) carga transportada por bestas. **2.** *Direito agrário.* a) Tropa; b) manada de cavalgaduras. **3.** Em *linguagem comum* e *pejorativa,* designa grupo de pessoas vis.

RECUAR. 1. Andar para trás. **2.** Afastar-se. **3.** Desistir. **4.** Mudar de opinião. **5.** Fugir de compromisso assumido. **6.** Retratar-se.

RECULTIVAÇÃO. *Direito agrário.* Nova cultivação.

RECUO. 1. *Direito administrativo.* Incorporação ao logradouro público de uma faixa de terreno alheio, para execução do alinhamento (Paulo Matos Peixoto). **2.** *Direito civil.* Afastamento da testada de um imóvel, ou a retrogradação para dentro de uma de suas linhas de confrontação (De Plácido e Silva). **3.** Na *linguagem comum,* significa: a) fuga; b) ação ou efeito de recuar.

RECUPERAÇÃO. 1. Restauração. **2.** Ato ou efeito de recuperar. **3.** Reconquista. **4.** Cobrança. **5.** Restituição. **6.** Ato de reapossar; ato de reaver posse. **7.** Retomado. **8.** Restituição de um ecossistema ou de uma população silvestre degradada a uma condição não degradada, que pode ser diferente de sua condição original. **9.** Incorporação total ou parcial de lotes anteriores, de qualidade comprovada, a outro lote, em uma etapa definida da produção.

RECUPERAÇÃO AMBIENTAL. *Direito ambiental.* É o processo artificial de recomposição de áreas degradadas, com eliminação de passivos existentes e restauração das condições ambientais de modo a garantir os outros usos e o nível de produtividade normal dos ecossistemas impactados.

RECUPERAÇÃO DE PESSOA. 1. Reeducação. **2.** Readaptação.

RECUPERAÇÃO DE TÍTULO AO PORTADOR. *Direito civil* e *direito processual civil.* Ato de reaver a posse de título ao portador furtado, extraviado ou perdido.

RECUPERAÇÃO DO DELINQÜENTE. *Direito penitenciário.* Ato ou efeito de recuperar delinqüente, reeducando-o, fazendo com que se emende, tome consciência da gravidade das ações criminosas que praticou e seja responsável pelo seu comportamento atual e futuro, dispondo-se a não mais cometer delitos.

RECUPERAÇÃO EXTRAJUDICIAL. *Direito falimentar.* Consiste na possibilidade concedida ao devedor em situação crítica, de convocar seus credores para oferecer-lhes forma de composição para pagamento dos valores devidos (Manoel Justino Bezerra Filho). É um procedimento concursal preventivo que contém uma fase inicial de livre contratação e uma etapa final de homologação judicial. Visa impedir a instauração do processo falimentar. É um acordo celebrado entre devedor e seus credores. O devedor pode propor e negociar com credores plano de recuperação extrajudicial. O plano não poderá contemplar o pagamento antecipado de dívidas nem tratamento desfavorável aos credores que a ele não estejam sujeitos. O devedor não poderá requerer a homologação de plano extrajudicial, se estiver pendente pedido de recuperação judicial ou se houver obtido recuperação judicial ou homologação de outro plano de recuperação extrajudicial a menos de 2 (dois) anos. O pedido de homologação do plano de recuperação extrajudicial não acarretará suspensão de direitos, ações ou execuções, nem a impossibilidade do pedido de decretação de falência pelos credores não sujeitos ao plano de recuperação extrajudicial. A sentença que homologar esse plano constitui título executivo judicial.

RECUPERAÇÃO JUDICIAL. *Direito falimentar.* Tem por objetivo viabilizar a superação da situação de crise econômico-financeira do devedor, a fim de permitir a manutenção da fonte produtora, do emprego dos trabalhadores e dos interesses dos credores, promovendo, assim, a preservação da empresa, sua função social e o estímulo à atividade econômica. Poderá requerer recuperação judicial o devedor que, no momento do pedido, exerça regularmente suas atividades a mais de 2 (dois) anos e que atenda aos seguintes requisitos, cumulativamente: a) não ser falido e, se o foi, estejam declaradas extintas, por sentença transitada em julgado, as responsabilidades daí decorrentes; b) não ter, há menos de 5 (cinco) anos, obtido concessão de recuperação judicial; c) não ter, há menos de 8 (oito) anos, obtido concessão de recuperação judicial com base no plano especial; d) não ter sido condenado ou não ter, como administrador ou sócio controlador, pessoa condenada por qualquer dos crimes previstos legalmente. A recuperação judicial também poderá ser requerida pelo cônjuge sobrevivente, herdeiros do devedor, inventariante ou sócio remanescente. Estão sujeitos à recuperação judicial todos os créditos existentes na data do pedido, ainda que não vencidos. Constituem meios de recuperação judicial, dentre outros: a) concessão de prazos e condições especiais para pagamento das obrigações vencidas ou vincendas; b) cisão, incorporação, fusão ou transformação de sociedade, constituição de subsidiária integral, ou cessão de cotas ou ações, respeitados os direitos dos sócios, nos termos da legislação vigente; c) alteração do controle societário; d) substituição total ou parcial dos administradores do devedor ou modificação de seus órgãos administrativos; e) concessão aos credores de direito de eleição em separado de administradores e de poder de veto em relação às matérias que o plano especificar; f) aumento de capital social; g) trespasse ou arrendamento de estabelecimento, inclusive à sociedade constituída pelos próprios empregados; h) redução salarial, compensação de horários e redução da jornada, mediante acordo ou convenção coletiva; i) dação em pagamento ou novação de dívidas do passivo, com ou sem constituição de garantia própria ou de terceiro; j) constituição de sociedade de credores; k) venda parcial dos bens; l) equalização de encargos financeiros relativos a débitos de qualquer natureza, tendo como termo inicial a data da distribuição do pedido de recuperação judicial, aplicando-se inclusive aos contratos de crédito rural, sem prejuízo do disposto em legislação específica; m) usufruto da empresa; n) administração compartilhada; o) emissão de valores mobiliários; p) constituição de sociedade de propósito específico para adjudicar, em pagamento dos créditos, os ativos do devedor.

RECUPERAÇÃO SOCIAL DO DELINQÜENTE. *Direito penitenciário.* **1.** Ato de fazer com que o delinqüente se emende, readaptando-o à vida social, e fazendo com que seja útil à sociedade. **2.** Reajustamento social, isto é, conformação do delinqüente às normas do convívio social, para que ele nele se reintegre, exercendo direitos e cumprindo deveres (Armida Bergamini Miotto).

RECUPERADO. O que se recuperou.

RECUPERADOR. Aquele que recupera.

RECUPERANDAE POSSESSIONIS. *Direito romano.* Interdito destinado a readquirir posse.

RECUPERAR. **1.** Reapossar; voltar à posse. **2.** Restituir. **3.** Readquirir. **4.** Resgatar. **5.** Recobrar. **6.** Reaver. **7.** Restaurar. **8.** Retomar. **9.** Obter indenização.

RECUPERATIVO. Que pode recuperar; que recupera; que faz recuperar.

RECUPERATÓRIO. **1.** *História do direito.* Mandado judicial para que um ato retornasse ao *statu quo ante.* **2.** Nas *linguagens comum* e *jurídica,* pode significar: a) o que serve para recuperar; b) o que promove a recuperação; c) o que envolve recuperação, tendo por fim obter a reeducação ou readaptação de uma pessoa; d) o que visa o reapossamento de algo.

RECUPERÁVEL. **1.** Aquilo que pode ser recuperado. **2.** Suscetível de recuperação.

RECURAGEM. Ato de limpar.

RECURÇÃO. *História do direito.* **1.** Freguesia. **2.** Distrito.

RECURSO. **1.** *Direito processual civil* e *direito processual penal.* a) Meio legal ou remédio processual de que dispõe o vencido em uma demanda, ou aquele que se julgue prejudicado para, recorrendo a tribunal superior, obter a reforma, total ou parcial, de uma decisão recorrível, ou sua anulação, invocando um novo pronunciamento judicial sobre a questão *sub judice* que venha a defender ou preservar seu direito, que foi violado, ameaçado ou não reconhecido pela sentença; b) ato ou efeito de recorrer a tribunal superior. **2.** Nas *linguagens comum* e *jurídica,* pode ter a acepção de: a) pedido de auxílio ou de proteção a alguém; b) o que é empregado para vencer um obstáculo ou dificuldade encontrada; c) meio para a consecução de um fim; d) o que serve para proteção ou preservação de um direito.

RECURSO À CHEF DE SENS. *História do direito.* Era o empregado na França nos séculos XIII a XV, consistindo no procedimento usual numa época em que se multiplicavam as jurisdições rurais, compostas de *échevins* locais pouco instruídos e que visava possibilitar que estes, diante de questões muito complexas, procurassem juízes mais sábios e mais instruídos do que eles que, por estarem em cidades maiores, tinham conhecimento de costumes inexistentes em pequenas vilas (Gilissen).

RECURSO ADESIVO. *Direito processual civil.* Remédio, também denominado recurso subordinado, usado em caso de sucumbência recíproca, para pleitear um reexame judicial da questão *sub judice.* Cada um dos litigantes poderá interpor recurso, independentemente, no prazo, observadas as exigências legais; sendo, porém, vencidos autor e réu, ao recurso interposto por qualquer deles poderá aderir a outra parte. O recurso adesivo fica subordinado ao recurso principal e só será: a) interposto perante a autoridade competente para admitir o recurso principal, no prazo de que a parte dispõe para responder; b) admissível na apelação, nos embargos infringentes, no recurso extraordinário e no recurso especial. Não será conhecido se houver desistência do recurso principal, ou se for ele declarado inadmissível ou deserto. Ao recurso adesivo aplicam-se as mesmas normas do recurso independente quanto às condições de admissibilidade, preparo e julgamento no tribunal superior. Admissível será, portanto, como ensina Nelson Nery Jr. e Rosa M. A. Nery, o recurso adesivo se: a) autor e réu forem vencidos, no mesmo processo, parcialmente; b) recorrido não interpôs recurso principal, conformando-se com a decisão que lhe fora parcialmente adversa; c) recurso principal for de apelação, embargos infringentes, recurso extraordinário ou recurso especial. Para que se possa julgar o mérito do adesivo, será imprescindível que ele tenha preenchido os requisitos de admissibilidade, e que o recurso principal seja conhecido.

RECURSO ADMINISTRATIVO. *Direito administrativo.* Meio legal apropriado para impugnar ato administrativo lesivo ao cidadão, ou ilegal, pelo qual se pede a sua reconsideração pela própria autoridade pública que o emitiu ou por outra de hierarquia superior, ou o seu reexame por autoridade superior. Como, por exemplo: o recurso hierárquico, o pedido de reconsideração, o recurso disciplinar, e o recurso de ofício (José Cretella Jr.). É o meio jurídico para obtenção da confirmação, modificação ou revogação de ato administrativo (Sayagnés Laso).

RECURSO ADMISSÍVEL. 1. *Direito processual civil.* É aquele cabível, por ser legal, legítimo e oportuno, sendo, portanto, procedente. Admite a lei processual como cabíveis: a apelação; o agravo; os embargos infringentes; os embargos de declaração; o recurso ordinário; o recurso especial; o recurso extraordinário; os embargos de divergência em recurso especial e em recurso extraordinário. **2.** *Direito do trabalho.* É o admitido pela legislação trabalhista, como: os embargos, o recurso ordinário, o recurso de revista e o agravo.

RECURSO CABÍVEL. *Vide* RECURSO ADMISSÍVEL.

RECURSO CÍVEL. *Direito processual civil.* Remédio judicial que tem por escopo provocar a reforma de uma decisão em matéria cível. São cabíveis os seguintes recursos: apelação; agravo; embargos infringentes; embargos de declaração; recurso ordinário; recurso especial; recurso extraordinário; e embargos de divergência em recurso especial e em recurso extraordinário.

RECURSO CONTENCIOSO. *Direito processual.* Impugnação feita pelo sucumbente à decisão ou a despacho prolatado em processo contencioso, para reexame de tribunal superior (De Plácido e Silva).

RECURSO DE APELAÇÃO. *Vide* APELAÇÃO.

RECURSO DE OFÍCIO. 1. *Direito processual civil* e *direito processual penal.* É o interposto pelo próprio órgão judicante prolator da decisão recorrida, em razão de determinação legal, remetendo os autos ao tribunal superior para reapreciação. É denominado também recurso necessário. Isto era assim, no cível, por exemplo, nos casos legais de sentença sujeita ao duplo grau de jurisdição obrigatório, como a que anulava o casamento. Cabe recurso *ex officio* de decisão proferida contra a União, o Estado e o Município, e a

que julgar improcedente a execução de dívida ativa da Fazenda Pública. No crime, o juiz deverá interpor de ofício recurso da sentença que conceder *habeas corpus*, da que absolver desde logo o réu com fundamento na existência de circunstância que exclua o crime ou isente o réu de pena, e da que conceder reabilitação. **2.** *Direito administrativo.* Aquele que visa impedir que decisão prolatada contra a Fazenda Pública, sem representante no processo, venha transitar em julgado, garantindo o erário (José Cretella Jr.).

RECURSO DE REVISTA. 1. *História do direito.* Era o interposto em caso de nulidade de processo ou de sentença, e visava obter a uniformização da jurisprudência nas hipóteses de divergência de decisões finais entre duas ou mais câmaras ou turmas no que dizia respeito à maneira de interpretação do direito em tese. **2.** *Direito do trabalho.* Aquele remédio que pode ser interposto das decisões de última instância para o Tribunal Superior do Trabalho quando: a) derem ao mesmo dispositivo de lei federal interpretação diversa da que lhe houver dado o mesmo ou outro Tribunal Regional, através do Pleno ou de Turmas, ou a Seção de Dissídios Individuais do Tribunal Superior do Trabalho, salvo se a decisão recorrida estiver em consonância com enunciado da Súmula de Jurisprudência Uniforme do Tribunal Superior do Trabalho; b) derem ao mesmo dispositivo de lei estadual, convenção coletiva de trabalho, acordo coletivo, sentença normativa ou regulamento empresarial, de observância obrigatória em área territorial que exceda a jurisdição do Tribunal Regional prolator, interpretação divergente; e c) forem proferidas com violação de literal dispositivo de lei federal, ou da norma da Constituição Federal. Neste recurso apenas há discussão do direito em tese, uma vez que tem por finalidade uniformizar a jurisprudência.

RECURSO DE TUTELA. *Direito administrativo.* É aquele em que o administrado recorre de ato de uma autarquia federal, estadual ou municipal para a autoridade que a criou, ou seja, à União, ao Estado ou ao Município (José Cretella Jr.).

RECURSO DISCIPLINAR. *Direito administrativo.* Revisão de processo que impõe penalidade disciplinar.

RECURSO DISCURSIVO. *Retórica jurídica.* Técnica utilizada pela linguagem para a persuasão.

RECURSO EM SENTIDO ESTRITO. *Direito processual penal.* Procedimento para recurso contra decisão, despacho ou sentença de juiz singular não atacável por apelação ou protesto por novo júri (Othon Sidou). Cabe tal recurso de decisão ou despacho que: não receber denúncia ou queixa; concluir pela incompetência do juízo; julgar procedentes as exceções, salvo a de suspeição; pronunciar ou impronunciar o réu; conceder, negar, arbitrar, cassar ou julgar inidônea a fiança; indeferir requerimento de prisão preventiva ou revogá-la; conceder liberdade provisória ou relaxar a prisão em flagrante; absolver o réu; julgar quebrada a fiança ou perdido o seu valor; decretar prescrição ou julgar extinta a punibilidade; indeferir pedido de reconhecimento de prescrição ou de outra causa extintiva da punibilidade; conceder ou negar a ordem de *habeas corpus*; conceder, negar ou revogar suspensão condicional da pena ou livramento condicional; anular o processo da instrução criminal; incluir ou excluir jurado na lista; denegar apelação ou a julgar deserta; ordenar a suspensão do processo, em virtude de questão prejudicial; decidir sobre unificação de penas e sobre o incidente de falsidade; decretar, revogar, manter ou substituir medida de segurança; e converter multa em detenção ou em prisão simples.

RECURSO ESPECIAL. *Direito processual* e *direito constitucional.* Recurso dirigido ao Superior Tribunal de Justiça para reexame de causas decididas, em única ou última instância, pelo Tribunal Regional Federal ou pelos Tribunais dos Estados, do Distrito Federal e Territórios, quando a decisão recorrida: a) contrariar tratado ou lei federal, ou negar-lhe vigência; b) julgar válida lei ou ato de governo local contestado em face de lei federal; c) der a lei federal interpretação divergente da que lhe haja atribuído outro tribunal. Se o recurso especial fundar-se em dissídio jurisprudencial, o recorrente fará a prova da divergência mediante certidão, cópia autenticada ou pela citação do repositório de jurisprudência, inclusive em mídia eletrônica, em que tiver sido publicada a decisão divergente, ou pela reprodução de julgado disponível na Internet.

RECURSO *EX OFFICIO*. *Vide* RECURSO DE OFÍCIO.

RECURSO EXTRAORDINÁRIO. *Direito constitucional* e *direito processual.* Recurso interposto ao Supremo Tribunal Federal contra acórdão que, em causa decidida em única ou última instância, contrariar norma constitucional; declarar inconstitucionalidade de tratado ou lei federal; ou julgar válida lei ou ato de governo local contestado em face da Carta Magna. Tem por objetivo precípuo preservar o comando constitucional violado. Não tem sido admitido, pelo STF, no caso de violação indireta de comando constitucional, para prestigiar a divisão de tarefas entre o STF e Tribunais Superiores, que têm a função de interpretar a legislação infraconstitucional federal. Mas é cabível recurso extraordinário contra decisão proferida por juiz de primeiro grau nas causas de alçada, ou por turma recursal de juizado especial cível e criminal. No recurso extraordinário, o recorrente deverá demonstrar a *repercussão geral* das questões constitucionais discutidas no caso, nos termos da lei, para que o tribunal examine a admissão do recurso, somente podendo recusá-lo pela manifestação de dois terços de seus membros. O Supremo Tribunal Federal, em decisão irrecorrível, não conhecerá do recurso extraordinário, quando a questão constitucional nele versada não oferecer repercussão geral. Para efeito da repercussão geral, será considerada a existência, ou não, de questões relevantes do ponto de vista econômico, político, social ou jurídico, que ultrapassem os interesses subjetivos da causa. O recorrente deverá demonstrar, em preliminar do recurso, para apreciação exclusiva do Supremo Tribunal Federal, a existência da repercussão geral. Haverá repercussão geral sempre que o recurso impugnar decisão contrária a súmula ou jurisprudência dominante do Tribunal. Se a Turma decidir pela existência da repercussão geral por, no mínimo, quatro votos, ficará dispensada a remessa do recurso ao Plenário. Negada a existência da repercussão geral, a decisão valerá para todos os recursos sobre matéria idêntica, que serão indeferidos liminarmente, salvo revisão da tese, tudo nos termos do Regimento Interno do Supremo Tribunal Federal. O relator poderá admitir, na análise da repercussão geral, a manifestação de terceiros, subscrita por procurador habilitado, nos termos do Regimento Interno do Supremo Tribunal Federal. A súmula da decisão sobre a repercussão geral constará de ata, que será publicada no Diário Oficial e valerá como acórdão. Quando houver multiplicidade de recursos com fundamento em idêntica controvérsia, a análise da repercussão geral será processada nos termos do Regimento Interno do Supremo Tribunal Federal. Caberá ao Tribunal de origem selecionar um ou mais recursos representativos da controvérsia e encaminhá-los ao Supremo Tribunal Federal, sobrestando os demais até o pronunciamento definitivo da Corte. Negada a existência de repercussão geral, os recursos sobrestados considerar-se-ão automaticamente não admitidos. Julgado o mérito do recurso extraordinário, os recursos sobrestados serão apreciados pelos Tribunais, Turmas de Uniformização ou Turmas Recursais, que poderão declará-los prejudicados ou retratar-se. Mantida a decisão e admitido o recurso, poderá o Supremo Tribunal Federal, nos termos do Regimento Interno, cassar ou reformar, liminarmente, o acórdão contrário à orientação firmada. O Regimento Interno do Supremo Tribunal Federal disporá sobre as atribuições dos Ministros, das Turmas e de outros órgãos, na análise da repercussão geral. Quando o recurso extraordinário fundar-se em dissídio jurisprudencial, o recorrente fará a prova da divergência mediante certidão, cópia autenticada ou pela citação do repositório de jurisprudência, oficial ou credenciado, inclusive em mídia eletrônica, em que tiver sido publicada a decisão divergente, ou ainda pela reprodução de julgado disponível na Internet, com indicação da respectiva fonte, mencionando, em qualquer caso, as circunstâncias que identifiquem ou assemelhem os casos confrontados.

RECURSO FORMADO. *Direito processual civil.* Diz-se do recurso de agravo retido, ou de instrumento contra decisão interlocutória, quando de sua devolução ao tribunal superior.

RECURSO HIERÁRQUICO. *Direito administrativo.* É o interposto à autoridade hierarquicamente superior àquela que emitiu o ato administrativo impugnado (Renato Alessi), para seu reexame.

RECURSO HIERÁRQUICO IMPRÓPRIO. *Direito administrativo.* É o dirigido à autoridade revisionista que não é superior àquela da qual emanou o ato administrativo que se pretende reexaminar (José Cretella Jr.).

RECURSO HIERÁRQUICO PRÓPRIO. *Direito administrativo.* É aquele que se dirige, na solicitação de uma reapreciação de um ato administrativo, à autoridade superior àquela que o emitiu (José Cretella Jr.).

RECURSO IMPROVIDO. *Direito processual.* Diz-se daquele incabível ou inadmissível.

RECURSO INCABÍVEL. *Direito processual.* Aquele que é improcedente ante certas decisões ou despachos.

RECURSO INOMINADO. *Direito processual civil.* Aquele que não tem nomenclatura definida, nem consta do rol dos recursos previstos pela lei processual. É aquele contemplado em Regimentos Internos dos Tribunais Superiores.

RECURSO ITERADO. *Direito processual civil.* É o dirigido ao mesmo órgão judicante prolator da decisão, para que venha a reapreciá-la.

RECURSO MINERAL. *Direito constitucional* e *direito civil.* Mina ou jazida aproveitável que constitui propriedade distinta da do solo para efeito de exploração ou aproveitamento, ficando sob o domínio da União. A pesquisa e lavra de recurso mineral e o aproveitamento dos potenciais somente poderão ser efetuados mediante autorização ou concessão da União, no interesse nacional, por brasileiros ou empresa constituída sob as leis brasileiras, e que tenha sua sede e administração no País, na forma da lei, que estabelecerá as condições específicas quando essas atividades se desenvolverem em faixa de fronteira ou terras indígenas. Todavia, garantida estará ao dono do solo a participação nos resultados da lavra.

RECURSO NECESSÁRIO. *Vide* RECURSO DE OFÍCIO.

RECURSO OFICIAL. *Vide* RECURSO DE OFÍCIO.

RECURSO ORDINÁRIO. 1. *Direito do trabalho.* Impugnação, no prazo de oito dias, de decisão de Vara do Trabalho em dissídio individual, e de decisão definitiva dos Tribunais Regionais em processos de sua competência originária, quer nos dissídios individuais, quer nos dissídios coletivos, buscando sua reforma. **2.** *Direito constitucional* e *direito processual.* Remédio cabível, dirigido ao: 1. Supremo Tribunal Federal para que julgue: a) *habeas corpus*, mandado de segurança, *habeas data* e mandado de injunção decididos em única instância pelos Tribunais Superiores, se denegatória a decisão; e b) crime político. 2. Superior Tribunal de Justiça para julgar: a) *habeas corpus* e mandados de segurança decididos em única instância pelos Tribunais Regionais Federais ou pelos tribunais dos Estados, do Distrito Federal e Territórios, quando denegatória a decisão; e b) causas em que forem partes Estado estrangeiro ou organismo internacional, de um lado, e, de outro, município ou pessoa residente ou domiciliada no País.

RECURSO PARCIAL. *Direito processual.* Aquele que é interposto para impugnar apenas uma parte da decisão.

RECURSO PENAL. *Direito processual penal.* É o admitido pela lei processual penal para que haja reexame da matéria penal, como: recurso em sentido estrito; apelação; embargos de declaração; protesto por novo júri; revisão; recurso extraordinário; carta testemunhável; recurso ordinário; e recurso especial.

RECURSO PENDENTE. *Direito processual civil.* Diz-se daquele que ainda não foi apreciado pelo tribunal. É o que se dá com o agravo retido nos autos.

RECURSO *PER SALTUM*. *Direito processual civil.* Instrumento de agilização da justiça, diminuindo o grave inconveniente da multiplicidade de recursos, por permitir que se salte um grau de jurisdição, ou de mais de um, caso se pretenda buscar, diretamente, no STF o respaldo da sua jurisprudência. Com isso, pode-se eliminar uma apelação, um recurso especial, um recurso extraordinário, e, eventualmente, dois agravos de instrumento. Tem por objetivo manter a sentença como está, ou seja, de conformidade com a orientação dominante do STF. É uma especial modalidade de processamento de um recurso, fazendo com que este (apelação ou agravo) salte um grau de jurisdição para obter o apoio da jurisprudência dominante no tribunal superior, desde que não haja discussão de matéria fática, sendo controvertida a questão de direito (José Eduardo Carreira Alvim).

RECURSO PROTELATÓRIO. *Direito processual civil.* Artifício malicioso usado por litigante de má-fé para, infundadamente, provocar incidentes com o intuito de retardar a solução da demanda e embaraçar o andamento do processo.

RECURSO REGIMENTAL. *Vide* RECURSO INOMINADO.

RECURSÓRIO. *Direito processual.* Que intenta recurso.

RECURSOS. **1.** Bens materiais. **2.** Meios pecuniários. **3.** Haveres; fortuna. **4.** Elementos de produção de riquezas. **5.** Dotes físicos e intelectuais; aptidões.

RECURSOS AMBIENTAIS. *Direito ambiental.* São a atmosfera, as águas interiores, superficiais e subterrâneas, os estuários, o mar territorial, o solo, o subsolo, os elementos da biosfera, a fauna e a flora.

RECURSOS DA FUNDAÇÃO DE PROTEÇÃO E DEFESA DO CONSUMIDOR. *Direito do consumidor* e *direito administrativo.* São os constituídos: a) pela dotação orçamentária que lhe seja consignada anualmente, no orçamento do Estado; b) pelas subvenções que lhe venham a ser atribuídas pela União, por outros Estados e Municípios ou por quaisquer entidades públicas ou entidades privadas de utilidade pública estadual; c) pelas doações, auxílios, contribuições, patrocínios ou investimentos que venha a receber de instituições públicas ou entidades privadas de utilidade pública estadual; d) pelas receitas próprias, decorrentes de serviços prestados; e) pela renda de seus bens patrimoniais; f) pela renda proveniente da aplicação de penalidades por infrações às normas legais de proteção e defesa do consumidor; g) pelo rendimento de aplicações financeiras sobre saldos disponíveis. A Fundação ficará isenta de todos os tributos estaduais e de emolumentos cartorários.

RECURSOS DO MAR. *Direito marítimo* e *direito ambiental.* São todos aqueles recursos vivos e não vivos que se encontram na coluna d'água, no solo e subsolo marinhos, bem como nas áreas costeiras adjacentes, cuja exploração sustentável é relevante sob os pontos de vista econômico, social e ecológico. É condição fundamental para a correta utilização dos recursos do mar que se disponham de conhecimentos globais e integrados sobre os elementos que compõem os diversos ecossistemas, bem como sobre as relações antrópicas que os modificam. A importância dos recursos vivos do mar advém não apenas de sua explotação com a finalidade de produção de alimentos, sob enfoque de recursos pesqueiros, mas também de sua biodiversidade, enquanto patrimônio genético, e como fonte potencial para a utilização na biotecnologia. Os recursos vivos do mar fazem parte de sistema produtivo complexo, com componentes bióticos e abióticos de alto dinamismo, sendo imperativo, portanto, que se tenha presente o papel diversificado de todos os componentes do sistema. Os recursos não vivos das áreas marítimas sob jurisdição nacional envolvem desde os recursos minerais existentes na água do mar, no solo e no subsolo marinhos até recursos energéticos advindos do aproveitamento dos ciclos de marés, ondas, correntes, ventos e gradientes térmicos. Os recursos minerais existentes na água do mar, como cloreto de sódio, bromo, magnésio, cálcio, potássio e boro, têm sido explorados economicamente em vários países, inclusive no Brasil, para utilização na agropecuária e na suplementação alimentar humana. Os recursos minerais do solo e do subsolo marinhos de maior interesse econômico são, principalmente, petróleo e gás natural. A indústria petrolífera nacional, desenvolvida no mar, tem obtido êxito notável em sua produção, suprindo a maior parte da demanda do País. Ressalta-se, ainda, a possibilidade de ocorrência, na Plataforma Continental Brasileira, de hidratos de gás, cujo potencial como fonte energética ainda é objeto de estudo no mundo. Os recursos minerais marinhos de águas rasas que apresentam potencialidade econômica são representados pelos granulados, constituídos pelos depósitos siliciclásticos (areias e cascalhos), bioclásticos (carbonatos), fosfáticos, pláceres e outros sedimentos. Os granulados marinhos que apresentam valor econômico têm sido pesquisados e explotados há vários anos. No mar profundo, associados aos platôs marginais e à Cadeia Vitória-Trindade, existem indícios da ocorrência de nódulos polimetálicos e crostas manganesíferas. Em torno do Arquipélago de São Pedro e São Paulo existem indícios da ocorrência de sulfetos polimetálicos. Esses minérios, dependendo de sua composição, são importantes fontes de cobre, níquel, cobalto, manganês e outros elementos metálicos de valor econômico. Os recursos energéticos advindos do aproveitamento das marés, ondas, correntes, ventos e gradientes térmicos, que apresentam possibilidades de aproveitamento econômico, precisam, no País, de estímulo e recursos para o fomento às pesquisas.

RECURSOS FLORESTAIS. *Direito ambiental* e *direito agrário*. **1.** Conjunto de florestas que, integrando o ativo de uma pessoa jurídica, destinam-se ao corte para consumo, comercialização ou industrialização. **2.** Elementos ou características de determinada floresta, potencial ou efetivamente geradores de produtos ou serviços florestais.

RECURSOS FUNDIÁRIOS. *Direito agrário.* Conjunto de imóveis rurais aptos à exploração agrária (Rafael Augusto de Mendonça Lima).

RECURSOS JUDICIAIS. *Direito processual.* São todos aqueles admissíveis em juízo para reapreciação de decisão judicial.

RECURSOS MATERIAIS. *Direito previdenciário.* São os equipamentos indispensáveis ao desenvolvimento do processo de reabilitação profissional e à reinserção dos reabilitados no mercado de trabalho, tais como: a) prótese e órtese; b) taxas de inscrição e mensalidades de curso/treinamento profissionalizante; c) implemento profissional/instrumento de trabalho; d) documentos para habilitação profissional; e) transporte; f) alimentação. A concessão dos recursos materiais deve ser feita nas formas de: a) contrato de prestação de serviços; b) pagamento ao fornecedor; c) pagamento ao reabilitando.

RECURSOS NÃO VIVOS DO MAR. *Direito ambiental* e *direito marítimo.* Os recursos não vivos do mar compreendem os recursos minerais existentes nas águas sobrejacentes ao leito do mar, no leito do mar e seu subsolo, e os recursos energéticos advindos dos ventos, marés, ondas, correntes e gradientes de temperatura. São os recursos minerais marinhos de águas rasas, economicamente importantes, da plataforma continental brasileira, representados pelos granulados, constituídos pelas areias, cascalhos, pláceres, fosfatos e sedimentos carbonáticos. As explotações de petróleo e de gás jurisdicionais brasileiras têm obtido êxito notável, com a produção petrolífera própria já suprindo considerável parte da demanda do País. Além disso, o Brasil detém auto-suficiência em tecnologia de ponta, que viabiliza a exploração desses recursos também no exterior. Outro recurso mineral energético que apresenta condições de explotação é o carvão. Ocorrências de substâncias dissolvidas na água do mar, como cloreto de sódio, bromo, magnésio, cálcio, potássio e boro, têm sido exploradas economicamente. Existem, também, experiências de aproveitamento do *screening*, mineral em suspensão nas águas marinhas de zonas de ressurgência para a produção de concentrados minerais, que vêm sendo utilizados na agropecuária e na suplementação alimentar humana. Por outro lado, têm sido desenvolvidas, também, experiências, no litoral do Espírito Santo, de aproveitamento de algas calcáreas, também para fins agropecuários. As fontes de energia alternativa, tais como marés, ondas e gradientes térmicos, apresentam boas possibilidades de aproveitamento. Para tanto, são necessárias iniciativas no sentido de estimular propostas tecnológicas que fomentem investimentos no setor. Os granulados marinhos, tendo sido objeto de pesquisa durante vários anos e apresentando grande valor econômico, poderão ser explotados a curto prazo. A exploração e a explotação de recursos minerais sem estudos prévios de impacto ambiental podem causar danos aos ecossistemas, bem como gerar conflitos de usos com outras atividades, por exemplo, a pesca, a navegação, a expansão urbana e o turismo. O conhecimento geológico sobre a margem continental brasileira é, ainda, insuficiente para a formulação de um programa dirigido à prospecção e à pesquisa de recursos minerais, à exceção dos hidrocarbonetos. Somente a partir de levantamentos geológicos e geofísicos, em escala adequada, será possível avaliar a potencialidade da plataforma continental brasileira. No mar profundo encontram-se, ainda, os nódulos polimetálicos, sulfetos polimetálicos, e crostas manganesíferas, importantes pelos teores de cobre, níquel, cobalto, manganês e outros elementos de valor econômico. Ressalte-se, ainda, a presença de hidratos de gás, que poderão vir a ser utilizados como fonte energética.

RECURSOS NATURAIS. *Direito ambiental.* Produtos da natureza como: terra, água, minerais, flora, fauna e ar, que devem ser conservados e preservados para a manutenção da vida e da saúde em melhores condições, e para que haja um equilíbrio ecológico.

RECURSOS NATURAIS NÃO RENOVÁVEIS. *Direito ambiental.* Constituem-se nos minerais e nos combustíveis fósseis (Fernando Pereira Sodero).

RECURSOS NATURAIS RENOVÁVEIS. *Direito ambiental.* São o ar, a terra, a água, a fauna e a flora.

RECURSOS SIMPLES. *Direito administrativo.* Instâncias motivadas idôneas para pleitear à Administração a tomada de providência para reparar a lesão de direito ou de interesse por parte de autoridade administrativa (Renato Alessi e José Cretella Jr.).

RECURSOS SIMULTÂNEOS. *Direito processual.* São os interpostos, concomitantemente, para reexame de um acórdão. Por exemplo, interposição de embargos infringentes contra a parte do acórdão alusiva à preliminar incabível e rejeitada por maioria de votos, e de recurso extraordinário no que atina ao mérito (Alcides de Mendonça Lima).

RECURSO STRICTI IURIS. *Direito processual civil.* Recurso admissível apenas nas hipóteses previstas legalmente.

RECURSO SUBORDINADO. *Vide* RECURSO ADESIVO.

RECURSOS VIVOS DO MAR. *Direito ambiental* e *direito marítimo.* São os recursos pesqueiros e a diversidade biológica, incluindo os recursos genéticos ou qualquer outro componente da biota marinha de utilidade biotecnológica ou de valor para a humanidade. Inserem-se, ainda, entre os recursos em questão, as potencialidades do mar para as atividades de aqüicultura marinha, turísticas, esportivas e de recreação.

RECURSO TOTAL. *Direito processual.* É aquele que tem por escopo obter do tribunal *ad quem* a reforma de toda a decisão do juízo *a quo.*

RECURSO TRABALHISTA. *Direito do trabalho.* É aquele cabível para obter reexame de decisão sobre matéria trabalhista como: recurso ordinário, embargos, recurso de revista, agravo de petição, agravo de instrumento, revisão e recurso extraordinário (Amador Paes de Almeida).

RECURSO VOLUNTÁRIO. *Direito processual.* Aquele que é interposto pela vontade da parte vencida, não sendo necessário ou obrigatório como o é o *ex officio.*

RECUSA. 1. Ato ou efeito de negar; negação. **2.** Não-aceitação de alguma coisa. **3.** Não-recebimento. **4.** Ato de não admitir algo. **5.** Inadimplemento. **6.** Ação de não conceder. **7.** Rejeição. **8.** Oposição.

RECUSAÇÃO. *Vide* RECUSA.

RECUSA DE CERTIDÃO. 1. *Direito processual.* Negação de pedido, verbal ou escrito, de certidão por parte de serventuário da justiça, devendo-se, então, requisitar ao magistrado que ordene sua expedição. **2.** *Direito administrativo.* Ato pelo qual funcionário público nega-se a expedir certidão ao interessado, que deverá solicitar intervenção judicial para obtê-la.

RECUSA DE FÉ. *Direito administrativo, direito processual* e *direito registrário.* Falta de dever funcional, que consiste no fato de o notário ou serventuário da justiça não fornecer certidão devidamente revestida da fé pública de que se encontra investido em virtude de seu ofício.

RECUSA DE JUIZ. *Direito processual civil.* Exceção pela qual um litigante não aceita o magistrado, por suspeição, incompetência ou impedimento.

RECUSA DE JURADO. *Direito processual penal.* Rejeição ou impugnação do jurado sorteado, feita pelo advogado de defesa ou pelo promotor de justiça, sem alegação dos motivos que o levaram a isso.

RECUSA DE PAGAMENTO. *Direito civil.* Ato do devedor negar-se a cumprir a obrigação assumida, não oferecendo a prestação no tempo, no lugar ou no modo avençados, que dá origem à *mora debitoris.*

RECUSA DE TESTEMUNHA. 1. *Direito processual civil.* a) Direito que tem a testemunha de negar-se a depor sobre fatos: que lhe acarretem grave dano, bem como ao seu cônjuge e aos seus parentes consangüíneos ou afins, em linha reta, ou na colateral em segundo grau; de que deva guardar segredo em razão de sua profissão ou estado; b) impugnação de testemunha arrolada, sob alegação de suspeição. **2.** *Direito processual penal.* Ato de não admitir que uma testemunha venha a depor se, em razão de sua função, ministério, ofício ou profissão, deva guardar sigilo, salvo se, desobrigada pelo interessado, quiser dar seu depoimento.

RECUSADO. 1. Rejeitado. **2.** Negado. **3.** Não recebido. **4.** Não admitido.

RECUSADOR. 1. Aquele que recusa. **2.** O que não aceita. **3.** Aquele que nega o seu consentimento. **4.** O que se opõe.

RECUSA DO RECEBIMENTO. *Direito civil.* Requisito que caracteriza a *mora accipiendi,* por ser o ato pelo qual o credor injustificadamente não aceita receber o pagamento da prestação devida, no tempo, local e forma estipulados. Hipótese em que o devedor deve pedir consignação em pagamento ou depósito judicial da coisa, para exonerar-se.

RECUSANS EXHIBERE LIBROS HABET CONTRA SE PRAESUMPTIONEM MALI JURIS. *Expressão latina.* A recusa na exibição de livros faz presumir um mau direito.

RECUSANTE. 1. *Vide* RECUSADOR. **2.** *Direito processual.* Aquele que por meio de exceção impugna, alegando suspeição ou impedimento, o juiz, o órgão do Ministério Público.

RECUSAR. 1. Não admitir. **2.** Negar. **3.** Não autorizar; não permitir. **4.** Opor-se. **5.** Não aceitar. **6.** Não conceder. **7.** Rejeitar. **8.** Denegar. **9.** Não oferecer. **10.** Não querer fazer. **11.** Não cumprir.

RECUSAR A ENTRADA. Não permitir que alguém entre.

RECUSAR-SE À EVIDÊNCIA. 1. Obstinar-se a negar o que não pode ser contestado. **2.** Não querer convencer-se do que é público e notório.

RECUSATIVO. 1. Que recusa. **2.** Aquilo que envolve recusa.

RECUSATÓRIO. *Vide* RECUSATIVO.

RECUSÁVEL. O que é suscetível de ser negado; passível de recusa.

REDAÇÃO. 1. Na *linguagem jornalística,* é: a) local ou prédio onde é redigido um periódico ou onde funciona o corpo redatorial; b) conjunto de redatores ou de jornalistas de um órgão de imprensa. **2.** *Direito autoral.* a) Composição literária; b) maneira peculiar pela qual um autor escreve sua obra; estilo redacional. **3.** Nas *linguagens comum* e *jurídica,* quer dizer: a) linguagem escrita; b) ato de elaborar, ordenadamente, um documento.

REDAÇÃO FORENSE. Linguagem escrita própria do jurista, do advogado e do aplicador do direito.

REDACIONAL. Referente à redação.

REDADA. *Direito agrário.* **1.** Conjunto de filhotes que nascem de uma só vez. **2.** Em São Paulo, é ninhada de ave. **3.** Ato de lançar rede para pescar.

REDANHO. *Direito agrário.* Rede apropriada para pescar camarões.

REDARGÜENTE. Quem faz redargüição; aquele que redargúi.

REDARGÜIÇÃO. 1. Réplica. **2.** Recriminação. **3.** Resposta. **4.** Revide. **5.** Oposição. **6.** Impugnação.

REDARGÜIÇÃO LÓGICA. *Lógica jurídica.* Refutação do adversário, provando a contraditória de sua conclusão. Trata-se da demonstração da contradição do adversário (Van Acker).

REDARGÜIDOR. *Vide* REDARGÜENTE.

REDARGÜIR. 1. Recriminar. **2.** Replicar. **3.** Responder. **4.** Revidar. **5.** Recriminar. **6.** Contraditar. **7.** Impugnar. **8.** Refutar.

REDARGÜITIVO. Aquilo que envolve redargüição.

REDATOR. Na *linguagem jornalística,* é: **1.** Aquele que escreve para jornal ou periódico. **2.** O jornalista.

REDATOR-CHEFE. Principal redator de um jornal, encarregado da orientação dos artigos, dos comentários etc.

REDATOR DE DEBATES. *Ciência política.* Funcionário que, na Câmara Legislativa, examina, criticamente, as notas taquigráficas traduzidas.

REDATOR HONORÁRIO. Aquele que não pertence ao corpo efetivo da redação do jornal, sendo, tão-somente, mero colaborador.

REDATORIAL. O que diz respeito a redação ou a redator.

REDATORIAR. 1. Escrever habitualmente para um jornal ou periódico. **2.** Dirigir jornal, orientando o corpo de redatores.

REDATOR-SECRETÁRIO. 1. Aquele que representa o redator-chefe em suas ausências, determinando o cumprimento das ordens por ele emitidas (De Plácido e Silva). **2.** É aquele que cuida da reunião da matéria de um periódico ou jornal, destacando ou suprimindo artigos a serem publicados.

RED CLAUSE. *Locução inglesa.* Cláusula especial de carta de crédito pela qual se autoriza o seu pagamento, total ou parcial, antecipado contrarecibo, sem que haja negociação de documento ou embarque de mercadoria (Haroldo M. D. Verçosa e Hilário de Oliveira).

REDDE QUOD DEBES. *Expressão latina.* Devolve o que deves.

REDDE RATIONEM. *Locução latina.* Prestar contas.

REDDITION. *Termo francês.* Rendição.

REDDITUM NON VIDETUR QUOD DETERIUS REDDITUR. *Aforismo jurídico.* Restituído não está, se se restituir o pior.

REDE. 1. *Direito administrativo.* a) Sistema urbano de canos de esgoto, de água e de gás; b) conjunto de estradas; c) complexo de cabos elétricos ou telefônicos. **2.** *Direito agrário.* a) Instrumento feito com fios que, formando uma malha, serve para apanhar peixes ou aves; b) leito de pano suspenso pelas extremidades em portais ou árvores, usado para se embalar ou dormir; c) no Pará, é o gado manso que retém o gado malhadeiro e fugidio. **3.** *Direito desportivo.* Malha que cerca o gol e retém a bola que nele penetrar. **4.** Na *linguagem comum,* pode ter o sentido de cilada e o de conjunto de estabelecimentos.

RÉDEA. 1. Governo. **2.** Direção. **3.** Freio. **4.** Correia que serve para guiar cavalo.

REDE BANCÁRIA. *Direito bancário.* Conjunto de estabelecimentos financeiros, sob a direção do Banco Central.

REDE BRASIL DE TECNOLOGIA (RBT). *Direito administrativo.* Tem por objetivo promover a articulação institucional do Governo Federal de modo a propiciar a interação eficiente entre a admi-

nistração pública, a universidade brasileira, as empresas e os agentes financeiros, para o desenvolvimento tecnológico dos setores produtivos locais, tendo como diretrizes gerais: a) estimular o desenvolvimento de redes de tecnologia; b) aproximar as empresas dos centros de pesquisa locais e das agências de fomento visando ao desenvolvimento tecnológico; c) articular a formação de grupos de trabalho entre empresas e centros de pesquisa; d) desenvolver projetos tecnológicos articulados que promovam a substituição competitiva das importações de bens e serviços em setores estratégicos.

REDE BRASILEIRA DE MANEJO AMBIENTAL DE RESÍDUOS (REBRAMAR). *Direito ambiental.* É aquela que, integrada à Rede Pan-Americana de Manejo Ambiental de Resíduos (REPAMAR), coordenada em nível de América Latina e Caribe pelo Centro Pan-Americano de Engenharia Sanitária e Ciências Ambientais (CEPIS), tem por objetivo promover o intercâmbio, difusão e acesso aos conhecimentos e experiências no manejo de resíduos. Para tanto deverá: a) promover o desenvolvimento de programas de integração entre os agentes que geram resíduos, aqueles que os controlam e a comunidade; b) disseminar tecnologias apropriadas e estratégias já existentes sobre o manejo ambiental de resíduos; c) propiciar uma maior participação das universidades; d) difundir o conhecimento em avaliação e controle de riscos ocupacionais gerados por resíduos perigosos e tóxicos; e) coletar, sistematizar, gerar e disseminar informações sobre o tema; f) evitar a duplicação de esforços regionais, procurando utilizar a informação e tecnologias existentes.

REDECLARAÇÃO. Nova declaração.

REDECRETAÇÃO. Ato de tornar a decretar.

REDE DE REPETIDORAS. *Direito das comunicações.* É o conjunto de estações repetidoras destinado a transportar os sinais de sons e imagens ao longo de um determinado trajeto contínuo.

REDE DE TELECOMUNICAÇÕES. *Direito das comunicações.* Conjunto operacional contínuo de circuitos e equipamentos, incluindo funções de transmissão, comutação, multiplexação ou quaisquer outras indispensáveis à operação de Serviço de Telecomunicações.

REDE DE TRANSPORTE DE TELECOMUNICAÇÕES. *Direito das comunicações* e *direito virtual.* É o meio físico destinado ao transporte de sinais de TV e ou-

REDE DO GOVERNO FEDERAL

tros sinais de telecomunicações, utilizado para interligar o cabeçal de uma operadora do Serviço de TV a cabo a uma ou várias redes locais de distribuição de sinais de TV e ao Sistema Nacional de Telecomunicações.

REDE DO GOVERNO FEDERAL. *Direito administrativo.* É a rede de serviços privativa do governo federal, que está estruturada nos níveis de infra-estrutura, serviços de rede e aplicações, constituída pelo conjunto de recursos para a comunicação eletrônica do governo federal e interligação dos diversos sistemas de informação governamentais, a partir da implementação do seguinte conjunto integrado e padronizado de serviços de rede e aplicações: a) correio eletrônico; b) transferência de arquivos; c) agenda eletrônica; d) acesso à Internet; e) serviço de nomeação e endereçamento (diretório); f) geração, discussão simultânea, armazenamento, recuperação e transferência de documentos eletrônicos (*Workflow*); g) intercâmbio eletrônico de dados (EDI – *Electronic Data Interchange*) e comércio eletrônico; h) dicionário de dados, disseminação de informações e acesso às bases de dados públicas; i) integração de sistemas de gestão pública; j) segurança e gerência de redes; k) videoconferência.

REDE ESTADUAL DE TELEVISÃO. *Direito das comunicações.* É o conjunto de estações geradoras e respectivos Sistemas de Retransmissão de Televisão que veiculam a mesma programação básica dentro da área territorial de uma unidade da Federação.

REDEFINIÇÃO DIRETA DAS PALAVRAS DA LEI. *Teoria geral do direito.* Definição aclaratória do conteúdo dos termos legais (Luis Alberto Warat).

REDEFINIÇÃO INDIRETA DAS PALAVRAS DA LEI. *Teoria geral do direito.* Interpretação da lei a partir de um conjunto de argumentos retóricos, por intermédio do qual são propostas, de modo velado, mudanças das propriedades designativas dos termos-chaves da lei. Entre tais argumentos retóricos, os mais usados pelo aplicador do direito são: o recurso a teorias, a apreciação axiológica dos fatos, a alteração sintática das normas, a adjetivação desqualificadora e o emprego de variáveis axiológicas (Luis Alberto Warat).

REDEFINIR. *Teoria geral do direito.* Mudar os caracteres designativos de um termo, permitindo a alteração do campo denotativo (Luis Alberto Warat).

REDE INTEGRADA DE INFORMAÇÕES PARA A SAÚDE (RIPSA). *Direito administrativo.* Órgão integrado ao Ministério da Saúde, por ele instituído com o escopo de: a) aperfeiçoar a capacidade de formulação, coordenação, gestão e operacionalização de políticas e ações públicas dirigidas à qualidade de saúde e de vida da população; b) propiciar a disponibilização adequada, oportuna e abrangente de dados básicos, indicadores e análises de situação sobre as condições de saúde e suas tendências, municiando os diferentes níveis de direção do Sistema Único de Saúde (SUS), com informações aplicadas à condução de políticas e ações de saúde; c) harmonizar conceitos, métodos e critérios de utilização das bases de dados e de informações; d) promover a articulação interinstitucional de entidades vocacionadas para a geração de informações e interessadas no aprofundamento das questões relacionadas com a saúde; e) atender aos compromissos do País assumidos com a Organização Pan-Americana da Saúde (OPAS) no sentido de produzir análises periódicas sobre os avanços realizados no continente, na área da saúde; f) contribuir para a construção do sistema nacional de informações em saúde. A Rede Integrada de Informações para a Saúde (RIPSA) tem os seguintes objetivos: a) estabelecer bases de dados consistentes, atualizadas, abrangentes, transparentes e de fácil acesso; b) articular instituições que possam contribuir para o fornecimento e crítica de dados e indicadores e para a análise de informações, inclusive com projeções e cenários; c) implementar mecanismos de apoio para o aperfeiçoamento permanente da produção de dados e informações; d) promover intercâmbio com outros subsistemas especializados de informação da Administração Pública; e) contribuir para o aprofundamento de aspectos ainda pouco explorados, ou identificados como de especial relevância para a compreensão do quadro sanitário brasileiro.

REDEIRO. 1. *Direito agrário.* Rede pequena utilizada para pescar peixes em rios. **2.** *Direito empresarial e direito comercial.* Fabricante de redes e vendedor de redes.

REDE LOCAL DE DISTRIBUIÇÃO DE SINAIS DE TV. *Direito das comunicações.* É o meio físico destinado à distribuição de sinais de TV e, eventualmente, de outros serviços de telecomunicações, que interligam os assinantes desse serviço à rede de transporte de telecomunicações ou diretamente a um cabeçal, quando este estiver no âmbito geográfico dessa rede.

REDE LOCAL DE TELEVISÃO. *Direito das comunicações.* É o conjunto formado por uma estação geradora e seu Sistema de Retransmissão de Televisão, restrito à área territorial de um grupo de localidades pertencentes à mesma mesorregião geográfica de uma unidade da Federação, que veicula a mesma programação básica.

REDEMANDER. *Termo francês.* **1.** Exigir. **2.** Reclamar.

REDEMONSTRAÇÃO. Nova demonstração.

REDEMPTION. *Termo inglês.* **1.** Emenda da mora. **2.** Quitação. **3.** Resgate.

REDE NACIONAL DE ATENÇÃO INTEGRAL À SAÚDE DO TRABALHADOR (RENAST). *Direito do trabalho.* Que deve ser implementada de forma articulada entre o Ministério da Saúde, as Secretarias de Saúde dos Estados, do Distrito Federal e dos Municípios, com o envolvimento de órgãos de outros setores dessas esferas de poder, executores de ações na interface com a saúde do trabalhador, além de instituições colaboradoras nesta área. As ações em Saúde do Trabalhador deverão ser desenvolvidas de forma descentralizada e hierarquizada, em todos os níveis de atenção do SUS, incluindo as curativas, preventivas, de promoção e de reabilitação. A RENAST tem como principal objetivo integrar a rede de serviços do SUS, voltados à assistência e à vigilância, para o desenvolvimento das ações de Saúde do Trabalhador. A ampliação da RENAST dar-se-á: a) pela adequação e ampliação da rede de Centros de Referência em Saúde do Trabalhador (CEREST); b) pela inclusão das ações de saúde do trabalhador na atenção básica; c) pela implementação das ações de vigilância e promoção em saúde do trabalhador; d) pela instituição e indicação de serviços de Saúde do Trabalhador de retaguarda, de média e alta complexidade já instalados, aqui chamados de Rede de Serviços Sentinela; e e) pela caracterização de Municípios Sentinela em Saúde do Trabalhador.

REDE NACIONAL DE CENTROS DE PESQUISA E DESENVOLVIMENTO DA EDUCAÇÃO. *Direito educacional.* Será integrada por centros de pesquisa científica, desenvolvimento tecnológico e prestação de serviços para as redes públicas de ensino, em uma ou mais áreas de especialidade, instalados em instituições universitárias brasileiras.

REDE NACIONAL DE DIREITOS HUMANOS (RNDH). *Direito administrativo.* Instrumento para a implementação do Programa Nacional de Direitos Humanos (PNDH), destinada a sistematizar e difundir experiências voltadas para a proteção e promoção dos direitos humanos, desenvolvidas por iniciativa do Poder Público ou de organizações da sociedade, e monitorar, em âmbito nacional, a ocorrência de violações desses direitos. A rede tem como objetivos: a) possibilitar a universalização de informações relativas à proteção e promoção dos direitos humanos; b) servir de instrumento para a implementação do PNDH, assim como dos acordos de cooperação firmados pela Secretaria de Estado dos Direitos Humanos; c) sistematizar e divulgar informações relativas à ocorrência de violações de direitos humanos no País, mediante a obtenção e consolidação de dados, estatísticas e diagnósticos, assim como pela formulação de indicadores de desempenho; d) contribuir para o encaminhamento de denúncias de violações de direitos humanos aos órgãos competentes; e) articular esforços visando ao desenvolvimento de estratégias locais e regionais de proteção e promoção dos direitos humanos; f) incentivar, promover e divulgar ações voltadas para a educação em direitos humanos; g) possibilitar assistência e orientação a grupos sociais vulneráveis no que se refere aos mecanismos de acesso à justiça e defesa de direitos; h) contribuir para o combate à disseminação de informações e práticas contrárias aos direitos humanos veiculadas pela rede internacional de computadores (Internet); i) subsidiar a implementação, no âmbito estadual, do Distrito Federal e municipal, de programas e conselhos de promoção e proteção dos direitos humanos; j) promover ações de combate à violência, especialmente a violência intrafamiliar e a ocorrida no ambiente escolar; k) possibilitar a universalização de informações relativas aos projetos apresentados e apoiados pela Secretaria de Estado dos Direitos Humanos; l) estimular o voluntariado para a participação em ações voltadas para a proteção e promoção dos direitos humanos.

REDE NACIONAL DE FORMAÇÃO E HABILITAÇÃO DE CONDUTORES (RENFOR). *Direito de trânsito.* Coordenada pelo Departamento Nacional de Trânsito (Denatran), integrada necessariamente por todas as entidades, instituições, organizações e pessoas jurídicas, no território nacional, envolvidas no processo de formação e habilitação de condutores de veículos. A RENFOR terá por finalidade, dentre outras: a) definir e perseguir, em âmbito nacional, padrões de qualidade e procedimentos no processo de formação e habilitação de condutores; b) permitir a disseminação de práticas e experiências bem-sucedidas na área de educação de trânsito; c) padronizar e desenvolver os procedimentos didáticos básicos, assegurando a boa formação do condutor; d) integrar, num único sistema, todos os procedimentos e as informações quanto à formação, habilitação e desempenho de candidatos, permitindo, simultaneamente, o acompanhamento das entidades e organizações formadoras e fiscalizadoras; e) definir as funções e os objetivos das diversas entidades, organizações e órgãos participantes da rede, tendo por base a complexidade e a hierarquia de suas respectivas atribuições.

REDE NACIONAL DE TELEVISÃO. *Direito das comunicações.* Conjunto de estações geradoras e respectivos Sistemas de Retransmissão de Televisão com abrangência nacional e que veiculam uma mesma programação básica.

REDENÇÃO. 1. Nas *linguagens comum* e *jurídica,* significa: a) resgate; b) proteção; c) socorro. **2.** *História do direito.* Esmola que era destinada a alforriar escravos.

REDE NORDESTE DE BIOTECNOLOGIA (RENOR-BIO). *Direito ambiental* e *biodireito.* Tem por finalidade acelerar o processo de desenvolvimento da região Nordeste através da biotecnologia, integrando esforços de formação de recursos humanos ao desenvolvimento científico e tecnológico para produzir impactos socioeconômicos que permitam a melhoria da qualidade de vida de sua população, com a participação efetiva de instituições que atuam em Biotecnologia, por meio de uma estratégia que promova a convergência do desenvolvimento científico em biologia realizado nas diversas áreas de aplicação da biotecnologia, visando contribuir para a formulação e acompanhamento de políticas públicas na região Nordeste.

REDENTOR. Aquele que resgata.

REDENTOR DO SANGUE. *História do direito.* **1.** Aquele que tinha o direito de se vingar do assassinato de algum parente seu. **2.** Religioso que libertava escravos.

REDE PÚBLICA. *Direito das comunicações.* É a característica que se atribui às redes capacitadas para o transporte e a distribuição de sinais de TV, utilizados pela operadora do serviço de TV a cabo, de sua propriedade ou da concessionária

de telecomunicações, possibilitando o acesso de qualquer interessado, nos termos desta lei, mediante prévia contratação.

REDE PÚBLICA DE TRANSPORTE DE TELECOMUNICAÇÕES. *Direito administrativo* e *direito das comunicações.* Infra-estrutura pública de telecomunicações que possibilita as transmissões entre dois ou mais pontos terminais.

REDE REGIONAL DE TELEVISÃO. *Direito das comunicações.* É o conjunto de estações geradoras e respectivos Sistemas de Retransmissão de Televisão que veiculam a mesma programação básica em mais de uma unidade da Federação, com abrangência em uma mesma macrorregião geográfica.

REDESCOBRIMENTO. Ato de tornar a descobrir.

REDESCONTADOR. *Direito cambiário.* Aquele que redesconta um título de crédito.

REDESCONTAR. *Direito cambiário.* **1.** Aceitar novo desconto. **2.** Fazer redesconto.

REDESCONTÁRIO. *Direito cambiário.* Aquele a quem um título de crédito foi redescontado.

REDESCONTO. *Direito cambiário.* **1.** Operação pela qual um banco desconta em outro, mediante endosso, o título de crédito, que descontou um favor de um cliente, com o escopo de obter vantagem na diferença da taxa de juros que recebeu sobre a que pagou (Othon Sidou). **2.** Instrumento estatal de controle de crédito, pelo qual o Banco Central fornece numerário para os estabelecimentos bancários pelo desconto de títulos de crédito (José Tadeu de Chiara).

REDES PARTICULARES. *Direito administrativo.* Instalações elétricas, em qualquer tensão, inclusive subestações, utilizadas para o fim exclusivo de prover energia elétrica para unidades de consumo de seus proprietários e conectadas em sistema de distribuição de energia elétrica.

REDE ÚNICA. *Direito das comunicações.* É a característica que se atribui às redes capacitadas para o transporte e a distribuição de sinais de TV, visando à máxima conectividade e racionalização das instalações dos meios físicos, de modo a obter a maior abrangência possível na prestação integrada dos diversos serviços de telecomunicações.

REDEVANCE. *Termo francês.* **1.** Renda. **2.** Foro.

REDE VOLUNTÁRIA DE PROTEÇÃO. *Direito civil.* É o conjunto de associações civis, entidades e demais organizações não-governamentais que se dispõem a receber, sem auferir lucros ou benefícios, os admitidos no Programa de Assistência às Vítimas e Testemunhas Ameaçadas, proporcionando-lhes moradia e oportunidades de inserção social em local diverso de sua residência. Integram-na as organizações sem fins lucrativos que gozem de reconhecida atuação na área de assistência e desenvolvimento social, na defesa de direitos humanos ou na promoção da segurança pública e que tenham firmado com o órgão executor ou com entidade com ele conveniada termo de compromisso para o cumprimento dos procedimentos e das normas estabelecidas no programa acima mencionado.

REDEX. Recinto especial para Despacho Aduaneiro de Exportação.

REDE ZUMBI. *Direito virtual.* É formada por meio de mensagens infectadas que espalham programas de invasão, por meio dos quais os cibercriminosos passam a controlar milhares de máquinas, pois o internauta ao abrir a mensagem infectada instala o programa invasor e sua máquina passa a ser controlada pelo criminoso cibernético. Esse invasor envia cópias de si mesmo para lista de contatos do computador infectado, e vai formando o "exército de zumbis", por meio do qual o golpista ataca *sites* e envia *spans.*

REDIBIÇÃO. *Direito civil* e *direito processual civil.* Rejeição de coisa, adquirida em virtude de contrato comutativo ou de doação com encargo, que apresenta vício oculto, rescindindo o contrato, por meio de ação redibitória, reavendo o preço pago, e obtendo o reembolso de suas despesas, além das perdas e danos, se o alienante conhecia o defeito que a torna imprópria ao uso a que se destina ou lhe diminua o valor.

REDIBIR. *Direito civil.* Rejeitar coisa que apresenta vício oculto, extinguindo o contrato.

REDIBITÓRIA. *Direito processual civil. Vide* AÇÃO REDIBITÓRIA.

REDIBITÓRIO. *Direito civil* e *direito processual civil.* **1.** O que se refere à redibição. **2.** Diz-se do vício oculto prejudicial à utilização da coisa, ou determinante da diminuição de seu valor.

REDIÇÃO. 1. Restituição. **2.** Entrega.

REDIGIR. 1. Manifestar o pensamento por escrito. **2.** Escrever.

REDIL. *Direito agrário.* Curral onde o gado lanígero e caprino é recolhido.

REDIMENDI. *Termo latino.* Diz-se da cláusula contratual que prevê a retrovenda.

REDISTRIBUIÇÃO. 1. *Direito processual.* Ato de distribuir os feitos, novamente, no mesmo juízo ou em outro. **2.** *Direito administrativo.* Ato de deslocar funcionário público para quadro de pessoal de outro órgão, com o fim de atender as necessidades do serviço, de reorganização, extinção ou criação daquele órgão (Othon Sidou), pagando-se-lhe vencimentos idênticos, uma vez que será mantido no mesmo cargo.

REDITO. Repetido.

RÉDITO. 1. Lucro. **2.** Receita. **3.** Renda auferida com aplicação de capital.

REDÍZIMA. *História do direito.* Segunda dízima que era paga ao alcaide-mor depois da primeira. Espécie de bitributação imposta pelas Ordenações do Reino ao mouro, que se forrasse para ir fora da terra, pagando dízima.

REDOBRADO. 1. *Direito militar.* Passo que deve ser executado com dupla velocidade. **2.** Nas *linguagens comum* e *jurídica,* designa: a) reduplicado; aumentado no dobro; b) reforçado.

REDOBRAR. 1. *Direito desportivo.* Em esgrima, quer dizer amiudar golpes, sem que se volte à guarda. **2.** Nas *linguagens comum* e *jurídica,* tem o sentido de: a) reduplicar; quadruplicar; b) intensificar.

REDOBRO. 1. Quádruplo. **2.** Ato ou efeito de redobrar.

REDONDEL. *Direito comparado.* Na praça de touros é a arena redonda.

REDRAR. *Direito agrário.* Cavar a vinha, novamente, para poder retirar a erva daninha.

RED-TAPE. *Locução inglesa.* Burocracia.

REDUÇÃO. 1. *Lógica jurídica.* Operação de reconduzir um silogismo da segunda, ou da terceira figura, a uma das quatro formas da primeira (Lalande). **2.** *Medicina legal.* Operação pela qual se coloca no lugar osso fraturado ou deslocado. **3.** *Direito civil.* a) Abatimento no preço; b) diminuição de liberalidade que excede à quota disponível. **4.** *Direito autoral.* Resumo. **5.** *Direito comercial.* Desconto. **6.** Na *linguagem jurídica* em geral, tem o sentido de: a) restrição; b) ato de reduzir; c) transformação em quantidade menor; d) conversão de uma coisa em outra; e) ato de subjugar; f) dominação; g) cópia reduzida. **7.** *História do direito.* Comunidade jesuíta usada para catequese e exploração do trabalho indígena.

REDUÇÃO À CONDIÇÃO ANÁLOGA À DE ESCRAVO.
Direito penal. Sujeição de uma pessoa ao domínio de outra, suprimindo-lhe a liberdade de fato (Damásio E. de Jesus), quer submetendo-o a trabalhos forçados ou a jornada exaustiva, quer sujeitando-o a condições degradantes de trabalho, quer restringindo, por qualquer meio, sua locomoção em razão de dívida contraída com o empregador ou preposto. Tal crime é punido com reclusão e multa, além da pena correspondente à violência. Nas mesmas penas incorre quem: a) cerceia o uso de qualquer meio de transporte por parte do trabalhador, com o fim de retê-lo no local de trabalho; b) mantém vigilância ostensiva no local de trabalho ou se apodera de documentos ou objetos pessoais do trabalhador, com o fim de retê-lo no local de trabalho. A pena é aumentada de metade, se o crime é cometido: a) contra criança ou adolescente; b) por motivo de preconceito de raça, cor, etnia, religião ou origem.

REDUÇÃO AO ABSURDO. *Lógica jurídica.* 1. Demonstração conducente à rejeição de uma proposição que implica uma conseqüência falsa (Lalande). 2. Raciocínio que visa provar que o contrário de uma proposição conduz ao absurdo ou ao impossível.

REDUÇÃO CERTIFICADA DE EMISSÕES (RCE). *Vide* CRÉDITO DE CARBONO.

REDUÇÃO DA CAPACIDADE LABORATIVA. *Direito previdenciário.* Benefício devido pelo INSS às vítimas de moléstias profissionais ou de acidentes trabalhistas, que sofram diminuição em sua capacidade para o trabalho, com o escopo de reabilitá-las, por exemplo, fornecendo aparelhos de prótese ou remédios.

REDUÇÃO DA DISPOSIÇÃO TESTAMENTÁRIA. *Direito civil* e *direito processual civil.* Direito que tem o herdeiro necessário, com a finalidade de assegurar a intangibilidade de sua quota legitimária, de pleitear a diminuição da liberalidade até completar a legítima, se o testador dispuser além de sua quota disponível. A ação de redução pode ser proposta pelo herdeiro necessário ou pelo sub-rogado nos seus direitos por cessão ou sucessão, desde que tenha aceito a herança, ou, ainda, pelos credores do herdeiro lesado, para reclamar a integralidade de sua legítima hereditária, desfalcada por liberalidades efetuadas pelo *auctor successionis* mediante ato *causa mortis.* Tal ação, porém, só aproveitará ao herdeiro que a intentou; os demais que, embora prejudicados, não a propuseram, não sofrerão seus efeitos. Assim sendo, as liberalidades do finado apenas serão reduzidas na proporção do que se insurgiu contra o excesso, presumindo-se, como diz Washington de Barros Monteiro, que os outros pretenderam respeitar as disposições testamentárias feitas pelo *de cujus.* Tal redução efetua-se conforme a lei em vigor ao tempo da abertura da sucessão e não de acordo com a vigente no momento em que se fez o testamento.

REDUÇÃO DA EDIÇÃO. *Direito autoral.* Diminuição feita pelo editor, de comum acordo com o autor, do número de exemplares de uma edição, imprimindo o que reputar suficiente. Se o contrato nada disser a respeito do número de exemplares de cada edição, esta constituir-se-á, por lei, de dois mil exemplares. Impossível será ao editor reduzi-lo, por ato volitivo unilateral, pois tal redução só pode ser levada a efeito mediante acordo de ambos os interessados: editor e autor.

REDUÇÃO DA ESCRITURA. *Direito notarial.* Ato pelo qual o tabelião dá forma legal ao contrato ajustado, lavrando a escritura pública.

REDUÇÃO DA HIPOTECA. *Direito civil.* Exclusão de certos bens da garantia hipotecária, em razão de lei ou de determinação judicial (De Plácido e Silva).

REDUÇÃO DA LEI. *Teoria geral do direito.* Ato de restabelecer a eficácia de uma lei.

REDUÇÃO DA MATÉRIA–PRIMA. *Direito empresarial.* Transformação da matéria-prima em novo produto.

REDUÇÃO DA MOEDA. *Direito cambiário.* Conversão da moeda de um Estado soberano na de outro.

REDUÇÃO DA PENA. *Direito penal.* Diminuição da pena em virtude de ocorrência de certas circunstâncias previstas em lei.

REDUÇÃO DA PENHORA. *Direito processual civil.* Liberação judicial de alguns bens da penhora, feita a requerimento do interessado, quando, após a avaliação, ficar constatado que houve arrecadação excessiva. É, portanto, o ato de reduzir a penhora aos bens suficientes que bastem à execução, se o valor dos penhorados for superior ao crédito do exeqüente.

REDUÇÃO DA PRESENÇA DO SETOR PÚBLICO ESTADUAL NA ATIVIDADE FINANCEIRA BANCÁRIA. *Direito administrativo.* Redução que ocorre mediante mecanismos estipulados por lei, tais como privatização, extinção (incorporação, fusão ou cisão) ou transformação em instituição não financeira ou agência de fomento de institui-

ção financeira sob controle acionário de Unidade da Federação. Para tanto, a União pode, a seu exclusivo critério: a) adquirir o controle da instituição financeira, exclusivamente para privatizá-la ou extingui-la; b) financiar a extinção ou a transformação da instituição financeira em instituição não financeira ou agência de fomento, quando realizada por seu respectivo controlador; c) financiar os ajustes prévios imprescindíveis para a privatização da instituição financeira, ou prestar garantia a financiamento concedido pelo Banco Central do Brasil para o mesmo fim, segundo normas baixadas pelo Conselho Monetário Nacional; d) adquirir créditos contratuais que a instituição financeira detenha contra seu controlador e entidades por este controladas, e refinanciar os créditos assim adquiridos; ou e) em caráter excepcional e atendidas as condições legais, financiar parcialmente programa de saneamento da instituição financeira, que necessariamente deve contemplar sua capitalização e mudanças no seu processo de gestão capazes de assegurar sua profissionalização.

REDUÇÃO DAS IMAGENS. *Psicologia forense.* Repulsão de imagens para o irreal, feita por percepções que as contradizem, demonstrando sua inexistência no mundo da realidade.

REDUÇÃO DE ALIMENTOS. *Direito civil* e *direito processual civil.* Diminuição judicial do *quantum* da pensão alimentícia a pedido do interessado, provando que houve empobrecimento do alimentante ou melhoria de vida do alimentado. Não havendo proporcionalidade dos alimentos entre as necessidades do alimentado, que veio a receber um legado, e os recursos econômico-financeiros do alimentante, por ter sofrido algum gravame em sua fortuna, autorizada está a redução de alimentos. Assim, se houver alteração na situação financeira de quem a paga ou na de quem a recebe, o interessado pode pleitear a redução de alimentos.

REDUÇÃO DE CLÁUSULA PENAL. *Direito civil.* Diminuição judicial de cláusula penal, para evitar enriquecimento sem causa, que se opera quando: a) o valor de sua cominação exceder ao do contrato principal, e b) houver cumprimento parcial da obrigação, hipótese em que se terá redução proporcional da pena estipulada para o caso de mora ou de inadimplemento.

REDUÇÃO DE EMISSÃO DE POLUENTES. *Direito ambiental.* Fixação em 22% do percentual obrigatório de adição de álcool etílico anidro combustível à gasolina em todo o território nacional. O Poder Executivo poderá elevar o referido percentual até o limite de 24% ou reduzi-lo a 20%. Será admitida a variação de 1%, para mais ou para menos, na aferição dos percentuais legais. Os governos estaduais e municipais ficam autorizados a estabelecer, através de planos específicos, normas e medidas adicionais de controle da poluição do ar para veículos automotores em circulação, em consonância com as exigências do Proconve e suas medidas complementares. Tais planos serão fundamentados em ações gradativamente mais restritivas, fixando orientação ao usuário quanto às normas e procedimentos para manutenção dos veículos e estabelecendo processos e procedimentos de inspeção periódica e de fiscalização das emissões dos veículos em circulação. Os Municípios com frota total igual ou superior a três milhões de veículos poderão implantar programas próprios de inspeção periódica de emissões de veículos em circulação, competindo ao Poder Público municipal, no desenvolvimento de seus respectivos programas, estabelecer processos e procedimentos diferenciados, bem como limites e periodicidades mais restritivos, em função do nível local de comprometimento do ar. Os programas estaduais e municipais de inspeção periódica de emissões de veículos em circulação deverão ser harmonizados, nos termos das resoluções do Conama, com o programa de inspeção de segurança veicular, a ser implementado pelo Governo federal, através do Contran e Denatran, ressalvadas as situações jurídicas consolidadas.

REDUÇÃO DE LIBERALIDADES. *Direito civil* e *direito processual civil.* Direito do herdeiro necessário de reduzir as liberalidades efetuadas pelo *auctor successionis* mediante atos *inter vivos* ou *causa mortis*, que desfalcaram sua legítima hereditária, por terem excedido, em valor, a quota disponível do *de cujus*.

REDUÇÃO DE PRAZO PRESCRICIONAL. *Direito penal.* Diminuição do prazo de prescrição, reduzindo-o à metade, se o criminoso era, ao tempo da infração penal, menor de vinte e um anos, ou, na data da sentença, maior de setenta anos.

REDUÇÃO DE SALÁRIO. *Direito do trabalho* e *direito constitucional.* Diminuição de salário vedada constitucionalmente, salvo se estipulada em acordo ou convenção coletiva de trabalho. O acordo coletivo de redução de salário deve ser apreciado pela Delegacia Regional do Trabalho (Acquaviva).

REDUÇÃO DE TERMO. *Direito processual.* Ato pelo qual o escrivão transforma em escrito o ato praticado no processo (De Plácido e Silva).

REDUÇÃO DO NEGÓCIO JURÍDICO. *Direito civil.* Conversão do ato negocial nulo num outro diferente. Pela conversão, o contrato nulo pode produzir os efeitos de um contrato diverso, desde que presentes os seguintes requisitos: a) ineficácia da declaração volitiva dos contratantes; b) presença nesta manifestação de vontade dos elementos substanciais exigidos para outro contrato de tipo diverso ou da mesma espécie do pretendido, desde que de conteúdo diferente; c) pressuposição da vontade hipotética de ambos os contratantes, dirigida à conclusão de contrato diverso, ante a nulidade do celebrado. Com isso não se está vinculando a vontade das partes, nem presumindo que elas pretendem outro negócio contratual, mas tão-somente oferecendo-lhes a possibilidade de atingir a finalidade perseguida. Por exemplo, pode-se ter a transformação de um contrato de compra e venda, nulo por defeito de forma, num compromisso de compra e venda (Trabucchi, Orlando Gomes, Fedele e Messineo). *Vide* CONVERSÃO IMPRÓPRIA DO CONTRATO NULO; CONVERSÃO LEGAL DO CONTRATO NULO E CONVERSÃO PRÓPRIA DO CONTRATO NULO.

REDUÇÃO EIDÉTICA. *Filosofia geral.* Determinação do *eidos* ou da essência da coisa, eliminando os elementos empíricos, contingentes ou acidentais.

REDUÇÃO FENOMENOLÓGICA. *Filosofia geral.* Método, propugnado por Edmund Husserl, que consiste na descrição do objeto, mediante abstrações necessárias para apreender sua essência, escoimada de tudo que é contingente, empírico ou acidental. Essa redução pode ser: a) a fenomenológica propriamente dita, que considera o objeto como um fenômeno intramental, prescindindo-lhe da existência em um mundo exterior, por ser contingente e empírico. O objeto aparece à consciência reflexiva como vivência consciente, que se caracteriza pela relação intencional entre sujeito e objeto; b) a eidética psicológica, que seleciona o que há de essencial ou específico no objeto (*noema*) ou no sujeito

cognoscente (*noesis*), deixando de lado o que for contingente ou acidental; c) a eidética transcendental, que permite alcançar um saber com validade estritamente universal, por ser absolutamente *a priori* ou puro de qualquer contingência ou faticidade empírica (Van Acker).

REDUÇÃO TELEOLÓGICA. *Teoria geral do direito.* Procedimento especial que, para Karl Larenz, serve para integrar lacunas, uma vez que visa tratar desigualmente o que é desigual, fazendo as diferenciações exigidas valorativamente, apelando, para isso, à *ratio legis*. Há redução teleológica quando, diante de uma lacuna, o magistrado ao lançar mão de uma norma necessita de uma limitação que nela falta, conforme a teleologia imanente da lei. A norma formulada de modo amplo é reconduzida ao campo de aplicação, que corresponde ao fim ou à conexão de sentido dessa mesma norma. Parece-nos que se trata da interpretação restritiva.

REDUÇÃO TESTAMENTÁRIA. *Vide* REDUÇÃO DA DISPOSIÇÃO TESTAMENTÁRIA.

REDUCENTE. Que reduz; redutor; redutivo.

REDUCIONISMO. *Filosofia geral.* Tendência conducente à redução de fato mais complexo a outro mais simples.

REDUCTIO AD ABSURDUM. **1.** *Expressão latina.* Redução ao absurdo. **2.** *Lógica jurídica.* Usada para levar um raciocínio a termo, ou seja, até suas últimas conseqüências, absurdas ou contraditórias, demonstrando a falsidade das premissas (Zenão). **3.** *Retórica jurídica*: a) paródia grosseira; b) ridicularização de instituições ou tradições (Renzo Tosi).

REDUCTIO AD AEQUITATEM. *Locução latina.* Providência que, baseada na eqüidade, restabelece o equilíbrio entre as partes contratantes.

REDUNDÂNCIA. **1.** Superabundância. **2.** Uso de palavras supérfluas.

REDUPLICAÇÃO. **1.** *Retórica jurídica.* Repetição proposital de determinadas palavras para despertar o interesse do ouvinte. **2.** Nas *linguagens comum* e *jurídica,* pode ter o significado de: a) ato de redobrar; b) repetição.

REDUPLICATIVO. Indicativo de repetição de algum ato.

REDUTIBILIDADE. **1.** Qualidade de redutível. **2.** Possibilidade de redução de uma coisa a outra.

REDUTÍVEL. O que pode ser reduzido; suscetível de redução.

REDUTIVO. Que pode reduzir; que tem a propriedade de reduzir algo.

REDUTO. 1. Argumento de defesa. **2.** Local fechado e protegido. **3.** Abrigo. **4.** Trincheira.

REDUTOR. 1. Nas *linguagens comum* e *jurídica:* que reduz; redutivo. **2.** *Psicologia forense.* Fenômeno psíquico que impede uma imagem de parecer real (Taine).

REDUZIDO. Que sofreu redução.

REDUZIR. 1. Diminuir. **2.** Mitigar. **3.** Resumir. **4.** Limitar. **5.** Converter. **6.** Transformar.

REDUZIR A CINZAS. 1. Aniquilar. **2.** Extinguir.

REDUZIR A DINHEIRO. Vender.

REDUZIR A ESCRITO. Escrever.

REDUZIR A MARCHA. *Direito de trânsito.* Diminuir velocidade.

REDUZIR À MISÉRIA. Concorrer para a penúria.

REDUZIR AO SILÊNCIO. 1. Obrigar a calar. **2.** Fazer cessar ruído. **3.** Impedir alguma resposta.

REEDIÇÃO. *Direito autoral.* Nova edição feita pelo editor de uma obra literária, artística ou científica, editada anteriormente, alterada pelo autor.

REEDIFICAÇÃO. Reconstrução.

REEDIFICADO. 1. Reconstruído. **2.** Reformado.

REEDIFICADOR. Aquele que reedifica.

REEDIFICANTE. Aquele a quem pertence o prédio que está sendo reconstruído.

REEDIFICAR. 1. Tornar a edificar o prédio que caiu ou que estava em ruínas. **2.** Reformar. **3.** Restaurar.

REEDITADO. *Direito autoral.* Diz-se do livro que foi editado novamente.

REEDITAR. *Direito autoral.* Publicar de novo uma obra.

REEDUCAÇÃO. 1. Reabilitação. **2.** Recuperação.

REEFER. *Direito comercial.* Tipo de contêiner próprio para transporte de mercadoria que requer baixa temperatura, por estar equipado com um gerador.

REELEGER. *Ciência política* e *direito eleitoral.* Eleger outra vez.

REELEGIBILIDADE. *Ciência política* e *direito eleitoral.* **1.** Qualidade de reelegível. **2.** Aptidão para ser eleito novamente.

REELEGÍVEL. *Ciência política* e *direito eleitoral.* Que pode ser reeleito.

REELEIÇÃO. *Ciência política, direito constitucional* e *direito eleitoral.* **1.** Ato ou efeito de proceder a uma nova eleição. **2.** Recondução a cargo eletivo ocupado no período imediatamente anterior à eleição (Walter Cruz Swensson). **3.** Ato de reeleger uma pessoa para o mesmo cargo ou mandato eletivo que vinha exercendo. **4.** Ato de reeleger para um único período subseqüente o presidente da República, os Governadores de Estado e do Distrito Federal e os Prefeitos e quem os houver sucedido ou substituído no curso dos mandatos.

REELEITO. Aquele que foi eleito novamente.

REEMBARCAR. *Direito comercial.* Tornar a embarcar.

REEMBARQUE. *Direito comercial.* Ato de embarcar novamente.

REEMBOLSAR. 1. Reaver o desembolsado. **2.** Indenizar.

REEMBOLSÁVEL. 1. *Direito militar.* Armazém onde são vendidos gêneros aos membros de uma unidade militar. **2.** *Direito comercial.* a) Sistema de venda ou crédito em bases cooperativas; b) estabelecimento interno que vende aos membros de uma empresa, mediante desconto mensal na folha de salários (Othon Sidou). **3.** Na *linguagem jurídica* em geral: a) o que pode ser reembolsado; b) suscetível de restituição; c) aquilo que se pode receber.

REEMBOLSO. 1. *Direito civil.* a) Restituição do que se emprestou; b) ato ou efeito de reembolsar; c) indenização. **2.** *Direito comercial.* Pagamento feito pela sociedade anônima, nas hipóteses legais, aos acionistas dissidentes da deliberação da assembléia geral do valor de suas ações, permitindo-lhes o exercício do direito de retirada. **3.** *Direito processual civil.* Ato de condenar o vencido a pagar ao vencedor as despesas que antecipou e os honorários advocatícios. O reembolso das despesas abrange, ainda, as custas dos atos do processo, a indenização de viagem, a diária de testemunha e a remuneração de assistente técnico. **4.** *Direito previdenciário.* É o procedimento pelo qual a Secretaria de Receita Previdenciária (SRP) ressarce a empresa ou equiparado de valores de cotas de salário-família e salário-maternidade pagos a segurados a seu serviço.

REEMBOLSO POSTAL. 1. *Direito administrativo.* Serviço da Empresa Brasileira de Correios e Telégrafos, que admite a remessa de encomenda para ser paga e retirada pelo destinatário na agência postal de sua localidade (Paulo Matos Peixoto). **2.** *Direito comercial.* Venda em que o comprador retira a mercadoria, no correio, onde efetua o pagamento.

REEMENDA. Ato ou efeito de emendar novamente.

REEMIGRAÇÃO. Nova emigração.

REEMISSÃO. Nova emissão.

REEMITIR. Fazer outra emissão.

REEMPOSSAMENTO. *Direito civil* e *direito processual civil.* Ato ou efeito de reintegrar na posse.

REEMPOSSAR. *Direito civil* e *direito processual civil.* **1.** Reintegrar na posse. **2.** Confirmar posse (Cândido de Figueiredo).

REEMPREGAR. *Direito do trabalho.* **1.** Admitir novamente ao emprego. **2.** Recontratar.

REEMPREGO. 1. *Direito do trabalho.* a) Recontratação; b) ato de empregar de novo; c) retorno ao emprego anterior. **2.** *Direito administrativo.* Readmissão de funcionário.

REENDOSSAR. *Direito cambiário.* Transferir um título mediante reendosso.

REENDOSSÁVEL. *Direito cambiário.* O que pode ser reendossado.

REENDOSSO. *Direito cambiário.* Novo endosso do título feito por quem já o havia endossado, para reingressar na cadeia de sua transmissão (Othon Sidou).

REENGAJAMENTO. 1. *Direito militar.* Prorrogação do contrato de prestação de serviço militar. **2.** *Direito marítimo.* Renovação do contrato de engajamento de tripulante de embarcação, ou da locação de serviço da marinha mercante. **3.** *Direito comercial.* Novo contrato para que alguém venha a trabalhar, por sua conta, em um estabelecimento empresarial.

REENGENHARIA. *Direito comercial.* Técnica de rescisão de processos relativos à operação de uma empresa, suprimindo etapas supérfluas, reduzindo o tempo para desenvolvimento dos produtos e agilizando o atendimento mercadológico (Afonso Celso F. de Rezende).

REENTRADA. *Direito espacial.* Regresso de foguete à atmosfera do planeta.

REENVIAR. 1. Devolver. **2.** Enviar novamente.

REENVIO. *Direito internacional privado.* Diz-se da teoria também chamada devolução ou retorno, que procura a resolução dos conflitos de qualificação de relações jurídicas, ou melhor, dos que surgem entre as próprias normas de direito internacional privado, uma vez que a de um Estado estabelece a competência do direito de outro país, e a deste último ordena que se aplique o direito do primeiro Estado ou de um terceiro. O reenvio é o modo de interpretar a norma de direito internacional privado, mediante substituição da lei nacional pela estrangeira, desprezando o elemento de conexão apontado pela ordenação nacional, para dar preferência à indicada pelo ordenamento alienígena. Consiste na operação ou mecanismo utilizado pelo órgão judicante de alguns países para facilitar a aplicação de sua própria lei ou para atender a certos interesses, voltando ao seu próprio direito, ou indo ao de um terceiro Estado, conforme indicação da norma de direito internacional privado consultada, por ordem do direito internacional privado de seu país.

REENVIO DE PRIMEIRO GRAU. *Direito internacional privado.* Dá-se quando a norma de direito internacional privado do Estado "B" devolve a qualificação da relação ao Estado "A", que lha remetera, consistindo, portanto, na admissibilidade da remissão apenas à *lex fori* (Bartin).

REENVIO DE SEGUNDO GRAU. *Direito internacional privado.* Ocorre quando a norma de direito internacional privado do Estado "B" declara a aplicabilidade do direito de um terceiro país à relação jurídica. Será preciso esclarecer que apenas uma minoria admite a devolução com referência a uma terceira lei, distinta da *lex fori* ou da lei a que faz remissão.

RÉESCOMPTE. *Termo francês.* Redesconto.

REESCREVER. Escrever novamente.

REESPOSAR. *Direito civil.* Casar de novo.

REESTRUTURAÇÃO. Ato ou efeito de dar nova estrutura ou nova organização.

REEXAME. Novo exame.

REEXPEDIÇÃO. Nova expedição; ato de expedir algo pela segunda vez.

REEXPLORAÇÃO. Ato ou efeito de tornar a explorar.

REEXPORTAÇÃO. 1. *Direito internacional privado.* a) Ato ou efeito de exportar mercadorias importadas, devolvendo-as ou negociando-as em outro mercado; b) entrada de mercadorias num país, produzidas em outro, com o intuito de serem, posteriormente, vendidas ao exterior, com ou sem transformação. A reexportação se justifica quando não há rede adequada de transportes, técnicas e capitais necessários à transformação do produto por parte do país exportador, soberania nacional, e vínculos político-comerciais. **2.** *Direito alfandegário.* Reembarque, obrigatório, de mercadoria em trânsito, ou de importação proibida ou limitada para que volte ao país de origem (Othon Sidou). **3.** *Direito agrário.* Operação com objetivo de exportar a produção de sementes obtidas de cultivar ou linhagem importada exclusivamente para este fim, exportar novamente semente internalizada no País, ou, ainda, devolver produto à origem, como medida punitiva, quando do descumprimento de legislação brasileira.

REEXTRADIÇÃO. *Direito internacional público.* Ato pelo qual um país, após obter a extradição de um criminoso, vem a devolvê-lo ao Estado que o entregara, ou o envia a uma terceira nação, por ter havido erro na competência ou reclamação improcedente. É, portanto, uma nova extradição.

REEXTRADITADO. *Direito internacional público.* Aquele contra quem foi pedida a reextradição.

REEXTRADITAR. *Direito internacional público.* Tornar a extraditar um criminoso.

REFALSAMENTO. **1.** Traição. **2.** Hipocrisia. **3.** Fraude.

REFALSEAR. **1.** Atraiçoar. **2.** Mentir.

REFAZER. **1.** Reorganizar. **2.** Reformar. **3.** Reparar. **4.** Indenizar. **5.** Reanimar. **6.** Fazer de novo. **7.** Reedificar.

REFAZIMENTO. **1.** Ato ou efeito de refazer. **2.** Restauração. **3.** Reedificação.

REFEIÇÃO. **1.** *Direito do trabalho.* Período mínimo de uma hora, concedido ao empregado para alimentação, desde que haja trabalho contínuo cuja duração exceda a seis horas. **2.** Na *linguagem comum,* é o alimento.

REFEITO. **1.** Restaurado. **2.** Restabelecido.

REFEITOREIRO. *Direito do trabalho.* Empregado encarregado do refeitório.

REFEITÓRIO. Local onde são servidas as refeições em comum em colégio, empresa, prisão, asilo, hospital, quartel etc.

REFÉM. **1.** *Direito internacional público.* Pessoa que fica em poder do inimigo para assegurar a efetivação de um tratado ou acordo, ou a troca de vantagens, ou a prática de um ato, ou a abstenção de represália. **2.** *Direito penal.* Aquele que

fica em poder do criminoso como garantia de uma promessa.

RÉFÉRÉ. *Termo francês.* Apelação judicial.

REFERÊNCIA. **1.** *Direito comercial.* a) Indicação feita em mercadorias para individualizá-las, para que ao se recorrer a um livro especial, designado "referências", se possa obter informações sobre elas, relativas ao preço, à procedência, ao número de fatura etc. (De Plácido e Silva); b) informação prestada sobre a idoneidade financeira, profissional ou moral de uma pessoa; c) indicação da fonte onde se pode obter essa informação. **2.** *Direito autoral.* Alusão que se faz a uma obra ou a um trecho; citação. **3.** Nas *linguagens comum* e *jurídica,* pode ter o sentido de: a) ato de referir; b) o que é relatado; c) relação de duas coisas entre si.

REFERÊNCIA AO DIREITO MATERIAL ESTRANGEIRO. *Direito internacional privado.* Teoria que, para a resolução dos conflitos de qualificação de relações jurídicas, foi a aceita pelo direito brasileiro. Por essa teoria, a norma de direito internacional privado remete o aplicador, para reger dada relação jurídica, ao direito substancial alienígena, qualificador do fato *sub judice*, e não ao direito internacional privado estrangeiro. Assim, quando, por exemplo, um juiz brasileiro tiver de apreciar a capacidade de brasileiro domiciliado em Portugal, aplicar-lhe-á a lei domiciliar, que é a portuguesa, por força da *lex fori*, pouco importando que a lei de direito internacional privado de Portugal venha a submeter, em retorno, à lei brasileira, como lei nacional, a decisão do caso em tela. Por essa doutrina, o magistrado deverá atender exclusivamente à norma de direito internacional privado de seu país, sem se preocupar com a de outro Estado, seja ela idêntica ou não. Vedado está, portanto, o retorno ou reenvio pelo direito brasileiro.

REFERENCIAL. **1.** Que contém referência. **2.** Aquilo que se relata. **3.** Menção.

REFERENCIAR. Tomar como ponto de referência.

REFERÊNCIAS BIBLIOGRÁFICAS. *Direito autoral.* Indicações das fontes bibliográficas usadas por um autor de uma obra científica.

REFERENDA. *Direito administrativo.* Assinatura de uma autoridade junto à de outra, para autenticar um documento ou ato.

REFERENDAR. **1.** *Direito administrativo.* a) Assinar uma autoridade depois de outra para dar autenticidade a um documento; b) aprovar ato já praticado. **2.** *Direito comercial.* Avalizar; endossar. **3.** Na *linguagem comum,* significa assumir responsabilidade. **4.** *História do direito.* Fazer relatório de uma causa ou requerimento. Tal ato era praticado pelo oficial da cúria romana do tribunal da Dataria.

REFERENDÁRIO. Aquele que referenda ou assina documento, referendando-o.

REFERENDO. 1. *Direito administrativo.* a) Assinatura de ministro de Estado após a do presidente da República, em documento por este expedido, dando-lhe autenticidade; b) chancela de um ato. **2.** *Ciência política.* a) Decisão tomada pelo povo; b) direito que têm os cidadãos de emitir sua opinião sobre questões de interesse geral; c) é convocado com posterioridade ao ato legislativo ou administrativo, cumprindo ao povo a respectiva ratificação ou rejeição. **3.** *Direito internacional público.* Mensagem pela qual o agente diplomático, dirigindo-se ao seu governo, pede instruções sobre negociações que vão além do poder que lhe foi outorgado.

REFERENDUM. *Vide AD REFERENDUM* e REFERENDO.

REFERENDUM CONSULTIVO. *Vide REFERENDUM PRÉVIO.*

REFERENDUM POPULAR. *Ciência política.* Direito que tem o povo de, por meio de voto, manifestar sua aprovação, ou desaprovação, sobre determinadas leis.

REFERENDUM POSTERIOR. *Ciência política.* Confirmação em votação popular de uma decisão tomada pela representação, tornando-a perfeita e acabada (Manoel Gonçalves Ferreira Filho).

REFERENDUM PRÉVIO. *Ciência política.* Também designado *referendum* consultivo. Decisão popular que, não tendo força obrigatória, constitui pesquisa de opinião (Manoel Gonçalves Ferreira Filho).

REFERENTI NON CREDITUR, NISI CONSTET DE RELATO. *Aforismo jurídico.* Não se deve acreditar na referência de quem não diz de quem a ouviu.

RÉFÉRER AU LÉGISLATEUR. *História do direito.* Denominação do uso, adotado pelo direito francês, por força da Escola da Exegese, que obrigava o magistrado a submeter ao poder legislativo o caso omisso, paralisando a ação até que ele editasse a lei.

REFERIR. 1. Reportar-se. **2.** Expor. **3.** Alegar. **4.** Citar. **5.** Aludir.

REFILHO. *Direito agrário.* Rebento de plantas.

REFINAÇÃO. *Direito comercial* e *direito agrário.* **1.** Usina onde se separam substâncias de uma matéria, livrando-a de impurezas e melhorando sua qualidade. **2.** Estabelecimento de beneficiamento. **3.** Refino.

REFINADOR. *Direito empresarial* e *direito agrário.* Beneficiador.

REFINANCIAMENTO. *Vide* CONTRATO DE REFINANCIAMENTO.

REFINARIA. *Vide* REFINAÇÃO.

REFINO. Conjunto de processos destinados a transformar o petróleo em seus derivados.

REFLE. Arma usada por policial, que consiste em um pequeno sabre.

REFLETIDA. O que resulta de uma reflexão.

REFLETIR. 1. Meditar. **2.** Ponderar. **3.** Raciocinar. **4.** Transmitir. **5.** Revelar. **6.** Incidir.

REFLETIVO. Ponderado.

REFLEXÃO. *Filosofia geral.* **1.** Ato de o pensamento tomar por objeto um de seus atos (Leibniz). **2.** Suspensão crítica do juízo para analisar as causas de um fato e calcular seus efeitos (Lalande). **3.** Meditação. **4.** Raciocínio. **5.** Prudência. **6.** Atenção voltada às idéias, aos fenômenos da consciência etc. **7.** Argumento. **8.** Ponderação.

REFLEXÃO COMPLETA. *Filosofia geral.* Análise do pensamento sobre si mesmo.

REFLEXÃO MORAL. Exame de consciência.

REFLEXÃO TRANSCENDENTAL. *Filosofia geral.* Operação pela qual se verifica se a comparação de várias representações pode ser relacionada com o entendimento puro ou com a intuição sensível (Kant). É a consciência da relação de certas representações dadas com as diversas fontes de conhecimento (Kant).

REFLEXIONANTE. *Filosofia geral.* Raciocínio que, em um particular que lhe foi dado, procura descobrir o universal no qual ele se subsume (Kant).

REFLEXIVO. *Filosofia geral.* **1.** Que consiste em uma reflexão. **2.** Referente à reflexão. **3.** Ponderado. **4.** Que medita. **5.** O que implica uma tomada de consciência feita pelo pensamento em relação às suas próprias operações.

REFLEXO. 1. *Medicina legal.* Movimento involuntário decorrente de uma excitação nervosa ou reação natural a um estímulo. **2.** *Filosofia geral.*

O que se faz por meio de reflexão consciente. **3.** Na *linguagem comum,* pode significar influência exercida de modo indireto.

REFLEXO PSICOGALVÂNICO. *Psicologia forense.* Emoção de medo que o delinqüente apresenta ao mentir, alterando a secreção do suor.

REFLEXO SIMBÓLICO. Linguagem.

REFLEXO SOCIAL. *Sociologia geral.* Reação automática da sociedade.

REFLORESTAÇÃO. *Vide* REFLORESTAMENTO.

REFLORESTADOR. *Direito agrário.* Aquele que faz replantio de árvores no local onde se derrubou floresta.

REFLORESTAMENTO. *Direito agrário.* Ato ou efeito de replantar árvores.

REFLORESTAR. *Direito agrário.* Replantar árvores, em grande escala, no lugar onde uma floresta virgem foi derrubada.

REFLUTUAÇÃO. *Direito marítimo.* Recuperação de bem encalhado, afundado ou submerso, a fim de restaurar suas condições e atividades originais, mediante operação de assistência e salvamento.

REFORÇAR. 1. Apoiar. **2.** Tornar mais sólido.

REFORÇATIVO. O que serve para reforçar.

REFORÇO. 1. *Direito militar.* a) Socorro bélico; b) tropa auxiliar. **2.** Nas *linguagens comum* e *jurídica,* pode ter o sentido de: a) ato ou efeito de reforçar; b) apoio; auxílio; c) ampliação.

REFORÇO DA FIANÇA. *Direito civil.* Ato de apresentar fiador que, por ter maior idoneidade financeira ou moral, venha a substituir o anterior ou outro fiador que garanta a dívida juntamente com o primeiro.

REFORÇO DA GARANTIA. *Direito civil.* Ato para aumentar ou refazer a garantia exigida, que se mostrou insuficiente, oferecendo bens, cujos valores possam cobrir o *quantum* do débito.

REFORÇO DA HIPOTECA LEGAL. *Direito civil.* Direito do credor ou de quem o represente de exigir do devedor que aumente a garantia hipotecária se ela se reduzir, oferecendo outro imóvel desde que demonstre que o anteriormente gravado, em razão de desvalorização ou deterioração, se mostra insuficiente para saldar o débito garantido.

REFORMA. 1. *História do direito.* Movimento político-religioso que, no século XVI, deu origem ao protestantismo. **2.** *Direito militar.* Afastamento do serviço ativo nas Forças Armadas, concedido a militar, sem prejuízo de seus vencimentos e com promoção para o posto imediato, por incapacidade física ou por tempo de serviço. **3.** *Ciência política.* Emenda; revisão de texto constitucional. **4.** *Direito comercial.* Substituição de um título vencido por outro de igual natureza. **5.** *Sociologia geral.* Movimento social que tem por escopo alterar as condições de vida, fazendo modificações político-sociais, sem que haja destruição dos usos existentes na localidade. **6.** *Direito administrativo.* Ato pelo qual a Administração Pública corrige ato, sanando seus vícios, mantendo a parte que não foi atingida pela ilegalidade. **7.** Nas *linguagens comum* e *jurídica,* pode ter o sentido de: a) alteração; b) reparação; c) restauração; d) melhoramento; e) nova organização. **8.** *Direito processual.* a) Modificação de despacho ou sentença feita pelo próprio magistrado, prolator ou pelo de instância superior (De Plácido e Silva); b) emenda de cálculo ou de partilha feita no processo de inventário (José Náufel).

REFORMA ADMINISTRATIVA. *Direito administrativo.* **1.** Conjunto de princípios, medidas e procedimentos norteadores das atividades da Administração Pública Federal, que as reorganiza com base na moralidade administrativa, na racionalização e organicidade do sistema administrativo e nos princípios fundamentais relativos ao planejamento, coordenação, descentralização, delegação de competência e controle (Jessé Torres Pereira Jr.). **2.** Conjunto de mudanças constitucionais que levam à reestruturação do Estado e à redefinição de sua forma de atuação.

REFORMA AGRÁRIA. *Direito agrário, direito administrativo* e *direito constitucional.* **1.** Conjunto de normas dirigidas à obtenção de um racional e maior aproveitamento socioeconômico do cultivo da terra, aumentando sua produtividade, e à melhor distribuição da terra e de renda agrícola, atendendo aos reclamos dos princípios de justiça social e de função social da propriedade, consagrados constitucionalmente. Para atender a essas finalidades, é permitida a desapropriação por interesse social, para fins de reforma agrária, de imóvel improdutivo que não esteja cumprindo sua função social, para assentamento de ruralistas sem terra, mediante pagamento de prévia e justa indenização em títulos da dívida agrária, com cláusula de preservação do valor real, resgatáveis no prazo de até vinte anos, a partir do segundo ano de sua emissão. Mas é preciso ressaltar que são insuscetíveis de desapropriação para fins de reforma agrária a pequena e média propriedade rural e a propriedade produtiva. **2.** Instrumento jurídico que, tendo em vista o cumprimento da função social da propriedade territorial rural, se destina a corrigir, pela via expropriatória, a distorção fundiária que se configura, quer na apropriação e manutenção de latifúndios, quer na ociosidade da terra (Paulo Guilherme de Almeida). **3.** Revisão da estrutura agrária de um país com o escopo de obter, com mais igualdade, uma distribuição da terra e uma renda agrícola.

REFORMA CONSTITUCIONAL. *Direito constitucional.* Revisão constitucional, que modifica texto relativo à estrutura do país (Othon Sidou), adaptando-o às novas necessidades, segundo o estabelecido pela própria Constituição, ou seja, após cinco anos de sua promulgação, e pelo voto da maioria absoluta dos membros do Congresso Nacional, em sessão unicameral.

REFORMA DA DECISÃO. *Direito processual civil* e *direito processual penal.* Modificação, total ou parcial, de uma decisão feita pelo juiz que a prolatou, ou por magistrado de instância superior, ao apreciar o recurso interposto pela parte inconformada.

REFORMA DA LETRA. *Direito cambiário.* Emissão de novo título para substituir aquele que, apesar de vencido, não foi pago. Com isso, tem-se a novação ou prorrogação da letra.

REFORMA DA SENTENÇA ABSOLUTÓRIA. *Direito processual penal.* Modificação da sentença absolutória de primeira instância, em grau de recurso; estando o réu solto, o presidente da câmara ou do tribunal fará, logo após a sessão de julgamento, remeter ao chefe de polícia o mandado de prisão do condenado.

REFORMA DE ESTATUTO SOCIAL. *Direito comercial.* Alteração do estatuto pela vontade da maioria dos sócios ou acionistas, mesmo que não agrade à minoria. Aquele que divergir da alteração do contrato social pode conformar-se ou retirar-se da sociedade, obtendo o reembolso do *quantum* correspondente ao valor de suas ações ou ao seu capital, na proporção do último balanço aprovado ou com fundamento em balanço especialmente levantado na data do recesso, por

força de estipulação contratual. Essa alteração estatutária pode ser feita por escritura pública ou particular, independentemente da forma de que se reveste o ato constitutivo, e dá origem ao chamado contrato modificativo, por não implicar constituição de nova sociedade (Amador Paes de Almeida, Fran Martins, Egberto L. Teixeira e Rubens Requião).

REFORMADO. 1. *Direito militar.* Militar a quem foi concedida a isenção definitiva do serviço ativo nas Forças Armadas. **2.** Nas *linguagens comum* e *jurídica*, tem o sentido de: a) regenerado; b) aquilo que sofreu reforma.

REFORMA DO CONTRATO. *Direito civil.* Alteração, parcial ou total, de cláusulas contratuais.

REFORMA DO EDIFÍCIO. *Direito civil.* Conjunto de obras feitas em prédio para repará-lo, podendo torná-lo mais cômodo, útil ou agradável.

REFORMA FISCAL. *Direito tributário, direito financeiro, direito administrativo* e *direito previdenciário.* É o conjunto de reformas visando ao equilíbrio da Fazenda Pública e à estabilização monetária. Nesse sentido, a reforma fiscal abrange as reformas tributária, previdenciária e administrativa, bem como as medidas adotadas mediante dispositivo infraconstitucional. O governo federal, objetivando equilibrar as contas públicas e garantir a estabilização dos preços, até a adoção das necessárias reformas estruturais, propõe mudanças com vistas a restringir a criação de novos Estados e Municípios, e aperfeiçoar o processo de elaboração orçamentária e o relacionamento do Poder Executivo com o Poder Legislativo em relação à fixação de limites para as operações de crédito dos Estados.

REFORMAR. 1. Alterar. **2.** Revisar. **3.** Restaurar. **4.** Aperfeiçoar. **5.** Corrigir. **6.** Dar reforma a militar.

REFORMATIO IN MELLIUS. *Direito processual penal.* Reforma da decisão pelo Tribunal, melhorando a situação do réu.

REFORMATIO IN PEJUS. *Direito processual.* Reforma da sentença que piora a situação do recorrente. Urge lembrar que isso não é admitido no processo penal se apenas o réu apelou da sentença. No processo civil, tendo sido ambos os litigantes parcialmente vencidos, mas só um recorre para obter decisão mais favorável, seria injusto piorar sua situação em benefício do adversário que havia se conformado com a sentença (Moacyr Amaral Santos).

REFORMATIVO. 1. Relativo a reforma. **2.** O que é próprio para efetuar reforma.

REFORMATÓRIO. *Direito penitenciário.* Estabelecimento público especializado, voltado à reeducação de menores delinqüentes ou desajustados.

REFORMA TRIBUTÁRIA. *Direito tributário* e *direito constitucional.* Conjunto de mudanças constitucionais tendentes a melhorar a qualidade do Sistema Tributário Nacional, com o escopo de: a) simplificar o referido sistema, aumentando sua economicidade, para o Fisco e para o contribuinte; b) facilitar o combate à sonegação e às injustiças por ela criadas; c) diminuir o "Custo-Brasil" e ampliar a competitividade de nossa economia; d) permitir uma distribuição mais justa da carga tributária.

REFORMATRIZ. 1. Que serve para reformar. **2.** Que efetua reformas.

REFORMA URBANA. *Direito urbanístico.* Reforma que visa a uma radical modificação da realidade social, aplicando medidas políticas que atendam as condições dignas de vida e os direitos fundamentais da pessoa urbana (Nelson Saule Jr.).

REFORMÁVEL. O que pode ser reformado.

REFORMECA. *Ciência política.* Em sentido pejorativo, diz-se da reforma política sem valia ou de pouca importância.

REFORMISMO. *Sociologia geral.* Doutrina social que visa a consecução dos fins a que se propõe mediante efetivação de sucessivas reformas.

REFORMISMO AGRÁRIO. *Direito agrário.* Doutrina que promove benefícios individuais e coletivos, e a implantação da reforma agrária, como meios para atender às necessidades econômicas e sociopolíticas do rurícola sem terra, e aumentar a produtividade, imprescindível para o progresso da nação (Fernando Pereira Sodero).

REFORMISTA. Diz-se daquele que propugna reformas sociais e políticas.

REFORMULAÇÃO. Ato de formular algo novamente.

REFORNECIMENTO. Novo fornecimento.

REFRATÁRIO. 1. *Direito militar.* Aquele que, deixando de apresentar-se, se subtrai à prestação do serviço militar. **2.** *Medicina legal.* Aquele que é imune a determinada moléstia. **3.** Nas *linguagens comum* e *jurídica,* significa: a) aquele que se recusa a cumprir uma obrigação assumida; b) in-transigente; c) indomável; d) resistente à ação física ou química.

REFREAR. 1. Reprimir; conter. **2.** Governar.

REFREGA. 1. Combate. **2.** Lida. **3.** Dificuldade.

REFRESCADA. *Direito militar.* Grandes reforços militares.

REFRESCO. 1. *Direito militar.* Reforço. **2.** *Direito marítimo.* Reabastecimento de víveres. **3.** *Direito comercial.* Bebida não alcoólica, preparada com sucos naturais ou essências; refrigerante.

REFRESHER. *Termo inglês.* **1.** O que refresca. **2.** Honorários advocatícios adicionais.

REFRETAR. *Direito comercial.* Fretar novamente.

REFRIGERAÇÃO. 1. Processo de obtenção de temperatura fria para uso industrial ou doméstico. **2.** Resfriamento.

REFRIGERATED. *Termo inglês.* Contêiner refrigerado.

REFUGADOR. *Direito agrário.* Lugar onde se refuga o gado para fazer a separação.

REFUGIADO. 1. *Direito processual penal.* a) Homiziado; b) aquele que se esconde para escapar da condenação ou da ação judicial. **2.** *Direito internacional público.* Aquele que, por razões políticas, procura asilo em nação estrangeira; asilado; expatriado.

REFUGIAR. 1. *Direito internacional público.* Procurar asilo em país estrangeiro; expatriar-se. **2.** *Direito processual penal.* a) Homiziar; b) ocultar-se em local que não possa ser encontrado, para fugir à condenação.

REFÚGIO. 1. *Direito internacional público.* Asilo. **2.** *Direito penal.* a) Crime de favorecimento pessoal, que consiste em ajudar criminoso a fugir da ação de autoridade pública; b) local onde se esconde o criminoso. **3.** *Direito de trânsito.* Parte da via, devidamente sinalizada e protegida, destinada ao uso de pedestres durante a sua travessia.

REFÚGIO DE VIDA SILVESTRE. *Direito ambiental.* É o que tem como objetivo proteger ambientes naturais onde se asseguram condições para a existência ou reprodução de espécies ou comunidades da flora local e da fauna residente ou migratória. O refúgio de vida silvestre pode ser constituído por áreas particulares, desde que seja possível compatibilizar os objetivos da unidade com a utilização da terra e dos recursos naturais do local pelos proprietários. Havendo incompatibilidade entre os objetivos das áreas e as atividades privadas, ou não havendo aquiescência do proprietário às condições propostas pelo órgão responsável pela administração da unidade para a coexistência do refúgio de vida silvestre com o uso da propriedade, a área deve ser desapropriada, de acordo com o que dispõe a lei. A visitação pública está sujeita às normas e restrições estabelecidas no plano de manejo da unidade, às normas estabelecidas pelo órgão responsável por sua administração e àquelas previstas em regulamento. A pesquisa científica depende de autorização prévia do órgão responsável pela administração da unidade e está sujeita às condições e restrições por este estabelecidas, bem como àquelas previstas em regulamento.

REFÚGIO MARÍTIMO. *Direito internacional público.* Acesso a porto de nação neutra ou beligerante, permitido a navio de guerra atingido por avarias graves ou perseguido pelo inimigo, sem que se lhe preste qualquer ajuda.

REFUGO. *Direito comercial.* Mercadoria rejeitada, por não ser de boa qualidade ou por apresentar algum defeito.

REFUGO DA POPULAÇÃO. Ralé.

REFUND. *Termo inglês.* **1.** Devolução. **2.** Reembolso.

REFUNDMENT BOND. *Direito internacional privado.* Carta de garantia emitida por banco para assegurar a devolução de pagamento recebido por conta de bens fornecidos ou de serviços prestados no exterior.

REFUSAÇÃO. Recusa.

REFUSAL. *Termo inglês.* **1.** Recusa. **2.** Direito de opção.

REFUTAÇÃO. 1. *Retórica jurídica.* Parte do discurso em que o orador refuta a argumentação feita pelo seu adversário. **2.** *Direito processual.* Contestação; réplica. **3.** *Lógica jurídica.* a) Série de argumentos com que se rebate uma argumentação, para destruí-la ou anulá-la; b) raciocínio que, ao condenar uma tese, prova sua falsidade.

REFUTADO. Aquilo que se refutou.

REFUTADOR. Aquele que refuta.

REFUTAR. 1. Contestar. **2.** Demonstrar falsidade. **3.** Contrariar provas. **4.** Rebater argumento.

REFUTATIVO. Que serve para refutar.

REFUTATÓRIO. *Vide* REFUTATIVO.

REFUTÁVEL. O que pode ser refutado; suscetível de refutação.

REGADA. *Direito agrário.* Propriedade rural por onde corre água que a torna fértil.

REGADIA. *Direito agrário.* Terra, em área de irrigação, que é regada.

REGADIO. *Direito agrário.* **1.** Terreno que tem água de rega. **2.** Ato de regar.

REGALIA. 1. Nas *linguagens comum* e *jurídica:* a) privilégio; b) vantagem; c) imunidade. **2.** *Direito comparado.* a) Dignidade real; b) prerrogativa real.

REGALIANO. *Vide* REALENGO.

REGALISMO. *História do direito.* Teoria política que propugnava a juridicidade da interferência do monarca na vida interna da Igreja.

REGALISTA. 1. *História do direito.* a) Aquele que era adepto do regalismo; b) relativo a regalismo. **2.** Nas *linguagens jurídica* e *comum*, diz-se daquele que goza de regalias.

REGAS. *Direito agrário.* Canais de irrigação de plantações; regueira.

REGATA. *Direito desportivo.* Competição de velocidade para embarcações de pequeno porte, conferindo-se prêmio àquela que vencer a corrida.

REGATAGEM. *Direito comercial.* Compra e venda por miúdo.

REGATÃO. 1. *Direito comercial.* a) No Amazonas, é o mercador que, ao percorrer em canoas os rios, vai parando nos povoados para vender suas mercadorias ou para trocá-las por produtos da selva, como: pélas de borracha, castanhas etc.; b) varejista; c) mascate; d) que vende muito caro. **2.** *História do direito.* Barco no qual o seringueiro comercializava a borracha e o excedente agrícola, comprando produtos de subsistência e instrumentos de trabalho (Benatti e Maues).

REGATAR. *Direito comercial.* Comprar e vender a varejo.

REGATARIA. *Direito comercial* e *história do direito.* **1.** Comércio a varejo. **2.** Ação de regatar.

REGATEADOR. *Direito comercial.* Aquele que regateia.

REGATEAR. *Direito comercial.* **1.** Procurar diminuir o preço. **2.** Discutir a respeito do preço da mercadoria, para fixá-lo.

REGATEIO. *Direito comercial.* Ato do comprador que insiste em pedir abatimento do preço da mercadoria.

REGATEIRA. *Direito comercial.* **1.** Aquela que vende víveres, frutas, hortaliças, peixe etc. no mercado. **2.** Vendedora ambulante.

REGATEIRO. *Direito comercial.* **1.** Varejista. **2.** Mascate.

REGATIA. *Vide* REGATARIA.

REGATO. *Direito civil* e *direito agrário.* Curso de água de pouco volume e extensão.

REGEDOR. *Direito canônico.* Autoridade administrativa de uma paróquia.

REGEDORIA. *Direito canônico.* **1.** Jurisdição do regedor. **2.** Período de exercício da função de regedor.

REGEIRA. *Direito agrário.* Corda de couro que se prende à cabeça do boi quando está no arado.

REGELN DER TECHNIK. *Expressão alemã.* Regras de boa técnica.

REGÊNCIA. 1. *Direito comparado.* a) Governo interino de um Estado monárquico durante menoridade, incapacidade ou ausência temporária do rei; b) cargo e função de regente; c) comissão encarregada do governo interno da nação. **2.** *História do direito.* Período em que o governo brasileiro foi entregue a regentes. **3.** Na *linguagem escolar,* é docência.

REGENCIAL. *Direito comparado* e *história do direito.* Que diz respeito a regência.

REGENERAÇÃO. 1. Reabilitação moral. **2.** Restauração.

REGENERADO. 1. Reabilitado. **2.** Recuperado.

REGENERADOR. Aquele que regenera.

REGENERANDO. Aquele que está prestes a reabilitar-se.

REGENERANTE. *Vide* REGENERADOR.

REGENERATIVO. Que pode regenerar ou reabilitar.

REGENERÁVEL. Suscetível de reabilitação ou de restauração.

REGENTE. 1. *Direito comparado.* Aquele que, temporariamente, governa um Estado monárquico na qualidade de substituto do monarca. **2.** Na *linguagem escolar,* é aquele professor que rege uma cadeira de ensino. **3.** Na *linguagem comum,* é o maestro.

REGER. 1. *Direito civil.* Administrar a pessoa e os bens de menor ou de incapaz. **2.** *Direito comparado.* Desempenhar a função do rei, governando o país, durante sua menoridade, impedimento

ou ausência temporária. **3.** Nas *linguagens comum* e *jurídica:* a) dirigir; b) desempenhar função de maestro; c) fixar norma; d) ministrar ensino de uma disciplina.

REGESTO. Coletânea de documentos referentes a negócios.

REGIA. 1. Monopólio do Estado. **2.** Percepção direta, pelo Estado, dos rendimentos de uma empresa.

REGIÃO. 1. *Direito comparado.* Divisão político-administrativa feita, em alguns países (Portugal, Itália), para obter descentralização do poder. **2.** *Direito constitucional.* a) Forma de articulação da ação administrativa da União para, com a redução das desigualdades regionais, atingir seu desenvolvimento (Celso Bastos); b) aglomeração urbana e microrregião constituída por agrupamento de municípios limítrofes, para integrar a organização, o planejamento e a execução de funções públicas de interesse comum. **3.** *Sociologia geral.* a) Camada social; b) diz-se da área cujas partes são inter-relacionadas econômica e ecologicamente. **4.** *Direito militar.* Cada circunscrição militar em que está dividido o país. **5.** *Direito processual.* Divisão de circunscrição jurisdicional da Justiça Federal.

REGIÃO ECLESIÁSTICA. *Direito canônico.* Reunião de províncias eclesiásticas.

REGIÃO ESTUARINA–LAGUNAR. Área formada em função da inter-relação dos cursos fluviais e lagunares, em seu deságüe no ambiente marinho.

REGIÃO GEOECONÔMICA. *Direito constitucional* e *direito administrativo.* Área que consiste em um mesmo complexo geoeconômico-social, onde se opera uma atuação da União, com o objetivo de, por meio de incentivos fiscais, fomentar seu desenvolvimento, reduzindo desigualdades.

REGIÃO INTEGRADA DE DESENVOLVIMENTO DO DISTRITO FEDERAL E DO ENTORNO (RIDE). *Direito administrativo.* Foi criada pelo Executivo para efeitos de articulação da ação administrativa da União, dos Estados de Goiás e Minas Gerais e do Distrito Federal. Essa região administrativa é constituída pelo Distrito Federal, pelos Municípios de Abadiânia, Água Fria de Goiás, Águas Lindas, Alexânia, Cabeceiras, Cidade Ocidental, Cocalzinho de Goiás, Corumbá de Goiás, Cristalina, Formosa, Luziânia, Mimoso de Goiás, Novo Gama, Padre Bernardo, Pirenópolis, Planaltina, Santo Antônio do Descoberto, Valparaíso e Vila Boa, no Estado de Goiás, e de Unaí e Buritis, no Estado de Minas Gerais. Os Municípios que vierem a ser constituídos a partir de desmembramento de território de algum Município passarão a compor, automaticamente, a Região Integrada de Desenvolvimento do Distrito Federal e Entorno. É o Poder Executivo autorizado a criar um Conselho Administrativo para coordenar as atividades a serem desenvolvidas na Região Integrada de Desenvolvimento do Distrito Federal e Entorno. As atribuições e a composição desse Conselho serão definidas em regulamento, dele participando representantes dos Estados e Municípios abrangidos pela RIDE. Consideram-se de interesse da RIDE os serviços públicos comuns ao Distrito Federal e aos Municípios que a integram, especialmente aqueles relacionados às áreas de infra-estrutura e de geração de empregos.

REGIÃO METROPOLITANA. *Direito constitucional, direito urbanístico* e *direito administrativo.* Aglomeração urbana e microrregião instituída pelo Estado federado mediante lei complementar. A região metropolitana constitui-se por agrupamentos de municípios limítrofes, que têm a finalidade de integrar a organização, o planejamento e a execução de funções públicas de interesse comum.

REGICIDA. *Direito penal.* Aquele que comete assassinato contra um rei ou uma rainha.

REGICÍDIO. *Direito penal.* Assassinato de soberano.

RÉGIE. *Termo francês.* Serviço público que é exercido pela própria administração direta (Vedel).

REGIME. 1. *Medicina legal.* Dieta alimentar para atender a fins estéticos ou terapêuticos. **2.** *Direito civil.* Conjunto de normas sobre o patrimônio conjugal inserido em pacto antenupcial. **3.** *Ciência política.* Forma de governo de um Estado. **4.** *Direito tributário.* Conjunto de preceitos fiscais reguladores de determinados produtos. **5.** Na *linguagem jurídica* em geral, designa ainda: a) modo de disciplinar, juridicamente, instituições, bens ou pessoas; b) administração de pessoa jurídica.

REGIME ABERTO. *Direito penal* e *direito penitenciário.* É aquele que permite o cumprimento da pena em casa de albergado ou em estabelecimento apropriado. Este regime está baseado na autodisciplina e senso de responsabilidade do condenado, que poderá, fora do estabelecimento e sem vigilância, trabalhar, freqüentar curso ou exercer outra atividade autorizada, recolhendo-se durante o período noturno e nos dias de folga.

REGIME ADMINISTRATIVO. *Direito administrativo.* Conjunto de normas e princípios que conferem prerrogativas inerentes à administração pública e aos institutos pertencentes à seara do direito administrativo.

REGIME ADUANEIRO. *Direito alfandegário.* Complexo de normas legais ou consuetudinárias disciplinadoras do comércio exterior, ou seja, das importações e exportações de mercadorias, no que diz respeito à incidência de tributos. Trata-se do regime alfandegário.

REGIME ADUANEIRO DE DEPÓSITO ESPECIAL (DE). *Direito alfandegário.* É o que permite a estocagem, com suspensão do pagamento de impostos, de partes, peças, componentes e materiais de reposição ou manutenção, para veículos, máquinas, equipamentos, aparelhos e instrumentos, estrangeiros, nacionalizados ou não, empregados nas atividades de: a) transporte; b) apoio à produção agrícola; c) construção e manutenção de rodovias, ferrovias, portos, aeroportos, barragens e serviços afins; d) pesquisa, prospecção e exploração de recursos minerais; e) geração e transmissão de som e imagem; f) diagnose, cirurgia, terapia e pesquisa médicas, realizadas por hospitais, clínicas de saúde e laboratórios; g) geração, transmissão e distribuição de energia elétrica; e h) análise e pesquisa científica, realizadas por laboratórios. Os bens acima referidos poderão destinar-se: a) aeronaves, motores e reatores para aeronaves, simuladores de vôo, ferramentas de uso exclusivo em aeronaves, equipamentos para carga e descarga de aeronaves (*loaders*) e tratores-rebocadores de aeronaves; b) embarcações; c) locomotivas, vagões e equipamentos ferroviários; d) unidades de carga; e) tratores, máquinas, equipamentos e implementos agrícolas.

REGIME ADUANEIRO ESPECIAL DE DEPÓSITO AFIANÇADO. *Direito alfandegário.* É o que permite a estocagem, com suspensão do pagamento de impostos, de materiais importados sem cobertura cambial, destinados à manutenção e ao reparo de embarcação ou de aeronave pertencentes a empresa autorizada a operar no transporte comercial internacional, e utilizadas nesta atividade.

REGIME ADUANEIRO ESPECIAL DE DEPÓSITO FRAN-CO. *Direito alfandegário.* É o que permite, em recinto alfandegado, a armazenagem de mercadoria estrangeira para atender ao fluxo comercial de países limítrofes com terceiros países.

REGIME ADUANEIRO ESPECIAL DE *DRAWBACK.* *Direito internacional privado* e *direito alfandegário.* Pode ser aplicado nas seguintes modalidades, no âmbito da Secretaria de Comércio Exterior (SECEX): a) suspensão do pagamento dos tributos exigíveis na importação de mercadoria a ser exportada após beneficiamento ou destinada à fabricação, complementação ou acondicionamento de outra a ser exportada; b) isenção dos tributos exigíveis na importação de mercadoria, em quantidade e qualidade equivalente à utilizada no beneficiamento, fabricação, complementação ou acondicionamento de produto exportado. Esta modalidade também poderá ser concedida, desde que devidamente justificada, para importação de mercadoria equivalente, adequada à realidade tecnológica, com a mesma finalidade da originalmente importada, obedecidos os respectivos coeficientes técnicos de utilização, ficando o valor total da importação limitado ao valor da mercadoria substituída. Compete ao Departamento de Operações de Comércio Exterior (DECEX) a concessão do Regime de *Drawback*, compreendidos os procedimentos que tenham por finalidade sua formalização, bem como o acompanhamento e a verificação do adimplemento do compromisso de exportar. Poderão ser concedidas as seguintes operações especiais: a) *drawback* genérico: concedido exclusivamente na modalidade suspensão. Caracteriza-se pela discriminação genérica da mercadoria a importar e o seu respectivo valor; b) *drawback* sem cobertura cambial: concedido exclusivamente na modalidade suspensão. Caracteriza-se pela não cobertura cambial, parcial ou total, da importação; c) *drawback* solidário: concedido exclusivamente na modalidade suspensão. Caracteriza-se pela participação solidária de duas ou mais empresas industriais; d) *drawback* intermediário: concedido na modalidade suspensão e isenção. Caracteriza-se pela importação de mercadoria, por empresas denominadas fabricantes-intermediários, destinada a processo de industrialização de produto intermediário a ser fornecido a empresas industriais-exportadoras, para emprego na industrialização de produto final destinado à exportação; e) *drawback* para embarcação: concedido na modalidade suspensão e isenção. Caracteriza-se pela importação de mercadoria utilizada em processo de industrialização de embarcação, destinada ao mercado interno; f) *drawback* para fornecimento no mercado interno – concedido na modalidade suspensão. Caracteriza-se pela importação de matérias-primas, produtos intermediários e componentes destinados à fabricação, no País, de máquinas e equipamentos a serem fornecidos, no mercado interno, em decorrência de licitação internacional, contra pagamento em moeda conversível proveniente de financiamento concedido por instituição financeira internacional, da qual o Brasil participe, ou por entidade governamental estrangeira, ou, ainda, pelo Banco Nacional de Desenvolvimento Econômico e Social (BNDES) com recursos captados no exterior. O Regime de *Drawback* poderá ser concedido a operação que se caracterize como: a) transformação – a que, exercida sobre matéria-prima ou produto intermediário, importe na obtenção de espécie nova; b) beneficiamento – a que importe em modificar, aperfeiçoar ou, de qualquer forma, alterar o funcionamento, a utilização, o acabamento ou a aparência do produto; c) montagem – a que consista na reunião de produto, peças ou partes e de que resulte um novo produto ou unidade autônoma, ainda que sob a mesma classificação fiscal; d) renovação ou recondicionamento – a que, exercida sobre produto usado ou parte remanescente de produto deteriorado ou inutilizado, renove ou restaure o produto para utilização; e) acondicionamento ou reacondicionamento – a que importe em alterar a apresentação do produto, pela colocação de embalagem, ainda que em substituição da original, salvo quando a embalagem colocada se destine apenas ao transporte de produto. Entende-se como "embalagem para transporte" a que se destinar exclusivamente a tal fim e for feito em caixas, caixotes, engradados, sacaria, barricas, latas, tambores, embrulhos e semelhantes, sem acabamento ou rotulagem de função promocional e que não objetive valorizar o produto em razão da qualidade do material nele empregado, da perfeição do seu acabamento ou da sua utilidade adicional. O Regime *Drawback* poderá ser concedido a: a) mercadoria importada para beneficiamento no País e posterior exportação; b) matéria-prima, produto semi-elaborado ou acabado, utilizados na fabricação de mercadoria exportada, ou a exportar; c) peça, parte, aparelho e máquina complementar de aparelho, de máquina, de veículo ou de equipamento exportado ou a exportar; d) mercadoria destinada à embalagem, acondicionamento ou apresentação de produto exportado ou a exportar, desde que propicie, comprovadamente, uma agregação de valor ao produto final; e) animais destinados ao abate e posterior exportação; f) matéria-prima e outros produtos que, embora não integrando o produto a exportar ou exportado, sejam utilizados em sua industrialização, em condições que justifiquem a concessão; g) matérias-primas e outros produtos utilizados no cultivo de produtos agrícolas ou na criação de animais a serem exportados, definidos pela Câmara de Comércio Exterior (CAMEX); h) mercadoria utilizada em processo de industrialização de embarcação, destinada ao mercado interno; i) matérias-primas, produtos intermediários e componentes destinados à fabricação, no País, de máquinas e equipamentos a serem fornecidos, no mercado interno, em decorrência de licitação internacional, contra pagamento em moeda conversível proveniente de financiamento concedido por instituição financeira internacional, da qual o Brasil participe, ou por entidade governamental estrangeira, ou, ainda, pelo BNDES, com recursos captados no exterior. Não poderá ser concedido o Regime para: a) importação de mercadoria utilizada na industrialização de produto destinado ao consumo na Zona Franca de Manaus e em áreas de livre comércio; b) exportação ou importação de mercadoria suspensa ou proibida; c) exportação contra pagamento em moeda nacional; d) exportações conduzidas em moedas não conversíveis, inclusive moeda-convênio, contra importações cursadas em moeda de livre conversibilidade; e) importação de petróleo e seus derivados, exceto coque calcinado de petróleo. A concessão do regime não assegura a obtenção de cota de importação ou de exportação para produtos sujeitos a contingenciamento, bem como não exime a importação e a exportação da anuência prévia de outros órgãos ou entidades, quando exigível. As operações vinculadas ao Regime de *Drawback* estão sujeitas, no que couber, às normas gerais de importação e exportação. Poderá ser solicitada a transferência para o Regime de *Drawback* de mercadoria depositada sob Regime Aduaneiro

Especial de Entreposto na Importação, Entreposto Industrial ou sob Depósito Alfandegado Certificado (DAC), observadas as condições e os requisitos próprios de cada Regime.

REGIME ADUANEIRO ESPECIAL DE ENTREPOSTO INDUSTRIAL SOB CONTROLE INFORMATIZADO (RECOF). *Direito alfandegário.* É o que permite importar, com suspensão do pagamento de tributos (imposto de importação e imposto sobre produtos industrializados), mercadorias a serem submetidas à operação de industrialização de produtos destinados à exportação ou à venda no mercado interno. Poderão habilitar-se a operar no regime as empresas que atendam aos termos, aos limites e às condições estabelecidos pela Secretaria da Receita Federal do Ministério da Fazenda, especialmente os relacionados com: a) mercadorias que poderão ser admitidas no regime; b) estoque máximo permitido em valor; c) operações de industrialização autorizadas; d) percentual de tolerância, para efeito de exclusão da responsabilidade tributária, no caso de perda inevitável no processo produtivo; e) percentual mínimo da produção destinada ao mercado externo; f) percentual máximo de mercadorias importadas destinadas ao mercado interno; g) valor mínimo da produção destinada ao mercado externo.

REGIME ADUANEIRO ESPECIAL DE EXPORTAÇÃO E DE IMPORTAÇÃO DE BENS DESTINADOS ÀS ATIVIDADES DE PESQUISA E LAVRA DAS JAZIDAS DE PETRÓLEO E DE GÁS NATURAL (REPETRO). *Direito alfandegário.* Aplica-se aos bens destinados à pesquisa e lavra de petróleo e gás natural, às máquinas e aos equipamentos sobressalentes, às ferramentas e aos aparelhos e a outras partes e peças destinadas a garantir a operacionalidade daqueles bens. Excluem-se da aplicação do REPETRO os bens: a) cuja utilização não esteja diretamente relacionada com as atividades-fim estabelecidas legalmente; b) objeto de contrato de arrendamento mercantil, do tipo financeiro. O REPETRO será aplicado mediante utilização dos seguintes tratamentos aduaneiros: a) exportação, com saída ficta do território nacional, e posterior concessão do regime especial de admissão temporária aos bens exportados; b) importação, sob o regime de *drawback*, na modalidade de suspensão do pagamento dos impostos incidentes, de matérias-primas, produtos semi-elaborados e partes e peças, para a produção de bens a serem exportados nos termos da alínea anterior; c) concessão do regime especial de admissão temporária, quando se tratar de bens estrangeiros ou desnacionalizados que procedam diretamente do exterior. O Repetro poderá ser utilizado exclusivamente por pessoa jurídica habilitada pela Secretaria da Receita Federal (SRF). Poderá ser habilitada ao Repetro a pessoa jurídica: a) detentora de concessão ou autorização para exercer, no País, aquelas atividades; b) que mantenha controle contábil informatizado, inclusive da situação e movimentação do estoque de bens sujeitos ao Repetro, que possibilite o acompanhamento da aplicação do regime, bem assim da utilização dos bens na atividade para a qual foram importados, mediante utilização de sistema próprio.

REGIME ALFANDEGÁRIO. *Vide* REGIME ADUANEIRO.

REGIME AUTORITÁRIO. *Ciência política.* Aquele em que o governante, não eleito pelo povo, exerce poder absoluto sobre a nação.

REGIME CONSTITUCIONAL DOS MILITARES. *Direito militar.* Conjunto de normas referentes não só ao regime jurídico, ao vencimento dos militares das Forças Armadas, dos Estados, do Distrito Federal e dos Territórios e ao Corpo de Bombeiros Militares como também ao provimento de cargos, promoções, estabilidade, remuneração, reforma e transferência para a reserva, estipulando, ainda, que: a) as patentes, com prerrogativas, direitos e deveres a elas inerentes, são conferidas pelo presidente da República e asseguradas em plenitude aos oficiais da ativa, da reserva ou reformados, sendo-lhes privativos os títulos e postos militares e, juntamente com os demais membros, o uso dos uniformes das Forças Armadas; b) o militar em atividade que tomar posse em cargo ou emprego público civil permanentemente será transferido para a reserva, nos termos da lei; c) o militar da ativa que, de acordo com a lei, tomar posse em cargo, emprego ou função pública civil temporária, não eletiva, ainda que da Administração indireta, ficará agregado ao respectivo quadro e somente poderá, enquanto permanecer nessa situação, ser promovido por antigüidade, contando-se-lhe o tempo de serviço apenas para aquela promoção e transferência para a reserva, sendo depois de dois anos de afastamento, contínuos ou não, transferido para a reserva, nos termos da lei; d) ao militar são proibidas a sindicalização e a greve; e) o militar, quando em serviço ativo, não pode estar filiado a partidos políticos; f) o oficial só perderá o posto e a patente se for julgado indigno do oficialato ou com ele incompatível, por decisão de tribunal militar de caráter permanente, em tempo de paz, ou de tribunal especial, em tempo de guerra; g) o oficial condenado na justiça comum ou militar à pena privativa de liberdade superior a dois anos, por sentença transitada em julgado, será submetido ao julgamento previsto no inciso anterior; h) aplica-se aos militares o disposto no art. 7º, VIII, XII, XVIII, XIX e XXV, e no art. 37, XI, XIII, XIV e XV, da CF/88; i) a lei disporá sobre o ingresso nas Forças Armadas, os limites de idade, a estabilidade e outras condições de transferência do militar para a inatividade, os direitos, os deveres, a remuneração, as prerrogativas e outras situações especiais dos militares, consideradas as peculiaridades de suas atividades, inclusive aquelas cumpridas por força de compromissos internacionais e de guerra.

REGIME DE ADEQUAÇÃO. *Direito internacional público.* É o regime de proteção de mercado adotado para acolher os produtos que tiveram de ser excetuados da total liberalização comercial, pretendida para o final do ano de 1994, permitindo, assim, que os setores produtivos de cada país com maiores problemas de competitividade tenham um prazo adicional para adaptar-se ao livre comércio. Proíbe, no entanto, que produtos não excetuados anteriormente venham a sê-lo. Além disso, as alíquotas de importação desses produtos, no âmbito do Mercosul, devem, necessariamente, ser menores do que as praticadas com outros países de fora do Bloco. Tais alíquotas foram gradual e automaticamente reduzidas até o ano de 1998, no caso do Brasil e da Argentina, e até o ano de 1999, no caso do Paraguai e do Uruguai.

REGIME DE BENS DO CASAMENTO. *Direito civil.* Conjunto de normas aplicáveis às relações e interesses econômicos resultantes do matrimônio. Regem, portanto, as relações patrimoniais entre marido e mulher.

REGIME DE COMUNHÃO PARCIAL. *Direito civil.* É aquele que, basicamente, exclui da comunhão os bens que os consortes possuem ao casar, ou que venham a adquirir por causa anterior e alheia ao casamento, e que inclui na comunhão os bens adquiridos posteriormente (Silvio Rodrigues). Os bens incomunicáveis que

REGIME DE COMUNHÃO UNIVERSAL

constituem o patrimônio pessoal da mulher ou do marido são: a) os que cada cônjuge possuir ao casar e os que lhe sobrevierem na constância do matrimônio, por doação ou sucessão; b) os adquiridos com valores exclusivamente pertencentes a um dos cônjuges, em sub-rogação dos bens particulares; c) as obrigações anteriores ao casamento; d) as obrigações provenientes de atos ilícitos, salvo reversão em proveito do casal; e) os bens de uso pessoal, os livros e instrumentos de profissão; f) os proventos do trabalho pessoal de cada cônjuge; g) as pensões, meios-soldos, montepios e outras rendas semelhantes. Os bens que entram para o patrimônio comum, sendo comunicáveis, são: a) os adquiridos na constância do casamento por título oneroso (troca, venda etc.), ainda que só em nome de um dos cônjuges; b) os advindos de fato eventual (jogo, aposta, rifa, loteria etc.), com ou sem concurso de trabalho ou despesa anterior; c) os adquiridos por doação, herança ou legado, em favor de ambos os cônjuges; d) as benfeitorias em bens particulares de cada consorte, desde que haja presunção de que foram feitas com o produto do esforço comum, sendo justo, então, que seu valor se incorpore ao patrimônio comum; e) os frutos dos bens comuns ou dos particulares de cada cônjuge, percebidos na constância do casamento, ou pendentes ao tempo de cessar a comunhão dos adquiridos; f) os rendimentos resultantes da exploração dos direitos patrimoniais do autor. Esse regime é o que advém da falta ou da nulidade de pacto antenupcial, que determina o regime preferencial dos nubentes, caso em que a lei intervém, fazendo prevalecer a sua vontade. Esse regime é um efeito legal do casamento.

REGIME DE COMUNHÃO UNIVERSAL. *Direito civil.* Estipulado em pacto antenupcial pelos nubentes, faz com que todos os seus bens presentes ou futuros, adquiridos antes ou depois do matrimônio, tornem-se comuns, constituindo uma só massa. Cada consorte tem o direito à metade ideal desse patrimônio comum, enquanto durar a sociedade conjugal. Apesar de implicar a comunicabilidade de todos os bens presentes e futuros, admite esse regime, excepcionalmente, a exclusão de alguns, por terem efeitos personalíssimos, ou devido a sua própria natureza. São excluídos da comunhão: a) as pensões, meio-soldos, montepios, tenças e outras rendas semelhantes; e, ainda, os bens de uso pessoal, os livros e instrumentos de profissão e os pro-

ventos do trabalho pessoal de cada cônjuge; b) os bens doados ou legados com a cláusula de incomunicabilidade, e os sub-rogados em seu lugar; c) as dívidas anteriores ao casamento, salvo se provierem de despesas com seus aprestos, ou reverterem em proveito comum; d) as doações antenupciais feitas por um dos cônjuges ao outro, com cláusula de incomunicabilidade; e) os bens gravados de fideicomisso e o direito do herdeiro fideicomissário, antes de realizada a condição suspensiva; f) os bens de uso pessoal, os livros e instrumentos de profissão; g) os proventos do trabalho pessoal de cada cônjuge; h) os bens de herança necessária a que se impuser cláusula de incomunicabilidade; i) os direitos patrimoniais do autor, excetuados os rendimentos resultantes de sua exploração, salvo pacto antenupcial em contrário. A incomunicabilidade desses bens arrolados não se estende aos frutos, quando se percebem ou se vencem durante o matrimônio.

REGIME DE DEDICAÇÃO EXCLUSIVA. *Direito administrativo.* Aquele em que há impedimento do exercício de profissão, por funcionário ou empregado, em outra entidade pública, empresa pública ou sociedade de economia mista.

REGIME DE DEPÓSITO AFIANÇADO. *Direito aduaneiro.* a) É o que permite a guarda, sob controle fiscal, de materiais estrangeiros, importados sem cobertura cambial, para manutenção e reparo de embarcações e aeronaves, utilizadas no transporte comercial internacional, de empresas autorizadas a operar, regularmente, nesse serviço; b) é o que permite a estocagem, com suspensão do pagamento de impostos, de materiais importados sem cobertura cambial, destinados à manutenção e ao reparo de embarcação ou de aeronave pertencentes a empresa autorizada a operar no transporte comercial internacional, e utilizadas nessa atividade.

REGIME DE DEPÓSITO ALFANDEGADO CERTIFICADO. *Direito aduaneiro.* É o que considera exportada, para todos os efeitos legais, creditícios e cambiais, mercadoria depositada em recinto especificamente autorizado para esse fim, sem necessidade da transferência física desta para o exterior. Somente será admitida no regime a mercadoria vendida para o exterior mediante contrato que obrigue o vendedor a depositá-la à ordem do comprador. A admissão no regime ocorrerá com a emissão, pelo depositário, de certificado de depósito alfandegado, documento que comprovará o depósito, a tradição e a propriedade da mercadoria. Para a admissão no regime será, ainda, exigido: a) que o despacho da mercadoria seja objeto de registro no Siscomex; b) que a mercadoria seja conferida e desembaraçada para exportação. É, portanto, o que permite considerar exportada, para todos os efeitos fiscais, creditícios e cambiais, a mercadoria nacional depositada em recinto alfandegado, vendida a pessoa sediada no exterior, mediante contrato de entrega no território nacional e à ordem do adquirente.

REGIME DE DEPÓSITO ESPECIAL ALFANDEGADO. *Direito aduaneiro.* É o que permite a estocagem com suspensão de tributos, de partes, peças e materiais de reposição ou manutenção para veículos, máquinas, equipamentos, aparelhos e instrumentos, assim como de seus componentes estrangeiros, nacionalizados ou não, nos casos definidos pelo ministro da Fazenda.

REGIME DE DESPACHO ADUANEIRO EXPRESSO (LINHA AZUL). *Direito alfandegário.* É o aplicável a despachos de importação, exportação e de trânsito aduaneiro, utilizado por pessoa jurídica habilitada, em local alfandegado credenciado pela Secretaria da Receita Federal, como: a) porto organizado; b) aeroporto; c) Estação Aduaneira Interior (Eadi); d) Terminal Retroportuário Alfandegado (TRA); e) instalação portuária de uso público; f) instalação portuária de uso privativo. Somente será credenciado local alfandegado que atenda aos seguintes requisitos: possua equipamento de Raios X (*scanner*) instalado, com resolução e capacidade adequados ao tipo de carga ali movimentada ou armazenada; e cumpra outras exigências técnicas estabelecidas pela Coordenação-Geral do Sistema Aduaneiro (COANA). O equipamento de Raios X (*scanner*) poderá, a critério do administrador do local alfandegado, ser objeto de aquisição ou de contrato de arrendamento operacional, aluguel ou comodato. O credenciamento de local alfandegado será realizado por meio de Ato Declaratório Executivo (ADE) do Coordenador-Geral do Sistema Aduaneiro e terá validade para os despachos aduaneiros de importação, de exportação ou de trânsito aduaneiro realizados no local por pessoa jurídica habilitada à Linha Azul. A relação dos locais alfandegados credenciados será disponibilizada para consulta na página da SRF na Internet. Quando se tratar de equipamento de Raios X

(*scanner*), objeto de arrendamento operacional, aluguel ou comodato, o credenciamento será outorgado por prazo determinado, limitado ao termo final de vigência do respectivo contrato. O credenciamento à Linha Azul será concedido a título precário e não se aplicará à pessoa jurídica que atue nos seguintes ramos industriais: a) fumo e produtos de tabacaria; b) armas e munições; c) bebidas; d) jóias e pedras preciosas; e) extração de minerais; f) produtos de madeira.

REGIME DE *DRAWBACK*. *Direito alfandegário.* Considerado incentivo à exportação, pode ser aplicado nas seguintes modalidades: a) suspensão de pagamento dos tributos exigíveis na importação de mercadoria a ser exportada após beneficiamento ou destinada à fabricação, complementação ou acondicionamento de outra a ser exportada; b) isenção dos tributos exigíveis na importação de mercadoria, em quantidade e qualidade equivalentes à utilizada no beneficiamento, fabricação, complementação ou acondicionamento de produto exportado; c) restituição, total ou parcial, dos tributos pagos na importação de mercadoria exportada após beneficiamento, ou utilizada na fabricação, complementação ou acondicionamento de outra exportada. O regime de *drawback* poderá ser concedido a: a) mercadoria importada para beneficiamento no País e posterior exportação; b) matéria-prima, produto semi-elaborado ou acabado, utilizados na fabricação de mercadoria exportada, ou a exportar; c) peça, parte, aparelho, máquina, veículo ou equipamento exportado ou a exportar; d) mercadoria destinada a embalagem, acondicionamento ou apresentação de produto exportado ou a exportar, desde que propicie comprovadamente uma agregação de valor ao produto final; ou e) animais destinados ao abate e posterior exportação. O regime poderá ainda ser concedido: a) para matéria-prima e outros produtos que, embora não integrando o produto exportado, sejam utilizados na sua fabricação em condições que justifiquem a concessão; ou b) para matéria-prima e outros produtos utilizados no cultivo de produtos agrícolas ou na criação de animais a serem exportados, definidos pela Câmara de Comércio Exterior. Nesta última hipótese, o regime será concedido: nos limites quantitativos e qualitativos constantes de laudo técnico emitido nos termos fixados pela Secretaria da Receita Federal, por órgão ou entidade especializada da Administração Pública federal; e a empresa que possua controle contábil de produção em conformidade com as normas editadas pela Secretaria da Receita Federal. O regime de *drawback*, na modalidade de suspensão, poderá ser concedido à importação de matérias-primas, produtos intermediários e componentes destinados à fabricação, no País, de máquinas e equipamentos a serem fornecidos no mercado interno, em decorrência de licitação internacional, contra pagamento em moeda conversível proveniente de financiamento concedido por instituição financeira internacional, da qual o Brasil participe, ou por entidade governamental estrangeira ou, ainda, pelo Banco Nacional de Desenvolvimento Econômico e Social, com recursos captados no exterior. O regime de *drawback* não será concedido: a) na importação de mercadoria cujo valor do imposto de importação, em cada pedido, for inferior ao limite mínimo fixado pela Câmara de Comércio Exterior. Para atender o tal limite, várias exportações da mesma mercadoria poderão ser reunidas em um só pedido de *drawback*; b) na importação de petróleo e seus derivados, com exceção da importação de coque calcinado de petróleo.

REGIME DE ECONOMIA FAMILIAR. *Direito civil.* É a atividade em que o trabalho dos membros da família é indispensável à própria subsistência e é exercido em condições de mútua dependência e colaboração, sem a utilização de empregados.

REGIME DE ENTREPOSTO ADUANEIRO. *Direito aduaneiro.* É o que permite, na importação e na exportação, o depósito de mercadorias em local determinado, com suspensão do pagamento de tributos e sob controle fiscal. O regime de entreposto aduaneiro na exportação permite a armazenagem de mercadoria em local alfandegado: a) com suspensão do pagamento dos impostos, na modalidade de regime comum; b) com direito à utilização dos benefícios fiscais relativos à exportação, antes do seu efetivo embarque para o exterior, na modalidade de regime extraordinário. O regime de entreposto aduaneiro, na importação e na exportação, será operado em recinto alfandegado de uso público credenciado pela Secretaria da Receita Federal (SRF). Tem como base operacional unidade de entreposto de uso público ou de uso privativo, onde as mercadorias ficarão depositadas, salvo no caso de embarque direto. Poderão ser permissionárias de entreposto de uso público: a) as empresas de armazéns-gerais; b) as empresas comerciais exportadoras; c) as empresas nacionais prestadoras de serviços de transporte internacional de carga. A exploração de entreposto de uso privativo será permitida apenas na exportação e exclusivamente pelas empresas comerciais exportadoras. A permissão para explorar entreposto de uso público será, necessariamente, precedida de licitação. O processo administrativo de licitação para outorga de permissão para instalação e administração de entreposto aduaneiro de uso público será disciplinado pelo secretário da Receita Federal.

REGIME DE ENTREPOSTO INDUSTRIAL. *Direito aduaneiro.* É o que permite a determinado estabelecimento de uma indústria importar, com suspensão de tributos, mercadoria que, depois de submetida a operação de industrialização, deverá destinar-se ao mercado externo. Parte da produção do entreposto industrial poderá destinar-se ao mercado interno. A importação e o processo produtivo do entreposto industrial ficarão sob controle aduaneiro. A autorização para instalação de entreposto industrial é de competência do ministro da Fazenda, que estabelecerá: a) prazo de concessão; b) estoque máximo permitido, em valor; c) prazo de utilização da mercadoria importada; d) percentual mínimo da produção a ser obrigatoriamente exportada. O ato de autorização especificará também: a) a mercadoria que poderá ser importada; b) as operações de industrialização autorizadas; c) o produto final a ser obtido. O pedido de concessão do regime será feito de conformidade com as normas a serem baixadas pelo secretário da Receita Federal, que indicará os elementos julgados necessários para a avaliação do seu mérito. As importações destinadas a entreposto industrial não estão sujeitas a emissão de guia de importação previamente ao embarque no exterior. A autorização para o funcionamento de entreposto industrial será concedida a título precário, podendo ser cancelada a qualquer tempo, no caso de descumprimento das condições estabelecidas ou se a empresa infringir disposições legais ou regulamentares pertinentes.

REGIME DE ENTREPOSTO INTERNACIONAL DA ZONA FRANCA DE MANAUS. *Direito aduaneiro.* É o que permite o depósito, com suspensão de tributos, e destina-se ao recebimento e à armazenagem:

1) de mercadorias estrangeiras importadas e destinadas: a) à venda por atacado, para a Zona Franca de Manaus e para outras regiões do território nacional; b) à comercialização na Zona Franca de Manaus, na Amazônia Ocidental ou nas áreas de livre-comércio; 2) de matérias-primas, produtos intermediários, materiais secundários e de embalagem, partes e peças e demais insumos, importados e destinados à industrialização de produtos na Zona Franca de Manaus; 3) de mercadorias nacionais: a) destinadas à Zona Franca de Manaus, à Amazônia Ocidental, às áreas de livre-comércio ou ao mercado externo; b) produzidas na Zona Franca de Manaus e destinadas aos mercados interno ou externo. Tal entreposto será instalado em área isolada, delimitada pela Superintendência da Zona Franca de Manaus (Suframa) e alfandegada pela Secretaria da Receita Federal.

REGIME DE ESTABILIDADE. *Direito do trabalho.* Sistema jurídico que garante ao empregado a manutenção do emprego, enquanto ele cumprir suas obrigações contratuais e desejar a permanência do vínculo que o une ao empregador (Pedro Paulo Teixeira Manus).

REGIME DE EXCEÇÃO. *Ciência política.* **1.** Forma de governo de emergência, resultante de golpe de Estado ou de revolução. **2.** Governo ditatorial.

REGIME DE EXPORTAÇÃO TEMPORÁRIA PARA APERFEIÇOAMENTO PASSIVO. *Direito aduaneiro.* É o que permite a saída, do País, por tempo determinado, de mercadoria nacional ou nacionalizada, para ser submetida a operação de transformação, elaboração, beneficiamento ou montagem, no exterior, e sua reimportação, na forma do produto resultante dessas operações, com pagamento do imposto incidente sobre o valor agregado.

REGIME DE FRETAMENTO CONTÍNUO. *Direito comercial.* Prestado à pessoa jurídica para o transporte de seus empregados, bem assim a instituições de ensino ou agremiações estudantis para o transporte de seus alunos, professores ou associados, estas últimas desde que legalmente constituídas, com prazo de duração máxima de doze meses e quantidade de viagens estabelecida, com contrato escrito entre a transportadora e seu cliente, previamente analisado e autorizado pelo Ministério dos Transportes.

REGIME DE FRETAMENTO EVENTUAL OU TURÍSTICO. Aquele prestado a pessoa ou a um grupo de pessoas, em circuito fechado, com emissão de nota fiscal e lista de pessoas transportadas, por viagem, com prévia autorização ou licença do Ministério dos Transportes ou órgão com ele conveniado.

REGIME DEMOCRÁTICO. *Ciência política.* **1.** Aquele que está fundado nos princípios da democracia, sendo que o poder de decisão pertence direta ou indiretamente ao povo. **2.** Governo constitucional do povo, em sua maioria, que, baseado na liberdade e igualdade, assegura à minoria não só uma representação parlamentar como também o poder de fiscalização e crítica (João Mangabeira e Pinto Ferreira).

REGIME DE ORIGEM. *Direito previdenciário.* É o regime previdenciário ao qual o segurado ou servidor público esteve vinculado sem que dele receba aposentadoria ou sem que ele tenha gerado pensão para seus dependentes. Os regimes próprios de previdência de servidores da União, dos Estados, do Distrito Federal e dos Municípios só serão considerados regimes de origem quando o Regime Geral de Previdência Social for o regime instituidor.

REGIME DE PARTICIPAÇÃO FINAL NOS AQÜESTOS. *Direito civil.* Regime matrimonial de bens em que cada cônjuge possui patrimônio próprio, abrangendo os bens que tinha ao casar e os adquiridos a qualquer título na constância do casamento; mas, à época da dissolução da sociedade ou do vínculo conjugal, lhe caberá o direito à metade dos bens adquiridos pelo casal, a título oneroso, durante a vigência do matrimônio. Sobrevindo a dissolução do casamento, apurar-se-á o montante dos aqüestos, excluindo-se da soma dos patrimônios próprios: os bens anteriores ao casamento e os que em seu lugar se sub-rogarem; os que sobrevieram a cada cônjuge por herança ou doação e as dívidas relativas a esse bem. Desses aqüestos, dissolvida a sociedade ou vínculo conjugal, cada um dos cônjuges terá direito à metade.

REGIME DE PESSOAL. *Direito do trabalho.* Conjunto de preceitos que regem determinadas relações internas entre empregador e empregados de uma empresa, como as alusivas ao local de trabalho, ao turno de trabalho, à alteração de horário, ao uso de crachá ou uniforme, à produtividade etc.

REGIME DE PREVIDÊNCIA COMPLEMENTAR PRIVADA. *Direito previdenciário.* Conjunto de normas sobre especialização das sociedades seguradoras em planos privados de assistência à saúde;

relação entre União, Estados, Distrito Federal, Municípios, suas autarquias, fundações, sociedades de economia mista e outras entidades públicas e suas respectivas entidades fechadas de previdência complementar. Tem por objetivo instituir e executar planos de benefícios de caráter previdenciário.

REGIME DE SANEAMENTO. *Direito agrário.* Conjunto de medidas de defesa sanitária animal aplicadas pelo serviço oficial, com o objetivo de eliminar o agente causal do mormo (doença infecciosa do gado cavalar e asinino, que provoca inflamação da membrana pituitária, com corrimento de pus pelas vias nasais) em estabelecimento que se submete voluntariamente ou quando julgado necessário pelo Serviço de Defesa Sanitária Animal.

REGIME DE SEPARAÇÃO DE BENS. *Direito civil.* Aquele em que cada consorte conserva, com exclusividade, o domínio, posse e administração de seus bens presentes e futuros, e a responsabilidade pelos débitos anteriores e posteriores ao matrimônio (Silvio Rodrigues e Pontes de Miranda). Existem dois patrimônios perfeitamente separados e distintos: o do marido e o da mulher. Há incomunicabilidade não só dos bens que cada qual possuía ao se casar, mas também dos que veio a adquirir na constância do casamento, havendo uma completa separação de patrimônio dos dois cônjuges. Esse regime pode provir de lei ou de convenção. A lei o impõe, tornando-o obrigatório por razões de ordem pública ou por ser exigido como sanção, na hipótese de casamento: a) de pessoas sujeitas ao poder familiar, tutela ou curatela, enquanto não obtiverem, ou lhes não for suprido, o consentimento do pai, tutor ou curador; b) das mulheres e homens menores de dezesseis anos; c) do viúvo, ou viúva que tiver filho do cônjuge falecido, enquanto não fizer inventário dos bens do casal, e der partilha aos herdeiros, salvo se se provar a inexistência de dano ao herdeiro; d) da viúva ou da mulher cujo casamento se desfez por ser nulo ou ter sido anulado, até dez meses depois do começo da viuvez, ou da dissolução da sociedade e do vínculo conjugal, salvo se, antes de findo esse prazo, der à luz algum filho, ou provar a inexistência de gravidez; e) do tutor ou curador e dos seus descendentes, ascendentes, irmãos, cunhados ou sobrinhos, com a pessoa tutelada ou curatelada, enquanto não cessar a tutela ou curatela, e não estiverem saldadas as respectivas contas, exceto se se provar que não há dano ao tutelado ou curatelado; f) do divorciado, enquanto não houver sido homologada ou dividida a partilha dos bens do casal, salvo se se comprovar a inexistência de prejuízo ao excônjuge; g) da pessoa maior de sessenta anos; porém, se, nessa hipótese, suceder concubinato de mais de dez anos consecutivos ou do qual tenham nascido filhos, não se aplica a regra, podendo os nubentes escolher livremente o regime matrimonial de bens; h) de todos os que dependem, para casar, de autorização judicial. Fora desses casos, os nubentes que o quiserem adotar deverão instituí-lo numa convenção antenupcial. A separação de natureza convencional pode ser: absoluta, se se estabelecer a incomunicabilidade de todos os bens adquiridos antes e depois do casamento, inclusive frutos e rendimentos; relativa, se se circunscrever aos bens presentes, comunicando-se os frutos e rendimentos futuros.

REGIME DE TEMPO INTEGRAL. *Direito administrativo.* Aquele que sujeita funcionário público a quarenta horas semanais de trabalho.

REGIME DE TERÇA. *História do direito.* Parceria agrícola em que se convencionava que o parceiro não-proprietário da terra tinha direito a um terço dos frutos colhidos.

REGIME DE TRABALHO. *Direito do trabalho.* Corpo de normas relativas a horário, local de serviço, exigências sobre produtividade etc.

REGIME DE TRIBUTAÇÃO ESPECIAL. *Direito aduaneiro.* É o que permite o despacho de bens integrantes de bagagem mediante a exigência tão-somente do imposto de importação, calculado pela aplicação da alíquota de cinqüenta por cento sobre o valor do bem.

REGIME DE TRIBUTAÇÃO SIMPLIFICADA. *Direito aduaneiro.* É a exclusiva cobrança do imposto de importação dos bens contidos em remessas postais e encomendas aéreas internacionais, mediante aplicação de alíquotas especiais, independentemente de sua classificação tarifária. O regime de tributação simplificada aplica-se às remessas postais e encomendas aéreas internacionais, quer se destinem a pessoas físicas ou a pessoas jurídicas, observados, cumulativamente, os seguintes requisitos: a) sejam de valor não superior a 500 dólares ou o equivalente em outra moeda; b) contenham bens que não se destinem a revenda. A tributação simplificada deve ser efetuada em função do valor aduaneiro da remessa ou encomenda e da natureza dos bens nela contidos.

REGIME DE TURNOS ININTERRUPTOS DE REVEZA-MENTO. *Direito do trabalho.* *Vide* REVEZAMENTO.

REGIME DISCIPLINAR DIFERENCIADO (RDD). *Direito penal* e *direito penitenciário.* É aquele imposto ao preso provisório ou condenado, sem prejuízo da sanção penal, em razão de prática de crime doloso que ocasione subversão da ordem. Esse regime é também aplicável a presos que apresentarem alto risco para a ordem e segurança do estabelecimento penal ou da sociedade, ou que sejam suspeitos de envolvimento ou participação em organizações criminosas, quadrilha ou bando.

REGIME DO ANISTIADO POLÍTICO. *Direito penal.* É o que compreende os seguintes direitos: a) declaração da condição de anistiado político; b) reparação econômica, de caráter indenizatório, em prestação única ou em prestação mensal, permanente e continuada, asseguradas a readmissão ou a promoção na inatividade; c) contagem, para todos os efeitos, do tempo em que o anistiado político esteve compelido ao afastamento de suas atividades profissionais, em virtude de punição ou de fundada ameaça de punição, por motivo exclusivamente político, vedada a exigência de recolhimento de quaisquer contribuições previdenciárias; d) conclusão do curso, em escola pública, ou, na falta, com prioridade para bolsa de estudo, a partir do período letivo interrompido, para o punido na condição de estudante, em escola pública, ou registro de respectivo diploma para os que concluíram curso em instituições de ensino no exterior, mesmo que este não tenha correspondente no Brasil, exigindo-se para isso o diploma ou certificado de conclusão do curso em instituição de reconhecido prestígio internacional; e) reintegração dos servidores públicos civis e dos empregados públicos punidos, por interrupção de atividade profissional em decorrência de decisão dos trabalhadores; por adesão à greve em serviço público e em atividades essenciais de interesse da segurança nacional por motivo político. Aqueles que foram afastados em processos administrativos, instalados com base na legislação de exceção, sem direito ao contraditório e à própria defesa, e impedidos de conhecer os motivos e fundamentos da decisão, serão reintegrados em seus cargos.

REGIME DOTAL. *História do direito.* Era aquele em que um conjunto de bens, designado dote, era transferido pela mulher, ou alguém por ela, ao marido, para que este, dos frutos e rendimen-

tos desse patrimônio, retirasse o que fosse necessário para fazer frente aos encargos da vida conjugal, sob a condição de devolvê-lo com o término da sociedade conjugal.

REGIME ECONÔMICO E FINANCEIRO DA CONCESSÃO DE SERVIÇO PÚBLICO DE ENERGIA ELÉTRICA. *Direito administrativo.* É o que, conforme o estabelecido no contrato, compreende: a) a contraprestação pela execução do serviço, paga pelo consumidor final, com tarifa baseada no serviço; b) a responsabilidade da concessionária em realizar investimentos em obras e instalações que reverterão à União, na extinção do contrato, garantida a indenização nos casos legais para assegurar a qualidade do serviço de energia elétrica; c) a participação do consumidor no capital da concessionária, mediante contribuição financeira para execução de obras de interesse mútuo; d) apropriação de ganhos de eficiência empresarial e da competitividade; e) indisponibilidade, pela concessionária, salvo disposição contratual, dos bens tidos como reversíveis.

REGIME ESPECIAL. *Direito penal* e *direito penitenciário.* Aquele reservado às mulheres que devem cumprir pena privativa de liberdade em estabelecimento próprio, onde devem ser observados os direitos e deveres inerentes à sua condição pessoal.

REGIME ESPECIAL DE TRÂNSITO ADUANEIRO. *Direito aduaneiro.* É o que permite o transporte de mercadoria, sob controle aduaneiro, de um ponto a outro do território aduaneiro, com suspensão de pagamento de tributos.

REGIME ESPECIAL DE TRIBUTAÇÃO PARA A PLATA-FORMA DE EXPORTAÇÃO DE SERVIÇOS DE TECNO-LOGIA DA INFORMAÇÃO (REPES). *Direito tributário.* O REPES suspende a exigência: 1. Da Contribuição para o PIS/PASEP e da Contribuição para o Financiamento da Seguridade Social (COFINS) incidentes sobre a receita bruta: a) decorrente da venda de bens novos, quando adquiridos por pessoa jurídica beneficiária do regime para incorporação ao seu ativo imobilizado; b) auferida pela prestadora de serviços, quando prestados a pessoas jurídicas beneficiárias do regime. 2. Da Contribuição para o PIS/PASEP-Importação e da COFINS-Importação incidentes sobre: a) bens novos, quando importados diretamente por pessoa jurídica beneficiária do regime para incorporação ao seu ativo imo-bilizado; b) serviços, quando importados di-

REGIME ESPECIAL TRIBUTÁRIO DO PATRIMÔNIO DE AFETAÇÃO

retamente por pessoa jurídica beneficiária do regime. **3.** Do Imposto sobre Produtos Industrializados (IPI), incidente sobre a importação de bens novos, sem similar nacional, quando efetuada diretamente por pessoa jurídica beneficiária do regime para incorporação ao seu ativo imobilizado. Aplica-se somente aos bens e serviços destinados ao desenvolvimento, no País, de *software* ou à prestação de serviços de tecnologia da informação.

REGIME ESPECIAL TRIBUTÁRIO DO PATRIMÔNIO DE AFETAÇÃO. *Direito tributário.* Regime especial de tributação aplicável às incorporações imobiliárias, em caráter opcional e irretratável enquanto perdurarem direitos de crédito ou obrigações do incorporador junto aos adquirentes dos imóveis que compõem a incorporação. A opção pelo regime especial de tributação será efetivada quando atendidos os seguintes requisitos: a) entrega do termo de opção ao regime especial de tributação na unidade competente da Secretaria da Receita Federal, conforme regulamentação a ser estabelecida; e b) afetação do terreno e das acessões objeto da incorporação imobiliária. O terreno e as acessões objeto da incorporação imobiliária sujeitas ao regime especial de tributação, bem como os demais bens e direitos a ela vinculados, não responderão por dívidas tributárias da incorporadora relativas ao Imposto de Renda das Pessoas Jurídicas (IRPJ), à Contribuição Social sobre o Lucro Líquido (CSLL), à Contribuição para o Financiamento da Seguridade Social (COFINS) e à Contribuição para os Programas de Integração Social e de Formação do Patrimônio do Servidor Público (PIS/PASEP), exceto aquelas calculadas sobre as receitas auferidas no âmbito da respectiva incorporação. O patrimônio da incorporadora responderá pelas dívidas tributárias da incorporação afetada. Para cada incorporação submetida ao regime especial de tributação, a incorporadora ficará sujeita ao pagamento equivalente a sete por cento da receita mensal (totalidade das receitas auferidas pela incorporadora na venda das unidades imobiliárias que compõem a incorporação, bem como as receitas financeiras e variações monetárias decorrentes desta operação) recebida, o qual corresponderá ao pagamento mensal unificado dos seguintes impostos e contribuições: a) Imposto de Renda das Pessoas Jurídicas (IRPJ); b) Contribuição para os Programas de Integra-

ção Social e de Formação do Patrimônio do Servidor Público (PIS/PASEP); c) Contribuição Social sobre o Lucro Líquido (CSLL); d) Contribuição para Financiamento da Seguridade Social (COFINS). O pagamento dos tributos e contribuições somente poderá ser compensado, por espécie, com o montante devido pela incorporadora no mesmo período de apuração, até o limite desse montante. A parcela dos tributos pagos que não puderem ser compensados será considerada definitiva, não gerando, em qualquer hipótese, direito a restituição ou ressarcimento, bem assim a compensação com o devido em relação a outros tributos da própria ou de outras incorporações ou pela incorporadora em outros períodos de apuração. A opção pelo regime especial de tributação obriga o contribuinte a fazer o recolhimento dos tributos, a partir do mês da opção. O pagamento unificado de impostos e contribuições deverá ser feito até o décimo dia do mês subseqüente àquele em que houver sido auferida a receita. A incorporadora deverá utilizar, no Documento de Arrecadação de Receitas Federais (DARF), o número específico de inscrição da incorporação no Cadastro Nacional das Pessoas Jurídicas (CNPJ) e código de arrecadação próprio. Os créditos tributários devidos pela incorporadora não poderão ser objeto de parcelamento. O incorporador fica obrigado a manter escrituração contábil segregada para cada incorporação submetida ao regime especial de tributação. Para fins de repartição de receita tributária, o percentual de sete por cento será considerado: a) 3% como COFINS; b) 0,65% como Contribuição para o PIS/PASEP; c) 2,2% como IRPJ; d) 1,15% como CSLL. Perde eficácia a deliberação pela continuação da obra, bem como os efeitos do regime de afetação, caso não se verifique o pagamento das obrigações tributárias, previdenciárias e trabalhistas, vinculadas ao respectivo patrimônio de afetação, cujos fatos geradores tenham ocorrido até a data da decretação da falência, ou insolvência do incorporador, as quais deverão ser pagas pelos adquirentes em até um ano daquela deliberação, ou até a data da concessão do habite-se, se esta ocorrer em prazo inferior.

REGIME ESPECIAL UNIFICADO DE ARRECADAÇÃO DE TRIBUTOS E CONTRIBUIÇÕES DEVIDOS PELAS MICROEMPRESAS E EMPRESAS DE PEQUENO PORTE (SIMPLES NACIONAL). *Direito tributário. Vide* SUPER SIMPLES.

REGIME ESTATUTÁRIO. *Direito administrativo.* Conjunto de normas disciplinadoras da relação jurídica entre funcionário público e administração, estabelecidas por lei, unilateralmente, pelo poder público, que pode, a qualquer momento, alterar as condições impostas, desde que se atenha às limitações constitucionais (Adilson de Abreu Dallari).

REGIME FECHADO. *Direito penal* e *direito penitenciário.* Regime penitenciário onde a pena deve ser cumprida em estabelecimento de segurança máxima ou média, conforme o grau de periculosidade do criminoso.

REGIME FEDERATIVO. *Direito constitucional.* Organização político-estatal fundada na federação (De Plácido e Silva).

REGIME FIDUCIÁRIO SOBRE CRÉDITOS IMOBILIÁRIOS. *Direito civil* e *direito bancário.* É o instituído pela companhia securitizadora para lastrear, com base em créditos representados por cédulas de crédito imobiliário (CCI), a emissão de Certificados de Recebíveis Imobiliários, sendo agente fiduciário uma instituição financeira ou companhia autorizada para esse fim pelo Bacen e beneficiários os adquirentes dos títulos lastreados nos recebíveis objeto desse regime. As CCI, objeto de securitização, serão identificadas no respectivo Termo de Securitização de Créditos, mediante indicação do seu valor, número, série e instituição custodiante, dispensada a enunciação das informações já constantes das Cédulas ou do seu registro nessa instituição. O regime fiduciário, no caso de emissão de Certificados de Recebíveis Imobiliários lastreados em créditos representados por CCI, será registrado na instituição custodiante, mencionando o patrimônio separado a que estão afetados. O regime fiduciário será instituído mediante declaração unilateral da companhia securitizadora no contexto do Termo de Securitização de Créditos, que se submeterá às seguintes condições: a) a constituição do regime fiduciário sobre os créditos que lastreiem a emissão; b) a constituição de patrimônio separado, integrado pela totalidade dos créditos submetidos ao regime fiduciário que lastreiem a emissão; c) a afetação dos créditos como lastro da emissão da respectiva série de títulos; d) a nomeação do agente fiduciário, com a definição de seus deveres, responsabilidades e remuneração, bem como as hipóteses, condições e forma de sua destituição ou substituição e as demais condições de sua atuação; e) a forma de liquidação do patrimônio separado. O Termo de Securiti-

zação de Créditos, em que seja instituído o regime fiduciário, será averbado nos Registros de Imóveis em que estejam matriculados os respectivos imóveis. Os créditos objeto do regime fiduciário: a) constituem patrimônio separado, que não se confunde com o da companhia securitizadora; b) manter-se-ão apartados do patrimônio da companhia securitizadora até que se complete o resgate de todos os títulos da série a que estejam afetados; c) destinam-se exclusivamente à liquidação dos títulos a que estiverem afetados, bem como ao pagamento dos respectivos custos de administração e de obrigações fiscais; d) estão isentos de qualquer ação ou execução pelos credores da companhia securitizadora; e) não são passíveis de constituição de garantias ou de excussão por quaisquer dos credores da companhia securitizadora, por mais privilegiados que sejam; f) só responderão pelas obrigações inerentes aos títulos a ele afetados. Instituído o regime fiduciário, incumbirá à companhia securitizadora administrar cada patrimônio separado, manter registros contábeis independentes em relação a cada um deles e elaborar e publicar as respectivas demonstrações financeiras. A totalidade do patrimônio da companhia securitizadora responderá pelos prejuízos que esta causar por descumprimento de disposição legal ou regulamentar, por negligência ou administração temerária ou, ainda, por desvio da finalidade do patrimônio separado.

REGIME FLORESTAL. *Direito ambiental.* Complexo de preceitos normativos relativos à proteção e à preservação das matas, traçando diretrizes ao corte, ao reflorestamento, às reservas florestais etc.

REGIME GERAL DE ORIGEM. *Direito internacional privado.* É o que define regras para impedir que produtos com índice de nacionalização inferior a 60%, com exceção dos bens de capital, cujo índice de nacionalização pode ser de 50%, venham a ser beneficiados com tarifa alfandegária zero no comércio entre os Estados Partes do Tratado de Assunção.

REGIME GERAL DE PREVIDÊNCIA SOCIAL (RGPS). *Direito previdenciário.* É o que garante a cobertura das seguintes prestações, expressas em benefícios e serviços: 1) quanto ao segurado: a) aposentadoria por invalidez; b) aposentadoria por idade; c) aposentadoria por tempo de serviço; d) aposentadoria especial; e) auxílio-doença; f) salário-família; g) salário-maternidade; h) auxílio-acidente; 2) quanto ao dependente:

a) pensão por morte; b) auxílio-reclusão; 3) quanto ao segurado e dependente: a) serviço social; b) reabilitação profissional. O Regime Geral de Previdência Social (RGPS) compreende ainda as prestações por acidentes do trabalho e é gerido pelo INSS.

REGIME HIDATOLÓGICO. *Direito ambiental.* Conjunto de normas protetoras da água do mar e das riquezas que nela se contém, evitando ação de agentes poluentes e atos depredadores.

REGIME HIDROLÓGICO. *Vide* REGIME HIDATOLÓGICO.

REGIME HIPOTECÁRIO. *Direito civil.* Conjunto de normas alusivas à hipoteca, regendo sua constituição, efeitos e extinção.

REGIME INSTITUIDOR. *Direito previdenciário.* É o regime previdenciário responsável pela concessão e pagamento de benefício de aposentadoria ou pensão dela decorrente a segurado, servidor público ou a seus dependentes, com cômputo de tempo de contribuição devidamente certificado pelo regime de origem. O Regime Geral de Previdência Social, como regime instituidor, tem direito de receber de cada regime de origem compensação financeira, devendo apresentar a cada regime de origem os seguintes dados referentes a cada benefício concedido com cômputo de tempo de contribuição no âmbito daquele regime de origem: a) identificação do segurado e, se for o caso, de seu dependente; b) a renda mensal inicial e a data de início do benefício; c) o percentual do tempo de serviço total do segurado correspondente ao tempo de contribuição no âmbito daquele regime de origem. Cada regime de origem deve pagar ao Regime Geral de Previdência Social, para cada mês de competência do benefício, o valor resultante da multiplicação da renda mensal do benefício desse percentual.

REGIME INTERNO DO SUPREMO TRIBUNAL FEDERAL. *Direito processual.* Conjunto de normas que regem o funcionamento do Supremo Tribunal Federal, estabelecendo, por exemplo, a competência do Plenário ou a alusiva à concessão do *exequatur* etc., o processo e julgamento dos feitos de sua competência etc.

REGIME JURÍDICO. *Teoria geral do direito.* É o conjunto de princípios, normas e categorias, que regem o funcionamento de determinado instituto jurídico (Celso Antônio Bandeira de Mello).

REGIME JURÍDICO ADMINISTRATIVO. *Direito administrativo.* Conjunto de normas atinentes às prerrogativas e sujeições da Administração Pública a que se submetem os institutos do direito administrativo (José Cretella Jr.).

REGIME JURÍDICO DOS SERVIDORES. *Direito administrativo.* Estatuto dos Funcionários Públicos Civis da União.

REGIME JURÍDICO-TRIBUTÁRIO. *Direito tributário.* **1.** Conjunto de princípios, normas e categorias, que informam o funcionamento do instituto jurídico do tributo (Geraldo Ataliba). **2.** Conjunto de normas e princípios disciplinadores de competência tributária da instituição, arrecadação, cobrança e fiscalização dos tributos, do lançamento, das relações fático-econômicas delineadoras da capacidade contributiva, dos fins fiscais e extrafiscais da imposição, da execução fiscal etc.

REGIME LIVRE. *Ciência política.* É aquele regime democrático que admite a participação pessoal e direta do povo na deliberação de assuntos públicos.

REGIME MATRIMONIAL DE BENS. *Vide* REGIME DE BENS DO CASAMENTO.

REGIME MATRIMONIAL DE BENS DE BRASILEIRO NATURALIZADO. *Direito internacional privado.* Aquele que, baseado no critério da nacionalidade, permite alterar o regime matrimonial de bens adotado em virtude de naturalização daquele consorte que se transferiu para o Brasil. A lei brasileira, respeitando o princípio da mutabilidade justificada do regime matrimonial de bens, que é o do domicílio comum dos nubentes ao se casarem, e, em caso de diversidade, o do primeiro domicílio conjugal, permitirá, em favor de estrangeiro casado que se naturalizar brasileiro, domiciliado no Brasil, que, com a anuência expressa de seu cônjuge, requeira ao magistrado, no ato da entrega do decreto de naturalização, a adoção do regime da comunhão parcial de bens, p. ex., alterando o regime matrimonial de bens com que começara a sociedade conjugal, respeitando-se os direitos de terceiros, e efetuando-se o competente registro estabelecido para as convenções antenupciais. A Lei de Introdução, apesar de aceitar a *lex domicilii* para determinação do estatuto patrimonial dos consortes, deu consideração especial ao critério da nacionalidade brasileira.

REGIME MONÁRQUICO. *Ciência política.* Forma de governo em que o exercício do poder, para atender ao interesse geral, compete a um rei, imperador ou príncipe.

REGIMENTADO. 1. Regulamentado. **2.** Que tem regimento ou estatuto.

REGIMENTAL. 1. *Direito militar.* Relativo a regimento ou a um corpo de tropas. **2.** Na *linguagem jurídica*, é: a) tudo que for regulamentar; b) referente a regimento.

REGIMENTAR. 1. Regulamentar. **2.** O que é alusivo a regimento.

REGIMENTISTA. Aquele que está muito vinculado ao regimento.

REGIMENTO. 1. *Direito militar.* Corpo de tropas que, em regra, está sob o comando de um coronel. **2.** *Medicina legal.* Período que vai do parto até o pronto restabelecimento da parturiente. **3.** *Direito administrativo.* Complexo de preceitos que regem o modo de exercício de um cargo público, o funcionamento de um órgão da Administração Pública ou repartição pública. **4.** *Direito civil.* Conjunto de normas regulamentadoras de uma corporação, instituição, estabelecimento de ensino etc. **5.** *Direito processual.* Conjunto de normas que disciplinam o funcionamento e as atividades ou os serviços internos dos tribunais.

REGIMENTO DE CUSTAS. *Direito processual.* Conjunto de preceitos que estabelecem tabela contendo o valor de custas e emolumentos judiciais e extrajudiciais e o modo de seu pagamento.

REGIMENTO INTERNO. *Direito administrativo.* Corpo de normas disciplinadoras das atividades internas de uma corporação, comissão, assembléia legislativa, conselho, órgão colegiado público ou particular, e das atribuições e funções de seus membros. Regula, como diz Biscaretti de Ruffia, a matéria *interna corporis*, ou seja, o que diz respeito exclusivamente ao órgão.

REGIMENTO INTERNO DO SUPREMO TRIBUNAL FEDERAL. *Direito processual.* Conjunto de normas que regem o funcionamento do Supremo Tribunal Federal, estabelecendo, por exemplo, a competência do Plenário ou a alusiva à concessão do *exequatur* etc., o processo e julgamento dos feitos de sua competência.

REGIMENTOS. *Direito canônico.* Normas que devem ser seguidas nas reuniões, marcadas pela autoridade eclesiástica ou livremente convocadas pelos fiéis, ou em outras celebrações, pois determinam o que pertence à constituição, à direção e ao modo de agir.

REGIME PARLAMENTAR. *Ciência política.* Forma de governo em que os negócios públicos ficam sob a direção de um gabinete, que, além de ser res-ponsável perante o parlamento, delibera sob a presidência do Primeiro Ministro, que é o chefe de governo, ficando o rei ou o presidente da República, tão-somente, com a chefia de Estado. Como ensinam Esmein, Barthélemy e Duez, esse regime requer três órgãos, que são: a) um Parlamento eleito pelo povo; b) um conjunto de Ministros escolhidos pelo chefe de Estado dentre os membros do partido majoritário, agrupados em Gabinete, responsáveis, solidária e politicamente, perante o Parlamento, e presididos pelo chefe de Governo, que é o Primeiro-Ministro; e c) chefe de Estado, politicamente irresponsável. *Vide* PARLAMENTARISMO.

REGIME PARLAMENTARISTA. *Vide* REGIME PARLAMENTAR.

REGIME PENITENCIÁRIO. *Direito penitenciário.* Complexo de normas que disciplinam a maneira de execução da pena privativa de liberdade, a internação em estabelecimentos carcerários, a integração social do criminoso, a administração do presídio, o trabalho obrigatório no recinto prisional, o salário a que o preso tem direito, o seguro contra acidentes em trabalho, assistência social etc.

REGIME POLÍTICO. *Ciência política.* **1.** Conjunto de normas relativas à organização de um país ou povo, e delegação do poder feita pelo povo a um regente, seja ele presidente da República, Primeiro Ministro ou Monarca. **2.** Modo efetivo pelo qual se opera o exercício do poder em um dado Estado (Georges Burdeau), a escolha dos governantes, a estrutura e a limitação do governo (Duverger). **3.** Conjunto de instituições que regem a luta pelo poder e seu exercício e a prática dos valores que animam aquelas instituições (Lucio Levi).

REGIME PRESIDENCIAL. *Vide* REGIME PRESIDENCIALISTA.

REGIME PRESIDENCIALISTA. *Ciência política.* Governo republicano em que, além do fato de as chefias de Estado e de Governo estarem nas mãos do presidente da República, a quem compete a escolha e a demissão dos Ministros, há independência entre os três Poderes: Executivo, Judiciário e Legislativo, agindo cada qual na esfera de suas atribuições. *Vide* PRESIDENCIALISMO.

REGIME PRÓPRIO DE PREVIDÊNCIA SOCIAL (RPPS). *Direito previdenciário.* É o sistema de previdência, estabelecido no âmbito de cada ente federativo, que assegure, por lei, a todos os servidores titulares de cargo efetivo, pelo menos os benefícios de aposentadoria e pensão por morte.

REGIME REPRESENTATIVO. *Ciência política.* Aquele em que, sendo o povo o titular da soberania, compete a ele, por sua maioria, através do exercício do voto, a escolha dos seus representantes, para que estes, em seu nome, governem o Estado e editem normas.

REGIME REPUBLICANO. *Ciência política.* Aquele em que o poder pertence ao povo, que elege o Parlamento, o qual o representa, periodicamente, e o chefe do Executivo, que exerce mandato temporário.

REGIMES ADUANEIROS ESPECIAIS. *Direito alfandegário.* São os seguintes: a) Admissão Temporária: é o que permite a importação de bens que devem permanecer no País durante prazo fixado, com suspensão de tributos, na forma e condições estabelecidas no Regulamento Aduaneiro; b) *Drawback*: é o que permite a importação de mercadoria(s) por empresa que, por meio de compromisso assumido em documentação específica (Ato Concessório do *Drawback*), comprove ou venha comprovar a exportação de produto(s) que tenha(m) sofrido, no País, algum tipo de beneficiamento industrial ou agregação de valor, com suspensão, isenção ou restituição de tributos, desde que atendidos os critérios estabelecidos em legislação própria, permitido e controlado pela Secretaria da Receita Federal (MF) e pela Secretaria de Comércio Exterior (MDIC); c) Entreposto Aduaneiro na importação: é o que permite o depósito de mercadorias, em local determinado, com suspensão de tributos e sob controle fiscal da Secretaria da Receita Federal (MF), desde que atendidos os critérios estabelecidos em legislação própria.

REGIME SANITÁRIO. *Direito administrativo.* Conjunto de medidas voltadas à conservação da saúde pública.

REGIMES DE EXECUÇÃO. *Direito processual.* Formas processuais de execução como a execução fiscal e a execução forçada.

REGIME SEMI–ABERTO. *Direito penal* e *direito penitenciário.* Aquele em que o condenado cumpre a pena privativa de liberdade em colônia agrícola, industrial ou estabelecimento similar, sendo-lhe admissível o trabalho externo e a freqüência a cursos supletivos profissionalizantes, de instrução de segundo grau ou superior.

REGIMES PRÓPRIOS DE PREVIDÊNCIA SOCIAL DOS SERVIDORES PÚBLICOS DA UNIÃO, DOS ESTADOS, DO DISTRITO FEDERAL E DOS MUNICÍPIOS, DOS MILITARES DOS ESTADOS E DO DISTRITO FEDERAL. *Direito previdenciário.* São os que asseguram por lei, inclusive constituição estadual ou lei orgânica distrital ou municipal, a servidor público, pelo menos, as aposentadorias e a pensão por morte. São os organizados, baseados em normas gerais de contabilidade e atuária, de modo a garantir o seu equilíbrio financeiro e atuarial, observados os seguintes critérios: a) realização de avaliação atuarial inicial e em cada balanço, bem como de auditoria, por entidades independentes legalmente habilitadas, utilizando-se parâmetros gerais, para a organização e revisão do plano de custeio e benefícios; b) financiamento mediante recursos provenientes da União, dos Estados, do Distrito Federal e dos Municípios e as contribuições do pessoal civil e militar, ativo, inativo e dos pensionistas, somente poderão ser utilizados para pagamento de benefícios previdenciários dos respectivos regimes; c) cobertura de um número mínimo de segurados, de modo que os regimes possam garantir diretamente a totalidade dos riscos cobertos no plano de benefícios, preservando o equilíbrio atuarial sem necessidade de resseguro, conforme parâmetros gerais; d) cobertura exclusiva a servidores públicos titulares de cargos efetivos e a militares, e a seus respectivos dependentes, de cada ente estatal, vedado o pagamento de benefícios, mediante convênios ou consórcios entre Estados e Municípios e entre Municípios; e) pleno acesso dos segurados às informações relativas à gestão do regime e participação de representantes dos servidores públicos e dos militares, ativos e inativos, nos colegiados e instâncias de decisão em que seus interesses sejam objeto de discussão e deliberação; f) registro contábil individualizado das contribuições de cada servidor e dos entes estatais, conforme diretrizes gerais; g) identificação e consolidação em demonstrativos financeiros e orçamentários de todas as despesas fixas e variáveis com pessoal inativo civil, militar e pensionistas, bem como dos encargos incidentes sobre os proventos e pensões pagos; h) sujeição às inspeções e auditorias de natureza atuarial, contábil, financeira, orçamentária e patrimonial dos órgãos de controle interno e externo.

REGIME TOTALITÁRIO. *Ciência política.* É aquele que, por não admitir pluralidade partidária, está sob a direção de um só grupo político, detentor de todos os poderes.

REGIME TRIBUTÁRIO. *Vide* REGIME JURÍDICO-TRIBUTÁRIO.

REGIME UNITÁRIO. *Ciência política.* Aquele, vigorante em Estados que não adotam o federalismo, em que há um só governo com autoridade exclusiva sobre todo o território do país, cujas províncias constituem meras divisões administrativas, sem qualquer autonomia.

RÉGIO. *Direito comparado.* **1.** O que procede do rei. **2.** Referente a rei. **3.** Peculiar ao rei.

REGIÕES FISCAIS. *Direito tributário.* Divisões do território de um país, feitas para fins de lançamento e arrecadação de tributos.

REGIÕES ÔNTICAS. *Filosofia geral.* Esferas de seres ou objetos existentes, que são intuídas imediatamente. Com a intuição, percebe-se que cada uma das regiões do ser tem sua estrutura própria. A definição de algo envolve, necessariamente, a prévia determinação da região ôntica em que esse algo se situa, ou seja, envolve a estrutura objetiva daquilo que se põe como matéria de compreensão. Cada objeto é uma realidade ôntica; para seu estabelecimento temos um enfoque moderno, inspirado na Teoria dos Objetos de Husserl, que reconhece quatro regiões ônticas, ou quatro ontologias regionais, assim sintetizadas por Carlos Cossio:

REGIÕES ÔNTICAS: CARACTERÍSTICAS

Objetos	Caracteres	Ato Gnoseológico	Método
Ideais	Irreais: não têm existência no espaço e no tempo, mas apenas no mundo intramental. Não estão na experiência sensível. São neutros de valor.	Intelecção	Racional-dedutivo
Naturais	Reais: têm existência espácio-temporal. Estão na experiência sensível. São neutros de valor.	Explicação	Empírico-indutivo
Culturais	Reais: têm existência espácio-temporal. Estão na experiência sensível. São valiosos positiva ou negativamente.	Compreensão	Empírico-dialético
Metafísicos	Reais: têm existência. Não estão na experiência sensível. São valiosos positiva ou negativamente.		

REGIONAL. **1.** O que é peculiar a uma região. **2.** O que pertence a uma região. **3.** Referente a região.

REGIONALISMO. **1.** *Direito administrativo.* Sistema de descentralização ou de divisão do país em regiões para atender a fins de administração ou fiscais. **2.** *Sociologia jurídica.* a) Ato sociopolítico voltado à defesa dos interesses de uma dada região; b) apego à cultura de uma região. **3.** *Direito internacional público.* Doutrina que propugna o estabelecimento de normas próprias para reger um grupo de países (De Plácido e Silva). **4.** *Ciência política.* Tendência política favorável à autonomia regional (Rotelli).

REGIONALISTA. *Sociologia jurídica.* **1.** Defensor dos interesses de uma região. **2.** Adepto do regionalismo.

REGIONALIZAÇÃO. *Direito administrativo.* **1.** Ato de dividir o país em regiões para finalidades administrativas ou para organizar serviços públicos. **2.** Ação ou efeito de atender aos interesses socioeconômicos de uma determinada região.

REGIONÁRIO. *História do direito.* **1.** O que pertencia a uma região do Império Romano. **2.** Encarregado de cuidar de uma dada região.

REGIRAR. *Direito cambiário.* Recambiar letra protestada.

REGIRO DE CÂMBIO. *Direito cambiário.* Recâmbio; mutação sucessiva de devedores em um título de crédito.

REGISTER TONNAGE. *Vide* ARQUEAÇÃO LÍQUIDA.

REGISTRADO. *Direito registrário.* O que se registrou.

REGISTRADOR. **1.** *Direito administrativo.* Aparelho automático ou medidor do consumo de gás, luz etc. **2.** *Direito registrário.* a) Que registra; b) encarregado da escrituração de livros de registro.

REGISTRADORA. *Direito comercial.* Máquina usada em um estabelecimento empresarial para registrar quantias recebidas emitindo talões que podem ter a validade de nota fiscal.

REGISTRANDO. *Direito registrário.* Aquilo que vai ser registrado.

REGISTRANTE. *Direito registrário.* Aquele que se apresenta no cartório competente para registrar declaração, documento ou coisa.

REGISTRAR. *Direito registrário.* **1.** Lançar por escrito em livro próprio. **2.** Fazer assento em cartório competente. **3.** Assinalar. **4.** Marcar. **5.** Consignar por escrito. **6.** Arrolar.

REGISTRAR UMA TROPA. *Direito agrário.* No Rio Grande do Sul, anotar o gado alheio que se encontra em uma tropa para indenizar seu proprietário.

REGISTRÁVEL. *Direito registrário.* Que pode ser registrado; suscetível de registro.

REGISTRO. 1. *Direito alfandegário.* a) Visita de funcionário da alfândega para fins de fiscalização; b) prédio ou barco que, dentro do porto, está destinado ao serviço aduaneiro e ao de inspeção portuária. **2.** *Direito agrário.* a) Porta de açude ou dique; comporta; b) contagem de gado alheio que aparece na estância. **3.** *Direito comercial.* a) Estabelecimento mercantil que vende por atacado; b) livro apropriado para contabilização de operações; c) anotação em planilha e/ou documento que comprova realização e/ou resultado de controles, testes e análises de água mineral natural ou água natural, devendo ser datado e assinado por funcionário responsável pelo seu preenchimento. **4.** *Direito administrativo.* a) Repartição pública encarregada de registrar fatos ou documentos; b) cópia textual de documento em livro próprio, feita em repartição pública, para lhe dar autenticidade; c) indicação do consumo de água, de gás etc. feita pelo medidor; d) seguro do correio; e) prontuário; ficha individual para atender a certo fim. **5.** *Direito registrário.* a) Instituto jurídico que visa a aquisição de propriedade imobiliária; b) ato que dá publicidade e autenticidade a atos jurídicos; c) ato que dá eficácia *erga omnes* à aquisição, transferência ou extinção de direitos; d) assento em livro próprio para consignar certos fatos, atos jurídicos, documentos etc.; e) livro onde se efetua o assentamento; f) cartório competente para efetuar a matrícula, o registro e a averbação de direitos reais; g) conjunto de atos comprobatórios do estado das pessoas; h) conjunto de atos autênticos tendentes a ministrar prova segura e certa do estado das pessoas e da situação do imóvel (Washington de Barros Monteiro); i) órgão, repartição, entidade, cartório ou seção onde se transcrevem documentos na íntegra ou por extrato, se anotam certos dados, ou se marcam, por escrito, certos fatos ou atos (José da Silva Pacheco). **6.** *Direito processual.* É a reprodução dos dados do processo, feita em controle próprio, destinado a controlar a movimentação do processo e fornecer dados de suas características fundamentais aos interessados.

REGISTRO AERONÁUTICO. *Direito aeronáutico.* Órgão público incumbido da emissão de certificados de matrícula, de aeronavegabilidade, de nacionalidade de aeronaves sujeitas à legalização brasileira e do reconhecimento da aquisição da propriedade na transferência de direitos reais sobre aeronaves (Othon Sidou).

REGISTRO AUTORAL. *Direito autoral.* Assento, feito pelo autor, de sua obra intelectual para garantia de seus direitos na Biblioteca Nacional, se literária, ou na Escola de Belas-Artes, se artística.

REGISTRO AUXILIAR. *Direito registrário.* Livro 3 que visa assento de atos que, atribuídos ao Registro Imobiliário, não se relacionam diretamente com imóvel matriculado. Neste livro registram-se: emissão de debêntures; cédulas de crédito rural, de crédito industrial, de crédito à exportação e de crédito comercial, sem prejuízo do registro da hipoteca cedular; convenções de condomínio; penhor de máquinas e de aparelhos utilizados na indústria, instalados e em funcionamento, com os respectivos pertences ou sem eles; convenções antenupciais; contratos de penhor rural; títulos que a requerimento do interessado forem registrados no seu inteiro teor; transcrição integral da escritura de instituição do bem de família; tombamento definitivo de imóvel.

REGISTRO CADASTRAL DE PESSOAS FÍSICAS OU JURÍDICAS FORNECEDORAS DE BENS OU EXECUTORAS DE OBRAS E SERVIÇOS PARA A ADMINISTRAÇÃO PÚBLICA. *Direito administrativo.* É o destinado à formação de um cadastro para facilitar a habilitação de futuros participantes de procedimentos licitatórios, evitando que os cadastrados apresentem todos os documentos de habilitação necessários, bastando que ofertem o Certificado Cadastral e documentos exigidos pelo edital (Diogenes Gasparini).

REGISTRO CENTRAL DE TESTAMENTO DO ESTADO DE SÃO PAULO. *Direito civil* e *direito notarial.* Instituído pela Corregedoria-Geral da Justiça para assento de testamentos públicos e suas revogações e dos instrumentos de aprovação de testamentos cerrados, sendo necessário, para tanto, que os serventuários dos cartórios de notas e dos cartórios de registro civil das pessoas naturais e anexos de notas de todo o Estado de São Paulo remetam ao Colégio Notarial do Brasil, Seção de São Paulo, até o quinto dia útil de cada mês, uma relação em ordem alfabética dos nomes constantes dos testamentos lavrados em seus livros, e suas revogações, e dos instrumentos de aprovação de testamentos cerrados ou informação negativa da prática de qualquer desses atos.

REGISTRO CIVIL. *Direito registrário.* **1.** Registro público relativo ao assento de fatos da vida da pessoa natural, como: nascimento, casamento, óbito, emancipação, interdição, ausência. Tem por finalidade provar a situação jurídica do registrado, tornando-a conhecida de todos. **2.** Cartório onde se fazem assentamentos de nascimentos, óbitos, casamentos etc.

REGISTRO COMERCIAL. *História do direito.* **1.** Repartição onde eram feitos os assentos relativos à vida empresarial das pessoas físicas e jurídicas. Órgão encarregado de efetuar registros de empresários, empresas ou atividades afins. **2.** Ato público de registrar instrumentos de empresários e de empresas. **3.** Inscrição, autenticação e arquivamento de atos mercantis feitos pela Junta Comercial. *Vide* REGISTRO PÚBLICO DE EMPRESAS MERCANTIS.

REGISTRO CONFIRMATIVO. *Direito registrário.* O assento exigido apenas para que haja produção de efeitos contra terceiros dos direitos a ele sujeitos. Designa-se também "registro consolidativo" ou "registro declarativo".

REGISTRO CONSOLIDATIVO. *Vide* REGISTRO CONFIRMATIVO.

REGISTRO CONSTITUTIVO. *Direito civil* e *direito registrário.* Aquele que é imprescindível para constituir o direito real. Por exemplo, o registro imobiliário.

REGISTRO CONTÁBIL. *Direito comercial.* Ato de escriturar livro empresarial.

REGISTRO CONTÁBIL DAS OPERAÇÕES DE *SWAP*. *Direito bancário.* Aquele que deve seguir, por determinação do Banco Central do Brasil, os seguintes procedimentos: a) o valor de referência dos contratos deve ser contabilizado em contas de compensação; b) o diferencial a receber ou a pagar deve ser reconhecido contabilmente em contas de resultado como renda ou despesa, individualizado por contrato, em contrapartida às respectivas contas patrimoniais, observados os procedimentos de apropriação mensal de resultados; c) cada contrato de *swap*, exceto os com garantia e de terceiros, deve ser avaliado a valor de mercado pelo prazo remanescente da operação, descontando-se o seu va-

lor projetado para o vencimento pela taxa de mercado, segundo o conceito *mark to market*, e registrando o montante correspondente na adequada conta de compensação. É vedada a compensação de valores a receber com valores a pagar, de rendas com despesas e de outros valores relativos às operações do que se trata. Na apuração do resultado mensal, é permitido o ajuste de valores anteriormente registrados, desde que dentro do próprio semestre e relativos a um mesmo contrato. Os valores a receber, por cliente, registrados no título "operações de *swap* − diferencial a receber", devem ser computados para efeito da verificação do atendimento do limite de diversificação de risco.

REGISTRO CRIMINAL. *Direito penal.* Assento dos antecedentes criminais daqueles que sofreram processo criminal.

REGISTRO DA PENHORA DE IMÓVEIS. *Direito processual civil* e *direito registrário.* É o providenciado, no ofício imobiliário, pelo exeqüente, para presunção absoluta (*juris et de jure*) de conhecimento por terceiros, mediante apresentação de certidão de inteiro teor do ato e independentemente de mandado judicial.

REGISTRO DAS COMUNICAÇÕES RELATIVAS A DIRETORES E EX-ADMINISTRADORES DE SOCIEDADES EM REGIME DE INTERVENÇÃO E LIQUIDAÇÃO EXTRAJUDICIAL. *Direito registrário.* Livro destinado ao registro dos ofícios da Corregedoria-Geral da Justiça ou dos interventores e liquidantes de instituições financeiras em intervenção ou liquidação extrajudicial, comunicando a indisponibilidade dos bens de diretores e ex-administradores das referidas sociedades. Os registros deverão conter: o número de ordem; a data de sua efetivação; a indicação do ofício que lhe deu origem; os nomes e as qualificações das pessoas cujos bens foram declarados indisponíveis. Este livro conterá, ainda, uma coluna destinada às averbações das comunicações que cancelem ou alterem os respectivos registros, as quais, portanto, serão efetivadas à sua margem, nunca constituindo novo registro.

REGISTRO DE AÇÕES NOMINATIVAS. *Direito comercial.* Inscrição, anotação ou averbação em livro obrigatório da sociedade por ações: a) do nome do acionista e do número das suas ações; b) das entradas ou prestações de capital realizado; c) das conversões de ações, de uma em outra espécie ou classe; d) do resgate, reembolso

REGISTRO DE AQUISIÇÃO DE IMÓVEIS RURAIS POR ESTRANGEIRO   117   **REG**

e amortização das ações, ou de sua aquisição pela companhia; e) das mutações operadas pela alienação ou transferência de ações; f) do penhor, usufruto, fideicomisso, da alienação fiduciária em garantia ou de qualquer ônus que grave as ações ou obste sua negociação.

REGISTRO DE AQUISIÇÃO DE IMÓVEIS RURAIS POR ESTRANGEIRO. *Direito registrário.* Livro próprio para registro de aquisição de imóveis rurais por estrangeiros, contendo páginas duplas divididas em cinco colunas encimadas com os dizeres "nº", "adquirente e transmitente", "descrição do imóvel", "certidões e autorizações" e "averbações", respectivamente, onde registrar-se-ão as aquisições, na data da transcrição do título. A escrituração deste livro não dispensará a correspondente no Livro n. 2 (Registro Geral). Este registro poderá ser escriturado pelo sistema de fichas, desde que sejam adotados os mesmos elementos de autenticidade das matrículas. E todas as aquisições de imóveis rurais por estrangeiros deverão ser trimestralmente comunicadas ao INCRA e à Corregedoria-Geral da Justiça, sendo dispensável a comunicação negativa relativa ao período.

REGISTRO DE ARMA DE FOGO. Ato de consignar a aquisição e a propriedade de arma de fogo em ato oficial, caracterizando-se pela publicação em Boletim Interno Reservado (Bol. Inter. Res.) na OM de origem ou de vinculação do requerente. Cadastro para identificar os caracteres e a propriedade de arma de fogo. É obrigatório esse registro no órgão competente. *Vide* CERTIFICADO DE REGISTRO DE ARMA DE FOGO.

REGISTRO DE ASSIDUIDADE E PONTUALIDADE DE SERVIDORES PÚBLICOS FEDERAIS. *Direito administrativo.* Registro de assiduidade e pontualidade de servidores públicos federais da Administração Pública federal direta, autárquica e fundacional, feito por meio de controle eletrônico do ponto, implantado gradativamente, iniciando-se nos órgãos e entidades situados no Distrito Federal e nas capitais.

REGISTRO DE BENS CULTURAIS DE NATUREZA IMATERIAL. *Direito registrário.* Constituem patrimônio cultural brasileiro e será feito em um dos seguintes livros: a) Livro de Registro dos Saberes, onde serão inscritos conhecimentos e modos de fazer enraizados no cotidiano das comunidades; b) Livro de Registro das Celebrações, onde serão inscritos rituais e festas que marcam a vivência coletiva do trabalho, da religiosidade, do entretenimento e de outras práticas da vida social; c) Livro de Registro das Formas de Expressão, onde serão inscritas manifestações literárias, musicais, plásticas, cênicas e lúdicas; d) Livro de Registro dos Lugares, onde serão inscritos mercados, feiras, santuários, praças e demais espaços onde se concentram e reproduzem práticas culturais coletivas. A inscrição num dos livros de registro terá sempre como referência a continuidade histórica do bem e sua relevância nacional para a memória, a identidade e a formação da sociedade brasileira. Outros livros de registro poderão ser abertos para a inscrição de bens culturais de natureza imaterial que constituam patrimônio cultural brasileiro. São partes legítimas para provocar a instauração do processo de registro: o ministro de Estado da Cultura; instituições vinculadas ao Ministério da Cultura; Secretarias de Estado, de Município e do Distrito Federal; sociedades ou associações civis. As propostas para registro, acompanhadas de sua documentação técnica, serão dirigidas ao presidente do Instituto de Patrimônio Histórico e Artístico Nacional (IPHAN), que as submeterá ao Conselho Consultivo do Patrimônio Cultural.

REGISTRO DE CAMBIAIS. *História do direito.* Assento na Recebedoria Federal, que era exigido para que letra de câmbio e nota promissória pudessem ser levadas a protesto ou executadas por falta de pagamento.

REGISTRO DE CANDIDATOS. *Direito eleitoral.* Inscrição no órgão competente daqueles que, numa eleição, por serem pertencentes a partidos políticos, vão concorrer a cargos eletivos.

REGISTRO DE CASAMENTO. *Direito civil* e *direito registrário.* Assento do casamento no livro de registro civil, para perpetuar o ato e servir de prova, assinado pelo presidente do ato, cônjuges, testemunhas e oficial, contendo: a) nomes, prenomes, nacionalidade, data e lugar do nascimento, profissão, domicílio e residência atual dos cônjuges; b) nomes, prenomes, nacionalidade, data de nascimento ou de morte, domicílio e residência atual dos pais; c) nome, prenome do cônjuge precedente e a data da dissolução de casamento anterior, quando for o caso; d) data da publicação dos proclamas e da celebração do casamento; e) relação dos documentos apresentados ao oficial do registro; f) nomes, prenomes, nacionalidade, profissão, domicílio e residência atual das testemunhas; g) regime de casamento, com declaração da data e do cartório em cujas notas foi tomada a escritura antenupcial, quando o regime não for o da comunhão ou o legal que, sendo conhecido, será declarado expressamente; h) nome, que passa a ter a mulher, em virtude do casamento; i) nomes e idades dos filhos havidos de matrimônio anterior; j) à margem do termo, a impressão digital do contraente que não souber assinar o nome. Cândido de Oliveira assevera que a falta de lavratura do assento não macula a validade do casamento nem pesa como falha na celebração, mesmo quando houver dolo ou culpa do oficial, caso em que se provará o matrimônio por outros meios. Todavia, na prática, muito raramente haverá tal omissão, porque o assentamento se dá imediatamente após a cerimônia nupcial, para assinatura do juiz, cônjuges e testemunhas, e porque, em regra, o oficial o prepara antes da celebração do casamento para facilitá-la.

REGISTRO DE CASAMENTO RELIGIOSO. *Direito civil.* Assentamento de casamento religioso no registro público, para que tenha efeitos civis, desde que tenha havido, prévia ou posterior, habilitação perante autoridade competente. Tal registro produzirá efeitos jurídicos a contar da data da celebração do casamento. Só com o registro o estado civil passa a ser o de casados, desde a data da solenidade religiosa. Portanto, esse registro não é meramente probatório; constitui ato essencial para a atribuição de efeitos civis, pois sem ele ter-se-á tão-somente um ato religioso. O casamento religioso sem o registro civil é mero concubinato.

REGISTRO DECLARATIVO. *Vide* REGISTRO CONFIRMATIVO.

REGISTRO DECLARATÓRIO ELETRÔNICO DE INVESTIMENTOS EXTERNOS DIRETOS NO PAÍS, POR INTERMÉDIO DO MÓDULO (RDE–IED). *Direito bancário* e *direito virtual.* É o que passa a integrar o Sistema de Informações do Banco Central (SISBACEN), destinado ao registro e à coleta de informações relativas a investimentos externos diretos no Brasil, compreendendo: a) investimentos em moeda; b) investimentos em bens, assim denominados aqueles constituídos por conferência de bens tangíveis ou intangíveis, importados sem cobertura cambial; c) conversão, em investimento direto, de direitos e/ou créditos re-

missíveis ao exterior; d) reinvestimentos por capitalizações de lucros, juros sobre capital próprio e reservas de lucros; e) capitalizações de reservas de capital e de reavaliação; f) reaplicações de capitais e rendimentos de investimentos externos diretos já existentes no País; g) reorganizações societárias decorrentes de incorporação, fusão e cisão; h) permutas e conferências de ações ou quotas; i) destinação e remessa ao exterior de recursos classificáveis como retorno de capital ou valorização, na forma definida em regulamento, decorrentes de alienação de participação societária a residentes no País, de redução de capital para restituição a sócio ou de liquidação de empresa, ou classificáveis como dividendos, lucros ou juros sobre capital próprio; j) alterações que impliquem mudanças nas características do investimento externo direto e/ou patrimônio líquido da empresa receptora do investimento; k) informações econômico-financeiras.

REGISTRO DECLARATÓRIO ELETRÔNICO DE OPERAÇÕES DE TRANSFERÊNCIA DE TECNOLOGIA, SERVIÇOS TÉCNICOS COMPLEMENTARES E IMPORTAÇÃO DE INTANGÍVEIS. *Direito bancário, direito virtual* e *direito de propriedade industrial.* O que contém operações contratadas com fornecedores e/ou financiadores não residentes no País, relativas a: a) fornecimento de tecnologia; b) serviços de assistência técnica; c) licença de uso e cessão de marca; d) licença de exploração e cessão de patente; e) franquia; f) demais modalidades, além das elencadas acima, que vierem a ser averbadas pelo Instituto Nacional da Propriedade Industrial (INPI); g) serviços técnicos complementares e despesas vinculadas às operações acima enunciadas não sujeitos à averbação pelo INPI; h) aquisição de bens intangíveis com prazo de pagamento superior a trezentos e sessenta dias; i) financiamento das operações mencionadas acima. O Registro Declaratório Eletrônico deve ser efetuado por intermédio de transações do Sistema de Informações do Banco Central (Sisbacen), ficando os cessionários e devedores das operações registradas obrigados a manter à disposição do Banco Central do Brasil, atualizados e em perfeita ordem, por cinco anos após o pagamento da última parcela de cada operação, os documentos que comprovem as declarações prestadas. A prestação de informações incorretas, incompletas, intempestivas, ou a omissão de informações no Sisbacen poderá implicar, além do cancelamento do re-

REGISTRO DE COMÉRCIO   119   **REG**

gistro, a aplicação de multas regulamentares. Isto não elide responsabilidades que possam ser apuradas pelo Banco Central do Brasil ou outros órgãos envolvidos, e abrange todas as instituições autorizadas ou credenciadas, além do cessionário ou importador.

REGISTRO DE COMÉRCIO. *Vide* REGISTRO CO-MERCIAL.

REGISTRO DE CONTRATO. *Direito civil.* Assento de contrato para que produza efeitos jurídicos em relação a terceiros.

REGISTRO DE DESENHO INDUSTRIAL. *Direito de propriedade industrial.* É imprescindível para a aquisição da propriedade do desenho industrial, e conseqüentemente do direito de sua exploração. Tal registro é feito no INPI. Urge lembrar que não é registrável como desenho industrial: a) o que for contrário à moral e aos bons costumes ou que ofenda a honra ou imagem de pessoas, ou atente contra liberdade de consciência, crença, culto religioso ou idéia e sentimentos dignos de respeito e veneração; b) a forma necessária comum ou vulgar do objeto ou, ainda, aquela determinada essencialmente por considerações técnicas ou funcionais.

REGISTRO DE DIPLOMA. Assentamento de documento que confere grau ou dignidade em repartição pública competente.

REGISTRO DE DOCUMENTO. *Direito civil.* Assento de documento no Registro de Títulos e Documentos, para que surta efeito jurídico relativamente a terceiro.

REGISTRO DE EMANCIPAÇÃO. *Direito civil.* Assentamento obrigatório de emancipação de menor de dezesseis anos completos que se dê em razão de outorga paterna ou materna ou por sentença judicial.

REGISTRO DE EMPREGADOS. *Direito do trabalho.* Assento obrigatório para o empregador, de seus empregados, em livro, ficha ou sistema eletrônico, conforme instrução do Ministério do Trabalho e Emprego, contendo: identificação do empregado, com número e série da Carteira de Trabalho e Previdência Social, ou Número de Identificação do Trabalhador; data de admissão e demissão; cargo ou função; remuneração e forma de pagamento; local e horário de trabalho; concessão de férias; identificação da conta vinculada do FGTS e da conta do PIS/Pasep; acidente de trabalho e doença profissional, quando tiverem ocorrido. Esse registro deve estar sempre atualizado.

REGISTRO DE EMPREGADOS EM NOME COLETIVO DE EMPREGADORES. *Direito do trabalho.* O mesmo que CONSÓRCIO DE EMPREGADORES.

REGISTRO DE EXPORTAÇÃO. *Direito internacional privado.* É o licenciamento efetuado previamente à declaração para despacho aduaneiro e ao embarque da mercadoria. Compreende o conjunto de informações de natureza comercial, financeira, cambial e fiscal que caracteriza a operação de exportação de uma mercadoria e define o seu enquadramento, devendo ser efetuado de acordo com o estabelecido pela Secretaria de Comércio Exterior. O registro de exportação, no Siscomex, nos casos previstos pela Secretaria de Comércio Exterior, é requisito essencial para o despacho de exportação de mercadorias nacionais ou nacionalizadas, ou de reexportação.

REGISTRO DE EXPORTADORES E IMPORTADORES (REI). *Direito internacional privado.* Registro da Secretaria de Comércio Exterior, que habilita os nele inscritos a operar diretamente no Sistema Integrado de Comércio Exterior (Siscomex); e a realizar operações de importação.

REGISTRO DE FIRMAS. *Direito notarial.* Assentamento de assinaturas no Tabelião de Notas.

REGISTRO DE IMÓVEIS. *Direito registrário.* Poder legal de agentes do ofício público para efetuar todas as operações relativas a bens imóveis e a direitos a eles condizentes, promovendo atos de escrituração, assegurando aos requerentes a aquisição e o exercício do direito de propriedade e a instituição de ônus reais de fruição, garantia ou de aquisição. Com isso, o assentamento dá proteção especial à propriedade imobiliária, por fornecer meios probatórios fidedignos da situação do imóvel, do ponto de vista da respectiva titularidade e dos ônus reais que o gravam, e por revestir-se de publicidade, que lhe é inerente, tornando os dados registrados conhecidos de terceiros. O registro de imóveis seria o fiel repositório de informações, contendo todos os dados alusivos à propriedade imobiliária, por acompanhar a vida dos direitos reais sobre bens de raiz. Sua função seria a de especificar o imóvel registrado e os demais direitos reais que sobre ele recaírem. É, na verdade, o ato primordial da aquisição da propriedade imobiliária *inter vivos*, pois o contrato, a título oneroso ou gratuito, apenas produz efeitos pessoais. Somente a intervenção estatal, realizada pelo oficial do

Cartório Imobiliário, conferirá direitos reais, a partir da data em que se fizer o assentamento do imóvel. Antes do registro, o alienante continuará a ser o proprietário e responderá pelos encargos do prédio. Na acessão e na usucapião, a exigência do registro diz respeito apenas à disponibilidade do bem de raiz. Na sucessão hereditária, a propriedade do sucessor independerá de registro, mas este terá obrigatoriedade para pôr termo ao estado de indivisão, para assegurar a disponibilidade do imóvel e para manter o princípio da continuidade dos registros sucessivos. Tríplice é a finalidade legal do registro imobiliário, pois serve como garantia de autenticidade, segurança e eficácia dos assentos de atos jurídicos *inter vivos* ou *mortis causa*, constitutivos, declaratórios, translativos e extintivos de direitos reais sobre imóveis, preservando-lhes a confiabilidade. Da análise do direito registrário imobiliário, podem-se delinear cinco sistemas registrários: a) o comum, que é o geral e obrigatório; b) o Torrens, que, por ser facultativo e excepcional, é um sistema registrário especial, podendo ser requerido apenas para imóveis rurais; c) o rural, feito pelo INCRA; d) o especial, de imóveis rurais adquiridos por estrangeiros; e e) o de propriedade pública da União, Estados e Municípios. Em todas essas modalidades registrárias, há uma finalidade comum de revestir os bens imóveis e os direitos a eles relativos de formalidades especiais, mediante interferência estatal, garantindo-os e controlando-os.

REGISTRO DE INTERDIÇÃO. *Direito civil.* Inscrição do decreto judicial de interdição de enfermo ou deficiente mental, sem discernimento ou com discernimento reduzido, e pródigo no Registro das Pessoas Naturais, publicado pela imprensa local e pelo órgão oficial três vezes, com intervalo de dez dias, constando do edital os nomes do interdito e do curador que o representará nos atos da vida civil, a causa da interdição e os limites da curatela. Essa inscrição no Registro de Pessoas Naturais e a publicação editalícia são indispensáveis para assegurar eficácia *erga omnes* ao decreto judicial de interdição.

REGISTRO DE JORNAL. *Direito registrário.* Assento obrigatório de jornal, periódico.

REGISTRO DE LETRAS DE CÂMBIO E NOTAS PROMISSÓRIAS. *Vide* REGISTRO DE CAMBIAIS.

REGISTRO DE MARCA. *Direito de propriedade industrial.* Assento no INPI que dá ao comerciante ou a uma empresa a garantia constitucional da propriedade da marca e do seu uso exclusivo, em todo o território nacional, para distinguir produto, mercadoria ou serviço. O pedido de registro de marca coletiva conterá regulamento de utilização, dispondo sobre condições e proibições de uso da marca. O regulamento de utilização, quando não acompanhar o pedido, deverá ser protocolizado no prazo de 60 (sessenta) dias do depósito, sob pena de arquivamento definitivo do pedido. O pedido de registro da marca de certificação conterá: a) as características do produto ou serviço objeto de certificação; e b) as medidas de controle que serão adotadas pelo titular. Só será admitida a renúncia ao registro de marca coletiva quando requerida nos termos do contrato social ou estatuto da própria entidade, ou, ainda, conforme o regulamento de utilização. A caducidade do registro será declarada se a marca coletiva não for usada por mais de uma pessoa autorizada. A marca coletiva e a de certificação que já tenham sido usadas e cujos registros tenham sido extintos não poderão ser registradas em nome de terceiro, antes de expirado o prazo de 5 (cinco) anos, contados da extinção do registro.

REGISTRO DE NASCIMENTO. *Direito civil.* Assento de nascimento de criança no registro público. Esse registro é obrigatório mesmo que a criança tenha nascido morta ou morrido durante o parto. Se for natimorta, o assentamento será feito no livro "C Auxiliar". Se morreu por ocasião do parto, tendo respirado, serão feitos dois registros: o de nascimento e o de óbito. O registro de nascimento é uma instituição pública destinada a identificar os cidadãos, garantindo o exercício de seus direitos.

REGISTRO DE NAVIO. *Direito marítimo.* Assentamento obrigatório de embarcação ou navio, que deve ser feito pelo proprietário ou armador.

REGISTRO DE ÓBITO. *Direito civil.* Assento obrigatório do falecimento de uma pessoa natural para comprovar sua morte pela certidão dele extraída.

REGISTRO DE OBRA DIVULGADA. *Direito autoral.* Assento facultativo de obra intelectual (literária, artística ou científica) divulgada, que serve tão-somente como meio probatório. A certidão do registro revela que a propriedade da obra é do autor, em cujo nome foi registrada, salvo prova em contrário.

REGISTRO DE OPERAÇÃO FINANCEIRA (ROF)

REGISTRO DE OPERAÇÃO FINANCEIRA (ROF). *Direito internacional privado.* Registro prévio à importação, realizado no SISBACEN, para operações de financiamento externo com prazos de pagamento superiores a 360 dias junto a instituições financeiras ou organismos internacionais.

REGISTRO DE OPERAÇÕES. *Direito comercial.* Escrituração de livro empresarial, contendo lançamento de todas as operações comerciais realizadas, para que tenham força jurídica. Trata-se do registro contábil.

REGISTRO DE OPERAÇÕES CRÉDITO (RC). *Direito internacional privado.* É o conjunto de informações de caráter cambial e financeiro referente à venda externa conduzida com recursos próprios ou de terceiros, em prazo superior a cento e oitenta dias; deve ser efetuado previamente ao Registro de Exportação (RE); o Sistema atribui, automaticamente, um número ao RC.

REGISTRO DE PARTIDO POLÍTICO. *Ciência política, direito civil* e *direito eleitoral.* É o feito mediante requerimento ao cartório competente do Registro Civil das Pessoas Jurídicas, da capital federal e ao Tribunal Superior Eleitoral, para que o partido político adquira personalidade jurídica. O requerimento para tal registro deve ser subscrito pelos seus fundadores, em número nunca inferior a cento e um, com domicílio eleitoral em, no mínimo, um terço dos Estados, e será acompanhado de: a) cópia autêntica da ata da reunião de fundação do partido; b) exemplares do *Diário Oficial* que publicou, no seu inteiro teor, o programa e o estatuto; c) relação de todos os fundadores com o nome completo, naturalidade, número do título eleitoral com a Zona, Seção, Município e Estado, profissão e endereço da residência. Feita a constituição e designação dos órgãos de direção municipais e regional, o presidente do partido solicita o seu registro no respectivo Tribunal Regional Eleitoral, por meio de requerimento acompanhado de: a) exemplar autenticado do inteiro teor do programa e do estatuto partidários, inscritos no registro civil; b) certidão do registro civil da pessoa jurídica; c) certidões fornecidas pelos cartórios eleitorais, que comprovem ter o partido obtido, no Estado, o apoio de um certo número de eleitores; d) prova da constituição definitiva dos órgãos de direção municipais e regional, com a designação de seus dirigentes, na forma do respectivo estatuto, autenticada pela secretaria do tribunal.

REGISTRO DE PESSOA JURÍDICA DE DIREITO PRIVADO. 1. *Direito civil.* Fase do processo genético da pessoa jurídica de direito privado (sociedade simples e associação), pois para que ela tenha existência legal é necessário inscrever o contrato ou estatuto no seu registro peculiar, regulado por lei especial. No momento em que se opera a inscrição do contrato ou do estatuto no registro competente, a pessoa jurídica começa a existir, passando a ter aptidão para ser sujeito de direitos e obrigações, a ter capacidade patrimonial, constituindo seu patrimônio, que não tem nenhuma relação com o dos sócios, adquirindo vida própria e autônoma, não se confundindo com os seus membros, por ser uma nova unidade orgânica. O registro tem força constitutiva, pois, além de servir de prova, possibilita a aquisição da capacidade jurídica. O registro civil da pessoa jurídica de direito privado deve declarar: a) a denominação, os fins e a sede da associação ou fundação; b) a forma de administração e a representação ativa e passiva, judicial e extrajudicial; c) a possibilidade e o modo de reforma do estatuto social no que atina à administração da pessoa jurídica; d) a responsabilidade subsidiária dos sócios pelas obrigações sociais; e) as condições de extinção da pessoa jurídica, e o destino do seu patrimônio nesse caso. **2.** *Direito empresarial.* Fase formal do processo genético da sociedade empresária que requer seu assento no Registro Público de Empresas Mercantis.

REGISTRO DE PESSOA NATURAL. *Direito civil.* Órgão competente para efetuar assento de atos concernentes à pessoa natural, tais como: nascimento, casamento, óbito, emancipação, interdição, sentença declaratória de ausência, opção de nacionalidade, sentença que defere adoção.

REGISTRO DE PREÇOS. *Direito administrativo.* Arquivo público dos preços unitários de coisas ou serviços comumente desejados pela Administração Pública, selecionados mediante licitação, sendo os melhores por ela utilizados, enquanto vigente o sistema, em suas futuras contratações, se compatíveis com os preços de mercado (Diogenes Gasparini).

REGISTRO DE PROPRIEDADE IMOBILIÁRIA. *Vide* REGISTRO DE IMÓVEIS.

REGISTRO DE PROPRIEDADE MARÍTIMA. *Direito marítimo.* Assento obrigatório, no Tribunal Marítimo, de embarcação brasileira, com exceção da que pertencer à Marinha de Guerra, e de armador de navio mercante.

REGISTRO DE SENTENÇA DECLARATÓRIA DE AU-SÊNCIA. *Direito civil.* Assento da sentença declaratória de ausência, que nomear o curador, no cartório do domicílio anterior do ausente. A sentença da abertura da sucessão provisória será averbada, no assento de ausência, após o trânsito em julgado.

REGISTRO DE SENTENÇA E ACÓRDÃO. 1. *Direito processual.* Assento feito nos tribunais, em livro próprio, de todas as decisões prolatadas. **2.** *Direito registrário.* Assento de sentença em registro público competente. Por exemplo, no registro imobiliário são feitos os assentamentos de sentenças proferidas em inventários, em ações divisórias ou demarcatórias de imóveis; no registro civil das pessoas naturais, a sentença declaratória de ausência.

REGISTRO DE SEPARAÇÃO E DIVÓRCIO. *Direito civil* e *direito registrário.* 1) Averbação no Registro Civil competente, ou seja, onde foi lavrado o assento do casamento, da decisão homologatória da separação judicial consensual, da que conceder a separação judicial litigiosa e da de divórcio, após o trânsito em julgado, para que haja produção de efeitos. E se a partilha abranger bens imóveis, deverá ser assentada no Registro Imobiliário. 2) Se o casal não tiver filhos menores ou incapazes, poderá, observado o prazo legal, efetuar a separação consensual e o divórcio consensual por meio de escritura pública lavrada por tabelião, na presença de advogado comum ou de advogados de cada um deles, cuja qualificação e assinatura constarão do ato notarial. Essa escritura deverá conter disposições atinentes à descrição e partilha dos bens comuns, à pensão alimentícia e ao acordo quanto à retomada por um deles do nome de solteiro ou à manutenção do nome adotado por ocasião das núpcias. Tal escritura independe de homologação judicial, constituindo título hábil para o registro civil e registro imobiliário, conferindo propriedade dos imóveis partilhados a cada um dos ex-cônjuges.

REGISTRO DE SOCIEDADE. *Direito civil.* Assento do ato constitutivo em registro próprio para que a sociedade passe a ter existência legal, adquirindo personalidade jurídica. A sociedade simples deve ser registrada no Cartório de Registro Civil de Pessoas Jurídicas, ou melhor, no Cartório de Títulos e Documentos, e a sociedade empresária, no Registro Público de Empresas Mercantis.

REGISTRO DE TESTAMENTO E CODICILO. *Direito civil.* Assento requerido para que testamento, seja ele ordinário (público, particular e cerrado) ou especial (marítimo e militar), ou codicilo possa ser cumprido ou executado. Tal registro é feito em livro próprio do cartório competente, transcrevendo-se todo o teor do testamento ou codicilo, depois de aberto, pelo juiz, e cumpridas as formalidades preliminares. Após tal assentamento, o original do testamento ou codicilo é autuado, dando-se início à sua execução.

REGISTRO DE TÍTULOS E DOCUMENTOS. *Direito notarial.* **1.** Transcrição de instrumentos particulares para que possam produzir efeitos perante terceiros. **2.** Cartório que tem a incumbência de efetuar a transcrição, obrigatória ou facultativa, de títulos e documentos e de contratos relativos a bens móveis para atestar sua autenticidade e sua eficácia em relação a terceiros. É também designado "registro mobiliário". **3.** Aquele que visa dar publicidade e autenticidade aos fatos jurídicos instrumentados.

REGISTRO DE VEÍCULOS AUTOMOTORES. *Direito de trânsito.* Assento de ato traslativo de propriedade de veículos automotores para que possam circular pelas vias terrestres do território nacional, permitindo sua individuação e a de seus proprietários, dando maior segurança às operações comerciais e às de compra e venda de automóveis, tornando-as oponíveis *erga omnes*. O certificado de registro é expedido pela repartição de trânsito competente.

REGISTRO DE VENDA (RV). *Direito internacional privado.* É o conjunto de informações que caracteriza instrumento de venda de *commodities* ou de produtos negociados em Bolsa; deve ser efetuado previamente ao registro da exportação, parcial ou integral, da mercadoria; o RV deve ser feito no dia da comercialização ou, no máximo, no dia seguinte, até a abertura do novo pregão, para garantir as condições de negociação; o Sistema confere, automaticamente, o número de RV.

REGISTRO DOMÉSTICO. *Direito civil.* Anotação relativa às despesas com a mantença da família, feita pela mulher ou pelo marido, ou por ambos. Tal anotação é de grande valia para apuração das necessidades familiares em caso de ação de alimentos.

REGISTRO DO PROTESTO DE TÍTULO. *Direito notarial.* Ato de o tabelião lavrar e registrar o protesto, sendo o respectivo instrumento entregue ao apresentante. O registro do protesto e seu instrumento deverão conter: a) data e número de protocolização; b) nome do apresentante e endereço; c) reprodução ou transcrição do documento ou das indicações feitas pelo apresentante e declarações nele inseridas; d) certidão das intimações feitas e das respostas eventualmente oferecidas; e) indicação dos intervenientes voluntários e das firmas por eles honradas; f) a aquiescência do portador ao aceite por honra; g) nome, número do documento de identificação do devedor e endereço; h) data e assinatura do Tabelião de Protesto, de seus substitutos ou de Escrevente autorizado. Quando o Tabelião de Protesto conservar em seus arquivos gravação eletrônica da imagem, cópia reprográfica ou micrográfica do título ou documento de dívida, dispensa-se, no registro e no instrumento, a sua transcrição literal, bem como as demais declarações nele inseridas. Os termos dos protestos lavrados, inclusive para fins especiais, por falta de pagamento, de aceite ou de devolução serão registrados em um único livro e conterão as anotações do tipo e do motivo do protesto, além dos requisitos acima arrolados.

REGISTRO DOS FEITOS JUDICIAIS. *Direito processual.* Ato pelo qual a secretaria do tribunal lança, em livro próprio, a entrada da ação, a sua denominação e o nome das partes.

REGISTRO DOS TRATADOS. *Direito internacional público.* Assento de tratado para que ele seja obrigatório, pois nenhuma parte, em tratado que não tenha sido registrado e publicado pela secretaria da ONU, pode invocá-lo perante qualquer órgão das Nações Unidas. Além do sistema de registro das Nações Unidas, há o registro em organizações regionais e em organizações especializadas (OIT, OACI etc.) de determinados acordos ou compromissos em razão da matéria (Rezek).

REGISTRO EM BOLSA. *Direito comercial.* Condição para que uma companhia tenha seus títulos admitidos à cotação de uma Bolsa de Valores, desde que cumpridas as normas por ela estabelecidas (Luiz Fernando Rudge).

REGISTRO ESPECIAL. *Direito civil.* **1.** Assento próprio para certos atos como o registro de nascimento, que é privativo do Registro Civil de Pessoas Naturais. **2.** Ofício privativo de determinados registros. **3.** Exigência formal sobre registro de certos documentos, determinando para o ato um regime próprio (De Plácido e Silva). **4.** Aquele que é especializado, por ter a função de efetuar uma só espécie de assento de documento, título ou bem.

REGISTRO ESPECIAL BRASILEIRO (REB). *Direito marítimo* e *direito registrário.* Registro efetuado no tribunal marítimo, que não suprime o assento da propriedade marítima, mas é complementar a ele. Esse tribunal emite, para as embarcações brasileiras operadas por empresas brasileiras de navegação incluídas no REB, o Certificado de Registro Especial Brasileiro. As embarcações estrangeiras afretadas a casco nu, com suspensão de bandeira, podem ser registradas no REB: a) para a navegação de longo curso e interior de percurso internacional, até o dobro da tonelagem de porte bruto das embarcações de tipo semelhante, encomendadas a estaleiros brasileiros instalados no País, pela empresa brasileira afretadora, com contrato de construção em eficácia, adicionado da tonelagem de porte bruto das embarcações brasileiras de tipo semelhante de sua propriedade; e b) para a navegação de cabotagem, navegação interior de percurso nacional e navegação de apoio marítimo.

REGISTRO FISCAL. *Direito tributário.* **1.** Inscrição ou cadastro de estabelecimento empresarial na repartição fiscal federal, estadual ou municipal arrecadadora, para fins de lançamento e cobrança de tributos. **2.** Anotação, em livros autenticados pelo poder público, de operações alusivas a pessoas físicas ou jurídicas, relacionadas com a incidência de tributos (Dávio A. Prado Zarzana). **3.** Livro autenticado pelo poder público, onde se fazem lançamentos de operações atinentes à incidência tributária (Dávio A. Prado Zarzana).

REGISTRO GERAL. **1.** *Direito registrário.* Livro n. 2 que, por se destinar à matrícula dos imóveis e ao registro ou averbação de atos indicados pela lei especial e não atribuídos ao Livro n. 3, que é o registro auxiliar, não pode conter qualquer lançamento por certidão ou observação. A escrituração do Livro n. 2 obedecerá às seguintes normas: a) cada imóvel deve ter matrícula própria, que será aberta por ocasião do primeiro registro; b) a matrícula deve preencher os seguintes requisitos: o número de ordem; a data; a identificação e a caracterização do imóvel; o nome, domicílio e nacionalidade do proprietário; o número do registro anterior, ou, em se tratando de imóvel oriundo de loteamento, o número do assento do loteamento; c) o registro no Livro n. 2 exige os seguintes requisitos: data; nome do transmitente, ou do devedor, e do adquirente, ou credor, com a respectiva qualificação; o título da transmissão ou do ônus, com exceção de testamento, que não é título que enseje registro de transmissão; a forma do título, sua procedência e caracterização; assim, por exemplo, está vedado o registro de cessão, enquanto não registrado o respectivo compromisso de compra e venda; o valor do contrato, da coisa ou da dívida; o prazo desta; as condições e mais especificações, inclusive os juros, se houver. **2.** *Direito notarial.* a) Cartório que tem competência para efetuar diversos tipos de registro; b) livro onde se fazem assentos de várias naturezas (De Plácido e Silva).

REGISTRO HIPOTECÁRIO. *Direito registrário.* Ato pelo qual se faz o assento no Livro n. 2 (Registro Geral) de títulos constitutivos de hipoteca convencional ou legal.

REGISTRO IMOBILIÁRIO. *Vide* REGISTRO DE IMÓVEIS.

REGISTRO INDUSTRIAL. *Direito de propriedade industrial.* É o assento especial de estabelecimento industrial, de marca de indústria e comércio, de serviço, de sinal de propaganda.

REGISTRO MERCANTIL. *Vide* REGISTRO COMERCIAL.

REGISTRO MOBILIÁRIO. *Vide* REGISTRO DE TÍTULOS E DOCUMENTOS.

REGISTRO NACIONAL DE CULTIVARES (RNC). *Direito agrário.* É o feito junto à Secretaria de Desenvolvimento Rural, com a finalidade de promover a inscrição prévia das cultivares, habilitando-as para a produção, o beneficiamento e a comercialização de sementes e mudas no País. Esse registro visa implementar: a) a elaboração da listagem atualizada das espécies e cultivares disponíveis no mercado; b) o cadastramento de informações sobre o Valor de Cultivo e Uso (VCU) das cultivares; para fins de inscrição no RNC, a cultivar deverá ter sido, previamente, submetida à realização de ensaios para determinação do VCU. Entende-se por VCU o valor intrínseco de combinação das características agronômicas da cultivar com as suas propriedades de uso em atividades agrícolas, industriais, comerciais e/ou de consumo *in natura*; c) a publicação periódica do Cadastro Nacional de Cultivares Registradas (CNCR).

REGISTRO NACIONAL DE DEFESA DO CONSUMIDOR (RNDC). *Direito do consumidor.* Aquele onde se inscrevem, junto ao Departamento de Proteção e Defesa do Consumidor (DPDC), da Secretaria de Direito Econômico do Ministério da Justiça, entidades privadas, sociedades simples e associações, para servir em defesa dos direitos do consumidor, integrando o Sistema Nacional de Defesa do Consumidor. As entidades privadas que desenvolverem atividades de Defesa do Consumidor deverão apresentar ao Departamento de Proteção e Defesa do Consumidor do Ministério da Justiça os documentos abaixo enumerados: a) requerimento subscrito por pessoa devidamente habilitada pela registranda, dirigido ao Diretor do Departamento de Proteção e Defesa do Consumidor, solicitando o registro para dar cumprimento à presente Portaria, contendo a qualificação completa do requerente, número do Cadastro de Pessoa Física (CPF), firma e razão social, nome e CPF do(s) responsável(is), endereço e outros dados de identificação; b) fotocópia do ato constitutivo da requerente, devidamente averbado em repartição que comprove a aquisição da personalidade jurídica de criação da entidade, devidamente averbado em órgão competente e CGC; c) fotocópia do estatuto, devidamente registrado em cartório, contendo número do livro de registros das pessoas jurídicas e cláusulas que identifiquem o objeto da instituição, que não são remunerados, por qualquer forma, os cargos de diretoria e que não distribui lucros, bonificações ou vantagens a dirigentes, mantenedores, ou associados, sob qualquer forma ou pretexto, bem como que exerce as atividades de sua finalidade sem fins lucrativos; d) relatórios, quantitativos e qualitativos, atualizados, acerca do desempenho da instituição, devidamente acompanhados do demonstrativo da despesa realizada, bem como das providências adotadas em defesa do consumidor; e) prova de estar a entidade funcionando em local específico para atendimento ao público; f) fotocópia ou um exemplar dos documentos de identificação, caso existente, utilizado por essa entidade na defesa do consumidor, bem como dos formulários, modelos e petições e outros documentos utilizados; g) juntar relação nominal da composição da diretoria da entidade, com qualificação completa de cada um dos seus membros, com respectivos CPF e endereços; h) juntar organograma da estrutura administrativa, com a composição dos cargos dos integrantes da diretoria, bem assim do regimento interno e normas de funcionamento complementares ao ato constitutivo; i) atestado de autoridade local (Prefeito, ou Juiz de Direito, ou Secretário de Estado, ou Delegado de Polícia), que confirme que a instituição está em efetivo e contínuo funcionamento, com exata observância dos princípios estatutários; j) relatórios circunstanciados dos três anos de exercícios anteriores à formulação do pedido de registro, comprovando o atendimento desinteressado à defesa do consumidor, incluindo-se quadro demonstrativo detalhado das receitas e despesas, fontes de renda, doações, assinado por profissional habilitado e com carimbo identificando o número do CRC.

REGISTRO NACIONAL DE ENTIDADES PRIVADAS DE DEFESA DO CONSUMIDOR (RNDC). *Direito do consumidor.* É aquele imprescindível, feito junto ao Departamento de Proteção e Defesa do Consumidor (DPDC), da Secretaria de Direito Econômico do Ministério da Justiça, pelas entidades privadas, sociedades civis e as associações constituídas com a finalidade exclusiva de servir em defesa dos direitos do consumidor, para que possam integrar o Sistema Nacional de Defesa do Consumidor.

REGISTRO PREDIAL. *Vide* REGISTRO DE IMÓVEIS.

REGISTRO PRIVATIVO. *Vide* REGISTRO ESPECIAL.

REGISTRO PÚBLICO. *Direito notarial* e *direito registrário.* **1.** Repartição onde se efetuam assentos relativos à vida civil, mercantil ou política de pessoas físicas ou jurídicas (Laudelino Freire). **2.** Designação dada aos serviços registrários, instituídos legalmente, para dar segurança, publicidade, validade, eficácia e autenticidade a atos jurídicos, como: registro público de empresas mercantis; registro civil de pessoas naturais e jurídicas; registro imobiliário; registro de títulos e documentos. **3.** Assento oficial destinado a protocolizar atos e fatos de natureza civil, alusivos às pessoas naturais e jurídicas, a títulos, documentos e imóveis.

REGISTRO PÚBLICO DE EMPRESAS MERCANTIS. *Direito registrário* e *direito comercial.* É o exercido em todo o território nacional, de forma sistêmica, por órgãos federais e estaduais, com as seguintes finalidades: a) dar garantia, publicidade, autenticidade, segurança e eficácia aos atos jurídicos das empresas mercantis submetidos a registro na forma da lei; b) cadastrar as sociedades empresariais nacionais e estrangeiras em funcionamento no País e manter atualizadas as informações pertinentes; c) proceder à matrícula dos agentes auxiliares do comércio, bem como ao seu cancelamento. Os atos das organizações destinadas à exploração de qualquer atividade econômica com fins lucrativos, compreendidas as firmas do empresário e as das sociedades empresárias, independentemente de seu objeto, são arquivados no Registro Público de Empresas Mercantis, salvo as exceções previstas em lei. Os serviços do Registro Público de Empresas Mercantis são exercidos, em todo o território nacional, de modo uniforme, harmônico e interdependente, pelo Sistema Nacional de Registro de Empresas Mercantis (SINREM), composto pelos seguintes órgãos: a) Departamento Nacional do Registro do Comércio, órgão central do SINREM, com funções supervisora, orientadora, coordenadora e normativa, no plano técnico, e supletiva, no plano administrativo; b) as Juntas Comerciais, como órgãos locais, com funções executora e administradora dos serviços de registro. O Registro Público de Empresas Mercantis compreende a matrícula e seu cancelamento de: a) leiloeiros oficiais; b) tradutores públicos e intérpretes comerciais; c) administradores de armazéns-gerais; d) trapicheiros. Além disso, o arquivamento: a) dos atos constitutivos, alterações e extinções de firmas dos empresários; b) das declarações de microempresas e de empresas de pequeno porte; c) dos atos constitutivos e das atas das sociedades anônimas, bem como os de sua dissolução e extinção; d) dos atos constitutivos e respectivas alterações das demais pessoas jurídicas organizadas sob a forma empresarial mercantil, bem como de sua dissolução e extinção; e) dos documentos relativos à constituição, alteração, dissolução e extinção de cooperativas; f) dos atos relativos a consórcios e grupos de sociedades; g) dos atos relativos à incorporação, cisão, fusão e transformação de sociedades empresárias; h) de comunicação, segundo modelos aprovados pelo Departamento Nacional de Registro do Comércio (DNRC), de paralisação temporária das atividades e de empresa mercantil que deseja manter-se em funcionamento, no caso de, nessa última hipótese, não ter procedido a qualquer arquivamento na Junta Comercial no período de dez anos consecutivos; i) dos atos relativos a sociedades empresárias estrangeiras autorizadas a funcionar no País; j) das decisões judiciais referentes a empresas mercantis registradas; k) dos atos de nomeação de trapicheiros, administradores e fiéis de armazéns-gerais; l) dos demais documentos que, por determinação legal, sejam atribuídos ao Registro Público de Empresas Mercantis ou daqueles que possam interessar ao empresário ou à sociedade empresária. E, por último, compreende ainda a autenticação dos instrumentos de escrituração das sociedades empresárias registradas e dos agentes auxiliares do comércio, na forma da lei própria. Além de no Registro Civil, serão arquivados e averbados, no Registro Público de Empresas Mercantis, o pacto antenupcial do empresário, o título de doação, herança ou legado, de bens clausulados de incomunicabilidade ou inalienabilidade.

REGISTRO REMIDO DE ADMINISTRADOR. É o que visa homenagear e conferir deferência especial ao profissional administrador, sendo concedido em definitivo àquele com idade igual ou superior a sessenta e cinco anos, desde que tenha registro profissional por um período mínimo de quinze anos. A concessão do Registro Remido também será conferida, em caráter provisório, ao profissional que, mesmo sem idade igual ou superior a sessenta e cinco anos, tendo registro profissional por um período mínimo de quinze anos, comprove aposentadoria profissional e cumulativamente declare, como expressão da verdade, que não se encontra exercendo atividades privativas de Administrador. Esse Registro Remido provisório cessará automaticamente se o profissional retornar ao exercício de atividades privativas do Administrador. O administrador que, comprovadamente, for aposentado por invalidez fica dispensado da exigência do período mínimo do registro profissional acima mencionado. Concedido o Registro Remido, o fato será anotado na Carteira de Identidade Profissional. O Registro Remido desobriga o Administrador do pagamento da anuidade e só será concedido ao que se encontrar quite com suas obrigações perante o respectivo Conselho Regional de Administração. O Administrador, ao qual for concedido Registro Remido, manter-se-á vinculado ao CRA onde se encontra inscrito, sem perda de qualquer dos direitos assegurados na legisla-

ção atinente à profissão, inclusive os de votar e ser votado.

REGISTRO SINDICAL. *Direito do trabalho.* Ato meramente cadastral, para o fim de tornar pública a existência da entidade e servir como fonte unificada de dados a que os interessados poderão recorrer como elemento documental para dirimir suas controvérsias, por si mesmas ou junto ao Poder Judiciário.

REGISTRO *STRICTO SENSU*. *Direito registrário.* Ato subseqüente à matrícula do imóvel. Com a individualização do imóvel, passa-se ao registro *stricto sensu*, que compreende os atos que anteriormente eram transcritos ou inscritos. Assim, a transcrição seria o registro dos atos geradores de aquisição ou transmissão da propriedade, tendo por objeto escrituras de compra e venda, permuta, desapropriação etc., e inscrição seria o registro dos atos que onerarem ou restringirem o direito de propriedade sobre o imóvel, como: hipoteca, anticrese, locação de prédio com cláusula de vigência, em caso de alienação do imóvel locado, usufruto, compromisso irretratável de compra e venda; penhora, arresto e seqüestro de bens. O registro, portanto, é o lançamento efetuado sob a matrícula do bem de raiz, dos atos geradores do domínio e dos que impõem ônus ou estabelecem direitos reais de fruição, de garantia ou de aquisição, restringindo a propriedade imobiliária. Podem ser feitos vários registros do imóvel, partindo-se de sua matrícula, desde que baseados em um título causal. À medida que forem surgindo fatos novos relativos ao bem de raiz, a sua matrícula original sofrerá alterações, mas seu número será mantido. Os registros, vinculados ao número dessa matrícula-base, têm numeração diversa, em ordem cronológica. Apenas com o registro é que surge a aquisição, a declaração, a transferência ou a extinção da propriedade imobiliária, e a constituição de ônus reais. O registro compreende a transcrição dos títulos de transmissão ou de declaração da propriedade imobiliária, e a inscrição dos títulos constitutivos de ônus reais. Será titular do direito apenas aquele em cujo nome estiver transcrita a propriedade imóvel, ou inscrito o ônus real que recair sobre o bem de raiz. Tecnicamente, não se deve falar mais em transcrição e inscrição, pois todos os atos designam-se registro. Por isso, no novo Código Civil não mais há a distinção entre transcrição e inscrição.

REGISTRO TORRENS

REGISTRO TORRENS. *Direito registrário.* Especial sistema registrário de propriedade imóvel rural que, mediante sentença transitada em julgado, confere um direito incontestável a quem o fizer, por tornar-se portador de um certificado ou de um título de matrícula que o protege de ulteriores impugnações; por haver presunção *juris et de jure* de certeza de que nenhuma ação pode atingi-lo, exceto a rescisória. Paulo Torminn Borges aponta as seguintes vantagens decorrentes do sistema Torrens: a) acabar, definitivamente, com a instabilidade dos direitos dominiais, fazendo com que correspondam com exatidão aos respectivos títulos; b) dar maior maleabilidade à sua circulação econômica; c) possibilitar a aquisição de um título inobjetável; d) proteger os negócios sobre propriedade territorial contra fraudes; e) suprimir os riscos dos pleitos; f) gerar a garantia estatal aos proprietários inscritos e, em conseqüência, a responsabilidade pecuniária do erário, para com os lesados por erros, na matrícula ou na entrega dos títulos; g) conferir publicidade real; h) simplificar e facilitar o exame das condições atuais da propriedade; e i) valorizar a propriedade. Tal registro tem como caracteres: obrigatoriedade para terras devolutas; instituição de processo expurgativo da propriedade, já que o título do domínio que recair sobre o imóvel, que se pretende matricular, será previamente submetido a um processo expurgativo, examinando-se seus elementos materiais e formais, e acautelando-se também direitos de terceiros e publicidade real e não pessoal; vinculação ao princípio da legalidade ou da fé pública; unicidade do título; mobilização da propriedade imobiliária; facilidade de obtenção de créditos a curto prazo; pagamento de taxa de seguro ou de fundo de garantia. *Vide* MATRÍCULA TORRENS.

REGISTRY OF TRADE. *Locução inglesa.* Registro de comércio.

REGIS VOLUNTAS SUPREMA LEX ESTO. *Expressão latina.* Seja lei suprema a vontade do rei.

REGLAR. Em *gíria* policial, quer dizer entrar em acordo com agente da polícia.

REGMA. *Retórica jurídica.* Discurso.

REGNICÍDIO. *Ciência política.* **1.** Extinção do regime monárquico ou de um reino. **2.** Perda da independência nacional.

REGNÍCOLA. Natural do país onde vive.

REGO. *Direito agrário.* **1.** Sulco natural ou artificial que, em um terreno, serve para condução de água. **2.** Vala pequena que se abre em um campo cultivado para facilitar o escoamento da água. **3.** Abertura que o ferro do arado deixa na terra. **4.** Riacho formado, em campo descoberto, pelas águas pluviais, que seca no verão (Ilha de Marajó).

REGO-D'ÁGUA. *Direito agrário.* No Nordeste, é a canalização de água de um rio para regar a plantação.

REGOLA. *Direito administrativo.* Corte feito em um terreno para marcar os limites de uma estrada.

REGRA. **1.** *Lógica jurídica.* a) O que é determinado pela lógica; b) proposição. **2.** *Direito canônico.* a) Estatuto de determinadas ordens monásticas ou religiosas; b) maneira de viver de certos religiosos; c) escrito em que o fundador de um instituto religioso impõe normas sobre a vida regular que seus seguidores deviam cumprir para atingir a perfeição espiritual. **3.** *Teoria geral do direito.* a) Norma; b) princípio; c) máxima; d) método; e) aquilo que é admitido como padrão comum ou modelo; f) o que disciplina ou rege algo; g) imposição de uma conduta que deve ser seguida; h) preceito moral.

REGRA CONSTRUTIVA. *Direito administrativo* e *direito processual.* Norma que se dirige aos agentes públicos incumbidos da execução da lei, aos juízes e aos funcionários administrativos (Humberto Piragibe Magalhães e Cristóvão Piragibe T. Malta).

REGRA DA PRAXE. **1.** *Teoria geral do direito.* Uso e prática reiterada que possibilita suprir lacuna legal. **2.** *Direito processual.* Forma de atos forenses relativa ao modo de cumprir o andamento dos feitos (De Plácido e Silva).

REGRA DA RAZÃO. *Vide RULE OF REASON ANALYSIS.*

REGRA DE CONTAMINAÇÃO. *Direito civil.* **1.** Princípio pelo qual a nulidade parcial de um ato negocial o atingirá na parte válida, se esta não puder subsistir autonomamente. **2.** Princípio pelo qual a nulidade da obrigação principal implicará a da acessória.

REGRA DE DIREITO. **1.** *Teoria geral do direito.* a) Norma jurídica, segundo alguns autores; b) princípio geral de direito, no sentido de comando normativo. **2.** *Lógica jurídica.* Proposição jurídica formulada pela ciência do direito, sendo um enunciado sobre a norma jurídica que atesta sua validade, constituindo o sentido de um ato do pensar. Trata-se da formulação lógica que da norma é feita pelo jurista enquanto tal.

REGRA DE JUROS. Operação aritmética que possibilita encontrar a relação entre o capital e os juros.

REGRA DE SOCIEDADE. *Direito civil* e *direito comercial.* Operação contábil que se faz para repartir uma soma entre vários sócios, atendendo à proporção de suas entradas de capital social.

REGRA DE SUBSTITUIÇÃO. *Lógica jurídica.* É a imprescindível no emprego das leis lógicas, no uso de variáveis, pois, se uma variável pode ter qualquer conteúdo, e se qualquer proposição pode ser simbolizada por uma variável, uma variável presente em uma lei pode ser substituída por outra, sem que a estrutura original da lei deixe de ser tautológica. Essa substituição deve cumprir o requisito básico da linguagem simbólica: a variável deve substituir-se da mesma maneira em cada vez que vier a aparecer (Echave, Urquizo e Guibourg).

REGRA DO *MODUS PONENS.* *Lógica jurídica.* Aquela em que de um condicional e da afirmação de seu antecedente se infere o conseqüente (Echave, Urquizo e Guibourg).

REGRA DO PRECEDENTE. *Direito comparado.* É aquela que, em país de *common law,* obriga o tribunal, na resolução de um caso *sub judice,* a seguir a orientação que, anteriormente, foi adotada por outro tribunal em hipótese similar.

REGRA ESPECIAL. *Teoria geral do direito.* Exceção.

REGRA FORENSE. *Direito processual.* É a prática no foro ou praxe forense.

REGRA GERAL. *Teoria geral do direito.* **1.** O que é padrão comum. **2.** Por via de regra; na maior parte dos casos.

REGRA *IN DUBIO PRO MATRIMONIO.* *Direito civil.* É aquela em que na hipótese de impugnação à posse do estado de casado, houver dúvidas entre as provas pró e contra a celebração do casamento, que se apresentaram contraditórias, dever-se-á admitir sua existência, se os consortes, cujo casamento se impugna, vivem ou viveram na posse do estado de casados.

REGRA INTERNACIONAL. *Direito internacional público.* Costume internacional.

REGRA JURÍDICA. *Vide* REGRA DE DIREITO.

REGRA LEGAL. *Teoria geral do direito.* Preceito legal; norma instituída por lei.

REGRA-MATRIZ DE INCIDÊNCIA TRIBUTÁRIA. *Direito tributário.* **1.** Norma que define a incidência do tributo, ou que descreve fato e estipula os sujeitos da relação, como também os termos determinativos da dívida (Paulo de Barros Carvalho). **2.** *Vide* NORMA MATRIZ DE INCIDÊNCIA TRIBUTÁRIA.

REGRAMENTO. Ação ou efeito de submeter algo a certas regras.

REGRA MORAL. 1. *Teoria geral do direito.* a) *Vide* NORMA MORAL; b) é o preceito oriundo da ordem ético-social, constituindo um princípio de conveniência e adequação (Sílvio de Macedo); c) regra de prudência como a de que: o fato não se presume, pois deve ser provado; há presunção de que uma ação praticada o foi de maneira correta; o que acontece, habitualmente, pode ser acatado em casos particulares duvidosos (Haering). **2.** *Direito canônico.* Preceito relativo à vida religiosa.

REGRA NORMATIVA. *Teoria geral do direito.* É aquela que dirige o comportamento humano, em sociedade, para a consecução de um fim, impondo a obrigação de certos atos e a abstenção de outros.

REGRANTE. *Direito canônico.* Aquele que segue as regras de uma comunidade religiosa.

REGRAR. 1. Submeter-se a certas regras. **2.** Governar. **3.** Regular; regulamentar.

REGRAS DE CALIBRAÇÃO. *Teoria geral do direito.* Regras de regulagem do sistema normativo reveladas pelo jurista, que explicam as relações entre validade e eficácia normativa, levando em conta o bem comum. São regras de calibragem responsáveis pela relação entre editor e endereço normativo, contrabalançando qualquer desvio (Tércio Sampaio Ferraz Jr.), recepcionando norma inconstitucional ou ilegal não só com o escopo de evitar que o seu destinatário a desobedeça, alegando vício formal ou material, como também para manter a sua unidade e coerência lógica, ante a impossibilidade do emprego daqueles mecanismos de controle para sanar essa irregularidade. Se se permitisse o não-cumprimento da norma inconstitucional, quebrar-se-iam os princípios da legalidade, autoridade, certeza e segurança jurídica. Por isso o sistema normativo absorverá a norma inconstitucional ou ilegal, dando a impressão de que a invalidade subsistiria, tão-somente, por tolerância sua, prestigiando-se assim a autoridade jurídica, até que se processe a declaração oficial de sua inconstitucionalidade, mantendo-se dessa forma sua unidade e coerência lógica. Daí conter, lógica e implicitamente, as regras de regulagem: a) "não se pode deixar de obedecer, ou cumprir, comando do poder público, alegando sua invalidade", inferida dedutivamente do princípio da presunção *juris tantum* da veracidade e legitimidade dos atos do Poder Público. Com isso, mantida estará a eficácia da norma inconstitucional; b) "deve-se respeitar o caso julgado" para, tendo havido decisão judicial definitiva, prestigiar o órgão judicante que a prolatou, garantindo a impossibilidade de sua reforma e a sua executoriedade, pois terá força vinculante para as partes, devido à presunção absoluta (*jure et de jure*) de veracidade e licitude, absorvendo, portanto, a possível inconstitucionalidade que, porventura, tiver. É definitiva a medida, pois com o trânsito em julgado não haverá mais qualquer discussão sobre a validade, ou invalidade, das normas individuais (Carlos Ayres Britto, Roland e Allorio). Se o jurista não captasse aquelas regras de regulagem implícitas no sistema, este não poderia evoluir, nem exercer um papel moderador, convertendo-se em um fator de desordem social, prejudicando seriamente a segurança jurídica.

REGRAS DE CALIBRAGEM. *Vide* REGRAS DE CALIBRAÇÃO.

REGRAS DE COMPORTAMENTO. *Filosofia do direito* e *teoria geral do direito.* Regras que, na concepção de Norberto Bobbio, se referem às condutas humanas, permitindo-as, obrigando-as ou proibindo-as.

REGRAS DE ESTRUTURA. *Filosofia do direito* e *teoria geral do direito.* Segundo Norberto Bobbio, normas que regem a produção jurídica, uma vez que não prescrevem comportamentos proibidos, obrigados ou permitidos, mas tão-somente as condições, a competência e os procedimentos dos quais advêm normas válidas.

REGRAS DE EXPERIÊNCIA. *Vide* MÁXIMAS DE EXPERIÊNCIA.

REGRAS DE HAMBURGO. *Direito internacional público.* Conjunto de normas da Convenção das Nações Unidas sobre transporte de mercadorias por via marítima, de 1978.

REGRAS DE INFERÊNCIA. *Lógica jurídica.* São metaleis lógicas que controlam a validade do raciocínio por referir-se ao procedimento mental no qual se usa as leis lógicas. São fórmulas tautológicas das quais se podem inferir outras fórmulas (Echave, Urquizo e Guibourg).

REGRAS DE REGULAGEM DO SISTEMA NORMATIVO. *Vide* REGRAS DE CALIBRAÇÃO.

REGRAS DE YORK. *Vide* YORK.

REGRAS DE YORK E ANTUÉRPIA. *Direito internacional público* e *direito marítimo.* Vinte e nove princípios uniformes relativos às cláusulas de afretamentos internacionais.

REGRAS DOGMÁTICAS DE LEGITIMAÇÃO. *Teoria geral do direito.* Princípios legitimantes que abrangem: 1) regras de fixação de valores que estabelecem um sistema valorativo, abarcando: a) regra de principialidade, pela qual será legítima a norma constitucional assumida como algo novo e como liberdade, enquanto espontaneidade e imprevisibilidade. A legitimidade indicaria a norma constitucional como norma primeira ou norma-origem; b) regra de transparência, segundo a qual a norma constitucional será legítima quando se revelar como mediação entre os membros da sociedade enquanto cidadãos; assim, a cidadania é o conteúdo da transparência. A norma constitucional que não instaurar a cidadania é ilegítima; c) regra da participatividade, pela qual a norma constitucional é legítima se permite que membros desiguais nas suas tarefas e capacidade sejam igualados como cidadãos, contendo normas referentes à ordem social, econômica e política; 2) regras de programação, que asseguram a legitimidade constitucional no sentido de sua permanência e adaptabilidade às mudanças, acompanhando as alterações da realidade. Para isso contêm: a) regra de intangibilidade, relativa à inalterabilidade de certos preceitos, como os atinentes à forma federativa de Estado; o voto direto, secreto, universal e periódico; a separação dos poderes; e os direitos e garantias individuais; b) regra de alterabilidade, referente à revisão das normas constitucionais como fator de legitimidade, para garantir a adaptação da norma constitucional a mudanças e à sua emenda, mediante processo especial; c) regra de projeção de valores, que contém um projeto de realização futura da norma constitucional, permitindo sua adaptação à realidade social, política e econômica ao prescrever, por exemplo, o mandado de injunção, iniciativa legislativa popular; 3) regras de consecução, que garantem a legitimidade na incidência constitucional, abrangendo: a) regra de onipotencialidade, que, para assegurar o respeito à legitimidade constitucional, alude por exemplo à aplicação imediata das normas referentes aos direitos e garantias fundamentais; b) regra de onicompreensividade, que conjuga a imperatividade dos valores constitucionais com o respeito da Constituição Federal, ao garantir, por exemplo, a inviolabilidade dos direitos de brasileiros e estrangeiros residentes no país ou dentro do território nacional; c) regra de eficácia eqüitativa, pela qual a norma constitucional deverá, ao incidir no caso concreto, manifestar a justiça, indenizando erro judiciário. Tais regras operacionais são regras de calibração, que regulam o funcionamento das normas constitucionais como um conjunto coeso (Tércio Sampaio Ferraz Jr.).

REGRA TÉCNICA. 1. *Teoria geral do direito.* É a que se firma pela experiência ou arte com o escopo de indicar o modo mais idôneo para atingir um dado resultado na execução de um trabalho profissional. **2.** *Direito penal.* Causa determinante do aumento da pena se o homicídio e a lesão corporal culposos advierem de inobservância de regra de profissão, arte ou ofício.

REGREDIR. 1. Retroceder. **2.** Não progredir.

REGRESSANTE. Diz-se daquele que regressa.

REGRESSÃO. 1. Nas *linguagens jurídica* e *comum,* significa: a) retrocesso; b) regresso; c) recuo. **2.** *Retórica jurídica.* Repetição de palavras na ordem inversa com diferente sentido. **3.** *Medicina legal.* Retrocesso de um tecido ou órgão a um estado anterior menos aperfeiçoado. **4.** *Psicologia forense.* Mecanismo de defesa que leva a pessoa a adotar comportamentos menos desenvolvidos que os normais da sua idade, por não conseguir resolver suas frustrações. **5.** *Lógica.* Raciocínio que vai da conseqüência ao princípio. **6.** *Sociologia jurídica.* Transformação oposta ao progresso (Lalande). **7.** *Direito penal.* Transferência de um regime de execução da pena para outro mais rigoroso, em razão de prática de crime doloso, de falta grave ou de condenação por crime anterior (Afonso Celso F. de Rezende).

REGRESSAR. 1. Retroceder. **2.** Voltar.

REGRESSISTA. *História do direito.* Aquele que era adepto da ideologia política que pretendia o retorno de D. Pedro I para fundar um novo império no Norte do Brasil.

REGRESSIVA. *Direito civil* e *direito processual.* Ação pela qual o autor recupera o que pagou na qualidade de coobrigado.

REGRESSIVIDADE. *Direito tributário.* Ato de estabelecer alíquotas diferençadas, que se reduzem na medida em que a base tributável se eleva (Eduardo M. F. Jardim).

REGRESSIVO. 1. Na *linguagem jurídica* em geral: a) retroativo; b) o que retrocede; c) diz-se do ato de ir buscar aquilo a que se tem direito. **2.** *Direito tributário.* Imposto em cuja cobrança a percentagem diminui, paulatinamente, conforme o rendimento em que recai. É a diminuição, como ensina De Plácido e Silva, com que se vai promovendo a incidência tributária, à proporção em que houver aumento de valor da matéria tributável.

REGRESSO. 1. *Sociologia jurídica.* Perda de elementos culturais provocada por falta de controle sobre o meio social ou natural. **2.** *Direito cambiário.* Direito do portador de letra protestada de receber do sacador, endossante ou avalista a quantia do título acrescida de juros e despesas. **3.** *Direito civil.* a) Direito ao reembolso do coobrigado que paga a obrigação, reavendo dos demais a parte cabível a cada um; b) direito que tem aquele que sofreu os efeitos de evicção de reaver do vendedor o valor do bem adquirido que veio a perder; c) retorno do ausente. **4.** *Direito administrativo.* Poder-dever que tem o Estado de exigir do funcionário responsável pelo dano causado, culposa ou dolosamente, ao administrado, a quantia que pagou à vítima (José Cretella Jr.). **5.** Na *linguagem jurídica* em geral, pode significar: a) ato de retornar para o lugar de onde saiu; b) volta operada em razão de cessação de exílio; c) remigração.

REGRESSO DE AUSENTE. *Direito civil.* **1.** Retorno do ausente que opera a cessação da curatela ou das vantagens dos sucessores provisórios que ficam obrigados a devolver os bens. **2.** Volta do ausente nos dez anos seguintes à abertura da sucessão definitiva, caso em que pode requerer ao juiz a entrega dos bens existentes no estado em que se encontrarem, os sub-rogados em seu lugar ou o preço que os herdeiros houverem recebido pelos alienados depois daquele tempo, respeitando-se, assim, os direitos de terceiros, uma vez que não se desfazem aquisições por eles realizadas (Caio Mário da Silva Pereira).

REGRET. *Termo francês.* Arrependimento.

RÉGUA DE LESBOS. *Filosofia do direito.* Locução empregada por Aristóteles para indicar que a eqüidade se ajusta a cada caso concreto (Othon Sidou).

REGUEIRA. *Vide* REGAS.

REGUENGO. *História do direito.* **1.** Dizia-se da terra ou de bem que pertencia ao patrimônio real. **2.** Conjunto de bens da coroa, cuja renda era destinada para pagamento de seus gastos pessoais. **3.** Referente ao rei. **4.** Direito, foro ou censo devido pelo reguengueiro.

REGUENGUEIRO. *História do direito.* **1.** Aquele que residia, sem caráter permanente, em reguengo. **2.** Que dizia respeito a reguengo.

REGULAÇÃO. 1. *Direito militar.* Valor do tiro em grupamento, que está na razão inversa da distância entre o ponto médio do grupamento e o ponto visado. **2.** Na *linguagem jurídica* em geral: a) regulamento que rege uma corporação ou negócio; b) regulamentação; c) instituição de preceitos para estabelecer condições imprescindíveis para a execução de algo; d) ajustamento. **3.** *Direito comercial.* Processo classificador de dano causado por avaria comum ou simples.

REGULAÇÃO DE AVARIA. *Direito comercial.* Processo de classificação de prejuízos causados por avaria comum ou grossa, feito pelo ajustador, dentro de um ano, contado da data da entrega dos documentos, fixando a contribuição de cada interessado, sob pena de desconto de 10% dos honorários por mês de atraso. Tal regulação é feita para que possa haver repartição do valor entre os coobrigados, estabelecendo-se a contribuição de cada um.

REGULAÇÃO DO SINISTRO. *Direito civil.* Avaliação de causas, conseqüências e circunstâncias, e apuração dos prejuízos devidos ao segurado e dos seus direitos à indenização (Luiz Fernando Rudge).

REGULAÇÃO PARA A AVARIA. *Direito processual civil.* Verificação, para fins de indenização pela companhia seguradora, de danos causados por avaria singular ou simples, tais como os provocados por tempestade, encalhe, despesas feitas para salvar fazendas, perda de cabos, âncoras e velas, que se deu em razão de borrasca etc. Com isso apura-se a responsabilidade, os direitos e deveres entre seguradora e segurado.

REGULADO. 1. *Direito comparado.* Território que é governado por um régulo. **2.** Nas *linguagens comum* e *jurídica,* designa o que foi feito de conformidade com o que se regulou.

REGULADOR. 1. *Filosofia geral.* Uso legítimo das idéias transcendentais, que visam à unificação total daquilo que é conhecido (Kant). **2.** Nas *lin-*

guagens comum e jurídica, diz-se do que serve para regular. **3.** *Direito comercial.* Perito que classifica e calcula as avarias comuns ou grossas.

REGULAE IN DUBIO INHAERENDUM EST, DONEC EXCEPTIO VEL LIMITATIO PROBETUR. *Aforismo jurídico.* Na dúvida deve-se seguir a regra, até que a exceção ou limitação seja provada.

REGULA EST, JURIS QUIDEM IGNORANTIAM CUIQUE NOCERE, FACTI VERO IGNORANTIAM NON NOCERE. *Expressão latina.* A regra é que a cada um lhe prejudica certamente a ignorância de direito, porém não a ignorância de fato.

REGULAGEM. Ato de regular algo, ajustando o que for preciso.

REGULAMENTAÇÃO. 1. Ato de publicar regulamento para reger uma instituição. **2.** Regulamento. **3.** Conjunto de preceitos que complementam ou explicitam uma lei, facilitando sua execução ou cumprimento.

REGULAMENTAÇÃO DA VIA. *Direito de trânsito.* É a implantação de sinalização de regulamentação pelo órgão ou entidade competente com circunscrição sobre a via, definindo, entre outros, sentido de direção, tipo de estacionamento, horário e dias.

REGULAMENTAÇÃO PROFISSIONAL. *Direito do trabalho.* Conjunto de preceitos que regem o exercício de certas profissões, atendendo as peculiaridades de cada uma.

REGULAMENTAR. 1. Relativo a regulamento. **2.** Estabelecer um regulamento. **3.** Complementar texto legal. **4.** Diz-se do direito ou do poder que tem o Executivo de editar regulamento para tornar inteligível uma lei (Pontes de Miranda), instruindo a forma de sua execução.

REGULAMENTO. 1. *Direito administrativo.* a) Norma administrativa expedida, por meio de decreto ou instrução, pelo chefe do Poder Executivo, pelo Ministro, Secretário de Estado, Secretário de Municípios, na esfera de suas atribuições ou competências, para que haja execução de leis a serem aplicadas pela Administração Pública. É um ato normativo, unilateral, inerente à função administrativa, que, especificando os mandamentos de uma lei não auto-aplicável, cria normas jurídicas gerais (Roque Antônio Carrazza); b) norma jurídica geral, abstrata e impessoal, estabelecida pelo Poder Executivo da União, dos Estados e Municípios, para desenvolver uma lei, minudenciando suas disposições, facilitando sua execução ou aplicação.

Logo, não pode ampliar ou reduzir o conteúdo da lei que regulamenta, pois lhe é vedado inovar a ordem jurídica, ou seja, criar novo direito ou dever; c) conjunto de preceitos disciplinadores do funcionamento de um órgão da Administração Pública; d) ato administrativo normativo, veiculado por decreto, expedido no exercício da função regulamentar, contendo disposições, dirigidas aos subordinados do editor, disciplinando o modo de aplicação das leis, cuja execução lhe incumbe (Geraldo Ataliba). **2.** *Direito constitucional.* Ato normativo unilateral inerente à função administrativa que, especificando os mandamentos de uma lei não auto-aplicável, cria normas jurídicas gerais (Roque Antônio Carrazza). **3.** *Teoria geral do direito.* Regimento de uma corporação.

REGULAMENTO ADUANEIRO. *Direito alfandegário.* Conjunto de normas concernentes ao controle, fiscalização e tarifação de mercadorias exportadas e importadas.

REGULAMENTO AUTÔNOMO. *Direito comparado, direito constitucional* e *teoria geral do direito.* **1.** Aquele que, por independer de lei, não é admitido no Brasil, que requer que seja uma fiel execução da lei. A atividade regulamentar pressupõe, em nosso país, a anterioridade de lei, pois ao Congresso Nacional compete sustar qualquer ato normativo do Poder Executivo que exorbitar do poder regulamentar e dos limites de delegação legislativa (Celso Bastos). **2.** Comum na Europa, sendo emanado do Poder Executivo, ao exercer a prerrogativa de legislar, reconhecida pela Constituição, inovando a ordem jurídica, pois não desenvolve qualquer lei ordinária (Oswaldo Aranha Bandeira de Mello).

REGULAMENTO AUTORIZADO. *Direito constitucional* e *teoria geral do direito.* **1.** É o editado pelo Executivo para desenvolver e esclarecer uma matéria legal, facilitando sua execução. **2.** Aquele que, ao desenvolver uma lei, acrescenta-lhe algum elemento que vem inovar a ordem jurídica. Pode ser baixado em decorrência de delegação legislativa.

REGULAMENTO DA AVARIA. *Direito processual civil.* Resultado da repartição da avaria comum levada a efeito pelo ajustador, dentro do prazo de um ano, contado da data da entrega dos documentos, sob pena de sofrer desconto de 10% dos honorários, por mês de atraso, aplicada pelo juiz, *ex officio*, quando conclusos os autos para o despacho homologatório.

REGULAMENTO DA INTERFACE USUÁRIO–REDE E DE TERMINAIS DO SERVIÇO TELEFÔNICO FIXO COMUTADO. *Direito das comunicações.* É o que estabelece: a) as características técnicas, funcionais, e de sinalização entre os terminais e a rede de telecomunicações suporte ao Serviço Telefônico Fixo Comutado (STFC), destinado ao uso do público em geral, utilizando os processos de telefonia, para as combinações possíveis em ambiente analógico ou digital; e b) as características técnicas, funcionais, de construção e sinalização dos terminais para uso no STFC, bem como os requisitos necessários à sua certificação e os correspondentes procedimentos de ensaios.

REGULAMENTO DAS PRISÕES. *Direito penitenciário.* Conjunto de normas alusivas ao regime penitenciário.

REGULAMENTO DE CONTINÊNCIAS, HONRAS, SINAIS DE RESPEITO E CERIMONIAL MILITAR DAS FORÇAS ARMADAS. *Direito militar.* Conjunto de normas que tem por escopo: a) estabelecer as honras, as continências e os sinais de respeito que os militares prestam a determinados símbolos nacionais e às autoridades civis e militares; b) regular as normas de apresentação e de procedimento dos militares, bem como as formas de tratamento e a precedência entre eles; c) fixar as honras que constituem o Cerimonial Militar no que for comum às Forças Armadas. Tais normas aplicam-se às situações diárias da vida castrense, estando o militar de serviço ou não, em área militar ou em sociedade, nas cerimônias e solenidades de natureza militar ou cívica.

REGULAMENTO DE EMPRESA. *Direito do trabalho.* Estatuto feito pelo empregador, com ou sem a participação do empregado, para disciplinar as condições gerais de trabalho de empresa, seja ela estatal ou particular (Marcus Cláudio Acquaviva).

REGULAMENTO DE EXECUÇÃO. *Direito constitucional, direito administrativo* e *teoria geral do direito.* Regulamento editado pelo Poder Executivo para dar execução a uma lei.

REGULAMENTO DELEGADO. *Vide* REGULAMENTO AUTORIZADO.

REGULAMENTO DE SEGURANÇA PARA LANÇAMENTOS ESPACIAIS. *Direito espacial* e *direito ambiental.* É o que visa estabelecer medidas para garantir a segurança de pessoas físicas, bens públicos e privados, bem como do meio ambiente, durante operações de lançamentos espaciais a partir do território brasileiro, compreendendo: a) os operadores envolvidos e suas competências; b) os requisitos de segurança de lançamento; c) o processo para assegurar o atendimento aos requisitos estabelecidos. Tal Regulamento aplica-se a todos os lançamentos espaciais comerciais para usos pacíficos do espaço, realizados a partir do território brasileiro. A Agência Espacial Brasileira (AEB), autarquia federal de natureza civil, é a autoridade brasileira responsável pelo estabelecimento de regras de segurança para lançamentos espaciais a partir do território brasileiro, bem como pela fiscalização do cumprimento dessas regras. É, portanto, documento emitido pela AEB que estabelece as diretrizes de segurança, as quais devem ser seguidas na execução de operação de lançamento, a partir do território brasileiro.

REGULAMENTO DISCIPLINAR DO EXÉRCITO (R-4). *Direito militar.* É o que tem por finalidade especificar as transgressões disciplinares e estabelecer normas relativas a punições disciplinares, comportamento militar das praças, recursos e recompensas. Estão sujeitos ao Regulamento os militares do Exército na ativa, na reserva remunerada, e os reformados. Os oficiais-generais nomeados ministros do Superior Tribunal Militar são regidos por legislação específica. O militar agregado fica sujeito às obrigações disciplinares concernentes às suas relações com militares e autoridades civis.

REGULAMENTO DO PROGRAMA DE APOIO AO CIRCO, MÚSICA E EDIÇÃO DE LIVRO. *Direito autoral.* Conjunto de normas sobre as condições para concessão de financiamento para a montagem de espetáculos circenses, de música erudita ou instrumental, de gravação e reprodução de CD's e edição de obras literárias por pessoas jurídicas de natureza cultural e artística, no território nacional.

REGULAMENTO GERAL DE PORTABILIDADE (RGP). *Direito das comunicações.* Tem por objetivo estabelecer as condições para a implementação da Portabilidade de Código de Acesso pelas empresas prestadoras de serviços de telecomunicações de interesse coletivo.

REGULAMENTO INDEPENDENTE. 1. *Direito administrativo.* Regimento editado com o escopo de disciplinar serviços públicos. **2.** *Direito civil.* Regimento interno de instituições, associações ou corporações. **3.** *Vide* REGULAMENTO AUTÔNOMO.

REGULAMENTO INTERNACIONAL. *Direito internacional público.* É o que formaliza as deliberações diplomáticas e as de organismos internacionais, que passam a constituir direito interno dos Estados interessados, após sua aprovação pelo Legislativo (Othon Sidou).

REGULAMENTO N. 737. *História do direito.* Decreto n. 737, de 25-11-1850, que constituiu a primeira tentativa de codificação de normas processuais.

REGULAMENTO PARA A AVARIA. *Direito processual civil* e *direito marítimo.* Laudo de avaliação dos dois peritos arbitradores, que fixa o exato valor indenizatório a que faz jus o segurado, como compensação dos danos sofridos pela embarcação ou carga segurada, em razão de avaria simples ou singular. *Vide* REGULAÇÃO PARA A AVARIA.

REGULAMENTO PARA CERTIFICAÇÃO DO CARTÃO INDUTIVO. *Direito das comunicações.* É o que estabelece os requisitos mínimos a serem demonstrados na avaliação da conformidade do cartão indutivo empregado no pré-pagamento de serviços de telecomunicações de interesse coletivo, para efeito de certificação e homologação junto à Agência Nacional de Telecomunicações.

REGULAMENTO TÉCNICO DA QUALIDADE PARA PNEUS NOVOS. *Direito de trânsito.* É o que estabelece requisitos e métodos de ensaios para pneus destinados a automóveis (exceto os de corrida), camionetas de uso misto e seus rebocados leves, camionetas, microônibus, ônibus e caminhões e seus rebocados.

REGULAMENTO TÉCNICO METROLÓGICO. 1. Tem como objetivo estabelecer as condições a que devem satisfazer os termômetros de líquido em vidro, de escala interna e externa, imersão total, utilizados na medição da temperatura do petróleo e seus derivados líquidos, bem como seus respectivos suportes. **2.** Estabelece as condições mínimas a que devem atender os instrumentos de medição, denominados medidores de transmitância luminosa, destinados a determinar a transmitância luminosa em películas de controle solar, vidros e outros materiais simples ou compostos. Aplica-se aos medidores a transmitância luminosa, completos ou combinados. **3.** Estabelece as condições técnicas e metrológicas essenciais a que devem atender os instrumentos de medição destinados a medir a fração volumétrica de determinados componentes dos gases de exaustão dos motores de veículos automotores.

REGULAR. 1. *Teoria geral do direito.* a) O que está conforme a norma estatuída; o que é legal; b) aquilo que está governado por lei; c) regulamentar lei, esclarecendo-a para sua fiel execução; d) o que não contraria direito de terceiro, a ordem pública e os bons costumes; e) legislar; f) dirigir; g) estabelecer a ordem. **2.** *Direito canônico.* Diz-se daquele religioso que segue as regras monásticas.

REGULARES. *Direito canônico.* Membros de ordem religiosa que emitiram votos solenes e acatam as regras monásticas.

REGULARIA. *Direito comparado.* Território regido por régulo.

REGULARIDADE. 1. *Direito canônico.* Observância estrita pelo religioso das regras monásticas. **2.** Na *linguagem jurídica* em geral, pode ter o sentido de: a) qualidade de regular; b) conformidade legal; c) cumprimento da lei ou do dever. **3.** *Direito do trabalho.* a) Pontualidade; b) comparecimento freqüente ao serviço da empresa.

REGULARIZAÇÃO. Ato ou efeito de regularizar, corrigindo vícios que maculam atos ou situações, tornando-os conforme ao direito.

REGULARIZAÇÃO DE POSSE E OCUPAÇÃO DE TERRA DEVOLUTA. *Direito administrativo.* Reconhecimento do direito decorrente da posse e ocupação de terra devoluta da União.

REGULARIZAÇÃO FUNDIÁRIA. 1. *Direito administrativo.* Conjunto de ações que objetivem a regularização do uso e ocupação do solo, incluindo sua desapropriação ou aquisição. **2.** *Direito ambiental* e *direito urbanístico.* a) É o procedimento de adequação do parcelamento ilegal aos padrões legais ambientais, urbanísticos e fundiários no interesse da população beneficiada e da sociedade como um todo, portanto, de interesse público, visando resguardar os direitos de moradia e segurança jurídica dos moradores e a sustentabilidade da cidade (Rosangela Staurenghi); b) processo de intervenção pública, sob os aspectos jurídico, físico e social, que objetiva legalizar a permanência de populações moradoras de áreas urbanas em desconformidade com a lei para fins de habitação, implicando melhorias no ambiente urbano do assentamento, no resgate da cidadania e da qualidade de vida da população beneficiária (Betânia Alfonsin).

REGULARIZADOR. Que regulariza.

REGULARIZAR. 1. Ato de tornar algo regular, ou seja, conforme a lei. **2.** Legalizar. **3.** Reajustar. **4.** Pôr em ordem. **5.** Normalizar.

REGULARLY SCHEDULED FLIGHT. *Expressão inglesa.* Vôo regular; vôo de linha.

REGULÁVEL. O que pode ser regulado.

RÉGULO. 1. *Direito comparado.* a) Soberano de um pequeno território; b) chefe de uma tribo semibárbara ou bárbara. **2.** *Ciência política.* Déspota.

REI. 1. *Direito comparado.* Aquele que, por pertencer a uma dinastia, governa um Estado monárquico. **2.** Na *linguagem comum,* é aquele mais notável entre outros da mesma classe ou profissão. **3.** *Direito desportivo.* Peça principal do jogo de xadrez.

REI ABSOLUTO. *Direito comparado* e *história do direito.* Aquele que governa uma monarquia absoluta.

REIDE. 1. *Direito militar.* Rápida incursão feita por uma tropa em território inimigo. **2.** *Direito comercial.* Excursão longa feita a pé, de automóvel, avião etc.

REI DE ARMAS. *Direito comparado.* Oficial da corte que tem a incumbência da construção e registro de armas dos nobres do reino.

REI DE COPAS. *Ciência política.* Diz-se do soberano ou alto funcionário público que não tem energia para governar.

REI DE TEATRO. *Ciência política.* Rei que não possui capacidade para exercer o governo da nação.

REI DOS ROMANOS. *História do direito.* **1.** Título de imperadores alemães após a sua eleição e antes de receberem, em Roma, a coroa imperial. **2.** Príncipe herdeiro presuntivo da coroa.

REI DOS SACRIFÍCIOS. *Direito romano.* Magistrado que, eleito vitaliciamente, oferecia os sacrifícios.

REIFICAÇÃO. *Filosofia geral.* **1.** Interpretação das realidades como se fossem objetivos físicos. **2.** Ato de não compreender a natureza peculiar do processo, que não deve ser reificado. **3.** Ato de ver ou tratar os seres humanos como coisa. **4.** Coisificação (José Ferrater Mora).

REIMBURSEMENT. *Termo inglês.* **1.** Indenização. **2.** Reembolso.

REIMPLANTAÇÃO. *Teoria geral do direito.* **1.** Renovação da ordem jurídica ou dos costumes. **2.** Reforma.

REIMPLANTAR. *Teoria geral do direito.* **1.** Reformar. **2.** Restabelecer. **3.** Renovar.

REIMPOR. Tornar a impor.

REIMPORTAÇÃO. *Direito internacional privado.* Nova importação.

REIMPORTADOR. *Direito internacional privado.* Aquele que reimporta.

REIMPORTAR. *Direito internacional privado.* Fazer nova importação; importar novamente.

REIMPOSIÇÃO. *Direito autoral.* Fazer nova imposição, de maneira que o formato fique diverso da tiragem anterior.

REIMPOSTO. *Direito autoral.* Trabalho feito com nova imposição.

REIMPRESSÃO. *Direito autoral.* Nova tiragem que se faz de uma obra, sem que haja qualquer alteração em seu texto em relação à edição anterior. Trata-se da reedição.

REIMPRESSO. *Direito autoral.* Reeditado.

REIMPRESSOR. *Direito autoral.* Aquele que reedita.

REIMPRIMIR. *Direito autoral.* Fazer nova tiragem de uma obra.

REIMPRIMÍVEL. *Direito autoral.* O que pode ser reeditado.

REIMPUTAÇÃO. Nova imputação.

REIMPUTAR. Tornar a imputar.

REINADO. 1. *Direito comparado.* Período de duração do governo de um rei. **2.** Na *linguagem comum*, diz-se do tempo em que alguém exerce influência ou preponderância.

REINANTE. *Direito comparado.* Monarca que reina.

REINAR. 1. *Direito comparado.* Governar um Estado monárquico na qualidade de soberano. **2.** Na *linguagem comum,* significa: ter prestígio.

REINAUGURAÇÃO. Ato de tornar a inaugurar.

REINCIDÊNCIA. 1. *Direito penal.* Recidiva; prática de novo crime por aquele que já foi anteriormente condenado, revelando sua periculosidade e determinando a agravação da pena. A reincidência penal não pode ser considerada como circunstância agravante e, simultaneamente, como circunstância judicial. **2.** *Direito tributário.* Nova incidência de um imposto sobre a mesma matéria tributável.

REINCIDÊNCIA ABSOLUTA. *Vide* REINCIDÊNCIA GENÉRICA.

REINCIDÊNCIA ESPECIAL. *Vide* REINCIDÊNCIA ESPECÍFICA.

REINCIDÊNCIA ESPECÍFICA. *História do direito.* Ato de o agente perpetrar novamente crime da mesma natureza daquele pelo qual foi, anteriormente, condenado por sentença transitada em julgado. Era designada também de reincidência especial.

REINCIDÊNCIA FICTA. *Direito penal.* Perpetração de outro crime, pelo agente, após o trânsito em julgado da sentença que o condenou por prática de delito anterior.

REINCIDÊNCIA GENÉRICA. *História do direito.* Era a prática pelo agente de crime de natureza diversa do anterior. Denominava-se também reincidência absoluta.

REINCIDÊNCIA INTERNACIONAL. *Direito internacional.* É a que decorre de delito perpetrado fora do país.

REINCIDÊNCIA NA CONTRAVENÇÃO PENAL. *Direito penal.* Ato de o agente praticar uma nova contravenção penal após o trânsito em julgado da sentença que o condenou, no Brasil ou no exterior, por um crime, ou, no Brasil, por contravenção (Marcus Cláudio Acquaviva).

REINCIDÊNCIA REAL. *Direito penal.* É a que se opera quando o agente vem a cometer um outro crime depois de ter cumprido, no todo ou em parte, a pena que lhe foi imposta pela prática de delito anterior.

REINCIDÊNCIA TRIBUTÁRIA. *Direito tributário.* Bitributação.

REINCIDENTE. *Direito penal.* Aquele que reincide, praticando novamente outro crime; recidivo.

REINCIDIR. *Direito penal.* Tornar a praticar crime ou contravenção penal.

REINCORPORAÇÃO. Ato ou efeito de tornar a incorporar.

REINCORPORADOR. Aquele que reincorpora.

REINCORPORAR. Tornar a incorporar.

REINFECÇÃO. *Medicina legal.* Recidiva de uma infecção.

REINGRESSAR. Tornar a ingressar.

REINGRESSO. 1. *Direito do trabalho.* Readmissão de empregado. **2.** *Direito administrativo.* Retorno de servidor público às funções ou ao lugar de onde estava afastado.

REINGRESSO DE ESTRANGEIRO EXPULSO. *Direito penal.* Crime que consiste no fato de estrangeiro expulso tornar a ingressar no país.

REINGRESSO NO SERVIÇO PÚBLICO. *Direito administrativo.* Retorno ao serviço público de funcionário que dele estava afastado.

REINÍCIO. Ato ou efeito de reiniciar.

REINÍCOLA. 1. *Direito comparado.* Habitante de um reino. **2.** *História do direito.* Jurista português versado em jurisprudência nacional, na época em que o Brasil era Reino de Portugal, como Melo Freire, Lobão, Corrêa Telles, Cândido Mendes.

REINO. 1. *Direito comparado.* a) Estado monárquico governado por um rei; b) monarquia; c) poder do rei. **2.** Na *linguagem jurídica* em geral, pode ter o sentido de: a) predominância de uma classe ou princípio; b) conjunto de seres regidos por um princípio comum; c) divisão da natureza, por exemplo, reino vegetal, reino mineral e reino animal.

REINOL. 1. *Direito comparado.* a) O que se refere a reino; b) direito português da costa ocidental da Índia e do Ceilão. **2.** *História do direito. Vide* REINÍCOLA.

REINQUIRIÇÃO. *Direito processual.* Ato de interrogar novamente quem já havia se submetido a uma inquirição.

REINQUIRIÇÃO DE TESTEMUNHA. *Direito processual penal.* Ato de inquirir de novo uma testemunha pelo mesmo motivo para esclarecimento de uma dúvida ou cumprimento de formalidade legal.

REINSURANCE. *Termo inglês.* Resseguro.

REINTEGRAÇÃO. 1. *Direito administrativo.* Recondução ao cargo de funcionário público que foi ilegalmente demitido, com o pagamento integral dos vencimentos, e ressarcimento dos danos causados em razão do afastamento. **2.** *Direito processual civil.* Recuperação da posse perdida. **3.** Na *linguagem jurídica* em geral, designa: a) reaquisição; b) ato ou efeito de recuperar. **4.** *Psicologia forense.* Reprodução mental da vida psicológica anterior (Hamilton e Hoffding). **5.** *Direito civil.* Recomposição do valor de um seguro após eventual indenização nas garantias em que esse tipo de operação é permitida (Luiz Fernando Rudge).

REINTEGRAÇÃO DE POSSE. *Direito processual civil.* Ação movida pelo esbulhado, para recuperar posse perdida em razão de violência, clandestinidade ou precariedade. Se o esbulho datar de menos de ano e dia, essa ação recebe a designação de ação de força nova espoliativa, iniciando-se pela expedição do mandado liminar, a fim de reintegrar o possuidor imediatamente. Se é de mais de ano e dia, tem-se a ação de força velha espoliativa, na qual o juiz fará citar o réu para que ofereça a defesa, confrontando suas provas com as do autor, e decidindo quem terá a posse.

REINTEGRAÇÃO NO CARGO. *Direito administrativo.* Ato pelo qual se opera o retorno de funcionário ao cargo anteriormente ocupado, com todas as vantagens e garantias que teria como se nunca tivesse se afastado dele, e com direito de ser indenizado pelos prejuízos sofridos, por ter havido reconhecimento por decisão judicial ou administrativa da ilegalidade de sua demissão.

REINTEGRAÇÃO NO CONVÍVIO SOCIAL. *Direito penitenciário.* Retorno do condenado à comunidade para nela conviver.

REINTEGRAÇÃO NO EMPREGO. *Direito do trabalho.* Ato de readmitir o empregado por ter sido reconhecida, judicialmente, a inexistência de falta grave que o levou a perder seu posto.

REINTEGRADO. 1. Aquele que se restabeleceu no cargo, no emprego. **2.** O que recuperou posse perdida.

REINTEGRADOR. Aquele que reintegra.

REINTEGRANDA. *História do direito.* Reintegração de posse que correspondia à *recuperandae possessionis* ou *actio spolii.*

REINTEGRAR. 1. *Direito administrativo.* Ser novamente investido no cargo por ter sido dele demitido ilegalmente. **2.** *Direito do trabalho.* Retornar ao emprego ante comprovação judicial da inexistência de falta grave. **3.** *Direito processual civil.* a) Restabelecer-se na posse; b) repor no estado anterior.

REINTEGRO. 1. Na *linguagem jurídica* em geral, é o ato ou efeito de reintegrar. **2.** *Direito civil.* Prêmio de loteria que vem a ser o equivalente à quantia que se jogou.

REINTERNAÇÃO. *Medicina legal* e *direito do consumidor.* É a internação de paciente num hospital dentro de um período de tempo definido após a sua alta.

REINTERPRETAÇÃO. *Teoria geral do direito.* Nova interpretação.

REINTERROGAÇÃO. Nova interrogação; ato de reperguntar.

REINTRODUÇÃO. *Direito ambiental.* Soltura intencional ou acidental de um organismo vivo, em área de distribuição geográfica natural, em que foi extirpado ou se extinguiu.

REINTRODUÇÃO DE MERCADORIA. *Direito comercial.* Ato de reintroduzir mercadoria.

REINUMAÇÃO. Nova inumação.

REINVENÇÃO. Ato de tornar a inventar.

REINVERSÃO. 1. *Medicina legal.* Retorno de órgão, que se invertera, à posição natural. **2.** *Economia política.* Nova inversão de parte da riqueza produzida, feita em operação econômica.

REINVESTIMENTO. Ato ou efeito de tornar a investir.

REINVIDAR. 1. Revidar. **2.** Desforrar-se. **3.** Replicar.

REINVOCAÇÃO. Ato ou efeito de tornar a invocar.

REIPERSECUTÓRIA. *Direito processual civil.* Ação para obtenção de imóvel em razão de obrigação assumida pelo réu. É a oriunda de relação de direito pessoal, que tem por fim a aquisição de um direito real ou o esclarecimento de dúvidas sobre uma coisa. Por exemplo, a ação anulatória de compra e venda de um imóvel, não cumulada com a reivindicação do prédio vendido, ou ação que pretende compelir o réu a cumprir compromisso de compra e venda de imóvel por não poder reclamar a adjudicação compulsória.

REIPERSECUTÓRIO. *Direito processual civil.* O que se refere à perseguição do bem.

REIS. *Direito comparado.* **1.** Capitão de barca turca. **2.** Título de oficiais turcos.

REISBUTO. *Direito comparado.* Aquele que pertence a uma casta nobre da Índia.

REI SITAE. *Locução latina.* Local da coisa.

REITERAÇÃO. 1. *Direito canônico.* Ato de administrar novamente o mesmo sacramento. **2.** *Direito processual civil.* Renovação de um pedido feito anteriormente, por não ter sido atendido.

REITERADO. *Direito processual civil.* **1.** Diz-se do pedido que foi feito novamente. **2.** Renovado. **3.** Repetido.

REITERAR. *Direito processual civil.* **1.** Renovar. **2.** Repetir. **3.** Propor uma ação novamente.

REITERATIVO. *Direito processual civil.* Que serve para reiterar.

REITERÁVEL. *Direito processual civil.* O que pode ser reiterado.

REITOR. 1. *Direito canônico.* Superior de convento de religiosos. **2.** *Direito educacional.* Autoridade máxima em uma universidade.

REITORADO. 1. Cargo de reitor. **2.** Período da reitoria.

REITORAL. O que se refere a reitor.

REITOR DE IGREJA. *Direito canônico.* Sacerdote responsável principal por uma igreja, nomeado pelo bispo diocesano.

REITOR DE SEMINÁRIO. *Direito canônico.* Sacerdote responsável por uma igreja unida ao seminário.

REITORIA. *Direito educacional.* **1.** Sala ou repartição do reitor. **2.** Jurisdição de reitor. **3.** Dignidade de reitor.

REITORIZAR. *Direito educacional.* Administrar uma corporação na qualidade de reitor.

REIUNADA. *Direito agrário.* No Rio Grande do Sul, é o grande número de cavalos reiúnos ou que têm a ponta de uma das orelhas cortada.

REIUNAR. *Direito agrário.* No Rio Grande do Sul, é cortar a ponta de uma das orelhas do cavalo, indicando que é reiúno.

REIÚNO. *Direito agrário.* No Rio Grande do Sul, tem o sentido de: a) cavalo a que falta a ponta de uma das orelhas; b) cavalo pertencente ao Estado; c) cavalo sem dono ou cujo proprietário é desconhecido, que aparece em uma estância.

REIVINDICABILIDADE. *Direito processual civil.* Qualidade do que pode ser reivindicado.

REIVINDICAÇÃO. 1. *Direito processual civil.* Ação apropriada para reclamar o direito de propriedade perdido. **2.** *Direito falimentar.* Direito que tem o alienante de, em caso de falência, reter a mercadoria vendida até receber o pagamento do preço. **3.** *Direito de propriedade industrial.* Parte do processo de registro de propriedade industrial onde se descrevem as particularidades da inovação, estabelecendo-se os direitos do reivindicante e impondo-lhes os limites que forem necessários.

REIVINDICADO. *Direito processual civil.* Objeto sobre o qual recai a reivindicação de propriedade.

REIVINDICADOR. 1. *Direito processual civil.* Quem reivindica, judicialmente, direito ou propriedade. **2.** *Direito falimentar.* Vendedor que retém mercadoria até que o preço lhe seja pago.

REIVINDICANDO. *Direito processual civil.* Aquele contra quem se faz uma reivindicação.

REIVINDICANTE. *Vide* REIVINDICADO.

REIVINDICAR. *Direito processual civil.* **1.** Reclamar direito. **2.** Mover ação para reaver propriedade.

REIVINDICATIVO. 1. *Psicologia forense.* Psicose que leva o paciente a se julgar perseguido. **2.** *Direito processual civil.* O que envolve reivindicação.

REIVINDICATÓRIO. *Vide* REIVINDICATIVO.

REIVINDICÁVEL. *Direito processual civil.* O que pode ser reivindicado.

REJEIÇÃO. 1. *Direito processual.* a) Ato de não conhecer um recurso; b) indeferimento; c) recusa; d) não-aprovação. **2.** *Psicologia forense.* Aversão a alguém que provoca medo, retração social, agressividade, má escolaridade etc.

REJEIÇÃO DA COISA. *Direito civil.* Recusa em receber a coisa.

REJEIÇÃO DA LEI. *Direito constitucional.* Não-aprovação de um projeto de lei.

REJEIÇÃO DA OBRA. *Direito civil.* Não-aceitação de uma obra por não ter sido concluída pelo empreiteiro, de acordo com o ajuste ou com os costumes do lugar.

REJEIÇÃO DE DENÚNCIA OU QUEIXA. *Direito processual penal.* Não-recebimento de denúncia ou queixa quando: a) o fato narrado não constituir crime; b) já estiver extinta a punibilidade, pela prescrição ou outra causa; c) for manifesta a ilegitimidade da parte, ou faltar condição exigida pela lei para o exercício da ação penal.

REJEIÇÃO DO RECURSO. *Direito processual.* Não-conhecimento de um recurso interposto; ato de negar provimento ao recurso.

REJEIÇÃO *IN LIMINE.* *Direito processual civil.* Denegação da pretensão sem oitiva da parte contrária (Geraldo Magela Alves), pela falta de consistência legal das alegações feitas.

REJEITADOR. Aquele que rejeita.

REJEITAR. 1. Não aceitar. **2.** Recusar. **3.** Não admitir ou não receber algo por falta de fundamento jurídico.

REJEITÁVEL. Que pode ser rejeitado.

REJEITO. Ato ou efeito de rejeitar.

REJEITO RADIOATIVO. *Direito nuclear.* **1.** Lixo atômico. **2.** Material cuja radioatividade é devida à produção ou utilização de combustível nuclear. **3.** É qualquer resíduo contaminado com radionuclídeos ou outro elemento radioativo em quantidades superiores aos limites de isenção especificados na norma CNEN-NE-6.02 – Licenciamento de Instalações Radioativas. **4.** Qualquer material resultante de atividades humanas, que contenha radionuclídeos em quantidades superiores aos limites de isenção especificados em norma especial, e para o qual a reutilização é imprópria ou não prevista.

REJEITOSO. Repugnante.

REJUSTIFICAÇÃO. Nova justificação.

RELA. *Direito agrário.* **1.** Armadilha para apanhar aves. **2.** Bicho que ataca o milho. **3.** Tinha que dá em ovelha.

RELAÇÃO. 1. *História do direito.* Tribunal que no Brasil-Colônia reapreciava as sentenças prolatadas por juízes de primeiro grau. **2.** *Filosofia geral.* a) Característica dos objetos de pensamento enquanto puderem ser compreendidos em um só ato intelectual, como, por exemplo, a casualidade, a identidade, a filiação (Aristóteles); b) categoria que abrange os nexos da causa com o efeito, da substância com o acidente, correspondentes aos juízos categóricos, hipotéticos e disjuntivos (Kant); c) conexão entre dois objetos, em que a modificação de um conduz à do outro (Cournot); d) acidente predicamental pelo qual se indica a ordenação de um objeto para outro; e) característica de dois objetos de pensamento, de tal sorte que, dado o primeiro, este exclui a afirmação; e os dois em conjunto implicam o pensamento de um *tertium quid* pelo qual são postos em conexão (Hamelin); f) caráter de um objeto cuja posição sugere a do outro. **3.** *Lógica jurídica.* Abstração dos termos de uma proposição para considerar apenas a forma do laço que os une (Lalande, Russell e Peirce). **4.** *Medicina legal.* Situação de um órgão, tecido ou membro comparado a outro. **5.** *Direito civil.* a) Vínculo de parentesco entre pessoas por consangüinidade, adoção ou afinidade; b) lista de bens contendo sua descrição. **6.** *Sociologia jurídica.* Convivência social. **7.** *Direito processual.* Informação ou exposição de fatos de um processo.

RELAÇÃO ABSOLUTA. *Direito civil.* É a que abarca a totalidade das pessoas. Por exemplo, a relação de direito real é *erga omnes* por gerar o dever de respeito que todos devem ter, por exemplo, com a propriedade alheia.

RELAÇÃO ANUAL DE EMPREGADOS. *Direito do trabalho.* Apresentação de uma relação de todos os empregados, em três vias, segundo modelo próprio, que deve ser feita, anualmente, pela empresa, à repartição competente do Ministério Público.

RELAÇÃO ANUAL DE INFORMAÇÕES SOCIAIS (RAIS). *Direito previdenciário.* É a que visa suprir as necessidades de controle, estatística e informações das entidades governamentais; é o instrumento de coleta de dados indispensável para atender às necessidades: a) da legislação da nacionali-

RELAÇÃO CAUSAL | 139 | **REL**

zação do trabalho; b) de controle dos registros do FGTS; c) dos Sistemas de Arrecadação e de Concessão de Benefícios Previdenciários; d) de estudos técnicos de natureza estatística e atuarial; e) de identificação do trabalhador com direito ao abono salarial PIS/PASEP.

RELAÇÃO CAUSAL. *Direito penal.* Conexão entre o comportamento delituoso e o resultado, imputando-se a infração penal àquele que lhe deu causa.

RELAÇÃO COMERCIAL. *Direito comercial.* Vínculo oriundo da prática de atividades econômicas organizadas para a produção e circulação de bens e serviços. É o negócio mantido entre empresários ou entre praças de comércio.

RELAÇÃO DE ADMINISTRAÇÃO. *Direito administrativo.* Vínculo entre dois ou mais sujeitos, voltado a uma finalidade que influi sobre o bem imediatamente (Ugo Forti, Ruy Cirne Lima e José Cretella Jr.).

RELAÇÃO DE BENS. *Direito civil.* Declaração que enumera e descreve bens, indicando seu estado e valor.

RELAÇÃO DE CAUSALIDADE. 1. *Direito penal. Vide* RELAÇÃO CAUSAL. **2.** *Filosofia geral* e *lógica.* Liame de causa e efeito.

RELAÇÃO DE COEXISTÊNCIA. *Lógica jurídica.* Argumento em que os elementos estão em níveis distintos, pouco importando sua dimensão temporal. Visa estabelecer uma ligação entre uma essência e suas manifestações. P. ex., um político liga sua pessoa aos atos que fez em benefício da coletividade, como estrada, túneis, chegando até a colocar placas, nessas obras, contendo seu nome para perpetuar essa coexistência (Sudatti).

RELAÇÃO DE DIREITO. *Vide* RELAÇÃO JURÍDICA.

RELAÇÃO DE DOIS TERÇOS. *Direito do trabalho.* Declaração que, anualmente, o empregador deve apresentar ao Ministério do Trabalho e Emprego, comprovando que mantém em sua firma a participação mínima de dois terços de empregados brasileiros.

RELAÇÃO DE EMPREGO. *Direito do trabalho.* Vínculo contratual entre empregador e empregado, desde que este venha a prestar serviços não eventuais, mediante pagamento de um salário.

RELAÇÃO DE PARENTESCO. *Direito civil.* Relação vinculatória existente não só entre pessoas que descendem umas das outras ou de um mesmo tronco comum, mas também entre o cônjuge, o companheiro e os parentes do outro, e entre adotante e adotado.

RELAÇÃO DE TRABALHO. *Vide* RELAÇÃO DE EMPREGO.

RELAÇÃO DE SUCESSÃO. *Lógica jurídica.* Argumento em que a relação temporal entre um fato e os outros que o sucedem é fundamental, permitindo inferir o futuro pelo passado, visto desdobrar-se em causa/efeito, ato/conseqüência e meio/fim (Sudatti).

RELAÇÃO DIPLOMÁTICA E CONSULAR. *Direito internacional público.* É a existente entre governos de dois ou mais países para que, por meio de seus agentes diplomáticos e consulares, possam cuidar de interesses comuns, com harmonia e cordialidade.

RELAÇÃO DO FEITO. *Direito processual.* Exposição sumária sobre o caso *sub judice* ou de fatos ocorridos na pendência do processo perante o órgão judicante, possibilitando sua deliberação.

RELAÇÃO DOMÉSTICA. 1. *Direito civil.* Relacionamento que se dá entre membros de uma mesma família, no recinto do lar, e entre outras pessoas que com eles convivam, mediante percepção de salário ou não. **2.** *Direito penal.* Agravante de pena se o agente vier a perpetrar crime, valendo-se de relacionamento com a família da vítima.

RELAÇÃO *EX LOCATO*. *Direito civil* e *direito comercial.* É aquela que decorre de contrato de locação, vinculando, obrigacionalmente, locador e locatário.

RELAÇÃO JURADA. *Direito processual penal.* Informação prestada por autor ou réu, mediante juramento.

RELAÇÃO JURÍDICA. *Teoria geral do direito.* **1.** Vínculo entre pessoas, em razão do qual uma pode pretender um bem a que outra é obrigada (Del Vecchio). **2.** É a que indica a respectiva posição de poder de uma pessoa e de dever da outra, ou seja, poder e dever estabelecidos pelo ordenamento jurídico para a tutela de um interesse (Santoro-Passarelli). **3.** Relação entre normas, ou seja, entre o dever jurídico e o direito reflexo que lhe corresponde, sendo este último o dever jurídico, isto é, a própria norma jurídica; não há, na realidade, nenhuma relação entre o dever jurídico e o direito reflexo (Kelsen). **4.** Relação entre uma pessoa e uma coisa (direito real); entre duas pessoas (direito pessoal); entre uma pessoa e determinado lugar (domicílio) (Von Tuhr). **5.** Relação social regulada pelo direito objetivo (Francisco dos Santos Amaral Neto).

RELAÇÃO JURÍDICA COMPLEXA. *Teoria geral do direito.* É a que contém vários direitos subjetivos; caso em que as pessoas ocupam, simultaneamente, as duas posições, figurando, ao mesmo tempo, como sujeito ativo e passivo. Por exemplo, em uma compra e venda, o comprador tem direito à entrega do objeto comprado (sujeito ativo) e o dever de pagar o preço (sujeito passivo), e o vendedor tem o direito de receber o pagamento do preço (sujeito ativo) e o dever de entregar a coisa vendida (sujeito passivo) (Orlando Gomes).

RELAÇÃO JURÍDICA CONCRETA. *Direito processual civil.* É a que se dá na realidade entre pessoas determinadas sobre certo objeto, decorrendo de um determinado fato jurídico (Paulo Matos Peixoto).

RELAÇÃO JURÍDICA CONTINUATIVA. *Teoria geral do direito* e *direito civil.* **1.** Aquela em que seus efeitos não se dão em um só instante, pelo fato de seu vínculo ser objeto de prestações continuadas (Othon Sidou). **2.** Aquela que sofre variações de elementos qualificativos e quantificativos no prolongamento do tempo (Pontes de Miranda).

RELAÇÃO JURÍDICA OBRIGACIONAL. *Direito civil.* Vínculo pelo qual o credor pode reclamar do devedor certa prestação de dar, de fazer ou de não fazer.

RELAÇÃO JURÍDICA PROCESSUAL. *Direito processual.* **1.** Relação que se forma entre autor e réu (Kohler). **2.** Relação que existe entre autor-juiz e juiz-réu (Hellwig). **3.** Relação que se constitui entre as partes (autor e réu) e juiz (Bullow). **4.** Vínculo decorrente da instauração do processo.

RELAÇÃO JURÍDICA RELATIVA. *Teoria geral do direito.* É aquela que vincula os sujeitos, titulares dos direitos, com referência ao objeto desses direitos. Por exemplo, a relação entre locador e locatário relativamente ao imóvel locado.

RELAÇÃO JURÍDICA SIMPLES. *Teoria geral do direito.* É a que se constitui de um só direito subjetivo. Cada sujeito ocupa uma posição: um a ativa e outro a passiva (Orlando Gomes).

RELAÇÃO JURÍDICA TRIBUTÁRIA. *Direito tributário.* **1.** Relação fático-econômica atingida pelo direito tributário (Ruy Barbosa Nogueira). **2.** É a que abrange dois tipos de relações: as de substância patrimonial, situadas no núcleo da norma que define o fenômeno da incidência (regramatriz), e os vínculos que fazem irromper meros deveres administrativos, tornando possível a operatividade da instituição tributária (Paulo de Barros Carvalho).

RELAÇÃO LOCATIVA. *Vide* RELAÇÃO *EX LOCATO.*

RELAÇÃO RELATIVA. *Teoria geral do direito.* Liame estabelecido entre pessoas determinadas.

RELAÇÃO SEXUAL. *Medicina legal.* Coito vaginal, com ou sem ejaculação, pouco importando que haja, ou não, vínculo matrimonial entre os parceiros. Tal conjunção carnal pode ser lícita ou ilícita.

RELACIONADO. 1. O que está contido em uma lista. **2.** Que se relacionou. **3.** Aquele que tem muitas amizades.

RELACIONADOR. Quem relaciona.

RELACIONAL. 1. Que estabelece relação. **2.** Referente a relação.

RELACIONAR. 1. Arrolar. **2.** Descrever. **3.** Ter relação.

RELAÇÕES EXTERIORES. 1. *Direito administrativo.* Órgão ou Ministério que controla toda a atividade diplomática e consular do país. **2.** *Direito internacional público.* a) Objeto da diplomacia; b) atividade estatal ligada ao convívio com outras nações, para atender a interesses comuns.

RELAÇÕES HUMANAS. 1. *Direito do trabalho.* Observância, numa empresa, de certas regras no convívio social, para que haja entendimento entre os chefes e seus subordinados. **2.** *Sociologia jurídica.* Comportamento de uma pessoa em relação a outra, de uma pessoa com um grupo social ou com a sociedade.

RELAÇÕES INDUSTRIAIS. *Direito comercial.* Interações existentes entre empresários, trabalhadores, sindicatos, governo e Administração Pública relativas às questões trabalhistas (Regalia).

RELAÇÕES INTERNACIONAIS. *Direito internacional público.* Relações entre Estados e entre organismos de índole internacional (Pistone).

RELAÇÕES PÚBLICAS. 1. Intercâmbio de informações entre uma instituição (empresa, órgão de classe ou governamental) e sua clientela ou grupo social, buscando o bom entendimento

RELAÇÕES SOCIAIS 141 **REL**

(Rone Amorim). **2.** Contatos sociais para, por meio de divulgação, estimular o público a se interessar por um empreendimento.

RELAÇÕES SOCIAIS. *Sociologia jurídica.* Vínculos que prendem as pessoas que pertencem a um mesmo grupo social.

RELANCE. *Direito comparado.* Lance improvisado executado pelo toureiro logo após o primeiro.

RELAPSIA. *Vide* REINCIDÊNCIA, RECIDIVA E CONTUMÁCIA.

RELAPSITUDE. *Vide* RELAPSIA.

RELAPSO. 1. *Direito penal.* Reincidente. **2.** *Direito canônico.* Aquele que reincide em pecado ou heresia após ter-se penitenciado. **3.** *Direito civil.* Negligente.

RELATADOR. Relator.

RELATAR. 1. Fazer relatório. **2.** Relacionar. **3.** Defender tese perante banca examinadora.

RELATAR UM PROCESSO. *Direito processual.* Expor resumidamente o caso *sub judice* para que os demais juízes do tribunal, que não tiverem vista dos autos, possam proferir seus votos.

RELATIVA. *Direito civil.* **1.** Diz-se da nulidade que pode ser sanada. A nulidade relativa refere-se, portanto, a negócio inquinado de vício capaz de lhe determinar a ineficácia, mas que pode ser eliminado, restabelecendo-se sua normalidade. Logo, a declaração judicial de sua ineficácia opera *ex nunc.* **2.** Aquela incapacidade que, por não ser absoluta, permite que o incapaz possa praticar atos na vida civil, desde que seja assistido pelo seu representante legal, sob pena de anulabilidade daqueles atos.

RELATIVIDADE. 1. Nas *linguagens comum* e *jurídica,* é: a) característica ou qualidade do que é relativo; b) contingência; c) relação entre duas ou mais coisas. **2.** *Filosofia geral.* a) Possibilidade de coexistência da verdade ontológica, que afirma como um fenômeno realmente é, e da verdade psicológica, que afirma como um objeto é conhecido. Assim é porque o conhecimento nem sempre está adequado à realidade, devido às falhas na percepção das circunstâncias da posição do observador em relação à posição do fenômeno; b) teoria física, elaborada por Einstein, segundo a qual, pela relatividade restrita, não existe ação instantânea à distância, porque ela se propaga com uma velocidade finita; todas as leis físicas se exprimem sob forma idêntica; a ordem de sucessão em dois aconte-

cimentos definidos depende da escolha do sistema de referência ao qual se reportam, logo, é inversa para um observador daquilo que é para um outro; e, pela relatividade geral, há a possibilidade de representar todos os fenômenos materiais através de variações nas características geométricas locais de um espaço-tempo, que não se considerará mais como homogêneo, mas como comportando, nos seus diferentes pontos, variáveis (Lalande).

RELATIVIDADE DO CONHECIMENTO. *Filosofia geral.* **1.** Qualidade de o conhecimento ser relativo porque: a) a existência não é cognoscível em si própria, mas apenas nos fenômenos; b) os modos ou fenômenos não podem ser conhecidos por um sujeito se ele não possuir uma faculdade capaz de apreendê-los; c) os modos não chegam ao conhecimento do espírito senão modificados por essa atividade (Hamilton). **2.** Característica que tem o conhecimento de ser relativo porque só se pode conhecer uma coisa enquanto distinta de outra e porque o sujeito cognoscente só pode conhecer a natureza pelo seu estado de consciente (Mill).

RELATIVIDADE DOS COSTUMES. *Sociologia jurídica.* Variabilidade dos costumes sociais de grupo para grupo e de época para época.

RELATIVISMO. *Filosofia geral.* **1.** Qualidade de relativo. **2.** Teoria segundo a qual a idéia de bem e de mal varia no espaço e no tempo. Trata-se do relativismo moral. **3.** Concepção doutrinária que admite que todo conhecimento humano é relativo.

RELATIVISTA. *Filosofia geral.* **1.** Referente à relatividade ou ao relativismo. **2.** Prosélito do relativismo.

RELATIVO. 1. *Filosofia geral.* a) O que não é absoluto; b) aquilo que depende de determinadas condições; c) referente a certo objeto; d) o que depende de outro; e) o que diz respeito à relação entre dois ou mais termos, sendo um deles tido como independente; f) o que não pode ser afirmado sem reserva ou sem restrição; g) que depende de um outro termo, sob pena de tornar-se ininteligível ou impossível (Lalande). **2.** *Teoria geral do direito.* a) Aquilo que se relaciona ou se refere a uma coisa ou pessoa; b) o que não é completo; c) o que serve para exprimir uma relação.

RELATO. 1. *Teoria geral do direito.* Aspecto do discurso normativo jurídico que, sob o prisma lingüístico, contém a informação transmitida, por exemplo, só prender em flagrante, que é um *dubium*, pois não há limites de contestação, sendo o endereçado convidado a co-determinar o discurso pela sua reação ativa (que significa flagrante?) (Tércio Sampaio Ferraz Jr.). **2.** Nas *linguagens comum* e *jurídica*, pode ter o sentido de: a) exposição; b) ato ou efeito de narrar.

RELATOR. 1. Na *linguagem jurídica* em geral: a) defensor e expositor de uma tese em universidade ou congresso; b) aquele que faz um relatório; c) o que apresenta por escrito parecer sobre um projeto de lei para ulterior deliberação. **2.** *Direito processual.* Magistrado, integrante de um tribunal, incumbido de relatar o feito, por escrito, após estudá-lo, para orientar seus pares no julgamento do caso.

RELATÓRIO. 1. Na *linguagem jurídica* em geral: a) narração verbal ou escrita de um fato; b) exposição escrita sobre um projeto de lei, apresentando argumentos a favor ou contra sua aprovação. **2.** *Direito administrativo.* a) Descrição minuciosa sobre fato ocorrido na gerência de Administração Pública; b) terceira fase do processo administrativo, que consiste em uma indicação da lei violada, e exposição pormenorizada do fato pela Comissão Processante, que é remetida ao órgão que vai julgar o caso, baseado no critério da conveniência e oportunidade (José Cretella Jr.). **3.** *Direito civil* e *direito comercial.* Exposição circunstanciada das atividades de uma sociedade simples ou empresária. **4.** *Ciência política.* Explanação dos trabalhos de uma comissão parlamentar ou assembléia. **5.** *Direito processual penal.* Resumo feito pelo juiz, após o interrogatório do réu, do processo que será julgado pelo júri. **6.** *Direito processual.* a) Parte inicial da sentença que qualifica as partes, expõe o pedido e a defesa e contém o resumo dos fundamentos apresentados; b) exposição escrita feita pelo relator do processo, após a análise do caso, que será apreciado pelo tribunal.

RELATÓRIO ANUAL DE SUPRESSÃO DE VEGETAÇÃO NA LAVRA MINERAL. *Direito ambiental.* É o documento no qual constam todos os resultados das atividades previstas e executadas conforme o Plano Anual de Supressão de Vegetação para Lavra Mineral, contendo informações sobre a continuidade ou paralisação das atividades.

RELATÓRIO ANUAL DE SUPRESSÃO DE VEGETAÇÃO PARA PESQUISA MINERAL. *Direito ambiental.* É o do-

cumento no qual constam todos os resultados das atividades previstas e executadas conforme o Plano Anual de Supressão de Vegetação para Pesquisa Mineral, contendo informação sobre a continuidade ou paralisação das atividades.

RELATÓRIO DA ADMINISTAÇÃO. *Direito comercial.* Parte de demonstrações contábeis das companhias que relata as atividades do exercício considerado (Luiz Fernando Rudge).

RELATÓRIO DA SENTENÇA. *Direito processual.* Preâmbulo de sentença que relata todas as circunstâncias havidas no andamento do feito, a qualificação dos litigantes, a indicação do pedido e da contestação, e exposição sumária dos fundamentos jurídicos apresentados por autor e réu.

RELATÓRIO DE IMPACTO AMBIENTAL DE SÍSMICA (RIAS). *Direito ambiental.* Documento elaborado pelo empreendedor que apresenta a síntese do EAS em linguagem acessível aos interessados, demonstrando as conseqüências ambientais da implementação das atividades de aquisição de dados sísmicos.

RELATÓRIO DE QUALIDADE AMBIENTAL DA ZONA COSTEIRA (RQAZC). *Direito ambiental.* Consolida, periodicamente, os resultados produzidos pelo monitoramento ambiental e avalia a eficiência e eficácia das ações da gestão.

RELATÓRIO DE SEGURANÇA. *Direito ambiental.* 1) Designa um documento escrito que contenha informação técnica, de gestão e de funcionamento relativa aos perigos e aos riscos que comporta uma instalação exposta a eventual ocorrência de acidentes maiores e a sua prevenção, e que justifique as medidas adotadas para a segurança da instalação. 2) Documento elaborado pelo responsável de cada operação perigosa, relatando sua realização e salientando, quando devido, imprevistos que reduzam a margem de segurança e acidentes ocorridos, bem como sugestões para aprimorar os procedimentos.

RELATÓRIO DO PROCESSO. *Direito processual.* Resumo do andamento do processo para que possa haver prolatação da sentença.

RELATÓRIO FINANCEIRO. *Direito militar.* Documento elaborado pela Comissão do Exército Brasileiro em Washington (CEBW), onde constam o acompanhamento dos valores financeiros recebidos para aquisição de bens e serviços através de externação ou diretamente do exterior via financiamento, por contrato de câmbio ou desembolso individual – Registro de Operação Financeira (ROF) – até sua completa utilização.

RELATÓRIO MÉDICO-LEGAL. *Medicina legal.* Documento elaborado e assinado pelo médico-legista, que contém as conclusões da perícia.

RELAXAÇÃO. 1. *História do direito.* a) Dispensa do cumprimento de uma lei ou obrigação; b) entrega do réu condenado à pena capital pelo tribunal eclesiástico ao poder secular para que este executasse a pena. **2.** *Medicina legal.* a) Diarréia; b) distensão de fibra muscular. **3.** Nas *linguagens comum* e *jurídica,* tem a acepção de: a) incúria; b) negligência; c) depravação.

RELAXADO. 1. *História do direito.* Condenado à morte pelo Tribunal da Inquisição, que era entregue ao poder secular para ser executado. **2.** *Direito canônico.* Religioso que não cumpre as regras monásticas. **3.** *Medicina legal.* O que está com diarréia. **4.** Nas *linguagens comum* e *jurídica,* pode ter o sentido de: a) negligente; b) aquele que não cumpre seus deveres; c) desmoralizado; d) devasso; e) o que por não ter sido pago no prazo legal é entregue para a cobrança executiva. **5.** *Direito processual penal.* O que foi solto, em conseqüência de relaxamento de prisão.

RELAXAMENTO. 1. Desídia; negligência. **2.** Desleixo.

RELAXAMENTO DE PRISÃO. *Direito processual penal.* **1.** Ato de colocar indiciado em liberdade, quando o inquérito policial não terminar no prazo de dez dias, desde que ele tenha sido preso em flagrante, ou preventivamente, contado o prazo, nesta hipótese, a partir do dia em que se executou a ordem de prisão, ou no prazo de trinta dias, quando estiver solto, mediante fiança ou sem ela. **2.** Trata-se da soltura ou suspensão de uma pena ou prisão quando: a) se verificar que o acusado praticou o ato em legítima defesa, estado de necessidade, estrito cumprimento do dever legal, e exercício regular do direito; b) o réu se livra solto, em caso de infração que não for isolada, cumulativa ou alternativamente cominada com pena privativa de liberdade ou com pena que, no máximo, não excede a três meses; c) couber fiança, sendo a infração punida com detenção ou prisão simples.

RELAXAR. 1. *Direito processual penal.* a) Soltar preso; b) suspender execução de pena ou prisão.

2. *Medicina legal.* a) Diminuir a tensão dos nervos ou músculos; b) soltar o intestino, por efeito de laxante. **3.** Nas *linguagens comum* e *jurídica,* pode ter o significado de: a) desmoralizar-se; b) perverter; depravar; c) dispensar do cumprimento de dever legal ou contratual. **4.** *História do direito.* Entregar o réu condenado pela Inquisição ao poder secular para execução da pena capital que lhe foi imposta.

RELAXE. *Direito processual civil.* Transferência de uma contribuição que não foi paga dentro do prazo legal para cobrança executiva.

RELAXISMO. Tendência para inobservância de normas morais.

RELAXISTA. Aquele que não cumpre seus deveres.

RELAXO. 1. *História do direito.* Condenado que era entregue ao juiz da execução da pena capital. **2.** Nas *linguagens comum* e *jurídica,* significa: a) negligência; b) perdão; c) dispensa.

RELEASE. *Termo inglês.* **1.** Libertação; soltura. **2.** Exoneração. **3.** Quitação. **4.** Cessão de direito. **5.** Abandono de uma pretensão.

RELEGAÇÃO. *Direito penal.* **1.** Degredo. **2.** Internação do condenado em local distante para cumprimento rigoroso da pena que lhe foi imposta. **3.** Ato de expatriar.

RELEGADO. *Direito penal.* Aquele que é afastado de um local para execução da pena, logo, assim que esta for cumprida, possível será seu retorno ao lugar de onde saiu.

RELEGADOR. Que relega.

RELEGAGEM. *História do direito.* Quantia que, a título de imposto, devia ser paga por aquele que vendia vinho durante a vigência do relego.

RELEGAR. 1. Banir. **2.** Afastar de um local para outro. **3.** Rejeitar; repelir. **4.** Internar em colônia.

RELEGO. *História do direito.* **1.** Época que era reservada, em vilas ou cidades, à venda exclusiva de vinho do rei. **2.** Privilégio de senhores de terra de ter exclusividade na venda dos vinhos por eles produzidos.

RELEITURA. Ato de reler.

RELEIXAR. 1. Dispensar. **2.** Relaxar.

RELEIXO. 1. *Medicina legal.* Gume de instrumento cortante. **2.** *Direito agrário.* Faixa de terra não lavrada, que acompanha o muro.

RELER. Tornar a ler.

RELES. 1. Vil. **2.** Ordinário. **3.** O que não tem valor.

RELEVAÇÃO. 1. Perdão. **2.** Dispensa. **3.** Ato de isentar. **4.** Desencargo. **5.** Desoneração.

RELEVAÇÃO DA DESERÇÃO. *Direito processual civil.* Dispensa dos efeitos da deserção na hipótese de interposição de recurso.

RELEVAÇÃO DA MULTA. *Direito penal.* Perdão da multa imposta.

RELEVAMENTO. *Vide* RELEVAÇÃO.

RELEVÂNCIA. 1. Característica de relevante. **2.** Vantagem. **3.** Importância. **4.** Pertinência.

RELEVÂNCIA DE QUESTÃO FEDERAL. *Direito constitucional* e *direito processual.* Situação em que há conflito evidente entre uma lei e o julgado, possibilitando recurso extraordinário.

RELEVANTE. 1. Aquilo que tem importância. **2.** Evidente. **3.** Apreciável. **4.** Indispensável. **5.** O que tem grande valor. **6.** Admissível. **7.** O que tem fundamento. **8.** Matéria que pode influir em uma decisão.

RELEVANT EVIDENCE. *Locução inglesa.* Prova relevante.

RELEVAR. 1. Desculpar. **2.** Aliviar. **3.** Permitir. **4.** Pôr em relevo. **5.** Sobressair. **6.** Interessar.

RELICITAÇÃO. *Direito processual civil.* **1.** Ato ou efeito de licitar novamente. **2.** Nova licitação. **3.** Ato pelo qual um licitante vem a cobrir o valor de um lanço que fez em hasta pública.

RELICITANTE. *Direito processual civil.* Aquele licitante que cobre lanço feito anteriormente em hasta pública ou leilão.

RELICITAR. *Direito processual civil.* Licitar novamente.

RELIDO. Lido de novo.

RELIGIÃO. 1. *Sociologia geral.* Instituição social criada em torno da relação do homem com seres sobrenaturais. **2.** *Filosofia geral.* a) Comunicação do homem com Deus, que se manifesta sob a forma de culto; b) sistema de sentimentos, crenças e ações habituais que tem Deus como ponto nuclear (Lalande); c) instituição social que se caracteriza por uma comunidade de pessoas unidas pelo cumprimento de rituais, pela crença e pela fé em Deus; d) respeito a uma norma, costume ou sentimento (Littré); e) cerimonial litúrgico.

RELIGIÃO DO ESTADO. É a professada oficialmente por um país, sem, contudo, proibir a prática de outros cultos religiosos.

RELIGIÃO NATURAL. Aquela fundada no coração e na razão, sem seguir dogmas revelados.

RELIGIÃO REVELADA. É a baseada em revelações contidas nas Sagradas Escrituras.

RELIGIOMANIA. Fanatismo religioso.

RELIGIOSA. *Direito canônico.* Freira.

RELIGIOSIDADE. 1. Qualidade daquele que tem religião. **2.** Sentimento religioso. **3.** Observância de normas religiosas. **4.** Pontualidade no cumprimento dos deveres.

RELIGIOSO. 1. Referente a religião. **2.** Aquele que professa a religião. **3.** Sacerdote pertencente a uma ordem religiosa, por ter feito voto de castidade, pobreza e obediência. **4.** Que cumpre as regras monásticas. **5.** Pontual na observância de seus deveres.

RELINGA. *Direito marítimo.* Corda apropriada para atar velas de embarcação.

RELINQÜIÇÃO. *História do direito.* **1.** Cessão. **2.** Entrega.

RELINQÜIMENTO. *História do direito.* **1.** Renúncia. **2.** Ato ou efeito de ceder. **3.** Abandono.

RELIQUAT. *Medicina legal.* Seqüela que advém de uma lesão, por exemplo, cicatriz; redução funcional de membro fraturado (Croce e Croce Jr.).

RELÍQUIA. 1. Coisa sagrada. **2.** Diz-se do que é antigo e raro. **3.** Objeto que constitui recordação.

RELOCAÇÃO. *Direito civil* e *direito comercial.* **1.** Ato de locar novamente. **2.** Prorrogação ou renovação de locação.

RELOCALIZAÇÃO. *Direito administrativo.* Processo de movimentação do servidor entre unidades da Secretaria Federal de Controle, no Distrito Federal e nos Estados. Para tanto será preciso que haja lotação na Secretaria Federal de Controle, existência de vaga na localização de destino, interesse da Administração e concordância dos dirigentes das unidades de origem e de destino. Tal relocalização pode dar-se: a) a pedido do próprio servidor, mediante apresentação de requerimento, em formulário próprio, com o consentimento da chefia imediata e acompanhado de declaração comprobatória da experiência na área em que deseja atuar, e comprovação de especializações relativas à área para a qual concorre; b) *ex officio* pelo dirigente requisitante, em expediente endereçado ao Secretário Federal de Controle, que, por meio da Coordenação-Geral de Planejamento Técnico Operacional, ouvirá previamente a unidade de origem do servidor.

RELOCALIZAÇÃO DE SERVIDOR DA SECRETARIA FEDE-RAL DE CONTROLE. *Direito administrativo.* Processo de movimentação do servidor entre unidades da Secretaria Federal de Controle, no Distrito Federal e nos Estados, que se pode dar a pedido e *ex officio.* São requisitos essenciais para a ocorrência da relocalização: a) que o servidor esteja lotado na Secretaria Federal de Controle; b) a existência de vaga na área para a qual o candidato está concorrendo na unidade de destino; c) o interesse da Administração; d) manifestação positiva dos dirigentes das unidades de origem e de destino; logo, a manifestação negativa constitui impedimento para a relocalização.

RELÓGIO. 1. Instrumento que marca horas, minutos e segundos. **2.** Aparelho para medir força, consumo ou velocidade.

RELÓGIO DE PONTO. *Direito do trabalho.* É o usado em firmas para seus empregados marcarem em cartões a hora da entrada e a da saída.

RELÓGIO REGISTRADOR. Aquele que marca com precisão o tempo em que um automóvel esteve em movimento.

RELOJOARIA. *Direito comercial.* Estabelecimento onde se fabricam, consertam e vendem relógios.

RELOJOEIRO. *Direito comercial.* **1.** Fabricante ou vendedor de relógio. **2.** Aquele que conserta relógio.

RELOTAÇÃO. *Direito administrativo.* Remoção de funcionário do cargo que ocupa para outro idêntico em outra repartição pública (José Cretella Jr. e Themístocles Cavalcanti Brandão).

RELOTEAMENTO. *Direito urbanístico* e *direito agrário.* Remanejamento de loteamentos urbanos ou rurais feito por firmas especializadas, alterando o projeto, refazendo-o, em razão de imposição legal, econômica, ambiental ou administrativa (Fernando Pereira Sodero).

RELUTÂNCIA. 1. Resistência. **2.** Obstinação. **3.** Característica do que é relutante.

RELUTANTE. 1. Aquele que resiste. **2.** Obstinado. **3.** Teimoso.

RELUTAR. 1. Resistir. **2.** Ter repugnância.

RELVA. *Direito agrário.* Terreno coberto de erva gramínea, rasteira e fina.

RELVADO. *Vide* RELVA.

REM. *Termo latino.* Coisas móveis ou imóveis; bens.

REMA. *Filosofia geral* e *semiótica.* Signo que, para seu interpretante, é um signo de possibilidade qualitativa, isto é, como o que representa esta ou aquela espécie de objeto possível (Peirce).

REMAIN SILENT. *Locução inglesa.* Direito de ficar em silêncio.

REMANCIPAÇÃO. *Direito romano.* Formalidade pela qual o pai resgatava o filho para que ele se emancipasse; nova emancipação.

REMAND. *Termo inglês.* Prisioneiro reencarcerado.

REMANENTE. *Vide* REMANESCENTE.

REMANESCÊNCIA. Qualidade ou característica de remanescente.

REMANESCENTE. 1. O que sobra de um todo. **2.** Aquilo que permanece. **3.** Resto.

REMANGA. *Direito agrário.* Rede que envolve o barco para segurar peixes que venham a escapar.

REMARCA. *Direito de propriedade industrial.* Nova marca; contramarca; segunda marca.

REMARCAÇÃO. 1. *Direito comercial.* Ato de remarcar preços. **2.** *Direito de propriedade industrial.* Ato ou efeito de pôr marca nova em um produto ou serviço.

REMARIDADA. *Direito civil.* Bínuba.

REMARIDAR. *Direito civil.* Ato de uma mulher casar-se novamente.

REMA SIMBÓLICO. *Vide* SÍMBOLO REMÁTICO.

REMATAR. 1. Arrematar. **2.** Concluir.

REMATE. 1. Acabamento. **2.** Conclusão. **3.** Fecho de uma obra literária.

REMEDEIO. Ato de remediar.

REMEDIAR. 1. Emendar. **2.** Corrigir; sanar. **3.** Prevenir. **4.** Prover de recurso. **5.** Atenuar. **6.** Dar remédio a doente, para curá-lo. **7.** Resolver.

REMEDIÁVEL. Suscetível de ser remediado.

REMÉDIO. 1. Na *linguagem jurídica* é: a) meio ou expediente para atingir a consecução de uma finalidade jurídica; b) medida para reparar prejuízo ou para restabelecer a ordem ou uma situação; c) emenda; d) solução. **2.** *Medicina legal.* Medicamento que se destina à cura de um mal físico ou psíquico.

REMÉDIO JURÍDICO. 1. Meio lícito utilizado para fazer atuar o direito objetivo e restabelecer a ordem jurídica. **2.** Medida que tem por escopo a composição de interesses conflitantes. **3.**

Meio previsto em norma jurídica para reparar um dano.

REMÉDIO LEGAL. *Direito processual.* Medida prevista em lei, que é idônea para aplicar a norma a um caso concreto, restabelecendo a relação jurídica ameaçada ou violada, e compondo o litígio.

REMEDIR. Conferir medida.

REMEDIUM JURIS. *Locução latina.* Remédio jurídico.

REMEDY. *Termo inglês.* Recurso.

REMEMBRAMENTO. 1. *Direito agrário.* Processo que tem por escopo a correção dos efeitos negativos da pulverização ou dispersão de terras agricultáveis. Tal processo denomina-se também "reagrupamento da propriedade fundiária" (J. Motta Maia). **2.** *Direito registrário.* Reunião de dois ou mais prédios para fixação de seus limites.

REMEMORAÇÃO. *Psicologia forense.* Evocação espontânea de certas lembranças.

REMEMORATIVO. 1. Comemorativo. **2.** Aquilo que se relembra.

REMEMORÁVEL. 1. Digno de ser lembrado. **2.** Digno de fama.

REMESSA. 1. *Direito comercial.* a) Partida de mercadoria; b) envio de mercadoria. **2.** *Direito cambiário.* Ato pelo qual o detentor da letra de câmbio a envia ao local de pagamento. **3.** *Direito bancário.* Ato de remeter soma em dinheiro para crédito em conta corrente. **4.** Na *linguagem jurídica* em geral, pode significar: a) ato ou efeito de enviar; b) objeto que foi remetido.

REMESSA COM VALOR DECLARADO. A remessa postada com uma indicação de valor para fins de indenização, pela Administração Postal.

REMESSA DE AUTOS. *Direito processual.* Ato processual de enviar os autos para o magistrado, advogado ou tribunal superior. Se o envio for à segunda instância, ter-se-á a subida de autos, mas se houver a sua devolução ao juízo de origem, ter-se-á a descida dos autos.

REMESSA DE LUCROS. *Economia política* e *direito cambiário.* Envio para o exterior de lucro alcançado, no território nacional, pela aplicação de capital estrangeiro em investimento direto, ou indireto, oriundo de prestação de serviço ou transferência de tecnologia.

REMESSA DE NUMERÁRIO. *Direito bancário.* Operação pela qual são feitos os lançamentos a débito ou crédito, em conta corrente.

REMESSA DE PROCESSO. *Direito administrativo.* Ato que transfere o processo administrativo para a instância penal, se se tratar de crime, sem desvinculá-lo da área administrativa. Caso em que se aguarda a decisão criminal, absolutória ou condenatória, para, administrativamente, reviver ou não tal resultado (José Cretella Jr.).

REMESSA EXPRESSA. 1. *Direito das comunicações.* A que é transportada pela Empresa Brasileira de Correios e Telégrafos (ECT), com prioridade superior às demais, constituída de documentos ou mercadorias urgentes. **2.** *Direito internacional privado.* a) É o documento ou a encomenda internacional transportada, por via aérea, por empresa de *courier*, que requer rapidez no translado e no recebimento imediato por parte do destinatário; b) documento ou encomenda internacional transportada, por via aérea, por empresa de transporte expresso internacional, porta a porta.

REMESSÃO. *História do direito.* **1.** Arma de arremesso. **2.** Medida agrária que equivalia a dez palmos e meio.

REMESSA POSTAL INTERNACIONAL. É a mercadoria sob vigilância sanitária transportada por meio de encomenda internacional pela Empresa Brasileira de Correios e Telégrafos (ECT).

REMESSISTA. Encarregado da expedição de revistas ou jornais.

REMESTRAR. *Direito agrário.* Ato de introduzir, em uma colméia órfã, uma nova rainha.

REMETENTE. 1. Aquele que envia algo. **2.** Expedidor. **3.** A pessoa física ou jurídica, indicada no conhecimento individual de carga, emitido pela empresa de transporte expresso internacional, que envia remessa expressa a destinatário em outro país.

REMETER. 1. Enviar. **2.** Recomendar. **3.** Entregar. **4.** Procrastinar.

REM GERERE. *Locução latina.* Administrar bens.

REMIÇÃO. 1. *História do direito.* Alforria. **2.** *Direito civil.* Resgate; liberação do objeto gravado de ônus real. **3.** *Direito penal.* Declaração do juiz da execução, após ouvida do Ministério Público, da compensação da pena do condenado em regime fechado ou semi-aberto, à razão de um dia de pena por três de trabalho (Othon Sidou).

REMIÇÃO DA EXECUÇÃO. *Direito processual civil.* Pagamento ou consignação da dívida exeqüenda pelo devedor, antes da arrematação ou adjudicação dos bens, compreendendo os juros, custas e honorários advocatícios, exonerando-se, assim, do débito e pondo fim à execução iniciada.

REMIÇÃO DA HIPOTECA. *Direito civil.* Direito, concedido pela lei a certas pessoas, de liberar o imóvel hipotecado, mediante pagamento da quantia devida, independentemente do consentimento do credor. A lei confere o direito de resgatar o imóvel onerado: ao credor sub-hipotecário; ao adquirente do imóvel hipotecado; ao devedor da hipoteca ou aos membros de sua família, o que não lhes será permitido antes de realizada a praça nem depois da assinatura do auto de arrematação ou da publicação da sentença de adjudicação; e à massa falida ou aos credores em concurso.

REMIÇÃO DE BENS EXECUTADOS. *Direito processual civil.* Direito, concedido legalmente ao cônjuge, descendente ou ascendente do devedor, de haver para si bens penhorados, adjudicados ou arrecadados no processo de execução promovido contra devedor insolvente, depositando o preço por que foram alienados ou adjudicados.

REMIÇÃO DE BENS PENHORADOS. *Vide* REMIÇÃO DE BENS EXECUTADOS.

REMIÇÃO DE FORO. *Direito civil.* Direito do enfiteuta de liberar o imóvel do ônus enfitêutico, após dez anos, mediante pagamento de um laudêmio, que será de 2,5% sobre o valor atual da propriedade plena e de dez pensões anuais, extinguindo, assim, a enfiteuse, com a consolidação, no enfiteuta, da plenitude do domínio.

REMIÇÃO DO AFORAMENTO. *Vide* REMIÇÃO DE FORO.

REMIÇÃO DO PENHOR. *Direito civil.* Resgate do bem empenhado, mediante pagamento do débito.

REMIÇÃO HIPOTECÁRIA. *Vide* REMIÇÃO DA HIPOTECA.

REMIÇÃO LIBERATÓRIA. *Direito civil.* Resgate que desobriga bem hipotecado ou empenhado, ante o pagamento da dívida garantida. Libera o bem gravado da hipoteca e do penhor.

REMIÇÃO PARCIAL. *Direito civil.* Remição vedada por lei, pois, em razão da indivisibilidade da garantia real, não se pode remir parcialmente o penhor ou a hipoteca, pagando parcela do débito.

REMIÇÃO SUB-ROGATÓRIA. *Direito civil.* Pagamento do débito por alguém com a *intentio* de substi-

tuir o primitivo credor, sub-rogando-se no seu direito creditório e na sua garantia. Por exemplo, a lei confere o direito de resgatar o imóvel hipotecado ao credor sub-hipotecário, que, desde que esteja vencida a primeira hipoteca e se o devedor não se oferecer a remi-lo, consignará judicialmente a importância devida (capital e juros) e as despesas judiciais se promovida a execução, intimando o credor anterior para levantá-lo, bem como o devedor para remi-lo, se o quiser. Essa remição não tem efeito extintivo da relação obrigacional, pois o segundo credor sub-roga na garantia e no direito do primeiro. Logo, não libera o bem gravado em proveito do devedor; afasta, como diz Caio Mário da Silva Pereira, tão-somente, da concorrência o primeiro credor, fazendo com que o sub-hipotecário assuma, em relação ao imóvel onerado, uma condição privilegiada. Trata-se tal remição de uma espécie de compra forçada, como diz Sílvio Rodrigues, imposta ao credor da primeira hipoteca, que, assim, fica obrigado a vender o seu crédito, não sendo prejudicado em nada, pois receberá tudo a que fazia jus.

REMIÇÃO TOTAL. *Direito civil.* Pagamento de toda a dívida garantida e imprescindível, ante a indivisibilidade do penhor ou da hipoteca, para a liberação do bem onerado.

REMIÇÃO TOTAL DO PENHOR E DA HIPOTECA. *Direito civil.* Ato de pagar a dívida toda para remir o bem empenhado ou hipotecado. Em razão da indivisibilidade da garantia real, não se pode remir o bem pagando parcialmente o débito, de maneira que, por exemplo, se vier a falecer o devedor pignoratício ou hipotecário, seus sucessores não poderão remir parcialmente o penhor ou a hipoteca, na proporção de seus quinhões; porém, qualquer um deles poderá fazê-lo no todo, liberando o objeto gravado, desde que integralmente satisfeito o credor, caso em que esse herdeiro se sub-rogará nos direitos do credor pelas parcelas que pagou.

REMIDO. 1. *História do direito.* Alforriado; escravo que foi libertado do cativeiro. **2.** *Direito civil.* a) Bem resgatado ou liberado de ônus real; b) associado ou sócio que está isento de pagar contribuições, por ter pago de uma só vez uma quantia, durante um lapso temporal, ou por ter obtido um certo número de pontos como representante da associação em competições desportivas.

REMIDOR. *Direito civil.* Aquele que efetua o resgate do bem gravado.

REMIMENTO. *História do direito.* Resgate.

REMINDER LETTER. *Locução inglesa.* Carta de cobrança.

REMINISCÊNCIA. 1. Nas *linguagens comum* e *jurídica*, sinal do que restou de algo. **2.** *Psicologia forense.* a) Recordação vaga; b) retorno ao espírito de alguma coisa percebida em momento anterior; c) aquilo que fica na memória. **3.** *Filosofia geral.* a) Função da inteligência humana de provocar recordação do passado, fazendo com que, espontaneamente, retorne ao espírito (Aristóteles); b) lembrança de um estado anterior para poder conhecer a verdade (Kant).

REMIR. 1. *História do direito.* Alforriar. **2.** *Direito civil.* Resgatar ou livrar bem de um ônus real, pagando a dívida por ele garantida.

REMISSÃO. 1. *Direito civil.* Perdão. **2.** *Direito da criança e do adolescente.* Ato de o Ministério Público, antes de iniciado o procedimento judicial para apuração do ato infracional praticado por menor, conceder indulgência, como forma de exclusão do processo, atendendo não só às circunstâncias e conseqüências do fato ao contexto social, bem como à personalidade do adolescente e sua maior ou menor participação no ato infracional. A concessão da remissão pela autoridade judiciária importará na suspensão ou extinção do processo. A remissão não implicará, necessariamente, o reconhecimento ou a comprovação da responsabilidade nem prevalecerá para efeito de antecedentes, podendo incluir, eventualmente, a aplicação de qualquer medida prevista em lei, exceto a de colocação em regime de semiliberdade e a de internação. A medida aplicada por força da remissão poderá ser, a qualquer tempo, revista judicialmente, mediante pedido do adolescente, de seu representante legal ou do Ministério Público. **3.** *Medicina legal.* Melhora temporária havida no curso de uma moléstia. **4.** *Direito autoral.* Fórmula usada pelo autor que remete o leitor a um texto legal, a um verbete, a uma citação, a um índice, a uma nota etc.

REMISSÃO DA PENA. *Direito penal.* Ato judicial que consiste em não aplicar a pena, em consideração à personalidade do agente e às conseqüências mínimas do delito por ele perpetrado.

REMISSÃO DE DÍVIDA. 1. *Direito civil.* Liberação graciosa do devedor pelo credor, que, volun-

tariamente, abre mão de seus direitos creditórios, com o escopo de extinguir a obrigação, mediante consentimento expresso ou tácito do devedor. É um direito exclusivo do credor de exonerar o devedor, perdoando-o do débito patrimonial de caráter privado. **2.** *Direito tributário.* Perdão legal da dívida tributária, extinguindo a obrigação tributária.

REMISSÃO EXPRESSA. *Direito civil.* Perdão da dívida firmado por ato escrito, isto é, contido em um instrumento público ou particular, *inter vivos* ou *causa mortis*, oriundo de formal manifestação de vontade do credor de remitir o devedor.

REMISSÃO IMPLÍCITA. *Vide* REMISSÃO PRESUMIDA.

REMISSÃO PARCIAL. *Direito civil.* Remissão que se dá quando o credor reduz o débito, que subsiste em parte, pois em parte foi perdoado.

REMISSÃO PRESUMIDA. *Direito civil.* Remissão tácita, ou implícita, por decorrer de casos previstos em lei, nos quais se presume a vontade do credor de remitir, por resultarem de atos que indicam o seu intento de perdoar o débito. Assim, haverá remissão presumida se o ato de disposição advier de certa conduta do credor prevista em lei, incompatível com a conservação de sua qualidade creditória, por exemplo, quando ele entregar, espontaneamente, ao devedor o título da dívida ou o inutilizar à sua vista; entregar o objeto empenhado; contentar-se com o pagamento de quantia inferior à devida.

REMISSÃO TÁCITA. *Vide* REMISSÃO PRESUMIDA.

REMISSÃO TOTAL. *Direito civil.* Remissão em que o credor tem por fim perdoar a dívida toda, extinguindo a relação obrigacional.

REMISSIBILIDADE. *Direito civil.* Qualidade do que pode ser perdoado.

REMISSIONÁRIO. 1. Aquele que foi perdoado. **2.** Devedor que recebeu perdão de dívida por parte do seu credor.

REMISSÍVEL. *Direito civil.* O que se pode perdoar; suscetível de perdão.

REMISSIVO. 1. *Direito civil.* O que remite. **2.** *Direito autoral.* a) O que remete a leitura de outro texto; b) o que faz referência; c) indicativo de obra a ser consultada.

REMISSO. 1. *Direito administrativo.* Funcionário público que, por inércia ou negligência, deixa de recolher valores ao cofres do Estado (José

Cretella Jr.). **2.** *Direito penal.* Aquele que pratica desfalque, desviando bens que estão sob sua responsabilidade. **3.** *Direito civil.* Beneficiário do perdão; aquele que foi perdoado.

REMISSOR. *Direito civil.* Aquele que perdoa.

REMISSÓRIO. 1. Relativo à remissão. **2.** Diz-se do ato de liberação graciosa da dívida. **3.** O que perdoa. **4.** Aquilo que expressa indulgência.

REMITÊNCIA. 1. Na *linguagem jurídica* em geral, ato ou efeito de remitir. **2.** *Medicina legal.* Diminuição ou interrupção temporária dos sintomas de uma moléstia.

REMITENTE. 1. Na *linguagem jurídica* em geral, o que remite ou perdoa. **2.** *Medicina legal.* Doença que apresenta remitência.

REMITIR. 1. *Direito civil.* a) Renunciar, total ou parcialmente, a um direito de crédito; b) perdoar débito, liberando devedor. **2.** *Direito penal.* a) Comutar uma pena; b) abrandar; c) indultar. **3.** *Medicina legal.* Ter (a doença) remitência.

REMIT PROFITS. *Locução inglesa.* Remessa de lucros.

REMITTANCE. *Termo inglês.* **1.** Remessa de dinheiro. **2.** Letra de câmbio.

REMITTENTIBUS ACTIONES SUAS NON EST REGRESSUS DANDUS. *Expressão latina.* Aquele que renuncia a seus direitos não pode voltar atrás na decisão.

REMÍVEL. *Direito civil.* Resgatável; o que é suscetível de resgate.

REMOÇÃO. 1. *Direito administrativo.* Ato pelo qual se opera o deslocamento de um funcionário público de uma repartição para outra, no âmbito do quadro a que pertence, a pedido seu ou de ofício, não havendo mudança de cargo. **2.** *Direito civil.* a) Ato de destituir curador ou tutor; b) exoneração; c) substituição de uma pessoa investida em algum múnus público, designando-se outra.

REMOÇÃO DE ACUSADO. *Direito processual penal.* Ato de deslocar o condenado, a quem foi imposta medida de segurança detentiva, para estabelecimento adequado, se colocado em liberdade, pendente a apelação, depois de ter sofrido prisão por tempo igual ao da pena que lhe foi cominada, exceto na hipótese de crime apenado com reclusão por tempo igual ou superior a oito anos, em que o querelante ou o Ministério Público também houver apelado da sentença.

REMOÇÃO DE CURADOR. *Direito processual civil.* Ato pelo qual órgão do Ministério Público, ou quem tenha legítimo interesse, vem a requerer a destituição de curador de suas funções, por não ter cumprido os seus deveres.

REMOÇÃO DE INVENTARIANTE. *Direito processual civil.* Sanção imposta por decisão judicial *ex officio* ou a requerimento de herdeiro para afastar inventariante de suas funções, por este ter apresentado conduta lesiva, dolosa ou culposa. Dá-se essa remoção se o inventariante: a) não prestar, no prazo legal, as primeiras e últimas declarações; b) não der ao inventário andamento regular, suscitando dúvidas infundadas ou praticando atos meramente protelatórios; c) por culpa sua, deteriorar, dilapidar ou danificar bens do espólio; d) não defender o espólio nas ações em que for citado, deixar de cobrar dívidas ativas, ou não promover as medidas necessárias para evitar o perecimento de direitos; e) não prestar contas, ou as que prestar não forem julgadas boas; f) sonegar, ocultar ou desviar bens do espólio. Havendo remoção do inventariante, o juiz nomeia outro. O inventariante removido deverá entregar ao seu substituto os bens do espólio, pois, se não o fizer, será compelido, mediante mandado de busca e apreensão ou imissão na posse, conforme se tratar de coisa móvel ou imóvel.

REMOÇÃO DE JUIZ. *Direito administrativo* e *direito processual.* Deslocamento de magistrado que se opera por voto de dois terços do tribunal, assegurando-se-lhe ampla defesa (Paulo Matos Peixoto).

REMOÇÃO DE ÓRGÃOS E TECIDOS DO CORPO HUMANO. *Medicina legal.* Retirada, em razão de disposição gratuita, de órgãos e tecidos do corpo humano em vida ou *post mortem* para fins terapêuticos.

REMOÇÃO DE TUTOR. *Direito processual civil.* Ato pelo qual o órgão do Ministério Público, ou quem tenha legítimo interesse, requer destituição de tutor que não presta contas ou se mostra incapaz de exercer a tutela, revelando-se negligente ou prevaricador. O juízo da infância e da juventude tem competência para apreciar tal pedido.

REMOÇÃO DO TESTAMENTEIRO. *Direito processual civil.* Destituição do testamenteiro decretada de ofício ou a requerimento dos interessados ou do Ministério Público, cabendo da decisão agravo retido nos autos ou por instrumento. O testamenteiro é removido se: a) a ele forem glosadas as despesas por ilegais ou em discordância com o testamento; b) não cumprir o testamento; c) não promover o assento e especialização de hipoteca legal; d) promover interesses contrários ao espólio, como, por exemplo, aceitar procuração, iniciar contra este ação de cobrança; e) sofrer, por incapacidade superveniente, interdição judicialmente declarada.

REMOÍDO. *Direito agrário.* **1.** Subproduto da moagem do trigo. **2.** Farinha dada ao gado.

REM OMNEM CONSIDERA. *Expressão latina.* Deve-se considerar o negócio por inteiro, ou seja, em todas as suas faces.

REMONARQUIZAÇÃO. *Ciência política.* Ato de reimplantar o regime monárquico em um Estado.

REMONTA. *Direito militar.* **1.** Aquisição de cavalos para uso dos regimentos. **2.** Pessoal que está encarregado de adquirir esses cavalos.

REMONTRANCE. *Termo francês.* Advertência.

REMORSO. **1.** Arrependimento. **2.** Dor moral provocada pela consciência de ter praticado uma ação culpável.

REMOTO. **1.** O que ocorreu no passado ou há muito tempo; antigo. **2.** Mediato; indireto. **3.** Distante; afastado. **4.** Vago.

REMOVER. **1.** Mudar de um local para outro. **2.** Deslocar.

REMOVIBILIDADE. Qualidade de removível.

REMOVIDO. O que sofreu remoção.

REMOVIMENTO. *Vide* REMOÇÃO.

REMOVÍVEL. Suscetível de remoção.

REMPLOI. *Termo francês.* **1.** Aquisição de um edifício, em condições especiais. **2.** Conversão.

REMPOCHER. *Termo francês.* Reembolsar.

REMUNERAÇÃO. **1.** *Direito do trabalho.* a) Pagamento esporádico a que faz jus o empregado, apesar de não estar incluído no salário, por ter sido ajustado no contrato trabalhista (Othon Sidou); b) salário; c) totalidade dos pagamentos efetuados pelo empregador, periodicamente, ao empregado, incluindo salário, comissão, prêmio, abono, gratificação, diárias para viagem, adicionais, gorjetas etc. (Amauri Mascaro Nascimento). **2.** *Direito administrativo.* Vencimento de funcionário público. **3.** *Direito militar.* Soldo. **4.** *Direito civil.* a) Contraprestação de locação de serviços; b) aluguel; c) renda.

REMUNERAÇÃO DAS FORÇAS ARMADAS EM TEMPO DE PAZ. *Direito militar.* É a que se compõe de: 1) soldo; 2) adicionais: a) militar; b) de habilitação; c) de tempo de serviço; d) de compensação orgânica; e) de permanência; 3) gratificações: a) de localidade especial; b) de representação.

REMUNERAÇÃO DO ADMINISTRADOR JUDICIAL. *Direito falimentar.* Remuneração que, estabelecida, é paga ao administrador judicial diligente, após o julgamento e a aprovação das contas por ele prestadas.

REMUNERAÇÃO DO FALIDO. *Direito falimentar.* Remuneração que o magistrado pode conceder ao falido que, diligentemente, cumpriu seus deveres na pendência do processo da falência (Geraldo Magela Alves).

REMUNERAÇÃO DOS SERVIDORES PÚBLICOS. *Direito administrativo.* Vencimento de cargo efetivo que está acrescido das vantagens pecuniárias permanentes arroladas legalmente. É a quantia pecuniária a que tem direito pelos serviços públicos prestados.

REMUNERADO. Aquele que recebeu remuneração.

REMUNERADOR. Aquele que remunera.

REMUNERAR. **1.** Dar remuneração. **2.** Recompensar. **3.** Efetuar contraprestação pelo serviço prestado, pagando-o.

REMUNERATIVO. **1.** O que é próprio para remunerar. **2.** Relativo a remuneração. **3.** O que se faz para remunerar.

REMUNERATÓRIO. *Vide* REMUNERATIVO.

REMUNERÁVEL. Suscetível de remuneração.

REMUNEROSO. *Vide* REMUNERATIVO.

REM VERBA SEQUUNTUR. *Expressão latina.* As palavras seguem a coisa.

RENACH. *Direito de trânsito.* Sigla de Registro Nacional de Condutores Habilitados.

RENACIONALIZAÇÃO. *Ciência política.* Ato ou efeito de tornar a nacionalizar ou de restituir a algo os caracteres nacionais.

RENASCENTISMO. Época artística e literária da Renascença.

RENASCENTISTA. Relativo à era da Renascença.

RENASCIMENTO. **1.** Regeneração. **2.** Ato ou efeito de tornar a nascer. **3.** Aquisição de nova vida. **4.** Renovação. **5.** Reaparecimento. **6.** Nova atividade. **7.** Movimento literário, científico e artístico que, no século XV, passou a imitar modelos da civilização romana e grega. **8.** Movimento europeu sociocultural que deu início à Idade Moderna, caracterizando-se pela criação dos Estados-nações e da economia capitalista.

RENAVAM. *Direito de trânsito.* Sigla de Registro Nacional de Veículos Automotores.

RENDA. 1. *Economia política.* O que se acrescenta a um patrimônio, por ter sido por ele produzido periodicamente. **2.** *Direito agrário.* Aluguel de terra; produto rural ou de propriedade agrária que é objeto de contrato de arrendamento. **3.** *Direito tributário.* Remuneração líquida obtida, em atividade econômica ou profissional, por pessoa física ou jurídica no ano anterior, sujeita ao imposto sobre a renda. **4.** *Direito civil.* a) Produto anual ou mensal de propriedade urbana e de bens móveis; b) pensão; c) prestação em dinheiro que alguém recebe, periodicamente, daquele a quem, para esse efeito, entregou capital (Clóvis Beviláqua). **5.** *Direito bancário.* Juro oriundo da aplicação de capital. **6.** *Direito financeiro.* a) Receita; b) o que é recebido pelo erário em razão de taxas, impostos, emolumentos, multas etc.

RENDA ADUANEIRA. *Direito alfandegário.* Receita pública oriunda de tarifas aduaneiras ou do pagamento dos direitos de importação e exportação de mercadorias que passam pelas alfândegas.

RENDA ALFANDEGÁRIA. *Vide* RENDA ADUANEIRA.

RENDA AMORTIZÁVEL. 1. Renda suscetível de amortização parcelada, compondo-se de títulos resgatáveis dentro de certo prazo. **2.** Cada um dos títulos de renda que são exigíveis no vencimento, amortizando o capital.

RENDA BÁSICA DE CIDADANIA. *Direito administrativo.* Direito de todos os brasileiros residentes no país e estrangeiros, residentes há pelo menos cinco anos no Brasil, não importando sua condição socioeconômica, receberem, anualmente, um benefício monetário. O Poder Executivo deverá priorizar as camadas mais necessitadas da população. O pagamento mensal do benefício deverá ser de igual valor para todos e suficiente para atender às despesas mínimas de cada pessoa com alimentação, educação e saúde, conforme as possibilidades orçamentárias do país.

RENDABILIDADE. *Economia política.* Qualidade do que produz renda; rentabilidade; lucratividade; taxa de retorno de um investimento (Luiz Fernando Rudge); resultado porcentual ajustado sobre o investimento inicial (Luiz Fernando Rudge).

RENDA BRUTA. Rendimento do qual não foram deduzidas as despesas. É o total do que se recebeu.

RENDA COLETIVA. *Economia política.* Líquido do conjunto da atividade econômica nacional.

RENDA CONSTITUÍDA. *Vide* RENDA CONTRATUAL.

RENDA CONSTITUÍDA SOBRE IMÓVEL. *História do direito.* Direito real temporário que gravava determinado bem de raiz, obrigando seu proprietário a pagar prestações periódicas de soma determinada a outrem (Clóvis Beviláqua).

RENDA CONTRATUAL. *Direito civil.* Renda convencional; contrato pelo qual uma pessoa entrega certo capital, em dinheiro ou imóvel, a outra, que se obriga a pagar-lhe, temporariamente, renda ou prestação periódica. *Vide* CONSTITUIÇÃO DE RENDA.

RENDA CONVENCIONAL. *Vide* RENDA CONTRATUAL.

RENDA DA EMPRESA. *Direito empresarial.* É o lucro resultante de um cálculo por diferença. Tal lucro é, além de renda diferencial e aleatória, por não se poder saber, antecipadamente, seu *quantum*, renda autônoma, por ser uma categoria econômica inconfundível com outra, não sendo salário de direção nem remuneração de um trabalho *sui generis*, como o de direção empresarial.

RENDA DE PLANO DE PREVIDÊNCIA. *Direito previdenciário.* Benefício do plano de previdência privada representado por uma série de pagamentos mensais ao participante ou aos beneficiários, calculado de acordo com nota técnica atuarial e com o tipo de renda mensal contratado (Luiz Fernando Rudge).

RENDA DERIVADA. 1. Renda que não decorre, imediatamente, de uma produção. **2.** Renda oriunda de esforço alheio e percebida, gratuitamente, por alguém.

RENDA DIFERENCIAL. Renda que resulta da formação do preço e da situação econômica que os contratantes têm no mercado.

RENDA DO CONSUMIDOR. *Direito do consumidor.* Proveito obtido pelo consumidor ao adquirir produto ou serviço, que consiste na diferença entre o seu valor real e o valor pelo qual o comprou.

RENDA DO ESTADO. *Vide* RENDA PÚBLICA.

RENDA ESTADUAL. *Direito financeiro.* Receita dos Estados-Membros da Federação, obtida com a arrecadação de tributos.

RENDA ESTIPULADA. *Vide* RENDA CONTRATUAL.

RENDA FEDERAL. *Direito financeiro.* Receita pública, recebida durante o ano orçamentário, que integra o patrimônio da União.

RENDA FIXA. *Direito bancário.* Tipo de aplicação no qual a lucratividade é contratada previamente ou segue as taxas do mercado (Luiz Fernando Rudge).

RENDA FUNDADA. Soma de títulos emitidos pelo Estado para produção de rendas (De Plácido e Silva).

RENDA IMERECIDA. Renda que não corresponde à remuneração de um serviço prestado.

RENDA INDUSTRIAL. *Direito financeiro.* Receita pública oriunda da exploração de serviços industriais por empresas estatais.

RENDA LÍQUIDA. Renda que remanesce após a dedução de despesas.

RENDA MENSAL. 1. *Direito do trabalho.* a) Renda recebida, mensalmente, em razão de prestação de serviço remunerado; b) produto de trabalho remunerado que é pago mensalmente. **2.** *Direito administrativo.* Vencimento percebido todo mês pelo servidor público.

RENDA MENSAL BRUTA FAMILIAR. *Direito previdenciário.* A soma dos rendimentos brutos auferidos mensalmente pelos membros da família, composta por salários, proventos, pensões, pensões alimentícias, benefícios de previdência pública ou privada, comissões, *pro-labore*, outros rendimentos do trabalho não assalariado, rendimentos do mercado informal ou autônomo, rendimentos auferidos do patrimônio, renda mensal vitalícia e benefício de prestação continuada.

RENDA MENSAL VITALÍCIA. *Direito previdenciário.* Renda, cujo valor é de um salário mínimo, a que tem direito o maior de setenta anos ou o inválido que não exerce atividade remunerada, não tem qualquer rendimento superior ao valor de sua renda mensal, não vive à custa de outra pessoa como dependente nem tem meios de prover seu próprio sustento. Para tanto, será preciso que o beneficiário tenha: a) sido filiado, no mínimo por doze meses, à previdên-

cia social; b) exercido atividade remunerada abrangida pelo RGPS, embora sem filiação, por cinco anos consecutivos ou não; c) sido filiado à antiga Previdência Social Urbana após completar sessenta anos de idade, sem direito aos benefícios regulamentares.

RENDA NACIONAL. *Vide* RENDA COLETIVA.

RENDA ORIGINÁRIA. Renda que resulta de atividade econômica da pessoa que participa, imediatamente, da produção. Trata-se da renda primitiva.

RENDA PATRIMONIAL. *Direito financeiro.* Receita resultante da exploração dos bens dominicais da União, dos Estados e dos Municípios.

RENDA *PER CAPITA*. *Economia política.* Índice econômico que, em um país, é calculado dividindo-se o produto bruto pelo número de seus habitantes.

RENDA PERMANENTE. *Direito civil.* Renda que, por ser produto de vinculação de um bem, é duradoura. Por exemplo, a decorrente de constituição de renda ou de usufruto.

RENDA PERPÉTUA. 1. *Vide* RENDA PERMANENTE. **2.** Conjunto de juros decorrentes de títulos públicos não amortizáveis.

RENDA PRIMITIVA. *Vide* RENDA ORIGINÁRIA.

RENDA PÚBLICA. *Direito financeiro.* Receita pública ou verba obtida pela União, pelo Estado ou pelo Município com arrecadação de tributos, exploração de seu patrimônio, concessões etc.

RENDAR. 1. *Direito agrário.* Arrendar. **2.** *Direito civil.* Dar renda.

RENDARIA. *Direito empresarial.* Indústria de rendas.

RENDÁRIO. *Direito civil.* Credor da renda; beneficiário do contrato de constituição de renda; censuísta.

RENDA SEMANAL. *Direito civil.* Renda recebida semanalmente, como remuneração de um trabalho ou serviço prestado.

RENDAS REAIS. *Direito comparado.* Rendimentos da Coroa.

RENDA TEMPORÁRIA. *Direito civil.* Renda convencionada por tempo certo.

RENDA TRIBUTÁRIA. *Direito tributário.* Renda decorrente da cobrança e arrecadação de tributos pelo erário.

RENDA TRIBUTÁVEL. *Direito tributário.* Receita que está sujeita à incidência tributária.

RENDÁVEL. Produtivo.

RENDA VARIÁVEL. *Direito bancário.* Modalidade de investimento na qual a lucratividade não é contratada e depende de cotação nos mercados organizados (Luiz Fernando Rudge).

RENDA VITALÍCIA. *Direito civil.* Renda convencionada para ser paga enquanto viver o beneficiário, cessando apenas com o falecimento do credor da renda, não se transmitindo a seus herdeiros.

RENDEDOURO. **1.** Produtivo. **2.** O que rende ou produz.

RENDEDURA. **1.** *História do direito.* Rendição. **2.** *Direito marítimo.* Parte do mastro em que este começou a apresentar fendas e na qual se colocam talas para impedir que se quebre.

RENDEIRA. **1.** *Direito comercial.* Aquela que faz ou vende renda. **2.** *Direito agrário.* Aquela que arrenda a terra.

RENDEIRO. **1.** *Direito agrário.* Arrendatário; aquele que arrenda imóvel rural. **2.** *Direito civil.* Devedor da renda; censuário. **3.** *Direito comercial.* Fabricante ou vendedor de rendas. **4.** *História do direito.* Arrematante de determinadas rendas tributárias, por concessão especial do Poder Público.

RENDER. **1.** *Direito militar.* a) Vencer o inimigo; b) entregar-se por capitulação; c) tirar a sentinela do posto, substituindo-a por outra. **2.** Nas *linguagens comum* e *jurídica,* pode ter o sentido de: a) dar como lucro; b) ceder; c) prestar homenagem; d) quebrar.

RENDER A ALMA. Morrer.

RENDER A GUARDA. *Direito militar.* Substituir o militar que compõe a guarda por outro.

RENDER AS ARMAS. *Direito militar.* Dar-se por vencido.

RENDER HONRAS. Prestar homenagem.

RENDER-SE À DISCRIÇÃO. *Direito militar.* Entregar-se incondicionalmente.

RENDER-SE AO BORDO. *Direito marítimo.* Tornar a navegar.

RENDER-SE À TORMENTA. *Direito marítimo.* Ser, a embarcação, desarvorada pela tormenta ou tempestade.

RENDEZ-VOUS. *Direito penal.* Casa de prostituição.

RENDIÇÃO. **1.** *Direito militar* e *direito internacional público.* Ato ou efeito de capitular, submetendo-se ao adversário vencedor, ou de dar-se por vencido. **2.** *História do direito.* Resgate.

RENDIÇÃO INCONDICIONAL. *Direito internacional público* e *direito militar.* Ato pelo qual um país derrotado entrega-se ao vencedor, sem qualquer concessão.

RENDIDO. *Direito internacional público.* **1.** Aquele que se rendeu. **2.** Vencido.

RENDIMENTO. **1.** *Direito do trabalho.* a) Remuneração pelo trabalho assalariado; b) produtividade de um operário em uma empresa. **2.** *Direito comercial.* a) Resultado do trabalho de uma empresa, em unidades de operação; b) efeito útil de máquina industrial; c) lucro. **3.** *Direito tributário.* Totalidade do que o contribuinte do imposto sobre a renda percebeu durante o ano-base, para efeito de tributação. **4.** *Direito civil.* Fruto civil como aluguel, renda percebida pela aplicação do capital, juro, foro etc. **5.** *Direito militar.* Ato ou efeito de render-se. **6.** *Medicina legal.* Luxação de osso. **7.** *Direito financeiro.* Receita percebida pelo Poder Público. **8.** *Direito agrário.* Frutos e produtos advindos de exploração agropecuária ou de indústria extrativa vegetal ou animal. **9.** *Direito administrativo.* Vencimento, soldo e pensão, pagos pelo erário. **10.** *Direito bancário.* Produto de uma aplicação financeira (Luiz Fernando Rudge).

RENDIMENTO BRUTO. Totalidade de uma renda sem desconto ou dedução de despesas.

RENDIMENTO LÍQUIDO. Renda já amortizada ou que sofreu deduções para atender a pagamento de despesas.

RENDIMENTO NOMINAL. *Direito bancário.* Resultado financeiro de um investimento sem o desconto de perdas oriundas da inflação (Luiz Fernando Rudge).

RENDIMENTO REAL. *Direito bancário.* O que resulta de um investimento descontadas as perdas decorrentes da inflação (Luiz Fernando Rudge).

RENDIMENTO TRIBUTÁVEL. *Direito tributário.* **1.** Rendimento sujeito à incidência de tributo. **2.** Rendimento bruto sobre o qual recai o IR, abrangendo produto do trabalho, do capital, de pensões, de proventos etc.

RENDOSO. Lucrativo.

RENDU DELIVERED. *Direito internacional privado.* Venda no destino, que abrange as vendas que abarcam negócios efetuados por via aérea, terrestre ou marítima, em que o risco da mercadoria correrá por conta do vendedor até que esta seja entregue ao comprador.

RENDU DROITS ACQUITTÉS. *Direito internacional privado.* Cláusula que é própria da venda no destino, mas em local convencionado dentro do país de importação, de modo que o vendedor assumirá os encargos oriundos da importação da mercadoria, transferindo o risco e a propriedade com a entrega da mercadoria vendida, já tendo sido paga a alfândega pelo vendedor.

RENDU FRONTIÈRE. *Direito internacional privado.* Cláusula inserida na venda no destino pela qual o vendedor terá o dever de entregar a mercadoria, pondo-a à disposição do comprador, no local de entrega convencionado na fronteira, na data avençada contratualmente, fornecendo ao comprador um certificado de armazenamento, um bônus de entrega ou outro documento hábil para que o comprador possa retirar a mercadoria que lhe foi entregue, suportando nesse período todos os riscos e as despesas em que a mercadoria incorrer, inclusive custos de carregamento, de manutenção e de alfândega, impostos internos, taxas sobre bens de consumo, taxa de estatística, licença de exportação, frete, embalagem, operações de verificação e descarregamento no ponto-fronteira.

RENEGAÇÃO. 1. Ato de abjurar crenças políticas ou religiosas. **2.** Repúdio.

RENEGADO. 1. Aquele que renuncia a sua religião. **2.** O que mudou de partido político. **3.** Menosprezado. **4.** Prescindido.

RENEGAR. 1. Repudiar. **2.** Menosprezar. **3.** Renunciar. **4.** Prescindir.

RENEGOCIAÇÃO. *Direito internacional privado.* Costume adotado no comércio internacional pelos contratantes para garantir o prosseguimento da execução do contrato, ante as alterações circunstanciais havidas. É uma forma de adaptação amigável do contrato, em razão da ocorrência de alteração na circunstância vigente que cause desequilíbrio contratual (Cedras), como, por exemplo, mudança da política de importação e exportação, de condições financeiras etc. O principal efeito da renegociação é a retomada da execução contratual, que ficou comprometida diante da alteração de circunstâncias vigentes por ocasião da realização do contrato (Granziera).

RENETAR. *Direito agrário.* Cortar ou aparar casco de animal com renete.

RENETE. *Direito agrário.* Instrumento apropriado para aparar o casco dos animais.

RENEWAL. *Termo inglês.* Renovação.

RENHIDEIRO. 1. Rinha. **2.** Arena para briga de galos.

RENHIR. 1. Pleitear, veementemente, algo. **2.** Discutir com violência.

RENIPUNCTURA. *Medicina legal.* Punção dos rins.

RENITÊNCIA. Persistência.

RENITENTE. 1. Persistente. **2.** O que não cede.

RENOMADO. 1. Famoso. **2.** Aquele que goza de boa reputação.

RENOME. 1. Fama. **2.** Celebridade. **3.** Bom conceito.

RENOMEAÇÃO. *Direito administrativo.* Ato de reconduzir, mediante nova nomeação, alguém no exercício do cargo público do qual se afastara. Trata-se de uma readmissão.

RENOMEADO. *Direito administrativo.* Diz-se daquele que se tornou a nomear.

RENOMEAR. 1. Dar renome. **2.** Nomear novamente.

RENOUEMENT. *Termo francês.* Reconciliação.

RENOUVELLEMENT. *Termo francês.* **1.** Renovação. **2.** Reiteração. **3.** Reforma.

RENOVA. *Direito agrário.* Rebento; planta que nasce da raiz de uma outra que morreu.

RENOVAÇÃO. 1. *Direito civil.* a) Restabelecimento do que já estava extinto; b) repetição; c) aviventação de marcos limítrofes destruídos; d) reforma; modificação de uma coisa, melhorando-a; e) substituição de uma coisa velha por uma nova. **2.** *Medicina legal.* Regeneração.

RENOVAÇÃO DA AÇÃO. 1. *Direito processual civil.* Ato de o autor intentar, de novo, a ação, em caso de extinção do processo, sem resolução do mérito, salvo quando o magistrado acolher a alegação de perempção, de litispendência ou de coisa julgada. **2.** *Direito processual penal.* Novo exercício da ação penal em caso de rejeição de denúncia ou queixa, desde que promovida por parte legítima ou satisfeita a condição que faltou anteriormente.

RENOVAÇÃO DA ESPECIALIZAÇÃO. *Direito civil.* Nova especialização sobre hipoteca legal, se, após o transcurso do lapso temporal de vinte anos, ainda existirem as razões que deram causa à sua instituição.

RENOVAÇÃO DA HIPOTECA. *Direito civil.* Novo contrato pelo qual se revigora a hipoteca, efetuando-se novo registro, para manter sua força.

RENOVAÇÃO DA LOCAÇÃO PARA FINS COMERCIAIS E INDUSTRIAIS. *Direito processual civil.* Revigoramento de uma locação já extinta, restabelecendo-a extrajudicialmente, desde que as partes interessadas celebrem um acordo, estipulando-a, ou judicialmente, se inexistir tal acordo.

RENOVAÇÃO DA PENHORA. *Direito processual civil.* Promoção de uma outra penhora quando a anterior for considerada insubsistente ou anulada (De Plácido e Silva).

RENOVAÇÃO DO CONTRATO. *Direito civil* e *direito comercial.* Restabelecimento de um contrato já vencido, mediante realização de um outro, contendo ou não as mesmas cláusulas. O contrato não se estende no tempo, havendo um novo contrato, que se justapõe ao anterior.

RENOVAÇÃO EXTRAJUDICIAL. 1. *Vide* RENOVAÇÃO NEGOCIAL. **2.** *Direito comercial.* Forma de renovação de locação que se pode dar por meio de prorrogação voluntária tácita, fixando-se depois o valor locativo para o período da prorrogação, ou mediante disposição contratual, prevendo-a.

RENOVAÇÃO JUDICIAL. *Direito processual civil.* Restabelecimento de uma locação para fim mercantil ou industrial por via judicial, se não houver acordo entre os interessados, mediante ação renovatória.

RENOVAÇÃO NEGOCIAL. *Direito civil* e *direito comercial.* Estipulação de um novo contrato pelos próprios contratantes, para que ele venha a produzir efeitos imediatamente após o término do contrato renovando.

RENOVADO. O que se renovou.

RENOVADOR. Aquele que renova.

RENOVANTE. *Vide* RENOVADOR.

RENOVAR. 1. Na *linguagem jurídica* em geral, significa: a) restabelecer; b) revigorar; c) tornar novo; d) substituir por coisa nova; e) reformar; f) tornar a fazer. **2.** *Direito agrário.* Deitar (o vegetal) rebentos.

RENOVAR AS FERIDAS. Causar novo desgosto.

RENOVAR-SE A MEMÓRIA. Fazer com que uma idéia fique bem presente no espírito.

RENOVATÓRIA. *Direito processual civil.* Ação cabível para obter renovação compulsória do contrato de locação de imóvel urbano destinado à exploração de atividade empresarial, tendo por escopo proteger o fundo de comércio. Regula, a lei, as condições para que haja processo de renovação do contrato de locação destinado a

fins comerciais ou industriais, exigindo que: a) o contrato locatício, além de celebrado por instrumento público ou particular, seja por tempo determinado; b) o prazo mínimo de locação a renovar seja por cinco anos; c) o locatário esteja explorando seu comércio ou indústria no mesmo ramo, no mínimo e ininterruptamente, há três anos.

RENOVATÓRIO. O que serve para renovar.

RENOVÁVEL. Aquilo que é suscetível de renovação.

RENOVO. 1. *Direito agrário.* a) Produto agrícola; b) rebento de planta cortada ou podada. **2.** *Direito comparado.* Novo ramo de uma dinastia. **3.** *Direito civil.* Descendência.

RENQUE. *Direito agrário.* Modo de dispor árvores na mesma linha.

RENSEIGNEMENT. *Termo francês.* **1.** Informação. **2.** Esclarecimento.

RENSPA. Sigla de Registro Nacional Sanitário de Produtores Agropecuários.

RENT. *Termo inglês.* Aluguel.

RENTABILIDADE. *Vide* RENDABILIDADE.

RENT A JUDGE. *Locução inglesa.* É o juízo arbitral. Nos EUA é comum a especialização de advogados que chegam, em anúncios, a oferecer seus serviços de arbitragem para a solução dos conflitos.

RENTAL. *Termo inglês.* Arrendamento feito diretamente com o fabricante. *Vide RENTING.*

RENTAL CHARGE. *Locução inglesa.* Diz-se do aluguel cobrado no conhecimento de transporte pela utilização do contêiner.

RENTAL JUDGE. *Direito comparado.* Nos EUA, é o acerto das partes no sentido de submeterem o conflito ao julgamento de cidadão contratualmente investido na função de dirimir-lhes o litígio. Atuam nesses casos advogados, promotores e juízes aposentados (Sálvio de Figueiredo Teixeira).

RENTÁVEL. *Vide* RENDÁVEL.

RENTÉ. *Termo francês.* Aquele que possui renda.

RENTIER. *Termo francês.* Capitalista.

RENTING. *Termo inglês.* Arrendamento feito diretamente com o fabricante, dispensando-se o intermediário, por dizer respeito a produtos de grande aceitação no mercado, embora tendam a se tornar obsoletos em pouco tempo, como, por exemplo, certos artigos eletrônicos, computadores, eletrodomésticos, equipamentos técnicos etc. É o contrato a que se liga a cláusula de assistência técnica aos bens alugados, não sendo necessário o pacto de reserva do direito de opção para a compra dos bens. Mas nada obsta que haja cláusula contratual possibilitando que o locatário adquira o bem no final da locação. É uma locação a curto prazo, em que o locador se obriga a dar assistência técnica e transporte, além de arcar com o ônus do seguro. Tal contrato pode ser rescindido a qualquer tempo pelo arrendatário, desde que haja aviso prévio.

RENTISTA. *Economia política.* Capitalista; aquele que vive de rendas.

RENTÍSTICO. 1. Relativo a renda. **2.** Aquilo que produz rendimento.

RENÚNCIA. 1. Desistência de algum direito ou ao seu exercício. **2.** Ato voluntário pelo qual alguém abre mão de alguma coisa ou direito próprio. **3.** Perda voluntária de um bem ou direito.

RENÚNCIA ABDICATIVA. *Direito civil.* Cessão gratuita, pura e simples de herança feita indistintamente a todos os co-herdeiros.

RENÚNCIA ADMINISTRATIVA. *Direito administrativo.* Segundo Hely Lopes Meirelles é o ato pelo qual o Poder Público extingue unilateralmente um crédito ou um direito próprio, liberando definitivamente a pessoa obrigada perante a Administração. A renúncia tem caráter abdicativo e por isso não admite condição e é irreversível uma vez consumada. Em se tratando de renúncia por parte da Administração, depende sempre de lei autorizadora porque importa no despojamento de direitos que extravasam dos poderes comuns do administrador público.

RENÚNCIA À IMUNIDADE DIPLOMÁTICA E CONSULAR. *Direito internacional público.* Ato pelo qual o Estado acreditante desiste das imunidades civis e penais que têm seus representantes consulares e diplomáticos (Rezek).

RENÚNCIA AO BENEFÍCIO DA EXCUSSÃO. *Direito civil.* Ato pelo qual o fiador, expressamente, abre mão do benefício de ordem, não mais podendo opô-lo ao credor.

RENÚNCIA AO DIREITO DE QUEIXA. *Direito processual penal.* Direito que tem o ofendido, em caso de crime de ação penal privada, de desistir, expressa ou tacitamente, da queixa-crime contra o agente do fato delituoso.

RENÚNCIA AO DIREITO DE RECORRER. *Direito processual civil.* Ato pelo qual o sucumbente desiste da interposição de recurso, independentemente da aceitação do outro litigante.

RENÚNCIA AO DIREITO REAL. *Direito civil.* Ato unilateral pelo qual o titular de um direito real dele desiste. São suscetíveis de renúncia a propriedade imóvel ou móvel, a hipoteca, o penhor e a servidão.

RENÚNCIA AO EXERCÍCIO DO DIREITO DE ALIMENTOS. *Direito civil.* Ato pelo qual o necessitado deixa de pedir alimentos, sem, contudo, desistir do direito de alimentos. O direito de alimentos é irrenunciável, só se permitindo que se o deixe de exercer. É possível apenas a renúncia ao exercício, e não ao direito de alimentos. Logo, aquele que renunciar ao seu exercício, poderá pleiteá-lo, ulteriormente, se dele vier a precisar para o seu sustento, verificados os pressupostos legais.

RENÚNCIA AO MANDATO. *Direito civil.* Ato pelo qual o procurador, ou mandatário, abdica o mandato, mesmo sem qualquer motivo justificado. Urge lembrar que o mandato judicial pode ser renunciado se o advogado provar que cientificou o mandante para que este nomeie substituto, sendo que durante os dez dias seguintes o renunciante deve continuar representando seu constituinte, se isso for necessário para lhe evitar prejuízo, salvo se for substituído antes do término desse prazo. Pois se assim não agir cometerá infração disciplinar.

RENÚNCIA AO RECURSO. *Vide* RENÚNCIA AO DIREITO DE RECORRER.

RENÚNCIA AO TRONO. *Direito comparado.* Abdicação.

RENÚNCIA AO USO DO NOME DO EX-CÔNJUGE. *Direito civil.* Direito de o cônjuge inocente na separação judicial litigiosa vir a renunciar, a qualquer momento, ao uso do sobrenome do outro, mesmo depois da homologação judicial.

RENÚNCIA À PRESCRIÇÃO. *Direito civil* e *direito processual civil.* Ato pelo qual, após consumada a prescrição, o titular dessa exceção, expressa ou tacitamente, dela desiste, desde que não haja prejuízo de terceiro.

RENUNCIAÇÃO. *Vide* RENÚNCIA.

RENÚNCIA DA AÇÃO INTENTADA. *Direito processual civil.* Desistência da demanda.

RENÚNCIA DA DÍVIDA. *Direito civil.* Remissão ou perdão do débito.

RENÚNCIA DA HERANÇA. *Direito civil.* Ato jurídico unilateral pelo qual o herdeiro declara, expressamente, que não aceita a herança a que tem direito, despojando-se de sua titularidade. Para ter validade, essa renúncia deve constar, explicitamente, de escritura pública ou termo nos autos, sob pena de nulidade absoluta. *Vide* ABANDONO DE HERANÇA.

RENÚNCIA DA HIPOTECA. *Direito civil.* Ato de o credor, expressa ou tacitamente, abrir mão da hipoteca, que garante o pagamento do débito, independentemente do consentimento do devedor. Com isso, o credor hipotecário passa a ser quirografário. Há renúncia do ônus real, subsistindo a obrigação.

RENÚNCIA DA PROPRIEDADE. *Direito civil.* Ato unilateral pelo qual o proprietário declara, expressamente, o seu intuito de desistir de seu direito sobre a coisa, em favor de terceira pessoa, que não precisa manifestar sua aceitação.

RENÚNCIA DA SERVIDÃO. *Direito civil.* Ato pelo qual o titular da servidão, ou seja, o proprietário do prédio dominante, declara sua intenção de afastá-la de seu patrimônio, extinguindo-a, desde que cancelada no Registro Imobiliário. Todavia, há quem admita a renúncia tácita, deduzida do comportamento do dono do prédio dominante, deixando de impedir que o do serviente nele faça obras incompatíveis com o exercício da servidão. A renúncia independerá da aceitação do dono do prédio serviente.

RENÚNCIA DA TUTELA. *Direito civil.* Pedido de dispensa da tutela. *Vide* ESCUSA DE TUTOR.

RENÚNCIA DE CREDOR EM OBRIGAÇÃO SOLIDÁRIA. *Direito civil.* Ato pelo qual o credor desiste da solidariedade em favor de um, alguns ou todos os devedores. Se a renúncia for parcial, o devedor beneficiado ficará obrigado perante o credor apenas por sua parte no débito, respondendo, em relação aos outros co-devedores, somente pela sua parte, apesar de ser obrigado a contribuir com a cota insolvável. A solidariedade prosseguirá relativamente aos demais co-devedores. Ao credor, para que possa demandar os co-devedores solidários remanescentes, cumprirá abater no débito o *quantum* alusivo à parte devida pelo que foi liberado da solidariedade. Se a renúncia for total, extinguir-se-á a obrigação solidária passiva, surgindo, em seu lugar, uma obrigação conjunta, em que cada devedor responderá tão-somente por sua parte.

RENÚNCIA DE DIREITO. *Direito civil.* Ato pelo qual alguém manifesta a intenção de abrir mão de sua titularidade sobre um direito.

RENÚNCIA DE SÓCIO. *Direito civil.* Dissolução da sociedade com dois sócios que se opera se um deles dela desistir, desde que ela tenha prazo indeterminado e não seja constituída para fins não econômicos.

RENUNCIADO. 1. O que se renunciou. **2.** Aquilo a que se renunciou.

RENÚNCIA DO AGENTE PÚBLICO. *Direito administrativo.* Ato unilateral pelo qual o agente público desiste do desempenho de função política, deixando o cargo que ocupa.

RENÚNCIA DO CARGO PÚBLICO. *Direito administrativo.* Ato pelo qual o funcionário manifesta, expressamente, sua vontade de não mais exercer o cargo público de que se acha investido.

RENÚNCIA DO EMPREGADOR. *Direito do trabalho.* Ato pelo qual o empregador abre mão dos eventuais direitos que lhe possam advir da relação empregatícia, como, por exemplo, ao aviso prévio devido pelo empregado (Cardone, Camerlynck, Lyon-Caen e Ollier).

RENÚNCIA DO EMPREGO. *Direito do trabalho.* Ato unilateral pelo qual empregado pede demissão do emprego.

RENÚNCIA DO FUNCIONÁRIO PÚBLICO. *Vide* RENÚNCIA DO CARGO PÚBLICO.

RENÚNCIA DO PENHOR. *Direito civil.* Ato *inter vivos* ou *causa mortis*, ou por termo nos autos, pelo qual o credor desiste do penhor, extinguindo o ônus real. Tal renúncia não põe fim à dívida, pois apenas diz respeito ao penhor, que, então, desaparece.

RENUNCIADOR. *Vide* RENUNCIANTE.

RENÚNCIA EXPRESSA. Desistência voluntária de um bem ou direito feita, por escrito ou verbalmente, pelo seu titular.

RENUNCIAMENTO. *Vide* RENÚNCIA.

RENÚNCIA NA CONCESSÃO. *Direito administrativo.* Ato pelo qual o concessionário, com o consenso do concedente, desiste do serviço público concedido, sem que, com isso, venha a afetá-lo, mantendo sua continuidade.

RENUNCIANTE. 1. Aquele que desiste do exercício de um direito. **2.** Aquele que renuncia o que lhe pertence. **3.** O que abdica. **4.** Renunciador.

RENUNCIANTE JURI SUO NON DATUR REGRESSUS. *Aforismo jurídico.* Renunciante não tem regresso ao seu direito.

RENÚNCIA PRESUMIDA. *Vide* RENÚNCIA TÁCITA.

RENÚNCIA PRESUMIDA DO PENHOR. *Direito civil.* Renúncia que se opera quando o credor: a) aquiescer na venda do bem gravado sem reserva de preço para a solução do débito; b) restituir, voluntariamente, a sua posse do objeto empenhado ao devedor, pois a entrega da coisa gravada prova a renúncia do credor à garantia real, mas não ao débito; c) autorizar a substituição da coisa empenhada por outra garantia real ou fidejussória, caso em que a novação tem efeito executivo da relação pignoratícia.

RENUNCIAR. 1. Desistir. **2.** Abdicar. **3.** Não aceitar; recusar. **4.** Rejeitar. **5.** Abandonar espontaneamente.

RENUNCIARE JURI DE FUTURO NEMO POTEST. *Expressão latina.* Não se pode renunciar a direito futuro.

RENUNCIARE JURI VEL FAVORI SUO QUILIBET POTEST. *Aforismo jurídico.* Todos podem desistir de seu direito ou benefício.

RENÚNCIA TÁCITA. Trata-se da renúncia presumida, pela qual se infere a intenção do titular de desistir do que é seu, pelo seu comportamento, ou seja, pela sua abstenção da prática de atos assecuratórios de seu direito.

RENUNCIATÁRIO. Aquele em cujo benefício se deu a renúncia do titular de um direito ou bem.

RENUNCIATIVO. Referente a renúncia.

RENUNCIATÓRIO. O que envolve renúncia.

RENÚNCIA TRANSLATIVA. *Direito civil.* Renúncia em que o cedente desiste de seu quinhão hereditário em favor de certa pessoa, devidamente individualizada. Trata-se da aceitação da herança e de sua alienação, mediante doação, à pessoa indicada, de sua cota hereditária.

RENUNCIÁVEL. O que pode ser renunciado.

REOCUPAÇÃO. Ato ou efeito de ocupar algo novamente.

REOCUPADOR. Aquele que reocupa.

REOCUPAR. Ocupar de novo.

REO FAVERE IN DUBIO EST POTIUS QUAM ACTORI. *Expressão latina.* Na dúvida, deve-se favorecer mais o réu do que o autor.

REOFICIALIZAR. Oficializar novamente.

REOPENING A CASE. *Locução inglesa.* Ação rescisória.

RE OPITULANDUM, NON VERBIS. *Expressão latina.* Devemos auxiliar com atos, e não com palavras.

REORDENAÇÃO. *Direito canônico.* Ato pelo qual se efetua nova ordenação de um padre, devido a um lapso, na primeira, de algum ritual essencial.

RÉORDONNANCEMENT. *Termo francês.* Nova ordem de pagamento.

REORGANIZAÇÃO. Ato de tornar a organizar algo, melhorando-o ou reformando-o.

REORGANIZADOR. Aquele que reorganiza.

REORGANIZANTE. *Vide* REORGANIZADOR.

REPAGANIZAÇÃO. Ato ou efeito de fazer voltar ao paganismo.

REPAGINAÇÃO. *Direito autoral.* Ato de fazer nova paginação.

REPARABILIDADE. Qualidade de reparável.

REPARAÇÃO. 1. Ato ou efeito de reparar o dano patrimonial ou moral causado a outrem. **2.** Retratação, desdizendo ofensas. **3.** Indenização. **4.** Renovação. **5.** Reforma. **6.** Restauração. **7.** Ato de conservar a coisa. **8.** Restabelecimento da coisa ao estado anterior.

REPARAÇÃO CIVIL. *Direito civil.* Ressarcimento de dano moral ou patrimonial decorrente de ato ilícito, contratual ou extracontratual, ou do risco oriundo do exercício de uma atividade lícita.

REPARAÇÃO DE ERRO JUDICIÁRIO. *Direito processual.* Reparação econômica paga pelo Estado à vítima de erro judiciário, pelo dano que sofreu, fazendo o possível para restabelecer a situação anterior àquele erro, dando ao condenado injustamente uma indenização proporcional à privação da liberdade e às lesões morais e econômicas que sofreu, visto que foi atingido em sua honra, reputação, liberdade, crédito etc.

REPARAÇÃO DE GUERRA. *Direito internacional público.* Indenização que o Estado vencido deve pagar para cobrir danos causados às pessoas e aos bens dos cidadãos do país vencedor.

REPARAÇÃO DO DANO. *Direito civil.* Ressarcimento do dano moral ou patrimonial causado, cobrindo todo o prejuízo experimentado pelo lesado, restabelecendo a situação anterior ou pagando uma quantia pecuniária.

REPARAÇÃO DO EDIFÍCIO. *Direito civil.* **1.** Reparo. **2.** Reforma. **3.** Conserto executado no prédio para restaurá-lo.

REPARAÇÃO ESPECÍFICA. *Direito civil.* Reparação que consiste em fazer com que as coisas voltem ao estado que teriam se não houvesse ocorrido o evento danoso. É a reposição ao *statu quo ante* ou reparação *in natura*.

REPARAÇÃO IN NATURA. *Vide* REPARAÇÃO ESPECÍFICA.

REPARAÇÃO PELAS ARMAS. *História do direito.* Duelo.

REPARAÇÃO POR EQUIVALENTE. *Direito civil.* Indenização entendida como remédio sub-rogatório, de caráter pecuniário, do interesse atingido. Tal reparação jurídica se traduz por pagamento do equivalente em dinheiro. Compensa-se o prejuízo sofrido em razão do dano.

REPARAÇÃO POR ROMPIMENTO DE NOIVADO. *Direito civil.* Responsabilidade extracontratual que dá lugar a uma indenização por ruptura injustificada dos esponsais. Isso é assim porque a imprudência de estabelecer um noivado, despertando a confiança de um próximo casamento, fazendo com que uma pessoa chegue a efetuar despesas com vistas a esse fim, retirando-se depois sem motivo plausível, caracteriza um comportamento culposo e lesivo, gerando o dever de reparação. Para que haja essa responsabilidade, é preciso que, além de ausência de motivo justo, exista dano pecuniário ou moral. O inadimplemento culposo ou doloso dos esponsais por parte de um dos noivos pode acarretar: devolução de presentes trocados, cartas e retratos; ineficácia da doação feita em contemplação de casamento futuro, ante a não-realização das núpcias; cessação de seguro, beneficiando a noiva, feito em vista de matrimônio futuro, uma vez que este não se efetivou; indenização por danos morais e patrimoniais oriundos da quebra unilateral da promessa esponsalícia.

REPARADOR. 1. Aquele que repara o dano que causou. **2.** Aquele que efetua reforma, restaurando coisas ou prédios.

REPARANTE. *Vide* REPARADOR.

REPARAR. 1. Indenizar. **2.** Restabelecer ao estado primitivo. **3.** Reformar. **4.** Remediar.

REPARATÓRIO. 1. O que diz respeito à reparação. **2.** Aquilo que envolve ressarcimento de dano.

REPARÁVEL. O que é suscetível de reparação.

REPARO. 1. *Direito militar.* a) Trincheira; b) carreta de artilharia. **2.** *Direito civil.* a) Conserto de coisas; b) restabelecimento ao estado anterior; c) pagamento de indenização; d) benfeitoria necessária. **3.** *Direito autoral.* Crítica. **4.** *Direito marítimo.* É a atividade necessária à restauração das especificações técnicas do material de bordo e que se revista de caráter predominantemente eventual. É também designado reparação.

REPARTE. Partilha.

REPARTIÇÃO. 1. *Economia política.* a) Distribuição conforme a proporção da contribuição de cada um dos fatores de produção, cuja totalidade constitui a "renda nacional"; remuneração pela participação no processo produtivo; b) conjunto de normas relativas à remuneração dos fatores de produção, ou seja, do trabalho, do capital, da matéria-prima e da organização; c) pagamento de transferência, correspondente às subvenções, pensões, aposentadorias, benefícios previdenciários etc. (Ana Maria Ferraz Augusto). **2.** *Direito civil.* a) Partilha; b) rateio; c) distribuição das partes de um todo a quem de direito; d) divisão do bem em partes iguais, salvo se condicionada à proporção dos direitos de cada proprietário; e) quinhão. **3.** *Direito administrativo.* a) Órgão administrativo; b) secretaria onde se trata de negócio público. **4.** *Direito comercial.* a) Operação pericial pela qual se avalia avaria comum, calculando a soma ou cota que cada parte deve pagar ou receber a título de indenização; b) rateio de avarias grossas.

REPARTIÇÃO CONSULAR. *Direito internacional público.* É todo consulado geral, consulado, vice-consulado ou agência consular.

REPARTIÇÃO DE RECEITAS TRIBUTÁRIAS. *Vide* DISCRIMINAÇÃO DE RENDAS.

REPARTIÇÃO POR IGUAL. *Direito tributário.* Perequação, ou seja, processo usado para determinar o *quantum* cabível a cada contribuinte, relativamente ao tributo cuja alíquota não foi prefixada em lei (Othon Sidou).

REPARTIÇÃO PÚBLICA. *Direito administrativo.* **1.** Local onde funciona um órgão que executa serviço público (Othon Sidou). **2.** Seção em que se divide a Administração Pública. **3.** Departamento público. **4.** Qualquer órgão da Administração Pública federal, estadual ou municipal. **5.** Divisão da Administração Pública.

REPARTIÇÕES CONSULARES. *Direito internacional público.* São as que prestam assistência a brasileiros, desempenham funções notariais e outras previstas na Convenção de Viena sobre Relações Consulares, bem como, quando previsto em seu programa de trabalho, exercem atividades de intercâmbio cultural, cooperação técnica, científica e tecnológica, promoção comercial e de divulgação da realidade brasileira.

REPARTIDO. 1. Distribuído. **2.** Dividido em partes.

REPARTIDOR. Aquele que reparte.

REPARTIE. *Termo francês.* **1.** Réplica. **2.** Resposta pronta.

REPARTIMENTO. 1. Ato ou efeito de dividir. **2.** Repartição. **3.** Escaninho.

REPARTIR. 1. Dividir. **2.** Dar em partilha. **3.** Ratear.

REPARTITIVO. O que serve para repartir.

REPARTÍVEL. Suscetível de divisão.

REPASSE. 1. *Direito agrário.* a) Última colheita de algodão; b) catação dos frutos caídos de um cafezal como profilaxia contra a broca-do-café; c) ato de montar um cavalo, antes de adquiri-lo, para averiguar suas qualidades; d) ato de montar uma cavalgadura, após ser domada, verificando se ela obedece ao freio. **2.** *Direito cambiário.* Operação de câmbio. **3.** *Direito financeiro.* Transferência, total ou parcial, de um crédito orçamentário para uma unidade administrativa subordinada (Othon Sidou). **4.** *Direito bancário.* Operação de crédito entre agente financeiro e mutuário, com recursos decorrentes da operação de empréstimo.

REPASSE DE EMPRÉSTIMO. *Direito cambiário.* Contrato pelo qual o empresário aceita oferta de recurso externo ao procurar obter empréstimo junto à rede bancária para o apoio financeiro de seus negócios. O repasse de empréstimo tomado no exterior é operação que foi estimulada pelo governo e que somente poderá realizar-se sob seu controle direto, mediante processo específico junto ao Banco Central, por instituição financeira especialmente autorizada para a realização desse tipo de operação bancária. Os bancos repassadores deverão submeter à apreciação do Banco Central as condições em que concederão os empréstimos, devendo, o pedido de aprovação prévia da operação creditícia, ser feito em formulário oficial e dirigido à Fiscalização e Registro de Capital Estrangeiro ou às suas delegacias regionais.

REPATRIAÇÃO. *Direito internacional privado.* **1.** Ato de regressar à pátria. **2.** Ato pelo qual o consulado assegura, às expensas do Estado, a volta de soldado, indigente ou marinheiro que se encontra sem recurso no exterior.

REPATRIAR. *Direito internacional privado.* Fazer regressar ao país natal.

REPEAL. *Termo inglês.* **1.** Ab-rogação. **2.** Revogação.

REPELENTE. Repugnante.

REPELIDO. 1. Expulso. **2.** Recusado.

REPELIR. 1. Rechaçar. **2.** Recusar. **3.** Repudiar. **4.** Não acolher. **5.** Afastar. **6.** Evitar.

REPENSÃO. 1. Pensão imposta sobre outra. **2.** Nova pensão.

REPENTE. 1. Impulso imprevisto. **2.** Acontecimento inesperado.

REPENTINO. 1. Inopinado. **2.** O que diz ou faz de repente.

REPERCUSSÃO. *Direito tributário.* Fenômeno pelo qual o ônus do tributo recai sobre o consumidor final, que é o contribuinte de fato.

REPERCUSSÃO DA SENTENÇA PENAL NA SEARA ADMINISTRATIVA. *Direito processual penal* e *direito administrativo.* Influência exercida pela sentença absolutória prolatada pelo juiz criminal sobre a proferida, em processo administrativo, pela Administração, no julgamento de funcionário faltoso (José Cretella Jr.).

REPERCUSSÃO GERAL. *Direito processual.* *Vide* RECURSO EXTRAORDINÁRIO.

REPERCUTENTE. Aquilo que repercute.

REPERCUTIDO. O que repercutiu.

REPERCUTIR. 1. Refletir. **2.** Transmitir efeito. **3.** Reenviar.

REPERDER. Tornar a perder.

REPERGUNTA. *Direito processual.* Pergunta sobre a matéria feita pelo advogado de uma das partes à testemunha anteriormente inquirida pelo magistrado.

REPERTÓRIO. 1. *Teoria geral do direito.* Reunião de objetos e atributos do sistema. Tais elementos estão relacionados entre si, conforme certas regras (estrutura do sistema), que variam de concepção a concepção. Por exemplo, o sistema normativo é o resultado de uma atividade instauradora que congrega normas (repertório) especificadas por seus atributos: validade e eficácia, estabelecendo relações entre elas (estrutura), albergando uma referência à mundividência que animou o elaborador desse sistema, projetando-se em uma dimensão significativa (Tércio Sampaio Ferraz Jr.). **2.** *Direito autoral.* a) Conjunto ou rol de composições musicais de um só autor ou de vários; b) coletânea de textos legais ou jurisprudenciais ou de documentos oficiais, dispostos metodicamente; c) repositório de textos científico-doutrinários.

REPES. 1. Sigla de Regime Especial de Tributação para a Plataforma de Exportação de Serviços de Tecnologia da Informação. **2.** *Direito* *tributário.* É beneficiária do REPES a pessoa jurídica que exerça exclusivamente as atividades de desenvolvimento de *software* ou de prestação de serviços de tecnologia da informação, cumulativamente ou não, e que, por ocasião da sua opção pelo REPES, assuma compromisso de exportação igual ou superior a 80% de sua receita bruta anual de venda de bens e serviços. Tal receita bruta será considerada após excluídos os impostos e contribuições incidentes sobre a venda. Isso não se aplica à pessoa jurídica que tenha suas receitas, no todo ou em parte, submetidas ao regime de incidência cumulativa da Contribuição para o Programa de Integração Social e para o Programa de Formação do Patrimônio do Servidor Público (PIS/PASEP), e da Contribuição para o Financiamento da Seguridade Social (COFINS).

REPESADO. Pesado novamente.

REPESAGEM. Nova pesagem.

REPETENTE. 1. *Direito civil.* Aquele que reclama a devolução do que pagou indevidamente. **2.** Na *linguagem escolar*, diz-se do aluno que repete o ano que já havia cursado, por ter sido reprovado.

REPETIÇÃO. 1. Ato de pedir novamente. **2.** Ato ou efeito de repetir. **3.** Reprodução do que se disse ou se fez. **4.** Devolução. **5.** Pedido de restituição de algo, fundado no pagamento indevido.

REPETIÇÃO DO INDÉBITO. 1. *Direito civil.* a) Direito do lesado de exigir o que pagou a mais por erro ou boa-fé; b) devolução da quantia paga indevidamente por aquele que a recebeu, ante a proibição do enriquecimento sem causa. **2.** *Direito do consumidor* e *direito processual civil.* Ação judicial pela qual o consumidor que foi cobrado indevidamente pleiteia a repetição do indébito, por valor igual ao dobro do que pagou em excesso, acrescido de juros e correção monetária.

REPETIÇÃO DO PAGAMENTO INDEVIDO. *Vide* REPETIÇÃO DO INDÉBITO.

REPETIDOR DE SINAL. *Direito das comunicações.* Aquele que tem por fim oferecer melhor qualidade de ligação de telefone celular nas áreas com grande concentração de usuários.

REPETIR. 1. Reclamar a restituição do que se pagou indevidamente. **2.** Dizer ou fazer de novo. **3.** Suceder ou dar-se novamente. **4.** Renovar. **5.** Reproduzir.

REPETITA IUVANT. *Locução latina.* A repetição é útil.

REPETITÓRIO. Em que há repetição.

REPEX. *Direito internacional privado.* Regime aduaneiro especial que permite importação de petróleo bruto e seus derivados, com suspensão de pagamentos de impostos, para posterior exportação, no mesmo estado em que foram importados (Antonio Carlos Rodrigues do Amaral).

RÉPIT. *Termo francês.* **1.** Moratória. **2.** Espera.

REPLANTA. *Direito agrário.* **1.** Ato de plantar uma árvore para substituir outra que não vingou. **2.** Nova plantação para substituir as folhas de uma cultura ou lavoura, principalmente da de café.

REPLANTAÇÃO. *Direito agrário.* Fazer nova plantação, substituindo as plantas ou sementes que não vingaram.

REPLANTADO. *Direito agrário.* O que foi plantado outra vez.

REPLANTAR. *Direito agrário.* Tornar a plantar.

REPLANTIO. *Vide* REPLANTAÇÃO.

RÉPLICA. 1. *Direito autoral.* Exemplar de obra de arte que não é o original. **2.** *Direito processual civil.* Resposta dada pelo autor àquilo que foi contestado pelo réu. **3.** *Direito processual penal.* Segunda atuação do órgão acusatório no julgamento pelo júri, ou seja, contestação da contrariedade do réu e sustentação do libelo (José Antônio Pimenta Bueno). Trata-se, como diz José Frederico Marques, do complemento ou reforço da acusação feito pelo órgão do Ministério Público, refutando a defesa do réu, em um Tribunal do Júri. **4.** *Direito de propriedade industrial.* Refutação de alegações feitas contra a pretensão de registro de uma marca ou obtenção de patente. **5.** *Filosofia geral.* a) Resposta a uma objeção; b) exceção de uma exceção (Lalande).

REPLICADO. *Direito processual.* Aquele contra quem se dirige a réplica.

REPLICANTE. *Direito processual.* Quem refuta alegações da parte contrária.

REPLICAR. *Direito processual.* **1.** Contraditar alegações; refutar argumentos. **2.** Apresentar réplica.

REPLICATIVO. *Direito processual.* O que serve de réplica.

RÉPLIQUE. *Termo francês.* Réplica.

REPOLHAL. *Direito agrário.* Plantação de repolhos.

RÉPONDANT. *Termo francês.* **1.** Abonador. **2.** Aquele que defende tese.

REPONENTE. *Direito civil.* **1.** Aquele que repõe. **2.** Diz-se do herdeiro que efetua a entrega a outro da parte que lhe pertence, para efeito de colação ou em caso de sonegação.

REPONTADOR. *Direito agrário.* Diz-se do trabalhador rural que enxota o gado de um lado para outro, guiando-o a uma certa direção.

REPONTE. *Direito agrário.* Ato de enxotar animais em determinada direção.

REPOR. **1.** Restituir ao estado anterior. **2.** Devolver. **3.** Reconstituir. **4.** Restabelecer.

REPORT. *Termo inglês.* **1.** Operação de Bolsa em que o investidor compra título a vista para revendê-lo a termo ao mesmo vendedor, especulando na alta (Othon Sidou). **2.** Diferença entre a cotação a vista e a cotação a termo de determinados valores, na Bolsa, quando a segunda é superior à primeira. **3.** Laudo.

REPORTAÇÃO. Ato de reportar-se.

REPORTADO. *Direito comercial.* Diz-se daquele que, na operação de reporte na Bolsa, compra a termo, na alta, o mesmo título que vendera a vista.

REPORTADOR. *Direito comercial.* Aquele que, na Bolsa de Valores, compra um título a vista para vendê-lo na alta, a termo.

REPORTAGEM. **1.** Noticiário sobre uma matéria ou um fato ocorrido. **2.** Serviço prestado por repórter de adquirir informação para jornal ou periódico.

REPORTAGEM FOTOGRÁFICA. Documentação fotográfica de fatos ocorridos.

REPORTAGEM INFORMATIVA. Texto sobre fatos pesquisados pelo jornalista, que a assina, e, em regra, é acompanhada de fotografias.

REPORTAR. *Direito comercial.* Fazer operação de reporte.

REPORTE. *Vide REPORT.*

REPÓRTER. *Direito do trabalho.* **1.** Jornalista que colhe dados para noticiário ou que os redige para divulgação pela imprensa. **2.** Aquele que faz noticiários em rádio, televisão, periódico ou jornal.

REPÓRTER FOTOGRÁFICO. *Direito do trabalho.* Aquele que colhe material para ilustrar jornal, revista, periódico etc.

REPOSIÇÃO. **1.** Na *linguagem jurídica* em geral, é: a) ato ou efeito de repor; b) restituição; c) retorno ao estado anterior. **2.** *Direito administrativo.* Devolução feita ao erário, pelo servidor público, de determinado *quantum*, em razão de recebimento indevido ou de indenização indevida, em parcelas mensais não superiores à décima parte de sua remuneração.

REPOSIÇÃO CONTÍNUA. *Direito comercial.* Trata-se do CR (*Continuous Replenishment*). É uma forma de VMI (*Vendor Managed Inventary* – Estoque Administrado pelo Fornecedor) para o varejo supermercadista. É uma ferramenta que tem por finalidade repor os produtos na gôndola de forma rápida e adequada à demanda, com o objetivo de *minimizar estoques e faltas* (James G. Heim).

REPOSIÇÃO DE DIVIDENDOS. *Direito comercial.* Restituição de dividendos, pelo acionista, à sociedade anônima, por tê-los recebido indevidamente ou de má-fé.

REPOSIÇÃO DE LUCROS. *Direito comercial.* Devolução de lucros feita pelos administradores à sociedade anônima, pelo fato de tê-los recebido de má-fé.

REPOSIÇÃO DO GOVERNO. *Ciência política.* Retorno ao Executivo daquele que dele fora afastado.

REPOSIÇÃO FLORESTAL. *Direito ambiental.* Plantio obrigatório a pessoa física ou jurídica que explore, utilize, transforme ou consuma matéria-prima florestal. Essa reposição deve ser efetuada na Unidade da Federação de origem da matéria-prima florestal, mediante o plantio de espécies florestais compatíveis com a atividade desenvolvida, preferencialmente nativas, conduzido com técnicas silviculturais que venham a assegurar uma produção que seja, no mínimo, igual ao volume anual necessário à atividade desenvolvida. A reposição florestal com espécies exóticas deve ser avaliada de acordo com critérios técnicos adotados pelo Ibama, através de Câmara Técnica a ser instituída pelas suas Superintendências Estaduais (Supes). A pessoa física ou jurídica obrigada à reposição florestal pode optar pelas seguintes modalidades, observadas as peculiaridades estaduais ou regionais: a) apresentação de Levantamento Circunstanciado (LC) de floresta plantada não vinculada ao Ibama, sendo que tal levantamento deve ser protocolado na Supes ou em uma de suas unidades descentralizadas, na Unidade da Federação de origem da matéria-prima florestal; b) execução ou participação em Programa de Fomento Florestal, que inclui projetos públicos de manejo florestal, florestamento e reflorestamento, preferencialmente com espécies nativas e no Estado de origem da matéria-prima florestal; c) compensação, por meio da alienação ao patrimônio público, de área técnica e cientificamente considerada de relevante e excepcional interesse ecológico, e conforme disposto em normas específicas baixadas pelo Ibama.

REPOSITÓRIO. 1. *Direito comercial.* a) Recipiente para guardar mercadorias; b) depósito de mercadorias. **2.** *Direito autoral.* Coletânea de leis ou de obras literárias. **3.** *Direito administrativo.* Sepulcro.

REPOSSUIR. *Direito civil.* Tornar a possuir.

REPOSTA. Restituição.

REPOSTAR. Replicar.

REPOSTE. *História do direito.* **1.** Tesouraria. **2.** Casa onde se guardavam móveis. **3.** Móveis guardados naquela casa.

REPOSTEIRO. *História do direito.* **1.** Tesoureiro. **2.** Oficial do paço que guardava pratas, alfaias etc. do reposte.

REPOUSO. *Direito do trabalho.* **1.** Descanso durante o trabalho. **2.** Cessação do trabalho para recuperação de energia (De Plácido e Silva).

REPOUSO SEMANAL REMUNERADO. *Direito do trabalho.* Descanso de um dia por semana, em regra aos domingos, assegurado ao trabalhador, salvo se houver necessidade ou conveniência pública.

REPOVOAÇÃO. 1. Na *linguagem comum,* é o ato de povoar novamente. **2.** *Direito agrário.* a) Fazer nova criação de espécie animal; b) fazer nova plantação.

REPREENDER. 1. Admoestar. **2.** Chamar a atenção. **3.** Censurar.

REPREENDIDO. Censurado.

REPREENSÃO. 1. Na *linguagem jurídica* em geral, significa: a) censura; b) admoestação; c) crítica; d) exprobração. **2.** *Direito administrativo.* Pena imposta a funcionário por falta disciplinar ou por descumprimento de seus deveres, desde que não seja muito grave, censurando-o e admoestando-o.

REPREENSIBILIDADE. Qualidade de repreensível.

REPREENSÍVEL. Censurável.

REPREENSIVO. O que envolve repreensão.

REPREENSOR. Aquele que repreende.

REPRESA. 1. *Direito internacional público.* Navio ou bem que foi retomado ao inimigo. **2.** Na *linguagem comum,* é: a) obra de engenharia realizada para acumular águas fluviais, com o escopo de aproveitá-las em usinas ou irrigações; b) acúmulo, feito artificialmente, de água de rio, para evitar sua falta em tempo de seca, para produção de energia elétrica e para impedir inundações; c) água represada; d) açude; e) lago artificial.

REPRESÁLIA. *Direito internacional público.* Medida coercitiva tomada por um país ofendido em razão de atos lesivos praticados por outro, com o objetivo de impor a este respeito ao seu direito ou ao de seus súditos, forçando, ainda, a reparação dos danos que causou. É, portanto, a resposta coercitiva a um ilícito internacional.

REPRESENTAÇÃO. 1. *Direito civil.* a) Ato pelo qual o representante legal age em nome do absolutamente incapaz nos atos da vida civil; b) ato ou efeito de o mandatário representar mandante; c) convocação legal para suceder em lugar de outro herdeiro, parente mais próximo do finado, mas anteriormente pré-morto, ausente ou incapaz de suceder no instante em que se abre a sucessão. **2.** *Direito autoral.* Contrato entre o autor de uma obra intelectual e um empresário, pelo qual este último, mediante remuneração a ser paga ao primeiro, recebe autorização para explorar comercialmente a obra, apresentando-a em espetáculo ou audição pública. **3.** *Direito administrativo.* Quantia ou verba reservada ao custeio de despesas no exercício de cargo público. Tal verba é acrescida aos vencimentos do funcionário. **4.** *Direito processual penal.* a) Manifestação da vontade do cônjuge, ascendente, descendente ou irmão do ofendido morto ou declarado ausente para instaurar inquérito policial ou promover a ação penal pública condicionada; b) queixa apresentada à autoridade policial pela vítima ou por seu representante legal, dando origem à denúncia nos crimes de ação pública. **5.** *Ciência política.* a) Ato de exercer o poder legislativo em nome da nação; b) conjunto de parlamentares componentes das assembléias eleitas de um país democrático representativo; c) delegação, feita pelo povo, de seus poderes, por meio do voto, àqueles que forem eleitos para exercer em seu nome as funções dos órgãos eletivos. **6.** *Direito comercial.* Contrato pelo qual pessoa física ou jurídica se obriga, mediante retribuição, a realizar certos negócios, em zona determinada, com caráter de habitualidade, em favor e por conta de outrem, sem subordinação hierárquica. Trata-se da agência ou representação comercial. **7.** Na *linguagem jurídica* em geral, designa, ainda, reclamação escrita contra qualquer fato dirigida à autoridade competente. **8.** *Filosofia geral.* a) Ato pelo qual se faz ver um objeto presente ao intelecto (Taine e Renouvier); b) ato de representar ou pensar uma matéria, organizando-a em categorias (Hamelin); c) fato de representar coisa ou pessoa (Leibniz); d) fantasia intelectual ou sensível (Aristóteles); e) apreensão sensível; f) idéia (Locke e Hume); g) apreensão geral, conceitual ou intuitiva (Kant). **9.** *Psicologia forense.* a) Apreensão de um objeto presente; b) reprodução, na consciência, de percepção passada; recordação; c) antecipação de acontecimento futuro; d) imaginação; e) alucinação (José Ferrater Mora). **10.** *Direito previdenciário.* É o documento pelo qual uma autoridade ou órgão do Poder Público, ao tomar ciência de irregularidade praticada no âmbito da entidade fechada de previdência complementar ou de seus planos de benefícios, comunica o fato à Secretaria de Previdência Complementar em relatório circunstanciado, para registro e apuração.

REPRESENTAÇÃO ADMINISTRATIVA. *Direito administrativo.* **1.** Denúncia de ato administrativo ilegal (Geraldo Magela Alves). **2.** Petição de alguém que visa, em um processo administrativo, defender direito subjetivo contra abuso de autoridade (Jessé Torres Pereira Jr.).

REPRESENTAÇÃO BRASILEIRA NA COMISSÃO PARLAMENTAR CONJUNTA DO MERCOSUL. *Direito internacional público.* É a integrada por dezesseis titulares e dezesseis suplentes, com representação paritária da Câmara dos Deputados e do Senado Federal, sendo os seus integrantes, com mandato de dois anos, designados, na forma estabelecida nos respectivos regimentos internos, ao início da primeira e da terceira sessões legislativas ordinárias de cada legislatura. Os presidentes das Comissões de Relações Exteriores da Câmara dos Deputados e do Senado Federal são membros natos da Representação Brasileira na Comissão Parlamentar do Mercosul. Caberá à Representação: a) apresentar relatório sobre todas as matérias de interesse do Mercosul que venham a ser submetidas ao Congresso Nacional; b) emitir relatório circunstanciado sobre as informações encaminhadas ao Congresso Nacional pelo Poder Executivo retratando a evolução do Mercado Comum, conforme o disposto no art. 24 do Tratado de Assunção; c) apresentar à deliberação da Comissão Parlamentar Conjunta do Mercosul proposições que devam, nos termos do disposto no artigo 26 do Protocolo de Ouro Preto, constituir recomendações ao Conselho do Mercado Comum.

REPRESENTAÇÃO CLASSISTA. *História do direito.* Representação de empregador ou empregado por juiz classista, ou não togado, no Tribunal Regional do Trabalho.

REPRESENTAÇÃO COLETIVA. *Sociologia geral.* Concepção resultante da interação social, que tem um significado comum para os componentes do grupo, os quais, em relação àquela, apresentam reações similares.

REPRESENTAÇÃO COMERCIAL. *Vide* AGÊNCIA COMERCIAL.

REPRESENTAÇÃO CONTRATUAL. *Vide* REPRESENTAÇÃO CONVENCIONAL.

REPRESENTAÇÃO CONVENCIONAL. *Direito civil.* Trata-se da representação negocial, contratual ou voluntária, constituída por mandato, no qual o mandante confere poderes ao mandatário para que este, em seu nome, pratique atos ou administre interesses. É o mandante quem contrai as obrigações e adquire os direitos como se tivesse participado pessoalmente no negócio jurídico.

REPRESENTAÇÃO DA PARTE. *Direito processual civil.* Capacidade postulatória; ofício do advogado habilitado que postula em juízo em nome de seu constituinte, defendendo seus interesses na relação processual.

REPRESENTAÇÃO DAS MINORIAS. 1. *Ciência política.* a) Sistema político, admitido em algumas nações, pelo qual os eleitores vencidos dos vários partidos podem apresentar um candidato por certo número fixo de votantes (Laudelino Freire); b) quociente eleitoral. **2.** *Direito comercial.* Direito que têm os acionistas minoritários de manter representante no Conselho de Administração, por meio de acordo de votos ou de acionistas, e no Conselho Fiscal da sociedade anônima (Othon Sidou).

REPRESENTAÇÃO DA SOCIEDADE. *Direito civil.* Mandato conferido ao sócio-gerente pelo contrato social.

REPRESENTAÇÃO DE ABSOLUTAMENTE INCAPAZ. *Direito civil.* Proteção jurídica do absolutamente incapaz, dando-lhe segurança, quer em relação

REPRESENTAÇÃO DE ESTADO ESTRANGEIRO

a sua pessoa, quer em relação ao seu patrimônio, possibilitando o exercício de seus direitos por meio de representante legal.

REPRESENTAÇÃO DE ESTADO ESTRANGEIRO. *Direito internacional público.* Corpo diplomático de um país acreditado, na qualidade de mandatário, junto ao governo de outro.

REPRESENTAÇÃO DE INCONSTITUCIONALIDADE. *Direito constitucional.* Representação oferecida, contra lei em tese ou ato normativo, pelo Procurador-Geral da República, após solicitação de qualquer autoridade ou pessoa interessada, mediante medida cautelar, para paralisar a eficácia de norma inconstitucional durante a pendência do julgamento.

REPRESENTAÇÃO DE INTERESSES. *Vide* REPRESENTAÇÃO INDIRETA.

REPRESENTAÇÃO DIPLOMÁTICA. *Vide* REPRESENTAÇÃO DE ESTADO ESTRANGEIRO.

REPRESENTAÇÃO DIPLOMÁTICA EXTRAORDINÁRIA. *Direito internacional público.* É aquela em que o agente diplomático representa o Estado, transitoriamente, no exercício de alguma missão que tem um fim especial. Por exemplo, a que é exercida em comemoração nacional, funeral de estadista, posse de algum chefe de Estado, cerimonial oficial etc.

REPRESENTAÇÃO DIPLOMÁTICA ORDINÁRIA. *Direito internacional público.* Representação em que o agente diplomático habitualmente cuida de negócios que interessem aos dois países envolvidos, procurando assegurar os direitos comuns a ambos e manter ou desenvolver as relações políticas e comerciais existentes.

REPRESENTAÇÃO DIRETA. *Direito civil.* **1.** Trata-se da representação própria, por ser aquela em que o representante ou mandatário age em nome do representado ou mandante. **2.** É a representação direta em que aparece, nas relações com terceiros, como parte no negócio o interessado e não o representante pessoalmente (Eduardo Espínola).

REPRESENTAÇÃO DO BRASIL NA JUNTA INTERAMERICANA DE DEFESA (RBJID). *Direito internacional público.* Órgão que integra a estrutura da Secretaria de Política, Estratégia e Assuntos Internacionais, do Ministério da Defesa, localiza-se na cidade de Washington, DC, nos Estados Unidos da América, sendo mantida com recursos previstos no orçamento do Ministério da Defesa. À RBJID compete: 1) exercer a coordenação da Delegação do Brasil na Junta Interamericana de Defesa (JID); 2) executar as atividades de apoio aos militares e civis brasileiros que integram a Delegação do Brasil na Junta Interamericana de Defesa (DBJID), cumprindo as decisões emanadas do Ministério da Defesa; 3) executar as atividades de apoio aos militares e civis brasileiros que venham a exercer cargos ou funções nos órgãos da JID: a) no sistema de rotação adotada pela JID para o exercício eventual da Vice-Presidência; e b) de acordo com os critérios estabelecidos para provimento de representantes no Conselho de Delegados, no Estado-Maior, no Colégio Interamericano de Defesa (CID) e na Secretaria; e 4) efetuar a coordenação das atividades de estudo e assessoramento em matéria de Defesa, julgadas de interesse pelo Ministério da Defesa e pela Representação Permanente do Brasil junto à Organização dos Estados Americanos (OEA).

REPRESENTAÇÃO DRAMÁTICA. *Direito autoral.* Exibição pública de peça de teatro autorizada por contrato entre o autor da obra e o empresário, contendo, para tanto, concessão para a encenação em determinado teatro.

REPRESENTAÇÃO EM JUÍZO. *Vide* REPRESENTAÇÃO DA PARTE.

REPRESENTAÇÃO HEREDITÁRIA. *Vide* REPRESENTAÇÃO SUCESSÓRIA.

REPRESENTAÇÃO IMEDIATA. *Vide* REPRESENTAÇÃO DIRETA.

REPRESENTAÇÃO INDIRETA. *Direito civil.* Representação de interesses ou representação mediata, que se dá quando o representante, nas relações com terceiros, age em seu próprio nome e por conta do representado, para atender a interesses deste. Nesta hipótese, o mandante não pode acionar o que contratou com o mandatário nem este contra o mandante, uma vez que o procurador ficará diretamente obrigado para com aquele com quem contratou, como se o negócio efetuado fosse seu. O vínculo obrigacional se deu entre mandatário e terceiro com quem contratou; logo, este só pode responsabilizar o próprio mandatário em caso de inadimplemento. O mandante pode acionar o mandatário infiel, que, aceitando procuração, veio a efetivar negócio em seu próprio nome, auferindo vantagens para si mesmo.

REPRESENTAÇÃO INTERVENTIVA. *Direito constitucional.* Ato pelo qual o órgão do Ministério Público promove, junto ao Poder Executivo, intervenção federal ou estadual.

REPRESENTAÇÃO JUDICIAL. *Direito processual civil.* Representação conferida, no que atina à legitimação processual, a quem se encontrar no exercício de seus direitos (Othon Sidou).

REPRESENTAÇÃO JURÍDICA. *Direito civil.* Prática de ato jurídico pelo representante legal ou convencional no lugar e em nome do representado, que sofre todos os seus efeitos, uma vez que fica vinculado, juridicamente, àquele ato.

REPRESENTAÇÃO LEGAL. *Direito civil.* Representação necessária, por decorrer de imposição legal em razão da incapacidade absoluta do representado para a prática de atos da vida civil. Assim sendo, o absolutamente incapaz é representado pelos pais, tutor ou curador em todos os atos jurídicos, ante a impossibilidade de poder, por si só, reger sua pessoa, prover seu próprio interesse e administrar seus bens.

REPRESENTAÇÃO MEDIATA. *Vide* REPRESENTAÇÃO INDIRETA.

REPRESENTAÇÃO NACIONAL. **1.** *Ciência política.* a) Representação do Congresso Nacional, do Senado e da Câmara dos Deputados, cujos membros são representantes da nação; b) representação exercida pelo chefe de Estado, que representa o país. **2.** *Direito internacional público.* Representação dos agentes diplomáticos, que, no exterior, agem em nome do Estado.

REPRESENTAÇÃO NECESSÁRIA. *Vide* REPRESENTAÇÃO LEGAL.

REPRESENTAÇÃO NEGOCIAL. *Vide* REPRESENTAÇÃO CONVENCIONAL.

REPRESENTAÇÃO ORGÂNICA. *Direito civil.* Dá-se quando um sujeito, pela função do órgão externo, atua no âmbito de uma pessoa jurídica ou de uma sociedade de fato ou não personificada, investido do poder de manifestar, perante outrem, uma vontade contratual que é a da entidade (Guido Alpa).

REPRESENTAÇÃO ORIGINÁRIA. *Direito civil.* **1.** Representação que se inicia com o ato que a constitui. **2.** Representação exercida por procurador devidamente habilitado à prática dos atos específicos enumerados no mandato.

REPRESENTAÇÃO POLÍTICA. *Ciência política.* **1.** Imputação da vontade do representante aos representados, pouco importando se estes estão de acordo com ela (Jellinek). **2.** Expressão da vontade ou da opinião da comunidade que escolheu o seu representante. **3.** Vinculação do representante ao partido político que o elegeu (Manoel Gonçalves Ferreira Filho).

REPRESENTAÇÃO POPULAR. *Ciência política.* Delegação de poderes conferida pelo povo para o exercício do poder estatal (Othon Sidou).

REPRESENTAÇÃO PROCESSUAL. *Direito processual.* Segundo Othon Sidou, representação instituída por lei ou pelo representado para que alguém, devidamente habilitado pela OAB, possa agir, judicialmente, em seu nome.

REPRESENTAÇÃO PROPORCIONAL. *Ciência política.* **1.** Representação obtida por uma proporcionalidade entre os componentes dos vários partidos, e não pelo processo da maioria absoluta. **2.** Sistema que garante um número de representantes do povo, eleitos para a Câmara dos Deputados, proporcional ao da população de cada Estado e do Distrito Federal e aos votos recebidos por partido político por ocasião da eleição. **3.** Sistema em que a distribuição dos mandatos se realiza fazendo com que o número de representantes em cada circunscrição eleitoral seja dividido em relação com o de cidadãos, para que haja uma proporção (Hans Kelsen).

REPRESENTAÇÃO PRÓPRIA. *Vide* REPRESENTAÇÃO DIRETA.

REPRESENTAÇÃO REGIONAL NO SUDESTE (RESE). É a unidade descentralizada do Ministério da Ciência e Tecnologia. À RESE compete: a) assistir ao Ministro de Estado em sua representação política e social, ocupar-se das relações públicas e do preparo e despacho do seu expediente, quando de sua presença na região; b) dar suporte na coordenação e supervisão da execução do planejamento de atividades de comunicação social do Ministro de Estado e auxiliar nas providências relacionadas ao cerimonial; c) promover a integração e articulação de projetos e programas com os diversos setores da comunidade, com as instituições de ensino, pesquisa e desenvolvimento científico e tecnológico na região; d) dar suporte às demais unidades da Administração Central no acompanhamento dos projetos e programas de interesse do Ministério, em andamento junto às entidades públicas e privadas estaduais locais; e) supervisionar e coordenar as atividades relacionadas com a administração de pessoal, das instalações prediais e recursos logísticos, inclusive de informática, necessárias ao funcionamento da Representação Regional no Sudeste; f) identificar e mobilizar novas áreas de atuação que possibilitem a potencialização da ação do Ministério na região; e g) executar outras competências que lhe forem cometidas, no seu campo de atuação.

REPRESENTAÇÃO SUBSEQÜENTE. *Direito processual.* Representação estabelecida após o ato praticado pelo representante em caso de urgência sem procuração *ad judicia*, que deverá ser, então, exibida dentro de quinze dias.

REPRESENTAÇÃO SUCESSÓRIA. *Direito civil.* Representação hereditária que é, nas palavras de Clóvis Beviláqua, um benefício da lei, em virtude do qual os descendentes de uma pessoa falecida são chamados a substituí-la na qualidade de herdeiros legítimos, considerando-se do mesmo grau que a representada e exercendo, em sua plenitude, o direito hereditário que a esta competia. A pessoa sucessível é chamada à sucessão por direito de representação, se suceder em lugar do herdeiro que falecer antes da abertura da sucessão, como, por exemplo, na sucessão do neto ao avô, chamado a suceder em substituição ao filho pré-morto do *de cujus* em todos os direitos sucessórios. Entretanto, a representação pode, ainda, aparecer quando houver indignidade, pois o indigno é tido como morto, de modo que o seu representante participa da herança, desde que seja da linha reta descendente; logo, o excluído da sucessão por indignidade não poderá ser sucedido pelos ascendentes ou colaterais. Se o herdeiro renunciar o seu direito à herança, o seu representante não o sucederá, porque o renunciante será considerado como se nunca tivesse sido herdeiro. Trata-se, na verdade, da vocação hereditária indireta, que se dá quando a qualidade de herdeiro resulta de lei, mas a primeira convocação não pode efetivar-se por ausência, premoriência ou indignidade do convocado, substituído, por essa razão, pelo seu descendente. O direito de representação dá-se na linha reta descendente, mas nunca na ascendente. Na linha transversal, só haverá direito de representação em benefício dos filhos do irmão falecido, quando concorrerem com irmão deste. Percebe-se que é imprescindível que o representante seja descendente do representado.

REPRESENTAÇÃO VOLUNTÁRIA. *Vide* REPRESENTAÇÃO CONVENCIONAL.

REPRESENTADO. Aquele a quem outra pessoa representa.

REPRESENTANTE. **1.** Aquele que, por lei ou por convenção, representa outrem, agindo em seu nome. **2.** Aquele que figura em nome de uma pessoa. **3.** Deputado. **4.** Chefe de Estado. **5.** Diplomata.

REPRESENTANTE CLASSISTA. *História do direito.* Juiz classista.

REPRESENTANTE COMERCIAL. *Direito comercial.* **1.** Pessoa natural ou jurídica, que, mediante remuneração e em caráter não eventual, ao desempenhar mediação para negócios mercantis, agencia propostas ou pedidos, para transmiti-los ao representado. **2.** Diz-se dos profissionais (vendedores, promotores, demonstradores ou representantes da empresa e de vendas) remunerados, direta ou indiretamente, pelos fabricantes, fornecedores ou importadores de produtos. **3.** Operador de pregão. **4.** Funcionário de uma sociedade corretora autorizado pela Bolsa para representá-lo no recinto do pregão (Luiz Fernando Rudge).

REPRESENTANTE CONVENCIONAL. *Direito civil.* Mandatário.

REPRESENTANTE DIPLOMÁTICO. *Direito internacional público.* Agente de um país que é, na qualidade de delegado, acreditado junto ao governo de um outro.

REPRESENTANTE DO POVO. *Ciência política.* Deputado ou vereador.

REPRESENTANTE LEGAL. **1.** *Direito civil.* a) Aquele que, por imposição de lei, age em nome de absolutamente incapaz, representando-o em todos os atos da vida civil, regendo sua pessoa e administrando seus bens, como os pais, o tutor ou o curador, ou aquele que assiste, em razão de lei, relativamente incapaz, na prática dos atos da vida civil; b) o que exerce representação legal, como o síndico do condomínio, o inventariante etc. **2.** *Direito aeronáutico.* É a pessoa física ou jurídica investida de poderes legais para praticar atos, em nome do responsável direto, preposta de gerir ou administrar seus negócios no aeroporto de controle sanitário, constituindo seu agente ou consignatário.

REPRESENTANTEM. *Filosofia geral* e *semiótica.* Trata-se do signo, que é algo que, para alguém, representa ou se refere a algo (Peirce).

REPRESENTANTE PROFISSIONAL. *Direito do trabalho.* Sindicato que representa, legalmente, perante as autoridades competentes, a categoria profissional e os interesses dos seus associados concernentes à profissão exercida e, inclusive, na estipulação de acordos coletivos.

REPRESENTANTE SINDICAL. *Vide* REPRESENTANTE PROFISSIONAL.

REPRESENTAR. 1. Apresentar aos sentidos a imagem de algo irreal (Lalande). **2.** Chamar a atenção sobre uma idéia (Malebranche). **3.** Tomar o lugar de alguém, para substituí-lo no exercício de seus direitos ou para defender seus interesses. **4.** Simbolizar. **5.** Apresentar-se como ator em espetáculo público. **6.** Exibir peça em teatro. **7.** Ser deputado. **8.** Ser embaixador. **9.** Apresentar-se em lugar de alguém. **10.** Dirigir uma representação expondo à autoridade competente um fato ocorrido ou uma irregularidade de terceiro que requer a tomada de certas providências. **11.** Ser mandatário. **12.** Apresentar reclamação fundada contra alguém.

REPRESENTATIVO. 1. Diz-se do que representa algo. **2.** Fato intelectual que apresenta ao espírito um objeto de que ele passa a tomar conhecimento. **3.** O que envolve representação. **4.** Sistema em que a soberania do povo é exercida por aqueles a quem este elege para representá-lo. **5.** Diz-se do Parlamento constituído pelos deputados. **6.** Regime em que o governo é escolhido pelo povo e exercido em seu nome.

REPRESENTÁVEL. Suscetível de representação.

REPRESO. *Direito processual penal.* **1.** Recapturado. **2.** Aquele que foi preso novamente.

REPRESSÃO. 1. Na *linguagem jurídica* em geral, designa proibição. **2.** *Ciência política.* a) Medida governamental coercitiva, preventiva ou repressiva, empregada para coibir abusos; b) prática de ato atentatório aos direitos individuais, muito comum em regime ditatorial (Othon Sidou). **3.** *Psicologia forense.* a) Processo em que certas lembranças continuam no subconsciente, não atingindo a consciência; b) após Freud, palavra geralmente empregada para se referir a um processo psíquico, em que elementos conscientes não desejados são eliminados do campo do ego, tornando-se inconscientes, mas sem perder o seu conteúdo emocional (Lídia Reis de Almeida Prado).

REPRESSÃO À PRODUÇÃO NÃO AUTORIZADA E AO TRÁFICO ILÍCITO DE DROGAS. *Direito penal.* É indispensável a licença prévia da autoridade competente para produzir, extrair, fabricar, transformar, preparar, possuir, manter em depósito, importar, exportar, reexportar, remeter, transportar, expor, oferecer, vender, comprar, trocar, ceder ou adquirir, para qualquer fim, drogas ou matéria-prima destinada à sua preparação, observadas as demais exigências legais. As plantações ilícitas serão imediatamente destruídas pelas autoridades de polícia judiciária, que recolherão quantidade suficiente para exame pericial, de tudo lavrando auto de levantamento das condições encontradas, com a delimitação do local, asseguradas as medidas necessárias para a preservação da prova. A destruição de drogas far-se-á por incineração, no prazo máximo de trinta dias, guardando-se as amostras necessárias à preservação da prova. Tal incineração será precedida de autorização judicial, ouvido o Ministério Público, e executada pela autoridade de polícia judiciária competente, na presença de representante do Ministério Público e da autoridade sanitária competente, mediante auto circunstanciado e após a perícia realizada no local da incineração. Em caso de ser utilizada a queimada para destruir a plantação, observar-se-á, além das cautelas necessárias à proteção ao meio ambiente, o disposto em norma, dispensada a autorização prévia do órgão próprio do Sistema Nacional do Meio Ambiente (SISNAMA). As glebas cultivadas com plantações ilícitas serão expropriadas. Constituirá crime, punido com prisão e dias-multa: a) importar, exportar, remeter, preparar, produzir, fabricar, adquirir, vender, expor à venda, oferecer, ter em depósito, transportar, trazer consigo, guardar, prescrever, ministrar, entregar a consumo ou fornecer drogas, ainda que gratuitamente, sem autorização ou em desacordo com determinação legal ou regulamentar; b) importar, exportar, remeter, produzir, fabricar, adquirir, vender, expor à venda, oferecer, fornecer, ter em depósito, transportar, trazer consigo ou guardar, ainda que gratuitamente, sem autorização ou em desacordo com determinação legal ou regulamentar, matéria-prima, insumo ou produto químico destinado à preparação de drogas; c) semear, cultivar ou fazer a colheita, sem autorização ou em desacordo com determinação legal ou regulamentar, de plantas que se constituam em matéria-prima para a preparação de drogas; d) utilizar local ou bem de qualquer natureza de que tem a propriedade, posse, administração, guarda ou vigilância, ou consente que outrem dele se utilize, ainda que gratuitamente, sem autorização ou em desacordo com determinação legal ou regulamentar, para o tráfico ilícito de drogas; e) induzir, instigar ou auxiliar alguém ao uso indevido de droga; f) oferecer droga, eventualmente e sem objetivo de lucro, a pessoa de seu relacionamento, para juntos a consumirem; g) fabricar, adquirir, utilizar, transportar, oferecer, vender, distribuir, entregar a qualquer título, possuir, guardar ou fornecer, ainda que gratuitamente, maquinário, aparelho, instrumento ou qualquer objeto destinado à fabricação, preparação, produção ou transformação de drogas, sem autorização ou em desacordo com determinação legal ou regulamentar; h) associarem-se duas ou mais pessoas para o fim de praticar, reiteradamente ou não, qualquer dos crimes acima mencionados; i) financiar ou custear a prática de qualquer desses crimes; j) colaborar, como informante, com grupo, organização ou associação destinados à prática de qualquer dos crimes. As penas serão aumentadas se: a natureza, a procedência da substância ou do produto apreendido e as circunstâncias do fato evidenciarem a transnacionalidade do delito; o agente praticar o crime prevalecendo-se de função pública ou no desempenho de missão de educação, poder familiar, guarda ou vigilância; a infração tiver sido cometida nas dependências ou imediações de estabelecimentos prisionais, de ensino ou hospitalares, de sedes de entidades estudantis, sociais, culturais, recreativas, esportivas, ou beneficentes, de locais de trabalho coletivo, de recintos onde se realizem espetáculos ou diversões de qualquer natureza, de serviços de tratamento de dependentes de drogas ou de reinserção social, de unidades militares ou policiais ou em transportes públicos; o crime tiver sido praticado com violência, grave ameaça, emprego de arma de fogo, ou qualquer processo de intimidação difusa ou coletiva; caracterizado o tráfico entre Estados da Federação ou entre estes e o Distrito Federal; sua prática envolver ou visar a atingir criança ou adolescente ou a quem tenha, por qualquer motivo, diminuída ou suprimida a capacidade de entendimento e determinação; o agente financiar ou custear a prática do crime; k) prescrever ou ministrar, culposamente, drogas, sem que delas necessite o paciente, ou fazê-lo em doses excessivas ou em desacordo com determinação legal ou regulamentar; l) conduzir embarcação ou aeronave após o consumo de drogas, expondo a dano potencial a incolumidade de outrem. O indiciado ou acusado que colaborar voluntariamente com a investigação policial e o processo criminal na identificação dos demais co-autores ou partícipes do crime e na recuperação total ou parcial do produto do crime, no caso de condenação, terá pena reduzida de um terço a dois terços. O juiz, na fixação das penas, considerará, com preponderância, a natureza e a quantidade da substância ou do produto, a personalidade e a conduta social do agente.

REPRESSIVO. O que serve para reprimir.

REPRESSOR. Aquele que reprime.

REPRIMENDA. 1. Admoestação. **2.** Castigo. **3.** Censura feita com severidade. **4.** Repreensão.

REPRIMIR. 1. Impedir algo pelo castigo ou pela ameaça. **2.** Proibir. **3.** Oprimir. **4.** Suster, sofrear. **5.** Punir.

REPRIMÍVEL. O que pode ser reprimido.

REPRINCIPIAR. Recomeçar.

REPRISAL. *Termo inglês.* Represália.

REPRISE. 1. Nova representação de uma peça teatral ou filme. **2.** *Termo francês.* a) Retomada; b) renovação.

REPRISTINAÇÃO. *Teoria geral do direito.* Restauração eficacial de norma revogada, que só é possível se houver expressa disposição normativa nesse sentido.

REPRISTINAMENTO. *Vide* REPRISTINAÇÃO.

REPRISTINAR. *Teoria geral do direito.* Revigorar uma lei revogada.

REPRISTINATÓRIO. *Teoria geral do direito.* **1.** O que é conseqüência de repristinamento (Othon Sidou). **2.** Volta da eficácia de uma norma revogada, em razão de disposição legal expressa.

REPROBA PECUNIA NON LIBERAT SOLVENTEM. *Expressão latina.* Pagamento feito com moeda falsa ou fora de circulação não libera o devedor.

REPROBARI NON POTEST QUOD APPROBATUM. *Aforismo jurídico.* Não se pode reprovar o que se aprova.

REPROBATÓRIO. O que contém reprovação.

RÉPROBO. 1. Banido da sociedade. **2.** Condenado por Deus à pena eterna.

REPROCESSAMENTO DE PRODUTO MÉDICO. *Biodireito.* Processo de limpeza a desinfecção ou esterilização a ser aplicado a produto médico, que garanta a segurança na sua utilização, incluindo controle da qualidade em todas as suas etapas.

REPROCHAR. 1. Censurar. **2.** Exprobrar.

REPROCHE. 1. Censura. **2.** Exprobração.

REPROCHEMENT. *Direito internacional público.* Ato pelo qual nações adversárias promovem sua reconciliação.

REPROCURAR. Tornar a procurar.

REPRODUÇÃO. 1. *Medicina legal.* Continuação da espécie, pelo encontro do óvulo com o espermatozóide, dando origem ao ovo; procriação. **2.** *Direito autoral.* a) Cópia de fonograma ou de uma obra literária, artística ou científica; b) imitação de obra alheia sem indicação do autor; plágio; c) nova edição; d) fixação material da obra por impressão, fotografia, gravação, modelagem etc. (Carlos Alberto Bittar). **3.** *Psicologia forense.* Renascimento de uma imagem no espírito.

REPRODUÇÃO DE OBRA. *Direito autoral.* **1.** Comunicação indireta de obra ao público por meio de sua fixação material por impressão, desenho, gravação, fotografia, modelagem e qualquer processo de artes gráficas e plásticas, gravação mecânica, cinematográfica ou magnética (Carlos Alberto Bittar). **2.** É a cópia de um ou vários exemplares de uma obra literária, artística ou científica ou de um fonograma, de qualquer forma tangível, incluindo qualquer armazenamento permanente ou temporário por meios eletrônicos ou qualquer outro meio de fixação que venha a ser desenvolvido.

REPRODUÇÃO DIGITALIZADA. *Direito processual civil* e *direito virtual.* Cópia digital de documento que serve como meio probatório. A reprodução digitalizada de qualquer documento público ou particular fará prova, quando juntada aos autos pelos órgãos da Justiça e seus auxiliares, pelo Ministério Público e seus auxiliares, pelas procuradorias, pelas repartições públicas em geral e por advogados públicos ou privados, ressalvada a alegação motivada e fundamentada de adulteração antes ou durante o processo de digitalização. Os originais dos documentos digitalizados deverão ser preservados pelo seu detentor até o final do prazo para interposição de ação rescisória. Tratando-se de cópia digital de título executivo extrajudicial ou outro documento relevante à instrução do processo, o juiz poderá determinar o seu depósito em cartório ou secretaria.

REPRODUÇÃO HUMANA ASSISTIDA. *Biodireito* e *medicina legal.* Manipulação em laboratório de componentes genéticos da fecundação, que pode dar-se por inseminação artificial homóloga ou heteróloga, inoculando-se, na mulher, sêmen do marido ou de terceiro, ou por ectogênese ou fertilização *in vitro*, que pode ser homóloga, se feita com componentes genéticos advindos do casal, ou heteróloga, se com material fertilizante de terceiro (sêmen do marido e óvulo de outra mulher; sêmen de terceiro e óvulo da esposa; sêmen e óvulo de estranhos), cujo embrião pode ser implantado no útero da esposa ou de terceira pessoa. A inseminação artificial processa-se mediante o método GIFT (*Gametha Intra Fallopian Transfer*), por ser fecundação *in vivo*, ou seja, inoculação do sêmen na mulher sem que haja qualquer manipulação externa de óvulo ou de embrião. A fertilização *in vitro* concretiza-se pelo método ZIFT (*Zibot Intra Fallopian Transfer*), que consiste na retirada do óvulo da esposa ou de outra mulher para fecundá-la na proveta, com sêmen do marido ou de outro homem, para depois introduzir o embrião no seu útero ou no de outra.

REPRODUÇÃO MECÂNICA. 1. *Direito autoral.* Cópia fotográfica, fonográfica, cinematográfica etc. de obra intelectual. **2.** *Direito processual civil.* Qualquer cópia autêntica de documento feita por máquinas que possa servir de prova de algum fato em juízo, se aquele contra quem foi produzida lhe admitir a conformidade. Se sua autenticidade for impugnada, o magistrado ordenará a realização de exame pericial. Essa cópia tem o mesmo valor probante que o original, cabendo ao escrivão, intimadas as partes, conferir e certificar a conformidade entre a cópia e o original. Se se tratar de fotografia, esta deverá estar acompanhada do negativo. Se for fotografia publicada em jornal, exigir-se-ão o original e o negativo.

REPRODUÇÃO OU ADULTERAÇÃO DE SELO OU PEÇA FILATÉLICA. *Direito penal.* Crime contra a fé pública, punível com detenção e multa, que consiste em reproduzir ou alterar selo ou peça filatélica de valor para coleção, salvo quando a reprodução ou alteração estiver visivelmente anotada na face ou no verso do selo ou da peça.

REPRODUTIBILIDADE. Qualidade de reprodutível.

REPRODUTIVA. 1. Despesa que visa a produção de riqueza. **2.** O que se reproduz.

REPRODUTÍVEL. O que pode se reproduzir.

REPRODUTIVO. 1. O que reproduz. **2.** Aquilo que favorece a nova produção.

REPRODUTOR. *Direito agrário.* Diz-se do animal macho que se destina à reprodução.

REPRODUTRIZ. *Direito agrário.* Fêmea destinada à reprodução.

REPRODUZIR. 1. Reeditar. **2.** Copiar. **3.** Retratar. **4.** Tornar a produzir. **5.** Repetir.

REPRODUZÍVEL. *Vide* REPRODUTÍVEL.

REPROGENÉTICA. *Biodireito.* Combinação entre as tecnologias da biologia reprodutiva e da genética. Com seu desenvolvimento os genitores poderão controlar totalmente o seu destino genético, podendo escolher e melhorar os caracteres de sua descendência – filhos e netos (Lee M. Silver).

REPROGRAFIA. *Direito autoral.* Fixação material de obra intelectual por meio de fotocópia, xerocópia, microfilmagem, heliografia, computação eletrônica, eletrografia e eletrostática (Othon Sidou).

REPROMETER. Prometer novamente.

REPROMISSÃO. 1. Ato de tornar a prometer algo. **2.** Promessa recíproca.

REPROPOR. Fazer uma nova proposta.

REPROTEGER. Proteger de novo.

REPROVABILIDADE. Qualidade de reprovável.

REPROVAÇÃO. 1. Não-aprovação em algum exame. **2.** Censura rigorosa. **3.** Repulsa. **4.** Rejeição.

REPROVADO. 1. Aquele que não foi aprovado em um exame. **2.** Censurado. **3.** Rejeitado.

REPROVADOR. Aquele que reprova.

REPROVAR. 1. Não aprovar em exame. **2.** Rejeitar. **3.** Censurar com severidade. **4.** Votar contra.

REPROVATIVO. O que provoca reprovação.

REPROVÁVEL. 1. Censurável. **2.** O que não deve ser aprovado.

REPROVER. Tornar a prover.

REPTAÇÃO. 1. Ato de desafiar. **2.** Adulação. **3.** Provocação.

REPTADOR. 1. Aquele que desafia. **2.** Opositor.

REPTANTE. *Vide* REPTADOR.

REPTAR. 1. Desafiar. **2.** Estar em oposição. **3.** Provocar.

REPTO. 1. Desafio. **2.** Provocação para provar algo.

REPÚBLICA. 1. *Direito civil.* Local onde mora um grupo de estudantes. **2.** *Ciência política.* a) Forma de governo em que os cargos políticos são preenchidos periodicamente, mediante eleição do povo (Marcus Cláudio Acquaviva); b) governo em que o poder, temporário, em esferas essenciais do Estado, pertence ao povo ou a um parlamento que o representa (Celso Bastos); c) coisa pública; d) forma de governo pela qual o povo exerce sua soberania por meio de representantes por ele eleitos por um prazo determinado (Thomas Cooley); e) tipo de governo, fundado na igualdade formal das pessoas, em que os detentores do poder político exercem-no em caráter eletivo, representativo, transitório e com responsabilidade (Roque Antônio Carrazza).

REPÚBLICA ARISTOCRÁTICA. *Ciência política.* **1.** República em que o governo é um privilégio da nobreza. **2.** Governo exercido por pessoas notáveis, eleitas por se sobressaírem em relação às outras (De Plácido e Silva), tendo sido muito comum em Atenas, Esparta e Roma.

REPÚBLICA ARISTOCRÁTICA DIRETA. *Ciência política.* Governo exercido por membros da aristocracia.

REPÚBLICA ARISTOCRÁTICA INDIRETA. *Ciência política.* Governo exercido pelos aristocratas representados por seus delegados.

REPUBLICAÇÃO. *Direito autoral.* Nova publicação.

REPÚBLICA DE CLASSES. *Ciência política.* República em que a soberania pertence a determinadas classes componentes da sociedade (Celso Bastos).

REPÚBLICA DEMOCRÁTICA. *Ciência política.* Governo em que, por basear-se na soberania popular, todos os cidadãos participam da eleição dos governantes, podendo ser: parlamentar, diretorial ou presidencial (Celso Bastos). A maioria do povo participa do governo por meio de seus representantes. O poder pertence ao povo ou ao Parlamento, por ele eleito para representá-lo.

REPUBLICADO. *Direito autoral.* Publicado novamente.

REPÚBLICA FEDERAL. *Vide* REPÚBLICA FEDERATIVA.

REPÚBLICA FEDERATIVA. *Ciência política.* **1.** Diz-se daquela que tem o território dividido em subestados, províncias ou Estados federados, que, por sua vez, podem subdividir-se em Municípios, tendo, a União, a soberania nacional (José Náufel). **2.** Conjunto de Estados-Membros reunidos em uma Federação, compondo o Estado soberano.

REPÚBLICA LITERÁRIA. Classe dos homens de letras.

REPUBLICANISMO. *Ciência política.* **1.** Qualidade de republicano. **2.** Forma de governo republicano. **3.** Conjunto de princípios, idéias ou sentimentos republicanos.

REPUBLICANIZAÇÃO. *Ciência política.* Ato ou efeito de republicanizar.

REPUBLICANIZADOR. *Ciência política.* Aquele que republicaniza.

REPUBLICANIZAR. *Ciência política.* Tornar republicano.

REPUBLICANO. *Ciência política.* **1.** O que diz respeito à república. **2.** Prosélito das idéias relativas à república.

REPÚBLICA OLIGÁRQUICA. *Ciência política.* República cujo governo fica nas mãos de um pequeno grupo de pessoas, pertencente a uma determinada família ou a uma mesma classe social.

REPÚBLICA PARLAMENTAR. *Ciência política.* Governo fundado no parlamentarismo, pois os parlamentares que compõem o Ministério, além de dirigir politicamente o país, controlam os atos do Poder Executivo.

REPÚBLICA POPULAR. *Ciência política.* Ditadura do proletariado, voltada ao comunismo.

REPÚBLICA PRESIDENCIAL. *Ciência política.* República em que a chefia de governo é exercida pelo presidente da República, auxiliado pelos ministros por ele nomeados.

REPUBLICAR. *Direito autoral.* Reeditar.

REPÚBLICA TEOCRÁTICA. *Ciência política.* República em que o governo, por ser exercido em nome de Deus, que é o verdadeiro soberano, é desempenhado por sacerdotes ou por reis, se considerados como representantes da divindade (De Plácido e Silva).

REPÚBLICA UNITÁRIA. *Ciência política.* República cujo território não apresenta divisão político-administrativa, havendo centralização das funções estatais. Neste tipo de república toda Administração Pública depende do governo central.

REPUBLICIDA. *Ciência política.* Aquele que destrói uma república.

REPUBLICÍDIO. *Ciência política.* Destruição de uma república.

REPÚBLICO. *Ciência política.* **1.** Republicano. **2.** Aquele que zela pelo bem público. **3.** Referente ao interesse dos cidadãos.

REPUBLÍCOLA. *Ciência política.* Habitante de uma república.

REPUDIAÇÃO. *Vide* REPÚDIO.

REPUDIADO. Aquele que sofreu um repúdio.

REPUDIADOR. Aquele que repudia.

REPUDIANTE. *Vide* REPUDIADOR.

REPUDIAR. **1.** Rejeitar. **2.** Renunciar. **3.** Desprezar.

REPUDIATION. *Termo inglês.* **1.** Repúdio. **2.** Renúncia.

REPUDIÁVEL. O que é suscetível de repúdio.

REPÚDIO. **1.** Na *linguagem jurídica* em geral, significa: a) renúncia voluntária; b) abandono; c) desprezo; d) rejeição; e) rompimento de vínculo matrimonial; f) não-aceitação de herança ou legado. **2.** *História do direito.* Ruptura do casamento *cum manu* pela rejeição legal da mulher pelo marido, que declarava que não mais pretendia coabitar com ela, principalmente em caso de adultério. **3.** *Direito comparado.* Rejeição da esposa estéril por aquele que pertence a alguma família nobre da Ásia ou da África.

REPUGNÂNCIA. **1.** Aversão. **2.** Incompatibilidade. **3.** Repulsão.

REPUGNAR. **1.** Ser contraditório. **2.** Recusar. **3.** Opor. **4.** Ser incompatível. **5.** Causar aversão.

REPULSA. **1.** Rejeição. **2.** Recusa formal. **3.** Não-aceitação.

REPULSANTE. **1.** O que repele. **2.** O que causa repulsa violenta. **3.** Repugnante.

REPULSÃO. **1.** Oposição violenta. **2.** Repugnância.

REPULSAR. **1.** Arredar. **2.** Não aceitar. **3.** Opor-se. **4.** Afastar. **5.** Repelir.

REPULSIVO. *Vide* REPULSANTE.

REPULSO. Repelido.

REPULSOR. Aquele que repele ou repulsa.

REPURCHASE. *Termo inglês.* Retrovenda.

REPUTAÇÃO. **1.** Na *linguagem jurídica* em geral, tem o sentido de: a) fama; b) renome; c) opinião pública sobre as qualidades de uma pessoa; d) bom ou mau nome. **2.** *Direito penal.* Fama que uma pessoa tem em razão de seus méritos profissionais ou éticos, cuja difamação imputando-lhe fato ofensivo constitui crime, apenável com detenção e multa (Othon Sidou). **3.** *Direito comercial.* a) Avaliação da qualidade de uma mercadoria; b) estimação da mercadoria pelo maior preço.

REPUTADO. **1.** Avaliado. **2.** Aquele que goza de consideração pelos seus méritos.

REPUTAR. **1.** Ter em conta. **2.** Considerar. **3.** Avaliar.

REQUÉRABLE. *Termo francês.* Pagável na casa do devedor.

REQUEREDOR. *História do direito.* Cobrador de rendas devidas aos rendeiros (De Plácido e Silva).

REQUERENTE. **1.** Suplicante. **2.** Aquele que faz uma petição. **3.** Autor de requerimento judicial ou extrajudicial. **4.** Armador, indústria de pesca, ou cooperativa de pesca brasileira, que se inscrever para edital público de convocação visando aquisição de permissão prévia de pesca para importação/nacionalização de embarcação pesqueira.

REQUERER. **1.** Reclamar algo em juízo. **2.** Peticionar. **3.** Pleitear algum direito.

REQUERIDO. **1.** Solicitado. **2.** O que se requereu. **3.** Pedido. **4.** Aquele a quem se dirige um requerimento.

REQUERIMENTO. **1.** Ato ou efeito de requerer algo judicial ou extrajudicialmente. **2.** Petição. **3.** Ato pelo qual se solicita, a uma autoridade, a tomada de alguma providência, a execução de alguma coisa ou a satisfação de algum interesse ou pretensão.

REQUERIMENTO DE FALÊNCIA. *Direito falimentar.* Podem requerer a falência do devedor: a) o próprio devedor; b) o cônjuge sobrevivente, qualquer herdeiro do devedor ou o inventariante; c) o cotista ou o acionista do devedor na forma da lei ou do ato constitutivo da sociedade; d) qualquer credor. Quem por dolo requerer a falência de outrem será condenado, na sentença que julgar improcedente o pedido, a indenizar o devedor, apurando-se as perdas e danos em liquidação de sentença. Havendo mais de um autor do pedido de falência, serão solidariamente responsáveis aqueles que assim se conduziram. Por ação própria, o terceiro prejudicado também pode reclamar indenização dos responsáveis.

REQUERIMENTO INEPTO. Requerimento que não está conforme com a lei nem com a matéria sobre a qual versa.

REQUERÍVEL. Aquilo que pode ser exigido ou requerido.

REQÜESTA. **1.** *História do direito.* Petição. **2.** Na *linguagem jurídica* em geral, tem o sentido de: a) contenda; b) desafio; c) combate.

REQÜESTAR. **1.** Desafiar. **2.** Solicitar algo várias vezes. **3.** Empregar diligências.

REQUEST FOR BUDGETARY QUOTATION (RFBQ). *Direito militar.* Documento remetido pela Comissão do Exército Brasileiro em Washington (CEBW) a diversos fornecedores de bens ou serviços, cadastrados ou não, concretizando um PCI.

REQUEST FOR QUOTATION (RFQ). *Direito militar.* Instrumento convocatório correspondente à carta-convite, utilizado pela CEBW (Comissão do Exército Brasileiro em Washington).

RÉQUIEM. *Direito canônico.* Ofício que se faz pelos mortos.

REQUIESCAT IN PACE. *Expressão latina.* Descanse em paz.

REQUINTADO. **1.** Apurado. **2.** Fino. **3.** Primoroso.

REQUINTE. **1.** Esmero. **2.** Extremo apuro. **3.** Primor.

REQUISIÇÃO. **1.** Exigência legal. **2.** Reclamação. **3.** Pedido; solicitação. **4.** Ordem emanada de autoridade competente para que se cumpra algo ou se entregue determinada coisa. **5.** Convocação de alguém para a prestação de algum serviço, segundo as instruções emitidas por autoridade.

REQUISIÇÃO ADMINISTRATIVA. *Direito administrativo* e *direito civil.* Ato pelo qual o Estado, em proveito de um interesse público, constitui alguém, de modo unilateral e auto-executório, na obrigação de prestar-lhe um serviço ou ceder-lhe, transitoriamente, o uso de uma coisa, obrigando-se a indenizar os prejuízos que tal medida efetivamente acarrete ao obrigado (Celso Antônio Bandeira de Mello).

REQUISIÇÃO CIVIL. *Direito civil* e *direito administrativo.* Requisição cumprida por determinação de autoridade civil, devidamente autorizada por lei especial (De Plácido e Silva), para atender casos excepcionais, como interrupção de estrada, calamidade pública etc.

REQUISIÇÃO DA CERTIDÃO. *Direito processual.* Pedido feito pelo órgão judicante ao chefe de uma repartição pública para que forneça, por certidão, cópia de documento imprescindível para a prova dos fatos alegados pelos litigantes (De Plácido e Silva).

REQUISIÇÃO DE BENS. *Direito administrativo.* Ato administrativo que impõe ao particular a entrega temporária de um bem móvel ou imóvel, para atender exigências do interesse público em certas circunstâncias previstas legalmente.

REQUISIÇÃO DE DADOS PARA ELABORAÇÃO DA MEMÓRIA DO CÁLCULO. *Direito processual civil.* Quando a elaboração da memória do cálculo depender de dados existentes em poder do devedor ou de terceiro, o juiz, a requerimento do credor, poderá requisitá-los, fixando prazo de até 30 dias para o cumprimento da diligência. Se os dados não forem, injustificadamente, apresentados pelo devedor, serão tidos como corretos os cálculos do credor ou do terceiro. Mas o juiz poderá valer-se do contador do juízo, se a memória apresentada pelo credor exceder os limites da decisão exeqüenda. Se o credor não concordar com os cálculos do contador, far-se-á a execução pelo valor originariamente pretendido, mas a penhora basear-se-á no valor encontrado pelo contador.

REQUISIÇÃO DE FORÇA. 1. *Direito administrativo.* Ato pelo qual uma autoridade civil pede à autoridade militar que envie soldados armados para garantir a ordem ou a execução de um serviço. **2.** *Direito processual.* Ato judicial requisitando força para cumprimento de mandado judicial.

REQUISIÇÃO DE MATERIAL. *Direito administrativo.* Ato pelo qual autoridade administrativa, por meio de memorando, pede a um estabelecimento ou empresário fornecedor a remessa das mercadorias necessárias usadas em uma repartição pública, para serem compradas.

REQUISIÇÃO DE SERVIDOR. *Direito eleitoral.* Ato administrativo pelo qual órgão da Justiça Eleitoral solicita, na época das eleições, aos órgãos da Administração Pública que coloquem à sua disposição servidores para atenderem os serviços eleitorais (Othon Sidou).

REQUISIÇÃO DE TESTEMUNHA. *Direito processual civil.* Ofício pelo qual o magistrado solicita à autoridade pública sob cujas ordens está o militar ou o funcionário arrolado como testemunha, o seu comparecimento em juízo para prestar depoimento.

REQUISIÇÃO DO MINISTRO DA JUSTIÇA. *Direito processual penal.* Determinação do Ministro da Justiça, nos casos exigidos por lei, para que, nos crimes de ação penal pública, esta seja promovida por denúncia do Ministério Público.

REQUISIÇÃO MILITAR. *Direito militar.* Solicitação feita por autoridade militar, em caso de guerra ou mobilização das tropas, a particulares para prestação de certos serviços ou entrega temporária de bens móveis ou imóveis necessários às Forças Armadas e à defesa da população.

REQUISIR. Impetrar.

REQUISITADO. 1. Exigido. **2.** O que se requisitou.

REQUISITANTE. Aquele que requisita.

REQUISITAR. Exigir, estando autorizado por lei, a prestação de um serviço ou a entrega de um bem, para, em certas circunstâncias, atender o interesse público.

REQUISITO. 1. *Direito civil.* a) Elemento ou condição exigida por lei para a validade de um ato ou negócio jurídico; b) o que a lei reclama para que haja produção de efeitos jurídicos; c) aquilo que é requerido para a obtenção de um dado fim; d) condição necessária para a existência ou o exercício de um direito. **2.** *Direito do trabalho.* Qualidade exigida para certa profissão. **3.** *Direito administrativo.* a) Condição exigida para a validade do ato administrativo como sujeito, conteúdo, finalidade, forma, motivo e causa; b) conjunto de qualidades e títulos imprescindíveis para o provimento de cargo público ou para que alguém possa integrar o quadro do funcionalismo público, como, por exemplo, ter bom procedimento, gozar de boa saúde, estar quite com o serviço militar, ter-se habilitado em concurso público etc. (José Cretella Jr.).

REQUISITO ACIDENTAL. *Direito civil.* Elemento exigido por lei para certos atos ou negócios jurídicos.

REQUISITO CONSTITUTIVO. *Vide* REQUISITO INTRÍNSECO.

REQUISITO ELEMENTAR. *Direito civil.* Conjunto de elementos do negócio jurídico, que podem ser: a) *gerais*, comuns a todos os negócios, que podem ser intrínsecos (forma, objeto e circunstâncias negociais) ou extrínsecos (agente, lugar e tempo); b) *categoriais*, que caracterizam a natureza jurídica de cada negócio; c) *particulares*, como a condição, o termo ou o encargo (Antonio Junqueira de Azevedo).

REQUISITO ESSENCIAL. *Vide* REQUISITO INTRÍNSECO.

REQUISITO EXTRÍNSECO. *Direito civil.* Pressuposto para a validade do ato, como o agente, o tempo e o lugar (Antonio Junqueira de Azevedo).

REQUISITO FORMAL. *Direito civil.* Meio pelo qual se externa a manifestação da vontade no negócio jurídico, para que possa produzir efeitos (R. Limongi França).

REQUISITO FUNDAMENTAL. *Vide* REQUISITO ELEMENTAR.

REQUISITO INTRÍNSECO. *Direito civil.* Conjunto de elementos gerais constitutivos do negócio jurídico, como a forma, o objeto e as circunstâncias negociais (Antonio Junqueira de Azevedo).

REQUISITO NATURAL. *Direito civil.* Requisito comum a todos os negócios jurídicos (José Náufel).

REQUISITO OBJETIVO. *Direito civil.* Requisito que diz respeito ao objeto (bem, prestação ou direito) sobre o qual recai a relação jurídica.

REQUISITO REAL. *Vide* REQUISITO OBJETIVO.

REQUISITÓRIO. 1. *Direito administrativo.* a) Diz-se do pedido de requisição; b) ato de autoridade pública, autorizado por lei, exigindo prestação de serviço, cumprimento de ato ou entrega de um bem. **2.** *Direito processual penal.* Exposição dos motivos que levam o órgão do Ministério Público à acusação judicial. **3.** *Direito processual civil.* Ofício pelo qual o Presidente do Tribunal, que prolatou a decisão exeqüenda, determina à Fazenda Pública que promova o pagamento do *quantum* devido pelo particular (Eduardo Marcial Ferreira Jardim), por exemplo, a título de indenização expropriatória.

REQUISITOS DO INDULTO E DA COMUTAÇÃO. *Direito penal.* Exigências legais à concessão do indulto e da comutação, que são: a) ter o condenado demonstrado bom comportamento, durante os últimos doze meses de cumprimento da pena privativa de liberdade, comprovado através de atestado da autoridade responsável pela custódia; b) ter o condenado revelado condições pessoais favoráveis à sua permanência na comunidade, quando concedida a suspensão condicional da execução da pena, desde que cumprido, no mínimo, metade do período de prova, com exata observância das condições impostas; c) ter o condenado conduta reveladora de condições pessoais que lhe permitam a reinserção social, quando submetido a livramento condicional.

REQUISITOS ESSENCIAIS DA SENTENÇA. *Direito processual civil.* a) o relatório que conterá os nomes das partes, a suma do pedido e da resposta do réu, bem como o registro das principais ocorrências havidas no andamento do processo; b) os fundamentos, em que o juiz analisará as questões de fato e de direito; c) o dispositivo, em que o juiz resolverá as questões, que as partes lhe submeterem.

REQUISITOS FITOSSANITÁRIOS. *Direito ambiental.* Condições necessárias para importação de produtos vegetais estabelecidas pelo país importador.

REQUISITOS PARA A CARACTERIZAÇÃO DO CRIME. *Direito penal.* Tipicidade, antijuridicidade e cul-pabilidade, imprescindíveis para que uma ação ou omissão seja considerada como crime.

REQUISITOS PARA A CONCESSÃO DE PORTE DE ARMA DE FOGO A PRAÇAS. *Direito militar.* São os requeridos para que as praças possam obter licença de porte de arma de fogo, como: a) estar no comportamento bom; b) ter comportamento ilibado na vida pública e na particular; c) ter aptidão psicológica para manuseio de arma de fogo; e d) ter menção "B" em teste de aptidão de tiro (a ser regulamentado) com arma do mesmo tipo do porte pretendido. O não-atendimento de qualquer desses requisitos implicará a cassação imediata do porte. A abrangência alcançada pelo porte deverá, em princípio, ser restrita à área de efetiva necessidade apresentada pelo requerente, não ultrapassar os limites da Região Militar de sua vinculação e ter prazo determinado. Nos casos excepcionais em que haja necessidade de abrangência além dos limites de uma Região Militar, esta deverá homologá-lo como porte federal, e não terá prazo de validade superior a seis meses. Os oficiais da reserva não remunerada, e praças da reserva remunerada, deverão solicitar seus portes de armas de fogo aos órgãos policiais competentes.

REQUISITOS PARA CONCESSÃO DE MATRÍCULA PARA O EXERCÍCIO DA PROFISSÃO DE LEILOEIRO. *Direito comercial.* Condições exigidas por norma para que alguém possa exercer a profissão de leiloeiro em todo o território da unidade federativa da jurisdição da Junta Comercial que o matriculou, como a de: a) ter idade mínima de vinte e cinco anos completos; b) ser cidadão brasileiro; c) encontrar-se no pleno exercício dos seus direitos civis e políticos; d) estar reabilitado, se falido, caso a falência não tenha sido culposa ou fraudulenta; e) não estar condenado por crime cuja pena vede o exercício da atividade empresarial; f) não exercer o comércio direta ou indiretamente, no seu nome ou em nome alheio, e não participar de sociedade de qualquer espécie; g) não ter sido anteriormente destituído da profissão de leiloeiro; h) ser domiciliado, há mais de cinco anos, na unidade federativa onde pretenda exercer a profissão; i) ter idoneidade, mediante a apresentação de identidade e certidões negativas da justiça federal e comum nos foros cível e criminal, correspondentes ao distrito em que o candidato tiver o seu domicílio, relativas ao último qüinqüênio.

REQUISITOS PARA REGISTRO DE ARMAS DE FOGO. *Direito militar.* Condições para cadastramento de armas. Os proprietários de armas de fogo de uso restrito ou proibido, independentemente de terem suas armas registradas em outro órgão, deverão providenciar o cadastramento destas no Comando do Exército. As armas de calibre 9 mm e as de calibre 45 terão seus registros homologados, respectivamente, na Diretoria de Armamento e Munição e na Diretoria de Fiscalização de Produtos Controlados (DFPC). As armas dos demais calibres, de propriedade de colecionadores, atiradores e caçadores serão registradas na Região Militar a que estes estiverem vinculados. O registro de armas de fogo dos militares das Forças Armadas e Auxiliares é caracterizado pela publicação em Boletins Reservados e deverá conter no mínimo os seguintes dados: a) data de aquisição (caso seja desconhecida, utilizar a do registro); b) tipo (revólver, pistola, rifle ou fuzil, espingarda, espoeta etc.); c) marca (IMBEL, Taurus, Rossi, Boito etc.); d) calibre (6.35, .22, .380, .40 etc.); e) modelo (MD 1, PT 111, PT 917-C etc.); f) número da arma; g) comprimento do cano (só para revólver, espingarda e escopeta); h) capacidade ou número de tiros; i) tipo de funcionamento (automática, semi-automática ou de repetição); j) país de fabricação. A DFPC providenciará o cadastramento geral de todas as armas controladas pelo Comando do Exército.

REQUISITOS PARA TRANSPORTE DE CARGA NO CONVÉS. *Direito comercial marítimo.* São os exigidos para o transporte de carga no convés para todas as embarcações com arqueação bruta maior que cinqüenta que transportem carga em conveses expostos e para as embarcações que, mesmo sem transportar carga no convés, façam parte de um comboio onde alguma outra embarcação transporte carga em conveses expostos. São requisitos para o transporte de carga no convés: a) estabilidade: a embarcação deverá apresentar estabilidade intacta satisfatória para todas as condições de carregamento previstas para o transporte de carga no convés; b) visibilidade no passadiço: 1) a altura máxima da parte superior da carga não poderá obstruir a visão desde a posição do condutor até uma distância maior ou igual a 1,5 vez o comprimento máximo da embarcação, quando se tratar de embarcações autopropulsadas, semi-integradas ou similares, ou cinco vezes o comprimento máximo do comboio. Essa distância mínima de visibilidade deve ser medida a partir de uma perpendicular traçada desde a

extremidade da embarcação ou comboio até o ponto em que a linha de visão do piloto, tomada desde a posição do condutor no comando, corta a água na proa; 2) em regiões em que as características físicas dos rios recomendem a adoção de valores inferiores aos estabelecidos acima, as Capitanias dos Portos ou Delegacias poderão estabelecer requisitos específicos sobre o assunto; c) estrutura: a estrutura do convés destinado ao transporte de carga deverá ser dimensionada para o peso a ser transportado nesses locais, considerando-se o fator de estiva da carga, as sobrecargas devidas ao embarque de água, os efeitos dinâmicos e o aumento de peso devido à absorção de água. Os fatores de segurança e eventuais considerações adicionais em função de características específicas de cada embarcação ou região de operação ficarão a cargo do engenheiro responsável pelo projeto da embarcação; d) acessos: 1) a disposição da carga sobre o convés deve permitir o acesso da tripulação à proa, à popa e ao comando da embarcação; 2) a carga sobre o convés deve permitir o acesso e o fechamento efetivo das aberturas dos compartimentos destinados a: tripulação; passageiros; equipamentos de combate a incêndio; equipamentos de salvatagem; 3) a carga sobre o convés não poderá obstruir os seguintes itens: embornais; saídas d'água; tomadas de incêndio; tubos de sondagem; suspiros; bocas de ventiladores; elementos de amarração e fundeio; acesso às máquinas colocadas no convés para efetuar manobras de atracação, fundeio e reboque; 4) além disso, a carga no convés não poderá impedir o lançamento dos elementos de salvatagem e deve ser estivada de forma a permitir pelo menos um acesso aos porões da embarcação sem que seja necessário movê-la; 5) quando o acesso aos locais mencionados anteriormente se efetuar por cima da carga no convés ou através das bordas da embarcação, deverão ser instaladas balaustradas, passarelas ou bordas-falsas cuja altura mínima não poderá ser inferior a um metro, a fim de permitir a circulação da tripulação com segurança; e) marcação: o convés exposto que se destine ao transporte de carga deverá possuir uma faixa marcada de forma indelével, definindo a área onde a carga será transportada. A faixa deverá possuir largura mínima de 5 cm e sua cor deve contrastar com a cor de fundo do convés; f) amarração: 1) a amarração da carga sobre o convés deve impedir seu movimento quando a embarcação estiver navegando. É recomendável que a amarração da carga permita sua separação e até o seu alijamento, total ou parcial, em caso de perigo; 2) as características dos cabos, tensores, correntes e demais acessórios de amarração da carga sobre o convés devem ser tais que assegurem a imobilidade da carga.

REQUISITOS PARA TRANSPORTE DE CARGAS PERIGOSAS. *Direito comercial marítimo.* São os estabelecidos para o transporte seguro de mercadorias perigosas ao longo das vias navegáveis interiores. a) Mercadorias perigosas: consideram-se mercadorias perigosas aquelas compreendidas no Código Marítimo Internacional para o Transporte de Mercadorias Perigosas (IMDG *Code*) da IMO, cujas classes estão relacionadas a seguir: classe 1 – explosivos; classe 2 – gases: comprimidos, liqüefeitos ou dissolvidos sob pressão; classe 3 – líquidos inflamáveis; classe 4.1 – sólidos inflamáveis; classe 4.2 – substâncias sujeitas a combustão espontânea; classe 4.3 – substâncias que, em contato com água, emitem gases inflamáveis; classe 5.1 – substâncias oxidantes; classe 5.2 – peróxidos orgânicos; classe 6.1 – substâncias venenosas (tóxicas); classe 6.2 – substâncias infecciosas; classe 7 – substâncias radioativas; classe 8 – substâncias corrosivas; classe 9 – substâncias perigosas diversas; b) cargas sólidas perigosas a granel: são aquelas que possuem riscos de natureza química, compreendidas no Apêndice B do Código de Práticas de Segurança Relativas às Cargas Sólidas a Granel (BC *Code* em inglês ou CCGr em espanhol) da IMO. Os requisitos para o transporte de cargas perigosas são: a) mercadorias embaladas: o transporte, embalagem, segregação, marcação, etiquetagem e rotulação de mercadorias perigosas embaladas são regidos pelo Código IMDG da IMO. 1) aprovação das embalagens: as embalagens nacionais deverão estar aprovadas pela Diretoria de Portos e Costas, que expedirá o competente Certificado de Aprovação. Nesse Certificado constará a marcação "UN", a ser feita nas respectivas embalagens. Uma cópia desse Certificado deverá acompanhar cada carregamento, visando compor a documentação da carga. Quando a embalagem for procedente de outros países, deverá possuir a respectiva marcação "UN" de aprovação pelo país de origem; 2) declaração de mercadorias perigosas: o expedidor de mercadoria perigosa deverá apresentar declaração de mercadorias perigosas de acordo com o modelo constante em norma, o qual deverá acompanhar o manifesto de carga mencionado no item 6; 3) notificação antecipada: as embarcações que transportam mercadorias perigosas embaladas deverão informar antecipadamente a existência desse tipo de carga à Capitania dos Portos, Delegacia ou Agência de Jurisdição do porto mediante notificação. Essa notificação deverá dar entrada no respectivo órgão com antecedência mínima de vinte e quatro horas da entrada ou saída do porto; 4) concessão de licença para o transporte: essa licença é aplicável às embarcações classificadas para o transporte de carga geral e/ou passageiros. O comandante da embarcação deverá apresentar uma solicitação de licença através de um termo de responsabilidade, assinado, onde declare que todos os requisitos de embalagem, documentação, marcação, etiquetagem e segregação referentes às mercadorias perigosas transportadas encontram-se cumpridos. Caso seja concedida, a licença será o próprio termo de responsabilidade após assinado pelo capitão dos portos, delegado ou agente. Essa concessão será válida para todos os portos subseqüentes, desde que não haja embarque de outras mercadorias perigosas; 5) vistoria: o capitão-dos-portos, delegado ou agente determinará, a seu critério, que seja efetuada vistoria especial após o embarque da carga, para concessão da licença para o transporte de mercadorias perigosas embaladas; 6) relação de mercadorias perigosas (manifesto de carga): deverá ser fornecida, junto à solicitação para concessão de licença, uma relação de todas as mercadorias perigosas a bordo com as quantidades, tipo de embalagem, número ONU, classe e localização; b) substâncias em granéis: sólidas, químicas líquidas e gases liqüefeitos. Toda embarcação que transporte cargas perigosas em granéis deverá manter a bordo o competente certificado de conformidade de acordo com o respectivo código, mencionado legalmente (conforme o caso), emitido por organização reconhecida pelo governo brasileiro, que ateste que a embarcação se encontra apta para conduzir os produtos os quais se propõe a transportar. Eventuais abrandamentos ou isenções poderão ser autorizados a critério da Diretoria de Portos e Costas (DPC), mediante consulta prévia.

REQUISITO SUBJETIVO. *Direito civil.* Exigência pessoal prevista em lei em relação àqueles que figuram em uma dada relação jurídica.

REQUISITO VISCERAL. *Vide* REQUISITO INTRÍNSECO.

RERRATIFICAÇÃO. *Vide* RETI-RATIFICAÇÃO.

RERRATIFICAR. Tornar a ratificar.

RERUM NOVARUM. *Direito canônico.* Encíclica social publicada, em 1891, pelo Papa Leão XIII, relativa à questão social, à condição das classes trabalhadoras, ao princípio da justiça comutativa (sem olvidar a justiça social), à prioridade do homem e da família sobre o Estado etc.

RES. *Termo latino.* Coisa.

RÊS. *Direito agrário.* Cabeça de gado.

RES ADVERSAE. *Locução latina.* **1.** Infortúnio. **2.** Coisa adversa.

RESALE. *Termo inglês.* Revenda.

RES ALIENA. *Locução latina.* Coisa alheia.

RES AMISSA. *Locução latina.* Coisa perdida.

RES ANCIPITIS USUS. *Expressão latina.* Coisa de uso ambíguo.

RES APERTA ET SIMPLEX. *Expressão latina.* Coisa clara e simples.

RES BONA FIDE VENDITA, PROPTER MINIMAM CAUSAM INEMPTA FIERI NON DEBET. *Expressão latina.* Não se pode, por uma causa mínima, anular compra de bem vendido de boa-fé.

RESBORDO. *Direito marítimo.* Abertura existente no costado do navio, na altura da primeira coberta, para carga e descarga de mercadorias.

RESCINDÊNCIA. 1. Rescisão. **2.** Ato de rescindir algo. **3.** Dissolução contratual. **4.** Ruptura de contrato em que houve lesão (Orlando Gomes).

RESCINDENTE. 1. Aquele que faz a rescisão. **2.** Beneficiário da rescisão.

RESCINDIBILIDADE. Qualidade de rescindível.

RESCINDIDO. 1. Desfeito. **2.** O que se rescindiu.

RESCINDIMENTO. *Vide* RESCISÃO.

RESCINDIR. 1. Desfazer. **2.** Dissolver.

RESCINDÍVEL. O que pode ser desfeito ou rescindido.

RESCISÃO. 1. Retirada da eficácia jurídica de um ato, um contrato ou uma sentença. **2.** Cessação de uma relação jurídica contratual. **3.** Rompimento de convenção.

RESCISÃO CONTRATUAL. *Direito civil.* Extinção do vínculo contratual que se opera: a) pela sua execução pelos contratantes, atendendo todas as suas cláusulas; b) por causas anteriores ou contemporâneas à sua formação, tais como: nulidade absoluta ou relativa; implemento de condição resolutiva expressa ou tácita; exercício do direito de arrependimento etc.; c) por motivos supervenientes à sua formação, como: resolução, que se liga ao inadimplemento contratual, caso em que se terá resolução por inexecução voluntária ou involuntária do contrato, por onerosidade excessiva; resilição, que é o modo de extinção do ajuste por vontade de um ou dos dois contratantes, por razões que variam ao sabor de seus interesses, podendo ser, portanto, unilateral ou bilateral etc.; d) por morte de uma das partes contratantes, se o contrato for *intuitu personae.*

RESCISÃO DA CONCESSÃO. *Direito administrativo.* Extinção do contrato celebrado entre Poder Público e concessionário, por ato unilateral do concedente ou do concessionário, ou por iniciativa simultânea de ambos.

RESCISÃO DA SENTENÇA. *Vide* RESCISÃO DE DECISÃO.

RESCISÃO DE DECISÃO. *Direito processual civil.* Desconstituição de decisão de mérito transitada em julgado por meio de ação rescisória.

RESCISÃO DO CONTRATO DE TRABALHO. *Direito do trabalho.* Rompimento do contrato trabalhista, independentemente de intervenção judicial, por ato voluntário das partes contratantes, por culpa ou dolo de uma ou de ambas ou por fato alheio à vontade delas (Osiris Rocha).

RESCISÃO EM PROCESSO DE LICITAÇÃO. *Direito administrativo.* Ato unilateral da Administração pondo fim à licitação pelo inadimplemento de cláusulas contratuais, projetos ou prazos, por razões de interesse público relevante e pela ocorrência de caso fortuito ou força maior, impedindo sua execução (Petrônio Braz).

RESCISÓRIA. *Direito processual civil. Remedium iuris* para desconstituir uma decisão de mérito, elidindo coisa julgada, se proposta dentro do prazo decadencial bienal. É uma ação autônoma de impugnação nos casos revistos taxativamente em lei que dão azo à sua propositura. Com ela, haverá um julgamento de julgamento, pois tem por objeto o acórdão rescindendo, com o escopo de converter sua invalidade em rescindibilidade. O ajuizamento da ação rescisória não impede o cumprimento da sentença ou acórdão rescindendo, ressalvada a concessão, caso imprescindíveis e sob os pressupostos previstos em lei, de medidas de natureza cautelar ou antecipatória de tutela.

RESCISÓRIO. 1. O que dá lugar a rescisão. **2.** Referente a rescisão. **3.** O que rescinde.

RES COMMUNIS. *Locução latina.* Coisa comum.

RES COMMUNIS OMNIUM. *Expressão latina.* Coisa comum a todos.

RES COMMUNIS USUS. *Expressão latina.* Coisa de uso comum.

RES CONSUMPTIBILES. *Locução latina.* Coisa consumível.

RES CORPORALES. *Locução latina.* Coisa corpórea.

RESCREVER. *Direito autoral.* Escrever novamente.

RESCRIÇÃO. 1. *Direito bancário.* a) Cheque; b) ordem escrita para que se pague uma determinada quantia; ordem de pagamento. **2.** *História do direito.* a) Pagamento; b) restituição de dinheiro (De Plácido e Silva).

RESCRITO. 1. *Direito romano.* Opinião dada pelo imperador romano sobre pontos controvertidos, ou questão de direito, a pedido dos magistrados, dos interessados e dos governadores das províncias, passando a integrar as Constituições imperiais. **2.** *Direito canônico.* a) Bula; b) breve; c) decisão do Sumo Pontífice relativa a questão teleológica ou a uma graça ou um favor espiritual; d) ato administrativo baixado por escrito pela competente autoridade executiva, concedendo privilégio, dispensa ou graça a pedido de alguém.

RESCRITO DE GRAÇA. *Direito canônico.* Rescrito que concede indulgência.

RESCRITO DE JUSTIÇA. *Direito canônico.* Decisão da Santa Sé sobre um processo ou contestação.

RESCRITO MISTO. *Direito canônico.* Documento exarado por autoridade eclesiástica relativamente a alguma reclamação alusiva aos votos.

RES DEPERDITA. *Locução latina.* Coisa perdida.

RES DE QUA AGITUR. *Expressão latina.* Assunto em questão; tema de que se está tratando.

RES DERELICTAE. *Locução latina.* Coisa abandonada.

RES DIVINI JURIS. *Expressão latina.* Coisa de direito divino; coisa consagrada à religião que compreendia a *res sacrae* (coisa sagrada), a *res religiosae* (coisa religiosa) e a *res sanctae* (coisa santa).

RÉS-DO-CHÃO. *Direito civil.* Andar térreo.

RES DUBIA. *Locução latina.* Coisa duvidosa.

RES EMPTA EX PECUNIA ALIENA ADQUIRITUR EMPTORI ET NON EI CUJUS ERAT PECUNIA. *Aforismo jurídico.* A coisa comprada com dinheiro alheio é adquirida pelo comprador, e não pelo proprietário do dinheiro.

RESENHA. *Direito autoral.* **1.** Relato minucioso. **2.** Descrição pormenorizada. **3.** Lista circunstanciada. **4.** Notícia sobre vários assuntos semelhantes.

RESENHO. *Direito agrário.* **1.** Análise minuciosa de um cavalo para apontar os caracteres que o distinguem dos demais. **2.** Marca colocada na perna esquerda do cavalo.

RESERPINA. *Medicina legal.* Droga alcalóide muito útil no tratamento de pressão arterial alta e no alívio de sintomas de perturbação mental aguda.

RESERVA. 1. *Direito agrário.* Cercado para gado, contendo pasto e água. **2.** *Direito desportivo.* Jogador que, no futebol, é suplente do titular, substituindo-o em seus impedimentos numa partida. **3.** *Direito militar.* a) Corpo de militares que entra em combate quando é preciso reforçar as fileiras; b) militar nomeado para substituir outro, impossibilitado; c) aquele que, já tendo servido, está sujeito a ser chamado, novamente, ao serviço militar, em caso de urgência. **4.** *Direito civil.* a) Condição restritiva imposta por lei ou pela vontade das partes, para que determinados direitos ou bens, concedidos a outrem, retornem ao patrimônio do cedente; b) legítima dos herdeiros necessários; c) conjunto de bens suficientes, separados pelo inventariante, para garantir pagamento do débito do espólio, sobre os quais recaem a execução, no momento oportuno; d) conservação de poderes substabelecidos para o substabelecente. **5.** Na *linguagem jurídica* em geral, pode ter o sentido de: a) cláusula; b) exceção; c) ressalva; d) restrição; e) o que se poupa para atender a um imprevisto; f) provisão de fundos para atingir um fim pretendido. **6.** *Direito comercial.* a) Parte dos lucros que fica depositada como fundo para atender a alguma eventualidade; b) guarda de uma parte da receita ou do lucro líquido de uma empresa para a consecução de seus fins. **7.** *Direito internacional público.* Declaração feita por um Estado soberano ao assinar, ratificar ou aprovar um tratado, para alterar ou excluir algum efeito jurídico na aplicação de certas cláusulas em relação a ele. **8.** Na *linguagem comum*, quer dizer discrição.

RESERVA BANCÁRIA. *Direito bancário.* Conta corrente que as instituições financeiras mantêm no Banco Central (Luiz Fernando Rudge).

RESERVA BIOLÓGICA. *Direito ambiental.* Área de conservação de recursos naturais renováveis, destinada a proteger a flora, a fauna e as belezas naturais, e a ser utilizada para fins científicos, educacionais e recreativos. A reserva biológica tem como objetivo a preservação integral da biota e demais atributos naturais existentes em seus limites, sem interferência humana direta ou modificações ambientais, excetuando-se as medidas de recuperação de seus ecossistemas alterados e as ações de manejo necessárias para recuperar e preservar o equilíbrio natural, a diversidade biológica e os processos ecológicos naturais. A reserva biológica é de posse e domínio públicos, sendo que as áreas particulares incluídas em seus limites serão desapropriadas, de acordo com o que dispõe a lei. É proibida a visitação pública, exceto aquela com objetivo educacional, de acordo com regulamento específico. A pesquisa científica depende de autorização prévia do órgão responsável pela administração da unidade e está sujeita às condições e restrições por este estabelecidas, bem como àquelas previstas em regulamento.

RESERVA CAMBIAL. *Direito bancário.* **1.** Ativos seguros, como títulos denominados em moeda forte ou ouro, mantidos dentro do país ou custodiados em instituições internacionais. **2.** Ouro, moedas estrangeiras, Direitos Especiais de Saque (DES) e títulos internacionais de propriedade da União, mantidos em aplicações internacionais e administrados pelo Banco Central (Luiz Fernando Rudge).

RESERVAÇÃO. 1. Ato ou efeito de guardar ou de conservar algo. **2.** Condição restritiva de ato negocial.

RESERVA COMERCIAL. *Direito comercial.* **1.** Ato de conservar parcela da receita ou dos lucros líquidos obtidos por uma empresa para atender a sua finalidade. **2.** Parte dos lucros que fica depositada para ser usada em alguma emergência; fundo de reserva.

RESERVA CONTRATUAL. *Direito civil.* Condição ou cláusula contratual restritiva excluindo direitos ou vantagens de algum dos contratantes.

RESERVA CONVENCIONAL. 1. *Vide* RESERVA CONTRATUAL. **2.** Fundo de reserva instituído por força de convenção.

RESERVA DA BIOSFERA. *Direito ambiental.* É um modelo, adotado internacionalmente, de gestão integrada, participativa e sustentável dos recursos naturais, com os objetivos básicos de preservação da diversidade biológica, o desenvolvimento de atividades de pesquisa, o monitoramento ambiental, a educação ambiental, o desenvolvimento sustentável e a melhoria da qualidade de vida das populações. A reserva da biosfera é constituída por: a) uma ou várias áreas-núcleo, destinadas à proteção integral da natureza; b) uma ou várias zonas de amortecimento, onde só são admitidas atividades que não resultem em dano para as áreas-núcleo; c) uma ou várias zonas de transição, sem limites rígidos, onde o processo de ocupação e o manejo dos recursos naturais são planejados e conduzidos de modo participativo e em bases sustentáveis. A reserva da biosfera é constituída por áreas de domínio público ou privado. A reserva da biosfera pode ser integrada por unidades de conservação já criadas pelo Poder Público, respeitadas as normas legais que disciplinam o manejo de cada categoria específica, e é gerida por um Conselho Deliberativo, formado por representantes de instituições públicas, de organizações sociais e da população residente, conforme se dispuser em regulamento e no ato de constituição da unidade. A reserva da biosfera é reconhecida pelo Programa Intergovernamental "O Homem e a Biosfera – MAB", estabelecido pela Unesco, organização da qual o Brasil é membro.

RESERVA DA MARINHA (RM). *Direito militar.* A RM é o conjunto dos militares da Reserva Remunerada (RRm) e da reserva na ativa, e de cidadãos que cumpriram, na Marinha, os requisitos legais do SM ou do SA, e os que deles foram dispensados, estando ainda sujeitos a convocações ou mobilizações, de acordo com a legislação vigente. A Marinha Mercante e as empresas industriais de interesse militar, de transporte e de comunicações, que forem declaradas pelo Ministério da Defesa diretamente relacionadas com a segurança nacional para a Marinha, são também consideradas, para efeitos de mobilização e emprego, Reserva da Marinha. A RM destina-se a atender às necessidades de pessoal da Marinha, no que se refere aos encargos relacionados com a defesa da Pátria e com a garantia dos poderes constitucionais, da lei e da ordem, e à participação em operações de paz, de modo a permitir: a) em tempo de paz, em caso de convocação, reinclusão ou designação, completar os efetivos de militares nas Organizações Militares (OM); e b) na mobilização ou no decurso da guerra, completar os efetivos de militares nas OM e atender às necessidades de pessoal de outras Organizações de interesse da Marinha.

RESERVA DE CAPITAL. *Direito comercial.* Reserva formada por parcela dos lucros líquidos obtidos e apurados em balanços periódicos e destinada a atender às finalidades da empresa, não podendo ser distribuída aos sócios ou acionistas. É o reforço do capital nominal da empresa.

RESERVA DE DESENVOLVIMENTO SUSTENTÁVEL. *Direito ambiental.* É uma área natural que abriga populações tradicionais, cuja existência se baseia em sistemas sustentáveis de exploração dos recursos naturais, desenvolvidos ao longo de gerações e adaptados às condições ecológicas locais e que desempenham papel fundamental na proteção da natureza e na manutenção da diversidade biológica. A reserva de desenvolvimento sustentável tem como objetivo básico preservar a natureza e, ao mesmo tempo, assegurar as condições e os meios necessários para a reprodução e a melhoria dos modos e da qualidade de vida e exploração dos recursos naturais das populações tradicionais, bem como valorizar, conservar e aperfeiçoar o conhecimento e as técnicas de manejo do ambiente, desenvolvido por essas populações. A reserva de desenvolvimento sustentável é de domínio público, sendo que as áreas particulares incluídas em seus limites devem ser, quando necessário, desapropriadas, de acordo com o que dispõe a lei. O uso das áreas ocupadas pelas populações tradicionais será regulado de acordo com o disposto em lei e em regulamentação específica. A reserva de desenvolvimento sustentável será gerida por um Conselho Deliberativo, presidido pelo órgão responsável por sua administração e constituído por representantes de órgãos públicos, de organizações sociais e das populações tradicionais residentes na área, conforme se dispuser em regulamento e no ato de criação da unidade. As atividades desenvolvidas na reserva de desenvolvimento sustentável obedecerão às seguintes condições: a) é permitida e incentivada a visitação pública, desde que compatível com os interesses locais e de acordo com o disposto no plano de manejo da área; b) é permitida e incentivada a pesquisa científica voltada à conservação da natureza, à melhor relação das populações residentes com seu meio e à educação ambiental, sujeitando-se à prévia autorização do órgão responsável pela administração da unidade, às condições e restrições por este estabelecidas e às normas previstas em regulamento; c) deve ser sempre considerado o equilíbrio dinâmico entre o tamanho da população e a conservação; d) é admitida a exploração de componentes dos ecossistemas naturais em regime de manejo sustentável e a substituição da cobertura vegetal por espécies cultiváveis, desde que sujeitas ao zoneamento, às limitações legais e ao plano de manejo da área. O plano de manejo da reserva de desenvolvimento sustentável definirá as zonas de proteção integral, de uso sustentável e de amortecimento e corredores ecológicos, e será aprovado pelo Conselho Deliberativo da unidade.

RESERVA DE DOMÍNIO. *Direito civil.* Cláusula estipulada em contrato de compra e venda, em regra de coisa móvel infungível, em que o vendedor reserva para si a sua propriedade e a posse indireta até o momento em que se realize o pagamento integral do preço. É muito comum esse pacto nas vendas a crédito, com investidura do adquirente, desde logo, na posse direta do objeto alienado, subordinando-se a aquisição do domínio à solução da última prestação. Trata-se de condição suspensiva, em que o evento incerto e futuro é o pagamento integral do preço; suspende-se a transmissão da propriedade até que se tenha o implemento da condição. Efetuado o pagamento integral do preço ajustado, a transferência do domínio opera-se automaticamente. Logo, se o preço não é pago integralmente, o comprador não adquire a propriedade, e o vendedor pode optar entre a reclamação do preço e a recuperação da coisa por meio de ação de reintegração de posse.

RESERVA DE FAUNA. *Direito ambiental.* É uma área natural com populações animais de espécies nativas, terrestres ou aquáticas, residentes ou migratórias, adequadas para estudos técnico-científicos sobre o manejo econômico sustentável de recursos faunísticos. A reserva de fauna é de posse e domínio públicos, sendo que as áreas particulares incluídas em seus limites devem ser desapropriadas de acordo com o que dispõe a lei. A visitação pública pode ser permitida, desde que compatível com o manejo da unidade e de acordo com as normas estabelecidas pelo órgão responsável por sua administração. É proibido o exercício da caça amadorística ou profissional. A comercialização dos produtos e subprodutos resultantes das pesquisas obedecerá ao disposto nas leis sobre fauna e regulamentos.

RESERVA DE MERCADO. *Direito internacional público.* Restrição imposta por ato internacional pela qual dois ou mais países conservam a comercialização de certos produtos e serviços a seus nacionais, sem que haja concorrência dos nacionais dos demais Estados alheios ao acordo (Othon Sidou).

RESERVA DE REAVALIAÇÃO. Na *linguagem contábil,* reserva que resulta da contrapartida apurada no aumento do valor dado aos elementos do ativo, em razão de nova avaliação (Othon Sidou).

RESERVA DE REGIÃO VIRGEM. *Direito ambiental.* Área que contém floresta nativa, administrada pelo Poder Público, onde, além da preservação da flora e da fauna, é vedada qualquer exploração comercial e a construção de estradas.

RESERVA DE USUFRUTO. *Direito civil.* Cláusula imposta por lei à doação universal para que ela tenha validade. Logo, não vale a doação de todos os bens, sem reserva de renda suficiente para a subsistência do doador. A adoção da reserva de usufruto como condição de validade da doação universal visa proteger a pessoa do doador, assegurando-lhe meios de subsistência, uma vez que o usufruto se caracteriza por sua vinculação à pessoa, sendo proibida sua alienação a terceiros e não se transmitindo por morte do usufrutuário a seus herdeiros. Assim sendo, morto o titular, extinguir-se-á o usufruto.

RESERVA DISPONÍVEL. *Direito civil.* **1.** Conjunto de bens que pode ser usado livremente. **2.** Cota de que o testador pode dispor livremente, sem atingir a legítima de seus herdeiros necessários, por constituir a metade de seu patrimônio.

RESERVADO. 1. *Direito administrativo.* Diz-se do documento oficial de caráter sigiloso cujo conteúdo não pode ser conhecido por estranhos. **2.** *Direito processual civil.* Ato processual que corre em segredo de justiça. **3.** Na *linguagem jurídica* em geral, significa: a) o que está separado; b) poupado; c) confidencial; d) em que há reserva; e) salão ou mesa destinados a um freguês de restaurante ou bar; f) local onde estão as instalações sanitárias; g) privativo; h) compartimento íntimo ou particular; i) aquele dado ou informação cuja revelação não autorizada possa comprometer planos, operações ou objetivos neles previstos ou referidos.

RESERVA DO EXÉRCITO. *Direito militar.* Aquele que está apto para ser convocado ao serviço militar em caso de urgência ou necessidade.

RESERVADOS. *História do direito.* Dizia-se dos bens da mulher casada adquiridos por ela no exercício de profissão lucrativa.

RESERVA ESPECIAL. *Direito comercial.* Reserva que só pode ser usada para atender a determinados fins específicos. Por exemplo, reserva para renovação de máquinas.

RESERVA ESTATUTÁRIA. *Direito comercial.* Parte dos lucros líquidos de uma sociedade que, em razão de disposição contida no estatuto, não pode ser distribuída, devendo constituir, obrigatoriamente, os fundos instituídos por aquele pacto social.

RESERVA EXTRAORDINÁRIA. Reserva instituída, em caráter esporádico, para atender a certas circunstâncias.

RESERVA EXTRATIVISTA. *Direito ambiental.* Área utilizada por populações extrativistas tradicionais, cuja subsistência se baseia no extrativismo e, complementarmente, na agricultura de subsistência e na criação de animais de pequeno porte, e tem como objetivos básicos proteger os meios de vida e a cultura dessas populações e assegurar o uso sustentável e a conservação dos recursos naturais. A reserva extrativista é de domínio, com uso concedido às populações extrativistas tradicionais, sendo que as áreas particulares incluídas em seus limites devem ser desapropriadas conforme o disposto legalmente. A reserva extrativista será gerida por um Conselho Deliberativo, presidido pelo órgão responsável por sua administração e constituído por representantes de órgãos públicos, de organizações sociais e das populações tradicionais residentes na área, conforme se dispuser em regulamento e no ato de criação da unidade. A visitação pública é permitida, desde que compatível com os interesses locais e de acordo com o disposto no plano de manejo da área. A pesquisa científica é permitida e incentivada, sujeitando-se à prévia autorização do órgão responsável pela administração da unidade, às condições e restrições por este estabelecidas e às normas previstas em regulamento. O plano de manejo da unidade será aprovado pelo seu Conselho Deliberativo. São proibidas a exploração de recursos minerais e a caça amadorística ou profissional. A exploração comercial de recursos madeireiros só será admitida em bases sustentáveis e em situações especiais e complementares às demais atividades desenvolvidas na Reserva Extrativista, conforme o disposto em regulamento e no plano de manejo da unidade.

RESERVA FLORESTAL. *Direito ambiental.* Gleba que, além de ficar sob a fiscalização do Poder Público, é destinada à conservação da fauna e da flora de uma região. Tal área fica fora do comércio ou da derrubada de matas, mas permite-se o corte de certas árvores, desde que haja autorização do governo e para fins científicos.

RESERVA HEREDITÁRIA. *Direito civil.* Conjunto de bens da legítima dos herdeiros necessários do *de cujus*, que devem ser resguardados. A metade do patrimônio do testador pertence ao seu descendente ou ascendente sucessível; logo, não pode ser por ele disposta em ato de última vontade.

RESERVA INDÍGENA. *Direito constitucional.* Área demarcada pela União e destinada ao hábitat dos índios, que a ocupam, podendo utilizar suas riquezas naturais para sua sobrevivência.

RESERVA ÍNTIMA. *Vide* RESERVA MENTAL.

RESERVA LEGAL. 1. *Direito comercial.* a) Fundo de reserva a que, por lei, estão obrigadas a ter as sociedades anônimas; b) parcela do lucro líquido obtido por uma sociedade empresária destinada, por lei, ao pagamento de despesas previstas ou imprevistas, para compensar prejuízos ou para fazer frente a perdas que, porventura, possam advir. Com isso, assegura-se a integridade do capital social. **2.** *Direito ambiental.* a) Proibição legal de desmatamento ou de exploração de área florestal situada nas regiões Norte e Centro-Oeste, em sua parte Norte, por compreender a floresta nativa da Bacia Amazônica; b) área florestal de, no mínimo, 50% de cada propriedade, onde não é permitido o corte raso, e que deve ser averbada à margem da matrícula do imóvel no Registro de Imóveis competente, sendo vedada a alteração de sua destinação, nos casos de transmissão a qualquer título ou de desmembramento da área. Nas propriedades onde a cobertura arbórea se constitui de fitofisionomias florestais não é admitido o corte raso em, pelo menos, 80% dessas tipologias florestais; c) área localizada no interior de uma propriedade ou posse rural, excetuada a de preservação permanente, necessária ao uso sustentável dos recursos naturais, à conservação e reabilitação dos processos ecológicos, à conservação da biodiversidade e ao abrigo e proteção de fauna e flora nativas. **3.** *Direito constitucional.* Reserva de que ninguém pode ser obrigado a fazer ou deixar de fazer algo, senão em virtude de lei. **4.** *Direito penal.* Reserva que prevê que não há crime sem lei anterior que o defina nem pena sem prévia cominação legal.

RESERVA MENTAL. *Direito civil* e *direito comparado.* Emissão de uma intencional declaração não querida em seu conteúdo, tampouco em seu resultado, pois o declarante tem por único objetivo enganar o declaratário. Por exemplo, no ato de emprestar dinheiro a alguém que pretende suicidar-se, não se tem por escopo efetivar o contrato de mútuo, mas ajudar aquela pessoa, enganando-a. Na reserva mental, o agente quer algo e declara, conscientemente, coisa diversa, para, eventualmente, poder alegar o erro em seu proveito, enganando o outro contratante, sendo ineficaz, por não atingir a validade do negócio jurídico. Para Nelson Nery Jr., a reserva mental apresenta dois elementos constitutivos: a declaração não querida em seu conteúdo e o propósito de enganar o declaratário ou mesmo terceiro alheio ao ato negocial. É, portanto, a celebração de um ato negocial, sem que haja a *intentio* de se obrigar ou de criar direito, pois o declarante apenas procura iludir aquele a quem se dirige. Designa-se, também, "reserva íntima" ou "reticência".

RESERVA MONETÁRIA. *Direito comercial.* Quantia de dinheiro separada, por uma empresa, de seus lucros líquidos para atender a emergências econômicas que possam, futuramente, ocorrer.

RESERVA NACIONAL. *Direito ambiental.* Área que está onde se devem proteger e conservar a flora e a fauna.

RESERVA-OURO. *Economia política.* Quantidade de ouro acumulada pelos Estados que adotam o regime padrão-ouro, para efeito de conversão e emissão de moeda-papel (Othon Sidou).

RESERVA PARA AMORTIZAÇÃO. *Direito comercial.* Verba separada para fazer frente aos prejuízos que, eventualmente, possam ocorrer em razão de perda ou depreciação futura de bens em uso na empresa.

RESERVA PARA AMPLIAÇÃO. *Direito comercial.* Verba oriunda dos lucros obtidos pelo estabelecimento que é separada para formar uma poupança, a ser usada em sua ampliação, como, por exemplo, em melhoramentos ou aumento de produtividade.

RESERVA PARA CONTINGÊNCIA. *Direito comercial.* **1.** Parte separada do lucro líquido de sociedade anônima com o escopo de formar um fundo para compensar, no futuro, a diminuição de lucro resultante de perda provável e cujo valor possa ser estimado (Othon Sidou). **2.** Fundo de reforço para assegurar as insuficiências de previsões feitas em relação aos deveres assumidos pela seguradora (De Plácido e Silva).

RESERVA PARA ESTABILIZAÇÃO DE DIVIDENDOS. *Direito comercial.* Verba retirada de lucros anuais para garantia da uniformidade ou de um mínimo de dividendos no exercício em que o lucro for insatisfatório ou insuficiente.

RESERVA PARA GRATIFICAÇÕES. *Direito comercial.* Fundo destinado ao pagamento de bonificações ou gratificações aos diretores ou empregados da empresa.

RESERVA PARA LIQUIDAÇÕES. *Direito comercial.* **1.** Conta do passivo na qual se inscreve a verba separada do lucro para resgatar valores perdidos ou encargos decorrentes de despesas ou prejuízos. **2.** Provisão constituída para atender diferença de câmbio verificada nas operações do estabelecimento (De Plácido e Silva).

RESERVA PARA RENOVAÇÃO DE MATERIAL. *Direito comercial.* Conta na qual se opera o registro de verba retirada do lucro e destinada à aquisição de novo material, substituindo o anterior que se tornou obsoleto ou impróprio.

RESERVA PARTICULAR DO PATRIMÔNIO NATURAL (RPPN). *Direito ambiental.* Área de domínio privado que deve ser especialmente protegida, por iniciativa de seu proprietário, mediante reconhecimento do Poder Público, por ser considerada de relevante importância pela sua biodiversidade, ou pelo seu aspecto paisagístico, ou, ainda, por suas características ambientais que justifiquem ações de recuperação. A RPPN tem por objetivo a proteção dos recursos ambientais representativos da região e pode ser utilizada para o desenvolvimento de atividades de cunho científico, cultural, educacional, recreativo e de lazer, que devem ser autorizadas ou licenciadas pelo órgão responsável pelo reconhecimento da RPPN e executadas de modo a não comprometer o equilíbrio ecológico ou colocar em perigo a sobrevivência das populações das espécies ali existentes, observada a capacidade de suporte da área. Somente é permitido no interior da RPPN a realização de obras e de infra-estrutura que sejam compa-

tíveis e necessárias às atividades acima mencionadas. A área é reconhecida como Reserva Particular do Patrimônio Natural por iniciativa de seu proprietário e mediante portaria do Instituto Brasileiro do Meio Ambiente e dos Recursos Naturais Renováveis (Ibama), na esfera federal. O proprietário interessado em ter reconhecido seu imóvel, integral ou parcialmente, como RPPN deve requerer junto à Superintendência do Ibama na unidade da Federação onde estiver situado o imóvel, ou junto ao Órgão Estadual do Meio Ambiente (OEMA), acompanhado de cópias autenticadas dos seguintes documentos: a) título de domínio, com matrícula no Cartório de Registro de Imóveis competente; b) cédula de identidade do proprietário, quando se trata de pessoa física; c) ato de designação de representante, quando se trata de pessoa jurídica; d) quitação do Imposto sobre a Propriedade Territorial Rural (IPTR); e) plantas de situação, indicando os limites, os confrontantes, a área a ser reconhecida e a localização da propriedade no Município ou região. Após a publicação do ato de reconhecimento, deve o proprietário providenciar, dentro de sessenta dias, a averbação do termo de compromisso no registro imobiliário, gravando a área. Cabe ao proprietário do imóvel: a) assegurar a manutenção dos atributos ambientais da RPPN e promover sua divulgação na região, mediante, inclusive, a colocação de placas nas vias de acesso e nos limites da área, advertindo terceiros quanto à proibição de desmatamentos, queimadas, caça, pesca, apanha, captura de animais e quaisquer outros atos que afetem ou possam afetar o meio ambiente; b) submeter à aprovação do órgão responsável pelo reconhecimento o zoneamento e o plano de utilização da Reserva, em consonância com legislação pertinente; c) encaminhar, anualmente, e sempre que solicitado, ao órgão responsável pelo reconhecimento, relatório de situação da Reserva e das atividades desenvolvidas. A reserva particular do patrimônio natural é, portanto, uma área privada, gravada com perpetuidade, com o objetivo de conservar a diversidade biológica. Esse gravame constará de termo de compromisso assinado perante o órgão ambiental, que verificará a existência de interesse público, e será averbado à margem da inscrição no Registro Público de Imóveis. Só poderá ser permitida, na reserva particular do patrimônio natural, conforme se dispuser em regulamento: a pesquisa científica e a visitação com objetivos turísticos, recreativos e educacionais.

RESERVA PENAL. *Direito penal.* Princípio pelo qual: a) a pena cumprida no estrangeiro atenua a imposta no Brasil pelo mesmo crime, quando diversas; b) a pena cumprida no exterior pelo mesmo delito é computada na imposta no Brasil, quando idênticas.

RESERVA-PROVISÃO. Verba previamente calculada destinada ao pagamento de uma obrigação ou encargo, garantindo aqueles que efetuaram contrato com o instituidor.

RESERVAR. **1.** Poupar. **2.** Preservar. **3.** Pôr de reserva. **4.** Destinar algo para atender a certa finalidade.

RESERVAS BANCÁRIAS. *Direito bancário.* Conta pela qual é feita toda a movimentação de recursos entre o Banco Central e as instituições financeiras. O dinheiro dessa conta, nas instituições financeiras, é impenhorável. O acesso à conta "reservas bancárias" é privativo dos bancos comerciais, caixas econômicas e instituições detentoras de carteira comercial. As demais instituições financeiras, que não têm acesso a tal conta, deverão efetuar a movimentação de recursos com o Banco Central, necessariamente, por intermédio da referida conta de um banco comercial ou instituição detentora de carteira comercial, mediante convênio entre as partes e submetido a esse órgão.

RESERVAS DE RETROCESSÃO. *Direito civil.* Provisões que servem para garantir descargas de seguros, ou melhor, operações de retrocessão (De Plácido e Silva).

RESERVAS ECOLÓGICAS. *Direito ambiental.* Áreas de preservação permanente.

RESERVA SECRETA. *Direito penal.* Subtração fraudulenta de lucros empresariais, por via contábil, com o escopo de lesar acionistas ou o Fisco. Para tanto, pode-se atribuir dividendo a acionista fictício; reduzir valores do ativo aumentando, artificiosamente, o custo da matéria-prima; fazer depreciação etc.

RESERVAS MATEMÁTICAS. *Direito civil.* Provisões feitas, em favor de terceiros, pelas companhias de seguro de vida para garanti-los dos crescentes riscos apresentados com o aumento de idade do segurado. Tais provisões decorrem das parcelas a mais cobradas pelo segurador nos prêmios dos primeiros anos de vigência do seguro e dos juros que produzem se capitalizadas (De Plácido e Silva).

RESERVATÁRIO. *Direito civil.* **1.** Herdeiro necessário ou legitimário, a quem é reservada a legítima. **2.** Aquele que constitui em seu benefício alguma reserva. **3.** Diz-se do doador que reserva para si o usufruto dos bens doados. **4.** Diz-se do conjunto de bens que são excluídos da partilha para cumprir cláusula testamentária (De Plácido e Silva). **5.** Aquele que recebe reserva.

RESERVA TÉCNICA. *Direito civil.* Reserva constituída com parte das rendas auferidas ou dos prêmios recebidos pelas sociedades de seguros terrestres e marítimos para garantia da execução das responsabilidades assumidas por elas, abrangendo os riscos não expirados e os sinistros não liquidados (De Plácido e Silva).

RESERVATI DOMINII. *Locução latina.* Reserva de domínio.

RESERVATIVO. **1.** O que envolve reserva. **2.** Diz-se do censo decorrente da transferência de um imóvel a alguém, mediante instituição de uma reserva que consiste no pagamento de uma pensão anual a ser paga com as rendas ou os frutos daquele prédio.

RESERVATÓRIO. **1.** Depósito ou caixa de água. **2.** Local onde se guarda algo. **3.** Configuração geológica dotada de propriedades específicas, armazenadora de petróleo ou gás, associados ou não. **4.** Tanque de armazenamento para acúmulo ou regulação de fluxo da água mineral natural ou da água natural proveniente exclusivamente da captação.

RESERVA VOLUNTÁRIA. *Vide* RESERVA CONTRATUAL.

RESERVISTA. *Direito militar.* Pessoa apta que pode ser convocada, quando necessário for, para a prestação de serviço nas Forças Armadas.

RES EXTRA COMMERCIUM. *Expressão latina.* Coisa fora do comércio.

RES EXTRA PATRIMONIUM. *Expressão latina.* Coisa fora do patrimônio particular.

RES FAMILIARIS. *Locução latina.* **1.** Coisa familiar. **2.** Bem de família.

RESFRIAMENTO. **1.** *Medicina legal.* Estado mórbido provocado pelo frio excessivo. **2.** Na *linguagem comum,* pode ter o sentido de: a) diminuição de calor; b) arrefecimento de cordialidade; c) ato ou efeito de submeter algo a grande abaixamento de temperatura.

RESFRIAMENTO CADAVÉRICO. *Medicina legal.* Paulatina queda de temperatura do falecido, que varia conforme a idade, o ambiente etc. Em regra, nas três primeiras horas ter-se-á o abaixamento da temperatura em 0,5ºC, e, depois, em 1ºC por hora, até que haja estabelecimento do equilíbrio térmico com o meio ambiente (Croce e Croce Jr.).

RES FURTIVA. *Locução latina.* Coisa furtada.

RESGATABILIDADE. Qualidade de resgatável.

RESGATADO. *Direito civil.* **1.** O que está livre de ônus real, ou seja, de penhor ou de hipoteca. **2.** Aquilo que se resgatou.

RESGATADOR. Aquele que resgata.

RESGATANTE. *Vide* RESGATADOR.

RESGATAR. **1.** *História do direito.* Livrar do cativeiro, pagando certa quantia. **2.** *Direito civil.* Liberar bem de ônus real que sobre ele recaia.

RESGATÁVEL. Suscetível de resgate.

RESGATE. **1.** *Direito civil.* a) Remição; b) extinção de dívida, pelo seu pagamento. **2.** *História do direito.* a) Alforria; libertação de escravo; b) quantia que era paga para libertar escravo; c) local onde, por dinheiro, se libertavam os cativos ou as mercadorias. **3.** *Direito administrativo.* Encampação. **4.** *Direito cambiário.* Direito que tem o responsável pelo título cambial de pagá-lo antes do vencimento. **5.** *Direito comercial.* Ato de pagar o valor das ações societárias para sua retirada de circulação (Geraldo Magela Alves). **6.** *Direito previdenciário.* É o direito garantido aos segurados e beneficiários de, durante o período de diferimento e na forma regulamentada, retirar os recursos da provisão matemática de benefícios a conceder. Instituto que faculta ao participante o recebimento de valor decorrente do seu desligamento do plano de benefícios. O exercício do resgate implica a cessação dos compromissos do plano administrado pela entidade fechada de previdência complementar em relação ao participante e seus beneficiários. É vedado o resgate de valores portados. No caso de plano de benefícios instituído por patrocinador, o regulamento deverá condicionar o pagamento do resgate à cessação do vínculo empregatício. No caso de plano de benefícios instituído por instituidor, o regulamento deverá prever prazo de carência para o pagamento do resgate, de seis meses a dois anos, contado a partir da data de inscrição no plano de benefícios. O resgate não será permitido caso o participante já tenha preenchido os requisitos de elegibilidade ao benefício pleno, inclusive sob a forma antecipada, de acordo com o regulamento do plano de benefícios. O regulamento do plano de benefícios deverá prever o pagamento do resgate em quota única ou, por opção única e exclusiva do participante, o pagamento em até doze parcelas mensais e consecutivas. Quando do pagamento parcelado do resgate, o regulamento do plano de benefícios deverá estabelecer o critério de ajuste das parcelas vincendas. **7.** *Direito bancário.* Recebimento total ou parcial dos recursos investidos (Luiz Fernando Rudge).

RESGATE AUTOMÁTICO. *Direito bancário.* Resgate programado pela instituição financeira, que não necessita de ordem do investidor (Luiz Fernando Rudge).

RESGATE CONVENCIONAL. *Direito civil.* Retrovenda.

RESGATE DA ENFITEUSE. *Direito civil.* **1.** Reaquisição do domínio útil, em relação ao senhorio direto. **2.** Liberação do ônus real pelo foreiro, após dez anos da constituição da enfiteuse, mediante pagamento de um laudêmio, que será de 2,5% sobre o valor atual da propriedade plena e de dez pensões anuais. Assim, extingue-se a enfiteuse com a consolidação, no enfiteuta, da plenitude do domínio.

RESGATE DA HIPOTECA. *Direito civil.* Liberação do imóvel hipotecado ou do bem gravado pelo próprio devedor e sua família, pelo credor sub-hipotecário, pelo terceiro adquirente e pela massa falida, mediante pagamento da quantia devida.

RESGATE DA SERVIDÃO. *Direito civil.* Liberação do imóvel serviente da servidão pelo seu proprietário, cancelando-se seu registro. O ato de resgate, equivalente a uma renúncia onerosa, consiste em escritura pública subscrita por ambos os interessados, constando o preço da liberação do ônus real, sua quitação e a autorização para que se proceda ao cancelamento de seu registro.

RESGATE DE AÇÕES. *Direito comercial.* Pagamento do valor das ações com o intuito de retirá-las, em definitivo, de circulação, havendo, ou não, redução do capital social. Se mantido o mesmo capital, será atribuído, quando for o caso, novo valor nominal às ações remanescentes.

RESGATE DE CONCESSÃO. *Direito administrativo.* Ato administrativo pelo qual a Administração Pública concedente, discricionariamente, antes da expiração do prazo avençado, faz retornarem ao seu patrimônio, mesmo que não haja culpa do concessionário, os direitos atribuídos ao particular por força de concessão, avocando para si o serviço em razão de interesse público, mediante pagamento de indenização ao concessionário. Trata-se da encampação (Zanobini, Alessio, Laubadère, José Cretella Jr. e Paulo Brossard de Sousa Pinto).

RESGATE DE ESTADIA. *Direito comercial.* Cláusula que, em contrato de fretamento de navio, outorga ao afretador ou consignatário o direito a um prêmio pelos dias de estadia que poupar.

RESGATE DE IMÓVEL OBRIGADO A RETROVENDA. *Direito civil.* Ato pelo qual o vendedor de imóvel alienado com cláusula de retrovenda pode recuperá-lo, mediante o pagamento do preço e de despesas realizadas pelo comprador, inclusive as empregadas em melhoramentos do imóvel, dentro do prazo improrrogável de três anos ininterruptos, contado do dia em que se concluiu o contrato, sob pena de reputar-se como não escrito o pacto. Vencido o prazo decadencial de três anos, sem que o vendedor exerça seu direito de resgate, a venda torna-se irretratável.

RESGATE DE IMÓVEL SUJEITO A PRESTAÇÕES DE RENDA. *História do direito.* Ato pelo qual o censuário liberava o imóvel do ônus real, sendo, o contrato, de constituição de renda a prazo certo, pagando ao credor um capital cujo rendimento, calculado pela taxa legal dos juros (6% ao ano), garantia ao credor renda equivalente. O censuísta não podia insurgir-se contra isso, tendo a obrigação de receber o capital do resgate, que liberava o prédio do ônus real. Com isso, o credor da renda recebia um *quantum*, para frutificar rendimentos e juros, equivalente à renda que percebia, não tendo quaisquer prejuízos.

RESGATE DO AFORAMENTO. *Vide* RESGATE DA ENFITEUSE.

RESGATE DO PRISIONEIRO. *Direito internacional público.* Libertação do prisioneiro de guerra conforme acordo entre países beligerantes ou tratado de paz firmado por ocasião da cessação das ações bélicas.

RESGUARDADO. 1. Abrigado. **2.** O que se resguardou. **3.** Acautelado. **4.** Assegurado; garantido.

RESGUARDAR. 1. Garantir. **2.** Defender. **3.** Acautelar. **4.** Abrigar. **5.** Pôr a salvo.

RESGUARDAR DIREITOS. Praticar atos assecuratórios de direitos.

RESGUARDO. 1. Precaução. **2.** Proteção. **3.** Cautela. **4.** Abrigo.

RES HABILIS. *Locução latina.* Coisa hábil.

RES HEREDITARIAE OMNIUM HEREDUM COMMUNES SUNT. *Expressão latina.* A totalidade da herança fica em comum entre todos os herdeiros.

RES HUMANI JURIS. *Expressão latina.* **1.** Coisa de direito humano. **2.** Coisa que pertence à humanidade, desdobrando-se em: *res communes omnium* (bens comuns do uso do povo, inexpropriáveis e de fruição difusa) e *res publicae* (bens de uso comum do povo, que resultam de atividade humana, p. ex., rodovias) (Roberto Senise Lisboa).

RESIDÊNCIA. 1. *História do direito.* Sindicância sobre o procedimento de um funcionário no desempenho de sua função. **2.** *Direito civil.* a) Local em que alguém habita, com intenção de permanecer, mesmo que dele se ausente temporariamente. É a moradia em caráter permanente ou transitório; b) trecho de linha férrea que fica sob a responsabilidade civil de um engenheiro durante sua construção e para efeito de sua conservação. **3.** *Direito administrativo.* Habitação do funcionário no local onde desempenha seu ofício, que é um dos deveres que lhe são exigidos. **4.** *Direito internacional privado.* Elemento de conexão autônomo que constitui a sede real da pessoa, por ser sua habitação estável ou até mesmo ocasional (Haroldo Valladão).

RESIDENCIAL. 1. Referente a residência. **2.** Em que há residência.

RESIDÊNCIA MATRILOCAL. *Sociologia jurídica.* Prática, de certos povos primitivos, que consiste em os recém-casados residirem com os pais da mulher ou perto deles.

RESIDÊNCIA PATRILOCAL. *Sociologia jurídica.* Costume existente em alguns povos, pelo qual os recém-casados devem residir no lar do marido ou juntamente com os seus pais.

RESIDENTE. 1. *Direito civil.* Diz-se do que mora em certo local. **2.** *Direito internacional público.* a) Ministro residente enviado por um governo para agir, em caráter permanente, junto a outro, estrangeiro. Esse agente diplomático, na sua classe, ocupa o terceiro lugar, sendo o segundo do ministro plenipotenciário e enviado extraordinário, e o primeiro, do embaixador; b) título de determinados funcionários coloniais (Laudelino Freire). **3.** *Direito administrativo.* Diz-se do funcionário que reside no local onde exerce suas funções públicas.

RESIDENTE-GERAL. *Direito internacional público.* Agente de um governo junto de outro que está sob o protetorado do primeiro.

RESÍDIO. *História do direito.* Imposto de residência.

RESIDIR. Estabelecer residência, com ânimo definitivo.

RESIDUAL. Relativo a resíduo.

RESIDUÁRIO. 1. Próprio para receber resíduo. **2.** Remanescente. **3.** Conjunto de bens que restaram de uma liquidação de sociedade empresária.

RESÍDUO. 1. *Sociologia geral.* Elemento cultural que sobrevive às mutações com as quais está em contradição. **2.** *Filosofia geral.* Pseudoprincípio sugerido pelo sentimento em ciências que, ainda, não alcançaram suficiente precisão lógica (Pareto).

RESIDUOGRAFIA. *Medicina legal.* Soma de corpúsculos metálicos, ou não, projetados, com o disparo, pela boca do cano de arma de fogo juntamente com os gases decorrentes da combustão da pólvora (José Lopes Zarzuela).

RESÍDUO INFLACIONÁRIO EM CONTRATO DE EXECUÇÃO SUCESSIVA. *Direito civil.* É a diferença entre prestações pecuniárias estabelecidas no contrato como reajustáveis em periodicidade menor que a anual e os valores dessas prestações pagos sem a incidência daqueles reajustes, em razão da entrada em vigor das normas do Plano Real (Waldir de Arruda Miranda Carneiro).

RESÍDUO NA FALTA ADMINISTRATIVA. *Direito administrativo.* Para José Cretella Jr., é não só o *minus* que restou do ilícito administrativo, agregando-se ao crime, sem, contudo, com ele se confundir, mas, também, o que ficou do crime quando, apreciado o ato pelo Poder Judiciário, foi o funcionário indiciado absolvido em razão de insuficiência de prova.

RESÍDUOS. 1. *Filosofia geral.* a) Método de investigação científica que exclui de um efeito a quantidade resultante de leis já conhecidas, para reduzir o fenômeno a uma espécie de resíduo, que será examinado para descobrir sua explicação ou sua lei. Isola-se um fato para o examinar (Herschel e Whewell); b) método de investigação científica que consiste em isolar um dado fato para aplicar uma regra lógica que possibilite provar uma relação de causalidade entre dois fenômenos (Mill). **2.** *Direito civil.* a) *Vide* CURADOR DE RESÍDUOS; b) sobras; bens remanescentes; c) diz-se dos bens remanescentes de legado, que, em caso de falecimento do legatário, devem ser entregues à pessoa indicada pelo testador; d) produtos da venda de imóveis ou que estavam em poder de testamenteiros; e) penas pecuniárias sofridas pelos testamenteiros; f) bens legados para atender a obras pias (De Plácido e Silva). **3.** *Direito comercial.* Saldos de contas a pagar ou a receber (De Plácido e Silva). **4.** *Direito ambiental.* São materiais e substâncias resultantes do ciclo de produção e consumo, aos quais se deve proceder à coleta, ao tratamento e à disposição final, com a finalidade de reduzir os riscos sanitários e ambientais que implicam a sua permanência no ambiente.

RESÍDUOS DA CONSTRUÇÃO CIVIL. *Direito ambiental.* São os provenientes de construções, reformas, reparos e demolições de obras da construção civil, e os resultantes da preparação e da escavação de terrenos, tais como: tijolos, blocos cerâmicos, concreto em geral, solos, rochas, metais, resinas, colas, tintas, madeiras e compensados, forros, argamassa, gesso, telhas, pavimento asfáltico, vidros, plásticos, tubulações, fiação elétrica etc., comumente chamados de entulhos de obras, caliça ou metralha.

RESÍDUOS DE SERVIÇO DE SAÚDE (RSS). *Direito ambiental.* **1.** Lixos de hospitais, farmácias, consultórios, laboratórios, dispensários etc., que trazem riscos de contaminação. **2.** Detritos resultantes de atividades exercidas dentro de estabelecimento de saúde, podendo apresentar contaminação biológica, química ou radiotiva. **3.** Constituem: a) os provenientes de qualquer unidade que execute atividades de natureza médico-assistencial humana ou animal; b) os oriundos de centros de pesquisa, desenvolvimento ou experimentação na área de farmacologia e saúde; c) medicamentos e imunoterápicos vencidos ou deteriorados; d) os advindos de necrotérios, funerárias e serviços de medicina legal; e) os decorrentes de barreiras sanitárias. **4.** São os que devem ser incinerados ou submetidos à autoclavagem do material. Podem ser: a) *Infectantes* (*biológicos*, como cultura, vacina vencida; *sangue e hemoderivados*, p. ex., bolsa de sangue após transfusão, soro, plasma e outros; *cirúrgico*, anátomo-patológico e exsudato, p. ex., tecido, órgão, feto etc.; *pérfuro-cortante*, p. ex., agulha, ampola, lâmina etc.; *animais contaminados*, p. ex., carcaça, parte de animal inoculado, exposto a microorganismos patogênicos ou portadores de doença infecto-contagiosa; *assistência ao paciente*, p. ex., secreções, excreções e líquidos orgânicos procedentes de pacientes e demais resíduos contaminados com tais materiais); b) *Rejeito radioativo*, p. ex., materiais radioativos ou contaminados com radiação, provenientes de laboratórios de pesquisas em química e biologia e serviços de medicina nuclear; c) *Resíduo farmacêutico*, p. ex., medicamentos vencidos, contaminados; d) *Resíduo químico perigoso*, p. ex., resíduo tóxico, corrosivo, inflamável, reativo, mutagênico etc.; e) *Resíduo comum*, advindo de atividades administrativas, dos serviços de varrição e limpeza, restos alimentares que não entraram em contato com pacientes (Edward Ferreira Filho).

RESÍDUOS HOSPITALARES. *Direito ambiental.* Aqueles que advêm de estabelecimentos de saúde, podendo causar infecções (Celso A. P. Fiorillo e Marcelo A. Rodrigues).

RESÍDUOS QUÍMICOS. *Direito ambiental.* Lixos da indústria química, como, por exemplo, drogas quimioterápicas, produtos farmacêuticos interditados, vencidos ou contaminados, que trazem danos à saúde e ao meio ambiente (Celso A. P. Fiorillo e Marcelo A. Rodrigues).

RESÍDUOS RADIOATIVOS. *Direito ambiental.* São aqueles oriundos de usinas nucleares e aqueles radioisótopos usados com fins terapêuticos (Celso A. P. Fiorillo e Marcelo A. Rodrigues).

RESÍDUOS RECICLÁVEIS. *Direito ambiental.* Resíduos que, devido a sua natureza, podem receber tratamento técnico e ser transformados em insumo para fabricação de novos produtos.

RESÍDUOS SÓLIDOS. *Direito ambiental.* São resíduos em estado sólido, incluindo-se as substâncias lodosas, resultantes dos processos de tratamento de fluentes líquidos e os gerados pelos equipamentos em instalações destinados ao controle da poluição, excluindo-se os excrementos humanos.

RESIGNAÇÃO. 1. *Direito canônico.* Exoneração voluntária de cargo eclesiástico ou de benefício recebido. **2.** *Direito civil.* a) Abandono; b) renúncia; c) desistência. **3.** *Direito administrativo.* Demissão ou renúncia de cargo público assumido. **4.** *Ciência política.* Renúncia de função eletiva.

RESIGNADO. 1. Aquele que resignou. **2.** Cargo do qual alguém se demitiu voluntariamente.

RESIGNANTE. Aquele que resigna um cargo.

RESIGNAR. 1. Desistir. **2.** Renunciar. **3.** Conformar-se. **4.** Demitir-se voluntariamente.

RESIGNATÁRIO. *Vide* RESIGNANTE.

RESIGNÁVEL. O que se pode renunciar ou resignar.

RÉSILIATION. *Termo francês.* **1.** Anulação. **2.** Rescisão.

RESILIÇÃO. *Direito civil.* Modo extintivo de contrato por vontade de uma ou de ambas as partes, por motivos que variam conforme seus interesses, podendo ser bilateral ou unilateral.

RESILIÇÃO BILATERAL DO CONTRATO. *Vide* DISTRATO.

RESILIÇÃO NA CONCESSÃO. *Direito administrativo.* Ruptura de contrato de concessão e definitiva exclusão do concessionário (Duez e Debeyre) por ato unilateral da Administração.

RESILIÇÃO-SANÇÃO. *Direito administrativo.* Sanção imposta pela Administração Pública, para atender interesse geral, em caso de falta grave (Laubadère).

RESILIÇÃO UNILATERAL DO CONTRATO. Dissolução do contrato pela simples declaração de vontade de uma das partes. Aquele contratante que, injustamente, resilir a convenção fica obrigado a pagar ao outro indenização por perdas e danos. Em determinados casos, a resilição unilateral assume a feição especial de: a) revogação, que se opera quando a lei concede tal direito, como no mandato e na doação, que podem ser resilidos mediante simples declaração de vontade, independentemente de aviso prévio, mas condicionada a certas causas, desde que manifestada pela própria pessoa que praticou o ato negocial que se revoga; b) renúncia, que é o ato pelo qual um contratante notifica o outro de que não mais pretende exercer o seu direito. Assim, o mandatário, por exemplo, poderá notificar o mandante de que não continuará exercendo o mandato, e este, então, cessará com a exoneração do mandatário. A renúncia do mandato deve ser comunicada ao mandante, que, se sofrer prejuízo pela sua inoportunidade, ou pela falta de tempo para prover à substituição do procurador, será indenizado pelo mandatário, salvo se este provar que não podia continuar no mandato sem prejuízo considerável; c) resgate, que é o ato de libertar alguma coisa de uma obrigação, um ônus ou um encargo a que estava vinculada, ou ato de cumprir uma obrigação de caráter pessoal aplicável, por exemplo, à hipoteca e à enfiteuse.

RESILIR. 1. Rescindir ou desfazer contrato bilateral ou unilateralmente. **2.** Distratar.

RES IMMOBILIS, SOLI. Expressão latina. Coisa imóvel, do solo.

RESINAGEM. *Direito agrário.* Extração de resina de essências florestais resinosas (Alceu de Arruda Veiga).

RESINAR. *Direito agrário.* Extrair resina.

RES IN COMMERCIUM. Expressão latina. Coisa que está no comércio.

RES IN CONSUMPTIBILES. Expressão latina. Coisa inconsumível.

RES INCORPORALES. Locução latina. Coisa incorpórea.

RESINEIRO. *Direito agrário.* **1.** Aquele que explora resina. **2.** O que extrai resina de pinheiros. **3.** Referente a resina.

RESINÍFERO. *Direito agrário.* O que produz resina.

RESINIFICAÇÃO. *Direito agrário.* Ato ou efeito de transformar em resina.

RESÍNIO. *Direito agrário.* Relativo a resina.

RES IN IUDICIUM DEDUCTA. Expressão latina. Coisa trazida a juízo.

RESINO-EXTRATIVO. *Direito agrário.* O que participa das propriedades das resinas.

RESINOSE. *Direito agrário.* Exsudação fora do normal que ocorre em caso de lesão de determinadas árvores ou plantas.

RES INTEGRA. Locução latina. A coisa inteira.

RES INTER ALIA. Expressão latina. Entre outras coisas.

RES INTER ALIOS ACTA. Expressão latina. Coisa realizada entre terceiros.

RES INTER ALIOS ACTA ALIIS NEC NOCET NEC PRODEST. Brocardo latino. O que é feito entre certas pessoas nem prejudica nem aproveita aos outros.

RES INTER ALIOS ACTA ALIIS NOCERE NON POTEST. Aforismo jurídico. O que foi feito por um não pode prejudicar o outro.

RES INTER ALIOS ACTA NEC OBLIGAT NEC FACIT JUS INTER ALIOS... NISI IN QUANTUM EX DISPOSITIONE JURIS ACTUS GESTUS IN PREJUDICARET. Expressão latina. O que é feito entre outros não obriga nem

cria direito entre terceiros... a não ser que, por disposição da lei, a ação feita os prejudique.

RES INTER ALIOS JUDICATA ALIIS NEQUE NOCET NEQUE PRODEST. Expressão latina. A coisa julgada diz respeito às partes, não beneficiando nem prejudicando terceiros.

RES INTER ALIOS JUDICATA ALIIS NEQUE PRODESSE NEQUE NOCERE POTEST. Expressão latina. O caso julgado tem eficácia apenas entre as partes, não podendo prejudicar terceiros.

RESIPISCÊNCIA. 1. *Direito penal.* Arrependimento pela prática da ação criminosa. **2.** *Direito canônico.* Emenda moral, em que o arrependimento de um pecado vem acompanhado da firme intenção de não mais vir a praticá-lo, seguindo sempre o bom caminho.

RES IPSA. Locução latina. Diz-se do dolo presumido.

RES IPSA LOQUITUR. Expressão latina. A coisa fala por si mesma.

RESISTÊNCIA. 1. *Ciência política.* Direito que têm os cidadãos, quando há abuso de poder para exercer opressão irremediável, de recusa à obediência, de oposição às normas injustas, de revolução etc. Tal direito concretiza-se pela repulsa a preceitos constitucionais discordantes da noção popular de justiça e à violação do governante da idéia de direito de que procede o poder e pela vontade de estabelecer uma nova ordem jurídica. O direito de resistência não é um ataque à autoridade, mas, sim, proteção à ordem jurídica, que se fundamenta na idéia de um bem a realizar. **2.** *Direito penal.* Oposição à execução de ato legal, mediante violência ou ameaça a funcionário competente para executá-lo, ou a quem lhe esteja restando auxílio, punível com detenção. Mas, se aquele ato, em razão da resistência, não se executar, a pena aplicável será a de reclusão. Tais penas podem ser aplicadas sem prejuízo das correspondentes à violência. **3.** Na *linguagem jurídica* em geral, pode ter o sentido de: a) defesa contra ataques; b) ato ou efeito de resistir; c) qualidade de resistente; d) ânimo de suportar dificuldades; e) defesa contra constrangimento ou ordem ilegal; f) oposição à ação de uma autoridade no exercício de suas funções. **4.** *Medicina legal.* Capacidade de defesa que o organismo tem para resistir a moléstias ou a invasão de agentes infecciosos. **5.** *História do direito.* Movimento ou oposição ativa e passiva que se deu, durante a Segunda Guerra Mundial, contra a ocupação alemã e italiana (Matteucci). **6.** *Direito financeiro.* Nível de preços onde acredita-se que haverá pressão vendedora para dificultar que a evolução dos preços continue (Luiz Fernando Rudge).

RESISTÊNCIA ATIVA. *Direito penal.* Oposição a um ato legal pela força, mediante violência ou grave ameaça.

RESISTÊNCIA PASSIVA. *Direito penal.* Desobediência; não-cumprimento a ordem legal recebida.

RESISTENTE. 1. Obstinado. **2.** Aquele que resiste ou que opõe resistência.

RESISTIR. 1. Opor resistência. **2.** Não ceder. **3.** Suportar. **4.** Colocar obstáculo. **5.** Não ser destruído por ato exterior.

RESISTÍVEL. Aquilo a que se pode resistir.

RESISTIVIDADE. Qualidade do que oferece resistência.

RES JUDICATA. *Locução latina.* Coisa julgada.

RES JUDICATA ADMINISTRATIVA. *Direito administrativo.* **1.** Decisão prolatada em processo administrativo, que é irrecorrível tanto na esfera judicial como na administrativa. **2.** Ato administrativo perfeito que não pode mais ser reformado.

RES JUDICATA DICITUR QUAE FINEM CONTROVERTIARUM PRONUNTIATIONE JUDICIS ACCIPIT. *Expressão latina.* Coisa julgada é a que, pelo pronunciamento do juiz, põe fim à controvérsia.

RES JUDICATA EST NEGOTIUM DE QUO SENTENTIA LATA EST. *Expressão latina.* A coisa julgada é o negócio sobre o qual foi prolatada a sentença.

RES JUDICATA EST QUAE FINEM CONTROVERSIARUM PRONUNTIATIONE JUDICIS ACCIPIT. *Expressão latina.* Coisa julgada é aquela que, pelo pronunciamento judicial, põe fim à controvérsia.

RES JUDICATA FACIT DE ALBO NIGRUM. *Expressão latina.* A coisa julgada faz do branco preto.

RES JUDICATA PRO VERITATE HABETUR. *Brocardo latino.* A coisa julgada é tida como verdade.

RES JURIS. *Locução latina.* Direito das coisas.

RES LITIGIOSAE. *Locução latina.* Coisa litigiosa.

RESMA. *Direito comercial.* Pacote com quinhentas folhas de papel plano, usual no comércio.

RESMADO. *Direito comercial.* Empacotado em resma.

RES MALAE PARTAE NON SUNT DIUTURNAE. O que se adquire mal não é duradouro.

RES MIRANDA POPULO. *Expressão latina.* Coisa digna de admiração.

RES MOBILIS. *Locução latina.* Coisa móvel.

RES MOBILIS, RES VILIS. *Expressão latina.* Coisas móveis são coisas de pouco valor.

RES NEC MANCIPI. *Direito romano.* Bens que não podem ser transferidos por mancipação.

RES NON PARTA LABORE, SED RELICTA. *Expressão latina.* Coisa não obtida com trabalho, mas deixada em testamento.

RES, NON VERBA. *Locução latina.* Atos, não palavras.

RES NOSTRA AB ALIIS RETINERI NON POTEST, NOBIS INVITIS. *Aforismo jurídico.* Coisa nossa não pode ser retida por outros contra nossa vontade.

RES NULLIUS. *Locução latina.* Coisa de ninguém.

RES NULLIUS EST PRIMI OCCUPANTIS. *Aforismo jurídico.* A coisa que não tem dono pertence àquele que primeiro a ocupar.

RESOLUBILIDADE. Qualidade daquilo que é resolúvel.

RESOLUÇÃO. 1. *Direito civil.* a) Dissolução do vínculo contratual, que se dá por inadimplemento voluntário ou involuntário do contrato ou por onerosidade excessiva; b) extinção de direito real; c) ato ou efeito de resolver-se ou de desligar-se. **2.** *Ciência política* e *direito administrativo.* a) Determinação transitória emanada por secretário ou ministro de Estado; b) ato da Administração ou da Assembléia deliberando ou disciplinando determinado assunto; c) deliberação que estabelece uma medida. **3.** *Medicina legal.* Desaparecimento de uma inflamação ou tumor sem que tenha havido alguma cirurgia. **4.** *Direito tributário.* Norma administrativa emitida pelo Conselho de Política Aduaneira para alterar alíquota do imposto sobre importação (Eduardo Marcial Ferreira Jardim). **5.** *Psicologia forense.* Decisão voluntária. **6.** *Lógica jurídica.* a) Operação pela qual um todo se decompõe em suas partes; b) operação pela qual se pode decompor uma proposição em proposições mais simples da qual é conseqüência (Lalande).

RESOLUÇÃO DA CONSULTA. *Direito tributário.* Resposta dada pela autoridade competente a uma consulta feita pelo contribuinte relativa à aplicação da lei fiscal e às obrigações dela decorrentes.

RESOLUÇÃO DA ORGANIZAÇÃO DAS NAÇÕES UNIDAS. *Direito internacional público.* Recomendação formal, de caráter obrigatório ou não, pela qual a ONU, no exercício de suas funções, procura influenciar seus Estados-Membros a respeito de um voto, parecer, decisão etc. Trata-se, portanto, de um ato jurídico unilateral e autônomo da ONU, manifestando sua vontade, na qualidade de pessoa jurídica de direito internacional público, imprescindível para que possa exercer suas funções de manutenção da paz e da segurança internacionais, e, ainda, da cooperação econômica, social e cultural entre os Estados.

RESOLUÇÃO DE MÉRITO. *Direito processual civil.* Haverá resolução de mérito: a) quando o juiz acolher ou rejeitar o pedido do autor; b) quando o réu reconhecer a procedência do pedido; c) quando as partes transigirem; d) quando o juiz pronunciar a decadência ou a prescrição; e) quando o autor renunciar ao direito sobre que se funda a ação.

RESOLUÇÃO DO CONTRATO. *Direito civil.* Dissolução contratual em razão de fatos ou causas supervenientes à sua formação, como, por exemplo, inexecução voluntária ou involuntária do contrato, ou onerosidade excessiva.

RESOLUÇÃO DO DOMÍNIO. *Direito civil.* Extinção do direito real de propriedade de coisa móvel ou imóvel subordinado a uma condição resolutiva ou termo final contido no título constitutivo do direito ou decorrente de causa a este superveniente, ou, ainda, de determinação de lei.

RESOLUÇÃO DO LEGISLATIVO. *Direito administrativo.* Ato administrativo editado pelo plenário (José Cretella Jr.).

RESOLUÇÃO DO SENADO FEDERAL. *Direito constitucional.* Deliberação que tem força de lei ordinária, por advir de uma das Câmaras, do Poder Legislativo ou do próprio Congresso Nacional sobre assuntos do seu peculiar interesse, como questões concernentes à licença ou perda de cargo por deputado ou senador; à fixação de subsídios; à determinação de limites máximos das alíquotas do Imposto sobre Operações Relativas à Circulação de Mercadorias, por proposta de iniciativa do Presidente da República ou de um terço dos senadores. É aprovada por maioria absoluta de seus membros e não tem sanção, sendo promulgada pela mesa do Senado, que ordena sua publicação.

RESOLUÇÃO HERÓICA. Resolução súbita e enérgica tomada por alguém em circunstância de extrema gravidade.

RESOLUÇÃO INTERNACIONAL. *Direito internacional público.* Recomendação ou ato jurídico unilateral e autônomo de um organismo internacional que tem obrigatoriedade relativamente aos Estados soberanos que o compõem, por ter sido prolatado com a finalidade de executar suas funções.

RESOLUÇÃO POR INEXECUÇÃO CONTRATUAL INVOLUNTÁRIA. *Direito civil.* Dissolução do contrato, de pleno direito, por fato alheio à vontade dos contratantes, que os impossibilita de cumprir a obrigação assumida. Assim, se houver inexecução do contrato por força maior ou caso fortuito, a sua resolução se dá sem ressarcimento das perdas e danos, por ser este uma sanção aplicada a quem agiu culposamente; porém, haverá intervenção judicial para compelir o contratante a restituir o que recebeu e para responsabilizar o devedor pelos danos causados, se estiver em mora.

RESOLUÇÃO POR INEXECUÇÃO CONTRATUAL VOLUNTÁRIA. *Direito civil.* Dissolução do contrato que se opera se houver: inadimplemento culposo por parte de um dos contratantes; dano causado ao outro; e nexo de causalidade entre o comportamento ilícito do agente e o prejuízo. Essa resolução produzirá efeitos *ex tunc*, se se tratar do contrato de execução única, e *ex nunc*, se de execução continuada. Não atingirá os direitos creditórios de terceiros, adquiridos *medio temporis*, e sujeitará o inadimplente ao ressarcimento das perdas e danos, abrangendo o dano emergente e o lucro cessante.

RESOLUÇÃO POR ONEROSIDADE EXCESSIVA. *Direito civil.* Dissolução do contrato por onerosidade excessiva, oriunda de evento extraordinário e imprevisível, que dificulte extremamente o adimplemento do contrato por uma das partes, por se considerar subentendida a cláusula *rebus sic stantibus*, de modo que o lesado poderá desligar-se da obrigação, pedindo ao juiz a rescisão do contrato ou, se lhe for mais conveniente, o reajustamento das prestações recíprocas. Para tanto, é mister a ocorrência dos seguintes requisitos: a) vigência de um contrato comutativo de execução continuada; b) alteração radical das condições econômicas no momento da execução do contrato, em confronto com as do instante de sua celebração; c) onerosidade excessiva para um dos contratantes e benefício exagerado para o outro; d) imprevisibilidade e extraordinariedade daquela modificação.

RESOLUTIVA. *Direito civil.* Diz-se da condição que subordina a ineficácia do negócio jurídico a um evento futuro e incerto.

RESOLUTIVO. 1. Na *linguagem jurídica* em geral, é o que resolve. **2.** *Medicina legal.* Remédio que faz desaparecer tumor, sem que haja supuração.

RESOLUTO. 1. Desfeito. **2.** Dissolvido. **3.** Decidido.

RESOLUTO JURE CONCEDENTIS, RESOLVITUR JUS ACCIPIENTIS. *Aforismo jurídico.* Resolvido o direito daquele que concede, resolvido estará o daquele que recebe.

RESOLUTO JURE DANTIS, RESOLVITUR JUS ACCI- PIENTIS. *Expressão latina.* Resolvido o direito do outorgante, resolve-se o do outorgado.

RESOLUTÓRIA. 1. Medida que visa o cumprimento de uma resolução ou a determinação da extinção de uma relação jurídica. **2.** *Vide* AÇÃO RESOLUTÓRIA.

RESOLÚVEL. *Direito civil.* **1.** Diz-se da propriedade que encerra, no próprio título constitutivo, o princípio que a tem por extinguir, realizada a condição resolutória, ou findo o termo extintivo, seja por força da declaração de vontade, seja por determinação de lei (Clóvis Beviláqua). Se a causa de resolução da propriedade constar do próprio título constitutivo, produzirá efeito *ex tunc*; se advier de motivo superveniente, terá efeito *ex nunc*. **2.** Aquilo que é suscetível de resolução. **3.** Ato ou contrato que contém condição resolutiva.

RESOLVENTE. O que soluciona.

RESOLVER. 1. *Direito processual civil.* Decidir demanda. **2.** *Direito civil.* a) Extinguir relação jurídica; b) dissolver contrato; c) desfazer. **3.** *Medicina legal.* Fazer desaparecer, paulatinamente, uma inflamação ou um tumor. **4.** *Teoria geral do direito.* Esclarecer. **5.** *Ciência política* e *direito administrativo.* Deliberar.

RESOLVIDO. 1. Decidido. **2.** Combinado.

RESOLVÍVEL. Aquilo que se pode resolver.

RESPALDO. 1. *Direito agrário.* Calosidade que aparece no lombo do cavalo, provocada pelo atrito da sela. **2.** *Direito civil.* Ato de aplanar terreno. **3.** *Direito administrativo.* Cilindro apropriado para alisar estradas ou vias públicas.

RESPEITABILIDADE. 1. Qualidade de respeitável. **2.** Honorabilidade. **3.** Dignidade no comportamento e no cumprimento dos deveres sociais que faz com que a pessoa seja respeitada pela sua retidão de caráter.

RESPEITADO. 1. Aquele que, pelo seu mérito, é considerado por todos. **2.** Honrado. **3.** Aquilo que se respeita. **4.** Acatado.

RESPEITADOR. Aquele que respeita.

RESPEITAR. 1. Honrar. **2.** Não causar dano. **3.** Tratar com respeito. **4.** Cumprir. **5.** Ser relativo; dizer respeito. **6.** Admitir algo.

RESPEITÁVEL. O que é digno de respeito.

RESPEITO. 1. Apreço. **2.** Consideração. **3.** Obediência. **4.** Ato ou efeito de respeitar. **5.** Acatamento. **6.** Abstenção de ato comissivo ou omissivo lesivo a outrem. **7.** Reconhecimento do valor de uma pessoa ou de um ideal (Kant).

RESPEITOSO. 1. O que infunde respeito. **2.** Aquele que mostra respeito.

RES PERIT CREDITORI. *Expressão latina.* A coisa perece para o credor; o risco da perda da coisa devida é suportado pelo credor.

RES PERIT DEBITORI. *Expressão latina.* O risco da perda da coisa é sofrido pelo devedor da entrega; a coisa perece para o devedor.

RES PERIT DOMINO. *Aforismo jurídico.* A coisa perece para o seu dono.

RES PETITA. 1. *Locução latina.* Coisa pedida; pedido. **2.** *Direito processual civil.* Objeto da pretensão do autor.

RESPICE FINEM. *Locução latina.* Considera o fim.

RESPIGO. 1. *Direito agrário.* a) Colheita; b) ato de apanhar espigas que ficam no campo após a ceifa. **2.** *Direito autoral.* Compilação.

RESPIRAÇÃO. *Medicina legal.* **1.** Absorção de oxigênio e exalação de gás carbônico. **2.** Ato ou efeito de respirar.

RESPIRAÇÃO ARTIFICIAL. *Medicina legal.* Respiração usada em socorro urgente de afogados ou acidentados, mediante compressões ritmadas.

RESPIRO. *História do direito.* Espera concedida ao devedor para que ele pagasse seu débito.

RESPONDÊNCIA. 1. *Direito comercial.* Lucro. **2.** *Direito comparado.* Na Inglaterra, diz-se do contrato de câmbio marítimo em que o empréstimo recai somente sobre a carga, não se estendendo ao risco sobre o casco do navio (Othon Sidou).

RESPONDENTE. *Direito processual.* Aquele que depõe em juízo, respondendo às perguntas feitas.

RESPONDER. 1. Dar uma resposta oral ou escrita. **2.** Aduzir argumento; refutar. **3.** Responsabilizar-se. **4.** Ser fiador. **5.** Retribuir. **6.** Comparecer. **7.** Ser processado.

RESPONDER POR SI. Responsabilizar-se por ato próprio.

RESPONDIDO. O que se respondeu.

RESPONDIMENTO. *Vide* RESPOSTA.

RESPONDÍVEL. 1. O que é digno de ser respondido. **2.** Aquilo a que se pode responder. **3.** Suscetível de resposta.

RESPONSABILIDADE. 1. Dever jurídico de responder por atos que impliquem dano a terceiro ou violação de norma jurídica. **2.** Qualidade de ser responsável. **3.** Imposição legal de reparar dano causado. **4.** Situação daquele que deve responder por um ato ou fato. **5.** É definida como as obrigações e os deveres da pessoa que ocupa determinada função em relação ao acervo de informações.

RESPONSABILIDADE ADMINISTRATIVA. *Direito administrativo.* **1.** Punição disciplinar imposta pela Administração Pública a funcionário que infringir suas normas internas. **2.** Dever legal de ressarcir danos causados à Administração por ato abusivo (De Plácido e Silva). **3.** Obrigação de desempenhar as funções públicas conforme as ordens recebidas. **4.** Responsabilidade que advém da prática de ato comissivo ou omissivo de funcionário público, no exercício de suas funções, lesivo a terceiro.

RESPONSABILIDADE AQUILIANA. *Direito civil.* Responsabilidade extracontratual ou delitual que resulta de inadimplemento normativo, ou melhor, da prática de um ato ilícito por pessoa capaz ou incapaz, visto que não há vínculo anterior entre as partes, por não estarem ligadas por uma relação obrigacional ou contratual. A fonte dessa responsabilidade é a inobservância da lei, ou a lesão a um direito, sem que entre o ofensor e o ofendido preexista qualquer relação jurídica.

RESPONSABILIDADE ATENUADA. *Direito civil.* Atenuação da indenização a ser paga mediante fixação de valores inferiores aos que comporiam a reparação do dano (Othon Sidou).

RESPONSABILIDADE BANCÁRIA. *Direito civil.* Responsabilidade civil dos estabelecimentos bancários, que firmam compromisso de vigilância ao realizar a mobilização do crédito, mediante o recebimento, em depósito, de capitais de terceiros, e o empréstimo de importância, em seu próprio nome, aos que necessitam de capital. Para tanto, executam operações ativas (empréstimo, desconto, abertura de crédito, financiamento etc.) e passivas (depósito e redesconto), mas, além dessas, efetuam operações acessórias (custódia de valores e aluguel de cofres). Todas essas operações bancárias são consideradas como contratos; logo, seu inadimplemento gera responsabilidade contratual das casas bancárias.

RESPONSABILIDADE CIVIL. *Direito civil.* Aplicação de medidas que obriguem alguém a reparar dano moral e/ou patrimonial causado a terceiro em razão de ato do próprio imputado, de pessoa por quem ele responde, ou de fato de coisa ou animal sob sua guarda, ou, ainda, de simples imposição legal. A responsabilidade civil requer prejuízo a terceiro, particular ou Estado, de modo que a vítima poderá pedir reparação do dano, traduzida na recomposição do *statu quo ante* ou em uma importância em dinheiro.

RESPONSABILIDADE CIVIL DAS ESTRADAS DE FERRO POR DANO CAUSADO A PROPRIETÁRIO MARGINAL. *Direito civil.* Responsabilidade extracontratual e objetiva da ferrovia por prejuízo causado a proprietário marginal da linha, salvo se o dano resultou de violação, por aquele proprietário, de alguma norma alusiva a construção, plantação, depósito de material ou guarda de animais à beira da estrada de ferro.

RESPONSABILIDADE CIVIL DA UNIÃO POR ATENTADO TERRORISTA OU ATO DE GUERRA CONTRA AERONAVE BRASILEIRA. *Direito administrativo.* Fica a União autorizada a assumir as responsabilidades civis perante terceiros no caso de danos a bens e pessoas no solo, provocados por atentados terroristas ou atos de guerra contra aeronaves de empresas aéreas brasileiras no Brasil ou no exterior. O montante global das assunções fica limitado ao maior valor estabelecido pelos países estrangeiros nos quais operam empresas aéreas brasileiras, para cobertura dos danos deduzido o montante coberto pelas seguradoras internacionais. O limite coberto para cada empresa aérea dependerá do montante de seu seguro de responsabilidade civil contra terceiros. As empresas aéreas deverão apresentar ao Ministério da Defesa plano de segurança no prazo de trinta dias. Caberá ao Ministro de Estado da Defesa, ouvidos os órgãos competentes, atestar que o sinistro ocorreu em virtude de ataques decorrentes de guerra ou de atos terroristas.

RESPONSABILIDADE CIVIL DO EMPREGADOR OU COMITENTE PELOS ATOS LESIVOS DE SEUS EMPREGADOS OU PREPOSTOS. *Direito civil.* Obrigação que tem o patrão de reparar prejuízo causado por empregado. Haverá tal responsabilidade se: a) houver dano a terceiro, por fato do preposto; b) o preposto cometer o fato lesivo no exercício de suas funções; c) houver culpa do preposto ou empregado; d) existir relação de emprego ou de dependência entre o causador do ato danoso e o patrão, amo ou comitente; e) houver presunção de *culpa in vigilando* ou *in eligendo* do patrão, que, contudo, não será levada em conta, pois aquele tem, perante o lesado, responsabilidade civil objetiva, tenha tido ou não culpa por ato lesivo de empregado seu, contra o qual tem ação regressiva para reaver o que desembolsou.

RESPONSABILIDADE CIVIL DO ESTADO. *Direito administrativo.* Obrigação que tem o Estado de reparar economicamente os danos lesivos à esfera juridicamente garantida de outrem e que lhe sejam imputáveis em decorrência de comportamentos unilaterais, lícitos ou ilícitos, comissivos ou omissivos, materiais ou jurídicos (Celso Antônio Bandeira de Mello). Tal responsabilidade civil, nas relações entre Estado e administrado, funda-se ora na teoria do risco administrativo, em razão de comportamentos comissivos e omissivos danosos, caso em que será objetiva. Mas há, ainda, quem entenda que pode haver responsabilidade civil subjetiva do Estado por danos causados por omissão do agente, interpretando, restritivamente, a palavra *ato*, constante do art. 43 do novel Código Civil, tomando-a no sentido de *agir*, que resulta de uma ação e não no de uma omissão. Logo, em intercorrências omissivas, o lesado deverá provar a alegada falta diante de um dever jurídico de atuar, o que caracteriza comportamento culposo da administração, gerando a aplicação da teoria subjetiva. A responsabilidade será subjetiva nas relações entre Estado e funcionário, pois o direito de regresso do Estado contra o agente faltoso está condicionado à culpa ou ao dolo deste (Oswaldo Aranha Bandeira de Mello e Celso Antônio Bandeira de Mello).

RESPONSABILIDADE CIVIL DO ESTADO NA ORDEM INTERNACIONAL. *Direito internacional público.* Obrigação que tem o Estado de responder, na ordem internacional, pelas normas que promulgar ofensivas aos direitos internacionais reconhecidos pelas nações aos estrangeiros, sendo, por isso, cada vez mais, menos necessário o recurso à intervenção diplomática.

RESPONSABILIDADE CIVIL DO ESTADO POR ATO ADMINISTRATIVO. *Direito administrativo.* Responsabilidade extracontratual das pessoas jurídicas de direito público pelos danos causados pelos seus órgãos ou funcionários no exercício de suas funções públicas. O Estado, nas suas relações com o administrado, terá responsabilidade objetiva fundada no risco administrativo, no caso de dano causado por comportamento comissivo de funcionário, ou por fato da coisa administrativa ou que se encontra sob custódia estatal, ou, ainda, responsabilidade subjetiva, fundada na teoria da falta impessoal do serviço público, por atos omissivos do agente público, que lesem terceiros, porque supõe dolo ou culpa, e, além disso, o dano não é causado pelo Estado, visto que a omissão é condição do dano; por isso o Estado será responsável pela indenização devida à vítima porque não cumpriu o dever legal de obstar o evento danoso. Já nas suas relações com o funcionário, será subjetiva a responsabilidade, pois o direito regressivo do Estado contra o agente dependerá da conduta dolosa ou culposa deste (Oswaldo Aranha Bandeira de Mello e Celso Antônio Bandeira de Mello).

RESPONSABILIDADE CIVIL DO ESTADO POR ATO JURISDICIONAL. *Direito processual.* Responsabilidade estatal por ato jurisdicional que tenha causado lesão material ou moral a outrem, que, por isso, tem direito a uma reparação pecuniária. Urge lembrar que: a) o Estado responde por ato lesivo praticado pelos órgãos do Poder Judiciário nos casos declarados expressamente em lei; b) a ação de responsabilidade do Estado não reclama distinção entre ato administrativo, legislativo e jurisdicional, mas apenas a prova do dano e de que ele foi causado por agente público; c) o Estado responde por erro judiciário em caso de sentença criminal injusta e prisão preventiva injustificada; d) a má-fé, o abuso ou o desvio do poder do magistrado são atos ilícitos e dão origem à responsabilidade estatal (Maria Emília Mendes Alcântara); e) a ação rescisória de sentença, em matéria civil, por estar eivada de vício, previsto em lei, possibilita responsabilidade estatal pela reparação pecuniária ao lesado; f) a responsabilidade pessoal do magistrado não contraria nem exclui a do Estado, mas a consagra (Aguiar Dias); g) as decisões e despachos judiciais sem caráter de *res judicata*, as decisões prolatadas em processo de jurisdição graciosa, os atos de execução de sentença e os atos administrativos do Poder Judiciário podem acarretar responsabilidade estatal pelos danos causados; h) o erro de direito, se lesivo, pode originar responsabilidade do Estado. Em relação ao juiz singular, o Estado que pagou indenização terá ação regressiva contra ele, se este agiu com culpa ou dolo, mas, quanto aos atos jurisdicionais lesivos do Tribunal, descaberá tal ação, por serem atos de órgão colegiado.

RESPONSABILIDADE CIVIL DO ESTADO POR ATO LEGISLATIVO. *Direito administrativo.* Responsabilidade estatal por lesões resultantes de atividade legislativa, tais como: a) o fato de o próprio legislador ter fixado a indenização na lei causadora do prejuízo; b) a circunstância de o ato legislativo constitucional ter causado diretamente lesão de ordem patrimonial, especial ou anormal a um cidadão ou grupo de cidadãos, não observando o princípio da isonomia; c) a ocorrência de dano causado a terceiro por ilegalidade ou inconstitucionalidade do ato legislativo; d) a omissão legislativa. O Estado que paga indenização a quem foi prejudicado por ato legislativo lesivo não terá ação regressiva contra o legislador faltoso, ante o fato de ser a lei um ato jurídico complexo e a inviolabilidade dos parlamentares no exercício do mandato por seus votos e opiniões (Oswaldo Aranha Bandeira de Mello, Paul Duez, Dromi, Maria Emília Mendes Alcântara, Aguiar Dias e Canotilho).

RESPONSABILIDADE CIVIL NAS ATIVIDADES NUCLEARES. *Direito civil* e *direito ambiental.* Responsabilidade objetiva por dano nuclear, pessoal ou material, causado no exercício ou na exploração autorizada da atividade produtora do acidente nuclear. Informam tal responsabilidade civil os princípios da: a) canalização da responsabilidade, pelo qual a responsabilidade se concentrará no explorador (ou operador) da atividade nuclear (pessoa jurídica devidamente autorizada para operar instalação nuclear), isto é, o exercente de direito que reparará, nas condições fixadas na legislação especial, o prejuízo causado a pessoa ou a bens materiais pelo seu desenvolvimento; b) limitação legal da responsabilidade, prescrevendo prazos, definindo cláusulas exonerativas ou estabelecendo o teto máximo de indenização; c) responsabilização pelo exercício da atividade nuclear, segundo o qual a simples exploração dessa atividade já torna o explorador responsável civilmente, devido à periculosidade decorrente do desenvolvimento de tal atividade; d) fundamentação do risco; daí ser objetiva a responsabilidade por dano nuclear, não admitindo sequer a excludente da força maior ou do caso fortuito, embora se considerem como exoneradores dessa responsabilidade apenas fatos de excepcional gravidade, como guerra civil, conflito armado etc.; e) obrigatoriedade de garantia prévia, que impõe ao explorador da atividade nuclear a cobertura dos riscos que poderá produzir, mediante seguro, caução ou fiança bancária; f) vinculação direta ou subsidiária do Estado ao pagamento da indenização devida às vítimas de dano nuclear, esteja, ou não, explorando, frontalmente, a atividade nuclear, a fim de assegurar a efetivação do ressarcimento (Carlos Alberto Bittar).

RESPONSABILIDADE CIVIL POR ACIDENTE DE TRÂNSITO. *Direito civil.* Em relação à seguradora e segurado, ter-se-á ante o lesado responsabilidade objetiva fundada no risco, pois o seguro obrigatório para o proprietário de veículo automotor garante a indenização, bastando o nexo de causalidade entre o dano e a conduta do seu causador. Mas, nada obsta que o credor da indenização opte pelo critério subjetivo acionando o motorista culpado pelo acidente, sendo que, urge lembrar, se o lesante for empregado de alguém e praticou o ato lesivo no exercício de sua função, seu patrão responderá perante o lesado, objetivamente, pelo dano, tendo depois ação regressiva contra o culpado. Se autor e vítima concorreram para o evento danoso, haverá partilhamento dos prejuízos.

RESPONSABILIDADE CIVIL POR ATO ILÍCITO. *Direito civil* e *direito penal.* Responsabilidade de reparar dano causado por ato ilícito, que constitui uma ação (comissão ou omissão), imputável ao agente e contrária à ordem jurídica. Essa violação jurídica pode consistir em desobediência a um dever previsto no ordenamento jurídico (ilícito civil ou penal) ou a uma obrigação assumida (inexecução de contrato). Por suas conseqüências, certos atos ilícitos, devido à sua gravidade, por infringir norma de direito público, constituindo crime ou contravenção, por causar dano a terceiro, têm repercussão tanto no cível como no crime, hipótese em que haverá dupla reação da ordem jurídica: a imposição de pena ao criminoso e a reparação do dano causado à vítima. É o que ocorre, por exemplo, em caso de assassinato, em que o delinqüente deverá ser condenado à pena de reclusão e a reparar o prejuízo causado aos familiares da vítima, pagando as despesas com seu funeral e luto da família, e prestando alimentos às pessoas a quem o falecido os devia. Trata-se da responsabilidade subjetiva.

RESPONSABILIDADE CIVIL POR DANO ECOLÓGICO.
Direito civil e *direito ambiental*. Punição pecuniária imposta a quem causar devastação ecológica, pelas graves e sérias lesões às pessoas, às coisas ou ao meio ambiente, estabelecendo a responsabilidade objetiva. Como a culpa nem sempre pode ser demonstrada têm-se firmado, recentemente, a lei e a jurisprudência, pela responsabilidade objetiva baseada no risco, ante a fatalidade da sujeição dos lesados ao dano ecológico, sendo irrelevante a discussão sobre a culpa do lesante, que somente poderá alegar em sua defesa: negação da atividade poluidora e inexistência do dano. Além disso, há imposição da responsabilidade penal, inclusive das pessoas jurídicas. Os prejudicados terão direito a uma reparação ilimitada, embora haja tendência de se adotar uma indenização tarifária, a fim de evitar a ruína das empresas. O magistrado deverá impor a reparação para os casos de necessidade e inevitabilidade da atividade danosa, e a interdição para os casos em que o ato pernicioso seja incompatível com a conservação da vida ambiental tolerável (Aguiar Dias e Diogo Leite de Campos).

RESPONSABILIDADE CIVIL POR OFENSA AO DIREITO DO MENOR.
Direito da criança e do adolescente e *direito processual civil*. Ação de responsabilidade proposta no foro do local onde houve prejuízo a menor pelo não-oferecimento ou pela oferta irregular de: a) ensino obrigatório; b) atendimento educacional especializado aos deficientes; c) atendimento em creche e pré-escola às crianças até seis anos de idade; d) ensino noturno regular, adequado às condições do educando; e) programas suplementares de oferta de material didático-escolar, transporte e assistência à saúde do educando do ensino fundamental; f) serviço de assistência social visando à proteção da família, da infância e da adolescência, bem como ao amparo às crianças e aos adolescentes que dele necessitem; g) acesso às ações e serviços de saúde; h) escolarização e profissionalização de adolescentes privados de liberdade.

RESPONSABILIDADE CIVIL POR POLUIÇÃO.
Direito civil e *direito ambiental*. Responsabilidade por poluição aquática, sonora e atmosférica que cause sérias e graves alterações físicas, químicas ou biológicas no meio ambiente, prejudiciais à saúde, à segurança e ao bem-estar do homem, à flora, à fauna, a outros recursos naturais e às atividades socioeconômicas.

RESPONSABILIDADE COLETIVA.
Sociologia jurídica. Obrigação que, sendo reconhecida socialmente, é assumida pelos membros de um grupo, aceitando as conseqüências de ato lesivo praticado por um deles.

RESPONSABILIDADE COMPLEXA.
Direito civil. Responsabilidade que só pode ser vinculada indiretamente ao responsável, não se conformando, portanto, com o princípio geral de que o homem apenas é responsável pelos prejuízos causados diretamente por ele e por seu fato pessoal. Compreende duas modalidades: a) a responsabilidade por fato alheio, desde que o causador do dano esteja sob a direção de outrem, que, então, responderá pelo evento lesivo; b) a responsabilidade pelo fato de coisas animadas ou inanimadas que estiverem sob guarda de alguém, que se responsabilizará pelos prejuízos causados. Trata-se, portanto, da responsabilidade indireta que promana de ato de terceiro vinculado ao agente, ou de fato de animal ou de coisa inanimada sob sua guarda.

RESPONSABILIDADE CONTÁBIL.
1. *Direito comercial*. Responsabilidade por dano causado pelo contabilista (contador ou técnico de contabilidade) no exercício de sua função ao organizar e executar serviços de contabilidade em escrituração de livros; ao efetuar regulação judicial ou extrajudicial de avarias grossas; ao fazer revisão de balanços e contas; ao dar assistência aos conselhos fiscais de sociedade anônima etc. **2.** *Direito administrativo*. Responsabilidade disciplinar, civil e penal que tem o agente público que maneja as verbas públicas, suprindo as contas mal prestadas, as irregularidades havidas, os pagamentos que fez não estando devidamente autorizado etc. (José Cretella Jr.).

RESPONSABILIDADE CONTRATUAL.
Direito civil. Responsabilidade que decorre de inexecução de negócio jurídico bilateral ou unilateral. Resulta, portanto, de ilícito contratual, ou seja, de falta de cumprimento ou de mora no cumprimento da obrigação assumida. É uma infração a um dever especial estabelecido pela vontade dos contratantes; por isso, decorre de relação obrigacional preexistente e pressupõe capacidade para contratar. Baseia-se no dever de resultado, o que acarretará a presunção da culpa pela inexecução previsível e evitável da obrigação nascida da convenção prejudicial à outra parte. O ônus da prova, na responsabilidade contratual, competirá ao devedor, que

deve provar, ante o inadimplemento, a inexistência de sua culpa ou a presença de qualquer excludente do dever de indenizar.

RESPONSABILIDADE CRIMINAL. *Direito penal.* Responsabilidade que pressupõe lesão aos deveres de cidadãos para com a sociedade, acarretando um dano social determinado pela violação de norma penal, exigindo, para restabelecer o equilíbrio, a aplicação de uma pena ao lesante. É a que decorre da prática de contravenção penal ou de crime comissivo ou omissivo pelo agente imputável que for chamado a responder por ela penalmente, arcando com as conseqüências jurídicas de seu ato, incorrendo nas sanções previstas na lei penal. O lesante suporta a respectiva repressão. Denomina-se, também, "responsabilidade penal".

RESPONSABILIDADE CRIMINAL DE MENOR CASADO. *Direito penal.* Inimputabilidade de pessoa casada que, com a idade de dezesseis anos, venha a cometer crime, apesar de ter alcançado, com o casamento, a maioridade civil (Damásio E. de Jesus).

RESPONSABILIDADE DA HERANÇA. *Direito civil.* Responsabilidade do espólio, antes da partilha, pelo pagamento das dívidas do *de cujus* anteriores ou posteriores à abertura da sucessão, desde que não sejam vencidas, exigíveis e devidamente comprovadas, e pelo cumprimento de encargos e obrigações, que devem ser feitos com os valores do acervo hereditário. Feita a partilha, só respondem os herdeiros, cada qual em proporção da parte que, na herança, lhe coube.

RESPONSABILIDADE DE DONO DE HOTEL OU EDU-CANDÁRIO. *Direito civil.* Responsabilidade civil objetiva e solidária do dono do hotel, hospedaria, casa ou estabelecimento que albergue por dinheiro, mesmo para fins educacionais, pelos atos lesivos de seus hóspedes, moradores e educandos.

RESPONSABILIDADE DE *EFFUSIS ET DEJECTIS*. *Direito civil.* Responsabilidade objetiva do morador de uma casa pelos prejuízos resultantes de coisas, sólidas ou líquidas, que dela caírem ou dela forem lançadas em local indevido, fundada na obrigação geral a que todos estão sujeitos de não colocar em risco a segurança da coletividade. Provado o fato e o dano dele resultante, a obrigação indenizatória surgirá como conseqüência normal. O morador, portanto, não se exonerará mesmo se provar ausência de culpa.

Somente pode haver liberação dessa responsabilidade se se comprovarem a ausência de prejuízo, a inexistência do liame de causalidade entre a queda do objeto e o dano, o lançamento da coisa em local apropriado (depósito de lixo), ou a culpa exclusiva da vítima.

RESPONSABILIDADE DELITUAL. *Vide* RESPONSABILIDADE AQUILIANA.

RESPONSABILIDADE DE MENOR SÁBIO. *Direito penal.* Inimputabilidade de menor de dezoito anos que praticou crime, mesmo que seja uma criança prodígio dotada de grande capacidade volitiva e intelectual (Damásio E. de Jesus).

RESPONSABILIDADE DIRETA. *Direito civil.* Responsabilidade que ocorre quando o agente responde por ato próprio, que causou dano a alguém. Trata-se da responsabilidade simples.

RESPONSABILIDADE DISCIPLINAR. 1. *Direito registrário.* Responsabilidade relativa à ordem interna dos Ofícios e ao comportamento dos seus servidores, tendo por escopo punir as faltas cometidas no exercício da profissão, seja por incorreção pessoal do oficial imobiliário, seja por ato comissivo ou omissivo de seus prepostos, que venha a ferir o decoro, a dignidade da classe e os deveres profissionais. Por exemplo, pode haver aplicação de pena disciplinar em caso de retardamento ou recusa na expedição de certidão; de autenticação incorreta; de utilização de papel impróprio; de omissão de dados necessários; ou de cobrança excessiva de custas e emolumentos (Cláudio Martins e Walter Ceneviva). **2.** *Direito administrativo.* Sanção administrativa imposta a funcionário que, comissiva ou omissivamente, não cumprir seu dever funcional.

RESPONSABILIDADE DO DONO DE EDIFÍCIO E CONS-TRUÇÃO. *Direito civil.* Reparação a que está obrigado o proprietário de edifício, ou de construção já terminada ligada ao solo ou unida ao edifício (como muros, pontes, aquedutos, canais etc.), pelos danos que resultarem de: a) ruína parcial ou total do prédio, se esta provier de falta de reparos, por se ter descurado do dever de conservar o imóvel que lhe pertence, mantendo-o em bom estado; b) queda de árvore; c) instalações domésticas; d) queda de elevador, por falta de conservação; e) energia elétrica, por exemplo, ante a ruptura de um fio condutor ou pela queda de um ventilador elétrico, instalado no prédio etc.

RESPONSABILIDADE DO EMPREGADO DA CAIXA ECONÔMICA FEDERAL. *Direito bancário.* Pelo exercício irregular de suas atribuições, o empregado responderá civil, penal e administrativamente. A responsabilidade civil decorrerá de procedimento doloso ou de procedimento culposo, de que resulte dano ou prejuízo para a CEF ou para terceiros. A responsabilidade penal decorrerá de crime previsto na lei penal, praticado pelo empregado no exercício ou em decorrência do cargo ou função. A responsabilidade administrativa decorrerá de atos praticados pelo empregado, por ação ou omissão, dolosa ou culposa, no exercício de cargo ou função, ou fora dele. Apurada sumariamente a responsabilidade do empregado, deverá ser providenciado o ressarcimento do prejuízo, independentemente da conclusão das demais apurações. O ressarcimento do prejuízo não eximirá o empregado da penalidade disciplinar cabível. O prejuízo ou dano ocasionado à CEF ou a terceiros, por dolo ou culpa do empregado, será composto em 24 horas, a partir de sua exigibilidade. Não ocorrendo a composição do prejuízo ou dano, intentar-se-á, para o efetivo ressarcimento, a competente ação judicial, precedida, se for o caso, de medidas cautelares, assecuratórias, administrativas ou de outros meios admitidos em direito. Inclui-se nas medidas administrativas o desconto compulsório em folha de pagamento. Tratando-se de crime, deverá ser providenciada a instauração do respectivo processo policial. Atendidas as peculiaridades do caso e observada a materialidade e a prova de autoria, poder-se-á requerer a instauração de ação penal diretamente ao juízo competente. A diferença de caixa, não coberta em 48 horas, bem como o vale em caixa, serão considerados desfalque. Como se vê as cominações civis, penais e administrativas são independentes.

RESPONSABILIDADE DO FIADOR. *Direito civil.* Responsabilidade do fiador por débito alheio se: a) o devedor afiançado deixar de realizar a prestação; b) não houver o benefício de divisão, sendo vários os fiadores, devendo responder solidariamente pela dívida do afiançado; c) estiver convencionado o benefício da divisão, havendo vários fiadores, pela parte que, em proporção, lhe couber no pagamento; d) existir pacto que limite a responsabilidade de cada fiador a um certo *quantum*, pela dívida que, no contrato, tomou sob sua responsabilidade; e) ocorrer insolvência de um dos co-fiadores, na solidariedade ou no benefício de divisão, pois a parte do insolvente será distribuída entre os demais co-fiadores solváveis no momento de exigibilidade da prestação; f) não comunicar ao devedor que pagou a dívida; g) pagar em prejuízo dos direitos do devedor; h) se exonerar da obrigação, pelos efeitos da fiança anteriores ao ato amigável ou à sentença que o liberar.

RESPONSABILIDADE DO FORNECEDOR PELOS PRODUTOS FABRICADOS E PELOS SERVIÇOS PRESTADOS. *Direito do consumidor.* Responsabilidade objetiva do fornecedor, ressarcindo os danos físico-psíquicos causados ao consumidor e demais vítimas do evento por vício de qualidade por insegurança e responsabilidade subjetiva do fornecedor se o produto ou serviço vier a lesar patrimonialmente o consumidor, em razão de vício de quantidade ou de qualidade por inadequação (Antonio H. Vasconcellos Benjamin).

RESPONSABILIDADE DO PROFISSIONAL LIBERAL. *Direito civil* e *direito do consumidor.* **1.** Reparação de dano causado no exercício de sua função por descumprimento de obrigação de meio ou de resultado. Há, segundo o Código de Defesa do Consumidor, responsabilidade civil subjetiva, fundada na culpa, por ato lesivo causado por profissional liberal. Mas há quem ache, como Nelson Nery Jr. e Oscar Ivan Prux, que a aplicação irrestrita da doutrina subjetivista, apesar de ser a melhor para os casos de responsabilidade civil em contratos com obrigações de meio, não atende a todas as situações de responsabilidade civil decorrente de serviço mal prestado por profissional liberal, pois se a obrigação for de resultado a responsabilidade civil deve ser objetiva ou o ônus da prova deve ser obrigatoriamente invertido. **2.** Responsabilidade civil subjetiva daquele que, no exercício de atividade profissional, por negligência, imprudência ou imperícia, causar a morte do paciente, agravar-lhe o mal, causar-lhe lesão ou inabilitá-lo para o trabalho.

RESPONSABILIDADE DOS ADVOGADOS. *Direito civil.* Responsabilidade contratual dos advogados, decorrente de uma obrigação de meio, oriunda de mandato judicial, salvo nos casos em que presta assistência judiciária: a) pelos erros de direito, desde que graves, podendo levar à anulação ou nulidade do processo; b) pelos erros de fato cometidos no desempenho da função advocatícia; c) pelas omissões de providências necessárias para ressalvar os direitos do seu constituinte; d) pela perda de prazo para cumprir determinação emanada do órgão da Ordem e para contestação ou recurso; e) pela desobediência às instruções do constituinte, alterando-as, excedendo aos poderes nelas contidos ou utilizando os concedidos de modo prejudicial ao cliente; f) pelos pareceres que der contrários à lei, à jurisprudência e à doutrina; g) pela omissão de conselho; h) pela violação de segredo profissional; i) pelo ato que, não importando defesa dos interesses do constituinte, causar dano a terceiro; j) pelo fato de não representar o constituinte, para evitar-lhe prejuízo, durante os dez dias seguintes à notificação de sua renúncia ao mandato judicial; k) pela circunstância de ter feito publicações desnecessárias sobre alegações forenses ou relativas a causas pendentes; l) por ter servido de testemunha em processo no qual funcionou ou deva funcionar, ou sobre fato relacionado com pessoa de quem seja ou foi advogado, mesmo quando autorizado ou solicitado pelo constituinte, bem como sobre fato que constitua sigilo profissional; m) pelo fato de reter ou extraviar autos, que se encontravam em seu poder, recebidos com vista ou em confiança; n) pela imputação, em nome do constituinte, sem anuência deste, a terceiro de fato definido como crime; o) pelo locupletamento à custa do cliente ou da parte adversa, por si ou por interposta pessoa; p) pela recusa injustificada de prestar contas ao cliente de quantias recebidas dele ou de terceiros por conta dele. Os advogados devem indenizar prontamente o dano causado aos constituintes e, se forem acionados por responsabilidade profissional, não terão direito aos honorários advocatícios, apesar de haver julgados que reconheçam tal direito, mandando-os descontar da indenização a ser paga aos constituintes lesados, o que não nos parece acertado.

RESPONSABILIDADE DOS DENTISTAS. *Direito civil.* Responsabilidade de reparar dano advindo de: a) erro e acidente na anestesia; b) erro de diagnóstico; c) erro de tratamento; d) erro de prognóstico; e) falta de higiene, transmitindo moléstias contagiosas ao cliente; f) extração desnecessária de dentes. Só não serão responsabilizados se o evento danoso se deu por erro escusável, em face do estado da ciência, por culpa da vítima, por caso fortuito ou força maior, e se ele agiu sem culpa e de conformidade com as normas norteadoras do exercício de sua profissão.

RESPONSABILIDADE DOS EMPREITEIROS. *Direito civil.* Obrigação que têm os profissionais da construção civil de responder: a) pela solidez e segurança do trabalho na empreitada relativa a construção de grande porte, em razão dos materiais e do solo; b) pelos riscos da obra, se forneceram os materiais, até o momento da entrega da obra, a contento de quem a encomendou, se este não estiver em mora de receber. Estando, correrão os riscos por igual contra as duas partes. Se os empreiteiros apenas forneceram mão-de-obra, os riscos pelos quais não tiverem culpa correrão por conta do comitente; c) pelo preço dos materiais empregados na obra, perante os fornecedores, se a empreitada for mista.

RESPONSABILIDADE DOS ENFERMEIROS E PARTEIRAS. *Direito civil.* Responsabilidade por erro profissional resultante de ato culposo, acarretando, também, a de seu empregador.

RESPONSABILIDADE DOS FARMACÊUTICOS. *Direito civil.* Obrigação de os farmacêuticos repararem dano causado: a) no exercício ilegal da medicina ao completar uma receita; ao dissuadir doente de uma operação necessária; ao recomendar medicamentos; e ao sugerir processos de tratamento; b) dentro da órbita de suas habilitações, se se comprovar que o prejuízo adveio de culpa sua por infringirem normas de sua profissão; por não observarem regras de prudência; por venderem substâncias tóxicas sem receita médica; por revelarem segredo profissional; por não cumprirem as prescrições médicas, desobedecendo-lhes ou executando-as erroneamente; por preparar mal uma receita; c) por atos praticados por seu preposto, caso em que respondem objetiva e solidariamente.

RESPONSABILIDADE DOS MANDATÁRIOS. *Direito civil.* Obrigação que têm os mandatários de responder, civilmente, pelos danos causados aos mandantes, nos casos em que: a) não executaram o mandato de acordo com as instruções recebidas e a natureza do negócio que devem efetivar; b) não aplicaram toda a sua diligência habitual; c) não mantiveram o mandante informado de tudo o que se passava com os negócios; d) substabeleceram o mandato, com autorização do mandante, respondendo por culpa *in eligendo*; e) não apresentaram o instrumento do mandato às pessoas com quem trataram em nome do mandante; f) não enviaram ao mandante as somas recebidas em função do mandato ou não as depositaram em

RESPONSABILIDADE DOS MÉDICOS. *Direito civil.* Responsabilidade contratual de ressarcir dano causado a seus clientes no cumprimento de uma obrigação de meio, por não lhes ter prestado cuidados conscienciosos e atentos conforme os progressos da medicina, e no adimplemento de obrigação de resultado com sentido de cláusula de incolumidade, nas cirurgias estéticas.

nome do mandante; g) não prestaram contas de sua gerência ao mandante, transferindo-lhe as vantagens provenientes do mandato por qualquer título que seja; h) não concluíram, por lealdade, o negócio já começado quando houve perigo na demora.

RESPONSABILIDADE DOS MÉDICOS. *Direito civil.* Responsabilidade contratual de ressarcir dano causado a seus clientes no cumprimento de uma obrigação de meio, por não lhes ter prestado cuidados conscienciosos e atentos conforme os progressos da medicina, e no adimplemento de obrigação de resultado com sentido de cláusula de incolumidade, nas cirurgias estéticas.

RESPONSABILIDADE DOS PAIS POR ATO DE FILHOS MENORES. *Direito civil.* Obrigação que têm, os pais, de ressarcir os danos causados pelos seus filhos. Para que ocorra essa responsabilidade objetiva, será preciso que: a) os filhos sejam menores de dezoito anos; b) os filhos estejam em poder e em companhia dos pais; c) os pais estejam no exercício do poder familiar. Pouco importará se os pais incorreram ou não na culpa *in vigilando*, pois sua responsabilidade por ato lesivo de filho menor não será afastada se eles demonstrarem que sua conduta foi irrepreensível quanto à vigilância e educação do menor.

RESPONSABILIDADE DOS TABELIÃES E ESCREVENTES DE NOTAS. *Direito civil* e *direito notarial.* Responsabilidade civil dos notários, não só contratual, perante as pessoas que contratam o exercício de suas funções pelos danos causados por descumprimento de obrigação de resultado, como também extracontratual, ante terceiros pelos erros graves que cometerem no desempenho de sua função, lesivos aos seus interesses, e pelas inexatidões e lacunas dos atos que lavraram, desde que prejudiciais a outrem.

RESPONSABILIDADE DO TUTOR E DO CURADOR POR ATO PRATICADO PELO PUPILO E CURATELADO. *Direito civil.* Responsabilidade civil objetiva que têm, o tutor e o curador, de ressarcir, ante o dever de vigilância, os danos causados pelos atos do pupilo e do curatelado, desde que estes se encontrem em sua companhia e guarda. Essa responsabilidade sempre haverá, tenha havido ou não culpa *in vigilando* do representante legal.

RESPONSABILIDADE EXTRACONTRATUAL. *Vide* RESPONSABILIDADE AQUILIANA.

RESPONSABILIDADE EXTRACONTRATUAL DO ESTADO. *Vide* RESPONSABILIDADE CIVIL DO ESTADO.

RESPONSABILIDADE EXTRACONTRATUAL NO TRANSPORTE AÉREO. *Direito civil.* Obrigação que tem, a transportadora ou o proprietário, de responder: a) pelos danos acarretados pela aeronave a terceiro na superfície do solo, fundada no risco; b) pelos prejuízos resultantes de abalroamento aéreo ou colisão, fundada na culpa.

RESPONSABILIDADE FISCAL. *Direito tributário.* **1.** Responsabilidade por infração da legislação tributária, independentemente da intenção do agente ou do responsável e da efetividade, natureza e extensão dos efeitos do ato, salvo disposição de lei. **2.** Responsabilidade que tem, o oficial, em razão de sua atividade, pelo recolhimento de tributos que incidirem sobre os atos relacionados com o exercício de sua função, praticados por ele ou perante ele. **3.** Responsabilidade pessoal pelos créditos correspondentes e obrigações tributárias, oriundas de atos praticados com excesso de poder ou infração de lei. **4.** Incumbência que recai sobre o sujeito passivo no que atina ao adimplemento da obrigação tributária (Eduardo Marcial Ferreira Jardim) ou ao pagamento de penalidade pecuniária.

RESPONSABILIDADE FUNCIONAL. *Direito administrativo.* Obrigação do servidor público de responder pelo ato lesivo, comissivo ou omissivo, por ele praticado no exercício de suas funções.

RESPONSABILIDADE ILIMITADA. *Direito comercial.* Quebra do princípio de limitação da responsabilidade do sócio que vier a agir infringindo o pacto social ou a lei (Othon Sidou).

RESPONSABILIDADE *IN CONTRAHENDO*. *Direito civil.* Responsabilidade aquiliana que surge, apesar da falta de obrigatoriedade das negociações preliminares, para os que delas participarem, quando, por exemplo, um dos participantes criar no outro a expectativa de que o negócio será celebrado, levando este a despesas, a não contratar com terceiro ou a alterar planos de sua atividade imediata, e depois desistir, injustificada e arbitrariamente, causando-lhe sérios prejuízos, tendo, por isso, a obrigação de ressarcir todos os danos. Essa responsabilidade pré-contratual dá certa relevância jurídica aos acordos preparatórios, fundada no princípio de que os interessados na celebração de um contrato deverão comportar-se de boa-fé, já que todo aquele que, por ação ou omissão, culposa ou dolosa, causar prejuízo a outrem fica obrigado a reparar o dano.

RESPONSABILIDADE INDIRETA. *Vide* RESPONSA-BILIDADE COMPLEXA.

RESPONSABILIDADE INTERNACIONAL. *Direito internacional público.* Responsabilidade do Estado ou de organização internacional de reparar dano a um país, causado por sua conduta internacionalmente ilícita, omissiva ou comissiva, afrontando o direito das gentes.

RESPONSABILIDADE JUDICIAL. *Direito processual civil.* Ação regressiva do Estado que pagou indenização por ato lesivo de juiz singular que agiu com culpa ou dolo. *Vide* RESPONSABILIDADE CIVIL DO ESTADO POR ATO JURISDICIONAL.

RESPONSABILIDADE JURÍDICA. *Direito civil.* Responsabilidade que abrange a responsabilidade civil e a criminal, surgindo quando houver infração a norma jurídica civil ou penal, causadora de danos que perturbem a paz social, que essa norma visa manter.

RESPONSABILIDADE LEGAL. *Direito civil.* Diz-se daquela em que, por ser imposta por lei, o lesante deve reparar o dano que provocou com sua ação ou omissão.

RESPONSABILIDADE LIMITADA. 1. *Direito civil.* Responsabilidade que impõe um certo limite ao dever de cumprir uma obrigação. **2.** *Direito comercial.* a) É a da sociedade que, no estatuto social, limita a responsabilidade de cada sócio ao pagamento de sua cota, mas todos respondem solidariamente pela integralização do capital social. A responsabilidade só vai até a importância total do capital social, não excedendo, portanto, o valor total das ações societárias; b) responsabilidade pela qual, em sociedade em comandita simples, cada sócio comanditário só responde pela parte do capital com que se obrigou, ou seja, pelo valor de sua cota.

RESPONSABILIDADE MORAL. Responsabilidade que resulta da violação de uma norma moral, repousando na seara da consciência individual, de sorte que o ofensor se sentirá moralmente responsável perante Deus ou perante sua consciência, conforme seja ou não um homem de fé. Não há qualquer preocupação em saber se houve, ou não, um dano. Supõe-se que o agente tenha livre-arbítrio e consciência da obrigação (Serpa Lopes, Marton e Aguiar Dias).

RESPONSABILIDADE NA SERVENTIA IMOBILIÁRIA. 1. *Direito civil* e *direito registrário.* Abrange a: a) responsabilidade contratual do serventuário que não cumprir obrigação de resultado perante as pessoas que contratam o exato exercício de suas funções legais; b) responsabilidade extra-contratual do serventuário perante terceiros pelos erros graves que vier a cometer no desempenho de suas funções, prejudicando-os, e pelas inexatidões e lacunas dos atos registrários, desde que lesivos a outrem. **2.** *Direito penal.* Responsabilidade criminal de serventuário, que, no exercício de suas funções: a) quebrar os deveres de fidelidade, se emitir documentos inidôneos; de lealdade, se revelar sigilo profissional; de conservação, se não guardar ou preservar arquivos ou protocolos de cartório; b) der causa à nulidade de registro, por tê-lo lavrado fora das horas regulamentares ou em dias em que não houve expediente; c) não mencionar a alteração posterior ao ato cuja certidão é pedida; d) registrar não só loteamento ou desmembramento não aprovado pelos órgãos competentes, como também compromisso de compra e venda, cessão ou promessa de cessão de direitos, ou contrato de venda de loteamento ou desmembramento não registrado.

RESPONSABILIDADE NA SOCIEDADE ANÔNIMA. *Direito comercial.* Responsabilidade de reparação de dano que têm: 1) o administrador: a) pelas obrigações que contrair em nome da sociedade e em virtude de ato regular de gestão, se causou prejuízo ao proceder dentro de suas atribuições com culpa ou dolo ou com violação da lei ou do estatuto; b) pelos atos ilícitos que cometer e solidariamente pelos cometidos pelos demais administradores, se não procurar impedir a prática desses atos; c) pelos prejuízos causados em razão de descumprimento de deveres legais para assegurar o funcionamento normal da companhia; d) pela demora no cumprimento das formalidades complementares à sua constituição; e) pelo fato de não levar ao conhecimento da assembléia geral, tendo ciência do não-cumprimento dos deveres legais, as irregularidades verificadas; f) pelos atos e operações praticados antes de cumpridas as formalidades de constituição da sociedade; g) pela infração ao dever de diligência; h) pelo fato de não ter servido à companhia com lealdade nem mantido reserva sobre seus negócios; i) pelo descumprimento da obrigação de informação; j) pela circunstância de não pagar os dividendos ao acionista; k) pela emissão de ações da companhia por preço inferior ao seu valor nominal e de debênture sem a observância dos requisitos exigidos; l) pelas perdas e danos decorrentes da extinção irregular das debêntures; m) pelos atos que praticar favorecendo sociedade coligada ou controlada, em prejuízo da companhia; 2) o conselheiro fiscal: a) pela infração dos mesmos deveres do administrador; b) pelos atos ilícitos que praticar e solidariamente pelos levados a efeito por outro conselheiro, se conivente ou se concorreu para a prática daqueles atos; 3) os fundadores: a) pelos atos fundacionais que contrariarem preceitos legais; b) pelas irregularidades nos atos constitutivos; 4) os acionistas: a) pela circunstância de não terem atendido à formação do capital social; b) pelo uso de seus direitos sem atender aos fins da sociedade e pelos danos causados por atos praticados com abuso de direito ou de poder, se for acionista controlador; c) pelo exercício abusivo do direito de voto.

RESPONSABILIDADE NO CONTRATO DE SOCIEDADE.

Direito civil. Responsabilidade do sócio: 1) nas relações entre os sócios atinentes à cooperação para conseguir o objetivo social, pois cada um terá: a) o dever de cooperação para promover o fim comum; se a sociedade se dissolver, ficarão responsáveis até satisfazer todas as obrigações sociais; b) o dever de contribuir para a formação do patrimônio social, entregando a cota a que se obrigou por força do contrato de sociedade; c) o dever de responder pela evicção perante os consócios, se entrou para a sociedade com objeto infungível, que venha a ser evicto; d) o dever de indenizar a sociedade de todos os prejuízos que esta sofrer por culpa sua; 2) nas relações recíprocas entre sócios, regidas por normas estatutárias, mas, no seu silêncio, prevalecerão as normas contidas no Código Civil. Assim, quanto: a) à composição da cota social; b) aos poderes de administração, pois o sócio preposto à administração pode exigir da sociedade, além do que por conta dela despender, a importância das obrigações em boa-fé contraídas na gerência dos negócios sociais e o valor dos prejuízos que ela lhe causar. Se o estatuto nada dispuser sobre os poderes de administração, cada sócio terá o direito de administrar, e válido será o que fizer, ainda em relação aos demais que não consentiram, podendo, porém, qualquer deles opor-se antes de levado o ato a efeito; c) à utilização dos bens sociais, pois cada sócio pode servir-se das coisas pertencentes à sociedade desde que lhes dê o seu destino; d) a posição do sócio ante as obrigações sociais

ativas e passivas, já que os sócios têm o dever de contribuir para as despesas necessárias à conservação dos bens sociais; e) à distribuição de lucros ilícitos ou fictícios, pois acarretará responsabilidade solidária dos administradores que a realizarem e dos sócios que o receberem, conhecendo ou devendo ter conhecimento de sua ilegalidade; f) à substituição de sócio, pois não poderá este ser substituído no exercício de suas funções, sem a anuência expressa dos demais; g) à cessão total ou parcial da quota, por requerer modificação do estatuto social, com o consenso dos outros sócios; h) à vedação ao administrador de fazer-se substituir no exercício de suas funções, sendo-lhe, porém, permitido, nos limites de seus poderes, constituir mandatários da sociedade; 3) nas relações da sociedade e dos sócios em face de terceiros, pois: a) se as obrigações forem contraídas conjuntamente por todos os sócios, ou por algum deles no exercício do mandato social, serão consideradas dívidas de sociedade; b) se o cabedal social não cobrir os débitos da sociedade, por eles responderão os sócios, na proporção em que houverem de participar nas perdas sociais, porque os credores da sociedade são credores dos sócios; c) se um dos sócios, acionado por credor particular, for insolvente, aquele poderá fazer recair a execução sobre o que a este couber nos lucros da sociedade ou na parte que lhe tocar na liquidação; d) se um sócio for admitido em sociedade já constituída, ele não se eximirá dos débitos sociais anteriores à sua admissão; e) se os sócios não são solidariamente obrigados pelas dívidas sociais nem os atos de um, não autorizado, obrigam os outros, salvo redundando em proveito da sociedade; f) os herdeiros do cônjuge do sócio, ou o cônjuge do que se separou judicialmente, não poderão exigir desde logo a parte que lhes couber na quota social, mas tão-somente concorrer à divisão periódica dos lucros até que se liquide a sociedade; g) os administradores respondem solidariamente, perante a sociedade e terceiros prejudicados, pelos prejuízos que culposamente causaram ao desempenhar suas funções; 4) nos direitos dos sócios, como os de: a) participar nos lucros produzidos pela sociedade, sendo nula cláusula que confira todos os lucros a um dos sócios; b) colaborar no funcionamento da sociedade; c) reembolsar-se das despesas necessárias à conservação dos bens sociais; d) servir-se dos bens sociais, contanto que lhes dêem o seu destino e possibilitem aos outros aproveitá-los nos limites do seu direito; e) administrar a sociedade; f) associar um estranho ao seu quinhão social, sem o concurso dos outros, porque formará com ele uma subsociedade que nada terá que ver com os demais sócios; porém, não poderá, sem aquiescência dos demais, associá-lo à sociedade de pessoas; g) retirar-se da sociedade; h) votar nas assembléias gerais, onde, salvo estipulação em contrário, sempre se deliberará por maioria de votos.

RESPONSABILIDADE NOS ESPORTES. *Direito desportivo.* Abrange: 1) a responsabilidade do organizador pelos danos causados: a) pela não-verificação das qualidades necessárias que o atleta deve ter para que as provas se desenvolvam sem perigo; b) por não ter tomado providência para que o terreno dos esportes tivesse condições de permitir o jogo; c) pelo não-fornecimento de meios, instrumentos ou aparelhos necessários ao jogo e aos jogadores, se esta era sua incumbência; d) por ter negligenciado na polícia do jogo; e) por não ter tomado as medidas de precaução necessárias à proteção dos espectadores; f) pela não-observância dos direitos do torcedor; 2) a responsabilidade solidária do atleta e do organizador pelos danos infligidos aos assistentes de corrida de automóvel, de cavalo ou de bicicleta. Tais prejuízos são ressarcidos tanto pelo atleta, por ter a guarda do veículo ou do animal, como pelo organizador, por não ter protegido suficientemente o público contra o perigo do esporte; 3) a responsabilidade solidária do espectador e do atleta pelo prejuízo que, culposamente, causaram. Tal responsabilidade repartir-se-á entre eles proporcionalmente às respectivas culpas.

RESPONSABILIDADE OBJETIVA. *Direito civil.* Responsabilidade fundada no risco, sendo irrelevante a conduta culposa ou dolosa do causador do dano, uma vez que bastará a existência do nexo causal entre o prejuízo sofrido pela vítima e a ação do agente para que surja o dever de indenizar.

RESPONSABILIDADE OBJETIVA IMPURA. *Direito civil.* É a que tem como substrato a culpa de terceiro, desde que este esteja vinculado à atividade do indenizador (Álvaro Villaça Azevedo).

RESPONSABILIDADE OBJETIVA PURA. *Direito civil.* É a que implica ressarcimento, mesmo que não haja culpa do envolvido no evento danoso. In-deniza-se por ato lícito ou por mero fato jurídico, porque a lei assim o determina, inexistindo direito de regresso, devendo, por isso, o indenizador arcar sozinho com o pagamento do prejuízo (Álvaro Villaça Azevedo).

RESPONSABILIDADE PATRIMONIAL. *Direito civil.* Responsabilidade em que o credor tem à sua disposição, como garantia do adimplemento da obrigação, o patrimônio do devedor. Assim, embora a obrigação objetive uma prestação pessoal do devedor, na execução por inadimplemento desce-se aos seus bens, pois o credor vai buscar, no seu patrimônio, o *quantum* necessário à satisfação do crédito e à composição do dano causado. Daí a grande importância desta responsabilidade patrimonial, a ponto de haver quem afirme que a obrigação é uma relação entre dois patrimônios, de forma que o caráter de vínculo entre duas pessoas, sem jamais desaparecer, vem perdendo sua importância e seus efeitos. A obrigação funda-se no fato de o devedor obrigar-se a realizar uma prestação ao credor; essa autovinculação é expressão da responsabilidade patrimonial do promitente, nela descansando a confiança que o credor lhe tem (Washington de Barros Monteiro, Larenz, Ferrara, Serpa Lopes, Orlando Gomes e Gaudemet).

RESPONSABILIDADE PELO CONTROLE DE DOPAGEM. *Direito desportivo.* A responsabilidade administrativa e financeira do controle de dopagem cabe às Entidades Nacionais e Regionais de Administração do Desporto, ao Comitê Olímpico e Paraolímpico, ao Ministério de Secretarias de Esporte e aos organizadores de eventos desportivos.

RESPONSABILIDADE PELO RISCO. *Vide* RESPONSABILIDADE OBJETIVA.

RESPONSABILIDADE PENAL. *Vide* RESPONSABILIDADE CRIMINAL.

RESPONSABILIDADE PESSOAL DE TERCEIRO. *Direito tributário.* Responsabilidade pessoal de pais, tutor, curador, administrador de bens de terceiro, síndico, comissário, serventuário, sócio de sociedade, mandatário, preposto ou empregado, diretor, gerente e representante de pessoa jurídica de direito privado, por violação à lei tributária em atos praticados com excesso de poder ou infração à norma estatutária (Eduardo M. Ferreira Jardim).

RESPONSABILIDADE PESSOAL DO AGENTE. *Direito tributário.* Responsabilidade assumida pelo próprio agente que cometeu, dolosamente, infração à legislação tributária ou, ainda, ato contra a vontade de seu preposto.

RESPONSABILIDADE POR ABUSO DE DIREITO. *Direito civil.* Responsabilidade resultante do exercício abusivo de direito, com o escopo de ressarcir prejuízos advindos de atos emulativos, ofensivos aos bons costumes, ou contrários à boa-fé ou ao fim social ou econômico do direito.

RESPONSABILIDADE POR ATENTADO À IMAGEM. *Direito civil.* Reparação que obriga aquele que causar dano à imagem de: a) pessoa jurídica, por atingir sua idoneidade financeira, a qualidade de seus serviços e produtos, o segredo de sua tecnologia etc., por meio da imprensa ou de qualquer outro tipo de comunicação; b) pessoa física, por: reproduzir publicamente sua imagem sem autorização, sem que seja relacionado, tal fato, com fins científicos ou didáticos, ou com eventos de interesse público; ter feito reportagem ousada que, sem escrúpulos, publica fatos verídicos ou falsos que abalem o prestígio social de alguém; ter reproduzido, em filme, a vida de pessoa notória sem a devida autorização; usar legendas deturpando o contexto; fazer exibição pública autorizada pelo retratado mas desvirtuada por quem fez a divulgação, utilizando-a em anúncios para fins de propaganda ou em álbum de figurinhas, provocando dano moral e patrimonial; ter fotografado ou publicado cena de sexo explícito ou pornográfica envolvendo menor etc.

RESPONSABILIDADE POR ATO ILÍCITO. *Direito civil.* Aplicação de medida que obrigue alguém a reparar dano moral e/ou patrimonial causado, culposamente, a terceiro, em razão da prática de um delito comissivo ou omissivo. Ter-se-á ato ilícito se a ação contrariar dever geral previsto em lei, integrando-se na seara da responsabilidade extracontratual, e se ela não cumprir obrigação assumida, caso em que se configura a responsabilidade contratual.

RESPONSABILIDADE POR ATO LÍCITO. *Direito civil.* Responsabilidade sem culpa ou objetiva, em que o dever ressarcitório é imposto pela lei, tendo por fundamento a atividade lícita exercida pelo agente, que, então, assume o risco ou o perigo dela resultante que pode causar a terceiro dano à vida, à saúde etc. Por exemplo, é o que ocorre com aquele que empreende atividade destinada à produção de energia elétrica; à exploração de minas; à instalação de fios telefônicos; ao transporte, de coisas ou de pessoas, aéreo, marítimo e terrestre; à construção de prédios etc. É a reparação de prejuízo resultante do perigo do exercício da atividade do agente, e não do comportamento doloso ou culposo do agente. Na responsabilidade objetiva, a atividade que gerou o dano é lícita, mas causou perigo a outrem, de modo que o agente que a exerce terá o dever ressarcitório pelo simples implemento do nexo causal entre o dano e a ação que o produziu.

RESPONSABILIDADE POR CRIMES PRATICADOS CONTRA O MENOR. *Direito da criança e do adolescente* e *direito penal.* Aplicação de graves penas restritivas de liberdade (detenção ou reclusão) àquele que, por ato comissivo ou omissivo, praticar crime de ação pública incondicionada contra criança e adolescente, tais como: a) deixar de fornecer à parturiente declaração de nascimento, onde constem as intercorrências do parto e do desenvolvimento do neonato; b) deixar o médico ou enfermeiro de identificar corretamente o neonato, ou deixar de fazer os exames requeridos por lei; c) privar o menor de sua liberdade, procedendo à sua apreensão sem estar em flagrante de infração ou sem ordem judicial escrita; d) deixar a autoridade policial responsável pela apreensão do menor de fazer imediata comunicação à autoridade judiciária, à família do apreendido ou à pessoa por ele indicada; e) submeter menor sob sua autoridade, guarda ou vigilância, a vexame, constrangimento ou tortura, sendo que nesta última hipótese haverá aumento de pena se resultar lesão corporal grave ou gravíssima ou morte; f) deixar a autoridade competente, sem justa causa, de ordenar a imediata liberação de criança ou adolescente, tão logo tenha conhecimento da ilegalidade da apreensão; g) descumprir, injustificadamente, prazo fixado em lei em benefício de adolescente privado de liberdade; h) impedir ou dificultar a ação de autoridade judiciária, membro do Conselho Tutelar ou representante do Ministério Público no exercício de suas funções previstas no Estatuto da Criança e do Adolescente; i) subtrair menor ao poder de quem o tem sob sua guarda em virtude de lei ou ordem judicial, com o fim de colocação em lar substituto; j) prometer ou efetivar a entrega de filho ou pupilo a terceiro, mediante paga ou recompensa; k) promover ou auxiliar a efetivação de ato destinado ao envio de menor para o exterior com inobservância das formalidades legais ou com o fito de obter lucro; l) produzir ou dirigir representação teatral, televisiva ou cinematográfica, atividade fotográfica ou qualquer outro meio visual, utilizando criança ou adolescente em cena pornográfica, de sexo explícito ou vexatória; m) fotografar ou publicar cena de sexo explícito ou pornográfica envolvendo menor; n) apresentar, produzir, vender, fornecer, divulgar ou publicar, por qualquer meio de comunicação inclusive rede mundial de computadores ou internet, fotografias ou imagens, com pornografia ou cenas de sexo explícito envolvendo criança ou adolescente; o) vender, fornecer ainda que gratuitamente, ministrar ou entregar, de qualquer forma, a menor, sem justa causa, produtos cujos componentes possam causar dependência física ou psíquica, ainda que por utilização indevida; p) vender, fornecer ainda que gratuitamente, ou entregar a criança ou adolescente fogos de estampidos ou de artifícios, exceto aqueles que, pelo seu reduzido potencial, sejam incapazes de provocar qualquer dano físico em caso de utilização indevida; q) submeter criança ou adolescente à prostituição ou à exploração sexual.

RESPONSABILIDADE POR CULPA DE OUTREM. *Vide* RESPONSABILIDADE POR FATO DE TERCEIRO.

RESPONSABILIDADE POR DANO MORAL. *Direito civil.* Reparação a que está obrigado aquele que causou lesão ao interesse não patrimonial de pessoa física ou jurídica, mesmo quando não haja repercussão econômica. O direito não manda reparar, como diz Zannoni, qualquer padecimento, dor, aflição ou humilhação, mas aquele que for decorrente da privação de um bem jurídico sobre o qual a vítima teria interesse reconhecido juridicamente. Por exemplo, se vemos alguém atropelar outrem, não estamos legitimados para reclamar indenização, mesmo quando esse fato nos provoque grande dor. Mas, se houver relação de parentesco próximo entre nós e a vítima, seremos lesados indiretos. Logo, os lesados indiretos e a vítima poderão reclamar a reparação em razão de dano moral, embora não peçam um preço para a dor que sentem, mas tão-somente que lhes outorguem um meio de atenuar, em parte, as conseqüências da lesão jurídica por eles sofrida. Ante isso, pode-se dizer que o dano moral direto consiste na lesão a um interesse que visa a satisfação de um bem extrapatrimonial contido nos direitos da personalidade (como a vida, a integridade corporal, a liberdade, a honra, a intimidade, o decoro, a imagem) ou nos atributos da pessoa (como o nome, a capacidade e o estado de família). E o dano moral indireto consiste na lesão a um interesse tendente à satisfação de bens jurídicos patrimoniais que produz dano a um bem extrapatrimonial, como, por exemplo, perda de coisa com valor afetivo. Não se paga a dor sofrida, por ser ela insuscetível de aferição econômica, procurando, tão-somente, suavizar certos males, não por sua natureza, mas pelas vantagens que o dinheiro poderá proporcionar, compensando até certo ponto o dano que foi injustamente causado. A fixação do *quantum* competirá ao prudente arbítrio do magistrado de acordo com o estabelecido em lei, e nos casos de dano moral não contemplado legalmente a reparação correspondente será fixada por arbitramento. É da competência jurisdicional o estabelecimento do modo como o lesante deve reparar o dano moral, baseado em critérios subjetivos (posição social ou política do ofendido, intensidade do ânimo de ofender, culpa ou dolo) ou objetivos (situação econômica do ofensor, risco criado, gravidade e repercussão da ofensa). Na avaliação do dano moral, o órgão judicante deverá: estabelecer uma reparação eqüitativa, baseada na culpa do agente, na extensão do prejuízo causado e na capacidade econômica do responsável; evitar indenização simbólica e enriquecimento sem causa da vítima; verificar a repercussão pública provocada pelo fato lesivo e as circunstâncias fáticas; não usar de tarifação; atentar às peculiaridades do caso e ao caráter anti-social da conduta lesiva; apurar o real valor do prejuízo sofrido pela vítima e do lucro cessante; avaliar a perda da chance; levar em conta o contexto econômico do País; basear-se em prova firme e convincente do dano etc. Mas, além da liquidação por arbitramento, poder-se-á ter a por artigos, se houver necessidade de alegar fato novo. Na reparação do dano moral, o juiz determina, por eqüidade, levando em conta as circunstâncias de cada caso, o *quantum* da indenização devida, que deverá corresponder à lesão e não ser equivalente, por ser impossível tal equivalência. A reparação pecuniária do dano moral é um misto de pena e satisfação compensatória. No ressarcimento do dano moral, às vezes, ante a impossibilidade de reparação natural, na *restitutio in integrum*, procura-se atingir uma situação material correspondente. Por exemplo, no delito contra a reputação, pela publicação em jornal do desagravo; no dano estético, mediante cirurgia plástica, cujo preço estará incluído na reparação do dano. A reparação do dano moral, em regra, é pecuniária, visando neutralizar os sentimentos negativos, compensando-os com a alegria. O dinheiro seria apenas um lenitivo, que facilitaria a aquisição de tudo aquilo que possa concorrer para trazer ao lesado uma compensação por seus sofrimentos.

RESPONSABILIDADE POR DANO MORAL AO NASCITURO. *Direito civil.* Reparação do dano moral causado ao nascituro, pois a lei põe a salvo os seus direitos desde a concepção. Por isso, além da proibição do aborto, urge proteger juridicamente o nascituro na vida intra-uterina, dando-lhe direito a alimentos, a uma adequada assistência pré-natal, a um curador que zele pelos seus interesses em caso de incapacidade de seus pais etc. Pode ele sofrer dano moral como deformações, traumatismos, intoxicações, toxi-infecções, causados por: a) radiações (raios X) que podem acarretar hidrocefalia, mongolismo, defeitos de ossificação etc.; b) fumo, pois, se a grávida for fumante inveterada, a nicotina e o monóxido de carbono poderão atingir seus pulmões, indo ao seu sangue, e pela placenta atingirão o feto, causando-lhe malformações congênitas; acelerando-lhe as palpitações cardíacas; fazendo com que nasça prematuramente e com pouco peso; c) tóxicos consumidos pelos pais, mesmo para fins terapêuticos, pois poderão afetar o nascituro em seu desenvolvimento psíquico, intelectual e físico; d) alcoolismo, pois descendente de alcoólatra pode nascer retardado, epiléptico ou louco; e) uso errôneo de hormônios antes da terceira fase do trabalho de parto, que poderá produzir contrações uterinas, as quais poderão asfixiar o nascituro. Por isso, será preciso delimitar juridicamente as fronteiras da responsabilidade civil por dano moral ao nascituro, tanto na fertilização natural como na assistida.

RESPONSABILIDADE POR FATO DA COISA INANIMADA. *Direito civil.* Reparação do dano causado à integridade física ou ao patrimônio de alguém pelo titular do domínio ou possuidor ao usar coisa inanimada que lhe pertence ou que tem permissão para possuir. Trata-se, na verdade, como diz Orlando Gomes, de responsabilidade por infração do dever de guarda e de controle da coisa inanimada. Configura-se essa responsabilidade em várias situações, dentre elas: a) queda de coisa colocada em local indevido, em uma casa, hipótese em que a indenização do dano causado independe de culpa do morador, daí ser objetiva sua responsabilidade; b) ruína, parcial ou total, de edifício ou construção, caso em que a obrigação de indenizar o prejuízo provocado condiciona-se de provir a ruína da falta de reparos necessários caso em que a responsabilidade é subjetiva; c) queda de árvore, causando dano a terceiro (lesão corporal), ou obstrução de tubo de canalização, pelas folhas que dela caíram, pois quem for seu dono terá o dever de guarda e, conseqüentemente, a responsabilidade presumida pelo prejuízo que ela acarretou, isentando-se apenas se provar que o fato se deu em virtude de força maior, caso fortuito ou causa estranha que lhe seja inimputável; d) instalações domésticas lesivas a outrem, levando o proprietário do imóvel a responder pelo prejuízo; e) queda de elevador por falta de conservação, causando graves ferimentos aos seus usuários, requerendo sua reparação pelo proprietário, condomínio e empresa encarregada daquela conservação por sua culpa, ou seja, negligência ou falta de vigilância; f) no transporte gratuito, gerando responsabilidade civil extracontratual, caso em que o transportador responde se, por culpa leve, falta grave ou dolo, deu causa ao acidente etc. Portanto, tal responsabilidade ora baseia-se na presunção de culpa, ora na teoria do risco.

RESPONSABILIDADE POR FATO DE ANIMAL. *Direito civil.* **1.** *Vide* DANO CAUSADO POR ANIMAL. **2.** Obrigação que tem o proprietário ou detentor do animal de reparar o dano por ele causado a terceiro, baseada na presunção de culpa, porque o proprietário ou detentor do animal tem o dever de guarda e de fiscalização. Assim, terá, por exemplo, responsabilidade: a) pelo contágio de uma enfermidade transmitida a outrem pelo animal; b) pelos danos causados por animal a terceiros; c) pelo fato de não ter cercado sua propriedade, fazendo tapume especial ou comum, facilitando os estragos feitos por seus animais à cultura da propriedade vizinha; d) pelos danos causados por gado a veículos em estradas; e) pelos prejuízos ocasionados a outrem por picadas de abelhas ou mordidas de animais. Excluem a responsabilidade do dono ou detentor do animal a prova de que o ofendido agiu com imprudência; o fato resultou de caso fortuito ou força maior.

RESPONSABILIDADE POR FATO DE TERCEIRO. *Direito civil.* Responsabilidade por fato alheio daquele que, indiretamente, reparará prejuízo resultante da prática do ato ilícito cometido por outrem por se encontrar ligado a ele, por disposição legal. Há dois agentes, portanto: o causador do dano e o responsável pela indenização. Tal responsabilidade complexa surge de fato praticado por pessoa por quem se é responsável. Por exemplo, são responsáveis, objetivamente, pela reparação civil: a) os pais, pelos filhos menores que estiverem sob seu poder e em sua companhia; b) o tutor e o curador, pelos pupilos e curatelados; c) o empregador ou comitente, por seus empregados, serviçais ou prepostos, no exercício do trabalho que lhes competir, ou por ocasião dele; d) os donos de hotéis, hospedarias, casas ou estabelecimentos, onde se albergue por dinheiro, mesmo para fins de educação, pelos seus hóspedes, moradores e educandos; e) os que gratuitamente houverem participado nos produtos do crime, até a concorrente quantia. Na responsabilidade por fato de terceiro, não mais haverá uma presunção de culpa *in vigilando* ou *in eligendo* de certa pessoa, se outra, que estiver sob sua guarda e direção, perpetrar ato danoso. O fato de terceiro não exclui a responsabilidade objetiva das pessoas acima arroladas, mas quem reparar dano causado por outrem, se este não for seu descendente, terá direito de reaver o que pagou. O direito regressivo só deixará de existir se o autor do prejuízo for um descendente, resguardando-se, assim, o princípio de solidariedade moral e econômica pertinente à família.

RESPONSABILIDADE POR FATO PRÓPRIO. *Direito civil.* Responsabilidade direta, ou simples, que decorre de um fato pessoal do causador do dano, ou seja, de uma ação direta de uma pessoa ligada à violação ao direito ou ao prejuízo ao patrimônio, por ato culposo ou doloso.

RESPONSABILIDADE POR INFRAÇÃO ADMINISTRATIVA LESIVA AO MENOR. *Direito da criança e do adolescente.* Pena pecuniária imposta por infração administrativa prejudicial à criança e ao adolescente, estabelecida em lei: a) ao médico, professor ou responsável por estabelecimento de atenção à saúde e de ensino fundamental, pré-escola ou creche, que deixar de comunicar à autoridade competente os casos de que tenha conhecimento, envolvendo suspeita ou confirmação de maus-tratos contra criança ou adolescente; b) àquele que divulgar, total ou parcialmente, sem autorização devida, por qualquer meio de comunicação, nome, ato ou documento de procedimento policial, administrativo ou judicial, ou fotografia, relativo a criança ou adolescente a que se atribua ato infracional; c) a quem deixar de apresentar à autoridade judiciária de seu domicílio, no prazo de cinco dias, com o fim de regularizar a guarda, adolescente trazido de outra comarca para a prestação de serviço doméstico, mesmo que autorizado pelos pais ou responsável; d) àquele que, culposa ou dolosamente, não cumprir os deveres inerentes ao poder familiar ou decorrente de tutela ou guarda, bem assim determinação da autoridade judiciária ou Conselho Tutelar; e) a quem hospedar menor, desacompanhado dos pais ou responsável, ou sem autorização escrita deles ou da autoridade judiciária, em hotel, pensão, motel ou congênere; f) ao responsável por diversão ou espetáculo público que deixar de afixar, em lugar visível e de fácil acesso, à entrada do local de exibição, informação destacada sobre a natureza da diversão ou do espetáculo e a faixa etária especificada no certificado de classificação; g) a quem transmitir, em rádio ou televisão, espetáculo em horário diverso do autorizado ou sem aviso de sua classificação; h) àquele que exibir filme, *trailer*, peça, amostra ou congênere classificado pelo órgão competente como inadequado aos menores admitidos ao espetáculo; i) a quem vender ou locar a criança ou adolescente fita de programação em vídeo em desacordo com a classificação atribuída pelo órgão competente etc.

RESPONSABILIDADE POR OFENSA À HONRA. *Direito civil.* Reparação pelo dano causado ao sentimento da própria dignidade e à estimação que outrem faz da reputação de uma pessoa relativamente a sua qualidade moral e valor social, que pode ser afetado pela injúria, calúnia ou difamação. Se o lesado não puder provar prejuízo material, caberá ao juiz fixar, eqüitativamente, o valor da indenização, na conformidade das circunstâncias do caso. O ofendido terá direito de ser indenizado por dano patrimonial e moral à sua honra, se tiver dano patrimonial indireto, que atinge interesse jurídico extrapatrimonial do lesado, causando, mediatamente, perda patrimonial. Casos existem em que, ante a impossibilidade de restauração natural, se procura obter, na *restitutio in integrum*, uma situação material correspondente, publicando-se desagravo em jornal.

RESPONSABILIDADE POR OFENSA AO DIREITO À INTIMIDADE. *Direito civil.* Obrigação de reparar ofensa à intimidade, que pode dar-se por: a) violação de domicílio alheio ou de correspondência; b) uso de drogas ou de meios eletrônicos para obrigar alguém a revelar fato de sua vida particular ou segredo profissional; c) emprego de binóculos para espiar o que ocorre no interior de uma casa; d) instalação de aparelhos para captar, sub-repticiamente, conversas e imagens, ou para copiar documentos, dentro de residência ou repartição; e) intrusão injustificada no retraimento de uma pessoa, seguindo-a, observando-a, escrevendo-lhe, chamando-a continuamente pelo telefone; f) interceptação de conversa telefônica; g) violação a diário íntimo; h) desrespeito à dor pela perda de entes queridos e à situação indevassável de pudor; i) divulgação de enfermidades, de segredo profissional, da vida amorosa etc. Em todos esses casos, há dano patrimonial e/ou moral que deve ser ressarcido pelo lesante, mediante pagamento de uma indenização fixada pelo juiz, que, além disso, deve ordenar medida que obrigue o lesante a cessar suas ingerências na intimidade alheia.

RESPONSABILIDADE POR OFENSA AO DIREITO DE ARENA E À IMAGEM DO ATLETA. *Direito civil.* Reparação de dano moral e/ou patrimonial causado não só pelo desrespeito ao direito de arena, ante o fato de o atleta não ter usufruído de parte do *quantum* recebido pela associação desportiva para comercializar sua imagem e autorizar a reprodução visual de jogo no qual participou, como, também, pelo fato de ter sido exposto, publicamente, retrato do atleta sem seu consenso, em forma gráfica ou montagem ofensiva, enganosa ou malevolamente distorcida ao seu bom nome ou à sua reputação, e pela circunstância de, com sua aquiescência, ter sido publicado retrato seu, mas cuja exibição pública foi desvirtuada por quem fez a divulgação, utilizando-o em anúncios propagandísticos ou em figurinhas para colocar em álbuns.

RESPONSABILIDADE POR QUEDA DE OBJETOS ESPACIAIS. *Direito espacial* e *direito internacional público.* Reparação de dano material e/ou moral causado por queda de objetos espaciais, em razão de desvio de órbita ou de falha técnica, pelo responsável por seu lançamento (Justino Magno Araújo).

RESPONSABILIDADE PRÉ-CONTRATUAL. *Direito civil.* **1.** Sanção de obrigações resultantes do simples fato de se estabelecerem negociações contratuais (Westermann). **2.** Responsabilidade por culpa *in contrahendo* oriunda do comportamento de má-fé de um dos contraentes, no curso das tratativas, que venha a causar dano a outra parte (Salvatori Rasi). **3.** Responsabilidade por ruptura arbitrária e intempestiva de negociações, contrariando o consenso dado na sua elaboração, de tal modo que a outra parte, se soubesse que corria o risco de uma retirada repentina, não teria tomado as medidas anotadas (Antônio Chaves). **4.** *Vide* RESPONSABILIDADE *IN CONTRAHENDO.*

RESPONSABILIDADE PROFISSIONAL. *Direito civil.* Reparação de dano causado por profissional liberal ou manual, em razão de não-cumprimento da obrigação de meio ou de resultado, por ele assumida contratualmente, ou de violação de dever legal, sancionado pelas normas regulamentares de sua profissão, sem que haja inadimplência de contrato.

RESPONSABILIDADE SIMPLES. *Vide* RESPONSABILIDADE DIRETA.

RESPONSABILIDADE SOCIAL CORPORATIVA. *Direito comercial.* Forma de agregação de valor social aos negócios empresariais, que influencia a reputação da empresa nos mercados onde exerce suas atividades ou negocia seus valores mobiliários (Luiz Fernando Rudge).

RESPONSABILIDADE SOLIDÁRIA. *Direito civil.* Responsabilidade resultante de obrigação solidária passiva.

RESPONSABILIDADE SOLIDÁRIA DE TERCEIRO. 1. *Direito tributário.* Responsabilidade assumida por aqueles que estão arrolados em lei por estarem diretamente relacionados com o fato jurídico tributado, desde que o contribuinte não possa pagar o débito tributário. Têm responsabilidade solidária por dívida tributária: os pais, o tutor e o curador, relativamente ao filho, tutelado e curatelado; o administrador de bens de terceiro, com referência a este; o administrador judicial e o comissário, em relação à massa falida e à recuperação judicial ou extrajudicial; o tabelião, o escrivão e os demais serventuários, com relação a seus atos em função do ofício; e o sócio, relativamente à sociedade a que pertence (Eduardo M. Ferreira Jardim). **2.** *Direito civil.* a) Responsabilidade pela reparação do dano assumida por co-autores de uma ofensa; b) responsabilidade solidária dos pais, tutor, curador, empregador, hoteleiro, educador com o agente direto do dano (filho, pupilo, curatelado, empregado, hóspede, educando), em caso de cumplicidade ou co-autoria, mesmo não havendo prova da concorrência para o evento danoso. O lesado poderá acionar o lesante ou o responsável por ele. Dá-se, assim, ao lesado a possibilidade de demandar contra qualquer um deles, pois a lei lhe oferece alternativa de responsabilização, para facilitar a recomposição do prejuízo sofrido.

RESPONSABILIDADE SUBJETIVA. *Direito civil.* É a que encontra sua justificativa na culpa ou dolo por ação ou omissão, lesiva a determinada pessoa.

RESPONSABILIDADE SUBSIDIÁRIA. 1. *Direito civil* e *direito comercial.* Responsabilidade que recai sobre garantias que somente são exigidas quando a principal é insuficiente. Por exemplo, os bens particulares dos sócios constituem responsabilidade secundária, pois apenas irão à execução se os bens sociais executados não forem suficientes. **2.** *Direito civil.* É a de pessoa incapaz que lesar outrem, pois deverá, tendo recursos econômicos, indenizar, eqüitativamente, os prejuízos que causou, se o seu responsável não tiver obrigação de fazê-lo ou se não tiver meios suficientes para tanto. O magistrado, contudo, poderá condenar o lesante incapaz ao pagamento de uma indenização eqüitativa. E poderá haver até mesmo a exclusão dessa indenização se ela vier a privar o incapaz lesante e os que dele dependerem dos meios necessários à sua subsistência.

RESPONSABILIDADE SUCESSÓRIA. 1. *Direito tributário.* Hipótese de transferência do espólio ao cônjuge-meeiro sobrevivente, ao adquirente de coisa móvel ou imóvel, ou da responsabilidade relativa aos tributos devidos pelo sucedido que recaem sobre aquele bem, não alcançando, portanto, as multas impostas em razão de descumprimento de obrigação tributária. O mesmo ocorre com a pessoa jurídica advinda de fusão, transformação ou incorporação, que passará a ser responsável pelo tributo devido pela sucedida (Eduardo M. Ferreira Jardim). **2.** *Direito civil.* Privilégio legal concedido aos herdeiros do *de cujus* de só responder pelos encargos até as forças do acervo hereditário.

RESPONSABILIDADE TRIBUTÁRIA. *Vide* RESPONSABILIDADE FISCAL.

RESPONSABILIZADOR. Aquele que responsabiliza.

RESPONSABILIZAR. 1. Impor responsabilidade a alguém. **2.** Imputar. **3.** Obrigar alguém a reparar dano patrimonial ou moral. **4.** Ficar sujeito a responder por ato próprio ou de terceiro, por fato de coisa inanimada ou por fato de animal. **5.** Exigir o cumprimento de obrigação. **6.** Assumir uma responsabilidade. **7.** Comprometer-se.

RESPONSABILIZÁVEL. O que pode ser responsabilizado.

RESPONSÁVEL. 1. Aquele que tem o dever de ressarcir prejuízo material ou moral. **2.** O que presta contas de seus atos. **3.** Aquele que cumpre os compromissos assumidos. **4.** O que tem responsabilidade civil ou penal. **5.** Aquele que assume sua culpa pelo ato lesivo.

RESPONSÁVEL DIRETO PELA EMBARCAÇÃO. *Direito marítimo.* Pessoa física ou jurídica incumbida pela pessoa física, em nome da qual a embarcação se encontra inscrita e registrada no órgão público competente, preposta de gerir ou administrar seus negócios em certo porto, tomando todas as providências necessárias ao despacho da embarcação aportada. A pessoa física em nome da qual a embarcação se encontra inscrita e registrada no órgão público competente também poderá ser responsável direta pelas providências necessárias ao despacho das embarcações aportadas.

RESPONSÁVEL LEGAL PELA EMBARCAÇÃO. *Direito marítimo.* Responsável perante o Estado pelo uso da embarcação pesqueira, podendo ser o proprietário, armador ou arrendatário.

RESPONSÁVEL TÉCNICO. 1. *Direito agrário.* É o médico veterinário responsável pelo controle higiênico-sanitário dos plantéis do estabelecimento de criação de animais e aves, como ratitas, registrado na Divisão de Fomento Agrícola (DFA) onde se localiza o estabelecimento. **2.** *Direito administrativo.* É o profissional legalmente habilitado, com inscrição em autarquia profissional, responsável pelo estabelecimento e pela tecnologia do produto final.

RESPONSÁVEL TÉCNICO DE MUDAS. *Direito agrário.* Engenheiro agrônomo ou engenheiro florestal, registrado no Conselho Regional de Engenharia, Arquitetura e Agronomia (CREA), a quem compete a responsabilidade técnica pela produção, beneficiamento, reembalagem ou análise de mudas em todas as suas fases, na sua respectiva área de habilitação profissional.

RESPONSIVO. O que contém resposta.

RESPONSUM. *Direito romano.* Parecer de jurisconsulto que continha resposta solucionando determinada questão.

RESPOSTA. 1. *Direito desportivo.* Golpe que, na esgrima, se dá em troco ao do adversário. **2.** *Direito civil.* Aceitação ou recusa de uma proposta de contrato. **3.** *Lógica jurídica.* Refutação a um argumento. **4.** Nas *linguagens comum* e *jurídica,* significa: a) carta respondendo a uma outra; b) solução; c) o que se diz ou se escreve para responder a uma questão formulada.

RESPOSTA À CONTESTAÇÃO. *Direito processual civil.* Réplica.

RESPOSTA AO PÉ DA LETRA. Resposta que é dada na acepção estrita da interpelação.

RESPOSTA AOS QUESITOS. *Direito processual.* **1.** Resposta solucionadora de questões formuladas pelo consulente a um parecerista renomado. **2.** Resposta dada pelos jurados ao presidente do Tribunal do Júri sobre questões de fato alusivas ao caso em julgamento. **3.** Resposta dada por peritos no laudo pericial.

RESPOSTA DO RÉU. *Direito processual civil.* Defesa do réu cuja atitude ativa assume, ante o pedido do autor, a feição de contestação, exceção e reconvenção.

RESPOSTA EFICIENTE AO CONSUMIDOR. *Direito comercial.* **1.** ECR – *Efficient Consumer Response.* **2.** Modelo estratégico de negócios, no qual fornecedores e varejistas trabalham de forma integrada, visando melhorar a eficiência da cadeia logística, de forma a entregar maior valor ao consumidor final (James G. Heim).

RES PRIVATAE. *Locução latina.* Coisa privada ou particular.

RES PUBLICA CREDITRIX OMNIBUS CHIROGRAPHARIIS CREDITORIBUS PRAEFERTUR. *Expressão latina.* O Estado credor tem preferência em relação a todos os credores quirografários.

RES PUBLICAE. *Locução latina.* Coisa do povo; coisa pública.

RES QUAE EX DOTALI PECUNIA COMPARATAE SUNT, DOTALES ESSE VIDENTUR. *Expressão latina.* As coisas adquiridas com o dinheiro do dote são tidas como dotais.

RESQUÍCIO. Vestígio.

RES RELIGIOSAE. *Locução latina.* Coisa consagrada aos mortos; coisa religiosa.

RESSABIADO. 1. Desconfiado. **2.** Melindrado.

RESSABIAR. 1. Desconfiar. **2.** Desgostar-se; ressentir-se.

RESSABIDO. 1. Erudito. **2.** Aquele que tem muita experiência.

RESSACA. 1. Fluxo e refluxo das ondas do mar. **2.** Mal-estar que acompanha aquele que se excedeu na bebida no dia anterior. **3.** Inconstância.

RESSACADA. *Direito agrário.* Ressaca que se dá à beira do rio.

RESSACADO. 1. *Direito cambiário.* a) Título, letra de câmbio ou cheque sacado novamente; b) banco contra o qual o cheque foi descontado mais de uma vez; c) aquele sobre quem foi feito o ressaque. **2.** *Medicina legal.* Aquele que passa mal em razão de bebida em excesso.

RESSACADOR. *Direito cambiário.* Portador do título cambial não resgatado que providencia o ressaque de novo título (De Plácido e Silva).

RESSACAR. 1. *Direito cambiário.* a) Sacar de novo; b) fazer ressaque de uma letra de câmbio; c) repetir a extração de novo título. **2.** *Medicina legal.* Passar mal em virtude de bebedeira.

RESSACÁVEL. *Direito cambiário.* Diz-se da letra de câmbio suscetível de ressaque.

RESSACO. *Direito agrário.* Clareira existente no meio de um campo ou mato.

RES SACRA CONSULTOR. *Expressão latina.* O conselheiro deve ser considerado como coisa sagrada.

RES SACRAE. *Locução latina.* Coisa do culto religioso; coisa sagrada.

RES SACRA MISER. *Expressão latina.* O infeliz é coisa sagrada.

RES SACRA NON RECIPIT AESTIMATIONEM. *Aforismo jurídico.* Objeto sagrado não pode ser avaliado.

RESSAIBO. 1. Ressentimento. **2.** Vestígio de sabor que perdura no paladar após a ingestão de algum alimento ou bebida.

RESSALGA. *Direito agrário.* Salmoura na qual, para se preparar o charque, se embebe a carne.

RESSALTAR. 1. Dar relevância. **2.** Destacar algo.

RESSALVA. 1. *Direito notarial.* Ato pelo qual o notário ou escrivão que lavrou algum documento declara validade de uma entrelinha ou rasura textual. **2.** *Direito processual civil.* a) Reserva feita para conservar direito, como a que ocorre em medida cautelar que consiste em protesto, notificação e interpelação judicial; b) anotação autenticada feita em um documento para corrigir erro ou reconhecer alguma emenda, evitando argüição de nulidade. **3.** Nas *linguagens comum* e *jurídica,* significa *errata* ou reparação de erro. **4.** *Direito civil.* a) Alteração feita em um contrato, pelos contratantes, restringindo ou reservando direitos; b) documento de garantia; c) ato secreto destinado a modificar ou suprimir os efeitos de um outro realizado ostensivamente e, ao mesmo tempo, entre as mesmas pessoas e que, desde então, é simulado no todo ou em parte (Capitant). É, como explica José Náufel, um documento em que um dos contratantes, extra-oficialmente, retifica algumas cláusulas para garantir direitos do outro, lesados pela simulação contida no ato ostensivo. **5.** *Direito militar.* Certidão de isenção de serviço militar.

RESSALVAR. 1. Fazer ressalva. **2.** Validar mediante ressalva. **3.** Escusar-se.

RES SANCTAE. *Locução latina.* Coisa santa.

RESSAQUE. *Direito cambiário.* **1.** Ato pelo qual o portador de letra protestada, pela emissão de segunda letra de câmbio contra o sacador, obtém o embolso da quantia devida. **2.** Novo saque, baseado na letra não paga. **3.** Recâmbio.

RESSAQUE FICTO. *Direito cambiário.* Ato pelo qual o portador de uma letra de câmbio, sem que haja emissão de um novo título, vem a reclamar do devedor o pagamento da letra protestada.

RESSAQUE REAL. *Direito cambiário.* Emissão de novo título cambial, pelo portador da letra protestada, contra o devedor, obrigando-o a pagar o *quantum* devido acrescido dos juros legais e das despesas.

RESSARCIDOR. Aquele que indeniza prejuízos.

RESSARCIMENTO. *Direito civil.* **1.** Reparação de dano moral e/ou patrimonial causado a outrem. **2.** Indenização. **3.** Pagamento das perdas e danos. **4.** Satisfação da obrigação de reparar prejuízo.

RESSARCIR. 1. Reparar o dano. **2.** Indenizar. **3.** Satisfazer o prejuízo causado por ato, comissivo ou omissivo.

RESSECÇÃO. *Medicina legal.* Ablação; corte de um órgão.

RESSEGURADOR. *Direito civil.* Aquele que ressegura.

RESSEGURADOR ADMITIDO. *Direito civil.* O estabelecimento de seguro ou resseguro com sede no exterior que, atendendo às exigências legais, tenha sido cadastrado na Superintendência de Seguros Privados (Susep), para realizar retrocessão e operações de resseguro de estabelecimentos de seguro e resseguro brasileiros.

RESSEGURADOR EVENTUAL. *Direito civil.* O estabelecimento de seguro ou resseguro com sede no exterior, sem escritório de representação no País, que, atendendo aos parâmetros exigíveis para subscrever resseguros de estabelecimentos de seguro e resseguro brasileiros, seja cadastrado como tal no órgão fiscalizador de seguros para realizar operações de resseguro e retrocessão.

RESSEGURADOR LOCAL. *Direito civil.* O estabelecimento, com sede no País, constituído sob a forma de sociedade por ações, conforme previsto na legislação, que deverá ter por objeto, única e exclusivamente, a realização de operações de resseguro e retrocessão.

RESSEGURAR. *Direito civil.* Fazer resseguro.

RESSEGURO. *Direito civil.* Operação de transferência de riscos de uma cedente (seguradora) para um ressegurador. Seguro mediato, ou seja, uma obrigação assumida entre a seguradora e o órgão ressegurador; logo, não há vínculo entre o segurado e o órgão ressegurador. A companhia seguradora contrai um seguro com órgão ressegurador para cobrir-se de uma parcela do risco assumido, diminuindo sua responsabilidade na garantia dada a certos clientes de pagar altas somas, ocorrendo o sinistro. Ao partilhar os riscos, procura tornar menos onerosa a sua responsabilidade em contrato de seguro de grande vulto. A operação de resseguro constitui privilégio do Instituto de Resseguros do Brasil.

RESSELAR. *Direito alfandegário.* Pôr selo, novamente, nas mercadorias.

RESSEMEADURA. *Direito agrário.* Nova semeadura.

RES SEMOVENTES. *Locução latina.* Coisa que possui movimento próprio; animal.

RESSENTIMENTO. Sentimento ou mágoa que se tem de um ato ofensivo.

RES SINGULORUM. *Locução latina.* Coisa singular.

RESSOCA. *Direito agrário.* Terceiro corte da cana-de-açúcar.

RES SOLI. *Locução latina.* **1.** Bem de raiz. **2.** Coisa do solo.

RES SPERATA. *Locução latina* e *direito comercial.* Reserva de localização pretendida em *shopping center* em construção pelo futuro lojista, que,

RES SUCCEDIT LOCO PRETII IN UNIVERSALIBUS

para tanto, firma com o proprietário um contrato, contribuindo periodicamente com certa quantia até que a edificação se complete. Com isso, o futuro usuário, como contraprestação das despesas com projeto, construção etc., está assegurando a reserva da unidade que previamente escolheu. Com o pagamento desse capital, que não será restituído após a conclusão da obra, o lojista passa a ter o direito de reserva da localização ou de garantia de entrega do local que integrará o fundo de reserva.

RES SUCCEDIT LOCO PRETII IN UNIVERSALIBUS. *Aforismo jurídico.* A coisa sucede em lugar do preço, nas universalidades dos direitos.

RESSULCAR. *Direito agrário.* Sulcar novamente.

RESSUNÇÃO. Nova exposição ou exibição de alguma coisa.

RESSUNTA. *História do direito.* Exposição de objeções com as quais o defensor de uma tese se preparava para a sustentar.

RES SUO DOMINO PERIT. *Expressão latina.* Princípio pelo qual o risco da perda de um direito, ou do perecimento ou da deterioração de uma coisa, deve ser suportado pelo seu titular.

RESSURREIÇÃO. 1. *Direito autoral.* Renascença nas artes e nas letras. **2.** *Direito canônico.* Festa, celebrada pelo catolicismo, do reaparecimento de Cristo após sua morte. **3.** Nas *linguagens jurídica* e *comum,* significa: a) nova vida; b) cura inesperada.

RESSUSCITAMENTO CARDÍACO. *Medicina legal.* Ato terapêutico de fazer com que as batidas do coração retornem mediante aplicação de choques elétricos ou de massagem cardíaca (Croce e Croce Jr.).

RESTABELECEDOR. Aquele que restabelece algo.

RESTABELECER. 1. Restaurar. **2.** Estabelecer novamente. **3.** Recuperar. **4.** Repor algo ao estado anterior.

RESTABELECIDO. 1. O que se restabeleceu. **2.** O que voltou à normalidade.

RESTABELECIMENTO. 1. *Direito comercial.* Retorno do empresário, na mesma área de comércio, com nova empresa. **2.** Na *linguagem jurídica,* significa: a) ato ou efeito de restabelecer; b) revigoramento; c) volta ao estado anterior; d) revalidamento; e) recuperação; f) reintegração em um cargo anteriormente ocupado. **3.** *Medicina legal.* Cura de uma doença.

RESTABELECIMENTO DA SENTENÇA. *Direito processual.* Provimento dado a recurso extraordiná-

rio, repondo a sentença nos termos em que havia sido prolatada pelo juízo singular, antes de ter sido reformada pelo tribunal.

RESTAGNAÇÃO. *Direito agrário.* Represamento de águas.

RESTANTE. 1. O que resta. **2.** Saldo. **3.** Parcela que falta para que haja cumprimento integral da obrigação assumida.

RESTAR. 1. Sobrar. **2.** Faltar. **3.** Subsistir. **4.** Sobreviver.

RESTATEMENT. *Termo inglês.* Correção monetária.

RESTAURAÇÃO. 1. Restabelecimento. **2.** Reconstrução. **3.** Recuperação. **4.** Vida nova que se dá a uma instituição. **5.** Conserto; reparação de estragos. **6.** Ato de o Estado reaver a independência perdida. **7.** Restabelecimento de uma dinastia no trono que havia perdido. **8.** Reconstituição de ato. **9.** Reposição ao estado anterior. **10.** Recomposição. **11.** Restituição de um ecossistema ou de uma população silvestre degradada o mais próximo possível de sua condição original.

RESTAURAÇÃO DA INSTÂNCIA. *História do direito.* Restabelecimento da instância após a cessação da causa determinante de sua suspensão, que se dava, por exemplo, por convenção das partes, força maior etc.

RESTAURAÇÃO DE AUTOS. *Direito processual civil.* Recomposição de autos extraviados ou perdidos, no todo ou em parte.

RESTAURAÇÃO DE ELEMENTOS DA NATUREZA DESTRUÍDOS. *Direito ambiental.* Preservação da natureza, mediante reflorestamento de áreas desmatadas, regeneração de terras esgotadas, recuperação de águas poluídas, recriação de animais em extinção etc. (Hely Lopes Meirelles e Marcus Cláudio Acquaviva).

RESTAURAÇÃO DE REGIME POLÍTICO. *Ciência política.* **1.** Restabelecimento de um regime político que havia sido substituído por outro. **2.** Retorno de uma forma de governo anteriormente abolida.

RESTAURAÇÃO DE RODOVIAS PAVIMENTADAS. *Direito administrativo.* Serviços de reparos dos defeitos, reabilitação estrutural da rodovia, com aplicação de camadas de reforços ou revitalização da base, reabilitação de trechos em elevado estado de deterioração física dos pavimentos e das condições dos elementos situados dentro da faixa de domínio do corpo estradal.

RESTAURACIONISMO. *Ciência política.* Política dos restauracionistas.

RESTAURACIONISTA. *Ciência política.* Sequaz da restauração de um regime político.

RESTAURADO. 1. Reparado. **2.** Restabelecido.

RESTAURADOR. 1. Aquele que restaura. **2.** Restaurista.

RESTAURANTE. *Direito comercial.* Estabelecimento ou local onde são preparadas e servidas, mediante pagamento, refeições ao público.

RESTAURAR. 1. Repor ao *statu quo ante.* **2.** Restabelecer. **3.** Reparar. **4.** Restituir ao poder. **5.** Reconstituir. **6.** Refazer. **7.** Repor. **8.** Recuperar.

RESTAURATIVO. O que pode restaurar.

RESTAURÁVEL. Suscetível de restauração.

RESTAURISTA. *Vide* RESTAURADOR.

RESTAURO. *Vide* RESTAURAÇÃO.

RÉSTIA. 1. *Direito civil.* Raio de luz que passa por uma pequena abertura. **2.** *Direito agrário.* Corda de caules entrelaçados.

RESTIANESTESIA. *Medicina legal.* Anestesia troncular.

RESTINGA. 1. *Direito marítimo.* Banco de areia em alto-mar. **2.** *Direito agrário.* a) Mata estreita que separa dois pastos (Paraná); b) rebotalho de terra lavrada (Minas Gerais); c) pequeno matagal que orla margens férteis de pequeno curso de água.

RESTITUIÇÃO. 1. *Direito canônico.* Uso pelo qual o Papa dá o chapéu de cardeal a um parente do Sumo Pontífice anterior. **2.** *Direito civil.* a) Devolução de posse, de arras, de coisa achada, de pagamento indevido, de bem locado etc. (Othon Sidou); b) entrega do que pertence, legitimamente, a outrem; c) reposição ao estado anterior; d) reparação das perdas e danos; e) indenização. **3.** *Direito processual civil.* Reintegração. **4.** *Direito comercial* e *direito falimentar.* Devolução ao dono do bem arrecadado em poder do falido, quando devido em razão de contrato ou de direito real e, em caso de venda a crédito, quando entregue nos quinze dias que antecederam ao requerimento da falência (Othon Sidou). **5.** *Direito tributário.* Devolução de tributo pela Fazenda Pública ao contribuinte que o pagou indevidamente.

RESTITUIÇÃO DA POSSE. *Direito civil* e *direito processual civil.* Restabelecimento de alguém na posse de um bem de que tinha sido privado, ilegitimamente, em virtude de esbulho, mediante ingresso em juízo com ação de reintegração de posse.

RESTITUIÇÃO DE AUTOS. *Direito processual civil.* Ato de devolução dos autos pelo advogado, que os retirou do cartório, dentro do prazo legal.

RESTITUIÇÃO DE CAPITAL. *Direito comercial.* Redução do capital social, devolvendo-se aos acionistas parte do valor das ações ou diminuindo o valor delas, quando não integralizadas, à importância das entradas (Luiz Fernando Rudge).

RESTITUIÇÃO DE COISA APREENDIDA. *Direito processual penal.* Devolução da coisa apreendida no âmbito da *persecutio criminis* por ordem de autoridade competente, mediante termo nos autos, desde que não haja dúvida quanto ao direito do reclamante, uma vez que lhe pertence.

RESTITUIÇÃO DO INDÉBITO. *Direito civil.* Repetição do indébito.

RESTITUIÇÃO DO PRAZO. 1. *Vide* PRAZO RESTITUÍDO. **2.** *Direito processual civil.* Concessão de novo prazo, ou da parte do prazo que ainda não decorreu, feita quando a perda ou interrupção do prazo se der, p. ex., pelos seguintes motivos: a) obstáculo criado pela parte; b) morte ou perda da capacidade processual das partes ou de seu representante legal ou procurador; c) oposição de exceção de incompetência do juízo, da câmara ou do tribunal, bem como de suspeição ou impedimento do juiz; d) prova da não-realização de um ato por justa causa; e) falecimento da parte ou de seu advogado ou ocorrência de força maior que suspenda o processo.

RESTITUIÇÃO DO TÍTULO. *Direito civil.* Direito que tem o devedor, ou terceiro sub-rogado nos direitos do credor, de exigir do credor a devolução do título da obrigação cumprida.

RESTITUIÇÃO *IN INTEGRUM. Direito civil.* Restabelecimento, havendo dano, ao estado anterior, desde que possível.

RESTITUIÇÃO POR INTEIRO. *História do direito.* Forma protetiva de bens de incapazes, que visava, por razão de eqüidade, invalidar atos, mesmo válidos, lesivos aos seus interesses.

RESTITUÍDO. 1. O que foi reposto na situação anterior. **2.** Que foi devolvido a quem de direito.

RESTITUIDOR. Quem devolve ou restitui.

RESTITUIR. 1. Restabelecer ao *statu quo ante.* **2.** Devolver. **3.** Entregar. **4.** Indenizar. **5.** Fazer voltar.

RESTITUI SPOLIATUS ANTE OMNIA, QUALIBET EXCEPTIONE POSTPOSITA. *Aforismo jurídico.* Restituir ao espoliado antes de tudo e só depois vir com a defesa.

RESTITUITÓRIO. 1. Diz-se de qualquer ato conducente à restituição. **2.** Relativo à devolução.

RESTITUÍVEL. Aquilo que pode ou deve ser devolvido.

RESTITUTIO IN INTEGRUM. *História do direito.* **1.** Benefício da restituição, que era o direito que se assegurava ao menor de poder invalidar atos, extrajudiciais e judiciais, mesmo válidos, que lhe tivessem lesado patrimônio durante a menoridade. Com a invalidação daqueles atos as coisas retornavam ao estado anterior, havendo uma "justa causa *restitutionis*". **2.** *Vide* RESTITUIÇÃO *IN INTEGRUM.*

RESTO. 1. O que sobra de alguma quantidade. **2.** Resíduo. **3.** Detrito.

RESTOLHADO. Aquilo que resta após a retirada do melhor.

RESTOLHAL. *Direito agrário.* Terreno onde se encontra algum restolho.

RESTOLHO. *Direito agrário.* **1.** Espiga de milho mal granada. **2.** Parte inferior de gramíneas que, após a ceifa, fica enraizada. **3.** *Vide* RESTOLHAL.

RESTOS CORIAIS. *Medicina legal.* É a porção gestacional que fica, em caso de aborto ovular incompleto, retida no interior do útero (Croce e Croce Jr.).

RESTOS MORTAIS. 1. Cadáver ou partes deste. **2.** Ossadas. **3.** Cinzas provenientes da cremação do cadáver.

RESTRAINING ORDER. *Locução inglesa.* Mandado liminar.

RESTRAINT. *Termo inglês.* **1.** Constrangimento. **2.** Proibição. **3.** Sujeição. **4.** Limitação.

RESTRAINT ON ALIENATION CLAUSE. *Expressão inglesa.* Cláusula de inalienabilidade.

RES TRANSIT CUM SUO ONERE AD QUEMCUMQUE VADAT. *Aforismo jurídico.* A coisa se transfere, com seu ônus, a quem quer que seja.

RESTRIÇÃO. 1. Limitação imposta ao exercício de determinados direitos. **2.** Ressalva. **3.** Condição restritiva. **4.** Ato ou efeito de restringir.

RESTRIÇÃO CAMBIAL. *Economia política* e *direito internacional.* Limitação governamental à disponibilidade e ao uso do câmbio, como a medida que restringe o pagamento destinado ao estrangeiro através de moeda nacional ou de divisas estrangeiras.

RESTRIÇÃO MENTAL. *Filosofia geral.* **1.** Procedimento consistente em acrescer, mentalmente, uma condição àquilo que se diz restringindo ou alterando seu sentido (Pascal). **2.** Artifício interpretativo pelo qual se faz reserva sofística do pensamento. **3.** Ato de dissimular a intenção para encobrir o raciocínio.

RESTRIÇÕES AO USO, À PROPAGANDA DE PRODUTOS FUMÍGENOS, BEBIDAS ALCOÓLICAS, MEDICAMENTOS, TERAPIA E DEFENSIVOS AGRÍCOLAS. *Direito ambiental.* Vedações de uso desses produtos nas aeronaves e demais veículos de transporte coletivo; permissão de propaganda comercial desses produtos referidos apenas através de pôsteres, painéis e cartazes, na parte interna dos locais de venda; impossibilidade de associar o uso do produto à prática de atividades esportivas, olímpicas ou não, nem sugerir ou induzir seu consumo em locais ou situações perigosas, abusivas ou ilegais, nem incluir participação de criança ou adolescente; exigência de advertência em embalagens; proibição, quanto àqueles produtos de: venda por via postal; distribuição de qualquer tipo de amostra ou brinde; propaganda por meio eletrônico, inclusive Internet; realização de visita promocional ou distribuição gratuita em estabelecimento de ensino ou local público; patrocínio de atividade cultural ou esportiva; propaganda fixa ou móvel em estádio, pista, palco ou local similar, desde que o patrocinador seja identificado apenas com a marca do produto ou fabricante, sem recomendação de consumo; propaganda indireta contratada, também denominada *merchandising*, nos programas produzidos no País, em qualquer horário; comercialização em estabelecimentos de ensino e de saúde.

RESTRIÇÕES NÃO TARIFÁRIAS. *Direito alfandegário.* Métodos alternativos de restrição da importação de determinados produtos, como por exemplo a estipulação de quotas de importação, ou seja, a prefixação de quantidade máxima de um certo produto a ser importada para um dado país.

RESTRIÇÕES TARIFÁRIAS. *Direito alfandegário.* Aplicação do imposto de importação ou do seu aumento, caso já viesse sendo aplicado, para restringir a importação de certos produtos.

RESTRICTO SENSU. *Locução latina.* Em sentido restrito.

RESTRINGÊNCIA. Dualidade de restringente.

RESTRINGENDA. 1. Restrição. **2.** Coisa que deve ser restringida.

RESTRINGENTE. Aquilo que limita ou restringe algo.

RESTRINGIR. 1. Limitar. **2.** Reduzir. **3.** Impor alguma restrição. **4.** Refrear.

RESTRINGÍVEL. Aquilo que se pode restringir.

RESTRITIVA. *Lógica jurídica.* Proposição que limita o sentido de outra.

RESTRITO. 1. O que é limitado. **2.** Reduzido. **3.** Que envolve restrição. **4.** Crédito designado preferencialmente para certo banco negociador (Hilário de Oliveira).

RES UBICUMQUE EST SUI DOMINI EST. *Aforismo jurídico.* A coisa, onde quer que se encontre, é de seu dono.

RESULTADO. 1. *Direito comercial.* a) Lucro; b) conclusão a que se chegou em um balanço feito, apurando-se os lucros e os prejuízos. **2.** *Direito civil.* Deliberação tomada sobre uma questão numa assembléia de condomínio. **3.** *Direito penal.* Efeito de uma ação criminosa. **4.** *Direito processual.* Decisão judicial. **5.** *Lógica jurídica.* Conclusão lógica.

RESULTADO ECONÔMICO DAS AÇÕES. *Direito comercial.* **1.** O obtido pela companhia e distribuído aos acionistas como dividendos, bonificações, juros sobre capital próprio etc. **2.** O decorrente de negociação em mercados organizados sem participação direta da companhia, como lucro ou perda nas operações de compra e venda e valor a mercado (Luiz Fernando Rudge).

RESULTADO PRIMÁRIO. *Direito administrativo* e *direito financeiro.* Saldo da conta de receitas menos despesas do setor público, excluído o pagamento de juros de dívida pública (Luiz Fernando Rudge).

RESULTANTE. 1. Que resulta. **2.** Aquilo que é conseqüência ou efeito de algo.

RESULTAR. 1. Provir. **2.** Ter certo resultado. **3.** Ser conseqüência de algo.

RESUMIDO. 1. Abreviado. **2.** Que se resumiu. **3.** Reduzido. **4.** Sintético.

RESUMIR. 1. Reduzir a proporções menores. **2.** Limitar-se. **3.** Escrever algo em poucas palavras. **4.** Compendiar.

RESUMO. 1. *Direito autoral.* a) Compêndio; b) sumário; sinopse; c) síntese; d) obra resumida; e) ato ou efeito de condensar em poucas palavras o que foi escrito num livro, sem prejuízo de seu conteúdo; f) redução de um conteúdo ao que é essencial. **2.** *Direito processual civil.* Suma

do pedido e da resposta do réu, que é um dos requisitos da sentença. **3.** *Direito processual penal.* Redução a termo do depoimento testemunhal.

RES UNA ET EADEM, DIVERSO JURE CENSERI NON DEBET. *Aforismo jurídico.* Sendo uma só e a mesma coisa, não se a deve julgar por outro direito.

RES UNIVERSITATIS. *Locução latina.* Coisa da comunidade; universalidade.

RES UXORIAE. *Locução latina.* Bens da mulher casada; dote.

RES VI POSSESSAE. *Locução latina.* Coisa possuída pela violência.

RETACO. *Direito agrário.* Animal de pouca altura, mas forte e entroncado.

RETAGUARDA. *Direito militar.* Última fila de um corpo de tropas, em marcha.

RETAIL-CARDS. *Vide* CARTÕES DE CREDENCIAMENTO.

RETAINER. *Termo inglês.* **1.** Pagamento adiantado feito a advogado. **2.** Assistente.

RETALHADO. 1. *Direito agrário.* No Rio Grande do Sul, é o cavalo não castrado, mas operado no canal espermático, onde se faz uma fístula por onde haverá ejaculação. **2.** *Medicina legal.* Ferido com instrumento cortante; esfaqueado.

RETALHAR. 1. *História do direito.* Vender a retalho. **2.** *Medicina legal.* Golpear com instrumento cortante. **3.** Nas *linguagens jurídica* e *comum:* a) dividir; b) fracionar; c) fazer perder o crédito ou a reputação. **4.** *Direito agrário.* Castrar, incompletamente, um animal.

RETALHISTA. *Direito comercial.* **1.** Comerciante que vende a varejo; varejista. **2.** Comércio a varejo ou a retalho.

RETALHO. *Direito comercial.* **1.** Varejo. **2.** Resto de uma peça de fazenda que é vendido por preço baixo.

RETALIAÇÃO. 1. *História do direito.* Imposição da lei de talião. **2.** Na *linguagem jurídica*, em geral: a) represália; b) revide provocando dano idêntico ao sofrido; c) vingança. **3.** *Direito internacional público.* Represália por parte de um país a prática ofensiva do comércio internacional que viole acordo comercial; provoque desequilíbrio no prazo de pagamento; desorganize política internacional de preço ou ofereça produto a preço de *dumping* (Luiz Fernando Rudge).

RETALIADO. Que sofreu retaliação.

RETALIAR. 1. Revidar. **2.** Vingar. **3.** Desagravar.

RETALIATIVO. Que envolve retaliação ou represália.

RETAR. *História do direito.* **1.** Acusar; denunciar crime. **2.** Desafiar.

RETARDAÇÃO. 1. Demora. **2.** Prorrogação.

RETARDAÇÃO MORAL. *Sociologia geral.* Situação que surge quando uma nova conduta não é seguida na mesma proporção do progresso material.

RETARDADO. 1. *Medicina legal.* Aquele que apresenta desenvolvimento mental abaixo do normal para sua faixa etária. **2.** Nas *linguagens comum* e *jurídica:* a) adiado; b) procrastinado; prorrogado; c) o que se retardou; d) demorado; e) atrasado.

RETARDADOR. Aquele que retarda.

RETARDAMENTO. 1. Demora. **2.** Prorrogação. **3.** Procrastinação. **4.** Protelação. **5.** Adiamento. **6.** Atraso. **7.** Mora.

RETARDAMENTO DA PRESTAÇÃO. *Direito civil.* Mora.

RETARDAMENTO MENTAL. *Medicina legal.* Deficiência mental.

RETARDANTE. *Vide* RETARDADOR.

RETARDAR. 1. Atrasar. **2.** Demorar. **3.** Procrastinar. **4.** Prorrogar. **5.** Adiar. **6.** Protelar.

RETARDATÁRIO. Aquele que chega atrasado.

RETARDATIVO. 1. Que está em atraso. **2.** Que faz retardar.

RETARDE. *Vide* RETARDAÇÃO.

RETARDE DE JUSTIÇA. *Direito processual.* Demora do magistrado em despachar autos ou em prolatar sua decisão (Othon Sidou).

RETARDIAMENTO. 1. Qualidade de retardio. **2.** Retardamento.

RETARDIO. 1. Atrasado. **2.** Demorado. **3.** Tardio.

RETECTOMIA. *Medicina legal.* Extirpação cirúrgica do reto.

RETELHAÇÃO. *Direito civil.* Ato de tornar a cobrir de telhas.

RETÉM. 1. Aquele que está de reserva para determinado fim. **2.** Depósito. **3.** Ato ou efeito de reter. **4.** Soldado de piquete, em certo presídio.

RETEMPO. Grande oportunidade.

RETENÇÃO. 1. *Direito penal.* a) Cárcere privado; b) apropriação indébita; c) sonegação; d) crime contra economia popular consistente em alguém conservar em seu poder mercadoria destinada ao consumo do povo (Othon Sidou). **2.** *Direito civil.* Meio direto de defesa que a lei, ex-cepcionalmente, concede ao possuidor de boa-fé para conservar em seu poder coisa alheia além do momento em que a deveria devolver, como garantia de pagamento das despesas feitas com o bem. Permite que o possuidor se oponha à restituição do bem até ser pago, o que se justifica em razão da eqüidade, que não se compraz com o fato de o possuidor devolver o bem para somente depois ir reclamar o que lhe é devido. **3.** *Medicina legal.* Acúmulo de substâncias em vasos ou cavidades de onde, normalmente, são evacuadas. **4.** *Direito de trabalho.* Ato de reter carteira de trabalho para anotação.

RETENÇÃO DE COISA. *Direito civil.* Ato de retardar a devolução de coisa entregue a título precário.

RETENÇÃO DE DOCUMENTO. *Direito penal.* Contravenção penal consistente no fato de pessoa física ou jurídica reter documento de identificação pessoal.

RETENÇÃO DE LUCRO. *Direito comercial.* Medida pela qual a assembléia geral de uma sociedade anônima conserva parte do lucro líquido do exercício, prevista no orçamento do capital por ela previamente aprovado (Othon Sidou).

RETENÇÃO DE MERCADORIA. *Direito comercial* e *direito penal.* Modo de armazenamento ou estocagem de mercadoria, com o escopo de regularizar o mercado, impedindo queda de preço, que pode vir a ser crime contra a economia popular.

RETENÇÃO DE SALÁRIO. *Direito do trabalho.* **1.** Direito do empregador de descontar o salário correspondente ao prazo relativo à falta de aviso prévio por parte do empregado que abandonou o emprego. **2.** Direito do empregador de reter salário de empregado despedido por falta grave, para obter ressarcimento das despesas com a antecipação do 13º salário que pagou.

RETENÇÃO DOLOSA DE SALÁRIO. *Direito penal, direito constitucional* e *direito do trabalho.* Ato pelo qual o empregador, agindo de má-fé, retém injustificadamente salário do empregado.

RETENÇÃO NA FONTE. *Direito tributário.* Ato autorizado pela lei que obriga o contribuinte a reter tributos, principalmente o imposto sobre a renda e a contribuição previdenciária, em pagamentos feitos a empregados ou a terceiro. Com isso agiliza e torna mais eficaz a arrecadação por parte da administração tributária. Se o contribuinte não efetuar tal retenção nem recolher os valores retidos aos cofres públicos pode ser punido por crime de apropriação indébita (Eduardo M. Ferreira Jardim).

RETENÇÃO POR BENFEITORIA. *Direito civil.* Direito que tem o devedor de uma obrigação de reter o bem alheio em seu poder, para haver do credor da obrigação as despesas feitas em benefício da coisa. É, portanto, o direito que tem o possuidor de boa-fé de reter o bem pelo valor das benfeitorias necessárias e úteis. Já o possuidor de má-fé não poderá reter a coisa para forçar o pagamento da indenização das benfeitorias necessárias a que tem direito.

RETÊNCIA. *Vide* RETENÇÃO.

RETENCIONÁRIO. Aquele que legalmente retém algo.

RETENCIONISTA. *Vide* RETENCIONÁRIO.

RETENÇÕES. Importâncias retidas do faturamento do contratado, as quais serão liberadas quando satisfeitas as condições especificadas no contrato ou depois que defeitos tenham sido retificados.

RETENIDA. *Direito marítimo.* Cada cabo que serve, temporariamente, para sustentar peça a que está ligado.

RÉTENTION. *Termo francês.* **1.** Retenção. **2.** Declaração de competência.

RETENTIONS MONEY BOND. *Locução inglesa.* Seguro de garantia contratual que visa acautelar o contratante obrigado por adiantamento financeiro pela execução de obras, em face de vícios, omissões ou erros técnicos do contratante. Seria uma liquidação antecipada das perdas e danos (Othon Sidou).

RETENTIVA. *Psicologia forense.* Capacidade de reter, sistematicamente, na memória as impressões recebidas.

RETENTIVIDADE. *Psicologia forense.* Faculdade retentiva.

RETENTIVO. Que envolve retenção.

RETENTOR. **1.** Aquele que retém algo; retencionário. **2.** Titular do direito de retenção.

RETENTRIZ. *Psicologia forense.* Faculdade de reter conhecimentos e idéias.

RETER. **1.** *Direito civil.* Conservar a posse de algo por direito de retenção. **2.** *Direito penal.* a) Conservar em cárcere privado; b) manter algo, na posse, indevidamente. **3.** *Psicologia forense.* Conservar na memória. **4.** Na *linguagem comum:* a) reprimir; b) segurar; c) permanecer; d) parar.

RETICÊNCIA. **1.** *Direito processual.* Ocultação da verdade por alguma testemunha, que gera

aplicação de sanção penal. **2.** Nas *linguagens comum* e *jurídica:* a) ato de silenciar sobre algum fato, ocultando-o, quando se tinha o dever de revelá-lo; b) silêncio voluntário; c) dissimulação. **3.** *Direito civil.* Reserva mental.

RETICENCIAR. Colocar reticências.

RETICÊNCIAS. Linha representada por três pontos que se coloca em lei que altera outra, indicando que a parte não mencionada não sofreu quaisquer modificações.

RETICENTE. Aquele que fica silente quando devia declarar algo.

RETIDA. Diz-se da carta que fica na agência do correio em razão de insuficiência de endereço.

RETIDÃO. **1.** Legalidade. **2.** Conforme a justiça. **3.** Lisura de comportamento. **4.** Integridade de caráter.

RETIDÃO DA RAZÃO PRÁTICA. Verdade (Santo Tomás de Aquino).

RETIDO. **1.** Detido. **2.** Aquilo que se retém.

RETÍFICA. *Direito comercial.* Oficina especializada em retificação de cilindros de motores de automóvel.

RETIFICAÇÃO. **1.** Correção de um ato escrito para sanar alguma omissão, equívoco ou erro, inclusive de grafia. **2.** Emenda. **3.** Modificação num artigo de jornal.

RETIFICAÇÃO ADMINISTRATIVA BILATERAL. *Direito registrário.* Correção de registro que ocorre quando é necessária a anuência de terceiro para sua eficácia, visto que envolve seu interesse, pois, embora seja estranho ao registro retificando, poderá sofrer algum gravame em seu direito com a retificação pretendida por outrem, principalmente se for titular do imóvel contíguo.

RETIFICAÇÃO ADMINISTRATIVA UNILATERAL. *Direito registrário.* É a que se dá quando a razão da corrigenda de registro imobiliário se limita apenas ao interesse do requerente, sem envolver interesses alheios, que não poderão ser prejudicados por não haver litígio. Tal retificação é feita mediante despacho judicial, após ouvida do Ministério Público. Desse despacho não cabe recurso, mas o interessado pode, havendo prova documental que o autorize, lançar mão do mandado de segurança.

RETIFICAÇÃO CONTENCIOSA ORDINÁRIA. *Direito registrário.* É aquela que segue o rito ordinário e se dá sem que haja conflito de interesses no objeto da retificação de registro imobiliário.

Por exemplo: se o interessado não conseguir obter anuência da pessoa que deve consentir na corrigenda, só lhe restará propor ação de retificação.

RETIFICAÇÃO DE ÁREA. *Direito processual civil.* Revisão e modificação das medidas de um imóvel pelo perito-agrimensor, que detalhará à Justiça a real dimensão da área, para ulterior alteração cartorária (Afonso Celso F. de Rezende).

RETIFICAÇÃO DE AUTOS. *Direito processual.* Correção, feita antes da prolatação da decisão, de falhas, erros, omissões ou nulidades constatadas no decorrer de um processo.

RETIFICAÇÃO DE DECLARAÇÃO. *Direito tributário.* Ato pelo qual o contribuinte, com o escopo de reduzir ou excluir tributo, pede, antes de notificado o lançamento, a correção dos dados que, anteriormente, fornecera à autoridade administrativa, comprovando os erros. Os erros contidos na declaração e apuráveis pelo seu exame serão retificados de ofício pela autoridade administrativa a que competir a revisão daquela.

RETIFICAÇÃO DE LEI. 1. Correção *ex auctoritate* de erro evidente contido na lei pelo juiz. **2.** Nova publicação da lei, em razão de erro substancial que envolva mudança, total ou parcial, de sentido normativo ou que pretenda eliminar lacuna, por ter havido publicação não integral ou inexata.

RETIFICAÇÃO DE PARTILHA. *Direito processual civil.* Emenda da partilha, após o trânsito em julgado da sentença, nos mesmos autos do inventário, por ter havido erro de fato na descrição dos bens (Afonso Celso F. de Rezende).

RETIFICAÇÃO DE REGISTRO IMOBILIÁRIO. *Direito registrário.* Correção, por meio de processo próprio, do registro imobiliário, escoimando-o das imperfeições ou irregularidades que apresenta, pedida pelo prejudicado. A ação de retificação é indispensável à proteção do direito real, pois, ao corrigir o registro que não corresponde à realidade fática ou jurídica, em razão de fatos que nele foram lançados inexatamente em relação à identidade do titular ou do objeto, instaura a segurança jurídica e o equilíbrio que o registro imobiliário imprime como valor probante. O interessado pode ingressar em juízo, pleiteando que se corrija o erro registrário, sem que haja substituição de um registro por outro, ou cancelamento deste.

RETIFICAÇÃO DO RIO. Endireitamento do rio, corrigindo as curvas que apresentar em seu curso, com o escopo de facilitar o escoamento de suas águas ou de efetuar saneamento (De Plácido e Silva).

RETIFICAÇÃO EXTRAJUDICIAL. *Direito registrário.* Correção de registro imobiliário que apresenta erro evidente relativo ao imóvel ou a dados do titular, feita pelo próprio serventuário, a requerimento do interessado, mediante averbação.

RETIFICADO. Que foi corrigido ou emendado.

RETIFICADOR. Aquele que retifica.

RETIFICAR. 1. Emendar. **2.** Corrigir. **3.** Sanar falha.

RETIFICATIVO. Aquilo que retifica.

RETIFICÁVEL. Que pode ser emendado ou retificado.

RETILÍNEO. 1. Honesto. **2.** Que está em linha reta.

RETINA. *Medicina legal.* Membrana ocular interna que contém células nervosas receptoras de luz, onde se projetam as imagens produzidas pelo sistema óptico ocular.

RETINENDAE POSSESSIONIS. *Direito romano.* Interdito que visava conservar a posse.

RETINENDAE POSSESSIONIS CAUSA. *Expressão latina.* Interdito possessório para conservar a coisa.

RETINITE. *Medicina legal.* Inflamação da retina.

RETINOBLASTOMA. *Medicina legal.* Tumor maligno da retina que, em regra, ocorre na primeira infância (Morris Fishbein).

RETIRADA. 1. *Direito militar.* a) Marcha da tropa em fuga ou para se afastar do inimigo após um combate que lhe foi desfavorável; b) abandono do campo de luta do inimigo sem oferecer resistência (De Plácido e Silva). **2.** *Direito comercial.* a) Quantia em dinheiro que os sócios retiram do caixa, mensalmente, para fazer frente às suas despesas pessoais, ordinárias ou extraordinárias; b) saída voluntária de sócio que não mais deseja permanecer na sociedade. **3.** *Direito agrário.* a) Migração de sertanejo do nordeste, na época da seca, em busca de um local melhor no sul ou no norte do País; b) mudança de manada de gado, por ocasião da seca nordestina, para outra fazenda da região onde haja água e pasto. **4.** *Direito bancário.* Saque; quantia que, por meio de cheque, é sacada da conta bancária.

5. *Direito financeiro.* Saída de títulos do ambiente Tesouro Direto, mediante débito destes Títulos na Conta da CBLC no SELIC e baixa do registro em Conta de Custódia.

RETIRADA DA COISA. Ato de o proprietário deslocar um bem de um local a outro, para atender a algum objetivo.

RETIRADA DO SÓCIO. *Direito comercial.* Saída voluntária de sócio, por não pretender mais pertencer à sociedade.

RETIRADA *PRO LABORE*. 1. *Direito comercial.* a) Adiantamento de uma quantia ao sócio por conta de lucros; b) quantia pecuniária a que, mensalmente, cada sócio tem direito, a título de remuneração de seus serviços, para fazer frente às despesas pessoais. **2.** *Direito do trabalho.* Salário.

RETIRADO. 1. Afastado. **2.** Isolado. **3.** Que se retirou.

RETIRANTE. 1. Migrante. **2.** Que se retira.

RETIRAR. 1. Afastar. **2.** Tirar. **3.** Desviar. **4.** Fazer sair do local onde se encontrava. **5.** Deixar de conceder. **6.** Auferir. **7.** Salvar.

RETIRAR A PALAVRA. 1. Declarar o presidente de uma assembléia que o orador não pode mais continuar falando. **2.** Desligar-se de um compromisso.

RETIRAR-SE EM BOA. Afastar-se a tempo, antes que surja o perigo maior.

RETI-RATIFICAÇÃO. *Direito notarial.* Ato pelo qual, numa escritura pública, o interessado e as partes, concomitantemente, confirmam e corrigem as declarações contidas em documento anterior (Othon Sidou).

RETIRÁVEL. Que se pode retirar.

RETIREIRO. *Direito agrário.* **1.** Proprietário de um sítio ermo ou de uma fazenda que contém gado apenas numa parte do ano ou, ainda, de rancho para guarda de gado hibernado. **2.** Aquele trabalhador rural que, num retiro, está encarregado da guarda de um determinado número de cabeças de gado.

RETIRO. 1. *Direito agrário.* a) Em São Paulo e Minas Gerais, é o curral onde se reúne o gado para a ordenha; b) no Rio Grande do Sul, é o fundo de campo intransitável; c) sítio ermo; d) na Ilha de Marajó, é a fazenda onde há gado somente em um período do ano; e) na Ilha de Marajó, é o sítio bem retirado da moradia onde há plantações; f) no Maranhão, é o rancho para guardar gado hibernado; g) em Mato Grosso e Minas Gerais, é a casa, localizada nos fundos de uma fazenda, que serve de morada àqueles encarregados de vigiá-la; h) em Minas Gerais, é a invernada, ou o local distante da sede da fazenda, onde se solta o gado para engorda. **2.** *Direito canônico.* Local onde alguém se prepara para um dever religioso.

RETITE. *Medicina legal.* Inflamação do reto.

RETIUM SUCCEDIT LOCO REI. *Aforismo jurídico.* Preço sucede em lugar da coisa.

RETO. 1. *Medicina legal.* Última parte do intestino grosso que tem de 15 a 20cm de comprimento e termina no ânus. **2.** Nas *linguagens comum e jurídica:* a) conforme à justiça; b) correto; c) certo; d) verdadeiro; e) íntegro; f) equânime; g) imparcial.

RETOCADOR. 1. Aquele que faz retoques em negativos fotográficos para serem usados no preparo de chapas metálicas para impressão. **2.** Aquele que retoca.

RETOCAR. 1. Aprimorar. **2.** Fazer retoques. **3.** Emendar.

RETOCELE. *Medicina legal.* Hérnia do reto que sai para fora do orifício anal.

RETOMADA. *Direito processual civil.* Reaquisição da posse direta do prédio locado, mediante ação de despejo.

RETOMAR. 1. Reaver. **2.** Reapossar. **3.** Reconquistar. **4.** Recuperar. **5.** Readquirir. **6.** Reocupar. **7.** Tornar a tomar.

RETOMBAR. 1. *Direito notarial.* Arquivar livros e documentos. **2.** *Direito agrário.* Reconstituir limites de uma propriedade rural.

RETOMBO. 1. *Direito notarial.* Arquivamento de documentos e livros encerrados ou findos, feito pelo escrivão em seu cartório. **2.** *Direito agrário.* Ato de reconstituir limites de uma propriedade agrícola, pecuária, agroindustrial ou extrativa.

RETOQUE. 1. Correção. **2.** Emenda. **3.** Aperfeiçoamento de uma obra.

RETOR. 1. *História do direito.* Reitor. **2.** *Retórica jurídica.* Mestre em retórica; tratadista de retórica; retórico.

RETORÇÃO. 1. *Retórica jurídica.* Resposta dada a um argumento feito para rebater uma assertiva, usando desse mesmo argumento. **2.** Na *linguagem comum*, repulsa.

RETÓRICA. **1.** *Retórica jurídica.* a) Conjunto de regras que devem ser seguidas para se falar em público com eloqüência; b) arte de falar em público, persuasivamente. **2.** *Filosofia geral.* Metalinguagem cuja linguagem-objeto é o discurso (Roland Barthes).

RETORICAR. *Retórica jurídica.* Aplicar regras de retórica ao falar ou discursar.

RETORICISMO. *Retórica jurídica.* Abuso de retórica.

RETÓRICO. *Retórica jurídica.* **1.** Referente a retórica. **2.** Tratadista de retórica. **3.** Orador ou escritor eloqüente. **4.** Arte de escrever e de falar bem, com o intuito de persuadir o ouvinte.

RETORISMO. *Retórica jurídica.* Influência da retórica.

RETORNAR. **1.** Regressar. **2.** Restituir. **3.** Fazer voltar. **4.** Responder.

RETORNO. **1.** *Vide* REENVIO. **2.** *Direito marítimo.* a) Viagem de volta feita pelo navio; b) parte do cabo que passa por meio das papóias e em cuja manobra se usa maior número de braços. **3.** *Direito administrativo.* Volta do funcionário público à função de que fora suspenso ou afastado. **4.** Na *linguagem jurídica* em geral: a) devolução do excesso; b) regresso; c) volta; d) torna; e) o que se dá em troca do que se recebeu; f) valor equivalente dado para igualar o do objeto trocado; g) reversão. **5.** *Direito comercial.* a) Carga trazida por um meio de transporte, em particular, do navio ao regressar ao ponto de partida em caso de fretamento de ida e volta; b) parte dos lucros líquidos a que têm direito os sócios de uma cooperativa. **6.** *Direito cambiário.* Nota de despesa que acompanha o ressaque (Othon Sidou). **7.** *Direito de trânsito.* Movimento de inversão total de sentido da direção original de veículos.

RETORNO À ATIVIDADE. *Direito previdenciário.* Volta do inativo, sem perder a remuneração de aposentado, à sua atividade laboral, com direito de receber remuneração.

RETORNO DE EMPREGADO. *Direito do trabalho.* Volta ao emprego daquele que dele se afastou por acidente de trabalho, por convocação para o serviço militar, por suspensão para inquérito judicial por falta grave, desde que a ação seja julgada improcedente (Osiris Rocha).

RETORQUIR. **1.** Replicar. **2.** Contrapor. **3.** Objetar. **4.** Apresentar uma contraprova. **5.** Opor a um argumento outro argumento; voltar um argumento contra aquele que o utilizou (Lalande).

RETORQUÍVEL. Aquilo que se pode retorquir.

RETORSÃO. **1.** *Direito internacional privado.* Conjunto de normas que são aplicadas, como represália de legislação idêntica, aos súditos de nação estrangeira. **2.** *Direito internacional público.* a) Ato lícito, pouco amistoso, com que um Estado soberano responde a igual procedimento por parte de outro (Rezek); b) ato pelo qual um país, fazendo uso de meios lícitos e pacíficos, revida a atitude de outro em relação a si, empregando as mesmas medidas. Trata-se, como pondera Clóvis Beviláqua, da aplicação da lei de talião na seara internacional. **3.** *Lógica jurídica.* É a autofagia, ou seja, técnica consistente em fazer com que o argumento defendido se volte contra a própria tese do defensor (Perelman e Sudatti).

RETORSÃO IMEDIATA. *Direito penal.* Ato de o ofendido injuriado responder, ao ofensor, imediatamente, com outra injúria, caso em que o magistrado poderá deixar de aplicar pena.

RETOUR. *Termo francês.* **1.** Devolução. **2.** Letra de câmbio que não foi paga.

RETOVO. *Direito agrário.* Couro de cria morta, com que se cobre outra cria para que seja amamentada pela mãe da que pereceu.

RETRAÇÃO. **1.** *Medicina legal.* Encurtamento de um órgão ou tecido. **2.** *Economia política.* Retraimento que se opera nos negócios mercantis ou nas atividades empresariais por haver menor procura do que oferta (Othon Sidou). **3.** Nas *linguagens comum* e *jurídica:* a) afastamento; b) diminuição.

RETRAÇÃO CICATRICIAL. *Medicina legal.* Repuxamento dos tecidos de uma grande cicatriz, determinando a redução de movimentos articulares e causando dano estético (Croce e Croce Jr.).

RETRAÇÃO DE ÁGUAS. *Direito civil.* Afastamento de águas das margens de um rio, deixando a descoberto o terreno que banhava (De Plácido e Silva).

RETRACEMENT. *Termo inglês.* **1.** Reajuste. **2.** correção de preço que se dá após uma onda de impulso de baixa, no curto prazo (Luiz Fernando Rudge).

RETRAENTE. *Direito civil.* Aquele que readquire bem que havia vendido com pacto de retrovenda.

RETRAIR. **1.** Fazer voltar atrás. **2.** Não cumprir o prometido. **3.** Afastar-se. **4.** Reprimir.

RETRAIT. *Termo francês.* Resgate.

RETRAIT LIGNAGER. *Locução francesa.* Retrato por consangüinidade.

RETRANCA. 1. *Direito marítimo.* a) Uma das vergas do mastro de mezena; b) vara apropriada para abrir a vela da jangada. **2.** *Direito agrário.* Correia larga que prende a anca do animal, impedindo que nas descidas a carroça rode muito depressa.

RETRANSCRIÇÃO. *Direito autoral.* Nova transcrição.

RETRANSMISSÃO. *Direito autoral.* **1.** Nova transmissão. **2.** Emissão simultânea da transmissão de uma empresa por outra.

RETRANSMITIR. Tornar a transmitir.

RETRANSPORTAR. *Direito comercial.* Tornar a transportar.

RETRATABILIDADE. Qualidade do que é suscetível de retratação.

RETRATAÇÃO. 1. *Direito civil* e *direito penal.* Ato pelo qual, antes da pronúncia da sentença, o ofensor publicamente desdiz declaração comprometedora por ele feita, satisfazendo o ofendido. **2.** *Direito civil.* a) Retirada do consentimento dado pelos pais para o casamento de filho menor, até a celebração do ato nupcial; b) desistência da aceitação da herança, admitida outrora, desde que não lesasse credores do herdeiro; c) anulação de renúncia à herança, permitida pelo Código Civil de 1916, em razão de erro, dolo ou coação; d) retirada de uma proposta pelo proponente arrependido, antes da resposta do aceitante ou simultaneamente a ela; e) ato pelo qual alguém desiste de um negócio jurídico, obstando a produção de seus efeitos jurídicos; f) ato de fazer novo trato. **3.** *Direito do trabalho.* Ato pelo qual o empregado que optou pelo FGTS anula sua opção, vinculando-se ao regime da estabilidade (Othon Sidou). **4.** Na *linguagem jurídica* em geral: a) revogação; b) reconsideração; c) destruição de efeitos jurídicos; d) arrependimento. **5.** *Direito processual.* Declaração desdizendo outra, feita anteriormente, no mesmo processo.

RETRATAÇÃO DA ACEITAÇÃO DA HERANÇA. *História do direito.* Declaração unilateral do herdeiro ou por termo nos autos, desistindo da herança aceita, que podia dar-se a qualquer tempo, desde que não prejudicasse credores e que fossem pagos os impostos devidos. A retratação da aceitação da herança equivalia, portanto, à renúncia.

RETRATAÇÃO DA ARREMATAÇÃO. *Direito processual civil.* Desistência do arrematante, dentro do prazo legal, ou seja, antes de formalizada a arrematação, evidenciando-se algum motivo legal, como vício de nulidade, falta de pagamento do preço ou de prestação de caução.

RETRATAÇÃO DA CONFISSÃO. *Direito processual.* Reconsideração da confissão levada a efeito, antes do julgamento da ação, em virtude de erro, dolo ou coação, por ser viciada.

RETRATAÇÃO DA PROPOSTA. *Direito civil.* Retirada pelo proponente arrependido da proposta que fez. Não obriga a oferta, se a retratação do policitante chegar ao conhecimento do oblato antes da proposta ou ao mesmo tempo que ela, pois neste caso não se terá qualquer oferta, já que ela nem mesmo chegou a existir juridicamente, uma vez que foi retirada a tempo. Se houver recepção da oferta, isto é, se ela chegar ao conhecimento da outra parte, ter-se-á o início da irretratabilidade, tornando obrigatória a proposta, pois não mais será oportuna a retratação.

RETRATAÇÃO DA RENÚNCIA DA HERANÇA. *História do direito civil.* Anulação da renúncia por vício de consentimento. Excepcionalmente, a renúncia da herança podia ser retratada, quando proveniente de violência, erro ou dolo, ouvidos os interessados. Só poderia obter essa retratação se o renunciante não agiu de má-fé ou maliciosamente, mediante ação ordinária.

RETRATAÇÃO DA VENDA. *Direito civil* e *direito comercial.* Desistência do vendedor antes que o contrato esteja perfeito e acabado; logo, se já houve concordância quanto ao objeto alienado, às condições do preço, tal arrependimento só pode ocorrer se houver anuência do comprador.

RETRATAÇÃO DE DEPOIMENTO TESTEMUNHAL. *Direito processual.* Ato pelo qual a testemunha vem a alterar, total ou parcialmente, o depoimento prestado em juízo.

RETRATAÇÃO DO ACEITANTE. *Direito civil.* Recusa oportuna de negócio aceito. É preciso que ela chegue ao conhecimento do ofertante antes da aceitação ou juntamente com ela, pois se chegar tardiamente a seu destino, o remetente continuará vinculado ao contrato.

RETRATAÇÃO DO AGENTE. *Direito penal.* Ato pelo qual o querelado, antes da sentença, vem desdizer cabalmente a calúnia ou difamação, isentando-se, então, da pena cabível.

RETRATAÇÃO DO CONSENTIMENTO. *Direito civil.* Revogação de autorização dada para a celebração ou formação de um ato jurídico.

RETRATADO. 1. Desdito. **2.** Submetido a novo trato. **3.** Retirado. **4.** Fotografado. **5.** Reproduzido pela pintura. **6.** Descrito.

RETRATADOR. 1. Retratista. **2.** Que se retrata. **3.** Que retira ofensa. **4.** Quem faz novo trato. **5.** Fotógrafo.

RETRATAR. 1. Arrepender-se. **2.** Desdizer publicamente o que afirmou. **3.** Desfazer um acordo volitivo. **4.** Readquirir imóvel vendido com cláusula de retrovenda. **5.** Revogar consentimento dado para a prática de determinado ato ou negócio jurídico. **6.** Declarar erro. **7.** Retirar proposta ou aceitação. **8.** Tirar retrato; fotografar. **9.** Reproduzir imagem por meio de pintura ou desenho. **10.** Descrever. **11.** Deixar transparecer. **12.** Confessar uma acusação falsa. **13.** Reconhecer erro. **14.** Tornar a tratar.

RETRATÁVEL. 1. O que pode ser desmentido. **2.** Que pode ser submetido a um novo acordo. **3.** Suscetível de arrependimento.

RETRATISTA. *Direito do trabalho* e *direito autoral.* **1.** Fotógrafo. **2.** Pintor que por meio de sua arte retrata pessoas.

RETRATO. 1. *Direito autoral.* Imagem de uma pessoa reproduzida pela pintura, desenho ou fotografia. **2.** *Direito civil.* a) Retrovenda; b) resgate. **3.** *História do direito.* Venda fiduciária.

RETRATO CONVENCIONAL. *Direito civil.* Pacto ou cláusula de retrovenda.

RETRATO DE FAMÍLIA. *Direito civil, direito processual civil* e *direito autoral.* Pintura ou reprodução da imagem de pessoa da família, que é, por lei, bem insuscetível de penhora.

RETRATO FALADO. *Direito processual penal* e *direito penal.* Reprodução em desenho da descrição feita por testemunha do crime ou pela vítima do agente, apontando pormenorizadamente seus traços fisionômicos, que serve de subsídio para os serviços policiais de identificação do criminoso.

RETRATO MORAL. *Direito civil.* Conjunto das expressões instintivas, das inibições e complexos interiores, das capacidades, talentos e deficiências espirituais, artísticas e laborais, da consciência ética, do caráter, do temperamento e dos objetivos existenciais de cada indivíduo em sua imagem moral (Capelo de Sousa).

RETRATO POR CONSANGÜINIDADE. *História do direito.* Lei do avoengo que autorizava o herdeiro ou parente do vendedor da herança a remir os bens vendidos, substituindo o comprador na aquisição daqueles bens e reembolsando-o do preço e das despesas que teve (Pothier).

RETRATO ROBÔ. *Vide* RETRATO FALADO.

RETRATUAL. Referente a retrato.

RÊTRE. Termo francês. **1.** Cavaleiro alemão que, na era medieval, servia a França. **2.** Soldado de cavalaria armado de pistola, a soldo de um chefe de guerra.

RETRETA. *Direito comparado.* Criada particular da rainha ou da princesa.

RETRIAL. Termo inglês. Novo julgamento pela mesma Corte, quando o anterior é eivado de erro procedimental.

RETRIBUIÇÃO. 1. *Direito civil.* a) Recompensa; prêmio; b) remuneração por um serviço prestado. **2.** *Direito comercial.* Quantia em dinheiro a que faz jus o fiador como compensação da responsabilidade da fiança comercial, que se dá quando o devedor afiançado for empresário ou quando vier a assegurar obrigação decorrente de atividade empresarial. **3.** *Direito do trabalho.* Prestação *in natura* como alimentação, vestuário, habitação que o empregador fornece, por força de contrato ou costume, ao empregado.

RETRIBUIÇÃO PENITENCIÁRIA. *Direito penitenciário* e *direito penal.* Aplicação da pena como compensação do mal causado à vítima pelo condenado.

RETRIBUIÇÃO VARIÁVEL DA COMISSÃO DE VALORES MOBILIÁRIOS (RVCVM) E RETRIBUIÇÃO VARIÁVEL DA SUPERINTENDÊNCIA DE SEGUROS PRIVADOS (RVSUSEP). São retribuições devidas, respectivamente, aos titulares de cargos efetivos das atividades de controle, regulação e fiscalização dos mercados de valores mobiliários, seguros, previdência privada aberta e capitalização do quadro permanente das duas autarquias. Têm por fim estimular a melhoria da produtividade da Comissão de Valores Mobiliários e da Superintendência de Seguros Privados.

RETRIBUIDOR. Aquele que retribui.

RETRIBUIR. 1. Compensar. **2.** Premiar. **3.** Gratificar.

RETRO. 1. *Direito civil.* a) Diz-se da venda a retrovenda; b) anverso de uma folha; segunda página de uma folha de um documento; c) volta ao estado anterior. **2.** *Termo latino.* Aquilo que já foi mencionado.

RETROAÇÃO. *Teoria geral do direito.* **1.** Efeito do que é retroativo. **2.** Ato de retroagir. **3.** Ação ou efeito de voltar à situação anterior.

RETROAGIR. *Teoria geral do direito.* Ter ação sobre o que já foi feito ou sobre o passado.

RETROATIVIDADE. *Teoria geral do direito.* Qualidade do que é retroativo.

RETROATIVIDADE DA LEI. *Teoria geral do direito.* Aplicação imediata da lei nova às relações nascidas sob a vigência da anterior e que ainda não se aperfeiçoaram ou a todos os efeitos de fatos anteriores a ela desde que não ofenda ato jurídico perfeito, direito adquirido e coisa julgada. Logo, o requisito *sine qua non* para que uma lei nova possa retroagir é o respeito ao direito adquirido, ato jurídico perfeito e coisa julgada.

RETROATIVIDADE DA NORMA TRIBUTÁRIA. *Direito tributário.* Aplicação da lei fiscal, por ser de ordem pública, a atos anteriormente realizados, atingindo direitos adquiridos e atos jurídicos perfeitos nos casos excepcionais admitidos, expressamente, por ela.

RETROATIVIDADE DE JULGAMENTO. *Direito processual civil.* Princípio geral de direito processual civil segundo o qual os efeitos da decisão judicial retroagem até a data da citação válida, que é a do início da lide.

RETROATIVIDADE DE LEI POSTERIOR MAIS BENIGNA. *Direito penal.* Aplicação imediata e incondicional da norma penal a fato pretérito quando extinguir ou reduzir pena ou, ainda, quando deixar de considerar tal fato como crime. Há retroatividade da lei penal que decretar pena mais branda do que a anterior ou inocentar ato tido como passível de pena. A norma que for favorável ao agente só pode ser aceita no âmbito do direito penal em virtude do primordial princípio *nulla poena sine lege*, em homenagem à *humanitatis causa*.

RETROATIVIDADE DO ATO ADMINISTRATIVO. *Direito administrativo.* Efeito de ato administrativo que, mediante expressa autorização de lei anterior que o rege, alcança o do ato anterior.

RETROATIVIDADE INCONDICIONAL DA LEI PENAL MAIS BENIGNA. *Vide* RETROATIVIDADE DE LEI POSTERIOR MAIS BENIGNA.

RETROATIVIDADE INJUSTA. *Teoria geral do direito.* Ocorre quando ato jurídico perfeito, direito adquirido ou coisa julgada vêm a ser atingidos com a aplicação da nova norma.

RETROATIVIDADE JUSTA. *Teoria geral do direito.* Dá-se quando não se deparar na aplicação da lei nova uma ofensa ao ato jurídico perfeito, direito adquirido ou coisa julgada.

RETROATIVIDADE MÁXIMA. *Teoria geral do direito.* Aplicação imediata de lei nova destruindo ato jurídico perfeito, ou atingindo relação jurídica já acabada.

RETROATIVIDADE MÉDIA. *Teoria geral do direito.* Aplicação de nova norma que alcança efeitos pendentes do ato jurídico perfeito verificado antes dela.

RETROATIVIDADE MÍNIMA. *Teoria geral do direito.* Aplicação de novel lei que afeta apenas os efeitos dos atos anteriores, mas produzidos após a data em que entrou em vigor.

RETROATIVO. 1. Que tem efeito sobre o passado. **2.** Que repõe as coisas ao *statu quo ante.* **3.** Que retroage. **4.** Que se aplica a uma situação pretérita. **5.** O que altera ou modifica o que está feito.

RETROATOR. O que faz retroagir.

RETROCARGA. *Direito militar.* Ato de carregar arma pela culatra.

RETROCEDÊNCIA. *Direito administrativo* e *direito civil.* **1.** Qualidade de retrocedente. **2.** Retrocessão.

RETROCEDENTE. *Direito administrativo* e *direito civil.* Aquele que faz retrocessão.

RETROCEDER. 1. *Direito administrativo* e *direito civil.* Efetuar ou fazer retrocessão. **2.** Nas *linguagens comum* e *jurídica:* a) ceder a outrem; b) recuar; c) retirar-se.

RETROCESSÃO. 1. *História do direito.* Direito pessoal que proporcionava ao ex-proprietário perdas e danos, quando o expropriante não lhe oferecia o bem pelo mesmo preço da desapropriação e quando desistia de aplicá-lo a uma finalidade pública. **2.** *Direito administrativo* e *direito civil.* a) Direito do ex-proprietário de reivindicar o bem expropriado, pelo seu preço atual, exercendo seu direito de preferência, se não foi aplicado à finalidade pública; b) operação de transferência de riscos de resseguro de resseguradores para resseguradores ou de resseguradores para sociedades seguradoras locais. **3.** *Medicina legal.* a) Retraimento do cóccix por ocasião do parto; b) cessação temporária do trabalho de parto, quando este se dá antes do termo normal da gravidez. **4.** *Direito civil.* a) Cessão de parte dos riscos assumidos por uma seguradora a outra, que também lhe cede parcela dos prêmios cobrados, proporcionalmente aos riscos transferidos (De Plácido e Silva); b) operação feita pelo ressegurador consistente na cessão de parte das responsabilidades por ele aceitas a outro ressegurador (Luiz Fernando Rudge).

RETROCESSIONÁRIO. *Direito civil* e *direito administrativo.* Aquele a favor de quem se faz retrocessão.

RETROCESSIVO. *Direito civil* e *direito administrativo.* Que produz retrocessão.

RETROCESSO. 1. Ato de recuar. **2.** Ação de voltar à situação anterior. **3.** Ato de fazer retroceder.

RETROCESSOR. *Vide* RETROCEDENTE.

RETROCITADO. *Direito autoral.* Citado anteriormente.

RETROCOGNIÇÃO. *Parapsicologia.* Conhecimento metafísico de fatos passados.

RETRODATAR. Colocar data atrasada; antedatar.

RETROEMENDO. *Termo latino.* **1.** Retrato; retrovenda; resgate convencional. **2.** Reserva do comprador, em obrigá-lo à recompra. Neste sentido, difere da retrovenda que constitui reserva do vendedor em recobrar a coisa vendida (Othon Sidou).

RETROFIANÇA. *Direito civil* e *direito comparado.* Aquela em que há uma relação com o credor sub-rogado, pois o retrofiador garante o devedor perante o fiador que exerce o direito de crédito no qual se sub-rogou (Pedro Romano Martinez e Pedro Fuzeta da Ponte).

RETROFLEXÃO UTERINA. *Medicina legal.* Deslocamento do útero, cujo fundo se dobra para trás.

RETROGRADAÇÃO. 1. Baixa de posto. **2.** Retrocesso.

RETROGRADAR. 1. Retroceder. **2.** Recuar. **3.** Fazer marchar em oposição ao progresso.

RETROGRADISMO. *Filosofia geral.* Doutrina que preconiza a volta das formas políticas, sociais etc., anteriores.

RETROGRADISTA. *Filosofia geral.* Adepto do retrogradismo.

RETRÓGRADO. Que se opõe ao progresso.

RETROPULSÃO. *Medicina legal.* Aceleramento de um movimento de recuo daquele que sofre do Mal de Parkinson ou de atrofia muscular progressiva.

RETROSPECÇÃO. *Psicologia forense.* Ato de submeter o paciente a certos estímulos fazendo com que volte sua atenção a seu estado subjetivo para relatar o passado.

RETROSPECTIVO. Relativo ao passado.

RETROSPECTO. 1. Exame de fatos passados. **2.** Resumo de ocorrências políticas, econômicas, culturais e sociais de um dado período de tempo.

RETROSSEGURO. *Direito civil.* Retrocessão, ou melhor, operação pela qual o ressegurador coloca seus excedentes junto a outros seguradores no mercado interno ou externo (Sílvio de Salvo Venosa). É um novo resseguro feito pelo ressegurador.

RETROTRAIR. *Teoria geral do direito.* **1.** Fazer recuar. **2.** Dar efeito retroativo. **3.** Aplicar a lei a situações anteriores à ela.

RETROTRÉM. *Direito militar.* Canhão sem carreta.

RETROVENDA. *Direito civil.* Cláusula adjeta à compra e venda pela qual o vendedor se reserva o direito de reaver, em certo prazo, o imóvel alienado, restituindo ao comprador o preço, mais as despesas por ele realizadas, inclusive as empregadas em melhoramentos do imóvel.

RETROVENDER. *Direito civil.* Vender reservando-se o direito de readquirir o imóvel alienado.

RETROVENDIÇÃO. *Vide* RETROVENDA.

RETURNO. *Direito desportivo.* Segundo turno nos jogos de campeonato desportivo, repetindo-se as provas entre os mesmos concorrentes.

RÉU. 1. *Direito processual civil.* Aquele contra quem se propõe uma ação judicial. **2.** *Direito processual penal.* a) Aquele contra quem se apresentou denúncia ou queixa pela prática de crime; b) acusado; denunciado.

RÉU CONFESSO. *Direito processual civil.* **1.** Aquele que admite a veracidade do fato contrário ao seu interesse, mas favorável ao do autor. **2.** Aquele que, intimado a prestar depoimento em juízo, não comparece ou, comparecendo, se recusa a depor (Othon Sidou).

RÉU CONVICTO. *Direito processual penal.* Aquele cujo crime foi devidamente demonstrado.

RÉU DE ESTADO. *Direito processual penal.* Acusado de crime contra o Estado.

RÉU DE MORTE. *Direito comparado.* Condenado à morte por ter praticado crime.

RÉU DESCONHECIDO. *Direito processual civil.* Aquele situado no pólo passivo da ação, cujo nome não se conhece, caso em que a citação deve ser feita por edital.

REUMA. *Medicina legal.* Catarro pulmonar.

REUMATALGIA. *Medicina legal.* Dor reumatismal.

REUMÁTICO. *Medicina legal.* **1.** Aquele que sofre de reumatismo. **2.** O que diz respeito a reumatismo.

REUMATISMO. *Medicina legal.* Moléstia que provoca dores musculares e nas articulações.

REUNIÃO. 1. Ato ou efeito de reunir-se. **2.** Conjunto de pessoas que, voluntariamente, se encontram, num certo local, para determinada finalidade. **3.** Agrupamento. **4.** Sessão de uma corporação, associação, agremiação ou órgão colegiado. **5.** Assembléia. **6.** Conferência. **7.** Conselho. **8.** Ajuntamento casual de pessoas cujas deliberações passam a ser conduzidas por algum dirigente. **9.** Adjutório. **10.** Agrupamento de coisas. **11.** Comício. **12.** Compilação de artigos literários. **13.** Consolidação de direitos desmembrados nas mãos de um só titular.

REUNIÃO ARMADA. *Direito penal.* Agrupamento ilícito de pessoas em que mais de duas portam armas ostensivas, atentando contra a ordem pública.

REUNIÃO DE AÇÕES. *Direito processual civil.* Conexão de ações; fusão de duas ações para que, juntamente, venham a ser processadas.

REUNIÃO DE CARGOS. *Direito administrativo.* Fusão de dois ou mais cargos num só (De Plácido e Silva).

REUNIÃO DE COISAS. *Direito civil.* **1.** Patrimônio. **2.** Espólio. **3.** Universalidade de bens.

REUNIÃO DE CONSULTA. *Direito internacional público.* Entendimento formal de dois ou mais países, para solucionarem matéria alusiva às suas relações políticas, sociais, econômicas ou comerciais. As decisões a que chegarem, após serem lançadas em ata e firmadas pelas Altas Partes, têm caráter vinculante para elas (Othon Sidou).

REUNIÃO DE PESSOAS. Agrupamento de pessoas para alcançar certo fim.

REUNIÃO ELEITORAL. *Direito eleitoral.* **1.** Comício para realização de propaganda partidária ou eleitoral. **2.** Comparecimento dos eleitores às sedes de suas circunscrições para escolherem, por meio de voto, os candidatos que vão exercer certos cargos públicos.

REUNIÃO PACÍFICA. Agrupamento de pessoas para a consecução de um fim lícito, não atentando contra a paz pública.

REUNIÃO PRIVADA. Agrupamento daqueles que foram convocados ou convidados para dele participarem.

REUNIÃO PÚBLICA. Agrupamento que abrange qualquer pessoa do povo, não sendo exigido para tanto convite, pois, em regra, realiza-se em local aberto ao público.

REUNIDOR. Aquele que reúne.

REUNIFICAR. Tornar a unificar.

REUNIR. 1. Convocar. **2.** Aproximar. **3.** Agrupar. **4.** Conciliar. **5.** Anexar.

RÉU PRIMÁRIO. *Direito processual penal.* Acusado que, por não ter sofrido nenhuma condenação anterior, pode deixar de ser punido com prisão e, além disso, a apelação da sentença absolutória não obsta que seja colocado, de imediato, em liberdade.

REURBANIZAÇÃO. *Direito urbanístico.* Conjunto de operações que visam transformar áreas urbanizadas, edificadas ou não, em processo de deterioração ou de inadequação de uso, aproveitando seus espaços, melhorando suas condições ambientais, adaptando-as às novas circunstâncias sociais, econômicas etc., com observância de novos padrões estéticos e de segurança. Trata-se de um processo deliberado de correção da urbanização, consistente na renovação urbana (José Afonso da Silva, Gaston Bardet, Helita Barreira Custódio).

RÉU REINCIDENTE. *Direito processual penal.* Acusado que, por ter praticado novo crime, após o trânsito em julgado de sentença que o condenou por delito anterior, pode ter sua pena agravada.

REUS. *Termo latino.* Qualquer litigante, seja ele autor ou réu.

REUS CREDENDI. *Locução latina.* Autor.

REUS DEBENDI. *Locução latina.* Demandado ou réu.

REUS EXCIPIENDO FIT ACTOR. *Expressão latina.* O réu, ao opor exceção, torna-se autor.

REUS, IN EXCEPTIONIBUS, FIT ACTOR. *Aforismo jurídico.* O réu, nas exceções, torna-se autor.

REUS SACRA RES EST. *Expressão latina.* O réu é coisa sagrada.

REUTILIZAÇÃO. *Direito ambiental.* É o processo de reaplicação de um resíduo, sem transformação deste.

REVACINAÇÃO. *Medicina legal.* Aplicação de nova vacina.

REVALIDAÇÃO. 1. Legalização de um ato, dando-lhe validade. **2.** Ato ou efeito de revalidar. **3.** Legitimação. **4.** Preenchimento de requisitos legais necessários para que um ato possa produzir efeitos jurídicos. **5.** Ato de reforçar a validade. **6.** Confirmação de ato. **7.** Ato público que reconhece uma relação jurídica perfeita, a que faltava algum elemento formal.

REVALIDAÇÃO DE ATO ADMINISTRATIVO. *Direito administrativo.* Renovação da validade de uma licença, autorização ou registro em razão de expiração de prazo de validade ou de alteração da lei a que se vincula. É o ato de validar novamente ato praticado pelo Poder Executivo no exercício de seu poder de polícia.

REVALIDAÇÃO DE DIPLOMA. Preenchimento de determinadas formalidades legais para que um diploma, obtido no exterior ou irregularmente conferido, possa servir como prova da habilitação profissional daquele que o detém. O diploma revalidado é equiparado ao legalizado, e seu titular passa a ter as prerrogativas que lhe são conferidas para o exercício da sua profissão (De Plácido e Silva).

REVALIDAÇÃO DE PROVAS. *Direito militar.* Ato administrativo que dá direito ao militar a continuar a perceber, no exercício financeiro subseqüente, a gratificação de compensação orgânica a que fazia jus no período de provas considerado, quando não realizar as provas aéreas ou as provas de salto em pára-quedas.

REVALIDAÇÃO DE TERRAS. *História do direito.* **1.** Ato pelo qual o poder público reconhecia uma relação jurídica de concessão de sesmarias, a que faltava o título, expedindo-o desde que cultivadas ou com princípios de cultura e nelas morasse habitualmente o sesmeiro. Com a expedição do título definitivo de domínio, ao término do procedimento administrativo, era ele levado a assento no Registro Torrens. **2.** Expedição de carta de sentença pelo magistrado, que servia como título, reconhecendo propriedade de terras a que faltava requisito legal, que era levado a registro na diretoria de terras, de conformidade com o sistema Torrens (Benedito A. Leal de Mira).

REVALIDAÇÃO DO CURSO. *Direito administrativo.* Ato de regularizar um curso.

REVALIDAÇÃO FISCAL. *Direito tributário.* Satisfação de exigência legal relativa a um tributo, para que o contribuinte, cumprindo seu dever, libere-se da sanção prevista em regulamentos fiscais.

REVALIDADO. 1. Validado novamente. **2.** Legalizado. **3.** Confirmado. **4.** Que se revalidou.

REVALIDADOR. Que revalida.

REVALIDAR. 1. Tornar a validar. **2.** Regularizar. **3.** Confirmar.

REVALORIZAÇÃO. *Economia política.* Ato de revalorizar moeda depreciada.

REVALORIZAR. *Economia política.* Dar maior valor a uma moeda.

REVANCHE. 1. *Direito desportivo.* Novo jogo que um atleta ou equipe concorda em disputar com o adversário derrotado e inconformado. **2.** Nas *linguagens comum* e *jurídica:* a) desagravo; b) reparação; c) vingança.

REVANCHISMO. *Ciência política.* Ato político que tende a anular desvantagens de uma derrota sofrida (Bianchi).

REVEDOR. 1. *História do direito.* Funcionário da casa de suplicação que revia não só os processos trazidos do julgamento de segunda instância, como também as contas processuais, apresentadas por contador suspeito ou impedido. **2.** *Direito processual.* Revisor. **3.** *Direito agrário.* No Nordeste, é um pequeno poço, onde a água mana aos poucos.

REVEL. *Direito processual.* **1.** Réu que deixa o processo correr à revelia. **2.** Réu citado que não comparece em juízo para cumprir a citação e defender-se. Contra o revel que não tenha patrono nos autos, correrão os prazos independentemente de intimação, a partir da publicação de cada ato decisório. O revel poderá intervir no processo em qualquer fase, recebendo-o no estado em que se encontrar.

REVELAÇÃO. 1. *Direito canônico.* Conjunto de verdades manifestadas por Deus ao homem por meio de inspiração e comunicação aos profetas, apóstolos e santos. **2.** *Direito penal.* Divulgação de sigilo profissional. **3.** Nas *linguagens comum* e *jurídica:* a) informação de fato de que não se tinha conhecimento; b) denúncia; c) testemunho; d) divulgação; e) ato ou efeito de revelar; f) prova.

REVELAÇÃO DE SEGREDO. *Direito penal.* Crime consistente na declaração pública de fato que constituía sigilo profissional.

REVELADO. Que se revelou.

REVELADOR. Aquele que revela.

REVELADORES DE IMPRESSÕES PAPILARES. *Medicina legal.* Substâncias químicas ou físicas suscetíveis de tornar visíveis as impressões papilares latentes (José Lopes Zarzuela).

REVELANTISMO. *Filosofia geral.* Teoria que busca na revelação cristã a demonstração de questões morais e psicológicas.

REVELANTISTA. 1. Referente a revelantismo. **2.** Adepto do revelantismo.

REVELAR. 1. Divulgar. **2.** Tornar público. **3.** Informar. **4.** Declarar. **5.** Denunciar. **6.** Provar.

REVELÁVEL. O que pode ser revelado.

REVELIA. 1. *Direito processual civil.* a) Contumácia; b) não-comparecimento de qualquer dos litigantes ou de ambos em juízo; c) em sentido estrito, descumprimento da citação pelo réu, deixando de apresentar sua contestação dentro do prazo legal; contumácia do réu. **2.** *Direito do trabalho.* Confissão quanto à matéria de fato, se o reclamante ou reclamado não atender ao pregão, arquivando-se a reclamação se o reclamante não comparecer pessoalmente à audiência e na ausência imotivada do reclamado, este é declarado revel e confesso. **3.** *Direito processual penal.* Não-comparecimento do acusado, intimado judicialmente, a juízo para o início do processo instaurado contra ele (De Plácido e Silva). **4.** *Direito tributário.* a) Omissão do contribuinte citado que deixa de defender-se em recurso ou processo administrativo ou judicial, fazendo com que surja a presunção da veracidade do fato alegado pela parte contrária ou do contido na decisão (Eduardo M. Ferreira Jardim); b) descumprimento pela Fazenda Pública dos prazos legais (Cruz e Tucci e Eduardo M. Ferreira Jardim).

REVÊNCIA. *Direito agrário.* No Nordeste, é o vale abaixo da barragem do açude, refrescado pela infiltração de suas águas.

REVENDA. *Direito comercial.* **1.** Operação mercantil em que o empresário adquire mercadorias para tornar a vendê-las, com o objetivo de obter lucro. **2.** É a atividade de venda a varejo de combustíveis, lubrificantes e gás liquefeito envasado, exercida por postos de serviços ou revendedores, na forma das leis e regulamentos aplicáveis.

REVENDÃO. *Direito comercial.* Aquele que pratica comércio em segunda mão, comprando, habitualmente, para revender.

REVENDEDOR. *Direito comercial.* **1.** Aquele que efetua revenda. **2.** Que revende. **3.** Aquele que tendo vínculo com uma empresa produtora de bens os revende.

REVENDEDOR INDEPENDENTE. *Direito comercial.* Revendedor autorizado pela ANP a comercializar combustíveis de aviação, podendo ter vínculo comercial com mais de um distribuidor, sem obrigatoriedade de ostentação de sua(s) marca(s) comercial(is).

REVENDEDOR VAREJISTA DE COMBUSTÍVEIS LÍQUIDOS DERIVADOS DE PETRÓLEO, ÁLCOOL COMBUSTÍVEL E OUTROS COMBUSTÍVEIS AUTOMOTIVOS. Aquela pessoa jurídica, considerada de utilidade pública, sediada no país e registrada no Departamento Nacional de Combustíveis (DNC), que revende a varejo, em estabelecimento designado Posto Revendedor (PR), combustíveis líquidos derivados do petróleo, álcool combustível e outros combustíveis automotivos adquiridos a granel. Tem a obrigação de: 1) garantir a qualidade e a quantidade dos combustíveis automotivos, na forma da legislação específica; 2) fornecer continuadamente combustíveis automotivos do tipo comum; 3) fornecer combustíveis automotivos aditivados ao preço dos similares do tipo comum, na falta eventual destes; 4) dispor de documentação que comprove a causa da falta eventual do combustível automotivo do tipo comum; 5) identificar em cada bomba abastecedora de combustível automotivo, de forma destacada, bem visível e de fácil identificação para o consumidor, o tipo do combustível comercializado, especificando se o mesmo é comum ou aditivado; 6) exibir, para informação do consumidor, os preços de todos os combustíveis automotivos comercializados, afixados em painel com dimensões adequadas, na entrada do Posto Revendedor, de modo destacado e de fácil visualização à distância, tanto diurna como noturna; 7) manter informado no painel de preços, além dos demais combustíveis automotivos, o preço do combustível do tipo comum, mesmo quando da sua falta eventual; 8) exibir em quadro de aviso, de modo destacado, com caracteres legíveis e de fácil visualização, para permitir ao consumidor identificar facilmente as responsabilidades e as instâncias de recorrência quanto aos assuntos relacionados com a comercialização dos combustíveis automotivos: a) o nome e a razão social do revendedor varejista; b) o nome, endereço e telefone da(s) empresa(s) distribuidora(s) dos combustíveis automotivos comercializados no Posto Revendedor; c) endereço e telefone do DNC no Estado, indicando que para o mesmo deverão ser dirigidas reclamações que não foram atendidas pelo revendedor varejista ou pela(s) empresa(s) distribuidora(s); d) endereço e telefone do DNC, em Brasília, indicando que para o mesmo deverão ser dirigidas reclamações que não foram atendidas pelo revendedor varejista, ou pela(s) empresa(s) distribuidora(s), ou pelo DNC no Estado; e) o horário de funcionamento do Posto Revendedor, sendo obrigatório, no mínimo, o funcionamento de segunda-feira a sábado, no horário das 6 h às 20 h, ou em outros horários que venham a ser estabelecidos pelo DNC; 9) funcionar nas localidades em que se realizarem eleições municipais, estaduais ou federais, independente do dia da semana; 10) armazenar os combustíveis automotivos em tanques subterrâneos, exceto nos Postos Revendedores flutuantes; 11) manter equipamentos medidores e tanques de armazenamento em perfeito estado de funcionamento e conservação; 12) manter o Livro de Movimentação de Combustíveis (LMC) devidamente escriturado e atualizado, bem como as notas fiscais de aquisição de combustíveis; 13) não condicionar a revenda de produto ou de serviço à revenda de outro produto ou serviço, bem como a limites quantitativos; 14) alienar óleo lubrificante usado ou contaminado somente às empresas refinadoras; 15) permitir o livre acesso dos agentes do DNC e dos órgãos conveniados, às suas instalações e documentação; 16) receber combustíveis automotivos de base de distribuição de outra unidade da Federação somente quando esta for a mais próxima da sede do Posto Revendedor.

REVENDEDOR VINCULADO. *Direito comercial.* Revendedor autorizado pela ANP a comercializar combustíveis de aviação, que guarde vínculo comercial com um único distribuidor do qual ostente sua marca comercial.

REVENDER. *Direito comercial.* Tornar a vender o que adquiriu para negócio, com intuito de lucro.

REVENDIÇÃO. *Vide* REVENDA.

REVENDIDO. *Direito comercial.* O que se revendeu; vendido pela segunda vez.

REVENDÍVEL. *Direito comercial.* O que pode ser revendido.

REVENU. *Termo francês.* Rendimento.

REVENUE LAW. *Locução inglesa.* Lei tributária.

REVER. 1. Tornar a ver. **2.** Examinar novamente. **3.** Fazer revisão judicial.

RE VERA. *Locução latina.* Em verdade.

REVERA. 1. Arbítrio. **2.** Decisão. **3.** Confirmação.

REVERDADE. Muita verdade.

REVERÊNCIA. 1. Respeito. **2.** Veneração. **3.** Consideração.

REVERENCIAR. 1. Honrar. **2.** Respeitar. **3.** Venerar.

REVERENDAS. *Direito canônico.* Documento onde um bispo dá permissão a um diocesano para receber ordem sacra em outra diocese.

REVERENDÍSSIMA. *Direito canônico.* Tratamento dado ao sacerdote.

REVERENDÍSSIMO. *Direito canônico.* Título dado a cardeal, bispo, geral de ordem religiosa e padre.

REVERENDO. *Direito canônico.* Título dado a dignatários eclesiásticos e a sacerdotes.

REVERIFICAÇÃO. Nova verificação.

REVERIFICADOR. *Direito alfandegário.* Empregado que, na alfândega, faz contraprova, conferindo o trabalho dos verificadores.

REVERIFICAR. 1. Conferir. **2.** Verificar novamente. **3.** Cotejar. **4.** Contraprovar.

REVERSAL. 1. Na *linguagem jurídica* em geral: a) ato que garante promessa anterior; b) diz-se da carta que faz concessão em troca de outra. **2.** *Direito internacional público.* Acordo sobre concessão recíproca feita pelos Estados. Trata-se da nota reversal.

REVERSÃO. 1. *Direito administrativo.* a) Retorno de funcionário inativo, aposentado ou reformado, ao serviço de que se afastou; b) volta à atividade de servidor aposentado por invalidez, quando junta médica o considerar habilitado para o exercício do mesmo cargo que anteriormente ocupava. **2.** *Direito civil.* a) Diz-se da cláusula inserida em contrato de doação estipulando, expressamente, que os bens doados voltem ao patrimônio do doador, se ele sobreviver ao donatário. Tal cláusula opera como uma condição resolutiva, de cujo implemento resulta a restituição do bem doado, mas os frutos pertencerão ao donatário; b) devolução da coisa ao domínio do antigo proprietário; c) retorno ao estado anterior. **3.** *Direito do trabalho.* a) Volta do empregado à situação de emprego ou ao cargo imediatamente anterior, em razão do mesmo contrato empregatício, após ter ocupado e exercido algum cargo de confiança ou cargo diverso do que exercia em substituição eventual ou temporária ou, ainda, interinamente em missão; b) retorno do empregado ao trabalho no cargo outrora ocupado após afastamento em virtude de doença, gestação etc. **4.** *Direito previdenciário.* É o retorno à atividade de servidor aposentado: 1) por invalidez, quando junta médica oficial declarar insubsistentes os motivos da aposentadoria; encontrando-se provido o cargo, o servidor exercerá suas atribuições como excedente, até a ocorrência de vaga; ou 2) no interesse da administração, desde que: a) tenha solicitado a reversão; b) a aposentadoria tenha sido voluntária; c) estável quando na atividade; d) a aposentadoria tenha ocorrido nos cinco anos anteriores à solicitação; e) haja cargo vago; tal servidor somente terá os proventos calculados com base nas regras atuais se permanecer pelo menos cinco anos no cargo. A reversão far-se-á no mesmo cargo ou no cargo resultante de sua transformação. O tempo em que o servidor estiver em exercício será considerado para concessão da aposentadoria. O servidor que retornar à atividade por interesse da administração perceberá, em substituição aos proventos da aposentadoria, a remuneração do cargo que voltar a exercer, inclusive com as vantagens de natureza pessoal que percebia anteriormente à aposentadoria. **5.** *Direito comercial.* Alteração de rumo numa tendência de preços definida (Luiz Fernando Rudge).

REVERSÃO DE BENS. *Direito administrativo.* É o ato de transferir à propriedade da União e à administração da ANP, no momento da devolução de uma área de concessão ou parte dela, um bem que teve como propósito original a exploração de petróleo ou gás natural.

REVERSIBILIDADE. Qualidade de reversível ou do que está condicionado à reversão.

REVERSÍVEL. 1. Suscetível de reversão. **2.** Que pode ser invertido.

REVERSIVO. O que volta ou deve voltar à situação anterior.

REVERSO. 1. *Direito agrário.* Madeira cujas fibras não são direitas. **2.** Na *linguagem comum:* a) o lado oposto ao principal; b) pernicioso; c) aquele que volta para a corporação de onde saíra. **3.** *Economia política.* Face oposta da moeda; a coroa.

REVERTATUR. *Termo latino.* Sinal gráfico de revisão, indicando que se deve virar a letra ou linha invertida (Othon Sidou).

REVERTÍVEL. *Vide* REVERSÍVEL.

REVÉS. 1. Infortúnio; contratempo. **2.** Revezamento. **3.** O que substitui outro. **4.** Pancada com as costas da mão.

REVESES DA FORTUNA. Desgraças.

REVESES DO MAR. Naufrágios.

REVESSA. Corrente marítima que volta em sentido contrário ao que seguia.

REVESSO. 1. Na *gíria,* é o ladrão que não concorda com seus companheiros. **2.** *Vide* REVERSO.

REVESTIMENTO. 1. *Direito civil.* Cobertura de argamassa colocada em parede ou piso. **2.** Na *linguagem jurídica* em geral: a) proteção; b) invólucro; c) ato ou efeito de revestir.

REVESTIR DE FORMALIDADES. *Direito civil.* Cumprir todos os requisitos formais para que um ato seja válido.

REVESTIR-SE DE AUTORIDADE. Invocar o poder de que se está investido.

REVEZADO. *Direito do trabalho.* **1.** Substituído alternadamente. **2.** Alternado.

REVEZADOR. *Direito do trabalho.* **1.** Aquele que reveza. **2.** O que substitui outro, em turno.

REVEZAMENTO. *Direito do trabalho.* **1.** Substituição alternada de uma pessoa ou coisa por outra, em turno, para que não haja interrupção de atividade laborativa. Considera-se ilícita a alteração da jornada e do horário de trabalho dos empregados que trabalhem em regime de turnos ininterruptos de revezamento, salvo mediante convenção ou acordo coletivo de trabalho. **2.** Ato ou efeito de revezar, para descanso alternado. **3.** Jornada de trabalho em que o empregado presta serviço por turnos, com o objetivo de evitar interrupção do funcionamento da empresa.

REVEZAR. *Direito do trabalho.* Substituir, alternadamente, por turno.

REVEZO. *Direito agrário.* Pastagem para onde se muda o gado, para que aquela onde pastava venha a brotar de novo.

REVIDAÇÃO. Ato de revidar.

REVIDAR. 1. Retrucar. **2.** Responder. **3.** Objetar. **4.** Replicar.

REVIDE. *Vide* REVIDAÇÃO.

REVIEW. *Termo inglês.* Reconsideração da decisão pelo juízo prolator.

REVIGORADOR. *Teoria geral do direito.* **1.** O que revigora. **2.** Aquele que revigora.

REVIGORAMENTO. *Teoria geral do direito.* Ato ou efeito de revigorar.

REVIGORANTE. *Teoria geral do direito.* Que revigora.

REVIGORAR. *Teoria geral do direito.* 1. Readquirir vigor. 2. Reforçar. 3. Manter em vigor.

REVILE. *Termo inglês.* 1. Injúria. 2. Ofensa. 3. Vilipêndio.

REVINDA. Regresso.

REVINDITA. *Direito penal.* 1. Desforra. 2. Ato de retribuir a uma vingança. 3. Resposta a uma ofensa. 4. Desforço.

REVINGAR. *Direito penal.* 1. Tirar vingança de outra vingança. 2. Vingar de novo.

REVIR. 1. Regressar. 2. Rever.

REVIRAMENTO. Mudança total.

REVIRAVOLTA. Mudança brusca ou repentina.

REVIREMENT. *Termo francês.* Pagamento de débito por compensação com outro.

REVISÃO. 1. *Direito do trabalho.* Processo pelo qual se pede ao tribunal que julgou o dissídio coletivo o reexame da decisão, após um ano de sua vigência, que estabeleceu as condições de trabalho, por ter havido alteração das circunstâncias que as impuseram, tornando-as inaplicáveis ou injustas. 2. *Direito autoral.* a) Correção de provas tipográficas; b) análise atenta e minuciosa de uma obra para emendá-la, corrigi-la ou aperfeiçoá-la; c) corpo de revisores de uma editora; d) função de revisor; e) local onde trabalham os revisores. 3. *Ciência política.* Exame de uma lei com o escopo de modificá-la, revogá-la ou confirmá-la. 4. *Direito processual civil.* a) Novo exame de um caso por um magistrado de tribunal superior, antes de ser submetido a julgamento, em razão de um recurso interposto da decisão prolatada. É, portanto, exame a que é submetido o relatório apresentado pelo juiz relator; b) reexame judicial de um contrato para atualizar suas cláusulas ou adaptá-las às necessidades presentes.

REVISÃO ADUANEIRA. *Direito aduaneiro.* É o ato pelo qual a autoridade fiscal, após o desembaraço da mercadoria, na importação ou na exportação, reexamina o despacho aduaneiro, com a finalidade de verificar a regularidade do pagamento dos tributos e demais gravames devidos à Fazenda Nacional ou do benefício fiscal aplicado, e da exatidão das informações prestadas pelo importador ou exportador. A apuração da regularidade de despacho aduaneiro poderá ser realizada e processada no prazo de cinco anos a contar da ocorrência do fato gerador. Expirado tal prazo sem que a Fazenda Pública se tenha pronunciado, considerar-se-á o crédito definitivamente extinto, salvo se comprovada a ocorrência de dolo, fraude ou simulação. A Secretaria da Receita Federal definirá os critérios aplicáveis à revisão aduaneira.

REVISÃO CONSTITUCIONAL. *Vide* REFORMA CONSTITUCIONAL.

REVISÃO COTEJADA. *Direito autoral.* Aquela consistente no cotejo da prova com o original.

REVISÃO CRIMINAL. *Direito processual penal.* Ação destinada a corrigir decisão judicial de que já não caiba recurso (Vicente de Azevedo e Paulo de Azevedo); é o equivalente penal da ação rescisória civil, que visa reparar erro judiciário (José Frederico Marques). Trata-se da revisão de processo criminal findo para reexaminá-lo, admitida quando: a) a sentença condenatória for contrária ao texto expresso da lei penal ou à evidência dos autos; b) a sentença condenatória se fundar em depoimentos, exames ou documentos comprovadamente falsos; c) após a sentença, se descobrirem novas provas da inocência do condenado ou de circunstância que determine ou autorize diminuição especial da pena.

REVISÃO DE LEGISLAÇÃO. *Ciência política.* Reexame das leis que estão em vigor relativas a determinada matéria, averiguando a necessidade de sua revogação total ou parcial, ajustando-as à realidade e a certos princípios gerais de direito.

REVISÃO DE LOTAÇÃO. *Direito administrativo.* Alteração feita pelo Poder Executivo ao efetuar reforma administrativa indicando a quantidade de funcionários que tem em exercício em cada setor ou unidade de Administração Pública.

REVISÃO DE PROCESSO ADMINISTRATIVO. *Direito administrativo.* Reexame e julgamento feito pela Administração Pública de processo a que respondeu o funcionário condenado por pena disciplinar, ante pedido seu ou de sua família fundamentado em fato que justifica sua inocência, com o escopo de cancelar a penalidade imposta, reintegrando-o em seus direitos. A revisão é a medida que visa suprimir ato ilegal praticado havendo erro de fato ou de direito (José Cretella Jr.).

REVISÃO DO ATO ADMINISTRATIVO. *Direito administrativo.* Reexame do ato administrativo pelo Judiciário ou pela Administração Pública reafirmando-o ou não.

REVISÃO DO TRATADO. *Direito internacional público.* Emenda do tratado pelo consenso unânime, ou pelo voto de dois terços dos países signatários, por iniciativa de qualquer deles. Por exemplo, a Carta da OEA prevê sua emenda pelo voto de 2/3 dos Estados partes, ao passo que nenhum tratado, dentro da Comunidade Européia, pode ser emendado sem a anuência unânime das partes (Rezek).

REVISÃO GERAL. *Direito constitucional.* É o aumento concedido em razão da perda do poder aquisitivo da moeda. Não visa a corrigir situações de injustiça ou de necessidade de revalorização profissional de determinadas carreiras mercê de alterações ocorridas no próprio mercado de trabalho, nem objetiva contraprestar pecuniariamente níveis superiores de responsabilidade advindos de reestruturações ou reclassificações funcionais (Celso Bastos e Ives Gandra Martins). *Vide* REAJUSTE SALARIAL.

REVISÃO JUDICIAL DOS CONTRATOS. *Direito civil* e *direito processual civil.* Intervenção judicial no negócio contratual para reexaminá-lo quando: a) a superveniência de acontecimentos extraordinários e imprevisíveis, por ocasião da sua formação, torna sumamente onerosa a relação contratual, gerando a impossibilidade subjetiva de sua execução; b) houver necessidade de reduzir proporcionalmente a pena estipulada para o caso de mora ou de inadimplemento, na hipótese de ter havido cumprimento parcial da obrigação ou quando o valor de sua cominação exceder ao do contrato principal.

REVISÃO TÉCNICA. *Direito autoral.* Aquela que, seguindo as regras da arte tipográfica, se ocupa da uniformidade e proporção dos títulos, do arranjo das formas etc.

REVISAR. Rever.

REVISÁVEL. O que se pode revisar.

REVISIONISMO. *Ciência política.* Partido daqueles que pretendem que se faça uma revisão da Carta Magna do país.

REVISIONISTA. *Ciência política.* Adepto do revisionismo.

REVISIONSKLAGE. *Termo alemão.* Recurso extraordinário.

REVISÍVEL. Que se pode rever.

REVISOR. **1.** *Direito processual civil.* Juiz de tribunal superior que examina o processo submetido a julgamento em razão de recurso, após o juiz-

relator, opinando sobre ele. **2.** *Direito comercial.* Encarregado de conferir bilhetes de passagem. **3.** *Direito do trabalho.* a) Aquele que revê provas tipográficas ou originais destinados à composição; b) censor de livros; c) jornalista profissional que revê a grafia das provas tipográficas da matéria jornalística (Othon Sidou); redator-revisor. **4.** *Direito autoral.* Aquele que revê um texto.

REVISÓRIO. Que se refere a revisão.

REVISTA. **1.** *História do direito.* Recurso para as câmaras cíveis reunidas, em caso de haver divergência nas decisões finais de duas ou mais câmaras, quanto à maneira de interpretação do direito em tese para que elas a resolvessem. **2.** *Direito autoral.* a) Publicação periódica contendo artigos, fatos etc.; b) espetáculo teatral de variedades, contendo musicais. **3.** *Direito administrativo.* Exame sanitário. **4.** *Direito militar.* Inspeção de tropas, material bélico etc.

REVISTAR. **1.** Examinar pessoas ou coisas. **2.** Passar revista.

REVISTEIRO. *Direito autoral.* **1.** Aquele que escreve revistas para o teatro. **2.** Aquele que dirige uma publicação periódica.

REVISTO. **1.** O que passou por uma revisão. **2.** Corrigido. **3.** Emendado.

REVIVAL OF ACTION. *Locução inglesa.* Renovação da ação.

REVIVER. **1.** Tornar a viver. **2.** Revigorar.

REVIVESCÊNCIA CULTURAL. *Sociologia geral.* Movimento espontâneo que surge na sociedade do tipo *folk* para revigorar instituições ou elementos culturais em desintegração.

REVOCAÇÃO. *Vide* REVOGAÇÃO.

REVOCAR. *Teoria geral do direito.* Revogar.

REVOCATIO IN SERVITUTEM. *Direito romano.* Retorno do liberto à escravidão, por ter praticado ato de ingratidão contra o seu antigo senhor (Sílvio A. B. Meira).

REVOCATION OF WILL. *Locução inglesa.* Revogação de testamento.

REVOCATÓRIA. **1.** *Direito internacional público.* Carta pela qual um governo ordena a retirada dos poderes conferidos a um representante seu junto a outro governo estrangeiro. **2.** *Vide* AÇÃO PAULIANA.

REVOCATÓRIO. *Teoria geral do direito.* **1.** O que revoga. **2.** Relativo à revogação. **3.** O que tem força para revogar.

REVOCÁVEL. *Teoria geral do direito.* Revogável; o que pode ser revogado.

REVOGABILIDADE. *Teoria geral do direito.* Qualidade de revogável.

REVOGAÇÃO. 1. *Teoria geral do direito.* a) Ação ou efeito de revogar; b) cessação da existência da norma obrigatória. Assim sendo, ter-se-á permanência da lei quando, uma vez promulgada e publicada, começa a obrigar indefinidamente até que outra a revogue. A data da cessação da eficácia de uma lei não é a da promulgação ou publicação da lei que a revoga, mas a em que a lei revocatória se tornar obrigatória. A revogação é o gênero que contém duas espécies: a *ab-rogação*, que é a supressão total da norma anterior, por ter a nova lei regulado inteiramente a matéria, ou por haver entre ambas incompatibilidade explícita ou implícita; a *derrogação*, que torna sem efeito uma parte da norma; logo a norma derrogada não perde sua vigência, pois somente os dispositivos atingidos é que não mais terão obrigatoriedade. **2.** *Direito civil.* Ato pelo qual o sujeito de um negócio jurídico resolve, unilateralmente, fazer cessar a relação jurídico-negocial.

REVOGAÇÃO DA ADOÇÃO SIMPLES. *História do direito.* Ruptura do vínculo de adoção pelo adotante por ingratidão do adotado, que praticou quaisquer atos que autorizam a deserdação de herdeiro necessário.

REVOGAÇÃO DA DOAÇÃO. *Direito civil.* Ato unilateral pelo qual o doador volta atrás, fazendo com que o bem doado retorne ao seu patrimônio havendo: a) ingratidão do donatário, sendo a doação pura e simples, uma vez que ele veio a atentar dolosamente contra a sua vida; a ofendê-lo fisicamente, causando-lhe lesão corporal, leve ou grave; a injuriá-lo ou caluniá-lo gravemente, ou b) descumprimento do encargo.

REVOGAÇÃO DA LEI. *Teoria geral do direito.* Cessação da obrigatoriedade da lei pela força revocatória de outra superveniente da mesma hierarquia ou de hierarquia superior.

REVOGAÇÃO DA SENTENÇA. Retirada da eficácia de sentença transitada em julgado, quando eivada de vício que compromete a correta aplicação do direito para a solução da lide (Moacyr Lobo da Costa).

REVOGAÇÃO DA SUSPENSÃO CONDICIONAL DA PENA. *Direito penal.* Cessação da suspensão condicional da pena se o condenado não cumprir condição imposta ou for condenado, irrecorrivelmente, por crime culposo ou por contravenção, a pena privativa de liberdade ou restritiva de direitos.

REVOGAÇÃO DE ATO ADMINISTRATIVO. *Direito administrativo.* Extinção de um ato administrativo ou de seus efeitos por outro ato administrativo, efetuada por razões de conveniência e oportunidade, respeitando-se os efeitos precedentes (Celso Antônio Bandeira de Mello).

REVOGAÇÃO DE CHEQUE. *Direito bancário.* Ordem dada pelo sacador ao sacado para que o cheque emitido não seja pago.

REVOGAÇÃO DE CONCESSÃO. *Direito administrativo.* Ato unilateral da Administração Pública, rescindindo concessão ante a cessação dos motivos de sua outorga (José Cretella Jr.).

REVOGAÇÃO DE DIREITO. *Teoria geral do direito.* **1.** Possibilidade de que um direito subjetivo, em dadas circunstâncias, por força de uma causa contemporânea à sua aquisição, possa ou deva retornar ao seu precedente titular (Serpa Lopes). **2.** Extinção de instituto jurídico (Othon Sidou).

REVOGAÇÃO DE MANDATO. *Direito civil.* Extinção, total ou parcial, expressa ou tácita, que se opera *ad nutum* pelo mandante, se cessar a confiança depositada no mandatário, ou se não tiver mais interesse no negócio. Será expressa se o mandante notificar, judicial ou extrajudicialmente, o procurador, informando-o de que o mandato foi revogado. Será tácita se o mandante assumir, pessoalmente, a direção do negócio ou nomear outro procurador para o mesmo negócio. Será total se revogar toda a procuração, e parcial se disser respeito a alguns poderes conferidos. Tal revogação produzirá efeitos *ex nunc*, respeitando os atos já praticados. Com a revogação, o mandante assumirá a direção do negócio ou o confiará a outro procurador. Revogada a procuração, o mandatário deverá restituir ao mandante os bens que lhe pertencerem e que se encontram em seu poder.

REVOGAÇÃO DE MEDIDA DE SEGURANÇA PESSOAL. *Direito processual penal.* Declaração judicial da extinção da medida de segurança com a superveniência, comprovada, da cessação de periculosidade do delinqüente, mediante exame.

REVOGAÇÃO DE PROCURAÇÃO. *Vide* REVOGAÇÃO DE MANDATO.

REVOGAÇÃO DE TESTAMENTO. *Direito civil.* Ato pelo qual o testador, conscientemente, torna ineficaz testamento anterior, manifestando vontade contrária à que nele se acha expressa. O testamento pode ser revogado por outro testamento, seja público, cerrado, particular, marítimo, aeronáutico ou militar. O testamento revogatório só torna ineficaz o anterior se feito por uma dessas formas legais de testar e se for válido. A revogação do testamento pode ser: expressa, se o disponente declarar sem efeito, no todo ou em parte, o testamento por ele feito anteriormente por meio de um outro, embora não seja preciso que se empregue a mesma forma do precedente; ou tácita, que ocorrerá quando: sem mencionar que revoga o antigo, o testador fizer novas disposições testamentárias incompatíveis com as anteriores; o testamento cerrado aparecer aberto ou dilacerado pelo próprio testador, ou por terceiro com o seu consentimento, pois está claro que, com esse gesto, o disponente manifestou, implicitamente, a vontade de revogá-lo; o testador alienar, voluntariamente, a coisa legada, de modo que será parcial esta revogação se houver outras disposições alusivas a outros bens que não o legado.

REVOGAÇÃO DO ATENTADO. *Direito processual civil.* Processo incidente para constatar a violação, pelo litigante, da coisa litigiosa, bem como restituí-la ao que era antes da violação, assegurando a realização integral e satisfatória do julgado (Ada Pellegrini Grinover).

REVOGAÇÃO DO LIVRAMENTO CONDICIONAL. *Direito penal.* **1.** Extinção legal do livramento, se o liberado vem a ser condenado a pena privativa de liberdade, em sentença irrecorrível por crime cometido durante a vigência do benefício ou por crime anterior, perpetrado antes do período de prova do livramento condicional. **2.** Cessação judicial facultativa do benefício de livramento condicional, em caso de descumprimento das obrigações impostas pela sentença ou de condenação irrecorrível, por crime ou contravenção, a pena de multa ou restritiva de direitos (Damásio E. de Jesus).

REVOGAÇÃO EXPRESSA. *Teoria geral do direito.* É aquela em que a norma revogadora declara qual a lei que está extinta em todos os seus dispositivos ou aponta os artigos que pretende retirar.

REVOGAÇÃO INDIRETA. *Vide* REVOGAÇÃO TÁCITA.

REVOGAÇÃO REAL. *Direito comparado.* É, segundo a jurisprudência portuguesa, a extinção do contrato de arrendamento que se dá por convenção das partes, seguindo-se à desocupação material do prédio arrendado (Ana Prata).

REVOGAÇÃO TÁCITA. *Teoria geral do direito.* É a que se dá quando houver incompatibilidade entre a lei nova e a antiga, pelo fato de que a nova passa a reger parcial ou inteiramente a matéria tratada pela anterior, mesmo que nela não conste a expressão "revogam-se as disposições em contrário" por ser supérflua. Trata-se da revogação indireta que não deve ocorrer, por haver lei complementar requerendo que cláusula de revogação deverá enumerar, expressamente, as leis ou disposições legais revogadas.

REVOGADO. *Teoria geral do direito.* **1.** Que se revogou. **2.** Que não é mais obrigatório. **3.** Que cessou de vigorar.

REVOGADOR. *Teoria geral do direito.* **1.** Que revoga. **2.** Revogante. **3.** Aquele que revogou. **4.** O que envolve revogação.

REVOGAM-SE AS DISPOSIÇÕES EM CONTRÁRIO. *Teoria geral do direito.* Expressão supérflua que, às vezes, é colocada no final da lei para indicar que perdem a obrigatoriedade as normas anteriores conflitantes com a novel lei.

REVOGANTE. *Vide* REVOGADOR.

REVOGAR. *Teoria geral do direito.* Tornar uma norma sem efeito, retirando sua obrigatoriedade.

REVOGATIVO. Referente à revogação.

REVOGATÓRIA. *Vide* REVOCATÓRIA.

REVOGATÓRIO. *Vide* REVOCATÓRIO.

REVOGÁVEL. *Vide* REVOCÁVEL.

REVOLTA. *Direito militar.* **1.** Insubordinação armada contra autoridade estabelecida, tendo extensão maior que a do motim (Othon Sidou). **2.** Resistência violenta de militares armados contra ordem de superior.

REVOLTADO. *Direito militar.* **1.** Insubmisso. **2.** Aquele militar que se revoltou. **3.** Aquele que participa de uma revolta.

REVOLTAR. *Direito militar.* **1.** Incitar à revolta. **2.** Insurgir-se, com o emprego de armas, contra superior hierárquico.

REVOLTOSO. *Vide* REVOLTADO.

REVOLUÇÃO. 1. *Direito agrário.* Tempo que fica entre o corte de arvoredo e outro corte no mesmo talhão. **2.** *Medicina legal.* Movimento anormal dos humores de um órgão. **3.** *Ciência política.* a) Guerra civil; b) transformação violenta da estrutura política e socioeconômica do país; c) movimento popular, social e político, que busca conquistar o governo do Estado, derrubando o poder constituído, que exerce opressão irremediável, para instituir uma nova ordem jurídica consentânea às idéias morais e sociais do povo. A revolução não é o triunfo de um ato de violência, mas de um novo direito que vai fundar a validade da ordenação jurídica. Logo, não é antijurídica; inconstitucional perante a Constituição anterior, porém não o será em face da nova Constituição que com ela surgir. **4.** *Direito autoral* e *direito de propriedade industrial.* Adoção de novas técnicas ou idéias.

REVOLUÇÃO FRANCESA. *História do direito.* Movimento político-social francês que, em 1789, ao extinguir o *ancien régime* consolidou as idéias de soberania nacional, separação de poderes, supremacia da lei como fonte de direito, controle da legalidade e da constitucionalidade pelo Poder Judiciário e concepção do direito como um sistema (Gilissen e Tércio Sampaio Ferraz Jr.).

REVOLUÇÃO INDUSTRIAL. *Economia política.* Transformação que, com a invenção da máquina a vapor, veio admitir que ela substituísse o trabalho manual (Othon Sidou).

REVOLUÇÃO VERDE. *Direito agrário.* Esforço científico, de ordem internacional, iniciado na década de 1960, com o escopo de obter novas variedades de cereais e de aumentar a sua produção.

REVOLUCIONAR. 1. Instigar à revolução. **2.** Introduzir princípios revolucionários. **3.** Entrar numa revolução.

REVOLUCIONÁRIO. 1. Aquele que propaga novas idéias sociais ou políticas. **2.** Que diz respeito à revolução. **3.** Quem provoca uma revolução. **4.** Diz-se daquele que pretende impor uma nova ordem ou introduzir novas idéias ou técnicas. **5.** Adepto de uma revolução.

REVOLUCIONARISMO. 1. Qualidade de revolucionário. **2.** Ato ou pensamento revolucionário.

REVOLUCIONISMO. *Vide* REVOLUCIONARISMO.

REVÓLVER. *Medicina legal.* Arma de fogo de cano único curto, de repetição não automática, de retrocarga, provida de várias câmaras de combustão dispostas, paralelamente a um eixo comum, escavadas em um cilindro giratório chamado tambor (José Lopes Zarzuela).

REVOLVING CREDIT. *Vide* CRÉDITO DOCUMENTADO ROTATIVO.

RÉVORA. *Medicina legal.* Tempo de puberdade.

REWARD. *Termo inglês.* Gratificação.

REWARDED DONORS. *Locução inglesa.* Transplantes não convencionais, levados a efeito em razão de doações de órgãos ou tecidos recompensadas e doações com incentivos.

REWARDED GIFTING. *Vide* REWARDED DONORS.

REX DATUR PROPTER REGNUM ET NON REGNUM PROPTER REGEM. *Expressão latina.* O rei pelo reino, e não o reino pelo rei.

REX LEGEM INSTITUIT, SIC QUOQUE, LEX POPULUM. *Expressão latina.* Qual o rei tal a lei, qual a lei tal o povo.

REX PROBAVIT NON REMPUBLICAM SUAM ESSE, SED SE REIPUBLICAE. *Expressão latina.* O rei provou que o Estado não lhe pertencia, e sim ele ao Estado.

REX REGNAT, SED NON GUBERNAT. *Expressão latina.* O rei reina, mas não governa.

RFS. *Direito internacional privado.* Sigla da cláusula *received for shipment* (recebido para embarque) inserida no conhecimento de embarque marítimo.

RGP. Abreviatura de Registro Geral da Pesca.

RH. *Medicina legal.* Fator aglutinógeno, que serve como prova sangüínea, a qual pode ser usada na investigação de paternidade ou de maternidade. Esse fator é encontrado em 85% de indivíduos de raça branca, chamados de Rh+, sendo que os 15% restantes que não o têm são designados de rh ou Rh-. Se os pais forem rh, os filhos só poderão ser rh (A. Almeida Jr. e J. B. de O. e Costa Jr.).

RI. *Direito comparado.* Légua japonesa que equivale a 3.927m.

RIACHO. *Direito agrário* e *direito civil.* Ribeiro; pequeno rio.

RIBALDARIA. *Direito marítimo.* Barataria, ou seja, ato do capitão ou da tripulação lesivo à carga ou à embarcação.

RIBALDIA. *Vide* RIBALDARIA.

RIBAMAR. *Direito marítimo.* Beira-mar.

RIBEIRA. 1. *História do direito.* Local, na margem de um rio, onde se faziam consertos de embarcações e se estabeleciam os arsenais. **2.** *Direito agrário.* No Nordeste, é a zona rural que abrange um determinado número de fazendas destinadas à pecuária, distinguindo-se cada uma delas pelo nome do rio que a banha. **3.** *Direito civil.* Porção de terreno junto do rio. **4.** *Direito comercial.* Mercado de peixe próximo de um rio.

RIBEIRÃO. Terreno próprio para a lavra de minas de diamantes.

RIBEIRAR. *Direito agrário.* No Nordeste, significa marcar a ferro o lado esquerdo do animal pertencente a uma ribeira.

RIBEIRINHO. *Direito civil.* **1.** Proprietário de terras situadas às margens de um rio. **2.** Terreno junto ao rio.

RIBEIRO. 1. *Vide* RIACHO. **2.** *Direito agrário.* Espécie de trigo.

RIBOFLAVINA. *Medicina legal.* Vitamina B$_2$, cuja falta provoca perturbações cutâneas e fraqueza geral (Morris Fishbein).

RICHTERRECHT. *Termo alemão.* Direito judicial.

RICHTIGES RECHT. *Locução alemã.* Direito justo.

RICKETTSIOSE VARICELIFORME. *Medicina legal.* Moléstia infecciosa de caráter benigno transmitida por um ácaro, que infeta rato caseiro. No local da mordida do ácaro aparece uma bolha avermelhada que deixará uma cicatriz, por isso essa doença é confundida com a varíola. Essa infecção provoca febre, calafrios, dor na cabeça e nos músculos e perda de apetite.

RICO. 1. *Direito agrário.* Terreno fértil e produtivo. **2.** *Economia política.* Diz-se do país que contém muitas riquezas. **3.** Na *linguagem comum:* a) aquele que tem muitos haveres; b) que aufere muita renda.

RICOCHETE. 1. *Medicina legal* e *direito militar.* Salto dado pelo projétil de arma de fogo após bater no chão ou em outro local. **2.** *Direito civil.* Diz-se do dano sofrido por outra pessoa, que lesa interesse de alguém. *Vide* DANO POR RICOCHETE.

RICO-HOMEM. *História do direito.* Fidalgo que servia o rei na guerra e usava como insígnia pendão e caldeira, para indicar que sustentava outras pessoas.

RICO-HOMIA. *História do direito.* Função ou dignidade de rico-homem.

RIDE. *História do direito.* Moeda de ouro que foi muito usada nos Países Baixos.

RIDICULARIA. Bagatela.

RIDICULARIZAR. 1. Zombar de uma pessoa, tornando-a ridícula. **2.** Tornar-se ridículo.

RIDICULISMO. Comportamento ridículo.

RIDÍCULO. 1. Irrisório. **2.** Digno de riso.

RIFA. 1. *Direito civil* e *direito penal.* Contrato aleatório pelo qual se sorteia um objeto por meio de bilhetes numerados. Se não for autorizada legalmente, constitui contravenção penal. **2.** *Direito civil.* a) Documento, cujo número foi premiado, pelo qual o emitente se obriga a entregar o objeto sorteado a quem lho apresentar como seu detentor; b) sorteio de objeto por meio de cupom numerado previamente.

RIFÃO JURÍDICO. *Teoria geral do direito.* Brocardo jurídico.

RIGHT. *Termo inglês.* **1.** Direito de fazer ou deixar de fazer algo desde que lei não o proíba. **2.** Direito subjetivo.

RIGHTFULNESS. *Termo inglês.* **1.** Justiça. **2.** Legalidade. **3.** Legitimidade.

RIGHT OF PRIVACY. *Expressão inglesa.* Direito à vida privada.

RIGHT OF PROPERTY. *Locução inglesa.* Direito de propriedade.

RIGHT OF STOPPAGE IN TRANSITU. *Direito internacional privado* e *direito comercial.* Suspensão do transporte da mercadoria em trânsito e sua entrega entre a estação da procedência e a de destino ao remetente, consignatário, endossador ou portador do conhecimento. Trata-se da variação do destino da carga, entregando-a em local diverso do combinado.

RIGHT TO ATTORNEY. *Locução inglesa.* Direito à assistência advocatícia.

RIGIDEZ. 1. *Medicina legal.* Tensão do colo uterino, opondo-se à saída do feto. **2.** Na *linguagem comum:* a) qualidade de rígido; b) austeridade; c) severidade de princípios.

RIGIDEZ CADAVÉRICA. *Medicina legal.* Retração ou endurecimento muscular após o óbito, que se dá por força de paulatinas modificações físico-químicas por que passa o organismo, possibilitando a determinação da hora da morte.

RIGIDEZ CONSTITUCIONAL. *Direito constitucional.* Alteração da Constituição do país apenas por meio de processo especial que ela mesma prevê.

RIGIDEZ MENTAL. *Medicina legal.* Intransigência que tem aquele que é portador de personalidade obsessivo-compulsiva (Croce e Croce Jr.).

RÍGIDO. 1. Pouco flexível. **2.** Endurecido. **3.** Severo. **4.** Austero. **5.** Rigoroso.

RIGOR. 1. Precisão. **2.** Ato de severidade. **3.** Forma exata. **4.** Sentido próprio das palavras. **5.** Interpretação restrita.

RIGOR CAMBIAL. *Direito cambiário.* Formalismo do direito cambiário ou das normas que regem os títulos de crédito, ante a necessidade de se identificar a natureza do documento e reconhecer as obrigações firmadas naqueles títulos (Waldirio Bulgarelli).

RIGOR EXCESSIVO. 1. *Direito do trabalho.* Severidade, além do permitido, no tratamento do empregado, que constitui justa causa para a rescisão do contrato de trabalho, gerando, ainda, o direito de receber uma indenização. **2.** *Direito militar.* Punição exagerada de subordinado, que configura crime de abuso de autoridade.

RIGORI AEQUITAS PRAEFERENDA EST. *Aforismo jurídico.* Ao rigor se deve preferir a eqüidade.

RIGORISMO. 1. *Filosofia geral.* Teoria que não admite na moral ações indiferentes ou que não reconhece um valor moral a ações determinadas por outro motivo que não o de obediência à lei (Kant). **2.** Nas *linguagens comum* e *jurídica:* a) excessivo rigor; b) severidade em demasia; c) moral severa; d) pontualidade excessiva.

RIGORISTA. 1. Intransigente. **2.** Aquele que usa de rigorismo.

RIGOR MORTIS. *Locução latina.* Rigidez cadavérica.

RIGOROSO. 1. Rígido. **2.** Severo. **3.** Exigente. **4.** Austero. **5.** O que é feito com rigor. **6.** Preciso; exato. **7.** Diz-se do tempo inclemente. **8.** Exame circunstanciado. **9.** Feito para ser, rigorosamente, cumprido.

RIGOR PENITENCIÁRIO. *Direito penitenciário.* Severidade na ordem interna e na disciplina dos estabelecimentos destinados ao cumprimento da pena privativa da liberdade (Armida Bergamini Miotto).

RIM. *Medicina legal.* **1.** Órgão duplo glandular que segrega urina, situado na região lombar. **2.** Vasilha em forma de rim, usada para curativos.

RIMA. *Direito ambiental.* Sigla de Relatório de Impacto Ambiental, que deve conter: a) os objetivos e justificativas do projeto e sua relação com as políticas setoriais e programas governamen-

tais; b) descrição do projeto, dos prováveis impactos ambientais da implantação da atividade e do efeito esperado das medidas mitigadoras previstas em relação aos impactos negativos; c) síntese dos resultados dos estudos de diagnóstico ambiental da área de influência do projeto; d) caracterização da qualidade ambiental futura da área de influência; e) recomendação quanto à alternativa mais favorável etc.

RINELCOSE. *Medicina legal.* Úlcera do nariz.

RINESTESIA. *Medicina legal.* Sentido do olfato.

RING. 1. *Direito desportivo.* Cercado de cordas onde são realizadas competições de boxe, jiu-jitsu, luta romana etc. **2.** *Sociologia jurídica.* Grupo de pessoas que visam, egoisticamente, realizar manobras políticas, comerciais etc., para obter proveito pessoal. **3.** *Direito civil.* Grupo de apostadores em corrida de cavalo. **4.** *Economia política.* Grupo de comerciantes que especula a elevação do preço das mercadorias, para revendê-las.

RINGUE. *Vide RING.*

RINHA. *Direito penal.* **1.** Briga de galos, que constitui contravenção penal. **2.** Local onde se dá tal briga; rinhadeiro (Rio Grande do Sul).

RINHADEIRO. *Vide RINHA.*

RINISMO. *Medicina legal.* Fanhosidade.

RINITE. *Medicina legal.* Inflamação da mucosa do nariz.

RINOBRONQUITE. *Medicina legal.* Inflamação da mucosa nasal e dos brônquios.

RINOFIMA. *Medicina legal.* Aumento das partes moles do nariz, tornando-o volumoso, vermelho-arroxeado, com telangiectasias e pápulas, apresentando poros demasiadamente dilatados, assemelhando-se à casca de laranja. É muito comum em alcoólatras, emotivos ou em pessoas que têm distúrbios digestivos crônicos (Morris Fishbein).

RINOFONIA. *Medicina legal.* Ressonância da voz nas fossas do nariz.

RINOLALIA. *Medicina legal.* Perturbação vocal causada pela alteração da ressonância das cavidades nasais.

RINOPLASTIA. *Medicina legal.* Operação plástica do nariz.

RINOPTIA. *Medicina legal.* Estrabismo em que a pupila aproxima-se do nariz, ao desviar-se do eixo visual.

RINORRAGIA. *Medicina legal.* Hemorragia nasal.

RINOTRIQUIA. *Medicina legal.* Existência de pêlos excessivos no nariz.

RIO. *Direito civil* e *direito administrativo.* Corrente natural de água doce, que passa sobre o álveo em direção ao mar ou a outro rio.

RIO AFLUENTE. É o que deságua em outro rio, sendo também denominado rio caudatário, confluente ou tributário.

RIO CAUDATÁRIO. *Vide* RIO AFLUENTE.

RIO CONFLUENTE. *Vide* RIO AFLUENTE.

RIOSCA. Adjutório.

RIOS CONTÍGUOS. *Direito internacional público.* Rios que banham mais de um país, sendo limítrofes ou divisórios por terem curso em suas fronteiras.

RIOS DE FRONTEIRA. *Vide* RIOS CONTÍGUOS.

RIOS DIVISÓRIOS. *Vide* RIOS CONTÍGUOS.

RIOS ESTADUAIS. *Direito administrativo.* Aqueles cursos d'água que atravessam apenas o território de um Estado membro da Federação.

RIOS INTERESTADUAIS. *Direito administrativo.* Correntes de água doce que percorrem o território de mais de um Estado da Federação.

RIOS INTERIORES. *Direito internacional público.* Rios que banham o interior do território de mais de uma nação, atravessando-as sem contudo as limitar (De Plácido e Silva).

RIOS INTERNACIONAIS. *Direito internacional público.* Cursos d'água que banham mais de um Estado soberano (Rezek).

RIOS LIMÍTROFES. *Vide* RIOS CONTÍGUOS.

RIOS NACIONAIS. *Direito administrativo.* São aqueles que percorrem apenas o território de uma nação, onde iniciam seu curso, desembocando no mar (De Plácido e Silva).

RIOS NÃO NAVEGÁVEIS. *Direito civil.* Aqueles que não podem ser usados para navegação comercial contínua, sendo por isso particulares pertencentes aos proprietários dos terrenos ribeirinhos (De Plácido e Silva).

RIOS NAVEGÁVEIS. *Direito administrativo.* Aqueles que permitem, em seu curso, navegação comercial contínua, sendo bens públicos (De Plácido e Silva); de uso comum do povo.

RIOS PARTICULARES. *Vide* RIOS NÃO NAVEGÁVEIS.

RIOS PERENES. *Vide* RIOS PERMANENTES.

RIOS PERMANENTES. Correntes de água que seguem seu curso durante qualquer estação do ano, sendo perenes (De Plácido e Silva).

RIOS PÚBLICOS. *Direito administrativo.* **1.** *Vide* RIOS NAVEGÁVEIS. **2.** Aqueles que banham um ou mais de um Estado membro da Federação.

RIOS REAIS. Aqueles que recebem as águas de outros rios, sem perder sua individualidade, até desaguarem no mar (De Plácido e Silva).

RIOS SIMULTÂNEOS. *Vide* RIOS CONTÍGUOS.

RIOS SUCESSIVOS. *Vide* RIOS INTERIORES.

RIOS TEMPORÁRIOS. São os que têm duração momentânea por estarem na dependência das águas pluviais.

RIO TRIBUTÁRIO. *Vide* RIO AFLUENTE.

RIPADO. *Direito agrário.* Pavilhão feito de ripas, apropriado para abrigar plantas.

RIPADOR. *Direito agrário.* Instrumento utilizado para desengaço das uvas.

RIPANÇO. *Direito agrário.* Utensílio que raspa a terra e junta as pedras.

RIPAR. *Direito agrário.* **1.** Raspar a terra e juntar as pedras. **2.** Cortar crinas dos cavalos.

RIPAROFILIA. *Medicina legal.* **1.** Anomalia consistente em sentir prazer apenas no ato sexual com mulheres grávidas, menstruadas, sujas. **2.** Qualidade daquele que só encontra prazer no que, normalmente, causa nojo ou asco.

RIPAROFÍLICO. *Medicina legal.* Referente a riparofilia.

RIPARÓFILO. *Medicina legal.* Aquele que sofre de riparofilia.

RIPAROFOBIA. *Medicina legal.* Pavor mórbido à sujeira ou à sordidez.

RIPAROFÓBICO. *Medicina legal.* Relativo à riparofobia.

RIPARÓFOBO. *Medicina legal.* Aquele que apresenta riparofobia.

RIPIA. *Medicina legal.* Moléstia cutânea que se caracteriza pela presença de placas similares a uma concha.

RIPOSTAR. *Direito desportivo.* Repelir, na esgrima, a estocada com outra.

RIQUEZA. **1.** *Economia política.* Conjunto de bens suscetíveis de satisfazer as necessidades humanas, por possuírem uma utilidade. **2.** Nas *linguagens comum* e *jurídica:* a) fortuna; b) grande quantidade de valores; c) opulência; d) abundância. **3.** *Sociologia geral.* Classe dos ricos.

RIQUEZA NACIONAL. *Economia política.* Conjunto dos produtos da indústria, do comércio, da agricultura e do solo de uma nação.

RIQUEZA PÚBLICA. *Vide* RIQUEZA NACIONAL.

RIQUEZAS DO SUBSOLO. *Direito constitucional.* Bens localizados no subsolo (minas, jazidas, recursos minerais e hidráulicos), que são apropriáveis pela sua utilidade. São pertencentes à União, por constituírem, para fins de exploração ou aproveitamento industrial, propriedade distinta da do solo.

RISBORDO. *Direito marítimo.* Portinhola que é aberta, no costado do navio ou na popa, ao nível da água, para permitir a introdução de objetos que não podem entrar pela escotilha.

RISCADURA. Inutilização de palavras ou de trechos escritos, fazendo diversos traços sobre eles, constituindo vício que pode invalidar o documento que a contém, não havendo, no final, ressalva de sua existência.

RISCO. 1. *Direito civil* e *direito comercial.* a) Possibilidade da ocorrência de um perigo ou sinistro causador de dano ou de prejuízo, suscetível de acarretar responsabilidade civil na sua reparação. b) Medida de danos ou prejuízos potenciais, expressa em termos de probabilidade estatística de ocorrência e de intensidade ou grandeza das conseqüências previsíveis. c) Relação existente entre a probabilidade de que uma ameaça de evento adverso ou acidente determinados se concretize com o grau de vulnerabilidade do sistema receptor a seus efeitos. d) Conjunto de riscos enfrentados pelas sociedades, como, p. ex., os de mercado; de crédito; legal; de subscrição e operacional. e) Evento súbito e involuntário que causa dano patrimonial e/ou moral contra o qual se faz contrato de seguro. f) Medida, quantitativa ou qualitativa, da gravidade de um dano potencial e da probabilidade de sua ocorrência. g) Probabilidade de perda ou ganho numa decisão de investimento (Luiz Fernando Rudge). **2.** *Direito ambiental* e *biodireito.* Possibilidade de promoção de evento negativo, cientificamente fundamentada, para a saúde humana e animal, os vegetais, outros organismos e o meio ambiente, decorrente de processos ou situações envolvendo OGM e seus derivados.

RISCO ACEITÁVEL. Máximo risco à segurança aceito pela autoridade responsável para uma operação específica.

RISCO ADMINISTRATIVO. *Direito administrativo.* Princípio pelo qual a Administração Pública é responsável, objetivamente, por ato lesivo a terceiro praticado por seus funcionários, independentemente de averiguação de sua culpabilidade.

RISCO À SEGURANÇA. Risco especificamente aplicado às condições de segurança relacionadas às pessoas, às propriedades públicas e privadas e ao meio ambiente.

RISCO BANCÁRIO. *Direito bancário.* Aquele que decorre da atividade exercida entre banqueiros ou entre o banco e os correntistas na realização das operações bancárias.

RISCO DA EVICÇÃO. *Direito civil.* Perda, total ou parcial, da coisa alienada onerosamente, em razão de sentença judicial, fundada em causa preexistente ao contrato. Tal risco recai sobre o alienante e sempre que se não tenha excluído tal responsabilidade, assegurando ao adquirente a reparação devida.

RISCO DA PESQUISA ENVOLVENDO SER HUMANO. *Medicina legal, biodireito* e *direito civil.* Possibilidade de danos à dimensão física, psíquica, moral, intelectual, social, cultural ou espiritual do ser humano, em qualquer fase de uma pesquisa ou dela decorrente.

RISCO DE CRÉDITO. 1. *Direito bancário.* Risco de uma parte contratante não liquidar uma obrigação no momento esperado e não fazê-lo no futuro. **2.** *Direito comercial.* a) Medida de incerteza relacionada à probabilidade da contraparte de uma operação, ou de um emissor de dívida, não honrar, total ou parcialmente, seus compromissos financeiros. Exemplo: a compra de um CDB, se a sociedade estiver exposta à possibilidade de o banco emissor não efetuar o pagamento previsto quando do vencimento do certificado; b) é a probabilidade de perdas decorrentes de inadimplemento da contraparte de quaisquer instrumentos financeiros, que estejam registradas no ativo de uma empresa, gerando falta de recebimento de outra parte. É o risco de perda em razão das mudanças na capacidade da contraparte em cumprir as obrigações contratuais com o credor. A exposição ao risco de crédito nos contratos futuros é minimizada por causa dos ajustes diários em dinheiro. Os contratos de *swap*, registrados na CETIP e na BM&F, estão sujeitos a risco de crédito no caso de a contraparte não ter capacidade ou disposição para cumprir suas obrigações contratuais.

RISCO DE EMISSOR. *Direito bancário.* Risco de não ser honrado compromisso relacionado com a emissão ou o resgate do principal e acessórios do título ou valor mobiliário.

RISCO DE LIQUIDEZ. *Direito bancário.* Risco de uma parte contratante liquidar uma obrigação em momento posterior ao inicialmente acordado.

RISCO DE MERCADO. *Direito comercial.* **1.** Medida de incerteza, relacionada aos retornos esperados de seus ativos e passivos, em decorrência de variações em fatores como taxas de juros, taxas de câmbio, índices de inflação, preços de imóveis e cotações de ações. Exemplo: uma sociedade cujos ativos estejam em um período de realização necessariamente superior à exigibilidade de seus passivos. **2.** É a probabilidade de perdas causadas pelo impacto de flutuações de preços, índices ou taxas (juros, câmbios, ações, *commodities* e preços) sobre os instrumentos financeiros que compõem o patrimônio de uma empresa (aumento no passivo, diminuição do ativo).

RISCO DE SUBSCRIÇÃO. *Direito comercial.* Risco oriundo de uma situação econômica adversa que contraria tanto as expectativas da sociedade no momento da elaboração de sua política de subscrição quanto as incertezas existentes na estimação das provisões.

RISCO DE VIDA. *Direito civil* e *direito penal.* **1.** Perigo de vida. **2.** Possibilidade da ocorrência de fato que cause a morte de alguém.

RISCO DO MAR. *Direito marítimo.* Fortuna do mar, ou seja, qualquer acontecimento ocorrido no mar oriundo de caso fortuito ou força maior, como tempestade, encalhe, naufrágio, abalroamento, alteração forçada de rota, pilhagem, alijamento, incêndio etc., que provoque dano à embarcação ou à sua carga.

RISCO DO SEGURO. *Direito civil.* Aquele sinistro que é assumido, num contrato de seguro, pela companhia seguradora, mediante recebimento do prêmio, que, em caso de sua ocorrência, se obriga a indenizar os prejuízos causados à pessoa ou aos bens do segurado.

RISCO FLUTUANTE. *Direito civil.* Diz-se do contrato de seguro onde está prevista a substituição da coisa segurada, fazendo-se o seguro por uma soma global (Orlando Gomes).

RISCO INACEITÁVEL. Risco à segurança superior ao risco aceitável.

RISCO LEGAL. *Direito comercial.* Medida de incerteza relacionada aos retornos de uma instituição por falta de um completo embasamento legal de suas operações. Um exemplo disso é o risco de que seus contratos não sejam legalmente amparados por vício de representação por parte de um negociador, por documentação insuficiente, insolvência ou ilegalidade.

RISCO OPERACIONAL. 1. *Direito bancário* e *direito virtual.* Risco de erro humano ou de falha de equipamentos, programas de computador ou sistema de telecomunicações imprescindíveis para o funcionamento de determinado sistema. **2.** *Direito comercial.* a) Qualquer risco enfrentado pela sociedade com exceção dos relativos ao mercado, crédito legal e de subscrição; b) é a possibilidade de perdas decorrentes de falhas ou inadequação de sistemas, de processos operacionais, de pessoas ou de eventos externos à CAIXA; inclui o risco legal e exclui os riscos estratégico e reputacional.

RISCO PROFISSIONAL. *Direito civil.* Fato lesivo que pode vir a ocorrer no exercício de uma atividade profissional, gerando a responsabilidade civil.

RISCO RESIDUAL. Risco à segurança remanescente após a redução de riscos.

RISCOS DE GUERRA. *Direito militar* e *direito internacional público.* Fatos lesivos aos beligerantes que advêm do estado de guerra como represálias, torpedeamento, prisões, bombardeios etc.

RISCOS MARÍTIMOS. *Vide* RISCO DO MAR.

RISCOSO. 1. Perigoso. **2.** Arriscado. **3.** Em que há risco.

RISDALE. *História do direito.* Moeda que vigorava na Alemanha, Suécia, Dinamarca, Suíça, Polônia e Flandres.

RISK CAPITAL. *Locução inglesa.* Capital de risco.

RISKINESS. *Termo inglês.* **1.** Imprudência. **2.** Temeridade.

RÍSPIDO. 1. Intratável. **2.** Áspero. **3.** Rude.

RITIDECTOMIA. *Medicina legal.* Intervenção cirúrgica que visa eliminar rugas da pele.

RITIDOSE. *Medicina legal.* Enrugamento cutâneo prematuro.

RITMO. *Filosofia geral.* Característica periódica de um processo ou movimento (Spencer).

RITO. 1. *Direito processual.* a) Procedimento legal pelo qual se exteriorizam os atos processuais; b) conjunto de atos processuais estabelecidos legalmente, que devem ser seguidos para o exercício de uma ação, a solução de uma causa ou para a execução de diligências. **2.** *Direito civil.* a) Conjunto de formalidades para a realização de um ato ou negócio válido; b) conjunto de fórmulas e práticas empregadas na maçonaria. **3.** *Direito canônico.* Conjunto de cerimônias e fórmulas do culto. *Vide* PROCEDIMENTO.

RITO DE INICIAÇÃO. *Sociologia geral.* Cerimônia religiosa, ou não, imprescindível para que alguém seja admitido numa associação.

RITO DE NATALÍCIO. *Sociologia geral.* Solenidade, comum entre povo primitivo ou selvagem, feita por ocasião de um nascimento para purificar a criança e sua mãe, dando-lhes energia.

RITO DE PUBERDADE. *Sociologia geral.* Solenidade que marca a passagem do jovem para a fase adulta implicando provas físicas, tabus alimentares, instrução moral e investidura de sinal visível do novo estado.

RITO NUPCIAL. *Direito civil.* Conjunto de formalidades ou cerimônias oficiais que devem ser seguidas por ocasião da celebração das núpcias.

RITUAL. 1. Cerimonial. **2.** Referente a rito. **3.** Que segue o rito estabelecido por lei. **4.** Protocolo. **5.** Conjunto de atos que seguem o rito. **6.** *Filosofia geral* e *sociologia geral.* Atividade motora que envolve, simbolicamente, aqueles que dela participam em uma empresa comum, por estarem vinculados entre si por interesses comuns (Edelman).

RITUALISMO. 1. Conjunto de ritos. **2.** Apego a cerimônias.

RITUALISTA. 1. Cerimonioso. **2.** O que pertence ao ritual. **3.** Partidário do ritualismo.

RITUALÍSTICO. O que é próprio de ritual.

RIVAL. 1. Nas *linguagens comum* e *jurídica:* a) concorrente; b) cada pretendente da mesma mulher; c) aquele que explora a mesma atividade negocial de outrem; d) adversário; e) competidor. **2.** *História do direito.* Aquele proprietário ribeirinho que possui em comum com outro as águas de um rio.

RIVALIDADE. 1. Qualidade de rival. **2.** Concorrência.

RIVALIZAR. 1. Ser rival. **2.** Concorrer. **3.** Competir.

RIVALIZÁVEL. Aquilo que admite concorrência.

RIVEMENT. *Termo francês.* Pagamento por transferência.

RIXA. *Direito penal.* Crime contra a pessoa consistente em briga acompanhada de vias de fato ou violências físicas recíprocas, punida com detenção ou multa (Damásio E. de Jesus).

RIXADOR. *Direito penal.* Aquele que briga.

RIXA NOVA. *Direito penal.* Briga que ocorre sem que tenha havido qualquer premeditação, advindo, inesperadamente, no calor de uma discussão (De Plácido e Silva).

RIXA QUALIFICADA. *Direito penal.* Briga da qual resulta morte ou lesão corporal grave.

RIXAR. *Direito penal.* **1.** Brigar. **2.** Ter rixa.

RIXA VELHA. *Direito penal.* Briga entre duas ou mais pessoas, oriunda de antiga inimizade, sendo, por isso, premeditada (De Plácido e Silva).

RIZES. *Direito marítimo.* Atacadores que passam por um ilhós, para encurtar as velas.

RIZICULTOR. *Vide* ORIZICULTOR.

RMA. *Medicina legal.* Sigla de reprodução medicamente assistida.

ROAD SHOW. *Locução inglesa.* Apresentação itinerante de alternativas de negócios financeiros para investidores, principalmente para os institucionais especializados em negócios globalizados (Luiz Fernando Rudge).

ROAMING. *Termo inglês.* Procedimento de rede que possibilita o atendimento ao assinante visitante, responsável pela Estação Móvel Visitante, permitindo sua identificação para o sistema, a validação do seu perfil de Serviço Móvel Celular, o encaminhamento das chamadas originadas e a entrega de chamadas terminadas, dentre outras funções.

ROAMING AUTOMÁTICO. *Direito internacional privado.* Serviço que procura expandir serviço de telefonia móvel celular, permitindo que se alcance telefone celular brasileiro no exterior, principalmente nos países do Mercosul, sujeitando o receptor da chamada, que não precisa de prévia habilitação, a certas taxas.

ROBBERY. *Termo inglês.* **1.** Latrocínio. **2.** Assalto. **3.** Roubo. **4.** Saque.

ROBORAÇÃO. 1. Confirmação. **2.** Ratificação. **3.** Corroboração.

ROBORANTE. 1. Que confirma. **2.** Que ratifica.

ROBORAR. 1. Confirmar. **2.** Apresentar novo argumento. **3.** Ratificar.

ROBORATIVO. O que dá força.

ROBÓTICA. *Direito comercial.* Ramo da tecnologia voltado ao projeto e à construção de robôs para aumentar a produtividade empresarial e melhorar a qualidade dos produtos.

ROBURITE. Explosivo usado em mineração.

ROBUSTECER. 1. Tornar mais firme. **2.** Confirmar. **3.** Roborar.

ROBUSTECIMENTO. Ato ou efeito de robustecer.

ROBUSTO. 1. Potente. **2.** Influente. **3.** Diz-se do país que manifesta grande apego às suas instituições, leis e costumes.

ROCA. *Direito marítimo.* Peça que reforça mastro fendido.

ROÇA. *Direito agrário.* **1.** Terreno preparado para a lavoura. **2.** Mandiocal (Pernambuco). **3.** Chácara que, na Bahia, cultiva frutas e hortaliças. **4.** Campo. **5.** Terreno cultivado.

ROÇADA. *Direito agrário.* **1.** Derrubada. **2.** Corte a foice da vegetação, preparando o terreno para a lavoura ou pasto.

ROCA DE FOGO. *História do direito.* Vara com fogo, utilizada, outrora, em guerras.

ROÇADEIRA. *Direito agrário.* Instrumento apropriado para o corte de forragens, para a limpeza de pastagem etc.

ROCA DE PEDRAS. *História do direito.* Máquina que era usada na guerra, composta de pelouros de pedras.

ROÇADO. *Direito agrário.* **1.** Terreno plantado de mandioca (Pernambuco). **2.** Terreno preparado para o cultivo. **3.** Terreno com plantação própria para o inverno (Ceará) como a de milho, feijão, arroz, algodão, mandioca etc. **4.** Roça.

ROÇADOR. *Direito agrário.* Trabalhador rural que roça ou prepara a terra para o plantio.

ROÇAGEM. *Direito agrário.* Ação ou efeito de roçar.

ROCA MECÂNICA. Máquina para fiar, consistente numa banqueta onde se apóia uma roda movida a pedal.

ROÇAR. *Direito agrário.* **1.** Cortar mato com foice. **2.** Preparar terreno para a lavoura ou pasto.

ROCEGA. *Direito marítimo.* Cabo para rocegar.

ROCEGAR. *Direito marítimo.* Procurar com a rocega a âncora ou objetos que estejam na água.

ROCEIRO. *Direito agrário.* **1.** Aquele que cultiva roça. **2.** Caipira; aquele que vive na roça. **3.** Relativo a roça. **4.** Animal que entra numa roça para pastar.

ROCHA TARPÉIA. *História do direito.* Penhasco existente no capitólio de Roma, do qual eram jogados os escravos apanhados em furto e aqueles que haviam praticado crimes nefandos.

ROCINAR. *Direito agrário.* Amansar bem um cavalo, fazendo com que ele obedeça ao freio.

ROCINHA. *Direito agrário.* **1.** Pequena roça. **2.** Chácara (Amazonas e Pará).

RODA. 1. *Direito comparado.* Contrato pelo qual os proprietários de barcos da região do Rio Sado, em Portugal, estipulam entre si a distribuição proporcional do transporte de sal. **2.** Na *linguagem comum*: a) peça circular, movida em torno do seu eixo, que compõe vários tipos de máquinas; b) grupo de pessoas; c) grupo de pessoas com quem se tem parentesco ou se convive. **3.** *Direito agrário.* Mancha circular no pêlo dos cavalos.

RODADA. 1. Na *linguagem comum*: a) cada vez que se serve comida ou bebida a um grupo de pessoas num bar ou restaurante; b) movimento de uma roda; c) vestígio deixado pela roda. **2.** *Direito desportivo.* Conjunto de jogos de um torneio, marcados para o mesmo dia.

RODA DA FORTUNA. Reveses da vida.

RODA DE EXPOSTOS. *História do direito.* Armário girante colocado na porta de casas de beneficência, onde eram expostas as crianças enjeitadas, para que fossem adotadas ou criadas em asilo ou orfanato que as recolhessem.

RODA–DE–PAU. *História do direito.* Suplício corporal que consistia em colocar o condenado no centro de uma roda formada por pessoas que, com varas, o vergastavam.

RODADO. 1. *História do direito.* Aquele que sofreu o suplício da roda ou a roda-de-pau. **2.** Na *linguagem comum*, diz-se do número de quilômetros percorridos em automóvel.

RODA DO LEME. *Direito marítimo.* Aquela parte do leme que o timoneiro gira por meio de malaguetas para a direção do navio.

RODÁGIO. *Direito administrativo* e *direito tributário.* Pedágio; taxa cobrada pelo Estado pela utilização de rodovia.

RODAPÉ. 1. *Direito autoral.* Composição que vai na parte inferior da página de livro, artigo ou jornal, contendo anotações ou indicações bibliográficas. Trata-se da nota de rodapé. **2.** *Direito civil.* Barra ou friso de madeira, azulejo, cimento etc. colocado na parte inferior da parede, na junção com o piso.

RODAR. 1. *História do direito.* Submeter ao suplício da roda. **2.** *Direito autoral.* Filmar. **3.** Na *linguagem comum:* a) andar de automóvel; b) fazer círculo; c) fracassar; d) o andamento de um negócio. **4.** *Direito marítimo.* Navegar na direção da corrente. **5.** *Direito agrário.* Cair o cavalo com o cavaleiro a galope.

RODEADOR. *Direito agrário.* Local nos campos, onde os vaqueiros reúnem o gado para revista, contagem, exame e tratamento; rodeio.

RODEIO. 1. *Direito agrário.* a) Reunião do gado vacum, criado em campo, num local para marcá-lo, contá-lo ou curar as reses doentes. Trata-se do que no Nordeste se chama de vaquejada (Fernando Pereira Sodero); b) dança gaúcha por ocasião das festas do gado; c) competição consistente em montar cavalo ou boi não domesticado, vencendo aquele que ficar sobre ele o máximo de tempo. **2.** Na *linguagem comum,* é o uso de subterfúgio ou de argumentos para fugir do assunto principal.

RODEIO DE ANIMAIS. *Direito desportivo.* Conjunto de atividades de montaria ou de cronometragem e as provas de laço nas quais são avaliados a habilidade do atleta em dominar o animal com perícia e o desempenho do próprio animal.

RODEIRA. *História do direito.* Nome dado à encarregada do serviço da roda em casas de misericórdia.

RÔDERIE. *Termo francês.* Vadiagem.

RODÍCIO. *História do direito.* Roseta terminal de açoites que eram usados na flagelação de condenados.

RODISTA. *Direito do trabalho.* Operário que trabalha com a roda das olarias.

RODÍZIO. 1. *Direito do trabalho.* Revezamento entre os empregados para que, cada qual em seu turno, efetue os serviços da empresa, não sobrecarregando ninguém. **2.** *Direito eleitoral* e *ciência política.* Sistema de descarga de votos, para eleger candidatos de um partido, impedindo que outro eleja os seus. Visa impossibilitar a representação das minorias, com a substituição alternada dos nomes dos candidatos nas cédulas eleitorais (De Plácido e Silva). **3.** *Direito de trânsito.* Revezamento entre carros conforme o número da chapa em centro urbano, em certos dias da semana, para evitar engarrafamento e aliviar o tráfego.

RODO. 1. *Direito agrário.* Utensílio de madeira similar à enxada usado para ajuntar cereais e café em coco nos terreiros. **2.** *Direito penal.* Utensílio para recolher dinheiro em certas mesas de jogo. **3.** *Direito marítimo.* Cabo delgado que, dentre outras funções, serve para amarrar embarcações pequenas.

RODOVIA. *Direito administrativo* e *direito de trânsito.* **1.** Estrada de rodagem. **2.** Via de comunicação terrestre entre vários povoados, usada para tráfego de veículos automotores. **3.** Auto-estrada. **4.** Via rural pavimentada.

RODOVIÁRIO. 1. Referente a rodovia. **2.** Diz-se do ramo jurídico que visa: a) estudo da aquisição da faixa de domínio, da desapropriação para fins rodoviários, da doação, das formas pelas quais a obra rodoviária é financiada, inclusive pela aplicação do pedágio; dos métodos pelos quais o poder público adjudica a terceiros, por empreitada, a construção da obra rodoviária; b) o estudo do uso e gozo da via pública, os quais se exercem através dos direitos de habilitação para conduzir veículos; do trânsito; da visibilidade; do som; c) o abuso desses direitos, o que gera as contravenções e os crimes do trânsito; d) o estudo das indenizações cíveis resultantes de trânsito de veículos; e) o processamento e julgamento dos feitos (Paulo Maria Camacho Crespo). **3.** Direito subjetivo que abrange: o de trânsito, o de acesso, o de estacionamento e o de visibilidade (José Amado Nascimento).

RODOVIAS DE INFORMAÇÃO. *Vide* INFOVIA.

ROENTGEN. *Medicina legal.* Unidade internacional dos raios X.

ROENTGENOTERAPIA. *Medicina legal.* Radioterapia; tratamento pelos raios X.

ROGADO. *Direito processual.* Diz-se da autoridade a quem se dirigiu uma carta rogatória.

ROGADOR. *Direito romano.* Oficial que, na antigüidade romana, recebia os sufrágios.

ROGANTE. *Direito processual.* Diz-se da autoridade judicial que expediu a carta rogatória.

ROGATA. *Direito romano.* Era a lei proposta pelos magistrados, votada, no comício, pelo povo, tornando-se obrigatória após sua ratificação pelo Senado.

ROGATIO. *Termo latino.* **1.** Proposta legislativa apresentada pelo magistrado à assembléia popular; consulta feita ao povo sobre uma lei. **2.** Parte da lei que foi votada pelo povo em comício.

ROGATIO LEGIS. *Locução latina.* Propositura da lei.

ROGATÓRIA. *Direito processual.* Diz-se da carta pela qual a autoridade judicial requisita a execução ou prática de certos atos judiciais em país estrangeiro. A carta rogatória que advier de autoridade estrangeira será cumprida somente depois que obtiver o *exequatur* do governo federal,

ROGATÓRIO

requerido pelo ministro da justiça. Concedido o *exequatur* remete-se a rogatória ao juiz competente, perante o qual deverá ser cumprida.

ROGATÓRIO. O que envolve pedido.

ROGO. 1. *História do direito.* Antigo tributo equivalente a jeira. **2.** Na *linguagem jurídica,* em geral: a) pedido; b) diz-se da assinatura feita por alguém em documento, juntamente com duas testemunhas, a pedido e em lugar daquele que não pode ou não sabe escrever.

ROL. 1. Lista. **2.** Categoria. **3.** Relação de coisas ou de pessoas.

ROLADEIRA. *Direito agrário.* **1.** Máquina usada no fabrico de laticínios. **2.** Sela larga usada, no Nordeste, pelos vaqueiros.

ROLAGEM. *Direito agrário.* Ato de rolar árvores.

ROLAGEM DE DÍVIDA. *Direito financeiro.* Renegociação de passivos, próxima do seu vencimento (Luiz Fernando Rudge).

ROLAGEM DE POSIÇÃO. *Direito comercial.* a) Liquidação de uma posição no mercado futuro mediante operação inversa (compra ou venda); b) retomada de posição igual à anterior para outro vencimento posterior ou anterior (Luiz Fernando Rudge).

ROLANTE. Escada que se move girando sobre si.

ROLAR. *Direito agrário.* Cortar árvores em toros.

ROL DE BENS. *Direito civil* e *direito processual civil.* **1.** Lista contendo relação dos bens, devidamente descritos. **2.** Inventário de bens.

ROL DE CULPADOS. *Direito processual penal.* Relação dos condenados em processo criminal, contida no registro do juízo. Trata-se de registro nominal, onde deve ser lançado o nome de todo aquele que for condenado pelo juízo criminal, por ser, obrigatoriamente, tal lançamento um dos efeitos da sentença condenatória irrecorrível.

ROL DE EQUIPAGEM. *Direito marítimo.* **1.** Relação daquelas pessoas que, devidamente matriculadas, formam a equipagem ou a tripulação da embarcação ou do navio. Essa relação deve ser apresentada à Capitania dos Portos pelo comandante do navio ou seu preposto, antes do começo da viagem, para ser conferida. **2.** É o documento hábil para a garantia dos direitos decorrentes dos embarques verificados em uma única embarcação, devendo conter as seguintes anotações: a) dados do navio, do(s) proprietário(s) e do armador; b) assinatura e

dados dos tripulantes; c) dados dos embarques e desembarques; d) assinaturas do comandante do navio e do capitão dos portos, ou seu representante. O Rol de Equipagem é emitido em uma única via, mediante requerimento do armador, ou seu representante legal, ao capitão dos portos, delegado ou agente e, quando no estrangeiro, ao cônsul do Brasil no local. Seus campos deverão ser preenchidos de forma clara e em letra de fôrma. Por ocasião da escrituração do Rol de Equipagem, o nome do Comandante constará somente na folha de abertura. O Rol de Equipagem será renovado quando: a) esgotado, inutilizado, viciado ou extraviado; e b) houver mudança do proprietário da empresa. Nos casos de rol esgotado, inutilizado ou viciado, torna-se necessário anexá-lo ao requerimento solicitando emissão de um novo rol. Quando extraviado, deverá o armador anexar ao requerimento declaração circunstancial do ocorrido. Quando o comandante da embarcação for substituído, será dispensada a renovação do rol de equipagem, desde que o novo comandante declare que o aceita nos termos já existentes. Caso tal declaração não seja feita, o rol a ser substituído deverá ser anexado ao requerimento e emitido um novo rol de equipagem. Sempre que ocorrer renovação de rol de equipagem, toda a tripulação, inclusive o comandante, deverá ser desembarcada e embarcada no novo rol. O Rol de Equipagem encerrado será arquivado na Capitania dos Portos, delegacia ou agência de inscrição da embarcação. Qualquer OM do Sistema de Segurança do Tráfego Marítimo ou consulado poderá emitir Rol de Equipagem, desde que tal fato seja comunicado à OM de inscrição da embarcação. O rol encerrado deverá ser encaminhado, por ofício, para a OM de inscrição da embarcação.

ROL DE TESTEMUNHAS. 1. *Direito processual penal.* a) Lista de pessoas admitidas para depor na instrução do processo penal, no máximo oito se testemunhas de acusação, e até oito, se de defesa (Othon Sidou); b) relação de cinco testemunhas, no máximo, que o órgão do Ministério Público apresenta juntamente com o libelo. **2.** *Direito processual civil.* Lista de até dez testemunhas, devidamente qualificadas, apresentada e depositada pelo litigante, em cartório até cinco dias antes da audiência, por meio de requerimento dirigido ao magistrado que preside a causa.

ROLE PLAYING GAME. *Direito de trânsito.* Jogo de representação de papéis, em que cada participante assume uma personagem de uma história, interagindo no grupo a fim de criar alternativas de solução para o problema proposto. O Centro de Treinamento e Educação de Trânsito usa-o em escolas públicas e particulares do Município de São Paulo com a história "Herança da Senhora Krinskow", para educar adolescentes de quinze a dezessete anos, ao propor situações que digam respeito ao comportamento preventivo no trânsito, como motorista, pedestre ou passageiro, introduzindo-os, por meio das personagens que vivenciam, nas questões de trânsito, que implicam reflexões sobre cada situação, levando-os a uma tomada de consciência e responsabilidade de seus atos no trânsito (Helena Raymundo).

ROLETA. *Direito penal.* Jogo de azar, que contém uma roda girante com casas numeradas de um a trinta e seis, sendo que o número premiado é o indicado pela parada da bolinha numa daquelas casas.

ROLETA PAULISTA. Corrida noturna, em condições perigosas, de automóveis e motocicletas.

ROLETA–RUSSA. *Direito penal.* Aposta que pode custar a vida de um dos apostadores, que aponta contra si mesmo um revólver, carregado de uma só bala, disparando-o, após girar o seu tambor.

ROL *FRIO* DE TESTEMUNHAS. *Direito penal.* Apresentação, presumidamente fraudulenta, de defesa prévia arrolando testemunhas, que não caracteriza crime de falsidade ideológica, por não possuir tal peça processual natureza de documento.

ROLHEIRO. 1. *Direito comercial.* Fabricante de rolha ou de tampas de garrafas. **2.** *Direito agrário.* Molho de trigo ou centeio, atado ao meio.

ROLL ON/ROLL OF. *Locução inglesa.* Carregamento e descarregamento de carga feita por meio de rampas de acesso ao navio, se o transporte se der por meio de veículos, como caminhão, carreta, reboque e semi-reboque.

ROL POR EMPRESA. *Direito marítimo.* Constitui modalidade de Rol Portuário, tendo nascido da necessidade prática de se ampliar a abrangência deste, em caráter opcional, para as empresas que possuem embarcações operando em área de jurisdição de mais de uma Capitania dos Portos, delegacia ou agência, inclusive as destinadas a pesca de alto-mar, que desejarem gozar da maior flexibilidade peculiar ao Rol Portuário na movimentação de tripulantes entre as embarcações dele integrantes, eliminando os sucessivos embarques e desembarques por força das paradas para manutenção e reparo das mesmas. Por outro lado oferece simplificação de procedimentos burocráticos, uma vez que torna dispensável a entrega de nova lista de pessoal embarcado.

ROL PORTUÁRIO. *Direito marítimo.* É o que substitui o Rol de Equipagem, com idênticos efeitos legais, contendo os embarques e desembarques dos tripulantes de embarcações de uma mesma empresa, em área sob a jurisdição de uma única Capitania dos Portos, delegacia ou agência, empregadas na navegação interior de porto e na pesca, exceto em pesca de alto-mar. O rol será sempre emitido em duas vias, permanecendo uma delas na Capitania dos Portos, delegacia ou agência da área de operação das embarcações e a outra com o respectivo armador, devendo uma cópia ser mantida em cada uma das embarcações de sua titularidade. Seus campos deverão ser preenchidos de forma clara e em letra de fôrma. O Rol Portuário será renovado: a) quando esgotado, inutilizado, viciado ou extraviado; e b) quando da mudança do proprietário da empresa. Nos casos de rol esgotado, inutilizado ou viciado, torna-se necessário anexá-lo ao requerimento, solicitando emissão de um novo rol. Quando extraviado, deverá o armador anexar ao requerimento declaração circunstancial do ocorrido. Quando o comandante da embarcação for substituído, será dispensada a renovação do Rol Portuário. Sempre que ocorrer renovação de Rol Portuário, os comandantes e as respectivas tripulações deverão ser desembarcados e embarcados no novo rol. O Rol Portuário encerrado deve ser arquivado na Capitania dos Portos, delegacia ou agência de inscrição das embarcações.

ROM. *Direito virtual.* **1.** Abreviatura de *Read Only Memory.* **2.** Parte da memória do computador que não pode ser mudada, por guardar dados e programas.

ROMANCE. *Direito autoral.* Obra literária, em prosa, de aventuras imaginárias ou fatos verídicos.

ROMANCISTA. *Direito autoral.* Autor de romances.

ROMAN COURTOIS. *Locução francesa.* Novela medieval que retratava o esforço do cavaleiro para alcançar um objetivo que lhe traria prestígio social ou na corte.

ROMANEIO. 1. *Direito comercial.* Lista de peso, qualidade e quantidade das mercadorias vendidas ou embarcadas. **2.** *Direito ambiental.* Documento que apresenta o volume da madeira, classificada por espécie, qualidade comercial de fuste e classe de diâmetro da madeira com DAP maior ou igual a 30,0 cm. A volumetria deverá ser feita pelo método matemático.

ROMANIM. *História do direito.* Moeda cunhada em Avinhão, quando os papas lá se estabeleceram.

ROMANISMO. 1. *Direito romano.* Texto, princípio ou vocábulo do direito romano, adotado no direito de cada país. **2.** Nas *linguagens comum* e *jurídica,* é: a) gosto pelas coisas latinas; b) conjunto de teorias, costumes, instituições etc., pertencentes a Roma; c) designação dada à doutrina da Igreja Católica Apostólica Romana.

ROMANISTA. 1. Relativo ao romanismo. **2.** Pessoa versada em cultura romana ou em direito romano.

ROMANOFILIA. Admiração à Roma Antiga, à Itália e ao Catolicismo.

ROMANO PONTÍFICE. *Direito canônico.* Papa que tem o poder pleno e supremo na Igreja pela eleição legítima por ele aceita, junto com a consagração episcopal.

ROMARIA. *Direito canônico.* Peregrinação de devotos a um local santo ou igreja.

ROMBO. 1. *Direito marítimo.* Tábua com que se tapa no costado do navio qualquer abertura feita, por exemplo, por abalroamento. **2.** *Direito militar.* Abertura provocada por projétil de artilharia ou torpedo no costado do navio. **3.** Na *linguagem popular,* desfalque.

ROMEIRO. *Direito canônico.* Aquele que participa de uma romaria.

ROMPIMENTO. 1. *Direito internacional público.* Quebra de relações internacionais entre duas nações, que pode dar início ao estado de beligerância. **2.** *Direito civil.* a) Violação contratual, descumprindo suas cláusulas; b) inutilização de documento; c) revogação de um ato ou negócio jurídico. **3.** *Direito financeiro.* Nível de resistência de preços de um ativo (Luiz Fernando Rudge).

ROMPIMENTO DE HOSTILIDADES. *Direito internacional público.* Início de uma guerra.

ROMPIMENTO DE TESTAMENTO. *Direito civil.* Perda da eficácia de um testamento em razão de superveniência de descendente do testador que não o tinha ou não o conhecia, quando testou; de ignorância da existência de herdeiro necessário.

RONCEIRISMO. 1. Aversão ao progresso. **2.** Negligência. **3.** Indolência. **4.** Falta de diligência.

RONCOLHO. *Direito agrário.* Cavalo mal castrado.

RONDA. 1. *Direito militar.* a) Patrulhamento; b) visita noturna feita por soldados em postos de praça de guerra ou acampamento para vigiar a ordem e verificar se os sentinelas estão cumprindo sua obrigação; c) inspeção militar feita em determinadas zonas urbanas; d) serviço de vigilância e patrulha executado por um oficial e seus subordinados. **2.** *Direito penal.* Jogo de azar em que o banqueiro coloca duas cartas na mesa, sendo uma destinada às paradas dos pontos contra a outra.

RONDISTA. Aquele que faz ronda, na ferrovia, com lanterna.

RONHA. *Direito agrário.* Sarna que ataca cavalos e ovelhas.

ROOD. *Termo inglês.* Medida agrária de 10 ares.

ROOMING HOUSE. *Locução inglesa.* Hospedaria.

ROQUEIRA. *História do direito.* Canhão que atirava pelouros de pedra.

RORÁRIO. *Direito romano.* Soldado romano, armado à ligeira, que compunha as tropas que davam início ao combate.

ROSÁCICO. *Medicina legal.* Substância ácida, arroxeada ou rosada, encontrada na urina daqueles que sofrem de púrpura, após o acesso de febre intermitente.

ROSA-CRUZ. *Direito civil.* **1.** Fraternidade secreta que cultiva misticismo, pretendendo desenvolver os poderes ocultos no homem. **2.** Sétimo e último grau na maçonaria, que tem por símbolo o pelicano (filantropia), a cruz (justiça e imortalidade) e a rosa (segredo).

ROSA DO TIRO. *Medicina legal.* Aspecto da lesão provocada por grãos de chumbo disparados por arma de fogo a certa distância. Como cada chumbo produz uma ferida, o conjunto delas recebe o nome de rosa do tiro (Paulo Matos Peixoto).

ROSÁRIO. 1. *Direito canônico.* Devoção à Virgem Maria composta de 150 Ave-Marias, divididas em quinze dezenas, sendo que cada uma está precedida de um Padre-Nosso. **2.** Na *linguagem comum,* é a máquina usada para extração de água das minas.

ROSEIRAL. *Direito agrário.* Plantação de roseiras.

ROSEIRISTA. *Direito agrário.* Aquele especializado na cultura de roseiras.

ROSÉOLA. *Medicina legal.* Erupção cutânea eritematosa, formada por manchas rosadas lenticulares ou numulares.

ROSÉOLA SIFILÍTICA. *Medicina legal.* Erupção de manchas isoladas que se dá no período secundário da sífilis.

ROSETA. *Direito agrário.* Ponta de capim seco, depois de ter sido muito catado pelos animais.

ROSETEIRO. *Direito agrário.* **1.** Campo coberto de rosetas, ou de capim seco, sendo, por isso, de má qualidade. **2.** Proprietário desse campo.

ROSICULTOR. *Direito agrário.* Aquele que se dedica ao cultivo de roseiras.

ROSILHO. *Direito agrário.* Cavalo que tem pêlo avermelhado e branco, formando uma cor rosada.

ROSSIO. *História do direito.* Terreno onde, outrora, os habitantes da localidade faziam agricultura, distribuindo entre si os frutos da colheita.

ROSTO. **1.** Fisionomia. **2.** Parte que, na moeda, tem a efígie. **3.** Primeira página do livro, que contém o título da obra e o nome do seu autor.

ROSTO DOS AUTOS. *Direito processual.* Capa do processo, contendo os dados identificadores da causa e o órgão no qual ela tramita (Othon Sidou).

ROSTRAL. O que se refere ao frontispício, isto é, ao rosto de livro ou publicação literária.

ROSTRATO. *Direito romano.* Coroa que se concedia pela vitória numa batalha naval.

ROTA. **1.** *Direito comercial.* a) Linha de navegação; b) direção tomada e que deve ser seguida na navegação marítima ou aérea, nos transportes de pessoas ou de cargas; c) trajeto que inclui os portos e terminais de embarque e desembarque de carga atendido por um serviço autorizado **2.** *Direito canônico.* Tribunal da cúria pontifícia, formado por juízes eclesiásticos, que decidem as apelações das causas do mundo católico. **3.** *Direito agrário.* Cipó de cujas fibras se fazem assentos de cadeiras, esteiras e velas de embarcação.

ROTA BATIDA. *Direito comercial.* Viagem direta, sem escalas.

ROTAÇÃO CULTURAL. *Direito agrário.* **1.** Afolhamento. **2.** Ordem que deve ser seguida quanto ao modo de cultivar ou plantar sucessivamente no mesmo terreno diversas plantas para dele tirar o melhor aproveitamento, sem provocar seu enfraquecimento (Laudelino Freire).

ROTACISMO. *Medicina legal.* Vício de pronúncia consistente em trocar o "r" pelo "l".

ROTACISTA. *Medicina legal.* Aquele em cuja linguagem se observa rotacismo.

ROTARIANO. *Direito civil.* Membro do *Rotary Club*, associação filantrópica internacional, com filiais no mundo todo.

ROTA ROMANA. *Direito canônico.* É o tribunal constituído pelo Papa para receber apelações, julgando: a) em segunda instância, as causas que foram julgadas pelos tribunais ordinários de primeira instância e que sejam levadas à Santa Sé mediante apelação legítima; b) em terceira ou ulterior instância, as causas já julgadas pela própria Rota Romana e por quaisquer outros tribunais, a não ser que a decisão tenha passado em julgado.

ROTATIVA. Máquina impressora usada na tiragem de jornais.

ROTATIVIDADE. **1.** Qualidade de rotativo. **2.** Alternância.

ROTATIVISMO. **1.** *Direito agrário.* Prática da rotação cultural. **2.** *Ciência política.* Supremacia de dois partidos políticos que, no país, se revezam no governo.

ROTATIVISTA. **1.** *Direito do trabalho.* Impressor que opera em rotativa. **2.** *Ciência política.* Adepto do rotativismo.

ROTATIVO. **1.** *Ciência política.* a) Cada um dos partidos políticos que se sucedem, alternadamente, no governo de um dado país; b) relativo a rotativismo. **2.** Na *linguagem jurídica* em geral: a) giratório; b) o que faz rodar; c) o que é similar ao movimento de rodar. **3.** *Direito bancário.* Diz-se do crédito sempre movimentado, podendo o creditado usar os saldos ou fundos disponíveis que se apresentam em sua conta.

ROTEADOR. Aquele que explora região desconhecida, abrindo caminhos.

ROTEAR. *Direito marítimo.* Dirigir uma embarcação.

ROTEIRISTA. Autor de roteiro.

ROTEIRO. **1.** Na *linguagem comum:* a) programação de qualquer atividade; b) itinerário de viagem; c) descrição pormenorizada de ruas, museus, pontos turísticos existentes numa cidade; d) mapa descritivo do caminho que se deve seguir para se chegar a determinado lugar. **2.** *Direito marítimo.* Livro que contém descrição de costas marítimas, arrecifes, correntes oceânicas, baixios, escolhos, clima, ventos, enfim, de tudo que possa auxiliar a navegação. Trata-se do mapa do navegante, que orienta o rumo a ser tomado.

ROTINA. Conjunto de atos praticados de forma repetitiva, vindo a constituir um hábito ou praxe.

ROTINEIRO. 1. Referente à rotina. **2.** Aquele que segue a rotina.

ROTINIZAÇÃO. *Sociologia geral.* Forma de mobilidade caracterizada pelo caminho percorrido quase diariamente, como o de ida e volta entre os pontos de trabalho, residência, compra, divertimento etc.

ROTO. 1. Rompido. **2.** Destruído.

ROTOR. *Direito marítimo.* Cilindro usado na propulsão de barco, que atua por efeito das correntes de ar.

RÓTULA. *Medicina legal.* Osso em forma de disco, situado na parte anterior do joelho, na articulação da tíbia com o fêmur.

ROTULAÇÃO. Ato de colocar rótulos.

ROTULADO. Que tem rótulo.

ROTULADOR. 1. Etiqueteiro. **2.** Máquina que cola rótulos.

ROTULAGEM DE ALIMENTOS PRODUZIDOS COM ORGANISMO GENETICAMENTE MODIFICADO. *Direito ambiental* e *direito do consumidor.* Informação em rótulos de que alimentos embalados, destinados ao consumo humano, contêm ou são produzidos com organismo geneticamente modificado, acima do limite de 4%. Tais rótulos deverão ter caracteres de fácil visualização.

ROTULAGEM DE BEBIDAS ALCOÓLICAS. *Direito do consumidor.* Colocação de rótulos nas embalagens de bebidas alcoólicas, que devem conter, de forma legível e ostensiva, a expressão "Evite o consumo excessivo de álcool".

ROTULAR. Pôr rótulo.

RÓTULO. 1. *História do direito.* Rolo de pergaminho que, outrora, era usado pelos copistas, que nele escreviam. **2.** *Direito comercial.* a) Etiqueta; b) pequeno impresso colocado em produtos industrializados para indicar seu conteúdo, constituindo parte integrante da embalagem; c) é a identificação impressa ou litografada, bem como os dizeres pintados ou gravados a fogo,

pressão, etiqueta ou decalco, aplicados diretamente sobre recipientes, embalagens, invólucros, envoltórios, cartuchos ou qualquer outro protetor de embalagem interno ou externo; d) toda descrição efetuada na superfície do recipiente ou embalagtem do produto, conforme dispuser o regulamento.

ROUBADO. *Direito penal.* O que foi objeto de roubo.

ROUBADOR. *Direito penal.* **1.** Ladrão. **2.** Aquele que rouba.

ROUBA-HONRAS. Diz-se daquele que se empenha para desmerecer o mérito alheio.

ROUBALHEIRA. *Direito penal.* **1.** Furto de valores pertencentes ao Estado. **2.** Roubo de grande vulto.

ROUBAR. 1. *Direito penal.* Praticar roubo. **2.** Nas *linguagens comum* e *jurídica* é: a) plagiar; b) despojar; c) apoderar-se; d) vender mercadoria com preço exageradamente alto; e) não dar a qualidade ou quantidade devida.

ROUBO. *Direito penal.* **1.** Crime consistente em subtrair coisa móvel alheia, para si ou para outrem, mediante grave ameaça ou violência a pessoa, ou depois de havê-la, por qualquer meio, reduzido à impossibilidade de resistência, punido com reclusão e multa. Trata-se de roubo próprio. **2.** Conjunto de bens roubados.

ROUBO DE VEÍCULO AUTOMOTOR. *Direito penal.* Ato de subtrair veículo automotor alheio, transportando-o para outro Estado ou para o exterior, punido com reclusão e multa, com aumento da pena de um terço até metade.

ROUBO IMPRÓPRIO. *Direito penal.* Crime em que o agente, após a subtração da coisa, emprega grave ameaça ou violência contra a vítima, para assegurar a impunidade do crime ou a detenção da coisa para si ou para terceiro.

ROUBO PRÓPRIO. *Vide* ROUBO.

ROUBO QUALIFICADO. *Direito penal.* Subtração de coisa alheia: a) exercendo violência ou ameaça com emprego de arma; b) com o concurso de duas ou mais pessoas; c) se a vítima está em serviço de transporte de valores e o agente conhece tal circunstância; d) sendo veículo automotor que venha a ser transportado para outro Estado ou para o exterior; e) se o agente mantém a vítima em seu poder, restringindo sua liberdade. Tal delito é punido com reclusão e multa, aumentando-se a pena de um terço até metade.

ROUFENHO. *Medicina legal.* Fanhoso.

ROUND. *Termo inglês.* Assalto.

ROUPA. *Direito civil.* **1.** Peça manufaturada para uso pessoal ou doméstico. **2.** Vestuário. **3.** Enxoval.

ROUPARIA. **1.** *Direito comercial.* Estabelecimento onde se vendem roupas. **2.** Na *linguagem comum,* é o local em hotéis, hospitais, colégios etc. onde se guardam roupas de uso comum.

ROUQUIDÃO. *Medicina legal.* Moléstia que provoca perda incomum da voz, em razão de tensão excessiva das cordas vocais, muito comum em atores, locutores, oradores públicos.

ROW–DE–DOW. *Locução inglesa.* **1.** Motim. **2.** Tumulto.

ROWING–MATCH. *Locução inglesa.* Regata a remo.

ROYALTY. *Termo inglês.* **1.** Valor que se cobra pelo uso de patente de invenção, marca de indústria ou comércio e assistência técnica, científica ou administrativa de origem estrangeira (Othon Sidou). **2.** É a compensação financeira devida pelos concessionários de exploração e produção de petróleo ou gás natural e paga mensalmente, com relação a cada campo, a partir do mês em que ocorrer a respectiva data de início da produção, vedada qualquer dedução.

RPG. **1.** *Direito de trânsito.* Sigla de *Role Playing Game.* **2.** *Medicina legal.* Abreviação de Reeducação Postural Global (tratamento fisioterápico).

RSS. **1.** *Direito civil.* Sigla de *rebus sic stantibus.* **2.** *Direito ambiental.* Sigla de Resíduos de Serviço de Saúde.

RUA. *Direito administrativo.* Bem público de uso comum por ser caminho, existente em cidades ou povoados, destinado à circulação de veículos e de pessoas, ladeado por casas, prédios, muros etc. A rua segue o plano de arruamento da municipalidade e seus limites são determinados por um alinhamento, estabelecido por postura municipal.

RUA DA AMARGURA. Sofrimento.

RUÃO. **1.** *Direito agrário.* Cavalo alazão que tem as crinas e a cauda brancas. **2.** *Sociologia geral.* Plebeu. **3.** *História do direito.* Homem da cidade.

RUBÉOLA. *Medicina legal.* Doença infecciosa benigna que, caracterizando-se por erupção cutânea similar à escarlatina e por inchaço dos gânglios linfáticos do pescoço, é causada por vírus. É conhecida como "sarampo alemão" e pode danificar o feto se contraída pela gestante.

RUBIÃO. *Direito agrário.* **1.** Espécie de trigo. **2.** Variedade de milho mole. **3.** Corante extraído da raiz da ruiva-dos-tintureiros.

RUBICANO. *Direito agrário.* Cavalo alazão, baio ou negro, que apresenta pêlos brancos entremeados.

RÚBIO. *História do direito.* Medida de capacidade que foi utilizada em várias regiões italianas.

RUBLO. *Direito comparado.* Unidade monetária básica da Rússia.

RUBRICA. **1.** *História do direito.* a) Título de capítulos de direito civil e canônico que eram impressos em vermelho; b) letra ou linha inicial de capítulos de antigos códices que eram escritos com tinta vermelha; c) terra vermelha usada para fazer o sangue estancar. **2.** *Direito canônico.* Preceito contido em nota, escrita em vermelho, em breviário ou missal, dirigida aos sacerdotes na recitação de orações litúrgicas. **3.** *Direito autoral.* Indicação do movimento dos artistas, que se faz em letra menor, em obra ou peça teatral. **4.** *Teoria geral do direito.* Ementa de uma lei, resumindo seu conteúdo. **5.** *Direito civil* e *direito processual.* a) Assinatura simplificada ou abreviada que tem o mesmo valor da que é feita por extenso (Othon Sidou); é muito usada para autenticar cada folha dos documentos ou das peças processuais; b) firma especial utilizada para apor visto ou dar autenticidade.

RUBRICADO. **1.** Que tem rubrica ou assinatura abreviada. **2.** O que foi rubricado.

RUBRICADOR. Aquele que rubrica.

RUBRICAR. **1.** Pôr a rubrica. **2.** Assinar em breve.

RUBRICISTA. *Direito canônico.* Aquele cuja especialidade é interpretar rubricas de livros religiosos.

RUCILHO. *Direito agrário.* Cavalo cujo pêlo é mesclado de vermelho, preto e branco.

RUÇO. *Direito agrário.* Cavalo de cor parda.

RUDE. **1.** *Direito agrário.* Não cultivado. **2.** Na *linguagem comum:* a) grosseiro; b) ríspido; c) incivil; d) ignorante.

RUDEZA. **1.** Falta de cortesia. **2.** Rispidez.

RUDIÁRIO. *História do direito.* Gladiador que recebia a vara (*rudis*) do pretor, ficando, com isso, dispensado do serviço, voltando à condição anterior.

RUDIMENTAR. **1.** Elementar. **2.** Pouco desenvolvido.

RUDIMENTARIEDADE. Qualidade de rudimentar.

RUDIMENTARISMO. Estado rudimentar.

RUDIMENTO. 1. O que é elementar. **2.** Primeiras noções. **3.** Elemento inicial.

RUDIS INDIGESTAQUE MOLES. *Expressão latina.* Massa confusa e informe ou sem matéria; caótica (Ovídio).

RUELA. 1. Viela. **2.** Pequena rua estreita.

RUFIANAGEM. *Direito penal.* **1.** Vida de rufião. **2.** Grande número de rufiões.

RUFIANESCO. *Direito penal.* Próprio de rufião.

RUFIANICE. *Direito penal.* Qualidade de rufião.

RUFIANISMO. *Direito penal.* **1.** Proxenetismo. **2.** Ato pelo qual se tira proveito de prostituição alheia, participando de seus lucros ou fazendo-se sustentar, no todo ou em parte, por quem a exerça; punido com reclusão e multa.

RUFIÃO. *Direito penal.* **1.** Aquele criminoso que tira proveito de prostituição alheia participando diretamente dos lucros obtidos pela prostituta ou fazendo-se sustentar por ela, no todo ou em parte. **2.** Proxeneta.

RUFIAR. *Direito penal.* **1.** Praticar rufianismo. **2.** Levar vida de rufião.

RUFIONA. *Direito penal.* Mulher que pratica o rufianismo.

RUGA. *Medicina legal.* Sulco natural que se apresenta na pele em razão de magreza ou da ação destruidora dos anos.

RÚGBI. *Direito desportivo.* Jogo similar ao futebol, realizado com as mãos, no qual há dois times de quinze jogadores manipuladores de bola ovóide.

RUGINAÇÃO. *Medicina legal.* Operação onde se faz raspagem de superfície óssea, empregando o instrumento apropriado designado rugina.

RUGOSIDADES PALATINAS. *Medicina legal.* Método de identificação humana que se baseia no número e disposição das cristas palatinas transversais (José Lopes Zarzuela).

RUIBARBO. *Medicina legal.* Erva que contém substância que atua como purgante.

RUÍDO. 1. *Direito ambiental, direito do trabalho* e *medicina legal.* Som irritante que pode elevar a pressão arterial, causando surdez, vertigem, dor de cabeça e, além disso, aquele que ficar exposto repetidamente a ele pode vir a sofrer de ecoacusia, que é a reação nervosa ao ruído excessivo (Morris Fishbein). Por tal razão deve-se evitar poluição sonora e exigir o cumprimento de medidas protetivas do trabalhador contra ruídos e vibrações no local de trabalho. **2.** Nas *linguagens comum* e *jurídica:* a) fato que provoca reação do público; b) estardalhaço; c) aparato.

RUIM. 1. O que não tem mérito. **2.** Corrupto. **3.** Inferior. **4.** Nocivo. **5.** Perverso.

RUÍNA. 1. *Direito civil.* Parte do prédio que, por falta de reparos necessários, ainda não se desmoronou, mas pode causar dano. **2.** Na *linguagem jurídica* em geral: a) edifício desmoronado pelo tempo, por causa natural ou acidental; b) destroço; c) o que perdeu antigas qualidades; d) perda do crédito; e) perda de bens materiais; f) falta de recursos; g) quebra; falência.

RUINARIA. 1. Destroços de prédio desmoronado. **2.** Conjunto de ruínas.

RUINOSO. 1. Que está em ruínas. **2.** O que pode trazer a ruína. **3.** Prejudicial.

RUIR. Desmoronar.

RUIVA. *Direito agrário.* **1.** Doença do gado suíno provocada pela bactéria *Erysipelothrix insidiosa.* **2.** Moléstia que causa erisipela em aves.

RÜKVERWEISUNG. *Termo alemão.* Retorno de primeiro grau pelo qual a norma de direito internacional privado do Estado "B" devolve a qualificação da relação ao Estado "A", que lhe remetera, consistindo, portanto, na admissibilidade da remissão apenas à *lex fori.*

RULE. *Termo inglês.* **1.** Norma. **2.** Princípio. **3.** Regra.

RULE OF LAW. *Locução inglesa.* Estado de Direito.

RULE OF PRECEDENT. *Locução inglesa.* Regra do precedente.

RULE OF REASON ANALYSIS. *Direito processual.* É a regra da razão que determina que o julgador, ao perquirir sobre a legalidade ou ilegalidade de uma determinada conduta, ato ou contrato, perante a legislação concorrencial, deve considerar a razoabilidade do procedimento questionado, em face de diversos elementos característicos do segmento do mercado em questão, tais como sua pulverização, o número de concorrentes existentes, a massa de consumidores, a oferta de produtos semelhantes, a complexidade do produto ou serviço oferecido etc., e também se deve basear em elementos referentes às partes envolvidas na conduta em análise, tais como o poder econômico dos contratantes, quantas são as partes, sua distribuição geográfica no mercado e mesmo a motivação que levou as partes acordantes a realizarem ou pactuarem os atos e condutas que eventualmente venham a ser apurados como ofensores à ordem econômica e à concorrência (Lauro Celidônio Gomes dos Reis Neto). Tal regra da razão é um modo de apuração da ilicitude da conduta anticoncorrencial, fazendo com que o magistrado a analise dentro do contexto definido legalmente como critério caracterizador do abuso do poder econômico.

RULER. *Termo inglês.* **1.** Governante. **2.** Legislador.

RULE SHOPPING. *Locução inglesa.* Tentativa de desqualificação de determinado elemento conceitual e objetivo do acordo para que se aplique o tratamento jurídico oferecido pelo tratado a um outro tipo (ex. dividendos por juros), ou qualquer outra forma de desvio normativo para a adequada aplicação do acordo (Heleno Tôrres).

RULES OF CONCILIATION AND ARBITRATION. *Direito internacional privado.* Normas da Corte Permanente da Câmara de Comércio Internacional relativas à *optional conciliation*, ou seja, à conciliação voluntária, em que qualquer das partes poderá solicitar os ofícios da Comissão Administrativa da Câmara, para solucionar a questão, mediante uma composição amigável proposta pela Comissão de Conciliação que, sendo aceita tal composição, redigirá uma ata, que será registrada e subscrita pelas partes contratantes e pelos membros da comissão.

RUMAR. *Direito marítimo.* Pôr a embarcação no rumo desejado.

RUME. *História do direito.* Soldado turco ou egípcio, filho de cristãos, que quando criança foi subtraído de seus pais, doutrinado no maometismo e adestrado para a guerra.

RUMO. 1. *Direito marítimo.* a) Cada uma das trinta e duas divisões da rosa-dos-ventos, que indicam as direções marítimas; b) direção de um navio. **2.** *História do direito.* Antiga medida náutica que equivalia a cinco palmos. **3.** *Direito civil.* Linha limítrofe.

RUMOR. 1. Voz corrente e confusa do povo. **2.** Boato. **3.** Ruído causado por deslocamento de coisas.

RUMOROSO. Que causa rumor.

RUMOR PÚBLICO. *Direito penal.* Boato impreciso do povo, que não constitui prova ou indícios, mas que pode levar à suspeita da prática de algum crime por alguém, por ser quase que equivalente à notoriedade.

RUNAWAY. *Termo inglês.* **1.** Fugitivo. **2.** Rapto. **3.** Seqüestro. **4.** Fuga. **5.** Pista de aeródromo.

RUNNING COSTS. *Locução inglesa.* Custos operacionais.

RUNNING DAYS. *Vide* ESTADIA CORRENTE.

RUPTURA. 1. *Medicina legal.* a) Fratura; b) solução de continuidade provocada por contração muscular; c) hérnia. **2.** Na *linguagem jurídica,* em geral: a) ato ou efeito de romper; b) quebra de relações internacionais; c) rompimento de relações sociais ou pessoais; d) solução de continuidade; interrupção; e) violação de contrato ou de acordo; f) rompimento.

RUPTURA COMPLETA. *Medicina legal.* Solução de continuidade estabelecida desde o bordo livre até a margem de inserção do hímen na vagina (Croce e Croce Jr.).

RUPTURA DE HOSTILIDADES. *Direito internacional público.* Estado de guerra entre dois países.

RUPTURA DE RELAÇÕES DIPLOMÁTICAS. *Direito internacional público.* Rompimento das relações internacionais entre dois Estados, soberanos, extinguindo a missão diplomática que cada um mantém junto ao outro, mas conservando o respeito aos seus arquivos, os tratados feitos por ambos, os privilégios e imunidades diplomáticas etc.

RUPTURA DE TESTAMENTO. *Direito civil.* Abertura ou dilaceração de testamento cerrado, feita pelo testador, revogando-o, desde que o faça intencionalmente.

RUPTURA HIMENIAL. *Medicina legal.* Solução de continuidade estabelecida no hímen pela cópula vaginal (Croce e Croce Jr.).

RUPTURA INCOMPLETA. *Medicina legal.* Solução de continuidade que pouco se afasta da orla himenial, mas que não se confunde com os entalhes (Croce e Croce Jr.).

RUPTURA PARCIAL. *Medicina legal.* Solução de continuidade que compromete apenas a face vestibular, conservando íntegra a face vaginal do hímen (Croce e Croce Jr.).

RUPTURAS DE ÓRGÃOS INTERNOS. *Medicina legal.* Rompimentos de órgãos internos causados por contusões violentas, como nos atropelamentos, nas quedas, nos soterramentos etc. Tais rupturas, pelas hemorragias que provocam, pelas complicações sépticas, pelas aderências cicatriciais, podem levar à morte. A força contusiva atua: a) por compressão, em caso, por exemplo, de esmagamento sob rodas de um veículo; b) por tração, nas quedas súbitas do alto, que, no encontro com o solo, podem, por exemplo, fazer com que as vísceras se soltem de seus ligamentos; c) mediante rasgadura por esquírola óssea, por exemplo, no caso em que uma ponta da costela fraturada venha a atingir o coração (A. Almeida Jr. e J. B. de Oliveira e Costa Jr.).

RUPUL. *História do direito.* Medida de comprimento equivalente a 8 centímetros que era usada na Romênia.

RURAL. *Direito agrário.* **1.** Campestre. **2.** O que diz respeito a campo. **3.** Próprio do campo. **4.** O que é do campo. **5.** Diz-se da propriedade que, qualquer que seja sua localização, tiver por objetivo a exploração agrícola, pecuária, extrativa ou agroindustrial. **6.** População que vive da agricultura e da pecuária.

RURALISMO. *Direito agrário.* Sistema que enaltece as atividades agrárias.

RURALISTA. *Direito agrário.* Aquele que se volta para os problemas agropecuários.

RURALIZAÇÃO. *Sociologia geral.* Transferência de elementos culturais próprios das sociedades rurais para as urbanas.

RURALIZAR. *Direito agrário.* Adaptar-se à vida rural, exercendo atividades agrárias.

RURAL LODGING. *Locução inglesa.* Hospedagem rural.

RURBANO. **1.** Suburbano. **2.** Área de transição entre a cidade e o campo. **3.** Aquele que habita essa área.

RURÍCOLA. *Direito agrário.* **1.** Trabalhador rural. **2.** Proprietário rural. **3.** Aquele que vive no campo. **4.** Agricultor.

RURÍGENA. *Direito agrário.* Aquele que nasceu no campo ou na zona rural.

RUROGRAFIA. *Direito agrário.* Estudo do campo ou da agricultura.

RUROGRÁFICO. *Direito agrário.* Relativo a rurografia.

RURÓGRAFO. *Direito autoral* e *direito agrário.* Aquele que escreve obras sobre o campo e a agricultura.

RUSE. *Termo inglês.* Ardil.

RUSGA. **1.** Briga. **2.** Pequeno desentendimento. **3.** Em *gíria* é a diligência policial para prender desordeiros ou freqüentadores de locais suspeitos.

RUSOGRAFIA. *Vide* RUROGRAFIA.

RUSSETING. *Termo inglês* e *direito agrário.* Epiderme de frutos com aspecto ferruginoso, áspero ou liso, sem brilho, resultante de susceptibilidade varietal, fatores climáticos ou do manejo do pomar, dentre outros.

RUSSIANIZAÇÃO. Ato de se sujeitar à influência da ideologia russa.

RUSTE. Na *gíria,* é o gatuno que, ao dividir o produto do roubo entre os companheiros, os engana.

RUSTICAR. *Direito agrário.* **1.** Efetuar trabalhos agrícolas. **2.** Viver no campo.

RUSTICIDADE. *Direito agrário.* **1.** Qualidade de rústico. **2.** Qualidade de uma planta de não sofrer com as intempéries das estações.

RÚSTICO. *Direito agrário.* **1.** Rural. **2.** Relativo ao campo. **3.** Próprio do campo. **4.** O que é do campo.

RUSTIDOR. Na *gíria,* é o local onde o ladrão esconde o objeto furtado ou roubado.

RUSTIFICAÇÃO. *Direito agrário.* **1.** Cultura do campo. **2.** Vida no campo.

RUSTIFICAR. *Direito agrário.* Tornar rústico.

RUSTILO. Na *gíria,* é o corte feito no vestuário pelo ladrão para esconder algo.

RUSTIR. Na *gíria,* significa lesar na partilha de bens roubados ou furtados.

RUSTO. Na *gíria,* é o ato de rustir.

RUTHLESSNESS. *Termo inglês.* Crueldade.

RVCVM. Sigla de Retribuição Variável da Comissão de Valores Mobiliários.

RVSUSEP. Sigla de Retribuição Variável da Superintendência de Seguros Privados.

RYDER CUP. *Direito desportivo.* Torneio de times, realizado a cada biênio, reunindo os melhores golfistas da PGA norte-americana e os melhores da Europa.

S. A. 1. *Direito comercial.* Sigla de sociedade anônima. **2.** *Direito comparado.* Abreviatura de Sua Alteza.

SÃ. *Medicina legal.* Aquela que tem saúde.

SABÁTICO. *Direito comparado.* Período de descanso remunerado a que fazem jus os professores de universidades dos EUA para fins de viagens de aperfeiçoamento.

SABATINA. 1. *Direito desportivo.* Corrida de cavalo ou qualquer certame esportivo que se der aos sábados. **2.** *História do direito.* a) Tese que era apresentada pelos estudantes de filosofia no final do primeiro ano de curso; b) exercício escolar que, outrora, era feito aos sábados a título de recapitulação das matérias ministradas durante a semana.

SABEDOR. 1. Aquele que tem conhecimento de alguma coisa, por ciência própria ou por ter presenciado a sua realização ou, ainda, por ter sido dela informado. **2.** Erudito.

SABEDORIA. *Filosofia geral.* **1.** Designação dada, outrora, à filosofia (Renouvier). **2.** Característica daquele que é sábio; erudição. **3.** Conjunto de conhecimentos filosóficos e científicos. **4.** Prudência; bom senso. **5.** Conduta que tem por diretriz o justo e o verdadeiro. **6.** Aplicação dos conhecimentos feita com inteligência e reflexão. **7.** Totalidade dos conhecimentos adquiridos. **8.** Discernimento no pensar e no agir obtido pela experiência.

SABENDAS. *História do direito.* Termo usado nas Ordenações Manuelinas e Afonsinas, em locução adverbial "a sabendas", para designar: a) de caso pensado; de propósito; b) de ciência própria; com pleno conhecimento.

SABER. 1. Conhecer. **2.** Estar informado. **3.** Aquilo que se sabe. **4.** Ser capaz. **5.** Possuir amplos conhecimentos. **6.** Ser versado. **7.** Soma de conhecimentos. **8.** Erudição.

SABER DO MUNDO. Conhecer o mundo.

SABER DO SEU OFÍCIO. Estar habilitado para o exercício da profissão.

SABER JURÍDICO. 1. Conhecimento jurídico; cultura jurídica. **2.** Conhecimento da técnica forense. **3.** Conhecimento teórico e prático do direito.

SABER SER HOMEM. Ter conduta própria de um homem, mostrando qualidades humanas.

SABESP. Sigla de Companhia de Saneamento Básico do Estado de São Paulo.

SABIDO. 1. Nas *linguagens comum* e *jurídica:* a) conhecido; notório; b) aquele que sabe muito; erudito; c) perito; d) esperto. **2.** Na *gíria,* ladrão eficiente.

SABIDOS. *História do direito.* **1.** Emolumentos ou lucros inerentes a um ofício. **2.** Ordenados que eram pagos aos párocos pelo apresentador da igreja ou paróquia.

SABIN–FELDMAN. *Medicina legal.* Técnica sorológica de pesquisa e titulação de anticorpos antitoxoplasma, pela evidenciação de alterações do citoplasma dos parasitas, determinadas por tais anticorpos específicos (Morris Fishbein).

SABINO. 1. *História do direito.* Povo que foi conquistado pelos romanos em 290 a. C. **2.** *Direito agrário.* Cavalo de pêlo branco, mesclado de vermelho e preto.

SÁBIO. 1. Aquele que tem grande saber filosófico ou científico. **2.** Prudente. **3.** Erudito.

SABOARIA. *Direito comercial.* Estabelecimento que fabrica ou vende sabão.

SABOR. *Direito comercial.* Impressão provocada por certas substâncias no paladar, constituindo qualidade distintiva do objeto imprescindível para a efetivação de contrato de compra e venda *ad gustum.*

SABOTADOR. *Direito penal.* Aquele que faz sabotagem.

SABOTAGEM. 1. *Direito penal.* Crime contra a organização do trabalho punido com reclusão e multa, cometido por aquele que, dolosamente, impede ou dificulta o curso normal do trabalho ou, ainda, danifica o estabelecimento industrial, comercial ou agrícola ou instrumentos ou coisas nele existentes úteis à produção. **2.** Na *linguagem comum,* diz-se de qualquer ato secreto ou resistência passiva contra causa a que se deve cooperar.

SABOTAR. *Direito penal.* Danificar ou lesar por sabotagem.

SABUJO. 1. *História do direito.* a) Cão usado na caça de montaria de javalis, veados etc. pelo seu olfato muito fino; b) cão farejador de busca, na caça. **2.** Na *linguagem comum:* a) bajulador; b) servil.

SABULITE. *Direito militar.* Explosivo três vezes mais forte que a dinamite.

SACA. 1. *História do direito.* a) Licença para exportação; b) imposto que era devido em caso de exportação. **2.** *Direito comparado.* Emolumento devido pela retirada de autos processuais do cartório. **3.** *Direito comercial.* Invólucro de gêneros alimentícios, separados por certa quantidade de quilos, servindo de medida para venda a grosso. **4.** Na *linguagem comum:* a) ato de tirar; b) extração.

SACA-AMOSTRAS. *Direito comercial.* Instrumento de metal apropriado para retirar amostras de cereais de sacos fechados.

SACADA. 1. *História do direito.* Imposto que o exportador pagava. **2.** *Direito cambiário.* Diz-se da letra extraída ou tirada como financiamento. **3.** *Direito comercial.* Gênero que pode caber num saco. **4.** *Direito civil.* Balcão de janela ou de porta. **5.** *Direito agrário.* Ato de puxar cavalo pelas rédeas.

SACADA DE TELHADO. *Direito civil.* Beiral.

SACADO. 1. Na *linguagem comum,* extraído. **2.** *Direito cambiário.* a) Destinatário da letra de câmbio; b) aquele contra quem se emite um título de crédito. **3.** *Direito bancário.* Banco contra o qual o cheque é emitido.

SACADOR. 1. *Direito cambiário.* a) Emitente do título de crédito; b) quem saca a letra de câmbio; c) credor do sacado. **2.** *História do direito.* Aquele que cobrava a sacada; coletor.

SACA–NABO. *Direito marítimo.* Haste ou gancho apropriado para movimentar, no navio, o êmbolo da bomba.

SACANAGEM. 1. Safadeza. **2.** Patifaria. **3.** Ato desprezível.

SAÇANGA. *Direito marítimo.* Corda com chumbo na ponta usada pelo jangadeiro para sondar a natureza do fundo do mar para fundear a jangada.

SACAR. *Direito cambiário* e *direito bancário.* **1.** Emitir título de crédito. **2.** Passar uma ordem de pagamento. **3.** Fazer saque. **4.** Retirar dinheiro de conta de poupança ou de conta corrente (Luiz Fernando Rudge).

SACAR A DESCOBERTO. *Direito cambiário* e *direito penal.* Emitir cheque ou letra de câmbio sem que haja provisão de fundos.

SACAR A TANTOS DIAS DE VISTA. *Direito cambiário.* Emitir uma letra ou extrato de fatura cujo pagamento deve ser efetuado pelo devedor no último dia discriminado, contando a partir da data do documento.

SACAR À VISTA. *Direito cambiário.* Emitir letra ou extrato de fatura cujo pagamento deve ser efe-

tuado pelo devedor no instante em que lhe for apresentado o documento de dívida.

SACARIA. 1. *História do direito.* Rebate falso, para reunir tropas, verificando se estavam todos a postos para combate. **2.** *Direito comercial.* Grande número de sacas para serem usadas no acondicionamento de gêneros alimentícios destinados às vendas a grosso.

SACARIFICADOR. *Direito empresarial.* Aparelho que, em cervejarias ou estabelecimentos de destilação, transforma o amido em glicose.

SACARISMO. *Medicina legal.* Perturbação orgânica, crônica ou aguda, causada por ingestão exagerada de açúcar.

SACARÓFORO. *História do direito.* Designação que era dada, outrora, à cana-de-açúcar.

SACAROSE. *Direito agrário.* Açúcar da cana ou da beterraba.

SACARÚRIA. *Medicina legal.* Presença de sacarose na urina.

SACELÁRIO. *História do direito.* Tesoureiro bizantino que pagava o soldo às tropas, que mais tarde passou a ser um alto funcionário financeiro.

SACENA. *Direito romano.* Machado que era usado nos sacrifícios.

SACERDÓCIO. 1. *Direito canônico.* a) Dignidade ou função de sacerdote; b) carreira eclesiástica; c) conjunto de sacerdotes. **2.** Na *linguagem comum,* diz-se da profissão ou tarefa que se leva muito a sério.

SACERDOCRACIA. *Ciência política.* Preponderância política dos sacerdotes.

SACERDOTAL. *Direito canônico.* Referente a sacerdote.

SACERDOTALISMO. Influência exercida, predominantemente, por sacerdotes.

SACERDOTE. 1. *Direito canônico.* Padre. **2.** *História do direito.* Aquele que oficialmente tratava dos negócios religiosos e dos objetos sagrados.

SACHAR. *Direito agrário.* Afofar a terra ou arrancar ervas daninhas com o sacho.

SACHNORMVERWEISUNG. *Termo alemão.* Teoria da referência do direito material estrangeiro.

SACHO. *Direito agrário.* Enxadinha estreita e pontuda, em regra, bifurcada na parte superior.

SACO. 1. *Direito comercial.* Receptáculo de pano grosso próprio para embalagem de cerca de 60 quilos de cereais, café em grão, batata, arroz etc. **2.** *Direito agrário.* a) Rede de forma cônica com que se recolhe a pescaria; b) peça central da rede apropriada para pescar sardinha. **3.** *História do direito.* Rapina que, após a batalha, fazia o vencedor, entregando aos soldados tudo que podiam levar.

SACOLÃO. Feira onde se vendem frutos e legumes a preço único por quilo.

SACRALGIA. *Medicina legal.* Dor no osso sacro, de formato triangular, situado entre os ilíacos, com os quais concorre para formar a bacia.

SACRAMENTAIS. *Direito canônico.* Sinais sagrados, constituídos pela Sé Apostólica, que têm efeitos espirituais que se alcançam por súplica da Igreja. Obtêm sua eficácia *ex opere operantis Ecclesiae*, como bênçãos, consagrações.

SACRAMENTAL. 1. *Teoria geral do direito* e *direito civil.* Forma prevista em lei, que deve ser seguida para que o ato jurídico tenha validade. **2.** *Direito canônico.* a) Relativo a sacramento; b) fórmula pronunciada na administração de um sacramento.

SACRAMENTAR. 1. *Direito civil.* Revestir um ato ou negócio jurídico de todas as solenidades legais. **2.** *Direito canônico.* Administrar os sacramentos da Igreja, que são: batismo, confirmação, eucaristia, penitência, extrema-unção, ordem e matrimônio.

SACRAMENTOS. *Direito canônico.* São os instituídos por Cristo e confiados à Igreja. Constituem meios pelos quais se exprime e se robustece a fé, se presta culto a Deus e se realiza a santificação dos homens. Os sacramentos, que têm eficácia *ex opere operato*, são: batismo, confirmação, eucaristia, penitência, ordem, unção dos enfermos e matrimônio entre batizados.

SACRAMENTUM. *Termo latino.* Depósito que, conforme o valor da coisa litigiosa, variava de 50 a 500 asses e devia ser feito pelos litigantes e que, relativamente à parte vencida, revertia para o erário romano.

SACRA PRIVATA. *Direito romano.* Culto doméstico que era transmitido de geração a geração, alcançando, inclusive, na falta de descendência, a filiação adotiva e adrogada.

SACRE. *História do direito.* Espécie de canhão.

SACRIFICADO. 1. Aquele que é vítima de interesses alheios. **2.** Aquele que se sacrifica por alguma coisa ou por alguém.

SACRIFICAR. 1. Privar-se. **2.** Renunciar. **3.** Dedicar-se a um ideal. **4.** Tornar-se vítima de interesse. **5.** Sofrer perda de algo em favor de alguma coisa ou de interesse comum.

SACRIFÍCIO. 1. *Direito desportivo.* Entrega de peça, no jogo de xadrez, para melhorar a posição. **2.** *Direito comercial.* Venda de mercadorias com prejuízo ou abaixo do custo para evitar mal maior. **3.** *Direito marítimo.* Alijamento ao mar de parte da carga ou de objetos para salvar o navio do naufrágio. **4.** *Direito canônico.* Ato ou ritual próprio para cerimônia religiosa. **5.** *Direito penal.* Dano a direito alheio para salvaguardar outro, que se constitui em estado de necessidade, que é excludente de criminalidade. **6.** *Direito civil.* Renúncia voluntária a um direito. **7.** Na *linguagem jurídica* em geral: a) despesas; b) privação de algo; c) risco em que se põe o próprio interesse para interesse alheio.

SACRIFÍCIO DO ALTAR. *Direito canônico.* Missa.

SACRIFÍCIO SANITÁRIO. *Direito agrário.* Operação realizada pelo serviço veterinário oficial quando se confirma a ocorrência de doença emergencial ou em erradicação e que consiste em sacrificar todos os animais do rebanho, enfermos, contatos e contaminados, e, se preciso, outros rebanhos que foram expostos ao contágio por contato direto ou indireto com o agente patogênico, com a destruição das carcaças, por incineração ou enterramento.

SACRIFICIUM INTELLECTUS. *Locução latina.* Sacrifício do raciocínio.

SACRILÉGIO. 1. *História do direito.* Multa paga pelos excomungados. **2.** *Direito canônico.* Violação da pessoa, local ou objeto consagrado ao culto divino.

SACRILEGUS EST OFFENDENS REM VEL PERSONAM ECCLESIASTICAM. *Expressão latina.* É considerado sacrílego aquele que ofender pessoa ou coisa eclesiástica.

SACRISTANIA. *Direito canônico.* Cargo de sacristão.

SACRISTÃO. *Direito canônico.* **1.** Aquele que tem a incumbência de guardar a igreja. **2.** Auxiliar do sacerdote nos ofícios divinos.

SACRISTIA. *Direito canônico.* Local onde, na igreja, são guardados os paramentos do sacerdote e os utensílios do culto.

SACRO. 1. *Medicina legal.* Osso triangular situado na parte inferior da coluna dorsal (Morris Fishbein). **2.** *Direito canônico.* a) Pertencente ao culto; b) aquilo que é sagrado; c) digno de veneração.

SACRO COLÉGIO. *Direito canônico.* Colégio dos cardeais.

SACURÊ. *Direito agrário.* Doença que atinge a mandioca.

SÁDICO. *Medicina legal.* **1.** Aquele que sofre ou pratica sadismo. **2.** Aquele que atinge o gozo sexual com o sofrimento alheio.

SADISMO. *Medicina legal.* Perversão sexual que leva a pessoa a sentir prazer ao infligir sofrimento físico ou moral a outrem, em regra seu parceiro, torturando-o. Trata-se da algolagnia ativa.

SADISTA. *Vide* SÁDICO.

SADOMASOQUISMO. *Medicina legal.* Perversão sexual que leva a pessoa a obter a satisfação erótica pela dor infligida no parceiro e em si mesma, sendo uma associação do sadismo ao masoquismo. Com isso o paciente, para obter prazer, precisa ser flagelado e flagelar o parceiro, por apresentar, concomitantemente, as duas perversões sexuais: algolagnia ativa (sadismo) e passiva (masoquismo).

SAEPE MINUS FACIUNT HOMINES QUI MAGNA MINANTUR. *Expressão latina.* Muitas vezes aqueles que muito prometem nada fazem.

SAEVITIA POENAE. *Locução latina.* Rigor da pena.

SAFADEZA. **1.** Imoralidade. **2.** Ato vil ou vergonhoso.

SAFADO. **1.** Deteriorado pelo uso. **2.** Tirado para fora. **3.** Imoral. **4.** Vil.

SAFAMENTO. *Direito marítimo.* Desencalhe de navio.

SAFAR. **1.** Na *linguagem jurídica* em geral: a) fazer sair; b) tirar para fora; c) fugir, escapar; d) extrair. **2.** *Direito marítimo.* a) Desembaraçar o navio daquilo que impede a manobra; b) colher as amarras, os cabos etc., após a manobra nos respectivos lugares; c) fazer com que a embarcação saia da posição que impossibilita os trabalhos de mareação; desencalhar. **3.** *Direito militar.* Desembaraçar navio de guerra do que estorva o combate.

SAFARI PARK. Zoológico moderno onde os visitantes percorrem o parque em veículos para ver os animais que vivem soltos em grandes áreas.

SAFE-CONDUCT. *Locução inglesa.* Salvo-conduto.

SAFETY BELT. *Locução inglesa.* Cinto de segurança.

SAFETY MEASURES. *Locução inglesa.* Medidas de segurança.

SAFISMO. *Medicina legal.* Homossexualismo feminino que se caracteriza pela sucção alternativa do clitóris.

SAFISTA. *Medicina legal.* Mulher que pratica safismo.

SAFO. **1.** *Direito marítimo.* Navio que desencalhou. **2.** *Direito militar.* Navio de guerra pronto para o combate. **3.** Na *linguagem jurídica* em geral: a) o que escapou; b) livre; c) gasto pelo uso.

SAFRA. *Direito agrário.* **1.** Colheita. **2.** Época em que, no Rio Grande do Sul, se costuma vender gado gordo e produtos da indústria pastoril. **3.** Contrato por prazo determinado, dependente do término da colheita ou do abate ou de variações estacionais da atividade agrária.

SAFRA DE ABATE. *Direito agrário.* Período em que, oficialmente, se faz a matança.

SAFREIRO. *Direito agrário.* Trabalhador rural que presta serviços apenas durante o período de safra ou da colheita, por ter sido parte no contrato de safra.

SAFREJAR. *Direito agrário.* Explorar um engenho, plantando e colhendo cana-de-açúcar, fabricando açúcar e aguardente.

SAFRISTA. *Vide* SAFREIRO.

SAGACIDADE. **1.** Perspicácia. **2.** Sutileza.

SAGAZ. **1.** Perspicaz. **2.** Sutil. **3.** Aquele que tem agudeza de espírito.

SÁGENA. *História do direito.* Prisão onde os mouros colocavam os cristãos cativos.

SAGRAÇÃO. *Direito canônico.* Cerimônia religiosa pela qual se consagram bispos.

SAGRADO. *Direito canônico.* **1.** Dedicado a Deus. **2.** Digno de veneração. **3.** Pertencente ao culto religioso.

SAGUÃO. *Direito civil.* **1.** Vestíbulo; *hall.* **2.** Pequeno pátio no interior de um prédio.

SAIA. **1.** *Direito agrário.* a) Conjunto dos ramos inferiores do cafeeiro (São Paulo); b) cauda das reses (nordeste). **2.** Na *linguagem comum,* peça do vestuário feminino que se estende da cintura para baixo.

SAIBRÃO. *Direito agrário.* Terreno contendo barro arenoso próprio para determinadas plantações, como, por exemplo, a de cana-de-açúcar.

SAÍDA. **1.** *Direito civil.* Porta de acesso para logradouro público. **2.** *Direito internacional privado.* a) Exportação; b) deportação. **3.** Nas *linguagens comum* e *jurídica*: a) evasiva; b) local por onde

SAILBOAT

se sai; c) expediente. **4.** *Direito do trabalho.* Hora em que o empregado deixa o local onde presta serviço. **5.** *Direito penitenciário.* a) Ida de preso ao trabalho fora do estabelecimento prisional; b) concessão de licença para o preso efetuar visitas à família em ocasião importante. **6.** *Medicina legal.* É a saída do paciente da unidade de internação por alta (curado, melhorado ou inalterado), evasão, desistência do tratamento, transferência interna, transferência externa ou óbito. As transferências internas não são consideradas saídas para os cálculos das estatísticas hospitalares. As saídas por alta ou transferência são consideradas saídas com parecer médico favorável, e as saídas por evasão ou desistência do tratamento são consideradas saídas com parecer médico desfavorável.

SAILBOAT. *Termo inglês.* Veleiro.

SAIMENTO. *História do direito.* Celebração solene de funeral régio, a que assistiam os nobres.

SAIR. 1. Ausentar-se. **2.** Viajar. **3.** Ir à rua. **4.** Deixar o local. **5.** Recuperar a liberdade. **6.** Terminar um curso. **7.** Resultar. **8.** Acontecer. **9.** Deixar de exercer algum cargo. **10.** Ultrapassar limites. **11.** Vender. **12.** Dar lucro.

SAIR A PÚBLICO. Ser editado ou divulgado.

SAIR CARO. Ter conseqüência grave.

SAIR DE CABEÇA ERGUIDA. Sair com o nome limpo.

SAIR FORA DOS EIXOS. Exceder-se.

SAIR O TIRO PELA CULATRA. Ocorrer algo ao inverso do que se esperava.

SAIR-SE BEM. Conseguir resultado favorável.

SAIR-SE MAL. Não obter bom resultado.

SAÍS. *Direito comparado.* **1.** Guia de turistas no Egito. **2.** Condutor de jumentos no Egito.

SAISINE. *Termo francês.* Princípio pelo qual os herdeiros recebem a posse e a propriedade dos bens do *de cujus* no instante de sua morte, independentemente de qualquer formalidade.

SAISISSABILITÉ. *Termo francês.* Penhorabilidade.

SAJENE. *História do direito.* Medida agrária russa que equivalia a 2,1336 m.

SAL. 1. Cloreto de sódio. **2.** Essência de uma idéia. **3.** Malícia. **4.** Vivacidade.

SALA. 1. *Direito civil.* a) Cômodo residencial destinado à recepção de visitas ou ao uso da família; b) compartimento de um prédio. **2.** *Direito administrativo.* Dependência onde são exercidas algumas funções especiais. **3.** *Direito empresarial.* Local destinado a determinada maquinaria ou atividade.

SALACIDADE. 1. Libertinagem. **2.** Propensão para os prazeres do sexo.

SALADA DE PALAVRAS. *Medicina legal.* Algaravia que se manifesta em formas graves de esquizofrenia (Croce e Croce Jr.).

SALA DE BATE-PAPO. *Direito virtual.* Conferência por telefone onde se pode permanecer o tempo que quiser para comunicar-se com outrem enquanto envia mensagem pelo teclado.

SALA DE ESPERA. Local onde os clientes aguardam a vez de serem atendidos.

SALADEIRIL. *Direito agrário.* Relativo à indústria do charque, no Rio Grande do Sul.

SALADEIRO. *Direito agrário.* No Rio Grande do Sul, é o estabelecimento especializado em preparar charque e outros produtos da rês.

SALA DE NEGOCIAÇÕES. *Direito comercial.* **1.** Sala do pregão das bolsas. **2.** Local de encontro de representantes de corretoras e de realização de transações de compra e venda de ativos, em mercado livre e aberto (Luiz Fernando Rudge).

SALA DE OPERAÇÕES. *Direito comercial.* Local onde, nas instituições financeiras, são realizadas operações de mercado de balcão ou iniciadas as ordens de operações em bolsa (Luiz Fernando Rudge).

SALADINO. *História do direito.* Dízimo de todos os bens que, no século XII, era pago, na Inglaterra e na França, por aqueles que se recusavam a participar na cruzada contra Saladino, que se apoderou de Jerusalém.

SALA, ESPAÇO OU LOCAL DE EXIBIÇÃO. *Direito comercial.* Todo recinto, em ambiente aberto ou fechado, no qual se realize projeção, exibição ou apresentação de obra audiovisual cinematográfica ou videofonográfica, a partir de qualquer suporte ou meio, mediante o uso de qualquer tecnologia, em caráter público ou privado, com ou sem finalidade comercial.

SALAMANDRA. *Direito do trabalho.* Operário que entra na caldeira quente de máquina a vapor para consertá-la ou que apaga incêndio em poço petrolífero.

SALÃO. 1. *Direito agrário.* Terra fértil em que há mistura de argila corada. **2.** *Direito comercial.* Estabelecimento de barbeiro. **3.** Nas *linguagens comum* e *jurídica,* é uma grande sala apropriada

SAL 260 SALÃO DE CHÁ

para recepções, exposições de obras de arte, concertos etc.

SALÃO DE CHÁ. *Direito comercial.* **1.** Sala em lojas onde se fornecem pequenas refeições à clientela. **2.** Pequeno restaurante.

SALÃO NOBRE. Grande sala que, em estabelecimentos culturais, se destina a solenidades, assembléias, eventos intelectuais etc.

SALARIADO. *Direito do trabalho.* **1.** Assalariado; aquele que está vinculado a um contrato de trabalho, subordinando-se a um empregador, que lhe paga salário, em retribuição ao serviço prestado. **2.** Relativo a salário.

SALARIAL. *Direito do trabalho.* O que se refere a salário.

SALARIÉ. *Termo francês.* Assalariado.

SALÁRIO. *Direito do trabalho.* Remuneração paga pelo empregador ao empregado, como contraprestação do serviço que lhe prestou. Não serão descontadas nem computadas como jornada extraordinária as variações de horário no registro de ponto não excedentes de cinco minutos, observado o limite máximo de dez minutos diários. O tempo despendido pelo empregado até o local de trabalho e para o seu retorno, por qualquer meio de transporte, não será computado na jornada de trabalho, salvo quando, tratando-se de local de difícil acesso ou não servido por transporte público, o empregador fornece a condução. Nem serão consideradas como salário as seguintes utilidades concedidas pelo empregador: a) vestuários, equipamentos e outros acessórios fornecidos aos empregados e utilizados no local de trabalho, para a prestação do serviço; b) educação, em estabelecimento de ensino próprio ou de terceiros, compreendendo os valores relativos a matrícula, mensalidade, anuidade, livros e material didático; c) transporte destinado ao deslocamento para o trabalho e retorno, em percurso servido ou não por transporte público; d) assistência médica, hospitalar e odontológica, prestada diretamente ou mediante seguro-saúde; e) seguros de vida e de acidentes pessoais; f) previdência privada.

SALÁRIO ACESSÓRIO. *Direito do trabalho.* Aquele que, em razão da relação de emprego, é pago pelo empregador em forma de gratificação, comissão, diárias para viagens e abono. Trata-se do salário suplementar ou salário complementar, que é variável no seu valor e pago além do salário fixo estabelecido no contrato de trabalho.

SALÁRIO-BASE. *Direito do trabalho.* Valor que serve de base para o cálculo de alguma prestação devida ao empregado (Othon Sidou).

SALÁRIO-BENEFÍCIO. *Direito previdenciário.* Unidade de cálculo consistente na média aritmética simples dos salários de contribuição, usada para estabelecer o valor do benefício de prestação continuada da Previdência Social (Othon Sidou).

SALÁRIO-CHEQUE. *Direito do trabalho.* Forma de pagamento de salário por meio de cheque utilizada por empresas localizadas em zona urbana e realizada em banco próximo do local de trabalho (Othon Sidou).

SALÁRIO-COMPLEMENTAR. *Vide* SALÁRIO ACESSÓRIO.

SALÁRIO-COMPLEMENTO. *Vide* SALÁRIO ACESSÓRIO.

SALÁRIO COMPLESSIVO. *Direito comparado.* Remuneração formada pelo salário e pelas gratificações e comissões, sem que se distingam as parcelas que o compõem, figurando em valor único.

SALÁRIO-CONTRIBUIÇÃO. *Vide* SALÁRIO-DE-CONTRIBUIÇÃO.

SALÁRIO-DE-BENEFÍCIO. *Direito previdenciário.* É o valor básico utilizado para cálculo da renda mensal dos benefícios de prestação continuada, inclusive os regidos por normas especiais e os decorrentes de acidente do trabalho, exceto o salário-família, o salário-maternidade, os benefícios excepcionais por anistia, a pensão mensal vitalícia devida aos seringueiros e aos seus dependentes e a pensão especial devida às vítimas da Síndrome da Talidomida. *Vide* SALÁRIO-BENEFÍCIO.

SALÁRIO-DE-CONTRIBUIÇÃO. *Direito previdenciário.* Entende-se por salário-de-contribuição: 1) para o empregado e trabalhador avulso: a remuneração efetivamente recebida ou creditada a qualquer título, durante o mês, em uma ou mais empresas, inclusive as gorjetas, os ganhos habituais sob a forma de utilidades; 2) para o empregado doméstico: a remuneração registrada na Carteira de Trabalho e Previdência Social, observadas as normas a serem estabelecidas em regulamento para comprovação do vínculo empregatício e do valor da remuneração; 3) para o trabalhador autônomo e equiparado, empresário e facultativo: o salário-base, determinado conforme a tabela legal da Lei Orgânica da Seguridade Social.

SALÁRIO DIRETO. *Direito do trabalho.* Quantia pecuniária diretamente paga ao empregado pelo empregador.

SALÁRIO DISCRIMINADO. *Direito do trabalho.* *Quantum* pago a título de salário, especificando as parcelas que compõem a remuneração, ou seja, o salário fixo, a comissão sobre vendas efetuadas, a gratificação etc.

SALÁRIO-EDUCAÇÃO. *Direito do trabalho, direito previdenciário* e *direito constitucional.* Contribuição social que deve ser recolhida pelas empresas, na forma da lei, para aplicação em programas de ensino de 1º e 2º grau nos Estados e Distrito Federal, a seus empregados e dependentes. Entende-se por empresa qualquer firma individual ou sociedade que assume o risco de atividade econômica, urbana ou rural, com fins lucrativos ou não, bem como a empresa e qualquer entidade pública ou privada vinculada à seguridade social. Estão isentas do recolhimento da contribuição: a) a União, os Estados, o Distrito Federal e os Municípios, bem como suas respectivas autarquias; b) as instituições públicas de ensino de qualquer grau; c) as escolas comunitárias, confessionais ou filantrópicas, devidamente registradas e reconhecidas pelo competente órgão estadual de educação, e portadoras de Certificado ou Registro de Fins Filantrópicos, fornecido pelo Conselho Nacional de Assistência Social, renovado a cada três anos; d) as organizações de fins culturais que, para esse fim, vierem a ser definidas em regulamento; e) as organizações hospitalares e de assistência social, desde que atendam aos seguintes requisitos, cumulativamente: 1) sejam reconhecidas como de utilidade pública federal e estadual ou do Distrito Federal ou municipal; 2) sejam portadoras do Certificado ou do Registro de Entidade de Fins Filantrópicos, fornecido pelo Conselho Nacional de Assistência Social, renovado a cada três anos; 3) promovam a assistência social beneficente, inclusive educacional ou de saúde, a menores, idosos, excepcionais ou pessoas carentes; 4) não percebam seus diretores, conselheiros, sócios, instituidores ou benfeitores remuneração, e não usufruam vantagens ou benefícios a qualquer título; 5) apliquem integralmente o eventual resultado operacional na manutenção e no desenvolvimento de seus objetivos institucionais, apresentando anualmente ao Conselho Nacional da Seguridade Social relatório circunstanciado de suas atividades.

O salário-educação não tem caráter remuneratório na relação de emprego e não se vincula, para qualquer efeito, ao salário ou à remuneração percebida pelos empregados das empresas contribuintes. É devido pelas empresas e calculado com base na alíquota de 2,5% sobre a folha do salário de contribuição e é recolhida ao Instituto Nacional do Seguro Social (INSS) ou ao Fundo Nacional de Desenvolvimento da Educação (FNDE). O *quantum* arrecadado será aplicado por intermédio de instituição financeira federal e o produto dessa aplicação será destinado ao ensino fundamental, à educação pré-escolar, ao pagamento de encargos administrativos e Pasep.

SALÁRIO EM ESPÉCIE. *Direito do trabalho.* Salário *in natura* consistente na entrega de alimentação, habitação, vestuário etc. como adicional ao salário principal, pago em dinheiro.

SALÁRIO EQUIVALENTE. *Direito do trabalho.* Salário, percebido por alguém, igual ao daquele empregado que na empresa fizer serviço equivalente ao seu ou exercer função similar à sua, ao mesmo empregador e na mesma localidade, sem distinção de sexo, idade ou nacionalidade.

SALÁRIO-FAMÍLIA. 1. *Direito previdenciário.* Quantia, paga junto com o salário, devida mensalmente ao segurado empregado, exceto o doméstico, e ao segurado trabalhador avulso, proporcional ao número de filhos até quatorze anos de idade ou inválido, abrangendo, ainda, enteados e menores sob guarda ou tutela. As cotas do salário-família serão pagas ao(à) segurado(a) junto com o salário mensal ou com o último pagamento relativo ao mês, quando esse não for mensal. O salário-família é, em regra, pago mensalmente: a) ao empregado, pela empresa, com o respectivo salário, e ao trabalhor avulso, pelo sindicato ou órgão gestor de mão-de-obra, mediante convênio; b) ao empregado e trabalhador avulso aposentados por invalidez ou em gozo de auxílio-doença, pelo Instituto Nacional do Seguro Social (INSS), juntamente com o benefício; c) ao trabalhador rural aposentado por idade aos sessenta anos, se do sexo masculino, ou cinqüenta e cinco anos, se do sexo feminino, pelo Instituto Nacional do Seguro Social(INSS), juntamente com a aposentadoria; d) aos demais empregados e trabalhadores avulsos aposentados aos sessenta e cinco anos de idade, se do sexo masculino, ou sessenta anos, se do sexo feminino, pelo Instituto

Nacional do Seguro Social (INSS), juntamente com a aposentadoria. O direito ao salário-família cessa automaticamente: a) por morte do filho ou equiparado, a contar do mês seguinte ao do óbito; b) quando o filho ou equiparado completar quatorze anos de idade, salvo se inválido, a contar do mês seguinte ao da data do aniversário; c) pela recuperação da capacidade do filho ou equiparado inválido, a contar do mês seguinte ao da cessação da incapacidade; d) pelo desemprego do segurado. **2.** *Direito administrativo* e *direito previdenciário.* Observa Geraldo Magela Alves que é devido também ao servidor ativo ou inativo por dependente econômico (cônjuge, companheiro, filho e enteado até vinte e um anos, estudante até vinte e quatro anos, inválido de qualquer idade, menor de vinte e um anos que viva em companhia do servidor, mãe e pai sem economia própria).

SALÁRIO-HORA. *Direito do trabalho.* Remuneração paga de acordo com o número de horas de efetivo trabalho.

SALÁRIO IGUAL. *Vide* SALÁRIO EQUIVALENTE.

SALÁRIO INDIRETO. *Direito do trabalho.* Quantia em dinheiro que o empregado recebe em função de contrato de trabalho, sem que haja pagamento pelo empregador. Por exemplo, gorjeta paga pelo cliente do empregador, benefícios a que o empregado tem direito e contribuições impostas por lei, que não constituem contraprestação de serviço prestado.

SALÁRIO IN NATURA. *Vide* SALÁRIO EM ESPÉCIE.

SALÁRIO-MATERNIDADE. *Direito previdenciário.* É o benefício devido à segurada da Previdência Social em função do parto, de aborto não-criminoso, da adoção ou da guarda judicial obtida para fins de adoção de criança pelo período estabelecido em lei, conforme o motivo da licença. É o devido à segurada empregada, à trabalhadora avulsa, à empregada doméstica, à contribuinte individual, à facultativa e à segurada especial, durante cento e vinte dias, com início no período entre vinte e oito dias antes do parto e a data de ocorrência deste, observadas as situações e condições previstas na legislação no que concerne à proteção à maternidade. A segurada especial e a empregada doméstica podem requerer o salário-maternidade até noventa dias após o parto. O salário-maternidade para a segurada emprega-

da ou trabalhadora avulsa consistirá em uma renda mensal igual à sua remuneração integral e será pago pela empresa, efetivando-se a compensação quando do recolhimento das contribuições, sobre a folha de salários. O salário-maternidade será pago diretamente pelo INSS, através dos postos de atendimento, à empregada doméstica, em valor correspondente ao do seu último salário-de-contribuição, e à segurada especial, no valor de um salário mínimo. O parto é considerado como fato gerador do salário-maternidade, bem como a adoção ou guarda judicial para fins de adoção. Para fins de concessão do salário-maternidade, considera-se parto o evento ocorrido a partir da 23ª semana (6º mês) de gestação, inclusive em caso de natimorto. O salário-maternidade é devido à segurada da Previdência Social que adotar ou obtiver guarda judicial a partir de 16 de abril de 2002, para fins de adoção de criança com idade: a) até um ano completo, por cento e vinte dias; b) a partir de um ano até quatro anos completos, por sessenta dias; c) a partir de quatro anos até completar oito anos, por trinta dias. O salário-maternidade é devido à segurada independentemente de a mãe biológica ter recebido o mesmo benefício quando do nascimento da criança. O salário-maternidade não é devido quando o termo de guarda não contiver a observação de que é para fins de adoção ou só contiver o nome do cônjuge ou companheiro. Para a concessão do salário-maternidade é indispensável que conste da nova certidão de nascimento da criança ou do termo de guarda o nome da segurada adotante ou guardiã, bem como deste último, quando se tratar de guarda para fins de adoção. Quando houver adoção ou guarda judicial para adoção de mais de uma criança, é devido um único salário-maternidade relativo à criança de menor idade, observando que no caso de empregos concomitantes, a segurada fará jus ao salário-maternidade relativo a cada emprego.

SALÁRIO MÍNIMO. *Direito do trabalho* e *direito constitucional.* Contraprestação mínima, fixada por lei, nacionalmente unificada, que deve ser paga, mensal e diretamente, pelo empregador ao empregado, para atender as suas necessidades vitais e as de sua família como moradia, alimentação, educação, saúde, lazer, vestuário, higiene, transporte e previdência social, com reajustes periódicos que lhe preservem o poder aquisitivo, sendo vedada sua vinculação para qualquer fim.

SALÁRIO MÍNIMO DE BENEFÍCIO. *Direito constitucional* e *direito previdenciário.* Benefício mensal a que fazem jus o deficiente e o idoso que comprovem não ter meios de prover sua própria subsistência ou de tê-la provida por sua família.

SALÁRIO MÍNIMO DE REFERÊNCIA. *Direito civil.* Índice de atualização monetária de obrigação contratual ou legal (Geraldo Magela Alves).

SALÁRIO MÍNIMO INTRAPROFISSIONAL. *Direito do trabalho* e *direito constitucional.* Aquele que tem aplicação a certa área profissional (Othon Sidou), pois é direito do trabalhador o piso salarial proporcional à extensão e à complexidade do trabalho.

SALÁRIO MISTO. *Direito do trabalho.* Remuneração pelo serviço prestado, que é paga parte em dinheiro e parte em sustento.

SALÁRIO NOMINAL. *Direito do trabalho.* Quantia pecuniária que é ajustada pelo empregado e empregador, de comum acordo, por ocasião da efetivação do contrato de trabalho, que deve ser paga mensalmente a título de contraprestação pelo serviço feito.

SALÁRIO NOMINAL MÉDIO. *História do direito.* Índice de reajuste de aluguel.

SALÁRIO NOMINATIVO. *Direito do trabalho.* Aquele que advém de sentença prolatada em dissídio coletivo, abrangendo até mesmo os empregados contratados depois do julgamento.

SALÁRIO NORMATIVO. *Direito do trabalho.* Trata-se do piso salarial, que substitui o salário mínimo para determinada categoria de trabalhadores em certa localidade. É fixado em convenção coletiva de trabalho.

SALÁRIO POR PEÇA. *Direito do trabalho.* Pagamento estipulado por peça produzida.

SALÁRIO POR TAREFA. *Vide* SALÁRIO POR PEÇA.

SALÁRIO POR UNIDADE DE TEMPO. *Direito do trabalho.* É o estabelecido conforme o período em que o empregado ficar à disposição do empregador. Esse salário pode ser por hora, por dia, por semana, por quinzena ou por mês (Afonso Celso F. de Rezende).

SALÁRIO PRINCIPAL. *Direito do trabalho.* Salário fixo pago mensalmente ao empregado.

SALÁRIO PROFISSIONAL. *Direito do trabalho.* **1.** É o avençado pelos empregados e empregadores desde que respeitado o salário mínimo. **2.** Remuneração específica que é paga a profissional especializado (Geraldo Magela Alves). **3.** Deri-

va de ajuste entre profissionais (médicos, engenheiros etc.) e Poder Público, pois em virtude de sua formação escolar e das peculiaridades do seu trabalho, fixa-se um valor mínimo a título de remuneração superior ao mínimo legal. Além do salário profissional legal, pode-se ter o fixado por meio de contrato individual de trabalho ou contrato coletivo de trabalho. É proporcional à extensão e à complexidade do trabalho (Amauri Mascaro Nascimento e Pedro Paulo Teixeira Manus).

SALÁRIO REAL. *Direito do trabalho.* Remuneração representada pelo efetivo poder aquisitivo da quantia pecuniária recebida pelo empregado.

SALÁRIO REDUZIDO. *Direito do trabalho* e *direito constitucional.* Remuneração dos empregados reduzida em razão de convenção ou acordo coletivo, em caso de força maior ou prejuízo devidamente comprovado, proporcionalmente aos salários de cada um, não podendo ser superior a 25%, respeitado o salário mínimo. Cessados os efeitos decorrentes do motivo de força maior, é garantido o restabelecimento do salário reduzido.

SALÁRIO SUPLEMENTAR. *Vide* SALÁRIO ACESSÓRIO.

SALÁRIO TARIFADO. *Direito do trabalho.* Retribuição paga pelo empregador ao empregado que trabalha por tarefa ou serviço feito, calculada na base média do tempo costumeiramente gasto pelo interessado para realização de seu serviço, calculando-se o valor do que seria feito durante trinta dias.

SALÁRIO–UTILIDADE. *Direito do trabalho.* **1.** Fornecimento de refeição ao empregado a preço irrisório, não excedente a 20% do salário contratual, atendendo ao Programa de Alimentação ao Trabalhador. **2.** Vale-refeição fornecido ao empregado. **3.** Fornecimento de habitação ao empregado, cujo valor não pode exceder a 25% do salário contratual.

SALA SECRETA. *Direito processual penal.* Local onde se reúne o Conselho de Sentença para processar a votação sigilosa dos quesitos formulados pelo juiz-presidente do Tribunal do Júri.

SALAZ. Libertino.

SALAZARISMO. *História do direito.* Sistema de governo totalitário que foi implantado em Portugal por Oliveira Salazar e vigorou de 1926 até 1974.

SALDADO. 1. Quite. **2.** Pago.

SALDADOR. Aquele que paga.

SALDAMENTO. *Direito civil.* Direito à manutenção da cobertura com redução proporcional do capital segurado contratado na eventualidade da interrupção definitiva do pagamento dos prêmios.

SALDAR. 1. Quitar. **2.** Pagar. **3.** Cumprir a prestação devida. **4.** Pagar saldo. **5.** Liquidar conta.

SALDAR AS CONTAS. Ajustar débito e crédito, pagando a diferença.

SALDAR AS CONTAS COM. 1. Pedir explicações de ofensas recebidas. **2.** Desforrar-se.

SALDAR O ESTOQUE DE MERCADORIA. *Direito comercial.* Expor mercadoria à venda para liquidar o que existe do estoque (De Plácido e Silva).

SALDAR UMA OBRIGAÇÃO. Cumprir, integralmente, a prestação assumida.

SALDAR UM DÉBITO. Pagar o total da dívida, obtendo sua quitação.

SAL DE EPSOM. *Medicina legal.* Cristal amargo de sulfato de magnésio heptaidratado, que serve como antídoto em caso de envenenamento por ácido carbólico (Morris Fishbein).

SALDO. 1. Na *linguagem contábil,* é a diferença entre o crédito e o débito. **2.** *Direito comercial.* a) Conta que restabelece o equilíbrio entre a receita e a despesa; b) restante de determinada partida de mercadoria de um estoque para ser vendida por preço inferior ao anterior.

SALDO À DISPOSIÇÃO. *Direito cambiário* e *direito bancário.* Fundo disponível que pode ser cobrado mediante saques ou cheques (De Plácido e Silva).

SALDO A FAVOR. *Vide* SALDO ATIVO.

SALDO APURADO. Na *linguagem contábil,* é o saldo líquido, ou seja, o resultado da subtração das parcelas de débito e de crédito.

SALDO ATIVO. É o saldo credor, isto é, aquele em que o crédito é superior ao débito. Quantia que o credor tem a receber. Trata-se do saldo positivo.

SALDO BLOQUEADO. *Direito bancário.* Saldo com depósito em cheques aguardando compensação bancária (Luiz Fernando Rudge).

SALDO CONTRA. *Vide* SALDO DEVEDOR.

SALDO CREDOR. *Vide* SALDO ATIVO.

SALDO DEVEDOR. Trata-se do saldo negativo ou passivo, por ser aquele em que a soma do débito é maior do que a do crédito. É a quantia que deve ser paga pelo devedor. Constitui o excesso da despesa em relação à receita, em um orçamento.

SALDO EXIGÍVEL. Crédito que pode ser exigido pelo credor de conformidade com o ajuste que fez com o devedor.

SALDO LÍQUIDO. *Vide* SALDO APURADO.

SALDO MÉDIO. *Direito bancário.* Média dos saldos de uma conta bancária de depósito à vista num certo período (Paulo Matos Peixoto).

SALDO NEGATIVO. *Vide* SALDO DEVEDOR.

SALDO PASSIVO. *Vide* SALDO DEVEDOR.

SALDO POSITIVO. *Vide* SALDO ATIVO.

SALDO RECONHECIDO. *Direito bancário* e *direito comercial.* É aquele em que o devedor admite sua procedência no próprio documento (conta-corrente ou fatura), legitimando o débito, tornando-o exigível dentro do prazo avençado ou, se este inexistir, à vista.

SALE. *Termo inglês.* **1.** Venda. **2.** Venda em hasta pública.

SALE AND LEASE BACK. *Vide LEASE BACK.*

SALE BY SAMPLE. *Locução inglesa.* Venda à vista de amostra.

SALE IN GROSS. *Locução inglesa.* Venda por atacado.

SALEIRO. 1. *Direito agrário.* a) No Rio Grande do Sul, é o gado habituado a comer sal; b) local onde se deposita sal para o gado (Rio Grande do Sul). **2.** *Direito comercial.* Fabricante ou vendedor de sal.

SALE NOTE. *Locução inglesa.* Recibo de mercadorias consignadas.

SALE ON APPROVAL. *Locução inglesa.* Venda a contento.

SALE ON CREDIT. *Locução inglesa.* Venda a crédito.

SALES INVOICE. *Locução inglesa.* Fatura.

SALESMAN. *Termo inglês.* Vendedor.

SALGA. *Direito agrário.* No Rio Grande do Sul, é o local onde, na charqueada, procede-se à salgação da carne.

SALGADOR. *Direito agrário.* Empregado que tem a função de salgar a carne destinada ao charque.

SALGAGEM. *Direito agrário.* Ato de dar, juntamente com a forragem, sal ao gado.

SALGAR. 1. *Direito agrário.* a) Dar sal ao gado; b) impregnar carne, destinada ao charque, de sal. **2.** Na *gíria*, vender mercadoria por preço elevado.

SALGO. *Direito agrário.* Cavalo que tem olhos esverdeados (Rio Grande do Sul).

SALICILAGEM. *Direito comercial.* Processo industrial que visa evitar a fermentação de determinados líquidos, adicionando ácido salicílico.

SÁLICO. *Direito comparado* e *história do direito.* Relativo à lei que exclui mulheres do trono.

SALÍCOLA. *Direito agrário.* **1.** Que explora salina. **2.** Que produz sal.

SALICULTOR. *Vide* SALÍCOLA.

SALICULTURA. *Direito agrário.* **1.** Extração de sal em salina. **2.** Produção artificial de sal.

SALIÊNCIA. Qualidade de saliente.

SALIENTAR. 1. Fazer sobressair. **2.** Ressaltar. **3.** Realçar. **4.** Evidenciar.

SALIENTE. 1. Aquele que sobressai. **2.** Notável. **3.** Que prende a atenção. **4.** Saído; espevitado.

SALÍFERO. *Direito agrário.* Que contém ou produz sal.

SALIFICAÇÃO. *Direito agrário.* **1.** Processo de salificar. **2.** Formação de sal.

SALINA. *Direito agrário.* **1.** Terreno plano, onde se faz entrar a água do mar para retirada do sal, por meio de processo químico ou de evaporação. **2.** Mina de sal. **3.** Monte de sal. **4.** Fábrica que produz sal bruto, sem qualquer beneficiamento. **5.** Colheita do sal.

SALINAÇÃO. *Direito agrário.* **1.** Formação natural de sal. **2.** Ato de salinar.

SALINAR. *Direito agrário.* Fazer cristalizar o sal, na salina.

SALINEIRO. 1. *Direito agrário.* a) Proprietário da salina; b) aquele que trabalha na salina; c) relativo a salina. **2.** *Direito comercial.* Fabricante ou vendedor de sal.

SALINO. *Direito agrário.* Cavalo ou rês que possui pêlo salpicado de pintas brancas, vermelhas ou negras (Rio Grande do Sul).

SALIROMANIA. *Medicina legal.* Perversão sexual que leva seu portador a encontrar prazer erótico no ato de sujar o corpo e a roupa de sua parceira ou quadros ou estátuas representativos de mulheres nuas (Paulo Matos Peixoto).

SALIVA. *Medicina legal.* Secreção das glândulas salivares, útil no diagnóstico criminalístico.

SALIVAÇÃO. *Medicina legal.* Secreção excessiva de saliva.

SALMONELOSE. *Medicina legal.* Infecção gastrintestinal provocada por bactérias aeróbias gram-negativas com forma de bastonete (salmonelas), comum em intoxicação alimentar, causada pela ingestão de carne contaminada ou por alimentos deteriorados.

SALMONICULTURA. *Direito agrário.* Criação de salmões e trutas.

SALOIO. *Direito comparado.* Camponês dos arredores de Lisboa.

SALONEIRO. *Direito marítimo.* Garçom de navio.

SALPINGECTOMIA. *Medicina legal.* Esterilização da mulher, mediante extirpação de uma salpinge, ou seja, trompa de Falópio.

SALPINGENFRAXIA. *Medicina legal.* Obstrução da trompa de Falópio.

SALPINGITE. *Medicina legal.* Inflamação da trompa de Falópio.

SALPINGOCELE. *Medicina legal.* Hérnia da trompa de Falópio.

SALPINGOCIESE. *Medicina legal.* Gravidez tubária.

SALPINGOOFORECTOMIA. *Medicina legal.* Excisão da trompa de Falópio e do ovário.

SALPINGOOFORITE. *Medicina legal.* Inflamação simultânea da trompa de Falópio e do ovário; salpingovarite.

SALPINGOOFOROCELE. *Medicina legal.* Hérnia da trompa de Falópio e do ovário.

SALPINGOVARITE. *Vide* SALPINGOOFORITE.

SALSICHARIA. *Direito comercial.* Estabelecimento onde se fabricam ou vendem salsichas.

SALTA–ATRÁS. *História do direito.* Nome que, em Pernambuco, no século XVIII, se dava ao filho de mameluco com negra.

SALTA–CAROÇO. *Direito agrário.* Variedade de pêssego, cujo caroço não é aderente ao mesocarpo.

SALTADA. *Direito penal.* Furto ou roubo com assalto.

SALTAR. 1. *Direito penal.* a) Saquear; b) assaltar para matar ou roubar. **2.** *Direito agrário.* Cobrir, o cavalo, uma égua. **3.** Nas *linguagens comum* e *jurídica:* a) dar saltos; b) pular; c) vencer uma distância; d) transpor; e) deslocar-se; f) elevar-se de uma posição inferior a outra superior, sem passar pela intermédia; g) sobressair.

SALTAR AOS OLHOS. Ser evidente.

SALTAR AS BARREIRAS. Levar algo adiante, mesmo que venha a lesar outrem.

SALTAR À VISTA. *Vide* SALTAR AOS OLHOS.

SALTAR DE PÁRA-QUEDAS. *Direito aeronáutico.* Atirar-se do avião com pára-quedas.

SALTAR EM TERRA. *Direito marítimo.* Desembarcar.

SALTAR NA SELA. *Direito agrário.* Cavalgar.

SALTAR PELOS ARES. Explodir.

SALTAR POR CIMA DE TUDO. *Vide* SALTAR AS BARREIRAS.

SALTAR POSTOS. Passar do posto inferior para o superior, sem prestar serviço no intermédio.

SALTEADO. *Direito penal.* Assaltado.

SALTEADOR. *Direito penal.* Ladrão de estrada ou de local ermo que, repentinamente, ataca a vítima.

SALTEAGEM. *Direito penal.* **1.** Assalto à mão armada em local despovoado ou estrada. **2.** Saque.

SALTEAMENTO. *Vide* SALTEAGEM.

SALTEAR. *Direito penal.* **1.** Saquear. **2.** Assaltar em estrada ou local ermo.

SALTEIO. *Vide* SALTEAGEM.

SALTÉRIO. *Direito canônico.* **1.** Residência paroquial. **2.** Conjunto de 150 salmos do Antigo Testamento.

SALTIMBANCO. **1.** *Direito comercial.* Aquele que apresenta suas habilidades em praça pública, vende drogas etc. **2.** *Ciência política.* Aquele que muda de partido político, conforme suas conveniências pessoais.

SALTO. **1.** *Direito agrário.* a) Cobrição, principalmente, de cavalos, ovinos e caprinos; b) rede para apanhar peixes que saltam fora da água. **2.** *Direito penal.* a) Assalto em estrada; b) pilhagem; c) saque. **3.** *Direito marítimo.* a) Elevação do convés à ré do navio; b) pequeno arreamento da escota, da adriça ou de qualquer cabo. **4.** *Direito aeronáutico.* Descida do avião, por meio de pára-quedas. **5.** *Direito desportivo.* Prova esportiva consistente em pular obstáculos, ou em se elevar acima do solo. **6.** *Direito do trabalho.* Passagem repentina de um emprego a outro mais importante.

SALTO COM VARA. *Direito desportivo.* Prova de atletismo que consiste em, munido de uma vara, saltar por cima de um sarrafo colocado horizontalmente, no final de uma breve corrida para adquirir impulso.

SALTO EM ALTURA. *Direito desportivo.* Prova atlética consistente em correr e saltar por cima de um sarrafo colocado horizontalmente.

SALTO EM DISTÂNCIA. *Direito desportivo.* Prova de atletismo que consiste em saltar o mais longe possível, após uma pequena corrida para tomar impulso.

SALTO TRÍPLICE. *Direito desportivo.* Prova atlética em que, após uma corrida para impulso, há três saltos sucessivos.

SALTUÁRIO. *História do direito.* Guarda-florestal.

SALUBRE. **1.** *Direito do trabalho.* a) Saudável; b) higiênico. **2.** *Direito comercial.* Aparelho de cardagem que, na fábrica de fiação, transforma o algodão em mecha.

SALUBRIDADE. *Direito do trabalho.* Conjunto de condições favoráveis à saúde dos empregados.

SALUBRIDADE PÚBLICA. *Direito administrativo.* **1.** Qualidade de salubre de um local público, que apresenta higiene e condições favoráveis à saúde do povo. **2.** Conjunto de medidas tomadas pelo poder público, no setor de polícia sanitária, para erradicar moléstias advindas do próprio meio, zelando pela saúde da população, ao elevar o seu padrão higiênico (José Cretella Jr.).

SALUBRIFICAÇÃO. Ato de tornar um local higiênico ou salubre.

SALUBRIZAÇÃO. *Vide* SALUBRIFICAÇÃO.

SALUS POPULI, SUPREMA LEX ESTO. *Expressão latina.* Que a salvação do povo seja a lei suprema.

SALUTAR. **1.** Favorável à saúde. **2.** Edificante.

SALUTÍFERO. **1.** Benéfico. **2.** Útil.

SALVA. *Direito militar.* **1.** Cumprimento oficial mediante descarga de artilharia. **2.** Descarga simultânea de artilharia ou de fuzilaria em exercício de combate. **3.** É a honra prestada, por meio de tiros de canhão, em terra, ou navio, a autoridade ou em data festiva.

SALVAÇÃO. *Direito civil* e *direito penal.* Ação para livrar pessoa ou coisa do risco atual e iminente, que ameace sua existência ou integridade.

SALVAÇÃO PÚBLICA. *Direito administrativo* e *direito constitucional.* Emprego de medidas que removam algum perigo ou mal que ameace a população como: intervenção policial para manutenção da ordem; desapropriação por utilidade ou necessidade pública ou interesse social; decretação de estado de sítio; expulsão de estrangeiro nocivo à ordem interna; repressão ao abuso do poder econômico que vise à dominação dos mercados, à eliminação da concorrência e ao aumento arbitrário de lucros etc.

SALVACIONISMO. 1. Conjunto de princípios do Exército de Salvação, que é uma instituição evangélica e filantrópica criada em 1865. **2.** Movimento social pretendido por essa instituição.

SALVACIONISTA. Membro do Exército de Salvação.

SALVA DE CHEGADA. *Direito marítimo.* É a salva em honra à presença, no mar, do Presidente da República.

SALVÁDEGO. 1. *Direito aeronáutico* e *direito comercial.* Gratificação ou prêmio a que tem direito aquele que salvar navio, ou carga, de naufrágio ou aeronave de sinistro. **2.** *Direito marítimo.* Salvador; navio que presta socorro a outro navio em perigo ou que salva passageiros, tripulantes e carga de navios naufragados ou em vias de naufragar.

SALVA DE PALMAS. Aclamação pública; aplausos.

SALVA DE PARTIDA. *Direito marítimo* e *direito militar.* É a salva executada, pelo navio ou estação designada, em honra à saída, em visita oficial, da autoridade militar ou civil que tenha esse direito.

SALVADO. *História do direito.* Aquele que conseguia provar sua inocência.

SALVADOR. 1. Nas *linguagens comum* e *jurídica,* aquele que livra alguém de um perigo. **2.** *Direito marítimo.* Navio que ajuda outro a escapar de perigo ou que recolhe seus passageiros, tripulantes ou sua carga, em caso de naufrágio.

SALVADOS. *Direito civil* e *direito comercial.* Conjunto de bens que restaram de um sinistro (incêndio, inundação, naufrágio etc.)

SALVADOS MARÍTIMOS. *Direito marítimo.* Destroços do navio e restos de sua carga que escaparam do naufrágio e foram retirados do mar.

SALVAGEM. 1. *História do direito.* Antiga peça de artilharia. **2.** *Direito alfandegário.* Imposto aduaneiro devido pelos salvados marítimos, ou seja, pelo que resta de um navio naufragado; o que deve ser pago antes da retirada dos bens da alfândega.

SALVAGE VALUE. *Locução inglesa.* Valor residual.

SALVAGUARDA. 1. *Direito internacional privado.* Cláusula inserida em contrato internacional de execução continuada, como compra e venda,

com transporte, fornecimento, construção de fábrica, produção de bens ou prestação de serviços, obrigando os contratantes a uma revisão contratual, restabelecendo o equilíbrio contratual, pois esse tipo de contrato, por ter longa duração, pode sofrer alterações imprevisíveis por estar sujeito a fatores políticos ou financeiros de diferentes países, que podem mudar as condições econômicas. Essa cláusula de salvaguarda pode ser: a) de adaptação, se prefixar parâmetros de aplicação automática que, por cobrirem álea econômica suscetível de afetar prestação contratual, possibilita que o contrato se afeiçoe às circunstâncias fáticas supervenientes; b) de renegociação ou de revisão que, embora não tenha mecanismo automático, pretende provocar a revisão contratual, dentro dos limites fixados, se advierem as modificações imprevisíveis e inevitáveis nas condições econômicas do negócio que impossibilitem ou onerem a sua execução. **2.** *Direito internacional público.* a) Salvo-conduto de que certa pessoa é portadora, durante a guerra, por ser membro de alguma comissão internacional, por pertencer a um serviço especial etc., para que possa, sem ser detida ou atacada, cumprir sua missão na zona de conflito; b) proteção concedida por um chefe militar a um estabelecimento para resguardá-lo de acidente de guerra (Hildebrando Accioly). **3.** Na *linguagem jurídica* em geral: a) proteção; b) ato ou efeito de defender algo, livrando-o do perigo; c) garantia; d) o que serve de defesa; e) coisa que resguarda de um perigo; f) cautela; g) custódia a alguém ou a alguma coisa para que não sofra nenhum dano; h) ato ou documento, pelo qual, mediante certa promessa pecuniária, consegue-se que alguém se comprometa a fazer ou a não fazer algo (De Plácido e Silva).

SALVAGUARDA DA VIDA HUMANA. *Direito marítimo.* A busca e salvamento de vida humana em perigo a bordo de embarcações no mar, nos portos e nas vias navegáveis interiores obedecem à legislação específica estabelecida pelo Comando de Operações Navais (CON), como Representante da Autoridade Marítima para a Segurança da Navegação e o Meio Ambiente. Qualquer pessoa, especialmente o Comandante da embarcação, é obrigada, desde que o possa fazer sem perigo para sua embarcação, tripulantes e passageiros, a socorrer quem estiver em perigo de vida no mar, nos portos ou nas vias navegáveis interiores. Qualquer pessoa que tomar conhecimento da existência de vida humana em perigo no mar, nos portos ou vias navegáveis interiores deverá comunicar imediatamente o fato à CP/DL/AG ou ao Representante da Autoridade Naval, mais próximo. Nada será devido pela pessoa socorrida, independentemente de sua nacionalidade, posição social e das circunstâncias em que for encontrada.

SALVAGUARDAR. 1. Defender. **2.** Proteger. **3.** Livrar de perigo. **4.** Garantir.

SALVAGUARDAS NACIONAIS. *Direito ambiental.* Conjunto de medidas destinadas a evitar ou a detectar, em tempo hábil, o desvio para uso não autorizado de material e equipamento definidos legalmente, e a resguardar dado técnico cujo sigilo seja de interesse para o Estado no campo da utilização da energia nuclear.

SALVA IMPERIAL. Descarga de cento e um tiros.

SALVAMENTO. 1. *Direito aeronáutico* e *direito marítimo.* a) Ato de socorrer algo ou alguém no ar ou no mar; b) socorro aeronáutico; c) socorro marítimo; d) reparação ou atenuação dos danos causados pelo sinistro aos passageiros, tripulantes ou carga de aeronave ou navio. **2.** Na *linguagem jurídica* em geral: a) ato ou efeito de salvar; b) salvação; c) local onde um objeto ou pessoa está em segurança.

SALVANTE. *Direito processual.* Testemunha que, ao depor, põe o réu a salvo, livrando-o da condenação.

SALVAR. 1. Socorrer. **2.** Preservar de prejuízo. **3.** Evitar derrota. **4.** Livrar de perda ou de perigo. **5.** Conservar-se salvo. **6.** Saudar com salvas de artilharia. **7.** Defender.

SALVAR AS APARÊNCIAS. 1. Ocultar ações censuráveis. **2.** Disfarçar algo por trás do aspecto exterior (Lalande).

SALVA REAL. Descarga de vinte e um tiros.

SALVAR-SE EM JUÍZO. *Direito processual.* Livrar-se da condenação por meio de depoimento testemunhal.

SALVAS DE GALA. *Direito militar.* São descargas executadas por peças de artilharia, a intervalos regulares, destinadas a complementar as honras de gala. São dadas salvas de gala: a) nas grandes datas nacionais e no Dia da Bandeira Nacional; b) nas datas festivas de países estrangeiros, quando houver algum convite para acompanhar uma salva que é dada por navio de guerra do país considerado; c) em retribuição de salvas; d) no comparecimento a

atos públicos, de notável expressão, de autoridades que tenham direito a essas salvas; e) quando essas autoridades, com aviso prévio, visitarem uma guarnição federal, sede de unidades de artilharia e somente por ocasião da chegada; f) na chegada e saída de autoridade que tenha direito às salvas, quando em visita oficial anunciada a uma Organização Militar; g) no embarque ou desembarque do presidente da República; h) no desembarque de Chefe de Estado Estrangeiro na Capital Federal.

SALVAS FÚNEBRES. *Direito militar.* São executadas por peças de artilharia, a intervalos regulares de trinta segundos, destinadas a complementar as honras fúnebres. As salvas fúnebres são executadas: **1.** por ocasião do falecimento do presidente da República: a) logo que recebida a comunicação oficial, a Organização Militar designada executa uma salva de 21 tiros, seguida de um tiro de dez em dez minutos até a inumação, com a Bateria de Salva postada próxima ao local da Câmara Ardente; b) ao baixar o ataúde à sepultura, a Bateria de Salva, estacionada nas proximidades do cemitério, dá uma salva de 21 tiros; **2.** por ocasião do falecimento das demais autoridades, ao baixar o ataúde à sepultura, a Bateria de Salva, estacionada nas proximidades do cemitério, dá as salvas correspondentes à autoridade falecida.

SALVÁVEL. Que pode ser salvo.

SALVA-VIDAS. *Direito marítimo.* **1.** Dispositivo ou aparelho próprio para salvar de afogamento. **2.** Barco insubmergível que salva aqueles que estão em risco de se afogar.

SALVO. 1. Aquele que se salvou. **2.** Incólume. **3.** Fora de perigo. **4.** Ressalvado.

SALVO-CONDUTO. 1. *Direito internacional privado.* Documento que, em certas circunstâncias, substitui o passaporte. **2.** *Direito internacional público.* a) Documento que possibilita ao seu portador o livre trânsito, em zona de beligerância, sem risco de prisão; b) autorização escrita de chefe militar, concedendo, em caso de guerra, a alguém o direito de transitar pelo território ocupado por suas tropas; c) documento de viagem, propriedade da União, expedido pelo Ministério da Justiça, destinado a permitir a saída do território nacional daquele que, no Brasil, obtiver asilo diplomático concedido por governo estrangeiro. **3.** *Direito processual penal.* Documento, assinado pelo juiz, ordenando *habeas corpus* em favor de uma pessoa para frustrar ameaça de violência ou coação ilegal.

SALVO CONFIRMAÇÃO. *Direito comercial.* Venda em que a execução do contrato depende da vontade do vendedor (viajante, agente, comissário etc.), subordinando-se à sua aprovação, para garantia do risco de não se conhecer o comprador ou do risco de que seu representante o tenha contratado sem saber se existem ou não mercadorias disponíveis. O comprador fica preso à declaração de sua vontade e o vendedor reserva-se o poder de aprovar ou não as condições estipuladas por seu representante. Esse tipo de contrato é comum, nas vendas efetivadas por concessionários, revendedores, representantes comerciais autônomos, que atuam como *nuntius*, colhendo as propostas ou pedidos, encaminhando-os ao vendedor, que as aceitará, ou não (Waldirio Bulgarelli).

SALVO EMBOLSO. *Direito bancário.* Cláusula inserida em contrato de conta corrente ou no de depósito bancário, na qual o creditador se reserva o direito de estorno da quantia fixada no título, se este não for pago no dia do vencimento ou se o cheque não for compensado (Othon Sidou). Tal cláusula denomina-se também "salvo recebimento".

SALVO ERRO OU OMISSÃO (S.E.O.). Locução que se insere no final de uma conta para indicar que, se houver qualquer erro ou omissão, ela pode ser revista, sem prejuízo para o devedor.

SALVO MELHOR JUÍZO (S.M.J.). Locução usual colocada no final de um parecer científico-jurídico, indicando que seu autor acolhe argumentos contrários que venham a sobrepujar os por ele utilizados para fundamentar sua opinião.

SALVO RECEBIMENTO. *Vide* SALVO EMBOLSO.

SALVO VENDA. *Direito comercial.* Venda que consiste numa proposta liberatória do vendedor, por não pretender ficar vinculado, após certo período de tempo, à resposta do possível comprador, que poderá ser negativa. Com tal cláusula, o vendedor libera-se para realizar a venda, vinculando-se à proposta feita apenas durante determinado prazo; após este desvincula-se, podendo, então, vender a outro a mesma mercadoria. Com a estipulação da cláusula salvo venda, não precisa o vendedor comunicar a revogação ao comprador, pois ela se dará no momento em que houver a segunda venda a terceiro (Waldirio Bulgarelli).

SAMBARCA. *História do direito.* Travessa que, por ordem da autoridade competente, era pregada na porta da casa penhorada ou pertencente a falido.

SAMBENITO. *História do direito.* Hábito sem mangas, de cor amarela, ou negra, com figuras diabólicas desenhadas, usado, na Espanha, pelos condenados à morte pelo Tribunal de Inquisição (João Bernardino Gonzaga).

SAMBURÁ. *Direito agrário.* Cesto de cipó usado pelo pescador a tiracolo para recolher peixes.

SAMPANA. *Direito comparado.* **1.** Pequena embarcação chinesa, de fundo chato e com um toldo sobre a cabina, provida de vela ou propelida a remo, que serve não só para transporte de carga e passageiros como também de moradia ao barqueiro. **2.** Embarcação do Extremo Oriente propelida com um ou mais remos, por velas quadradas em um ou até três mastros, ou por motor a gasolina ou diesel.

SANABILIDADE. **1.** *Direito civil.* a) Qualidade de ser sanável; b) possibilidade de sanar ato anulável. **2.** *Direito processual civil.* Possibilidade de um ato atingido pela declaração judicial de nulidade ser repetido ou retificado.

SANAÇÃO. *Direito civil* e *direito processual civil.* Ato ou efeito de sanar.

SANAÇÃO RADICAL DE MATRIMÔNIO NULO. *Direito canônico.* Modo extraordinário de revalidar matrimônio religioso nulo, sem a renovação de consentimento, mas por concessão de autoridade competente, trazendo consigo a dispensa do impedimento, se o houver, e também da forma canônica, se não tiver sido observada, como ainda a retrotração dos efeitos canônicos à situação passada.

SANADO. **1.** Remediado. **2.** Reparado.

SANA MENS. *Locução latina.* Mente sã.

SANAR. **1.** *Direito civil.* a) Desfazer; b) remediar; c) suprir; d) corrigir vícios do ato jurídico. **2.** *Direito processual civil.* Escoimar o processo de nulidades, tornando-o apto para a decisão.

SANATIVO. **1.** Que remedeia. **2.** Que é próprio para sanar.

SANATÓRIA DO ATO ADMINISTRATIVO. *Direito administrativo.* **1.** Convalidação do ato administrativo, pela remoção do vício que o inquina. **2.** Suprimento da invalidade de um ato com efeitos retroativos (Celso Antônio Bandeira de Mello).

SANATÓRIO. *Medicina legal.* Casa de saúde localizada em região de clima propício para a convalescença e para o tratamento de determinadas doenças, como, por exemplo, a tuberculose.

SANÁVEL. 1. Aquilo que é remediável. **2.** O que pode ser sanado ou recuperado.

SANÇÃO. 1. *Teoria geral do direito.* a) Medida legal que pode vir a ser imposta, através do Poder competente, por quem foi lesado pela violação da norma jurídica a fim de fazer cumprir a norma violada, de fazer reparar o dano causado ou de infundir respeito à ordem jurídica (Goffredo Telles Jr.); b) prêmio ou castigo que tem por escopo assegurar a observância ou a violação da norma. **2.** *Direito constitucional.* Fase do processo legislativo em que se dá a manifestação volitiva sobre o projeto de lei ou a aquiescência a ele do Executivo, que pode ser expressa, quando se manifesta por despacho, ou tácita, quando este se omite, deixando que se esgote o prazo constitucional de quinze dias, sem decisão. Com a sanção, o projeto transforma-se em lei, que é promulgada pelo Executivo imprimindo-lhe obrigatoriedade. É, portanto, o ato pelo qual o Poder Executivo vem confirmar o projeto aprovado pelo Legislativo, transformando-o em lei. **3.** *Direito internacional público.* Medida coercitiva adotada, em regra, de comum acordo por vários países contra outro que viola norma internacional, para forçá-lo a cumpri-la, consistente na represália, bloqueio, medida econômica, limitação nas relações comerciais etc. **4.** *Direito administrativo.* Pena disciplinar imposta a funcionário público faltoso.

SANÇÃO ACAUTELADORA. *Direito processual civil.* Medida cautelar que visa preservar interesses daquele que seria prejudicado por eventual violação de lei. Por exemplo: penhora, seqüestro, caução, arresto, busca e apreensão, exibição, produção antecipada de provas, alimentos provisionais etc.

SANÇÃO ADMINISTRATIVA. *Direito administrativo.* É a imposta em razão de violação de norma ou regulamento administrativo como: pena disciplinar, multa, apreensão de mercadoria, interdição de estabelecimento.

SANÇÃO ADVENIENTE. *Direito processual.* É aquela que, por advir de incúria, abandono, desídia etc., consiste na perda de um direito como decadência, revelia, preclusão de prazo, prescrição, pena de confesso, absolvição de instância (Goffredo Telles Jr.).

SANÇÃO AFLITIVA. *Direito penal.* Aquela que provoca sofrimento moral como, por exemplo, a de natureza penal restritiva da liberdade.

SANÇÃO CIVIL. *Direito civil.* É a que decorre de violação de norma civil, como nulidade absoluta ou relativa de ato jurídico, perda ou suspensão de poder familiar, pagamento de multa contratual ou de juros moratórios, indenização de perdas e danos, restituição ao estado anterior, prescrição, decadência etc.

SANÇÃO COMPENSATÓRIA. *Direito civil.* É aquela alusiva à indenização ou reparação de dano moral e/ou patrimonial (Goffredo Telles Jr.).

SANÇÃO DE ANULAÇÃO. *Direito civil* e *direito processual civil.* Declaração da anulabilidade de negócio jurídico praticado por pessoa relativamente incapaz, sem a devida assistência de seu legítimo representante legal ou viciado por erro, dolo, coação, lesão, estado de perigo ou fraude, ou, ainda, em virtude de lei, tendo em vista a situação particular em que se encontra determinada pessoa.

SANÇÃO DE NULIDADE. *Direito civil* e *direito processual civil.* Declaração da nulidade absoluta de negócio jurídico, determinando a privação de efeitos jurídicos por ofender princípios de ordem pública, por estar inquinado por vícios essenciais, por exemplo, se for praticado por absolutamente incapaz, se tiver objeto ilícito ou impossível, se apresentar o vício social de simulação, se não revestir a forma prescrita em lei ou se preterir alguma solenidade imprescindível para sua validade e quando a lei taxativamente o declarar nulo ou lhe negar efeito.

SANÇÃO DESFAVORÁVEL. *Teoria geral do direito.* **1.** Pena. **2.** A que resulta da violação da norma ou do descumprimento de um dever.

SANÇÃO DIPLOMÁTICA. *Direito internacional público.* Medida tomada por uma nação relativamente a outra que violou seus direitos, rompendo as relações diplomáticas.

SANÇÃO DIRETA. *Direito civil.* **1.** Medida punitiva que obriga o devedor a cumprir a prestação assumida. **2.** Aquela que firma disposição em virtude do que o titular do direito ofendido investe diretamente sobre o bem para assegurar seu direito, ou sobre a pessoa para que esta cumpra sua obrigação (De Plácido e Silva).

SANÇÃO DISCIPLINAR. *Direito administrativo.* **1.** Pena disciplinar. **2.** Medida tomada pela administração pública contra servidor faltoso, que não cumpriu seu dever ou infringiu leis ou regulamentos. Por exemplo: advertência, repreensão, multa, suspensão, disponibilidade, demissão etc.

SANÇÃO ECONÔMICA. 1. *Direito internacional público.* Interrupção total ou parcial das relações econômicas e dos meios de comunicação com um Estado ordenada pelo Conselho de Segurança da ONU. **2.** *Economia política.* É a cominada em caso de descumprimento de norma de conteúdo econômico, de não-observância do procedimento empresarial nas atividades compreendidas no ato de produção e circulação de bens etc. São sanções econômicas, por exemplo, cancelamento de crédito, perda de mercadoria etc. Medida que visa assegurar a execução da política econômica (Ana Maria Ferraz Augusto).

SANÇÃO EXPRESSA. *Direito constitucional.* Aquiescência do chefe do Poder Executivo a um projeto de lei aprovado pelo Legislativo, manifestada por despacho.

SANÇÃO EXTERNA. *Teoria geral do direito* e *sociologia jurídica.* Reação aprovativa ou reprovativa do grupo social a um dado comportamento. Por exemplo: a opinião pública que estima a pessoa honesta e lança ao desprezo os iníquos (desconsideração social). Trata-se da sanção social (Jolivet; Vicente Ráo).

SANÇÃO FAVORÁVEL. *Vide* SANÇÃO PREMIAL.

SANÇÃO FISCAL. *Vide* SANÇÃO TRIBUTÁRIA.

SANÇÃO INDIRETA. *Direito civil.* **1.** Multa aplicada ao devedor que descumprir obrigação de fazer ou não fazer. Trata-se da *astreinte.* **2.** Imposição do pagamento de perdas e danos quando for impossível determinar ao devedor o cumprimento da obrigação por ele assumida. **3.** Pagamento de indenização quando não for possível atuar sobre o objeto do direito ofendido (De Plácido e Silva).

SANÇÃO INDIVIDUAL. *Vide* SANÇÃO INTERNA.

SANÇÃO INTERIOR. *Vide* SANÇÃO INTERNA.

SANÇÃO INTERNA. É a da consciência, ou seja, a satisfação ou o desgosto (arrependimento, remorso, vergonha etc.).

SANÇÃO INVALIDATIVA. *Direito administrativo.* Medida que torna ineficaz o ato praticado.

SANÇÃO NEGATIVA. *Direito constitucional.* Desaprovação total ou parcial de um projeto de lei pelo Poder Executivo. Trata-se do veto, que é a oposição ou recusa ao projeto de lei por inconstitucionalidade ou inconveniência, podendo ser total, se atingir todos os dispositivos, ou parcial, se abranger apenas certas disposições.

SANÇÃO PARCIAL. *Direito constitucional.* Veto parcial, ou seja, recusa presidencial de alguns dispositivos do projeto, que, então, apenas em parte fica sancionado.

SANÇÃO PATRIMONIAL. *Direito civil* e *direito penal.* Aquela que incide sobre o patrimônio, por exemplo: multa, indenização de perdas e danos, pagamento de juros moratórios, condenação às custas, interdição de estabelecimento etc.

SANÇÃO PENAL. *Direito penal.* É a prevista em lei em caso de conduta ilícita, consistente na prática de crime ou contravenção penal para recompor a situação antijurídica e recuperar o agente. Por exemplo: reclusão, detenção, prisão simples, multa, perda de bens e valores, prestação de serviços à comunidade ou a entidades públicas, interdição temporária de direitos e limitação de fim de semana. Trata-se da sanção repressiva.

SANÇÃO PENAL TRIBUTÁRIA. *Direito penal.* Pena prevista na lei penal a ser aplicada em caso de crime de contrabando; descaminho; apropriação indébita, como o não-recolhimento, dentro do prazo legal, das importâncias de certos impostos etc.

SANÇÃO PESSOAL. *Direito civil* e *direito penal.* Aquela que recai sobre a pessoa do lesante ou do agente. Por exemplo: prisão civil para o depositário infiel e devedor de alimentos; reparação, pelo casamento, com a mulher agravada em sua honra pelo ofensor (por prática de crime contra costumes de ação penal privada, como assédio sexual, posse sexual mediante fraude); pena privativa da liberdade.

SANÇÃO POSITIVA. *Direito constitucional.* Aprovação ou confirmação do projeto de lei pelo Poder Executivo, convertendo-o em lei.

SANÇÃO PRAGMÁTICA. *Ciência política.* Regulamento de um chefe de Estado ou soberano concernente a matéria de interesse nacional.

SANÇÃO PREMIAL. *Teoria geral do direito.* É a que resulta de ato meritório, constituindo um prêmio ou recompensa a quem realiza algo a mais, opcionalmente oferecido pelo preceito normativo, por exemplo, redução do valor do tributo a quem o pagar antecipadamente, ou a quem cumpre o dever legal.

SANÇÃO PRESIDENCIAL. *Direito constitucional.* Confirmação do presidente da República do projeto aprovado pelo Legislativo.

SANÇÃO PREVENTIVA. 1. *Direito penal.* É a constituída pela medida de segurança estabelecida em lei penal por motivo de precaução (Goffredo Telles Jr.). **2.** *Direito civil.* É a que evita a violação da norma jurídica (Paulo Matos Peixoto).

SANÇÃO PROCESSUAL. *Direito processual.* É a prevista em norma processual como condenação a custas, honorários advocatícios, absolvição da instância, revelia, preclusão dos prazos, pena de confesso, retirada da sala de audiência de quem se porta inconvenientemente etc.

SANÇÃO REAL. *Direito comparado.* Confirmação do rei ao projeto de lei aprovado pelo parlamento.

SANÇÃO REPARADORA. *Direito civil.* Anulação *ex nunc* dos efeitos de uma violação normativa (Paulo Matos Peixoto).

SANÇÃO REPRESSIVA. 1. *Vide* SANÇÃO PENAL. **2.** *Direito civil.* Aquela que tem por fim suprimir uma situação decorrente de violação de norma jurídica.

SANÇÃO RESTITUTIVA. *Direito civil.* Aquela que pretende a reposição das coisas no estado anterior em que estavam antes da violação da norma jurídica (Goffredo Telles Jr.).

SANÇÃO SOCIAL. *Vide* SANÇÃO EXTERNA.

SANÇÃO TÁCITA. *Direito constitucional.* Aprovação de um projeto de lei pelo presidente da República ao ficar silente, deixando escoar o prazo de quinze dias para a sanção expressa, hipótese em que se terá a promulgação da lei pelo presidente do Senado.

SANÇÃO TOTAL. *Direito constitucional.* Confirmação do projeto de lei em sua íntegra pelo presidente da República, que o aceita, sem fazer qualquer reserva, tal como foi aprovado pelo Legislativo.

SANÇÃO TRIBUTÁRIA. *Direito tributário.* **1.** Pena prevista legalmente para ser imposta, como ensina Giannini, em caso não só de infração fiscal que torne impossível a aplicação do tributo (delito fiscal), como também de violação a disposições legais de controle (contravenção fiscal). Isto é assim porque a transgressão de norma tributária implica a quebra de dever social essencial à manutenção do Estado (Ylves José de Miranda Guimarães). **2.** Relação jurídica que se instala, por força do acontecimento de um fato ilícito, entre o titular do direito violado e o agente da infração fiscal (Paulo de Barros Carvalho). Constitui sanção tributária: multa, inclusive a moratória; apreensão de mercadoria

e de documentos, bem como dos veículos que os transportarem; sujeição a regime especial de controle em relação ao IPI e ICMS; cassação de regimes especiais de pagamento do imposto, do uso de documentos ou de escrituração de livros específicos, concedida a certos contribuintes (Paulo de Barros Carvalho).

SANCIONADO. 1. *Direito constitucional.* Confirmado. **2.** Na *linguagem jurídica* em geral, que recebeu sanção.

SANCIONADOR. Que sanciona.

SANCIONAR. 1. *Direito constitucional.* Confirmar. **2.** Na *linguagem jurídica* em geral: a) punir; b) aplicar sanção; c) multar.

SANÇÕES ADMINISTRATIVAS CONTRA O PATRIMÔNIO GENÉTICO OU AO CONHECIMENTO TRADICIONAL ASSOCIADO. *Biodireito.* As infrações administrativas contra o patrimônio genético ou ao conhecimento tradicional associado serão punidas com as seguintes sanções, aplicáveis, isoladas ou cumulativamente, às pessoas físicas ou jurídicas: advertência; multa; apreensão das amostras de componentes do patrimônio genético e dos instrumentos utilizados na sua coleta ou no processamento ou dos produtos obtidos a partir de informação sobre conhecimento tradicional associado; apreensão dos produtos derivados de amostra de componente do patrimônio genético ou do conhecimento tradicional associado; suspensão da venda do produto derivado de amostra de componente do patrimônio genético ou do conhecimento tradicional associado e sua apreensão; embargo da atividade; interdição parcial ou total do estabelecimento, atividade ou empreendimento; suspensão de registro, patente, licença ou autorização; cancelamento de registro, patente, licença ou autorização; perda ou restrição de incentivo e benefício fiscal concedidos pelo governo; perda ou suspensão da participação em linha de financiamento em estabelecimento oficial de crédito; intervenção no estabelecimento; e proibição de contratar com a administração pública, por período de até cinco anos.

SANÇÕES ÀS PRÁTICAS ABUSIVAS DO FORNECEDOR. *Direito do consumidor.* Penalidades que visam proteger os interesses do consumidor lesado por atos abusivos do fornecedor, tais como: 1. Desconsideração da personalidade jurídica da sociedade. 2. Aplicação de sanções administrativas, que são: a) prestar informações sobre questões de interesse do consumidor, resguardado o segredo industrial, se violar normas e notificações relativas à produção, industrialização, distribuição, publicidade e ao mercado de consumo de produtos e serviços baixados pela União, Estados e Distrito Federal, tendo em vista o bem-estar do consumidor; b) sofrer, sem prejuízo da sanção civil e penal, por aplicação da autoridade administrativa, até mesmo cumulativamente, inclusive por medida cautelar antecedente ou incidente de procedimento administrativo, por infração das normas de defesa do consumidor, as penas de multa; apreensão, inutilização de produtos, proibição de fabricação de produtos, suspensão do fornecimento de produto e serviço, cassação do registro do produto e revogação da concessão ou permissão de uso; cassação de alvará de licença do estabelecimento ou de atividade; interdição total ou parcial e suspensão temporária da atividade, bem como intervenção administrativa; contrapropaganda. 3. Imposição de sanções penais (detenção ou multa, ou, ainda, cumulativamente detenção e multa), no caso de o fornecedor: a) omitir dizeres sobre a periculosidade de produto nas embalagens; b) deixar de comunicar à autoridade competente e aos consumidores a nocividade ou periculosidade de produtos, cujo conhecimento seja posterior à sua colocação no mercado; c) deixar de retirar do mercado, imediatamente quando determinado pela autoridade competente, os produtos nocivos; d) executar serviço de alto grau de periculosidade, contrariando determinação de autoridade competente; e) fazer afirmação falsa ou enganosa, ou omitir informação relevante sobre a natureza, característica, qualidade, quantidade, segurança, desempenho, durabilidade, preço ou garantia de produtos ou serviços; f) fazer ou promover publicidade que sabe ou deveria saber ser enganosa ou abusiva; g) fazer ou promover publicidade que sabe ou deveria saber ser capaz de induzir o consumidor a se comportar de forma prejudicial ou perigosa a sua saúde ou segurança; h) deixar de organizar dados fáticos, técnicos e científicos que dão base à publicidade; i) empregar, na reparação de produtos, peças ou componentes de reposição usados, sem autorização do consumidor; j) utilizar, na cobrança de dívidas, de ameaça, coação, constrangimento físico ou moral, afirmações falsas, incorretas ou enganosas ou de

qualquer outro procedimento que exponha o consumidor, injustificadamente, a ridículo ou interfira em seu trabalho, descanso ou lazer; k) impedir ou dificultar o acesso do consumidor às informações que sobre ele constem em cadastros, banco de dados, fichas e registros; l) deixar de corrigir imediatamente informação sobre consumidor constante de cadastro, banco de dados, fichas ou registros que sabe ou deveria saber ser inexata; m) deixar de entregar ao consumidor o termo de garantia adequadamente preenchido e com especificação clara de seu conteúdo. Além da pena privativa de liberdade e de multa poderão ser, ainda, impostas, cumulativa ou alternadamente, as penas de interdição temporária de direitos; publicação em órgãos de comunicação de grande circulação ou audiência, às expensas do condenado, de notícia sobre os fatos e a condenação; e prestação de serviços à comunidade.

SANÇÕES CIVIS ÀS VIOLAÇÕES DOS DIREITOS AUTORAIS. *Direito civil.* São as penas cabíveis ao infrator dos direitos de autor. O titular cuja obra seja fraudulentamente reproduzida, divulgada ou de qualquer forma utilizada, poderá requerer a apreensão dos exemplares reproduzidos ou a suspensão da divulgação, sem prejuízo da indenização cabível. Quem editar obra literária, artística ou científica, sem autorização do titular, perderá para este os exemplares que se apreenderem e pagar-lhe-á o preço dos que tiver vendido. Não se conhecendo o número de exemplares que constituem a edição fraudulenta, pagará o transgressor o valor de três mil exemplares, além dos apreendidos. Quem vender, expuser à venda, ocultar, adquirir, distribuir, tiver em depósito ou utilizar obra ou fonograma reproduzidos com fraude, com a finalidade de vender, obter ganho, vantagem, proveito, lucro direto ou indireto, para si ou para outrem, será solidariamente responsável com o contrafator, respondendo como contrafatores o importador e o distribuidor em caso de reprodução no exterior. A transmissão e a retransmissão, por qualquer meio ou processo, e a comunicação ao público de obras artísticas, literárias e científicas, de interpretações e de fonogramas, realizadas mediante violação aos direitos de seus titulares, deverão ser imediatamente suspensas ou interrompidas pela autoridade judicial competente, sem prejuízo da multa diária pelo descumprimento e das demais indenizações cabíveis, independentemente das sanções penais aplicáveis; caso se comprove que o infrator é reincidente na violação aos direitos dos titulares de direitos de autor e conexos, o valor da multa poderá ser aumentado até o dobro. A sentença condenatória poderá determinar a destruição de todos os exemplares ilícitos, bem como as matrizes, moldes, negativos e demais elementos utilizados para praticar o ilícito civil, assim como a perda de máquinas, equipamentos e insumos destinados a tal fim ou, servindo eles unicamente para o fim ilícito, sua destruição. Independentemente da perda dos equipamentos utilizados, responderá por perdas e danos quem: a) alterar, suprimir, modificar ou inutilizar, de qualquer maneira, dispositivos técnicos introduzidos nos exemplares das obras e produções protegidas para evitar ou restringir sua cópia; b) alterar, suprimir ou inutilizar, de qualquer maneira, os sinais codificados destinados a restringir a comunicação ao público de obras, produções ou emissões protegidas ou a evitar a sua cópia; c) suprimir ou alterar, sem autorização, qualquer informação sobre a gestão de direitos; d) distribuir, importar para distribuição, emitir, comunicar ou puser à disposição do público, sem autorização, obras, interpretações ou execuções, exemplares de interpretações fixadas em fonogramas e emissões, sabendo que a informação sobre a gestão de direitos, sinais codificados e dispositivos técnicos foram suprimidos ou alterados sem autorização. Quem, na utilização, por qualquer modalidade, de obra intelectual, deixar de indicar ou de anunciar, como tal, o nome, pseudônimo ou sinal convencional do autor e do intérprete, além de responder por danos morais, está obrigado a divulgar-lhes a identidade da seguinte forma: a) tratando-se de empresa de radiodifusão, no mesmo horário em que tiver ocorrido a infração, por três dias consecutivos; b) tratando-se de publicação gráfica ou fonográfica, mediante inclusão de errata nos exemplares ainda não distribuídos, sem prejuízo de comunicação, com destaque, por três vezes consecutivas em jornal de grande circulação, dos domicílios do autor, do intérprete e do editor ou produtor; c) tratando-se de outra forma de utilização, por intermédio da imprensa, na forma a que se refere o inciso anterior. A execução pública feita ilicitamente sujeitará os responsáveis a multa de vinte vezes o valor que deveria ser originariamente pago. Pela violação de direitos autorais nos espetáculos e audições públicas,

realizados nos locais ou estabelecimentos designados por lei, seus proprietários, diretores, gerentes, empresários e arrendatários respondem solidariamente com os organizadores dos espetáculos.

SANÇÕES PENAIS TRIBUTÁRIAS. *Direito penal.* Penas previstas em normas de direito penal aplicáveis àqueles que praticarem crimes fiscais como, por exemplo, o contrabando e o descaminho.

***SANCTIO.* 1.** *Termo latino.* Sanção. **2.** *Direito romano.* Parte final da lei que estabelecia pena na hipótese de sua infração.

SANCTIO JURIS. *Locução latina.* Sanção do direito.

SANCTIO LEGIS. *Locução latina.* Sanção da lei, que é a última parte de uma lei, que se compõe de *index, praescriptio, rogatio* e *sanctio.* A *sanctio* continha penalidade que era imposta em caso de sua inobservância. Trata-se da *sanctio.*

SANDEMANIANO. *Direito comparado.* Membro de doutrina escocesa que não acata a ingerência do poder civil em questões religiosas.

SANDEU. 1. Idiota. **2.** Tolo.

SANDICE. 1. Falta de senso. **2.** Tolice. **3.** Qualidade de sandeu.

SANDIO. Insensato.

SANEADOR. 1. *Direito processual civil.* a) Que saneia; b) decisão interlocutória pela qual o juiz regulariza o processo para que o seu julgamento se dê conforme o seu estado. Trata-se, na verdade, do saneamento do processo. **2.** *Direito processual penal.* Despacho do juiz que ordena diligência ou nova oitiva do réu ou testemunha para sanar nulidade ou suprir falta que prejudique o esclarecimento da verdade (Othon Sidou).

SANEAMENTO. 1. Ato ou efeito de sanear. **2.** Ato de expurgar vícios, falhas ou defeitos. **3.** Regularização. **4.** Aperfeiçoamento. **5.** Aplicação de medida sanitária alusiva à questão de salubridade pública, visando melhorar as condições higiênicas de um local, tornando-o livre de doenças e próprio para ser habitado; salubrificação.

SANEAMENTO BÁSICO. *Direito administrativo.* Programa ou serviço alusivo ao abastecimento de água e ao sistema de esgotos em determinada comunidade.

SANEAMENTO DO PROCESSO. *Direito processual civil.* Decisão interlocutória para verificação da regularidade do processo e da existência de condições necessárias para a resolução do mérito

SANEAMENTO ECONÔMICO — 275 — SAN

(Paulo Matos Peixoto). Se na *audiência preliminar*, o direito em litígio não admitir transação, ou se as circunstâncias da causa evidenciarem ser improvável sua obtenção, o juiz poderá, desde logo, sanear o processo e ordenar a produção da prova.

SANEAMENTO ECONÔMICO. *Economia política.* **1.** Emprego de medidas que venham a melhorar as condições econômicas da empresa, tornando-a mais produtiva. **2.** Utilização de meios para ampliar o valor aquisitivo da moeda (De Plácido e Silva).

SANEANTES DOMISSANITÁRIOS. *Direito ambiental.* São substâncias ou preparações destinadas à higienização, desinfecção ou desinfestação domiciliar, em ambientes coletivos e/ou públicos, em lugares de uso comum e no tratamento da água.

SANEAR. 1. Regularizar. **2.** Escoimar de nulidade; remediar. **3.** Corrigir falhas e defeitos. **4.** Salubrizar; higienizar. **5.** Verificar se as condições de existência e de validade do processo foram atendidas.

SANEÁVEL. O que se pode sanear.

SANGA. *Direito agrário.* **1.** Produto secundário do beneficiamento do arroz. **2.** Pântano. **3.** Sulco no solo, causado pela chuva ou por corrente subterrânea.

SANGRADEIRA. *Direito agrário.* Formão utilizado para sangrar árvore que produz látex.

SANGRIA. 1. *Medicina legal.* a) Extração de sangue para fim terapêutico; b) perda de sangue por qualquer lesão. **2.** *Direito agrário.* a) Abertura ou sulco que se faz para desviar água de um lago ou para drenar um lugar encharcado; b) extração de látex de uma árvore, por um corte praticado no tronco. **3.** Na *gíria*: a) gilete com que se corta o bolso da vítima para furto; b) extorsão de dinheiro mediante ardil.

SANGUE. 1. *Medicina legal.* a) Fluido, ou plasma, que, contendo glóbulos vermelhos e brancos e plaquetas, corre pelos vasos sanguíneos, distribuindo oxigênio, secreções ou hormônios produzidos pelas glândulas aos órgãos onde são necessários; b) diz-se do banco onde se armazena sangue de vários tipos (O, A, B e AB) para atender vítimas de acidentes, pacientes pós-operatórios ou doentes que precisam receber, rapidamente, novo suprimento de sangue (Morris Fishbein). **2.** *Direito civil.* a) Estirpe; b) prole.

SANGUE-FRIO. Presença de espírito.

SANGUE MISTURADO. Aquele formado pela mistura de diferentes raças.

SANGUE PERIFÉRICO. *Medicina legal.* Aquele que circula em vasos superficiais (Croce e Croce Jr.).

SANGUIMISTO. *História do direito.* Estuprador.

SANGUINÁRIO. 1. Cruel; desumano. **2.** Relativo a derrame de sangue.

SANGUINARISMO. Qualidade de sanguinário.

SANGÜINIDADE. *Direito civil.* Consangüinidade; parentesco pelo sangue.

SANICÍDIO. *Vide* EUTANÁSIA ATIVA.

SANIDADE. 1. *Medicina legal.* a) Saúde; b) normalidade psíquica e física. **2.** *Direito ambiental.* Salubridade.

SANIDADE AMBIENTAL. *Direito ambiental.* Existência de condições saudáveis internas e externas da biosfera, havendo: ausência de poluição; salubridade do solo, das águas, do ar, do povo, da comunidade, dos ecossistemas e da biosfera (Waldyr da Silveira Mira).

SANIDADE FÍSICA. *Medicina legal.* Exame complementar que é feito, durante período não superior a um ano, para constatar se a vítima se restabeleceu, ou não, das lesões corporais ou se seu estado permanece estacionário.

SANITÁRIA. 1. *Direito civil.* Instalação doméstica destinada à satisfação das necessidades fisiológicas e à higiene corporal. **2.** *Direito administrativo.* a) Autoridade incumbida da saúde pública; b) medida alusiva à higiene pública.

SANITÁRIO. 1. Relativo à saúde e à higiene. **2.** O que visa melhorar as condições de saúde ou de salubridade de uma localidade.

SANITARISTA. Aquele que é versado em assuntos sanitários.

SANITY HEARING. *Locução inglesa.* Exame judicial de sanidade mental.

SANJA. *Direito agrário.* Dreno aberto num terreno para escoamento de água.

SANJACO. *História do direito.* **1.** Distrito administrativo de segundo grau do Império Otomano. **2.** Governador desse distrito.

SANS-CULOTTE. *Locução francesa.* Facção mais pobre do exército revolucionário francês de 1789, composta por homens que não podiam usar culotes, como os nobres e ricos (Marcus Cláudio Acquaviva).

SANSIMONISMO. *Filosofia do direito.* Doutrina filosófico-social idealizada por Saint-Simon, que tem por princípios basilares a associação universalista, a abolição dos privilégios de nascimento, enaltecendo a capacidade e as obras de cada um e a igualdade absoluta dos dois sexos no desempenho de funções sociais e no gozo dos direitos políticos.

SANSIMONISTA. *Filosofia do direito.* Adepto do sansimonismo.

SANS PEUR ET SANS REPROCHE. *Expressão francesa.* Sem medo e sem censura.

SANTA. *Direito canônico.* Aquela que, por suas obras admiráveis e extrema bondade, foi canonizada pela Igreja.

SANTA CASA. *Direito civil.* Instituição de caridade que trata de doentes pobres.

SANTA SÉ. *Direito internacional público.* Estado do Vaticano, sede da Igreja Católica Apostólica Romana.

SANTÉ. *Termo francês.* Saúde.

SANTEIRO. **1.** *Direito comercial.* Aquele que fabrica e vende imagens de santos. **2.** Em *gíria*: a) confidente de ladrão; b) aquele que indica ao gatuno uma propriedade para ser assaltada, dando-lhe informações em troca de parcela dos objetos roubados.

SANTIDADE. *Direito canônico.* **1.** Qualidade de santo. **2.** Estado de perfeição e bondade, que leva a pessoa a viver conforme a lei de Deus.

SANTIFICAÇÃO. *Direito canônico.* Processo de canonização.

SANTIFICADO. *Direito canônico.* **1.** Aquele que, por canonização, tornou-se santo. **2.** Dia consagrado ao culto religioso.

SANTIFICANTE. *Direito canônico.* Que santifica.

SANTIFICAR. *Direito canônico.* **1.** Canonizar. **2.** Declarar como santo.

SANTIFICÁVEL. *Direito canônico.* Que pode ser santificado.

SANTIMÔNIA. *Vide* SANTIDADE.

SANTÍSSIMO. *Direito canônico.* **1.** Hóstia consagrada. **2.** Presença de Cristo na eucaristia; sacramento da eucaristia.

SANTO. *Direito canônico.* **1.** Aquele que foi canonizado pela Igreja. **2.** Dotado de santidade. **3.** Digno de respeito. **4.** Moralmente perfeito. **5.** Sagrado. **6.** Imagem daquele que foi canonizado.

SANTO-OFÍCIO. *História do direito.* Tribunal da Inquisição.

SANTO SACRIFÍCIO. *Direito canônico.* Missa.

SANTO SEPULCRO. *Direito canônico.* Sepultura de Cristo no Monte Calvário.

SANTO SUDÁRIO. *Direito canônico.* Pano com que o rosto de Cristo foi enxugado por Verônica durante a paixão.

SANTUÁRIO. **1.** *História do direito.* Local sagrado onde os perseguidos nele acolhidos ficavam imunes à prisão. **2.** *Direito canônico.* a) Local sagrado onde grande número de fiéis, por algum motivo especial de piedade, fazem peregrinações com a aprovação do Ordinário local; b) igreja importante pelas suas relíquias e pela afluência de devotos e por sinais visíveis de graças alcançadas; c) lugar onde são guardados os objetos dignos de veneração.

SÃO. **1.** Sadio; aquele que goza de boa saúde. **2.** Curado. **3.** Salubre. **4.** Justo. **5.** Intacto.

SÃO E SALVO. Sem ter sofrido dano.

SÃO-VICENTE. *História do direito.* Moeda de ouro da era de D. João III.

SAPA. *Direito militar.* Ato de abrir trincheira para abrigar sitiados.

SAPADOR. *Direito militar.* Soldado de unidade de engenharia encarregada de trabalho de sapa.

SAPATA. **1.** *Direito civil.* a) Parte mais larga dos alicerces sobre a qual se levanta a parede; b) porção de madeira grossa colocada sobre um pilar para reforçar a trave que aí assenta. **2.** *Direito agrário.* a) Peça de madeira que se adapta às rodas de veículo de tração animal, servindo como freio; b) massa de borracha que, após a sangria da seringueira, se coagula no solo, junto à árvore. **3.** *Direito marítimo.* Poleame oval que separa os cabos da mastreação.

SAPATÃO. *História do direito.* Apelido que, em São Paulo, se dava aos portugueses na época da Independência.

SAPATARIA. *Direito comercial.* **1.** Fábrica de calçados. **2.** Loja de calçados. **3.** Estabelecimento onde se consertam sapatos.

SAPATEIRO. *Direito comercial.* **1.** Fabricante de calçados. **2.** Vendedor de sapatos. **3.** Aquele que conserta calçados. **4.** Proprietário de uma loja de calçados.

SAPECA. *História do direito.* Moeda redonda de cobre chinesa, com orifício quadrado no centro, onde se enfiava um cordel.

SAPECAÇÃO. *Direito agrário.* Operação de tostar, ligeiramente, as folhas de mate.

SAPECADOURO. *Direito agrário.* Local onde é feita a sapecação do mate.

SAPECAGEM. *Vide* SAPECAÇÃO.

SAPECAR. *Direito agrário.* Tostar as folhas de mate.

SAPERÊ. *Direito agrário.* Cana-de-açúcar que não serve para a moagem e replantação.

SAPIÊNCIA. 1. Sabedoria. **2.** Erudição.

SAPIENS, UT LOQUATUR, MULTO PRIUS CONSIDE-RET. *Expressão latina.* Para falar, o sábio deve antes meditar.

SAPIENTE. 1. Sábio. **2.** Erudito.

SAPIENTI SAT. *Locução latina.* Basta para o sábio; o sábio não precisa de muitas explicações.

SAPIENTIS EST MUTARE CONSILIUM. *Aforismo jurídico.* É próprio do sábio mudar de parecer.

SAPINHO. 1. *Medicina legal.* Estomatite micótica comum em bebê e em pessoa debilitada, caracterizando-se pela formação de aftas ou placas brancas cremosas na boca, no ânus e em outras partes do corpo. **2.** *Direito agrário.* Excrescência carnosa na língua dos cavalos.

SAPONIFICAÇÃO CADAVÉRICA. *Medicina legal.* Período da putrefação do cadáver no qual se opera a transformação dos seus tecidos em adipocera, que é substância amarelada similar ao sabão. Essa saponificação tem interesse médico-legal por permitir a identificação do cadáver, uma vez que conserva não só seus caracteres fisionômicos e dactiloscópicos, como também os vestígios de violência de que foi vítima (José Lopes Zarzuela).

SAPROPIRA. *Medicina legal.* Febre causada por infecção pútrida.

SAQUAREMA. *História do direito.* Apelido que se dava ao partido conservador e aos seus membros, no período da monarquia.

SAQUE. 1. *Direito cambiário.* a) Emissão de ordem de pagamento; b) ato de emitir título de crédito contra uma outra pessoa. **2.** *Direito internacional público.* Apropriação pelas tropas, durante a guerra, de bens situados no território inimigo ocupado por elas. **3.** *Direito desportivo.* Ato de colocar, no voleibol e no tênis, a bola em movimento. **4.** *Direito penal.* Saqueio. **5.** *Direito bancário.* Retirada de dinheiro da conta corrente (Luiz Fernando Rudge).

SAQUEADOR. *Direito penal.* Aquele que, violentamente, despoja outrem de seus bens, aproveitando-se de uma situação calamitosa.

SAQUEAR. *Direito penal.* **1.** Pilhar. **2.** Despojar, com violência. **3.** Retirar bens alheios em caso de acidentes, incêndios, perturbações da ordem.

SAQUEIO. *Direito penal.* Ato de despojar, com violência, alguém de seus bens; pilhagem.

SARAMOCO. *Direito agrário.* No Rio Grande do Sul, diz-se da produção de uma lavoura inferior à de costume.

SARAMPO. *Medicina legal.* Moléstia contagiosa provocada por um vírus que, em regra, ataca crianças, caracterizando-se pela aparição de erupções cutâneas de cor avermelhada.

SARAQUÁ. *Direito agrário.* a) Pau em forma de cavadeira, apropriado para abrir a terra para plantar milho etc.; b) cavadeira usada no encestamento da erva-mate.

SARAR. *Medicina legal.* Recobrar a saúde.

SARARÁ. *Sociologia geral.* **1.** Mestiço de cor clara e cabelo ruivo. **2.** Apelido que o caboclo da Amazônia dá ao cearense.

SARCASMO. Ironia.

SARCOCELE. *Medicina legal.* Tumor carnoso no testículo.

SARCÓFAGO. 1. Túmulo. **2.** Parte de um monumento fúnebre, representativo do ataúde que não contém o cadáver. **3.** O que corrói as carnes.

SARCOFIMA. *Medicina legal.* Tumor que se desenvolve nas partes moles do organismo.

SARCÓIDE. *Medicina legal.* **1.** Tumor similar ao sarcoma. **2.** Lesão cutânea de natureza tuberculosa.

SARCÓLITO. *Medicina legal.* Cálculo dos tecidos moles.

SARCOMA. *Medicina legal.* Tumor maligno que se origina de tecido não epitelial, incluindo tecido fibroso, cartilagens e ossos (Morris Fishbein).

SARCOMATOSE. *Medicina legal.* Estado mórbido caracterizado pela generalização de sarcomas.

SARCOSE. *Medicina legal.* Conjunto de tumores carnosos múltiplos.

SARCOSTEOSE. *Medicina legal.* Ossificação dos músculos.

SARDA. *Medicina legal.* Pequenas manchas cutâneas de cor parda que aparecem em pessoas ruivas ou naquelas que ficam expostas aos raios solares.

SARDO. *Direito agrário.* Diz-se do touro cujo pêlo apresenta manchas negras.

SARDÔNICO. *Medicina legal.* Riso espasmódico ou tetânico provocado pela sardônia, planta venenosa que causa morte após contrações dos músculos faciais.

SARGENTE. *História do direito.* Oficial de justiça.

SARGENTO. *Direito militar.* Militar com graduação superior à do cabo e inferior à do subtenente.

SARJA. *Medicina legal.* Pequena incisão para extrair pus ou sangue.

SARJETA. **1.** *Direito administrativo.* Escoadouro para águas pluviais, colocado na extremidade das calçadas. **2.** Na *linguagem figurada,* significa submundo.

SARMENTO. *Direito agrário.* **1.** Rebento da videira. **2.** Rama de videira seca usada como lenha.

SARNA. *Medicina legal.* Afecção cutânea pruriginosa e contagiosa causada pelo ácaro *Sarcoptes scabiei*, produzindo intensa coceira, podendo, ainda, formar bolhas.

SARNENTO. *Medicina legal.* Aquele que tem sarna.

SARÔNIDE. *História do direito.* Sacerdote gaulês que além das funções sacerdotais tinha as jurídicas.

SARRACENO. *História do direito.* **1.** Povo nômade do deserto entre a Síria e a Arábia. **2.** Muçulmano em relação às Cruzadas.

SARRACO. *História do direito.* Carroça que, na antigüidade romana, transportava produtos agrícolas.

SARRÃO. *Direito agrário.* Saco de couro usado para levar cereais ao moinho.

SARRO. *Medicina legal.* Fuligem de pólvora queimada depositada na parede do cano da arma de fogo.

SARVODAYA. *Ciência política.* Bem-estar de todos (Gandhi).

SATÉLITE. **1.** *Ciência política.* a) Entidade política sob a influência de uma potência maior e mais poderosa; b) subordinado de pessoa importante; c) guarda-costas. **2.** *Medicina legal.* a) Lesão menor do que outra que lhe fica perto; b) nervo ou veia que acompanha uma artéria. **3.** *Direito administrativo* e *direito urbanístico.* Área suburbana

que, economicamente, está na dependência de uma metrópole. **4.** *Direito comercial.* Loja menor, designada também "magnética", de *shopping center*, que usufrui dos benefícios das lojas de departamentos (lojas-âncoras), que, por serem ponto de atração do público, impelem clientela à loja satélite. **5.** *Direito internacional público.* País que se encontra em condição de sujeição e dependência política, econômica e militar em relação a outro (Ostellino). **6.** *Direito espacial.* Objeto colocado na órbita terrestre.

SATÉLITE ARTIFICIAL. *Direito espacial.* Objeto espacial, tripulado ou não, colocado em órbita ao redor da Terra ou de outro corpo celeste, por meio de foguete, para observações científicas, exploração geofísica do espaço, previsão do tempo, transmissão de imagens etc.

SATÉLITE DE COMUNICAÇÃO. *Direito das comunicações.* Satélite artificial que retransmite telefonemas e transmissões de televisão.

SATÉLITE GEOESTACIONÁRIO. *Direito administrativo, direito internacional público* e *direito espacial.* **1.** Objeto espacial lançado em órbita, provido de velocidade e de caracteres próprios que lhe possibilitam a permanência numa posição fixa relativamente à superfície do corpo celeste em torno do qual gravita (Othon Sidou). **2.** Satélite geossíncrono de órbita circular no plano do equador terrestre que permanece aproximadamente fixo em relação à Terra.

SATÉLITES DE COMUNICAÇÃO. *Direito espacial* e *direito das comunicações.* São os que, contendo equipamentos eletrônicos de transmissão, convertem imagens e sons em sinais transmitidos em ondas.

SATELITISMO. *Ciência política.* Influência político-econômica exercida por uma nação poderosa sobre outra.

SATI. *História do direito.* Viúva que, na Índia, se lançava à pira funerária de seu marido para provar seu amor e fidelidade.

SÁTIRA. *Direito autoral.* **1.** Composição literária, que censura vícios de uma época ou pessoa. **2.** Composição em verso ou prosa que critica algo.

SA TIRARE IL MERCATO ALLA PROPRIA PIAZZA. *Expressão italiana.* Sabe puxar o mercado para sua praça.

SATIRÍASE. *Medicina legal.* Intensa e mórbida excitação sexual masculina, também designada de ginecomania ou priapismo.

SATIRIASMO. *Medicina legal.* Moléstia renal provocada pelo abuso de relações sexuais.

SATISDAÇÃO. 1. *História do direito.* Caução fidejussória ou fiança (Maynz). **2.** *Direito processual civil.* Oferta pelo réu de uma garantia ou caução, em demanda alusiva a bem móvel, para impedir seqüestro ou arresto (Othon Sidou).

SATISDAR. 1. Prestar caução. **2.** Dar fiança.

SATISFAÇÃO. 1. *Direito civil.* a) Cumprimento da prestação ou da obrigação assumida; b) reparação de dano patrimonial ou moral causado a alguém. **2.** *Psicologia forense.* a) Contentamento; b) estado afetivo que se liga ao fato de uma tendência ou um desejo atingir seu objetivo (Lalande). **3.** Na *linguagem jurídica* em geral: a) justificação ou explicação; b) ato ou efeito de satisfazer; c) qualidade de satisfeito; d) prestação de contas de uma incumbência dada a outrem.

SATISFACERE LEGIBUS. *Expressão latina.* Cumprir as leis.

SATISFATIVA. *Direito processual civil.* Diz-se da medida preventiva ou provisória tomada pelo juiz, liminarmente, no processo de mandado de segurança, nas ações cautelares e nos interditos possessórios, autorizando a fruição imediata do direito questionado (Othon Sidou).

SATISFATÓRIO. 1. Adequado. **2.** Que causa satisfação. **3.** Que indeniza o dano. **4.** Que cumpre a obrigação. **5.** Convincente.

SATISFAZER. 1. Ressarcir prejuízo causado. **2.** Cumprir um dever ou uma obrigação. **3.** Justificar-se. **4.** Dar uma explicação. **5.** Proporcionar satisfação. **6.** Executar. **7.** Dar-se por satisfeito. **8.** Pagar. **9.** Convencer. **10.** Responder a certas condições.

SATISFAZÍVEL. Que se pode satisfazer.

SATISFEITO. 1. Pago. **2.** Executado. **3.** Cumprido. **4.** Reparado. **5.** Contente. **6.** Que se satisfez.

SATIVO. *Direito agrário.* **1.** Próprio para semear. **2.** Cultivado. **3.** Que se semeia.

SÁTRAPA. 1. *Ciência política.* Despótico. **2.** *História do direito.* Governador de província, na Pérsia antiga.

SATRAPEAR. *Ciência política.* Governar despoticamente.

SATRAPIA. *História do direito.* Território governado por um sátrapa.

SATURNISMO. *Medicina legal.* Moléstia profissional que consiste na intoxicação crônica causada pelo chumbo, muito comum em operários de indústrias que usam o chumbo ou seus compostos.

SATYAGRAHA. *Ciência política.* Teoria fundada por Gandhi que confia a defesa da sociedade à resistência não violenta de massa (Pontara e Gandhi).

SATZUNG. *Termo alemão.* Estatuto.

SAUDAÇÃO. 1. Cumprimento. **2.** Homenagem de respeito.

SAUDAR. 1. Cumprimentar. **2.** Dar boas vindas.

SAUDÁVEL. *Medicina legal.* **1.** Salubre. **2.** Higiênico. **3.** Bom para a saúde.

SAÚDE. 1. *Medicina legal.* a) Exercício normal das funções psíquicas e dos órgãos físicos; b) qualidade do que é sadio; c) é, segundo a Organização Mundial da Saúde, o bem-estar biopsicossocial. **2.** *Direito constitucional.* Bem-estar físico, psíquico, econômico e social, que constitui um dos direitos sociais garantidos pelo Estado. **3.** *Direito previdenciário.* É direito de todos e dever do Estado, garantido mediante políticas sociais e econômicas que visem à redução do risco de doença e de outros agravos e ao acesso universal e igualitário às ações e serviços para sua promoção, proteção e recuperação.

SAÚDE PÚBLICA. *Direito administrativo.* **1.** Conjunto de atividades técnico-científicas voltadas à proteção da saúde da comunidade, pelo esforço organizado do Poder Público, que tem o dever de: prevenir moléstias, promover e melhorar o nível de saúde física e mental do povo, saneando o meio ambiente, controlando doenças contagiosas, tomando medidas de proteção e recuperação coletiva da saúde, organizando serviços médicos, assegurando um padrão de vida adequado à manutenção da saúde, permitindo não só a participação da comunidade na gestão, fiscalização e acompanhamento das ações e serviços de saúde, mas também a participação da iniciativa privada na assistência à saúde. **2.** Estado de sanidade da população.

SAUDOSISMO. *Ciência política.* Apego aos princípios de um regime político do passado.

SAUNA. Banho de vapor de água.

SAURIOSE. *Medicina legal.* Ictiose sebácea ou córnea, que apresenta escamas similares à pele do lagarto.

SAUVEGARDE. *Termo francês.* **1.** Salvo-conduto. **2.** Salvaguarda.

SAVEIRISTA. *Direito marítimo.* Proprietário ou tripulante de saveiro.

SAVEIRO. *Direito marítimo.* **1.** Barco longo e estreito próprio para a travessia de rios. **2.** Tripulante desse barco. **3.** Barqueiro de frete. **4.** Embarcação usada na carga ou descarga de gêneros alimentícios.

SAVETES. *Direito comparado.* Sovietes ou conselhos da Rússia soviética.

SAVINGS BANK. *Locução inglesa.* Caixa econômica.

SAZÃO. *Direito agrário.* Época do ano em que se executa determinada atividade agrícola, por exemplo, sementeira, ceifa, vindima etc.

SAZONADO. *Direito agrário.* Fruto maduro, pronto para ser colhido.

SAZONAL. *Direito agrário.* **1.** Diz-se do período do tempo propício a determinada atividade agrícola ou à colheita (Afonso Celso F. de Rezende). **2.** O mesmo que sazonamento.

SAZONAMENTO. *Direito agrário.* **1.** Época própria para a colheita de frutos e produção animal. **2.** Estado do fruto que se encontra em fase de maturação.

SAZONÁVEL. *Direito agrário.* **1.** Próprio para a produção; produtivo. **2.** Que está em condições de sazonar ou amadurecer.

SBE. Sigla de Sociedade Brasileira de Econometria, que tem por escopo analisar métodos matemáticos e estatísticos aplicáveis a problemas econômicos.

SBPC. Abreviatura de Sociedade Brasileira para o Progresso da Ciência.

SBPE. *Direito bancário.* Sigla de Sistema Brasileiro de Poupança e Empréstimo.

SBTVD-T. *Direito das comunicações.* **1.** Sigla de Sistema Brasileiro de Televisão Digital Terrestre. **2.** Conjunto de padrões tecnológicos a serem adotados para transmissão e recepção de sinais digitais terrestres de radiodifusão de sons e imagens.

SCALPER. *Termo inglês.* **1.** Cambista ou operador especial que, por ter comprado título que lhe dá direito intransferível de realizar, pessoalmente, as operações na Bolsa Mercantil e de Futuros, trabalhando por conta própria, assumindo o risco do negócio no qual atuou no pregão, comprando ou vendendo. **2.** Operador especializado em operações *day trade* (Luiz Fernando Rudge).

SCAM. *Vide PHISHING.*

SCANNER. *Direito virtual.* **1.** Equipamento que reproduz imagens, levando-as diretamente para arquivos do *winchester.* **2.** Aparelho que captura imagens, transformando-as em arquivos.

SCE. *Direito internacional privado.* Sigla de Seguro de Crédito à Exportação.

SCELERA NON HABERE CONCILIUM. *Expressão latina.* Os crimes não têm raciocínio.

SCELERI NUNQUAM DEFUIT RATIO. *Expressão latina.* Ao criminoso nunca faltou inteligência.

SCHEDULE. **1.** *Termo inglês.* Usado em rádio e televisão para indicar programação de datas de inserção de anúncios, transmissões de textos comerciais, *slides* etc. **2.** Catálogo. **3.** Lista. **4.** Programa.

SCHEDULE OF EVENTS. *Expressão inglesa.* Programa de eventos.

SCHMERZENSGELD. *Termo alemão.* Dano extrapatrimonial.

SCHOPENHAUERISMO. *Filosofia geral.* Doutrina, criada por Arthur Schopenhauer, que entendia ser a vida um mal, pois o querer viver implicava uma necessidade, que consigo traz a dor.

SCHULD. *Termo alemão.* **1.** Culpa. **2.** Vínculo.

SCHUPO. *Termo francês.* Agente policial.

SCIENTIA MAXIMUM VITAE DECUS. *Expressão latina.* A ciência é o maior ornamento da vida.

SCILICET. *Termo latino.* **1.** Isto é. **2.** Evidentemente. **3.** Naturalmente.

SCINTILLA CONTEMPTA EXCITAVIT MAGNUM INCENDIUM. *Expressão latina.* Pequena centelha causa grande incêndio. Coisa pequena pode ter grave conseqüência.

SCIRE ET SCIRE DEBERE PARIA SUNT. *Aforismo jurídico.* Saber e dever saber importam o mesmo.

SCIRE LEGES NON EST VERBA EARUM TENERE, SED VIM AC POTESTATEM. *Expressão latina.* Conhecer as leis não é compreender suas palavras, mas seu alcance e força.

SCIRE QUILIBET PRAESUMITUR QUOD PUBLICO SCITUR. *Aforismo jurídico.* Presume-se saber o que publicamente se sabe.

SCISTI UTI FORO. *Expressão latina.* Soubeste fazer o mercado.

SCI UTERE TUO UT ALIENUM NON LAEDAS. *Aforismo jurídico.* Usa tua propriedade de maneira que não prejudiques a ninguém.

SCRAMBLING POSSESSION. *Locução inglesa.* Posse injusta.

SCRAPIE. *Direito agrário.* Enfermidade neurodegenerativa transmissível e fatal, pertencente ao grupo das Encefalopatias Espongiformes Transmissíveis (EET), que acomete caprinos e ovinos, causada pelo acúmulo de uma proteína anormal nas células do hospedeiro.

SCRIBA. *Direito romano.* Copista; escriba; aquele que lavrava atos públicos.

SCRIBITUR AD NARRANDUM, NON AD PROBANDUM. *Expressão latina.* Escreve-se para narrar e não para provar.

SCRIPT. *Termo inglês.* **1.** Texto escrito de programa de rádio ou televisão. **2.** Enredo de filme.

SCRIPTA MANENT. *Locução latina.* A palavra escrita permanece.

SCRIPT KIDDERS. O mesmo que *LAMMERS*.

SCRIVENER. *Termo inglês.* **1.** Escrevente. **2.** Escrivão.

SDN. *Direito internacional público.* Sociedade das Nações. Organismo internacional de caráter político, instituído pelo Tratado de Versailles, em 1919, vigorando até o início da 2ª Guerra Mundial. Sua sucessora foi a Organização das Nações Unidas (ONU).

SE. *Lógica jurídica.* **1.** Conjunção condicional que indica que a proposição a qual rege tem como conseqüência a proposição principal (Duhamel e Lalande); hipótese. **2.** Indicativo de reserva sobre o que é anunciado na proposição principal (Lalande). **3.** Conjunção concessiva que assinala a aceitação de uma tese (Bellot e Lalande).

SÉ. *Direito canônico.* **1.** Igreja episcopal; catedral. **2.** Jurisdição episcopal.

SEADE. Sigla de Fundação Sistema Estadual de Análise de Dados, responsável pelos originais de toda a documentação administrativa do Estado de São Paulo e pelos serviços de estatística e cartografia oficiais.

SEA-GOING SHIPS. *Expressão inglesa.* Navios transatlânticos.

SÉ APOSTÓLICA. *Direito canônico.* Sede do governo pontifício; Vaticano.

SEARA. **1.** *Direito agrário.* a) Terra semeada depois de lavrada; b) campo semeado de trigo ou de outros cereais; c) pequena extensão de terra cultivada. **2.** *Direito civil.* Agremiação. **3.** Na *linguagem comum,* âmbito.

SEARCH. *Termo inglês* e *direito virtual.* Mecanismo que auxilia nas investigações via *Web* (Afonso Celso F. de Rezende).

SEARCH AND SEIZURE. *Locução inglesa.* Busca e Apreensão.

SEAREIRO. *Direito agrário.* **1.** Aquele que faz o cultivo de um campo, semeando cereais. **2.** Pequeno lavrador.

SEASIDE RESORT. *Locução inglesa.* Balneário.

SEAWORTHINESS. *Direito marítimo.* Obrigação do fretador de colocar o navio em condições de navegar, enfrentando os perigos do mar e transportando carga.

SEBA. *Direito agrário.* Adubo oriundo de algas, destinado às vinhas.

SEBÁCEO. Relativo a sebo.

SEBASTIANISMO. **1.** *História do direito.* a) Corrente partidária que acreditava na volta de D. Sebastião, rei de Portugal, desaparecido na batalha de Alcácer-Quibir; b) monarquismo após a proclamação da República. **2.** Na *linguagem comum,* mentalidade de retrógrado ou daquele que não se adapta ao progresso ou à mudança dos tempos.

SEBASTIANISTA. **1.** *História do direito.* a) Partidário do sebastianismo; b) aquele que continuou sendo monarquista, mesmo depois da proclamação da República. **2.** Na *linguagem comum,* retrógrado.

SEBE. *Direito civil* e *direito agrário.* **1.** Tapume de ramos. **2.** Cerca para separar propriedade rural. **3.** Cerca que visa impedir a passagem de pessoas ou de animais de grande porte.

SEBE COMUM. *Direito civil* e *direito agrário.* Cerca que, por separar terrenos confinantes, pertence aos seus proprietários, os quais devem concorrer, em partes iguais, para as despesas de sua construção e conservação.

SEBE MORTA. *Direito civil* e *direito agrário.* Cerca construída com ramos de árvores secas ou varas.

SEBE VIVA. *Direito civil* e *direito agrário.* Cerca viva onde arbustos ou árvores são plantados e se entrelaçam formando um tapume permanente e intransponível (Fernando Pereira Sodero).

SEBO. **1.** *Direito comercial.* Livraria onde são vendidos livros usados. **2.** *Direito agrário.* Gordura extraída das vísceras de bovinos, ovinos e de outros ruminantes, usada na fabricação de sabão, velas etc.

SEBÓLITO. *Medicina legal.* Concreção formada em uma glândula sebácea.

SEBORRÉIA. *Medicina legal.* Moléstia causada por excessiva secreção das glândulas sebáceas, produtoras de gordura na pele (Morris Fishbein).

SEBORRÉICO. *Medicina legal.* Relativo à seborréia.

SEBORREIDE. *Medicina legal.* Erupção seborréica.

SEBRAE. Sigla de Serviço Brasileiro de Apoio às Micro e Pequenas Empresas, associação sem fins lucrativos que fornece àquelas empresas todas as informações necessárias e os instrumentos de capacitação gerencial e tecnológica (Afonso Celso F. de Rezende).

SEBRUNO. *Direito agrário.* Cavalo meio escuro.

SECA. *Direito agrário.* **1.** Estiagem; ausência de chuva em certas épocas. **2.** Doença do algodoeiro, causada pela lagarta-rosada, que estraga o algodão nas cápsulas.

SECADEIRA. *Direito agrário.* **1.** Tulha para secagem do café em grão. **2.** Local onde, na chocadeira, colocam-se os pintinhos recém-nascidos para enxugar.

SECAGEM. *Direito agrário.* **1.** Processo de expor café em grão ao sol. **2.** Redução da umidade por meio de fornos giratórios.

SEÇÃO. **1.** *Direito administrativo.* a) Cada uma das subdivisões de uma repartição pública; b) parte de um órgão público, a que se atribui uma atividade ou função especial; c) serviço realizado em trecho do itinerário de linha do serviço de transporte, com fracionamento do preço de passagem. **2.** *Direito comercial.* a) Cada subdivisão correspondente a certo serviço em uma empresa; b) porção de percurso no itinerário de empresa de transporte coletivo com fracionamento do preço da passagem; c) serviço realizado em trecho de itinerário de linha, com fracionamento do preço de passagem. **3.** *Direito autoral.* a) Divisão ou subdivisão de obra literária, científica ou artística; b) parte distinta e permanente de uma publicação periódica, na qual se trata de certo assunto. **4.** *Direito militar.* a) Quarta parte de um esquadrão; b) parte componente de uma companhia de metralhadoras. **5.** *Direito civil.* a) Cada uma das partes em que um todo foi seccionado; b) subdivisão de uma corporação científica, associação etc. **6.** *Teoria geral do direito.* Subdivisão de um capítulo na composição do texto legislativo.

SEÇÃO DA ORDEM DOS ADVOGADOS. *Direito civil.* Delegacia da OAB em cada Estado, com autonomia própria quanto à sua organização e administração, e com regimento interno e resolução editados pelo Conselho Seccional, que pode, ainda, criar subseções.

SEÇÃO ELEITORAL. *Direito eleitoral.* Subdivisão da zona eleitoral onde se dá a votação, sendo, portanto, uma seção de voto, que está sob a jurisdição de um juiz eleitoral.

SEÇÃO JUDICIÁRIA. *Direito processual.* Órgão do Poder Judiciário que atua em certa região.

SEÇÃO NACIONAL DO BRASIL NO INSTITUTO PAN-AMERICANO DE GEOGRAFIA E HISTÓRIA. *Direito internacional público.* Tem por finalidade executar os objetivos do IPGH (Instituto Pan-Americano de Geografia e História), no âmbito nacional, contando para isso com o apoio do Governo brasileiro, de acordo com o Estatuto Orgânico daquele Instituto, e facilitar as relações entre o Governo brasileiro e aquele Organismo Especializado da Organização dos Estados Americanos. À Seção Nacional do Brasil, compete: a) fomentar, realizar e difundir no País os estudos cartográficos, geofísicos, geográficos, históricos e os relativos a ciências afins realizados pelo Instituto; b) solicitar ao Governo brasileiro o estudo da viabilidade do cumprimento das resoluções e recomendações da Assembléia Geral, do Conselho Diretor e das Reuniões de Consulta do IPGH; c) seguir as determinações do Governo brasileiro quanto à participação do Brasil nas atividades do Instituto; d) dar cumprimento às resoluções e recomendações do Instituto; e) colaborar com as entidades governamentais e particulares do País nos assuntos referentes à competência do Instituto; f) colaborar na confecção das agendas preliminares da Assembléia Geral, do Conselho Diretor e das Reuniões de Consulta e na elaboração do orçamento do Instituto e dos Programas de Trabalho das Comissões; g) realizar outras atividades determinadas pelo Estatuto e pelos Regulamentos do IPGH.

SECESSÃO. **1.** *Ciência política.* a) Separação de um território do país a que pertencia, constituindo outro; b) desligamento de um grupo de outro anteriormente existente (Attinà). **2.** *História do direito.* Guerra civil que se deu, nos EUA, entre 1861 e 1865.

SECESSIONADO. *Ciência política.* Que sofreu secessão.

SECESSIONISMO. *Ciência política.* **1.** Separatismo. **2.** Ação tendente à separação política.

SECESSIONISTA. *Ciência política.* Adepto do secessionismo.

SECIONAL. Referente a seção.

SECLUSÃO. 1. Separação. **2.** Isolamento.

SECO. 1. *Direito agrário.* a) Terreno árido; b) tempo em que não chove. **2.** *Direito marítimo.* Mastro sem vela.

SECOND-CLASS TICKET. *Expressão inglesa.* Passagem de segunda classe.

SECOND LIFE. *Locução inglesa* e *direito virtual.* 1) Segunda vida. 2) Tecnologia virtual que permite ao internauta cadastrar-se no *site* www.secondlifebrasil.com.br, criando um personagem virtual, denominado *avatar,* para viajar por meio de teletransporte, conversar com outros personagens, criar comunidades, montar negócios, comprar terrenos virtuais, construir prédios comerciais, interagindo num "mundo novo", que lhe dá uma segunda chance para realizar seus sonhos. Para tanto tem sua própria moeda, o *linden dollar* (L$), mas para interagir economicamente deverá trocar o real pelo *linden.* O valor de R$ 1,00 é L$ 150,00 (André Sussumu Iizuta).

SECOS. *Direito comercial.* Gêneros alimentícios sólidos.

SECOS E MOLHADOS. *Direito comercial.* Conjunto de gêneros alimentícios sólidos e líquidos.

SECREÇÃO. *Medicina legal.* Função glandular de produzir líquidos.

SECRECY AGREEMENTS. *Direito internacional privado.* Acordos de segredo.

SECRETA. 1. *História do direito.* Tese que, em certas universidades, era defendida apenas na presença dos professores. **2.** Na *linguagem comum:* a) polícia que informa secretamente; b) sessão a cujos debates não é permitida a entrada do público.

SECRETARIA. 1. *Direito administrativo.* a) Conjunto de repartições públicas alusivas a um setor da administração dos Estados; b) órgão da administração direta que auxilia o chefe do Poder Executivo. **2.** *Direito do trabalho.* Ofício do secretário. **3.** *Direito civil* e *direito comercial.* a) Departamento encarregado do expediente de uma pessoa jurídica de direito privado; b) soma de atribuições confiadas a um secretário, por exemplo, datilografia, efetivação de comunicações internas, elaboração de atas, arquivamento de papéis etc.

SECRETÁRIA. *Direito do trabalho.* Aquela que exerce o secretariado, expedindo correspondência, anotando compromissos em agendas, cuidando do expediente, marcando entrevistas, redigindo atos, datilografando ordens ou instruções etc.

SECRETARIA ADMINISTRATIVA DO MERCOSUL. *Direito internacional público.* Sediada em Montevidéu, encarregada do arquivo oficial, da publicação e divulgação das decisões tomadas pelo Mercosul, da organização das reuniões dos órgãos institucionais e da prestação de serviços aos demais órgãos da organização.

SECRETARIA DA ADMINISTRAÇÃO FEDERAL DA PRESIDÊNCIA DA REPÚBLICA. *Direito administrativo.* Órgão central dos Sistemas de Pessoal Civil (SIPEC), de Organização e Modernização Administrativa (SOMAD), de Administração de Recursos da Informação e Informática (SISP) e de Serviços Gerais (SISG); tem por finalidade formular políticas e diretrizes para o desenvolvimento institucional no âmbito da Administração Pública federal direta, autárquica e fundacional, e planejar, orientar normativamente, coordenar, fiscalizar e supervisionar as ações dos órgãos integrantes dos referidos Sistemas. A Secretaria da Administração Federal da Presidência da República tem a seguinte estrutura básica: a) Secretaria de Serviços Gerais e Assuntos Imobiliários; b) Secretaria de Organização e Informática; c) Secretaria de Recursos Humanos; d) Secretaria de Projetos Especiais.

SECRETARIA DA ASSISTÊNCIA SOCIAL. *História do direito.* Órgão específico do Ministério da Previdência e Assistência Social que tinha as funções de: a) assistir o ministro de Estado na formulação da política nacional de assistência social; b) coordenar as políticas estaduais da assistência social; c) orientar, acompanhar, normatizar, avaliar e supervisionar os planos, programas e projetos relativos à área da assistência social; d) promover a realização de estudos e pesquisas na área da assistência social; e) prestar apoio técnico aos órgãos colegiados do Ministério, na sua área de competência; f) promover as articulações intra e intergovernamentais e intersetoriais, inclusive com organizações não governamentais, necessárias à compatibilização das políticas, planos, programas e projetos em sua área de competência; g) acompanhar e avaliar as ações estratégicas na área da assistência social; h) promover ações de desregulamentação; i) gerir os recursos captados pelo Fundo Nacional de Assistência Social, sob orientação e controle do Conselho Nacional de Assistência Social (CNAS); j) apoiar técnica e financeiramente os serviços, os programas e os projetos de enfrentamento da pobreza em âmbito nacional; k) apoiar técnica e financeiramente ações assistenciais em caráter de emergência, quando postas em prática pelos Estados, pelo Distrito Federal e pelos municípios; l) apoiar tecnicamente os Estados, o Distrito Federal e os municípios, no que diz respeito à implementação do Fórum, do Conselho e do Fundo de Assistência Social, em nível local; m) realizar atividades operacionais e outras necessárias à concessão de atestados de registros e certificados de entidades de fins filantrópicos, pelo Conselho Nacional de Assistência Social.

SECRETARIA DA FAZENDA. *Direito administrativo.* Órgão que auxilia o governador na gestão de assuntos financeiros e patrimoniais; na administração dos tributos estaduais, fiscalizando-os, cobrando-os e arrecadando-os; na apreciação e julgamento de processos administrativos; na promoção da inscrição da dívida; e no desencadeamento da ação de execução fiscal (Eduardo M. Ferreira Jardim).

SECRETARIA DA PRESIDÊNCIA. *Direito administrativo.* Departamento que dirige e executa serviços privativos do presidente, provendo o expediente, encaminhando documentos ou processos que devem ser por ele apreciados ou despachados.

SECRETARIA DA PREVIDÊNCIA COMPLEMENTAR. *Direito administrativo.* Órgão específico do Ministério da Previdência Social, que tem o dever de: a) propor as diretrizes básicas para o Sistema de Previdência Complementar; b) harmonizar as atividades das entidades fechadas de previdência privada com as políticas de desenvolvimento social e econômico-financeiro do governo; c) supervisionar, coordenar, orientar e controlar as atividades relacionadas com a previdência complementar fechada; d) analisar os pedidos de autorização para constituição, funcionamento, fusão, incorporação, grupamento, transferência de controle e reforma dos estatutos das entidades fechadas de previdência privada, submetendo parecer técnico ao ministro de Estado; e) fiscalizar as atividades das entidades fechadas de previdência privada, quanto ao cumprimento da legislação e normas em vigor e aplicar as penalidades cabíveis; f) proceder à liquidação das entidades fechadas de previdência privada que tiverem cassada a autorização de funcionamento ou das que deixarem de ter condições para funcionar.

SECRETARIA DA PREVIDÊNCIA SOCIAL. *Direito administrativo.* Órgão específico do Ministério da Previdência Social, que tem a tarefa de: a) assistir o Ministro de Estado na formulação da política de previdência social e na supervisão dos programas e atividades das entidades vinculadas; b) elaborar e promover, em articulação com os órgãos envolvidos, a atualização e a revisão dos planos de custeio e de benefícios da Previdência Social; c) orientar, acompanhar, normatizar e supervisionar as ações da Previdência Social nas áreas de benefícios e de arrecadação previdenciária; d) formular e baixar instruções para a implementação e manutenção do seguro coletivo público, de caráter complementar e facultativo; e) prestar apoio técnico aos órgãos colegiados do Ministério, na sua área de competência; f) realizar estudos e subsidiar a formulação de políticas e diretrizes do Sistema de Previdência Social; g) acompanhar e avaliar as ações estratégicas na área da Previdência Social; h) promover ações de desregulamentação voltadas para a racionalização e a simplificação do ordenamento normativo e institucional da Previdência Social.

SECRETARIA DA RECEITA FEDERAL. *Direito administrativo.* Órgão central de direção superior de atividade específica do Ministério da Fazenda, diretamente subordinado ao ministro de Estado, tendo por finalidade a administração tributária da União. Constituem área de sua competência os assuntos relativos à política e administração tributária e aduaneira, à fiscalização e arrecadação de tributos e contribuições. Tem por escopo: a) planejar, coordenar, supervisionar, executar, controlar e avaliar as atividades de administração tributária federal; b) propor medidas de aperfeiçoamento e regulamentação e a consolidação da legislação tributária federal; c) interpretar e aplicar a legislação fiscal, aduaneira e correlata, editando os atos normativos e as instruções necessárias à sua execução; d) estabelecer obrigações tributárias acessórias, inclusive disciplinar a entrega de declarações; e) preparar e julgar, em primeira instância, processos administrativos de determinação e exigência de créditos tributários da União, relativos aos tributos e contribuições por ela administrados; f) acompanhar a execução das políticas tributária e aduaneira e estudar seus efeitos na economia do País; g) dirigir, supervisionar, orientar, coordenar e executar os serviços de fiscalização, lançamento, cobrança, arrecadação, recolhimento e controle dos tributos e contribuições e demais receitas da União, sob sua administração; h) realizar a previsão, o acompanhamento, a análise e o controle das receitas sob sua administração, bem assim coordenar e consolidar as previsões das demais receitas federais, para subsidiar a elaboração da proposta orçamentária da União; i) propor medidas destinadas a compatibilizar os valores previstos na programação financeira federal com a receita a ser arrecadada; j) estimar e quantificar a renúncia de receitas administradas e avaliar os efeitos das reduções de alíquotas, das isenções tributárias e dos incentivos ou estímulos fiscais, ressalvada a competência de outros órgãos que tratem desses assuntos; k) promover atividades de integração entre o fisco e o contribuinte e de educação tributária, bem assim preparar, orientar e divulgar informações tributárias; l) formular e estabelecer política de informações econômico-fiscais e implementar sistemática de coleta, tratamento e divulgação dessas informações; m) celebrar convênios com órgãos e entidades da Administração Pública federal e entidades de direito público ou privado, para permuta de informações, racionalização de atividades e realização de operações conjuntas; n) gerir o Fundo Especial de Desenvolvimento e Aperfeiçoamento das Atividades de Fiscalização (Fundaf); o) participar da negociação e de implementação de acordos, tratados e convênios internacionais pertinentes à matéria tributária e aduaneira; p) dirigir, supervisionar, orientar, coordenar e executar os serviços de administração, fiscalização e controle aduaneiros, inclusive no que diz respeito a alfandegamento de área e recintos; q) dirigir, supervisionar, orientar, coordenar e executar o controle do valor aduaneiro e de preços de transferência de mercadorias importadas ou exportadas, ressalvadas as competências do Comitê Brasileiro de Nomenclatura; r) dirigir, supervisionar, orientar, coordenar e executar as atividades relacionadas com nomenclatura, classificação fiscal e origem de mercadorias, inclusive representando o País em reuniões internacionais sobre a matéria; s) participar, observada a competência específica de outros órgãos, nas atividades de repressão ao contrabando, ao descaminho e ao tráfico ilícito de entorpecentes e de drogas afins, e à lavagem de dinheiro; t) administrar, controlar, avaliar e normatizar o Sistema Integrado de Comércio Exterior (SISCOMEX), ressalvadas as competências de outros órgãos; u) articular-se com entidades e organismos internacionais e estrangeiros com atuação no campo econômico-tributário, para realização de estudos, conferências técnicas, congressos e eventos semelhantes; v) elaborar proposta de atualização do plano de custeio da seguridade social, em articulação com os demais órgãos envolvidos; e x) orientar, supervisionar e coordenar as atividades de produção e disseminação de informações estratégicas na área de sua competência, destinadas ao gerenciamento de riscos ou à utilização por órgãos e entidades participantes de operações conjuntas, visando à prevenção e ao combate às fraudes e práticas delituosas no âmbito da administração tributária federal e aduaneira.

SECRETARIA DA RECEITA PREVIDENCIÁRIA (SRP). *Direito previdenciário.* Órgão específico singular do Ministério da Previdência Social (MPS), competente para: a) promover a arrecadação, fiscalização e cobrança das contribuições sociais destinadas ao financiamento da previdência social, bem como as relativas a outras entidades e fundos, na forma da legislação em vigor; b) orientar, coordenar, acompanhar, disciplinar, supervisionar e avaliar as atividades e ações de arrecadação, fiscalização, recuperação de créditos e de lançamento relativas às contribuições por ela administradas; c) estabelecer diretrizes gerais para o desenvolvimento de planos, programas e metas das atividades de arrecadação, fiscalização e cobrança administrativa das contribuições por ela administradas, bem como desenvolver estudos e ações para combate à sonegação e à evasão fiscais; d) propor, em conjunto com os demais órgãos envolvidos, o aperfeiçoamento da legislação tributária relacionada à previdência social e expedir os atos normativos e as instruções necessárias à sua execução; e) elaborar, conjuntamente com a Secretaria da Previdência

Social, e em articulação com os demais órgãos envolvidos, o plano de custeio da previdência social; f) decidir, em primeira instância, sobre processos administrativos de créditos relativos às contribuições sociais por ela administradas; g) articular-se com entidades governamentais e organismos nacionais, internacionais e estrangeiros com atuação no campo econômico-previdenciário, para realização de estudos, conferências técnicas, congressos e eventos semelhantes; h) orientar, supervisionar e coordenar as atividades de produção e disseminação de informações estratégicas na área de sua competência, destinadas ao gerenciamento de riscos ou à utilização por órgãos e entidades participantes de operações conjuntas, visando à prevenção e ao combate às fraudes e práticas delituosas no âmbito da previdência social; i) assistir, conjuntamente com a Secretaria de Previdência Social, ao Ministro de Estado na formulação da política econômico-tributária, no âmbito da previdência social; j) definir a localização das suas unidades descentralizadas, bem como propor a sua criação; e k) desenvolver análises voltadas às oscilações, variáveis e tendências econômicas que influenciam na arrecadação das contribuições por ela administradas.

SECRETARIA DAS FINANÇAS. *Direito administrativo.* Órgão que auxilia o prefeito na gestão financeira e patrimonial dos interesses do município; na administração e cobrança executiva dos tributos municipais (Eduardo M. Ferreira Jardim).

SECRETARIA DE APOIO À CULTURA. *Direito administrativo.* Órgão específico singular do Ministério da Cultura, que tem por fim: a) coordenar e executar programas e projetos de apoio à cultura, em articulação com órgãos correlatos, nos diferentes níveis governamentais e com iniciativas análogas na esfera privada; b) coordenar, supervisionar e controlar a execução das atividades relacionadas com o Programa Nacional de Apoio à Cultura (Pronac), e outras ações voltadas para a promoção dos valores e aperfeiçoamento dos agentes culturais; c) realizar estudos e compatibilizar propostas que contribuam para a efetiva operacionalização do Pronac, visando à consecução dos objetivos centrais da política cultural; d) estimular o equilíbrio das demandas regionais e de áreas específicas da produção cultural, especialmen-

te através do Fundo Nacional de Cultura (FNC); e) assistir técnica e administrativamente à Comissão Nacional de Incentivo à Cultura (CNIC) e ao Comitê Assessor do Fundo Nacional de Cultura (FNC).

SECRETARIA DE ASSUNTOS ESTRATÉGICOS DA PRESIDÊNCIA DA REPÚBLICA. *História do direito.* Competia-lhe assistir direta e imediatamente o presidente da República no desempenho de suas atribuições, especialmente no assessoramento sobre assuntos estratégicos, inclusive políticas públicas, na sua área de competência, na análise e avaliação estratégicas, na definição de estratégias de desenvolvimento, na formulação da concepção estratégica nacional, na promoção de estudos, elaboração, coordenação e controle de planos, programas e projetos de natureza estratégica, assim caracterizados pelo presidente da República, e do macrozoneamento ecológico-econômico, bem como a execução das atividades permanentes necessárias ao exercício da competência do Conselho de Defesa Nacional, tendo como estrutura básica, além do Centro de Estudos Estratégicos e do Centro de Pesquisa e Desenvolvimento para Segurança das Comunicações, o Gabinete e até três Subsecretarias, sendo uma Executiva.

SECRETARIA DE ASSUNTOS INTERNACIONAIS. *Direito administrativo.* É o órgão específico singular, diretamente subordinado ao ministro de Estado da Fazenda, que tem por finalidade: a) acompanhar negociações econômicas e financeiras com governos e entidades estrangeiras e internacionais; b) analisar as políticas dos organismos financeiros internacionais, bem como a conjuntura econômica internacional e de economias estratégicas para o Brasil; c) participar das negociações de créditos brasileiros ao exterior; d) planejar e acompanhar a política de avaliação, negociação e recuperação de créditos brasileiros ao exterior; e) analisar as políticas financeiras de instituições internacionais e acompanhar iniciativas em matéria de cooperação monetária e financeira; f) acompanhar a negociação da dívida externa brasileira junto a credores oficiais e privados; g) acompanhar e coordenar, no âmbito do Ministério da Fazenda, as ações necessárias ao processo de integração econômica do Brasil no Mercosul, incluindo a participação na Coordenação de Políticas Macroeconômicas; h) participar das negociações relativas ao Mercosul e demais blocos econômicos, pronunciando-se sobre a conveniência da participação do Brasil em acordos ou convênios internacionais relacionados com o comércio exterior; i) acompanhar e coordenar, no âmbito do Ministério da Fazenda, as ações necessárias à participação do Brasil na Organização Mundial do Comércio e outros organismos internacionais em matéria de comércio e investimentos; j) participar de negociações no âmbito da Organização Mundial do Comércio e de outros organismos internacionais em matéria de comércio e investimentos; k) acompanhar a execução da política nacional de tarifas de importação e de exportação, no âmbito do Ministério da Fazenda, em conjunto com os órgãos encarregados da elaboração da política de comércio exterior; l) acompanhar as ações do Ministério da Fazenda na área de salvaguardas e direitos *antidumping* e compensatório; m) exercer a Secretaria-Executiva do Conselho Diretor do Fundo de Garantia à Exportação (CFGE); n) apoiar a Presidência do Comitê de Crédito às Exportações (CCEX) e coordenar o financiamento oficial às exportações.

SECRETARIA DE ASSUNTOS LEGISLATIVOS. *Direito administrativo.* Órgão específico singular, integrante da estrutura regimental do Ministério da Justiça, que tem por finalidade: a) supervisionar e auxiliar as comissões e grupos especiais de juristas constituídos pelo ministro de Estado, com o objetivo de alterar códigos e consolidar diplomas legais; b) coordenar a elaboração de decretos e outros atos de natureza normativa de interesse do Ministério; c) acompanhar a tramitação e as votações no Congresso Nacional e compilar os pareceres emitidos pelas Comissões Permanentes das duas Casas; d) coordenar o encaminhamento dos pareceres enviados à Subchefia para Assuntos Parlamentares da Casa Civil da Presidência da República.

SECRETARIA DE COMUNICAÇÃO DE GOVERNO DA PRESIDÊNCIA DA REPÚBLICA (SECOM). *História do direito.* Aquela a que competia assistir direta e imediatamente o Presidente da República no desempenho de suas atribuições, especialmente nos assuntos relativos à política de comunicação e divulgação social do governo e de implantação de programas informativos, cabendo-lhe o controle, a supervisão e coordenação da publicidade dos órgãos e entidades da Administração Pública Federal, direta e indireta, e de sociedades sob controle da União, e,

ainda, a convocação de redes obrigatórias de rádio e televisão, tendo como estrutura básica o Gabinete e até quatro Subsecretarias, sendo uma Executiva. Cabia-lhe, ainda: realizar pesquisas de opinião pública; fiscalizar a execução de contratos de gestão das atividades sob sua supervisão, celebrados com organizações sociais, por intermédio de comissão constituída para essa finalidade; exercer outras atribuições que lhe fossem cometidas pelo Presidente da República.

SECRETARIA DE COMUNICAÇÃO DE GOVERNO E GESTÃO ESTRATÉGICA. *Direito administrativo.* Órgão essencial da Presidência da República, que tem como área de competência os seguintes assuntos: a) assistência direta e imediata ao Presidente da República no desempenho de suas atribuições; b) assessoramento ao Presidente da República nos assuntos relativos à política de comunicação e divulgação social do Governo e de implantação de programas informativos; c) assessoramento ao Presidente da República sobre a gestão estratégica, inclusive políticas públicas, na sua área de competência, na análise e avaliação estratégicas, na formulação de concepção estratégica nacional, na articulação de centros de produção de conhecimento, pesquisa, análise estratégica, na promoção de estudos e elaboração de planos, programas e projetos de natureza estratégica, assim caracterizados pelo Presidente da República; d) coordenação, normatização, supervisão e controle da publicidade e de patrocínios dos órgãos e das entidades do Poder Executivo Federal; e) convocação de redes obrigatórias de rádio e televisão; f) realização de pesquisas de opinião pública; g) fiscalização e avaliação da execução de contratos de gestão das atividades sob sua supervisão, celebrados com organizações sociais.

SECRETARIA DE COORDENAÇÃO E ACOMPANHAMENTO DE ASSUNTOS MILITARES. *Direito militar.* Tem competência para: a) assessorar e assistir ao Ministro de Estado no âmbito de sua competência; b) proceder e acompanhar a realização de estudos para subsidiar o assessoramento pessoal do Ministro de Estado ao Presidente da República em assuntos de natureza militar; c) planejar e coordenar, em conformidade com as orientações do Gabinete Pessoal do Presidente da República, as ações necessárias para a execução das viagens presidenciais, no País e no exterior, e articular com os demais órgãos envolvidos; d) planejar e coordenar a realização das atividades relacionadas com o cerimonial militar nos palácios presidenciais; e) acompanhar a tramitação na Presidência da República de propostas de edição de documentos relacionados com assuntos de natureza militar; f) coordenar, em articulação com os órgãos da Presidência da República e demais órgãos envolvidos, a participação do Presidente da República em cerimônias militares e outros eventos, orientando, também, o comando das atividades relacionadas com a segurança de área; g) realizar outras atividades determinadas pelo Ministro de Estado.

SECRETARIA DE COORDENAÇÃO E CONTROLE DAS EMPRESAS ESTATAIS. *Direito administrativo.* Órgão da estrutura básica do Ministério de Planejamento, Orçamento e Gestão que exercerá as funções de Secretaria Executiva do Conselho de Coordenação e Controle das Empresas Estatais.

SECRETARIA DE COORDENAÇÃO POLÍTICA E ASSUNTOS INSTITUCIONAIS DA PRESIDÊNCIA DA REPÚBLICA. *Direito administrativo.* Órgão a quem compete assistir direta e imediatamente ao Presidente da República no desempenho de suas atribuições, especialmente na coordenação política do Governo, na condução do relacionamento do Governo com o Congresso Nacional e os Partidos Políticos e na interlocução com os Estados, o Distrito Federal e os Municípios, tendo como estrutura básica o Gabinete, uma Secretaria-Adjunta e até duas Subchefias.

SECRETARIA DE DEFESA AGROPECUÁRIA. *História do direito.* Era o órgão específico singular, diretamente subordinado ao ministro de Estado da Agricultura, do Abastecimento e da Reforma Agrária, a quem competia: 1. propor subsídios à formulação da política agrícola no que se refere à defesa agropecuária; 2. normatizar e supervisionar, na forma da legislação específica, as atividades de: a) defesa sanitária animal e vegetal; b) inspeção de produtos e derivados de origem animal e de bebidas, vinagres, vinhos e derivados do vinho e da uva; c) fiscalização da produção, da comercialização e da utilização de produtos veterinários e de agrotóxicos, seus componentes e afins; d) análise laboratorial como suporte às ações de defesa sanitária, de inspeção de produtos de origem animal, de fiscalização de insumos agropecuários e de bebidas, vinagres, vinhos e derivados do vinho e

da uva; 3. implementar as ações decorrentes de decisões de organismos internacionais e acordos com governos estrangeiros relativas aos assuntos de sua competência.

SECRETARIA DE DESENVOLVIMENTO. *Direito administrativo.* Órgão específico do Ministério dos Transportes, que tem as atribuições de: a) propor medidas que viabilizem a multimodalidade nos transportes, bem como a melhoria da conexão do sistema viário nacional com os portos organizados e com os países limítrofes; b) promover a articulação entre os diversos agentes produtores e operadores para o escoamento de safras e demais cargas que requeiram integração institucional; c) aperfeiçoar institucionalmente a produção e gestão de infra-estrutura e serviços de transportes; d) apoiar os programas de descentralização e privatização de infra-estrutura e exploração de serviços de transportes, com vistas à maior participação dos Estados, dos Municípios e do setor privado; e) articular, nos âmbitos federal, estadual e municipal, inclusive junto à iniciativa privada, a formulação de diretrizes para os transportes urbanos e a adoção de medidas destinadas ao desenvolvimento do setor; f) promover e coordenar estudos econômico-financeiros que contemplem tanto o processo de concessões quanto o de avaliação de desempenho do setor de transportes.

SECRETARIA DE DESENVOLVIMENTO CIENTÍFICO. *Direito administrativo.* É o órgão específico singular do Ministério da Ciência e Tecnologia, que tem competência para: a) conceber e propor a criação de programas de desenvolvimento científico de relevância econômica, social e estratégica para o País; b) coordenar e supervisionar os programas de desenvolvimento científico e de formação de recursos humanos respectivos.

SECRETARIA DE DIREITO ECONÔMICO (SDE). *Direito do consumidor.* É o órgão que tem competência para: a) formular, promover, supervisionar e coordenar a política de proteção da ordem econômica, nas áreas de concorrência e defesa do consumidor; b) adotar as medidas de sua competência necessárias a assegurar a livre concorrência, a livre iniciativa e a livre distribuição de bens e serviços; c) orientar e coordenar ações com vistas à adoção de medidas de proteção e defesa da livre concorrência e dos consumidores; d) prevenir, apurar e reprimir as infrações contra a ordem econômica; e) examinar os atos, sob qualquer forma mani-

SECRETARIA DE EDUCAÇÃO FUNDAMENTAL

festados, que possam limitar ou prejudicar a livre concorrência ou resultar na dominação de mercados relevantes de bens ou serviços; f) acompanhar, permanentemente, as atividades e práticas empresariais de pessoas físicas ou jurídicas que detiverem posição dominante no mercado relevante de bens e serviços, para prevenir infrações da ordem econômica; g) orientar as atividades de planejamento, elaboração e execução da Política Nacional de Defesa do Consumidor; h) promover, desenvolver, coordenar e supervisionar atividades de divulgação e de formação de consciência dos direitos do consumidor; i) promover as medidas necessárias para assegurar os direitos e interesses dos consumidores; j) firmar convênios com órgãos e entidades públicas e com instituições privadas para assegurar a execução de planos, programas e fiscalização do cumprimento das normas e medidas federais.

SECRETARIA DE EDUCAÇÃO FUNDAMENTAL. *Direito educacional.* Órgão específico singular diretamente subordinado ao ministro de Estado, que tem por finalidade: a) planejar, orientar e coordenar, em âmbito nacional, o processo de formulação de políticas para o ensino fundamental, em todas as suas modalidades e formas, bem como fomentar a implementação das políticas por meio da cooperação técnica e financeira, visando garantir a eqüidade da oferta de ensino e a permanência do aluno na escola; b) desenvolver ações visando a melhoria da qualidade da aprendizagem na área do ensino fundamental, tendo a escola como foco principal da sua atuação; c) desenvolver ações objetivando a diminuição dos índices de repetência, melhorando os níveis de aprendizagem no ensino fundamental; d) desenvolver ações objetivando a diminuição dos índices de analfabetismo de jovens e adultos, nas regiões mais pobres do País, com especial atenção à faixa etária de quinze a dezenove anos; e) assegurar o acesso à escola para a população na faixa etária de sete a quatorze anos, com especial atenção àqueles que estão, ainda, fora da escola; f) incentivar a melhoria da qualidade da educação infantil; g) apoiar o funcionamento da escola nas comunidades indígenas; h) zelar pelo cumprimento dos dispositivos legais relativos ao ensino fundamental.

SECRETARIA DE EDUCAÇÃO MÉDIA E TECNOLÓGICA (SEMTEC). *Direito educacional.* Órgão específico e singular, que tem por fim: a) planejar, orientar, coordenar e supervisionar o processo de formulação e implementação da política de educação média e tecnológica; b) apoiar o desenvolvimento dos sistemas de ensino da educação média e tecnológica, nos diferentes níveis de governo, mediante apoio técnico e financeiro; c) estabelecer mecanismos de articulação e integração com os setores produtivos no que diz respeito à demanda quantitativa e qualitativa de profissionais, no âmbito da educação tecnológica; d) promover o intercâmbio com organismos públicos e privados, nacionais, estrangeiros e internacionais; e) zelar pelo cumprimento da legislação educacional, no âmbito da educação média e tecnológica.

SECRETARIA DE ESTADO. 1. *Direito administrativo.* Órgão auxiliar do governador de cada Estado membro da Federação. **2.** *Direito internacional público.* Órgão incumbido das relações exteriores de uma nação.

SECRETARIA DE ESTADO DA ADMINISTRAÇÃO PENITENCIÁRIA. *Direito administrativo.* Encarregada da execução político-estatal relativa a assuntos penitenciários, no que atina à administração e fiscalização de estabelecimentos penais; à classificação de condenados; ao acompanhamento do cumprimento de penas; à assistência aos sentenciados e às suas famílias (Afonso Celso F. de Rezende).

SECRETARIA DE FISCALIZAÇÃO DO TRABALHO. *Direito administrativo.* Órgão que tem a incumbência de: a) formular e propor as diretrizes da inspeção do trabalho, ouvida a Secretaria de Segurança e Saúde no Trabalho, priorizando o estabelecimento de política de combate ao trabalho escravo e infantil, bem como a todas as formas de trabalho degradante; b) formular e propor as diretrizes da fiscalização dos recolhimentos do Fundo de Garantia do Tempo de Serviço (FGTS); c) planejar, coordenar, normatizar, orientar e supervisionar as ações e atividades da inspeção do trabalho e da fiscalização dos recolhimentos do FGTS; d) baixar normas administrativas relativas à inspeção do trabalho e à fiscalização dos recolhimentos do FGTS, visando o seu constante aperfeiçoamento e modernização; e) coordenar e apoiar a geração, a sistematização e a divulgação de informações acerca da inspeção do trabalho e da fiscalização dos recolhimentos do FGTS; f) participar, em conjunto com as demais Secretarias, da formulação de políticas voltadas para programas especiais de proteção ao trabalho; g) participar, em conjunto com as demais Secretarias, da formulação de novos procedimentos reguladores das relações capital-trabalho, em especial no que concerne ao papel da inspeção do trabalho; h) orientar e apoiar, em conjunto com a Secretaria de Relações do Trabalho, as atividades de mediação em conflitos coletivos de trabalho, quando exercidas por fiscais do trabalho; i) propor ações que visem à otimização de sistemas de cooperação mútua, intercâmbio de informações e estabelecimento de ações integradas entre as fiscalizações federais; j) formular e propor as diretrizes para o aperfeiçoamento técnico-profissional e gerência do pessoal da inspeção do trabalho; k) expedir normas e orientar a fiscalização no cumprimento da legislação de proteção à criança e ao adolescente, na área trabalhista; l) coordenar as atividades voltadas ao desenvolvimento de programas e ações integradas de cooperação técnico-científica com organismos nacionais e internacionais, em sua área de competência; m) decidir, em última instância administrativa, os recursos interpostos contra decisões dos Delegados Regionais do Trabalho sobre autuações e notificações, em sua área de competência; n) colaborar tecnicamente com os órgãos colegiados do Ministério do Trabalho e Emprego, em sua área de competência, especialmente com o Conselho Curador do Fundo de Garantia do Tempo de Serviço; o) colaborar tecnicamente com os diversos fóruns de prevenção e repressão aos trabalhos escravo e infantil.

SECRETARIA DE FORMAÇÃO E DESENVOLVIMENTO PROFISSIONAL. *Direito administrativo.* Órgão que tem por escopo: a) realizar estudos objetivando a formulação de políticas e diretrizes na área de educação profissional; b) promover a execução de programas de educação profissional de acordo com as necessidades do mercado de trabalho; c) estudar, analisar, orientar, coordenar e supervisionar as atividades relacionadas com a formação e o desenvolvimento profissional para o mercado de trabalho; d) promover a articulação, no campo da educação profissional, com as Secretarias do Trabalho dos Estados e Municípios, os Conselhos Estaduais e Municipais do Trabalho, as instituições de formação profissional e as escolas técnicas; e) fomentar a execução de ações na área de educação pro-

fissional, em articulação com empresários e organizações não-governamentais.

SECRETARIA DE IMPRENSA E PORTA VOZ DA PRESIDÊNCIA DA REPÚBLICA. *Direito administrativo.* Compete a esse órgão: a) assistir direta e imediatamente ao Presidente da República no desempenho de suas atribuições, e especialmente no que se refere à: cobertura jornalística às audiências concedidas pela Presidência da República; comunicação com a sociedade por intermédio da divulgação dos atos do Presidente da República e dos temas que lhe forem afetos; promoção do esclarecimento dos programas e políticas do Governo na sociedade, contribuindo para sua compreensão e assimilação; e divulgação dos pontos de vista do Presidente da República, em todas as comunicações dirigidas à sociedade e à imprensa; b) assistir o relacionamento do Presidente da República com a imprensa nacional e internacional; c) coordenar o credenciamento de profissionais de imprensa, o acesso e o fluxo a locais onde ocorram atividades de que participe o Presidente da República; d) efetuar a articulação operacional da imprensa e dos órgãos governamentais de comunicação social em atos, eventos, solenidades e viagens de que participe o Presidente da República; e) prestar apoio jornalístico e administrativo ao comitê de imprensa do Palácio do Planalto; f) promover a divulgação de atos e de documentação para órgãos públicos; e g) apoiar os órgãos integrantes da Presidência da República no relacionamento com a imprensa.

SECRETARIA DE INSPEÇÃO DO TRABALHO. *Direito do trabalho.* Órgão específico singular, diretamente subordinado ao Ministro do Trabalho e Emprego, que tem por finalidade: a) formular e propor as diretrizes da inspeção do trabalho, inclusive do trabalho portuário, priorizando o estabelecimento de política de combate ao trabalho forçado e infantil, bem como a todas as formas de trabalho degradante; b) formular e propor as diretrizes e normas de atuação da área de segurança e saúde do trabalhador; c) participar, em conjunto com as demais Secretarias, da elaboração de programas especiais de proteção ao trabalho; d) participar, em conjunto com as demais Secretarias, da formulação de novos procedimentos reguladores das relações capital-trabalho; e) supervisionar e avaliar as atividades de fiscalização e de segurança e saúde no trabalho no âmbito das unidades descentralizadas; f) supervisionar, orientar e apoiar, em conjunto com a Secretaria de Relações do Trabalho, as atividades de mediação em conflitos coletivos de trabalho, quando exercidas por auditores-fiscais do trabalho; g) formular e propor as diretrizes da fiscalização dos recolhimentos do Fundo de Garantia do Tempo de Serviço (FGTS); h) propor ações, no âmbito do Ministério do Trabalho e Emprego, que visem a otimização de sistemas de cooperação mútua, intercâmbio de informações e estabelecimento de ações integradas entre as fiscalizações federais; i) formular e propor as diretrizes para o aperfeiçoamento técnico-profissional e gerência do pessoal da inspeção do trabalho; j) promover estudos da legislação trabalhista e correlata, no âmbito de sua competência, propondo o seu aperfeiçoamento; k) supervisionar as atividades voltadas para o desenvolvimento de programas e ações integradas de cooperação técnico-científica com organismos nacionais e internacionais na área de sua competência; l) acompanhar o cumprimento, em âmbito nacional, dos acordos e convenções ratificados pelo Governo brasileiro junto a organismos internacionais, em especial à Organização Internacional do Trabalho (OIT) nos assuntos de sua área de competência; m) propor diretrizes para o aperfeiçoamento das relações do trabalho na sua área de competência; n) baixar normas relacionadas com a sua área de competência.

SECRETARIA DE INTERCÂMBIO E PROJETOS ESPECIAIS. *Direito administrativo.* Órgão específico singular do Ministério da Cultura com incumbência de: a) promover a difusão das manifestações culturais brasileiras em articulação com os governos dos Estados, do Distrito Federal e com as prefeituras municipais; b) coordenar o intercâmbio de bens e serviços culturais com o exterior, promover a difusão das artes e da cultura do Brasil junto a países estrangeiros, em articulação com os Ministérios afins, especialmente o Ministério das Relações Exteriores, bem assim com outras instituições públicas e privadas do Brasil e do exterior; c) articular e coordenar a realização de projetos e programas com organismos internacionais e governos estrangeiros, visando à difusão e ao intercâmbio cultural, em conjunto com o Ministério das Relações Exteriores; d) planejar, coordenar e supervisionar a execução de projetos culturais e outras atividades significativas para a compreensão do processo cultural brasileiro; e) coordenar e supervisionar as atividades relativas ao cumprimento da legislação sobre o direito autoral, bem como orientar as providências referentes aos tratados e convenções internacionais, ratificados pelo Brasil, sobre direitos do autor e direitos que lhe são conexos; f) coordenar e supervisionar as atividades relativas ao estudo, resgate, preservação e divulgação da cultura indígena.

SECRETARIA DE LOGÍSTICA E MOBILIZAÇÃO. *Direito militar.* Órgão específico singular do Ministério da Defesa e tem por competência: a) formular a Política de Ciência e Tecnologia nas Forças Armadas; b) formular a Política de Mobilização Nacional; c) estabelecer diretrizes gerais para a logística e a mobilização militares; d) supervisionar o Programa de Mobilização Nacional; e) orientar, controlar e fomentar a produção e a exportação de material de emprego militar; f) coordenar as atividades relativas ao Serviço Militar; g) coordenar a participação das Forças Armadas nas atividades relacionadas com o desenvolvimento nacional; h) estabelecer as diretrizes para a fiscalização de material de emprego militar.

SECRETARIA DE PLANEJAMENTO ESTRATÉGICO E GESTÃO DO FUNDO DE COMBATE E ERRADICAÇÃO DA POBREZA. *Direito administrativo.* Tem competência para: a) coordenar a formulação das políticas e diretrizes gerais que orientarão as aplicações do Fundo; b) selecionar programas e ações a serem financiados com recursos do Fundo; c) coordenar, em articulação com os órgãos responsáveis pela execução dos programas e das ações financiadas pelo Fundo, a elaboração de propostas orçamentárias a serem encaminhadas ao órgão central do Sistema de Planejamento Federal e de Orçamento, para inclusão no projeto de lei orçamentária anual, bem como em suas alterações; d) acompanhar os resultados da execução dos programas e das ações financiadas com recursos do Fundo; e) prestar apoio técnico-administrativo para o funcionamento do Conselho Consultivo e de Acompanhamento do Fundo de Combate e Erradicação da Pobreza; f) dar publicidade aos critérios de alocação e de uso dos recursos do Fundo; g) coordenar e consolidar as diretrizes de planejamento estratégico; h) apoiar o ministério no planejamento e avaliação do plano plurianual e de seus resultados; i) coordenar e supervisionar a execução das atividades de planejamento, de orçamento e de administração financeira do Gabinete do Ministro, em articulação com a Secretaria de Administração da Casa Civil da Presidência da República; j) promover a articulação das ações estruturais financiadas pelo Fundo com as ações de segurança alimentar e combate à fome.

SECRETARIA DE POLÍTICA CULTURAL. *Direito administrativo.* Órgão específico singular do Ministério da Cultura, com competência para: a) coordenar estudos com vistas à formulação da política cultural do País pelo ministro de Estado; b) promover estudos sobre o impacto econômico das atividades culturais, tanto por suas manifestações diretas quanto pelos efeitos indiretos que causam a outros setores de atividade da sociedade; c) promover estudos e pesquisas nas diferentes áreas da criação artístico-cultural, bem como da política do patrimônio cultural; d) propor diretrizes para a otimização da aplicação de recursos administrados pelo Ministério da Cultura e por suas entidades vinculadas; e) promover a realização do inventário dos espaços culturais e a identificação do patrimônio cultural brasileiro; f) propor programas e projetos que integrem as diferentes manifestações artístico-culturais, de modo a identificar e difundir a cultura brasileira em sua pluralidade e diversidade; g) identificar fontes alternativas de apoio e financiamento a projetos culturais; h) acompanhar, avaliar e sugerir alternativas de desenvolvimento e condução da política cultural; i) coordenar estudos e a elaboração de projetos que objetivem a redução da participação do Estado na ação cultural e estimulem a liberdade de ação e a criatividade dos agentes privados; j) desenvolver, implantar e manter o Sistema Nacional de Informações Culturais; k) coordenar as atividades relativas ao censo cultural, no âmbito do Ministério; l) assistir técnica e administrativamente ao Conselho Nacional de Política Cultural.

SECRETARIA DE POLÍTICA DE INFORMÁTICA. *Direito administrativo* e *direito virtual.* Órgão específico singular diretamente subordinado ao Ministro, competente para: a) propor, coordenar e acompanhar as medidas necessárias à execução da política nacional de informática e automação; b) propor, coordenar e acompanhar as medidas necessárias à execução das políticas para o desenvolvimento do setor de *software* e serviços relacionados no País; c) propor, coordenar e acompanhar as ações necessária para o desenvolvimento da Internet e do comércio eletrônico no País, em conjunto com outros órgãos de Governo; d) colaborar com os diversos órgãos das esferas pública e privada, visando o ingresso do País na Sociedade da Informação; e) participar, no contexto internacional, das ações que visem o desenvolvimento das tecnologias da informação, da Internet e do comércio eletrônico e seus reflexos, com aumento da participação do País no cenário das novas sociedades da informação; f) analisar e dar parecer às propostas de concessão de incentivos fiscais a projetos do setor de informática e automação; g) articular a elaboração dos Planos Nacionais de Informática e Automação a serem submetidos ao Conselho Nacional de Informática e Automação; e h) assistir tecnicamente aos órgãos colegiados na sua área de atuação.

SECRETARIA DE POLÍTICA ECONÔMICA. *Direito administrativo.* É o órgão específico singular, diretamente subordinado ao ministro de Estado da Fazenda, que tem por finalidade: 1. Assistir e assessorar o ministro de Estado na formulação, acompanhamento e coordenação da política econômica, inclusive setorial. 2. Analisar e sugerir alternativas de condução da política monetária, em particular dos agregados monetários, das taxas de juros, da rentabilidade dos ativos e da dívida pública. 3. Acompanhar, avaliar e sugerir alternativas de condução da política fiscal no curto prazo e elaborar diretrizes dessa política para o médio e o longo prazos. 4. Participar da elaboração de propostas de alteração da legislação tributária e orçamentária. 5. Acompanhar, analisar e sugerir alternativas de políticas relativas ao setor externo, incluindo política cambial, comercial, balanço de pagamentos e mercado internacional de crédito. 6. Coordenar o processo de consolidação, estimativas e programação das necessidades de financiamento do setor público das diferentes esferas de governo e das empresas estatais. 7. Acompanhar e projetar a evolução dos indicadores econômicos, relativos ao nível de atividade, emprego, salários e preços, e elaborar relatórios periódicos sobre a evolução da conjuntura econômica. 8. Acompanhar e fornecer suporte técnico à política e ao processo de renegociação da dívida externa do setor público. 9. Representar o Ministério da Fazenda na elaboração e negociação de medidas na área das políticas de emprego e salários, inclusive quanto à remuneração dos servidores públicos civis e militares da União. 10. Apreciar planos

SECRETARIA DE POLÍTICAS DE EMPREGO E SALÁRIO

ou programas de natureza econômica submetidos ao Ministério da Fazenda, procedendo ao acompanhamento das medidas aprovadas e à avaliação dos respectivos resultados. 11. Acompanhar e analisar a evolução da distribuição funcional da renda na economia brasileira, em especial a participação de salários e aluguéis. 12. Promover estudos e acompanhar a implementação das políticas governamentais nos sistemas financeiro, da habitação, de seguros, de capitalização, de previdência complementar e de mercado de capitais. 13. Acompanhar e sugerir alternativas de política de relacionamento com o Fundo Monetário Internacional (FMI), o Banco Mundial, o Acordo Geral sobre Tarifas e Comércio (GATT) e o Banco Interamericano de Desenvolvimento (BID), incluindo a política de contratação de empréstimos junto a esses organismos. 14. Pronunciar-se sobre a conveniência da participação do Brasil em acordos ou convênios internacionais relacionados com o comércio exterior. 15. Acompanhar, avaliar e propor medidas, no âmbito do Ministério da Fazenda, relevantes à política agrícola. 16. Definir prioridades globais e setoriais nos planos anuais, plurianuais, programas e projetos de interesse nacional. 17. Definir prioridades macroeconômicas para os principais agregados setoriais da economia nacional. 18. Acompanhar a execução do Programa Nacional de Desestatização. 19. Participar, no âmbito do Ministério da Fazenda, da elaboração de projetos que objetivem a redução da participação do Estado na economia. 20. Apreciar, nos seus aspectos econômicos, projetos de legislação ou regulamentação, emitindo pareceres técnicos sobre as matérias pertinentes. 21. Acompanhar o processo de estabilização da economia. 22. Assessorar o ministro da Fazenda na Comissão Técnica da Moeda e do Crédito e no Conselho Monetário Nacional.

SECRETARIA DE POLÍTICAS DE EMPREGO E SALÁRIO.

História do direito. Órgão que tinha por finalidade: a) subsidiar a formulação de diretrizes básicas para as políticas de emprego e salário; b) planejar, orientar, coordenar e controlar a execução de programas relacionados à geração de emprego e renda, ao seguro-desemprego, ao apoio ao trabalhador desempregado e ao abono salarial; c) planejar, orientar, coordenar e controlar as atividades inerentes ao Programa do Seguro-Desemprego; d) planejar, orientar, coordenar e controlar as atividades relacionadas ao Siste-

ma Nacional de Emprego, no que respeita às ações integradas de orientação, recolocação e qualificação profissional; e) orientar, controlar e normatizar as ações e atividades relativas à identificação do trabalhador e ao registro profissional; f) propor a atualização da Classificação Brasileira de Ocupações (CBO), de modo a promover sua constante adequação ao mercado de trabalho; g) manter banco de dados informatizado, com as informações do cadastro de movimento de empregados e desempregados, observando a legislação em vigor; h) orientar, coordenar, supervisionar e normatizar todas as atividades necessárias à coleta, processamento, tabulação e divulgação da Relação Anual de Informações Sociais (RAIS), bem assim administrar e disseminar seus arquivos; i) desenvolver, administrar e manter sistema integrado de dados e informações estatísticas, bem como promover, pesquisar e acompanhar a evolução dos indicadores da área do trabalho; j) planejar, orientar, coordenar, controlar e executar as atividades orçamentárias e financeiras do Fundo de Amparo ao Trabalhador (FAT); k) celebrar contratos, convênios e outros instrumentos indispensáveis à execução das ações do FAT; l) acompanhar o cumprimento, em nível nacional, dos acordos e convenções ratificados pelo governo brasileiro junto a organismos internacionais, em especial a Organização Internacional do Trabalho (OIT), nos assuntos de sua área de competência; m) apoiar tecnicamente os órgãos colegiados do Ministério, em sua área de competência; n) articular-se com os demais órgãos envolvidos nas atividades de sua competência.

SECRETARIA DE POLÍTICAS PÚBLICAS DE EMPREGO.

Direito do trabalho e *direito administrativo.* Órgão específico singular, diretamente subordinado ao Ministro de Estado do Trabalho e Emprego, que tem por finalidade: a) subsidiar a definição de políticas públicas de emprego, renda, salário e qualificação profissional; b) planejar e coordenar a execução de programas relacionados com a geração de emprego e renda, o seguro-desemprego, o apoio ao trabalhador desempregado, o abono salarial e a formação e o desenvolvimento profissional para o mercado de trabalho; c) planejar e coordenar as atividades relacionadas com o Sistema Nacional de Emprego no que se refere às ações integradas de orientação, recolocação e qualificação profissional; d) planejar, coordenar, monitorar e avaliar as ações de estímulo ao primeiro emprego para a juventude; e) acompanhar o cumprimento, em âmbito nacional, dos acordos e convenções ratificadas pelo Governo brasileiro junto aos organismos internacionais, em especial à Organização Internacional do Trabalho (OIT), nos assuntos de sua área de competência; f) promover estudos da legislação trabalhista e correlata, no âmbito de sua competência, propondo o seu aperfeiçoamento.

SECRETARIA DE POLÍTICA URBANA (SEPURB). *Direito administrativo.* Órgão incumbido da execução orçamentária e financeira do Programa Nacional de Conservação de Água, em conjunto com a Subsecretaria de Planejamento e Orçamento (SPO). Incumbe à Secretaria de Política Urbana: a) coordenar a execução daquele programa; b) propor a celebração de convênios e respectivos aditivos, de conformidade com a legislação em vigor; c) aprovar os Planos de Trabalho e suas alterações; d) realizar o acompanhamento físico-financeiro daquele Programa e promover a verificação *in loco* da execução do objeto constante do Plano de Trabalho aprovado; e) orientar o convenente quanto à aplicação dos recursos e aos prazos e procedimentos para a estação de contas dos recursos transferidos; f) informar a SPO sobre a situação das prestações de contas dos recursos transferidos, em especial quanto ao atendimento dos prazos estabelecidos para sua apresentação e o resultado de sua análise; g) aprovar as prestações de contas apresentadas pelos convenentes, e encaminhar o processo ao órgão de contabilidade analítica por intermédio da SPO; h) elaborar e encaminhar à SPO a programação financeira mensal daquele programa; i) autorizar a emissão de Notas de Empenho e Ordens Bancárias relativas às dotações orçamentárias e pagamentos, necessárias à execução daquele Programa. Fica a SEPURB autorizada a baixar as instruções necessárias ao cumprimento dessas funções. Já à Subsecretaria de Planejamento e Orçamento compete: a) emitir em favor dos beneficiários as Notas de Empenho e Ordens Bancárias autorizadas pela SEPURB; b) encaminhar à Secretaria do Tesouro Nacional (STN) a programação financeira mensal daquele Programa; c) promover o registro e manter atualizado, no Sistema Integrado de Administração Financeira do Governo Federal (SIAFI), o cadastro de convênios e das prestações de contas dos recursos transferidos. A SEPURB disponi-

bilizará os recursos humanos necessários ao desenvolvimento das atividades da SPO.

SECRETARIA DE PRODUÇÃO DO MINISTÉRIO DOS TRANSPORTES. *Direito administrativo.* É a que tem a incumbência de: 1. acompanhar o desenvolvimento das atividades das entidades vinculadas ao Ministério dos Transportes, exceto a Empresa Brasileira de Planejamento de Transportes (GEIPOT), de forma a assegurar a supervisão ministerial; 2. conceder, permitir, autorizar, coordenar e fiscalizar a exploração de serviços de transportes: a) ferroviário, com pontos terminais em portos federais ou fronteiras nacionais, ou que transponham os limites de Estado; b) rodoviário interestadual e internacional de passageiros; c) aquaviário, entre portos brasileiros e fronteiras nacionais ou que transponham os limites de Estado; 3. conceder, coordenar e fiscalizar a exploração de portos organizados, bem como autorizar, coordenar e fiscalizar a exploração de terminais de uso privativo e instalações portuárias, desde que fora da área do porto organizado ou quando o interessado for titular do domínio útil do terreno, mesmo que situado dentro da área do porto organizado; 4. outorgar concessão para a construção de ferrovias e rodovias federais, bem assim de portos organizados; 5. supervisionar a implantação, a manutenção e a conservação dos sistemas ferroviário, rodoviário, hidroviário e portuário, a cargo da União; 6. avaliar o desempenho dos sistemas a que se referem os incisos anteriores, especialmente quanto à prestação de serviço adequado aos usuários e quanto aos custos de implantação, operação e manutenção dos sistemas de transportes; 7. proceder ao registro dos transportadores rodoviários de bens; 8. acompanhar a evolução do setor de construção naval; 9. promover e controlar a arrecadação do Adicional ao Frete para Renovação da Marinha Mercante (AFRMM) e do Adicional da Tarifa Portuária (ATP), e propor a aplicação dos recursos arrecadados; 10. acompanhar as políticas de tarifas e salários do setor; 11. orientar as entidades vinculadas ao Ministério dos Transportes quanto ao desempenho de atividades compreendidas na área de atuação da Secretaria; 12. propor a nomeação e substituição de membros representantes do Ministério dos Transportes nos Conselhos de Administração e Conselhos de Autoridade Portuária das empresas vinculadas e das concessionárias quando for o caso;

13. receber, acompanhar e controlar os documentos de convocação de reuniões do Conselho de Administração das entidades vinculadas, bem como das respectivas atas; 14. analisar e emitir parecer sobre os relatórios que cada representante desse Ministério nos Conselhos de Administração e Conselhos de Autoridade Portuária deverá apresentar após a ocorrência de cada uma das reuniões.

SECRETARIA DE REFORMA DO JUDICIÁRIO. *Direito processual.* É órgão com competência para: a) orientar e coordenar ações com vistas à adoção de medidas de melhoria dos serviços judiciários prestados aos cidadãos; b) examinar, formular, promover, supervisionar e coordenar os processos de modernização da administração da Justiça brasileira, por intermédio da articulação com os demais órgãos federais, do Poder Judiciário, do Poder Legislativo, do Ministério Público, dos Governos Estaduais, agências internacionais e organizações da sociedade civil; c) propor medidas e examinar as propostas de reforma do setor judiciário brasileiro; d) processar e encaminhar aos órgãos competentes expedientes de interesse do Poder Judiciário, do Ministério Público e da Defensoria Pública; e e) instruir e opinar sobre os processos de provimento e vacância de cargos de magistrados de competência do Presidente da República.

SECRETARIA DE RELAÇÕES DO TRABALHO. *Direito administrativo.* Órgão específico do Ministério do Trabalho e Emprego que tem as funções de: a) garantir a autonomia das relações entre empregados e empregadores, respeitando os princípios da não-interferência e não-intervenção na organização sindical; b) estimular a prática ampla da negociação coletiva entre empregadores e empregados; c) proceder a estudos da legislação trabalhista e correlata, propondo o seu aperfeiçoamento; d) acompanhar o cumprimento, em nível nacional, dos acordos e convenções ratificados pelo governo brasileiro junto a organismos internacionais, em especial à Organização Internacional do Trabalho (OIT), nos assuntos de sua área de competência; e) desempenhar a mediação em negociações coletivas, quando solicitada por empregados ou empregadores; f) organizar e manter atualizado o cadastro das entidades sindicais representativas de empregados, empregadores, servidores públicos e profissionais liberais; g) propor diretrizes e normas, bem como supervisionar e acompanhar as atividades voltadas para o aperfeiçoamento das relações coletivas de trabalho; h) conceder e cancelar o registro de empresas de trabalho temporário; i) autorizar e supervisionar o trabalho de estrangeiros no território nacional e manter bancos de dados informatizados sobre o mercado de trabalho e mão-de-obra, fornecendo à Previdência Social os dados necessários para fins cadastrais; j) supervisionar e acompanhar as atividades relacionadas com a autorização do Ministério à contratação de trabalhador, por empresa estrangeira, para trabalhar no exterior; k) dar suporte ao Conselho Nacional de Imigração; l) coordenar as atividades voltadas ao desenvolvimento de programas e ações integradas de cooperação técnico-científica com organismos nacionais e internacionais, na sua área de competência; m) apoiar tecnicamente os órgãos colegiados do Ministério na sua área de competência.

SECRETARIA DE RELAÇÕES INSTITUCIONAIS. *Direito administrativo.* Órgão essencial da Presidência da República, que tem como área de competência os seguintes assuntos: a) coordenação política do Governo; b) condução do relacionamento do Governo com o Congresso Nacional e os Partidos Políticos; e c) interlocução com os Estados ou Distrito Federal e os Municípios. Compete, ainda, à Secretaria de Relações Institucionais coordenar e secretariar o funcionamento do Conselho de Desenvolvimento Econômico e Social, visando à articulação da sociedade civil organizada para a consecução de modelo de desenvolvimento configurador de novo e amplo contrato social.

SECRETARIA DE SEGURANÇA E SAÚDE NO TRABALHO. *Direito administrativo.* Órgão que tem a função de: a) formular e propor as diretrizes de atuação da área de segurança e saúde do trabalhador; b) coordenar, orientar, controlar e supervisionar a execução das atividades relacionadas com a inspeção dos ambientes e das condições de trabalho e as demais ações do governo federal relativas à segurança e saúde do trabalhador, bem como estabelecer normas referentes à sua área de competência; c) planejar e coordenar a execução do Programa de Alimentação do Trabalhador (PAT), da Campanha Nacional de Prevenção de Acidentes do Trabalho (CANPAT), bem como realizar o Congresso Nacional de Prevenção de Acidentes do Trabalho (CONPAT); d) decidir, em última instância administrativa, os recursos interpostos contra decisões dos Delegados Regionais do Trabalho a respeito de condições ambientais de trabalho; e) apoiar tecnicamente os órgãos colegiados do Ministério, em sua área de competência; f) planejar, normatizar, coordenar, orientar e supervisionar as atividades de inspeção do trabalho na área de segurança e saúde; g) planejar, coordenar, normatizar, orientar e supervisionar as ações e atividades na área de segurança e saúde do trabalhador.

SECRETARIA DE TRANSPORTES AQUAVIÁRIOS. *Direito administrativo.* Órgão específico do Ministério dos Transportes com competência para: a) contribuir para a elaboração e supervisionar a implantação das políticas e diretrizes para o setor aquaviário; b) analisar e submeter à decisão superior propostas e solicitações de concessões, permissões e autorizações, de investimentos e destinação de recursos públicos, de mudanças institucionais e operacionais, e de alterações na legislação, que afetem o setor aquaviário; c) supervisionar a implantação de normas para concessões, permissões, autorizações, exploração e fiscalização de serviços, e para a contratação e fiscalização de obras, fornecimento e serviços que envolvam recursos públicos, em sua área de competência; d) subsidiar o processo de avaliação das políticas de tarifas e salários do setor aquaviário.

SECRETARIA DE TRANSPORTES TERRESTRES. *Direito administrativo.* Órgão específico do Ministério dos Transportes com a função de: a) contribuir para a elaboração e supervisionar a implantação das políticas e diretrizes para o setor de transportes terrestres; b) analisar e submeter à decisão superior propostas e solicitações de concessões, permissões e autorizações, de investimentos e destinação de recursos públicos, de mudanças institucionais e operacionais, e de alterações na legislação, que afetem os transportes ferroviário e rodoviário, no que for de competência da União; c) supervisionar a implantação de normas para concessões, permissões, autorizações, exploração e fiscalização de serviços de transporte ferroviário e rodoviário, no que for de competência da União; d) acompanhar as políticas de tarifas e salários do setor.

SECRETARIADO. *Direito administrativo.* **1.** Conjunto de secretários estaduais e municipais que prestam auxílio ao chefe do Poder Executivo. **2.** Conjunto de secretários vinculados a um ministro de Estado. **3.** Função de secretário.

SECRETARIADO DA ONU. *Direito internacional público.* Conjunto de funcionários liderados pelo secretário-geral, que é o chefe administrativo das Nações Unidas, com mandato de cinco anos, eleito por maioria de dois terços da Assembléia Geral, após recomendação do Conselho de Segurança.

SECRETARIADO DA ORGANIZAÇÃO MUNDIAL DO COMÉRCIO. *Direito internacional público.* Órgão da Organização Mundial do Comércio, sob a liderança do diretor-geral, indicado pela conferência ministerial. O diretor-geral escolhe sua equipe, determinando suas tarefas de conformidade com o regulamento da conferência ministerial.

SECRETARIA DO PATRIMÔNIO DA UNIÃO (SPU). *Direito administrativo.* É o órgão específico singular, diretamente subordinado ao ministro de Estado, que tem por finalidade: a) administrar o patrimônio imobiliário da União e zelar por sua conservação; b) adotar as providências necessárias à regularidade dominial dos bens da União; c) lavrar, com força de escritura pública, os contratos de aquisição, alienação, locação, arrendamento, aforamento, cessão e demais atos relativos a imóveis da União e providenciar os registros e as averbações junto aos cartórios competentes; d) promover o controle, fiscalização e manutenção dos imóveis da União utilizados em serviço público; e) administrar os imóveis residenciais de propriedade da União destinados à utilização pelos agentes políticos e servidores federais; f) estabelecer as normas de utilização e racionalização dos imóveis da União utilizados em serviço público; g) proceder à incorporação de bens imóveis ao patrimônio da União; h) promover, diretamente ou por intermédio de terceiros, a avaliação de bens imóveis da União para as finalidades previstas em lei; i) promover a alienação dos imóveis da União não utilizados em serviço público, segundo regime estabelecido na legislação vigente; j) conceder aforamento e remição, na forma da lei; k) promover a cessão onerosa ou outras outorgas de direito sobre imóveis da União admitidas em lei; l) efetuar a locação e o arrendamento de imóveis de propriedade da União; m) autorizar a ocupação de imóveis da União na forma da lei, promovendo as correspondentes inscrições; n) estabelecer as diretrizes para a permissão de uso de bens imóveis da União; o) processar as aquisições de bens imóveis de interesse da União; p) adotar as providências administrativas necessárias à discriminação, à reivindicação de domínio e reintegração de posse dos bens imóveis da União; q) disciplinar a utilização de bens de uso comum do povo, adotando as providências necessárias à fiscalização de seu uso; r) promover a doação ou cessão gratuita de imóveis da União, quando presente o interesse público; s) proceder à demarcação e identificação dos imóveis de propriedade da União; t) formular política de cadastramento de imóveis da União, elaborando sua planta de valores genéricos; u) formular política de cobrança administrativa e de arrecadação patrimonial, executando na forma permitida em lei, as ações necessárias à otimização de sua arrecadação; v) manter sob sua guarda e responsabilidade os documentos, títulos e processos relativos aos bens imóveis do domínio e posse da União; e x) coligir os elementos necessários ao registro dos bens imóveis da União e aos procedimentos judiciais destinados à sua defesa.

SECRETARIA DOS DIREITOS DA CIDADANIA. *Direito administrativo.* Órgão subordinado ao ministro da Justiça que tem por objetivo: a) promover e defender os direitos da cidadania, da criança, do adolescente, da mulher e das minorias; b) promover e defender os direitos humanos e encaminhar providências em casos de violações; c) desenvolver estudos e encaminhar providências referentes às liberdades públicas; d) atuar junto às instituições que representam os direitos da cidadania, na comunidade; e) adotar medidas de defesa dos interesses difusos em articulação com o Ministério Público; f) formular, normatizar e coordenar, em todo o território nacional, a política de defesa dos direitos da criança e do adolescente, e prestar assistência técnica a órgãos e entidades que executam essa política; g) defender os direitos das pessoas portadoras de deficiência e promover a sua integração à vida comunitária; h) fazer cumprir o Estatuto da Criança e do Adolescente; i) prestar os serviços de secretaria executiva aos conselhos não providos desses serviços por outras unidades do Ministério da Justiça.

SECRETARIA DO SENADO. *Direito administrativo.* Órgão do Senado Federal incumbido da execução de atividades administrativas fixadas no regimento interno.

SECRETARIA DO TESOURO NACIONAL. *Direito administrativo* e *direito financeiro.* Órgão específico singular do Ministério da Fazenda e órgão central dos Sistemas de Administração Financeira Federal e de Contabilidade Federal diretamente subordinado ao Ministro de Estado da Fazenda, com competência para: elaborar a programação financeira mensal e anual do Tesouro Nacional, gerenciar a Conta Única do Tesouro Nacional e subsidiar a formulação da política de financiamento da despesa pública; zelar pelo equilíbrio financeiro do Tesouro Nacional; administrar os haveres financeiros e mobiliários do Tesouro Nacional; manter controle dos compromissos que onerem, direta ou indiretamente, a União junto a entidades ou a organismos internacionais; administrar as dívidas públicas mobiliária e contratual, interna e externa, de responsabilidade direta ou indireta do Tesouro Nacional; gerir os fundos e os programas oficiais que estejam sob responsabilidade do Tesouro Nacional, avaliando e acompanhando os eventuais riscos fiscais; editar normas sobre a programação financeira e a execução orçamentária e financeira, bem como promover o acompanhamento, a sistematização e a padronização da execução da despesa pública; implementar as ações necessárias à regularização de obrigações financeiras da União, inclusive daquelas assumidas em decorrência de lei; estabelecer normas e procedimentos contábeis para o adequado registro dos atos e fatos da gestão orçamentária, financeira e patrimonial dos órgãos e entidades da Administração Pública Federal, promovendo o acompanhamento, a sistematização e a padronização da execução contábil; manter e aprimorar o Plano de Contas e o Manual de Procedimentos Contábeis da Administração Pública Federal; instituir, manter e aprimorar sistemas de registros contábeis para os atos e fatos relativos à gestão orçamentária, financeira e patrimonial; instituir, manter e aprimorar sistemas de informação que permitam produzir informações gerenciais necessárias à tomada de decisão e à supervisão ministerial; estabelecer normas e procedimentos para a elaboração de processos de tomadas de contas dos ordenadores de despesa e demais responsáveis por bens e valores públicos e de todo aquele que der causa a perda, extravio ou outra irregularidade que resulte dano ao erário, e promover os correspondentes registros contábeis de responsabilização dos agentes; elaborar as demonstrações contábeis e relatórios destinados a compor a prestação de contas anual do Presidente da República; editar normas gerais para consolidação das contas públicas nacionais; consolidar as contas públicas nacionais, mediante a agregação dos dados dos balanços da União, dos Estados, do Distrito Federal e dos Municípios; promover a integração com os demais Poderes da União e das demais esferas de governo em assuntos contábeis relativos à execução orçamentária, financeira e patrimonial; administrar, controlar, avaliar e normatizar o Sistema Integrado de Administração Financeira do Governo Federal (SIAFI); elaborar e divulgar, no âmbito de sua competência, estatísticas fiscais, demonstrativos e relatórios, em atendimento a dispositivos legais e acordos, tratados e convênios celebrados pela União com organismos ou entidades internacionais; verificar o cumprimento dos limites e condições relativos à realização de operações de crédito dos Estados, do Distrito Federal e dos Municípios, compreendendo as respectivas administrações diretas, fundos, autarquias, fundações e empresas estatais dependentes; divulgar, mensalmente, a relação dos entes que tenham ultrapassado os limites das dívidas consolidada e mobiliária, nos termos da legislação vigente; assessorar e subsidiar tecnicamente o Ministro de Estado em sua participação em instâncias deliberatórias sobre questões relacionadas a investimentos públicos, incluindo aqueles realizados sob a modalidade de investimento direto, parceria público-privada e concessão tradicional, em especial nos processos referentes às etapas de seleção, implementação, monitoramento e avaliação de projetos; verificar a adequação dos projetos de parceria público-privada aos requisitos fiscais estabelecidos em lei; operacionalizar e acompanhar a gestão de Fundo Garantidor de Parcerias Público-Privada (FGP), com vistas a zelar pela valorização dos recursos públicos lá depositados, e elaborar parecer prévio e fundamentado quanto à viabilidade da concessão de garantias e à sua forma, relativamente aos riscos para o Tesouro Nacional e ao cumprimento do limite legal, para a contratação de parceria público-privada; estruturar e articular o sistema federal de programação financeira, envolvendo os órgãos setoriais de programação financeira, com objetivo de dar suporte a execução eficiente da despesa pública em geral e dos projetos de investimento em

particular; estruturar e participar de experiências inovadoras associadas ao gasto público, com o intuito de viabilizar a melhoria das condições de sustentabilidade das contas públicas; promover a avaliação periódica das estatísticas e indicadores fiscais, visando adequar o sistema de estatísticas fiscais brasileiro às melhores práticas internacionais e aos requisitos locais; estabelecer normas e procedimentos sobre aspectos da gestão dos investimentos públicos, incluindo aqueles realizados sob a modalidade de parceria público-privada, no que tange à programação financeira, à execução orçamentária e financeira, à contabilidade e registro fiscal, ao cálculo e acompanhamento de limites de endividamento, à verificação de capacidade de pagamento, à ocorrência de compromissos contingentes; ao sistema de informações gerenciais, à administração de haveres e obrigações sob a responsabilidade do Tesouro Nacional, bem como às demais competências atribuídas institucionalmente à Secretaria do Tesouro Nacional.

SECRETARIA DO TRIBUNAL. *Direito administrativo.* Órgão que, em cada tribunal, tem a incumbência de efetuar a supervisão e coordenação dos serviços auxiliares da função jurisdicional e de exercer atividades administrativas designadas no regimento interno.

SECRETARIA EPISCOPAL. *Direito canônico.* Órgão que, na diocese, tem a função de cuidar do expediente e da comunicação externa e interna.

SECRETARIA ESPECIAL DE AQÜICULTURA E PESCA. *Direito administrativo* e *direito agrário.* Tem como área de competência os seguintes assuntos: a) assessoramento direto e imediato ao Presidente da República na formulação de políticas e diretrizes para o desenvolvimento e o fomento da produção aqüícola e pesqueira; b) promoção da execução e da avaliação de medidas, programas e projetos de apoio ao desenvolvimento da pesca artesanal e industrial, bem como de ações voltadas à implantação de infra-estrutura de apoio à produção e comercialização do pescado e de fomento à pesca e aqüicultura; c) organização e manutenção do Registro Geral da Pesca; d) supervisão, coordenação e orientação das atividades referentes às infra-estruturas de apoio à produção e circulação do pescado e das estações e postos de aqüicultura; e) manutenção, em articulação com o Distrito Federal, Estados e Municípios, de programas racionais de exploração da aqüicultura em

SECRETARIA ESPECIAL DE DESENVOLVIMENTO URBANO (SEDU)

águas públicas e privadas; f) conceder licenças, permissões e autorizações para o exercício da pesca e da aqüicultura nas áreas do Território Nacional, compreendendo as águas continentais e interiores e o mar territorial da Plataforma Continental, da Zona Econômica Exclusiva, áreas adjacentes e águas internacionais, observadas as normas, critérios e padrões fixados pelo Ministério do Meio Ambiente; g) autorizar o arrendamento de embarcações estrangeiras de pesca para operar na captura das espécies altamente migratórias, conforme a Convenção das Nações Unidas para o Direito do Mar, excetuando-se os mamíferos marinhos e as espécies subexplotadas e inexplotadas, salvo nas águas interiores e mar territorial; h) autorizar a operação de embarcações estrangeiras de pesca, nos casos previstos em acordos internacionais de pesca firmados pelo Brasil, a exercer suas atividades nas condições e nos limites estabelecidos nos respectivos pactos; i) fornecer ao Ministério do Meio Ambiente os dados do Registro Geral da Pesca relativos às licenças, permissões e autorizações concedidas para pesca e aqüicultura, para fins de registro automático dos beneficiários no Cadastro Técnico Federal de Atividades Potencialmente Poluidoras e Utilizadoras de Recursos Ambientais; j) repassar ao Instituto Brasileiro do Meio Ambiente e dos Recursos Naturais Renováveis (IBAMA) cinqüenta por cento das receitas das taxas ou dos serviços cobrados em decorrência das atividades relacionadas no item *a*, que serão destinados ao custeio das atividades de fiscalização da pesca e da aqüicultura; k) subsidiar, assessorar e participar, em interação com o Ministério das Relações Exteriores, de negociações e eventos que envolvam o comprometimento de direitos e a interferência em interesses nacionais sobre a pesca, a produção e comercialização do pescado e interesses do setor neste particular; l) operacionalizar a concessão da subvenção econômica ao preço do óleo diesel; m) normatizar e estabelecer medidas que permitam o aproveitamento sustentável dos recursos pesqueiros altamente migratórios e dos que estejam subexplotados ou inexplotados; n) prover os serviços de Secretaria Executiva do Conselho Nacional de Aqüicultura e Pesca.

SECRETARIA ESPECIAL DE DESENVOLVIMENTO URBANO (SEDU). *Direito administrativo.* Órgão competente para assistir direta e imediatamente ao presidente da República no desempenho de suas atribuições, especialmente na formulação e coordenação das políticas nacionais de desenvolvimento urbano, e promover, em articulação com as diversas esferas de governo, com o setor privado e organizações não-governamentais, ações e programas de urbanização, de habitação, de saneamento básico e de transporte urbano. O Secretário Especial de Desenvolvimento Urbano tem prerrogativas, garantias, vantagens e direitos equivalentes aos de ministro de Estado.

SECRETARIA ESPECIAL DE POLÍTICAS DE PROMOÇÃO DA IGUALDADE RACIAL. *Direito administrativo.* Órgão integrante da Presidência da República, tem como área de competência os seguintes assuntos: a) assessoramento direto e imediato ao presidente da República na formulação, coordenação e articulação de políticas e diretrizes para a promoção da igualdade racial; b) formulação, coordenação e avaliação das políticas públicas afirmativas de promoção da igualdade e da proteção dos direitos de indivíduos e grupos raciais e étnicos, com ênfase na população negra, afetados por discriminação racial e demais formas de intolerância; c) articulação, promoção e acompanhamento da execução dos programas de cooperação com organismos nacionais e internacionais, públicos e privados, voltados à implementação da promoção da igualdade racial; d) formulação, coordenação e acompanhamento das políticas transversais de governo para a promoção da igualdade racial; e) planejamento, coordenação da execução e avaliação do Programa Nacional de Ações Afirmativas; e f) promoção do acompanhamento da implementação de legislação de ação afirmativa e de definição de ações públicas que visem o cumprimento dos acordos, convenções e outros instrumentos congêneres assinados pelo Brasil, nos aspectos relativos à promoção da igualdade e de combate à discriminação racial ou étnica. Portanto, a esse órgão compete assessorar direta e imediatamente ao presidente da República na formulação, coordenação e articulação de políticas e diretrizes para a promoção da igualdade racial, na formulação, coordenação e avaliação das políticas públicas afirmativas de promoção da igualdade e da proteção dos direitos de indivíduos e grupos raciais e étnicos, com ênfase na população negra, afetados por discriminação racial e demais formas de intolerância, na articulação, promoção e acompanhamento da execução dos programas de cooperação com organismos nacionais e internacionais, públicos e privados, voltados à implementação da promoção da igualdade racial, na formulação, coordenação e acompanhamento das políticas transversais de governo para a promoção da igualdade racial, no planejamento, coordenação da execução e avaliação do Programa Nacional de Ações Afirmativas e na promoção do acompanhamento da implementação de legislação de ação afirmativa e definição de ações públicas que visem o cumprimento dos acordos, convenções e outros instrumentos congêneres assinados pelo Brasil, nos aspectos relativos à promoção da igualdade e de combate à discriminação racial ou étnica, tendo como estrutura básica o Conselho Nacional de Promoção da Igualdade Racial (CNPIR), o Gabinete e até três Subsecretarias.

SECRETARIA ESPECIAL DE POLÍTICAS PARA AS MULHERES. Órgão integrante da Presidência da República, tem como área de competência: a) assessorar direta e imediatamente o Presidente da República na formulação, coordenação e articulação de políticas para as mulheres; b) elaborar e implementar campanhas educativas e de combate à discriminação de caráter nacional; c) elaborar o planejamento de gênero que contribua na ação do governo federal e demais esferas de governo, com vistas à promoção de igualdade; d) articular, promover e executar programas de cooperação com organismos nacionais e internacionais, públicos e privados, voltados à implementação de políticas para as mulheres; e e) promover o acompanhamento da implementação de legislação de ação afirmativa e definição de ações públicas que visem ao cumprimento dos acordos, convenções e planos de ação assinados pelo Brasil, nos aspectos relativos à igualdade entre mulheres e homens e de combate à discriminação.

SECRETARIA ESPECIAL DE PORTOS. *Direito administrativo.* Tem competência para assessorar direta e imediatamente o Presidente da República na formulação de políticas e diretrizes para o desenvolvimento e o fomento do setor de portos e terminais portuários marítimos e, especialmente, promover a execução e a avaliação de medidas, programas e projetos de apoio ao desenvolvimento da infra-estrutura e da superestrutura dos portos e terminais portuários marítimos, bem como dos outorgados às companhias docas. A Secretaria Especial de Portos tem como estrutura básica o Gabinete, o Instituto Nacional de Pesquisas Hidroviárias (INPH) e até duas Subsecretarias. Tem competência para: a) a formulação, coordenação e supervisão das políticas nacionais; b) a participação no planejamento estratégico, o estabelecimento de diretrizes para sua implementação e a definição das prioridades dos programas de investimentos; c) a aprovação dos planos de outorgas; d) o estabelecimento de diretrizes para a representação do Brasil nos organismos internacionais e em convenções, acordos e tratados referentes às competências acima mencionadas; e e) o desenvolvimento da infra-estrutura e da superestrutura aquaviária dos portos e terminais portuários na sua esfera de atuação, visando à segurança e à eficiência do transporte aquaviário de cargas e de passageiros.

SECRETARIA ESPECIAL DO CONSELHO DE DESENVOLVIMENTO ECONÔMICO E SOCIAL. Órgão integrante da Presidência da República, tem como área de competência os seguintes assuntos: a) assessoramento direto e imediato ao Presidente da República na formulação de políticas e diretrizes específicas, voltadas ao desenvolvimento econômico e social; b) articulação com a sociedade civil organizada para a consecução de modelo de desenvolvimento configurador de novo e amplo contrato social; c) coordenação e secretaria do funcionamento do Conselho de Desenvolvimento Econômico e Social; d) coordenação e supervisão da execução das diretrizes e deliberações do Conselho de Desenvolvimento Econômico e Social. A ela compete assessorar direta e imediatamente o presidente da República na formulação de políticas e diretrizes específicas, bem como coordenar e secretariar o funcionamento do Conselho de Desenvolvimento Econômico e Social, visando à articulação da sociedade civil organizada para a consecução de um modelo de desenvolvimento configurador de um novo e amplo contrato social, tendo como estrutura básica o Gabinete e até duas Subsecretarias.

SECRETARIA ESPECIAL DOS DIREITOS HUMANOS. *Direito administrativo.* Órgão que visa: a) assessorar direta e imediatamente o Presidente da República na formulação de políticas e diretrizes voltadas à promoção dos direitos da cidadania, da criança, do adolescente, do idoso e das minorias e à defesa dos direitos das pessoas portadoras de deficiência e a promoção de sua integração à vida comunitária; b) promover e defender os direitos da cidadania, da criança, do adolescente, da pessoa portadora de deficiência, do idoso, de homossexuais e de outros grupos sociais em situação de vulnerabilidade; c) defender os interesses coletivos e difusos em articulação com o sistema de garantia de direitos humanos; d) desenvolver estudos e propor medidas referentes aos direitos civis, políticos, sociais, econômicos e culturais, às liberdades públicas e à promoção da igualdade de direitos e oportunidades; e) articular com os órgãos dos três poderes e dos três níveis da Federação com vistas à formulação e à implementação de políticas de direitos humanos; f) atuar em parceria com órgãos públicos e organizações não-governamentais com vistas à efetivação dos direitos humanos em todo o território nacional; g) atuar, em parceria com o Ministério das Relações Exteriores, com vistas a incrementar a cooperação regional e internacional em prol dos direitos humanos; h) coordenar a política nacional de direitos humanos, em conformidade com as diretrizes do Programa Nacional de Direitos Humanos (PNDH); i) coordenar e supervisionar a implantação e implementação do Sistema Nacional de Informações sobre deficiência; j) articular e coordenar a atuação dos Órgãos Colegiados vinculados à Secretaria Especial, prestando o apoio técnico e administrativo necessários ao seu funcionamento; k) formular, normatizar e coordenar a Política de Promoção, Defesa e Garantia dos Direitos da Criança e do Adolescente, bem como prestar apoio e assessoria a órgãos e entidades que executam esta política; l) articular, em todo território nacional, a formulação de políticas de defesa dos direitos da pessoa portadora de deficiência, bem como prestar apoio e assessoramento aos órgãos e às entidades executoras desta política; m) estimular a constituição de um Sistema Nacional de Proteção aos Direitos Humanos; n) promover a articulação, cooperação e integração das políticas públicas setoriais que garantam plena cidadania às vítimas ou testemunhas ameaçadas; o) exercer a função de Autoridade Central Federal e de Autoridade Central em matéria de adoção e seqüestro internacional de crianças e adolescentes; p) difundir e zelar pelo cumprimento da normativa nacional e internacional em matéria de direitos humanos; q) promover a co-operação com os organismos internacionais e estrangeiros em matéria de direitos humanos; r) articular iniciativas e apoiar projetos voltados para a proteção e promoção dos direitos humanos em âmbito nacional, tanto por organismos governamentais, incluindo os Poderes Executivo, Legislativo e Judiciário, como por organizações da sociedade civil; s) exercer as funções de ouvidoria-geral da cidadania da criança e do adolescente, da pessoa portadora de deficiência, do idoso e de outros grupos sociais em situação de vulnerabilidade; t) coordenar Plano Nacional para o Registro Civil de Nascimento, contribuindo para a erradicação do Sub-registro; e u) participar na formulação e execução de programas interministeriais que envolvam a temática direitos humanos, como políticas da juventude, combate ao abuso e à exploração sexual de crianças e adolescentes, prevenção e combate ao trabalho escravo.

SECRETARIA EXECUTIVA DO MINISTÉRIO DA CULTURA. *Direito administrativo.* Órgão de assistência direta que tem o escopo de: a) assistir ao ministro de Estado na supervisão e coordenação das atividades das Secretarias integrantes da estrutura do Ministério e das entidades a ele vinculadas; b) supervisionar e coordenar as atividades relacionadas com os sistemas federais de planejamento e orçamento, organização e modernização administrativa, recursos de informação e informática, recursos humanos e de serviços gerais, no âmbito do Ministério; c) auxiliar o ministro de Estado na definição das diretrizes e na implementação das ações da área de competência do Ministério.

SECRETARIA FEDERAL DE CONTROLE INTERNO. *Direito administrativo.* Órgão competente para desempenhar as funções operacionais do Sistema de Controle Interno do Poder Executivo Federal; propor ao ministro de Estado a normatização, a sistematização e a padronização dos procedimentos operacionais dos órgãos e das unidades integrantes do Sistema de Controle Interno do Poder Executivo Federal; coordenar as atividades que exijam ações integradas dos órgãos e das unidades do Sistema de Controle Interno do Poder Executivo Federal; auxiliar o Ministro de Estado na supervisão técnica das atividades desempenhadas pelos órgãos e unidades integrantes do Sistema de Controle Interno do Poder Executivo Federal; supervisionar a consolidação dos planos de trabalho das unidades de auditoria interna das entidades da Administração Pública Federal indireta; apoiar o Ministro de Estado na instituição e manutenção de sistema de informações para o exercício das atividades finalísticas do Sistema de Controle Interno do Poder Executivo Federal; prestar informações ao Ministro de Estado sobre o desempenho e a conduta funcional dos servidores da carreira Finanças e Controle; prestar subsídios ao Ministro de Estado na verificação da consistência dos dados contidos no Relatório de Gestão Fiscal; auxiliar o Ministro de Estado na elaboração da prestação de contas anual do Presidente da República a ser encaminhada ao Congresso Nacional; exercer o controle das operações de crédito, avais, garantias, direitos e haveres da União; avaliar o desempenho da auditoria interna das entidades da Administração Pública Federal indireta; planejar, coordenar, controlar e avaliar as atividades de controle interno de suas unidades administrativas e das unidades descentralizadas da Controladoria-Geral da União; verificar a observância dos limites e das condições para realização de operações de crédito e inscrição em Restos a Pagar; verificar e avaliar a adoção de medidas para o retorno da despesa total com pessoal ao limite legal; verificar a adoção de providências para recondução dos montantes das dívidas consolidada e mobiliária aos limites da lei; verificar a destinação de recursos obtidos com a alienação de ativos, tendo em vista as restrições constitucionais e legais; avaliar o cumprimento das metas estabelecidas ao Plano Plurianual e na Lei de Diretrizes Orçamentárias; avaliar a execução dos orçamentos da União; fiscalizar e avaliar a execução dos programas de governo, inclusive ações descentralizadas realizadas à conta de recursos oriundos dos orçamentos da União, quanto ao nível de execução das metas e dos objetivos estabelecidos e à qualidade do gerenciamento; fornecer informações sobre a situação físico-financeira dos projetos e das atividades constantes dos orçamentos da União; propor medidas ao Ministro de Estado visando criar condições para o exercício do controle social sobre os programas contemplados com recursos oriundos dos orçamentos da União; auxiliar o Ministro de Estado na aferição da adequação dos mecanismos de controle social sobre os programas contemplados com recursos oriundos dos orçamentos da União; realizar auditorias sobre a gestão dos recursos

públicos federais sob a responsabilidade de órgãos e entidades públicos e privados, bem como sobre a aplicação de subvenções e renúncia de receitas; realizar auditorias e fiscalizações nos sistemas contábil, financeiro, orçamentário, de pessoal e demais sistemas administrativos e operacionais; manter atualizado o cadastro de gestores públicos federais; apurar os atos ou fatos inquinados de ilegalidade ou irregularidade, praticados por agentes públicos ou privados, na utilização de recursos públicos federais, dando ciência ao Ministro de Estado e ao controle externo, e comunicando, quando for o caso, à unidade responsável pela contabilidade, para as providências cabíveis; promover registros referentes à instauração de tomada de contas especial; supervisionar e coordenar a atualização e manutenção dos dados e dos registros pertinentes; e realizar outras atividades determinadas pelo Ministro de Estado.

SECRETARIA-GERAL. *Direito administrativo.* Órgão de planejamento, supervisão, coordenação e controle das atividades de cada ministério.

SECRETARIA-GERAL DA PRESIDÊNCIA DA REPÚBLICA. *Direito administrativo.* É o órgão essencial da Presidência da República que tem como área de competência os seguintes assuntos: a) assistência direta e imediata ao Presidente da República no desempenho de suas atribuições; b) condução, coordenação e articulação das relações políticas do Governo com os diferentes segmentos da sociedade; c) planejamento, organização e acompanhamento da agenda do Presidente da República com os diferentes segmentos da sociedade; d) preparação e formulação de subsídios para os pronunciamentos do Presidente da República; e) avaliação, criação e implementação de instrumentos de consulta e participação popular em temas afetos ao Poder Executivo; f) produção de análise das políticas públicas e de temas de interesse do Presidente da República; g) realização de estudos de natureza político-institucional; h) formulação, supervisão, coordenação, integração e articulação de políticas públicas para a juventude; i) articulação, promoção e execução de programas de cooperação com organismos nacionais e internacionais, públicos e privados voltados à implementação de políticas para a juventude; j) outras competências que lhe forem atribuídas pelo Presidente da República. É portanto da sua competência assistir direta e imediatamente ao Presidente da República no desempenho de suas atribuições, especialmente no relacionamento e articulação com as entidades sociais e na criação e implementação de instrumentos de consulta e participação popular de interesse do Poder Executivo, na elaboração da agenda futura do Presidente da República, na preparação e formulação de subsídios para os pronunciamentos do Presidente da República, na promoção de análises de políticas públicas e temas de interesse do Presidente da República, na realização de estudos de natureza político-institucional e outras atribuições que lhe forem designadas pelo Presidente da República, tendo como estrutura básica o Gabinete, a Secretaria-Geral e até duas Subsecretarias.

SECRETARIA MUNICIPAL. *Direito administrativo.* Órgão que auxilia o prefeito na solução de questões que envolvam interesses peculiares do município.

SECRETARIA NACIONAL ANTIDROGAS (SENAD). *Direito administrativo.* Órgão com competência para: a) assessorar e assistir ao Ministro de Estado no âmbito de sua competência; b) planejar, coordenar, supervisionar e executar as atividades de prevenção do uso indevido de substâncias entorpecentes e drogas que causem dependência física ou psíquica, bem como aquelas relacionadas com o tratamento, recuperação e reinserção social de dependentes; c) propor a Política Nacional Antidrogas relacionada com as atividades acima referidas; d) consolidar a proposta da Política Nacional Antidrogas; e) definir estratégias e elaborar planos, programas e procedimentos para alcançar as metas propostas na Política Nacional Antidrogas e acompanhar a sua execução; f) atuar, em parceria com órgãos da Administração Pública Federal, estadual, do Distrito Federal e municipal, governos estrangeiros, organismos multilaterais e comunidade internacional, na concretização de medidas efetivas das atividades antidrogas referidas no item *b*; g) promover o intercâmbio com organismos nacionais e internacionais na sua área de competência; h) propor medidas na área institucional visando ao acompanhamento e ao aperfeiçoamento da ação governamental das atividades antidrogas; i) gerir o Fundo Nacional Antidrogas (Funad), bem como fiscalizar os seus recursos repassados aos órgãos e entidades conveniados; j) firmar contratos ou celebrar convênios, acordos, ajustes ou outros instrumentos congêneres com entidades, instituições ou organismos nacionais ou internacionais na área de sua competência; k) indicar bens apreendidos e não alienados a serem colocados sob custódia de autoridade competente responsável pelas ações antidrogas ou pelo apoio a essas ações; l) solicitar ao órgão competente a emissão do certificado do Tesouro Nacional referente à caução de valores apurados com a alienação de bens ou depositados em decorrência de tutela cautelar; m) realizar, direta ou indiretamente, a alienação de bens com definitivo perdimento decretado em favor da União, articulando-se com os órgãos do Poder Judiciário e do Ministério Público para obter a concessão de tutela cautelar para a venda ou apropriação de bens e valores apreendidos na forma da lei; n) administrar recursos oriundos de apreensão ou de perdimento de bens, direitos e valores em favor da União, colocados à disposição da Secretaria; o) desempenhar as atividades de Secretaria Executiva do Conad; e p) realizar outras atividades determinadas pelo Ministro de Estado.

SECRETARIA NACIONAL DE DESENVOLVIMENTO DE ESPORTE E DE LAZER. *Direito desportivo.* Órgão específico singular, diretamente subordinado ao Ministro de Estado do Esporte, tem por finalidade: a) assegurar a configuração de uma política social do Esporte e do Lazer centrada no parâmetro do Desenvolvimento Humano; b) zelar pelo cumprimento da legislação esportiva, relativa à sua área de atuação; c) propor ações sobre assuntos da sua área para compor o Plano Nacional do Esporte e do Lazer; d) implantar as decisões relativas ao Plano Nacional do Esporte e do Lazer, afetas à sua área; e) prestar cooperação técnica e orientar a aplicação de recursos financeiros destinados a outros órgãos da Administração Pública Federal, aos Estados, ao Distrito Federal, aos Municípios e às entidades não-governamentais sem fins lucrativos, em empreendimentos ligados ao desenvolvimento do Esporte e do Lazer; f) manter intercâmbio com organismos públicos e privados, nacionais e internacionais, em prol do desenvolvimento do Esporte e do Lazer; g) articular-se com os demais segmentos da Administração Pública Federal, tendo em vista a execução das ações integradas na área do Esporte e do Lazer; h) prestar apoio técnico e administrativo ao Conselho Nacional de Esporte;

i) emitir relatórios técnicos específicos, quando se tratar de execução de obras ou realização de eventos em sua área de atuação.

SECRETARIA NACIONAL DE ESPORTE DE ALTO RENDIMENTO. *Direito desportivo.* Órgão específico singular, diretamente subordinado ao Ministro de Estado do Esporte, tem por finalidade: a) fazer proposições sobre assuntos da sua área para compor o Plano Nacional do Esporte e do Lazer; b) implantar as decisões relativas ao Plano Nacional do Esporte e do Lazer e aos programas de desenvolvimento do esporte de alto rendimento; c) realizar estudos, planejar e coordenar e supervisionar o desenvolvimento do esporte de alto rendimento e a execução das ações de promoção de eventos; d) zelar pelo cumprimento da legislação esportiva, relativa à sua área de atuação; e) prestar cooperação técnica e orientar a aplicação de recursos financeiros destinados a outros órgãos da Administração Pública Federal, aos Estados, ao Distrito Federal, aos Municípios e às entidades não-governamentais sem fins lucrativos, em empreendimentos ligados ao esporte de alto rendimento; f) manter intercâmbio com organismos públicos e privados, nacionais, internacionais e governos estrangeiros, em prol do desenvolvimento do esporte de alto rendimento; g) articular-se com os demais segmentos da Administração Pública Federal, tendo em vista a execução de ações integradas na área do esporte de alto rendimento; h) prestar apoio técnico e administrativo ao Conselho Nacional do Esporte; i) coordenar, formular e implementar políticas relativas aos esportes voltados para competição, desenvolvendo gestões de planejamento, avaliação e controle de programas, projetos e ações nessas modalidades; e j) emitir relatórios técnicos específicos, quando se tratar de execução de obras ou realização de eventos em sua área de atuação.

SECRETARIA NACIONAL DE ESPORTE EDUCACIONAL. *Direito desportivo.* Órgão específico singular, diretamente subordinado ao Ministro de Estado do Esporte, tem por finalidade: a) fazer proposições sobre assuntos da sua área para compor o Plano Nacional de Esporte e do Lazer; b) implantar as decisões relativas ao Plano Nacional do Esporte e do Lazer e aos programas de desenvolvimento do esporte educacional; c) realizar estudos, planejar e coordenar e supervisionar o desenvolvimento do esporte

educacional e a execução das ações de promoção de eventos; d) zelar pelo cumprimento da legislação esportiva, relativa à sua área de atuação; e) prestar cooperação técnica e orientar a aplicação de recursos financeiros destinados a outros órgãos da Administração Pública Federal, aos Estados, ao Distrito Federal, aos Municípios e às entidades não-governamentais sem fins lucrativos, em empreendimentos ligados ao esporte educacional; f) manter intercâmbio com organismos públicos e privados, nacionais, internacionais e governos estrangeiros, em prol do desenvolvimento do esporte educacional; g) articular-se com os demais segmentos da Administração Pública Federal, tendo em vista a execução de ações integradas na área do esporte educacional; h) prestar apoio técnico e administrativo ao Conselho Nacional de Esporte; i) coordenar, formular e implementar políticas relativas aos esportes educacionais, desenvolvendo gestões de planejamento, avaliação e controle de programas, projetos e ações; e j) emitir relatórios técnicos específicos, quando se tratar de execução de obras ou realização de eventos em sua área de atuação.

SECRETARIA NACIONAL DE HABITAÇÃO (SNH). *Direito urbanístico.* Órgão específico singular, diretamente subordinado ao Ministro de Estado das Cidades, tem por finalidade: a) formular e propor, acompanhar e avaliar os instrumentos para a implementação da Política Nacional de Habitação, em articulação com as demais políticas públicas e com as instituições e órgãos voltados para o desenvolvimento urbano, regional e social, visando a universalização do acesso à moradia, incluindo a rural; b) promover e acompanhar a consolidação e modernização da legislação do setor habitacional; c) promover e coordenar ações de apoio técnico a estados, Distrito Federal e municípios e organizações da sociedade na gestão de programas habitacionais, em consonância com as diretrizes da Secretaria Executiva; d) elaborar diretrizes nacionais visando à captação de recursos para investimentos no setor de habitação; e) elaborar e propor mecanismos de participação e controle social das ações de habitação, incluindo a realização de seminários, encontros e conferências; f) promover e acompanhar ações para o desenvolvimento e a difusão tecnológica e para a melhoria da qualidade da cadeia produtiva da indústria da construção civil; g) coordenar e apoiar as atividades referentes à área de habitação no Conselho das Cidades; h) exercer as atribuições inerentes ao Comitê Nacional de Desenvolvimento Tecnológico da Habitação no âmbito da Secretaria, observada a legislação específica; i) apoiar a integração de programas e ações estaduais, municipais e do Distrito Federal; j) apoiar, em articulação com a Secretaria Executiva, a participação do Ministério em órgãos colegiados, em assuntos inerentes à Secretaria; k) elaborar proposições legislativas sobre matérias técnicas de competência da Secretaria; l) coordenar, em articulação com a Subsecretaria de Planejamento, Orçamento e Administração, o processo de planejamento, orçamento e gestão no âmbito da Secretaria; e m) acompanhar e avaliar o desempenho físico-financeiro das ações e programas da Secretaria, elaborando informações gerenciais para o processo de tomada de decisões.

SECRETARIA NACIONAL DE JUSTIÇA. *Direito administrativo.* Órgão específico singular, integrante da estrutura regimental do Ministério da Justiça, que tem por finalidade: a) coordenar a política de justiça, por intermédio de articulação com os demais órgãos federais, Poder Judiciário, Poder Legislativo, Ministério Público, Governos Estaduais, agências internacionais e organizações da sociedade civil; b) tratar dos assuntos relacionados à classificação indicativa de jogos eletrônicos, das diversões públicas e dos programas de rádio e televisão e recomendar a correspondência com as faixas etárias e os horários de funcionamento e veiculação adequados; c) tratar dos assuntos relacionados com a nacionalidade, naturalização e regime jurídico dos estrangeiros; d) instruir cartas rogatórias; e) opinar sobre a solicitação, cassação e concessão de títulos de utilidade pública, medalhas e sobre a instalação de sociedades estrangeiras, como as associações e fundações, no território nacional, na área de sua competência; f) registrar e fiscalizar as entidades que executam serviços de microfilmagem; g) qualificar as pessoas de direito privado sem fins lucrativos como Organizações da Sociedade Civil de Interesse Público; h) dirigir, negociar e coordenar os estudos relativos ao direito da integração e as atividades de cooperação jurisdicional, nos acordos internacionais em que o Brasil seja parte; i) coordenar a política nacional sobre os refugiados; j) representar o Mi-

nistério no Conselho Nacional de Imigração; e k) orientar e coordenar as ações com vistas ao combate à lavagem de dinheiro e à recuperação de ativos.

SECRETARIA NACIONAL DE PROGRAMAS URBANOS. *Direito urbanístico.* Órgão competente para: a) formular e propor, acompanhar e avaliar a Política Nacional de Programas Urbanos em consonância com as políticas de habitação, saneamento e modalidade urbana, em articulação com o Conselho das Cidades; b) formular e propor programas urbanos voltados para o conjunto dos municípios brasileiros, em consonância com as demais políticas setoriais, e em articulação com o Conselho das Cidades; c) promover ações de universalização do acesso à terra urbanizada; d) coordenar, acompanhar e avaliar a implementação dos instrumentos e programas de apoio à gestão, ao planejamento urbano e ao manejo do solo urbano; e) promover a articulação e parcerias com os produtores de conhecimento nos níveis federal, estadual e municipal, bem como provenientes de organizações não-governamentais; f) apoiar e estimular a integração de projetos, programas e ações desenvolvidos pelo Ministério e pelos demais órgãos federais, municipais, estaduais e o Distrito Federal; g) coordenar, acompanhar e avaliar a implementação de normas, procedimentos e programas relacionados à regularização fundiária urbana; h) promover ações voltadas para a gestão das regiões metropolitanas, aglomerações urbanas e microrregiões; o desenvolvimento local em pequenas cidades, incentivando a formação do associativismo e cooperativismo municipal e intermunicipal; e a articulação com as instituições e órgãos de apoio ao desenvolvimento municipal; i) promover mecanismos de participação e controle social das ações voltadas para gestão e planejamento urbano; j) propor diretrizes nacionais para o financiamento dos programas urbanos; k) coordenar e apoiar as atividades referentes à gestão urbana no Conselho das Cidades.

SECRETARIA NACIONAL DE SANEAMENTO AMBIENTAL (SNSA). *Direito ambiental.* Órgão competente para: a) formular, propor, acompanhar e avaliar a implementação da Política Nacional, em consonância com as demais políticas públicas orientadas para o desenvolvimento urbano e regional, e de forma articulada com a Câmara Técnica de Saneamento Ambiental do Conselho das Cidades; b) promover a compatibilização técnica e a integração interinstitucional da Política Nacional de Saneamento Ambiental com as demais políticas públicas, em especial com as políticas de saúde, meio ambiente e de recursos hídricos; c) promover a articulação com as demais instituições que atuam ou se relacionam com as atividades de saneamento ambiental, estabelecendo as diretrizes técnicas e formulando as formas organizacionais necessárias à efetivação desse processo; d) incentivar o desenvolvimento tecnológico do setor de saneamento ambiental, em articulação com as instituições de pesquisa e de difusão tecnológica nacionais e estrangeiras, envolvendo as organizações produtivas a eles articulados; e) propor e formular a regulamentação da prestação dos serviços no âmbito do setor de saneamento ambiental, assim como acompanhar o seu processo de implementação; f) promover e coordenar ações e programas orientados para a universalização dos serviços de saneamento ambiental, na área urbana e rural; g) promover e coordenar, em consonância com as diretrizes da Secretaria Executiva, ações de apoio técnico a Estados, Municípios e prestadores de serviços na execução das atividades e projetos relativos ao saneamento ambiental; h) formular, promover e coordenar o processo de planejamento da política de saneamento ambiental, de forma articulada aos demais órgãos e instituições que atuam no setor, fornecendo os insumos técnicos e os parâmetros institucionais para a execução das ações e programas integrantes da política; i) formular e implementar, em consonância com as diretrizes da Secretaria Executiva deste Ministério e do Ministério do Planejamento, Orçamento e Gestão, planos e programas plurianuais de investimentos que sirvam de referência técnica e administrativa para o processo de planejamento e execução da política; j) formular e promover a implementação dos mecanismos técnicos e institucionais de participação e controle social nas instâncias decisórias relativas à política nacional de saneamento ambiental, incluindo a realização de seminários, encontros e conferências, que contemplem a participação dos atores interessados na política; k) coordenar e apoiar as atividades referentes ao saneamento ambiental no Conselho da Cidade, fornecendo os insumos técnicos e estabelecendo os parâmetros institucionais para a consolidação nacional da política; l)

formular as diretrizes nacionais para o financiamento ao setor de saneamento ambiental e fornecer os parâmetros técnicos para a compatibilização dos programas de saneamento aos requisitos das fontes de financiamento; m) elaborar proposições legislativas sobre matérias de competência da Secretaria; n) acompanhar e avaliar o desempenho das ações e programas sob a responsabilidade da Secretaria, elaborando sistemas de informações gerenciais e instrumentos de monitoramento e avaliação para o processo de tomada de decisão; o) implementar, em articulação com a Subscretaria de Planejamento, Orçamento e Administração, a execução e o controle orçamentário e financeiro no âmbito da Secretaria Nacional de Saneamento Ambiental.

SECRETARIA NACIONAL DE SEGURANÇA PÚBLICA. *Direito administrativo.* Órgão incumbido de: a) assessorar o Ministro da Justiça na definição, implementação e acompanhamento da Política Nacional de Segurança Pública e dos Programas Federais de Prevenção Social e Controle da Violência e Criminalidade; b) planejar, acompanhar e avaliar a implementação de programas do Governo Federal para a área de segurança pública; c) elaborar propostas de legislação e regulamentação em assuntos de segurança pública, referentes ao setor público e ao setor privado; d) promover a integração dos órgãos de segurança pública; e) estimular a modernização e o reaparelhamento dos órgãos de segurança pública; f) promover a interface de ações com organismos governamentais e não-governamentais, de âmbito nacional e internacional; g) realizar e fomentar estudos e pesquisas voltados para a redução da criminalidade e da violência; h) estimular e propor aos órgãos estaduais e municipais a elaboração de planos e programas integrados de segurança pública objetivando controlar ações de organizações criminosas ou fatores específicos que gerem índices de criminalidade e violência, bem como estimular ações sociais de prevenção da violência e criminalidade; i) exercer, por seu titular, as funções de Ouvidor-Geral das Polícias Federais; j) implementar, manter e modernizar o Sistema Nacional de Informações de Justiça e Segurança Pública (INFOSEG); k) promover e coordenar as reuniões do CONASP; l) incentivar e acompanhar a atuação dos Conselhos Regionais de Segurança Pública.

SECRETARIA NOTARIAL. *Direito notarial.* Cartório comum em que funcionam os tabeliães de uma localidade, sob a direção de um deles (De Plácido e Silva).

SECRETARIA PARA O DESENVOLVIMENTO AUDIOVISUAL. *Direito administrativo.* Órgão específico singular do Ministério da Cultura, que tem a função de: a) planejar, promover e coordenar as atividades necessárias ao cumprimento da legislação audiovisual; b) aprovar projetos de produção e co-produção de obra audiovisual brasileira a ser realizados com incentivos fiscais; c) credenciar, em conjunto com o Ministério da Fazenda, projetos de exibição, distribuição e infra-estrutura técnica específicos da área audiovisual cinematográfica, a ser realizados com incentivos fiscais; d) desenvolver, inclusive com outros órgãos e entidades, programas de apoio à produção audiovisual brasileira; e) autorizar a movimentação de recursos financeiros incentivados, para aplicação em projetos de produção e co-produção de obra audiovisual cinematográfica brasileira; f) fiscalizar o cumprimento da legislação audiovisual; g) aplicar multas previstas na legislação audiovisual; h) fornecer os Certificados de Produto Brasileiro e de Registro de Contrato; i) autorizar a veiculação, no território nacional, de obra audiovisual publicitária estrangeira; j) autorizar a produção de obra audiovisual estrangeira, no território nacional; k) assistir técnica e administrativamente a Comissão de Cinema.

SECRETÁRIO. *Direito administrativo.* **1.** Aquele que, em órgão colegiado, compõe a mesa e registra as deliberações tomadas. **2.** Aquele que cuida do expediente, da correspondência alheia etc. **3.** Auxiliar direto do governador ou do prefeito, que tem a chefia de uma secretaria responsável por determinado serviço. **4.** Livro que contém fórmulas ou modelos de requerimentos e cartas.

SECRETÁRIO COMERCIAL. *Direito do trabalho* e *direito comercial.* Aquele que, tendo diploma em curso técnico, trabalha em empresas e estabelecimentos mercantis cuidando do expediente e da correspondência.

SECRETÁRIO DE EMBAIXADA. *Direito internacional público.* **1.** Aquele que está na carreira inicial da diplomacia. **2.** Aquele que, fazendo parte do pessoal diplomático, está encarregado da supervisão do expediente, da direção e da administração da secretaria da embaixada, sob as ordens e orientação do embaixador.

SECRETÁRIO DE ESTADO. *Direito administrativo.* **1.** Aquele que chefia uma secretaria estadual, auxiliando o governador. **2.** Aquele encarregado das relações exteriores de um país. **3.** Aquele que auxilia diretamente o chefe de governo.

SECRETÁRIO DE JUNTA APURADORA. *Direito eleitoral.* Aquele escrutinador que foi indicado para secretariar a apuração das eleições realizadas em certa zona, escriturando mapas e boletins alusivos a cada urna.

SECRETÁRIO DE LEGAÇÃO. *Direito internacional público.* Funcionário encarregado do expediente de uma legação, cuja secretaria dirige sob as ordens de um ministro.

SECRETÁRIO DE MESA RECEPTORA. *Direito eleitoral.* Membro da mesa receptora de votos, que tem a incumbência de secretariar os trabalhos, cumprindo as obrigações que lhe forem atribuídas em instruções.

SECRETÁRIO DE POLÍCIA. *História do direito.* Chefe da polícia repressiva, quando o órgão sob sua direção denominava-se secretaria (De Plácido e Silva), correspondendo, hoje, ao secretário de Segurança Pública.

SECRETÁRIO DE REDAÇÃO. *Direito autoral.* Aquele que tem a incumbência de receber, examinar e encaminhar artigos de um jornal.

SECRETÁRIO EPISTOLAR. *Direito administrativo.* Livro que contém fórmulas de requerimentos e modelos de cartas para orientação daquele que exerce as funções de secretário.

SECRETÁRIO EXECUTIVO DO MINISTRO DA CULTURA. *Direito administrativo.* É aquele que tem o dever de: a) coordenar, consolidar e submeter ao ministro de Estado o plano de ação global do Ministério; b) supervisionar e avaliar a execução dos projetos e atividades do Ministério; c) supervisionar e coordenar a articulação dos órgãos do Ministério com os órgãos centrais dos sistemas afetos à área de competência da Secretaria Executiva; d) exercer outras atribuições que lhe forem cometidas pelo ministro de Estado.

SECRETÁRIO-GERAL. Secretário principal, ou seja, chefe de vários secretários, cujos serviços dirige e coordena.

SECRETÁRIO PARTICULAR. *Direito administrativo, direito civil* e *direito comercial.* Aquele que está encarregado da anotação na agenda, da correspondência, das comunicações telefônicas e do expediente de uma autoridade pública, ou daquele que dirige uma sociedade simples ou um estabelecimento empresarial (De Plácido e Silva).

SECRETINA. *Medicina legal.* Hormônio que estimula a secreção glandular.

SECRETO. 1. O que é mantido em segredo. **2.** Trabalho que emprega método ou processo oculto. **3.** O que é revelado somente aos iniciados. **4.** Documento cujo teor só é conhecido de certas pessoas. **5.** Aquele referente a sistemas, instalações, programas, projetos, planos ou operações de interesse da defesa nacional, a assuntos diplomáticos e de inteligência e a planos ou detalhes, programas ou instalações estratégicos, cujo conhecimento não-autorizado possa acarretar dano grave à segurança da sociedade e do Estado. Competência para essa classificação: as autoridades que exerçam funções de direção, comando, chefia ou assessoramento, de acordo com regulamentação específica de cada órgão ou entidade da Administração Pública Federal.

SECTÁRIO. 1. *Ciência política.* Membro de um partido político. **2.** *Direito canônico.* Aquele que adere a uma seita religiosa condenada pela Igreja Católica. **3.** *Filosofia geral.* Aquele que é partidário ou defensor de uma doutrina ou idéia filosófica.

SECTARISMO. *Filosofia geral.* **1.** Intransigência em relação a certa idéia, diversa da aceita. **2.** Partidarismo obstinado a uma doutrina.

SECTARISTA. *Filosofia geral.* **1.** Que se refere a sectarismo. **2.** Partidário; adepto; sectário. **3.** Defensor de uma concepção filosófica ou científica.

SECTIO. *Termo latino.* Demanda.

SECTION. *Termo inglês.* **1.** Artigo. **2.** Parágrafo. **3.** Seção.

SECULAR. 1. *Ciência política.* O que diz respeito ao Estado, em contraposição ao que pertence à Igreja. **2.** *Direito civil.* Leigo; laico. **3.** *Direito canônico.* Religioso que não pertence a uma ordem monástica. **4.** Nas *linguagens comum* e *jurídica:* a) referente a século; b) que ocorre de século em século; c) ano em que termina o século.

SECULARIDADE. *Direito canônico.* **1.** Jurisdição secular da Igreja. **2.** Estado do clero secular. **3.** Ação própria de leigos.

SECULARISMO. *Ciência política.* **1.** Doutrina que propugna a exclusão de elementos religiosos da educação pública e dos assuntos do Estado. **2.** Tendência secular. **3.** Regime laical.

SECULARISTA. *Ciência política.* Adepto do secularismo.

SECULARIZAÇÃO. 1. *Direito civil.* Ato ou efeito de secularizar, subtraindo coisas ou pessoas do regime religioso, passando-as ao civil ou laico. **2.** *Direito canônico.* a) Indulto da autoridade religiosa, que priva um eclesiástico dos votos monásticos; b) redução de religioso ao estado laico.

SECULARIZADOR. *Ciência política.* Que seculariza.

SECULARIZAR. 1. *Direito canônico.* a) Tornar leigo o que era religioso; b) dispensar de votos monásticos; c) deixar de pertencer a uma ordem religiosa ou de exercer funções sacerdotais, voltando ao estado secular. **2.** *Ciência política.* Transferir do uso, posse ou controle eclesiástico para o civil.

SÉCULO. 1. Espaço de cem anos. **2.** Época. **3.** Período longo de tempo.

SECUNDANO. *Direito romano.* Soldado da segunda legião.

SECUNDAR. 1. Repetir. **2.** Responder. **3.** Revidar.

SECUNDÁRIA. *Lógica jurídica.* Quantificação que, em uma proposição, consiste na restrição que denota que o predicado não pode ser afirmado ou negado do sujeito em todos os casos (Lalande).

SECUNDÁRIO. 1. *Medicina legal.* Fenômeno patológico subordinado a outro. **2.** *História do direito.* Ensino de grau intermediário entre o primário e o superior. **3.** Na *linguagem jurídica* em geral: a) acessório; b) insignificante; c) de pouco valor; d) que é de menor importância; e) que, em relação a algo, está em segundo lugar. **4.** *Lógica jurídica.* Termo oposto a primário, cujo sentido não é evidente por si próprio (Lalande).

SECUNDINA. *Medicina legal.* Membrana fetal e placenta eliminadas após o parto.

SECUNDUM CONTRACTUM. *Locução latina.* Conforme a vontade contratual.

SECUNDUM CONVENTIONEM. *Locução latina.* De acordo com a convenção.

SECUNDUM IUS. *Locução latina.* Segundo o direito.

SECUNDUM LEGEM. 1. *Locução latina.* De acordo com a lei; conforme a lei. **2.** *Teoria geral do direito.*

Diz-se do costume previsto na lei, que reconhece sua eficácia obrigatória.

SECUNDUM QUID. *Lógica.* Sofisma que consiste no emprego de um termo, na conclusão, que entra nas premissas sob certas condições (Aristóteles).

SECUNDUM VERBA. *Locução latina.* Conforme as palavras.

SECUNDUM VOLUNTATEM. *Locução latina.* De acordo com a vontade.

SECURITÁRIO. 1. *Direito civil.* Relativo a seguro. **2.** *Direito do trabalho.* a) Empregado de companhia de seguro, ou aquele que exerce atividades alusivas ao ramo de seguros; b) atuário.

SÉCURITÉ. *Termo francês.* Segurança.

SECURITIZAÇÃO DE CRÉDITOS IMOBILIÁRIOS. *Direito civil* e *direito bancário.* É a operação pela qual os créditos imobiliários são expressamente vinculados à emissão de uma série de títulos de crédito, mediante Termo de Securitização de Créditos, lavrado por uma companhia securitizadora, do qual constarão os seguintes elementos: a) a identificação do devedor e o valor nominal de cada crédito que lastreie a emissão, com a individuação do imóvel a que esteja vinculado e a indicação do Cartório de Registro de Imóveis em que esteja registrado e respectiva matrícula, bem como o número do registro do ato pelo qual o crédito foi cedido; b) a identificação dos títulos emitidos; c) a constituição de outras garantias de resgate dos títulos da série emitida, se for o caso.

SECURITIZAÇÃO DE DIREITOS CREDITÓRIOS DO AGRONEGÓCIO. *Direito agrário.* É a operação pela qual tais direitos são expressamente vinculados à emissão de uma série de títulos de crédito, mediante Termo de Securitização de Direitos Creditórios, emitido por uma companhia securitizadora, do qual constarão os seguintes elementos: a) identificação do devedor; b) valor nominal e vencimento de cada direito creditório a ele vinculado; c) identificação dos títulos emitidos; d) indicação de outras garantias de resgate dos títulos da série emitida, quando constituídas.

SECURITIZAÇÃO DE DÍVIDAS. 1. *Direito comercial, direito bancário* e *direito cambiário.* Alternativa de empréstimo, utilizada por empresas, em razão de falta de dinheiro no mercado financeiro, por conta de restrição do crédito. A operação de securitização de dívidas pode ser feita de

vários modos, sendo o mais comum o seguinte, que envolve três etapas: a) criação de uma nova empresa por aquela que necessita de dinheiro e tem ativos, ou créditos de fornecedor, a receber; b) percepção, pela nova empresa, dos ativos ou dos créditos daquela que a originou; c) lançamento de debêntures no mercado pela nova empresa, que, com o dinheiro da venda, paga os créditos recebidos. Com tal operação ter-se-ão juros menores e a desburocratização da estrutura de caixa da empresa, criando-se uma instituição que será a repassadora e captadora de crédito no mercado. **2.** *Direito financeiro.* Renegociação de dívidas da União vencidas e não pagas, ou vincendas, feita pela Secretaria do Tesouro Nacional, tendo como mecanismo subjacente a novação contratual.

SECURITIZAÇÃO DE EXPORTAÇÕES. *Direito internacional privado.* Operação de crédito externo com vínculo a exportações qualificadas, para fins de registro, como empréstimo externo ou financiamento à importação.

SECURITIZAÇÃO DE RECEBÍVEIS. *Direito financeiro.* Operação financeira que vincula créditos oriundos de contratos de financiamento, de mútuo, de locação ou outros ativos a valores mobiliários negociáveis em mercados organizados (Luiz Fernando Rudge).

SECURITY DEPOSIT. *Locução inglesa.* Depósito de garantia.

SECUSSÃO. Grande abalo.

SECUTOR. *História do direito.* Gladiador que substituía o que foi morto.

SEDA. *Direito agrário.* Fibra produzida pelo bicho-da-seda ou por certas plantas.

SEDAÇÃO. *Medicina legal.* Efeito de sedativo.

SEDAÇÃO TERMINAL. *Medicina legal.* Ato de ministrar em paciente terminal, cuja dor é incontrolável, drogas intravenosas (barbitúricos ou benzodiazepínicos) que induzem um coma farmacológico, durante o qual aquele paciente não recebe água nem nutrição, o que vem a apressar sua morte (Dworkin).

SEDAN. *Termo inglês.* Tipo de automóvel com duas ou quatro portas, comportando de quatro a cinco pessoas.

SEDATIVO. *Medicina legal.* Medicamento que tranqüiliza o paciente, fazendo com que permaneça acordado, mas calmo, moderando seu nervosismo, ansiedade ou excitação, por agir sobre seu sistema nervoso central. Se ministrado em alta dosagem, pode causar insuficiência respiratória ou levar a pessoa ao estado de coma.

SEDE. 1. *Direito canônico.* a) Dignidade de bispo, arcebispo ou pontífice, que tem jurisdição em algum ponto; b) Sé. **2.** *Direito comercial.* Local onde uma empresa ou estabelecimento tem sua matriz ou ponto central de sua administração e de suas atividades negociais. **3.** *Direito civil.* a) Centro de atividades de uma pessoa física, ou ponto ou local escolhido não só para exercer ou praticar atos ou negócios jurídicos, mas também para responder pelas obrigações assumidas; b) domicílio civil; c) centro de atividades de uma associação, de uma sociedade simples ou de uma fundação particular. **4.** *Medicina legal.* a) Sensação da necessidade de beber; b) região onde se opera a realização de certa ordem de fenômenos fisiológicos; c) desejo; d) ânsia; aflição. **5.** *Direito administrativo.* a) Domicílio da pessoa jurídica de direito público; b) lugar onde um governo está estabelecido; c) todo o território do Município e dos Municípios vizinhos, quando ligados por freqüentes meios de transporte, dentro do qual se localizam as instalações de uma Organização, militar ou não, onde são desempenhadas as atribuições, missões, tarefas ou atividades cometidas ao militar, podendo abranger uma ou mais organizações militares (OM) ou guarnições. **6.** *Direito processual.* Local onde se reúne um tribunal ou onde se exerce uma jurisdição.

SEDE APOSTÓLICA. *Direito canônico.* Santa Sé.

SEDE DA ASSOCIAÇÃO. *Direito civil.* Domicílio da associação, ou seja, local onde está instalada sua administração e a gestão de seus bens e negócios.

SEDE DA AUTORIDADE. *Direito administrativo.* Local onde uma autoridade pública exerce suas funções.

SEDE DA FUNDAÇÃO. *Direito civil.* Centro das atividades de uma fundação, onde se fixa sua diretoria ou administração (De Plácido e Silva).

SEDE DE ALMA. Desejo voltado à consecução de um ideal.

SEDE DE SANGUE. *Direito penal* e *medicina legal.* Desejo imoderado de praticar assassinatos.

SEDE DO EMPREGO. *Direito do trabalho.* Local onde o empregado exerce habitualmente suas funções, ou presta serviços, em razão de vínculo empregatício.

SEDE DO GOVERNO. *Direito administrativo* e *direito civil.* Localidade onde o governo centraliza a Administração Pública.

SEDE DOS NEGÓCIOS. *Direito civil* e *direito comercial.* **1.** Local onde os credores podem demandar o cumprimento das obrigações assumidas por pessoa jurídica. **2.** Lugar onde está instalada a diretoria e administração de estabelecimento empresarial. **3.** Local onde a pessoa física se presume presente para efeitos de direito, e onde exerce ou pratica seus negócios jurídicos. **4.** Domicílio.

SEDE EPISCOPAL. *Direito canônico.* Local onde o governo do bispado se estabelece.

SEDENHO. 1. *História do direito.* Cilício de seda áspera e mortificante. **2.** *Direito agrário.* a) Cauda da rês, com o respectivo cabelo; b) cabelo da cauda e da crina do animal, do qual se fazem cordas. **3.** *Medicina legal.* Abertura feita em uma ferida, com mecha de fios, para permitir a expulsão de humores mórbidos.

SEDENTARIEDADE. Qualidade de sedentário.

SEDENTÁRIO. 1. Pouco ativo. **2.** Aquele que quase não anda nem faz exercício, pois sua profissão requer que fique em posição sentada. **3.** Que tem residência fixa.

SEDENTARISMO. *Sociologia geral.* **1.** Vida sedentária. **2.** Hábito sedentário. **3.** Etapa da vida do homem, organizado em família e dedicado à agricultura.

SEDE PLENA. *Direito canônico.* É a ocupada pelo respectivo prelado ou pelo Papa.

SEDE SOCIAL. *Direito comercial.* **1.** Local indicado no estatuto da sociedade empresária para ser o centro de suas atividades e da sua administração. **2.** Escritório central de uma empresa.

SEDESTRE. *Direito autoral.* Diz-se de uma obra que representa uma pessoa sentada.

SEDE VACANTE. *Direito canônico.* **1.** Sede que não está ocupada em razão de falecimento, renúncia ou transferência de prelado de uma diocese. **2.** Sede que se encontra vaga pela morte do Papa que nela tinha assento.

SEDIA GESTATORIA. *Locução latina.* Sede ou cadeira gestatória, isto é, cadeira especial em que o Papa, em grandes solenidades, é conduzido.

SEDIÇÃO. *Ciência política.* **1.** Revolta. **2.** Tumulto popular que causa perturbação na ordem pública. **3.** Insurreição ou levante contra o poder constituído ou legítimo. **4.** Rebelião.

SEDIÇÃO MILITAR. *Direito penal militar.* Revolta de militares subordinados contra seu superior.

SEDICIOSO. *Ciência política* e *direito penal militar.* **1.** Insubordinado; rebelde. **2.** Aquele que promove ou participa de uma sedição. **3.** Relativo a sedição.

SED IS AB EO, QUI MUTUUM ACCEPIT, LONGE DISTAT: NAMQUE NON ITA RES DATUR, UT EJUS FIAT, ET OB ID DE PEA RE IPSA RESTITUENDA TENETUR. *Expressão latina.* O comodatário é diferente do mutuário, pois, ao receber o bem, não se torna seu proprietário, visto que deve devolver o mesmo bem.

SEDUÇÃO. 1. *História do direito.* a) Emprego de meios não violentos para corromper sexualmente uma mulher, tornando-a acessível aos desejos lúbricos do agente (Nélson Hungria); b) crime punido com reclusão, que consistia em ter, com mulher virgem menor de dezoito anos e maior de catorze anos, conjunção carnal, aproveitando-se de sua inexperiência ou justificável confiança. **2.** *Direito comercial marítimo.* Ato que consiste no fato de o capitão, ou comandante, atrair, mediante promessa ou oferta de vantagens, ou desencaminhar marinheiro matriculado em outro navio, incorporando-o à sua tripulação. Além da pena de multa por cada marinheiro desencaminhado, deve entregar o marinheiro seduzido a bordo de sua embarcação; e, se o navio por esta falta deixar de fazer-se a vela, será responsável pelas estadias da demora.

SEDUÇÃO COM PROMESSA DE CASAMENTO. *História do direito.* Aquela em que o agente, para obter a confiança da vítima, fazia com que ela acreditasse na sinceridade do fato de que a conjunção carnal seria reparada pelo casamento. Tratava-se da sedução qualificada.

SEDUÇÃO QUALIFICADA. *Vide* SEDUÇÃO COM PROMESSA DE CASAMENTO.

SEDUÇÃO SIMPLES. *História do direito.* Artifício empregado pelo agente para envolver a vítima menor, levando-a à prática do ato sexual, aproveitando-se de sua inexperiência.

SEDUTOR. *História do direito.* Aquele que induzia uma menor a se entregar à conjunção carnal, aproveitando-se de sua inexperiência ou justificável confiança.

SEDUZIDA. *História do direito.* Vítima da sedução.

SEDUZIR. *História do direito.* Praticar crime de sedução, influenciando moralmente mulher virgem menor de idade, para ter com ela relação sexual.

SEDUZÍVEL. *História do direito.* Dizia-se da mulher que poderia ser seduzida.

SÉ EPISCOPAL IMPEDIDA. *Direito canônico.* É aquela em que o bispo diocesano, por motivo de prisão, confinamento, exílio ou incapacidade, fica totalmente impedido de exercer o múnus pastoral na diocese, não podendo comunicar-se com seus diocesanos nem sequer por carta.

SÉ EPISCOPAL VACANTE. *Direito canônico.* É a que se dá havendo morte do bispo diocesano, renúncia aceita pelo Papa, transferência e privação intimada ao bispo.

SEFARDIM. *Direito comparado.* Designação dada aos judeus que descendem dos primeiros israelitas de Portugal e Espanha.

SEFEL. *História do direito.* Medida para cereais que era utilizada pelos egípcios e hebreus.

SEGA. *Direito agrário.* **1.** Tempo da colheita dos cereais. **2.** Ceifa. **3.** Ferro adaptado ao timão do arado, apropriado para cortar raízes e facilitar a lavra.

SEGADEIRA. *Direito agrário.* Máquina para ceifar.

SEGE. *História do direito.* Carruagem com duas rodas e um assento, fechada com cortinas.

SEGMENTO. Parte de um todo.

SEGMENTO CORPÓREO. *Medicina legal.* Parte do corpo (Croce e Croce Jr.).

SEGMENTO ESPACIAL. *Direito administrativo, direito internacional público* e *direito espacial.* Componente de sistema de comunicações constituído por satélites em órbita, operando em faixas de freqüências específicas e suas correspondentes estações de controle de satélite.

SEGMENTO ESPACIAL BRASILEIRO. *Direito administrativo, direito espacial, direito das comunicações* e *direito internacional público.* Aquele que utiliza posições orbitais notificadas pelo Brasil junto à União Internacional de Telecomunicações (UIT) e cujas estações de controle de satélite encontram-se em território nacional.

SEGMENTO INFERIOR. *Medicina legal.* Parte do útero que apresenta três centímetros no início da dilatação, alargando-se, paulatinamente, até a fase de expulsão do feto, formando uma faixa de tecido elástico na zona inferior da matriz (Croce e Croce Jr.).

SEGNÍCIA. Indolência; lentidão; inércia.

SEGNILIDADE. *Vide* SEGNÍCIA.

SEGREDAMENTO. Ato de segredar.

SEGREDAR. 1. Contar algo a alguém em segredo. **2.** Confidenciar.

SEGREDISMO. Costume ou política de guardar segredo de tudo.

SEGREDISTA. Aquele que pratica segredismo.

SEGREDO. 1. O que não pode ser revelado. **2.** Sigilo. **3.** Informação confidencial. **4.** Discrição ou silêncio sobre o que nos foi confiado. **5.** Método, processo ou fórmula utilizada em uma fabricação ou arte, cuja divulgação só é permitida ao pessoal técnico, ocupado com aquela tarefa. **6.** Local dissimulado para ocultar determinados objetos. **7.** Estado de prisioneiro incomunicável. **8.** Movimento necessário a ser dado em um disco de cofre, para que ele seja aberto.

SEGREDO BANCÁRIO. *Direito bancário.* Dever que tem o banco de guardar segredo dos negócios de seus clientes.

SEGREDO COMERCIAL. *Direito comercial.* Dever que tem o empresário ou aquele que ocupa cargo em estabelecimento empresarial de guardar sigilo sobre seus livros e operações negociais que estiverem sendo preparadas ou que foram efetivadas, evitando sua divulgação e concorrência desleal.

SEGREDO DA NATUREZA. Causa de fenômeno natural ainda não explicada pela ciência.

SEGREDO DE COMÉRCIO. *Vide* SEGREDO COMERCIAL.

SEGREDO DE COMUNICAÇÕES TELEFÔNICAS. 1. *Direito constitucional* e *direito processual.* Direito à intimidade, que proíbe interceptação de conversas telefônicas, inclusive para provar algo, em juízo, ante o fato de poder haver risco de corte de declaração, supressão de trechos, deturpação etc. (Caio Mário da Silva Pereira). **2.** *Direito penal.* Sigilo de comunicação telefônica, que, uma vez violado, constitui crime apenado com detenção, por ferir a liberdade de comunicação do pensamento.

SEGREDO DE CORRESPONDÊNCIA. *Direito constitucional* e *direito penal.* Sigilo do teor de correspondência alheia fechada, garantido constitucionalmente; além disso, a devassidão indevida do conteúdo de carta missiva dirigida a outrem constitui crime punido com detenção ou multa.

SEGREDO DE EMPRESA. *Direito de propriedade industrial.* Informação sigilosa relativa à pesquisa, à tecnologia, ao mercado, à catalogação etc., realizada pela empresa, que deve ser resguardada por constituir parte do patrimônio da empresa, evitando concorrência desleal.

SEGREDO DE ESTADO. 1. *Direito administrativo.* Sigilo que devem ter os funcionários sobre certos atos ou assuntos de interesse da Administração Pública que, pela sua natureza, não podem ser revelados sem que causem dano ao Estado. **2.** *Direito penal militar.* Proibição de divulgar informações confidenciais sobre situação política, econômica ou militar de um país a outro (Hugueney), pois tal ato constitui espionagem, que é crime contra a segurança do Estado.

SEGREDO DE FÁBRICA. *Direito de propriedade industrial.* Meio, método ou processo de fabricação ou de invento industrial que não pode ser divulgado pelos que o conhecem, em razão de serviço ou cargo que ocupam na indústria. Esse segredo é legalmente protegido para evitar concorrência desleal.

SEGREDO DE JUSTIÇA. *Direito processual.* Proibição legal de publicidade de certos atos processuais, em casos excepcionais, para resguardar interesse público e para não constranger os interessados em processos relativos a casamento, filiação, separação dos cônjuges etc., de modo que precisam ser executados em particular.

SEGREDO DE NEGÓCIO. *Vide* SEGREDO COMERCIAL.

SEGREDO FUNCIONAL. *Direito administrativo.* Dever que tem o servidor de não divulgar fato relevante ou assunto de interesse público de que teve conhecimento no exercício de seu ofício ou função pública.

SEGREDO INDUSTRIAL. *Vide* SEGREDO DE FÁBRICA.

SEGREDO INVIOLÁVEL. O que não pode ser divulgado ou revelado, por exemplo, segredo profissional.

SEGREDO MÉDICO. *Direito civil.* Discrição que o médico deve ter relativamente a fatos que chegaram a seu conhecimento no exercício de sua profissão, cuja revelação pode causar dano moral ou patrimonial ao seu paciente ou a terceiro. Todavia, há casos excepcionais em que o médico não é obrigado a guardar sigilo, por exemplo: no atestado de óbito, na declaração de doenças infecto-contagiosas, no registro hospitalar etc.

SEGREDO MILITAR. *Direito militar.* Fato que não pode ser revelado pelo militar para garantir a segurança nacional e os planos estratégicos das Forças Armadas.

SEGREDO PROFISSIONAL. *Direito civil* e *direito penal.* Fato de que alguém teve ciência em razão do exercício de sua profissão ou cargo ocupado, e que não pode ser revelado a outrem.

SEGREDO SACRAMENTAL. *Direito canônico.* Sigilo a que o sacerdote está obrigado em relação a faltas ouvidas em confissão.

SEGREGAÇÃO. 1. *Sociologia geral.* a) Ato ou efeito de separar; b) forma de separação social e física, voluntária ou não, que se opera em razão de certos fatores sociais e biológicos como: raça, educação, religião, profissão, nacionalidade, riqueza etc.; c) discriminação. **2.** *Direito comercial.* Barreira entre fluxos de informação entre dois setores diferentes de uma mesma empresa. **3.** *Direito financeiro.* a) Procedimento para garantir que informações disponíveis em certas áreas de instituições não estejam disponíveis para dirigentes e funcionários de outras áreas, para reduzir eventuais conflitos de interesse (Luiz Fernando Rudge); b) separação da atividade de administração de recursos de terceiros de outras atividades financeiras (Luiz Fernando Rudge).

SEGREGAÇÃO COMPULSÓRIA. *Medicina legal.* Isolamento imposto a quem é portador de alguma doença mental ou física.

SEGREGAÇÃO PENAL. *Direito processual penal.* Ato de impor, a certos criminosos, a pena privativa de liberdade, para afastá-los da sociedade.

SEGREGAÇÃO RACIAL. *Sociologia geral.* Isolamento discriminatório de pessoas por pertencerem a raças diferentes.

SEGREGACIONISMO. *Ciência política.* Política tendente à segregação racial (Othon Sidou).

SEGREGACIONISTA. *Ciência política.* Aquele que é sequaz do segregacionismo.

SEGREGADO. 1. Separado. **2.** Desligado. **3.** Isolado.

SEGREGADOR. Que segrega.

SEGREGAR. 1. Apartar. **2.** Isolar. **3.** Separar.

SEGREGATÍCIO. 1. Relativo a segregação. **2.** O que é próprio para segregar.

SEGREGATIVO. Que segrega.

SEGUIDO. 1. Contínuo. **2.** Ininterrupto.

SEGUIDOR. 1. Adepto. **2.** Partidário. **3.** Que segue.

SEGUIMENTO. 1. *Direito espacial.* Técnica de registro eletrônico que acompanha a trajetória dos foguetes lançados. **2.** Na *linguagem jurídica* em geral: a) andamento de negócio ou de processo; b) observância; cumprimento; c) resultado.

SEGUINTE. 1. O que vem logo em seguida a outro. **2.** Subseqüente.

SEGUIR. 1. Acompanhar. **2.** Escoltar. **3.** Percorrer. **4.** Ir em determinada direção. **5.** Suceder; sobrevir. **6.** Dar como resultado. **7.** Observar; cumprir. **8.** Tomar como modelo.

SEGUNDA. O que se segue logo após a primeira, na ordem de importância, tempo ou lugar.

SEGUNDA CLASSE. *Direito comercial.* **1.** Acomodação mais barata de passageiros, por não fornecer condições de muito conforto. **2.** Inferioridade de uma mercadoria em relação a outra.

SEGUNDA HIPOTECA. *Direito civil.* Hipoteca que se constitui, mediante novo título, sobre imóvel já garantido por hipoteca devidamente registrada, em favor do mesmo ou de outro credor. Trata-se da sub-hipoteca ou hipoteca de bem hipotecado, que pode dar-se desde que o valor do imóvel exceda o da obrigação garantida pela anterior, para que possa pagar o segundo credor hipotecário com o remanescente da excussão da primeira hipoteca, reconhecendo-lhe a preferência, relativamente aos credores quirografários.

SEGUNDA INFÂNCIA. 1. *Direito da criança e do adolescente.* Idade que vai dos sete aos doze anos. **2.** Em *sentido figurado*, é a fraqueza mental na velhice.

SEGUNDA INSTÂNCIA. *Direito processual.* Segundo grau de jurisdição; juízo de segundo grau que abrange os tribunais que apreciam os recursos.

SEGUNDA OBRIGAÇÃO. *Direito civil.* **1.** Obrigação acessória que segue a uma anterior, que é a principal. **2.** Obrigação que substitui outra, vindo a extingui-la.

SEGUNDA PENHORA. *Direito processual civil.* Medida processual que substitui a primeira penhora, quando a anterior for inoperante ou anulada, ou quando, executado o bem, o produto alcançado for insuficiente para pagar o débito.

SEGUNDAS NÚPCIAS. *Direito civil.* Novo matrimônio contraído por viúvo ou divorciado.

SEGUNDAS VIAS. *Direito cambiário.* Cópias de títulos de créditos.

SEGUNDO. 1. Conforme; de acordo. **2.** O que vem logo em seguida a outro no tempo, lugar e importância. **3.** Uma das sessenta partes do minuto.

SEGUNDO ADQUIRENTE. *Direito civil.* Diz-se daquele que veio a adquirir o bem do primeiro adquirente.

SEGUNDO CREDOR. *Direito civil.* Aquele que tem direito creditório sobre uma coisa ou prestação, após o primeiro credor ter sido pago.

SEGUNDO ESCRITURÁRIO. *Direito cartorário.* Escriturário que, hierarquicamente, está em grau inferior ao primeiro, apesar de ter funções próprias.

SEGUNDO ESTADO. *Direito civil.* O casamento.

SEGUNDO GÊMEO. *Direito civil.* Aquele que, tendo sido gerado na mesma gravidez de outro, nasce em seguida a ele. É, portanto, aquele que vem à luz depois do primeiro gêmeo.

SEGUNDO GRAU. *Direito civil.* **1.** Relação de parentesco em linha reta entre avô e neto. **2.** Relação de parentesco em linha colateral entre irmãos.

SEGUNDO-SARGENTO. *Direito militar.* Graduação nas Forças Armadas inferior à de primeiro-sargento e superior à de terceiro-sargento.

SEGUNDO SECRETÁRIO. Substituto do primeiro secretário em seus impedimentos, apesar de ter funções próprias; subsecretário.

SEGUNDO SEGURADOR. *Direito civil.* Aquele que assume o risco da coisa em seguida a outro. Trata-se do resseguro da mesma coisa, que é nulo por estar proibida por lei a realização de dois seguros sobre a mesma coisa, pelo mesmo risco e no seu valor integral. Logo, qualquer dos contratantes pode pleitear a nulidade do segundo seguro, permanecendo válido tão-somente o primeiro, pois não há seguro sem risco; e se a coisa já estava segurada integralmente pelo seu valor, risco algum haverá a ser segurado. Com a declaração judicial da nulidade, o segundo segurador de boa-fé, por ignorar o primeiro seguro, terá direito de receber o que pagou pelo bem segurado, sem ter o dever de restituir o prêmio recebido, ou, se ainda não pagou, de recusar-se a efetuar o pagamento, mesmo que não tenha reclamado contra o contrato antes do sinistro.

SEGUNDO SEGURO. *Direito civil.* Ato de se segurar uma coisa mais de uma vez; é o caso de novo seguro, permitido por lei, que se faz para acautelar o risco de insolvência do segurador, pois fora dessa hipótese o segundo seguro do bem, já garantido pelo mesmo risco e no seu valor integral, poderá ser anulado por qualquer das partes. Não haverá duplicidade de seguro se o segundo não tiver a mesma finalidade do primeiro. Permitida está a realização de dois seguros em seguradoras diversas, de uma mesma coisa, desde que o valor dos dois seguros não seja superior ao do bem. Trata-se do seguro do seguro.

SEGUNDO SETOR. *Direito comercial.* Setor empresarial, organizado para obtenção de lucro (Norberto Pasquatti).

SEGUNDO TABELIÃO. *Direito notarial.* Aquele que é assim individualizado, sem que haja qualquer subordinação ao primeiro tabelião, por ter em relação a este autonomia e independência.

SEGUNDO-TENENTE. *Direito militar.* Posição hierárquica do Exército, inferior à de primeiro-tenente e superior à de aspirante-a-oficial.

SEGUNDO-TENENTE-AVIADOR. *Direito militar.* É, na Aeronáutica, o posto inferior ao de primeiro-tenente-aviador e superior ao de aspirante-a-oficial.

SEGUNDO TRIBUNAL DE ALÇADA CIVIL DE SÃO PAULO. *História do direito.* Órgão que tinha competência para, em grau de recurso ou originariamente, processar e julgar os seguintes feitos: a) ações de responsabilidade pelo pagamento de impostos, taxas, contribuições, despesas e administração de prédio em condomínio; b) ações de ressarcimento por dano em prédio urbano ou rústico; c) ações e execuções oriundas de contrato de alienação fiduciária em garantia; d) ações relativas a direito de vizinhança e uso nocivo da propriedade, inclusive as que tenham por objeto o cumprimento de leis e posturas municipais, quanto a plantio de árvores, construção e conservação de tapumes e paredes divisórias; e) ações relativas a acidente do trabalho fundadas no direito especial ou comum, bem como as de prevenção de acidentes e segurança do trabalho; f) ações e execuções relativas a locação de bem móvel ou imóvel; g) ações de arrendamento rural e de parceria agrícola; h) ações e execuções referentes a seguro de vida e acidentes pessoais; i) ações e execuções relativas a venda a crédito com reserva de domínio, inclusive as possessórias dela derivadas; j) ações e execuções relativas a arrendamento mercantil, mobiliário ou imobiliário; k) ações e execuções oriundas de mediação, de gestão de negócios e de mandato; l) ações e execuções de crédito de serventuário da justiça, de perito, de intérprete e de tradutor; m) ações civis públicas, monitórias e de responsabilidade civil contratual, relacionadas com matéria de competência do próprio Tribunal.

SEGURAÇÃO. *Direito comercial.* Seguro mercantil.

SEGURADO. 1. *Direito civil.* a) Bem que está no seguro; b) aquele que, em troca do risco assumido pela seguradora, paga no contrato de seguro o prêmio; c) aquele que institui seguro em benefício próprio ou de terceiro; d) pessoa física sobre a qual se procederá a avaliação do risco e se estabelecerá o seguro. **2.** *Direito previdenciário.* Aquele que contribui, como beneficiário, para o sistema de previdência social. É considerado como segurado obrigatório da previdência social: a) como *empregado*: o que presta serviço à empresa, em caráter não eventual ou transitório; brasileiro ou estrangeiro domiciliado e contratado no Brasil para trabalhar como empregado em sucursal ou agência de empresa nacional no exterior; o que presta serviço no Brasil a missão diplomática ou consulado; o brasileiro que trabalha no exterior para a União em organismos internacionais dos quais o Brasil seja membro; b) como *empregado doméstico*, o que presta serviço contínuo em residências; c) como *empresário*: o titular de firma individual; o diretor não empregado; o membro de conselho de administração de sociedade anônima; o sócio solidário; o sócio de indústria; e o sócio cotista que participe da gestão ou receba remuneração pelo serviço prestado; d) como *trabalhador autônomo*, aquele que sem relação de emprego preste serviço em caráter eventual a empresa, ou exerça atividade econômica urbana por conta própria; e) como *equiparado a trabalhador autônomo*: pessoa física que explore atividade agropecuária, pesqueira, ou extrativa de minerais; sacerdotes e membros de ordem religiosa; empregado de organismo internacional em funcionamento no Brasil; brasileiro civil que preste serviço no exterior em organismo internacional de que o Brasil seja membro; f) como *trabalhador avulso*, aquele que preste, sem vínculo empregatício, serviço urbano ou rural a várias empresas; g) como *segurado especial*: parceiro; meeiro; arrendatário rural; garimpeiro (Geraldo Magela Alves).

SEGURADO EMPREGADO. *Direito do trabalho.* É aquele que presta serviço de natureza urbana ou rural, em caráter não eventual, sob subordinação e mediante remuneração, inclusive como diretor empregado. É também considerado empregado o trabalhador bóia-fria (volante), safrista, eventual, temporário e o que presta serviço de natureza rural em caráter não eventual, de curta duração em períodos descontínuos. O mesmo se diga do médico-residente, médico, ou profissional de saúde, plantonista.

SEGURADO ESPECIAL. *Direito agrário* e *direito previdenciário.* O produtor, o parceiro, o meeiro, o arrendatário, o comodatário, o condômino, o mariscador, o índio em via de integração ou isolado, o pescador artesanal ou assemelhado, que exerça essas atividades: a) individualmente ou em regime de economia familiar; b) não utilize embarcação; c) use embarcação de até seis toneladas de arqueação bruta, ainda que com auxílio de parceiro; d) na condição exclusiva de parceiro outorgado, em embarcação de até dez toneladas de arqueação bruta.

SEGURADO FACULTATIVO. *Direito previdenciário.* É o maior de dezesseis anos que, por ato volitivo, filie-se ao Regime Geral de Previdência Social (RGPS), mediante contribuição, desde que não esteja exercendo atividade remunerada vinculada a qualquer regime de previdência social, podendo filiar-se nesta qualidade, entre outros: a) o segurado especial; b) a dona de casa; c) o síndico de condomínio, quando não remunerado; d) o estudante; e) o brasileiro que acompanha cônjuge que presta serviço no exterior; f) aquele que deixou de ser segurado obrigatório do RGPS; g) o membro do conselho tutelar, quando não remunerado e desde que não esteja vinculado a qualquer regime de previdência social; h) o bolsista ou o estagiário que presta serviços à empresa; i) o bolsista que se dedique em tempo integral à pesquisa ou a curso de especialização, de pós-graduação, de mestrado ou de doutorado, no Brasil ou no exterior, desde que não esteja vinculado a qualquer regime de previdência social; j) o presidiário que não exerce atividade remunerada nem esteja vinculado a qualquer regime de previdência social; k) o brasileiro residente ou domiciliado no exterior, salvo se filiado a regime previdenciário de país com o qual o Brasil mantenha acordo internacional; l) o beneficiário de auxílio-acidente ou de auxílio suplementar, desde que simultaneamente não esteja exercendo atividade que o filie obrigatoriamente ao RGPS; m) o ex-empregador rural não sujeito a outro regime de previdência social, que continue a recolher, sem interrupção, suas contribuições anuais.

SEGURADOR. *Direito civil.* **1.** Aquele que se obriga, no contrato de seguro, a pagar a indenização, se ocorrer o sinistro, suportando o risco assumido. **2.** Sociedade anônima ou cooperativa que tem autorização do governo federal para atuar no ramo securitário.

SEGURADORA BRASILEIRA DE CRÉDITO (SBC). *Direito civil* e *direito bancário.* Empresa resultante da associação entre o Banco do Brasil Investimento e as seguradoras Bradesco, HSBC Bamerindus, Sul América, Minas Brasil e a Companhia Francesa de Seguro para o Comércio Exterior (Coface). A Coface, por ter o maior banco de dados do mundo, se incumbe de analisar o risco de importadores de produtos brasileiros. A SBC quita débito não pago pelo importador ao fabricante brasileiro que lhe pagar taxa ajustada, cobre risco comercial de até dois anos e atua, ainda, como agente do Tesouro Nacional na cobertura de risco político e extraordinário. Tem por objetivo segurar 12% das exportações brasileiras, com tecnologia da sócia francesa.

SEGURADORA DO SEGURO DE CRÉDITO À EXPORTAÇÃO. *Direito internacional privado.* Empresa seguradora de seguro de crédito à exportação constituída sob a forma de sociedade anônima. Tal empresa só pode atuar no Seguro de Crédito à Exportação (SCE), e para funcionar precisa de autorização do Ministro de Estado da Fazenda, mediante requerimento dos incorporadores apresentado à Superintendência de Seguros Privados (SUSEP). A seguradora de SCE não poderá explorar qualquer outra atividade de comércio ou indústria, vedando-se-lhe operar em qualquer outro ramo de seguro. A autorização para funcionamento de empresa seguradora de SCE será concedida pelo Ministro de Estado da Fazenda, mediante requerimento apresentado pelos incorporadores à SUSEP. Concedida a autorização para funcionamento, a seguradora deve comprovar perante a SUSEP, em até noventa dias, haver cumprido todas as formalidades legais, além das exigências feitas no ato da autorização. Os casos de incorporação, fusão, encampação ou cessão de operações, transferências de controle acionário,

alterações de estatutos e abertura de filiais ou sucursais no exterior devem ser submetidos à aprovação da SUSEP. A aplicação das reservas técnicas será definida pelo Conselho Monetário Nacional. Os bens garantidores do capital social, reservas técnicas e fundos não poderão ser alienados ou gravados de qualquer forma, sem prévia autorização da SUSEP, na qual serão inscritos. Quando a garantia recair em bem imóvel, será obrigatoriamente inscrita no competente cartório de registro geral de imóveis, mediante requerimento firmado pela sociedade seguradora e pela SUSEP, na forma da legislação em vigor.

SEGURADOS FACULTATIVOS DA PREVIDÊNCIA SOCIAL. *Direito previdenciário.* São as seguintes pessoas físicas, dentre outras: a) o maior de 16 anos que se filiar ao Regime Geral de Previdência Social (RGPS), mediante contribuição, desde que não esteja exercendo atividade remunerada que o enquadre como segurado obrigatório da Previdência Social ou de Regime Próprio de Previdência Social; b) o síndico de condomínio, desde que não remunerado; c) o beneficiário de auxílio-acidente ou de auxílio suplementar, desde que simultaneamente, não esteja exercendo atividade que o filie obrigatoriamente ao RGPS; d) o bolsista e o estagiário, inclusive o de advocacia, que prestem serviços à empresa.

SEGURADOS OBRIGATÓRIOS DA PREVIDÊNCIA SOCIAL. *Direito previdenciário.* Todas as pessoas físicas que exercem atividade remunerada abrangida pelo Regime Geral de Previdência Social (RGPS), na qualidade de empregado, trabalhador avulso, empregado doméstico, contribuinte individual e segurado especial. Logo, são segurados: 1. como *empregado*, dentre outros: a) o aprendiz, com idade de quatorze a dezoito anos, sujeito à formação profissional metódica do ofício em que exerça o seu trabalho; b) o empregado de conselho, ordem ou autarquia de fiscalização do exercício de atividade profissional; c) aquele que presta serviço de natureza urbana ou rural à empresa, em caráter não-eventual, com subordinação e mediante remuneração; d) o brasileiro ou o estrangeiro domiciliado e contratado no Brasil para trabalhar: como empregado no exterior, em sucursal ou em agência de empresa constituída sob as leis brasileiras e que tenha sede e administração no País, ou como empregado em empresa domiciliada no exterior, com maioria de capital votante pertencente à empresa constituída sob as leis brasileiras, que tenha sede e administração no País e cujo controle efetivo esteja em caráter permanente sob a titularidade direta ou indireta de pessoas físicas domiciliadas e residentes no Brasil ou de entidades de direito público interno; como empregado de organismo oficial ou estrangeiro em funcionamento no Brasil, salvo quando coberto por regime próprio de Previdência Social; e) os prestadores de serviços eventuais dos órgãos públicos nomeados para ocupar cargo em comissão; os contratados por tempo determinado para atender à necessidade temporária de excepcional interesse público e os servidores estáveis não titulares de cargos efetivos; f) o contratado no exterior para trabalhar no Brasil em empresa constituída e funcionando no território nacional segundo as leis brasileiras, ainda que com salário estipulado em moeda estrangeira, salvo se amparado pela previdência social do seu país de origem, observado o disposto nos acordos internacionais porventura existentes; g) os auxiliares locais de nacionalidade brasileira admitidos para prestar serviços no exterior às missões diplomáticas e repartições consulares brasileiras, ainda que a título precário e que, em razão de proibição da legislação local, não possam ser filiados ao sistema previdenciário do país de domicílio; h) o contratado por titular de serventia da justiça, sob o regime da legislação trabalhista, e qualquer pessoa que, habitualmente, presta-lhe serviços remunerados sob sua dependência, sem relação de emprego com o Estado; i) o detentor de mandato eletivo estadual ou municipal; j) o detentor de mandato eletivo federal; k) o prestador de serviço como diretor-empregado de empresa urbana ou rural, assim considerado o eleito como diretor de sociedade de cotas por responsabilidade limitada que, participando ou não do risco econômico do empreendimento, seja contratado, ou promovido, para cargo de direção das sociedades anônimas, mantendo as características inerentes às relações de emprego; l) o treinador profissional de futebol; m) o médico-residente, o profissional da saúde e o plantonista; n) o bolsista ou estagiário, estudante em exercício de experiência prática junto a pessoas jurídicas de direito privado, órgãos públicos e instituições de ensino, cuja atividade preencha cumulativamente as seguintes condições: estar regularmente matriculado e freqüentan-

do cursos de nível superior, profissionalizante de segundo grau, regular ou supletivo, ou escolas de educação especial, vinculados ao ensino público ou particular; o estágio deve: ser realizado em empresas que tenham condições de propiciar experiência prática na linha de formação do estagiário; proporcionar a complementação do ensino e da aprendizagem e ser planejado, executado, acompanhado e avaliado em conformidade com os currículos, programas e calendários escolares; e ser inserido na programação didático-pedagógica da instituição de ensino que o estudante freqüenta e fazer parte do currículo escolar; o) o empregado de organismo oficial internacional ou estrangeiro em funcionamento no Brasil, salvo quando coberto por regime próprio de previdência social; p) o escrevente e o auxiliar contratados por titular de serviços notariais e de registro, bem como o que optou pelo Regime Geral de Previdência Social; q) o trabalhador volante, que presta serviço a agenciador de mão-de-obra constituído por pessoa jurídica; r) o trabalhador temporário que presta serviço a uma empresa, para atender à necessidade transitória de substituição de seu pessoal regular e permanente ou para atender o acréscimo extraordinário de serviço, usando a intermediação de empresa locadora de mão-de-obra temporária; s) o exercente de mandato eletivo federal, estadual ou municipal, desde que não vinculado a Regime Próprio de Previdência Social; t) o prestador de serviço como diretor empregado de empresa urbana ou rural, assim considerado o eleito como diretor de sociedade limitada, que, participando ou não do risco econômico do empreendimento, seja contratado ou promovido para cargo de direção das sociedades anônimas; u) o servidor estadual, do Distrito Federal ou municipal, incluídas suas autarquias e fundações públicas, ocupante, exclusivamente, de cargo em comissão declarado em lei de livre nomeação e exoneração, o contratado por tempo determinado para atender à necessidade temporária de excepcional interesse público, bem como de outro cargo temporário ou emprego público; 2. como *empregado doméstico*: o prestador de serviço de natureza contínua a pessoa ou família, no âmbito residencial dessas, em atividades sem fins lucrativos; 3. como *contribuinte individual,* por ex.: a) a pessoa física, proprietária ou não, que explora atividade agropecuária (agrícola, pastoril ou hortifrutigranjeira) ou pesqueira, em caráter permanente ou temporário, diretamente ou por intermédio de terceiro e com o auxílio de empregado utilizado a qualquer título, ainda que de forma não contínua; b) o marisqueiro que, sem utilizar embarcação pesqueira, exerce atividade de captura dos elementos animais ou vegetais, com auxílio de empregado; c) o ministro de confissão religiosa e o membro de instituto de vida consagrada, de congregação ou de ordem religiosa, quando mantidos pela entidade a que pertençam, salvo se obrigatoriamente filiados à Previdência Social, em razão de outra atividade, ou a outro regime previdenciário, militar ou civil, ainda que na condição de inativos; d) o titular de firma individual, urbana ou rural, o diretor não empregado e o membro de conselho de administração de sociedade anônima, o sócio solidário, o sócio de sociedade em nome coletivo e o de indústria, o sócio-gerente e o sócio cotista, o administrador não empregado na sociedade limitada, o associado eleito para cargo de direção em cooperativa, associação ou entidade de qualquer natureza ou finalidade que recebam remuneração decorrente de seu trabalho em empresa urbana ou rural; e) o administrador judicial da massa falida, o comissário de recuperação judicial ou extrajudicial ou o administrador eleito, com percepção de remuneração ou que esteja isento da taxa de condomínio; f) o prestador eventual de serviço, de natureza urbana ou rural, bóia-fria, safrista ou volante, a uma ou mais empresas, fazendas, sítios, chácaras ou a um contribuinte individual, em um mesmo período ou em períodos diferentes, sem relação de emprego; g) o notário ou o tabelião e o oficial de registros ou registrador, titulares de cartório, detentores de delegação do exercício da atividade notarial e de registro, não remunerados pelos cofres públicos; h) o médico-residente; i) o árbitro de jogos desportivos e seus auxiliares e o treinador profissional de futebol; j) o brasileiro civil que trabalha: no exterior para organismo internacional do qual o Brasil faz parte, ainda que lá domiciliado e contratado, salvo quando coberto por regime próprio de Previdência Social; em organismo oficial internacional ou estrangeiro em funcionamento no Brasil; para órgão ou entidade da Administração Pública sob intermediação de organismo oficial internacional ou estrangeiro em funcionamento no

Brasil; k) o cooperado de cooperativa de produção que preste serviço à sociedade cooperativa mediante remuneração ajustada ao trabalho executado e o cooperado de cooperativa de trabalho, que presta serviços à empresa ou à pessoa física, mediante remuneração ajustada ao trabalho executado, ou à cooperativa de produção, que executa trabalho à cooperativa, recebendo remuneração alusiva ao serviço prestado; l) o que exerce, por conta própria, atividade econômica de natureza urbana, com fins lucrativos ou não; m) o incorporador; n) o contratado para prestação de serviços em campanhas eleitorais por partido político ou por candidato a cargo eletivo; o) o apenado que presta serviço remunerado ou que exerce atividade artesanal por conta própria; p) o condutor autônomo de veículo rodoviário, sem vínculo empregatício; q) o comerciante ambulante que, pessoalmente, por conta própria, exerce pequena atividade mercantil em via pública ou de porta em porta; r) o síndico ou administrador eleito, com percepção de remuneração ou que esteja isento da taxa de condomínio; s) o pescador que trabalha em regime de parceria, meação ou arrendamento, em embarcação com mais de 6 toneladas de arqueação bruta; t) o membro do conselho tutelar; u) o interventor, o liquidante, o administrador e o diretor fiscal de instituição financeira; v) pessoa que: presta serviço, urbano ou rural, a uma ou mais empresas, fazendas, sítios, chácaras ou a um contribuinte individual, em um mesmo período ou em períodos diferentes, sem relação de emprego; exerce, por conta própria, atividade econômica de natureza urbana, com fins lucrativos ou não; presta serviço de natureza não contínua, por conta própria, a pessoa ou família, no âmbito residencial desta sem fins lucrativos; w) o bolsista da Fundação Habitacional do Exército; x) o pequeno feirante que compra para revenda produtos hortifrutigranjeiros ou assemelhados; y) a pessoa física que edifica obra de construção civil; 4. como *trabalhador avulso*: o prestador de serviço, sindicalizado ou não, de natureza urbana ou rural, a diversas empresas, sem vínculo empregatício, com a intermediação obrigatória do sindicato ou do órgão gestor de mão-de-obra; 5. como *segurado especial*: a) o produtor, o parceiro, o meeiro e o arrendatário rural, o pescador artesanal e o assemelhado (eviscerador, catador de alga, caranguejeiro, observador de cardumes etc.) que exerçam atividade rural individualmente ou em regime de economia familiar, ainda que com auxílio eventual de terceiros, em sistema de mútua colaboração e sem utilização de mão-de-obra assalariada, bem como seus respectivos cônjuges ou companheiros e filhos maiores de dezesseis anos ou a eles equiparados, desde que trabalhem, comprovadamente, com o grupo familiar respectivo; b) o parceiro outorgante que tenha imóvel rural com área de, no máximo, quatro módulos fiscais, que ceder em parceria meação até cinqüenta por cento do imóvel rural, desde que outorgante e outorgado continuem a exercer a atividade individualmente em regime de economia familiar.

SEGURANÇA. 1. *Direito processual civil.* Diz-se do mandado cabível contra direito líquido e certo, ameaçado ou violado, do interessado (pessoa física ou jurídica), por ato ou omissão ilegal ou inconstitucional, inclusive se praticado por autoridade ou agente público. **2.** *Direito civil.* a) Ato ou efeito de segurar; b) garantia de uma dívida; c) caução; d) fiança. **3.** Na *linguagem jurídica* em geral: a) situação do que se acha seguro; b) proteção; c) confiança; d) firmeza; e) pessoa ou coisa que serve de apoio a outrem; f) o que torna algo livre de perigo.

SEGURANÇA ALIMENTAR. *Biodireito.* Conceito que envolve a quantidade, produção e acesso universal aos alimentos, e aspectos nutricionais, relativos à composição, à qualidade e ao aproveitamento biológico e a qualidade dos alimentos envolvendo as condições sensoriais, físico-químicas e microbiológicas.

SEGURANÇA ALIMENTAR E NUTRICIONAL. *Biodireito.* Consiste na realização do direito de todos ao acesso regular e permanente a alimentos de qualidade, em quantidade suficiente, sem comprometer o acesso a outras necessidades essenciais, tendo como base práticas alimentares promotoras de saúde que respeitem a diversidade cultural e que sejam ambiental, cultural, econômica e socialmente sustentáveis. A segurança alimentar e nutricional abrange: a) a ampliação das condições de acesso aos alimentos por meio da produção, em especial da agricultura tradicional e familiar, do processamento, da industrialização, da comercialização, incluindo-se os acordos internacionais, do abastecimento e da distribuição dos alimentos, incluindo-se a água, bem como da geração de emprego e da redistribuição da renda; b) a con-

servação da biodiversidade e a utilização sustentável dos recursos; c) a promoção da saúde, da nutrição e da alimentação da população, incluindo-se grupos populacionais específicos e populações em situação de vulnerabilidade social; d) a garantia da qualidade biológica, sanitária, nutricional e tecnológica dos alimentos, bem como seu aproveitamento, estimulando práticas alimentares e estilos de vida saudáveis que respeitem a diversidade étnica e racial e cultural da população; e) a produção de conhecimento e o acesso à informação; e f) a implementação de políticas públicas e estratégias sustentáveis e participativas de produção, comercialização e consumo de alimentos, respeitando-se as múltiplas características culturais do País.

SEGURANÇA DA CONSTRUÇÃO. *Direito civil.* Fato de uma construção estar sólida, livre de qualquer perigo eventual. O construtor assume o risco da construção pelo prazo de cinco anos, respondendo pela sua estabilidade e solidez, em razão do material, se o forneceu, e do solo, independentemente de culpa, mesmo se, oportunamente, preveniu o comitente não só quanto ao solo, advertindo-o de que este não se encontrava firme, mas também quanto à deficiência do material fornecido pelo dono da obra.

SEGURANÇA DA DÍVIDA. *Direito civil.* Garantia real ou fidejussória do pagamento da dívida, como penhor, hipoteca, anticrese e fiança.

SEGURANÇA DA EXECUÇÃO. *Direito processual civil.* Ato que o devedor executado pratica para assegurar o cumprimento da obrigação requerida pelo credor favorecido pela decisão judicial, oferecendo como garantia, para poder embargar, bens de valor equivalente ao objeto da condenação, e que o exeqüente presta para poder retirar a posse da coisa que o executado tenha. Trata-se da segurança do juízo.

SEGURANÇA DA INFORMAÇÃO. *Direito virtual.* **1.** Proteção dos sistemas de informação contra a negação de serviço a usuários autorizados, assim como contra a intrusão e a modificação desautorizada de dados ou informações, armazenados, em processamento ou em trânsito, abrangendo, inclusive, a segurança dos recursos humanos, da documentação e do material, das áreas e instalações das comunicações e computacional, assim como as destinadas a prevenir, detectar, deter e documentar eventuais ameaças a seu desenvolvimento. **2.** Preservação da confidencialidade, integridade e disponibilidade da informação.

SEGURANÇA DAS FRONTEIRAS. *Direito administrativo.* Conjunto de atos exercidos pela polícia federal para proteger as fronteiras do país contra qualquer fato lesivo estrangeiro.

SEGURANÇA DE SUPERFÍCIE. *Direito espacial.* Segurança relacionada ao controle de riscos na execução de operações de lançamento, inclusive durante a fase de lançamento, compreendendo vigilância e interdições no centro de lançamento, em espaços marítimos e aéreos, visando à proteção de pessoas, de propriedades públicas e privadas e do meio ambiente, incluindo operações emergenciais de resgate e controle de danos.

SEGURANÇA DE VÔO. *Direito espacial.* Segurança relacionada ao controle de riscos durante a fase de lançamento, visando à proteção de pessoas, de propriedades públicas e privadas, incluindo aeronaves e embarcações, bem como à proteção do meio ambiente.

SEGURANÇA DO CRÉDITO. *Direito civil.* Garantia real ou fidejussória, exigida pelo credor, relativa à solvabilidade do devedor para assegurar seu crédito.

SEGURANÇA DO DIREITO. *Direito processual civil.* Garantia legal que tem o titular do direito de usar de ações judiciais para defendê-lo contra atos lesivos de terceiros.

SEGURANÇA DO EMPREGO. *Direito do trabalho.* Direito que tem o empregado de ser despedido apenas por justa causa.

SEGURANÇA DO ESTADO. *Direito constitucional* e *direito militar.* Garantia dada pelas Forças Armadas às instituições do Estado, protegendo-as contra quaisquer violências.

SEGURANÇA DO JUÍZO. *Vide* SEGURANÇA DA EXECUÇÃO.

SEGURANÇA DO PRÉDIO. *Vide* SEGURANÇA DA CONSTRUÇÃO.

SEGURANÇA DO TRABALHO. 1. *Direito do trabalho.* Conjunto de medidas, requeridas por lei, a serem tomadas pelo empregador para assegurar a integridade físico-psíquica e a saúde dos seus empregados no local onde exercem suas atividades, prevenindo acidentes de trabalho, doenças profissionais etc. **2.** *Direito constitucional.* Liberdade de trabalho garantida constitucionalmente, para que o cidadão tenha vida digna.

SEGURANÇA INDIVIDUAL. *Direito constitucional.* **1.** Garantia aos direitos fundamentais do homem e ao direito de cada indivíduo de dispor com liberdade de sua vida, planejando-a de modo inteligente e racional. **2.** Proteção estatal às prerrogativas individuais.

SEGURANÇA INTERNA. 1. *Direito constitucional* e *ciência política.* a) Segurança da Nação resultante da ação de todos os cidadãos em um estado de direito, fundada na legitimidade do poder (Bobbio, Max Weber e Lipset). Compete ao Conselho de Defesa Nacional, órgão de consulta do presidente da República, resolver assuntos relacionados com a soberania nacional e a defesa do Estado democrático ao: opinar sobre a decretação do estado de defesa, do estado de sítio e da intervenção federal; sobre as declarações de guerra e de celebração da paz; propor critérios e condições de utilização de áreas indispensáveis à segurança do território nacional; e opinar sobre seu efetivo uso, especialmente na faixa de fronteira e nas relacionadas com a preservação e a exploração dos recursos naturais de qualquer tipo; estudar, propor e acompanhar o desenvolvimento de iniciativas necessárias a garantir a independência nacional e a defesa do Estado democrático; b) defesa do país e de suas instituições contra ameaças internas ou externas, assegurando a soberania nacional, a integridade territorial e nacional, a democracia, o desenvolvimento e a paz social. **2.** *História do direito.* Diz-se do crime que atentava a existência e funcionamento das instituições estatais, ou do ato que se dirigia contra a forma de governo, o funcionamento dos poderes políticos e o livre exercício dos direitos dos cidadãos (Pierre Bouzart). Tratava-se do crime contra a ordem político-social.

SEGURANÇA INTERNACIONAL. *Direito constitucional* e *direito internacional público.* Conjunto de medidas que os países soberanos adotam, mediante tratado ou convenção, para a garantia da paz, solucionando pacificamente as controvérsias, e para a preservação da independência política e integridade territorial contra agressões estrangeiras (Kelsen e Henri Capitant).

SEGURANÇA JURÍDICA. 1. *Vide* SEGURANÇA DO DIREITO. **2.** *Direito administrativo.* Princípio que requer a manutenção dos atos administrativos que geram direitos (José Cretella Jr.). **3.** *Teoria geral do direito.* a) Princípio geral de direito mantido através das regras de regulagem do sistema: "não se pode deixar de obedecer comando do poder público, alegando sua invalidade", inferidas dedutivamente do princípio da presunção *juris tantum* da veracidade e legitimidade dos atos do Poder Público, e "deve-se respeitar o caso julgado", que é o princípio da coisa julgada pelo qual, tendo havido decisão judicial definitiva, para prestigiar o órgão judicante que a prolatou, se garantirá a impossibilidade de sua reforma e a sua executoriedade, pois terá força vinculante para as partes, devido a presunção absoluta (*jure et de jure*) de veracidade e licitude, absorvendo, portanto, a possível inconstitucionalidade que, porventura, tiver (Carlos Ayres Britto). As regras de calibragem, na lição de Ferraz Jr., conferindo à norma inconstitucional a mesma eficácia do preceito válido, estabelecem que seu destinatário não poderá subtrair-se ao seu vínculo; b) possibilidade de prever os efeitos asseguradores de direitos e garantias individuais ou coletivos que o direito comunica à conduta humana (Eduardo M. Ferreira Jardim); c) princípio que decorre do da determinabilidade das leis e do da proteção da confiança, consubstanciado na existência de normas estáveis e previsíveis quanto aos seus efeitos (Canotilho); d) garantia da aplicação objetiva da lei, de maneira que as pessoas possam saber quais são as suas obrigações e seus direitos (Emílio Fernandez Vasquez).

SEGURANÇA MORAL. Certeza moral (Descartes).

SEGURANÇA NACIONAL. 1. *Vide* SEGURANÇA INTERNA. **2.** *Ciência política.* a) Complexo de instituições que visam não só a garantia da integridade e soberania da nação contra violência estrangeira, como também o respeito às normas e à ordem interna (De Plácido e Silva); b) conjunto de medidas asseguratórias da consecução dos objetivos nacionais contra antagonismos internos e externos, preservando a segurança interna e externa do país (Paulo Matos Peixoto).

SEGURANÇA NUCLEAR. *Direito ambiental.* Conjunto de medidas preventivas de caráter técnico incluídas no projeto, na construção, na manutenção e na operação de uma Unidade Operacional do Sistema de Proteção ao Programa Nuclear Brasileiro (SIPRON), destinadas a evitar a ocorrência de acidente ou a atenuar o efeito deste.

SEGURANÇA PESSOAL. *Direito comercial.* Atividade de empresa de segurança privada, categoria vigilância, e autorizada pelo Coordenador Central do DPF para prestar serviços de segurança pessoal. Para desempenhar a atividade de segurança pessoal, o vigilante, além do curso de formação, deverá: a) possuir experiência mínima comprovada de um ano na atividade de vigilância; b) ter concluído com aproveitamento o curso de extensão para segurança pessoal, em empresa de curso devidamente autorizada a ministrá-lo; c) ter comportamento social e funcional irrepreensível; d) ter sido selecionado observando-se a natureza especial do serviço; e) utilizar, em serviço, traje adequado à missão, estabelecido pela empresa, com logotipo, visível ou não, dando conhecimento prévio da missão às autoridades policiais estaduais das unidades da Federação; f) portar credencial de trabalho fornecida pela empresa; g) freqüentar o curso de reciclagem obrigatória; h) submeter-se ao exame de saúde física e mental. Para o desempenho da atividade de segurança pessoal, ficam os egressos do serviço militar, desde que reservistas de 1ª categoria, bem como dos quadros das polícias militar, civil e federal, com no mínimo dois anos de serviço, dispensados da exigência de freqüência ao curso básico, obrigando-se, todavia, ao curso de extensão. Os requerimentos das empresas de segurança privada, categoria vigilância, para prestarem serviço de segurança pessoal, deverão estar acompanhados dos seguintes documentos: a) cópia do Certificado de Segurança atualizado; b) cópia da autorização de funcionamento que comprove estar a empresa autorizada a funcionar, há pelo menos um ano; c) comprovação do efetivo capacitado, no mínimo de doze vigilantes. As empresas de segurança privada, categoria curso de formação de vigilantes, estão credenciadas a ministrar o curso de extensão de segurança pessoal, devendo, até cinco dias antes de cada curso, informar à Comissão de Vistoria do DPF o início do curso apresentando: a) quadro que especifique a data do início e do fim do curso; b) planejamento discriminando a natureza e a quantidade de munição que será utilizada; c) número de vigilantes freqüentando a extensão, juntando cópia dos certificados de conclusão do curso básico ou, conforme o caso, a cópia da documentação legal.

SEGURANÇA PRIVADA. Conjunto de atividades desenvolvidas por empresas especializadas em prestação de serviços com a finalidade de: a) proceder à vigilância e segurança patrimonial das instituições financeiras e de outros estabelecimentos, sejam públicos ou particulares; b) garantir a incolumidade física das pessoas; c) realizar transporte de valores ou garantir o transporte de qualquer outro tipo de carga; d) recrutar, selecionar, formar e reciclar o pessoal a ser qualificado e autorizado a exercer essas atividades. Enquadram-se como segurança privada os serviços de segurança desenvolvidos por empresas que tenham objeto econômico diverso da vigilância ostensiva e do transporte de valores, que utilizem pessoal de quadro funcional próprio, para a execução dessas atividades. Tais serviços de segurança denominam-se serviços orgânicos de segurança. As atividades de segurança privada desenvolvidas por empresas especializadas em prestação de serviços, com a finalidade de proceder à segurança de pessoas físicas e de garantir o transporte de valores ou de qualquer outro tipo de carga, serão consideradas segurança pessoal privada e escolta armada, respectivamente. O Sistema de Segurança Privada inclui pessoal adequadamente preparado, assim designado vigilante. As atividades de segurança privada, armada ou desarmada, são desenvolvidas pelas empresas especializadas, pelas que possuem serviço orgânico de segurança e pelos profissionais que nela atuam. Há a fiscalização dos planos de segurança dos estabelecimentos financeiros. As atividades de segurança privada serão reguladas, autorizadas e fiscalizadas pelo Departamento de Polícia Federal (DPF) e serão complementares às atividades de segurança pública nos termos da legislação específica. A política de segurança privada envolve a gestão pública e as classes patronal e laboral, obedecendo aos princípios da dignidade da pessoa humana, das relações públicas, da satisfação do usuário final, da prevenção e ostensividade para dar visibilidade ao público em geral, da proatividade para evitar ou minimizar os efeitos nefastos dos eventos danosos, do aprimoramento técnico-profissional dos seus quadros, inclusive com a criação de divisões especializadas pelas empresas para permitir um crescimento sustentado em todas as áreas do negócio, da viabilidade econômica dos empreendimentos regulados e da observância das disposições que regulam as relações de trabalho. São consideradas atividades de segurança privada: a) vigilância patrimonial – exercida dentro dos limites dos estabelecimentos, urbanos ou rurais, públicos ou privados, com a finalidade de proteger os bens patrimoniais; b) transporte de valores – consiste no transporte de numerário, bens ou valores, mediante a utilização de veículos, comuns ou especiais; c) escolta armada – visa a garantir o transporte de qualquer tipo de carga ou de valores; d) segurança pessoal – exercida com a finalidade de garantir a incolumidade física de pessoas; e) curso de formação – tem por finalidade formar, especializar e reciclar os vigilantes.

SEGURANÇA PÚBLICA. *Ciência política* e *direito constitucional.* Dever do Estado, direito e responsabilidade de todos, que é exercido para a preservação da ordem pública e da incolumidade das pessoas e do patrimônio, por meio da polícia federal, polícia ferroviária federal, polícia rodoviária federal, polícias civis, polícias militares e corpos de bombeiros militares.

SEGURANÇA REAL. *História do direito.* Carta, prevista nas Ordenações Afonsinas, que era expedida pela justiça do rei em favor daquele que estivesse ameaçado por algum poderoso em sua pessoa ou patrimônio.

SEGURANÇA SOCIAL. *Direito previdenciário.* Seguridade social, isto é, conjunto de medidas tomadas pelos poderes públicos e pela sociedade para liberar os indivíduos das necessidades criadas pelas contingências da vida, ou seja, pela doença, miséria, velhice etc., assegurando-lhes direitos alusivos à assistência social, à previdência e à saúde (Othon Sidou, Jacques Doublet e Marly A. Cardone).

SEGURANDO. *Direito civil.* Pessoa ou coisa a ser segurada.

SEGURAR. *Direito civil.* 1. Firmar contrato de seguro. 2. Garantir-se contra risco. 3. Emitir apólice de seguro. 4. Assegurar; garantir. 5. Pôr um objeto no seguro.

SEGURÁVEL. *Direito civil.* O que pode ser objeto de seguro.

SEGURIDADE. 1. Segurança. 2. Qualidade do que está garantido.

SEGURIDADE SOCIAL. *Direito previdenciário.* 1. É o conjunto integrado de ações de iniciativa dos poderes públicos e da sociedade, destinado a assegurar o direito relativo à saúde, à previdência e à assistência social. A seguridade social obedece aos seguintes princípios e diretrizes: a) universalidade da cobertura e do atendimento; b) uniformidade e equivalência dos benefícios e serviços às populações urbanas e rurais; c) seletividade e distributividade na prestação dos benefícios e serviços; d) irredutibilidade do valor dos benefícios, de forma a preservar-lhe o poder aquisitivo; e) eqüidade na forma de participação no custeio; f) diversidade da base de financiamento; g) caráter democrático e descentralizado da gestão administrativa, com a participação da comunidade, em especial de trabalhadores, empresários e aposentados. **2.** *Vide* SEGURANÇA SOCIAL.

SEGURO. 1. *Direito civil.* a) Contrato pelo qual uma das partes (segurador) se obriga para com outra (segurado), mediante o pagamento de um prêmio previsto contratualmente, a garantir-lhe interesse legítimo relativo a pessoa ou a coisa e a indenizá-la de dano decorrente de riscos futuros; b) indenização paga pela companhia seguradora ao segurado, havendo prejuízo oriundo do risco por ela assumido. **2.** Na *linguagem jurídica* em geral, pode significar: a) livre de perigo; b) que oferece segurança; c) firme; d) estável; e) que está garantido. **3.** *Direito internacional público.* Salvo-conduto.

SEGURO AERONÁUTICO. *Direito aeronáutico.* É o contratado pelo transportador aéreo para receber indenização de danos causados por riscos futuros da aviação, dentro dos limites legais, aos tripulantes, aos passageiros, à carga, à aeronave, aos bens e a terceiros na superfície terrestre.

SEGURO A PRÊMIO. *Direito civil.* Aquele em que se obriga o contratante a pagar previamente uma parcela fixa convencional (prêmio), para que o segurador venha a suportar o risco assumido.

SEGURO A PRÊMIO ÚNICO. *Direito civil.* Seguro de vida em que o resgate é feito ao segurado após o prazo estipulado contratualmente e pelo qual foi pago prêmio único (Othon Sidou).

SEGURO "CARTA VERDE". *Direito internacional privado.* Seguro obrigatório para automóveis em viagem internacional dentro do MERCOSUL, para que em caso de sinistro se facilite o pagamento de indenizações. Visa: cobrir responsabilidade civil por danos pessoais e materiais causados a terceiros não transportados pelo veículo segurado; indenizar a morte ou invalidez, despesas médico-hospitalares e danos materiais; garantir o pagamento de honorários advocatícios e custas judiciais. As seguradoras dos países do MERCOSUL têm firmado convênios para que os segurados possam ser assistidos, ou indenizados, por uma seguradora conveniada no país em que ocorreu o sinistro.

SEGURO CIVIL. *Direito civil.* É o contrato de seguro disciplinado pelo Código Civil, relativo aos seguros terrestre e de vida, ou melhor, ao de dano e ao de pessoa.

SEGURO COLETIVO. *Direito civil.* Trata-se do seguro em grupo, que é feito concomitantemente por vários segurados. É freqüente o seguro de vida em grupo, pelo qual as pessoas têm por escopo aumentar a renda em certas circunstâncias, como após a aposentadoria, e com o evento morte, relativamente aos beneficiários.

SEGURO COMERCIAL. *Direito comercial.* É o regido pelo Código Comercial, como o seguro marítimo de transporte e de casco.

SEGURO COM FRANQUIA. *Direito civil.* Aquele em que a companhia seguradora apenas paga a indenização se o prejuízo, causado no objeto pelo risco assumido, ultrapassar certo limite (Geraldo Magela Alves).

SEGURO CONJUNTO. *Direito civil.* É o contrato em que duas ou mais seguradoras assumem o mesmo ou vários riscos sobre um único objeto, não ultrapassando, em qualquer caso, o valor total desse objeto segurado. Trata-se do co-seguro, em que se procura pulverizar o risco.

SEGURO CONTRA ACIDENTES DO TRABALHO. *Direito do trabalho.* É obrigatório a todo empregador, visando cobrir riscos de morte ou lesão provocados pelo exercício do trabalho. A entidade patronal tem obrigação de segurar, na Previdência Social, sua responsabilidade eventual por acidentes de trabalho ou por doenças profissionais contraídas pelos empregados.

SEGURO CONTRA ACIDENTES PESSOAIS. *Direito civil.* É o que tem por fim cobrir riscos de morte ou lesão oriundos de acidente ocorrido com o segurado, compreendendo o pagamento de determinada quantia aos beneficiários, se o segurado falecer, ou ao próprio acidentado, se sobreviver, garantindo-se-lhe assistência médica e hospitalar e o pagamento de uma diária durante todo o tratamento. Abrange o seguro obrigatório para proprietários de veículos automotores, para cobrir riscos decorrentes de acidentes terrestres, fluviais, lacustres, marítimos e aéreos. Em alguns países há forte tendência de se aplicar o seguro de responsabilidade civil também em atividades esportivas e profissionais.

SEGURO CONTRA FOGO. *Direito civil.* Aquele que visa indenizar o segurado pela destruição, total ou parcial, do bem causada por incêndio ou ação do fogo.

SEGURO CONTRA TERCEIROS. *Direito civil.* Seguro de automóvel que possibilita ao segurado receber indenização pelos danos causados ao seu veículo, pouco importando se ele foi ou não culpado pelo acidente.

SEGURO CUMULADO. *Vide* SEGURO CUMULATIVO.

SEGURO CUMULATIVO. *Direito civil.* Novo seguro sobre o mesmo objeto. Contrato em que há seguros sucessivos feitos com várias seguradoras sobre o mesmo objeto, pelo mesmo período e contra os mesmos riscos (J. Motta Maia). Trata-se do seguro dobrado admitido apenas para risco de insolvência do segurador.

SEGURO DA SOLVÊNCIA. *Direito civil.* Espécie de seguro de crédito que visa garantir o credor contra o risco de insolvência do seu devedor.

SEGURO DE ACIDENTES NO TRABALHO. *Vide* SEGURO CONTRA ACIDENTES DO TRABALHO.

SEGURO DE ACIDENTES PESSOAIS. *Vide* SEGURO CONTRA ACIDENTES PESSOAIS.

SEGURO DE ANIMAIS. *Direito civil* e *direito agrário.* É aquele que tem por objetivo garantir o pagamento de indenização em caso de morte de animais de elite, não sendo considerado modalidade de seguro rural. Entende-se como animal de elite aquele destinado à participação em torneios, provas esportivas e exposições, bem como o animal destinado, exclusivamente, à coleta de sêmen e transferência de embriões para fins comerciais.

SEGURO DE AUTOMÓVEL. *Direito civil.* Seguro obrigatório de dano pessoal causado por veículo automotor de via terrestre ou por sua carga.

SEGURO DE CAPITAL DEFERIDO. *Direito civil.* Seguro de vida em que o segurado tem direito de receber a soma do seguro se ainda estiver vivo ao fim de certo número de anos.

SEGURO DE COISAS. *Direito civil.* Aquele que tem por escopo segurar certo bem pelo seu valor econômico. É o seguro contra risco que atinge o patrimônio do segurado (De Plácido e Silva).

SEGURO DE CRÉDITO. *Direito comercial* e *direito internacional privado.* **1.** Seguro de coisa feito com o escopo de cobrir dano causado por fato do cre-

dito, em operação mercantil na seara interna ou internacional (Othon Sidou). **2.** Técnica de garantia que, na França, é fornecida pela Companhia Francesa de Seguro para o Comércio Exterior, que assume, por conta do Estado, o serviço público de seguro de crédito, garantindo a boa execução das operações de comércio exterior, ao segurar os créditos de exportadores relativamente aos riscos de fabricação e de crédito, embora não possa garantir o pontual pagamento ao exportador (Konder Comparato).

SEGURO DE CRÉDITO À EXPORTAÇÃO (SCE). *Direito internacional privado.* Tem por objetivo segurar as exportações brasileiras de bens e serviços contra os riscos comerciais, políticos e extraordinários que possam afetar as transações econômicas e financeiras vinculadas a operações de crédito à exportação. O exportador e as instituições financeiras que financiarem ou refinanciarem as exportações poderão ser segurados do SCE. Consideram-se riscos comerciais as situações de insolvência do devedor, caracterizando-se esta quando: a) ocorrer mora pura e simples do devedor por prazo igual ou superior a cento e oitenta dias do vencimento da data da primeira parcela não paga, desde que não provocada pelos fatos geradores de riscos políticos; b) executado o devedor, seus bens revelarem-se insuficientes ou insuscetíveis de arresto, seqüestro ou penhora; c) decretada a falência ou a recuperação judicial ou extrajudicial do devedor ou outro ato administrativo ou judicial de efeito equivalente; d) celebrado acordo do devedor com o segurado, com anuência da seguradora, para pagamento com redução do débito. Consideram-se riscos políticos e extraordinários a ocorrência, isolada ou cumulativamente, das seguintes situações: a) mora pura e simples do devedor público por prazo igual ou superior a cento e oitenta dias do vencimento da data da primeira parcela não paga; b) rescisão arbitrária, pelo devedor público, do contrato garantido; c) moratória geral decretada pelas autoridades do país do devedor ou de outro país por intermédio do qual o pagamento deva ser efetuado; d) qualquer outro ato ou decisão das autoridades de um outro país que impeça a execução do contrato garantido; e) por decisão do Governo brasileiro, de governos estrangeiros ou de organismos internacionais, posterior aos contratos firmados, resulte a impossibilidade de se realizar o pagamento pelo devedor; f) superveniência, fora do Brasil, de guerra, revolução ou motim, de catástrofes naturais, tais como ciclones, inundações, terremotos, erupções vulcânicas e maremotos, que impeçam a execução do contrato garantido. Abrangem também: a) risco de fabricação, definido como a interrupção das obrigações contratuais do devedor por cento e oitenta dias, durante o período compreendido entre a data em que os contratos foram firmados e a data em que deveria ser efetivado o embarque ou finalizadas as obrigações contratuais do segurado; b) exportação em consignação, feiras, mostras, exposições e similares, quando se verificar a impossibilidade de fazer retornar as mercadorias não vendidas no exterior. Tais situações caracterizadoras de risco comercial e de risco político e extraordinário somente prevalecerão quando expressamente notificadas nas condições do contrato de seguro. A cobertura do SCE incidirá sobre as perdas líquidas definitivas do segurado, no caso de risco de fabricação, não abrangendo os prejuízos decorrentes da não realização de lucros esperados ou de oscilações de mercado. A percentagem de cobertura incide sobre o valor do financiamento da operação, no caso de risco de crédito. Não serão devidas comissões de corretagem nas operações do SCE garantidas pela União.

SEGURO DE DANO. *Direito civil.* **1.** Contrato feito para garantir pagamento de indenização ao segurado, havendo ocorrência do sinistro. **2.** Visa garantir dano sofrido pelo bem, mediante prêmio ajustado, pagando a seguradora uma indenização, que não pode ser superior ao valor do interesse segurado no momento do sinistro.

SEGURO DE FIANÇA LOCATÍCIA. *Direito civil* e *direito comercial.* Garantia do contrato de locação de imóvel urbano que consiste no pagamento de uma taxa, correspondente a um prêmio mensal ou anual, que se ajustar, tendo por fim garantir o pagamento de certa soma ao locador. Garante-se, mediante o prêmio, o pagamento do aluguel. Pelo seguro de fiança locatícia o inquilino paga mensalmente uma quantia à Companhia Seguradora, para que ela pague indenização, cobrindo possíveis e eventuais prejuízos ao locador.

SEGURO DE FIDELIDADE FUNCIONAL. É o seguro que visa reparar prejuízo causado por funcionário ou empregado que lida com dinheiro, como caixa, cobrador, tesoureiro etc.

SEGURO DE HONRA. *História do direito.* Aquele que era firmado verbalmente, constituindo uma obrigação de honra decorrente da simples confiança das partes (De Plácido e Silva).

SEGURO DE NATALIDADE. *Direito previdenciário.* Auxílio-natalidade, ou seja, benefício pago para ajudar no pagamento das despesas do parto ou do nascimento do filho do segurado.

SEGURO DE NUPCIALIDADE. Aquele instituído em benefício de alguém, para que receba uma quantia em dinheiro após a realização de seu matrimônio (De Plácido e Silva).

SEGURO DE PENHOR RURAL. *Direito agrário.* Tem por objetivo cobrir perdas e/ou danos causados aos bens diretamente relacionados às atividades agrícola, pecuária, aqüícola ou florestal, que tenham sido oferecidos em garantia de operações de crédito rural. As sociedades seguradoras deverão contabilizar, nos respectivos ramos, todas as operações de seguro, observada a natureza da instituição que concede o crédito rural. As sociedades seguradoras deverão registrar, na apólice, a informação de que o bem segurado, diretamente relacionado às atividades agrícola, pecuária, aqüícola ou florestal, é oferecido em garantia de operação de crédito rural.

SEGURO DE PESSOA. *Direito civil.* **1.** É o que tem por objeto a pessoa do segurado; por exemplo, seguro de vida própria ou alheia e das faculdades humanas; seguro contra acidentes pessoais etc. **2.** É o que garante, mediante o prêmio anual que se ajustar, o pagamento de certa soma a determinada pessoa, por morte, incapacidade ou acidente do segurado, podendo estipular igualmente o pagamento dessa soma ao próprio segurado, ou terceiro, se aquele sobreviver ao prazo de seu contrato. Abrange o seguro de vida, o seguro contra acidente do trabalho e o contra acidentes pessoais.

SEGURO DE PESSOAS COM CAPITAL GLOBAL. *Direito civil.* Modalidade de contratação coletiva da cobertura de risco, respeitados os critérios técnico-operacionais, forma e limites fixados pela Superintendência de Seguros Privados (SUSEP), segundo a qual o valor do capital segurado referente a cada componente sofrerá variações decorrentes de mudanças na composição do grupo segurado.

SEGURO DE RAMOS ELEMENTARES. *Direito civil.* Aquele que tem por objetivo garantir perdas e danos ou responsabilidades oriundas dos riscos de fogo, de transportes e outros acontecimentos danosos, sendo que a obrigação do segurador consiste em uma indenização, se o sinistro se verificar.

SEGURO DE RESPONSABILIDADE CIVIL. 1. *Direito civil.* Contrato pelo qual se transferem ao segurador, mediante prêmio estipulado, as conseqüências de danos causados a terceiros, pelos quais o segurado possa responder civilmente. O seguro de responsabilidade garante uma obrigação, relegando para plano secundário o problema da culpa e o da procura do responsável, pondo-se em primeiro lugar a questão do dano e da completa satisfação econômica do lesado, consagrando o princípio da responsabilidade objetiva. Constitui, como diz Antunes Varela, uma forma de socialização do risco, pois o encargo da indenização, em lugar de incidir somente sobre o responsável, abrange todos os segurados, que encontram, na distribuição eqüitativa do risco operada pelo segurador, a compensação para a contraprestação certa, mas moderada, a que se obrigam por força do contrato. **2.** *Direito administrativo* e *direito internacional privado.* Contrato que prevê a cobertura para garantir a liquidação de danos causados aos passageiros e seus dependentes, em virtude de acidente quando da realização da viagem em veículos que operam os serviços de transporte rodoviário interestadual e internacional coletivo de veículos obrigatoriamente discriminados nas respectivas apólices.

SEGURO DE RESPONSABILIDADE CIVIL DO OPERADOR DE TRANSPORTE MULTIMODAL NO ÂMBITO DO MERCOSUL. *Direito internacional privado.* É o seguro que tem por objetivo garantir ao Operador de Transporte Multimodal, até o limite máximo do capital segurado, o reembolso das reparações pecuniárias, pelas quais, por disposição das normas legais e pelo Acordo sobre Transporte Multimodal, no âmbito do MERCOSUL, for o responsável em virtude de perdas ou danos ocasionados aos bens ou mercadorias que lhe forem entregues para o transporte, de acordo com o documento de Conhecimento de Transporte Multimodal, desde que aquelas perdas ou danos ocorram enquanto os bens e mercadorias estiverem sob sua guarda ou responsabilidade.

SEGURO DE RISCOS DIVERSOS. *Vide* SEGURO MÚLTIPLO.

SEGURO-DESEMPREGO. *Direito do trabalho.* **1.** Benefício que tem por fim prover a assistência temporária do trabalhador desempregado em virtude de dispensa sem justa causa e auxiliá-lo na busca de emprego, promovendo ações integradas de orientação, recolocação e qualificação profissional. Será concedido ao trabalhador desempregado por um período máximo variável de três a cinco meses, de forma contínua ou alternada, a cada período aquisitivo, cuja duração será definida pelo Conselho Deliberativo do Fundo de Amparo ao Trabalhador (CODEFAT). **2.** *Vide* BENEFÍCIO DO SEGURO-DESEMPREGO.

SEGURO-DESEMPREGO A TRABALHADOR RESGATADO DA CONDIÇÃO ANÁLOGA À DE ESCRAVO. *Direito previdenciário.* Direito assegurado para prover assistência financeira temporária ao trabalhador desempregado em virtude de dispensa sem justa causa, inclusive a indireta, e ao trabalhador comprovadamente resgatado de regime de trabalho forçado ou da condição análoga à de escravo. O trabalhador que vier a ser identificado como submetido a regime de trabalho forçado ou reduzido à condição análoga à de escravo, em decorrência de ação de fiscalização do Ministério do Trabalho e Emprego, será dessa situação resgatado e terá direito à percepção de três parcelas de seguro-desemprego, no valor de um salário mínimo cada. Tal trabalhador será encaminhado, pelo Ministério do Trabalho e Emprego, para qualificação profissional e recolocação no mercado de trabalho, por meio do Sistema Nacional de Emprego (SINE), na forma estabelecida pelo Conselho Deliberativo do Fundo de Amparo ao Trabalhador (CODEFAT).

SEGURO DE SOLVÊNCIA. *Vide* SEGURO DA SOLVÊNCIA.

SEGURO DE TRANSPORTE. *Direito comercial* e *direito internacional privado.* Seguro de responsabilidade civil que assegura pagamento de indenização de prejuízo, a passageiro ou carga, advindo de acidente havido em transporte terrestre, marítimo e aéreo, de âmbito nacional ou internacional.

SEGURO DE TRANSPORTE INTERNACIONAL. *Direito internacional privado.* Contrato que visa cobrir prejuízos oriundos de riscos ou perdas havidas durante o transporte, beneficiando importadores em geral e exportadores com fixação de preço CIF (Hilário de Oliveira).

SEGURO DE VIDA. *Direito civil.* É aquele que tem por fim garantir, mediante o prêmio anual que se ajustar, o pagamento de certa soma a determinada pessoa, por morte do segurado, podendo estipular-se, igualmente, o pagamento dessa soma ao próprio segurado, ou terceiro, se aquele sobreviver ao prazo do seu contrato. Se a liquidação somente se operar por morte, o prêmio poderá ser ajustado por prazo limitado ou por toda a vida do segurado, sendo lícito aos contratantes, durante a vigência do contrato, substituir, de comum acordo, um plano por outro, feita a indenização de prêmios que a substituição exigir. Será lícito, ainda, fazer o seguro de modo que só tenha direito a ele o segurado, se chegar a certa idade, ou for vivo a certo tempo.

SEGURO DE VIDA EM GRUPO. *Direito civil.* Aquele seguro de vida de várias pessoas de uma mesma classe ou coletividade. Por exemplo, o instituído por uma pessoa jurídica em benefício de seus membros.

SEGURO DE VIDA INTEIRA. *Direito civil.* Aquele em que o segurado se obriga a pagar um prêmio fixo, enquanto vivo, para que o segurador pague indenização aos beneficiários, após sua morte (Washington de Barros Monteiro).

SEGURO DE VIDA INTEIRA COM PRÊMIOS TEMPORÁRIOS. *Direito civil.* Aquele em que o segurado só paga o prêmio avençado durante certo número de anos, ficando depois remido (Washington de Barros Monteiro).

SEGURO DE VIDA MISTO. *Direito civil.* Aquele em que há combinação do seguro de vida inteira com o seguro de capital deferido (Washington de Barros Monteiro).

SEGURO DIRETO. *Direito civil.* É aquele em que o benefício é pago diretamente ao segurado que paga os prêmios que dão direito àquela indenização.

SEGURO DISTRIBUÍDO. *Vide* SEGURO MÚTUO.

SEGURO DOBRADO. *Vide* SEGURO CUMULATIVO.

SEGURO DOENÇA. *Direito previdenciário.* Auxílio-doença instituído em benefício do empregado que contraia moléstia que o impossibilite temporariamente de trabalhar, para que ele possa pagar as despesas do tratamento.

SEGURO DOTAL. *Direito civil.* 1. Seguro de vida pago ao próprio segurado se, após o decurso do prazo de vigência estipulado contratualmente, ele continuar vivo (Othon Sidou). Logo, a seguradora nada pagará se, antes da data avençada, ocorrer óbito do segurado. **2.** *Vide* SEGURO DE NUPCIALIDADE.

SEGURO DO TRABALHO. *Direito previdenciário.* Conjunto de benefícios a que faz jus o empregado, como auxílio-doença, auxílio-natalidade etc.

SEGURO DPVAT. *Direito civil.* *Vide* SEGURO OBRIGATÓRIO DE DANOS PESSOAIS CAUSADOS POR VEÍCULOS AUTOMOTORES DE VIA TERRESTRE, OU POR SUA CARGA A PESSOAS TRANSPORTADAS OU NÃO.

SEGURO EM GRUPO. *Vide* SEGURO COLETIVO.

SEGURO EM MOEDA ESTRANGEIRA. *Direito internacional privado.* A contratação de seguro em moeda estrangeira no País poderá ser efetuada quando o risco pertencer a um dos seguintes ramos, sub-ramos ou modalidades: 1) crédito à exportação; 2) aeronáutico, para aeronaves em viagens internacionais; 3) riscos nucleares; 4) satélites; 5) transporte internacional; 6) cascos marítimos, quando se tratar de embarcações de longo curso, ou embarcações pertencentes a empresas brasileiras de navegação e registradas no Registro Especial Brasileiro (REB); 7) riscos de petróleo; 8) responsabilidade civil: a) responsabilidade de atos praticados por Conselheiros, Diretores e/ou Administradores (D & O) quando o segurado possua certificados de depósito de ações ou títulos de dívida emitidos no exterior; b) carta verde; c) responsabilidade civil do transportador de viagens internacionais – RCTR-VI; d) geral de produtos de exportação; e) geral de aeronaves em viagens internacionais; f) geral de embarcações de longo curso ou pertencentes a empresas brasileiras de navegação e registradas no REB; 9) seguros do ramo riscos diversos que se refiram a: a) equipamentos arrendados ou cedidos a terceiros, quando o arrendador ou cedente for segurado pessoa jurídica constituída no exterior; b) máquinas de embarcações pertencentes a empresas brasileiras de navegação e registradas no REB; c) construção, reforma ou reposição de navios, aeronaves, bem como de seus componentes, cuja execução ocorra no País.

SEGURO EXCESSIVO. *Direito civil.* Aquele que, por ter valor superior ao da coisa segurada, deve ser reduzido à sua verdadeira proporção, devolvendo-se a diferença do prêmio do segurado de boa-fé, ou anulando-se o seguro, sem prejuízo da ação penal, quando houver má-fé, perdendo, neste caso, o segurado o prêmio desembolsado.

SEGURO–FIDELIDADE. *Direito administrativo.* Caução prestada pelo servidor encarregado de lidar com o dinheiro público, que corresponde ao dobro do vencimento ou remuneração anual da classe inicial da carreira ou do cargo isolado (Othon Sidou).

SEGURO FLUTUANTE. *Direito comercial.* Aquele em que a quantidade e os valores das mercadorias seguradas a ser transportadas são indeterminados.

SEGURO FLUVIAL. *Direito comercial.* É aquele que cobre risco de mercadoria cujo transporte se dá por meio de rio ou lago.

SEGURO–GARANTIA. *Direito civil* e *direito administrativo.* **1.** Seguro de responsabilidade civil para cobertura de riscos relativos à garantia de cumprimento de obrigações contratuais. É o que garante o fiel cumprimento das obrigações assumidas pelo tomador no contrato principal, conforme os termos da apólice. A seguradora, em razão do grande risco assumido em negócios oriundos de obras públicas ou retenções de valores, só o assume tomando certas cautelas (Hely Lopes Meirelles). O seguro-garantia assegura: licitação pública; adiantamento de pagamentos de obras; cumprimento de execução do contrato; manutenção; concessões; fornecimentos; pagamento de impostos na esfera extrajudicial; pagamento de liberação de mercadorias e contestações de impostos aduaneiros e pagamentos ou garantias judiciais. Apresenta as seguintes modalidades: a) *Bid Bond*, seguro-garantia utilizado para manter propostas apresentadas pelos candidatos à licitação, salvaguardando o licitante dos custos decorrentes da não-assinatura do contrato pelo vencedor, com a conseqüente anulação da concorrência ou chamada do 2º colocado. Neste último caso, garante o diferencial de preço; b) *Performance Bond*, cuja finalidade é garantir a perfeição ou acabamento de uma obra, que deve ser realizada na conformidade dos planos ou projetos e a sua execução (Caio Mário da Silva Pereira). Pode ser contratado por um empreiteiro ou por qualquer pessoa que se obriga a realizar uma obra ou um serviço, caso em que o segurador se obriga pela sua perfeição; c) *Advanced Payment Bond,* adiantamento de pagamento a ser assegurado pela seguradora, resultante dos pagamentos antecipados feitos pelo Estado em favor do contratante, sem a contrapartida imediata do fornecimento, serviço ou obras contratadas. Em regra, o valor segurado é o *quantum* integral do adiantamento, liberando a apólice quando da compensação dele mediante a aferição de cumprimento da etapa pactuada da obra; d) *Retention Payment Bond*, para liberação dos valores que foram previamente acertados, no tocante à retenção de valores de notas fiscais, objetivando caucionar determinado valor que permita maior margem de negociação ou mesmo para fazer frente a eventuais reparos ou correções. As retenções sobre as faturas, se não houvesse tal seguro, onerariam o preço da obra, por compelirem o contratado a obter o diferencial via empréstimo bancário, com o repasse dos encargos para os preços; e) *Maintenance Bond*, a apólice garante o perfeito funcionamento da coisa, pelo prazo definido pelo fabricante, no máximo de até 24 meses após o fornecimento, ou entrada em operação. **2.** Seguro destinado aos órgãos públicos da administração direta e indireta que devem exigir, por lei, garantias de manutenção da oferta (na hipótese de concorrência) e de fiel cumprimento dos contratos (Luiz Fernando Rudge). **3.** Seguro para empresas privadas que, nas suas relações contratuais com terceiros (fornecedores, empreiteiros de obras, prestadores de serviços etc.), pretendam anular o risco de inadimplemento (Luiz Fernando Rudge).

SEGURO–GARANTIA ADMINISTRATIVO. *Direito tributário.* Constitui objeto deste seguro a prestação de garantia pelo tomador para atestar a veracidade de créditos tributários e para a interposição de recurso voluntário em processo administrativo, no âmbito federal, estadual e/ou municipal, na forma da legislação em vigor. Definem-se, para efeito deste seguro: a) Segurado: a União Federal, os Estados e Municípios; b) Tomador: aquele que solicita a emissão de apólice de seguro-garantia, visando atestar a veracidade de créditos tributários, ou o que recorre da decisão de primeira instância em processo administrativo. A cobertura desta apólice vigorará até a extinção das obrigações do tomador na esfera administrativa.

SEGURO–GARANTIA ADUANEIRO. *Direito alfandegário.* Este seguro garante ao segurado, até o valor da garantia fixada na apólice, o cumprimento das obrigações do tomador vinculadas ao Termo de Responsabilidade, em conformidade com as Instruções Normativas da Secretaria da Receita Federal sobre o assunto. Definem-se, para efeito deste seguro: a) Segurado: a União

Federal, representada pela Secretaria da Receita Federal; b) Tomador: o compromissário do Termo de Responsabilidade. A cobertura desta apólice vigorará até a extinção das obrigações do tomador. O valor garantido pela apólice é o valor nominal nela expresso, não sujeito, portanto, a qualquer acréscimo não previsto na "Composição do Valor do Termo", referida no citado Termo de Responsabilidade. Deste modo, esse valor indicará, sempre, e para todos os efeitos, o limite máximo de responsabilidade da seguradora. Além dos casos previstos nas condições gerais, a seguradora ficará isenta de responsabilidade, em relação à presente apólice, com a exoneração legal do tomador.

SEGURO-GARANTIA DE ADIANTAMENTO DE PAGAMENTOS (SG-AP). *Direito civil.* Garantia de indenização, até o valor fixado na apólice, dos prejuízos decorrentes do inadimplemento do tomador em relação aos adiantamentos de pagamentos, concedidos pelos segurados, que não tenham sido liquidados em forma prevista, conforme contrato de execução.

SEGURO-GARANTIA DE PERFEITO FUNCIONAMENTO. *Direito civil.* É a garantia de indenização, até o valor fixado na apólice, dos prejuízos decorrentes da disfunção de equipamento ou da inadequação da qualidade da construção, dos bens fornecidos ou dos serviços prestados, conforme contrato de execução firmado entre as partes.

SEGURO-GARANTIA DE RETENÇÃO DE PAGAMENTO (SG-RP). *Direito civil.* Aquele que garante a indenização, até o valor fixado na apólice, dos prejuízos causados em razão do inadimplemento das obrigações assumidas pelo tomador, decorrentes da substituição de retenções de pagamento previstas no contrato de execução firmado com o segurado.

SEGURO-GARANTIA DO CONCORRENTE (SG-C). *Direito civil.* Garantia de indenização, até o valor fixado na apólice, se o tomador, vencendo a concorrência, deixar de assinar o contrato de execução previsto no edital ou convite.

SEGURO-GARANTIA DO CONSTRUTOR, DO FORNECEDOR E DO PRESTADOR DE SERVIÇOS. *Direito civil.* Este seguro garante a indenização, até o valor da garantia fixado na apólice, pelos prejuízos decorrentes do inadimplemento das obrigações assumidas pelo tomador, em contrato de construção, fornecimento ou prestação de serviços, firmado entre ele e o segurado, e coberto pela apólice.

SEGURO-GARANTIA DO EXECUTANTE CONSTRUTOR (SG-EC), EXECUTANTE FORNECEDOR (SG-EF) E EXECUTANTE PRESTADOR DE SERVIÇOS (SG-EPS). *Direito civil.* Aquele que garante a indenização, até o valor fixado na apólice, dos prejuízos decorrentes do inadimplemento do tomador, e as obrigações assumidas em contrato de construção, fornecimento ou prestação de serviços, firmado entre ele e o segurado e coberto pela apólice.

SEGURO-GARANTIA DO LICITANTE. *Direito administrativo.* Este seguro garante a indenização até o valor da garantia fixado na apólice, se o tomador adjudicatário se recusar a assinar o contrato principal, nas condições propostas, dentro do prazo estabelecido no edital de licitação.

SEGURO-GARANTIA IMOBILIÁRIO. *Direito civil.* Este seguro garante a indenização, até o valor da garantia fixado na apólice, pelos prejuízos decorrentes do inadimplemento do tomador em relação às obrigações assumidas no contrato de construção de edificações ou conjunto de edificações de unidades autônomas alienadas durante a execução da obra. A cobertura desta apólice garante o ressarcimento dos prejuízos causados pelo acréscimo no custo de construção da obra projetada, seja ele fixo ou reajustável, no caso de regime de empreitada, ou integral, em se tratando de regime de administração. Definem-se, para efeito deste seguro: a) Segurado: os adquirentes de imóvel em construção de unidades multifamiliares ou comerciais, inclusive *shopping centers*, organizados em condomínio; b) Tomador: o incorporador imobiliário. A vigência da apólice tem início na data do arquivamento dos documentos, certificado pelo Registro Geral de Imóveis ou no início da comercialização das unidades, conforme o caso, e termina na data de aceitação da obra, conforme disponham a Lei e o Contrato de Construção. A indenização dos prejuízos resultantes do inadimplemento do tomador se fará pela conclusão da obra sob a responsabilidade da seguradora, a qual poderá optar por efetuar o ressarcimento ao segurado mediante a devolução das importâncias pagas ao tomador, devidamente corrigidas até a data da constatação do inadimplemento, conforme legislação vigente.

SEGURO-GARANTIA JUDICIAL. *Direito civil* e *direito processual civil.* Este seguro garante o pagamento de valor correspondente aos depósitos em juízo que o tomador necessite realizar no trâmite de procedimentos judiciais. A cobertura desta apólice, limitada ao valor da garantia, somente terá efeito depois de transitada em julgado a decisão ou acordo judicial favorável ao segurado, cujo valor da condenação ou da quantia acordada não haja sido paga pelo tomador. Definem-se, para efeito deste seguro: a) Segurado: potencial credor de obrigação pecuniária *sub judice*; b) Tomador: potencial devedor que deve prestar garantia em controvérsia submetida à decisão do Poder Judiciário. A cobertura desta apólice vigorará até a extinção das obrigações do tomador.

SEGURO GARANTIDOR DE CRÉDITOS CONSORCIAIS (SGCON). *Direito comercial.* Seguro da carteira de Garantia de Obrigações Contratuais (GOC), aprovado pela Susep, garantido por um *pool* de seguradoras nacionais e internacionais e ressegurado pelo IRB-Brasil Re. Possibilita ao administrador de consórcio, que o efetuar, comprovar, no mercado, que suas garantias são firmes, dando tranqüilidade ao consumidor, visto que a continuidade do grupo de consórcio estará garantida, satisfazendo a sua expectativa, pois atingirá a aquisição do bem desejado e não sofrerá a conseqüência de uma liquidação judicial.

SEGURO HABITACIONAL DO SISTEMA FINANCEIRO DA HABITAÇÃO. *Direito civil.* É o que tem por objetivo garantir, conforme expresso e obrigatoriamente convencionado na apólice, o pagamento da indenização a quem de direito, pela ocorrência de riscos previstos e cobertos, relativamente às operações contratadas no Sistema Financeiro da Habitação até o início de vigência de nova apólice que venha a ser formulada para o SFH.

SEGURO ILIMITADO. *Direito civil.* Contrato em que a seguradora assume a obrigação de pagar ao segurado, havendo o sinistro, a título de indenização, o valor dos danos que teve, qualquer que seja seu montante.

SEGURO INDIRETO. *Direito civil.* É aquele em que o beneficiário da indenização não é o segurado, que pagou os prêmios, mas terceiro.

SEGURO INDIVIDUAL. *Direito civil.* É aquele que tem por objeto a vida ou integridade física de uma pessoa, que é o segurado. É o que compreende um só segurado.

SEGURO *IN QUOVIS*. *Direito comercial.* **1.** Aquele que visa cobrir risco relativo a carga transportada por qualquer meio. **2.** Seguro sobre carga transportada sem que se designe o navio que a conduzirá. Trata-se do seguro sobre navio indeterminado (De Plácido e Silva).

SEGURO INTERNACIONAL. *Direito internacional privado.* É aquele que cobre riscos eventuais que poderão acontecer durante a operação de movimentação dos bens comercializados com cláusula CIF.

SEGURO-INVALIDEZ. *Direito previdenciário.* Aposentadoria devida àquele que se tornou incapaz de trabalhar, em razão de invalidez, desde que impossível sua reabilitação para o exercício de atividade laborativa, devidamente comprovada por exame médico-pericial.

SEGURO LIMITADO. *Direito civil.* Aquele em que o segurador terá o dever de responder tão-somente pelos danos oriundos de risco previsto contratualmente, e não de outro. Assim, se, por exemplo, assumir no contrato de seguro risco contra incêndio, não haverá responsabilidade alguma para a seguradora se o bem segurado vier a se danificar por inundação.

SEGURO MARÍTIMO. *Direito comercial.* Aquele em que o segurador, mediante pagamento de um prêmio, assume os riscos do mar, obrigando-se a pagar indenização ao segurado pelos prejuízos que forem causados ao objeto do seguro.

SEGURO MISTO. 1. *Direito civil.* a) Diz-se do seguro de vida em que houver uma combinação do seguro de vida inteira com o seguro de capital deferido; b) aquele em que, quanto à prestação do seguro, se determinar uma paga fixa e outra de repique, em função do sinistro, a ser dividida entre os mutualistas; c) aquele em que são fixadas várias modalidades de reparação de dano (Othon Sidou). **2.** *Direito comercial.* Aquele que, representado pela mesma apólice, tem por objeto bens de diferentes espécies (Othon Sidou), por exemplo, seguro de navio e da sua carga.

SEGURO MÚLTIPLO. *Direito civil.* Seguro de riscos diversos, em que cada seguro se vincula a um interesse, devendo o contrato discriminar quais os riscos que serão cobertos, indicando sua tarifação (J. Motta Maia).

SEGURO MÚTUO. *Direito civil.* Esse seguro não foi previsto pelo novo Código Civil. Tratava-se do seguro distribuído, que era o contrato pelo qual várias pessoas se uniam por meio de estatutos para dividir danos que cada um poderia ter em razão de certo sinistro. Os próprios segurados

SEGURO OBRIGATÓRIO

atuaram, concomitantemente, como seguradores e segurados, de tal forma que a responsabilidade pelo risco seria compartilhada por todos os segurados, respondendo cada um pelo dano sofrido por qualquer deles. O conjunto dos segurados constituía a pessoa jurídica a quem pertenceriam as funções de segurador, desde que houvesse registro de seus estatutos e autorização do governo federal para o seu funcionamento, mediante aprovação dos estatutos sociais. Apenas o seguro-mútuo voltado à atividade agrícola, a acidente de trabalho e à saúde poderá ser explorado por cooperativa por estar submetida ao regime de liquidação extrajudicial do Decreto n. 73/66.

SEGURO OBRIGATÓRIO. *Direito civil.* Aquele que é imposto por lei para obter socialização do risco, em caso de responsabilidade civil objetiva por determinadas atividades, para garantia de certos bens.

SEGURO OBRIGATÓRIO DE DANOS PESSOAIS CAUSADOS POR EMBARCAÇÕES OU POR SUA CARGA. *Direito civil* e *direito comercial marítimo.* Requisito essencial a todas as embarcações inscritas para possibilitar indenização, por morte ou invalidez permanente causada durante a navegação e despesas de assistência médica e suplementares, nos valores fixados pelo Conselho Nacional de Seguros Privados. O direito à indenização decorrerá de simples prova do acidente ou do dano, independentemente da existência de culpa.

SEGURO OBRIGATÓRIO DE DANOS PESSOAIS CAUSADOS POR VEÍCULOS AUTOMOTORES DE VIA TERRESTRE, OU POR SUA CARGA A PESSOAS TRANSPORTADAS OU NÃO (SEGURO DPVAT). *Direito civil.* É aquele a que todo proprietário de veículo sujeito a registro e licenciamento, na forma estabelecida no Código de Trânsito Brasileiro (CTB), está obrigado, tendo por fim cobrir danos pessoais causados por veículos automotores (automóveis, táxis, ônibus, microônibus, lotação, motocicletas, motonetas, ciclomotores, máquinas de terraplanagem, camionetas tipo *pick up*, caminhões, reboques etc.). A cobertura desse seguro não abrange: danos pessoais resultantes de radiações ionizantes ou de combustível nuclear; multas e fianças impostas ao condutor ou proprietário do veículo ou despesas oriundas de ações ou processos criminais; acidentes ocorridos fora do Território Nacional.

SEGURO OBRIGATÓRIO DE EMBARCAÇÕES (DPEM). *Direito marítimo.* É uma das obrigações dos proprietários de embarcações. Deveras, estão obrigados a contratar o seguro obrigatório de danos pessoais causados por embarcações ou por suas cargas (DPEM) todos os proprietários ou armadores em geral de embarcações nacionais ou estrangeiras sujeitas à inscrição e/ou registro nas Capitanias dos Portos e órgãos subordinados, devendo proceder como abaixo descrito: a) embarcações não inscritas e/ou registradas: para o pagamento do seguro, o proprietário ou seu representante legal deverá dirigir-se ao órgão de inscrição e proceder conforme o discriminado em lei, quando então ser-lhe-á entregue um protocolo onde constarão os seguintes dados da embarcação: 1. nome da embarcação; 2. nome do proprietário ou armador; 3. número de inscrição da embarcação; 4. número de tripulantes; 5. lotação máxima de passageiros; **6.** classificação da embarcação. De posse desse protocolo, o interessado encaminhar-se-á ao órgão competente e efetuará o seguro de sua embarcação; b) embarcações inscritas e/ou registradas: o proprietário ou seu representante legal deverá dirigir-se ao órgão competente de posse do TIE ou da PRPM, conforme o caso, e efetuar o respectivo seguro; c) embarcações não sujeitas a inscrição e/ou registro. O seguro DPEM é obrigatório somente para as embarcações sujeitas à inscrição ou registro nas CP, DL ou AG. Entretanto, caso o proprietário de embarcação não sujeita à inscrição ou registro, ou seu representante legal, desejar contratar o seguro, deverá inscrever a embarcação. Nessa ocasião, o interessado receberá um protocolo contendo os dados citados no subitem *a* acima. De posse deste protocolo, o proprietário ou representante legal poderá se dirigir a um órgão segurador e contratar o referido seguro.

SEGURO PATRIMONIAL. *Direito civil.* Aquele que se destina a cobrir perda resultante de obrigação.

SEGURO PECUÁRIO. *Direito agrário.* Definido como modalidade de seguro rural, é o seguro que tem por objetivo garantir o pagamento de indenização, em caso de morte de animal destinado, exclusivamente, ao consumo, produção, cria, recria, engorda ou trabalho por tração. Os animais destinados à reprodução por monta natural, coleta de sêmen ou transferência de embriões, exclusivamente com a finalidade de incremento e/ou melhoria de plantéis de animais de produção, estão também enquadrados na modalidade de seguro pecuário.

SEGURO-PENSÃO. *Direito previdenciário.* Aquele em que a indenização é paga sob a forma de renda ou pensão periódica ao segurado inválido, após certa idade, ou ao beneficiário, na hipótese de sua morte.

SEGURO PESSOAL. *Vide* SEGURO DE PESSOA.

SEGURO POR AVERBAÇÃO. *Vide* SEGURO FLUTUANTE.

SEGURO POR CONTA DE OUTREM. *Direito civil* e *direito comercial.* Aquele que é feito por quem não é segurado, por exemplo, seguro sobre a vida de outrem, seguro feito pelo comissário em nome do comitente (Othon Sidou e De Plácido e Silva).

SEGURO PRIVADO. *Direito civil* e *direito comercial.* Aquele que recai sobre pessoas, coisas, direitos, obrigações e garantias, excluindo os seguros previdenciários (Othon Sidou).

SEGURO PROLONGADO. *Direito civil.* Direito à manutenção temporária da cobertura, com o mesmo capital segurado contratado, na eventualidade de ocorrer a interrupção definitiva do pagamento dos prêmios.

SEGURO REAL. *Direito civil.* Aquele que objetiva prejuízos sofridos por uma coisa.

SEGURO-RECLUSÃO. *Direito previdenciário.* Auxílio-reclusão que se paga ao dependente do segurado privado de sua liberdade, em razão de condenação criminal.

SEGURO RURAL OBRIGATÓRIO. *Direito agrário.* Aquele que cobre risco advindo de força maior ou caso fortuito, visando a proteção da propriedade rural.

SEGURO-SAFRA. *Direito agrário.* Destina-se a garantir renda mínima para agricultores familiares da Região Nordeste, do semi-árido do Estado de Minas Gerais e da região norte do Estado do Espírito Santo, definidos em lei, nos municípios sujeitos a estado de calamidade ou situação de emergência, reconhecidos em ato do Governo Federal, em razão do fenômeno da estiagem.

SEGURO SINGULAR. *Direito civil.* É o elaborado pela sociedade seguradora única e exclusivamente para determinada apólice individual.

SEGURO SOBRE DUAS VIDAS. *Direito civil.* Seguro de vida feito, em regra, por marido e mulher, em que a indenização é paga ao sobrevivente (Washington de Barros Monteiro).

SEGURO SOBRE NAVIO INDETERMINADO. *Vide* SEGURO *IN QUOVIS.*

SEGURO SOBRE RISCO FLUTUANTE. *Vide* SEGURO FLUTUANTE.

SEGURO SOBRE TODOS OS RISCOS. *Direito comercial* e *direito internacional privado.* Aquele que contém a cláusula *all risks,* em se tratando de transporte, e cobre todos os riscos de perdas e danos sofridos pela mercadoria segurada.

SEGURO SOCIAL. *Direito previdenciário.* É o que visa conceder, com qualidade e agilidade, o benefício aos menos favorecidos, ou seja, o trabalhador e sua família; constituindo um instrumento compulsório da previdência social contra risco de doença, velhice, invalidez etc., mediante a descentralização do atendimento e a modernização dos processos de trabalho, bem como para manter o controle do pagamento destes, com vistas ao combate à fraude. São seus objetivos: 1. redimensionar a rede de atendimento existente, atribuindo aos postos de atendimento todas as funções inerentes ao seguro social em sua área de jurisdição e redistribuindo de forma eqüitativa o montante de benefícios em manutenção; 2. otimizar as atividades relacionadas à habilitação e à manutenção de benefícios, de forma a aumentar a qualidade dos processos e eliminar o número de pedidos represados nos setores de concessão e de revisão de benefícios; 3. confrontar o cadastro de pessoas autorizadas e matriculadas como concessoras de benefícios no sistema, nos últimos cinco anos, com o cadastro de servidores da previdência social, realizando uma análise dos benefícios concedidos por não servidores ou por servidores não autorizados, nesse período, por meio de amostragem, de modo a identificar irregularidades e apontar responsáveis; 4. monitorar a qualidade dos serviços prestados pelos bancos quanto ao pagamento de benefícios e agilizar o envio das informações, via teleprocessamento, para a rede bancária; 5. monitorar a qualidade dos serviços prestados pela Empresa de Correios e Telégrafos (ECT) no que concerne à inscrição de segurados e dependentes, recepção de documentos e pagamento de benefícios; 6. concluir a informatização das gerências regionais, dos postos do seguro social e dos centros/núcleos de reabilitação profissional, automatizando rotinas e procedimentos; 7. automatizar todas as rotinas e procedimentos inerentes aos postos do seguro social, por meio do aplicativo Prisma–Projeto de Regionalização de Informações e Sistemas, de forma a garantir agilidade e segurança no fluxo das informações, em especial para as atividades relacionadas com a justificação administrativa e o recurso de benefícios no contencioso administrativo; 8. aprimorar os sistemas de informações gerenciais, adequando-os aos novos processos de trabalho, e buscar a integração dos dados cadastrais, bem como possibilitar acesso ágil ao sistema central de processamento de dados (*host*); 9. estabelecer um controle central das certidões de tempo de serviço expedidas pelos postos do seguro social; 10. descentralizar o atendimento à clientela previdenciária, mediante o estabelecimento de convênios com empresas e entidades similares por meio do Prisma–Empresa, sob a orientação do seguro social, em especial no que se refere aos aspectos de segurança; 11. implantar o sistema Pagamento Alternativo de Benefícios (PAB) em todos os postos do seguro social, com vistas ao controle, pelo sistema central, de todos os pagamentos emitidos pelos postos; 12. manter a análise e a validação mensal dos pagamentos de benefícios emitidos pela "maciça", de modo a identificar inconsistências ou fraudes, confrontando a legislação de cada espécie com os valores emitidos, bem como o pagamento feito a beneficiários homônimos; 13. revisar os benefícios de ex-combatentes e de anistiados; 14. cotejar os pagamentos de benefícios feitos em nível administrativo com os realizados em instâncias judiciais, para evitar duplicidade; 15. revisar e informatizar as rotinas referentes à habilitação, concessão, manutenção e remessa de pagamento de benefícios ao exterior pela implantação do sistema de acordos internacionais e pela elaboração de manual de operacionalização destes; 16. integrar a base do Cadastro Nacional de Informações Sociais (CNIS) ao Sistema Único de Benefícios (SUB) e ao Prisma, com vistas a depurar a base do CNIS; reduzir a realização de pesquisas *in loco* para a confirmação de vínculo empregatício; confirmar os vínculos empregatícios do segurado no processo de habilitação e transferir informações referentes ao segurado existentes no CNIS para o Prisma no ato da habilitação do benefício; 17. rever a Consolidação dos Atos Normativos sobre Benefícios (CANSB), disponibilizando-a em meio magnético; 18. monitorar a aplicação das ordens de serviço e circulares expedidas pela direção-geral; 19. intensificar a revisão dos benefícios rurais concedidos legalmente, com vistas a sanear incorreções ou irregularidades e identificar fraudes; 20. rever os benefícios por incapacidade, em especial aqueles decorrentes de razões psiquiátricas, e analisar os casos de auxílio-doença de longa permanência; 21. dar continuidade às ações interministeriais concernentes à prevenção de acidentes de trabalho, bem como disponibilizar informações gerenciais aos órgãos envolvidos, mediante a atualização e o aprimoramento do cadastro da Comunicação de Acidente de Trabalho (CAT); 22. criar a auditoria médico-pericial; 23. proceder à revisão e atualização das normas técnicas relacionadas com a atividade médico-pericial e treinar os médicos peritos em face das mudanças/alterações, em especial quanto àquelas relativas à avaliação de incapacidade; 24. credenciar os hospitais universitários para a realização de exames complementares; 25. aperfeiçoar as atividades de reabilitação profissional, enfatizando a expansão da rede de atendimento, mediante parceria com entidades da sociedade civil; 26. otimizar os programas de reabilitação profissional, estimulando a ação integrada entre o serviço social e as unidades de reabilitação profissional, e a cooperação técnica com a área de perícia médica; 27. reestruturar e organizar os arquivos do seguro social, buscando a agilização no processo de consulta dos documentos existentes, de modo a melhorar a qualidade de atendimento ao usuário, em especial às Procuradorias, em caso de litígio judicial; 28. aperfeiçoar o sistema de controle de óbitos, buscando a integração com a linha de fiscalização e com o Ministério Público, de modo a punir os cartórios inadimplentes; 29. aprimorar a sistemática de avaliação e acompanhamento do desempenho no âmbito das gerências regionais, consubstanciada no documento "Indicadores de Excelência no Seguro Social", bem como implantar sistemática similar nos postos do seguro social; 30. dar prosseguimento aos projetos "Hora Marcada", "*Kit* Segurado" e "Concessão *On Line*"; 31. implantar os projetos "Disquete Cartório", "Atualização *On Line*" e "Disquete Previdência"; 32. buscar maior interação entre o INSS e o segurado, com vistas a aumentar o nível de conhecimento do usuário em relação aos direitos/obrigações previdenciárias, bem como diagnosticar o seu perfil; atender àqueles em via de aposentadoria; prestar informações com maior dinamismo por meio de campanhas institucionais e mediante a utilização da central 191; 33. depurar o cadastro do contribuinte individual, bem como promover medidas que possibilitem o acesso desse contribuinte às informações previdenciárias para agilizar a concessão de benefícios; 34. estruturar projetos de atenção ao trabalhador acidentado, a partir dos postos do seguro social; 35. implementar ações de competência do INSS, no que tange à política nacional do idoso.

SEGURO STOP LOSS. *Direito civil.* Seguro que visa garantir a estabilidade operacional do segurado em face dos compromissos por ele assumidos perante os usuários, mediante a assunção da parte do risco que supere a franquia estabelecida.

SEGURO TERRESTRE. *Direito civil* e *direito comercial.* Aquele que cobre risco sobre coisa enquanto permanece em terra, ou sobre carga transportada por via ferroviária ou rodoviária.

SEGURO TURÍSTICO. *Direito comercial.* Aquele feito para cobrir riscos de eventos ocorridos no país e para reembolsar despesas de assistência médica, cirúrgica, hospitalar e farmacêutica por acidente ou por mal súbito imprevisível. Não abrange as decorrentes de mal crônico ou preexistente, de tratamento dentário não originário de acidente, de cirurgia plástica para rejuvenescimento, de doenças mentais, de *check-up.* Verificado o sinistro, em atividade turística, a seguradora assumirá o risco, pagando a indenização devida, inclusive em caso de morte e de invalidez permanente, garantindo, ainda, o reembolso das despesas ocorridas com o traslado do cadáver do segurado, com o atestado de óbito e demais documentos pertinentes, com as perdas ou danos ocasionados à bagagem do segurado, com exceção de danos em óculos, lentes de contato, aparelho bucal, jóias, títulos, dinheiro, cheques, relógios, peles etc. O Seguro Turístico Compreensivo somente pode ser contratado através de bilhete independente, ou vinculado a uma apólice coletiva aberta, de acordo com os modelos e condições aprovados pelos órgãos competentes. No caso de contratação de seguro através de apólice coletiva aberta, esta somente poderá ser estipulada por: agências de turismo; transportadoras turísticas; empresas exploradoras ou administradoras de meios de hospedagem de turismo.

O estipulante deve ser pessoa jurídica, constituída segundo as leis brasileiras. O prazo de vigência da apólice coletiva aberta não poderá ser, em qualquer hipótese, superior a um ano. Não é permitido contratar mais de um bilhete para o mesmo período de vigência; emitir bilhetes por prazo superior a um ano; prorrogar o prazo de vigência do bilhete.

SEIN. *Termo alemão.* Ser.

SEING. *Termo francês.* Assinatura.

SEINSURTEIL. *Termo alemão.* Juízo de existência.

SEINSWISSENSCHAFT. *Termo alemão.* Ciência do ser.

SEINSWISSENSCHAFTEN. *Termo alemão.* Ciências dos seres.

SEIO. 1. *Medicina legal.* Cada uma das mamas da mulher, cuja secreção láctea pode indicar parto recente, aborto ou infanticídio. **2.** *Direito marítimo.* a) Bojo feito pela vela quando lhe dá o vento; b) enseada; golfo; bacia de mar. **3.** *Direito civil.* a) Associação; b) grêmio. **4.** Na *linguagem comum:* a) privacidade; intimidade; b) profundidade; c) âmago; d) interior.

SEIRÃO. *Direito agrário.* Cesto de vime usado para transporte de carga sobre animais.

SEITA. 1. *Filosofia geral.* Grupo de pessoas que seguem uma mesma teoria. **2.** *Direito canônico.* Grupo herético, dissidente da Igreja Católica.

SÉJANA. *História do direito.* Prisão onde os mouros colocavam os cristãos.

SELA. *Direito agrário.* Arreio colocado no dorso do cavalo, para servir de montaria ao cavaleiro.

SELADO. 1. *Direito agrário.* Cavalo em que se colocou a sela. **2.** Na *linguagem jurídica* em geral: a) o que tem selo; b) hermeticamente fechado, de forma que não permita sua abertura ou violação. **3.** *Direito tributário.* Pagamento de tributo provado com aposição de selo. **4.** *História do direito.* Documento no qual se efetuava o pagamento do imposto do selo. **5.** *Direito processual civil.* O que está autenticado ou devidamente timbrado.

SELADOR. 1. *Direito agrário.* Encarregado de colocar a sela nos animais. **2.** Na *linguagem jurídica* em geral, aquele que põe selo.

SELADOS E PREPARADOS. *História do direito.* Designação que era dada ao despacho do juiz, que ordenava que os autos fossem encaminhados ao contador para serem selados e contadas as custas processuais (De Plácido e Silva).

SELAGEM. *Direito tributário.* Ato ou efeito de colocar selo, estampilha ou carimbo em alguma coisa ou documento, comprovando o pagamento do tributo.

SELAGEM *AD VALOREM.* *Direito tributário.* Pagamento de tributo, por meio de selo, proporcional ao valor pecuniário da operação ou do documento.

SELAGEM DIRETA. *Direito tributário.* Ato de colocar o selo, diretamente, no próprio documento sujeito à tributação (De Plácido e Silva).

SELAGEM FIXA. *Direito tributário.* Aposição de selo, que corresponde a uma quantia única, predeterminada, devida por ato ou documento.

SELAGEM HERMÉTICA. Ato de selar algo, pela ação do fogo, com sua própria substância.

SELAGEM INDIRETA. *Direito tributário.* Aquela em que o pagamento do tributo é feito mediante uso de papel já selado.

SELAGEM MECÂNICA. *Direito tributário.* Pagamento e recolhimento de tributo que se comprovam mediante impressão de máquina apropriada feita pelo fisco ou órgão arrecadador (De Plácido e Silva).

SELAGEM POR ESTIMATIVA. *Direito tributário.* Pagamento do tributo por selo, cujo valor é calculado por estimativa, uma vez que não pode ser fixado previamente.

SELAGEM POR VERBA. *Direito tributário.* Pagamento de tributo que, feito na repartição arrecadadora, se comprova pela anotação feita pelo exator à margem do documento exibido.

SELAGEM PROPORCIONAL. *Vide* SELAGEM *AD VALOREM.*

SELANDRA. *História do direito.* Nau de carga da era medieval.

SELAR. 1. Apor selo. **2.** Colocar estampilha. **3.** Concluir. **4.** Colocar sela em animal.

SELARIA. 1. *Direito agrário.* Local onde selas e arreios são guardados. **2.** *Direito comercial.* Indústria de selas ou loja onde se vendem selas e arreios.

SELBSTWERTE. *Termo alemão.* Valores em si mesmos.

SELBSTZWECK. *Termo alemão.* Fim em si mesmo.

SELDJÚCIDA. *História do direito.* Membro de uma dinastia que governou parte da Ásia Ocidental nos séculos XI a XIII.

SELEÇÃO. 1. Na *linguagem jurídica* em geral: a) triagem; b) escolha voluntária de objetos; c) ato ou efeito de selecionar. **2.** *Direito agrário.* Escolha criteriosa dos melhores animais e sementes para melhorar ou perpetuar a espécie. **3.** *Direito desportivo.* Quadro de jogadores ou atletas escolhidos entre os melhores.

SELEÇÃO DE CANDIDATOS AO ASSENTAMENTO EM ÁREAS DESTINADAS À REFORMA AGRÁRIA. *Direito agrário.* É um processo que se inicia no ato classificatório e se estende durante todo o processo de desenvolvimento do projeto de assentamento, sendo garantida ao beneficiário a participação em todas as fases do projeto, de forma individual ou coletiva, através de organização da qual seja membro e que represente seus interesses. O cadastro de candidatos a projetos de reforma agrária tem caráter nacional, sendo que o processo seletivo e a classificação realizar-se-ão na área de atuação de cada Superintendência Regional, objetivando privilegiar o assentamento dos candidatos no município ou microrregião de origem, em áreas vagas em Projeto já existente, em áreas obtidas com base nos dados do Sistema Nacional de Cadastro Rural (SNCR), ou através de compra e venda, doação ou decorrentes de processos de discriminação e arrecadação. A Superintendência Regional do INCRA, preferencialmente, atenderá a demanda local das famílias selecionadas por município.

SELEÇÃO DE FUNCIONÁRIO PÚBLICO. *Direito administrativo.* Conjunto de critérios ou providências da Administração Pública para a escolha daqueles que irão ocupar cargos públicos, que, em regra, se dão por meio de nomeação, concurso de títulos e provas etc. (José Cretella Jr. e Massimo Giriodi).

SELEÇÃO NEGATIVA. É a feita mediante punição de juízes que incidem em faltas funcionais (Dinio de Santis Garcia).

SELECIONADO. Que foi escolhido.

SELECIONADOR. O que faz a seleção.

SELECIONAR. 1. Escolher. **2.** Fazer a seleção.

SELECIONISMO. Teoria baseada na seleção natural ou artificial.

SELECIONISTA. 1. Referente a selecionismo. **2.** Adepto do selecionismo.

SELEIRO. 1. *Direito comercial.* Fabricante ou vendedor de selas ou arreios. **2.** *Direito agrário.* Diz-se do animal acostumado à sela.

SELETA. 1. *Direito agrário.* Variedade de laranja e de pêra. **2.** *Direito autoral.* Conjunto de textos selecionados de obras literárias ou científicas, de vários autores, reunidos em um livro.

SELETIVIDADE. Qualidade de seletivo.

SELETIVO. Que diz respeito a seleção.

SELETO. Escolhido.

SELETOR. Que seleciona.

SELF. 1. *Termo inglês.* Auto; de si mesmo. **2.** *Sociologia geral.* Processo pelo qual o homem, em interação com outros, se torna capaz de tratar a si mesmo como objeto, afastando-se de seu próprio comportamento, considerando-o do ponto de vista alheio ao assumir papéis e atitudes de outras pessoas para julgá-lo sob este prisma (Donald Pierson). **3.** *Psicologia forense.* É a totalidade dos processos conscientes e inconscientes e sua inter-relação. Pode ser individual e grupal (este inclui o *self* familiar, cultural, terapêutico, conjugal, pedagógico) (Lídia Reis de Almeida Prado).

SELF-ACTING. *Locução inglesa.* Auto-aplicável.

SELF-CONTAINED. *Vide* CONTRATO *SELF-CONTAINED.*

SELF-DEFENSE. *Locução inglesa.* Legítima defesa.

SELF-EMPLOYMENT TAX. *Locução inglesa.* Imposto sobre trabalho autônomo.

SELF-ENFORCING. *Vide SELF-ACTING.*

SELF-EXECUTING. *Locução inglesa.* Normas constitucionais auto-executáveis (Thomas Cooley), que podem executar o dever imposto, por fornecerem uma norma que possibilite a fruição e proteção do direito outorgado. Trata-se de preceitos constitucionais completos, que não requerem nenhuma complementação por lei infraconstitucional.

SELF-GOVERNMENT. *Locução inglesa.* **1.** Autogoverno. **2.** Autonomia político-administrativa. **3.** Governo próprio.

SELF-INCRIMINATION. *Locução inglesa.* Auto-acusação.

SELF-LEASING. *Direito comparado* e *história do direito.* Operação entre empresas ligadas ou coligadas. Pode assumir duas formas: uma em que as empresas vinculadas têm as posições de arrendador, arrendatário e vendedor, e outra em que o arrendador é o fabricante e cede o bem em arrendamento (*lessor manufacture*). Tal modalidade de *leasing* foi abolida no Brasil.

SELF-MADE MAN. *Locução inglesa.* Aquele que se fez pelos próprios méritos.

SELIC (SISTEMA ESPECIAL DE LIQUIDAÇÃO E DE CUSTÓDIA). *Direito bancário* e *direito financeiro.* **1.** É um sistema informatizado que se destina à custódia de títulos escriturais de emissão do Tesouro Nacional e do Banco Central do Brasil, bem como ao registro e à liquidação de operações com os referidos títulos. As operações registradas no SELIC são liquidadas por seus valores brutos em tempo real. **2.** É o destinado ao registro de títulos e depósitos interfinanceiros por meio de equipamento eletrônico de teleprocessamento, em contas gráficas abertas em nome de seus participantes, bem como ao processamento, utilizando-se o mesmo mecanismo, de operações de movimentação, resgates, ofertas públicas e respectivas liquidações financeiras. Podem ser registrados no SELIC: a) títulos de emissão do Banco Central do Brasil, do Tesouro Nacional, dos Estados e dos municípios; b) depósitos interfinanceiros cujos depositários sejam bancos múltiplos com carteira comercial, bancos comerciais e caixas econômicas. Somente os títulos estaduais e municipais que possuam sistemática operacional e características compatíveis com as dos títulos federais podem ser objeto de registro no SELIC. A administração do SELIC é da competência do Banco Central do Brasil/Departamento de Operações de Mercado Aberto (DEMAB). O SELIC é integrado pelos seguintes subsistemas: a) Subsistema de Livre Movimentação; b) Subsistema de Movimentação Especial; c) Subsistema de Liquidação Financeira. O SELIC compreende, ainda, os seguintes sistemas modulares complementares: a) Sistema Oferta Pública Formal Eletrônica (OFPUB); b) Sistema Leilão Informal Eletrônico de Moeda e de Títulos (LEINF). Cada participante tem registrada, em contas específicas, sua posição de títulos (de livre movimentação e de movimentação especial), de depósitos interfinanceiros e, ainda, a respectiva posição financeira.

SELIM. *Direito agrário.* Pequena sela.

SELL. *Termo inglês.* Vender.

SELLING COSTS. *Locução inglesa.* Custos de venda.

SELO. 1. *Direito tributário.* Papel adesivo que comprova pagamento de tributo ou recolhimento de emolumentos. **2.** *Direito civil* e *direito notarial.* Sinal público do notário, aposto em documento para autenticá-lo. **3.** *Direito administrativo.*

SELO ADESIVO   337   **SEL**

a) Papel adesivo emitido pelo governo para franquia ou para provar o pagamento da tarifa postal; b) carimbo de uma autoridade ou sinal usado para autenticação e validação de documentos expedidos pelo governo; c) sinete; chancela para autenticar atos de autoridade. **4.** Na *linguagem jurídica* em geral: a) marca; b) sinal destinado à conservação de algo fechado ou em sigilo, assegurando sua inviolabilidade; c) lacre para fechar algo; d) emblema, símbolo ou monograma que identifica uma pessoa ou entidade e autentica seus escritos.

SELO ADESIVO. *Direito tributário.* Papel impresso contendo os valores recolhidos ao erário, emitido pelo governo, servindo como comprovante do pagamento de tributos ou de emolumentos.

SELO ADICIONAL. É o acrescentado à importância do selo exigido anteriormente.

SELO ADUANEIRO. *Direito alfandegário.* É o utilizado, exclusivamente, para lacrar caixas e outros volumes, compartimentos de veículos, cofres de carga e similares, contendo mercadorias ou bens objeto de termo de lacração de volumes. O selo aduaneiro será numerado manualmente com o mesmo número do termo de lacração de volumes a que corresponde e deverá conter as assinaturas do interessado ou responsável e do servidor. O selo aduaneiro será removido pela fiscalização, na presença do interessado, visando a identificação das mercadorias ou bens e a adoção das demais providências legais cabíveis. Para tanto, o interessado deverá comparecer à sede da unidade da SRF indicada no termo de lacração de volumes, em horário de expediente normal, no prazo máximo de quarenta e oito horas, contadas a partir do momento da lavratura do documento. No caso do não-comparecimento do interessado no local e no prazo acima estabelecidos, a fiscalização procederá de ofício à abertura dos volumes, para as providências legais pertinentes.

SELO AD VALOREM. *Direito tributário.* É o calculado na proporção do valor da operação tributada ou do documento. É também designado "selo proporcional" ou "selo por verba". Prova-se o pagamento do tributo ou emolumento por meio de guia ou pelo seu registro à margem do papel apresentado à repartição arrecadadora.

SELO COMBUSTÍVEL SOCIAL. *Direito agrário.* Componente de identificação concedido pelo Ministério do Desenvolvimento Agrário ao produtor de biodiesel que cumpre os critérios normativos, e que confere ao seu possuidor o caráter de promotor de inclusão social dos agricultores familiares enquadrados no Programa Nacional de Fortalecimento da Agricultura Familiar (Pronaf).

SELO DE AUTENTICIDADE. *Direito notarial.* Medida tomada pela Corregedoria-Geral da Justiça do Estado de São Paulo para evitar falsificação de reconhecimento de firma e de ato de autenticação de cópia de documentos.

SELO DE CONSUMO. *Direito administrativo* e *direito tributário.* Aquele emitido para ser colocado em produtos sujeitos ao imposto de consumo.

SELO DE EDUCAÇÃO E SAÚDE. *História do direito.* Taxa de educação e saúde que era correspondente à tributação adicional exigida em documento que se sujeitava ao imposto do selo.

SELO DE IMIGRAÇÃO. *História do direito.* Taxa e emolumento cobrados de estrangeiro que dava entrada no país.

SELO DE VERBA. *Vide* SELO *AD VALOREM.*

SELO ELEITORAL. *Direito eleitoral.* Aquele que comprova pagamento de emolumentos, multas e custas devidos à justiça eleitoral.

SELO FISCAL. *Direito tributário.* Comprovante de pagamento de tributo.

SELO FIXO. *Direito tributário.* Tarifa única que incide sobre certos atos ou emolumentos, sem considerar o valor que representam.

SELO HOLOGRÁFICO. *Direito cartorário.* Garantia de autenticidade e total segurança do registro de documentos, na qual se utilizam elementos químicos e raio *laser*, para obter uma tridimensionalidade da imagem e adicional de autodestruição, que deixa evidente qualquer violação, falsificação ou fraude. E, além disso, não há como reproduzir a imagem holográfica por qualquer meio de impressão, fotocópia etc.

SELO HOLOGRÁFICO DE SEGURANÇA MÁXIMA. *Direito registral.* Impossibilita fraude documental, por representar a garantia de autenticidade e segurança em documentos. É uma combinação de luz, componentes ópticos, elementos químicos e raio *laser* que resulta em tridimensionalidade da imagem final, com um adicional de autodestruição que impede sua retirada de um documento sem que seja danificado. Além disso, a imagem holográfica não poderá ser reproduzida por qualquer meio de impressão, fotocópia ou descolagem.

SELO HOSPITAL AMIGO DO ÍNDIO. É o certificado a ser oferecido aos estabelecimentos de saúde que fazem parte da rede do Sistema Único de Saúde (SUS). Estabelece como critérios para certificação do Selo Hospital Amigo do Índio as seguintes: a) garantia do Direito ao Acompanhante, Dieta Especial e Informação aos Usuários, respeitando as especificidades culturais dos povos indígenas; b) garantia do respeito à interculturalidade e a valorização das práticas tradicionais de saúde nos projetos terapêuticos singulares e na ambiência física; c) participação nas instâncias de Controle Social (Conselhos Distritais de Saúde Indígena Municipais e Estaduais de Saúde) e de pactuação intergestores do SUS, no âmbito do Distrito Sanitário Especial Indígena; d) garantia de informação em saúde à rede integrada do SUS, compreendendo as unidades de saúde indígena no âmbito do Distrito Sanitário Especial Indígena; e) garantia de critérios especiais de acesso e acolhimento a partir da avaliação de risco clínico e vulnerabilidade sociocultural; f) garantia de instâncias próprias de avaliação com participação de usuários e gestores no âmbito do Distrito Sanitário Especial Indígena; g) garantia de Ouvidoria adaptada às especificidades étnico-culturais dos povos indígenas; e h) garantia de processo de Educação Permanente aos profissionais com respeito à interculturalidade e valorização das práticas tradicionais de saúde.

SELO NACIONAL. *Direito administrativo* e *direito constitucional.* Símbolo da República que é utilizado para autenticar atos de governo e diplomas ou certificados expedidos por estabelecimentos oficiais de ensino (Obemor P. Damasceno e Othon Sidou).

SELO PENITENCIÁRIO. 1. *Direito processual penal.* Taxa penitenciária cobrável do condenado por ocasião da concessão da suspensão condicional da pena (Basileu Garcia). **2.** *História do direito.* Pagamento da multa imposta pela sentença, que hoje é recolhida por guia aos cofres públicos (Damásio E. de Jesus).

SELO POR VERBA. *Vide* SELO *AD VALOREM.*

SELO POSTAL. *Direito administrativo.* Pequeno papel adesivo ou estampa produzida por máquina, colocados em correspondências ou encomendas expedidas pelo correio, para franqueá-las, comprovando-se o pagamento do serviço postal.

SELO POSTAL COMEMORATIVO. *Direito administrativo.* Selo postal emitido especialmente para comemorar certos fatos importantes.

SELO *PRO FAUNA*. *Direito tributário.* Aquele que é usado para cobrança de multas previstas em leis alusivas a caça.

SELO PROPORCIONAL. *Vide* SELO *AD VALOREM.*

SELOS ESTADUAIS. *História do direito.* Aqueles que eram emitidos pelo governo estadual para cobrança do imposto do selo (De Plácido e Silva).

SELOS FEDERAIS. *História do direito.* Eram os instituídos pelo governo federal para cobrança de imposto de selo devido à União (De Plácido e Silva).

SELOS MUNICIPAIS. *Direito tributário.* Aqueles emitidos pela municipalidade para cobrança de taxas de expediente (De Plácido e Silva).

SELVAGEM. 1. *Direito civil.* a) Silvícola; b) diz-se do animal bravio, não domesticado. **2.** *Sociologia geral.* a) Aquele que não é civilizado; b) inculto; c) próprio da selva; d) silvestre; e) rude; f) aquele que evita o convívio social.

SELVAGERIA. *Sociologia geral.* **1.** Estado ou condição de selvagem. **2.** Brutalidade.

SELVÁTICO. *Sociologia geral.* **1.** Rústico. **2.** Sem cultura. **3.** Selvagem.

SEMA. Abreviatura de Secretaria Especial do Meio Ambiente.

SEMAFÓRICO. 1. *Direito marítimo.* Telegrafista encarregado do semáforo colocado no porto ou nas costas marítimas. **2.** *Direito de trânsito.* Referente a semáforo.

SEMÁFORO. 1. *Direito marítimo.* Telégrafo óptico colocado junto a faróis no porto ou nas costas marítimas, para avisar da chegada ou passagem de navios, comunicando-se com eles por meio de sinais. **2.** *Direito de trânsito.* Aparelho colocado, nas vias urbanas, em cruzamentos, passagens de pedestres etc., que emite sinais coloridos luminosos que dão informações, orientando o tráfego de veículos.

SEMANA. *Direito do trabalho.* **1.** Período de sete dias seguidos que tem início no domingo e termina no sábado. **2.** Trabalho feito no espaço de sete dias. **3.** Salário que se percebe pelo serviço prestado semanalmente. **4.** Dias úteis de trabalho que abrangem a segunda-feira e os que lhe seguem até sábado, sendo o domingo destinado para descanso semanal.

SEMANADA. *Direito civil.* Preço básico da hospedagem no hotel-residência, válido para a ocupação da unidade habitacional por duas pessoas (casal) durante sete dias, não incluindo nenhum serviço de alimentação. Se a unidade habitacional for ocupada por uma só pessoa, o preço básico da semanada sofre uma redução de 10%. E a adição de cama suplementar, por solicitação do hóspede, ou de qualquer forma, a utilização da unidade habitacional por três pessoas, importa o acréscimo de 20% da semanada básica.

SEMANA INGLESA. *Direito do trabalho.* Semana de cinco dias de trabalho.

SEMANAL. **1.** Relativo a semana. **2.** O que se publica ou se faz semanalmente.

SEMANÁRIO. **1.** *Direito autoral.* Periódico (revista, boletim, jornal etc.) publicado em dia fixo, uma vez por semana. **2.** *História do direito.* Camarista que durante uma semana prestava serviços ao imperador do Brasil. **3.** *Direito administrativo.* Autoridade que está incumbida do expediente de uma repartição durante uma semana, mediante escala de serviço.

SEMANA SANTA. *Direito canônico.* Aquela que antecede o domingo de Páscoa, comemorando a paixão, morte e ressurreição de Cristo.

SEMÂNTICA. **1.** *Filosofia geral.* a) Parte da semiótica que estuda o significado das palavras ou signos em relação com os objetos extralingüísticos por eles denotados; b) é a relação que vincula as afirmações do discurso com o campo objetivo a que este se refere (Charles Morris e Tércio Sampaio Ferraz Jr.). **2.** *História do direito.* Arte militar que consistia no conjunto de disposições que faziam mover as tropas mediante emprego de sinais.

SEMÂNTICA DESCRITIVA. *Filosofia geral.* Estudo do significado atual das palavras de uma língua.

SEMÂNTICA HISTÓRICA. *Filosofia geral.* Análise das alterações do sentido sofridas pelas palavras no decorrer dos tempos.

SEMÂNTICA JURÍDICA. *Filosofia do direito.* Parte da semiótica jurídica que trata dos signos contidos no discurso normativo e dos objetivos por eles designados. Descoberta do significado normativo.

SEMÂNTICO. *Filosofia geral.* O que concerne à significação dos sinais ou termos.

SEMANTISTA. *Filosofia geral.* Versado em semântica.

SEMASIOLOGIA. *Filosofia geral.* *Vide* SEMÂNTICA.

SEMASIOLOGIA JURÍDICA. *Filosofia do direito.* Semântica jurídica.

SEMASIOLÓGICO. *Filosofia do direito.* Relativo a semasiologia; semântico.

SEMATOLOGIA. *Vide* SEMÂNTICA.

SEM DESPESA, SEM PROTESTO. *Direito cambiário.* Cláusula que, comumente, se coloca em título cambiário para dispensar o endossante, beneficiário ou avalista, de efetuar o protesto (Othon Sidou).

SÊMEA. *Direito agrário.* Farelo; parte que fica do trigo moído e peneirado.

SEMEADA. *Direito agrário.* Terreno onde já se semeou ou no qual se fez sementeira.

SEMEADEIRA. *Direito agrário.* Máquina apropriada para semear.

SEMEADOURO. *Direito agrário.* Terreno preparado para receber a sementeira.

SEMEADURA. *Direito agrário.* **1.** Ato ou efeito de semear. **2.** Grão que vai ser espalhado no terreno. **3.** Terra semeada.

SEMEAR. **1.** *Direito agrário.* Lançar semente à terra para que germine. **2.** Na *linguagem comum*: a) fomentar; b) divulgar.

SEMEÁVEL. *Direito agrário.* Que se pode semear.

SÊMEL. *História do direito.* **1.** Descendência. **2.** Geração.

SEMEL EMISSUM VOLAT IRREPARABILE VERBUM. *Expressão latina.* A palavra uma vez pronunciada voa de modo irreparável.

SEMELHANÇA. **1.** *Retórica jurídica.* a) Confronto de duas ou mais idéias que têm pontos de contacto entre si; b) característica de dois objetos do pensamento que apresentam alguns elementos comuns (Leibniz). **2.** Nas *linguagens comum* e *jurídica*: a) qualidade de semelhança; b) similitude; c) o que é similar; d) analogia.

SEMELHANTE. **1.** O que é similar. **2.** Análogo. **3.** Que tem semelhança com um outro objeto.

SEMELHAR. Apresentar semelhança.

SEMELHÁVEL. Que se pode semelhar.

SEMEMAS. *Filosofia geral* e *semiótica.* Palavras ou unidades básicas dos textos onde se encontra a ideologia do direito (Óscar Correas).

SÊMEN. *Medicina legal.* Esperma; material genético masculino.

SEMENTAL. *Direito agrário.* **1.** Referente a semente. **2.** Próprio para a sementeira. **3.** Animal que é considerado bom reprodutor.

SEMENTE. *Direito agrário.* **1.** Grão germinativo. **2.** Bulbo. **3.** Produto da criação animal. **4.** É toda e qualquer estrutura vegetal utilizada na propagação de uma cultivar. **5.** Microorganismo isolado e identificado de animais sacrificados ou enfermos em uma determinada propriedade, utilizado para a produção de vacinas autógenas.

SEMENTE DE TRABALHO (*WORK SEED*). *Biodireito.* Toda e qualquer amostra de semente derivada da semente mãe (*Master Seed*), multiplicada ou replicada segundo os mesmos métodos de multiplicação da semente mãe, mantidas as condições de segurança, pureza, imunogenicidade e potência, destinada à produção e controle de vacinas e antígenos.

SEMENTE INVASORA SILVESTRE. *Direito agrário.* Semente silvestre reconhecida como invasora e cuja presença junto às sementes comerciais é, individual e globalmente, limitada, conforme normas e padrões estabelecidos pelo Ministério da Agricultura, Pecuária e Abastecimento em normas complementares.

SEMENTEIRA. *Direito agrário.* **1.** O que se semeia. **2.** Terra semeada. **3.** Viveiro de mudas. **4.** Período apropriado para semear.

SEMENTEIRO. *Direito agrário.* **1.** Aquele que semeia. **2.** Saco apropriado para conter sementes que se vão lançando à terra.

SEMENTE MÃE (*MASTER SEED*). *Biodireito.* Toda e qualquer amostra de semente inicial, seja de vírus, bactéria, microplasma, parasitos, células ou outro substrato destinado à fabricação de vacinas ou antígenos, multiplicada ou replicada, mantidas as condições de segurança, pureza, imunogenicidade e potência, destinada à fabricação de semente de trabalho.

SEMENTE NOCIVA. *Direito agrário.* Semente de espécie que, por ser de difícil erradicação no campo ou de remoção no beneficiamento, é prejudicial à cultura ou a seu produto, sendo relacionada e limitada, conforme normas e padrões estabelecidos pelo Ministério da Agricultura, Pecuária e Abastecimento em normas complementares.

SEMENTE NOCIVA PROIBIDA. *Direito agrário.* Semente de espécie cuja presença não é permitida junto às sementes do lote, conforme normas e padrões estabelecidos pelo Ministério da Agricultura, Pecuária e Abastecimento em normas complementares.

SEMENTE NOCIVA TOLERADA. *Direito agrário.* Semente de espécie cuja presença junto às sementes da amostra é permitida dentro de limites máximos, específicos e globais, fixados em normas e padrões estabelecidos pelo Ministério da Agricultura, Pecuária e Abastecimento em normas complementares.

SEMENTES PURAS. *Direito agrário.* Percentagem de sementes ou unidades de dispersão pertencentes à espécie em análise.

SEMENTES REVESTIDAS. *Direito agrário.* Aquelas em que materiais diferenciados tenham sido aplicados no seu revestimento de modo a se obter uma identificação positiva individual de todas as sementes e do material inerte, apresentando-se pelotizadas, incrustadas, em grânulos, em lâminas ou em forma de fitas, com ou sem tratamento por agrotóxicos, e cuja identificação é impraticável se destruída a estrutura apresentada para análise.

SEMENTES TRATADAS. *Direito agrário.* Sementes nas quais agrotóxicos, corantes ou outros aditivos foram aplicados, não resultando em mudança significativa de tamanho, formato ou peso da semente original.

SEMESTRAL. Relativo ao que se opera de seis em seis meses.

SEMESTRALIDADE. Qualidade de semestral.

SEMESTRE. Espaço de seis meses.

SEM-FAMÍLIA. Aquele que não possui família.

SEMI-ABERTO. Meio aberto.

SEMI-ANALFABETO. Mal alfabetizado.

SEMI-ÂNIMO. *Medicina legal.* Moribundo.

SEMI-ANUAL. Semestral.

SEMI-ÂNUO. Semestral.

SEMI-AUTOMÁTICO. Aquilo que não é totalmente automático.

SEMIBÁRBARO. **1.** Meio selvagem. **2.** Não muito civilizado; semicivilizado.

SEMICIVILIZADO. *Vide* SEMIBÁRBARO.

SEMICOLONIAL. *Direito internacional público.* Diz-se da nação independente juridicamente que, de fato, se encontra sob o domínio estrangeiro.

SEMICOMA. *Medicina legal.* Coma leve, do qual o paciente pode ser acordado.

SEMICOMATOSO. *Medicina legal.* Estado de semi-coma.

SEMICONSCIENTE. *Medicina legal.* Meio consciente.

SEMICRETINISMO. *Medicina legal.* Cretinismo brando em que o paciente tem o uso da fala, algum conhecimento e capacidade de apreciar as necessidades do corpo.

SEMICRETINO. *Medicina legal.* Aquele que sofre de semicretinismo.

SEMI-ESTABULAÇÃO. *Direito agrário.* Regime de criação em que, alternadamente, o gado passa o tempo no pasto e no estábulo.

SEMI-ESTABULADO. *Direito agrário.* Gado que é criado em regime de semi-estabulação.

SEMIFINAL. *Direito desportivo.* Cada uma das duas provas cujos vencedores terão o direito de disputar a final.

SEMIFINALISTA. *Direito desportivo.* Atleta ou equipe que se classifica para prova semifinal.

SEMI-FINISHED PRODUCT. *Locução inglesa.* Produto semi-acabado.

SEMI-IMPUTÁVEL. *Direito penal.* Aquele agente que, por não possuir uma capacidade volitiva e intelectiva, está sujeito a medida de segurança. Trata-se do semi-responsável (Damásio E. de Jesus).

SEMI-INTERNATO. *Direito civil.* Estabelecimento escolar cujos alunos estudam o dia todo, indo para casa apenas para dormir.

SEMILIBERDADE. *Direito do menor.* Regime que possibilita o exercício de atividades externas, independentemente de autorização judicial.

SEMIMATRIMÔNIO. *Direito civil.* Concubinato. União estável.

SEMINAL. 1. *Medicina legal.* Relativo a sêmen. **2.** *Filosofia geral.* Razão que é origem de tudo o que existe.

SEMINÁRIO. 1. *Direito agrário.* Viveiro de mudas de plantas. **2.** *Direito canônico.* Curso ou escola preparatória de candidatos para o sacerdócio. **3.** Nas *linguagens comum* e *jurídica:* a) estudo dirigido sobre determinado assunto, acompanhado de debates alusivos a textos escritos; b) local de origem.

SEMINÁRIO ECONÔMICO. *Economia política.* Estudo de questões econômicas, procurando solucioná-las.

SEMINARISTA. *Direito canônico.* Aluno de um seminário que pretende receber as ordens sacras, tornando-se sacerdote.

SEMINARÍSTICO. Que diz respeito a seminário.

SEMINÍCOLA. *Direito agrário.* **1.** Que cresce em sementes. **2.** Que ataca sementes.

SEMINÍFERO. *Medicina legal.* Conjunto de canais que constitui a substância do testículo, onde o sêmen se forma.

SEMINO. *Direito agrário.* Bóia de determinadas redes de pesca.

SEMINOMA. *Medicina legal.* Tumor sólido que pode formar-se no testículo.

SEMI-OFICIAL. Aquilo que, sem ter caráter oficial, se funda em informação decorrente de fonte oficial ou governamental.

SEMIOLOGIA. 1. *Medicina legal.* Ramo científico que se ocupa do estudo dos sintomas. **2.** *Filosofia geral.* Ciência que estuda os signos e a arte de empregá-los no seio da vida social (Saussure).

SEMIOLOGIA DOMINANTE. *Filosofia geral* e *semiótica.* Teoria da interpretação dos discursos, vistos como argumentos (Luis Alberto Warat).

SEMIOLOGIA DO PODER. *Filosofia geral* e *semiótica.* **1.** É, na lição de Luís Alberto Warat, a que se ocupa com a discussão sobre o poder social dos discursos e suas funções como fator co-determinante das condições materiais da vida social, com os condicionamentos políticos das significações e com a ação de retorno das significações politicamente elaboradas à sociedade. A semiologia do poder busca a análise da significação como instrumento de controle social, como estratégia normalizadora e disciplinar dos indivíduos, como fórmula produtora do consenso, como estágio ilusório dos valores de representação, como fetiche regulador da interação social, como poder persuasivo provocador de efeitos de verossimilhança sobre as condições materiais da vida social, como fator legitimador do monopólio da coerção, e como fator de unificação do contraditório exercício do poder social (Luís Alberto Warat). **2.** É a que se ocupa da linguagem que se produz e se espalha sob a proteção do poder (Barthes).

SEMIOLOGIA POLÍTICA. *Vide* SEMIOLOGIA DO PODER.

SEMIOLÓGICO. Referente à semiologia.

SEMIOLOGISTA. Versado em semiologia.

SEMIÓLOGO. *Vide* SEMIOLOGISTA.

SEMIOSE. *Filosofia geral.* Uso de sinais.

SEMIÓTICA. *Filosofia geral.* Ciência que se ocupa dos sinais ou signos (Charles Morris). Trata-se da teoria geral dos signos. A semiótica contém três dimensões, pois os sinais envolvem três tipos de relações, visto que se interagem com outros sinais (sintática), com objetos denotados (semântica) e com pessoas, usuários ou intérpretes (pragmática). Nas indagações semióticas, a linguagem estudada ou sobre a qual se fala chama-se linguagem-objeto; e a linguagem no âmbito da qual se investiga a linguagem-objeto intitula-se metalinguagem (Newton Carneiro A. da Costa, Luís Alberto Warat e Juan-Ramon Capella).

SEMIÓTICA JURÍDICA. *Filosofia do direito.* Teoria da linguagem jurídica que tem três dimensões: a) a sintática, que estuda as normas relacionadas entre si mesmas; b) a semântica, que encara os objetos designados pelas normas, ou seja, a relação do discurso normativo com os objetos extralingüísticos, como os fatos e valores; c) a pragmática, que estuda as normas em relação com seu emissor e destinatário. É uma lingüística do diálogo, por tomar por base a intersubjetividade comunicativa, tendo como centro diretor da análise o princípio da interação, e ocupando-se do ato de falar enquanto uma relação entre emissor e receptor, na medida em que for mediada por signos lingüísticos (Tércio Sampaio Ferraz Jr.).

SEMIPERIFERIA. Próximo à periferia.

SEMIPERIÓDICO. O que se dá em intervalos irregulares.

SEMIPERMANENTE. Aquilo que dura consideravelmente.

SEMIPLENA. *Direito processual.* Prova incompleta, insuficiente para convencer o magistrado.

SEMIPOLÍTICO. *Ciência política.* O que apenas em parte é político.

SEMIPOPULAR. O que apenas em parte está ao alcance do povo.

SEMIPROVA. *Direito processual.* **1.** Prova semiplena ou incompleta. **2.** Prova subsidiária. **3.** Começo de prova.

SEMI-REBOQUE. *Direito de trânsito.* Veículo de um ou mais eixos que se apóia na sua unidade tratora ou é a ela ligado por meio de articulação.

SEMI-RESPONSABILIDADE. *Direito penal.* Estado em que se encontram certos portadores de debilidade mental menos grave, que não lhes retira totalmente a capacidade de querer e entender.

Por isso, a lei penal apenas lhes impõe, se cometerem algum delito, a medida de segurança, ou lhes diminui a pena. O agente semi-responsável responde pelo crime com pena atenuada ou medida de segurança (Damásio E. de Jesus).

SEMI-RESPONSÁVEL. *Vide* SEMI-IMPUTÁVEL.

SEMI-SECULAR. Que tem cinqüenta anos.

SEMI-SELVAGEM. Meio civilizado.

SEMI-SOBERANIA. *Direito internacional público.* Soberania limitada que têm alguns países, por serem representados por outros na comunidade internacional, como ocorre por exemplo com o Principado de Mônaco em relação à França (Othon Sidou).

SEMI-SOBERANO. *Direito internacional público.* **1.** País que está, em certas relações internacionais, representado por outro. **2.** O que reina sem ter plenos poderes governamentais.

SEMITISMO. **1.** Modo de vida ou influência do povo judeu. **2.** Política favorável aos judeus.

SEMITOFOBIA. *Medicina legal.* Pavor mórbido ao povo judeu.

SEMITRANSPARÊNCIA. Transparência imperfeita.

SEMIVIRGEM. *Medicina legal.* Mulher que, apesar de possuir hímen íntegro, se entrega à prática de atos libidinosos diversos da cópula vagínica.

SEM JUSTIÇA. **1.** Falta de justiça. **2.** Iniqüidade.

SEM NOME. Anônimo.

SEMOVENTE. **1.** *Direito civil.* a) Bem móvel que possui movimento próprio, como o animal; b) coisa animada. **2.** *História do direito.* Escravo e animal.

SEM-PAR. Inigualável.

SEM-PÁTRIA. *Direito internacional privado.* Apátrida; aquele que não tem pátria.

SEMPER ET UBIQUE UNUM JUS. *Expressão latina.* O direito é o mesmo sempre e em qualquer lugar.

SEMPER IDEM. *Locução latina.* Sempre o mesmo.

SEMPER IN DUBIS BENIGNIORA, PROEFERENDA SUNT. *Expressão latina.* Em casos duvidosos, deve-se preferir a solução mais benigna.

SEMPER NECESSITAS PROBANDI INCUMBIT ILLI QUI AGIT. *Expressão latina.* Cabe ao autor a prova da obrigação.

SEMPER PARATUS PUGNARE PRO PATRIA. *Expressão latina.* Sempre pronto para lutar pela pátria.

SEMPER SEXUS MASCULINUS ETIAM FEMINEUM SEXUM CONTINET. *Expressão latina.* No sexo masculino entende-se compreendido também o feminino. Logo, quando a lei alude aos homens, está incluindo também as mulheres.

SEMPER VERITATIS PONDUS ERUPIT. *Expressão latina.* A verdade sempre será vencedora.

SEMPRE. A todo momento.

SEM-PUDOR. Falta de pudor.

SEM-RAZÃO. 1. Infundado. 2. Falta de razão.

SEMTEX. *Direito militar.* Explosivo plástico, de difícil detecção, que tem grande poder destrutivo e pode ser utilizado em pequenas quantidades e acondicionado em objetos como equipamentos eletroeletrônicos. É muito usado por terroristas.

SEM-TRABALHO. Aquele que procura trabalho, sem encontrar quem o empregue.

SEM-VERGONHA. 1. Descarado. 2. Desonesto. 3. Falta de vergonha.

SEM-VERGONHISMO. Despudor.

SENA. *Direito civil.* Jogo lícito ou autorizado que consiste em uma forma de loteria em que parte de seu resultado é destinado a obras sociais.

SENAC. Sigla de Serviço Nacional de Aprendizagem Comercial.

SENÁCULO. *Direito romano.* Local onde o Senado se reúne para realizar suas sessões.

SENAD. Sigla de Secretaria Nacional Antidrogas, órgão que visa não só a prevenção e repressão ao tráfico ilícito, ao uso indevido e à produção não autorizada de drogas que causam dependência física ou psíquica, como também a recuperação de dependentes.

SENADO FEDERAL. *Ciência política* e *direito constitucional.* 1. Uma das duas casas legislativas que formam o Congresso Nacional, compostas de representantes dos Estados-Membros da Federação e do Distrito Federal, eleitos pelo voto popular direto. 2. Edifício destinado à reunião dos senadores. 3. Câmara Alta nos países que adotam o bicameralismo.

SENADOR. 1. *Direito constitucional* e *ciência política.* Membro do Senado com mandato eletivo por quatro anos. 2. *Direito agrário.* No Rio Grande do Sul, é o cavalo muito velho. 3. *História do direito.* Vereador da Câmara Municipal.

SENADO ROMANO. *Direito romano.* Órgão colegiado composto por grande número de senadores,

designados *patres conscripti*, com competência político-legislativa.

SENAI. Sigla de Serviço Nacional de Aprendizagem Industrial.

SENAL. Diamante bruto muito pequeno.

SENÃO. 1. Pequeno defeito. 2. Exceto. 3. Aliás. 4. Mas sim. 5. A não ser.

SENAR. *Direito agrário.* Sigla de Serviço Nacional de Formação Profissional Rural.

SENÁRIO. O que contém seis unidades.

SENÁSQUA. *Direito agrário.* Espécie de videira americana.

SENATORIA. *Direito constitucional* e *ciência política.* 1. Cargo ou função de senador. 2. Período de duração desse cargo.

SENATORIAL. *Direito constitucional* e *ciência política.* O que diz respeito a Senado.

SENATUS-CONSULTO. *História do direito.* 1. Decreto emanado pelo senado romano, que tinha força de lei. 2. Na França, no primeiro e segundo impérios, era a resolução do senado conservador.

SENCILHA. *Direito civil.* Dinheiro emprestado a um jogador de cartas (Rio Grande do Sul).

SENDA. 1. Caminho. 2. Rotina. 3. Maneira de agir.

SENDEIRO. *Direito agrário.* 1. Cavalo velho e ruim. 2. Cavalo de carga.

SENDOS. *História do direito.* Objetos da mesma natureza que pertenciam a diversas pessoas.

SENECTAS IPSA MORBUS EST. *Expressão latina.* A velhice em si já é uma doença.

SENECTUDE. *Medicina legal.* Processo de envelhecimento (Morris Fishbein).

SENECTUS NON ANNIS COMPUTANDA, SED FACTIS. *Expressão latina.* Não se deve contar a idade pelos anos, mas pelo proceder.

SENESCAL. *História do direito.* Oficial feudal, judicial ou administrativo.

SENHA. 1. *Direito militar.* Palavra dita em resposta a outra, ou sinal convencional para saber se a pessoa que está chegando é amiga ou inimiga. 2. *Direito eleitoral.* Documento numerado que se dá ao eleitor para indicar a ordem de entrada na seção eleitoral onde vai votar. 3. *Direito penal.* Sinal convencional usado como reconhecimento por membros de um bando. 4. *Direito comercial.* Papel que documenta bagagem ou mercadoria despachada em ferrovias. 5. Na *linguagem jurídica* em geral: a) ingresso para entrada em casa de diversões; b) comprovante de que o estudante pagou taxa de exame. **6.** *Direito virtual.* Código utilizado como chave para controle do acesso a arquivo.

SENHA FRACA OU ÓBVIA. *Direito bancário.* É aquela em que se utilizam caracteres de fácil associação com o dono da senha, ou que sejam muito simples ou pequenas, tais como: datas de aniversário, de casamento, de nascimento, o próprio nome, o nome de familiares, seqüências numéricas simples, palavras e unidades léxicas que constem de dicionários de qualquer língua, dentre outras.

SENHA *MASTER*. *Direito financeiro* e *direito bancário.* Senha do agente de custódia que permite a realização de compras e vendas de títulos no Tesouro Direto em nome dos investidores, seus clientes.

SENHOR. 1. Tratamento masculino dado por cortesia. **2.** Soberano. **3.** Título de nobreza concedido a alguns fidalgos. **4.** Proprietário.

SENHORIA. 1. *Direito civil.* a) Autoridade ou poder sobre terra; b) terra senhorial. **2.** *Direito internacional público.* Potentado ou domínio de um Estado. **3.** Nas *linguagens jurídica* e *comum,* tratamento cerimonioso dado a pessoa de certa posição social.

SENHORIAGEM. 1. *História do direito.* a) Tributo que se pagava a título de reconhecimento de um senhorio; b) direito que era pago pelo concessionário da cunhagem da moeda ao soberano; c) diferença existente entre o valor real e o nominal da moeda. **2.** *Direito civil.* Renda paga pelo enfiteuta ao senhorio direto. **3.** *Direito financeiro.* Receita governamental decorrente da emissão de moeda, dada pelo aumento da base monetária (Luiz Fernando Rudge).

SENHORIAL. O que se refere a senhor ou senhorio.

SENHORIL. 1. Próprio de senhor. **2.** Distinto. **3.** Majestoso; nobre.

SENHORILIDADE. Qualidade de senhoril.

SENHORIO. *Direito civil.* **1.** Direito que alguém tem sobre o que lhe pertence. **2.** Domínio. **3.** Proprietário de imóvel locado; locador.

SENHORIO CIVIL. *Direito civil.* Possibilidade que tem o foreiro de gozar do bem aforado.

SENHORIO CUMPRIDO. *Direito civil.* Proprietário que detém todos os poderes do domínio: *jus utendi, jus fruendi* e *jus disponendi.*

SENHORIO DIRETO. *Direito civil.* Proprietário do bem enfitêutico que transferiu o domínio útil ao enfiteuta. Tem o domínio direto, que recai sobre a substância do imóvel, abstraindo de suas utilidades, que são objeto do enfiteuta.

SENHORIO MAIOR. *Direito administrativo.* Domínio público.

SENHORIO PROVEITOSO. *História do direito.* Domínio útil da coisa arrendada, pertencente a quem era feito o arrendamento.

SENHORIO ÚTIL. *Direito civil.* Domínio útil do enfiteuta, que lhe permite usufruir do bem enfitêutico, desde que não lhe destrua a substância; pode tirar dele todas as vantagens que forem de seu interesse, percebendo-lhe os frutos e rendimentos, dentro dos limites estabelecidos pela lei, mediante pagamento do foro.

SENHORITA. Tratamento de cortesia dado a mulher jovem e solteira.

SENHORIZAR. *História do direito.* Exercer jurisdição.

SENIL. *Medicina legal.* **1.** Relativo à velhice. **2.** Próprio da senectude.

SENILIDADE. *Medicina legal.* **1.** Estado extremo de arteriosclerose cerebral que se apresenta em idosos, debilitando sua mente (Morris Fishbein). **2.** Debilidade físico-mental que ocorre na velhice (José Lopes Zarzuela).

SENILIZAR. *Medicina legal.* Envelhecer.

SÊNIOR. *Direito desportivo.* Esportista que já recebeu muitos prêmios.

SÊNIOR FORTE. *Direito desportivo.* Atleta que subiu a uma categoria mais elevada.

SÊNIOR FRACO. *Direito desportivo.* Atleta que, por não ter predicado físico, não pode competir com os fortes.

SENIORITY. *Termo inglês.* Antigüidade.

SENIOR–PARTNER. *Locução inglesa.* Sócio principal.

SENSAÇÃO. *Psicologia forense.* **1.** O que se sente. **2.** Percepção sensorial. **3.** Fato da consciência causado pela modificação de um sentido interno ou externo. **4.** Emoção. **5.** Condição emocional provocada pela impressão de um órgão do sentido, como apreensão, angústia, prazer etc.

SENSACIONALISMO. 1. *Filosofia geral.* Teoria segundo a qual as idéias derivam apenas da percepção sensorial. **2.** Na *linguagem jornalística,* é a divulgação de notícias de forma exagerada, para causar sensação.

SENSATEZ. Bom senso.

SENSATO. 1. Prudente. **2.** Aquele que tem bom senso.

SENSIBILIDADE. 1. *Psicologia forense.* a) Capacidade de experimentar sensações ou sentimentos; b) predisposição psicofísica para receber estímulos; c) tendência para se deixar levar pelo afeto ou pela compaixão. **2.** *Medicina legal.* Propriedade dos tecidos de reagir aos estímulos exteriores.

SENSITIVO. *Psicologia forense.* **1.** Relativo aos sentidos ou à sensação. **2.** Que tem capacidade para experimentar sensações. **3.** Aquele que tem sensibilidade desenvolvida.

SENSÍVEL. *Psicologia forense.* **1.** O que pode ser percebido pelos sentidos. **2.** Que provoca sentimento afetivo. **3.** Que se deixa levar pela emoção. **4.** Aquilo que pode ser captado pela intuição.

SENSO. 1. Juízo. **2.** Capacidade de bem julgar (Comte) ou de raciocinar. **3.** Estado normal da inteligência (Lalande).

SENSO COMUM. 1. Na *linguagem comum,* maneira de pensar da maioria das pessoas. **2.** *Sociologia geral.* Conjunto de crenças ou idéias que formam padrões de comportamento social (Sílvio de Macedo). **3.** *Filosofia geral.* a) Conjunto de opiniões admitidas em uma determinada época, de tal modo que a opinião contrária constitui uma aberração individual (Lalande); b) fundo imutável do espírito, ou seja, sua natureza essencial, de que a razão é o desenvolvimento refletido (Reid); c) razão (Frank e Jouffroy).

SENSO ESTÉTICO. Faculdade de apreciação do belo.

SENSO ÍNTIMO. 1. Consciência. **2.** Sentimento interior. **3.** Intencionalidade.

SENSO JURÍDICO. 1. Sentimento do que é justo. **2.** Costume (François Geny). **3.** Força viva, originária e autônoma, e a fonte primeira do desenvolvimento do direito (Del Vecchio).

SENSO MORAL. 1. Consciência do bem e do mal. **2.** Conjunto de crenças ou comportamentos arraigados em um dado grupo social, que, consciente ou inconscientemente, marcam a pessoa, deixando resíduo que resiste às mutações sociais (Sílvio de Macedo).

SENSORIAL. Referente aos sentidos ou à sensação.

SENSUALIDADE. 1. Volúpia. **2.** Tendência para prazeres materiais.

SENSUALISMO. *Filosofia geral.* **1.** Teoria que entende ser a satisfação sexual o maior bem da humanidade. **2.** Doutrina que atribui a geração das idéias à ação dos sentidos. **3.** Concepção que entende que o conhecimento advém das sensações (Condillac).

SENSU JURIS. *Locução latina.* Sentido jurídico.

SENSU LATO. *Locução latina.* Sentido amplo.

SENTENÇA. *Direito processual.* **1.** Resposta do magistrado ao pedido das partes (Enrico Tullio Liebman). **2.** Decisão judicial. **3.** Julgamento do tribunal; acórdão. **4.** Ato de prestação da tutela jurisdicional (Chiovenda). **5.** Ato de juiz singular que põe termo ao processo, decidindo ou não o mérito da causa (Othon Sidou). **6.** Solução dada à questão *sub judice* ou à causa por juiz competente.

SENTENÇA ABSOLUTÓRIA. *Direito processual penal.* Ato judicial que declara a improcedência da acusação feita ao réu, absolvendo-o, uma vez que reconhece sua inculpabilidade.

SENTENÇA ADMINISTRATIVA. *Direito administrativo.* É a prolatada por autoridade administrativa, impondo pena disciplinar ao servidor faltoso ou absolvendo-o.

SENTENÇA ANULATÓRIA. *Direito processual civil.* Declaração judicial da anulabilidade de um ato ou negócio jurídico.

SENTENÇA ARBITRAL. 1. *Direito processual civil.* a) Laudo arbitral; b) sentença ou decisão proferida por árbitros que tem os mesmos efeitos da decisão proferida pelos órgãos do Poder Judiciário, e sendo condenatória constituirá título executivo para fins de determinação de competência. **2.** *Direito internacional privado.* Decisão proferida por árbitros que não fica sujeita a recurso ou a homologação pelo Poder Judiciário.

SENTENÇA ATRIBUTIVA. *Direito processual civil.* Aquela que confere o direito reclamado.

SENTENÇA CAUTELAR. *Direito processual civil.* É a prolatada em procedimento de cognição sumária para, provisoriamente, acautelar direitos e situações (Calamandrei, Chiovenda e Humberto Theodoro Jr.).

SENTENÇA CERTA. *Direito processual civil.* Decisão que resolve a lide, a respeito da qual não pairem dúvidas (Nelson Nery Jr. e Rosa M. A. Nery), mesmo quando venha a solucionar relação jurídica condicional.

SENTENÇA *CITRA PETITA*. *Direito processual civil.* Decisão em que o magistrado não atende a todas as questões suscitadas, nem julga a reconvenção, decidindo aquém do pedido, sendo, por isso, nula (Rita Gianesini).

SENTENÇA COMPLEMENTÁRIA. *Direito processual civil.* Aquela que efetua uma correção em sentença anterior, esclarecendo algum ponto controvertido ou duvidoso, ou suprindo alguma omissão existente.

SENTENÇA CONDENATÓRIA. 1. *Direito processual civil.* Aquela que, além de declarar o direito violado, impõe o dever de reparação (José da Silva Pacheco), servindo de título executivo. **2.** *Direito processual penal.* Aquela que, ao reconhecer a culpa do acusado, impõe-lhe a pena prevista em lei.

SENTENÇA CONDICIONAL. *Direito processual civil.* Aquela que, por subordinar seus efeitos a acontecimento futuro e incerto, não é aceita em nosso direito, sendo nula.

SENTENÇA CONSTITUTIVA. *Direito processual civil.* **1.** Decisão que cria, altera ou extingue relação jurídica (Pontes de Miranda). **2.** É a que cria novo estado jurídico entre as partes, modificando ou extinguindo uma anterior situação, de fato ou de direito (Othon Sidou).

SENTENÇA CONTENCIOSA. *Direito processual civil.* Aquela que julga o litígio, conferindo, total ou parcialmente, a uma das partes o direito pretendido, e solucionando a questão suscitada pelos demandantes.

SENTENÇA CONTUMACIAL. *Direito processual civil.* Aquela em que o magistrado, em caso de revelia do réu, julga antecipadamente a lide.

SENTENÇA DE ADJUDICAÇÃO. *Direito processual civil.* Decisão interlocutória prolatada em caso de haver licitação entre os credores (José Frederico Marques e Barbosa Moreira), transferindo compulsoriamente um bem de um para outro patrimônio (Alcides de Mendonça Lima).

SENTENÇA DE ALÇADA. *Direito processual.* É a prolatada por magistrado cuja competência é relativa à matéria ou ao valor da causa.

SENTENÇA DECLARATÓRIA. *Direito processual civil.* É aquela que fixa a certeza sobre a existência, ou não, da relação jurídica ou do direito subjetivo material pretendido pelo autor, ou sobre a autenticidade, ou não, de documento (Alfredo Buzaid, Pontes de Miranda, Ada Pellegrini Grinover e De Plácido e Silva).

SENTENÇA DECLARATÓRIA DE AUSÊNCIA. *Direito processual civil.* A que declara ausente aquele que desapareceu de seu domicílio sem dar notícias de seu paradeiro e sem deixar representante ou procurador. Decorrido um ano da arrecadação dos seus bens, ou, se deixou representante ou procurador, passados três anos daquela.

SENTENÇA DECLARATÓRIA DE FALÊNCIA. *Direito falimentar.* Aquela que, ao reconhecer um estado de fato, transforma a falência em estado de direito (Geraldo Magela Alves), dando início à execução coletiva ou juízo universal. A sentença que decretar a falência do devedor, dentre outras determinações: a) conterá a síntese do pedido, a identificação do falido e os nomes dos que forem a esse tempo seus administradores; b) fixará o termo legal da falência, sem poder retrotraí-lo por mais de noventa dias contados do pedido de falência, do pedido de recuperação judicial ou do primeiro protesto por falta de pagamento, excluindo-se, para esta finalidade, os protestos que tenham sido cancelados; c) ordenará ao falido que apresente, no prazo máximo de cinco dias, relação nominal dos credores, indicando endereço, importância, natureza e classificação dos respectivos créditos, se esta já não se encontrar nos autos, sob pena de desobediência; d) explicitará o prazo para as habilitações de crédito; e) ordenará a suspensão de todas as ações ou execuções contra o falido; f) proibirá a prática de qualquer ato de disposição ou oneração de bens do falido, submetendo-os preliminarmente à autorização judicial e do Comitê, se houver, ressalvados os bens cuja venda faça parte das atividades normais do devedor se autorizada a continuação provisória; g) determinará as diligências necessárias para salvaguardar os interesses das partes envolvidas, podendo ordenar a prisão preventiva do falido ou de seus administradores quando requerida com fundamento em provas da prática de crime definido legalmente; h) ordenará ao Registro Público de Empresas que proceda à anotação da falência no registro do devedor, para que conste o termo "falido", a data da decretação da falência e a inabilitação; i) nomeará o administrador judicial, que desempenhará suas funções; j) determinará a expedição de ofícios aos órgãos e repartições públicas e outras entidades para que informem a existência de bens e direitos do falido; k) pronunciar-se-á a respeito da continuação provisória das atividades do falido com o administrador judicial ou da lacração dos estabelecimentos; l) determinará, quando entender conveniente, a convocação da assembléia-geral de credores para a constituição de Comitê de Credores, podendo ainda autorizar a manutenção do Comitê eventualmente em funcionamento na recuperação judicial quando da decretação da falência; m) ordenará a intimação do Ministério Público e a comunicação por carta às Fazendas Públicas

SENTENÇA DE CONVERSÃO

Federal e de todos os Estados e Municípios em que o devedor tiver estabelecimento, para que tomem conhecimento da falência. O juiz ordenará a publicação de edital contendo a íntegra da decisão que decreta a falência e a relação de credores. Da decisão que decreta a falência cabe agravo, e da sentença que julga a improcedência do pedido cabe apelação.

SENTENÇA DE CONVERSÃO. *Direito processual civil.* Aquela que converte uma situação jurídica em outra, como a que opera a conversão da separação judicial em divórcio.

SENTENÇA DE EXTINÇÃO DO PROCESSO. *Direito processual civil.* Aquela que extingue o processo com ou sem julgamento do *meritum causae.*

SENTENÇA DEFINITIVA. *Direito processual civil.* Ato decisório em que o juiz de primeira instância soluciona o conflito de interesses, resolvendo o mérito da causa e julgando a *res in judicio deducta* (José da Silva Pacheco). É a sentença final do procedimento de primeiro grau, que define o juízo ao concluí-lo e diz se a pretensão do autor merece, ou não, atendimento.

SENTENÇA DE HOMOLOGAÇÃO. *Direito processual.* Aquela em que o magistrado não decide o litígio, pois apenas reconhece os efeitos de um julgado ou o acordo de interessados.

SENTENÇA DE JURISDIÇÃO CONTENCIOSA. *Direito processual civil.* Aquela prolatada, quando existe lide, em procedimento de jurisdição contenciosa.

SENTENÇA DE JURISDIÇÃO VOLUNTÁRIA. *Direito processual civil.* É aquela proferida em procedimento voluntário, segundo o critério da legalidade, da conveniência e oportunidade, uma vez que não há litigantes, mas interessados, por inexistir lide.

SENTENÇA DE MÉRITO. *Direito processual civil.* Aquela prolatada por juiz singular em processo de conhecimento, extinguindo-o, com resolução do mérito, ao reconhecer a procedência do pedido, ao acolher ou rejeitar a pretensão do autor, ao pronunciar a decadência ou a prescrição, ao acatar a transação ou a renúncia do autor, relativa ao direito em que a ação se funda.

SENTENÇA DE NULIDADE. *Direito processual civil.* É a que declara a nulidade absoluta do ato ou negócio jurídico.

SENTENÇA DE PRECEITO. *Direito processual.* **1.** É a sentença condenatória que decorre do fato de ter havido confissão do réu. **2.** A que contém uma ordem a ser cumprida pelo vencido na causa (De Plácido e Silva).

SENTENÇA DE PRIMEIRA INSTÂNCIA. *Direito processual.* É a prolatada por juiz de primeiro grau de jurisdição. Trata-se da sentença do juiz *a quo.*

SENTENÇA DE PRIMEIRO GRAU. *Vide* SENTENÇA DE PRIMEIRA INSTÂNCIA.

SENTENÇA DE PRONÚNCIA. *Vide* PRONÚNCIA.

SENTENÇA DE REJEIÇÃO. *Direito processual civil.* Decisão final que, ao absolver o réu da demanda, nega a pretensão do autor.

SENTENÇA DE SEGUNDA INSTÂNCIA. *Direito processual.* Acórdão de órgão colegiado ou decisão proferida, em grau de recurso, pelo tribunal, ou em segundo grau de jurisdição. É a sentença do juiz *ad quem.*

SENTENÇA DE SEGUNDO GRAU. *Vide* SENTENÇA DE SEGUNDA INSTÂNCIA.

SENTENÇA DETERMINATIVA. *Direito processual.* Aquela em que o magistrado efetua o preenchimento das lacunas jurídicas, mediante integração, ao aplicar analogia, costume ou princípio geral de direito. Trata-se da sentença dispositiva (Micheli e Kisch).

SENTENÇA DISPOSITIVA. *Vide* SENTENÇA DETERMINATIVA.

SENTENÇA ERRADA. *Direito processual.* Aquela que contém erro de direito.

SENTENÇA ESTRANGEIRA. *Direito processual* e *direito internacional privado.* Sentença prolatada por juiz ou tribunal de País estrangeiro, que depende, para ser executada e produzir efeito no Brasil, de homologação do Superior Tribunal de Justiça, após ser submetida ao juízo de delibação, ou seja, a processo e julgamento limitados ao exame de requisitos extrínsecos, ou melhor, da competência, da regularidade da citação e do respeito da ordem pública nacional, não havendo, portanto, qualquer exame do mérito.

SENTENÇA EXECUTIVA. *Direito processual civil.* É a prolatada em ação executiva de sentença de título extrajudicial ou em ação executiva em que se pede ao Estado a incursão na esfera patrimonial do executado para retirar bens ou valores (José da Silva Pacheco).

SENTENÇA EXEQÜENDA. *Direito processual civil.* É aquela cuja execução se promove para que se a cumpra.

SENTENÇA EXEQÜÍVEL. *Direito processual.* É aquela que pode ser executada definitiva ou provisoriamente, conforme haja transitado em julgado ou se torne sujeita a recurso com efeito devolutivo (Alcides de Mendonça Lima).

SENTENÇA *EXTRA PETITA*. *Direito processual civil.* Aquela que excede ao pedido do autor, julgando fato alheio à causa e decidindo coisa diversa do pleiteado. Como é nula, em seu lugar outra deverá ser prolatada.

SENTENÇA FALIMENTAR. *Direito falimentar.* *Vide* SENTENÇA DECLARATÓRIA DE FALÊNCIA.

SENTENÇA FINAL. *Direito processual.* É a prolatada no final do processo, extinguindo-o com ou sem resolução do mérito.

SENTENÇA FIRME. *Direito processual.* Aquela que transitou em julgado, não comportando interposição de recurso para reformá-la. Trata-se da sentença irrecorrível.

SENTENÇA GENÉRICA. *Direito processual civil.* Decisão genérica dada pelo juiz em casos de ações coletivas para a defesa de direitos individuais homogêneos. Prolatada tal sentença, o consumidor se habilita individualmente na execução, comprovando seu direito à parte do benefício constante da referida decisão (Nelson Nery Jr. e Rosa M. A. Nery).

SENTENÇA HOMOLOGATÓRIA. *Vide* SENTENÇA DE HOMOLOGAÇÃO.

SENTENÇA ILÍQUIDA. *Direito processual civil.* Aquela que não pode ser executada por não conter o valor exato da obrigação, requerendo, portanto, para a apuração daquele *quantum*: liquidação por artigos, arbitramento ou cálculo. Só depois disso poderá haver sua execução.

SENTENÇA INCIDENTE. *Direito processual civil.* É aquela que, ao julgar ação declaratória incidental provocada pelo autor diante da contestação do réu, é prolatada juntamente com a que solucionar a ação principal (Othon Sidou). É a que resolve questão incidente suscitada no processo.

SENTENÇA *INFRA PETITA*. *Vide* SENTENÇA CITRA PETITA.

SENTENÇA INJUSTA. *Direito processual.* Aquela que contém erro de fato.

SENTENÇA INTERLOCUTÓRIA. *Direito processual.* Aquela que é pronunciada em meio do processo para resolver dúvidas ou questões incidentes ou emergentes relacionadas com a questão principal (De Plácido e Silva).

SENTENÇA IRRECORRÍVEL. *Vide* SENTENÇA FIRME.

SENTENÇA JUDICIAL. *Direito processual.* Ato judicial que, no curso da relação jurídico-processual, constitui a cristalização do exercício da atividade de prestação jurisdicional do Estado (José da Silva Pacheco). É a decisão prolatada pelo juiz *a quo* ou *ad quem*.

SENTENÇA LÍQUIDA. *Direito processual.* Aquela que determina o *quantum* exato da condenação, ou individua o seu objeto, podendo ser executada, imediatamente, sem necessidade de processo de liquidação.

SENTENÇA MANDAMENTAL. *Direito processual.* **1.** É a que atende à pretensão de se obter um mandado, dirigido a terceiros, quer sejam órgãos estatais, como ocorre, por exemplo, no mandado de segurança ou no *habeas corpus*, quer sejam pessoas físicas ou jurídicas, como se dá nos embargos de terceiro, na busca e apreensão etc. (José da Silva Pacheco). **2.** Decisão em que a autoridade judiciária dá a outro órgão estatal uma ordem para a prática ou abstenção de um ato, independentemente de juízo de execução (Wilhelm Kuttner e Othon Sidou).

SENTENÇA MISTA. *Direito processual civil.* Aquela que é líquida em uma parte e ilíquida em outra, podendo haver sua execução em uma parte e liquidação em outra (Othon Sidou). Trata-se da sentença tautócrona.

SENTENÇA NACIONAL. *Direito processual.* É a proferida por juiz ou por tribunal brasileiro.

SENTENÇA NACIONALIZADA. *Direito processual.* Aquela sentença estrangeira que, após ter sido homologada pelo Superior Tribunal de Justiça, passa a ter efeitos equiparados às prolatadas pelos magistrados locais (De Plácido e Silva).

SENTENÇA NORMATIVA. *Direito processual do trabalho.* Aquela em que o magistrado decide por eqüidade, nos casos previstos em lei, para realizar a justiça social, ao modificar relações de emprego em curso, incidindo nas futuras relações empregatícias ao predeterminar seu conteúdo, por vincular aqueles que não participaram da relação processual. É um instrumento de *standard* jurídico (Oliveira Vianna, José Martins Catharino, Délio Maranhão, Osiris Rocha, Arion Sayão Romita, Renato Gomes Ferreira e Paulo Emílio Ribeiro de Vilhena). Prevalece apenas na seara trabalhista.

SENTENÇA NULA

SENTENÇA NULA. *Direito processual.* Aquela inquinada de vício, podendo ser rescindida por meio: a) de ação rescisória quando: se verificar que foi dada por prevaricação, concussão ou corrupção do juiz; proferida por juiz impedido ou absolutamente incompetente; resultar de dolo de parte vencedora em detrimento da parte vencida, ou de colusão entre as partes, a fim de fraudar a lei; ofender a coisa julgada; violar literal disposição de lei; se fundar em prova cuja falsidade tenha sido apurada em processo criminal ou seja provada na própria ação rescisória; depois da sentença, o autor obtiver documento novo cuja existência ignorava, ou de que não pôde fazer uso, capaz, por si só, de lhe assegurar pronunciamento favorável; houver fundamento para invalidar confissão, desistência ou transação, em que se baseou a sentença; fundada em erro de fato, resultante de atos ou de documentos da causa; e b) de ação anulatória de ato judicial.

SENTENÇA OBSTATIVA. *Direito processual civil.* Aquela prolatada pelo juiz que se convenceu, pelas circunstâncias da causa, de que autor e réu se serviram do processo para praticar ato simulado ou para conseguir alguma finalidade vedada por lei, impedindo a consecução de tais objetivos das partes.

SENTENÇA OMISSA. *Direito processual civil.* Decisão que, por ter omitido ponto sobre o qual o juiz ou tribunal devia pronunciar-se, pode ser suprida por meio de embargos de declaração opostos no prazo de cinco dias, em petição dirigida ao juiz ou relator, com indicação do ponto omisso.

SENTENÇA PASSADA EM JULGADO. *Vide* SENTENÇA FIRME.

SENTENÇA PENAL. *Direito processual penal.* É a proferida em juízo criminal, condenando ou absolvendo o acusado.

SENTENÇA PREPARATÓRIA. *Direito processual civil.* Sentença interlocutória que toma medida para regular o desenvolvimento da relação processual, como a que determina provas necessárias à instrução do processo, indeferindo diligências inúteis ou meramente protelatórias.

SENTENÇA PROVISIONAL. *Direito processual civil.* Sentença prolatada em processo cautelar, seja preparatório ou preventivo.

SENTENÇA PURIFICATÓRIA. *Direito processual civil.* Decisão que purifica uma anterior, declarando a produção de seus efeitos, uma vez que a condição nela prevista se operou.

SENTENÇA REFORMADA. *Direito processual civil.* Aquela que foi modificada pelo tribunal em razão da interposição dos seguintes recursos: apelação, agravo, embargos infringentes, embargos de declaração, recurso ordinário, recurso especial, recurso extraordinário, embargos de divergência em recurso especial e em recurso extraordinário.

SENTENÇA RESCINDENDA. *Direito processual civil.* Aquela sentença de mérito que, transitada em julgado, é suscetível de ser submetida a uma ação rescisória, para que se a anule, uma vez que infringe norma.

SENTENÇA RESCINDENTE. *Direito processual civil.* Decisão do tribunal que, em uma ação rescisória, rescinde a sentença por ela atacada, proferindo novo julgamento.

SENTENÇA TAUTÓCRONA. *Direito processual civil.* *Vide* SENTENÇA MISTA.

SENTENÇA TERMINATIVA. *Direito processual civil.* **1.** Decisão de que já não cabe mais recurso, uma vez que transitou em julgado (Othon Sidou). **2.** Aquela que, sem solucionar o *meritum causae*, põe termo ao processo (José da Silva Pacheco e Hélio Tornaghi).

SENTENÇA *ULTRA PETITA*. *Direito processual civil.* Aquela que vai além do pedido, podendo ser corrigida para enquadrar-se no *quantum* pedido (Rita Gianesini e Moacyr Amaral Santos).

SENTENCIADO. *Direito processual.* **1.** Decidido judicialmente. **2.** Condenado por sentença.

SENTENCIADOR. *Direito processual.* Aquele que prolata a sentença.

SENTENCIAR. *Direito processual.* **1.** Julgar. **2.** Decidir. **3.** Proferir sentença. **4.** Condenar.

SENTENCIOSO. *Direito processual.* **1.** Da natureza da sentença. **2.** Prudente. **3.** Que tem hábito de usar de sentenças ao expor seus argumentos.

SENTENTIA. *Termo latino.* Sentença.

SENTENTIA CONTRA JUS CONSTITUTUM LATA. *Expressão latina.* Sentença proferida contra direito constituído.

SENTENTIA CONTRA SENTENTIAM NULLA EST. *Aforismo jurídico.* Sentença contra sentença é nula.

SENTENTIAE PAULI. *Direito romano.* Obra elaborada por Paulo no período pós-clássico, citada às vezes sob a denominação de *Sententiae Receptae*.

SENTENTIA EST. *Locução latina.* Esta é a sentença.

SENTENTIA EX VANO. *Locução latina.* Sentença sem fundamento.

SENTENTIA FACIT DE ALBO NIGRUM, DE QUADRO ROTUNDUM. *Aforismo jurídico.* Sentença faz do branco, preto e do quadrado, redondo.

SENTENTIA JUDICIALIS. *Locução latina.* Sentença judicial.

SENTENTIA JUDICIS. *Locução latina.* **1.** Decisão judicial final. **2.** Sentença do juiz.

SENTENTIA LEGIS. *Locução latina.* Sentença da lei.

SENTENTIA QUAE IN REM JUDICATAM TRANSIT, PRO VERITATE HABETUR. *Aforismo jurídico.* Sentença transitada em julgado é tida como verdade.

SENTENTIA RECEPTAE. *Vide* SENTENTIAE PAULI.

SENTIDO. 1. *Direito militar.* Voz de comando para que o militar fique levemente inclinado para frente, com as palmas das mãos colocadas nas coxas e calcanhares unidos. **2.** *Direito desportivo.* Na equitação, diz-se do cavalo que corre com esforço, ou daquele que é muito sensível às solicitações do cavaleiro. **3.** *Psicologia forense.* Ressentido; magoado. **4.** *Medicina legal.* a) Faculdade de experimentar uma sensação; b) órgão da visão, da audição, do tato, do paladar e do olfato. **5.** *Filosofia geral:* a) significação de uma palavra ou de um discurso; valor objetivo de um signo; b) propósito; objetivo ou finalidade; c) faculdade de conhecer de modo intuitivo ou imediato; d) juízo; e) faculdade de compreender; f) razão; g) idéia; ponto de vista; pensamento; modo de considerar; h) interpretação dada a uma proposição; i) raciocínio; j) orientação de um movimento (Lalande); k) intencionalidade; l) parecer; m) direção tomada pela coisa.

SENTIDO CIENTÍFICO. *Vide* SENTIDO TÉCNICO.

SENTIDO DA PALAVRA. *Teoria geral do direito.* Busca da exata idéia que se contém em uma palavra.

SENTIDO ESTRITO. *Teoria geral do direito.* Interpretação limitada que se dá às palavras da lei, cingindo-se rigorosamente à sua acepção restrita ou ao ponto de que tratam.

SENTIDO FIGURADO. *Filosofia geral.* Acepção metafórica da palavra.

SENTIDO INTERIOR. *Filosofia geral.* Reflexão (Locke).

SENTIDO LATO. *Teoria geral do direito.* Interpretação do vocábulo normativo que busca sua acepção ampla.

SENTIDO LITERAL. *Teoria geral do direito.* Objeto da interpretação gramatical, também chamada literal, semântica ou filológica, pela qual o in-térprete examina cada termo do texto normativo, procurando seus sentidos possíveis, averiguando sua correspondência com a realidade que eles designam.

SENTIDO MORAL. *Filosofia geral.* Faculdade de reconhecer, intuitivamente, o bem e o mal nos fatos concretos.

SENTIDO PRÓPRIO. *Filosofia geral.* Sentido originário da palavra, sem emprego de qualquer metáfora.

SENTIDO RESTRITO. *Vide* SENTIDO ESTRITO.

SENTIDO RIGOROSO. *Vide* SENTIDO ESTRITO.

SENTIDOS CUTÂNEOS. *Medicina legal.* São os quatro sentidos associados com a pele: tato, calor, frio e dor (Morris Fishbein).

SENTIDO TÉCNICO. *Filosofia geral.* É o sentido científico, ou seja, o dado por cada ciência (Sílvio de Macedo).

SENTIMENTAL. 1. Referente a sentimento. **2.** Aquele que tem sentimento, por ser compassivo.

SENTIMENTALISMO. *Filosofia geral.* Teoria que entende ser o sentimento humano a origem das idéias morais.

SENTIMENTO. *Filosofia geral.* **1.** Intuição; conhecimento imediato; percepção intuitiva das qualidades de uma coisa. **2.** Capacidade de receber impressões mentais. **3.** Estado afetivo. **4.** Conjunto de emoções que têm causas morais. **5.** Opinião. **6.** Atitude mental em relação a algo. **7.** Modo de pensar. **8.** Conjunto de qualidades morais de alguém como honra, probidade etc. (Laudelino Freire).

SENTIMENTO DE CULPA. *Psicologia forense.* Estado emotivo daquele que infringiu norma moral, social ou jurídica.

SENTIMENTO DE INFERIORIDADE. *Psicologia forense.* Atitude afetiva que leva a pessoa a menosprezar-se de forma neurótica, causada por sua condição física ou por defeito de educação.

SENTIMENTO DE JUSTIÇA. *Filosofia geral.* Sentimento do que deve ser (Cláudio Souto).

SENTIMENTO DE SUPERIORIDADE. *Psicologia forense.* Atitude que leva a pessoa a uma valorização exagerada de si própria, considerando-se superior às demais pessoas.

SENTIMENTO INTERNO. *Filosofia geral.* Consciência.

SENTIMENTO JURÍDICO. *Teoria geral do direito.* **1.** Direito natural. **2.** Reação do comportamento coletivo, para dar a cada um o que lhe é devido (Djacir Menezes).

SENTIMENTO RELIGIOSO. 1. Crença. **2.** Consciência religiosa.

SENTIMENTOS. Pêsames.

SENTINA. *Direito marítimo.* Parte inferior do navio, onde se ajunta água que deve ser freqüentemente extraída.

SENTINELA. 1. *Direito militar.* Soldado armado encarregado de vigiar um posto ou acampamento. **2.** *Direito do trabalho.* Vigia.

SENTIR. 1. *Filosofia geral.* a) Experimentar sensações (Voltaire); ter uma impressão sensorial; b) ter consciência de algo (Leibniz); c) conhecer intuitivamente (Pascal); d) experimentar um sentimento afetivo (Lalande); e) ser sensível; ter sensibilidade física ou moral; f) conhecer; g) conjecturar, com base em certos fundamentos; h) compreender. **2.** *Psicologia forense.* a) Magoar-se; b) mostrar ressentimento.

SENZALA. *História do direito.* Local onde se alojavam os escravos.

S.E.O. Na *linguagem contábil,* é abreviatura de "salvo erro ou omissão".

SEPARABILITY CLAUSE. *Locução inglesa.* Cláusula contratual estabelecendo que, havendo revogação pela parte, esta não prejudicará as demais.

SEPARAÇÃO. 1. *Ciência política.* Desligamento de um território do país de que constitui parte integrante, para torná-lo independente ou uni-lo a outra nação. **2.** *Direito militar.* Baixa nos exércitos beligerantes, incluindo-se os soldados mortos, desaparecidos e presos pelo inimigo. **3.** *Direito civil.* Ruptura da união estável ou da sociedade conjugal. **4.** Na *linguagem jurídica* em geral: a) ato ou efeito de separar; b) divisão; c) dissolução; d) desligamento; e) afastamento; f) divergência; g) desvio; h) incomunicação; i) cessação de harmonia; j) isolamento.

SEPARAÇÃO ACIDENTAL. *Direito civil.* Rompimento da vida em comum em razão de duração de dois anos de grave doença mental de um dos cônjuges, manifestada após o matrimônio, sendo sua cura improvável.

SEPARAÇÃO CAUTELAR. *Vide* SEPARAÇÃO DE CORPOS.

SEPARAÇÃO COM PERMANÊNCIA DO VÍNCULO CONJUGAL RELIGIOSO. *Direito canônico.* Ato de separar cônjuges que têm a escusa, por causa legítima, por não manter a convivência conjugal, como: adultério verdadeiro, formal, certo,

não consentido, nem perdoado, nem compensado pelo consorte inocente; grave perigo para a alma ou para o corpo do outro cônjuge ou dos filhos.

SEPARAÇÃO CONJUGAL. *Direito civil.* Ruptura do casamento por separação consensual ou litigiosa.

SEPARAÇÃO CONSENSUAL. *Vide* SEPARAÇÃO JUDICIAL CONSENSUAL e SEPARAÇÃO CONSENSUAL EXTRAJUDICIAL.

SEPARAÇÃO CONSENSUAL EXTRAJUDICIAL. *Direito civil.* É aquela, observados os requisitos legais quanto aos prazos, realizada por escritura pública pelo casal, não havendo filhos menores ou incapazes, desde que nela se incluam disposições relativas à descrição e à partilha dos bens comuns, à pensão alimentícia e ao acordo quanto à retomada pelo cônjuge de seu nome de solteiro ou à manutenção do nome adotado quando se deu o casamento, O tabelião apenas lavrará tal escritura se os cônjuges estiverem assistidos por advogado comum ou advogados de cada um deles, cuja qualificação e assinatura constarão do ato notarial. Essa escritura independerá de homologação judicial e constituirá título hábil para o registro civil e o registro de imóveis.

SEPARAÇÃO DA COISA. *Direito civil.* Individuação de coisas que estavam misturadas, afastando-as.

SEPARAÇÃO DA IGREJA. *Direito constitucional.* Ato pelo qual o Estado se separa da Igreja, tornando-se leigo por respeitar todas as crenças e a liberdade no exercício dos cultos religiosos, não oficializando qualquer religião.

SEPARAÇÃO DE ANIMAIS. *Direito agrário.* Ato pelo qual os peões isolam animais, que estavam em rebanhos, para marcá-los ou ferrá-los, facilitando a identificação de sua propriedade.

SEPARAÇÃO DE APENADOS. *Vide* SEPARAÇÃO DOS PRESOS.

SEPARAÇÃO DE BENS. 1. *Direito falimentar.* Afastamento dos bens à disputa pelos credores quirografários, ante os privilégios existentes sobre certos bens em favor de determinados credores, que têm direito de preferência (De Plácido e Silva). **2.** *Direito civil.* a) Retirada de bens do acervo hereditário para pagar débitos do falecido ou do espólio, ou para que fiquem em separado até a solução de certas controvérsias; b) esboço de partilha, que distribui os quinhões hereditários a quem de direito; c) regime matrimonial de bens em que cada cônjuge conserva, com exclusividade, o domínio, posse e administração de seus bens presentes e futuros, e a responsabilidade pelos débitos anteriores e posteriores ao matrimônio (Silvio Rodrigues). Portanto, existem dois patrimônios perfeitamente separados e distintos: o do marido e o da mulher. Tal regime só é obrigatório nos casos previstos em lei; logo, os nubentes que o quiserem adotar deverão fazê-lo mediante pacto antenupcial.

SEPARAÇÃO DE BENS ABSOLUTA. *Direito civil.* Regime matrimonial de bens que estabelece a incomunicabilidade de todos os bens adquiridos antes e depois do matrimônio, inclusive frutos e rendimentos. Trata-se da separação de bens pura.

SEPARAÇÃO DE BENS LIMITADA. *Direito civil.* Regime de separação de bens que se circunscreve apenas em relação aos bens presentes, comunicando-se os frutos e rendimentos futuros. É uma separação de bens relativa.

SEPARAÇÃO DE BENS PURA. *Vide* SEPARAÇÃO DE BENS ABSOLUTA.

SEPARAÇÃO DE BENS RELATIVA. *Vide* SEPARAÇÃO DE BENS LIMITADA.

SEPARAÇÃO DE CORPOS. *Direito civil* e *direito processual civil.* **1.** Medida cautelar que consiste na suspensão autorizada do dever de coabitação, por prazo curto, findo o qual deve ser proposta a ação de nulidade absoluta ou relativa do casamento, ou a de separação litigiosa. Contudo, não é essencial, podendo a ação principal ser intentada diretamente, sendo até freqüentemente desnecessária por já se encontrarem separados os cônjuges quando partem para a separação judicial. Esse procedimento cautelar é importante, pois a sentença que julgar a separação judicial produz seus efeitos à data do seu trânsito em julgado, ou à da decisão que tiver concedido separação cautelar. **2.** Afastamento dos cônjuges do leito comum, por serem incapazes para o casamento, que só se deu para evitar imposição de pena criminal.

SEPARAÇÃO DE DIREITO. *Vide* SEPARAÇÃO JUDICIAL.

SEPARAÇÃO DE DOTE. *História do direito.* Retirada judicial dos bens dotais da administração do marido, a requerimento da mulher, em conseqüência da desordem nos seus próprios negócios, o que levava a recear que aqueles ficassem sem segurança, ressalvando-se, porém, aos credores o direito de se oporem a essa separação, quando fraudulenta. Separado o dote, a mulher passava a administrá-lo, sem, contudo, poder aliená-lo, pois ele continuava sujeito à obrigação de ser empregado para sua finalidade específica (*onera matrimonii*); logo, a mulher devia destinar seus rendimentos ao fim particular de fazer frente aos encargos domésticos.

SEPARAÇÃO DE FATO. *Direito civil.* **1.** Estado de cônjuges que, expressa ou tacitamente, vivem separados (Capitant). **2.** Ato pelo qual consortes passam a viver separados por iniciativa comum ou de um deles, não regularizando sua situação legalmente (Piragibe Magalhães e Tostes Malta). **3.** Cessação ou ruptura da vida em comum dos cônjuges, que passam, por mútuo consenso ou por vontade de um deles, a viver em locais distintos.

SEPARAÇÃO DE PATRIMÔNIOS. *Direito civil.* Separação de bens do espólio que sejam suficientes para assegurar os credores da herança, garantindo a solução do débito, pois sobre eles, no momento oportuno, recairá a execução.

SEPARAÇÃO DE PEDIDOS. *Direito empresarial.* Atendimento de pedidos de clientes, a partir de um centro de distribuição (CD), feito por separação do conjunto de produtos contidos no pedido. Tal separação pode ser de caixas ou paletes fechados, por separação direta ao longo do CD, ou de unidades de produtos, por separação direta ou em linha de produção. Se a separação for seguida de embalagem dos produtos, ter-se-á *pick pack* (James G. Heim).

SEPARAÇÃO DE PODERES. *Direito constitucional.* **1.** Divisão funcional de poderes. **2.** Princípio constitucional pelo qual os Poderes Executivo, Legislativo e Judiciário são independentes, mas harmônicos entre si. Constitui um expediente técnico para limitar os poderes e garantir as liberdades políticas. Cada Poder exerce sua função por meio de órgãos próprios.

SEPARAÇÃO DE PRÉDIOS. *Direito civil* e *direito processual civil.* **1.** Demarcação de limites entre prédios contíguos, assinalados por marcos. **2.** Divisa.

SEPARAÇÃO DOS PRESOS. *Direito penitenciário.* Ato de se separar os sentenciados, considerando-se o sexo, a idade, o tipo de pena cominada, certas circunstâncias pessoais etc.

SEPARAÇÃO DOS SENTENCIADOS. *Vide* SEPARAÇÃO DOS PRESOS.

SEPARAÇÃO DO TORO. *Direito civil.* Situação em que se encontram os cônjuges que, apesar de viverem na mesma casa, não dormem no mesmo leito.

SEPARAÇÃO JUDICIAL. *Direito civil* e *direito processual civil.* **1.** *Vide* AÇÃO DE SEPARAÇÃO JUDICIAL. **2.** Causa da dissolução da sociedade conjugal que, por não romper o vínculo matrimonial, impede que os consortes convolem novas núpcias. É, portanto, a separação judicial uma medida preparatória da ação do divórcio, salvo quando já houver separação de fato dentro do prazo constitucional. Duas são as espécies de separação judicial: a consensual e a litigiosa. Seus efeitos verificam-se em relação à pessoa dos cônjuges, aos bens e aos filhos, variando conforme seja a separação judicial consensual ou litigiosa. Se consensual, conformam-se às condições ajustadas pelo próprio casal, e se litigiosa, são estabelecidos, com certa margem de arbítrio, pelo juiz dentro dos termos legais (Orlando Gomes). Os principais efeitos pessoais em relação aos cônjuges são: pôr termo aos deveres recíprocos do casamento, de coabitação, fidelidade e assistência; impedir o cônjuge de usar o nome do outro, se condenado na separação litigiosa, desde que o inocente o requeira e não haja qualquer prejuízo nessa mudança de nome; impossibilitar a realização de novas núpcias; autorizar a conversão em divórcio, cumprido um ano de vigência da separação judicial ou da separação de corpos. Os seus efeitos patrimoniais em relação aos cônjuges são: resolver sua situação econômica, pondo fim ao regime matrimonial de bens; substituir o dever de sustento pela obrigação alimentar; dar origem, se litigiosa a separação, à indenização por perdas e danos, em face de prejuízos morais ou patrimoniais sofridos pelo cônjuge inocente; suprimir direito sucessório entre os consortes. Quanto aos filhos, a separação judicial produz alguns efeitos como: passá-los à guarda e companhia de um dos cônjuges ou de terceiro; assegurar àquele que não tem a guarda o direito de visitá-los, de fiscalizar sua educação e de se corresponder com eles; garantir pensão alimentícia aos filhos menores e maiores inválidos.

SEPARAÇÃO JUDICIAL CONSENSUAL. *Direito civil* e *direito processual civil.* É a que se dá por mútuo consentimento dos cônjuges casados há mais de um ano, cujo acordo não precisa ser acompanhado de motivação, mas para ter eficácia jurídica requer homologação judicial depois de ouvido o Ministério Público. Como se vê, há permissão legal para que os cônjuges se separem consensualmente, propondo uma ação que tem por fim precípuo legalizar a conveniência dos consortes de viverem separados.

SEPARAÇÃO JUDICIAL LITIGIOSA. *Direito civil* e *direito processual civil.* É a separação judicial não-consensual, efetivada por iniciativa da vontade unilateral de qualquer dos consortes, ante as causas previstas em lei. Permite a lei a separação judicial a pedido de um dos cônjuges, mediante processo contencioso, qualquer que seja o tempo de casamento, estando presentes as hipóteses legais que tornam insuportável a vida em comum. Conforme essas causas, três podem ser as espécies de separação não-consensual, que são: separação litigiosa como sanção; separação litigiosa como remédio; e separação litigiosa como falência.

SEPARAÇÃO JUDICIAL LITIGIOSA COMO FALÊNCIA. *Direito civil* e *direito processual civil.* É a que se efetiva quando qualquer dos cônjuges provar ruptura da vida em comum há mais de um ano e impossibilidade de sua reconstituição para obter a separação judicial.

SEPARAÇÃO JUDICIAL LITIGIOSA COMO REMÉDIO. *Direito civil* e *direito processual civil.* É a que ocorre quando um cônjuge a pede ante o fato de estar o outro acometido de grave doença mental, manifestada após o matrimônio, que torne impossível a continuação da vida em comum, desde que, após uma duração de dois anos, a enfermidade tenha sido reconhecida de cura improvável. São casos de doença mental que levam à separação: psicose maníaco-depressiva, paranóia, estado fóbico, histérico ou neurastênico, neurose traumática, psicoses endotóxicas por desvio funcional visceral ou por desvio do metabolismo ou do endocrinismo.

SEPARAÇÃO JUDICIAL LITIGIOSA COMO SANÇÃO. *Direito civil* e *direito processual civil.* É a que se dá quando um dos consortes imputar ao outro conduta desonrosa ou qualquer ato que importe em grave violação dos deveres matrimoniais.

SEPARAÇÃO JUDICIAL NÃO-CONSENSUAL. *Vide* SEPARAÇÃO JUDICIAL LITIGIOSA.

SEPARADO. 1. Que se separou. **2.** Isolado. **3.** Afastado.

SEPARADOR. 1. Que se separa. **2.** Que serve de separação. **3.** Máquina apropriada para classificar produtos, frutos etc., pelo seu tamanho. **4.** Operário encarregado de separar peças etc.

SEPARAR. 1. Desunir. **2.** Isolar. **3.** Afastar. **4.** Permitir separação judicial. **5.** Deixar de viver em comum. **6.** Classificar. **7.** Dividir. **8.** Ir em direções diferentes, tomando rumos diversos.

SEPARATA. *Direito autoral.* Publicação em opúsculo de artigos já publicados em revista.

SEPARATE MAINTENANCE. *Locução inglesa.* Pensão alimentícia.

SEPARATION AGREEMENT. *Locução inglesa.* Acordo feito por marido e mulher na fase da separação judicial.

SEPARATION FROM BED AND BOARD. *Expressão inglesa.* Separação de corpos.

SEPARATISMO. *Ciência política* e *direito internacional público.* **1.** Tendência de um território para separar-se do país de que é parte integrante, empregando meios para tanto. **2.** Partido, movimento político ou sistema que pretende a separação de uma parte do território nacional para torná-la independente ou para unir-se a outro Estado soberano.

SEPARATISMO POLÍTICO. *Ciência política.* Tendência de um grupo, englobado em uma estrutura estatal mais ampla, de separar-se, reivindicando sua independência política e econômica (Ottino).

SEPARATISTA. *Ciência política* e *direito internacional público.* **1.** Referente ao separatismo. **2.** Aquele que é partidário do separatismo.

SEPARATIVO. 1. Que separa. **2.** O que causa separação.

SEPARÁVEL. Que é suscetível de separação.

SEPM. *Direito marítimo.* Sigla de Sistema do Ensino Profissional Marítimo.

SEPOSIÇÃO. *História do direito.* Súplica.

SE POURVOIR. *Locução francesa.* **1.** Recorrer a um tribunal. **2.** Munir-se.

SEPSIOQUIMIA. *Medicina legal.* Tendência dos humores para a putrefação.

SEPTICEMIA. *Medicina legal.* Proliferação de micróbios na corrente sangüínea que provoca infecção, causando a morte em casos graves.

SEPULCRAL. 1. Relativo a sepulcro. **2.** Fúnebre.

SEPULCRÁRIO. Cemitério.

SEPULCRO. 1. Sepultura. **2.** Jazigo. **3.** Local ou cova onde o cadáver é enterrado.

SEPULTADO. 1. Enterrado. **2.** Inumado. **3.** Que se sepultou.

SEPULTAMENTO. 1. Enterro. **2.** Ato de sepultar. **3.** Inumação. **4.** Ato de colocar cadáver no túmulo. **5.** Cerimônia funerária.

SEPULTAMENTO NO MAR. *Direito marítimo.* Honras fúnebres havidas quando a circunstância obrigar ao sepultamento no mar, observando-se a função, posto ou graduação que o falecido tinha em vida: a) o navio responsável pelo sepultamento paira sob máquinas, assim como os que o acompanham; b) são executadas as honras de portaló, seguidas de três descargas de fuzilaria, antes de ser lançado ao mar o féretro; c) logo após, inicia-se a salva final, quando devida, ocasião em que a bandeira-insígnia a que tinha direito o morto é atopetada, sendo arriada ao término da salva; d) os despojos mortais vão, se possível, em caixão fechado, broqueado e suficientemente lastrado para garantir a submersão.

SEPULTANTE. Que sepulta.

SEPULTAR. 1. Inumar. **2.** Enterrar. **3.** Encerrar em sepultura.

SEPULTURA. *Vide* SEPULCRO.

SEPULTURA PERPÉTUA. É a que foi adquirida por uma família, por tempo indeterminado, para sepultamento de seus membros.

SEPULTUREIRO. 1. Coveiro. **2.** Encarregado de enterrar o morto.

SEPURB. *Direito administrativo.* Sigla de Secretaria de Política Urbana.

SEQUACIDADE. Qualidade de sequaz.

SEQUAZ. 1. Prosélito. **2.** Partidário de uma idéia ou opinião.

SEQUEIRO. *Direito agrário.* **1.** Terreno não regado pelas águas. **2.** Local onde se desidratam frutas ou folhas de plantas.

SEQÜELA. 1. *Lógica jurídica.* Resultado de um raciocínio; conseqüência. **2.** *Medicina legal.* Efeito secundário de uma moléstia ou lesão. **3.** *Direito civil.* Prerrogativa concedida ao titular do direito real de pôr em movimento o exercício de seu direito sobre a coisa a ele vinculada, contra todo aquele que a possua injustamente ou seja seu detentor (Serpa Lopes). Trata-se do direito de seguir a coisa e de subtraí-la do poder de quem quer que, injustamente, a detenha ou possua (Aurélio Buarque de Holanda Ferreira). **4.** *Filosofia geral.* Conjunto de partidários de uma teoria.

SEQÜÊNCIA. 1. Qualidade de certo direito de acompanhar o bem sobre o qual recai, em caso de transferência a outrem. **2.** Seqüela. **3.** Ordem que deve ser seguida em um procedimento. **4.** Irrenunciabilidade e inalienabilidade do conteúdo do direito do autor (José de Oliveira Ascensão). **5.** Fato que se segue como conseqüência lógica. **6.** Relação de dependência lógica ou causal (Lalande). **7.** Sucessão cronológica. **8.** Continuação.

SEQÜENCIAL. O que se refere a seqüência.

SEQÜENTE. 1. Seguinte. **2.** Que segue.

SEQÜESTRAÇÃO. 1. *Direito penal.* a) Seqüestro; b) prisão ilegal. **2.** *Direito processual civil.* Apreensão judicial e depósito do bem que constitui objeto da lide, para que fique em segurança até a decisão da demanda. **3.** *Direito administrativo.* Isolamento como medida preventiva de polícia sanitária.

SEQÜESTRADO. 1. *Direito processual civil.* a) Determinado bem litigioso apreendido judicialmente; b) proprietário da coisa que foi objeto de seqüestro; c) o que é objeto de seqüestro. **2.** *Direito penal.* Enclausurado ilegalmente.

SEQÜESTRADOR. 1. Que seqüestra. **2.** Aquele que promove o seqüestro.

SEQÜESTRAR. 1. *Direito processual civil.* a) Apreender judicialmente o objeto da lide; b) promover seqüestro. **2.** *Direito penal.* Enclausurar alguém de modo ilegal.

SEQÜESTRÁVEL. Suscetível de seqüestro.

SEQÜESTRE. *História do direito.* **1.** Árbitro. **2.** Depositário das somas com que, por ocasião das eleições para cargos públicos, se efetuava suborno de eleitores e se peitavam juízes.

SEQÜESTRECTOMIA. *Medicina legal.* Extração, por meio de cirurgia, de um seqüestro.

SEQÜESTRO. 1. *Direito penal.* Crime hediondo que consiste na privação ilegal da liberdade de uma pessoa, retendo-a em local isolado até receber uma vantagem a título de preço do resgate. Se o seqüestro durar mais de quinze dias, se o seqüestrado for ascendente, descendente, cônjuge ou companheiro do agente, menor de dezoito ou maior de sessenta anos, ou se o crime for cometido com fins libidinosos ou, ainda, resultar à vítima grave sofrimento físico ou moral haverá aumento de pena. **2.** *Direito processual civil.* a) É a apreensão judicial de um bem determinado, objeto da lide (Marcus Cláu-

dio Acquaviva); b) depósito de coisa litigiosa; c) medida cautelar nominada que visa a retirada de bens do seu proprietário para garantir o direito do requerente, caso sua pretensão seja atendida na ação principal. **3.** *Medicina legal.* Parte necrosada em um osso, que se separa da porção não atingida.

SEQÜESTRO DE AERONAVE. *Direito aeronáutico.* **1.** Ato de se apoderar ilicitamente de um avião. **2.** Garantia de crédito pela qual uma aeronave é detida por ordem judicial.

SEQÜESTRO DE BENS. *Direito processual civil.* Apreensão e depósito judicial de coisas específicadas, sobre as quais se litiga, para conservá-las em segurança até a solução do litígio e entregá-las a quem de direito.

SEQÜESTRO JUDICIÁRIO. *Direito processual civil.* É o ordenado pelo magistrado, a requerimento da parte interessada, ou por imposição legal (De Plácido e Silva).

SEQÜESTRO PREPARATÓRIO. *Direito processual civil.* Medida cautelar que providencia a apreensão da coisa litigiosa, antes da propositura da ação principal, para evitar seu perecimento, perda ou desvio.

SEQÜESTRO PREVENTIVO. 1. *Direito processual civil.* Apreensão e depósito judicial do bem litigioso, que se promove no curso da lide, em que se reclama o direito sobre ele. **2.** *Direito aeronáutico.* Detenção preventiva de uma aeronave, ordenada judicialmente para garantir o titular de um direito real que recai sobre ela.

SEQÜESTRO-RELÂMPAGO. *Direito penal.* Ato pelo qual a vítima fica em poder do criminoso, por algumas horas, para que este se apodere de jóias, relógio, celular, dinheiro e cartão bancário, cuja senha obriga-a a fornecer para realizar saque em caixa eletrônico.

SEQÜESTRO VOLUNTÁRIO. *Direito processual civil.* Ato pelo qual o interessado traz, espontaneamente, o bem em litígio, a juízo, sem que haja qualquer intervenção judicial para tanto.

SÉQUITO. 1. *História do direito.* Perseguição dirigida contra o inimigo. **2.** Na *linguagem jurídica* em geral: a) comitiva; b) conjunto de pessoas que, por dever oficial, acompanha outra; c) popularidade.

SER. 1. *Filosofia geral.* a) Categoria originária ou *a priori* do conhecimento, que corresponde ao domínio dos fatos ou da natureza física, espiritual e social (Legaz y Lacambra e Kelsen). É, sob o prisma lógico-transcendental, forma mental primária e básica que diz respeito à natureza, regida pela lei da causalidade, que enuncia que os objetos da natureza se comportam de determinado modo; b) sob o aspecto lógico-formal apofântico, é a cópula que tem como pressuposto a constância causal, própria das leis da natureza; c) no prisma ontológico, é o ente existente, ou seja, uma realidade; d) é, sob o prisma formal, o objeto que pode ser sujeito de um juízo, pouco importando que exista ou não exista; basta que dele se possa pensar e dizer algo (Romero e Pucciarelli); e) o que está, atualmente, presente na experiência (Lalande); f) aquilo que é realmente (Descartes); g) objeto existente no pensamento (Lalande). **2.** Nas *linguagens comum* e *jurídica:* a) estar; b) ficar; c) acontecer; d) causar; e) consistir; f) ter cargo, função ou título; g) pertencer; h) provir; i) ter determinada medida ou peso; j) ter aptidão; k) opinar; l) defender; m) ente humano.

SERÁFICA. *Direito canônico.* A ordem dos frades franciscanos.

SE RANGER À UN AVIS. *Expressão francesa.* Adotar uma opinião.

SERÃO. *Direito do trabalho.* **1.** Trabalho noturno. **2.** Remuneração paga por esse serviço. **3.** Serviço extraordinário executado pelo empregado, à noite, fora das horas habituais, o que, então, lhe dará direito a um acréscimo de 20% na remuneração, sobre a hora diurna.

SER BASTANTE. Ter bens suficientes.

SER BREVE. Falar e escrever usando poucas palavras.

SERBUNO. *Direito agrário.* Cavalo de cor castanho-escura.

SER CONTRA. Impugnar.

SER DE FÉ. Merecer crédito.

SER DO JOGO. Ser norma do jogo.

SEREIA. Aparelho utilizado em trens, navios, ambulâncias, carros de bombeiro, para produzir som estridente com o escopo de pedir passagem e prevenir acidente.

SERENIDADE. **1.** Tranqüilidade. **2.** Qualidade de quem é ponderado e equilibrado.

SERENÍSSIMO. *História do direito.* **1.** Título honorífico que era dado aos reis e príncipes portugueses. **2.** Título de algumas altas personalidades e de certos países.

SERGENTE. *História do direito.* Criado; servente.

SERGIDEIRA. *Direito marítimo.* Cabo utilizado para prolongar a testa da gávea com o gorotil.

SER HOMEM. Ter grandes qualidades.

SERIAÇÃO. **1.** Classificação. **2.** Ato de dispor objetos em série.

SERIADO. **1.** Que segue em certa ordem. **2.** Pertencente a uma série. **3.** Filme de aventuras, dividido em partes, cuja exibição se dá em dias diversos.

SERIAL. Relativo a série.

SERIAR. **1.** Classificar por séries. **2.** Dispor em série.

SERICÁRIA. *História do direito.* **1.** Escrava que estava incumbida de cuidar das roupas de seda. **2.** Lagarta do bicho-da-seda.

SERICÍCOLA. *Direito agrário.* **1.** Aquele que cria bichos-da-seda. **2.** O que prepara a seda. **3.** O que diz respeito à produção da seda.

SERICICULTOR. *Direito agrário.* Aquele que exerce sericicultura.

SERICICULTURA. *Direito agrário.* Cultivo de amoreiras para criação de bichos-da-seda com o escopo de produzir seda crua.

SERICÍFERO. *Direito agrário.* **1.** Bicho que produz seda. **2.** Fio segregado pelas glândulas secretoras do bicho-da-seda.

SERICÍGENO. *Vide* SERICÍFERO.

SERÍCOLA. *Vide* SERICÍCOLA.

SERICULTOR. *Vide* SERICICULTOR.

SERICULTURA. *Vide* SERICICULTURA.

SÉRIE. **1.** Na *linguagem jurídica* em geral: a) sucessão espacial ou temporal de coisas ou acontecimentos; b) disposição ordenada de objetos; c) emissão numerada de ações, papel-moeda etc.; d) seqüência de pessoas; e) conjunto de coisas similares; f) grupo de selos postais de diferentes denominações, com o mesmo motivo de desenho, ou emitidos para fins comemorativos etc. **2.** *Direito autoral:* a) número de volumes de um mesmo autor, relacionados por versarem sobre o mesmo assunto; b) número de obras publicadas pela mesma editora, relacionadas pela semelhança dos assuntos tratados. **3.** *Direito marítimo.* Conjunto de objetos usados para os sinais marítimos. **4.** *Sociologia geral.* Designação dada às várias espécies de fatos sociais, sejam eles econômicos, morais, jurídicos, políticos, religiosos (Comte e Lévy-Bruhl).

SERIEDADE. 1. Probidade. **2.** Qualidade de série.

SÉRIE ESCOLAR. Divisão anual dos estudos de um curso.

SERINGA. 1. *Direito agrário.* Leite de seringueira antes do processo de coagulação. **2.** *Medicina legal.* Instrumento cilíndrico oco, provido de agulha, para injetar ou tirar líquidos do organismo.

SERINGAL. *Direito agrário.* **1.** Local onde há muitas seringueiras. **2.** Plantação de seringueiras.

SERINGUEIRA. *Direito agrário.* Árvore de cujo látex se prepara a borracha.

SERINGUEIRO. *Direito agrário.* Aquele incumbido de extrair o látex da seringueira.

SÉRIO. 1. Honesto. **2.** Digno de confiança. **3.** Grave. **4.** Que mostra seriedade.

SERMÃO. 1. *Direito canônico.* Discurso religioso em que o sacerdote proclama as verdades do cristianismo. **2.** Nas *linguagens jurídica* e *comum:* a) censura; b) admoestação; c) repreensão.

SERMENT. *Termo francês.* Juramento.

SERMO FORENSIS. *Locução latina.* Linguagem forense.

SER NADA. Ter pouco valor.

SER NO MUNDO. *Filosofia geral.* **1.** Ente que, onticamente, tem o privilégio de, em seu ser, estar em jogo seu próprio ser (Heidegger). **2.** Para Van Acker, não significa estar acidentalmente colocado em um ambiente corpóreo chamado "mundo", mas, sim, viver essencialmente relacionado com o referido ambiente, na preocupação de lhe aproveitar as utilidades, evitando-lhe os perigos e vencendo-lhe os obstáculos. "Ser no mundo" não é apenas existir em função do meio físico, mas coexistir, ou seja, existir em função de seus semelhantes, lidando com eles na inelidível preocupação com o que fazem e dizem.

SEROENTERITE. *Medicina legal.* Inflamação da túnica serosa do intestino.

SEROEPATITE. *Medicina legal.* Inflamação da túnica serosa do fígado.

SER O PREÇO. Ser a condição ou o meio para obter algo.

SER PENSANTE. O homem.

SER PESADO. Causar despesa.

SERPRO. *Direito virtual.* Abreviação de Serviço Federal de Processamento de Dados, que é a autoridade certificadora de certificados digitais, credenciada pela Infra-Estrutura de Chaves Públicas Brasileira (ICP-Brasil).

SERRALHO. *Direito comparado.* **1.** Parte da casa maometana onde vivem as concubinas de um só homem. **2.** Harém.

SERRARIA. *Direito agrário.* Local apropriado para serrar toros.

SER SOCIAL. O que vive em sociedade.

SERTÃ. *Direito agrário.* Espécie de mandioca.

SERTANEJO. *Direito agrário.* **1.** Próprio do sertão. **2.** Referente ao sertão.

SERTÃO. *Direito agrário.* **1.** Floresta situada longe da costa e da povoação. **2.** No Nordeste, é a região mais seca do que a caatinga.

SER TESTEMUNHA. Presenciar.

SERVA. *História do direito.* Escrava.

SERVA DE DEUS. *Direito canônico.* Mulher já falecida, cujo processo de beatificação está em andamento.

SERVATA JURIS FORMA. *Expressão latina.* Observada a forma da lei.

SERVATIS SERVANDIS. *Locução latina.* Conservando-se o que deve ser conservado.

SERVENTE. *Direito do trabalho.* **1.** Aquele que, na qualidade de subalterno, presta serviços. **2.** Ajudante. **3.** Aquele que está encarregado da prestação de serviços auxiliares, em regra, de limpeza.

SERVENTE DE PEDREIRO. *Direito do trabalho.* Ajudante de pedreiro que, por exemplo, faz serviços secundários ou conduz o material na obra.

SERVENTIA. 1. *Direito do trabalho.* Conjunto dos serviços que são executados pelo servente. **2.** *Direito administrativo* e *direito cartorário.* Função de quem exerce um ofício público como escrivão, notário etc. **3.** *Direito processual.* Órgão auxiliar da justiça, como, por exemplo, o cartório. **4.** *Direito civil.* a) Passagem forçada que conduz a nascente, porto ou via pública para cujo acesso não se tenha outro caminho; b) servidão. **5.** Na *linguagem jurídica* em geral: a) utilidade da coisa; b) serviço inerente a qualquer emprego.

SERVENTUÁRIO. 1. Aquele que presta serviços auxiliares. **2.** O que serve em um ofício ou cargo. **3.** Quem exerce função em uma serventia (Othon Sidou). **4.** *Direito processual.* Funcionário que presta serviço à justiça.

SERVENTUÁRIO DE JUSTIÇA. *Direito processual.* Aquele que exerce ofício e é considerado como auxiliar da justiça. É o que serve em qualquer dos ofícios de justiça, exercendo atividades forenses, como o escrivão, o oficial de justiça, o avaliador, o porteiro de auditório etc.

SERVENTUÁRIO DE OFÍCIO. *Direito processual.* Aquele que exerce função pública vinculada à justiça, percebendo, para tanto, uma remuneração que advém dos emolumentos cobrados daqueles a quem prestam seus serviços. Por exemplo, tabelião, oficial do Registro Civil, de Imóveis, de Títulos e Documentos etc.

SERVER. *Termo inglês* e *direito virtual.* Computador ligado à Rede com capacidade para distribuir serviços (Liliana Minardi Palsani).

SERVIÇAL. *Direito do trabalho.* **1.** Aquele que presta serviço. **2.** Empregado doméstico. **3.** Caseiro.

SERVIÇALISMO. *Direito do trabalho.* Qualidade de serviçal.

SERVICE BY PUBLICATION. *Locução inglesa.* Citação por edital.

SERVICE–FEE. *Locução inglesa.* Remuneração paga pelos serviços prestados no *factoring* exportação. É, portanto, elemento de custo, calculado com uma porcentagem do valor bruto da exportação, para fazer frente aos serviços administrativos a cargo da empresa de *factoring* (Luiz Lemos Leite).

SERVICE STATION. *Locução inglesa.* Posto de gasolina.

SERVIÇO. 1. *Direito desportivo.* Ato ou efeito de lançar a bola para iniciar o jogo de tênis. **2.** *Direito administrativo.* a) Administração Pública; desempenho de funções públicas; b) denominação dada a determinadas repartições públicas; c) expediente. **3.** *Direito do trabalho.* a) Estado daquele que trabalha por salário; b) execução do emprego ou ocupação; c) período em que o empregado está à disposição do empregador. **4.** *História do direito.* Tributo pago pelo vassalo. **5.** *Direito do consumidor.* Atividade fornecida no mercado de consumo mediante remuneração, inclusive as de natureza bancária, financeira, de crédito e securitária, salvo as oriundas de relações de caráter trabalhista. **6.** Na *linguagem jurídica* em geral: a) exercício de qualquer atividade intelectual ou material com finalidade lucrativa ou produtiva; b) fornecimento de certas comodidades, como de telefone, de transporte, de correspondência etc.; c) local onde há exploração de diamante ou de ouro, na Bahia e em Minas Gerais; d) atividade exercida por uma corporação; e) órgão de entidade privada que tem um fim específico. **7.** Na *linguagem comum*: a) jogo de baixelas ou utensílios de mesa; b) tarefa; ocupação; c) disposição. **8.** Em *gíria,* ação delituosa, como matar, furtar etc. **9.** *Sociologia geral.* Ação realizada por alguém e da qual outro terá algum proveito (Landry).

SERVIÇO ADEQUADO. É o que satisfaz as condições de pontualidade, regularidade, continuidade, segurança, eficiência, generalidade, cortesia na sua prestação e modicidade das tarifas, conforme estabelecido no respectivo contrato.

SERVIÇO ADMINISTRATIVO. *Direito administrativo.* **1.** Órgão de entidade pública que exerce finalidade específica. **2.** Qualquer atividade estatal, de império ou de gestão, inclusive a desempenhada por órgão, autarquias ou por particular, mediante concessão, permissão ou autorização (Othon Sidou). **3.** Atividade exercida pelo funcionário público para a consecução do interesse público.

SERVIÇO AÉREO. *Direito aeronáutico.* Atividade de transporte de passageiros ou de carga, levada a efeito por aviões públicos ou particulares.

SERVIÇO AÉREO DOMÉSTICO. *Direito aeronáutico.* Execução de transporte aéreo cujos pontos de partida, intermediário e de destino estejam situados em território nacional, feita por pessoas jurídicas brasileiras. Urge lembrar que o transporte não perderá esse caráter se houver, por motivo de força maior, escala em território estrangeiro.

SERVIÇO AÉREO ESPECIALIZADO. *Direito aeronáutico.* Atividade aérea que abrange: a) aerofotografia, aerofotogrametria, aerocinematografia, aerotopografia; b) prospecção, exploração ou detectação de elementos do solo ou do subsolo, do mar, da plataforma submarina, da superfície das águas ou de suas profundezas; c) publicidade aérea de qualquer natureza; d) fomento ou proteção da agricultura em geral; e) saneamento, investigação ou experimentação técnica ou científica; f) ensino e adestramento de pessoal de vôo; g) provocação artificial de chuvas ou modificação de clima; h) qualquer modalidade remunerada, distinta do transporte público.

SERVIÇO AÉREO INTERNACIONAL. *Direito aeronáutico.* Serviço de transporte aéreo público internacional realizado por empresa, nacional ou estrangeira, designada pelo governo brasileiro e devidamente autorizada para funcionar jun-

SERVIÇO AÉREO NÃO REGULAR   **SER**

to aos países onde pretende operar. A exploração desse serviço sujeita-se às disposições dos tratados ou acordos bilaterais vigentes entre os respectivos Estados e o Brasil, e na falta destes, ao que dispõe o Código Brasileiro de Aeronáutica. Além disso, que o ponto de partida e de destino, haja ou não interrupção no transporte, estejam situados no território de diferentes países, ou mesmo de um só, se houver escala prevista fora dele (Othon Sidou).

SERVIÇO AÉREO NÃO REGULAR. *Direito aeronáutico.* Serviço de transporte aéreo de passageiros ou carga, executado mediante remuneração estipulada pelo transportador e usuário, para atendimento imediato, independentemente de horário, percurso ou escala regulares (Othon Sidou).

SERVIÇO AÉREO PRIVADO. *Direito aeronáutico.* É o realizado, sem remuneração, em benefício do próprio operador, compreendendo as atividades aéreas de recreio ou desportivas; de transporte reservado ao proprietário ou operador da aeronave; de serviços aéreos especializados, realizados em benefício exclusivo do proprietário ou operador da aeronave. O proprietário ou operador de aeronave destinada a serviço aéreo privado, sem fins comerciais, não necessita de autorização para suas atividades aéreas.

SERVIÇO AÉREO PÚBLICO. *Direito aeronáutico.* Exploração de serviço aéreo que abrange os serviços aéreos especializados públicos e os serviços de transporte aéreo público de passageiros, carga ou mala postal, regular ou não regular, doméstico ou internacional. Esse serviço depende da prévia concessão, quando se tratar de transporte aéreo regular, ou de autorização, no caso de transporte aéreo não regular, ou de serviços especializados.

SERVIÇO AÉREO REGULAR. *Direito aeronáutico.* Execução de transporte aéreo de passageiros, carga e mala postal, mediante remuneração, dependente de plano operacional e técnico, tarifas e horários preestabelecidos (Othon Sidou).

SERVIÇO AGRÍCOLA. *Direito agrário.* É aquele voltado à agricultura, como preparo da terra, plantio e colheita.

SERVIÇO AJUSTADO. *Direito civil* e *direito do trabalho.* Aquele que deve ser prestado conforme o convencionado em contrato escrito ou verbal.

SERVIÇO ALTERNATIVO. *Direito constitucional* e *direito militar.* Exceção ao princípio da obrigatoriedade do alistamento militar a quem se alistar em tempo de paz, alegando objeção de consciência, em virtude de crença religiosa, convicção filosófica ou política, ou isenção do serviço às mulheres e aos eclesiásticos (Antonio Rulli Junior).

SERVIÇO AMADOR. Atividade exercida sem regulamentação profissional e sem habilitação necessária para tal.

SERVIÇO ATIVO. 1. *Direito administrativo.* Atividade funcional que se opõe à inatividade em razão de reforma ou aposentadoria (De Plácido e Silva). **2.** *Direito do trabalho.* a) Exercício permanente e efetivo do empregado contratado; b) período durante o qual o empregado desempenha sua ocupação. **3.** *Direito militar.* É o prestado por militar pertencente ao quadro efetivo das Forças Armadas.

SERVIÇO AUTÔNOMO. 1. *Direito do trabalho.* Trabalho executado sem vínculo empregatício. **2.** *Direito civil.* Instituição que presta serviço de interesse privado ou público.

SERVIÇO AVANÇADO DE MENSAGENS (SAM). *Direito das comunicações.* Serviço especial de telecomunicações utilizado para múltiplas aplicações móveis, como a transmissão de dados, de voz e de sinais de chamada bidirecionais, e que pode ser integrado às outras redes de telecomunicações.

SERVIÇO BANCÁRIO. *Direito bancário.* Operação realizada em bancos.

SERVIÇO BÁSICO. *Direito das comunicações.* É o composto pelo conjunto de programas oferecidos ao assinante pelos canais básicos.

SERVIÇO CENTRALIZADO. *Direito administrativo.* É o prestado pela Administração Pública por meio de suas repartições (R. Reis Friede).

SERVIÇO CIVIL. *Direito administrativo.* Conjunto de órgãos administrativos e de funcionários encarregados da efetivação de serviços públicos, de natureza não militar (Themístocles Brandão Cavalcanti).

SERVIÇO COMERCIAL. *Direito comercial.* **1.** Exercício de atividades econômicas organizadas para a produção e circulação de bens e serviços pelo empresário ou pela sociedade empresária. **2.** É o composto por conjuntos de programas que constituem o serviço básico e mais aqueles selecionados dentre os canais de prestação eventual ou permanente de serviços e os de livre programação pela operadora.

SERVIÇO COMPATÍVEL. 1. *Direito constitucional.* Aquele que pode ser exercido simultaneamente com outro, por não conflitar com seus interesses ou funções. **2.** *Direito do trabalho.* a) Aquele suportado pelo empregado; b) o que pode ser desempenhado juntamente com obrigações legais.

SERVIÇO COMUM. *Direito administrativo.* Aquele que não requer habilitação especial para sua execução, pois qualquer pessoa ou empresa pode prestar o serviço, participando de processo licitatório.

SERVIÇO CONTINUADO. *Direito do trabalho.* **1.** É o realizado permanente e ininterruptamente, logo não pode ser eventual. **2.** Aquele que, havendo interrupção, prossegue normalmente.

SERVIÇO DA MULHER. *Direito do trabalho.* Aquele exercido pela mulher, que recebe proteção especial da lei.

SERVIÇO DE *ADAPTATION OF CONTRACTS*. *Direito internacional privado.* É o realizado por *third-parties interveners*, que pertencem ao Comitê permanente da Câmara do Comércio Internacional, às partes que estipularam em seus contratos cláusulas de adaptação, conforme o procedimento previsto nas 1978 *Rules on Adaptation of Contracts*.

SERVIÇO DE ASSISTÊNCIA À SAÚDE. Abrange os serviços que prestam atendimento aos usuários e que recebem hemocomponentes dos Serviços de Hemoterapia para pacientes específicos, com as provas de compatibilidade realizadas pelos Serviços de Hemoterapia distribuidores.

SERVIÇO DE ASSISTÊNCIA RELIGIOSA NAS FORÇAS ARMADAS (SARFA). *Direito militar.* É o que tem por finalidade prestar assistência religiosa e espiritual aos militares, aos civis das Organizações Militares e às suas famílias, bem como atender a encargos relacionados com as atividades de educação moral realizadas na Forças Armadas.

SERVIÇO DE ATENDIMENTO MÓVEL DE URGÊNCIA (SAMU). *Direito administrativo.* Visa a implementação e ações com maior grau de eficácia e efetividade na prestação de serviço de atendimento à saúde de caráter emergencial e urgente. Para fins do atendimento pelo SAMU, fica estabelecido o acesso nacional pelo número telefônico único (192), disponibilizado pela ANATEL exclusivamente às centrais de regulação médica vinculadas ao referido Sistema. Os Municípios ou regiões que pretenderem aderir ao SAMU deverão formular requerimento aos Ministérios da Saúde e das Comunicações, que decidirão, conjuntamente, sobre a assinatura de convênio para a disponibilização do número de acesso nacional, bem como a definição dos procedimentos a serem adotados.

SERVIÇO DE BALCÃO. *Direito comercial.* É o exercido nos estabelecimentos comerciais pelo balconista.

SERVIÇO DE BUSCA E SALVAMENTO. *Direito aeronáutico.* É aquele que visa ao cumprimento de missões de busca e salvamento, ou seja, a localização e o socorro de ocupantes de aeronaves ou de embarcações em perigo, o resgate e o retorno à segurança de tripulantes de aeronaves abatidas ou sobreviventes de acidentes aeronáuticos e marítimos, assim como a interceptação e escolta de aeronaves em emergência.

SERVIÇO DE CAIXA. 1. *Direito comercial.* É o do encarregado, no estabelecimento, de cobrar dos fregueses as notas emitidas pelos balconistas. **2.** *Direito administrativo.* É o exercido pelo tesoureiro do estabelecimento público, incumbido da custódia dos valores.

SERVIÇO DE CAPATAZIA. *Direito marítimo.* É a atividade exercida pelo pessoal da administração portuária, no que atina, por exemplo, a carga, descarga, empilhamento, transporte de mercadorias.

SERVIÇO DE COMPENSAÇÃO. *Direito cambiário.* Câmara de compensação.

SERVIÇO DE CONEXÃO À INTERNET (SCI). *Direito virtual.* É o serviço de valor adicionado que possibilita o acesso à Internet a usuários e provedores de serviços de informações. Tal serviço constitui-se: a) dos equipamentos necessários aos processos de roteamento, armazenamento e encaminhamento de informações, e dos *software* e *hardware* necessários para o provedor implementar os protocolos da Internet e gerenciar e administrar o serviço; b) das rotinas para a administração de conexões à Internet (senhas, endereços e domínios da Internet); c) dos *softwares* dispostos pelo Provedor de Serviço de Conexão à Internet (PSCI): aplicativos tais como correio eletrônico, acesso a computadores remotos, transferência de arquivos, acesso a banco de dados, acesso a diretórios, e outros correlatos, mecanismos de controle e segurança e outros; d) dos arquivos de dados, cadastros e outras informações dispostas pelo

PSCI; e) do *hardware* necessário para o provedor ofertar, manter, gerenciar e administrar os *softwares* e os arquivos especificados nos itens acima mencionados; f) de outros *hardwares* e *softwares* específicos, utilizados pelo PSCI.

SERVIÇO DE COOPERAÇÃO TÉCNICA. *Direito financeiro* e *direito bancário.* Aquele que presta concessões para cooperação técnica, na medida apropriada, a governos, órgãos governamentais, agências de privatização, Bolsas de Valores ou outras entidades para a realização dos propósitos do Fundo Multilateral de Investimentos e, em particular, para financiar o seguinte: a) estudos de diagnósticos para identificar obstáculos aos investimentos, incluindo obstáculos legislativos, financeiros e normativos; b) elaboração de planos nacionais de reforma geral das áreas político-normativas que afetam os investimentos, em conjunto com e complementarmente aos programas do país do banco; c) serviços de assessoria para implantação dos planos acima indicados, que podem incluir serviços de assessoria para reformas legislativas em matéria de investimentos, direitos de propriedade intelectual, comércio, sistemas tributários, trabalhistas e processuais e proteção ao meio ambiente, assim como serviços de assessoria para a implementação de tal legislação, e assessoria a entidades reguladoras; orientação em matéria de elaboração e implantação de programas de privatização, inclusive avaliação e técnicas de privatização de certas empresas; assistência ao desenvolvimento e fortalecimento de sistemas financeiros a fim de: a) remover obstáculos (tais como a distorção das taxas de juros) e apoiar plena concorrência; b) instituir salvaguardas sólidas e prudenciais, tais como padrões de contabilidade e divulgação de informações, e desenvolver instituições para administrá-las; c) expandir a capacidade do setor bancário e dos mercados de capitais, através de redes de informação mais diretas, transparentes e tecnicamente atualizadas; d) adotar outras medidas de fortalecimento do setor financeiro, tais como orientação em matéria de criação e desenvolvimento de mercados de capitais e produtos básicos.

SERVIÇO DE DEFESA OFICIAL. *Direito agrário.* É o serviço de promoção da saúde animal, prevenção, controle e erradicação de doenças que possam causar danos à produtividade animal, à economia e à sanidade agropecuária, nas instâncias central e superior, intermediárias e locais.

SERVIÇO DE DESENVOLVIMENTO DA PEQUENA EMPRESA. *Direito comercial, direito bancário* e *direito financeiro.* É o que concede financiamento, tanto direto como através de intermediários, a pequenas e microempresas locais e às instituições que as amparam, para alcançar os propósitos do Fundo Multilateral de Investimentos, nos termos seguintes: Para tais fins poder-se-á conceder recursos para o fornecimento de cooperação técnica a organizações não governamentais e a instituições financeiras nacionais (inclusive intermediários financeiros), para aumentar o volume e expandir a gama dos serviços oferecidos a pequenas ou microempresas. Tais recursos concedidos para cooperação técnica poderão ser utilizados para assistir essas organizações e instituições no sentido de: a) melhorar suas práticas financeiras e empresariais para que possam tornar-se auto-suficientes; b) desenvolver serviços financeiros inovativos, tais como os de *leasing* e redesconto, e participar de mercados interbancários; c) desenvolver serviços de assistência a pequenas ou microempresas para a preparação de planos empresariais, a identificação de oportunidades comerciais e fontes de financiamento e a solução de problemas empresariais específicos entre os quais os de comercialização. Também para alcançar seus fins será estabelecido o Fundo de Investimento em Pequenas Empresas, que será sempre e em todos os aspectos mantido, utilizado, aplicado, investido e contabilizado em separado dos demais recursos do Fundo Multilateral de Investimentos. Os recursos do Fundo de Investimentos em Pequenas Empresas poderão ser utilizados em empréstimos ou investimentos no capital social e no quase-capital de pequenas e microempresas e de organizações não governamentais e instituições financeiras nacionais dedicadas à criação ou expansão de serviços ou à concessão de empréstimos às pequenas e microempresas, ou a investimentos no capital social destas. A Comissão de Contribuintes determinará os termos e condições básicos que deverão reger esses empréstimos e investimentos. Quaisquer montantes, sejam dividendos, juros ou outros, recebidos pelo banco em função das operações do Fundo de Investimentos em Pequenas Empresas, serão depositados na conta do Fundo Multilateral de Investimentos, para fins de alocação pela Comissão de Contribuintes.

SERVIÇO DE DISTRIBUIÇÃO DE SINAIS DE TELEVISÃO E DE ÁUDIO POR ASSINATURA VIA SATÉLITE. *Direito das comunicações.* Serviço especial que tem por objetivo a distribuição de sinais de televisão ou de áudio, bem como de ambos, através de satélites, a assinantes localizados na área de prestação do serviço.

SERVIÇO DE DISTRIBUIÇÃO DE SINAIS MULTIPONTO MULTICANAL (MMDS). *Direitos das comunicações.* Modalidade de serviço especial que se utiliza de faixa de microondas para transmitir sinais, associados a qualquer forma de telecomunicação tecnicamente disponível, a serem recebidos em pontos determinados dentro da área de prestação do serviço.

SERVIÇO DE EMPREGO. *Direito do trabalho.* Serviço público e gratuito que visa melhorar a organização do mercado de trabalho (Othon Sidou).

SERVIÇO DE EMPREITADA. *Direito civil.* Locação de obra; aquele que visa realizar uma obra, mediante remuneração.

SERVIÇO DE ESCRITÓRIO. *Direito empresarial.* É a atividade realizada em um escritório de empresa, alusiva a arquivamento, a registro de dados, a correspondência, a contabilidade, a escrituração de livros mercantis etc.

SERVIÇO DE ESTIVA. *Direito marítimo* e *direito do trabalho.* Atividade portuária de carga e descarga de navios.

SERVIÇO DEFEITUOSO. *Direito do consumidor.* Aquele que não fornece a segurança esperada pelo consumidor, levando-se em conta as seguintes circunstâncias relevantes: o modo de seu fornecimento, o resultado e os riscos que razoavelmente dele se esperam, e a época em que foi fornecido.

SERVIÇO DE HEMOTERAPIA. *Biodireito.* Localização na capital ou no interior do Estado, preferencialmente intra-hospitalar, de natureza jurídica pública ou privada, com a função de prestar assistência hemoterápica/hematológica, que recruta doadores, processa o sangue, realiza os testes necessários, armazena e prepara transfusões, podendo ou não prestar atendimento ambulatorial. É o conjunto de serviços que coletam, processam e testam o sangue de doadores e/ou distribuem hemocomponentes, podendo ou não realizar transfusão de sangue.

SERVIÇO DE HEMOTERAPIA DISTRIBUIDOR. *Biodireito.* Localização na capital ou no interior do Estado, preferencialmente extra-hospitalar, de natureza jurídica privada, com a função de prestar assistência hemoterápica/hematológica, que recruta doadores, processa o san-

gue, realiza os testes necessários, armazena, distribui e o prepara para transfusão. Distribui sangue/hemocomponente para mais de um hospital, podendo ou não prestar atendimento ambulatorial.

SERVIÇO DE HOTELARIA. *Direito comercial.* A oferta de alojamento temporário para hóspedes, por meio de contrato tácito ou expresso de hospedagem, mediante cobrança de diária pela ocupação de unidade habitacional com as características definidas pelo Ministério do Turismo.

SERVIÇO DE IDENTIFICAÇÃO. *Direito administrativo.* Órgão ligado à Secretaria de Segurança Pública de cada Estado-Membro da Federação, encarregado da expedição de carteiras de identidade.

SERVIÇO DE INTELIGÊNCIA. *Direito internacional público.* É o de espionagem, que consiste no fato de uma pessoa obter e divulgar documentos ou informações secretas, econômicas, militares etc., a agente de governo estrangeiro (Hirst).

SERVIÇO DE LINHA DEDICADA INTERNACIONAL PARA TELEGRAFIA (SLDIT). *Direito das comunicações.* É o fornecido pela prestadora ao assinante, através de circuito internacional, dotado de características técnicas apropriadas à transmissão de sinais gráficos, com velocidade de 50, 75, 100 ou 200 bps; sendo que o fornecimento de equipamentos terminais para o SLDIT é da responsabilidade do assinante do serviço. As normas do poder concedente estabelecem as características técnicas das interfaces e dos circuitos a serem fornecidos pela prestadora, bem como dos padrões de qualidade e desempenho a serem observados na prestação do serviço.

SERVIÇO DE MEDICINA TRANSFUSIONAL. *Biodireito.* É a Unidade Hemoterápica que deve contar com os seguintes elementos: a) ter um local adequado e específico destinado a esse fim, e que cumpra com o Regulamento Técnico de Medicina Transfusional; b) apresentar unidades-satélites, com níveis de complexidade necessários para atender os procedimentos de Medicina Transfusional dos pacientes nas distintas unidades assistenciais; c) estabelecer uma rede de distribuição com Serviços de Hemoterapia de iguais ou distintos níveis, desenhada para satisfazer as necessidades hemoterapêuticas de estruturas assistenciais complexas, programando os Serviços de Medicina Transfusional de acordo com a complexidade assistencial, os procedimentos transfusionais e a distribuição geográfica a cobrir; d) contar com um banco de sangue que selecione doadores autólogos e homólogos; realizar coleta, interna e externa, analisar, identificar, classificar, agrupar, compatibilizar e realizar exames sorológicos e imuno-hematológicos do sangue; conservar hemocomponentes e hemoderivados; realizar estudos pré-transfusionais dos pacientes a transfundir e fenotipagem quando necessário; e) efetuar a preparação de hemocomponentes; f) realizar sua própria sorologia e também para outros centros de menor complexidade; g) realizar a prática da Medicina Transfusional: transfundir sangue, hemocomponentes e hemoderivados; aférese, coleta de células progenitoras periféricas (*stem sells*), conservar e transfundir células progenitoras pluripotentes centrais ou periféricas, autotransfusão (pré-depósito, hemodiluição e recuperação intra-operatória); h) realizar avaliação clínica dos pacientes e os estudos imuno-hematológicos, pré-transfusionais, pré-natais e de pacientes com processos auto-imunes e prestar assistência a pacientes hematológicos; i) assistir e dar suporte transfusional a estabelecimentos assistenciais de menor complexidade; j) colaborar com as autoridades no planejamento, coordenação e execução de programa de capacitação de recursos humanos; k) desenvolver programas de educação continuada do pessoal técnico e administrativo, onde participe pessoal de outros centros; l) coordenar, desenvolver e participar de programas interdisciplinares de avaliação e controle, devendo participar, nesses programas, serviços de outros níveis; m) contar com programa de controle de qualidade interno, e participar de programa de controle de qualidade externo; n) efetuar transfusão de sangue homóloga e autóloga; o) promover a doação voluntária altruísta e habitual de sangue e componentes; p) prover matéria-prima para indústria de hemoderivados e reagentes; q) promover pesquisa e desenvolvimento.

SERVIÇO DE NOTIFICAÇÃO COMPULSÓRIA DE VIOLÊNCIA CONTRA A MULHER. *Direito administrativo.* Os serviços de referência serão instalados, inicialmente, em municípios que possuam capacidade de gestão e que preencham critérios epidemiológicos definidos, monitorados e avaliados pela Secretaria de Vigilância em Saúde/MS, sendo que, a partir desse processo, será programada sua expansão. A notificação compulsória de violência contra a mulher seguirá o seguinte fluxo: a) o preenchimento ocorrerá na unidade de saúde onde foi atendida a vítima; b) a Ficha de Notificação é remetida ao Serviço de Vigilância Epidemiológica ou serviço correlato da respectiva Secretaria Municipal de Saúde, onde os dados serão inseridos em aplicativo próprio; e c) as informações consolidadas serão encaminhadas à Secretaria de Estado de Saúde e, posteriormente, à Secretaria de Vigilância em Saúde/MS.

SERVIÇO DE ORGANIZAÇÃO DE FEIRAS E EVENTOS. *Direito comercial.* O planejamento, a promoção e a realização de feiras, congressos, convenções, seminários e atividades congêneres, em eventos, que tenham por finalidade: a) a exposição, de natureza comercial ou industrial, de bens ou serviços destinados a promover e fomentar o intercâmbio entre produtores e consumidores, em nível regional, nacional ou internacional; b) a divulgação ou o intercâmbio de experiências e técnicas pertinentes a determinada atividade profissional, empresarial ou área de conhecimento; c) o congraçamento profissional e social dos participantes; d) o aperfeiçoamento cultural, científico, técnico ou educacional dos participantes.

SERVIÇO DE POLÍCIA. *Direito administrativo.* É o exercício do poder de polícia do Estado.

SERVIÇO DE PRATICAGEM. *Direito marítimo.* Conjunto de atividades profissionais de assessoria ao comandante requerido por força de peculiaridades locais que dificultem a livre e segura movimentação da embarcação. É constituído do prático, da lancha de prático e da atalaia (estação de praticagem).

SERVIÇO DE PROTEÇÃO AO DEPOENTE ESPECIAL. *Direito processual penal.* Consiste na prestação de medidas de proteção assecuratórias da integridade física e psicológica do depoente especial, aplicadas isolada ou cumulativamente, consoante as especificidades de cada situação, compreendendo, dentre outras: a) segurança na residência, incluindo o controle de telecomunicações; b) escolta e segurança ostensiva nos deslocamentos da residência, inclusive para fins de trabalho ou para a prestação de depoimentos; c) transferência de residência ou acomodação provisória em local compatível com a proteção; d) sigilo em relação aos atos praticados em virtude da proteção concedida; e) medidas especiais de segurança e proteção da integridade física, inclusive dependência separada dos demais presos, na hipótese de o depoente especial encontrar-se sob prisão temporária, preventiva ou decorrente de flagrante delito.

SERVIÇO DE RADIOACESSO. *Direito das comunicações.* É o serviço especial de telecomunicações destinado a atender usuários em áreas restritas, limitadas por coberturas de estações de rádio base, proporcionando comunicação com usuários de outras redes de telecomunicações.

SERVIÇO DE RADIOAMADOR. *Direito das comunicações.* 1) É o serviço de telecomunicações destinado ao treinamento próprio, à intercomunicação e a investigações técnicas, levado a efeito por amadores devidamente autorizados, interessados na radiotécnica a título pessoal, e que não visem qualquer objetivo pecuniário ou comercial ligado à exploração do serviço, inclusive utilizando estações espaciais situadas em satélites da Terra. 2) É o serviço de telecomunicações de interesse restrito, destinado ao treinamento próprio, intercomunicação e investigações técnicas, levadas a efeito por amadores, devidamente autorizados, interessados na radiotécnica unicamente a título pessoal e que não visem qualquer objetivo pecuniário ou comercial.

SERVIÇO DE RADIOCOMUNICAÇÃO AERONÁUTICA PÚBLICO–RESTRITO. *Direito aeronáutico.* Serviço de telecomunicação aeronáutica, da modalidade público-restrita, com acesso aos sistemas públicos de telecomunicações e destinado ao uso de passageiros de aeronaves.

SERVIÇO DE RADIODIFUSÃO COMUNITÁRIA (RADCOM). *Direito das comunicações.* É a radiodifusão sonora, em freqüência modulada, operada em baixa potência e cobertura restrita, outorgada a fundações e associações comunitárias, sem fins lucrativos, atendendo a certa comunidade de um bairro ou vila, com sede na localidade de prestação do serviço. Entende-se por baixa potência o serviço de radiodifusão prestado a comunidade com potência limitada a um máximo de 25 watts ERP e altura do sistema irradiante não superior a trinta metros. Tem por finalidade o atendimento à comunidade beneficiada, com vistas a: a) dar oportunidade à difusão de idéias, elementos de cultura, tradições e hábitos sociais da comunidade; b) oferecer mecanismos à formação e integração da comunidade, estimulando o lazer, a cultura e o convívio social; c) prestar serviços de uti-

lidade pública, integrando-se aos serviços de defesa civil, sempre que necessário; d) contribuir para o aperfeiçoamento profissional nas áreas de atuação dos jornalistas e radialistas, de conformidade com a legislação profissional vigente; e) permitir a capacitação dos cidadãos no exercício do direito de expressão da forma mais acessível possível. As emissoras do Serviço de Radiodifusão Comunitária atenderão, em sua programação, aos seguintes princípios: a) preferência a finalidades educativas, artísticas, culturais e informativas em benefício do desenvolvimento geral da comunidade; b) promoção das atividades artísticas e jornalísticas na comunidade e da integração dos membros da comunidade atendida; c) respeito aos valores éticos e sociais da pessoa e da família, favorecendo a integração dos membros da comunidade atendida; d) não-discriminação de raça, religião, sexo, preferências sexuais, convicções político-ideológico-partidárias e condição social nas relações comunitárias.

SERVIÇO DE REBOCADORES. *Direito marítimo.* É o estabelecido pelo Capitão dos Portos da área de jurisdição, conforme os seguintes parâmetros: a) solicitação expressa da administração do porto ou terminal, que deverá ser citada, para cada trecho significativo específico; b) avaliação do Capitão dos Portos, considerando que manobras sem rebocador envolvam risco muito elevado e que acidentes no trecho em questão possam dificultar o acesso a outros terminais ou danos inaceitáveis a terceiros; c) a consideração de que o emprego de rebocadores poderá onerar inaceitavelmente a manobra, devendo ser imposto diante de extrema dificuldade ou impossibilidade na manobra sem eles. Na ausência de rebocadores por motivo de greve ou avaria, as manobras podem e são realizadas sem maiores restrições em diversos portos; d) a consideração de que o emprego de rebocadores tem gerado acidentes graves, envolvendo inclusive os próprios rebocadores e com perda de vidas humanas; e) todas as embarcações classificadas quanto ao serviço e/ou atividade como rebocadores, com potência instalada superior a 500HP, deverão possuir o Certificado de Tração Estática Longitudinal (*bollard pull*), homologado acordo com instruções específicas da Diretoria de Portos e Costas. Os rebocadores serão reconhecidos pelos valores nominais constantes desse Certificado; f) no caso de mudança dos rebocadores para outros portos, esse

SERVIÇO DE RECURSOS HUMANOS

fato deverá ser comunicado à Capitania ou Delegacia que detém o seu cadastro e àquela da nova área de jurisdição; g) os rebocadores com potência instalada igual ou inferior a 500HP não terão necessidade de possuir o Certificado de Tração Estática Longitudinal. Eles serão reconhecidos pelo *bollard pull* estimado, isto é, utilizando a regra prática de correspondência de uma tonelada métrica de força de tração para cada 100HP de potência do motor; h) para efeito de segurança da navegação, os rebocadores citados no subitem anterior somente poderão, mesmo que temporariamente, ser empregados em operação de reboque de embarcações de longo curso, cabotagem e apoio marítimo, caso possuam o referido Certificado de Tração Estática, devidamente homologado; i) as manobras em águas interiores com plataforma são consideradas especiais e deverão ser planejadas com antecedência entre os armadores e/ou agentes marítimos e seus prestadores de serviço. Como medida preventiva de segurança, o Capitão dos Portos ou Delegado poderá avaliar a necessidade de um rebocador de alto-mar acompanhar todas as manobras realizadas pelos demais rebocadores; j) as Capitanias, se aplicável, estabelecerão que todas as manobras nos portos da jurisdição, quando obrigatoriamente executadas com auxílio de rebocadores, obedecerão às correspondências entre a TPB da embarcação, valor mínimo de *bollard pull* e número recomendado de rebocadores a serem utilizados.

SERVIÇO DE RECURSOS HUMANOS. *Direito administrativo* e *direito educacional*. É o que concede recursos a governos, órgãos governamentais, instituições educacionais ou outras entidades, na medida apropriada, para desenvolver a base de recursos humanos necessária para incrementar o fluxo de investimentos e expandir o setor privado e, em particular, para financiar: a) o treinamento de trabalhadores que possam vir a ser demitidos na medida em que os governos introduzam reformas nos seus sistemas de investimento, reduzam os gastos públicos, realizem reformas estruturais ou privatizem empresas; b) o treinamento de trabalhadores e gerentes, para assegurar que estejam disponíveis trabalhadores e gerentes qualificados para satisfazer os requisitos de recursos humanos dos investidores e de um setor privado em expansão e para assegurar a familiarização de gerentes com a prática internacional nas áreas de finanças, contabilidade, planejamento,

comercialização distribuição e informática, entre outras; c) a capacitação de pessoas que possam desempenhar funções essenciais para a operação de um sistema de mercado, inclusive o treinamento em disciplinas tais como proteção ao consumidor, proteção ao trabalhador, administração de leis contra a concorrência desleal e de proteção ao meio ambiente; d) o treinamento de profissionais considerados importantes para o desenvolvimento da economia local, mediante o fortalecimento da capacidade científica, técnica e gerencial da base de recursos humanos; e) o fortalecimento de instituições de treinamento vocacional e de outras instituições que sirvam aos propósitos enunciados nas letras *a*, *b*, *c* e *d* acima.

SERVIÇO DE REFLORESTAMENTO. *Direito agrário.* Atividade rurícola que vai desde o preparo da semente ao cultivo da muda até o corte da árvore.

SERVIÇO DE REPETIÇÃO DE TELEVISÃO (RpTV). *Direito das comunicações.* É o que se destina ao transporte de sinais de sons e imagens, oriundos de uma estação geradora de televisão, para uma estação repetidora ou retransmissora, ou ainda para outra estação geradora de televisão, cuja programação pertença à mesma rede.

SERVIÇO DE RETRANSMISSÃO DE TELEVISÃO (RTV). *Direito das comunicações.* É o destinado a retransmitir, de forma simultânea, os sinais de estação geradora de televisão, para a recepção livre e gratuita pelo público em geral.

SERVIÇO DE RTV COMERCIAL (RTVC). *Direito das comunicações.* É a modalidade de Serviço de RTV destinada a retransmitir, de forma simultânea ou não simultânea, os sinais oriundos de estação geradora de televisão comercial.

SERVIÇO DE RTV EDUCATIVO (RTVE). *Direito das comunicações.* É a modalidade de Serviço de RTV destinada a retransmitir, de forma simultânea ou não simultânea, os sinais oriundos de estação geradora de televisão educativa.

SERVIÇO DE RTV EM CARÁTER PRIMÁRIO. *Direito das comunicações.* É o Serviço de RTV que tem direito a proteção contra interferência, nos termos da norma técnica aplicável.

SERVIÇO DE RTV EM CARÁTER SECUNDÁRIO. *Direito das comunicações.* É o Serviço de RTV que não tem direito a proteção contra interferência, nos termos da norma técnica aplicável.

SERVIÇO DE RTV INSTITUCIONAL (RTVI). *Direito das comunicações.* É a modalidade de Serviço de RTV destinada a retransmitir, de forma simultânea ou não simultânea, os sinais oriundos de estação geradora do serviço de radiodifusão de sons e imagens (televisão) explorado diretamente pela União.

SERVIÇO DESCENTRALIZADO. *Direito administrativo.* Aquele serviço público cuja titularidade ou execução foi transferida pela Administração Pública a autarquias, entes paraestatais, sociedade de economia mista etc. (R. Reis Friede).

SERVIÇO DE SEGURANÇA. *Ciência política.* Órgão estatal encarregado de coletar informações políticas, militares e econômicas sobre outros Estados; de impedir a atividade de espionagem alienígena no território nacional e de coordenar ações que possam enfraquecer a força política, militar e econômica do país inimigo (Bova).

SERVIÇO DE TÁXI AÉREO. *Direito aeronáutico.* Modalidade de transporte público aéreo, não-regular, de passageiro ou carga, mediante remuneração convencionada entre o usuário e o transportador, sob a fiscalização do Comando da Aeronáutica, visando proporcionar atendimento imediato, independente de horário, percurso ou escala.

SERVIÇO DE TELECOMUNICAÇÃO. *Direito das comunicações.* **1.** É o conjunto de atividades que possibilita a oferta de telecomunicação; incluem-se nessa definição os serviços de radiodifusão sonora de sons e imagens. **2.** Transmissão, emissão ou recepção de imagens e sons por meio de processo eletromagnético (Geraldo Magela Alves).

SERVIÇO DE TELEFONIA, DE TELEGRAFIA SUBMARINA E SUBFLUVIAL, DE RADIOTELEGRAFIA E RADIOTELEFONIA. *Direito do trabalho* e *direito das comunicações.* Atividade exercida por operadores empregados em empresas que explorem a telefonia, a telegrafia submarina e subfluvial, a radiotelegrafia ou a radiotelefonia, que não pode passar de seis horas diárias ou de trinta e seis horas semanais de trabalho. Se os operadores tiverem de permanecer em serviço além desse período, terão direito a um acréscimo de 50% sobre seu salário-hora normal.

SERVIÇO DE TELEVISÃO POR ASSINATURA VIA SATÉLITE (DTH). *Direito das comunicações.* É o serviço especial de telecomunicações que tem por objetivo a distribuição de sinais de televisão através de sistema de satélite a assinantes localizados na área de prestação do serviço.

SERVIÇO DE TRANSPORTE DE SINAIS E TELECOMUNICAÇÕES POR SATÉLITES (STS). *Direito administrativo, direito das comunicações* e *direito internacional público.* É o serviço de telecomunicações que, mediante o uso de satélites, realiza a recepção e emissão de sinais de telecomunicações, utilizando radiofreqüências predeterminadas. Tal serviço, quando envolver satélites que ocupem posições orbitais notificadas pelo Brasil, será explorado, mediante concessão, pelo prazo de até quinze anos, renovável por igual período. A concessão assegura o direito à ocupação, por satélites de concessionário, de posições orbitais notificadas pelo Brasil e à consignação das radiofreqüências associadas, devendo as estações de controle dos satélites localizarem-se em território brasileiro. As entidades que exploram o Serviço de Transporte de Sinais de Telecomunicações por Satélite, mediante o uso de satélites que ocupem posições orbitais notificadas pelo Brasil, têm assegurado o direito à concessão desta exploração. Esse serviço somente pode ser prestado a entidade que detenha outorga para exploração de serviço de telecomunicações, devendo ser assegurado tratamento equânime e não discriminatório a todos os interessados. A exploração de serviços de telecomunicações por meio de satélites, em qualquer de suas modalidades, depende de outorga específica, nos termos da regulamentação, independentemente de o acesso se realizar a partir do território nacional ou do exterior. É dada preferência à utilização de satélites que ocupem posições orbitais notificadas pelo Brasil, admitida a utilização de satélites que ocupem posições orbitais notificadas por outros países. A utilização de satélites que ocupem posições orbitais notificadas por outros países está condicionada à prévia coordenação com a administração brasileira das posições orbitais e freqüências associadas, e a que sua contratação se faça com empresa constituída segundo as leis brasileiras e com sede e administração no País, na condição de representante legal no Brasil.

SERVIÇO DE TRANSPORTE RODOVIÁRIO INTERESTADUAL DE PASSAGEIROS. O que transpõe os limites de Estado, do Distrito Federal ou de Território.

SERVIÇO DE TRANSPORTE RODOVIÁRIO INTERESTADUAL SEMI-URBANO DE PASSAGEIROS. Aquele que, com extensão igual ou inferior a setenta e cinco quilômetros e característica de transporte rodoviário urbano, transpõe os limites de Estado, do Distrito Federal, ou de Território.

SERVIÇO DE TRANSPORTE RODOVIÁRIO INTERNA-CIONAL DE PASSAGEIROS. *Direito internacional privado.* O que transpõe as fronteiras nacionais.

SERVIÇO DE TV A CABO. *Direito das comunicações.* É o serviço de telecomunicações, não aberto a concorrência pública, que consiste na distribuição de sinais de vídeo e/ou áudio a assinantes, mediante transporte por meio físico. Tais sinais compreendem programas de vídeo e/ou áudio similares aos oferecidos por emissoras de radiodifusão, bem como de conteúdo especializado e que atendam a interesses específicos, contendo informações meteorológicas, bancárias, financeiras, culturais, de preços e outras que possam ser oferecidas aos assinantes do serviço. Incluem-se nele a interação necessária à escolha da programação e outros usos pertinentes ao serviço, tais como aquisição de programas pagos individualmente, tanto em horário previamente programado pela operadora como em horário escolhido pelo assinante. Não é considerada serviço de TV a cabo a distribuição de sinais através de meios físicos em condomínios, sendo vedada a interligação ou interconexão com quaisquer sistemas de telecomunicações. O serviço de TV a cabo é destinado a promover a cultura universal e nacional, a diversidade de fontes de informação, o lazer e o entretenimento, a pluralidade política e o desenvolvimento social e econômico do País.

SERVIÇO DE VALOR ADICIONADO. *Direito administrativo.* É a atividade caracterizada pelo acréscimo de recursos e um serviço de telecomunicações que lhe dá suporte, criando novas utilidades relacionadas ao acesso, armazenamento, apresentação, movimentação e recuperação de informações, não caracterizando exploração de serviço de telecomunicações. É assegurada a qualquer interessado na prestação de serviço de valor adicionado a utilização da rede pública de telecomunicações.

SERVIÇO DE VERIFICAÇÃO DE ÓBITOS (SVO). *Medicina legal.* Órgão que existe em alguns Estados com a incumbência de constatar a causa real da morte não violenta, mediante exame necroscópico, daquele que não teve assistência médica.

SERVIÇO DE VIGILÂNCIA E TRANSPORTE DE VALORES. *Direito bancário.* Requisito obrigatório para que estabelecimento financeiro onde haja guarda de valores ou movimentação de nume-

rário possa funcionar. A vigilância ostensiva e o transporte de valores serão executados: por empresa especializada contratada, ou pelo próprio estabelecimento financeiro, desde que organizado e preparado para tal fim, com pessoal próprio, aprovado em curso de formação de vigilante autorizado pelo Ministério da Justiça e cujo sistema de segurança tenha parecer favorável à sua aprovação emitido pelo Ministério da Justiça. Nos estabelecimentos financeiros estaduais, o serviço de vigilância ostensiva poderá ser desempenhado pelas políticas militares, a critério do governo da respectiva unidade da Federação. O transporte de numerário vultoso para suprimento ou recolhimento do movimento diário dos estabelecimentos financeiros, será obrigatoriamente efetuado em veículo especial da própria instituição ou de empresa especializada. O transporte de numerário não muito alto poderá ser efetuado em veículo comum, com a presença de dois vigilantes.

SERVIÇO DIFERENCIADO. *Direito comercial.* É o executado no itinerário da linha de transporte, empregando equipamentos de características especiais, para atendimento de demandas específicas, com tarifa compatível com o serviço executado.

SERVIÇO DO JÚRI. *Direito processual penal.* Serviço público obrigatório prestado pelo jurado sorteado na sessão do Tribunal do Júri.

SERVIÇO DOMÉSTICO. *Direito do trabalho.* Ocupação do caseiro e do empregado doméstico, por exemplo: cozinhar, lavar e passar roupa, cuidar do jardim, limpar e arrumar a casa, supervisionar tarefas relacionadas com o lar etc.

SERVIÇO DO PATRIMÔNIO DA UNIÃO. *Direito administrativo.* Órgão encarregado da defesa do patrimônio imóvel da União, com a atribuição de, por exemplo: a) cadastrar e fazer o tombamento dos imóveis da União; b) demarcar os terrenos de marinha; c) ter sob sua guarda os títulos do domínio dos imóveis da União; d) promover a defesa dos interesses imobiliários da União; e) avaliar os imóveis para aquisição ou locação pela União; f) opinar sobre os pedidos para utilização de imóveis da União; g) determinar os prédios da União destinados à residência de autoridades ou servidores federais; h) administrar os imóveis da União não utilizados em serviço público; i) reservar as terras da União destinadas à exploração agrícola ou pastoril etc. O Instituto Nacional de Colonização e Reforma Agrária (INCRA) exerce as funções de Serviço do Patrimônio da União no que atina aos seus imóveis rurais (Rafael A. Mendonça Lima).

SERVIÇO DTH. Abreviatura de Serviço de Distribuição de Sinais de Televisão e de Áudio por Assinatura Via Satélite.

SERVIÇO EFETIVO. 1. *Direito do trabalho.* Período em que o empregado exerce atividade para o seu empregador, aguardando ou executando suas ordens. **2.** *Direito militar.* Serviço militar feito na fileira.

SERVIÇO EMERGENCIAL. *Direito administrativo.* Aquele delegado pelo Ministério dos Transportes a outra transportadora permissionária do sistema, mediante autorização, pelo prazo de cento e oitenta dias, em decorrência de extinção de contrato de permissão, sem que aquelas remanescentes tenham condições ou interesse em aumentar as respectivas freqüências para suprir o transporte realizado pela transportadora excluída da linha.

SERVIÇO EM MINAS DE SUBSOLO. *Direito do trabalho.* É a atividade exercida no subsolo, na exploração de minas, que não pode exceder de seis horas diárias ou de trinta e seis horas semanais.

SERVIÇO ESPECIAL DE RADIOCHAMADA (SER). *Direito das comunicações.* É o serviço especial de telecomunicações, não aberto à correspondência pública, com características específicas, destinado a transmitir, por qualquer forma de telecomunicação, informações unidirecionais originadas em uma estação de base e endereçadas a receptores móveis, utilizando-se das faixas de radiofreqüências de 929 MHz e 931 MHz.

SERVIÇO ESPECIALIZADO. Atividade que, por requerer habilidade técnica, só pode ser executada por pessoa versada no assunto.

SERVIÇO ESSENCIAL. *Direito constitucional, direito administrativo* e *direito do trabalho.* Aquele que, se for interrompido ou paralisado, causa dano irreparável à coletividade, por exemplo, o serviço funerário, o de produção e distribuição de remédios, o de energia elétrica etc.

SERVIÇO EXECUTADO. *Direito civil* e *direito do trabalho.* Aquele que foi concluído conforme o ajustado.

SERVIÇO EXTERIOR. *Direito internacional público.* É essencial à execução da política exterior do Brasil, constitui-se do corpo de servidores, ocupantes de cargos de provimento efetivo, capacitados profissionalmente como agentes do Ministério das Relações Exteriores, no Brasil e no exterior, organizados em carreiras definidas e hierarquizadas. É o que se compõe, em ordem hierárquica e de precedência, da carreira de diplomata, da carreira de oficial de chancelaria e da de assistente de chancelaria. É o essencial à execução da política exterior do Brasil, e constitui-se do corpo de servidores, ocupantes de cargos de provimento efetivo, capacitados profissionalmente como agentes do Ministério das Relações Exteriores, no Brasil e no exterior, organizados em carreiras definidas e hierarquizadas. O Serviço Exterior é composto da Carreira de Diplomata, da Carreira de Oficial de Chancelaria e da Carreira de Assistente de Chancelaria. Aos servidores da Carreira de Diplomata incumbem atividades de natureza diplomática e consular, em seus aspectos específicos de representação, negociação, informação e proteção de interesses brasileiros no campo internacional. Aos servidores integrantes da Carreira de Oficial de Chancelaria, de nível de formação superior, incumbem tarefas de natureza técnica e administrativa. Já aos integrantes da Carreira de Assistente de Chancelaria, de nível de formação média, incumbem tarefas de apoio técnico e administrativo. Ao concurso público de provas para admissão à Carreira de Diplomata, apenas poderão concorrer brasileiros natos: a) para admissão no Curso de Preparação à Carreira de Diplomata somente concorrerão os que apresentem certificado de conclusão, no mínimo, da terceira série ou do sexto período de semestre ou carga horária ou créditos equivalentes de Curso de Graduação de nível superior oficialmente reconhecido; b) para ingresso na classe inicial da Carreira de Diplomata somente poderão concorrer os que apresentem diploma de curso superior oficialmente reconhecido.

SERVIÇO EXTERNO. *Direito do trabalho.* Aquele que é exercido fora do estabelecimento empresarial pelo entregador, cobrador, vendedor de peça etc.

SERVIÇO EXTRAORDINÁRIO. *Direito constitucional* e *direito do trabalho.* É o realizado fora do horário normal do serviço ou além da jornada semanal de quarenta e quatro horas. Por esse serviço o empregado tem direito a um adicional de, no mínimo, 50%.

SERVIÇO FEDERAL DE PROCESSAMENTO DE DADOS (SERPRO). *Direito administrativo.* Empresa pública vinculada ao Ministério da Fazenda, sediada em Brasília, com atuação em todo o território nacional, com prazo indeterminado de duração, que tem por finalidade: a) atender prioritariamente, com exclusividade, aos órgãos do Ministério da Fazenda; b) aplicar as disponibilidades de sua capacidade técnica e operacional na execução dos serviços de sua especialidade que venham a ser convencionados com outros órgãos e entidades da Administração Pública federal, estadual e municipal, mediante contratação; c) viabilizar soluções no campo da modernização e apoio à tomada de decisão no âmbito da Administração Pública; d) atuar no sentido de racionalizar e simplificar as atividades atinentes à tecnologia da informação no setor público; e) incentivar o desenvolvimento do setor de informática, de acordo com as diretrizes definidas pelo governo federal. Portanto, tem por objeto a execução de serviços de tratamento de informações e processamento de dados, incluindo as atividades de teleprocessamento e comunicação de dados, voz e imagens, que sejam requeridos, em caráter limitado e especializado, para a realização dos referidos serviços, e a prestação de assessoramento e assistência técnica no campo de sua especialidade.

SERVIÇO FERROVIÁRIO. *Direito do trabalho.* É o que se opera em ferrovias.

SERVIÇO FÍSICO. *Direito do trabalho.* Serviço braçal ou material que não requer preparo intelectual do empregado e do locador de serviço.

SERVIÇO FLORESTAL. *Direito ambiental.* Atividade voltada à conservação e aproveitamento de matas e florestas.

SERVIÇO FLORESTAL BRASILEIRO. *Direito ambiental.* Criado, na estrutura básica do Ministério do Meio Ambiente, o Serviço Florestal Brasileiro (SFB) atua exclusivamente na gestão das florestas públicas e tem por competência: a) exercer a função de órgão gestor, no âmbito federal, bem como de órgão gestor do FNDF; b) apoiar a criação e gestão de programas de treinamento, capacitação, pesquisa e assistência técnica para a implementação de atividades florestais, incluindo manejo florestal, processamento de produtos florestais e exploração de serviços florestais; c) estimular e fomentar a prática de atividades florestais sustentáveis madeireira, não madeireira e de serviços; d) promover estudos de mercado para produtos e serviços gerados pelas florestas; e) propor pla-

nos de produção florestal sustentável de forma compatível com as demandas da sociedade; f) criar e manter o Sistema Nacional de Informações Florestais integrado ao Sistema Nacional de Informações sobre o Meio Ambiente; g) gerenciar o Cadastro Nacional de Florestas Públicas, exercendo as seguintes funções: organizar e manter atualizado o Cadastro-Geral de Florestas Públicas da União; adotar as providências necessárias para interligar os cadastros estaduais e municipais ao Cadastro Nacional; h) apoiar e atuar em parceria com os seus congêneres estaduais e municipais.

SERVIÇO FRIGORÍFICO. *Direito do trabalho.* Atividade exercida no interior de câmaras frigoríficas, à qual, após uma hora e quarenta minutos de duração, se segue um período de descanso de vinte minutos.

SERVIÇO FÚNEBRE. *Direito canônico.* Ofício religioso que consiste em encomendar a alma do falecido.

SERVIÇO GRATUITO. 1. *Direito do trabalho.* Atividade não remunerada. **2.** *Direito administrativo.* Atividade exercida por funcionário investido em múnus público, sem que venha a perceber qualquer contraprestação por isso (José Cretella Jr.).

SERVIÇO ILÍCITO. *Direito civil.* Qualquer atividade contrária à lei, à moral e aos bons costumes.

SERVIÇO IMATERIAL. *Direito civil* e *direito do trabalho.* Aquele que exige preparo intelectual do locador de serviço ou do empregado.

SERVIÇO INDUSTRIAL. *Direito empresarial.* Atividade desempenhada por operários em indústrias.

SERVIÇO INSALUBRE. *Direito do trabalho.* É o executado em local que possa ser prejudicial à saúde do empregado, em virtude de determinadas condições próprias à natureza do trabalho.

SERVIÇO INTELECTUAL. *Vide* SERVIÇO IMATERIAL.

SERVIÇO INTERNO. 1. *Direito do trabalho.* É o exercido dentro do estabelecimento comercial, industrial, bancário etc. **2.** *Direito administrativo.* Atividade realizada dentro da repartição pública.

SERVIÇO IRREGULAR. *Direito comercial, direito administrativo* e *direito internacional privado.* Serviço de transporte rodoviário interestadual e internacional de passageiros sem a necessária permissão (linha) ou autorização (serviços especiais ou emergencial) do Poder Permitente

SERVIÇO JURÍDICO PRISIONAL

ou do órgão conveniado, seja ele, em todos os casos, executado por empresa permissionária ou não.

SERVIÇO JURÍDICO PRISIONAL. *Direito penitenciário.* Atividade advocatícia voltada aos direitos e deveres dos condenados, coordenada por um órgão da administração penitenciária (Armida B. Miotto).

SERVIÇO LÍCITO. *Direito civil* e *direito do trabalho.* Aquele que não está proibido por lei, nem é contrário à ordem pública, à moral e aos bons costumes.

SERVIÇO LIMITADO. *Direito administrativo, direito das comunicações* e *direito empresarial.* É o destinado ao uso próprio do executante ou à prestação a terceiros, desde que sejam estes uma mesma pessoa ou grupo de pessoas naturais ou jurídicas, caracterizado pela realização de atividade específica. Se destinado à prestação a terceiros, será explorado mediante permissão a empresa constituída segundo leis brasileiras, com sede e administração no Brasil, pelo prazo de dez anos, renovável por igual período. Se destinado ao uso próprio do executante, executa-se mediante autorização, por prazo indeterminado, sendo inexigível a licitação para sua outorga. É classificado em duas modalidades: 1. serviço limitado privado: serviço limitado, telefônico, telegráfico, de transmissão de dados ou qualquer outra forma de telecomunicações, destinado ao uso próprio do executante, seja este uma pessoa natural ou jurídica; 2. serviço limitado especializado: serviço limitado, telefônico, telegráfico, de transmissão de dados ou qualquer outra forma de telecomunicações, destinado à prestação a terceiros, desde que sejam estes uma mesma pessoa ou grupo de pessoas naturais ou jurídicas, caracterizado pela realização de atividade específica.

SERVIÇO LIMITADO ESPECIALIZADO. *Direito administrativo* e *direito das comunicações.* Serviço limitado, telefônico, telegráfico, de transmissão de dados ou qualquer outra forma de telecomunicações, destinado à prestação a terceiros, desde que sejam estes uma mesma pessoa ou grupo de pessoas naturais ou jurídicas, caracterizado pela realização de atividade específica.

SERVIÇO LIMITADO PRIVADO. *Direito administrativo* e *direito das comunicações.* Serviço limitado, telefônico, telegráfico, de transmissão de dados ou qualquer outra forma de telecomunicações, destinado ao uso próprio do executante, seja este pessoa natural ou jurídica.

SERVIÇO MATERIAL. *Vide* SERVIÇO FÍSICO.

SERVIÇO MECÂNICO. *Direito do trabalho.* É o executado por máquinas dirigidas por operários especializados.

SERVIÇO MÉDICO PENITENCIÁRIO. *Direito penitenciário.* Atendimento médico, incluindo o odontológico e o psiquiátrico, para tratamento da saúde física e mental dos presos (Armida Bergamini Miotto).

SERVIÇO MILITAR. *Direito militar.* **1.** Incorporação obrigatória às Forças Armadas, ou dever legal que têm os brasileiros que atingirem dezoito anos de se alistarem para adestramento nas armas e serviço nas Forças Armadas pelo período legal estabelecido. As mulheres e os eclesiásticos ficam isentos do serviço militar obrigatório em tempo de paz, sujeitos, porém, a outros encargos que a lei lhes atribuir. **2.** Atividade exercida, em caráter efetivo, por militares nas Forças Armadas. **3.** Serviço a que está obrigado todo brasileiro do sexo masculino maior de dezoito anos e o naturalizado brasileiro e o por opção a partir da data em que recebam o certificado de naturalização ou da assinatura do termo de opção.

SERVIÇO MILITAR FEMININO. *Direito militar.* Órgão do Exército composto por voluntárias, diplomadas pelos Institutos de Ensino (IE) destinados à formação de Médicos, Farmacêuticos, Dentistas e Veterinários (MFDV). As mulheres que forem voluntárias para o serviço militar deverão declarar esta situação, bem como comprometer-se a prestar o referido serviço por um período de doze meses. A seleção será realizada por Comissões de Seleção Especial, sob a responsabilidade das Regiões Militares (RM). A incorporação obedecerá às seguintes prioridades: a) solteiras ou viúvas sem dependentes e, entre elas, as mais jovens; b) casadas e mulheres com dependentes e, entre elas, as de menores encargos de família. As MFDV serão destinadas ao preenchimento de claros nas Organizações Militares de Saúde (OMS), nos Postos Médicos de Guarnição (PMedGu) e, excepcionalmente, em Estabelecimentos de Ensino (EE).

SERVIÇO MILITAR INICIAL NAS FORÇAS ARMADAS. *Direito militar.* É o que visa regular as condições de recrutamento de brasileiros convocados para a prestação de serviço militar inicial nas Forças Armadas e selecionados conforme instruções baixadas pelo Ministério da Defesa.

SERVIÇO MMDS. Sigla de Serviço de Distribuição de Sinais Multiponto Multicanal.

SERVIÇO MÓVEL CELULAR (SMC). *Direito administrativo* e *direito das comunicações.* Serviço de telecomunicações móvel terrestre, aberto à correspondência pública, que utiliza sistema de radiocomunicações com técnica celular, interconectado à rede pública de telecomunicações e acessado por meio de terminais portáteis, transportáveis ou veiculares, de uso individual. Tal serviço é explorado, sem exclusividade, mediante concessão outorgada por licitação, pelo prazo de quinze anos, renovável por igual período, a empresas constituídas segundo as leis brasileiras, com sede e administração no País, em áreas geográficas delimitadas do território nacional.

SERVIÇO MÓVEL ESPECIALIZADO (SME). *Direito das comunicações.* **1.** Serviço limitado especializado, não aberto à correspondência pública, que utiliza sistema de radiocomunicação basicamente para a realização de operações do tipo despacho, nas faixas de 460 MHz, 800 MHz e 900 MHz. **2.** É o serviço de telecomunicações móvel terrestre de interesse coletivo que utiliza sistema de radiocomunicação, basicamente, para a realização de operações tipo despacho e outras formas de telecomunicações.

SERVIÇO MÓVEL GLOBAL POR SATÉLITES NÃO GEOESTACIONÁRIOS (SMGS). *Direito das comunicações.* É o serviço público-restrito móvel por satélite, de âmbito interior e internacional, que utiliza como suporte o Serviço de Transporte de Sinais de Telecomunicações por Satélites Não Geoestacionários cujas estações de acesso são interligadas a redes terrestres, fixas ou móveis.

SERVIÇO MÓVEL PESSOAL (SMP). *Direito das comunicações.* Serviço de telecomunicações móvel terrestre de interesse coletivo que possibilita a comunicação entre estações móveis e de estações móveis para outras estações, observadas as disposições constantes de regulamentação legal.

SERVIÇO NACIONAL DE APRENDIZAGEM COMERCIAL. *Direito comercial.* Entidade voltada à educação e formação profissional de aprendizes no setor comercial.

SERVIÇO NACIONAL DE APRENDIZAGEM DO COOPERATIVISMO (SESCOOP). *Direito civil.* Tem personalidade jurídica de direito privado, composto por entidades vinculadas ao sistema sindical, com sede e foro em Brasília, Distrito Federal. Constituem seus objetivos: a) organizar, administrar e executar o ensino de formação profissional e a promoção social dos trabalhadores e dos cooperados das cooperativas em todo o território nacional; b) operacionalizar o monitoramento, a supervisão, a auditoria e o controle em cooperativas, conforme sistema desenvolvido e aprovado em assembléia geral da Organização das Cooperativas Brasileiras (OCB); c) para o desenvolvimento de suas atividades, o Sescoop contará com centros próprios ou atuará sob a forma de cooperação com órgãos públicos ou privados.

SERVIÇO NACIONAL DE APRENDIZAGEM INDUSTRIAL. *Direito comercial.* Instituição que se volta à formação profissional de mão-de-obra para a indústria, os transportes e as comunicações (Paulo Otto Romanoschi).

SERVIÇO NACIONAL DE PROTEÇÃO DE CULTIVARES (SNPC). *Direito agrário* e *direito de propriedade intelectual.* É o órgão competente para a proteção de cultivares no País, cabendo-lhe: a) proteger as novas cultivares essencialmente derivadas, outorgando-lhes os certificados de proteção correspondentes; b) divulgar, progressivamente, as espécies vegetais e respectivos descritores mínimos, necessários à abertura de pedidos de proteção, bem como a data-limite para apresentação dos pedidos; c) elaborar normas complementares, no âmbito de sua competência, sobre a proteção de novas cultivares essencialmente derivadas, bem assim de cultivares passíveis de proteção, de qualquer gênero ou espécie vegetal, e estabelecer os formulários necessários à tramitação do pedido de proteção; d) receber, protocolizar, deferir e indeferir pedidos de proteção, formalizados mediante requerimento assinado pela pessoa física ou jurídica que obtiver cultivar, ou por seu procurador devidamente habilitado; e) receber, protocolizar, julgar, deferir e indeferir pedidos de impugnação apresentados por terceiros ou pelo requerente do direito de proteção; f) receber, protocolizar, instruir e encaminhar ao ministro de Estado da Agricultura, Pecuária e do Abastecimento recursos apresentados por terceiros ou pelo requerente do pedido de proteção; g) divulgar, mediante publicação no *Diário Oficial da União* e em publicação periódica especializada, os extratos dos pedidos de proteção, a proteção concedida, as transferências de titularidade, a declaração de licenciamento compulsório ou de uso público restrito, a suspensão transitória, a extinção da proteção e a nulidade ou o cancelamento dos certificados de proteção e outros atos, despachos e decisões administrativas decorrentes da proteção de cultivares; h) conceder, manter, transferir, cancelar e anular Certificado Provisório de Proteção e Certificado de Proteção de Cultivar; i) estruturar ou credenciar bancos destinados à conservação de amostras vivas que integrarão a coleção de germoplasma de cultivares protegidas; j) determinar a realização de ensaios de campo e testes em laboratório para diferenciação da cultivar, quando julgar necessário; k) fiscalizar o cumprimento das normas legais pertinentes à proteção e ao direito de proteção; l) fornecer certidões relativas às matérias de que trata a lei de proteção de cultivares; m) estabelecer os modelos de certificados de proteção; n) emitir parecer técnico conclusivo em processos de requerimento de licença compulsória da cultivar protegida, bem como adotar as medidas complementares, referentes à comunicação às partes interessadas e acompanhamento da implementação da licença concedida; o) emitir parecer técnico conclusivo com vistas a subsidiar declaração de uso público restrito de cultivar protegida; p) criar grupo de trabalho composto de especialistas para prestar assessoramento em matérias específicas; q) opinar sobre a conveniência de assinatura, ratificação ou denúncia de convenções, tratados, convênios e acordos sobre proteção de cultivares; r) averbar, no cadastro de cultivar protegida, as decisões relativas a processos de licença compulsória e de declaração de uso público restrito; s) indicar a participação de servidores em reuniões técnicas, comitês e grupos de trabalho de âmbito nacional e internacional sobre proteção de cultivares; t) relacionar-se com instituições públicas e privadas, de âmbito nacional, internacional e estrangeira, com o objetivo de manter banco de dados de denominações e de descritores de cultivares, bem como para intercâmbio técnico-científico na área de proteção de cultivares; u) implantar e manter atualizado o Cadastro Nacional de Cultivares Protegidas (CNCP). Compete, ainda, ao SNPC: a) prestar apoio administrativo e operacional à Comissão Nacional de Proteção de Cultivares (CNPC); b) orientar, controlar e executar as atividades de fiscalização da produção e comercialização de sementes e mudas; c) implementar a execução e o acompanhamento da programação operacional dos recursos provenientes da Lei de Proteção de Cultivares; d) promover auditorias técnico-fiscal e operacional das atividades pertinentes à sua área de competência.

SERVIÇO NORMAL. *Direito do trabalho.* É a atividade habitualmente executada conforme as normas estabelecidas e dentro do horário determinado previamente, sem que haja qualquer perturbação ao seu andamento.

SERVIÇO NOTURNO. *Direito constitucional* e *direito do trabalho.* Atividade laboral exercida entre as 22h de um dia e as 5h do dia seguinte, com remuneração superior à do período diurno, tendo, pelo menos, um acréscimo de 20% sobre a hora diurna. E, além disso, a hora do trabalho noturno será computada como de cinqüenta e dois minutos e trinta segundos.

SERVIÇO OBRIGATÓRIO. 1. *Direito militar.* Serviço militar a que são obrigados os jovens válidos. **2.** Na *linguagem jurídica* em geral, é todo aquele que não se pode deixar de prestar, como serviço eleitoral, serviço de jurado e serviço militar.

SERVIÇO ORDINÁRIO. *Direito do trabalho.* Atividade exercida, habitualmente, dentro do horário predeterminado.

SERVIÇO PENITENCIÁRIO. *Direito penitenciário.* Serviço público executado nos estabelecimentos prisionais, relativo à sua administração, às atividades alusivas à execução penal, aos condenados e ao regime penitenciário. Abrange os seguintes serviços: o de assistência religiosa e judiciária, o social, o médico, o escolar, o de treinamento profissional etc. (Armida B. Miotto).

SERVIÇO PERIGOSO. *Direito do trabalho.* Atividade que oferece risco de vida ao empregado, ou que pode acarretar-lhe alguma lesão física, em virtude de acidente.

SERVIÇO PESSOAL. *Direito civil.* Aquele que só pode ser realizado por determinada pessoa, ou seja, pelo próprio devedor, por ser *intuitu personae*, uma vez que na efetivação da obrigação contratual se levaram em conta as qualidades pessoais do obrigado, ou seja, sua cultura, sua habilidade técnica, sua reputação, sua idoneidade, sua pontualidade, sua experiência etc.

SERVIÇO POR LINHA DEDICADA. *Direito das comunicações.* Serviço limitado telefônico, telegráfico, de

SERVIÇO POR LINHA DEDICADA INTERNACIONAL PARA SINAIS ANALÓGICOS... 373

transmissão de dados ou qualquer outra forma de telecomunicações, prestado por entidade exploradora de serviço público de telecomunicações com utilização de linhas dedicadas.

SERVIÇO POR LINHA DEDICADA INTERNACIONAL PARA SINAIS ANALÓGICOS (SLDIA). *Direito das comunicações.* É o que consiste no recebimento, transmissão e entrega pela prestadora ao assinante, através de circuito internacional, de sinais analógicos entre endereços, situados no país e no exterior, preestabelecidos pelo assinante. O SLDIA é fornecido pela prestadora ao assinante através de circuito ponto-a-ponto, dotado de características técnicas adequadas à transmissão de sinais analógicos, utilizando freqüências na faixa de voz, apropriados para aplicações de telefonia, fax, alarme, supervisão e telessupervisão. A entrega e o recebimento dos sinais analógicos entre a prestadora e o assinante são efetuados através de interface analógica, segundo especificações técnicas predefinidas pelo Poder concedente. A transmissão dos sinais analógicos gerados ou recebidos pelo assinante pode ser efetuada pela prestadora por meios analógicos ou digitais, observadas as especificações técnicas e o grau de qualidade previstos para o serviço. O fornecimento de equipamentos terminais para o SLDIA é da responsabilidade do assinante do serviço; a responsabilidade da prestadora em relação à qualidade da prestação do serviço SLDIA está limitada às aplicações acima previstas; a utilização desse serviço para aplicações não previstas nos regulamentos será feita por conta e risco exclusivo do assinante.

SERVIÇO POR LINHA DEDICADA INTERNACIONAL PARA SINAIS DIGITAIS (SLDID). *Direito das comunicações.* É o que consiste no recebimento, transmissão e entrega, pela prestadora ao assinante, através de circuito internacional, de sinais digitais entre endereços situados no país e no exterior, preestabelecidos pelo assinante. A entrega e o recebimento dos sinais digitais, entre a prestadora e o assinante, serão efetuados através de interface digital, segundo especificações técnicas predefinidas pelo Poder concedente. A transmissão dos sinais digitais gerados pelo assinante poderá ser efetuada pela prestadora por meios analógicos ou digitais, observadas as especificações técnicas e o grau de qualidade previsto para o serviço. O fornecimento, a instalação e manutenção dos equipamentos necessários ao recebimento e a

entrega dos sinais digitais através da interface digital, nas dependências do assinante, é responsabilidade da prestadora, constituindo-se parte do serviço prestado.

SERVIÇO POR LINHA DEDICADA PARA SINAIS ANALÓGICOS (SLDA). *Direito das comunicações.* Consiste no recebimento, transmissão e entrega pela prestadora ao assinante de sinais analógicos entre endereços preestabelecidos pelo assinante. O SLDA é fornecido pela prestadora ao assinante através de circuitos locais ou circuitos intra e interáreas tarifárias, na configuração ponto-a-ponto ou ponto-multiponto, dotados de características técnicas adequadas à transmissão de sinais analógicos, utilizando freqüências na faixa de voz, apropriados para aplicações de telefonia, fax, alarme, supervisão e telessupervisão. A entrega e o recebimento dos sinais analógicos entre a prestadora e o assinante são efetuados através de interface analógica, segundo especificações técnicas predefinidas. A transmissão dos sinais analógicos gerados pelo assinante, pela Rede Pública de Telecomunicações, pode ser efetuada pela prestadora, por meios analógicos ou digitais, obedecidas as especificações técnicas e o grau de qualidade previstos para a prestação do serviço. O fornecimento de equipamentos terminais para o SLDA é da responsabilidade do assinante do serviço.

SERVIÇO POR LINHA DEDICADA PARA TELEGRAFIA (SLDT). *Direito das comunicações.* É aquele fornecido pela prestadora ao assinante, através de circuito local ou circuito intra e interáreas tarifárias, dotado de características técnicas apropriadas à transmissão de sinais gráficos, com velocidade de 50, 75, 100 ou 200 bps, na configuração ponto-a-ponto ou ponto-multiponto. O serviço fornecido pela prestadora deve satisfazer as condições técnicas e de qualidade estabelecidas em normas do Poder concedente, assegurando o uso adequado por parte do assinante. O fornecimento de equipamentos terminais para o SLDT é da responsabilidade do assinante do serviço.

SERVIÇO POR TAREFA. *Direito do trabalho.* Aquele em que o salário foi ajustado por tarefa ou peça produzida, mas o trabalhador terá garantida uma remuneração diária nunca inferior à do salário mínimo por dia normal.

SERVIÇO POSTAL. *Direito administrativo.* É o encarregado de receber, transportar e entregar cartas e encomendas, por meio de correios.

SERVIÇO PRIVADO. *Direito civil* e *direito comercial.* Atividade exercida em interesse de pessoa física ou de pessoa jurídica de direito privado.

SERVIÇO PROFISSIONAL. *Direito do trabalho.* Atividade daquele que exerce profissão regulamentada, estando devidamente habilitado.

SERVIÇO PROIBIDO. 1. Na *linguagem jurídica* em geral, é: a) serviço ilícito; b) qualquer atividade vedada por lei. **2.** *Direito do trabalho.* Aquele que não pode ser exercido em determinados locais, horas ou datas, como feriados nacionais e religiosos, ou por certas pessoas, por exemplo, aos menores de dezoito anos é proibido o trabalho noturno, perigoso ou insalubre.

SERVIÇO PÚBLICO. *Direito administrativo.* **1.** Atividade de oferecimento de utilidade ou comodidade material fruível diretamente pelos administrados, prestada pelo Estado ou por quem lhe faça as vezes, sob um regime de direito público instituído pelo Estado em favor dos interesses que houver definido como próprios no sistema normativo (Celso Antônio Bandeira de Mello). **2.** Conjunto de atividades estatais voltadas à consecução do bem-estar da coletividade e à realização do fim do Estado, executadas por órgãos de administração direta e indireta e, ainda, por entidades privadas, sob o regime de concessão ou permissão, através de licitação. **3.** Complexo de meios, do pessoal e do material, com os quais a Administração Pública desempenha sua tarefa (Félix Moreau). **4.** Atividade prestada pelo Estado ou por quem lhe fizer as vezes, oferecendo, direta ou indiretamente, utilidade ou comodidade material ou imaterial aos administrados (Eduardo M. Ferreira Jardim). **5.** Atividade ou comodidade material fruível diretamente pelo usuário, que possa ser remunerado por meio de taxa ou preço público, inclusive tarifa.

SERVIÇO PÚBLICO ADMINISTRATIVO. *Direito administrativo.* Atividade estatal, executiva e legislativa, exercida para atingir seus fins (Mario Mazagão).

SERVIÇO PÚBLICO DE COMUTAÇÃO DE CIRCUITOS A 64 KBPS (SPCC). *Direito administrativo* e *direito das comunicações.* É aquele em que a concessionária do serviço telefônico público utiliza a técnica de comutação por circuitos, sendo organizado da seguinte forma: o SPCC é prestado através de acessos a centrais de comutação telefônica pública que utilizam técnica de comutação digital, e se interligam através de meios de transmissão digital. O uso do serviço, entre os seus assinantes, é efetuado mediante a realização de chamadas, estabelecidas por discagem e encaminhadas aos respectivos destinatários exclusivamente através de meios digitais, que obedecem a especificações e características predefinidas. O SPCC destina-se à transmissão de sinais digitais, sendo transparente a protocolos de comunicação, não exigindo o uso de protocolos específicos por parte do assinante. O fornecimento, a instalação e a manutenção dos equipamentos necessários ao recebimento e à entrega de sinais digitais através da interface digital, nas dependências do assinante, é responsabilidade da prestadora, constituindo-se parte do serviço prestado. O Serviço Público de Comutação de Circuitos a 64 KBPS é ofertado pela prestadora e prestado ao assinante de forma permanente ou temporária, conforme as disposições contratuais. Para o serviço de regime temporário fica estabelecido um período mínimo de três dias, não excedendo a vinte e nove dias. Ao assinante do SPCC será designado prefixo ou número característico que permita sua fácil identificação. É responsabilidade da prestadora: a) prestar o serviço em conformidade com as especificações técnicas, funcionais e de qualidade, observando prazos adequados de atendimento ao assinante; b) fornecer, ativar e manter os meios necessários à prestação do serviço ao assinante até o Ponto de Terminação da Rede; c) fornecer, ativar e manter os equipamentos de sua propriedade, necessários à prestação do serviço, instalados nas dependências do assinante; e d) estabelecer as especificações e padrões da Rede Interna do Assinante. É responsabilidade do assinante: a) instalar e manter a Rede Interna dentro das especificações técnicas necessárias ao serviço, como definido pela prestadora; b) utilizar o serviço colocado à sua disposição, conforme previsto nesta e demais normas pertinentes; c) providenciar, em suas dependências, o local adequado e a infra-estrutura necessária à correta instalação e funcionamento dos equipamentos terminais da prestadora; d) conectar, à interface digital fornecida pela prestadora, somente equipamentos terminais que obedeçam aos padrões e características técnicas estabelecidas nas disposições regulamentares; e e) comunicar à prestadora, o mais prontamente possível, qualquer anormalidade observada no serviço. Por motivos de ordem técnica ou

SERVIÇO PÚBLICO DE TRANSPORTE DE TELECOMUNICAÇÕES   375   **SER**

de interesse geral, sem que haja interferência no desempenho do serviço, a Prestadora, mediante comunicado prévio, pode promover, sem qualquer ônus para o assinante, modificações nos meios disponíveis e equipamentos de sua propriedade. Ocorrendo possibilidade de interferência no desempenho do serviço, pelos motivos acima mencionados, o assinante deverá ser comunicado com a antecedência de, no mínimo, quinze dias.

SERVIÇO PÚBLICO DE TRANSPORTE DE TELECOMUNICAÇÕES. *Direito administrativo* e *direito das comunicações.* É o oferecido ao público em geral, como os de telégrafo, telefone, telex e transmissão de dados.

SERVIÇO PÚBLICO ESSENCIAL. *Direito administrativo.* Aquele que for imprescindível para a realização das funções estatais ou para atender às necessidades coletivas mais prementes (Moacyr de Oliveira).

SERVIÇO PÚBLICO RELEVANTE. 1. *Direito processual penal.* É o prestado por aquele cidadão convocado para ser jurado no Tribunal do Júri. **2.** *Direito administrativo.* a) Atividade pública que desempenha, em regra, gratuitamente, tarefa precípua do Estado (José Cretella Jr.); b) qualidade do serviço público, ou não, que, por ser considerado pelo Estado, em certas circunstâncias, de grande valia, confere determinados benefícios a quem o prestar (Othon Sidou). **3.** *Direito eleitoral.* Atividade prestada na qualidade de mesário, durante as eleições.

SERVIÇO REMUNERADO. 1. *Direito civil* e *direito comercial.* Prestação de serviço mediante remuneração ajustada ou contraprestação pecuniária ou não. **2.** *Direito do trabalho.* Atividade laboral sujeita ao pagamento de salário.

SERVIÇOS ACESSÓRIOS. São os que correspondem ao transporte de malas postais e encomendas e à exploração de publicidade nos veículos.

SERVIÇOS ADMINISTRATIVOS DO TRIBUNAL MARÍTIMO. *Direito marítimo* e *direito processual.* São os que, subordinados diretamente ao Juiz-Presidente do Tribunal Marítimo, destinam-se à execução de tarefas processuais, técnicas e administrativas, oriundas das atribuições do referido tribunal.

SERVIÇO SALARIADO. *Direito do trabalho.* **1.** Atividade decorrente de contrato de trabalho, baseado no salário. **2.** Aquele prestado pelo empregado mediante salário.

SERVIÇO SANITÁRIO. *Direito administrativo.* Conjunto de departamentos públicos encarregados das instalações de água e esgotos, e da higiene e saúde públicas (De Plácido e Silva).

SERVIÇOS AUXILIARES DA JUSTIÇA DO TRABALHO. *Direito do trabalho.* Aquelas atividades exercidas pela Secretaria das Varas do Trabalho, pelos distribuidores, pelos cartórios dos juízos de direito, pelas Secretarias dos Tribunais Regionais, pelos oficiais de justiça, pelos oficiais de justiça avaliadores da Justiça do Trabalho.

SERVIÇOS DE IMPORTAÇÃO POR CONTA E ORDEM DE TERCEIRO. *Direito internacional privado.* Aqueles prestados por pessoa jurídica que promova, em seu nome, o despacho aduaneiro de mera importação de bem e produto sujeito à vigilância sanitária, adquirida no exterior, em razão de contrato previamente firmado com terceiro, empresa autorizada junto à Agência Nacional de Vigilância Sanitária (ANVISA), detentora do registro do respectivo produto. Cabe a empresa autorizada junto à ANVISA, detentora do registro do respectivo produto, tendo em vista a necessidade de controle e qualidade desses serviços até a disponibilização no mercado, a adoção de medidas idôneas, próprias e junto a terceiro contratado, que evitem ou impeçam prejuízo à saúde. A empresa prestadora de serviços por conta e ordem de terceiro de bens e produtos sujeitos à vigilância sanitária terá uma única Autorização de Funcionamento, válida em todo o território nacional. A unidade filial da empresa detentora da Autorização de Funcionamento deve submeter-se a cadastro junto à Coordenação de Vigilância Sanitária de Portos, Aeroportos e Fronteiras do respectivo Estado ou Distrito Federal onde preste serviço ou da sua localidade. Considera-se válida a Autorização de Funcionamento de Empresa pelo prazo de um ano, aquela relacionada com atividade de importar, por conta e ordem, produtos acabados pertencentes a classe de medicamentos, podendo ser solicitada sua renovação por sucessivos e iguais períodos.

SERVIÇOS DE LIMPEZA E DESASSOREAMENTO DE CURSOS D'ÁGUA. *Direito administrativo.* Serviços que objetivam desobstrução do corpo hídrico para melhoria das condições de navegabilidade, captação e lançamento, bem como o escoamento superficial das águas.

SERVIÇOS DE REFERÊNCIA SENTINELA. *Direito administrativo.* Órgãos aos quais serão notificados compulsoriamente os casos de violência contra a mulher. O Ministério da Saúde coordenará plano estratégico de ação para a instalação dos serviços de referência sentinela, inicialmente em Municípios que demonstrem possuir capacidade de gestão e que preencham critérios epidemiológicos definidos pelo referido ministério. Tais serviços serão acompanhados mediante processo de monitoramento e avaliação, que definirá a possibilidade de expansão para todas as unidades e serviços de saúde, no prazo de um ano.

SERVIÇOS DE SAÚDE. *Direito do consumidor.* **1.** Estabelecimentos de saúde destinados a prestar assistência à população na promoção da saúde, na recuperação e na reabilitação de doentes, no âmbito hospitalar, ambulatorial e domiciliar. **2.** Estabelecimentos destinados ao desenvolvimento de ações de atenção à saúde da população, em regime de internação ou não, incluindo atenção realizada em consultórios e domicílios.

SERVIÇOS ESPECIAIS. 1. *Direito comercial.* Aqueles que correspondem ao transporte rodoviário interestadual e internacional de passageiros em circuito fechado, no regime de fretamento, e ao internacional em período de temporada turística, sendo delegados mediante autorização. **2.** *Direito administrativo* e *direito das comunicações.* Serviços de telecomunicações que têm por finalidade o atendimento de necessidades de comunicações de interesse geral, não aberto à correspondência pública. Esses serviços são explorados mediante permissão à empresa constituída, segundo as leis brasileiras, com sede e administração no Brasil, pelo prazo de dez ou quinze anos, renovável por iguais períodos.

SERVIÇOS NOTARIAIS E DE REGISTRO. *Direito registrário.* São os de organização técnica e administrativa destinados a garantir a publicidade, autenticidade, segurança e eficácia dos atos jurídicos. Tais serviços são prestados de modo eficiente e adequado, em dias e horários estabelecidos pelo juízo competente, atendidas as peculiaridades locais, em local de fácil acesso ao público e que ofereça segurança para o arquivamento de livros e documentos.

SERVIÇO SOCIAL. 1. *Sociologia geral.* a) Atividade técnica que visa a prevenção ou a eliminação de desajustamentos pessoais e grupais, melhorando as condições sociais; b) ciência e arte que visa diminuir ou solucionar os problemas humanos, trazendo o bem-estar; c) arte de adaptar o homem à sociedade, e esta ao homem (Simone Paré). **2.** *Direito previdenciário.* Atividade que visa esclarecer os beneficiários sobre seus direitos sociais e o modo de exercê-los, procurando estabelecer uma interação entre a vida societária e a garantia previdenciária, com a participação do beneficiário não só na implementação como também no fortalecimento da política da Previdência Social, em articulação com as associações de classe (Geraldo Magela Alves). Cabe-lhe, ainda, conceder prioridade aos segurados em benefício por incapacidade temporária e atenção especial aos aposentados e pensionistas. Para assegurar o efetivo atendimento dos usuários utiliza-se de intervenção técnica, assistência de natureza jurídica, ajuda material, recursos sociais, intercâmbio com empresas e pesquisa social, inclusive mediante celebração de convênios, acordos ou contratos. E, além disso, deve considerar a universalização da Previdência Social, prestar assessoramento técnico aos Estados e municípios na elaboração e implantação de suas propostas de trabalho. **3.** *Direito administrativo.* Atividade voltada para a elevação do nível de vida da comunidade social, mediante prestação de assistência, com o escopo de mitigar a miséria, reajustar a pessoa às condições normais de existência e impedir os males sociais (Othon Sidou).

SERVIÇO SOCIAL AUTÔNOMO – AGÊNCIA BRASILEIRA DE DESENVOLVIMENTO INDUSTRIAL (ABDI). *Direito civil.* Pessoa jurídica de direito privado, sem fins lucrativos, de interesse coletivo e de utilidade pública. Compete à ABDI promover a execução de políticas de desenvolvimento industrial, especialmente as que contribuam para a geração de empregos, em consonância com as políticas de comércio exterior e de ciência e tecnologia.

SERVIÇO SOCIAL AUTÔNOMO – AGÊNCIA DE PROMOÇÃO DE EXPORTAÇÕES DO BRASIL (APEX-BRASIL). *Direito internacional privado.* Pessoa jurídica de direito privado sem fins lucrativos, de interesse coletivo e de utilidade pública, com o objetivo de promover a execução de políticas de promoção de exportações, em cooperação com o Poder Público, especialmente as que favoreçam as empresas de pequeno porte e a geração de empregos. Compete à Apex-Brasil a promoção comercial de exportações, em conformidade com as políticas nacionais de desenvolvimento, particularmente as relativas às áreas industrial, comercial, de serviços e tecnológica.

SERVIÇO SOCIAL FORENSE. *Vide* SERVIÇO SOCIAL JUDICIÁRIO.

SERVIÇO SOCIAL JUDICIÁRIO. *Direito processual penal.* É o órgão encarregado, nas varas criminais, do relatório que está contido na carta de guia, sobre a personalidade do sentenciado, seu ambiente familiar, social, seus problemas etc. (Armida B. Miotto).

SERVIÇO SOCIAL PENITENCIÁRIO. *Direito penitenciário.* Órgão que, por meio do assistente social, tem por fim mitigar os problemas pessoais ou comunitários que houver dentro das prisões, envolvendo os condenados e suas famílias, as vítimas e suas famílias, e providenciar a pesquisa social, se não houver serviço social judiciário ou forense, munido da carta de guia e de auto de exame médico-legal ou psiquiátrico (Armida B. Miotto).

SERVIÇOS PERIGOSOS OU INSALUBRES (INDEPENDENTE DO USO DE EQUIPAMENTOS DE PROTEÇÃO INDIVIDUAL). *Direito do trabalho.* São eles: afiação de instrumentos metálicos em rebolo ou esmeril; operações, manutenção e limpeza de máquinas, equipamentos e motores; construção civil ou pesada; cantarias, preparação de cascalho; trabalho na lixa das fábricas de chapéu e feltro; atividades de jateamento em geral; trabalho com minerais em geral, inclusive douração, prateação, niquelação; operações de materiais recicláveis para fabricação de papéis; preparação de plumas e crinas; utilização de instrumentos perfurocortantes; produção e industrialização de fumo; fundições em geral; beneficiamento e industrialização do sisal; tecelagem, exceto a manual; coleta, seleção e beneficiamento de lixo; atividades com exposição a agrotóxico; extração e beneficiamento de mármores e granitos; lavagem e lubrificação de veículos automotores; atividades com exposição a ruído contínuo ou intermitente, acima dos limites de tolerância estabelecidos em norma sobre atividades e operações insalubres; atividades com exposição a radiações ionizantes; atividades sob pressão hiperbárica; atividades com exposição a radiações não ionizantes (microondas, ultravioleta e *laser*); atividades com exposição a: arsênico, carvão mineral, chumbo, cromo, fósforo, hidrocarbonetos e outros compostos de carbono, mercúrio, silicatos, substâncias comprovadamente canceríge-nas, benzeno, cádmio; atividades em contato com resíduos de animais deteriorados; atividades e operações com explosivos e inflamáveis; atividades em serviços de eletricidade.

SERVIÇOS PÚBLICOS RESTRITOS. *Direito administrativo* e *direito das comunicações.* Serviços de telecomunicações, destinados ao uso dos passageiros de navios, aeronaves, veículos em movimento ou ao uso público em localidades ainda não atendidas por serviço público de telecomunicações. Esses serviços são explorados mediante permissão a empresa constituída, segundo leis brasileiras, com sede e administração no Brasil, pelo prazo de quinze anos, renovável por igual período.

SERVIÇO TÉCNICO. *Direito do trabalho.* Aquele dependente de conhecimento especializado, científico ou artístico, de profissionais devidamente habilitados.

SERVIÇO TÉCNICO-PROFISSIONAL. *Direito administrativo.* É o que requer habilitação legal para sua execução, ou seja, registro profissional nas repartições administrativas competentes e diploma de nível superior oficialmente reconhecido pela lei. O serviço, portanto, só pode ser prestado por profissional habilitado. Por exemplo, os trabalhos de engenharia, de mecânica etc.

SERVIÇO TÉCNICO-PROFISSIONAL ESPECIALIZADO. *Direito administrativo.* Aquele que, além da habilitação legal, requer grande especialização e profundo conhecimento do técnico, independendo de licitação, mas poderá, por exemplo, no caso de projetos, ser realizado um concurso mediante estipulação de prêmios.

SERVIÇO TELEFÔNICO FIXO COMUTADO (STFC). *Direito das comunicações.* É o serviço de telecomunicações que, por meio de transmissão de voz e de outros sinais, destina-se à comunicação entre pontos fixos determinados, utilizando processos de telefonia, permitindo, inclusive, acesso a redes de longa distância.

SERVIÇO TURÍSTICO. *Direito comercial.* Atividade remunerada exercida por agência de turismo, registrada na Embratur, para incentivo e promoção do deslocamento temporário da pessoa física, individualmente ou em grupo, de sua habitual residência para outro local do seu país ou para o exterior, para fins recreativos, culturais, sociopolíticos, religiosos, industriais, comerciais ou econômicos, servindo de guia, intérprete; prestando informações a viajantes;

providenciando acomodações em hotéis; estabelecendo roteiro de viagens e passeios etc.

SERVIÇO *UTI SINGULI*. *Direito administrativo.* Serviço público que pode ser mensurado conforme sua utilização pelo administrado, como o serviço de água e de energia elétrica domiciliar (R. Reis Friede).

SERVIÇO *UTI UNIVERSI*. *Direito administrativo.* Aquele serviço público que serve a coletividade como um todo, não podendo um administrador reclamá-lo somente para si. Por exemplo, serviço de iluminação pública (R. Reis Friede).

SERVIÇO VETERINÁRIO OFICIAL. *Direito agrário.* É o serviço de defesa sanitária animal no âmbito federal, estadual e municipal.

SERVIÇO VITALÍCIO. *Direito administrativo.* Aquele serviço público desempenhado por funcionário que só perde o cargo em razão de aposentadoria compulsória, limite de idade, invalidez comprovada, exoneração a pedido seu, sentença transitada em julgado (José Cretella Jr.).

SERVIÇO VOLUNTÁRIO. *Direito civil.* É a atividade não remunerada, prestada por pessoa física a entidade pública de qualquer natureza, ou a instituição privada de fins não lucrativos, que tenha objetivos cívicos, culturais, educacionais, científicos, recreativos ou de assistência social, inclusive mutualidade. O serviço voluntário não gera vínculo empregatício, nem obrigação de natureza trabalhista, previdenciária ou afim e é exercido mediante a celebração de termo de adesão entre a entidade, pública ou privada, e o prestador do serviço voluntário, dele devendo constar o objeto e as condições de seu exercício. O prestador do serviço voluntário pode ser ressarcido pelas despesas que comprovadamente realizar no desempenho das atividades voluntárias. As despesas a serem ressarcidas deverão estar expressamente autorizadas pela entidade a que for prestado o serviço voluntário.

SERVIÇO VOTADO. *Direito financeiro.* Aquele autorizado orçamentariamente, podendo ser, por esse motivo, executado pelo Poder Público (De Plácido e Silva).

SERVIDÃO. 1. *História do direito.* a) Escravidão; b) condição de servo daquele que, no feudalismo, prestava serviços gratuitos ao senhor feudal. **2.** *Sociologia geral* e *sociologia jurídica.* a) Relação de dependência pessoal e econômica entre os membros pertencentes a uma camada social inferior e os da superior, por prestarem determinados serviços definidos juridicamente; b) subordinação; c) obrigação a que estão sujeitas coisas e pessoas (De Plácido e Silva). **3.** *Direito civil.* Direito real de fruição de coisa imóvel alheia, limitado e imediato, que impõe um encargo ao prédio serviente em proveito do dominante.

SERVIDÃO ACESSÓRIA. *Direito civil.* Extensão da servidão em si mesma, para que ela possa ser exercida pelo proprietário do prédio dominante. Por exemplo, a servidão de passagem é acessória à do aqueduto (Cunha Gonçalves e J. Motta Maia). Vedada está no direito brasileiro, pois este impede que se grave o encargo do prédio serviente. O exercício da servidão deve limitar-se ao que for necessário ao destino e ao uso conveniente do prédio dominante, sem dano ao serviente.

SERVIDÃO ADMINISTRATIVA. *Direito administrativo.* **1.** Direito real de gozo, de natureza pública, instituído sobre imóvel de propriedade alheia, com base em lei, por entidade pública ou por seus delegados, em favor de um serviço público ou de um bem afetado a um fim de utilidade pública (Maria Sylvia Zanella Di Pietro). **2.** Ônus real pelo qual a propriedade é afetada por lei ou por injunção específica da Administração, decorrente de seu *jus imperii*, impondo um *pati*, isto é, uma obrigação de suportar, em prol da utilidade pública, proporcionando um desfrute direto, parcial, do próprio bem (singularmente fruível pela Administração ou pela coletividade em geral). A servidão administrativa é indenizável sempre que implicar real declínio da expressão econômica do bem ou subtrair de seu titular a fruição de alguma utilidade. Por exemplo, passagem de fios elétricos e de aquedutos sobre imóveis particulares; instalação de placas indicativas de ruas nos imóveis particulares; trânsito sobre bens privados; tombamento de bens em favor do Patrimônio Histórico (Celso Antônio Bandeira de Mello). **3.** É a imposta pelo Poder Público para onerar propriedade particular (prédio serviente) em proveito do interesse coletivo (Othon Sidou e José Cretella Jr.). **4.** Ônus real de uso, imposto pela Administração à propriedade particular, para assegurar a realização e conservação de obras e serviços públicos ou de utilidade pública, mediante indenização dos prejuízos efetivamente suportados pelo proprietário (Hely Lopes Meirelles).

SERVIDÃO AÉREA. *Direito civil* e *direito aeronáutico*. Proibição que recai sobre prédios vizinhos a aeroportos ou bases aéreas de construírem acima de determinada altura, para não criarem obstáculo a decolagens e aterrissagens dos aviões.

SERVIDÃO AFIRMATIVA. *Direito civil*. Servidão positiva que se exerce ante a realização de uma ação ou no uso da propriedade serviente pela dominante, como, por exemplo, a servidão de passagem etc. O prédio dominante tem direito a uma utilidade do serviente, por isso seu proprietário pode praticar neste os atos necessários a esse fim.

SERVIDÃO *ALTIUS NON TOLLENDI*. *Direito civil*. Aquela que proíbe o proprietário de um imóvel de nele efetuar construção além de certa altura.

SERVIDÃO *ALTIUS TOLLENDI*. *Direito civil*. Aquela que permite ao proprietário do imóvel construir prédio com a altura que quiser, sem oposição do dono do imóvel contíguo.

SERVIDÃO AMBIENTAL. *Direito ambiental*. Mediante anuência do órgão ambiental competente, o proprietário rural pode instituir servidão ambiental, pela qual voluntariamente renuncia em caráter permanente ou temporário, total ou parcialmente, a direito de uso, exploração ou supressão de recursos naturais existentes na propriedade. Essa servidão não é aplicável às áreas de preservação permanente e de reserva legal. A limitação ao uso ou exploração da vegetação da área sob servidão instituída em relação aos recursos florestais deve ser, no mínimo, a mesma estabelecida para a reserva legal. A servidão ambiental deve ser averbada no registro de imóveis competente. Na hipótese de compensação de reserva legal, a servidão deve ser averbada na matrícula de todos os imóveis envolvidos. Não se pode, durante o prazo de vigência da servidão ambiental, alterar a destinação da área, nos casos de transmissão do imóvel a qualquer título, de desmembramento ou de retificação dos limites da propriedade.

SERVIDÃO APARENTE. *Direito civil*. É a que se mostra por obra ou sinal exterior que seja visível e permanente. Por exemplo, a servidão de aqueduto.

SERVIDÃO *AQUAE HAUSTUS*. *Direito civil*. Servidão de tirar água do prédio vizinho, onde há poço, fonte ou rio particular.

SERVIDÃO ATIVA. *Direito civil*. Consiste no direito do dono do prédio dominante. Também designada servidão afirmativa.

SERVIDÃO *CIVILITER MODO*. *Direito civil*. Obrigação que tem o proprietário do prédio dominante de evitar qualquer agravo ao encargo do prédio serviente, uma vez que a servidão deve ater-se às necessidades do prédio dominante. Logo, constituída para tal uso, não poderá a servidão ser ampliada para usos diferentes.

SERVIDÃO CONTÍNUA. *Direito civil*. Aquela que subsiste e se exerce independentemente de ato humano direto, embora seu exercício possa interromper-se. Por exemplo, servidão de passagem de água, de energia elétrica, de iluminação ou ventilação.

SERVIDÃO CONVENCIONAL. *Direito civil*. É a que resulta da vontade das partes, exteriorizada em contratos e testamentos (Orlando Gomes).

SERVIDÃO DE ACESSO COATIVO. *Direito civil*. Aquela que gera a obrigação para o dono de um imóvel de consentir a entrada do proprietário do prédio vizinho, para usá-lo temporariamente, quando isso for indispensável à reparação, limpeza de esgotos, goteiras etc., construção ou reconstrução de sua casa, tendo direito de ser indenizado por qualquer prejuízo que houver.

SERVIDÃO DE ÁGUA. *Direito civil*. Aquela em que o prédio dominante aproveita ou usa águas advindas do serviente, podendo canalizá-las, por exemplo.

SERVIDÃO DE ÁGUA E LUZ. *Direito civil*. Aquela em que o dono do prédio serviente não pode impedir, ao efetuar uma construção, que a água e a luz cheguem ao imóvel dominante.

SERVIDÃO DE ÁGUAS ALHEIAS. *Vide* SERVIDÃO *AQUAE HAUSTUS*.

SERVIDÃO DE ÁGUAS PLUVIAIS. *Direito civil*. Direito de receber e usar águas de chuva, desde que não as desperdice, prejudicando outro prédio que delas possa se aproveitar, ou que não as desvie do seu curso natural, dando-lhes outro, sem anuência expressa do proprietário do prédio que as irá receber.

SERVIDÃO DE ÁGUAS SUPÉRFLUAS. *Direito civil*. É a do dono do prédio inferior para onde correm as águas brotadas em outro, que, então, delas pode usar, e, inclusive, impedir que sejam desviadas.

SERVIDÃO DE AQUEDUTO. *Direito civil*. Condução e canalização de água através de prédio rústico alheio, desde que subterrânea, em se tratando de chácara, sítio, quintal, pátio, horta ou jardim, para facilitar não só a exploração agrícola e industrial (irrigação da terra, movimentação de moinhos, engenhos etc.), mas também para atender às primeiras necessidades vitais, para permitir o escoamento de águas superabundantes e possibilitar o enxugo ou beneficiamento de terrenos. É autorizada por lei a quem quer que seja, mediante prévia indenização dos proprietários que vierem a sofrer algum prejuízo.

SERVIDÃO DE AR E LUZ. *Direito civil.* Aquela que impõe ao dono do prédio serviente o dever de não impedir, em construção, a penetração de ar e luz em imóvel vizinho, que é o dominante. Para tanto deve abrir frestas, óculos, gateiras ou fendas.

SERVIDÃO DE BEBEDOURO. *Direito civil.* É a que permite a condução de gado ao poço ou fonte do vizinho, para beber.

SERVIDÃO DE COMPÁSCUO. *Direito civil.* Servidão recíproca em que há utilização comum de campos ou terrenos de qualquer espécie para pastagem de gado pertencente a proprietários diferentes.

SERVIDÃO DE ESCALAGEM. *Direito civil.* Direito que tem o dono de prédio contíguo de colocar em propriedade alheia escada ou andaime imprescindível para a efetivação de reparos de seu prédio ou construção de sua casa.

SERVIDÃO DE ESCOAMENTO. *Direito civil.* Dever do proprietário do prédio serviente de receber águas servidas que advierem de outro prédio, abrangendo a servidão de estilicídio, de águas pluviais e de águas supérfluas.

SERVIDÃO DE ESCOAR ÁGUA. *Vide* SERVIDÃO DE ESCOAMENTO.

SERVIDÃO DE ESTILICÍDIO. *Direito civil.* Servidão incluída na classe das servidões de escoamento, que consiste no direito de escoar água de seu telhado, por meio de goteiras, calhas, canos ou tubos, para o prédio vizinho.

SERVIDÃO DE LUZ. *Direito civil.* É a de não criar obstáculo à entrada de luz natural no prédio dominante ou à abertura de janelas na própria parede ou na do vizinho para obtenção de luz.

SERVIDÃO DE MADEIRAR. *Direito civil.* Direito de colocar, ao efetuar uma edificação, madeiramento ou traves na parede divisória do prédio vizinho.

SERVIDÃO DE *ONERIS FERENDI*. *Direito civil.* É a que garante ao dono do prédio contíguo a utilização de até meia espessura da parede divisória do confinante, ou seja, apoiar sua edificação nas paredes, muro ou qualquer parte do prédio vizinho, mediante condições preestabelecidas.

SERVIDÃO DE PANORAMA. *Direito civil.* É a constituída, por convenção, em favor de prédio mais alto, conservando a vista. *Vide* LOCAÇÃO DE ESPAÇO DESTINADO À PUBLICIDADE (*OUT-DOOR*).

SERVIDÃO DE PASSAGEM. *Direito civil.* Servidão de trânsito, ou itinerária, que permite passagem por propriedade vizinha.

SERVIDÃO DE PASTAGEM. *Direito civil.* Direito que tem o proprietário de animais do prédio dominante de apascentá-los em pasto do prédio serviente.

SERVIDÃO DE PASTO. *Vide* SERVIDÃO DE PASTAGEM.

SERVIDÃO DE PROSPECTO. *Vide* SERVIDÃO DE PANORAMA.

SERVIDÃO DESCONTÍNUA. *Direito civil.* Aquela que requer ação humana para o seu exercício e funcionamento. Por exemplo, a de trânsito; a de tirar água de prédio alheio, que se realiza pela circunstância de ir alguém à fonte, rio, poço ou lago para trazê-la; a de pastagem (Caio Mário da Silva Pereira).

SERVIDÃO DE TIRAR ÁGUA. *Vide* SERVIDÃO *AQUAE HAUSTUS.*

SERVIDÃO DE TRÂNSITO. *Vide* SERVIDÃO DE PASSAGEM.

SERVIDÃO DE VISTA. *Direito civil.* É o dever que tem o dono do prédio serviente de não retirar a vista do proprietário do dominante ao edificar ou plantar em seu terreno. Por essa servidão o dono do prédio dominante tem garantido o direito de ver o panorama, ou melhor, de gozar de vista ou da janela ou do terraço de sua casa.

SERVIDÃO FLORESTAL. *Direito ambiental* e *direito registrário.* Ato pelo qual o proprietário rural renuncia, temporária ou permanentemente, aos direitos de supressão ou exploração da vegetação nativa, localizada fora da reserva legal e da área com vegetação de preservação permanente, averbando-o à margem da inscrição de matrícula do imóvel, no registro de imóveis competente, após anuência do órgão ambiental estadual, sendo vedada, durante o prazo de sua vigência, a alteração da destinação da área, nos casos de transmissão, a qualquer título, de desmembramento ou de retificação dos limites da propriedade.

SERVIDÃO FLUMINIS RECIPIENDI. *Direito civil.* *Vide* SERVIDÃO DE ÁGUAS PLUVIAIS.

SERVIDÃO INDEFINIDA. *Vide* SERVIDÃO PERPÉTUA.

SERVIDÃO INTERNACIONAL. *Direito internacional público.* Conjunto de direitos que um país, em virtude de convenção ou tratado, pode, em seu benefício, exercer no território de outro. Por exemplo, de servidão de passagem de aviões sobre território alienígena, ou de estabelecer bases militares em território de outra nação, ou, ainda, o de pescar em mar territorial de outro Estado.

SERVIDÃO ITINERÁRIA. *Vide* SERVIDÃO DE PASSAGEM.

SERVIDÃO LEGAL. *Direito civil.* Aquela que advém de imposição legal (por exemplo, a de passagem forçada); por isso é restrição à propriedade, similar à servidão, que constitui, na verdade, limitação legal ao direito de vizinhança, para dirimir contendas entre vizinhos.

SERVIDÃO LUMINIS. *Vide* SERVIDÃO DE LUZ.

SERVIDÃO NÃO APARENTE. *Direito civil.* Aquela que não se revela externamente, por exemplo, a servidão *altius non tollendi*, ou seja, a de não construir além de certa altura; a de caminho (*servitus itineris*), que consiste, meramente, no transitar por prédio alheio.

SERVIDÃO NATURAL. *Direito civil.* É a que deriva da situação dos prédios. Por exemplo, a que se verifica em relação ao escoamento das águas.

SERVIDÃO NEGATIVA. *Direito civil.* Aquela em que o proprietário do prédio serviente deve abster-se de certo ato ou renunciar um direito que poderia exercer no prédio se não houvesse servidão. Por exemplo, a de não edificar em determinado local ou acima de certa altura; a de não abrir janelas etc.

SERVIDÃO NE LUMINIBUS OFFICIATUR. *Direito civil.* *Vide* SERVIDÃO DE LUZ.

SERVIDÃO NE PROSPECTI OFFICIATUR. *Vide* SERVIDÃO DE VISTA.

SERVIDÃO NON AEDIFICANDI. *Direito civil.* Aquela em que, por convenção, o proprietário do prédio serviente está impedido de efetuar alguma construção em benefício do prédio dominante.

SERVIDÃO NON ALTIUS TOLLENDI. *Vide* SERVIDÃO *ALTIUS NON TOLLENDI.*

SERVIDÃO PASSIVA. *Direito civil.* **1.** *Vide* SERVIDÃO NEGATIVA. **2.** Consiste no encargo do prédio serviente.

SERVIDÃO PECORIS AD AQUAM AS PUBUS. *Direito civil.* É a de condução de gado ao poço vizinho.

SERVIDÃO PENAL. *História do direito.* Regime penitenciário inglês que pretendia recuperar o condenado por meio de trabalhos forçados em obras públicas, assinalando sua produtividade com pontos (*marks*), para estimulá-lo a passar à classe seguinte até conquistar o livramento condicional.

SERVIDÃO PERPÉTUA. *Direito civil.* Aquela que perdura, por ter prazo indefinido, enquanto existirem os prédios vinculados e as razões contratuais ou legais que a impuseram, sendo irresgatável sem o consenso do dono do prédio dominante; mas pode extinguir-se se ocorrer uma das causas legais: confusão, supressão de obras na servidão aparente e desuso por dez anos contínuos, desde que haja cancelamento do ônus real no Registro Imobiliário pelo dono do prédio serviente, mediante apresentação da prova de sua causa extintiva.

SERVIDÃO PESSOAL. *Direito romano.* Direito sobre móvel ou imóvel em favor de uma pessoa e não de um prédio, que corresponde, hodiernamente, ao uso, habitação e usufruto.

SERVIDÃO POR DESTINO. *Direito civil.* Situação de dois imóveis que pertencem a um só proprietário, pois se vários fossem os donos daria origem a uma servidão. Por exemplo, a venda a terceiro de um trecho de terra encravado em outro iria requerer a instituição de servidão em favor do prédio que continuasse no patrimônio do antigo dono.

SERVIDÃO POSITIVA. *Direito civil.* **1.** Aquela em que o proprietário do prédio dominante tem direito a uma utilidade do serviente, podendo praticar neste os atos necessários a esse fim. Por exemplo, a de passagem pelo prédio serviente e a de tirada de água. **2.** *Vide* SERVIDÃO AFIRMATIVA.

SERVIDÃO PREDIAL. *Direito civil.* Direito real de gozo sobre imóveis que, em virtude de lei ou pela vontade das partes, se impõe sobre o prédio serviente em benefício do dominante. Daí a necessidade dos seguintes requisitos apontados por Orlando Gomes para sua configuração: a) existência de um encargo, que pode consistir em uma obrigação de tolerar certo ato ou de não praticar algo, por parte do possuidor do prédio serviente; porém tal ônus é imposto ao prédio e não à sua pessoa; b) incidência de encargo em um prédio em benefício de outro; c) a propriedade desses prédios deve ser de pessoas diversas. A servidão predial, portanto, decorre de lei ou de convenção, consistindo em encargo que um prédio sofre em favor de outro, para o melhor aproveitamento ou utilização do prédio beneficiado (Caio Mário da Silva Pereira e Ruggiero e Maroi).

SERVIDÃO PREDIAL APARENTE. *Vide* SERVIDÃO APARENTE.

SERVIDÃO PREDIAL ATIVA. *Vide* SERVIDÃO ATIVA.

SERVIDÃO PREDIAL CONTÍNUA. *Vide* SERVIDÃO CONTÍNUA.

SERVIDÃO PREDIAL DESCONTÍNUA. *Vide* SERVIDÃO DESCONTÍNUA.

SERVIDÃO PREDIAL LEGAL. *Vide* SERVIDÃO LEGAL.

SERVIDÃO PREDIAL NÃO APARENTE. *Vide* SERVIDÃO NÃO APARENTE.

SERVIDÃO PREDIAL NATURAL. *Vide* SERVIDÃO NATURAL.

SERVIDÃO PREDIAL NEGATIVA. *Vide* SERVIDÃO NEGATIVA.

SERVIDÃO PREDIAL PASSIVA. *Vide* SERVIDÃO PASSIVA.

SERVIDÃO PREDIAL POSITIVA. *Vide* SERVIDÃO POSITIVA.

SERVIDÃO PREDIAL RÚSTICA. *Direito civil.* É a que se refere a prédios rústicos, tendo em vista uma finalidade agropecuária em benefício do solo. Como exemplo temos: a de tirar água do prédio vizinho, onde há poço, fonte ou rio particular; a de condução de gado ao poço vizinho; a de pastagem; a de aqueduto; a de caçar em propriedade alheia; a de cozer cal; a de tirar areia; a de extrair pedra etc. (Clóvis Beviláqua e Washington de Barros Monteiro).

SERVIDÃO PREDIAL URBANA. *Direito civil.* **1.** É a constituída para a utilidade de prédios edificados (Orlando Gomes). **2.** É a concernente aos prédios urbanos, como a de: escoar água do telhado por meio de goteiras, calhas, canos ou tubos para o prédio vizinho; não criar obstáculo à entrada de luz no prédio dominante; meter trave na parede do vizinho; abrir janelas na própria parede ou na do vizinho para obtenção de luz; apoiar sua edificação nas paredes, muro ou qualquer parte do prédio confinante, mediante condições estabelecidas; gozar de vista ou da janela ou do terraço de sua casa; não

construir prédio além de certa altura (Clóvis Beviláqua e Washington de Barros Monteiro).

SERVIDÃO PRESCRICIONAL. *Direito civil.* É a formada pelo decurso de um lapso temporal, ou a que resulta da prescrição de uma pretensão que veio assegurar ao prédio dominante o direito de usá-la, impedindo que o proprietário do serviente possa vir a juízo para opor-se.

SERVIDÃO PRINCIPAL. *Direito civil.* Aquela que, apesar de ser a mais importante, requer para seu exercício a existência de outra, que é a acessória. Por exemplo, a servidão de tirar água do prédio serviente em favor do prédio dominante necessita da de passagem pelo prédio serviente.

SERVIDÃO PÚBLICA. *Direito administrativo.* Encargo imposto por lei, ou com fundamento nela, sobre certo prédio, em proveito da utilidade pública de uma coisa (Paulo Matos Peixoto).

SERVIDÃO REAL. *Direito civil.* Aquela que serve a coisa.

SERVIDÃO RURAL. *Direito civil.* Aquela que tem em vista beneficiar prédio ou solo de propriedade localizada fora do perímetro urbano.

SERVIDÃO RÚSTICA. *Vide* SERVIDÃO PREDIAL RÚSTICA.

SERVIDÃO *SILVAE CAEDENDAE.* *Direito civil.* Servidão rústica que consiste no direito de caçar em propriedade alheia.

SERVIDÃO *STILLICIDII VEL FLUMINIS RECIPIENDI.* *Direito civil.* *Vide* SERVIDÃO DE ESTILICÍDIO.

SERVIDÃO *TIGNI IMMITTENDI.* *Vide* SERVIDÃO DE MADEIRAR.

SERVIDÃO URBANA. *Vide* SERVIDÃO PREDIAL URBANA.

SERVIDÃO VOLUNTÁRIA. *Vide* SERVIDÃO CONVENCIONAL.

SERVIDIÇO. O que tem muito uso, estando por isso gasto.

SERVIDOR. *Direito do trabalho.* **1.** Aquele que serve outrem, prestando serviços. **2.** Servente. **3.** Empregado doméstico. **4.** Empregado de empresa.

SERVIDOR AUTÁRQUICO. *Direito administrativo.* Aquele que exerce atividades técnicas ou administrativas em autarquias.

SERVIDOR DE APLICATIVOS. *Informática.* Potente computador central que guarda arquivos, gerencia seu tráfego e mantém os *softwares* disponíveis na rede.

SERVIDOR DE HIDRANTE. *Direito aéreo.* Veículo autopropelido contendo módulo de abastecimento constituído de carretel de mangueira, sistema de filtragem, medição e controles, destinado a transferir combustível do hidrante para a aeronave.

SERVIDOR PÚBLICO. *Direito administrativo.* **1.** Aquele que, oficialmente, exerce cargo ou função pública por ter sido aprovado em concurso público. **2.** Aquele que entretém, com o Estado e entidades de sua Administração indireta ou fundacional, relação de trabalho de natureza profissional e caráter não eventual, sob vínculo de dependência. Enfim, é todo aquele que mantém vínculo de trabalho profissional com as entidades governamentais, integrado em cargo ou emprego de quaisquer delas: União, Estado, Distrito Federal, Município e respectivas autarquias, agências reguladoras, empresas públicas, sociedades de economia mista ou fundações públicas (Celso Antônio Bandeira de Mello). **3.** Aquele que presta serviço à Administração Pública direta ou indireta.

SERVIDOR PÚBLICO CIVIL. *Direito administrativo.* **1.** Aquele que presta serviço em repartição pública federal, estadual ou municipal. **2.** Servidor público da Administração direta, da autarquia, da agência reguladora e da fundação pública, ocupante de cargo público (Celso Antônio Bandeira de Mello).

SERVIDOR PÚBLICO MILITAR. *Direito militar.* **1.** Membro das Forças Armadas, da polícia militar e do corpo de bombeiros militares. **2.** O que presta serviço militar por força de convocação ou incorporação voluntária.

SERVIENTE. *Direito civil.* É o prédio sobre o qual recai o ônus real da servidão, em benefício do prédio dominante.

SERVIENT-TENEMENT. *Locução inglesa.* Prédio serviente.

SERVIL. 1. Que diz respeito a servo. **2.** Torpe. **3.** Que segue, com rigor, o modelo.

SERVILISMO. 1. Teoria que preconiza o sistema baseado em servidão. **2.** Falta de originalidade. **3.** Imitação de um modelo. **4.** Submissão. **5.** Estado ou caráter do que é servil.

SERVIOLA. *Direito marítimo.* Cada peça usada para içar ou desviar âncora do navio.

SERVIR. 1. Ter serventia; ser útil; auxiliar. **2.** Prestar serviços. **3.** Estar a serviço. **4.** Trabalhar. **5.** Utilizar-se. **6.** Empregar. **7.** Ser apto. **8.** Ser causa.

SERVIR DE LIÇÃO. Servir de correção ou emenda.

SERVIR O BENEFÍCIO FEITO. Fazer boas obras a quem se deve um favor.

SERVIR O ESTADO. *Direito administrativo.* Exercer um cargo público.

SERVITUS. *Termo latino.* Escravidão.

SERVITUS ITINERIS. *Locução latina.* Servidão de passagem.

SERVÍVEL. Apto a prestar serviço.

SERVO. 1. *História do direito.* a) Aquele que, no feudalismo, prestava serviços gratuitos ao seu senhor; b) escravo. **2.** Na *linguagem jurídica* em geral: a) empregado doméstico; serviçal; b) quem presta serviços; c) aquele que não tem a livre disposição de sua pessoa e de seus bens.

SERVO DA GLEBA. *História do direito.* Aquela pessoa que, em regime de semiliberdade, na era medieval, estava vinculada à gleba ou terra em que nasceu, seguindo a condição desta se ela fosse alienada ou transmitida por herança, e devia, ainda, prestar serviços, gratuitamente, ao senhor feudal.

SERVO DA PENA. *História do direito.* Condenado que, no regime de servidão penal, cumpria a pena executando trabalhos forçados em obras públicas, beneficiando a Administração Pública.

SERVO DA POSSE. *Direito civil.* Fâmulo da posse; aquele que detém, em nome do legítimo possuidor, coisa alheia.

SERVUS LEGIS. *Locução latina.* Servidor da lei; juiz.

SERVUS POENAE. *Locução latina.* **1.** Escravo da pena. **2.** Aquele que se tornava escravo sem senhor em razão de condenação a trabalhos forçados, perdendo a liberdade.

SERVUS TERRAE. *Locução latina.* **1.** Escravo da terra. **2.** Colono que, na antigüidade romana, ficava vinculado à terra para cultivá-la, não podendo abandoná-la.

SESMA. *História do direito.* A sexta parte de alguma coisa.

SESMAR. *História do direito.* Dividir a terra em sesmas.

SESMARIA. *História do direito.* **1.** Terra dividida em frações de sextos (Tavares Lima). **2.** Pagamento de uma pensão correspondente à sexta parte dos frutos colhidos (Leôncio Basbaum).

3. Terra devoluta que era entregue ou doada ao sesmeiro pelo rei de Portugal para que a cultivasse. **4.** Antiga medida agrária para superfícies de campos de criação.

SESMARIAL. *História do direito.* Relativo à sesmaria.

SESMEIRO. *História do direito.* **1.** Aquele que era designado pelo rei para dividir e distribuir terras em sesmarias. **2.** Magistrado municipal, eleito pelo Conselho, encarregado de dar terras de sesmaria e fiscalizar a execução da lei (Alexandre Herculano e Telga de Araújo). **3.** Aquele que recebia sesmaria para cultivá-la; donatário de sesmaria.

SESMO. *História do direito.* Local onde há sesmaria.

SESQUIPLÁRIO. *Direito romano.* Soldado romano que recebia uma ração e meia.

SESSÃO. 1. *Direito processual.* Audiência em tribunal quando reunidos os magistrados para efetuar o julgamento. **2.** Na *linguagem jurídica* em geral: a) período em que, anualmente, um corpo deliberativo realiza sua reunião; b) assembléia ou reunião de uma associação ou entidade, sociedade simples, sociedade empresária; c) tempo de funcionamento de uma reunião assemblear; d) período de tempo destinado a uma consulta, trabalho, atividade ou exercício; e) cada espetáculo, representado no teatro ou cinema, que venha a repetir, no mesmo dia, determinado programa; f) período de tempo em que os parlamentares se reúnem para deliberação.

SESSÃO CONJUNTA. *Ciência política.* **1.** Reunião feita por dois ou mais órgãos para deliberar questão de interesse comum. **2.** Reunião das duas Casas do Congresso Nacional para, sob a presidência da mesa do Senado, inaugurar a sessão legislativa anual; elaborar o regimento comum e regular a criação de serviços comuns às duas Casas; receber o compromisso do presidente e do vice-presidente da República e conhecer do veto e sobre ele deliberar.

SESSÃO DE ENCERRAMENTO. *Ciência política.* Reunião em que se finalizam os trabalhos do Congresso ou de uma Assembléia Legislativa cumpridos durante certo lapso temporal em várias sessões.

SESSÃO DE INSTALAÇÃO. *Ciência política.* Primeira sessão de uma legislatura, que dá início aos trabalhos do Congresso ou de uma Assembléia Legislativa.

SESSÃO EXTRAORDINÁRIA. *Direito civil* e *direito comercial.* É aquela realizada em data não estipulada no estatuto social, por meio de convocação especial dos interessados feita pelo órgão administrativo da instituição ou por quem de direito, para deliberar sobre assunto urgente.

SESSÃO LEGAL. É aquela que, por se realizar conforme a norma jurídica, apresenta decisão válida.

SESSÃO LEGISLATIVA. *Ciência política.* **1.** Período temporal em que o órgão legislativo permanece reunido. **2.** Reunião anual do Congresso Nacional, que se dá em dois períodos: de 15 de fevereiro a 30 de junho e de 1º de agosto a 15 de dezembro.

SESSÃO ORDINÁRIA. *Direito civil* e *direito comercial.* Reunião que se dá nos períodos ou datas estipulados no estatuto social ou no regimento da instituição para tratar de assunto relativo à entidade.

SESSÃO PLENA. *Direito processual.* Sessão a que se convocam todos os membros de um tribunal, de uma assembléia ou de qualquer órgão colegiado para discutir assunto relevante.

SESSÃO PLENÁRIA. *Vide* SESSÃO PLENA.

SESSÃO PREPARATÓRIA. 1. *Ciência política* e *direito constitucional.* Reunião de cada uma das Casas do Congresso Nacional, a partir de 1º de fevereiro, no primeiro ano da legislatura, para a posse de seus membros e eleição das respectivas mesas, que terão mandato de dois anos, vedada a recondução para o mesmo cargo na eleição imediatamente subseqüente. **2.** *Direito civil.* Reunião ocasional reservada para preparar certos eventos de associações ou entidades políticas, como estruturar congressos, conferências etc. (Luiz Bispo). **3.** *Direito eleitoral.* Reunião feita pelos juízes eleitorais para reunir mesários com o escopo de instruí-los.

SESSÃO PÚBLICA. Sessão a que têm acesso mesmo aqueles que não são membros integrantes do órgão que a está promovendo.

SESSÃO SECRETA. Sessão a cujos trabalhos não é permitida a presença de quem não pertence ao órgão que a promove.

SÉSSEGA. *História do direito.* Local onde se erguia uma construção.

SESSENE. *História do direito.* Antiga moeda castelhana.

SESSIONAR. Reunir-se em sessão deliberativa de um órgão colegiado.

SESTA. Tempo de descanso após o almoço.

SESTEAR. 1. *Direito agrário.* Abrigar o gado, durante o verão, em local umbroso. **2.** Na *linguagem comum,* dormir a sesta.

SESTÉRCIO. *Direito romano.* Moeda de prata que equivalia, na antiga Roma, a um quarto de denário, ou seja, com peso correspondente a 0,08g.

SET. *Termo inglês.* **1.** Subdivisão de partida em determinados jogos, como, por exemplo, no tênis. **2.** Cenário de cinema e televisão.

SETA. 1. *Medicina legal.* Projétil para espingarda de ar comprimido. **2.** *Direito de trânsito.* Sinal indicativo da direção que deve ser tomada.

SETADA. *Medicina legal.* Ferimento causado por seta.

SETEIRA. 1. *Direito civil.* Fresta ou abertura longa e estreita feita em parede para permitir entrada de luz e ventilação no interior do prédio. **2.** *História do direito.* Abertura estreita nas muralhas das fortificações por onde se atiravam setas contra os inimigos.

SETEIRADO. *Direito civil.* Em que há seteiras.

SETEMESINHO. *Medicina legal.* Criança que nasceu de sete meses.

SETENA. *Medicina legal.* Febre que se manifesta de sete em sete dias.

SETENADO. 1. Na *linguagem comum,* período de sete anos. **2.** *História do direito.* Governo que, em 1873, foi organizado na França para ter a duração de sete anos. **3.** *Ciência política.* Termo de sete anos de um governo.

SETENALISMO. *Ciência política.* Sistema de eleger por um período de sete anos.

SETENALISTA. *Ciência política.* Adepto do setenalismo.

SETÊNIO. Período de sete anos.

SETENO. *Medicina legal.* Sétimo dia em que há crise em determinadas moléstias.

SETENVIRADO. *História do direito.* **1.** Cargo de setênviro. **2.** Governo de setênviros.

SETENVIRATO. *Vide* SETENVIRADO.

SETÊNVIRO. *História do direito.* **1.** Na antigüidade romana, era cada um dos sete sacerdotes oficiantes. **2.** Membro de um corpo governante composto de sete homens.

SETOR DE PROMOÇÃO COMERCIAL (SECOM). *Direito internacional privado.* Ligado ao Consulado-Ge-

ral em Nova Iorque, tem objetivo igual ao dos demais Secoms da rede coordenada pelo Departamento de Promoção Comercial (DPC) do Ministério das Relações Exteriores, que é o de contribuir para a expansão dos negócios entre o Brasil e a área sob sua jurisdição, sobretudo em relação ao intercâmbio comercial bilateral, à captação de investimentos, à transferência de tecnologia de interesse e ao incremento do turismo para o País.

SETOURA. *Direito agrário.* Foice própria para ceifar feno ou trigo.

SETTLEMENT AGREEMENT. *Locução inglesa.* Estabelecimento de acordo entre as partes para reparar danos eventuais, em jurisdição voluntária.

SETTLEMENT NOTICE. *Locução inglesa.* Estabelecimento de regras.

SETUAGENÁRIO. Aquele que está na década entre setenta e oitenta anos incompletos.

SE TUER. *Termo francês.* Suicidar-se.

SEVA. *Direito agrário.* Ação de reduzir a mandioca a farinha.

SEVADEIRA. *Direito agrário.* **1.** Máquina apropriada para sevar mandioca. **2.** Roda própria para ralar mandioca. **3.** Trabalhadora rural encarregada da seva.

SEVAR. *Direito agrário.* Ralar a mandioca, reduzindo-a a farinha.

SEVERIDADE. 1. Austeridade. **2.** Firmeza de caráter. **3.** Exatidão. **4.** Rigor.

SEVERO. 1. Austero. **2.** Rígido. **3.** Inexorável. **4.** Intransigente. **5.** Exato. **6.** Rigoroso. **7.** Sério.

SEVICIADO. *Direito penal.* **1.** Aquele que sofreu sevícias. **2.** Torturado.

SEVICIADOR. *Direito penal.* Aquele que sevicia ou age com crueldade.

SEVICIAR. *Direito penal.* **1.** Causar sevícias. **2.** Torturar. **3.** Maltratar com sevícias.

SEVÍCIAS. 1. *Direito penal.* a) Maus-tratos físicos ou morais; b) crueldade; c) tortura física ou psíquica; d) ato desumano; e) violência. **2.** *Direito civil.* a) Ato de maltratar física ou psiquicamente o outro cônjuge, que pode dar origem às ações de separação judicial litigiosa; b) castigo imoderado imposto a filho que pode fazer com que o pai venha a perder o poder familiar.

SÉVIRO. *Direito romano.* Cada um dos seis membros de uma corporação como, por exemplo, a dos seis chefes das decúrias de cavaleiros.

SEVO. *Direito penal* e *Direito civil.* **1.** Aquele que pratica sevícias. **2.** Ato desumano ou cruel. **3.** Sanguinário.

SEXAGENÁRIO. Aquele que está na casa dos sessenta anos de idade.

SEX-APPEAL. *Locução inglesa.* Atrativo sedutor da mulher.

SEXCÚNCIA. *História do direito.* Antiga moeda espanhola.

SEXDIGITÁRIO. *Medicina legal.* Aquele que apresenta mão ou pé com seis dedos.

SEXDIGITISMO. *Medicina legal.* Anomalia em que seu portador apresenta seis dedos na mão ou no pé.

SEXENAL. O que dura seis anos.

SEXÊNIO. Período de seis anos.

SEXO. *Medicina legal.* **1.** Conjunto de caracteres estruturais e funcionais que distinguem o homem da mulher. **2.** Conjunto de pessoas que têm a mesma organização anátomo-fisiológica no que atina à geração: sexo masculino e sexo feminino. **3.** Atração sexual. **4.** Genitália; órgãos sexuais.

SEXOFILIA. *Medicina legal.* Inclinação mórbida ou irresistível pelo sexo, que pode causar perversão sexual.

SEXOFOBIA. *Medicina legal.* Aversão ao sexo.

SEXOLOGIA FORENSE. *Medicina legal.* Estudo da sexualidade humana, da conduta sexual e de suas implicações jurídicas, visando a solução de problemas médico-legais relacionados ao sexo (Hélio Gomes e Bonnet). Abrange a: a) himenologia forense, ao analisar questões médico-legais alusivas ao casamento; b) obstetrícia forense, ao se ater aos problemas médico-legais relativos à fecundação, gestação, parto, aborto, infanticídio, investigação de maternidade e de paternidade; c) erotologia forense, se se circunscrever às perversões sexuais, delitos sexuais, exposição e perigo de contágio venéreo, prostituição etc. (José Lopes Zarzuela).

SEXOLÓGICO. *Medicina legal.* O que diz respeito à sexologia.

SEXOLOGISTA. *Medicina legal.* Versado em sexologia.

SEXOPATIA. *Medicina legal.* Estudo das aberrações sexuais.

SEX SHOPPING. *Locução inglesa.* **1.** Loja sem vitrinas externas, com entrada proibida a menores, onde há objetos obscenos. **2.** Local onde se vendem e se expõem a venda objetos para a prática de atos sexuais anormais (Damásio E. de Jesus).

SEXTANTE. *Direito marítimo* e *direito aeronáutico.* Instrumento que determina a latitude e longitude de um navio ou aeronave, em movimento, pela altura do sol ou de outro astro.

SEXTO ACORDO INTERNACIONAL DO CACAU. *Direito internacional público.* Tem por objetivo: 1. promover a cooperação internacional na economia mundial do cacau; 2. fornecer uma estrutura apropriada para a discussão das questões relativas a todos os setores da referida economia; 3. contribuir para o fortalecimento das economias cacaueiras nacionais dos países-membros, em particular mediante a elaboração de projetos apropriados a serem submetidos às instituições relevantes para fins de financiamento e implementação; 4. contribuir para o desenvolvimento equilibrado da economia mundial de cacau no interesse de todos os membros, por meio de medidas apropriadas, que incluem: a) a promoção de uma economia de cacau sustentável; b) a promoção de pesquisas e a implementação de seus resultados; c) a promoção da transparência na economia mundial de cacau mediante a coleta, análise e divulgação das estatísticas relevantes e da realização de estudos apropriados; e d) a promoção e o incentivo, em estreita cooperação com o setor privado, do consumo de chocolate e de produtos derivados do cacau, com vistas a fomentar a demanda de cacau.

SEXUAL. *Medicina legal.* Relativo ao sexo.

SEXUALIDADE. *Medicina legal.* **1.** Expressão do instinto sexual; atividade sexual. **2.** Conjunto das características morfológicas, fisiológicas e psicológicas apresentadas pela pessoa, de conformidade com o sexo a que pertence.

SFI. *Direito bancário.* Sigla de Sistema de Financiamento Imobiliário.

SGS. Sigla de Sociedade de Garantia Solidária.

SHAKEDOWN. *Termo inglês.* Extorsão mediante emprego de violência.

SHAKE-UP. *Locução inglesa.* Transferência ou remoção de funcionários (EUA).

SHAM PLEADING. *Locução inglesa.* Petição inepta.

SHARE. *Termo inglês.* Ação ou quota de uma empresa.

SHARE CERTIFICATE. *Locução inglesa.* Certificado de ações.

SHAREHOLDER. *Termo inglês.* Acionista.

SHAREWARE. *Direito virtual.* **1.** *Software* pequeno e simples, distribuído como amostra gratuitamente na Internet. **2.** *Software* distribuído livremente, desde que se mantenha seu formato original, sem que se o modifique, dando crédito ao autor (Afonso Celso F. de Rezende). **3.** *Software* que deve ser licenciado após expirado o prazo inicial de utilização (Amaro Moraes e Silva Neto). **4.** *Software* que tem permissão para ser redistribuído, mas sua utilização requer pagamento de licença. Não possui código-fonte disponível, e, além disso, quaisquer modificações são impossíveis (Silmara B. Nogueira).

SHELF LIFE. *Locução inglesa.* Tempo de validade de um produto.

SHENANIGAN. *Termo inglês.* **1.** Fraude. **2.** Logro.

SHERIFF. *Vide* XERIFE.

SHIP LET ON BAREBOAT CHARTER. *Expressão inglesa.* Locação de casco nu.

SHIPPING. *Termo inglês.* **1.** Marinha mercante. **2.** Transporte marítimo.

SHIPPING-BILL. *Locução inglesa.* Relação das mercadorias embarcadas.

SHIPPING BROKER. *Locução inglesa.* Corretor de fretes que atua no transporte marítimo.

SHIRE. *Termo inglês.* **1.** Comarca. **2.** Distrito. **3.** Província. **4.** Condado.

SHOPKEEPER. *Termo inglês.* **1.** Lojista. **2.** Varejista.

SHOPLIFTING. *Termo inglês.* Furto em uma loja.

SHOPPING CENTER. *Direito comercial.* **1.** Segundo o *International Council of Shopping Centers* (ICSC), é um grupo de estabelecimentos comerciais, unificados arquitetonicamente em terreno planejado, administrado como uma unidade operacional, e oferecendo um estacionamento compatível com o número de lojas existentes no projeto. **2.** Para a Associação Brasileira de *Shopping Centers* (ABRASCE), é um centro comercial planejado sob uma administração única, composto de lojas destinadas à exploração comercial e à prestação de serviços, sujeitas a normas contratuais padronizadas, para manter o equilíbrio da oferta e da funcionalidade, assegurando a convivência integrada e pagando um valor de conformidade com o faturamento. **3.** *Vide* CONTRATO DE *SHOPPING CENTER*.

SHORT. *Termo inglês.* **1.** Pequeno filme de atualidades ou contendo documentário. **2.** Calção esportivo.

SHORT FORM BILL OF LADING. *Direito marítimo* e *direito internacional privado.* Conhecimento de embarque simplificado, por não transcrever no seu dorso todas as cláusulas contratuais, embora faça menção às leis a que se sujeita (Daniel Azúa).

SHORTHAND WRITER. *Locução inglesa.* Taquígrafo oficial em congresso e tribunal.

SHORT HEGDE. *Vide HEDGE* DE VENDA.

SHORT LEASE. *Locução inglesa.* Locação para temporada.

SHORT SELLING. *Locução inglesa.* Venda a descoberto de um valor mobiliário ou de uma posição em mercado futuro, com o escopo de aproveitar queda no preço ou proteger ganho numa posição comprada (Luiz Fernando Rudge).

SHOW. *Termo inglês.* Espetáculo contendo números variados.

SHOW-JUMPING CONTEST. *Expressão inglesa.* Concurso hípico.

SHRINK-WRAP AGREEMENT. *Direito virtual.* Contrato de licença para uso de *software*, pelo qual o usuário vincula-se às condições contratuais, abrindo o pacote que envolve o programa de computador, pois sua aceitação era tida como *tear me open* (rasgue-me para abrir) (Paulo M. R. Brancher).

SIAFI. *Direito administrativo.* Sigla de Sistema Integrado de Administração Financeira.

SIAGONAGRA. *Medicina legal.* Reumatismo na articulação da maxila inferior.

SIALADENITE. *Medicina legal.* Inflamação da glândula salivar.

SIALADENONCOSE. *Medicina legal.* Tumor em uma glândula salivar.

SIALÊMESE. *Medicina legal.* Vômito salivar, de origem histérica.

SIALÓSQUISE. *Medicina legal.* Supressão de secreção de saliva.

SIARQ/MJ. *Direito administrativo.* Sigla de Sistema de Arquivo e Controle de Documentos do Ministério da Justiça.

SIBARITA. *Medicina legal.* Pessoa propensa aos prazeres sexuais.

SIBARITISMO. *Medicina legal.* Voluptuosidade excessiva.

SIBILINO. 1. O que é de difícil compreensão. **2.** Enigmático.

SIC. 1. *Termo latino.* Assim; como está. **2.** *Direito autoral.* Usado entre parênteses, em uma citação, para indicar que o texto original está reproduzido fiel e literalmente.

SICARIATO. *Direito penal.* Assassinato praticado sob encomenda ou mediante pagamento.

SICÁRIO. 1. *Direito penal.* Assassino profissional. **2.** *História do direito.* Membro de um partido terrorista que assassinava romanos para expulsá-los da Palestina.

SICATIVO. *Medicina legal.* Remédio usado como cicatrizante de feridas.

SIC ET SIMPLICITER. *Locução latina.* Pura e simplesmente.

SIC LEX, SIC JUDEX. *Aforismo jurídico.* Assim como é a lei, será o juiz.

SIC LIBET. *Locução latina.* Se lhe convier.

SICLO. *História do direito.* **1.** Unidade antiga de peso dos babilônios, sírios, hebreus e gregos. **2.** Moeda fenícia e hebraica de prata, com o peso de um siclo.

SIC MODO. *Locução latina.* Desta maneira.

SICOFANTA. 1. *Direito penal.* Pessoa caluniadora ou difamadora. **2.** *História do direito.* a) Aquele que no século IV a.C., na Grécia antiga, dava assistência ao governo como delator, para ajudar a pátria; b) quem delatava o contrabando de figo (Marcus C. Acquaviva).

SICOFÂNTICO. *Direito penal.* Que diz respeito a sicofanta.

SICOFANTISMO. *Direito penal.* Característica de sicofanta.

SICONFAC. *Direito aeronáutico.* Sistema Integrado de Controle e Fiscalização da Aviação Civil.

SICORDA. *Direito marítimo.* Cada uma das tábuas grossas ou das chapas de ferro que constituem os lados da escotilha.

SICOSE. *Medicina legal.* Inflamação dos folículos pilosos do rosto e do pescoço, provocada por fungos ou estafilococos.

SICÓTICO. *Medicina legal.* Referente à sicose.

SIC UTERE TUO UT ALIENUM NON LAEDAS. *Aforismo jurídico.* Usa tua propriedade de maneira que não prejudiques a ninguém.

SICUT ET IN QUANTUM. *Locução latina.* Assim e enquanto.

SIDA. *Medicina legal.* Sigla de Síndrome da Imunodeficiência Adquirida. *Vide* AIDS.

SIDE-CAR. *Locução inglesa.* Carroceria lateral ligada a uma motocicleta com capacidade para transportar uma ou duas pessoas.

SIDE-LOADING. *Locução inglesa.* Contêiner apropriado para carregamento lateral de mercadorias.

SIDERAÇÃO. *Medicina legal.* Destruição da força vital provocada por raio, apoplexia etc.

SIDERODROMOFOBIA. *Medicina legal.* Pavor mórbido de viajar de trem.

SIDERODROMÓFOBO. *Medicina legal.* Quem sofre de siderodromofobia.

SIDERODROMOSE. *Medicina legal.* Fibrose do baço que se caracteriza pela presença de depósito de ferro.

SIDEROPENIA. *Medicina legal.* Deficiência de ferro no organismo.

SIDEROSE. *Medicina legal.* **1.** Excesso de ferro no sangue. **2.** Pneumoconiose, comum em operários metalúrgicos, provocada pela inalação de partículas de ferro ou de outros metais.

SIDERURGIA. *Direito comercial.* **1.** Exploração industrial de aço, ferro-gusa etc. **2.** Arte de produzir e trabalhar o ferro. **3.** Metalurgia do ferro e do aço.

SIDERÚRGICO. *Direito comercial.* O que diz respeito à siderurgia.

SIDERURGISTA. *Direto comercial.* **1.** Operário em empresa siderúrgica. **2.** Técnico na arte siderúrgica.

SI DONATIONIS CAUSA VENDITIONIS SIMULATUS CONTRACTUS EST; EMPTIO IN SUI DEFICIT SUBSTANTIA. *Expressão latina.* Se o contrato de venda foi simulado, tendo, na verdade, por objetivo uma doação, a compra descaracteriza-se.

SI DUO DOLO MALO FECERINT, INVICEM DE DOLO NON AGENT. *Expressão latina.* Se duas pessoas agem com dolo mau, não poderão demandar uma contra a outra.

SIÉGER. *Termo francês.* **1.** Fazer parte de uma assembléia ou de um tribunal. **2.** Ter a sede em tal lugar. **3.** Exercer funções.

SI ET IN QUANTUM. *Locução latina.* **1.** Se e quanto. **2.** Locução empregada para indicar o caráter condicional de uma situação ou prova, aceita a título precário até que outra em contrário a faça cessar (José Náufel). **3.** Locução usada para deixar que alguém fixe uma quantia, se ocorrer algum fato de que depende (Othon Sidou).

SIFÃO. **1.** *Medicina legal.* Tubo utilizado na drenagem de ferida e na lavagem estomacal. **2.** Nas *linguagens comum* e *jurídica:* a) recipiente para água gasosa; b) tubo intercalado entre pias, bacias de privada e canos de esgoto, cheio de água para impedir que o mau cheiro suba.

SIFILICÔMIO. *Medicina legal.* Hospital especializado no tratamento da sífilis.

SIFÍLIDE. *Medicina legal.* Erupção cutânea causada pela sífilis.

SÍFILIS. *Medicina legal.* Doença venérea contagiosa, transmissível por herança, caracterizada por lesões cutâneas e que pode atingir todo o organismo.

SIFILISMO. *Medicina legal.* Estado daquele que padece de sífilis.

SIFILÍTICO. *Medicina legal.* **1.** Referente a sífilis. **2.** Aquele que sofre de sífilis.

SIFILODERMA. *Medicina legal.* Afecção cutânea sifilítica.

SIFILOFOBIA. *Medicina legal.* Medo de contrair sífilis.

SIFILÓFOBO. *Medicina legal.* Aquele que sofre de sifilofobia.

SIFILOPSICOSE. *Medicina legal.* Perturbação mental provocada pela sífilis cerebral.

SIFILOSE. *Medicina legal.* Moléstia sifilítica generalizada.

SIGATOCA. *Direito agrário.* Doença causada por um bolor fuliginoso na bananeira, que forma manchas necróticas e escuras em suas folhas e cachos impróprios para a comercialização.

SIGEA. *Direito aeronáutico.* Abreviatura de Sistema de Guerra Eletrônica do Comando da Aeronáutica.

SIGHT PAYMENT. *Direito internacional privado.* Técnica *on open account* em que o comprador pode pagar contra a entrega dos documentos representativos da mercadoria, mediante remessa de numerário por via postal ou telegráfica.

SIGHT-SEEING TOUR. *Expressão inglesa.* Excursão turística.

SIGHT-SEER. *Locução inglesa.* Excursionista.

SIGILADO. Fechado sob sigilo.

SIGILADOR. **1.** *Direito canônico.* Funcionário encarregado pelo bispo de colocar selos nas atas episcopais. **2.** *História do direito.* Sacerdote que, na antigüidade romana, marcava com sinete o animal que ia ser sacrificado.

SIGILAR. **1.** Relativo a sigilo. **2.** Colocar marca ou sinete oficial.

SIGILÁRIO. Que diz respeito à marca ou sinete de sigilo.

SIGILISMO. *História do direito.* Violação do sigilo da confissão que, em Portugal, no século XVIII, foi tentada por alguns padres para obrigar criminosos penitentes a denunciar seus cúmplices, sob pena de não receberem a absolvição.

SIGILISTA. *História do direito.* Partidário do sigilismo.

SIGILO. **1.** *Direito penal.* Segredo que não pode ser revelado, em razão de profissão ou ofício, sob pena de punição criminal. **2.** *Direito do trabalho.* Segredo da empresa que não pode ser violado pelo empregado, sob pena de rescisão do contrato de trabalho por justa causa. **3.** *Direito civil.* Segredo de conhecimento restrito a pessoas credenciadas; proteção contra revelação não autorizada. **4.** *Direito comercial.* Proibição, oriunda de lei, de revelar assunto confidencial relativo a nomes e operações de clientes, salvo se houver autorização escrita destes ou ordem judicial.

SIGILO BANCÁRIO. *Direito bancário.* Obrigação da instituição financeira de não revelar dados sobre seus clientes e respectivas contas correntes e depósitos, salvo motivo legal, para manter sua credibilidade. Não constitui sigilo bancário: a troca de informações entre instituições financeiras, para fins cadastrais, inclusive por intermédio de centrais de risco, observadas as normas do CMN e do Bacen; o fornecimento de informações constantes de cadastro de emitentes de cheques sem provisão de fundos e de devedores inadimplentes a entidades de proteção ao crédito; a comunicação, às autoridades competentes, da prática de ilícitos penais ou administrativos abrangendo o fornecimento de informações sobre operações que envolvam recursos oriundos de delito e revelação de informações sigilosas com o consentimento expresso dos interessados.

SIGILO COMERCIAL. *Direito comercial* e *direito do trabalho.* Dever que tem o empregado de não divulgar as atividades e o segredo da empresa a que serve, relativos ao comércio, ou seja, à publicidade, à criação do sistema de vendas, à lista de fornecedores etc.

SIGILO DE CONFISSÃO. *Direito canônico.* Obrigação que tem o padre confessor de não revelar o que lhe foi confiado pelo penitente na confissão sacramental.

SIGILO DE CORRESPONDÊNCIA. *Direito constitucional* e *direito penal.* Direito garantido constitucionalmente, relativo à inviolabilidade de cartas e documentos enviados pelo correio, que impede qualquer pessoa de devassar e divulgar o seu conteúdo, se fechadas; ou de delas se apossar, mesmo se abertas; de destruí-las; ou de usá-las de modo abusivo.

SIGILO DOS LIVROS EMPRESARIAIS. *Direito comercial.* Segredo de livros empresariais, protegido legalmente, pois a sua exibição: a) integral, pode ser ordenada pelo juiz, a requerimento da parte, na liquidação de sociedade, na sucessão por morte de sócio e quando e como determinar a lei; b) parcial, pode ser ordenada de ofício pelo magistrado para deles extrair a suma que interessar ao litígio, bem como reproduções autenticadas.

SIGILO DO VOTO. *Direito eleitoral.* Direito assegurado ao eleitor de, em uma cabina, assinalar na cédula oficial o nome do candidato de sua escolha e de fechá-la, sem que seu conteúdo seja conhecido até mesmo pelos mesários.

SIGILO FISCAL. *Direito tributário* e *direito financeiro.* É um instrumento de proteção do sistema financeiro que tem como regra geral a confidencialidade dos seus dados. Como define Juliana Garcia Belloque o sigilo fiscal serve, portanto, à confidencialidade da situação tributária dos contribuintes, pessoas físicas ou jurídicas. A manutenção do sigilo absoluto oponível ao Estado não pode mais ser sustentada, principalmente diante dos novos paradigmas do mundo contemporâneo, sendo o sigilo absoluto inconcebível com a própria concepção do Estado Democrático de Direito. Portanto, o sigilo fiscal, embora direito do cidadão e dever do Fisco, não é absoluto, pois, se assim o fosse, seria instrumento hábil para encobrir crimes ou abusos de direito, descaracterizando a função precípua da Administração Pública no sentido de resguardar a boa ordem jurídica. Considerar o sigilo uma questão absoluta seria correr o risco de inviabilizar a própria atividade administrativa. Daí por que a tutela da informação é sempre relativa, devendo ceder diante dos casos concretos e justificados pela legislação.

SIGILO FUNCIONAL. *Direito administrativo.* Obrigação que tem o funcionário público de não divulgar segredo de que teve conhecimento em virtude de sua função.

SIGILO PROFISSIONAL. *Direito civil.* Dever ético imposto àquele que vier a ter ciência de algum segredo, no exercício de sua profissão, de não o revelar.

SIGILO PROFISSIONAL DO ADVOGADO. Segredo inerente à profissão de advogado, impondo-se o seu respeito, salvo grave ameaça ao direito à vida, à honra, ou quando o advogado veja-se afrontado pelo próprio cliente e, em defesa própria, tenha que revelar segredo, porém sempre restrito ao interesse da causa. O advogado deve guardar sigilo, mesmo em depoimento judicial, sobre o que saiba em razão de seu ofício, cabendo-lhe recusar-se a depor como testemunha em processo no qual funcionou ou deva funcionar, ou sobre fato relacionado com pessoa de quem seja ou tenha sido advogado, mesmo que autorizado ou solicitado pelo constituinte. As confidências feitas ao advogado pelo cliente podem ser utilizadas nos limites da necessidade da defesa, desde que autorizado aquele pelo constituinte. Presumem-se confidenciais as comunicações epistolares entre advogado e cliente, as quais não podem ser reveladas a terceiros.

SIGILO SACRAMENTAL. *Vide* SIGILO DE CONFISSÃO.

SIGILOSO. 1. Secreto. **2.** Que contém alguma confidência ou segredo.

SIGLA. Sinal convencional que representa não só uma instituição pública, corporação, associação, sociedade simples, sociedade empresária, entidade administrativa, esportiva ou internacional, como também cláusula contratual, formado, em regra, pelas iniciais ou primeiras sílabas de palavras. Por exemplo: FOB (abreviatura da cláusula *free on board*); FMI (sigla do Fundo Monetário Internacional); ONU (sigla da Organização das Nações Unidas).

SIGLA COMERCIAL. *Direito comercial.* Abreviatura da firma ou da denominação social da companhia ou da sociedade empresária.

SIGLÔNIMO. Sigla cujas letras formam um vocábulo, por exemplo: Sudene (Superintendência do Desenvolvimento Econômico do Nordeste) (Othon Sidou).

SIGMA. *Vide* SISTEMA DE GERENCIAMENTO MILITAR DE ARMAS.

SIGNA. 1. Assinatura. **2.** Marca. **3.** Bandeira.

SIGNANTER. *Termo latino.* **1.** Expressamente. **2.** Distintamente.

SIGNARE TRABES. *Locução latina.* Ato de marcar coisa com sinal convencional.

SIGNATÁRIO. Aquele que assina um documento.

SIGNIFICAÇÃO. *Filosofia geral.* **1.** Sentido de um vocábulo ou de uma frase. **2.** O que o signo representa.

SIGNIFICADO. *Filosofia geral. Vide* SIGNIFICAÇÃO.

SIGNIFICADOR. *Filosofia geral.* Que significa.

SIGNIFICAR. *Filosofia geral.* **1.** Ter o sentido de. **2.** Dar a entender. **3.** Declarar.

SIGNIFICATIVO. *Filosofia geral.* **1.** Que serve para exprimir claramente. **2.** Que tem significação.

SIGNO. *Filosofia geral.* Sinal representativo de um objeto.

SIGNO DICENTE. *Filosofia geral* e *semiótica.* Signo que, para seu interpretante, é um signo de existência real (Peirce).

SIGN-TYPES. *Locução inglesa.* Tipos semiológicos.

SI GREX LEGATUS FUERIT POSTEAQUE AD UNAM OVEM PERVENERIT, QUOD SUPERFUERIT, VINDICARI POTEST. *Expressão latina.* Se houver legado de rebanho e restar apenas uma ovelha, esta pode ser reclamada.

SIGSIF. *Direito agrário.* Sistema de Informações Gerenciais do Serviço de Inspeção Federal, de responsabilidade do Ministério da Agricultura, Pecuária e Abastecimento (MAPA). Constitui-se no sistema de controle de todos os estabelecimentos que recebem o número do Serviço de Inspeção Federal (S.I.F.), e de controle da emissão de Certificados Sanitários Internacionais.

SI IN RIXA, PERCUSSUS HOMO PERIRET, ICTUS UNIUS CUJUSQUE IN HOC COLLECTORUM CONTEMPLARI OPORTET. *Aforismo jurídico.* Se numa rixa alguém for ferido e morrer, o ato praticado por um deve ser atribuído a todos.

SI JUDICAS, COGNOSCE; SI REGNAS, JUBE. *Expressão latina.* Se deves julgar, investiga; se deves reinar, ordena.

SÍLABO. *Direito canônico.* **1.** Índice de doutrinas relativas à fé, à razão, à Igreja e ao Estado, elaborado por Pio IX, que condena o panteísmo, o racionalismo, o indiferentismo, o socialismo, a maçonaria e sociedades secretas, e o liberalismo. **2.** Sumário contendo os pontos decididos por um ato da autoridade eclesiástica.

SILAGEM. *Direito agrário.* Forragem convertida em alimento para o gado, por meio de processo de fermentação ácida em uma câmara fechada, para impedir sua deterioração, e possibilitar sua conservação durante o inverno.

SILECTRO. *História do direito.* Companheiro de cama e mesa.

SILENCIADO. **1.** Omitido. **2.** Não citado.

SILENCIADOR. Que silencia.

SILENCIAR. **1.** Guardar silêncio. **2.** Calar. **3.** Omitir. **4.** Deixar de citar.

SILENCIÁRIO. **1.** *Direito canônico.* Religioso que guarda silêncio, por imposição da ordem a que pertence. **2.** Na *linguagem jurídica* em geral, é aquele incumbido de manter a ordem em uma assembléia, em um tribunal etc.

SILÊNCIO. **1.** *Direito civil.* a) Ato de não declarar a vontade; b) omissão de conduta; c) falta de indicação de alguma coisa; d) sossego; e) aceitação. **2.** *Filosofia geral.* a) Paralisação da comunicação empírica (Jaspers). **3.** *Direito processual civil.* Abstenção. **4.** *Direito administrativo.* Ato de não efetuar o despacho dentro do prazo legal. **5.** Nas *linguagens comum* e *jurídica:* a) quietude; b) ausência de ruídos; c) falta de manifestação volitiva; d) ausência de resposta; e) recusa de falar ou de escrever; f) discrição. **6.** *Direito militar.* Toque de corneta que indica que todos devem ficar quietos no quartel, sem produzir qualquer ruído, depois de certa hora da noite.

SILÊNCIO ADMINISTRATIVO. *Direito administrativo.* **1.** Ausência de resposta a algum pedido feito a órgão público, no exercício do direito de petição; circunstância que, após trinta dias, autoriza ter como rejeitada aquela postulação, sendo, então, cabível o emprego de medidas judiciais (Othon Sidou). **2.** Inércia da Administração Pública, que pode causar dano ao administrado que solicitou o seu pronunciamento positivo ou negativo sobre certa questão.

SILÊNCIO CIRCUNSTANCIADO. *Direito civil.* Atitude omissiva que, em função de certas circunstâncias, leva uma parte a se convencer da aceitação da outra ao que lhe foi proposto.

SILÊNCIO CONSENSUAL. *Vide* SILÊNCIO CONVENCIONAL.

SILÊNCIO CONVENCIONAL. *Direito civil.* Aquele que, por não estar expresso nas cláusulas contratuais, não pode ser exigido, a não ser que a lei o determine.

SILÊNCIO DA LEI. *Teoria geral do direito.* **1.** Omissão legal. **2.** Lacuna da lei. **3.** Falta de norma regulamentando determinado fato. **4.** Ausência de previsão legal.

SILÊNCIO DO ACUSADO. *Direito processual penal.* Direito que tem o acusado de ficar calado durante o interrogatório, sem que tal ato seja tido como confissão.

SILÊNCIO DO CONTRATO. *Direito civil.* Ausência de cláusula relativa a prazo ou a um dever ou direito dos contratantes, que requer integração contratual, para preencher a lacuna encontrada no contrato, complementando-o por meio de norma supletiva, emitida pelo poder judiciário.

SILÊNCIO ELOQÜENTE DA LEI. *Teoria geral do direito.* Trata-se do *beredtes Schweigen*, que no direito alemão caracteriza-se pela opção do legislador em excluir, intencionalmente, certo fato do comando legal (Zeno Veloso; Larenz).

SILÊNCIO INTENCIONAL. 1. *Direito civil.* a) Omissão dolosa de fazer o que a lei determina (Sílvio de Macedo); b) ato de ocultar certo fato que não se poderia esconder (De Plácido e Silva). **2.** *Direito penal.* Direito que tem o réu de não se auto-acusar. **3.** *Direito administrativo.* Fato de a Administração Pública não praticar ato dentro do prazo legal, que dá ensejo, ante a intencionalidade do dano causado, ao administrativo de socorrer-se por meio de ação judicial.

SILÊNCIO MORAL. Silêncio absoluto sobre determinado fato.

SILÊNCIO QUALIFICADO. *Vide* SILÊNCIO CIRCUNSTANCIADO.

SILÊNCIO SEPULCRAL. *Vide* SILÊNCIO MORAL.

SILENCIOSO. 1. Nas *linguagens comum* e *jurídica:* a) aquele que se abstém de declarar algo; b) calado; c) que está em silêncio; d) que não apresenta qualquer ruído. **2.** *Direito de trânsito* e *direito ambiental.* a) Dispositivo adaptado ao tubo de escape de motor de veículo, para abafar ruído indesejável; b) silenciador.

SILENTII TUTUM PRAEMIUM. *Expressão latina.* Quem cala, vence.

SILENTIUM FATENTIS EST. *Expressão latina.* Quem cala, confessa.

SILENT LEGES INTER ARMA. *Expressão latina.* Em meio às armas, as leis calam-se.

SILEPSE. 1. *Retórica jurídica.* Uso concomitante de uma palavra em sentido próprio e figurado. **2.** *Filosofia geral.* Conhecimento reflexo. **3.** *Lógica jurídica.* Dado global que se torna juízo após

decomposição por análise e recomposição por síntese (Charma).

SILÉPTICO. 1. Que diz respeito à silepse. **2.** Em que há silepse.

SILHA. *Direito agrário.* Colméia.

SILHAL. *Direito agrário.* Local onde as colméias estão reunidas.

SI LIBET. *Locução latina.* **1.** Se lhe for conveniente. **2.** Se quiser.

SI LIBET, LICET. *Expressão latina.* Se nos apraz, é lícito.

SILICÉRNIO. *História do direito.* Cerimônia fúnebre em que, na antigüidade romana, havia distribuição de carne crua ao povo, após o sepultamento de cidadão nobre ou rico.

SILICOSE. *Medicina legal.* Pneumoconiose provocada pela inalação de pó de pedras, areia etc., que contenha sílica, ou melhor, bióxido de silício. Muito comum em operários encarregados do tratamento da areia, da vidraçaria, da mineração etc.

SILO. 1. *Direito militar.* Construção subterrânea apropriada para guardar míssil que pode ser lançado imediatamente. **2.** *Direito agrário.* Tulha cilíndrica para armazenagem de cereais.

SILOGEU. *Direito civil.* Prédio onde se reúnem associações científicas ou literárias.

SILOGISMO. *Lógica jurídica.* **1.** Dedução que, partindo das premissas maior e menor, extrai uma conclusão. **2.** Raciocínio dedutivo que infere a conclusão de duas premissas. **3.** Raciocínio dedutivo rigoroso, que não contém nenhuma proposição estranha subentendida (Lalande). **4.** Argumentação dedutiva cuja conclusão é alcançada por meio de um terceiro termo, isto é, de um termo que, no antecedente, estabelece a ligação entre os dois termos, unidos na conclusão (Goffredo Telles Jr.). **5.** Argumentação que conclui pelo geral. **6.** Argumento no qual, estabelecidas certas coisas, outra distinta das antes estabelecidas resulta necessariamente delas, por ser o que são (Aristóteles).

SILOGISMO ABREVIADO. *Vide* ENTIMEMA.

SILOGISMO APODÍCTICO. *Vide* SILOGISMO DEMONSTRATIVO.

SILOGISMO ARISTOTÉLICO. *Lógica jurídica.* Aquele que se constitui de duas premissas e da conclusão, sendo que a conjunção das premissas é o antecedente da implicação, e a conclusão é o seu conseqüente (Vinícius Torres Antunes).

Argumentação em que, posto o antecedente, põe-se, necessariamente, o conseqüente (Van Acker).

SILOGISMO CATEGÓRICO. *Lógica jurídica.* 1. Aquele que se compõe de proposições categóricas. 2. Raciocínio dedutivo em que a premissa maior afirma ou nega pura e simplesmente. 3. Aquele cuja premissa maior é um juízo categórico, e a conclusão é inferida segundo o princípio de identidade e contradição (Puigarnau). 4. É aquele que se caracteriza por três elementos: a) o termo médio (M), que está nas duas premissas, onde é tomado pelo menos uma vez com quantidade total, não podendo entrar na conclusão; b) o termo extremo maior (T), que é aquele que normalmente está na premissa maior, devendo ser o predicado da conclusão; c) o termo extremo menor (t), que, em regra, está na premissa menor, devendo ser o sujeito da conclusão. Rege-se pelos seguintes princípios fundamentais: a) dois termos, idênticos ao mesmo terceiro, são idênticos entre si; e b) dois termos, dos quais um é e outro não é idêntico ao mesmo terceiro, não são idênticos entre si. Logo, o predicado que se afirma de um termo total, afirma-se de todos os sujeitos dos quais se afirma este termo total, e o predicado, que se nega de um termo total, nega-se de todos os sujeitos dos quais se afirma este termo total (Van Acker).

SILOGISMO COMPOSTO. *Lógica jurídica.* Raciocínio dedutivo decorrente da combinação de vários silogismos para obter uma conclusão definitiva, como polissilogismo, epiquirema, sorites e dilema (Puigarnau).

SILOGISMO DEMONSTRATIVO. *Lógica jurídica.* Aquele raciocínio necessário, porque a sua conclusão decorre necessariamente das premissas.

SILOGISMO DERIVADO. *Lógica jurídica.* É aquele raciocínio dedutivo cuja forma original foi alterada, como: silogismo sem forma, entimema, epiquirema, polissilogismo, sorites, silogismo hipotético e dilema (Goffredo Telles Jr.).

SILOGISMO DIALÉTICO. *Lógica jurídica.* É o raciocínio provável, pois a conclusão tem apenas um certo grau de probabilidade em relação às premissas.

SILOGISMO EM FORMA. *Lógica jurídica.* Aquele apresentado em forma rigorosamente lógica, podendo ser completo ou incompleto, pois nesta última hipótese a forma ou conseqüência da argumentação pode estar oculta.

SILOGISMO EXPOSITÓRIO. *Lógica jurídica.* Pseudo-silogismo em que o termo é singular, uma vez que não procede do universal. Não apresentando termo médio total, não é um silogismo, pois não afirma ou nega da parte, o que foi afirmado ou negado do todo. Procura evidenciar um pensamento, expondo uma asserção já aceita, e aplicando o princípio da tríplice identidade: (dois termos idênticos ao mesmo terceiro, entre si são idênticos), que não é argumentativo, nem dedutivo, logo não obedece ao princípio: *dictum de omni, dictum de nullo* (Van Acker e Goffredo Telles Jr.).

SILOGISMO HIPOTÉTICO. *Lógica jurídica.* 1. É aquele cuja premissa maior é um juízo hipotético, e a conclusão é inferida segundo o princípio da razão suficiente (Puigarnau). 2. Aquele em que a primeira premissa é uma proposição hipotética, que indica que uma determinada conclusão será inevitável se um determinado antecedente for aceito, e em que a segunda premissa aceita ou renega o referido antecedente (Goffredo Telles Jr.). 3. É aquele que tem como primeira premissa uma proposição hipotética, sendo as demais proposições categóricas (Van Acker). Pode ser: condicional, disjuntivo ou conjuntivo.

SILOGISMO HIPOTÉTICO CONDICIONAL. *Lógica jurídica.* Silogismo hipotético em que a premissa maior é uma proposição hipotética condicional. Rege-se pelas seguintes leis: a) aceita a condição, o condicionado está aceito; b) aceito o condicionado, nem por isto está aceita a condição; c) negado o condicionado, está negada a condição; d) negada a condição, nem por isso está negado o condicionado (Goffredo Telles Jr.).

SILOGISMO HIPOTÉTICO CONJUNTIVO. *Lógica jurídica.* Silogismo hipotético cuja primeira premissa é uma proposição hipotética conjuntiva. A primeira premissa estabelece que com a verificação de uma hipótese, a outra hipótese está excluída (Goffredo Telles Jr.).

SILOGISMO HIPOTÉTICO DISJUNTIVO. *Lógica jurídica.* Silogismo hipotético cuja primeira premissa é uma proposição hipotética disjuntiva. A segunda premissa ou aceita ou renega um dos membros da primeira. Se a segunda premissa aceitar um dos membros da primeira, a conclusão nega o outro. Se a segunda premissa renegar um membro da primeira, a conclusão aceita o outro (Goffredo Telles Jr.). Duas são as regras que o regem: a) posto um dos dois membros, dispõe-se o outro; b) disposto um dos dois membros, põe-se o outro (Van Acker).

SILOGISMO JURÍDICO. *Lógica jurídica.* Argumentação dedutiva em que, na premissa maior, enuncia-se o dever-ser contido na norma jurídica; na premissa menor, tem-se o enunciado do caso concreto *sub judice*, e na conclusão, a decisão que aplica a lei àquele fato (Fábio Ulhoa Coelho).

SILOGISMO OBLÍQUO. *Lógica jurídica.* Aquele cujo termo médio é tomado numa premissa em sentido reto, ou direto, e noutra em sentido oblíquo, ou indireto. Obedece ao seguinte princípio: dois termos idênticos ao mesmo terceiro, tomado uma vez em sentido oblíquo, são idênticos entre si, tomado um deles no mesmo sentido oblíquo. A regra desse silogismo diz qual o termo extremo que na conclusão deve ser tomado em sentido oblíquo: é aquele que nas premissas está relacionado com o termo médio reto, podendo ser o extremo maior ou o extremo menor. Por exemplo: A *justiça* é virtude. Ora, reconhecer os méritos alheios é ato de *justiça*. Logo, reconhecer os méritos alheios é ato de virtude. O termo médio é justiça, que foi tomado em sentido reto na maior, e, na menor, em sentido oblíquo (Van Acker).

SILOGISMO ORIGINAL. *Lógica jurídica.* Argumentação na qual um antecedente, formado de duas proposições, que unem dois termos a um terceiro, infere um conseqüente, que une esses dois termos ao outro. É aquele de forma pura (Goffredo Telles Jr.).

SILOGISMO SEM FORMA. *Lógica jurídica.* 1. É aquele que não manifesta claramente sua estrutura lógico-técnica ou forma lógica, por atentar mais ao conteúdo ou matéria (Van Acker). 2. Aquele silogismo sem forma rigorosamente lógica, por apresentar-se sem técnica, sem a exata estrutura lógica (Goffredo Telles Jr.).

SILOGÍSTICA. *Lógica jurídica.* Teoria do silogismo (Couturat).

SILOGÍSTICO. *Lógica jurídica.* 1. Relativo a silogismo. 2. Que constitui um silogismo. 3. Que encerra um silogismo.

SILOGIZAÇÃO. *Lógica jurídica.* Ação ou processo de raciocinar por meio de silogismo.

SILOGIZAR. *Lógica jurídica.* 1. Argumentar por silogismos. 2. Deduzir por silogismo.

SILOQUISMO. *História do direito.* Manobra militar em que se reuniam em um só corpo duas ou mais companhias.

SILVEIRO. *Direito agrário.* Touro que tem cabeça de cor escura e malha branca na testa.

SILVESTRE. *Direito agrário.* 1. Inculto; que não produz frutos. 2. Que nasce sem cultivo. 3. Que se desenvolve na mata ou floresta.

SILVÍCOLA. *Direito civil.* Índio sujeito a regime tutelar estabelecido em leis e regulamentos especiais, o qual cessará à medida que se adaptar à civilização do País.

SILVICULTOR. *Direito agrário.* Aquele que trata do desenvolvimento florestal.

SILVICULTURA. *Direito agrário.* 1. Cultura de árvores florestais. 2. Ato de criar e desenvolver povoamento florestal, para atender necessidade mercadológica, envolvendo plantio de espécies exóticas arbóreas para fins de exploração econômica, como o eucalipto, dracena, pandano, pinheiro, café, mangueira, jaqueira etc.

SIMAQUIA. *História do direito.* Tratado de aliança ofensiva e defensiva entre dois Estados, comum na antigüidade grega.

SIMBIOSE. *Sociologia geral.* Colaboração mútua entre pessoas ou grupos em uma dada sociedade. Participação em uma mesma atividade vital (Lévy-Bruhl).

SIMBIOSE INDUSTRIAL. *Sociologia jurídica.* União de fabricantes de uma região para, utilizando produtos uns dos outros, abaixar o preço de custo da fabricação.

SIMBLÉFARO. *Medicina legal.* Aderência da pálpebra com o globo ocular.

SIMBÓLICA. 1. *Filosofia geral.* a) Teoria geral dos símbolos; b) estudo dos símbolos. 2. *Direito canônico.* a) Dogma que esconde idéias religiosas conhecidas dos iniciados; b) ramo da teologia que analisa a história e a matéria dos credos cristãos e das confissões de fé. 3. *Lógica jurídica.* a) Logística; característica universal (Couturat e Leibniz); b) lógica que se utiliza de símbolos, substituindo os termos, para estabelecer suas leis, independentemente de qualquer conteúdo, ou seja, sem referências a situações reais. 4. *Direito civil.* Tradição ficta, que é uma forma espiritualizada da tradição, onde se substitui a entrega material do bem por ato indicativo do propósito de transmitir a posse. Por exemplo, basta ao possuidor de um apartamento entre-

SIMBÓLICO   395   **SIM**

gar suas chaves a outrem para que haja transferência de posse do mencionado imóvel (Orlando Gomes e Caio Mário da Silva Pereira).

SIMBÓLICO. **1.** *Direito canônico.* Referente aos credos cristãos ou confissões de fé. **2.** *Filosofia geral.* a) Relativo a símbolo; b) o que é figurado; c) que tem a natureza de símbolo; d) que apresenta relação de mera contigüidade (Sílvio de Macedo); e) mecanismo de intermediação entre sujeito e realidade (Marcelo Neves). **3.** *Lógica jurídica.* a) Expresso por símbolos; b) em que se faz uso de símbolos.

SIMBOLISMO. **1.** *Filosofia geral.* a) Interpretação mediante emprego de símbolos como expressão de idéias ou de fatos; b) sistema de símbolos ou de representações simbólicas; c) método histórico que interpreta feitos antigos, dando-lhes um valor simbólico; d) prática de conferir a coisas ou a acontecimentos um sentido simbólico; e) teoria segundo a qual o espírito humano só conhece símbolos (Lalande). **2.** *Medicina legal* e *psicologia forense.* a) Perturbação psíquica pela qual o paciente considera tudo que lhe acontecer como um símbolo de seu pensamento; b) emprego de símbolos para representar na mente consciente conteúdos mentais inconscientes (Freud). **3.** *Direito autoral.* Movimento artístico dos simbolistas, que revestem as coisas com a cor de suas emoções.

SIMBOLISTA. Adepto do simbolismo.

SIMBOLÍSTICO. Que se refere aos simbolistas.

SIMBOLIZAÇÃO. Representação simbólica.

SIMBOLIZAR. **1.** Representar por meio de símbolos (Renouvier). **2.** Ser símbolo de algo. **3.** Exprimir algo simbolicamente.

SÍMBOLO. **1.** Nas *linguagens comum* e *jurídica:* a) figura que representa alguma coisa, como bandeira, brasão, selo, hino; b) emblema. **2.** *Filosofia geral.* a) Sistema de termos que representam um elemento de outro sistema (Lemaitre); b) signo que se refere ao objeto denotado em razão de uma regra geral que opera no sentido de fazer com que o símbolo seja interpretado como se referindo àquele objeto. Logo, o símbolo é um signo convencional e arbitrário (Peirce); c) sinal codificado cujo sentido só pode ser entendido por quem souber decifrar o código (Voigt). **3.** *História do direito.* Sinal que, nas moedas antigas, indicava a casa em que foram emitidas. **4.** *Psicologia forense.* a) Imagem representativa de uma tendência inconsciente do paciente; b) para

Jung, é a melhor expressão possível de algo que não pode ser apreendido de outro modo. O símbolo apresenta sempre um significado e diferencia-se do signo, porque, enquanto este representa algo conhecido embora ausente, aquele aponta para o algo incognoscível. O símbolo associa energia inconsciente e consciente e age como um transformador, estruturando a consciência. Denomina-se elaboração simbólica o trabalho com os símbolos (Lídia Reis de Almeida Prado). **5.** *Direito canônico.* Sinal de um sacramento. **6.** *Retórica jurídica.* a) Figura que consiste em substituir o nome de um objeto pelo sinal adotado pelo uso para o designar; b) signo convencional, por exemplo, balança no sentido de justiça.

SÍMBOLO DICENTE. *Filosofia geral* e *semiótica.* É também denominado "proposição ordinária". Trata-se do signo que se liga ao seu objeto por meio de uma associação de idéias gerais, e que atua como símbolo remático, salvo pelo fato de que seu interpretante representa o símbolo dicente como sendo afetado por seu objeto, de tal modo que a existência ou lei que ele traz à mente deve ser ligada com o objeto indicado (Peirce).

SIMBOLOFOBIA. *Medicina legal.* Pavor mórbido que a pessoa tem de que sua conduta possa ter um significado simbólico.

SIMBOLÓFOBO. *Medicina legal.* Aquele que sofre de simbolofobia.

SÍMBOLO REMÁTICO. *Filosofia geral* e *semiótica.* Também designado "rema simbólico", é o signo ligado a seu objeto por meio de uma associação de idéias gerais que sua réplica traz; uma imagem que produz um conceito geral (Peirce).

SÍMBOLOS NACIONAIS. *Direito constitucional.* Imagens que constituem as representações de uma nação, como a bandeira, o hino nacional, o escudo de armas ou o selo oficial.

SÍMBOLO TRANSGÊNICO. *Direito ambiental.* Símbolo que compõe a rotulagem de alimentos e ingredientes alimentares destinados ao consumo humano ou animal embalados como nos vendidos a granel ou *in natura*, que contenham ou sejam produzidos a partir de organismos geneticamente modificados, tendo a seguinte apresentação: ⚠.

SIMELIA. *Medicina legal.* Anormalidade em que os membros inferiores do feto ficam mais ou menos fundidos e com a pelve imperfeitamente desenvolvida.

SIMETRIA. *Lógica jurídica.* **1.** Reversível. **2.** Operação ou relação idêntica à sua conversa.

SIMÉTRICO. 1. *Lógica jurídica.* O que tem com outro termo uma relação de simetria. **2.** *Medicina legal.* a) O que afeta partes correspondentes simultânea e semelhantemente; b) aquele que age metodicamente.

SIMIANISMO. Teoria que entende ser o homem descendente do macaco.

SI MIHI DAS, TIBI DO; SI NON DAS, NULLA TIBI DO. *Expressão latina.* Se me deres, dar-te-ei, se não me deres, nada te darei.

SIMILAR. *Teoria geral do direito.* Que se assemelha a algo.

SIMILARIDADE. *Teoria geral do direito.* **1.** Qualidade de similar. **2.** *Direito aduaneiro.* Considera-se similar ao estrangeiro o produto nacional em condições de substituir o importado, observadas as seguintes normas básicas: a) qualidade equivalente e especificações adequadas ao fim a que se destine; b) preço não superior ao custo de importação, em moeda nacional, da mercadoria estrangeira, calculado o custo com base no valor aduaneiro apurado nos termos do Acordo de Valoração Aduaneira, acrescido dos tributos que incidem sobre a importação e de outros encargos de efeito equivalente; c) prazo de entrega normal ou corrente para o mesmo tipo de mercadoria. Excluem-se da apuração da similaridade as isenções que beneficiem: a) a bagagem de viajantes; b) as importações efetuadas por missões diplomáticas e repartições consulares de caráter permanente e seus integrantes; c) as importações efetuadas por representações de organismos internacionais de caráter permanente de que o Brasil seja membro, e por seus funcionários, peritos, técnicos e consultores, estrangeiros; d) as amostras comerciais e os bens contidos em remessas postais internacionais, sem valor comercial; e) os materiais de reposição e conserto para uso de embarcações ou aeronaves estrangeiras; f) os bens recebidos em doação, destinados a fins culturais, científicos e assistenciais, desde que os beneficiários sejam entidades sem fins lucrativos; g) os gêneros alimentícios de primeira necessidade, fertilizantes, defensivos para aplicação na agricultura ou pecuária, bem assim matérias-primas para sua produção no País.

SÍMILE. *Teoria geral do direito.* Semelhante.

SIMILIA SIMILIBUS CURANTUR. *Expressão latina.* Os semelhantes curam-se pelos semelhantes (lema da homeopatia).

SIMILI MODO. *Locução latina.* De maneira semelhante.

SIMILI RATIONE. *Locução latina.* Com razão similar; do mesmo modo.

SIMILIS SIMILI GAUDET. *Expressão latina.* O semelhante procura o semelhante.

SIMILITUDE. *Teoria geral do direito.* **1.** Semelhança. **2.** Característica do que é semelhante a outro.

SIMILITUDINÁRIO. Em que há semelhança.

SIMONIA. *Direito canônico.* **1.** Delito que consiste em comercializar coisas sagradas. **2.** Tráfico ilícito de bens espirituais. **3.** Cessão de benefício eclesiástico por meio de suborno.

SIMONÍACO. *Direito canônico.* **1.** Referente à simonia. **2.** Que cometeu simonia. **3.** Em que há simonia.

SIMONTE. *Direito agrário.* Tabaco da primeira folha, usado como rapé.

SIMÓRIA. *História do direito.* Na Grécia antiga, era o grupo de sessenta cidadãos atenienses ricos que deviam adiantar ao Tesouro a soma das contribuições devidas pelas cidades mais pobres.

SIMORITA. *História do direito.* Membro da simória.

SIMPATIA. 1. *Psicologia forense.* a) Contágio fisiológico que leva uma pessoa a reproduzir gestos de outra; b) atração instintiva de uma pessoa para com outra, antes de conhecê-la bem; c) apego fundado em uma semelhança, em uma comunidade de idéias, de emoções etc. (Lalande). **2.** *Medicina legal.* Influência mórbida que um órgão doente exerce sobre outros.

SIMPATICISMO. *Medicina legal.* Perturbação do nervo simpático.

SIMPÁTICO. 1. *Medicina legal.* a) Sistema nervoso que se prolonga de cada lado da coluna vertebral, e que rege o funcionamento dos órgãos da vida vegetativa; b) referente à relação fisiológica entre órgãos. **2.** *Psicologia forense.* a) Relativo à simpatia; b) o que inspira simpatia; c) que é objeto de simpatia.

SIMPATICOTONIA. *Medicina legal.* Estado mórbido em que há domínio do sistema nervoso simpático no funcionamento dos órgãos, dando origem à hipertensão e a espasmos vasculares.

SIMPATISMO. *Psicologia forense.* **1.** Sugestibilidade à hipnose. **2.** Presença de sensações ou emo-

SIMPATISTA

ções similares em duas ou mais pessoas. **3.** Transmissibilidade de sentimentos de uma pessoa a outra.

SIMPATISTA. *Psicologia forense.* Suscetível ao simpatismo.

SIMPATIZANTE. Que simpatiza.

SIMPATIZAR. 1. Experimentar simpatia. **2.** Aprovar.

SIMPLE MAIL TRANSFER PROTOCOL. Direito virtual. Protocolo simples para transferência de correspondência na Internet.

SIMPLES. 1. *Direito civil.* a) Coisas singulares que formam um todo homogêneo, cujas partes componentes estão unidas em virtude da própria natureza ou da ação humana, sem reclamar quaisquer regulamentações especiais por norma jurídica. Podem ser materiais (pedra, caneta-tinteiro, cavalo) ou imateriais (crédito); b) diz-se do contrato que não contém condição, ou restrição; c) documento que não é legalizado nem autenticado. **2.** *Filosofia geral.* a) Que não se pode decompor de fato; b) aquilo em que não se podem distinguir partes componentes (Leibniz); c) em que não se podem distinguir várias qualidades diferentes e suscetíveis de abstração (Lalande); d) o que é indiferente à justa posição sob todas as suas formas, tempo, espaço ou movimento (Léon Robin); e) o que é indiferente à composição espacial ou temporal; f) é o composto por um pequeno número de elementos intelectuais ou materiais (Poincaré); g) o que não contém elementos adicionais (Kant). **3.** Nas *linguagens comum* e *jurídica:* a) o que se constitui de uma só substância; b) puro; c) claro; d) que não é complicado; e) único; f) que não tem graduação nem título especial; g) sem valor; h) humilde; i) que é modesto; j) que tem boa-fé; k) que não tem malícia.

SIMPLES ADMINISTRAÇÃO. *Direito civil.* Administração que deve ser exercida sem ultrapassar os limites de cuidar e conservar os bens alheios, e de dirigir os negócios do administrado, não podendo, por exemplo, alienar, gravar de ônus reais, salvo se houver necessidade e mediante autorização judicial.

SIMPLES ALEGAÇÃO. *Direito processual.* O que é afirmado sem estar fundado em provas.

SIMPLES DETENTOR. *Direito civil.* **1.** Fâmulo da posse. **2.** Aquele que tem posse natural. **3.** O que, em razão de vínculo de subordinação em relação ao possuidor direto ou indireto, exer-

ce, sobre o bem, não uma posse própria, mas a posse deste último e em seu nome, em obediência a uma ordem ou instrução recebida.

SIMPLES FORMALIDADE. Modo público de proceder rotineiro, sem que haja qualquer determinação legal a respeito, levado a efeito apenas por uma questão de ordem.

SIMPLES NACIONAL. *Vide* SUPERSIMPLES.

SIMPLES POLÍCIA. *Direito processual penal.* Fato sujeito à ação policial, que não requer outras providências, inclusive de ordem judicial.

SIMPLES SOLDADO. *Direito militar.* Soldado raso que não tem qualquer graduação.

SIMPLEX. Sistema telegráfico em que, por uma linha, uma só mensagem pode ser transmitida de cada vez.

SIMPLEX VERITAS. Locução latina. Verdade pura.

SIMPLEZA. 1. Ingenuidade. **2.** Qualidade de simples.

SIMPLICIDADE. 1. Qualidade do que não é composto ou dividido. **2.** Ausência de complexidade. **3.** Naturalidade. **4.** Modéstia. **5.** Falta de malícia. **6.** Sinceridade. **7.** Credulidade excessiva. **8.** Falta de perspicácia.

SIMPLICITER. Termo latino. **1.** Simplesmente. **2.** Aprovação por maioria. **3.** De modo particular. **4.** Com clareza. **5.** Separadamente. **6.** Com naturalidade. **7.** Absolutamente; segundo sua natureza.

SIMPLIFICAÇÃO. Ato ou efeito de simplificar.

SIMPLIFICAR. Tornar algo mais simples ou fácil.

SIMPLIFICÁVEL. Que pode ser simplificado.

SIMPLISMO. *Filosofia geral.* **1.** Tendência de ver as coisas mais simples do que são, negligenciando caracteres importantes, o que levará a um resultado falso (Lalande). **2.** Prática que leva a pessoa a se concentrar em um só aspecto da questão, excluindo os fatores embaraçantes ou complexos.

SIMPLISTA. *Filosofia geral.* Adepto do simplismo.

SIMPLOCE. *Retórica jurídica.* Figura que consiste em iniciar e terminar frases com as mesmas palavras.

SIMPLOÍSMO. 1. Ingenuidade. **2.** Simplicidade.

SIMPLORIEDADE. Qualidade de ingênuo ou simplório.

SIMPLÓRIO. 1. Aquele que se deixa enganar com facilidade. **2.** Ingênuo.

SIMPODIA. *Medicina legal.* Anormalidade em que o feto se apresenta com os pés e pernas fundidos em um só.

SIMPÓSIO. 1. Nas *linguagens comum* e *jurídica,* reunião de cientistas, técnicos para tratar de temas relacionados entre si ou de aspectos de um mesmo assunto. **2.** *Direito autoral.* Volume onde se publicam várias opiniões sobre um mesmo tema.

SIMPTOSE. *Medicina legal.* **1.** Enfraquecimento do corpo ou de um órgão. **2.** Magreza.

SIMULAÇÃO. 1. *Direito civil.* a) É a declaração enganosa da vontade, visando produzir efeito diverso do ostensivamente indicado (Clóvis Beviláqua); b) intencional desacordo entre a vontade interna e a declarada, no sentido de criar, aparentemente, um negócio jurídico que, de fato, não existe, ou então ocultar, sob determinada aparência, o negócio realmente querido (Washington de Barros Monteiro); c) é um vício social em que as partes têm a intenção de iludir alguém por meio de uma falsa aparência que encobre a verdadeira feição do negócio jurídico, que, por isso, é nulo, mas subsistirá o que se dissimulou, se válido for na substância e na forma. Haverá simulação nos negócios jurídicos quando: aparentarem conferir ou transmitir direitos a pessoas diversas daquelas às quais realmente se conferem, ou transmitem; contiverem declaração, confissão, condição ou cláusula não verdadeira; os instrumentos particulares forem antedatados, ou pós-datados. **2.** *Medicina legal.* Ato de fingir-se doente ou desequilibrado mental para obter vantagem.

SIMULAÇÃO ABSOLUTA. *Direito civil.* Acordo simulatório em que as partes pretendem que o negócio não produza nenhum efeito, pois não há intenção de realizar ato negocial algum. Os contratantes fingem uma relação jurídica que, na verdade, inexiste. Por exemplo, emissão de títulos de crédito, que não representam qualquer negócio, feita pelo marido a um amigo, antes da separação judicial, para prejudicar a mulher na partilha de bens.

SIMULAÇÃO DE ALIENAÇÃO MENTAL. *Medicina legal* e *direito penal.* Fato de alguém se fazer passar por louco ou demente para obter qualquer vantagem ou escapar da condenação pelo crime cometido. Há técnicas e exames que possibilitam o diagnóstico da simulação de loucura, como, por exemplo, o reflexo psicogalvânico, a prova psicanalítica de Abraham-Rosanoff-Young etc.

SIMULAÇÃO DE AUTORIDADE PARA CELEBRAÇÃO DE CASAMENTO. *Direito penal.* Crime de usurpação de função pública, punido com detenção, que consiste em atribuir-se, falsamente, autoridade para celebrar matrimônio.

SIMULAÇÃO DE CASAMENTO. 1. *Direito penal.* Crime contra a organização regular da família, punido com detenção, que consiste em enganar o outro nubente ou seu representante legal de que houve celebração de casamento. **2.** *Direito civil.* Ato nupcial levado a efeito pelos nubentes para enganar terceiro, possibilitando-lhes elidir perseguição racial ou política, obter passaporte etc., sem que em momento algum tivessem vivido como marido e mulher (Cahali). Alguns autores entendem válido esse casamento, repelindo a ação anulatória, salientando a seriedade da instituição social; outros já preconizam sua nulidade, por ser ele uma fraude à lei e à ordem pública.

SIMULAÇÃO DE DOENÇA. Ato de, fraudulentamente, simular alguma moléstia para escapar do cumprimento de certas obrigações legais.

SIMULAÇÃO FISCAL. *Direito tributário.* Declaração não verdadeira em prejuízo do fisco.

SIMULAÇÃO FRAUDULENTA. *Direito civil.* Aquela que, além da intenção de enganar e prejudicar terceiro, há a de violar dispositivo legal. Daí ser designada de simulação ilícita, pois atenta contra direito alheio e infringe preceito legal. *Vide* SIMULAÇÃO MALICIOSA.

SIMULAÇÃO ILÍCITA. *Vide* SIMULAÇÃO FRAUDULENTA.

SIMULAÇÃO INOCENTE. *Direito civil.* Aquela em que não existe intenção de violar a lei ou de lesar outrem, devendo ser, por isso, tolerada. Por exemplo, a situação em que o *de cujus*, antes de falecer, sem herdeiro necessário, simula venda aparente a terceira pessoa, a quem pretende deixar um legado. Apresenta, como ensina Vicente Ráo, os seguintes elementos: intencional declaração contrastante com a vontade real das partes; ocultação do negócio real a terceiros; e ausência de prejuízo a terceiros ou de violação da lei.

SIMULAÇÃO MALICIOSA. *Direito civil.* Aquela que envolve propósito de prejudicar terceiros ou de burlar o comando legal, viciando o ato. É também denominada simulação fraudulenta.

SIMULAÇÃO PROCESSUAL. *Direito processual.* Aquela em que as partes fazem um conluio para praticar ato simulado, servindo-se do processo (Paulo Matos Peixoto).

SIMULAÇÃO RELATIVA. *Direito civil.* Aquela que resulta no intencional desacordo entre a vontade interna e a declarada. Dá-se quando alguém, sob a aparência de um negócio fictício, pretende realizar outro que é o verdadeiro, diverso, no todo ou em parte, do primeiro. Há dois contratos, um aparente e um real, sendo este o que é verdadeiramente querido pelas partes e, por conseguinte, o que se oculta de terceiros.

SIMULAÇÃO RELATIVA OBJETIVA. *Direito civil.* Aquela que é relativa à natureza do negócio pretendido, ao objeto ou a um dos elementos contratuais. Será objetiva se o negócio contiver declaração, confissão, condição ou cláusula não verdadeira. É o que se dá com a doação de cônjuge adúltero ao seu cúmplice, efetivada mediante compra e venda, em virtude de prévio ajuste entre doador e beneficiário, em detrimento do cônjuge e herdeiros do doador.

SIMULAÇÃO RELATIVA SUBJETIVA. *Direito civil.* É aquela em que a parte contratante não é o indivíduo que tira proveito do negócio. Esse sujeito aparente é designado como testa-de-ferro, presta-nome ou homem-de-palha. O ato negocial não é levado a efeito pelos contratantes, mas por uma interposta pessoa. É aquela em que o negócio aparenta conferir ou transmitir direitos a pessoa diversa a quem se confere ou transmite. Por exemplo, é o que ocorre na venda realizada a terceiro para que ele transmita a coisa a um descendente do alienante, a quem se tem a intenção de transferi-la desde o início.

SIMULACRO. 1. Ação simulada. **2.** Fac-símile. **3.** Aparência sem realidade. **4.** Reprodução imperfeita (Othon Sidou). **5.** Imitação.

SIMULADO. 1. Aquilo que foi feito com o propósito de encobrir a verdade ou de aparentar algo diverso do pretendido. **2.** Aparente. **3.** O que imita algo. **4.** Fingido.

SIMULADOR. Aquele que simula.

SIMULAMENTO. *Vide* SIMULAÇÃO.

SIMULAR. 1. Aparentar. **2.** Imitar. **3.** Dar aparência de realidade. **4.** Agir com simulação. **5.** Fazer simulacro.

SIMULATAE NUPTIAE NULLIUS MOMENTI SUNT. *Expressão latina.* O matrimônio simulado é nulo.

SIMULATÓRIO. 1. Que tem intenção de simular. **2.** Em que há simulação. **3.** Ato que se fez com simulação.

SIMUL ESSE ET NON ESSE NON POTEST ESSE. *Expressão latina.* Uma coisa não pode existir e não existir ao mesmo tempo.

SÍMULO. 1. Aquele que simula. **2.** Que finge. **3.** O que aparenta.

SIMULTÂNEA. *Lógica jurídica.* Afirmação ou negação que faz parte de um mesmo ato do espírito (Lalande).

SIMULTANEIDADE. 1. *Lógica jurídica.* Falta de prioridade e de posterioridade (Van Acker). **2.** Nas *linguagens comum* e *jurídica:* a) concomitância; b) qualidade de simultâneo; c) produção ou existência simultânea.

SIMULTÂNEO. *Direito civil.* **1.** Ato que pode ser executado, concomitantemente, com outro por não ser com ele incompatível. **2.** O que se faz ao mesmo tempo. **3.** Testamento de mão comum, que ocorre quando dois testadores, no mesmo ato, beneficiam, conjuntamente, terceira pessoa, sendo vedado no direito brasileiro.

SINA. 1. Sorte. **2.** Destino.

SINAC. Sigla de Sindicato Nacional dos Administradores de Consórcio, entidade representativa no sistema de consórcios, que visa: colaborar com o Estado e outras entidades privadas, como órgão técnico e consultivo, no estudo e solução dos problemas relacionados direta ou indiretamente com sua categoria econômica; defender os direitos e interesses coletivos ou individuais da categoria, inclusive em questões judiciais ou administrativas, além de celebrar convenções e negociações coletivas de trabalho.

SINAGOGA. 1. Templo onde os judeus se reúnem para exercer sua religião. **2.** Conselho religioso judaico, chefiado pelo grão-rabino.

SINAGÓGICO. Referente a sinagoga.

SINAIS ABIÓTICOS MEDIATOS. *Medicina legal.* Sinais que impossibilitam, em certos casos, a realização de transplantes, como esfriamento do corpo, rigidez dos tecidos e músculos, lividez, desidratação etc. No início desses sinais, somente é possível, para fins de cirurgia substitutiva, o uso de alguns tecidos, como o da córnea, da pele e dos ossos, que têm maior poder de resistência às transformações cadavéricas (Ricardo A. Parilli).

SINAIS ANAMNÉSTICOS. *Medicina legal.* Sintomas anteriores a uma moléstia, que só podem ser conhecidos pelo médico se o enfermo deles lembrar.

SINAIS DE BARROSO. *Direito marítimo* e *direito militar.* São o conjunto de bandeiras do sinal "O Brasil espera que cada um cumpra o seu dever" e do sinal "Sustentar o fogo que a vitória é nossa". Os Sinais de Barroso são assim representados: a) o sinal "O Brasil espera que cada um cumpra o seu dever" é representado por três bandeiras retangulares içadas numa só adriça, sendo a de cima vermelha, a do meio vermelha e branca, em duas faixas verticais iguais, e a de baixo branca, tendo no centro um retângulo azul; b) o sinal "Sustentar o fogo que a vitória é nossa" é representado por duas bandeiras retangulares içadas numa só adriça, sendo a de cima vermelha, dividida em quatro retângulos iguais por uma cruz branca, e a de baixo vermelha e branca, em quinze retângulos iguais e alternados, sendo vermelho o retângulo superior junto à tralha.

SINAIS DE IDENTIDADE. *Direito civil* e *direito administrativo.* Conjunto de caracteres ou de particularidades que identificam uma pessoa (De Plácido e Silva).

SINAIS DE MORTE. *Medicina legal.* Conjunto de evidências que possibilitam diagnosticar a realidade e a cronologia da morte, tais como: *facies* cadavérica, imobilidade, relaxamento dos esfíncteres, cessação da circulação, parada respiratória, resfriamento, livores cadavéricos etc.

SINAIS DE TRÂNSITO. *Direito de trânsito.* São os elementos de sinalização viária que se utilizam de placas, marcas viárias, equipamentos de controle luminosos, dispositivos auxiliares, apitos e gestos, destinados exclusivamente a ordenar ou dirigir o trânsito dos veículos e pedestres.

SINAIS PARTICULARES. *Medicina legal.* Caracteres próprios da pessoa, como cegueira, tatuagem, falta de braço, cicatriz, estigmas profissionais, mecha branca no cabelo etc.

SINAIS TANATOGNÓSTICOS. *Vide* SINAIS DE MORTE.

SINAIS UNÍVOCOS. *Medicina legal.* Caracteres peculiares a uma doença ou estado.

SINAL. 1. *Medicina legal.* a) Cicatriz; b) mancha na pele; c) fenômeno aparente pelo qual se pode conhecer causas morbíficas. **2.** *Direito agrário.* Marca feita por corte na orelha direita, que distingue gado de cada proprietário. **3.** *Direito comercial.* a) Rótulo, etiqueta; b) marca. **4.** *Direito civil.* a) Arras ou valor dado por um contratante a outro para garantir o ajuste; b) assinatura. **5.** *Direito notarial* e *direito registrário.* a) Firma do tabelião, do notário ou do oficial público; b) assinatura autêntica deixada em livro ou ficha própria, que serve como padrão para reconhecimento de firma. **6.** *Direito administrativo.* Conjunto de caracteres físicos de uma pessoa, anotados pelo serviço de identificação, em seu documento pessoal, para que ela possa ser identificada. **7.** Nas *linguagens comum* e *jurídica:* a) o que lembra ou representa uma coisa ou fato; b) gesto; demonstração externa do que se pensa; c) poste, letreiro, luz etc., que serve para dar advertências ou avisos; d) conjunto de traços que têm sentido convencional; e) ato convencionado que indica determinada ordem, manobra etc.; f) manifestação acústica de aparelhos de sinalização; g) meio convencional usado na telecomunicação. **8.** *Direito processual penal.* Vestígio material, que possa servir como meio de prova.

SINALAGMA. *Direito civil.* Reciprocidade de obrigações em um contrato bilateral.

SINALAGMÁTICO. *Direito civil.* **1.** Contrato em que as partes contratantes têm obrigações recíprocas, sendo simultaneamente credor e devedor um do outro. **2.** Instrumento contratual (De Plácido e Silva).

SINAL CONFIRMATÓRIO. *Direito civil.* Arras confirmatórias, ou seja, quantia paga para confirmar a efetivação do negócio entabulado.

SINAL DE PROPAGANDA. *Direito de propriedade industrial.* Anúncio, reclame, legenda, gravura ou desenho que realce as qualidades dos produtos e serviços, chamando a atenção dos consumidores.

SINAL DE TRÂNSITO. *Direito de trânsito.* Sinal luminoso em cores verde, amarelo e vermelho, colocado em cruzamentos de via pública, para regular o deslocamento de pedestres e o trânsito de veículos.

SINALEIRO. 1. *Direito de trânsito.* a) Semáforo; b) policial que dirige o trânsito urbano. **2.** *Direito marítimo.* Marinheiro incumbido de dar sinais a bordo. **3.** *Direito militar.* Soldado que dá sinais com bandeiras ou por qualquer outro meio óptico.

SINALÉTICA. *Medicina legal.* Processo de identificação dos criminosos por marcas ou sinais que apresentem no corpo.

SINALIZAÇÃO. 1. Conjunto de sinais que devem ser observados por motoristas, transeuntes etc. **2.** Ação de sinalizar.

SINALIZAÇÃO DE TRÂNSITO. *Direito de trânsito.* **1.** Sistema para controlar trânsito por meio de semáforos, placas, marcas na pista, gestos, luz e som. **2.** É o conjunto de sinais de trânsito e dispositivos de segurança colocados na via pública com o objetivo de garantir sua utilização adequada, possibilitando melhor fluidez no trânsito e maior segurança dos veículos e pedestres que nela circulam.

SINALIZAÇÃO PARA USUÁRIOS. *Direito das comunicações.* Tem por escopo estabelecer, de forma clara, precisa e padronizada, a representação e o significado das informações apresentadas aos usuários de serviços de telecomunicações, entre outras, daquelas relativas ao andamento da chamada e condição do Terminal chamado. É um conjunto de sinais apresentados aos usuários, com características, funções, significado e utilização padronizados, gerado e transmitido a partir de elementos das Redes de Telecomunicações ou de Terminal e apresentado ao usuário.

SINALIZAR. Colocar sinais em postes, por exemplo, para indicar rumo a ser tomado.

SINALPENDE. *História do direito.* Medida agrária de 120 pés quadrados.

SINAL PÚBLICO. *Direito notarial* e *direito registral.* Assinatura do notário ou tabelião, acompanhada de sigla, dístico, arabesco, monograma etc. para distingui-la de qualquer outra, reforçando sua autenticidade.

SINAL RASO. *Direito notarial.* Simples assinatura do tabelião ou notário, sem os traços tidos como seu sinal público.

SINAL RESOLUTÓRIO. *Direito civil.* Arras penitenciais.

SINARCA. *Ciência política.* Cada um dos príncipes que governam uma sinarquia.

SINARM. *Direito administrativo.* Sigla de Sistema Nacional de Armas.

SINARQUIA. *Ciência política.* **1.** Poder coletivo. **2.** Governo exercido por vários príncipes que regem diversas partes de um Estado.

SINÁRQUICO. *Ciência política.* Relativo a sinarquia.

SINARTRÓFISE. *Medicina legal.* Ancelose que, progressiva e sucessivamente, atinge as articulações dos membros e da coluna vertebral.

SINARTROSE. *Medicina legal.* Articulação que não apresenta movimento apreciável.

SINASEFE. *Direito educacional.* Sindicato Nacional dos Servidores Federais da Educação Básica e Profissional.

SINASPISMO. *História do direito.* Na antigüidade grega, era a ordem de marcha ou de combate, em que os soldados deviam avançar com seus escudos apertados uns contra os outros.

SINATROÍSMO. *Retórica jurídica.* Figura que consiste em empregar em uma frase muitos adjetivos ou verbos de significação correlativa.

SINAXE. *Direito canônico.* **1.** A santa missa. **2.** Sacramento da eucaristia. **3.** Assembléia de cristãos, nos primórdios do cristianismo.

SINBIOTA. *Direito ambiental.* Sigla de Sistema de Informação Ambiental do Biota, que reúne e integra as informações produzidas pelos pesquisadores vinculados ao Programa Biota – FAPESP, permitindo a distribuição das espécies catalogadas sobre uma base cartográfica digital de qualidade.

SINCATEGOREMA. *Lógica jurídica.* **1.** Acessório de um categorema. **2.** Termo que por si só nada significa.

SINCATEGOREMÁTICOS. *Lógica jurídica.* **1.** Termos que só podem ser empregados como partes de nome, porque só podem ser predicados com alguma outra palavra (Mill). **2.** Aqueles que contêm elementos reais e atuais e cuja multiplicidade é inesgotável, mas que não constituem o todo por adição (Lalande). **3.** Referente a sincategorema.

SINCEFALIA. *Medicina legal.* Anormalidade em que fetos gêmeos apresentam duas cabeças fundidas.

SINCERIDADE. 1. Lealdade. **2.** Qualidade de sincero. **3.** Ausência de hipocrisia.

SINCERO. 1. Franco. **2.** Leal. **3.** Que não é hipócrita. **4.** Aquele que exprime o que sente e pensa.

SÍNCLONO. *Medicina legal.* **1.** Tremor muscular. **2.** Moléstia que se caracteriza por contrações sucessivas de vários músculos.

SÍNCOPE. *Medicina legal.* Perda repentina da consciência com enfraquecimento das funções vitais de circulação e respiração, causando grande palidez e provocando suores frios.

SÍNCRESE. 1. *Psicologia forense.* Fusão de elementos dispersos em uma percepção. **2.** *Filosofia geral.* a) Oposição; b) antítese.

SINCRÉTICO. *Filosofia geral.* **1.** O que diz respeito ao sincretismo. **2.** Ato de unir elementos dispersos.

SINCRETISMO. 1. *Sociologia geral.* Fusão de dois ou mais elementos culturais antagônicos em um só. **2.** *Filosofia geral.* a) Visão confusa e compreensiva de um todo complexo; b) reunião de idéias ou de teses heterogêneas ou de origem díspar, mas que aparentam ser compatíveis porque não são claramente concebidas (Lalande); c) mescla ou justaposição de conceitos não harmônicos (De Castro).

SINCRETISMO METODOLÓGICO. *Filosofia geral.* Uso de vários critérios metodológicos (Gil Hernandez).

SINCRETISTA. *Filosofia geral.* Partidário do sincretismo.

SINCRONICIDADE. *Psicologia forense.* Segundo Jung, o termo significa a coincidência no tempo de dois ou mais eventos não relacionados de modo causal, mas que apresentam significado igual ou semelhante (Lídia Reis de Almeida Prado).

SINCRONISMO. 1. Simultaneidade. **2.** Concordância, no tempo, da imagem e do som correspondente, no cinema e na televisão.

SINCRONIZAÇÃO. Ato de ajustar a imagem ao som que lhe é correspondente.

SINDACTILIA. *Medicina legal.* Anomalia congênita em que seu portador apresenta dois ou mais dedos dos pés ou das mãos unidos, total ou parcialmente, por uma membrana interdigital.

SINDÉRESE. 1. Juízo. **2.** Poder inato de julgar com retidão. **3.** Remorso de consciência.

SINDETUR-SP. Sigla de Sindicato das Empresas de Turismo do Estado de São Paulo.

SINDICAÇÃO. *Direito processual.* **1.** Informação judiciária. **2.** Sindicância. **3.** Ato ou efeito de sindicar.

SINDICADO. 1. *Direito processual.* a) Aquele que sofreu sindicância; b) que foi inquirido; c) investigado. **2.** *Direito civil.* a) Cargo de síndico em condomínio; b) duração desse cargo.

SINDICAL. 1. *Direito civil.* O que diz respeito a síndico em condomínio. **2.** *Direito do trabalho.* Referente a sindicato.

SINDICALISMO. *Direito do trabalho.* **1.** Movimento social que propugna que os sindicatos operá-

rios devem ser a base da administração social e industrial (Ostergaard). **2.** Ação militante de sindicatos operários (Ostergaard). **3.** Sistema de organização operária por meio de sindicatos (De Plácido e Silva). **4.** Teoria dos sindicatos. **5.** Doutrina que preconiza a ascendência dos sindicatos à direção dos órgãos administrativos do Estado (De Plácido e Silva). **6.** Ação coletiva que pretende proteger e melhorar o nível de vida dos que vendem a sua força-trabalho (Allen).

SINDICALISMO ANÁRQUICO. *Direito do trabalho.* Teoria, oriunda da França, que, ao rejeitar o Estado, a democracia parlamentar e a organização militar, aspira à socialização dos meios de produção e distribuição, e faz com que o sindicato operário seja o fundamento da organização econômica, política e social, por meio de revolução, greve geral etc.

SINDICALISMO AUTÔNOMO. *Direito do trabalho.* Teoria que defende a tese de que o sindicato não deve ligar-se ao Estado nem depender de suas determinações, constituindo um grupo social autônomo em uma sociedade pluralista (Amauri Mascaro Nascimento).

SINDICALISMO CRISTÃO. *Direito do trabalho.* Teoria, baseada na *Rerum Novarum*, de Leão XIII, que prega a ampla colaboração social e reconhece a necessidade e a legitimidade da organização sindical, mantida a estrutura econômica da propriedade privada, porém com função social (Amauri Mascaro Nascimento).

SINDICALISMO MARXISTA. *Direito do trabalho.* Doutrina que visa a posse e administração dos meios de produção pelos sindicatos.

SINDICALISMO NACIONALISTA. *Direito do trabalho.* Doutrina que afasta o sindicato das orientações políticas, para que se mantenha apenas na seara trabalhista (Amauri Mascaro Nascimento).

SINDICALISMO PLURALISTA. *Direito do trabalho.* Teoria de organização social que entende que a autoridade de governo deve ser distribuída por diferentes grupos sindicalizados.

SINDICALISMO REFORMISTA. *Direito do trabalho.* **1.** Filosofia sindical que preconiza a necessidade de organização dos trabalhadores para lutar por reivindicações no sentido de reestruturar as bases econômicas da sociedade, opondo-se à ação violenta direta (Amauri Mascaro Nascimento e Duguit). **2.** Teoria que visa o aperfeiçoamento das estruturas sociais, ressaltando o papel dos sindicatos na correção dos desajustes

SINDICALISMO REVOLUCIONÁRIO

decorrentes do individualismo excessivo (Marcus Cláudio Acquaviva). **3.** É o que aceita a convivência do Estado com a organização dos trabalhadores para a defesa de seus interesses (Robert Owen e Dalmo de Abreu Dallari).

SINDICALISMO REVOLUCIONÁRIO. 1. *Direito do trabalho.* a) Concepção que propugna a substituição do Estado pelos sindicatos, que dirigem seus sindicalizados enquanto produtores (Marcus Cláudio Acquaviva); b) conjunto de idéias de fundo anarquista ou comunista, que considera ineficaz toda ação política, e vê na greve geral e na destruição do regime capitalista os únicos métodos de ação sindical (Amauri Mascaro Nascimento). **2.** *História do direito.* Trata-se do anarco-sindicalismo que considerava o Estado como um instrumento de classe, pregando sua destruição (Dalmo de Abreu Dallari e Georges Sorel).

SINDICALISTA. *Direito do trabalho.* **1.** Adepto do sindicalismo. **2.** Relativo a sindicalismo. **3.** Membro do sindicato. **4.** Sectário das teorias políticas do sindicalismo. **5.** Aquele que propugna e defende a associação de classes para defesa de seus interesses.

SINDICALIZAÇÃO. *Direito do trabalho.* **1.** Ato ou efeito de sindicalizar. **2.** Ato de se inscrever, filiando-se a um sindicato de classe. **3.** Direito de se reunir em sindicato. **4.** Formação de um sindicato.

SINDICALIZADO. 1. Que pertence a um sindicato. **2.** Filiado a um sindicato de classe.

SINDICALIZAR. 1. Organizar-se em sindicato. **2.** Passar a pertencer a um sindicato de classe. **3.** Tornar sindical. **4.** Reunir em sindicato.

SINDICÂNCIA. 1. *Direito civil.* Função de síndico de condomínio. **2.** Na *linguagem jurídica* em geral, é o procedimento sumário que visa buscar informações sobre fatos que se pretende apurar.

SINDICÂNCIA ACUSATÓRIA. *Direito administrativo.* Procedimento preliminar sumário, instaurada com fim de apurar irregularidades de menor gravidade no serviço público, com caráter eminentemente punitivo, respeitados o contraditório, a oportunidade de defesa e a estrita observância do devido processo legal.

SINDICÂNCIA ADMINISTRATIVA. *Direito administrativo.* Conjunto de atos mediante os quais a Administração Pública, por meio de uma comissão, faz investigações, colhendo informações em cumprimento de ordem superior, para obten-

ção de prova sobre determinado fato anômalo no serviço público, podendo dar origem a um inquérito administrativo para apuração de responsabilidade funcional do funcionário público.

SINDICÂNCIA FALENCIAL. *Direito falimentar.* Fase de informação e de instrução do processo de falência, que se encerra antes de iniciada a liquidação, ou pelo pedido de recuperação. É dirigida pelo administrador judicial, sob a superintendência judicial, que deve investigar os motivos da falência e as declarações de créditos dos credores que a ela se habilitaram (De Plácido e Silva).

SINDICÂNCIA INVESTIGATIVA. *Direito administrativo.* Procedimento preliminar sumário, instaurada com o fim de investigação de irregularidades funcionais, que precede ao processo administrativo disciplinar, sendo prescindível de observância dos princípios constitucionais do contraditório e da ampla defesa.

SINDICÂNCIA PATRIMONIAL. *Direito administrativo.* Procedimento investigativo, de caráter sigiloso e não-punitivo, destinado a apurar indícios de enriquecimento ilícito por parte de agente público federal, à vista da verificação de incompatibilidade patrimonial com seus recursos e disponibilidades.

SINDICÂNCIA PREPARATÓRIA. O mesmo que sindicância investigativa.

SINDICÂNCIA PUNITIVA. O mesmo que sindicância acusatória.

SINDICANTE. Quem sindica.

SINDICAR. Fazer sindicância.

SINDICATAL. *Direito do trabalho.* Relativo a sindicato.

SINDICATÁRIO. *Direito do trabalho.* **1.** O que pertence a sindicato. **2.** Que se encontra filiado a um sindicato.

SINDICATEIRO. Aquele que gosta de participar de sindicatos para obter lucros indevidos.

SINDICATO. *Direito constitucional* e *direito do trabalho.* **1.** Associação civil que visa a defesa dos direitos e interesses coletivos ou individuais da categoria econômica ou profissional específica, inclusive em questões jurídicas ou administrativas. Aos empregados da entidade sindical aplicam-se os preceitos das leis de proteção do trabalho e de previdência social, inclusive o direito de associação em sindicato. **2.** Associação para fins de estudo, defesa e coordenação dos interesses econômicos e profissionais de todos os que, como empregadores, empregados, agentes ou trabalhadores autônomos, ou profissionais liberais, exerçam, respectivamente, a mesma atividade ou profissão ou atividades ou profissões similares ou conexas.

SINDICATO ABERTO. *Direito do trabalho.* É o que não limita quantitativamente os filiados; logo todo aquele que exercer a profissão representada por esse sindicato pode dele participar.

SINDICATO AGRÍCOLA. *Direito agrário* e *direito do trabalho.* É aquela associação que defende e coordena os interesses econômicos e profissionais daqueles que militam na área da agricultura e pecuária (De Plácido e Silva).

SINDICATO AMARELO. *Direito comparado.* É aquele sindicato de trabalhadores que, na França e nos EUA, é formado, com financiamento fornecido pela empresa, para opor-se contra o verdadeiro sindicato, rivalizando-se com ele na ação sindical. Trata-se de um sindicato espúrio, também designado sindicato branco.

SINDICATO BRANCO. *Vide* SINDICATO AMARELO.

SINDICATO DE BANCOS. *Direito bancário.* Associação de bancos que tem por escopo a aplicação de enormes quantias em negócios, dividindo os riscos entre os associados (De Plácido e Silva).

SINDICATO DE EMISSÃO. *Direito bancário.* Associação de bancos que tem por fim a subscrição, total ou parcial, do capital de uma nova organização ou de organização que aumenta seu capital, no interesse de recolocar as respectivas ações, mediante certo ágio (De Plácido e Silva).

SINDICATO DE EMPREGADORES. *Direito do trabalho.* Associação constituída por empregadores ou empresários pertencentes a uma determinada categoria econômica. Trata-se do sindicato patronal.

SINDICATO DE EMPREGADOS. *Direito do trabalho.* Sindicato operário ou obreiro, que é a associação de trabalhadores assalariados pertencentes a várias categorias, e que procura promover sua defesa e assistência.

SINDICATO FECHADO. *Direito do trabalho.* Associação que limita o ingresso dos trabalhadores não especializados, discriminando-os, para beneficiar grupo privilegiado. Essa forma de sindicato não é mais encontrada no direito brasileiro.

SINDICATO HORIZONTAL. *Direito do trabalho.* É aquele que se organiza baseado em uma profissão, sem discriminar seus filiados, apesar de haver subdivisão dessa atividade em diversos ramos.

SINDICATO MISTO. *Direito do trabalho* e *direito comparado.* Aquele em que há coligação entre empregadores e empregados, sendo inadmissível no direito brasileiro, que requer que seja formado ou por pessoas da mesma categoria econômica, ou da mesma categoria profissional.

SINDICATO OBREIRO. *Vide* SINDICATO DE EMPREGADOS.

SINDICATO OPERÁRIO. *Vide* SINDICATO DE EMPREGADOS.

SINDICATO PATRONAL. *Vide* SINDICATO DE EMPREGADORES.

SINDICATO PROFISSIONAL. *Direito do trabalho.* Associação em que se filiam pessoas que exercem a mesma profissão ou ofício ou profissão similar ou conexa.

SINDICATO PURO. *Direito do trabalho.* Associação cujos filiados ou são empregadores ou são empregados.

SINDICATÓRIO. *Direito do trabalho.* Relativo a sindicato.

SINDICATO RURAL. *Vide* SINDICATO AGRÍCOLA.

SINDICATO VERTICAL. *Direito do trabalho.* Associação que congrega trabalhadores do mesmo setor de produção, sem discriminar as atividades que exercem nesse ramo. Por exemplo, sindicato dos operários da indústria automobilística.

SINDICATURA. *Direito civil.* **1.** Ofício de síndico em condomínio. **2.** Local onde o síndico exerce suas funções.

SÍNDICO. 1. *História do direito.* a) Procurador comum de corporações, universidades, cortes etc.; b) administrador de uma massa falida, havendo falência, designado pelo magistrado, em regra, entre os maiores credores do falido (Othon Sidou). **2.** *Direito administrativo.* Encarregado da sindicância; sindicante. **3.** *Direito civil.* Aquele que é eleito para defender os interesses do condomínio em edifício de apartamento. **4.** Na *linguagem jurídica* em geral, é: a) aquele incumbido de zelar pelos interesses de uma associação; de uma classe; b) encarregado de administrar e tomar as providências necessárias em certos setores de atividades.

SÍNDICO DA FALÊNCIA. *História do direito.* Aquele que era nomeado, judicialmente, entre os credores, para, mediante uma remuneração, representar e administrar a massa falida e os negócios do falido, durante o processo da falência, sob a direção e superintendência do juiz. Atualmente, essa função é exercida pelo administrador judicial.

SÍNDICO DATIVO. *História do direito.* Aquele que era nomeado pelo juiz para ser mandatário do falido e dos seus credores, sem pertencer ao quadro de credores, ante a não-aceitação do encargo por aqueles credores.

SÍNDICO DO CONDOMÍNIO. *Direito civil.* Pessoa física ou jurídica que é eleita por dois anos, que poderão renovar-se, pela assembléia dos condôminos de edifício de apartamento, para ser o órgão executor de suas deliberações e para defender, em juízo ou fora dele, os direitos e interesses comuns dos condôminos. Essa escolha pode recair sobre qualquer um dos condôminos ou sobre estranho; sendo seu cargo gratuito ou salariado, deve, em qualquer caso, prestar contas à assembléia, anualmente e quando exigidas.

SÍNDICO DOS CORRETORES. *Direito comercial.* Corretor nomeado para dirigir negócios de uma junta de corretores (De Plácido e Silva).

SINDILEGIS. Sindicato dos Servidores do Poder Legislativo Federal e do TCU.

SINDÓXICO. *Filosofia geral.* Conhecimento comum a vários indivíduos, considerado por cada um como existente nos outros. Crença de que o afirmado por nós o é também pelos nossos semelhantes, que têm a mesma experiência nossa (Baldwin).

SÍNDROME. 1. *Medicina legal.* a) Fato patológico considerado em si mesmo, sendo abstraído das causas que o produzem (Durand de Gros); b) conjunto de sintomas específicos que se apresentam em uma moléstia. É comum designar-se a síndrome pelo nome do médico que a descreveu (Morris Fishbein). **2.** Nas *linguagens comum* e *jurídica:* a) conjuntura; b) conjunto de coisas concorrentes; c) concorrência de condições e efeitos.

SÍNDROME AMNÉSTICA. *Medicina legal.* Comprometimento crônico da memória recente.

SÍNDROME DE ABSTINÊNCIA. *Medicina legal.* Conjunto de modificações orgânicas que se dão em razão da suspensão brusca do consumo de droga geradora de dependência física e psíquica, como o álcool, a heroína, o ópio, a morfina etc.

SÍNDROME DE ANGELMAN. *Medicina legal.* É a decorrente dos cromossomos "x" e "y", advindos do pai, que pode acarretar doença mental grave, tremor, hiperatividade etc.

SÍNDROME DE BYWATERS. *Vide* SÍNDROME DO ESMAGAMENTO.

SÍNDROME DE DEPENDÊNCIA. *Medicina legal.* Desejo irresistível de consumir drogas psicoativas; álcool ou tabaco (Pedro Lazarini Neto).

SÍNDROME DE FEMINIZAÇÃO TESTICULAR. *Medicina legal.* Estado intersexual, também designado síndrome testicular feminizante, que apresenta os seguintes caracteres: pênis rudimentar; escroto fendido; testículos ectópicos atróficos; existência de canais deferentes e próstata; azoospermia; amenorréia; ausência de útero; mamas volumosas; alopecia pubiana (José Lopes Zarzuela).

SÍNDROME DE FRÖHLICH. *Medicina legal.* Distúrbio do sistema glandular em que os órgãos sexuais permanecem em estado infantil, fazendo com que seu portador tenha um grande apetite e preguiça mental (Morris Fishbein).

SÍNDROME DE GANSER. *Medicina legal.* Conjunto de sintomas que se apresentam em pessoas que se encontram em situação dolorosa ou indesejável, desaparecendo assim que cessar o perigo; muito comum em rapazes chamados para o serviço militar, em acusados aguardando julgamento, em presos etc. Esses sintomas trazem um estado patológico em que o paciente apresenta reações diversas como: incongruência, infantilidade, introagressividade, insolência, *stress* etc. (Armida Bergamini Miotto).

SÍNDROME DE GOODPASTURE. *Medicina legal.* É a que se caracteriza por hemorragia pulmonar difusa, associada à glomerulonefrite. Os sintomas iniciais consistem em tosse, dispnéia, fraqueza, hemoptise e febrícula. Concomitante ou posteriormente ao sintoma pulmonar, surgem a albuminúria e a hematúria, seguidas de progressiva insuficiência renal (Morris Fishbein).

SÍNDROME DE IMUNODEFICIÊNCIA ADQUIRIDA. *Medicina legal.* Aids, ou seja, doença causada pelo vírus da imunodeficiência humana (HIV), muito comum em homossexuais masculinos promíscuos, nos viciados em drogas endovenosas, pelo uso de agulhas comunitárias, nos que sofreram transfusões de sangue contaminado, nos que tiveram contato sexual com pessoa infectada, nas crianças, em razão de transmissão perinatal por mães contaminadas etc. Essa síndrome, como diz Irineu A. Pedrotti, é o conjunto de alterações provocadas pela perda da imunidade mediada por células, e que se manifestam pelo aparecimento de infecções oportunistas ou neoplasias, particularmente o sarcoma de Kaposi. A Síndrome da Imunodeficiência Adquirida (SIDA/Aids) é a manifestação mais grave da infecção pelo vírus da imunodeficiência humana (HIV), caracterizando-se por apresentar uma severa imunodeficiência, manifesta no aparecimento de doenças oportunistas.

SÍNDROME DE KLINEFELTER. *Medicina legal.* Aberração dos cromossomos sexuais, que se caracteriza por defeito na gametogênese, em regra, materna, fazendo com que o paciente apresente a trissomia xxy. Se for do tipo feminino, tal síndrome apresenta os seguintes caracteres: sexo cromatínico positivo (feminino); pênis rudimentar; escroto vazio; testículos hipertróficos, azoospermia; e ginecomastia. Se for do tipo masculino, configuram-se as seguintes características: sexo cromatínico negativo (masculino); pênis rudimentar; escroto vazio; testículos hipertróficos; azoospermia; e ginecomastia (José Lopes Zarzuela).

SÍNDROME DE KORSAKOFF. *Medicina legal.* Conjunto de sintomas que aparecem em fase extrema de alcoolismo agudo, como transtornos de memória, dores, atrofia muscular, paralisia etc. (Paulo Matos Peixoto).

SÍNDROME DE LÖFFLER. *Medicina legal.* Conjunto de sintomas respiratórios sem causa específica, como respiração difícil, febre pouco elevada, fadiga (Morris Fishbein).

SÍNDROME DE PEYRONIE. *Medicina legal.* Patologia que causa uma tortuosidade no pênis, dificultando ou inviabilizando a relação sexual.

SÍNDROME DE PRADER-WILLI. *Medicina legal.* É a advinda do cromossomo "x" da mãe, que causa no filho retardamento mental, falta de atividade, anomalia do crescimento.

SÍNDROME DE SJOGREN. *Medicina legal.* Síndrome do Olho Seco, que é uma doença crônica, caracterizada pela diminuição da produção de lágrima, podendo evoluir para lesão da superfície ocular e, em alguns casos, até a perda da visão. Tem por sintomas: ardor, irritação, sensação de areia nos olhos, dificuldade para permanecer em locais com ar condicionado, olhos embaçados ao final do dia. A doença está relacionada com diversos fatores, como, por exemplo, a determinadas condições do meio ambiente (poluição, computador), trauma (queimaduras térmica e química), doenças reumatológicas, alguns medicamentos, idade avançada, uso de lentes de contato e menopausa nas mulheres.

SÍNDROME DE TURNER. *Medicina legal.* Anomalia nos cromossomos sexuais, que se caracteriza por defeito na gametogênese, em regra, paterna, fazendo com que no paciente haja discrepância entre o sexo fenotípico e a cromatina sexual. É também designada síndrome do ovário rudimentar, se do tipo feminino, apresentando os seguintes caracteres: sexo cromatínico positivo (feminino); pênis rudimentar; ovários hipotróficos; presença de vagina e útero; amenorréia; mamas pouco desenvolvidas; pequena estatura; *cubitus valgus*; pescoço de esfinge; edema de mãos e pés. Se do tipo masculino (falso Turner), configuram-se as seguintes características: sexo cromatínico negativo (masculino); pênis rudimentar; escroto fendido; testículos hipotróficos; amenorréia; presença de útero e vagina; mamas escassamente desenvolvidas; estatura baixa; *cubitus valgus*; pescoço de esfinge; edema de pés e mãos (José Lopes Zarzuela).

SÍNDROME DE WATER HOUSE-FRIDERICHSEN. *Medicina legal.* Necrose aguda hemorrágica das glândulas supra-renais, e necrose cortical bilateral dos rins, em regra, associada à septicemia meningocócica ou, mais raramente, a infecções maciças por outras bactérias, tais como estafilococos, *Escherichia coli* e *Hemophilus influenzae* (Morris Fishbein).

SÍNDROME DO ESMAGAMENTO. *Medicina legal.* Conjunto de sintomas que, ante a destruição do tecido muscular, surgem, na vítima, algumas horas após o esmagamento ou compressão prolongada, como: liberação de grande quantidade de mioglobina no sangue, lesão renal, retenção de urina, edema, hipotensão, anoxia tissular, e estado de choque (Paulo Matos Peixoto e José Lopes Zarzuela). Trata-se da síndrome de Bywaters.

SÍNDROME DO OVÁRIO RUDIMENTAR. *Vide* SÍNDROME DE TURNER.

SÍNDROME DOS SEPULTADOS. *Medicina legal. Vide* SÍNDROME DO ESMAGAMENTO.

SÍNDROME TESTICULAR FEMINIZANTE. *Vide* SÍNDROME DE FEMINIZAÇÃO TESTICULAR.

SINDUSCON. Sigla de Sindicato da Indústria da Construção Civil.

SINE AUCTORE NON ERIT REUS. *Aforismo jurídico.* Sem autor não há réu.

SINE CONTESTATIONE. *Locução latina.* Sem contestação.

SINE CONTROVERSIA. *Locução latina.* Sem controvérsia ou sem contestação.

SINE CULPA, NISI SUBSIT CAUSA, NON EST ALIQUIS PUNIENDUS. *Expressão latina.* Não se deve, sem motivo, punir quem não cometeu falta.

SINECURA. **1.** *Direito do trabalho.* a) Emprego ou cargo rendoso e de pouco trabalho; b) emprego cujas funções não são exercidas. **2.** *Direito administrativo.* a) Cargo público concedido por nepotismo, em troca de favores de ordem política (Marcus Cláudio Acquaviva); b) emprego do protegido político, bem remunerado e sem nenhum encargo (De Plácido e Silva); c) toda atividade rendosa exercida negligentemente, por ter sido obtida sem esforço graças à influência de terceira pessoa.

SINECURISMO. *Ciência política.* Sistema de governo que apóia a outorga de empregos públicos desnecessários, em troca de favores políticos.

SINECURISTA. *Ciência política.* Adepto do sinecurismo.

SINE DIE. *Locução latina.* Sem dia; para dia não determinado; sem fixar o dia; adiamento de um ato para data indeterminada; sem data.

SINÉDOQUE. *Retórica jurídica.* Figura de estilo que se baseia na relação da compreensão, tomando o gênero pela espécie.

SINÉDRIO. *História do direito.* Conselho judaico supremo que, em Jerusalém, decidia os assuntos religiosos e as questões de Estado.

SINEDRO. *História do direito.* Na antigüidade grega, era o membro de uma assembléia deliberante ou judiciária.

SINE DUBIO. *Locução latina.* Sem dúvida.

SINE FRAUDE. *Locução latina.* Sem fraude.

SINÉGORO. *História do direito.* **1.** Na antiga Grécia, era o advogado autorizado pelo juiz para defender uma das partes. **2.** Advogado público que defendia as leis contra as inovações propostas. **3.** Advogado que representava o Estado na prestação de contas dos magistrados.

SINE IRA ET STUDIO. *Expressão latina.* Sem ódio e sem preconceito.

SINE JURE. *Locução latina.* Sem direito.

SINE LABORE. *Locução latina.* Sem trabalho.

SINE MANU. *Direito romano.* Casamento em que não havia *conventio*; a mulher ficava ligada, juridicamente, à família paterna, desde que houvesse igualdade social dos nubentes. Nesse casamento não se tinha celebração religiosa nem realização de ato de autoridade civil, bastava um *instrumentum dotale* e a *festivitas nuptiarum*, desde que ambos os nubentes pertencessem à mesma categoria social. Isto porque se fossem de categoria social diversa, ter-se-ia concubinato e não matrimônio (Sílvio Meira).

SINE METU. *Locução latina.* Sem temor; sem medo.

SINE MORA. *Locução latina.* Sem demora.

SINE POSSESSIONE PRAESCRIPTIO NON PROCEDIT. *Expressão latina.* Não há prescrição sem posse.

SINE POSSESSIONE USUCAPIO CONTINGERE NON POTEST. *Expressão latina.* Sem a posse não pode haver usucapião.

SINE PRETIO NULLA VENDITIO EST. *Expressão latina.* Sem preço, nenhuma venda há.

SINE QUA NON. **1.** *Locução latina.* Sem a qual não. **2.** *Filosofia geral.* Condição absoluta indispensável; condição necessária.

SINE QUIBUS NON. *Locução latina.* Sem as quais não.

SINEQUISMO. *Filosofia geral.* Doutrina epistemológica segundo a qual a idéia de continuidade é de primeira importância, principalmente, na formação das hipóteses gerais (Peirce).

SINERGIA. **1.** *Sociologia geral.* Cooperação inconsciente entre pessoas ou grupos para manter certa ordem ecológica em defesa de interesses individuais. **2.** *Medicina legal.* Ação simultânea de órgãos para realizar determinada função. **3.** Na *linguagem jurídica* em geral, simultaneidade de forças concorrentes, sejam mercantis, industriais, sociais ou jurídicas, para a produção de um certo efeito de conjunto.

SINÉRGICO. O que se refere à sinergia.

SINERGISMO. **1.** Ação de forças concorrentes. **2.** Efeito produzido por essa ação. **3.** *Medicina legal.* Aumento de toxicidade acima daquela comumente expressa quando o tóxico é empregado em combinação com outras substâncias (José Lopes Zarzuela).

SINE SPONTE SUA. *Expressão latina.* Sem vontade própria.

SINESTESIA. *Psicologia forense.* **1.** Associação entre sensações de natureza diversa, que dão a impressão de ser o símbolo de uma outra (Lalande). **2.** Sensação secundária que acompanha uma percepção. **3.** Condição em que a impressão de um sentido é percebida como sensação de outro.

SINETE. *Direito administrativo.* **1.** Selo de armas usado para selar documentos em repartições públicas. **2.** Chancela; carimbo com que se faz tal selagem.

SINETIA. *Medicina legal.* Apatia fisiológica causada pela ingestão habitual de um medicamento.

SINGAMIA. *Biodireito.* Teoria pela qual o início da vida é a fertilização.

SINGELEIRA. *Direito agrário.* Rede apropriada para a pesca de peixe miúdo.

SINGELEIRO. *Direito agrário.* Lavrador que ara a terra com uma só junta de bois.

SINGER. *Termo inglês.* Cantor.

SINGLE. *Termo inglês.* Solteiro.

SINGRADO. *Direito marítimo.* **1.** Navegado. **2.** Percorrido pela embarcação.

SINGRADURA. *Direito marítimo.* **1.** Ação ou efeito de navegar. **2.** Caminho percorrido pelo navio em vinte e quatro horas.

SINGRÁFICO. *Direito civil* e *direito comercial.* Referente a síngrafo.

SÍNGRAFO. *Direito civil* e *direito comercial.* **1.** Instrumento particular, que declara débito, assinado não só por credor e devedor ou por outorgante e outorgado, mas também por outras pessoas, para sua segurança ou garantia. **2.** Texto assinado tanto pelo credor como pelo devedor; documento que contém assinatura de ambos os contratantes.

SINGRANTE. *Direito marítimo.* Embarcação que está pronta para velejar.

SINGRAR. *Direito marítimo.* **1.** Velejar. **2.** Navegar a vela. **3.** Atravessar o mar.

SINGULAR. 1. *Filosofia geral.* a) Oposto ao universal; b) relativo a um indivíduo; c) que é um indivíduo; d) que vale por si só. **2.** *Teoria geral do direito.* Direito especial relativo a determinada classe de pessoas ou de coisas. **3.** Nas *linguagens comum* e *jurídica:* a) individual; b) extraordinário; notável; excepcional; c) especial; d) original; e) que não tem igual; f) isolado; g) único. **4.** *Direito civil.* a) Bem considerado em sua individualidade; b) característica de coisas

que, embora reunidas, se consideram de per si, independentemente das demais.

SINGULARIDADE. *Direito civil.* Qualidade do que é singular.

SINGULARISMO. *Sociologia geral.* Teoria que, ao considerar a sociedade como um mero agregado de pessoas, nega sua existência ontológica.

SINHÁ. *História do direito.* Tratamento dado pelos escravos à senhora.

SINHÁ-MOÇA. *História do direito.* Filha da sinhá, na linguagem dos escravos.

SINHÔ. *História do direito.* Tratamento que os escravos davam ao senhor.

SINIMA. *Direito ambiental.* Sigla de Sistema Nacional de Informações sobre o Meio Ambiente.

SINISTRADO. *Direito civil.* Aquele que foi lesado, sofrendo, em razão de sinistro, danos morais ou patrimoniais.

SINISTRISMO. *Medicina legal.* Canhotismo.

SINISTRO. *Direito civil.* **1.** Evento previsto no contrato de seguro que, acontecendo, gera para a seguradora obrigação de indenizar o segurado (Antonio Penteado Mendonça). **2.** Fato danoso. **3.** Infortúnio. **4.** Acontecimento imprevisto ou eventual que coloca em perigo a integridade da pessoa ou da coisa (De Plácido e Silva). **5.** Risco, enquanto objeto do contrato de seguro. **6.** Ocorrência do risco coberto, durante o período de vigência do plano de seguro. **7.** Acidente de trabalho e doença profissional que gera responsabilidade civil.

SINISTRO AVISADO. *Direito civil.* Sinistro comunicado pelo agente financeiro em caso de seguro habitacional do Sistema Financeiro de Habitação (SFH), e cuja documentação ainda não foi analisada pela sociedade seguradora nem os valores das indenizações foram homologados ou negados por ela.

SINISTRO MAIOR. *Direito civil.* Acontecimento eventual que causa perda total do bem.

SINISTRO MARÍTIMO. *Direito marítimo.* Infortúnio no mar.

SINISTRO MENOR. *Direito civil.* Fato imprevisto que destrói parcialmente o bem.

SINISTROSE. *Medicina legal.* Indenizofilia, ou seja, psiconeurose oriunda de acidente do trabalho ou de doença profissional.

SINISTROS HOMOLOGADOS. *Direito civil.* Valor das indenizações de seguros habitacionais dos sinistros analisados, cuja documentação esteja completa e sejam aptos para pagamento, com destaque para aqueles cujo pagamento deve ser retido por algum impedimento legal (ex.: inadimplência do agente financeiro).

SINISTROS PAGOS. *Direito civil.* Valor das indenizações dos sinistros por tipo de cobertura Morte e Invalidez Permanente (MIP), Danos Físicos do Imóvel (DFI) e Responsabilidade Civil do Construtor (RCC), inclusive mediante depósito judicial, no seguro habitacional do Sistema Financeiro de Habitação (SFH).

SINISTROS RECUPERADOS. *Direito civil.* Receita decorrente da aplicação de glosas ou de ressarcimento/recuperação de indenizações com sinistros segregada por tipo de cobertura (MIP, DFI e RCC) em seguro habitacional do SFH. Ex.: efetivação de glosas sugeridas pela Superintendência de Seguros Privados (SUSEP), vício de construção com ameaça de desmoronamento, tendo a sociedade seguradora efetuado a recuperação do imóvel e obtido êxito na ação de regresso contra o responsável pelos danos.

SINISTROS REPRESADOS E/OU RETIDOS. *Direito civil.* Valor dos sinistros de Morte e Invalidez Permanente (MIP), homologados, cujos pagamentos deverão ser represados/retidos por algum impedimento legal (ex.: Agente Financeiro inadimplente) em caso de SFH (seguro habitacional). O registro deverá segregar a retenção em até e após 180 dias, a partir do dia em que a indenização era devida.

SINN. *Termo alemão.* Sentido.

SINODAL. *Direito canônico.* Relativo a sínodo.

SINODÁTICO. *Direito canônico.* 1. Que se faz em sínodo. 2. Sinodal.

SINO DE MERGULHO. *Direito marítimo.* Significa uma câmara de descompressão submersível, incluindo seus equipamentos, utilizada para transferir mergulhadores sob pressão entre o local de trabalho e a câmara de descompressão de superfície.

SINÓDICO. *Direito canônico.* 1. Documento ou carta escrita em nome dos concílios aos bispos ausentes. 2. Coleção de resoluções sinodais. 3. Proveniente de um sínodo.

SÍNODO. *Direito canônico.* Reunião convocada pelo bispo, que reúne os principais religiosos de uma diocese para, com voto consultivo, elaborarem o regulamento disciplinar, ou analisarem questões relativas à administração tem-

poral e espiritual da diocese e das paróquias. Trata-se do sínodo diocesano.

SÍNODO DIOCESANO. *Direito canônico.* Assembléia de sacerdotes e de outros fiéis da Igreja particular escolhidos, que auxiliam o bispo diocesano para o bem de toda a comunidade diocesana. *Vide* SÍNODO.

SÍNODO DOS BISPOS. *Direito canônico.* Organismo representativo do Episcopado Católico, no qual bispos, escolhidos de várias regiões do mundo, reúnem-se para promover a estreita união entre o Sumo Pontífice e os bispos, para auxiliar o Papa com seu conselho, na preservação e crescimento da fé e dos costumes, na observância e consolidação da disciplina eclesiástica, e ainda para examinar questões referentes à ação da Igreja no mundo.

SINOLOIATRIA. *Psicologia forense.* Estudo da conduta humana anormal, baseado em critério tido como racional pela medicina psicossomática (Piragibe).

SINÔMICO. *Filosofia geral.* É o juízo enquanto concebido por quem o enuncia como válido para todos (Baldwin).

SINONÍMIA. 1. *Retórica jurídica.* Emprego de sinônimos ou de palavras que têm sentido muito aproximado. 2. Qualidade de sinônimo.

SINÔNIMO. Palavra que tem o mesmo significado de outra.

SINOPSE. *Direito autoral.* 1. Obra que apresenta, sinteticamente, o conjunto de uma ciência. 2. Sumário. 3. Compêndio.

SINOPSIA. *Medicina legal.* Sinestesia visual em que se associam cores a determinados sons.

SINÓPTICO. *Direito autoral.* 1. Relativo a sinopse. 2. Sintético; resumido. 3. Quadro que apresenta o assunto de modo esquemático, com as divisões e principais aspectos de um tema ou ciência.

SINORQUISMO. *Medicina legal.* Fusão dos dois testículos.

SINÓVIA. *Medicina legal.* Líquido viscoso segregado pelas membranas que revestem as cavidades articulares.

SINOVIAL. *Medicina legal.* Relativo a sinóvia.

SINOVITE. *Medicina legal.* Inflamação das membranas sinoviais que recobrem as articulações (Morris Fishbein).

SINPRO-SP. Sigla de Sindicato dos Professores do Estado de São Paulo.

SINQUILIA. *Medicina legal.* Aderência labial congênita.

SÍNQUISE. *Medicina legal.* Liquefação do humor vítreo do olho, provocada por lesão traumática da membrana, ou por ruptura espontânea.

SINQUITONITE. *Medicina legal.* Aderência da conjuntiva.

SINREM. *Direito comercial.* Sigla de Sistema Nacional de Registro de Empresas Mercantis.

SINSIGNO DICENTE. *Filosofia geral* e *semiótica.* Objeto da experiência direta na medida em que é um signo que presta informação sobre seu objeto; informação essa que por ele está afetada (Peirce).

SINSIGNO ICÔNICO. *Filosofia geral* e *semiótica.* Objeto de experiência na medida em que alguma de suas qualidades o faça determinar a idéia de um objeto (Peirce).

SINSIGNO INDICIAL REMÁTICO. *Filosofia geral* e *semiótica.* Objeto da experiência direta na medida em que volta a atenção para um objeto pelo qual sua presença é determinada (Peirce).

SINTAGMA. **1.** *Direito autoral.* a) Tratado sobre qualquer assunto, dividido em classes, números etc.; b) compilação de princípios de qualquer matéria. **2.** *História do direito.* Na Grécia antiga, era a divisão de 256 homens, que formava quadrado na falange.

SINTAGMARCA. *História do direito.* Comandante de um sintagma.

SINTÁTICA. *Filosofia geral.* Dimensão da semiótica que estuda os sinais relacionados entre si mesmos, prescindindo dos usuários e das designações ou objetos denotados.

SINTÁTICA JURÍDICA. *Semiótica jurídica.* Estudo dos efeitos atinentes à relação entre as normas jurídicas ou entre o mandamento constitucional (Signo) e outras normas (Signos) do Sistema Normativo.

SINTÉLICO. *Filosofia geral.* O que, na ordem do interesse e da ação, corresponde ao sindóxico na ordem do conhecimento (Baldwin). *Vide* SINDÓXICO.

SINTELOLOGIA. *Ciência política.* Ciência que indica os meios para prover as necessidades do estado político com os recursos do estado social.

SINTEMA. *História do direito.* **1.** Ordem do dia das legiões romanas. **2.** Senha usada pelos exércitos da Grécia antiga.

SÍNTESE. **1.** *Direito autoral.* a) Resumo; b) resenha de obra literária. **2.** *Lógica jurídica.* a) Operação mental pela qual se constrói, logicamente, um sistema, unindo os vários elementos em um todo; b) método que vai das partes para o todo, das causas para os efeitos, do princípio para as conseqüências; c) demonstração das proposições pela dedução das já provadas até chegar àquela que se pretende estabelecer; d) marcha do espírito que vai das proposições mais simples para as mais compostas (Leibniz); e) raciocínio que parte das proposições reconhecidas como verdadeiras ou certas para outras que são sua conseqüência necessária (Duhamel); f) ato de juntar umas às outras diversas representações, e de conceber sua multiplicidade, sob a forma de um conhecimento único (Kant). **3.** *Psicologia forense.* a) Ato do espírito que une várias tendências e representações ou diversos sentimentos, formando um todo organizado (Lalande); b) ato do espírito pelo qual o conjunto das recordações, percepções e ações é concebido por ele como sendo sua personalidade (Lalande). **4.** *Medicina legal.* Emprego de meios terapêuticos para reunir partes separadas ou deslocadas.

SÍNTESE DE CONTINUIDADE. *Medicina legal.* Reunião, por meio de cirurgia, de partes separadas acidentalmente.

SINTÉTICO. **1.** *Direito comercial.* Produto obtido em laboratório ou em indústria. **2.** *Filosofia geral.* a) Método que opera das partes para o todo, ou que constrói a representação por meio de um progresso de teses e antíteses (Lalande); b) ato de considerar as coisas no seu conjunto (Paulhan). **3.** *Direito autoral.* a) Compendiado; b) resumido.

SINTETISMO. *Medicina legal.* Conjunto de cirurgias ou operações necessárias para reduzir uma fratura.

SINTETIZAR. **1.** Resumir. **2.** Compendiar. **3.** Reunir por síntese.

SINTOMA. **1.** *Filosofia geral.* Indício de um estado ou mudança oculta. **2.** *Medicina legal.* Fenômeno indicativo da existência de uma moléstia.

SINTOMA DIRETO. *Medicina legal.* Aquele que é produzido pela própria perturbação funcional ou lesão.

SINTOMA INDIRETO. *Medicina legal.* Aquele que advém, secundariamente, da perturbação funcional ou orgânica.

SINTOMA OBJETIVO. *Medicina legal.* Manifestação de uma perturbação orgânica ou funcional, que pode ser constatada de imediato por meio de processos clínicos técnicos. Por exemplo, febre, fratura.

SINTOMA PATOGNOMÔNICO. *Medicina legal.* Aquele cuja existência basta para fazer o diagnóstico.

SINTOMA SUBJETIVO. *Medicina legal.* Manifestação de perturbação orgânica ou funcional, que só o doente pode descrever, como, por exemplo, a dor, a alucinação etc.

SINTOMAS UNÍVOCOS. *Medicina legal.* Aquelas manifestações que são peculiares a uma moléstia.

SINTOMÁTICO. 1. Referente a sintoma. **2.** Que constitui sintoma.

SINTOMATISMO. *Medicina legal.* Sistema que consiste no ataque aos sintomas de uma doença.

SINTONIA. 1. Reciprocidade. **2.** Simpatia. **3.** Igualdade de freqüência entre dois sistemas de vibrações.

SINTÔNICO. *Psicologia forense.* Aquele que tem temperamento equilibrado, podendo, por isso, ajustar-se facilmente.

SINUCA. 1. *Direito desportivo.* Espécie de bilhar com muitas bolas coloridas. **2.** Na *linguagem popular*: a) situação difícil; b) impasse.

SINUELO. *Direito agrário.* Gado manso acostumado ao curral, que se junta ao bravo para guiá-lo.

SINUSITE. *Medicina legal.* Inflamação das cavidades ósseas do rosto, em conseqüência de catarro nasal infeccioso.

SIONISMO. 1. *História do direito.* Movimento nacionalista judaico, que fundou o Estado de Israel. **2.** *Ciência política.* Renovação da vida espiritual, política e econômica do povo judeu (Schlesinger e Guinzberg).

SIONISTA. *Ciência política.* **1.** Partidário do sionismo. **2.** O que diz respeito ao sionismo.

SIPPE. 1. *Termo alemão.* Unidade gentilícia entre os antigos povos nórdicos (Othon Sidou). **2.** *Sociologia geral.* a) Grupo de parentesco baseado na linha materna ou paterna, que possui o mesmo totem e se diferencia do clã por morar no mesmo lugar e não ter autonomia política; b) grupo de clãs.

SIPPENHAFT. *Termo alemão.* **1.** Punição de todos os integrantes da comunidade, se se desconhecesse o autor do crime. **2.** Responsabilidade por parentesco invocada por decreto de Hitler, que ensejou envio de muitos inocentes, familiares dos conjurados, para campos de concentração, ao passo que os participantes diretos da conspiração eram executados mediante enforcamento (Marcus Cláudio Acquaviva, Roger Bonnard e Vabres).

SIPRON. *Direito ambiental.* Abreviatura de Sistema de Proteção ao Programa Nuclear Brasileiro.

SI QUIS ANTE SENTENTIAM PROFESSUS FUERIT SE A IUDICE NON PROVOCATURUM, INDUBITATE PROVOCANDI AUXILIUM PERDIDIT. *Expressão latina.* Se alguém, antes da sentença, afirma que não vai apelar, perde tal direito.

SIRE. *Termo francês.* Tratamento que era dado ao senhor feudal e ao rei da França.

SI RE GESTA SINE LITTERARUM QUOQUE CONSIGNATIONE VERITATE FACTUM SUUM PRAEBEAT, NO IDEO MINUS VALEBIT, QUOD INSTRUMENTUM NULLUM DE EA INTERCESSIT. *Expressão latina.* Se o ato realizado, embora não o tenha sido por escrito, puder ser provado como verídico, não valerá menos pela circunstância de não ter sido consignado em qualquer documento.

SIRENOMELIA. *Medicina legal.* Anomalia em que o feto apresenta-se com pernas fundidas e sem pés.

SIRGA. 1. *Direito marítimo.* a) Cabo ou corda utilizado para rebocar embarcação ao longo das margens fluviais ou marítimas, ou para puxar redes; b) parte do solo localizado às margens fluviais ou marítimas, usado para serviço de reboque de embarcação. **2.** *Direito civil.* Servidão de trânsito a que se sujeita o prédio ribeirinho, para facilitar a navegação fluvial, a fim de que por ela se puxem os barcos (De Plácido e Silva).

SIRGARIA. *Direito agrário.* Local onde há criação de bicho-da-seda.

SIRÍASE. *Medicina legal.* Insolação; inflamação das membranas do cérebro provocada por exposição solar prolongada.

SIRTES. Bancos movediços de areia.

SISA. *História do direito, direito civil* e *direito tributário.* Antiga denominação do imposto de transmissão de propriedade imobiliária, que alguns autores mantêm.

SISAR. 1. *História do direito.* a) Pagar a sisa; b) lançar o imposto da sisa. **2.** *Direito penal.* Defraudação, ou seja, ato de aumentar o preço de objetos ou de despesas autorizadas para embolsar a diferença (De Plácido e Silva).

SISARRA. *Direito agrário.* Ovelha de um ano.

SISBACEN. *Direito bancário.* Sigla de Sistema de Informações do Banco Central.

SISCOMEX. *Direito internacional privado.* **1.** Sigla de Sistema Integrado de Comércio Exterior. **2.** Instrumento administrativo que integra as atividades de registro, acompanhamento e controle das operações de comércio exterior, mediante fluxo único, computadorizado, de informações.

SISEIRO. *História do direito.* Cobrador de sisas.

SISLEX. *Direito previdenciário.* Abreviação de Sistema de Legislação Previdenciária.

SÍSMICO. *Direito civil.* Relativo a terremoto ou a vibração da terra artificialmente produzida.

SISMÓGRAFO. *Direito ambiental.* Instrumento registrador da hora, duração e amplitude de vibrações do solo, causadas por terremoto ou, artificialmente, por cargas de explosivos ou por explosão de bombas atômicas subterrâneas.

SISNAMA. *Direito ambiental.* Sigla de Sistema Nacional do Meio Ambiente, constituído por órgãos federais, estaduais e municipais e por fundações públicas, responsáveis pela proteção e melhoria da qualidade ambiental.

SISO. **1.** Bom senso. **2.** Juízo. **3.** Prudência.

SISOBI. *Direito previdenciário.* Sigla de Sistema Informatizado de Controle de Óbito administrado pela Previdência Social, que mantém banco de dados atualizado com mais de 2,5 milhões de óbitos registrados desde 1994, com base nas informações geradas pelos Serviços de Registro Civil das Pessoas Naturais (Cartórios de Registro Civil). Foi criado em 1993 com o objetivo de agilizar procedimentos de cessação de benefícios previdenciários e a suspensão de pagamentos indevidos, cujos óbitos tenham sido comunicados pelos Cartórios.

SISSOMIA. *Medicina legal.* Anormalidade em que fetos gêmeos apresentam corpos confundidos.

SISTARCA. *História do direito.* Chefe de uma sistase, na antigüidade grega.

SISTASE. **1.** *História do direito.* Na antiga Grécia, era a subdivisão da milícia. **2.** *Retórica jurídica.* Exposição metódica de fatos.

SISTEMA. **1.** *Filosofia geral.* a) Aquilo que é construído; b) conceito geral e abstrato em que o todo é a soma das partes, e em si mesmo fechado, onde as suas relações com as partes e as relações das partes entre si determinam-se por regras próprias (Lambert); c) conjunto de elementos dependentes uns dos outros, de modo a formar um todo organizado (Lalande); d) conjunto de idéias logicamente solidárias, consideradas em sua coerência (Condillac); e) conjunto de elementos, materiais ou ideais, ligados por um fim ou por um princípio, no qual se pode encontrar ou definir uma relação (Othon Sidou); f) regime a que as coisas estão subordinadas (De Plácido e Silva); g) reunião de proposições ou de princípios coordenados de modo a formar um todo científico ou doutrinário (Paulo Matos Peixoto); h) conjunto de elementos inter-relacionados; i) conjunto de princípios, verdadeiros ou falsos, dos quais se podem deduzir conclusões coordenadas entre si, sobre as quais se funda uma teoria ou uma opinião; j) conjunto de regras que, pela sua concatenação lógica, forma um todo harmônico; k) aquele em que o todo não é a soma das partes, mas as precede, não permitindo composição e decomposição sem perda da unidade central (Kant); l) objetivamente é a interdependência totalizante e ordenada de partes, onde a determinação das partes pelo todo ou do todo pelas partes varia de concepção para concepção, e logicamente é a ordenação de uma pluralidade de conhecimentos em uma totalidade do saber (Hegel e Eisler); m) é não só o nexo, reunião de coisas ou conjunto de elementos, mas também o método, ou seja, um instrumento de análise. É um aparelho teórico mediante o qual se pode estudar a realidade. É o modo de ver, de ordenar, logicamente, a realidade que por sua vez não é sistemática. Todo sistema, portanto, é uma reunião de objetos e seus atributos, que constituem seu repertório, relacionados entre si, conforme regras (estrutura) que variam de concepção a concepção e que lhe dão coesão (Tércio Sampaio Ferraz Jr.); n) é, segundo Karl Engisch, uma ordem (perfeição satisfatória) que pode apresentar uma desordem (imperfeição insatisfatória). **2.** *Medicina legal.* Conjunto de órgãos destinados a idênticas funções fisiológicas. **3.** *Direito aeronáutico.* Conjunto de órgãos e elementos relacionados entre si por finalidade específica ou por interesse de coordenação, orientação técnica e normativa, não implicando subordinação hierárquica.

SISTEMA ABERTO. *Filosofia geral.* **1.** Aquele em que há interação com o exterior ou meio ambiente (Sílvio de Macedo). **2.** Aquele que permite a entrada de um elemento novo ou estranho, sem que haja necessidade de modificar sua estrutura, por exemplo, o sistema lingüístico português, no qual podemos usar um termo pertencente ao repertório de outro sem alterar a estrutura gramatical, dentro de um certo limite, como na frase: "*yes* é um termo inglês". Mas se se empregar quatro vocábulos ingleses e um português, haverá quebra do sistema lingüístico português, porque há um certo limite para a abertura do sistema (Tércio Sampaio Ferraz Jr.). Esse sistema é incompleto e prospectivo, porque se abre para o que vem, sem alterar suas regras.

SISTEMA AEROPORTUÁRIO. *Direito aeronáutico.* Conjunto de aeródromos brasileiros com todas as pistas de pouso e de táxi, pátio de estacionamento de aeronaves, terminal de carga aérea e de passageiros e respectivas facilidades.

SISTEMA ALTRUÍSTA. *Economia política.* Sistema econômico que se caracteriza pela produção individual e pelo consumo coletivo (Nogueira de Paula).

SISTEMA AMETÁLICO. *Economia política.* Aquele que não tem lastro ouro, compondo-se de papel-moeda de curso forçado e inconversível, e de papel-moeda escritural conversível em papel-moeda (Geraldo Magela Alves).

SISTEMA ANALISADOR. *Filosofia geral.* Conjunto de quadros preformados, que possibilitam proceder, rapidamente, à análise dos objetos de certo gênero, sobre os quais já se tem conhecimentos adquiridos (Paulhan).

SISTEMA ANTROPOMÉTRICO. *Medicina legal.* Aquele que requer como técnica de identificação a medida de uma ou mais partes do corpo humano (José Lopes Zarzuela).

SISTEMA *AUTOMATED PEOPLE MOVERS*. *Direito administrativo.* É um novo conceito para transporte coletivo em grandes centros urbanos, com baixo custo de implantação, manutenção e operação, sem que haja poluição atmosférica. Por exemplo, o uso do aeromóvel, espécie de minimetrô movido a ar e energia elétrica que desliza sobre trilhos suspensos, com velocidade máxima de 70 km por hora, podendo transportar até duzentos e quarenta passageiros. Tal trem aéreo já foi implantado em vários países e em algumas cidades do Brasil, como Porto Alegre.

SISTEMA AUTOPOIÉTICO. **1.** *Filosofia geral.* Aquele que é auto-referencial, que constitui, por si próprio, como unidades funcionais, os elementos básicos de que é composto (Luhmann). É aquele feito pelos próprios elementos que ele constrói (Marcelo Neves). **2.** *Filosofia do direito.* Sistema jurídico que, utilizando a diferença entre lícito e ilícito, combina o fechamento da autoprodução recursiva e a abertura de sua referência ao meio ambiente, sendo, por isso, normativamente fechado mas cognitivamente aberto. A dimensão cognitivamente aberta possibilita que ele se altere para se adaptar ao meio ambiente, e o fechamento normativo impede a confusão entre o sistema jurídico e seu meio ambiente. A alterabilidade jurídica ocorre conforme critérios internos e específicos de um sistema capaz de reciclar-se, sensível ao seu meio ambiente (Luhmann e Marcelo Neves).

SISTEMA BIPARTIDÁRIO. *Ciência política.* Aquele que admite dois partidos que, se tiverem forças equivalentes, se revezam no poder; mas se um deles for o dominante, quase sempre deterá o poder por ter obtido maioria absoluta dos votos, ficando o outro na oposição. Trata-se do sistema de parlamentarismo majoritário ou de democracia direta (Celso Bastos).

SISTEMA BRASILEIRO DE CLASSIFICAÇÃO DOS MEIOS DE HOSPEDAGEM (SBC-MH). *Direito do consumidor.* É o que tem por objetivo regular o processo e os critérios pelos quais os meios de hospedagem poderão: a) obter a chancela do Governo Federal atribuída pela classificação na Embratur e os símbolos oficiais que a representam; b) ser distribuídos, caso classificados, pelos diferentes tipos e categorias de conforto e atendimento, conforme os padrões de instalações e de serviços que apresentem. A classificação constituirá um referencial informativo de cunho oficial, destinado a atender os mercados turísticos interno e externo e a orientar: a) a sociedade em geral — sobre os aspectos físicos e operacionais que irão distinguir os diferentes tipos e categorias de meios de hospedagem; b) os consumidores — para que possam aferir a compatibilidade entre a qualidade oferecida e os preços praticados pelos meios de hospedagem de turismo; c) os empreendedores hoteleiros — sobre os padrões que deverão prever e executar em seus projetos, para obtenção do tipo e categorias desejados; d) o controle e a fiscalização — sobre os requisitos e padrões que deverão ser observados, para manutenção da classificação. O SBC-MH é instrumento de proteção e defesa do turista consumidor, cabendo-lhe a exclusividade de classificar, categorizar, qualificar e distribuir os meios de hospedagem, em território nacional, em categorias, níveis, patamares ou classes, simbolizados por estrelas, de acordo com as condições de conforto, comodidade, serviços e atendimento que possuam. A distribuição, o uso ou a divulgação, por qualquer organismo, entidade ou meio de hospedagem, de placa ou equipamento similar representativa de categoria, estrela ou outro símbolo assemelhado que possa induzir o turista a erro quanto à existência, no estabelecimento, das condições de conforto e serviços exigidos, na classificação oficial, para aquela categoria, caracteriza a propaganda enganosa prevista no Código de Proteção e Defesa do Consumidor.

SISTEMA BRASILEIRO DE INTELIGÊNCIA. *Direito administrativo.* É o que tem por objetivo integrar as ações de planejamento e execução da atividade de inteligência do País, com a finalidade de fornecer subsídios ao Presidente da República nos assuntos de interesse nacional. O Sistema Brasileiro de Inteligência é responsável pelo processo de obtenção e análise de dados e informações e pela produção e difusão de conhecimentos necessários ao processo decisório do Poder Executivo, em especial no tocante à segurança da sociedade e do Estado, bem como pela salvaguarda de assuntos sigilosos de interesse nacional. Entende-se como inteligência a atividade de obtenção e análise de dados e informações e de produção e difusão de conhecimentos, dentro e fora do território nacional, relativos a fatos e situações de imediata ou potencial influência sobre o processo decisório, a ação governamental, a salvaguarda e a segurança da sociedade e do Estado. E contrainteligência seria a atividade que objetiva prevenir, detectar, obstruir e neutralizar a inteligência adversa e ações de qualquer natureza que constituam ameaça à salvaguarda de dados, informações e conhecimentos de interesse da segurança da sociedade e do Estado, bem como das áreas e dos meios que os retenham ou em que transitem. Constituem o Sistema Brasileiro de Inteligência: a) a Casa Civil da Presidência da República, por meio do Centro Gestor e Operacional do Sistema de Proteção da Amazônia (CENSIPAM); b) o Gabinete de Segurança Institucional da Presidência da República, órgão de coordenação das atividades de inteligência federal; c) a Agência Brasileira de Inteligência (ABIN), como órgão central do Sistema; d) o Ministério da Justiça, por meio da Secretaria Nacional de Segurança Pública, do Departamento de Polícia Rodoviária Federal e da Coordenação de Inteligência do Departamento de Polícia Federal; e) o Ministério da Defesa, por meio do Departamento de Inteligência Estratégica, da Subchefia de Inteligência do Estado-Maior de Defesa, do Centro de Inteligência do Exército, da Secretaria de Inteligência da Aeronáutica; f) o Ministério das Relações Exteriores, por meio da Coordenação-Geral de Combate a Ilícitos Transnacionais e da Subsecretaria-Geral de Assuntos Políticos; g) o Ministério da Fazenda, por meio da Secretaria Executiva do Conselho de Controle de Atividades Financeiras, da Secretaria da Receita Federal e do Banco Central do Brasil; h) o Ministério do Trabalho e Emprego, por meio da Secretaria Executiva; i) o Ministério da Saúde, por meio do Gabinete do Ministro e da Agência Nacional de Vigilância Sanitária (ANVISA); j) o Ministério da Previdência Social, por meio da Secretaria Executiva; k) o Ministério da Ciência e Tecnologia, por meio do Gabinete do Ministro; l) o Ministério do Meio Ambiente, por meio da Secretaria Executiva; m) o Ministério de Integração Nacional, por meio da Secretaria Nacional de Defesa Civil. Cabe aos órgãos que compõem o Sistema Brasileiro de Inteligência, no âmbito de suas competências: a) produzir conhecimentos, em atendimento às prescrições dos planos e programas de inteligência, decorrentes da Política Nacional de Inteligência; b) planejar e executar ações relativas à obtenção e integração de dados e informações; c) intercambiar informações necessárias à produção de conhecimentos relacionados com as atividades de inteligência e contra-inteligência; d) fornecer ao órgão central do Sistema, para fins de integração, informações e conhecimentos específicos relacionados com a defesa das instituições e dos interesses nacionais; e) estabelecer os respectivos mecanismos e procedimentos particulares necessários às comunicações e ao intercâmbio de informações e conhecimentos no âmbito do Sistema, observando medidas e procedimentos de segurança e sigilo, sob coordenação da Abin, com base na legislação pertinente em vigor.

SISTEMA BRASILEIRO DE MUSEUS. *Direito educacional.* É o que tem a finalidade de promover: a) a interação entre os museus, instituições afins e profissionais ligados ao setor, visando ao constante aperfeiçoamento da utilização de recursos materiais e culturais; b) a valorização, registro e disseminação de conhecimentos específicos no campo museológico; c) a gestão integrada e o desenvolvimento das instituições, acervos e processos museológicos; e d) o desenvolvimento das ações voltadas para as áreas de aquisição de bens, capacitação de recursos humanos, documentação, pesquisa, conservação, restauração, comunicação e difusão entre órgãos e entidades públicas, entidades privadas e unidades museológicas que integrem o Sistema. Caberá ao Ministério da Cultura coordenar o Sistema Brasileiro de Museus, fixar diretrizes, estabelecer orientação normativa e supervisão técnica para o exercício de atividades sistematizadas no âmbito das matérias e objetivos do Sistema, preservada a autonomia administrativa, as dotações orçamentárias e a gestão de pessoal próprias dos órgãos e entidades que o integrem.

SISTEMA BRASILEIRO DE QUALIFICAÇÃO, CERTIFICAÇÃO E REGISTRO DE AUDITORES DE SISTEMAS DA QUALIDADE. Sistema reconhecido pelo Sistema Brasileiro de Certificação, que possui critérios e procedimentos para a qualificação, certificação e registro de auditores de sistemas da qualidade, aprovados pelo Comitê Brasileiro de Certificação.

SISTEMA BRASILEIRO DE TELEVISÃO DIGITAL (SB-TVD). *Direito das comunicações.* É o que tem por finalidade alcançar, entre outros, os seguintes objetivos: a) promover a inclusão social, a diversidade cultural do País e a língua pátria por meio do acesso à tecnologia digital, visando à democratização da informação; b) propiciar a criação de rede universal de educação à distância; c) estimular a pesquisa e o desenvolvimento e propiciar a expansão de tecnologias brasileiras e da indústria nacional relacionadas à tecnologia de informação e comunicação; d) planejar o processo de transição da televisão analógica para a digital, de modo a garantir a gradual adesão de usuários a custos compatíveis com sua renda; e) viabilizar a transição do sistema analógico para o digital, possibilitando às concessionárias do serviço de radiodifusão de sons e imagens, se necessário, o uso de

faixa adicional de radiofreqüência, observada a legislação específica; f) estimular a evolução das atuais exploradoras de serviço de televisão analógica, bem assim o ingresso de novas empresas, propiciando a expansão do setor e possibilitando o desenvolvimento de inúmeros serviços decorrentes da tecnologia digital, conforme legislação específica; g) estabelecer ações e modelos de negócios para a televisão digital adequados à realidade econômica e empresarial do País; h) aperfeiçoar o uso do espectro de radiofreqüências; i) contribuir para a convergência tecnológica e empresarial dos serviços de comunicações; j) aprimorar a qualidade de áudio, vídeo e serviços, consideradas as atuais condições do parque instalado de receptores no Brasil; k) incentivar a indústria regional e local na produção de instrumentos e serviços digitais.

SISTEMA BRASILEIRO DO DESPORTO. *Direito desportivo.* É o que visa garantir a prática desportiva regular e melhorar seu padrão de qualidade e para tanto compõe-se de conselhos e sistemas de desporto dos Estados, do Distrito Federal e dos Municípios organizados de forma autônoma e em regime de colaboração, integrados por vínculos de natureza técnica específicos de cada modalidade desportiva.

SISTEMA CAPITALISTA. *Economia política.* **1.** Modelo econômico baseado nas idéias de: lucro, mercado livre e tecnologia (Pinto Ferreira). **2.** Aquele que organiza a propriedade individual dos capitais técnicos e que, por isso, consagra o direito dos titulares dessa propriedade de receber rendas sem contrapartida de trabalho atual (Henri Guitton).

SISTEMA CARTÃO NACIONAL DE SAÚDE. *Direito do consumidor.* É o que tem validade nacional e base de vinculação territorial fundada no domicílio residencial do seu titular, é coordenado pelo Ministério da Saúde e permite o cadastramento dos usuários e profissionais de saúde e o acompanhamento contínuo dos atendimentos de saúde prestados à população. O Sistema Cartão Nacional de Saúde tem como objetivo vincular o atendimento prestado ao usuário, ao profissional que o realizou e ao estabelecimento assistencial de saúde responsável pela sua realização, o que pressupõe a vinculação entre três cadastrados: a) o Cadastro Universal de Usuários do Sistema Único de Saúde (SUS), que permitirá a emissão do Cartão Nacional de Saúde, ou CARTÃO SUS, com o número individual de identificação gerado com base no Número de Identificação Social (NIS), administrado pela Caixa Econômica Federal, e acrescido de quatro dígitos de uso exclusivo da saúde; b) o Cadastro de Profissionais de Saúde que permitirá a emissão do cartão do profissional contendo o número de identificação gerado com base no NIS, administrado pela Caixa Econômica Federal, e acrescido de quatro dígitos de uso exclusivo da saúde; c) o Cadastro Nacional de Estabelecimentos de Saúde (CNES), que permitirá a emissão do número único de identificação do estabelecimento, administrado pela Secretaria de Assistência à Saúde (SAS) do Ministério da Saúde.

SISTEMA CIENTÍFICO-JURÍDICO. *Teoria geral do direito* e *filosofia do direito.* **1.** Conjunto de enunciados decorrentes de uma operação lógica do jurista, que procura estabelecer um nexo entre os elementos do direito, de forma a dar-lhes, de acordo com certas regras, uma certa unidade de sentido. A função do cientista do direito não é a mera transcrição de normas, fatos e valores, já que estes não se agrupam em um todo ordenado, mas sim a descrição e a interpretação científica, que consistem, fundamentalmente, na determinação das conseqüências e efeitos produzidos por esses elementos do direito. **2.** Sistema descritivo que contém enunciados cognoscitivos do direito emitidos pela ciência jurídica (Paulo de Barros Carvalho).

SISTEMA COMUNISTA. *Economia política.* Sistema econômico em que há produção coletiva e consumo coletivo, pois o Estado monopoliza os meios de produção e fixa os bens de consumo conforme as necessidades individuais de cada membro da coletividade (Nogueira de Paula).

SISTEMA CONSTITUCIONAL. *Direito constitucional.* Sistema jurídico de uma nação, descritivo da sua lei fundamental, que contém normas alusivas à organização básica do Estado, ao reconhecimento e à garantia dos direitos fundamentais do homem e do cidadão, às formas, aos limites e às competências do exercício do Poder Público (Tércio Sampaio Ferraz Jr.).

SISTEMA CONSTITUCIONAL TRIBUTÁRIO. *Vide* SISTEMA TRIBUTÁRIO NACIONAL.

SISTEMA CRIPTOGRÁFICO DA ICP-BRASIL. *Direito virtual.* Deve ser entendido como um sistema composto de documentação normativa específica de criptografia aplicada na ICP-Brasil, conjunto de requisitos de criptografia, projetos, métodos de implementação, módulos implementados de *hardware* e *software*, definições relativas a algoritmos criptográficos e demais algoritmos integrantes de um processo criptográfico, procedimentos adotados para gerência das chaves criptográficas, métodos adotados para testes de robustez das cifras e detecção de violações dessas.

SISTEMA DA CENTRAL DE RASTREAMENTO. *Direito marítimo.* Sistema de Informação com suporte geoespacial adotado pela Central de Rastreamento do Programa Nacional de Rastreamento de Embarcação Pesqueira por Satélite (PREPS), o qual permite o rastreamento de embarcações pesqueiras por meio da recepção das coordenadas das posições e dados de sensores a bordo, enviados de forma padronizada, via rede mundial de computadores, por empresas prestadoras deste tipo de serviço. O sistema permite que seja feito o acompanhamento e análise da atividade pesqueira nas águas jurisdicionais brasileiras, águas internacionais e na área da Comissão para Conservação dos Recursos Marinhos Vivos Antárticos (CCRMVA), disponibilizando as informações para os órgãos gestores do PREPS.

SISTEMA DA CIÊNCIA DO DIREITO. *Vide* SISTEMA CIENTÍFICO-JURÍDICO.

SISTEMA DA COORDENAÇÃO DO TRANSPORTE AÉREO CIVIL. *Direito aeronáutico.* Órgão que visa: a) propor medidas não só para assegurar o desenvolvimento harmônico do transporte aéreo, no contexto de programas técnicos e econômico-financeiros específicos, mas também para acompanhar e fiscalizar a execução desses programas; e b) apreciar, sob os aspectos técnico-aeronáuticos e econômico-financeiros, os pedidos de importação e exportação de aeronaves civis, e propor instruções para o incentivo da indústria nacional de natureza aeroespacial.

SISTEMA DA ÍNTIMA CONVICÇÃO. *História do direito.* Aquele em que o magistrado ficava dispensado de explicar seu veredito; é admissível atualmente apenas para os jurados leigos que se limitam a responder os quesitos com um sim ou um não (João Bernardino Gonzaga).

SISTEMA DA LIVRE CONVICÇÃO. *Direito processual.* Aquele que confere ao juiz autonomia na apreciação das provas, escolhendo a que mais o convencer, devendo para tanto justificar na sentença sua escolha (João Bernardino Gonzaga).

SISTEMA DA MULTIPLICIDADE.

SISTEMA DA MULTIPLICIDADE. *Economia política.* Aquele que se apresenta ora como individualismo, se só o indivíduo tiver iniciativa e responsabilidade, ora como utilitarismo, se toda a produção estiver comandada pelo bem-estar do indivíduo, representado pelo máximo de utilidade trazida a cada um, ora como liberalismo, se o indivíduo tiver liberdade de propriedade e de celebrar contratos, e ora como capitalismo, se organizar a propriedade individual dos capitais técnicos (Henri Guitton).

SISTEMA DA PLURALIDADE SUCESSÓRIA. *Direito internacional privado.* Aquele em que a cada bem singularmente considerado se deve aplicar a *lex rei sitae*, ou seja, a de sua situação; logo a transmissão *causa mortis* operará conforme essa lei. Se os bens do *de cujus* estiverem localizados em vários países, ter-se-ão tantos juízos sucessórios quantos forem os Estados em que houver bens do *auctor successionis*.

SISTEMA DA UNICIDADE. *Economia política.* Para Henri Guitton, é o sistema socialista em que: o indivíduo é o único representante da totalidade humana ou do Estado (estatismo); o fim é o serviço social, ou seja, o bem-estar social máximo, logo o lucro individual é substituído pela idéia de produtividade social (socialismo); o indivíduo recebe o que o Estado lhe dá, devendo executar as ordens que recebe; com isso a autoridade do todo substitui a liberdade de todos, surgindo a propriedade comum, que abrange a totalidade dos bens de produção e consumo (comunismo) ou apenas o conjunto dos bens de capitais ou de produção (coletivismo), e além disso não há mais contrato nem mercado, pois o equilíbrio econômico resulta de um plano conhecido por órgão racional e autoritário; com isso a economia de mercado passa a ser economia planificada (planismo).

SISTEMA DA UNIDADE SUCESSÓRIA. *Direito internacional privado.* Aquele pelo qual só uma lei deve reger a transmissão *causa mortis*, determinando os herdeiros, a ordem de vocação hereditária, a quantia da legítima, a forma de concorrência, a maneira de colacionar entre os co-herdeiros, a validade formal do testamento. Tal lei pode ser a da nacionalidade ou a do domicílio do falecido. No Brasil, a sucessão *causa mortis*, ante o *universum ius defuncti*, deve ser regida por um só direito: o do domicílio.

SISTEMA DE ABASTECIMENTO DE ÁGUA PARA CONSUMO HUMANO. *Direito administrativo.* Instalação composta por conjunto de obras civis, materiais e equipamentos, destinada à produção e à distribuição canalizada de água potável para populações, sob a responsabilidade do Poder Público, mesmo que administrada em regime de concessão ou permissão.

SISTEMA DE ACOMPANHAMENTO DE PROCESSOS DO GOVERNO FEDERAL (PROTOCOLO.NET). *Direito administrativo* e *direito virtual.* Tem por objetivo reunir as informações comuns a todos os sistemas de protocolo de processos administrativos dos órgãos da Administração Pública federal direta, autárquica e fundacional. Cabe à Secretaria Executiva do Comitê Executivo do Governo Eletrônico, gestor operacional do PROTOCOLO.NET: a) promover a implantação e a manutenção do sistema; b) realizar as ações necessárias à atualização permanente do PROTOCOLO.NET; c) zelar pela integridade e veracidade das informações contidas no sistema; d) promover a disponibilização do sistema na Internet; e) propor ao Comitê Executivo do Governo Eletrônico a adoção das normas necessárias à implantação, manutenção e desenvolvimento do PROTOCOLO.NET.

SISTEMA DE ACOMPANHAMENTO LEGISLATIVO (SIAL). *Direito administrativo.* É o instituído no âmbito da Administração Pública federal direta e indireta, com o objetivo de: a) atender às necessidades de assessoramento e informação do presidente da República e dos dirigentes de entidades estatais da Administração Pública federal, quanto às atividades do Congresso Nacional relativas às matérias e proposições de interesse do Poder Executivo; b) coordenar o fluxo de informações e mensagens do Poder Executivo ao Congresso Nacional, tendo em vista os objetivos gerais e a uniformidade das ações do governo sobre matéria legislativa; c) acompanhar a tramitação no Congresso Nacional das proposições originárias do Poder Legislativo; d) diligenciar quanto ao atendimento de requerimentos de informação, indicações, consultas e outras solicitações formuladas pelos membros do Congresso Nacional ao Poder Executivo.

SISTEMA DE ADMINISTRAÇÃO DOS RECURSOS DE INFORMAÇÃO E INFORMÁTICA DA ADMINISTRAÇÃO PÚBLICA FEDERAL (SISP). *Direito administrativo* e *direito virtual.* É aquele que tem por fim: a) assegurar ao governo federal suporte de informação adequado, dinâmico, confiável e eficaz; b) facilitar aos interessados a obtenção das informações disponíveis, resguardados os aspectos de sigilo e restrições administrativas ou previstas em dispositivos legais; c) promover a integração entre programas de governo, projetos e atividades, visando a definição de políticas, diretrizes e normas relativas à gestão dos seus recursos; d) estimular o uso racional dos recursos de informação e informática, no âmbito da Administração Pública federal, visando a melhoria da qualidade e da produtividade do ciclo da informação; e) estimular o desenvolvimento, a padronização, a integração, a normalização dos serviços de produção e a disseminação de informações, de forma desconcentrada e descentralizada; f) propor adaptações institucionais necessárias ao aperfeiçoamento dos mecanismos de gestão dos recursos de informação e informática; g) estimular e promover a formação, o desenvolvimento e o treinamento dos servidores que atuam na área de informação e informática.

SISTEMA DE ADMINISTRAÇÃO FINANCEIRA FEDERAL. *Direito financeiro.* Visa ao equilíbrio econômico-financeiro do governo federal, dentro dos limites da receita e despesa públicas, e compreende as atividades de programação financeira da União, de administração de direitos e haveres, garantias e obrigações de responsabilidade do Tesouro Nacional e de orientação técnico-normativa referente à execução orçamentária financeira. As atividades de programação financeira compreendem a formulação de diretrizes para descentralização de recursos financeiros nos órgãos setoriais de programação financeira e destes para as unidades gestoras sob sua jurisdição e a gestão da Conta Única do Tesouro Nacional, objetivando: a) assegurar às unidades gestoras, nos limites da programação financeira aprovada, disponibilidade de recursos para execução de seus programas de trabalho; b) manter o equilíbrio entre a receita arrecadada e a despesa realizada. A administração de direitos, haveres, garantias e obrigações de responsabilidade do Tesouro Nacional consiste no exercício de atividades de formulação e de execução de política integrada de gestão de ativos e passivos da União. A orientação técnico-normativa visa à eficiência e eficácia da gestão da execução orçamentária e financeira. Integram o Sistema de Administração Financeira Federal: a) como órgão central, a Secretaria do Tesouro Nacional do Ministério da Fazenda; b) como órgãos setoriais, as uni-

dades de programação financeira dos Ministérios, da Advocacia-Geral da União, da Vice-Presidência e da Casa Civil da Presidência da República. Compete ao órgão central do Sistema de Administração Financeira Federal: a) zelar pelo equilíbrio financeiro do Tesouro Nacional; b) administrar os haveres financeiros e mobiliários do Tesouro Nacional; c) elaborar a programação financeira do Tesouro Nacional, gerenciar a Conta Única do Tesouro Nacional e subsidiar a formulação da política de financiamento da despesa pública; d) gerir a dívida pública mobiliária federal e a dívida externa de responsabilidade do Tesouro Nacional; e) controlar a dívida decorrente de operações de crédito de responsabilidade, direta e indireta, do Tesouro Nacional; f) administrar as operações de crédito sob responsabilidade do Tesouro Nacional incluídas no Orçamento Geral da União; g) manter controle dos compromissos que onerem, direta ou indiretamente, a União junto a entidades ou organismos internacionais; h) editar normas sobre a programação financeira e a execução orçamentária e financeira, bem como promover o acompanhamento, a sistematização e a padronização da execução da despesa pública; i) gerir, em conjunto com os órgãos do Sistema de Contabilidade Federal, o Sistema Integrado de Administração Financeira do Governo Federal (SIAFI); j) promover a integração com os demais poderes e esferas de governo em assuntos de administração e programação financeira; k) propor ao Ministro de Estado da Fazenda a indicação dos representantes do Tesouro Nacional nos conselhos fiscais ou órgãos de controle equivalentes das empresas controladas, direta ou indiretamente, pela União, acompanhando e orientando tecnicamente sua atuação. Compete aos órgãos setoriais do Sistema de Administração Financeira Federal: a) propor ao órgão central do Sistema a programação financeira setorial; b) em relação ao órgão cuja estrutura administrativa integre, estabelecer sua programação financeira e a dos demais órgãos e entidades a ele vinculados e coordenar, orientar e acompanhar suas atividades de programação e execução orçamentária e financeira, bem como dos demais órgãos e entidades a ele vinculados; c) prestar informações demandadas pelo órgão central do Sistema; d) apoiar o órgão central do Sistema na gestão do SIAFI.

SISTEMA DE ADMINISTRAÇÃO FINANCEIRA PARA ESTADO E MUNICÍPIOS (SIAFEM).

Direito administrativo e *direito virtual.* Implantado para unificar a execução orçamentária, financeira, patrimonial e contábil do Estado de São Paulo, possibilitando informações completas *on line* relativas aos gastos públicos.

SISTEMA DE ANÁLISE LABORATORIAL E PESQUISA (SIALP).

Direito ambiental e *direito agrário.* Constitui um conjunto de ações que são as principais ferramentas de implementação dos programas de monitoramento, controle e fiscalização de contaminantes, resíduos químicos e biológicos e da qualidade dos produtos, subprodutos e derivados de origem vegetal, por meio de atuação direta nas determinações analíticas e, indireta nas análises de controle dos insumos vegetais, que são considerados "elementos de apoio", na implementação das Boas Práticas Agrícolas.

SISTEMA DE APOIO DE VIDA.

Direito marítimo. É o suprimento de gás, sistema respiratório de gás, equipamento de descompressão, sistema de controle ambiental e equipamento utilizado para prover um ambiente seguro para a equipe de mergulho, no sino ou na câmara de descompressão da superfície, sob todos os níveis de pressão e condições a que a equipe possa ficar exposta durante a operação de mergulho.

SISTEMA DE ARMAZENAGEM.

Direito agrário. Conjunto das unidades armazenadoras do país destinadas à guarda e conservação de produtos agropecuários, seus derivados, subprodutos e resíduos de valor econômico.

SISTEMA DE ARQUIVO E CONTROLE DE DOCUMENTOS DO MINISTÉRIO DA JUSTIÇA (SIARQ/MJ).

Direito administrativo. É aquele que tem por objetivo dotar o Ministério das informações necessárias ao desempenho das atividades decorrentes de suas funções, mediante a racionalização da produção documental e a uniformização de procedimentos relativos à gestão dos documentos arquivísticos. O SIARQ/MJ compreende: 1. Unidade Central – Coordenação de Documentação e Informação da Coordenação-Geral de Modernização e Informática da Subsecretaria de Assuntos Administrativos – responsável pelo gerenciamento e normatização das atividades de arquivo e gerenciamento de documentos; 2. Unidades Setoriais – unidades organizacionais do Ministério, de qualquer grau, que desempenham atividades de arquivo e controle de documentos. À Unidade Central do SIARQ/MJ compete: a) planejar e implantar as Unidades Setoriais do SIARQ/MJ; b) orientar, coordenar e supervisionar a execução das atividades de arquivo e gerenciamento de documentos nas Unidades Setoriais; c) promover a racionalização da produção documental, em conjunto com a Coordenação de Modernização Administrativa; d) desenvolver estudos, em conjunto com as Coordenações de Tecnologia da Informação e de Sistemas e Integração da Informação, visando à implantação de recursos automatizados; e) promover o treinamento dos servidores lotados nas unidades integradas ao SIARQ/MJ, em conjunto com a Coordenação de Capacitação e Avaliação da Coordenação-Geral de Recursos Humanos da Subsecretaria de Assuntos Administrativos; f) custodiar, preservar, armazenar e ordenar os documentos produzidos e/ou recebidos pelo Ministério, garantindo sua integridade e segurança; g) articular-se com o Arquivo Nacional, para receber orientações e supervisão técnica, em consonância com a legislação em vigor; h) manter intercâmbio com arquivos nacionais e estrangeiros, para atualização de técnicas e permuta de experiências; i) promover a elaboração de manuais, com vistas à normatização de rotinas e procedimentos, em conjunto com a Coordenação de Modernização Administrativa; j) elaborar e manter atualizado o Código de Classificação de Documentos de Arquivo por Assuntos, acompanhando sua implantação; k) elaborar a Tabela de Temporalidade dos documentos do Ministério; l) estabelecer normas e critérios para a microfilmagem e/ou gerenciamento eletrônico de documentos. Às Unidades Setoriais compete: a) receber e registrar os documentos, bem como controlar a sua tramitação; b) formar os processos da unidade; c) encaminhar documentos ao Protocolo-Geral para serem expedidos; d) classificar e arquivar documentos de uso corrente, de acordo com o Código de Classificação de Documentos por Assuntos; e) organizar e manter o arquivo de documentos de uso corrente; f) recuperar informações e/ou documentos, para atendimento aos usuários; g) selecionar, periodicamente, os documentos mantidos em seus arquivos para transferência ao Arquivo Central, de acordo com os prazos prefixados na Tabela de Temporalidade; h) proceder a eliminação dos documentos, conforme estabelecido na Tabela de Temporalidade.

SISTEMA DE ATOS CRIADORES E APLICADORES DO DIREITO. *Filosofia do direito.* É criação epistemológica decorrente, na doutrina de Kelsen, da análise do direito pela teoria jurídica dinâmica, que o considera em seu movimento, tendo por objeto o processo jurídico em que é produzido e aplicado o direito, sendo que os atos de produção e aplicação do direito só interessam à ciência jurídica enquanto formam o conteúdo das normas jurídicas.

SISTEMA DE AUTO-ATENDIMENTO. *Direito das comunicações* e *direito virtual.* Sistema de atendimento automático que permite a interação direta com o usuário por meio de *menus* preestabelecidos, recebendo comandos e enviando informações.

SISTEMA DE AUTORIZAÇÃO. *Direito do consumidor.* Instrumento de controle de preço, pelo qual o empresário pode subir o preço de seus produtos desde que autorizado pelo órgão administrativo competente, em decisão de pedido de liberação de aumento, observado o limite deferido (Fábio Ulhoa Coelho).

SISTEMA DE AVALIAÇÃO DA CONFORMIDADE DE EMPRESAS DE SERVIÇOS E OBRAS DA CONSTRUÇÃO CIVIL (SiAC) DO PROGRAMA BRASILEIRO DA QUALIDADE E PRODUTIVIDADE DO HÁBITAT (PBQPH). Tem como objetivo avaliar a conformidade de Sistemas de Gestão da Qualidade em níveis adequados às características específicas das empresas do setor de serviços e obras atuantes na Construção Civil, visando a contribuir para a evolução da qualidade no setor.

SISTEMA DE BUSCA E SALVAMENTO AERONÁUTICO (SISSAR). *Direito aeronáutico.* Aquele que tem por fim o emprego de meios necessários ao provimento do serviço de busca e salvamento, em consonância com os documentos afins editados pela Organização de Aviação Civil Internacional e pela Junta Interamericana de Defesa. As atividades do Serviço de Busca e Salvamento são as que visam ao cumprimento de missões de Busca e Salvamento (SAR), ou seja, a localização e o socorro de ocupantes de aeronaves ou de embarcações em perigo, o resgate e o retorno à segurança de tripulantes de aeronaves abatidas ou sobreviventes de acidentes aeronáuticos e marítimos, assim como a interceptação e escolta de aeronaves e embarcações em emergência.

SISTEMA DECADACTILOSCÓPICO DE VUCETICH. *Medicina legal.* Processo de identificação humana que se baseia na presença de um certo número de acidentes nas cristas papilares dos dez dedos das mãos (José Lopes Zarzuela).

SISTEMA DE CADASTRAMENTO UNIFICADO DE FORNECEDORES (SICAF). *Direito administrativo.* Constitui o registro cadastral da Administração Pública federal direta, autárquica e fundacional e dos demais órgãos ou entidades que, expressamente, a ele aderirem. Para qualificação e habilitação dos fornecedores nas licitações e nos contratos administrativos pertinentes à aquisição de bens e serviços, inclusive de obras e publicidade, alienações e locações, no âmbito do Sistema de Serviços Gerais (SISG), é necessária prévia inscrição e regularidade cadastral no SICAF. Fica vedada a contratação de bens, obras ou serviços de fornecedores estabelecidos no território nacional, não inscritos ou em situação irregular no SICAF, salvo os fornecedores com sede fora do território nacional, que deverão atender aos requisitos previstos no edital de licitação internacional, na forma da legislação vigente. Para qualificação destinada à participação em certame licitatório, o interessado deverá atender a todas as condições exigidas para cadastramento no SICAF, até o terceiro dia útil anterior à data do recebimento das propostas. O registro de fornecedor no SICAF terá vigência de um ano, ressalvado o prazo de validade da documentação apresentada para fins de atualização no Sistema, a qual deverá ser reapresentada, periodicamente, à vista de norma específica, para sua regularidade cadastral. Para suprir os custos de manutenção do Sistema, os interessados na inscrição cadastral pagarão importâncias a serem estipuladas pelo Ministério do Planejamento, Orçamento e Gestão. É, portanto, um sistema automatizado de informações através do qual cadastrar-se-ão todos os fornecedores de materiais e serviços dos órgãos ou entidades da Administração Pública federal direta, autárquica e fundacional. Com isso fica vedada a aquisição de material e serviço junto a fornecedores não cadastrados, qualquer que seja a modalidade de licitação, inclusive nos casos de dispensa ou de inexigibilidade.

SISTEMA DE CADASTRO ESPECIAL DE IMÓVEL RURAL ADQUIRIDO POR ESTRANGEIRO. *Direito registrário.* Conjunto de normas que visam impedir a ocupação indiscriminada de imóvel rural por estrangeiro, resguardando os interesses da nação na defesa da integridade de seu território, na segurança nacional, na justa distribuição da propriedade rural e na efetiva produção dessa área, baseando-se, para tanto, em três pontos nodulares: a) vedação da aquisição de imóveis rurais por estrangeiros domiciliados no exterior; b) permissão dessa aquisição por pessoa física estrangeira residente no País e por pessoa jurídica estrangeira autorizada a funcionar no Brasil, limitando-a quanto à área, segundo percentuais relacionados ao território nacional; e c) vinculação dessa aquisição à efetiva exploração dos imóveis, mediante projetos aprovados pelas autoridades governantes (Olavo Acyr Lima Rocha). Além disso, o Cartório de Registro de Imóveis manterá cadastro especial, em livro auxiliar, de aquisições de áreas rurais por estrangeiro, cuja escrituração não dispensará a correspondente no Livro n. 2 (Registro geral). O Cartório de Registro de Imóveis deverá remeter, trimestralmente, sob pena de perda do cargo, à corregedoria da Justiça do Estado a que estiver subordinado e à repartição estadual do Instituto Nacional de Colonização e Reforma Agrária (INCRA), relações das aquisições de imóveis rurais por estrangeiros.

SISTEMA DE CANAIS COERENTE. *Direito das comunicações.* É um sistema de TV a cabo cujo cabeçal dispõe de um gerador que produz as freqüências portadoras ligadas entre si, em uma série de harmônicos de 6 MHz; a saída desse gerador está ligada a cada modulador ou processador, que é sintonizado de modo a aceitar do gerador somente a freqüência de seu próprio sinal de saída; assim, o modulador ou processador usa aquele sinal do gerador como uma freqüência de referência, prendendo sua portadora de vídeo de saída naquela freqüência.

SISTEMA DE CATALOGAÇÃO DA AERONÁUTICA (SISCAE). *Direito aeronáutico.* Tem a finalidade de assegurar o planejamento, a coordenação e a execução das atividades de levantamento e a catalogação de dados relativos às empresas, serviços e materiais de interesse aeroespacial. Entende-se por atividades de catalogação o conjunto de tarefas, normas e procedimentos necessários à obtenção de uma informação e sua inclusão em catálogo, compreendendo a coleta de dados, identificação, classificação, codificação, registro e publicação.

SISTEMA DE CERTIFICAÇÃO DAS FORÇAS ARMADAS (SISCEFA). *Direito militar.* Tem por finalidade o planejamento, o controle, a coordenação, a elaboração e o aprimoramento das atividades relacionadas à certificação, no âmbito do Ministério da Defesa.

SISTEMA DE CIFRA. *Direito virtual.* É aquele que, baseado em métodos lógicos, sigilosos e controlados por chaves, é usado para tratamento de dados e informações, tornando a escrita ininteligível, impedindo seu conhecimento por pessoa não autorizada.

SISTEMA DE CLASSIFICAÇÃO DE CARGOS. *Direito administrativo.* Ordenamento de cargos públicos em classes conforme a natureza e a responsabilidade das funções (White).

SISTEMA DE CÓDIGO. *Direito virtual.* Aquele que torna o dado ou a informação incompreensível, pela substituição de *bits*, caracteres ou blocos de caracteres por códigos, contidos em um "livro código".

SISTEMA DE COMANDO. *Direito espacial.* Sistema que assegura a manobra do míssil ou foguete, governando sua estabilização e direção, interrompendo ou variando o seu impulso para imprimir-lhe a velocidade adequada.

SISTEMA DE COMUNICAÇÃO SOCIAL DO PODER EXECUTIVO FEDERAL. *Direito administrativo.* Sistema que tem por principais objetivos: a) disseminar informações sobre assuntos de interesse dos mais diferentes segmentos sociais; b) estimular a sociedade a participar do debate e da definição de políticas públicas essenciais para o desenvolvimento do País; c) realizar ampla difusão dos direitos do cidadão e dos serviços colocados à sua disposição; d) explicar os projetos propostos pelo Executivo Federal nas principais áreas de interesse da sociedade; e) promover o Brasil no exterior; f) atender às necessidades de informação de clientes e usuários das entidades da Administração indireta e das sociedades sob controle direto e indireto da União. É vedada a publicidade que, direta ou indiretamente, caracterize promoção pessoal de autoridade ou de servidor público. As ações de comunicação social compreendem as áreas de: a) imprensa; b) relações públicas; c) publicidade, que abrange a propaganda institucional e mercadológica, a publicidade legal e a promoção institucional e mercadológica.

SISTEMA DE COMUNICAÇÕES POR ENLACES DIGITAIS DA AERONÁUTICA (SISCENDA). *Direito militar, direito aeronáutico* e *direito virtual.* É o que tem a finalidade de proporcionar comunicações seguras, por enlaces digitais, entre os participantes do Sistema (aeronaves e estações de superfície), para veiculação de informações necessárias ao exercício da atividade-fim da

Força Aérea Brasileira (FAB) e para dar suporte à operação de Sistemas de Comando e Controle. Entende-se como participante do Sistema toda plataforma ou estação que, mesmo operando subsistemas ou aplicativos com características próprias, empregar os protocolos, a criptografia e o suporte de comunicações do Siscenda. Os participantes do Siscenda são divididos em dois grupos: a) segmento aéreo, composto por plataformas aéreas tripuladas e não-tripuladas; b) segmento de superfície, composto por plataformas e estações móveis e fixas, operando a partir da superfície.

SISTEMA DE CONTABILIDADE FEDERAL. *Direito financeiro.* Visa propiciar instrumentos para registro dos atos e fatos relacionados com a administração orçamentária, financeira e patrimonial da União e evidenciar: a) as operações realizadas pelos órgãos ou entidades governamentais e seus efeitos sobre a estrutura do patrimônio da União; b) os recursos dos orçamentos vigentes e as alterações correspondentes; c) a receita prevista e a arrecadada e a despesa autorizada, empenhada, liquidada e paga à conta dos recursos orçamentários, bem como as disponibilidades financeiras; d) a situação, perante a Fazenda Pública, de qualquer pessoa física ou jurídica, pública ou privada, que utilize, arrecade, guarde, gerencie ou administre dinheiros, bens e valores públicos, ou pelos quais a União responda, ou, ainda, que, em nome desta, assuma obrigações de natureza pecuniária; e) a situação patrimonial do ente público e suas variações; f) os custos dos programas e das unidades da Administração Pública federal; g) a aplicação dos recursos da União, por unidade da Federação beneficiada; h) a renúncia de receitas de órgãos e entidades federais. Compete ao órgão central do Sistema de Contabilidade Federal: a) definir e normatizar os procedimentos atinentes às operações de contabilidade dos atos e fatos da gestão orçamentária, financeira e patrimonial da Administração Pública federal; b) manter e aprimorar o Plano de Contas Único da União e o processo de registro padronizado dos atos e fatos da Administração Pública; c) gerir, em conjunto com os órgãos do Sistema de Administração Financeira Federal, o Sistema Integrado de Administração Financeira do Governo Federal (SIAFI); d) definir procedimentos relacionados com a integração dos dados dos balancetes dos Estados, Municípios e Distrito Federal e dos órgãos não integrantes do SIAFI; e) elaborar e divulgar balanços, balancetes, demonstrações e demais informações contábeis dos órgãos da Administração federal direta e das entidades da Administração indireta; f) elaborar e divulgar os Balanços Gerais da União; g) elaborar informações gerenciais contábeis com vistas a subsidiar o processo de tomada de decisão; h) promover a conciliação da Conta Única do Tesouro Nacional com a disponibilidade no Banco Central do Brasil; i) supervisionar as atividades contábeis dos órgãos e entidades usuários do SIAFI, com vistas a garantir a consistência das informações; j) prestar assistência, orientação e apoio técnico aos órgãos setoriais na utilização do SIAFI, na aplicação de normas e na utilização de técnicas contábeis; k) consolidar os balanços da União, dos Estados, do Distrito Federal e dos Municípios, com vistas à elaboração do Balanço do Setor Público Nacional. Compete aos órgãos setoriais do Sistema de Contabilidade Federal: a) prestar assistência, orientação e apoio técnicos aos ordenadores de despesa e responsáveis por bens, direitos e obrigações da União ou pelos quais responda; b) verificar a conformidade de suporte documental efetuada pela unidade gestora; c) com base em apurações de atos e fatos inquinados de ilegais ou irregulares, efetuar os registros pertinentes e adotar as providências necessárias à responsabilização do agente, comunicando o fato à autoridade a quem o responsável esteja subordinado e ao órgão ou unidade do Sistema de Controle Interno do Poder Executivo Federal a que estejam jurisdicionados; d) analisar balanços, balancetes e demais demonstrações contábeis das unidades gestoras jurisdicionadas; e) realizar a conformidade dos registros no SIAFI dos atos de gestão orçamentária, financeira e patrimonial praticados pelos ordenadores de despesa e responsáveis por bens públicos, à vista das normas vigentes, da tabela de eventos do SIAFI e da conformidade documental da unidade gestora; f) realizar tomadas de contas dos ordenadores de despesa e demais responsáveis por bens e valores públicos e de todo aquele que der causa à perda, extravio ou outra irregularidade de que resulte dano ao erário; g) efetuar, nas unidades jurisdicionais, quando necessário, registros contábeis; h) integralizar, mensalmente, no SIAFI, os balancetes e demonstrações contábeis dos órgãos e entidades

SISTEMA DE CONTROLE FINANCEIRO (SCF)   423

federais que ainda não se encontrem em linha com o SIAFI; i) apoiar o órgão central do Sistema na gestão do SIAFI.

SISTEMA DE CONTROLE FINANCEIRO (SCF). *Direito previdenciário* e *direito financeiro.* O SCF tem por finalidade efetuar o batimento físico-financeiro dos valores e dados arrecadados e pagos, repassados ao Instituto Nacional do Seguro Social (INSS) pelos bancos. A divisão de Negócios e Controle Financeiro da Dataprev informou terem sido implementados no SCF, desde outubro de 1999, os seguintes itens: a) alterações em virtude de modificação contratual com a FEBRABAN; b) inclusão de tratamento para quitações por meio de débito em conta corrente; c) alterações nos módulos de provisão dos bancos; d) novas funcionalidades nos módulos de acompanhamento diário da arrecadação; e) novas funcionalidades nos módulos de acompanhamento de benefício; f) inclusão dos novos tipos de serviços LOAS e EPU; g) alteração da periodicidade do arquivo para batimento físico-financeiro.

SISTEMA DE CONTROLE INTERNO DO PODER EXECUTIVO FEDERAL. *Direito administrativo* e *direito financeiro.* É o que visa à avaliação da ação governamental e da gestão dos administradores públicos federais, com as finalidades, atividades, organização, estrutura e competências estabelecidas normativamente. Tem as seguintes finalidades: a) avaliar o cumprimento das metas previstas no Plano Plurianual, a execução dos programas de governo e dos orçamentos da União; b) comprovar a legalidade e avaliar os resultados quanto à eficácia e à eficiência da gestão orçamentária, financeira e patrimonial nos órgãos e nas entidades da Administração Pública federal, bem como da aplicação de recursos públicos por entidades de direito privado; c) exercer o controle das operações de crédito, avais e garantias, bem como dos direitos e haveres da União; d) apoiar o controle externo no exercício de sua missão institucional.

SISTEMA DE COORDENAÇÃO DA INFRA-ESTRUTURA AERONÁUTICA. *Direito aeronáutico.* Órgão que tem o objetivo de: promover o planejamento integrado da infra-estrutura aeronáutica e sua harmonização com as possibilidades econômico-financeiras do país; coordenar os diversos sistemas ou subsistemas; estudar e propor as medidas adequadas ao funcionamento harmônico dos vários sistemas e subsistemas, e coordenar os diversos registros e homologações requeridos por lei.

SISTEMA DE CORREIÇÃO DO PODER EXECUTIVO FEDERAL. *Direito administrativo.* É composto pela Controladoria-Geral da União, como Órgão Central; unidades específicas de correição para atuação junto aos Ministérios, como unidades setoriais; unidades específicas de correição nos órgãos que compõem a estrutura dos Ministérios, bem como suas autarquias e fundações públicas, como unidades seccionais; e, Comissão de Coordenação e Correição, como instância colegiada com funções consultivas, com o objetivo de fomentar a integração e uniformizar entendimentos dos órgãos e unidades que integram o Sistema. O Sistema de Correição do Poder Executivo Federal compreende as atividades relacionadas à prevenção e apuração de irregularidades, no âmbito do Poder Executivo Federal, por meio da instauração e condução de procedimentos correicionais. A atividade de correição utilizará como instrumentos a investigação preliminar, a inspeção, a sindicância, o processo administrativo geral e o processo administrativo disciplinar.

SISTEMA DE DESPOJOS. *Direito comparado.* Emprego público que, nos EUA, no âmbito da Administração, é dado a membros do partido político vitorioso nas eleições (Bonazzi).

SISTEMA DE DESTINAÇÃO FINAL DE RESÍDUOS DE SERVIÇOS DE SAÚDE. *Direito ambiental.* Conjunto de instalações, processos e procedimentos que visam à destinação ambientalmente adequada dos resíduos em consonância com as exigências dos órgãos ambientais competentes.

SISTEMA DE DISTRIBUIÇÃO DE ENERGIA ELÉTRICA. *Direito administrativo* e *direito do consumidor.* É o conjunto de linhas, subestações e demais equipamentos associados, necessários à interligação elétrica entre o *Sistema de Transmissão* ou Geração e as instalações dos consumidores finais.

SISTEMA DE DIVULGAÇÃO ELETRÔNICA DE COMPRAS E CONTRATAÇÕES (SIDEC). *Direito administrativo* e *direito virtual.* Módulo do Sistema Integrado de Administração de Serviços Gerais (SIASG), nos órgãos da Presidência da República, nos ministérios, nas autarquias e nas fundações que integram o Sistema de Serviços Gerais (SISG). O SIDEC tem por finalidade acompanhar, racionalizar e ampliar a divulgação das compras e contratações realizadas pela Administração Pública federal, em todo o País. O sistema disponibilizará rotinas automatizadas para publicação de avisos de licitações, junto à imprensa oficial, além de propiciar às empresas e à sociedade em geral acesso eletrônico às informações relativas às compras governamentais.

SISTEMA DE EDUCAÇÃO FÍSICA E DESPORTO DO COMANDO DA AERONÁUTICA (SISEFIDA). *Direito aeronáutico.* É aquele que tem a finalidade de planejar, coordenar e controlar as atividades de educação física e desporto no âmbito do Comando da Aeronáutica. As atividades de educação física e desporto são aquelas que concorrem direta ou indiretamente para a melhoria do condicionamento físico-profissional do pessoal, bem como aquelas envolvidas na formação e treinamento das equipes representativas da Aeronáutica no campo do desporto.

SISTEMA DE ENSINO. *Direito educacional.* 1. Conjunto de normas relativas à educação. 2. Conjunto de atividades educativas institucionalizadas (João Gualberto de Carvalho Meneses).

SISTEMA DE ENSINO DA AERONÁUTICA. *Direito aeronáutico.* É o que compreende as instituições de ensino mantidas ou administradas pelo Comando da Aeronáutica, que ministram cursos ou estágios homologados pelo Órgão Central do Sistema, bem como os órgãos, dentro de sua estrutura, que prestam serviço de caráter normativo, administrativo e de apoio técnico de ensino. O ensino no Comando da Aeronáutica obedece a processo contínuo e progressivo, constantemente atualizado e aprimorado, de educação integral e sistemática, que se estende mediante uma sucessão de fases de estudos e práticas de exigências sempre crescentes, desde a iniciação até os padrões mais apurados de cultura profissional e geral. A educação integral e sistemática é realizada de forma regular ou supletiva, sob os princípios estabelecidos para a Educação Nacional, e compreende duas áreas, denominadas Ensino Aeronáutico e Ensino Auxiliar. O Ensino Aeronáutico tem por finalidade qualificar e habilitar militares e civis para o exercício de cargos e funções do Comando da Aeronáutica, promover o pleno desenvolvimento de seus integrantes e contribuir para o diagnóstico e a solução de seus problemas característicos, bem como para a consolidação da cultura aeronáutica.

SISTEMA DE ENSINO DO EXÉRCITO. *Direito militar.* É o que tem a finalidade de qualificar recursos humanos para a ocupação de cargos e para o desempenho de funções previstas, na paz e na guerra, em sua organização. A qualificação é constituída pelos atos seqüentes de capacitação, com conhecimentos e práticas, e de habilitação, com certificação e diplomação específicas. Esse sistema compreende as atividades de educação, de instrução e de pesquisa, realizadas nos estabelecimentos de ensino, institutos de pesquisa e outras organizações militares com tais incumbências, e participa do desenvolvimento de atividades culturais. Integram também o Sistema de Ensino do Exército cursos, estágios e outras atividades de interesse do Exército, realizados por seu efetivo em organizações estranhas à sua estrutura, militares ou civis, nacionais ou estrangeiras. O Sistema de Ensino do Exército valoriza as seguintes atitudes e comportamento nos concludentes de suas modalidades de ensino: a) integração permanente com a sociedade; b) preservação das tradições nacionais e militares; c) educação integral; d) assimilação e prática dos deveres, dos valores e das virtudes militares; e) condicionamento diferenciado dos reflexos e atitudes funcionais; f) atualização científica e tecnológica; g) desenvolvimento do pensamento estruturado. O Sistema de Ensino do Exército realiza o ensino profissionalizante e o escolar, estruturando-se, basicamente, em: a) graus de ensino, que versam sobre a escolaridade das diferentes atividades de ensino e sua correlação com os níveis funcionais militares; b) linhas de ensino, que dispõem sobre as áreas de concentração dos estudos e das funções militares; c) ciclos de ensino, que dispõem sobre o grupamento das atividades de ensino necessárias à progressão na carreira militar. Para atender a sua finalidade, o Sistema de Ensino do Exército mantém as seguintes modalidades de cursos: a) formação, que assegura a qualificação inicial, básica para a ocupação de cargos e para o desempenho de funções de menor complexidade em cada segmento da carreira militar, e a prestação do serviço militar inicial e suas prorrogações; b) graduação, que qualifica em profissões de nível superior, com ou sem correspondentes civis, para a ocupação de cargos e para o desempenho de funções militares; c) especialização, que qualifica para a ocupação de cargos e para o desempenho de funções que exijam conhecimentos e práticas especializadas; d) extensão, que amplia os conhecimentos e as técnicas adquiridos em cursos anteriores, necessários para a ocupação de determinados cargos e para o desempenho de

SISTEMA DE ENSINO NAVAL (SEN)

determinadas funções; e) aperfeiçoamento, que atualiza e amplia conhecimentos obtidos com a formação ou a graduação, necessários para a ocupação de cargos e para o desempenho de funções de maior complexidade; f) altos estudos militares, que qualificam para a ocupação de cargos e para o desempenho de funções privativos do Quadro de Estado-Maior da Ativa, bem como atualizam, ampliam e estruturam conhecimentos em ciências militares, políticas e sociais; g) preparação, que amplia, sedimenta e uniformiza conhecimentos, bem como qualifica para o ingresso em determinados cursos. A pós-graduação complementa a graduação e a formação universitária, por meio de cursos específicos ou considerados equivalentes, mediante a concessão, o suprimento ou o reconhecimento de títulos e graus acadêmicos. Os estágios constituem atividade didático-pedagógica complementar a determinadas modalidades de cursos, destinadas a desenvolver a qualificação cultural ou profissional. O Sistema de Ensino do Exército mantém, de forma adicional às modalidades militares propriamente ditas, o ensino preparatório e assistencial de nível fundamental e médio, por intermédio dos colégios militares, na forma da legislação federal pertinente, ressalvadas suas peculiaridades. O ensino preparatório e assistencial de nível fundamental e médio poderá ser ministrado com a colaboração de outros Ministérios, Governos estaduais e municipais, além de entidades privadas. Os colégios militares mantêm regime disciplinar de natureza educativa, compatível com a sua atividade preparatória para a carreira militar. A educação de jovens e adultos, também adicional às modalidades militares propriamente ditas, quando desenvolvida pelo Exército brasileiro, visará à melhoria da escolaridade de seus recursos humanos, atenderá à legislação federal específica e será realizada mediante a colaboração de outros Ministérios, dos Governos estaduais e municipais, além de entidades privadas.

SISTEMA DE ENSINO NAVAL (SEN). *Direito militar* e *direito educacional.* Destinado a capacitar o pessoal militar e civil para o desempenho, na paz e na guerra, dos cargos e funções previstos em sua organização. O SEN abrange diferentes níveis e modalidades de ensino, finalidades de cursos e estágios e estabelecimentos de ensino. Poderá ser complementado por cursos e está-

gios julgados de seu interesse, conduzidos em organizações extra-Marinha, militares ou civis, nacionais ou estrangeiras, conforme regulamentado pela Marinha. Quanto ao nível e à modalidade, o ensino proporcionado pelo SEN terá, em conformidade com a legislação que fixa as diretrizes e bases da educação nacional, correspondência com: a educação básica, no que se refere ao ensino médio; a educação profissional; e a educação superior.

SISTEMA DE ENVIO ELETRÔNICO DE MATÉRIAS (IN-COM). *Direito virtual.* É o que tem por finalidade a transmissão dos atos oficiais, por intermédio de rotinas automatizadas de geração de ofício eletrônico, recebimento e transferência de matérias para publicação no *Diário Oficial da União* e no *Diário da Justiça.* O Sistema INCOM utiliza a tecnologia de criptografia assimétrica, garantindo a segurança, a autenticidade, a integridade e o sigilo da informação.

SISTEMA DE EVACUAÇÃO HIPERBÁRICA. *Direito marítimo.* É um sistema por meio do qual mergulhadores sob pressão podem ser evacuados com segurança de um navio ou estrutura flutuante para um local onde a descompressão possa ser realizada.

SISTEMA DE EXCLUSÃO. *Direito comparado.* Sistema, adotado na Itália, pelo qual, para se solucionar dificuldade na formação da vontade coletiva, colocam-se em votação duas opiniões discordantes, sendo que aquela que obtém maior número de votos é submetida à votação juntamente com uma terceira, e assim por diante, até resultar em uma só (Giuseppe Chiovenda).

SISTEMA DE FACILITAÇÃO DO TRANSPORTE AÉREO. *Direito aeronáutico.* É o que tem por fim estudar normas e recomendações pertinentes da Organização de Aviação Civil Internacional (OACI), e propor aos órgãos interessados as medidas adequadas a implementá-las no País, avaliando os resultados e sugerindo as alterações necessárias ao aperfeiçoamento dos serviços aéreos.

SISTEMA DE FINANCIAMENTO IMOBILIÁRIO (SFI). *Direito bancário.* É o que tem por objetivo promover o financiamento imobiliário em geral, segundo condições compatíveis com as da formação dos fundos respectivos. Poderão operar no SFI as caixas econômicas, os bancos comerciais, os bancos de investimento, os bancos com carteira de crédito imobiliário, as sociedades de crédito imobiliário, as associações de poupança e empréstimo, as companhias hipotecárias e, a critério do Conselho Monetário Nacional (CMN), outras entidades. As companhias securitizadoras de créditos imobiliários, instituições não financeiras constituídas sob a forma de sociedade por ações, terão por finalidade a aquisição e securitização desses créditos e a emissão e colocação, no mercado financeiro, de Certificados de Recebíveis Imobiliários, podendo emitir outros títulos de crédito, realizar negócios e prestar serviços compatíveis com as suas atividades. As operações de financiamento imobiliário, em geral, serão livremente efetuadas pelas entidades autorizadas a operar no SFI, segundo condições de mercado e observadas as prescrições legais. Nessas operações, poderão ser empregados recursos provenientes da captação nos mercados financeiro e de valores mobiliários, de acordo com a legislação pertinente. As operações de financiamento imobiliário em geral, no âmbito do SFI, serão livremente pactuadas pelas partes, observadas as seguintes condições essenciais: a) reposição integral do valor emprestado e respectivo reajuste; b) remuneração do capital emprestado às taxas convencionadas no contrato; c) capitalização dos juros; d) contratação, pelos tomadores de financiamento, de seguros contra os riscos de morte e invalidez permanente.

SISTEMA DE FOMENTO INDUSTRIAL DAS FORÇAS ARMADAS (SISFIFA). *Direito militar.* Tem por finalidade o planejamento, o controle, a coordenação, a elaboração e o aprimoramento das atividades relacionadas ao fomento industrial, no âmbito do Ministério da Defesa. A atividade de fomento industrial é o processo que visa a promover o desenvolvimento tecnológico das empresas do parque industrial nacional, por meio de mecanismos de incentivo e apoio tecnológico, econômico e/ou financeiro. E são usuários do Sistema de Fomento Industrial todos os órgãos, empresas e organizações que atendam aos interesses do Ministério da Defesa. A autoridade do SISFIFA é o Secretário de Logística, Mobilização, Ciência e Tecnologia, do Ministério da Defesa, que deve estabelecer a política e as diretrizes para o Sistema a ser responsável pelas relações institucionais. A Secretaria de Logística, Mobilização, Ciência e Tecnologia exerce as funções de Coordenadoria Geral do SISFIFA, responsável pela verificação e pelo acompanhamento do funcionamento do Sis-

tema, com base nos objetivos e nas diretrizes emanadas. Esse Sistema é composto por todos os órgãos de fomento industrial das Forças Armadas, de acordo com as necessidades de execução das atividades de fomento industrial de cada Força. Tais órgãos têm suas constituições e atribuições estabelecidas em regulamentos e regimentos internos próprios ou das organizações a que pertencem.

SISTEMA DE FORMAÇÃO E ADESTRAMENTO DE PESSOAL. *Direito aeronáutico.* Serviço prestado por aeroclubes, que abrange atividades de ensino e adestramento de pessoal de vôo e de infra-estrutura aeronáutica, de recreio e desportos.

SISTEMA DE FREIOS E CONTRAPESOS. *Ciência política.* Aquele baseado na separação de poderes, o qual é um expediente técnico que, além de limitar os poderes, garante as liberdades políticas, protegendo o cidadão contra a tirania do poder, por estar ligado ao controle do exercício do poder pelo povo.

SISTEMA DE GABINETE. *Ciência política.* Sistema parlamentar em que um corpo de ministros, escolhidos pelo primeiro-ministro, administra o país. Esse gabinete pode dissolver-se por moção de desconfiança do parlamento.

SISTEMA DE GARANTIA DOS DIREITOS DA CRIANÇA E DO ADOLESCENTE. *Direito da criança e do adolescente.* Constitui-se na articulação e integração das instâncias públicas governamentais e da sociedade civil, na aplicação de instrumentos normativos e no funcionamento dos mecanismos de promoção, defesa e controle para a efetivação dos direitos humanos da criança e do adolescente, nos níveis Federal, Estadual, Distrital e Municipal. Compete ao Sistema de Garantia dos Direitos da Criança e do Adolescente promover, defender e controlar a efetivação dos direitos civis, políticos, econômicos, sociais, culturais, coletivos e difusos, em sua integralidade, em favor de todas as crianças e adolescentes, de modo que sejam reconhecidos e respeitados como sujeitos de direitos e pessoas em condição peculiar de desenvolvimento; colocando-os a salvo de ameaças e violações a quaisquer de seus direitos, além de garantir a apuração e reparação dessas ameaças e violações. O Sistema procurará enfrentar os atuais níveis de desigualdades e iniqüidades, que se manifestam nas discriminações, explorações e violências, baseadas em razões de classe social, gênero, raça/etnia, orientação sexual, de-

SISTEMA DE GERAÇÃO E TRAMITAÇÃO DE DOCUMENTOS OFICIAIS (SIDOF)   427   SIS

ficiência e localidade geográfica, que dificultam significativamente a realização plena dos direitos humanos de crianças e adolescentes, consagrados nos instrumentos normativos nacionais e internacionais, próprios. Este Sistema: a) fomentará a integração do princípio do interesse superior da criança e do adolescente nos processos de elaboração e execução de atos legislativos, políticas, programas e ações públicas, bem como nas decisões judiciais e administrativas que afetem crianças e adolescentes; b) promoverá estudos e pesquisas, processos de formação de recursos humanos dirigidos aos operadores dele próprio, assim como a mobilização do público em geral sobre a efetivação do princípio da prevalência do melhor interesse da criança e do adolescente; e c) procurará assegurar que as opiniões das crianças e dos adolescentes sejam levadas em devida consideração, em todos os processos que lhes digam respeito.

SISTEMA DE GERAÇÃO E TRAMITAÇÃO DE DOCUMENTOS OFICIAIS (SIDOF). *Direito administrativo.* Abrange as atividades de elaboração, redação, alteração, controle, tramitação, administração e gerência das propostas de atos normativos a serem encaminhadas ao Presidente da República pelos Ministérios e órgãos integrantes da estrutura da Presidência da República.

SISTEMA DE GERENCIAMENTO MILITAR DE ARMAS (SIGMA). *Direito militar.* Instituído no Ministério da Defesa, no âmbito do Comando do Exército, com circunscrição em todo o território nacional, tem por finalidade manter cadastro geral e permanente das armas de fogo importadas, produzidas e vendidas no País, da competência do SIGMA, e das armas de fogo que constem dos registros próprios, feitos em documentos oficiais de caráter permanente. Serão cadastradas no SIGMA: 1) as armas de fogo institucionais, de porte e portáteis, constantes de registros próprios: a) das Forças Armadas; b) das Polícias Militares e de Corpos de Bombeiros Militares; c) da Agência Brasileira de Inteligência; d) do Gabinete de Segurança Institucional da Presidência da República; 2) as armas de fogo dos integrantes das Forças Armadas, da Agência Brasileira de Inteligência e do Gabinete de Segurança Institucional da Presidência da República, constantes de registros próprios; 3) as informações relativas às exportações de armas de fogo, munições e demais produtos

controlados, devendo o Comando do Exército manter sua atualização; 4) as armas de fogo importadas ou adquiridas no país para fins de testes e avaliação técnica; e 5) as armas de fogo obsoletas, assim consideradas aquelas fabricadas antes do século XX, para as quais não haja mais produção comercial de munição e assim declarada por órgão técnico do Comando do Exército. Serão registradas no Comando do Exército e cadastradas no SIGMA: 1) as armas de fogo de colecionadores, atiradores e caçadores; 2) as armas de fogo das representações diplomáticas.

SISTEMA DE GERENCIAMENTO MILITAR DE ARMAS DA AERONÁUTICA (SIGMAER). *Direito militar.* Sistema instituído no âmbito do COMAER, que tem por finalidade manter o cadastro geral, permanente e integrado com o SIGMA, das armas de fogo de uso particular dos militares da Aeronáutica, constantes de registros próprios das OM, bem como das armas institucionais de porte e portáteis, pertencentes ao acervo da Força. Possui como Órgão Central a DIRMAB e como elos subordinados os COMAR, por intermédio das Seções de Investigação e Justiça (SIJ) e dos Serviços Regionais de Material Bélico (SERMAB).

SISTEMA DE GESTÃO DA ÉTICA DO PODER EXECUTIVO FEDERAL. *Direito administrativo.* Tem a finalidade de promover atividades que dispõem sobre a conduta ética no âmbito do Executivo Federal, competindo-lhe: a) integrar os órgãos, programas e ações relacionados com a ética pública; b) contribuir para a implementação de políticas públicas tendo a transparência e o acesso à informação como instrumentos fundamentais para o exercício de gestão da ética pública; c) promover, com apoio dos segmentos pertinentes, a compatibilização e a interação de normas, procedimentos técnicos e de gestão relativos à ética pública; d) articular ações com vistas a estabelecer e efetivar procedimentos de incentivo e incremento ao desempenho institucional na gestão da ética pública do Estado brasileiro.

SISTEMA DE GESTÃO DE DOCUMENTOS DE ARQUIVO (SIGA). *Direito administrativo.* É o conjunto de atividades de gestão de documentos no âmbito dos órgãos e entidades da Administração Pública federal. São documentos de arquivo aqueles produzidos e recebidos por órgãos e entidades da Administração Pública federal, em decorrência de exercício de funções e atividades específicas, qualquer que seja o suporte da informação ou a natureza dos documentos. A gestão de documentos é o conjunto de procedimentos e operações técnicas referentes à produção, tramitação, uso, avaliação e arquivamento dos documentos, em fase corrente e intermediária, independente do suporte, visando a sua eliminação ou recolhimento para guarda permanente. O SIGA tem por finalidade: a) garantir ao cidadão e aos órgãos e entidades da Administração Pública federal, de forma ágil e segura, o acesso aos documentos de arquivo e às informações neles contidas, resguardados os aspectos de sigilo e as restrições administrativas ou legais; b) integrar e coordenar as atividades de gestão de documentos de arquivo desenvolvidas pelos órgãos setoriais e seccionais que o integram; c) disseminar normas relativas à gestão de documentos de arquivo; d) racionalizar a produção da documentação arquivística pública; e) racionalizar e reduzir os custos operacionais e de armazenagem da documentação arquivística pública; f) preservar o patrimônio documental arquivístico da Administração Pública federal; g) articular-se com os demais sistemas que atuam direta ou indiretamente na gestão da informação pública federal.

SISTEMA DE GOVERNO. *Ciência política.* **1.** Forma de organização político-social do Estado, que pode ser parlamentarista ou presidencialista. **2.** Modo de exercício do poder governamental. **3.** Sistema de órgãos que têm a função de governar o Estado. **4.** Conjunto de normas e princípios de ordem política que estabelecem a forma de governo de um Estado pelo qual é organizado e dirigido (De Plácido e Silva).

SISTEMA DE GUERRA ELETRÔNICA DO COMANDO DA AERONÁUTICA (SIGEA). *Direito aeronáutico.* Sistema que tem a finalidade de efetuar o planejamento, a coordenação e o controle das atividades de guerra eletrônica no âmbito do Comando da Aeronáutica. Tais atividades são aquelas que envolvem o uso da energia eletromagnética para delimitar, explorar, reduzir ou evitar o uso hostil do espectro eletromagnético, bem como para garantir a sua utilização de maneira eficaz pela Força Aérea Brasileira.

SISTEMA DE HOMOLOGAÇÃO. *Direito do consumidor.* Instrumento de controle de preços em que o empresário apresenta uma proposta de majoração dos preços controlados à autoridade administrativa, para que esta a homologue, estando atendidos os requisitos legais (Fábio Ulhoa Coelho).

SISTEMA DE IDENTIFICAÇÃO INDIVIDUAL. *Direito agrário.* Mecanismo de identificação individual dos animais do rebanho, através de tatuagem, brinco ou meios eletrônicos, previamente habilitados pelo Serviço Oficial.

SISTEMA DE INDÚSTRIA AERONÁUTICA. *Direito aeronáutico.* Conjunto de empresas de fabricação, revisão, reparo e manutenção de produto aeronáutico ou relativo à proteção ao vôo, que dependem de registro e homologação.

SISTEMA DE INFORMAÇÃO E INTELIGÊNCIA COMERCIAL. *Direito internacional privado.* Base da estrutura de funcionamento da promoção comercial brasileira no exterior, pela qual são promovidos e coordenados: coleta, análise, armazenamento, disseminação e recuperação de dados que permitem a identificação de oportunidades comerciais e de captação de investimentos no mercado mundial; realização de estudos sobre produtos e mercados, bem como análise estratégica de concorrência internacional.

SISTEMA DE INFORMAÇÃO HOSPITALAR (SIH). *Direito do consumidor.* Visa garantir o cumprimento das normas do Sistema Único de Saúde (SUS); para tanto adota processamento descentralizado para os níveis estadual e municipal, contando com participação de gestores, técnicos e profissionais envolvidos na prestação de assistência hospitalar aos usuários do SUS.

SISTEMA DE INFORMAÇÕES AMBULATORIAIS. *Direito do consumidor.* Desenvolvido e implantado pelo Ministério da Saúde a partir de 1990, veio se constituir em um elo fundamental no processo de consolidação do Sistema Único de Saúde (SUS). Por ser um sistema padronizado em âmbito nacional e utilizado em todos os níveis de gestão, em consonância com um dos princípios legais do SUS, que é o da descentralização, tornou-se ferramenta fundamental para a gestão da assistência à saúde, oferecendo aos gestores um conjunto de informações relativas à assistência ofertada em regime ambulatorial e subsidiando todas as decisões relativas a essa modalidade assistencial. A partir de seu desenvolvimento e implantação, o Sistema de Informações Ambulatoriais vem sendo modificado e aprimorado em função das decisões deliberadas pelos órgãos gestores, especialmente às Normas Operacionais Básicas do SUS, mantendo suas premissas de: registrar o atendimento realizado em nível ambulatorial, vinculado à tabela de procedimentos ambulatoriais do SUS;

SISTEMA DE INFORMAÇÕES DE PRODUTOS (SIP)

favorecer a descentralização de sua operação; permitir o estabelecimento de formas diferenciadas de informação e informatização, desde que seja mantida a padronização do sistema estabelecida pela SAS/MS.

SISTEMA DE INFORMAÇÕES DE PRODUTOS (SIP). *Direito do consumidor.* Para envio de informações e emissão de relatório gerencial de acompanhamento da prestação de serviços aos beneficiários de planos privados de assistência à saúde. As operadoras são classificadas da seguinte forma: 1. operadoras de planos de assistência médico-hospitalar com ou sem assistência odontológica: a) operadoras com até 100.000 beneficiários; b) operadoras com mais de 100.000 beneficiários; 2. operadoras de planos de assistência exclusivamente odontológica: a) operadoras com até 20.000 beneficiários; b) operadoras com mais de 20.000 beneficiários.

SISTEMA DE INFORMAÇÕES DO BANCO CENTRAL (SISBACEN). *Direito bancário.* SISBACEN é marca registrada no Instituto Nacional da Propriedade Industrial (INPI), e sobre ela o Banco Central do Brasil detém todos os direitos na forma da legislação em vigor. Os dados e informações contidos no SISBACEN, acessíveis ou não aos seus usuários, são de propriedade do Banco Central do Brasil, inclusive aqueles que, originados de qualquer usuário, tenham sido inseridos pelo Banco Central do Brasil nas bases de dados do sistema. Sistema informatizado de natureza corporativa, desenvolvido no âmbito do Banco Central do Brasil, com o objetivo de: a) prover o Banco Central de instrumento de tecnologia da informação para o cumprimento da sua missão institucional; b) facilitar a captação, o tratamento e a divulgação de informações de interesse do Banco Central, relativamente às instituições objeto da sua ação controladora, normatizadora e/ou fiscalizadora; c) disponibilizar para órgãos e entidades integrantes do Poder Público, bem como a pessoas físicas ou jurídicas, informações constantes das suas bases de dados e de interesse desses entes, observados os preceitos de sigilo que legalmente as envolvem.

SISTEMA DE INFORMAÇÕES DO GERENCIAMENTO COSTEIRO (SIGERCO). *Direito ambiental* e *direito marítimo.* Componente do Sistema Nacional de Informações sobre Meio Ambiente (SINIMA), que integra informações georreferenciadas sobre a zona costeira.

SISTEMA DE INFORMAÇÕES EM BIOSSEGURANÇA (SIB). *Biodireito.* Órgão do Ministério da Ciência e Tecnologia destinado à gestão das informações decorrentes das atividades de análise, autorização, registro, monitoramento e acompanhamento das atividades que envolvam Organismos Geneticamente Modificados (OGM) e seus derivados.

SISTEMA DE INFORMAÇÕES SOBRE DESASTRES NO BRASIL (SINDESB). *Direito administrativo.* É o que permite o aprofundamento dos conhecimentos sobre os desastres de maior prevalência no País e por embasar o planejamento e facilitar o processo decisório relacionado com a redução de desastres. O processamento inteligente das informações relacionadas com desastres, além de permitir o aprofundamento dos estudos epidemiológicos sobre eles, facilita a tomada de decisões de curto prazo, relativas às ações de resposta aos desastres; de médio prazo, relativas às ações de reconstrução; de longo prazo, relativas ao Programa de Prevenção de Desastres (PRVD) e ao Programa de Preparação para Emergências e Desastres (PPED).

SISTEMA DE INSPEÇÃO DO COMANDO DA AERONÁUTICA. *Direito militar.* É o que tem a finalidade de normatizar as atividades de inspeção no Comando da Aeronáutica. Tais atividades são as que permitem: a) informar sobre os níveis de consecução dos objetivos estabelecidos pela política do Comando da Aeronáutica; b) fornecer ao Estado-Maior da Aeronáutica elementos para a reavaliação dos fatores de planejamento; c) possibilitar a verificação do funcionamento dos diversos sistemas do Comando da Aeronáutica. O Órgão Central do Sistema de Inspeção é o Estado-Maior da Aeronáutica, que tem a sua constituição e suas atribuições gerais definidas em regulamento e regimento interno próprios. O Órgão Central do Sistema de Inspeção tem por atribuições: a) a orientação normativa, a supervisão técnica, a coordenação e o controle das atividades do sistema; b) a fiscalização específica do desempenho dos elos do sistema. Os Órgãos Executivos do Sistema de Inspeção têm a sua constituição e as suas atribuições gerais definidas em regulamentos e regimentos internos próprios e são suas atribuições: a) o cumprimento das normas, elaboradas pelo Órgão Central; e b) o encaminhamento, ao Órgão Central, de sugestões que visem ao aperfeiçoamento do sistema.

SISTEMA DE INVESTIGAÇÃO E PREVENÇÃO DE ACIDENTES AERONÁUTICOS. *Direito aeronáutico.* Aquele que tem a incumbência de planejar, orientar, coordenar, controlar e executar as atividades de investigação e de prevenção de acidentes aeronáuticos.

SISTEMA DE LANÇAMENTO. 1. *Direito marítimo.* Significa a instalação e o equipamento necessário para levantar, baixar e transportar o sino de mergulho entre o local de trabalho e a câmara de descompressão de superfície. **2.** *Direito espacial.* Sistema espacial composto pelo complexo de lançamento, veículo lançador, carga útil, equipamentos de apoio de superfície, equipamentos de bordo, sistemas de controle, navegação e trajetórias, procedimentos, pessoal empregado na operação de lançamento e qualquer outro item a ela associado.

SISTEMA DE LINGUAGEM. *Filosofia geral* e *semiótica.* Aquele em que, na linguagem, todos os termos são solidários, e em que do valor de um resulta a presença simultânea de outro. Para fazer parte do sistema de linguagem, cada palavra está revestida não apenas de uma significação, mas também de um valor. Há entre os termos lingüísticos no interior de um sistema relações sintagmáticas e associativas (Saussure).

SISTEMA DE LIQUIDAÇÃO. *Direito bancário* e *direito virtual.* Complexo de instalações, equipamentos e sistemas computacionais e de comunicação disponibilizado por uma câmara ou prestador de serviços de compensação e de liquidação, para liquidação de operações segundo regras e procedimentos formalmente estabelecidos.

SISTEMA DE LIVRE EMPRESA. *Economia política.* Diz-se daquele em que há plena liberdade empresarial na indústria e no comércio, sem qualquer intervenção governamental, salvo no que atina à edição de normas imprescindíveis para salvaguardar a solidez da economia nacional e o interesse público.

SISTEMA DE MATERIAL AERONÁUTICO (SISMA). *Direito militar.* Tem a finalidade de planejar, orientar, coordenar, executar e controlar as atividades específicas das funções logísticas de suprimento e de manutenção de material aeronáutico no âmbito do Comando da Aeronáutica (COMAER). A função logística de suprimento de material aeronáutico envolve as atividades de determinação das necessidades de suprimento, requisição, procura, compra, recebimento, catalogação, armazenagem, fornecimento, expedição, transferência, descarga,

alienação e controle de estoque. A função logística de manutenção de material aeronáutico envolve as atividades de inspeção, teste, delineamento, conservação, reparo, recuperação, modificação, fabricação, reabastecimento, neutralização, depanagem, salvamento, calibração e planejamento e controle de manutenção.

SISTEMA DE MERGULHO. *Direito marítimo.* Significa todo conjunto de equipamentos necessários para conduzir operações de mergulho.

SISTEMA DE MERGULHO FIXO. *Direito marítimo.* É o sistema instalado permanentemente em navios, plataformas ou outras estruturas.

SISTEMA DE MERGULHO MÓVEL. *Direito marítimo.* É o sistema instalado em navios, plataformas ou outras estruturas que, dadas as suas características, possa ser deslocado para outras localizações.

SISTEMA DE METROLOGIA DAS FORÇAS ARMADAS (SISMEFA). *Direito militar.* Tem por finalidade o planejamento, o controle, a coordenação, a elaboração e o aprimoramento das atividades relacionadas à metrologia, no âmbito do Ministério da Defesa.

SISTEMA DE MITIGAÇÃO DE RISCO (SMR). *Direito ambiental.* A integração de diferentes medidas de manejo de risco de pragas, pelo menos dois, as quais atuam independente e cumulativamente alcançando um nível de proteção fitossanitário adequado.

SISTEMA DE MONITORAMENTO. *Direito do consumidor.* Instrumento de controle de preços em que o empresário deve apenas comunicar a elevação do preço de seus produtos à autoridade administrativa (Fábio Ulhoa Coelho).

SISTEMA DE MONITORAMENTO AMBIENTAL DA ZONA COSTEIRA (SMA). *Direito ambiental.* Estrutura operacional de coleta contínua de dados e informações, para o acompanhamento da dinâmica de uso e ocupação da zona costeira e avaliação das metas de qualidade socioambiental.

SISTEMA DE MULTIMÍDIA. *Direito virtual.* Sistema informático que possibilita usar o computador em vários meios de expressão, como textos, desenhos, gráficos, vozes, música etc.

SISTEMA DE NORMALIZAÇÃO DAS FORÇAS ARMADAS (SISNOFA). *Direito militar.* Tem por finalidade o planejamento, o controle, e a coordenação, a elaboração e o aprimoramento das atividades relacionadas à normalização, no âmbito do Ministério da Defesa.

SISTEMA DE ORGANIZAÇÃO E MODERNIZAÇÃO ADMINISTRATIVA (SOMAD).

Direito administrativo. É o que tem por finalidade a uniformização e integração das ações das unidades que o compõem, o desenvolvimento dos padrões de qualidade e racionalidade, a melhoria no desempenho organizacional, a otimização da utilização dos recursos disponíveis, a redução de custos operacionais e a preservação da continuidade dos processos de organização e modernização administrativa.

SISTEMA DE *PAGING* BIDIRECIONAL.

Direito das comunicações. Serviço de telecomunicações utilizado para múltiplas aplicações móveis bidirecionais, podendo transmitir dados, voz, ou qualquer outra forma de telecomunicação, utilizando-se das faixas de radiofreqüência atribuídas a este serviço.

SISTEMA DE *PAGING* UNIDIRECIONAL.

Direito das comunicações. Serviço de radiocomunicação móvel terrestre que permite enviar mensagens individuais ou simultâneas para estações receptoras, geralmente móveis.

SISTEMA DE PARLAMENTARISMO MAJORITÁRIO.

Ciência política. *Vide* SISTEMA BIPARTIDÁRIO.

SISTEMA DE PENAS.

Direito penal. Conjunto organizado das penas previstas na lei penal (Armida B. Miotto).

SISTEMA DE PERMISSÃO DE ENTRADA EM ESPAÇOS CONFINADOS.

Direito do trabalho e *direito ambiental.* Procedimento escrito para preparar uma permissão de entrada segura e para o retorno do espaço confinado ao serviço depois do término dos trabalhos. Há um Supervisor de Entrada que é o técnico encarregado de operacionalizar a permissão de entrada, responsável pelo acompanhamento, comunicação e ordem de abandono para os trabalhadores. Empregam-se travas, dispositivos que utilizam um meio tal como chave ou cadeado para garantir isolamento de dispositivos que liberem energia elétrica ou mecânica.

SISTEMA DE PESQUISA DO DIREITO CANÔNICO (SPDC).

Direito canônico e *direito virtual.* É *software* que visa facilitar o acesso ao Código de Direito Canônico e à jurisprudência a ele relativa, racionalizando e agilizando a sua consulta, o seu estudo e o processo decisório.

SISTEMA DE PESSOAL AMADOR (SISAMA).

Direito marítimo. É o concebido para controlar todo o pessoal amador habilitado a conduzir embarcações de esporte e/ou recreio, de propulsão mecânica, a remo ou vela e agilizar a emissão da Carteira de Habilitação do Amador pelas Capitanias dos Portos, delegacias e agências.

SISTEMA DE PLANEJAMENTO DO SUS.

Direito administrativo. É representado pela atuação contínua, articulada, integrada e solidária do planejamento das três esferas de gestão do SUS. Esse sistema pressupõe que cada esfera de gestão realize o seu planejamento, articulando-se de forma a fortalecer e consolidar os objetivos e as diretrizes do SUS, contemplando as peculiaridades, as necessidades e as realidades de saúde locorregionais. Como parte integrante do ciclo de gestão, esse Sistema buscará, de forma tripartite, a pactuação de bases funcionais do planejamento, de monitoramento e da avaliação, bem como promoverá a participação social e a integração intra e intersetorial, considerando os determinantes e os condicionantes de saúde. No cumprimento da responsabilidade de implementação do processo de planejamento, o Sistema levará em conta as diversidades existentes nas três esferas de governo, de modo a contribuir para a consolidação do SUS e para a resolubilidade e qualidade tanto de sua gestão quanto das ações e serviços prestados à população brasileira. Objetivos específicos do Sistema de Planejamento do SUS: a) pactuar diretrizes gerais para o processo de planejamento no âmbito do SUS e os instrumentos a serem adotados pelas três esferas de gestão; b) formular metodologias e modelos básicos dos instrumentos de planejamento, monitoramento e avaliação que traduzam as diretrizes do SUS, com capacidade de adaptação às particularidades de cada esfera administrativa; c) implementar e difundir uma cultura de planejamento que integre e qualifique as ações do SUS entre as três esferas de governo e subsidiar a tomada de decisão por parte de seus gestores; d) desenvolver e implementar uma rede de cooperação entre os três entes federados, que permita um amplo compartilhamento de informações e experiências; e) apoiar e participar da avaliação periódica relativa à situação de saúde da população e ao funcionamento do SUS, provendo os gestores de informações que permitam o seu aperfeiçoamento e/ou redirecionamento; f) promover a capacitação contínua dos profissionais que atuam no contexto do planejamento do SUS; e g) monitorar e avaliar o processo de planejamento, as ações implementadas e os resultados alcançados, de modo a fortalecer o Sistema e a contribuir para a transparência do processo de gestão do SUS.

SISTEMA DE PLANEJAMENTO E DE ORÇAMENTO FEDERAL. *Direito administrativo.* Órgão que tem por finalidade: a) formular o planejamento estratégico nacional; b) formular planos nacionais, setoriais e regionais de ordenação do território e de desenvolvimento econômico e social; c) formular o plano plurianual, as diretrizes orçamentárias e os orçamentos anuais; d) gerenciar o processo de planejamento e orçamento federal; e) promover a articulação, por intermédio do respectivo órgão central do Sistema de Planejamento e Orçamento Federal, com os Estados, o Distrito Federal e os Municípios, para a compatibilização de normas e tarefas afins aos diversos sistemas, nos planos federal, estadual e municipal. O Sistema de Planejamento e de Orçamento Federal compreende as atividades de elaboração, acompanhamento e avaliação de planos, programas e orçamentos, e de realização de estudos e pesquisas socioeconômicas.

SISTEMA DE PROGRESSÃO DAS PENAS. *Direito penal.* Sistema adotado pela Lei de Execução Penal nos regimes de cumprimento das penas privativas de liberdade, conferindo aos detentos que preencherem certos requisitos predeterminados direito à liberdade de fato, transferindo-os para um regime menos rigoroso (semi-aberto ou aberto) quando tiverem cumprido ao menos um sexto da pena no regime anterior e seu mérito indicar a progressão. Esse sistema tem por escopo a humanização da pena privativa da liberdade, pois sua idéia central está na diminuição de sua intensidade em razão do comportamento do condenado.

SISTEMA DE PROTEÇÃO AO PROGRAMA NUCLEAR BRASILEIRO (SIPRON). *Direito ambiental.* Aquele que visa assegurar o planejamento integrado, e coordenar a ação conjunta e a execução continuada de providências que têm por objetivo atender às necessidades de segurança das atividades, das instalações e dos projetos nucleares brasileiros, particularmente do pessoal neles empregado, bem como da população e do meio ambiente com eles relacionados. Tais necessidades são atendidas pela aplicação de medidas nos seguintes setores: proteção da população nas situações de emergência; segurança e saúde do trabalhador; proteção do meio ambiente; proteção física; salvaguardas nacionais; segurança nuclear; radioproteção e inteligência.

SISTEMA DE PROTEÇÃO AO VÔO. *Direito aeronáutico.* Aquele que visa a regularidade, a segurança e a eficiência do fluxo de tráfego no espaço aéreo, abrangendo as atividades de: controle de tráfego aéreo, telecomunicações aeronáuticas e dos auxílios à navegação aérea, meteorologia aeronáutica, cartografia e informações aeronáuticas, busca e salvamento, inspeção em vôo, coordenação e fiscalização do ensino técnico específico, supervisão de fabricação, reparo, manutenção e distribuição de equipamentos terrestres de auxílio à navegação aérea.

SISTEMA DE PROTEÇÃO DA AMAZÔNIA (SIPAM). *Direito ambiental.* Tem por finalidade integrar, avaliar e difundir informações para o planejamento e a coordenação das ações globais de governo com atuação na Amazônia, para potencializar o desenvolvimento sustentável da região.

SISTEMA DE PROTEÇÃO DE PERÍMETRO. *Direito das comunicações.* Emissor-sensor de variação de campo eletromagnético que emprega linhas de transmissão de radiofreqüência como fonte de radiação e que são instaladas de tal forma que permitem ao sistema detectar movimentos dentro da área protegida.

SISTEMA DE PUBLICIDADE REGISTRAL. *Direito registral.* Sistema especial de publicidade da serventia imobiliária, que deflui do registro público, tornando conhecidos não só o imóvel, com seus caracteres e confrontações, e os direitos reais que nele incidirem, mas também o titular do direito real a ele relativo, de molde que todos deverão respeitar o direito registrado, que será, então, oponível *erga omnes*. A publicidade apenas divulga o registro feito, tornando-o conhecível de terceiros. Essa publicidade registral depende da conservação dos documentos pelos Cartórios, e da possibilidade de ter acesso a eles.

SISTEMA DE QUALIFICAÇÃO DE EMPRESAS DE SERVIÇOS E OBRAS (SIQ). *Direito civil* e *direito do consumidor.* Tem como objetivo estabelecer um sistema de qualificação evolutiva adequado às características específicas das empresas atuantes no setor da construção civil, para contribuir para a evolução da qualidade no setor. E baseia-se nos seguintes princípios: a) adequação de seus requisitos ao referencial da série de normas NBR ISO 9000; b) caráter evolutivo de seus requisitos, com níveis progressivos de qualificação, segundo os quais os sistemas de gestão da qualidade das empresas são avaliados e classificados; c) caráter proativo, visando à criação

SISTEMA DE RAMAL SEM FIO DE CPCT   433

de um ambiente de suporte que oriente o melhor possível as empresas, no sentido que estas obtenham o nível de qualificação almejado; d) caráter nacional, sendo o Sistema único e aplicável a todos os tipos de contratantes e a todos os tipos de obras, em todo o Brasil, por meio do estabelecimento de requisitos específicos aos quais os Sistemas da Qualidade das empresas contratadas devem atender; e) flexibilidade, possibilitando sua adequação às empresas de diferentes regiões, a diferentes tecnologias e a tipos de obras; f) sigilo quanto às informações de caráter confidencial das empresas; g) transparência quanto aos critérios e decisões tomadas; h) independência dos envolvidos nas decisões; i) caráter público, não tendo o SIQ fins lucrativos, e sendo a relação de empresas qualificadas pública, com divulgação a todos os interessados; j) harmonia com o Sistema Nacional de Metrologia, Normalização e Qualidade Industrial (SINMETRO) ao ser toda qualificação atribuída pelo SIQ executada por Organismo de Certificação Credenciado (OCC) pelo Instituto Nacional de Metrologia, Normalização e Qualidade Industrial (INMETRO).

SISTEMA DE RAMAL SEM FIO DE CPCT. *Direito das comunicações.* Sistema que consiste em uma estação-base fixa que se conecta à Central Privada de Comutação Telefônica (CPCT) e unidades terminais móveis que se comunicam diretamente com a estação-base. Transmissões de uma unidade terminal móvel são recebidas pela estação-base e transferidas para a CPCT.

SISTEMA DE REGISTRO AERONÁUTICO BRASILEIRO. *Direito aeronáutico.* Aquele registro público, único e centralizado, que, em relação à aeronave, tem as funções de: emitir certificados de matrícula, de aeronavegabilidade e de nacionalidade de aeronaves sujeitas à legislação brasileira; reconhecer a aquisição do domínio na transferência por ato entre vivos e dos direitos reais de gozo e garantia, quando se tratar de matéria regulada pelo Código Brasileiro de Aeronáutica; assegurar a autenticidade, inalterabilidade e conservação de documentos inscritos e arquivados; e promover o cadastramento geral.

SISTEMA DE REGISTRO CADASTRAL DE IMÓVEL RURAL. *Direito registrário* e *direito agrário.* Aquele que compreende o levantamento organizado dos prédios rurais, de área contínua, superior a um hectare, existentes no País, feito pelo Instituto Nacional de Colonização e Reforma Agrária (INCRA), indicando seu valor, situação, tipos de cultura, formas de uso da terra etc., atendendo principalmente a finalidades de tributação.

SISTEMA DE REGISTRO DE ATIVIDADES JURÍDICAS (SIRAJ). *Direito administrativo.* É o destinado ao registro da produção de peças e de demais atividades jurídicas desenvolvidas no âmbito da Advocacia-Geral da União e da Procuradoria-Geral Federal.

SISTEMA DE REGISTRO DE INFORMAÇÕES DE EXPORTAÇÃO (RIEX). *Direito internacional privado.* Visa controlar as operações de exportação, por meio de exigência de registro no sistema de notas fiscais da remessa de mercadorias a serem exportadas e de consulta pública de todos os documentos informados no sistema, realizada pelo *site* da secretaria estadual com os seguintes dados: número do comprovante no sistema; Cadastro Nacional de Pessoa Jurídica (CNPJ) do emitente da nota fiscal; número e data da emissão da nota fiscal ou memorando de exportação. Com isso simplifica-se o procedimento da exportação, melhorando a fiscalização do Imposto sobre Circulação de Mercadorias e Serviços. Esse registro acessório eletrônico vale tanto para a exportação direta como indireta. O RIEX deve ser utilizado para obtenção do visto eletrônico na nota fiscal referente às operações de saída de mercadoria para o exterior e na remessa de mercadoria com o fim específico de exportação, com destino a empresa comercial exportadora, *trading company*, armazém, alfandegado ou entreposto aduaneiro ou outro estabelecimento da mesma empresa. O registro no RIEX deve ser realizado após emissão do documento fiscal (nota fiscal ou memorando de exportação).

SISTEMA DE REGISTRO DE PREÇOS (SRP). *Direito administrativo.* É o conjunto de procedimentos, no âmbito da Administração Pública, para registro formal de preços relativos à prestação de serviços e aquisição de bens, para contratações futuras.

SISTEMA DE REPRESENTAÇÃO PROPORCIONAL. *Vide* SISTEMA PROPORCIONAL.

SISTEMA DE RETRANSMISSÃO DE TELEVISÃO. *Direito das comunicações.* É o conjunto constituído por uma ou mais redes de repetidoras e estações retransmissoras associadas, que permite a cobertura de determinada área por sinais de televisão.

SISTEMA DE SAÚDE MUNICIPAL. *Direito administrativo.* Desenvolvimento de atividades voltadas à saúde, no âmbito do Sistema Único de Saúde, por meio de um conjunto de estabelecimentos, organizados em rede regionalizada e hierarquizada, disciplinados em subsistemas, um para cada município, para atender, integralmente, sua própria população, e inseridos de forma indissociável no Sistema Único de Saúde, em suas abrangências estadual e nacional. Os estabelecimentos desse subsistema municipal, do SUS-Municipal, não precisam ser, obrigatoriamente, de propriedade da prefeitura, nem precisam ter sede no território do município. Suas ações, desenvolvidas pelas unidades estatais (próprias, estaduais ou federais) ou privadas (contratadas ou conveniadas, com prioridade para as entidades filantrópicas), têm de estar organizadas e coordenadas de modo que o gestor municipal possa garantir à população o acesso aos serviços e a disponibilidade das ações e dos meios para o atendimento integral. Isso significa dizer que, independentemente de a gerência dos estabelecimentos prestadores de serviços ser estatal ou privada, a gestão de todo o sistema municipal é, necessariamente, da competência do Poder Público e exclusiva desta esfera de governo, respeitadas as atribuições do seu Conselho e de outras diferentes instâncias de poder. Assim, tal gerência é a administração de uma unidade ou órgão de saúde (ambulatório, hospital, instituto, fundação etc.), que se caracteriza como prestador de serviços ao Sistema. Por sua vez, gestão é a atividade e a responsabilidade de dirigir um sistema de saúde (municipal, estadual ou nacional), mediante o exercício de funções de coordenação, articulação, negociação, planejamento, acompanhamento, controle, avaliação e auditoria. São, portanto, gestores do SUS os Secretários Municipais e Estaduais de Saúde e o Ministro da Saúde, que representam, respectivamente, os governos municipais, estaduais e federal. A criação e o funcionamento desse sistema municipal possibilitam uma grande responsabilização dos municípios, no que se refere à saúde de todos os residentes em seu território. No entanto, possibilitam, também, um elevado risco de atomização desordenada dessas partes do SUS, permitindo que um sistema municipal se desenvolva em detrimento de outro, ameaçando, até mesmo, a unicidade do SUS. Deve-se integrar, harmonizar e modernizar, com eqüidade, os sistemas municipais.

SISTEMA DESCENTRALIZADO E PARTICIPATIVO DA ASSISTÊNCIA SOCIAL. *Direito previdenciário.* É o que propicia a efetiva partilha de poder, a definição de competências das três esferas de governo, a prática da cidadania participativa através dos Conselhos de Assistência Social e as transferências de responsabilidades pela execução dos serviços, programas e projetos para os Estados, Distrito Federal e municípios, devidamente acompanhados do correspondente repasse de recursos. Estabelece também o princípio do comando único em cada nível de governo e a necessária participação da população, por meio de organizações representativas, na formulação das políticas e no controle das ações desenvolvidas.

SISTEMA DE SEGURANÇA DA AVIAÇÃO CIVIL. *Direito aeronáutico.* Comissão que tem por objetivos: a) assessorar os órgãos governamentais, relativamente à política e critérios de segurança; b) promover a coordenação entre: os serviços de controle de passageiros; a administração aeroportuária; o policiamento; as empresas de transporte aéreo e de serviços auxiliares; c) determinar normas e medidas destinadas a prevenir e a enfrentar ameaças e atos contra a aviação civil e as instalações correlatas.

SISTEMA DE SEGURANÇA DE VÔO. *Direito aeronáutico.* Aquele que, para promover a segurança de vôo, estabelece padrões mínimos de segurança, em Regulamentos Brasileiros de Homologação Aeronáutica, relativos não só a projetos, materiais, mão-de-obra, construção e desempenho de aeronaves, motores, hélices e demais componentes aeronáuticos, mas também à inspeção, manutenção em todos os níveis, reparos e operação de aeronaves, motores, hélices e demais componentes aeronáuticos.

SISTEMA DE SEGURANÇA E DEFESA DO COMANDO DA AERONÁUTICA (SISDE). *Direito aeronáutico* e *direito militar.* Tem a finalidade de desenvolver a atividade de segurança e defesa no âmbito da Aeronáutica. A atividade de segurança e defesa é o conjunto de ações que contribuem para a preservação do poder combatente da Força Aérea Brasileira (FAB) e consiste na consecução de ações defensivas, ofensivas e de proteção, a fim de garantir o grau de segurança desejado das instalações, dos equipamentos e do pessoal de interesse do Comando da Aeronáutica (COMAER).

SISTEMA DE TECNOLOGIA DA INFORMAÇÃO DO COMANDO DA AERONÁUTICA (STI). *Direito militar.* Tem a finalidade de organizar, disciplinar e controlar as atividades de Tecnologia da Informação (TI), em consonância com as políticas específicas do

Governo Federal, visando: a) ao aprimoramento dos processos e atividades que produzam informações de interesse para o Comando da Aeronáutica (COMAER); b) à utilização eficiente do conhecimento, dos recursos e dos meios existentes, buscando a melhor relação custo/benefício; c) à promoção da integração de sistemas de informações, quanto à interoperabilidade e à complementaridade; d) à busca contínua da garantia da qualidade dos processos, métodos e serviços das atividades de TI; e) à garantia da segurança das informações, compreendendo a integridade, a confidencialidade, a disponibilidade e a irretratabilidade das informações processadas; f) ao estudo e à elaboração de normas, critérios e princípios que promovam o aperfeiçoamento da aplicação da TI no âmbito operacional e administrativo; g) ao planejamento e à elaboração das propostas de orçamentos necessários ao desempenho das atividades do Sistema de Tecnologia da Informação; e h) à definição de um modelo de gestão que, oportuna, eficiente e eficazmente, implemente políticas de informação e de administração de recursos em todas as fases e atividades do ciclo de vida dos sistemas de informação.

SISTEMA DE TELEFONE SEM CORDÃO. *Direito das comunicações.* Sistema que consiste em dois transceptores, um sendo uma estação-base fixa que se conecta à rede telefônica pública comutada e outra a uma unidade terminal móvel que se comunica diretamente com a estação-base. Transmissões da unidade terminal móvel são recebidas pela estação-base e transferidas para a rede do Serviço Telefônico Fixo Comutado (STFC). Informações recebidas da rede telefônica pública comutada são transmitidas pela estação-base para a unidade móvel.

SISTEMA DE TEMPO COMPARTILHADO EM MEIOS DE HOSPEDAGEM DE TURISMO. *Direito civil* e *direito do consumidor.* É aquele que, necessitando de diversos agentes intervenientes, faz com que o consumidor adquirente tenha seus direitos protegidos pelo poder público. Por esse sistema far-se-á cessão pelo prazo de cinco anos do direito de ocupação de unidades habitacionais, por períodos determinados do ano.

SISTEMA DE TRABALHO. *Direito do trabalho.* **1.** Conjunto de normas relativas a direitos e obrigações do empregador e do empregado, decorrentes de contrato trabalhista, que estabelece o vínculo empregatício. **2.** Maneira pela qual se exerce uma atividade profissional.

SISTEMA DE TRANSMISSÃO DE DADOS E IMAGENS TIPO FAC-SÍMILE OU OUTRO SIMILAR. *Direito processual.* Sistema admitido para a prática de atos processuais que dependam de petição escrita. A utilização de sistema de transmissão de dados e imagens não prejudica o cumprimento dos prazos, devendo os originais ser entregues em juízo, necessariamente, até cinco dias da data de seu término. Nos atos não sujeitos a prazo, os originais deverão ser entregues até cinco dias da data da recepção do material. Os juízos poderão praticar atos de sua competência à vista das transmissões efetuadas. Quem fizer uso de sistema de transmissão torna-se responsável pela qualidade e fidelidade do material transmitido e por sua entrega ao órgão judiciário. Sem prejuízo de outras sanções, o usuário do sistema será considerado litigante de má-fé se não houver perfeita concordância entre o original remetido pelo fac-símile e o original entregue em juízo. Esse sistema não obriga a que os órgãos judiciários disponham de equipamentos para recepção.

SISTEMA DE TRANSMISSÃO DE ENERGIA ELÉTRICA. *Direito administrativo.* É o conjunto de linhas de transmissão e subestações integrantes da rede básica.

SISTEMA DE TRANSPORTE PÚBLICO. *Direito administrativo.* É qualquer instalação, veículo e instrumento, de propriedade pública ou privada, que for utilizado em serviços públicos ou para serviços públicos de transporte de pessoas ou carga.

SISTEMA DE TRANSPORTE RODOVIÁRIO INTERESTADUAL E INTERNACIONAL DE PASSAGEIROS. *Direito comercial* e *direito internacional privado.* O conjunto representado pelas transportadoras, instalações e serviços pertinentes ao transporte interestadual e internacional de passageiros.

SISTEMA DE TRATAMENTO DE RESÍDUOS. *Direito ambiental.* Conjunto de equipamentos que se destina à neutralização dos agentes nocivos à saúde e ao meio ambiente, existente nos resíduos de serviços de saúde.

SISTEMA DE TRATAMENTO DE RESÍDUOS DE SERVIÇOS DE SAÚDE. *Direito ambiental.* Conjunto de unidades, processos e procedimentos que alteram as características físicas, físico-químicas, químicas ou biológicas dos resíduos, promovendo a sua descaracterização, visando a minimização do risco à saúde pública e à qualidade do meio ambiente, a segurança e a saúde do trabalhador.

SISTEMA DE TV A CABO. *Direito das comunicações.* É o conjunto de equipamentos e instalações que possibilitam a recepção e/ou geração de sinais e sua distribuição, através de meios físicos, a assinantes localizados dentro da área de prestação do serviço. O sistema é constituído de um cabeçal, da rede e do terminal do assinante.

SISTEMA DE UNIDADES DE TRABALHO. *Direito educacional.* Sistema de ensino em que o professor considera cada tema do programa correlacionando-o com outros.

SISTEMA DE VIGILÂNCIA EPIDEMIOLÓGICA DAS INFECÇÕES HOSPITALARES (SVEIH). *Biodireito.* Metodologia para identificação e avaliação sistemática das causas de infecção hospitalar, em um grupo de pacientes submetidos a tratamento e/ou procedimentos hospitalares, visando à prevenção e à redução da incidência de infecção hospitalar.

SISTEMA DIFERENCIADO E AUTÔNOMO. *Filosofia do direito.* Aquele sistema que controla o que deve ou não ser juridicizado, ou seja, o que é jurídico e o que não o é, isto é, regula o que deve entrar e o que deve sair.

SISTEMA DINÂMICO. *Filosofia do direito.* Estudo das normas ou do direito como uma realidade que está em perpétuo movimento, acompanhando as relações humanas, e modificando-se, adaptando-se às novas exigências da vida. Por isso, esse sistema está em relação de importação e exportação de informações com outros sistemas, sejam eles políticos, fáticos, axiológicos etc. (Tércio Sampaio Ferraz Jr.). Sistema de atos criadores e aplicadores do direito, pois, na dinâmica exterior, tem-se a transformação do direito para elaboração de novas normas pelo Legislativo, e, na interior, o magistrado aceita as normas em discordância com os fatos, sujeitando-as à valoração objetiva, ou seja, adaptando-as às valorações existentes na comunidade, e criando normas individuais.

SISTEMA DO DIREITO POSTO. *Filosofia do direito.* **1.** Conjunto de normas positivas. **2.** Sistema prescritivo.

SISTEMA DO ENSINO PROFISSIONAL MARÍTIMO (SEPM). *Direito marítimo.* Aquele que visa coordenar cursos, estágios e programas de treinamento ao profissional marítimo, sendo que o magistério e os serviços de apoio serão prestados por servidores públicos civis do quadro permanente, por militares da ativa ou pessoal contratado sob regime de tarefa por prazo certo, na forma da lei.

SISTEMA DO MÉRITO. *Direito administrativo.* Modo de recrutar funcionários públicos por concurso de títulos e provas.

SISTEMA DO PROTOCOLO INTEGRADO. *Direito processual.* Aquele que assegura ao interessado a comodidade de apresentar ato processual em qualquer comarca, ou em foro diverso daquele por onde tramitar a ação, sem correr o risco da intempestividade, se a petição der ingresso fora do prazo no protocolo competente, pois se considera como data da interposição a de entrega da peça no protocolo unificado. Mas urge lembrar que, nos tribunais em que não houver norma regimental prevendo a unificação dos serviços de protocolo, só valerá ato processual protocolizado no órgão competente, não se aceitando como data a do protocolo feito em outra comarca.

SISTEMA DOS SERVIÇOS AUXILIARES. *Direito aeronáutico.* Aquele que abrange: as agências de carga aérea; os serviços de rampa ou de pista nos aeroportos; os relativos à hotelaria nos aeroportos; os conexos à navegação aérea ou a infra-estrutura aeronáutica, fixados, em regulamento, pela autoridade aeronáutica; os serviços de controle aduaneiro; os serviços de terra utilizados no atendimento de aeronaves, passageiros, bagagem e carga.

SISTEMA ECONÔMICO. *Economia política.* **1.** Aquele que tem por escopo a adaptação das necessidades humanas aos obstáculos inerentes a um meio determinado, através de um mecanismo especial apropriado para assegurar, no espaço e no tempo, a uniformidade das satisfações de desejos daquele que pertence àquele meio (Nogueira de Paula). **2.** Conjunto de princípios disciplinadores dos meios de produção de bens e sua destinação social. **3.** Complexo de normas que firmam a política econômica. **4.** Maneira de exercer atividades econômicas, determinada pelo sustento, pelo lucro, pela organização e pela técnica (Sombart).

SISTEMA EDUCACIONAL. *Vide* SISTEMA DE ENSINO.

SISTEMA EDUCACIONAL DESPORTIVO BRASILEIRO. *Direito desportivo.* Órgão integrado ao Sistema Brasileiro do Desporto, que visa, através do sistema de ensino e de formas assistemáticas de educação, ao desenvolvimento integral do educando e a sua formação para a cidadania e o lazer. Ao Sistema Educacional Desportivo

Brasileiro caberá organizar programas desportivos, integrados à programação educacional das escolas públicas e particulares de todos os graus de ensino. Os programas desportivos têm por objetivo a promoção permanente de atividades nas estruturas desportivas das escolas, que estarão disponíveis o ano todo, inclusive nos fins de semana e férias escolares, e poderão integrar, além de alunos, professores e pais. Dentre os programas organizados, será obrigatória a realização anual de olimpíadas estudantis em âmbito nacional, nas diversas modalidades desportivas que compõem o sistema federal. Para participar das olimpíadas estudantis, em qualquer nível ou modalidade, o aluno deverá comprovar rendimento e freqüência escolar satisfatórios. As olimpíadas estudantis terão etapas classificatórias em âmbito municipal e estadual. Os resultados das olimpíadas municipais servirão de base para a escolha das seleções que disputarão as olimpíadas estaduais, e o resultado destas, para a escolha das que concorrerão em âmbito nacional. Os ganhadores da olimpíada nacional credenciar-se-ão para a formação das seleções que representarão o Brasil em olimpíadas estudantis internacionais. É permitido às escolas de todos os graus buscar e receber patrocínio empresarial sob a forma de bolsas desportivas paralelas a bolsas de estudo, bem como convênios de mútuo fornecimento de informações, pesquisas e projetos vinculados ao patrocínio de atividades desportivas.

SISTEMA ELEITORAL. *Direito eleitoral.* Conjunto de normas que regem o exercício do direito de voto, a forma de representação dos partidos políticos e os princípios adotados nas eleições (Walter Cruz Swensson).

SISTEMA EMPÍRICO. *Filosofia geral.* Aquele que é formado de conteúdos de experiência (Sílvio de Macedo).

SISTEMA ESPECIAL DE LIQUIDAÇÃO E DE CUSTÓDIA. *Vide* SELIC.

SISTEMA ESTÁTICO. *Filosofia do direito.* Sistema fechado, retrospectivo e completo, pois estuda seu objeto em repouso, de modo que a entrada de um elemento estranho traz a necessidade de modificar a sua estrutura, uma vez que a ele não pertence, pois se refere aos fatos que circunscreveu.

SISTEMA FAGOCITÁRIO. *Medicina legal.* É, segundo Morris Fishbein, o constituído por células que têm atividade fagocitária, incluindo os leucócitos polimorfonucleares (micrófagos) e os macrófagos, que fazem parte do sistema reticuloendotelial, constituído de histrócidos fixos (células reticulares e células endoteliais) e de histiócitos migrantes ou migratórios (monócitos).

SISTEMA FECHADO. *Filosofia do direito.* É o sistema completo porque contém uma regra que regula todos os casos, e retrospectivo, uma vez que se refere aos fatos que circunscreveu. Stone e Tammelo, examinando esse problema sob o prisma da lógica deôntica, entendem que o sistema fechado é aquele que comporta a regra "tudo que não está proibido, está permitido". Nele toda ação é deonticamente determinada em todo caso possível, cada fenômeno, sem acarretar qualquer modificação no sistema, nele encontra seu lugar, sendo, portanto, carente de lacunas. O fechamento exprime a continuidade normativa, a sucessão das normas do sistema, exprimindo que todo dever-ser provém de outro dever-ser, deixando, porém, aberta à possibilidade das condutas não previstas em normas jurídicas serem permitidas. Fechando, como faz Kelsen, por todos os lados, a estrutura piramidal do sistema, temos o tão chamado princípio da hermética plenitude do ordenamento jurídico. Esse fechamento, essa consistência e ausência de contradições do sistema constituem, para algumas concepções doutrinárias, condições formais da unidade gnoseológica do conhecimento científico do direito.

SISTEMA FEDERAL DE CULTURA (SFC). *Direito educacional.* Tem as seguintes finalidades: a) integrar os órgãos, programas e ações culturais do Governo Federal; b) contribuir para a implementação de políticas culturais democráticas e permanentes, pactuadas entre os entes da federação e a sociedade civil; c) articular ações com vistas a estabelecer e efetivar, no âmbito federal, o Plano Nacional de Cultura; e d) promover iniciativas para apoiar o desenvolvimento social com pleno exercício dos direitos culturais e acesso às fontes da cultura nacional.

SISTEMA FEDERAL DE INSPEÇÃO DO TRABALHO. *Direito administrativo* e *direito do trabalho.* Sistema a cargo do Ministério do Trabalho e Emprego, tem por finalidade assegurar, em todo o território nacional, a aplicação das disposições legais, incluindo as convenções internacionais ratificadas, os atos e decisões das autoridades competentes e as convenções, acordos e contratos coletivos de trabalho, no que concerne à proteção dos trabalhadores no exercício da atividade laboral.

SISTEMA FINANCEIRO. *Direito financeiro.* **1.** Método apropriado para a reunião e ordenação dos bens estatais, voltadas à produção de utilidades que venham a satisfazer as necessidades gerais da coletividade. **2.** Segmento do sistema econômico que visa assegurar recursos para seu desenvolvimento equilibrado (Othon Sidou). **3.** Complexo de normas relativas à política financeira do Estado, instituindo meios para obtenção de recursos para prover as necessidades do Estado, levando em conta a possibilidade econômica do povo (De Plácido e Silva).

SISTEMA FINANCEIRO DE HABITAÇÃO. *Direito financeiro.* Conjunto de instituições pertencentes ao Sistema Financeiro Nacional, voltadas à promoção de construção e aquisição da casa própria ou moradia, mediante pagamento de aluguel pelas classes menos favorecidas. A Caixa Econômica deverá financiar a construção de conjuntos habitacionais (casas ou apartamentos) para ulterior aquisição ou locação para fins residenciais. A instituição financeira deverá possibilitar à população menos favorecida a construção de moradias para alugar, que, no porvir, talvez possam ser vendidas aos próprios inquilinos, quando puderem adquiri-las. As aplicações do Sistema Financeiro da Habitação só podem ter por escopo promover a construção e a aquisição da casa própria ou moradia, ou seja, para residência do adquirente, sua família e dependentes. Assim, estão proibidas para comprar terrenos não construídos, exceto como parte de operação financeira destinada à construção de moradias. Na operação que envolver recursos do SFH, relacionada com moradia, é vedado cobrar do mutuário a elaboração de instrumento contratual particular, ainda que com força de escritura pública.

SISTEMA FINANCEIRO IMOBILIÁRIO. *Direito bancário* e *direito financeiro.* Conjunto de normas que regem a participação de instituições financeiras, ou não, na realização de operações de financiamento de imóveis residenciais e comerciais, com a efetiva garantia de retorno dos capitais emprestados (Luiz Fernando Rudge).

SISTEMA FINANCEIRO NACIONAL. *Direito financeiro* e *direito constitucional.* **1.** Conjunto de instituições financeiras públicas ou privadas disciplinadas pelo Conselho Monetário Nacional (Othon Sidou). **2.** Conjunto de empresas que tem por objetivo a realização de operações financeiras baseadas em princípios e normas estabelecidas pelas autoridades monetárias (José Tadeu de Chiara). **3.** Aquele que tem por escopo a organização e a fiscalização da política monetária, creditícia e bancária (Geraldo Magela Alves). **4.** Aquele que, para promover o desenvolvimento equilibrado do País e servir aos interesses da coletividade, é regulado por lei complementar, que disporá sobre: a) autorização para funcionamento das instituições financeiras, assegurado às instituições bancárias oficiais e privadas acesso a todos os instrumentos do mercado financeiro bancário; b) autorização e funcionamento dos estabelecimentos de seguro, previdência e capitalização, bem como do órgão oficial fiscalizador e do órgão oficial ressegurador; c) as condições para participação do capital estrangeiro nas instituições acima mencionadas, tendo em vista os interesses nacionais e os acordos internacionais; d) a organização, o funcionamento e as atribuições do Banco Central e demais instituições financeiras, bem como seus impedimentos após o exercício do cargo; e) os critérios restritivos da transferência de poupança de regiões com renda inferior à média nacional para outras de maior desenvolvimento; f) o funcionamento das cooperativas de crédito e os requisitos para que possam ter condições de operacionalidade e estruturação próprias das instituições financeiras.

SISTEMA GERAL DE PREFERÊNCIA (SGP). *Direito internacional privado* e *direito tributário.* Aquele que concede redução, total ou parcial, de imposto de importação incidente sobre determinados produtos procedentes e originários de países em desenvolvimento.

SISTEMA GNU – LINUX. *Direito virtual.* Sistema operacional distribuído como *software* livre, dando liberdade aos seus usuários para: executar o programa para qualquer propósito; estudar o seu funcionamento, adaptando-o às suas necessidades; redistribuir cópias para ajudar outrem; aperfeiçoar o programa e liberar seus aperfeiçoamentos para que toda a comunidade se beneficie (Silmara B. Nogueira).

SISTEMA HÍBRIDO DE LIQUIDAÇÃO. *Direito bancário.* Sistema que combina características dos sistemas de liquidação diferida e dos sistemas de liquidação bruta em tempo real.

SISTEMA HIDROGRÁFICO. *Direito ambiental.* Conjunto de rios e canais que estão em um País ou em uma certa região de seu território.

SISTEMA IMUNITÁRIO. *Medicina legal.* Complexo de fatores celulares e humorais responsáveis pela imunidade (Morris Fishbein).

SISTEMA INSTITUCIONAL. *Sociologia geral.* Conjunto de instituições particulares, ajustadas e interdependentes.

SISTEMA INTEGRADO DE ADMINISTRAÇÃO FINANCEIRA (SIAFI). *Direito administrativo* e *direito financeiro.* É o sistema informatizado que contabiliza e controla toda a execução orçamentária, financeira e patrimonial dos órgãos e entidades da Administração federal.

SISTEMA INTEGRADO DE CONTROLE E FISCALIZAÇÃO DA AVIAÇÃO CIVIL (SICONFAC). *Direito aeronáutico.* É o que tem por atribuições: a) o fornecimento de dados para fins de controle e fiscalização das atividades dos aeronautas e das operações das aeronaves civis, de acordo com a legislação em vigor; b) a geração de dados necessários ao procedimento e à arrecadação das Tarifas Aeroportuárias e das de Uso das Comunicações e dos Auxílios à Navegação Aérea em Rota; c) o provimento de relatórios gerenciais necessários ao desenvolvimento do Sistema de Aviação Civil.

SISTEMA INTEGRADO DE INFORMAÇÕES SOBRE OPERAÇÕES INTERESTADUAIS COM MERCADORIAS E SERVIÇOS (SINTEGRA/ICMS). *Direito tributário.* É um sistema de intercâmbio de informações sobre operações interestaduais com mercadorias e serviços realizadas por contribuintes do ICMS no âmbito dos Estados e do Distrito Federal e intercâmbio de informações de interesse mútuo entre suas Administrações Tributárias e a Secretaria da Receita Federal (SRF).

SISTEMA INTEGRADO DE PRODUÇÃO. *Direito ambiental* e *direito agrário.* É um sistema em que ocorre a relação entre a propriedade-alvo e a propriedade adjacente. A propriedade-alvo fornece material genético ou animais. A propriedade adjacente é responsável pela produção dos animais.

SISTEMA INTEGRADO DE REGULAMENTAÇÃO ADUANEIRA (SIRAD). *Direito alfandegário.* É um instrumento administrativo destinado a promover a formulação e o aperfeiçoamento das normas aduaneiras, por intermédio de ações integradas de servidores da Secretaria da Receita Federal em atividade na área aduaneira, desenvolvidas no próprio ambiente de trabalho, mediante fluxo informatizado. O SIRAD tem como objetivos: a) servir de canal de informação sobre rotinas, normas e procedimentos relacionados com a execução das atividades aduaneiras; b) acolher o registro de situações-problema cuja solução dependa da orientação técnica dos órgãos regional e central do sistema aduaneiro ou da elaboração de norma específica; c) construir soluções com a participação voluntária dos servidores da Secretaria da Receita Federal; d) harmonizar os procedimentos administrativos e operacionais concernentes à aplicação da legislação aduaneira.

SISTEMA INTEGRADO DE SAÚDE DAS FRONTEIRAS (SIS FRONTEIRAS). *Direito administrativo.* Sistema destinado a integrar as ações e serviços de saúde nas regiões de fronteira, com os seguintes objetivos: a) contribuir para o fortalecimento e organização dos sistemas locais de saúde; b) verificar as demandas e a capacidade instalada; c) identificar o fluxo de assistência; d) analisar o impacto das ações desenvolvidas sobre a cobertura e a qualidade assistencial; e) documentar os gastos com assistência aos cidadãos; e f) integrar os recursos assistenciais físicos e financeiros.

SISTEMA INTEGRADO DE SAÚDE OCUPACIONAL DO SERVIDOR PÚBLICO FEDERAL (SISOSP). *Direito administrativo.* Tem a finalidade de uniformizar procedimentos administrativo-sanitários na área de gestão de recursos humanos e promover a saúde ocupacional do servidor. São atribuições do SISOSP: a) realização de exames médico-periciais; b) realização de procedimentos ambulatoriais relativos a doenças ocupacionais; c) gerenciamento dos prontuários médicos de saúde ocupacional dos servidores; d) assistência ao servidor acidentado em serviço, portador ou com suspeita de doença relacionada ao serviço, bem como àquele que necessite de reabilitação ou readaptação funcional; e) controle dos riscos e agravos à saúde nos processos e ambientes de trabalho; f) avaliação da salubridade e da periculosidade dos ambientes e postos de trabalho; g) emissão de laudos de avaliação ambiental e de concessão de adicionais; h) realização de estudos, pesquisas e avaliações dos riscos e agravos à saúde nos processos e ambientes de trabalho; i) elaboração do Programa de Prevenção de Riscos Ambientais (PPRA); j) elaboração do Programa de Controle Médico de Saúde Ocupacional (PCMSO); k) avaliação do impacto dos modos de organização do serviço e das tecnologias na saúde do servidor, inclusive análise de projetos de edificações, equipamentos, máquinas e produtos; e l) produção, sistematização, consolidação, acompanhamento, análise e divulgação de informações sobre os riscos de acidentes e doenças relacionadas ao serviço, sobre os resultados de fiscalizações, avaliações ambientais e exames de saúde e sobre a saúde do servidor em geral.

SISTEMA INTERNACIONAL DE MEDIDAS. Versão modernizada do sistema métrico, que manteve as palavras gregas *deca, hecto, kilo* e *miria* para o múltiplo da unidade fundamental, acrescentando os termos *mega* para o milhão de vezes, *giga* para o bilhão, e a *tera* para o trilhão. E, além disso, ao lado das *deci, centi* e *mili* para os submúltiplos, aprofundou as partículas *micro* para a milionésima parte, *nani* para a bilionésima, e sucessivamente *pico, femto* e *atto* (Othon Sidou). Com isso, pretendeu-se a eliminação das variações de pesos e medidas no âmbito nacional e internacional.

SISTEMA JUDICIÁRIO. *Direito processual.* Complexo de estruturas, procedimentos e funções pelo qual se opera a aplicação das normas (Marradi).

SISTEMA JURÍDICO. 1. *Filosofia do direito.* a) Modo científico-jurídico de análise do direito, apresentando-o sistematicamente para facilitar seu conhecimento e manejo por aqueles que o aplicam. É um sistema diferenciado e autônomo. A função do jurista não é a mera transcrição de normas, fatos e valores, já que estes não se agrupam em um todo ordenado, mas sim a descrição e a interpretação, que consistem na determinação das conseqüências e efeitos produzidos por esses elementos. Isso nos leva a crer que o sistema jurídico é composto de vários subsistemas. Na tridimensionalidade jurídica de Miguel Reale encontramos a noção de que o sistema jurídico se compõe de um subsistema de normas, de um subsistema de valores e de um subsistema de fatos, isomórficos entre si; b) complexo ordenado de idéias científicas relativas ao direito; c) conjunto de normas e

princípios que regem o país, hipótese em que se tem o sistema do direito posto. **2.** *Direito comparado.* Conjunto de normas e instituições que, por advirem de uma fonte comum, apresentam desenvolvimento similar. Três são os principais sistemas jurídicos: o continental, a que pertencem os grupos latino e germânico, de origem romana; o da *common law*, próprio do povo inglês e norte-americano; e o mulçumano, que advém do antigo direito árabe (Othon Sidou).

SISTEMA LIBERALISTA. *Economia política.* Aquele que, por se basear no direito de propriedade e na liberdade de convenções, se caracteriza pela produção individual e pelo consumo individual, preconizando a livre repartição e a livre circulação das riquezas (Pinto Ferreira).

SISTEMA LINFÁTICO. *Medicina legal.* Série de espaços, ductos e glândulas unidos entre si dentro do organismo, pelos quais a linfa flui de modo contínuo. O sistema linfático pode ser atacado pela mononucleose infecciosa e pela toxoplasmose, quando os nódulos linfáticos se tornam inchados e sensíveis ao tato (Morris Fishbein).

SISTEMA MAJORITÁRIO. *Direito constitucional* e *direito eleitoral.* **1.** Sistema eleitoral aplicado, por exemplo, à Presidência da República, que considera eleito o candidato que obtiver a maioria absoluta de votos, não computados os em branco e os nulos. Se nenhum candidato alcançar maioria absoluta (mais da metade dos votos) na primeira votação, far-se-á nova eleição em até vinte dias após a proclamação do resultado, concorrendo os dois candidatos mais votados, e considerando-se eleito aquele que obtiver a maioria simples dos votos válidos. **2.** Sistema de eleição majoritária que consiste na divisão das regiões eleitorais em tantas circunscrições quantos forem os cargos a preencher, e que pode dar-se por escrutínio de um turno, elegendo o candidato que obtiver a maioria simples, ou pelo de dois turnos, quando nenhum candidato obtém a maioria absoluta; no segundo turno será eleito aquele que obtiver maioria simples (Marcus Cláudio Acquaviva).

SISTEMA MERCANTIL. *Economia política.* **1.** Aquele que considera o numerário como a verdadeira representação da riqueza nacional, e que diminui ou proíbe as importações (Laudelino Freire). **2.** Aquele que entende ser o comércio a base fundamental para o aumento da riqueza (De Plácido e Silva). **3.** Mercantilismo.

SISTEMA MÉTRICO DECIMAL. Aquele que, relativamente aos pesos e medidas, se baseia no metro como medida de extensão, no litro, para líquidos e secos, e no peso, para o grama. *Vide* SISTEMA INTERNACIONAL DE MEDIDAS.

SISTEMA MIDI. *Vide* SISTEMA MUSICAL INTERFACE DIGITAL.

SISTEMA MISTO SUCESSÓRIO. *Direito internacional privado.* Aquele pelo qual os imóveis do *de cujus* reger-se-ão pela *lex rei sitae,* e os demais bens pela lei do domicílio ou da nacionalidade do autor da herança, atendendo a que *mobilia sequuntur personam, inmobilia vero territorium.*

SISTEMA MONETÁRIO. *Direito financeiro* e *economia política.* 1. Conjunto de normas atinentes à emissão e circulação da moeda, e ao mecanismo jurídico-econômico de suas relações internas e externas com outras unidades monetárias, que se estabelecem a partir de seu poder de compra (Othon Sidou e José Tadeu de Chiara). 2. Regime jurídico que determina o padrão da moeda que pode firmar-se em uma base metálica ou ser livre (De Plácido e Silva).

SISTEMA MONETÁRIO DE BASE METÁLICA. *Direito financeiro.* Aquele em que o padrão em que a moeda se apóia tem como base o ouro ou a prata, caso em que será monometalista, ou os dois metais, hipótese em que será bimetalista.

SISTEMA MONETÁRIO INTERNACIONAL. *Direito internacional público.* É, segundo Geraldo Magela Alves, o baseado na conversão direta ou indireta da moeda fiduciária em ouro, conforme taxa aprovada pelo Fundo Monetário Internacional (FMI).

SISTEMA MONETÁRIO LIVRE. *Direito financeiro.* Aquele regime jurídico que rege o dinheiro, tendo como base o papel.

SISTEMA MONETÁRIO NACIONAL. *Vide* SISTEMA MONETÁRIO.

SISTEMA MULTIFÁRIO. *Filosofia do direito.* Sistema aberto, prospectivo e dinâmico, criado epistemologicamente, que analisa o direito em todos os seus elementos, formando vários subsistemas de fatos, de normas e de valores.

SISTEMA MULTIPARTIDÁRIO. *Ciência política.* Aquele que admite vários partidos, mas o que vencer a eleição nem sempre detém a maioria no parlamento, dando origem a coligações partidárias para determinar a formação da maioria parlamentar (Celso Bastos).

SISTEMA MUSICAL *INTERFACE* DIGITAL. *Direito virtual.* É aquele programa de informática que permite ao compositor escrever sua partitura na tela do computador, usando o *mouse* ou o teclado.

SISTEMA NACIONAL ANTIDROGAS. *Direito penal* e *direito administrativo.* É o que integra as atividades de prevenção e repressão ao tráfico ilícito, ao uso indevido e à produção não autorizada de substâncias entorpecentes e drogas que causem dependência física ou psíquica, e a atividade de recuperação de dependentes. Compõem o Sistema Nacional Antidrogas todos os órgãos e entidades da Administração Pública que exerçam essas atividades. São objetivos do Sistema Nacional Antidrogas: a) formular a política nacional antidrogas; b) compatibilizar planos nacionais com planos regionais, estaduais e municipais, bem como fiscalizar a respectiva execução; c) estabelecer prioridades entre as suas atividades, por meio de critérios técnicos, econômicos e administrativos; d) promover a modernização das estruturas das áreas afins; e) rever procedimentos de administração nas áreas de prevenção, repressão e recuperação; f) estabelecer fluxos contínuos e permanentes de informações entre seus órgãos, bem como entre o seu órgão central e organismos internacionais; g) estimular pesquisas, para o aperfeiçoamento das atividades de sua competência; h) promover a inclusão de ensinamentos nos cursos de formação de professores, em todos os níveis, referentes a substâncias entorpecentes e drogas que causem dependência física ou psíquica; i) promover, junto aos órgãos competentes, a inclusão de itens específicos nos currículos de todos os graus de ensino, com a finalidade de esclarecer os alunos quanto à natureza e aos efeitos das substâncias entorpecentes e drogas que causem dependência física ou psíquica. É constituído pelo conjunto de órgãos que exercem, nos âmbitos federal, estadual, distrital e municipal, atividades relacionadas com: 1. a prevenção do uso indevido, o tratamento, a recuperação e a reinserção social de dependentes de substâncias entorpecentes e drogas que causem dependência física ou psíquica; e 2. a repressão ao uso indevido, a prevenção e a repressão do tráfico ilícito e da produção não autorizada de substâncias entorpecentes e drogas que causem dependência física ou psíquica.

SISTEMA NACIONAL DE ARMAS (SINARM). *Direito administrativo.* Instituído no Ministério da Justiça, no âmbito da Polícia Federal, tem circunscrição em todo o território nacional, tem por finalidade manter cadastro geral, integrado e permanente das armas de fogo importadas, produzidas e vendidas no País, da competência do SINARM, e o controle dos registros dessas armas. Serão cadastradas no SINARM: 1) as armas de fogo institucionais: a) da Polícia Federal; b) da Polícia Rodoviária Federal; c) das Polícias Civis; d) dos órgãos policiais da Câmara dos Deputados e do Senado Federal; e) dos integrantes do quadro efetivo dos agentes e guardas prisionais; f) dos integrantes das escoltas de presos e das guardas portuárias; g) das guardas municipais; h) dos órgãos públicos, cujos servidores tenham autorização para portar arma de fogo em serviço em razão das atividades desempenhadas; 2) as armas de fogo adquiridas pelo cidadão com atendimento aos requisitos legais; 3) as armas de fogo das empresas de segurança privada e de transporte de valores; 4) as armas de fogo apreendidas, inclusive as vinculadas a procedimentos policiais e judiciais, mediante comunicação das autoridades competentes à Polícia Federal; 5) as armas de fogo de uso permitido dos integrantes dos órgãos, instituições e corporações mencionados em lei específica; 6) as armas de fogo de uso restrito dos integrantes dos órgãos, instituições e corporações mencionados legalmente, que deverão ter sua aquisição autorizada pelo Comando do Exército; 7) as armas de fogo dos órgãos públicos não mencionados nos itens anteriores, cujos servidores tenham permissão legal para portar arma de fogo em serviço, em razão das atividades que desempenhem. Ao SINARM compete: a) identificar as características e a propriedade de armas de fogo, mediante cadastro; b) cadastrar as armas de fogo produzidas, importadas e vendidas no País; c) cadastrar as autorizações de porte de arma de fogo e as renovações expedidas pela Polícia Federal; d) cadastrar as transferências de propriedade, extravio, furto, roubo e outras ocorrências suscetíveis de alterar os dados cadastrais, inclusive as decorrentes de fechamento de empresas de segurança privada e de transporte de valores; e) identificar as modificações que alterem as características ou o funcionamento de arma de fogo; f) integrar no cadastro os acervos policiais já existentes;

g) cadastrar as apreensões de armas de fogo, inclusive as vinculadas a procedimentos policiais e judiciais; h) cadastrar os armeiros em atividade no País, bem como conceder licença para exercer a atividade; i) cadastrar mediante registro os produtores, atacadistas, varejistas, exportadores e importadores autorizados de armas de fogo, acessórios e munições; j) cadastrar a identificação do cano da arma, as características das impressões de raiamento e de microestriamento de projétil disparado, conforme marcação e testes obrigatoriamente realizados pelo fabricante; k) informar às Secretarias de Segurança Pública dos Estados e do Distrito Federal os registros e autorizações de porte de armas de fogo nos respectivos territórios, bem como manter o cadastro atualizado para consulta. Esse sistema, portanto, tem por objetivo coletar, processar e disseminar, no âmbito da Polícia Federal, dados indispensáveis ao cadastramento, registro e controle de armas, inclusive as apreendidas, mesmo que vinculadas a procedimentos policiais e judiciais, de uso permitido, restrito ou proibido, bem como a concessão de Porte Federal de Arma.

SISTEMA NACIONAL DE ARQUIVOS (SINAR). *Direito administrativo.* É aquele que, tendo como órgão central o Conselho Nacional de Arquivos, tem por fim implementar a política nacional de arquivos públicos e privados, visando à gestão, à preservação e ao acesso aos documentos de arquivo.

SISTEMA NACIONAL DE AUDITORIA (SNA). *Direito administrativo.* Órgão ligado à direção do Sistema Único de Saúde (SUS), em todos os níveis de governo, sem prejuízo da fiscalização exercida pelos órgãos de controle interno e externo, incumbido de exercer sobre as ações e serviços desenvolvidos no âmbito do SUS as atividades de: a) controle da execução, para verificar a sua conformidade com os padrões estabelecidos ou detectar situações que exijam maior aprofundamento; b) avaliação da estrutura, dos processo aplicados e dos resultados alcançados, para aferir sua adequação aos critérios e parâmetros exigidos de eficiência, eficácia e efetividade; c) auditoria da regularidade dos procedimentos praticados por pessoas naturais e jurídicas, mediante exame analítico e pericial.

SISTEMA NACIONAL DE AVALIAÇÃO DA EDUCAÇÃO BÁSICA. *Direito administrativo* e *direito educacional.* Tem por objetivos gerais: a) contribuir para o

SISTEMA NACIONAL DE AVALIAÇÃO DA EDUCAÇÃO SUPERIOR (SINAES)   443   SIS

desenvolvimento, em todos os níveis do sistema educativo, de uma cultura avaliativa que estimule a melhoria dos padrões de qualidade e eqüidade da educação básica e adequados controles sociais de seus resultados; b) implementar e desenvolver, em articulação com as Secretarias de Educação, processos permanentes de avaliação, apoiados em ciclos regulares de aferições das aprendizagens e competências obtidas pelos alunos e do desempenho dos estabelecimentos que compõem os sistemas de educação básica; c) mobilizar os recursos humanos, técnicos e institucionais do Ministério, das Secretarias e de universidades e centros de estudos e pesquisas sociais e educacionais, para gerar e difundir os conhecimentos, técnicas e instrumentos requeridos pelas práticas de aferição e avaliação educacional; d) proporcionar, aos responsáveis pela gestão educacional e pelo ensino, às famílias e aos cidadãos em geral, informações seguras e oportunas a respeito do desempenho e dos resultados dos sistemas educativos.

SISTEMA NACIONAL DE AVALIAÇÃO DA EDUCAÇÃO SUPERIOR (SINAES).

Direito educacional. Tem por objetivo assegurar processo nacional de avaliação das instituições de educação superior, dos cursos de graduação e do desempenho acadêmico de seus estudantes sob a coordenação e supervisão da Comissão Nacional de Avaliação de Educação Superior (CONAES). O SINAES tem por finalidade a melhoria da qualidade da educação superior, a orientação da expansão da sua oferta, o aumento permanente da sua eficácia institucional e efetividade acadêmica e social e, especialmente, a promoção do aprofundamento dos compromissos e responsabilidades sociais das instituições de educação superior, por meio da valorização de sua missão pública, da promoção dos valores democráticos, do respeito à diferença e à diversidade, da afirmação da autonomia e da identidade institucional. O SINAES será desenvolvido em cooperação com os sistemas de ensino dos Estados e do Distrito Federal. O SINAES, ao promover a avaliação de instituições, de cursos e de desempenho dos estudantes, deverá assegurar: a) a avaliação institucional, interna e externa, contemplando a análise global e integrada das dimensões, estruturas, relações, compromisso social, atividades, finalidades e responsabilidades sociais das instituições de educação superior e de seus cursos; b) o caráter público de todos

os procedimentos, dados e resultados dos processos avaliativos; c) o respeito à identidade e à diversidade de instituições e de cursos; d) a participação do corpo discente, docente e técnico-administrativo das instituições de educação superior, e da sociedade civil, por meio de suas representações. Os resultados da avaliação constituirão referencial básico dos processos de regulação e supervisão da educação superior, neles compreendidos o credenciamento e a renovação de credenciamento de instituições de educação superior, a autorização, o reconhecimento e a renovação de reconhecimento de cursos de graduação.

SISTEMA NACIONAL DE AVALIAÇÃO E PROGRESSO DO ENSINO SUPERIOR.

Direito educacional. Tem a finalidade de avaliar a capacidade institucional, o processo de ensino e produção do conhecimento, o processo de aprendizagem e a responsabilidade social das instituições de ensino superior avaliadas. O Sistema Nacional de Avaliação e Progresso do Ensino Superior será desenvolvido em cooperação com os sistemas estaduais de educação e deverá assegurar: a) o caráter público de todos os processos e procedimentos avaliativos; b) o respeito à identidade e à diversidade de cursos e instituições de ensino superior; c) a participação do corpo discente, docente e técnico-administrativo, bem como da sociedade civil, por meio de suas representações; d) a análise global e integrada das dimensões, estruturas, relações, compromisso social, atividades, finalidades e responsabilidades sociais dos cursos e das instituições de ensino superior.

SISTEMA NACIONAL DE CERTIFICAÇÃO E FORMAÇÃO CONTINUADA DE PROFESSORES DA EDUCAÇÃO BÁSICA.

Direito educacional. É o que compreende: a) o Exame Nacional de Certificação de Professores, por meio do qual se promovem parâmetros de formação e méritos profissionais; b) os programas de incentivo e apoio à formação continuada de professores, implementados em regime de colaboração com os entes federados; c) a Rede Nacional de Centros de Pesquisa e Desenvolvimento da Educação, constituída com o objetivo de desenvolver tecnologia educacional e ampliar a oferta de cursos e outros meios de formação de professores.

SISTEMA NACIONAL DE CERTIFICAÇÃO NA ÁREA ESPACIAL (SINCESPAÇO).

Direito espacial. Tem por objetivo promover a qualidade e a segurança das atividades espaciais no Brasil e o desenvolvimento do setor espacial nacional, proporcionando mecanismos de certificação voluntária ou obrigatória, mediante a avaliação da conformidade com normas e regulamentos técnicos, bem como com outros documentos normativos. O Sistema contemplará os seguintes segmentos: a) sistemas de gestão (ambiental e da qualidade) e outros; b) produtos (bens e serviços), processos e sistemas específicos da área espacial; c) pessoal. O Sincespaço é um sistema específico que deverá operar em sintonia com o Sistema Nacional de Metrologia, Normalização e Qualidade Industrial (SINMETRO) e tem por diretrizes gerais: a) atuar de forma sistêmica no âmbito do Sistema Nacional de Desenvolvimento das Atividades Espaciais (SINDAE); b) participar do Sistema Brasileiro de Certificação, visando a utilização de uma base técnica comum e procedimentos harmonizados de acordo com normas brasileiras e, na falta destas, com normas internacionais; c) buscar reciprocidade com iniciativas similares no exterior, visando, em particular, a facilitação do reconhecimento dos certificados emitidos no Brasil e assim contribuir para a aceitação de produtos brasileiros no mercado externo; d) integrar-se ao Sinmetro, contribuindo para o seu fortalecimento.

SISTEMA NACIONAL DE DEFESA CIVIL (SINDEC).
Direito administrativo. Tem por finalidade: a) planejar e promover a defesa permanente contra desastres naturais, antropogênicos e mistos, de maior prevalência no País; b) realizar estudos, avaliar e reduzir riscos de desastres; c) atuar na iminência e em circunstâncias de desastres; d) prevenir ou minimizar danos, socorrer e assistir populações afetadas, e reabilitar e recuperar os cenários dos desastres; e) promover a articulação e coordenar os órgãos do SINDEC em todo o território nacional.

SISTEMA NACIONAL DE DEFESA DO CONSUMIDOR (SNDC). *Direito do consumidor.* Órgão que abrange o Departamento de Proteção e Defesa do Consumidor, os órgãos federais, estaduais, do Distrito Federal e municipais, e as entidades privadas de defesa do consumidor. O Departamento de Proteção e Defesa do Consumidor, da Secretaria Nacional de Direito Econômico, do Ministério da Justiça, ou órgão federal que venha substituí-lo, é organismo de coordenação da política do Sistema Nacional de Defesa do Consumidor, tendo a tarefa de: a) planejar,

elaborar, propor, coordenar e executar a política nacional de proteção ao consumidor; b) receber, analisar, avaliar e encaminhar consultas, denúncias ou sugestões apresentadas por entidades representativas ou por pessoas jurídicas de direito público ou privado; c) prestar aos consumidores orientação permanente sobre seus direitos e garantias; d) informar, conscientizar e motivar o consumidor através dos diferentes meios de comunicação; e) solicitar à polícia judiciária a instauração de inquérito policial para a apreciação de delito contra os consumidores, nos termos da legislação vigente; f) representar ao Ministério Público competente para fins de adoção de medidas processuais no âmbito de suas atribuições; g) levar ao conhecimento dos órgãos competentes as infrações de ordem administrativa que violarem os interesses difusos, coletivos, ou individuais dos consumidores; h) solicitar o concurso de órgãos e entidades da União, Estados, do Distrito Federal e Municípios, bem como auxiliar a fiscalização de preços, abastecimento, quantidade e segurança de bens e serviços; i) incentivar, inclusive com recursos financeiros e outros programas especiais, a formação de entidades de defesa do consumidor pela população e pelos órgãos públicos estaduais e municipais; j) fiscalizar e aplicar as sanções administrativas previstas no Código de Defesa do Consumidor; k) funcionar, no procedimento administrativo, como instância recursal; l) baixar as normas que se fizerem necessárias; e m) desenvolver outras atividades compatíveis com suas finalidades.

SISTEMA NACIONAL DE DESENVOLVIMENTO CIENTÍFICO E TECNOLÓGICO. Complexo de atividades organizadas sistematicamente e voltadas à seara da ciência e tecnologia.

SISTEMA NACIONAL DE DESENVOLVIMENTO DAS ATIVIDADES ESPACIAIS (SINDAE). *Direito aeronáutico* e *direito espacial.* Aquele que, tendo a finalidade de organizar a execução das atividades destinadas ao desenvolvimento espacial de interesse nacional, é constituído por um órgão central, responsável por sua coordenação geral, por órgãos setoriais, responsáveis pela coordenação setorial e execução das ações contidas no Programa Nacional de Atividades Espaciais (PNAE) e por órgãos e entidades participantes, responsáveis pela execução de ações específicas do PNAE. Integram o Sindae: 1. como órgão

central, a Agência Espacial Brasileira (AEB); 2. como órgãos setoriais: a) o Departamento de Pesquisa e Desenvolvimento do Comando da Aeronáutica (Deped); b) o Instituto Nacional de Pesquisas Espaciais do Ministério da Ciência e Tecnologia (INPE); 3. como órgãos e entidades participantes: a) os Ministérios e Secretarias da Presidência da República, quando envolvidos no assunto, por seus representantes indicados pela autoridade competente; b) os Estados, o Distrito Federal e os Municípios quando houver interesse, por representante indicado pelo Chefe do Poder Executivo respectivo; c) o setor privado, por indicação do seu representante legal.

SISTEMA NACIONAL DE DESPORTO. *Direito desportivo.* É o que tem por fim promover e aprimorar as práticas desportivas de rendimento. Congrega pessoas físicas e jurídicas de direito privado, com ou sem intuito lucrativo, encarregadas da coordenação, administração, normalização, apoio e prática do desporto, bem como as incumbidas da Justiça Desportiva e, especialmente: o Comitê Olímpico brasileiro; o Comitê Paraolímpico brasileiro; as entidades nacionais e regionais de administração do desporto; as ligas regionais e nacionais e as entidades de prática desportiva filiadas ou não às acima mencionadas.

SISTEMA NACIONAL DE EDUCAÇÃO TECNOLÓGICA. *Direito administrativo* e *direito educacional.* É o órgão integrado pelas instituições de educação tecnológica, vinculadas ou subordinadas ao Ministério da Educação e sistemas congêneres dos Estados, municípios e Distrito Federal. A participação da rede particular do Sistema Nacional de Educação Tecnológica poderá ocorrer, ouvidos os respectivos órgãos superiores deliberativos. A instituição do Sistema Nacional de Educação Tecnológica tem como finalidade permitir melhor articulação da educação tecnológica, em seus vários níveis, entre suas diversas instituições, entre estas e as demais incluídas na política nacional de educação, visando o aprimoramento do ensino, da extensão, da pesquisa tecnológica, além de sua integração com os diversos setores da sociedade e do setor produtivo. A coordenação do Sistema Nacional de Educação Tecnológica caberá ao Ministério da Educação, que estabelecerá os procedimentos para a sua implantação, operacionalização e funcionamento, respeitadas as características da educação formal e não formal e a autonomia dos sistemas de ensino.

SISTEMA NACIONAL DE EMPREGO (SINE). *Direito do trabalho.* É o que se norteará pela adoção dos seguintes princípios, inclusive, na definição de recursos necessários ao funcionamento de sua rede: princípio da eficácia das ações: necessidade de estímulo a maior capacidade de cumprimento de metas por parte das unidades de atendimento integrantes do SINE; princípio da necessidade: reconhece a existência de especificidades locais de cada mercado de trabalho, buscando estreitar o hiato entre a necessidade, ou o tamanho do público ao qual as ações se destinam, e os recursos dos convenentes; princípio da integração: necessário estímulo a ações que visem à integração das políticas públicas de trabalho, emprego e renda, no sentido de torná-las mais ativas, na busca pela (re)inserção produtiva do trabalhador no mercado de trabalho; princípio da focalização: reconhece o necessário atendimento específico ou focalizado a grupos vulneráveis mais ameaçados pelo desemprego e com maior dificuldade de (re)inserção no mercado de trabalho; princípio da viabilidade de controle: necessidade de adoção de mecanismos de aferição de resultados do desempenho e de gestão, que sejam mensuráveis e viáveis do ponto de vista operacional e de controle.

SISTEMA NACIONAL DE GERENCIAMENTO DE PRODUTOS CONTROLADOS (SNGPC). *Biodireito.* É o existente no âmbito do Sistema Nacional de Vigilância Sanitária, constituído por instrumentos informatizados de captura e tratamento de dados, disponibilizados via Internet, sobre produção, circulação, comércio e uso de substâncias ou medicamentos sujeitos a controle especial. O Sistema Nacional de Gerenciamento de Produtos Controlados (SNGPC) será implantado gradualmente no País nos setores cujos estabelecimentos estejam envolvidos com a produção, circulação, comércio e uso de substâncias ou medicamentos sujeitos a controle especial, por meio de módulos específicos, segundo as particularidades e especificidades de cada segmento, sendo implantados por etapas a serem estabelecidas no âmbito do Sistema Nacional de Vigilância Sanitária. Os procedimentos para dispensação e manipulação de substâncias e medicamentos sujeitos a controle especial em drogarias ou farmácias ficam submetidos ao tratamento administrativo obrigatório do Sistema Nacional de Gerenciamento de Produtos Controlados (SNGPC). As farmácias e drogarias de natureza pública e os estabelecimentos de atendimento privativo de unidade hospitalar ou de qualquer outra equivalente de assistência médica ficam dispensados do tratamento acima mencionado enquanto o módulo específico do Sistema Nacional de Gerenciamento de Produtos Controlados (SNGPC), apropriado a tais estabelecimentos, não for disponibilizado e implantado no âmbito do Sistema Nacional de Vigilância Sanitária. São objetivos do Sistema Nacional de Gerenciamento de Produtos Controlados (SNGPC): a) aprimorar as ações de vigilância sanitária com vistas ao aperfeiçoamento do controle e fiscalização das substâncias e medicamentos sujeitos a controle especial, assim especificados em lei ou relacionados em listas atualizadas periodicamente pelo órgão ou entidade competente do Poder Executivo da União; b) obter dados e informações, em seus diversos detalhamentos, acerca do comércio e uso de substâncias e medicamentos sujeitos a controle especial para subsidiar a formulação de políticas públicas de saúde e fortalecer a atuação estratégica das ações de fiscalização e controle no âmbito do Sistema Nacional de Vigilância Sanitária, em busca de maior agilidade e resolutividade na solução dos problemas sanitários; c) disponibilizar dados e informações capazes de contribuir para a execução das ações de vigilância sanitária dos Estados, do Distrito Federal e dos Municípios em busca do fortalecimento da descentralização e da promoção do uso racional de medicamentos sujeitos a controle especial no País; e d) otimizar as ações de controle sobre os procedimentos de escrituração em drogarias e farmácias, relacionados com a movimentação de substâncias ou medicamentos sujeitos a controle especial, de modo a contribuir para maior disponibilidade do responsável técnico do estabelecimento para as atividades voltadas para a atenção farmacêutica, em busca da qualificação da assistência farmacêutica no País.

SISTEMA NACIONAL DE GERENCIAMENTO DE RECURSOS HÍDRICOS. *Direito administrativo.* É o integrado pelo Conselho Nacional de Recursos Hídricos, pela Agência Nacional de Águas, pelos Conselhos de Recursos Hídricos dos Estados e do Distrito Federal, pelos Comitês de Bacia Hidrográfica, pelos órgãos dos poderes públicos federal, estaduais, do Distrito Federal e municipais cujas competências se relacionem com a gestão de recursos hídricos, e pelas Agências de Água.

SISTEMA NACIONAL DE HABITAÇÃO DE INTERESSE SOCIAL (SNHIS). *Direito urbanístico.* É o que tem o objetivo de: a) viabilizar para a população de menor renda o acesso à terra urbanizada e à habitação digna e sustentável; b) implementar políticas e programas de investimentos e subsídios, promovendo e viabilizando o acesso à habitação voltada à população de menor renda; e c) articular, compatibilizar, acompanhar e apoiar a atuação das instituições e órgãos que desempenham funções no setor da habitação.

SISTEMA NACIONAL DE INFORMAÇÕES DA PESCA E AQÜICULTURA. *Direito agrário.* É o que visa coletar, agregar, processar, analisar, intercambiar e disseminar informações sobre o setor pesqueiro nacional.

SISTEMA NACIONAL DE INFORMAÇÕES EM ECONOMIA SOLIDÁRIA (SIES). *Direito de trabalho.* O SIES é um sistema de identificação e registro de informações dos empreendimentos econômicos solidários e das entidades de apoio, assessoria e fomento à economia solidária no Brasil. A economia solidária compreende uma diversidade de práticas econômicas e sociais organizadas sob a forma de cooperativas, associações, empresas autogestionárias, redes de cooperação, complexos cooperativos, entre outros, que realizam atividades de produção de bens, prestação de serviços, finanças solidárias, trocas, comércio justo e consumo solidário. Esse setor vem se desenvolvendo no Brasil constituindo uma alternativa de trabalho e renda e inclusão social.

SISTEMA NACIONAL DE PESOS E MEDIDAS. *Vide* SISTEMA MÉTRICO DECIMAL E SISTEMA INTERNACIONAL DE MEDIDAS.

SISTEMA NACIOAL DE POLÍTICAS PÚBLICAS SOBRE DROGAS (SISNAD). *Direito civil* e *direito penal.* Prescreve medidas para prevenção do uso indevido, atenção e reinserção social de usuários e dependentes de drogas; estabelece normas para repressão à produção não autorizada e ao tráfico ilícito de drogas e define crimes. O SISNAD tem a finalidade de articular, integrar, organizar e coordenar as atividades relacionadas com: a) a prevenção do uso indevido, a atenção e a reinserção social de usuários e dependentes de drogas; b) a repressão da produção não autorizada e do tráfico ilícito de drogas. São princípios do SISNAD: a) o respeito aos direitos fundamentais da pessoa humana, especialmente quanto à sua autonomia e à sua liberdade; b) o respeito à diversidade e às especificidades populacionais existentes; c) a promoção dos valores éticos, culturais e de cidadania do povo brasileiro, reconhecendo-os como fatores de proteção para o uso indevido de drogas e outros comportamentos correlacionados; d) a promoção de consensos nacionais, de ampla participação social, para o estabelecimento dos fundamentos e estratégias do SISNAD; e) a promoção da responsabilidade compartilhada entre Estado e sociedade, reconhecendo a importância da participação social nas atividades do SISNAD; f) o reconhecimento da intersetorialidade dos fatores correlacionados com o uso indevido de drogas, com a sua produção não autorizada e o seu tráfico ilícito; g) a integração das estratégias nacionais e internacionais de prevenção do uso indevido, atenção e reinserção social de usuários e dependentes de drogas e de repressão à sua produção não autorizada ao seu tráfico ilícito; h) a articulação com os órgãos do Ministério Público e dos Poderes Legislativo e Judiciário visando à cooperação mútua nas atividades do SISNAD; i) a adoção de abordagem multidisciplinar que reconheça a interdependência e a natureza complementar das atividades de prevenção do uso indevido, atenção e reinserção social de usuários e dependentes de drogas, repressão da produção não autorizada e do tráfico ilícito de drogas; j) a observância do equilíbrio entre as atividades de prevenção do uso indevido, atenção e reinserção social de usuários e dependentes de drogas e de repressão à sua produção não autorizada e ao seu tráfico ilícito, visando a garantir a estabilidade e o bem-estar social; k) a observância às orientações e normas emanadas do Conselho Nacional Antidrogas (CONAD). O SISNAD tem os seguintes objetivos: a) contribuir para a inclusão social do cidadão, visando a torná-lo menos vulnerável a assumir comportamentos de risco para o uso indevido de drogas, seu tráfico ilícito e outros comportamentos correlacionados; b) promover a construção e a socialização do conhecimento sobre drogas no País; c) promover a integração entre as políticas de prevenção do uso indevido, atenção e reinserção social de usuários e dependentes de drogas e de repressão à sua produção não autorizada e ao tráfico ilícito e as políticas públicas setoriais dos órgãos do Poder Executivo da União, Distrito Federal, Estados e Municípios; d) assegurar as condições para a coordenação, a integração e a articulação das suas atividades.

SISTEMA NACIONAL DE PREVENÇÃO E COMBATE A INCÊNDIOS FLORESTAIS (PREVFOGO). *Direito ambiental.* É o criado e coordenado pelo Instituto Brasileiro do Meio Ambiente e dos Recursos Naturais Renováveis (IBAMA) com o escopo de obter o desenvolvimento de programas, integrados pelos diversos níveis de governo, destinados a ordenar, monitorar, prevenir e combater incêndios florestais, cabendo-lhe, ainda, desenvolver e difundir técnicas de manejo controlado do fogo, capacitar recursos humanos para difusão das respectivas técnicas e para conscientizar a população sobre os riscos do emprego inadequado do fogo.

SISTEMA NACIONAL DE PROCESSAMENTO DE ALTO DESEMPENHO (SINAPAD). *Direito educacional.* É o que tem os seguintes objetivos: a) prestar serviços de Processamento de Alto Desempenho Computacional (PAD), sob demanda, a universidades, institutos de pesquisa e outras instituições, públicas e privadas; b) apoiar o desenvolvimento de produtos e aplicações de PAD; c) fomentar e apoiar a formação de pessoal especializado; d) transferir conhecimentos e tecnologia de PAD; e) difundir a cultura e a aplicação de PAD.

SISTEMA NACIONAL DE RADIODIFUSÃO EDUCATIVA (SINRED). *Direito educacional.* É aquele que tem por fim viabilizar uma ação integrada e coordenada das emissoras de radiodifusão, colaborando na execução de atividades voltadas para o desenvolvimento do País, procurando atender as carências educacionais pela difusão das políticas públicas de caráter educativo, cultural e de serviços. Tem por objetivos: a) consolidar e ampliar a área de abrangência do sinal das emissoras de radiodifusão educativa, permitindo o acesso do povo a uma programação de boa qualidade; b) assessorar o Ministério da Educação na formulação da política relativa à educação a distância; c) estimular o aperfeiçoamento da radiodifusão educativa por meio da troca de experiências e transferências de tecnologia entre os integrantes do Sistema; d) racionalizar a utilização de recursos; e) promover a descentralização e a regionalização das produções educativas, preservando a cultura, a tradição e as peculiaridades locais; f) estimular a produção e a reprodução de materiais educativos, científicos e culturais que venham a constituir acervo acessível ao público em geral.

SISTEMA NACIONAL DE SANGUE, COMPONENTES E DERIVADOS (SINASAN).

SISTEMA NACIONAL DE SANGUE, COMPONENTES E DERIVADOS (SINASAN). *Biodireito.* Visa promover medidas, planos e programas quadrienais voltados para a Política Nacional de Sangue, Componentes e Hemoderivados. São órgãos de apoio do SINASAN: a) os de vigilância sanitária e epidemiológica, que visem ao controle da qualidade do sangue, componentes e hemoderivados e de todo insumo indispensável para ações de hemoterapia; b) laboratórios de referência para controle e garantia de qualidade do sangue, componentes e hemoderivados, bem como de insumos básicos utilizados nos processos hemoterápicos, e confirmação de doadores e amostras reativas, e dos reativos e insumos diagnósticos utilizados para a proteção das atividades hemoterápicas; c) outros órgãos e entidades que envolvam ações pertinentes à mencionada política. O SINASAN promoverá a estruturação da Rede Nacional de Serviços de Hemoterapia e Laboratórios de Referência Estadual e/ou Municipal para controle de qualidade, a fim de garantir a auto-suficiência nacional em sangue, componentes e hemoderivados. O SINASAN coordenará, controlará e fiscalizará a utilização de hemoderivados importados ou produzidos no País, estabelecendo regras que atendam aos interesses e às necessidades nacionais, bem como à defesa da produção brasileira. O Sistema Nacional de Sangue, Componentes e Derivados (SINASAN) integra o Sistema Único de Saúde (SUS), e tem por finalidade: a) implementar a Política Nacional de Sangue, Componentes e Hemoderivados; b) garantir a auto-suficiência do País em hemocomponentes e hemoderivados; c) harmonizar as ações do Poder Público em todos os níveis de governo, relacionadas à assistência hemoterápica.

SISTEMA NACIONAL DE SEGURANÇA ALIMENTAR E NUTRICIONAL (SISAN). *Direito administrativo.* Por meio do qual o poder público, com a participação da sociedade civil organizada, formulará e implementará políticas, planos, programas e ações com vistas em assegurar o direito humano à alimentação adequada. O SISAN reger-se-á pelos seguintes princípios: a) universalidade e eqüidade no acesso à alimentação adequada, sem qualquer espécie de discriminação; b) preservação da autonomia e respeito à dignidade das pessoas; c) participação social na formulação, execução, acompanhamento, monitoramento e controle das políticas e dos planos de segurança alimentar e nutricional em todas as esferas de governo; e d) transparência dos programas, das ações e dos recursos públicos e privados e dos critérios para sua concessão. O SISAN tem como base as seguintes diretrizes: a) promoção da intersetorialidade das políticas, programas e ações governamentais e não-governamentais; b) descentralização das ações e articulação, em regime de colaboração, entre as esferas de governo; c) monitoramento da situação alimentar e nutricional, visando a subsidiar o ciclo de gestão das políticas para a área nas diferentes esferas de governo; d) conjugação de medidas diretas e mediatas de garantia de acesso à alimentação adequada, com ações que ampliem a capacidade de subsistência autônoma da população; e) articulação entre orçamento e gestão; e f) estímulo ao desenvolvimento de pesquisas e à capacitação de recursos humanos. O SISAN tem por objetivos formular e implementar políticas e planos de segurança alimentar e nutricional, estimular a integração dos esforços entre governo e sociedade civil, bem como promover o acompanhamento, o monitoramento e a avaliação da segurança alimentar e nutricional do País.

SISTEMA NACIONAL DE SEMENTES E MUDAS. *Direito agrário.* Objetiva garantir a identidade e a qualidade do material de multiplicação e de reprodução vegetal produzido, comercializado e utilizado em todo o território nacional.

SISTEMA NACIONAL DE TRÂNSITO. *Direito de trânsito.* **1.** Conjunto de órgãos coordenados pelo Conselho Nacional de Trânsito, que tem por finalidade disciplinar o trânsito nas vias terrestres do território nacional. **2.** É o conjunto de órgãos e entidades da União, dos Estados, do Distrito Federal e dos municípios que tem por finalidade o exercício das atividades de planejamento, administração, normatização, pesquisa, registro e licenciamento de veículos, formação, habilitação e reciclagem de condutores, educação, engenharia, operação do sistema viário, policiamento, fiscalização, julgamento de infrações e de recursos e aplicação de penalidades. São objetivos básicos do Sistema Nacional de Trânsito: a) estabelecer diretrizes da Política Nacional de Trânsito, com vistas à segurança, à fluidez, ao conforto, à defesa ambiental e à educação para o trânsito, e fiscalizar seu cumprimento; b) fixar, mediante normas e procedimentos, a padronização de critérios técnicos, financeiros e administrativos para a execução das atividades de trânsito; c) estabelecer a sistemática de fluxos permanentes de informações entre os seus diversos órgãos e entidades, a fim de facilitar o processo decisório e a integração do Sistema.

SISTEMA NACIONAL DE TRANSPLANTE (SNT). *Direito civil, biodireito* e *medicina legal.* Aquele que desenvolve o processo de captação e distribuição de tecidos, órgãos e partes retirados do corpo humano para finalidades terapêuticas. Tem como âmbito de intervenção as atividades de conhecimento de morte encefálica verificada em qualquer ponto do território nacional e a determinação do destino dos tecidos, órgãos e partes retirados.

SISTEMA NACIONAL DE TREINAMENTO DOS AGENTES DA INSPEÇÃO DO TRABALHO. *Direito do trabalho* e *direito administrativo.* Integra o Sistema Federal de Inspeção do Trabalho, sob a responsabilidade da Coordenação-Geral de Recursos Humanos e da Secretaria de Fiscalização do Trabalho. Destina-se a treinar, aperfeiçoar, atualizar e especializar os Fiscais do Trabalho e Assistentes Sociais. Para a consecução dos seus objetivos, o Sistema Nacional de Treinamento proporcionará aos Fiscais do Trabalho e Assistentes Sociais os seguintes cursos: a) treinamento básico; b) atualização e aperfeiçoamento; c) especialização; d) monitoria. O curso de treinamento básico, com duração mínima de duzentas e quarenta horas, destina-se exclusivamente à formação dos fiscais do trabalho e assistentes sociais, nomeados em face de habilitação em concurso público específico para a inspeção do trabalho, proporcionando-lhes os conhecimentos técnicos necessários ao exercício da função. Os cursos de atualização e aperfeiçoamento destinam-se ao aprimoramento da formação dos fiscais do trabalho e assistentes sociais e serão planejados de acordo com diretrizes, conteúdo, duração e periodicidade estabelecidos pela Secretaria de Fiscalização do Trabalho. O curso de especialização destina-se à formação de fiscais do trabalho e assistentes sociais em área de conhecimento específico de interesse da Administração. O curso de monitoria, com duração mínima de oitenta horas-aula, destina-se à formação de monitores para ministrar os cursos referidos em norma especial. O fiscal do trabalho e o assistente social que concluir, com aproveitamento, o curso de monitoria serão inscritos no Cadastro de Monitores do Ministério do Trabalho e receberão certificado de conclusão, respeitados os credenciamentos de monitores anteriormente efetivados.

SISTEMA NACIONAL DE UNIDADES DE CONSERVAÇÃO DA NATUREZA (SNUC). *Direito ambiental.* É constituído pelo conjunto das unidades de conservação federais, estaduais e municipais e tem os seguintes objetivos: a) contribuir para a manutenção da diversidade biológica e dos recursos genéticos no território nacional e nas águas jurisdicionais; b) proteger as espécies ameaçadas de extinção no âmbito regional e nacional; c) contribuir para a preservação e a restauração da diversidade de ecossistemas naturais; d) promover o desenvolvimento sustentável a partir dos recursos naturais; e) promover a utilização dos princípios e práticas de conservação da natureza no processo de desenvolvimento; f) proteger paisagens naturais e pouco alteradas de notável beleza cênica; g) proteger as características relevantes de natureza geológica, geomorfológica, espeleológica, arqueológica, paleontológica e cultural; h) proteger e recuperar recursos hídricos e edáficos; i) recuperar ou restaurar ecossistemas degradados; j) proporcionar meios e incentivos para atividades de pesquisa científica, estudos e monitoramento ambiental; k) valorizar economica e socialmente a diversidade biológica; l) favorecer condições e promover a educação e interpretação ambiental, a recreação em contato com a natureza e o turismo ecológico; m) proteger os recursos naturais necessários à subsistência de populações tradicionais, respeitando e valorizando seu conhecimento e sua cultura e promovendo-as social e economicamente. O Snuc é regido por diretrizes que: a) assegurem que no conjunto das unidades de conservação estejam representadas amostras significativas e ecologicamente viáveis das diferentes populações, hábitats e ecossistemas do território nacional e das águas jurisdicionais, salvaguardando o patrimônio biológico; b) assegurem os mecanismos e procedimentos necessários ao envolvimento da sociedade no estabelecimento e na revisão da política nacional de unidades de conservação; c) assegurem a participação efetiva das populações locais na criação, implantação e gestão das unidades de conservação; d) busquem o apoio e a cooperação de organizações não-governamentais, de organizações privadas e de pessoas físicas para o desenvolvimento de estudos, pesquisas científicas, práticas de educação ambiental, atividades de lazer e de turismo ecológico, monitoramento, manutenção e outras atividades de gestão das unidades de conservação; e) incentivem as populações locais e as organizações privadas a estabelecerem e administrarem unidades de conservação dentro do sistema nacional; f) assegurem, nos casos possíveis, a sustentabilidade econômica das unidades de conservação; g) permitam o uso das unidades de conservação para a conservação *in situ* de populações das variantes genéticas selvagens dos animais e plantas domesticados e recursos genéticos silvestres; h) assegurem que o processo de criação e a gestão das unidades de conservação sejam feitos de forma integrada com as políticas de administração das terras e águas circundantes, considerando as condições e necessidades sociais e econômicas locais; i) considerem as condições e necessidades das populações locais no desenvolvimento e adaptação de métodos e técnicas de uso sustentável dos recursos naturais; j) garantam às populações tradicionais cuja subsistência dependa da utilização de recursos naturais existentes no interior das unidades de conservação meios de subsistência alternativos ou a justa indenização pelos recursos perdidos; k) garantam uma alocação adequada dos recursos financeiros necessários para que, uma vez criadas, as unidades de conservação possam ser geridas de forma eficaz e atender aos seus objetivos; l) busquem conferir às unidades de conservação, nos casos possíveis e respeitadas as conveniências da administração, autonomia administrativa e financeira; m) busquem proteger grandes áreas por meio de um conjunto integrado de unidades de conservação de diferentes categorias, próximas ou contíguas, e suas respectivas zonas de amortecimento e corredores ecológicos, integrando as diferentes atividades de preservação da natureza, uso sustentável dos recursos naturais e restauração dos ecossistemas.

SISTEMA NACIONAL DE VIAÇÃO (SNV). *Direito administrativo.* É constituído pela infra-estrutura viária e pela estrutura operacional dos diferentes meios de transporte de pessoas e bens, sob jurisdição da União, dos Estados, do Distrito Federal e dos Municípios. São objetivos essenciais do Sistema Nacional de Viação: a) dotar o País de infra-estrutura viária adequada, ou seja, da que torna mínimo o custo total do transporte, entendido como a soma dos custos de investimentos, de manutenção e de operação dos sistemas; b) garantir a operação racional e segura dos transportes de pessoas e bens, caracterizada pela gerência eficiente das vias, dos terminais, dos equipamentos e dos veículos, para tornar mínimos os custos operacionais e, conseqüentemente, os fretes e as tarifas, e garantir a segurança e a confiabilidade do transporte; c) promover o desenvolvimento social e econômico e a integração nacional.

SISTEMA NACIONAL DE VIGILÂNCIA SANITÁRIA. *Direito administrativo* e *direito ambiental.* Compreende o conjunto de ações executadas por instituições da Administração Pública direta e indireta da União, dos Estados, do Distrito Federal e dos Municípios, que exerçam atividades de regulação, normatização, controle e fiscalização na área de vigilância sanitária. Compete à União no âmbito do Sistema Nacional de Vigilância Sanitária: a) definir a política nacional de vigilância sanitária; b) definir o Sistema Nacional de Vigilância Sanitária; c) normatizar, controlar e fiscalizar produtos, substâncias e serviços de interesse para a saúde; d) exercer a vigilância sanitária de portos, aeroportos e fronteiras, podendo essa atribuição ser supletivamente exercida pelos Estados, pelo Distrito Federal e pelos Municípios; e) acompanhar e coordenar as ações estaduais, distritais e municipais de vigilância sanitária; f) prestar cooperação técnica e financeira aos Estados, ao Distrito Federal e aos Municípios; g) atuar em circunstâncias especiais de risco à saúde; h) manter sistema de informações em vigilância sanitária, em cooperação com os Estados, o Distrito Federal e os Municípios.

SISTEMA NERVOSO. *Medicina legal.* Conjunto de todos os tecidos e centros nervosos do organismo humano, controladores dos movimentos musculares voluntários e involuntários; é responsável pelos processos de pensamento e pelas funções orgânicas corporais, como respiração, circulação, digestão e excreção (Morris Fishbein).

SISTEMA NERVOSO CENTRAL. *Medicina legal.* Conjunto de tecidos nervosos que compreende a medula espinhal e o encéfalo (cérebro, cerebelo e bulbo).

SISTEMA NERVOSO PERIFÉRICO. *Medicina legal.* Aquele que consiste em doze pares de nervos cranianos que saem do cérebro, e em trinta e um pares de nervos raquianos.

SISTEMA NERVOSO SIMPÁTICO. *Medicina legal.* **1.** Parte do sistema nervoso composto de dois órgãos colocados de cada lado da coluna vertebral (Laudelino Freire). **2.** Sistema nervoso autônomo que, na lição de Morris Fishbein, se compõe de uma rede de nervos e de uma série de células nervosas juntas, chamadas gânglios vertebrais, que se ligam à medula espinhal por meio de fibras, e regula os órgãos involuntários, como coração, glândulas, vasos sangüíneos, músculos de órgãos internos, e é responsável pelas reações físicas que acompanham as emoções. Por exemplo, emoção reprimida pode acarretar dor de estômago pelo excesso de atividade dos seus músculos e glândulas.

SISTEMA NOMOEMPÍRICO. *Lógica jurídica* e *filosofia do direito.* Conjunto de proposições sintéticas alusivas a objetos reais, cuja valência está condicionada pela realidade empírica (Wesley C. Salmon e Liard), podendo ter as dimensões sintática, semântica e pragmática. Esse sistema pode ser descritivo ou prescritivo (Marcelo Neves).

SISTEMA NOMOEMPÍRICO DESCRITIVO. *Lógica jurídica* e *filosofia do direito.* É o sistema teorético que, por ter função gnoseológica, descreve, cientificamente, proposições prescritivas ou relações reais. A descrição do conteúdo das proposições prescritivas é levada a efeito pela ciência normativa, e a das relações reais, pela ciência da natureza (Marcelo Neves).

SISTEMA NOMOEMPÍRICO PRESCRITIVO. *Lógica jurídica* e *filosofia do direito.* É o sistema normativo que tem a função de dirigir o comportamento humano, controlando-o (Marcelo Neves).

SISTEMA NOMOLÓGICO. *Lógica jurídica.* Conjunto de proposições analíticas, cuja valência é independente de experiência fática (Liard, Wesley C. Salmon e Marcelo Neves).

SISTEMA NORMATIVO. *Filosofia do direito.* É o resultado de uma atividade instauradora que congrega normas (repertório) especificadas por seus atributos (validade e eficácia), estabelecendo relações entre elas (estrutura), albergando uma referência à mundividência que animou o elaborador desse sistema, projetando-se em uma dimensão significativa (Tércio Sampaio Ferraz Jr.). Os adeptos de Kelsen, por exemplo, constroem um sistema com estrutura piramidal, por vislumbrarem uma hierarquia entre as normas, visto que estas se ligam por regras de infra-supra ordenação, pois as normas inferiores retiram sua validade das superiores, que dão competência a alguém para positivá-las.

SISTEMA NORMATIVO DINÂMICO. *Filosofia do direito.* É aquele que, na teoria jurídica estática, é construído pelo jurista kelseniano mediante o princípio gnoseológico imputativo, aplicando o método lógico-transcendental, de modo que as normas nele descritas retiram da norma hipotética fundamental apenas o seu fundamento de validade, pois a norma básica apenas se limita a conferir a uma autoridade da comunidade jurídica o poder de estabelecer preceitos.

SISTEMA NORMATIVO ESTÁTICO. *Filosofia do direito.* Para Kelsen, é sistema de normas cujo fundamento de validade e conteúdo de validade são deduzidos de uma norma pressuposta como norma fundamental, mediante a aplicação do método hipotético-dedutivo. Isso porque as normas do referido sistema podem ser deduzidas da norma básica, cuja natureza nesse sistema é lógico-formal.

SISTEMA OPERACIONAL. *Direito virtual.* **1.** Conjunto de programas para utilização usual de um computador, que serve também para controlar suas funções, como Linux, Windows etc. (Amaro Moraes e Silva Neto). **2.** Sistema instalado em computador para controlar e remeter instruções para os equipamentos conectados a um microcomputador e para a unidade central de processamento (Afonso Celso F. de Rezende).

SISTEMA OPERACIONAL DE REDE. *Direito virtual.* Aquele que possui recursos que possibilitam a interligação de diversos computadores formando uma rede local.

SISTEMA *OPT-IN*. *Direito virtual.* Por esse sistema o usuário tem opção para entrar num banco de dados para receber certa informação, autorizando o envio de mensagem.

SISTEMA ORGÂNICO DE PRODUÇÃO AGROPECUÁRIA. *Direito agrário* e *direito ambiental.* Todo aquele em que se adotam técnicas específicas, mediante a otimização do uso dos recursos naturais e socioeconômicos disponíveis e o respeito à integridade cultural das comunidades rurais, tendo por objetivo a sustentabilidade econômica e ecológica, a maximização dos benefícios sociais, a minimização da dependência de energia não-renovável, empregando, sempre que possível, métodos culturais, biológicos e mecânicos, em contraposição ao uso de materiais sintéticos, a eliminação do uso de organismos geneticamente modificados e radiações ionizantes, em qualquer fase do processo de produção, processamento, armazenamento, distribuição e comercialização, e a proteção do meio ambiente. A finalidade de um sistema de produção orgânico é: a) a oferta de produtos saudáveis isentos de contaminantes intencionais; b) a preservação da diversidade biológica dos ecossistemas naturais e a recomposição ou incremento da diversidade biológica dos ecossistemas modificados em que se insere o sistema de produção; c) incrementar a atividade biológica do solo; d) promover um uso saudável do solo, da água e do ar, e reduzir ao mínimo todas as formas de contaminação desses elementos que possam resultar das práticas agrícolas; e) manter ou incrementar a fertilidade do solo a longo prazo; f) a reciclagem de resíduos de origem orgânica, reduzindo ao mínimo o emprego de recursos não-renováveis; g) basear-se em recursos renováveis e em sistemas agrícolas organizados localmente; h) incentivar a integração entre os diferentes segmentos da cadeia produtiva e de consumo de produtos orgânicos e a regionalização da produção e comércio desses produtos; i) manipular os produtos agrícolas com base no uso de métodos de elaboração cuidadosos, com o propósito de manter a integridade orgânica e as qualidades vitais do produto em todas as etapas. O conceito de sistema orgânico de produção agropecuária e industrial abrange os denominados: ecológico, biodinâmico, natural, regenerativo, biológico, agroecológico e permacultura.

SISTEMA PARLAMENTAR. *Vide* SISTEMA DE GABINETE.

SISTEMA PENAL DA INQUISIÇÃO. *História do direito.* Conjunto de métodos repressivos adotados pelo tribunal inquisitorial contra aqueles que durante o processo se mostravam intransigentes ou que não reconheciam suas culpas nem faziam demonstração pública de arrependimento. Logo, se os suspeitos confessavam sua heresia, regenerando-se, o inquisitor passava a ser seu confessor, que lhes impunha práticas piedosas, multas, peregrinação, uso de sinais nas vestes, prisão, flagelação; mas se perseverassem no erro, eram encaminhados ao Poder Civil para serem punidos cruelmente com penas corporais, como amputações e morte na fogueira.

SISTEMA PENITENCIÁRIO. *Direito penitenciário.* **1.** Aquele que visa separar os presos totalmente ou apenas à noite, admitindo durante o dia o trabalho em comum (Laudelino Freire). **2.** Sistema de cumprimento da pena em um estabelecimento prisional. **3.** Conjunto organizado de normas, de pessoal apto, de meios apropriados (edificações, aparelhagem etc.), para a execução das penas e medidas de segurança (Armida B. Miotto). **4.** Conjunto organizado de serviços destinados à execução penal, tendo por meta a regeneração dos condenados, readaptando-os à vida social.

SISTEMA POLÍTICO. *Ciência política.* Conjunto de instituições, grupos e processos políticos que se caracterizam por um certo grau de interdependência recíproca (Giuliano Urbani).

SISTEMA PROCESSUAL. *Direito processual.* Conjunto de normas que informam o processo e a atuação do órgão jurisdicional ao aplicar o direito ao caso *sub judice*.

SISTEMA PROPORCIONAL. *Direito eleitoral.* É aquele que tem por escopo garantir às opiniões díspares, entre as quais se reportem os eleitores, um número de lugares proporcional às suas forças (Marcel Prélot). É aplicado na eleição para deputado federal e estadual e vereador, considerando-se eleito aquele que for abrangido pelo quociente eleitoral que consiste na divisão do número de votos válidos apurados pelo de lugares a serem preenchidos em cada circunscrição eleitoral (Geraldo Magela Alves). Com isso cada partido político elege tantos representantes quantas vezes a totalidade de seus votos contenha o quociente eleitoral (Marcus Cláudio Acquaviva).

SISTEMA PRÓPRIO DE PREVIDÊNCIA. *Direito internacional público.* É aquele garantido pela legislação do país de que se trate, no que concerne a Embaixadas, Consulados e Organismos Oficiais Internacionais acreditados no País.

SISTEMA PROSPECTIVO. *Vide* SISTEMA ABERTO.

SISTEMA PROTETOR. *Economia política.* Aquele que tem por finalidade o favorecimento da indústria nacional, sobrecarregando, para tanto, os produtos estrangeiros que lhe fazem concorrência com direito de importação (Laudelino Freire).

SISTEMA PÚBLICO DE ESCRITURAÇÃO DIGITAL. *Direito comercial* e *direito virtual.* Instrumento que unifica as atividades de recepção, validação, armazenamento e autenticação de livros e documentos que integram a escrituração comercial e fiscal dos empresários e das sociedades empresárias, mediante fluxo único, computadorizado, de informações.

SISTEMA REGISTRÁRIO COMUM. *Direito registrário.* Aquele que estabelece uma presunção *juris tantum* de domínio da pessoa em cujo nome se fez o assento do imóvel, não favorecendo terceiros de boa-fé, vencível por prova em contrário, visto que não sana os vícios dos negócios nem dirime as causas negar sua existência. Apresenta vantagens por ser forma aquisitiva de propriedade imobiliária e por conferir estabilidade dos negócios a serem efetivados. Requer a prática pelo oficial de Registro Imobiliário os seguintes atos: a matrícula, o registro *stricto sensu* e a averbação. Trata-se de um sistema de registro, como nos ensina Walter Ceneviva: a) constitutivo, por operar a aquisição do domínio de bens de raiz por ato *inter vivos*; b) declarativo, ante o fato de a transferência de propriedade por ato *causa mortis* ser levada a registro para fins de disponibilidade; e c) substantivo, porque a eficácia ou ineficácia do negócio causal terá repercussão no registro. Esse sistema registrário produzirá, segundo as lições de Nicolau Balbino Filho e Clóvis Bevilá-qua, os seguintes efeitos: a) aquisição de imóvel registrado, tendo validade contra terceiros; b) constituição e transferência de direitos reais sobre imóvel alheio; c) extinção do direito real pela averbação na folha da matrícula ou à margem do registro; e d) presunção *juris tantum* da existência da propriedade e dos direitos reais sobre o imóvel, ressalvados os direitos de terceiro, que adquire bem de raiz por confiar na veracidade do registro, apenas no sentido de poder obter, em respeito à boa-fé e segurança social, tão-somente uma reparação econômica do alienante pelos prejuízos sofridos.

SISTEMA REGISTRÁRIO DE IMÓVEIS DE PROPRIE-DADE PÚBLICA. *Direito registrário.* Aquele que processa a aquisição, a transferência e a oneração da propriedade de um bem de raiz tanto para o domínio da União como para o dos Estados e Municípios (Valmir Pontes). Todavia, alguns juristas entendem que os imóveis de propriedade pública estão fora do âmbito do registro imobiliário, a ele não se sujeitando, visto ser o domínio público uma exteriorização do exercício do poder. Dentre eles, podemos citar Afrânio de Carvalho, que chegou a afirmar que o

Registro de Imóveis acolhe apenas os imóveis particulares, deixando livres os imóveis públicos. Essa confusão doutrinária se dá porque casos existem em que nem sempre a propriedade imobiliária pública decorre do registro no Cartório de Imóveis, por advir de expresso comando legal. Deveras, por exemplo, pela norma constitucional, a União é proprietária de terras devolutas indispensáveis à defesa das fronteiras; de ilhas fluviais e lacustres nas zonas limítrofes com outros países; de praias; de ilhas oceânicas; de terrenos de marinha etc.; os Estados, por sua vez, têm a propriedade das ilhas fluviais e lacustres e de terras devolutas não compreendidas entre as pertencentes à União; e aos Municípios, por lei, cabe o domínio das áreas de circulação; jardins; praças e outras áreas de imóveis objeto de loteamento urbano e rural. Nestas hipóteses, o Poder Público será, automaticamente, em virtude de norma, proprietário, exercendo seus direitos sobre os imóveis sem que haja necessidade de matriculá-los no Registro Imobiliário. Mas, se a entidade pública vier a alienar ou a adquirir, a qualquer título, bem de raiz, inclusive por desapropriação, deverá matriculá-lo no Registro Imobiliário competente para que haja transferência ou aquisição da propriedade válida *erga omnes.*

SISTEMA REPRESENTATIVO. *Direito constitucional* e *ciência política.* Regime constitucional em que o poder emana do povo, que o exerce por meio de representantes por ele eleitos.

SISTEMA RETICULOENDOTELIAL (SRE). *Medicina legal.* Conjunto de células, de origem mesenquimal, responsáveis pela formação de anticorpos, sendo que sua função mais conhecida é a da fagocitose (Morris Fishbein).

SISTEMA RETROSPECTIVO. *Vide* SISTEMA FECHADO.

SISTEMAS DE ALARME. Conjunto de dispositivos que visam a proteção de um veículo, de um cofre, de um prédio etc., emitindo alarme em caso de arrombamento ou roubo. Tais dispositivos constituem-se em órgãos de informação (sinais manuais e detectores automáticos); órgãos terminais (campainhas, buzinas); órgãos intermediários (centrais que recolhem e interpretam os sinais fornecidos pelos órgãos de informação; redes de transmissão, geradores elétricos etc.) (José Lopes Zarzuela).

SISTEMAS DE CLASSIFICAÇÕES PALMARES. *Medicina legal.* Aqueles processos de identificação humana, que se baseiam nos desenhos das cristas e sulcos papilares da palma das mãos. Dentre tais sistemas palmares podemos citar o de Belletti, de Stockis e o de Wilder (José Lopes Zarzuela).

SISTEMAS DE MULTIMÍDIA. *Direito virtual.* São os sistemas informáticos que possibilitam o uso de computadores em vários meios de expressão, como textos, vídeos, desenhos, gráficos, vozes, músicas etc.

SISTEMAS DE PARTIDOS. *Ciência política.* Aqueles relativos ao número de partidos políticos em um país, às suas estruturas internas, às suas ideologias, às relações que têm entre si, e ao papel representado pela oposição. Na democracia liberal prevalece o sistema pluralista de partidos, ou seja, o multipartidarismo, e no regime autoritário, o sistema de partido único (Celso Bastos).

SISTEMAS DE PLANEJAMENTO E DE ORÇAMENTO DO PODER EXECUTIVO. *Direito administrativo* e *direito financeiro.* São aqueles atinentes às atividades de planejamento e de orçamento do governo federal, cujo órgão central é a Secretaria de Planejamento, Orçamento e Coordenação da Presidência da República.

SISTEMAS DISTRIBUTIVOS. *Economia política.* Sistemas econômicos em que há uma distribuição dos bens de consumo entre os elementos da coletividade, feita pelo próprio Estado, agrupando os sistemas altruístico e comunista (Nogueira de Paula e Walter Cruz Swensson).

SISTEMA SEMIÓTICO. *Filosofia geral* e *semiótica.* Aquele que envolve processo comunicacional como um todo.

SISTEMA SENHORIAL. *História do direito.* Era, na Idade Média, a organização social e as relações entre senhores feudais e servos, abrangendo ainda os arrendatários.

SISTEMAS ESPACIAIS. *Direito espacial.* São os engenhos destinados a operar no espaço ou a viabilizar a operação no espaço de equipamentos destinados a permitir ao homem acesso a informações ou serviços. Dessa forma sistemas espaciais significarão, genericamente: as estações espaciais; os satélites; as plataformas espaciais (ou *busses*); as cargas úteis, representadas pelos equipamentos de medidas, observações ou telecomunicações propriamente ditos; os foguetes e os veículos de transporte espacial.

SISTEMAS ESPECIALISTAS. *Direito virtual.* Programas que aplicam o poder de ação do computador, com o escopo de transformá-lo em instrumento decisório ou para diagnóstico.

SISTEMA SETORIAL DE GESTÃO DE DOCUMENTOS E INFORMAÇÕES (SGDI). *Direito administrativo.* Sistema que, no Ministério da Fazenda, tem a finalidade de normatizar e padronizar a gestão, a preservação e o acesso aos documentos e informações produzidos e recebidos pelos órgãos do Ministério da Fazenda, no exercício de seus encargos legais ou em função das suas atividades. Ao Órgão Central do SGDI compete: a) estabelecer diretrizes para a gestão, a preservação e o acesso aos documentos e informações produzidos e recebidos pelos órgãos do Ministério; b) propor medidas necessárias ao aperfeiçoamento e à implementação de políticas de gestão de documentos e informações; c) propor medidas para a proteção dos documentos e informações, como instrumento de apoio à administração, à cultura e ao desenvolvimento científico, e como elemento de prova; d) promover o inter-relacionamento entre os arquivos correntes dos órgãos do Ministério e os arquivos gerais, visando à integração sistêmica das atividades arquivísticas; e) promover a disponibilização de informações de interesse público, particular ou geral, por intermédio das unidades integrantes do SGDI, no prazo determinado em lei, ressalvadas aquelas cujo sigilo seja imprescindível à segurança do Estado e da sociedade, bem como à inviolabilidade da intimidade, da vida privada, da honra e da imagem das pessoas; f) planejar, controlar e acompanhar as atividades de gestão da documentação, de forma a garantir a integridade do ciclo documental; g) promover a desburocratização e otimização dos serviços de documentação e informação; h) promover a modernização tecnológica para o tratamento de documentos, imagens e informações; i) promover a uniformização de sistemas informatizados e manuais para o registro e controle de documentos e informações produzidos e recebidos pelos órgãos do Ministério; j) zelar pelo cumprimento das normas sobre a redação de atos normativos do Poder Executivo e a tramitação de documentos sujeitos à aprovação do Presidente da República; k) elaborar, implementar e gerir o sistema informatizado de gerenciamento de documentos e informações, no âmbito do Ministério; l) elaborar a Tabela de Temporalidade dos Documentos do Ministério da Fazenda; m) acompanhar a edição de publicações técnicas e institucionais, produzidas e/ou patrocinadas pelo Ministério; n) zelar pelo cumprimento das normas de editoração e padronização gráfica de publicações oficiais dos órgãos da Administração direta do Ministério; o) promover o intercâmbio de informações de interesse dos usuários do Ministério com entidades nacionais e internacionais; p) promover a disseminação seletiva da informação; q) orientar e informar quanto ao cumprimento das normas referentes à gestão, preservação e acesso ao acervo museológico do Ministério.

SISTEMA SIGNIFICANTE. *Filosofia geral* e *semiótica.* É o conjunto de enunciados que constitui um setor organizado de ideologia ou "visão do mundo" (Óscar Correas).

SISTEMAS INTEGRADOS. *Direito administrativo.* Sistemas de água que abastecem diversos municípios simultaneamente ou quando mais de uma unidade produtora abastece um único município, bairro, setor ou localidade.

SISTEMAS ISOLADOS. *Direito administrativo.* Sistemas que abastecem, isoladamente, de água, bairros, setores ou localidades.

SISTEMAS MONODACTILARES. *Medicina legal.* Aqueles que possibilitam o arquivamento das impressões dígito-papilares dos dez dedos da pessoa identificada (José Lopes Zarzuela).

SISTEMA SOCIAL. *Sociologia geral.* **1.** Conjunto de padrões reciprocamente ajustados para regular e orientar o comportamento dos membros de uma sociedade. **2.** Complexo de percepções, motivações, atitudes, crenças, hábitos e expectativas humanas que representam padrões de relacionamento em que a constância das unidades individuais que neles se envolvem é muito baixa (Sílvio de Macedo). **3.** Processo de interação social.

SISTEMA SOCIALISTA. *Economia política.* Aquele em que o Estado tem o monopólio dos meios de produção e assegura aos trabalhadores uma retribuição ou salário proporcional a seus esforços pessoais. Há produção coletiva e consumo individual (Nogueira de Paula).

SISTEMAS PERMUTATIVOS. *Economia política.* Aqueles que agrupam o sistema socialista e o liberalista (Nogueira de Paula).

SISTEMAS PLANTARES. *Medicina legal.* Processos de identificação humana que têm como base as impressões das plantas dos pés. Na perícia das impressões plantares consideram-se as impressões papilares, caso em que se analisa as cristas e sulcos papilares levando-se em conta o tipo plantar, o subtipo e os pontos característicos, e as impressões plantares, propriamente ditas, ou pegadas, que são as impressões deixadas por pés calçados ou descalços sobre o solo mole (José Lopes Zarzuela).

SISTEMAS REGISTRÁRIOS DE PROPRIEDADE IMÓVEL. *Direito registrário.* Aqueles que servem como garantia de autenticidade, segurança e eficácia dos assentos de atos jurídicos *inter vivos* ou *mortis causa*, constitutivos, declaratórios, translativos e extintivos de direitos reais sobre imóveis, preservando-lhes a confiabilidade. Da análise do direito registral imobiliário, pode-se delinear cinco sistemas registrários: a) o comum, que é o geral e obrigatório; b) o Torrens, que, por ser facultativo e excepcional, é um sistema registrário especial, podendo ser requerido apenas para imóveis rurais; c) o rural, feito pelo Instituto Nacional de Colonização e Reforma Agrária (INCRA) para promover levantamentos com o escopo de elaborar o cadastro de imóveis rurais; d) o especial de imóveis rurais adquiridos por estrangeiro; e e) o de propriedade pública da União, Estados e Municípios. Em todas essas modalidades registrárias há uma finalidade comum de revestir os bens imóveis e os direitos a eles relativos de formalidades especiais, mediante interferência estatal, garantindo-os e controlando-os.

SISTEMAS SANGÜÍNEOS. *Medicina legal.* Conjunto dos grupos sangüíneos determinados por aglutinógenos (substâncias que estimulam a produção de anticorpos) produzidos por genes alelos entre si ou por genes localizados no mesmo cromossomo, sendo por isso, conjuntamente, transmitidos (José Lopes Zarzuela).

SISTEMA SUPRANACIONAL. *Direito internacional público.* Síntese do direito internacional com o direito constitucional, que coloca o naturalmente forte sistema nacional a serviço da ordem transnacional (Ani Caprara).

SISTEMA SWIFT. *Direito bancário* e *direito virtual.* Sistema *Society for Worldwide Interbank Financial Telecomunications* usado para efetuar transferência de fundos entre os próprios bancos, assegurando a confidencialidade através da criptografia.

SISTEMÁTICA. *Filosofia geral* e *filosofia do direito.* **1.** É o sistema como conjunto de regras sobre um determinado assunto. **2.** Forma ordenada e metódica que se observa em um sistema. **3.** Teoria lógica das classificações; taxinomia.

SISTEMÁTICA DE ACOMPANHAMENTO E AVALIAÇÃO DE DESEMPENHO DA AGÊNCIA NACIONAL DE VIGILÂNCIA SANITÁRIA. *Direito administrativo.* Tem por objeto a definição de mecanismos e critérios para acompanhar e avaliar, mediante critérios objetivos, o desempenho da Agência Nacional de Vigilância Sanitária (ANVISA), a partir da mensuração do grau de atingimento das metas de desempenho originárias do seu planejamento estratégico e pactuadas no contrato de gestão.

SISTEMÁTICO. *Filosofia geral* e *filosofia do direito.* **1.** Que está conforme a um sistema. **2.** Que segue um sistema. **3.** Metódico. **4.** Ordenado. **5.** Relativo a sistema. **6.** O que procede com método.

SISTEMA *TIME-SHARE. Vide* SISTEMA *TIME-SHARING* DA PROPRIEDADE.

SISTEMA *TIME-SHARING.* *Direito civil* e *direito comparado.* Multipropriedade imobiliária que é uma espécie condominial relativa aos locais de prazer ou de recreação, pela qual há um aproveitamento econômico de bem imóvel repartido, como ensina Gustavo Tepedino, em unidades fixas de tempo, assegurando a cada co-titular o seu uso exclusivo e perpétuo durante certo período anual. Há um direito real de habitação periódica, como dizem os portugueses, democratizando o imóvel de férias, cujo administrador (*trustee*) o mantém em nome de um clube, concedendo e organizando o seu uso periódico. A Argentina refere-se a ela como sendo uma propriedade de tempo compartilhado.

SISTEMA *TIME-SHARING* DA PROPRIEDADE. *Direito civil.* Multipropriedade mobiliária ou imobiliária, que constitui uma relação jurídica de aproveitamento econômico de uma coisa, móvel ou imóvel, repartida em unidades fixas de tempo, de modo que vários titulares possam, cada qual a seu turno, utilizar-se dela com exclusividade e de modo perpétuo (Gustavo Tepedino). Para Elvino Silva Filho é uma nova forma de condomínio horizontal, em que a unidade autônoma do edifício é de propriedade de várias pessoas, mas o exercício desse direito é aferido em função do tempo. Daí denominá-la propriedade temporária. Mas há autores, como Emanuele Caló e Tommaso Antonio Corda, que a consideram como propriedade cíclica; outros, como Marina Petrone, consideram-na como propriedade com conteúdo limitado por certa utilidade

temporal da *res.* E, ainda, há jurista que a denomina propriedade dividida e condomínio *prodiviso* (Juan Rocca Guillamon). É muito comum em locais de lazer, constituindo uma espécie de condomínio, em que cada co-titular usa do bem em certo período anual. É denominada na Itália *proprietà spazio-temporale;* em Portugal, *direito real de habitação periódica,* e na Argentina, *propriedad de tiempo compartido.*

SISTEMATISMO. *Filosofia geral.* Doutrinamento sistemático (Laudelino Freire).

SISTEMATIZAÇÃO. *Filosofia geral* e *filosofia do direito.* Ato de sistematizar.

SISTEMATIZADO. *Filosofia geral* e *filosofia do direito.* **1.** Ordenado. **2.** Metódico. **3.** Que se reduziu a um sistema.

SISTEMATIZADOR. *Filosofia geral* e *filosofia do direito.* Que sistematiza; sistematizante.

SISTEMATIZANTE. *Vide* SISTEMATIZADOR.

SISTEMATIZAR. *Filosofia geral* e *filosofia do direito.* Formar um sistema.

SISTEMA TORRENS. *Direito registrário.* Sistema especial de registro da propriedade imóvel rural que, mediante sentença transitada em julgado, confere um direito incontestável a quem o fizer, por tornar-se portador de um certificado ou de um título de matrícula que o protege de ulteriores impugnações, por haver presunção *juris et de jure* de certeza de que nenhuma ação poderá atingi-lo, exceto a rescisória. Apesar de ser na prática registrária brasileira inoperante, Paulo Torminn Borges aponta algumas vantagens dele decorrentes, tais como a de: a) acabar, definitivamente, com a instabilidade dos direitos dominiais, fazendo com que correspondam com exatidão aos respectivos títulos; b) dar maior maleabilidade à sua circulação econômica; c) possibilitar a aquisição de um título inobjetável; d) proteger os negócios sobre propriedade territorial contra fraudes; e) suprimir os riscos dos pleitos; f) gerar a garantia estatal aos proprietários registrados e, em conseqüência, a responsabilidade pecuniária do erário, para com os lesados por erros, na matrícula ou na entrega dos títulos; g) conferir publicidade real; h) simplificar e facilitar o exame das condições atuais da propriedade; e i) valorizar a propriedade.

SISTEMA TRIBUTÁRIO FLEXÍVEL. *Direito tributário.* Aquele em que o legislador ordinário tem amplo poder, inclusive para alterar a própria discriminação de rendas (Hugo de Brito Machado).

SISTEMA TRIBUTÁRIO HISTÓRICO. *Direito tributário.* Aquele em que a coordenação dos diferentes tributos é resultado da evolução histórica por ter sido instituída de forma empírica, sem um plano prévio de sistematização (Schmölders).

SISTEMA TRIBUTÁRIO NACIONAL. *Direito tributário.* **1.** Conjunto ordenado e lógico que coordena os vários tributos com o sistema econômico dominante e com os fins fiscais e extrafiscais da imposição (Schmölders). **2.** Complexo de normas que indicam o modo e os instrumentos utilizados pelo Estado para exigir dos cidadãos prestações pecuniárias compulsórias (Dávio A. Prado Zarzana). **3.** Conjunto de normas e princípios relativos à tributação (Eduardo M. Ferreira Jardim). **4.** Conjunto de normas e instituições tributárias consideradas nas relações entre si e sobre a vida econômica do país (Geraldo Magela Alves).

SISTEMA TRIBUTÁRIO RACIONAL. *Direito tributário.* **1.** Aquele que é elaborado com base em princípios ditados pela ciência das finanças, e tendo em vista determinado objetivo político (Hugo de Brito Machado). **2.** Aquele em que a coordenação dos diferentes tributos é obra de ação deliberada do legislador (Schmölders).

SISTEMA TRIBUTÁRIO RÍGIDO. *Direito tributário.* Sistema em que o legislador ordinário não tem nenhuma opção, pois a Constituição do país disciplina a tributação e traça todas as normas essenciais do sistema tributário (Hugo de Brito Machado).

SISTEMA TRIPARTITE E PARITÁRIO. *Direito do trabalho.* É o enfatizado pela Organização Internacional do Trabalho (OIT), albergando, paritariamente, governo, trabalhadores e empregadores para discussão e elaboração de normas na área da segurança e saúde no trabalho.

SISTEMA ÚNICO ANTICRIME. *Direito penal.* Sistema único de segurança pública, que visa a integração de todas as agências de segurança (guarda civil municipal, polícias civil, militar, federal e rodoviária federal), que passarão a trabalhar num planejamento único de combate ao crime, principalmente o organizado e as facções criminosas que atuam em presídio, promovendo uma reengenharia na segurança pública nacional, que está fragmentada, apontando critérios de controle ou avaliação dos resultados obtidos e padronizando a coleta de dados criminais no País, mediante a criação do Boletim de Ocorrência Nacional. Sem olvidar da lavagem de dinheiro, das estruturas nacionais e internacionais que financiam o comércio atacadista de armas e drogas, e do exame da penetração do tráfico nas instituições públicas. Tal sistema já foi implantado no Espírito Santo.

SISTEMA ÚNICO DE SAÚDE (SUS). 1. *Direito constitucional, biodireito* e *direito ambiental.* Conjunto de ações e serviços públicos de saúde que integram uma rede regionalizada e hierarquizada, organizado conforme as seguintes diretrizes: a) descentralização, com direção única em cada esfera de governo; b) atendimento integral, com prioridade para as atividades preventivas, sem prejuízo dos serviços assistenciais; c) participação da comunidade. O SUS é financiado com recursos do orçamento da seguridade social, da União, dos Estados, do Distrito Federal e dos Municípios, além de outras fontes. O sistema único, dentre outras funções, deve: a) controlar e fiscalizar procedimentos, produtos e substâncias de interesse para a saúde, e participar da produção de medicamentos, equipamentos, imunobiológicos, hemoderivados e outros insumos; b) executar as ações de vigilância sanitária e epidemiológica, bem como as de saúde do trabalhador; c) ordenar a formação de recursos humanos na área de saúde; d) participar da formulação da política e da execução das ações de saneamento básico; e) incrementar em sua área de atuação o desenvolvimento científico e tecnológico; f) fiscalizar e inspecionar alimentos, compreendido o controle de seu teor nutricional, bem como bebidas e águas para consumo humano; g) participar do controle e fiscalização da produção, transporte, guarda e utilização de substâncias e produtos psicoativos, tóxicos e radioativos; h) colaborar na proteção do meio ambiente, nele compreendido o do trabalho. **2.** *Direito da criança e do adolescente.* Política social pública que visa não só permitir o nascimento da criança, assegurando à gestante o atendimento pré e perinatal, segundo critérios médicos específicos, obedecendo-se aos princípios de regionalização e hierarquização do sistema, como também assegurar o atendimento médico à criança e ao adolescente, garantindo o acesso igualitário às ações e serviços para promoção, proteção e recuperação da saúde. O SUS promoverá programas de assistência médica e odontológica para a prevenção das enfermidades que ordinariamente afetam a população infantil, e campanhas de educação sanitária para pais, educadores e alunos, tornando obrigatória a vacinação.

SISTEMA ÚNICO DE SEGURANÇA PÚBLICA. *Vide* SISTEMA ÚNICO ANTICRIME.

SISTEMA UNIFICADO DE ARRECADAÇÃO E COBRANÇA DAS TARIFAS AEROPORTUÁRIAS E DAS DE USO DAS COMUNICAÇÕES E DOS AUXÍLIOS À NAVEGAÇÃO AÉREA EM ROTA (SUCOTAP). *Direito aeronáutico.* É o que tem por atribuições o processamento, a cobrança e a arrecadação das Tarifas Aeroportuárias de Pouso e Permanência.

SISTEMA UNIFICADO DE ATENÇÃO À SANIDADE AGROPECUÁRIA. *Direito agrário.* Compreende o conjunto de instituições da Administração Pública direta e indireta da União, dos Estados, do Distrito Federal e dos Municípios que exerçam atividades de regulação, normatização, controle e fiscalização na área de defesa agropecuária. Opera em conformidade com os princípios e definições especificados pela legislação relativa a sanidade agropecuária, incluindo o controle de atividades de saúde, sanidade, inspeção, fiscalização, vigilância de animais, plantas, insumos, inclusive alimentos para animais, produtos de origem animal e vegetal.

SISTEMA UNO. *Teoria geral do direito.* Aquele que não comporta subsistemas.

SISTEMA VASCULAR. *Medicina legal.* Conjunto de artérias, veias e vasos linfáticos.

SISTEMA *VIDEOCAP*. *Direito comercial* e *direito virtual.* Sistema que torna possível vigiar tudo o que acontece em loja ou estabelecimento empresarial, através de imagens transmitidas pela linha telefônica. A tela do computador pode visualizar, concomitantemente, até quatro câmeras.

SISTEMA *WHOIS*. *Direito virtual.* Utilitário para sistemas *unix*, utilizado pelas registradoras de nomes de domínio para cadastrar os registrantes, permitindo localizar dados e contatos do dono ou responsável pelo nome de domínio (Marcos Rolim Fernandes Fontes).

SISTÊMICO. *Medicina legal.* Conjunto de afecções que comprometem, concomitantemente, vários órgãos de um aparelho ou sistema.

SÍSTOLE. *Medicina legal.* Contração cardíaca.

SISTREMA. *História do direito.* Subdivisão da antiga falange grega.

SISTREMATARCA. *História do direito.* Comandante do sistema.

SI SUB IMPOSSIBILI CONDITIONE STIPULATUS SIM, FIDEIJUSSOR ADHIBERI NON POTEST. *Expressão latina.* Se se estipulou algo sob condição impossível, não se pode indicar fiador.

SIT. *Termo inglês.* **1.** Despachar. **2.** Dar audiência.

SITARCA. *História do direito.* Na Grécia antiga, era o intendente dos víveres.

SITARQUIA. *História do direito.* Função de sitarca.

SITE. *Direito virtual.* **1.** Localidade onde se armazenam as *home pages.* **2.** Local, na *web*, onde estão disponibilizadas as informações que podem ser acessadas pelos usuários da rede de comunicações (Amaro Moraes e Silva Neto).

SITELA. *Direito romano.* Urna de barro ou bronze que era usada em determinadas votações.

SIT ERRANTI MEDICINA CONFESSIO. *Expressão latina.* A confissão é um remédio para quem erra.

SITIADO. *Direito militar.* Cercado por forças militares ou por tropas.

SITIANTE. **1.** *Direito agrário.* a) Proprietário de um sítio; b) trabalhador que exerce suas atividades rurais em um sítio; c) morador de um sítio ou roça; d) pequeno produtor de cereais e de leguminosas. **2.** *Direito militar.* Força que está em cerco ao inimigo ou a uma praça de guerra (De Plácido e Silva).

SITIAR. **1.** *Direito militar.* Cercar uma praça ou cidade de tropas para atacar inimigo. **2.** *Direito agrário.* Estabelecer-se em um sítio.

SITIIRGIA. *Medicina legal.* Aversão aos alimentos (Laudelino Freire).

SÍTIO. **1.** *Direito militar.* Ação ou efeito de sitiar ou cercar uma praça de guerra. **2.** *Direito agrário.* a) Habitação rústica; morada rural; b) pequeno imóvel rural minifundiário, que produz cereais, leguminosas, e cria animais de pequeno e médio portes (Fernando Pereira Sodero); c) roça. **3.** *Direito internacional público.* Ato hostil de cercar um Estado. **4.** *Direito constitucional.* Situação jurídica excepcional estabelecida no país e que é decretada para tomar medidas de urgência e autodefesa em casos de comoção grave de repercussão nacional ou ocorrência de fatos que comprovem a ineficácia de medida tomada durante o estado de defesa e de declaração de estado de guerra ou resposta a agressão armada estrangeira. *Vide* ESTADO DE SÍTIO. **5.** Na *linguagem comum,* pode ter o sentido de: a) localidade; b) lugar onde ocorreu um acontecimento notável.

SITIOFOBIA. *Medicina legal.* Aversão mórbida a qualquer alimento; sitofobia.

SITIOFÓBICO. *Medicina legal.* Relativo à sitiofobia.

SITIÓFOBO. *Medicina legal.* Aquele que sofre de sitiofobia.

SÍTIO GOVERNAMENTAL NA INTERNET. *Direito virtual.* A elaboração de sítio na Internet da Administração Pública Federal deverá ser precedida pela: a) definição clara do propósito e abrangência do sítio; b) definição do público-alvo do sítio; c) mensuração do valor que o sítio agregará à Administração Pública Federal; d) verificação da existência de sítios com igual propósito. Os sítios, no âmbito da Administração Pública Federal, deverão: usar obrigatoriamente não só o idioma português, podendo haver versões em outros idiomas, preferencialmente o espanhol e o inglês, mas também a diagramação dinamicamente ajustável na produção do leiaute das páginas, sendo que a barra de rolagem horizontal somente se fará visível em configurações de vídeo inferiores a 800 x 600 pontos de tela; conter, em sua página inicial, informação sobre todo o seu conteúdo; disponibilizar seu conteúdo agrupado por assunto, ficando vedado o seu agrupamento segundo a estrutura organizacional do órgão ou entidade; ser estruturados de modo a privilegiar a prestação de serviço ao cidadão; harmonizar elementos de função semelhante de modo que sejam apresentados com forma e localização análogas; disponibilizar ligação para página com respostas aos questionamentos mais freqüentes dirigidos ao órgão ou entidade; alocar o conteúdo de maior valor para o usuário na parte superior da página; forçar a abertura de nova janela sempre que houver ligações para páginas externas ao domínio; disponibilizar versão alternativa compatível com programas de uso consagrado, quando utilizada tecnologia nova na construção de página; utilizar padrões técnicos que não exijam equipamentos de grande *performance* ou programas pouco difundidos; adotar estratégia de navegação que economize toques, propiciando rapidez de acesso e o uso intuitivo dos comandos e opções; conter, caso seja disponibilizado serviço executável em outro domínio, as informações mínimas necessárias para que o serviço seja acessado, processado e consumado. As páginas dos sítios deverão: ser de fácil legibilidade; apresentar os conteúdos com clareza, simplicidade, objetividade, organicidade, atualidade e veracidade; usar linguagem simples e direta, especialmente nas páginas iniciais; utilizar imagens apenas quando associadas diretamente com o órgão ou entidade ou, ainda, com o serviço; e manter todo o ciclo de transição do serviço dentro do próprio sítio quando ele for disponível por meio de formulários.

SITIOMANIA. *Medicina legal.* Bulimia; fome insaciável.

SITIOTOXISMO. *Medicina legal.* Intoxicação alimentar.

SITOFÍLACE. *História do direito.* Magistrado que, na antigüidade grega, fiscalizava o comércio do trigo e impedia que se comprasse mais do que o necessário, para evitar que o gênero viesse a faltar no mercado.

SITOFOBIA. *Vide* SITIOFOBIA.

SITÓFOBO. *Medicina legal.* Aquele que sofre de sitofobia ou de sitiofobia. *Vide* SITIOFÓBICO.

SITÔMETRO. *Direito agrário.* Instrumento apropriado para medir a densidade dos grãos de cereais.

SITONA. *História do direito.* Na antigüidade grega, era o funcionário encarregado de adquirir trigo para o consumo público.

SIT PRO RATIONE VOLUNTAS. *Expressão latina.* A vontade sirva de razão.

SITUAÇÃO. **1.** *Ciência política.* Organização política. **2.** *Direito agrário.* a) No Ceará, é a pequena fazenda de criação de animais; b) no Norte do país, é o sítio ou granja. **3.** *Direito comercial.* Estado em que se encontra um estabelecimento mercantil em relação a seus negócios. **4.** *Psicologia forense.* a) Disposição da alma; b) estado moral em que uma pessoa se encontra. **5.** *Filosofia geral.* a) Determinada fase da experiência, ou conjunto típico de condições concretas que determina aquele estado de atividade (Dewey); b) relação total concreta do ser vivo com o seu meio em um dado momento (Alquié e Sartre); c) posição do homem ante um problema de juízo ou de conduta (Lalande). **6.** Nas *linguagens comum* e *jurídica:* a) ato ou efeito de situar; b) posição; c) local ocupado por um objeto; d) localização de uma coisa; e) modo de ser; f) estado ou condição da pessoa; g) local onde a pessoa se estabeleceu; h) condição de fortuna; posição financeira; i) estado social; j) estado de um negócio; k) posição de uma pessoa relativamente à sua profissão.

SITUAÇÃO CRÍTICA. Na *linguagem comum* é condição ou estado de iminência de provocar reação em cadeia com potencial de resultar em acidente.

SITUAÇÃO DA COISA. **1.** *Direito civil.* Local em que se encontra uma coisa. **2.** *Direito internacional privado.* Elemento de conexão *lex rei sitae* contemplado na legislação para resolver o problema de qualificação da relação jurídica relativa a bens ou a direitos reais, delimitando qual das normas jurídicas substantivas concorrentes deve ser-lhe aplicada, fazendo com que o magistrado resolva o caso interjurisdicional *sub judice* segundo a lei do local da situação do bem. Regulará os bens móveis ou imóveis considerados individualmente (*uti singuli*), pertencentes a nacionais ou estrangeiros, domiciliados ou não no país, a lei do país onde estiverem situados (*lex rei sitae*). Mas quando tais bens forem elementos de uma universalidade, afastado está esse critério, pois a lei normalmente competente para regê-los sob esse aspecto é aquela a que se subordina o instituto correspondente. Assim, os bens considerados *uti universitas*, como o espólio, o patrimônio conjugal, escapam à aplicação da *lex rei sitae*, passando a se reger pela reguladora da sucessão (*lex domicilii* do autor da herança); da sociedade conjugal (*lex domicilii*). Todavia, sob determinados aspectos, os bens *uti universitas* também poderão disciplinar-se pela *lex rei sitae*, como, por exemplo, a desapropriação de imóvel de tutelado ou da massa falida.

SITUAÇÃO DA OBRA. *Direito processual civil.* Estado em que se encontra, em um dado momento, a construção de uma obra, que deve ser descrita pelo oficial de justiça, em auto circunstanciado, após deferimento do embargo pelo órgão judicante em ação de nunciação de obra nova, que, em ato contínuo, intimará o construtor e os operários a que não continuem a obra, sob pena de desobediência, e citará o proprietário a contestar a ação dentro de cinco dias.

SITUAÇÃO DE CONFLITO. *Sociologia geral.* Conjunto de circunstâncias antagônicas que podem destruir pessoas ou grupos.

SITUAÇÃO DE EMERGÊNCIA. **1.** *Direito ambiental.* Situação anormal de um projeto ou atividade do PNB (Programa Nuclear Brasileiro) que, a partir de um certo momento, foge ao controle planejado e pretendido pelo órgão encarregado de sua execução, demandando a implementação do plano de emergência. **2.** *Direito administrativo.* O reconhecimento pelo poder público de situação anormal, provocada por desastres, causando danos superáveis pela comunidade afetada ou do estado de iminência ou ocorrência de um acidente.

SITUAÇÃO DO IMÓVEL. **1.** *Direito internacional privado.* Local onde está situado um bem de raiz, cuja lei rege as relações jurídicas a ele atinentes. Logo, a *lex rei sitae* é o elemento de conexão que qualifica as questões concernentes a imóveis. Ao imóvel se aplica, portanto, a lei do país onde estiver situado. **2.** *Direito civil.* Posição do imóvel no espaço, indicada pelos seus limites com outro.

SITUAÇÃO ECONÔMICO-FINANCEIRA. *Direito financeiro.* Estado de pessoa física ou de pessoa jurídica de direito privado ou de direito público no que concerne ao saldo líquido de bens ou de recursos pecuniários de que pode dispor em um dado momento.

SITUAÇÃO ILEGAL. *Teoria geral do direito.* Estado que, por não estar conforme a lei, é ilícito.

SITUAÇÃO ILÍCITA. *Vide* SITUAÇÃO ILEGAL.

SITUAÇÃO JURÍDICA. **1.** *Teoria geral do direito.* a) Direito adquirido (Paul Roubier); b) noção que substitui, segundo autores empiristas como Bentham, Léon Duguit e Lundstedt, o direito subjetivo. A situação jurídica, para Léon Duguit, é um fato sancionado pela norma jurídica, hipótese em que se tem a situação jurídica objetiva, ou a situação dentro da qual se encontra uma pessoa beneficiada por certa prerrogativa ou obrigada por determinado dever, caso em que se tem situação jurídica subjetiva. Com isso Duguit converte o direito subjetivo a uma situação fatual juridicamente garantida; c) condição ou estado de pessoas ou de coisas, em relação a outras, conforme o estabelecido em lei, resultante de fato gerador de vínculo jurídico (De Plácido e Silva). **2.** *Direito processual.* Relação de direito material que constitui objeto de processo (James Goldschmidt).

SITUAÇÃO JURÍDICA NEGATIVA. *Teoria geral do direito.* Aquela que resulta em limitação, proibição, incapacidade etc. (Cunha Gonçalves).

SITUAÇÃO JURÍDICA PASSIVA. *Vide* SITUAÇÃO JURÍDICA NEGATIVA.

SITUAÇÃO JURÍDICA POSITIVA. *Teoria geral do direito.* Aquela em que a lei confere direito subjetivo (Cunha Gonçalves).

SITUAÇÃO PERIGOSA. *Direito ambiental.* Condição ou estado potencial de um ambiente do qual possa resultar um acidente.

SITUAÇÃO RACIAL. *Sociologia geral.* Sistema de relações existentes entre membros de várias raças em contato e em conflito.

SITUAÇÃO SEGURA. *Direito ambiental.* Condição ou estado de um ambiente de não provocar qualquer acidente.

SITUAÇÃO SUBJETIVA. *Teoria geral do direito.* Possibilidade de ser, pretender ou fazer algo, que está garantida dentro dos limites legais (Miguel Reale).

SITUACIONISMO. *Ciência política.* **1.** Partido político que se encontra no poder. **2.** Situação política dominante (Laudelino Freire).

SITUACIONISTA. *Ciência política.* **1.** Referente ao situacionismo. **2.** Aquele que é adepto do partido político que está no poder.

SITUADO. 1. Estabelecido. **2.** Que se encontra em certo local.

SITUAR. 1. Colocar. **2.** Construir. **3.** Designar lugar certo. **4.** Estabelecer.

SITUÁVEL. Aquilo que pode situar-se.

SIT VENIA VERBO. *Expressão latina.* Com o perdão da palavra.

SI VIS PACEM, PARA BELLUM. *Expressão latina.* Se queres a paz, prepara a guerra.

SI VIS, POTES. *Expressão latina.* Querer é poder.

SI VOLET. *Locução latina.* Se quiser.

SIZÍGIA. *Psicologia forense.* A palavra é utilizada para significar qualquer par de opostos, mas Jung usava o termo, com maior freqüência, para referir-se a *animus anima*. Em configurações alquímicas primitivas, o masculino e o feminino estão ligados simbolicamente, como um par andrógino, atingindo a integridade, mas após terem passado por uma prévia diferenciação (Lídia Reis de Almeida Prado).

SKI-LIFT. *Locução inglesa.* Teleférico.

SKILLED. *Termo inglês.* Operários qualificados.

SKILLED WITNESS. *Locução inglesa.* Perito.

SKINPOP. *Termo inglês.* Em gíria norte-americana, é a picada de seringa hipodérmica usada por toxicômanos (Marcus Cláudio Acquaviva).

SKY DIVING. *Locução inglesa.* Pára-quedismo.

SLAYER. *Termo inglês.* Assassino.

SLEEPER. *Termo inglês.* Sócio comanditário.

SLEEPING-CAR. *Locução inglesa.* Vagão-leito.

SLEUTH. *Termo inglês.* Investigador de crime (EUA).

SLIDE. *Termo inglês.* Dispositivo para projeção de quadros inanimados em televisão, cinema etc.

SLIP. *Termo inglês.* Tipo de ficha bancária.

SLIP-UP. *Locução inglesa.* **1.** Erro. **2.** Descuido.

SLM. *Direito comercial.* **1.** Abreviação de *Strategic Logistics Management.* **2.** Gestão Logística Estratégica.

SLOGAN. *Termo inglês.* **1.** Divisa ou lema de um partido político ou de um grupo social. **2.** Breve frase, de fácil memorização, que contém caracteres de um produto ou serviço, usada em anúncios.

SLOT. *Termo inglês.* **1.** Vestígio. **2.** Pista.

SLOWDOWN STRIKE. *Locução inglesa.* Redução unilateral do ritmo de produção, feita pelos empregados, com o intuito de pressionar o empregador. Trata-se da chamada operação tartaruga (Marcus Cláudio Acquaviva).

SLUGGISH. *Termo inglês.* **1.** Negligente. **2.** Inativo. **3.** Indolente.

SLUGGISHNESS. *Termo inglês.* **1.** Inércia. **2.** Indolência.

SLYNESS. *Termo inglês.* **1.** Dissimulação. **2.** Astúcia.

SMALL BUSINESS. *Locução inglesa.* Microempresa.

SMALL CLAIMS COURT. *Locução inglesa.* Juizado de Pequenas Causas.

SMALL OFFICE-HOME OFFICE (SOHO). *Expressão inglesa.* Pequeno escritório ou escritório doméstico.

SMALL PRINT. *Locução inglesa.* **1.** Cláusula duvidosa. **2.** Cláusula escrita em caracteres diminutos, dificultando sua leitura.

SMART CARD. *Direito virtual.* **1.** Cartão inteligente. **2.** Diz-se do microprocessador capaz de armazenar dinheiro escritural carregado no cartão, e acessado por programa de computador que possibilita efetuar transações comerciais e pagamentos, debitando automaticamente o saldo existente (Luiz Fernando Rudge).

SMART-MONEY. *Locução inglesa.* Multa imposta ao réu pelo seu péssimo comportamento (Marcus Cláudio Acquaviva).

SMC. Abreviatura de Serviço Móvel Celular.

SME. *Direito internacional público.* Sigla de Sistema Monetário Europeu.

SMITHIANISMO. *Economia política.* Conjunto de teorias e de idéias propugnadas por Adam Smith.

SMOG. *Direito ambiental.* Massa gasosa de ar, que contém resíduo de poluição (Celso A. P. Fiorillo e Marcelo A. Rodrigues).

SMOKED SHEET. *Locução inglesa.* Borracha em lâmina, cuja coagulação é provocada pela ação da fumaça.

SMTP. *Direito virtual.* Abreviatura de *Simple Mail Transfer Protocol.*

SMUGGLING. *Termo inglês.* Contrabando.

SND. *História do direito.* Abreviatura de Sociedade das Nações.

SNI. *História do direito.* Serviço Nacional de Informações. Órgão de assessoramento imediato do Presidente da República, encarregado de coordenar as atividades de informação e contra-informação alusivas à segurança nacional.

SNICT. Abreviatura de Sistema Nacional de Informação Científica e Tecnológica.

SNIFFERS. *Direito virtual.* Programas rastreadores, usados para penetrar em *hardware* de computadores conectados à rede, em busca de informações (Marco Antonio Zanellato).

SNT. *Direito civil* e *medicina legal.* Sigla de Sistema Nacional de Transplante.

SOALHO. *Direito civil.* Assoalho, ou seja, revestimento do piso de prédios em madeira.

SOAMAR. *Direito civil.* Sigla de Sociedade Amigos da Marinha.

SOAR. 1. *História do direito.* Território onde era exercida a jurisdição concedida pelo soberano. **2.** Nas *linguagens comum* e *jurídica:* a) produzir ou emitir som; b) manifestar pelo som; c) exaltar; d) ter semelhança; e) convir; agradar; f) dar sinal.

SOBA. *Direito comparado.* Régulo ou chefe de pequenos Estados africanos.

SOBADO. *Direito comparado.* **1.** Funções ou governo de soba. **2.** Território governado por um soba.

SOBEJAR. 1. Exceder os limites. **2.** Ser em demasia. **3.** Sobrar. **4.** Superabundar.

SOBEJO. 1. Superabundante. **2.** Considerado.

SOBEJOS. 1. Restos. **2.** O que sobra em maior quantidade.

SOB EMENDA. Salvo emenda ou correção.

SOBERANIA. *Ciência política.* **1.** Autoridade suprema. **2.** Qualidade de soberano. **3.** Poder absoluto (Faguet). **4.** Independência absoluta de um Estado em relação a outro. **5.** Poder supremo ou soberano por direito. **6.** Conjunto de direitos do soberano. **7.** Supremacia; superioridade. **8.** Primazia. **9.** Qualidade do poder do Estado (Carré de Malberg). **10.** Poder independente de um Estado em relação aos demais países, e supremo dentro do próprio Estado (Darcy Azambuja e Sampaio Dória). **11.** Característica do que é soberano. **12.** Conjunto de poderes exercidos pelo Estado (Machado Paupério). **13.** Extensão territorial sob a autoridade de um soberano. **14.** Poder de decisão em última instância, limitado pelo direito, pelo qual o Estado, no campo político-jurídico e no sociocultural, estabelece seu plano educativo, suas reformas de base, apoiado pela legalidade, administrando os serviços públicos indispensáveis ao desenvolvimento da sociedade (Pinto Ferreira). **15.** Universalidade da decisão em uma esfera determinada (Heller). **16.** Poder de decisão em última instância concreta (Schmitt), que se revela na seara política, econômica, social e cultural. **17.** Poder que uma nação tem de organizar-se social, política e juridicamente e de elaborar e impor seu ordenamento jurídico dentro do seu território, nos limites éticos de convivência interna e externa, sempre a alcançar o bem comum coletivo (Ricardo Berloffa).

SOBERANIA DO POVO. *Ciência política.* **1.** Direito que tem o povo de autogovernar-se, escolhendo seus representantes, seus governantes e o governo. **2.** Princípio segundo o qual todo poder emana do povo, e em seu nome é exercido.

SOBERANIA ESTATAL. *Vide* SOBERANIA NACIONAL E SOBERANIA INTERNA.

SOBERANIA EXTERNA. *Ciência política* e *direito internacional público.* **1.** Independência do Estado, pois em suas relações com outros países há igualdade e não subordinação. **2.** Manifestação da soberania do Estado no exercício de direitos e no ato de contrair obrigações na seara internacional para atender a seus interesses. **3.** Direito do Estado de organizar-se e reger-se com independência de toda intromissão política estrangeira (Orgaz).

SOBERANIA INTERNA. *Ciência política.* **1.** Autoridade ou poder do Estado que é supremo, pois não pode ser limitado por nenhum outro poder, de sorte que suas leis alcançam a todos os que estiverem em seu território. Pela soberania interna o Estado tem o monopólio do poder de coação sobre tudo que se encontrar em seu território (Pinto Ferreira). **2.** Poder que tem o Estado de determinar sua própria competência e de transmiti-la a órgãos nacionais inferiores, e de exercer sua capacidade coercitiva dentro

SOBERANIA INTERNACIONAL

de seu território e em igualdade plena perante os demais países da comunidade internacional (Othon Sidou).

SOBERANIA INTERNACIONAL. *Direito internacional público.* Poder em que os países da comunidade internacional exercem, por meio de seus organismos, para a consecução da paz, da segurança e do bem comum (Othon Sidou).

SOBERANIA NACIONAL. *Ciência política.* **1.** *Vide* SOBERANIA INTERNA. **2.** Na lição de Massimo Severo Giannini, no âmbito interno, corresponde à efetividade da força pela qual as determinações da autoridade são observadas e tornadas de observância incontornável mesmo mediante coação; no âmbito externo, em um sentido negativo, indica a não-sujeição a determinações de outros centros normativos. **3.** Aquela que, atribuída ao Estado, pertence ao próprio povo, constituído em nação (De Plácido e Silva). **4.** Conjunto de poderes que constituem a nação politicamente organizada (Clóvis Beviláqua).

SOBERANIA POLÍTICA. *Sociologia jurídica.* Possibilidade estatal de usar do poder, estando limitado apenas pelas condições da política interna e pelos deveres assumidos em relação aos outros países.

SOBERANIA POPULAR. *Vide* SOBERANIA DO POVO.

SOBERANIA SOBRE O ESPAÇO AÉREO. *Vide* SOBERANIA VERTICAL.

SOBERANIA TEOCRÁTICA. *Ciência política.* Conjunto de poderes exercidos pelo governo, que se julga inspirado pela divindade (Othon Sidou).

SOBERANIA VERTICAL. *Ciência política, direito aeronáutico* e *direito internacional público.* Poder que tem o Estado sobre o espaço aéreo acima de seu território e respectivas águas jurisdicionais, impondo condições para o exercício da aviação comercial internacional.

SOBERANIZADO. Que se tornou soberano.

SOBERANO. 1. O mais elevado, por não estar sujeito a nenhum outro poder. **2.** Aquele que, por direito, é o detentor do poder do qual os demais derivam. **3.** Monarca. **4.** Que exerce o poder supremo. **5.** Que tem autoridade máxima. **6.** Titular da soberania.

SOBERBA. 1. Arrogância. **2.** Presunção. **3.** Altura do que se encontra em estado superior a outro.

SOBERBO. 1. Arrogante. **2.** Presunçoso. **3.** Que está mais elevado do que outro.

SOBERNAL. Trabalho excessivo que leva ao esgotamento.

SOBESSA. Posição inferior de uma coisa ou pessoa em relação a outra.

SOBESTIMAÇÃO. *Direito civil.* Avaliação que, no seguro, é feita a menor quantia (Othon Sidou).

SOBFRETAR. *Direito comercial.* Fretar a outrem o navio ou avião que tinha fretado para si.

SOBORDA. *Direito marítimo.* Em um navio, é a parte imediatamente inferior à borda.

SOBRA. 1. O que sobrou; resto. **2.** Diferença entre a quantia necessária para solver uma dívida e o valor usado para pagá-la. **3.** O que fica após a retirada do necessário. **4.** Excesso verificado depois do adimplemento de uma obrigação.

SOBRADADO. Que tem sobrado.

SOBRADINHO. *História do direito.* Terraço onde o senhor de engenho assistia à moagem.

SOBRADO. 1. O que sobra. **2.** Excessivo. **3.** Prédio com vários pavimentos. **4.** Piso ou andar superior ao térreo de um edifício.

SOBRA DO PREÇO. *Direito processual civil.* O que restou da quantia pecuniária obtida com a venda judicial de um bem dado em garantia depois de satisfeito o credor, que, por isso, deve ser restituído ao devedor.

SOBRAR. 1. Restar. **2.** Exceder. **3.** Haver mais do que o necessário.

SOBRAS. *Direito aeronáutico.* São alimentos não-perecíveis, servidos ou não a bordo da aeronave, que se apresentam próprios para o consumo, desde que sejam conservados de acordo com as orientações da rotulagem e que mantenham as suas características sensoriais.

SOBRAS DE AMOSTRAS. *Medicina legal.* Resto de sangue, fezes, urina, suor, lágrima, leite, colostro, líquido espermático, saliva, secreções nasal, vaginal ou peniana, pêlo e unha que permanece nos tubos de coleta após a retirada do material necessário para a realização de investigação.

SOBRAS ELEITORAIS. *Direito eleitoral.* Número de votos que, por não atingir o quociente eleitoral, é distribuído, proporcionalmente, às legendas partidárias que obtiveram representação (Othon Sidou).

SOBRAS LÍQUIDAS. *Direito civil.* Lucros líquidos ou *superavit* entre a receita e a despesa, apurado em balanço feito pelas cooperativas, que deve ser distribuído entre os associados a título de bonificação, proporcionalmente ao valor dos negócios ou compras por eles realizadas, salvo se a assembléia as incorporar às reservas.

SOBREALCUNHA. *Direito civil.* Segundo apelido.

SOBREANO. *Direito agrário.* Rês de cria que tem mais de um ano.

SOBREAPELIDO. *Vide* SOBREALCUNHA.

SOBREÁRBITRO. *Direito civil.* Árbitro de desempate, que é o terceiro árbitro designado pelas partes interessadas.

SOBREAVISADO. 1. Prevenido. **2.** Acautelado.

SOBREAVISO. 1. Prevenção. **2.** Precaução.

SOBREBROCHA. *Direito agrário.* Grande correia que se liga às brochas nos carros de bois.

SOBRECABAR. *História do direito.* Responsabilizar-se, moralmente, por uma pessoa.

SOBRECAPA. *Direito autoral.* Cobertura de papel que protege a capa de um livro, contendo o nome do autor e da editora, o título da obra etc.

SOBRECAPACIDADE. *Direito do trabalho.* Capacidade de trabalho e de rendimento acima do normal.

SOBRECAPITALIZADO. 1. O que é muito financiado. **2.** O que está provido de capital excessivo.

SOBRECARGA. 1. *Direito marítimo.* a) Exercitor, ou seja, aquele que está encarregado de administrar o navio; dirigir o carregamento; cobrar fretes; comprar, vender ou consignar mercadorias por conta e ordem de seu dono; b) aquele que contrata fretes para navio mercante; c) aquele que dirige o comércio da carga da embarcação, representando o proprietário (Laudelino Freire); d) porção de carga que transtorna o equilíbrio na marcha do navio. **2.** *Direito agrário.* a) Carga superior às forças do animal que a conduz; b) estopa com que se aperta a carga depois de colocada sobre o animal que a transportará. **3.** *Direito comercial.* a) Carga excessiva que ultrapassa a capacidade normal de tonelagem; b) o que se adiciona à carga; c) taxa adicional. **4.** Na *linguagem postal:* a) sobretaxa, isto é, nova timbragem de selo postal para atribuir-lhe outra taxa; b) marca colocada no selo pela agência postal, alterando seu valor; c) selo que tem sobrecarga. **5.** *Direito do trabalho.* Atribuição de funções que venham a exceder os limites normais de um trabalho ordinário (De

Plácido e Silva). **6.** *Direito civil.* Uso de instalação elétrica além da intensidade normal, que pode acarretar curto-circuito e incêndio, gerando responsabilidade civil.

SOBRECARREGADO. Que tem carga em excesso.

SOBRECARREGAR. 1. Aumentar encargos. **2.** Carregar demais um meio de transporte. **3.** Imprimir sobrecarga em selo postal. **4.** Dar funções acima da normalidade.

SOBRECARTA. 1. Nas *linguagens comum* e *jurídica:* a) carta escrita para confirmar o teor de outra anterior; b) envelope. **2.** *Direito eleitoral.* Envelope que contém votos impugnados ou tomados em separado (Othon Sidou).

SOBRECLAUSTRO. *Direito canônico.* Parte do convento que fica por cima do claustro.

SOBRECONSCIENTE. *Psicologia forense.* Força superior e misteriosa suposta pelos teósofos e espíritas (Jules Bois).

SOBRE-CONTRA-ESTADIA. *Direito comercial marítimo.* **1.** Indenização que deve ser paga em razão de danos ocorridos no atraso no ato de carregar ou descarregar mercadorias a serem transportadas. **2.** Prazo que excede ao previsto para a carga ou a descarga de mercadoria a ser transportada pelo navio mercante. **3.** Sobreestadia.

SOBREDETERMINAÇÃO. *Psicologia forense.* Imagem evocada por meio de várias ações concorrentes ou de vários pensamentos escondidos (Freud e Dalbiez).

SOBREDITO. 1. O que já foi mencionado antes. **2.** Referido.

SOBREESTADIA. *Direito marítimo.* **1.** Excesso de estadia do navio. **2.** *Vide* SOBRE-CONTRA-ESTADIA.

SOBREEXCEDER. 1. Exceder em quantidade ou qualidade. **2.** Passar além. **3.** Ser superior a algo.

SOBREEXCESSO. Excesso desregrado.

SOBREEXCITAÇÃO. *Medicina legal.* **1.** Excesso de vitalidade de um órgão ou tecido. **2.** Grande excitação nervosa. **3.** Excitação além do normal.

SOBREGOVERNO. *Ciência política.* Governo que, por ser superior, está acima de tudo.

SOBREIMPOSTO. *Direito tributário.* Aquele que incide sobre outro.

SOBREJUIZ. *História do direito.* Juiz de segunda instância.

SOBREJUSTIÇA. *História do direito.* Tribunal do sobrejuiz.

SOBRELANÇO. *Direito processual civil.* Em um leilão, é o lanço maior que os outros.

SOBRELEVAR. **1.** Levar vantagem. **2.** Suplantar. **3.** Vencer.

SOBRELIMINAR. *Direito administrativo.* Viga que atravessa os esteios de uma ponte elevadiça.

SOBRELOJA. *Direito comercial.* Pavimento situado entre o térreo e o primeiro andar de uma loja.

SOBRELOTAÇÃO. *Direito comercial.* **1.** O que excede à lotação normal de um navio ou veículo de transporte. **2.** Carga que excede à quantidade permitida.

SOBRELOTADO. *Direito comercial.* O que está excessivamente cheio.

SOBRENATURAL. *Direito canônico.* **1.** O que é superior às forças da natureza. **2.** O que é conhecido pela fé.

SOBRENATURALISMO. *Direito canônico.* Teoria que admite a intervenção sobrenatural no mundo.

SOBRENERVO. *Medicina legal.* Tumor sobre um nervo.

SOBRENOME. *Direito civil.* Apelido ou nome comum a todos os que pertencem a uma certa família. É o sinal que identifica a procedência da pessoa, indicando sua filiação ou estirpe, sendo, por isso, imutável, advindo do apelido de família paterno, materno ou de ambos. Pode ser simples (Silva, Almeida) ou composto (Araújo Mendes), e vir acompanhado da partícula *de*, *do*, *da*, *dos* e *das*, que dele fazem parte, indicando, às vezes, procedência nobre (Washington de Barros Monteiro).

SOBRENUMERÁVEL. Incalculável.

SOBREORDENADO. *Filosofia geral.* Termo que está para um outro na relação de gênero a espécie (Ranzoli).

SOBREOSSO. *Direito agrário.* Moléstia que advém de ferida ou pancada sobre o osso das partes das cavalgaduras, fazendo-as engrossar muito.

SOBREPAGA. **1.** *Direito civil.* Gorjeta. **2.** *Direito do trabalho.* Aumento de salário.

SOBREPARTILHA. *Direito civil.* Partilha adicional que vem a ser uma nova partilha de bens que, por razões fáticas ou jurídicas, não puderam ser divididos entre os titulares dos direitos hereditários. É uma outra partilha que sobrevém à partilha, correndo nos mesmos autos do inventário (Hamilton de Moraes), pondo um fim à indivisão, atendendo à realidade dos fatos ou do direito se: a) houver na herança bens remotos da sede do juízo do inventário; b) o bem for litigioso, porque sua partilha será ato puramente aleatório, sendo, portanto, conveniente ao interesse público deixá-lo para a sobrepartilha; c) apresentar dificuldade ou morosidade na liquidação dos bens, para que não se atrase a partilha de outros do acervo hereditário, ou, então, para evitar que uma rápida liquidação prejudique os herdeiros; d) houver sonegação de bens por algum herdeiro seu inventariante, em virtude de dolo ou de ignorância, ante a obrigação de trazê-los a inventário; e) forem descobertos outros bens após a partilha da herança. Por exemplo, se se desconhecia que havia maior número de alqueires de terras do que o que se partilhou, procede-se à correção mediante sobrepartilha; f) existir reserva de bens para pagamento de credores que perderam ou não propuseram ação de cobrança; g) houver saldo do produto da venda de bens, separados para o pagamento do passivo. É objeto de sobrepartilha todo e qualquer bem de espólio que deveria ter sido partilhado e não o foi.

SOBREPARTO. *Medicina legal.* **1.** Período que vai do parto à normalização do funcionamento dos órgãos da mulher. **2.** Moléstia que sobrevém ao parto. **3.** Depois do parto.

SOBREPENSADO. *Direito penal.* Premeditado.

SOBREPESO. *Vide* SOBRECARGA.

SOBREPOVOAÇÃO. Excesso de população.

SOBREPRAZO. Prazo que vem a exceder o previsto.

SOBREPROVA. *Direito processual.* **1.** Nova prova que vem confirmar a anteriormente apresentada. **2.** Prova que se acresce à oferecida. **3.** Prova que complementa outra já produzida.

SOBREPUJAR. **1.** Exceder. **2.** Dominar. **3.** Superar. **4.** Ir além; ultrapassar. **5.** Sobressair.

SOBREQUILHA. *Direito marítimo.* Peça que vai da proa à popa do navio, para fortalecer as cavernas.

SOBRE-RESTAR. *Direito civil.* Sobreviver.

SOBRE-RODELA. *Direito agrário.* Tumor que aparece no joelho dos cavalos.

SOBRE-RONDA. Aquele encarregado de vigiar o serviço das rondas.

SOBRE-SALÁRIO. *Direito do trabalho.* **1.** Importância salarial paga em época especial e sob formas próprias (Osiris Rocha). **2.** Percentual incidente sobre o salário devido ao empregado pelas horas suplementares trabalhadas (Othon Sidou).

SOBRESCRITAR. Escrever endereço em uma carta.

SOBRE-SEGUIDO. Que se segue imediatamente.

SOBRE-SEGURO. *Direito civil.* **1.** Contrato de seguro em que a soma declarada na apólice é superior ao valor da coisa segurada. **2.** O que está em seguro. **3.** Seguro a maior.

SOBRE-SELO. Na *linguagem postal,* é o segundo selo colocado, para maior segurança, sobre o primeiro.

SOBRE-SEMEAR. *Direito agrário.* **1.** Semear pela segunda vez. **2.** Semear superficialmente.

SOBRE-SOLO. *Direito civil.* O que, por se situar acima do terreno, constitui extensão do domínio, em toda altura útil ao seu exercício. Logo, o proprietário do imóvel pode construir arranha-céu, levantar antenas de captação de ondas hertzianas etc., dentro das limitações legais, e impedir que em seu terreno haja colocação de poste que possibilite passagem de fios telegráficos, telefônicos ou condutores de energia elétrica, que causem dano ou perigo.

SOBRESSAIR. **1.** Distinguir-se. **2.** Chamar a atenção.

SOBRESSALENTE. **1.** Reserva. **2.** Sobra. **3.** O que excede ao normal. **4.** O que se aproveita para suprir uma falta.

SOBRESSALTAR. **1.** Surpreender. **2.** Transpor. **3.** Assustar. **4.** Atemorizar. **5.** Passar de salto.

SOBRESSALTO. **1.** Acontecimento inesperado. **2.** Assustado. **3.** Assalto súbito. **4.** Inquietação repentina.

SOBRESTADIA. *Vide* SOBREESTADIA.

SOBRESTADO. **1.** Interrompido. **2.** Paralisado. **3.** Suspenso.

SOBRESTAMENTO. *Direito processual civil.* **1.** Suspensão do processo. **2.** Paralisação temporária do processo (Egas Dirceu Moniz de Aragão, Hélio Tornaghi e Pontes de Miranda). **3.** Interrupção da ação. **4.** Não-prosseguimento de uma diligência.

SOBRESTAR. *Direito processual civil.* **1.** Paralisar, momentaneamente, o processo. **2.** Suspender o curso da demanda. **3.** Sustar o andamento processual.

SOBRETAXA. **1.** *Direito tributário.* Taxa adicional lançada sobre algo já onerado por outra que vem a causar majoração do valor a ser pago pelo contribuinte. **2.** Na *linguagem postal,* é o novo valor atribuído ao selo.

SOBRETAXA CAMBIAL. *Direito cambiário.* Ônus imposto a quem se utilizar de câmbio em operações de todo o gênero, tendo em vista a economia da reserva cambial.

SOBRETAXAR. *Direito tributário.* **1.** Instituir nova taxa, aumentando o *quantum* que deveria ser pago pelo contribuinte. **2.** Impor sobretaxa.

SOBRETENSÃO. Aumento repentino da voltagem.

SOBREVELA. *História do direito.* Reforço de sentinelas.

SOBREVENTO. *Direito marítimo.* Pé-de-vento que, inesperadamente, perturba a marcha da embarcação.

SOBREVIDA. Estado do que sobrevive.

SOBREVIGIAR. **1.** Vigiar na qualidade de chefe. **2.** Superintender.

SOBREVINDO. **1.** O que aconteceu depois. **2.** Que sobreveio.

SOBREVIR. **1.** Acontecer depois. **2.** Chegar de imprevisto. **3.** Vir em seguida.

SOBREVIVÊNCIA. **1.** *Direito civil.* a) Qualidade de sobrevivente; b) fato de sobreviver; c) supervivência. **2.** *Medicina legal.* Resistência física que mantém uma pessoa viva, e que possibilita a prática de atos incompatíveis com a lesão corporal mortal (José Lopes Zarzuela).

SOBREVIVENTE. *Direito civil.* **1.** Aquele que escapou da morte, em algum acidente ou combate. **2.** Aquele que sobrevive à outra. **3.** Supérstite. **4.** Supervivente. **5.** Sobrevivo.

SOBREVIVENTES DE INCESTO ANÔNIMO (SIA). Grupo aberto de auto-ajuda constituído por homens e mulheres maiores de dezoito anos que, seguindo a orientação do Serviço Mundial do SIA, sediado em Baltimore, nos EUA, sem cobrar qualquer taxa de participação, discute confidencial e amplamente o incesto como causador de dano à criança, provocando-lhe traumas, fazendo com que os participantes, com auxílio de terapeutas profissionais, dividam seus sentimentos e experiências, demonstrando-lhes que não são vítimas mas sobreviventes do incesto.

SOBREVIVO. *Vide* SOBREVIVENTE.

SOBREVÔO. *Direito aeronáutico.* **1.** Ato de voar por cima. **2.** Direito que tem a aeronave, que não

SOBREVÔO SEM POUSO   467   **SOB**

presta serviço aéreo internacional regular, de voar sem fazer escala em território de Estado que não o de sua bandeira, sem obter licença prévia, apesar de estar sujeita ao direito daquele país, e de exigir sua aterragem (Othon Sidou).

SOBREVÔO SEM POUSO. *Direito aeronáutico.* Sobrevôo nas regiões de informação de vôo e de controle de tráfego aéreo, sob jurisdição brasileira e sem pouso no território nacional.

SOBRIEDADE. 1. Moderação. **2.** Parcimônia. **3.** Reserva.

SOBRIETY CHECKPOINTS. *Locução inglesa.* Teste de averiguação do grau de embriaguez do motorista.

SOBRINHO. *Direito civil.* Filho de irmão ou de irmã, sendo parente em linha colateral de terceiro grau em relação aos tios.

SÓBRIO. 1. Moderado. **2.** Reservado.

SOBSEGURO. *Direito civil.* Seguro distribuído entre diversas companhias seguradoras na participação direta do mesmo risco, constante de uma só apólice que é emitida pela líder do grupo (Othon Sidou).

SOCA. *Direito agrário.* **1.** Segunda produção de gramíneas ou de cana-de-açúcar, que brota após o corte da primeira. **2.** No Nordeste, é a segunda colheita do fumo. **3.** Em Minas Gerais, é o fumo de qualidade inferior. **4.** No Espírito Santo, é a segunda colheita do arroz. **5.** No Rio Grande do Sul, é a árvore do mate podada. **6.** Gramínea de angola, apropriada para fazer cestos.

SOCIABILIDADE. *Sociologia geral.* **1.** Qualidade de sociável. **2.** Tendência natural para viver em sociedade, e maneira de estar integrado em uma sociedade (Emílio Willems). **3.** Urbanidade.

SOCIABILIDADE AMORFA. *Sociologia geral.* Tendência de evitar a solidão (Vierkandt).

SOCIABILIDADE DIFERENCIAL. *Sociologia geral.* Ato de escolher pessoas ou grupos de acordo com o instinto social (Vierkandt).

SOCIABILIZAÇÃO. *Sociologia geral.* Ato ou efeito de sociabilizar.

SOCIABILIZAR. *Sociologia geral.* **1.** Tornar-se sociável. **2.** Reunir em sociedade. **3.** Socializar.

SOCIAL. 1. *Sociologia geral.* a) Que pertence à sociedade; b) referente à sociedade; c) diz-se da ciência que tem por objeto os fenômenos so-

ciais (Le Play); d) diz-se da estática (*social statics*), que equilibra os interesses e as pretensões dos indivíduos em uma sociedade constituída (Spencer); e) diz-se da dinâmica (*social dynamics*), que é o movimento pelo qual se obtém a adaptação recíproca dos indivíduos e da sociedade (Spencer); f) relação entre as classes da sociedade, enquanto diferem pela natureza e pela importância de seus rendimentos (Lalande); g) que vive em sociedade (Perrier); h) diz-ze da questão ou do problema que consiste em solucionar as dificuldades econômicas e morais levantadas pelas classes sociais e pela miséria. Trata-se da questão social como um problema de riqueza material (Leroux); i) o que é útil para o aperfeiçoamento da sociedade (Hauser); j) sociável; k) relativo à vida humana em sociedade; l) pertencente às manifestações oriundas das relações entre os homens; m) o que se refere à sociedade dividida em classes. **2.** *Direito civil* e *direito comercial.* a) Próprio dos sócios de uma sociedade simples ou empresária; b) que diz respeito à sociedade.

SOCIAL-DEMOCRACIA. *Ciência política.* Forma de democracia que busca os princípios da justiça social e advoga reformas sociais em um regime representativo, sem contudo adotar a doutrina marxista, por pretender construir um socialismo por meio de processo democrático, assentado na liberdade política e no sufrágio.

SOCIAL-DEMOCRATA. *Ciência política.* Partidário da social-democracia.

SOCIAL-DEMOCRÁTICO. *Ciência política.* O que diz respeito à social-democracia.

SOCIALIDADE. 1. *Sociologia geral.* a) Relação social; b) conjunto de caracteres alusivos ao que é social (Lalande); c) socialização. **2.** *Direito civil.* Princípio que, fundado na função social da propriedade e na função social do contrato, reflete a prevalência do interesse coletivo sobre o individual.

SOCIALISMO. 1. *Economia política.* a) Doutrina que preconiza a transformação do regime social, principalmente da propriedade, para melhorar as condições dos trabalhadores; b) teoria que prega a propriedade coletiva dos meios de produção e a organização de uma sociedade sem classes; c) sistema que realiza o controle dos meios de produção, limitando a propriedade privada, dando-lhe uma função social, procurando a transformação da sociedade capitalista em socialista, mediante o emprego de processos graduais, sem o recurso da violência armada (Pinto Ferreira); d) concepção doutrinária segundo a qual não se pode contar com o livre jogo das iniciativas e dos interesses individuais, em matéria econômica, para assegurar uma ordem social satisfatória, e que julga possível e desejável substituir a organização liberal pela planejada, conducente a resultados mais eqüitativos e favoráveis ao desenvolvimento do ser humano (Lalande); e) regime social que se baseia na propriedade coletiva dos meios de produção (terras, indústrias etc.) e dos meios de troca (comércio, bancos, transportes etc.), na administração desses meios pela comunidade, em benefício de todos os seus membros, e na distribuição da riqueza de conformidade com o trabalho de cada um (Paulo Matos Peixoto); f) sistema político-social que tem por escopo substituir a ordem econômico-social, fundada no individualismo, por outra em que o Estado modifica as condições de vida no interesse da coletividade (De Plácido e Silva). **2.** *Ciência política.* a) Sistema político que organiza a sociedade baseado nessa doutrina; b) programa político das classes trabalhadoras que requer que o direito de propriedade seja fortemente limitado; os principais recursos econômicos estejam sob o controle das classes trabalhadoras; a gestão de tais recursos promova a igualdade social através da intervenção dos poderes públicos (Pianciola).

SOCIALISMO ASSOCIACIONISTA. *Economia política.* Teoria que, apesar de repelir a livre concorrência, não admite o controle estatal da economia, por entender que a livre associação é suficiente para solucionar todas as questões sociais, desde que organizada conforme um plano preconcebido (Gide, Rist, Owen, Proudhon, Fourier e Louis Blanc).

SOCIALISMO CIENTÍFICO. *Economia política.* Teoria que faz do socialismo uma ciência ao adotar a dialética hegeliana, o materialismo, a doutrina da luta de classes, a revolução violenta para derrubar o Estado burguês e o capitalismo (Pinto Ferreira).

SOCIALISMO CIENTÍFICO-LIBERAL. *Economia política.* Teoria que combina o socialismo com a defesa das liberdades civis, políticas e econômicas (Pinto Ferreira).

SOCIALISMO COLETIVISTA. *Economia política.* Doutrina que pretende solucionar as questões sociais com a coletivização da propriedade,

abrangendo o cooperativismo, por ação educativa gradual, e o comunismo, mediante revolução.

SOCIALISMO CRISTÃO. *Economia política* e *sociologia jurídica.* Concepção que preconiza a solução dos problemas sociais pela adoção da caridade cristã, buscando, dentro dos ensinamentos do catolicismo, o melhor entendimento entre empregador e empregado. Trata-se, como diz Pinto Ferreira, de um socialismo moderado baseado na doutrina social da Igreja e no teísmo religioso.

SOCIALISMO DE BEM-ESTAR. *Ciência política. Vide* SOCIAL-DEMOCRACIA.

SOCIALISMO DE CÁTEDRA. *Economia política.* Variante do socialismo de Estado conservador, cujo órgão é a *Verein fuer sozial politik* (União da Política Social), e que vai contra a economia política liberal, tendo por objetivo fazer com que haja um capitalismo de Estado equilibrado, ou de um Estado popular pregando, como nos ensina Pinto Ferreira, na cátedra, as reformas sociais, o socialismo, a paz social, a ciência por cima das classes, e a negação da luta de classes (Schmoller, Wagner, List e Brentano).

SOCIALISMO DE ESTADO. *Economia política* e *ciência política.* Doutrina que propugna a iniciativa do Estado na solução das questões sociais, mediante legislação social, estatização dos meios de produção ou intervenção na economia (Horst Otto Herkelmann).

SOCIALISMO EVOLUCIONISTA. *Vide* SOCIALISMO REFORMISTA.

SOCIALISMO EXPERIMENTAL. *Vide* SOCIALISMO SEM PROGRAMA.

SOCIALISMO FABIANO. *Vide* SOCIALISMO TRABALHISTA.

SOCIALISMO JURÍDICO. *Sociologia jurídica.* Corrente doutrinária segundo a qual o direito deriva da vida em sociedade, e deve proteger o indivíduo como valor social, por este ser parte da sociedade, que, por sua vez, é fonte dos direitos, os quais são concedidos ao indivíduo *sub conditione*, havendo, portanto, o primado absoluto da ação estatal, através de sua intervenção na economia, não admitindo a iniciativa privada, e na seara contratual (Anacleto de Oliveira Faria).

SOCIALISMO MUNICIPAL. *Economia política.* Teoria intermediária entre o socialismo de associação e o socialismo de Estado, por admitir a asso-

SOCIALISMO REFORMISTA 469

ciação puramente contratual entre diversas comunas (Lalande).

SOCIALISMO REFORMISTA. *Economia política.* Socialismo evolucionista que admite a possibilidade de estabelecer-se o novo regime econômico por meio de leis, sem o recurso à luta armada, à violência ou à revolução (Lalande).

SOCIALISMO REVOLUCIONÁRIO. *Economia política.* Teoria que propugna para a implantação de um novo regime econômico o emprego da força da classe trabalhadora, a violência armada contra o Estado liberal-burguês ou o Estado explorador do proletariado para, com a transformação violenta dos poderes públicos e das leis vigentes, destruir o capitalismo (Lalande e Pinto Ferreira).

SOCIALISMO ROOSEVELTIANO. *Economia política.* Plano socialista moderado da reforma econômico-financeira, conhecido como *new deal*, que, em 1929, foi estabelecido nos EUA por Roosevelt, caracterizando-se pela ingerência do poder público na economia privada (Othon Sidou).

SOCIALISMO SEM PROGRAMA. *Economia política.* É também chamado de socialismo experimental por entender ser impossível a previsão e a definição antecipada da organização econômica, que resultará da supressão do regime capitalista (Lalande).

SOCIALISMO TRABALHISTA. *Economia política.* Socialismo fabiano que, como ensina Pinto Ferreira, foi colocado em prática pelo *Labour Party*, na Inglaterra, pretendendo medidas graduais para implantar um novo regime econômico (Haroldo Laski).

SOCIALISMO UTÓPICO. 1. *Economia política.* a) Teoria que, como diz Lalande, propugna a construção e descrição tão completa quanto possível do futuro estado social (Thomas Morus, Saint-Simon, Morelly e Fourier). Essa doutrina visa a idealização de planos de reconstrução social, sem considerar a realidade da vida social, a luta de classes, a importância do modo de produção econômica (Marcus Cláudio Acquaviva); b) segundo Friedrich Engels, estudo histórico-científico dos fenômenos da produção e da troca, para lhes determinar as leis de evolução. A análise do sistema atual das relações econômicas permite concluir que ele se transformará no sentido do socialismo. **2.** *Teoria geral do direito.* Doutrina comunista que pretende abolir, completamente, a propriedade privada, conferindo ao Estado a propriedade de bens de produção e de consumo.

SOCIALISTA. *Economia política.* **1.** O que se refere ao socialismo. **2.** Adepto do socialismo.

SOCIALIZAÇÃO. 1. *Sociologia geral* e *sociologia jurídica.* a) Ato ou efeito de socializar; b) processo assimilativo pelo qual o indivíduo se integra à sociedade, adaptando-se ao seu modo de ser e aos seus valores; c) desenvolvimento do sentimento do nós nos indivíduos associados, e o seu crescimento na capacidade e vontade de cooperar (Ross); d) educação que tem início na infância e cessa com a morte da pessoa; e) extensão, por lei, de vantagens ou benefícios particulares à sociedade inteira (Laudelino Freire); f) nacionalização. **2.** *Direito administrativo.* Expropriação de bens particulares, inclusive, de indústrias, transferindo-os para o domínio do Estado, para que este, no interesse da coletividade, os explore (De Plácido e Silva).

SOCIALIZAÇÃO DO DIREITO. *Economia política.* Movimento que, desde os fins do século XIX, procura ressaltar a função social do direito e a aplicação da justiça social, ante a luta de classes e os antagonismos na ordem econômica (Othon Sidou).

SOCIALIZAÇÃO DO INDIVÍDUO. *Sociologia geral.* Processo de integração do indivíduo na sociedade, e de formação de sua personalidade ao adquirir hábitos e padrões de conduta, conforme o modelo sociocultural dominante, que o capacitam a viver em uma dada sociedade.

SOCIALIZAÇÃO DOS MEIOS DE PRODUÇÃO. *Economia política.* Controle do Estado dos meios de produção, que passam para seu domínio, e direção da vida econômica pelo *Gosplan* (plano estatal da economia), fazendo desaparecer a sociedade capitalista e as diferenças de classe. Trata-se da propriedade coletiva dos meios de produção, preconizada por Marx.

SOCIALIZAÇÃO POLÍTICA. *Ciência política.* Conjunto de experiências que, no processo de formação da identidade social do indivíduo, contribuem para plasmar a sua imagem com o sistema político e instituições (Oppo).

SOCIALIZADO. *Ciência política, sociologia geral* e *economia política.* **1.** Que se socializou. **2.** O que se submete ao socialismo. **3.** Serviço facilitado à população.

SOCIALIZANTE. *Ciência política* e *economia política.* **1.** O que ressalta a realidade econômico-social, dando-lhe ênfase. **2.** Próximo do socialismo. **3.** Medida proposta pelos socialistas.

SOCIALIZAR. 1. *Ciência política.* Tornar uma propriedade coletiva. **2.** *Sociologia geral.* Tornar social.

SOCIALMENTE. Em sociedade.

SOCIÁVEL. 1. *História do direito.* Tipo de carruagem da era colonial. **2.** *Sociologia geral.* a) Aquele que é capaz de viver em sociedade; b) o que tende a procurar a sociedade, por gostar do convívio social; c) próprio para viver em sociedade; d) polido.

SOCIECONÔMICO. *Economia política.* **1.** Referente à combinação de fatores sociais e econômicos. **2.** O que diz respeito à renda e à posição social consideradas como um só fator.

SOCIEDADE. 1. *Sociologia jurídica.* a) Conjunto de pessoas permanentemente associadas em diferentes grupos (família, igreja, clube, sindicato etc.) e que apresentam padrões culturais comuns, garantindo a continuidade do todo e a consecução dos ideais pretendidos; b) organização dinâmica de indivíduos autoconscientes, que compartilham objetivos comuns e são capazes de ação conjugada; c) complexo de relações sociais entre pessoas; d) convivência familiar; e) reunião de pessoas para que, com os seus esforços, venham a realizar o fim comum; f) corpo ou grupo social; g) solidariedade de interesses (Laudelino Freire); h) agrupamento humano que, baseado na família, vive sob normas comuns (Othon Sidou); i) interação; j) unidade de relação de muitos homens, que se constitui sobre a interação recíproca com conteúdo intencional comum (Utz); k) sistema social em nível de auto-suficiência (Parsons); l) conjunto de indivíduos entre os quais existem relações organizadas e serviços recíprocos (Lalande); m) conjunto de indivíduos cujas relações estão consolidadas em instituições, e quase sempre garantidas por sanções, que fazem com que os indivíduos sintam a ação e o constrangimento da coletividade (Durkheim, Fauconnet e Mauss); n) união moral estável, sob uma única autoridade, de várias pessoas que tendem a um fim comum (Jolivet); o) complexo de relações pelo qual vários indivíduos convivem e trabalham conjuntamente para formar uma nova unidade superior (Del Vecchio). **2.** *Ciência política.* a) Coletividade que compõe uma nação (Othon Sidou); b) agrupamento de pessoas reunidas pelas leis. **3.** *Direito canônico.* Grupo de pessoas que seguem as normas de uma ordem religiosa. **4.** *Direito civil.* a) Contrato social; b) convenção por via da qual duas ou mais pessoas se obrigam a conjugar seus esforços ou recursos para a realização de fim comum. O interesse dos sócios é idêntico, por isso, todos, com capitais ou atividades, se unem, por meio de contrato, para lograr uma finalidade, econômica ou não; c) pessoa jurídica de direito privado: sociedade simples e sociedade empresária; d) casa ou prédio onde se reúnem os membros de uma agremiação para cuidar de assuntos de interesse geral. **5.** *Direito comercial.* a) Reunião de duas ou mais pessoas que combinam pôr em comum seus bens, sua indústria, ou seus bens e indústria, conjuntamente, para obter lucros, repartindo entre si os proveitos e as perdas resultantes dessa comunhão (Laudelino Freire e Bento de Faria); b) contrato pelo qual duas ou mais pessoas, sendo ao menos uma empresária, se unem para comerciar ou explorar determinada indústria, mediante condições que estipulam (De Plácido e Silva); c) conjunto de pessoas que contribuem com seus bens ou serviços para o exercício de uma atividade econômica dirigida à obtenção de lucros e à sua distribuição pelos sócios (Paulo Matos Peixoto). **6.** *Direito penal.* Grupo de pessoas que se reúnem para fins perniciosos ou criminosos.

SOCIEDADE ACIDENTAL. *Direito civil* e *direito comercial.* Aquela que é constituída, transitoriamente, para realização de alguns negócios. É uma sociedade transitória que não se submete às formalidades requeridas para a formação da sociedade, cuja existência se comprova pelos meios probatórios comuns, admissíveis em direito. É também conhecida sob a designação de sociedade em conta de participação.

SOCIEDADE AGRÍCOLA. *Direito agrário.* É a que visa a exploração de atividades agropecuárias, que, em regra, se constitui sob a forma de parceria.

SOCIEDADE ANÔNIMA. *Direito comercial.* Sociedade em que o capital social é integralmente dividido por ações, sendo que os acionistas responderão pelo valor das que subscreveram ou adquiriram. É pessoa jurídica de direito privado, de natureza comercial, tendo capital dividido em ações, sob uma denominação, limitando-se a responsabilidade dos acionistas ao preço de emissão das ações subscritas ou adquiridas. Constituindo-se uma sociedade de capital com finalidade lucrativa, a sua denominação pode designar um nome de fantasia ou a de seu fundador, acompanhado do aditivo S/A. Seu capital social divide-se em ações, que representam uma fração do capital social. Três são as espécies de sociedade anônima: a) a companhia aberta, se os valores mobiliários de sua emissão puderem ser negociados em bolsa ou mercado de balcão; b) a companhia fechada, se não tiver autorização para lançar os títulos de sua emissão no mercado de capitais, obtendo recursos entre os próprios acionistas; c) a pequena companhia, que não sendo integrante de grupo de sociedades, deve ter menos de vinte acionistas e patrimônio líquido inferior ao valor nominal de vinte mil BTNs (hoje TR).

SOCIEDADE A PRAZO DETERMINADO. *Direito civil.* Aquela que contém, no contrato social, prazo prefixado para sua duração. Tal prazo deve ser respeitado, sendo que os sócios só poderão, antes de seu vencimento, pleitear sua dissolução se provarem a ocorrência de uma das seguintes hipóteses: a) implemento de condição resolutiva; b) extinção do capital social; c) consecução da finalidade social; d) inexeqüibilidade do objetivo comum; e) falência, incapacidade ou morte de um dos sócios.

SOCIEDADE COLETIVA. *Direito comercial.* Sociedade em nome coletivo ou com firma na qual todos os sócios, pertencentes a uma única categoria, respondem solidária e ilimitadamente pelas obrigações sociais, de modo que seus bens particulares podem ser executados por débitos da sociedade, se o quinhão social for insuficiente para cobrir as referidas dívidas. Mas nada obsta, não havendo prejuízo de sua responsabilidade perante terceiros, que os sócios convencionem limitar entre si a responsabilidade de cada um pelas obrigações sociais. Todos os sócios terão possibilidade para administrar a sociedade, se não houver designação de gerente no contrato social.

SOCIEDADE COLIGADA. *Direito comercial.* **1.** É a resultante da relação que se estabeleceu entre duas ou mais sociedades anônimas, em que uma participa com dez por cento (10%) ou mais do capital da outra, sem contudo controlá-la (Othon Sidou). **2.** É a que resulta de relação estabelecida entre duas ou mais sociedades submetidas ao mesmo controle por participa-

rem do mesmo grupo econômico. **3.** É aquela que, em suas relações de capital, é controlada, filiada ou de simples participação.

SOCIEDADE COM FIRMA. *Vide* SOCIEDADE COLETIVA.

SOCIEDADE CONCORDATÁRIA. *História do direito.* Aquela sociedade empresária que estava sob concordata.

SOCIEDADE CONCUBINÁRIA PURA. *Direito civil.* União livre e estável de pessoas de sexo diferente, que não estão ligadas entre si por casamento civil.

SOCIEDADE CONJUGAL. *Direito civil.* É a estabelecida entre marido e mulher, em razão de casamento civil ou de casamento religioso com efeitos civis, sendo regida por normas de direito civil.

SOCIEDADE CONJUNTA. *Direito internacional privado.* Sociedade de atividade comercial, industrial ou de serviço, na qual participam, em caráter permanente, duas ou mais entidades econômicas de Estados diferentes. É uma empresa de capital associado em que há co-participação entre pessoas jurídicas de países diversos (Dejalma de Campos).

SOCIEDADE CONTROLADA. *Direito comercial.* Aquela que, ante o fato de a maioria do seu capital, representado por ações ou quota, se encontrar em poder da controladora, não tem o poder de decidir nas deliberações sociais e eleger os administradores. É, portanto, a sociedade de cujo capital outra sociedade possua a maioria dos votos nas deliberações dos quotistas ou da assembléia geral e o poder de eleger a maioria dos administradores (*holding pura*) ou cujo controle esteja em poder de outra (*holding* mãe, p. ex.) mediante ações ou quotas possuídas por sociedades ou sociedades por esta já controladas.

SOCIEDADE CONTROLADORA. *Direito comercial.* Aquela que, por ser detentora do controle acionário de uma ou mais sociedades controladas, tem o poder de decisão nas deliberações sociais, e o de eleger os administradores.

SOCIEDADE COOPERATIVA. *Direito civil.* Associação sob forma de sociedade simples de pessoas e não de capital, com fim não econômico, constituída *intuitu personae*, tanto no que se refere ao capital como no tocante aos direitos e deveres dos sócios. É uma sociedade não-empresarial com número aberto de membros, que presta serviços aos associados sem objetivo de lucro, regendo-se pelo princípio da mutualidade, que requer a conjugação paritária de esforços entre os associados para, por meio da entidade, obter resultados comuns, eliminando intermediários na circulação da riqueza. A cooperativa, sendo sociedade simples, não está sujeita à falência, e é constituída para prestar serviços aos associados, de modo que os negócios por ela realizados são de ordem interna, sendo um prolongamento da economia de cada associado. Tem por escopo estimular a poupança, a aquisição e a economia de seus associados, mediante atividade econômica comum. Constitui uma forma de organização de atividade econômica, tendo por finalidade a produção agrícola ou industrial ou a circulação de bens ou de serviços. Vende as mercadorias por preços módicos apenas a seus associados, ou lhes consegue fundos sem intuitos lucrativos, repartindo, no final das atividades exercidas, as bonificações proporcionais às compras ou operações feitas por cada membro. Tem por caracteres: variabilidade, ou dispensa do capital social; concurso de sócios em número mínimo necessário a compor a administração da sociedade, sem limitações de número máximo; limitação do valor da soma de quotas do capital social que cada sócio poderá tomar; intransferibilidade das quotas do capital a terceiros estranhos à sociedade, ainda que por herança; *quorum* para a assembléia geral funcionar e deliberar, fundado no número de sócios presentes à reunião, e não no capital social representado; distribuição dos resultados, proporcionalmente ao valor das operações efetuadas pelo sócio com a sociedade, podendo ser atribuído juro fixo ao capital realizado; indivisibilidade do fundo de reserva entre os sócios, ainda que em caso de dissolução da sociedade.

SOCIEDADE CORRETORA. *Direito comercial.* **1.** Instituição financeira do mercado de capitais, que atua na intermediação nas operações de Bolsas de Valores. **2.** Sociedade autorizada para operar no mercado flutuante de moeda estrangeira e servir de interveniente na compra e venda de moeda estrangeira (Luiz Fernando Rudge).

SOCIEDADE DA INFORMAÇÃO. *Direito virtual.* É a sociedade contemporânea da inter-relação do ser humano ao ser humano, sendo a máquina e a *internet* apenas um meio tecnológico dessas novas comunicações, troca de bens e serviços e direitos envolvidos entre as partes pelos meios eletrônicos (Sergio Iglesias Nunes de Souza).

SOCIEDADE DAS NAÇÕES (SDN). *História do direito.* Entidade conhecida por Liga da Nações, que congregou Estados soberanos no final da 1ª Guerra Mundial, com o escopo de garantir a segurança internacional e a paz entre os povos, tendo existência até 1939. Após a 2ª Guerra Mundial, a ONU passou a ter suas funções.

SOCIEDADE DE ADVOGADO. *Direito civil.* Aquela sociedade simples de prestação de serviços de advocacia, regularmente registrada no Conselho Seccional da OAB, em cuja base territorial tiver sede, e estabelecida por advogados que se reúnem para colaboração profissional recíproca, sendo que nenhum advogado pode integrar mais de uma sociedade de advogados, com sede ou filial na mesma área territorial do respectivo Conselho Seccional. Nessa sociedade as atividades profissionais privativas dos advogados são exercidas individualmente, ainda que revertam à sociedade os honorários respectivos. O nome completo ou abreviado de, no mínimo, um advogado responsável pela sociedade consta obrigatoriamente da razão social, podendo permanecer o nome de sócio falecido se, no ato constitutivo ou na alteração contratual em vigor, essa possibilidade tiver sido prevista. A sociedade de advogados pode associar-se com advogados, sem vínculo de emprego, para participação nos resultados. Tais contratos são averbados no registro da sociedade de advogados. Os advogados sócios e os associados respondem subsidiária e ilimitadamente pelos danos causados diretamente ao cliente, nas hipóteses de dolo ou culpa e por ação ou omissão, no exercício dos atos privativos da advocacia, sem prejuízo da responsabilidade disciplinar em que possam incorrer. As sociedades de advogados podem adotar qualquer forma de administração social, permitida a existência de sócios-gerentes, com indicação dos poderes atribuídos. Podem ser praticados pela sociedade de advogados, com uso da razão social, os atos indispensáveis às suas finalidades, que não sejam privativos de advogado.

SOCIEDADE DE CAÇA. *Direito civil.* Associação recreativa que visa desenvolver a caça como esporte.

SOCIEDADE DE CAPITAL. *Direito comercial.* Sociedade empresária organizada em função dos bens que formam o capital social, como a sociedade anônima, a sociedade em comandita por ações e a sociedade limitada. Seus sócios respondem pelas obrigações sociais até a importância do capital com que entraram para a sociedade, e votam segundo aquele capital. As decisões sociais são tomadas pelo maior número de ações, ainda que pertençam a apenas um sócio. A pessoa do sócio não é levada em consideração para seu funcionamento, não sofrendo a sociedade, como ensina Fran Martins, nenhuma alteração com a mudança, morte ou incapacidade deste. Só importa a contribuição do sócio para o capital social. Havendo tal capital, a sociedade funciona mesmo sem a colaboração do sócio, podendo sua administração ser confiada a terceiro.

SOCIEDADE DE CAPITAL AUTORIZADO. *Direito comercial.* Empresa autorizada para aumentar seu capital social, independentemente de reforma estatutária (Luiz Fernando Rudge).

SOCIEDADE DE CAPITAL E INDÚSTRIA. *História do direito.* Aquela em que existiam sócios de capital, que tinham responsabilidade solidária e ilimitada pelas obrigações sociais, e sócios de indústria, que só concorriam com seu trabalho, não tendo nenhuma participação nas perdas, nem quaisquer responsabilidades pelas obrigações contraídas pela sociedade, a menos que tivesse contribuído com alguma soma pecuniária para a formação do capital social, ou exercesse atos de gestão. A gerência da sociedade ficava a cargo do sócio capitalista, cujo nome figurava na firma social, acompanhado do aditivo "companhia". O sócio de indústria não podia, exceto por convenção em contrário, efetivar negócio alheio à sociedade, sob pena de perder a participação nos lucros, e de ser excluído da sociedade. Apesar de o novo Código Civil não conter artigo específico sobre esse tipo de sociedade, admite-a implicitamente em alguns artigos.

SOCIEDADE DE CAPITAL FIXO. *Direito comercial.* **1.** Aquela cujo capital está constituído por imóveis. **2.** Aquela cujo capital social não comporta quaisquer alterações.

SOCIEDADE DE CAPITALIZAÇÃO. *Direito comercial.* Sociedade anônima autorizada pelo governo federal, instituída com o escopo de reunir economias de seus sócios ou aderentes, que com ela fazem uma espécie de seguro mercantil, obrigando-se a entregar-lhe determinada prestação pecuniária mensal, para que ela pague, antecipadamente, se houver sorteio, ou no vencimento do contrato, o total das prestações, acrescido de juros. A sociedade de capitalização

sujeita-se, no que concerne à sua organização, às mesmas normas reguladoras da formação de sociedades de seguros e resseguros, e fica sob o controle estatal.

SOCIEDADE DE CAPITAL MISTO. *Direito comercial.* Aquela cujo capital é constituído por bens particulares ou por verbas advindas do Poder Público, sendo, portanto, uma sociedade de economia mista.

SOCIEDADE DE CAPITAL VARIÁVEL. Aquela cujo capital é suscetível de variação, independentemente de alteração do contrato social, como, por exemplo, se dá com o da sociedade cooperativa.

SOCIEDADE DE CONFIANÇA. *Direito civil.* 1. É uma sociedade em expansão, em que todos ganham. 2. Sociedade solidária, com um projeto comum de abertura, de trocas e de comunicação (Alain Peyrefitte).

SOCIEDADE DE CONSUMO. 1. *Direito civil.* a) Aquela que se forma pela cotização de várias pessoas para adquirir e distribuir, a preços módicos, produtos necessários à subsistência, como, por exemplo, se dá com a cooperativa de consumo; b) sociedade na qual a alta renda individual é gasta em bens supérfluos. **2.** *Economia política.* a) Sociedade estimulada por métodos publicitários agressivos, veiculados pelos meios de produção e comercialização, que busca o aumento supérfluo da procura para assegurar o maior aumento da oferta (Othon Sidou); b) estado em que há cotização para comprar matéria-prima de um grande número de indústrias, com o escopo de impedir a elevação dos preços e as falsificações dos produtos.

SOCIEDADE DE CONTROLE. *Direito comercial.* É a detentora de parte do capital social de outra, exercendo, por isso, os poderes de comando, de condução dos negócios, de deliberação e de eleição dos administradores. Trata-se da sociedade controladora que dirige a controlada. É também denominada *holding company.*

SOCIEDADE DE CRÉDITO. *Direito bancário* e *direito comercial.* Aquela que concede crédito ou financiamento para expandir negócios de uma outra sociedade, ou para possibilitar o funcionamento de estabelecimento mercantil ou industrial.

SOCIEDADE DE CRÉDITO AO MICROEMPREENDEDOR. *Direito comercial* e *direito bancário.* São as que: a) terão por objeto social exclusivo a concessão de financiamento a pessoas físicas e microempresas, com vistas à viabilização de empreendimentos de natureza profissional, comercial ou industrial de pequeno porte, equiparando-se às instituições financeiras para os efeitos da legislação em vigor; b) terão sua constituição, organização e funcionamento disciplinados pelo Conselho Monetário Nacional; c) sujeitar-se-ão à fiscalização do Banco Central do Brasil; d) poderão utilizar o instituto da alienação fiduciária em suas operações de crédito; e) estarão impedidas de captar, sob qualquer forma, recursos junto ao público, bem como emitir títulos e valores mobiliários destinados à colocação e oferta públicas.

SOCIEDADE DE CRÉDITO IMOBILIÁRIO. *Direito bancário* e *direito comercial.* Instituição financeira destinada à concessão de crédito ou empréstimo para construção e aquisição de habitação.

SOCIEDADE DE CRÉDITO REAL. *Direito bancário* e *direito comercial.* Aquela autorizada pelo governo para efetivar operações com crédito mobiliário.

SOCIEDADE DE DIREITO. *Teoria geral do direito, direito civil* e *direito comercial.* A que se encontra regularmente constituída, por ter preenchido todas as formalidades legais, e por estar seu ato constitutivo devidamente registrado. É também designada "sociedade regular", ou melhor, sociedade personificada.

SOCIEDADE DE ECONOMIA MISTA. *Direito administrativo* e *direito comercial.* Entidade dotada de personalidade jurídica de direito privado, criada por lei para exploração de atividade econômica, sob a forma de sociedade anônima, cujas ações com direito a voto pertencem em sua maioria à União ou à entidade da Administração indireta. *Vide* EMPRESA MISTA.

SOCIEDADE DE FATO. *Direito civil* e *direito comercial.* 1. Aquela formada por convenção entre duas ou mais pessoas para exploração de uma certa atividade, sem contudo atender aos requisitos legais de registro, não tendo, portanto, personalidade jurídica. Trata-se da sociedade em comum, que é uma sociedade não personificada. 2. Aquela que funciona sem qualquer documento em que se baseia sua atuação (Fran Martins).

SOCIEDADE DE GARANTIA SOLIDÁRIA. *Direito bancário* e *direito comercial.* Modalidade de negócio fiduciário utilizado por instituição financeira para aplicar recursos num *project finance,* contando com garantias dos participantes e obtendo financiamento segregado dos demais riscos a que empresas, cujos projetos eram assim financiados, estavam expostas (Teresa C. G. Pantoja).

SOCIEDADE DE INVERSÃO DE CAPITAL. *Direito comercial.* Aquela que, ao administrar o patrimônio social, visa garantir ao capital de seus sócios um juro uniforme, certo e elevado, mediante aquisição de valores de várias procedências. Daí ser designada *investment trust* (De Plácido e Silva).

SOCIEDADE DE INVESTIMENTO. *Direito comercial.* Aquela que, sob a forma de sociedade anônima, tem por finalidade a aplicação de capital ou a administração de fundos em condomínio ou de terceiro, em carteira diversificada de títulos ou valores mobiliários (Othon Sidou).

SOCIEDADE DE JESUS. *Direito canônico.* Companhia de Jesus que pertence aos jesuítas.

SOCIEDADE DE MASSA. 1. *Economia política.* Aquela em que a influência econômica ou cultural da massa é decisiva. **2.** *Ciência política.* Aquela em que a maior parte da população se encontra envolvida, seguindo padrões de conduta, na produção em larga escala, na distribuição e consumo de bens e serviços, participando da vida política e cultural, por intermédio de meios de comunicação de massa (Ortegati).

SOCIEDADE DE PARTICIPAÇÃO. *Direito comercial.* 1. Aquela que investe capitais em outra ou a controla (Paulo Matos Peixoto). **2.** *Holding,* quando, ao participar no capital de uma empresa, vier a controlá-la. **3.** A que detém parte do capital de outra, a título de simples investimento. **4.** É a constituída com a finalidade de participar de outra sociedade, adquirindo suas ações ou outros títulos, e intervindo em suas operações. Pode ser: sociedade de controle, sociedade de inversão de capital (*Investment Trust*) ou sociedade de substituição de valores (De Plácido e Silva).

SOCIEDADE DE PESSOAS. *Direito comercial.* Aquela em que os sócios se escolhem mutuamente, considerando-se a idoneidade moral e econômica, e havendo predominância do *intuitu personae* sobre o *intuitu pecuniae*, no seu funcionamento. É aquela em que a pessoa do sócio, como diz Fran Martins, tem papel preponderante não só na constituição como também durante a vida da pessoa jurídica; logo, a morte ou incapacidade de um reflete na sociedade, gerando, em regra, sua dissolução parcial, com diminuição do capital, visto que a sua quota não é livremente cessível, por estar sujeita a certos condicionamentos estabelecidos no pacto social, que estipula as proibições atinentes à transferência de quotas. São sociedades de pessoas: a em nome coletivo, a de capital e indústria, a em comandita simples.

SOCIEDADE DE PREVIDÊNCIA. *Direito comercial* e *direito previdenciário.* Aquela que garante uma renda a seus integrantes, mediante contribuição dada por cada um, depois de um prazo estipulado.

SOCIEDADE DE PROPÓSITO ESPECÍFICO (SPE). 1. *Direito civil* e *direito empresarial.* Pessoa jurídica de direito privado, constituída sob a forma de sociedade anônima ou limitada, criada para realizar empreendimento específico, para consecução de operação estruturada, tendo como finalidade isolar o empreendimento a ser financiado dos demais ativos das empresas formadoras da SPE. A operação estruturada é a modelada com o objetivo de realizar investimento em abastecimento de água e esgotamento sanitário, na qual devem ser identificadas as receitas a serem geradas pelo empreendimento e os custos totais envolvidos, inclusive aqueles incorridos na formalização das garantias e obrigações contratuais para mitigação dos riscos. A SPE terá sua atuação restrita ao objeto da contratação. Para a realização de investimentos não previstos na operação contratada, necessários à funcionalidade do empreendimento, a SPE deverá obter prévia anuência do agente fiduciário e do agente financeiro. **2.** *Direito administrativo.* Incumbida de implantar e gerir o objeto da parceria público-privada. A sociedade de propósito específico poderá assumir a forma de companhia aberta, com valores mobiliários admitidos a negociação no mercado. A sociedade de propósito específico deverá obedecer a padrões de governança corporativa e adotar contabilidade e demonstrações financeiras padronizadas, conforme regulamento.

SOCIEDADE DE PROPÓSITO EXCLUSIVO. *Direito comercial.* É a que recebe valor mutuado, caucionando sua restituição, com juros e encargos, com a oferta de garantias solidárias de todos os participantes no *project finance.* Tais participantes assumem dívidas sem que elas constem diretamente de seus balanços patrimoniais. Tal expediente, no direito bancário, é conhecido como *off-balance sheet financing mechanism* (Teresa C. G. Pantoja).

SOCIEDADE DE RESPONSABILIDADE ILIMITADA. *Direito comercial.* Aquela em que a responsabilidade dos sócios é ilimitada, apesar de subsidiária, como ocorre com a sociedade em nome coletivo. Devem eles responder com todo seu patrimônio.

SOCIEDADE DE RESPONSABILIDADE LIMITADA. 1. *Direito comercial. Vide* SOCIEDADE LIMITADA. **2.** Aquela em que os sócios só respondem pelas suas quotas de capital (Waldirio Bulgarelli). **3.** Aquela em que a responsabilidade de seus membros é limitada à soma do capital social ou ao preço das ações subscritas ou adquiridas (Othon Sidou).

SOCIEDADE DE RESPONSABILIDADE MISTA. *Direito comercial.* Aquela que abrange tanto os sócios com responsabilidade limitada como os com responsabilidade ilimitada pelas obrigações sociais, e pode abranger até mesmo sócio sem qualquer responsabilidade. Por exemplo, a sociedade em comandita, que apresenta o sócio comanditado, o qual responde ilimitadamente pelos débitos sociais, e o sócio comanditário, que é responsável apenas pela sua quota do capital (Waldirio Bulgarelli).

SOCIEDADE DE SEGUROS. *Direito civil.* **1.** Sociedade anônima que, mediante prévia autorização do governo, se obriga, para com o segurado, que paga um prêmio, a indenizá-lo do dano decorrente de risco futuro, previsto no contrato de seguro. **2.** Cooperativa devidamente autorizada para operar em seguros agrícolas e seguros de saúde.

SOCIEDADE DE SIMPLES PARTICIPAÇÃO. *Direito comercial.* Sociedade de cujo capital outra sociedade possua menos de 10% do capital com direito de voto. Trata-se de modalidade de sociedade coligada.

SOCIEDADE DE SOCORRO MÚTUO. *Direito civil.* a) Sociedade simples de fim econômico em que os sócios têm por escopo repartir despesas; b) entidade beneficente, em desuso, que tem por intuito prestar auxílios temporários aos seus sócios em caso de doença, inabilitação para o trabalho ou para pagar despesas de funeral (Othon Sidou); c) aquela que visa prestar assistência aos seus congregados ou familiares, mediante contribuição paga por cada um; d) é a instituída pela cotização para socorrer os sócios necessitados.

SOCIEDADE DE SUBSTITUIÇÃO DE VALORES. *Direito comercial.* Sociedade de participação que visa a aquisição de ações ou títulos de outras empresas, e a sua substituição por outras por ela emitidas (De Plácido e Silva).

SOCIEDADE DE TEMPERANÇA. *Direito civil.* Agremiação filantrópica que combate o abuso de bebida alcoólica, como o grupo de Redenção de Alcoólicos Anônimos.

SOCIEDADE DE TIRO AO VÔO. *Direito civil* e *direito desportivo.* Associação desportiva que visa a prática do tiro ao vôo, abatendo pombos comuns em seus próprios domínios, e doando oitenta por cento das aves abatidas a instituições de caridade. Há quem a ache inconstitucional, diante da crueldade cometida contra as aves.

SOCIEDADE DE UTILIDADE PÚBLICA. *Direito civil* e *direito administrativo.* Associação que, pelos seus serviços socioassistenciais ou educacionais prestados gratuitamente à coletividade, tem direito à percepção de auxílios financeiros do governo, desde que haja declaração de sua utilidade pública federal, estadual ou municipal. Está sujeita ao controle e fiscalização da Administração Pública competente. *Vide* ASSOCIAÇÃO DE UTILIDADE PÚBLICA.

SOCIEDADE DO ÓCIO. *Sociologia jurídica.* **1.** Aquela que, pela implantação da cibernética e da robótica, de um lado, melhora a qualidade do processo de produção e a do produto, aumenta o tempo livre do trabalhador, mas, de outro lado, contribui para o desemprego. **2.** Aquela que, com a implantação da cibernética, apresenta melhores condições de trabalho, pois as tarefas mais pesadas e perigosas são executadas por robôs, melhorando a qualidade do produto e possibilitando que muitas delas sejam realizadas em casa por computador conectado ao do centro de trabalho, aumentando o tempo livre dos empregados.

SOCIEDADE EM COMANDITA POR AÇÕES. *Direito comercial.* Aquela em que o capital social é dividido em ações, respondendo os sócios (comanditários e comanditados) pelo preço das ações subscritas ou adquiridas; além disso há responsabilidade subsidiária, solidária e ilimitada dos diretores ou gerentes (sócios comanditados), nomeados por prazo indeterminado, pelas obrigações sociais. Possui uma só espécie de sócio, e os gerentes podem ser demitidos por deliberação de acionistas que representem dois terços do capital social. Rege-se pelas normas relativas à sociedade anônima.

SOCIEDADE EM COMANDITA SIMPLES. *Direito comercial.* Aquela em que o capital comanditado é representado por quota declarada no contrato, que apresenta duas categorias de sócios: os comanditados, que respondem subsidiária, solidária e ilimitadamente por todas as obrigações sociais, e os comanditários, que, por terem responsabilidade limitada, só se obrigam pelos fundos com que entraram para a sociedade. Se a sociedade falir, os bens de todos os sócios, comanditários ou comanditados, podem ser arrecadados. Todavia, no que atina aos comanditários, se suas comanditas já estiverem integralizadas, não sofrerão arrecadação de seus bens particulares. A gerência será de um dos sócios comanditados, logo os atos de gestão estão vedados aos comanditários.

SOCIEDADE EM COMUM. *Direito civil.* É a não personificada, constituída de fato por "sócios" para o exercício de atividade produtiva e para repartir os resultados obtidos, mas, apesar disso, o contrato social não foi inscrito. Trata-se da sociedade de fato ou da irregular. Há responsabilidade solidária e ilimitada dos sócios pelas obrigações sociais, porém seus bens particulares não poderão ser executados por dívidas da sociedade, senão depois de executados os bens sociais.

SOCIEDADE EM CONTA DE PARTICIPAÇÃO. *Direito comercial.* Aquela que explora uma atividade negocial sob a firma individual de um dos participantes, apresentando sócio ostensivo, que se obriga perante terceiros, e sócios ocultos, que só se obrigam perante o sócio ostensivo. Não é pessoa jurídica, nem tem autonomia patrimonial, nem firma ou razão social. O gerente, que é o sócio ostensivo, usa de sua firma individual, efetivando os negócios em seu próprio nome, adquirindo direitos e assumindo deveres. Tal sociedade não possui nem mesmo sede ou domicílio especial, nem pode ser declarada falida, pois somente o sócio ostensivo pode incorrer em falência. É também designada "sociedade oculta". Trata-se de sociedade não personificada.

SOCIEDADE EM FORMAÇÃO. *Direito civil* e *direito comercial.* Aquela que ainda está em fase de instituição ou de legalização dos seus atos constitutivos.

SOCIEDADE EM LIQUIDAÇÃO. *Direito civil* e *direito comercial.* Aquela já extinta, mas como há bens de seu patrimônio e dívidas a resgatar, seu processo de dissolução não se encerrou, pois continua a existir em fase de liquidação, durante a qual subsiste para a realização do ativo e pagamento de débitos, passando a ser administrada por um liquidatário, até que se realizem todas as operações imprescindíveis à solução de seu ativo e passivo. Cessa, de uma vez, quando se der ao acervo econômico o destino próprio.

SOCIEDADE EM NOME COLETIVO. *Vide* SOCIEDADE COLETIVA.

SOCIEDADE EMPRESÁRIA. *Direito comercial.* Aquela em que o capital e o fim lucrativo são essenciais à sua constituição, por exercer atividade econômica organizada para a produção e circulação de bens e serviços; como está sujeita à falência, tem direito à recuperação judicial e extrajudicial; além disso, pode ter seu contrato de locação renovado compulsoriamente.

SOCIEDADE EMPRESÁRIA ENTRE CÔNJUGES. *Direito comercial.* É a estabelecida apenas entre marido e mulher, objetivando lucro, sem que tal fato se confunda com a sociedade conjugal, pois o patrimônio social pertence à pessoa jurídica e não aos sócios, o que impede qualquer abalo na estrutura do regime matrimonial. Tal sociedade empresária entre marido e mulher, desde que não sejam casados sob o regime de comunhão universal de bens ou sob o da separação obrigatória, está sob a égide do direito empresarial.

SOCIEDADE EMPRESÁRIA PÚBLICA. *Direito comercial.* Aquela em que há participação majoritária do Estado no capital social, como a sociedade de economia mista e aquela empresa pública que, dotada de personalidade jurídica de direito privado, conta com patrimônio próprio e capital exclusivo da União, e é criada por lei para explorar atividade econômica que o governo seja levado a exercer por força de conveniência administrativa.

SOCIEDADE ENTRE MARIDO E MULHER. *Vide* SOCIEDADE EMPRESÁRIA ENTRE CÔNJUGES.

SOCIEDADE ESTATAL. *Direito comercial* e *direito administrativo.* Aquela que abrange a sociedade de economia mista e a empresa pública, pelo fato de o Poder Público ter participação majoritária ou exclusiva no seu capital social. *Vide* SOCIEDADE EMPRESÁRIA PÚBLICA.

SOCIEDADE ESTRANGEIRA. *Direito internacional privado.* Aquela pessoa jurídica de direito privado, constituída no exterior, que obedece às formalidades legais que lhe dão existência. A lei do local de sua constituição determina a apreciação no *forum* da sua criação, funcionamento e dissolução. A nacionalidade da pessoa jurídica é conferida pela ordem jurídica estatal de sua constituição, pouco importando a nacionalidade dos sócios, o local de sua sede social ou o centro de exploração de suas atividades. A pessoa jurídica estrangeira, constituída de conformidade com a lei do lugar onde nasceu (*lex loci actus*), será tida como válida em outros Es-

tados que a reconhecerem e a admitirem como sujeito de direito. Se a sociedade estrangeira conservar a sede no exterior, exercendo atividade no Brasil, desde que não contrarie a nossa ordem social, aqui mantendo ou não filial, sucursal, agência ou estabelecimento, poderá efetivar atos negociais no Brasil, recorrer aos tribunais brasileiros, mas haverá necessidade de autorização governamental e de aprovação de seu estatuto social ou ato constitutivo pelo governo federal brasileiro.

SOCIEDADE ÉTNICA. *Sociologia geral.* Comunidade que possui nome e memória comuns, consciência de grupo, determinada unidade cultural, território, tradições, costumes próprios e a mesma língua (Afonso Celso F. de Rezende).

SOCIEDADE FALIDA. *Direito falimentar.* Aquela sociedade empresária que teve sua falência decretada judicialmente.

SOCIEDADE FAMILIAR. 1. *Direito civil.* a) No sentido amplíssimo, é aquela que abrange todos os indivíduos que estão ligados pelo vínculo da consangüinidade ou da afinidade, chegando a incluir estranhos ao compreender as pessoas de seu serviço doméstico ou que vivam a suas expensas; b) na acepção lata, é aquela que, além dos cônjuges ou companheiros, e de seus filhos, abrange parentes da linha reta ou colateral, bem como os afins; c) na significação restrita, é não só o conjunto de pessoas unidas pelos laços do matrimônio, ou pela união estável, e da filiação, ou seja, unicamente os cônjuges ou companheiros, e a prole, mas também a comunidade formada por qualquer dos pais e descendentes, independentemente de existir o vínculo conjugal que a originou. Reconhece-se, nesta acepção, como família (em sentido amplo), não só a família (em sentido estrito) decorrente do matrimônio, como também a entidade familiar oriunda de união estável e de relacionamento de um dos genitores e a prole (família monoparental); d) pelo critério sucessório, abrange os parentes da linha reta *ad infinitum* (ascendentes e descendentes), os cônjuges ou companheiros, e colaterais até o 4º grau; e) para efeitos alimentares, considera-se família: os ascendentes, descendentes e irmãos, pois cônjuges e companheiros não são parentes; f) pelo critério de autoridade, restringe-se a pais e filhos; g) no sentido técnico, é o grupo fechado de pessoas, composto de pais e filhos e, para efeitos limitados, de outros parentes, unidos pela convivência e afeto, em uma mesma economia e sob a mesma direção. **2.** *Direito tributário.* Em relação ao imposto de renda, a família reduz-se ao marido, à mulher, aos companheiros, aos filhos menores, aos maiores inválidos ou que freqüentam a universidade a expensas do pai, às filhas enquanto solteiras, e ao ascendente inválido que viva sob a dependência econômica do contribuinte. **3.** *Direito previdenciário.* É aquela que compreende o casal, os filhos menores ou inválidos, as filhas solteiras e o companheiro do trabalhador. **4.** *Direito comercial.* É a sociedade empresária cujos sócios pertencem a uma mesma família, e exemplo disso são as firmas sociais & filhos, & sobrinho etc. Pode ter a forma de sociedade em nome coletivo, sendo hoje mais comum a constituída sob a forma de sociedade limitada ou sociedade anônima que, em regra, é companhia fechada, por não negociar seus valores mobiliários na Bolsa, por não permitir o ingresso de acionistas estranhos; mas nada obsta que seja companhia aberta, desde que a família do fundador tenha o controle societário (Waldirio Bulgarelli).

SOCIEDADE FILIADA. *Direito comercial.* Sociedade de cujo capital uma sociedade participa com 10% do capital de outra, sem controlá-la. É um tipo de sociedade coligada.

SOCIEDADE FINANCEIRA INTERNACIONAL. *Direito internacional privado.* Aquela que tem por objetivo favorecer o desenvolvimento do setor privado de seus países-membros, principalmente os menos desenvolvidos (Lavalle e Granziera).

SOCIEDADE GERAL. *História do direito.* Antiga designação da sociedade em nome coletivo.

SOCIEDADE ILIMITADA. *Vide* SOCIEDADE DE RESPONSABILIDADE ILIMITADA.

SOCIEDADE IMOBILIÁRIA. *Direito civil.* A que visa a intermediação em compra e venda de imóveis edificados ou não, e a incorporação imobiliária.

SOCIEDADE INDUSTRIAL. *Direito comercial.* Empresa voltada à atividade industrial.

SOCIEDADE INTERNACIONAL. 1. *Direito internacional privado.* Sociedade estrangeira que desenvolve atividades fora de seu país de origem. **2.** *Direito internacional público.* Conjunto de Estados Soberanos que formam um organismo internacional voltado à consecução de interesses comuns.

SOCIEDADE IRREGULAR. 1. *Direito civil.* a) Grupo despersonalizado que não só tem capacidade para exercer certos direitos, como o de defesa

em juízo e o de representação, ativa e passiva, pelo administrador de seus bens, como também responsabilidades reconhecidas por lei (Orlando Gomes). Isto é assim porque essa sociedade está compreendida no gênero próximo de pessoa jurídica, que é o sujeito de direitos, pois não são somente os entes personalizados que podem exercer direitos e vincular-se a deveres. Portanto, nada obsta que a lei reconheça aqueles direitos a certos entes sem personalizá-los; b) aquela que não preenche as formalidades legais de constituição, registro e publicidade (Spencer Vampré); c) sociedade não personificada, como a sociedade em comum e a sociedade em conta de participação. **2.** *Direito comercial.* a) Aquela que, estando regularmente organizada e registrada, pratica ato que desvirtua o tipo social (Othon Sidou); b) a que funciona sem providenciar o seu assento no Registro Público de Empresas Mercantis e Atividades Afins; c) aquela que exerce suas atividades empresariais, transgredindo normas ou sem preencher os requisitos legais.

SOCIEDADE LEONINA. *Direito civil* e *direito comercial.* Aquela em que, pelo contrato social, apenas um dos sócios aufere vantagens e lucros em detrimento dos demais, ou em que se procura excluir algum sócio dos encargos sociais ou da participação das perdas da sociedade. Por isso, tal cláusula contratual é considerada como nula, pois cada sócio deve participar, na proporção de suas quotas, nos lucros e nos prejuízos.

SOCIEDADE LIMITADA. *Direito comercial.* Aquela em que a responsabilidade de cada sócio é restrita ao valor de suas quotas, mas todos respondem solidariamente, em relação a terceiros, pela integralização do capital social, dividido em quotas iguais e desiguais. Há a garantia de limitação da responsabilidade de sócio pelos encargos sociais, pois só responderá por eles até o valor de sua quota no capital social, logo seu patrimônio pessoal não deverá ser executado para solvê-los. Se, como ensina Villemor do Amaral, o capital não estiver integralizado, os sócios deverão integralizá-lo, para que se fixe a responsabilidade solidária de todos, que é limitada ao capital social, real e efetivamente realizado. Só há, portanto, responsabilidade solidária dos sócios pelo *quantum* que faltar para complementar o capital social, ou melhor, pelo montante do capital social ainda não integralizado, em qualquer hipótese e não apenas na falência.

SOCIEDADE LIVRE. *História do direito.* Antiga denominação da sociedade em nome coletivo.

SOCIEDADE MERCANTIL. *Vide* SOCIEDADE EMPRESÁRIA.

SOCIEDADE MISTA. *Vide* SOCIEDADE DE RESPONSABILIDADE MISTA e SOCIEDADE DE ECONOMIA MISTA.

SOCIEDADE MÚTUA. *Vide* SOCIEDADE DE SOCORRO MÚTUO.

SOCIEDADE NACIONAL. 1. *Direito constitucional.* Nação brasileira. **2.** *Direito civil, direito comercial* e *direito internacional privado.* Pessoa jurídica de direito privado, constituída no Brasil, e segundo as leis brasileiras, tendo, ainda, no País, a sede de sua administração.

SOCIEDADE NÃO PERSONIFICADA. *Direito comercial.* Aquela que não tem seu ato constitutivo inscrito no Registro competente. Por exemplo, sociedade em comum e sociedade em conta de participação.

SOCIEDADE OCULTA. *Vide* SOCIEDADE EM CONTA DE PARTICIPAÇÃO.

SOCIEDADE PARTICULAR. *Direito civil.* Aquela que compreende apenas os bens ou serviços especialmente declarados no contrato, ou que for constituída para executar em comum certa empresa, explorar certa indústria ou exercer determinada profissão.

SOCIEDADE PERFEITA. *Sociologia do direito.* Grupo de pessoas que, independentemente da vontade de cada uma, se reúnem para um fim comum, como a Igreja e o Estado (Othon Sidou).

SOCIEDADE PERSONIFICADA. *Direito civil* e *direito comercial.* Aquela que é pessoa jurídica de direito privado, com existência distinta da de seus membros, por ter inscrito seu ato constitutivo no Registro das Pessoas Jurídicas, se simples, e no Registro Público de Empresas Mercantis, se empresária. Não abrange a sociedade de fato nem a irregular.

SOCIEDADE POLÍTICA. 1. *Direito civil.* Aquela associação civil que tem finalidade política, congregando membros para competir em eleições a cargos públicos, como ocorre com o partido político. Seu estatuto deve ser registrado, mediante requerimento ao Cartório Competente de Registro Civil das Pessoas Jurídicas da Capital Federal, no Tribunal Superior Eleitoral. **2.** *Ciência política* e *teoria geral do direito.* Aquela cujo fim principal consiste em assegurar a condi-

ção social, ou melhor, a ordem jurídica de que as entidades, que ela encerra, necessitam para melhor se aproximarem de seus respectivos fins particulares. Pois só o direito posto pela sociedade política confere eficácia às demais ordenações. São sociedades políticas: o Estado, a nação, a tribo, o cantão, o condado etc. (Goffredo da Silva Telles Jr.).

SOCIEDADE POR AÇÕES. *Vide* SOCIEDADE ANÔNIMA.

SOCIEDADE POR QUOTAS DE RESPONSABILIDADE LIMITADA. *História do direito.* Antiga denominação da sociedade limitada. Aquela em que cada sócio respondia pelas obrigações sociais até a importância total do capital social. Integralizadas suas quotas, não havia nenhuma responsabilidade para com terceiros e para com a sociedade, permanecendo assim seu patrimônio particular a salvo dos compromissos oriundos das obrigações contraídas pela sociedade. Se houvesse falência, os sócios podiam ter seus bens particulares arrecadados em quantidade superior ao valor de sua quota não integralizada, mas nunca acima do capital social.

SOCIEDADE POR TEMPO DETERMINADO. *Direito civil* e *direito comercial.* Aquela cujo contrato social, ou estatuto, determina o prazo de sua duração, mas nada há que impeça sua prorrogação, por meio de documento escrito, nas mesmas condições afixadas contratualmente. Se a sociedade se prorrogar depois de vencido o prazo estipulado no contrato, entende-se que se constituiu de novo; se dentro do prazo, tem-se a continuação da anterior.

SOCIEDADE POR TEMPO INDETERMINADO. *Direito civil* e *direito comercial.* Aquela em que, no contrato social ou estatuto, não há previsão de prazo certo para sua duração.

SOCIEDADE PRIMITIVA. *Sociologia jurídica.* Sociedade rudimentar onde o governo se exerce baseado em hábitos, crenças e superstições. O poder nessa sociedade se corporifica em símbolos ou tabus; o espírito da comunidade ou totem dirige o grupo. Tem um governo anônimo ou impessoal, pois o poder encontra-se difuso na massa dos indivíduos (Goffredo da Silva Telles Jr.).

SOCIEDADE REGULAR. *Vide* SOCIEDADE DE DIREITO.

SOCIEDADE RELIGIOSA. *Direito canônico* e *direito civil.* **1.** Associação religiosa organizada de conformidade com as normas de direito comum, como, por exemplo, confraria ou irmandade, fábrica paroquial, ordem monástica, cabido etc. **2.** Corporação com fins religiosos, como Igreja, Paróquia, Bispado, Arcebispado. **3.** Agrupamento de pessoas físicas e jurídicas, que exerce atividade religiosa.

SOCIEDADE RUDIMENTAR. *Vide* SOCIEDADE PRIMITIVA.

SOCIEDADES CONSORCIADAS. *Direito comercial.* Aquelas que formam um consórcio de empresas com o escopo de realizar um empreendimento comum, em regra, de grande vulto ou de custo elevado. As empresas consorciadas serão tidas como solidariamente responsáveis pelas obrigações decorrentes de questões pertinentes à defesa do consumidor.

SOCIEDADES CONVENCIONADAS. *Direito internacional privado* e *direito comercial.* Agrupamentos resultantes de convenções ou acordos entre produtores de qualquer forma de riqueza ou de serviço para a consecução de uma finalidade econômica, assegurando uma durável organização mercadológica, e para obtenção de vantagens financeiras ou empréstimos a médio e longo prazo proporcionados por agências oficiais (J. Motta Maia e Michel Vasseur).

SOCIEDADE SECRETA. *Direito civil.* Associação secreta com fins lícitos, devidamente registrada, sendo que o conteúdo ideológico, ou místico, perseguido só é revelado aos seus filiados. Por exemplo, Maçonaria, Bucha etc.

SOCIEDADE SEM FIM ECONÔMICO. *Direito civil.* Trata-se, na verdade, da associação. É a que tem por escopo a satisfação de interesse religioso (confraria, irmandade, cabido), cultural (Academia de Letras), político, científico, artístico, recreativo (Associação Brasileira de Clubes Sociais), beneficente (APAE), estudantil (Associação de Pais e Mestres) etc., caso em que se denomina associação, visto que não tem intuito especulativo, não podendo adotar uma das formas empresárias.

SOCIEDADE SIMPLES. *Direito civil.* É aquela em que o capital e o fim lucrativo ou econômico não constituem elementos essenciais, por não se entregar à atividade empresarial ou econômica. É a pessoa jurídica que visa fim econômico ou lucrativo, que deve ser repartido entre sócios, sendo alcançado pelo exercício de certas profissões ou pela prestação de serviços técnicos.

Essa sociedade pode revestir qualquer uma das formas estabelecidas nas leis comerciais, com exceção da anônima, pois, qualquer que seja o seu objeto, a sociedade anônima será sempre empresária, e reger-se-á pelas leis especiais. A sociedade simples não possui forma predeterminada, e pode ter fim econômico ou não.

SOCIEDADE SIMPLES DE FIM ECONÔMICO. *Direito civil.* **1.** Aquela que tem capital formado com as colaborações dos sócios e o objetivo de obter lucro, hipótese em que assume uma das formas das sociedades empresárias, por exemplo, a sociedade formada para explorar uma fazenda ou para atenuar ou repartir despesas, como a sociedade de socorros mútuos. **2.** É a destinada ao exercício de uma profissão que não envolva atividades econômicas organizadas e dirigidas à produção e circulação de bens e serviços.

SOCIEDADE SODALÍCIA. *Direito civil.* Associação com fins recreativos ou sociais.

SOCIEDADE SOLIDÁRIA. *Vide* SOCIEDADE COLETIVA.

SOCIEDADES SUPERVISIONADAS. *Direito civil.* Sociedades seguradoras, de capitalização e entidades abertas de previdência complementar.

SOCIEDADE SUBSCRITORA. *Direito comercial.* Aquela que opera no mercado de capitais, executando atividades de subscrição para revenda, distribuição ou intermediação na colocação de títulos e valores mobiliários (Othon Sidou).

SOCIEDADE TRANSITÓRIA. *Vide* SOCIEDADE ACIDENTAL.

SOCIEDADE UNIVERSAL. *Direito civil.* É a que abrange todos os bens presentes, ou todos os futuros, quer uns e outros na sua totalidade, quer somente os seus frutos e rendimentos. Se se referir a todos os bens presentes, compreende os pertencentes aos sócios no instante de sua formação, e os rendimentos que vierem a produzir. Se disser respeito a todos os bens presentes e futuros, há uma completa interpenetração de todos os interesses dos sócios, comunicando-se não só os bens, mas também os débitos e obrigações. Se alusiva a todos os bens futuros, não possuirá nenhum capital em sua constituição, de modo que seu patrimônio se formará aos poucos, à medida que os sócios forem adquirindo bens por ato *inter vivos* ou *causa mortis.* Se atinente aos frutos e rendimentos, comunicam-se apenas os bens adquiridos pelos sócios com sua atividade ou indústria, permanecendo particulares os bens que possuíam por ocasião da formação da sociedade, ou adquiridos em substituição.

SOCIERGIA. *Sociologia geral.* Parte da sociologia que tem por objeto o estudo do trabalho social.

SOCIETÁRIO. *Direito civil* e *direito comercial.* **1.** Membro de uma sociedade; sócio. **2.** Que pertence a uma sociedade. **3.** Aquele que vive em sociedade.

SOCIETAS. *Termo latino.* Sociedade.

SOCIETAS CRIMINIS. *Direito penal.* Associação transitória de delinqüentes para a prática de uma determinada ação criminosa; sociedade criminosa.

SOCIETAS DELINQUERE NON POTEST. *Expressão latina.* A sociedade não pode delinqüir.

SOCIETAS OMNIUM BONORUM. *Direito civil.* Sociedade universal referente a todos os bens presentes, compreendendo os dos sócios que existirem no instante de sua formação e os rendimentos que vierem a produzir.

SOCIETAS SCELERIS. *Direito penal.* Associação permanente de criminosos, que forma uma organização destinada a praticar crimes. Por exemplo, a Máfia.

SOCII MEI SOCIUS MEUS SOCIUS NON EST. *Expressão latina.* O sócio de meu sócio, meu sócio não é.

SÓCIO. *Direito civil* e *direito comercial.* **1.** Aquele que faz parte de uma sociedade simples ou empresária. **2.** Membro de uma associação. **3.** Aquele que se associa a outrem para explorar uma atividade econômica ou não. **4.** Parceiro.

SÓCIO ACIONISTA. *Direito comercial.* Aquele que possui ações em uma sociedade anônima, sociedade em comandita por ações ou sociedade de economia mista.

SÓCIO ADMINISTRADOR. *Direito comercial.* **1.** Sócio-gerente. **2.** *Direito civil.* É o encarregado da administração da sociedade simples, que, em regra, é indicado pelo contrato social, excluindo com isso da administração os demais que não poderão interferir na gerência ou representar a sociedade, embora possam se informar dos negócios sociais, tendo acesso aos livros e conhecendo o estado do patrimônio comum.

SÓCIO CAPITALISTA. *História do direito.* Aquele que, na sociedade de capital e indústria, entrava com o dinheiro ou bens para formar o capital social.

SOCIOCIDA. *Direito civil* e *direito comercial.* **1.** Que dissolve a sociedade. **2.** Que é contrário à sociedade.

SÓCIO COMANDITADO. *Direito comercial.* **1.** Sócio de sociedade em comandita simples, que tem responsabilidade ilimitada e solidária, podendo ocupar cargo de gerente. **2.** Aquele que, sendo a sociedade em comandita por ações, responde não só pelo preço das ações que subscreveu e adquiriu, mas também subsidiária, solidária e ilimitadamente pelas perdas sociais, podendo receber, por isso, relevante participação nos lucros conforme disposto no estatuto social.

SÓCIO COMANDITÁRIO. *Direito comercial.* **1.** Sócio de sociedade em comandita simples, que tem responsabilidade limitada à parte com que contribuiu para a formação do capital social. É mero emprestador de capital, não podendo administrar a sociedade. **2.** O que só responde, na sociedade em comandita por ações, pelo preço das ações subscritas e adquiridas.

SÓCIO CORRESPONDENTE. *Direito civil.* Sócio não efetivo de uma associação.

SÓCIO COTISTA. *Direito comercial.* **1.** Sócio de uma sociedade limitada. **2.** Aquele que participa do capital social ao contribuir com quinhão, ação ou quota (Waldirio Bulgarelli).

SOCIOCRACIA. **1.** *Ciência política.* a) Forma teórica de governo em que o poder ou soberania pertence à sociedade considerada como um todo orgânico (Auguste Comte); b) aplicação científica de certos princípios para promover interesses da sociedade como um todo; c) governo social (Laudelino Freire). **2.** *Direito empresarial.* Método de gestão empresarial apropriado para permitir que as decisões sejam tomadas mediante a participação de todos e o consentimento de cada participante (Hoss).

SOCIOCRÁTICO. *Ciência política.* O que diz respeito à sociocracia.

SOCIOCULTURAL. *Sociologia geral.* Referente à sociedade e à cultura.

SÓCIO DE INDÚSTRIA. *História do direito.* Aquele que, na sociedade de capital e indústria, contribuía apenas com seu trabalho, e participava dos lucros sociais na mesma proporção do sócio capitalista de menor entrada. Isto é assim porque o novo Código Civil a ela não se refere explicitamente, mas a admite implicitamente em alguns artigos.

SÓCIO DE MÉRITO. *Vide* SÓCIO HONORÁRIO.

SÓCIO DISSIDENTE. *Direito comercial.* Aquele que não concorda com as deliberações tomadas pela maioria societária, podendo, se quiser, retirar-se *ad libitum* da sociedade, e receber seus haveres.

SOCIODRAMA. *Sociologia geral.* Psicodrama dirigido a um grupo, e que tem por fim uma catarse coletiva.

SOCIOECONÔMICO. *Vide* SOCIECONÔMICO.

SÓCIO EFETIVO. *Direito civil.* Aquele que integra o quadro de uma associação, e tem titularidade de direitos.

SÓCIO EXCLUÍDO. *Direito comercial.* Aquele que, por vontade própria ou por deliberação social, é excluído da sociedade, não podendo mais participar dela.

SÓCIO FALECIDO. *Direito comercial.* Aquele cuja morte, na vigência do contrato social, opera a dissolução parcial da sociedade, salvo estipulação estatutária em contrário, admitindo o ingresso de seu herdeiro na empresa.

SOCIOFILIA. *Sociologia geral.* Qualidade do sociófilo.

SOCIÓFILO. *Sociologia geral.* Amigo da sociedade.

SOCIOFOBIA. *Medicina legal.* 1. Misantropia. 2. Pavor da sociedade.

SOCIÓFOBO. *Medicina legal.* Aquele que sofre de sociofobia.

SOCIOGENÉTICO. *Sociologia geral.* Relativo à origem da sociedade em seus aspectos humanos, como o cultural, o estético e o espiritual.

SOCIOGENIA. *Sociologia geral.* Estudo da formação ou da gênese da sociedade.

SOCIOGENIA CRIMINAL. *Direito penal* e *sociologia jurídica.* Ciência que se ocupa da averiguação das causas ou fatores sociais conducentes ao crime para identificar os elementos que levam, diretamente, à delinqüência, produzindo o criminoso.

SOCIOGÊNICO. *Sociologia geral.* Referente a sociogenia.

SOCIOGEOGRAFIA. *Sociologia geral.* Estudo dos fatos sociais que se relacionam com a geografia.

SÓCIO-GERENTE. *Direito comercial.* Sócio administrador, investido dos poderes para gerir os negócios sociais e para representar juridicamente a sociedade.

SOCIOGRAFIA. *Sociologia geral.* Parte da sociologia descritiva encarregada do material histórico, folclórico, ecológico, demográfico, estatístico etc. dos grupos sociais.

SÓCIO HONORÁRIO. *Direito civil.* 1. Aquele que, por seus méritos, passa a participar de uma associação, sem estar adstrito a qualquer encargo. 2. Aquele que, em razão da idade ou de qualquer outro motivo, é dispensado das obrigações para com a associação a que pertence.

SÓCIO INDUSTRIAL. *Vide* SÓCIO DE INDÚSTRIA.

SOCIOLATRIA. *Sociologia geral.* Culto da sociedade (Auguste Comte).

SOCIOLÁTRICO. *Sociologia geral.* Referente a sociolatria.

SOCIOLINGÜÍSTICA. *Filosofia geral.* Ciência que estuda a linguagem como instituição humana, fazendo um paralelo entre os fatos lingüísticos e os fatos sociais.

SOCIOLINGÜÍSTICO. *Filosofia geral.* 1. Relativo à sociolingüística. 2. O que está conforme às regras da sociolingüística.

SÓCIO LIQUIDANTE. *Direito comercial.* Aquele que recebeu dos demais sócios ou do contrato social incumbência de proceder à liquidação da sociedade, realizando o ativo e pagando o passivo (Waldirio Bulgarelli). Se tal tarefa for entregue a estranho, este denomina-se liquidatário.

SOCIOLOGIA. *Sociologia geral.* 1. Física social, ou seja, estudo dos fenômenos sociais considerados como efeitos naturais submetidos a leis procurando investigar a origem e a evolução das sociedades humanas (dinâmica social) e analisar o funcionamento e hábitos das instituições humanas (estática social). É a ciência positiva dos fatos sociais (Auguste Comte). 2. Ciência que visa descrever sistematicamente os comportamentos sociais particulares e estudar os fenômenos sociais totais. 3. Ciência que tem por fim estudar as condições de existência e o desenvolvimento das sociedades humanas (De Plácido e Silva). 4. Estudo das leis fundamentais das relações e instituições sociais. 5. Ciência das instituições sociais (Durkheim). 6. Estudo descritivo, comparativo e explicativo das sociedades humanas (René Maunier). 7. Ciência das formas sociais que afetam os grupos humanos (Simmel). 8. Ciência que estuda as formas fundamentais da convivência humana (Karl Mannheim). **9.** Estudo sistemático da vida social (Small). **10.** Aquela que cuida dos processos sociais pelos quais os homens agrupam-se em sociedades e dos processos pelos quais essas unidades sociais se desintegram em suas partes isoladas originárias (Pierson). **11.** Ciência que se propõe a compreender por interpretação os significados internos das condutas sociais e desta maneira chegar à explicação causal (Max Weber). **12.** Ciência que estuda os fatos sociais (Pontes de Miranda). **13.** Ciência que estuda grupos sociais, suas formas ou métodos internos de organização, os processos que tendem a mantê-los ou a alterá-los e a relação entre grupos (Harry M. Johnson). **14.** Ciência sistemática e concreto-empírica dos fatos sociais globais e totais do comportamento humano na sociedade e na cultura, compreendendo os seus significados e estabelecendo as leis de sua validade (Pinto Ferreira).

SOCIOLOGIA APLICADA. *Sociologia geral.* **1.** Parte da sociologia voltada ao estudo dos grupos sociais em seu dinamismo, valorizando os conceitos e teorias de aceitação provisória, para que se possa compreender as grandes transformações da evolução da humanidade. **2.** Técnica de transformação social ou utilização de conhecimentos teóricos na solução de problemas inter-humanos (Pinto Ferreira).

SOCIOLOGIA BIOLÓGICA. *Sociologia geral.* Análise das correlações e conseqüências sociais, dos processos biológicos da hereditariedade, variação, seleção e reprovação das populações humanas.

SOCIOLOGIA CIENTÍFICO-ESPIRITUAL. *Sociologia geral.* Aquela que, ao considerar a sociedade como espírito objetivo e objetivado, a estuda empregando os métodos da ciência do espírito (De Plácido e Silva).

SOCIOLOGIA CRIMINAL. *Sociologia jurídica* e *direito penal.* **1.** Parte da criminologia que analisa o crime como fenômeno social, investigando os fatores sociais que influenciam na sua prática (De Plácido e Silva). **2.** Estudo da criminalidade como fenômeno social, no seu grau de constância e extensão num grupo social (Paulo Matos Peixoto). **3.** Ciência voltada ao estudo das causas da criminalidade e da periculosidade preparatória da criminalidade e à fixação da ação ou omissão coadjuvante de concausa natural (Roberto Lyra). **4.** Estudo do problema das relações entre o crime e a sociedade (Pinto Ferreira).

SOCIOLOGIA DE CAMPO. *Vide* SOCIOLOGIA EXPERIMENTAL.

SOCIOLOGIA DEMOGRÁFICA. *Sociologia geral.* Estudo do aumento, diminuição e densidade da população, considerando-os como elementos integrantes do dinamismo do progresso social.

SOCIOLOGIA DO DESENVOLVIMENTO. *Economia política* e *sociologia geral.* Estudo do fato social vinculado ao desenvolvimento econômico (José Amado Nascimento).

SOCIOLOGIA DO DIREITO. *Vide* SOCIOLOGIA JURÍDICA.

SOCIOLOGIA ECONÔMICA. *Economia política* e *sociologia jurídica.* **1.** Parte da sociologia voltada à análise dos grupos humanos organizados para a satisfação das necessidades materiais de subsistência e das influências das relações econômicas sobre as instituições sociais. **2.** Estudo do fato social que tem conteúdo econômico (José Amado Nascimento).

SOCIOLOGIA EDUCACIONAL. *Sociologia geral.* Aquela que estuda a educação como uma realidade social.

SOCIOLOGIA ESPECIAL. *Sociologia geral.* Ramo da sociologia que estuda certas parcelas ou tipos de vida coletiva, como o religioso, o econômico, o político etc. (Pinto Ferreira). Estuda os segmentos da realidade social.

SOCIOLOGIA EXPERIMENTAL. *Sociologia geral.* **1.** Trata-se da sociologia de campo que se volta à realização de pesquisas sociológicas, averiguando a movimentação dos processos e das formas sociais à medida que acontecem (José Amado Nascimento). **2.** Estudo direto do fenômeno social no seu próprio meio, mediante o método monográfico e o *case study* (Pinto Ferreira).

SOCIOLOGIA FORMAL. *Sociologia geral.* Sociologia pura que se volta ao estudo das formas de socialização, ou seja, da relação dos indivíduos, dos grupos sociais e dos indivíduos com os grupos sociais (Simmel).

SOCIOLOGIA GERAL. **1.** Sociologia teórica, que é a interpretação lógica dos fenômenos sociais (Pinto Ferreira). **2.** Estudo do fenômeno social em si.

SOCIOLOGIA HISTÓRICA. *Sociologia geral.* É a que estuda as origens e o desenvolvimento dos processos sociais e a influência por eles exercida na realidade social.

SOCIOLOGIA JURÍDICA. *Sociologia jurídica.* **1.** Ciência que, por meio de métodos e técnicas de pesquisa empírica, visa estudar as relações recíprocas existentes entre a realidade social e o direito, abrangendo as relações jurídicas fundamentais, as camadas sedimentares ou níveis da realidade jurídica, a tipologia jurídica dos grupos particulares e das sociedades globais, a ação da sociedade sobre o direito e a atuação do direito sobre a sociedade. Em suma, estuda como se forma e transforma o direito, verificando qual é sua função no seio da coletividade e como influi na vida social, sem ter a preocupação de elaborar normas e de interpretar as que vigoram numa dada sociedade. **2.** Estudo do direito como forma de vida social (Sinzheimer). **3.** Ciência que estuda o fenômeno jurídico como um fato social ou como conseqüência de uma realidade social (De Plácido e Silva). **4.** Investigação da realidade social total em função do direito, estudando as relações recíprocas existentes entre tal realidade social total e o direito (Cláudio Souto). **5.** Pesquisa do direito vivo (Ehrlich).

SOCIOLOGIA JURÍDICA ALTERNATIVA. *Sociologia jurídica.* Segundo Edmundo L. de Arruda Jr., sociologia jurídica especial que, inspirada em uma opção político-social marxista, se propõe como uma crítica pós-moderna, voltada à transformação social e à luta pelo socialismo, e contra o direito posto e pró-classe dos trabalhadores.

SOCIOLOGIA JURÍDICA ANALÍTICA. *Vide* MICROSSOCIOLOGIA DO DIREITO.

SOCIOLOGIA JURÍDICA DIFERENCIAL. *Vide* MACROSSOCIOLOGIA JURÍDICA DIFERENCIAL.

SOCIOLOGIA JURÍDICA GENÉTICA. *Vide* MACROSSOCIOLOGIA GENÉTICA DO DIREITO.

SOCIOLOGIA MATERIAL. *Sociologia geral.* Análise do conteúdo da vida social, da sociedade em seus elementos concretos e da realidade como realidade social (De Plácido e Silva).

SOCIOLOGIA NATURALISTA. *Sociologia geral.* Aquela ciência que, enaltecendo o individualismo, utiliza o método das ciências naturais.

SOCIOLOGIA POLÍTICA. *Ciência política* e *sociologia jurídica.* **1.** Estudo da organização política dos vários tipos de sociedade humana. **2.** É a análise das formações político-sociais e a tomada de consciência da transição da sociedade, de um sistema político baseado na participação e no controle de uma elite e fundado na relevância da maioria popular (Paolo Farneti).

SOCIOLOGIA PURA. *Vide* SOCIOLOGIA FORMAL.

SOCIOLOGIA RELIGIOSA. *Sociologia geral.* É a que estuda os grupos religiosos e seus processos sociais (José Amado Nascimento).

SOCIOLOGIA RURAL. *Sociologia geral* e *direito agrário.* Estudo sistemático das relações sociais que se operam na zona rural.

SOCIOLOGIA TEÓRICA. *Vide* SOCIOLOGIA GERAL.

SOCIOLOGIA URBANA. *Sociologia geral.* Análise científica das adaptações e ajustamentos socioeconômicos causados pela concentração populacional em cidades.

SOCIOLÓGICO. *Sociologia geral.* Relativo à sociologia.

SOCIOLOGISMO. *Sociologia geral.* **1.** Conjunto de teorias da sociologia. **2.** Tendência em exagerar a importância da sociologia. **3.** Doutrina que funda a explicação das questões filosóficas e dos fatos histórico-religiosos na sociologia (Lalande; Boutroux).

SOCIOLOGISMO ECLÉTICO. *Sociologia jurídica* e *filosofia do direito.* Denominação dada ao positivismo sociológico, pois as diversas tendências teóricas ora consideram a ciência jurídica como dogmática jurídica, ora como ciência positiva da norma, ora como sociologia, ora como psicologia da vida do direito (Tércio Sampaio Ferraz Jr.).

SOCIOLOGISMO JURÍDICO. *Filosofia do direito* e *sociologia jurídica.* **1.** Teoria segundo a qual o direito positivo é um conjunto de normas sancionadoras, exigidas pelos valores em apreço na consciência coletiva, que são os sentimentos coletivos de solidariedade social, fundada na divisão do trabalho, e de justiça ou autonomia recíproca das vontades individuais, das quais nenhuma é considerada superior às outras (León Duguit). Trata-se do solidarismo jurídico. **2.** Conjunto de teorias que consideram o direito sob o prisma predominante, quando não exclusivo, do fato social, apresentando-o como simples componente dos fenômenos sociais e suscetível de ser estudado segundo nexos de causalidade não diversos dos que ordenam os fatos do mundo físico (Miguel Reale). **3.** *Vide* POSITIVISMO SOCIOLÓGICO.

SOCIOLOGISTA. *Sociologia geral.* Sociólogo.

SOCIÓLOGO. *Sociologia geral.* Aquele que é versado em sociologia.

SÓCIO OCULTO. *Direito comercial.* É o sócio que em sociedade em conta de participação não aparece nos negócios ou operações da sociedade. Participa, ao entrar com o seu capital, de forma não ostensiva, na sociedade, aquinhoa-se com os lucros e contribui para os prejuízos na proporção estipulada, pois sua responsabilidade é limitada ao seu capital na sociedade e se obriga perante o sócio ostensivo. É também designado de sócio participante.

SÓCIO OSTENSIVO. *Direito comercial.* Aquele que, em sociedade em conta de participação, entra com capital e atividade laborativa e tem efetiva atuação negocial usando sua firma individual, obrigando-se para com terceiros, por ser responsável pessoal e ilimitadamente pela administração da sociedade e pelos débitos sociais.

SÓCIO PARTICIPANTE. O mesmo que SÓCIO OCULTO.

SÓCIO PENSADOR. *Direito agrário.* Aquele que recebe, na parceria pecuária, o gado para o criar e pensar.

SÓCIO PREPOSTO. *Direito civil* e *direito comercial.* Aquele designado para substituir o sócio que administra a sociedade (Othon Sidou).

SÓCIO QUOTISTA. *Direito comercial.* **1.** Em sentido amplo, é aquele que participa de sociedade de capital. **2.** Em sentido estrito, é aquele que é membro integrante de sociedade por quotas de responsabilidade limitada.

SÓCIO REMANESCENTE. *Direito comercial.* Aquele que continua numa sociedade, havendo óbito ou retirada dos outros. Se se tratar de sociedade com dois sócios, o remanescente a conduzirá até encontrar novo sócio ou liquidá-la (Waldirio Bulgarelli). Todavia, hodiernamente, não há permissão de criação de sociedade unipessoal. Se vários forem os sócios, será lícita a estipulação de que a sociedade continue com os herdeiros do falecido ou apenas com os sócios remanescentes, sendo que nesta última hipótese os herdeiros do falecido terão direito à partilha do que houver, quando ele faleceu, mas não participarão nos lucros e perdas ulteriores, que não forem conseqüência direta dos atos anteriores ao óbito.

SÓCIO REMISSO. *Direito comercial.* **1.** Aquele quotista inadimplente, que está em mora para com a sociedade por quotas de responsabilidade limitada, por não haver pago, no tempo devido, o *quantum* do capital social a que estava obrigado estatutariamente, podendo ser, por isso, dela excluído. **2.** *Vide* SÓCIO EXCLUÍDO.

SÓCIO RETIRANTE. *Direito comercial* e *direito civil.* Sócio dissidente que se retira, voluntariamente, da sociedade, recebendo o valor correspondente às suas quotas. É direito do sócio retirar-se da sociedade, mediante aviso com dois meses de antecedência ao termo do ano social, se não houver determinação de tempo de duração da sociedade, caso em que ela se manterá indefinidamente. Se a sociedade tiver prazo determinado para a sua duração, nenhum sócio poderá retirar-se dela antes do termo convencionado, exceto se ocorrer algum dos casos legais de sua dissolução.

SÓCIO SOLIDÁRIO. *Direito civil* e *direito comercial.* Aquele que, por exemplo, em sociedade em nome coletivo, responde subsidiária e solidariamente com os demais, com seu patrimônio pessoal, pelas obrigações sociais.

SÓCIO SUBSTITUTO. *Direito civil* e *direito comercial.* Aquele que passa a participar de uma sociedade em lugar de sócio retirante, excluído ou falecido.

SOCIUS. *Termo latino.* Sócio.

SOCO. 1. *Medicina legal.* Murro ou pancada dada com a mão fechada que pode, conforme a área atingida, provocar morte por inibição. **2.** *Direito marítimo.* Lugar do mastaréu imediatamente superior à pega, onde descansa o enxertário da verga (Laudelino Freire).

SOÇOBRAR. 1. *Direito marítimo.* a) Naufragar; b) afundar; submergir. **2.** Nas *linguagens comum* e *jurídica:* a) esmorecer; b) pôr em perigo; c) perder energia; d) estar em perigo; e) perturbar; f) perder.

SOÇOBRO. 1. *Direito marítimo.* a) Naufrágio; b) submersão. **2.** Nas *linguagens comum* e *jurídica:* a) perigo; b) ruína; c) agitação.

SOÇOBRO DE ÂNIMO. 1. Desânimo. **2.** Perturbação do espírito.

SOÇOCA. *Direito agrário.* Na Amazônia, é um certo modo de pesca com arpão.

SOCO INGLÊS. *Direito desportivo.* Boxe.

SOCOLHEDOR. *História do direito.* Ajudante de coletor.

SOCORRER. 1. Prestar auxílio. **2.** Valer-se da proteção de alguém. **3.** Dar esmola.

SOCORRIDO. Aquele que recebeu socorro.

SOCORRO. 1. *História do direito.* Abono em dinheiro ou em espécie que era fornecido às praças de pré quando doentes e hospitalizados. **2.** *Direito espacial.* Auxílio prestado a uma nave em perigo, pelos signatários do acordo sobre salvamento e devolução de astronautas e sobre restituição de objetos lançados no espaço, que devem informar o fato ao Estado de registro do veículo, notificando ainda a Secretaria Geral da ONU. **3.** Nas *linguagens comum* e *jurídica:* a) auxílio; b) proteção; amparo; c) esmola; d) assistência; e) ato ou efeito de socorrer; f) interjeição que serve para pedir ajuda.

SOCORRO AERONÁUTICO. *Direito aeronáutico.* Salvamento obrigatório daqueles que se encontram em perigo no mar, no ar ou em terra, por aeronave que se encontrar em vôo ou pronta para decolar.

SOCORRO PÚBLICO. 1. *História do direito.* Garantia passiva de direito individual que era prevista na Constituição imperial. **2.** *Direito administrativo.* a) Auxílio prestado pelo Poder Público aos necessitados e a instituições de beneficência; b) assistência governamental às vítimas de calamidade, como epidemia, inundação, incêndio etc.

SOCOS DA RAINHA. *História do direito.* Tributo pago às rainhas portuguesas pelos antigos moradores de Sintra.

SOCOVÃO. *Direito civil.* Subterrâneo por debaixo de um prédio ou casa.

SOCRÁTICO. *Filosofia geral.* **1.** Método que leva ao conhecimento do erro, para partir dele e chegar à descoberta da verdade. **2.** Relativo à doutrina de Sócrates.

SODALÍCIO. 1. *Direito civil.* a) Associação; agremiação sem fim especulativo; b) sociedade de pessoas que vivem juntas ou em comum (Aurélio Buarque de Holanda Ferreira); c) confraria. **2.** *Direito processual.* Órgão colegiado ou tribunal.

SODAR. Aparelho de radar que sonda a atmosfera para fazer a previsão do tempo.

SODOCOSE. *Medicina legal.* Infecção provocada por mordida de rato infetado, que inocula na vítima um espirilo, causando-lhe febre, mal-estar e incapacidade grave (Morris Fishbein).

SODOMIA. *Medicina legal.* **1.** Coito anal praticado entre homens ou entre homem e mulher. **2.** Pederastia.

SODOMITA. *Medicina legal.* Pederasta.

SODOMITISMO. *Vide* SODOMIA.

SODOMIZAR. *Medicina legal.* Praticar sodomia.

SOER. 1. Costumar. **2.** Ter por hábito.

SOEZ. 1. Vil. **2.** Desprezível. **3.** Torpe.

SOFI. *História do direito.* **1.** Antiga designação dos reis da Pérsia. **2.** Religioso na Pérsia.

SOFISMA. *Lógica jurídica.* **1.** Paralogismo, isto é, argumentação ilegítima com aparência legítima (Goffredo Telles Jr.). **2.** Raciocínio falso, com alguma aparência de verdade. **3.** Argumento capcioso, feito com a *intentio* de enganar outrem. **4.** Argumentação contrária à lógica (Van Acker). **5.** Argumento aparentemente válido, mas não concludente, na realidade, proferido para lograr alguém (Lalande). **6.** Argumentação que, por partir de premissas tidas como verdadeiras, parece estar conforme as regras formais do raciocínio e que, por isso, não se sabe como refutá-la (Lalande).

SOFISMAÇÃO. *Lógica jurídica.* Ação de sofismar.

SOFISMA DA INTERROGAÇÃO DISJUNTIVA. *Lógica jurídica.* Paralogismo que encerra petição de princípio em forma de dilema, iniciando-se por uma interrogação disjuntiva, postulando implicitamente que os membros não podem ser juntamente postos ou aceitos, reduzindo, ao terminar, ao absurdo qualquer um dos membros aceitos pelo respondente (Van Acker).

SOFISMA DA PRETENSA CAUSA. *Lógica jurídica.* Paralogismo onde se fundamenta a conclusão numa causa irreal ou numa razão insuficiente (Van Acker).

SOFISMA DE CÍRCULO VICIOSO. *Vide* CÍRCULO VICIOSO.

SOFISMA DE LINGUAGEM. *Filosofia geral.* Emprego em vários sentidos de um ou mais termos ambíguos ou equívocos (Van Acker).

SOFISMA DE PETIÇÃO DE PRINCÍPIO. *Vide* PETIÇÃO DE PRINCÍPIO.

SOFISMADO. *Lógica jurídica.* Que contém sofisma.

SOFISMA DO ACIDENTE. *Lógica jurídica.* Paralogismo que conclui o que é essencial a um sujeito, baseando-se no que lhe é acidental (Van Acker).

SOFISMA DO CONSEQÜENTE. *Lógica jurídica.* Paralogismo que abrange os sofismas: formal, material e misto.

SOFISMA DO DITO ABSOLUTO E RELATIVO. *Lógica jurídica.* Passagem ilógica de um predicado indeterminado, geral ou absoluto, para o mesmo predicado, mas determinado, particular ou relativo e vice-versa (Van Acker).

SOFISMADOR. *Lógica jurídica.* Quem sofisma.

SOFISMA FORMAL. *Lógica jurídica.* Argumentação que, apesar de ter aparência de legítima em razão da veracidade da matéria, é ilegítima por vício de forma, ou seja, por violar leis formais do raciocínio. Pode ser: sofisma por equívoco; sofisma por anfibologia; sofisma por diversidade de partes subjetivas e sofisma por tautologia (Goffredo Telles Jr.).

SOFISMA INDEPENDENTE DA LINGUAGEM. *Lógica jurídica.* É o paralogismo que pode assumir a feição de sofisma do acidente, sofisma do dito absoluto e relativo, sofisma por ignorância de como se deve redargüir, sofisma de petição de princípio e de círculo vicioso, sofisma do conseqüente, sofisma da pretensa causa e sofisma da interrogação disjuntiva (Van Acker).

SOFISMA MATERIAL. *Lógica jurídica.* Argumentação que, com aparência de legítima, pela retidão de forma, é ilegítima por vício da matéria. Pode resultar de: a) uma inverdade no antecedente, aceita como verdade; b) petição de princípio, ou seja, aceitação no antecedente do que se pretende demonstrar, pela colocação disfarçada da conclusão como premissa; c) círculo vicioso, que é dupla petição de princípio e visa a demonstração recíproca de duas verdades, uma pela outra; caso em que a conclusão, provada por sua premissa, é a prova da mesma premissa; d) ignorância de como redargüir, ou seja, de que a refutação feita não é autêntica, por ser demonstração de verdade distinta da que estava em discussão; e) erro do acidente, que é o ato de inferir, ilogicamente, o essencial do acidental ou este daquele; f) passagem ilógica do absoluto ao relativo ou vice-versa, isto é, inferência de uma conclusão em que o predicado vem acompanhado de um complemento inexistente no antecedente ou inferência de uma conclusão em que o predicado não vem seguido do complemento que o acompanhava no antecedente; g) passagem ilógica do composto ao diviso, que é a inferência de uma conclusão em que um predicado é negado de um termo, porque no antecedente outro predicado, simultaneamente incompatível com aquele, foi afirmado do mesmo termo; h) passagem ilógica do diviso ao composto, que é a inferência de uma conclusão em que o predicado é afirmado de um termo, porque no antecedente outro predicado, sucessivamente compatível com aquele, foi afirmado do mesmo termo; e i) pretensa causa, isto é, aceitação como causa do que não é causa verdadeira (Goffredo Telles Jr.).

SOFISMA MISTO. *Lógica jurídica.* Argumentação que, tendo aparência de legítima por ignorância de quem a aceita, é ilegítima por apresentar vício de matéria e de forma (Goffredo Telles Jr.).

SOFISMA POR ANFIBOLOGIA. *Lógica jurídica.* Sofisma formal em que várias palavras, reunidas em oração, não são empregadas no silogismo com a mesma acepção (Goffredo Telles Jr.).

SOFISMA POR DIVERSIDADE DE PARTES SUBJETIVAS. *Lógica jurídica.* Sofisma formal em que um termo, num silogismo, pode referir-se, toda vez que for empregado, a partes subjetivas diferentes (Goffredo Telles Jr.).

SOFISMA POR EQUÍVOCO. *Lógica jurídica.* Argumentação em que um termo oral, analógico ou equívoco, não é empregado sempre num silogismo, com a mesma acepção (Goffredo Telles Jr.).

SOFISMA POR IGNORÂNCIA DE COMO SE DEVE REDARGÜIR. *Lógica jurídica.* Refutação da tese do adversário pela prova de tese contrária ou pela demonstração de que ele se contradiz no que pretende.

SOFISMA POR TAUTOLOGIA. *Lógica jurídica.* Sofisma formal em que a proposição, tida como conseqüente, nada mais é do que a repetição de uma premissa (Goffredo Telles Jr.).

SOFISMA POR VÍCIO DE FORMA. *Lógica jurídica.* **1.** Aquele sofisma cuja ilegitimidade se verifica em argumentação incorreta sobre dados verdadeiros (Goffredo Telles Jr.). **2.** *Vide* SOFISMA FORMAL.

SOFISMA POR VÍCIO DE MATÉRIA. *Lógica jurídica.* **1.** Sofisma cuja ilegitimidade se pode verificar em argumentação correta sobre dados falsos (Goffredo Telles Jr.). **2.** *Vide* SOFISMA MATERIAL.

SOFISMA POR VÍCIO DE MATÉRIA E FORMA. *Lógica jurídica.* **1.** Sofisma em que a ilegitimidade de argumentação se verifica em argumentação incorreta sobre dados falsos (Goffredo Telles Jr.). **2.** *Vide* SOFISMA MISTO.

SOFISMAR. *Lógica jurídica.* **1.** Argumentar por sofisma. **2.** Dar interpretação falsa. **3.** Apresentar asserção falsa, com aparência de verdade.

SOFISMAS VERBAIS. *Lógica jurídica.* Aqueles decorrentes da identidade aparente de certas palavras como: a) o equívoco, quando se toma uma mesma palavra em vários sentidos diferentes; b) a confutação do sentido composto e do sentido dividido, quando, num discurso, se toma coletivamente o que é dividido na realidade ou que se toma separadamente o que na realidade não é mais do que um; c) metáfora, se se tomar a figura pela realidade (R. Jolivet). Para refutar tais sofismas basta determinar o sentido exato das palavras empregadas.

SOFISMÁVEL. *Lógica jurídica.* Que se pode sofismar.

SOFISTA. *Lógica jurídica.* **1.** Aquele que, habitualmente, emprega sofisma. **2.** Filósofo que ensina sabedoria e habilidade.

SOFISTARIA. *Lógica jurídica.* **1.** Conjunto de sofismas. **2.** Razão sofística.

SOFÍSTICA. *Lógica jurídica.* **1.** Parte da lógica que estuda sofismas, ensinando como refutá-los. **2.** Arte de sofismar. **3.** Filosofia do raciocínio verbal, sem seriedade e solidez (Lalande).

SOFISTICADO. 1. Que perdeu a simplicidade. **2.** Afetado. **3.** De alto nível. **4.** Adulterado. **5.** Falsificado.

SOFÍSTICO. *Lógica jurídica.* **1.** Em que há sofisma. **2.** Que apresenta os caracteres de um sofisma. **3.** Referente a sofisma.

SOFOMANIA. *Medicina legal.* Mania de querer passar por sábio.

SOFÔMANO. *Medicina legal.* Aquele que sofre de sofomania.

SOFREADO. 1. Contido. **2.** Reprimido.

SOFRER. 1. Tolerar. **2.** Suportar. **3.** Padecer dor física ou moral. **4.** Experimentar prejuízo.

SOFRÍVEL. 1. Razoável. **2.** Tolerável.

SOFRONISTA. *História do direito.* Professor de moral nos ginásios da Grécia antiga.

SOFRONISTÉRIO. *História do direito.* Casa de correção onde, na antiguidade grega, eram recolhidos rapazes incorrigíveis, por ordem do sofronista.

SOFTA. *Direito comparado.* Estudante de ciências religiosas, na Turquia.

SOFT COMMODITY. *Locução inglesa.* **1.** Produtos tropicais (café, cacau, açúcar). **2.** Matérias-primas agrárias florestais. **3.** Metais negociados em Bolsa.

SOFT HUMAN MARKET. *Expressão inglesa.* Mercado de estruturas humanas; compra e venda de órgãos e tecidos humanos.

SOFT LAW. *Locução inglesa.* Forma de projeto internacional sem força de lei, que gera obrigações políticas, conduzindo a programas e a atos de legislação (Celso A. P. Fiorillo e Marcelo A. Rodrigues).

SOFTWARE. *Direito virtual* e *direito autoral.* **1.** É o *logicièl* relativo aos programas de computação e aos sistemas de informação com as respectivas instruções, constituindo-se em manifestações intelectuais que, sob forma de planos, projetos ou fórmulas, alimentam as máquinas, sendo criações da inteligência devidamente registradas no Instituto Nacional de Propriedade Industrial (INPI) e por isso protegidas pelo direito autoral. Por outras palavras: é a parte lógica que capacita o equipamento físico para realização de todo tipo de trabalho (Alan Kay). É protegido juridicamente como direito do autor por ser formado pela atividade intelectual de seu programador requerendo técnica e especialização. Daí ser *software* proprietário, pois é protegido como obra intelectual. **2.** Programa seguido pelo computador para realizar suas tarefas. **3.** É a expressão de um conjunto organizado de instruções em linguagem natural ou codificada, contida em suporte físico de qualquer natureza, de emprego necessário em máquinas automáticas de tratamento de informação, dispositivo, instrumentos ou equipamentos periféricos, baseados em técnica digital ou análoga, para fazê-los funcionar de modo e para fins determinados. **4.** Programa necessário para executar certa tarefa no computador (Amaro Moraes e Silva Neto).

SOFTWARE COMERCIAL. *Direito virtual.* É o *software* elaborado por uma empresa para obtenção de lucro com seu uso, podendo ser *software* proprietário ou livre (Silmara B. Nogueira).

SOFTWARE DE AUTORIA. *Direito virtual.* Programa de autoria que oferece recursos avançados para integração de vídeo, texto, imagem, música etc.

SOFTWARE EM DOMÍNIO PÚBLICO. *Direito virtual.* É o *software* sem *copyright.* Licença que acompanha o *software* livre para impedir uso não autorizado, definindo quando as cópias, distribuições ou modificações são autorizadas para garantir o direito de modificar e redistribuir o *software* licenciado (Silmara B. Nogueira). Essa é a versão de *copyright* a que se denomina *copyleft.*

SOFTWARE HOMOLOGADO. *Direito virtual.* É o *software* desenvolvido, adquirido ou alterado pela Secretaria da Receita Federal (SRF) ou a pedido desta, e submetido a procedimentos de verificação quanto à aderência às especificações e às normas vigentes na SRF.

SOFTWARE-HOUSE. *Direito virtual.* **1.** Empresa especializada no desenvolvimento de *software*. **2.** Sociedade empresária que cria *softwares* para administração e controle do funcionamento interno e externo da empresa.

SOFTWARE LIVRE. *Direito virtual.* Trata-se do *free software* pelo qual o usuário tem liberdade de executar, copiar, distribuir e aperfeiçoar o programa, adaptando-o conforme sua conveniência (Silmara B. Nogueira).

SOFTWARE PIRATA. *Direito virtual* e *direito autoral.* Cópia não autorizada do original do programa de computador, vedada em lei por ser tal programa considerado propriedade intelectual.

SOFTWARE PROPRIETÁRIO. *Vide SOFTWARE* (item 1).

SOFTWARE SEMILIVRE. *Direito virtual.* É o que concede liberdade de uso, cópia, distribuição e modificação, desde que não haja o objetivo de obtenção de lucro (Silmara B. Nogueira).

SOGO SHOSHA. *Locução japonesa.* Companhias gerais de comércio.

SOGRA. *Direito civil.* Parente por afinidade em linha reta em primeiro grau de um dos cônjuges ou companheiros, uma vez que é mãe do outro.

SOGRO. *Direito civil.* Pai de um dos cônjuges, ou companheiros, que, em relação ao outro, é parente por afinidade em linha reta em primeiro grau.

SOGUEIRO. *Direito agrário.* Pequeno potreiro, onde, no Rio Grande do Sul, são deixados os animais para uso imediato.

SOÍMA. *Direito comparado.* Embarcação da Finlândia de construção grosseira, contendo duas velas de espicha.

SOL. 1. *Direito comparado.* Moeda de prata e unidade monetária do Peru. **2.** Na *linguagem comum* é o astro principal do nosso sistema planetário.

SOLADA. Auxílio prestado por um carro a outro, mediante corda.

SOLA NOBILITAS VIRTUS. *Expressão latina.* A única nobreza é a virtude.

SOLAR. 1. *Direito comparado.* Casa pertencente a família nobre. **2.** *Medicina legal.* Relativo à planta do pé.

SOLARENGO. 1. *História do direito.* Serviçal que vivia em casa nobre ou palácio. **2.** *Direito comparado.* a) Senhor de solar; b) o que se refere a solar.

SOLARIEGO. *Vide* SOLARENGO.

SOLÁRIO. *História do direito.* **1.** Relógio de sol da antiguidade romana. **2.** Imposto que pagava, no Império Romano, a propriedade rústica.

SOLARIUM. 1. *Direito romano.* Contribuição paga por quem construía em terreno alheio. **2.** *Direito civil.* a) Cânon superficiário; b) quantia pecuniária devida pelo superficiário ao fundieiro, se a concessão da superfície for onerosa.

SOLARÔMETRO. *Direito marítimo.* Instrumento apropriado para determinar a posição do navio.

SOLDADA. 1. *Direito marítimo.* Salário pago ao tripulante de navio mercante. **2.** *Direito civil.* Remuneração devida em locação de serviço. **3.** *Direito do trabalho.* Salário de criado ou empregado doméstico.

SOLDADA EVENTUAL. *Direito marítimo.* Remuneração do tripulante do navio, calculada em função dos benefícios obtidos, sendo, portanto, representada pela participação no valor dos fretes cobrados ou nos lucros da viagem ou, ainda, da parceria marítima.

SOLDADA FIXA. *Direito marítimo.* Ajuste a salário fixo por viagem ou por mês ao qual o tripulante da embarcação tem direito.

SOLDADO. 1. *Direito militar.* a) Praça de pré; militar sem graduação; b) qualquer militar. **2.** Na *linguagem comum:* a) partidário; sequaz de uma idéia; b) o que foi ligado por solda; c) unido.

SOLDADO DE FORTUNA. *Direito militar.* Aquele que sem ter habilitação se alista para obter postos pelos seus feitos e serviços de armas (Laudelino Freire).

SOLDADO DE LEVA. *Direito militar.* Aquele que foi forçado a assentar praça.

SOLDADO DESCONHECIDO. *Direito militar.* Soldado anônimo, morto em combate, ao qual se presta homenagem simbólica.

SOLDADO DO FOGO. *Direito militar.* Bombeiro.

SOLDADO GREGAL. *Direito militar.* Praça de pré; soldado raso.

SOLDADO RASO. *Direito militar.* Militar sem graduação.

SOLDADO SERVENTE. *Direito militar.* Soldado de artilharia incumbido do serviço das peças ou de manobras relativas ao fogo por peças (Laudelino Freire).

SOLDADOS ESTACIONÁRIOS. *História do direito.* Aqueles que, na antiguidade romana, eram distribuídos por diferentes sítios para avisarem o chefe do que se passava (Laudelino Freire).

SOLDADO VOLANTE. *História do direito.* Soldado armado à ligeira (Laudelino Freire).

SOLDER. *Termo francês.* 1. Pagar a tropa militar. 2. Saldar. 3. Vender com abatimento.

SOLDO. 1. *Direito militar.* Remuneração a que tem direito o servidor público militar. 2. *História do direito.* a) Moeda de ouro, da antiguidade romana; b) antiga moeda portuguesa, em ouro, prata ou cobre.

SOLDO À LIVRA. *História do direito.* O que se realizava proporcionalmente.

SOLDÚRIOS. *História do direito.* Eram, entre os gálios, aqueles que constituíam a guarda fiel de um chefe.

SOLECISMO. Erro de linguagem que contraria regras de sintaxe, de concordância etc.

SOLECISTA. Aquele que comete solecismo.

SOLEMNIA JURIS. *Locução latina.* Solenidades legais.

SOLEMNIA VERBA. *Locução latina.* Palavras solenes ou sacramentais.

SOLENE. 1. Autêntico. 2. Acompanhado de formalidade exigida por lei. 3. Público. 4. O que é celebrado com pompa ou em cerimônia pública. 5. O que se reveste de formalidade. 6. Ato ou negócio jurídico que requer, para sua validade, a observância de certas formalidades legais.

SOLENIDADE. 1. Cerimônia pública que torna um ato solene. 2. Conjunto de formalidades legais que devem ser observadas para que um ato ou negócio jurídico tenha validade. 3. Qualidade de solene. 4. Formalidade extrínseca ou *ad solemnitatem.*

SOLENIZAÇÃO. Ato ou efeito de tornar algo solene.

SOLENIZAR. 1. Dar aspecto solene a um ato. 2. Celebrar algo com pompa. 3. Comemorar com solenidade.

SOLE PROPRIETORSHIP. *Locução inglesa.* Firma individual.

SOLÉRCIA. 1. Astúcia. 2. Argúcia. 3. Habilidade.

SOLERTE. 1. Sagaz. 2. Pessoa astuta.

SOLES. *Direito agrário.* Cambão onde duas ou mais juntas de bois são atreladas.

SOLETRAÇÃO. 1. Ato ou efeito de ler por sílabas. 2. Método de ensinar a ler, pronunciando o nome das letras antes de as juntar em sílabas, para a leitura da palavra.

SOLICITAÇÃO. Pedido.

SOLICITADOR ACADÊMICO. *História do direito.* Aluno matriculado no 4º ou 5º ano da Faculdade de Direito, que estava habilitado legalmente para procurar em juízo, dentro das restrições legais. Corresponde hoje ao estagiário.

SOLICITANTE. Aquele que pede ou solicita algo.

SOLICITAR. 1. Pedir. 2. Diligenciar. 3. Promover questão judicial de outrem. 4. Requerer em juízo como estagiário.

SOLÍCITO. 1. Diligente. 2. Muito amável.

SOLICITOR-GENERAL. *Locução inglesa.* Assistente do procurador-geral do Estado (EUA).

SOLICITUDE. Qualidade de solícito.

SOLIDARIEDADE. 1. Na *linguagem jurídica* em geral: a) qualidade de solidário; b) estado em que duas ou mais pessoas assumem igualmente as responsabilidades de uma empresa ou negócio, obrigando-se todas por uma ou uma por todas; c) mutualidade de interesses; d) por inteiro; e) dependência recíproca. 2. *Sociologia geral.* a) Condição grupal que resulta da comunhão de atitudes, fazendo com que o grupo seja sólido e resistente às forças exteriores; b) dever moral de assistência entre os membros de uma mesma sociedade, enquanto considerados como um todo. 3. *Direito civil.* Existência numa mesma obrigação de multiplicidade de credores ou de devedores, ou de uns e outros, onde, em virtude de lei ou de contrato, cada credor tem direito à totalidade da prestação, como se fosse o único credor, ou cada devedor está obrigado pelo débito todo como se fosse o único devedor. Logo, o credor, havendo solidariedade, pode exigir de qualquer dos co-devedores a dívida por inteiro, e o adimplemento da prestação por um dos devedores libera todos ante o credor comum.

SOLIDARIEDADE ATIVA. *Direito civil.* Relação jurídica entre vários credores de uma obrigação, em que cada credor tem o direito de exigir do devedor a realização da prestação por inteiro, e o devedor se exonera do vínculo obrigacional, pagando o débito a qualquer dos co-credores.

SOLIDARIEDADE CONVENCIONAL. *Direito civil.* Aquela que decorre da vontade das partes pactuada em contrato ou negócio jurídico unilateral, desde que não haja dúvidas quanto à intenção dos contratantes em impor a solidariedade, pois em caso de dúvida presumir-se-á a inexistência de solidariedade. Basta que a instituição da solidariedade resulte de expressões como *por inteiro, pelo todo, um por todos, todos por um.*

SOLIDARIEDADE IMPERFEITA. *Direito civil.* É a decorrente de lei, havendo multiplicidade de obrigações (Keller e Ribbentrop). É também designada de solidariedade simples.

SOLIDARIEDADE LEGAL. *Direito civil.* É aquela que provém de comando normativo expresso, sem, contudo, se afastar a possibilidade de sua aplicação analógica, quando as circunstâncias o impuserem inevitavelmente.

SOLIDARIEDADE MISTA. *Direito civil.* É a que apresenta, concomitantemente, pluralidade de credores e devedores. E, como decorre da combinação da solidariedade ativa e passiva, submete-se às normas que regem essas duas espécies de solidariedade (Orlando Gomes e Washington de Barros Monteiro). É também denominada solidariedade recíproca.

SOLIDARIEDADE PASSIVA. *Direito civil.* Relação obrigacional, oriunda de lei ou de vontade das partes, com multiplicidade de devedores, sendo que cada um responde *in totum et totaliter* pelo cumprimento da prestação na sua integralidade, como se tivesse contraído sozinho o débito.

SOLIDARIEDADE PENAL. *Direito penal.* Co-autoria, onde vários agentes participam para que haja a realização de uma ação punível.

SOLIDARIEDADE PERFEITA. *Direito civil.* Trata-se da correalidade, por resultar da vontade dos co-obrigados por contrato ou testamento, havendo uma só obrigação com vários sujeitos (Keller e Ribbentrop).

SOLIDARIEDADE RECÍPROCA. *Vide* SOLIDARIEDADE MISTA.

SOLIDARIEDADE SIMPLES. *Vide* SOLIDARIEDADE IMPERFEITA.

SOLIDARIEDADE SOCIAL. *Sociologia geral.* Coesão social; consistência interna de um grupo social.

SOLIDARIEDADE VOLUNTÁRIA. *Vide* SOLIDARIEDADE CONVENCIONAL.

SOLIDÁRIO. *Direito civil.* **1.** Que tem responsabilidade ou interesse recíproco. **2.** Co-devedor obrigado ao pagamento do total do débito. **3.**

Co-credor que pode receber e exigir a totalidade do crédito. **4.** O que não comporta fracionamento, devendo ser pago ou exigido por inteiro.

SOLIDARISMO. 1. *Ciência política* e *economia política.* a) Teoria que considera a solidariedade como princípio da moral, da política e da ciência econômica, consideradas como normativas (Bouglé); b) socialismo que tende a mitigar o capitalismo por meio de uma política social voltada à valorização humana e à repartição metódica da riqueza. **2.** *Sociologia geral.* Doutrina segundo a qual a interdependência mútua dos membros de uma sociedade constitui o fundamento para a organização social baseada na solidariedade de interesses.

SOLIDARISMO JURÍDICO. *Filosofia do direito.* Sociologismo jurídico de León Duguit, que distingue três espécies de normas sociais, decorrentes de necessidades da vida humana em sociedade: as normas econômicas, as morais e as jurídicas. A passagem das normas econômicas e morais às normas jurídicas decorre da convicção social de que o seu não-cumprimento afeta os sentimentos de solidariedade social e de justiça. O conteúdo e fundamento da norma jurídica não se baseia na vontade de um indivíduo impondo-se à de outro, mas na interdependência social que caracteriza toda a sociedade e se manifesta como solidariedade social.

SOLIDARISTA. *Ciência política, economia política* e *sociologia geral.* **1.** Adepto do solidarismo. **2.** Relativo a solidarismo.

SOLIDARIZAÇÃO. *Direito civil* e *direito comercial.* Ato ou efeito de se solidarizar.

SOLIDARIZAR. *Direito civil* e *direito comercial.* **1.** Assumir responsabilidades recíprocas. **2.** Tornar-se solidário.

SOLIDÉU. *Direito canônico.* Barretinho vermelho com que os dignatários eclesiásticos ou bispos cobrem a tonsura.

SOLIDEZ. 1. Qualidade do que é sólido. **2.** Resistência. **3.** Consistência.

SÓLIDO. 1. Consistente. **2.** Maciço. **3.** Robusto.

SOLILÓQUIO. Monólogo.

SÓLIO. 1. *Direito canônico.* a) Poder do Papa; b) cadeira pontifícia. **2.** *Direito comparado.* a) Trono; b) poder real.

SOLIPSISMO. *Filosofia geral.* **1.** *Vide* EGOÍSMO METAFÍSICO. **2.** Costume de quem é solitário.

3. Doutrina que sustenta ser o *eu* individual toda a realidade.

SOLIPSO. 1. Celibatário. **2.** Egoísta. **3.** Aquele que vive solitário.

SOLITÁRIA. *Direito penitenciário.* Cela onde o sentenciado fica isolado para cumprir pena de reclusão ou por ser perigoso.

SOLITÁRIO. 1. Aquele que evita a convivência social. **2.** Reduzido à solidão. **3.** Que está em local remoto. **4.** Desabitado, despovoado.

SÓLITO. Habitual.

SOLLEN. *Termo alemão.* Dever ser.

SOLLENSBEGRIFF. *Termo alemão.* Conceito normativo.

SOL LUCET OMNIBUS. *Expressão latina.* O sol nasce para todos.

SOLO. 1. *Direito agrário.* Terra considerada na sua qualidade produtiva. **2.** *Direito civil.* a) Bem imóvel por sua natureza, que abrange a superfície da Terra, seus acessórios e adjacências naturais, compreendendo as árvores, os frutos pendentes, o espaço aéreo e o subsolo; b) terreno onde se constrói ou se anda. **3.** *Direito constitucional* e *direito internacional público.* Território ocupado por uma nação politicamente organizada, abrangendo a superfície da Terra, as águas territoriais, o espaço aéreo que lhe está acima e o subsolo correspondente, onde o Estado exerce sua soberania.

SOLO ANIMO. *Locução latina.* Com a única intenção.

SOLO ATIVO. *Direito agrário.* Parte fértil do solo arável.

SOLO BIOLÓGICO. *Direito ambiental.* Terra com suas composições minerais, vegetais e animais (Antonio Teixeira Guerra).

SOLO CONSENSU. *Locução latina.* O que depende apenas do consentimento; só com o consentimento.

SOLO CRIADO. *Direito administrativo* e *direito urbanístico.* Área edificável além do coeficiente único de aproveitamento do lote, fixado para o local. É um acréscimo ao direito de construir além do coeficiente-base de aproveitamento legalmente estabelecido. Logo, o proprietário não tem o direito originário de construir, mas pode adquiri-lo do Município nas condições gerais dispostas por lei para a respectiva zona (Hely Lopes Meirelles). O solo criado consubstancia instrumento de controle do uso do solo urbano, exercido pela lei de zoneamento, cujos institutos fundamentais são o coeficiente de aproveitamento (relação entre a área construída e a área total do terreno em que a edificação se situa) e a taxa de ocupação (relação entre a área ocupada e a área total do terreno). O solo criado é o resultado de construção praticada no volume superior ao permitido nos limites do coeficiente único de aproveitamento. Tudo que for construído além do *quantum* estipulado em tal coeficiente, inclusive no andar térreo, é solo criado (Eros Roberto Grau).

SOLO FÍSICO. *Vide* SOLO GEOLÓGICO.

SOLO GEOLÓGICO. Solo físico correspondente à rocha decomposta (Antonio Teixeira Guerra).

SOLO INERTE. *Direito agrário.* Parte do solo arável, entre o solo ativo e o subsolo.

SOLÔNIS. *Direito agrário.* Espécie de videira americana.

SOLO RURAL. *Direito agrário.* Imóvel rural destinado à exploração de atividades agrárias.

SOLO URBANO. *Direito administrativo* e *direito urbanístico.* **1.** Área ocupada por prédios destinados à habitação, ao comércio e à indústria. **2.** Aquele ordenado para cumprimento de destino urbanístico, especialmente a edificabilidade e o assentamento do sistema viário (José Afonso da Silva).

SOLTA. *Direito agrário.* **1.** Maniota de pear as bestas. **2.** Mantença do gado na engorda. **3.** Criação de gado à solta. **4.** Pastagem onde o gado se refaz (Laudelino Freire).

SOLTAR. 1. *Direito processual penal.* a) Pôr em liberdade; b) restituir a liberdade àquele que estava preso. **2.** *Direito marítimo.* Deitar uma âncora ao mar para fundear. **3.** *Direito civil.* Desobrigar-se; quitar-se. **4.** Na *linguagem comum*: a) desligar; b) desprender; c) dar livre curso; d) largar da mão de outrem; e) dizer, pronunciar.

SOLTAR AS TERRAS. *Direito civil.* Transferir a propriedade de bens de raiz.

SOLTAR-SE EM INJÚRIAS. *Direito civil* e *direito penal.* Injuriar alguém.

SOLTEIRA. 1. *Direito agrário.* Fêmea que não deu cria. **2.** *Direito civil.* Aquela que não se casou.

SOLTEIRÃO. *Direito civil.* Homem de meia idade que ainda não se casou.

SOLTEIRISMO. *Direito civil.* Celibato.

SOLTEIRO. 1. *Direito civil.* Estado civil do homem que não se casou. **2.** *Direito marítimo.* Cabo disponível e pronto para servir nas manobras.

SOLTO. 1. *Direito marítimo.* Navio sem ancoradouro certo. **2.** *Direito civil.* Liberado obrigacionalmente. **3.** *Direito processual penal.* Livre da prisão. **4.** Na *linguagem comum:* a) desprendido; b) que está à vontade; c) licencioso.

SOLTURA. 1. *Direito processual penal.* Ato ou medida da autoridade competente que ordena que se coloque o preso em liberdade. Trata-se do alvará ou mandado de soltura. **2.** *Medicina legal.* Diarréia. **3.** Nas *linguagens comum* e *jurídica:* a) ato ou efeito de soltar; b) destreza; c) licenciosidade; d) interpretação; explicação.

SOLUÇÃO. 1. *Direito civil.* a) Extinção de uma obrigação; b) cumprimento obrigacional (Clóvis Beviláqua); c) pagamento. **2.** *Direito processual.* a) Resolução do litígio; b) decisão; c) despacho. **3.** *Medicina legal.* Termo de uma moléstia, acompanhada ou não de fenômenos críticos. **4.** Nas *linguagens comum* e *jurídica:* a) desfecho; b) conclusão; c) resolução de uma dificuldade ou questão; d) separação do que estava unido; e) interrupção; f) divisão; g) resultado de uma dissolução; h) desenlace.

SOLUÇÃO ALTERNATIVA COLETIVA DE ABASTECIMENTO DE ÁGUA PARA CONSUMO HUMANO. *Direito administrativo.* É toda modalidade de abastecimento coletivo de água distinta do sistema público de abastecimento de água, incluindo, entre outras, fonte, poço comunitário, distribuição por veículo transportador, instalações condominiais horizontais e verticais.

SOLUÇÃO DA HIPOTECA. *Direito civil.* Extinção da garantia hipotecária por: resgate; pagamento do débito principal; destruição da coisa; resolução da propriedade; renúncia do credor; sentença passada em julgado; prescrição; arrematação do imóvel onerado por quem der maior lance ou adjudicação requerida pelo credor hipotecário; consolidação; perempção legal ou usucapião de liberdade.

SOLUÇÃO DE CONTINUIDADE. 1. *Medicina legal.* Nome comum de úlceras, feridas e fraturas. **2.** Nas *linguagens jurídica* e *comum:* a) interrupção; b) cessação da continuidade de um ato ou fato que, normalmente, devia prolongar-se; c) extinção.

SOLUÇÃO DO DÉBITO. *Direito civil.* Extinção da dívida pelo pagamento direto ou indireto, pela prescrição, pelo advento de termo extintivo, pelo implemento de condição resolutiva, pela impossibilidade de execução sem culpa do devedor e pela execução forçada por intermédio do Poder Judiciário.

SOLUÇÃO INDEVIDA. *Direito civil.* Pagamento indevido.

SOLUÇÃO PACÍFICA DO LITÍGIO INTERNACIONAL. *Direito internacional.* É o meio pacífico procurado pelas partes em controvérsia, que possa constituir uma ameaça à paz e à segurança internacionais, solucionando-a por meio de negociações, inquéritos, mediação, conciliação, arbitragem, resolução judicial, recurso a entidades ou a acordos regionais.

SOLUÇÃO PARENTERAL (SP). *Medicina legal.* Solução injetável, estéril e apirogênica, de grande ou pequeno volume, própria para administração por via parenteral.

SOLUCIONADO. 1. Que foi resolvido. **2.** Que teve solução.

SOLUCIONAMENTO. Ação ou efeito de solucionar.

SOLUCIONANTE. 1. Que resolve. **2.** Que apresenta a solução.

SOLUCIONAR. 1. Resolver. **2.** Dar uma solução.

SOLUTIO ANTE DIEM. Expressão latina. Cumprimento antecipado.

SOLUTIO INDEBITI. Locução latina. Pagamento indevido.

SOLUTIONE EJUS, QUOD DEBETUR, TOLLITUR OMNIS OBLIGATIO. Aforismo jurídico. O pagamento do que se deve extingue toda obrigação.

SOLUTIONE TANTUM. Locução latina. Somente pelo pagamento.

SOLUTIO REPETI NON POTEST. Expressão latina. Pagamento feito não pode ser repetido.

SOLUTIOR RATIO. Locução latina. Razão mais adequada.

SOLUTI RETENTIO. Locução latina. Retenção a título de cumprimento.

SOLUTO. *Direito civil.* **1.** Extinto. **2.** Desfeito. **3.** Dissolvido. **4.** Solvido.

SOLUTUS A VINCULO. Locução latina. Livre de vínculo.

SOLÚVEL. Que pode ser dissolvido ou resolvido.

SOLVABILIDADE. 1. Qualidade do que é solúvel. **2.** Solvência.

SOLVÁVEL. *Direito civil* e *direito comercial.* **1.** Que se pode pagar. **2.** Patrimônio com ativo maior do que passivo (Sampaio de Lacerda).

SOLVE ET REPETE. 1. *Aforismo jurídico.* Pague e depois reclame; pague e retome; primeiro pague e depois peça a devolução (se tal pagamento foi indevido). **2.** *Direito civil.* Cláusula que torna a exigibilidade da prestação imune a qualquer pretensão contrária do devedor. Tal cláusula apresenta-se como uma renúncia à exceção do contrato não cumprido, pois ao convencioná-la o contratante abre mão da *exceptio non adimpleti contractus.* **3.** *Direito tributário.* a) Locução empregada para indicar que o contribuinte só pode discutir o que considera indevido, após o pagamento do tributo, reclamando restituição; b) aquele que foi injustamente multado ou tributado deverá pagar para depois recorrer, pleiteando devolução.

SOLVÊNCIA. *Direito civil* e *direito processual civil.* **1.** Estado do patrimônio do devedor que é capaz de satisfazer os direitos creditórios, por conter bens suficientes para o pagamento das dívidas contraídas. **2.** Qualidade de solvente.

SOLVENDI CAUSA. *Locução latina.* Causa extintiva de uma obrigação.

SOLVENS. *Termo latino.* **1.** Qualquer interessado juridicamente no pagamento do débito como: devedor, fiador, coobrigado, herdeiro, outro credor do devedor, adquirente de imóvel hipotecado e até mesmo terceiro não interessado juridicamente que pagar débito em nome e por conta do devedor, por ter interesse moral, como é o caso do pai que paga dívida do filho. **2.** Aquele que cumpre a obrigação assumida.

SOLVENTE. *Direito civil.* **1.** Que paga. **2.** Que pode pagar o débito.

SOLVER. 1. Solucionar. **2.** Tornar quite. **3.** Satisfazer. **4.** Pagar. **5.** Dissolver.

SOLVERE ALIUD PRO ALIO. *Expressão latina.* Pagar uma coisa por outra.

SOLVERE, ET COMPENSARE, PARIA SUNT. *Aforismo jurídico.* Pagar e compensar é o mesmo.

SOLVERE NUMERATO. *Locução latina.* Pagar com dinheiro de contado.

SOLVIBILIDADE. Qualidade de solvível.

SOLVI NON POTEST ALIUD PRO ALIO, INVITO CREDITORE. *Aforismo jurídico.* O devedor não pode pagar uma coisa por outra contra a vontade do credor.

SOLVÍVEL. *Direito civil.* **1.** Que se pode pagar. **2.** Que pode pagar o que deve.

SOM. 1. Ruído. **2.** Timbre. **3.** Voz.

SOMA. 1. Nas *linguagens comum* e *jurídica* é: a) quantia pecuniária; b) capital; c) resultado da adição; d) totalidade; e) certa quantidade. **2.** *Medicina legal.* Corpo físico. **3.** *Direito comercial.* Sigla de Sociedade Operadora do Mercado de Ativos S/A, empresa responsável, no Brasil, pela administração do mercado de balcão e que fornece ambiente eletrônico para negociação de títulos e valores mobiliários e demais ativos financeiros no mercado (Luiz Fernando Rudge).

SOMA ADIANTADA. *Direito civil.* Quantia dependida a título de adiantamento.

SOMA BRUTA. Valor integral, sem qualquer dedução ou desconto.

SOMA CAMBIAL. *Direito cambiário.* Valor de uma quantia consignada numa letra de câmbio, que deve ser pago pelo sacado ao tomador, na data de seu vencimento.

SOMAÇÃO. *Medicina legal.* Conjunto de modificações que atingem o corpo humano.

SOMA ESTIPULADA COMO BENEFÍCIO. *Direito civil. Quantum* estipulado como benefício do seguro que não está destinado ao pagamento de dívidas do seguro, sendo, portanto, impenhorável. Só responde pelos débitos alusivos aos prêmios atrasados.

SOMA LÍQUIDA. Valor que resulta após dedução, desconto ou abatimento.

SOMA LÓGICA. *Lógica jurídica.* **1.** Adição lógica. **2.** Conjunto dos indivíduos que fazem parte da extensão de um qualquer dentre eles. **3.** Proposição que afirma que pelo menos uma das proposições é verdadeira (Lalande).

SOMAR. 1. Fazer a operação da soma. **2.** Sintetizar. **3.** Reunir num todo.

SOMASCO. *História do direito.* Membro de antiga ordem religiosa italiana que visava a educação e instrução infantil.

SOMÁTICO. *Medicina legal.* Relativo ao corpo humano.

SOMATISTA. *Medicina legal.* Sequaz da doutrina que atribui a loucura a lesões materiais do sistema nervoso e não a causas psíquicas (Laudelino Freire).

SOMATIZAÇÃO. *Medicina legal.* Fenômeno histérico caracterizado pela tendência em transformar distúrbios psíquicos em sintomas físicos.

SOMATODIDIMIA. *Medicina legal.* Anormalidade segundo a qual um ser duplo apresenta corpos fundidos.

SOMATOLOGIA. *Medicina legal.* Conjunto de conhecimentos sobre a anatomia e a fisiologia do corpo humano.

SOMATOPAGIA. *Medicina legal.* Anormalidade pela qual um ser duplo se apresenta com os troncos individuais unidos pelo tórax.

SOMÁVEL. Que pode ser somado.

SOMBRA. 1. Nódoa. **2.** Defeito. **3.** Espaço sem luz ou pouco claro. **4.** Pessoa que acompanha ou persegue outra com certa constância. **5.** Vestígio. **6.** Proteção. **7.** Em *gíria*: prisão. **8.** Em *psicologia forense*, de modo geral, representa nosso lado esquecido, desvalorizado ou reprimido, assim como todas as possibilidades de desenvolvimento rejeitadas pelo indivíduo. Esse conceito pode ser aplicado também a qualquer fenômeno com implicações psicológicas, como história, instituições, cultura (Lídia Reis de Almeida Prado).

SOMBREIREIRO. *Direito comercial.* Fabricante ou vendedor de chapéus.

SOMELGA. 1. Impostora. **2.** Hipócrita.

SOMENOS. 1. De pouco valor. **2.** Reles. **3.** Inferior.

SOMITICARIA. Avareza.

SOMÍTICO. Avarento.

SONAMBULAR. *Medicina legal.* Realizar atos, durante o sono, como se estivesse acordado.

SONAMBÚLICO. *Medicina legal.* Próprio de sonâmbulo.

SONAMBULISMO. *Medicina legal.* Estado patológico ou doença nervosa de sonâmbulo que se caracteriza pelo fato de praticar atos habituais durante o sono normal, sem que, ao despertar, deles se lembre. Trata-se de sonambulismo espontâneo ou natural.

SONAMBULISMO ARTIFICIAL. *Vide* SONAMBULISMO PROVOCADO.

SONAMBULISMO COMANDADO. *Vide* SONAMBULISMO PROVOCADO.

SONAMBULISMO ESPONTÂNEO. *Vide* SONAMBULISMO.

SONAMBULISMO HIPNÓTICO. *Vide* SONAMBULISMO PROVOCADO.

SONAMBULISMO MAGNÉTICO. *Vide* SONAMBULISMO PROVOCADO.

SONAMBULISMO NATURAL. *Vide* SONAMBULISMO.

SONAMBULISMO PROVOCADO. *Medicina legal.* É também designado de sonambulismo artificial comandado, hipnótico ou magnético. Consiste num estado similar ao sonambulismo natural causado por hipnose.

SONAMBULISTA. Na *gíria*, é o ladrão narcotizador.

SONÂMBULO. *Medicina legal.* Aquele que age, dormindo, como se estivesse acordado.

SONAR. *Termo inglês.* Abreviação de *sound navigation ranging* que significa: a) localização de navegação pelo som; b) instrumento indicativo, por meio de vibração de alta freqüência, da localização de minas, de objetos submersos e de submarinos.

SONDA. 1. *História do direito.* Vareta de ferro com que os guarda-barreiras examinavam os volumes de mercadorias para averiguar se continham contrabando. **2.** *Direito marítimo.* Algarismos que, numa carta marítima, indicam a profundidade das águas em vários pontos de uma paragem. **3.** *Medicina legal.* Instrumento introduzido na cavidade de um órgão ou de feridas para reconhecer seu estado. **4.** Nas *linguagens comum* e *jurídica:* a) ato ou efeito de sondar; b) pesquisa; meio de investigação; c) aparelho que serve para fazer sondagem; d) resultado de uma sondagem; e) broca que perfura terreno para reconhecer sua natureza ou a qualidade das jazidas.

SONDÁ. *Direito agrário.* Linha grossa e longa apropriada para pescar com anzol em locais fundos.

SONDA CÓSMICA. *Direito espacial.* Engenho que fornece indicações sobre a natureza dos astros ou do espaço cósmico, como por exemplo o Lunik I, Pioneer IV e V, Mariner II etc.

SONDADO. 1. Que se reconheceu através de sonda. **2.** Inquirido. **3.** Pesquisado.

SONDADOR. O que sonda.

SONDAGEM. 1. Ato ou efeito de sondar. **2.** Investigação. **3.** Pesquisa.

SONDAGEM SOCIAL. *Sociologia geral.* Reunião e análise de fatos alusivos à vida total ou a algum aspecto especial de uma comunidade.

SONDA–OBSERVATÓRIO. *Direito espacial.* Aparelho que pousa sobre a superfície de um planeta para funcionar como observatório, fixo ou móvel.

SONDAR. 1. Fazer sondagem. **2.** Explorar com sonda. **3.** Inquirir. **4.** Pesquisar. **5.** Averiguar.

SONDAREZA. *Direito marítimo.* Corda graduada que, ligada a um pedaço de chumbo, serve para realizar sondagens marítimas.

SONDAR O TERRENO. Verificar, com cautela, os sentimentos ou disposições de alguém.

SONDÁVEL. O que se pode sondar.

SONDÓGRAFO. *Direito marítimo.* Aparelho apropriado para o registro de desnivelamentos no fundo do mar, dos rios e dos lagos.

SONEGAÇÃO. 1. Ocultação fraudulenta. **2.** Subtração dolosa. **3.** Ato ou efeito de sonegar. **4.** Ato de esquivar-se de alguma obrigação legal ou contratual. **5.** Ato de não mencionar bens numa descrição exigida legalmente, para obter alguma vantagem pessoal; omissão dolosa de declaração exigida por lei. **6.** Desvio.

SONEGAÇÃO DE BENS. *Direito civil.* Ocultação dolosa de bens que devam ser inventariados ou levados à colação (Itabaiana de Oliveira).

SONEGAÇÃO DE CORRESPONDÊNCIA. *Direito penal.* Crime, punido com detenção ou multa, consistente em se apossar indevidamente de correspondência alheia impedindo que chegue ao seu destinatário.

SONEGAÇÃO DE INCAPAZ. *Direito penal.* Crime que consiste no ato de deixar de entregar, sem justa causa, menor de dezoito anos ou interdito a quem o reclamar legalmente.

SONEGAÇÃO DE PAPEL OU OBJETO DE VALOR PROBATÓRIO. *Direito penal.* Ato punível que consiste no fato de o advogado não restituir ou subtrair dolosamente dos autos documentos ou objetos de valor probatório.

SONEGAÇÃO DO ESTADO DE FILIAÇÃO. *Direito penal.* Crime pelo qual o agente deixa em asilo ou instituição assistencial filho próprio ou alheio, ocultando sua filiação ou, ainda, atribuindo-lhe outra.

SONEGAÇÃO FISCAL. *Direito tributário.* **1.** Crime que consiste em: a) prestar declaração falsa ou omitir, total ou parcialmente, informação que deva ser dada a agentes das pessoas jurídicas de direito público interno, com a intenção de eximir-se, total ou parcialmente, do pagamento de tributos, taxas e quaisquer adicionais devidos por lei; b) inserir elementos inexatos ou omitir rendimentos ou operação de qualquer natureza em documentos ou livros exigidos pelas leis fiscais, com a intenção de exonerar-se do pagamento de tributos devidos à Fazenda Pública; c) alterar faturas ou quaisquer documentos relativos a operações mercantis com o propósito de fraudar a Fazenda Pública; d) fornecer ou emitir documentos graciosos ou alterar despesas, majorando-as, com o objetivo de obter dedução de tributos devidos à Fazenda Pública, sem prejuízo das sanções administrativas cabíveis; e) exigir, pagar ou receber para si ou para o contribuinte beneficiário da paga qualquer percentagem sobre a parcela dedutível ou deduzida do imposto sobre a renda como incentivo fiscal. **2.** Fraude contra o fisco (Othon Sidou). **3.** Evasão do imposto por meios dolosos (De Plácido e Silva). **4.** Falta de pagamento do tributo devido. **5.** Ato de apresentar declaração fiscal inexata para lesar o fisco. **6.** Ação ou omissão dolosa que impede ou retarda, no todo ou em parte, o conhecimento por parte do fisco, da ocorrência do fato gerador (Marcus Cláudio Acquaviva).

SONEGADOR. Aquele que sonega.

SONEGADOS. *Direito civil* e *direito processual civil.* **1.** Bens do espólio subtraídos do inventário pelo herdeiro, testamenteiro ou pelo inventariante, por não terem sido trazidos à colação ou descritos. **2.** Pena imposta àquele que ocultar bens da herança, com o escopo de prejudicar herdeiros, impedindo que o monte partível alcance sua integralidade. Se o sonegador for o herdeiro, ele perde o direito sobre o bem sonegado, que será restituído ao espólio e partilhado entre os outros co-herdeiros. E se o bem sonegado não estiver mais em seu poder, o sonegador deverá pagar o seu valor mais as perdas e danos. Se o sonegador for o inventariante, herdeiro do autor da herança, perde o direito sobre o bem sonegado e sofre a remoção do cargo. Se não for sucessor do *de cujus* apenas incorre na destituição da inventariança. Se o sonegador for o testamenteiro, além de ser destituído da testamentaria, perde o direito à vintena e será removido também do cargo de inventariante. **3.** Ação ordinária movida, no foro do inventário, por herdeiro ou credores da herança provando que o bem sonegado pertence ao espólio, requerendo sua devolução ou seu valor correspondente, mais perdas e danos, se alienado.

SONEGAR. **1.** Ocultar dolosamente. **2.** Deixar de relacionar algo exigido por lei, com intuito fraudulento. **3.** Não pagar o que deve, burlando lei. **4.** Desviar. **5.** Encobrir.

SONEGÁVEL. Que pode ser sonegado.

SONETEAR. *Direito autoral.* Fazer sonetos.

SONETISTA. *Direito autoral.* Autor de sonetos.

SONETO. *Direito autoral.* Composição poética formada por quatorze versos, em regra, distribuídos por dois quartetos e dois tercetos.

SONHO. **1.** *Medicina legal.* a) Representação mental de algo, que se dá durante o sono; b) idéia dominante que se alimenta com paixão; c) o que se imagina; o que não tem existência real; d) fenômeno psicológico produzido durante o sono. **2.** Nas *linguagens comum* e *jurídica:* a) devaneio; b) utopia; c) pensamento vão, fútil e transitório, sem consistência e em desacordo com a realidade.

SONIAL. Relativo aos sonhos.

SÔNICO. **1.** Referente a som. **2.** O que tem freqüência de vibração dentro do âmbito audível. **3.** Conforme ao som. **4.** Relativo à velocidade do som no ar.

SONÍFERO. *Medicina legal.* Substância que provoca o sono.

SONÍLOGO. *Psicologia.* Intérprete de sonhos.

SONÍLOQUO. Aquele que fala durante o sono.

SONO. *Medicina legal.* **1.** Suspensão normal e temporária da consciência, durante a qual o organismo se repara da fadiga. **2.** Estado daquele que dorme. **3.** Estado periódico de descanso no qual há diminuição de consciência e atividade (Morris Fishbein).

SONO ARTIFICIAL. *Medicina legal.* Aquele provocado por sonífero.

SONO DA MORTE. *Medicina legal.* Estado da pessoa morta.

SONOFONIA. Efeito sonoro usado em programas de rádio e televisão ou em filmes para dar maior realismo.

SONOLÊNCIA. *Medicina legal.* **1.** Disposição para dormir. **2.** Indolência.

SONOLÊNCIA PATOLÓGICA. *Medicina legal.* Estado de sono com acentuada turvação do conhecimento, semicerramento das pálpebras, midríase e resolução muscular, fazendo com que a pessoa, sem reflexão e atenção, responda lentamente às perguntas formuladas. Trata-se da obnubilação mental (Croce e Croce Jr.).

SONOMETRIA. *Medicina legal.* Medição da acuidade auditiva.

SONOPLASTA. *Direito do trabalho.* Aquele encarregado de selecionar e aplicar efeitos sonoros num programa de televisão ou de rádio.

SONOSE. *Medicina legal.* **1.** Sono hipnótico. **2.** Doença do sono; encefalite.

SONOTECA. Arquivo de sons gravados em filmes para serem usados durante a mixagem.

SONOTÉCNICA. *Vide* SONOFONIA.

SONOTERAPIA. *Medicina legal.* Tratamento de doenças nervosas e mentais pela audição de gravações sonoras em ultra-sons.

SONSO. **1.** Dissimulado. **2.** Hipócrita. **3.** Ardiloso, com mostras de ingenuidade.

SONS POR APITO. *Direito de trânsito.* São sinais sonoros, emitidos exclusivamente pelos agentes da autoridade de trânsito nas vias, para orientar ou indicar o direito de passagem dos veículos ou pedestres, sobrepondo-se ou completando sinalização existente no local ou norma estabelecida no Código de Trânsito.

SOPAPO. *Medicina legal.* Soco debaixo do queixo.

SOPEADO. **1.** Reprimido. **2.** Subjugado. **3.** Privado de livre-arbítrio.

SOPEAR. **1.** Reprimir. **2.** Subjugar.

SOPESADO. Avaliado.

SOPESAGEM. Avaliação.

SOPESAR. **1.** Avaliar. **2.** Equilibrar. **3.** Conter. **4.** Distribuir algo com parcimônia.

SOPITAÇÃO. Sensação de torpor ou de fraqueza.

SOPOR. *Medicina legal.* **1.** Estado daquele que está em coma. **2.** Sono profundo.

SOPORÍFERO. *Medicina legal.* O que produz sono.

SOPOROSO. *Medicina legal.* **1.** Sonolento. **2.** Relativo a sopor. **3.** Afecção acompanhada de profunda sonolência.

SOPRADOR. **1.** *Direito do trabalho.* Operário de vidraria que sopra o vidro ou trabalha em máquina com esse mister. **2.** *Direito empresarial.* Aparelho apropriado para soprar o ar na bola de vidro fundido.

SOPRANO. **1.** A mais aguda das vozes. **2.** Cantora que tem essa voz.

SOPRESAR. **1.** Menosprezar. **2.** Tomar de assalto; apressar.

SOPRO CARDÍACO. *Medicina legal.* Vibração provocada pelo sangue que passa pelo coração, produzindo som especial.

SOPRO TUBÁRIO. *Medicina legal.* Ruído respiratório que se ouve nos brônquios, estando o pulmão comprimido ou obstruído por um derramamento.

SOQUEIRO. *Direito agrário.* Engenho produtor de soca.

SORDIDEZ. 1. Torpeza. **2.** Vileza. **3.** Estado ou qualidade de sórdido.

SÓRDIDO. 1. Torpe. **2.** Vil. **3.** Vergonhoso. **4.** Indigno. **5.** Indecente. **6.** Repugnante.

SORGO. *Direito agrário.* Gramínea similar ao milho, muito cultivada pelas suas sementes, usadas como cereais, e para forragem.

SORITES. *Lógica jurídica.* **1.** Silogismo em que se infere a conclusão de mais de duas premissas (Goffredo Telles Jr.). Trata-se do silogismo com mais de duas premissas e uma conclusão. **2.** Polissilogismo em que o atributo de cada uma das proposições que o compõem vem a ser o sujeito da seguinte, ao passo que a premissa maior e a conclusão têm o mesmo sujeito (José Ferrater Mora). **3.** Polissilogismo em que a conclusão de cada um dos seus componentes está implícita, e somente a última é formalmente explicitada (José Ferrater Mora). **4.** Tipo de argumento falso; falácia (José Ferrater Mora).

SORITES ARISTOTÉLICO. *Lógica jurídica.* Sorites progressivo em que o predicado de cada premissa é o sujeito da seguinte, sendo a conclusão formada pelo sujeito da primeira e o predicado da última.

SORITES GOCLÊNICO. *Lógica jurídica.* Também chamado sorites regressivo. É aquele em que a união do sujeito da última premissa com o predicado da primeira forma a conclusão (Goffredo Telles Jr.).

SORITES PROGRESSIVO. *Vide* SORITES ARISTOTÉLICO.

SORITES REGRESSIVO. *Vide* SORITES GOCLÊNICO.

SORÍTICO. *Lógica jurídica.* Relativo a sorites.

SORNA. 1. Pessoa indolente. **2.** Inércia.

SORO. *Medicina legal.* Líquido que se separa dos grumos do sangue coagulado.

SORO ANTIPEÇONHENTO. *Medicina legal.* Soro hiperimune antivenenoso preparado contra peçonha de vários animais, tal como, por exemplo, o soro anticrotálico, contra veneno de cascavel; o soro antibotrópico, contra picada de ja-

raraca, urutu; o soro antiofídico, aplicado em caso de não-identificação da espécie causadora do acidente; o soro polivalente antictenolicósico usado para tratamento do envenenamento de aranhas; o soro antiescorpiônico, contra mordida de escorpião.

SORO ARTIFICIAL. *Medicina legal.* Soro fisiológico, ou seja, solução dos sais encontrados no sangue normal e aproximadamente na mesma proporção.

SORO DA VERDADE. *Medicina legal.* **1.** Anestésico que induz uma pessoa sob interrogação a falar livremente. **2.** Complexo de técnicas de interrogatório médico-legal. **3.** Narcoanálise. **4.** Subnarcose provocada pela administração intravenosa de sais barbitúricos, fazendo com que haja dissolução parcial da consciência vígil, fazendo com que a pessoa revele fatos que busca ocultar (Oswaldo Pataro).

SORO FISIOLÓGICO. *Vide* SORO ARTIFICIAL.

SORO HIPERIMUNE. *Medicina legal.* Soro com grande número de anticorpos contra determinado antígeno (Morris Fishbein).

SORO-PRECIPITAÇÃO DE UHLENHUTH. *Medicina legal.* Prova para diagnóstico específico do sangue encontrado numa mancha. Para averiguar se uma mancha é de sangue humano, ou não, basta empregar a reação da soro-precipitação de Uhlenhuth. Injetado com albumina humana em um coelho, obtém-se o soro anti-humano. Se este, atuando sobre uma solução diluída daquela mancha, turvar-se, ter-se-á a certeza de que se trata de sangue humano.

SOROR. *Direito canônico.* Tratamento dado a freiras.

SORORATO. *Sociologia jurídica.* Forma de casamento entre alguns povos primitivos matriarcais em que uma ou várias das irmãs mais novas da esposa participam de sua vida conjugal ou em que a esposa falecida vem a ser substituída por uma de suas irmãs mais novas.

SORORIAÇÃO. *Medicina legal.* Crescimento das mamas durante a puberdade.

SORORICÍDIO. *Direito penal.* Assassinato de freira.

SOROTERAPIA. *Medicina legal.* Terapia usada na cura ou prevenção de intoxicações agudas (difteria, botulismo, tétano, mordidas de animais venenosos) através de soros hiperimunes.

SORRATEIRO. 1. Dissimulado. **2.** Ardiloso.

SORRETÍCIO. Fraudulento.

SORROBECO. *Direito agrário.* Carneiro advindo do cruzamento de carneiro branco com ovelha preta.

SORTE. **1.** *Direito agrário.* a) Medida agrária de 2.700 quadras; b) rês a que tem direito o vaqueiro a título de pagamento; c) manobra para farpear ou enganar o touro. **2.** *Direito civil.* a) Quinhão ou parte cabível a cada condômino; b) acontecimento fortuito; c) prêmio conferido a alguém em razão de rifa ou sorteio; d) quinhão que tocou em partilha; e) risco; f) bilhete de loteria.

SORTEADO. Escolhido por sorteio.

SORTEADOR. **1.** Aquele que sorteia. **2.** Quiromante.

SORTEAR. *Direito civil.* a) Submeter a sorteio; b) rifar; c) aquinhoar. **2.** *Direito comercial.* Dispor coisas pelas cores, qualidade e preços.

SORTE DAS ARMAS. *Direito militar.* Resultado incerto dos combates durante a guerra.

SORTE DE CAMPO. *Direito agrário.* Medida agrária que corresponde a 2.700 quadras, muito usada no Brasil na era colonial.

SORTE DE TERRAS. *Direito civil.* Quinhão de terras a que cada condômino tem direito.

SORTE GRANDE. Prêmio maior na loteria.

SORTEIO. **1.** *Direito civil.* a) Ato ou efeito de sortear; b) extração de números de rifa ou loteria; c) processo de escolha de pessoa pela sorte. **2.** *Direito comercial.* Disposição de coisas segundo suas cores, qualidades e preços. **3.** *História do direito.* Processo que selecionava pela sorte pessoas para cargo público.

SORTEIO AUTOMÁTICO. *Direito processual penal.* Sorteio que se opera quando não está completo o número de vinte e um jurados, para escolha dos suplentes necessários até perfazer aquele número; e os jurados ou suplentes que não compareceram ou foram dispensados de servir na sessão periódica, são havidos como automaticamente sorteados para a sessão seguinte.

SORTEIO CONDICIONADO. *História do direito.* Sorteio que se aplicava a pessoas que preenchiam as condições exigidas para assumir cargos públicos, escolhendo as que os ocupariam.

SORTEIO DE JURADOS. *Direito processual penal.* Processo usado para escolher, por sorte, os sete jurados, componentes do Tribunal do Júri, dentre as vinte e uma pessoas convocadas, que formarão o Conselho de Sentença, permitindo-

se à defesa e à acusação recusar até três dos sorteados, cada uma, sem qualquer justificativa da recusa.

SORTEIO MILITAR. *Direito militar.* Ato de escolher, pela sorte, jovens para o serviço militar.

SORTEIO PURO E SIMPLES. *História do direito.* Sorteio que era aplicado, indistintamente, a pessoas, selecionando-as para exercerem funções públicas.

SORTIDA. *Direito militar.* Saída da guarnição de uma praça sitiada para atacar os sitiantes (Laudelino Freire).

SORTIDO. *Direito comercial.* **1.** Abastecido de mercadorias. **2.** Variado em cor, qualidade e preço.

SORTIMENTO. *Direito comercial.* **1.** Abastecimento de mercadorias de vários gêneros num estabelecimento comercial. **2.** Provisão.

SORVADO. *Direito agrário.* Fruto meio apodrecido.

SORVAR. *Direito agrário.* Começar, a fruta, a apodrecer.

SORVETEIRO. *Direito comercial.* Fabricante ou vendedor de sorvetes.

SORVETERIA. *Direito comercial.* Local onde os sorvetes são feitos e vendidos.

SOSEIN. *Termo alemão.* **1.** Ser assim. **2.** Essência. **3.** Ser-como-é.

SOSEINSURTEILE. *Termo alemão.* Juízo de essência.

SÓSIA. Aquele que, fisicamente, se parece muito com outro, de tal modo que com ele se confunde.

SOSSEGO. *Direito civil.* **1.** Tranqüilidade. **2.** Quietude. **3.** Ausência de barulho.

SOSSEGO PÚBLICO. *Direito constitucional.* **1.** Paz social. **2.** Direito assegurado à coletividade de não sofrer perturbação em sua tranqüilidade.

SOTA. Subalterno.

SOTA–CAPITÂNIA. *História do direito.* Nau que servia de capitânia.

SOTA–CAPITÃO. *História do direito.* Comandante da sota-capitânia.

SOTA–COCHEIRO. *História do direito.* Segundo cocheiro.

SOTA–GENERAL. *História do direito.* Adjunto de general.

SÓTÃO. *Direito civil.* Compartimento que fica entre o teto do último andar e o telhado de um edifício, destinado, em regra, a guardar objetos de pouco uso.

SOTA-PATRÃO. *História do direito.* Segundo patrão de galeota.

SOTA-PILOTO. *Direito marítimo.* Co-piloto no navio de longo curso.

SOTAQUE. Pronúncia peculiar de uma pessoa de certa região.

SOTA-VENTO. *Direito marítimo.* Lado do navio oposto à direção de onde sopra o vento.

SOTEIRO. *Direito marítimo.* Cada um dos cabos com que se içam ou arreiam os pesos.

SOTERIOLOGIA. *Direito canônico.* Estudo do mistério da redenção cristã.

SOTERRAÇÃO. *Vide* SOTERRAMENTO.

SOTERRADO. Enterrado.

SOTERRAMENTO. *Medicina legal.* Asfixia mecânica causada pela longa permanência em terra, areia, lama etc.

SOTERRAR. 1. Cobrir de terra. **2.** Enterrar.

SOTÉRREO. Subterrâneo.

SOTO-ALMIRANTE. *Direito militar.* Substituto do almirante, na falta deste.

SOTO-SOBERANIA. Subsoberania.

SOTRETA. 1. Pessoa vil. **2.** Coisa sem préstimo.

SOTURNO. 1. Na *linguagem comum:* a) taciturno; b) tristonho. **2.** Na *gíria,* guarda-noturno.

SOUPÇON. *Termo francês.* Suspeita.

SOUS-BAIL. *Locução francesa.* Subarrendamento.

SOUS-FERME. *Locução francesa.* Subarrendamento.

SOUS-LOCATION. *Locução francesa.* Sublocação.

SOUS-SEING. *Locução francesa.* Contrato feito por instrumento particular, sem a intervenção notarial.

SOUS-TRAITÉ. *Locução francesa.* Contrato de empreitada; locação de obra.

SOVACO. *Medicina legal.* Axila.

SOVAQUEIRO. Em *gíria* é o ladrão que tem o hábito de levar o produto do furto ou roubo debaixo do braço.

SOVEREIGNTY. *Termo inglês.* **1.** Independência. **2.** Soberania.

SOVÉU. *Direito agrário.* Laço grosseiro para pegar touros ou peiar cavalos.

SOVIET. *Termo russo.* Assembléia deliberativa do proletariado, dissolvida com a dissolução da URSS, em 1991.

SOVIÉTICO. *Ciência política.* **1.** Partidário do sovietismo. **2.** Relativo aos sovietes da antiga URSS.

SOVIETISMO. *Ciência política.* **1.** Bolchevismo; sistema político dos sovietes. **2.** Representação da ideologia soviética.

SOVIETIZAÇÃO. *Ciência política.* Ato ou efeito de sovietizar.

SOVIETIZAR. *Ciência política.* Adotar o regime soviético.

SOVINA. 1. Na *linguagem comum:* a) mesquino; b) avaro. **2.** *Direito empresarial.* a) Torno bifurcado usado por marceneiro; b) instrumento perfurante, em forma de lima.

SOVINADA. *Medicina legal.* Golpe de sovina.

SOVINAGEM. 1. Avareza. **2.** Mesquinhez.

SOVINICE. *Vide* SOVINAGEM.

SOZIALKONTAKT. *Termo alemão.* Contato social.

SPAM. *Direito virtual.* **1.** Mensagem eletrônica anunciativa ou propaganda de bens ou serviços não solicitada (Amaro Moraes e Silva Neto). **2.** Envio de mensagem pela Internet, a título de publicidade, sem autorização do destinatário. **3.** O mesmo que *junk e-mail.*

SPAM MAIL. *Direito virtual.* **1.** Versão eletrônica das malas diretas. **2.** Mensagens comerciais enviadas via *e-mail* sem solicitação do usuário.

SPAMMER. *Direito virtual.* Aquele que envia uma mesma mensagem para vários endereços eletrônicos.

SPAMMING. *Direito virtual.* Ato de enviar mensagens publicitárias por correio eletrônico a usuários da rede desconhecidos, sem o consenso deles.

SPB. *Direito bancário.* Sistema de Pagamentos Brasileiro que tem a finalidade de transferir fundos de pagador para o recebedor, para liquidar uma obrigação (Luiz Fernando Rudge).

SPC. *Direito do consumidor.* **1.** Sigla de Serviço de Proteção ao Crédito e de *Special-Purpose Company.* **2.** Banco de dados vinculado à Confederação Nacional dos Dirigentes Lojistas (CNDL), que atua na área de consumo, orientando a concessão de crédito (Renato Afonso Gonçalves).

SPE. Sigla de *Single-Purpose Intity,* ou seja, sociedade de propósito exclusivo ou específico.

SPECIAL-EXPERIMENTAL. *Direito comercial. Container* especial-experimental.

SPECIALIA DEROGANT GENERALI. *Expressão latina.* Coisas especiais derrogam as gerais.

SPECIAL LAW. *Locução inglesa.* Direito ditado, na Inglaterra, pelas Cortes especiais, como a do direito mercantil e a do direito eclesiástico.

SPECIALTY. *Termo inglês.* 1. Escritura pública. 2. Trabalho especial.

SPECIE. *Termo latino.* 1. Diferença. 2. Específico.

SPECIE IN EXAMINE. *Locução latina.* Caso em exame ou que está sendo objeto de estudo.

SPECIFIC COMMODITY RATES. *Direito internacional privado.* Tipo de tarifas reduzidas de frete, elaborado pela *International Air Transport Association* (IATA), para grandes pesos.

SPECIOUS PRESENT. *Locução inglesa.* 1. Presente aparente (Clay). 2. Presente considerado como um momento que tem uma duração interior, mesmo que apreendida psicologicamente como um todo indiviso (W. James).

SPECULUM JURIS. *Locução latina.* 1. Espelho do direito. 2. Enciclopédia jurídica; prática criada por Durantis em 1275, a qual considerava o código como espelho, por estar influenciado por um modelo (Othon Sidou).

SPED. *Direito comercial* e *direito virtual.* Sigla de Sistema Público de Escrituração Digital.

SPEDIZIONIERE. *Termo italiano.* Transitário.

SPEDIZIONIERE–VETTORE. *Locução italiana.* Comissionado de transporte.

SPEEDING. *Termo inglês.* Excesso de velocidade.

SPEEDY WI-FI. *Direito virtual.* É a solução da Telefônica *Assist* para acesso à Internet de banda larga sem fio. *Wi-Fi* é a abreviação de *Wireless Fidelity*, uma tecnologia de última geração, que permite que *notebooks* e *palmtops* acessem a Internet em alta velocidade, sem a necessidade de cabos. O *speedy Wi-Fi* está disponível em inúmeros locais públicos, como hotéis, *shoppings*, universidades, cafés, hospitais, restaurantes, centro de convenções e agora também no Instituto de Engenharia. Esses locais são chamados de *Hot Spots* e estão devidamente identificados com a logomarca *speedy Wi-Fi*. Com o *speedy Wi-Fi*, o acesso à Internet não fica restrito aos locais tradicionais, tais como empresa ou residência. O *speedy Wi-Fi* coloca à disposição uma rede mais abrangente, disponível em ambientes profissionais, sociais e culturais.

SPEEDWAY. *Termo inglês.* Estrada para grande velocidade (EUA).

SPENDTHRIFT. *Termo inglês.* Pródigo.

SPERANT OMNES QUAE CUPIUNT NIMIS. *Expressão latina.* Todos esperam aquilo que muito desejam.

SPES ACTIONIS. *Locução latina.* Expectativa de ação; ação que ainda não pode ser movida por estar baseada num direito eventual.

SPES ALIT AGRICOLAS. *Expressão latina.* A esperança alenta os lavradores.

SPES JURIS. *Locução latina.* Expectativa de direito.

SPES PACIS AFFULGET, CUM SERIO BELLUM GERITUR. *Expressão latina.* A boa guerra traz a boa paz.

SPLIT. *Termo inglês* e *direito comercial.* Elevação do número de ações representativas do capital de uma companhia por desdobramento, sem alteração do capital social (Luiz Fernando Rudge).

SPLITTING UP. *Direito internacional privado.* Despedaçamento do contrato internacional. Trata-se do *dépeçage* ou *morcellement* dos franceses.

SPOILS SYSTEM. *Locução inglesa.* Sistema dos despojos.

SPOILT. *Termo inglês.* 1. Furto. 2. Roubo. 3. Saque. 4. Dano. 5. Ruína. 6. Petição.

SPOLIATION. *Termo inglês.* Destruição ou alteração de documento.

SPOLIATUS, ANTE OMNIA, RESTITUENDUS. *Expressão latina.* O esbulhado, antes de tudo, deve ser restituído.

SPONSALIA. *Direito romano.* Promessa de casamento realizada por meio de contrato verbal (*sponsio*) entre os *pater familias* do noivo e da noiva, que, posteriormente, passou a ser feita por pactos e *instrumentum* (Sílvio Meira).

SPONSALICIA LARGITAS. *Direito romano.* Liberalidade esponsalícia; doação feita entre noivos nos esponsais, cuja devolução se operava se o casamento não se realizasse (Othon Sidou).

SPONSIO. *Direito romano.* Contrato verbal usado pelos cidadãos romanos para efetuar promessa de casamento, contrair dívidas, instituir fiança etc.

SPONSOR. *Termo latino.* Fiador.

SPONTE. *Termo latino.* Vontade.

SPONTE MEA. *Locução latina.* Por vontade própria.

SPONTE PROPRIA. *Vide* SPONTE MEA.

SPONTE SUA. *Locução latina.* Por iniciativa própria; de si mesmo.

SPOOF E-MAILS. *Locução inglesa* e *direito virtual.* São *e-mails* falsos que parecem ser enviados por renomadas empresas, instituições financeiras ou órgãos públicos (José Horácio H. R. Ribeiro).

SPOOFING. *Direito virtual.* Manipulação operada no mercado virtual.

SPOT. 1. *Termo inglês.* Anúncio gravado com voz e efeitos sonoros, mas sem música. **2.** *Direito comercial.* Mercado de *commodities* negociado à vista para entrega imediata (Luiz Fernando Rudge).

SPQR. *Direito romano.* **1.** Abreviatura da fórmula *senatus populus que romanus* (o senado e o povo romano), que abria as decisões do senado. **2.** Outros autores entendem que é a sigla de *salue populum quiritium Rex* (salve, rei do povo romano).

SPREAD. 1. *Termo inglês.* Extensão. **2.** *Economia política.* a) Diferença entre taxas ou preços; b) sobretaxa do juro convencionado percentualmente, estabelecida em gravame da operação financeira, em percentual flexível, sempre que houver risco de o devedor ser inadimplente (Othon Sidou). **3.** *Direito bancário.* a) Diferença entre o custo de captação e o de aplicação dos recursos feita pelos bancos (Luiz Lemos Leite); b) taxa cobrada em financiamentos internacionais (Luiz Fernando Rudge). **4.** *Direito comercial.* Trata-se do *straddle* ou contrato conjugado aberto, consistente na compra de mercadoria, em Bolsa, num contrato futuro, em um mês, e na sua venda em outro mês.

SPU. *Direito administrativo.* Abreviatura de Secretaria do Patrimônio da União.

SPUTNIK. *Termo russo.* Aparelho registrador e emissor, capaz de abrigar seres vivos, e colocado em órbitas próprias por meio de foguetes; satélite artificial.

SPYWARES. *Direito virtual.* **1.** *Softwares* espiões (Amaro Moraes e Silva Neto). **2.** Programas espiões que enviam informação do computador do usuário da rede para desconhecidos (Marco Antonio Zanellato).

SQL. Abreviatura de *Structured Query Language.* Linguagem Estruturada de Consulta, que se compõe de palavras-chave como *select, update* e *delete*, usadas para dar instruções que possam ordenar e selecionar registros contidos em um banco de dados.

SQUANDERER. *Termo inglês.* **1.** Dissipador de bens. **2.** Perdulário. **3.** Pródigo.

SQUEEZE. *Termo inglês* e *direito comercial.* Situação mercadológica em que vendedores a descoberto são forçados a cobrir posições, para evitar ou diminuir prejuízos (Luiz Fernando Rudge).

SQUIRE. *Termo inglês.* **1.** Juiz de paz (EUA). **2.** Magistrado. **3.** Proprietário de terras.

SRA. Sigla de Serviço de Radiocomunicação Aeronáutica Público-Restrito.

SRF. *Direito tributário* e *direito administrativo.* Sigla de Secretaria da Receita Federal.

SSA/DFA. *Direito agrário.* É o Serviço de Sanidade Animal da Delegacia Federal da Agricultura.

STAATSRECHT. *Termo alemão.* Direito público.

STACANOVISMO. *Economia política.* Processo industrial criado pela antiga URSS que, por simplificar as operações de trabalho, acarreta maior rendimento e melhor padrão técnico da produção.

STACANOVISTA. *Economia política.* Aquela que emprega o stacanovismo.

STAGGERING OF HOLIDAYS. *Expressão inglesa.* Escalonamento de férias.

STAKEHOLDERS. *Termo inglês.* Grupos interessados em uma organização, como o dos acionistas, funcionários, sindicato, bancos, governo etc.

STALE CHECK. *Locução inglesa.* Cheque prescrito.

STALINISMO. *História do direito.* Período de consolidação do poder comunista na União Soviética sob um partido guiado por Stalin (Pasquino, Elleinstein, Medvedev, Reiman e Tucker).

STAND. 1. *Direito desportivo.* Lugar próprio para tiro ao alvo. **2.** *Direito comercial.* a) Móvel entre balcão e estante usado para exibir mercadorias; b) local ocupado por um dos expositores numa feira de amostras ou exposição.

STANDARD. *Termo inglês.* Modelo.

STANDARD COSTUMEIRO. *Teoria geral do direito.* Costume *secundum legem* (R. Limongi França).

STANDARD JURÍDICO. *Teoria geral do direito.* **1.** Critério básico de avaliação de conceitos jurídicos indefinidos e variáveis no tempo e no espaço (R. Limongi França). **2.** Regra que concede ao aplicador uma certa margem de apreciação, dando-lhe o poder de discricionariedade. **3.** Critério avaliativo de relações jurídicas concretas que exprime a conduta social média e deriva da lei ou da jurisprudência (Gerd Willi Rothmann). **4.** Conduta média da pessoa que atua como referencial para a decisão judicial sobre fatos novos não previstos na lei (Marcus Cláudio Acquaviva).

STANDARD JURISPRUDENCIAL. *Teoria geral do direito.* É aquele que é fixado pelas decisões judiciais.

STANDARD LEGAL. *Teoria geral do direito.* Critério oriundo de normas jurídicas que contém conceitos jurídicos indeterminados (Gerd Willi Rothmann).

STANDARDS FOR PARENTAGE TESTING LABORATO-RIES. *Direito comparado.* Conjunto de normas editadas pela Associação Americana de Bancos de Sangue, dos Estados Unidos, contendo dados para que exames técnicos possam ser considerados, em juízo, como meios probatórios na ação de investigação de paternidade ou na negatória de paternidade.

STANDARD VERTRÄGEN. *Locução alemã.* Contrato por adesão.

STAND BY. *Direito internacional privado.* Cláusula inserida na carta de crédito sob convênio de pagamentos e créditos recíprocos, mediante prévia autorização do Banco Central, com a finalidade de garantir a participação de empresas dos países dos bancos centrais membros do convênio em licitações internacionais nos outros países convenentes.

STANFORD–BINET. *Medicina legal.* Teste de quociente de inteligência (Q. I.), obtido dividindo-se o nível de idade alcançado no teste pela idade cronológica do indivíduo e multiplicando-se o resultado por cem, que é a inteligência média normal, avaliando-se a capacidade de raciocínio. Aquele que tiver Q. I. abaixo de setenta é tido como retardado; abaixo de cinqüenta, como imbecil e abaixo de vinte, como idiota (Morris Fishbein).

STARE DEBET SENTENTIA ARBITRI, QUAM DE RE DIXIRIT SIVE AEQUA, SIVE INIQUA. *Expressão latina.* Deve-se submeter à sentença que o árbitro pronuncia sobre a coisa, seja ela justa ou injusta.

STARE DECISIS. *Locução latina.* **1.** Precedente judicial. **2.** Prestígio emprestado pelos juízes às decisões anteriores por retirarem delas um parâmetro que servirá de base para o julgamento de um caso concreto. **3.** Arte tradicional de decisão judicial, em país de *common law*, que combina técnicas para eliminar o automatismo, conciliando as exigências de certeza e flexibilidade do sistema, vinculando os juízes aos precedentes (Elisabetta Vianello).

STARE DECISIS ET NON QUIETA MOVERE. *Expressão latina.* Mantenha-se a decisão sem distúrbio do que foi decidido.

STATE–HOUSE. *Locução inglesa.* Palácio do governo.

STATE IMMUNITY ACT. *Direito internacional público.* Ato publicado na Grã-Bretanha em 1978 que excluiu do âmbito da imunidade do Estado as ações decorrentes de contratos de trabalhos celebrados exeqüendos *in loco* (Rezek).

STATE OF FACTS. *Locução inglesa.* Alegações.

STATE–ROOM. *Locução inglesa.* Camarote de passageiro de navio.

STATESMAN. *Termo inglês.* **1.** Estadista. **2.** Político.

STATESMANSHIP. *Termo inglês.* **1.** Habilidade política. **2.** Ocupações de um estadista.

STATIM. *Termo latino.* Imediatamente.

STATU QUO. *Locução latina.* No estado; na situação; no estado atual; no estado em que se encontra.

STATU QUO ANTE. *Expressão latina.* Na situação em que se encontrava anteriormente.

STATU QUO ANTE BELLUM. *Direito internacional público.* **1.** Retorno ao estado de não-beligerância pela cessação de hostilidades ou restabelecimento das relações diplomáticas. **2.** Obrigação de entregar o território ocupado. **3.** Estado.

STATUS. *Sociologia geral* e *sociologia jurídica.* **1.** Condição social. **2.** Local ocupado pela pessoa no conjunto das relações sociais da sociedade a que pertence. **3.** Estado.

STATUS ADQUIRIDO. *Sociologia geral.* Posição social ocupada pela pessoa, que resulta de sua afirmação e opção socialmente confirmadas (Paulo Matos Peixoto).

STATUS ADSTRITO. *Sociologia geral.* Aquele que é atribuído pela sociedade à pessoa quando nasce, independentemente de suas aptidões e comportamento futuro (Paulo Matos Peixoto).

STATUS CAUSAE. *Locução latina.* Situação da causa.

STATUS CIVITATIS. *Locução latina.* Estado de cidadania; qualidade de cidadão.

STATUS FAMILIAE. *Locução latina.* Estado de família.

STATUS HEREDITATIS. *Locução latina.* Aptidão para transmitir ou receber herança.

STATUS JURIS. *Locução latina.* Estado de direito.

STATUS LIBERTATIS. *Locução latina.* Estado de liberdade; estado daquele que não se encontra submetido a nenhum *dominus* ou que é livre.

STATUS LITIS. *Locução latina.* Estado da lide.

STATUS MINAX. *Locução latina.* Atitude de ameaça.

STATUS NECESSITATIS. *Locução latina.* Estado de necessidade.

STATUS SOCIAL. *Sociologia geral.* Posição ocupada por alguém num grupo social.

STATUTE-BOOK. *Locução inglesa.* Código.

STATUTE LAW. *Locução inglesa.* Na Inglaterra, é o direito extraído dos *Acts of Parliament.*

STATUTORY. *Termo inglês.* O que está estabelecido por lei.

STEALING. *Termo inglês.* **1.** Roubo. **2.** Furto.

STEALTHY. *Termo inglês.* Clandestino.

STEEPLE-CHASE. *Locução inglesa* e *direito desportivo.* Corrida de obstáculos.

STELLAGES. *Direito comercial.* Venda com dupla opção.

STEP-FAMILIES. *Locução inglesa.* Família mosaico ou pluriparental.

STERILEM FUNDUM NE COLAS. *Expressão latina.* Não se deve cultivar campo estéril.

STEUEREINSPARUNG. *Termo alemão.* Economia de imposto.

STEUERLICHE ZUGEHÖRICHKEIT. *Locução alemã.* Atributividade jurídico-tributária.

STF. *Direito processual.* Sigla de Supremo Tribunal Federal.

STFC. Sigla de Serviço Telefônico Fixo Comutado, destinado ao uso do público em geral.

STILUS OPTIMUS ET PRAESTANTISSIMUS DICENDI EFFECTOR AC MAGISTER. *Expressão latina.* A pena é o melhor e mais eficaz instrumento, o mestre na arte de falar.

STINGER. *Direito militar.* Eficaz arma que constitui um míssil terra-ar, cujo disparador pesa 15 kg, com alcance de 3.500 m, e que pode derrubar um avião voando a até 900 km por hora.

STIPENDIUM. *Termo latino.* **1.** Remuneração. **2.** Tributo. **3.** Imposto anual, cobrado na antiguidade romana. **4.** Salário.

STIPULATIO. *Termo latino.* **1.** Proposta do credor. **2.** Contrato verbal, solene e unilateral. **3.** Estipulação.

STIPULATIO AQUILIANA. *Locução latina.* **1.** Obrigação verbal resultante da transformação de várias obrigações que nela se novavam (De Plácido e Silva). **2.** Transformação de obrigação em contrato verbal após extingui-la mediante a *acceptilatio* (Alexandre Correia e Gaetano Sciascia).

STIPULATIO NON VALET IN REI PROMITTENDI ARBITRIUM COLLATA CONDITIONE. *Expressão latina.* Não vale a estipulação que está condicionada ao arbítrio do promitente.

STJ. *Direito processual.* Sigla de Superior Tribunal de Justiça.

STM. *Direito processual.* Sigla de Superior Tribunal Militar.

STN. *Direito tributário.* Sigla de Secretaria do Tesouro Nacional, representante da União e responsável pela emissão de títulos por ela ofertados no Tesouro Direto.

STOCK CERTIFICATE. *Locução inglesa.* Cautela de ações.

STOCKHOLDER. *Termo inglês.* Acionista.

STOCK KEEPING UNIT (SKU). *Termo inglês* e *direito comercial.* **1.** Item de estoque. **2.** Unidade em que informações de venda e de gestão de estoque são mantidas. Pode ser uma unidade de consumo de um produto ou uma caixa coletiva com diversas unidades do mesmo. Assim sendo, uma caixa coletiva com vinte unidades de determinado item (sabonete de dado tamanho e perfume, por exemplo) constitui um SKU, enquanto outra caixa com quarenta unidades da mesma unidade de consumo representa um outro SKU (James G. Heim).

STOCK MARKET. *Locução inglesa.* Mercado de ações.

STOCK-RAISING. *Locução inglesa.* Criação de gado.

STOCKTAKING. *Termo inglês.* Inventário.

STOP LOSS. *Locução inglesa.* Ordem de Bolsa em que o investidor fixa o preço de venda de uma ação, abaixo do preço corrente no mercado, para proteção dos lucros produzidos (Luiz Fernando Rudge).

STOPPAGE IN TRANSITU. *Direito comercial.* **1.** Instituto que permite ao credor do carregador ordenar a parada da mercadoria em trânsito, em caso de insolvência (Waldemar Ferreira). **2.** Embargo de mercadorias em trânsito, suspendendo sua entrega. **3.** Direito que tem o vendedor, em caso de não-pagamento do comprador, de parar a mercadoria em trânsito para apossar-se dela, em razão do direito de seqüela, já que é o proprietário da mercadoria transportada. O condutor notificado deve entregá-la ao vendedor, que arcará com todas as despesas. Não se pode negar ao vendedor esse direito; assim, se o preço da mercadoria transportada não for

STORAGE | 505 | STO

pago pelo comprador, cabe-lhe rever a posse da mercadoria vendida, se em trânsito, exibindo o conhecimento (Waldirio Bulgarelli, Thomas E. Kerr e Smith). **4.** *Vide RIGHT OF STOPPAGE IN TRANSITU.*

STORAGE. *Termo inglês.* Armazenagem.

STORE. *Termo inglês.* Armazém.

STOWAGE. *Termo inglês.* Estivagem.

STOWAWAY. *Termo inglês.* Passageiro clandestino.

STRADDLE. *Vide SPREAD.*

STRAFZUMESSUNGSRECHT. *Termo alemão.* Direito de determinação da pena.

STRAHLWERTE. *Termo alemão.* Valores de irradiação; valores irradiantes.

STRAIGHT BILL OF LADING. *Direito marítimo* e *direito internacional privado.* Conhecimento de embarque nominativo propriamente dito, intransmissível por endosso, que contém o nome do consignatário da carga, que pode exigir a sua entrega no porto de destino.

STRATEGIC LOGISTICS MANAGEMENT (SLM). *Expressão inglesa.* Gestão Logística Estratégica.

STRAW MAN. *Locução inglesa.* Testa-de-ferro; interposta pessoa; homem-de-palha.

STRAY. *Termo inglês.* **1.** Extravio. **2.** Perda.

STREAKING. *Termo inglês.* Ato de correr ou andar nu. *Vide* CHISPADA.

STREET-WALKER. *Locução inglesa.* Prostituta.

STREITGEGENSTAND. *Termo alemão.* Objeto litigioso.

STREITGEGENSTAND DES RECHTSMITTELS. *Expressão alemã.* Objeto litigioso do recurso.

STREITGENOSSEN. *Termo alemão.* Litisconsortes.

STRESS. 1. *Termo inglês.* Tensão física ou mental. **2.** *Medicina legal.* a) Perturbação psicorgânica suscitada simultaneamente por uma agressão e pela reação de defesa àquela agressiva, muitas vezes excessiva, desordenada, inadaptada e, por isso, nociva (Lalande); b) influência nociva de fatores como frio ou calor excessivo, trauma, infecção, intoxicação, preocupação, emoção violenta, desgosto, excesso de trabalho etc., que provocam certas reações do organismo como síndrome de alarma e síndrome geral de adaptação; c) grau de desgaste total, causado pela vida (Hans Selye); d) esgotamento físico ou emocional.

STRESS PRISIONAL. *Direito penitenciário.* Traumatismo provocado por choque sofrido ao ser recolhido a um estabelecimento prisional. Trata-se do trauma físico ou moral de ingresso na prisão.

STRICK COMPLIANCE. *Locução inglesa.* Literalidade da cártula.

STRICTA LEGIS. *Locução latina.* Lei rigorosa.

STRICTI JURIS. *Locução latina.* De direito estrito.

STRICT LIABILITY. *Locução inglesa.* Responsabilidade sem culpa.

STRICTO JURE. *Locução latina.* **1.** O que deve ser feito segundo o rigor do direito ou dentro da forma legal. **2.** Direito estrito.

STRICTO SENSU. *Locução latina.* **1.** Em sentido estrito, rigoroso ou preciso. **2.** Entendimento restrito.

STRICTUM JUS. *Locução latina.* Direito estrito.

STRIKE BREAKERS. *Locução inglesa.* Fura-greves; trabalhador que não adere à greve.

STRIKE OF THE ROLL. *Locução inglesa.* Exclusão do quadro da Ordem dos Advogados.

STRIKER. *Termo inglês.* Grevista.

STRIP-TEASE. *Locução inglesa.* Espetáculo em que, à vista do público, uma atriz se despe total ou parcialmente.

STROHMANN. *Termo alemão.* Homem de palha.

STRUGGLE FOR LIFE. *Expressão inglesa.* Luta pela vida.

STUDE NON UT PLUS ALIIS SCIAS, SED UT MELIUS. *Expressão latina.* Estuda não para saber mais do que os outros, mas para saber melhor.

STULTITIAM SIMULARE LOCO SUMMA PRUDENTIA EST. *Expressão latina.* Simular tolice em circunstância oportuna é grande prudência.

STUMBLING-BLOCK. *Locução inglesa.* Obstáculo.

SUÁRIO. *História do direito.* **1.** Membro da corporação dos vendedores de porcos, na antiguidade romana. **2.** Oficial que recebia no mercado de Roma os direitos alusivos a gado (Laudelino Freire).

SUASÓRIO. 1. Persuasivo. **2.** Convincente.

SUÁSTICA. *História do direito.* Cruz grega com extremidades das hastes prolongadas em ângulo reto, no mesmo sentido rotatório, adotada como símbolo pelos nazistas.

SUBABIA. *História do direito.* Território da Índia que, no Império Mongólico, era governado por um subabo.

SUBABO. *História do direito.* Vice-rei que governava em nome do Grão-Mogol.

SUBADQUIRENTE. *Direito civil.* Aquele que adquire coisa de quem não é seu proprietário originário.

SUBAFRETADOR. *Direito marítimo.* Aquele que subfreta embarcação a terceiro, para transporte de mercadoria deste, com o escopo de obter lucro com a diferença do frete que se comprometeu a pagar ao fretador (Sampaio de Lacerda).

SUBAFRETAMENTO. *Direito marítimo.* Contrato que pode ocorrer, havendo fretamento total, quando o afretador subfreta a terceiro, que utilizará a nau fretada, visando conseguir lucro com a diferença entre o frete cobrado e o que pagará ao fretador.

SUBAGÊNCIA. *Direito comercial.* Agência que depende de outra mais importante.

SUBAGENTE. *Direito comercial.* Agente que dirige uma subagência.

SUBALIMENTAÇÃO. *Medicina legal.* 1. Alimentação pobre em calorias. 2. Subnutrição.

SUBALTERNA. *Lógica jurídica.* Proposição oposta a outra, dela diferindo apenas pela quantidade. A proposição particular é subalterna da universal (Lachelier).

SUBALTERNAÇÃO. 1. *Direito do trabalho* e *direito administrativo.* Dependência do subalterno a seu superior. 2. *Lógica jurídica.* a) Relação entre duas proposições subalternas; b) inferência imediata pela qual se pode concluir a verdade da subalternante para a da subalternada ou falsidade da subalternada para a da subalternante (Lalande).

SUBALTERNIDADE. *Direito do trabalho* e *direito administrativo.* Qualidade de subalterno.

SUBALTERNO. *Direito do trabalho* e *direito administrativo.* 1. Aquele que, hierarquicamente, está em categoria inferior por estar subordinado a outro. 2. Que está sob as ordens do outro. 3. Inferior. 4. Auxiliar.

SUBALUGAR. *Direito civil* e *direito comercial.* Sublocar.

SUBALUGUEL. *Direito civil* e *direito comercial.* Sublocação.

SUBAQUÁTICO. *Direito marítimo.* Submarino.

SUBARQUIVISTA. Adjunto de arquivista.

SUBARRENDADOR. *Direito agrário.* Arrendatário que subloca o imóvel arrendado.

SUBARRENDAMENTO. *Direito agrário.* Contrato pelo qual o arrendatário transfere a outrem, total ou parcialmente, os direitos e obrigações do arrendamento de imóvel rural. Novo arrendamento.

SUBARRENDAR. *Direito agrário.* Transferir a terceiro obrigações e direitos decorrentes de contrato de arrendamento.

SUBARRENDATÁRIO. *Direito agrário.* Aquele a quem o arrendatário transfere, no todo ou em parte, seus direitos e deveres, desde que haja anuência do proprietário da terra.

SUBASSINAR. 1. Subscrever. 2. Assinar embaixo.

SUBASTA. *Direito processual civil.* Venda em hasta pública ou em leilão, por mandado judicial (Othon Sidou).

SUBASTAÇÃO. *Direito processual civil.* 1. Hasta pública; venda dos bens do devedor em praça pública. 2. Leilão judicial.

SUBASTAR. *Direito processual civil.* Leiloar judicialmente; vender em hasta pública.

SUB-BASE. *Direito militar.* Base secundária que está subordinada ao comandante de uma base naval ou aérea principal.

SUB-BIBLIOTECÁRIO. *Direito do trabalho.* Substituto do bibliotecário.

SUBCATEGORIA. Divisão de uma categoria.

SUB CENSURA. *Locução latina.* Sujeito à crítica ou aprovação.

SUBCHEFE. *Direito do trabalho* e *direito administrativo.* 1. Funcionário imediato. 2. O que substitui o chefe.

SUBCHEFIA. *Direito do trabalho* e *direito administrativo.* 1. Conjunto de funções de subchefe. 2. Repartição do subchefe.

SUBCIÊNCIA. *Filosofia geral.* Divisão de uma ciência.

SUBCIRCUNSCRIÇÃO. Divisão de circunscrição.

SUBCLASSE. Divisão de classe.

SUBCLASSIFICAÇÃO. Ato de subdividir uma classificação.

SUBCOMANDANTE. *Direito militar.* Oficial que tem função imediatamente inferior à do comandante e que pode substituí-lo.

SUBCOMISSÁRIO. Imediato e substituto do comissário.

SUBCOMITÊ DE CERTIFICAÇÃO DIGITAL. *Direito virtual.* Órgão pertencente ao Comitê Executivo do Governo Eletrônico, que tem por objetivo gerenciar as ações de implantação, manutenção e normatização do uso de certificação digital no Governo Federal. Compete ao Subcomitê: 1) propor ao Comitê Executivo do Governo

Eletrônico: a) normas e padrões para o uso de certificados digitais nas aplicações, serviços e infra-estruturas da Administração Pública Federal; b) a adoção de critérios para classificação das aplicações em que o uso da certificação digital seja obrigatório; 2) orientar os órgãos gestores de serviços e aplicações cujo controle de acesso requeira o uso de certificação digital; 3) estabelecer os procedimentos necessários para a salvaguarda da segurança, nos relacionamentos entre os sistemas de informação governamentais, considerando o controle de perfis e permissões estabelecidos; 4) orientar a organização das Autoridades de Registro no âmbito da Administração Pública Federal desde que credenciadas na Infra-Estrutura de Chaves Públicas Brasileira (ICP-Brasil); 5) propor a contratação de serviços necessários ao desenvolvimento, consolidação e divulgação das práticas de certificação digital; 6) recomendar a utilização de métodos e técnicas de avaliação e revisão de práticas e procedimentos nos processos de certificação digital adotados pela Administração Pública Federal; 7) realizar outras ações mediante delegação do Comitê Executivo do Governo Eletrônico.

SUBCONCESSÃO. *Direito administrativo.* Contrato em que o concessionário transfere ao subconcessionário o desempenho do serviço público concedido, desde que autorizado, prévia e expressamente, pela pessoa jurídica de direito público da administração direta (concedente).

SUB CONDITIONE. *Locução latina.* Sob condição; com a condição de.

SUBCONJUNTO. *Filosofia geral.* Todo conjunto que se inclui em outro.

SUBCONSCIÊNCIA. *Medicina legal* e *psicologia forense.* **1.** Estado da inteligência que precede à atividade da consciência. **2.** Consciência que não se formou com todos os elementos indispensáveis.

SUBCONSCIENTE. *Medicina legal* e *psicologia forense.* **1.** Inconsciente. **2.** O que não é apreendido pela consciência.

SUBCONSUMO. *Economia política.* Consumo reduzido ou inferior às exigências da coletividade.

SUBCONTRÁRIA. *Lógica jurídica.* **1.** Proposição afirmativa oposta a uma outra negativa. **2.** Proposição que afirma o que outra nega, apesar de ter o mesmo sujeito e o mesmo predicado.

SUBCONTRATAÇÃO. *Direito civil.* Transferência da posição contratual, feita por uma das partes a terceiro, sem desvincular-se do contrato. A sublocação é, por exemplo, uma subcontratação.

SUBCONTRATAR. *Direito civil.* Ajustar com terceiro a execução de um contrato, sem contudo sair da relação jurídico-contratual.

SUBCONTRATO. *Direito civil.* Contrato acessório que pressupõe a existência de um negócio jurídico principal.

SUBCRÔNICO. *Medicina legal.* Estado de uma moléstia que não é crônico nem agudo.

SUBCULTURA DELINQÜENCIAL. *Direito penal.* É aquela onde as normas de comportamento estabelecidas opõem-se às imperantes na grande sociedade, surgindo o conflito cultural.

SUBCURADOR. *História do direito.* Auxiliar e substituto de curador.

SUBDECANO. *Direito canônico.* Aquele que substitui o decano nos seus impedimentos.

SUBDELEGAÇÃO. **1.** *Direito civil.* Ato de transmitir a alguém o desempenho de um dever ou o exercício de um poder que já lhe fora transferido ou delegado. **2.** *Direito administrativo.* Sucursal de estabelecimento público. **3.** *Direito processual penal.* a) Repartição de subdelegado; b) qualidade de subdelegado.

SUBDELEGACIA. *Direito processual penal.* **1.** Repartição policial subordinada a uma delegacia. **2.** Cargo ou função de subdelegado.

SUBDELEGADO. **1.** *Direito processual penal.* a) Substituto de delegado; b) é a autoridade policial que exerce a função de delegado, embora subordinado a um outro. **2.** Na *linguagem jurídica* em geral, significa: o que recebeu subdelegação.

SUBDELEGANTE. Aquele que subdelega.

SUBDELEGAR. Transmitir a alguém o poder de agir em seu lugar.

SUBDELEGÁVEL. O que pode ser subdelegado.

SUB DEO ET LEGE. *Expressão latina.* Sob Deus e sob a lei.

SUBDESENVOLVIDO. **1.** *Direito internacional público.* a) País que está econômica e socialmente atrasado; b) País que, por apresentar baixa renda *per capita*, está impossibilitado de fazer investimentos produtivos; c) País em desenvolvimento. **2.** Nas *linguagens comum* e *jurídica:* o que não está completamente desenvolvido.

SUBDESENVOLVIMENTO. Condição de subdesenvolvido.

SUBDIREÇÃO. *Direito civil* e *direito comercial.* **1.** Ação ou efeito de subdirigir. **2.** Cargo ou função de subdiretor. **3.** Conjunto de pessoas que têm a incumbência de subdirigir uma sociedade. **4.** Repartição dirigida por um subdiretor.

SUBDIRETOR. *Direito civil* e *direito comercial.* Imediato ou substituto do diretor.

SUBDIRETORIA. *Vide* SUBDIREÇÃO.

SUBDIRIGIR. *Direito civil* e *direito comercial.* Dirigir como subdiretor.

SUBDISTRITO. *Direito administrativo.* Divisão administrativa de um distrito.

SUBDIVIDIR. **1.** Fazer subdivisão. **2.** Dividir algo novamente.

SUBDIVISÃO. Nova divisão do que já foi dividido.

SUBDIVISIONÁRIO. O que se refere à subdivisão.

SUBDIVISÍVEL. Que é suscetível de divisão.

SUBDOLOSO. **1.** Astucioso. **2.** Traiçoeiro.

SUBEMENDA. *Direito constitucional.* Emenda de uma outra emenda apresentada a um projeto de lei, modificando-a.

SUBEMPRAZADO. *História do direito.* O que era dado em subenfiteuse.

SUBEMPRAZAMENTO. *Vide* SUBENFITEUSE.

SUBEMPRAZAR. *História do direito.* Dar em subenfiteuse; subenfiteuticar.

SUBEMPRAZO. *Direito civil.* O que está subemprazado ou subenfiteuticado.

SUBEMPREITADA. *Direito civil.* Cessão total ou parcial do contrato de empreitada, desde que não seja *intuitu personae*, que se dará quando o empreiteiro contratar sob sua responsabilidade, com outra pessoa, no todo ou em parte, a execução da obra de que se encarregar, com anuência do comitente. O empreiteiro responde pela má execução e contra ele pode o comitente reclamar, porque suas obrigações subsistem.

SUBEMPREITAR. *Direito civil.* **1.** Subcontratar uma empreitada, cedendo-a total ou parcialmente. **2.** Fazer subempreitada.

SUBEMPREITEIRA. *Direito civil.* É a empresa que executa obra de construção civil, no todo ou em parte, mediante contrato celebrado com empreiteira.

SUBEMPREITEIRO. *Direito civil.* Aquele com quem o empreiteiro convenciona a cessão total ou parcial da empreitada.

SUBENFITEUSE. *História do direito.* Transferência que o foreiro fazia de seu direito a outrem sem, contudo, desligar-se da relação jurídica que o prendia ao senhorio direto. A subenfiteuse gerava relações apenas entre o enfiteuta e o subenfiteuta. O senhorio direto permanecia alheio ao fato, salvo se no ato constitutivo originário houvesse cláusula que requeresse sua notificação. O senhorio direto não tinha direito à opção nem à percepção do laudêmio. O subenfiteuta devia pagar o foro ao enfiteuta que, por outro lado, não se exonerava da obrigação de pagar ao senhorio a pensão anual, embora esse dever pudesse ser satisfeito, de modo direto, pelo subenfiteuta a fim de evitar o comisso, que redundaria em resolução da subenfiteuse.

SUBENFITEUTA. *História do direito.* Aquele a quem o enfiteuta transferia o domínio útil que tem sobre o bem emprazado. O subenfiteuta tinha perante o enfiteuta os mesmos direitos e obrigações que este tinha perante o senhorio direto. E o foreiro passava a ter os mesmos direitos e obrigações do senhorio direto em face do subenfiteuta.

SUBENTENDER. *Teoria geral do direito.* **1.** Inferir algo mentalmente. **2.** Entender o que não está expresso ou esclarecido.

SUBENTENDIDO. *Teoria geral do direito.* **1.** Aquilo que se pode inferir, sem que esteja expresso. **2.** Implícito. **3.** O que se subentendeu. **4.** O que está virtualmente contido num pensamento.

SUBENTENDIMENTO. *Teoria geral do direito.* Ato ou efeito de subentender.

SUBESPÉCIE. Divisão da espécie.

SUBESTABELECER. *Vide* SUBSTABELECER.

SUBESTABELECIMENTO. *Vide* SUBSTABELECIMENTO.

SUBESTAÇÃO. Rede secundária de distribuição elétrica.

SUBESTIMAR. Não dar o devido valor.

SUB EXAMINE. *Locução latina.* Sob exame.

SUBFATURAMENTO. *Direito penal.* **1.** Fraude cambiária que consiste em atribuir valor inferior ao real, à mercadoria exportada, ficando em mãos do importador, à disposição do exportador, a diferença a menos da quantia declarada na fatura. É uma manobra para a transferência clandestina de lucros (Pedro Nunes). **2.** Registro na fatura de preços inferiores aos reais, fraudando o fisco no campo do comércio interno e externo.

SUBFEUDATÁRIO. *História do direito.* Feudo que dependia de um vassalo feudatário.

SUBFEUDO. *História do direito.* Terra que o vassalo feudatário concedia a alguém, com encargos feudais.

SUBFIADOR. *História do direito.* Fiador do fiador; abonador.

SUBFIANÇA. *História do direito.* **1.** Aquela fiança que tinha por objeto uma outra. Era o contrato pelo qual alguém afiançava a obrigação do fiador. Todavia, urge lembrar que alguns autores ainda a admitem como contrato atípico. **2.** *Vide* ABONAÇÃO.

SUBFRETADOR. *Vide* SUBAFRETADOR.

SUBFRETAMENTO. *Vide* SUBAFRETAMENTO.

SUBFRETAR. *Direito marítimo.* Fazer subafretamento.

SUBGERENTE. Substituto do gerente.

SUBGRUPO. Divisão de um grupo.

SUB HAC CONDITIONE "SI VOLAM" NULLA FIT OBLIGATIO: PRO NON DICTO ENIM EST, QUOD DARE NISI VELIS COGI NON POSSIS. *Expressão latina.* Nula é a obrigação que for contraída sob a condição "se quiser", pois se tem por não dito o que não se pode ser obrigado a dar a não ser que se queira.

SUB HASTA VENDERE. *Expressão latina.* Vender em hasta pública.

SUB–HIPOTECA. *Vide* SEGUNDA HIPOTECA.

SUBIDA DOS AUTOS. *Direito processual.* Remessa dos autos processuais ao tribunal superior, em razão de ter havido interposição tempestiva de recurso.

SUBINFLAMAÇÃO. *Medicina legal.* Inflamação ligeira.

SUBINQUILINO. *Direito civil* e *direito comercial.* Aquele que recebe do locatário a coisa por este dada a título de sublocação.

SUBINSPETOR. Imediato e substituto de inspetor.

SUBINSPETORIA. **1.** Cargo ou função de subinspetor. **2.** Repartição do subinspetor.

SUBINTENDÊNCIA. **1.** Cargo ou função de subintendente. **2.** Repartição de subintendente.

SUBINTENDENTE. Imediato e substituto de intendente.

SUBINTITULAR. *Direito autoral.* Colocar subtítulo.

SUBINTRANTE. *Medicina legal.* Acesso de febre intermitente, quando começa sem que o antecedente tenha cessado.

SUBINVOLUÇÃO. *Medicina legal.* Parada da involução normal do útero, após o parto, acompanhada de dores.

SUBIR. *Direito processual.* Ir o processo do cartório ao juiz ou de uma instância a outra.

SUBISQUIÁTRICO. *Medicina legal.* Luxação do fêmur, em que a cabeça deste fica na parte posterior do ísquio.

SUBITÁRIO. *História do direito.* Na antiguidade romana, era o soldado mobilizado subitamente e contra as regras ordinárias, em caso de perigo ou guerra imprevista (Laudelino Freire).

SÚBITO. **1.** Inesperado. **2.** Repentino.

SUBJACENTE. O que está por baixo.

SUBJEÇÃO. *Retórica jurídica.* Figura com a qual o orador, ao interrogar o ouvinte, deduz sua resposta e a replica antecipadamente.

SUBJECTION. *Termo inglês.* **1.** Sujeição. **2.** Dependência.

SUBJECTUM JURIS. *Locução latina.* Sujeito de direito.

SUBJEKTBEZOGENHEIT. *Termo alemão.* Referência a um sujeito.

SUBJETIVAÇÃO. *Filosofia geral.* Ato ou efeito de subjetivar.

SUBJETIVAR. *Filosofia geral.* Tornar algo subjetivo.

SUBJETIVIDADE. *Filosofia geral.* É a característica do que é subjetivo.

SUBJETIVISMO. **1.** *Filosofia geral.* a) Tendência que consiste em reduzir o juízo de valor ou de realidade a atos ou estados de consciência individuais (Lalande); b) redução de toda existência à existência do sujeito (Paulhan); c) teoria que se assenta na subjetividade; d) doutrina filosófica que só admite a realidade subjetiva; e) tendência à subjetivação; f) teoria segundo a qual o bem depende da experiência subjetiva; g) teoria que entende ser a distinção entre o bem e o mal baseada no bem-estar, no sofrimento e na emoção individual. **2.** *Estética.* Doutrina que admite ser o juízo estético uma expressão de gostos individuais. **3.** *Lógica jurídica.* a) Teoria que reduz a certeza a um estado de assentimento individual firme (Lalande); b) doutrina que recusa um valor objetivo à distinção entre o verdadeiro e o falso. **4.** *Psicologia forense.* Tendência que o indivíduo apresenta em recusar a consideração das coisas do ponto de vista objetivo, por estar voltado às suas idéias e aos seus sentimentos pessoais.

SUBJETIVO. *Teoria geral do direito.* **1.** *Vide* DIREITO SUBJETIVO. **2.** Relativo ao sujeito. **3.** Opinião pessoal. **4.** Concernente ao sujeito pensante. **5.** Método de observação através da consciência. **6.** Atitude do espírito que se deixa levar a crer naquilo que deseja (Lalande). **7.** Que está somente no "eu".

SUB JUDICE. *Locução latina.* **1.** Sob julgamento. **2.** Causa sobre a qual o magistrado ainda não julgou. **3.** Questão pendente de julgamento ou que ainda não foi decidida. **4.** Em juízo.

SUBJUGAÇÃO. Ato ou efeito de subjugar.

SUBJUGADO. 1. Dominado. **2.** Conquistado. **3.** Que se subjugou pela força. **4.** Que vive sob o jugo de alguém.

SUBJUGADOR. 1. Que subjuga. **2.** Que domina. **3.** Que se impõe a outrem.

SUBJUGANTE. *Vide* SUBJUGADOR.

SUBJUGAR. 1. Dominar. **2.** Conquistar. **3.** Submeter à força das armas. **4.** Influir. **5.** Ter poder.

SUBLATA CAUSA, TOLLITUR EFFECTUS. *Aforismo jurídico.* Desaparecida a causa, cessa o efeito.

SUBLEASE. *Termo inglês.* Sublocação.

SUB LEGE LIBERTAS. *Expressão latina.* Liberdade dentro da lei.

SUBLEGENDA. *História do direito.* Lista autônoma de candidatos concorrendo a um mesmo cargo em eleição, dentro do partido político a que estão filiados, considerando-se eleito o mais votado entre eles.

SUBLESSEE. *Termo inglês.* Sublocatário.

SUBLESSOR. *Termo inglês.* Sublocada.

SUBLETTING. *Termo inglês.* Sublocação.

SUBLEVAÇÃO. *Direito penal.* **1.** Revolta contra poder constituído. **2.** Rebelião que visa a mudança do governo. **3.** Revolução.

SUBLEVADO. *Direito penal.* **1.** Que se subleva. **2.** Revoltado. **3.** O que se manifesta contra o governo.

SUBLEVAR. *Direito penal.* **1.** Incitar rebelião ou revolta. **2.** Insurrecionar. **3.** Revoltar-se.

SUBLIMAÇÃO. *Psicologia forense.* Transformação de instintos ou sentimentos inferiores em superiores e socialmente aprovados (Freud).

SUBLIME. 1. Nobre. **2.** Excelente. **3.** O que atingiu perfeição intelectual. **4.** Extraordinário. **5.** Elevado em atos e palavras.

SUBLIMINAL. *Psicologia forense.* Subconsciente.

SUBLIMINAR. *Vide* SUBLIMINAL.

SUBLINHAR. 1. Passar um traço por baixo de alguma palavra ou frase para chamar a atenção do leitor sobre o seu sentido especial. **2.** Destacar.

SUBLITERATURA. Literatura ruim.

SUBLOCAÇÃO. *Direito civil* e *direito comercial.* **1.** Contrato de locação que se efetiva entre o locatário de um bem e terceiro (sublocatário), com a prévia permissão do locador, que, participando de uma primeira relação jurídica *ex locato* (contrato de locação), se vincula a uma segunda (contrato de sublocação), tendo-se em conta, nas duas, o mesmo objeto locado (Rogério Lauria Tucci e Álvaro Villaça Azevedo). **2.** Concessão do gozo parcial ou total da coisa locada por parte de quem é, por sua vez, locatário dela mesma (Andrea Tabet).

SUBLOCADO. *Direito civil* e *direito comercial.* Bem que é objeto de sublocação.

SUBLOCADOR. *Direito civil* e *direito comercial.* Locatário que subloca o bem alugado ao sublocatário.

SUBLOCAR. *Direito civil* e *direito comercial.* **1.** Fazer sublocação. **2.** Dar algo em sublocação.

SUBLOCATÁRIO. *Direito civil* e *direito comercial.* Aquele terceiro que recebe do locatário o bem locado a título de sublocação.

SUBMANDATÁRIO. *Direito civil.* Substabelecido.

SUBMANDATO. *Direito civil.* Substabelecimento.

SUBMARINISTA. *Direito marítimo.* Tripulante de submarino.

SUBMARINO. 1. *Direito marítimo.* a) Imerso no mar; b) navio que navega flutuando ou deslizando sob a superfície da água, usado em exploração científica ou em colocação e manutenção de plataforma petrolífera. **2.** *Direito militar.* Navio que navega flutuando ou deslizando sob a água, usado em operações bélicas e equipado com mísseis de grande alcance.

SUBMERSÃO. 1. *Medicina legal.* Asfixia mecânica provocada por afogamento, em razão de acidente, suicídio ou assassinato. **2.** *Direito agrário.* Abatimento do casco do cavalo, em conseqüência de pancada. **3.** Nas *linguagens comum* e *jurídica:* a) derrota; b) soçobro; c) perdição.

SUBMERSÃO COMPLETA. *Medicina legal.* Ocorre quando a vítima se encontra totalmente mergulhada na água. Caso em que se tem a submersão propriamente dita.

SUBMERSÃO INCOMPLETA. *Medicina legal.* Asfixia mecânica por afogamento que se dá quando apenas o rosto da vítima se acha submerso em água. É muito comum ocorrer entre bêbados, epilépticos etc., ao caírem sobre poças de água, por exemplo (Brouardel).

SUBMERSÃO PROPRIAMENTE DITA. *Vide* SUBMERSÃO COMPLETA.

SUBMERSÍVEL. *Direito marítimo.* **1.** É toda embarcação capaz de, por meios próprios, operar na superfície, submergir, operar submerso, emergir e permanecer flutuando, devendo sempre operar em conjunto com uma embarcação de apoio. **2.** *Vide* SUBMARINO.

SUBMERSO. 1. Derrotado. **2.** Perdido. **3.** Soçobrado. **4.** Prostrado.

SUBMETER. 1. Dominar; subjugar. **2.** Apresentar algo à apreciação. **3.** Tornar-se objeto de exame. **4.** Subordinar. **5.** Tornar dependente. **6.** Sujeitar. **7.** Levar a julgamento. **8.** Obrigar.

SUBMETIDO. 1. Sujeito. **2.** Subordinado. **3.** Que se submete a algo.

SUBMETRALHADORA. *Direito militar.* Arma de fogo, automática ou semi-automática, portátil e destinada a ser descarregada no ombro ou no quadril.

SUBMINISTRAÇÃO. 1. Subjugação. **2.** Subordinação. **3.** Sujeição. **4.** Ato ou efeito de subministrar.

SUBMINISTRADOR. O que subministra.

SUBMINISTRAR. 1. Fornecer. **2.** Dar o necessário. **3.** Prover. **4.** Ministrar. **5.** Apresentar. **6.** Expor.

SUBMISSÃO. 1. Sujeição. **2.** Ato ou efeito de submeter ou submeter-se. **3.** Disposição a obedecer. **4.** Dependência. **5.** Adesão à vontade alheia. **6.** Subordinação.

SUBMISSÃO DE CRIANÇA OU ADOLESCENTE À PROSTITUIÇÃO OU À EXPLORAÇÃO SEXUAL. *Direito penal.* Crime consistente em explorar sexualmente criança ou adolescente, levando-os à prostituição, praticado por qualquer pessoa, proprietário, gerente ou responsável pela casa onde se derem tais práticas delituosas, punido com reclusão de quatro a dez anos e multa e com cassação da licença de localização e de funcionamento do estabelecimento.

SUBMISSIONÁRIO. *Direito canônico.* Missionário de categoria inferior à de outro.

SUBMISSÍVEL. Que pode ser submetido.

SUBMISSIVO. 1. Obediente. **2.** Que demonstra submissão. **3.** Respeitoso.

SUBMISSO. 1. Subordinado. **2.** Que denota submissão. **3.** Curvado. **4.** Aquele que se submete.

SUBMISSOR. O que submete.

SUB MODO. *Locução latina.* O que está subordinado a um encargo.

SUBNARCOSE. *Medicina legal.* Narcoanálise.

SUBNEGAR. *Vide* SONEGAR.

SUBNORMAL. Diz-se daquele que está em posição de inferioridade em relação a outrem (Geraldo Magela Alves).

SUBNUTRIÇÃO. *Medicina legal.* Falta de nutrição; subalimentação.

SUBNUTRIDO. *Medicina legal.* **1.** Subalimentado. **2.** Aquele que está fraco por falta de alimentação adequada.

SUBOFICIAL. *Direito militar.* **1.** Na Marinha, é o posto imediatamente abaixo de guarda-marinha e imediatamente acima de sargento-ajudante. **2.** Na Aeronáutica, é o posto hierárquico que está abaixo de aspirante-a-oficial e acima de primeiro-sargento. **3.** Posto das hierarquias da Marinha e da Aeronáutica que corresponde, no Exército, ao de subtenente.

SUBORDINAÇÃO. 1. Nas *linguagens comum* e *jurídica:* a) submissão a regras; b) sujeição; c) subalternidade hierárquica; d) estado de dependência de uma pessoa a outra em razão de contrato ou lei; e) obediência; f) ato ou efeito de subordinar-se. **2.** *Sociologia geral.* Processo de integração pelo qual pessoas ou grupos se ajustam a uma situação social inferior em relação a outros grupos ou pessoas. **3.** *Lógica jurídica.* a) Relação da espécie com o gênero; b) relação de dependência do termo inferior com o superior num sistema hierárquico (Lalande).

SUBORDINADO. 1. *Lógica jurídica.* Que depende de outro termo. **2.** Nas *linguagens comum* e *jurídica:* a) que depende de outrem ou de um fato; b) subalterno; c) aquele que está sob as ordens de alguém; d) secundário; e) que se subordinou.

SUBORDINADOR. Que subordina.

SUBORDINANTE. *Vide* SUBORDINADOR.

SUBORDINAR. 1. Submeter. **2.** Sujeitar. **3.** Tornar dependente. **4.** Limitar-se.

SUBORDINATIVO. Que indica ou estabelece subordinação.

SUBORDINÁVEL. O que se pode subordinar.

SUBORNAÇÃO. *Vide* SUBORNO.

SUBORNADO. *Direito penal.* **1.** Que recebeu suborno. **2.** Que se deixa subornar. **3.** Venal.

SUBORNADOR. *Direito penal.* **1.** Quem suborna. **2.** Aquele que pratica suborno, para obter alguma vantagem.

SUBORNAMENTO. *Vide* SUBORNO.

SUBORNAR. *Direito penal.* **1.** Peitar. **2.** Corromper. **3.** Induzir alguém mediante recompensa a não cumprir seu dever ou a praticar ações ilegais. **4.** Venalizar.

SUBORNÁVEL. *Direito penal.* Que se pode subornar.

SUBORNO. *Direito penal.* **1.** Corrupção ativa ou passiva. **2.** Ato ou efeito de subornar. **3.** Peita. **4.** Ato de oferecer dádiva para que alguém, em seu proveito, falte ao cumprimento de seu dever. **5.** Delito de funcionário que, ao receber vantagem, se omite na prática de seu dever funcional, causando dano a terceiro ao beneficiar corruptor.

SUBORNO DE JUIZ. *Direito penal.* **1.** Corrupção passiva do juiz, cuja sentença pode, por isso, ser rescindida. **2.** Ato de o juiz receber vantagem indevida.

SUBORNO DE TESTEMUNHA. *Direito penal.* Ato de induzir, mediante promessa de pagamento ou de qualquer recompensa, uma testemunha a depor falsamente.

SUBPARTE. Subdivisão de seções em que se dividiu o todo.

SUB PIGNUS. *Locução latina.* Penhor de penhor, também designado de *pignus pignoris*. Instituto pelo qual o credor empenhava seu crédito a terceiro que, então, vendia a coisa gravada, se o devedor primitivo viesse a descumprir a obrigação.

SUBPOPULAÇÃO. *Sociologia jurídica.* Escassez de população em certa região devida a vários fatores sociais como, por exemplo, o êxodo da população rural.

SUBPREFEITO. *Direito administrativo.* Administrador de uma subprefeitura.

SUBPREFEITURA. *Direito administrativo.* **1.** Divisão administrativa da prefeitura. **2.** Órgão que dirige serviços de uma circunscrição municipal que está sob a dependência de uma prefeitura. **3.** Repartição onde o subprefeito exerce suas funções.

SUBPRIOR. *Direito canônico.* Frade que substitui o prior.

SUBPRIORADO. *Direito canônico.* Cargo ou função de subprior.

SUBPRODUTO. *Direito comercial.* **1.** Produto extraído de matéria da qual já se obteve produto mais importante. **2.** Produto industrial fabricado acessoriamente.

SUBPRODUTO FLORESTAL. *Direito ambiental.* Aquele que passou por processo de beneficiamento na forma relacionada: a) madeira serrada sob qualquer forma, laminada e faqueada; b) resíduos da indústria madeireira (aparas, costaneiras, cavacos e demais restos de beneficiamento e de industrialização de madeira) quando destinados para fabricação de carvão; c) dormentes e postes na fase de saída da indústria; d) carvão de resíduos da indústria madeireira; e) carvão vegetal nativo empacotado, na fase posterior à exploração e produção; f) xaxim e seus artefatos na fase de saída da indústria.

SUBPROGRAMA DE POLÍTICA DE RECURSOS NATURAIS. *Direito ambiental.* É o que objetiva o fortalecimento institucional das entidades estaduais de meio ambiente, o fortalecimento institucional dos órgãos executores do zoneamento ecológico-econômico, a implantação de subprojetos integrados, compreendendo atividades integradas de controle e fiscalização, monitoramento e zoneamento ecológico-econômico em áreas prioritárias, e ações emergenciais de fiscalização.

SUBPROMOTOR. 1. *Direito canônico.* Aquele que, no processo de canonização, faz o papel de promotor. **2.** *Direito processual.* Substituto de promotor.

SUBRÉCOT. *Termo francês.* Excesso de despesa.

SUB–REGIÃO. Divisão de uma região.

SUB–REPÇÃO. 1. *Direito canônico.* a) Fato de se obter uma graça ou um benefício de modo fraudulento e através de dissimulação daquilo que se oporia a isso; b) o que de verdadeiro se omite no exposto (Durand de Maillane). **2.** *Lógica jurídica.* Sofisma que consiste em introduzir no raciocínio um postulado ou uma mudança de sentido dissimulada (Hamelin). **3.** *Direito civil.* a) Fraude ou expediente artificioso, ocultando intencionalmente a verdade, para obter vantagem ilícita; b) subtração fraudulenta; c) falsa alegação para se conseguir algo.

SUB-REPÇÕES DAS SENSAÇÕES. *Filosofia geral.* Qualidades como sons, cores, calor etc., que traduzem para os sentidos determinadas propriedades reais dos corpos, enquanto objetos situados no espaço (Kant).

SUB-REPTÍCIO. 1. O que é feito furtiva e ilicitamente. **2.** Fraudulento. **3.** Falso. **4.** O que é obtido por meio de falsas alegações ou de fraude. **5.** Enganoso. **6.** Furtivo.

SUBREPTIO AUTEM FIT SUBJECTA FALSITATE. *Expressão latina.* Sub-repção é ato de falsificação dolosa da verdade.

SUBRÍCIO. *História do direito.* Fidalgo de categoria inferior à de rico-homem.

SUB-ROGAÇÃO. *Direito civil.* Substituição de uma coisa ou de uma pessoa por outra.

SUB-ROGAÇÃO CONVENCIONAL. *Direito civil.* É a que resulta de acordo de vontade entre o credor e terceiro ou entre o devedor e terceiro, desde que tal convenção seja contemporânea do pagamento, e expressamente declarada, pois, se o pagamento é um ato liberatório, a sub-rogação não se presume.

SUB-ROGAÇÃO DE COISA. *Vide* SUB-ROGAÇÃO REAL.

SUB-ROGAÇÃO DE CRÉDITO. *Direito civil.* É a substituição de credor, mediante pagamento de débito alheio por terceiro.

SUB-ROGAÇÃO DE VÍNCULOS. *Direito civil.* Passagem de ônus de um bem para outro, que requer autorização judicial (Sebastião Amorim e Euclides de Oliveira).

SUB-ROGAÇÃO DO PREÇO. *Direito civil.* É a sub-rogação real que se cumpre no preço ou produto da venda de bem que estava sob encargo ou ônus. Operada a venda do bem, o ônus ou encargo, que sobre ele recaia, passa a incidir sobre o preço obtido. O preço atenderá, então, o ônus ou encargo (De Plácido e Silva).

SUB-ROGAÇÃO LEGAL. *Direito civil.* É a imposta por lei, que contempla vários casos em que terceiros solvem dívida alheia, conferindo-lhes a titularidade dos direitos do credor ao incorporar, em seu patrimônio, o crédito por eles resgatado (Silvio Rodrigues e A. Henri).

SUB-ROGAÇÃO OBJETIVA. *Vide* SUB-ROGAÇÃO REAL.

SUB-ROGAÇÃO PARCIAL. *Direito civil.* É a que se opera quando terceiro paga parte e não a totalidade do débito, passando a adquirir os direitos do credor, proporcionalmente ao que pagou.

SUB-ROGAÇÃO PESSOAL. *Direito civil.* Substituição de uma pessoa por outra, que terá os mesmos direitos e ações daquela. É, portanto, a substituição, nos direitos creditórios, daquele que solveu obrigação alheia ou emprestou a quantia necessária para o pagamento que satisfez o credor. Efetivado o pagamento por terceiro, o credor fica satisfeito e não mais tem o poder de reclamar do devedor o adimplemento da obrigação; porém, como o devedor não solveu o débito, continua a ter o dever de prestá-lo ante o terceiro solvente, alheio à relação negocial primitiva, até que o pagamento de sua parte extinga o liame obrigacional.

SUB-ROGAÇÃO REAL. *Direito civil.* Substituição de uma coisa por outra com os mesmos ônus e atributos. O elemento subjetivo permanece o mesmo; substitui-se necessariamente a coisa, objeto de uma relação jurídica que sobre ela criou uma destinação certa, quando, por qualquer razão, ela não puder desempenhar sua finalidade. Por exemplo, se a coisa dada em garantia se perder, esta se sub-rogará na indenização do seguro, ou no ressarcimento do dano, em benefício do credor.

SUB-ROGAÇÃO SUBJETIVA. *Vide* SUB-ROGAÇÃO PESSOAL.

SUB-ROGAÇÃO TOTAL. *Direito civil.* É a substituição do credor pela totalidade do crédito sub-rogado.

SUB-ROGADO. *Direito civil.* Substituto legal ou convencional do credor, por ter pago o débito.

SUB-ROGADOR. *Direito civil.* **1.** Aquele que sub-roga. **2.** Credor que, tendo recebido o pagamento do débito, se faz substituir por terceiro, que o solveu, nos direitos creditórios. **3.** Sub-rogante.

SUB-ROGANTE. *Direito civil.* **1.** *Vide* SUB-ROGADOR. **2.** Que sub-roga.

SUB-ROGAR. *Direito civil.* **1.** Substituir uma coisa ou uma pessoa por outra. **2.** Transferir direitos creditórios de alguém para outrem. **3.** Fazer sub-rogação. **4.** Tomar o lugar de algo.

SUB-ROGATIVO. *Vide* SUB-ROGANTE.

SUB-ROGATÓRIO. *Vide* SUB-ROGANTE.

SUBROGATUM CAPIT NATURAM EJUS, IN CUJUS LOCUM SUBROGATUR. *Aforismo jurídico.* O sub-rogado tem a natureza do que se sub-roga.

SUB-ROGÁVEL. *Direito civil.* Que se pode sub-rogar.

SUBSCREVER. *Direito civil.* a) Apor assinatura; b) assinar abaixo de um documento, dando-lhe autenticidade ou aceitando o que nele se contém, assumindo a obrigação; c) contrair um compromisso ao assinar o documento; d) firmar para aprovar; e) consentir; f) tomar assinatura de uma publicação periódica; g) inscrever-se com alguma quantia para prestar auxílio a uma obra filantrópica.

SUBSCREVER AÇÕES. *Direito comercial.* Adquirir ações de uma sociedade anônima ou de uma sociedade em comandita por ações.

SUBSCRIBENS CONSENTIRE SUBSCRIPTIS CENSETUR. *Expressão latina.* Quem subscreve faz presumir que aceita o que assinou.

SUBSCRIÇÃO. **1.** Aposição de assinatura num instrumento público ou particular. **2.** Ação ou efeito de subscrever. **3.** Relação de pessoas que assinam um documento em que se menciona o *quantum* com que se inscrevem para um ato de beneficência. **4.** Soma oferecida pelo subscritor. **5.** Promessa de tomar exemplares de uma obra a ser publicada, por um preço convencionado. **6.** Assinatura de periódicos. **7.** Prospecto apresentado ao público, convidando-o a tomar títulos de empréstimo lançados no mercado, para qualquer fim de interesse público. **8.** Contribuição mediante capitalização de créditos ou subscrição em dinheiro ou bens para formar ou aumentar o capital de uma sociedade por ações (Luiz Fernando Rudge).

SUBSCRIÇÃO DE AÇÕES. *Direito comercial.* **1.** Meio legal pelo qual se assume a obrigação de integralizar um determinado número de ações contribuindo para a formação do capital social da companhia. **2.** Aquisição de ações de uma sociedade anônima ou de uma sociedade em comandita por ações.

SUBSCRIÇÃO DE CAPITAL. *Direito comercial.* Ato pelo qual alguém assume o compromisso de concorrer com determinado número de ações e quotas ou de contribuir com dinheiro ou coisa para formar ou aumentar o capital social de uma sociedade anônima ou de uma sociedade limitada.

SUBSCRIÇÃO PARTICULAR. *Direito comercial.* Dá-se quando, na forma da lei, algumas pessoas convencionam formar uma sociedade, subscrevendo seu capital (José Náufel).

SUBSCRIÇÃO PÚBLICA. *Direito comercial.* **1.** Prospecto lançado ao público, contendo convite para tomar títulos de empréstimos lançados no mercado para fins de interesse público. **2.** Aquela que confere a todos o direito de subscrever ações da sociedade constituenda, salvo as limitações legais em casos especiais (José Náufel). **3.** Lançamento público da sociedade, resultante de publicidade de prospectos, contendo o projeto do estatuto e esclarecimentos sobre seus objetivos, com o escopo de fazer com que terceiros venham a aderir à sociedade, comprometendo-se a tomar um certo número de ações (De Plácido e Silva).

SUBSCRITAR. Firmar com assinatura; assinar.

SUBSCRITO. **1.** Que se subscreve. **2.** Assinado.

SUBSCRITOR. **1.** *Direito comercial.* Acionista. **2.** *Direito civil.* a) Assinante de periódico; b) aquele que assina documento, aceitando-o ou autenticando-o; c) aquele que se obriga contratualmente ao assinar um contrato. **3.** *Direito cambiário.* a) Emissor de títulos; b) sacador, na letra de câmbio; c) emitente, na nota promissória.

SUBSCRITOR DE AÇÃO. *Direito comercial.* Aquele que se compromete a pagar o valor das ações adquiridas, ingressando na sociedade anônima ou na sociedade em comandita por ações.

SUBSEÇÃO DA OAB. Divisão de seção criada pelo Conselho Seccional, que fixa sua área territorial e seus limites de competência e autonomia. Compete à subseção da Ordem dos Advogados do Brasil: a) dar cumprimento efetivo às finalidades da OAB; b) velar pela dignidade, independência e valorização da advocacia, e fazer valer as prerrogativas do advogado; c) representar a OAB perante os poderes constituídos; d) desempenhar as atribuições previstas no Regulamento Geral ou por delegação de competência do Conselho Seccional.

SUBSECIVO. **1.** Acessório. **2.** Secundário. **3.** O que sobeja.

SUBSECRETARIA. *Direito do trabalho* e *direito administrativo.* **1.** Divisão de uma secretaria. **2.** Repartição ou departamento que está subordinado a uma secretaria.

SUBSECRETARIA DE ARTICULAÇÃO DA POLÍTICA DE DIREITOS HUMANOS. *Direito administrativo* e *direito internacional público.* Órgão a quem compete: a) coordenar a articulação institucional da Secretaria Especial com órgãos governamentais, organizações não-governamentais, organismos internacionais e instituições estrangeiras, tendo em vista a implementação da política

SUBSECRETARIA DE ASSUNTOS ADMINISTRATIVOS DO MINISTÉRIO DA CULTURA **515** **SUB**

nacional de direitos humanos; b) coordenar, fomentar, implementar e fiscalizar a formalização de convênios, contratos, acordos, ajustes ou instrumental similares, firmados pela Secretaria Especial, avaliando seus objetivos e aplicação dos recursos; c) proporcionar o apoio necessário à atuação da Secretaria Especial nas funções de Autoridade Central Federal e Autoridade Central; d) realizar outras atividades determinadas pelo Secretário Especial.

SUBSECRETARIA DE ASSUNTOS ADMINISTRATIVOS DO MINISTÉRIO DA CULTURA. *Direito administrativo.* Órgão de assistência direta ligado à Secretaria Executiva com o objetivo de: a) planejar, coordenar e supervisionar a execução das atividades relacionadas com os sistemas federais de organização e modernização administrativa, recursos de informação e informática, recursos humanos e de serviços gerais, no âmbito do Ministério; b) promover a articulação com os órgãos centrais dos sistemas federais, referidos no inciso anterior, e informar e orientar os órgãos do Ministério quanto ao cumprimento das normas administrativas estabelecidas; c) promover a elaboração e consolidar planos e programas das atividades de sua área de competência e submetê-los à decisão superior.

SUBSECRETARIA DE PLANEJAMENTO E ORÇAMENTO DO MINISTÉRIO DA CULTURA. *Direito administrativo.* Órgão de assistência direta, ligado à Secretaria Executiva, com competência para: a) planejar, coordenar e supervisionar a execução das atividades relacionadas com o sistema federal de planejamento e orçamento, no âmbito do Ministério; b) promover a articulação com o órgão central do sistema federal, referido no inciso anterior, e informar e orientar os órgãos do Ministério, quanto ao cumprimento das normas estabelecidas; c) coordenar a elaboração e a consolidação dos planos e programas das atividades finalísticas do Ministério, e submetê-los à decisão superior; d) promover a implementação, acompanhar e fornecer elementos para a avaliação de projetos e atividades.

SUBSECRETARIA DE PROMOÇÃO E DEFESA DOS DIREITOS HUMANOS. *Direito administrativo.* Órgão com competência para: a) coordenar a implementação, monitoramento e atualização do Programa Nacional de Direitos Humanos (PNDH); b) supervisionar e coordenar a elaboração dos planos de ação anuais para a implementação e monitoramento do PNDH, com definição de

prazos, metas, responsáveis e orçamento para as ações; c) coordenar e supervisionar a coleta, sistematização e disponibilização de informações sobre a situação dos direitos humanos no País e sobre a execução das metas do PNDH, bem como elaborar os relatórios anuais sobre a implementação desse programa; d) atuar nas atividades relacionadas à promoção de ampla divulgação do PNDH em todo o território nacional; e) promover parcerias com órgãos da Administração Pública federal, estadual, municipal e entidades não-governamentais para a formulação de propostas e a implementação de ações relativas ao PNDH, com ênfase na assistência a vítimas e testemunhas ameaçadas, na promoção e defesa dos direitos humanos, da cidadania, do idoso, da pessoa portadora de deficiência e de outros grupos sociais vulneráveis; f) coordenar e supervisionar, no âmbito da Secretaria Especial, a execução das atividades relacionadas com o Programa Federal de Assistência a Vítimas e a Testemunhas Ameaçadas; g) apoiar, monitorar e supervisionar a implementação dos programas estaduais de proteção a vítimas e testemunhas e dos centros de atendimento a vítimas de crimes; h) realizar outras atividades determinadas pelo Secretário Especial.

SUBSECRETARIADO. *Direito do trabalho.* **1.** Emprego de subsecretário. **2.** Repartição do subsecretário.

SUBSECRETARIA DOS DIREITOS DA CRIANÇA E DO ADOLESCENTE. *Direito da criança e do adolescente.* Órgão incumbido de: a) formular medidas necessárias para promover, estimular, acompanhar e zelar pelo cumprimento do Estatuto da Criança e do Adolescente, mediante o desenvolvimento de ações sociais públicas de proteção à vida e à saúde da criança e do adolescente, para viver em condições dignas de existência; b) propor diretrizes e a adoção de medidas administrativas e de gestão estratégica, visando garantir a adequada implementação do Estatuto da Criança e do Adolescente; c) supervisionar e coordenar a elaboração de planos de ação anuais para a implementação e monitoramento de programas e projetos de atendimento às crianças e aos adolescentes, com definição de prazos, metas, responsáveis e orçamento para as ações; d) supervisionar e coordenar a execução da política de promoção e defesa dos direitos da criança e do adolescente consagrados no Estatuto, bem como fomentar o apoio a serviços de atendimento direto à criança e ao adolescente; e) promover parcerias com órgãos da Administração Pública federal, estadual, municipal e entidades não-governamentais na formulação de propostas para a implementação de programas de ações em defesa dos direitos da criança e do adolescente; f) promover ações de proteção da criança e do adolescente com direitos ameaçados ou violados, bem como apoiar o desenvolvimento de projetos de atendimento aos egressos de medidas socioeducativas; g) incentivar o aprimoramento de instituições de atendimento direto aos adolescentes em conflito com a lei; h) promover e apoiar a execução de programas de proteção e assistência à criança e ao adolescente, vítimas de narcotráfico e da exploração sexual; i) promover ações, em articulação com órgãos da Administração Pública federal, estadual, municipal e outras entidades, de apoio à erradicação do trabalho infantil; j) estimular e apoiar a execução da política de adoção nacional, acompanhando as ocorrências e denúncias de irregularidades para assegurar nesse sentido o cumprimento do Estatuto da Criança e do Adolescente; k) fomentar e contribuir para a formação, a especialização e o aperfeiçoamento de recursos humanos necessários à execução da política de atendimento e garantia dos direitos da criança e do adolescente; l) incentivar e apoiar as ações dos governos federal, estadual, do Distrito Federal e municipal que visem a universalização do direito à documentação civil básica da criança e do adolescente; m) sistematizar, avaliar e disponibilizar os resultados alcançados pelos programas de ações em defesa dos direitos da criança e do adolescente, difundindo conhecimentos e informações mediante estudos e pesquisas específicos; n) colaborar com o Gabinete do Secretário Especial na execução das atividades relacionadas com os Aspectos Civis do Seqüestro Internacional de Crianças e Adolescentes e com as ações relativas à Cooperação em Matéria de Adoção Internacional, de competência da Secretaria Especial; o) realizar outras atividades determinadas pelo Secretário Especial.

SUBSECRETARIAR. *Direito do trabalho.* Exercer a função de subsecretário.

SUBSECRETÁRIO. 1. *Vide* SEGUNDO SECRETÁRIO. **2.** *Direito do trabalho.* Aquele que é responsável por uma subsecretaria. **3.** *Direito administrativo.* Funcionário de ministério, imediatamente inferior ao ministro ou ao secretário geral, do qual é substituto ou auxiliar.

SUBSEGUIR. Seguir-se imediatamente.

SUBSENTIDO. 1. Idéia ou sentido oculto, propositadamente. **2.** Intenção reservada.

SUBSEQÜÊNCIA. 1. Continuação. **2.** Qualidade de subseqüente.

SUBSEQUENS MATRIMONIUM. 1. *Locução latina.* Matrimônio subseqüente. **2.** *Direito penal.* Reparação de ofensa por crime contra os costumes, de ação penal privada (p. ex., posse sexual mediante fraude, assédio sexual), mediante casamento do ofensor com a ofendida, extinguindo a punibilidade.

SUBSEQÜENTE. 1. Imediato. **2.** Que segue.

SUBSERVIÊNCIA. Sujeição servil à vontade de alguém.

SUBSERVIENTE. Aquele que acata, servilmente, as ordens de outrem.

SUBSIDIADO. Que recebe auxílio ou subsídio de alguém ou do Estado.

SUBSIDIAR. 1. Auxiliar. **2.** Contribuir com subsídio.

SUBSIDIÁRIA. Ação ou responsabilidade que confirma a principal.

SUBSIDIÁRIA INTEGRALIZADA. *Direito comercial.* Condição da sociedade anônima cuja totalidade de ações foi adquirida por outra. Tal condição de subsidiária deve ter sido aprovada pela assembléia geral das duas companhias.

SUBSIDIÁRIO. 1. O que se refere a subsídio. **2.** Acessório. **3.** Secundário. **4.** O que reforça ou apóia algo.

SUBSÍDIO. 1. *Direito constitucional* e *direito administrativo.* a) Remuneração paga pelo Estado aos membros dos Poderes Legislativo e Executivo; b) subvenção paga, em dinheiro, pelo governo a certos setores da produção agrícola e agroindustrial para controlar o preço ou incentivar a exportação (Geraldo Magela Alves; Othon Sidou). **2.** Na *linguagem jurídica* em geral: a) auxílio; benefício; b) *quantum* pecuniário subscrito para obra pia ou de interesse público; c) adjutório. **3.** *Direito internacional público.* Quantia que, em razão de tratado, o Estado dá a uma potência aliada. **4.** *Economia política.* Recurso financeiro que possibilita o crescimento de um setor econômico.

SUBSÍDIO ACIONÁVEL. *Direito internacional privado.* É o sujeito a medidas compensatórias, se o mesmo for específico. Um subsídio é específico quando a autoridade outorgante, ou a legislação pela qual essa autoridade deve reger-se, explicitamente limitar o acesso ao subsídio a uma empresa ou indústria, ou a um grupo de empresas ou indústrias, dentro da jurisdição daquela autoridade. Será específico o subsídio que seja limitado a determinadas empresas, localizadas dentro de uma região geográfica situada no interior da jurisdição da autoridade outorgante. Serão específicos, para fins de investigação, quaisquer subsídios que se enquadrem na definição de subsídios proibidos, nos termos do Acordo de Subsídios e Medidas Compensatórias, a saber: a) subsídios vinculados, de fato ou de direito, exclusivamente ou a partir de uma entre várias condições, a desempenho exportador. A vinculação de fato caracterizar-se-á quando ficar demonstrado que a sua concessão, ainda que não vinculada de direito ao desempenho exportador, está vinculada de fato a exportações ou a ganhos com exportações, reais ou previstos. O simples fato de que subsídios sejam concedidos a empresas exportadoras não deverá, por si só, ser considerado como subsídio à exportação; b) subsídios vinculados, exclusivamente ou a partir de uma entre várias condições, ao uso preferencial de produtos domésticos em detrimento de produtos estrangeiros.

SUBSÍDIO PARA APLICAÇÃO DE DIREITOS COMPENSATÓRIOS. *Direito internacional privado.* É o benefício conferido quando houver: **1.** No país exportador, qualquer forma de sustentação de renda ou de preços que, direta ou indiretamente, contribua para aumentar exportações ou reduzir importações de qualquer produto. **2.** Contribuição financeira por um governo ou órgão público, no interior do território do país exportador, denominado a partir daqui "governo", nos casos em que: a) a prática do governo implique transferência direta de fundos (doações, empréstimos, aportes de capital, entre outros) ou potenciais transferências diretas de fundos ou obrigações (garantias de empréstimos, entre outros); ou b) sejam perdoadas ou deixem de ser recolhidas receitas públicas devidas (incentivos fiscais, entre outros), não sendo consideradas como subsídios as isenções, em favor dos produtos destinados à exportação, de impostos ou taxas habitualmente aplicados ao produto similar quando destinado ao consumo interno, nem a devolução ou abono de tais impostos ou taxas, desde que o valor não exceda os totais devidos, de acordo com o GATT/1994 e o Acordo sobre Subsídios e Medidas Compensatórias; ou c) o governo forneça bens ou serviços além daqueles destinados à infra-estrutura geral, ou quando adquira bens; ou d) o governo faça pagamentos a um mecanismo de fundo, ou instrua, ou confie, a entidade privada a realizar uma ou mais das funções descritas nos itens anteriores, os quais seriam normalmente incumbência do governo, e cuja atuação não difira, de modo significativo, da prática habitualmente seguida pelos governos. Tal subsídio será acionável ou não acionável conforme esteja sujeito, ou não, a medidas compensatórias.

SUBSÍDIOS NÃO ACIONÁVEIS. *Direito internacional privado.* Aqueles que não estão sujeitos a medidas compensatórias. Não estão sujeitos a medidas compensatórias os subsídios concedidos para atividades de pesquisa, exceto quando relacionada a aeronaves civis, realizadas por empresas ou estabelecimentos de pesquisa ou de educação superior a elas vinculados por relação contratual, se o subsídio cobrir até o máximo de 75% dos custos da pesquisa industrial, ou 50% dos custos das atividades pré-competitivas de desenvolvimento, e estes níveis permitidos de assistência não acionável, ora mencionados, serão estabelecidos com referência ao total de gastos computáveis efetuados durante todo o curso de um projeto e desde que a assistência referida seja limitada exclusivamente a: 1. custos de pessoal empregado exclusivamente na atividade de pesquisa, como pesquisadores, tecnólogos, outro pessoal de apoio e técnicos relacionados com esta atividade; 2. custos com instrumentos, equipamentos, terrenos e construções destinados exclusiva e permanentemente à atividade de pesquisa, exceto quando tenham sido colocados à disposição em base comercial; 3. custos com consultorias e serviços equivalentes usados exclusivamente na atividade de pesquisa, incluindo-se a aquisição de resultados de pesquisas, conhecimentos técnicos, patentes e outros; 4. custos indiretos adicionais incorridos em conseqüência direta das atividades de pesquisa; 5. outros custos correntes, inclusive de materiais, suprimentos e assemelhados, incorridos diretamente em consequência das atividades de pesquisa. Não estarão sujeitos a medidas compensatórias subsídios concedidos, no quadro geral do desenvolvimento regional, a uma região desfavorecida dentro do território do país exportador, para assistência que no âmbito das regiões elegíveis seja não específica, que: 1. cada região desfavorecida constitua área geográfica contínua claramente designada, com identidade econômico-administrativa definível; 2. a região seja considerada desfavorecida a partir de critérios imparciais e objetivos, claramente expressos em lei, regulamento ou outro ato normativo, de forma a permitir a verificação, e que estes demonstrem que suas dificuldades não são decorrentes apenas de circunstâncias temporárias; 3. os critérios incluam medida de desenvolvimento econômico, apurada ao longo de um período de três anos, baseada em pelo menos um dos seguintes indicadores: a) renda *per capita* ou renda familiar *per capita* ou Produto Interno Bruto *per capita*, igual ou inferior a 85% da média do território em causa; b) taxa de desemprego, igual ou superior a 110% da taxa média do território em causa. Não estarão sujeitos à aplicação de medidas compensatórias subsídios concedidos para promover a adaptação de instalações em operação há pelo menos dois anos antes do estabelecimento de novas exigências ambientalistas impostas por lei ou regulamentos, de que resultem maiores obrigações ou carga financeira sobre as empresas.

SUBSIGNAMO. *História do direito.* Soldado romano que reforçava o centro do Exército.

SUBSIGNÁRIO. *História do direito.* Corpo de soldados veteranos que, em Roma, não fazia parte da legião e marchava sob bandeira separada.

SUBSISTEMA. *Filosofia geral* e *filosofia do direito.* Divisão de sistema. Assim, pode-se dizer, seguindo o tridimensionalismo de Miguel Reale, que o sistema jurídico se compõe de um subsistema de normas, de um subsistema de valores e de um subsistema de fatos, isomórficos entre si.

SUBSISTEMA CONSTITUCIONAL TRIBUTÁRIO. *Direito tributário.* Parte integrante do sistema de amplitude global (ordenamento jurídico vigente), que está formado pelo quadro orgânico de normas constitucionais relativas à matéria tributária (Paulo de Barros Carvalho).

SUBSISTEMA DE INTELIGÊNCIA DE SEGURANÇA PÚBLICA. *Direito administrativo.* Órgão pertencente ao âmbito do Sistema Brasileiro de Inteligência com a finalidade de coordenar e integrar as atividades de inteligência de segurança pública em todo o País, bem como de suprir os Governos Federal, estaduais e municipais de informações que subsidiem a tomada de decisões nesse campo. Integram o Subsistema de Inteligência de Segurança Pública os Ministérios da Justiça, da Defesa e da Integração Nacional, o Gabinete de Segurança Institucional da Presidência da República e a Agência Brasileira de Inteligência, como órgão central. Poderão integrá-lo órgãos de Inteligência de Segurança Pública dos Estados, do Distrito Federal e dos Municípios. Aos integrantes do Subsistema cabe, no âmbito de suas competências, identificar, acompanhar e avaliar ameaças reais ou potenciais; promover a coleta, busca e análise de dados; e produzir conhecimentos que subsidiem decisões nas esferas dos Governos Federal, estadual e municipal, reduzindo ao máximo o grau de incerteza sobre questões pertinentes à segurança pública.

SUBSISTEMA NACIONAL DE VIGILÂNCIA DA QUALIDADE DO AR RELACIONADO À SAÚDE HUMANA (SINAR). *Direito ambiental.* É parte integrante do Sistema Nacional de Vigilância Ambiental em Saúde (SINVAS), que visa ao conhecimento, à prevenção e ao controle dos fatores de riscos relacionados às doenças e outros agravos à saúde decorrentes da poluição atmosférica em ambientes externos. O Sinar tem os seguintes objetivos: a) identificar e definir os padrões máximos aceitáveis ou permitidos e os níveis de concentração no ar de poluentes atmosféricos em ambientes externos que possam ocasionar danos à saúde humana; b) acompanhar e avaliar os efeitos da poluição atmosférica na saúde das populações expostas; c) monitorar as tendências dos indicadores da qualidade do ar em ambientes externos; d) promover a participação da sociedade nas ações de prevenção da poluição atmosférica; e) propor programas nacionais e locais de proteção da saúde da população diante dos riscos decorrentes da poluição atmosférica; f) fomentar o desenvolvimento de pesquisas; g) estruturar as sub-redes de laboratórios; h) definir mecanismos de intervenção.

SUBSISTEMA NACIONAL DE VIGILÂNCIA DAS DOENÇAS E AGRAVOS NÃO TRANSMISSÍVEIS (SIDANT). *Direito ambiental* e *biodireito.* Integrante do Sistema

Nacional de Vigilância Epidemiológica e Ambiental em Saúde (SNVE), compreende o conjunto de ações e serviços prestados por órgãos e entidades públicas e privadas com a finalidade de fornecer ao Sistema Único de Saúde (SUS) o conhecimento epidemiológico dessas doenças e agravos e dos seus fatores de risco, bem como recomendar e adotar medidas de prevenção que contribuam para minimizar os danos à saúde, em especial: 1) Dos seguintes fatores de risco para doenças não transmissíveis: a) sedentarismo; b) tabagismo; c) consumo de álcool e outras drogas; d) hábitos alimentares inadequados; e) hipertensão arterial; f) obesidade; g) decorrentes da atividade ocupacional. 2) Dos seguintes grupos de doenças ou agravos: a) cárdio e cérebro-vasculares; b) diabetes *mellittus*; c) câncer; d) doenças mentais; e) agravos decorrentes das causas externas.

SUBSISTEMA NACIONAL DE VIGILÂNCIA EM SAÚDE AMBIENTAL (SINVSA). *Direito ambiental.* Compreende o conjunto de ações e serviços prestados por órgãos e entidades públicas e privadas, relativos à vigilância em saúde ambiental, visando o conhecimento e a detecção ou prevenção de qualquer mudança nos fatores determinantes e condicionantes do meio ambiente que interfere na saúde humana, com a finalidade de recomendar e adotar medidas de promoção da saúde ambiental, prevenção e controle dos fatores de riscos relacionados às doenças e outros agravos à saúde, em especial: a) água para consumo humano; b) ar; c) solo; d) contaminantes ambientais e substâncias químicas; e) desastres naturais; f) acidentes com produtos perigosos; g) fatores físicos; e h) ambiente de trabalho.

SUBSISTEMA NACIONAL DE VIGILÂNCIA EPIDEMIOLÓGICA EM ÂMBITO HOSPITALAR. *Direito ambiental e biodireito.* É o integrado por todo hospital em funcionamento no território nacional, independentemente de sua natureza e da existência de relação para a prestação de serviços ao Sistema Único de Saúde (SUS).

SUBSISTÊNCIA. 1. *Direito civil.* a) Conjunto de meios para a vida e despesas de cada um; b) suprimento do que for necessário à manutenção de alguém, como alimentação, vestuário, medicamentos, moradia etc. **2.** *Filosofia geral.* a) Essência; b) realidade; c) qualidade ou condição do que subsiste por si mesmo; d) permanência; e) estabilidade; f) relação da substância com o acidente e vice-versa (Kant). **3.** *Direito agrário.*

Diz-se da agricultura destinada para o sustento dos que nela trabalham, sem intuito de comercializar os seus produtos.

SUBSISTÊNCIA MILITAR. *Direito militar.* Suprimento de alimentos de utilidade doméstica fornecido aos militares de uma determinada região por um estabelecimento organizado e mantido pelas Forças Armadas (De Plácido e Silva).

SUBSISTENTE. 1. O que conserva sua existência e força. **2.** Ato ou fato que permanece válido. **3.** O que deve ser considerado real. **4.** Vigente. **5.** Inatacável.

SUBSISTIR. 1. *Filosofia geral.* a) Existir como substância e não como acidente; b) existir através de uma série de momentos distintos (Malebranche); c) possuir o gênero de existência ou de realidade que pertence às proposições abstratas e gerais independente de decisões contingentes (Lalande e B. Russell). **2.** Na *linguagem jurídica* em geral: a) prover às necessidades vitais; b) permanecer; c) durar; d) conservar a força; e) existir em sua individualidade.

SUBSOBERANIA. *Ciência política* e *direito comparado.* Dignidade ou função de subsoberano.

SUBSOBERANO. *Ciência política* e *direito comparado.* Príncipe governante que está sujeito a outro imperante (Laudelino Freire).

SUBSOLADOR. *Direito agrário.* Charrua e arado apropriados para arrotear até o subsolo.

SUBSOLO. *Direito civil, direito administrativo* e *direito constitucional.* **1.** Parte inferior ao solo em sua profundidade pertencente ao proprietário do solo, que, quanto às minas, jazidas e energia hidráulica incorpora-se ao patrimônio da União, para efeito de sua exploração ou aproveitamento; todavia, está garantida ao dono do solo a participação nos resultados da lavra. O titular da propriedade imobiliária não pode impedir que perfurem o subsolo, para instalação de metrô, por exemplo, nem obstar a efetivação de obras que se efetuem a uma determinada profundidade que não cause risco para sua incolumidade, principalmente quando feitas em benefício do interesse social. Quanto aos demais casos, como construção de porões, garagem subterrânea, por exemplo, o dono do solo será também o do subsolo. **2.** Construção abaixo do rés-do-chão (Laudelino Freire). **3.** O que se encontra abaixo da superfície arável do solo.

SUBSORTEIO. 1. Sorteio de partes de um todo já sorteado. **2.** Sorteio suplementar (Laudelino Freire).

SUB SPES RATI. *Direito internacional público.* Tratado ou ato que está dependendo de ratificação (Othon Sidou).

SUBSTABELECENTE. *Direito civil.* Mandatário que substabelece outro no mandato, transferindo-lhe direitos e deveres, no todo ou em parte, para que o substitua.

SUBSTABELECER. *Direito civil.* **1.** Transferir para terceiro, total ou parcialmente, os poderes outorgados no mandato, para que substitua o mandatário. **2.** Passar a outrem o mandato.

SUBSTABELECIDO. *Direito civil.* **1.** Aquele a quem os poderes do mandatário foram transferidos. **2.** Submandatário.

SUBSTABELECIMENTO. *Direito civil.* Ação ou efeito de substabelecer.

SUBSTABELECIMENTO AUTORIZADO. *Direito civil.* Aquele em que o mandatário recebeu autorização expressa do mandante para substabelecer, transferindo a terceiro poderes para o substituir quando for necessário. Logo, o substabelecente só responde, por culpa *in eligendo*, pelos atos do substabelecido se este for notoriamente incapaz ou insolvente.

SUBSTABELECIMENTO COM RESERVA DE PODERES. *Direito civil.* Aquele em que o mandatário se faz substituir por terceiro, sem renunciar ao mandato, reservando todos ou alguns dos poderes do mandato, para reassumi-los quando quiser. Assim sendo tanto o substabelecente como o substabelecido mantêm-se no mandato como mandatário e submandatário (De Plácido e Silva).

SUBSTABELECIMENTO DE MANDATO. *Direito civil.* **1.** Submandato. **2.** Ato de transferência dos poderes recebidos pelo mandatário a um terceiro de sua confiança para que este o substitua temporária ou definitivamente, total ou parcialmente, no exercício do mandato que lhe foi outorgado.

SUBSTABELECIMENTO NÃO AUTORIZADO. *Direito civil.* É a transferência dos poderes do mandato feita pelo mandatário a terceiro, quando julgar necessária sua substituição, não constando na procuração menção expressa para substabelecer, respondendo, por isso, perante o mandante pelos danos causados por culpa do substabelecido, mesmo que seja capaz e solvente.

SUBSTABELECIMENTO PARCIAL. *Direito civil.* Transferência feita pelo mandatário a terceiro de apenas uma parte dos poderes que lhe foram outorgados, no mandato, pelo mandante.

SUBSTABELECIMENTO PROIBIDO. *Direito civil.* Aquele que está expressamente vedado pelo mandante, por isso o mandatário que o fizer responde por todos os prejuízos ocorridos sob a gerência do substituto, embora provenientes de caso fortuito, salvo provando que o caso teria sobrevindo, ainda que não tivesse havido substabelecimento. A responsabilidade recai inteiramente sobre o mandatário, que se fez substituir sem considerar a proibição expressa que, nesse sentido, lhe impusera o mandante.

SUBSTABELECIMENTO SEM RESERVA DE PODERES. *Direito civil.* Substituição definitiva do mandatário pelo substabelecido, pois aquele, ao lhe transferir todos os poderes sem reservá-los para si, não mais poderá reassumir, uma vez que se operou um novo mandato. Todavia o mandatário, apesar de ter renunciado ao mandato, responderá pelas obrigações deste, se não notificar o mandante de que houve substabelecimento.

SUBSTABELECIMENTO TOTAL. *Direito civil.* Transferência de todos os encargos e poderes outorgados pelo mandante, feita pelo mandatário a terceiro, que o substitui.

SUBSTÂNCIA. 1. *Filosofia geral.* a) Permanência; b) razão essencial do ser; essência; c) aquilo que existe por si mesmo sem pressupor um ser diferente de que seja atributo ou relação (Lalande e Descartes); o que é em si e se concebe por si mesmo (Spinoza); d) matéria; e) o que é fundamental; f) base de todas as qualidades materiais e espirituais; g) vigor; força; h) o que está sob qualidades ou acidentes, servindo-lhe de suporte (José Ferrater Mora); i) categoria da relação; j) realidade; k) ser corporal. **2.** *Lógica jurídica.* Conceito *a priori* resultante da forma do juízo categórico, enquanto afirma ou nega um predicado de um sujeito (Kant). **3.** *Direito civil.* a) Requisito legal, que é essencial ao negócio jurídico; b) o que é da própria natureza do negócio jurídico, imprescindível para sua validade.

SUBSTÂNCIA ALIMENTÍCIA. Parte mais nutritiva dos alimentos.

SUBSTÂNCIA AVARIADA. *Direito penal.* Substância deteriorada em conseqüência de má conservação, putrefação, decomposição etc. que se for

SUBSTÂNCIA DA COISA

vendida ou exposta à venda, configurado está o crime contra a saúde pública, punido com detenção ou multa.

SUBSTÂNCIA DA COISA. *Direito civil.* **1.** Elemento natural ou legal que constitui a essência da coisa. **2.** Matéria de que a coisa se compõe. **3.** Natureza econômica. **4.** Destino ou finalidade da coisa.

SUBSTÂNCIA DA OBRA. *Direito autoral.* Assunto ou matéria principal de obra literária, artística ou científica.

SUBSTÂNCIA DA OBRIGAÇÃO. *Direito civil.* **1.** Conteúdo da obrigação, caso em que tal substância é intrínseca. **2.** Forma da obrigação, determinada pela lei, hipótese em que se tem a substância extrínseca. **3.** Complexo de requisitos essenciais à constituição de uma obrigação.

SUBSTÂNCIA DESTINADA À FALSIFICAÇÃO. *Direito penal.* Aquela que, podendo falsificar um produto alimentício ou medicinal, se vendida ou exposta à venda ou, ainda, se conservada em depósito ou cedida, acarreta crime contra a saúde pública, punido com detenção e multa.

SUBSTANCIADO. 1. Sintetizado, resumido. **2.** Aproveitado em sua essência. **3.** De que se extraiu a substância.

SUBSTÂNCIA DO ATO NEGOCIAL. *Direito civil.* Conjunto de elementos necessários ou essenciais à existência e à validade do ato ou negócio jurídico. Tais elementos podem ser gerais, se comuns à generalidade dos negócios jurídicos, dizendo respeito à capacidade do agente, ao objeto lícito e possível e ao consentimento dos interessados; e particulares, peculiares a determinadas espécies por serem concernentes à sua forma.

SUBSTÂNCIA DOS BENS. *Direito civil.* Conjunto de elementos naturais ou legais alusivos à natureza dos bens, permitindo sua classificação em móveis ou imóveis; fungíveis ou infungíveis; consumíveis ou inconsumíveis; divisíveis ou indivisíveis etc.

SUBSTÂNCIA DOS CONTRATOS. *Direito civil.* Conjunto de requisitos intrínsecos ou extrínsecos imprescindíveis para a existência e validade dos contratos.

SUBSTÂNCIA EXPLOSIVA. *Direito ambiental* e *direito civil.* É a substância sólida ou líquida (ou mistura de substâncias) que, por si mesma, através de reação química, seja capaz de produzir gás a temperatura, pressão e velocidade tais que pos-

sa causar danos a sua volta. Incluem-se nessa definição as substâncias pirotécnicas, mesmo que não desprendam gases.

SUBSTÂNCIA EXTRÍNSECA. *Direito civil.* É a referente à forma especial determinada legalmente para a validade do ato.

SUBSTÂNCIA INTRÍNSECA. *Direito civil.* É a alusiva ao conteúdo do ato, dizendo respeito: ao mútuo consenso das partes; capacidade delas, licitude e possibilidade do objeto.

SUBSTANCIAL. 1. Que pertence à substância. **2.** Que contém substância. **3.** Essencial. **4.** O que é da natureza da coisa ou do ato. **5.** Próprio ou inerente ao bem ou ao ato. **6.** O que apresenta um conteúdo. **7.** Material. **8.** Predominante. **9.** Fundamental. **10.** Principal. **11.** O que encerra algo importante. **12.** Rico doutrinariamente. **13.** O que compreende idéias e esclarecimentos.

SUBSTANCIALIDADE. 1. Qualidade ou característica do que é substancial. **2.** Conceito ou categoria de substância.

SUBSTANCIALISMO. *Filosofia geral.* Doutrina que admite a existência de uma realidade substancial.

SUBSTANCIALISTA. *Filosofia geral.* **1.** Adepto do substancialismo. **2.** Relativo ao substancialismo.

SUBSTANCIALIZADO. *Filosofia geral.* **1.** Que se substancializou. **2.** O que se converteu em substância.

SUBSTANCIALIZAR. *Filosofia geral.* **1.** Tornar substancial. **2.** Converter em substância. **3.** Considerar algo como substância.

SUBSTÂNCIA PERIGOSA. *Direito do consumidor.* **1.** Aquela que é nociva à saúde, que deve conter, no rótulo, sua composição e o símbolo de perigo correspondente, segundo padronização internacional, sem olvidar das recomendações de socorro imediato. **2.** Designa toda substância ou mistura que, em razão de propriedades químicas, físicas ou toxicológicas, seja uma só ou, em combinação com outras, represente perigo.

SUBSTÂNCIA PIROFÓRICA. *Direito ambiental* e *direito civil.* Qualquer substância ou material capaz de inflamar-se e incendiar-se espontaneamente em presença de ar.

SUBSTÂNCIA PIROTÉCNICA. *Direito ambiental* e *direito civil.* É uma substância, ou mistura de substâncias, concebida para produzir um efeito de calor, luz, som, gás ou fumaça, ou a combinação destes, como resultado de reações químicas exotérmicas auto-sustentáveis e não detonantes.

SUBSTÂNCIA PRIMEIRA. *Filosofia geral.* Ser individual enquanto é imediatamente e por excelência o sujeito de que se afirmam ou se negam diversos predicados, e que não é ele mesmo predicado de nenhum sujeito (Aristóteles e Lalande).

SUBSTANCIAR. 1. Sintetizar. **2.** Resumir. **3.** Reforçar. **4.** Nutrir.

SUBSTÂNCIA SECUNDÁRIA. *Vide* SUBSTÂNCIA SEGUNDA.

SUBSTÂNCIA SEGUNDA. *Filosofia geral* e *lógica.* Aquilo que pode ser secundariamente o sujeito de uma proposição, como os termos gerais. Mas apenas deve ser considerada substância por analogia, porque nenhum universal, nenhuma noção comum é verdadeiramente substância (Aristóteles e Lalande).

SUBSTÂNCIAS INFECTANTES. *Direito ambiental.* São aquelas que contêm microorganismos viáveis, incluindo uma bactéria, vírus, rickéttsia, parasita, fungo, ou um recombinante, híbrido ou mutante, que provocam, ou há suspeita de que possam provocar, doenças em seres humanos ou animais.

SUBSTÂNCIAS OXIDANTES. *Direito ambiental.* Substâncias que, embora não sendo necessariamente combustíveis, podem, em geral por liberação de oxigênio, causar a combustão de outros materiais ou contribuir para isto.

SUBSTÂNCIAS TÓXICAS VENENOSAS. *Medicina legal.* São as capazes de provocar a morte, lesões graves, ou danos à saúde humana, se ingeridas, inaladas ou se entrarem em contato com a pele.

SUBSTANCIOSO. O que tem substância.

SUBSTANTIVO. *Filosofia geral.* **1.** O que define a matéria ou substância de algo. **2.** Que designa um ser real ou metafísico.

SUBSTATÓRIO. O que impede o prosseguimento de uma ação, prazo, diligência etc.

SUBSTITUIÇÃO. 1. *Direito administrativo.* Processo pelo qual o superior hierárquico vem a ocupar cargo de seu inferior, exercendo atos de competência deste ou vice-versa, para atender ao princípio da continuidade do serviço público (José Cretella Jr.). **2.** *Direito civil.* a) Disposição testamentária nomeando substituto a herdeiro ou legatário. Nova instituição de herdeiro ou legatário que se torna eficaz quando a primeira não surtir efeito (Chironi); b) permuta; c)

colocação de alguém em lugar de outro, para assumir a posição por ele ocupada e exercer os atos que lhe competiam; d) sub-rogação; e) substabelecimento; f) sublocação. **3.** *Direito comercial.* Baldeação; troca de veículos que devam transportar carga. **4.** Na *linguagem jurídica* em geral: a) colocação de coisa ou pessoa no lugar de outra; b) assunção automática do exercício de cargo ou função de direção ou chefia nos afastamentos ou impedimentos regulamentares do titular (Geraldo Magela Alves); c) ato ou efeito de substituir; d) ato de substituir algo pelo seu equivalente ou pelo seu valor.

SUBSTITUIÇÃO COLETIVA. *Direito civil.* Substituição hereditária vulgar em que vários substitutos são convocados simultaneamente e não sucessivamente. Logo a liberalidade será dividida entre eles em partes iguais.

SUBSTITUIÇÃO DA MODALIDADE DE GARANTIA LOCATÍCIA. *Direito civil.* O locador pode exigir novo fiador ou a substituição de garantia, nos seguintes casos: morte do fiador; ausência, interdição, falência ou insolvência do fiador, declaradas judicialmente; alienação ou gravação de todos os bens imóveis do fiador ou sua mudança de residência sem comunicação ao locador; exoneração do fiador; prorrogação da locação por prazo indeterminado, sendo a fiança ajustada por prazo certo; desaparecimento dos bens móveis; desapropriação ou alienação do imóvel; exoneração de garantia constituída por quotas de fundo de investimento e liquidação ou encerramento do fundo de investimento cujas quotas foram cedidas fiduciariamente como garantia locatícia.

SUBSTITUIÇÃO DA PENHORA. *Direito processual civil.* **1.** Ato do executado substituindo a penhora por depósito em dinheiro ou fiança bancária e da Fazenda Pública de substituir o bem penhorado por outro, desde que haja deferimento judicial para tanto, em qualquer fase do processo de execução fiscal (Roberto Corrêa). **2.** A parte poderá requerer a substituição da penhora: a) se não obedecer à ordem legal; b) se não incidir sobre os bens designados em lei, contrato ou ato judicial para o pagamento; c) se, havendo bens no foro da execução, outros houverem sido penhorados; d) se, havendo bens livres, a penhora houver recaído sobre bens já penhorados ou objeto de gravame; e) se incidir sobre bens de baixa liquidez; f) se fracassar a tentativa de alienação judicial ou

SUBSTITUIÇÃO DE ADMINISTRADOR JUDICIAL   523   **SUB**

bem; ou g) se o devedor não indicar o valor dos bens ou omitir qualquer das indicações exigidas em lei. É dever do executado, no prazo fixado pelo juiz, indicar onde se encontram os bens sujeitos à execução, exibir a prova de sua propriedade e, se for o caso, certidão negativa de ônus, bem como abster-se de qualquer atitude que dificulte ou embarace a realização da penhora. A penhora pode ser substituída por fiança bancária ou seguro garantia judicial, em valor não inferior ao do débito constante da inicial, mais 30%. O executado somente poderá oferecer bem imóvel em substituição caso o requeira com a expressa anuência do cônjuge. O executado pode, no prazo de dez dias após intimado da penhora, requerer a substituição do bem penhorado desde que comprove cabalmente que a substituição não trará prejuízo algum ao exeqüente e será menos onerosa para ele, devedor. Ao executado incumbe: a) quanto aos bens imóveis, indicar as respectivas matrículas e registros, situá-los e mencionar as divisas e confrontações; b) quanto aos móveis, particularizar o estado e o lugar em que se encontram; c) quanto aos semoventes, especificá-los, indicando o número de cabeças e o imóvel em que se encontram; d) quanto aos créditos, identificar o devedor e qualificá-lo, descrevendo a origem da dívida, o título que a representa e a data do vencimento; e e)atribuir valor aos bens indicados à penhora.

SUBSTITUIÇÃO DE ADMINISTRADOR JUDICIAL. *Direito falimentar.* Ato pelo qual o administrador judicial será substituído por outro nomeado pelo juiz se não estiver habilitado para essa função e se não assinar termo de compromisso de bem e fielmente desempenhar o cargo, dentro de 48 horas de sua intimação pessoal.

SUBSTITUIÇÃO DE CANDIDATO. *Direito eleitoral.* **1.** Preenchimento de vaga existente, em razão de renúncia ou morte, em chapa de candidatos à eleição. **2.** Ato de substituir candidato considerado inelegível ou que tenha renunciado ou falecido.

SUBSTITUIÇÃO DE CREDOR. *Direito civil.* **1.** Sub-rogação. **2.** Novação subjetiva ativa.

SUBSTITUIÇÃO DE DEVEDOR. *Vide* NOVAÇÃO SUBJETIVA PASSIVA.

SUBSTITUIÇÃO DE DUPLICATA. *Direito processual civil.* Ação que tem por fim a anulação ou recuperação de duplicata extraviada.

SUBSTITUIÇÃO DE MINISTROS DE ESTADO. *Direito administrativo.* Na falta de nomeação presidencial específica, os Ministros de Estado serão substituídos, interinamente, em suas ausências do território nacional, nos seus afastamentos ou em outros impedimentos legais ou regulamentares, pelas seguintes autoridades: a) os Ministros de Estado titulares de Ministérios e o Chefe da Casa Civil da Presidência da República, pelos respectivos Secretários-Executivos; b) o Ministro de Estado da Defesa, por um dos Comandantes das Forças, por ele indicado; c) o Ministro de Estado das Relações Exteriores, pelo Secretário-Geral das Relações Exteriores; d) o Ministro de Estado do Controle e da Transparência, pelo Subcontrolador-Geral da União; e) o Ministro de Estado Chefe da Secretaria de Comunicação de Governo e Gestão Estratégica da Presidência da República, pelo Secretário-Adjunto; f) o Ministro de Estado Chefe da Secretaria de Coordenação Política e Assuntos Institucionais da Presidência da República, pelo Secretário-Adjunto; g) o Ministro de Estado Chefe do Gabinete de Segurança Institucional da Presidência da República, pelo Subchefe Militar; h) o Ministro de Estado Chefe da Secretaria-Geral da Presidência da República, pelo Subsecretário-Geral; i) o Advogado-Geral da União, pelo Procurador-Geral da União; j) o Presidente do Banco Central do Brasil, por um dos diretores, por ele indicado.

SUBSTITUIÇÃO DE PENA. *Direito penal.* **1.** Aplicação de pena diversa da cominada para o crime, desde que prevista em lei. **2.** Conversão da pena de prisão em multa pecuniária. **3.** Amenização da pena de reclusão em pena de detenção (De Plácido e Silva).

SUBSTITUIÇÃO DE RECÉM-NASCIDO. *Direito penal.* Troca de um recém-nascido por outro, que consiste em crime contra o estado de filiação.

SUBSTITUIÇÃO DE SÍNDICO. *História do direito.* **1.** Ato pelo qual um síndico era substituído por outro designado pelo juiz, se: não assinasse termo de compromisso dentro de 24 horas de sua intimação; não aceitasse o cargo; renunciasse; falecesse; fosse declarado interdito; incorresse em falência ou pedisse concordata. **2.** Ato de substituir síndico nomeado quando não estivesse legalmente habilitado para o exercício de sua função.

SUBSTITUIÇÃO DE TESTEMUNHA. 1. *Direito processual civil.* Troca da pessoa que irá prestar seu depoimento, relatando os fatos que conhece, por outra, se não foi encontrada pelo oficial de justiça ou se, por enfermidade, não puder depor. **2.** *Direito processual penal.* Ato de substituir uma testemunha por outra, se não foi encontrada nenhuma das arroladas, desde que o juiz defira esse pedido.

SUBSTITUIÇÃO DE TÍTULO. *Direito processual civil.* Ação que tem em vista obter a anulação e recuperação de título extraviado.

SUBSTITUIÇÃO DIRETA. *Vide* SUBSTITUIÇÃO HEREDITÁRIA VULGAR.

SUBSTITUIÇÃO DO MANDATÁRIO. *Vide* SUBSTABELECIMENTO DE MANDATO.

SUBSTITUIÇÃO DO PRESIDENTE DA REPÚBLICA. *Direito constitucional.* Ato pelo qual o vice-presidente vem a substituir, temporariamente, o presidente da República no caso de impedimento, em razão de doença, por exemplo.

SUBSTITUIÇÃO EXEMPLAR. *História do direito.* **1.** Substituição quase-pupilar ou justinianéia que era feita pelo ascendente para nomear herdeiro do descendente impossibilitado de fazer testamento por insanidade mental. **2.** Aquela em que o pai faz testamento a filho púbere demente para o caso de ele morrer sem recuperar a razão.

SUBSTITUIÇÃO EXPRESSA. *Direito civil.* Ato de o testador indicar expressamente o substituto do herdeiro ou legatário.

SUBSTITUIÇÃO HEREDITÁRIA. *Direito civil.* Disposição testamentária na qual o disponente chama uma pessoa para receber, no todo ou em parte, a herança ou o legado, na falta ou após o herdeiro ou legatário nomeado em primeiro lugar, ou seja, quando a vocação deste ou daquele cessar por qualquer causa.

SUBSTITUIÇÃO HEREDITÁRIA COMPENDIOSA. *Direito civil.* Misto de substituição vulgar e de substituição fideicomissária. É a que se verifica na hipótese em que o testador dá substituto ao fiduciário ou ao fideicomissário, prevendo que um ou outro não queira ou não possa aceitar a herança ou o legado.

SUBSTITUIÇÃO HEREDITÁRIA FIDEICOMISSÁRIA. *Direito civil.* Instituição de herdeiro ou legatário, designado fiduciário, com a obrigação de, por sua morte, a certo tempo ou sob condição preestabelecida, transmitir a uma outra pessoa, chamada fideicomissário, a herança ou o legado. Se incidir o fideicomisso em bens determinados ter-se-á fideicomisso particular e se assumir o aspecto de uma herança, abrangendo a totalidade ou uma quota-parte do espólio, será fideicomisso universal. A substituição fideicomissária somente se permite em favor dos não concebidos ao tempo de morte do testador. Se, ao tempo do óbito do autor da herança, já houver nascido o fideicomissário, adquirirá este a nua-propriedade dos bens fideicomitidos, convertendo-se em usufruto o direito do fiduciário.

SUBSTITUIÇÃO HEREDITÁRIA ORDINÁRIA. *Vide* SUBSTITUIÇÃO HEREDITÁRIA VULGAR.

SUBSTITUIÇÃO HEREDITÁRIA RECÍPROCA. *Direito civil.* É aquela em que o testador, ao instituir uma pluralidade de herdeiros ou legatário, os declara substitutos uns dos outros, para o caso de qualquer deles não querer ou não poder aceitar a liberalidade (Itabaiana de Oliveira).

SUBSTITUIÇÃO HEREDITÁRIA VULGAR. *Direito civil.* Também designada de substituição hereditária ordinária. Consiste na expressa indicação da pessoa que deve ocupar o lugar do herdeiro ou legatário, que não quer ou não pode aceitar a liberalidade, havendo presunção de que a substituição foi determinada para as duas alternativas, ainda que o disponente tenha se referido a uma delas no testamento público, particular ou cerrado. Pode ser singular, se se tiver um só substituto ao herdeiro ou legatário ou coletiva, se vários forem os substitutos indicados simultaneamente.

SUBSTITUIÇÃO INDIRETA. *Vide* SUBSTITUIÇÃO HEREDITÁRIA VULGAR.

SUBSTITUIÇÃO JUSTINIANÉIA. *Vide* SUBSTITUIÇÃO EXEMPLAR.

SUBSTITUIÇÃO PROCESSUAL. *Direito processual civil.* **1.** Ato pelo qual uma pessoa, nas hipóteses admitidas legalmente, litiga em juízo em nome próprio em defesa de direito alheio (Waldemar Mariz de Oliveira Jr.). **2.** Alteração do réu e autor no curso do processo (Geraldo Magela Alves).

SUBSTITUIÇÃO PUPILAR. *Direito romano.* Aquela em que o pai fazia seu testamento e o de seu filho impúbere, instituindo-lhe herdeiros para o caso de morrer antes de chegar à puberdade.

SUBSTITUIÇÃO QUASE-PUPILAR. *Vide* SUBSTITUIÇÃO EXEMPLAR.

SUBSTITUIÇÃO SIMPLES. *Vide* SUBSTITUIÇÃO SINGULAR.

SUBSTITUIÇÃO SINGULAR. *Direito civil.* Substituição hereditária vulgar, também denominada de substituição simples, que se dá quando o testador nomeia uma só pessoa para substituir herdeiro ou legatário instituído, que não quis ou não pôde aceitar a liberalidade.

SUBSTITUIÇÃO TÁCITA. *História do direito.* Aquela em que a indicação de substituto do herdeiro ou legatário não era feita expressamente.

SUBSTITUIÇÃO TEMPORÁRIA. *Direito administrativo.* Ocupação, durante um certo lapso temporal, por uma pessoa, de cargo ou função pertencente a outra, em razão de licença, viagem, doença ou férias.

SUBSTITUIÇÃO TRIBUTÁRIA. *Direito tributário.* **1.** Formação de relação jurídico-tributária entre o fisco e aquele que não é titular da situação tributada, o qual assume a posição do devedor, por força da lei, substituindo-o, tendo, contudo, direito ao reembolso (Micheli e W. Piva Rodrigues). **2.** Ato em que terceiro, alheio à situação tributária, vem a ser legalmente obrigado, ao lado do real sujeito passivo, ao cumprimento da obrigação tributária (Giannini).

SUBSTITUÍDO. 1. Que se substituiu. **2.** Bem transmitido por substituição. **3.** Aquele que ficou representado por um substituto; aquele a quem se deu um substituto. **4.** Aquele herdeiro ou legatário que não quis ou não pôde receber herança ou legado, tendo seu lugar ocupado pela pessoa indicada pelo testador. **5.** Fiduciário.

SUBSTITUINTE. 1. Que substitui outro. **2.** Substituto.

SUBSTITUIR. 1. Mudar. **2.** Suprir falta ou impedimento de alguém. **3.** Ficar em substituição. **4.** Pôr algo em lugar de alguma coisa. **5.** Ser posto no lugar de outra pessoa. **6.** Ocupar cargo ou função alheia. **7.** Designar alguém para ocupar lugar de outra.

SUBSTITUÍVEL. Que pode ser substituído.

SUBSTITUTIVO. 1. Que toma o lugar de algo. **2.** Novo projeto de lei que modifica outro sobre a mesma matéria, já apresentado na Assembléia Legislativa; emenda ao projeto. **3.** Projeto de lei que substitui outro.

SUBSTITUTIVO DA PENA. *Direito penal.* Medida prevista em lei para ser aplicada em lugar da pena (Armida B. Miotto).

SUBSTITUTO. 1. Substituinte. **2.** O que substitui outra coisa ou pessoa. **3.** O que se põe em lugar do substituído em caráter temporário ou efetivo. **4.** Aquele que sucede outro na herança ou legado.

SUBSTITUTO LEGAL. 1. *Direito administrativo.* Aquele servidor público que, automaticamente, assume as funções do substituído em seus impedimentos, por estar em hierarquia imediatamente inferior à dele. **2.** *Ciência política.* Suplente. **3.** Na *linguagem jurídica* em geral, é aquele que tem obrigação legal de colocar-se em lugar de outro em seus impedimentos ou na sua falta (De Plácido e Silva).

SUBSTRACTUM. *Termo latino.* **1.** Substrato. **2.** Essência. **3.** Princípio.

SUBSTRATO. *Filosofia geral.* **1.** O que serve de suporte a uma outra existência considerada como um acidente (Berkeley e Lalande). **2.** Realidade fenomenal que condiciona uma outra (Bergson e Lalande). **3.** Matéria dos objetos culturais, conforme esse suporte seja físico como o mármore, papel etc., ou uma conduta humana, o objeto cultural é, respectivamente, mundanal ou egológico (Carlos Cossio; Machado Neto e Franco Montoro). **4.** Base ou essência do ser. **5.** Aquilo sobre o qual repousam as qualidades do ser.

SUBSTRATO ESTRUTURAL. *Direito civil.* Estrutura interna da pessoa jurídica que possibilita classificá-la em sociedade, se as partes integrantes da sua camada interna são as pessoas, e fundação, se forem os bens.

SUBSTRUÇÃO. *Direito civil.* Alicerce de um prédio.

SUBSUMIR. 1. *Filosofia geral.* Considerar um indivíduo como compreendido numa espécie, um fato como sendo a aplicação de uma lei, uma idéia como dependente de uma idéia geral. **2.** *Teoria geral do direito.* Enquadrar um caso individual ao tipo legal.

SUBSUNÇÃO. 1. *Filosofia geral.* Ato ou efeito de subsumir. **2.** *Teoria geral do direito.* Ato de o aplicador do direito enquadrar um fato individual em um conceito abstrato normativo a ele pertinente. **3.** *Lógica jurídica.* a) Proposição que enuncia a operação de subsumir; b) raciocínio pelo qual se verifica se o fato reproduz a hipótese contida na norma jurídica (Acquaviva).

SUBSUNTO. *Filosofia geral* e *teoria geral do direito.* O que foi subsumido.

SUBTENENTE. *Direito militar.* Na hierarquia do Exército, é aquele que está abaixo do aspirante a oficial e acima de sargento-ajudante correspondente ao suboficial da Marinha e da Aeronáutica.

SUBTERFÚGIO. 1. Evasiva. **2.** Pretexto. **3.** Escusa fraudulenta ou dolosa. **4.** Ato de escapar, ardilosamente, de uma dificuldade.

SUBTERRÂNEO. 1. O que está debaixo da terra. **2.** Galeria ou vão na parte inferior do solo.

SUBTÉRREO. Local subterrâneo.

SUBTERRITÓRIO. Divisão de um território.

SUBTÍTULO. Título secundário que se relaciona com o principal.

SUBTOTAL. Total parcial.

SUBTRAÇÃO. *Direito penal.* **1.** Ato de subtrair. **2.** Furto; apropriação de bem alheio. **3.** Desvio sub-reptício. **4.** Desvio doloso e furtivo de coisa ou pessoa, privando-a de seu destino ou formalidade.

SUBTRAÇÃO DE CADÁVER. *Direito penal.* Crime punido com reclusão e multa, por ferir o sentimento de respeito aos mortos que consiste em se apropriar dolosamente de cadáver para sua utilização para fins científicos ou para retirada de próteses dentárias, incrustações e pinos de ouro (Damásio E. de Jesus).

SUBTRAÇÃO DE INCAPAZ. *Direito penal.* Crime, punido com detenção, que consiste em retirar menor de dezoito anos ou interdito do poder de quem o tem sob sua guarda em virtude de lei ou de ordem judicial.

SUBTRAÇÃO DE VEÍCULO AUTOMOTOR. *Vide* ROUBO DE VEÍCULO AUTOMOTOR.

SUBTRAÇÃO *INVITO DOMINI*. *Direito civil.* Retirada de coisa com consenso do legítimo dono ou possuidor.

SUBTRAÇÃO, OCULTAÇÃO OU INUTILIZAÇÃO DE MATERIAL DE SALVAMENTO. *Direito penal.* Crime contra a incolumidade pública punido com reclusão e multa, que consiste no ato de subtrair, ocultar ou inutilizar, por ocasião de incêndio, inundação, naufrágio, ou outro desastre ou calamidade, aparelho, material ou qualquer meio destinado a serviço de combate ao perigo, de socorro ou salvamento; ou impedir ou dificultar serviço de tal natureza.

SUBTRAÇÃO OU DANO DE COISA PRÓPRIA EM PODER DE TERCEIRO POR DETERMINAÇÃO JUDICIAL OU CONVENÇÃO. *Direito penal.* Crime contra a Administração da Justiça, punível com detenção e multa, que consiste em tirar, suprimir, destruir ou danificar coisa própria que se encontra em poder de terceiro, por determinação judicial ou acordo de vontade, manifestado em uma convenção.

SUBTRAÇÃO OU INUTILIZAÇÃO DE LIVRO OU DOCUMENTO PÚBLICO. *Direito penal.* Crime punido com reclusão que consiste no ato de subtrair, ou inutilizar, no todo ou em parte, livro oficial, processo ou documento confiado à guarda de funcionário público, em razão de ofício, ou de particular em serviço público.

SUBTRACTION OF CONJUGAL RIGHTS. *Locução inglesa.* Violação dos deveres conjugais.

SUBTRAÍDO. *Direito penal.* O que se subtraiu.

SUBTRAIR. *Direito penal.* **1.** Apoderar-se de algo dolosa ou fraudulentamente. **2.** Furtar. **3.** Ocultar. **4.** Esquivar-se. **5.** Fazer desaparecer. **6.** Escapar.

SUBTRATIVO. *Direito penal.* **1.** O que se refere à subtração. **2.** Que deve ser subtraído. **3.** O que se subtrai.

SUBTRATOR. *Direito penal.* Que subtrai.

SUBURBANO. *Direito urbanístico.* **1.** Referente a subúrbio. **2.** Próximo da cidade. **3.** Bem situado num subúrbio. **4.** Aquele que reside no subúrbio.

SUBURBICÁRIO. 1. *Direito canônico.* Pertencente ao domínio da Santa Sé. **2.** *História do direito.* Cidade ou o que estivesse submetido ao governo do prefeito de Roma.

SUBÚRBIO. *Direito urbanístico* e *direito administrativo.* Arrabalde que, apesar de estar fora da cidade, está sob sua jurisdição.

SUBURRA. *Direito penal.* Bairro para onde são relegados os casos de prostituição.

SUBUTILIZAÇÃO. Pequena utilização.

SUBVAGINAL. *Medicina legal.* O que está situado sob a vagina.

SUBVENÇÃO. *Direito administrativo* e *direito financeiro.* **1.** Auxílio pecuniário concedido, permanente ou eventualmente, pelo Poder Público a entidades beneficentes para que cumpram seus objetivos ou a certos setores econômicos para garantia da estabilidade dos preços de determinados produtos (Othon Sidou). **2.** Subsídio. **3.** Quantia pecuniária que é dada como ajuda. **4.** Destina-se a cobrir despesas de custeio das entidades públicas ou privadas. As subvenções são sempre transferências correntes e destinam-se a cobrir despesas de custeio operacional das entidades para as quais são feitas as transferências. Os recursos das subvenções destinam-se a pagar as despesas das entidades como aluguel, folha de salários e conservação de bens. Em última análise, servem para a manutenção e operação de serviços prestados pela entidade subvencionada (Silvio Luis Ferreira da Rocha). **5.** Uma soma em dinheiro que se entrega periodicamente ou em sua totalidade e que tem por objeto facilitar o funcionamento da obra ou estabelecimento privado que persegue uma finalidade de interesse geral (Gaston Jèze). **6.** Subsídio que se outorga às pessoas públicas subordinadas ou a instituições privadas, eventualmente pessoas físicas, para a execução de atividades necessárias ao interesse público (Roberto Dromi).

SUBVENÇÃO ECONÔMICA. *Direito administrativo.* Serve para atender às despesas de custeio operacional das beneficiadas. É concedida a empresas privadas, que buscam lucro (ou a empresas públicas), nos casos em que houver autorização legislativa específica (Silvio Luis Ferreira da Rocha).

SUBVENÇÃO EXTRAORDINÁRIA. *Direito financeiro.* Auxílio pecuniário concedido, eventual e especialmente, a entidades públicas e particulares para que possam atingir um determinado fim.

SUBVENÇÃO ORDINÁRIA. *Direito financeiro.* Ajuda pecuniária que, habitualmente, é dada, conforme certos critérios previamente indicados.

SUBVENÇÃO SOCIAL. *Direito administrativo.* É a concedida a instituições públicas ou privadas de caráter assistencial ou cultural, isto é, que prestem serviços essenciais de assistência social, médica e educacional, sem finalidade lucrativa, independentemente da existência de legislação especial. A subvenção social deve ser concedida sempre que for mais econômico para o Estado conceder os recursos à iniciativa privada do que prestar diretamente os serviços. Note-se que as subvenções não representam a regra, mas a exceção. A regra é a atuação direta do Estado nas áreas sociais (Silvio Luis Ferreira da Rocha).

SUBVENCIONADO. *Direito financeiro.* Aquele que recebe subvenção.

SUBVENCIONADOR. *Direito financeiro.* Quem convenciona.

SUBVENCIONAL. *Direito financeiro.* **1.** Referente a subvenção. **2.** Que constitui subvenção.

SUBVENCIONAMENTO. *Direito financeiro.* **1.** Subsídio. **2.** Ato ou efeito de conceder subvenção.

SUBVENCIONAR. *Direito financeiro.* Conceder subvenção a uma entidade pública ou privada.

SUBVENCIONÁVEL. *Direito financeiro.* O que pode ser convencionado.

SUBVENCIONISTA. *Direito financeiro.* Que subvenciona.

SUBVERBETE. Divisão do verbete principal.

SUBVERSÃO. 1. *Direito penal.* Ato de rebeldia ou de revolta contra a ordem legal ou política vigente ou contra a autoridade constituída, manifestada de modo agressivo. **2.** Na *linguagem jurídica* em geral: a) insubordinação; b) perversão moral; c) ato ou efeito de subverter. **3.** *Direito processual.* Transtorno no andamento do feito.

SUBVERSÃO DA ORDEM PÚBLICA. *Direito constitucional* e *direito penal.* Revolta contra os poderes constituídos e a estrutura político-social, que causa perturbação na convivência social.

SUBVERSÃO DO PROCESSO. *Direito processual.* **1.** Tumulto processual. **2.** Inversão da ordem processual, causando transtorno no andamento do feito, mediante admissão de diligências impróprias, discussão de matéria impertinente, adoção de incidentes incabíveis etc. (De Plácido e Silva).

SUBVERSIVO. *Direito penal.* **1.** Revolucionário. **2.** Que subverte.

SUBVERSOR. *Direito penal.* O que subverte.

SUBVERTER. *Direito penal.* **1.** Perturbar. **2.** Revolucionar. **3.** Perverter. **4.** Fazer soçobrar.

SUBVERTIDO. 1. Que se subverteu. **2.** Destruído.

SUB VOCE. *Locução latina.* Sob a palavra.

SUB WHOOFER. *Locução inglesa.* Alto-falante especial para reprodução de sons de baixíssima freqüência.

SUBZONA. *Direito administrativo.* Divisão de uma zona.

SUB–ZONAL INSEMINATION. *Vide* SUZI.

SUCATA. 1. Objeto de ferro imprestável que pode ser reaproveitado na fundição. **2.** Depósito de ferro velho.

SUCATEIRO. *Direito comercial.* Aquele que compra e vende sucata.

SUCÇÃO. *Medicina legal.* Ato ou efeito de sugar.

SUCCESSORI NON NOCET, QUOD EJUS AUCTORI NO-CERE NON POTUIT. *Aforismo jurídico.* O sucessor não pode nem deve ser prejudicado, pelo fato de que não pôde causar dano ao seu antecessor.

SUCEDÂNEO. O que pode substituir outro por ter, aproximadamente, as mesmas propriedades.

SUCEDENDO. 1. Aquele que o sucedido vai substituir. **2.** O que vai ser substituído pelo sucessor. **3.** *De cujus.*

SUCEDER. 1. Acontecer posteriormente; vir em seguida. **2.** Tomar o lugar. **3.** Ser substituto; substituir. **4.** Ter a posse do que pertencia ao seu antecessor. **5.** Ser sucessor. **6.** Assumir direitos do *auctor successionis.*

SUCEDER A TÍTULO SINGULAR. *Direito civil.* Receber determinado bem da herança, por força de legado.

SUCEDER A TÍTULO UNIVERSAL. *Direito civil.* Herdar o total ou parte ideal da herança.

SUCEDER *IN CAPITA*. *Vide* SUCEDER POR CABEÇA.

SUCEDER *JURE PROPRIO*. *Direito civil.* Suceder por direito próprio ou como herdeiro imediato do *de cujus.*

SUCEDER *JURE REPRESENTATIONIS*. *Direito civil.* Herdar por direito de representação em razão de premoriência ou incapacidade do herdeiro do *de cujus.*

SUCEDER *JURE TRANSMISSIONIS*. *Direito civil.* Transmitir, ao sucessor do herdeiro falecido antes da aceitação da herança, o direito de aceitá-la.

SUCEDER MEDIANTE REPRESENTAÇÃO. *Vide* SUCEDER *JURE REPRESENTATIONIS.*

SUCEDER NA HERANÇA. *Direito civil.* Ter direito à herança.

SUCEDER POR CABEÇA. *Direito civil.* Receber cada herdeiro uma quota igual da herança por título próprio.

SUCEDER POR ESTIRPE. *Direito civil.* Receber herança por direito de representação.

SUCEDER POR LINHA. *Direito civil.* Receber, sendo a sucessão legítima, a herança na seguinte ordem: na linha descendente, depois na ascendente e, na ausência de cônjuge, na colateral, sendo que uma linha exclui a outra, na ordem acima indicada, salvo nas hipóteses em que houver concorrência entre cônjuge supérstite e descendente ou ascendente do *de cujus.*

SUCEDER POR TÍTULO PRÓPRIO. *Vide* SUCEDER *JURE PROPRIO.*

SUCEDER POR TRANSMISSÃO. *Direito civil.* Herdar por direito próprio em razão do grau de parentesco com o *de cujus.*

SUCEDER POR TRONCO. *Vide* SUCEDER POR ESTIRPE.

SUCEDER *PROPRIO NOMINE*. *Vide* SUCEDER *JURE PROPRIO.*

SUCEDIDO. 1. Que sucedeu. **2.** Sucesso.

SUCESSÃO. 1. *Sociologia geral.* Processo pelo qual um grupo social é substituído por outro. **2.** *Direito civil.* a) Aquisição *ope legis* da posse da herança pelos herdeiros legítimos ou testamentários, com a abertura da sucessão, tomando o lugar do *de cujus*, continuando sua posse, com os mesmos caracteres (vícios ou qualidades); b) em sentido amplo, é o modo derivado de aquisição do domínio, indicando o ato *inter vivos* pelo qual alguém sucede a outrem, investindo-se, total ou parcialmente, nos direitos que lhe pertenciam; c) em sentido restrito, é a transferência, total ou parcial, de herança, por morte de alguém, a um ou mais herdeiros; d) bens, direitos ou encargos transmitidos a outrem; e) prole; descendência; f) ato ou efeito de suceder por ato *inter vivos* ou *causa mortis*. **3.** Na *linguagem jurídica:* a) conjunto de coisas ou acontecimentos que ocorrem em determinada ordem; b) seqüência de pessoas que se substituem; c) seguimento; d) continuação; relação de continuidade; e) o que se segue; f) o que se coloca em lugar de algo; g) substituição; h) transmissão de bens de direitos ou obrigações de uma pessoa a outra; i) ato de suceder. **4.** *Direito comercial.* a) Ato pelo qual uma empresa ou um empresário, ao adquirir um estabelecimento, continua os negócios anteriores, substituindo o proprietário anterior (De Plácido e Silva); b) efeito produzido pelas operações de incorporação, fusão ou cisão, em que direitos e obrigações relativas a um produto ou conjunto de produtos são transferidos, em caráter singular ou universal, de uma pessoa jurídica para outra. **5.** *Ciência política.* Ato de assumir, em definitivo, a função ou cargo de um governante, em razão de vaga. **6.** *Filosofia geral.* Relação entre diferentes termos entre os quais se estabelece uma ordem (Lalande).

SUCESSÃO *AB INTESTATO*. *Direito civil.* Sucessão legítima, que resulta de lei, operando-se quando o *de cujus* não deixa testamento ou quando este é nulo, anulável ou caduco, operando-se a transmissão da herança conforme a ordem de vocação hereditária. É aquele que se apresenta como um testamento tácito ou presumido do *de cujus*, que não dispôs, expressamente, de seus bens, conformando-se com o fato de que seu patrimônio passe a pertencer às pessoas enumeradas em lei (Demolombe).

SUCESSÃO A DOIS TÍTULOS. *Direito civil.* Sucessão daquele que recebe bens da herança, concomitantemente, a título universal, como herdeiro, e a título singular, como legatário. Pode ele renunciar integralmente à herança, conservando o legado, ou vice-versa; podendo também repudiar ou aceitar a ambos.

SUCESSÃO ANÔMALA. *Direito civil.* **1.** Sucessão do Município ou Distrito Federal, se a herança estiver localizada nas respectivas circunscrições, ou da União, se situada em território federal, na falta de descendente, ascendente, cônjuge sobrevivente, ou companheiro, e de parente colateral sucessível até o 4º grau, desde que haja sentença declarando vacância dos bens, por não serem herdeiros. Tal sucessão é anômala ou irregular porque se afasta do tipo comum de sucessão. **2.** Situação em que duas pessoas são chamadas, do modo sucessivo, em tempos diferentes, para receber herança, como se dá no fideicomisso. **3.** Aquela em que alguém herda por direito de representação, por direito de acrescer e por substituição vulgar, ante o fato de alguém não poder ou não querer aceitar herança. **4.** Aquela em que os bens doados voltam ao patrimônio do doador, se este sobreviver ao donatário. Trata-se do caso de doação com cláusula de reversão.

SUCESSÃO A TÍTULO SINGULAR. *Direito civil.* É a que se dá quando o testador transfere ao beneficiário apenas objetos certos e determinados. Nessa espécie de sucessão é o legatário que sucede ao *de cujus* em bens ou direitos determinados ou individuados, ou em fração do patrimônio devidamente individuada, sub-rogando-se de modo concreto, na titularidade jurídica de determinada relação de direito, sem representar o falecido, pois não responde pelas dívidas e encargos da herança, já que sucede apenas *in rem aliguam singularem.*

SUCESSÃO A TÍTULO UNIVERSAL. *Direito civil.* Aquela que se opera quando houver transferência da totalidade ou de parte indeterminada da herança, tanto no seu ativo como no passivo, para o herdeiro do *de cujus*. O herdeiro é, portanto, chamado a suceder no todo ou numa quota-parte do patrimônio do *de cujus*, sub-rogando-se, abstratamente, na posição do falecido, como titular da totalidade ou de parte ideal daquele patrimônio.

SUCESSÃO BENEFICIÁRIA. *Direito civil.* **1.** Aquela em que o herdeiro pode aceitar a herança em benefício do inventário, declarando que só a aceitará pelo seu líquido, após o pagamento de todos os débitos do *de cujus* e legados por ele feitos. **2.** *Vide* BENEFÍCIO DE INVENTÁRIO.

SUCESSÃO CONTRATUAL. *Direito civil.* É aquela inadmissível legalmente, pois não pode ser objeto de contrato herança de pessoa viva, salvo duas exceções admitidas pelos doutrinadores: a) contrato antenupcial, em que os nubentes podem dispor a respeito da recíproca e futura sucessão; b) partilha de bens, entre os descendentes, feita pelos pais por ato *inter vivos*. Só a partilha por ato *inter vivos* pode ser considerada, no nosso entender, como sucessão contratual, por corresponder a uma sucessão antecipada, embora apresente inconvenientes, porquanto apenas pode abranger bens presentes. O outro caso não pode ser considerado como sucessão contratual, pois deve ser tida como não escrita qualquer cláusula ou convenção que contrarie disposição absoluta de lei.

SUCESSÃO DE ASCENDENTES. *Direito civil.* Aquela que se opera na falta de herdeiros da classe dos descendentes chamando-se à sucessão do *de cujus* os seus ascendentes (pais, avós, bisavós), sendo que o grau mais próximo exclui o mais remoto, não se devendo atender à distinção de linhas paterna ou materna, porque entre os ascendentes não há direito de representação. Mas se houver igualdade de grau e diversidade em linha, a herança parte-se entre as duas linhas meio pelo meio. Assim, se o *auctor successionis* possui apenas três avós (igualdade de grau), dois maternos e um paterno (diversidade em linha), todos herdam, pois metade da herança vai para os dois avós maternos e a outra metade ao único avô paterno. Mas se houver cônjuge sobrevivente do *de cujus* concorrerão com este.

SUCESSÃO DE COLATERAL. *Direito civil.* É a que se dá não havendo descendente, ascendente ou consorte sobrevivente do *de cujus,* pois serão chamados a suceder os colaterais até o quarto grau, atendendo-se ao princípio de que os mais próximos excluem os mais remotos.

SUCESSÃO DE COMPANHEIRO. *Direito civil.* É aquela em que o companheiro supérstite tem: a) direito de participar da sucessão do outro quanto aos bens adquiridos onerosamente na vigência da união estável, nas seguintes condições: se concorrer com filhos comuns, terá direito a uma quota equivalente à que por lei for atribuída ao filho; se concorrer com descendentes só do autor da herança, tocar-lhe-á a metade do que couber a cada um daqueles, e, se concorrer com outros parentes sucessíveis, terá direito a um terço da herança; b) direito real de habitação, enquanto viver ou não constituir nova união ou casamento, relativamente ao imóvel destinado à residência da família; c) direito à totalidade da herança não havendo parentes sucessíveis do falecido companheiro.

SUCESSÃO DE CÔNJUGE. *Direito civil.* É a deferida ao cônjuge sobrevivente se, ao tempo da morte do outro, não estava dissolvida a sociedade conjugal nem havia separação de fato há mais de dois anos, não havendo descendente ou ascendente do falecido. Há, ainda, sua sucessão: a) em concorrência com descendente do *de cujus*, salvo se casado com o falecido no regime de comunhão universal, ou no de separação obrigatória de bens, ou se, no regime de comunhão parcial, o autor da herança não tiver deixado bens particulares. Em concorrência com os descendentes caberá ao cônjuge quinhão igual ao dos que sucederem por cabeça, não podendo a sua quota ser inferior à quarta parte da herança, se for ascendente dos herdeiros com que concorrer; b) em concorrência com ascendente do *de cujus*. Se concorrer com ascendentes em primeiro grau, caber-lhe-á um terço da herança e ficará com metade desta, se houver um só ascendente, ou se maior for aquele grau; c) no direito real de habitação do imóvel destinado a residência, se este for o único do gênero a inventariar.

SUCESSÃO DE DESCENDENTES. *Direito civil.* É a dos descendentes do *de cujus*, que são chamados em primeiro lugar na ordem de vocação hereditária, sendo que os mais próximos excluem os remotos e os filhos sucedem por cabeça, recebendo cada um quota igual da herança, excluindo-se os demais descendentes, embora não obste a convocação dos filhos de filho falecido do *de cujus*, que, então, herdarão por estirpe ou por direito de representação. Mas, se o *de cujus* deixou cônjuge sobrevivente, este concorrerá com seus descendentes.

SUCESSÃO DE EMPRESAS. 1. *Direito do trabalho.* É a que se dá quando uma empresa é adquirida por outrem, ou vem a sofrer mudança na sua estrutura jurídica, sem que haja, contudo, alteração dos seus objetivos, mantendo-se inalteráveis os contratos de trabalho e a continuidade na prestação de trabalho pelos empregados. Logo, o sucessor responde pelos encargos trabalhistas do antecessor. **2.** *Direito comercial* e *direito previdenciário.* É a decorrente de fusão, transformação, incorporação ou cisão das sociedades. Caso em que a empresa que resultar de fusão, transformação, incorporação ou cisão é responsável pelo pagamento das contribuições sociais previdenciárias e das contribuições destinadas a outras entidades e fundos devidas pelas empresas fusionadas, transformadas, incorporadas ou cindidas, até a data do ato da fusão, da transformação, da incorporação ou da cisão. A aquisição de estabelecimento comercial, industrial ou profissional e a continuação da exploração do negócio, mesmo que sob denominação social, firma ou nome individual diverso, acarretam a responsabilidade integral do sucessor pelas contribuições sociais devidas pelo sucedido. A responsabilidade será subsidiária, caso o sucedido inicie, dentro de seis meses, a contar da data da alienação, nova atividade, no mesmo ou em outro ramo de comércio, indústria ou profissão, ou, nesse período, a ela dê prosseguimento.

SUCESSÃO DE ESTADOS EM MATÉRIA DE TRATADO, BENS, ARQUIVOS E DÍVIDAS. *Direito internacional público.* Rege-se pela lei do Estado que resultar de agregação ou pelo tratado entre os Estados resultantes do desmembramento. O Estado sucessor tem a propriedade dos bens públicos, dos arquivos que se lhe refiram e a responsabilidade pelos débitos externos, embora possa haver, em caso de desmembramento, a repartição da dívida externa (Rezek).

SUCESSÃO DEFINITIVA. *Direito processual civil* e *direito civil.* **1.** Transferência da herança, após dez anos do trânsito em julgado da sentença que autorizou a sucessão provisória, aos herdeiros do ausente. **2.** *Vide* AÇÃO DE SUCESSÃO DEFINITIVA.

SUCESSÃO DE ORGANIZAÇÃO INTERNACIONAL. *Direito internacional público.* Dá-se quando uma organização internacional assume uma nova entidade à qual se transfere o patrimônio, os créditos, as obrigações e os fins da extinta. Por exemplo, a Organização das Nações Unidas sucedeu a Sociedade das Nações e a Associação Latino-Americana de Integração (ALADI) sucedeu a Associação Latino-Americana de Integração. Todavia tal sucessão não é necessária, porque não se lhe aplica o princípio da continuidade do Estado, logo a organização internacional pode, por convenção, desaparecer sem deixar qualquer vestígio (Rezek).

SUCESSÃO DO AUSENTE. *Direito civil* e *direito processual civil.* **1.** Processo sucessório daquele que desapareceu sem deixar notícias, que se inicia após um ano da arrecadação dos bens, ou se ele deixou representante ou procurador, em se passando três anos daquela arrecadação, dando origem à sucessão provisória e depois à definitiva. **2.** *Vide* AÇÃO DE DECLARAÇÃO DE AUSÊNCIA, AÇÃO DE SUCESSÃO PROVISÓRIA e AÇÃO DE SUCESSÃO DEFINITIVA.

SUCESSÃO DO MUNICÍPIO, DO DISTRITO FEDERAL OU DA UNIÃO. *Vide* HERANÇA DO ESTADO. *Direito civil.* Sucessão anômala, ou irregular, não havendo parentes sucessíveis nem cônjuge sobrevivente, ou companheiro, do *de cujus*, em que o direito sucessório transmite-se ao Município ou ao Distrito Federal, se a herança estiver localizada nas respectivas circunscrições, ou à União, se situada em território federal, desde que haja sentença declarando a vacância dos bens, que só passarão ao domínio daquelas entidades públicas após cinco anos da abertura da sucessão, porque nesse lapso temporal o herdeiro pode, ainda, reclamar judicialmente a herança. O Poder Público contudo não é herdeiro, não lhe sendo reconhecido o direito de *saisine*, pois não entra na posse e na propriedade da herança pelo fato da abertura da sucessão; para isso, é necessário a sentença de vacância pela falta de sucessores de outra classe. É sucessor irregular. O fundamento de sua sucessão, diz Caio Mário da Silva Pereira, é político-social, em reconhecimento do fato da ordem jurídico-econômica estatal ter possibilitado ao *auctor successionis* o acúmulo patrimonial transmitido. Recolhendo a herança, o poder público está obrigado a aplicá-la em fundações destinadas a desenvolver o ensino universitário.

SUCESSÃO ECOLÓGICA. *Sociologia geral.* Substituição de um tipo de população por outro.

SUCESSÃO EM DESERANÇA. *Vide* SUCESSÃO VACANTE.

SUCESSÃO HEREDITÁRIA. *Direito civil.* É a transferência, total ou parcial, de herança por morte de alguém, a um ou mais herdeiros, em razão de lei ou de testamento. Trata-se da sucessão *mortis causa* que, no conceito subjetivo, é o direito por força do qual alguém recolhe os bens da herança e, no conceito objetivo, indica a universalidade dos bens do *de cujus*, que ficaram com seus direitos e encargos.

SUCESSÃO *INTER VIVOS.* *Direito civil.* Transmissão de bens feita por ato *inter vivos*. É aquela que se aplica a todos os modos derivados de aquisição do domínio, indicando o ato *inter vivos* pelo qual uma pessoa sucede a outra, investindo-se, no todo ou em parte, nos direitos que lhe pertenciam. Por exemplo: o comprador sucede o vendedor; o donatário ao doador, tomando uns o lugar dos outros em relação ao bem vendido ou doado.

SUCESSÃO JACENTE. *Direito civil.* É a que ocorre quando, na abertura da sucessão, não há herdeiro conhecido do *de cujus*, ficando à sua espera.

SUCESSÃO LEGAL. *Vide* SUCESSÃO LEGÍTIMA.

SUCESSÃO LEGÍTIMA. *Vide* SUCESSÃO *AB INTESTATO.*

SUCESSÃO LEGITIMÁRIA. *Direito civil.* É a sucessão necessária, que se dá quando o *de cujus* deixa descendente, ascendente ou cônjuge, que são seus herdeiros necessários, tendo direito, por força de lei, à legítima, que constitui a metade da herança. Conseqüentemente, o testador só poderá dispor da metade da herança.

SUCESSÃO MISTA. *Direito civil.* Aquela em que há herdeiros legítimos e testamentários. Se o testamento não abranger a totalidade dos bens do falecido, a parte de seu patrimônio não mencionada no ato de última vontade é deferida aos herdeiros legítimos, na ordem de vocação hereditária. Os bens mencionados no testamento são transmitidos aos herdeiros testamentários e legatários.

SUCESSÃO *MORTIS CAUSA.* *Vide* SUCESSÃO HEREDITÁRIA.

SUCESSÃO NA POSSE. *Direito civil.* **1.** Aquisição *ope legis* da posse da herança, no instante da abertura da sucessão. Nessa transmissão *causa mortis* os herdeiros legítimos ou testamentários tomam o lugar do *de cujus,* continuando sua posse, com os mesmos caracteres (vícios ou qualidades), como efeito direto da sucessão universal e como decorrência da imposição legal de que, salvo prova em contrário, se entende manter a posse o mesmo caráter com que foi adquirida. O sucessor universal continua de direito a posse de seu antecessor. **2.** Aquisição da posse pelo sucessor singular, em razão de compra e venda, doação, ou legado, que apesar de receber posse de coisa certa ou determinada de outrem, constitui para si uma nova posse. Por isso está o adquirente autorizado legalmente a unir, se quiser, sua posse à do antecessor, podendo somar posses se visa obter propriedade pelo usucapião.

SUCESSÃO NECESSÁRIA. *Vide* SUCESSÃO LEGITIMÁRIA.

SUCESSÃO NO DIREITO REAL DE HABITAÇÃO. *Direito civil.* É o direito que tem o consorte, ou companheiro, sobrevivente de continuar no imóvel destinado a residência, se este for o único do gênero.

SUCESSÃO NO USUFRUTO. *História do direito.* Direito do consorte, ou companheiro, supérstite do usufruto da quarta parte dos bens do falecido, em concorrência com filhos deste ou da metade, em concorrência com ascendentes.

SUCESSÃO PACTÍCIA. *Direito civil.* Transmissão de bens por meio de pacto sucessório, vedada no direito brasileiro, uma vez que herança de pessoa viva não pode ser objeto de contrato.

SUCESSÃO PARTICULAR. *Vide* SUCESSÃO A TÍTULO SINGULAR.

SUCESSÃO *PER UNIVERSITATEM.* *Vide* SUCESSÃO A TÍTULO UNIVERSAL.

SUCESSÃO POR CABEÇA. *Direito civil.* Aquela em que a herança é dividida em tantas parte iguais quantos forem os herdeiros que, em igualdade de grau de parentesco com o *de cujus,* concorrem a ela desde o momento da abertura da sucessão (Pinto Ferreira).

SUCESSÃO POR ESTIRPE. *Direito civil.* Aquela em que a herança é partilhada por estirpe quando a desigualdade de graus de parentesco com o *de cujus* verifica-se desde o instante da abertura da sucessão, relativamente aos descendentes do herdeiro pré-morto, por direito de representação, recebendo a sua parte como se ele vivo estivesse (Hermenegildo de Barros e Carlos Maximiliano).

SUCESSÃO POR MORTE DO LOCADOR. *Direito civil* e *direito comercial.* Transmissão da locação aos herdeiros do falecido locador, que passam ante o princípio *pacta sunt servanda* a ter todos os seus direitos e deveres atinentes à relação *ex locato,* uma vez que não são personalíssimos. Até o final do arrolamento ou do inventário, antes da concretização da partilha, o espólio, representado pelo arrolante ou inventariante, será o locador do imóvel, tendo-se em vista que a herança é um todo indivisível, havendo um condomínio forçado entre os herdeiros do *de cujus.* Efetivada a partilha o herdeiro, a quem couber o bem locado, continuará a locação.

SUCESSÃO POR MORTE DO LOCATÁRIO. *Direito civil* e *direito comercial.* Sub-rogação dos direitos e obrigações do locatário falecido: a) nas locações com finalidade residencial, ao cônjuge ou companheiro sobrevivente e, sucessivamente, aos herdeiros necessários e às pessoas que vivam na dependência econômica do *de cujus,* desde que residentes no imóvel; b) nas locações com fim não residencial, ao espólio até que se opere a partilha e, se for o caso, ao seu sucessor no negócio ou na atividade empresarial por ele desempenhada.

SUCESSÃO POSSESSÓRIA. *Vide* SUCESSÃO NA POSSE.

SUCESSÃO PROCESSUAL. *Direito processual civil.* Troca de qualquer das partes integrantes da relação processual, em razão de fato ou ato legalmente relevante, fazendo com que o substituto assuma direitos e deveres do substituído (Clito Fornaciari Jr. e Othon Sidou).

SUCESSÃO PROVISÓRIA. 1. *Vide* AÇÃO DE SUCESSÃO PROVISÓRIA. **2.** *Direito civil.* Aquela que se abre, havendo sentença de declaração de ausência, fazendo com que os bens e direitos do ausente, com certas restrições, passem aos seus herdeiros.

SUCESSÃO SINGULAR. *Vide* SUCESSÃO A TÍTULO SINGULAR.

SUCESSÃO *SINGULARITIM.* *Vide* SUCESSÃO A TÍTULO SINGULAR.

SUCESSÃO SOCIETÁRIA. *Direito civil* e *direito comercial.* **1.** Continuidade da firma em sociedade limitada, em nome coletivo, por ações etc. **2.** Modificação de sua sociedade para firma individual (Acquaviva).

SUCESSÃO SUPLETÓRIA. *Direito civil.* Sucessão legítima que vem a suprir, total ou parcialmente, o testamento, em razão de invalidade, caducidade ou falta de testamento do falecido.

SUCESSÃO TESTAMENTÁRIA. *Direito civil.* Aquela em que a transmissão hereditária se opera por ato de última vontade, revestido de solenidade requerida por lei, prevalecendo as disposições normativas naquilo que for *ius cogens*, bem como no que for omisso o testamento. Denomina-se também *sucessão voluntária.*

SUCESSÃO TRABALHISTA. *Vide* SUCESSÃO DE EMPRESAS.

SUCESSÃO TRIBUTÁRIA. *Direito tributário.* Transferência de responsabilidade tributária do obrigado original para outrem (Mauro Grinberg).

SUCESSÃO UNIVERSAL. *Vide* SUCESSÃO A TÍTULO UNIVERSAL.

SUCESSÃO VACANTE. *Direito civil.* Incorporação dos bens do espólio para o patrimônio do Município, do Distrito Federal ou da União, por terem sido declarados vagos após os trâmites da herança jacente, uma vez que não apareceu qualquer herdeiro que os reclamasse.

SUCESSÃO VOLUNTÁRIA. *Vide* SUCESSÃO TESTAMENTÁRIA.

SUCESSIBILIDADE. *Direito civil.* **1.** Aptidão para suceder. **2.** Direito de suceder. **3.** Qualidade de sucessível. **4.** Ordem de sucessão.

SUCESSÍVEL. *Direito civil.* Aquele que pode suceder na qualidade de herdeiro ou legatário.

SUCESSIVO. **1.** Na *linguagem jurídica* em geral: a) contínuo; ininterrupto; b) o que vem em seguida a outro para o substituir ou para prosseguir algo; c) hereditário; d) repetido; continuado. **2.** *Filosofia em geral.* a) Conjunto de objetos do pensamento que apresentam uma relação de sucessão (Bergson); b) pensamento enquanto apreende uma sucessão (Lalande).

SUCESSO. **1.** Êxito. **2.** Resultado bom ou mau de algum negócio. **3.** O que sucede. **4.** Conclusão.

SUCESSOR. **1.** *Direito civil.* a) Que sucede a outrem; b) herdeiro legal ou testamentário; c) aquele que tem dignidade ou predicado igual ao de outrem; d) aquele a quem se transferem direitos ou deveres de outrem. **2.** *Direito administrativo.* Aquele que ocupa cargo ou função do antecessor, substituindo-o.

SUCESSORAL. Relativo a sucessão ou sucessor.

SUCESSOR DA FIRMA. *Direito comercial.* Empresário que adquiriu de outro uma razão social, continuando as atividades do estabelecimento, assumindo seu ativo e passivo.

SUCESSOR DE CARGO. *Direito administrativo.* **1.** Substituto designado para, eventual e temporariamente, ocupar um cargo, respondendo por ele, enquanto não se nomeia o titular. **2.** Aquele que passa a ter o exercício de um cargo que se tornou vago em razão de falecimento, demissão, exoneração ou aposentadoria do ocupante anterior.

SUCESSOR DE ESTABELECIMENTO. *Direito comercial.* Empresário que, ao adquirir um estabelecimento de outro, continua a exercer a mesma atividade empresarial (De Plácido e Silva).

SUCESSOR DO PROCESSO. *Direito processual civil.* Aquele que, mediante habilitação incidente, vem a ocupar numa ação a posição que era, anteriormente, do autor ou do réu.

SUCESSOR FORÇADO. *Vide* SUCESSOR NECESSÁRIO.

SUCESSORIAL. *Vide* SUCESSORAL.

SUCESSÓRIO. *Vide* SUCESSORAL.

SUCESSOR IRREGULAR. *Direito civil.* É o Município, Distrito Federal ou a União sendo declarada vaga a herança.

SUCESSOR LEGITIMÁRIO. *Vide* SUCESSOR NECESSÁRIO.

SUCESSOR LEGÍTIMO. *Direito civil.* Aquele que, em razão de algum grau de parentesco ou de casamento, na falta de testamento do *de cujus*, é chamado a suceder segundo a ordem de vocação hereditária prevista em lei.

SUCESSOR NECESSÁRIO. *Direito civil.* É o sucessor forçado que, por ser descendente, ascendente ou cônjuge do *de cujus*, tem direito à legítima hereditária, ou seja, à metade da herança.

SUCESSOR POR CABEÇA. *Direito civil.* Herdeiro que, herdando por direito próprio, em razão de parentesco com o *de cujus*, é o mais próximo do *auctor successionis.*

SUCESSOR POR ESTIRPE. *Direito civil.* Aquele que herda por representação, sendo convocado a suceder em lugar do herdeiro premorto mais próximo.

SUCESSOR PROCESSUAL. *Vide* SUCESSOR DO PROCESSO.

SUCESSOR PROVISÓRIO. *Direito civil* e *direito processual civil.* Herdeiro que vem a receber, com restrição e sob condição, a posse dos bens do ausente, enquanto aguarda a abertura da sucessão definitiva.

SUCESSOR REGULAR. *Direito civil.* É o companheiro sobrevivente, visto que só participa da sucessão do falecido, quanto aos bens onerosamente adquiridos durante a união estável.

SUCESSOR SINGULAR. *Direito civil.* **1.** Aquele que recebe coisa certa e individualizada por via testamentária. Trata-se do legatário. **2.** O que vem, por ato *inter vivos*, a substituir outro em direitos, deveres e bens. Por exemplo, o comprador de um bem que antes pertencia a outrem.

SUCESSOR TESTAMENTÁRIO. *Direito civil.* Aquele herdeiro universal ou singular instituído pelo testador no seu ato de última vontade.

SUCESSOR UNIVERSAL. *Direito civil.* Herdeiro que recebe a totalidade ou quota ideal da herança.

SÚCIA. *Direito penal.* **1.** Reunião de pessoas de má índole, desordeiras etc. **2.** Corja. **3.** Vadiagem que esse grupo promove.

SUCIANTE. *Direito penal.* **1.** Aquele que é membro da súcia. **2.** Vadio. **3.** Pessoa sem caráter.

SUCIAR. *Direito penal.* **1.** Vadiar. **2.** Fazer parte de uma corja ou súcia.

SUCINTEZ. Qualidade de sucinto.

SUCINTO. **1.** Breve. **2.** Conciso. **3.** Pouco abundante.

SÚCIO. *Vide* SUCIANTE.

SUCOTAP. *Direito aeronáutico.* Sistema Unificado de Arrecadação e Cobrança das Tarifas Aeroportuárias e das de Uso das Comunicações e dos Auxílios à Navegação Aérea em Rota.

SÚCUBA. **1.** *Direito civil.* Concubina. **2.** *Direito penal.* Prostituta.

SUCÚBICO. Relativo a súcubo.

SÚCUBO. **1.** *Medicina legal.* a) Pederasta passivo; b) que se põe por baixo, durante a cópula; c) sensual. **2.** *Direito penal.* Aquele que, por ser sugestionável e submisso, é levado a praticar crimes pelo comparsa que o instigar.

SUCUMBÊNCIA. *Direito processual civil.* **1.** Ônus que recai sobre a parte vencida numa ação de pagar os honorários de advogado da parte vencedora e às custas ou despesas processuais. **2.** Ato de sucumbir, ou seja, de sair vencido numa ação (Geraldo Magela Alves).

SUCUMBÊNCIA PARCIAL. *Direito processual civil.* Distribuição proporcional do ônus de pagar honorários advocatícios e custas processuais entre ambos os litigantes por terem sido em parte vencedores e vencidos na ação. É também denominada sucumbência recíproca.

SUCUMBÊNCIA RECÍPROCA. *Vide* SUCUMBÊNCIA PARCIAL.

SUCUMBENTE. *Direito processual civil.* **1.** Parte litigante que sofre sucumbência, porque foi vencida numa ação. **2.** Responsável pela sucumbência. **3.** Aquele que tem interesse para interpor recurso.

SUCUMBIDO. **1.** Que sucumbiu. **2.** Desanimado.

SUCUMBIMENTO. Ato ou efeito de sucumbir.

SUCUMBIR. **1.** Deixar-se vencer. **2.** Ceder. **3.** Curvar-se. **4.** Desanimar. **5.** Ser abatido.

SUCURSAL. **1.** *Direito canônico.* Igreja que se encarrega dos ofícios e cerimônias que não possam ser levados a efeito pela matriz. **2.** *Direito comercial.* a) Em sentido estrito, é o estabelecimento que se subordina a outro, uma vez que foi criado para expandir os seus negócios. Embora seu gerente tenha certa autonomia, deve seguir a orientação dada pelo estabelecimento principal (matriz) sobre negócios importantes; b) filial; c) agência.

SUCURSALISTA. *Direito comercial.* Diretor de uma sucursal.

SUCUSSÃO. *Medicina legal.* Ato de sacudir um paciente para descobrir a presença de líquido em alguma cavidade de seu corpo, especialmente no tórax ou no estômago.

SUDAÇÃO. *Medicina legal.* Transpiração.

SUDAM. *Direito ambiental.* Sigla de Superintendência do Desenvolvimento da Amazônia, foi criada para promover o desenvolvimento econômico-social da região amazônica.

SUDÁRIO. *Direito canônico.* Tela representativa do rosto ensangüentado de Jesus Cristo.

SUDDEN EMERGENCY. *Locução inglesa.* Estado de necessidade.

SUDENE. *Direito administrativo.* Sigla da Superintendência do Desenvolvimento do Nordeste, criada para propor diretrizes para desenvolver essa região do País. Trata-se de uma autarquia vinculada ao Ministério do Planejamento e Orçamento, por intermédio da Secretaria Especial de Políticas Regionais.

SUDESUL. Sigla de Superintendência do Desenvolvimento da Região Sul, criada para promover e planejar o desenvolvimento dessa região.

SUDHEVEA. Sigla de Superintendência da Borracha, que foi criada para executar a política econômica da borracha.

SÚDITO. 1. Na *linguagem jurídica* em geral: a) aquele que está sujeito às ordens de outro; b) cidadão. **2.** *Direito comparado.* Aquele que, numa monarquia, está submetido à jurisdição de um soberano ou príncipe. **3.** *Direito internacional público.* Aquele que, relativamente a um Estado soberano, é natural ou naturalizado (Othon Sidou).

SUDORESE. *Medicina legal.* Excesso de transpiração.

SUDRA. *História do direito.* A casta mais baixa dos primitivos hindus arcanos que abrangia a dos trabalhadores braçais e artesanais.

SUE. *Termo inglês.* **1.** Processar. **2.** Demandar. **3.** Propor ação judicial.

SUE AND LABOR CLAUSE. *Direito internacional privado.* Aquela medida de salvaguarda em que o segurado terá direito ao reembolso de despesa que incorrer para reduzir os prejuízos causados pelo sinistro.

SUELTISTA. *Direito autoral.* Autor de sueltos.

SUELTO. *Direito autoral.* Comentário pequeno que é publicado em jornal, solto entre artigos maiores.

SUFETE. *História do direito.* Magistrado Supremo de Cartago, de Tiro etc.

SUFFIT. *Termo latino.* É o bastante; basta.

SUFI. *História do direito.* **1.** Antigo título do rei da Pérsia, que era dado pelo pessoal do Ocidente. **2.** Sequaz de seita mística, panteísta ou maometana.

SUFICIÊNCIA. 1. Habilidade. **2.** Qualidade de suficiente.

SUFICIENTE. 1. Hábil; apto. **2.** Classificação escalar entre o medíocre e o bom. **3.** Que satisfaz. **4.** O que atende às exigências legais. **5.** O que preenche certas condições. **6.** Satisfatório. **7.** Bastante.

SUFLASSUNG. *Termo alemão.* Convênio jurídico real, que independe de negócio jurídico causal.

SUFOCAÇÃO. *Medicina legal.* Modalidade de asfixia mecânica que impede os movimentos respiratórios, causada pela obstrução ou oclusão dos orifícios buco-nasais, naturais do aparelho respiratório, ou pela compressão do tórax ou abdome, imobilizando-os.

SUFOCAÇÃO ATIVA. *Vide* SUFOCAÇÃO DIRETA.

SUFOCAÇÃO DIRETA. *Medicina legal.* Asfixia mecânica por obstrução das vias naturais da respiração que pode dar-se não só por penetração de corpo estranho na traquéia ou nos brônquios, como também por abscesso pulmonar, hemoptise etc., e pela introdução de pano, algodão ou papel na boca e nariz (José Lopes Zarzuela). É também designada de sufocação ativa.

SUFOCAÇÃO INDIRETA. *Medicina legal.* Asfixia por compressão tóraco-abdominal acidental ou homicida impedindo os movimentos respiratórios. Pode ser oriunda de pisoteamento, avalanches etc. (José Lopes Zarzuela e Paulo Matos Peixoto). Trata-se da sufocação passiva.

SUFOCAÇÃO PASSIVA. *Vide* SUFOCAÇÃO INDIRETA.

SUFOCADO. *Medicina legal.* Aquele que sofreu sufocação direta ou indireta.

SUFOCADOR. *Medicina legal.* **1.** Que causa sufocação. **2.** Asfixiante. **3.** Que sufoca.

SUFOCAMENTO. *Vide* SUFOCAÇÃO.

SUFOCANTE. *Vide* SUFOCADOR.

SUFOCAR. 1. *Medicina legal.* a) Causar sufocação; b) asfixiar; c) matar por asfixia; d) sentir sufocação. **2.** Nas *linguagens comum* e *jurídica:* a) ser reprimido; b) reprimir; c) comover; d) debelar.

SUFOCATIVO. 1. Que sufoca. **2.** Próprio para reprimir. **3.** Que impede o desenvolvimento de uma idéia.

SUFRAGÂNEO. *Direito canônico.* Bispo ou bispado que depende de um metropolitano.

SUFRAGAR. 1. *Ciência política* e *direito eleitoral.* Apoiar com voto. **2.** *Direito canônico.* a) Rezar pela alma de alguém; b) realizar obras pias ou ofícios religiosos em favor da alma de alguém.

SUFRAGAR A TESE. Aceitar a tese.

SUFRÁGIO. 1. *Ciência política, direito constitucional* e *direito eleitoral.* a) Voto pelo qual o povo escolhe e elege seus representantes e governantes; b) poder do cidadão de participar da vida política do País, exercendo o direito de voto ao eleger seu governante e seu representante no Legislativo. **2.** *Direito canônico.* Obra pia, ofício religioso ou prece dirigida a Deus em favor da alma de alguém já falecido.

SUFRÁGIO CAPACITÁRIO. *Ciência política.* Direito de voto concedido àquele que possui certo grau de instrução, exerce determinada profissão e sabe interpretar as normas constitucionais do seu país. No Estado que o admite, o Colégio Eleitoral compõe-se de pessoas que têm certo desenvolvimento intelectual.

SUFRÁGIO CENSITÁRIO. *Ciência política.* Voto atribuído a quem, por sua posição econômica, concorrer para o erário pagando certa soma mínima de impostos prefixada (De Plácido e Silva).

SUFRÁGIO CULTURAL. *Vide* SUFRÁGIO CENSITÁRIO.

SUFRÁGIO DA IGREJA. *Direito canônico.* Oração em favor das almas de fiéis falecidos.

SUFRÁGIO-DIREITO. *Ciência política.* Aquele voto que constitui um direito do cidadão, como membro da coletividade política e titular de parcela da soberania (Jean-Jacques Rousseau).

SUFRÁGIO DIRETO. *Ciência política* e *direito constitucional.* Aquele em que o próprio eleitor, sem qualquer intermediário, por meio de voto, escolhe nominalmente seus representantes ou governantes, elegendo senadores, deputados, vereadores, prefeito, governador e presidente da República.

SUFRÁGIO-FUNÇÃO. *Ciência política.* Voto é dever do povo, como instrumento da manifestação da vontade nacional, com o escopo de eleger os representantes da nação, que são os titulares da soberania (Emmanuel Joseph Siéyès).

SUFRÁGIO INDIRETO. *Ciência política.* Eleição pelos cidadãos de delegados que, por sua vez, sendo eleitores de segundo grau, formarão o Colégio Eleitoral que elegerá os governantes ou aqueles que irão ocupar cargos eletivos em outra eleição.

SUFRÁGIO OBRIGATÓRIO. *Ciência política.* Eleição em que o eleitor é obrigado a votar, sob pena de sofrer sanção.

SUFRÁGIO PLURAL. *Ciência política.* Sistema que permite para certos eleitores o exercício simultâneo de mais de um voto, em regra, em convenção de partido político, segundo determinadas qualificações (Othon Sidou).

SUFRÁGIO POLÍTICO. *Ciência política.* Direito de votar e de ser votado (Geraldo Magela Alves).

SUFRÁGIO QUALIFICADO. *Ciência política.* Voto permitido apenas ao eleitor que tiver certo grau de instrução, estando vedado, por exemplo, a analfabeto.

SUFRÁGIO RACIAL. *Ciência política.* Voto não permitido a pessoa de cor, que está excluída do processo político, de forma dissimulada em alguns países (Paulo Bonavides).

SUFRÁGIO RESTRITO. *Ciência política.* Voto que, por determinadas condições ou requisitos como sexo, posição econômica, grau de instrução, está cerceado, impedindo que certas pessoas venham a participar do processo político. Com isso, o direito de votar apenas é concedido a determinadas categorias de cidadãos.

SUFRÁGIO UNIVERSAL. *Ciência política.* Aquele sistema que não impõe ao exercício do direito de votar nenhum requisito, restrição ou condição, salvo a incapacidade civil ou suspensão dos direitos políticos. Todo cidadão civilmente capaz e que não esteja suspenso dos seus direitos políticos pode votar, escolhendo candidatos para ocupar cargos eletivos.

SUFRAGISMO. 1. *História do direito.* Movimento que reivindicou o direito de voto. 2. *Ciência política.* Teoria do sufrágio.

SUFRAGISTA. *Ciência política.* 1. O que diz respeito a sufrágio. 2. Eleitor. 3. Adepto do sistema eletivo por meio de votos.

SUFRAMA. *Direito administrativo.* Sigla de Superintendência da Zona Franca de Manaus.

SUFUSÃO. *Medicina legal.* Derrame líquido ou gasoso em cavidade natural ou acidental.

SUFUSÃO SANGÜÍNEA. *Medicina legal.* Esquimose; afluxo de sangue à pele, visível pelo seu acúmulo.

SUGERIDO. 1. *Psicologia forense.* Aquilo que é feito por sugestão hipnótica. 2. Nas *linguagens comum* e *jurídica:* a) proposto; b) o que se sugeriu; c) insinuado; d) lembrado.

SUGERIDOR. Que sugere.

SUGERIR. 1. Propor. 2. Dar a entender; insinuar. 3. Fazer com que um pensamento surja no espírito (Boirac).

SUGERÍVEL. O que pode ser sugerido.

SUGESTÃO. 1. *Sociologia geral.* O que leva, inconscientemente, a copiar um comportamento. 2. *Filosofia geral.* a) Ação pela qual uma idéia faz nascer outra; b) idéia que é proposta como um conselho ou exemplo; c) ato ou imagem que é efeito da sugestão (Lalande). 3. *Psicologia forense.* a) Reação mental apresentada inconscientemente pela pessoa num determinado momento em resposta à penetração de uma idéia no seu espírito, transformando-a num ato, percepção ou sentimento (Pierre Janet); b) ato de fazer, sub-repticiamente, que algo se opere na mente do indivíduo sem que o psiquismo superior venha a perceber, inteiramente, o fato e suas conseqüências (J. B. de O. e Costa Júnior); c) impulso irresistível causado numa pessoa em estado hipnótico ou por telepatia. **4.** Nas *linguagens comum* e *jurídica:* a) proposta; b) ato de opinar; c) incitamento; d) influência exercida por uma pessoa sobre outra, instigando-a, ao dominar sua vontade ou emoção, a praticar um ato ou crime; e) pressão moral.

SUGESTÃO COM PRAZO OU REFERÊNCIA. *Psicologia forense.* A que se executa numa data determinada, a um sinal ou quando certa condição se apresentar (Lalande).

SUGESTÃO DE PREÇOS DE REVENDA. *Vide SUGGESTED RESALE PRICES.*

SUGESTÃO HIPNÓTICA. *Psicologia forense.* Impulso de alguém, provocado pela hipnose.

SUGESTÃO INDETERMINADA. *Psicologia forense.* Aquele que inibe, totalmente, o indivíduo, deixando-lhe certa iniciativa (Beaunis).

SUGESTÃO MENTAL. *Psicologia forense.* Fenômeno telepático que transmite a alguém, sem qualquer gesto ou palavra, uma idéia.

SUGESTÃO POR OUTREM. *Vide* SUGESTÃO VINDA DO EXTERIOR.

SUGESTÃO VINDA DO EXTERIOR. *Psicologia forense.* Heterossugestão. É a produzida num sujeito pela ação voluntária de outra pessoa (Baldwin e Wundt).

SUGESTIBILIDADE. *Psicologia forense.* **1.** Estado de quem é sugestionável. **2.** Tendência para receber sugestão de outrem. **3.** Propensão inerente a quem pode ser facilmente sugestionado.

SUGESTIONABILIDADE. *Psicologia forense.* **1.** Qualidade de sugestionável. **2.** Estado momentâneo em que a sugestão é mais facilmente aceita ou executada (Lalande). **3.** Característica daquele que sofre sugestão (Binet).

SUGESTIONADO. *Psicologia forense.* É aquele que sofre o efeito da sugestão.

SUGESTIONADOR. *Psicologia forense.* Aquele que sugestiona.

SUGESTIONAMENTO. *Psicologia forense.* Ação ou efeito de sugestionar.

SUGESTIONANTE. *Vide* SUGESTIONADOR.

SUGESTIONAR. *Psicologia forense.* **1.** Produzir sugestão. **2.** Influir.

SUGESTIONÁVEL. *Psicologia forense.* Aquele suscetível de ser levado por sugestão à prática de um ato.

SUGESTÍVEL. *Vide* SUGESTIONÁVEL.

SUGESTIVO. *Psicologia forense.* **1.** Que sugere idéia, ato ou sentimento. **2.** Que incita ou estimula.

SUGESTO. *História do direito.* **1.** Local alto onde os oradores, da antigüidade romana, falavam ao povo. **2.** Palco reservado no teatro romano ao imperador.

SUGESTOR. Que sugere.

SUGGESTED RESALE PRICES. *Expressão inglesa* e *direito comercial.* Sugestão de preços de revenda, que não constitui infração à ordem econômica, pois nada obsta a que o fabricante distribua lista de preços sugeridos de seus produtos (Lauro Celidônio Gomes dos Reis Neto).

SUGGESTION OF ERROR. *Locução inglesa.* Embargos.

SUGILAÇÃO. *Medicina legal.* **1.** Leve equimose cutânea que se apresenta em forma de pequenos grãos (Croce e Croce Jr.). **2.** Mancha que aparece em razão de dermatose.

SUGILAÇÃO *POST MORTEM. Medicina legal.* Início da lividez cadavérica, que se caracteriza pela presença de pequenas manchas violáceas após vinte a trinta minutos contados da morte.

SUÍÇA. *História do direito.* Guarda de espingardeiros que foi criada na Índia por Afonso de Albuquerque.

SUICIDA. 1. *Direito penal.* É aquele que se matou. **2.** *Medicina legal.* O que serviu de instrumento ou de arma de suicídio.

SUICIDANTE. *Direito penal.* Que arrasta para a morte por imprevidência ou fraqueza de vontade.

SUICIDAR. *Direito penal.* Matar-se.

SUICÍDIO. *Direito penal.* **1.** Ato voluntário de tirar a própria vida. **2.** Morte resultante, direta ou indiretamente, de um ato, positivo ou negativo, realizado pela vítima, que sabia dever produzir esse resultado (Durkheim). **3.** Autocídio; autoquíria.

SUICÍDIO ASSISTIDO. *Medicina legal* e *biodireito.* Auxílio médico, vedado juridicamente, a paciente com doença incurável que deseja suicidar-se. Por exemplo é o que decorre de ato pelo qual o médico prescreve pílula letal a paciente terminal para que este possa se matar quando quiser, evitando maior sofrimento. É proibido porque pode induzir alguém, que não quer morrer, a dar um fim em sua vida, por ser vulnerável. Tal prática é legal em Oregon (EUA).

SUICIDOMANIA. *Medicina legal.* Obsessão pelo suicídio.

SUICIDOMANÍACO. *Medicina legal.* Aquele que sofre de suicidomania.

SUIDADE. *Direito civil.* Qualidade ou estado de herdeiro necessário ou de herdeiro *sui.*

SUI GENERIS. *Locução latina.* Do seu gênero; peculiar; especial.

SUI JURIS. 1. *Locução latina.* a) Direito próprio; b) do seu direito; c) ser senhor de si. **2.** *Direito civil* e *direito romano.* a) Aquele que tem poder de autodeterminação, por ser independente de outrem, já que é maior e capaz e está em pleno exercício de seus direitos civis; b) aquele que tem capacidade jurídica, tendo aptidão para praticar, por si, os atos da vida civil.

SUINARIA. *Direito agrário.* Grande quantidade de suínos.

SUINICIDA. *Direito agrário.* Aquele que mata porcos.

SUINICÍDIO. *Direito agrário.* Ação de matar porco.

SUINÍCOLA. *Direito agrário.* Criador de suínos; suinocultor.

SUÍNO. *Direito agrário.* **1.** Porco. **2.** O que se refere a porco.

SUINOCULTOR. *Vide* SUINÍCOLA.

SUINOCULTURA. *Direito agrário.* Criação de porcos.

SUINOFOBIA. *Medicina legal.* Aversão aos porcos.

SUINÓFOBO. *Medicina legal.* Aquele que sofre de suinofobia.

SUITABILITY. *Termo inglês.* Conveniência.

SUJEIÇÃO. 1. *Direito civil.* a) Situação de dependência em que os filhos menores se acham em relação ao poder familiar (Othon Sidou); b) liame ou vínculo estabelecido entre uma pessoa e outra, ou entre uma coisa e outra, em razão de dependência, ônus ou encargo imposto (De Plácido e Silva). **2.** Na *linguagem jurídica* em geral: a) jugo; b) submissão; c) subordinação; d) dependência; e) vassalagem; f) ato ou efeito de sujeitar-se; g) ato de permanecer sob o domínio alheio.

SUJEIÇÃO ABSOLUTA. *Direito civil.* Sujeição genérica que se dá quando o vínculo entre sujeito ativo e passivo consiste apenas no dever do sujeito passivo de respeitar a posição jurídica do titular, por exemplo, de direitos personalíssimos e direitos reais (Orlando Gomes).

SUJEIÇÃO ATIVA NA RELAÇÃO JURÍDICO-TRIBUTÁRIA. *Direito tributário.* Situação ocupada na relação fático-econômica, regida pelo direito tributário, pela pessoa constitucional que é titular da competência tributária ou pelo terceiro a quem se delega o direito de promover cobrança do tributo.

SUJEIÇÃO ESPECÍFICA. *Direito civil.* Sujeição relativa que ocorre quando na relação jurídica o sujeito passivo tem a obrigação de satisfazer determinado interesse do titular do direito (Orlando Gomes).

SUJEIÇÃO GENÉRICA. *Vide* SUJEIÇÃO ABSOLUTA.

SUJEIÇÃO PASSIVA NA RELAÇÃO JURÍDICO-TRIBUTÁRIA. *Direito tributário.* Situação em que se encontra, na relação fático-econômica regida por normas tributárias, o contribuinte, ou aquele que tem o dever jurídico de pagar tributos, em virtude de lei, sem contudo ser contribuinte.

SUJEIÇÃO RELATIVA. *Vide* SUJEIÇÃO ESPECÍFICA.

SUJEIRA. 1. Falta de limpeza. **2.** Qualidade de sujo. **3.** Coisa ou local sujo. **4.** Procedimento não correto.

SUJEITADO. Reduzido à sujeição (Laudelino Freire).

SUJEITADOR. O que sujeita.

SUJEITAR. 1. Conformar-se. **2.** Render-se. **3.** Aceitar o domínio de outrem. **4.** Ficar dependente. **5.** Contrair obrigação. **6.** Dominar.

SUJEITÁVEL. Que se pode sujeitar.

SUJEITO. 1. *Filosofia geral.* a) O ser que conhece (Liard); b) o que está submetido à reflexão (Lalande). **2.** *Lógica jurídica.* a) Ser ao qual um predicado é atribuído (Lachelier); b) aquilo do que se fala numa proposição (Couturat). **3.** *Psicologia forense.* Ser individual submetido à observação (Ribot). **4.** *Sociologia jurídica.* a) Aquele que se submete a uma autoridade ou às leis do Estado (Jean-Jacques Rousseau); b) que se sujeitou ao poder do mais forte ou à vontade alheia. **5.** *Direito penal.* Partícipe de um crime. **6.** Nas *linguagens comum* e *jurídica:* a) titular de direitos e obrigações; b) que se conforma; c) que não tem ação própria, estando por isso dominado; d) dependente; e) que tem obrigação de se submeter; submetido; f) exposto a um mal pela sua natureza ou situação; g) que está submetido a uma necessidade inevitável (Lalande); h) que tem tendência para algo; i) em quem um acontecimento é freqüente (Lalande); j) aquele que pode vincular-se a uma relação jurídica (Othon Sidou); k) destinatário da norma; l) súdito; m) pessoa física ou jurídica.

SUJEITO AGRÁRIO. *Direito agrário.* Pessoa física ou jurídica que exerce atividade agrária, adquirindo direitos e contraindo obrigações.

SUJEITO ATIVO. 1. *Direito civil.* a) Titular do direito subjetivo de ter ou de fazer o que a norma jurídica não proíbe; b) credor; c) aquele que é capaz de exercer um direito. **2.** *Direito penal.* Autor do delito. **3.** *Direito tributário.* a) Credor da obrigação tributária; aquele que pode exigir o pagamento de tributos; b) pessoa jurídica que é titular da competência para exigir o cumprimento da obrigação tributária ou para o exercício do poder de tributar. **4.** *Direito previdenciário.* É o Instituto Nacional do Seguro Social (INSS), autarquia federal dotada de personalidade jurídica de direito público, que tem a competência para exigir o pagamento das contribuições sociais previdenciárias ou das penalidades pecuniárias, bem como o cumprimento das obrigações acessórias decorrentes da legislação. É o credor da obrigação previdenciária.

SUJEITO DA OBRIGAÇÃO. *Direito civil.* Pessoa física ou jurídica que participa da relação obrigacional, quer como credor, exigindo a prestação de dar, de fazer ou não fazer, quer como devedor, assumindo o dever de prestá-la ao primeiro (Álvaro Villaça Azevedo). O sujeito ativo é o credor, ou seja, aquele a quem a prestação positiva ou negativa é devida, tendo, por isso, o direito de exigi-la. O sujeito passivo é o devedor, ou melhor, o que deve cumprir a prestação obrigacional, limitando sua liberdade, pois deverá dar, fazer ou não fazer algo em atenção ao interesse do credor, que, em caso de inadimplemento, poderá buscar, por via judicial, no seu patrimônio, recursos para satisfazer seu direito de crédito.

SUJEITO DE DIREITO. 1. *Direito civil.* Pessoa física ou jurídica que seja titular de direitos subjetivos ou destinatária de deveres jurídicos. **2.** *Economia política.* a) É, na qualidade de sujeito ativo, o empresário, assalariado, poupador, consumidor e, na qualidade de sujeito passivo, a sociedade como um todo ou o conjunto de agentes privados (Geraldo Vidigal); b) agente de mercado (Eros Grau); c) empresa (Eros Grau).

SUJEITO DETERMINADO. *Direito civil.* Aquele que é conhecido.

SUJEITO INDETERMINADO. *Direito civil.* **1.** Aquele que não é conhecido. **2.** O suscetível de uma ulterior determinação.

SUJEITO PASSIVO. 1. *Direito civil.* a) Devedor; b) aquele de quem se pode exigir o cumprimento de uma prestação de dar, de fazer ou de não fazer; c) aquele sobre quem recai um direito de outrem; d) quem tem o dever jurídico de satisfazer o objeto da obrigação. **2.** *Direito penal.* a) Vítima do delito; b) aquele que sofreu ofensa física ou patrimonial suscetível de imposição de sanção penal ao ofensor. **3.** *Direito tributário.* Pessoa física ou jurídica de quem se pode exigir o pagamento de tributo como contribuinte, quando tiver relação pessoal e direta com a situação que constitui o respectivo fato gerador ou como responsável quando, sem revestir a condição de contribuinte, sua obrigação resulta de disposição legal. **4.** *Direito previdenciário.* É o contribuinte ou a pessoa responsável pelo pagamento de contribuições sociais previdenciárias ou de penalidades pecuniárias, bem como pelo cumprimento das obrigações acessórias decorrentes da legislação.

SUJEITO PASSIVO DIRETO. *Direito tributário.* Praticante do fato jurídico tributário (Rubens Gomes de Sousa).

SUJEITO PASSIVO INDIRETO. *Direito tributário.* Para Rubens Gomes de Sousa, é aquela pessoa que passa à condição de sujeito passivo por transferência (solidariedade, sucessão ou responsabilidade) ou substituição (eleição de terceira pessoa feita por lei, apesar de não realizar o fato jurídico tributário).

SUJEITOS DA OBRIGAÇÃO PREVIDENCIÁRIA. *Direito previdenciário.* O sujeito ativo da obrigação previdenciária é o Instituto Nacional do Seguro Social (INSS), autarquia federal dotada de personalidade jurídica de direito público, que tem a competência para exigir o pagamento das contribuições previdenciárias ou das penalidades pecuniárias, bem como o cumprimento das obrigações acessórias decorrentes da legislação. O sujeito passivo da obrigação previdenciária é o contribuinte ou a pessoa responsável pelo pagamento de contribuições previdenciárias ou de penalidades pecuniárias, bem como pelo cumprimento das obrigações acessórias decorrentes da legislação. Contribuinte é a pessoa física ou jurídica que mantém relação direta com a situação que constitua fato gerador de contribuições previdenciárias. Pessoa responsável é aquela que, apesar de não se revestir da condição de contribuinte em relação a um fato gerador, tem sua obrigação decorrente de disposição expressa em lei.

SUJIDADE. *Vide* SUJEIRA.

SUJO. 1. Nas *linguagens comum* e *jurídica:* a) que não está limpo; b) desonesto; c) torpe; d) sórdido; e) aquele que perdeu o crédito. **2.** *Direito marítimo.* Porto onde há epidemia. **3.** *Direito autoral.* Livro que apresenta erros de imprensa.

SULAR. *Direito agrário.* Triturar cereais no pilão.

SULCADO. *Direito agrário.* Que se sulcou.

SULCADOR. *Direito agrário.* **1.** Que sulca ou lavra. **2.** Arado apropriado para abrir sulcos na terra preparada para o plantio, com o escopo de neles plantar grandes sementes, tubérculos etc.

SULCAR. 1. *Direito agrário.* Abrir sulcos. **2.** *Direito marítimo.* Navegar, deixando uma esteira ou rasto.

SULCÁVEL. *Direito agrário.* O que se pode sulcar.

SULCO. 1. *Direito marítimo.* Rastro deixado na água pelo navio quando a corta com a quilha. **2.** *Direito agrário.* Rego feito, no solo, pelo arado. **3.** *Medicina legal.* Depressão deixada no pescoço pelo laço de enforcamento ou estrangulamento.

SULCO DE ENFORCAMENTO. *Medicina legal.* Depressão provocada no pescoço, abaixo do maxilar, pelo laço de enforcamento. Sua largura e profundidade dependem do tipo de laço empregado, peso do corpo e do tempo de duração da suspensão do corpo; sua disposição será transversal se houve suspensão incompleta do corpo, por ter a vítima ficado inclinada, tendo apoio nos pés, joelhos etc., e oblíqua, se tal suspensão da vítima for completa (Paulo Matos Peixoto), por não ter tido qualquer apoio inferior.

SULCO DE ESTRANGULAMENTO. *Medicina legal.* Depressão profunda, uniforme e transversal ou horizontal que se apresenta ao redor de todo o pescoço, pela constrição do laço de estrangulamento, provocada, não pelo peso do corpo da vítima, mas pela mão do agressor, máquina em movimento, roda de veículo etc. Tal sulco pode ser único, duplo ou múltiplo (J. B. de O. e Costa Jr. e Paulo Matos Peixoto).

SULCO EQUIMÓTICO. *Medicina legal.* Marca, no pescoço, deixada pelo laço de estrangulamento ou enforcamento, que apresenta equimose.

SULFA. *Vide* SULFONAMIDA.

SULFONA. *Medicina legal.* Substância usada no tratamento da lepra.

SULFONAL. *Medicina legal.* Sulfona cristalina hipnótica, útil em caso de insônia.

SULFONALISMO. *Medicina legal.* **1.** Envenenamento provocado pelo uso excessivo de sulfonal. **2.** Hábito de usar sulfonal.

SULFONAMIDA. *Medicina legal.* Sulfa que consiste em droga antibacilar bastante eficaz no tratamento de meningite espinal, pneumonia lobar, infecção auditiva, gonorréia etc.

SÚLFUR. *Medicina legal.* Enxofre usado pela homeopatia.

SULISTA. Natural do sul de uma região ou de um país.

SULTANA. *Direito comparado.* Filha ou mulher de sultão.

SULTANADO. *Direito comparado.* **1.** Dignidade de sultão. **2.** Território governado por um sultão.

SULTANI. 1. *História do direito.* Moeda de ouro, usada em Goa. **2.** *Direito comparado.* Moeda de ouro que circula na Argélia, Tunísia e Egito.

SULTANIA. *Direito comparado.* Província que tem um sultão por soberano.

SULTANIM. *Vide* SULTANI.

SULTANINA. *Direito agrário.* Espécie de uva originária da Ásia menor.

SULTANISMO. *Direito comparado.* Governo de sultão.

SULTÃO. 1. *Direito comparado.* Soberano de um sultanado. **2.** *História do direito.* Antigo imperador dos turcos.

SUMA. 1. *Direito processual civil.* a) Súmula; b) resumo do pedido do autor ou da resposta do réu. **2.** Nas *linguagens comum* e *jurídica:* a) soma; b) síntese; c) resumo de obra; d) o que há de mais importante; e) essência.

SUMACA. *Direito comparado.* Pequena embarcação usada em certos países sul-americanos.

SUMALÁRIO. *História do direito.* Soldado estrangeiro que se incorporava no exército romano, passando a integrar sua ala esquerda, na qualidade de cavaleiro.

SUMÁRIA. *Direito processual penal.* Forma do processo das contravenções, que tramita com menos morosidade.

SUMARIA COGNICIO. *Locução latina.* Apuração de fatos através de rito sumário.

SUMARIADO. *Direito processual penal.* **1.** Indiciado. **2.** Aquele que está submetido ao sumário ou a uma investigação em processo de instrução criminal para indagação de culpa.

SUMARIAMENTE. *Direito processual penal.* Modo de proceder sem muitas formalidades e de forma menos morosa.

SUMARIANTE. *Direito processual penal.* Juiz que preside o sumário de culpa.

SUMARIAR. 1. *Direito autoral.* a) Indicar, no início do livro, o assunto a ser tratado; b) resumir os pontos essenciais de uma obra; c) tratar com brevidade. **2.** *Direito processual penal.* a) Apreciar a causa sem as formalidades instituídas para a ação de rito comum; b) promover a formação da culpa, por via processual.

SUMARIÍSSIMO. *Vide* PROCEDIMENTO SUMARIÍSSIMO.

SUMÁRIO. 1. *Direito processual penal.* a) Estado da causa criminal em fase de investigação probatória até que seja conclusa ao juiz para o julgamento no Tribunal do Júri; b) conjunto de atos necessários para a formação da culpa do indiciado; c) rito ou processo que tem forma abreviada; d) breve relato do caso feito pelo magistrado ao sentenciar; e) processo que apresenta apenas o libelo e a contrariedade. **2.** *Direito autoral.* a) Resumo de uma obra; b) indicação que o autor faz no início de sua obra dos pontos principais nela tratados; c) índice contendo os pontos mais expressivos contidos num trabalho. **3.** *História do direito.* Besta de carga. **4.** *Direito processual civil.* Procedimento que é espécie do gênero procedimento comum. *Vide* PROCEDIMENTO SUMÁRIO e PROCESSO SUMÁRIO.

SUMÁRIO DE CULPA. *Direito processual penal.* Fase do processo criminal onde o juiz, para a apuração da culpa do indiciado por crime cujo julgamento seja de competência de Tribunal do Júri, faz o seu interrogatório e o das testemunhas, analisa documentos e aprecia outras provas, para poder pronunciar ou impronunciar o indigitado criminoso.

SUMARÍSSIMO. 1. *História do direito.* Procedimento muito simplificado pela dispensa de formalidades e redução de prazos processuais, que possibilitava, em breve espaço de tempo e com o mínimo de despesa, conforme o valor da causa ou a matéria de que versava, se tivesse a solução da demanda. **2.** *Direito processual trabalhista.* Procedimento a que ficam submetidos os dissídios individuais cujo valor não exceda a quarenta vezes o salário mínimo vigente na data do ajuizamento da reclamação. Desse procedimento estão excluídas as demandas em que é parte a Administração Púlica direta, autárquica e fundacional.

SUMATRA. *Direito agrário.* Tipo de tabaco.

SÚMEAS. *Direito marítimo.* Peças que reforçam o leme.

SUMETUME. Saída de galeria subterrânea.

SUMIDADE. 1. Aquele que é notável pelo seu saber ou prestígio. **2.** Eminente.

SUMIDO. 1. Que sumiu. **2.** Encoberto. **3.** Escondido. **4.** Oculto. **5.** Desaparecido. **6.** Extraviado.

SUMIR. 1. Desaparecer. **2.** Retirar-se. **3.** Ausentar-se. **4.** Esconder-se. **5.** Ocultar. **6.** Gastar. **7.** Consumir. **8.** Extraviar. **9.** Fazer desaparecer.

SUMISTA. *Direito autoral.* **1.** Autor de compêndio. **2.** Aquele que faz sínteses.

SUMMA. *Termo latino.* Cimo; parte mais alta.

SUMMA FIDE. *Locução latina.* Toda a boa-fé; máxima fé.

SUMMA IMPERII. *Locução latina.* Poder supremo.

SUMMA LEX. *Locução latina.* Lei suprema.

SUMMA POTESTAS. *Locução latina.* Poder supremo.

SUMMA QUAESTIO. *Locução latina.* Questão principal.

SUMMA RERUM. *Locução latina.* Interesse geral.

SUMMA RES. *Locução latina.* Coisa principal.

SUMMA SEVERITAS. *Locução latina.* Severidade extrema.

SUMMA THEOLOGICA. *Direito canônico.* Obra de Santo Tomás de Aquino que contém uma enciclopédia, examinando tudo sob o prisma teológico.

SUMMO CONSENSU. *Locução latina.* Consentimento unânime; unanimidade.

SUMMONER. *Termo inglês.* Oficial de Justiça.

SUMMONS. *Termo inglês.* **1.** Citação. **2.** Intimação. **3.** Notificação. **4.** Convocação.

SUMMUM BONUM. *Locução latina.* Bem supremo.

SUMMUM IMPERIUM. *Locução latina.* Autoridade máxima.

SUMMUM IUS, SUMMA INIURIA. *Aforismo jurídico.* **1.** Perfeita justiça, perfeita injustiça. **2.** Aplicação rígida da lei, sem a necessária flexibilidade, leva a cometer graves injustiças. **3.** A justiça excessiva torna-se injustiça.

SUMMUM JUS. *Locução latina.* Excesso de direito.

SUMO. **1.** Nas *linguagens comum* e *jurídica:* a) excelente; b) que emana de poder superior; c) extraordinário; d) o mais alto. **2.** *Direito agrário.* Suco dos frutos.

SUMÔ. *Direito desportivo.* Variedade de jiu-jitsu, regida por normas próprias, não havendo uso de quimono.

SUMO PONTÍFICE. *Direito canônico.* Papa.

SUMPTO. **1.** Despesa. **2.** Custo.

SUMPTUS. *Termo latino.* Despesa.

SÚMULA. **1.** *Direito processual.* a) Conjunto de teses jurídicas reveladoras da jurisprudência predominante no tribunal, traduzida em forma de verbetes sintéticos numerados (Nelson Nery Jr.); b) resumo de decisão judicial colegiada (Othon Sidou); c) ementa reveladora da orientação jurisprudencial de um tribunal para casos análogos (Marcus Cláudio Acquaviva); d) ementa de sentença ou acórdão (De Plácido e Silva); e) tradução de orientação da jurisprudência predominante do tribunal (José de Moura Rocha). **2.** Nas *linguagens comum* e *jurídica*: a) sumário; b) resumo; c) índice; d) explicação breve do teor de um texto. **3.** *Direito autoral.* Título de um conjunto de obras que versam, resumidamente, sobre partes de uma ciência ou de pontos principais de uma teoria. **4.** *Direito desportivo.* Papel no qual atletas participantes de uma competição assinam o próprio nome e que fica, para fins regulamentares, arquivado na entidade oficial.

SÚMULA DA JURISPRUDÊNCIA. *Teoria geral do direito* e *direito processual.* **1.** Norma consuetudinária que uniformiza a jurisprudência, constituindo fonte de direito, atuando como norma aplicável aos casos que caírem sob sua égide, enquanto não houver norma que os regule ou uma modificação na orientação jurisprudencial, já que é suscetível de revisão. **2.** Enunciado que resume uma tendência sobre determinada matéria, decidida contínua e reiteradamente pelo tribunal; constitui uma forma de expressão jurídica, por dar certeza a determinada maneira de decidir. **3.** Condensação de no mínimo três acórdãos do mesmo tribunal, adotando igual interpretação de preceito jurídico em tese, sem efeito obrigatório, mas apenas persuasivo, publicado com numeração em repertórios oficiais do órgão (Othon Sidou).

SÚMULA DA JURISPRUDÊNCIA DO SUPREMO TRIBUNAL FEDERAL. *Direito processual.* Síntese da orientação pacífica do mais alto tribunal do País a respeito da exegese e da aplicabilidade das normas legais vigentes de qualquer natureza (Alcides de Mendonça Lima).

SÚMULA DO ACÓRDÃO. *Direito processual.* Resumo de decisões judiciais tomadas por um tribunal numa reunião (Othon Sidou).

SUMULAR. Fazer súmula.

SUMULÁVEL. Matéria que pode ser resumida em súmula.

SÚMULA VINCULANTE. *Teoria geral do direito.* Aquela que, emitida por Tribunais Superiores (STF, STJ, TST, STM, TSE) após reiteradas decisões uniformes sobre um mesmo assunto, tornava obrigatório seu cumprimento pelos demais órgãos do Poder Judiciário. Hoje somente o STF poderá emitir súmula vinculante. Aqueles que acatam súmula com efeito vinculante ressaltam seu papel relevante para facilitar o Poder Judiciário, liberando-o da análise de questões semelhantes. Aqueles que a admitem, na reforma do Judiciário, enfatizam sua utilidade para a agilização processual e para dinamizar o Poder Judiciário, desafogando-o das ações similares e dos processos repetitivos, visto que o liberaria da análise de questões semelhantes. A súmula vinculante deve ser aprovada por 2/3 dos membros do STF, que se pronunciam *ex officio* ou por provocação (requisito formal), e sua edição deve subordinar-se aos seguintes requisitos materiais: a) existência de controvérsia atual entre os órgãos judiciários ou entre esses e a administração pública, que acarrete grave insegurança jurídica e relevante multiplicação de processos sobre questão idêntica; b) natureza constitucional da controvérsia; e c) ocorrência de reiteradas decisões sobre a matéria. Útil seria para atingir o ideal de igualdade na prestação jurisdicional e para a aplicabilidade do princípio da celeridade e economia processual. A decisão sumular é eficaz não só no seu conteúdo interpretativo como também nos fundamentos invocados. Ora, dar obrigatoriedade, com efeito *erga omnes*, às súmulas seria colocá-las no mesmo patamar das leis. Com isso, o Supremo Tribunal Federal usurparia as funções do Poder Legislativo e retiraria dos juízes o seu livre convencimento e a liberdade de apreciação. Os magistrados perderiam a independência de decisão tão necessária para garantir os direitos dos jurisdicionados, como dizia Rui Barbosa, pois passariam a cumprir normas ditadas pelos tribunais superiores, reproduzindo-as. Como bem observa Rubens Approbato Machado, a súmula vinculante criaria o julgamento pétreo. Deveras, os juízes, sob o manto da celeridade, não decidiriam conforme as leis e a sua consciência, pois prolatariam sentenças de acordo com o resolvido pelo Supremo Tribunal Federal, apesar de haver possibilidade de revisão e cancelamento da jurisprudência sumulada com efeito vinculante. Se o juiz decidir contra a súmula, cabível será reclamação ao STF, que anulará o ato judicial. Assim, parece-nos que comprometidos estariam os princípios do duplo grau de jurisdição, do devido processo legal, da inafastabilidade do controle judicial, do livre convencimento do julgador, da ampla defesa etc. Deveras, a súmula vinculante, em certa medida, conduziria à perda da independência decisória, pois os magistrados ficariam tolhidos, na busca da decisão que proporcione inteira satisfação à sua consciência, no seu livre convencimento e na liberdade de apreciar as peculiaridades do caso *sub judice*, visto que passariam a ser meros cumpridores de norma ditada por tribunal superior. Isso seria normal em país de *common law*, onde os tribunais estão obrigados a adotar as decisões dos outros, ante a conhecida força vinculante dos precedentes judiciais. Em países de Constituição rígida, como o Brasil, exige-se a subordinação da decisão à lei e aos princípios ético-sociais nela subjacentes; logo, não há que se falar em vinculação judicial às súmulas dos tribunais superiores, pois, em razão da independência da magistratura, o órgão judicante poderá alterar, conforme sua consciência e as circunstâncias do caso, tendo por base a lei e as provas apresentadas nos autos, uma opinião jurisprudencial, anteriormente formulada ao decidir hipótese similar. O ideal seria súmula, bem delimitada e suscetível de revisão, com "eficácia vinculante relativa", sem engessar o pensamento do magistrado.

SUMULISTA. Autor de súmula.

SUNAB. *História do direito.* Sigla da extinta Superintendência Nacional do Abastecimento, cujas competências foram transferidas ao Ministério da Fazenda, que passa a: a) estabelecer sistema de informações sobre produção, distribuição e consumo de bens e serviços, requisitando o fornecimento de quaisquer dados, periódicos ou especiais, em poder de pessoas de direito público ou privado; b) proceder ao exame de estoques, papéis e escritas de quaisquer empresas ou pessoas que se dediquem às atividades acima arroladas. *Vide* SUPERINTENDÊNCIA NACIONAL DE ABASTECIMENTO (SUNAB).

SUNNA. *Termo árabe.* Livro que constitui fonte subsidiária do Alcorão, por conter uma série de preceitos de obrigação, retirados das práticas do Profeta e dos quatro Califas ortodoxos.

SUNTUÁRIO. **1.** O que é feito com grande despesa, por ser luxuoso ou de alto valor. **2.** Voluptuário. **3.** Preceito editado para redução de despesas. **4.** Referente à ostentação, ao luxo ou ao mero deleite.

SUNTUOSIDADE. **1.** Magnificência. **2.** Qualidade de suntuoso. **3.** Grande pompa. **4.** Luxo extraordinário.

SUNTUOSO. **1.** Luxuoso. **2.** Muito caro.

SUNT VERBA ET VOCES PRAETEREAQUE NIHIL. *Expressão latina.* São palavras e nada mais. Tal expressão é usada comumente em discursos.

SUO IPSUS INDICIO PERIT FUR. *Expressão latina.* O ladrão se perde pelos seus indícios.

SUO JURE. *Locução latina.* Por direito próprio; por seu direito.

SUOR. **1.** *Medicina legal.* Excreção da pele; emissão de líquido, incolor e salgado, pelos poros. **2.** Nas *linguagens comum* e *jurídica:* a) trabalho penoso; b) o que resulta de grande esforço.

SUO TEMPORE. *Locução latina.* **1.** Oportunamente. **2.** Tempestivamente. **3.** Em seu tempo. **4.** No seu devido tempo.

SUPEDÂNEO. Base.

SUPERABUNDÂNCIA. **1.** Grande abundância. **2.** Qualidade de superabundante.

SUPERABUNDANTE. **1.** O que sobeja. **2.** O que existe em grande quantidade.

SUPERADO. **1.** Que superou. **2.** Dominado.

SUPERAGUDO. *Medicina legal.* Estado muito grave de uma moléstia.

SUPERALIMENTAÇÃO. *Medicina legal.* Tratamento de doença depauperante que requer a alimentação excessiva do paciente.

SUPERANDO. Que se pode vencer.

SUPERANNUATION. *Termo inglês.* Aposentadoria.

SUPERANTE. **1.** Que supera. **2.** Que excede.

SUPERAR. **1.** Levar vantagem. **2.** Sobrepujar. **3.** Vencer.

SUPERÁRBITRO. *Direito processual civil* e *direito internacional público.* Árbitro desempatador; que resolve a questão.

SUPERATIVAR. Dar maior atividade.

SUPERATIVIDADE. Atividade excessiva.

SUPERÁVEL. O que se pode vencer ou superar.

SUPERÁVIT. **1.** *Direito financeiro.* Excesso da receita sobre a despesa em um orçamento. **2.** Na *linguagem comum* é o que excede ao normal ou ao esperado.

SUPERAVITÁRIO. O que apresenta saldo positivo.

SUPERBOMBA. *Direito militar.* **1.** Bomba de grande potência. **2.** Bomba de hidrogênio.

SUPERCAMPEÃO. *Direito desportivo.* Vencedor de supercampeonato.

SUPERCAMPEONATO. *Direito desportivo.* Campeonato entre campeões.

SUPERCAPITALIZAÇÃO. *Vide* AGUAMENTO DO CAPITAL.

SUPERCIVILIZADO. Excessivamente civilizado.

SUPERCONSCIENTE. *Psicologia forense.* Plano de consciência, acima do consciente.

SUPERCONSUMO. *Economia política.* Gasto feito pelo consumidor acima de suas posses e necessidades normais.

SUPERDOTADO. *Medicina legal* e *psicologia forense.* Aquele que possui quociente intelectual acima da média, tendo grande criatividade, poder de concentração e agilidade no raciocínio.

SUPEREGO. *Psicologia forense.* Conjunto de fatores restritivos da atividade do *ego* e do *id*. Trata-se da consciência moral responsável pela autocrítica ou censura, ou da atividade que exerce o recalcamento, como prefere Freud.

SUPERESTIMA. Apreço ou valor exagerado.

SUPERESTIMAR. **1.** Dar valor exagerado a algo. **2.** Ter em conta demasiada. **3.** Atribuir a algo qualidades superiores às reais (Laudelino Freire).

SUPERESTRUTURA. **1.** *Sociologia geral.* Conjunto de ideologias políticas, filosóficas, jurídicas e religiosas de uma classe social ou de toda uma sociedade. **2.** *Direito civil.* Parte da estrutura que fica sobre os alicerces. **3.** *Direito marítimo.* Conjunto de construções situadas acima do convés do navio.

SUPERFATURAMENTO. **1.** *Direito internacional privado.* Ato de dar valor superior à mercadoria importada, de que resulta, no exterior, crédito para o comprador (Pedro Nunes). **2.** *Direito tributário.* Ato ilícito em colocar, em papel comercial, valor superior ao da mercadoria negociada ou serviço prestado para sonegar imposto (Othon Sidou).

SUPERFETAÇÃO. **1.** Na *linguagem comum,* superfluidade. **2.** *Medicina legal.* Concepção de um feto, já existindo outro em gestação.

SUPERFICIAL. **1.** O que não tem fundamento; pouco sólido. **2.** Relativo à superfície. **3.** Que está na superfície.

SUPERFICIALIDADE. Qualidade de superficial.

SUPERFICIÁRIO. **1.** *História do direito.* Na antiguidade romana, era: a) o edifício construído em terreno alheio, do qual o construtor apenas tinha o usufruto; b) aquele que construía em terreno alheio, para disso tirar frutos, correspondendo ao usufrutuário; c) o que se utilizava de terra alheia, fazendo plantações e colhendo frutos pagando ao dono do solo certa pensão anual (De Plácido e Silva). **2.** *Direito civil.* Titular do direito de superfície.

SUPERFÍCIE. *Direito civil.* **1.** O que se eleva ou se encontra acima do solo, como, por exemplo, construções ou plantações, e que até prova em contrário se presume pertencente ao dono do solo. **2.** Direito real de fruição sobre coisa alheia pelo qual o proprietário concede, por tempo determinado, gratuita ou onerosamente, a outrem o direito de construir, ou plantar, em seu terreno, mediante escritura pública devidamente assentada no Registro Imobiliário.

SUPERFICIES. *Direito romano.* Direito real do qual era titular aquele que construísse em terreno alheio, pagando uma contribuição ao proprietário, denominada *solarium* (Sílvio Meira).

SUPERFICIES SOLO CEDIT. *Aforismo jurídico.* A superfície incorpora-se ao solo. Logo a construção ou a plantação pertence ao proprietário do solo. Por esse princípio era impossível configurar a superfície como objeto de propriedade ou de direito real separadamente do solo (Eduardo C. Silveira Marchi). Isto era assim ante a inseparabilidade jurídica entre superfície e solo.

SUPERFLUA NON NOCENT. *Expressão latina.* Supérfluos não prejudicam.

SUPERFLUIDADE. **1.** Qualidade de supérfluo. **2.** Excesso. **3.** Coisa desnecessária.

SUPERFLUITAS VITANDA EST. *Expressão latina.* A superfluidade deve ser evitada.

SUPÉRFLUO. 1. Inútil por excesso. **2.** Aquilo que é desnecessário ou demasiado. **3.** O que sobra. **4.** O que extravasa os limites da normalidade. **5.** Aquilo que sobeja do preço alcançado com a venda judicial do bem dado em garantia quando o débito for pago e que deve ser devolvido pelo credor, já satisfeito, ao devedor. **6.** Aquilo que não tem por finalidade a conservação da coisa, evitando sua deterioração.

SUPERFORTALEZA. *Direito militar.* Avião de bombardeio, superior em potência e em defesa em relação aos demais aviões de guerra.

SUPER-HOMEM. *Filosofia geral.* **1.** Gênio. **2.** Aquele que tem faculdades extraordinárias, sendo por isso considerado superior ao nível humano comum (Nietzsche). **3.** Homem dionisíaco, ou seja, o que se disciplinou (Kaufmann).

SUPERINFOHIGHWAY. *Termo inglês.* Internet como superauto-estrada de dados.

SUPERINFOVIA. *Direito virtual.* Sucessora de alta velocidade da Internet.

SUPERINTENDÊNCIA. *Direito administrativo.* **1.** Administração superior. **2.** Cargo de chefia ou de direção geral. **3.** Repartição onde o superintendente exerce suas atividades. **4.** Ofício de superintendente. **5.** Ato de orientar e dirigir um grupo ou um estabelecimento etc.

SUPERINTENDÊNCIA DA POLÍCIA TÉCNICO-CIENTÍFICA. *Direito administrativo* e *direito processual penal.* É o órgão técnico-científico auxiliar da atividade de polícia judiciária e do sistema judiciário, subordinado ao Secretário da Segurança Pública, responsável pelas perícias criminalistas e médico-legais no Estado, com nível de Coordenadoria, que tem por finalidade: a) coordenar e supervisionar os trabalhos de pesquisas nos campos da criminalística e da medicina legal; b) proceder a estudos técnicos no âmbito de suas atividades específicas; c) prestar orientação técnica às unidades subordinadas; d) manter intercâmbio com entidades ligadas às áreas científicas correspondentes; e) exercer as atividades inerentes aos sistemas de administração geral; f) zelar pela regularidade das atividades exercidas nas unidades subordinadas.

SUPERINTENDÊNCIA DA ZONA FRANCA DE MANAUS (SUFRAMA). *Direito administrativo.* Autarquia vinculada ao Ministério do Desenvolvimento, Indústria e Comércio Exterior que tem como finalidade promover o desenvolvimento socioeconômico, de forma sustentável, na sua área de atuação, mediante geração, atração e consolidação de investimentos, apoiado em capacitação tecnológica, visando a inserção internacional competitiva, a partir das seguintes ações: a) identificar oportunidades com vistas à atração de empreendimentos para a região; b) identificar e estimular investimentos públicos e privados sem infra-estrutura; c) estimular e fortalecer investimentos na formação de capital intelectual e em ciência, tecnologia e inovação pelos setores público e privado; d) intensificar o processo de articulação e de parceria com órgãos e entidades públicas e privadas; e) estimular ações de comércio exterior; f) administrar a concessão de incentivos fiscais.

SUPERINTENDÊNCIA DE RADIOFREQÜÊNCIA E FISCALIZAÇÃO. *Direito das comunicações.* Tem jurisdição sobre a engenharia do espectro radioelétrico, a certificação de produtos de comunicação, a fiscalização do recolhimento para os fundos administrados pela ANATEL, a fiscalização da execução e da prestação dos serviços, incluindo os de radiodifusão em seus aspectos técnicos, da implantação e funcionamento de redes de telecomunicações, bem como da utilização dos recursos de órbita e espectro de radiofreqüências, e do cumprimento dos compromissos e obrigações assumidos pelas prestadoras de serviços ou a elas impostas, em regime público ou privado.

SUPERINTENDÊNCIA DE SEGUROS PRIVADOS (SUSEP). *Direito administrativo.* Entidade autárquica, vinculada ao Ministério da Fazenda, dotada de personalidade jurídica e patrimônio próprio, tem por finalidade, na qualidade de executora da política traçada pelo Conselho Nacional de Seguros Privados (CNSP), exercer as atribuições legais a ela fixadas. A SUSEP tem sede e foro na cidade do Rio de Janeiro, e jurisdição em todo o território nacional, podendo abrir, manter e fechar unidades regionais em outras regiões do País. A SUSEP tem por finalidade: a) atuar no sentido de proteger a captação da poupança popular que se efetua por meio de operações de seguros, de capitalização e de previdência complementar aberta; b) zelar pela defesa dos interesses dos segurados, dos participantes de planos de previdência complementar aberta e dos detentores de títulos de capitalização; c) promover o aperfeiçoamento das instituições e dos instrumentos operacionais de seguros, de capitalização e de previdência complementar aberta, com vistas à maior eficiência do Sistema Nacional de Seguros Privados e do Sistema Nacional de Capitalização; d) promover a estabilidade dos mercados de seguros, de capitalização e de previdência complementar aberta, assegurando sua expansão e o fortalecimento das entidades que neles operarem; e) zelar pela liquidez e solvência das entidades subordinadas a sua jurisdição; f) estabelecer os critérios de atuação das entidades e pessoas subordinadas à sua jurisdição; g) coordenar a organização e o ordenamento das instituições e pessoas atuantes no Sistema Nacional de Seguros Privados e no Sistema Nacional de Capitalização; h) disciplinar e acompanhar os investimentos daquelas entidades, em especial os efetuados em bens garantidores de provisões técnicas; i) fiscalizar e controlar as atividades das instituições e pessoas vinculadas à jurisdição do órgão; j) atuar nos regimes especiais de direção-fiscal, intervenção e de liquidação extrajudicial a que estão sujeitas as instituições subordinadas à sua jurisdição; k) cumprir e fazer cumprir as deliberações do CNSP, exercer as atividades que por este forem delegadas; l) prover os serviços de Secretaria Executiva do CNSP e do Conselho de Recursos do Sistema Nacional de Seguros Privados, de Previdência Complementar Aberta e de Capitalização (CRSNSP).

SUPERINTENDÊNCIA DE SERVIÇOS DE COMUNICAÇÃO DE MASSA. *Direito das comunicações.* Tem jurisdição sobre os serviços de telecomunicações denominados de comunicação eletrônica de massa, prestados no regime privado, abrangendo a condução dos respectivos procedimentos de concessão e autorização para a exploração dos serviços, a outorga de autorização para uso de radiofreqüências associadas, bem como o acompanhamento das obrigações assumidas pelas autorizadas, permissionárias ou concessionárias, a aplicação de sanções, a administração de recursos de numeração e endereçamento de redes e serviços, o estabelecimento de controles de qualidade de redes e serviços, a interconexão e interoperabilidade das redes de telecomunicações, a análise de projetos técnicos, aprovação de instalação de estações, de uso de equipamentos, de licenciamento do funcionamento de estações, abrangendo também os serviços de radiodifusão sonora e de sons e imagens, seus auxiliares, correlatos e ancilares, o controle, prevenção e repressão

das infrações da ordem econômica e do direito do consumidor, a análise e efetivação de transferências, a regulação das atividades das respectivas prestadoras e a manutenção dos planos básicos de distribuição de canais, excluída a outorga dos serviços de radiodifusão sonora e de sons e imagens.

SUPERINTENDÊNCIA DE SERVIÇOS PRIVADOS. *Direito das comunicações.* Tem jurisdição sobre os serviços de telecomunicações prestados exclusivamente em regime privado, terrestres e espaciais, exceto os serviços de comunicação eletrônica de massa e o telefônico fixo comutado, abrangendo a condução dos respectivos procedimentos de autorização para a exploração dos serviços, de outorga de autorização para uso de radiofreqüências associadas, de conferência de direito de exploração de satélite, bem como o acompanhamento das obrigações assumidas pelas prestadoras, a administração de recursos de numeração e endereçamento de redes e serviços, o estabelecimento de controles de qualidade de redes e serviços, a interconexão e interoperabilidade das redes de telecomunicações, a análise de projetos técnicos, a aprovação de instalação de estações, de uso de equipamentos, de licenciamento do funcionamento de estações, o controle, prevenção e repressão das infrações à ordem econômica e ao direito do consumidor, a análise e efetivação de transferências, a apuração e aplicação de sanções e a resolução administrativa de conflitos.

SUPERINTENDÊNCIA DE SERVIÇOS PÚBLICOS. *Direito das comunicações.* É a que tem jurisdição sobre o serviço telefônico comutado prestado, concomitantemente, no regime público e privado, abrangendo a condução dos procedimentos de regulamentação, de concessão, permissão ou autorização, de outorga de autorização do direito de uso de radiofreqüências associadas e licenciamento de estações, a estruturação e administração dos recursos de numeração, o acompanhamento e controle da prestação dos serviços e da competição nos mercados relevantes associados, a instauração e condução de procedimentos administrativos e aplicação de sanções, a gestão da satisfação dos usuários e das obrigações, os parâmetros de qualidade de redes e serviços, a interconexão e interoperabilidade das redes de telecomunicações, o acompanhamento econômico e de preços e tarifas, os planos de serviços, o controle, prevenção e repressão das infrações de ordem econômica, assim como a regulação das atividades das respectivas prestadoras.

SUPERINTENDÊNCIA DE UNIVERSALIZAÇÃO. *Direito das comunicações.* Tem jurisdição sobre os aspectos relativos à universalização de serviços de telecomunicações, abrangendo a condução dos procedimentos de regulamentação, de contratação de obrigações, de elaboração de alterações e complementos ao Plano Geral de Metas para a Universalização e de outros planos para a universalização, acompanhamento e controle das obrigações de universalização e de atendimento aos respectivos programas, projetos e atividades, a gestão da satisfação dos usuários e das obrigações de continuidade, os parâmetros de qualidade, o acompanhamento econômico, a instauração e condução de procedimentos administrativos e aplicação de sanções, o controle, prevenção e repressão das infrações da ordem econômica, assim como a regulação das atividades dos respectivos prestadores.

SUPERINTENDÊNCIA DO DESENVOLVIMENTO DA AMAZÔNIA (SUDAM). *Direito administrativo.* Autarquia de natureza especial, administrativa e financeiramente autônoma, integrante do Sistema de Planejamento e de Orçamento Federal, vinculada ao Ministério da Integração Nacional, com sede na cidade de Belém, no Estado do Pará, tem por finalidade promover o desenvolvimento includente e sustentável de sua área de atuação e a integração competitiva da base produtiva regional na economia nacional e internacional e, como competências: a) definir objetivos e metas econômicas e sociais que levem ao desenvolvimento sustentável de sua área de atuação; b) formular planos e propor diretrizes para o desenvolvimento de sua área de atuação, em consonância com a Política Nacional de Desenvolvimento Regional (PNDR), articulando-os com os planos nacionais, estaduais e locais; c) propor diretrizes para definir a regionalização da Política Industrial, Tecnológica e de Comércio Exterior (PITCE), que considerem as potencialidades e as especificidades de sua área de atuação; d) articular e propor programas e ações perante os Ministérios setoriais para o desenvolvimento regional, com ênfase no caráter prioritário e estratégico, de natureza supra-estadual ou sub-regional; e) articular as ações dos órgãos públicos e fomentar a cooperação das forças sociais representativas na sua área de atuação, de forma a garantir o cumprimento dos objetivos e metas de que trata o item *a*; f) atuar, como agente do Sistema de Planejamento e de Orçamento Federal, para promover a diferenciação regional das políticas públicas nacionais e a observância da Constituição; g) em articulação com o Ministério da Integração Nacional, assessorar o Ministério do Planejamento, Orçamento e Gestão na elaboração do plano plurianual, da lei de diretrizes orçamentárias e do Orçamento Geral da União, em relação aos projetos e atividades previstos na sua área de atuação; h) apoiar, em caráter complementar, investimentos públicos e privados nas áreas de infra-estrutura econômica e social, capacitação de recursos humanos, inovação e difusão tecnológica, políticas sociais e culturais e iniciativas de desenvolvimento sub-regional; i) estimular, por meio da administração de incentivos e benefícios fiscais, os investimentos privados prioritários, as atividades produtivas e as iniciativas de desenvolvimento sub-regional em sua área de atuação, conforme definição do Conselho Deliberativo e na forma da legislação vigente; j) coordenar programas de extensão e gestão rural, assistência técnica e financeira internacional, em sua área de atuação; k) estimular a obtenção de patentes e coibir que o patrimônio da biodiversidade seja pesquisado, apropriado e patenteado em detrimento dos interesses da região e do País; l) propor, em articulação com os Ministérios competentes, as prioridades e os critérios de aplicação dos recursos dos fundos de desenvolvimento e dos fundos setoriais na sua área de atuação, em especial aqueles vinculados ao desenvolvimento científico e tecnológico; e m) promover o desenvolvimento econômico, social e cultural e a proteção ambiental da Amazônia, por meio da adoção de políticas diferenciadas para as sub-regiões.

SUPERINTENDÊNCIA DO DESENVOLVIMENTO DO NORDESTE (SUDENE). *Direito administrativo.* Autarquia de natureza especial, administrativa e financeiramente autônoma, integrante do Sistema de Planejamento e de Orçamento Federal, vinculada ao Ministério da Integração Nacional, com sede na cidade do Recife, Estado de Pernambuco, tem por finalidade promover o desenvolvimento includente e sustentável de sua área de atuação e a integração competitiva da base produtiva regional na economia nacional e internacional e, como competências: a) definir objetivos e metas econômicas e sociais que levem ao desenvolvimento sustentável de sua área de atuação; b) formular planos e propor diretrizes para o desenvolvimento de sua área de atuação, em consonância com a Política Nacional de Desenvolvimento Regional (PNDR), articulando-os com os planos nacionais, estaduais e locais; c) propor diretrizes para definir a regionalização da Política Industrial, Tecnológica e de Comércio Exterior (PITCE), que considerem as potencialidades e especificidades de sua área de atuação; d) articular e propor programas e ações perante os Ministérios setoriais para o desenvolvimento regional, com ênfase no caráter prioritário e estratégico, de natureza supraestadual ou sub-regional; e) promover as ações dos órgãos públicos e fomentar a cooperação das forças sociais representativas de sua área de atuação de forma a garantir o cumprimento dos objetivos e metas de que trata o item *a*; f) atuar, como agente do Sistema de Planejamento e de Orçamento Federal, visando promover a diferenciação regional das políticas públicas nacionais; g) em articulação com o Ministério da Integração Nacional, assessorar o Ministério do Planejamento, Orçamento e Gestão na elaboração do plano plurianual, da lei de diretrizes orçamentárias e do Orçamento Geral da União, em relação aos projetos e atividades previstos para sua área de atuação; h) apoiar, em caráter complementar, investimentos públicos e privados nas áreas de infra-estrutura econômica e social, capacitação de recursos humanos, inovação e difusão tecnológica, políticas sociais e culturais e iniciativas de desenvolvimento sub-regional; i) estimular, por meio da administração de incentivos e benefícios fiscais, os investimentos privados prioritários, as atividades produtivas e as iniciativas de desenvolvimento sub-regional em sua área de atuação, conforme definição do Conselho Deliberativo, na forma da legislação vigente; j) promover programas de assistência técnica e financeira internacional, em sua área de atuação; k) propor, mediante resolução do Conselho Deliberativo, as prioridades e os critérios de aplicação dos recursos dos fundos de desenvolvimento e dos fundos setoriais, na sua área de atuação, em especial aqueles vinculados ao desenvolvimento científico e tecnológico; e l) promover o desenvolvimento econômico, social e cultural e a proteção ambiental do semi-árido, por meio da adoção de políticas diferenciadas para a sub-região.

SUPERINTENDÊNCIA GERAL DA COMISSÃO DE VALORES MOBILIÁRIOS (CVM). *Direito administrativo.* Órgão que tem o dever de: a) coordenar as atividades executivas da Comissão de Valores Mobiliários (CVM), por meio das Superintendências a ela subordinadas, cumprindo as diretrizes e determinações emanadas do Colegiado; b) supervisionar as atividades executadas pelas Superintendências; c) acompanhar e controlar o desempenho das áreas técnicas e administrativa.

SUPERINTENDÊNCIA NACIONAL DE ABASTECIMENTO (SUNAB). *História do direito.* Extinta autarquia federal pela qual o Estado intervinha no domínio econômico, com o escopo de assegurar a livre distribuição de mercadorias e serviços essenciais ao consumo; controlar o tabelamento de preços, a comercialização, o transporte etc.; promover estímulos à produção; requisitar serviços e desapropriar bens por interesse social. Possuía autonomia administrativa, técnica e financeira e vinculada ao Ministério da Fazenda, com sede e foro em Brasília, Distrito Federal e jurisdição em todo o território nacional. Tinha por finalidade executar a política nacional de abastecimento, assegurando a livre distribuição de bens e serviços, inclusive alimentos *in natura* e industrializados, visando, por conseguinte, à proteção e defesa do consumidor e, em especial: a) promover, coordenar e executar atividades de pesquisas com o objetivo de dimensionar o crescimento de mercados consumidores, sua estrutura e formas de comercialização; b) promover, coordenar, executar e disseminar levantamentos estatísticos de preços praticados no mercado de bens e serviços; c) atuar, de forma complementar, no sistema de defesa do consumidor; d) proceder ao exame de estoques, documentos e livros ou requisitar informações e dados, no seu âmbito de atuação, de qualquer pessoa física, de direito público ou privado, assegurando o livre acesso a eles e às dependências onde se encontrem; e) disciplinar preços de bens e serviços essenciais à população; f) estabelecer normas para disciplinar a produção, comercialização e distribuição dos bens e serviços, visando melhorar as condições de abastecimento e o funcionamento do mercado; g) promover convênios e demais medidas necessárias ao cumprimento de suas finalidades, diretamente ou por intermédio de quaisquer outros órgãos públicos ou entidades privadas.

SUPERINTENDÊNCIA NACIONAL DE PREVIDÊNCIA COMPLEMENTAR (PREVIC). *Direito administrativo* e *direito previdenciário*.

É a autarquia de natureza especial dotada de autonomia administrativa e financeira e patrimônio próprio, vinculada ao Ministério da Previdência Social, com sede e foro no Distrito Federal que atuará, em todo o território nacional, como entidade de fiscalização e de supervisão das atividades das entidades fechadas de previdência complementar e de execução das políticas para o regime de previdência complementar operado pelas entidades fechadas de previdência complementar, observadas as disposições constitucionais, legais e regulamentares. Compete à PREVIC: 1. proceder à fiscalização das atividades das entidades fechadas de previdência complementar e suas operações, e aplicar as penalidades cabíveis, nos termos da legislação; 2. expedir instruções e estabelecer procedimentos para aplicação das normas relativas à sua área de competência, de acordo com as diretrizes do Conselho Nacional de Previdência Complementar; 3. autorizar: a) a constituição e o funcionamento das entidades fechadas de previdência complementar, bem como a aplicação dos respectivos estatutos e regulamentos de planos de benefícios e de suas alterações; b) as operações de fusão, cisão, incorporação ou qualquer outra forma de reorganização societária, relativas às entidades fechadas de previdência complementar; c) a celebração de convênios e termos de adesão por patrocinadores e instituidores, e suas alterações, bem como as retiradas de patrocinadores e instituidores; e d) as transferências de patrocínio, grupos de participantes e assistidos, planos de benefícios e reservas entre entidades fechadas de previdência complementar; 4. harmonizar as atividades das entidades fechadas de previdência complementar com as normas e políticas estabelecidas para o segmento; 5. decretar intervenção e liquidação extrajudicial das entidades fechadas de previdência complementar, bem como nomear interventor ou liquidante, nos termos da legislação aplicável; 6. nomear administrador especial de plano de benefícios específico, podendo atribuir-lhe poderes de intervenção e liquidação extrajudicial no respectivo plano, na forma da legislação; 7. decidir, na esfera administrativa, conflitos de interesse entre entidades fechadas de previdência complementar e entre estas e seus participantes, assistidos, patrocinadores ou instituidores, assim como dispor sobre os casos omissos; 8. apurar e julgar as infrações, aplicando as penalidades cabíveis; 9. enviar relatório anual de suas atividades ao Ministério da Previdência Social e, por seu intermédio, ao Presidente da República e ao Congresso Nacional; e 10. adotar as providências necessárias ao cumprimento de seus objetivos. No exercício de suas competências administrativas, compete ainda à PREVIC: 1. deliberar e adotar os procedimentos necessários, nos termos da lei, quanto à: a) celebração, alteração ou extinção de seus contratos; b) nomeação e exoneração de servidores; 2. contratar obras ou serviços, de acordo com a legislação aplicável; 3. adquirir, administrar e alienar seus bens; 4. submeter ao Ministro de Estado da Previdência Social a sua proposta de orçamento; 5. criar escritórios regionais; 6. exercer outras atribuições.

SUPERINTENDÊNCIAS FEDERAIS DE AGRICULTURA, PECUÁRIA E ABASTECIMENTO. *Direito agrário*.

Unidades descentralizadas do Ministério da Agricultura, Pecuária e Abastecimento, diretamente subordinadas ao Titular da Pasta, consoante orientações técnicas dos órgãos específicos singulares e setoriais do Ministério. Compete-lhes executar atividades e ações de: a) defesa sanitária, inspeção, classificação e fiscalização agropecuárias; b) fomento e desenvolvimento agropecuários e da heveicultura; c) assistência técnica e extensão rural; d) infra-estrutura rural, cooperativismo e associativismo rural; e) produção e comercialização de produtos agropecuários, inclusive do café, da cana-de-açúcar, do açúcar e do álcool; f) administração de recursos humanos e de serviços gerais; g) programação, acompanhamento e execução orçamentária e financeira dos recursos alocados; h) qualidade e produtividade dos serviços prestados aos seus usuários; e i) aperfeiçoamento da gestão da Superintendência. As Superintendências Federais têm jurisdição no âmbito de cada Estado da Federação e do Distrito Federal, podendo haver alteração desse limite, no interesse comum, para execução das atividades de defesa agropecuária e de apoio à produção e à comercialização agropecuárias, à infra-estrutura rural, bem como ao cooperativismo e ao associativismo rural, mediante ato do Ministro de Estado.

SUPERINTENDENTE. 1. *Direito administrativo*. a) Chefe de repartição pública; b) o que dirige algum

trabalho, fiscaliza algum serviço público ou estabelecimento empresarial ou alguma obra; c) que superintende; d) fiscal. **2.** *Direito bancário.* Diretor geral que está acima dos demais diretores e abaixo do presidente do banco.

SUPERINTENDER. 1. Ter superintendência. **2.** Dirigir como superintendente. **3.** Inspecionar. **4.** Fiscalizar.

SUPERINVOLUÇÃO. *Medicina legal.* Atrofia do útero após o parto.

SUPERIOR. 1. *Direito militar.* Militar em relação aos seus subordinados. **2.** *Direito canônico.* a) Aquele que tem a direção de uma comunidade religiosa ou congregação, com jurisdição sobre todos os membros; b) abade. **3.** Na *linguagem escolar:* a) o curso ministrado em faculdades ou universidades; b) o ensino de nível universitário. **4.** *Direito administrativo.* a) Funcionário que exerce função elevada, tendo posto hierárquico mais graduado com relação aos demais; b) superintendente. **5.** *Filosofia geral.* O que numa hierarquia de valores se encontra num grau mais elevado (Lalande). **6.** *Ciência política.* Que emana de autoridade. **7.** Nas *linguagens comum* e *jurídica:* a) o que ocupa lugar elevado numa escala; b) que excede em quantidade ou qualidade; c) invulgar; extraordinário; d) que tem direção e jurisdição sobre outrem.

SUPERIORA. *Direito canônico.* **1.** Abadessa. **2.** Religiosa que dirige um convento ou uma congregação.

SUPERIORATO. Cargo ou dignidade de superior.

SUPERIOR-GERAL. *Direito canônico.* Superior temporário ou vitalício eleito pelos membros de ordem religiosa para não só dirigi-la, mas também a todos os seus conventos e casas.

SUPERIOR HIERÁRQUICO. *Direito administrativo.* Aquele que ocupa cargo mais elevado do que outros.

SUPERIORIDADE. 1. Qualidade de superior. **2.** Prevalência. **3.** Soberania.

SUPERIOR INTERESSE DA CRIANÇA E DO ADOLESCENTE. *Direito civil.* Princípio norteador de controle do exercício do poder familiar e da fixação do direito de guarda e de visita, em caso de separação e divórcio, por conter elementos conducentes ao bom desenvolvimento educacional, à integridade moral, física e psíquica da prole. Esse princípio é norma cogente em razão da ratificação da Convenção Internacional dos Direitos da Criança da ONU, mediante decreto,

e tem em vista não só o interesse e o bem-estar dos filhos, como também as relações de afetividade e o respeito à sua dignidade mediante a proteção de seus direitos da personalidade, consagrados constitucionalmente.

SUPERIOR LOCAL. *Direito canônico.* Aquele religioso que só tem a direção de um determinado convento ou casa religiosa. Trata-se do superior menor.

SUPERIOR MAIOR. *Vide* SUPERIOR-GERAL.

SUPERIOR MENOR. *Vide* SUPERIOR LOCAL.

SUPERIOR ORDINÁRIO. *Direito canônico.* Autoridade episcopal, como o arcebispo e bispo.

SUPERIOR TRIBUNAL DE JUSTIÇA. *Direito processual* e *direito constitucional.* **1.** Tribunal superior composto de, no mínimo, trinta e três ministros, com competência para processar e julgar, originariamente: a) nos crimes comuns, os governadores dos Estados e do Distrito Federal e, nestes e nos de responsabilidade, os desembargadores dos Tribunais de Justiça dos Estados e do Distrito Federal, os membros dos Tribunais de Contas dos Estados e do Distrito Federal, os dos Tribunais Regionais Federais, dos Tribunais Regionais Eleitorais e do Trabalho, os membros dos Conselhos ou Tribunais de Contas dos Municípios e os do Ministério Público da União que oficiem perante tribunais; b) os mandados de segurança e os *habeas data* contra ato de ministro de Estado ou do próprio tribunal; c) os *habeas corpus*, quando o coator ou o paciente for qualquer das pessoas mencionadas no item *a*, ou quando o coator for ministro de Estado, ressalvada a competência da Justiça Eleitoral; d) os conflitos de competência entre quaisquer tribunais ou entre tribunal e juízes a ele não vinculados e entre juízes vinculados a tribunais diversos; e) as revisões criminais e as ações rescisórias de seus julgados; f) a reclamação para a preservação de sua competência e garantia da autoridade de suas decisões; g) os conflitos de atribuições entre autoridades administrativas e judiciárias da União ou entre autoridades judiciárias de um Estado e administrativas de outro, ou do Distrito Federal, ou entre as deste e da União; h) o mandado de injunção, quando a elaboração da norma regulamentadora for atribuição de órgão, entidade ou autoridade federal, da Administração direta ou indireta, excetuados os casos de competência do Supremo Tribunal Federal e dos órgãos da Justiça Militar, da Justiça Eleitoral, da Justiça do Trabalho e da Justiça Federal; i) a homologação de sentenças estrangeiras e a concessão de *exequatur* às cartas rogatórias. **2**. Julgar em recurso ordinário: a) os *habeas corpus* decididos em única ou última instância pelos Tribunais Regionais Federais ou pelos tribunais dos Estados, do Distrito Federal e Territórios, quando a decisão for denegatória; b) os mandados de segurança decididos em única instância pelos Tribunais Regionais Federais ou pelos tribunais dos Estados, do Distrito Federal e Territórios quando denegatória a decisão; c) as causas em que forem partes Estado estrangeiro ou organismo internacional, de um lado, e, do outro, Município ou pessoa residente ou domiciliada no País. **3**. Julgar, em recurso especial, as causas decididas, em única ou última instância, pelos Tribunais Regionais Federais ou pelos tribunais dos Estados, do Distrito Federal e territórios, quando a decisão recorrida: a) contrariar tratado ou lei federal, ou negar-lhes vigência; b) julgar válido ato de governo local contestado em face de lei federal; c) der a lei federal interpretação divergente da que lhe haja atribuído outro tribunal.

SUPERIOR TRIBUNAL DE JUSTIÇA DESPORTIVA. *Direito desportivo.* Compete ao Superior Tribunal de Justiça Desportiva (STJD): **1**. processar e julgar, originariamente: a) seus auditores, os de suas Comissões Disciplinares e os procuradores; b) os litígios entre entidades regionais de administração do desporto; c) os membros de poderes e órgãos da entidade nacional de administração do desporto; d) os mandados de garantia contra atos dos poderes das entidades nacionais de administração do desporto e outras autoridades desportivas; e) a revisão de suas próprias decisões e as de suas Comissões Disciplinares; f) os pedidos de reabilitação; g) os conflitos de competência entre Tribunais de Justiça Desportiva; h) os pedidos de impugnação de partida, prova ou equivalente; **2**. julgar, em grau de recurso: a) as decisões de suas Comissões Disciplinares (CD) e dos Tribunais de Justiça Desportiva (TJD); b) os atos e despachos do Presidente do Tribunal; c) as penalidades aplicadas pelas entidades nacional de administração de desporto e de prática desportiva, que lhe sejam filiadas, que imponham sanção administrativa de suspensão, desfiliação ou desvinculação; **3**. declarar os impedimentos e incompatibilidades de seus auditores e procuradores; **4**. criar Comissões Disciplina-

res, indicar seus auditores, destituí-los e declarar a incompatibilidade; **5**. instaurar inquérito; **6**. estabelecer súmulas de sua jurisprudência predominante; **7**. requisitar ou solicitar informações para esclarecimento de matéria submetida a sua apreciação; **8**. expedir instruções aos Tribunais de Justiça Desportiva e às Comissões Disciplinares; **9**. elaborar e aprovar o seu regimento interno; **10**. declarar a vacância do cargo de seus auditores e procuradores; **11**. deliberar sobre casos omissos. A súmula dos julgados será estabelecida por 2/3 (dois terços) dos auditores do Superior Tribunal de Justiça Desportiva.

SUPERIOR TRIBUNAL MILITAR. *Direito militar* e *direito constitucional.* Órgão da Justiça Militar composto de quinze ministros vitalícios, nomeados pelo Presidente da República, depois de aprovada a indicação pelo Senado Federal, sendo três dentre oficiais-generais da Marinha, quatro dentre oficiais-generais do Exército, três dentre oficiais-generais da Aeronáutica, todos da ativa e do posto mais elevado da carreira, e cinco dentre civis, brasileiros, maiores de trinta e cinco anos, sendo três dentre advogados de notório saber jurídico e conduta ilibada, com mais de dez anos de efetiva atividade profissional; dois, por escolha paritária, dentre juízes, auditores e membros do Ministério Público da Justiça Militar. Tem competência para julgar crimes militares definidos em lei.

SUPERIORUM PERMISSU. *Locução latina.* Com permissão de superior.

SUPERLOJA. *Direito comercial.* Grande estabelecimento mercantil destinado a vender mercadorias ao público.

SUPERLOTAÇÃO. Lotação excessiva.

SUPERMERCADO. *Direito comercial.* Estabelecimento mercantil de grande porte, de venda a varejo, onde o comprador escolhe livremente as mercadorias, retirando-as das prateleiras, e à saída efetua o pagamento.

SUPERNACIONAL. *Ciência política.* O que é superior aos interesses peculiares de cada nação.

SUPERNATALIDADE. Natalidade acima da normal.

SUPERNATURALISMO. *Filosofia geral.* **1**. Sobrenaturalismo. **2**. Crença em fato sobrenatural (Renan e Lalande).

SUPERNO. **1**. Ótimo. **2**. Supremo. **3**. Soberano.

SUPERNORMAL. 1. O que excede ao comum. **2.** Sobrenatural.

SUPERNUMERÁRIO. *Vide* SUPRANUMERÁRIO.

SUPERNUTRIÇÃO. *Medicina legal.* Alimentação excessiva.

SUPERORDENAÇÃO. 1. *Lógica jurídica.* Relação entre uma proposição universal e outra particular com os mesmos termos (Laudelino Freire). **2.** *Sociologia geral.* Processo social pelo qual alguém, ou um grupo, vem a adquirir um *status* superior ao de outrem.

SUPERORDENAR. 1. Acrescentar. **2.** Ordenar superiormente.

SUPERORGANIZAÇÃO. 1. Organização em que, com o emprego da técnica, desprezam-se os fins do trabalho. **2.** Conjunto de estruturas organizadas e autônomas que estão sujeitas a uma direção geral.

SUPERPOPULAÇÃO. *Sociologia geral.* Excesso populacional numa dada época e área, considerando-se os meios de subsistência disponíveis.

SUPERPOPULADO. *Sociologia geral.* Exageradamente povoado.

SUPERPOSTO. 1. Que se superpôs. **2.** O que está situado em plano superior.

SUPERPOVOADO. *Vide* SUPERPOPULADO.

SUPERPOVOAMENTO. *Vide* SUPERPOPULAÇÃO.

SUPERPOVOAR. *Sociologia geral.* Povoar em demasia.

SUPERPRODUÇÃO. *Economia política.* **1.** Produção maior do que o consumo. **2.** Produção além da previsão feita.

SUPER-RODOVIA DA INFORMAÇÃO. *Direito virtual.* Rede similar à telefônica, formada por cabos de fibra ótica e conectada a supercomputadores, capaz de transmitir imagens, sons e dados em altíssima velocidade. *Vide* INFOVIA.

SUPERSEDEAS. *Termo inglês.* Efeito suspensivo.

SUPERSIMPLES. *Direito tributário.* Tratamento tributário que substituiu o Simples Federal, facilitando o cumprimento das obrigações tributárias por unificar oito tributos (IRPJ, CSLL, PIS/PASEP, COFINS, INSS/Patronal, IPI, ICMS e ISS), recolhidos mensalmente, mediante documento único de arrecadação, por dispensar o pagamento da contribuição devida a entidades privadas de serviço social vinculadas ao sistema sindical e por conceder parcelamento de dívidas relativas a tributos incluídos no sistema especial, de responsabilidade da microempresa ou empresa de pequeno porte e de seu titular ou sócio, oriundas de fatos geradores havidos até 31 de janeiro de 2006, em cento e vinte vezes (Duarte Garcia, Caselli Guimarães e Terra).

SUPERSOCIAL. *Sociologia geral.* O que é superior aos costumes ou às tradições da sociedade (Laudelino Freire).

SUPERSOLO. *Direito civil.* **1.** É o que está situado acima da superfície agricultável do solo. **2.** Espaço aéreo sobrestante à superfície do solo (Rubens Nogueira).

SUPERSÔNICO. 1. Vibração sonora de freqüência maior do que a que o ouvido pode perceber. **2.** O que se move com velocidade superior à do som no ar. **3.** Ultra-sônico.

SUPERSTIÇÃO. *Filosofia geral.* **1.** Excesso de zelo ou de exatidão em qualquer matéria. **2.** Dedicação exagerada e injustificada a uma teoria, ou a um método, sem admitir crítica (Berr). **3.** Crença religiosa como fraqueza de espírito (D'Hollbach; Malebranche). **4.** Falsa idéia que leva à prática de ato absurdo. **5.** Opinião religiosa fundada em crendices. **6.** Temor infundado de coisa imaginária e de fatos fortuitos. **7.** Estado de espírito daquele que, sem razão, crê em certos números ou palavras, julgando que trazem a felicidade ou infelicidade.

SUPÉRSTITE. *Vide* SOBREVIVENTE.

SUPERVALORIZADO. O que se valorou demasiadamente.

SUPERVALORIZAR. Dar valor excessivo a algo.

SUPERVENIÊNCIA. 1. Qualidade do que sobrevém. **2.** Posterioridade. **3.** Fato que ocorre ulteriormente a outro ao qual se liga. **4.** Acontecimento posterior que modifica uma situação anterior.

SUPERVENIÊNCIA DA CAPACIDADE. *Direito civil.* Capacidade que, apesar de surgir após a prática de um ato por incapaz, não tem força para validar aquele ato nulo por ele levado a efeito.

SUPERVENIÊNCIA DA INCAPACIDADE. *Direito civil.* Ato posterior que torna incapaz aquele que se encontrava em pleno gozo de sua capacidade jurídica. O fato de ter havido declaração judicial de sua interdição, em regra, não influi na validade dos atos negociais por ele anteriormente praticados, visto que, na ocasião, era capaz de gerir sua pessoa e seus bens.

SUPERVENIÊNCIA DE DOENÇA MENTAL. *Direito penal.* Aparecimento de alguma doença mental após a condenação do criminoso (Geraldo Magela Alves).

SUPERVENIÊNCIA DE FATO. *Direito processual civil.* **1.** Fato novo apresentado pelo litigante, depois da contestação, que venha provar algo relativo ao direito superveniente. **2.** Fato que era desconhecido no decorrer da demanda, vindo após o término do processo a lume, sendo suscetível de alterar a decisão, ainda que transitada em julgado, podendo, então, dar origem à ação rescisória.

SUPERVENIÊNCIA DE FILHO. *Direito civil.* Nascimento de um filho após a prática de um negócio ou ato jurídico que possa causar-lhe algum dano (De Plácido e Silva).

SUPERVENIENTE. **1.** Na *linguagem jurídica* em geral: a) o que vem depois; b) que sobrevém. **2.** *Direito processual civil.* Direito que se funda em fato ocorrido após o prazo da contestação. **3.** *Direito civil.* Filho que nasce depois da realização de um ato que lhe possa afetar.

SUPERVIA DA INFORMAÇÃO. *Direito virtual.* Rede que possibilita ligar computadores em várias partes do mundo, trazendo informações, entretenimento e serviços até a casa do usuário.

SUPERVISÃO. **1.** Superintendência. **2.** Chefia. **3.** Fiscalização. **4.** Direção.

SUPERVISÃO MINISTERIAL. *Direito administrativo.* Aquele efetuado por um ministério sobre entidade que a ele está vinculada (R. Reis Friede).

SUPERVISAR. **1.** Fiscalizar; inspecionar. **2.** Superintender. **3.** Dirigir. **4.** Avaliar a eficiência de um trabalho.

SUPERVISOR. Que supervisiona.

SUPERVISOR DE MERGULHO. *Direito marítimo.* O mergulhador, qualificado e legalmente habilitado, designado pelo empregador para supervisionar operação de mergulho.

SUPERVISOR MÉDICO-PERICIAL. Cargo lotado no quadro geral de pessoal do Instituto Nacional do Seguro Social com atribuições voltadas para as atividades de gestão governamental, nos aspectos relativos ao gerenciamento, supervisão, controle, fiscalização e auditoria das atividades de perícia médica.

SUPERVOTAÇÃO. *História do direito.* Modo de superar as dificuldades na formação da vontade coletiva de um tribunal pelo sistema tradicional, mediante convocação de todos os magistrados do tribunal para apreciar o feito, e o que a maior parte deles juntos acordasse era cumprido (Afonso Fraga e Chiovenda).

SUPLEMENTAÇÃO. **1.** Ato ou efeito de suplementar. **2.** Acréscimo para reforçar ou esclarecer algo. **3.** Complementação. **4.** Ampliação.

SUPLEMENTAÇÃO DA PROVA. *Direito processual.* Prova subsidiária que vem a dar maior força à apresentada em juízo, complementando-a.

SUPLEMENTAR. **1.** Reforçar. **2.** Complementar. **3.** Ampliar. **4.** Suprir. **5.** Fornecer suplemento. **6.** Acrescentar. **7.** Referente a suplemento. **8.** Que serve de auxílio.

SUPLEMENTO. **1.** Na *linguagem jurídica,* em geral, designa: a) o que se acrescenta; b) adicional; aditamento; c) o que supre algo; d) o apenso; e) o aumento; f) o que é feito para substituir algo; g) complemento; h) subsidiário. **2.** *Direito autoral.* a) Publicação que vem como acréscimo ou apêndice da obra principal (De Plácido e Silva), completando-a; b) folheto que serve de aditamento a um jornal, versando sobre matéria especial ou assunto específico. **3.** *Direito agrário.* Ingrediente ou mistura de ingredientes capaz de suprir a ração ou concentrado em minerais, vitaminas, aminoácidos, proteína e/ou energia com o objetivo de completar o atendimento das necessidades diárias dos animais, sendo permitida a inclusão de aditivos.

SUPLEMENTO DE IDADE. *Direito civil.* Emancipação.

SUPLEMENTO DE LEGÍTIMA. *Direito civil.* Complemento da parte da herança que constitui a legítima dos herdeiros necessários do *de cujus*, que foi por ele desfalcada ao dispor, por testamento, de mais da metade disponível. Tal complementação opera-se mediante a redução das disposições testamentárias às proporções da meação disponível, assegurando a intangibilidade da quota legitimária do herdeiro necessário.

SUPLEMENTO DE PROVA. *Direito processual.* Prova supletiva, complementar ou subsidiária que vem reforçar aquela já apresentada.

SUPLÊNCIA. *Direito eleitoral.* **1.** Qualidade de suplente. **2.** Substituição de cargo ou ofício. **3.** Cargo ou função de suplente. **4.** Exercício de uma função por suplente, no impedimento do titular do cargo.

SUPLENTE. *Direito eleitoral.* **1.** O mais votado entre os não eleitos. **2.** Substituto. **3.** O que já está escolhido para suprir a falta de outro parlamentar no cumprimento de seus deveres, em certas ocasiões.

SUPLETIVISMO. Qualidade ou caráter de supletivo.

SUPLETIVO. 1. Que completa. **2.** O que é subsidiário. **3.** O que supre lacuna.

SUPLETÓRIO. 1. *Vide* SUPLENTE. **2.** *Direito comparado.* Juramento que, por mandado judicial, supre insuficiência de prova.

SÚPLICA. 1. *Direito processual civil.* a) Pedido feito judicialmente, postulando um direito; b) petição inicial. **2.** *História do direito.* Recurso à Casa de Apelação, em Portugal.

SUPLICAÇÃO. *História do direito.* Tribunal de segunda instância.

SUPLICADO. *Direito processual civil.* **1.** Demandado. **2.** Aquele contra quem se reclama uma prestação jurisdicional. **3.** Réu.

SUPLICADOR. *Vide* SUPLICANTE.

SUPLICANTE. 1. *Direito processual civil.* a) Autor; b) demandante, em pleito judicial. **2.** *História do direito.* Aquele que dirigia recurso à Casa de Suplicação, em Portugal (Marcus Cláudio Acquaviva).

SUPLICAR. *Direito processual civil.* **1.** Pedir. **2.** Postular em juízo.

SUPLICATIVO. *Direito processual civil.* Que envolve súplica.

SUPLICATÓRIA. Carta rogatória.

SUPLICATÓRIO. Que contém súplica.

SÚPLICE. 1. Que exprime súplica. **2.** Suplicante.

SUPLICIADO. *História do direito* e *direito comparado.* **1.** Condenado à pena de morte. **2.** Que sofreu suplício. **3.** Executado ou justiçado. **4.** Torturado.

SUPLICIADOR. *História do direito* e *direito comparado.* **1.** Carrasco. **2.** Aquele que suplicia.

SUPLICIAR. *História do direito* e *direito comparado.* **1.** Torturar. **2.** Punir com pena aflitiva. **3.** Impor pena de morte.

SUPLICIATIVO. *História do direito* e *direito comparado.* Que suplicia.

SUPLÍCIO. 1. *História do direito.* a) Pena de morte ou castigo corporal de grande sofrimento, levados a efeito por meio de tortura, como açoitamento, submersão etc.; b) execução da pena de morte. **2.** Nas *linguagens comum* e *jurídica,* é: a) aquilo que provoca dor moral ou física; b) grande tormen-

to; c) aquele que causa sofrimento a outrem; d) aflição prolongada.

SUPLÍCIO DA CRUZ. *História do direito.* Pena de morte que consistia em pregar o condenado em uma cruz.

SUPLÍCIO DA RODA. *História do direito.* Pena pela qual se amarrava o condenado numa cruz em forma de "X", para quebrar seus membros com uma maça de ferro, ligando o corpo desconjuntado numa roda giratória.

SUPOR. 1. Admitir uma hipótese. **2.** Fazer suposição. **3.** Presumir. **4.** Considerar algo verídico ou autêntico. **5.** Julgar provável. **6.** Implicar algo a título de lógica necessária (Arnauld, Lalande).

SUPORTAÇÃO. Resignação.

SUPORTAR. 1. Resistir. **2.** Resignar-se. **3.** Tolerar. **4.** Agüentar. **5.** Estar à prova.

SUPORTÁVEL. O que pode ser tolerado.

SUPORTE. 1. Base. **2.** Apoio. **3.** O que está subjacente às qualidades que não subsistem por si (Locke; Bergson). **4.** *Direito virtual.* Assistência técnica prestada ao usuário na área de *software* e *hardware* e na de treinamento.

SUPORTE FÁTICO. *Teoria geral do direito.* *Facti species* (Pontes de Miranda).

SUPORTES ABDOMINAIS. *Medicina legal.* Aparelhos que possibilitam manter os músculos ou órgãos abdominais nos seus devidos lugares (Morris Fishbein).

SUPOSIÇÃO. 1. *Lógica jurídica.* a) Hipótese; b) conjectura; c) falsa demonstração da verdade; d) proposição afirmada convencionalmente para tirar indução. **2.** Nas *linguagens comum* e *jurídica:* a) estado do que é inverídico ou fingido; b) ato de admitir a existência ou veracidade de algo sem ter certeza disso; c) opinião infundada, sem base em provas; d) o que se supõe; e) imputação da realização de alguma coisa a alguém; f) simulação. **3.** *Direito penal.* a) Exibição de coisa falsa como verdadeira; b) fabricação de objeto falso, exibindo-o como autêntico.

SUPOSIÇÃO DE CRIANÇA. *Direito penal.* Ato fraudulento, reconhecendo criança como filha quando, na verdade, não o é.

SUPOSIÇÃO DE ESTADO. *Direito civil.* Alegação de estado civil não verídico, como dizer-se casado, quando não o é, por viver em concubinato ou em união estável; ou afirmar que é solteiro, sendo casado.

SUPOSIÇÃO DE NOME. 1. *Direito penal.* Utilização de nome falso para ocultar identidade com o escopo de obter alguma vantagem em proveito próprio ou alheio ou de prejudicar terceiros ou, ainda, para eximir-se de alguma responsabilidade. Tal crime é punido com detenção ou multa. **2.** *Direito autoral.* Uso de nome falso ou pseudônimo como forma de projeção profissional na literatura ou nas artes.

SUPOSIÇÃO DE PARTO. *Direito penal.* Crime que consiste na simulação de parto para conferir maternidade de uma criança a quem não a gerou (De Plácido e Silva), punido com reclusão.

SUPOSIÇÃO DE PESSOA. Ato de apresentar uma pessoa por outra.

SUPOSITÍCIO. 1. Suposto. **2.** Em que há suposição. **3.** O que se funda numa suposição.

SUPOSITIVO. *Vide* SUPOSITÍCIO.

SUPOSTO. 1. *Filosofia geral.* a) Substância completa e individual (Leibniz; Lalande); b) o que pode subsistir por si; c) o que existe abaixo do acidente; d) individualidade de substância completa da pessoa humana. **2.** *Lógica jurídica.* a) Hipótese; b) suposição; c) conjectura; d) o que é alegado como verdadeiro, sendo falso. **3.** Na *linguagem jurídica* em geral: a) fictício; b) que não é real; c) quem, falsamente, se faz passar por outro; d) presumido; e) enganoso; f) indevido.

SUPPLICIA VERBA. *Locução latina.* Palavras suplicantes.

SUPPLIER'S. *Direito internacional privado.* Crédito ao fornecedor, que é um regime de financiamento bancário para fins de aquisição de equipamento. É o financiamento direto ao fornecedor, contendo vantagens em relação a prazos de amortização e taxas de juros (Granziera).

SUPPLIER'S CREDIT. *Direito internacional privado.* **1.** Desconto de títulos, na hipótese de exportação de serviços a entidades estrangeiras do setor público ou privado. **2.** Modalidade de crédito em que o financiamento é concedido mediante desconto de títulos de crédito ou cessão de direitos creditórios, após contratada a venda externa e o embarque das mercadorias. **3.** Financiamento externo de bens e serviços, provocado pelo vendedor (Hilário de Oliveira).

SUPPLY CHAIN. *Termo inglês.* Cadeia de Abastecimento. É constituída pelo conjunto de organizações que se inter-relacionam, criando valor na forma de produtos e serviços, desde os for-

necedores de matéria-prima até o consumidor final (James G. Heim).

SUPPLY CHAIN MANAGEMENT. *Termo inglês.* Administração da cadeia de abastecimento. É a oferta do máximo valor ao cliente e do máximo retorno sobre o ativo fixo, por meio de gestão efetiva dos fluxos de materiais, produtos, informações e recursos financeiros, de extremo a extremo da cadeia, desde as fontes de suprimento até o consumidor final. É a integração dos membros da cadeia, com focalização de cada empresa em seu negócio principal (James G. Heim).

SUPPRESSION OF EVIDENCE. *Locução inglesa.* Sonegação de provas.

SUPRA. *Termo latino.* Acima; em cima.

SUPRACITADO. O que está mencionado acima.

SUPRACONSTITUCIONALIDADE. *Ciência política.* Qualidade de os princípios implícitos na Carta Magna poderem sobrepor-se a ela, ante o regime adotado (Othon Sidou).

SUPRADITO. Acima dito; sobredito.

SUPRA-ENUMERADO. O que foi enumerado anteriormente.

SUPRALEGALIDADE. *Teoria geral do direito.* **1.** O que decorre de princípios gerais de direito. **2.** O que, apesar de não estar legislado, está ínsito na ordem jurídica.

SUPRAMENCIONADO. *Vide* SUPRACITADO.

SUPRANACIONAL. *Direito internacional público.* **1.** Cosmopolita. **2.** O que está fora da competência do governo de uma nação. **3.** Além dos limites da nação. **4.** Potencial da União Européia, na qualidade de organização internacional, de atuar como fonte normativa do direito internacional (Ani Caprara).

SUPRANACIONALIDADE. *Direito internacional público.* **1.** Capacidade de uma organização internacional ir além da autonomia do Estado Soberano, ao adotar normas e impor políticas suscetíveis de atingir seus cidadãos (Weiler). Tal capacidade supranacional é normativa e executiva. **2.** Qualidade de supranacional. **3.** O que se encontra acima de cada nacionalidade.

SUPRANACIONALIDADE EXECUTIVA. *Direito internacional público.* É a que se ocupa dos órgãos e da forma de atuação da organização internacional quando iniciam, discutem, formulam e executam medidas imprescindíveis à consecução de suas finalidades (Joseph Weiler).

SUPRANACIONALIDADE NORMATIVA. *Direito internacional público.* É a voltada às relações e à hierarquia existentes entre as medidas político-jurídicas acatadas pelos órgãos de uma organização internacional e as adotadas pelos seus Estados-membros. Com isso, as normas comunitárias da organização internacional têm preferência sobre as de cada Estado-membro, uma vez que lhes impõem deveres e conferem direitos, tendo aplicação direta, impedindo, ainda, a edição de normas estatais a elas contraditórias (Joseph Weiler).

SUPRANATURALISMO. *Filosofia geral.* **1.** Sobrenaturalismo. **2.** Teoria segundo a qual os fenômenos sobrenaturais intervêm no mundo.

SUPRANUMERÁRIO. 1. Aquilo que excede o número estabelecido. **2.** Funcionário público ou empregado que está a mais num quadro ou lista, para ocupar alguma vaga (Laudelino Freire). **3.** Extranumerário.

SUPRAPERSONALISMO. *Ciência política.* Doutrina que coloca a sociedade ou o Estado acima do indivíduo.

SUPRA SUMMUM. *Locução latina.* O mais alto grau.

SUPRA–SUMO. 1. O que há de mais elevado. **2.** Preeminência.

SUPRA VIRES. *Locução latina.* Além das forças.

SUPREMACIA. 1. *Direito comparado.* Direito que se arrogam os reis da Grã-Bretanha, ao se considerarem chefes da Igreja Anglicana. **2.** *Sociologia geral.* Poder individual, grupal ou popular relativamente aos outros indivíduos, grupos sociais ou povos na seara da competição econômica. **3.** Na *linguagem jurídica* em geral, designa: a) superioridade; b) preponderância; c) poder supremo; d) hegemonia; e) autoridade máxima; f) primazia.

SUPREMACIA DA NORMA CONSTITUCIONAL. *Direito constitucional.* Preponderância da norma constitucional como fonte jurídico-formal ou como de manifestação do direito. Logo, quem quiser conhecer o direito deve buscar a informação desejada nos preceitos constitucionais. As normas constitucionais não são produtoras do direito, mas consistem no próprio direito objetivo, que brota de circunstâncias políticas, histórias, geográficas, econômicas, axiológicas e sociais (fontes materiais ou de produção), que se completam com um ato de vontade do poder constituinte (fonte formal). A norma constitucional é suprema, no sentido teórico, por ser ela norma-origem, já que inexiste outra acima dela. No sentido sócio-político, por ser reconhecida pelo povo, titular do poder constituinte, e pelos três poderes: Executivo, Judiciário e Legislativo, ante o fato de apresentar um conteúdo político-social, considerado como ideal. Logo, a supremacia da Constituição envolve não só o problema de sua reforma, emenda ou revisão, pois os textos constitucionais devem harmonizar-se com a realidade social cambiante e com os valores nela positivados, sob pena de se mumificarem, como também o do controle da constitucionalidade das leis, verificando a correspondência destas à Constituição.

SUPREMACIA DO INTERESSE PÚBLICO SOBRE O DO PARTICULAR. *Direito administrativo.* Superioridade do interesse da coletividade que, por condição imprescindível para que se possa assegurar o próprio interesse particular, atinge todas as áreas do direito público (Celso Antônio Bandeira de Mello).

SUPREMACIAL. Que revela supremacia (Laudelino Freire).

SUPREMO. 1. O que está acima de tudo. **2.** O principal. **3.** O mais alto ou mais elevado.

SUPREMO TRIBUNAL DA ASSINATURA APOSTÓLICA. *Direito canônico.* É o que tem a incumbência de conhecer: a) das querelas de nulidade e dos pedidos de restituição *in integrum* e outros recursos contra sentenças rotais; b) dos recursos em causas sobre o estado das pessoas, que a Rota Romana recusou admitir a novo exame; c) das exceções de suspeição e outras causas contra os auditores da Rota Romana, em razão de atos praticados por eles no exercício de seu cargo; d) dos conflitos de competência entre tribunais não sujeitos a um mesmo tribunal de apelação.

SUPREMO TRIBUNAL FEDERAL. *Direito constitucional* e *direito processual.* A mais alta corte de justiça do País, composta por onze ministros, com a função precípua de ser a guardiã da Constituição Federal, com competência para: 1. processar e julgar, originariamente: a) ação direta de inconstitucionalidade por ação ou omissão; b) o Presidente da República, o Vice-Presidente, os membros do Congresso Nacional, os ministros e o Procurador-Geral da República, nas infrações penais comuns; c) os membros dos Tribunais Superiores, os do Tribunal de Contas da União e os chefes de missão diplomática de caráter permanente, nas infrações penais comuns e nos crimes de responsabilidade; d) o *habeas corpus*, sendo paciente quaisquer pessoas acima arroladas; o mandado de segurança e o *habeas data* contra atos do Presidente da República, das Mesas da Câmara dos Deputados e do Senado Federal, do Tribunal de Contas da União, do Procurador-Geral da República e do próprio Supremo Tribunal Federal; e) o litígio entre Estado estrangeiro ou organismo internacional e a União, o Estado, o Distrito Federal ou o Território; f) as causas e os conflitos entre a União e os Estados, a União e o Distrito Federal, ou entre uns e outros, inclusive as respectivas entidades da administração indireta; g) a extradição solicitada por Estado estrangeiro; h) o *habeas corpus*, quando o coator ou o paciente for tribunal, autoridade ou funcionário cujos atos estejam sujeitos diretamente à jurisdição do Supremo Tribunal Federal, ou se trate de crime sujeito à mesma jurisdição em uma única instância; i) a revisão criminal e a ação rescisória de seus julgados; j) a reclamação para a preservação de sua competência e garantia da autoridade de suas decisões; l) a execução de sentença nas causas de sua competência originária, facultada a delegação de atribuições para a prática de atos processuais; m) a ação em que todos os membros da magistratura sejam direta ou indiretamente interessados, e aquela em que mais da metade dos membros do tribunal de origem estejam impedidos ou sejam direta ou indiretamente interessados; n) os conflitos de competência entre o Superior Tribunal de Justiça e quaisquer tribunais, entre Tribunais Superiores, ou entre estes e qualquer outro tribunal; o) o pedido de medida cautelar das ações diretas de inconstitucionalidade; p) o mandado de injunção, quando a elaboração da norma regulamentadora for atribuição do Presidente da República, do Congresso Nacional, da Câmara dos Deputados, do Senado Federal, das Mesas de uma dessas casas legislativas, do Tribunal de Contas da União, de um dos Tribunais Superiores ou do próprio Supremo Tribunal Federal; q) as ações contra o Conselho Nacional de Justiça e contra o Conselho Nacional do Ministério Público; 2. julgar, em recurso ordinário: a) o *habeas corpus*, o mandado de segurança, o *habeas data* e o mandado de injunção decididos em única instância pelos tribunais superiores, se denegatória a decisão; b) o crime político; 3. julgar, mediante recurso extraordinário, as causas decididas em única ou última instância,

quando a decisão recorrida: a) contrariar dispositivo constitucional; b) declarar a inconstitucionalidade de tratado ou lei federal; c) julgar válida a lei ou ato de governo local contestado em face da Carta Magna; d) julgar válida a lei local contestada em face de lei federal. O Supremo Tribunal Federal poderá, de ofício ou por provocação, mediante decisão de dois terços de seus membros, após reiteradas decisões sobre matéria constitucional, aprovar súmula que, a partir de sua publicação na imprensa oficial, terá efeito vinculante em relação aos demais órgãos do Poder Judiciário e à administração pública direta e indireta, nas esferas federal, estadual e municipal, bem como proceder à sua revisão ou cancelamento, na forma estabelecida em lei. A súmula terá por objetivo a validade, a interpretação e a eficácia de normas determinadas, acerca das quais haja controvérsia atual entre órgãos judiciais ou entre esses e a administração pública que acarrete grave insegurança jurídica e relevante multiplicação de processos sobre questão idêntica. Sem prejuízo do que vier a ser estabelecido em lei, a aprovação, revisão ou cancelamento de súmula poderá ser provocada por aqueles que podem propor a ação direta de inconstitucionalidade. Do ato administrativo ou decisão judicial que contrariar a súmula aplicável ou que indevidamente a aplicar, caberá reclamação ao Supremo Tribunal Federal que, julgando-a procedente, anulará o ato administrativo ou cassará a decisão judicial reclamada, e determinará que outra seja proferida com ou sem aplicação da súmula, conforme o caso.

SUPRESSÃO. 1. Ato ou efeito de suprimir. **2.** Extinção. **3.** Cessação. **4.** Omissão. **5.** Desaparecimento.

SUPRESSÃO DA OBRA. *Direito civil.* Demolição de uma obra ou construção.

SUPRESSÃO DE CARGO. *Direito administrativo.* Extinção de cargo público.

SUPRESSÃO DE CORRESPONDÊNCIA. *Direito penal.* Crime que consiste na destruição de correspondência comercial ou industrial por alguém, no exercício de sua função, para obtenção de proveito próprio ou alheio.

SUPRESSÃO DE DOCUMENTO. *Direito penal.* Ato, punível e criminoso, de destruir, ocultar ou suprimir documento público ou particular para, com isso, obter vantagem em benefício próprio ou de outrem, causando prejuízo alheio.

SUPRESSÃO DE ESTADO DE FILIAÇÃO. *Direito penal.* Ocultação ou alteração do estado de filiação, dando parto alheio como próprio ou expondo filho próprio ou alheio em alguma instituição beneficente, ocultando sua origem ou atribuindo-lhe outra, com o intuito de prejudicar os direitos inerentes ao estado civil. Tal crime contra o estado de filiação é punido pelas leis penais.

SUPRESSÃO DE FORMALIDADE. *Direito civil.* **1.** Ausência ou omissão de formalidade prevista em lei para a validade do ato ou negócio jurídico. **2.** Dispensa de formalidade que não é necessária (De Plácido e Silva).

SUPRESSÃO DE MARCA. *Direito penal.* Ato punível que consiste na retirada ou alteração de marca ou de sinal distintivo de propriedade de animais, sem autorização de seu dono.

SUPRESSÃO DE PARTO. *Direito penal.* Ação criminosa que consiste em esconder, dolosamente, parto real, para que a criança não tenha os direitos oriundos de seu verdadeiro estado de filiação.

SUPRESSIO. *Termo latino.* **1.** Ato de o titular do direito, em face de sua inércia, abstendo-se de seu exercício, não mais poder exercê-lo, por ser esse procedimento contrário ao princípio da boa-fé (Carlyle Popp), já que gera a crença na outra parte de que tal direito não será exercido. **2.** *Vide* item 2 do verbete *VERWIRKUNG.*

SUPRESSIVO. Que suprime.

SUPRESSOR. *Vide* SUPRESSIVO.

SUPRESSORES IMUNOLÓGICOS. *Medicina legal.* Métodos que podem levar à supressão ou à redução da resposta imunológica, *in vivo* ou *in vitro*, já que diminuem a atividade das células, destruindo-as ou lesando-as. Tais métodos podem ser: a) físicos, como radiações ionizantes; b) químicos, como corticosteróides, agentes alquilantes, antimetabólicos, antibióticos etc.; c) cirúrgicos, como a esplenectomia, timectomia, drenagem etc. (Morris Fishbein).

SUPRIDOR. O que supre.

SUPRIMENTO. **1.** *Direito processual civil.* Ato pelo qual o magistrado supre a incapacidade absoluta ou relativa, o consentimento ou a autorização de alguém, para validar atos nos casos previstos em lei. **2.** Na *linguagem jurídica*, em geral: a) ato de suprir; b) preenchimento; c) ato ou efeito de remediar ou de completar algo; d)

diligência para preencher uma formalidade ou atender a uma exigência necessária à validade de certo ato, sanando um defeito, para que ele se revalide (De Plácido e Silva); e) auxílio; f) o que serve para satisfazer necessidades; g) ato de dar o que se faz necessário (Pedro Nunes). **3.** *Direito comercial.* Abastecimento; aquisição de mercadorias que faltam para completar um estoque.

SUPRIMENTO DA FALTA. *Direito processual.* Saneamento indispensável à validade de um ato ou diligência praticada no processo (De Plácido e Silva).

SUPRIMENTO DE ALIMENTOS. *Direito civil.* Prestação alimentícia, fornecendo meios necessários para a subsistência de descendente, ascendente, irmão, ex-cônjuge ou ex-companheiro.

SUPRIMENTO DE CAIXA. *Direito comercial* e *direito empresarial.* Ato de suprir dinheiro a uma empresa, com o escopo de atender necessidade de seu caixa (Hugo de Brito Machado).

SUPRIMENTO DE CAPACIDADE. *Direito civil.* Ato praticado pelo representante legal de pessoa absoluta ou relativamente incapaz para dar validade a seus atos, representando-a ou assistindo-a nos atos da vida civil.

SUPRIMENTO DE CONSENTIMENTO. *Direito civil* e *direito processual civil.* Ato pelo qual o magistrado, a requerimento do interessado, vem prover a falta de consentimento ou autorização necessária de outrem, nos casos previstos em lei (Pedro Nunes), provada a injustiça da recusa. Por exemplo: suprimento do consenso do representante legal para que o menor possa convolar núpcias.

SUPRIMENTO DE FUNDOS. *Direito bancário.* Complementação de fundos, evitando que haja emissão de cheque sem fundos.

SUPRIMENTO DE IDADE. *Vide* SUPLEMENTO DE IDADE.

SUPRIMENTO DE NULIDADE. *Direito civil.* Cumprimento de certa formalidade, que vem a tornar válido ato anulável.

SUPRIMENTO DE NUMERÁRIO. *Direito administrativo.* Providência tomada por uma repartição pública, com a finalidade de fornecer numerário a uma outra para pagamentos previstos no orçamento.

SUPRIMENTO DE OUTORGA CONJUGAL. *Direito processual civil.* É o suprimento judicial de vênia conjugal. Ato pelo qual o juiz, a requerimento de um dos cônjuges, após ouvir o outro, que sem justo motivo ou por impossibilidade se recusa a autorizar a prática de determinado ato jurídico, supre a falta de anuência, por meio de alvará, desde que provada a necessidade daquele ato. Todavia, tal suprimento judicial da autorização valida os atos do consorte, mas não obriga os bens próprios do recusante, pois não é justo responsabilizá-lo pela prática do ato a que se opôs, realizado contra sua vontade (Clóvis Beviláqua). Cabe ao juiz averiguar se é justa, ou não, a recusa de um dos cônjuges a dar sua autorização para que o outro pratique determinados atos arrolados pela lei civil, ponderando as peculiaridades de cada caso. O ato praticado pelo cônjuge sem estar legitimado pelo outro ou sem o suprimento judicial é anulável.

SUPRIMENTO DE VÊNIA CONJUGAL. *Vide* SUPRIMENTO DE OUTORGA CONJUGAL.

SUPRIMENTO DO ASSENTO. *Direito registral.* Complementação ulterior do assento que omitiu algum dado indispensável.

SUPRIMENTO JUDICIAL. *Direito processual.* Providência tomada pelo magistrado para suprir o que faltar para que ato ou negócio jurídico possa ser reputado válido e irradiar seus efeitos.

SUPRIMENTO JUDICIAL DO CONSENTIMENTO. *Vide* SUPRIMENTO DO CONSENTIMENTO.

SUPRIMIDO. 1. Cancelado. **2.** Anulado. **3.** Que se suprimiu.

SUPRIMIR. 1. Cancelar. **2.** Anular. **3.** Invalidar. **4.** Impedir de continuar. **5.** Retirar por inutilidade.

SUPRIMÍVEL. Que se pode suprimir.

SUPRIR. 1. Completar. **2.** Preencher. **3.** Prover. **4.** Remediar. **5.** Substituir.

SUPRÍVEL. O que pode ser preenchido ou completado.

SUPURAÇÃO. *Medicina legal.* Formação e acúmulo de pus, forçando a sua saída.

SUPURADO. *Medicina legal.* Que supurou.

SUPURANTE. *Medicina legal.* Que está em fase de supuração.

SUPURAR. *Medicina legal.* Lançar pus para fora.

SUPURATIVO. *Medicina legal.* Que produz supuração, facilitando sua saída.

SUPUTAÇÃO. 1. Conta. **2.** Cômputo.

SUPUTAR. 1. Fazer contas. **2.** Calcular.

SURANNÉ. *Termo francês.* **1.** Caduco. **2.** Nulo.

SURATA. Cada um dos capítulos que formam o Alcorão, dispostos conforme seu comprimento.

SURDEAR. *Medicina legal.* Fingir-se de surdo.

SURDESCENTE. *Direito civil* e *direito ambiental.* Ruído que faz ensurdecer.

SURDEZ. *Medicina legal.* Perda, congênita ou adquirida, completa ou quase completa da audição. A surdez adquirida pode advir de: a) infecções como meningite, escarlatina, coqueluche, sarampo etc.; b) perfuração do tímpano em razão de acidente; c) poluição sonora; d) crescimento ósseo no ouvido interno (Morris Fishbein).

SURDEZ MUSICAL. *Medicina legal.* Incapacidade de reconhecer a altura dos sons, suas relações e seu lugar na escala musical (Lalande).

SURDEZ TONAL. *Vide* SURDEZ MUSICAL.

SURDEZ VERBAL. *Medicina legal.* Incapacidade da pessoa em perceber o sentido das palavras ouvidas, mesmo que tenha audição normal (Lalande).

SURDIMUDEZ. *Direito civil* e *medicina legal.* Qualidade ou estado de surdo-mudo.

SURDIMUTISMO. *Vide* SURDIMUDEZ.

SURDISTA. *Direito marítimo.* Tripulante de barco salva-vidas que tem a função de socorrer náufragos.

SURDO. 1. *Direito civil* e *medicina legal.* a) Aquele que está privado, total ou parcialmente, do sentido da audição, não podendo servir de testemunha quando a ciência do fato que se quer provar depender da audição; b) aquele que não ouve ou ouve mal. **2.** Na *linguagem comum:* a) pouco sonoro; b) feito em segredo ou em silêncio; c) inexorável, inflexível; d) que não presta atenção.

SURDO–MUDEZ. *Vide* SURDIMUDEZ.

SURDO–MUDO. *Direito civil* e *medicina legal.* Aquele que, por não poder ouvir, nem falar, é considerado absolutamente incapaz, se não recebeu educação apropriada que lhe possibilite manifestar sua vontade, nem tem discernimento para a prática dos atos da vida civil.

SURDROIT. *Termo francês.* Sobre direito.

SURGIDOURO. *Direito marítimo.* **1.** Porto. **2.** Ancoradouro natural ou artificial onde os navios aportam.

SUROFFRE. *Termo francês.* Oferta mais vantajosa.

SURPREENDEDOR. O que surpreende.

SURPREENDENTE. 1. Admirável. **2.** Que assombra. **3.** Que surpreende.

SURPREENDER. 1. *Direito processual penal.* Apanhar em flagrante delito. **2.** Nas *linguagens comum* e *jurídica,* significa: a) espantar-se; b) enganar; c) acometer de súbito; d) chegar imprevistamente.

SURPREENDIDO. 1. Que se surpreendeu. **2.** Apanhado de surpresa.

SURPREENDIMENTO. 1. Ato ou efeito de surpreender. **2.** Surpresa.

SURPRESA. 1. Ação ou efeito de surpreender ou de ser surpreendido. **2.** Fato inopinado. **3.** Espanto. **4.** Acontecimento inesperado ou imprevisto. **5.** Induzimento em erro. **6.** Prazer inesperado causado a alguém. **7.** Traição. **8.** Ataque violento que pega a pessoa desprevenida; agressão súbita.

SURPRESO. 1. Apanhado em flagrante. **2.** Surpreendido. **3.** Perplexo.

SURRA. 1. Sova. **2.** Pancadaria.

SURRADO. 1. Aquele que levou sova. **2.** Gasto, puído. **3.** Antiquado. **4.** Maltratado.

SURRAR. 1. Dar uma surra ou sova. **2.** Gastar com o uso continuado.

SURRATEAR. *Direito penal.* Furtar.

SURRECTIO. *Termo latino.* **1.** Exercício reiterado de uma situação jurídica, ou de conduta admitida pela parte contrária, que, objetivamente, cria um estado de confiança na excelência do direito e, subjetivamente, a necessidade de exercê-lo de boa-fé (Carlyle Popp). **2.** Nascimento de um direito subjetivo em razão de inércia da contraparte.

SURRIADA. *Direito militar.* Descarga de artilharia.

SURRIBA. *Direito agrário.* **1.** Ato de escavar para afofar a terra. **2.** Escavação feita ao redor de árvores transplantadas para que brotem logo. **3.** Ato de tornar plano o terreno de outeiros, para que a terra não caia, formando planuras apropriadas para o cultivo.

SURRIOLA. *Direito marítimo.* Cada um dos paus arriados pelos lados do castelo de proa, para que neles se amarrem pequenas embarcações.

SURRIPIAÇÃO. *Vide* SURRUPIAÇÃO.

SURROGATE GESTATIONAL MOTHER. *Medicina legal* e *biodireito.* Técnica que consiste na prática do uso de mãe substitutiva: uma mulher carrega filho de outra em seu ventre durante todo o período de gravidez. No Brasil, só se aceita o empréstimo ou cessão gratuita e temporária de útero apenas no âmbito familiar, num parentesco, em relação à doadora do óvulo, até colateral de segundo grau, vedando, portanto, qualquer tipo de pagamento.

SURRUPIAÇÃO. *Direito penal.* **1.** Ato de tirar furtivamente alguma coisa. **2.** Furto.

SURRUPIAR. *Direito penal.* **1.** Furtar. **2.** Tirar às escondidas. **3.** Subtrair coisa alheia.

SURSIS. 1. *Termo francês.* a) Suspensão; b) dilação; prorrogação. **2.** *Direito processual penal.* Suspensão condicional da execução da pena.

SURSIS CONTEMPORÂNEOS. *Direito penal.* Mais de uma aplicação, embora provisória, de *sursis,* enquanto se aguarda o julgamento de eventuais recursos (Damásio E. de Jesus).

SURSIS ESPECIAL. *Direito penal. Sursis* que, para ser concedido, requer que o condenado: a) não tenha reincidido em crime doloso; b) tenha reparado o dano causado, exceto justa causa; c) apresente circunstâncias judiciais favoráveis (Damásio E. de Jesus).

SURSIS SUCESSIVOS. *Direito penal.* Dois *sursis* concedidos, sucessivamente, a um mesmo condenado (Damásio E. de Jesus).

SURTAUX. *Termo francês.* Juro excessivo.

SURTAX. *Termo inglês.* **1.** Imposto de lucro extraordinário. **2.** Sobretaxa.

SURTAXE. *Termo francês.* Taxa excessiva e ilegal.

SURTO. 1. *Direito marítimo.* Navio ancorado ou no porto. **2.** Na *linguagem comum,* designa: a) irrupção; b) aparecimento; c) impulso; d) ambição desmedida daquele que procura exaltar-se.

SURTO EPIDÊMICO. *Medicina legal.* Epidemia de reduzida proporção que atinge uma comunidade (Morris Fishbein).

SURTO PSICÓTICO. *Psicologia forense.* Evolução de alienação mental que se caracteriza pela transitoriedade e repetição de períodos mórbidos e intervalos lúcidos (José Lopes Zarzuela).

SURVEILLANCE. *Termo francês.* Fiscalização.

SURVEY. *Termo inglês.* **1.** Vistoria. **2.** Inspeção. **3.** Vista.

SURVIVAL ACTION. *Locução inglesa.* Ação de reparação de dano movida pelos descendentes da vítima de homicídio.

SUS. Sigla de Sistema Único de Saúde.

SUSCETIBILIDADE. 1. Nas *linguagens comum* e *jurídica* é: a) qualidade de suscetível; b) sensibilidade física e psíquica; c) melindre exagerado. **2.** *Medicina legal.* a) Disposição especial do organismo para adquirir moléstias; b) falta de defesa do hospedeiro contra um agente etiológico ou patogênico, por não ter resistência. **3.** *Filosofia geral.* Capacidade de receber impressões que põem em exercício as ações orgânicas (Laudelino Freire).

SUSCETÍVEL. 1. *Medicina legal.* Aquele que não tem resistência contra agente patogênico, vindo, por isso, a contrair a moléstia por ele transmissível. **2.** Na *linguagem jurídica,* em geral: a) que tem grande sensibilidade; b) melindroso em demasia; c) admissível; d) aceitável; e) que pode ter certa qualidade; f) que pode sofrer modificação ou impressão; g) possível; h) pertinente.

SUSCETOR. *História do direito.* No Império Romano, era o exator ou questor municipal.

SUSCIPERE JUDICIUM. *Locução latina.* Submeter-se aos termos da sentença ou édito.

SUSCITAÇÃO. 1. Nas *linguagens comum* e *jurídica:* a) instigação; b) sugestão. **2.** *Direito processual.* a) Ato de argüir impedimento alusivo a um ato judicial ou a alguém (Othon Sidou); b) argüição de incompetência.

SUSCITADO. 1. *Direito processual.* a) Aquele contra quem se levanta um impedimento ou oposição; b) juiz contra quem se argüiu suspeição, incompetência ou conflito de jurisdição ou atribuição; c) ato impugnado; d) argüido; e) contestado. **2.** *Direito registrário.* Apresentante do título cujo registro não é aceito pelo oficial do cartório imobiliário (Walter C. Swensson). **3.** Nas *linguagens comum* e *jurídica,* é: a) contrariado; b) provocado; c) instigado; d) que se suscitou. **4.** *Direito do trabalho.* Reclamado na justiça trabalhista (Acquaviva).

SUSCITADOR. Que suscita.

SUSCITAMENTO. *Vide* SUSCITAÇÃO.

SUSCITANTE. 1. *Direito processual.* a) Quem alega a incompetência do juiz para julgar uma causa; b) impugnante; c) opoente. **2.** Nas *linguagens comum* e *jurídica,* é o que suscita. **3.** *Direito registrário.* Oficial do cartório de registro imobiliário que recusa o título apresentado para o assento, dando início ao procedimento da dúvida (Walter C. Swensson). **4.** *Direito do trabalho.* Reclamante ou autor de reclamação trabalhista (Marcus Cláudio Acquaviva).

SUSCITAR. 1. *Direito processual.* a) Argüir suspeição ou incompetência; b) levantar conflito de jurisdição. **2.** Na *linguagem jurídica,* em geral significa: a) impedir; b) fazer surgir; c) produzir; d) promover; e) sugerir; f) provocar providência da autoridade competente; g) levantar como impedimento.

SUSCITATION. *Termo francês.* Instigação.

SUSCITÁVEL. Que pode ser suscitado.

SUSEP. Sigla de Superintendência de Seguros Privados, autarquia vinculada ao Ministério da Fazenda, com o objetivo de fiscalizar, normatizar e controlar os mercados de seguros, de capitalização e de previdência privada aberta (Afonso Celso F. de Rezende).

SUSERANIA. *História do direito.* **1.** Poder que era exercido pelo senhor feudal. **2.** Qualidade de suserano. **3.** Território onde o senhor feudal dominava.

SUSERANO. *História do direito.* **1.** Senhor feudal. **2.** Relativo à suserania. **3.** O que se referia ao soberano a quem outros Estados, aparentemente autônomos, rendiam vassalagem. **4.** Senhor que tinha o domínio de um feudo, do qual outros feudos eram dependentes.

SUSPEIÇÃO. 1. *Direito processual.* a) Suspeita a respeito da imparcialidade judicial; b) fato de o magistrado estar impedido de, num determinado processo, exercer sua função; c) exceção que pode ser oposta contra o juiz que preside a causa, o órgão do Ministério Público, as testemunhas, os assistentes técnicos, o perito, o serventuário da justiça e o intérprete. **2.** Na *linguagem jurídica,* em geral, designa: a) suspeita; b) opinião desfavorável relativamente a certas pessoas; c) imputação de certa qualidade, que gera desconfiança suscetível de justificar alguma prevenção contra o suspeito (De Plácido e Silva).

SUSPEIÇÃO DE CRIME. *Direito processual penal.* Suspeita ou presunção sobre a autoria de um crime, que leva o órgão do Ministério Público a mover ação criminal contra o suspeito.

SUSPEIÇÃO DE PARCIALIDADE. *Direito processual.* Suspeita de que o magistrado que preside a causa não é imparcial, podendo, no julgamento, agir em detrimento de um dos litigantes. Tal suspeição pode ser argüida quando o juiz, por exemplo: a) for amigo íntimo ou inimigo capital de qualquer das partes; b) for credor ou devedor dos litigantes; c) for seu cônjuge ou parente em linha reta ou colateral até o terceiro grau; d) sustentar demanda ou responder a processo que tenha de ser julgado por qualquer das partes; e) for herdeiro presuntivo, donatário ou empregador de uma das partes; f) receber dádivas antes ou depois do início do processo; g) aconselhar uma das partes sobre o objeto da causa ou subministrar meios para atender às despesas do litígio; h) estiver interessado no julgamento da causa em favor de um dos litigantes; i) for sócio ou acionista de sociedade interessada no processo etc. O juiz que não se declarar suspeito pode ser recusado pela parte aduzindo suas razões.

SUSPEIÇÃO DE SERVENTUÁRIO DA JUSTIÇA. *Direito processual.* Suspeita da não-imparcialidade de serventuário ou funcionário de justiça argüida pelas partes e decidida pelo magistrado de plano e sem recurso, à vista do alegado e da prova imediata.

SUSPEIÇÃO DE TESTEMUNHA. *Direito processual penal.* Suspeita de parcialidade da testemunha que pode ser argüida antes do início de seu depoimento pelas partes. O magistrado fará consignar a argüição e a resposta da testemunha.

SUSPEIÇÃO DO INTÉRPRETE. *Direito processual penal.* Suspeita de parcialidade de intérprete que, por lei, é equiparado ao perito. Por exemplo: o irmão da vítima não pode ser intérprete. Se houver argüição de sua parcialidade, o juiz decide, ante a matéria alegada e prova imediata. Não cabe nenhum recurso da decisão do juiz sobre a suspeição de intérprete.

SUSPEIÇÃO DO JUIZ. *Vide* SUSPEIÇÃO DE PARCIALIDADE.

SUSPEIÇÃO DO JURADO. *Direito processual penal.* Suspeita quanto ao jurado que deve ser argüida oralmente, quando anunciado o seu nome pelo presidente do Júri. Essa argüição pode ser rejeitada se, negada pelo recusado, não for imediatamente comprovada. Antes do sorteio do Conselho de Sentença, o juiz adverte os jurados das incompatibilidades legais por suspeição em razão de parentesco com o magistrado, promotor, advogado, réu ou vítima.

SUSPEIÇÃO DO MINISTÉRIO PÚBLICO. *Direito processual penal.* Suspeita do órgão do Ministério Público que é decidida pelo juiz, após ouvi-la, podendo antes admitir a produção de provas dentro do prazo de três dias. Da decisão que rejeitar tal suspeição não cabe recurso.

SUSPEIÇÃO DO PERITO. *Direito processual penal.* Suspeita de parcialidade do perito que pode ser argüida pelo interessado, decidindo o juiz de plano e sem recurso, à vista da matéria alegada e prova imediata. Será argüido suspeito o perito que for, por exemplo: amigo íntimo de uma das partes; credor ou devedor, tutor ou curador, de qualquer das partes; sócio-acionista ou administrador de sociedade interessada no processo etc.

SUSPEIÇÃO ESPONTÂNEA. *Direito processual.* Ato de o próprio juiz declarar-se suspeito para o julgamento da causa, por estar enquadrado nos motivos que justificam a argüição de suspeição de sua parcialidade pelos litigantes.

SUSPEIÇÃO PROVOCADA. *Direito processual civil.* **1.** Exceção de suspeição do juiz por ato, propositadamente, executado pelo litigante, especificando o motivo legal que autoriza o afastamento do magistrado do processo. **2.** Ato do litigante que injuria juiz com o propósito de, contra este, obter a declaração ou o reconhecimento de suspeição (Othon Sidou). Trata-se da criação de um motivo legal de suspeição por ato da própria parte, para afastar o magistrado do processo (De Plácido e Silva).

SUSPEIÇÃO SUPERVENIENTE. *Direito processual civil.* Argüição de suspeição de juiz ou de serventuário, fundada em fato ocorrido após o início do processo, feita em petição fundamentada ou acompanhada de provas e que deve ser apresentada pelo litigante na primeira oportunidade que tiver para falar nos autos.

SUSPEITA. 1. *Medicina legal.* Pessoa cuja história clínica e a sintomatologia indicam que está com alguma moléstia transmissível ou que a tem em incubação (Morris Fishbein). **2.** *Direito processual.* a) Razão arrolada em lei que faz presumir a parcialidade do juiz; b) suspeição; c) pessoa sobre a qual recai a argüição de suspeição; d) suposição de cumplicidade ou autoria de um crime. **3.** Nas *linguagens comum* e *jurídica* designa: a) desconfiança fundada em provas fracas ou em aparências; b) conjectura; c) suposição; d) presunção; e) dúvida sobre um fato; f) indício sobre a procedência de um fato, ante determinadas circunstâncias; g) opinião desfavorável sobre alguém ou acerca de um objeto.

SUSPEITADOR. *Direito processual.* Que suspeita.

SUSPEITANTE. *Direito processual.* **1.** Excipiente. **2.** Aquele que, em juízo, argúi uma exceção de suspeição.

SUSPEITAR. *Direito processual.* **1.** Argüir exceção de suspeição. **2.** Desconfiar. **3.** Conjecturar. **4.** Supor por dados mais ou menos seguros.

SUSPEITO. 1. *Direito processual.* a) Sujeito passivo da suspeição (Othon Sidou); b) indiciado; suposto autor de um crime; c) aquele que é passível de suspeição; d) aquele de cuja parcialidade se desconfia, ante a presença de motivos legais suscetíveis de influenciar seu modo de agir em relação à parte no decorrer do processo. **2.** Na *linguagem jurídica*, em geral, é: a) o que infunde dúvidas; b) de quem há suspeita; c) aquele cujas boas qualidades e integridade moral são duvidosas; d) perigoso; e) que inspira cuidado; f) que se supõe falso ou inexistente; g) que parece apresentar defeito ou vício. **3.** *Medicina legal.* Local onde se desconfia que existam casos de epidemia.

SUSPEITOSIDADE. Estado ou qualidade de quem suspeita.

SUSPEITOSO. 1. Que tem suspeita. **2.** Suspeito.

SUSPENDER. 1. *Direito marítimo.* Içar para a embarcação poder navegar. **2.** *Direito administrativo.* Privar funcionário, momentaneamente, do exercício de suas funções ou de seu cargo. **3.** Nas *linguagens jurídica* e *comum,* significa: a) pendurar; b) impedir a execução de alguma coisa; c) interromper temporariamente; d) sustar; e) privar; f) sobrestar; g) reter. **4.** *Direito processual civil.* Sustar, em certas circunstâncias, a execução ou o próprio processo.

SUSPENDER A LICENÇA. *Direito administrativo.* Impedir a prática de atos que uma licença admitia (De Plácido e Silva).

SUSPENDER AS ARMAS. *Direito militar.* Dar uma trégua, interrompendo a luta armada.

SUSPENDER A SESSÃO. *Direito administrativo.* Interromper, por alguns momentos, uma sessão.

SUSPENDER O PAGAMENTO. 1. *Direito bancário.* Sustar pagamento. **2.** *Direito civil.* Deixar de pagar o credor.

SUSPENDIDO. 1. Suspenso. **2.** O que se suspendeu.

SUSPENSÃO. 1. *Retórica jurídica.* Figura em que o orador, tendo por algum tempo o ouvinte em expectação, vem a afirmar algo maior ou menor do que o esperado. **2.** *Filosofia geral.* a) Ato que consiste na abstenção de um julgamento para conquistar algo ou ataraxia (Renouvier); b) argumento ou lugar-comum pelo qual o

céptico sustenta a necessidade de uma pausa (Lalande). **3.** *Medicina legal.* Amenorréia; interrupção da menstruação. **4.** *Direito administrativo.* Pena imposta a funcionário afastando-o, temporariamente, do exercício de sua função, com perda de vencimento, por ter cometido alguma infração disciplinar. Essa sanção disciplinar não pode exceder a noventa dias. **5.** Na *linguagem jurídica,* em geral: a) ato ou efeito de suspender; b) interrupção do curso de alguma coisa; c) descontinuação; d) pausa momentânea; e) paralisação temporária de alguma atividade; f) estado do que se acha suspenso ou dependurado.

SUSPENSÃO COLETIVA DE TRABALHO. *Direito do trabalho.* **1.** Greve do empregador, que vem a paralisar o trabalho. Trata-se do *lock-out.* **2.** Paralisação do trabalho por parte dos empregados, que resolvem entrar em greve para fazer reivindicações trabalhistas.

SUSPENSÃO CONDICIONAL DA PENA. *Direito processual penal. Sursis*, ou seja, medida pela qual o magistrado determina o sobrestamento da execução da pena privativa da liberdade, dentro dos limites legais e ante motivos que o levam a presumir que o condenado não mais irá praticar ato criminoso.

SUSPENSÃO CONDICIONAL DO PROCESSO. *Direito processual penal.* Sobrestação do processo penal concedida pelo juiz, por um período de prova de um a dois anos, a favor daquele réu primário, com bons antecedentes, que cometeu infração criminal, cuja pena não seja superior a três anos de prisão, impondo-lhe, todavia, alguns deveres como reparar o dano causado à vítima, realizar alguma obra social etc. Se o beneficiário não cumprir a obrigação que lhe foi imposta durante o período probatório, reinicia-se o processo (Aluízio de Arruda).

SUSPENSÃO DA AUDIÊNCIA. *Direito processual civil.* Paralisação da audiência, quando não for possível concluir no mesmo dia a instrução, o debate e o julgamento ou quando for necessário cumprir alguma diligência.

SUSPENSÃO DA EXECUÇÃO. *Direito processual civil.* Paralisação da execução, no todo ou em parte, quando: a) recebidos os embargos do devedor ou a impugnação; b) ocorrer: morte ou perda da capacidade processual de qualquer das partes, de seu representante legal ou de seu procurador; convenção das partes; oposição de exceção de incompetência do juízo, da câmara ou do tribunal, bem como de suspeição ou impedimento do juiz; c) o devedor não possuir bens penhoráveis. Se convier às partes, o juiz declara suspensa a execução durante o prazo concedido pelo credor para que o devedor cumpra voluntariamente a obrigação. Findo o prazo sem o adimplemento obrigacional, o processo retoma seu curso. Com a suspensão da execução, é defeso praticar quaisquer atos processuais, embora o magistrado possa ordenar providências cautelares urgentes.

SUSPENSÃO DA EXECUÇÃO DA PENA. *Vide* SUSPENSÃO CONDICIONAL DA PENA.

SUSPENSÃO DA EXECUÇÃO FISCAL. *Direito processual.* Paralisação do curso da execução ordenada pelo juiz até que se localize o devedor ou se encontrem os bens a serem penhorados. Em tais casos o prazo prescricional não correrá.

SUSPENSÃO DA EXIGIBILIDADE DO CRÉDITO TRIBUTÁRIO. *Direito tributário.* Paralisação do direito que tem o credor de reclamar o crédito, após a lavratura do ato de lançamento tributário (Paulo de Barros Carvalho). Tal suspensão da exigibilidade do crédito tributário pode dar-se em caso de: moratória, depósito de seu montante integral, reclamações e recursos nos termos das leis reguladoras do processo tributário administrativo e concessão de medida liminar em mandado de segurança.

SUSPENSÃO DA INSTÂNCIA. *Direito processual civil.* Interrupção temporária do curso do processo. *Vide* SUSPENSÃO DO PROCESSO.

SUSPENSÃO DA *MEDICINE FUTILLE*. *Medicina legal.* Não-utilização de procedimentos mais agressivos que não trariam nenhum benefício, nem expectativa de sobrevida, mas apenas o desconforto e o sofrimento do paciente (Veloso de França).

SUSPENSÃO DA PENA. *Vide* SUSPENSÃO CONDICIONAL DA PENA E SUSPENSÃO DA EXECUÇÃO DA PENA.

SUSPENSÃO DA PRESCRIÇÃO. *Direito civil.* Paralisação temporária do curso do prazo da prescrição. Superado o fato suspensivo, a prescrição continua a correr, computado o tempo decorrido antes dele. Suspende-se a prescrição ante a situação especial em que se encontra o titular e o sujeito passivo ou devido a circunstâncias objetivas. De modo que suspensa está a prescrição, segundo o Código Civil, contra: os ausentes do Brasil em serviço público da União, dos Estados e Municípios e os que se acharem servindo nas Forças Armadas, em tempo de guerra. Essas duas causas podem transformar-se em impeditivas se a ação surgir durante a ausência ou o serviço militar temporário. Se pender ação de evicção, suspende-se a prescrição em andamento; somente depois de ela ter sido definitivamente decidida, resolvendo-se o destino da coisa evicta, o prazo prescritivo volta a correr (Washington de Barros Monteiro).

SUSPENSÃO DAS FUNÇÕES. *Direito administrativo.* Ato administrativo que, temporariamente, priva um funcionário público de exercer suas funções, em razão de penalidade disciplinar ou como medida preventiva, em virtude de inquérito ou processo contra ele instaurado.

SUSPENSÃO DAS MEDIDAS DE SUPORTE DE VIDA. *Vide* EUTANÁSIA PASSIVA.

SUSPENSÃO DE AÇÃO. 1. *Direito processual civil.* a) *Vide* SUSPENSÃO DO PROCESSO; b) *Vide* SUSPENSÃO DA EXECUÇÃO; c) interrupção da ação civil, quando intentada a ação penal até o julgamento desta. **2.** *Direito processual penal.* Paralisação temporária de ação penal, por exemplo, até que o acusado se restabeleça, se lhe sobrevier alguma doença mental.

SUSPENSÃO DE ARMAS. *Direito militar* e *direito internacional público.* **1.** Armistício como medida para estabelecer as condições de paz. **2.** Interrupção temporária dos combates. **3.** Trégua.

SUSPENSÃO DE BENEFÍCIO. *Direito previdenciário.* Paralisação do gozo de benefício da Previdência Social, nos casos previstos em lei.

SUSPENSÃO DE DIREITOS POLÍTICOS. *Direito constitucional* e *ciência política.* Impedimento temporário do exercício dos direitos políticos (o de votar e o de ser votado), nos seguintes casos: cancelamento da naturalização por sentença transitada em julgado, incapacidade civil absoluta; condenação criminal transitada em julgado, enquanto durarem seus efeitos. Ter-se-á a requisição dos direitos políticos apenas com a reabilitação criminal do condenado. Se houver o benefício do *sursis*, os direitos políticos continuarão suspensos até que se finde o período do *sursis* e venha o condenado a reabilitar-se; recusa de cumprir obrigação a todos imposta ou prestação alternativa; improbidade administrativa.

SUSPENSÃO DE ESFORÇO TERAPÊUTICO (SET). *Biodireito.* Autorização dada por paciente em estado vegetativo persistente ou em fase terminal

SUSPENSÃO DE GARANTIAS

de doença incurável para suspender tratamento fútil que vise adiar a morte, pondo fim à obstinação terapêutica.

SUSPENSÃO DE GARANTIAS. *Ciência política.* Medida governamental tomada, ditatorialmente, privando os cidadãos de certos direitos.

SUSPENSÃO DE HOSTILIDADES. *Vide* SUSPENSÃO DE ARMAS.

SUSPENSÃO DE PAGAMENTO. 1. *Direito comercial.* a) Cessação temporária de pagamento aos credores para regularizar contas ou para resolver alguma situação delicada, evitando falência; b) impontualidade, ante a insolvabilidade mercantil. **2.** *Direito do trabalho.* Paralisação do pagamento do salário que confere direito ao empregado de rescindir o contrato.

SUSPENSÃO DE VENCIMENTO. *Direito administrativo.* Perda temporária do vencimento pelo servidor público ante o fato de ter praticado alguma irregularidade.

SUSPENSÃO DO CONTRATO DE TRABALHO. *Direito do trabalho.* **1.** Fenômeno jurídico que produz redução ou suspensão executiva de contrato de emprego, ambas sujeitas a termo final ou condição resolutiva (José Martins Catharino). **2.** Pena disciplinar que consiste na perda temporária do salário e de outros benefícios, durante certo tempo, imposta a empregado que tenha cometido infração regulamentar ou que não tenha cumprido suas obrigações trabalhistas. **3.** É a admitida por um período de dois a cinco meses, para participação do empregado em curso ou programa de qualificação profissional oferecido pelo empregador, com duração equivalente à suspensão contratual, mediante previsão em convenção ou acordo coletivo de trabalho e aquiescência formal do empregado. Após a autorização concedida por intermédio de convenção ou de acordo coletivo, o empregador deverá notificar o respectivo sindicato, com antecedência mínima de quinze dias da suspensão contratual. O contrato de trabalho não poderá ser suspenso mais de uma vez no período de dezesseis meses. O empregador poderá conceder ao empregado ajuda compensatória mensal, sem natureza salarial, durante o período de suspensão contratual nos termos da lei, com valor a ser definido em convenção ou acordo coletivo. Durante o período de suspensão contratual para participação em curso ou programa de qualificação profissional, o empregado fará jus aos benefícios voluntaria-

mente concedidos pelo empregador. Se ocorrer a dispensa do empregado no transcurso do período de suspensão contratual ou nos três meses subseqüentes ao seu retorno ao trabalho, o empregador pagará ao empregado, além das parcelas indenizatórias previstas na legislação em vigor, multa a ser estabelecida em convenção ou acordo coletivo, sendo de, no mínimo, 100% sobre o valor da última remuneração mensal anterior à suspensão do contrato. Se, durante a suspensão do contrato, não for ministrado o curso ou programa de qualificação profissional, ou o empregado permanecer trabalhando para o empregador, ficará descaracterizada a suspensão, sujeitando o empregador ao pagamento imediato dos salários e dos encargos sociais referentes ao período, às penalidades cabíveis previstas na legislação em vigor, bem como às sanções previstas em convenção ou acordo coletivo. O prazo-limite acima fixado poderá ser prorrogado mediante convenção ou acordo coletivo de trabalho e aquiescência formal do empregado, desde que o empregador arque com o ônus correspondente ao valor da bolsa de qualificação profissional, no respectivo período.

SUSPENSÃO DO DIREITO DE LICITAR. *Direito processual civil.* Perda temporária do direito de licitar sofrida pelo arrematante e fiador remissos que, então, não poderão ser admitidos a lançar em nova praça ou leilão, se o credor optar pela volta dos bens a nova praça ou leilão, quando o arrematante, ou seu fiador, não pagar dentro de três dias o preço que o juiz lhe impôs, em favor do exeqüente, e a multa de 20% calculada sobre o lanço.

SUSPENSÃO DO EMPREGADO. *Vide* SUSPENSÃO DO CONTRATO DE TRABALHO.

SUSPENSÃO DO EMPREGO. *Vide* SUSPENSÃO DO CONTRATO DE TRABALHO.

SUSPENSÃO DO ESCRIVÃO. *Direito processual civil.* Impossibilidade de o escrivão exercer suas funções por cinco a trinta dias, por ordem do juiz. Pena imposta a escrivão que der, culposamente, causa à transferência da praça ou leilão, além de responder pelas despesas da nova publicação.

SUSPENSÃO DO PODER FAMILIAR. *Direito civil.* Privação temporária do genitor do exercício do poder familiar, por prejudicar o filho com seu comportamento, nomeando-se curador especial ao menor no curso da ação judicial. São causas determinantes da suspensão do poder familiar, dentre outras: a) abuso do poder por pai ou mãe; b) falta aos deveres paternos; c) dilapidação dos bens do filho; d) condenação do pai ou da mãe por sentença irrecorrível, por ter cometido crime cuja pena exceda de dois anos de prisão. Se a suspensão for imposta ao pai, a mãe assumirá o exercício do poder familiar; se já tiver falecido ou for incapaz, o magistrado nomeia um tutor para o menor (Caio Mário da Silva Pereira). A suspensão do poder familiar acarreta ao pai ou à mãe a perda de alguns direitos em relação ao filho, mas não os exonera do dever de alimentá-lo.

SUSPENSÃO DO PRAZO. Interrupção de prazo pela superveniência de fato previsível, ou não, continuando a correr assim que tal acontecimento cessar.

SUSPENSÃO DO PRAZO PRESCRICIONAL. *Vide* SUSPENSÃO DA PRESCRIÇÃO.

SUSPENSÃO DO PROCESSO. *Direito processual civil.* Paralisação do processo: a) pela morte ou perda da capacidade processual de qualquer das partes, de seu representante legal ou de seu procurador; b) pela convenção das partes; c) quando for oposta exceção de incompetência do juízo, da câmara ou do tribunal, bem como de suspeição ou impedimento do juiz; d) quando a sentença de mérito: depender do julgamento de outra causa, ou da declaração da existência ou inexistência da relação jurídica, que constitua o objeto principal de outro processo pendente; não puder ser proferida senão depois de verificado determinado fato, ou de produzida certa prova, requisitada a outro juízo; tiver por pressuposto o julgamento de questão de estado, requerido como declaração incidente; e) por motivo de força maior; f) pelo recebimento da exceção, até que seja julgada; g) se for suscitado o incidente de falsidade.

SUSPENSÃO PREVENTIVA. *Direito administrativo.* Afastamento do funcionário de suas funções, durante a pendência de inquérito administrativo contra ele instaurado, para apurar alguma irregularidade por ele cometida.

SUSPENSÃO PROVISÓRIA DE BANDEIRA. *Direito marítimo.* Ato pelo qual o proprietário da embarcação suspende temporariamente o uso da bandeira de origem, a fim de que a embarcação seja inscrita em registro de outro país.

SUSPENSE. *Direito autoral.* Artifício usado em obra literária, em peças teatrais ou em filmes, retardando a ação com pequenos incidentes, para provocar emoção.

SUSPENSIVA. *Direito civil.* Condição prevista em negócio jurídico pela qual as partes, temporariamente, protelam sua eficácia até a realização de acontecimento futuro e incerto.

SUSPENSIVO. 1. Na *linguagem jurídica,* em geral, designa: a) efeito atribuído a atos ou fatos, em razão do qual tudo se paralisa até que termine sua influência (De Plácido e Silva); b) o que suspende a execução contratual; c) o que tem capacidade de suspender. **2.** *Direito processual civil.* Efeito do recurso, que suspende a execução da sentença enquanto não for julgado.

SUSPENSO. 1. Pendente. **2.** Adiado. **3.** Sustado. **4.** Interrompido. **5.** Sustentado no ar.

SUSPICAZ. 1. Que suspeita. **2.** Suspeito. **3.** Que causa suspeita.

SUSPICIOUS TRANSACTION. *Locução inglesa.* Transação suspeita.

SUSTAÇÃO DE PROTESTO DE TÍTULO. *Direito cambiário* e *direito processual civil.* Medida cautelar para suspender o prazo do protesto, fazendo com que o portador não perca o direito de regresso (Mauro Grinberg).

SUSTAINABLE DEVELOPMENT. *Locução inglesa.* Desenvolvimento econômico com preservação.

SUSTAR. 1. Obstar. **2.** Interromper. **3.** Suspender. **4.** Impedir.

SUSTATÓRIO. 1. O que susta. **2.** Aquilo que serve para sobrestar.

SUSTENTABILIDADE. Qualidade de sustentável.

SUSTENTAÇÃO. 1. Apoio. **2.** Proteção. **3.** Sustento. **4.** Ato ou efeito de sustentar. **5.** Conservação. **6.** Argumentação oral ou escrita.

SUSTENTAÇÃO ORAL DE RECURSO. *Direito processual civil.* Exposição oral a que tem direito tanto o recorrente como o recorrido pelo prazo improrrogável de quinze minutos cada um, sustentando as razões do recurso e resumindo em suas alegações o objeto da demanda perante o tribunal *ad quem*, reforçando assim os argumentos já expendidos.

SUSTENTÁCULO. 1. Base. **2.** Defesa. **3.** Aquele que ampara outrem. **4.** O que serve como moderador em meio às tendências subversivas de uma determinada época ou grupo social.

SUSTENTADOR. O que sustenta.

SUSTENTANTE. Que sustenta.

SUSTENTAR. **1.** Defender com argumentos. **2.** Confirmar. **3.** Fornecer recursos. **4.** Ajudar. **5.** Manter alguém à sua custa. **6.** Conservar. **7.** Continuar; fazer subsistir. **8.** Manter-se. **9.** Resistir. **10.** Suster. **11.** Amparar.

SUSTENTAR A LUTA. Lutar, com perseverança, por um ideal.

SUSTENTAR UM CETRO. Defender o trono; ser rei.

SUSTENTÁVEL. Que pode ser sustentado.

SUSTENTO. *Direito civil.* **1.** Alimento. **2.** Arrimo; amparo. **3.** Manutenção. **4.** Ação ou efeito de sustentar. **5.** Suprimento do que for necessário à subsistência de uma pessoa.

SUSTER. **1.** Sustentar. **2.** Apoiar; amparar. **3.** Segurar. **4.** Conter. **5.** Deter.

SUSTO. **1.** Sobressalto. **2.** Receio. **3.** Temor provocado por algum fato imprevisto.

SUTA. *Direito agrário.* **1.** Mutirão prestado, espontaneamente, pelos camponeses a um amigo. **2.** Instrumento que marca ângulos num terreno.

SUTACO. Sigla de Superintendência do Trabalho Artesanal nas Comunidades, que apóia artesãos, promovendo suas obras por meio de cooperativas de ensino e difusão de técnicas artesanais, registro e fornecimento de informações sobre o artesanato, cadastramento e orientação técnica e jurídica aos produtores.

SUTIL. **1.** Tênue. **2.** O pensamento que é capaz de fazer distinções delicadas. **3.** Apurado. **4.** Penetrante. **5.** Hábil. **6.** Engenhoso. **7.** O que tem penetração do espírito. **8.** Primoroso. **9.** Caviloso.

SUTILEZA. **1.** Qualidade de sutil. **2.** Agudeza de espírito. **3.** Penetração dos sentidos. **4.** Argumentação engenhosa quanto à forma.

SUTILIZAR. **1.** Tornar sutil. **2.** Raciocinar com sutileza.

SUTINGA. *Direito agrário.* Espécie de mandioca.

SUTRA. *Direito comparado.* Tratado hindu que reúne, sob a forma de aforismos, regras do rito, da moral e da vida cotidiana (Laudelino Freire).

SUTURA. *Medicina legal.* **1.** Linha de união de algumas articulações imóveis do crânio ou da face. **2.** Intervenção cirúrgica para ligar os lábios de uma ferida, evitando que deixe uma cicatriz muito grande.

SUTURAÇÃO. *Vide* SUTURA.

SUTURAL. *Medicina legal.* Relativo a sutura.

SUTURAR. *Medicina legal.* Fazer sutura.

SUUM CUIQUE. *Locução latina.* A cada um o que é seu.

SUUM CUIQUE MOS. *Expressão latina.* Cada um tem os seus costumes.

SUUM CUIQUE TRIBUERE. *Expressão latina.* Dar a cada um o que é seu.

SUVALE. *História do direito.* Sigla da extinta Superintendência do Vale do São Francisco.

SUZI. *Medicina legal* e *biodireito.* Técnica auxiliar à reprodução assistida, que consiste em introduzir um espermatozóide sadio junto ao óvulo, por meio de uma pequena pipeta que o coloca abaixo da zona pelúcida do óvulo. Trata-se da micromanipulação de gametas denominada *sub-zonal insemination* (Roger Abdelmassih).

SVOD ZAKONOV. *História do direito.* Compilação de leis russas que vigorou durante o regime czarista.

SWAG. *Termo inglês.* **1.** Produto de roubo. **2.** Bagagem.

SWAP. *Direito bancário.* **1.** Permuta financeira. **2.** Operação consistente na troca dos resultados financeiros decorrentes da aplicação de taxas ou índices sobre ativos ou passivos utilizados como referenciais. Tais operações de *swap* referenciadas em ouro, taxas de câmbio, taxas de juros e índices de preços são realizadas no mercado de balcão, por bancos múltiplos com carteira comercial ou de investimento, sociedades corretoras de títulos e valores mobiliários, por conta própria ou de terceiros. Por exemplo, se uma empresa tiver sua receita em dólares e uma dívida em marcos alemães, temendo a desvalorização da moeda norte-americana ou uma alta da moeda alemã, poderá, por meio de operação de *swap*, intermediada por uma instituição financeira, trocar a moeda ou até mesmo o indexador contratual para impedir qualquer perda eventual. É, portanto, uma operação simultânea de compra e venda de câmbio que representa mútuo financiamento em moeda estrangeira de uma parte e em moeda nacional de outra. O banco é não só financiado na moeda estrangeira que comprou para entrega imediata, vendendo-a ao cliente para entrega futura, mas também financiador na moeda nacional. **3.** Contrato de permuta de posições de câmbio, com assunção de obrigações financeiras ofertadas em pregão, pelo mercado de derivados (Hilário de Oliveira).

SWAP DE CRÉDITO. Ocorre quando a contraparte receptora do risco for remunerada com base em taxa de proteção.

SWAP DE MOEDA. *Vide HEDGE* DE VALOR.

SWAP DE TAXA DE RETORNO TOTAL. Dá-se quando a contraparte receptora do risco for remunerada com base no fluxo de recebimento de encargos e de contraprestações vinculadas ao ativo subjacente.

SWAP DE TAXAS DE JUROS. Operação em que as partes trocam, por um lapso de tempo, os pagamentos de juros baseados em taxas referenciais de diversas naturezas sobre o montante do principal, no que os juros têm incidência. Caso em que se terá a troca de taxas fixas por variáveis.

SWEATING SYSTEM. *Locução inglesa.* Especulação sobre mão-de-obra com o escopo de abaixar os salários.

SWIFT. *Termo inglês.* Meio eficiente de comunicação rápida, exclusivamente bancário, para o envio e recepção de mensagens criptografadas, que requeiram segurança em sua transmissão (Hilário de Oliveira).

SWINDLE. *Termo inglês.* **1.** Logro. **2.** Fraude. **3.** Conto do vigário. **4.** Estelionato.

SWING. *Direito desportivo.* **1.** Determinado movimento do jogador de golfe quando vai bater na bola. **2.** No boxe é o golpe lateral com balanço de braço.

SWITCH. *Direito comercial.* Contrato conjugado para transposição de mês, que é usado no mercado futuro, pelo cliente, que o registra, para compra de mercadoria num mês contra a sua venda em outro mês.

SWORN. *Termo inglês.* Juramentado.

SWORN TRANSLATOR. *Locução inglesa.* Tradutor juramentado.

SYLLOGISMUS CORNUTUS. *Lógica jurídica. Vide* DILEMA.

SYMBOLIC DELIVERY. *Locução inglesa.* Tradição simbólica.

SYNGRAPHA. *Direito romano.* **1.** No direito romano, eram contratos literais, de origem peregrina, em diversas vias (Sílvio Meira). **2.** Documentos que atestavam uma obrigação de estrangeiros, subscritos por ambas as partes.

TA. *Direito internacional público.* Abreviatura de Tratado de Assunção.

TAAZIR. *História do direito.* Poder conferido ao cádi, no antigo direito muçulmano, de punir autor de ato detestável, mas não proibido (Capitant).

TABACAL. *Direito agrário.* **1.** Plantação de tabaco. **2.** Relativo a tabaco.

TABACARIA. *Direito comercial.* **1.** Fábrica de cigarros. **2.** Loja onde são vendidos cigarros, charutos, cachimbos etc.

TABACINO. *Medicina legal.* Oftalmia causada pelo tabaco.

TABACO. *Direito agrário.* Planta solanácea, cujas folhas secas, que contêm nicotina, são industrializadas para produzir fumo e com ele cigarros.

TABACOFILIA. *Medicina legal.* Gosto exagerado pelo tabaco.

TABACOFOBIA. *Medicina legal.* Aversão mórbida ao tabaco.

TABACOMANIA. *Medicina legal.* Impossibilidade de ficar sem usar tabaco.

TABACOSE. *Medicina legal* e *medicina do trabalho.* Pneumoconiose causada pela inalação de pó de fumo em operários que trabalham com tabaco. É um tipo de doença profissional.

TABAGISMO. *Medicina legal.* **1.** Vício de fumar. **2.** Intoxicação crônica ou aguda causada pela imoderação no uso do tabaco. Trata-se do nicotinismo. **3.** É uma dependência química à droga nicotina, presente em todos os derivados do tabaco, o que dificulta a cessação de fumar, fazendo com que grande parte dos fumantes necessite de apoio formal de profissionais de saúde para obterem êxito no processo de cessação do fumo. Estudos mostram que 80% dos fumantes desejam parar de fumar, mas somente 3% conseguem a cada ano, o que reforça a importância desse apoio.

TABAGISTA. *Medicina legal.* **1.** Viciado em fumo. **2.** Aquele que sofre de tabagismo.

TABAGÍSTICO. *Medicina legal.* Que se refere ao tabagismo.

TABAQUISTA. **1.** *Direito comercial.* Na Amazônia, é aquele que prepara, em pequena escala, tabaco para ser consumido pelos moradores da localidade ou vendido a comerciantes. **2.** *Medicina legal. Vide* TABAGISTA.

TABARDILHO. *Direito agrário.* **1.** Epizootia dos eqüídeos. **2.** Doença da vinha causada pelo fungo *Glocosporium ampelophagum*.

TABARÉU. **1.** *História do direito.* a) Oficial ordinário; b) recruta mal exercitado. **2.** Nas *linguagens comum* e *jurídica:* a) caipira, sertanejo; b) aquele que não cumpre bem suas obrigações.

TABE. *Medicina legal.* Definhamento corporal que é conseqüência de uma moléstia crônica.

TABE DORSAL. *Medicina legal.* Afecção neurológica que causa degeneração da medula espinhal, podendo acarretar falta de coordenação de movimentos voluntários, sendo, por isso, designada "ataxia locomotora".

TABELA. **1.** Nas *linguagens comum* e *jurídica:* a) pequena tábua; b) rol; lista; c) catálogo; d) tarifa; e) relação de preços; f) quadro ou papel onde se arrolam, em uma certa ordem, nomes ou números para conhecimento público; g) escala de serviço; h) via indireta; i) registro ordenado de cálculos, com o respectivo resultado; j) relação de mercadorias com os preços pelos quais devem ser vendidas; k) horário; l) agrupamento coerente de dados estatísticos. **2.** *Direito desportivo.* a) Relação de jogos de um campeonato, com as datas de sua realização; b) tábua retangular situada atrás do cesto em uma quadra de bola-ao-cesto, para deter a bola não encestada, ou fazer com que caia no cesto por ressalto calculado.

TABELA DA VERDADE. *Lógica jurídica.* Aquela formada para a determinação da verdade ou da falsidade de um enunciado, possibilitando identificar tautologias.

TABELA DE DOTAÇÃO DE VEÍCULOS (TDV). *Direito militar.* Documento aprovado por ato do Comandante-Geral de Apoio, que estabelece o número de veículos automotores e equipamentos necessários para cada Organização Militar (OM), especificados segundo suas categorias e tipos, e disciplina a distribuição deles.

TABELA DE PREÇOS. *Direito comercial.* Lista de preços de mercadorias a serem vendidas.

TABELA DE PRÊMIOS. *Direito civil.* Tarifa de prêmios de companhias de seguro, calculados conforme os índices de mortalidade ou em razão dos riscos assumidos (De Plácido e Silva).

TABELA DE PROMOÇÃO. *Direito do trabalho* e *direito administrativo.* Quadro organizado que contém a ordem de preferência na qual se baseiam as promoções de empregados e funcionários, sejam por antigüidade, sejam por merecimento.

TABELA DE SERVIÇOS. *Direito administrativo.* Quadro que contém a escala na execução de serviços relativos aos plantões, substituições e tarefas de cada funcionário (De Plácido e Silva).

TABELA DE VENCIMENTOS. *Direito administrativo* e *direito do trabalho.* Quadro onde os vencimentos devidos a funcionários ou empregados são anotados, com discriminação de suas categorias.

TABELADO. 1. Que se tabelou. **2.** Submetido a tabelamento.

TABELADOR. Aquele que tabela.

TABELA EXPLICATIVA. *Direito financeiro.* Parte do orçamento federal que contém discriminação de verbas a serem distribuídas a cada ministério, mediante classificação da despesa orçamentária.

TABELAMENTO. *Economia política.* **1.** Ato ou efeito de tabelar. **2.** Controle de preços, mediante tabela imposta pelo Estado, ao intervir indiretamente no domínio econômico, que fixa o preço mínimo, em favor do produtor, e o máximo, em defesa do consumidor, evitando oscilações mercadológicas. Com isso, estabiliza-se o preço, que não pode ir além do tabelado.

TABELAMENTO DE PREÇOS. *Economia política.* Medida governamental oficial que visa bloquear preços, estabilizando-os no mercado, e tutelar o consumidor, ao fixar o custo das mercadorias.

TABELA PRICE. *Economia política.* Forma matemática para cálculo de juros sobre valores monetários, baseada no tempo e nas amortizações.

TABELAR. 1. Referente a tabela. **2.** Catalogar. **3.** Arrolar. **4.** Sujeitar a tabela oficial.

TABELÁRIO. *História do direito.* Correio.

TABELA VERITATIVO-FUNCIONAL. *Vide* TABELA DA VERDADE.

TABELIÃ. *Direito notarial.* Mulher que exerce o tabelionato.

TABELIADO. 1. *História do direito.* Imposto que, outrora, pelo exercício do cargo, era devido pelos tabeliães ao Estado. **2.** *Direito registrário* e *direito notarial.* Ofício de tabelião.

TABELIÃES E OFICIAIS DE REGISTRO DE CONTRATOS MARÍTIMOS. *Direito notarial.* São os que têm competência para: a) lavrar os atos, contratos e instrumentos relativos a transações de embarcações a que as partes devam ou queiram dar forma legal de escritura pública; b) registrar os documentos da mesma natureza; c) reconhecer firmas em documentos destinados a

fins de direito marítimo; d) expedir traslados e certidões.

TABELIÃO. *Direito notarial.* **1.** Notário. **2.** Oficial público que está encarregado da lavratura de atos para dar-lhes autenticidade e fé pública.

TABELIÃO DE NOTAS. *Direito notarial.* Notário que se incumbe da feitura de escrituras públicas; da autenticação, baseado na fé pública de instrumentos particulares; da instrumentação, ou seja, redução do negócio jurídico a fórmulas que lhe assegurem a eficácia; do assessoramento a clientes, orientando-os (Cláudio Martins); da formulação de protesto de títulos etc. É aquele que tem exclusividade para: a) lavrar escrituras e procurações públicas; b) lavrar testamentos públicos e aprovar os cerrados; c) lavrar atas notariais; d) reconhecer firmas; e) autenticar cópias. É facultado ao tabelião de notas realizar todas as gestões e diligências necessárias ou convenientes ao preparo dos atos notariais, requerendo o que couber, sem ônus maiores que os emolumentos devidos pelo ato. É livre a escolha do tabelião de notas, qualquer que seja o domicílio das partes ou o lugar de situação dos bens objeto do ato ou negócio. O tabelião de notas não pode praticar atos de seu ofício fora do município para o qual recebeu delegação.

TABELIÃO DE PROTESTO DE TÍTULOS. *Direito registrário.* É o que tem, privativamente, a incumbência de: 1. protocolar de imediato os documentos de dívida, para prova do descumprimento da obrigação; 2. intimar os devedores dos títulos para aceitá-los, devolvê-los ou pagá-los, sob pena de protesto; 3. receber o pagamento dos títulos protocolizados, dando quitação; 4. lavrar o protesto, registrando o ato em livro próprio, em microfilme ou sob outra forma de documentação; 5. acatar o pedido de desistência do protesto formulado pelo apresentante; 6. averbar: a) o cancelamento do protesto; b) as alterações necessárias para atualização dos registros efetuados; 7. expedir certidões de atos e documentos que constem de seus registros e papéis. Havendo mais de um tabelião de protestos na mesma localidade, é obrigatória a prévia distribuição dos títulos. Aquele a quem compete a protocolização, a intimação, o acolhimento da devolução ou do aceite, o recebimento do pagamento, do título e outros documentos de dívida, bem como lavrar e registrar o protesto ou acatar a desistên-

TABELIÃO DE REGISTRO

cia do credor em relação ao mesmo, proceder às averbações, prestar informações e fornecer certidões relativas a todos os atos praticados, na forma legal.

TABELIÃO DE REGISTRO. *Direito registrário.* Oficial de registro público que faz assento do nascimento, casamento, óbito, propriedade, título e documento etc.

TABELIÃO JUDICIAL. *História do direito.* Auxiliar de juiz que corresponde ao atual escrivão judicial, ou melhor, oficial que secretaria e assessora o juiz.

TABELIAR. *Direito notarial.* Exercer a função de tabelião.

TABELIOA. *Direito notarial.* Fórmula utilizada em instrumentos lavrados por tabelião.

TABELIONADO. *Vide* TABELIONATO.

TABELIONAL. *Direito notarial.* **1.** Relativo a tabelião. **2.** Notarial.

TABELIONAR. *Vide* TABELIAR.

TABELIONÁTICO. *Direito notarial.* O que se refere a tabelionato.

TABELIONATO. *Direito notarial.* **1.** Cargo ou ofício extrajudicial de tabelião. **2.** Escritório onde o tabelião exerce suas atividades, lavrando escrituras públicas, reconhecendo firmas etc.

TABERNA. *Direito comercial.* **1.** Local onde se vendem, por miúdo, bebidas, inclusive alcoólicas. **2.** Botequim.

TABERNÁCULO. *História do direito.* Lugar ocupado pelo capitão ao comandar as galeras.

TABERNEIRO. *Direito comercial.* **1.** Referente a taberna. **2.** Dono da taberna. **3.** O que vende vinho em taberna.

TABES. *Vide* TABE.

TABES FORI. *Locução latina.* Querelomania; doença do foro; mania de propor demandas judiciais pelo simples gosto de postular em juízo.

TABÉTICO. *Medicina legal.* Aquele que sofre de tabe.

TABIQUE. 1. *Direito civil.* a) Parede estreita ou de pequena espessura que separa compartimento; b) tapume. **2.** *Medicina legal.* a) Membrana que separa órgãos ou cavidades; b) septo.

TABIQUE VAGINAL. *Medicina legal.* Membrana que divide parcialmente a extremidade anterior da vagina em dois canais (Croce e Croce Jr.). Tal malformação congênita pode ser corrigida com uma pequena cirurgia, não sendo considerada como defeito físico irremediável.

TABLADA. *Direito agrário.* Feira ou exposição de gado vacum (Laudelino Freire).

TABLEAU D'AFFICHAGE DES VULS. *Expressão francesa.* Painel de informações de vôo.

TABLÓIDE. Jornal diário que contém ilustrações e possui formato pequeno.

TABO. *Direito comparado.* Embarcação muito utilizada na Ásia e na África, e que tem um mastro e vela latina.

TABOCA. 1. *Direito comercial.* Na Bahia, é casa ou venda de pequeno negócio. **2.** Na *linguagem jurídica* em geral: a) cilada; b) logro.

TABU. *Sociologia jurídica.* **1.** Superstição coletiva. **2.** O que é proibido em uma coletividade, sob pena de haver reprovação geral em caso de transgressão. **3.** Local, pessoa, coisa ou animal considerado sagrado e intocável, por ser um mito. **4.** Crença sobre atos morais e sociais de origem desconhecida, respeitada por grupos sociais, e transmitida através de gerações.

TÁBUA. 1. *Direito desportivo.* Mesa de jogo de xadrez; tabuleiro. **2.** *Direito agrário.* Cada face lateral do pescoço do cavalo. **3.** Nas *linguagens comum* e *jurídica:* a) peça lisa de madeira serrada, de pouca grossura, mais comprida do que larga, usada em construção, carpintaria e marcenaria; b) placa de qualquer matéria; c) logro; d) recusa de pedido de casamento; e) índice; f) catálogo; g) tabela; h) quadro; i) coletânea metódica e ordenada de nomes, títulos, valores etc.; j) painel. **4.** *Medicina legal.* Lâmina interior e exterior dos ossos do crânio.

TÁBUA DE BEIRA. *Direito civil.* Tábua grossa pregada nas vigas que sustentam telhas do beiral do telhado.

TÁBUA DE BOLINA. *Direito marítimo.* Prancha mergulhada na água para sustentar a embarcação quando se bordeja (Laudelino Freire).

TÁBUA DE MORTALIDADE. *Direito civil.* Quadro que, metódica e estatisticamente, apresenta o número de pessoas que falecem em cada idade, em relação ao das que nascem no mesmo período (De Plácido e Silva). Trata-se do índice de mortalidade em cada idade, que interessa à sociedade de seguro para o cálculo dos prêmios a serem cobrados dos segurados, com base na idade que tiverem por ocasião da efetivação do contrato.

TÁBUA DE SALVAÇÃO. Último recurso com que se pode contar para resolver uma situação difícil.

TABUADO. *Direito civil.* Tapume de tábuas.

TÁBUA RASA. *Filosofia geral.* **1.** Inexistência de idéias inatas (Locke), uma vez que todo conhecimento deriva da experiência. **2.** Ignorância; ausência de conhecimento. **3.** É o espírito humano antes de se aplicar a um objeto de pensamento (Aristóteles). **4.** Falta de experiência.

TÁBUAS AMALFITANAS. *História do direito.* Código de navegação e comércio que foi redigido no século X, na cidade de Amalfi, na Itália.

TÁBUAS DA LEI. 1. *História do direito.* Lei das XII Tábuas. **2.** *Direito canônico.* Aquelas que foram entregues por Deus a Moisés, no Monte Sinai, e que continham os dez mandamentos da Lei de Deus. Designam-se Tábuas de Valores por conterem normas éticas fundamentais (Nietzsche).

TÁBUAS DE ALMAFI. *Vide* TÁBUAS AMALFITANAS.

TÁBUAS DE RESBORDO. *Direito marítimo.* Série de pranchas que forma o princípio do costado do navio, encaixando-se nos entalhes da quilha.

TÁBUAS DE VALORES. *Direito canônico. Vide* TÁBUAS DA LEI.

TÁBUA SINCRÔNICA. Índice de fatos ocorridos, concomitantemente, em vários países.

TABULA. *Direito romano.* Tábua de qualquer material, onde se gravavam leis ou atos jurídicos.

TABULADO. *Direito civil.* Tapume feito de madeira.

TABULAE. *Direito romano.* Livro de registro de contas onde cada *paterfamilias* anotava a receita (*acceptum*) e a despesa (*expensum*), pois esse lançamento seria de prova em juízo. Era também designado *codex* (Othon Sidou).

TABULAGEM. 1. Tavolagem. **2.** Casa de jogo.

TABULAR. 1. Que tem forma de tábua ou tabela. **2.** Dispor dados em uma tabela, agrupando-os em classes, conforme determinados valores.

TABULA RASA. 1. *Locução latina.* Tábua rasa sem nada escrito. Falta de experiência. **2.** *Filosofia geral.* a) O que está pronto para receber e registrar algo; b) situação da mente antes do conhecimento, vazia, mas disponível para a recepção (Aristóteles); c) página desprovida de sinais; d) crítica decidida a qualquer teoria que baseie o conhecimento em idéias inatas (Locke); e) idéia indeterminada do ente que está em nós desde o nascimento (Rosmini).

TABULÁRIO. *Direito romano.* **1.** Arquivo particular ou público. **2.** Lei das XII Tábuas.

TABULARIUS. *Direito romano.* Servidor público que tinha a seu cargo não só a escrita e a contabilidade na administração provincial e municipal, como também a guarda dos arquivos dos comunas.

TABULEIRO. 1. *Direito desportivo.* Quadro de madeira, contendo divisões, próprio para o jogo de xadrez. **2.** Nas *linguagens comum* e *jurídica*: a) bandeja; b) espaço plano em um edifício; c) terreno com vegetação escassa. **3.** *Direito administrativo.* a) Viaduto que se sustenta por pilares; b) setor plano de uma ponte; c) colunas que se interligam às rodovias.

TABULEIRO DE HORTA OU JARDIM. *Direito agrário.* Terra separada onde são cultivadas hortaliças e flores.

TABULETA. 1. Anúncio. **2.** Aviso. **3.** Sinal. **4.** Quadro contendo propaganda de algum estabelecimento empresarial ou produto. **5.** Mostrador onde o lojista expõe amostra de suas mercadorias. **6.** Mostrador onde o ourives expõe, na loja, seus artefatos. **7.** Letreiro indicativo do destino dos veículos coletivos.

TACERE NESCIT IDEM QUI NESCIT LOQUI. *Expressão latina.* Quem não sabe falar, não sabe calar.

TACHA. 1. *Direito agrário.* Grande tacho, muito utilizado no engenho de açúcar. **2.** Na *linguagem comum*: a) falta; b) defeito moral; c) nódoa; d) prego de cabeça chata.

TACHAR. 1. Censurar. **2.** Pôr defeito. **3.** Acusar.

TACHEIRO. *Direito agrário.* Trabalhador rural que lida, no engenho de açúcar, com as tachas.

TACHI. *História do direito.* Sabre japonês usado no período feudal.

TÁCITA. *Direito civil.* Manifestação da vontade pela prática de atos indicativos de anuência ou aprovação.

TÁCITA ACEITAÇÃO. *Direito civil.* É a resultante da prática de atos inequívocos que revelam aceitação de uma herança, de um contrato ou de um mandato, por exemplo.

TACITA ASSENSIO. *Locução latina.* Consentimento tácito.

TACITA CIVIUM CONVENTIO. *Expressão latina.* Presunção da vontade dos cidadãos.

TACIT ADMISSION. *Locução inglesa.* Confissão ficta.

TÁCITA RECONDUÇÃO. *Direito civil.* Prorrogação voluntária tácita de contrato, pelo fato de o locatário, findo o prazo locativo, permanecer no imóvel ou continuar na posse da coisa locada, sem oposição do locador. A permanência do locatário no imóvel locado e a inércia do locador induzirão à prorrogação da locação. O fato de o prédio ficar nas mãos do inquilino importará em oferta da prorrogação do contrato locatício, e a não-oposição do senhorio consignará sua aceitação, anuindo tacitamente nessa prorrogação.

TACITE FIERI NON POTEST, QUOD PROHIBETUR EXPRESSE. *Aforismo jurídico.* Não se pode fazer tacitamente o que expressamente se proíbe.

TACITE QUOD SUBINTELLIGITUR, FRUSTRA EXPRIMITUR. *Aforismo jurídico.* O que é tacitamente subentendido, não carece de expressão.

TACIT LAW. *Locução inglesa.* Direito consuetudinário.

TÁCITO. *Direito civil.* **1.** O que não está expresso por escrito ou verbalmente. **2.** Implícito. **3.** O que se deduz de um comportamento.

TACIT RELOCATION. *Locução inglesa.* Prorrogação tácita do contrato locatício.

TACITURNIDADE. **1.** Misantropia. **2.** Qualidade do que tem propensão para o isolamento ou para o silêncio.

TACITURNO. **1.** Silencioso. **2.** Sombrio. **3.** Misantropo.

TACITUS CONSENSUS POPULI. *Expressão latina.* Consenso popular tácito.

TACO. **1.** *Direito desportivo.* Peça de madeira que impele bola no bilhar, na sinuca, no golfe, no hóquei, no pólo etc. **2.** *Direito militar.* Bucha de espingarda ou de peça de artilharia. **3.** *Direito marítimo.* Bucha de madeira apropriada para fechar rombo feito em costado no navio.

TACÓGRAFO. *Direito de trânsito.* Aparelho mecânico ou eletrônico que registra a velocidade e o tempo, sendo utilizado e fiscalizado por parte dos órgãos integrantes do Sistema Nacional de Trânsito. O tacógrafo deve apresentar e disponibilizar a qualquer momento, pelo menos, as informações das últimas vinte e quatro horas de operação do veículo de: a) velocidades desenvolvidas; b) distância percorrida pelo veículo; c) tempo de operação do veículo e suas interrupções; d) data e hora do início da operação; e) identificação do veículo; f) identificação dos condutores.

TACOMARÉ. *Direito agrário.* Espécie de cana-de-açúcar.

TÁCTIL. *Medicina legal.* Relativo ao tato.

TACTISMO. *Medicina legal.* Deslocamento dirigido do ser vivo, provocado por excitação físico-química (Lalande).

TACTUM. *Termo latino.* Tato; sensação táctil.

TAEDIUM VITAE. *Locução latina.* Tédio da vida.

TAEL. *Direito comparado.* Unidade de peso chinesa que tem valor monetário.

TAFAREL. *Direito comparado.* Embarcação que tem seis ou sete metros de comprimento, muito usada em Malta.

TAFOFOBIA. *Medicina legal.* Medo mórbido de ser enterrado vivo.

TAFOFÓBICO. *Medicina legal.* Referente à tafofobia.

TAFÓFOBO. *Medicina legal.* Quem sofre de tafofobia.

TAFONEIRO. *Direito agrário.* **1.** Cavalo mal domado que só obedece às rédeas para um lado. **2.** Boi que trabalha na atafona. **3.** Dono de atafona.

TAFORÉIA. *História do direito.* Embarcação que, em Portugal, era usada como navio de guerra e para transportar cavalos.

TAFUL. Pessoa que tem péssimos costumes e vive do jogo.

TAFULAR. Viver como taful.

TAFULARIA. **1.** Comportamento de taful. **2.** Grande quantidade de tafuis. **3.** Ato ou efeito de tafular.

TAG ALONG. *Direito virtual* e *direito comercial.* Promessa unilateral de compra a que se obriga o acionista controlador, na hipótese de alienação de controle. Assume ele a obrigação de apenas alienar suas ações para quem pretender adquirir também as dos minoritários, pelo mesmo preço (Fábio Ulhoa Coelho; Jean François Delenda). É um mecanismo de saída usado nas empresas ".com".

TAGANTE. Açoite que dilacera a carne.

TAGARINO. *História do direito.* Mouro que, por ter sido criado entre cristãos, sabia falar fluentemente o castelhano e o árabe, fazendo com que as pessoas não soubessem se era cristão ou mouro.

TAGAROTE. Aquele que, por estar arruinado, vive à custa alheia.

TAHUANTINSUYO. *História do direito.* Antiga organização política do Peru, que o dividia em quatro regiões: Chinchaisuyo (Norte); Collasuyo (Sul); Antisuyo (Leste) e Contisuyo (Oeste), sendo Cuzco sua capital. Nessa cultura inca tudo era racionalizado, pois tratava-se de um povo austero na utilização de recursos naturais. Esses recursos eram manejados pelos contadores administradores (*quipucamayoc*). O trabalho era obrigatório a todos, de acordo com suas capacidades, inclusive a crianças, velhos, aleijados e mulheres. Admitiam três formas de trabalho comunitários: a) "mita", serviço individual no exército, nas construções, nas minas etc., realizado ao Estado por trabalhadores forçados, mas pagos; b) "minga", trabalho prestado aos vizinhos ou familiares, tornando produtivas suas terras; c) *ayni*, prestação de serviços recíproca, quando havia algum impedimento de fazer o trabalho pessoalmente (Gustavo Bacacorzo).

TAIFA. *Direito marítimo, direito militar* e *direito do trabalho.* Serviço de criadagem de bordo ou do quartel.

TAIFEIRO. *Direito marítimo, direito militar* e *direito do trabalho.* Aquele que está encarregado não só da limpeza do navio ou do quartel, mas também do serviço de copa, da cozinha, da barbearia etc.

TAIPA. *Direito civil* e *direito agrário.* Muro, muito comum na zona rural, construído com barro, cal e areia socados entre armações de tábuas.

TAIPAR. *Direito civil* e *direito agrário.* Construir com taipa.

TAIPEIRO. *Direito civil* e *direito agrário.* Que faz taipas.

TAIXI. *Direito comparado.* Título do príncipe herdeiro do Japão.

TAKE-IN. *Locução inglesa.* **1.** Fraude. **2.** Engano.

TAKEOVER. *Termo inglês* e *direito comercial.* **1.** Aquisição de um negócio ou de uma empresa por outra (Durval de Noronhas Goyos Jr.). **2.** Processo de aquisição do controle societário de uma empresa por outro grupo, mediante compra de ações da empresa (Luiz Fernando Rudge). **3.** Assunção de controle de uma empresa pela aquisição de ações para obter a maioria nas deliberações sociais ou produzir impactos nos órgãos de administração por meio do sistema de eleição (Adalberto Simão Filho).

TALAK. *Direito comparado.* Repúdio do marido, que na comunidade muçulmana pode ser múltiplo,

se ele liberar todas as suas mulheres, ou unitário, se descartar apenas uma (Hélio Fiorilho).

TALAMEGO. *História do direito.* Antiga e elegante embarcação que continha beliches e era usada pelos egípcios.

TALÂMICO. Que diz respeito ao tálamo.

TALAMITA. *História do direito.* Remador de navio de guerra que, na Grécia antiga, ficava no banco inferior, próximo da água.

TÁLAMO. 1. *Direito civil.* Leito conjugal. **2.** *Medicina legal.* Substância cinzenta do encéfalo.

TALANTE. 1. Desejo. **2.** Vontade. **3.** Arbítrio.

TALÃO. 1. *Direito agrário.* Vara que, ao se podar a vinha, é deixada mais próxima da terra. **2.** *Direito cambiário.* Bloco impresso, com folhas picotadas, que contém espaços em branco para serem preenchidos. Divide-se em canhoto, que é a parte fixa, e recibo ou comprovante, que é a destacável. É muito usado para emissão de letras de câmbio, saques bancários ou cheques, conhecimentos de depósitos, recibos etc.

TALÃO DE CHEQUES. *Direito bancário.* É o fornecido pelo banco àquele que tenha conta corrente, para que possa retirar dinheiro do depósito. Tal talão, devidamente numerado, contém, além do cheque, o canhoto, onde são registrados a quantia retirada, a data, o nome do beneficiário, o saldo anterior e o atual. O canhoto serve, como diz Sérgio Carlos Covello, para controle, podendo constituir meio probatório apenas excepcionalmente para demonstrar a legitimidade do título circulante.

TALAR. 1. *Direito agrário.* a) Abater; b) sulcar a terra. **2.** *Direito cambiário.* Relativo a talão. **3.** Na *linguagem comum*, é o vestuário que alcança os calcanhares.

TALARI. *Direito comparado.* Moeda de prata da Abissínia.

TALASSA. *História do direito.* Aquele que era contrário à República Portuguesa, por ser adepto da monarquia.

TALASSARIA. *História do direito.* Partido dos talassas ou dos monarquistas reacionários.

TALASSEMIA. *Medicina legal.* Moléstia hereditária que acarreta anemia, em razão da redução da quantidade de hemoglobina no sangue, podendo, até mesmo, levar o paciente a ter que sofrer transfusão de sangue a cada três ou quatro semanas (Luiz Alberto David Araújo).

TALASSIARCA. *História do direito.* Chefe supremo da armada da antigüidade grega e romana.

TALASSIARQUIA. *História do direito.* Cargo de talassiarca.

TALASSOCRACIA. *Ciência política.* Hegemonia que uma nação tem sobre os mares.

TALASSOFOBIA. *Medicina legal.* Pavor mórbido do mar.

TALASSÓFOBO. *Medicina legal.* Aquele que tem talassofobia.

TALASSOMETRIA. *Direito marítimo.* Conjunto de processos usados para fazer sondagens marítimas.

TALASSÔMETRO. *Direito marítimo.* Sonda marítima.

TALASSOTERAPIA. *Medicina legal.* Terapia que consiste em empregar banhos de mar e clima marítimo.

TALAVEIRA. *História do direito.* Criado do paço.

TALE. *Direito comparado.* Jóia de ouro que, na Índia, é colocada no pescoço da noiva pelo noivo, no dia das núpcias, para que ela a use durante o estado conjugal.

TALEIGA. 1. *Direito agrário.* Saco apropriado para levar cereais aos moinhos. **2.** *História do direito.* Medida de líquidos e secos.

TALENTÁRIO. *História do direito.* Máquina de guerra que arremessava pedras.

TALENTO. 1. *História do direito.* Peso e moeda da antigüidade grega e romana. **2.** Nas *linguagens comum* e *jurídica:* a) agudeza de espírito; b) inteligência fora do comum; c) grande capacidade.

TALENTOSO. 1. Inteligente. **2.** Habilidoso.

TÁLER. *Direito comparado.* Moeda alemã de prata.

TALES. *Termo inglês.* Lista de jurados suplentes.

TALESMAN. *Termo inglês.* Jurado suplente.

TALE-TELLER. *Locução inglesa.* Aquele que faz intrigas.

TALHA. 1. *História do direito.* a) Derrama; b) tributo que, na Idade Média, era cobrado da vassalagem para a defesa do feudo; c) jornal; d) salário. **2.** *Direito agrário.* a) Pedaço de madeira usado para marcar o número de feixes de lenha; b) número determinado das achas de lenha; c) medida para lenha. **3.** *Direito autoral.* Trabalho executado com cinzel, buril etc. **4.** *Direito comparado.* Pequeno barco da Ásia. **5.** *Direito marítimo.* Corda atada ao leme para o governar melhor em caso de tempestade.

TALHA DE FUSTE. *História do direito.* Vara que continha vários golpes, apropriada para os cobradores, que não sabiam escrever, marcarem o imposto devido.

TALHADIA. *Direito agrário.* **1.** Corte de lenhas. **2.** Processo de silvicultura que se baseia na reprodução por meio de brotos.

TALHA DO LAIS. *Direito marítimo.* Cabo fixo na testa das velas da gávea, destinado a içá-las por ocasião de rizar.

TALHA-MAR. *Direito marítimo.* Peça em quina, situada na parte mais saliente da proa da embarcação ou navio, destinada a quebrar a força da corrente marítima.

TALHÃO. *Direito agrário.* **1.** Terreno cultivado. **2.** Terreno situado entre dois regos, próprio para a cultura.

TALHAR. 1. *Direito penal.* Ser banqueiro em jogo de azar. **2.** *Direito agrário.* a) Fazer talho; b) podar; c) sulcar; d) coalhar. **3.** *Direito autoral.* Esculpir. **4.** *Direito civil.* a) Determinar o quinhão de cada um; b) dividir em partes iguais ou proporcionais; c) determinar antecipadamente.

TALHO. 1. *Direito agrário.* Corte de ramos de árvores. **2.** *Medicina legal.* Golpe dado com instrumento cortante.

TALHO DA VIDA. 1. Ocupação; emprego. **2.** Modo de ganhar a vida.

TALHO DE PEIXE. *Direito comercial.* Barraca onde se corta e vende peixe.

TALIÃO. *Vide* PENA DE TALIÃO.

TALIDOMIDA. *Medicina legal.* Remédio que, se ministrado à gestante, pode causar o nascimento de crianças com graves defeitos físicos.

TALINGA. *Direito marítimo.* Cabo; amarra.

TALINGAR. *Direito marítimo.* Ligar com amarra ou cabo.

TALIONAR. *História do direito.* **1.** Aplicar a pena de Talião. **2.** Reagir contra o ofensor com ato idêntico à ofensa.

TALIONATO. *História do direito.* Pena de Talião.

TALIPO. *Medicina legal.* Deformidade do pé, que o entorta, deslocando-o da posição normal.

TALKING-TO. *Locução inglesa.* **1.** Censura. **2.** Admoestação.

TALLAGE. *Termo inglês.* Tributo.

TALMIK. *Termo árabe.* **1.** Ato pelo qual se transmite o domínio da coisa. **2.** Casamento.

TALMUD. *Termo hebraico.* Talmude, que é o livro sagrado do judaísmo que contém seus usos, costumes, tradição etc.

TALMÚDICO. Relativo ao Talmude.

TALMUDISTA. Aquele que segue a doutrina do Talmude.

TALONÁRIO. *Direito cambiário* e *direito bancário.* **1.** Conjunto de talões. **2.** Que tem talão.

TALONDO. *História do direito.* Peso que, na Grécia, equivalia a 150 kg.

TALPA. *Medicina legal.* Quisto subcutâneo da cabeça que ergue a pele de modo irregular.

TALPÁRIA. *Medicina legal.* Erupção de abscessos no pericrânio (Laudelino Freire).

TALUCA. *Direito comparado.* Divisão distrital, na Índia.

TALUDE. *Direito civil.* Superfície inclinada de terreno para evitar deslizamento ou deslocamento de terra.

TALVEGUE. 1. *Direito civil.* Linha de maior profundidade do álveo de um rio, que o divide ao meio no sentido longitudinal. **2.** *Direito internacional público.* Linha divisória do leito dos rios navegáveis que banham os territórios de dois países. O talvegue foi o critério limítrofe escolhido pela Argentina e pelo Brasil para os rios Uruguai e Iguaçu, pelo Peru e pelo Brasil para o rio Purus, e pelo Brasil e pela Colômbia para os rios Iquiare e Taraíra (Rezek).

TAMACARIA. *Direito marítimo.* Toldo de embarcação.

TAMANCA. *Direito marítimo.* Armação de ferro com roldana usada para mudar a direção de um cabo.

TAMBEIRA. *Direito agrário.* Novilha mansa.

TAMBEIRO. *Direito agrário.* **1.** Gado manso que vive perto do estábulo. **2.** Novilho que se tornou manso.

TAMBO. 1. Na *gíria*, é a casa de prostitutas onde ladrões se reúnem. **2.** *Direito civil.* a) Boda de casamento; b) leito conjugal; tálamo; c) estalagem para viandantes, situada ao longo dos caminhos. **3.** *Direito comercial.* a) No Rio Grande do Sul, é o estabelecimento onde vacas leiteiras são mantidas para venda do leite; b) na Amazônia, é armazém. **4.** *História do direito.* a) Mesa baixa onde, no refeitório do convento, comiam os padres castigados; b) edificação grande e sólida erguida pelos incas para fins de alojamento militar.

TAMBOEIRA. *Direito agrário.* **1.** Espiga de milho pouco desenvolvida. **2.** Raiz de mandioca que não se desenvolveu.

TAMINA. *História do direito.* **1.** Vasilha com que se media a ração diária dos escravos. **2.** Ração diária dos escravos. **3.** Fornecimento periódico de roupas para os escravos. **4.** Quantidade de água que cada pessoa podia retirar das fontes públicas, por ocasião das secas.

TAMINGUÁ. *Direito agrário.* Inseto que ataca plantação de mandioca e de algodão.

TAMPÃO. *Medicina legal.* Porção de algodão que impede a saída de um remédio ou a hemorragia.

TAMPONAMENTO. *Medicina legal.* Ato ou efeito de tamponar.

TAMPONAMENTO CARDÍACO. *Medicina legal.* Diminuição de hemorragia decorrente de traumatismo do coração, provocada por coágulo que o comprime no saco pericárdio (Croce e Croce Jr.).

TAMPONAR. *Medicina legal.* Colocar tampão para evitar hemorragia.

TAMUNGO. *História do direito.* Juiz que, em Malaca, antes do domínio português, julgava estrangeiros.

TAN. *Direito aeronáutico.* Sigla de Tarifa de Uso das Comunicações e dos Auxílios à Navegação Aérea.

TANARIA. *Direito agrário.* Local onde se prepara e conserva o couro com uma substância química vegetal chamada tanino.

TANATOBIOLÓGICO. *Medicina legal.* Processo biológico que acompanha a morte dos organismos.

TANATOFILIA. *Medicina legal.* **1.** Psicose que leva o paciente a ter paixão mórbida por tudo que for relacionado com a morte. **2.** Excitação sexual da pessoa pelo cadáver (Bonnet). **3.** Necrofilia. **4.** Vampirismo, ou seja, sucção de pessoa falecida para atingir orgasmo (Epaulard). **5.** Necrossadismo, ou melhor, mutilação de cadáver, acompanhada ou não de canibalismo, para alcançar prazer sexual (Epaulard).

TANATOFÍLICO. *Medicina legal.* O que se refere a tanatofilia.

TANATÓFILO. *Medicina legal.* Aquele que sofre de tanatofilia.

TANATOFOBIA. *Medicina legal.* Pavor de morte, muito comum em hipocondríacos.

TANATOFÓBICO. *Medicina legal.* Relativo a tanatofobia.

TANATÓFOBO. *Medicina legal.* Aquele que tem tanatofobia.

TANATOGÊNESE. *Medicina legal.* Investigação das causas da morte.

TANATOGNOMÔNICO. *Medicina legal.* O que revela a aproximação da morte.

TANATOGNOSE. *Medicina legal.* Diagnóstico da morte, pela evidência de seus sinais.

TANATOGRAFIA. *Medicina legal.* Descrição do sintomas pré-agônicos e agônicos.

TANATÓIDE. *Medicina legal.* **1.** Letal. **2.** Similar à morte. **3.** Venenoso.

TANATOLOGIA. *Medicina legal.* **1.** Estudo da morte. **2.** Prática e execução de autópsias.

TANATOLÓGICO. *Medicina legal.* Referente à tanatologia.

TANATOLOGISTA. *Medicina legal.* Aquele versado em tanatologia.

TANATOMANIA. *Medicina legal.* **1.** Obsessão que têm alguns neuróticos de acompanhar falecimentos, assistir a enterros e passear em cemitérios. **2.** Mania de suicídio ou de homicídio. **3.** Predominância, na personalidade psicopata, da morte sobre o instinto da vida.

TANATOMANÍACO. *Medicina legal.* O que sofre de tanatomania.

TANATÔMETRO. *Medicina legal.* Termômetro que, em caso de morte, ao ser introduzido no estômago, ou no reto, marca a temperatura de 20°.

TANATOMORFOSE. *Medicina legal.* Conjunto de alterações morfológicas que a morte provoca nas células dos órgãos e tecidos.

TANATOPSIA. *Medicina legal.* Necropsia; dissecação ou exame do cadáver para averiguar a causa da morte.

TANATORMÉIA. *Psicologia forense.* Instinto da morte; tânatos.

TÂNATOS. *Vide* TANATORMÉIA.

TANATOSCOPIA. *Medicina legal.* Conjunto de processos apropriados para a verificação da ocorrência, ou não, da morte.

TANCÁ. *Direito comparado.* Pequeno barco tripulado por mulheres, usado em Macau.

TANCAR. *Vide* TANCÁ.

TANCAREIRA. *Direito comparado.* Mulher que é tripulante do tancá.

TANCHÃO. *Direito agrário.* **1.** Ramo de árvore plantado para reprodução. **2.** Esteio de parreira.

TANGANHÃO. *História do direito.* Traficante de escravos no sertão da África.

TANGÃO. *Direito comparado.* Embarcação de carga utilizada na Malásia.

TANGER. **1.** Nas *linguagens comum* e *jurídica:* a) referir-se; b) pertencer; c) soar; d) fustigar. **2.** *Direito agrário.* Tocar animais, fazendo-os caminhar.

TANGERINO. *Direito agrário.* No Nordeste, é aquele que, ficando na retaguarda da manada, toca o gado vacum, a pé ou a cavalo.

TANGIBILIDADE. Qualidade de tangível.

TANGIBLE PROPERTY. *Locução inglesa.* Propriedade de bens corpóreos.

TANGITANO. *Vide* TANGERINO.

TANGÍVEL. **1.** Que se pode tocar. **2.** Aquilo que é suscetível de constatação. **3.** Palpável.

TANGOMAU. *História do direito.* Aquele que morria ausente ou desterrado de sua pátria (Laudelino Freire).

TANIBOCA. *Direito agrário.* Pazinha que é usada, no Amazonas, para dar forma de bolacha ao látex da borracha.

TANINO. *Direito agrário.* Substância química, de origem vegetal, que transforma a pele dos animais em couro.

TANJÃO. Na *linguagem popular:* a) preguiçoso; b) vadio; c) indolente.

TANK. **1.** *Direito comercial.* Contêiner para transporte de líquido. **2.** *Direito militar.* Carros de combate.

TANKER. *Termo inglês.* **1.** Navio-tanque. **2.** Petroleiro.

TANQUE. **1.** *Direito militar.* Veículo blindado usado na guerra, para combate, por estar armado de metralhadoras e canhões antiaéreos, podendo até lançar mísseis nucleares, e, além disso, tem grande mobilidade por correr sobre correntes, avançando por terrenos arenosos e acidentados, superando rios ou valas, e abrindo campos minados. **2.** *Direito marítimo.* Depósito de tinas de baldeação, onde se limpam amarras por ocasião de suspender. **3.** Nas *linguagens comum* e *jurídica:* a) açude, no Nordeste; b) na Bahia, é escavação feita para armazenar água das chuvas; c) reservatório de petróleo, azeite etc.; d) depósito de água; e) pequena represa de água; f) recipiente apropriado para lavar roupa.

TANQUE DE AQÜICULTURA. *Direito ambiental.* Instalação física projetada e utilizada para criação, manutenção e manipulação de organismos aquáticos geneticamente modificados.

TANQUE DE COLETA NA FAZENDA. *Direito agrário.* Tanque sanitário com isolamento térmico, para transporte de leite a granel, com acessórios e meios específicos para coleta de leite granelizada, incluindo bomba auto-escorvante sanitária ou sistema de coleta a vácuo, com dispositivos para recolher o produto de tanques de estocagem, tanques de resfriamento e tarros (latões), assim como dispositivos para descarregamento seguro através de mangueiras. É também designado como *tanque de múltipla coleta e entrega*.

TANQUE DE MÚLTIPLA COLETA E ENTREGA. *Vide* TANQUE DE COLETA NA FAZENDA.

TANQUE NATURAL. *Direito civil.* Águas dormentes.

TANQUE PARA TRANSPORTE DE LEITE A GRANEL. *Direito agrário.* Tanque sanitário com isolamento térmico, concebido para montagem em veículos rodoviários rebocáveis ou automotores, operando à pressão atmosférica ou vácuo, destinado à coleta a granel e transporte de leite e derivados fluidos. Poderá ter um compartimento ou mais.

TANTA. *História do direito.* *Constitutio* que em 16 de dezembro de 533 mandou cumprir o Digesto.

TANTUMDEM. **1.** *Termo latino.* Outro tanto. **2.** *Direito civil.* Restituição feita pelo devedor ao credor do equivalente da coisa devida.

TANTUM DEVOLUTUM QUANTUM APPELLATUM. *Brocardo latino.* Devolve-se o conhecimento da causa tanto quanto for apelado.

TANTUM JUDICATUM QUANTUM DISPUTATUM VEL DISPUTARI DEBEBAT. *Aforismo jurídico.* O caso julgado fixa inalteravelmente a decisão sobre a pretensão do autor, quer relativamente aos meios de defesa usados pelo réu ou aos fundamentos apresentados pelo autor, quer em relação aos que, tendo as partes podido deduzir, não chegaram a invocar (Ana Prata).

TANTUM PRAESCRIPTUM QUANTUM POSSESSUM. *Brocardo latino.* A medida e os termos da usucapião se definem pelos da posse que o origina.

TAPADA. *Direito civil* e *direito ambiental.* Área com bosques e água corrente, destinada a criar e a preservar a caça.

TAPADO. *Direito agrário.* Animal de pele escura, sem quaisquer manchas brancas.

TAPAGEM. **1.** *Direito agrário.* a) Barragem feita no rio para prender peixes destinados à pesca; b) tapume feito com varas, no rio, para apanhar peixe; c) pesca nas camboas e esteiras cercando-as com redes para apanhar o peixe que entrou na enchente. **2.** *Direito civil.* a) Tapume; b) direito que tem o proprietário de prédio urbano ou rural de cercá-lo ou murá-lo, para impedir

o acesso de pessoas ou animais, ou assinalar os limites entre prédios contíguos, desde que observe as disposições regulamentares e não cause dano ao vizinho.

TAPASTEIRO. *Direito agrário.* Na Bahia, é a estacada usada pelo pescador para sustentar a rede na pesca de tapagem de camboa (Laudelino Freire).

TAPEAÇÃO. **1.** Ludibrio; logro. **2.** Ato de enganar.

TAPEADO. **1.** Ludibriado. **2.** Logrado. **3.** Enganado.

TAPEADOR. Aquele que engana outrem.

TAPEANTE. *Vide* TAPEADOR.

TAPEAR. **1.** *Direito agrário.* No Rio Grande do Sul, é guiar cavalo, sem freio, com tapas. **2.** Na *linguagem jurídica* em geral: a) esbofetear; b) enganar; c) ludibriar; lograr.

TAPEÇARIA. **1.** *Direito agrário.* Terreno cheio de verdura. **2.** Nas *linguagens comum* e *jurídica*: conjunto de tapete, alfaias, estofos ou tecidos usados para forrar móveis, paredes etc. **3.** *Direito comercial.* Estabelecimento onde se fazem e vendem tapetes, estofos etc.

TAPECEIRO. *Direito comercial.* Fabricante e vendedor de tapetes, alfaias, estofos etc.

TAPERA. **1.** *Direito agrário.* a) Fazenda abandonada e invadida pelo mato (Laudelino Freire); b) estabelecimento rural abandonado (Beaurepaire-Rohan). **2.** *História do direito.* Aldeia ou povoado extinto (Bernardino José de Souza). **3.** Na *linguagem comum*: a) casa velha e abandonada; b) casa triste; c) pessoa a quem falta um olho ou os dois.

TAPES BACKUPS. *Locução inglesa* e *direito virtual.* São os que guardam informações compiladas, transcritas de manifestações orais, p. ex., que se transformam em documentos digitais e, quando deles se fizer uso, configuram-se em elementos de vontade exteriorizada, podendo servir de prova, no plano do direito material (Jayme Vita Roso), inclusive em auditoria jurídica.

TAPICHI. *Termo espanhol.* Bezerro não nascido que foi retirado do ventre da vaca abatida.

TAPIGO. *Direito civil.* Sebe; tapume.

TAPIRI. No Amazonas, é a palhoça que abriga lavradores e caminheiros.

TAPUME. *Direito civil.* **1.** Sebe viva. **2.** Cerca de arame ou madeira. **3.** Vala ou banqueta. **4.**

Qualquer coisa que sirva para separar terrenos, tapar ou impedir passagem de pessoas ou animais. **5.** Tapagem.

TAPUME COMUM. *Direito civil.* Sebe viva, cerca de arame ou madeira, vala ou banqueta, ou quaisquer outros meios de separação dos terrenos contíguos, que impeçam a passagem de animais de grande porte, como gado vacum, cavalos e muar.

TAPUME DIVISÓRIO. *Direito civil.* Muro ou cerca feita em prédio para separá-lo do vizinho. A linha desse tapume deve acompanhar exatamente, no solo, a linha divisória dos prédios confinantes. Se houver qualquer confusão de limites, deve-se primeiro proceder à sua demarcação para depois construir a obra divisória.

TAPUME ESPECIAL. *Direito civil.* Cerca que visa impedir passagem de animais de pequeno porte, como aves domésticas, cabritos, porcos e carneiros, detendo-os nos limites da propriedade.

TAPUTÉM. *Direito marítimo.* Válvula de sola nos canais do costado do navio ao nível das cobertas.

TAQUEAR. *Direito civil.* Revestir o assoalho de tacos.

TAQUEIRA. *Direito desportivo.* Estante, presa à parede, onde são colocados os tacos de bilhar e sinuca.

TAQUEIRO. Especialista no assentamento de assoalhos de tacos.

TAQUIARRITMIA. *Medicina legal.* Arritmia em que as pulsações cardíacas são desiguais e irregulares.

TAQUICARDIA. *Medicina legal.* Pulsação cardíaca acelerada.

TAQUICARDIA FETAL. *Medicina legal.* Pulsação cardíaca acima de 160 por minuto, indicativa de sofrimento fetal (Croce e Croce Jr.).

TAQUIFAGIA. *Medicina legal.* Hábito de comer rapidamente, o que prejudica a digestão.

TAQUÍFAGO. *Medicina legal.* Aquele que sofre de taquifagia.

TAQUIFRASIA. *Medicina legal.* Costume de falar com grande rapidez.

TAQUIGRAFADO. O que se taquigrafou.

TAQUIGRAFIA. 1. Estenografia. **2.** Arte de escrever rapidamente, usando sinais próprios e abreviaturas, e fazendo com que se possa acompanhar a linguagem do orador com perfeição.

TAQUIGRÁFICO. Referente à taquigrafia.

TAQUÍGRAFO. Aquele que escreve conforme as regras de taquigrafia; estenógrafo.

TAQUIGRAMA. Sinal usado em taquigrafia, substituindo a palavra.

TAQUIPNÉIA. *Medicina legal.* Respiração curta e acelerada.

TAQUISFIGMIA. *Medicina legal.* Aceleração do pulso arterial.

TARA. 1. *História do direito.* Moeda de prata usada, outrora, na Índia. **2.** *Direito comparado.* Peso de prata da Tailândia. **3.** *Medicina legal.* a) Anomalia física ou mental transmitida por hereditariedade; b) estigma hereditário, oriundo de pais portadores de sífilis, tuberculose, AIDS etc.; c) degeneração. **4.** *Direito comercial.* a) Diferença descontada do peso bruto da carga ou mercadoria, relativamente ao invólucro em que se encontra, conferindo-lhe o seu peso real líquido; b) peso de um veículo ou vagão, quando vazios, isto é, sem a carga. **5.** *Direito de trânsito.* É o peso próprio do veículo, acrescido dos pesos de carroçaria e equipamento, do combustível, das ferramentas e acessórios, da roda sobressalente, do extintor de incêndio e do fluido de arrefecimento, expresso em quilogramas.

TARADO. 1. *Direito penal* e *medicina legal.* a) Depravado; b) obcecado pelo prazer sexual; c) aquele que pratica estupro ou atentado violento ao pudor; d) desequilibrado moral. **2.** *Direito comercial.* Em que se marcou o peso da tara.

TARAMELA. 1. *Direito agrário.* Peça de madeira que, colocada sobre a mó do moinho, permite que a canoura solte os grãos aos poucos. **2.** *Direito marítimo.* Cunha que segura a retranca no navio. **3.** Na *linguagem comum:* a) pessoa que fala demais; b) tramela.

TARAPACÁ. *Direito internacional público.* **1.** Território que, pelas suas riquezas naturais, desperta a cobiça de outros países, os quais passam a querer conquistá-lo. **2.** Riqueza pública arrebatada (Bacacorzo).

TARAR. *Direito comercial.* **1.** Fazer a correção do peso da carga, descontando o do invólucro. **2.** Marcar, em vasilhas, sacos, o volume, o peso da tara etc.

TARARA. *Direito agrário.* Ventilador apropriado para limpar grãos de cereais.

TARCA. *Direito agrário.* No Rio Grande do Sul, é um pedaço de madeira onde, por meio de cor-

TAR 582 TARDANÇA

tes, se marca o número dos animais que se pretende somar no final da contagem.

TARDANÇA. *Direito processual.* Demora que pode dar origem a prescrição ou decadência.

TARDAR. **1.** Demorar. **2.** Proceder de forma lenta.

TARDE. **1.** Fora do tempo ajustado. **2.** Além do prazo. **3.** Inoportuno. **4.** O que é feito com atraso. **5.** Parte do dia que vai das 12 até as 18h.

TARDEIRO. **1.** Que tarda por hábito. **2.** Maré cuja preamar se dá após as 12h.

TARDE VELLE NOLENTIS EST. *Expressão latina.* Querer lentamente é próprio de quem não quer.

TARDE VELLE NOLENTIS EST: QUI DISTULIT DIU, NOLUIT. *Expressão latina.* Resolver tarde é próprio de quem não quer.

TARDE VENIENTIBUS OSSA. *Expressão latina.* Aquele que chega tarde perde um bom negócio.

TARDEZA. **1.** Falta de presteza ou de diligência. **2.** Morosidade. **3.** Lentidão.

TARDÍLOQUO. *Medicina legal.* Gago; aquele que tem fala demorada.

TARDINESS. *Termo inglês.* Mora.

TARDIO. **1.** Moroso. **2.** Lento. **3.** Fora de tempo. **4.** Que tem grande demora.

TARDÍVAGO. **1.** Vagaroso. **2.** Demorado.

TARDO. **1.** Que anda ou fala devagar. **2.** Que entende com dificuldade. **3.** Extemporâneo.

TARE. *História do direito.* Moeda de prata que era usada no Malabar.

TAREAR. *Direito penal.* Espancar.

TARECENA. *História do direito.* Arsenal.

TAREFA. **1.** *Direito agrário.* Medida agrária que, na Bahia, equivale a 4.356m^2; em Alagoas e Sergipe, a 3.052m^2; no Ceará, a 3.630m^2. **2.** *Direito do trabalho.* Contrato trabalhista em que se calcula o salário conforme o serviço executado. **3.** *Direito civil.* Obra que, em razão de empreitada, deve ser concluída dentro de certo prazo.

TAREFEIRO. **1.** *Direito do trabalho.* a) Trabalhador por tarefa; b) empregado que recebe salário por tarefa ou por peça produzida. **2.** *Direito civil.* a) Empreiteiro; b) o que se compromete a realizar certo trabalho, dentro de determinado prazo, concorrendo apenas com a mão-de-obra.

TAREGICAGEM. *Direito comercial.* Negócio feito com utensílios ou mobílias usadas e de pouco valor.

TARENTINARQUIA. *História do direito.* Corpo de cavalaria ligeira do exército da Macedônia, na antigüidade grega.

TARIFA. **1.** *Direito alfandegário.* Tabela de direitos a que se sujeitam as mercadorias importadas e exportadas. **2.** *Direito tributário* e *direito administrativo.* a) Quantia paga ao Estado pelo usuário pela utilização de serviço público (Othon Sidou); b) tabela de valores cobrados pelo correio por correspondência e volumes remetidos. **3.** *Direito comercial.* a) Tabela de preços de transporte de carga ou de passageiros; b) catálogo de mercadorias com os respectivos preços; c) preço fixado para o serviço, por passageiro, obtido da multiplicação do coeficiente tarifário pela extensão do percurso. **4.** *Economia política.* Registro indicativo do valor corrente da moeda.

TARIFA ADUANEIRA. *Direito alfandegário.* É a cobrada nas importações e exportações de mercadorias. Trata-se da tarifa ou do direito alfandegário.

TARIFA AD VALOREM. *Direito tributário.* Aquela que tem por base o valor da mercadoria, e estabelece um percentual com base no qual se cobra um encargo.

TARIFA AÉREA. *Direito aeronáutico.* Valor estabelecido pelo Poder Público para transporte aéreo de carga ou passageiro.

TARIFA ALFANDEGÁRIA. *Vide* TARIFA ADUANEIRA.

TARIFAÇÃO. *Direito tributário.* Ato de tarifar.

TARIFAÇÃO ADUANEIRA. *Direito alfandegário.* Conjunto de direitos aduaneiros reunidos em um documento (Henri Guitton).

TARIFA CONVENCIONAL. *Direito internacional público* e *direito internacional privado.* É a tarifa especial estabelecida em acordo ou tratado internacional, que deve ser aplicada apenas nas exportações e importações dos Estados signatários, que se beneficiam com reduções tributárias incidentes nas mercadorias importadas ou exportadas.

TARIFA DE COMPENSAÇÃO. *Direito internacional privado.* Aquela que combate o *dumping*, por ser uma tarifa de majoração que compensa a desigualdade de preços entre mercadorias nacionais e estrangeiras.

TARIFA DE EXPORTAÇÃO. *Direito alfandegário.* Imposto cobrado pela saída de produtos nacionais ou nacionalizados para o exterior.

TARIFA DE IMPORTAÇÃO. *Direito alfandegário.* Imposto cujo fato gerador é a entrada de mercadorias estrangeiras no território nacional.

TARIFA DIFERENCIAL. *Direito tributário* e *direito administrativo*. É aquela cujo valor vai decrescendo na medida em que a utilização do serviço ou o consumo aumentam.

TARIFA DUPLA. *Direito tributário* e *direito administrativo*. Preço especial ou mínimo, paralelo ao máximo ou ao geral, fixado para remuneração de serviços prestados.

TARIFA ESPECIAL. *Direito tributário* e *direito administrativo*. Preço fixado em nível abaixo do comum ou superior ao normal para remunerar serviço autorizado, prestado excepcionalmente. Serve tanto para diminuir o valor do imposto como para aumentar o valor do produto.

TARIFA ESPECÍFICA. *Direito tributário*. *Quantum* a ser pago, cujo valor se estabelece em função da quantidade, volume ou espécie da coisa ou serviço.

TARIFA EXTERNA COMUM (TEC). *Direito tributário* e *direito internacional privado*. Imposto de importação que se aplica em percentuais iguais pelos Estados Partes do Tratado de Assunção, que estabeleceu o MERCOSUL, sobre produtos originários de outros países não pertencentes ao bloco, com o escopo de manter o equilíbrio na competitividade comercial entre eles.

TARIFA GERAL. *Direito tributário*. Preço fixado para ser aplicado à generalidade dos casos ou a qualquer espécie de mercadoria.

TARIFA GRADUAL. *Direito tributário* e *direito administrativo*. Aquela cujo preço é variável relativamente a grupos de unidades. O aumento de unidades consumidas ou de serviços reduz o valor a ser pago.

TARIFA MÁXIMA. *Direito tributário*. Tarifa comum ou geral aplicada indistintamente a todos os Estados soberanos que não tenham tratamento especial com o país que a estabeleceu. É o *quantum* fixado para o pagamento de certa quantidade de mercadoria ou de serviço.

TARIFA MÍNIMA. *Direito tributário*. **1.** É a que contém taxação mais favorável, beneficiando mercadoria vinda de países que devem, em razão de tratado, ter tratamento especial. **2.** Preço fixado para a prestação de serviços por unidade; logo, o menor volume da prestação de serviço não reduz o *quantum* estabelecido como limite valorativo do preço.

TARIFA MISTA. *Direito tributário*. É a resultante da combinação da utilização, na cobrança do tributo, de tarifa específica e *ad valorem* (De Plácido e Silva).

TARIFA POSTAL. *Direito administrativo*. Valor fixado pelo Poder Público, a ser cobrado, pelo correio por meio de selagem, pelo transporte de correspondência e encomendas.

TARIFA PROPORCIONAL. *Direito tributário, direito comercial* e *direito administrativo*. Aquela cujo valor varia conforme a extensão do serviço recebido. Por exemplo, preço na comunicação via telefônica, cobrado de acordo com o tempo de duração da conversação, ou na passagem, estipulado na proporção da distância transcorrida pelo usuário do meio de transporte (José Cretella Jr.).

TARIFAR. *Direito tributário*. Aplicar tarifa.

TARIFÁRIO. *Direito tributário*. Referente a tarifa.

TARIFAS PORTUÁRIAS. *Direito marítimo*. As cobradas pela autoridade portuária como contrapartida pelo uso da infra-estrutura básica portuária, pela utilização das facilidades portuárias e pela prestação de serviços de uso comum.

TARIFA TELEGRÁFICA. *Direito administrativo*. *Quantum* cobrado pelo Poder Público pelo uso do serviço de expedição de telegrama, baseado na unidade de palavras utilizadas e transmitidas.

TARIFA ÚNICA. *Direito tributário* e *direito administrativo*. É a uniforme, que não varia no preço, por não considerar a maior ou menor extensão dos serviços recebidos, por exemplo, a tarifa postal doméstica é a mesma para qualquer distância que a correspondência tenha de percorrer, e a tarifa de ônibus urbano não se altera por maior que seja a distância.

TARIM. *Direito comparado*. Moeda de prata espanhola.

TARIMBA. **1.** Na *linguagem comum*, é experiência. **2.** *Direito militar*. a) Vida militar; b) estrado onde dormem os soldados nos quartéis.

TARIMBADO. Experiente.

TARIMBAR. *Direito militar*. Servir no exército.

TARIMBEIRO. *Direito militar*. **1.** Que vive no quartel. **2.** Soldado que dorme na tarimba. **3.** Oficial que passou pelo posto de soldado, cabo e sargento sem ter feito curso superior.

TAROLO. *Direito agrário*. Pequena acha de lenha.

TAROUCO. **1.** Idiota. **2.** Desmemoriado por efeito da velhice.

TARRADA. *Direito comparado*. Pequena e ligeira embarcação da Índia.

TARRANQUIM. *Direito comparado*. Pequena e rápida embarcação do Golfo Pérsico.

TARSALGIA. *Medicina legal.* Dor no tarso ou na parte traseira do pé.

TARSECTOPIA. *Medicina legal.* Luxação do tarso.

TARSEOMALACIA. *Medicina legal.* Amolecimento da cartilagem társea.

TARSOCLOSE. *Medicina legal.* Fratura dos ossos do tarso.

TARSOFIMA. *Medicina legal.* Tumor no tarso.

TARTADA. *Direito comparado.* Espécie de barco da Índia.

TARTAMUDEAR. *Medicina legal.* Gaguejar.

TARTAMUDEZ. *Medicina legal.* **1.** Gagueira. **2.** Defeito espasmódico da fala, que resulta em uma súbita detenção e fluxo de palavra, ou na repetição rápida de uma consoante com a qual a pessoa tem dificuldade (Morris Fishbein).

TARTAMUDO. *Medicina legal.* Gago.

TARTANA. *Direito comparado.* Barco alongado do Mediterrâneo.

TARTUFICE. Hipocrisia.

TARTUFO. **1.** Hipócrita. **2.** Impostor.

TASCA. *Direito comercial.* **1.** Taberna. **2.** Botequim de má fama.

TASQUEIRO. *Direito comercial.* Dono de taberna.

TAT. Sigla de Tarifa de Uso das Comunicações e dos Auxílios-Rádio e Visuais em Área Terminal de Tráfego Aéreo.

TATARANETO. *Direito civil.* Parente em linha reta, descendente em quinto grau, em relação ao tataravô. Filho de trineto.

TATARAVÔ. *Direito civil.* Quarto avô, que se liga ao tataraneto por um parentesco em linha reta de quinto grau. Tetravô.

TÁTARO. *Medicina legal.* Gago; tartamudo.

TATEAR. **1.** Conhecer algo pelo tato. **2.** Sondar; pesquisar. **3.** Examinar com cautela. **4.** Ensaiar; experimentar.

TATIBITATE. **1.** Aquele que não tem expediente. **2.** Quem nada resolve ou que é irresoluto.

TÁTICA. **1.** *Direito militar.* Arte de usar tropas no campo de batalha com ordem, rapidez e proteção, conforme as condições das armas e do terreno. **2.** Nas *linguagens comum* e *jurídica*, habilidade negocial.

TÁTICA NAVAL. *Direito militar.* Arte de fazer evoluções com navios de guerra (Laudelino Freire).

TÁTICA PROCESSUAL. *Direito processual.* **1.** Execução de uma estratégia ofensiva ou defensiva, que traz meios para solução do litígio. **2.** Conjunto de conhecimentos teórico-práticos que possibilitam às partes exercer com mais perfeição o direito de defesa (Jorge Peyrano).

TÁTICO. Relativo à tática.

TATICOGRAFIA. *Direito militar.* **1.** Representação gráfica de evoluções de guerra. **2.** Delineamento de manobras militares (Laudelino Freire).

TÁTIL. *Medicina legal.* **1.** Referente ao sentido do tato. **2.** Aquilo que se pode tatear.

TATO. **1.** Intuição segura do que se deve dizer para não ferir ou melindrar alguém. **2.** Sentido pelo qual se conhece a forma, a temperatura e o peso dos objetos.

TATUADO. *Medicina legal.* Aquele que tem tatuagem.

TATUAGEM. *Medicina legal.* Desenho indelével na pele, formado pela introdução na derme de substâncias corantes, vegetais ou minerais. Constitui a tatuagem um sinal de identificação física da pessoa. Era muito comum em marinheiro, criminoso, povo selvagem etc.; mas, hoje, passou a ser moda.

TATUAR. *Medicina legal.* Desenhar em parte do corpo emblemas, figuras ou símbolos etc.

TATUZÃO. *Direito administrativo.* Escavadeira subterrânea usada na construção do metrô.

TAUAÇU. *Direito marítimo.* Pedra furada usada no Nordeste como âncora de jangada.

TAUARI. *Direito agrário.* **1.** No Amazonas, é a pequena palhoça dos seringais. **2.** Fibra têxtil extraída de árvore lecitidácea para ser empregada como mortalha de cigarro.

TAURÍFERO. *Direito agrário.* Local onde pastam ou se criam touros.

TAUROMAQUIA. *Direito comparado.* Arte de tourear.

TAUTOCRONISMO. Estado de tautócrono.

TAUTÓCRONO. **1.** Concomitante. **2.** Ao mesmo tempo.

TAUTOFONIA. Excessiva repetição do mesmo som.

TAUTOLOGIA. *Lógica jurídica.* **1.** Erro lógico que, como progresso do pensamento, apresenta uma repetição em termos diferentes. É, portanto, a repetição de um mesmo pensamento em diversas formas, como diz Ferrater Mora. **2.** Proposição idêntica, em que o sujeito e o predicado são um só conceito (Keynes). **3.** Sofisma que consiste na demonstração de uma tese, re-

TAUTOLÓGICO   585   **TAU**

petindo-a com outras palavras, e que constitui uma espécie de petição de princípio (Lalande). **4.** Proposição complexa que permanece verdadeira apenas em razão de sua forma, qualquer que seja o valor de verdade das proposições que a compõem (Wittgenstein). **5.** Fórmula da lógica sentencial, provada por meio do método da tabela da verdade (Ferrater Mora).

TAUTOLÓGICO. *Lógica jurídica.* Relativo à tautologia.

TAVERNA. *Direito comercial.* Taberna ou estabelecimento de baixa categoria que serve refeições e bebidas.

TAVOLAGEIRO. *Direito penal.* **1.** Proprietário de casa de jogos de azar. **2.** Aquele que joga nessa casa.

TAVOLAGEM. *Direito penal.* Casa de jogos de azar.

TAX. *Termo inglês.* **1.** Tributo. **2.** Imposto. **3.** Taxa. **4.** Exação. **5.** Lançar imposto. **6.** Contribuição.

TAXA. **1.** *Direito constitucional* e *direito tributário.* a) Tributo vinculado cuja hipótese de incidência é sempre atuação qualquer do Estado, atual ou potencial, direta e imediatamente referida ao obrigado (Geraldo Ataliba); b) *quantum* a ser pago a título de remuneração dos serviços públicos prestados diretamente pelo Estado (Capitant e Themístocles Cavalcanti); c) tributo instituído pela União, pelos Estados, pelo Distrito Federal e pelos Municípios em razão do poder de polícia ou da utilização efetiva e potencial de serviços públicos específicos e divisíveis prestados ao contribuinte ou colocados à sua disposição. **2.** *Direito processual.* Quantia estipulada para pagamento de custas processuais. **3.** *Direito publicitário.* Percentagem cobrada pela agência sobre os gastos feitos pelo anunciante a título de compensação de seus serviços. **4.** Na *linguagem jurídica* em geral: limite ou proporção fixados, em regra, em percentagem.

TAXA ADICIONAL DE PERICULOSIDADE. *Direito do trabalho.* Percentual que é acrescido ao salário do empregado que executa serviços perigosos.

TAXA AEROPORTUÁRIA. *Direito aeronáutico.* Tarifa cobrada pelo uso de instalações destinadas a operações de embarque e desembarque de passageiros, de cargas no aeroporto, e pelos serviços de despacho etc.

TAXA BÁSICA FINANCEIRA (TBF). *Direito financeiro.* É a utilizada tão-somente como base de remuneração de operações realizadas no mercado financeiro, de prazo de duração igual ou superior a sessenta dias.

TAXA CAMBIAL. *Direito cambiário.* **1.** Valor pelo qual se faz a conversão da moeda nacional em estrangeira e vice-versa. **2.** O mesmo que TAXA DE CÂMBIO.

TAXAÇÃO. **1.** *História do direito.* Tributo que era pago aos administradores da Fazenda Nacional. **2.** *Direito tributário.* Ato ou efeito de instituir taxa. **3.** *Direito civil* e *direito comercial.* Estipulação do justo preço de uma coisa, serviço ou mercadoria.

TAXA COMPLEMENTAR. *Direito tributário.* Aquela que se destina à complementação do custeio de um serviço suportado por imposto, como o de justiça. No Poder Judiciário cobram-se taxas correspondentes a cada ato judicial, que se denominam "custas" (Geraldo Ataliba).

TAXA DE ADMINISTRAÇÃO. *Direito bancário.* Taxa cobrada pelo administrador de recursos para administrar fundos e clubes de investimentos (Luiz Fernando Rudge).

TAXA DE AGRAVAÇÃO. *Vide* TAXA DE SEGURO.

TAXA DE ARMAZENAGEM. *Direito comercial* e *direito alfandegário.* **1.** Quantia que o armazém-geral ou a alfândega cobra pela demora na retirada de mercadorias, passando do prazo convencionado. **2.** Valor que deve ser pago pelo depósito de mercadoria em armazém-geral. Trata-se do preço da estadia, também designado taxa de depósito (De Plácido e Silva).

TAXA DE AVALIAÇÃO *IN LOCO.* *Direito educacional.* Instituída em favor do Instituto Nacional de Estudos e Pesquisas Educacionais Anísio Teixeira (INEP), pelas avaliações periódicas que realizar, quando formulada solicitação de credenciamento ou renovação de credenciamento de instituição de educação superior e solicitação de reconhecimento ou renovação de reconhecimento das condições de ensino de cursos de graduação. A Taxa de Avaliação *in loco,* que tem como contribuintes as instituições de educação superior públicas e privadas, será recolhida à conta do Tesouro Nacional, posta à disposição do INEP, à oportunidade em que for solicitado credenciamento ou renovação de credenciamento e reconhecimento ou renovação de reconhecimento de curso de graduação. As receitas obtidas com essa Taxa serão aplicadas, exclusivamente, no custeio das despesas com as comissões de avaliação.

TAXA DE CÂMBIO. *Direito cambiário.* Valor de uma moeda estrangeira para fins de compra e venda.

TAXA DE COBRANÇA. *Direito bancário.* Quantia a ser paga aos bancos pelo serviço de cobrança de títulos.

TAXA DE COLOCAÇÃO. *Direito comercial.* Comissão paga ao corretor ou agente que intervém na venda de investimentos (Luiz Fernando Rudge).

TAXA DE CONTROLE E FISCALIZAÇÃO AMBIENTAL (TCFA). *Direito ambiental* e *direito tributário.* Taxa cujo fato gerador é o exercício regular do poder de polícia conferido ao Instituto Brasileiro do Meio Ambiente e dos Recursos Naturais Renováveis para controle e fiscalização das atividades potencialmente poluidoras e utilizadoras de recursos naturais.

TAXA DE CORRETAGEM. *Direito comercial* e *direito civil.* Comissão que se paga a corretor pelo serviço de mediação na realização de algum negócio. Geralmente essa taxa é fixada por percentagens, variando conforme o valor do negócio.

TAXA DE CUSTÓDIA. *Direito bancário.* Taxa cobrada pela manutenção de ativos de clientes sob guarda de uma instituição custodiante (Luiz Fernando Rudge).

TAXA DE DEPÓSITO. *Vide* TAXA DE ARMAZENAGEM.

TAXA DE DESCONTO. *Direito bancário.* Percentagem cobrada posteriormente do devedor, pelo banco, sobre o valor do título de crédito ao descontá-lo, quando o paga antecipadamente ao beneficiário.

TAXA DE ESTATÍSTICA. *Direito tributário.* Quantia cobrada pela repartição pública quando nela se cumprir qualquer ato que venha a custear serviço de estatística mantido pelo Estado (De Plácido e Silva).

TAXA DE EXPEDIENTE. *Direito administrativo.* Emolumento ou *quantum* cobrado na repartição pública por um serviço administrativo prestado individualmente. Por exemplo, a importância que se paga pela expedição de uma certidão.

TAXA DE FISCALIZAÇÃO DA AVIAÇÃO CIVIL (TFAC). *Direito tributário* e *direito aeronáutico.* O fato gerador da TFAC é o exercício do poder de polícia decorrente das atividades de fiscalização, homologação e registros. São sujeitos passivos da TFAC as empresas concessionárias, permissionárias e autorizatárias de prestação de serviços aéreos comerciais, os operadores de serviços aéreos privados, as exploradoras de infra-estrutura aeroportuária, as agências de carga aérea,

pessoas jurídicas que explorem atividades de fabricação, manutenção, reparo ou revisão de produtos aeronáuticos e demais pessoas físicas e jurídicas que realizem atividades fiscalizadas pela ANAC.

TAXA DE FISCALIZAÇÃO DE FUNCIONAMENTO (TFF). *Direito das comunicações.* É a devida pelas concessionárias, permissionárias e autorizadas de serviços de telecomunicações e de uso de radiofreqüência, anualmente, pela fiscalização do funcionamento das estações.

TAXA DE FISCALIZAÇÃO DE INSTALAÇÃO (TFI). *Direito das comunicações.* É a devida pelas concessionárias, permissionárias e autorizadas de serviços de telecomunicações e de uso de radiofreqüência, no momento da emissão do certificado de licença para o funcionamento das estações.

TAXA DE JUROS. *Direito civil.* Percentagem estabelecida em favor do credor como compensação ou rendimento da quantia que possui e que está em mãos do devedor (De Plácido e Silva), a título de empréstimo, por exemplo.

TAXA DE JUROS A LONGO PRAZO (TJLP). *Direito bancário.* É a calculada a partir da rentabilidade nominal média, em moeda nacional, verificada em período imediatamente anterior ao de sua vigência, dos títulos da dívida pública externa e interna de aquisição voluntária.

TAXA DE JUROS NOMINAL. *Direito bancário.* Lucratividade contratada na aquisição de renda fixa, sem levar em conta a inflação do período (Luiz Fernando Rudge).

TAXA DE JUROS REAL. *Direito bancário.* Lucratividade decorrente da diferença entre a taxa de juros nominal e a variação no índice inflacionário do período (Luiz Fernando Rudge).

TAXA DE MELHORAMENTO. *Direito tributário.* Contribuição de melhoria a ser paga por proprietário que se beneficiou, diretamente, com obra pública em razão da valorização de seu imóvel.

TAXA DE MORTALIDADE HOSPITALAR. *Biodireito.* Relação percentual entre o número de óbitos ocorridos em pacientes internados e o número de pacientes que tiveram saída do hospital, em determinado período. Mede a proporção dos pacientes que morreram durante a internação hospitalar.

TAXA DE MORTALIDADE INSTITUCIONAL. *Biodireito.* Relação percentual entre o número de óbitos ocorridos após pelo menos vinte e quatro horas do início da admissão hospitalar do paciente e o número de pacientes que tiveram saída do hospital em determinado período. Mede a mortalidade havida após vinte e quatro horas da admissão hospitalar. Em decorrência do aumento da resolutividade dos procedimentos hospitalares sobre o paciente, considera-se vinte e quatro horas tempo suficiente para que a ação terapêutica e conseqüente responsabilidade do hospital seja efetivada.

TAXA DE OCUPAÇÃO HOSPITALAR. *Biodireito.* Relação percentual entre o número de pacientes-dia e o número de leitos-dia em determinado período, porém considerando-se para o cálculo dos leitos-dia no denominador os leitos instalados e constantes do cadastro do hospital, incluindo os leitos bloqueados e excluindo os extras. Caso o hospital faça uso constante de leitos extras, a taxa de ocupação hospitalar estará acima de 100%, o que é uma informação importante do ponto de vista gerencial.

TAXA DE OCUPAÇÃO HOSPITALAR INSTALADA. *Biodireito.* Relação percentual entre o número de pacientes-dia num determinado período e o número de leitos-dia no mesmo período, porém considerando para cálculo dos leitos-dia no denominador todos os instalados no hospital, inclusive os bloqueados.

TAXA DE OCUPAÇÃO HOSPITALAR INSTITUCIONAL. *Biodireito.* Relação percentual entre o número de pacientes-dia num determinado período e o número de leitos-dia no mesmo período, porém considerando para cálculo dos leitos-dia no denominador os leitos planejados no hospital, inclusive os não instalados.

TAXA DE OCUPAÇÃO OPERACIONAL. *Biodireito.* Relação percentual entre o número de pacientes-dia e o número de leitos-dia em determinado período.

TAXA DE OCUPAÇÃO PLANEJADA. *Biodireito.* Relação percentual entre o número de pacientes-dia e o número de leitos-dia em determinado período, porém considerando-se para o cálculo dos leitos-dia no denominador todos os leitos planejados no hospital, inclusive os não instalados ou desativados. Considerando-se a realidade de diversos hospitais brasileiros, a inclusão das taxas de ocupação operacional e planejada, além da taxa de ocupação hospitalar habitual, permitirá comparações mais acuradas entre as taxas de ocupação de diferentes hospitais e entre as taxas de ocupação de dife-

rentes unidades de um hospital. Nos hospitais que estão com todos os leitos planejados em funcionamento e que não fazem uso de leitos extras nem tenham leitos bloqueados, as três taxas de ocupação serão equivalentes.

TAXA DE *PERFORMANCE.* *Direito comercial.* Remuneração a que faz jus o administrador de carteira ou de fundo de investimento, em função da *performance* da carteira (Luiz Fernando Rudge).

TAXA DE PRÊMIO. *Direito civil.* Quantia em dinheiro paga pelo segurado ao segurador, para que este se responsabilize pelo risco estipulado no contrato.

TAXA DE PREVIDÊNCIA. *Direito previdenciário.* Valor pago a caixa de previdência em razão da prática de determinado ato.

TAXA DE RESÍDUOS SÓLIDOS DOMICILIARES (TRSD). *Direito tributário.* Taxa municipal cobrada por quantidade de lixo declarada pelo morador.

TAXA DE SEGURO. *Direito civil.* Elevação da quantia fixada como prêmio a ser pago pelo segurado, em virtude da freqüência do risco que representa. Trata-se da taxa de agravação.

TAXA DE SERVIÇOS ADMINISTRATIVOS (TSA). *Direito alfandegário.* Taxa que tem como fato gerador o exercício regular do poder de polícia, ou a utilização, efetiva ou potencial, de serviço público específico e divisível, prestado ao contribuinte ou posto à sua disposição pela Superintendência da Zona Franca de Manaus (SUFRAMA). São isentos do pagamento da TSA: a União, os Estados, os Municípios, o Distrito Federal e as respectivas autarquias e fundações públicas; as instituições sem fins lucrativos, reconhecidas como de utilidade pública pelo Governo Federal; as entidades consulares; livros, jornais, periódicos ou papel destinado à sua impressão; equipamentos médico-hospitalares; os produtos importados destinados à venda no comércio do Município de Manaus e áreas de livre comércio.

TAXA DE SERVIÇOS METROLÓGICOS. É a que tem como fato gerador o exercício do poder de polícia administrativa na área de Metrologia Legal pelo Instituto Nacional de Metrologia, Normalização e Qualidade Industrial (INMETRO) e pelas entidades de direito público que detiverem delegação. Tem como base de cálculo a apropriação dos custos diretos e indiretos inerentes às atividades de controle metrológico de instrumentos de medição.

TAXA DE UTILIZAÇÃO DO SISTEMA INTEGRADO DE COMÉRCIO EXTERIOR. *Direito tributário.* É a devida no Registro da Declaração de Importação, à razão de: a) trinta reais por Declaração de Importação; b) dez reais para cada adição de mercadorias à declaração de Importação, observado o limite fixado pela Secretaria da Receita Federal. Tais valores poderão ser reajustados, anualmente, mediante ato do Ministro de Estado da Fazenda, conforme a variação dos custos de operação e dos investimentos no Sistema Integrado de Comércio Exterior (SISCOMEX). Aplicam-se à cobrança da taxa as normas referentes ao Imposto de Importação. O produto da arrecadação da taxa fica vinculado ao Fundo Especial de Desenvolvimento e Aperfeiçoamento das Atividades de Fiscalização (FUNDAF).

TAXA DE VIAÇÃO. *Direito tributário. Quantum* cobrado pelo Fisco juntamente com o frete devido pelo transporte de mercadoria, para usá-lo na conservação de estradas ou na mantença do serviço de transporte (De Plácido e Silva).

TAXADO. 1. Que recebeu taxa. **2.** Que se taxou.

TAXA DO MERCADO. *Direito comercial.* Fixação do preço das mercadorias, produtos ou serviços conforme o valor mercadológico, em um dado momento.

TAXADOR. Aquele que taxa.

TAXA DO SELO. *Direito administrativo.* Importância que é paga a órgão público mediante selo.

TAXA ESCOLAR. *Direito educacional.* Quantia devida pelo corpo discente ao estabelecimento educacional, como pagamento do ensino que lhe é ministrado, ou de serviço prestado.

TAXA FORENSE. *Vide* TAXA JUDICIÁRIA.

TAXA JUDICIÁRIA. *Direito processual.* Custa judicial cobrada pela prática de atos judiciais ou pelos serviços, peculiares ao Judiciário, prestados durante todo o processo.

TAXA MÉDIA DE JUROS. *Direito bancário.* É a calculada pelo Banco Central, considerando os porcentuais cobrados das pessoas jurídicas em empréstimos com juros pós-fixados, prefixados e com taxas flutuantes (Luiz Fernando Rudge).

TAXÂMETRO. *Vide* TAXÍMETRO.

TAXA MILITAR. *Direito militar.* Quantia que é paga pelos que se isentam, temporária ou definitivamente, da incorporação às Forças Armadas (De Plácido e Silva).

TAXA OVER. *Direito bancário.* Taxa por um dia, usada como padrão para empréstimos entre bancos (Luiz Fernando Rudge).

TAXA PELO PODER DE POLÍCIA. *Vide* TAXAS DE POLÍCIA.

TAXA POSTAL. *Direito administrativo.* Tarifa paga pelos usuários dos serviços de correios.

TAXA PROCESSUAL SOBRE OS PROCESSOS DE COMPETÊNCIA DO CONSELHO ADMINISTRATIVO DE DEFESA ECONÔMICA (CADE). É aquela que tem como fato gerador: a) a apresentação de atos e contratos previstos legalmente; b) a consulta ao CADE, nos termos da lei. São contribuintes da Taxa Processual: a) no caso de atos e contratos, previstos em lei específica, qualquer das requerentes; b) no caso de consulta ao CADE, o consulente. São isentos do pagamento da Taxa Processual: a) a União, os Estados, os Municípios, o Distrito Federal e as respectivas autarquias e fundações; b) o Ministério Público; c) os que provarem insuficiência de recursos. Tal isenção não alcança as entidades fiscalizadoras do exercício profissional.

TAXAR. 1. Estabelecer taxa. **2.** Fixar preço.

TAXA RODOVIÁRIA. *Direito tributário.* Pedágio, que é a quantia que se paga pela utilização de estradas de rodagem, com a finalidade de conservá-las.

TAXA RODOVIÁRIA ÚNICA (TRU). *História do direito.* É a que o proprietário de veículo automotor pagava para transitar no território nacional (Geraldo Magela Alves), cobrada por ocasião do registro e licenciamento.

TAXAS DE POLÍCIA. *Direito administrativo* e *direito tributário.* São as cobradas em face do exercício do poder de polícia do governo, para proteção da coletividade, manutenção da ordem, da saúde e da higiene públicas (Dejalma de Campos).

TAXAS DE SERVIÇO PÚBLICO. *Direito administrativo* e *direito tributário.* São as que abrangem: a) taxas por serviços públicos efetivamente prestados ao obrigado, como, por exemplo, taxas de expediente; b) taxas por serviços colocados à disposição dos contribuintes, como taxa de calçamento (Dejalma de Campos).

TAXA SELIC. *Direito bancário.* É a estipulada pelo Comitê de Política Monetária do Banco Central (COPOM), sendo atualmente de 12% ao ano. *Vide* SELIC.

TAXA SINDICAL. *Direito do trabalho.* Contribuição sindical, ou seja, quantia que empregados e empregadores devem pagar aos sindicatos para que estes, formando o fundo sindical, possam dar-lhes assistência ou auxílio.

TAX ASSESSOR. *Locução inglesa.* Fiscal.

TAXA TELEGRÁFICA. *Direito administrativo.* **Quantum** ou tarifa que se paga pelo serviço de expedição de telegrama.

TAXATION AT SOURCE. *Locução inglesa.* Tributação na fonte.

TAXATIVO. 1. Restrito ao que está enumerado. **2.** Que limita; restritivo. **3.** Que não admite réplica. **4.** Que circunscreve um caso a circunstâncias determinadas. **5.** Específico.

TAXÁVEL. *Direito tributário.* **1.** O que pode ser taxado. **2.** Que se pode taxar.

TAX DODGING. *Locução inglesa.* Evasão de rendas.

TAX EXEMPTION. *Locução inglesa.* Isenção fiscal.

TAX-FREE SHOP. *Expressão inglesa.* Loja livre de impostos.

TÁXI. Veículo de praça, provido de taxímetro, destinado a transporte de pessoas, por motorista profissional, mediante pagamento de uma quantia que varia conforme a distância percorrida, a partir do mínimo que se denomina "bandeirada".

TAXIA. 1. Ordem. **2.** Disposição.

TÁXI AÉREO. *Direito aeronáutico.* Pequeno avião de aluguel, usado para transporte aéreo não regular.

TAXIARCA. *História do direito.* Oficial que comandava, na antigüidade grega, uma taxiarquia.

TAXIARCADO. *História do direito.* Posto de taxiarca.

TAXIARQUIA. *História do direito.* Na antigüidade grega, era a subdivisão da infantaria, que contava cento e vinte e oito soldados.

TAXI-GIRL. *Locução inglesa.* Moça que, empregando-se em casa de diversão, recebe do estabelecimento determinada importância cada vez que dançar com seus freqüentadores.

TAXIMETRIA. Uso de taxímetro.

TAXÍMETRO. 1. Nas *linguagens comum* e *jurídica:* aparelho eletrônico colocado no painel de veículo de praça para registrar a quantia que deve ser paga pelo passageiro pela distância percorrida ou pelo tempo que o ocupou. **2.** *Direito aeronáutico* e *direito marítimo.* Instrumento usado na navegação aérea e marítima para avistar objetos a distância e medir o ponto em que se encontram.

TAXIONOMIA. *Filosofia geral.* **1.** Teoria da classificação (Durand de Gros). **2.** Estudo dos princípios gerais da classificação científica. **3.** Ordenação sistemática de grupos típicos dentro de um campo científico.

TAXIONOMIA JURÍDICA. *Filosofia do direito.* Teoria da classificação dos ramos do direito.

TAX PAYMENT FORM. *Expressão inglesa.* Guia de recolhimento de imposto.

TAX PLANNING. *Locução inglesa.* Economia de imposto.

TAX REBATE. *Locução inglesa.* Devolução de imposto pago a mais.

TAX TREATY OVERRIDE. *Direito tributário.* Voluntária transgressão, explícita ou implícita, das cláusulas de uma convenção sobre a renda e o capital, promovida por um ou ambos os Estados contratantes, pela aplicação deliberada do direito interno ou edição de regras tributárias conflitantes com o disposto na norma convencional (Heleno Tôrres e Vogel).

TAYLORISMO. *Economia política* e *direito do trabalho.* Sistema de organização do trabalho, proposto por Frederick W. Taylor, que procura obter pelo esforço do empregado o maior rendimento da máquina em pouco tempo de atividade ou operação (Othon Sidou). Baseia-se na divisão de tarefas.

TAYLORISTA. *Economia política.* **1.** Relativo ao taylorismo. **2.** Adepto do sistema de organização industrial proposto por Frederick W. Taylor.

TAYLORIZADO. *Economia política.* Trabalho subdividido em tarefas ou operações elementares, para, com o mínimo de tempo, obter o máximo de rendimento.

TCU. Sigla do Tribunal de Contas da União.

TDA. *Direito agrário, direito administrativo* e *direito constitucional.* Abreviatura de Títulos da Dívida Agrária.

TEALAGNIA. *Medicina legal.* Voyeurismo; sexualidade anormal que leva a pessoa a atingir o orgasmo sem parceiro, bastando, para tanto, que contemple fotos ou imagens de pessoa do sexo oposto.

TEASER. *Direito do consumidor* e *direito publicitário.* Anúncio que tem por escopo provocar a curiosidade do consumidor por um novo produto a ser lançado, que, contudo, apenas será identificado no início da campanha promocional.

TEATINO. **1.** *Direito canônico.* Membro da ordem religiosa fundada por São Caetano Tiene e pelo Cardeal Pedro Caraffa, que era Bispo de Teate. **2.** *Direito agrário.* Cavalo sem dono.

TEATRAL. *Direito autoral.* Relativo a teatro.

TEATRALIDADE. *Direito autoral.* Qualidade da obra que tem predicados para ser representada em um teatro.

TEATRALISMO. *Direito autoral.* **1.** Caráter de teatral. **2.** Conjunto de efeitos teatrais.

TEATRALIZAÇÃO. *Direito autoral.* Ato de teatralizar.

TEATRALIZAR. *Direito autoral.* **1.** Adaptar obra às exigências do teatro, tornando-a representável. **2.** Dramatizar.

TEATRISTA. Na *linguagem comum* é aquele que tem hábito de freqüentar teatros.

TEATRO. **1.** *Direito civil.* a) Local apropriado à representação pública de obras dramáticas, literárias e artísticas; b) conjunto de obras dramáticas de um autor; c) arte de compor ou representar obra dramática. **2.** *Direito do trabalho.* Profissão de ator ou atriz. **3.** Na *linguagem comum*, lugar onde ocorreu algum fato notável.

TEATRO DE ARENA. *Direito civil* e *direito autoral.* Teatro sem palco e sem cenário, operando-se a realização do espetáculo em uma pequena arena.

TEATRO DE GUERRA. *Direito internacional público* e *direito militar.* Local onde se desenvolvem os combates entre Estados beligerantes.

TEATRO DE VARIEDADES. *Direito civil* e *direito autoral.* Local onde não há representação de obras dramáticas, mas exibição de mágicos, acrobatas, músicos etc. (De Plácido e Silva).

TEATRÓLOGO. *Direito autoral.* Autor de peça teatral.

TEATRO OFICIAL. *Direito administrativo.* Aquele que é mantido pelo Poder Público para propagar o gosto pela arte dramática.

TEATRO PÚBLICO. *Direito comercial.* Empresa que, visando lucro, realiza espetáculos, cobrando pagamento de uma quantia. Está franqueada a entrada no seu recinto a todos que pagarem aquela importância.

TEBAIDA. **1.** Insulamento. **2.** Retiro. **3.** Solidão.

TEBAÍNA. *Medicina legal.* Paramorfina; o mais tóxico dos alcalóides do ópio.

TEBAÍSMO. *Medicina legal.* Intoxicação provocada pelo ópio.

TECEDOR. **1.** *Direito do trabalho.* Tecelão. **2.** Na *linguagem comum*, intrigante.

TECEDURA. **1.** Na *linguagem comum*, trama; intriga. **2.** *Direito empresarial.* Ação ou efeito de tecer panos; tecelagem.

TECELAGEM. **1.** *Direito empresarial.* a) Indústria de tecidos; b) estabelecimento de tecelão. **2.** *Direito do trabalho.* Ofício do tecelão.

TECELÃO. *Direito do trabalho.* Aquele que tece pano.

TECER. **1.** Fazer intrigas; tramar. **2.** Entabular negócio. **3.** Preparar. **4.** Entrelaçar fios.

TECIDO. **1.** *Medicina legal.* Complexo de células similares que, em um dado órgão, têm a mesma função. **2.** Na *linguagem jurídica*: a) preparado; b) convenientemente arranjado. **3.** *Direito comercial.* a) O que se teceu; b) pano produzido nas tecelagens com fibras naturais, como lã, algodão, seda e linho, ou com fibras artificiais ou sintéticas, como náilon.

TECIDO ADIPOSO. *Medicina legal.* É o composto por células gordurosas.

TECIDOS DUROS. *Medicina legal.* Ossos e dentes (Croce e Croce Jr.).

TECIDOS MOLES. *Medicina legal.* Pele, músculo, vaso sangüíneo e nervo (Croce e Croce Jr.).

TÉCNICA. **1.** *Filosofia geral.* a) Prática; b) ciência que consiste em saber fazer corretamente; c) habilidade de fazer algo; d) conjunto de regras ou de meios que dirigem o fazer ou a consecução de fins práticos; e) conjunto de procedimentos bem definidos que visam a produção de resultados úteis; f) método organizado que repousa em um conhecimento científico (Espinas); g) conjunto de processos por meio dos quais se realiza uma função; h) conjunto de procedimentos exigidos pelo emprego de determinados materiais ou instrumentos (Lalande); i) conjunto dos instrumentos, variáveis conforme objetos e temas. **2.** *Direito do trabalho.* a) Conjunto de métodos ou de conhecimentos práticos imprescindíveis para a execução de uma profissão; b) o que permite a cada um exercer do melhor modo possível sua profissão.

TÉCNICA ADMINISTRATIVA. *Direito administrativo.* Complexo de normas que traçam diretrizes para a Administração Pública na gestão dos negócios de seu interesse.

TÉCNICA CELULAR. *Direito das comunicações.* Técnica que, no Serviço Móvel Celular, consiste em dividir uma área geográfica em subáreas, denominadas células, a cada uma das quais podem ser atribuídos grupos de freqüências, permitindo que freqüências utilizadas em uma célula possam ser reutilizadas em outras.

TÉCNICA CONTRATUAL. *Direito civil* e *direito comercial.* Conjunto de regras práticas simplificadas pela arte, impostas à cultura moderna, com o escopo de sintetizar a vontade dos contratantes, escoimada de qualquer reserva mental, de modo a possibilitar sua fiel exteriorização. Consiste, portanto, em um complexo de regras e de métodos teórico-práticos que conduzem harmonicamente a elaboração, formação e execução dos contratos, realizados para atender aos interesses e necessidades socioeconômicas dos contratantes.

TÉCNICA DA CONVERSÃO DAS PROPOSIÇÕES. *Lógica jurídica.* Construção de outra proposição, chamada conversa, para converter uma proposição. A conversa deve ter como predicado o sujeito da original, e como sujeito o predicado da original, mantendo a mesma cópula e sem que haja alteração de sentido (Van Acker).

TÉCNICA DE APLICAÇÃO DO DIREITO. *Teoria geral do direito.* Conjunto de meios que possibilitam a aplicação do direito por um órgão competente, juiz, tribunal, autoridade administrativa ou particular, orientando a subsunção, a integração, havendo lacunas, e a correção do direito, se houver antinomia. O órgão competente, ao aplicar norma, deverá interpretá-la, integrá-la ou corrigi-la, mantendo-se dentro dos limites marcados pelo direito, e, para tanto, deverá seguir as regras de hermenêutica, que fixam critérios e princípios que norteiam a aplicação jurídica.

TÉCNICA DO DIREITO INTERTEMPORAL. *Teoria geral do direito.* Conjunto de regras de hermenêutica, normas e princípios que servem de base para a solução dos conflitos de leis no tempo, indicando ao aplicador se incide, em dado caso, a lei nova ou a velha norma já revogada.

TÉCNICA EXEGÉTICO-EXECUTÓRIA. *Teoria geral do direito.* Designação dada por Pontes de Miranda à técnica de aplicação do direito.

TÉCNICA FORENSE. *Direito processual.* **1.** Complexo de preceitos e praxes processuais segundo as quais se desenvolve o andamento do processo nos diferentes juízos. É, como diz A. Franco Montoro, um conjunto de meios adequados para conduzir uma ação em juízo. **2.** Prática judiciária ou prática processual.

TÉCNICA JUDICIÁRIA. *Vide* TÉCNICA FORENSE.

TÉCNICA JURÍDICA. *Teoria geral do direito.* **1.** Conjunto de preceitos que orientam a formulação do direito e a sua aplicação. **2.** Conjunto de meios destinados a transportar o dado racional e experimental, com vistas a tornar prática e eficiente a norma jurídica em um dado meio social (Breth de la Gressaye e Laborde-Lacoste). **3.** É, nas palavras de Pontes de Miranda, o conjunto de meios para procurar e fixar normas jurídicas (técnica legislativa) ou interpretá-las e aplicá-las (técnica exegético-executória). **4.** Conjunto de normas destinadas à efetiva realização do direito em determinado meio social (A. Franco Montoro). **5.** Processo de pesquisa do justo, segundo o direito vigente (Kohler).

TÉCNICA LEGISLATIVA. *Teoria geral do direito* e *direito constitucional.* Conjunto de normas relativas ao processo de elaboração das leis, que vai desde a apresentação do projeto até sua publicação.

TÉCNICA POLÍTICA. *Ciência política.* **1.** Capacidade de liderar homens. **2.** Arte de bem governar.

TÉCNICA PROCESSUAL. *Vide* TÉCNICA FORENSE.

TÉCNICAS DE AUTENTICAÇÃO DAS COMUNICAÇÕES ELETRÔNICAS. *Direito virtual.* Processos que, segundo Maristela Basso, tornam possível provar a conclusão de negócio através de meios eletrônicos, que são: a) o código secreto ou Número de Identificação Pessoal (*Personal Identification Number* – PIN), em que se faz uma combinação, num cartão magnético, de dígitos conhecidos apenas por seus titulares (Luiz Olavo Baptista); b) a criptografia, que consiste em codificar o texto com uma chave confidencial e algoritmos, incompreensível a quem não tiver a chave para decodificar o texto transmitido; c) o reconhecimento de caracteres físicos do emissor a longa distância, como sangue, cabelo, rosto etc. Há presunção *juris tantum* de que os sinais foram transmitidos por pessoas autorizadas, encarregadas na empresa do sistema informativo e por meio de técnica capaz de reproduzir com confiabilidade o conteúdo das mensagens. Se houver qualquer falha na transmissão deve-se enviar outra mensagem. Para apurar o valor legal dessas modernas técnicas de autenticação, o juiz deve ser assessorado por um técnico em informática, utilizando inclusive prova testemunhal (Maristela Basso).

TÉCNICAS INTERPRETATIVAS. *Teoria geral do direito.* Processos ou meios, lógicos ou não, usados para desvendar as várias possibilidades de aplicação da norma, determinando seu sentido e alcance. Tais processos podem ser: a) o gramatical, também chamado literal, semântico ou filológico, pelo qual o hermeneuta busca o sentido literal do texto normativo, tendo por primeira tarefa estabelecer uma definição, ante a indeterminação semântica dos vocábulos normativos; b) o lógico, para desvendar o sentido e o alcance da norma, estudando-a por meio de raciocínios lógicos; c) o sistemático, considerando o sistema em que a norma se insere, relacionando-a com outras normas relativas ao mesmo objeto; d) o histórico, que se baseia na averiguação dos antecedentes da norma; e) o sociológico ou teleológico, que busca adaptar a finalidade da norma às novas exigências sociais. Essas várias técnicas não operam isoladamente, mas se completam. Não são cinco técnicas interpretativas, mas operações distintas que devem atuar conjuntamente, pois todas trazem sua parcela de contribuição para a descoberta do sentido e do alcance da norma. Aos fatores verbais aliam-se os lógicos e com os dois colaboram, pelo objetivo comum, o sistemático, o histórico e o sociológico ou teleológico. Eis por que se diz que o ato interpretativo é complexo; há um sincretismo de processos interpretativos conducente à descoberta de várias possibilidades de aplicação da norma, ao determinar seu sentido e alcance. Todavia, com isso não se quer dizer que todas as técnicas devem ser empregadas simultaneamente, pois uma pode dar mais resultado que a outra em dado caso, condenando-se, isto sim, a supremacia de uma sobre a outra. A interpretação é una, não se fraciona; é, apenas, exercida por várias técnicas que conduzem à descoberta do alcance e sentido da disposição normativa.

TÉCNICA SOCIAL. *Sociologia geral.* Complexo de meios ou métodos apropriados para estudo e melhoramento prático da sociedade.

TECNICIDADE. Qualidade de técnico.

TECNICISMO. *Teoria geral do direito.* **1.** Natureza técnica. **2.** Tecnicidade. **3.** Linguagem peculiar de uma ciência ou arte; conjunto de termos específicos de uma ciência ou arte. **4.** Excesso de técnica. **5.** Corrente doutrinária que reduz o direito à técnica (Adolfo Ravá).

TÉCNICO. 1. Nas *linguagens comum* e *jurídica*: a) o que se refere a uma arte, a uma ciência ou a um ramo específico de uma atividade; b) aquele que é versado em uma ciência ou arte; perito; *expert*; c) que tem técnica; d) relativo a procedimento científico, artístico, industrial etc. **2.** *Direito desportivo.* Treinador.

TÉCNICO AGRIMENSOR. *Direito do trabalho.* Aquele que tem habilitação legal para efetuar serviço de levantamento, demarcação e divisão de terras.

TÉCNICO-CIENTÍFICO. *Direito administrativo.* Aquele cargo em que se põem em prática métodos organizados apoiados em conhecimentos científicos (Pontes de Miranda).

TÉCNICO DE ADMINISTRAÇÃO. *Direito do trabalho.* Aquele que é versado em administração de empresas.

TÉCNICO DE ENFERMAGEM. *Direito do trabalho.* Profissional com Ensino Médio completo e curso regular de Técnico de Enfermagem, titular do certificado ou diploma de Técnico de Enfermagem, devidamente registrado no Conselho Regional de Enfermagem de sua jurisdição. Exerce atividades auxiliares, de nível técnico, sendo habilitado para o atendimento pré-hospitalar móvel, integrando sua equipe. Além da intervenção conservadora no atendimento do paciente, é habilitado a realizar procedimentos a ele delegados, sob supervisão do profissional enfermeiro, dentro do âmbito de sua qualificação profissional. Precisa preencher os seguintes requisitos gerais: maior de dezoito anos; disposição pessoal para a atividade; capacidade física e mental para a atividade; equilíbrio emocional e autocontrole; disposição para cumprir ações orientadas; disponibilidade para re-certificação periódica; experiência profissional prévia em serviço de saúde voltado ao atendimento de urgências e emergências; capacidade de trabalhar em equipe. Tem as atribuições de: assistir ao enfermeiro no planejamento, programação, orientação e supervisão das atividades de assistência de enfermagem; prestar cuidados diretos de enfermagem a pacientes em estado grave, sob supervisão direta ou a distância do profissional enfermeiro; participar de programas de treinamento e aprimoramento profissional especialmente em urgências/emergências; realizar manobras de extração manual de vítimas.

TÉCNICO DE SUPORTE DO BANCO CENTRAL DO BRASIL. *Direito bancário.* Aquele que tem as atribuições de: 1. suporte e apoio técnico e administrativo às atividades dos Analistas e Procuradores do Banco Central do Brasil; 2. operação do complexo computacional e da Rede de Teleprocessamento do Banco Central (SISBACEN); 3. suporte e apoio à distribuição de moeda e papel-moeda ao sistema bancário; 4. supervisão da execução de atividades de suporte e apoio técnico terceirizadas; 5. levantamento e organização de dados vinculados aos sistemas de operações, controle e gestão especializada exercida pelo Banco Central do Brasil e outras de apoio técnico especializado; 6. atividades de suporte e apoio técnico que, por envolverem sigilo e segurança do sistema financeiro, não possam ser terceirizadas; 7. operação de máquinas em geral e as especiais destinadas aos serviços do meio circulante.

TÉCNICO EM ESPETÁCULO DE DIVERSÕES. *Direito do trabalho.* Aquele que, pelos seus estudos ou experiência, é versado em promoção e organização de espetáculos de diversões públicas.

TÉCNICO ESTRANGEIRO. *Direito do trabalho.* Pessoa estrangeira que, por ter conhecimentos especializados, é contratada para prestar, provisoriamente, serviços em certo setor.

TECNICOLOR. *Direito de propriedade industrial.* Processo, de marca registrada, para obtenção de filmes coloridos.

TECNISMO. Influência da técnica.

TECNOCRACIA. 1. *Ciência política.* Sistema de organização político-social que dá preponderância aos técnicos. **2.** *Direito administrativo.* a) Governo dos técnicos; b) governo que apresenta forte tendência para privilegiar o trabalho dos técnicos, deixando de lado influências sociais.

TECNOCRATA. 1. *Direito administrativo.* Servidor público enquadrado na tecnocracia (Othon Sidou). **2.** *Ciência política.* Partidário da tecnocracia.

TECNOCRÁTICO. *Ciência política.* **1.** O que diz respeito à tecnocracia. **2.** Pertencente à tecnocracia.

TECNOLOGIA. 1. Conhecimento de leis e de recursos naturais para uso em benefício do progresso da humanidade. **2.** Sistema de conhecimento técnico (Geraldo Magela Alves). **3.** Estudo de processos técnicos voltados à arte ou indústria para obter o desenvolvimento da civilização. **4.** Conjunto de técnicas. **5.** Teoria de uma técnica (Goblot). **6.** Conjunto de processos específicos aplicáveis às artes e ofícios em geral. Constitui-se de conhecimentos ou experiências, de cunho secreto, que se aplicam

a atividades econômicas, designados como *know-how* (Carlos Alberto Bittar). **7.** Aplicação de conhecimentos científicos à produção e comercialização de bens e serviços. **8.** *Teoria geral do direito.* Função da ciência dogmática, enquanto pensamento conceitual, vinculado ao direito posto, instrumentalizando-se a serviço da ação sobre a sociedade. O pensamento tecnológico fecha-se à problematização de seus pressupostos para que possa criar condições para a ação, ou seja, para a decidibilidade de conflitos juridicamente definidos. Com isso, a decidibilidade de conflitos é o problema central da ciência dogmática do direito, cujos enunciados têm natureza criptonormativa, deles decorrendo conseqüências programáticas de decisões, pois devem prever que, com seu auxílio, um determinado problema social seja solucionado sem exceções perturbadoras (Tércio Sampaio Ferraz Jr. e Viehweg).

TECNOLOGIA DA INFORMAÇÃO. *Direito virtual* e *direito das comunicações.* **1.** Informática. **2.** Conjunto de aparelhos ou meios de comunicação que transmitem informação, como TV, rádio, imprensa, computador, fax etc.

TECNOLOGIA DE RECICLAGEM. *Direito ambiental.* Técnica de aproveitamento de resíduos.

TECNOLOGIA DO DNA RECOMBINANTE. *Vide* ENGENHARIA GENÉTICA.

TECNOLOGIA JAVA. *Direito virtual.* Linguagem de programação que possibilita o desenvolvimento de programas independentes de plataformas, que servem tanto para PCs como para MACs e seus respectivos clones.

TECNOLOGIA JURÍDICA. 1. *Direito de propriedade industrial. Know-how,* que é um bem imaterial protegido juridicamente. **2.** *Teoria geral do direito.* a) Conhecimento da técnica jurídica; teoria da técnica jurídica; b) linguagem peculiar ao direito; linguagem jurídica.

TECNOLOGIAS GENÉTICAS DE RESTRIÇÃO DO USO. *Biodireito.* Qualquer processo de intervenção humana para geração ou multiplicação de plantas geneticamente modificadas para produzir estruturas reprodutivas estéreis, bem como qualquer forma de manipulação genética que vise à ativação ou desativação de genes relacionados à fertilidade das plantas por indutores químicos externos.

TECNOLOGIA SOCIAL. *Sociologia geral.* Conjunto de técnicas sociais aplicadas para fundamentação do trabalho social, da planificação e da engenharia como formas de controle.

TECNOLÓGICO. Referente à tecnologia.

TECNOLOGISTA. *Vide* TECNÓLOGO.

TECNÓLOGO. 1. Perito ou versado em tecnologia. **2.** Aquele que escreve sobre artes e ofícios (Laudelino Freire).

TECNONÍMIA. Costume de indicar um parente, citando o filho.

TECO–TECO. *Direito aeronáutico.* Pequeno avião usado para treinamento de pilotos ou para viagens de curta distância.

TED. *Direito ambiental.* **1.** Sigla de *Turtle Excluder Device.* **2.** *Direito bancário.* Transferência Eletrônica Disponível, que é a ordem de transferência eletrônica no Sistema de Pagamentos Brasileiro.

TÉDIO. 1. Enfado. **2.** Aborrecimento.

TEGATA. *Termo japonês.* Cheque.

TEGUMENTO. *Medicina legal.* Revestimento externo do corpo que abrange a pele e os pêlos.

TEIA. 1. *Direito agrário.* Cotão que nasce ao redor dos cachos de uvas e de flores, prejudicando-os. **2.** Na *linguagem jurídica* em geral: a) intriga; b) divisória em igreja ou tribunal para separar o público; c) gradeado existente em estabelecimento comercial ou público que separa os funcionários daqueles que ali vão tratar de seus interesses. **3.** *Direito comparado.* Em Portugal, na sala de audiências, é a parte reservada ao tribunal, ao representante do Ministério Público, aos advogados, aos assistentes técnicos, aos solicitadores e aos funcionários da secretaria judicial e aos intervenientes, no ato judicial a realizar (partes, testemunhas etc.), podendo lá também tomar lugar pessoas cujo ingresso a presidência autorize (Ana Prata).

TEIGA. *História do direito.* Antiga medida para cereais.

TEIMOSIA. 1. Obstinação. **2.** Qualidade de teimoso. **3.** Insistência.

TEIRÓ. 1. *Direito agrário.* Peça do arado que corta a terra. **2.** *Direito militar.* Parte da fecharia de certas armas de fogo (Laudelino Freire). **3.** Nas *linguagens comum* e *jurídica*: a) rixa; b) dúvida; c) desconfiança.

TEÍSMO. 1. *Medicina legal.* Intoxicação causada pelo abuso do chá. **2.** *Filosofia geral.* Teoria que admite a existência de um Deus (Lalande).

TELA. 1. Pano onde o artista pinta seus quadros. **2.** Quadro que contém obra de arte. **3.** Painel para projeção de filmes ou *slides.* **4.** Cinema. **5.** Tecido de arame apropriado para cercado. **6.** Objeto de um estudo ou discussão.

TELA DE JUÍZO. *História do direito.* Duelo.

TELANGIOMA. *Medicina legal.* Tumor que se forma pela dilatação de vasos capilares.

TELEARCA. *História do direito.* Na Grécia antiga, era o comandante de uma telearquia.

TELEARCO. *História do direito.* Em Tebas, era o encarregado da limpeza das ruas, da canalização etc.

TELEARQUIA. *História do direito.* Na antigüidade grega, era o grupo de 2.048 homens.

TELEATOR. *Direito do trabalho.* Ator de representação teatral transmitida pela televisão.

TELECOMANDAR. *Direito das comunicações.* Comandar aviões, foguetes, navios, projéteis etc. a distância por meio de ondas hertzianas.

TELECOMANDO. *Direito das comunicações.* **1.** Ato ou efeito de telecomandar. **2.** Uso das telecomunicações para a transmissão de sinais de rádio para iniciar, modificar ou terminar, a distância, funções de equipamento.

TELECOMUNICAÇÃO. *Direito das comunicações.* **1.** Serviço de transmissão, emissão ou recepção de sinais, imagens, escritos, sons ou informações de qualquer natureza por meio de fios, eletricidade, rádio ou outro processo eletromagnético. **2.** Sistema de comunicação a distância feita por satélite, telefone, telégrafo, radiotelegrafia etc. (De Plácido e Silva). **3.** Área tecnológica que se ocupa das comunicações entre grandes distâncias, usando, para tanto, satélites artificiais, telefones etc. **4.** É a transmissão, emissão ou recepção por fio, radioeletricidade, meios ópticos ou qualquer outro processo eletromagnético, de símbolos, caracteres, sinais, escritos, imagens, sons ou informações de qualquer natureza.

TELECONFERÊNCIA. *Direito virtual.* Conferência de voz e de imagens por meios de telecomunicações. Por exemplo, a Internet é uma rede de teleconferência, onde os usuários se comunicam com diversos países, munidos de um microcomputador, uma linha telefônica e um *modem. Vide* INTERNET.

TELECRIPTÓGRAFO. Telégrafo muito rápido que pode chegar a duas mil letras por minuto.

TELEDACTILOSCOPIA. *Medicina legal.* Processo de transmissão de dactilogramas, reduzidos a algarismos, a distância, por meio de telefone, rádio, telégrafo etc. (Gasti).

TELEFÉRICO. Sistema de transporte que se compõe de cabines, onde ficam os passageiros, movidas por cabos a certa altura do solo, possibilitando acesso a pontos turísticos situados em locais altos.

TELEFERISMO. Transporte por meio de teleféricos.

TELEFONAR. Transmitir pelo telefone.

TELEFONE. Aparelho que transmite palavra falada ou a voz a distância por meio de eletromagnetismo.

TELEFONE CELULAR. *Direito das comunicações.* Aparelho que transmite e recebe sons em automóveis, ruas etc., por estar conectado à rede telefônica por um sistema de transmissores e receptores de rádio.

TELEFONE DE USO PÚBLICO (TUP). *Direito administrativo.* É o que permite a utilização do STFC, por meio do acesso de uso coletivo, a qualquer pessoa, dentro de condições normais de utilização, independentemente de assinatura ou inscrição junto à concessionária ou à prestadora.

TELEFONEMA. 1. Comunicação telefônica. **2.** Uso de telefone para transmitir mensagem por meio da palavra falada.

TELEFONIA. Processo de fazer ouvir a voz ou a palavra falada a grande distância.

TELEFONIA MÓVEL. *Direito das comunicações.* Arte de fazer ou de receber chamada telefônica em interior de veículos, em ruas etc., por meio de telefone celular.

TELEFONISTA. *Direito do trabalho.* **1.** Empregado em empresas ou repartições que está encarregado de atender as chamadas telefônicas externas, estabelecer comunicações telefônicas internas e efetuar as ligações externas. **2.** Pessoa contratada para efetuar serviço de telefonia.

TELEGRAFAR. Transmitir mensagens pelo telégrafo.

TELEGRAFIA. *Direito das comunicações.* Sistema eletromagnético ou por ondas hertzianas que efetua transmissão de escrita por meio de um código de sinais gráficos.

TELEGRAFISTA. *Direito do trabalho.* Empregado encarregado de transmitir e receber telegramas.

TELÉGRAFO. Aparelho que transmite, rapidamente, mensagens a distância.

TELÉGRAFO AÉREO. Semáforo; aparelho que transmite sinais em ponto elevado.

TELÉGRAFO MARÍTIMO. Aparelho que emite sinais no mar.

TELÉGRAFO MORSE. Sistema telegráfico que utiliza, ao transmitir mensagens, um código formado por pontos e traços.

TELÉGRAFO NOTURNO. Aparelho que, contendo lanternas móveis, transmite sinais durante a noite.

TELÉGRAFO SEM FIO. Aparelho que efetua transmissão de mensagens, através do espaço, por meio de ondas hertzianas.

TELÉGRAFO SUBMARINO. Aparelho que transmite mensagens por meio de cabos estendidos no fundo do mar.

TELEGRAMA. 1. Comunicação ou mensagem transmitida pelo telégrafo ou rádio. **2.** Papel impresso que contém tal comunicação e que é entregue ao destinatário por um mensageiro.

TELEGUIADO. Engenho, míssil, projétil balístico, foguete etc. guiados a distância por meio de ondas hertzianas.

TELEJORNAL. Jornal lido na televisão, acompanhado de filmes relativos aos principais fatos ou notícias.

TELEMARKETING. *Direito virtual.* Trabalho de tele-atendimento/*telemarketing* cuja comunicação com interlocutores clientes e usuários é realizada a distância por intermédio da voz e/ou mensagens eletrônicas, com a utilização simultânea de equipamentos de audição/escuta e fala telefônica e sistemas informatizados ou manuais de processamento de dados (Luciana P. Nardy).

TELEMÁTICA. *Direito virtual.* **1.** Tecnologia que abrange o *fax*, que transmite imagens por via telefônica; o *modem*, que requer modulação, ao converter a informação digital que sai de um computador em sinais que viajam pela linha telefônica, e desmodulação, ao realizar processo inverso quando esses sinais chegarem ao outro computador. Pelo *modem* (*modulation* e *demodulation*) podem-se conectar computadores distantes por uma linha telefônica; o videotexto, que possibilita consultar dados (como, por exemplo, horário e preço de passagens; acesso à conta bancária; encomenda de produ-

TEL 596 TELEMETRIA

tos etc.) por linha telefônica, televisor equipado com um decodificador apropriado ou por placa de microcircuitos instalada no computador. **2.** Procedimento da elaboração das informações a distância e movimento de circulação automática dos dados informativos, que ocorrem no diálogo com os calculadores eletrônicos, utilizando os terminais inteligentes, capazes de receber e transmitir (Frosini).

TELEMETRIA. *Direito das comunicações.* **1.** Técnica usada para obter, processar e transmitir dados a distância. **2.** Uso das telecomunicações para a indicação ou registro automático, a distância, de leituras de instrumento de medida.

TELEOLOGIA. *Filosofia geral.* **1.** Estudo da finalidade. **2.** Teoria que considera o mundo como um sistema de relações entre meios e fins (Lalande e Hamelin). **3.** Ciência dos fins (Lapie). **4.** Conjunto de especulações que têm por objetivo conhecer a finalidade, encarada abstratamente, pela consideração dos seres quanto ao fim a que se destinam. **5.** Parte da filosofia que explica os fins das coisas (Wolff).

TELEOLOGIA JURÍDICA. *Filosofia do direito.* Estudo dos fins do direito ou dos fenômenos jurídicos.

TELEOLÓGICO. *Filosofia geral* e *filosofia do direito.* O que se refere à teleologia.

TELEOLOGISMO. *Filosofia do direito.* Doutrina propugnada por Rudolf von Ihering que, voltando-se contra o pandectismo, rechaçou o abstracionismo dos conceitos jurídicos, salientando o caráter finalístico das normas jurídicas. A ciência jurídica, para essa concepção, deve interpretar normas de acordo com os fins por elas visados. A ciência do direito passa a ser, para tal teoria, uma ciência de fins, regida pelo critério da finalidade. Tal finalidade é a proteção dos interesses, procurando-se conciliar os individuais com os coletivos.

TELEOLOGISTA. *Filosofia geral* e *filosofia do direito.* Aquele que é versado em teleologia.

TELEÓLOGO. *Vide* TELEOLOGISTA.

TELEONOMIA. *Filosofia geral.* Direção para um fim.

TELEONÔMICO. *Filosofia geral.* **1.** Sistema dirigido a um fim (Pittendrigh). **2.** Processo ou comportamento voltado para determinado fim que opera na base de um programa ou código de informação (Ernst Mayr).

TELEPATIA. *Psicologia forense.* Fenômeno psicológico que consiste na capacidade de transmitir e receber pensamentos a distância, por meio de comunicação direta de duas mentes.

TELEPROJÉTIL. Projétil teleguiado ou dirigido a grande distância.

TELESCÓPIO. Instrumento que aumenta a imagem de objetos que estão a grande distância.

TELESHOPPING. *Direito do consumidor.* Oferta de produtos através de televisão.

TELESPECTADOR. Espectador de televisão.

TELESSEMIA. Transmissão de sinais a distância.

TELESTESIA. *Psicologia forense.* Visão a distância, sem que haja intervenção de um segundo espírito (Lalande).

TELETEATRO. Teatro que é representado e transmitido dos estúdios da televisão.

TELETIPIA. Arte ou técnica de comunicação a distância por meio do uso de teletipo.

TELETIPISTA. *Direito do trabalho.* Aquele que trabalha com teletipo.

TELETIPO. Aparelho telegráfico que apresenta teclados, fazendo com que as notícias sejam transmitidas por letras e não por sinais, para leitura imediata. É muito utilizado em grandes empresas jornalísticas.

TELEVISADO. Transmitido pela televisão.

TELEVISÃO COM DISPOSITIVO BLOQUEADOR TEMPORÁRIO DA RECEPÇÃO DE PROGRAMAÇÃO INADEQUADA. *Direito das comunicações* e *direito do consumidor.* É o aparelho de televisão comercializado no mercado interno que deve possuir dispositivo eletrônico que permita ao usuário bloquear previamente a recepção de programas transmitidos ou retransmitidos pelas concessionárias, permissionárias ou autorizatárias de serviços de radiodifusão de sons e imagens, bem como as que operem os serviços especiais, correlatos e afins. Será vedada a comercialização no mercado interno de aparelho de televisão, que não possua o dispositivo bloqueador. Ato do Poder Executivo poderá prever medidas de estímulo à produção de aparelho de televisão de menor preço. A infração legal implicará a incidência de multa equivalente a trinta por cento do valor de cada aparelho de televisão comercializado. Competirá ao Poder Executivo, ouvidas as entidades representativas das pessoas jurídicas, proceder à classificação indicativa dos programas de televisão, que deverá apresentar as faixas etárias a que não se recomendem os programas de televisão identificados. As con-

TELEVISÃO (TV) 597

cessionárias, permissionárias e autorizatárias de serviços de radiodifusão de sons e imagens, bem como as que operem os serviços especiais, correlatos e afins, do Sistema Brasileiro de Televisão Digital (SBTVD), conforme definido em regulamentação própria, deverão, juntamente com os respectivos programas, transmitir ou retransmitir código ou sinal reconhecível pelo aparelho digital, de modo a permitir o bloqueio, e deverão divulgar previamente suas programações, indicando de forma clara os horários e canais de exibição dos programas com restrição etária.

TELEVISÃO (TV). 1. Sistema eletrônico de transmissão de imagens visuais fixas ou animadas a distância, juntamente com o som, convertendo ondas luminosas em elétricas e fazendo posteriormente sua reconversão à forma anterior (Carlos Alberto Bittar). **2.** Aparelho receptor de imagens. **3.** Estação que transmite imagens televisionadas.

TELEVISAR. Transmitir pela televisão.

TELEVISIONADO. *Vide* TELEVISADO.

TELEVISIONAR. *Vide* TELEVISAR.

TELEVISOR. 1. Que se refere à televisão. **2.** Aparelho que recebe imagens e sons.

TELEX. 1. Equipamento com sistema transmissor e receptor de mensagens impressas via telefone. **2.** Transmissão a distância de textos escritos. Os sinais gerados pelo transmissor ou pelo teclado similar ao de uma máquina de escrever viajam pelo fio telefônico até o receptor, onde se convertem, novamente, em letras, sendo impressos em papel.

TELHA. 1. *Direito civil.* Peça de barro que serve para cobrir prédios. **2.** *Direito marítimo.* Peça de madeira, cavada em uma das faces, que é colocada ao longo do mastro para reforçá-lo.

TELHADO. *Direito civil.* Conjunto de telhas que formam a cobertura de um prédio, resguardando seu interior das intempéries.

TELHADO ARRUADO. *Direito administrativo.* Terreno por onde passam ruas abertas ou demarcadas pela prefeitura nas plantas aprovadas (De Plácido e Silva).

TELHADO DE VIDRO. Má reputação.

TELHADURA. *Direito civil.* Ato ou efeito de cobrir um prédio com telhas.

TELHAL. Forno onde as telhas são cozidas.

TELHAR. *Direito civil.* Cobrir com telhas.

TELHEIRA. *Direito comercial.* Fábrica de telhas.

TELHEIRO. 1. *Direito comercial.* Fabricante de telhas. **2.** *Direito agrário.* a) Alpendre; b) construção rústica coberta de telhas para depósito de material, abrigo de animais ou de pessoas.

TELITE. *Medicina legal.* Inflamação do bico do seio.

TELIZ. *Direito agrário.* Pano usado para cobrir a sela do cavalo.

TELLER'S CHECK. *Locução inglesa.* Cheque de contabilidade.

TELNET. *Direito virtual.* **1.** Sistema que possibilita difusão de voz em tempo real, similar ao telefone. **2.** Serviço que permite ao usuário efetuar processamento de recursos de um computador remoto como se estivesse lá, mediante interligação à rede telemática (Cláudio José Lawand).

TELÔNIO. *História do direito.* Casa onde as rendas públicas eram recebidas.

TELOPLASTIA. *Medicina legal.* Cirurgia plástica para restaurar o bico do seio.

TELORRAGIA. *Medicina legal.* Hemorragia pelo bico do seio.

TELOS. *Termo grego.* Aquilo a que a coisa tende.

TELPOCHCALLI. *História do direito.* Casa onde os jovens astecas recebiam educação, inclusive a militar, adestrando-se para a guerra.

TELURISMO. *Sociologia geral.* Influência do solo de uma região sobre os costumes de seus habitantes.

TEMA. 1. *Teoria geral do direito.* Na analogia, segundo alguns autores, é a relação entre os termos sobre os quais incide a conclusão (Tércio Sampaio Ferraz Jr.). **2.** *Filosofia geral.* a) Assunto de reflexão ou de discussão (Leibniz); b) enunciado lingüístico que se compõe de um ponto de apoio a partir do qual se formula a mensagem (Francisco da Silva Barbosa); c) aquilo de que se fala. **3.** *Lógica jurídica.* a) Proposição a ser demonstrada; b) argumento. **4.** *Direito autoral.* a) Matéria de obra literária, artística ou científica; b) formulação delimitadora do conteúdo de um texto. **5.** Na *linguagem jurídica* em geral: a) assunto; b) matéria de fato ou de direito.

TEMA PROBATÓRIO. *Direito processual civil.* **1.** Objeto da prova. **2.** Fato que se pretende provar em juízo.

TEMÁRIO. Conjunto de temas que devem ser abordados em um congresso científico, literário ou artístico.

TEMÁTICA. *Direito autoral.* Complexo de assuntos versados em uma obra literária, artística ou científica, ou por um autor em seus livros.

TEMÁTICO. 1. O que se refere a tema; relativo a tema. **2.** Pertencente a tema.

TEMATISMO. 1. Relação de um tema com o fenômeno a que se dirige. **2.** Caráter dos fenômenos dominados por um tema (Lalande e Ruyer).

TEMATIZAR. Escolher um tema.

TEMBLEQUE. *Direito agrário.* Moléstia do gado provocada pela ingestão de cogumelos tóxicos.

TEMENTE. 1. Que respeita. **2.** Que teme.

TEMER. 1. Ter receio. **2.** Reverenciar.

TEMERÁRIO. 1. Imprudente. **2.** Arriscado. **3.** O que se fala ou se faz sem ter algum fundamento justo. **4.** Juízo desfavorável que se faz de uma pessoa, sem ter prova suficiente. **5.** Ousado; audacioso. **6.** Perigoso. **7.** Precipitado. **8.** O que contraria o bom senso. **9.** Sorrateiro. **10.** Traiçoeiro.

TEMERIDADE. 1. Estado do que é feito sem fundamentação ou irrefletida e impensadamente. **2.** Audácia. **3.** Qualidade do ato contrário à lei e praticado maliciosamente. **4.** Imprudência. **5.** Conseqüência de ato injusto e sorrateiro ou, ainda, de ato, intencionalmente, protelatório para perturbar a ordem e administração da justiça. **6.** Ação precipitada, induzidora de risco. **7.** Ato ou dito temerário.

TEMEROSO. 1. Que infunde temor. **2.** Receoso.

TEMIBILIDADE. 1. Qualidade de temível. **2.** Periculosidade. **3.** Perversidade.

TEMIDO. 1. Que se teme. **2.** Que causa medo. **3.** Assustador.

TÊMIS. *História do direito.* **1.** Norma estabelecida pela divindade. **2.** Direito familiar.

TEMÍVEL. 1. Quem infunde temor. **2.** Que é para temer.

TEMOR. 1. Justo receio de um mal, dano ou perigo que pode, futuramente, sobrevir. **2.** Medo fundado. **3.** Estado de ânimo que leva a pessoa a temer algo que possa lhe provocar um mal. **4.** Suspeita de um risco.

TEMOR REVERENCIAL. *Direito civil.* **1.** Sentimento de respeito. **2.** Receio de causar desgosto a quem se deve obediência e respeito, e que só vicia ato negocial se acompanhado de violência ou ameaça (Clóvis Beviláqua), caso em que se configura a coação.

TÊMPERA. 1. Nas *linguagens comum* e *jurídica*: a) índole; temperamento; b) caráter; c) hábito; d) integridade. **2.** *Direito agrário.* Cunha utilizada na moenda do engenho para chegar os mancais de cima ao eixo. **3.** *Direito empresarial.* Banho que se dá em metais bastante aquecidos para aumentar sua consistência.

TEMPERAMENTAL. *Psicologia forense.* **1.** Emotivo. **2.** Aquele que reage conforme os impulsos de seu temperamento.

TEMPERAMENTO. 1. *Psicologia forense.* a) Maneira pela qual se opera a reação da pessoa diante de uma situação. Deveras, cada pessoa reage de forma diversa ante uma circunstância fática, conforme o seu temperamento, que varia de acordo com as suas condições psíquicas, físicas, ambientais, educacionais. Assim sendo, quem tiver temperamento forte poderá reagir com agressividade a certa situação; b) conjunto de traços gerais que caracterizam a constituição psíquica ou fisiológica de um indivíduo (Fouilée); c) constituição moral, índole ou caráter de alguém; d) sensualidade. **2.** Na *linguagem jurídica*: a) moderação; atenuação; b) combinação ou mistura.

TEMPERAMENTO SANGÜÍNEO. *Psicologia forense.* Aquele típico de pessoas alegres e volúveis no sentimento.

TEMPERANÇA. 1. Moderação nos desejos, principalmente no de consumir bebida alcoólica. **2.** Sobriedade. **3.** Parcimônia. **4.** Modéstia.

TEMPERANTIA EST MODERATIO CUPIDITATUM RATIONI OBEDIENS. *Expressão latina.* A temperança é, obediente à razão, a moderação dos desejos.

TEMPERAR. 1. Amenizar. **2.** Misturar. **3.** Acrescentar. **4.** Fortalecer. **5.** Conciliar; harmonizar.

TEMPERATURA. 1. Medida de calor. **2.** Grau de intensidade do calor do corpo, medido pela escala de um termômetro; febre. **3.** Exteriorização do calor de um corpo (José Lopes Zarzuela).

TEMPERILHA. *Direito agrário.* **1.** Mistura de remédios em alimentos para ser dada a animal doente. **2.** Habilidade no governo das rédeas da cavalgadura.

TEMPERO. 1. Na *linguagem comum*, é condimento que dá sabor aos alimentos, como sal, pimenta, vinagre, cravo, canela etc. **2.** Na *gíria*, é a destreza para dirigir ou efetuar um negócio ou solucionar uma questão.

TEMPESTADE. 1. *Direito civil.* a) Força maior caracterizada por fortes chuvas acompanhadas de relâmpagos, trovões, vendaval violento etc.; b) temporal. **2.** Em *sentido figurado*: a) perturbação moral; b) agitação civil em um país.

TEMPEST ATTACK. *Direito virtual.* Ataque às informações, que opera com captação de sinais eletromagnéticos emitidos pelo monitor de vídeo do computador da vítima, sendo possível acompanhar tudo o que estiver sendo apresentado na tela sem a necessidade de o computador estar conectado com a rede ou com qualquer forma física de contato (Paulo Sá Elias).

TEMPESTIVAMENTE. Dentro do prazo legal ou convencional.

TEMPESTIVIDADE. Qualidade do que é oportuno ou do que se efetivou dentro do prazo convencional ou legal.

TEMPESTIVO. 1. Oportuno. **2.** O que se deu no tempo devido ou na ocasião certa. **3.** Adequado.

TEMPESTUOSIDADE. Qualidade de tempestuoso.

TEMPESTUOSO. 1. Violento. **2.** Que traz tempestade. **3.** Agitado.

TEMPLÁRIO. *História do direito.* Membro de ordem militar e religiosa, fundada em 1120 por Paynes, e suprimida em 1317 pelo Papa Clemente V, com o escopo de proteger o Santo Sepulcro.

TEMPLE. *História do direito.* Ordem militar dos templários.

TEMPLO. 1. *Direito canônico, direito constitucional* e *direito tributário.* Prédio imune de impostos, destinado ao culto religioso. **2.** *História do direito.* Ordem dos templários; temple. **3.** *Direito civil.* Local ou loja onde os maçons realizam suas sessões.

TEMPO. 1. *Direito desportivo.* Cada período que divide uma partida de determinadas modalidades esportivas. **2.** *Direito publicitário.* Horário que uma emissora de televisão ou de rádio vende a patrocinador de um programa. **3.** Nas *linguagens jurídica* e *comum:* a) época; b) idade; c) antiguidade; d) um lapso de anos; e) dilação; f) demora; g) período; h) prazo; i) hora vaga; j) ocasião oportuna; oportunidade; k) momento; l) estado meteorológico da temperatura. **4.** *Direito comparado.* Moeda japonesa de cobre, que apresenta um orifício no meio. **5.** *Filosofia geral.* a) É uma participação do ser (Aristóteles); b) projeção do ser (Heidegger); c) corrente indefinida de vivências, sem começo e sem fim; um eterno presente (Edmund Husserl); d) mudança continuada pela qual o presente se torna passado (Fouillée).

TEMPO APAGADO. Período em que não houve civilização e cultura.

TEMPO CIVIL. *Direito civil.* É o contado e regulado pelo dia civil.

TEMPO CONTÍNUO. É o computado normal e ininterruptamente na ordem cronológica.

TEMPO DA SALGA. *Direito agrário.* No Amazonas, é a época da pesca e salga do pescado.

TEMPO DE ABANDONO (TAB). *Direito das comunicações.* Tempo, em segundos, de espera do solicitante na fila antes de abandonar a ligação telefônica.

TEMPO DE ATENDIMENTO (TA). *Direito das comunicações.* Tempo, em segundos, apurado entre o início do contato do solicitante com o atendente ou com a Unidade de Resposta Audível (URA) até a desconexão da chamada por iniciativa do solicitante.

TEMPO DE CAÇA. *Direito ambiental, direito civil* e *direito agrário.* Estação ou época em que se permite a caça, dentro de certas normas regulamentares para preservação da fauna.

TEMPO DE CASA. *Vide* TEMPO DE SERVIÇO.

TEMPO DE CONTRIBUIÇÃO. *Direito previdenciário.* Período de pagamento de contribuições ao órgão previdenciário, formando sua receita.

TEMPO DE CONTRIBUIÇÃO FICTÍCIO. *Direito administrativo* e *direito previdenciário.* Todo aquele considerado em lei como tempo de serviço público para fins de concessão de aposentadoria sem que haja, por parte do servidor, a prestação de serviço e a correspondente contribuição social, cumulativamente. Dentre outros pode-se citar os seguintes casos: a) tempo contado em dobro da licença-prêmio por assiduidade não gozada; b) tempo contado em dobro do serviço prestado às Forças Armadas em operações de guerra; c) acréscimo de um terço ao tempo de serviço militar para cada período consecutivo ou não de dois anos de efetivo serviço passados pelo militar nas guarnições especiais da Categoria "A"; d) acréscimo ao tempo de serviço exercido em atividades perigosas, insalubres ou penosas; e) período em que o servidor foi colocado à disposição de instituições federais de ensino, para exercer o magistério em regime de dedicação exclusiva; f) tempo em que o candidato, inclusive servidor público, esteve participando de curso de formação relativo à segunda etapa de concurso público, sem que tenha havido contribuição para qualquer regime de previdência; g) tempo em que o servidor esteve exonerado, demitido, despedido ou dispensado de seu cargo ou emprego, sem contribuição para nenhum regime de previdência; h) tempo em que o servidor esteve aposentado, sem contribuição para nenhum regime de previdência.

TEMPO DE EFETIVO EXERCÍCIO NO SERVIÇO PÚBLICO. *Direito administrativo.* Tempo de exercício de cargo, função ou emprego público, ainda que descontínuo, na Administração direta, autárquica, ou fundacional de qualquer dos entes federativos.

TEMPO DE ESPERA (TE). *Direito das comunicações.* Tempo, em segundos, decorrido entre a entrada do solicitante na fila de espera para o atendimento por atendente e o início do atendimento respectivo, independente do acesso anterior via atendimento eletrônico.

TEMPO DE GUERRA. *Direito militar* e *direito internacional público.* Período de hostilidade entre dois ou mais países.

TEMPO DE PRISÃO. *Direito penitenciário.* Lapso temporal em que um condenado fica privado de sua liberdade, em razão de sentença.

TEMPO DE REAÇÃO. *Psicologia forense.* Período compreendido entre uma excitação e a reação por ela provocada (Baldwin).

TEMPO DE SERVIÇO. 1. *Direito do trabalho.* a) Período compreendido entre a admissão do empregado e certa data, a que está vinculado à empresa, que é computado para obtenção de determinados benefícios; b) aquele que fica entre o início e o término do contrato de trabalho. **2.** *Direito administrativo.* Lapso temporal em que o servidor público efetivamente exerceu suas funções, no qual se computam: a prestação de serviço às Forças Armadas; ausência justificada; férias; exercício de cargo em comissão ou função no governo; estudo no exterior; participação em programa de treinamento, júri, serviço eleitoral, mandato eletivo, competição desportiva nacional ou internacional etc. (Geraldo Magela Alves).

TEMPO DE SOBREVIDA. *Medicina legal.* Período que vai desde a ocorrência de uma lesão corporal até o falecimento por ela provocado.

TEMPO DETERMINADO. *Direito civil.* Prazo certo.

TEMPO DOBRADO. *Direito militar.* Período de tempo que é, para certos fins e efeitos de direito, computado em dobro. Por exemplo, computa-se em dobro o tempo de serviço militar em tempo de guerra.

TEMPO DO CONTRATO. *Direito civil.* Prazo convencionalmente estabelecido pelos contratantes, indicativo do início e do fim da vigência contratual.

TEMPO DO CRIME. *Direito penal.* Momento em que se dá a consumação do crime.

TEMPO DO FATO. *Teoria geral do direito.* Instante no qual o enunciado denotativo ingressa no ordenamento jurídico, pouco importando se veiculado em norma individual, como sentença, acórdão, ato administrativo etc. É a unidade temporal em que o fato se configurou (Paulo de Barros Carvalho).

TEMPO DO FATO JURÍDICO TRIBUTÁRIO. *Direito tributário.* Tempo em que o lançamento do tributo, realizado por autoridade competente e na conformidade do procedimento legal, é tido como ato jurídico válido (Paulo de Barros Carvalho).

TEMPO DO PAGAMENTO. *Direito civil.* **1.** Instante em que se deve pagar o débito, visto que ele só é exigível quando se vencer. **2.** Dia do vencimento. **3.** Momento em que o pagamento pode ser reclamado. **4.** Prazo moral, não havendo fixação do momento para cumprimento da obrigação. **5.** Dia do implemento da condição, se se tratar de obrigação condicional.

TEMPO DOURADO. Tempo feliz.

TEMPO ESCASSO. Período crítico ou desfavorável.

TEMPO GROSSO. Violento temporal.

TEMPO HÁBIL. 1. *Direito civil.* Tempo útil, ou seja, aquele prazo legal ou convencional em que o obrigado pratica o ato sem incorrer em mora. **2.** *Direito processual civil.* Prazo concedido por lei para agir em juízo.

TEMPO IMEMORIAL. Época remota da qual entre os contemporâneos não se tem notícia, nem memória.

TEMPO INDETERMINADO. *Direito civil.* Aquele em que não há estipulação de prazo certo ou determinado.

TEMPO INTEGRAL. *Direito administrativo.* **1.** Aquele relativo à função exercida pelo servidor público, que o impede de ocupar, cumulativamente, outra atividade pública ou privada. **2.** Período em que o funcionário desempenha suas funções dentro do horário imposto pela Administração Pública por ser o correspondente ao seu regime jurídico.

TEMPOLÁBIL. Aquilo que se modifica com o tempo.

TEMPO LIVRE. 1. Hora de lazer. **2.** Hora vaga.

TEMPO MÉDIO DE ABANDONO (TMAB). *Direito das comunicações.* Razão entre o tempo total de abandono, em segundos, e o total de chamadas abandonadas no mesmo período.

TEMPO MÉDIO DE ATENDIMENTO (TMA). *Direito das comunicações.* Razão entre o tempo total despendido para o atendimento, em segundos, e o total de chamadas atendidas.

TEMPO MÉDIO DE ESPERA (TME). *Direito das comunicações.* Razão entre o tempo total de espera, em segundos, e o total de chamadas em espera no mesmo período.

TEMPO MORTO. Aquele em que não há nada para fazer.

TEMPO NO FATO. *Teoria geral do direito.* Marca de tempo a que o enunciado fático se refere. Ocasião a que alude o enunciado factual, indicando a ocorrência concreta de um evento. Por exemplo, quando se diz que no dia "X" alguém se tornou proprietário do imóvel "Y" no Município "W", sobre tal fato incidirá o IPTU (Paulo de Barros Carvalho).

TEMPO PERDIDO. Aquele gasto inutilmente.

TEMPORADA. 1. Espaço de tempo durante o qual se realiza algo. **2.** Época do ano apropriada para certos eventos, atos ou atividades.

TEMPORADA DE FÉRIAS. *Direito do trabalho.* Período de tempo em que se permite ao empregado menor de dezoito anos gozar as férias laborais juntamente com as escolares.

TEMPORADA DE TOBIAS. *Sociologia geral.* Abstenção sexual praticada em certos povos primitivos como preparação de algum cerimonial da tribo.

TEMPORAL. 1. Leigo; secular. **2.** Transitório; o que está limitado por prazos. **3.** O que passa com o tempo. **4.** Relativo ao tempo. **5.** Poder material que não se envolve com questões espirituais. **6.** Grande tempestade.

TEMPORALIDADE. 1. Qualidade do que é provisório. **2.** Estado do que não é efetivo. **3.** Interinidade. **4.** Coisa mundana ou bem temporal (Laudelino Freire).

TEMPORALIDADES. *Direito canônico.* Rendas ou benefícios percebidos a título de remuneração pelo pároco.

TEMPORALIDADES DA VIDA. 1. Proventos. **2.** Ganhos.

TEMPORALISMO. *Filosofia geral.* **1.** Interesse pela noção do tempo (McTaggart). **2.** Concepção do tempo como experiência vivida.

TEMPORALIZAÇÃO. Ação ou efeito de temporalizar.

TEMPORALIZAR. 1. Formar algo transitório. **2.** Secularizar.

TEMPORANEIDADE. Qualidade do que é temporâneo.

TEMPORÂNEO. 1. Contemporâneo. **2.** Temporário.

TEMPORÃO. 1. Precoce. **2.** O que vem antes do tempo certo.

TEMPORARIEDADE. O que é temporário ou limitado no tempo.

TEMPORÁRIO. 1. O que dura por um tempo limitado. **2.** Transitório. **3.** Momentâneo. **4.** O que tem pouca duração.

TEMPO REVOLTO. Época de guerra ou revolução.

TEMPORI PARCENDUM. *Locução latina.* É preciso poupar o tempo.

TEMPORI SERVIENDUM EST. *Expressão latina.* É preciso que nos acomodemos ao tempo e às circunstâncias.

TEMPORIZAR. 1. Adiar; procrastinar. **2.** Aguardar momento mais propício.

TEMPO SEGURO. Bom tempo, sem prováveis chuvas.

TEMPOS PRIMITIVOS. Primórdios da civilização.

TEMPOS QUE CORREM. Os dias atuais.

TEMPO SUFICIENTE. 1. Prazo necessário para a prática de um ato ou realização de um serviço. **2.** Prazo razoável.

TEMPO ÚTIL. *Vide* TEMPO HÁBIL.

TEMPUS EDAX, HOMO EDACIOR. *Expressão latina.* O tempo é destruidor, e o homem o é mais ainda.

TEMPUS EST OPTIMUS JUDEX RERUM OMNIUM. *Expressão latina.* O tempo é bom juiz, o melhor juiz de todas as coisas.

TEMPUS EST TACENDI. *Expressão latina.* É tempo de calar.

TEMPUS LEGIS QUI NON OBSERVAT, NON DICITUR FORMAM LEGIS OBSERVARE. *Aforismo jurídico.* Não observar o tempo da lei é não cumprir sua forma.

TEMPUS LENIT ODIUM. *Expressão latina.* O tempo abranda a ira ou o ódio.

TEMPUS LONGUM VITIAT LAPIDEM. *Expressão latina.* O tempo tudo gasta.

TEMPUS LUGENDI. *Locução latina.* Tempo de luto.

TEMPUS MOLESTIIS MEDETUR. *Expressão latina.* O tempo cura os desgostos.

TEMPUS MORIENDI. *Locução latina.* É tempo de morrer.

TEMPUS NOSCE. *Locução latina.* Conhece o tempo.

TEMPUS OMNIUM SAPIENTISSIMUM. *Expressão latina.* O tempo é a mais sábia de todas as coisas.

TEMPUS OPPORTUNUM. *Locução latina.* Momento oportuno; ocasião apropriada.

TEMPUS REGIT ACTUM. 1. *Expressão latina.* A época rege o ato. **2.** *Direito internacional privado.* Elemento de conexão que subordina o negócio, quanto à sua formalidade extrínseca, à lei vigente à época em que se efetivou.

TEMPUS TACENDI ET TEMPUS LOQUENDI. *Expressão latina.* Há tempo para calar e para falar.

TEMULÊNCIA. *Medicina legal.* **1.** Embriaguez. **2.** Estado mórbido similar à embriaguez.

TEMULENTO. *Medicina legal.* Ébrio.

TENACIDADE. 1. Contumácia. **2.** Apego exagerado a uma idéia; persistência.

TENACISSIMA INJURIAE MEMORIA, AT BENEFICII BREVISSIMA. *Expressão latina.* É duradoura a lembrança da injúria, e passageira a do benefício.

TENALGIA. *Medicina legal.* Dor nos tendões.

TENANT IN COMMON. *Locução inglesa.* Condômino.

TENANT MIX. *Direito empresarial.* Distribuição planejada de lojas em um *shopping center*. Há, portanto, um planejamento já traçado desde a época da construção do centro comercial que indica a localização das lojas, de conformidade com o ramo do negócio, o tamanho e a importância do estabelecimento, as lojas âncoras, que exercem uma polarização maior da clientela, e as lojas satélites ou magnéticas. As lojas âncoras trazem para o *shopping* a clientela, e as lojas satélites passam a atrair para si tal clientela.

TENAZ. 1. Que apresenta força de coesão. **2.** Que, por aderir com força a algo, é difícil de arrancar. **3.** O que custa a extinguir. **4.** Teimoso. **5.** Vigoroso. **6.** Obstinado. **7.** Avarento.

TENAZMENTE. 1. Com pertinácia. **2.** De maneira tenaz.

TENÇA. 1. *Direito civil.* Pensão alimentícia, geralmente em dinheiro, paga periodicamente pelo Estado, por pessoa de direito público ou privado, para assegurar a subsistência de alguém. **2.** *História do direito.* Pensão vitalícia que era dada aos cavaleiros pelo rei, como reconhecimento dos serviços prestados.

TENÇÃO. 1. *Direito processual.* Voto vencido proferido, fundamentadamente, no tribunal pelo juiz divergente. **2.** Na *linguagem comum*: a) propósito; intento; b) tema; c) briga; d) má vontade; e) modo de pensar; parecer.

TENCEIRO. *História do direito.* Cobrador de tenças.

TENCIONANTE. *Direito processual.* Juiz que apresenta tenção.

TENCIONAR. 1. *Direito processual.* Dar o juiz, por escrito, a sua tenção. **2.** Na *linguagem comum*: a) ter o desígnio; b) planejar.

TENCIONÁRIO. *Direito civil.* Aquele que recebe tença; beneficiário da tença.

TENDA. 1. *Direito comercial.* a) Barraca onde feirante vende víveres, mercadorias ou produtos; b) em Minas Gerais e no Nordeste, é a oficina do sapateiro, alfaiate etc. **2.** *Direito comparado.* Habitação desmontável de povos nômades. **3.** *Direito agrário.* a) Local onde estão situados os tachos, nos engenhos de açúcar; b) conjunto de copos de folhas usados na extração do látex da mangabeira.

TENDAL. 1. *Direito agrário.* a) Lugar onde se assentam as formas, no engenho de açúcar; b) local destinado à extração e armazenamento do mel de abelha; c) lugar apropriado para tosquiar ovelhas. **2.** *Direito marítimo.* Tolda que se fixa na primeira coberta do navio. **3.** *Direito comercial.* Local, em mercado ou feira, onde fica exposta, para venda aos açougueiros, a carne de reses abatidas no matadouro.

TENDÃO. *Medicina legal.* Conjunto de fibras que ligam os músculos aos ossos.

TENDÊNCIA. 1. Predisposição. **2.** Característica do que tende para um objetivo. **3.** Propensão. **4.** Vocação. **5.** Movimento ascendente ou descendente de preços de um ativo no mercado, identificável por indicações padronizadas (Luiz Fernando Rudge).

TENDÊNCIA DISGENÉTICA. *Sociologia geral.* Mudança que causa deterioração das qualidades hereditárias de uma população.

TENDENCIADO. 1. Propenso. **2.** Vocacionado. **3.** Que tem tendência.

TENDÊNCIA EUGÊNICA. *Sociologia geral.* Qualquer alteração que venha a melhorar as qualidades hereditárias da população.

TENDÊNCIA SUBURBANA. *Sociologia geral.* Fuga da população das grandes cidades para formar, nas adjacências, comunidades menores.

TENDENTE. 1. Que tem vocação. **2.** Que se volta para um determinado fim.

TENDER. 1. Aspirar. **2.** Ter por fim. **3.** Ter inclinação ou propensão para algo. **4.** Dirigir-se.

TÊNDER. 1. *Direito marítimo.* Pequeno navio que é usado para abastecer outro. **2.** *Direito comercial.* Carro destinado a transporte de água ou de combustível, necessários para o funcionamento de locomotiva.

TENDER BONDS. *Direito internacional privado.* Garantias de oferta.

TENEBRICOSIDADE. 1. *Medicina legal.* Afecção visual que não permite a nitidez na percepção de objetos. **2.** Na *linguagem comum*: obscuridade intelectual.

TENEBROSO. 1. Muito escuro. **2.** O que é de difícil compreensão. **3.** Terrível. **4.** Aflitivo.

TENEMENT HOUSE. *Locução inglesa.* **1.** Cortiço. **2.** Habitação coletiva multifamiliar.

TENÊNCIA. 1. *Direito militar.* Cargo de tenente. **2.** *História do direito.* Repartição do tenente-general de artilharia. **3.** Na *linguagem comum*: a) teimosia; b) hábito; c) cautela; d) vigor; força.

TENENTE. *Direito militar.* Primeiro posto do oficialato que, nas Forças Armadas, abrange o segundo-tenente e o primeiro-tenente.

TENENTE-BRIGADEIRO. *Direito militar.* Na Aeronáutica, é o posto hierárquico inferior ao de marechal-do-ar e superior ao de major-brigadeiro.

TENENTE-CORONEL. *Direito militar.* É, no Exército, o posto superior ao de major e inferior ao de coronel.

TENENTE-CORONEL-AVIADOR. *Direito militar.* Na Aeronáutica, pertencente ao Círculo de Oficiais Superiores, é o posto hierárquico inferior ao de coronel-aviador e superior ao de major-aviador.

TENENTE-DO-MAR. *História do direito.* Cargo que, no Brasil, na era Colonial e Imperial, estava abaixo de capitão-tenente e acima de segundo-tenente.

TENENTE-GENERAL. *História do direito.* No Exército, era o posto inferior ao de general e superior ao de capitão-general.

TENENTE-REI. *História do direito.* Governador de praça forte.

TENENTISMO. *História do direito.* Tendência política que, em 1930, entregava a tenentes postos de responsabilidade na administração civil.

TENET. *Termo inglês.* **1.** Dogma. **2.** Princípio. **3.** Opinião. **4.** Máxima.

TENÍASE. *Medicina legal.* Moléstia causada pela tênia, verme que na forma adulta parasita o intestino.

TÊNIS. 1. Na *linguagem comum,* sapato de lona e borracha. **2.** *Direito desportivo.* Jogo que é praticado com raquete e bola, em uma quadra dividida ao meio, no sentido transversal, por uma rede.

TÊNIS DE MESA. *Direito desportivo.* Tênis praticado em uma mesa com raquete de madeira e pequena bola de celulóide.

TENISTA. *Direito desportivo.* **1.** Relativo ao jogo de tênis. **2.** Aquele que joga tênis.

TENIUS SPES. *Locução latina.* Expectativa de direito; esperança de adquirir direito.

TENOÍSMO. *Direito comparado.* Obediência formal prestada pelo povo japonês ao seu imperador.

TENONTAGRA. *Medicina legal.* Gota localizada nos tendões largos.

TENONTÓFIMA. *Medicina legal.* Tumor no tendão.

TENOPATIA. *Medicina legal.* Afecção dos tendões.

TENOSITE. *Medicina legal.* Inflamação do tendão.

TENSÃO. 1. *Sociologia geral.* Oposição interna, manifesta ou latente, em um dado grupo social. **2.** *Medicina legal.* Rigidez em algumas partes do organismo. **3.** Nas *linguagens comum* e *jurídica*: a) esforço para apreender o conhecimento; b) esforço interno que dá coerência a algo; c) estado ou qualidade de tenso.

TENSÃO PSICOLÓGICA. *Psicologia forense.* Concentração mental (Pierre Janet).

TENSÃO SOCIAL. *Sociologia geral.* Estado afetivo oriundo de alguma oposição existente entre grupos sociais.

TENSIVO. Que provoca tensão.

TENSO. 1. Preocupado. **2.** Retesado.

TENTAÇÃO. 1. Desejo violento. **2.** Indução para o mal.

TENTADEIRO. *Direito agrário.* Local cercado onde se ferra o gado.

TENTAME. 1. Experiência. **2.** Ensaio.

TENTAR. 1. Diligenciar. **2.** Experimentar. **3.** Instigar. **4.** Procurar corromper.

TENTATIVA. 1. Experiência. **2.** Ensaio. **3.** Ato que visa executar uma ação ou um projeto sem, contudo, conseguir o seu intento. **4.** Ação malograda, dirigida à realização de algum empreendimento.

TENTATIVA ABANDONADA. *Direito penal.* Aquela que não se consuma por desistência voluntária do próprio agente, que, por sua livre vontade, interrompe a ação criminosa e evita a produção do resultado antijurídico.

TENTATIVA BRANCA. *Direito penal.* É a que se dá quando o objeto material não sofre dano (Damásio E. de Jesus).

TENTATIVA CRIMINAL. *Vide* TENTATIVA DE CRIME.

TENTATIVA DE CONCILIAÇÃO. *Direito processual.* Diligência do juiz no sentido de obter a conciliação das partes.

TENTATIVA DE CONTRAVENÇÃO. *Direito penal.* Ato não punível que consiste na não-consumação do fato contravencional. Daí concluir-se pela sua inadmissibilidade ou inexistência jurídica.

TENTATIVA DE CRIME. *Direito penal.* Execução iniciada de um crime, que não chega a se consumar por circunstâncias alheias à vontade do agente. Por tal tentativa, salvo disposição em contrário, pode ser imposta ao agente a pena correspondente ao delito consumado, diminuída de um a dois terços.

TENTATIVA DE DELITO. *Vide* TENTATIVA DE CRIME.

TENTATIVA DE MATRIMÔNIO. *Direito canônico.* Ato que, de alguma maneira, imita a celebração autêntica do casamento, no qual se exprime verdadeiro consentimento matrimonial, que não produz efeitos jurídicos em razão dos votos perpétuos de um dos nubentes.

TENTATIVA DE ROUBO. *Direito penal.* Não-subtração do objeto material, apesar do emprego de grave ameaça ou violência a pessoa, por fato ou circunstância alheia à vontade do agente.

TENTATIVA DE ROUBO IMPRÓPRIO. *Direito penal.* Dá-se quando o agente, tendo efetuado a subtração patrimonial, e antes da consumação, tenta empregar violência contra a pessoa, ou quando empregada a violência, após a apreensão da coisa, não consegue consumar a subtração (Damásio E. de Jesus).

TENTATIVA DE ROUBO PRÓPRIO. *Direito penal.* Ocorre quando o agente, iniciada a execução mediante emprego de grave ameaça ou violência, não consegue subtrair o objeto. Já há julgado entendendo que, para sua configuração, não se exige o início do "subtrair", mas a prática da violência (Damásio E. de Jesus).

TENTATIVA IMPERFEITA. *Direito penal.* Dá-se quando a execução do delito se interrompe por fato alheio à vontade do agente.

TENTATIVA IMPOSSÍVEL. *Direito penal.* **1.** Aquela em que o ato voluntário do agente, tendente a produzir certo resultado, é inadequado para produzi-lo (Von Liszt). **2.** Dá-se quando o agente, na execução do crime, emprega meio impróprio, ou quando o objeto do crime é inexistente (De Plácido e Silva). É, portanto, aquela em que o resultado pretendido pelo agente não poderia ser alcançado por inadequação do meio por ele empregado ou pela falta de objeto.

TENTATIVA INADMISSÍVEL. *Direito penal.* Aquela cuja configuração não é admitida legalmente, quando a natureza da infração a exclui. Por exemplo, não se pode admitir tentativa em contravenção, em crime culposo, em crime omissivo próprio etc.

TENTATIVA PERFEITA. *Direito penal.* **1.** Crime falho. **2.** A execução do crime é realizada pelo agente, mas o resultado pretendido não se verifica por circunstância alheia à sua vontade (Damásio E. de Jesus).

TENTATIVO. 1. O que instiga. **2.** Que serve para experimentar.

TENTEAR. 1. Sondar. **2.** Perscrutar. **3.** Experimentar. **4.** Dirigir. **5.** Entreter. **6.** Distribuir com parcimônia.

TENTEAR DE LONGE. Calcular atenciosa e antecipadamente.

TENTEIO. 1. Nas *linguagens comum* e *jurídica*, é sondagem. **2.** *Direito agrário.* No Rio Grande do Sul, é o governo das rédeas do cavalo.

TENTO. 1. Precaução. **2.** Atenção. **3.** Cálculo. **4.** Ponto marcado em jogo.

TENTÓRIO. *Direito militar.* Barraca de campanha.

TÊNUE. 1. Frágil. **2.** Insignificante. **3.** O que tem pouca valia ou importância.

TENUIDADE. 1. Fragilidade. **2.** Insignificância.

TEOCRACIA. *Ciência política.* **1.** Governo estatal que oferece privilégios à Igreja, ou que se ca-

TEOCRATA

racteriza pela dominação da classe sacerdotal. **2.** Forma de Estado cujas leis constituem a realização da vontade divina, pois o poder emana de governo exercido em nome de Deus, representado pelo monarca, sacerdote, povo etc. **3.** Governo em que seu chefe pertence à classe sacerdotal ou é considerado ministro de Deus ou dos deuses (Paulo Matos Peixoto). **4.** Ordenamento político pelo qual o poder é exercido em nome de uma autoridade divina por homens que se declaram seus representantes na Terra, quando não uma sua encarnação (Silvio Ferrari).

TEOCRATA. *Ciência política.* **1.** Partidário da teocracia. **2.** Membro de uma teocracia.

TEOCRATICISMO. *Ciência política.* **1.** Influência exercida pela teocracia. **2.** Regime ou sistema político teocrático.

TEOCRÁTICO. *Ciência política.* O que se refere à teocracia.

TEOCRATIZAR. *Ciência política.* Sujeitar a um poder ou governo teocrático.

TEOGONIA. Sistema religioso baseado nas relações dos deuses entre si e destes com os homens, muito comum na antigüidade.

TEOLOGIA. *Direito canônico.* Ciência que se ocupa de Deus e de seus atributos, das criaturas enquanto a Ele ordenadas, e das relações de Deus com o mundo e com os seres humanos.

TEOLOGIA CANÔNICA. *Direito canônico.* Estudo das leis e usos da Igreja.

TEOLOGIA DOGMÁTICA. *Direito canônico.* Estudo científico e demonstrativo das verdades da fé cristã, visando por meio do conhecimento delas o aprimoramento da inteligência.

TEOLOGIA EXEGÉTICA. *Direito canônico.* Ciência que se ocupa da interpretação da Bíblia.

TEOLOGIA FÍSICA. Demonstração da existência de Deus por meio da ordem que reina no universo (Derham).

TEOLOGIA MORAL. É a que busca comprovar a existência de Deus por meio dos fins morais do homem (Lalande).

TEOLOGIA POSITIVA. *Direito canônico.* É a que se funda na Sagrada Escritura, na tradição e nos textos dos Concílios.

TEOLOGIA REVELADA. *Direito canônico.* Ciência apoiada sobre a palavra de Deus, contida nos Livros Sagrados (Lalande).

TEOLÓGICO. **1.** Referente à teologia. **2.** Estado inicial do desenvolvimento do espírito humano (Auguste Comte).

TEOLÓGICO–JURÍDICO. Relativo à teologia e ao direito.

TEOLÓGICO–POLÍTICO. Que diz respeito à teologia e à política.

TEOLOGISMO. Exagero do raciocínio e da discussão em assunto religioso ou teológico.

TEOLOGIZAR. *Direito canônico.* Discorrer sobre teologia.

TEÓLOGO. *Direito canônico.* Versado em teologia.

TEOMANIA. *Medicina legal.* Mania em que o paciente se julga inspirado por Deus ou se considera Deus.

TEOMANÍACO. *Medicina legal.* Aquele que sofre de teomania.

TEOMITOLOGIA. Ciência dos deuses do paganismo e dos mitos da antigüidade.

TEONOMIA. Dependência do sujeito moral em relação a Deus, que não lhe retira a livre disposição de si próprio, abrangendo, concomitantemente, a heteronomia e a autonomia.

TEOPNEUSTIA. *Direito canônico.* Doutrina segundo a qual os autores bíblicos foram inspirados por Deus.

TEOR. **1.** Texto contido em um escrito. **2.** Conteúdo.

TEOR DA LEI. *Teoria geral do direito.* **1.** Conteúdo da lei. **2.** Texto legal. **3.** O que a lei preceitua.

TEOR DO CONTRATO. *Direito civil* e *direito comercial.* Conjunto de cláusulas contratuais.

TEOR DO REGISTRO. *Direito registral.* O que está contido no assento, que, até prova em contrário, é considerado verdadeiro.

TEOREMA. *Lógica.* **1.** Proposição especulativa (Leibniz). **2.** Proposição que, para ser admitida, precisa ser demonstrada. **3.** Enunciado demonstrável em uma teoria (Lalande).

TEOREMÁTICA. *Lógica.* Ciência que enuncia as relações hipotéticas, leis que ligam um dado e uma conseqüência, uma causa e um efeito (Naville).

TEOREMÁTICO. *Lógica.* Que tem caráter de teorema.

TEORÉTICA. *Filosofia geral.* Teoria do conhecimento (Gaston Berger).

TEORÉTICO. *Filosofia geral.* **1.** Que diz respeito à teoria. **2.** Relacionado com a teoria. **3.** Ponto de vista doutrinário que tem por objeto a teoria. **4.** Teórico.

TEORETRAS. *História do direito.* Presente que, na Grécia antiga, o noivo dava à noiva na primeira vez que ela tirava o véu diante dele (Laudelino Freire).

TEORIA. 1. *Filosofia geral.* a) Especulação; conhecimento especulativo; b) ciência; c) recurso idôneo para apreender estruturas, mediante emprego de hipóteses, conceitos e relações funcionais entre variáveis relevantes (Euryalo Canabrava); d) conjunto de princípios e leis fundamentais que servem para relacionar ou para dirigir uma ordem de fenômenos necessários ao conhecimento de uma ciência ou arte (De Plácido e Silva); e) construção hipotética; opinião de um cientista ou filósofo sobre uma questão controvertida (Lalande); f) o que é objeto de uma concepção metódica, sistematicamente organizada, e dependente, por conseqüência, na sua forma, de certas decisões ou convenções científicas que não pertencem ao senso comum (Duhem); g) opinião sistematizada; h) conhecimento científico que é um saber metodicamente fundado, demonstrado e sistematizado. **2.** *Lógica.* a) Conjunto de teses que formam um todo sistemático (Régis Jolivet); b) hipótese confirmada e aceita por cientistas, mas sujeita a alteração, conforme as novas descobertas havidas. **3.** *História do direito.* Na Grécia antiga, era a embaixada que o Estado enviava para representá-lo nos jogos esportivos ou para consultar oráculos.

TEORIA BRASILEIRA DO *HABEAS CORPUS.* *Direito constitucional.* Doutrina propugnada por Rui Barbosa e Pedro Lessa, segundo a qual o *habeas corpus* só deve ser aplicado para a defesa daqueles direitos cujo exercício depende da liberdade de locomoção, e não de todos os direitos individuais (Othon Sidou).

TEORIA CATASTRÓFICA DA HISTÓRIA JURÍDICA. *Filosofia do direito.* Aquela que admite uma formação antijurídica do direito oriunda da sua violação ou de uma revolução vitoriosa que passa a ser um ponto de partida de um novo direito, que vem a suceder outras forças sociais, fazendo com que o novo governo apresente-se como sucessor do direito do anterior governo legítimo (Radbruch).

TEORIA CONTRATUAL. *Direito internacional privado.* Aquela que entende ter a arbitragem internacional natureza contratual, por advir de convenção feita pelas partes de entregar a resolução do conflito à decisão de árbitros (Chiovenda, Angilotti e Calamandrei).

TEORIA CRÍTICA. *Teoria geral do direito.* É a que exprime uma idéia de razão vinculada ao processo histórico-social e à superação de uma realidade em constante transformação, definindo um projeto ideológico que possibilite a mudança da sociedade em função de um novo tipo de homem (Wolkmer).

TEORIA CULTURAL MUNDANAL. *Vide* TEORIA CULTURAL OBJETIVA.

TEORIA CULTURAL OBJETIVA. *Filosofia do direito.* Teoria segundo a qual a ciência jurídica é uma ciência cultural por estudar o direito como objeto cultural, isto é, como uma realização do espírito humano com um substrato e um sentido, entendendo que o seu substrato é um objeto físico, que corresponde ao espírito objetivo de Hegel, à vida humana objetivada de Recaséns Siches. Seus representantes, dentre outros, além dos citados acima, são Miguel Reale, Ortega y Gasset, Lask etc.

TEORIA DA ABSORÇÃO. *Direito civil.* Aquela segundo a qual o regime aplicável ao contrato misto é o do elemento contratual nele dominante, que absorve os outros que o compõem (Ana Prata).

TEORIA DA AÇÃO FINALISTA. *Vide* TEORIA FINALISTA DA AÇÃO.

TEORIA DA AÇÃO LÍCITA. *Teoria geral do direito.* Aquela que concebe o direito subjetivo como a ação lícita do sujeito, situada na região intermediária entre a norma e sua violação. Sendo o direito subjetivo uma licença para agir (Domenico Barbero).

TEORIA DA ACESSORIEDADE. *Direito civil.* Aquela que firma o princípio de que o acessório segue o principal, salvo disposição especial em contrário. A natureza do acessório será a mesma do principal; se este for, por exemplo, bem móvel, aquele também o será. Se a obrigação principal for nula, nula será a cláusula penal, que é acessória.

TEORIA DA AGNIÇÃO. *Direito civil.* É também designada teoria da declaração. É aquela que parte do princípio de que o contrato se aperfeiçoa no instante em que o oblato manifesta sua aquiescência à proposta. Dessa teoria destacam-se três orientações, constituindo-se espécies de que ela ficou sendo o gênero, que são: a) subteoria da declaração propriamente dita (propugnada por Valéry, Ripert, Puchta e outros), pela qual o vínculo obrigacional se estabelece no momento em que o aceitante formula a resposta, redigindo a carta ou o telegrama; b) subteoria da expedição (aceita por Serafini, Demolombe, Aubry e Rau, Lyon-Caen e Renault, Girault etc.), segundo a qual não basta a formulação da resposta pelo oblato, sendo necessário enviá-la ao proponente, postando-a ou transmitindo-a, presumindo-se, então, que o contratante fez tudo o que podia para externar a aceitação; c) subteoria da recepção (seguida por Croissant e Regelsberger), que entende que o contrato se efetiva quando a resposta favorável chegar, materialmente, ao poder do ofertante, mesmo que ele não a leia. Nosso estatuto civil aceitou a teoria da agnição na modalidade da expedição.

TEORIA DA APARÊNCIA. *Direito cambiário.* Doutrina segundo a qual quem subscreve título de crédito faz uma declaração unilateral criativa de uma aparência de direito em favor do portador. A lei, para proteger o portador, obriga o emitente a cumprir o declarado (Othon Sidou).

TEORIA DA APLICAÇÃO ANALÓGICA. *Direito civil.* Doutrina que propugna que, em caso de contrato misto, por não ter regime legal próprio, deve-se aplicar-lhe o regime do contrato que lhe for similar.

TEORIA DA AUTOLIMITAÇÃO DO ESTADO. *Filosofia do direito.* Aquela que concilia a anterioridade do Estado com a sujeição do Estado ao direito (Jellineck).

TEORIA DA BIPOLARIDADE EFICACIAL. *Direito constitucional.* É aquela pela qual a eficácia constitucional apresenta-se sob dupla feição: a positiva e a negativa. Dentro do fenômeno eficacial positivo, temos os de tipo: a) total, quando o poder constituinte elabora preceitos constitucionais sem postergação de sua eficácia para ocasiões oportunas, e os destinatários normativos concretizam os efeitos jurídicos por eles visados, obedecendo-os. Ter-se-á aqui efetividade político-normativa. O poder constituinte e os órgãos públicos atuam, então, em harmonia com os valores normados, potencialmente realizáveis por serem conformes à consciência jurígena da comunidade e com a situação fáti-

ca a que o texto constitucional alude; b) parcial, não só quando o constituinte, para atender questões políticas, posterga, ou suspende, os efeitos do texto constitucional para o futuro, instaurando uma lacuna técnica, ou quando emite norma constitucional *ad pompam vel ostentationem*, mesmo tendo consciência de sua desobediência pelo destinatário, com fins puramente retóricos, como também quando os órgãos, com competência normativa em sua atividade executiva, legislativa e jurisdicional, desobedecem ao seu comando, ora omitindo-se de normar, não estabelecendo a regulamentação futura, requerida para preencher aquela lacuna técnica, ora não o aplicando por desatender aos reclamos da realidade social-fática a que se refere, e aos valores positivos vigentes na sociedade a que rege, instaurando, respectivamente, a lacuna ontológica e a axiológica. O fenômeno eficacial negativo, por sua vez, pode ser de tipo: a) total, se o povo criar, por um fato revolucionário, ou por nova Assembléia Constituinte, outra Carta Magna; b) parcial, se se estabelecer um costume negativo ou se ocorrer o desuso, que prevalecerão sobre as normas positivas preexistentes.

TEORIA DA CAUSALIDADE ADEQUADA. *Direito civil.* Aquela que entende que para que o ato seja causa de um dano, impondo ao agente a obrigação de indenizar, é preciso que entre eles haja uma relação adequada e não fortuita (Cunha Gonçalves). Assim é porque a responsabilidade civil requer nexo de causalidade entre o dano e a ação. A responsabilidade civil não pode existir sem um vínculo entre a ação e o dano. Será necessária a inexistência de causa excludente de responsabilidade, como, por exemplo, ausência de força maior, de caso fortuito ou de culpa exclusiva da vítima.

TEORIA DA COGNIÇÃO. *Direito civil.* Aquela que reputa perfeito o contrato no momento em que o ofertante tem ciência da aceitação do oblato, visto que não se pode dizer que exista um acordo de vontades e, portanto, um consentimento recíproco a respeito de um negócio jurídico contratual que se pretende realizar, sem que proponente e aceitante conheçam a vontade um do outro. É designada também "teoria da informação". Foi difundida por Troplong, Wurth, Toullier, Gabba, Rocco, Lomonaco, Mittermaier, mas, atualmente, encontra-se em franca decadência, por ter o inconveniente de deixar ao arbítrio do policitante o momento de abrir a correspondência e tomar conhecimento da resposta, positiva e geradora do vínculo obrigatório, favorecendo, assim, a fraude e a má-fé do ofertante, que, por exemplo, conhecendo uma aceitação em um momento que lhe seria desfavorável, em razão de alta no mercado, quando propusera uma venda na baixa, poderia dar como não lida a resposta do oblato.

TEORIA DA COMBINAÇÃO. *Direito civil.* Aquela que defende a tese de que, quando não for possível a identificação do elemento dominante em um contrato misto, devem-se combinar os vários regimes correspondentes aos tipos contratuais a que pertencem os seus elementos integrantes (Ana Prata).

TEORIA DA *COMITAS GENTIUM.* *Vide* TEORIA DA URBANIDADE.

TEORIA DA CONCREÇÃO JURÍDICA. *Filosofia do direito.* É a que estabelece uma correlação entre norma, fato e valor, visando a uma solução, ou decisão, que, além das exigências legais, atenda aos fins socioeconômicos e axiológicos do direito (Miguel Reale).

TEORIA DA CONDIÇÃO *SINE QUA NON.* *Vide* TEORIA DA EQUIVALÊNCIA DAS CONDIÇÕES.

TEORIA DA CORREALIDADE. *Direito civil.* Aquela que traça regras para a solidariedade perfeita, que resulta da vontade dos coobrigados por contrato, sendo que a responsabilidade do pagamento se individualiza em um dos devedores por efeito da litiscontestação, já que, se há uma única obrigação com vários sujeitos, nada mais natural que a litiscontestação opere contra todos (Keller e Ribbentrop).

TEORIA DA CULPA. *Direito civil* e *direito penal.* Aquela que entende ser a culpa o fator preponderante para que o agente venha a responder pelo dano causado.

TEORIA DA CULPA CONTRA A LEGALIDADE. *Direito civil.* Considera que o ato de não observar lei, ou regulamento, gera culpa do agente.

TEORIA DA DECLARAÇÃO. *Vide* TEORIA DA AGNIÇÃO.

TEORIA DA DEVOLUÇÃO. *Vide* REENVIO.

TEORIA DA DIFERENÇA. *Direito civil.* **1.** É a concepção doutrinária que procura determinar o montante indenizatório do dano resultante do fato lesivo. O prejuízo consubstancia-se na diferença entre o valor real atual do patrimônio do lesado e o que ele teria se não houvesse ocorrido o evento danoso (Ana Prata). **2.** Corrente doutrinária que considera o dano como a diferença entre a situação patrimonial antes e depois de sua existência (Clóvis de Couto e Silva).

TEORIA DA DISSUASÃO TERMONUCLEAR. *Direito internacional público.* Aquela segundo a qual a condição em que se encontram os países dotados de armas termonucleares evita qualquer confronto direto, prevenindo a guerra, por ser uma ameaça ao Estado adversário ou conflitante, frustrando suas intenções (Binanate).

TEORIA DA EFICÁCIA IMPOSSÍVEL. *Filosofia do direito.* Princípio geral de direito segundo o qual nem a lei nem a decisão judicial podem impor execução inviável, seja circunstancial ou momentânea, real ou peremptória (Othon Sidou).

TEORIA DA EMPRESA. *Direito comercial.* É a que amplia o campo do direito comercial, nele incluindo, além dos atos de comércio, a prestação de serviço, fazendo com que a empresa seja entendida como a exploração econômica da produção ou circulação de bens ou serviços (Fábio Ulhoa Coelho).

TEORIA DA EQUIPARAÇÃO. *Direito civil.* É a defendida por Windscheid e Brinz, e que entende que a pessoa jurídica é um patrimônio equiparado no seu tratamento jurídico às pessoas naturais.

TEORIA DA EQUIVALÊNCIA DAS CONDIÇÕES. *Direito civil.* É aquela que diz respeito ao nexo de causalidade que deve haver, para gerar a responsabilidade, entre o fato lesivo e o dano. É também designada teoria da condição *sine qua non*, por ser imprescindível que o prejuízo constitua efeito da ação do agente, para que seja indenizável.

TEORIA DA FICÇÃO LEGAL. *Direito civil.* Aquela que, ao entender que só o homem é capaz de ser sujeito de direito, conclui que a pessoa jurídica é uma ficção legal, ou seja, uma criação artificial da lei para exercer direitos patrimoniais e facilitar a função de certas entidades (Savigny). Vareilles-Sommieres varia um pouco esse entendimento, ao afirmar que a pessoa jurídica apenas tem existência na inteligência dos juristas, apresentando-se como mera ficção criada pela doutrina.

TEORIA DA FORÇA. *Filosofia do direito* e *sociologia jurídica.* É aquela pela qual o direito obriga por ser imposto por um poder que se faz respeitar (Radbruch).

TEORIA DA HIERARQUIA DAS LINGUAGENS. *Filosofia geral.*
É a que coloca como postulado a necessidade de se distinguir uma linguagem dada daquela da qual se fala, pois uma das mais antigas antinomias, a de Epimênides, provém de se confundir os níveis lingüístico e metalingüístico. Nas indagações semióticas, a linguagem estudada ou sobre a qual se fala chama-se *linguagem-objeto*, e a linguagem, no âmbito da qual se investiga a linguagem-objeto, intitula-se *metalinguagem*, que encerra sinais de sinais, constituindo uma linguagem de ordem superior à da linguagem-objeto (Warat).

TEORIA DA IMPREVISÃO. *Direito civil.*
Moderna doutrina jurídica que deixou de ser norma consuetudinária, e, passando a ser norma legal, com o novo Código Civil, admite, em casos graves, a possibilidade de revisão judicial dos contratos, quando a superveniência de acontecimentos extraordinários e imprevisíveis, por ocasião da formação dos pactos, torna sumamente onerosa a relação contratual, gerando a impossibilidade subjetiva de se executarem esses contratos. Se o novel Código Civil admite a resolução do contrato por onerosidade excessiva, permitida está a revisão contratual e a judicial. É, portanto, imprescindível uma radical, violenta e inesperada modificação da situação econômica e social, para que se tenha revisão do contrato, que se inspira na eqüidade e no princípio do justo equilíbrio entre os contratantes. Uma das aplicações da revisão judicial do contrato é a cláusula *rebus sic stantibus*, que corresponde à fórmula: *contractus qui habent tractum sucessivum et dependentium de futuro rebus sic stantibus intelliguntur*, isto é, nos contratos de trato sucessivo ou a termo, o vínculo obrigatório entende-se subordinado à continuação daquele estado de fato, vigente ao tempo da estipulação.

TEORIA DA INFORMAÇÃO. *Vide* TEORIA DA COGNIÇÃO.

TEORIA DA LEGISLAÇÃO. *Filosofia do direito.*
É a que se ocupa da situação atual da lei no contexto contemporâneo, ou seja, com o seu alcance, com o processo de sua elaboração, como meio de solução de conflitos (Glênio Sabbad Guedes).

TEORIA DA LEGITIMIDADE. *Filosofia do direito.*
Teoria que sustenta que toda ordem jurídica é desenvolvimento da que a precedeu, e que só sob esta condição pode preservar sua obrigatoriedade. Logo, a obrigatoriedade e validade devem ser negadas à ordem jurídica, que não pode justificar-se em face da antecedente (Radbruch).

TEORIA DA LESÃO. *Direito civil.*
1. Aquela que, em caso de *lesão usurária*, para proteger contratante, que se encontra em posição de inferioridade, requer a ocorrência de requisito: a) objetivo, que se configura pelo lucro, pela desproporção das prestações dos contraentes; b) subjetivo, ou seja, de dolo de aproveitamento, isto é, intenção de tirar proveito da necessidade ou inexperiência alheia, induzindo a vítima a realizar negócio que lhe será prejudicial, mesmo que não tenha a intenção de prejudicá-la; sendo bastante que haja proveito da posição de inferioridade da vítima, obtendo-se lucro desproporcional. Na lesão deve haver desproporção das prestações, causada por estado de necessidade econômica, conhecido pelo contratante, que se aproveita do negócio. **2.** Aquela que, para a configuração da *lesão especial*, por se limitar à exigência de excesso nas vantagens e desvantagens contemporâneas à formação do contrato, causadas pela necessidade ou inexperiência de uma das partes ao efetivar o contrato, não cogita de dolo de aproveitamento da parte beneficiada. Ter-se-á anulação do negócio, sem indagar-se de má-fé da conduta do outro contratante, ou, então, a possibilidade de complementação contratual para eliminar a desproporção e aproveitar o negócio.

TEORIA DA LINGUAGEM. *Filosofia geral.*
Teoria geral dos signos, ou semiótica, que se ocupa dos sinais, os quais constituem entes físicos, sendo, portanto, intersubjetivos: ondas sonoras, palavras, escritas, marcas de tinta sobre folhas de papel, gestos, flâmulas, radiações luminosas provenientes de sinalizadores etc. O sinal ocupa posição intermediária entre objetos e pessoas. Deveras, observa Juan-Ramon Capella, se L e M são duas linguagens, e na linguagem M se fala da linguagem L, funcionando L como objeto da linguagem M, designa-se L linguagem-objeto de M, e M metalinguagem de L.

TEORIA DA NECESSIDADE. *Direito internacional público.*
É a que justifica a violação de normas internacionais na extrema necessidade do país de legítima defesa ou de represália (Visscher).

TEORIA DA PLENITUDE JURÍDICA. *Filosofia do direito.*
Aquela que defende a tese do dogma da plenitude hermética do ordenamento jurídico, que ora se funda na força da expansão lógica do direito positivo, ora na existência de uma re-

gra tácita complementar, que fecha o sistema jurídico ao enunciar que tudo que não está proibido, está permitido, passando a abranger os casos não previstos.

TEORIA DA PLURALIDADE SUCESSÓRIA. *Direito internacional privado.* Aquela em que a cada bem singularmente considerado do *de cujus* se deve aplicar a *lex rei sitae*, ou seja, a de sua situação; logo, a transmissão *causa mortis* operará conforme essa lei. Se os bens estiverem localizados em vários países, haverá tantos juízos sucessórios quantos forem os Estados em que houver bens do *auctor successionis.*

TEORIA DA POSSE. *Direito civil.* Doutrina que, ao pretender definir a posse tecnicamente, dividiu-se em duas grandes escolas: a) a teoria subjetiva de Savigny, que conceitua a posse como o poder direto ou imediato que tem a pessoa de dispor fisicamente de um bem com a intenção de tê-lo para si, e de defendê-lo contra a intervenção ou agressão de quem quer que seja. Logo, para esta concepção, dois são os elementos da posse: o *corpus* e o *animus rem sibi habendi*; b) a teoria objetiva de Ihering, que entende que para constituir a posse basta o *corpus*, dispensando assim o *animus*, e sustentando que esse elemento está ínsito no poder de fato exercido sobre a coisa. O objetivismo dessa teoria permite, ao dispensar a intenção de dono, considerar como possuidor o locatário, o comodatário, o depositário etc. Para Ihering, o que importa é a destinação econômica do bem.

TEORIA DA PRESSUPOSIÇÃO. *Direito civil.* Doutrina, criada por Windscheid, que se baseia no fato de que quem consente, sob certo pressuposto, quer que o efeito jurídico apenas venha a existir dado um certo estado de relação, ficando subentendida a cláusula *rebus sic stantibus* (Othon Sidou).

TEORIA DA PREVENÇÃO ESPECIAL NEGATIVA. *Direito penal.* É aquela que procura evitar que o criminoso expresse sua maior ou menor periculosidade nas suas relações sociais, por meio de prisão perpétua, ou não, de pena de morte ou da destruição parcial de sua pessoa, castrando-o, por exemplo, se for estuprador (Alberto Z. Toron).

TEORIA DA PREVENÇÃO ESPECIAL POSITIVA. *Direito penal.* Aquela que entende ser a pena uma intimidação, que, imposta de acordo com as condições do condenado, busca prevenir que cometa futuros delitos. A pena tem uma função de advertência ou ressocializadora (Alberto Z. Toron).

TEORIA DA PREVENÇÃO GERAL NEGATIVA. *Direito penal.* É a propugnada por Feuerbach e entende ser a pena um exemplo para dissuadir os cidadãos de práticas criminosas (Alberto Z. Toron).

TEORIA DA PREVENÇÃO GERAL POSITIVA. *Direito penal.* Aquela segundo a qual a pena tem o sentido de fazer recordar a vigência das normas como contraposição do delito. É a que procura mostrar que a cominação da pena indica o vigor da norma (Alberto Z. Toron).

TEORIA DA QUALIFICAÇÃO. *Direito internacional privado.* É a que estabelece princípios indicativos de critérios para averiguar, mediante a prova feita, qual a instituição jurídica correspondente ao fato interjurisdicional provado, e qual a norma apropriada para regê-la. A qualificação do elemento de conexão ou referência só pode ser fornecida pela *lex fori*, por constituir o momento interpretativo da norma de direito internacional privado do *forum*, uma vez que o fato sempre gravitará para determinada jurisdição. O valor da teoria da qualificação tem diminuído, uma vez que se a considera como um processo interpretativo na solução dos conflitos normativos interespaciais. Por isso não se deveria falar em doutrina da qualificação, mas sim em problema das qualificações, pois mesmo os juristas, que apresentam a *lex fori* como uma fórmula geral, percebem as dificuldades de qualificação, segundo o direito material nacional do magistrado, propondo uma adaptação dos conceitos à sua função internacional e, ainda, uma comparação entre eles e os conceitos do direito estrangeiro, demonstrando que a matéria deve ser solucionada caso por caso, de conformidade com a norma do juiz nacional, porque este poderá ter a tarefa de aplicar ou não o direito estrangeiro, segundo uma norma interna de direito internacional privado.

TEORIA DA REALIDADE DAS INSTITUIÇÕES JURÍDICAS. *Direito civil.* É a que admite que como a personalidade humana deriva do direito (tanto que este já privou seres humanos de personalidade, como os escravos, por exemplo), da mesma forma ele pode concedê-la a agrupamentos de pessoas ou de bens que tenham por escopo a realização de interesses humanos (Hauriou).

TEORIA DA REALIDADE OBJETIVA OU ORGÂNICA. *Direito civil.* Aquela que, propugnada por Gierke e Zitelmann, entende haver junto às pessoas naturais, que são organismos físicos, organismos sociais constituídos pelas pessoas jurídicas, que têm existência e vontade própria, distinta da de seus membros, tendo por finalidade realizar um objetivo social.

TEORIA DA RECIPROCIDADE. *Direito internacional privado.* Aquela segundo a qual só se concede direito, conferido ao nacional, a estrangeiro, se o Estado a que ele pertencer também outorgar a estrangeiro igual direito.

TEORIA DA REFERÊNCIA AO DIREITO MATERIAL ESTRANGEIRO. *Direito internacional privado.* É aquela pela qual as normas de direito internacional privado se referem ao direito material, ao direito positivo interno alienígena, e não às suas normas de direito internacional privado, proibindo o retorno ou a devolução. A remissão feita, por exemplo, pela norma brasileira de direito internacional privado a direito estrangeiro importará em remissão às disposições materiais substanciais do ordenamento jurídico estrangeiro e não ao ordenamento jurídico em sua totalidade, inclusive às normas alienígenas de Direito internacional privado. Por essa teoria, observa J. R. Franco Fonseca que a norma de direito internacional privado, ao referir-se, para reger uma relação, à norma jurídica estrangeira, remete sempre o aplicador da lei ao direito substancial estrangeiro, qualificador daquela relação, e não ao direito internacional privado estrangeiro.

TEORIA DA REMISSÃO RECEPTÍCIA OU MATERIAL. *Direito internacional privado.* É aquela que transforma o direito remetido em direito interno, desprendendo-se dos laços de origem quanto à interpretação do seu conteúdo, modo de aplicação etc.

TEORIA DA *RES IPSA LOQUITUR*. *Direito civil* e *direito do consumidor.* **1.** Evidência de alguma coisa que torna possível presumir de pronto a culpa profissional. **2.** Doutrina de origem norte-americana, aplicada quando a evidência de erro médico torna possível ao Júri encontrar elementos para inferir, ou presumir, a culpa profissional por negligência.

TEORIA DA RETRIBUIÇÃO JURÍDICA. *Direito penal.* Aquela que considera o delito como um mal (negação do direito) e a pena como sua negação (Alberto Z. Toron).

TEORIA DA RETRIBUIÇÃO MORAL. *Direito penal.* Aquela que, fundada no princípio da culpabilidade, entende que o agente, ao usar mal sua liberdade, torna-se merecedor do mal da pena (Alberto Z. Toron).

TEORIA DA RETROATIVIDADE. *Teoria geral do direito* e *direito constitucional.* É a que estabelece critérios norteadores da retroatividade da norma, desde que não se ofenda ato jurídico perfeito, direito adquirido e coisa julgada. O direito adquirido, o ato jurídico perfeito e a coisa julgada marcam a segurança e a certeza das relações que, na sociedade, os indivíduos, por um imperativo da própria convivência social, estabelecem.

TEORIA DAS DECISÕES COLETIVAS. *Ciência política.* É a que, partindo de axiomas alusivos ao comportamento na escolha individual, estabelece uma série de teoremas concernentes ao problema da agregação das preferências individuais em uma escolha coletiva (D'Alimonte, Pattanaik e Sen).

TEORIA DAS ECONOMIAS INTERNAS DE ESCALA. *Economia política.* Aquela que, formulada por Marshall, propugna a concentração empresarial ou das unidades produtivas e comerciais para obviar o decréscimo dos rendimentos que se segue ao acúmulo maciço do capital e para obter as seguintes vantagens: diminuição do custo unitário dos produtos, em razão do aumento do volume da produção; ampliação do número de estabelecimentos; estocagem de matérias-primas, para evitar o risco da flutuação de preços; autogeração de recursos para investimentos; eliminação de intermediários; decréscimo dos custos administrativos, relativamente ao valor global das vendas; conquista de mercados em escala nacional e internacional; diluição dos riscos pela programação antecipada das atividades produtivas etc. (Mauro Rodrigues Penteado).

TEORIA DAS ELITES. *Ciência política.* Doutrina pela qual na sociedade há uma minoria detentora do poder (Norberto Bobbio, Marletti e Parry).

TEORIA DA SIMPLES SOLIDARIEDADE. *Vide* TEORIA DA SOLIDARIEDADE.

TEORIA DAS LACUNAS JURÍDICAS. *Teoria geral do direito.* É a que tem dupla função: a) fixar os limites para as decisões judiciais, demonstrando o que se deve entender por sistema jurídico, ressaltando sua composição complexa em subsistemas, bem como sua interligação com normas de outros sistemas, e colocando em pauta os ditames das normas de proibição do *non liquet*; b) justificar a atividade do Legislativo, pois se não se admitisse o caráter lacunoso do direito, sob o prisma dinâmico, o Poder Legislativo, em um dado momento, não mais teria qualquer função, porque todas as condutas já estariam prescritas.

TEORIA DAS NORMAS SOBRE PRODUÇÃO JURÍDICA. *Direito internacional privado.* É a que concebe as normas de direito internacional privado como normas sobre produção jurídica ou sobre as fontes da ordem jurídica, admitindo que, em vez de estatuir, diretamente, as normas materiais para a regência de determinado fato ou relação, o legislador poderá tomar, em seu ordenamento jurídico, a fonte de uma ordem jurídica estrangeira, que nessa ordem terá competência para criar as normas que regem os mesmos fatos e relações. Essa teoria sustenta que a lei, oriunda da fonte a que a norma de direito internacional privado se reporta, será interpretada de conformidade com o que se efetua no Estado em que foi produzida, sendo aplicada tal como é entendida, no país a cujo ordenamento pertence (Roberto Ago).

TEORIA DA SOLIDARIEDADE. *Direito civil.* É a que traça regras norteadoras das questões alusivas à solidariedade simples ou imperfeita, oriunda de lei, apresentando multiplicidade de obrigações e um mesmo objeto (Ribbentrop), ou melhor, pluralidade de relações subjetivas e unidade objetiva de prestações (Clóvis Beviláqua).

TEORIA DA SUPERVENIÊNCIA. *Direito civil.* Reformulação da cláusula *rebus sic stantibus*, propugnada por Giuseppe Osti, autorizando a revisão ou resolução contratual ante a superveniência de fatos à vontade no ato do ajuste (Othon Sidou).

TEORIA DA TIPICIDADE. *Direito penal.* Aquela que encerra o princípio da legalidade no direito penal de que não há crime nem pena se não estiver previsto em lei. Logo, uma ação considerada como punível deve, antes de ser antijurídica e imputável a título de culpa *lato sensu*, ser típica, ou seja, corresponder ao delito-tipo previsto na lei penal (Ernst Belling).

TEORIA DA UBIQÜIDADE. *Direito penal.* Doutrina segundo a qual o crime, mesmo se perpetrado, ou se produzir efeito, parcial ou total no território de um País, sujeita-se à lei desse Estado. Tal teoria veio a solucionar a questão do crime distanciado, cuja prática ou cujo efeito se dá em localidades sujeitas a várias jurisdições (Galdino Siqueira).

TEORIA DA ÚLTIMA CONDIÇÃO. *Direito civil.* Aquela que entende que só haverá responsabilidade civil do agente quando o ato lesivo por ele praticado for a verdadeira causa, ou seja, a última condição da verificação do dano sofrido pelo lesado (Ana Prata).

TEORIA DA UNIÃO ADITIVA. *Direito penal.* É a que se caracteriza pelo propósito de compatibilizar justiça e utilidade, dando prioridade à primeira, buscando a aplicação de uma pena justa, adequada à gravidade da culpa do agente criminoso pelo delito perpetrado (Alberto Z. Toron).

TEORIA DA UNIDADE SUCESSÓRIA. *Direito internacional privado.* Aquela, propugnada por Savigny, pela qual só uma lei deve reger a transmissão *causa mortis*, determinando os herdeiros, a ordem de vocação hereditária, a quantia da legítima, a forma de concorrência, a maneira de colacionar entre co-herdeiros, a validade intrínseca do testamento. Tal lei pode ser a da nacionalidade ou a do domicílio. A norma de direito internacional privado do Brasil adotou-a ao dispor que a sucessão *causa mortis*, ante o *universum ius defunct*, deve ser disciplinada por um só direito: o domicílio do *de cujus*, por ser sua sede jurídica, pouco importando os laços políticos que o prendiam ao Estado onde não vivia, embora nele tivesse nascido. Logo, na sucessão não se leva em conta a nacionalidade do autor da herança ou de seu sucessor, nem o local da situação dos seus bens móveis ou imóveis.

TEORIA DA URBANIDADE. *Direito internacional privado.* Teoria da *comitas gentium*, segundo a qual a aplicação de uma lei fora do território nacional advém do princípio da cortesia internacional, que possibilita a eficácia extraterritorial da norma em determinados casos (De Plácido e Silva).

TEORIA DE CANTILLON. *Economia política.* Teoria da população em que o número de habitantes depende dos meios de subsistência disponíveis e do gênero de vida do povo (Henri Guitton).

TEORIA DE MALTHUS. *Economia política.* Aquela em que a população cresce mais rapidamente do que os meios de subsistência de que pode dispor (Henri Guitton).

TEORIA DE TOWNSEND. *Economia política.* Teoria da população, segundo a qual o número de habitantes de um Estado é determinado pela quantidade dos meios de subsistência de que dispõem (Henri Guitton).

TEORIA DIALÉTICA DA UNIÃO. *Direito penal.* É a que dá preferência às exigências de prevenção sobre as de justiça, aceitando a culpabilidade apenas como limite na individualização judicial. O direito penal, para essa doutrina, não se ocupa da culpabilidade moral, fundada no livre-arbítrio, mas na culpabilidade legal, vinculada à idéia político-criminal da necessidade da pena fixada normativamente (Zugaldía Espinar; Alberto Z. Toron).

TEORIA DO CÂMBIO LIVRE. *Economia política.* Aquela que, por estar a serviço do livre-câmbio, é denominada teoria do comércio internacional, segundo a qual a divisão internacional do trabalho aumenta a quantidade dos produtos, e o livre-câmbio permite aos consumidores obtê-los pelo menor custo. Para Henri Guitton, a teoria livre-cambista abrange: a) a teoria dos custos absolutos, pela qual cada país tem interesse em renunciar à produção do artigo que lhe custa mais caro, e de obtê-lo no outro país pela troca internacional. Cada um terá o lucro que resultar da comparação dos custos absolutos dos dois produtos considerados (Ricardo); b) a teoria dos custos comparativos, segundo a qual, mesmo no caso em que um país tenha superioridade sobre outro em todos os ramos de sua produção, os dois Estados têm interesse em se especializar, aplicando o primeiro suas forças produtivas no domínio em que sua superioridade for mais eminente, e consagrando o segundo as suas forças à espécie de produção para a qual é menos maldotado. Cada um deles pode ganhar na troca de seus produtos pelos de outro país. Daí concluir Cairnes que: um país pode ter interesse não só na importação de mercadoria que ele produz a um custo inferior ao do país onde a compra, para consagrar seus esforços à produção de outro, como também na produção de mercadoria cujo custo é para ele desvantajoso, com a condição de obter, pela troca internacional, mercadoria que lhe custaria ainda mais caro se ele a produzisse; c) a teoria dos valores internacionais (Stuart Mill e Bastable), voltada ao proveito global, que ressalta do comércio internacional, e à repartição desse proveito entre as nações participantes. O proveito gerado pelo comércio internacional é tanto maior quanto maior a diferença entre os custos comparativos. E a partilha desse proveito funda-se na teoria dos termos da troca de Stuart Mill; d) a teoria dos mercados de Say, segundo a qual os produtos não se trocam se não por produtos, pois a moeda desempenha apenas papel intermediário e atua no sentido de retorno ao equilíbrio (Weiller).

TEORIA DO CÂMBIO PROTEGIDO. *Economia política.* Também designada teoria protecionista. É aquela que pretende que o equilíbrio de uma nação não resulta, espontaneamente, do equilíbrio internacional, e que a função estatal é corrigir os abusos da natureza. Observa Henri Guitton que há nessa teoria vários aspectos, tais como: a) a autarcia, que prega a suficiência do Estado, que deve bastar a si mesmo (François Perroux). Pela autarcia de concentração em economia de preparação para guerra e de execução da guerra, o Estado deve evitar o mais possível as importações, gerando com isso a política dos produtos de substituição e o emprego das forças produtivas internas, mesmo se forem ruins. E a autarcia de expansão tende à conquista do espaço sobre o qual se exerce a autarcia de concentração; b) o protecionismo econômico temporário, para proteger indústrias novas incapazes de sustentar a concorrência de indústrias estrangeiras poderosamente organizadas, e fazer com que haja crescimento das forças produtivas de um país; c) o protecionismo durável, que aceita a ausência de homogeneidade e organiza trocas internacionais, respeitando o equilíbrio biológico da produção, e fazendo com que um país não exporte suas matérias-primas, nem importe artigos manufaturados (Carey), aproximando no espaço a indústria e a agricultura; d) o protecionismo compensador, que estabelece entre produtores do exterior e do interior a igualdade de condições, deixando que cada um enfrente sua sorte, e impõe a aplicação dos direitos aduaneiros para compensar a desigualdade dos custos de produção, e neutralizar os efeitos do *dumping.* É aquela, observa De Plácido e Silva, que visa instituir tarifas especiais e majoradas para serem aplicadas às mercadorias de procedência estrangeira, que tenham similares nacionais, e que se devam proteger.

TEORIA DO *COMMODUM*. *Direito civil.* É também chamada teoria do risco, segundo a qual há obrigação de indenizar o dano produzido por atividade exercida no interesse do agente e sob seu controle, sem que haja qualquer indagação sobre o comportamento do lesante, fixando-se no elemento objetivo, isto é, na relação de causalidade entre o dano e a conduta do seu causador. A obrigação de indenizar é, portanto, imposta por lei a certas pessoas, independentemente da prática de qualquer ato ilícito, considerando-se que: a) determinadas atividades humanas criam um risco especial para outrem; b) o exercício de certos direitos deve implicar o dever de reparar o prejuízo que origina. Na responsabilidade sem culpa ou objetiva, fundada na teoria do risco, a atividade que gerou o dano é lícita, mas causou perigo a outrem, de modo que aquele que a exerce, por ter a obrigação de velar para que dela não resulte prejuízo, terá o dever ressarcitório, pelo simples implemento do nexo causal. A vítima deverá pura e simplesmente demonstrar o nexo de causalidade entre o dano e a ação que o produziu.

TEORIA DO CONHECIMENTO. *Filosofia geral.* **1.** Gnoseologia. **2.** Conjunto de especulações que têm como objetivo a determinação do valor e do limite do conhecimento (Rey). **3.** Estudo da relação existente no ato de conhecimento entre o sujeito cognoscente e o objeto (Lalande).

TEORIA DO CRIME. *Direito penal.* É a que estuda o crime em suas origens para averiguar as suas causas.

TEORIA DO DESVIO DO PODER. *Direito administrativo.* Aquela que fulmina de nulidade os atos administrativos desconformes com a finalidade legal, burlando a lei sob pretexto de cumpri-la, ou que visem a satisfação de finalidade alheia ao interesse público ou à sua categoria. Há desvio de poder quando o agente vale-se de uma competência para alcançar finalidade não abrigada por ela (Celso Antônio Bandeira de Mello).

TEORIA DO DIREITO RACIONAL. *Filosofia do direito.* Teoria kantiana que organizou uma ciência do direito rigorosamente lógica. Nessa concepção jusnaturalista, processa-se a separação entre direito e moral sob o prisma formal. A norma será de direito natural se sua obrigatoriedade for cognoscível pela razão pura, independente da lei externa, ou de direito positivo, se depender, para obrigar, de legislação externa, mas, nesta hipótese, deve-se pressupor uma lei natural, de ordem ética, que justifique a autoridade do legislador. Tal lei natural deriva da liberdade humana. O direito natural depende da idéia de liberdade, que é a autonomia da vontade, orientada unicamente pela razão pura, que se preocupa apenas com os princípios gerais concebidos em si mesmos e independentes da localização temporal.

TEORIA DO DUPLO LIMITE. *Direito civil.* Aquela segundo a qual se tem a obrigação de restituir fundada em enriquecimento sem causa, em razão de dois limites: o enriquecimento patrimonial do *accipiens* à custa de outrem e o empobrecimento patrimonial do *solvens*, pois há uma diminuição real em seu patrimônio, por existir um deslocamento para o ativo patrimonial alheio de algo que lhe pertencia. O empobrecimento do *solvens* deve concorrer simultaneamente com o enriquecimento do *accipiens*, para que se caracterize o indébito, e além disso serão imprescindíveis a falta de causa jurídica justificativa do pagamento efetuado pelo *solvens* e a ausência de culpa do empobrecido, que paga voluntariamente prestação indevida por erro de fato ou de direito ou por desconhecer a situação real, estando convencido de que devia, quando, na realidade, nada havia a pagar.

TEORIA DO ESTADO. *Teoria geral do Estado* e *direito constitucional.* Conjunto de princípios que firmam a natureza e a estrutura do Estado, dando-lhe poderes para prover a própria existência e impondo-lhe deveres alusivos ao cumprimento de suas finalidades (De Plácido e Silva).

TEORIA DO ESTATUTO. *Direito internacional privado.* Teoria estatutária que se volta à questão da aplicação da lei no espaço, dentro ou fora do território do país que a emitiu, tendo por parâmetro, como observa Othon Sidou, que a pessoa se sujeita à lei do domicílio (estatuto pessoal); os bens imóveis, à lei do lugar onde estão situados (estatuto real); e os atos judiciais, à do local onde se derem (estatuto misto).

TEORIA DO ESTATUTO JURÍDICO DO PATRIMÔNIO MÍNIMO. *Direito civil.* Doutrina pela qual o ordenamento jurídico deve assegurar um mínimo de patrimônio para que a pessoa possa ter sua dignidade (Luiz Edson Fachin).

TEORIA DO FATO DO PRÍNCIPE. *Direito administrativo.* Teoria segundo a qual se o Estado praticar atos administrativos que abalem a equação econômico-financeira de contratos, deve reparar o dano. Tal responsabilidade pelo fato do príncipe, como ensina Marienhoff, é reflexa, já que incide no âmbito jurídico co-contratante, causando-lhe um dano ressarcível (Lúcia Valle Figueiredo).

TEORIA DO FRUTO DA ÁRVORE ENVENENADA. *Direito comparado.* No sistema *common law*, o fato de a evidência haver sido obtida de forma ilegal não a exclui de ser usada no tribunal contra o réu,

TEORIA DOGMÁTICA DA INCIDÊNCIA NORMATIVA

desde que relevante para a viabilização da instauração do processo (Norman M. Garland).

TEORIA DOGMÁTICA DA INCIDÊNCIA NORMATIVA. *Teoria geral do direito.* Aquela em que a incidência consiste na configuração atual de situações subjetivas e na produção de efeitos em sucessão. A norma vigente pode ter eficácia, isto é, possibilidade de produção de efeitos. Quando ocorre a produção de efeitos, configurando uma situação subjetiva, tem-se a incidência da norma. Incidência diz respeito aos efeitos já produzidos. A norma revogada por outra não mais produzirá efeitos, mas sua incidência, isto é, a configuração de situação subjetiva efetuada, permanece. Embora revogada, seus efeitos permanecem. A norma precedente não se mantém viva; perderá sua eficácia apenas *ex nunc*, porque persistem as relações já constituídas sob seu império (Tércio Sampaio Ferraz Jr.).

TEORIA DO *IN REM VERSO*. *Direito civil.* Teoria do enriquecimento sem causa, segundo a qual aquele que recebeu o que não lhe era devido fica obrigado a restituir, podendo o *solvens* propor ação de *in rem verso,* não havendo outro meio jurídico pelo qual o empobrecido possa corrigir a situação de enriquecimento sem causa. O lesado pode obter o restabelecimento de seu patrimônio até o montante do lucro havido pelo enriquecido sem causa jurídica, reclamando a repetição do indébito por meio da ação de *in rem verso.*

TEORIA DO INTERESSE. *Direito civil.* Corrente que considera o dano como lesão a interesse juridicamente protegido (De Cupis).

TEORIA DO *PARENS PATRIAE*. *Direito processual penal.* Aquela em que o Estado, como substituto dos pais do paciente, deve autorizar sua hospitalização compulsória sempre que representar perigo para si mesmo, por ter tendência suicida, ou para outrem, se apresentar pendores para o homicídio ou para perturbar a ordem pública, ou se não tiver capacidade para cuidar de si mesmo de modo adequado.

TEORIA DO PERIGO. *Direito penal.* É a que procura evidenciar a tentativa criminal com base no critério da periculosidade.

TEORIA DO PREÇO. *Direito comercial.* É a que visa a explicação do preço, traçando, ao estudar sua origem e as alterações a que se sujeita o seu valor, regras que o regulem.

TEORIA DO RECONHECIMENTO. *Filosofia do direito* e *sociologia jurídica.* É a que sustenta a obrigatoriedade do direito na sua aceitação pelos cidadãos (Radbruch).

TEORIA DO REENVIO. *Vide* REENVIO.

TEORIA DO RISCO. *Vide* TEORIA DO *COMMODUM.*

TEORIA DO RISCO PROFISSIONAL. *Direito do trabalho* e *direito civil.* É a que propugna a responsabilidade do empregador pelos danos advindos de riscos resultantes da atividade profissional de seus empregados, no exercício do trabalho, provocando, direta ou indiretamente, lesão corporal, perturbação funcional ou doença que determine morte, perda total ou parcial, permanente ou temporária da capacidade para o trabalho.

TEORIA DOS ATOS DE COMÉRCIO. *Direito comercial.* **1.** Aquela que submete à égide do direito comercial atos considerados mercantis, como a atividade de sociedade anônima, concernente à compra e venda de imóveis, a de empresa de construção, a de transporte de coisas ou mercadorias, a de indústria etc. **2.** *Vide* TEORIA DA EMPRESA.

TEORIA DOS ATOS PRÓPRIOS. *Teoria geral do direito.* Aquela que, desenvolvendo o princípio geral de direito fundado na boa-fé e na lealdade de comportamento, sanciona como inadmissível toda pretensão lícita mas, objetivamente, contraditória, com o respeito à própria conduta anterior realizada pelo mesmo sujeito (Maria J. Mendez Costa e Diez-Picazo). Por exemplo, se se impugnar fecundação heteróloga consentida, estar-se-á agindo deslealmente, uma vez que houve deliberação comum dos consortes, decidindo que o filho deveria nascer. Tal comportamento, apesar de ser eticamente repugnante, não é, juridicamente, ilícito, porque nenhum ato voluntário poderá sê-lo se não for, expressamente, proibido por lei; deverá prevalecer como princípio de segurança às relações jurídicas, importando compromisso vinculante entre cônjuges de assumir paternidade e maternidade, mesmo com componentes genéticos estranhos. Dá-se, assim, prevalência ao elemento institucional e não ao biológico.

TEORIA DOS JOGOS. *Ciência política.* É a formulada por Neumann e Morgenstern, e que visa a definição de um modelo de comportamento racional, de maneira a permitir a maximização da utilidade frente a um conflito de interesses.

Tal teoria, ao substituir as hipóteses abstratas das teorias econômicas tradicionais por uma análise mais realista, apoiada em fenômenos econômico-sociais, serve de instrumento de análise política (Ernesto Molinari).

TEORIA DOS OBJETOS DE HUSSERL. *Filosofia geral.* É a que reconhece quatro regiões ônticas delimitadoras das características e propriedades do "ser", que são as dos: a) objetos ideais, que são irreais, não têm existência no tempo e no espaço, não estão na experiência, pois só se pode apreendê-los pela intelecção, pelo emprego do método racional-dedutivo, e, além disso, são neutros ao valor; b) objetos naturais, que são reais por terem existência espácio-temporal, estão na experiência, podendo ser explicados pelo uso do método empírico-indutivo, e são, ainda, neutros ao valor; c) objetos culturais, que são reais, têm existência espácio-temporal, estão na experiência e são valiosos positiva ou negativamente, logo, podem ser compreendidos, e o método apropriado para apreendê-los é o empírico-dialético; d) objetos metafísicos, que são reais, têm existência, mas não estão na experiência e são valiosos positiva ou negativamente.

TEORIA DOS QUANTA. *Filosofia geral.* É a criada por Planck, que admite que as grandezas devem ser olhadas como divididas em quantidades elementares.

TEORIA DOS TIPOS. *Lógica jurídica.* Aquela que visa resolver as dificuldades apresentadas pela recorrência, por meio da distinção de diferentes tipos de proposições e de funções proposicionais, para as quais são estabelecidas regras lógicas definidas relativamente ao emprego de diferentes espécies de argumentos (Russell e Whitehead).

TEORIA EGOLÓGICA DO DIREITO. *Vide* EGOLOGISMO EXISTENCIAL DE CARLOS COSSIO.

TEORIA ESTATUTÁRIA. *Vide* TEORIA DO ESTATUTO.

TEORIA FILOSÓFICA DA OBRIGATORIEDADE DO DIREITO. *Filosofia do direito.* Aquela que funda a obrigatoriedade do direito no interesse que todos têm de sua validade (Radbruch).

TEORIA FILOSÓFICO-JURÍDICA DOS PARTIDOS POLÍTICOS. *Filosofia do direito* e *ciência política.* É a que se ocupa das diferentes ideologias dos partidos políticos, voltando-se ao interesse partidário como uma realidade (Radbruch).

TEORIA FINALISTA DA AÇÃO. *Direito penal.* É também chamada teoria da ação finalista. Para essa teoria, desenvolvida por Welzel, com base nas teorias de Hinigswald e Hartmann, todo comportamento humano volta-se para um fim dirigido, ou não, ou resultado lesivo. Assim sendo, observa Damásio E. de Jesus que a diferença entre uma lesão dolosa e uma lesão culposa não está no resultado, por ser idêntico, mas no desvalor da ação, pois na dolosa a finalidade da conduta é a vontade de praticar o delito, e na culposa a finalidade da conduta não está dirigida ao resultado lesivo, mas o agente vem a praticar o crime, por não ter, no seu comportamento, tido cautelas necessárias para evitá-lo.

TEORIA FREUDIANA. *Psicologia jurídica.* Aquela estabelecida por Sigmund Freud, que estuda perturbação mental decorrente de trauma de base emocional, que, embora esquecido pelo enfermo, atua inconscientemente (Afonso Celso F. de Rezende).

TEORIA GERAL DA INTERPRETAÇÃO DE EMÍLIO BETTI. *Teoria geral do direito.* Aquela que é válida para todas as ciências do espírito e, especialmente, para a ciência do direito. Para Emílio Betti, três são os tipos de interpretação: a histórica, a normativa ou dinâmica e a comunicativa ou transmissiva. A interpretação jurídica é a normativa, mas não prescinde da histórica. A técnica jurídica, para essa corrente, tem três tarefas: a de elaboração de normas jurídicas, a de interpretação e a de aplicação e realização concreta do direito.

TEORIA GERAL DO DIREITO. *Teoria geral do direito.* É, enquanto teoria positiva de todas as formas de experiência jurídica, isto é, aplicável aos vários campos do saber jurídico, uma ciência da realidade jurídica, que busca seus elementos na filosofia do direito e nas ciências jurídicas auxiliares, como a sociologia do direito e a história jurídica, para, estudando-os, tirar conclusões sistemáticas que servirão de guia ao jurista e até mesmo ao sociólogo ou ao historiador do direito, sem as quais não poderiam atuar cientificamente. A teoria geral do direito elabora noções comuns a todas as ordens jurídico-positivas, por estudar as condições necessárias ao fenômeno jurídico, independentemente de tempo e lugar. Ao fixar tais noções jurídicas mais gerais constitui-se verdadeiro denominador comum para o estudo dos diversos ramos do direito.

TEORIA GERAL DO ESTADO. *Direito constitucional* e *teoria geral do Estado.* **1.** É o estudo do Estado sob todos os aspectos, incluindo a origem, a organização, o funcionamento e as finalidades, compreendendo-se no seu âmbito tudo que se considere existindo no Estado e influindo sobre ele (Dalmo de Abreu Dallari). **2.** Ciência especulativa e racional do Estado, como estrutura teórica do direito constitucional (Othon Sidou). **3.** É a estrutura teórica do direito constitucional, servindo de introdução ao estudo do direito público (A. Machado Pauperio). **4.** Ciência do Estado (Lourival Vilanova).

TEORIA HÍBRIDA. *Direito internacional.* Aquela que vislumbra na arbitragem internacional um aspecto contratual, ante o fato de haver um acordo das partes em submeter o litígio à apreciação de árbitros, e um aspecto jurisdicional, pois o juízo arbitral fará justiça ao resolver a demanda (Luiz Olavo Batista, Guido Fernando Silva Soares, Poznanski, José Carlos de Magalhães e Gide Toyrette Nouel).

TEORIA INSTITUCIONAL. *Teoria geral do direito.* Teoria em que Hauriou ressaltou a importância dos ideais, valores e crenças dos indivíduos que compõem a sociedade e as instituições, concretizando sua teoria na idéia objetiva; Renard o fez na noção tomista do bem comum; Delos, no realismo jurídico desde o instante em que se descobrisse em toda realidade jurídica uma realidade sociológica como substrato; Santi Romano, na identificação entre instituição e ordenamento jurídico; e Cesarini Sforza, na consideração do direito dos particulares como direito das organizações.

TEORIA INTERPRETATIVA DE JOAQUÍN DUALDE. *Filosofia do direito.* Aquela que defende a tese de que se deve aplicar ao direito uma interpretação intuitiva, dirigida aos fatores determinantes da elaboração da norma e não à *mens legislatoris*, porque o legislador tem uma grande dose de inconsciência, devido ao condicionamento social das idéias. Como a lei é a expressão abstrata da vida psicológica de reação, ou seja, do mundo sentimental do legislador, a interpretação seria a descoberta desse sentimento por meio da intuição bergsoniana do intérprete. O intérprete deve identificar-se com a norma, vivê-la, trazê-la para a vida real e concreta, de onde se evadiu ao tornar-se um princípio legal e abstrato.

TEORIA JURÍDICA DA OBRIGATORIEDADE DO DIREITO. *Filosofia do direito.* É a que funda a obrigatoriedade do direito no puro fato de um querer autoritário para o qual não é possível encontrar nenhum fundamento ulterior. Essa teoria deduz a obrigatoriedade de um preceito jurídico de outro preceito jurídico. Por exemplo, a de um regulamento, na lei que ele regulamenta; a da lei, na Constituição Federal (Radbruch).

TEORIA JURISDICIONAL. *Direito internacional.* Aquela que considera a arbitragem internacional como substituta da jurisdição, pois a função dos árbitros é a mesma dos magistrados, já que decidem litígios.

TEORIA JUSNATURALISTA DE DEL VECCHIO. *Filosofia do direito.* Aquela que considera, na fixação do ideal de justiça, como primeiro problema, o de saber o que seja a natureza humana, enfocada no plano da causalidade ou no da finalidade. Saliente-se que é, no aspecto teleológico da natureza humana, vista como uma ordem valorativa, em que se deve fundar a moral e o direito. Para Del Vecchio, o direito natural racional considera não só as justas pretensões da pessoa, mas também as suas obrigações racionais para com outrem. O direito natural representa o reconhecimento das propriedades e exigências essenciais da pessoa humana.

TEORIA LÓGICA DA LINGUAGEM. *Filosofia geral.* É o conjunto da semiótica e metassemiótica, que estão intimamente ligadas, pois, quando se sai da semiótica e se passa a discorrer sobre a semiótica mesma, surge a metassemiótica (Newton Carneiro Affonso da Costa).

TEORIA MISTA. *Direito internacional privado.* Aquela segundo a qual os imóveis do *de cujus* são regidos pela *lex rei sitae*, e os demais bens, pela lei do domicílio ou da nacionalidade do autor da herança, atendendo a que *mobilia sequuntur personam, inmobilia vero territorium.*

TEORIA NOMINALISTA. *Economia política* e *direito civil.* **1.** Aquela segundo a qual a obrigação pecuniária diz respeito ao valor nominal da moeda, que é o referido a unidades monetárias do sistema pelo qual a nota ou moeda é colocada em circulação, ou seja, o valor legal outorgado pelo Estado, no ato da emissão ou da cunhagem. **2.** Princípio pelo qual, no contrato oneroso de trato sucessivo, a expressão monetária em que se traduz a obrigação (dólar, libra, peso etc.) guarda, no curso de execução contratual, o valor imodificado da moeda adotada, a despeito da variação que possa vir a sofrer, exceto se alguma cláusula expressa determinar sua corrigenda no ato da prestação (Othon Sidou).

TEORIA OBJETIVA. *Teoria geral do direito.* É a que, sendo representada por Kohler, Wach, Binding, Schreier, Dahm, Bartholomeyczik, Larenz, Radbruch, Sauer e Binder, preconiza que, na interpretação, deve-se ater à vontade da lei, à *mens legis*, que, enquanto sentido objetivo, independe do querer subjetivo do legislador, porque após o ato legislativo a lei desliga-se do seu elaborador, adquirindo existência objetiva. A norma seria uma "vontade" transformada em palavras, uma força objetivada independente do seu autor; por isso deve-se procurar o sentido imanente no texto e não o que seu prolator teve em mira.

TEORIA PERIPATÉTICA DA JUSTIÇA. *Filosofia do direito.* Conjunto de estudos relativos à justiça, desenvolvendo as reflexões aristotélicas.

TEORIA POLÍTICA. *Ciência política.* Estudo crítico do Estado por meio da representação, esclarecendo sua natureza e funções (Othon Sidou).

TEORIA PROTECIONISTA. *Vide* TEORIA DO CÂMBIO PROTEGIDO.

TEORIA PURA DO DIREITO. *Vide* NORMATIVISMO JURÍDICO.

TEORIA QUÂNTICA DO DIREITO. *Filosofia do direito.* Teoria, criada por Goffredo Telles Jr., que dá ao direito natural, ao direito legítimo, a designação de direito quântico. O direito natural, para esse renomado mestre, é um conjunto de normas jurídicas promulgadas, isto é, oficializadas pela inteligência governante, de conformidade com o sistema ético de referência da coletividade em que vigora. O direito natural é o direito legítimo que nasce, que tem raízes, que brota da própria vida, no seio do povo.

TEORIA RACIOVITALISTA DO DIREITO. *Vide* RACIOVITALISMO JURÍDICO.

TEORIA SOCIOLÓGICA DA OBRIGATORIEDADE DO DIREITO. *Filosofia do direito* e *sociologia jurídica.* Aquela que avalia o grau da obrigatoriedade do direito pelo grau de sua real eficácia (Max Weber e Radbruch). Essa teoria surge como teoria da força e teoria do reconhecimento.

TEORIA SOCIOLÓGICA DO DIREITO. 1. *Teoria geral do direito.* Corrente que defende a livre indagação do direito e o poder do magistrado de dar à lei seu sentido teleológico ou sociológico (Othon Sidou). 2. *Sociologia jurídica.* Disciplina teórica que tem por fim a descrição de um conjunto de

normas necessárias para garantir a repetição de condutas cuja descrição constitui o modelo sociológico (Óscar Correas).

TEORIA STAMMLERIANA DO DIREITO NATURAL. *Filosofia do direito.* É aquela que rejeita o direito natural material, enaltecendo o método formal como o apropriado para sistematizar uma dada matéria social, em cada momento histórico, no sentido de direito justo. Há uma só idéia de justiça e inúmeros direitos justos, conforme as variações da matéria social e as diversas circunstâncias de cada época. O direito justo é um direito positivo, cujo conteúdo volitivo possui a propriedade de justeza. A idéia de direito justo é um mero princípio regulativo, um critério do qual todo direito positivo se aproxima sem esgotá-lo, transformando-se o direito em tentativa de direito justo (Rudolf Stammler).

TEORIA SUBJETIVA. *Teoria geral do direito.* É aquela que, tendo por prosélitos, dentre outros, Savigny, Windscheid, Regelsberger, Enneccerus, Bierling, Heck, Stammler, Petraschek, Nawiasky, entende que a meta da interpretação é estudar a vontade histórico-psicológica do legislador expressa na norma, porque: a) o recurso à técnica histórica de interpretação, aos documentos e às discussões preliminares, que tiveram importante papel na elaboração da norma, é incontornável; logo não se pode ignorar a vontade do legislador originário; b) os fatores objetivos que porventura determinam a vontade da lei, por sua vez, também estão sujeitos à interpretação; logo os que propugnam a busca da *mens legis* criaram um subjetivismo curioso que coloca a vontade do intérprete acima da vontade do legislador, de modo que aquele seria mais sábio do que o legislador e a norma jurídica; c) a segurança e a certeza da captação do sentido da norma ficariam à mercê da opinião do intérprete, se se pretendesse obter a vontade da lei. A interpretação deve procurar compreender o pensamento do legislador (*mens legislatoris*), sendo, portanto, *ex tunc* (desde então, ou seja, desde o aparecimento da norma).

TEORIA TRIBUTÁRIA. *Direito tributário.* É a que procura elaborar critérios para uma melhor tributação, que seja mais aceitável (De Plácido e Silva).

TEORIA TRIDIMENSIONAL DO DIREITO. *Filosofia do direito.* É a criada por Miguel Reale que, ante a triplicidade dos aspectos do fenômeno jurídico (fato, valor e norma), afirma que a ciência jurídica deve estudar as normas sem abstrair os fatos e os valores presentes e condicionantes no seu surgimento, e os supervenientes ao seu advento. Com sua teoria integrativa, Reale rejeita todas as concepções setorizadas do direito. A essa doutrina, que requer a integração dos três elementos constitutivos do direito em uma unidade funcional e de processo, Miguel Reale designa de tridimensionalidade específica do direito, reclamando aquela integração em correspondência com os problemas complementares da validade social, da validade ética e da validade técnico-jurídica, esclarecendo, ainda, que, quando se procuram combinar os três pontos de vista unilaterais (sociologismo jurídico, moralismo jurídico e normativismo abstrato), configura-se a tridimensionalidade genérica do direito. A ciência do direito é uma ciência histórico-cultural e compreensivo-normativa, por ter por objeto a experiência social na medida e enquanto esta, normativamente, se desenvolve em função de fatos e valores para a realização ordenada da convivência humana.

TEORIA ULTRA VIRES SOCIETATIS. *Direito comparado.* Nos EUA e na Inglaterra, é a teoria que entende ser a sociedade irresponsável por ato praticado em seu nome, mas alheio ao seu objeto social, caso em que o sócio-gerente responde direta e pessoalmente (Fábio Ulhoa Coelho).

TEÓRICO. 1. *História do direito.* Na Grécia antiga, era a quantia retirada dos fundos públicos para ser dada aos pobres para que pudessem assistir aos espetáculos. **2.** *Filosofia geral.* a) Referente à teoria; b) aquele que é versado nos princípios científicos, em uma teoria ou arte.

TEÓRICO-PRÁTICO. *Filosofia geral.* O que é relativo à teoria e à prática.

TEORISMO. *Filosofia geral.* Apego exagerado à teoria, que deixa a prática em plano secundário.

TEORISTA. *Filosofia geral.* **1.** Autor de uma teoria. **2.** Aquele que, apesar de conhecer os princípios de uma ciência, não a pratica. **3.** Teórico.

TEORIZAÇÃO. *Filosofia geral.* Ato ou efeito de teorizar.

TEORIZADO. *Filosofia geral.* O que é estudado em teorias.

TEORIZADOR. *Filosofia geral.* Aquele que estabelece uma teoria.

TEORIZANTE. *Filosofia geral.* Que teoriza.

TEORIZAR. *Filosofia geral.* **1.** Fundar uma teoria. **2.** Discorrer sobre uma dada teoria. **3.** Expor uma teoria.

TEOR LEGAL. *Vide* TEOR DA LEI.

TEOSOFIA. *Filosofia geral.* **1.** Doutrina que busca o conhecimento de Deus, fundado sobre o aprofundamento da vida interior, e que dá o poder de colocar em jogo forças que, em regra, se subtraem à vontade humana (Boutroux). **2.** Teoria metafísica e moral que apresenta laços com o budismo e o lamaísmo (Lalande). **3.** Sabedoria divina. **4.** Complexo de doutrinas filosóficas conciliadoras da razão e da fé que estabelece uma harmonia nos pontos coincidentes das várias religiões.

TEOSÓFICO. *Filosofia geral.* Que diz respeito à teosofia.

TEOSOFISMO. *Filosofia geral.* **1.** Caráter das teorias teosóficas. **2.** Conjunto de doutrinas relativas à teosofia.

TEOSOFISTA. *Filosofia geral.* **1.** Adepto do teosofismo. **2.** Aquele que é versado em teosofia.

TEÓSOFO. *Vide* TEOSOFISTA.

TEQUE-TEQUE. *Direito comercial.* No Amazonas, é o mascate, ou seja, o vendedor ambulante de objetos de armarinho e tecidos.

TER A CARGO. Estar incumbido de fazer algo.

TER A PALAVRA. Ter permissão para falar.

TERAPEUTA. *Medicina legal.* Médico.

TERAPÊUTICA. *Medicina legal.* Tratamento de moléstias.

TERAPÊUTICA CRIMINAL. *Direito penal.* Conjunto de medidas idôneas que procuram recuperar e reeducar intelectual, moral, cívica e religiosamente o delinqüente, preparando-o, profissional e moralmente, para voltar ao convívio social.

TERAPÊUTICA JURÍDICA. *Teoria geral do direito.* Interpretação corretiva que auxilia o aplicador do direito na pesquisa dos critérios a serem utilizados para solucionar uma antinomia real. A este esforço, os Estatutos da Universidade de Coimbra, de 1772, denominavam terapêutica jurídica.

TERAPÊUTICA OCUPACIONAL. *Medicina legal.* Conjunto de métodos e técnicas que, por meio de trabalho apropriado, visam desenvolver a capacidade mental do paciente e o tratamento de lesões ou enfermidades, recuperando a área prejudicada.

TERAPÊUTICO. *Medicina legal.* Relativo à terapêutica.

TERAPEUTISMO. *Medicina legal.* Teoria que prefere a terapêutica à profilaxia.

TERAPEUTISTA. *Vide* TERAPEUTA.

TERAPEUTÓGENO. *Medicina legal.* O que é causado por agente terapêutico.

TERAPIA. *Medicina legal.* **1.** É uma proposta de natureza predominantemente preventiva e não invasiva, onde o que se busca é o equilíbrio corpóreo/psíquico/social por meio de estímulos os mais naturais possíveis para que sejam despertos os próprios recursos do cliente, almejando a auto-harmonização pela ampliação da consciência. O terapeuta atua como um catalisador da tendência ao auto-equilíbrio, facilitando-a por meio de diversas técnicas, podendo, inclusive, fazer uso de instrumentos e equipamentos não agressivos, além de produtos cuja comercialização seja livre, bem como orientar seus clientes através de aconselhamento profissional. Incluem-se na jurisdição do Conselho Federal de Terapia todos os que fazem uso de aconselhamento, acupuntura, alimentoterapia, antroposofia, apiterapia, aromaterapia, artes divinatórias (I ching, astrologia, tarô, búzios, runas, quirologia etc.), artes marciais (kung-fu, judô, caratê, tae-kwon-do, tai-chi-chuan, capoeira etc.), arteterapia, auriculoterapia, ayurveda, biodança, bioenergética, calatonia, calatonia auricular, terapia chinesa, chi-kung, cinesiologia, terapias corporais (bioenergética, tai-chi-chuan, artes marciais, dança, expressão corporal, RPG, rolfing, yoga, relaxamento, chi-kung, técnicas respiratórias, dança do ventre etc.), cristaloterapia, cromopuntura, cromoterapia, cura prânica, dança do ventre, do-in, enzimoterapia, estética integral, fitoterapia, terapia floral, hidroterapia, hipnose, homotoxicologia, terapia holística, terapia indiana, iridologia, jim shin jyutsu, laserterapia, litoterapia, magnetoterapia, massagem, meditação, mitologia pessoal, moxabustão, musicoterapia, naturoterapia ou naturopatia ou terapia naturista, neurolingüística, oligoterapia, ortomolecular, parapsicologia, pulsologia, quiropatia, radiestesia, radiônica, reflexologia, regressão, terapia reichiana, reiki, relaxamento, ressonância biofotônica, rolfing, samkhya, shantala, shiatsu, tai-chi-chuan, terapia transpessoal, trofoterapia, tui-na, ventosaterapia, vivências, yogaterapia, softlaserterapia, terapias mentais (indução, paranormalidade, meditação, método Arica, vivências, heterossugestão etc.), alquimia, elementoterapia, terapia da aprendizagem perfeita e demais áreas afins. O exercício profissional como terapeuta somente será permitido aos indivíduos e instituições registrados e em dia com as suas obrigações no Sinte (Sindicato dos Terapeutas) e nos CRTs (Conselhos Regionais de Terapia), tendo de ser portadores de certificados ou diplomas reconhecidos neste órgão regional de fiscalização da classe. **2.** *Vide* TERAPÊUTICA.

TERAPIA DE ELETROCHOQUE. *Psicologia forense.* Tratamento de alguma desordem mental mediante o emprego de corrente elétrica.

TERAPIA DO CHOQUE. *Vide* TERAPIA DE ELETROCHOQUE.

TERAPIA GÊNICA. *Biodireito.* Visa a transferência de informação genética, ou melhor, de genes, de um organismo para outro para curar ou diminuir distúrbios, moléstias genéticas ou não genéticas.

TERAPIA ORTOMOLECULAR. *Biodireito.* A preocupação com a qualidade de sobrevida de pacientes terminais, uma vanguarda do último século, é hoje compartilhada com os estudiosos das chamadas "terapias alternativas complementares". O Instituto Menetrier, no Jardim Paulistano, por exemplo, oferece um acompanhamento específico para doentes incuráveis em estado terminal (José Alfredo Curvelano). "A terapia melhora a memória, o sono e o humor, além de, o mais importante, fortalecer o sistema imunológico do paciente." As doenças e os medicamentos provocam desequilíbrios orgânicos que podem ser corrigidos com suplementos de vitaminas e oligoelementos, que "são produtos naturais, sem efeitos colaterais". Curvelano ressalta que a terapia ortomolecular não substitui tratamento médico tradicional, mas afirma que pode ser um acessório muito útil.

TERARCA. *História do direito.* Na Grécia antiga, era o comandante de um grupo de combatentes montados em elefantes.

TERATOLOGIA. *Medicina legal.* Estudo das malformações congênitas.

TERATOMA. *Medicina legal.* Tumor complexo, formado por vários tecidos.

TERATOPAGIA. *Medicina legal.* Xifopagia.

TERATÓPAGO. *Medicina legal.* Xifópago.

TERATOPLASTIA. *Medicina legal.* Operação que corrige anormalidade.

TERÇA. 1. *História do direito.* Terça parte da herança de que o testador podia dispor livremente. **2.** *Direito desportivo.* Nome dado, na esgrima, a uma das duas linhas altas e às oito paradas simples. **3.** *Direito civil.* Cada uma das três partes iguais de um todo. **4.** *Direito comercial.* No Ceará, é uma medida de líquidos. **5.** *Direito agrário.* Sistema de parceria agrícola em que o parceiro-proprietário de terra assume o dever de pagar despesas de cultivo, recebendo dois terços do produto colhido, tendo o parceiro-agricultor a terça parte, mediante contrato registrado no Cartório de Títulos e Documentos (Afonso Celso F. de Rezende).

TERÇÃ. *Medicina legal.* Febre de impaludismo, em que os acessos se repetem, regularmente, de três em três dias.

TERÇA DISPONÍVEL. *História do direito.* Era, no regime das Ordenações, o terço da herança que constituía a parte disponível do testador, pois os outros dois terços eram a legítima de seus herdeiros necessários.

TERÇA DO CONCELHO. *História do direito.* Terça parte da renda municipal que era concedida para custeio de fortificações do Estado.

TERÇA-FEIRA. Terceiro dia da semana, que se inicia no domingo.

TERÇÃO. *Direito agrário.* Rebento da cepa que, na poda, não se cortou.

TERÇA PARTE. *Direito agrário.* Arrendamento em que o proprietário das terras recebe do arrendatário um terço do rendimento total.

TERÇA PONTIFICIAL. *Direito canônico.* Terça parte das rendas eclesiásticas, destinada para manter bispos.

TERÇARIA. *História do direito.* **1.** Mediação. **2.** Caução dada como garantia de contrato, que se encontrava em poder de terceiro, na qualidade de depositário.

TERCEDIA. *História do direito.* Prazo de três anos, três meses, três semanas e três dias, que era concedido ao devedor para pagar seu débito.

TERCEIRA. 1. *Direito penal.* Alcoviteira. **2.** *Direito civil* e *direito comercial.* Medianeira; corretora.

TERCEIRIZAÇÃO. *Direito empresarial.* Direito de contratar terceiro para melhor atingir o objetivo social. A terceirização pode abranger tanto o *outsourcing* (transferência total de certos setores da empresa a terceiros) como o *multisourcing* (segmentação de terceirização de um departamento da empresa entre várias empresas), tendo por escopo a redução de custos e a ampliação dos benefícios da especialização. Com a terceirização, a empresa reduz não só o quadro de pessoal, a massa salarial e os encargos trabalhistas, como também os custos fixos e operacionais e os preços de consumo; aumenta sua produtividade; e provoca uma mutação na sua estrutura organizacional. A empresa passa a se concentrar em suas atividades essenciais, terceirizando as não essenciais, como as de segurança, transporte, limpeza, alimentação, processamento de dados, serviços médicos etc. Assenta-se na parceria entre empresário e trabalhador especializado, que efetua atividades-meio, agilizando, com isso, suas atividades afins.

TERCEIRIZAÇÃO DE PENITENCIÁRIA. *Direito penitenciário.* É o modelo que já foi sugerido pelo Ministério da Justiça, aos Estados e ao Distrito Federal para o sistema prisional brasileiro. A infra-estrutura desses presídios é obtida a um custo maior por preso (40%, em média). Apesar de haver discussão sobre a constitucionalidade dessa medida, argumentam seus defensores que a pena média dos detentos cai em torno de 33%, em razão das atividades laborativas neles desenvolvidas e de melhores condições a que o preso mantenha bom comportamento, minimizando o efeito do aumento dos custos. Segundo alegam, apesar do breve período de experiência, ter-se-ia verificado queda no índice de reincidência criminal. Todavia, não foram apresentados, oficialmente, estudos que comprovassem essa assertiva, por não haver consenso de que o modelo seja constitucional. Ressalta-se que não há como comparar a prisão privada com a estatal, pois nos exemplos existentes de prisão privada, os presos foram prévia e criteriosamente selecionados, segundo o tipo de delito cometido e o comportamento na prisão, de modo que se facilitasse a obtenção de resultados positivos pelas prisões privadas. Uma comparação válida requer a realização de experiência estatal nos mesmos moldes da que foi feita na prisão terceirizada, isto é, sem superlotação carcerária, com classificação de presos por tipo de delito, comportamento e faixa etária e com equipamentos para realização de atividades de trabalho, lazer e educação. Foram terceirizados os presídios de Maringá,

Cascavel, Guarapuava/PR e Juazeiro do Norte/CE. Pelo contrato assinado com a empresa prestadora de serviços Humanitas, cada um dos 240 presos alojados em Guarapuava custava R$ 1.240,00 ao mês. No presídio da cidade paranaense de Maringá, o custo mensal era de R$ 800,00. No Paraná, as penitenciárias industriais de Maringá, Guarapuava e Cascavel retornaram, contudo, às mãos do Estado. A arquitetura da unidade prisional, com a terceirização, deverá ter espaço para uma fábrica. Os presos que não estiverem trabalhando na fábrica deverão ficar alojados em celas de grades de ferro, trabalhando com artesanato. As celas deverão ser destinadas a dois presos, sendo que a capacidade de ocupação total será de 240 presos. Deverá haver espaço para os presos poderem praticar esportes. Entretanto, falta ainda apoio psicológico e social para os filhos e familiares dos detentos. As salas de aula, em regra, são duas, sendo insuficientes para atender a todos os presos. A justificativa dada para isso é que nem todos os presos querem estudar. Considerando, contudo, que a filosofia do sistema proposto é de recuperação e reintegração do preso, o incentivo ao estudo deve ser permanente, a par do ensino de técnicas profissionais como o artesanato e a construção de sofás, objeto da atividade da fábrica instalada no presídio. O uso de equipamentos eletrônicos no controle e vigilância da unidade prisional é moderno. Deverá haver também central de monitoramento que utilize circuito interno de TV, quadrantes eletrônicos e sensores dispostos nos telhados e alambrados. O uso de recursos eletrônicos muito facilitaria o controle da segurança, com expressiva redução do nível de tensão psicológica – própria dessa atividade –, visto que reduz o contato entre o preso e o agente de disciplina. O Estado do Paraná mantinha três servidores em cargos de direção: Diretor-Geral, Chefe da Segurança e Agente Penitenciário. Suas funções eram essencialmente estatais, pois tinham a responsabilidade de tomar decisões, relacionar-se com o Juiz de Execução Penal, acompanhar e fiscalizar os serviços prestados pela empresa. Da boa conduta desses funcionários dependia o sucesso da terceirização. Nos presídios terceirizados, os visitantes deverão ser cadastrados, sendo permitido o ingresso de até quatro, atendidos os requisitos exigidos. No procedimento de revista, de acordo com o relatório do DEPEN, deve-se exigir do visitante que tire toda a roupa e calçados e agache-se por três vezes. A roupa e os calçados deverão ser vistoriados e devolvidos. Permitir-se-á a entrada de alimentação preparada para uso dos visitantes. Todavia, esses alimentos deverão passar por uma vistoria.

TERCEIRIZAÇÃO DO CURSO DE ENSINO PROFISSIONAL MARÍTIMO. *Direito marítimo.* Consiste na utilização de entidades que desenvolvam atividades ligadas ao ensino, como, por exemplo, escolas técnicas, Senai, Senac, universidades, fundações, órgãos gestores de mão-de-obra e sindicatos. A terceirização tem por finalidade ampliar a capacidade do SEPM para atender as necessidades do público beneficiário do FDEPM, flexibilizar a contratação de pessoal sem a constituição de vínculo empregatício e criar estruturas físicas e administrativas necessárias à execução do EPM. Será efetuada através de acordos administrativos, firmados entre os órgãos do SEPM e entidades ligadas ao ensino, sejam elas de natureza pública ou privada, e ainda contratando pessoas físicas que poderão atuar como coordenadores e instrutores nos cursos realizados.

TERCEIRO. 1. *Direito civil* e *direito comercial.* a) Alheio à formação de um ato ou negócio jurídico; b) corretor; c) medianeiro; d) aquele que paga dívida alheia; e) prejudicado ou culpado em acidente, exceto o segurado e seus descendentes, ascendentes, cônjuge e irmãos, preposto, administrador, funcionário, ou qualquer pessoa que com ele resida ou dela dependa economicamente (Luiz Fernando Rudge). **2.** *Direito penal.* Alcoviteiro. **3.** *Direito processual.* Aquele que, embora não seja autor nem réu, intervém no processo por ter interesse próprio, que nele deve ser defendido. **4.** *Direito cambiário.* Aquele que intervém, em relação à letra de câmbio, na relação obrigacional decorrente do título, pelo aceite ou pelo pagamento (Waldirio Bulgarelli). **5.** Nas *linguagens comum* e *jurídica*: a) aquele que segue imediatamente o segundo, ocupando, em uma ordem, o terceiro lugar; b) testemunha.

TERCEIRO ADQUIRENTE. *Direito civil.* **1.** Aquele que adquire bem sujeito ao pacto de retrovenda. **2.** Aquele que, de má-fé, veio a adquirir objeto de negócio litigioso. **3.** Adquirente de coisa que foi objeto de contrato anterior.

TERCEIRO APELANTE. *Direito processual civil.* Terceiro prejudicado que pode apelar desde que demonstre o nexo de interdependência entre o seu interesse de intervir e a relação jurídica submetida à apreciação judicial.

TERCEIRO ÁRBITRO. *Direito civil* e *direito processual civil.* Árbitro desempatador indicado para solucionar empate ou divergência entre os dois árbitros nomeados.

TERCEIRO CONHECIDO. *Direito civil.* Detentor de coisa alheia, quando identificado.

TERCEIRO DE BOA-FÉ. *Direito civil.* Aquele que participa, posteriormente, de um negócio jurídico, ignorando qualquer vício anterior que o macula.

TERCEIRO DESCONHECIDO. *Direito civil.* Detentor de coisa alheia, ou de título, que se extraviou ou se perdeu, cuja identidade não se conhece.

TERCEIRO DESEMPATADOR. *Vide* TERCEIRO ÁRBITRO.

TERCEIRO DETENTOR. *Direito civil.* Aquele que, sem ser possuidor, mantém em seu poder bem alheio.

TERCEIRO EMBARGANTE. *Direito processual civil.* Aquele que, não sendo parte no processo, sofreu turbação ou esbulho na posse de seus bens por ato de apreensão judicial, em casos de penhora, depósito, arresto, seqüestro, alienação judicial, arrecadação, arrolamento, inventário, partilha, podendo, por isso, requerer que lhe sejam manutenidos ou restituídos por meio de embargos.

TERCEIRO ESTADO. *História do direito.* Na monarquia absoluta francesa, antes da Revolução de 1789, era a camada social que representava o povo, ou seja, a grande e a pequena burguesia e os camponeses. Os dois outros Estados eram formados pela nobreza e pelo clero.

TERCEIRO EXCLUÍDO. *Lógica jurídica.* Terceiro termo excluído.

TERCEIROGÊNIO. *Direito civil.* Terceiro filho.

TERCEIRO GRAU. 1. *Direito civil.* Parentesco na linha reta entre bisavô e bisneto, e na linha colateral entre sobrinho e tio. **2.** *Direito penal.* Recurso violento como murros, interrogatório penoso etc., empregado por policiais para obter a confissão do criminoso.

TERCEIRO HOMEM. *Lógica.* Argumento aristotélico no qual se fala de coisa conhecida, mas que não se expõe de modo expresso.

TERCEIRO INTERESSADO. *Direito civil* e *direito processual civil.* **1.** Aquele que tem interesse jurídico, econômico ou moral. **2.** Aquele que, não sen-do o devedor, paga o débito, sub-rogando-se em todos os direitos do credor, visto que tal pagamento não produz a extinção da dívida, se não perante o credor primitivo, de modo que, ante o devedor principal, o débito subsistirá em razão de sub-rogação outorgada por lei àquele que, sendo obrigado com outro ao cumprimento de prestação, tenha interesse em solvê-la por estar sujeito a ser compelido coativamente ao pagamento do débito, por intermédio do Poder Judiciário. Por exemplo, fiador, adquirente do imóvel hipotecado, credor do devedor etc., enfim todos os que, indiretamente, fazem parte do vínculo obrigacional. **3.** Aquele que sofre um dano em seu direito em razão de sentença.

TERCEIRO INTERVENIENTE. *Direito processual civil.* Aquele que, sem ser originariamente autor ou réu, passa a integrar o processo em oposição a ambos (Othon Sidou) ou na qualidade de litisconsorte, para defender direitos e interesses que lhe são próprios.

TERCEIRO NA DIVISÃO. *Direito processual civil.* Aquele que, não tendo participado da partilha, se sentir prejudicado por ela.

TERCEIRO NA LETRA DE CÂMBIO. *Direito cambiário.* Tomador que se beneficia com a ordem de pagamento.

TERCEIRO NÃO INTERESSADO. *Direito civil.* **1.** É aquele que não está vinculado à relação obrigacional existente entre credor e devedor, nada tendo, portanto, a temer se o devedor for inadimplente, embora possa ter interesse de ordem moral, como é o caso do pai que paga débito do filho, de uma pessoa que cumpre obrigação de um amigo etc. Se o terceiro não interessado solver a dívida em nome e por conta do devedor, será considerado como representante seu, podendo ser reembolsado do que despendeu. Mas, se o fizer por simples liberalidade, não pode reaver o que pagou. E, se pagar o débito em seu próprio nome, terá direito de ser reembolsado do que pagou, por meio de ação de *in rem verso*; porém, não se sub-roga nos direitos do credor. **2.** Interveniente por honra (Othon Sidou).

TERCEIRO NA SENTENÇA. *Direito processual civil.* Aquele que, não sendo parte na demanda, pode recorrer da sentença que veio a lesar seu interesse, para obter a tutela de direito próprio e a modificação daquela sentença por tribunal superior.

TERCEIRO NA SUPERFÍCIE. *Direito aeronáutico.* Pessoa que possa, na terra ou na água, sofrer qualquer gravame causado por aeronave em vôo ou em manobra.

TERCEIRO NO MANDATO. *Direito civil.* Aquele que efetiva contrato com o mandante, por meio do mandatário, mediante apresentação do instrumento do mandato.

TERCEIRO PERITO. *Direito processual civil.* Aquele nomeado pelo juiz para solucionar divergência de assistentes técnicos apresentados pelas partes.

TERCEIRO PREJUDICADO. **1.** *Direito processual civil.* Aquele que, apesar de ser alheio à demanda, e não ter relação com a coisa julgada, é afetado pela decisão judicial que atinge desfavoravelmente sua posição jurídica, podendo, por isso, interpor recurso. **2.** *Direito civil.* Aquele que sofre qualquer prejuízo em um contrato entre duas pessoas, quando o objeto deste versar sobre algo que se ligue ao seu legítimo interesse.

TERCEIRO RECORRENTE. *Vide* TERCEIRO APELANTE.

TERCEIRO SETOR. *Economia política, sociologia jurídica* e *direito administrativo.* **1.** Conjunto de organizações não ligadas ao Estado (ONGs), criadas por iniciativas de cidadãos, com o objetivo de prestar serviços sociais ao público sem fins lucrativos (saúde, educação, cultura, habitação, direitos civis, desenvolvimento do ser humano, proteção ao meio ambiente), ainda que eventuais excedentes sejam reaplicados na manutenção das próprias atividades ou distribuídos entre os colaboradores. Suas receitas podem ser geradas em atividades operacionais, mas resultam sobretudo de doações do setor privado ou do setor governamental (Luiz Carlos Merege). **2.** Campo de atuação de entidades sem fins lucrativos, voltadas para a consecução dos direitos sociais (Norberto Pasquatti). **3.** Abrange as organizações não-governamentais (ONGs), as Organizações de Sociedade Civil de Interesse Público (OSCIPs) e as incubadoras de projetos. **4.** Conjunto de organismos, organizações ou instituições dotados de autonomia e administração própria que apresentam como função e objetivo principal atuar voluntariamente junto à sociedade civil, visando seu aperfeiçoamento, p. ex., as organizações não governamentais (ONGS) (José Eduardo Sabo Paes).

TERCENA. **1.** *Direito marítimo.* Estaleiro para consertar navio. **2.** *Direito agrário.* Celeiro à beira do rio. **3.** *História do direito.* Armazém onde o Poder Público vendia tabaco ou outro produto diretamente ao consumidor.

TERCENARIA. *História do direito.* Qualidade do beneficiado eclesiástico.

TERCENÁRIO. **1.** *Direito civil.* Aquele que recebe um terço da herança ou de algum benefício. **2.** *Direito agrário.* Parceiro agrícola que tem direito à terça parte da colheita. **3.** *História do direito.* a) Testador que, por ter herdeiro necessário, só podia dispor livremente de um terço de seus bens; b) beneficiado eclesiástico que recebia a terça parte da prebenda de um cônego (Laudelino Freire).

TERCERIA. **1.** *Direito processual civil.* a) Ação de terceiro prejudicado; b) intervenção de terceiro. **2.** *Direito comercial.* Corretagem; mediação.

TERCIÁRIO. **1.** *Direito civil.* O que vem em terceiro lugar. **2.** *Medicina legal.* Efeito posterior ao que segue, de imediato, determinada afecção orgânica de caráter sifilítico.

TERCIARISMO. *Medicina legal.* Estado terciário da sífilis.

TERCIONÁRIO. *Medicina legal.* Aquele que sofre de febre terçã.

TERÇO. **1.** *Direito civil.* Cada uma das três partes em que um todo foi dividido. **2.** *Direito marítimo.* Parte da verga, dos paus etc., eqüidistante dos extremos. **3.** *História do direito.* Parte da tropa que, hoje, corresponde ao regimento.

TERÇÓ. *Direito civil.* No Rio Grande do Sul, é o filho mais novo.

TERÇÔ. *História do direito.* Animal que, em uma ninhada, foi o último a nascer.

TERÇOL. *Medicina legal.* Pequeno abscesso no bordo da pálpebra.

TEREBINTINISMO. *Medicina legal.* Intoxicação causada pela essência de terebintina, ou seja, de resina líquida obtida por exsudação e incisão em árvore terebintácea e conífera.

TEREBRADOR. Máquina perfuradora apropriada para abrir galeria subterrânea.

TER FÉ. Merecer crédito.

TER FORÇA DE LEI. **1.** Ter o efeito de lei. **2.** Equivaler a uma lei.

TERGIVERSAÇÃO. **1.** *Direito penal.* Patrocínio infiel de advogado que simultaneamente defende ambas as partes, no mesmo processo ou em ações conexas. **2.** Na *linguagem comum*: a) evasiva; b) desculpa; c) ato de interpretar, forçando o sentido da palavra, adulterando-o.

TERGIVERSADO. Em que há tergiversação.

TERGIVERSADOR. Aquele que tergiversa.

TERGIVERSANTE. *Vide* TERGIVERSADOR.

TERGIVERSAR. 1. Na *linguagem comum*: a) usar de subterfúgio ou evasiva; b) inventar pretexto. **2.** *Direito penal.* Patrocinar o advogado uma causa, defendendo simultaneamente ambos os litigantes.

TERGIVERSATÓRIO. Que contém tergiversação.

TERGIVERSÁVEL. O que pode tergiversar.

TER LUGAR. 1. Efetuar-se. **2.** Ser cabível.

TERMAS. 1. *História do direito.* Edifício que, na antigüidade romana, destinava-se aos banhos públicos. **2.** *Medicina legal.* Estabelecimento apropriado para uso terapêutico de águas medicinais quentes.

TERM FEE. *Locução inglesa.* Honorários do estagiário de direito.

TERMIDOR. *História do direito.* Undécimo mês do calendário da primeira República da França, que tinha início a 19 ou 20 de julho, e terminava a 17 ou 18 de agosto, conforme o ano.

TERMIDORIANO. *História do direito.* Designação dada a cada um dos participantes do golpe político de 9 termidor do ano II da Revolução Francesa.

TERMINAÇÃO. 1. *Direito civil.* a) Dissolução de uma relação jurídica; b) termo final; c) extinção de uma pessoa natural ou jurídica. **2.** Na *linguagem comum*: a) conclusão; b) encerramento; c) acabamento; d) ato ou efeito de terminar.

TERMINAÇÕES NERVOSAS. *Medicina legal.* Pontos onde terminam os nervos.

TERMINADO. 1. Acabado. **2.** Concluído.

TERMINAIS ALFANDEGADOS DE USO PÚBLICO. *Direito alfandegário.* São instalações destinadas à prestação dos serviços públicos de movimentação e armazenagem de mercadorias importadas ou a exportar, não localizadas em área de porto ou aeroporto. São terminais alfandegados de uso público: a) as Estações Aduaneiras de Fronteira (EAF); b) as Estações Aduaneiras Interiores (EADI) ou Portos Secos; c) os Terminais Retroportuários Alfandegados (TRA).

TERMINAIS AQUAVIÁRIOS. *Direito marítimo.* Pontos de acostagem de embarcações, tais como: terminais pesqueiros, marinas e outros não enquadrados nos conceitos legais portuários.

TERMINAIS RETROPORTUÁRIOS ALFANDEGADOS (TRA). *Direito aduaneiro.* Instalações contíguas a portos alfandegados, onde se executam serviços de controle aduaneiro. São terminais situados em zona contígua à de porto organizado ou instalação portuária, compreendida no perímetro de cinco quilômetros dos limites da zona primária, demarcada pela autoridade aduaneira local. Nos terminais retroportuários alfandegados somente poderão ser realizadas, na importação, operações com mercadorias embarcadas em contêiner, reboque ou semi-reboque. Havendo relevante necessidade econômica ou operacional, poderá o Secretário da Receita Federal autorizar o funcionamento de terminais retroportuários alfandegados destinados a mercadorias a granel ou a cargas especiais. Os terminais retroportuários alfandegados poderão ser autorizados a operar com carga de importação e de exportação, ou apenas de exportação, de acordo com as necessidades do porto e as condições do seu operador. Somente serão instalados terminais retroportuários alfandegados se atendidos, cumulativamente, os seguintes requisitos: a) área contígua à de porto alfandegado que tenha boas condições de tráfego e acesso e onde as normas municipais permitam tal atividade; b) área que ofereça condições básicas de operacionalidade e de segurança fiscal; c) suficientes recursos humanos, na repartição jurisdicionante, para a prestação dos serviços aduaneiros. Entende-se por área contígua à de porto alfandegado a situada em zona urbana destinada a atividades retroportuárias, adjacente à faixa portuária. Somente serão alfandegados os terminais retroportuários de empresas brasileiras autorizadas a operar no transporte multimodal que comprovem gozar de boa situação econômico-financeira e possuam comprovada experiência e capacidade em atividades de apoio ao comércio exterior. Poderá ser alfandegado terminal de empresa de navegação estrangeira, desde que: a) opere no Brasil com linha regular; b) haja, em seu país, reciprocidade de tratamento para empresas de navegação brasileiras. A quantidade de terminais em cada local será proporcional ao movimento de unidades de carga do porto, conforme os parâmetros fixados pelo Secretário da Receita Federal.

TERMINAL. 1. *Medicina legal.* Paciente que está em processo de morte inevitável. **2.** *Direito administrativo.* Construção aparelhada para embarque e desembarque em pontos finais de estradas. **3.** *Direito agrário.* Relativo à demarcação dos campos. **4.** *Direito virtual.* Dispositivo semelhante a um microcomputador, dotado de tela e teclado, mas que não tem capacidade de processamento.

TERMINAL DE ACESSO PÚBLICO (TAP). *Direito das comunicações* e *direito virtual.* É aquele que permite, a qualquer pessoa, utilizar, por meio de acesso de uso coletivo, o Serviço Telefônico Fixo Comutado (STFC) independentemente de assinatura ou inscrição junto à prestadora, incluindo, ainda, funções complementares que possibilitem o uso do STFC para conexão a Provedores de Acesso a Serviços Internet (PASI), de livre escolha do usuário, e envio e recebimento de textos, gráficos e imagens, por meio eletrônico, observado o disposto na regulamentação.

TERMINAL DE CARGA AÉREA (TECA). *Direito aeronáutico.* Conjunto de áreas cobertas e descobertas do aeroporto, especialmente delimitadas para recebimento, movimentação, armazenamento, guarda, controle e entrega de carga transportada ou a transportar.

TERMINAL DE ÓLEO. *Direito marítimo.* Instalação explorada por pessoa jurídica de direito público privado, dentro ou fora da área do porto organizado, utilizada na movimentação e armazenagem de óleo.

TERMINAL DE PASSAGEIROS. *Direito aeronáutico.* É o conjunto de áreas cobertas e descobertas do aeroporto, especificamente delimitadas para atendimento, embarque, desembarque e liberação do usuário do transporte aéreo.

TERMINAL DO ASSINANTE. *Direito das comunicações.* É o conjunto de dispositivos adotados pelo operador, desde a derivação (*tap*) até a saída do conversor/decodificador de TV a cabo, ou similar, utilizado no primeiro ponto de recepção do assinante.

TERMINAL PESQUEIRO PÚBLICO. *Direito marítimo.* É a estrutura física construída e aparelhada para atender às necessidades das atividades de movimentação e armazenagem de pescado e de mercadorias relacionadas à pesca, podendo ser dotada de estruturas de entreposto de comercialização de pescado, de unidades de beneficiamento de pescado e de apoio à navegação de embarcações pesqueiras. É parte fundamental da infra-estrutura aqüícola e pesqueira do País e funcionará como entreposto de pesca nas áreas litorâneas ou ribeirinhas, de acordo com a necessidade e o interesse público.

TERMINAL RODOVIÁRIO. *Direito administrativo* e *direito comercial.* Local público, ou privado, aberto ao público em geral e dotado de serviços e facilidades necessárias ao embarque e desembarque de passageiros.

TERMINANTE. 1. Categórico. **2.** Irrevogável. **3.** Concludente. **4.** Que termina.

TERMINAR. 1. Concluir. **2.** Pôr termo. **3.** Deixar de existir. **4.** Demarcar.

TERMINATION PAY. *Locução inglesa.* Indenização a que faz jus o empregado dispensado de seus serviços.

TERMINATIVO. Que faz terminar.

TERMINISMO. *Lógica.* Nominalismo em que há preponderância do *terminus* na análise das operações lógicas (Guilherme de Occam).

TÉRMINO. 1. Fim. **2.** Termo. **3.** Limite. **4.** Ponto final.

TERMINOLOGIA. 1. Conjunto de termos técnicos de uma ciência ou arte. **2.** Nomenclatura. **3.** Vocabulário técnico próprio de uma escola, autor ou disciplina.

TERMINOLOGIA JURÍDICA. Representação de idéias por palavras técnicas, próprias de um ramo do saber jurídico.

TERMINOLÓGICO. Relativo à terminologia.

TERMINOLOGISTA. Aquele que se ocupa dos termos técnicos de uma ciência ou arte.

TERMINUS AD QUEM. *Locução latina.* Momento até o qual; instante em que se esgota um prazo ou cessa a produção de um efeito jurídico; ponto que determina o fim de uma ação.

TERMINUS A QUO. *Locução latina.* Ponto que marca o início de uma ação; momento a partir do qual começa a contagem de um prazo ou a produção de um efeito jurídico.

TERMITE. 1. *Medicina legal.* Dermatose causada pela ação do calor. **2.** *Direito militar.* Mistura de alumínio pulverizado com óxido de ferro puro usada em bomba incendiária.

TERMO. 1. *Lógica jurídica.* a) Conceito que é representado por sua expressão verbal; b) um dos elementos simples entre os quais se estabelece uma relação lógica; assim, em um juízo, seria o sujeito e o predicado; em um silogismo, o maior, o menor e o médio; c) meio lingüístico para manifestar o pensamento; d) último elemento lógico daqueles em que se decompõe a argumentação (Goffredo Telles Jr.). **2.** *Direito civil.* a) Limite; marco divisório; b) dia em que começa ou se extingue a eficácia do negócio jurídico; c) estado em que se encontra um negócio; d) declaração aposta em contrato para determinar quando se inicia ou cessa a produção de seus efeitos jurídicos; cláusula contratual que subordina a eficácia negocial a acontecimento futuro e certo. **3.** *Direito processual.* a) Instrumento no qual certos atos processuais são formalizados; auto; b) menção escrita nos autos, pela qual o escrivão regulariza o processo; c) declaração ou registro, feito pela autoridade competente, nos autos, de algum ato que deva ficar indelével; d) circunscrição judiciária abaixo da comarca, sob a jurisdição de um juiz ou de um pretor. **4.** *Direito administrativo.* Evento futuro e certo do qual depende o exercício ou a extinção de um direito, ou a partir do qual se inicia ou cessa a eficácia do ato administrativo.

TERMO ABSTRATO. *Lógica jurídica.* É o que representa uma simples propriedade (forma), separada da matéria a que essa propriedade pode pertencer. Por exemplo, "justiça" (Goffredo Telles Jr.).

TERMO ADITIVO. *Direito civil.* Instrumento que, por manifestação da vontade dos contratantes, é juntado ao contrato para alterar alguma cláusula, sem afetar a substância do negócio.

TERMO AVULSO. *Direito civil.* Assento de um ato lavrado por oficial *ad hoc*, em papel à parte, pelo fato de não estar em seu poder o livro próprio, uma vez que o oficial titular não foi encontrado. Tal termo avulso deve ser levado a registro no prazo mais breve possível.

TERMO CERTO. *Direito civil.* Aquele que se dá quando se estabelece uma data do calendário, dia, mês e ano, ou se fixa um certo lapso de tempo. É também designado termo determinado.

TERMO COLETIVO. *Lógica jurídica.* É o aplicado a vários sujeitos em conjunto. Por exemplo, "exército" (Goffredo Telles Jr.).

TERMO COMPLEXO. *Lógica jurídica.* É aquele cujas notas são apreendidas com mais de um movimento do intelecto (Goffredo Telles Jr.). Por exemplo, "direito alternativo".

TERMO CONCRETO. *Lógica jurídica.* É o que representa a matéria com sua qualidade (forma). Por exemplo, o "justo" (Goffredo Telles Jr.).

TERMO CONVENCIONAL. *Direito civil.* É a cláusula que, por vontade das partes, subordina os efeitos do ato negocial a um acontecimento futuro e certo.

TERMO DE ABERTURA. *Direito comercial.* Assento que é feito, na primeira página de livro empresarial, antes da escrituração, pela Junta Comercial, com o objetivo de legalizá-lo.

TERMO DE AJUSTAMENTO DA CONDUTA (TAC). *Vide* COMPROMISSO DE AJUSTAMENTO DE CONDUTA.

TERMO DE AUDIÊNCIA. *Direito processual civil.* Termo que, sob ditado do juiz, e lavrado pelo escrivão, deve documentar por escrito e resumidamente não só todos os atos ocorridos na audiência de instrução e julgamento, como também despachos e sentença, se esta for prolatada no ato. Trata-se do auto de audiência.

TERMO DE BEM VIVER. *História do direito.* Compromisso firmado por pessoa barulhenta de não causar perturbação ao sossego público, sob pena de condenação.

TERMO DE COMPARAÇÃO. Qualidade ou quantidade que é comparada com outra, e com ela relacionada.

TERMO DE CONCILIAÇÃO. 1. *Direito processual civil.* Aquele que tem lugar quando os litigantes chegam a um acordo sobre direito patrimonial, fazendo uma transação, ou se se conciliam em causas relativas à família. Esse instrumento vale como sentença e deve ser lavrado pelo escrivão, assinado pelas partes e homologado pelo magistrado. **2.** *Direito do trabalho.* Na justiça trabalhista, é o registro da decisão conciliatória.

TERMO DE CONCLUSÃO. *Direito processual.* Aquele pelo qual o escrivão certifica que fez os autos conclusos ao magistrado para despacho ou sentença (Geraldo Magela Alves).

TERMO DE DESAPENSAÇÃO. *Direito processual.* Nota usada para registrar a separação física de dois ou mais processos apensados.

TERMO DE DESENTRANHAMENTO. *Direito processual.* Aquele em que o escrivão certifica a retirada de peça dos autos processuais.

TERMO DE DIREITO. *Direito civil.* É o que decorre de lei.

TERMO DE ENCERRAMENTO. 1. *Direito comercial.* É o lavrado na última página do livro mercantil, antes de encerrá-lo. **2.** *Direito processual.* Nota utilizada para registrar encerramento do processo.

TERMO DE GARANTIA. *Direito comercial* e *direito do consumidor.* Instrumento formal e padronizado que complementa o contrato de compra e venda ou de prestação de serviço, conferindo garantia temporária ao bem vendido ou pelo serviço prestado (Othon Sidou).

TERMO DE GRAÇA. 1. *Direito processual civil.* É o que provém de decisão judicial, em atenção a certas situações difíceis em que se encontra o devedor de boa-fé, consistindo em uma prorrogação de prazo para que o devedor cumpra a sua obrigação, ou em uma autorização de pagamento parcelado. **2.** *História do direito.* Carta de Estado concedida pelo rei ou juiz, que beneficia, em processo, certas pessoas.

TERMO DE INSCRIÇÃO. *Direito registrário.* Assento em registro competente.

TERMO DE INSCRIÇÃO DA DÍVIDA ATIVA. *Direito tributário.* Assento de crédito tributário na repartição administrativa competente em livro ou folhas avulsas. Tal termo autenticado pela autoridade competente deve indicar: a) o nome do devedor e, sendo o caso, o dos co-responsáveis, bem como, sempre que possível, o domicílio ou a residência de um e de outros; b) a quantia devida e a maneira de calcular os juros de mora acrescidos; c) a origem e a natureza do crédito, mencionada especificamente a disposição da lei em que seja fundado; d) a data em que foi inscrito; e) se necessário, o número do processo administrativo de que se originar o crédito.

TERMO DE INVENTARIANÇA. *Direito civil* e *direito processual civil.* Primeiras declarações do inventariante reduzidas a termo, que deve conter: a) nome, estado civil, idade e domicílio do autor da herança, dia e lugar em que faleceu e se deixou testamento, prova relativa ao seu nome, ao seu casamento ou à filiação e, ainda, a prova dos herdeiros, porventura exigida pelo juiz; b) nome, estado civil, idade e residência dos herdeiros, e, havendo cônjuge supérstite, o regime de bens do casamento; c) qualidade dos herdeiros e grau de seu parentesco com o inventariado; d) relação completa e individuada de todos os bens do espólio que estavam no domínio e posse do *auctor successionis* ao tempo de seu óbito, situados no Brasil ou no estrangeiro, e dos alheios que nele forem encontrados, designando seus proprietários, se conhecidos. Tais bens, apesar de mencionados nas declarações preliminares, estão excluídos do inventário.

TERMO DE JUNTADA. *Direito processual.* Aquele que certifica a anexação de documentos ao processo.

TERMO DE LACRAÇÃO DE VOLUMES. *Direito alfandegário.* É o utilizado pela fiscalização da Secretaria da Receita Federal (SRF), para a apreensão ou retenção de mercadorias, nos casos em que for impraticável a lavratura imediata do Auto de Infração e termo de apreensão e guarda fiscal ou do termo de retenção de mercadorias. O termo de lacração de volumes terá numeração seqüencial e única por unidade da SRF, e será emitido em duas vias, sendo a primeira destinada a instruir o processo fiscal e a segunda entregue ao interessado no momento da lavratura. Um termo de lacração de volumes poderá referir-se a um ou vários selos aduaneiros.

TERMO DE PARCERIA. *Direito administrativo.* É o instrumento passível de ser firmado entre o Poder Público, ou melhor, consórcio público e as entidades qualificadas como Organizações da Sociedade Civil de Interesse Público destinado à formação de vínculo de cooperação entre as partes, para o fomento e a execução das atividades de interesse público. O Termo de Parceria firmado de comum acordo entre o Poder Público e as Organizações da Sociedade Civil de Interesse Público discriminará direitos, responsabilidades e obrigações das partes signatárias. A celebração do Termo de Parceria será precedida de consulta aos Conselhos de Políticas Públicas das áreas correspondentes de atuação existentes nos respectivos níveis de governo. São cláusulas essenciais do Termo de Parceria: a) a do objeto, que conterá a especificação do programa de trabalho proposto pela Organização da Sociedade Civil de Interesse Público; b) a de estipulação das metas e dos resultados a serem atingidos e os respectivos prazos de execução ou cronograma; c) a de previsão expressa dos critérios objetivos de avaliação de desempenho a serem utilizados, mediante indicadores de resultado; d) a de previsão de receitas e despesas a serem realizadas em seu cumprimento, estipulando item por item as categorias contábeis usadas pela organização e o detalhamento das remunerações e benefícios de pessoa a serem pagos, com recursos oriundos ou vinculados ao Termo de Parceria, a seus diretores, empregados e consultores; e) a que estabelece as obrigações da Sociedade Civil de Interesse Público, entre as quais a de apresentar ao Poder Público, ao término de cada exercício, relatório sobre a execução do objeto do Tempo de Parceria, contendo comparativo específico das metas propostas com os resultados alcançados, acompanhado de prestação de contas dos gastos e receitas efetivamente realizados, independente das previsões mencionadas no item d; f) a de publicação, na imprensa oficial do Município, do Estado ou da União, conforme o alcance das atividades celebradas entre o órgão parceiro e a Organização da Sociedade Civil de Interesse Público, de extrato do Termo de Parceria e de demonstrativo da sua execução física e financeira, conforme modelo simplificado estabelecido legalmente, contendo os dados principais da documentação obrigatória, sob pena de não-liberação dos recursos previstos no Termo de Parceria. A execução do objeto do Termo de Parceria será acompanhada e fiscalizada por órgão do Poder Público da área de atuação correspondente à atividade fomentada e pelos Conselhos de Políticas Públicas das áreas correspondentes de atuação existentes, em cada nível de governo. Os resultados atingidos com a execução do Termo de Parceria devem ser analisados por comissão de avaliação, composta de comum acordo entre o órgão parceiro e a Organização da Sociedade Civil de Interesse Público. Os responsáveis pela fiscalização do Termo de Parceria, ao tomarem conhecimento de qualquer irregularidade ou ilegalidade na utilização de recursos ou bens de origem pública pela organização parceira, darão imediata ciência ao Tribunal de Contas respectivo e ao Ministério Público, sob pena de responsabilidade solidária.

TERMO DE RECLAMAÇÃO. *Direito do trabalho.* Instrumento que, faltando petição inicial, é lavrado na Secretaria da Vara do Trabalho, e que contém reclamação verbal e pedido do reclamante. Tal reclamação verbal é reduzida a termo, em duas vias, datadas e assinadas pelo escrivão ou chefe de secretaria. O escrivão, após ter sido protocolada a reclamação, remete, dentro de quarenta e oito horas, a segunda via do termo ao reclamado, notificando-o para comparecer à audiência de julgamento.

TERMO DE REFERÊNCIA (TR). *Direito ambiental.* Documento fornecido pelo IBAMA ao empreendedor, em que são estabelecidas as diretrizes, o conteúdo mínimo e a abrangência dos estudos ambientais necessários ao licenciamento da atividade de aquisição de dados sísmicos.

TERMO DE REMESSA. *Direito militar.* É uma nota utilizada para encaminhar o processo aos órgãos fora da administração central do Ministério da Defesa e das Forças Singulares.

TERMO DE RESPONSABILIDADE. *Direito do trabalho.* Declaração formal em que o empregado, em cargo de chefia, assume o compromisso de zelar pelos objetos que estiverem aos seus cuidados, sob pena de responder civilmente pela sua destruição ou desvio (Othon Sidou).

TERMO DE RESSALVAR. *Direito processual.* É uma nota utilizada para informar que uma peça foi retirada do processo quando do ato da anexação, isto é, ao proceder a anexação foi constatada a ausência de uma peça.

TERMO DE RETIRADA DE FOLHA OU PEÇA. *Direito processual.* É uma nota utilizada para registrar a retirada de folha(s) ou peça(s) do processo.

TERMO DE SEGURANÇA. *História do direito.* Instrumento firmado perante juiz de paz pelo acusado de violência contra o queixoso, com a cominação de pena se houvesse quebra do compromisso (Othon Sidou).

TERMO DETERMINADO. *Vide* TERMO CERTO.

TERMO DE TRANSFERÊNCIA DE MATERIAL. *Direito ambiental.* Instrumento de adesão a ser firmado pela instituição destinatária antes da remessa de qualquer amostra de componente do patrimônio genético, com ou sem fim comercial, indicado, quando for o caso, se houve acesso a conhecimento tradicional associado.

TERMO DE VISTA. *Direito processual.* Aquele em que se constata a entrega dos autos do processo à parte para estudo e pronunciamento (Geraldo Magela Alves).

TERMODINÂMICA. *Direito empresarial.* Parte da Física que se ocupa da relação entre calor e trabalho mecânico.

TERMO DIVISIVO. *Lógica jurídica.* É o que pode ser aplicado a vários sujeitos e a cada um deles em particular. Por exemplo, "homem" (Goffredo Telles Jr.).

TERMÓDOTA. *História do direito.* Escravo que, na antiguidade grega, distribuía água quente nos banhos públicos.

TERMO ESTREITO. Conjuntura difícil.

TERMO EXPRESSO. *Direito civil.* Aquele que foi estipulado pelas partes ou determinado por disposição legal.

TERMO EXTINTIVO. *Vide* TERMO FINAL.

TERMO EXTREMO MAIOR. *Lógica jurídica.* **1.** É o que, em regra, no silogismo, se encontra na primeira premissa, que é a maior, devendo ser o predicado da conclusão (Van Acker). **2.** Termo que está na premissa maior, sendo o predicado da conclusão.

TERMO EXTREMO MENOR. *Lógica jurídica.* **1.** É o que, no silogismo, está na premissa menor, devendo ser o sujeito da conclusão (Van Acker). **2.** Termo que se encontra na premissa menor, constituindo o sujeito da conclusão.

TERMO FATAL. *Direito civil, direito tributário* e *direito processual penal.* É o que assinala o prazo irrevogável, peremptório, ininterrupto e improrrogável, que impede a prática de qualquer ato que tenha sido autorizado antes de sua extinção.

TERMO FINAL. *Direito civil.* É também designado *dies ad quem*, termo extintivo ou resolutivo, por determinar a data da cessação dos efeitos do ato negocial.

TERMO FLEXÍVEL. *Direito comercial.* Contrato a termo na Bolsa de Valores de São Paulo, em que o comprador pode, sem encerrar o contrato, substituir as ações-objeto, vendendo-as no mercado à vista. O montante apurado deve ser usado para aquisição de ações de outras empresas ou ficará retido sem remuneração (Luiz Fernando Rudge).

TERMOFOBIA. *Medicina legal.* Pavor mórbido do calor.

TERMOFÓBICO. *Medicina legal.* Relativo à termofobia.

TERMÓFOBO. *Medicina legal.* Aquele que sofre de termofobia.

TERM OF OFFICE. *Locução inglesa.* Mandato.

TERMO GERAL DE REFERÊNCIA PARA O PLANO DE PRESERVAÇÃO DE SÍTIO HISTÓRICO URBANO (TGR/PPSH). *Direito urbanístico.* É o instrumento norteador para o desenvolvimento dos planos específicos para cada localidade, e estabelece os conceitos básicos, os princípios de atuação e os procedimentos necessários à sua formulação, implementação, acompanhamento e avaliação.

TERMÓGRAFO. Aparelho que, automaticamente, efetua o registro das variações de temperatura em certo prazo.

TERMO GRAMATICAL. *Lógica jurídica.* É uma simples palavra (Goffredo Telles Jr.).

TERMO HÁBIL. *Direito processual civil.* Período em que se pode praticar determinado ato processual ou executar alguma diligência.

TERMO IMPLÍCITO. *Direito civil.* É o resultante da própria natureza do ato, uma vez que decorre, conforme o tempo necessário, para a prática de um ato ou o adimplemento da obrigação. Trata-se do termo tácito (De Plácido e Silva).

TERMO IMPRORROGÁVEL. *Direito processual civil.* Termo final de prazo improrrogável, ou seja, que não admite prorrogação.

TERMO INCERTO. *Direito civil.* Aquele que se refere a um acontecimento futuro, que ocorrerá em data indeterminada.

TERMO INDETERMINADO. *Vide* PRAZO INCERTO.

TERMO INICIAL. *Direito civil.* É também denominado *dies a quo* ou suspensivo, por fixar o momento em que a eficácia do negócio jurídico deve iniciar, retardando o exercício do direito. Não suspende a aquisição do direito, que surge imediatamente, mas que só se torna exercitável com a superveniência do termo.

TERMO ITERATIVO. *Direito processual.* É o alusivo ao andamento do feito, assinalando-se por atos lavrados pelo escrivão, como anotação, audiência, vista, juntada, conclusão (Marcus Cláudio Acquaviva).

TERMO JUDICIAL. *Direito processual.* **1.** É o constante do auto do processo. **2.** Aquele que, apesar de determinado legalmente, se inicia na data assinada pelo juiz para a audiência (Marcus Cláudio Acquaviva).

TERMO JUDICIÁRIO. *Direito processual.* Distrito judiciário, ou seja, circunscrição judiciária de categoria inferior à comarca.

TERMO LEGAL. **1.** *Direito processual.* Aquele que é imposto por lei, mas seus efeitos dependem de um ato judicial, como a citação e a intimação, cuja data de realização marca o início de seus efeitos (Marcus Cláudio Acquaviva). **2.** *Direito civil.* É o determinado por preceito legal.

TERMO LÓGICO. *Lógica jurídica.* Objeto intelectual simples (Goffredo Telles Jr.).

TERMO MARCADO. *Vide* TERMO CERTO.

TERMO MÉDIO. *Lógica jurídica.* **1.** Termo do silogismo que serve para unir os outros dois termos: extremo maior e extremo menor. É aquele que está nas duas premissas, em que está tomado pelo menos uma vez com quantidade total, não podendo entrar na conclusão. **2.** Termo que é encontrado na premissa maior e na menor, tomado pelo menos uma vez com quantidade total, não podendo entrar na conclusão (Van Acker). **3.** Nas *linguagens comum* e *jurídica*: a) expediente usado para concluir um negócio; b) posição intermediária; meio-termo.

TERMO MENTAL. *Lógica jurídica.* Objeto intelectual conhecido simplesmente, ou seja, sem afirmação ou negação (Van Acker).

TERMÔMETRO. *Medicina legal.* Instrumento que mede a temperatura do corpo.

TERMO MUNICIPAL. *Direito administrativo.* Distrito ou subdivisão de município.

TERMO NECESSÁRIO. *Vide* TERMO IMPLÍCITO.

TERMO NOS AUTOS. *Direito processual.* Assento autêntico feito nos autos do processo, pelo escrivão, para neles fazer constar a realização de certos atos, fatos ou diligências.

TERMONOSE. *Medicina legal.* Qualquer doença de origem térmica.

TERMO ORAL. *Lógica jurídica.* **1.** Expressão verbal da idéia (Tiago Sinibaldi). **2.** Som articulado que exprime o termo mental (Goffredo Telles Jr.).

TERMO PEREMPTÓRIO. *Vide* TERMO FATAL.

TERMOPÓLIO. *História do direito.* Na antigüidade grega e na romana, era o estabelecimento público onde se vendiam bebidas quentes.

TERMOPOLIPNÉIA. *Medicina legal.* Aceleração respiratória provocada pela elevação de temperatura.

TERMO PRIMORDIAL. *Vide* TERMO INICIAL.

TERMO PROCESSUAL. *Direito processual.* Ato que, resumidamente, narra o fato e é lavrado nos autos e assinado pelo escrivão.

TERMO PRÓPRIO. *Teoria geral do direito.* Aquele que exprime, com exatidão, uma idéia.

TERMO PRORROGÁVEL. Aquele que permite alteração, remoção ou prorrogação para data ulterior.

TERMO RESOLUTIVO. *Vide* TERMO FINAL.

TERMO RESOLUTÓRIO. *Vide* TERMO FINAL.

TERMO RETIFICATIVO. *Direito penal* e *direito do consumidor.* Uso em meio de divulgação de termos como "tipo", "gênero", "espécie", "sistema", "semelhante", "sucedâneo" etc., que possam, ressalvando ou não a procedência do artigo ou produto, levar à concorrência desleal ou induzir o consumidor a erro de preferência (Othon Sidou).

TERMOS. 1. *Direito civil.* Conteúdo de um ato ou negócio jurídico. **2.** *Direito processual civil.* Formalidade que se deve seguir na realização de atos processuais e na sua documentação.

TERMOS DA ARGUMENTAÇÃO. *Lógica jurídica.* Elementos materiais remotos da argumentação, por constituírem os últimos elementos daqueles em que se decompõe a argumentação (Van Acker).

TERMOS DA PROCURAÇÃO. *Direito civil.* Conteúdo da procuração, que é instrumento do mandato, relativo aos poderes conferidos ao procurador.

TERMOS DE REGISTRO. 1. *Direito registrário.* Assentos feitos em livros cartorários, para dar autenticidade a atos. **2.** *Direito processual.* Anotações, em livro próprio, de processos.

TERMOS GERAIS. *Direito civil* e *direito processual civil.* Expressões genéricas que nada minudenciam ou especificam.

TERMO SIMPLES. *Lógica jurídica.* Aquele que é apreendido com um só movimento do intelecto (Goffredo Telles Jr.). Por exemplo, "direito".

TERMO SINGULAR. *Lógica jurídica.* É o que só pode ser aplicado a um só sujeito (Goffredo Telles Jr.). Por exemplo, "Napoleão Bonaparte".

TERMOS PROCESSUAIS. *Direito processual.* Reduções de atos processuais feitas por escrito pelo escrivão.

TERMO SUSPENSIVO. *Vide* TERMO INICIAL.

TERMO TÁCITO. *Vide* TERMO IMPLÍCITO.

TERMOTERAPIA. *Medicina legal.* Uso do calor para fins terapêuticos.

TERMO ÚTIL. *Vide* TERMO HÁBIL.

TERMS OF TRADE. 1. *Locução inglesa.* Termos da troca ou taxas de troca. **2.** *Economia política.* Teoria de Stuart Mill que mostra como se partilha entre países o proveito oriundo do comércio internacional. A taxa de troca abrange os índices de preços derivados das exportações e das importações. Logo, a taxa de troca é a relação do índice dos valores médios das exportações ao índice dos valores médios das importações. Se aquela taxa aumenta, os recursos reais exportados são maiores do que os importados. Mas, se tal taxa diminui, os recursos reais exportados são inferiores aos importados.

TERNEIRADA. *Direito agrário.* No Rio Grande do Sul, é o grande número de terneiros.

TERNEIRAGEM. *Vide* TERNEIRADA.

TERNEIRO. *Direito agrário.* No Rio Grande do Sul, é o bezerro.

TERNO. 1. Nas *linguagens comum* e *jurídica:* a) trio; grupo de três objetos ou pessoas; b) grupo pequeno de pessoas; c) vestuário masculino composto de paletó, colete e calça ou só de paletó e calça. **2.** *Direito agrário.* a) Conjunto de três moendas, no engenho de açúcar; b) grupo de aves constituído por duas fêmeas e um macho (Laudelino Freire); c) conjunto de parelhas de bois de uma carreta; d) grupo de três peões que marcam o gado. **3.** *Psicologia forense.* a) Afável; b) que tem sentimento afetuoso.

TER O LEME. 1. Governar. **2.** Administrar.

TER PALAVRA. Cumprir o que promete.

TERRA. 1. *Direito agrário.* a) Campo; b) fazenda, sítio, granja; c) prédio rústico; d) terreno destinado à agropecuária; e) bem de produção que constitui a base física para o exercício da atividade agrária. **2.** *Direito administrativo.* a) Local onde há cidades, povoados, vilas etc.; b) imóvel público. **3.** *Direito internacional privado.* Local onde se nasceu ou onde se tem domicílio. **4.** *Direito internacional público.* a) Território pertencente a um País; b) pátria. **5.** Na *linguagem comum*: a) o nosso planeta; b) conjunto de habitantes desse planeta. **6.** *Direito autoral.* Argila usada por escultores para a realização de suas obras.

TERRA AGRÍCOLA. *Direito agrário.* Aquela própria e destinada para agricultura ou lavoura.

TERRA ALHEIA. 1. *Direito internacional público.* País estrangeiro. **2.** *Direito civil.* Aquela que pertence a outrem.

TERRA ALODIAL. *Direito civil.* Aquela que não está sujeita a qualquer encargo ou ônus que venha a limitar a propriedade de seu dono.

TERRA APURADA. *Direito agrário.* Terra roxa que é muito fértil.

TERRA CHÃ. *História do direito.* Terra de vila ou cidade não fortificada.

TERRAÇO. 1. *Direito civil.* Pavimento descoberto. **2.** *Direito agrário.* Degrau horizontal feito em terreno em declive, para conservar a umidade ou diminuir a erosão, possibilitando o uso de montanha para plantação hortifrutícola.

TERRACOTA. *Direito autoral.* Argila modelada e cozida ao forno.

TERRADA. 1. *Direito agrário.* Porção de terra. **2.** *Direito comparado.* Navio asiático de pequeno porte.

TERRA DA COROA. *História do direito.* **1.** Imóvel pertencente ao rei. **2.** Realengo.

TERRA DE ALUVIÃO. *Direito civil.* Acréscimo que, formado por depósito ou aterro natural ou por afastamento de águas dos rios, pertence ao dono do terreno marginal.

TERRA DE AVULSÃO. *Direito civil.* Porção de terra que, por força natural violenta, se destaca de um prédio, ajuntando-se a outro. O proprietário do imóvel desfalcado perde a parte deslocada, mas pode pedir sua devolução desde que reconhecível, se houver recusa do dono do prédio favorecido em pagar o seu respectivo valor. Caberá ao dono do prédio favorecido optar entre a remoção da parte acrescida e o pagamento do seu respectivo valor ao proprietário reclamante.

TERRA DE CAMPO. *Direito agrário.* É a destinada às atividades agropecuárias.

TERRÁDEGO. *História do direito.* **1.** Imposto que se cobrava para ocupar terreno destinado a barraca de feira ou para expor produtos à venda. **2.** Terreno ocupado por feirante. **3.** Quarentena que devia ser paga pelo enfiteuta ou senhorio se vendesse o bem aforado. Trata-se do atual laudêmio. **4.** Renda paga pela posse e cultura de terra que pertencia a outrem (Laudelino Freire).

TERRADEGUEIRO. *História do direito.* Aquele que cobrava terrádego.

TERRA DE ÍNDIOS. *Direito civil* e *direito constitucional.* É a ocupada pelos indígenas, que nela habitam e exercem suas atividades, sendo aquela área imprescindível à preservação dos recursos ambientais necessários a seu bem-estar e, ainda, a necessária à sua reprodução física e cultural, segundo seus usos, costumes e tradições. Por isso, cabe aos indígenas o usufruto exclusivo de suas riquezas. E à União compete demarcá-la, proteger e fazer respeitar todos os seus bens. Além disso, essa terra é inalienável, indisponível, e os direitos sobre ela, imprescritíveis.

TERRA DE LAVOURA. *Vide* TERRA AGRÍCOLA.

TERRA DE MATO. *Direito agrário.* Aquela que contém árvores, cuja derrubada é permitida para fins industriais ou para obtenção de lenha para fornos e lareiras.

TERRA DE NINGUÉM. *Direito militar.* Espaço situado entre duas trincheiras inimigas, que não está sob o domínio de nenhuma delas.

TERRA DE PLANTA. *Vide* TERRA AGRÍCOLA.

TERRA *DERELICTA*. *História do direito* e *direito internacional público.* Terra abandonada pelo seu descobridor, que depois foi objeto de ocupação de outro país (Rezek).

TERRA DEVOLUTA. *Direito administrativo.* **1.** É o bem imóvel pertencente aos Estados ou à União em áreas reservadas (faixas de fronteira etc.) que ainda não são objeto de registro. **2.** Terra que, constituindo patrimônio de pessoa jurídica de direito público, não se destina a uso público.

TERRA EMPRAZADA. *Direito civil.* Aquela que constitui objeto de enfiteuse, cujo domínio útil passa a ser do enfiteuta, ficando o senhorio com o direto.

TERRA FIRME. Aquela que não está sujeita a inundação.

TERRA FRESCA. *Direito agrário.* **1.** Aquela que, por ser alagada, é apropriada para a cultura do arroz. **2.** Terreno úmido situado à beira de rio ou de açude.

TERRA INDÍGENA. *Vide* TERRA DE ÍNDIOS.

TERRA JUGADEIRA. *História do direito.* Aquela que, outrora, se sujeitava ao tributo denominado jugada, devido ao rei pela exploração de terras da Coroa.

TERRA NÃO CULTIVADA. *Direito agrário.* Aquela que se encontra em estado nativo, não tendo sido, ainda, explorada economicamente pelo rurícola.

TERRA NATAL. *Direito internacional privado.* País onde se nasceu.

TERRANQUIM. *Direito comparado.* Embarcação muito comum na Índia.

TERRA NUA. *Direito agrário.* Aquela que não contém cultura nem benfeitoria.

TERRA *NULLIUS*. *História do direito* e *direito internacional público.* Área territorial, não necessariamente sem habitante, que era descoberta e apossada por algum país.

TERRÃO. *Direito agrário.* Terra rica, sendo considerada boa para plantação.

TERRA PARTICULAR. *Direito civil.* Aquela pertencente ao patrimônio de pessoa natural ou pessoa jurídica de direito privado.

TERRA PASTORAL. *Direito agrário.* Pastagem.

TERRA PELADA. *Direito agrário.* Aquela em que não há pasto.

TERRAPLANAGEM. O mesmo que TERRAPLENAGEM.

TERRAPLANAMENTO. O mesmo que TERRAPLENAGEM.

TERRAPLENADO. Terreno em que se fez terraplenagem.

TERRAPLENAGEM. Obra que visa alterar o relevo natural de um terreno por meio de aterros.

TERRAPLENAMENTO. O mesmo que TERRAPLENAGEM.

TERRAPLENO. Terreno plano.

TERRA PÚBLICA. *Direito administrativo.* Aquela pertencente ao domínio de pessoa jurídica de direito público, destinada ou não ao uso público.

TERRÁQUEO. *Direito espacial.* **1.** Terrestre. **2.** Relativo ao planeta Terra.

TERRA REALENGA. *História do direito* e *direito comparado.* Terra pertencente à Coroa.

TERRA ROÇADA. *Direito agrário.* A que se encontra livre de mato, em razão da queima.

TERRA ROXA. *Direito agrário.* É aquela muito fértil, que possui cor vermelho-escura resultante da decomposição de lençóis de rochas efusivas basálticas (Laudelino Freire).

TERRA RURAL. *Direito agrário.* É aquela que, qualquer que seja sua localização, tem por fim a exploração agrícola, pecuária, extrativa ou agroindustrial.

TERRA SAFADA. *Direito agrário.* É a improdutiva.

TERRA SANTA. Palestina.

TERRA SOBREPOSTA. *Direito civil.* É a transportada pela aluvião e crescente do rio, e que se dispõe por camadas em várias partes, formando nateiros (Laudelino Freire).

TERRA TRIBUTÁRIA. **1.** *Direito tributário.* Aquela que está sujeita a certos tributos. **2.** *Direito privado.* É aquela sobre a qual recaem determinados encargos ou ônus, não sendo por isso livre, nem alodial.

TERRA VIRGEM. *Direito agrário.* Aquela que nunca foi explorada economicamente, nem cultivada.

TERREIRO. 1. *Direito agrário.* a) Terreno cimentado, junto às tulhas, usado para secar cereais; b) cavalo que, por dobrar pouco seus membros anteriores, tropeça com freqüência. **2.** Nas *linguagens comum* e *jurídica:* a) local onde cultos afro-brasileiros se realizam; b) terraço; c) pátio livre e plano sem plantação, ao lado de prédios.

TERREIRO DE CAFÉ. *Direito agrário.* Local próprio para secagem de grãos de café.

TERREMOTO. *Direito civil.* Grande e violento tremor de terra, que constitui força maior, o qual, em regra, provoca calamidade pública.

TERRENO. 1. *Direito civil.* a) Solo sem plantação ou construção; b) lote; c) bem imóvel; d) área de terra destinada à construção de um prédio. **2.** *Direito agrário.* Terra própria para o cultivo ou pecuária. **3.** Nas *linguagens comum* e *jurídica:* a) assunto; b) ramo de atividade; c) mundano; d) terrestre, terráqueo. **4.** *Medicina legal.* Predisposição parcial ou total de uma área somática para o desenvolvimento de uma afecção ou moléstia.

TERRENO ACRESCIDO. *Direito civil.* É o formado por acréscimo, como o terreno aluvial, por exemplo.

TERRENO ACRESCIDO DE MARINHA. *Direito administrativo* e *direito civil.* Aquele que se forma natural ou artificialmente ao lado do mar ou rio, em segmento ao terreno de marinha, pertencendo, então, à União (Othon Sidou).

TERRENO *AD CORPUS*. *Direito civil* e *direito agrário.* Aquele que não é medido. Sua dimensão determina-se pelas suas confrontações, sem que se considerem metros quadrados, alqueires ou hectares.

TERRENO *AD MENSURAM*. *Direito civil* e *direito agrário.* Aquele cuja área, além de estar compreendida dentro de seus limites, é computada por medida certa, considerando-se alqueires, hectares ou metros quadrados.

TERRENO AFORADO. *Direito civil.* Aquele em que, por ser objeto de enfiteuse, o domínio útil do seu proprietário passa para o enfiteuta, mediante pagamento de uma pensão anual.

TERRENO ALHEIO. *Direito civil.* Aquele bem de raiz que pertence a outrem, embora possa ser, por meio de contrato, utilizado por quem não é seu proprietário.

TERRENO ALODIAL. *Direito civil.* Aquele que está livre de quaisquer ônus ou encargos.

TERRENO ALUVIAL. *Direito civil.* É o resultante de acréscimos oriundos de aterros naturais ou de desvio da água de um rio.

TERRENO ALUVIANO. *Vide* TERRENO ALUVIAL.

TERRENO BALDIO. *Direito civil.* **1.** Aquele abandonado, inaproveitado ou inculto. **2.** Terreno desocupado, não cercado, onde há matagal e lixo lançado pela vizinhança. **3.** Aquele que pode servir de compáscuo.

TERRENO BRAVIO. *Direito agrário.* **1.** Terra não desbravada nem cultivada. **2.** Aquele que não foi objeto de exploração agrícola.

TERRENO CERCADO. *Direito civil.* Aquele que impede o acesso de pessoa e animal por estar vedado por muro, vala, tapume etc.

TERRENO COMUM. *Direito civil.* Aquele que, por estar em estado de indivisão, pertence a vários proprietários, que, por serem condôminos, têm partes ideais correspondentes a seus quinhões.

TERRENO CONFINANTE. *Direito civil.* Aquele que se limita com outro, que lhe é contíguo ou vizinho.

TERRENO CONTESTADO. *Direito processual civil.* Aquele que é litigioso, pois sua propriedade é disputada por duas pessoas, que alegam ter direitos sobre ele, ou que procuram fixar seus limites.

TERRENO CONTÍGUO. *Vide* TERRENO CONFINANTE.

TERRENO DE ALUVIÃO. *Vide* TERRENO ALUVIAL.

TERRENO DE FRONTEIRA. *Direito internacional público.* Aquele que compõe a faixa de fronteira com outro país.

TERRENO DE MANGUE. *Direito civil, direito ambiental* e *direito administrativo.* Aquele que tem aspecto pantanoso e vegetação rasteira (mangue), situando-se às margens de rios, lagos ou braços de mar, submetendo-se a regime similar ao do terreno de marinha, e além disso devendo ser preservado ecologicamente, embora o mangue possa ser aproveitado para se extrair tanino, usado na indústria de curtume.

TERRENO DEMARCADO. *Direito civil.* É aquele que tem limites divisórios bem definidos.

TERRENO DE MARINHA. *Direito administrativo* e *direito civil.* Bem público dominial pertencente à União, banhado pela água do mar ou dos rios navegáveis, e se estendendo até à distância de 33m para a parte térrea, tomando-se como base o preamar médio de 1.831m para o interior da terra banhada pelo mar. Abrange: a) o situado no continente, na costa marítima e nas margens dos rios e lagoas, até onde se faça sentir a influência das marés; e b) o que contorna as ilhas situadas em zonas onde se faça sentir a influência das marés. Obs.: a influência das marés é caracterizada pela oscilação periódica de 5cm, pelo menos, do nível das águas, que ocorra em qualquer época do ano.

TERRENO DE TRANSPORTE. *Vide* TERRENO ALUVIAL.

TERRENO EDIFICADO. *Direito civil.* Aquele que contém construção.

TERRENO EM COMISSO. *Direito civil.* Aquele que, sendo aforado, retorna ao seu proprietário, em razão do não-pagamento das pensões por três anos consecutivos por parte do enfiteuta que, então, perde o domínio útil, consolidando a propriedade na pessoa do senhorio direto, que pagará indenização pelas benfeitorias necessárias. Para tanto será preciso que o senhorio direto proponha ação judicial contra o foreiro, comprovando o comisso.

TERRENO ENCRAVADO. *Direito civil.* Aquele que, naturalmente, não tem acesso para via pública, porto ou nascente; por isso seu proprietário tem direito de exigir a passagem forçada do dono do prédio contíguo, mediante pagamento de uma indenização cabal.

TERRENO FRONTEIRIÇO. *Vide* TERRENO DE FRONTEIRA.

TERRENO LIMÍTROFE. *Vide* TERRENO CONFINANTE.

TERRENO LITIGIOSO. *Vide* TERRENO CONTESTADO.

TERRENO MANINHO. *Vide* TERRENO BRAVIO.

TERRENO MARGINAL. *Direito civil.* Terreno ribeirinho, ou seja, aquele banhado por água de rio ou de lago.

TERRENO MARINHO. *Vide* TERRENO DE MARINHA.

TERRENO MILITAR. *Direito militar.* Aquele que está situado em faixa de fronteira em ilhas estratégicas, no litoral, ou em local reservado à instalação de tropas militares encarregadas de defender o Estado.

TERRENO PARTICULAR. *Direito civil.* Aquele pertencente à pessoa natural ou à pessoa jurídica de direito privado.

TERRENO PRÓPRIO. *Direito civil.* É o que está incorporado no patrimônio de seu proprietário, sendo por ele utilizado e defendido.

TERRENO PÚBLICO. *Direito administrativo.* Terreno que, por ser bem público, pertencente ao Município, ao Estado ou à União, pode ser: a) de uso comum do povo; b) de uso especial, reservado para serviço público; c) dominial.

TERRENO RESERVADO. *Direito administrativo.* **1.** Aquele terreno destinado a uso especial para atender a fins de defesa e necessidade pública (De Plácido e Silva). **2.** Terreno pertencente ao Estado federado, que se situa à margem de rio navegável, fora do alcance das marés, compreendido em uma faixa de terra de 15m, para dentro da terra, contados do ponto médio das enchentes ordinárias (De Plácido e Silva). Trata-se de terreno marginal.

TERRENO RIBEIRINHO. *Vide* TERRENO MARGINAL.

TERRENO RURAL. *Direito agrário.* Aquele que se destina à agricultura, pecuária e indústria extrativa.

TERRENO SUBURBANO. *Direito administrativo.* O situado no subúrbio da cidade ou em bairros distantes.

TERRENO URBANO. *Direito administrativo.* Aquele que, qualquer que seja sua localização, se destina a atender a fins residenciais, comerciais ou industriais.

TERRENO VAGO. *Direito civil.* Aquele imóvel inaproveitado e abandonado pelo seu proprietário.

TERRENO VIZINHO. *Direito civil.* Aquele que é contíguo a outro, e pertencente a proprietário diverso.

TÉRREO. **1.** Piso situado no solo. **2.** Relativo à terra. **3.** Próprio da terra. **4.** Imóvel sem sobrado, que tem por pavimento o solo.

TERRESTRE. **1.** Que diz respeito à terra. **2.** Que é oriundo da terra; terráqueo. **3.** Mundano.

TERRÉU. *Direito civil.* Baldio.

TERRIBILIDADE. Qualidade do que é terrível.

TERRIÇO. *Direito agrário.* **1.** Terra vegetal. **2.** Adubo que se forma de substâncias animais e vegetais em decomposição, misturadas com terra.

TERRIFICANTE. Que terrifica ou apavora.

TERRIFICAR. 1. Amedrontar. **2.** Incutir terror.

TERRÍFICO. *Vide* TERRIFICANTE.

TERRIOLA. 1. Pequena povoação. **2.** Terra pequena.

TERRITORIAL. Relativo a território.

TERRITORIALIDADE. *Direito internacional privado.* **1.** Princípio pelo qual a norma aplica-se no território do Estado, inclusive ficto, como embaixadas, consulados, navios de guerra, onde quer que se encontrem, navios mercantes em águas territoriais ou em alto-mar, navios estrangeiros, menos os de guerra, em águas territoriais, aeronaves no espaço aéreo do Estado, assemelhando-se a posição das aeronaves de guerra à dos barcos de guerra. Esse princípio regula também o regime de bens e obrigações, já que se aplica a *lex rei sitae* para qualificar bens e reger as relações a eles concernentes – embora haja aplicação da lei do domicílio do proprietário, quanto aos bens móveis que ele trouxe, ou se se destinarem a transporte para outros lugares –, a norma *locus regit actum*, que rege as obrigações que se sujeitam às normas do país em que se constituírem, bem como a prova de fatos ocorridos em país estrangeiro. **2.** Limitação da força da lei ao território da nação que a editou. **3.** Condição do que se compreende no território de um Estado. **4.** O que está sob a jurisdição de um Estado.

TERRITORIALIDADE DA LEI. *Direito internacional privado.* **1.** Aplicação das leis locais sem considerar as estrangeiras. **2.** Princípio segundo o qual a lei, em regra, só pode ser aplicada dentro dos limites do território do país que a promulgou, salvo casos excepcionais em que se admite sua extraterritorialidade.

TERRITORIALIDADE DE COMPETÊNCIA. *Direito processual civil.* Poder que, por decorrer da jurisdição territorial, só pode ser exercido pela autoridade judiciária dentro dos limites de certo território. Circunscrito a tais limites, o magistrado não pode exercer seu poder jurisdicional em outro território que não seja o de sua competência.

TERRITORIALIDADE MODERADA. *Direito internacional privado.* Doutrina adotada no Brasil, que alberga, concomitantemente, os princípios: a) da territorialidade, no que atina ao território ficto, ao regime de bens e obrigações; b) da extraterritorialidade, admitindo aplicação de norma estrangeira no Estado ao adotar a *lex domicilii* para reger questões relativas ao começo e fim da personalidade, ao nome, à capacidade das pessoas, ao direito de família e sucessões, à competência da autoridade judiciária, desde que não haja ofensa à soberania nacional, à ordem pública e aos bons costumes.

TERRITORIALIDADE OBJETIVA DA LEI ANTITRUSTE. *Direito internacional privado* e *direito empresarial.* Âmbito de validade da lei antitruste relacionada com o mercado onde a prática lesiva à economia produziu efeitos (Fábio Ulhoa Coelho).

TERRITÓRIO. 1. *Direito administrativo.* a) Região que está sob a administração de uma autoridade; b) área na qual o Estado exerce o poder de império. **2.** *Direito processual.* Jurisdição. **3.** *Ciência política* e *direito constitucional.* a) Elemento geográfico do Estado (Pablo Lucas Verdu); b) porção da superfície da Terra delimitada por fronteiras naturais ou convencionais, pertencente a uma nação que sobre ela exerce sua soberania. Abrange o solo, o subsolo, os rios, os lagos, o mar territorial, as águas adjacentes, os golfos, as baías, os portos e o espaço aéreo; c) extensão da superfície terrestre ocupada por um povo, servindo de lugar para a fixação de uma coletividade política (De Plácido e Silva); d) região que, por não conter número suficiente para constituir um Estado, pode ser considerada um território federal, administrado pela União.

TERRITÓRIO–COMPETÊNCIA. *Teoria geral do Estado.* Concepção kelseniana que considera o território como um dos âmbitos de validade da ordem jurídico-estatal (Paulo Bonavides).

TERRITÓRIO DE ULTRAMAR. *Direito internacional público.* País africano que estava sujeito à soberania de Portugal, do qual era colônia.

TERRITÓRIO DO ESTADO. *Direito constitucional* e *direito internacional público.* **1.** Base física da nação, ou melhor, seu limite geográfico (A. Machado Pauperio). **2.** Âmbito de validade territorial da norma jurídica (Hans Kelsen). **3.** Espaço sobre o qual o Estado exerce sua soberania territorial (Hildebrando Accioly).

TERRITÓRIO–ESPAÇO. *Teoria geral do Estado.* Doutrina segundo a qual o território é a extensão espacial da soberania do Estado (Paulo Bonavides).

TERRITÓRIO ESTADUAL. *Direito constitucional.* Parte do território nacional ocupada pelo Estado membro da Federação, e onde ele exerce sua jurisdição.

TERRITÓRIO FEDERAL. *Direito constitucional.* **1.** Autarquia territorial (Hely Lopes Meirelles). **2.** Pessoa jurídica de direito público interno, com capacidade administrativa e de nível constitucional, ligada à União, tendo nesta a fonte de seu regime jurídico infraconstitucional (Michel Temer). Hodiernamente, não mais existem territórios federais no Brasil, ante o fato de a Carta Magna tê-los transformado em Estados, como se deu com Roraima, Amapá, ou os incorporados em outro, como ocorreu com Fernando de Noronha, que ficou agregado ao Estado de Pernambuco. Apesar disso, a norma constitucional permite a criação de outros territórios por meio de lei complementar.

TERRITÓRIO FICTO. *Direito internacional público.* Aquele que, por ficção jurídica, é reconhecido como parte integrante de um país, como: navio e aeronave de guerra, onde estiverem; navio mercante em alto-mar; aeronave mercantil sobrevoando além do espaço aéreo de uma nação estrangeira; prédios das embaixadas e legações em Estado alienígena.

TERRITÓRIO FLUTUANTE. *Direito internacional público.* Aquele que abrange as águas que banham o território de um País; o espaço aéreo superposto a este; os navios de guerra, onde se encontrarem; os navios mercantes em águas territoriais e em alto-mar, abrigados sob a bandeira da nação a que pertencem.

TERRITÓRIO MUNICIPAL. *Direito administrativo.* Parte do território do Estado membro da Federação ocupada pelo Município, que sobre ele exerce seu poder e autoridade (De Plácido e Silva).

TERRITÓRIO NACIONAL. *Direito internacional público.* Território de uma nação, situado dentro dos limites geográficos de suas fronteiras e de seu território ficto, e sujeito à sua jurisdição.

TERRITÓRIO–OBJETO. *Teoria geral do Estado.* Teoria que entende ser o território o objeto de um direito real de caráter público (Paulo Bonavides).

TERRITÓRIO OCUPADO. *Direito internacional público.* Aquele que, durante a guerra, está, temporariamente, sob o jugo das forças inimigas. Com o término das hostilidades, volta ao domínio do seu Estado ou é anexado ao território do Estado ocupante, ou, ainda, torna-se um país independente (Othon Sidou).

TERRITÓRIO–PATRIMÔNIO. *Teoria geral do Estado.* Teoria que, por não diferenciar entre *imperium* e *dominium*, admite o poder estatal sobre o território como se tivesse direito de propriedade sobre ele (Paulo Bonavides).

TERRITÓRIO SOB ADMINISTRAÇÃO. *Direito internacional público.* Aquele que está sujeito à administração ou à soberania de outro país, sob a forma do mandato da Sociedade das Nações ou sob a tutela, constituída pela Carta das Nações Unidas em uma disciplina rigorosa e voltada ao objetivo de sua descolonização (Rezek).

TERRITÓRIOS TRADICIONAIS. *Direito constitucional.* São os espaços necessários a reprodução cultural, social e econômica dos povos e comunidades tradicionais, sejam eles utilizados de forma permanente ou temporária.

TERRITÓRIO TUTELADO. *Direito internacional público.* Aquele que está sob a administração e fiscalização da ONU, ante o fato de seu povo não ter capacidade nem condições de se autogovernar.

TERRITORIUM EST UNIVERSITAS AGRORUM INTRA FINES CUIUSQUE CIVITATIS QUOD AB ED DICTUM QUIDAM AIUNT QUOD MAGISTRATUS EIUS LOCI INTRA EOS FINES TERRENDI, ID EST, SUBMOVENDI IUS HABET. *Expressão latina.* Território é a universalidade de terras dentro dos limites de uma cidade, e o magistrado desse lugar tem jurisdição, dentro dessas terras, para infundir temor.

TERRÍVEL. **1.** Que produz resultado funesto. **2.** Que causa terror. **3.** Invencível. **4.** Cargo existente em loja maçônica.

TERROR. **1.** *História do direito.* Período da Revolução Francesa compreendido entre 31 de maio de 1793 e 27 de julho de 1794, liderado por Robespierre e Saint-Just, quando houve muitas prisões e mortes. **2.** *Ciência política.* Regime político em que há muita arbitrariedade, perseguição e supressão de liberdades individuais. **3.** Nas *linguagens comum* e *jurídica:* a) medo; b) perturbação causada por perigo; c) pavor.

TERROR BRANCO. *História do direito.* Conjunto de excessos que, nos primeiros anos da Restauração, os realistas cometeram no sul da França.

TERRORES NOTURNOS. *Psicologia forense.* Pesadelos perturbadores provocados por indigestão, parasitas intestinais, adenóides ou desordens febris, que requerem também tratamento psiquiátrico (Morris Fishbein).

TERRORISMO. **1.** *Direito constitucional* e *direito penal.* Ação que, para alcançar objetivo político, usa de grande violência, chegando a lançar bombas. **2.**

Ciência política. a) Sistema de governo que impõe à força seus processos, sem respeitar os direitos dos cidadãos; b) subversão; c) ato violento de resistência ao poder instituído; d) emprego intencional e sistemático de meios que provoquem terror junto aos detentores do poder, ao próprio governo ou a uma Administração Pública, e até a dirigentes empresariais (Levasseur).

TERRORISMO ESTATAL. *Ciência política.* Ato governamental violento, como perseguições a adeptos de ideologia política diversa da do partido do governo, repressão por meio de tortura física e moral, para obter, pelo pavor da sua atuação enérgica, a obediência cega da população intimidada (Levasseur).

TERRORISMO INTERNACIONAL. *Ciência política.* Fenômeno que se insere no contexto político internacional, principalmente em caso de guerras de libertação nacional contra as formas de ocupação do inimigo. O terrorismo internacionalmente orientado representa, em vez de uma alternativa da guerra de guerrilha, uma sua prefiguração, claro indício do crescimento do movimento popular (Luigi Bonanate).

TERRORISMO POLÍTICO. *Ciência política.* **1.** Atentado político. **2.** Instrumento ao qual recorrem certos grupos para derrubar um governo acusado de manter-se por meio do terror (Luigi Bonanate).

TERRORISMO REBELDE. *Ciência política.* Conjunto de atos violentos dirigidos contra uma organização política, um governante, ou o próprio Estado, tais como: atentados contra missões diplomáticas, chefes de Estado, estabelecimentos públicos, empresas; holocausto em estádios, aeroportos, praças públicas ou local de diversão; seqüestro de aviões, desviando-os da rota etc. (Lobão Ferreira).

TERRORISTA. *Ciência política, direito constitucional* e *direito penal.* **1.** O que se refere ao terrorismo. **2.** Que infunde terror. **3.** Partidário do terrorismo. **4.** Aquele que atenta contra a pessoa ou o patrimônio para infundir terror na coletividade ou no governo de um ou mais países para alcançar algum fim político (Lobão Ferreira). **5.** Aquele que pratica atos de terrorismo, com finalidade política. **6.** Prática política de quem recorre sistematicamente à violência contra pessoas ou coisas, provocando o terror (Luigi Bonanate).

TERTIUM GENUS. *Locução latina.* **1.** Terceiro gênero. **2.** Nova classificação.

TERTIUM NON DATUR. *Expressão latina.* **1.** A terceira possibilidade não se apresenta. **2.** Alternativa na qual não há margem para mediação. **3.** Princípio do terceiro excluído. **4.** Proposição verdadeira ou falsa, sem outra possibilidade.

TERTIUM QUID. *Lógica jurídica.* Terceiro termo que precisa ser levado em conta em uma análise em que apenas dois foram considerados (Lalande).

TERTIUS. *Termo latino.* Terceiro.

TER VISTA DO PROCESSO. *Direito processual.* Receber processo para responder ou despachar.

TER VOTO. Ter direito de votar.

TER VOTO NA MATÉRIA. Ser competente para opinar sobre o assunto de que se trata.

TESA. Na *gíria militar*: a) perseguição; b) repreensão.

TESE. 1. Na *linguagem acadêmica*: a) é o trabalho monográfico final do curso de pós-graduação, nível doutorado, submetido à apreciação de uma banca examinadora para obtenção do título de doutor. Tal trabalho deve ser original e inédito; b) monografia escrita, apresentada para provimento de cargo de livre-docente ou titular em uma universidade. **2.** *Lógica jurídica.* a) Proposição que se defende e que se apresenta para ser discutida; b) argumento. **3.** *Filosofia geral.* a) Posição doutrinária ou interpretação que se sustenta defendendo-a contra as objeções que lhe foram feitas; b) por oposição a antítese, é, segundo Kant, o primeiro membro das antinomias, que afirma sobre cada questão a existência de um termo último, no qual se detém a pesquisa após um número de intermediários finito, e que é primeiro na ordem do ser (Lalande); c) por oposição a antítese e a síntese, é, para Hegel, o primeiro termo de um sistema formado por três conceitos, ou três proposições, de que os dois primeiros termos se opõem entre si, e de que o último levanta essa oposição por meio do estabelecimento de um ponto de vista superior, de onde decorre que os dois precedentes se vêem conciliados (Hamelin e Lalande).

TESE DE LÁUREA. *Direito educacional.* Trabalho escrito final apresentado pelos alunos do quinto ano do curso de direito como requisito para a conclusão do bacharelado.

TESMOFILÁCEO. *História do direito.* Na Grécia antiga, era o guardião das leis e das instituições.

TESMÓTETA. *História do direito.* Cada um dos seis arcontes, que eram os magistrados, na antiga Atenas, incumbidos da guarda e observação das leis.

TESOURADA. *Medicina legal.* Golpe dado com tesoura.

TESOURARIA. 1. Local onde se guarda ou administra valores de uma instituição. 2. Escritório onde se realizam transações monetárias; caixa. 3. Seção de repartição onde o tesoureiro exerce suas funções, e onde se procede à arrecadação de valores e se efetuam pagamentos. 4. Cargo ou ofício de tesoureiro.

TESOUREIRO. 1. Aquele que está incumbido de efetuar operações monetárias em repartições públicas, empresas, bancos etc. 2. Encarregado de administrar valores de uma associação. 3. Aquele que tem a chefia e direção da tesouraria, cuidando dos pagamentos e recebimentos e da escrituração.

TESOUREIRO-GERAL. Aquele que tem a seu cargo a tesouraria-geral.

TESOUREIRO PAGADOR. *História do direito.* Era o funcionário que, na sede do distrito administrativo, estava encarregado do serviço de Tesouro Público.

TESOURO. 1. *Direito civil.* Depósito antigo de moedas ou coisas preciosas, oculto, de cujo dono não haja memória. 2. *Direito administrativo.* a) Erário; b) repartição pública onde os valores são recolhidos ou arrecadados. 3. *Direito autoral.* Coleção de escritos de bons autores. 4. Na *linguagem comum*: a) grande fortuna; riqueza; b) local onde valores são guardados; c) fonte; d) repositório de informações valiosas, importantes ou úteis; e) aquele a quem se tem grande afeição; f) soma de haveres. 5. *Direito canônico.* Relíquia da Igreja.

TESOURO DA MEMÓRIA. Conjunto de conhecimentos.

TESOURO DE RESERVAS. Conjunto de bens ao qual só se recorre em caso de última necessidade.

TESOURO DIRETO. *Direito financeiro.* Ambiente integrado de compra, venda, liquidação e custódia de títulos, acessível somente através da Internet, desenvolvido em parceria pela STN e CBLC.

TESOURO NACIONAL. *Direito administrativo.* 1. Erário. 2. Órgão da Administração Pública que está incumbido da gestão de valores públicos. 3. Fazenda Pública que arrecada tributos e administra os negócios financeiros da União. 4. Fisco.

TESOURO PÚBLICO. *Vide* TESOURO NACIONAL.

TESOUROS DA TERRA. *Direito agrário.* Produção vegetal e mineral (Laudelino Freire).

TÉSSERA. *História do direito.* Na antigüidade romana, era a tabuleta quadrada onde os chefes militares escreviam as ordens a serem transmitidas por um subalterno seu às tropas.

TESSERÁRIO. *História do direito.* Subalterno que, na Roma antiga, transmitia as ordens do chefe militar às tropas.

TEST. Abreviação de *Tubal Embryo Satage Transfer.*

TESTABILIDADE. *Psicologia forense* e *medicina legal.* Característica de um fato poder tornar-se objeto de depoimento testemunhal verdadeiro ou falso (Claparède).

TESTAÇÃO. 1. *Direito civil.* a) Ação de testar; operação de fazer um testamento; b) ato pelo qual o testador institui herdeiro por meio de testamento. 2. *História do direito.* a) Multa; b) cominação de pena.

TESTADA. 1. *Direito civil.* a) Parte de terreno ou prédio que confina com o logradouro público (rua, estrada, avenida, praça etc.); b) extensão de qualquer um dos lados do terreno em relação a outra coisa; c) lateral de prédio. 2. Na *linguagem comum*: a) pancada com a testa; b) erro; c) tolice; asneira.

TESTADA DA MARGEM RIBEIRINHA DO RIO. *Direito civil.* Extensão de um dos lados do prédio, que dá para as ribanceiras do rio (De Plácido e Silva).

TESTADA DO TERRENO ALUVIAL. *Direito civil.* Extensão do imóvel que se defronta com o terreno formado pela aluvião a que ele, como acréscimo, se anexou (De Plácido e Silva).

TESTA-DE-FERRO. 1. *Direito civil.* a) Interposta pessoa; b) presta-nome; c) homem-de-palha; d) aquele que se apresenta em um ato negocial de outrem, para manter este no anonimato (Othon Sidou); e) aquele que se responsabiliza por ato ou negócio jurídico alheio; f) parte contratante que não é aquela que vai tirar proveito do negócio, por ser o sujeito aparente, que apenas efetua, ficticiamente, um ato negocial para outrem, fazendo com que este aparente conferir ou transferir direitos a pessoa diversa a quem se confere ou se transmite. Por exemplo, é o que sucede na venda realizada a um terceiro para que ele transmita o bem a um descendente do vendedor, a quem se tem a intenção de transferi-lo desde o início (Caio Mário da Silva Pereira); entretanto, tal simulação só se efetivará quando se completar com a transmissão dos bens ao real adquirente. **2.** *Direito comercial.* Pessoa que se encontra na gerência de um estabelecimento apenas para constar, pois, na verdade, o negócio pertence a quem gere a atividade empresarial.

TESTADO. 1. *Direito civil.* a) Aquele que falece, deixando testamento; b) o que se deixou em testamento. **2.** Na *linguagem jurídica* em geral: a) verificado; b) que se submeteu a teste; c) provado.

TESTADOR. 1. *Direito civil.* Aquele que dispõe, por testamento, no todo ou em parte, de seu patrimônio para depois de sua morte. **2.** Na *linguagem comum*: a) que serve para testar; b) que aplica teste. **3.** *História do direito.* Proprietário de testada.

TESTAMENTADO. *Direito civil.* O que foi deixado em testamento.

TESTAMENTAL. *Direito civil.* **1.** Relativo a testamento. **2.** O que tem a natureza de testamento.

TESTAMENTARIA. *Direito civil.* **1.** Conjunto de funções que se enfeixam na pessoa do testamenteiro, constituindo o estatuto deste, seu complexo de direitos e deveres (Washington de Barros Monteiro). É um instituto *sui generis* e autônomo, regido por normas peculiares e próprias, dado que o testamenteiro tem seu campo de ação delimitado pela vontade do testador, sendo mero agente da execução da vontade do *auctor successionis*. É um encargo imposto pelo testador a quem confia, para que fiscalize o cumprimento de seu ato de última vontade, quando ele não mais existir, constituindo um *munus* de ordem privada. **2.** Instituto complementar à herança testamentária, por meio do qual se confere a uma ou mais pessoas (testamenteiro) um complexo de direitos e obrigações, de modo a proporcionar-lhe meios para fazer cumprir a vontade do *de cujus*, expressa no testamento (R. Limongi França). **3.** Administração dos bens deixados em testamento pelo testamenteiro. **4.** Cargo de testamenteiro.

TESTAMENTARIA ESPECÍFICA. *Direito civil.* Aquela em que se deferem ao testamenteiro ou aos testamenteiros atribuições determinadas (R. Limongi França).

TESTAMENTARIA INDETERMINADA. *Direito civil.* É aquela em que, em caso de pluralidade de testamenteiros, todos podem exercê-la indistintamente, com caráter solidário (R. Limongi França).

TESTAMENTARIA SUCESSIVA. *Direito civil.* Aquela em que testamenteiro subseqüentemente nomeado só a exerce na falta do anterior (R. Limongi França).

TESTAMENTÁRIO. *Direito civil.* **1.** O que se refere ou decorre do testamento. **2.** Aquele herdeiro que recebe bens por testamento. **3.** Testamental.

TESTAMENTEIRO. *Direito civil.* **1.** Executor do testamento. **2.** Pessoa encarregada de dar cumprimento às disposições de última vontade do autor de herança, exercendo os poderes que lhe forem conferidos e as obrigações impostas pelo testador, contanto que não ultrapasse os limites legais.

TESTAMENTEIRO DATIVO. *Direito civil.* Aquele nomeado pelo juiz, não havendo testamenteiro instituído e consorte sobrevivente, casado sob o regime de comunhão de bens. O nomeado pode ser herdeiro ou legatário, ou, ainda, estranho à sucessão.

TESTAMENTEIRO *EX OFFICIO*. *Direito civil.* É o cabeça-de-casal, na falta de testamenteiro instituído.

TESTAMENTEIRO INSTITUÍDO. *Direito civil.* É o indicado pelo próprio testador para lhe dar cumprimento ao ato de última vontade.

TESTAMENTEIRO JUDICIAL. *Direito civil.* Serventuário da justiça que, na falta de testamenteiro instituído, consorte sobrevivente ou herdeiro necessário, é nomeado para servir de testamenteiro.

TESTAMENTEIRO PARTICULAR. *Direito civil.* É o que, sem ter posse e administração da herança, promove a execução do testamento, exigindo dos herdeiros que o cumpram, e verificando se suas disposições estão sendo observadas.

TESTAMENTEIRO TESTAMENTAL. *Direito civil.* É o nomeado, no testamento, pelo testador. Trata-se do testamenteiro instituído.

TESTAMENTEIRO TESTAMENTÁRIO. *Vide* TESTAMENTEIRO TESTAMENTAL.

TESTAMENTEIRO UNIVERSAL. *Direito civil.* É aquele que, tendo a posse e a administração da herança, tem o dever de requerer o inventário e de executar o testamento.

TESTAMENTI FACTIO ACTIVA. *Locução latina.* Capacidade de fazer testamento; capacidade testamentária ativa.

TESTAMENTI FACTIO PASSIVA. *Locução latina.* Capacidade para suceder por testamento; capacidade testamentária passiva.

TESTAMENTIFICAÇÃO PASSIVA. *Direito civil.* Capacidade do herdeiro instituído.

TESTAMENTO. *Direito civil.* Ato personalíssimo universal, gratuito, solene e revogável, pelo qual alguém, segundo norma jurídica, dispõe, no todo ou em parte, de seu patrimônio para depois de sua morte, ou determina providências de caráter pessoal ou familiar (José Lopes de Oliveira).

TESTAMENTO ABERTO. *Direito civil.* **1.** Aquele que, contrapondo-se ao testamento cerrado, pode ser testamento público ou solene, particular, hológrafo ou privado. **2.** É o escrito pelo testador, ou por outrem a seu rogo, sem instrumento de aprovação (Gouveia Pinto). **3.** Identifica-se, segundo alguns autores, com o testamento particular.

TESTAMENTO A BORDO DE AERONAVE. *Vide* TESTAMENTO AERONÁUTICO.

TESTAMENTO AERONÁUTICO. *Direito civil.* Aquele testamento especial que é feito a bordo de aeronave, durante uma viagem, de forma similar ao testamento público ou cerrado, perante comandante da aeronave, ou pessoa por ele designada e duas testemunhas. O comandante deverá entregá-lo à autoridade administrativa do primeiro aeroporto nacional, contra recibo averbado no diário de bordo. Permite-se-lhe a aplicação de normas de testamento marítimo.

TESTAMENTO ANULÁVEL. *Direito civil.* Aquele que só pode ser alegado pelos interessados, e sua anulabilidade apenas aproveita ao que a pleiteou, salvo caso de solidariedade ou indivisibilidade. Pode ser anulado um testamento por vício oriundo de: a) erro substancial na designação da pessoa do herdeiro, do legatário ou da coisa legada, a não ser que, pelo contexto do testamento, por outros documentos ou por fatos inequívocos, se possa identificar a pessoa ou coisa a que o testador queria referir-se; b) dolo, ou seja, artifício malicioso para induzir o testador em erro ou para mantê-lo no erro em que já se encontrava; c) coação, que é o esta-

do de espírito em que o disponente, ao perder a energia moral e a espontaneidade da vontade, elabora o testamento que lhe é exigido; d) fraude, que é o emprego de artifícios maliciosos por alguém para enganar o testador, induzindo-o a dispor de modo diverso do que ele faria, se não houvesse tais artifícios.

TESTAMENTO AUTÊNTICO. *Vide* TESTAMENTO PÚBLICO.

TESTAMENTO CERRADO. *Direito civil.* Também designado testamento místico ou secreto. É o escrito com caráter sigiloso, feito e assinado pelo testador ou por alguém em seu rogo, e completado por instrumento de aprovação lavrado pelo oficial público em presença de duas testemunhas idôneas. Apresenta a grande vantagem do caráter sigiloso, por guardar segredo do conteúdo do texto até a sua abertura; antes disso, apenas o testador conhece seu teor. Contém dois elementos: a cédula testamentária, escrita pelo testador ou por alguém a seu rogo, e o auto de aprovação, lavrado pelo oficial público para assegurar a autenticidade do ato.

TESTAMENTO CONJUNTIVO. *Direito civil.* Tipo de testamento vedado juridicamente, dado ao caráter personalíssimo do ato de última vontade. É aquele feito juntamente com outrem, em um só instrumento. Pode ser simultâneo, recíproco ou correspectivo.

TESTAMENTO CORRESPECTIVO. *Direito civil.* Testamento conjuntivo em que os testadores efetuam, em um mesmo instrumento, disposições testamentárias em retribuição de outras correspondentes. Está proibido juridicamente. Também designado testamento "mútuo".

TESTAMENTO DE EMERGÊNCIA. *Direito civil.* É aquele que, em caso excepcional, extraordinário ou emergencial (desastre, seqüestro, epidemia, inundação, internação em UTI, ou qualquer circunstância em que o testador esteja em situação anormal e em risco de perder a vida), declarado na cédula, o testamento particular escrito de próprio punho e assinado pelo testador, sem testemunhas, poderá ser confirmado a critério de juiz (Zeno Veloso). É um testamento particular excepcional (forma simplificada de testamento particular) de que poderá lançar mão o testador que se encontrar numa situação inusitada.

TESTAMENTO DE MÃO COMUM. *Direito civil.* Testamento conjuntivo, vedado em lei, que também é denominado testamento simultâneo. É o que

TES 642 TESTAMENTO DO CEGO

ocorre quando dois testadores, no mesmo ato, beneficiam conjuntamente terceira pessoa.

TESTAMENTO DO CEGO. *Direito civil.* Testamento público que será lido ao testador cego, em voz alta, duas vezes, uma pelo oficial e outra por uma das testemunhas designadas por ele, fazendo-se de tudo circunstanciada menção no testamento, sob pena de nulidade.

TESTAMENTO DO INCAPAZ. *Direito civil.* Aquele que é nulo, se feito por incapaz de testar, como o: a) menor de dezesseis anos; b) enfermo mental; c) surdo-mudo que não pode exprimir sua vontade; d) que não se encontra em seu juízo perfeito por estar, por exemplo, sob o efeito de hipnose.

TESTAMENTO DO SURDO. *Direito civil.* Testamento público feito por pessoa surda. Se souber ler, o lerá; se não o souber, indicará uma pessoa, testemunha suplementar, que o fará, de viva voz, na presença das duas testemunhas instrumentárias.

TESTAMENTO DO SURDO-MUDO. *Direito civil.* É o testamento feito por surdo-mudo que tenha capacidade para manifestar sua vontade, fazendo-se compreender. O surdo-mudo pode fazer testamento cerrado se souber ler e escrever, contanto que o redija inteiramente e o assine, de próprio punho, e o entregue ao notário perante duas testemunhas, escrevendo na face externa do envoltório que aquele é o seu testamento, cuja aprovação lhe pede.

TESTAMENTO EM TEMPO DE PESTE. *História do direito.* Era o admitido pela jurisprudência, pois não havia previsão legal, para dispor bens em tempo de peste.

TESTAMENTO ESPECIAL. *Direito civil.* É o permitido tão-somente a certas pessoas, colocadas em circunstâncias particulares, designadas em lei. É, portanto, aquele testamento de exceção, que tem forma privilegiada devido a certas circunstâncias extraordinárias ou à posição de quem o faz. São especiais os testamentos militares, marítimos e a bordo de aeronave.

TESTAMENTO HOLÓGRAFO. *Vide* TESTAMENTO PARTICULAR.

TESTAMENTO INOFICIOSO. *Direito civil.* Aquele em que o testador, tendo herdeiro necessário, dispõe de mais da metade disponível, prejudicando a legítima daquele herdeiro.

TESTAMENTO ÍRRITO. *Vide* TESTAMENTO NULO.

TESTAMENTO LITIGIOSO. *Direito civil.* Aquele impugnado pelos interessados que o consideram inválido ou não autêntico.

TESTAMENTO MANCOMUNADO. *Vide* TESTAMENTO DE MÃO COMUM.

TESTAMENTO MARÍTIMO. *Direito civil.* É a declaração da última vontade feita pelo tripulante ou passageiro a bordo dos navios nacionais, de guerra ou mercantes, em viagem no mar ou em prolongado percurso fluvial ou lacustre (Itabaiana de Oliveira). Há uma forma de testamento marítimo semelhante à do testamento público, que ocorrerá se o testamento for lavrado e redigido pelo comandante do navio, ou escrivão de bordo, conforme as declarações do testador, perante duas testemunhas idôneas, escolhidas entre os passageiros, que presenciarão todo o ato e assinarão o instrumento logo após o testador, e, se este não puder escrever, assinará por ele uma das testemunhas, declarando que o faz a rogo. Mas se pode ter testamento marítimo similar ao testamento cerrado quando o testador, ou pessoa a seu rogo, vem a redigir o ato de última vontade, entregando-o em seguida ao comandante do navio ou escrivão de bordo, na presença de duas testemunhas, que reconheçam e entendam o testador, declarando este no mesmo ato ser seu testamento o escrito que apresenta. O comandante, ou escrivão, uma vez recebido o testamento, certifica, logo abaixo do escrito, todo o ocorrido, datando e assinando o auto de aprovação com o testador e as testemunhas. O comandante o entregará às autoridades administrativas do primeiro porto nacional, contra recibo averbado no diário de bordo.

TESTAMENTO MILITAR. *Direito civil.* É a declaração de última vontade feita por militares e demais pessoas (médicos, repórteres, engenheiros, telegrafistas, capelães etc.) a serviço das Forças Armadas em campanha, dentro ou fora do país, ou em praça sitiada ou com as comunicações interrompidas, não havendo tabelião ou seu representante legal. Comporta três formas: a) a correspondente ao testamento público, que requer que sua redação seja feita pela autoridade militar ou de saúde, perante duas ou três testemunhas, que o assinarão junto com o testador; se este não puder assinar, uma das testemunhas o fará por ele; b) a similar ao testamento particular ou cerrado, se for escrito e assinado pelo testador e por ele apresentado aberto ou cerrado, na presença de duas testemunhas, ao auditor ou oficial de patente que lhe faça as vezes nesse mister, que anotará em qualquer parte dele o local e a data de sua apresentação; tal nota deverá ser assinada por testemunhas; c) a nuncupativa, se o militar, ou a pessoa a ele equiparada que estiver em combate, ou que venha a ser ferida no campo de batalha, puder testar, verbalmente, perante duas testemunhas, que deverão escrever suas declarações e apresentá-las, depois de as assinar, ao auditor; esse testamento perderá sua eficácia se o testador não vier a falecer na guerra ou se convalescer do ferimento.

TESTAMENTO MÍSTICO. *Vide* TESTAMENTO CERRADO.

TESTAMENTO MÚTUO. *Direito civil.* É o testamento conjuntivo: correspectivo ou recíproco.

TESTAMENTO NULO. *Direito civil.* Aquele que contém vício, que pode ser alegado por qualquer interessado, ou pelo Ministério Público, quando lhe couber intervir, tal como o de: a) ter sido feito por testador incapaz; b) ter objeto ilícito ou impossível; c) não ter observado as formas prescritas em lei para cada uma das modalidades de cédulas testamentárias, ordinárias e especiais; d) ser proibido por lei; e) apresentar disposições nulas por: instituir herdeiro ou legatário sob condição captatória de que este disponha também por testamento em benefício do testador, ou de terceiro; referir-se a pessoa incerta, cuja identidade não se possa averiguar, porque o beneficiado deve ser individuado devidamente, para que possa ser determinado; favorecer pessoa incerta, cometendo a determinação de sua identidade a terceiro, por perder seu caráter personalíssimo, que lhe é essencial; f) deixar ao arbítrio do herdeiro ou de outrem fixar o valor do legado, por deixar de ser ato exclusivo do testador, a quem compete estabelecer o *quantum* do legado; g) favorecer não só pessoa não legitimada a suceder, ainda quando se simular um contrato oneroso ou a interposta pessoa. Tornará nulo o testamento a simulação, que é a declaração enganosa da vontade do testador, visando produzir efeito diferente do indicado no testamento, com intenção de violar a norma jurídica.

TESTAMENTO NUNCUPATIVO. *História do direito* e *direito civil.* É o testamento verbal, confirmado por seis testemunhas, admissível outrora a quem se achava *in articulo mortis*, mas, atualmen-te, está restrito apenas a militar ou a pessoa a serviço das Forças Armadas, em campanha, quando empenhado em combate ou ferido.

TESTAMENTO OLÓGRAFO. *Vide* TESTAMENTO HOLÓGRAFO.

TESTAMENTO ORAL. *Vide* TESTAMENTO NUNCUPATIVO.

TESTAMENTO ORDINÁRIO. *Direito civil.* Aquele que pode ser adotado por qualquer pessoa capaz e em qualquer condição, como ocorre com o testamento público, cerrado e particular.

TESTAMENTO PARTICULAR. *Direito civil.* Testamento aberto ou hológrafo que é escrito e assinado pelo próprio testador, e lido em voz alta perante três testemunhas idôneas, que também o assinam.

TESTAMENTO–PARTILHA. *Direito civil.* Partilha feita por testamento (Planiol).

TESTAMENTO *PER RELATIONEM*. *Direito comparado.* Aquele cujas disposições dependem de instruções verbais ou constantes de documentos diversos do próprio testamento (Ana Prata). A legislação civil portuguesa prescreve que é nula a disposição que depender de instruções ou recomendações feitas a outrem secretamente, ou que reportar a documentos não autênticos, ou não escritos e assinados pelo testador com data anterior à data do testamento ou contemporânea desta.

TESTAMENTO POLÍTICO. *Ciência política.* **1.** Último despacho dado por um ministro de Estado antes de sua saída do ministério. **2.** Escrito político de um estadista, encontrado após seu falecimento, contendo conselhos a quem for substituí-lo na direção dos negócios públicos (Laudelino Freire).

TESTAMENTO POR PALAVRAS. *Vide* TESTAMENTO NUNCUPATIVO.

TESTAMENTO POSTERIOR. *Direito civil.* É aquele elaborado pelo testador em seguida a outro, para revogá-lo no todo ou em parte no que atina aos seus efeitos patrimoniais.

TESTAMENTO PRIVADO. *Vide* TESTAMENTO PARTICULAR.

TESTAMENTO PÚBLICO. *Direito civil.* É o lavrado pelo tabelião em livro de notas, de acordo com a declaração de vontade do testador, exarada verbalmente, em língua nacional, perante o mesmo oficial e na presença de duas testemunhas idôneas e desimpedidas.

TESTAMENTO RECÍPROCO. *Direito civil.* Testamento pelo qual os testadores, num só ato, beneficiam-se mutuamente, instituindo herdeiro o que sobreviva. Está proibido legalmente.

TESTAMENTO REVOGATÓRIO. *Direito civil.* Aquele pelo qual o testador, conscientemente, torna ineficaz testamento anterior, manifestando vontade contrária à que nele se acha expressa. O testamento revogatório só torna ineficaz o anterior se feito sob qualquer uma das formas legais de testar e se for válido, pois, se for declarado nulo, não produzirá efeitos. Mas o testamento cerrado será considerado revogado se o testador deliberadamente o abrir ou o dilacerar. Uma vez revogado o testamento, este só poderá voltar a vigorar se se anular a revogação mediante novo testamento, conforme a lei. Assim a revogação do testamento revogatório não revigora o ato primitivo, exigindo-se a confecção de novas disposições testamentárias, em que fique bem clara a vontade real do testador.

TESTAMENTO SECRETO. *Vide* TESTAMENTO CERRADO.

TESTAMENTO SIMULTÂNEO. *Vide* TESTAMENTO DE MÃO COMUM.

TESTAMENTO SOLENE. *Vide* TESTAMENTO PÚBLICO.

TESTAMENTO VERBAL. *Vide* TESTAMENTO NUNCUPATIVO.

TESTAMENTO VIVO. *Biodireito.* **1.** Documento com decisões de uma pessoa sobre seu tratamento médico e suas eventuais conseqüências, que passará a valer quando o seu autor não mais puder manifestar sua vontade, por estar inconsciente ou em estado comatoso (Santosuosso). **2.** Forma de autodeterminação preventiva, ou seja, ato de manifestação volitiva em caso de possível e futura incapacidade (Paulo Roberto G. Ferreira).

TESTAMENTUM CALATIS COMITIIS. *Direito romano.* Era o testamento feito perante assembléia popular, para tanto convocada.

TESTAMENTUM DESTITUTUM. *Direito romano.* Aquele recusado pelo herdeiro ao não aceitar a herança.

TESTAMENTUM EST VOLUNTATIS NOSTRAE JUSTA SENTENTIA DE EO, QUOD QUIS POST MORTEM SUAM FIERI VELIT. *Expressão latina.* Testamento é a declaração justa e solene da nossa vontade, sobre o que queremos que se faça depois de nossa morte.

TESTAMENTUM IN PROCINCTU. *Direito romano.* Testamento feito por militar, antes de guerrear, perante o exército armado.

TESTAMENTUM IRRITUM. *Direito romano.* Aquele cujo testador, no momento da morte, sofre perda de capacidade.

TESTAMENTUM PARENTUM INTER LIBEROS. *Expressão latina.* Partilha-testamento.

TESTAMENTUM PRAETORIUM. *Direito romano.* Testamento pretoriano que era autenticado pelo testador perante sete testemunhas.

TESTAMENTUM RUPTUM. *Direito romano.* **1.** Testamento anterior revogado pelo posterior. **2.** Testamento que ficava sem efeito quando surgia um herdeiro póstumo não deserdado (Sílvio Meira).

TESTAMENTUM RURI CONDITUM. *Direito romano.* Aquele testamento que era feito no campo ou em local distante ou remoto.

TESTAMENTUM TRIPERTITUM. *Direito romano.* Testamento tripartido que, firmado pelo testador e sete testemunhas, reunia elementos do *jus civil*, do direito pretoriano e das constituições imperiais.

TESTANTE. *Direito civil.* **1.** Aquele que faz testamento, dispondo de seu patrimônio para depois de sua morte. **2.** Testador.

TESTAR. 1. *Direito civil.* a) Fazer testamento; b) dispor do patrimônio por ato de última vontade; c) dar testemunho; d) atestar. **2.** Na *linguagem comum*, designa: a) submeter a teste; b) pôr à prova.

TESTE. 1. *Medicina legal.* a) Prova que, por meio de técnica apropriada, determina o grau de desenvolvimento físico ou mental (Lalande); b) método para determinar, num homem normal, os caracteres físico-psíquicos que lhe são próprios (Ribot); c) exame usado para efetuar um diagnóstico. **2.** Na *linguagem escolar*, é o exame para averiguar o grau de conhecimento de alguém. **3.** *Direito civil.* Aposta programada, semanalmente, pela loteria esportiva constante de treze jogos de futebol.

TESTECTOMIA. *Medicina legal.* Castração; excisão dos testículos.

TESTE DE AVALIAÇÃO DO CONDICIONAMENTO FÍSICO (TACF). *Direito militar.* Visa medir e avaliar os padrões individuais a serem atingidos pelos candidatos inscritos nos concursos de admissão aos cursos e estágios do Comando da Aeronáutica.

TESTE DE DISTINGUIBILIDADE, HOMOGENEIDADE E ESTABILIDADE (DHE). *Direito agrário.* É o procedimento técnico de comprovação de que a nova cultivar ou a cultivar essencialmente derivada são distinguíveis de outra cujos descritores sejam conhecidos, homogêneas quanto às suas características em cada ciclo reprodutivo e estáveis quanto à repetição das mesmas características ao longo de gerações sucessivas.

TESTE DE MARSH. *Medicina legal.* Aquele que permite averiguar se há presença de arsênio numa substância, nas vísceras, no caso de intoxicação letal.

TESTE DE STANFORD-BINET. *Vide* STANFORD-BINET.

TESTE DO *TREPONEMA PALLIDUM IMOBILIZATION* (TPI). *Medicina legal.* Pesquisa do anticorpo imobilizador encontrado na sífilis e em outras treponematoses (Morris Fishbein).

TESTEIRA. *Direito civil.* **1.** Testada. **2.** Fachada de prédio. **3.** Frente.

TESTEMUNHA. *Direito civil* e *direito processual.* **1.** Aquela que, ao assistir a certo ato jurídico, atesta a sua veracidade ou autenticidade, firmando-o. **2.** Aquela que certifica a verdade de um ato ou fato. **3.** Quem presencia um fato. **4.** Aquela que, por não estar impedida legalmente e por ter conhecimento sobre um fato controvertido ou de algo a ele relacionado, é chamada a juízo para prestar depoimento. **5.** Aquela que afirma ou nega um fato, a ser comprovado judicialmente. **6.** Pessoa distinta dos sujeitos processuais que, convocada na forma da lei, por ter conhecimento do fato ou ato controvertido entre as partes, depõe sobre este em juízo, para atestar sua existência (Moacyr Amaral Santos).

TESTEMUNHA ABONADA. *Direito civil* e *direito processual.* Aquela que tem idoneidade, possuindo capacidade legal e qualidade moral para depor, por não ser suspeita. Trata-se da testemunha idônea, que goza de bom conceito ou que, pela sua probidade, é considerada socialmente.

TESTEMUNHA ABONATÓRIA. *Direito civil* e *direito comercial.* **1.** Aquela que, num instrumento público ou particular, empresta sua assinatura para abonar ou atestar a veracidade de outra. **2.** Aquela que atesta a identidade de uma pessoa que faz um negócio ou subscreve um ato.

TESTEMUNHA ARROLADA. *Direito processual.* Aquela constante no rol de testemunhas que devem ser intimadas para depor num processo, por estarem cientes de algum fato que deve ser comprovado em juízo.

TESTEMUNHA AURICULAR. *Direito processual.* Aquela que declara algo que ouviu dizer ou que lhe foi informado ou narrado por outrem.

TESTEMUNHA CERTIFICADORA. *Direito civil* e *direito notarial.* Aquela que, ao assinar um documento ou contrato, certifica, perante notário ou oficial público, não só a autenticidade e a veracidade de um ato jurídico ou documento, cuja feitura presenciou, mas também a identidade dos que comparecem ao ato para assiná-lo. É a que assiste, como diz Custodio de Azevedo Bouças, à outorga de um instrumento escrito, subscrevendo-o com as partes. É designada também de testemunha instrumentária.

TESTEMUNHA CONTESTE. *Direito processual.* Aquela que, em sua declaração, vem a confirmar as alegações das demais, corroborando as mesmas afirmativas ou negações que fizeram sobre o mesmo fato ou ato.

TESTEMUNHA CONTRADITÓRIA. *Direito processual.* Aquela que, ao depor em juízo, faz declarações confusas, discordantes ou incoerentes com as respostas que deu anteriormente, contradizendo-se.

TESTEMUNHA DE ACUSAÇÃO. *Direito processual penal.* Aquela indicada pela acusação na denúncia para vir a depor contra o réu, por ter conhecimento da veracidade da imputação criminal feita ao acusado.

TESTEMUNHA DE CIÊNCIA PRÓPRIA. *Direito processual.* Aquela que teve a informação do fato por conhecimento próprio, sem ato de qualquer intermediário. Trata-se da testemunha direta.

TESTEMUNHA DE CRÉDITO DIMINUÍDO. *Direito processual.* Aquela cujo depoimento deve ser tomado com certa reserva, ante a ocorrência de fatos que diminuem ou depreciam o valor de suas respostas, como, por exemplo, o de ter dado respostas contraditórias.

TESTEMUNHA DE DEFESA. *Direito processual.* É a arrolada pelo réu para prestar depoimento a seu favor, inocentando-o ou atenuando sua culpa.

TESTEMUNHA DEFEITUOSA. *Direito processual.* Aquela que, por não possuir integridade psíquica ou moral, é inidônea; logo, seu depoimento não gera credibilidade. Por exemplo: a suspeita de suborno; a que não goza de boa fama.

TESTEMUNHA DE OITIVA. *Vide* TESTEMUNHA AURICULAR.

TESTEMUNHA DE OUVIDA ALHEIA. *Vide* TESTEMUNHA AURICULAR.

TESTEMUNHA DE OUVIDO. *Vide* TESTEMUNHA AURICULAR.

TESTEMUNHA DE VISTA. *Direito processual.* É a testemunha ocular, que presenciou ou assistiu ao fato que se pretende comprovar judicialmente.

TESTEMUNHA DIRETA. *Vide* TESTEMUNHA DE CIÊNCIA PRÓPRIA.

TESTEMUNHA DISCORDANTE. *Direito processual.* Aquela que afirma algo ao contrário do alegado por outra, inquirida sobre o mesmo fato, dela divergindo.

TESTEMUNHADO. 1. *Direito civil.* Documento autenticado por testemunhas. **2.** *Direito processual.* a) Fato alegado por testemunhas; b) parte contrária à que solicitou carta testemunhável.

TESTEMUNHA DOCUMENTÁRIA. *Vide* TESTEMUNHA CERTIFICADORA.

TESTEMUNHADOR. *Direito civil* e *direito processual.* Aquele que testemunha.

TESTEMUNHA FALSA. *Direito processual.* Aquela que, ao depor em juízo, esconde a verdade, fazendo afirmações mentirosas ou se calando sobre um fato verdadeiro. É, portanto, a testemunha falsária, aquela que falseou a verdade ou fez depoimento falso.

TESTEMUNHA FALSÁRIA. *Vide* TESTEMUNHA FALSA.

TESTEMUNHA HÁBIL. *Direito processual.* É a que não está impedida, pois tem capacidade legal para depor.

TESTEMUNHA IDÔNEA. *Vide* TESTEMUNHA ABONADA.

TESTEMUNHA IMPEDIDA. *Direito processual.* Aquela que, apesar de capaz, não pode testemunhar, em razão de laço de parentesco ou afinidade, ou que, pela especial situação em que se encontra em relação à causa, enfrentaria verdadeiro conflito psicológico se arrolada como testemunha (João Batista Lopes).

TESTEMUNHA IMPRESTÁVEL. *Direito processual.* Aquela que, por não ter idoneidade, não pode ser considerada, desde que haja motivo para não se dar credibilidade às suas declarações. Por exemplo: a suspeita de parcialidade ou de suborno ou a que goza de má fama.

TESTEMUNHA INÁBIL. *Direito processual.* Aquela que não pode prestar depoimento judicial por disposição de lei ou pela circunstância de que o conhecimento do fato que se pretende provar depende de um dos sentidos que lhe falta.

TESTEMUNHA INAPTA. *Vide* TESTEMUNHA INCAPAZ.

TESTEMUNHA INCAPAZ. *Direito processual.* Aquela que não pode depor por ser absolutamente incapaz, como os enfermos mentais, cegos e surdos, se a ciência do fato que se quer provar dependa dos sentidos que lhes faltam; os interessados no litígio; o amigo íntimo ou inimigo capital das partes; os cônjuges; os ascendentes; os descendentes e os colaterais, até o terceiro grau, de alguma das partes, por consangüinidade ou afinidade; ou os menores de dezesseis anos, por exemplo. Mas nada impede que prestem, na qualidade de informantes, alguma declaração que esclareça a verdade (De Plácido e Silva). Para a prova de fatos que só as pessoas acima arroladas conheçam, pode o juiz admitir o seu depoimento.

TESTEMUNHA INDIRETA. *Vide* TESTEMUNHA AURICULAR.

TESTEMUNHA INFORMANTE. *Direito processual penal.* Aquela que depõe sem assumir qualquer compromisso de honra de dizer a verdade, por ser parente do acusado ou da vítima, por ser menor de dezesseis anos, ou portadora de deficiência mental.

TESTEMUNHA INIDÔNEA. *Vide* TESTEMUNHA DEFEITUOSA.

TESTEMUNHA INSTRUMENTÁRIA. 1. *Direito processual civil.* Aquela pessoa que se pronuncia sobre o teor do instrumento público ou particular que subscreve. **2.** *Vide* TESTEMUNHA CERTIFICADORA.

TESTEMUNHA JUDICIAL. *Direito processual.* É a convocada para fazer, em juízo, declarações sobre fatos controvertidos.

TESTEMUNHA JUDICIÁRIA. *Vide* TESTEMUNHA JUDICIAL.

TESTEMUNHAL. *Direito processual.* **1.** Prova de fato ou ato realizada por meio de depoimento de testemunha. **2.** O que se refere a testemunho. **3.** Proveniente de testemunha. **4.** Que serve para testemunhar. **5.** Conjunto de testemunhas.

TESTEMUNHA NOMEADA. 1. *Direito processual.* Aquela arrolada ou indicada para depor judicialmente. **2.** *Direito civil.* Aquela cujo nome foi incluído num instrumento público ou particular, com sua qualificação, para registro de sua presença ao ato, referindo-se à função que teve em sua elaboração (De Plácido e Silva).

TESTEMUNHANTE. *Direito processual.* Parte que requereu carta testemunhável.

TESTEMUNHA NUMERÁRIA. 1. *Direito processual penal.* Aquela que, sob palavra de honra, se compromete a dizer a verdade do que souber e lhe for perguntado. **2.** *Direito civil* e *direito processual civil.* É a indicada, juntamente com outras, para completar o número exigido por lei para comprovar determinado ato ou fato e para que este possa ser realizado.

TESTEMUNHA OCULAR. *Vide* TESTEMUNHA DE VISTA.

TESTEMUNHA PEITADA. *Direito processual.* É a testemunha subornada, ou melhor, contratada para prestar declarações sobre fato que desconhece ou conforme a vontade de outrem, adulterando a verdade (Custodio de Azevedo Bouças).

TESTEMUNHA PRESENCIAL. *Vide* TESTEMUNHA DE VISTA.

TESTEMUNHA PROCESSUAL. *Vide* TESTEMUNHA JUDICIAL.

TESTEMUNHA PROIBIDA. *Direito processual.* Aquela que, em razão de parentesco, profissão, ou estado, deve guardar sigilo ou está isenta por lei de prestar depoimento judicial (Othon Sidou).

TESTEMUNHAR. 1. Atestar. **2.** Confirmar. **3.** Declarar algo. **4.** Dar testemunho. **5.** Presenciar. **6.** Reconhecer. **7.** Depor em juízo sobre fato controvertido. **8.** Autenticar documento. **9.** Assinar como testemunha. **10.** Assistir a um ato como testemunha.

TESTEMUNHA REFERENTE. *Direito processual.* Aquela cujo depoimento menciona nome da pessoa que conhece, total ou parcialmente, o fato sobre o qual depõe.

TESTEMUNHA REFERIDA. *Direito processual.* Aquela a que outra testemunha, ao depor, fez referência, motivando a tomada de suas declarações em juízo, por ser conhecedora do fato que se pretende provar.

TESTEMUNHA SALVANTE. *Direito processual.* Aquela que presta depoimento que coloca alguém a salvo (Laudelino Freire).

TESTEMUNHA SIGNATÁRIA. *Vide* TESTEMUNHA CERTIFICADORA.

TESTEMUNHA SINGULAR. *Direito processual.* **1.** Aquela que, discordando das demais sobre fato, pessoa, tempo, lugar etc., faz com que sua declaração seja recebida com cautela. **2.** É a única que presenciou o fato ou dele tem conhecimento (Custodio de Azevedo Bouças).

TESTEMUNHA SOB RESERVA. *Direito processual.* Aquela cuja declaração não merece muita confiança, ante certas circunstâncias que a enfraquecem, diminuindo seu valor.

TESTEMUNHA SUBORNADA. *Vide* TESTEMUNHA PEITADA.

TESTEMUNHA SUSPEITA. *Direito processual.* **1.** É aquela cujo testemunho não merece credibilidade ou fé em juízo apesar de ser capaz e de não estar impedida, por exemplo, amiga íntima ou inimiga da parte, ou pessoa que não tem condição de prestar depoimento imparcial. **2.** Aquela que, por seu comportamento, vida pregressa ou outros motivos, não é digna de fé, ou que, por apresentar inidoneidade, faz diminuir a credibilidade do depoimento (João Batista Lopes).

TESTEMUNHA TESTAMENTÁRIA. *Direito civil.* É a que tem capacidade para assegurar a veracidade do testamento que se quer provar, subscrevendo-o. São considerados, por lei, como absolutamente incapazes de testemunhar, por inaptidão de ordem física ou psíquica: o menor de dezesseis anos, o enfermo ou deficiente mental, o surdo-mudo, o cego e o analfabeto. E são relativamente incapazes para testemunhar por suspeição ou por interesse: herdeiro instituído, seus ascendentes e descendentes, irmãos e cônjuges; legatário, bem como seus ascendentes, descendentes, irmãos e cônjuge.

TESTEMUNHÁVEL. *Direito civil* e *direito processual.* **1.** Que se pode testemunhar. **2.** Que testemunha. **3.** Que merece fé ou crédito. **4.** O que é suscetível de ser atestado, por testemunha. **5.** Carta ou extração de cópia de peças processuais feita a pedido do recorrente para ser levada ao tribunal superior, testemunhando a sua intenção.

TESTEMUNHA VICIOSA. *Direito processual.* Aquela que, por apresentar algum vício, não pode merecer credibilidade em seu depoimento.

TESTEMUNHO. *Direito processual.* **1.** Ato ou efeito de testemunhar. **2.** Depoimento testemunhal feito em juízo afirmando ou negando o fato controvertido cuja prova se pretende produzir. **3.** Declaração prestada sobre fato de que se tem conhecimento. **4.** Conteúdo do depoimento feito pela testemunha.

TESTEMUNHO DE CONSCIÊNCIA. *Psicologia forense.* Conhecimento que cada um tem da verdade ou falsidade de um fato ou da bondade ou maldade de um ato.

TESTEMUNHO DOS SENTIDOS. *Medicina legal* e *direito processual.* O que se conhece por meio dos sentidos.

TESTEMUNHO INFANTIL. *Direito processual.* Declaração prestada, em juízo, por menor de dezesseis anos, na qualidade de informante e sem qualquer compromisso legal. Tal testemunho é deficiente ante a imaturidade moral e psicológica, a imaginação fértil, a tendência à mitomania e sugestibilidade do menor.

TESTEMUNHO NEGATIVO. *Direito processual.* Negação da existência de um fato.

TESTE PEDAGÓGICO. Na *linguagem escolar*, é aquele que visa medir objetivamente a escolaridade.

TESTE PSICOLÓGICO. *Psicologia forense.* Medida objetiva da inteligência.

TESTES ABC. Na *linguagem escolar*, é o conjunto de testes para averiguar as condições de maturidade biopsíquica, necessárias à aprendizagem da leitura e da escrita (Lourenço Filho).

TESTES DE APTIDÃO. Provas feitas para se apurar a capacidade individual para a ocupação de um cargo ou o exercício de certa atividade profissional.

TESTES DE INTELIGÊNCIA. Aqueles que visam a apuração do quociente intelectual.

TESTES DE PROFICIÊNCIA EM LABORATÓRIOS DE SOROLOGIA. *Medicina legal.* Avaliação do desempenho do laboratório, envolvendo a utilização de painéis, para determinar a qualidade dos resultados, por intermédio da comparação dos resultados obtidos pelo avaliado com os resultados conhecidos.

TESTES ET INSTRUMENTA PAREM VIM HABENT. *Aforismo jurídico.* Testemunhos e instrumentos têm igual força.

TESTES PROJETIVOS. *Psicologia forense.* Aqueles que tornam possível o diagnóstico de tendência afetiva.

TESTIBUS DUOBUS AFFIRMANTIBUS MAGIS CREDITUR, QUAM MILLE NEGANTIBUS. *Aforismo jurídico.* Mais fé merecem duas testemunhas afirmando que mil negando.

TESTICULAR. *Medicina legal.* O que diz respeito aos testículos.

TESTÍCULO. *Medicina legal.* Cada uma das duas glândulas seminais masculinas, alojadas fora do corpo, no escroto, que produzem os espermatozóides e a testosterona.

TESTÍCULOS RETIDOS. *Medicina legal.* Criptorquia, ou seja, testículos que se desenvolvem na cavidade abdominal, não descendo para o escroto.

TESTIFICAÇÃO. *Direito civil* e *direito processual.* **1.** Ato de atestar ou testemunhar algo. **2.** Ato de prestar depoimento testemunhal em juízo. **3.** Ato de comprovar um fato. **4.** Ato de dar autenticidade a outro ato.

TESTIFICADOR. Aquele que testifica, mediante depoimento.

TESTIFICANTE. *Vide* TESTIFICADOR.

TESTIFICAR. **1.** Atestar. **2.** Comprovar. **3.** Autenticar. **4.** Prestar depoimento. **5.** Dar testemunho.

TESTIMONIAL EVIDENCE. *Locução inglesa.* Prova testemunhal.

TESTIS NON EST JUDICARE. *Expressão latina.* À testemunha não cabe julgar.

TESTIS UNUS, TESTIS NULLUS. *Aforismo jurídico.* **1.** Testemunho único, testemunho nulo. **2.** Testemunho de uma só pessoa não basta para estabelecer a verdade de um fato. **3.** Uma testemunha, nenhuma testemunha; uma só testemunha é o mesmo que nenhuma.

TESTOSTERONA. *Medicina legal.* Hormônio sexual masculino que influi no desenvolvimento físico, mental e emocional, no interesse pelo sexo e nas atitudes identificadas como adultas e masculinas.

TESTUDO. **1.** *História do direito.* Defesa pela qual os soldados romanos se resguardavam dos jatéis inimigos, juntando os escudos de uns aos de outros. **2.** *Medicina legal.* Tumor cistoso, similar à casca da tartaruga. **3.** Na *linguagem comum*: a) aquele que possui testa grande; b) obstinado.

TÉSTULA. *História do direito.* Concha onde, na antigüidade, os atenienses escreviam seu voto.

TETANIA. *Medicina legal.* **1.** Tétano intermitente. **2.** Enfermidade crônica que se caracteriza pela ocorrência de espasmos musculares das extremidades superiores.

TETANIA UTERINA. *Medicina legal.* Conjunto de seguidas e fortes contrações uterinas que ocorrem quando há algum obstáculo ao parto.

TETÂNICO. *Medicina legal.* **1.** Referente ao tétano. **2.** Aquele que sofre de tétano.

TETANÍGENO. *Medicina legal.* Que causa tétano.

TÉTANO. *Medicina legal.* Doença infecciosa que ocasiona dolorosas contrações musculares, provocada pelo bacilo *Clostridium tetani*, que penetra no organismo através de ferida suja de terra ou esterco ou que tenha estado em contato com objeto por ele contaminado.

TETE. *História do direito.* Operário assalariado, na antigüidade grega.

TÊTE-À-TÊTE. *Locução francesa.* Cara a cara; entrevista particular entre duas pessoas.

TÉTICO. *Lógica.* **1.** Termo relativo a tese. **2.** Juízo no qual uma coisa não seria posta como semelhante nem como idêntica a outra; nem oposta a outra, mas apenas posta como idêntica a ela própria (Fichte). **3.** Juízo existencial (Lalande).

TETO. 1. *Direito civil.* a) Habitação; b) telhado, considerado do lado interno; c) superfície plana que forma a parte superior interna de prédio ou compartimento; d) cobertura de edifício. **2.** *Direito aeronáutico.* a) Altura máxima a que uma aeronave pode voar; b) cobertura da nuvem em relação ao solo; distância vertical do solo à base das nuvens. **3.** *Economia política.* a) Preço-base fixado na aquisição e venda de certas mercadorias (De Plácido e Silva); b) limite imposto por uma autoridade, acima do qual um valor não pode subir. **4.** Na *linguagem popular*, tino; juízo. **5.** *Direito agrário.* Bico do úbere dos animais.

TETO ABSOLUTO. *Direito aeronáutico.* Altura máxima na qual um avião pode manter, normalmente, o vôo horizontal.

TETO CONJUGAL. *Direito civil.* **1.** Domicílio conjugal; sede do lar conjugal. **2.** Residência dos cônjuges (De Plácido e Silva).

TETO SALARIAL. *Direito do trabalho.* Valor mais alto de salário que pode ser pago pelo exercício de determinada função ou pela prestação de certo serviço (Othon Sidou).

TETRACAMPEÃO. *Direito desportivo.* Campeão esportivo por quatro vezes.

TETRACAMPEONATO. *Direito desportivo.* Campeonato que se conquista pela quarta vez.

TETRADRACMA. *História do direito.* Moeda grega que valia quatro dracmas.

TETRALEMA. *Lógica.* Raciocínio inadmissível, pois só é possível argumentar, em ordem rigorosamente lógica, por dilemas eventualmente subordinados (Van Acker).

TETRANETO. *Direito civil.* Parente da linha reta descendente em quinto grau, que é filho do trineto.

TETRAPLEGIA. *Medicina legal.* Paralisia nos quatro membros.

TETRAPLÉGICO. *Medicina legal.* Referente à tetraplegia.

TETRARCA. *História do direito.* Governador de uma tetrarquia romana.

TETRARCADO. *História do direito.* **1.** Cargo de tetrarca. **2.** Exercício das funções de tetrarca. **3.** Província romana governada por um tetrarca.

TETRARQUIA. *História do direito.* **1.** Cada uma das quatro partes em que se dividiam alguns Estados, na era do Império Romano (Laudelino Freire). **2.** Subdivisão da falange grega, formando quatro filas.

TETRASTÁTER. *História do direito.* Na Grécia antiga, era a quantia de dinheiro que equivalia a quatro estáteres.

TETRAVÔ. *Direito civil.* Ascendente em linha reta, masculino, no quinto grau; é o pai do trisavô.

TÉTRICO. 1. Fúnebre. **2.** Rígido; severo. **3.** Horrível.

TETRÓBOLO. *História do direito.* Na antigüidade grega, era a moeda que valia quatro óbolos.

TETRORQUIDIA. *Medicina legal.* Anomalia que se caracteriza pela presença de quatro testículos.

TEU. *Direito comparado.* Medida chinesa de capacidade equivalente a sete litros.

TEÚDA E MANTEÚDA. *Direito civil.* **1.** Concubina de alguém que a tem e sustenta. **2.** Aquela que coabita com homem sem ser casada com ele. **3.** Mulher mantida à custa daquele com quem vive maritalmente.

TEÚDO. 1. Que se tem conservado. **2.** Que tem obrigação.

TEURGIA. *Filosofia geral.* **1.** Arte de colocar a alma em relação com espíritos superiores. **2.** Conhecimento de prática necessária para fazer agir a influência divina, onde e quando se quiser (Bréhier). **3.** Possibilidade de acionar o poder pessoal de Deus, ou dos seres espirituais superiores à humanidade, sobre a natureza (Lalande).

TEÚRGICO. *Filosofia geral.* Relativo à teurgia.

TEURGISMO. *Filosofia geral.* Doutrina e prática dos teurgos.

TEURGISTA. *Filosofia geral.* Aquele que se ocupa da teurgia.

TEURGO. *Filosofia geral.* Aquele que pratica a teurgia.

TEUTOMANIA. *Medicina legal.* Admiração exagerada pelos alemães; germanofilia.

TEUTÔMANO. *Medicina legal.* Aquele que tem teutomania; germanófilo.

TEUTONISMO. *Ciência política.* Sistema político que preconiza a absoluta homogeneidade da raça germânica (Laudelino Freire).

TEUTONISTA. *Ciência política.* Prosélito do Teutonismo.

TÊXTIL. *Direito empresarial.* Relativo a fábrica de tecidos ou a tecelagem.

TEXTO. **1.** *Direito autoral.* a) Conjunto de palavras ou de idéias de um autor constante num livro; b) citação feita para comprovar uma corrente doutrinária; c) parte principal do livro que expõe o assunto; conteúdo de um escrito; d) parte escrita de anúncio; e) trecho de um escrito (Othon Sidou). **2.** *Direito civil.* Conteúdo de um contrato.

TEXTO DA LEI. *Vide* TEXTO LEGAL.

TEXTO DA LETRA DE CÂMBIO. *Direito cambiário.* Teor da letra, contendo seus requisitos e condições.

TEXTO DE ABERTURA. Anúncio lido ao se iniciar um programa de rádio.

TEXTO DE CHAMADA. Breve texto, com cinco a vinte palavras, usado para anunciar um programa de rádio.

TEXTO DE ENCERRAMENTO. Anúncio que é lido no final do programa de rádio.

TEXTO EXPRESSO. **1.** O que está clara e taxativamente escrito, não comportando deduções nem presunções (De Plácido e Silva). **2.** Estipulação explícita.

TEXTO LEGAL. *Teoria geral do direito.* Conjunto de palavras escritas contidas num preceito legal ou normativo que constituem o seu conteúdo.

TEXTO LITERÁRIO. *Direito autoral.* **1.** Conteúdo de uma obra literária. **2.** Exposição escrita de um tema feita pelo autor.

TEXTO POÉTICO. *Direito autoral.* **1.** Poesia. **2.** Letra de música.

TEXTO PURO. *Direito virtual.* É o gravado no arquivo e contém informações sobre formatação de parágrafos, espaçamento entre palavras, entrelinhas etc.

TEXTÓRIO. *Direito empresarial.* O que diz respeito à arte do tecelão.

TEXTOS. *Direito romano.* Coleções do direito romano.

TEXTO SATÍRICO. *Direito autoral.* Forma de comunicação estimulante, que trata dos fatos com ironia.

TEXTUAL. **1.** Referente a texto. **2.** O que está expressamente contido num texto. **3.** O que, com fidelidade, se transcreveu de um texto.

TEXTUALIDADE. Qualidade de textual.

TEXTUALISTA. Aquele que se preocupa tão-somente com a letra do texto, sem ater-se ao seu sentido.

TEXTUÁRIO. *Direito autoral.* **1.** Publicação que contém textos, sem quaisquer comentários ou notas explicativas. **2.** Texto da lei, sem anotação. **3.** Relativo a texto.

TEXTURA. **1.** *Direito autoral.* Ligação das partes de uma obra. **2.** Nas *linguagens comum* e *jurídica*: a) ato ou efeito de tecer; b) contextura; união de partes de um todo. **3.** *Medicina legal.* Aspecto microscópico de tecidos orgânicos (Croce e Croce Jr.).

TEXTURA ABERTA DO DIREITO. *Filosofia do direito.* Diz-se, segundo Hart, das várias possibilidades de dúvidas sobre o que se quer expressar na lei ou no precedente judicial. Deveras, diz ele, seja qual for o processo escolhido, precedente ou legislação, para a comunicação de padrões de comportamento, estes, não obstante a facilidade com que atuam sobre a grande massa de casos correntes, revelar-se-ão como indeterminados em certo ponto em que a sua aplicação esteja em questão; possuirão aquilo que foi designado como textura aberta. Isto é assim ante a incapacidade natural de prever as inúmeras combinações de fatos que podem ocorrer com o passar do tempo, o que determina a necessidade de deixar em aberto, para solução ulterior, questões que só podem ser resolvidas casuisticamente.

TFA. Sigla de Taxa de Fiscalização Ambiental.

TFSEE. Sigla de Taxa de Fiscalização de Serviços de Energia Elétrica.

THANKFULNESS. *Termo inglês.* Gratidão.

THÄTIGKEIT

THÄTIGKEIT. *Termo alemão.* Atividade.

THEFT. *Termo inglês.* **1.** Latrocínio. **2.** Furto. **3.** Roubo.

THEMA DECIDENDUM. *Locução latina.* Tema a ser resolvido; tema a se decidir.

THEMA PROBANDUM. *Locução latina.* Questão a ser provada.

THE MOST SIGNIFICANT RELATIONSHIP. *Expressão inglesa.* Conexão mais estreita.

THE RIGHT MAN IN THE RIGHT PLACE. *Expressão inglesa.* O homem certo no lugar certo, expressão usada para indicar a competência daquele que ocupa determinado cargo.

THE USE OF THE PORT. *Expressão inglesa.* Uso do porto.

THIEVERY. *Termo inglês.* **1.** Latrocínio. **2.** Roubo. **3.** Furto.

THIEVISHNESS. *Termo inglês.* Cleptomania.

THING. *Termo inglês.* Coisa.

THING IN ACTION. *Expressão inglesa.* Coisa litigiosa.

THINGS DANGEROUS BECAUSE OF NEGLIGENT CONSTRUCTION. *Expressão inglesa.* Objetos perigosos em decorrência de defeito de fabricação.

THINGS INHERENTLY DANGEROUS. *Expressão inglesa.* Coisas perigosas em si mesmas.

THIRD DEGREE. *Locução inglesa.* Tortura usada clandestinamente, no meio policial, para apurar a verdade.

THIRD–PARTY COMPLAINT. *Locução inglesa.* Chamamento ao processo.

THIRD–PARTY INSURANCE. *Locução inglesa.* Seguro contra terceiros.

THIRD–PARTY INTERVENER. *Direito internacional privado.* É o *expert* que pertence ao comitê permanente da Câmara do Comércio internacional, encarregado dos serviços de *adaptation of contracts*, remodelando-os tendo em vista o advento de novas circunstâncias, revisando-os com a finalidade precípua de adaptá-los às mutações fáticas supervenientes, podendo, para tanto, reformulá-los, modificando as estipulações neles contidas. Trata-se, portanto, da intervenção de terceiro, que constitui apenas uma mera perícia contratual.

THIRD–PARTY RESPONSIBILITY. *Locução inglesa.* Responsabilidade de terceiros.

THOT. *História do direito.* Livro, escrito em hieróglifo, que continha as leis do antigo Egito.

THROUGH BILL OF LADING. *Direito marítimo* e *direito internacional privado.* **1.** Conhecimento de embarque com transbordo, usado no transporte intermodal. **2.** Conhecimento direto ou conhecimento único.

THUG. *Termo inglês.* **1.** Bandido. **2.** Assassino.

THUNGINUS. *Vide CENTENARIUS.*

TIA. *Direito civil.* Parente colateral em terceiro grau, irmã do pai ou da mãe, em relação aos filhos destes.

TIA–AVÓ. *Direito civil.* Parente colateral em quarto grau, irmã do avô ou da avó, em relação aos netos destes.

TIAMBO. *Direito agrário.* Espécie de cana-de-açúcar.

TIARA. *Direito canônico.* **1.** Mitra encimada de três coroas de ouro e remontada por um globo que contém uma cruz, de cuja parte posterior caem duas faixas bordadas, usada pelo Papa em grandes solenidades. **2.** Dignidade pontifícia.

TIAU. *Direito comparado.* Cerimônia fúnebre chinesa que consiste em colocar o retrato do falecido num altar montado na casa onde ele morava, para que parentes e amigos lhe prestem homenagem.

TIBAR. *Direito comparado.* Pó de ouro usado pelos negros da África Central para trocar mercadorias.

TÍBIA. *Medicina legal.* O mais grosso dos dois ossos da perna, situado na parte ântero-interna.

TIBIEZA. **1.** Fraqueza. **2.** Falta de energia. **3.** Ausência de entusiasmo.

TIBI QUOQUE. **1.** *Locução latina.* A ti também. **2.** *História do direito.* Bacharel de Coimbra que colava grau por decreto, sem prestar exame final.

TIBIRA. *Direito agrário.* No Nordeste, é a vaca que produz pouco leite.

TICAL. *História do direito.* Peso que era, outrora, usado na Índia.

TICAR. Assinalar ingresso ou passagem com tique.

TICKET–OF–LEAVE. *Expressão inglesa.* **1.** Livramento condicional. **2.** Prisão-albergue.

TIDO. **1.** Considerado. **2.** Reputado.

TIE–IN SALES. *Expressão inglesa.* Vendas relacionadas.

TIENZU. *Direito comparado.* Tamborete que serve de assento aos oficiais chineses.

TIFEMIA. *Medicina legal.* Presença de bacilos da febre tífica no sangue.

TIFENTO. *Medicina legal.* Aquele que sofre de tifo.

TÍFICO. *Medicina legal.* Relativo a tifo.

TIFISMO. *Medicina legal.* Caráter tífico de certas febres.

TIFIZAÇÃO. *Medicina legal.* Processo que conduz ao estado tífico.

TIFLECTOMIA. *Medicina legal.* Extirpação do ceco.

TIFLITE. *Medicina legal.* Inflamação do ceco.

TIFLÓCIBA. *Direito agrário.* Inseto que causa dano às plantações de feijão e de batatinha.

TIFLOCOLITE. *Medicina legal.* Inflamação do ceco e do cólon.

TIFLOFILIA. Filantropia voltada aos cegos.

TIFLÓFILO. Aquele que se preocupa com a educação e com a situação social dos cegos.

TIFLOGRAFIA. Escrita em relevo destinada à leitura dos cegos.

TIFLÓGRAFO. Aparelho usado pelos cegos para escreverem por meio do alfabeto de pontos.

TIFLOLEXIA. *Medicina legal.* Alexia.

TIFLÓLOGO. *Vide* TIFLÓFILO.

TIFLOSE. *Medicina legal.* Cegueira.

TIFO. 1. *Medicina legal.* Moléstia infecciosa acompanhada por febre que provoca perturbações nervosas. **2.** *Direito agrário.* Epizootia contagiosa que ataca o gado vacum.

TIFOBACILOSE. *Medicina legal.* **1.** Doença provocada pelo bacilo do tifo. **2.** Tuberculose aguda que apresenta sintomas similares aos da febre tifóide.

TIFO DA AMÉRICA. *Medicina legal.* Febre amarela.

TIFO DO ORIENTE. *Medicina legal.* Doença epidêmica caracterizada por bubões.

TIFO EXANTEMÁTICO. *Medicina legal.* Moléstia infecciosa transmitida pelo carrapato, piolho, pulga-do-rato ou por acariano, muito comum em favelas, cortiços, campos de concentração, prisões e asilos. Provoca forte e aguda dor de cabeça, febre alta, erupções avermelhadas no corpo, diminuição das faculdades mentais, hálito desagradável, bronquite e pneumonia (Morris Fishbein).

TIFO ICTÉRICO. *Medicina legal.* Febre amarela.

TIFÓIDE. *Medicina legal.* **1.** Que tem a natureza do tifo. **2.** O que é similar ao tifo.

TIFO KEDANI. *Medicina legal.* Infecção comum na Ásia e nas áreas do sudeste do Pacífico, trans-mitida por ratos do campo, infestados por ácaros. Provoca febre, calafrios, insônia, dor de cabeça, úlcera ou escara no local em que o ácaro atacou e erupção avermelhada sobre o tronco (Morris Fishbein).

TIFOMANIA. *Medicina legal.* Delírio que se manifesta na doença do tifo (Laudelino Freire).

TIFOSE. *Medicina legal.* Moléstia que provoca febre com entorpecimento, semelhante à observada na febre tifóide.

TIGÜERA. *Direito agrário.* **1.** Terra em que, depois da colheita, vingam plantas que servem para o pasto. **2.** Milharal, arrozal ou canavial depois do corte ou colheita.

TILACITE. *Medicina legal.* Inflamação da glândula sebácea da pele.

TILOMA. *Medicina legal.* Calo; espessamento da epiderme.

TILOSE. *Medicina legal.* Pequeno calo que aparece nos dedos dos pés.

TILTH. *Termo inglês.* Lavoura.

TIMÃO. 1. *Direito marítimo.* Barra ou roda do leme. **2.** *Direito agrário.* Cabeçalho do arado.

TIMAR. *História do direito.* Benefício que era concedido, na Turquia, pelo sultão ao soldado para prover ao seu sustento.

TIMARCA. *História do direito.* **1.** Na antigüidade romana, era o censor. **2.** Na Grécia antiga, era o membro de uma timarquia censitária.

TIMARIOTA. *História do direito.* Soldado turco que percebia timar.

TIMARQUIA. *História do direito.* **1.** Censura, na antigüidade romana. **2.** Na antigüidade grega, era o governo oligárquico fundado sobre o censo ou a fortuna (Laudelino Freire).

TIMBRADO. O que contém timbre.

TIMBRADOR. Aquele que timbra.

TIMBRAGEM. Ato de marcar com timbre.

TIMBRAR. 1. Censurar. **2.** Pôr timbre. **3.** Esmerar-se.

TIMBRE. 1. Selo. **2.** Marca. **3.** Carimbo. **4.** Chancela. **5.** Sinal característico que autentica documento ou papel.

TIMBRE POSTAL. Selo postal usado para franquia da correspondência (De Plácido e Silva).

TIME. *Direito desportivo.* **1.** Equipe. **2.** Grupo de jogadores.

TIME CARD. *Locução inglesa.* Cartão de ponto.

TIME-CHARTER. **1.** *Vide CHARTER WITHOUT DEMISE.* **2.** *Direito marítimo.* a) Cessão de uso do navio, mediante contrato de ajuste, feita pelo armador, que se responsabiliza pelo serviço de equipagem e pelo provimento do necessário para a expedição marítima, sem obrigação de transporte; b) fretamento contratado por tempo. É também designado *trip charter* e a gestão náutica é da responsabilidade do fretador, e a comercial, do afretador (Fábio Ulhoa Coelho).

TIME DEPOSIT. *Locução inglesa.* Depósito a prazo fixo.

TIME IS MONEY. *Expressão inglesa.* Tempo é dinheiro.

TIMELCOSE. *Medicina legal.* Ulceração do timo.

TIMELY. *Termo inglês.* Oportuno.

TIMEO HOMINEM UNIUS LIBRI. *Expressão latina.* Temo o homem de um só livro. Expressão empregada por Santo Tomás de Aquino para dizer que determinado autor, apesar de não ter uma vasta cultura, deve ser temido por ter se aprofundado em uma única especialidade.

TIMESHARE. *Vide TIME-SHARING.*

TIME-SHARING. *Vide* SISTEMA *TIME-SHARING.*

TIME TABLE. *Termo inglês.* Horário.

TIMIDEZ. *Psicologia forense.* Acanhamento excessivo.

TÍMIDO. **1.** Que não tem desembaraço. **2.** Acanhado. **3.** Receoso. **4.** Sem coragem.

TÍMIO. *Medicina legal.* Verruga cutânea.

TIMO. *Medicina legal.* Glândula endócrina situada no tórax, perto do coração, que exerce grande função no desenvolvimento do corpo.

TIMOCRACIA. *História do direito.* **1.** É, na lição de Zucchini, a forma de governo baseada no desejo e na importância da honra, que é definida por Platão como constituição ambiciosa de honrarias. É o governo dos ambiciosos de afirmação pessoal e de honrarias. **2.** Forma de governo cujo poder era exercido pelos cidadãos que tinham maior fortuna. Nesse sistema, os cargos eram conferidos aos mais ricos ou aos detentores de altas rendas. Trata-se da plutocracia, ou seja, a forma de governo fundada sobre o patrimônio (Aristóteles).

TIMOCRATA. *História do direito.* Partidário da timocracia.

TIMOCRÁTICO. *História do direito.* Relativo a timocracia.

TIMOMA. *Medicina legal.* Neoplasia primária do timo (Morris Fishbein).

TIMONAR. *Direito marítimo.* Pilotar embarcação, conduzindo-a pelo timão ou leme.

TIMONEIRA. *Direito marítimo.* Vão do navio onde gira o pinçote do leme.

TIMONEIRO. *Direito marítimo.* Aquele que governa o timão ou leme da embarcação, dirigindo-a.

TIMORATO. **1.** Aquele que tem medo de errar. **2.** Escrupuloso.

TIMPANITE. *Medicina legal.* Inflamação da membrana do tímpano.

TÍMPANO. *Medicina legal.* Membrana delgada e circular distendida no fundo do ouvido externo, que vibra sob a ação das ondas sonoras.

TINDALIZAÇÃO. *Direito comercial, direito agrário* e *medicina legal.* Esterilização intermitente, por meio de repetidos aquecimentos.

TINGUE. *História do direito.* Assembléia popular dos antigos germanos e escandinavos.

TINGUEIRO. *Direito comparado.* **1.** Pequena embarcação do Tejo. **2.** Aquele que tripula essa embarcação.

TINHA. *Medicina legal.* Micose superficial da pele, pêlos e unhas.

TINI. *Direito agrário.* Primeiro corte de folhas de erva-mate, em cada dia.

TINO. **1.** Prudência. **2.** Inteligência; juízo.

TINTURARIA. *Direito comercial.* Estabelecimento onde se lavam, passam e tingem peças do vestuário.

TINTUREIRO. *Direito comercial.* Aquele que é dono de tinturaria ou nela trabalha.

TIO. **1.** *Direito civil.* Parente colateral em terceiro grau, irmão do pai ou da mãe, em relação aos filhos destes. **2.** *Direito comparado.* Medida itinerária japonesa.

TIO-AVÔ. *Direito civil.* Parente colateral de quarto grau, irmão do avô ou da avó em relação aos netos destes.

TIPA. Em *gíria,* é a mulher de costumes fáceis.

TÍPICA DA RAZÃO PURA PRÁTICA. *Filosofia geral.* Teoria do procedimento pelo qual o ato concreto pode subsumir-se sob a idéia de bem ou de mal (Barni e Kant).

TIPICIDADE. **1.** *Teoria geral do direito.* Nota de que o fato individual apresenta o geral determinado no conceito normativo abstrato, podendo ser nele enquadrado por subsunção. **2.** *Direito penal.* Qualidade de um fato real que reúne os elementos da definição legal de um delito. **3.** *Direito tributário.* Adequação do fato à norma, donde o surgimento da obrigação tributária se condiciona ao evento da subsunção. Trata-se da plena correspondência entre o fato jurídico tributário (fato gerador) e a hipótese de incidência tributária (Eduardo Marcial Ferreira Jardim).

TÍPICO. 1. Que serve de modelo. **2.** Que constitui tipo.

TIPIFICAÇÃO. Ação de tipificar.

TIPO. 1. *Direito penal.* Conjunto de elementos constitutivos do crime (Geraldo Magela Alves), definidos legalmente. **2.** *Filosofia geral.* a) Modelo determinante da forma de uma série de objetos dele derivados; b) ser concreto, real ou imaginário que representa uma classe de seres (Lalande); c) o que pode ser tido como amostra; d) esquema geral da estrutura; e) símbolo que representa coisa figurada; f) conjunto de um grande número de caracteres que formam um todo orgânico e cuja reunião não pode ser explicada pelo acaso, isto é, pelo concurso de causas que não estão encadeadas e subordinadas umas às outras (Cournot). **3.** Nas *linguagens comum* e *jurídica:* a) o que serve de modelo; b) padrão; c) pessoa singular ou excêntrica. **4.** Na *linguagem tipográfica,* é a matriz de letra ou letra fundida ou gravada em metal, destinada a trabalho de imprensa (De Plácido e Silva). **5.** *Direito comercial.* a) Forma, qualidade ou condição preestabelecida para classificação de produtos ou mercadorias (De Plácido e Silva); b) conjunto de características de um produto agrícola de exportação, indicativas de sua qualidade. **6.** *Direito alfandegário.* Cada classe de mercadoria admitida no comércio, segundo a qual os direitos de alfândega são pagos (Laudelino Freire). **7.** *Medicina legal.* a) Forma fundamental, comum a todos os indivíduos da mesma espécie; b) conjunto de caracteres próprios de uma raça; c) ordem em que aparecem e se desenvolvem os sintomas de uma moléstia. **8.** Em *gíria,* é a pessoa pouco respeitável. **9.** *Teoria geral do direito.* Meio de designação dos elementos da hipótese de fato e forma de apreensão e exposição de relações jurídicas (Larenz).

TIPO CONSTITUCIONAL. *Medicina legal.* Aquele que apresenta os caracteres médios constitucionais, através dos quais se pode deduzir o seu temperamento, modo de reação aos estímulos e moléstias etc.

TIPOCOSMIA. Sistema de termos adequados para a nomenclatura universal de todas as artes e ciências (Laudelino Freire).

TIPO CULTURAL. *Sociologia geral.* Complexo de caracteres e conceitos válidos em certo tempo ou espaço.

TIPO DE FREQÜÊNCIA. *Vide* TIPO MÉDIO.

TIPO DE VIDA. *Sociologia geral.* Nível de consumo ideal pretendido por um grupo de pessoas.

TIPO FIGURA. *Vide* TIPO TOTAL.

TIPOGRAFIA. *Direito empresarial.* Estabelecimento gráfico onde trabalhos de impressão são executados.

TIPÓGRAFO. 1. *Direito empresarial.* Dono de tipografia. **2.** *Direito do trabalho.* a) Aquele que trabalha em tipografia; b) compositor manual ou paginador; c) aquele que executa a impressão de textos.

TIPÓIA. 1. Em *gíria*: prostituta. **2.** Na *linguagem comum*: a) rede para conduzir doente ou cadáver; b) tira de pano presa ao pescoço para sustentar braço ou mão doente; c) carro velho; d) em Goiás, barraca de folhagens; e) coisa reles. **3.** *Direito comparado.* Liteira entre alguns povos da África.

TIPO IDEAL TELEOLÓGICO. *Teoria geral do direito* e *filosofia do direito.* Segundo Jellineck, é o que salienta a finalidade de qualquer fenômeno humano. Trata do "ser enquanto deve ser", ou melhor, do critério axiológico do dado, pelo qual o que vale deve ser considerado, e o que é desvalioso deve ser desprezado (Engisch).

TIPO INTELECTUAL. *Filosofia geral.* Grupo de espíritos (Saint-Beuve; Taine). É também designado de tipo psicológico.

TIPOLOGIA. 1. *Filosofia geral.* a) Análise e descrição das formas típicas; b) caracterização dos tipos humanos, dos seres vivos e das realidades a serem estudadas. **2.** *Psicologia forense.* No livro *Tipos psicológicos,* Jung descreveu as atitudes introvertida e extrovertida. Na primeira, a personalidade privilegia o *eu* e a reação subjetiva nas vivências, deixando o *outro* e a realidade objetiva em plano secundário. Na segunda, ocorre o contrário. Ao lado dessas atitudes, o autor descreve as funções da consciência: pensamento, sentimento, intuição e sensação (Lidia Reis de Almeida Prado).

TIPOLOGIA ANTROPOLÓGICA. *Filosofia geral.* Estudo científico dos diferentes tipos humanos produtivos nas ciências e nas artes (Wechniakoff).

TIPOLOGIA DA REFORMA AGRÁRIA

TIPOLOGIA DA REFORMA AGRÁRIA. *Direito agrário.* Conjunto de modelos de reforma agrária, baseados na ideologia política e no regime econômico do país (Telga de Araújo).

TIPOLOGIA LEGAL. *Teoria geral do direito.* Conhecimento da constituição gramatical das leis e da forma como se deve entender as palavras nela usadas (Othon Sidou).

TIPOLÓGICO. O que se refere a tipologia.

TIPÓLOGO. Perito em tipologia.

TIPOMANIA. *Medicina legal.* Tendência exagerada de imprimir, sem necessidade ou utilidade, obra própria ou alheia.

TIPOMANÍACO. *Medicina legal.* Aquele que sofre de tipomania.

TIPO MÉDIO. *Teoria geral do direito.* É designado também de tipo de freqüência. É, para Rickert, o característico para a média de um grupo de coisas e acontecimentos. Sua importância justifica-se pela necessidade de a norma tomar por base a média dos casos, sem contudo colocar exigências elevadas para as pessoas, considerando apenas a média normal da capacidade e tendência dos subordinados à ordem jurídica (Engisch).

TIPO MORAL. *Filosofia geral.* Conjunto de mentalidades morais heterogêneas (Rauh).

TIPO ORDEM. *Teoria geral do direito.* É o que opera a apreensão da vida tal como ela é, sem limites rígidos, porém com fluidez. Foram Lotze e Erdeman que empregaram essa terminologia, de tal forma que as categorias ignorando a existência de limites rígidos na vida oferecem para os problemas de subsunção apenas uma afirmativa ou negativa como resposta, enquanto o tipo com limites fluídicos apresenta dúvidas quanto à inclusão de um dado objeto em seu conceito, daí afirmar-se que o fato corresponde ao tipo até certo grau. Esse tipo procura apreender a continuidade da vida. Os objetos podem ser aproximados ao tipo e considerados mais ou menos iguais a ele. Afastada está a rigidez classificatória: ou o objeto se subsume ao conceito ou não é afetado por ele. Tal pensamento tipológico apresenta, no campo do direito, o desejo de substituir a norma de contornos rígidos por conceitos graduáveis, a fim de abarcar todas as posições intermédias (Engisch).

TIPO PSICOLÓGICO. *Vide* TIPO INTELECTUAL.

TIPOSCRITO. 1. Escrita à máquina. **2.** Datilografia (Fernando Pessoa).

TIPOS DE KRESTSCHMER. *Medicina legal.* Grupos de tipos físicos normais que, conforme os caracteres somáticos apresentados, podem ser pícnicos, atléticos ou astênicos.

TIPOS DE MEIOS DE HOSPEDAGEM DE TURISMO. *Direito empresarial.* Tipos básicos de meios de hospedagem de turismo, como: a) hotel – meio de hospedagem do tipo convencional e mais comum, normalmente localizado em perímetro urbano e destinado a atender turistas, tanto em viagens de lazer quanto em viagens de negócios; b) hotel histórico – meio de hospedagem instalado, total ou parcialmente, em edificação de valor histórico ou de significado regional ou local reconhecido pelo Poder Público e que, em razão disso, está normalmente sujeito a restrições de natureza arquitetônica e construtiva; c) hotel de lazer – meio de hospedagem normalmente localizado fora dos centros urbanos, com áreas não edificadas amplas e com aspectos arquitetônicos e construtivos, instalações, equipamentos e serviços especificamente destinados à recreação e ao entretenimento, que o tornam prioritariamente destinado ao turista em viagem de lazer. Inclui-se no tipo hotel de lazer o empreendimento denominado *resort*, como tal entendido o que: 1) esteja localizado em área com conservação ou equilíbrio ambiental; 2) tenha sido sua construção antecedida por estudos de impacto ambiental e pelo planejamento da ocupação do uso do solo, visando a conservação ambiental; 3) tenha áreas total e não edificada, bem como infra-estrutura de entretenimento e lazer, significativamente superiores às dos empreendimentos similares; 4) tenha condição de se classificar nas categorias luxo ou luxo superior (4 ou 5 estrelas); d) pousada – meio de hospedagem de aspectos arquitetônicos e construtivos, instalações, equipamentos e serviços mais simplificados, normalmente limitados, apenas, ao necessário à hospedagem do turista para aproveitamento do atrativo turístico junto ao qual o estabelecimento se situa. Os meios de hospedagem de turismo do tipo hotel (H) e hotel de lazer (HL) deverão atender aos padrões previstos normativamente, enquanto os dos tipos hotel histórico (HH) e pousada (P), além desses padrões, deverão observar requisitos específicos a serem estabelecidos pela EMBRATUR, em anexos próprios.

A EMBRATUR define outros tipos de meios de hospedagem de turismo, estabelecendo matrizes de classificação que lhes sejam específicas, no caso de empreendimentos de hospedagem com características especialmente voltadas para o atendimento de modalidades de "turismo segmentado" (jovens, terceira idade etc.) e de "turismo temático" (turismo ecológico, rural, de saúde etc.).

TIPOS FUNDAMENTAIS DE VUCETICH. *Medicina legal.* São os representados por meio de símbolos: arco (A-1); presilha interna (I-2); presilha externa (E-3); verticilo (V-4). As letras (A, I, E, V) representam os tipos fundamentais dos polegares, e os algarismos (1, 2, 3, 4), os tipos fundamentais dos demais dedos (indicador, médio, anular e mínimo). O X representa o dedo que contém cicatriz, e o 0 (zero), a amputação. Os fatores determinantes desses tipos fundamentais são a direção das linhas nucleares e a posição do delta (José Lopes Zarzuela).

TIPOTELEGRAFIA. Sistema de transmissão telegráfica por meio de teletipo ou de aparelho que, no lugar de sinais, imprime letras.

TIPO TOTAL. *Teoria geral do direito.* Aquele que entrelaça vários tipos particulares entre si em conexão mútua, através de membros intermediários, que ensejam a sua união como totalidade. Logo, o importante dessa imagem é que os vários tipos não apresentam o todo como simples soma de traços. Por exemplo: quando se pensa numa casa de campo da Alemanha, defronta-se com uma imagem dessa casa em suas peculiaridades, o que permite compará-la e diferenciá-la de outros tipos de casa (Engisch).

TIPSTAFF. *Termo inglês.* Oficial de justiça.

TIQUE. 1. *Medicina legal.* a) Cacoete; b) espasmo habitual; c) contração convulsiva, habitual e involuntária de um músculo, comum em psicastênicos. **2.** Na *linguagem contábil,* é o sinal em forma de "V" colocado à margem de números ou palavras já conferidos. É muito usado em escrituração para marcar verbas ou parcelas de soma.

TIQUE DOLOROSO. *Medicina legal.* Neuralgia do trigêmeo ou forte dor, similar a uma pontada, que ataca uma ou as três ramificações faciais desse nervo, fazendo com que o rosto se contraia em espasmos, provocando um livre fluxo de lágrimas e saliva (Morris Fishbein).

TIQUISMO. *Filosofia geral.* Teoria proposta por Peirce, segundo a qual há uma indeterminação absoluta, que não é expressão da ignorância das causas ou ausência de conhecimento, mas uma lacuna verdadeira e objetiva no sistema das necessidades cósmicas (Lalande). Logo, para essa concepção, o acaso tem uma existência objetiva no Universo (Laudelino Freire).

TIQUISTA. 1. *Filosofia geral.* Adepto do tiquismo. **2.** *Medicina legal.* Aquele que tem tiques.

TIRA. 1. Em *gíria*, é o agente de polícia; investigador. **2.** Na *linguagem comum*: a) pedaço de couro, pano ou papel; b) lista.

TIRA–BALAS. *Medicina legal.* Instrumento apropriado para retirar o projétil de arma de fogo de uma ferida.

TIRAÇÃO. *Direito agrário.* No Amazonas, é a extração de madeira nas matas.

TIRADA. 1. *Direito internacional privado.* É a exportação de gêneros. **2.** Nas *linguagens comum* e *jurídica*: a) ato ou efeito de tirar; b) tomada; c) saída; d) retirada; e) longo espaço de tempo; f) discurso ou trecho de grande extensão; g) tiragem de livro; h) distância entre um lugar e outro; i) o que se escreve em um só ímpeto.

TIRADEIRA. *Direito agrário.* **1.** Na Bahia, é aquela trabalhadora rural que extrai as amêndoas dos frutos do cacaueiro. **2.** Linha de pesca que contém muitos anzóis.

TIRA–DÚVIDAS. Aquilo ou aquele que soluciona uma questão duvidosa.

TIRAGEM. *Direito autoral.* Total de exemplares de uma edição de obra literária ou científica. É o número de exemplares editados; logo, numa edição pode haver várias tiragens.

TIRA–LEITE. *Direito agrário.* Ordenhadeira.

TIRANIA. *Ciência política.* **1.** Governo legítimo, mas cruel, por ser injusto. **2.** Governo que não respeita os princípios constitucionais. **3.** Opressão. **4.** Ditadura. **5.** Exercício despótico do poder; despotismo. **6.** Governo sem legitimidade exercido, arbitrariamente, por um homem ou por um grupo, atentando contra os princípios democráticos. **7.** Forma autocrática do exercício do poder político (Marcus Cláudio Acquaviva).

TIRANICIDA. *Direito penal.* **1.** Aquele que mata um tirano. **2.** Autor do tiranicídio.

TIRANICÍDIO. *Direito penal.* Assassinato de um tirano.

TIRÂNICO. *Ciência política.* **1.** Despótico. **2.** Relativo a tirano. **3.** Opressivo.

TIRANISMO. *Medicina legal.* **1.** Tiranomania. **2.** Crueldade mórbida, acompanhada ou não de perversão sexual.

TIRANIZADOR. *Ciência política.* Aquele que tiraniza.

TIRANIZAR. *Ciência política.* **1.** Governar despoticamente. **2.** Oprimir. **3.** Usurpar o poder como tirano.

TIRANO. *Ciência política.* **1.** Governo que exerce despoticamente o poder. **2.** Déspota. **3.** Usurpador. **4.** Aquele governante que abusa de seu poder. **5.** O que age com injustiça ou crueldade.

TIRANOMANIA. *Vide* TIRANISMO.

TIRANOMANÍACO. *Medicina legal.* **1.** O que sofre de tiranomania. **2.** Relativo a tiranomania.

TIRAR. 1. *Direito autoral.* a) Imprimir; b) extratar; c) copiar; d) reproduzir. **2.** *Direito penal.* a) Subtrair; b) furtar; c) roubar. **3.** *Direito cambiário.* a) Sacar; b) tomar. **4.** *Direito agrário.* a) Extrair; b) derribar. **5.** *Direito comercial.* a) Lucrar; b) exportar; c) importar. **6.** Nas *linguagens comum* e *jurídica*: a) arremessar; b) fazer sair; c) retirar; d) fazer aparecer; e) ter origem; proceder; f) emitir; g) apoderar-se; h) colher; i) separar; j) abolir; extinguir; eliminar; k) despir; l) suprimir; m) privar; n) exigir; o) excluir. **7.** *Lógica jurídica.* a) Inferir; b) deduzir; c) concluir; d) dissuadir. **8.** *Direito registrário.* Registrar. **9.** *Ciência política.* Usurpar.

TIRAR A BARRIGA DA MISÉRIA. Obter vantagem após ter sofrido privações.

TIRAR À FIEIRA. 1. Apurar. **2.** Aperfeiçoar.

TIRAR A FORRA. 1. Ressarcir prejuízo. **2.** Ajustar contas.

TIRAR À JUSTIÇA. Livrar um preso do poder da justiça.

TIRAR A LIMPO. Averiguar.

TIRAR A LUME. Publicar uma obra.

TIRAR A MÁSCARA. Mostrar-se tal qual é.

TIRAR A MELHOR. Levar vantagem.

TIRAR AO MUNDO. Matar alguém.

TIRAR A PELE. 1. Emprestar dinheiro cobrando juros altos. **2.** Explorar alguém.

TIRAR A PROVA. Sujeitar à prova.

TIRAR A SORTE. Ser contemplado com algum prêmio em loteria.

TIRAR A VENDA DOS OLHOS. Esclarecer.

TIRAR A VEZ. Usurpar o lugar de alguém.

TIRAR A VIDA. Assassinar.

TIRAR A VISTA. Impedir que alguém veja algo.

TIRAR CÓPIA. Reproduzir.

TIRAR DA CABEÇA. Dissuadir.

TIRAR DA FRAQUEZA FORÇAS. Fazer esforço incomum.

TIRAR DE LETRA. Sair-se bem e com inteligência de uma situação difícil.

TIRAR DE UMA LÍNGUA. Traduzir.

TIRAR DÍVIDA. Cobrar débito.

TIRAR DO LANÇO. Oferecer mais do que outrem em um leilão.

TIRAR DO NADA. Criar.

TIRAR DÚVIDA. Explicar o dúbio.

TIRAR INFORMAÇÃO. Indagar; pesquisar.

TIRAR LETRA. Sacar uma letra.

TIRAR O ATRASO. Progredir após ficar muito tempo numa mesma situação social ou financeira.

TIRAR O CORPO. 1. Esquivar-se de um compromisso. **2.** Desviar-se de um golpe.

TIRAR O PÃO. Privar alguém dos meios de subsistência.

TIRAR O PONTO. 1. *Direito educacional.* Sortear a matéria sobre a qual versa a prova ou exame. **2.** *Direito marítimo.* Calcular a posição do navio.

TIRAR PARTIDO. Obter vantagem.

TIRAR POR TINO. Inferir; deduzir.

TIRAR PROVEITO. Lucrar; aproveitar.

TIRAR RESIDÊNCIA. Examinar a conduta e serviço de um juiz relativamente ao tempo em que funcionou numa região.

TIRAR SIGNIFICADOS. Procurar as significações das palavras em um dicionário.

TIRAR UMA ABELHA. Cortar árvore onde há instalação de abelhas, para colher o mel.

TIRAR UMA SUBSCRIÇÃO. Obter assinatura daquele que promete contribuir para obra beneficente, empresa etc.

TIRA-TESTA. *Direito agrário.* Parte do arreio que corresponde à testa da cavalgadura.

TIRÊMESE. *Medicina legal.* Vômito caseoso nos lactentes (Laudelino Freire).

TIREÓIDE. *Medicina legal.* Glândula do sistema endócrino situada na parte frontal do pescoço, anteriormente à traquéia, que segrega a tiroxina e tem papel de grande importância no processo de oxidação celular, pelo qual os tecidos produzem a energia de que necessitam (Morris Fishbein).

TIREOIDECTOMIA. *Medicina legal.* Extirpação da tireóide para tratamento do bócio.

TIREOIDISMO. *Medicina legal.* **1.** Hipertireoidismo que causa inquietação nervosa e aumenta a freqüência das batidas cardíacas. **2.** Hipotireoidismo, carência de produção de tiroxina que faz com que as faculdades físicas e mentais fiquem embotadas. **3.** Conjunto de acidentes nervosos e gastrintestinais causados por intoxicação tireóidea (Laudelino Freire).

TIREOIDITE. *Medicina legal.* Inflamação da tireóide.

TIREOPTOSE. *Medicina legal.* Deslocamento da tireóide para baixo e na região superior do tórax.

TIREOSARCOMA. *Medicina legal.* Sarcoma da glândula tireóidea.

TIREOTOXICOSE. *Medicina legal.* Estado mórbido provocado pela atividade excessiva da glândula tireóidea.

TIRIRICA. **1.** Em *gíria,* diz-se do batedor de carteira. **2.** Na *linguagem comum:* a) zangado; b) irritado.

TIRO. **1.** Em *gíria*: assalto e roubo. **2.** *Direito agrário.* Serviço de puxar carro feito por animal. **3.** *Direito desportivo.* Chute. **4.** *Medicina legal.* a) Disparo de arma de fogo; b) projétil disparado por arma de fogo. **5.** *Direito militar.* Local onde se aprende a atirar com arma de fogo.

TIRO CEGO. *Direito militar.* **1.** Tiro disparado à queima-roupa. **2.** Tiro feito sem pontaria certa.

TIROCINANTE. **1.** Aprendiz. **2.** Principiante.

TIROCÍNIO. **1.** Aprendizado. **2.** Prática indispensável ao desempenho de um cargo.

TIRO DE ADVERTÊNCIA. *Direito marítimo.* É o dado pela Patrulha Naval com o propósito de chamar a atenção do navio ou embarcação, demonstrando força, mas sem a intenção de acertar ou causar danos, sendo que os disparos não indicam o uso da força, mas a disposição iminente de empregá-la.

TIRO DE CANTO. *Direito desportivo.* No futebol, é o tiro livre cobrado num dos quartos de círculo correspondente a um dos ângulos do campo, pelo quadro que ataca contra o que defende, quando a bola for colocada a escanteio.

TIRO DE DESTRUIÇÃO. *Direito militar.* Tiro feito sobre pessoal a descoberto.

TIRO–DE–GUERRA. *Direito militar.* Escola do soldado que obtém a caderneta de reservista do Exército sem servir nos regimentos do governo.

TIRO DE INQUIETAÇÃO. *Direito militar.* O que impede qualquer atividade do inimigo.

TIRO DE INTERDIÇÃO. *Direito militar.* Aquele que se dá sobre vias de comunicação e pontos de passagem obrigatórios do inimigo.

TIRO DE NEUTRALIZAÇÃO. *Direito militar.* Aquele que é dirigido sobre o pessoal abrigado para impedi-lo de usar suas armas.

TIRO DE RICOCHETE. *Direito militar.* Aquele que, após tocar em algum objeto, toma outro trajeto.

TIRO DIRETO. *Direito militar.* Aquele em que a pontaria se dirige para o próprio objetivo.

TIRO EM RAJADAS. *Direito militar.* Aquele em que há sete ou oito disparos sem interrupção entre eles.

TIRO INDIRETO. *Direito militar.* Aquele em que o objetivo não é visto da posição de tiro.

TIRO LIVRE. *Direito desportivo.* Cobrança de falta em que, no futebol, se chuta a bola, parada no solo, em qualquer direção.

TIRO LIVRE DIRETO. *Direito desportivo.* No futebol é a cobrança de falta, chutando-se a bola diretamente contra o quadro infrator com o escopo de marcar gol.

TIRO LIVRE INDIRETO. *Direito desportivo.* No futebol, é o chute de cobrança de falta com que não se pode marcar gol diretamente, a não ser que a bola seja tocada por outro jogador.

TIROS INTERMITENTES. *Direito militar.* Aqueles executados um a um, havendo intervalo entre eles.

TIROTEIO. *Direito militar.* Fogo de fuzilaria ou de bandos de atiradores.

TIROTEIO DE PALAVRAS. Palavras trocadas por duas ou mais pessoas, sem qualquer intervalo entre as perguntas e as respostas.

TIROTOXISMO. *Medicina legal.* Intoxicação alimentar causada pelo queijo.

TÍSICA. *Medicina legal.* **1.** Tuberculose. **2.** Doença pulmonar. **3.** Lesão dos pulmões que lentamente produz sua ulceração.

TISIOFOBIA. *Medicina legal.* Medo mórbido de ficar tuberculoso.

TISIÓGENO. *Medicina legal.* Que causa tuberculose.

TISIOTERAPIA. *Medicina legal.* Complexo de meios para combater a tuberculose pulmonar.

TISIÚRIA. *Medicina legal.* Definhamento progressivo provocado pela secreção excessiva de urina.

TITLE RETENTION. *Locução inglesa.* Reserva de domínio.

TITOÍSMO. *História do direito.* Doutrina e regime político da dissidência comunista do Marechal Josip Broz (Tito), que era, na Segunda Guerra Mundial, o chefe dos guerrilheiros iugoslavos.

TITOÍSTA. *História do direito.* Sequaz do titoísmo.

TITUBEAÇÃO. 1. Hesitação. **2.** Insegurança.

TITUBEADO. O que se faz ou se diz com titubeação.

TITUBEAR. 1. Não ter segurança. **2.** Hesitar. **3.** Perder a firmeza.

TITULADO. 1. Que tem título. **2.** O que está fundado em título.

TITULANDO. O que vai receber título.

TITULAR. 1. *Direito desportivo.* Atleta efetivo de uma equipe ou quadro esportivo. **2.** *Direito administrativo.* a) Chefe de um ministério; b) ocupante oficial ou efetivo de um cargo público. **3.** *Direito civil.* a) Sujeito ativo de um direito; b) credor de uma obrigação. **4.** *Direito autoral.* Criador de obra artística, literária ou científica. **5.** Na *linguagem jurídica* em geral: a) intitular, dar nome a algo; b) atribuir um título honorífico, universitário ou jurídico; c) registrar em livro; d) professor que rege, em caráter efetivo, uma disciplina numa universidade, após ter sido aprovado em concurso de títulos e provas. **6.** *Direito comparado.* Que possui título de nobreza.

TITULAR DA FIRMA. *Direito comercial.* **1.** Sócio que, numa sociedade simples ou empresária, empresta seu nome para compor a firma ou razão social. **2.** Sociedade que desenvolve atividade empresarial. **3.** Empresário que exerce atividade econômica organizada para produção e circulação de bens e serviços, com intuito de comercializá-los ou que investe capital, visando lucro, exercendo profissão intelectual de natureza científica, literária ou artística, com concurso de colaboradores ou auxiliares para organizar e realizar projetos de engenharia, espetáculos artísticos, congressos científicos, certames desportivos etc. Para tanto, é titular de firma individual inscrita no Registro Público de Empresas Mercantis.

TITULAR DA PASTA. *Direito administrativo.* Aquele que dirige as atividades de uma Secretaria ou ministério de Estado.

TITULAR DE SERVIÇO PÚBLICO. *Direito administrativo.* Ente da federação ao qual compete prover o serviço público, especialmente por meio de planejamento, regulação, fiscalização e prestação direta ou indireta.

TITULAR DO CARGO. *Direito administrativo.* Funcionário que exerce um cargo público em caráter efetivo.

TITULAR DO DIREITO. 1. Sujeito ativo da relação jurídica. **2.** Credor de uma obrigação. **3.** Aquele que tem ou adquiriu um direito que integra seu patrimônio moral ou material. **4.** Aquele que possui título que fundamenta seu direito.

TITULARES DA AÇÃO RESSARCITÓRIA. *Direito civil.* Sujeitos ativos da reparação do dano moral e/ou patrimonial que podem reclamar, judicialmente, indenização, como o ofendido, seu cônjuge ou companheiro, seus herdeiros, membros de sua família e seus dependentes econômicos. Como se vê, a ação ressarcitória só pode ser exercida pelo lesado direto ou indireto ou por seus representantes, se absoluta ou relativamente incapaz, não podendo ser efetivada a sua revelia, por intervenção espontânea do Ministério Público ou pelo juiz de ofício.

TITULARES DE SERVIÇOS NOTARIAIS E DE REGISTRO. *Direito notarial* e *direito registrário.* São os: a) tabeliães de notas; b) tabeliães e oficiais de registro de contratos marítimos; c) tabeliães de protesto de títulos; d) oficiais de registro de imóveis; e) oficiais de registro de títulos e documentos e civis das pessoas jurídicas; f) oficiais de registro civis das pessoas naturais e de interdições e tutelas; g) oficiais de registro de distribuição.

TITULARIDADE. 1. Estado ou qualidade de titular. **2.** Investidura de um cargo. **3.** Concessão de título honorífico ou acadêmico. **4.** Propriedade de um ativo (Luiz Fernando Rudge).

TITULEIRO. Aquele que, em tipografias, está encarregado de fazer os títulos.

TÍTULO. 1. *Teoria geral do direito.* a) Subdivisão de Código; b) fundamento jurídico; c) documento que autoriza o exercício de um direito ou função. **2.** *Direito autoral.* a) Nome ou expressão que distingue e individualiza qualquer publicação ou obra literária, artística ou científica; b) conjunto de palavras que, no alto de um capítulo, seção de livro, artigo, periódico ou notícia, especifica o assunto nele tratado. **3.** *Direito civil.* a)

Instrumento público ou particular que autentica ou comprova a aquisição de um direito; b) denominação de fatos, instituições ou coisas para distingui-los de outros; c) axiônio ou elemento secundário que identifica pessoa natural com título nobiliárquico (conde, duque); título eclesiástico (padre, cardeal, bispo); qualificativo de dignidade oficial (prefeito, senador, juiz); título acadêmico ou científico (mestre, doutor); d) ato ou fato jurídico hábil para a aquisição ou transferência do direito (Clóvis Beviláqua); e) causa que, exteriormente, preenche os requisitos legais necessários à transferência de algum direito (R. Limongi França); f) fato de que se origina o direito para o sujeito ativo e a obrigação para o sujeito passivo de uma relação jurídica (João Mendes). **4.** *Direito comercial* e *direito cambiário.* a) Papel negociável ou circulável; b) rótulo; c) letreiro. **5.** *Direito administrativo.* a) Merecimento que leva à promoção; b) denominação que define a pessoa em razão de sua função ou cargo; c) certificado que atesta a investidura de função. **6.** *Sociologia jurídica.* Qualificação que exprime uma relação social ou posição social. **7.** *Economia política.* Proporção de metal precioso encontrada na moeda. **8.** Nas *linguagens comum* e *jurídica*: a) reputação; b) pretexto; c) intuito; d) motivo; e) denominação honorífica que define alguém em razão de sua nobreza; dignidade nobiliária; f) inscrição para distinguir algo; g) diploma ou certificado que atesta grau de cultura; h) denominação científica.

TÍTULO ABSTRATO. *Direito cambiário.* **1.** Título de crédito que em seu teor não indica a causa que o gerou e circula, representando o valor nele expresso. **2.** Direito nele contido (Décio Cretton). Trata-se do título formal cujo conteúdo se completa, esgotando-se em si mesmo, preenchendo por si só sua função econômico-social (Moacyr de Oliveira).

TÍTULO ACADÊMICO. *Direito civil.* **1.** Diploma ou certificado de colação de grau universitário imprescindível para o exercício de determinadas profissões. **2.** Certificado de obtenção do título de mestre e doutor, em razão de aprovação de dissertação ou tese em concurso público.

TÍTULO ANTERIOR. *Direito civil* e *direito registrário.* Escritura pública que, em ordem cronológica, é anterior a outra em relação a um imóvel. Tal título, se houver conflito de registro de imóvel baseado em títulos dominiais diversos, preva-

lece por ter sido prenotado, ou seja, anotado anteriormente. A prioridade determina-se pela ordem cronológica da apresentação dos títulos, e para determiná-la o serventuário entrega recibo, indicando a data da apresentação e o número de ordem que lhe foi conferido em razão da seqüência de sua apresentação. Esse número de ordem determina a prioridade do título, e esta, a preferência dos direitos reais, mesmo que apresentados pela mesma pessoa mais de um título simultaneamente. Há exceção apenas para o registro de hipoteca cujo título faça menção a hipoteca anterior, não registrada, de modo que o oficial, depois de fazer a prenotação, aguardará trinta dias para que o interessado na primeira hipoteca promova sua inscrição. Esgotado esse prazo, que correrá da data da prenotação, sem que seja apresentado o título anterior, o segundo será, então, inscrito e terá preferência sobre aquele. Protege-se, assim, o adquirente do imóvel que apresentar, em primeiro lugar, seu título para registro daquele bem de raiz.

TÍTULO AO PORTADOR. *Direito civil* e *direito cambiário.* Documento pelo qual seu emitente se obriga a uma prestação a quem lho apresentar como seu detentor.

TÍTULO À ORDEM. *Direito civil* e *direito cambiário.* Aquele em que o *reus credendi* é nomeado, mas com possibilidade de efetuar-se sua transferência por endosso, ou seja, mediante mera aposição de assinatura no verso do título.

TÍTULO AQUISITIVO. *Direito civil.* **1.** Instrumento público ou particular que comprova ato ou negócio jurídico dirigido à aquisição de um bem. **2.** Causa jurídica da aquisição de um direito, respaldada no modo de adquirir (Othon Sidou). **3.** Ato causal da transmissão da propriedade, gerador de uma obrigação de entregar a coisa alienada e o fundamento da tradição ou da transcrição.

TÍTULO ARMAZENÁRIO. *Direito cambiário.* Designação de *warrant* proposta por J. X. Carvalho de Mendonça.

TÍTULO ATRIBUTIVO. **1.** *Direito civil.* Documento que serve de título para aquisição de algo ou para provar a validade do direito contestado, servindo de meio para exigi-lo de quem injusta ou ilegitimamente o tenha. **2.** *Direito processual civil.* Sentença judicial que constitui ou reafirma a existência de um direito.

TÍTULO BANCÁVEL. *Direito bancário.* Título de crédito que pode ser negociado por banco.

TÍTULO BENÉFICO. *Vide* TÍTULO GRATUITO.

TÍTULO CAMBIAL. *Vide* TÍTULO CAMBIÁRIO.

TÍTULO CAMBIAL SWAPADO. *Direito cambiário* e *direito comercial.* Operação pela qual uma instituição adquire um título cambial (NBC-E ou NTN-D, por ex.) para trocar a sua lucratividade por meio de um *swap* pela lucratividade dos (DI) depósitos interfinanceiros (Luiz Fernando Rudge).

TÍTULO CAMBIÁRIO. *Direito cambiário.* **1.** Aquele que integra a cambial como nota promissória e letra de câmbio (Waldirio Bulgarelli). **2.** Papel que gera direitos e obrigações, sendo que sua transmissibilidade é proporcionada pelo próprio instrumento representativo. Por exemplo: letra de câmbio, nota promissória, cheque, duplicata e *warrant* (Othon Sidou).

TÍTULO CAUCIONADO. *Direito civil* e *direito cambiário.* Título de crédito dado em garantia, servindo de objeto a um penhor.

TÍTULO CAUSAL. *Direito cambiário.* Título de crédito cuja emissão requer a existência de uma relação jurídica anterior ou coexistente, visto que indica a sua causa geradora, que lhe confere legitimidade. Por exemplo: a duplicata mercantil em relação à fatura oriunda da compra e venda comercial. É o vinculado a uma causa imediata.

TÍTULO COMERCIAL. *Direito comercial* e *direito cambiário.* Aquele que serve às operações de crédito de movimentação de fundos mercantis.

TÍTULO CONCRETO. *Vide* TÍTULO CAUSAL.

TÍTULO CONSTITUTIVO. **1.** *Direito civil.* Documento que consubstancia ato jurídico que cria, modifica ou extingue direito. **2.** *Direito processual civil.* Sentença judicial constitutiva.

TÍTULO CONTÁBIL. *Direito comercial.* Aquele que especifica toda a operação contábil contida na escrituração de livros empresariais.

TÍTULO CORPORATIVO. *Direito comercial.* **1.** É o título societário, ou seja, ação de sociedade anônima, vinculada ao ato constitutivo. **2.** É o representativo dos direitos e obrigações do sócio.

TÍTULO CORRENTE. Na *linguagem tipográfica*, é a linha colocada ao alto de cada página com o nome do autor da obra ou título do livro, do capítulo ou de sua subdivisão.

TÍTULO DA DÍVIDA AGRÁRIA. *Direito agrário, direito administrativo* e *direito constitucional.* **1.** Aquele destinado à indenização de quem teve imóvel rural desapropriado, cujo volume total é fixado, anualmente, pelo orçamento público. **2.** Título que objetiva captar recursos para execução de medidas voltadas à promoção da reforma agrária e política agrícola (Luiz Fernando Rudge).

TÍTULO DA DÍVIDA PÚBLICA. *Direito financeiro.* Título emitido pelo Poder Público para atender aos compromissos oriundos de empréstimo ou para antecipação de receita. O Poder Executivo emite títulos da dívida pública, de responsabilidade do Tesouro Nacional, com a finalidade de: a) prover o Tesouro Nacional de recursos necessários para cobertura de seus déficits explicitados nos orçamentos ou para realização de operações de crédito por antecipação de receita, respeitados a autorização concedida e os limites fixados na Lei Orçamentária, ou em seus créditos adicionais; b) aquisição pelo alienante, no âmbito do Programa Nacional de Desestatização (PND), de bens e direitos, com os recursos recebidos em moeda corrente ou permuta pelos títulos e créditos recebidos por alienantes; c) troca por Bônus da Dívida Externa Brasileira, de emissão do Tesouro Nacional, que foram objeto de permuta por dívida externa do setor público, registrada no Banco Central do Brasil, por meio do *Brazil Investment Bond Exchange Agreement*; d) troca por títulos emitidos em decorrência de acordos de reestruturação da dívida externa brasileira, a exclusivo critério do Ministro de Estado da Fazenda; e) troca, na forma disciplinada pelo Ministro de Estado da Fazenda, o qual estabelecerá, inclusive, seu limite anual, por títulos emitidos em decorrência de acordos de reestruturação da dívida externa para utilização em projetos voltados às atividades de produção, distribuição, exibição e divulgação, no Brasil e no exterior, de obra audiovisual brasileira, preservação de sua memória e da documentação a ela relativa, aprovados pelo Ministério da Cultura, bem como mediante doações ao Fundo Nacional da Cultura (FNC); f) permuta por títulos do Tesouro Nacional em poder do Banco Central do Brasil; g) permuta por títulos de responsabilidade do Tesouro Nacional ou por créditos decorrentes de securitização de obrigações da União, ambos na forma escritural, observada a equivalência econômica. Os títulos terão as seguintes denominações: a) Letras do Tesouro Nacional (LTN), emitidas preferencialmente para financiamento de curto e médio prazos; b) Letras Financeiras do Tesouro (LFT), emitidas preferencialmente para financiamento de curto e médio prazos; c) Notas do Tesouro Nacional

(NTN), emitidas preferencialmente para financiamento de médio e longo prazos. Além desses títulos, poderão ser emitidos certificados, qualificados no ato da emissão, preferencialmente para operações com finalidades específicas definidas em lei. Os títulos da dívida pública serão emitidos adotando-se uma das seguintes formas, a ser definida pelo Ministro de Estado da Fazenda: a) oferta pública, com a realização de leilões, podendo ser colocados ao par, com ágio ou deságio; b) direta, em operações com autarquia, fundação, empresa pública ou sociedade de economia mista, integrantes da Administração Pública Federal, mediante expressa autorização do Ministro de Estado da Fazenda, não podendo ser colocados por valor inferior ao par; c) direta, em operações com interessado específico e mediante expressa autorização do Ministro de Estado da Fazenda, não podendo ser colocados por valor inferior ao par, quando se tratar de emissão para atender ao Programa de Financiamento às Exportações (PROEX), e nas operações de troca por *Brazil Investment Bonds*; d) direta, em operações com interessado específico e mediante expressa autorização do Ministro de Estado da Fazenda, não podendo ser colocados por valor inferior ao par nas operações de troca para utilização em projetos de incentivo ao setor audiovisual brasileiro e doações ao FNC, colocados ao par, com ágio ou deságio nas demais operações de troca por títulos emitidos em decorrência dos acordos de reestruturação da dívida externa; e) direta, em operações de permuta com o Banco Central do Brasil, mediante expressa autorização do Ministro de Estado da Fazenda, podendo ser colocados ao par, com ágio ou deságio.

TÍTULO DA MOEDA. *Economia política.* Proporção, empregada na cunhagem da moeda, entre o metal precioso puro e a liga. Esse título determina o grau de fineza da moeda, que é calculado em décimos ou milésimos (De Plácido e Silva).

TÍTULO DE AQUISIÇÃO. *Vide* TÍTULO AQUISITIVO.

TÍTULO DE BOLSA. *Direito comercial.* Aquele que é negociável em bolsas de valores.

TÍTULO DE CAPITALIZAÇÃO. *Direito comercial.* Título nominativo transferível que visa promover a capitalização de uma série de mensalidades ou de aplicação única, com valor de resgate acrescido dos rendimentos líquidos contratados. O produto completa-se com sorteio de prêmios em dinheiro ou em bens aos titulares, durante o prazo de provisão da capitalização (Luiz Fernando Rudge).

TÍTULO DECLARATÓRIO. 1. *Direito civil.* a) O que declara a autenticidade de um documento; b) aquele que constata a existência ou inexistência de um direito ou de uma relação jurídica. **2.** *Direito processual civil.* Sentença judicial homologatória ou declaratória que não confere direito. **3.** *Direito internacional privado.* Certificado que declara a qualidade de brasileiro a estrangeiro, que se submeteu a processo de naturalização (De Plácido e Silva).

TÍTULO DE CONTABILIDADE. *Vide* TÍTULO CONTÁBIL.

TÍTULO DE CRÉDITO. *Direito civil* e *direito cambiário.* **1.** Manifestação unilateral da vontade do agente, materializada em um instrumento, pela qual ele se obriga a uma prestação determinada, independentemente de qualquer ato de aceitação emanado de outro agente (Caio Mário da Silva Pereira). **2.** Documento necessário para se exercer o direito literal e autônomo nele mencionado ou contido (Cesare Vivante). **3.** Aquele que representa valor em dinheiro ou operação de crédito suscetível de circulação (Paulo Matos Peixoto). **4.** Documento representativo de obrigação pecuniária (Fábio Ulhoa Coelho). **5.** Papel que formaliza um direito a haver determinado interesse traduzido em dinheiro e que, nominativo ou ao portador, pode circular por ser capaz de realizar de imediato ou a prazo certo o seu valor (Othon Sidou). **6.** Aquele que é entregue pelo devedor ao credor, representativo da relação de direito que se estabeleceu entre eles (Otávio Mendes). **7.** Documento formalizado e transmissível, que representa uma operação de crédito ou valor. **8.** Escrito comprobatório de uma obrigação de dar certa quantia de dinheiro.

TÍTULO DE CRÉDITO ABSTRATO. *Direito cambiário.* **1.** Instrumento financeiro, formal e independente, criado pela vontade unilateral do emitente, que proporciona a livre circulação por endosso, razão pela qual é exigível e auto-executável (Hilário de Oliveira). **2.** É o que, em seu contexto, a literalidade não revela a causa geradora ou a relação que lhe deu origem, sendo circular, representando o valor nele expresso (Décio Cretton).

TÍTULO DE CRÉDITO À EXPORTAÇÃO. *Direito cambiário* e *direito internacional privado.* Documento representativo da operação de financiamento à exportação, à produção de bens a serem exportados e à prática de atividades complementares ligadas à exportação. Por exemplo: cédula de crédito à exportação e nota de crédito à exportação.

TÍTULO DE CRÉDITO CAUSAL. *Direito cambiário.* Instrumento *pro solvendo*, que tem sua origem declarada em fato ou causa anterior ao ato de criação da própria cártula. A preexistência de contrato fundamenta sua emissão (Hilário de Oliveira).

TÍTULO DE CRÉDITO COMERCIAL. *Direito cambiário* e *direito comercial.* Título causal que consubstancia financiamento, empréstimo ou promessa de pagamento com ou sem garantia real, feito por instituição financeira a quem exerce atividade comercial ou de prestação de serviço. Por exemplo: cédula de crédito comercial e nota de crédito comercial. Representa, portanto, um direito que recai sobre certo interesse traduzido em uma quantia pecuniária.

TÍTULO DE CRÉDITO IMPRÓPRIO. *Direito cambiário.* É aquele que não representa uma verdadeira operação de crédito, mas, por estar revestido de certos requisitos do título de crédito, circula com garantia que caracteriza esse papel (Fran Martins). Por exemplo: cheque, por ser ordem de pagamento à vista.

TÍTULO DE CRÉDITO INDUSTRIAL. *Direito empresarial* e *direito cambiário.* Título causal relativo ao financiamento, com ou sem garantia real, outorgado à indústria, para que obtenha recursos imprescindíveis para estimular ou aumentar sua produtividade. Por exemplo: cédula e nota de crédito industrial.

TÍTULO DE CRÉDITO RURAL. *Direito agrário* e *direito cambiário.* Título de crédito impróprio relacionado com o financiamento concedido por órgãos do sistema nacional de crédito rural a pessoa natural ou jurídica que se dedica a atividades agrícolas ou pecuárias. Por exemplo: cédula e nota de crédito rural.

TÍTULO DE DÉBITO. *Direito cambiário.* Documento que materializa a quantia a ser paga pelo devedor, representando um crédito para outrem, que é o credor.

TÍTULO DE DÍVIDA EXTERNA. *Direito financeiro.* Título emitido pelo governo federal para levantar recursos no exterior para financiar sua operação (Luiz Fernando Rudge).

TÍTULO DE DÍVIDA LÍQUIDA E CERTA. *Direito civil.* Aquele que representa débito, certo quanto à sua existência e determinado quanto à sua quantidade.

TÍTULO DE DOMÍNIO. 1. *Direito civil.* Título ou documento que formaliza um ato ou negócio jurídico cujo objeto é a aquisição da propriedade de um bem e a sua transferência em favor do adquirente desde que devidamente registrada. Trata-se do título de propriedade. **2.** *Direito agrário* e *direito constitucional.* Título inegociável pelo prazo de dez anos outorgado a beneficiários da distribuição de imóveis rurais pela reforma agrária.

TÍTULO DE ELEITOR. *Direito eleitoral.* Documento que atesta alistamento eleitoral, habilitando o cidadão a exercer o direito de voto.

TÍTULO DE ESTABELECIMENTO. *Direito comercial.* Denominação pela qual se distingue um estabelecimento de outro (Darcy Arruda Miranda Júnior), possibilitando que seja conhecido pelo público em suas atividades empresariais.

TÍTULO DE FAVOR. 1. *Direito civil.* Aquele pelo qual alguém se obriga em benefício de outrem (Othon Sidou). **2.** *Direito cambiário.* Ajuste amigável entre as partes, pelo qual uma faz (saque, aceite, endosso ou aval) pela outra o que a outra faria por ela (Waldirio Bulgarelli).

TÍTULO DE FINANCIAMENTO. *Direito cambiário.* Aquele que representa financiamento, aberto com ou sem garantia real, feito ao mutuário por instituição financeira. Se for garantido por hipótese ou penhor, designa-se cédula de crédito, se não o for, denomina-se nota de crédito.

TÍTULO DE HERDEIRO. *Direito civil.* Qualidade atribuída, por lei ou por testamento, a alguém para que venha a suceder o *de cujus*, adquirindo *mortis causa* seus direitos, bens e obrigações.

TÍTULO DE HIPOTECA. *Direito civil* e *direito registrário.* **1.** Título hipotecário que é a escritura, devidamente registrada na circunscrição imobiliária competente, na qual o devedor constitui em favor do credor uma hipoteca como garantia da dívida. **2.** Direito cabível ao credor hipotecário de excutir o imóvel sobre o qual incide a garantia da dívida.

TÍTULO DE INVESTIMENTO. *Direito cambiário.* Título de crédito impróprio destinado a captar recursos pelo emitente. Por exemplo: letra imobiliária emitida pelo agente do Sistema Financeiro de Habitação para conseguir recursos para financiamento de casa própria; certificado de depósito bancário emitido por banco de investimento de natureza privada, para depósito com prazo superior a dezoito meses (Fábio Ulhoa Coelho).

TÍTULO DE LEGITIMAÇÃO. *Direito cambiário.* Aquele que, segundo Fábio Ulhoa Coelho, garante ao seu portador a prestação de algum serviço (passe de ônibus) ou o acesso a prêmio em certame promocional ou oficial (cupão premiado).

TÍTULO DE NATURALIZAÇÃO. *Direito internacional privado* e *direito constitucional.* Certificado expedido pela autoridade competente ao estrangeiro domiciliado no país, a quem se concedeu naturalização.

TÍTULO DE NOBREZA. *Direito comparado.* Aquele título nobiliárquico aposto antes do prenome de quem pertence à nobreza e que é exigido em certos países monárquicos para provimento de determinados cargos públicos ou para obtenção de privilégios, por exemplo: barão, visconde, conde, marquês, duque, arquiduque, príncipe etc.

TÍTULO DE NOMEAÇÃO. *Direito administrativo.* Documento pelo qual a autoridade competente nomeia alguém, investindo-o no exercício de um cargo ou função pública.

TÍTULO DE PARTICIPAÇÃO. *Direito cambiário.* Título de crédito impróprio que visa garantir ao seu portador direitos patrimoniais e políticos próprios dos membros de uma associação. Por exemplo: título patrimonial de clube desportivo (Fábio Ulhoa Coelho).

TÍTULO DE PROPRIEDADE. *Vide* TÍTULO DE DOMÍNIO.

TÍTULO DE RENDA. *Direito financeiro.* **1.** *Vide* TÍTULO DA DÍVIDA PÚBLICA. **2.** Ato constitutivo de renda.

TÍTULO DERIVADO. *Direito civil.* Aquele que decorre de um anterior, em razão de sucessão ou de transferência. É o que tem como pressuposto para a aquisição um ato de transmissão pelo qual o direito se transfere do transmitente para o adquirente (Washington de Barros Monteiro).

TÍTULO DESONERADO. *Vide* TÍTULO LIBERADO.

TÍTULO DE TRANSMISSÃO. *Direito civil.* Aquele pelo qual se opera a transmissão, por ato *inter vivos* (tradição, assento no Registro Imobiliário) ou *causa mortis* (herança), de um direito do antigo para o novo titular. É o título aquisitivo de um direito por meio do qual este se transfere do alienante ou transmitente para o adquirente.

TÍTULO DO METAL. *Economia política.* **1.** Quilate, ou seja, unidade de pureza do ouro ou da prata. **2.** Resultado da proporção entre o metal puro e a liga usada na emissão da moeda ou na fabricação de uma peça.

TÍTULO DOMINIAL. *Vide* TÍTULO DE DOMÍNIO.

TÍTULO ECLESIÁSTICO. *Direito canônico.* Elemento secundário que acompanha o nome, identificando o prelado; por exemplo: cônego, padre, frei, monsenhor, bispo, cardeal, arcebispo, Papa, madre e irmã.

TÍTULO ELEITORAL. *Vide* TÍTULO DE ELEITOR.

TÍTULO EXECUTIVO. *Direito processual civil.* Documento, fato ou ato que, por lei, é considerado como suficiente e necessário para instaurar o processo de execução. É o que tem força executória. Daí dizer Andrioli que o título executivo representa o pressuposto insubstituível de cada forma de execução forçada, de tal modo que a sua falta torna inadmissível a execução. O título executivo, extrajudicial ou judicial, tem eficácia constitutiva (Liebman) porque gera a execução. Tem a função de fornecer, como diz Carnelutti, a prova legal do crédito.

TÍTULO EXECUTIVO ADMINISTRATIVO. *Direito tributário* e *direito administrativo.* É aquele emanado por ato unilateral do Poder Público, sem concurso do devedor (contribuinte), embora haja presunção de que a obrigação foi por ele assumida, sendo, portanto, uma medida protetiva do Fisco (Alcides de Mendonça Lima).

TÍTULO EXECUTIVO CONTRATUAL. *Vide* TÍTULO EXECUTIVO EXTRAJUDICIAL.

TÍTULO EXECUTIVO EXTRAJUDICIAL. *Direito processual civil.* Aquele que, por disposição legal, tem força executiva por reconhecer um direito. Pode ser, segundo José da Silva Pacheco, cambial (letra de câmbio, nota promissória, debênture, cheque, duplicata); garantia real (hipoteca, caução, penhor, anticrese); imobiliário (crédito decorrente de aluguel, renda, encargo de condomínio, foro e laudêmio); fiscal (certidão de dívida ativa da Fazenda Pública); processual (crédito de serventuário de justiça, de perito, de intérprete ou tradutor; custas, emolumento, honorário advocatício aprovado pelo magistrado em sentença judicial); instrumento público ou particular assinado pelo devedor, bem como seguro de vida e de acidentes pessoais de que resulte morte ou incapacidade; instrumento de transação referendado pelo Ministério Público, pela Defensoria Pública e pelos advogados dos transatores etc. É designado também título executivo contratual ou negocial.

TÍTULO EXECUTIVO JUDICIAL. *Direito processual civil.* Aquele que, resultando de pronunciamento anterior de órgão jurisdicional, reconhece um direito, possibilitando sua efetivação ou autorizando a penhora dos bens do devedor. Constitui título executivo judicial: a sentença proferida no processo civil que reconheça a existência de obrigação de fazer, não fazer, entregar coisa ou pagar quantia; a sentença penal condenatória transitada em julgado; a sentença homologatória de conciliação ou de transação, ainda que inclua matéria não posta em juízo; a sentença arbitral; o acordo extrajudicial, de qualquer natureza, homologado judicialmente; a sentença estrangeira, homologada pelo Superior Tribunal de Justiça; o formal e a certidão de partilha, exclusivamente em relação ao inventariante, aos herdeiros e aos sucessores a título singular ou universal.

TÍTULO EXECUTIVO NEGOCIAL. *Vide* TÍTULO EXECUTIVO EXTRAJUDICIAL.

TÍTULO EXECUTÓRIO. *Vide* TÍTULO EXECUTIVO.

TÍTULO EXEQÜÍVEL. *Vide* TÍTULO EXECUTIVO.

TÍTULO EXTRABANCÁRIO. *História do direito.* Aquele que representava efeitos de comércio descontáveis de qualidade superior à do título descontável comum (Henri Guitton).

TÍTULO EXTRAVIADO. *Direito processual civil.* Papel negociável, nominativo ou ao portador, cujo paradeiro é desconhecido de seu titular ou detentor (Othon Sidou).

TÍTULO FIDUCIÁRIO. *Direito civil* e *direito cambiário.* Título de favor que se funda na confiança de seu emissor.

TÍTULO FORMAL. *Vide* TÍTULO ABSTRATO.

TÍTULO GRATUITO. *Direito civil.* Ato ou negócio que opera a transmissão de direitos sem que haja qualquer encargo ou dever de dar o equivalente por parte do adquirente. Por exemplo: doação pura e simples, depósito e mútuo. É o contrato benéfico que onera somente uma das partes, proporcionando à outra uma vantagem sem qualquer contraprestação. Encerra uma liberalidade, em que uma das partes sofre redução no seu patrimônio em benefício da outra.

TÍTULO HÁBIL. *Direito civil.* Título justo que é idôneo para produzir os efeitos jurídicos pretendidos.

TÍTULO HIPOTECÁRIO. *Vide* TÍTULO DE HIPOTECA.

TÍTULO HONORÍFICO. *Direito civil.* Dignidade concedida por instituição ou ordem para homenagear uma pessoa pelos relevantes serviços que prestou. Por exemplo: o de comendador, cavaleiro, grã-cruz etc.

TÍTULO IGUAL. Aquele que tem a mesma natureza de outro, por ser da mesma classe, categoria ou espécie ou por ter o mesmo conteúdo, fazendo com que seus titulares estejam em idêntica posição jurídica, tendo, portanto, os mesmos direitos (De Plácido e Silva).

TÍTULO ILÍCITO. *Vide* TÍTULO INJUSTO.

TÍTULO *IN CAUSA MORTIS*. *Direito civil.* **1.** Ato de disposição de última vontade, pelo qual o testador dispõe de seu patrimônio para depois de sua morte. **2.** Transmissão de herança fundada na ordem de vocação hereditária prevista em lei.

TÍTULO INJUSTO. *Direito civil.* Aquele em que há fraude à lei ou que se funda na má-fé ou, ainda, que contém vício que o invalida.

TÍTULO *INTER VIVOS*. *Direito civil.* Aquele fundado em ato negocial firmado entre as partes, produzindo efeitos jurídicos em vida aos agentes.

TÍTULO INVÁLIDO. *Vide* TÍTULO NULO.

TÍTULO IRRESOLÚVEL. *Direito civil.* Aquele que, ante inadimplemento contratual, não admite sua resolução.

TÍTULO IRRETRATÁVEL. *Direito civil.* Aquele que não admite retratação do negócio jurídico.

TÍTULO IRREVOGÁVEL. *Direito civil.* Aquele em que o direito nele fundado está subordinado a uma cláusula de irrevogabilidade.

TÍTULO JUSTO. *Vide* TÍTULO HÁBIL.

TÍTULO LIBERADO. *Direito comercial.* **1.** Título livre ou desonerado. **2.** É aquela ação de sociedade anônima que se encontra completamente integralizada. **3.** Título de crédito que, por não ter sobre si qualquer encargo ou ônus, não serve de garantia (De Plácido e Silva).

TÍTULO LIVRE. *Vide* TÍTULO LIBERADO.

TÍTULO MATERIAL. *Vide* TÍTULO CAUSAL.

TÍTULO MISTO. Aquele que, apesar de ser nominal, traz cupão passado ao portador para pagamento de juros ou dividendos (De Plácido e Silva).

TÍTULO MOBILIÁRIO. Aquele que é considerado como valor mobiliário. Por exemplo: ações, obrigações creditórias etc. (De Plácido e Silva).

TÍTULO MULTIMÍDIA. *Direito virtual.* Programa informativo de computador.

TÍTULO NÃO À ORDEM. *Direito cambiário.* O que não pode ser pago senão ao titular indicado, estando vedada a sua transferência (Amador Paes de Almeida).

TÍTULO NÃO LIBERADO. *Direito comercial.* Aquele que somente em parte teve pago o capital a que corresponde (De Plácido e Silva).

TÍTULO NOBILIÁRQUICO. *Vide* TÍTULO DE NOBREZA.

TÍTULO NOMINAL. *Direito cambiário.* O que revela o nome do beneficiário, e, se contiver a cláusula à ordem, pode ser transferido por endosso em preto ou em branco. Por exemplo: a nota promissória, por conter sempre o nome daquele a quem, ou à ordem de quem, deve ser paga, é um título nominal.

TÍTULO NOMINATIVO. *Direito cambiário* e *direito civil.* É o que contém uma declaração receptícia de vontade dirigida a pessoa identificada, sendo a prestação por esta exigível; logo, o credor da obrigação é a pessoa em cujo favor se emite a declaração, sendo que esta pode investir outra na sua titularidade por meio de normas atinentes à cessão de crédito, exceto se houver cláusula proibitiva. Se não indicar o nome da pessoa beneficiada, este deve estar inscrito no livro de registro de emitente. Sua transferência se dá após registro em livro próprio.

TÍTULO NOVO. *Direito cambiário.* Aquele que visa constatar um direito já existente e estabelecido em título anterior, suprindo-o, em razão de perda ou extravio (De Plácido e Silva), ou reafirmando-o.

TÍTULO NULO. *Direito cambiário* e *direito civil.* Aquele que, por ser ilegal ou por não preencher algum requisito essencial, exigido legalmente, está afetado de nulidade absoluta, não podendo por isso gerar efeitos jurídicos. Trata-se do título inválido.

TÍTULO ONERADO. *Direito cambiário.* Aquele sobre o qual incide um ônus ou encargo. Por exemplo: o título caucionado.

TÍTULO ONEROSO. *Direito civil.* Aquele que traz vantagem para ambas as partes, pois estas sofrem um sacrifício patrimonial, corresponden-

te a um proveito pretendido. Nele o ônus e o proveito ficam numa relação de equivalência, ante a reciprocidade das prestações aos contratantes. Por exemplo: a compra e venda, a locação etc.

TÍTULO ORIGINÁRIO. *Direito civil.* Aquele em que a aquisição de direito se dá sem que haja, por inexistir titular anterior, qualquer ato de transmissão, como ocorre na acessão ou na ocupação.

TÍTULO PERFEITO. *Vide* TÍTULO PRÓPRIO.

TÍTULO POSSESSÓRIO. *Direito civil.* Aquele que se refere a posse.

TÍTULO PRECÁRIO. *Direito civil.* Aquele que a qualquer momento pode cessar, uma vez que por ele se concede posse relativa a um bem que deve ser devolvido assim que reclamado pelo transmitente. Por ele a pessoa recebe a coisa com o dever de restituí-la.

TÍTULO PRIVADO. *Direito cambiário, direito civil* e *direito comercial.* Aquele que é emitido por pessoa natural ou jurídica de direito privado.

TÍTULO PRÓPRIO. *Direito cambiário.* É o título perfeito por caracterizar uma real operação de crédito, não se prendendo à sua causa. Por exemplo: o título abstrato.

TÍTULO PROTESTADO. *Direito cambiário.* Título de crédito que é levado a cartório para que se lavre o auto de protesto por falta ou recusa, total ou parcial, de pagamento ou de aceite.

TÍTULO PÚBLICO. *Direito cambiário* e *direito administrativo.* Aquele emitido por pessoa jurídica de direito público interno.

TÍTULO PUTATIVO. *Direito cambiário.* **1.** Aquele cujo possuidor julga ser o titular de um direito que, na verdade, nele não está contido. **2.** Aquele que se pensa existir, quando, na realidade, não existe (De Plácido e Silva).

TÍTULO RECOGNITIVO. *Direito cambiário* e *direito civil.* Aquele novo título que reconhece a existência de uma obrigação ou direito mencionado num título anterior, reafirmando-o.

TÍTULO REPRESENTATIVO. *Direito cambiário.* É o que representa a titularidade de mercadoria custodiada, ou melhor, que está sob os cuidados de terceiro não proprietário. Por exemplo: o conhecimento de depósito, o *warrant* e o conhecimento de frete (Fábio Ulhoa Coelho).

TÍTULO RESOLÚVEL. *Direito civil.* Aquele que está sob condição resolutiva, pois cessa de produzir efeito com o advento de acontecimento futuro e incerto. Por exemplo: o título do herdeiro fiduciário.

TÍTULO REVOGÁVEL. *Direito civil.* Aquele que admite sua revogação ou o distrato.

TÍTULOS CAMBIAIS. *Direito cambiário.* São a letra de câmbio e a nota promissória.

TÍTULOS CAMBIARIFORMES. *Direito cambiário.* São: cheque, duplicata, cédula de crédito rural, cédula de produto rural, nota promissória rural, cédula de crédito industrial, nota de crédito industrial, cédula e nota de crédito comercial, certificado de depósito bancário e de valores mobiliários, debênture, *warrant*, cédula e nota de crédito à exportação, letra hipotecária; conhecimento de transporte e de frete etc.

TÍTULOS DA DÍVIDA PÚBLICA DE RESPONSABILIDADE DO TESOURO NACIONAL. *Direito financeiro.* São os emitidos pelo Poder Público para: a) prover o Tesouro Nacional de recursos necessários para cobertura de seus déficits explicitados nos orçamentos ou para realização de operações de crédito por antecipação de receita, respeitados a autorização concedida e os limites fixados na lei orçamentária, ou em seus créditos adicionais; b) aquisição pelo alienante, no âmbito do Programa Nacional de Desestatização (PND), de bens e direitos, com os recursos recebidos em moeda corrente ou permuta pelos títulos e créditos recebidos por alienantes; c) troca por bônus da dívida externa brasileira, de emissão do Tesouro Nacional, que foram objeto de permuta por dívida externa do setor público, registrada no Banco Central do Brasil, por meio do *Brazil Investment Bond Exchange Agreement*; d) troca por títulos emitidos em decorrência de acordos de reestruturação da dívida externa brasileira, a exclusivo critério do Ministro de Estado da Fazenda; e) troca, na forma disciplinada pelo Ministro de Estado da Fazenda, o qual estabelecerá, inclusive, seu limite anual, por títulos emitidos em decorrência de acordos de reestruturação da dívida externa para utilização em projetos voltados às atividades de produção, distribuição, exibição e divulgação, no Brasil e no exterior, de obra audiovisual brasileira, preservação de sua memória e da documentação a ela relativa, aprovados pelo Ministério da Cultura, bem como mediante doações ao Fundo Nacional da Cultura (FNC). São, portanto, títulos financeiros com variadas taxas de juros e métodos de atualização monetária usados como instrumentos de endividamento interno e externo (Afonso Celso F. de Rezende).

TÍTULOS DE DÍVIDA AGRÁRIA. *Direito agrário, direito administrativo* e *direito constitucional.* São os emitidos pelo Tesouro Nacional para tornar viável o pagamento de indenizações àqueles que sofrem desapropriação de suas terras por interesse social, para fins de reforma agrária.

TÍTULO SINGULAR. *Direito civil.* 1. Sucessão que se dá quando o testador transfere ao beneficiário apenas objetos certos e determinados. 2. Aquele em que a aquisição e a transmissão se limitam a certos direitos ou bens, como se dá na doação, na compra e venda etc. 3. Sucessor que adquire um ou vários direitos determinados.

TÍTULO SOCIETÁRIO. *Vide* TÍTULO CORPORATIVO.

TÍTULOS OU CONTRATOS DE INVESTIMENTO COLETIVO. São valores mobiliários ofertados publicamente, que gerem direito de participação, de parceria ou de remuneração, inclusive resultante de prestação de serviços, cujos rendimentos advêm do esforço do empreendedor ou de terceiros. Compete à Comissão de Valores Mobiliários expedir normas para a sua execução, podendo: a) exigir que os emissores se constituam sob a forma de sociedade anônima; b) exigir que as demonstrações financeiras dos emissores, ou que as informações sobre o empreendimento ou projeto, sejam auditadas por auditor independente nela registrado; c) dispensar, na distribuição pública desses valores mobiliários, a participação de sociedade integrante do sistema previsto legalmente; d) estabelecer condições específicas para o exercício, no âmbito desse mercado, das atividades estabelecidas em lei específica, inclusive quanto a requisitos de idoneidade, habilitação técnica e capacidade financeira a que deverão satisfazer os administradores de sociedades e demais pessoas que atuem nesse mercado; e) estabelecer padrões de cláusulas e condições que devam ser adotadas nos títulos ou contratos de investimentos, destinados à negociação em bolsa ou balcão, e recusar a admissão ao mercado da emissão que não satisfaça esses padrões.

TÍTULO TRANSLATIVO. *Direito civil.* Aquele que serve para a transferência de algum direito. Trata-se do título aquisitivo.

TÍTULO TRANSMISSIVO. *Vide* TÍTULO TRANSLATIVO.

TÍTULO UNIVERSAL. *Direito civil.* **1.** Sucessão em que há transferência da totalidade ou de parte indeterminada da herança, tanto no seu ativo como no passivo, para o herdeiro do *de cujus*. **2.** Sucessor que recebe a totalidade dos bens ou quota ideal. **3.** Aquele no qual há transmissão de todo o patrimônio ou de parte ideal dele.

TÍTULO VINCULADO. *Direito civil.* Aquele que se prende a outro que lhe deu origem, não sendo, por isso, independente. Por exemplo: o título caucionado.

TITULUM NON HABERE, VEL NULLUM HABERE, PARIA SUNT. *Aforismo jurídico.* Não ter título ou tê-lo nulo dá no mesmo.

TITULUS ADQUIRENDI. *Direito civil.* Contrato translativo do domínio, não no sentido de operar sua transferência, mas no de ser o ato causal da transmissão da propriedade gerador de um dever de entregar o bem alienado e o fundamento da tradição ou da transcrição. Por exemplo: o contrato de compra e venda serve como *titulus adquirendi* por ser título hábil à aquisição da propriedade, que só se dá com a tradição e o registro imobiliário, conforme a coisa adquirida seja móvel ou imóvel.

TIUFADIA. *História do direito.* No exército godo, era o corpo de mil soldados.

TIUFADO. *História do direito.* Comandante da tiufadia.

TIUG. *Medicina legal.* Transferência intra-uterina dos gametas, que consiste em depositá-los no corpo do útero.

TJCE. *Direito internacional público.* Abreviação de Tribunal de Justiça das Comunidades Européias.

TLACO. *História do direito.* Antiga moeda do México.

TLIPSENCEFALIA. *Medicina legal.* Falta de desenvolvimento cerebral provocada pela compressão da cabeça do feto no útero.

TLO. *Vide TOTAL LOSS ONLY.*

TLVO. *Vide TOTAL LOSS VESSEL ONLY.*

TO. *Direito comparado.* Medida japonesa que corresponde a 18,039 litros.

TOA. *Direito marítimo.* **1.** Reboque. **2.** Corda estendida de uma embarcação a outra para rebocá-la.

TO BE OR NOT TO BE. *Expressão inglesa.* Ser ou não ser.

TOBIANO. *Direito agrário.* Cavalo com pêlo preto, vermelho etc. que apresenta grandes manchas brancas.

TOBÓ. Entre os garimpeiros do Araguaia, quer dizer grande diamante.

TOBOGÃ. Pista deslizante, similar à montanha russa, usada em parque de diversão.

TOCA. 1. Refúgio. **2.** Esconderijo.

TOCADOR. *Direito agrário.* **1.** Campeiro que põe os animais em marcha. **2.** Aquele que guia um lote de animais de carga.

TOCAIA. 1. *Direito penal.* Emboscada para assassinar alguém, surpreendendo-o, dando origem ao crime de homicídio qualificado. **2.** *Direito agrário.* No Norte, é o poleiro de galinhas.

TOCAIAR. *Direito penal.* **1.** Ocultar-se, para surpreender a vítima. **2.** Estar de espreita para matar.

TOCAIEIRO. *Direito penal.* Aquele que fica de emboscada.

TOCANALGESIA. *Medicina legal.* Analgesia obstétrica.

TOCANALGÉSICO. *Medicina legal.* **1.** Substância que diminui ou faz desaparecer a dor do parto. **2.** Que diz respeito à tocanalgesia.

TOCAR. 1. *Direito marítimo.* a) Chegar a um porto; b) fazer escala. **2.** *Direito agrário.* a) Começar a apodrecer; b) colher, apanhar frutos; c) conduzir animal; d) moléstia do gado vacum provocada por falta de sal. **3.** *Direito desportivo.* Na esgrima, atingir com um golpe de florete. **4.** Nas *linguagens comum* e *jurídica*: a) convir; b) ofender-se; c) abalar; d) competir, pertencer; e) avisar por som convencional; f) dar sinal de chamada; g) apalpar, pegar. **5.** *Direito autoral* e *direito civil.* Executar um instrumento.

TOCAR NA FERIDA. Falar a alguém sobre coisa que o magoa.

TOCO. 1. *Direito agrário.* Parte do tronco que fica ao solo depois de cortada a árvore. **2.** Na *gíria*: a) dever; b) quinhão de roubo cabível a cada ladrão.

TOCODINAMOMETRIA. *Medicina legal.* Medição da força expulsiva do útero durante o parto.

TOCODINAMÔMETRO. *Medicina legal.* Aparelho com o qual se mede a força uterina de expulsão no trabalho de parto.

TOCOGINECOLOGIA MÉDICO-LEGAL. *Medicina legal.* Estudo da gravidez, aborto, parto, nascimento

TOCOIÓ. *Direito agrário.* Raça bovina, comum no norte de Minas Gerais.

TOCO-MOCHO. Na *gíria*, é o bilhete de loteria que apresenta numeração adulterada (Laudelino Freire).

TOCOTECNIA. *Medicina legal.* Arte de fazer parto.

TOCOTROPISMO. *Medicina legal.* Reação do organismo aos estímulos do parto.

TODO. 1. Inteiro. **2.** Integral. **3.** Soma ou reunião das partes, formando um conjunto. **4.** Generalidade. **5.** Totalidade. **6.** Qualquer, cada.

TODO PERFEITO. *Direito civil.* O que resulta de um corpo simples, que não pode ser dividido sem alteração de sua substância.

TOESA. *História do direito.* Antiga medida francesa equivalente a seis pés de comprimento.

TOGA. *Direito processual.* **1.** Magistratura. **2.** Veste talar, de cor negra, que os magistrados usam ao exercer suas funções jurisdicionais.

TOGADO. *Direito processual.* **1.** Que usa toga. **2.** Magistrado, concursado ou o do quinto constitucional, que possui título de bacharel em ciências jurídicas e sociais. **3.** Pertencente à magistratura.

TOKENS. *Direito virtual.* Chaveiros que contêm microprocessadores independentes, com segurança contra invasões (Paulo Roberto Gaiger Ferreira).

TOLA. *Direito comparado.* Peso que, na Índia, corresponde a 180 grãos.

TOLDA. 1. *Direito marítimo.* a) Parte de ré do convés; b) primeira cobertura do navio. **2.** *História do direito.* Castelo fortificado que era montado sobre o navio; alcácer. **3.** Nas *linguagens comum* e *jurídica:* a) peça de lona usada para cobertura; b) ação ou efeito de cobrir algo com toldo.

TOLDO. 1. *Direito marítimo.* Cobertura de lona que se estende sobre a tolda. **2.** *Sociologia jurídica.* Aldeia de índios um pouco civilizados. **3.** Na *linguagem comum:* a) cobertura que protege do sol ou da chuva; b) tenda usada em feira livre.

TOLENDO. Que se deve evitar ou tirar.

TOLENO. *História do direito.* Na antigüidade romana, era a máquina de guerra que possuía uma trave comprida e que por meio de alavanca elevava até a altura da muralha um caixão cheio de soldados.

TOLERABILIDADE. Qualidade de tolerância.

TOLERADO. 1. Que se consente, por tolerância ou indulgência. **2.** Permitido.

TOLERÂNCIA. 1. *Sociologia jurídica.* a) Atitude pela qual se reconhece o direito de liberdade de opinião a todos, mesmo sem aprová-la; b) respeito à opinião alheia (Jacob). **2.** *Economia política.* Pequena diferença legalmente admitida no peso ou título da moeda. **3.** *Filosofia geral.* a) Atitude realista genética que reconhece que o sujeito não cria o objeto, mas tão-somente o descobre parcialmente (Miguel Angel Ciuro Caldani); b) virtude da justiça (Renouvier). **4.** Na *linguagem jurídica:* a) modo de agir em que alguém suporta uma afronta habitual contra um seu direito, enquanto poderia reprimi-la; b) consentimento da prática de um ato, sem que isso importe em aquisição de um direito (De Plácido e Silva); c) condescendência; d) benevolência; e) obséquio; f) qualidade de tolerante. **5.** *Direito penal.* a) Casa de prostituição; b) licenciosidade. **6.** *Direito civil.* Indulgência pela prática de um ato que, na realidade, não cede direito algum, mas apenas retira a ilicitude do ato de terceiro, sem o consenso prévio do possuidor, que, sem renunciar a sua posse, mantém, ante aquela atividade, um comportamento omisso e consciente. Trata-se de uma concessão benévola e revogável, não induzindo, portanto, posse. Por exemplo, permissão dada por alguém a terceiro para passar pelo atalho da sua fazenda. **7.** *Ciência política.* Princípio que, segundo Valério Zanone, antecipa o da liberdade política e transfere a teoria do *laisser-faire* da política econômica para a atividade política em geral.

TOLERÂNCIA CIVIL. *Direito administrativo.* Permissão do governo para o uso de culto que não é o do Estado.

TOLERÂNCIA DO TÍTULO. *Economia política.* Diferença de peso permitida em cada moeda, quanto ao seu quilate (De Plácido e Silva).

TOLERÂNCIA ECLESIÁSTICA. *Direito canônico.* Condescendência em acatar opiniões que não são abertamente contrárias ao catolicismo.

TOLERÂNCIA MEDICAMENTOSA. *Medicina legal.* Aptidão apresentada pelo paciente para suportar, por muito tempo, uma dose exagerada de um remédio.

TOLERÂNCIA POLÍTICA. *Ciência política.* Atitude governamental que aceita outros partidos políticos divergentes de sua linha de governo.

TOLERÂNCIA RELIGIOSA. *Ciência política.* Concessão de liberdade de culto.

TOLERÂNCIA TELEOLÓGICA. *Vide* TOLERÂNCIA ECLESIÁSTICA.

TOLERANTE. 1. Indulgente. **2.** Que tolera. **3.** Que desculpa determinado erro. **4.** Que respeita opinião contrária a sua.

TOLERANTISMO. *Ciência política.* **1.** Sistema daqueles que preconizam a tolerância religiosa e a política. **2.** Excesso de tolerância.

TOLERAR. 1. Suportar. **2.** Condescender. **3.** Anuir tacitamente.

TOLERÁVEL. Que pode ser tolerado.

TOLETE. 1. *Direito marítimo.* Cada peça fixa na embarcação, na qual se encosta o remo. **2.** *Direito agrário.* Rolo de tabaco.

TOLHER. 1. Inibir. **2.** Impedir sem motivo. **3.** Opor-se. **4.** Embargar. **5.** Privar. **6.** Paralisar. **7.** Proibir; vedar.

TOLHIDO. 1. Proibido. **2.** Impedido. **3.** Entrevado.

TOLHIMENTO. 1. Obstáculo. **2.** Oposição injusta. **3.** Impedimento.

TOLLENDO–PONENS. *Lógica jurídica.* Juízo que afirma uma alternativa exclusiva; logo, se um membro for verdadeiro o outro está excluído.

TOLLIT JUSTITIAM ET VIOLENTIA VERAM. *Expressão latina.* Onde há força, perde-se o direito.

TOLLITUR OMNIS OBLIGATIO SOLUTIONE EJUS QUOD DEBETUR. *Expressão latina.* Toda obrigação extingue-se com o pagamento da dívida.

TOLLITUR QUAESTIO. *Locução latina.* **1.** Acabou-se a questão. **2.** Está encerrada a questão; sobre ela não mais se pode discutir. **3.** Nada mais deve ser dito, ante o demonstrado. **4.** A dúvida está resolvida. **5.** Cessa a controvérsia. **6.** Encerra-se a discussão.

TOLO. 1. Que não tem significado. **2.** Que é desprovido de inteligência. **3.** Ingênuo. **4.** Idiota. **5.** Ridículo. **6.** Despropositado. **7.** Que não tem razão de ser.

TOLONTRO. *Medicina legal.* Tumor provocado por contusão.

TOLPACHE. *Direito comparado.* Aquele que pertence ao corpo irregular da infantaria húngara (Laudelino Freire).

TOLSTOÍSMO. 1. *Ciência política.* Doutrina preconizada na Rússia por Tolstoi. **2.** *Medicina legal e psicologia forense.* a) Altruísmo patológico; b) homossexualismo que leva o paciente a ceder às exigências do parceiro, entregando-lhe dinheiro, jóias etc., chegando até mesmo a cometer delitos para tanto (José Lopes Zarzuela).

TOLSTOÍSTA. *Ciência política.* Prosélito do tolstoísmo.

TOLTECA. *História do direito.* Antiga nação do México, cuja cultura foi transmitida aos astecas.

TOMADA. 1. *Direito militar.* a) Conquista; b) ato de se apoderar de cidade, praça, navio etc.; c) apresamento de navio. **2.** *Direito civil.* a) Recuperar posse ou domínio; b) receber de alguém; c) apreensão. **3.** *Direito agrário.* Pequena represa de água para finalidade agroindustrial.

TOMADA DE CAMPO. *Direito aeronáutico.* Vôo sobre o local de pouso, para verificar a direção do vento e estabelecer o sentido da aterragem.

TOMADA DE CONSCIÊNCIA. *Psicologia forense.* **1.** Mentalização. **2.** Análise da conduta assumida feita pelo paciente.

TOMADA DE CONTAS. *Direito administrativo.* **1.** Exame ou verificação das contas prestadas por quem tem o dever de dá-las, para apurar o saldo. **2.** Ato pelo qual a autoridade administrativa exige que o exator, tesoureiro, coletor etc. prestem contas de sua gestão.

TOMADA DE EMPRÉSTIMO. *Direito civil.* Efetivação de mútuo ou comodato.

TOMADA DE POSSE. *Direito administrativo.* **1.** Ato pelo qual o funcionário nomeado para o exercício de uma função pública assume seu cargo. **2.** Efetivo exercício da função pública.

TOMADA DE PREÇO. *Direito administrativo.* Procedimento licitatório de coleta de preço feita entre interessados previamente cadastrados, ou que atendam a todas as condições exigidas para cadastramento até o terceiro dia anterior à data do recebimento das propostas, observada a necessária qualificação e a limitação legal. A tomada de preço é feita mediante a convocação genérica de um grupo determinado de pessoas, cuja idoneidade já foi devidamente comprovada, e, em função da relativa amplitude do chamamento, exige publicidade suficiente para atingir o grupo de pessoas ao qual se destina. Essa modalidade de licitação só pode ser utilizada nos casos legalmente expressos.

TOMADIA. *Direito militar.* **1.** Coisa apreendida com violência. **2.** Ato ou efeito de apreender pelas armas.

TOMADO. 1. Apreendido. 2. Ocupado. 3. Influenciado. 4. Conquistado. 5. Ofendido. 6. Atacado.

TOMADOR. 1. *Direito cambiário.* a) Beneficiário da cambial; b) aquele a cujo favor o sacador emitiu o título de crédito; c) aquele a quem se passa uma ordem de pagamento, para que a ele se pague a soma fixada no título; d) aquele a quem se deve pagar o valor constante na cambial. 2. *Direito civil.* a) Mutuário; b) aquele a quem se empresta uma quantia pecuniária. 3. *Direito comercial.* Subscritor de ações ou títulos emitidos pelas sociedades empresárias. 4. Na *gíria*, ladrão.

TOMADOURO. *Direito marítimo.* Cabo com que se ferram velas para amarrá-las ao mastro.

TOMAR. 1. *Direito cambiário.* Emitir título de crédito. 2. *Filosofia geral.* Ter conhecimento de uma ciência ou arte. 3. *Teoria geral do direito.* Interpretar. 4. *Direito civil.* a) Contratar; b) alugar; c) ocupar; d) fazer uso; e) apreender; f) apossar-se. 5. *Direito penal.* Furtar. 6. Na *linguagem jurídica* em geral: a) reunir; b) consumir; c) acolher; d) pedir; e) retirar; f) segurar; g) atingir; h) receber; i) beber. 7. *Direito militar.* a) Conquistar; b) apresar; c) invadir.

TOMAR A LIBERDADE. Fazer algo sem pedir permissão.

TOMAR A PALAVRA. Interromper o discurso de alguém.

TOMAR A PEITO. Empenhar-se.

TOMAR AS DORES. Considerar como pessoal uma ofensa alheia.

TOMAR A SÉRIO. Dar importância.

TOMAR AS SUAS MEDIDAS. Precaver-se.

TOMAR AS VEZES. Substituir alguém, desempenhando suas funções, em caso de ausência ou impedimento.

TOMAR A TONSURA. *Direito canônico.* Tornar-se padre.

TOMAR CONTA. 1. Ocupar; invadir. 2. Ter algo sob sua responsabilidade.

TOMAR ESTADO. 1. Casar-se. 2. Seguir uma carreira.

TOMAR EXPERIÊNCIA. Adquirir prática.

TOMAR FIRME UM EMPRÉSTIMO. *Direito comercial.* 1. Subscrever com ações que não se sujeitam a rateio. 2. Responsabilizar-se pela colocação, no mercado, de um empréstimo a uma determinada cotação.

TOMAR FÔLEGO. 1. Refazer-se das forças. 2. Cobrar ânimo.

TOMAR MEDIDA. Verificar o valor ou a extensão de algo.

TOMAR O COMPROMISSO. Receber compromisso prestado por alguém.

TOMAR O DEPOIMENTO. *Direito processual.* Receber declarações de testemunhas.

TOMAR O ENCARGO. *Direito civil.* Aceitar encargo imposto.

TOMAR O HÁBITO. *Direito canônico.* 1. Tornar-se freira. 2. Ingressar em uma ordem religiosa.

TOMAR O LARGO. *Direito marítimo.* Afastar-se o navio da terra.

TOMAR O PARTIDO. Defender ou proteger alguém.

TOMAR O PENHOR. *Direito civil.* Apossar bem móvel destinado a garantir dívida.

TOMAR O POSTO. Ocupar o posto para o qual foi designado.

TOMAR O PULSO. *Medicina legal.* Aplicar o dedo no pulso para saber, pela contagem da pulsação, se há febre.

TOMAR PARTE. 1. Participar. 2. Compartilhar.

TOMAR POR ALUGUEL. *Direito civil* e *direito comercial.* Alugar.

TOMAR POR ESPOSA. *Direito civil.* Casar.

TOMAR POR TESTEMUNHA. *Direito processual.* Invocar testemunho de alguém.

TOMAR POSSE. 1. *Direito administrativo.* Ser investido num cargo ou função pública. 2. *Direito civil.* Fruir e usar de bens móveis ou imóveis.

TOMAR PRAÇA. *Direito marítimo.* 1. Ajustar transporte de mercadoria em um navio. 2. Reservar espaço numa embarcação para transporte de carga.

TOMAR RUMO. 1. Proceder melhor na vida. 2. Encontrar emprego.

TOMAR SATISFAÇÃO. Exigir contas a alguém das injúrias que fez.

TOMAR TERRA. *Direito marítimo.* 1. Aportar. 2. Desembarcar.

TOMAR VÔO. *Direito aeronáutico.* Levantar vôo.

TOMAR VULTO. 1. Avolumar. 2. Aumentar.

TOMATAL. *Direito agrário.* Plantação de tomates.

TOMBADILHO. *Direito marítimo.* Parte mais alta do navio, que fica entre a popa e o mastro da mezena.

TOMBADO. 1. *Direito civil* e *direito administrativo.* Móvel ou imóvel de que se fez tombo, por ser sua conservação de interesse público, quer por sua vinculação a fatos históricos, quer por seu excepcional valor arqueológico, etnográfico, bibliográfico ou artístico. **2.** *Direito marítimo.* Navio inclinado sobre um costado. **3.** *Direito agrário.* O que se derrubou.

TOMBADOR. 1. *Direito administrativo.* Aquele que faz tombo. **2.** *Direito agrário.* Trabalhador rural que, no engenho, conduz a cana para a moenda.

TOMBAMENTO. 1. *Direito civil* e *direito administrativo.* Restrição administrativa ao direito de propriedade realizada pelo Estado, em face do interesse da cultura e da proteção do patrimônio histórico e artístico nacional, proibindo demolição ou modificação de prédios tidos como monumentos históricos e exigindo que seus reparos obedeçam à sua caracterização. O tombamento é ato administrativo ou um instrumento para proteger móveis ou imóveis dotados de valor histórico-cultural, sem que haja transferência do domínio; o Poder Público indenizará o proprietário que com isso vier a sofrer prejuízo econômico. Tais bens não estão propriamente fora do comércio; sua alienabilidade é restrita, não podendo ser livremente transferidos de uma pessoa a outra, sem autorização e inscrição. Não podem sair do país, nem ser demolidos ou alterados. Seus proprietários não perdem o domínio pelo registro em livro próprio, mas têm o seu exercício restrito, não tendo plena liberdade de alienação. **2.** *Direito registrário.* Operação material de registrar o bem tombado em livro próprio, descrevendo-o pormenorizadamente.

TOMBAMENTO COMPULSÓRIO. *Direito administrativo.* **1.** Ato material praticado pelo funcionário público responsável, no exercício da administração, impondo ao particular a aceitação do processo de tombamento. **2.** Aquele em que o Estado delibera que bem particular seja tombado limitando o seu uso pelo seu proprietário.

TOMBAMENTO DE FLORESTAS. *Direito administrativo* e *direito ambiental.* Ato administrativo que visa proteger florestas, proibindo seu corte, para promover a preservação ambiental.

TOMBAMENTO DE OFÍCIO. *Direito administrativo.* É o que recai sobre bens públicos.

TOMBAMENTO VOLUNTÁRIO. *Direito administrativo* e *direito civil.* **1.** Concordância do proprietário com a notificação do Instituto do Patrimônio Histórico e Artístico Nacional, dando-lhe ciência do procedimento de tombamento do Poder Público, por não ter apresentado, dentro de quinze dias, qualquer impugnação. **2.** É o que se dá quando o proprietário de um bem requer à administração pública que seu bem seja tombado.

TOMBAR. 1. *Direito registrário.* Registrar em livro próprio um bem tombado. Para a produção dos devidos efeitos de direito, o tombamento deve ser registrado pelo proprietário em inteiro teor no Livro n. 3 do Registro de Imóveis, averbado a requerimento do órgão estatal que o determinou ou do interessado. **2.** *Direito agrário.* a) Cadastrar terras; catalogar terras, demarcando-as; b) derrubar árvores. **3.** *Direito administrativo.* Colocar bens sobre proteção, incorporando-os ao patrimônio histórico estadual ou nacional.

TOMBO. 1. *Direito registrário.* Ato de registrar o tombamento no Livro n. 3 do Registro Imobiliário que outrora era o Livro do Tombo. **2.** *Direito agrário.* a) Inventário de terras, com as devidas confrontações, rendas, direitos e encargos (Morais e Silva); b) cadastro de terras. **3.** *Direito administrativo.* Registro de bens ou de fatos peculiares a uma região (Othon Sidou) e que têm valor histórico, artístico ou paisagístico.

TÔMBOLA. *Direito civil* e *direito penal.* Loto ou jogo usado para fins beneficentes, com distribuição de prêmios em objetos.

TOMISMO. *Filosofia geral.* **1.** Doutrina teológica, sociojurídica e filosófica fundada, na Era Medieval, por Santo Tomás de Aquino. **2.** Doutrina, baseada nos princípios de Santo Tomás de Aquino, elaborada por Bãnez para solucionar a questão da graça e da predestinação.

TOMISTA. *Filosofia geral.* **1.** Relativo ao tomismo. **2.** Prosélito do tomismo.

TOMÍSTICO. *Filosofia geral.* Referente a Santo Tomás de Aquino ou à sua doutrina.

TOMO. 1. *Direito autoral.* a) Volume de obra; b) cada uma das grandes divisões de obra literária, artística ou científica feitas conforme a matéria. **2.** Nas *linguagens comum* e *jurídica*: a) base, fundamento; b) importância; c) vulto, tamanho.

TOMOGRAFIA. *Medicina legal.* Radiografia em série que permite a fixação simultânea de vários planos de um órgão ou região.

TOMOGRÁFICO. *Medicina legal.* O que diz respeito à tomografia.

TOMÓGRAFO. *Medicina legal.* Aparelho apropriado para fazer tomografia.

TÔMOLO. *Direito comparado.* Medida de capacidade do sul da Itália.

TOMOMANIA. *Medicina legal.* Mania de ser operado.

TOMOMANÍACO. *Medicina legal.* Aquele que sofre de tomomania.

TOMOTOCIA. *Medicina legal.* Operação cesariana; extração do feto por incisão do útero, através do abdômen.

TONEL. 1. *História do direito.* a) Tonelada; b) antiga medida para líquidos, correspondente a 957,6 litros. **2.** *Direito comercial.* Grande recipiente em forma de barril para guardar e transportar líquidos em forma de barril.

TONELADA. 1. Nas *linguagens comum* e *jurídica,* unidade de peso que, no sistema métrico, corresponde a mil quilogramas. Trata-se da tonelada métrica. **2.** *Direito marítimo.* Medida de peso que serve para medir o carregamento do navio ou o que ele pode transportar. **3.** *História do direito.* Peso que equivalia a 793,218 quilogramas. **4.** *Direito comparado.* Medida de massa que, na Inglaterra, corresponde a 1.016 quilogramas.

TONELADA AMERICANA. Peso correspondente a 907,18486 quilogramas.

TONELADA CURTA. *Vide* TONELADA AMERICANA.

TONELADA DE ARQUEAÇÃO. *Direito marítimo.* Unidade convencional de volume fixada em 2,83 m³, usada para apurar a capacidade total interna do navio.

TONELADA DE REGISTRO. *Vide* ARQUEAÇÃO.

TONELADA INGLESA. Medida de peso que corresponde a 1.016,04704 quilogramas.

TONELADA LONGA. *Vide* TONELADA INGLESA.

TONELADA MÉTRICA. Peso de mil quilogramas.

TONELADA QUILÔMETRO. *Direito comercial.* Em estatística, é a unidade de medida equivalente à multiplicação de cada tonelada de carga pelo número de quilômetros rodados em seu transporte (Othon Sidou).

TONELAGEM. 1. *Direito marítimo.* a) Capacidade interior do navio determinada por toneladas; b) carregamento de uma embarcação; c) medida usada para calcular o porte e o frete dos navios. **2.** *Direito comercial.* Capacidade de qualquer veículo de transporte, medida com base na tonelada métrica.

TONELAGEM BRUTA. *Direito marítimo.* **1.** Capacidade interior total do navio. **2.** Volume de todos os compartimentos da embarcação, calculado em toneladas de arqueação.

TONELAGEM DE ARQUEAÇÃO. *Direito marítimo.* Unidade de medida para embarcação baseada na Tonelada Moorson, que corresponde a 100 pés cúbicos, ou seja, a 2,832 metros cúbicos (Geraldo Bezerra de Moura).

TONELAGEM DE FRETAMENTO. *Direito marítimo.* Peso ou medida estabelecida para a carga a ser transportada, servindo de unidade para regular o frete (De Plácido e Silva).

TONELAGEM DE REGISTRO. *Direito marítimo.* **1.** Capacidade de carga da embarcação, baseada em toneladas métricas, consignada no seu registro. **2.** Volume medido conforme os regulamentos alfandegários.

TONELAGEM DE UM NAVIO. *Direito marítimo.* **1.** Capacidade do navio. **2.** Volume de espaços abertos ou fechados nele existentes.

TONELAGEM LÍQUIDA. *Direito comercial.* Capacidade livre que tem um veículo de transporte para acomodar carga e passageiros.

TONEL DAS DANAIDES. 1. Pródigo; aquele que gasta à medida que vai recebendo. **2.** Memória que não consegue reter o que percebe. **3.** Aquele que não se satisfaz com nada. **4.** Trabalho perdido. **5.** Coisa que não tem fim.

TONELEIRO. *Direito comercial.* **1.** Fabricante de tonéis para calcular porte e frete de navio. **2.** Proprietário de tonelaria.

TONISMO. *Vide* TÉTANO.

TONITROFOBIA. *Medicina legal.* Pavor mórbido de tempestades.

TONNAGE CONTRACT. O mesmo que *CONTRACT OF AFFREIGHTMENT.*

TONNEAU D' AFFRÈTEMENT. *Locução francesa.* Tonelagem de afretamento.

TONNEAU DE JAUGE. *Locução francesa.* Tonelagem de arqueação.

TONO. *Direito comparado.* Peso que, na Grécia, corresponde a 1.500 quilogramas.

TONOFASIA. *Medicina legal.* Afasia musical; impossibilidade de recordar trechos musicais.

TONSURA. *História do direito.* Pequeno corte de cabelo circular que era feito no alto da cabeça dos missionários católicos, para identificá-los quanto à jurisdição (Othon Sidou).

TONTINA. *Direito civil.* **1.** Associação de natureza beneficente que se baseia na duração da vida humana, sendo que o capital do falecido associado passa, por rateio, para os sobreviventes (Othon Sidou). Dá-se quando, sem intenção lucrativa, determinadas pessoas, mediante operação aleatória mercantil, colocam em comum bens ou dinheiro para que os rendimentos ou capitais dos que pré-morrerem acresçam aos dos associados sobreviventes. É, portanto, modalidade de seguro de vida, consistente na exclusão dos segurados originários em razão da sobrevivência do último deles. **2.** É um empréstimo dado por anuidades vitalícias com o benefício de sobrevivência (Borges).

TONTINEIRO. *Direito civil.* Aquele que depositou dinheiro numa tontina por ser a ela associado.

TONTURA. *Medicina legal.* **1.** Vertigem. **2.** Sensação de esmorecimento na cabeça, comum em caso de pressão arterial alta, tensão nos olhos, lesão cerebral, tímpano perfurado, menopausa, alcoolismo etc. (Morris Fishbein).

TOPALGIA. *Medicina legal.* Dor localizada que, aparentemente, não tem relação com a lesão ou moléstia que a provoca.

TOPARCA. *História do direito.* Chefe de uma toparquia.

TOPARQUIA. *História do direito.* **1.** Principado independente, nas antiguidades grega e romana. **2.** Província da Palestina que se encontrava sob o jugo romano.

TOPA-TUDO. **1.** Aquele que aceita qualquer negócio, ocupação ou encargo, mesmo que não tenha competência nem tempo para tanto. **2.** Aquele que tira vantagem do que lhe é oferecido.

TÓPICA. *Filosofia do direito.* Modo típico de raciocínio jurídico que, segundo Theodor Viehweg, procede por questionamentos sucessivos, apresentando uma relação "pergunta-resposta". Trata-se de uma técnica de pensar por problemas, que tem sua origem na retórica, ocupando-se das aporias jurídicas. A arte de descobrir premissas, os pontos de vista, ou *topoi*, que irão presidir a solução dos concretos problemas da vida. É a teoria dos lugares-comuns, vale dizer, das classes gerais, nas quais podem ser

encontrados todos os possíveis argumentos, possibilitando a eleição do mais convincente ou adequado e o reforço da argumentação.

TÓPICO. **1.** *Filosofia geral* e *retórica.* a) Argumento que incide sobre o que há de essencial numa questão (Lalande); b) o que designa os lugares-comuns; c) ponto principal; d) o que é hábil para encontrar argumentos; e) argumento geral aplicável a casos análogos; f) tese. **2.** *Direito autoral.* a) Assunto ou tema em escrito solto alusivo ao conteúdo do texto, dele destacado para citação (Othon Sidou); b) breve comentário de jornal sobre um assunto do dia. **3.** *Medicina legal.* a) Medicamento para uso externo, como, por exemplo, pomada; b) remédio corretivo.

TOPIQUISTA. *Direito autoral.* Aquele que escreve tópicos para periódicos, jornais ou revistas.

TOPISTA. Na *gíria*, é o assaltante de casa habitada.

TOPITÁ. *Direito agrário.* Corte de folhas de erva-mate que se deixa para completar no dia seguinte.

TOPO. **1.** *Direito comparado.* Barco chato de pesca italiano, comum no Adriático, que contém duas velas ao terço e uma bujarrona. **2.** *Direito autoral.* Notícia de jornal publicada em local de destaque. **3.** Na *linguagem comum*: a) parte mais alta; b) cume.

TOPOFOBIA. *Medicina legal.* Pavor mórbido de certo lugar.

TOPOGRAFIA. Descrição minuciosa de uma localidade, de terrenos etc.

TOPÓGRAFO. *Direito processual.* **1.** Perito ou assistente técnico que, em demarcação, faz o levantamento de terreno, organizando sua planta. **2.** Agrimensor; técnico em medição e divisão de terras (De Plácido e Silva).

TOPOI. *Filosofia do direito.* Lugares-comuns ou fórmulas de procura que orientam a argumentação. Não são dados ou fenômenos, mas construções ou operações estruturantes. São pontos de vista muito indeterminados, e não gerais, que presidem a solução dos concretos problemas da vida. A presença de *topoi*, no discurso, dá à estrutura uma flexibilidade de abertura característica, pois sua função é antes a de ajudar a construir um quadro problemático, do que resolver problemas. Como exemplos de *topoi* da argumentação jurídica temos: a noção de boa-fé, de interesse, de fim social, de bem comum; a imparcialidade do juiz; a presunção de inocência até prova em contrário etc. (Tercio Sampaio Ferraz Jr.).

TOPOINVERSÃO. *Medicina legal.* Prática de ato sexual em outra região do corpo que não a genital. É considerada pelos sexólogos como meio de preparação dos parceiros para a conjunção carnal (Croce e Croce Jr.).

TOPONARCOSE. *Medicina legal.* Anestesia local.

TOPONÍMIA. **1.** Estudo da origem dos nomes dos lugares. **2.** Designação de cada local pelo seu nome.

TOPÔNIMO. Nome de uma localidade, cidade, vila etc.

TOQUE. **1.** *Direito militar.* Sinal dado por meio de corneta. **2.** *Direito desportivo.* Ato do futebolista, exceto do goleiro, de, intencionalmente, colocar a mão na bola. **3.** *Direito aeronáutico.* Primeiro contato do avião com o solo ao aterrar. **4.** *Medicina legal.* Processo que reforça o diagnóstico da gravidez, no primeiro mês, consistente na palpação digital, através da vagina, para averiguar a posição e o volume do útero. **5.** *Direito agrário.* Mancha que indica início de putrefação dos frutos. **6.** *Direito autoral.* Atenção dada pelo autor em certos pontos de sua obra para dar-lhe melhor efeito. **7.** Nas *linguagens comum* e *jurídica*: a) ato ou efeito de tocar; b) ato de apertar a mão de alguém, para cumprimentá-lo; c) cheiro de determinados vinhos; d) sinal; e) alusão. **8.** *História do direito.* Unidade monetária que havia na costa oriental da África.

TOQUE DE AVELÃ. Qualidade característica que o provador conhece no vinho branco fino.

TOQUE DE CORNETA, CLARIM E APITO. *Direito militar.* Meio usado para anunciar a chegada, a saída ou a presença de um símbolo ou autoridade, não só em uma Organização Militar, como também por ocasião de sua aproximação de uma tropa.

TOQUE DE POSTOS. *Direito militar.* Chamada com corneta às praças da guarnição para que tomem seus lugares.

TOQUE DE RECOLHER. **1.** *Direito militar.* Sinal para que os soldados voltem ao quartel em determinada hora. **2.** *Ciência política.* Medida de exceção em que, em situação de emergência, se proíbe a circulação de veículos ou de pedestres pelas ruas, durante um certo período noturno, coibindo o direito de ir e vir.

TOQUEIRO. *Direito agrário.* No Amazonas, é o seringueiro que vende a borracha ao patrão.

TOQUE MAÇÔNICO. *Direito civil.* Sinal com que os maçons, ao apertar a mão, se reconhecem uns aos outros (Laudelino Freire).

TOQUISTA. Na *gíria,* é o membro da polícia que se deixa subornar, recebendo uma parte do roubo.

TORA. **1.** *História do direito.* a) Denominação que era dada pelos judeus portugueses ao livro que contém a Lei Mosaica e encerra o pentateuco; b) tributo que, na Idade Média, era pago, por família, pelos judeus. **2.** *Direito agrário.* Grande tronco de madeira cortada.

TORACALGIA. *Medicina legal.* Dor no tórax.

TORÁCICO. *Medicina legal.* O que diz respeito ao tórax.

TORACOCILOSE. *Medicina legal.* Deformidade na anatomia do tórax.

TORACOMIODINIA. *Medicina legal.* Dor nos músculos do tórax.

TORACOPAGIA. *Medicina legal.* Anormalidade que consiste em estarem duas pessoas ligadas pelo tórax.

TORACOSTENOSE. *Medicina legal.* Estreitamento congênito do tórax.

TÓRAX. *Medicina legal.* Cavidade que começa acima do diafragma e termina na altura da clavícula, constituída pelas vértebras dorsais, esterno, costelas e cartilagens. Na cavidade torácica estão os pulmões e o coração.

TORCE. *Direito agrário.* Epizootia do gado eqüino do alto São Francisco (Laudelino Freire).

TORCEDOR. *Direito desportivo.* Pessoa que aprecia, apóia ou se associa a uma entidade desportiva e acompanha a prática de determinada modalidade esportiva. Tem direito: a) à publicidade e transparência na organização das competições administradas pelas entidades de administração do desporto e pelas ligas; b) à apresentação de sugestões e reclamações ao Ouvidor da Competição, que deverá respondê-las e fazer o relatório relativo a elas; c) à divulgação da renda obtida pelo pagamento dos ingressos e do número de espectadores pagantes e não-pagantes; d) à entrega da súmula e dos relatórios da partida pelo árbitro e seus auxiliares ao representante da entidade responsável pela organização da competição; e) à segurança nos locais onde os eventos esportivos são realizados; f) à acessibilidade ao lugar onde será desenvolvido o desporto, se for portador de deficiência ou com mobilidade reduzida; g) à implementação de planos de ação referentes a segurança, transporte e contingências que possam ocorrer durante a realização da prática desportiva; h) à colocação à venda dos ingressos para as partidas integrantes de competições profissionais até setenta e duas horas antes do início daquelas partidas; i) à higiene e à qualidade das instalações físicas dos estádios e dos produtos alimentícios vendidos no local; j) ao número de sanitários compatível com a capacidade de público do estádio, em plenas condições de limpeza e funcionamento; k) à arbitragem das competições desportivas independente, imparcial, previamente remunerada e isenta de pressões; l) à escolha prévia de árbitros mediante sorteio, dentre aqueles previamente selecionados, desde que seja aberto ao público e realizado no mínimo quarenta e oito horas antes de cada rodada; m) à observância pelos órgãos de Justiça Desportiva, no exercício de suas funções, dos princípios da impessoabilidade, moralidade, celeridade, publicidade e independência. Por outro lado tem o dever de não provocar tumulto, praticar ou incitar a violência ou invadir local restrito aos competidores, sob pena de ficar impedido de comparecer a qualquer local de realização de evento esportivo, pelo prazo de três meses a um ano.

TORCER. 1. Virar. **2.** Vergar. **3.** Mudar o rumo. **4.** Contrair. **5.** Fazer ceder. **6.** Induzir. **7.** Desviar. **8.** Alterar. **9.** Desejar o benefício de alguém em prejuízo de outrem. **10.** Querer a vitória de um grupo desportivo.

TORCER AS MEADAS. 1. Alterar fatos para comprometer alguém. **2.** Fazer o contrário do que se prometeu.

TORCIDA. *Direito desportivo.* Conjunto de torcedores de um clube ou time.

TORCIDO. 1. Mal interpretado. **2.** Que se torceu.

TORCIONÁRIO. *História do direito.* **1.** Carrasco. **2.** Aquele que torturava.

TORDESILHAS. *História do direito.* Tratado que, no ano de 1494, foi firmado entre Portugal e Espanha, estabelecendo a linha demarcatória para as descobertas marítimas, ficando as terras do oeste para a Espanha e as do leste, para Portugal.

TORDILHO. *Direito agrário.* Cavalo que tem o pêlo da cor do tordo.

TOREIRO. *Direito agrário.* Na Bahia, é o cortador de árvores.

TORETE. *Direito agrário.* Peça de madeira, com ou sem casca, cujo diâmetro máximo é inferior a 200 mm.

TOREUTA. *Direito autoral.* Aquele que faz escultura em metal.

TORÊUTICA. *Direito autoral.* Arte de esculpir em metal.

TÓRI. *Direito comparado.* Partido conservador da Inglaterra.

TÓRIA. *Direito romano.* Lei agrária elaborada, na Roma antiga, por Tório Balbo.

TORIES. *Direito comparado.* Membros do partido conservador inglês.

TORMENTA. 1. Tempestade. **2.** Desordem. **3.** Agitação.

TORMENTARIA. *História do direito.* **1.** Artilharia. **2.** Estudo das antigas armas de guerra.

TORMENTO. 1. Sofrimento. **2.** Angústia. **3.** Ato ou efeito de torturar. **4.** Dor. **5.** Maus-tratos. **6.** Tortura para obter confissão.

TORMENTO JUDICIAL. *História do direito.* Castigo corporal aplicado a suspeito de crime, para dele obter a confissão, como açoite, palmatória etc.

TORNA. *Direito civil.* Reposição pecuniária feita por um co-herdeiro, que foi beneficiado na partilha, a outro, para igualar os quinhões.

TORNAR. 1. Regressar. **2.** Voltar à situação anterior. **3.** Restituir. **4.** Reconsiderar. **5.** Voltar a tratar. **6.** Compensar um dos herdeiros, ao co-herdeiro, em dinheiro, o excesso recebido na partilha, para igualar os quinhões (Kaspary).

TORNAR A SI. Recobrar os sentidos.

TORNA-VIAGEM. 1. Regresso de viagem. **2.** Viagem de retorno do navio ao porto final da escala.

TORNEIO. 1. *Direito desportivo.* Competição entre vários atletas e times, disputando prêmios ou títulos. **2.** *História do direito.* Jogo público, na Era Medieval, em que os concorrentes lutavam a cavalo.

TORNEIRO. *Direito do trabalho.* Aquele que trabalha no torno.

TORNEIRO MECÂNICO. *Direito do trabalho.* Operário que maneja torno mecânico para executar peças de metal.

TORNÊS. *História do direito.* Antiga moeda de prata.

TORNILHEIRO. *História do direito.* Soldado que desertava; desertor.

TORNILHO. *História do direito.* Castigo corporal a que era submetido militar faltoso, apertando-se uma espingarda sobre o pescoço e outra nas curvas das partes, obrigando-o a se curvar e dificultando seus movimentos (Laudelino Freire).

TORNIQUETE. 1. *História do direito.* Tortura da época da Inquisição que consistia em apertar em um torno as extremidades dos membros do acusado. **2.** *Medicina legal.* Instrumento que comprime artérias para suspender hemorragia. **3.** Nas *linguagens comum* e *jurídica*: a) cruz horizontal móvel, colocada à entrada de veículos de transporte, de entradas de bancos, de estabelecimentos etc. para deixar passar uma pessoa por vez; b) dificuldade; situação difícil ou crítica.

TORNO. *Direito comercial.* Máquina que dá acabamento a peças.

TORO. 1. *Direito agrário.* Peça de madeira de 200 mm com casca ou sem ela. **2.** *Direito marítimo.* Pedaço em que se divide o cabo ou amarra para se desfiar em fio de carreta (Laudelino Freire).

TORÓ. Na *gíria*: arruaça, desordem. Na *linguagem comum*: a) pancada de chuva; b) aquele que perdeu um dedo da mão.

TORPE. 1. *Direito penal.* a) Obsceno; b) ignóbil; sórdido; c) repugnante; d) imoral. **2.** Na *linguagem comum*, significa: a) o que não tem habilidade; b) entorpecido; c) acanhado.

TORPEDEAMENTO. *Direito militar.* Ação de torpedear.

TORPEDEAR. *Direito militar.* Atacar com torpedo.

TORPEDEIRO. *Direito militar.* Navio de guerra que contém lança-torpedos.

TORPEDO. *Direito militar.* Projétil submarino com grande carga explosiva que, após ter sido lançado, explode, ao atingir o alvo, pelo choque.

TORPEZA. *Direito penal.* **1.** Infâmia. **2.** Procedimento ignóbil. **3.** Impudicícia. **4.** Qualidade do que é torpe. **5.** Ato vergonhoso, imoral ou desonesto.

TORPILHA. *Direito agrário.* Aparelho próprio para lançar inseticida ou fungicida em plantas atacadas por insetos ou doenças.

TORPOR. *Medicina legal.* Estado de insensibilidade, em que o paciente não tem consciência do que se passa ao seu redor.

TORRAÇÃO. *Direito comercial.* Liquidação.

TORRÃO NATAL. A pátria.

TORRE. 1. *História do direito.* a) Construção alta que servia para defesa em operações bélicas; b) máquina de guerra que consistia numa caixa móvel de madeira onde soldados eram colocados, muito utilizada, outrora, nos cercos. **2.** *Direito militar.* Estrutura giratória blindada que, em avião, navio de guerra ou tanque, serve para abrigo e pontaria de pesadas armas de fogo. **3.** *Direito desportivo.* Cada peça do jogo de xadrez que se coloca nos quatro cantos do tabuleiro no início da partida. **4.** Na *linguagem comum:* a) fortaleza; b) vigor; c) homem alto; d) estrutura de metal que suporta antenas de estações de televisão ou de rádio.

TORRE DE BABEL. 1. *Direito canônico.* Torre que não pôde ser concluída pelos descendentes de Noé, pela confusão de línguas dos trabalhadores. **2.** Na *linguagem comum,* designa: a) assembléia em que ninguém se entende, não chegando a conclusão alguma; b) cidade cosmopolita onde se falam vários idiomas.

TORRE DE HOMENAGEM. *História do direito.* Era a principal de uma fortaleza e onde se investia governador ou castelão de suas funções, mediante juramento de defender até o último momento o seu rei e a fortaleza.

TORRE DE LANÇAMENTO. *Direito espacial.* Construção de inclinação fixa ou variável, formada por estrutura que suporta uma ou mais calhas, pelas quais a nave, ou foguete, desliza no lançamento.

TORRE DE MARFIM. Isolamento.

TORRE DE MENAGEM. *Vide* TORRE DE HOMENAGEM.

TORRE DE SINO. Campanário; construção alta e estreita onde estão os sinos da igreja.

TORRE DE SIVA. *História do direito.* Na Assíria, era o instrumento de suplício formado por quatro altas estacas, contendo um estrado de madeira, onde se amarrava o condenado, deixando-o à mercê de aves de rapina, ou abutres, que o comiam.

TORRE DO TOMBO. *História do direito.* Casa onde, em Lisboa, se guardavam os arquivos públicos alusivos a escrituras públicas, tratados com outros países, documentos importantes do Reino etc.

TORREFAÇÃO. *Direito comercial.* Estabelecimento industrial onde o café é torrado e moído para consumo público.

TORRENCIAL. 1. Relativo a torrente. **2.** Abundante.

TORRENS. *Vide* SISTEMA TORRENS.

TORRENTE. 1. Curso impetuoso de água. **2.** Abundância. **3.** Invasão de multidão.

TORROADA. *Direito agrário.* No Pará, é a terra alta, repleta de seringais.

TORT. *Termo francês.* **1.** Dano. **2.** Injustiça.

TORTA. *Direito agrário.* Adubo constituído por caroços de sementes oleaginosas.

TORTA PULVERIZADA. *Direito agrário.* Farelo.

TORTICEIRO. *História do direito.* **1.** Injusto. **2.** Que torcia a lei.

TORTIOUS LIABILITY. *Locução inglesa.* Responsabilidade aquiliana.

TORTO. 1. *História do direito.* a) Injúria; b) dano; c) ofensa; d) injustiça. **2.** *Direito agrário.* Aquele animal que só enxerga por um olho. **3.** Na *linguagem comum:* a) o que não é direito; b) inconveniente; c) indivíduo de mau caráter.

TORTOR. *Direito marítimo.* Cada um dos cabos que, ligados às bordas do navio, impedem que ele se abra.

TORTS. *Termo inglês.* Ilícitos.

TORTULHO. *Direito comercial.* Feixe de tripas secas exposto à venda.

TORTUOSO. 1. Desleal. **2.** Oposto à verdade.

TORTURA. 1. *História do direito.* a) Suplício do condenado; b) sofrimento físico e moral infligido ao acusado para obter sua confissão ou alguma informação. **2.** *Direito penal.* Ato criminoso de submeter a vítima a um grande e angustioso sofrimento provocado por maus-tratos físicos ou morais. Assim, constitui crime de tortura: a) constranger alguém com emprego de violência ou grave ameaça, causando-lhe sofrimento físico ou mental com o fim de obter informação, declaração ou confissão da vítima ou de terceira pessoa; para provocar ação ou omissão de natureza criminosa; em razão de discriminação racial ou religiosa; b) submeter alguém, sob sua guarda, poder ou autoridade, com emprego de violência ou grave ameaça, a intenso sofrimento físico ou mental, como forma de aplicar castigo pessoal ou medida de caráter preventivo; c) causar, intencionalmente, dor ou sofrimentos agudos, físicos ou mentais, a uma pessoa que esteja sob a custódia ou o controle do acusador; este termo não compreende a dor ou os sofrimentos resultantes unicamente de sanções legais, inerentes a essas sanções ou por elas ocasionados; d) omitir-se em face dessas condutas, acima descritas, quando tinha o dever de evitá-las ou apurá-las.

TORTURADO. Que sofreu tortura.

TORTURADOR. Aquele que tortura.

TORTURANTE. 1. Quem tortura. **2.** Doloroso. **3.** Aflitivo.

TORTURAR. 1. Submeter a tortura. **2.** Supliciar. **3.** Atormentar.

TORYISM. *Termo inglês.* Princípios dos conservadores ingleses.

TOSA. 1. *Vide* TOSQUIA. **2.** Pancadaria. **3.** Repreensão.

TOSAR. 1. *Direito agrário.* Cortar pêlo ou lã. **2.** Na *linguagem comum*: a) aparar; b) bater; dar pancadas em alguém.

TOSCO. 1. Rude. **2.** Rústico. **3.** Ignorante. **4.** Malfeito.

TOSQUIA. 1. *Direito agrário.* a) Ato de cortar pêlo ou lã; b) época apropriada para o corte dos pêlos dos animais lanígeros. **2.** Na *linguagem comum*: a) crítica muito severa; b) censura; c) repreensão.

TOSQUIADEIRA. *Direito agrário.* Tesoura ou máquina própria para tosquiar.

TOSQUIADOR. *Direito agrário.* Quem tosquia.

TOSQUIAR. 1. *Direito agrário.* Aparar bem rente o pêlo ou a lã. **2.** Na *linguagem comum*: a) criticar inexoravelmente; b) censurar; c) despojar.

TOSSE. *Medicina legal.* Expulsão involuntária e violenta de ar causada por doença nervosa, alergia a substância inalada, irritação da mucosa da traquéia e dos brônquios ou pela entrada de corpo estranho como o pó, na laringe.

TOSSE COMPRIDA. *Medicina legal.* Coqueluche; tosse convulsiva causada pelo bacilo de Bordet e Gengou que afeta as membranas mucosas do sistema respiratório, deixando o paciente sem fôlego, podendo ser até mesmo fatal.

TOSSE CONVULSA. *Vide* TOSSE COMPRIDA.

TOSTÃO. 1. *História do direito.* a) Antiga moeda brasileira que valia 100 réis; b) moeda de ouro cunhada em Portugal, na era de D. Manuel I. **2.** Na *gíria*: a) no Rio de Janeiro, pingo de chuva;

b) no futebol, pancada no músculo da perna do adversário, numa disputa pela bola.

TOSTE. 1. *História do direito.* Banco em que os condenados às galés ficam presos. **2.** Na *linguagem comum*, diz-se da saudação em um banquete.

TOTAL. 1. Nas *linguagens comum* e *jurídica*: a) o que forma um todo; b) inteiro; completo; integral; c) resultado de uma soma; montante apurado; d) geral; e) sem exceção; f) intato. **2.** *Filosofia geral.* a) Compreensão; b) conjunto de caracteres comuns a tudo o que pertencer a uma determinada classe. **3.** *Lógica jurídica.* Conjunto de predicados de todas as proposições verdadeiras que tenham como sujeito um termo dado (Lalande). **4.** *Direito processual.* Soma geral da conta no processo, se os autos foram remetidos ao contador.

TOTAL CONTRACT PRICE. *Expressão inglesa.* Valor total do contrato.

TOTAL GERAL. 1. Soma apurada como resultado final de todas as parcelas. **2.** Total de totais apurados parcialmente (De Plácido e Silva).

TOTALIDADE. 1. Soma total. **2.** Conjunto de várias partes que formam um todo. **3.** Qualidade de total. **4.** Inteireza das coisas. **5.** Conjunto completo dos elementos que formam um todo (Lalande). **6.** Síntese da pluralidade (Kant).

TOTALIDADE DA DÍVIDA. Conjunto das parcelas que formam o débito, abrangendo o capital e os juros.

TOTALIDADE DO DANO. *Direito civil.* É a que compreende todos os danos, patrimoniais e/ou morais, sofridos pelo lesado.

TOTALIDADE DO RENDIMENTO. *Direito civil.* Soma geral de todas as parcelas que, como frutos do capital, se produzem (De Plácido e Silva).

TOTALITÁRIO. 1. *Ciência política.* a) Governo onde um grupo detém em suas mãos todo o poder de administração, não aceitando a existência de outro partido político que não seja o de seus dirigentes, fazendo com que os interesses e direitos individuais prevaleçam sobre os da coletividade; b) sistema político que submete os cidadãos ao controle de um Estado autocrático e dirigido por um partido único; c) ditadura pessoal ou de grupo; d) o que se opõe ao individualismo. **2.** Nas *linguagens comum* e *jurídica*: a) o que contém a totalidade de partes; b) que exclui parcelamento ou divisão.

TOTALITARISMO. *Ciência política.* Teoria que propugna o governo totalitário, excluindo as liberdades individuais, onde há, como ensinam Friedrich, Brzezinski e Raymond Aron: a) partido único de massa; b) ideologia oficial; c) monopólio estatal dos meios de força e de persuasão; d) direção central das atividades econômicas e profissionais pelo Estado; e) politização ideológica e sistema de terrorismo policial que apóia e controla o partido.

TOTALITARISMO COMUNISTA. *Ciência política.* Conjunto coerente de princípios orientado para a transformação total da estrutura econômico-social da comunidade. A ditadura do proletariado e a violência são meros instrumentos temporários para alcançar tal finalidade. Sua ideologia é humanística, racionalista e universalista, tendo como ponto de partida o homem e sua razão (Mario Stoppino).

TOTALITARISMO FASCISTA. *História do direito* e *ciência política.* Conjunto de idéias que não se voltam para uma transformação total da estrutura econômico-social da comunidade, uma vez que seu ponto central é a raça, concebida como uma entidade superior ao homem individual. A ditadura, o *Führerprinzip* e a violência são princípios de governo permanentes para liquidar as raças inferiores. Sua ideologia é organicista, irracionalista e antiuniversalista (Mario Stoppino).

TOTALITARISTA. *Ciência política.* **1.** Adepto do totalitarismo. **2.** O que se refere ao totalitarismo.

TOTALIZAÇÃO. 1. Ato ou efeito de totalizar. **2.** Resultado de soma.

TOTALIZADOR. Que totaliza.

TOTALIZANTE. *Lógica jurídica.* Proposição universal cuja verdade se funda na observação anterior de cada indivíduo reunido numa asserção (Lalande).

TOTALIZAR. 1. Avaliar no todo. **2.** Calcular o total. **3.** Atingir o total. **4.** Realizar completamente.

TOTAL LOSS. *Locução inglesa.* Perda total.

TOTAL LOSS ONLY. *Direito internacional privado.* Seguro de mercadorias no transporte marítimo que cobre a perda total da carga independentemente da perda do navio.

TOTAL LOSS VESSEL ONLY. *Direito internacional privado.* Seguro em que há cobertura mínima da perda total do carregamento do navio, em razão da completa destruição deste.

TOTAL-PARCIAL. *Teoria geral do direito.* Antinomia que se dá quando uma das normas não puder ser aplicada, em nenhuma circunstância, sem conflitar com a outra, que, por sua vez, tem um campo de aplicação que conflita com a anterior apenas em parte (Alf Ross).

TOTAL-TOTAL. *Teoria geral do direito.* Antinomia em que uma das normas não pode ser aplicada em nenhuma circunstância sem conflitar com a outra (Alf Ross).

TOTEM. *Sociologia geral* e *filosofia geral.* 1. Coisa, vegetal, animal ou fenômeno natural a que determinadas sociedades primitivas se supunham especificamente ligadas. 2. Conjunto de coisas materiais a que se venera supersticiosamente, por considerá-lo sagrado. 3. Objeto material com que um clã americano ou australiano acredita ter relação, equivalente à de parentesco, que gera dever de assistência, de vingança, de luto etc. (Durkheim). 4. Patrono do clã. 5. Ser que serve de emblema ou de proteção a tribo ou clã. 6. Tabu.

TOTÊMICO. *Sociologia geral* e *filosofia geral.* 1. Relativo ao totem. 2. O que se baseia no totemismo.

TOTEMISMO. *Sociologia geral* e *filosofia geral.* 1. Organização social que se funda na crença da existência do totem. 2. Crença na relação de afinidade com animal, vegetal ou fenômeno natural (totem). 3. Sistema totêmico.

TOTEMISTA. *Sociologia geral* e *filosofia geral.* Aquele que pratica o totemismo.

TOTEMÍSTICO. *Sociologia geral* e *filosofia geral.* O que se refere ao totemismo.

TOTO-PARCIAL. *Lógica jurídica.* Proposição cujo sujeito é considerado universalmente e o predicado, particularmente (Hamilton).

TOTORA. *Direito comparado.* Embarcação feita com o junco peruano, chamado totora, muito usada no Peru e na Bolívia no lago Titicaca.

TOTO-TOTAL. *Lógica jurídica.* Proposição em que tanto o sujeito como o predicado são considerados universalmente.

TOT SUNT GRADUS, QUOT GERENATIONES. *Expressão latina.* Cada geração corresponde a um grau de parentesco.

TOT SUNT GRADUS QUOT PERSONAE, STIPITE DEMPTO. *Expressão latina.* Na contagem dos graus de parentesco, contam-se todas as pessoas que formam a linha de parentesco, excluindo-se uma.

TOTUM CONTINENS. *Locução latina.* 1. Que contém tudo. 2. Diz-se daquele que tem muitas aptidões.

TOTUM QUI DICIT, NIHIL EXCLUDIT. *Aforismo jurídico.* Quem diz tudo, nada exclui.

TOUCA. 1. Na *gíria*, é a pessoa em quem se pode confiar. 2. Na *linguagem comum*, é a peça de vestuário que serve para cobrir a cabeça.

TOUÇA. *Direito agrário.* 1. Pé da cana-de-açúcar. 2. Moita.

TOUCEIRA. *Direito agrário.* Grande touça.

TOUPEIRA. 1. Ignorante. 2. Aquele que às ocultas faz uma conspiração para subverter instituições.

TOURADA. 1. *Direito comparado.* Espetáculo tauromáquico. 2. Na *gíria*, páreo que apresenta irregularidade no turfe.

TOUR DE FORCE. *Locução francesa.* Esforço enorme.

TOUR DE PROMENADE. *Locução francesa.* Passeio.

TOUREIRO. *Direito comparado.* Aquele que toureia por profissão.

TOURIL. 1. *Direito comparado.* Local onde ficam os touros destinados a corrida, antes de entrarem na praça. 2. *Direito agrário.* Curral de gado vacum.

TOURIST OFFICE. *Locução inglesa.* Agência de turismo.

TOURNÉE. *Termo francês.* Viagem com itinerário já marcado.

TOURO. *Direito agrário.* Boi destinado à reprodução.

TOUT COURT. *Locução francesa.* Sem mais nada.

TOUT EST BIEN QUI FINIT BIEN. *Expressão francesa.* Tudo que termina bem está bem.

TOUT PASSE, TOUT CASSE, TOUT LASSE. *Expressão francesa.* Tudo passa, tudo quebra, tudo cansa.

TOWN-HALL. *Locução inglesa.* Prefeitura.

TOXEMIA. *Medicina legal.* Lesão do organismo provocada por produto tóxico oriundo de bactérias ou de destruição de suas próprias células, como se dá na gangrena (Morris Fishbein).

TOXÊMICO. *Medicina legal.* 1. O que é causado por toxemia. 2. O que se refere a toxemia.

TOXICEMIA. *Vide* TOXEMIA.

TOXICIDADE. *Medicina legal.* 1. Qualidade do que é tóxico. 2. Propriedade da matéria viva que se manifesta mediante alterações fisiológicas que causam danos ao organismo (José Lopes Zarzuela).

TÓXICO. *Medicina legal.* Substância mineral, vegetal ou animal que envenena; veneno.

TOXICODERMATITE. *Medicina legal.* Dermatite ou irritação da pele causada por substância tóxica.

TOXICOEMIA. *Vide* TOXEMIA.

TOXICOFAGIA. *Medicina legal.* Costume de ingerir tóxico, misturando-o a alimentos.

TOXICÓFAGO. *Medicinal legal.* Aquele que apresenta toxicofagia.

TOXICOFIDIA. *Medicina legal.* Inoculação de veneno de serpente.

TOXICOFOBIA. *Medicina legal.* Pavor mórbido de veneno ou de tóxico.

TOXICOFÓBICO. *Medicina legal.* Relativo a toxicofobia.

TOXICÓFOBO. *Medicina legal.* Quem sofre de toxicofobia.

TOXICÓGENO. *Medicina legal.* Que produz substância tóxica.

TOXICOLOGIA. *Medicina legal.* Ciência que estuda a ação do veneno no organismo dos seres vivos.

TOXICOLOGIA FORENSE. *Medicina legal.* Ciência que analisa os aspectos médico-legais dos efeitos nocivos dos tóxicos sobre os seres humanos.

TOXICOLÓGICO. *Medicina legal.* Referente a toxicologia.

TOXICOLOGISTA. *Medicina legal.* Versado em toxicologia.

TOXICÓLOGO. *Vide* TOXICOLOGISTA.

TOXICOMANIA. *Medicina legal.* **1.** Hábito ou vício de, para obter sensações agradáveis e anômalas, intoxicar-se com entorpecentes (ópio, cocaína, morfina etc.). **2.** Impulsão irresistível e patológica ao uso regular e excessivo de tóxicos. **3.** Dependência psíquica de drogas entorpecentes (Othon Sidou).

TOXICOMANÍACO. **1.** *Medicina legal.* a) Viciado em drogas ou em entorpecentes; b) aquele que apresenta toxicomania; c) aquele que, por ação de tóxicos, apresenta diminuição da capacidade de discernir, depressão mental ou desequilíbrio que pode levar à sua interdição; d) o que diz respeito à toxicomania. **2.** *Direito civil.* Pessoa viciada em tóxico, que, por ter discernimento reduzido, é considerada, se houver interdição, relativamente incapaz.

TOXICÔMANO. *Vide* TOXICOMANÍACO.

TOXICOMETRIA. *Medicina legal.* Ato de medir a intensidade do veneno.

TOXICOSE. *Medicina legal.* Intoxicação provocada por substância produzida pelo próprio organismo.

TOXICOTERAPIA. *Medicina legal.* Uso de veneno para curar determinadas moléstias.

TOXIDERMIA. *Medicina legal.* Erupção cutânea de origem tóxica.

TOXIFILIA. *Medicina legal.* Tendência de ingerir venenos.

TOXIFRENIA. *Medicina legal.* Intoxicação que causa doença psíquica.

TOXIFRENIA ALCOÓLICA. *Medicina legal.* Intoxicação aguda ou crônica provocada pelo consumo exagerado e constante de bebidas alcoólicas como licor, uísque, pinga, cerveja etc. Essas bebidas atuam sobre o cérebro, causando muitas perturbações da consciência, alucinações, reações brutais, alterações repentinas do caráter, transtornos na coordenação motora etc.

TOXIFRENIA PROFISSIONAL. *Medicina legal* e *medicina do trabalho.* Intoxicação sofrida por aquele que, por ocupação habitual, manipula composto de chumbo, morfina, éter, sulfato de carbono etc., o que o leva a ter perturbações de ordem psíquica ou física.

TOXINA. *Medicina legal.* Produto tóxico produzido por bactérias, animais, plantas, suscetível de provocar formação de anticorpos.

TOXINEMIA. *Medicina legal.* Presença de toxinas no sangue (Laudelino Freire).

TOXINOSE. *Medicina legal.* Estado patológico provocado pelas toxinas.

TOXIQUEMIA. *Vide* TOXINEMIA.

TOXOPLASMOSE. *Medicina legal.* Síndrome meningo-encefalítica e oligofrênica, acompanhada de hidrocefalia, líquor xantocrômico e calcificação cerebral, provocadas pelo *Toxoplasma goondii*, parasito de animal doméstico que atinge o feto pela placenta (A. Almeida Jr. e J. B. de O. e Costa Jr.).

TÓXOTA. *História do direito.* Soldado que, em Atenas, era incumbido de policiar as vias públicas.

TOXÚRIA. *Medicina legal.* Presença de toxina na urina.

TOWN CLEARING. *Locução inglesa.* Câmara de compensação de cheque.

TOWN TAX. *Locução inglesa.* Imposto municipal.

TPA. *Direito internacional público.* Abreviação de *Trade Promotion Authorization Act*, lei que confere ao presidente dos EUA mandato especial para assinar acordo de livre comércio internacional, que será votado pelo Congresso, sem emendas, visto que só poderá ratificá-lo ou rejeitá-lo. É também designado *fast track* (Luiz Fernando Rudge).

TPB. *Direito marítimo.* Sigla de tonelagem de porte bruto da embarcação.

TP CELULAR. *Direito administrativo.* Telefone público celular, instalado pela Telesp em estradas paulistas (pedágios, postos rodoviários, restaurantes etc.) situadas em locais remotos e de difícil acesso para telefonia celular convencional.

TR – TAXA REFERENCIAL. *Direito bancário.* Indexador calculado a partir da remuneração mensal média líquida de impostos, dos depósitos a prazo fixo captados nos bancos comerciais, bancos de investimentos, bancos múltiplos com carteira comercial ou de investimentos, caixas econômicas, de acordo com metodologia aprovada pelo Conselho Monetário Nacional (Luiz Fernando Rudge).

TRABÁCOLO. *Direito comparado.* Veleiro pequeno com dois mastros, usado para pesca e carga, no Adriático.

TRABALHADOR. 1. *Direito do trabalho.* a) Empregado; b) operário; c) aquele que está subordinado a um empregador, em razão de contrato trabalhista, que gera vínculo empregatício. **2.** *Direito agrário.* Aquele que presta serviços agropecuários. **3.** Nas *linguagens comum* e *jurídica:* a) aquele que trabalha; b) ativo; c) o que gosta do trabalho; d) aquele que, por esforço físico ou mental, desempenha uma profissão.

TRABALHADOR AGRÁRIO. *Direito agrário.* Trabalhador rural voltado à atividade agropecuária, extrativa ou agroindustrial.

TRABALHADOR AGRÍCOLA. *Direito agrário.* Trabalhador rural que se utiliza da terra para produzir vegetais, exercendo funções ligadas à agricultura, como preparo do solo, plantio e colheita.

TRABALHADOR ASSALARIADO. *Direito do trabalho.* Aquele que, em razão de contrato de emprego, exerce sua atividade laborativa por conta do empregador, que lhe paga salário.

TRABALHADOR AUTÔNOMO. *Direito do trabalho.* Aquele que presta serviço de natureza urbana ou rural, em caráter eventual, sem vínculo de subordinação, a uma ou mais empresas sem relação de emprego, uma vez que exerce atividade por conta própria.

TRABALHADOR AVULSO. *Direito do trabalho.* **1.** Aquele que presta, eventualmente, serviço ao empregador, a quem está subordinado e de quem recebe um salário. **2.** Aquele que presta serviços a várias empresas, sem qualquer vínculo empregatício, por intermédio da entidade de classe a que está vinculado (Acquaviva). **3.** Aquele que, sindicalizado ou não, presta serviço de natureza rural ou urbana, sem vínculo empregatício, a diversas empresas, com intermediação obrigatória do sindicato da categoria (somente quando houver intermediação do sindicato na área rural).

TRABALHADOR BRAÇAL. *Direito do trabalho.* Aquele que trabalha à custa da força dos braços.

TRABALHADOR DE BLOCO. *Direito marítimo.* Aquele que, participando de um grupo de profissionais, está encarregado da limpeza, pintura, reparos, manutenção e conservação de navios mercantes.

TRABALHADOR DE RESERVA. *Vide* TRABALHADOR SUBSTITUTO.

TRABALHADOR DOMÉSTICO. *Direito do trabalho.* Aquele que, continuamente, presta serviços numa residência, tendo os mesmos direitos do trabalhador rural ou urbano, como os de receber salário mínimo, 13º salário, repouso semanal remunerado, férias, licença-gestante, licença paternidade, aviso prévio, aposentadoria etc.

TRABALHADOR EM DOMICÍLIO. *Direito do trabalho.* Aquele que, numa relação empregatícia, executa seu trabalho fora do estabelecimento de seu empregador e sem fixação de período de duração para a jornada da atividade laborativa.

TRABALHADORES PORTUÁRIOS AVULSOS (TPA). *Direito marítimo.* Mão-de-obra avulsa que trabalha em serviços gerais junto a portos (James G. Heim).

TRABALHADOR ESTRANGEIRO. *Direito do trabalho.* Aquele estrangeiro que, no Brasil, exerce atividade laboral remunerada.

TRABALHADOR EVENTUAL. *Direito civil* e *direito do trabalho.* Aquele que, mediante remuneração e sem vínculo de emprego, ocasional ou acidentalmente, presta serviços a outrem. No meio urbano é conhecido como *chapa* e presta serviço a vários tomadores sem continuidade, em certas épocas. Por ex.: os garçons em restaurantes, no Natal; na zona rural é denominado *volante* ou *bóia-fria*, que, sem continuidade, presta serviços agrícolas ou pecuários a vários empregadores rurais (Pedro Paulo Teixeira Manus). Assim, havendo qualquer controvérsia, esta deverá ser submetida ao crivo da justiça comum e não ao da trabalhista.

TRABALHADOR INTELECTUAL. *Direito do trabalho.* Aquele que exerce atividade fundada na inteligência e em conhecimentos técnicos especializados. Por exemplo: escritor, professor, jornalista etc.

TRABALHADOR LIVRE. *Direito do trabalho.* Aquele que exerce sua atividade profissional sem estar subordinado a um empregador.

TRABALHADOR MANUAL. *Direito do trabalho.* Aquele cujo trabalho requer habilidade das mãos.

TRABALHADOR MARÍTIMO. *Vide* TRABALHADOR PORTUÁRIO.

TRABALHADOR MECÂNICO. *Direito do trabalho.* Aquele que se especializou no manejo de máquinas.

TRABALHADOR MIGRANTE. *Direito do trabalho.* Aquele que sai de seu país para exercer atividade laborativa em outro.

TRABALHADOR MIGRATÓRIO. *Sociologia jurídica.* Operário que, na agricultura ou na indústria, casualmente encontra ocupação em diversos lugares e em diferentes épocas do ano.

TRABALHADOR PECUÁRIO. *Direito agrário.* Trabalhador rural encarregado da criação, recria e engorda de gado.

TRABALHADOR PORTUÁRIO. *Direito do trabalho* e *direito marítimo.* Aquele que exerce atividades no porto ou nas embarcações, abrangendo ainda a de estiva e capitania. São considerados trabalhadores portuários o trabalhador avulso e trabalhador portuário com vínculo empregatício a prazo indeterminado: o trabalhador avulso é o trabalhador portuário devidamente cadastrado e registrado nos órgãos locais de gestão de mão-de-obra, sem vínculo empregatício com o empregador, que presta serviço na área do porto organizado a diversos tomadores de serviços, com intermediação ou não do órgão gestor de mão-de-obra. Trabalhador portuário avulso em caráter permanente, entre os trabalhadores avulsos, é aquele que presta serviço, sem vínculo empregatício, a um único operador portuário. Trabalhador portuário com

vínculo empregatício a prazo indeterminado é o trabalhador portuário que mantém vínculo empregatício com o empregador, conforme categorias mencionadas legalmente.

TRABALHADOR RURAL. *Vide* TRABALHADOR AGRÁRIO.

TRABALHADOR SUBSTITUTO. *Direito do trabalho.* Aquele que é admitido para substituir quem se aposentou por invalidez. É também designado trabalhador de reserva.

TRABALHADOR TEMPORÁRIO. *Direito do trabalho.* Prestador de serviço em caráter eventual, que é contratado por alguém em razão de intermediação de empresa (J. Motta Maia). É o recrutado por empresa especializada na locação de mão-de-obra temporária, que presta serviço a uma empresa para atender, transitoriamente, à substituição de pessoal regular ou permanente ou para realizar algum trabalho extraordinário. Assim, quando alguém precisa de pessoa qualificada para, num breve espaço de tempo, não excedente a três meses, prestar certo serviço profissional, procura-o numa empresa especializada em trabalho temporário. Logo, o vínculo trabalhista existe entre o trabalhador e a empresa de trabalho temporário, e não entre ele e a empresa cliente, que é a tomadora de serviço (Marcus Cláudio Acquaviva).

TRABALHADOR URBANO. *Direito do trabalho.* Aquele que presta serviço assalariado em residências, indústrias e estabelecimentos comerciais.

TRABALHADOR VOLANTE. *Direito do trabalho.* **1.** Bóia-fria. **2.** Aquele que presta serviço a agenciador de mão-de-obra, constituído como pessoa jurídica, observado que, quando o agenciador não estiver constituído como pessoa jurídica, o bóia-fria e o agenciador serão considerados empregados do tomador de serviços.

TRABALHAR. *Direito do trabalho.* **1.** Exercer atividade profissional ou um ofício. **2.** Desempenhar funções para as quais se foi contratado.

TRABALHISMO. 1. *Direito comparado.* Doutrina dos trabalhistas ingleses. **2.** *Sociologia jurídica.* Complexo de teorias socioeconômicas alusivas à vida operária, baseadas na proteção da classe trabalhadora pela intervenção do Estado.

TRABALHISTA. 1. *Sociologia jurídica.* a) Adepto do trabalhismo; b) referente ao trabalhismo; c) aquele que luta para que haja mais direitos aos trabalhadores. **2.** *Direito comparado.* Membro do Partido dos Trabalhadores da Inglaterra. **3.** Na *linguagem jurídica* em geral, relativo ao trabalho ou ao trabalhador.

TRABALHO. 1. *História do direito.* Na Grécia antiga, era um castigo. **2.** *Direito do trabalho.* a) Conjunto de atividades humanas, intelectuais ou braçais que geram uma utilidade; b) ofício; c) emprego; d) tarefa; e) objeto de um contrato trabalhista; f) ato ou efeito de trabalhar. **3.** *Economia política.* a) Atividade produtiva, dirigida a um fim econômico; b) bem de ordem econômica, que é protegido pelo direito. **4.** *Direito constitucional.* Direito e dever social assegurado a todos para que tenham uma vida digna. **5.** *Direito autoral.* Obra literária ou artística. **6.** *Direito civil* e *direito comercial.* a) Exame, discussão e deliberação de uma corporação ou pessoa jurídica de direito privado; b) discussão ou deliberação para solucionar algo. **7.** *Psicologia forense.* Ação pela qual o homem atua, segundo normas sociais, sobre uma matéria, com o escopo de transformá-la. **8.** Na *gíria*: a) roubo; b) assalto; c) execução de um ato delituoso.

TRABALHO A CÉU ABERTO. *Direito do trabalho.* Aquele que, por se dar fora do estabelecimento empresarial, reclama a adoção de medidas protetivas ao trabalhador contra frio, chuva, sol etc.

TRABALHO ACIDENTAL. *Vide* TRABALHO A TÍTULO PRECÁRIO.

TRABALHO ADMINISTRATIVO. *Direito do trabalho.* Trabalho vinculado à administração de uma empresa privada ou pública, mas sujeito à lei trabalhista.

TRABALHO AGRÍCOLA. *Direito agrário* e *direito do trabalho.* Aquele desenvolvido na agricultura pelo trabalhador rural, como arar a terra, plantar, fazer colheita etc.

TRABALHO ALIENANTE. *Direito penal* e *direito do trabalho.* Aquele que, por fazer com que o empregado perca sua liberdade ou dignidade, é vedado em lei.

TRABALHO À NOITE. *Direito agrário.* Aquele em que o empregado exerce suas atividades no período que vai das 22h de um dia às 5h do dia seguinte, dando origem ao adicional de 20% sobre a hora diurna.

TRABALHO AOS SÁBADOS. *Direito do trabalho.* Aquele que, salvo casos excepcionais, se realiza aos sábados, pois a lei apenas exige descanso semanal de vinte e quatro horas consecutivas, que, em regra, deverá coincidir com o domingo.

TRABALHO ASSALARIADO. *Direito do trabalho.* É o prestado pelo empregado por conta do patrão, a quem está subordinado em virtude de contrato trabalhista e de quem recebe um salário.

TRABALHO A TÍTULO PRECÁRIO. *Direito do trabalho.* Trabalho acidental ou eventual em que o empregado é contratado para executar, mediante subordinação, pequena tarefa e em condições passageiras, não tendo uma atividade contínua, uma vez que é temporário ou casual.

TRABALHO BENEDITINO. O que requer muita paciência.

TRABALHO BRAÇAL. *Direito do trabalho.* É o levado a efeito mediante esforço físico, força muscular ou habilidade das mãos do trabalhador, sem o emprego de máquinas. Trata-se do trabalho manual.

TRABALHO CARCERÁRIO. *Vide* TRABALHO DO CONDENADO.

TRABALHO CASUAL. *Vide* TRABALHO A TÍTULO PRECÁRIO.

TRABALHO CERTO. *Direito do trabalho.* Aquele que está devidamente especificado no contrato trabalhista; logo, se o empregador exigir outro trabalho que não o indicado, o trabalhador poderá rescindir aquele contrato e reclamar indenização. É a ocupação certa e definida.

TRABALHO CIENTÍFICO. *Direito do trabalho.* Aquele que reclama conhecimento científico, envolvendo: a) a exposição oral ou escrita de temas de ciência, colocando-os ao alcance do povo, mediante livros, artigos, palestras etc.; b) a pesquisa científica.

TRABALHO COMERCIAL. *Direito do trabalho.* Aquele que diz respeito às atividades econômicas organizadas para a produção e circulação de bens e serviços levadas a efeito em um estabelecimento empresarial.

TRABALHO CONTÍNUO. *Direito do trabalho.* Aquele em que o empregado é contratado para prestar serviço, normal e permanentemente, sem que haja qualquer suspensão ou interrupção, estendendo-se pelo tempo. Mas há concessão obrigatória de um intervalo para repouso ou alimentação, que dura uma ou duas horas, se o serviço exceder a seis horas, e quinze minutos, se não exceder a seis horas, mas ultrapassar quatro.

TRABALHO DA MULHER. *Direito do trabalho.* Está sujeito a um regime especial, pois: a) não pode

TRABALHO DE ESCRITÓRIO   685   TRA

ter duração maior do que oito horas diárias, salvo em casos excepcionais, por motivo de força maior, quando pode ser elevado para o prazo máximo de doze horas; b) há licença à gestante, com a duração de cento e vinte dias, sem prejuízo do emprego e do salário; c) é vedada a dispensa arbitrária ou sem justa causa da gestante, desde a confirmação da gravidez até cinco meses após o parto; d) há proteção do mercado de trabalho da mulher; e) no período noturno, cada hora de trabalho das mulheres tem cinqüenta e dois minutos e trinta segundos, com salário superior ao diurno.

TRABALHO DE ESCRITÓRIO. *Direito do trabalho.* Aquele voltado a serviço de datilografia, de contabilidade, de correspondência, de escrituração, de entrega de documentos a outrem etc.

TRABALHO DE EXECUÇÃO. *Direito do trabalho.* É o feito por trabalhador manual, artesão etc.

TRABALHO DE IGUAL VALOR. *Direito do trabalho.* O que é feito com igual produtividade e com a mesma perfeição técnica entre pessoas empregadas cuja diferença de tempo de serviço não seja superior a dois anos. Sendo idêntica a função, a todo trabalho de igual valor, prestado ao mesmo empregador, na mesma localidade, corresponde igual salário, sem distinção de sexo, nacionalidade ou idade.

TRABALHO DE INVENÇÃO. *Direito de propriedade industrial.* É aquele que traz como resultado a descoberta de um bem novo, de um método aperfeiçoado para fabricação, transporte e conservação de produtos (Henri Guitton).

TRABALHO DE NATUREZA ESPECIAL. *Direito do trabalho.* Trabalho técnico que só pode ser executado por profissionais devidamente habilitados ou por peritos, por requerer conhecimentos técnicos ou especializados.

TRABALHO DE NOIVO. *Sociologia jurídica.* Trabalho temporário prestado pelo noivo ao futuro sogro, em sociedade rudimentar, para que possa ter direito à noiva.

TRABALHO DE ORDEM TÉCNICA. *Vide* TRABALHO ESPECIALIZADO.

TRABALHO DE ORGANIZAÇÃO E DE DIREÇÃO. *Direito do trabalho.* É o feito por diretores e administradores de empresa que dividem e organizam o trabalho em suas oficinas (Henri Guitton).

TRABALHO DE PARTO. *Medicina legal.* Conjunto de fenômenos que constituem o parto, ao expulsar o feto.

TRABALHO DE SAPA. 1. Ardil; trama. **2.** Conspiração.

TRABALHO DE SÍSIFO. Aquele cansativo, estafante e inútil porque, uma vez terminado, é preciso recomeçá-lo.

TRABALHO DIRETO. *Direito do trabalho* e *direito comercial.* O que se volta diretamente à fabricação de produtos, podendo o custo ser computado no preço. Trata-se do trabalho produtivo.

TRABALHO DIURNO. *Direito do trabalho.* Aquele que vai das 5h até as 22h.

TRABALHO DO CONDENADO. *Direito penitenciário.* Direito e dever jurídico do condenado, por ter a função de reeducá-lo, readaptando-o à sociedade. Tal trabalho penitenciário, executado conforme a aptidão física e mental do preso, é remunerado e não tem caráter aflitivo.

TRABALHO DO MENOR. *Direito constitucional* e *direito do trabalho.* É o exercido por menor entre quatorze e dezesseis anos, desde que não seja noturno, perigoso ou insalubre. Quem tiver menos de quatorze anos pode trabalhar apenas como aprendiz.

TRABALHO DOMÉSTICO. *Direito do trabalho.* O executado no âmbito residencial pela cozinheira, arrumadeira, lavadeira etc.

TRABALHO DOMICILIAR. *Vide* TRABALHO EM DOMICÍLIO.

TRABALHO EDUCATIVO. 1. *Direito do trabalho.* Aquele que tem por objetivo educar aprendizes, dando-lhes uma formação profissional. **2.** *Direito da criança e do adolescente.* Atividade laboral em que as exigências pedagógicas atinentes ao desenvolvimento pessoal e social do educando têm prevalência sobre a produção (Geraldo Magela Alves).

TRABALHO EFETIVO. *Direito do trabalho.* Período em que o empregado está à disposição do empregador, aguardando ou executando ordens, exceto se houver disposição especial expressamente consignada.

TRABALHO EM CONTENÇÃO. *Direito ambiental.* Atividade com organismo geneticamente modificado (OGM) em condições que não permitam o seu escape ou liberação para o meio ambiente, podendo ser realizada em pequena ou grande escala.

TRABALHO EM DIA FERIADO. *Direito do trabalho.* Aquele que se dá em dia em que, por comemoração civil ou religiosa, seria normalmente suspenso, devendo por isso ser compensado.

TRABALHO EM DOMICÍLIO. *Direito do trabalho.* Aquele em que o trabalhador presta serviço à empresa ou por conta do empregador em sua residência, tendo assegurados todos os direitos oriundos da relação empregatícia.

TRABALHO EM DOMINGO. *Direito do trabalho.* É o que se realiza, total ou parcialmente, durante o domingo, desde que haja prévia permissão da autoridade competente.

TRABALHO EM MINAS OU NO SUBSOLO. *Direito do trabalho.* Trabalho em escavação, túnel, galeria, minas e pedreiras que está submetido a medidas especiais de proteção, sobretudo no que atina à prevenção de explosões, incêndios, desmoronamentos, soterramentos, eliminação de poeiras, gases etc., e facilidade de saída rápida dos empregados. Trata-se do trabalho subterrâneo.

TRABALHO EMPREGADO. **1.** Esforço que se desenvolveu para realizar uma obra. **2.** Utilidade produzida (De Plácido e Silva).

TRABALHO EM REGIME DE TEMPO PARCIAL. *Direito do trabalho.* Aquele cuja duração não exceda a vinte e cinco horas semanais. O salário a ser pago aos empregados sob o regime de tempo parcial será proporcional à sua jornada, em relação aos empregados que cumprem, nas mesmas funções, tempo integral. Para os atuais empregados, a adoção do regime de tempo parcial será feita mediante opção manifestada perante a empresa, na forma prevista em instrumento decorrente de negociação coletiva. Na modalidade do regime de tempo parcial, após cada período de doze meses de vigência do contrato de trabalho, o empregado terá direito a férias, na seguinte proporção: a) dezoito dias, para a duração do trabalho semanal superior a vinte e duas horas, até vinte e cinco horas; b) dezesseis dias, para a duração do trabalho semanal superior a vinte horas, até vinte e duas horas; c) quatorze dias, para a duração do trabalho semanal superior a quinze horas, até vinte horas; d) doze dias, para a duração do trabalho semanal superior a dez horas, até quinze horas; e) dez dias, para a duração do trabalho semanal superior a cinco horas, até dez horas; f) oito dias, para a duração do trabalho semanal igual ou inferior a cinco horas. O empregado contratado sob o regime de tempo parcial que tiver mais de sete faltas injustificadas ao longo do período aquisitivo terá o seu período de férias reduzido à metade.

TRABALHO EM REVEZAMENTO. *Direito do trabalho.* Aquele que, por ser ininterrupto, requer turmas que se revezam a cada oito horas.

TRABALHO ESPECIALIZADO. *Direito do trabalho.* Aquele que requer para sua execução conhecimentos especializados ou técnicos. *Vide* TRABALHO DE NATUREZA ESPECIAL.

TRABALHO EVENTUAL. *Vide* TRABALHO A TÍTULO PRECÁRIO.

TRABALHO EXTERNO DO PRESO. *Direito penitenciário.* Atividade laboral exercida por condenado fora do estabelecimento prisional desde que compatível ao regime a que está submetido e aos objetivos da pena. É um mecanismo de reeducação e reinserção do detento na sociedade, por evitar a sua ociosidade e manter o seu equilíbrio psíquico. É permitido apenas com autorização do juiz sentenciante, juiz da execução penal ou diretor do estabelecimento penitenciário desde que o condenado apresente bom comportamento e tenha cumprido um sexto da pena. Todavia o juiz sentenciante ou o da execução penal poderá deferir o trabalho externo, independentemente daquele lapso temporal de pena cumprida.

TRABALHO EXTRAORDINÁRIO. *Direito do trabalho.* Aquele que, por ir além da duração normal da jornada diária, impõe o pagamento de um adicional computado no salário, que servirá de base ao cálculo da remuneração das férias.

TRABALHO FAMILIAR. *Direito do trabalho* e *direito civil.* Aquele executado pela mulher, no âmbito da família, que não se rege pela lei trabalhista se se der em oficina na qual sirvam exclusivamente pessoas da família da mulher e esteja esta sob a direção do marido, do pai, da mãe, do tutor ou do filho.

TRABALHO FEMININO. *Vide* TRABALHO DA MULHER.

TRABALHO GRÁFICO. **1.** Obra impressa. **2.** O executado em oficina de tipografia, para imprimir documentos.

TRABALHO ILÍCITO. Aquele vedado por lei, não gerando, por isso, vínculo empregatício.

TRABALHO IMATERIAL. *Direito de propriedade industrial, direito autoral* e *direito do trabalho.* Aquele em que o empregado loca seu conhecimento, advindo, portanto, do esforço da inteligência, podendo ser: literário, artístico ou científico. É a criação intelectual protegida pelo direito autoral, direito de propriedade industrial e direito do trabalho.

TRABALHO INDIRETO. *Direito do trabalho.* Aquele similar ao do pessoal de escritório, de consertos e manutenção que, por ser aplicado de modo indireto à fabricação do produto, não pode ter seu custo incluído no preço deste.

TRABALHO INDUSTRIAL. *Direito do trabalho.* É o que se realiza em indústrias ou oficinas.

TRABALHO INGRATO. *Direito do trabalho.* Aquele que, além de ser difícil, não produz o efeito esperado.

TRABALHO ININTERRUPTO. *Direito do trabalho.* Aquele executado sem solução de continuidade, requerendo turmas de empregados que se revezam, cada qual cumprindo seu horário.

TRABALHO INSALUBRE. *Direito do trabalho.* Aquele que, pela sua natureza, pelo local de sua execução e pelo método utilizado, pode dar origem a doenças profissionais. E os adicionais por trabalho insalubre serão computados no salário que servirá de base ao cálculo da remuneração de férias do empregado.

TRABALHO INTELECTUAL. *Vide* TRABALHO IMATERIAL.

TRABALHO LÍCITO. *Direito do trabalho.* Atividade laborativa, material ou imaterial, que não é vedada por lei.

TRABALHO LITERÁRIO. *Direito autoral.* Obra literária que é produto de atividade intelectual.

TRABALHO LIVRE. *Direito do trabalho.* O realizado por pessoas de condição livre, mediante remuneração.

TRABALHO MANUAL. *Vide* TRABALHO BRAÇAL.

TRABALHO MATERIAL. *Direito do trabalho.* Aquele que requer pouco uso de inteligência por parte do empregado, uma vez que se baseia na força física. Abrange o braçal, mecânico ou manual.

TRABALHO MECÂNICO. *Direito do trabalho.* Trabalho braçal em que o operário lida com máquinas, por meio das quais produz utilidades.

TRABALHO NÃO EVENTUAL. *Direito do trabalho.* Trabalho contínuo.

TRABALHO NOTURNO. *Vide* TRABALHO À NOITE.

TRABALHO ORDINÁRIO. *Direito do trabalho.* É o levado a efeito dentro da jornada normal de oito horas diárias ou do horário estabelecido no contrato de trabalho.

TRABALHO PARTICULAR. *Direito do trabalho.* É aquele executado a pessoa natural ou a pessoa jurídica de direito privado.

TRABALHO PENITENCIÁRIO. *Vide* TRABALHO DO CONDENADO.

TRABALHO PERIGOSO. *Direito do trabalho.* Aquele em que, por oferecer risco ao empregado, seus adicionais são computados no salário que serve de base ao cálculo da remuneração de férias.

TRABALHO PERMANENTE. *Direito do trabalho.* É o exercício de forma não ocasional nem intermitente, no qual a exposição do empregado, do trabalhador avulso ou do cooperado ao agente nocivo seja indissociável da produção do bem ou da prestação de serviço. Aplica-se-lhe o disposto aos períodos de descanso determinados pela legislação trabalhista, inclusive férias, aos de afastamento decorrentes de gozo de benefícios de auxílio-doença ou aposentadoria por invalidez acidentários, bem como aos de percepção de salário-maternidade, desde que, à data do afastamento, o segurado estivesse exercendo atividade considerada especial.

TRABALHO POR EMPREITADA. *Direito do trabalho* e *direito civil.* Aquele cuja remuneração é fixada pela obra a ser executada, não se baseando em salário ou diária, mas em que por lei, está garantida ao empregado uma remuneração diária nunca inferior à do salário mínimo por dia normal.

TRABALHO POR PEÇA. *Vide* TRABALHO POR TAREFA.

TRABALHO POR PREÇO. *Direito civil.* É o levado a efeito por artesão, que inclui no valor da coisa produzida o da matéria-prima (De Plácido e Silva).

TRABALHO POR TAREFA. *Direito do trabalho.* Aquele cujo salário se baseia no número de peças produzidas, mas em que há garantia para o operário de que a remuneração diária nunca será inferior à do salário mínimo por dia normal de trabalho.

TRABALHO PORTUÁRIO. *Direito do trabalho* e *direito marítimo.* Aquele alusivo à movimentação e armazenagem de mercadorias destinadas ou provenientes de transporte aquaviário, realizadas no porto e organizadas por operadores portuários.

TRABALHO PORTUÁRIO AVULSO. *Direito do trabalho* e *direito marítimo.* As atividades que compreendem os serviços de capatazia, estiva, conferência de carga, conserto de carga, bloco e vigilância de embarcação, sendo: a) capatazia, a movimentação de mercadorias nas instalações de uso público, compreendendo recebimento, conferência, transporte interno, abertura de volumes para conferência aduaneira, manipulação, arrumação e entrega, bem como carregamento e descarga de embarcações, quando efetuados por aparelhamento portuário; b) estiva, a movimentação de mercadorias nos conveses ou nos porões das embarcações principais ou auxiliares, incluindo o transbordo, a arrumação, a peação ou a despeação, bem como o carregamento ou a descarga das embarcações, quando realizados com equipamentos de bordo; c) conferência de carga, a contagem de volumes, a anotação de características, de procedência ou de destino, a verificação do estado das mercadorias, a assistência à pesagem, a conferência de manifesto e os demais serviços correlatos, nas operações de carregamento e de descarga de embarcações; d) conserto de carga, o reparo ou a restauração das embalagens de mercadorias, a reembalagem, a marcação, a remarcação, a carimbagem, a etiquetagem, a abertura de volumes para vistoria e posterior recomposição, nas operações de carregamento e de descarga de embarcações; e) bloco, a atividade de limpeza e conservação de embarcações mercantes ou de seus tanques, incluindo batimento de ferrugem, pintura, reparos de pequena monta ou os serviços correlatos; f) vigilância de embarcações, a fiscalização da entrada e saída de pessoas a bordo das embarcações atracadas ou fundeadas ao largo, bem como a movimentação de mercadorias em portalós, rampas, porões, conveses, plataformas ou em outros locais da embarcação.

TRABALHO POR TURMAS. *Vide* TRABALHO EM REVEZAMENTO.

TRABALHO PRELIMINAR. *Vide* TRABALHO PREPARATÓRIO.

TRABALHO PREPARATÓRIO. *Direito do trabalho.* Trabalho preliminar que antecede outro.

TRABALHO PRESIDIÁRIO. *Vide* TRABALHO DO CONDENADO.

TRABALHO PRISIONAL. *Vide* TRABALHO DO CONDENADO.

TRABALHO PRODUTIVO. *Vide* TRABALHO DIRETO.

TRABALHO PROFISSIONAL. *Direito civil.* É o executado por profissional liberal, sem qualquer vínculo empregatício.

TRABALHO PROIBIDO. *Direito do trabalho.* Aquele não permitido por lei, como, por exemplo, o de menor durante o período noturno ou em local insalubre ou perigoso.

TRABALHO PRÓPRIO. *Direito civil.* É o levado a efeito por conta e em proveito do executante, sem qualquer dependência de emprego ou de percepção de salário (De Plácido e Silva).

TRABALHO PÚBLICO. *Direito administrativo.* **1.** Serviço público. **2.** Aquele executado pelo Poder Público para realizar obras de interesse da coletividade. **3.** Operação de interesse geral feita sobre imóvel, por conta da Administração Pública, reparando-o, conservando-o ou modificando-o.

TRABALHO RELIGIOSO. Assistência religiosa prestada a quem dela precisar ou solicitá-la.

TRABALHO RURAL. *Direito agrário.* Atividade agrária ou pecuária realizada sob a dependência de empregador, em prédio rústico.

TRABALHOS DE CAMPO. *Vide* TRABALHO RURAL.

TRABALHO SERVIL. *História do direito.* Era o realizado por escravos.

TRABALHOS FORÇADOS. *História do direito.* Aqueles que eram exigidos de alguém de modo coercitivo, sob a ameaça de uma pena, inadmissíveis hoje por estarem relacionados à servidão ou escravidão. Eram um tipo de pena infamante e aflitiva, cumprida, em condições penosas, nas galés, minas e construções. Constituía, portanto, a pena de trabalhos públicos imposta a condenados.

TRABALHOSO. **1.** Exaustivo. **2.** Difícil. **3.** Fatigante.

TRABALHO SOB AR COMPRIMIDO. *Direito do trabalho.* É o executado, dentro das condições previstas em normas, por homens de dezoito a quarenta e cinco anos, em escafandros e em ambiente sob ar comprimido.

TRABALHO SOCIAL. *Sociologia jurídica.* Aquele que tem por escopo a reforma social.

TRABALHO SUBORDINADO. *Direito do trabalho.* Prestação de serviço do empregado em proveito do empregador, ao qual, em razão de contrato de emprego, está subordinado, mediante pagamento de salário.

TRABALHO SUBTERRÂNEO. *Direito do trabalho.* É o que se dá no subsolo, na exploração de minas, na perfuração de túneis ou poços. Por oferecer perigo ao trabalhador, este se submete a regime especial, que visa protegê-lo. *Vide* TRABALHO EM MINAS OU NO SUBSOLO.

TRABALHO TÉCNICO. *Vide* TRABALHO DE NATUREZA ESPECIAL.

TRABALHO TEMPORÁRIO. *Direito do trabalho.* Aquele que, transitoriamente, é prestado, com intermediação de empresa de trabalho temporário, a uma empresa tomadora de serviço para substituir empregado permanente ou executar serviço extraordinário.

TRABALHO TIPOGRÁFICO. *Vide* TRABALHO GRÁFICO.

TRABALI CLAVO, QUEMADMODUM DICITUR, FIGERE BENEFICIUM. *Expressão latina.* Assegurar bem um benefício; torná-lo duradouro.

TRABUQUETE. *História do direito.* Casa de câmbio que trocava moedas, cobrando ágio em benefício do tesouro público.

TRAÇADO. 1. *Direito civil.* Na maçonaria, é o relatório escrito. **2.** *Direito marítimo.* Lona estreita para velas. **3.** Nas *linguagens comum* e *jurídica*: a) projeto; b) plano para executar algo; c) mapa; d) gráfico; e) rodovia; f) linha férrea; g) caminho.

TRAÇÃO. *Direito comercial.* **1.** Força humana, animal ou mecânica que move veículos que transportam carga ou passageiros. **2.** Serviço, na estrada de ferro, encarregado da manutenção do material rodante.

TRAÇÃO RÍTMICA DA LÍNGUA. *Medicina legal.* Manobra que excita a respiração de asfixiado ou afogado (Laudelino Freire).

TRAÇAR. 1. Demarcar. **2.** Projetar. **3.** Maquinar. **4.** Escrever. **5.** Partir algo em pedaços; cortar. **6.** Gastar.

TRACEJADO. Marcado.

TRÁCIO. *História do direito.* Gladiador que lutava com uma parma e um gládio curvo, contra um mirmilão, na Antigüidade romana (Laudelino Freire).

TRACOMA. *Medicina legal.* Conjuntivite granulosa que deixa pequenas cicatrizes na mucosa ocular.

TRACTUS FUTURI TEMPORIS NON PERTINENT AD JUDICIUM. *Aforismo jurídico.* Tratos de tempo futuro não pertencem ao juiz.

TRACTU TEMPORIS. *Locução latina.* Decurso do prazo.

TRADABLE PERMITS. *Locução inglesa.* Trata-se do *pollution rights*, pelo qual as partes interessadas obtêm autorização para poluírem até determinados níveis, podendo negociar no mercado a quantidade não utilizada, como se fossem "títulos", por um valor fixado segundo as leis de oferta e procura (J. H. Dales e Paulo Lucena de Menezes).

TRADE. *Termo inglês.* Operação de compra ou de venda nos mercados a vista, nos mercados futuros, de opções ou de margem em garantia.

TRADE ACCEPTANCE. *Locução inglesa.* Título de aquisição a crédito de mercadoria alusiva a uma venda já efetuada.

TRADE AGREEMENT. *Locução inglesa.* Acordo comercial.

TRADE–MARK. *Locução inglesa.* **1.** Marca de fábrica. **2.** Marca registrada.

TRADE NAME. *Locução inglesa.* **1.** Nome comercial. **2.** Firma.

TRADE NOTE. *Locução inglesa.* Duplicata.

TRADENS. *Termo latino.* **1.** Aquele que transfere algo a outrem. **2.** O que opera a tradição.

TRADENTE. *Direito civil.* **1.** Aquele que transfere ou entrega a coisa alienada ao adquirente. **2.** Alienante. **3.** Transmitente. **4.** Aquele que efetua tradição.

TRADE PROMOTION AUTHORITY. *Direito internacional público.* Trata-se do *fast-track*, ou seja, da autorização dada pelo Congresso ao Presidente dos Estados Unidos da América para negociar, sem sua intervenção, a condução das políticas externas sobre determinada matéria e que eventualmente possam alterar a legislação interna norte-americana (Eduardo Biacchi Gomes).

TRADER. *Termo inglês.* **1.** Comerciante. **2.** Negociante. **3.** Navio mercante.

TRADESMAN. *Termo inglês.* **1.** Lojista. **2.** Comerciário; empregado no comércio.

TRADE UNION. *Locução inglesa.* Sindicato de empregados; associação profissional de trabalhadores que defende os interesses da classe; união geral; união de ofícios; órgão sindical.

TRADIÇÃO. 1. *Direito civil.* a) Modo aquisitivo derivado da posse, que é a entrega ou a transferência da coisa, sendo que, para tanto, não há necessidade de expressa declaração de vontade; basta que haja a intenção, por parte daquele que opera a tradição e daquele que recebe a coisa, de efetivar tal transmissão; b) modo derivado de aquisição e da propriedade de coisa móvel, que consiste na sua entrega ao adquirente, com a intenção de lhe transferir o domínio, em razão de título translativo de propriedade. **2.** *Teoria geral do direito.* a) Transmissão de costumes verificados em épocas diversas de pessoa a pessoa, no decorrer do tempo; b) doutrina ou costume conservados num povo por transmissão de geração a geração; c) o que é, vivamente, transmitido numa sociedade pela palavra, pela escrita ou pelo modo de agir.

TRADIÇÃO *BREVI MANU.* *Direito civil.* Dá-se quando o possuidor de uma coisa em nome alheio passa a possuí-la como própria.

TRADIÇÃO CONSENSUAL. *Direito civil.* É a que resulta de acordo dos interessados, podendo apresentar-se sob duas formas: *traditio longa manu* e *traditio brevi manu.*

TRADIÇÃO CONVENCIONAL. *Vide* TRADIÇÃO CONSENSUAL.

TRADIÇÃO DE FÉ. *Vide* TRADIÇÃO DOUTRINAL.

TRADIÇÃO DE LONGA MÃO. *Vide* TRADIÇÃO *LONGA MANU.*

TRADIÇÃO DE MÃO CURTA. *Vide* TRADIÇÃO *BREVI MANU.*

TRADIÇÃO DOUTRINAL. *Direito canônico.* Aquela baseada na religião e nos seus dogmas de fé.

TRADIÇÃO EFETIVA. *Direito civil.* É a tradição material ou real, ou seja, a que se manifesta pela entrega real do bem, como sucede quando o vendedor passa ao comprador a coisa vendida. É a entrega de mão a mão.

TRADIÇÃO FICTA. *Direito civil.* Também chamada de tradição simbólica ou tradição virtual, é uma forma espiritualizada da tradição, substituindo-se a entrega material do bem por ato indicativo do propósito de transmitir posse ou pela entrega de coisa que represente a transferida. Por exemplo, será suficiente ao possuidor de um apartamento entregar suas chaves a outrem para que haja transferência de posse daquele imóvel.

TRADIÇÃO INDIRETA. *Vide* TRADIÇÃO *BREVI MANU.*

TRADIÇÃO *LONGA MANU.* Aquela em que não é preciso que o adquirente ponha a mão na própria coisa, como uma fazenda de grande extensão, para ser tido como possuidor; basta que ela esteja à sua disposição.

TRADIÇÃO MATERIAL. *Vide* TRADIÇÃO EFETIVA.

TRADIÇÃO REAL. *Vide* TRADIÇÃO EFETIVA.

TRADIÇÃO SIMBÓLICA. *Vide* TRADIÇÃO FICTA.

TRADIÇÃO VIRTUAL. *Vide* TRADIÇÃO FICTA.

TRADICIONAL. 1. *Direito civil.* a) O que se transmite pela tradição; b) relativo à tradição. **2.** *Teoria geral do direito.* a) O que é costumeiro; b) o que se observa num povo desde tempos imemoriais. **3.** Na *linguagem comum*: a) conservador; b) avesso às idéias de progresso.

TRADICIONALIDADE. Qualidade de tradicional.

TRADICIONALISMO. 1. *Teoria geral do direito.* Apego aos costumes ou à tradição de um povo. **2.** *Filosofia geral.* a) Doutrina que entende ser a revelação primitiva o princípio de todo o conhecimento; logo, a verdade só pode ser conhecida por meio da razão coletiva ou tradição, principalmente da Igreja (Bonald, Lamennais e Bautain); b) teoria que preconiza a conservação das tradicionais formas políticas e religiosas, mesmo quando não puderem ser justificadas intelectualmente, por serem tidas como a expressão legítima e a espontânea revelação das verdadeiras necessidades de uma sociedade (Lalande). **3.** *Ciência política.* Sistema que pretende restabelecer os princípios e as práticas de governos tradicionais que administravam a nação antes da adoção do regime constitucional e representativo.

TRADICIONALISTA. 1. Partidário do tradicionalismo. **2.** Aquele que respeita as tradições de um povo. **3.** Relativo a tradição ou a tradicionalismo.

TRADICIONALIZAR. Tornar tradicional.

TRADICIONÁRIO. Que segue a tradição.

TRADIÇÕES NACIONAIS. Acontecimentos históricos importantes ocorridos em uma nação.

TRADING. *Termo inglês.* **1.** Comércio. **2.** Negócio mercantil.

TRADING AGENT. *Locução inglesa.* **1.** Agente de comércio exterior. **2.** Agente de exportação e importação.

TRADING COMPANY. *Locução inglesa.* **1.** Empresa de comércio exterior, ou seja, empresa comercial exportadora. **2.** Conjunto de sociedades por ações que se reúnem em grupos empresariais em forma de *konzern*, guardando sua independência e autonomia administrativa e econômi-

TRADING FIRM — 691 — TRA

ca, ou em forma de *holding*, que é o controle acionário (Moacyr de Oliveira). **3.** Empresa especializada em comercialização integrada que visa transferir conhecimentos tecnológicos e organizar investimentos, tanto no mercado interno como no exterior (Arnoldo Wald). **4.** Empresa que compra mercadorias em um mercado para revendê-las em outro. Por esse canal de distribuição, as vendas feitas pelos fabricantes para as *trading companies*, em termos fiscais, são consideradas como vendas ao mercado interno equiparadas à exportação direta. Alguns aspectos que favorecem a utilização de *trading*: a) não há custos na pesquisa e detecção de mercados; b) eliminação de despesas na elaboração de documentos de exportação; c) segurança no recebimento do valor da venda que é cursada em moeda nacional.

TRADING FIRM. *Vide TRADING COMPANY*.

TRADING FLOOR. *Locução inglesa.* Pregão.

TRADING RANGE. *Locução inglesa.* Intervalo de preços em que o mercado permanece operando, quando houver indefinição quanto à tendência a ser depois assumida (Luiz Fernando Rudge).

TRADITIO BREVI MANU. *Locução latina.* Tradição de mão curta.

TRADITIO CLAVIUM. *Locução latina.* Entrega de chaves.

TRADITIO INSTRUMENTUM. *Locução latina.* Entrega de instrumentos que justifique a propriedade alienada.

TRADITIO LONGA MANU. *Locução latina.* Tradição de longa mão.

TRADITIONIBUS DOMINIA RERUM TRANSFERENTUR. *Aforismo jurídico.* Tradições transferem o domínio das coisas.

TRADITIVO. 1. Que vem por tradição. **2.** Tradicional.

TRADO DE MANU IN MANUM. *Expressão latina.* Dou de mão para mão.

TRADUÇÃO. 1. *Direito autoral.* a) Obra traduzida; b) ato ou efeito de transladar obra escrita de um idioma para outro; c) versão. **2.** *Teoria geral do direito.* Interpretação.

TRADUÇÃO DE DOCUMENTO. *Direito processual.* Operação feita por tradutor juramentado que consiste em transpor o documento redigido em língua estrangeira em vernáculo. Só assim pode ser juntado aos autos.

TRADUÇÃO DE OBRA. *Direito autoral.* Versão para o idioma nacional de obra literária artística ou científica estrangeira, desde que haja anuência do autor.

TRADUÇÃO DO NOME. *Direito civil.* Direito que tem estrangeiro, domiciliado no Brasil, de traduzir seu nome.

TRADUÇÃO INTERLINEAR. Tradução literal colocada abaixo de cada linha do texto original, em tipo menor.

TRADUÇÃO JUSTALINEAR. Aquela em que o texto de cada linha é traduzido ao lado ou na linha imediata.

TRADUÇÃO LITERAL. Aquela que segue o texto original, palavra por palavra.

TRADUÇÃO LIVRE. Aquela que passa um texto para outro idioma, baseando-se nas idéias nele contidas, sem se ater rigorosamente às palavras textuais.

TRADUÇÃO PARALELA. Aquela em que a versão forma coluna ao lado do texto original, correspondendo-lhe linha a linha.

TRADUÇÃO SIMULTÂNEA. Versão feita, comumente em congressos internacionais, por meio de fones.

TRADUÇÃO SUCESSIVA. É a tradução feita verbalmente, em congressos internacionais, por pessoa legalmente habilitada.

TRADUCEMENT. *Termo inglês.* **1.** Infâmia. **2.** Calúnia. **3.** Difamação.

TRADUCTIO NON TRADITIO. *Expressão latina.* Nunca a tradução mantém a tradição.

TRADUTOR. *Direito autoral.* **1.** Aquele que traduz obra estrangeira. **2.** Aquele que verte textos de uma língua para outra.

TRADUTOR JURAMENTADO. *Vide* TRADUTOR PÚBLICO.

TRADUTOR OFICIAL. *Vide* TRADUTOR PÚBLICO.

TRADUTOR PÚBLICO. *Direito processual.* Aquele que, em caráter oficial, faz tradução de documento, que tem fé pública, podendo ser juntada nos autos, acompanhada do texto original, para comprovar contrato ou fato nele instrumentado.

TRADUTTORE TRADITORE. *Locução italiana.* Tradutor traidor; aquele que faz versão sem ser fiel ao pensamento do autor.

TRADUZIDO. 1. O que foi interpretado. **2.** Que se traduziu em outro idioma.

TRADUZIR. 1. Verter de uma língua para outra. **2.** Explicar. **3.** Interpretar. **4.** Realizar um pensamento ou uma idéia.

TRADUZÍVEL. Que se pode traduzir ou interpretar.

TRAFEGAR. 1. Andar no tráfego. **2.** Mercadejar; negociar.

TRAFEGÁVEL. Que pode ser trafegado.

TRÁFEGO. 1. *Direito comercial.* a) Comércio; b) transporte de mercadorias; c) troca; d) fato econômico que tem por escopo um trato comercial. **2.** *Direito de trânsito.* a) Trânsito de pedestres e veículos em vias públicas; b) circulação entre pontos diferentes. **3.** Em *propaganda*, é o caminho percorrido pelo anúncio, que vai de sua criação até sua publicação.

TRÁFEGO MÚTUO. *Direito administrativo.* É a operação em que uma concessionária, necessitando ultrapassar os limites geográficos de sua malha para complementar uma prestação de serviço público de transporte ferroviário, compartilha recursos operacionais, tais como material rodante, via permanente, pessoal, serviços e equipamentos, com a concessionária em cuja malha se dará o prosseguimento ou encerramento da prestação de serviço, mediante remuneração ou compensação financeira.

TRAFICAGEM. *Vide* TRAFICÂNCIA.

TRAFICÂNCIA. 1. Na *linguagem popular* e no *direito penal,* é o negócio desonesto, fraudulento ou ilícito. **2.** *Direito comercial.* Ato de exercer o comércio; mercancia; ação de mercadejar; atividade empresarial.

TRAFICANTE. 1. *Direito penal.* a) Aquele que pratica ato de comércio ilícito; b) aquele que introduz mercadoria contrabandeada; c) mercador de pessoas ou de entorpecentes. **2.** *Direito comercial.* Empresário; comerciante; industrial.

TRAFICAR. 1. *Direito comercial.* Comerciar; fazer comércio. **2.** *Direito penal.* a) Fazer negócio de má-fé ou trato que envolva ação criminosa; b) negociar com ardis.

TRÁFICO. 1. *Direito penal.* Transação fraudulenta ou ilícita que tem por objeto mercadoria contrabandeada, pessoas, entorpecentes e trabalhadores. **2.** *Direito comercial.* Mercancia; comércio; atividade empresarial.

TRÁFICO DE DROGAS. *Direito penal.* **1.** Delito contra a saúde pública que consiste em importar e vender entorpecentes como maconha, cocaína etc. Todos devem colaborar na prevenção e repressão do tráfico ilícito e uso indevido de substância entorpecente ou que determine dependência física ou psíquica; logo, é também crime preparar, adquirir, guardar, dar, prescrever ou ministrar substância entorpecente em desacordo com a lei, sob pena de detenção e multa, sem prejuízo das sanções administrativas, que será aumentada de 1/3 a 2/3 se, por ex., decorrer de associação ou visar a menores de vinte e um anos ou a pessoa com idade igual ou superior a sessenta anos ou a quem tenha, por qualquer causa, diminuída ou suprimida a capacidade de discernimento ou de autodeterminação. **2.** Introdução clandestina de drogas para o comércio interno do país ou sua exportação para outros mercados (De Plácido e Silva).

TRÁFICO DE INFLUÊNCIA. *Direito penal.* **1.** Exploração de prestígio. **2.** Ato de solicitar, exigir, cobrar, obter, para si ou para outrem, vantagem ou promessa de vantagem, a pretexto de influir em ato praticado por funcionário público no exercício da função. Tal crime é punido com reclusão, de dois a cinco anos, e multa. A pena é aumentada da metade se o agente alega ou insinua que a vantagem é também destinada ao funcionário.

TRÁFICO DE INFLUÊNCIA EM TRANSAÇÃO COMERCIAL INTERNACIONAL. *Direito penal.* Crime que consiste em solicitar, exigir, cobrar ou obter, para si ou para outrem, direta ou indiretamente, vantagem ou promessa de vantagem a pretexto de influir em ato praticado por funcionário público estrangeiro no exercício de suas funções, relacionado a transação comercial internacional. É punido com reclusão de dois a cinco anos, e multa. E essa pena é aumentada da metade, se o agente alega ou insinua que a vantagem é também destinada a funcionário estrangeiro.

TRÁFICO DE MIGRANTES. *Direito penal.* Significa a promoção, com o objetivo de obter, direta ou indiretamente, um benefício financeiro ou outro benefício material, da entrada ilegal de uma pessoa num Estado do qual essa pessoa não seja nacional ou residente permanente.

TRÁFICO INTERNACIONAL DE PESSOAS. *Direito penal.* Importação e exportação de pessoas para o exercício da prostituição ou comércio da luxúria, vendendo-as p. ex. a dono de bordel, a cáften, a proxeneta etc. (De Plácido e Silva). Tal crime é punido com reclusão e sofrerá aumento na pena: se a vítima for maior de 14 e

TRÁFICO INTERNO DE PESSOAS

menor de 18 anos, ou se o agente for seu ascendente, descendente, cônjuge ou companheiro, irmão, tutor, curador ou pessoa a quem estiver confiada para fins de educação, tratamento ou de guarda ou se houver emprego de violência, grave ameaça ou fraude.

TRÁFICO INTERNO DE PESSOAS. *Direito penal.* **1.** É o ato de promover, intermediar ou facilitar, no território nacional, o recrutamento, o transporte, a transferência, o alojamento ou o acolhimento da pessoa que venha a exercer a prostituição. Tal ato é punido com reclusão. **2.** É o recrutamento, o transporte, a transferência, o alojamento ou o acolhimento de pessoas, recorrendo à ameaça ou uso da força ou a outras formas de coação, à fraude, ao engano, ao abuso de autoridade ou à situação de vulnerabilidade ou à entrega ou aceitação de pagamentos ou benefícios para obter o consentimento de uma pessoa que tenha autoridade sobre outra para fins de exploração. A exploração incluirá, no mínimo, a exploração da prostituição de outrem ou outras formas de exploração sexual, o trabalho ou serviços forçados, escravatura ou práticas similares à escravatura, a servidão ou a remoção de órgãos.

TRAGÉDIA. 1. *Direito civil.* a) Representação teatral que termina de maneira funesta; b) catástrofe. **2.** *Direito penal.* Acontecimento que traz infortúnio ou desgraça. **3.** *Direito autoral.* Obra literária dramática com conteúdo trágico, fatal ou desastroso.

TRÁGICO. 1. *Direito autoral.* Autor que escreve tragédia. **2.** *Direito civil.* a) Ator que representa tragédia; b) sinistro; c) calamitoso.

TRÁGICO-MARÍTIMO. *Direito marítimo.* Calamidade que se dá no mar, como, por exemplo, o naufrágio.

TRAGIMENTOS. *História do direito.* Apontamentos que os procuradores do povo levavam ao conhecimento do rei para que ele tomasse as devidas providências e fizesse justiça.

TRAGINANTE. *História do direito.* Carregador de mercadorias.

TRAHIT SUA QUEMQUE VOLUPTAS. *Expressão latina.* Cada um tem o gosto ou prazer que o arrasta.

TRAIÇÃO. 1. *Direito militar.* a) Crime que consiste no fato de um nacional tomar armas contra o próprio país ou Estado aliado; b) prestação de serviço, num estado de guerra entre potências, nas Forças Armadas, contra a segurança ex-

terna de seu país; c) crime contra a segurança interna da nação; d) atentado de lesa-pátria; e) revelação de segredo militar; f) fornecimento de plano de defesa, prejudicando a própria nação. **2.** *Direito penal.* a) Emboscada; b) ação criminosa praticada com meios enganosos, retirando da vítima qualquer possibilidade de defesa; c) ato torpe de entregar ou denunciar alguém. **3.** *Direito civil.* Quebra do dever de fidelidade conjugal. **4.** Nas *linguagens comum* e *jurídica*: a) perfídia; b) contravenção à fé jurada; c) deslealdade; d) insidiosidade; e) aleivosia; f) abuso de confiança; g) intriga. **5.** *Direito agrário.* No Mato Grosso, é o mutirão organizado por um fazendeiro para ajudar vizinho em dificuldade no trabalho agrícola.

TRAIÇÃO DIPLOMÁTICA. *Direito internacional público.* Ato de um agente diplomático revelar, intencionalmente, a um país segredo de interesse da segurança da nação que representa.

TRAIÇOEIRO. 1. Relativo à traição. **2.** Aquele que usa de traição. **3.** O que ataca inopinada e inesperadamente. **4.** Em que há traição.

TRAÍDO. Quem sofre traição.

TRAIDOR. 1. Aquele que atraiçoa. **2.** Desleal. **3.** Infiel.

TRAIL. *Termo inglês.* **1.** Pegada. **2.** Vestígio. **3.** Rasto.

TRAILER. 1. *Termo inglês.* Exibição de trechos de filmes para revelar um pouco de seu conteúdo, despertando interesse no espectador. **2.** *Direito de trânsito.* É o reboque ou semi-reboque tipo casa, com duas, quatro, ou seis rodas, acoplado ou adaptado à traseira de automóvel ou camionete, utilizado em geral em atividades turísticas como alojamento, ou para atividades comerciais.

TRAILER-CONTAINER. *Direito comercial.* Reboque-contêiner, ou seja, unidade de transporte rodoviário tracionada por veículo automotor, formando uma combinação de veículos, muito utilizado nos sistemas de transporte em que o reboque é desligado da unidade tratora, passando diretamente para avião (*birdy-back*), para trem (*piggy-back*) e para navio (*fishy-back*).

TRAINA. *Direito comparado.* Rede com que se pesca sardinha na Espanha.

TRAINEIRA. *Direito comparado.* Embarcação de pesca espanhola, de pequeno porte, que usa traina.

TRAIR. **1.** Denunciar. **2.** Cometer traição; atraiçoar. **3.** Ser infiel. **4.** Falsear. **5.** Faltar ao cumprimento do dever. **6.** Traduzir mal.

TRAITOROUSNESS. *Termo inglês.* **1.** Traição. **2.** Deslealdade. **3.** Perfídia.

TRAÎTRISE. *Termo francês.* Traição.

TRAJE. **1.** Aquilo que se veste. **2.** Vestuário próprio para o exercício de uma profissão.

TRAJE A RIGOR. Veste apropriada para cerimônias.

TRAJE ESPACIAL. *Direito espacial.* Vestuário devidamente equipado com suprimento de ar ou mecanismos que tornem possível ao astronauta a vida no espaço externo.

TRAJES MENORES. Peças íntimas do vestuário, usadas por baixo de outras roupas.

TRAJETO. **1.** Caminho a percorrer. **2.** Roteiro seguido. **3.** Itinerário. **4.** Escala. **5.** Percurso.

TRAJETÓRIA. **1.** Nas *linguagens comum* e *jurídica,* é o caminho. **2.** *Direito espacial.* Percurso feito por míssil desde o seu lançamento até o impacto.

TRAJETÓRIA AERODINÂMICA. *Direito espacial.* Aquela em que a reação do ar provoca notável alteração no curso do míssil lançado.

TRAJETÓRIA BALÍSTICA. *Medicina legal.* Curva descrita pelo projétil de arma de fogo durante seu percurso.

TRALHA. *Direito agrário.* Rede de pesca que pode ser manejada por um só pescador.

TRAMA. **1.** Nas *linguagens comum* e *jurídica:* a) conspiração; b) conluio com intenção de prejudicar alguém; c) ardil; d) conjunto de ripas que forma o apoio de telhas no telhado. **2.** *Direito comercial.* Escambo. **3.** *Direito empresarial.* Ato de entrançar fios no fabrico de tecidos. **4.** *História do direito.* a) Peste; b) moléstia.

TRAMADO. O que se tramou.

TRAMADOR. **1.** Aquele que faz intrigas. **2.** Quem trama. **3.** Quem conspira.

TRAMAR. **1.** Conspirar. **2.** Maquinar. **3.** Tecer.

TRAMELA. *Direito agrário.* Peça de madeira colocada às ventas dos bezerros para desmamá-los.

TRAMISTA. Aquele que faz trama.

TRAMITAÇÃO. *Direito processual.* **1.** Seguimento da ação judicial. **2.** Conjunto de atos, medidas ou diligências previstas legalmente para o andamento do processo. **3.** Ação de seguir os trâmites legais. **4.** Forma processual a ser seguida. **5.**

Marcha do processo de acordo com as disposições legais. **6.** É a movimentação do processo de uma unidade à outra, interna ou externa, por meio de sistema próprio.

TRAMITAR. *Direito processual.* Seguir os trâmites legais.

TRÂMITE. *Direito processual.* Via legal a ser seguida para solucionar uma questão *sub judice.*

TRÂMITES LEGAIS. Procedimento previsto em lei que deve ser seguido para a obtenção de um resultado ou objetivo.

TRÂMITES PROCESSUAIS. *Direito processual.* **1.** Conjunto de atos e diligências que, no curso do processo, devem ser praticados, até o julgamento da causa. **2.** Andamento de processo segundo a forma legal.

TRAMÓIA. Ardil.

TRAMPOLIM. *Direito desportivo.* Prancha inclinada colocada na beira da piscina para realização de saltos.

TRAMPOLIM PARA SALTOS DE ESQUI. *Direito desportivo.* Pista de arranco ou de lançamento devidamente instalada.

TRAMPS. *Termo inglês.* **1.** Barcos não pertencentes às conferências de fretes e que não têm rota fixa ou programação predeterminadas. **2.** Graneleiros.

TRAMP VESSELS. *Locução inglesa.* Navios que, por viagem por tempo determinado ou por certo número de viagens, transportam mercadorias específicas, cargas a granel etc.

TRAMWAY. *Termo inglês.* **1.** Veículo que, movendo-se sobre trilhos, transporta passageiros; bonde. **2.** Via por onde o bonde se movimenta.

TRANCADO. O que está fechado por completo.

TRANCAFIADO. Preso; encarcerado.

TRANCAMENTO. **1.** *Direito processual.* Ato pelo qual se põe termo ao andamento do processo ou se dá por concluído o efeito de qualquer diligência. **2.** Nas *linguagens comum* e *jurídica*: a) ato ou efeito de trancar; b) cessação; c) paralisação; d) fechamento; e) encerramento.

TRANCAMENTO DA AÇÃO PENAL. *Direito processual penal.* Encerramento da ação penal devido à falta de justa causa para propô-la, em razão de ausência de fundamento para a acusação ou de legítimo interesse do acusador.

TRANCAMENTO DA FALÊNCIA. *Direito falimentar.* Cancelamento dos efeitos jurídicos da falência (De Plácido e Silva).

TRANCAMENTO DA INSCRIÇÃO. Invalidação de inscrição feita.

TRANCAMENTO DE MATRÍCULA. Suspensão temporária de uma matrícula por solicitação do próprio aluno.

TRANCAMENTO DO ESTABELECIMENTO. Cessação das suas atividades (De Plácido e Silva).

TRANCAR. 1. Nas *linguagens comum* e *jurídica*: a) fechar; b) encerrar; c) pôr termo; d) prender; e) terminar; f) cancelar. **2.** *Direito desportivo.* No futebol, é o ato de o jogador, para apoderar-se da bola, afastar seu adversário com um tranco.

TRANCARIA. *Direito agrário.* Grande número de lenha ou toros de madeira.

TRANCO. 1. *Direito desportivo.* Ato de o futebolista empurrar o seu adversário para tomar a bola. **2.** *Direito agrário.* a) Salto largo dado pelo cavalo, parando imediatamente; b) no Rio Grande do Sul, é o trote natural do cavalo. **3.** Nas *linguagens comum* e *jurídica* significa: a) empurrão; b) tombo provocado.

TRANGANHO. *Direito agrário.* Toro de madeira.

TRANQUEIRA. 1. *História do direito.* a) Tapume; b) porteira. **2.** *Direito militar.* Trincheira. **3.** *Direito agrário.* Porção de galhos secos de árvores. **4.** *Direito de trânsito.* Em São Paulo, pau atravessado que obsta a passagem de veículos e pedestres.

TRANQUIA. Qualquer obstáculo que impede a passagem.

TRANQÜILIDADE. 1. Sossego. **2.** Bem-estar coletivo. **3.** Paz. **4.** Estado de tranqüilo. **5.** Serenidade. **6.** Silêncio. **7.** Normalidade. **8.** Ordem. **9.** Ausência de preocupação.

TRANQÜILIDADE INDIVIDUAL. *Vide* TRANQÜILIDADE PRIVADA.

TRANQÜILIDADE PARTICULAR. *Vide* TRANQÜILIDADE PRIVADA.

TRANQÜILIDADE PRIVADA. *Direito civil.* **1.** Sossego a que cada pessoa tem direito. **2.** Bem-estar individual ou familiar.

TRANQÜILIDADE PÚBLICA. *Direito administrativo.* **1.** Bem-estar da coletividade social. **2.** Estado de segurança decorrente da ação da polícia preventiva. **3.** Sossego público. **4.** Sentimento de segurança cuja continuidade é necessária para a normalidade da vida coletiva (Nélson Hungria). **5.** Ausência de poluição sonora.

TRANQÜILIDADE SOCIAL. *Direito administrativo.* Segurança que garante a paz e a ordem pública.

TRANQÜILIZAÇÃO. Ato ou efeito de tranqüilizar.

TRANQÜILIZADO. O que se torna tranqüilo ou calmo.

TRANQÜILIZADOR. Aquele que tranqüiliza.

TRANQÜILIZANTE. 1. *Medicina legal.* a) Calmante; sedativo; b) substância química que age sobre o sistema nervoso central ou periférico, acalmando. **2.** *Vide* TRANQÜILIZADOR.

TRANQÜILIZAR. 1. Pacificar. **2.** Acalmar.

TRANQÜILO. 1. Quieto. **2.** Sossegado. **3.** Seguro. **4.** Calmo.

TRANSAÇÃO. 1. *Direito civil.* a) Negócio jurídico bilateral, pelo qual as partes interessadas, fazendo-se concessões mútuas, previnem ou extinguem obrigações litigiosas ou duvidosas. É, portanto, uma composição amigável entre interessados sobre seus direitos, em que cada qual abre mão de parte de suas pretensões, fazendo cessar as discórdias. É uma solução contratual da lide, pois as partes são levadas a transigir pelo desejo de evitar um processo cujo resultado eventual será sempre duvidoso; b) ato ou efeito de transigir. **2.** *Direito comercial.* Ato negocial mercantil envolvendo compra e venda, mútuo etc. **3.** *Direito tributário.* Forma extintiva da obrigação tributária que na verdade é incompatível com o regime jurídico tributário, já que a criação e extinção de tributos se subordinam à edição de atos administrativos vinculados (Eduardo Marcial Ferreira Jardim). **4.** Na *gíria*, é negócio duvidoso ou ilícito.

TRANSAÇÃO DE ACESSO. Operação caracterizada pela utilização da *Rede Elétrica* por *Usuários*, regida por Contratos de Uso do Sistema de Transmissão e de Conexão com a Rede Elétrica.

TRANSAÇÃO EXTRAJUDICIAL. *Direito civil.* É a levada a efeito ante um litígio iminente, evitado, preventivamente, mediante convenção dos interessados que, fazendo concessões recíprocas, resolvem as controvérsias, por meio de escritura pública, se a lei reclamar essa forma, ou particular, nos casos em que a admitir.

TRANSAÇÃO JUDICIAL. *Direito processual civil.* É a composição amigável realizada no curso de um processo, recaindo sobre direitos contestados em juízo e que deve ser feita: a) por termo nos autos, assinado pelos transigentes e homologado pelo juiz; b) por escritura pública, nas obrigações em que a lei exige, ou particular, nas em que ela a admite. Tal escritura é juntada aos autos e, em seguida, haverá homologação judicial. Essa transação substitui a decisão que o magistrado proferiria se a causa chegasse ao fim.

TRANSACIONADOR. Aquele que transaciona.

TRANSACIONAL. Relativo a transação.

TRANSACIONALIDADE. Qualidade de transacional.

TRANSACIONAR. 1. *Direito civil.* Fazer transação. **2.** *Direito comercial.* a) Efetuar operação mercantil; b) realizar negócio comercial. **3.** *Direito processual civil.* a) Terminar um litígio fazendo, em juízo, concessões recíprocas; b) conciliar-se, na lide, com o outro demandante.

TRANSAR. 1. *Direito comercial.* Efetuar qualquer negócio mercantil. **2.** *Direito civil* e *direito processual civil.* Transacionar. **3.** Na *gíria,* ter relação sexual.

TRANSASCENDÊNCIA. *Filosofia geral.* Movimento tomado pelo sujeito cognoscente que medita sobre sua existência, subindo em direção a um poder superior ao seu (Jean Wahl).

TRANSATLÂNTICO. Navio de grande porte destinado a atravessar o oceano.

TRANSATO. 1. Pretérito. **2.** O que já passou.

TRANSATOR. 1. *Direito civil.* Aquele que realiza transação. **2.** *Direito processual civil.* Aquele que termina litígio. **3.** *Direito comercial.* Quem faz operações mercantis.

TRANSBORDADO. Que se transbordou.

TRANSBORDADOR. 1. Que transborda. **2.** Que provoca o transbordamento.

TRANSBORDAMENTO. Ato ou efeito de transbordar.

TRANSBORDANTE. *Vide* TRANSBORDADOR.

TRANSBORDAR. 1. Ir o rio além das margens. **2.** Extravasar.

TRANSBORDO. *Direito comercial.* **1.** Transferência de carga ou passageiros de um veículo para outro, em razão de acidente ou avaria. **2.** Baldeação. **3.** Trasbordo. **4.** Ato de transferir de bordo a bordo. **5.** É a operação de transferir mercadorias de um veículo para outro, no prazo previamente estabelecido. A operação de transbordo poderá ser realizada desde que a Unidade Armazenadora disponha de espaço físico (silo, graneleiro etc.) destinado à recepção e estocagem dos produtos, mantendo-os separados dos demais. Tal operação deverá ser realizada no prazo máximo de sete dias corridos.

Não ocorrendo a operação nesse prazo, sobre as mercadorias serão aplicadas as cobranças de armazenagem e sobretaxa, desde a quinzena da recepção do produto; e quando o Fisco Estadual estabelecer prazo para a realização da operação de transbordo, inferior a sete dias corridos, será considerado o prazo estabelecido pelo Fisco. Serão obrigatórios a determinação e o registro dos teores de umidade, impurezas e ardidos dos produtos destinados a transbordo.

TRANSCENDÊNCIA. *Filosofia geral.* **1.** Sistema filosófico que se baseia na revelação divina (Laudelino Freire). **2.** Característica do que é transcendente. **3.** Qualidade do que excede as fronteiras da própria classe. **4.** Sutileza de inteligência. **5.** Grande importância. **6.** Superioridade. **7.** Existência de realidades transcendentes. **8.** Teoria segundo a qual Deus não está no mundo como um princípio vital que anima o ser vivo, mas é, em relação às criaturas (Leibniz). **9.** Teoria que entende haver, atrás dos fenômenos ou aparências sensíveis, substâncias permanentes ou "coisas em si" de que são a manifestação (Lalande). **10.** Doutrina segundo a qual existem relações fixas que dominam os fatos. **11.** Movimento por meio do qual a consciência visa ao objeto que lhe é exterior (Husserl).

TRANSCENDENTAL. 1. *Filosofia geral.* a) Maneira de ver a realidade; b) conhecimento da possibilidade do conhecer ou de seu uso *a priori.* É o conhecimento relativo aos conceitos *a priori* dos objetos. Conhecimento que se ocupa do modo de conhecer os objetos, enquanto é possível *a priori* (Kant); c) o que pertence à razão pura, anteriormente à experiência; d) atributo geral que, por ser conveniente a todos os seres, ultrapassa as categorias aristotélicas como ser, coisa etc.; e) o que é condição *a priori* e não um dado da experiência (Kant); f) estudo que tem por objeto formas ou idéias *a priori* na sua relação necessária com a experiência (Lalande); g) princípio que enuncia uma condição geral *a priori* da experiência considerada como tal; h) crítico (Webb). **2.** *Lógica jurídica.* Lógica que somente se preocupa com a origem dos conhecimentos relativos a objetos (Lalande).

TRANSCENDENTALIDADE. *Filosofia geral.* Qualidade de transcendental.

TRANSCENDENTALISMO. *Filosofia geral.* **1.** Teoria que admite formas e conceitos *a priori* que dominam a experiência (Lalande). **2.** Sistema filosófico que põe de lado a análise e a observação, por estar fundado na razão pura. **3.** Corrente filosófica que tem como característica dominante o misticismo panteísta, uma vez que considera o espiritual superior ao individual e ao empírico (Laudelino Freire). **4.** Estudo do subjetivo, sem se ater ao mundo dos sentidos.

TRANSCENDENTALISTA. *Filosofia geral.* Prosélito do transcendentalismo.

TRANSCENDENTALIZAR. *Filosofia geral.* Tornar algo transcendental.

TRANSCENDENTE. *Filosofia geral.* **1.** Metafísico. **2.** Perspicaz. **3.** Superior (Berkeley). **4.** O que transcende. **5.** Que está acima das idéias ordinárias. **6.** O próprio ser em direção ao qual tende o movimento de transcendência (Jaspers). **7.** Realidade que em relação a uma outra reúne dois caracteres: ser-lhe superior e não poder ser atingida a partir da primeira por meio de um movimento contínuo (Belot). **8.** O que está além de um nível (Pascal) ou dos limites de toda a experiência possível (Webb). **9.** O que está além da experiência possível (Kant). **10.** Objeto que é objeto para a consciência (Sartre).

TRANSCENDENTISMO. *Vide* TRANSCENDEN-TALISMO.

TRANSCENDENTISTA. *Vide* TRANSCENDEN-TALISTA.

TRANSCENDENTIVO. *Vide* TRANSCENDENTE.

TRANSCENDER. *Filosofia geral.* **1.** Chegar a um alto grau de superioridade. **2.** Ser superior. **3.** Superar. **4.** Elevar-se acima de uma região do conhecimento ou do pensamento e penetrar numa região superior (Bergson e Lalande).

TRANSCENSÃO. *Filosofia geral.* Ato ou efeito de transcender.

TRANSCONTINENTAL. O que atravessa o continente.

TRANSCORRÊNCIA. **1.** Transcurso. **2.** Ato ou efeito de transcorrer.

TRANSCORRENTE. **1.** *Medicina legal.* a) Complicação que pode dar-se na evolução de uma moléstia; b) cauterização que não desorganiza a espessura da derme. **2.** Nas *linguagens comum* e *jurídica* é o que transcorre.

TRANSCORRER. **1.** Transpor. **2.** Decorrer.

TRANSCORRIDO. Decorrido.

TRANSCREVEDOR. *Direito autoral.* **1.** Quem transcreve. **2.** Copista.

TRANSCREVER. **1.** *Direito autoral.* a) Fazer transcrição; b) reproduzir copiando. **2.** *Direito registral.* Efetuar registro, segundo as formalidades legais.

TRANSCRIAÇÃO. *Filosofia geral.* Operação divina pela qual se dá razão a uma alma (Leibniz).

TRANSCRIÇÃO. **1.** *Direito autoral.* Ato de transcrever um texto, copiando-o literalmente. **2.** *História do direito.* Era a trasladação do documento para o livro do oficial público e designava também a transferência da propriedade. Hoje o termo *registro* abrange os atos sujeitos à transcrição e à inscrição. Assim, ao lado do registro (transcrição e inscrição) tem-se a averbação. Modernamente, transcrição indica registro, que é o modo de aquisição e transferência do domínio de coisa imóvel. **3.** *Direito comparado.* Cópia *ipsis litteris* de títulos, pela qual se faz o assento na França, Bélgica e Holanda.

TRANSCRITO. *Direito autoral.* **1.** Que se reproduziu textualmente. **2.** Cópia.

TRANSCRITOR. *Direito autoral.* Aquele que transcreve texto.

TRANSCURAR. Descurar.

TRANSCURÁVEL. Esquecível.

TRANSCURRAL. *Direito agrário.* Pequeno curral onde permanecem os animais que devem ser marcados.

TRANSCURSÃO. *Vide* TRANSCURSO.

TRANSCURSAR. Transcorrer.

TRANSCURSO. **1.** Decurso. **2.** Transcorrido. **3.** Passagem do tempo. **4.** Extinção de prazo.

TRANSCUTÂNEO. *Medicina legal.* O que atravessa a pele (Laudelino Freire).

TRANSDESCENDÊNCIA. *Filosofia geral.* Movimento pelo qual o eu individual, ao meditar sobre sua existência, desce em direção a uma força má (Jean Wahl).

TRANSDUÇÃO. *Psicologia forense.* Operação mental pela qual as crianças tiram, por analogia, por diferença ou por identidade, uma conclusão (Stern; Piaget).

TRANSDUCTOR. Aparelho movido pela força eletromotriz de um sistema e que fornece energia a outro.

TRANSE. **1.** Momento crítico. **2.** Apreensão de um mal. **3.** Aflição. **4.** Inquietação. **5.** Agonia. **6.** Estado de subordinação do hipnotizado ao hipnotizador.

TRANSEAT. *Termo latino.* Admita-se.

TRANSECULAR. O que se realiza através dos séculos.

TRANSE DE MORTE. Últimos instantes da vida.

TRANSE MORTAL. Passagem da vida à morte (Laudelino Freire).

TRANSENA. *História do direito.* Grade de ferro com a qual eram fechadas as catacumbas em Roma.

TRANSESPACIAL. O que se manifesta no espaço.

TRANSESPÁCIO-TEMPORAL. O que se organiza tanto no espaço como no tempo (Ruyer).

TRANSEUNTE. 1. *Filosofia geral.* O que passa da causa ao efeito. **2.** Nas *linguagens comum* e *jurídica*: a) transitório; b) pedestre; aquela pessoa que passa pelas vias públicas; c) quem está de passagem.

TRANSEXISMO. *Vide* TRANSEXUALISMO.

TRANSEXUAL. *Medicina legal* e *psicologia forense.* **1.** Aquele que não aceita o seu sexo, identificando-se psicologicamente com o sexo oposto (Hojda), sendo, portanto, um hermafrodita psíquico (H. Benjamin). **2.** Aquele que, apesar de aparentar ter um sexo, apresenta constituição cromossômica do sexo oposto e mediante cirurgia passa para outro sexo (Othon Sidou). Tal intervenção cirúrgica para a mulher consiste na retirada dos seios, fechamento da vagina e confecção de pênis artificial, e para o homem, na emasculação e posterior implantação de uma vagina (Paulo Matos Peixoto). **3.** Para a Associação Paulista de Medicina, é o indivíduo com identificação psicossexual oposta aos seus órgãos genitais externos, com o desejo compulsivo de mudá-los. **4.** Aquele que, tendo morfologia genital masculina, sente-se psicologicamente mulher, rejeitando seu papel de "gênero" masculino até buscar a alteração de sua anatomia para assumir aparência física feminina. Correspondentemente, há mulheres em situação análoga (Aldo Pereira).

TRANSEXUALIDADE. *Medicina legal* e *psicologia forense.* **1.** Caráter ou qualidade do que é transexual. **2.** Condição daquele que, pertencendo a um sexo, deseja adquirir os atributos físicos do sexo oposto (Paulo Matos Peixoto). **3.** Condição sexual da pessoa que rejeita sua identidade genética e a própria anatomia de seu gênero, para identificar-se psicologicamente com o gênero oposto (Aldo Pereira). **4.** É denominada disfonia de gênero (Stoller); hermafroditismo psíquico (Money) ou esquizossexualidade (Franchine).

TRANSEXUALISMO. *Medicina legal* e *psicologia forense.* **1.** Cisão entre o sexo morfológico e o psicológico (Philip Solomon e Vernon D. Patch). **2.** Sentimento que uma pessoa de determinado sexo manifesta no sentido de pertencer ao sexo oposto, ficando obcecada pela idéia de alterar sua conformação sexual para poder viver com a aparência conforme à imagem que tem de si mesma (Benjamin e Gutheil). **3.** Convicção de se pertencer ao sexo oposto (Breton, Frohwirt e Pottiez). **4.** Desvio em que o paciente não se conforma com o seu sexo.

TRANSEXUALISMO SECUNDÁRIO. *Psicologia forense* e *medicina legal.* É transitório e traduz apenas uma trans-homossexualidade, ou seja, um transexualismo episódico e fortuito (Roberto Farina).

TRANSEXUAL PRIMÁRIO. *Psicologia forense* e *medicina legal.* Aquele que deseja mudar seu sexo por estar convencido de que é mulher (Crépault).

TRANSEXUAL SECUNDÁRIO. *Psicologia forense* e *medicina legal.* O que pretende mudar de sexo porque tem medo de ser homem (Crépault).

TRANSFEITO. Transformado.

TRANSFER. *Termo inglês.* **1.** Transferência. **2.** Cessão. **3.** Traspasse. **4.** Baldeação.

TRANSFERÊNCIA. 1. *Direito civil.* a) Ato pelo qual se transmitem bens ou direitos a outrem; b) troca ou permuta; c) substabelecimento do mandato; d) substituição nos direitos creditórios; e) cessão de débito, de crédito ou de contrato. **2.** *Direito administrativo.* a) Deslocamento do serviço público para outro cargo efetivo, da mesma denominação ou padrão, pertencente a quadro de pessoal diverso, de órgão ou instituição do mesmo Poder; b) forma de provimento de cargo público que se dá a pedido do interessado ou *ex officio*; c) movimentação de petróleo, derivados ou gás natural em meio ou percurso considerado de interesse específico e exclusivo do proprietário ou explorador. **3.** *Direito do trabalho.* a) Ato vedado ao empregador quanto ao empregado, salvo anuência deste e desde que, por exemplo, acarrete mudança de seu domicílio ou haja real necessidade do serviço. Havendo transferência, as despesas correm por conta do patrão; b) ação ou efeito de transferir empregado. **4.** *Direito comercial.* Transporte de algo de um local a outro. **5.** *Psicologia forense.* a) Estabelecimento de relações afetivas com pessoas; b) relação psicoafetiva que, positiva ou negativamente, se estabelece entre o terapeuta e o paciente (Croce e Croce Jr.).

TRANSFERÊNCIA DE AÇÃO ESCRITURAL. *Direito comercial.* **1.** Substituição, nos livros do emitente do título ou do estabelecimento devedor, do nome do vendedor ou do cedente do título, pelo nome do comprador ou cessionário, a fim de que por esse lançamento se possa opor *erga omnes* a cessão feita (De Plácido e Silva). **2.** Lançamento efetuado pela instituição depositária em seus livros, a débito da conta de ações do alienante e a crédito da conta de ações do adquirente, à vista de ordem escrita do alienante, ou de autorização ou de ordem judicial, em documento hábil que fica em poder da instituição (Waldirio Bulgarelli).

TRANSFERÊNCIA DE DOMICÍLIO. *Direito civil.* Mudança intencional do local onde a pessoa tem a sede jurídica de seus negócios para estabelecê-la em outra parte. Assim o domicílio da pessoa passa a ser o mais recente, deixando de ser o anterior.

TRANSFERÊNCIA DE EMPREGADO. 1. *Direito do trabalho.* Ato unilateral do empregador, alterando contrato de trabalho, levado a efeito com a anuência do empregado, mediante sua transferência para localidade diversa da que resulta do contrato, que o leve a mudar de domicílio. Podem ser transferidos sem seu consenso os empregados que: a) exerçam cargos de confiança; b) tenham contratos contendo como condição, implícita ou explícita, a transferência, quando esta decorrer de real necessidade de serviço; c) trabalham em estabelecimentos que serão extintos. **2.** *Direito penal.* Crime de aliciar trabalhador para levá-lo para outra localidade.

TRANSFERÊNCIA DE MARCA. *Direito de propriedade intelectual.* Cessão de marca.

TRANSFERÊNCIA DE NEGÓCIO. *Direito comercial.* Alienação total de estabelecimento, operando sucessão empresarial, em que o adquirente substitui o antigo titular.

TRANSFERÊNCIA DE SENSAÇÕES. *Psicologia forense.* Fenômeno pelo qual um sujeito se torna sensível a impressões sensoriais recebidas por um outro sujeito (Lalande).

TRANSFERÊNCIA DE SENTIMENTOS. *Psicologia forense.* Fenômeno pelo qual o estado afetivo é transportado do objeto que o provocou para outro diverso (Sully).

TRANSFERÊNCIA DE TECNOLOGIA. *Direito de propriedade intelectual.* Contrato que visa transmitir, de um contratante a outro, conhecimentos secretos ou de difícil acesso relativos a um produto ou processo industrial.

TRANSFERÊNCIA DE VALORES. 1. *Filosofia geral.* Fenômeno pelo qual o signo toma o valor da coisa significada, o meio, o do fim (Lalande e Bouglé). **2.** *Direito bancário* e *direito comercial.* Remessa de valor feita, ante o fluxo importação-exportação, para o exterior com o retorno de capital ou como rendimento desse capital (lucro, juro, dividendo, amortização). **3.** *Direito comercial.* Remessa para o exterior de *royalties*, de pagamento de assistência técnica, de título que implique transferência de rendimento. Trata-se de uma transferência econômica, por exemplo, entre empresas multinacionais.

TRANSFERÊNCIA DIRETA DE CONCESSÃO PARA PRESTAÇÃO DE SERVIÇO MÓVEL CELULAR. *Direito administrativo.* Cessão, a qualquer título, do contrato de concessão para outra pessoa jurídica, com autorização prévia do Ministério das Comunicações.

TRANSFERÊNCIA DO DIREITO DE CONSTRUIR. *Direito urbanístico.* Autorização dada por lei municipal, baseada no plano diretor, ao proprietário de imóvel urbano, privado ou público, para exercer em outro local, ou alienar, mediante escritura pública, o direito de construir previsto no plano diretor ou em legislação urbanística dele decorrente, quando o referido imóvel for considerado necessário para fins de: a) implantação de equipamentos urbanos e comunitários; b) preservação, quando o imóvel for considerado de interesse histórico, ambiental, paisagístico, social ou cultural; c) servir a programas de regularização fundiária, urbanização de áreas ocupadas por população de baixa renda e habitação de interesse social. A mesma faculdade poderá ser concedida ao proprietário que doar ao Poder Público seu imóvel, ou parte dele, para os fins acima apontados. A lei municipal estabelecerá as condições relativas à aplicação da transferência do direito de construir.

TRANSFERÊNCIA DOS DIREITOS AUTORAIS. *Vide* CESSÃO DE DIREITOS DE AUTOR.

TRANSFERÊNCIA DO TRIBUTO. *Direito tributário.* Dá-se, como ensina Geraldo Ataliba, quando a obrigação tributária, depois de surgir vinculando uma determinada pessoa (sujeito passivo direto), por influência de fato relevante posterior, desloca-se para vincular outra pessoa (sujeito passivo indireto).

TRANSFERÊNCIA ELETRÔNICA AGENDADA (TEA). *Direito bancário.* Destina-se, exclusivamente, a registrar, na data do vencimento do ativo ou do resgate do investimento, os recursos que serão transferidos, por intermédio de Transferência Eletrônica Disponível (TED), no dia útil imediatamente seguinte, do banco remetente da ordem de crédito para conta corrente do cliente em outra instituição financeira detentora de conta Reservas Bancárias.

TRANSFERÊNCIA ELETRÔNICA DISPONÍVEL (TED). *Direito bancário.* É uma ordem de transferência de fundos interbancária, inclusive envolvendo transferência por conta de terceiros ou a favor de cliente, liquidada por intermédio de um sistema de liquidação de transferência de fundos, sendo os correspondentes recursos disponíveis para o favorecido. O sistema de liquidação de transferência de fundos, onde a TED será submetida à liquidação, é de livre escolha da instituição financeira titular de conta Reservas Bancárias. Ordem de transferência de fundos é a ordem por intermédio da qual é comandada, em um sistema de liquidação de participantes. A transferência de fundos a favor de cliente deve ser executada mesmo no caso de feriado na praça em que localizada a agência do participante recebedor, na qual o cliente mantém a conta, hipótese em que os recursos estarão disponíveis ao cliente recebedor no dia útil seguinte ao do feriado local.

TRANSFERÊNCIA EXTERNA. Mudança do paciente de um hospital para outro.

TRANSFERÊNCIA INDIRETA DE CONCESSÃO PARA PRESTAÇÃO DE SERVIÇO MÓVEL CELULAR. *Direito administrativo* e *direito das comunicações.* Transferência, com prévia autorização do Ministério das Comunicações, de ações ou cotas do capital social a terceiros, novo grupo de acionistas ou cotistas, que passam a deter o controle societário da entidade, ou quando a alienação do controle societário da entidade para novo grupo de cotistas ou acionistas resulte de aquisição sucessiva de cotas ou ações ou de aumento do capital social, excetuados os casos de sucessão por direito hereditário.

TRANSFERÊNCIA INTERNA. Mudança de um paciente de uma unidade de internação para outra dentro do mesmo hospital. Nesse caso, o paciente não recebe alta e não é realizada nova internação, ou seja, toda a permanência de um paciente dentro de um hospital corresponde a uma única internação.

TRANSFERÊNCIA INTRAGOVERNAMENTAL. *Direito financeiro.* São dotações repassadas de uma entidade para outra, sem que a primeira, com o desembolso do dinheiro, adquira, direta e imediatamente, bens e serviços. No mecanismo das transferências há duas entidades: a que faz a transferência, denominada doadora, e a que recebe, denominada recebedora. Esses fatos são identificados nos registros contábeis de transferências realizadas entre as gestões e esferas governamentais, principalmente as realizadas aos órgãos e entidades da Administração indireta e às entidades de outras esferas de governo.

TRANSFERÊNCIAS CORRENTES. *Direito financeiro.* Subclassificação das despesas correntes, que integra o orçamento público, formada pelas dotações para as despesas não correspondentes à contraprestação direta em bens ou serviços, inclusive para contribuições e subvenções que atendam às manifestações de outras entidades de direito público ou privado (Othon Sidou).

TRANSFERÊNCIA TERRITORIAL. *Direito internacional público.* Fenômeno em que parcela do território de um país transfere-se para outro, sem que os Estados venham a perder sua identidade. Por exemplo, em 1903 o Acre passou da Bolívia ao Brasil.

TRANSFERENTE. Aquele que cede, transmite ou faz a transferência.

TRANSFERIDO. 1. Que se transferiu. **2.** O que foi transportado de um local a outro. **3.** Aquele a quem se transferiu algo.

TRANSFERIDOR. *Vide* TRANSFERENTE.

TRANSFERIMENTO. *Vide* TRANSFERÊNCIA.

TRANSFERIR. 1. Passar de um lugar para outro. **2.** Mudar. **3.** Transportar. **4.** Ceder. **5.** Transmitir. **6.** Nomear para outro lugar da mesma categoria ou para um cargo idêntico. **7.** Incumbir.

TRANSFERÍVEL. Que pode ser transferido.

TRANSFER PRICING. *Locução inglesa.* Preço de transferência, alusivo aos efeitos tributários das relações econômicas internacionais de empresas multinacionais. Ao regular o tratamento tributário do preço de transferência, cada nação procura evitar perda de receita de imposto de renda sobre os lucros das multinacionais, que possam ser transferidos ao exterior, via preços de importação ou exportação de bens, serviços e direitos, e via empréstimos financeiros. Comparando os preços dessas operações com os do mercado, o Fisco apura a diferença e arbitra o lucro transferido, tributando-o no imposto sobre a renda (Pasqualin). Preço de transferência que requer normatização para evitar não só a evasão de divisas do País pela prática de subfaturamento nas exportações e nas importações, mas também o pagamento excessivo de juros de empréstimos nas operações com pessoas vinculadas, domiciliadas no exterior, e com pessoas físicas ou jurídicas domiciliadas em países com tributação favorecida, mesmo que não vinculadas. As normas de *transfer pricing* são as que tutelam a arrecadação tributária brasileira, tentando evitar a remessa disfarçada de lucro para o exterior (Renato F. Baccaro).

TRANSFIGURADO. 1. Alterado. **2.** Transformado. **3.** Deturpado.

TRANSFIGURAR. 1. Alterar. **2.** Transformar. **3.** Deturpar. **4.** Mudar.

TRANSFINITO. *Filosofia geral.* O que ultrapassa o finito (Cantor e Tannery).

TRANSFORAÇÃO. *Medicina legal.* Perfuração do crânio do feto.

TRANSFORMAÇÃO. 1. Nas *linguagens comum* e *jurídica* em geral: a) ato ou efeito de transformar; b) reforma; c) modificação; alteração; d) atribuição a algo de uma forma ou aspecto diferente; e) nova conformação. **2.** *Lógica jurídica.* a) Cada uma das formas assumidas por uma proposição sem que haja modificação em seu sentido; b) substituição de uma proposição por outra equivalente; c) reversibilidade (Ladd-Franklin); d) inferência imediata em que pode ocorrer subalternação não reversível (Wundt). **3.** *Direito comercial.* a) Operação pela qual uma sociedade de determinada espécie passa a pertencer a uma outra, sem que haja sua dissolução ou liquidação mediante alteração em seu estatuto social e quadro societário, regendo-se, então, pelas normas que disciplinam a constituição e inscrição de tipo societário em que se converteu; b) operação que transforma um produto, dando-lhe a feição de um novo produto. **4.** *Direito civil.* Especificação.

TRANSFORMAÇÃO MÓRBIDA. *Medicina legal.* Trabalho que transforma um tecido orgânico em outro.

TRANSFORMAÇÃO SOCIETÁRIA. *Direito comercial.* **1.** Alteração no estatuto social que se dá, sem que tenha havido dissolução ou liquidação, fazendo com que a sociedade passe de uma espécie para outra (Acquaviva). **2.** É a operação pela qual a sociedade de determinada espécie passa a per-

tencer a outra, sem que haja sua dissolução ou liquidação, mediante alteração em seu estatuto social, regendo-se, então, pelas normas que disciplinam a constituição e inscrição de tipo societário em que se converteu. Assim, por ex., uma sociedade limitada poderá transformar-se em sociedade anônima, cumprindo os requisitos legais e inscrevendo o ato modificativo no Registro Público de Empresas Mercantis.

TRANSFORMADO. 1. Alterado. **2.** Modificado. **3.** Produto que se transformou em espécie nova.

TRANSFORMADOR. 1. O que transforma. **2.** O que opera a transformação de um produto em outro. **3.** Especificador. **4.** Aparelho elétrico que modifica as correntes de alta e baixa tensão em correntes de baixa e alta tensão ou vice-versa (De Plácido e Silva).

TRANSFORMANTE. *Vide* TRANSFORMADOR.

TRANSFORMAR. 1. Mudar. **2.** Converter. **3.** Alterar. **4.** Modificar. **5.** Dar nova forma.

TRANSFORMATIVO. O que pode ser convertido em outro.

TRANSFORMÁVEL. Que se pode transformar.

TRANSFORMISMO. 1. *Direito civil.* Ato de um artista usar, para interpretar seu personagem, veste do sexo oposto. **2.** *Filosofia geral.* a) Concepção doutrinária que admite que os elementos das coisas podem ser transformados em outros, não sendo, portanto, imutáveis (Renouvier); b) teoria segundo a qual as espécies vivas não são fixas, mas sim variáveis, sofrendo transformações determinadas pelo clima, pela seleção natural etc. **3.** *Ciência política.* Tipo de praxe parlamentar que consiste numa contínua mercadagem de votos entre a maioria e a oposição, na corrupção elevada à condição de recurso político fundamental, na freqüente passagem de homens políticos de um setor parlamentar para outro, de um partido para outro. Identifica-se no transformismo o sintoma de um estado patológico de todo o sistema parlamentar (Alfio, Mastropaolo).

TRANSFORMISTA. 1. *Filosofia geral.* a) Referente a transformismo; b) adepto da teoria do transformismo. **2.** *Direito civil.* Ator ou atriz que representa personagem do sexo oposto ou que, rapidamente, muda de traje.

TRANSFRETANO. *Direito marítimo.* Ultramarino.

TRANSFRETAR. *Direito marítimo.* Transportar em navio de um a outro lado do mar.

TRÂNSFUGA. 1. *Direito militar.* a) Desertor; b) o que, durante a guerra, abandona traiçoeiramente sua tropa, passando a integrar a do inimigo; c) traidor. **2.** *Ciência política.* Aquele que, sendo filiado a um partido político, deixa-o para ingressar em outro. **3.** *Direito canônico.* Apóstata; aquele que abandona sua religião.

TRANSFÚGIO. 1. *Direito militar.* a) Deserção; b) apostasia pátria; c) defecção. **2.** *Direito canônico.* Apostasia.

TRANSFUGIR. *Direito militar.* **1.** Desertar. **2.** Fugir como trânsfuga.

TRANSFUNDIDO. Difundido.

TRANSFUNDIR. Difundir.

TRANSFURAR. Furar de lado a lado.

TRANSFUSÃO. Ato ou efeito de transfundir.

TRANSFUSÃO DE SANGUE. *Medicina legal.* Ato de transferir o sangue do doador para o receptor, para compensar excessiva perda de sangue ou melhorar seu estado, por exemplo, em caso de leucemia.

TRANSGÊNICO. *Biodireito* e *direito ambiental.* Diz-se do que é geneticamente modificado por via de combinação gênica. P. ex., a soja transgênica, resistente ao herbicida glifosato, tem um gene da bactéria *agrobacterium* s. p. p., que, inserido pelo seu DNA, permite que a planta continue viva após a plantação ter sido pulverizada com o referido herbicida.

TRANSGREDIR. 1. Infringir. **2.** Deixar de cumprir. **3.** Ir além dos limites permitidos. **4.** Contrariar. **5.** Desatender.

TRANSGRESSÃO. 1. Ação ou omissão que viola disposição normativa ou obrigação contratual. **2.** Infração. **3.** Não-cumprimento de um dever jurídico. **4.** Desrespeito.

TRANSGRESSÃO DISCIPLINAR. *Direito administrativo.* Ato de o servidor público, no exercício de sua função, desobedecer norma relativa ao seu cargo.

TRANSGRESSIVO. 1. Que transgride. **2.** O que envolve transgressão.

TRANSGRESSOR. 1. Infrator. **2.** Contraventor. **3.** O que viola deveres legais ou contratuais.

TRANSHIPMENT. *Termo inglês.* **1.** Transbordo. **2.** Passar mercadorias ou produtos de um veículo de transporte para outro (James G. Heim).

TRANSIBERIANO. *Direito comparado.* O que se refere ao tráfego ou meios de transporte que atravessam a Sibéria.

TRANSIÇÃO. 1. *Lógica jurídica.* Forma pela qual se passa de um raciocínio a outro. **2.** *Ciência política.* a) Modificação de um regime político-social; b) período em que se opera a adaptação ao novo regime. **3.** Nas *linguagens comum* e *jurídica*: a) passagem de um estado de coisas para outro; b) ato de passar de um lugar para outro; c) período situado entre dois momentos.

TRANSIENTE. Transitório.

TRANSIGÊNCIA. 1. Nas *linguagens comum* e *jurídica*: a) tolerância; indulgência; b) passividade; c) ânimo de respeitar opinião alheia contrária. **2.** *Direito processual civil.* Transação judicial. **3.** *Direito civil.* Transação extrajudicial.

TRANSIGENTE. 1. *Direito civil* e *direito processual civil.* Aquele que se dispõe a fazer transação. **2.** Nas *linguagens comum* e *jurídica*: a) indulgente, tolerante; b) condescendente; c) conciliador.

TRANSIGERE EST ALIENARE. *Expressão latina.* Transigir é alienar.

TRANSIGIR. 1. *Direito civil.* Fazer transação. **2.** *Direito processual civil.* a) Terminar uma desavença; b) pôr fim a uma demanda, fazendo concessões recíprocas. **3.** Nas *linguagens comum* e *jurídica*: a) conciliar; b) ceder; c) condescender; d) ser a favor, após ter sido contra; e) concluir um ajuste, negociar; f) renunciar; g) fornecer mercadorias; h) despachar mercadorias.

TRANSIGÍVEL. O que pode ser objeto de transação.

TRANSISTOR. Amplificador de cristal que substitui válvula eletrônica em receptores.

TRANSITABILIDADE. Qualidade de transitável.

TRANSITADO. 1. Trilhado. **2.** Local onde se transitou.

TRANSITAR. 1. Passar. **2.** Viajar. **3.** Andar. **4.** Percorrer. **5.** Mudar de estado ou de lugar. **6.** Estar de passagem.

TRANSITAR EM JULGADO. *Direito processual.* **1.** Passar em julgado. **2.** Ter a sentença, pelo transcurso do prazo recursal, se tornado caso julgado.

TRANSITÁRIO. *Direito comercial.* Aquele que tem a função de receber mercadoria transportada por caminhão até um porto e a embarcar em navio com destino a outro porto (Daniel Azúa).

TRANSITÁVEL. Que se pode transitar.

TRANSIT CLAUSE. *Direito internacional privado.* Cláusula de cobertura adicional que deve ser utilizada quando os pontos de origem e destino da mercadoria não estiverem totalmente claros no contrato de seguro de transporte aéreo.

TRANSIT GOODS. *Locução inglesa.* Mercadorias em trânsito.

TRANSITIVA. *Filosofia geral.* **1.** *Actio axiens*, ou seja, ação que modifica um ser que não o agente (Espinoza e Lalande). **2.** Causa que se esgota no seu efeito.

TRANSITIVIDADE. 1. *Filosofia geral.* Característica do que é transitivo. **2.** *Lógica jurídica.* Propriedade formal de certas relações que permite passar da afirmação de que existe a mesma relação entre os termos *a* e *b* e entre os termos *b* e *c*, à conclusão de que ela existe entre os termos *a* e *c*. P. ex., os aliados dos meus aliados são meus aliados (Perelman); o terceiro, *c*, tem interesse de que o réu *b* saia vitorioso perante o autor *a*; logo, *c* pode intervir no processo e atuar em face de *a* (Sudatti).

TRÂNSITO. 1. *Direito de trânsito.* a) Tráfego de veículos; movimentação e imobilização de veículos, de animais e de pedestres em vias públicas ou estradas; b) ato ou efeito de passar; c) trajeto; d) utilização das vias por pessoas, veículos e animais, isolados ou em grupos, conduzidos ou não, para fins de circulação, parada, estacionamento e operação de carga ou descarga; e) em condições seguras, é o trânsito um direito de todos e dever dos órgãos e entidades componentes do Sistema Nacional de Trânsito, a estes cabendo, no âmbito das respectivas competências, adotar as medidas destinadas a assegurar esse direito. **2.** *Direito civil.* a) Passagem; b) óbito. **3.** *Direito alfandegário.* a) Passagem de mercadorias de um Estado a outro, ou de uma cidade a outra, sem pagar direito de entrada; b) mercadoria que, por não se destinar ao consumo local, se encontra apenas de passagem. **4.** *Direito processual.* a) Andamento do processo; b) desenvolvimento de uma ação ou processo. **5.** *Direito administrativo.* a) Período que se concede a funcionário público que retorna ao lugar de origem, após servir em outro, e assume o seu cargo; b) situação em que se encontra o servidor público civil ou militar, transferido para outro local, enquanto não chegar ao seu destino (De Plácido e Silva). **6.** *Direito agrário.* Instrumento usado pelo agrimensor para medir ângulos horizontais.

TRÂNSITO ADUANEIRO. *Direito alfandegário.* É o regime que permite o transporte de mercadorias, sob controle aduaneiro, de um ponto a outro do território aduaneiro, ou seja, do local de entrada da mercadoria ao local de desembaraço, com suspensão de obrigações fiscais, desde que acompanhado da Declaração de Trânsito Aduaneiro (DTA).

TRÂNSITO ADUANEIRO DE ENTRADA. *Direito alfandegário.* Aquele referente às seguintes modalidades de transporte sob controle aduaneiro: a) de mercadoria procedente do exterior, do ponto de descarga no território aduaneiro até o local onde deva ocorrer o próximo despacho; b) de mercadoria procedente do exterior e destinada ao País, quando conduzida em veículo terrestre, em viagem internacional, até o local, no território aduaneiro, onde deva ocorrer o próximo despacho.

TRÂNSITO ADUANEIRO DE PASSAGEM. *Direito alfandegário.* O transporte, pelo território aduaneiro, de mercadoria procedente do exterior e ao exterior destinada.

TRÂNSITO ADUANEIRO INTERNACIONAL. *Direito alfandegário* e *direito internacional privado.* Aquele sob o qual as mercadorias sujeitas a controle aduaneiro são transportadas de um recinto aduaneiro a outro, numa mesma operação, no curso da qual se cruzam uma ou várias fronteiras internacionais, segundo acordos bilaterais ou multilaterais.

TRÂNSITO ADUANEIRO NACIONAL. *Direito alfandegário.* Aquele sob o qual as mercadorias sujeitas a controle aduaneiro são transportadas de um recinto aduaneiro a outro no território nacional, numa mesma operação.

TRÂNSITO ADUANEIRO NA EXPORTAÇÃO. *Direito internacional privado.* É o que possibilita transporte de mercadoria, sob o controle de autoridades aduaneiras, de um ponto a outro do País, com suspensão de tributos no: a) transporte de mercadoria nacional ou nacionalizada, despachada para exportação, do local de origem ao de destino, para posterior embarque ou armazenamento em área alfandegada; b) transporte, pelo território aduaneiro, de mercadoria estrangeira, nacional ou nacionalizada, despachada para reexportação ou exportação e conduzida em veículo com destino ao Exterior.

TRÂNSITO DE EMBARCAÇÃO ESTRANGEIRA DE ESPORTE E RECREIO EM ÁGUAS BRASILEIRAS. *Direito marítimo.* Para o trânsito da embarcação estrangeira de esporte e recreio em águas jurisdicionais brasileiras, especialmente portos, se requer o que segue: a) o trânsito e uso de ancoradouros e instalações portuárias por embarcações estrangeiras de esporte e recreio em águas sob jurisdição nacional está sujeito à fiscalização prevista na legislação vigente, nas normas contidas nesta seção e nas convenções internacionais promulgadas no Brasil pertinentes à matéria; e b) é obrigatória a apresentação da Declaração de Entrada na Capitania dos Portos, Delegacia ou Agência, da embarcação estrangeira em atividade de esporte e recreio nos portos nacionais, pelo responsável da embarcação ou por um representante do clube náutico visitado. A declaração de entrada deve ser feita impreterivelmente no prazo de vinte e quatro horas após a entrada, com a apresentação do passaporte do proprietário para comprovação de identidade. As Capitanias dos Portos estabelecem para o controle de entrada o seguinte: a) por ocasião da chegada ao primeiro porto nacional, qualquer pessoa ou objeto só poderá embarcar ou desembarcar de uma embarcação estrangeira de esporte e recreio depois que a mesma estiver liberada pela visita das autoridades de saúde dos portos, Polícia Federal e Receita Federal; b) dentro do prazo de até quarenta e oito horas, após a chegada da embarcação estrangeira de esporte e recreio ao primeiro porto brasileiro, o capitão dos portos, delegado ou agente pode enviar a Polícia Naval a bordo para efetuar uma verificação do que foi mencionado na Declaração de Entrada da embarcação estrangeira em atividade de esporte e/ou recreio; e c) quando o proprietário se encontrar ausente do país e a embarcação estrangeira estiver sob a responsabilidade de outra pessoa, deverá existir a bordo um documento indicando que esta pessoa está autorizada pelo proprietário a utilizar a embarcação.

TRÂNSITO EM JULGADO. *Direito processual.* **1.** Estado da decisão judicial irrecorrível por não mais estar sujeita a recurso, dando origem à coisa julgada. **2.** Imodificabilidade da decisão devido à preclusão dos prazos recursais. **3.** Efeito de transitar em julgado.

TRÂNSITO ESCALONADO. *Direito comercial* e *direito alfandegário.* O transporte, em um mesmo veículo, de cargas acobertadas por declarações de trânsito aduaneiro com destinos ou origens diferentes.

TRÂNSITO INTERNACIONAL. *Direito aeronáutico.* É aquele em que a aeronave realiza seu deslocamento para o território nacional, a partir de aeroportos instalados no exterior e vice-versa.

TRÂNSITO NACIONAL. *Direito aeronáutico.* É aquele em que a aeronave realiza seu deslocamento entre aeroportos instalados em território nacional.

TRANSITORIEDADE. 1. Caráter de transitório. **2.** Situação do que é temporário ou do que está de passagem. **3.** Condição do que está em trânsito. **4.** Qualidade de provisório.

TRANSITÓRIO. 1. Efêmero. **2.** Passageiro. **3.** Temporário. **4.** O que tem breve duração. **5.** O que dura no intervalo de um estado de coisa a outro (Laudelino Freire).

TRANSLAÇÃO. 1. *Retórica jurídica.* Metáfora. **2.** *Direito autoral.* Tradução. **3.** *Direito civil.* Transferência de direitos. **4.** *Direito tributário.* Repercussão, ou seja, fenômeno pelo qual o contribuinte paga o imposto, mas liberta-se do sacrifício, transferindo-o a terceiro, no todo ou em parte (Aliomar Baleeiro). **5.** *História do direito.* a) *Translatio judicii*, isto é, a transmissão dos encargos da ação ao herdeiro da parte que falecer após a *litis contestatio*; b) substituição das partes após a contestação; c) mudança do julgador ou do mandatário. **6.** *Direito comercial.* Transporte; transladação.

TRANSLADAÇÃO. *Vide* TRASLADAÇÃO.

TRANSLADO DE RESTOS MORTAIS HUMANOS. Todas as medidas relacionadas ao transporte de restos mortais humanos, inclusive aquelas referentes à sua armazenagem ou guarda temporária até a sua destinação final.

TRANSLADO INTERESTADUAL DE RESTOS MORTAIS HUMANOS. Transporte, em urna funerária, de restos mortais humanos, entre Estados brasileiros, incluindo o Distrito Federal, seja por via aérea, marítima, fluvial, lacustre ou terrestre.

TRANSLADO INTERMUNICIPAL DE RESTOS MORTAIS HUMANOS. Transporte, em urna funerária, de restos mortais humanos, entre municípios brasileiros, seja por via aérea, marítima, fluvial, lacustre ou terrestre.

TRANSLADO INTERNACIONAL DE RESTOS MORTAIS HUMANOS. Transporte, em urna funerária, de restos mortais humanos, desde o país onde ocorreu o óbito até o destino final, seja por via aérea, marítima, fluvial, lacustre ou terrestre.

TRANSLATÍCIO. 1. Transmitido. **2.** Transferido.

TRANSLATIO JUDICII. *Direito romano.* Transmissão dos encargos da ação ao herdeiro da parte que falecia depois da *litis contestatio*.

TRANSLATIVO. 1. Relativo a translação. **2.** O que se transfere ou se transmite.

TRANSLATO. 1. *Retórica jurídica.* Metafórico. **2.** Nas *linguagens comum* e *jurídica*: a) o que se passou; b) o que foi transferido; c) trasladado.

TRANSLATOR. Aquele que faz translação.

TRANSLIMITAÇÃO. *Ciência política, direito internacional público* e *direito militar.* Intervenção política que consiste no envio de tropas ao território onde se dão as operações bélicas, com o escopo de ocupar as praças e conservar o país conquistado pela nação beligerante a quem se está ajudando.

TRANSLOCAÇÃO. *Direito ambiental.* Transferência de indivíduos de uma espécie, por movimento deliberado ou mediado, de uma área para outra.

TRANSLÚCIDO. 1. Evidente. **2.** Transparente. **3.** Claro.

TRANSLUZIR. 1. Transparecer. **2.** Revelar. **3.** Deduzir.

TRANSMARINO. *Direito marítimo.* Ultramarino.

TRANSMIGRAÇÃO. 1. *Direito civil.* Mudança de domicílio. **2.** *Direito internacional público* e *direito internacional privado.* Ato de sair de um país para entrar em outro.

TRANSMIGRADO. Que transmigrou.

TRANSMIGRANTE. Que transmigra.

TRANSMIGRAR. 1. Mudar de um domicílio para outro. **2.** Passar de uma região a outra. **3.** Sair de um país para outro.

TRANSMIGRATÓRIO. 1. O que se refere a transmigração. **2.** Que transmigra.

TRANSMISSÃO. 1. Na *linguagem comum*: a) expedição; b) comunicação; c) mudança de local ou posição. **2.** *Direito civil.* a) Ato ou efeito de transmitir; b) transferência de direito, obrigação ou coisa; c) tradução; d) cessão de crédito, débito ou contrato. **3.** *Direito autoral.* É a difusão de sons ou de sons e imagens, por meio de ondas radioelétricas; sinais de satélite; fio, cabo ou outro condutor; meios óticos ou qualquer outro processo eletromagnético.

TRANSMISSÃO *CAUSA MORTIS.* **1.** *Direito civil.* Transferência e aquisição de bens, direitos ou deveres fundada em herança ou legado. **2.** *Direito tributário.* Imposto que deve ser pago assim que for encerrado o inventário e que tem como fato gerador a aquisição de bens do espólio pelos herdeiros do *de cujus.* O Fisco só pode cobrar tal imposto baseado nos valores do instante do óbito.

TRANSMISSÃO DA AÇÃO. *Direito processual civil.* **1.** Prosseguimento do processo, ocorrendo a morte do autor, pelos seus herdeiros, que continuam a ação. **2.** Transferência do direito de ação a quem não é seu titular originário.

TRANSMISSÃO DA HERANÇA. *Direito civil.* Transferência da posse e propriedade dos bens da herança, que se opera, automaticamente, no instante da morte do *auctor successionis*, aos seus herdeiros legítimos ou testamentários, que, então, assumem seu ativo e passivo.

TRANSMISSÃO DA PROPRIEDADE. *Direito civil.* Transferência e aquisição de propriedade por ato *inter vivos* ou *causa mortis.*

TRANSMISSÃO DE CRÉDITO. *Direito civil.* Cessão de crédito.

TRANSMISSÃO DE INFECÇÃO. *Medicina legal.* Passagem do agente infeccioso do reservatório ao hospedeiro humano por meio de: a) contágio direto (beijo, relação sexual etc.) ou indireto (objeto contaminado); b) veículo de transmissão (água, alimento, soro etc.); c) vector (inoculação de agente patogênico na pele ou na mucosa); d) ar (inalação de poeira) etc.

TRANSMISSÃO DE PODERES. 1. *Direito civil.* a) Ato pelo qual se obriga ou se libera o mandatário de agir em nome do mandante; b) outorga de mandato; c) substabelecimento no mandato; d) ato de conferir a alguém poderes pertencentes ao transmitente. **2.** *Ciência política.* a) Delegação para o desempenho de uma função; b) nomeação ou investidura de cargo; c) substituição no cargo.

TRANSMISSÃO GRATUITA. *Direito civil.* Transferência de bem feita a alguém a título de liberalidade.

TRANSMISSÃO HEREDITÁRIA. 1. *Direito civil.* Transmissão da herança. **2.** *Medicina legal.* Passagem de caracteres físicos de pai para filho.

TRANSMISSÃO *INTER VIVOS.* **1.** *Direito civil.* Transferência de direitos ou de bens que se dá entre pessoas vivas, por meio de compra e venda, doação etc. **2.** *Direito tributário.* Imposto sobre doação.

TRANSMISSÃO ONEROSA. *Direito civil.* Aquisição e transferência da propriedade mediante contraprestação.

TRANSMISSÃO SOCIAL. *Sociologia geral.* Transferência do patrimônio cultural de uma geração a outra.

TRANSMISSÃO TELEGRÁFICA. Comunicação feita por meio de telégrafo.

TRANSMISSIBILE QUOD NON EST, NEC CESSIBILE. *Aforismo jurídico.* O que não é transmissível, não é cessível.

TRANSMISSIBILIDADE. Qualidade do que pode ser transferido.

TRANSMISSÍVEL. 1. Na *linguagem jurídica:* a) o que está livre de ônus, encargos ou restrições que impeçam sua transferência; b) alienável; c) transferível; d) cessível; e) o que se pode transmitir, isto é, suscetível de cessão. **2.** *Medicina legal.* Doença que se transmite por herança ou contágio.

TRANSMISSIVO. 1. Que transfere. **2.** O que serve para transmitir.

TRANSMISSOR. 1. Quem transfere. **2.** Aparelho que transmite sinais telegráficos. **3.** Aparelho telefônico que transforma vibração sonora em elétrica, transmitindo-a ao fio condutor.

TRANSMISSORA. Emissora.

TRANSMITENDO. 1. Que se transmite. **2.** Que recebe transmissão.

TRANSMITENTE. 1. Aquele que transmite. **2.** Quem transfere. **3.** Alienante. **4.** Cedente.

TRANSMITIDO. 1. Que se transmitiu. **2.** Comunicado. **3.** Expedido; enviado.

TRANSMITIR. 1. Transferir direito ou obrigação. **2.** Passar por sucessão *causa mortis* ou *inter vivos.* **3.** Fazer chegar. **4.** Enviar. **5.** Comunicar.

TRANSMITIR À POSTERIDADE. Fazer chegar à posteridade.

TRANSMONTAR. 1. Exceder. **2.** Passar por cima. **3.** Ser superior a algo.

TRANSMUDADO. 1. Alterado. **2.** Transformado.

TRANSMUDAR. 1. Alterar; modificar. **2.** Transformar. **3.** Mudar. **4.** Variar.

TRANSMUDÁVEL. O que pode ser alterado.

TRANSMUTABILIDADE. Qualidade de transmudável.

TRANSNADAR. 1. Atravessar a nado. **2.** Transportar a nado.

TRANSNATURAL. *Filosofia geral.* Caráter do homem e de seu destino segundo o cristianismo (Blondel).

TRANSNOITAR. Passar a noite sem dormir.

TRANSOCEÂNICO. *Direito marítimo.* Ultramarino.

TRANSORDINÁRIO. Extraordinário.

TRANSPARÊNCIA. Qualidade de transparente.

TRANSPARENTAR. 1. Tornar claro. **2.** Evidenciar.

TRANSPARENTE. 1. Claro. **2.** Evidente. **3.** Que se percebe logo. **4.** Franco.

TRANSPASSE. *Direito civil* e *direito comercial.* **1.** Traspasse. **2.** Cessão ou venda.

TRANSPIRAÇÃO. *Medicina legal.* **1.** Exalação de suor; perda de água do corpo humano por meio da pele. **2.** Suor exalado.

TRANSPLANTAÇÃO. 1. *Direito autoral.* Tradução. **2.** *Medicina legal.* Transplante, isto é, enxerto de órgão ou tecido de um indivíduo em outro. **3.** *Direito civil.* Mudança de residência, com intenção de nela se fixar. **4.** *Direito agrário.* Ato de remover uma planta de um local a outro.

TRANSPLANTADO. 1. Que foi objeto de transplante. **2.** Mudado.

TRANSPLANTAR. 1. *Direito autoral.* Traduzir. **2.** *Direito civil.* a) Mudar de residência; b) transferir. **3.** *Direito agrário.* Remover plantas. **4.** Na *linguagem jurídica* em geral, conduzir de um país a outro.

TRANSPLANTATÓRIO. O que pode ser transplantado.

TRANSPLANTÁVEL. *Vide* TRANSPLANTATÓRIO.

TRANSPLANTE. 1. Na *linguagem jurídica* em geral, transplantação. **2.** *Medicina legal* e *biodireito.* a) Ato de transferir a alguém órgão ou tecido de pessoa viva ou cadáver, para salvar-lhe a vida, melhorar seu estado ou obter sua cura; b) é a transferência de células, tecidos ou órgãos vivos de um doador a um receptor com a intenção de manter a integridade funcional do material transplantado no receptor. Seu grande limitador é a rejeição, a qual pode ser mediada por reação celular e/ou humoral. O uso de drogas imunossupressoras tem por objetivo o controle desse fator.

TRANSPLANTE AUTÓGENO. *Medicina legal.* Enxerto feito com tecido ou órgão do mesmo organismo (Euclydes Marques).

TRANSPLANTE AUTOPLÁSTICO. *Medicina legal.* Cirurgia substitutiva em que o doador é o próprio receptor, ocorrendo a retirada de tecido humano da própria pessoa para enxertá-lo em outra parte de seu corpo. Por exemplo, a cirurgia de ponte de safena.

TRANSPLANTE DE CÉLULAS FETAIS. *Medicina legal* e *biodireito.* Ato de enxertar no paciente células nervosas fetais para recuperar a memória perdida em razão de lesão traumática. Todavia, para tanto, é preciso que o tipo celular fetal seja adequado à região afetada. Tal técnica está sendo usada na Inglaterra e na Suécia para tratamento da doença de Parkinson, porém tem

TRANSPLANTE DE TECIDOS, ÓRGÃOS OU PARTES DO CORPO HUMANO

encontrado, no mundo, muitas barreiras de ordem ético-legal, pois a coleta dessas células em fetos humanos traz em seu bojo a questão do aborto e da rejeição.

TRANSPLANTE DE TECIDOS, ÓRGÃOS OU PARTES DO CORPO HUMANO. *Medicina legal, biodireito* e *direito civil.* **1.** Técnica cirúrgica substitutiva que consiste na retirada de órgão ou tecido humano pertencente a corpo vivo ou morto, para utilização na própria pessoa ou em receptor, com fins terapêuticos, visando substituir, no todo ou em parte, a função de outro da mesma natureza que o perdido. **2.** Enxerto de tecidos e órgãos. **3.** Ato de transplantar ou enxertar tecidos, órgãos ou partes do corpo humano em paciente com doença progressiva ou incapacitante, irreversível por outras técnicas terapêuticas, cuja classificação, com esse prognóstico, será lançada em documento apropriado. A realização de transplantes ou enxertos de tecidos, órgãos ou partes do corpo humano só será autorizada após a realização, no doador, de todos os testes para diagnóstico de infecções e afecções, principalmente em relação ao sangue. As equipes de transplantes ou enxertos só poderão realizá-los se tais exames apresentarem resultados que afastem qualquer prognóstico de doença incurável ou letal para o receptor. Não serão transplantados tecidos, órgãos e partes de portadores de doenças que constem de listas de exclusão expedidas pelo órgão central do Sistema Nacional de Transplante (SNT). O transplante dependerá, ainda, dos exames necessários à verificação de compatibilidade sangüínea e histocompatibilidade com o organismo de receptor inscrito, em lista de espera, nas Centrais de Notificação, Captação e Distribuição de Órgãos (CNCDOs). A morte encefálica, para fins de retirada de órgãos a serem utilizados em transplante, deverá ser comunicada à CNCDO. Todos os estabelecimentos de saúde deverão efetivar, obrigatoriamente, essa notificação. Após a notificação, os estabelecimentos de saúde não autorizados a retirar tecidos, órgãos ou partes do corpo humano destinados a transplante ou tratamento deverão permitir a imediata remoção do paciente ou franquear suas instalações e fornecer o apoio operacional necessário às equipes médico-cirúrgicas de remoção e transplante, hipótese em que serão ressarcidos na forma da lei. A CNCDO, em face das informações que lhe serão passadas pela equipe de retirada, indicará a destinação dos tecidos, órgãos e partes removidos, em estrita observância à ordem de receptores inscritos com compatibilidade para recebê-los. A ordem de inscrição poderá deixar de ser observada se, em razão da distância e das condições de transporte, o tempo estimado de deslocamento do receptor selecionado tornar inviável o transplante de tecidos, órgãos ou partes retirados ou se deles necessitar quem se encontre em iminência de óbito, segundo avaliação da CNCDO, observados os critérios estabelecidos pelo órgão central do SNT ou, ainda, se houver paciente, que seja cônjuge ou parente consangüíneo até o quarto grau do doador, mediante autorização judicial, dispensada esta em relação à medula óssea.

TRANSPLANTE HETERÓGENO. *Vide* HETERO-TRANSPLANTE.

TRANSPLANTE HETEROTÓPICO. *Medicina legal.* Ato de enxertar órgão ou tecido em uma região anatômica que não lhe é natural (Euclydes Marques).

TRANSPLANTE HOMÓGENO. *Medicina legal.* Cirurgia substitutiva feita em seres pertencentes à mesma espécie. Trata-se do "alotransplante" ou "homotransplante".

TRANSPLANTE ISOGÊNICO. *Medicina legal.* Transplante de tecidos.

TRANSPLANTE ISÓGENO. *Medicina legal.* Transplante de tecido e órgão feito entre gêmeos univitelinos, ou melhor, entre indivíduos que sejam do mesmo gênero e tenham idênticas características genéticas (Euclydes Marques).

TRANSPLANTE JURÍDICO INADEQUADO. *Teoria geral do direito.* Ato de o poder competente emitir normas seguindo a evolução do direito alienígena, provocando um desajustamento entre a realidade material dos fatos e a realidade formal das normas jurídicas. A Constituição brasileira de 1824 é um dos exemplos que se pode ter desse transplante jurídico inadequado à realidade brasileira, pois, apesar de admirável, como observa Franco Montoro, era reconhecidamente inadequada às condições do Brasil. Destinada a regular um núcleo social que ainda não existia como coletividade consciente e autônoma, assevera Gilberto Amado, ela ficou pairando no ar, como uma cúpula sem conexão com a Terra. A Constituição de 1891, diz Franco Montoro, trouxe-nos o federalismo presidencialista norte-americano, transplante este que, desde a inadequada cópia na própria denominação do país – "Estados Unidos do Brasil" – até o artificialismo de outorgar competência aos Estados para elaborar seu próprio Código de Processo, não correspondia à nossa realidade histórica. E, continua ele, grande é a gravidade do assunto, pois traz como conseqüência a ineficácia social da norma transplantada, que permanece vigente apenas como letra morta.

TRANSPLANTE LIVRE. *Medicina legal.* Enxerto que não possui conexão com o organismo do qual foi retirado o tecido ou o órgão (Euclydes Marques).

TRANSPLANTE ORTOTÓPICO. *Medicina legal.* Cirurgia em que o tecido ou o órgão transplantado ocupa sua situação anatômica normal (Euclydes Marques).

TRANSPLANTE PEDICULADO. *Medicina legal.* É o que conserva um pedículo, que o vincula ao local de origem, nutrindo-o, provisoriamente, enquanto se efetua sua revascularização à custa da nova região ou organismo (Euclydes Marques).

TRANSPLANTIO. *Direito agrário.* Retirada de árvore ou planta da terra para introdução em outro local.

TRANSPONÍVEL. Que se pode transpor.

TRANSPOR. 1. Ultrapassar. **2.** Vencer. **3.** Mudar uma ordem de colocação. **4.** Transferir.

TRANSPORTABILIDADE. Qualidade de transportável.

TRANSPORTAÇÃO. 1. *História do direito* e *direito comparado.* Pena que consistia em levar o condenado para uma possessão, colônia ou local distante e de difícil comunicação, em substituição à pena de morte, para executar trabalhos forçados ou, ainda, como forma de pena de degredo perpétuo ou temporário. Foi o que fez Portugal quando mandou para o Brasil e suas colônias africanas centenas de degredados. Está em franco desuso, mas alguns poucos países ainda a admitem. **2.** Nas *linguagens comum* e *jurídica:* a) ato ou efeito de transportar; b) arrebatamento.

TRANSPORTADO. *Direito comercial.* **1.** O que foi objeto de transporte. **2.** Aquilo que se transportou.

TRANSPORTADOR. 1. Que transporta. **2.** Condutor. **3.** Pessoa natural ou jurídica que realiza o transporte de mercadorias ou pessoas, mediante pagamento de frete ou tarifa.

TRANSPORTADOR AÉREO. *Direito aeronáutico.* Pessoa natural ou jurídica, proprietária ou exploradora de aeronave, que se obriga a efetuar serviços de transporte aéreo de coisas e pessoas.

TRANSPORTADOR CONTRATUAL. *Direito aeronáutico.* Aquele que efetua, com passageiro ou expedidor de carga, um contrato de transporte aéreo.

TRANSPORTADOR DE BAGAGEM. *Direito comercial* e *direito do trabalho.* Aquele que transporta bagagem de passageiro.

TRANSPORTADOR DE FATO. *Direito aeronáutico.* Aquele que, mediante autorização do transportador contratual, sendo o transporte sucessivo, vem a efetuar, total ou parcialmente, o transporte aéreo contratado (Othon Sidou).

TRANSPORTADOR ESTRANGEIRO DE TRÂNSITO INTERNACIONAL (TETI). O transportador estrangeiro com permissão do Ministério dos Transportes para operar transporte internacional pela via rodoviária.

TRANSPORTADOR NACIONAL DE TRÂNSITO INTERNACIONAL (TNTI). *Direito internacional privado.* O transportador nacional habilitado pelo Ministério dos Transportes a operar transporte internacional rodoviário.

TRANSPORTADOR NACIONAL DE TRÂNSITO NACIONAL (TNTN). *Direito comercial.* O transportador nacional habilitado pela Secretaria da Receita Federal a operar trânsito aduaneiro nacional.

TRANSPORTADOR–REVENDEDOR–RETALHISTA DE COMBUSTÍVEIS (TRR). *Direito comercial.* Aquela pessoa jurídica de utilidade pública, sediada no País e registrada no Departamento Nacional de Combustíveis (DNC), que entrega combustíveis, exceto gás liquefeito de petróleo, gasolina e álcool combustível no domicílio do consumidor e os comercializa. Obriga-se a: a) fornecer aos consumidores óleo diesel aditivado ao preço do similar não aditivado, na falta eventual deste; b) exibir no caminhão-tanque, de modo destacado, com caracteres legíveis e de fácil visualização pelo público, nome, endereço e telefone do DNC no Estado e em Brasília, bem como a identificação da empresa; c) dispor, no caminhão-tanque, de tabela de preços dos combustíveis; d) não condicionar a revenda de produto à revenda de outro produto, bem como a limites quantitativos; e) manter em seu poder o Livro de Movimentação de Produtos (LMP) devidamente escriturado e atualizado, bem como as notas fiscais que permitam sua conferência; f) permitir o livre acesso dos agentes fiscalizadores do DNC e dos Órgãos conveniados, às suas instalações, caminhão-tanque e documentação; g) elaborar e enviar ao DNC mapa específico, estabelecido pelo DNC, contendo informações relativas às retiradas por distribuidoras e às vendas por produto; h) receber produtos de base de distribuição de outra unidade da Federação, somente quando esta for a mais próxima da sede do TRR.

TRANSPORTAR. 1. *Direito autoral.* Traduzir. **2.** *Direito comercial.* Conduzir mercadoria, carga ou passageiro, de um local a outro, por terra, ar ou água. **3.** *Psicologia forense.* a) Remontar mentalmente; b) ficar arrebatado ou entusiasmado.

TRANSPORTÁVEL. O que se pode transportar.

TRANSPORTE. 1. *Psicologia forense.* Manifestação arrebatadora ou violenta de uma paixão. **2.** Na *linguagem contábil,* soma que se passa, em um livro de contas, de uma coluna a outra para juntar-se a diversas parcelas. **3.** *Direito militar.* a) Veículo usado para transportar munições, material bélico ou gêneros de primeira necessidade para um exército em campanha; b) navio ou avião apropriado para transportar tropas. **4.** *Direito comercial.* a) Contrato em que uma pessoa ou empresa se obriga, mediante retribuição, a transportar, de um local para outro, pessoas ou coisas animadas ou inanimadas, por via terrestre, aquaviária, ferroviária ou aérea. Celebra-se entre o transportador e a pessoa que vai ser transportada (viajante ou passageiro) ou quem entrega o objeto (remetente ou expedidor). O destinatário, ou consignatário, a quem a mercadoria deve ser expedida não é contratante, embora, eventualmente, tenha alguns deveres e até mesmo direitos contra o transportador; b) ato ou efeito de transportar; c) condução; d) deslocação de coisas ou pessoas em veículos apropriados. **5.** *Direito das comunicações.* Comunicação de notícias por meio de telefone, televisão, rádio, telégrafo etc. **6.** *Direito administrativo.* Movimentação de petróleo e seus derivados ou gás natural em meio ou percurso considerado de interesse geral.

TRANSPORTE AÉREO. *Direito aeronáutico.* Contrato pelo qual uma pessoa natural ou jurídica conduz, por meio de aeronave, de um local para outro carga (mercadorias, isto é, coisas inanimadas ou animadas) e passageiros.

TRANSPORTE AÉREO DOMÉSTICO. *Vide* SERVIÇO AÉREO DOMÉSTICO.

TRANSPORTE AÉREO INTERNACIONAL. *Vide* SERVIÇO AÉREO INTERNACIONAL.

TRANSPORTE AÉREO NÃO REGULAR. *Vide* SERVIÇO AÉREO NÃO REGULAR.

TRANSPORTE AÉREO REGULAR. *Vide* SERVIÇO AÉREO REGULAR.

TRANSPORTE AEROMÉDICO. *Direito aeronáutico.* O transporte aéreo poderá ser indicado, em aeronaves de asa rotativa, quando a gravidade do quadro clínico do paciente exigir uma intervenção rápida e as condições de trânsito tornem o transporte terrestre muito demorado, ou em aeronaves de asa fixa, para percorrer grandes distâncias em um intervalo de tempo aceitável, diante das condições clínicas do paciente. A operação desse tipo de transporte deve seguir as normas e legislações específicas vigentes, oriundas do Comando da Aeronáutica através do Departamento de Aviação Civil. Para efeito da atividade médica envolvida no atendimento e transporte aéreo de pacientes, considera-se que o serviço deve possuir um diretor médico com habilitação mínima compreendendo capacitação em emergência pré-hospitalar, noções básicas de fisiologia de vôo e noções de aeronáutica, sendo recomendável habilitação em medicina aeroespacial. O serviço de transporte aeromédico deve estar integrado ao sistema de atendimento pré-hospitalar e à Central de Regulação Médica de Urgências da região e deve ser considerado sempre como modalidade de suporte avançado de vida.

TRANSPORTE AQUAVIÁRIO. *Direito comercial.* Contrato pelo qual se transportam mercadorias e passageiros, mediante remuneração, podendo ser: *marítimo,* se ocorrer no mar, ou *hidroviário* ou fluvial, se realizado em rios ou lagos. Este tipo de transporte poderá ser indicado em regiões onde o transporte terrestre esteja impossibilitado pela inexistência de estradas e/ou onde não haja transporte aeromédico, observando-se a adequação do tempo de transporte às necessidades clínicas e à gravidade do caso.

TRANSPORTE COLETIVO. *Direito civil, direito comercial* e *direito administrativo.* Aquele em que empresas públicas ou privadas transportam muitas pessoas, contra pagamento de uma quantia fixa, seguindo determinado itinerário.

TRANSPORTE COMBINADO. 1. *Direito aéreo.* a) Transporte que se opera em parte por via aérea e em parte por outro meio (Othon Sidou); b) refere-se ao transporte de um veículo de transporte por outro (*piggy back*), como, por exemplo, uma carreta transportada por um vagão ferroviário ou por um *ferryboat* (James G. Heim). **2.** *Direito comercial.* É aquele para cuja realização se empregam diversos meios, mediante sucessivos transbordos, com um único conhecimento de embarque (Daniel Azúa).

TRANSPORTE DA SOMA. Na *linguagem contábil* é a transferência de uma soma feita para outra parcela, ou página, com o escopo de continuar a conta.

TRANSPORTE DE CARGA NO CONVÉS. *Direito marítimo.* É aquele feito por embarcações com arqueação bruta maior que 50, que transportem carga em conveses expostos e para as embarcações que mesmo sem transportar carga no convés façam parte de um comboio onde alguma outra embarcação transporte carga em conveses expostos.

TRANSPORTE DE CARGAS PERIGOSAS. *Direito marítimo.* Transporte marítimo de cargas que, em virtude de serem explosivas, gases comprimidos ou liquefeitos, inflamáveis, oxidantes, venenosas, infectantes, radioativas, corrosivas ou substâncias contaminantes, possam apresentar riscos à tripulação, ao navio, às instalações portuárias ou ao ambiente aquático. Essas mercadorias, de acordo com a sua natureza, poderão estar embaladas ou ser transportadas a granel. As mercadorias perigosas aqui definidas encontram-se relacionadas nos Códigos e Convenções Internacionais publicados pela IMO.

TRANSPORTE DE CARGA UNITIZADA. *Vide* TRANSPORTE MULTIMODAL DE CARGAS.

TRANSPORTE DE COISAS. *Vide* TRANSPORTE DE MERCADORIAS.

TRANSPORTE DE CRÉDITO. 1. *Direito civil.* Cessão de crédito. **2.** *Direito comercial.* Ato de deslocar um crédito para outra pessoa.

TRANSPORTE DE ELEITOR. *Direito eleitoral.* Transporte gratuito de eleitores até o local da mesa receptora.

TRANSPORTE DE EMPREGADOS DO CONSELHO FEDERAL DE FARMÁCIA AO SERVIÇO. *Direito do trabalho.* É o realizado com veículos destinados para este fim, para utilização de empregados no desempenho de atividades externas, para efetuar seu deslocamento desde que comprovadamente em objeto de serviço, devendo para tanto ser mantido rigoroso controle com indicação expressa da natureza da saída, com hora de saída e chegada. Os diretores do Conselho Federal de Farmácia podem autorizar o transporte de empregados que estejam desempenhando atividades extraordinárias, desde que a administração prorrogue o horário normal de trabalho, estando a autorização condicionada à falta de transporte público regular.

TRANSPORTE DE MERCADORIAS. *Direito comercial.* É aquele em que o expedidor, ou remetente, entrega ao transportador determinado objeto lícito para que, mediante pagamento de frete, seja remetido a outra pessoa (consignatário ou destinatário), em local diverso daquele em que a coisa foi recebida.

TRANSPORTE DE NOTÍCIAS. *Direito das comunicações.* **1.** É o que se efetiva por intermédio de correios e telégrafos. **2.** Transmissão ou comunicação por meio de telefone, rádio, televisão etc.

TRANSPORTE DE REPRESENTAÇÃO. *Direito do trabalho.* É o realizado com veículos para tal finalidade e se destina ao transporte pessoal quando em serviço, dos titulares de cargos de diretores do Conselho Federal de Farmácia (CFF) e eventualmente de conselheiros federais e convidados ilustres da autarquia que estejam participando de eventos por ela promovidos ou em visita de cortesia.

TRANSPORTE DO JUIZ. *Direito processual civil.* Condução do juiz até o local onde sua presença é necessária para cumprimento de certas diligências, como, por exemplo, inspeção de pessoa e coisa imprescindível para esclarecer a questão *sub judice.*

TRANSPORTE DUTOVIÁRIO. *Direito comercial.* Aquele que, por meio de canalização, é utilizado para conduzir a granel substância líquida ou gasosa, como petróleo, óleo e gás (Othon Sidou).

TRANSPORTE EM *CONTAINER*. *Direito comercial.* Aquele que é feito em equipamento acessório do veículo, isto é, em recipiente fechado, permanente, reutilizável, ou não descartável, resistente a intempéries, provido de porta e adequado à manipulação e condução segura das mercadorias (Höffmaster e Neidengard). O *container* deve possuir, para tanto, os seguintes requisitos técnicos: resistência para uso repetido; movimentação fácil, principalmente no transporte sucessivo ou intermodal, sem que haja descarregamento da mercadoria em pontos intermediários; manipulação facilitada por dispositivos; facilidade em seu enchimento e esvaziamento; e acessibilidade à inspeção aduaneira em seu interior, não podendo conter local propício à ocultação da mercadoria.

TRANSPORTE EM *CONTAINER HOUSE TO HOUSE*. *Direito comercial.* Transporte marítimo em que o *container* é estufado ou desovado pelo usuário no seu estabelecimento, sob sua responsabilidade, ficando o carreto terrestre utilizado em ambos os pontos por sua conta. Trata-se do transporte em *container* casa a casa.

TRANSPORTE EM *CONTAINER HOUSE TO PIER.* *Direito comercial.* Transporte casa (estabelecimento importador ou exportador) a cais (porto de embarque ou de descarga), que se dá se o *container* é estufado pelo usuário, sob sua responsabilidade, comprometendo-se o transportador pela desova no local de entrega por ele declarado, correndo o carreto, contudo, no Brasil, por conta do usuário.

TRANSPORTE EM *CONTAINER PIER TO HOUSE.* *Direito comercial.* Transporte cais a casa, em que o *container* é estufado pelo transportador no local de recebimento por ele indicado, comprometendo-se pela operação, e desovado pelo usuário, sob sua responsabilidade, ficando o carreto, no exterior, por conta do usuário.

TRANSPORTE EM *CONTAINER PIER TO PIER.* *Direito comercial.* Transporte cais a cais, em que o *container* é estufado e desovado pelo transportador nos locais por ele declarados para recebimento e entrega, sob sua inteira responsabilidade. O transportador pode fornecer esse serviço de estufagem e desova mediante taxa a ser fixada numa base porto a porto.

TRANSPORTE FERROVIÁRIO. *Direito comercial.* Transporte de mercadorias e passageiros por via férrea.

TRANSPORTE FLUVIAL. *Direito comercial.* Contrato de barcagem pelo qual se transportam cargas e pessoas, por meio de embarcação de pequeno porte, em rios e lagos. Trata-se do transporte hidroviário.

TRANSPORTE HIDROVIÁRIO. *Vide* TRANSPORTE FLUVIAL.

TRANSPORTE INTELECTUAL. *Vide* TRANSPORTE DE NOTÍCIAS.

TRANSPORTE INTER-HOSPITALAR. *Direito comercial.* Refere-se à transferência de pacientes entre unidades não hospitalares ou hospitalares de atendimento às urgências e emergências, unidades de diagnóstico, terapêutica ou outras unidades de saúde que funcionem como bases de estabilização para pacientes graves, de caráter público ou privado, e tem como principais finalidades: a) a transferência de pacientes de serviços de saúde de menor complexidade para serviços de referência de maior complexidade, seja para elucidação diagnóstica, internação clínica, cirúrgica ou em unidade de terapia intensiva, sempre que as condições locais de atendimento combinadas à avaliação clínica de cada paciente assim exigerem; b) a transferência de pacientes de centros de referência de maior complexidade para unidades de menor complexidade, seja para elucidação diagnóstica, internação clínica, cirúrgica ou em unidade de terapia intensiva, seja em seus Municípios de residência ou não, para conclusão do tratamento, sempre que a condição clínica do paciente e a estrutura da unidade de menor complexidade assim o permitirem, com o objetivo de agilizar a utilização dos recursos especializados na assistência aos pacientes mais graves e/ou complexos. Esse transporte poderá ser aéreo, aquaviário ou terrestre, de acordo com as condições geográficas de cada região, observando-se as distâncias e vias de acesso, como a existência de estradas, aeroportos, helipontos, portos e condições de navegação marítima ou fluvial, bem como a condição clínica de cada paciente, não esquecendo a observação do custo e disponibilidade de cada um desses meios. O transporte inter-hospitalar, em qualquer de suas modalidades, de acordo com a disponibilidade de recursos e a situação clínica do paciente a ser transportado, deve ser realizado em veículos adequados e equipados.

TRANSPORTE INTERMODAL. *Direito comercial.* Aquele em que a mercadoria é transportada mediante o emprego de duas ou mais modalidades de transporte (rodoviária, ferroviária e depois por marítima ou aérea). Tal transporte avançou tecnologicamente com o uso de *containers*, com a especialização de navios porta-*containers* e dos terminais portuários, vindo a servir como instrumento de apoio à política ativa do comércio exterior.

TRANSPORTE INTERNACIONAL. *Direito internacional privado.* Aquele em que os pontos de embarque e desembarque de mercadorias situam-se em diferentes nações.

TRANSPORTE INTERNACIONAL DE CARGAS. *Direito internacional privado.* Serviço realizado por empresa devidamente autorizada pelo DTR/STT/MT e que utiliza pontos habilitados de fronteira para a travessia com destino a outro país.

TRANSPORTE MARÍTIMO. *Direito comercial.* É o feito por navio em mar costeiro ou em alto-mar.

TRANSPORTE METROPOLITANO. *Direito administrativo* e *direito urbanístico.* Serviço comum de transporte na região metropolitana constituída por Municípios que participem da mesma comunidade socioeconômica.

TRANSPORTE METROVIÁRIO. *Direito administrativo* e *direito urbanístico.* Transporte coletivo que se opera em ferrovia subterrânea ou metrô.

TRANSPORTE MODAL. *Direito comercial.* Aquele em que se utiliza apenas um meio de transporte, ou seja, quando a mercadoria é transportada desde o embarque até o destino por via aérea, rodoviária, ferroviária, fluvial ou marítima.

TRANSPORTE MULTIMODAL DE CARGAS. *Vide* TRANSPORTE MULTIMODAL DE MERCADORIAS.

TRANSPORTE MULTIMODAL DE MERCADORIAS. *Direito comercial* e *direito internacional privado.* **1.** É o transporte de mercadorias por duas modalidades, pelo menos, em virtude de um contrato de transporte multimodal, desde um lugar situado em um Estado-Parte em que um operador de transporte multimodal toma as mercadorias sob sua custódia, até outro lugar designado para sua entrega, situado em outro Estado-Parte, compreendendo, além do transporte em si, os serviços de coleta, unitização ou desunitização da carga por destino, armazenagem, manipulação e entrega da carga ao destinatário, abarcando os serviços que foram contratados entre a origem e o destino, inclusive os de consolidação e desconsolidação das cargas. Transporte Multimodal de Cargas é, portanto, aquele que, regido por um único contrato, utiliza duas ou mais modalidades de transporte, desde a origem até o destino, e é executado sob a responsabilidade única de um Operador de Transporte Multimodal. O Transporte Multimodal de Cargas é: a) nacional, quando os pontos de embarque e de destino estiverem situados no território nacional; b) internacional, quando o ponto de embarque ou de destino estiver situado fora do território nacional. O Transporte Multimodal de Cargas compreende, além do transporte em si, os serviços de coleta, unitização, desunitização, movimentação, armazenagem e entrega de carga ao destinatário, bem como a realização dos serviços correlatos que forem contratados entre a origem e o destino, inclusive os de consolidação e desconsolidação documental de cargas. O Ministério dos Transportes é o órgão responsável pela política de Transporte Multimodal de Cargas nos segmentos nacional e internacional, ressalvada a legislação vigente e os acordos, tratados e convenções internacionais. **2.** É o que envolve a movimetnação de bens por dois ou mais modais de transporte, sob um único conhecimento de transporte, o qual é emitido por um Operador de Transporte Multimodal (OTM), que deve assumir, perante o embarcador, total responsabilidade pela operação, desde a origem até o destino, como um transportador principal e não como um agente (James G. Heim).

TRANSPORTE NACIONAL. *Direito comercial.* Aquele em que tanto o ponto de embarque como o de destino da mercadoria ou dos passageiros situam-se dentro do território do Brasil.

TRANSPORTE PRIMÁRIO. *Direito agrário.* É o deslocamento dos ouriços da floresta para o local da quebra e do local de quebra até a propriedade ou via de escoamento (beira do rio ou beira de estradas), sendo geralmente feito em paneiros, por homens ou animais.

TRANSPORTE RODOVIÁRIO. *Direito comercial.* Transporte de pessoas ou de mercadorias em rodovias.

TRANSPORTE RODOVIÁRIO DE PASSAGEIROS SOB REGIME DE FRETAMENTO. *Direito do consumidor, direito comercial* e *direito internacional privado.* O serviço realizado em âmbito interestadual ou internacional, em auto-estradas para os deslocamentos de pessoas, em circuito fechado, para o fim de realização de excursões e outras programações sem que tenha qualquer característica de transporte regular de passageiros.

TRANSPORTE SECUNDÁRIO OU INTERMEDIÁRIO. *Direito agrário.* É o transporte das castanhas da propriedade do coletor ou da comunidade até a beneficiadora ou até o armazenamento intermediário.

TRANSPORTE SEGMENTADO. *Direito comercial.* Aquele que se dá quando a carga é transportada por veículos diversos, sendo contratados separadamente os vários serviços e os diferentes transportadores.

TRANSPORTE SUCESSIVO. *Direito comercial.* Aquele em que a mercadoria, para chegar ao seu destino final, precisa ser transportada em veículos da mesma modalidade de transporte (transbordo de avião a avião), havendo, todavia, apenas um contrato de transporte.

TRANSPORTE TERRESTRE. *Direito comercial* e *direito administrativo.* É o que se subdivide, em função do veículo utilizado, em ferroviário ou rodoviário, ou, em função da extensão coberta, em urbano, intermunicipal, interestadual e internacional. Este tipo de transporte poderá

TRANSPORTE UNITIZADO 713

ser indicado para áreas urbanas, em cidades de pequeno, médio e grande porte, ou para as transferências intermunicipais, onde as estradas permitam que essas unidades de transporte se desloquem com segurança e no intervalo de tempo desejável ao atendimento de cada caso.

TRANSPORTE UNITIZADO. *Direito comercial.* Aquele que se opera mediante a utilização de *containers.*

TRANSPORTO. *História do direito.* Transporte.

TRANSPOSIÇÃO DAS VÍSCERAS. *Medicina legal.* Inversão do local das vísceras, por exemplo, quando o coração está à direita, e o fígado à esquerda (Laudelino Freire).

TRANSPOSIÇÃO DE ASSINATURA. *Direito penal.* Ato de transportar assinatura de um documento para outro, podendo configurar crime de falsificação documental.

TRANSPOSIÇÃO DE FAIXAS. *Direito de trânsito.* É a passagem de um veículo de uma faixa demarcada para outra.

TRANSPOSTO. Que sofreu transposição.

TRANSRACIONAL. *Filosofia geral.* O que ultrapassa a razão, sem contradizê-la.

TRANSRACIONALISMO. *Filosofia geral.* **1.** Disposição que tem o ser humano para crer em poderes sobrenaturais (Cournot). **2.** Misticismo.

TRANSRECEPTOR. Aparelho transmissor e receptor de transmissões radiofônicas.

TRANS-SHIPMENT. *Locução inglesa.* **1.** Baldeação. **2.** Transbordo.

TRANSTEINER. *Direito comercial. Porteiner* sobre trilhos, em miniatura, com condição de operar *containers* de vinte a quarenta pés, usado para agilizar suas operações.

TRANSTEINER SOBRE TRILHOS. *Direito comercial.* Modalidade de *porteiner* em miniatura com condição de operar *containers* de 20 a 40 pés, agilizando suas operações.

TRANS TIBERIM. *Locução latina.* **1.** Além do Rio Tibre. **2.** *Direito romano.* Venda de devedor insolvável a estrangeiro que se realizava do outro lado do Rio Tibre, pois o cidadão não podia ser escravizado em Roma.

TRANSTORNADO. 1. Desorganizado. **2.** Que não está em seu juízo normal. **3.** Perturbado.

TRANSTORNAR. 1. Desorganizar. **2.** Alterar a ordem. **3.** Perturbar.

TRANSTORNO. 1. Perturbação. **2.** Desorganização. **3.** Prejuízo.

TRANSTORNO OBSESSIVO-COMPULSIVO (TOC). *Medicina legal* e *psicologia forense.* **1.** Moléstia que leva o paciente a ter comportamentos ritualizados e repetitivos (como por exemplo o de ficar verificando, continuamente, se as portas estão fechadas; o de lavar excessivamente as mãos etc.) e que lhe causa ansiedade. **2.** Transtorno mental por ansiedade que afeta pessoas do sexo masculino, caracterizado por obsessões que limitam o seu convívio social, gerando: preocupação excessiva com sujeira, contaminação, alinhamento de objetos, armazenamento de coisas inúteis; doenças; pensamentos voltados a sexo, obscenidades, agressões, insultos, superstições etc.

TRANSTORNOS CARDÍACOS. *Medicina legal.* Sintomas indicativos de moléstia cardíaca.

TRANSTORNOS EMOCIONAIS. *Psicologia forense* e *medicina legal.* Aqueles que revelam o estado emocional do paciente, como ansiedade, fobia, apatia, depressão, furor etc.

TRANSTORNOS NEUROLÓGICOS E NEUROMUSCULARES. *Psicologia forense* e *medicina legal.* Distúrbios degenerativos, como doença de Parkinson, paralisia cerebral, distrofia muscular e paralisia lateral amiotrófica (Morris Fishbein).

TRANSTORNOS PSICOSSOMÁTICOS. *Medicina legal* e *psicologia forense.* Distúrbios emocionais relacionados com enfermidades orgânicas, como ocorre com a alergia, a asma crônica e a úlcera péptica.

TRANSTRAVADO. *Direito agrário.* Cavalo que tem as patas dianteiras e a traseira direita brancas.

TRANSUBSTANCIADO. O que se transformou em outra substância.

TRANSUDAÇÃO. *Medicina legal.* **1.** Passagem de líquidos dos vasos capilares para cavidades naturais, ou acidentais, causada pelo aumento da pressão sangüínea. **2.** Transpiração.

TRANSUMÂNCIA. 1. *Direito agrário.* Migração dos rebanhos, em certos períodos do ano, em regra no verão, para as montanhas, mudando de pasto, mas retornando às planícies no inverno. **2.** *Sociologia jurídica.* Transferência de um grupo de pessoas para local diverso de seu hábitat, movidas por alguma necessidade ou razão étnica.

TRANSUMAR. *Direito agrário.* Fazer o rebanho mudar de pastagem.

TRANSUNTO. *Direito autoral.* Cópia de um escrito.

TRANSVERSAL. *Direito civil.* Parente em linha colateral.

TRANSVIADO. 1. Extraviado. **2.** O que se transviou. **3.** O que se desviou. **4.** Desencaminhado.

TRANSVIADOR. Que transvia.

TRANSVIAMENTO. *Vide* TRANSVIO.

TRANSVIAR. 1. Desencaminhar. **2.** Desviar. **3.** Extraviar. **4.** Afastar das normas morais ou jurídicas.

TRANSVIO. 1. Desvio. **2.** Extravio. **3.** Ato ou efeito de descaminhar.

TRANSVOAR. *Direito aeronáutico.* **1.** Transpor voando. **2.** Passar.

TRANSVÔO. *Direito aeronáutico.* Ação de transvoar.

TRAPA. *Direito marítimo.* Cabo especial usado para arriar pesos para dentro da embarcação.

TRAPAÇA. 1. *Direito penal.* a) Ardil; logro; b) estelionato; manobra astuciosa para prejudicar alguém de boa-fé e obter vantagem ilícita para si; c) acordo fraudulento. **2.** *História do direito.* Motrafa ou embuste que resultava em adquirir algo por alto preço e vender por valor ínfimo. **3.** *Direito civil.* Dolo.

TRAPACEADOR. *Vide* TRAPACEIRO.

TRAPACEAR. *Direito penal.* Agir fraudulenta ou ardilosamente.

TRAPACEIRO. *Direito penal.* **1.** Aquele que faz trapaça. **2.** Estelionatário.

TRAPACENTO. *Vide* TRAPACEIRO.

TRAPALHADA. 1. Embuste. **2.** Confusão.

TRAPEIRO. *Direito comercial.* Aquele que faz negócios em trapos ou papéis velhos ou os apanha na rua para vender.

TRAPÉZIO. Aparelho para exercícios formado por uma peça cilíndrica de ferro, de cujas extremidades se elevam duas cordas fixas no teto ou em uma barra horizontal (Laudelino Freire).

TRAPEZISTA. *Direito do trabalho.* Aquele que, no circo, trabalha no trapézio.

TRAPEZITA. *História do direito.* **1.** Cobrador de uma associação, na antigüidade romana. **2.** Na Grécia antiga, cambista ou banqueiro que negociava moedas, ou seja, o mercador de moedas. **3.** No antigo Egito, era o recebedor de finanças.

TRAPICHE. 1. *Direito comercial.* a) Armazém onde mercadorias desembarcadas ou a serem embarcadas são guardadas; b) depósito de mercadorias a serem importadas ou exportadas construído nas proximidades dos portos; c) entreposto ou depósito de mercadorias em trân-

sito. **2.** *História do direito.* Pequeno engenho usado para moer frutos ou sementes oleaginosas para deles extrair o sumo ou o azeite. **3.** *Direito agrário.* No nordeste, é o pequeno engenho de açúcar que produz rapadura e melaço.

TRAPICHE ALFANDEGADO. *História do direito.* Armazém que estava investido de delegação alfandegária, incumbido de efetuar despachos, em que se recolhiam e guardavam as mercadorias estrangeiras que ainda não tivessem pago os impostos de consumo (Waldemar Ferreira).

TRAPICHEIRO. 1. *Direito comercial.* Aquele que possui, arrenda ou administra um trapiche. **2.** *Direito do trabalho.* Trabalhador em trapiche.

TRAPINCOLA. Na *gíria*, é o caloteiro.

TRAQUÉIA. *Medicina legal.* Tubo que vai da laringe aos pulmões.

TRAQUEÍTE. *Medicina legal.* Inflamação da traquéia.

TRAQUEJADO. 1. Experiente. **2.** Apto.

TRAQUEJAR. 1. Na *linguagem comum*: a) exercitar; b) tornar apto. **2.** *Direito agrário.* Cercar uma rês, impelindo-a para o curral.

TRAQUEJO. 1. Experiência. **2.** Habilidade.

TRAQUELAGRA. *Medicina legal.* Dor gotosa no pescoço.

TRAQUELECTOMIA. *Medicina legal.* Extirpação do colo uterino.

TRAQUELOCELE. *Medicina legal.* Tumor herniário no pescoço.

TRAQUELOFIMA. *Medicina legal.* **1.** Bócio. **2.** Tumor no pescoço.

TRAQUELOMIÍTE. *Medicina legal.* Inflamação dos músculos do pescoço.

TRAQUELOPEXIA. *Medicina legal.* Fixação do colo do útero.

TRAQUELORRAFIA. *Medicina legal.* Sutura do colo do útero que, no parto, se dilacerou.

TRAQUELÓSQUISE. *Medicina legal.* Fístula congênita do colo uterino.

TRAQUEOBRONQUITE. *Medicina legal.* Inflamação simultânea da traquéia e dos brônquios.

TRAQUEOCELE. *Medicina legal.* Tumor na traquéia.

TRAQUEORRAGIA. *Medicina legal.* Hemorragia da traquéia.

TRAQUEÓSQUISE. *Medicina legal.* Fístula da traquéia.

TRAQUEOTOMIA. *Medicina legal.* Cirurgia que estabelece a comunicação entre a traquéia e o mundo exterior, possibilitando a entrada de ar nos pulmões.

TRAQUETE. *Direito marítimo.* Vela grande do mastro da proa.

TRAQUICARDIA. *Medicina legal.* Pulsação do coração brusca e áspera.

TRASBORDADO. Que transbordou.

TRASBORDAMENTO. Ato ou efeito de transbordar.

TRASBORDANTE. Que transborda.

TRASBORDAR. 1. Extravasar. **2.** Ir o rio além das margens. **3.** Transbordar.

TRASBORDO. *Vide* TRANSBORDO.

TRASEIRO. 1. Na *linguagem comum*: a) parte posterior; b) o que está situado atrás; c) veículo em que a carga se encontra na parte posterior, fazendo-o pender. **2.** Na *gíria*, nádegas.

TRASLADAÇÃO. 1. *Direito autoral.* Tradução. **2.** *Direito administrativo.* Transferência de cargo de uma pessoa a outra. **3.** Na *linguagem jurídica* em geral: a) transferência; b) adiamento (Laudelino Freire). **4.** *Direito registrário.* Cópia do que está escrito em livro de notas.

TRASLADADO. 1. *Direito autoral.* a) Traduzido; b) copiado. **2.** *Direito civil* e *direito comercial.* a) Transferido; b) adiado; c) levado ou transportado de um local a outro.

TRASLADADOR. 1. *Direito autoral.* Tradutor. **2.** Na *linguagem jurídica* em geral, é aquele que traslada.

TRASLADAR. 1. Transportar. **2.** Traduzir. **3.** Mudar-se. **4.** Transferir. **5.** Transcrever. **6.** Adiar. **7.** Passar escritura.

TRASLADÁVEL. Que se pode trasladar.

TRASLADO. 1. *Direito registrário.* Cópia extraída pelo oficial público ou tabelião de instrumento ou documento lavrado no seu livro de notas. **2.** *Direito autoral.* a) Cópia de escrito; b) reprodução. **3.** *Direito comercial.* Transporte. **4.** *Direito civil.* Mudança de um lugar para outro. **5.** *Direito processual civil.* Cópia de peça do processo original feita pelo escrivão a pedido dos litigantes, do juiz ou do órgão do Ministério Público.

TRASLADO DE AUTOS. *Direito processual.* Cópia fiel, passada pelo próprio escrivão e por outro concertada, de documentos constantes do arquivo judiciário.

TRASLATIVO. Translativo.

TRASPASSAÇÃO. Ato ou efeito de traspassar.

TRASPASSADO. 1. Atravessado. **2.** Furado de lado a lado.

TRASPASSADOR. Que traspassa.

TRASPASSAMENTO. 1. Traspassação. **2.** Dilação. **3.** Transgressão. **4.** Morte. **5.** Estado daquele que, ao sofrer um acidente, fica sem sentidos.

TRASPASSANTE. *Vide* TRASPASSADOR.

TRASPASSAR. 1. Transpor. **2.** Atravessar. **3.** Furar. **4.** Ferir. **5.** Perder o ânimo. **6.** Transferir. **7.** Ceder algo a outrem. **8.** Renunciar. **9.** Retardar. **10.** Postergar. **11.** Traduzir. **12.** Copiar. **13.** Transportar.

TRASPASSE. 1. Ato de transferir direito a outrem. **2.** Transferência. **3.** Cessão de contrato. **4.** Arrendamento. **5.** Sublocação. **6.** Falecimento. **7.** Desmaio mortal. **8.** Agonia. **9.** Demora; dilação.

TRASPASSO. *Vide* TRASPASSE.

TRASTE. 1. *Direito civil.* a) Alfaia; b) móvel ou utensílio doméstico. **2.** Na *linguagem popular,* homem inútil.

TRASTEJAR. 1. Negociar em utensílios domésticos. **2.** Cuidar dos móveis da casa. **3.** Fiscalizar serviços domésticos. **4.** Vacilar. **5.** Gaguejar por hesitação.

TRASTEMPO. *História do direito.* Prescrição da ação.

TRATADISTA. *Direito autoral.* **1.** Aquele que escreve tratado sobre algum ramo do conhecimento. **2.** Erudito; aquele que, com profundidade, aborda em obra de grande vulto assunto científico, literário ou artístico.

TRATADÍSTICO. *Direito autoral.* Que diz respeito a tratadista.

TRATADO. 1. *Direito internacional público.* Declaração volitiva de dois ou mais Estados, regulando suas relações e interesses recíprocos na seara jurídica, social, política ou econômica, que apenas tem obrigatoriedade se for ratificada pelos contratantes. **2.** *Direito agrário.* Cultivado. **3.** *Direito autoral.* Obra que expõe, de modo sistemático e aprofundado, tema versado numa ciência ou arte. **4.** *Direito civil.* Aquele que foi bem cuidado, tendo recebido o suficiente para sua subsistência, como alimentação, vestuário, medicamentos, moradia etc.

TRATADO ABERTO. *Direito internacional público.* Aquele que permite a adesão de terceiros Estados, dentro de certas limitações culturais, geográficas, econômicas etc.

TRATADO ANTÁRTICO. *Direito internacional público.* Convenção Washington firmada em 1959 e que operou a internacionalização do Continente Antártico.

TRATADO BILATERAL. *Direito internacional público.* É o efetivado apenas por dois países.

TRATADO COLETIVO. *Direito internacional público.* Aquele em que, para sua elaboração, concorrem muitos Estados contratantes, como, por exemplo, um acordo assinado sob a égide da ONU.

TRATADO COMERCIAL. *Direito internacional público.* É o levado a efeito por duas ou mais nações, que, com o intuito de obter um maior desenvolvimento na exportação e na importação, fortalecem suas relações comerciais, eliminando as dificuldades alfandegárias.

TRATADO-CONTRATO. *Direito internacional público.* É o que visa reger interesses recíprocos dos Estados contratantes, resultando de concessões mútuas por eles feitas, mediante troca de idéias sobre temas específicos. No tratado-contrato (*Vertrag*), os Estados signatários têm interesses contrapostos e almejam a obtenção de vantagens de ordem material, intelectual ou moral, como favorecer a circulação e a troca de bens, assegurar a repressão de crimes, obter cessão de territórios etc.

TRATADO-CONTRATO DE EFEITOS LIMITADOS. *Vide* TRATADO-CONTRATO TRANSITÓRIO.

TRATADO-CONTRATO DE EFEITOS SUCESSIVOS. *Vide* TRATADO-CONTRATO EXECUTÓRIO.

TRATADO-CONTRATO EXECUTADO. *Vide* TRATADO-CONTRATO TRANSITÓRIO.

TRATADO-CONTRATO EXECUTÓRIO. *Direito internacional público.* É também designado tratado-contrato não transitório ou de efeitos sucessivos, por ser executado regularmente sempre que se apresentem as necessárias condições nele especificadas (por exemplo, tratados de comércio, de aliança e de extradição).

TRATADO-CONTRATO NÃO TRANSITÓRIO. *Vide* TRATADO-CONTRATO EXECUTÓRIO.

TRATADO-CONTRATO TRANSITÓRIO. *Direito internacional público.* É denominado tratado-contrato executado ou de efeitos limitados, pois tem de ser imediatamente executado, dispondo sobre a matéria de modo permanente, por criar, em favor de outro Estado, determinados direitos ou por transferir ou reconhecer direitos, em regra reais, relativamente a outros Estados (por exemplo, tratado de cessão de territórios ou de limites).

TRATADO DE ASSUNÇÃO. *Direito internacional público.* Aquele que foi firmado, em 1991, entre Brasil, Uruguai, Argentina e Paraguai, constituindo o Mercosul.

TRATADO DE INTELIGÊNCIA. *Vide* ENTENTE.

TRATADO DE LATRÃO. *Direito internacional público.* Foi o celebrado em 1929 entre a Santa Sé e a Itália, criando o Estado do Vaticano e resolvendo a "Questão Romana".

TRATADO DE PAZ. *Direito internacional público.* Convenção pela qual os Estados signatários põem fim a uma guerra.

TRATADO DE RESSEGURO. *Direito comercial* e *direito civil.* Ato pelo qual uma companhia passa a assumir riscos tomados por outra ou os que vierem a sobrepujar a certos limites.

TRATADO DE TORDESILHAS. *História do direito.* Foi o firmado entre Espanha e Portugal no ano de 1494, dividindo a propriedade das novas terras descobertas com base em uma linha reta hipotética ou imaginária, traçada de pólo a pólo, ficando as do leste para Portugal e as do oeste para a Espanha.

TRATADO DE VERSALHES. *Direito internacional público.* Tratado-contrato de paz, assinado em 1919, que obrigou a Alemanha a reconhecer sua derrota na Primeira Guerra Mundial, incluindo cláusulas territoriais: a) devolução da Alsácia e Lorena à França; b) restituição de Eupen e Malmedy à Bélgica; c) entrega de Posen e do corredor polonês à Polônia; d) entrega de Hulchin e da parte oriental da alta Silésia à Tchecoslováquia; e) devolução do norte do Schlesvig à Dinamarca. Criou ainda a Liga das Nações e sistematizou o direito do trabalho, ao inserir capítulo voltado às questões trabalhistas.

TRATADO DE WASHINGTON. *Direito internacional público.* Tratado que, em 1922, foi firmado com o escopo de proteger os países neutros e de reger o direito de empregar gás ou produtos químicos nocivos.

TRATADO FECHADO. *Direito internacional público.* É o que se restringe apenas aos Estados signatários.

TRATADO INTERNACIONAL. *Direito internacional público.* **1.** Fonte de direito internacional público, juntamente com os costumes internacionais e os princípios gerais de direito. Equivale a um contrato entre Estados signatários. Dentre os termos empregados como sinônimos de tratado e convenção, podem-se citar: pacto e carta, protocolo, declaração, compromisso, concordata (tratado diplomático), *modus vivendi*, nota reversal, acordo entre cavalheiros, acordo preliminar, entente e deliberação. **2.** Acordo formal concluído entre sujeitos de direito internacional público, destinado a produzir efeitos jurídicos (Rezek), e se versar sobre direitos humanos, sendo aprovado, em cada Casa do Congresso Nacional, em dois turnos, por 3/5 dos votos dos respectivos membros, será equivalente a emenda constitucional.

TRATADO–LEI. *Vide* TRATADO NORMATIVO.

TRATADO MULTILATERAL. *Direito internacional público.* Convenção em que há três ou mais Estados signatários.

TRATADO NORMATIVO. *Direito internacional público.* Tratado-lei (*law-making treaty*; *Vereinbarung*) celebrado entre vários Estados para fixar normas de Direito internacional público. Equipara-se às leis, visto que versa sobre assuntos genéricos e regula relações jurídico-políticas, econômico-sociais ou administrativas dos Estados (por exemplo, a Convenção de Haia de 1899 e 1907). Contém norma de aplicação genérica e declarações de vontades dos Estados para a consecução de finalidades comuns, como a constituição de um organismo internacional e a criação de normas jurídicas aplicáveis aos Estados participantes, por exemplo, a Carta das Nações Unidas.

TRATADO PLURILATERAL. *Vide* TRATADO MULTILATERAL.

TRATADOR. *Direito agrário.* Aquele que cuida de animais.

TRATADO SECRETO. *História do direito* e *direito internacional público.* Convenção, hodiernamente em desuso, entre dois ou mais países destituída de qualquer publicidade (Othon Sidou) e eficaz para elaborar aliança sem fundamento. Por exemplo, o tratado de aliança defensiva firmado entre Rússia e Alemanha durante a Segunda Guerra Mundial.

TRATAMENTO. 1. *Medicina legal.* Conjunto de meios terapêuticos para curar ou aliviar doentes. **2.** *Direito penal.* Medida de segurança que consiste em internar delinqüente em estabelecimento apropriado para tratar sua enfermidade mental. **3.** *Direito civil.* a) Modo de se dirigir a um interlocutor, mencionando seus títulos; b) bom ou mau uso que se dá a bens confiados à guarda; c) cuidado dispensado a quem se tem o dever de sustentar ou de prestar alimentos; modo de atender à subsistência de alguém. **4.** *Direito administrativo* e *direito processual civil.* Maneira de falar às autoridades, em razão do cargo ocupado ou da dignidade que lhes corresponde. **5.** *Direito comercial.* Modo de operar sobre matéria-prima que se pretende transformar em um produto.

TRATAMENTO ALTERNATIVO. 1. *Direito aeronáutico.* É o tratamento do material existente no tanque coletor de dejetos e águas servidas das aeronaves em reservatório especial ou no próprio veículo coletor, conforme orientações e produtos dispostos no Plano de Limpeza e Desinfecção (PLD). **2.** *Medicina legal.* É o tratamento médico substitutivo do sangue, para evitar transfusão. Por exemplo, uso da solução de Ringer e do dextrano; produção de substitutivos de plasma e de fatores de estimulação da medula óssea, como a eritropoietina e a leucopoietina; desenvolvimento de glicoproteína purificada imunologicamente igual à eritropoietina etc.

TRATAMENTO FINAL. *Direito ambiental.* Processo de neutralização dos agentes nocivos à saúde e ao meio ambiente, existentes nos resíduos de serviços de saúde, geralmente associado à redução de volume, peso e umidade dos resíduos.

TRATAMENTO PRELIMINAR. *Direito ambiental.* Processo a ser aplicado aos resíduos biológico, químico e radioativo, permitindo que sejam coletados e transportados com segurança até o tratamento final e a sua disposição final.

TRATANTE. 1. Aquele que age com dolo ou usa de fraude em seus negócios. **2.** Pessoa que não cumpre o dever assumido. **3.** Aquele que tem a incumbência de cuidar de algo.

TRATANTEAR. 1. Ludibriar. **2.** Enganar. **3.** Não cumprir obrigação a que se comprometera.

TRATAR. 1. Cuidar. **2.** Seguir um tratamento prescrito ou aconselhado. **3.** Manejar. **4.** Sustentar. **5.** Ajustar; celebrar contrato. **6.** Dar certo título. **7.** Considerar. **8.** Debater. **9.** Discorrer. **10.** Ter por assunto. **11.** Dedicar-se.

TRATAR DE IGUAL A IGUAL. Falar a alguém como se fosse da mesma posição social.

TRATAR DE POTÊNCIA A POTÊNCIA. *Direito internacional público.* Tratar um país diretamente com outro, sem intermediários.

TRATAR MAL DE PALAVRAS. 1. Injuriar. **2.** Repreender de modo áspero.

TRATAR POR ALTO. Discorrer brevemente sobre um tema.

TRATAR POR CIMA DO OMBRO. Desprezar.

TRATÁVEL. 1. Afável. **2.** Que se pode tratar.

TRATO. **1.** Ação ou efeito de tratar. **2.** Ajuste. **3.** Cortesia; civilidade. **4.** Convivência. **5.** Modo de proceder nas relações sociais. **6.** Sustento. **7.** Ato de haver fechado um negócio. **8.** Manutenção. **9.** Modo de cuidar de algo. **10.** Região específica de um organismo; espaço de terreno. **11.** Intervalo. **12.** Decurso.

TRATO CAMBIAL. **1.** *Direito cambiário* e *direito processual civil.* Letra de câmbio, que é título executivo extrajudicial. **2.** *Direito comercial.* Documento que acompanha o conhecimento de mercadoria vendida, para dar ao vendedor uma garantia da operação (De Plácido e Silva). **3.** *Direito comparado.* Letra girada.

TRATOR. **1.** *Direito agrário.* Veículo usado para puxar arado, carreta etc. **2.** *Direito de trânsito.* É o veículo automotor construído para realizar trabalho agrícola, de construção e pavimentação e tracionar outros veículos e equipamentos.

TRATÓRIO. O que se refere a tração.

TRATORISTA. *Direito agrário.* Aquele que trabalha com um trator.

TRAUMA. *Medicina legal.* **1.** Choque de natureza física ou psíquica que causa perturbação da personalidade, podendo dar origem a neurose ou perda de membro, sentido ou função (Croce e Croce Jr.). **2.** Lesão dos tecidos por causa mecânica ou externa. **3.** Traumatismo.

TRAUMA PSÍQUICO. *Medicina legal* e *psicologia forense.* Alteração da personalidade provocada por violenta emoção (Croce e Croce Jr.).

TRAUMÁTICO. *Medicina legal* e *psicologia forense.* Referente a traumatismo.

TRAUMATISMO. *Medicina legal, medicina do trabalho* e *psicologia forense.* **1.** Estado mórbido resultante de lesão grave, que pode ser provocada, por exemplo, por acidente de trabalho ou ato criminoso. **2.** Forte abalo mental que pode dar origem a uma neurose. **3.** Trauma.

TRAUMATISMO CRANIENCEFÁLICO. *Medicina legal* e *psicologia forense.* Lesão grave, de origem mecânica ou patológica, que atinge o crânio e o encéfalo, podendo ser fatal. Se a vítima, porém, sobreviver, operar-se-á a síndrome pós-comocional, trazendo déficit no psiquismo, como amnésia, alteração no sono, confusão mental, cefaléia etc. (José Lopes Zarzuela).

TRAUMATIZAÇÃO. *Medicina legal* e *psicologia forense.* Ato ou efeito de traumatizar.

TRAUMATIZADO. *Medicina legal* e *psicologia forense.* Que sofreu trauma.

TRAUMATIZAR. *Medicina legal* e *psicologia forense.* **1.** Causar traumatismo. **2.** Sofrer lesão. **3.** Ferir.

TRAUMATOFILIA. *Psicologia forense.* Forte propensão que tem o paciente de se meter em brigas ou rixas.

TRAUMATOLOGIA FORENSE. *Medicina legal.* Estudo das lesões corporais ou contusões homicidas, suicidas ou acidentais causadas por agentes mecânicos, físicos ou químicos.

TRAUMATOLÓGICO. *Medicina legal.* O que se refere a traumatologia.

TRAUMATOPNÉIA. *Medicina legal.* Entrada ou saída de ar por uma lesão do tórax.

TRAUSSAÇÃO. *História do direito.* Casamento ou jantares que as igrejas ou mosteiros pagavam, em dinheiro taxado, aos herdeiros de seus instituidores ou doadores (Laudelino Freire).

TRAUSSAR. *História do direito.* Taxar.

TRAUTO. *História do direito.* **1.** Convenção. **2.** Espaço de terreno correspondente à terça parte de uma légua.

TRAVA. **1.** *Direito agrário.* Aparelho improvisado feito com um laço para imobilizar um animal, a fim de que se possa lidar com ele. **2.** Na *linguagem comum*: a) fecho horizontal de uma porta; b) ação de travar. **3.** *Direito comercial.* Estratégia com opções, nas quais os ganhos ou perdas ficam travadas. P. ex., trava de alta com opções de compra, em que se compra a opção com preço de exercício mais baixo para vendê-la na mesma data de vencimento, com preço mais alto, assim uma parte do ganho com a opção comprada é compensada com uma perda na opção vendida, quando o preço do ativo sobe muito, e o seu ganho total fica limitado (Luiz Fernando Rudge).

TRAVAÇÃO. *Direito civil.* Ligação das traves de um madeiramento entre si (Laudelino Freire).

TRAVA DE CÂMBIO. *Direito comercial.* **1.** Contratação de exportação sem a antecipação dos recursos na modalidade, p. ex., de Adiantamento de Contrato de Câmbio (ACC), em que o empresário pactua com o banco, pelo período de espera, o recebimento de uma remuneração financeira, que será adicionada ao contravalor em moeda nacional tão-somente na negociação documentária e conseqüente escrituração das divisas contratadas (Hilário de Oliveira).

2. Fechamento do câmbio de exportação para futuro embarque e pagamento, efetuado num banco de livre escolha do exportador, mas sem a antecipação da receita de exportação via ACC (José Augusto de Castro).

TRAVADO. 1. *Direito agrário.* Cavalo que, por ser manco, anda tolhido. **2.** Nas *linguagens comum* e *jurídica*: a) o que se travou; b) ligado; c) tartamudo; d) entabulado; e) renhido.

TRAVADOURO. *Direito agrário.* Parte delgada da perna do animal onde se coloca a trava.

TRAVADOUROS. *Direito militar.* Botões de zinco fundido que, adaptados ao projétil, servem para guiá-lo ao longo das estrias da boca da arma de fogo (Laudelino Freire).

TRAVAILLER. *Termo francês.* Trabalhador.

TRAVAMENTO. *Direito civil.* **1.** Travejamento. **2.** Vigamento.

TRAVAR. 1. *Direito agrário.* a) Prender animal com a trava; b) refrear animal. **2.** Nas *linguagens comum* e *jurídica*: a) unir; b) segurar; c) sacar; d) obstruir; e) impedir; f) entabular; g) causar dissabor; h) disputar; i) empenhar-se.

TRAVAR BATALHA. Lutar; combater.

TRAVAR O PASSO. *Direito agrário.* Andar o animal com passo miúdo.

TRAVAR-SE DE RAZÕES. Discutir calorosamente.

TRAVE. 1. *Direito civil.* Viga. **2.** *Direito desportivo.* Tira de sola atravessada no solado da chuteira para dar ao jogador maior firmeza.

TRAVEJADOR. *Direito civil.* Que traveja.

TRAVEJAMENTO. *Direito civil.* **1.** Vigamento. **2.** Conjunto de traves usadas na construção de prédios. **3.** Ato de pôr traves em cima de algo. **4.** Madeiramento.

TRAVEJAR. *Direito civil.* **1.** Colocar traves ou vigas. **2.** Madeirar.

TRAVEL AGENCY. *Locução inglesa.* Agência de viagens.

TRAVELLER'S CHECKS. 1. *Locução inglesa.* Cheques viajantes, ou seja, os usados no comércio bancário, para proporcionar facilidade ao cliente em viagens no exterior. **2.** *Direito bancário* e *direito cambiário.* Ordens de pagamento das importâncias neles consignadas (Fran Martins). Aqueles que os adquirirem podem descontá-los em bancos de outras praças, identificando-se com a aposição de uma segunda assinatura, que deverá ser idêntica à primeira.

TRAVELLING SALESMAN. *Locução inglesa.* Caixeiro-viajante.

TRAVELS. *Termo inglês.* Viagens.

TRAVERSE. *Termo inglês.* Contestação.

TRAVESSA. 1. Viga. **2.** Rua estreita transversal, entre duas vias públicas mais importantes. **3.** Dormente de estrada de ferro. **4.** Barra que impede a entrada de um porto. **5.** Ato de vencer distância de um lugar a outro; travessia.

TRAVESSÃO. *Direito agrário.* Cerca que separa terrenos de criação dos de lavoura, para impedir a entrada do gado, evitando assim que invada as plantações.

TRAVESSIA. 1. Ato de açambarcar mercadoria. **2.** Ação ou efeito de atravessar uma região, mar etc. **3.** Vento forte e contrário à navegação.

TRAVESTI. *Psicologia forense.* Pessoa que usa disfarce sob traje próprio do sexo oposto com o escopo de obter excitação sexual ou de se exibir publicamente como sendo pertencente àquele, sem, contudo, desejar submeter-se a uma cirurgia para mudança de sexo.

TRAVESTIDO. *Psicologia forense.* Aquele que se apresenta habitualmente com vestuário do sexo oposto.

TRAVESTISMO. *Psicologia forense.* Tendência mórbida, voluntária ou involuntária, de pessoa homossexual ou não, de vestir indumentos do sexo oposto, assumindo gestos e condutas peculiares a este (Hirschfeld), como meio de obter auto-erotismo ou heteroerotismo ou para atender a um impulso neurótico, ou não, de assim se exibir publicamente. Desvio narcisista ou fetichista muito comum no homem.

TRAZER. 1. Conduzir. **2.** Transferir. **3.** Transportar. **4.** Ser portador. **5.** Ofertar. **6.** Ter. **7.** Causar. **8.** Promover.

TRAZER À BAILA. Abrir discussão.

TRAZER À COLAÇÃO. *Direito civil.* Colacionar ou conferir doações recebidos em vida do ascendente ou cônjuge falecido para igualar a legítima.

TRAZER À MEMÓRIA. Lembrar.

TRAZER À RAZÃO. Convencer.

TRAZER EM MENTE. Pensar.

TRD. *Direito financeiro.* Taxa Referencial Diária, correspondente ao valor diário da Taxa Referencial (TR) fixada para o mês corrente, calculado *pro rata tempore* (Luiz Fernando Rudge).

TRE. *Direito processual* e *direito eleitoral.* Sigla de Tribunal Regional Eleitoral.

TREASON. *Termo inglês.* 1. Traição. 2. Perfídia.

TREASURER. *Termo inglês.* Tesoureiro.

TREASURER'S CHECK. *Locução inglesa.* Cheque de tesouraria.

TREASURY NOTES. *Locução inglesa.* Bilhetes do tesouro, emitidos nos Estados Unidos da América do Norte com base na reserva em ouro e na garantia em dinheiro existente nos caixas do erário público.

TREATY. *Termo inglês.* 1. Ajuste. 2. Contrato. 3. Tratado. 4. Pacto. 5. Convênio.

TREATY-MAKING POWER. *Direito internacional público.* Competência que, segundo Hans Blix e Paul de Vischer, a ordem jurídica própria a cada Estado costuma partilhar entre o governo e o parlamento. É o poder de determinar, em definitivo, a disposição do Estado em relação ao compromisso (Rezek).

TREATY SHOPPING. *Locução inglesa.* Ato planejado de selecionar, entre os tratados contra a dupla tributação internacional existentes, o que melhor convier para efeito de uma dada operação que deva ser praticada com algum residente de um outro país com o qual o seu não possua um acordo semelhante, mediante interposição de uma pessoa jurídica ou entidade qualificável como residente em um dos Estados signatários, para obter as respectivas vantagens que as cláusulas da convenção possam oferecer (Heleno Tôrres).

TREBELHO. *Direito desportivo.* Cada uma das peças do jogo do xadrez.

TRECHO. 1. *Direito autoral.* Fragmento de obra artística, literária ou científica que só pode ser publicado com a indicação do seu autor. 2. Nas *linguagens comum* e *jurídica:* a) intervalo de tempo; b) extensão de um local a outro; distância.

TRECHO DA ORLA MARÍTIMA. *Direito marítimo.* Seção da orla marítima abrangida por parte ou todo da unidade paisagística e geomorfológica da orla, delimitado como espaço de intervenção e gestão.

TRECHO DA ORLA MARÍTIMA DE INTERESSE ESPECIAL. *Direito marítimo.* Parte ou todo da unidade paisagística e geomorfológica da orla, com existência de áreas militares, tombadas, de tráfego aquaviário, instalações portuárias, instalações geradoras e transmissoras de energia, unidades de conservação, reservas indígenas, comunidades tradicionais e remanescentes de quilombos.

TREDO. 1. Falso. 2. Traidor.

TREE ROW VOLUME (TRV). *Direito ambiental.* Cálculo efetuado para obter o valor de volume de solução de agrotóxico a ser pulverizado por hectare.

TRÉGUA. 1. *Direito militar* e *direito internacional público.* a) Armistício; b) suspensão temporária das hostilidades, mediante acordo feito entre as forças armadas beligerantes, para assinar tratado de paz, sepultar mortos etc. 2. *Direito do trabalho.* a) Férias; b) cessação temporária das atividades laborativas.

TREINADO. *Direito desportivo.* 1. Adestrado. 2. Preparado. 3. Exercitado.

TREINADOR. *Direito desportivo.* Profissional que dirige o treino nos esportes.

TREINAMENTO EM COMÉRCIO INTERNACIONAL. *Direito internacional privado.* É o que visa: preparar empresários e seus funcionários para atuarem no comércio internacional; aprimorar os conhecimentos dos que já atuam nesse comércio e disseminar a cultura de comércio internacional para ampliar a base de novas empresas.

TREINAR. *Direito desportivo.* Exercitar-se para jogos desportivos ou para um certame.

TREINO. *Direito desportivo.* Conjunto de exercícios praticados por atleta para obter preparo físico e apurar suas habilidades.

TREM. 1. *Direito comercial.* Locomotiva e vagões ferroviários que transportam carga e passageiros em ferrovias. 2. Na *linguagem comum*: a) sujeito inútil; b) mobília; c) conjunto de bagagens. 3. *História do direito.* Carruagem.

TREMATOLOGIA. *Direito agrário.* Arte de melhorar plantas e animais por meio da hibridação ou seleção.

TREMATOLOGISTA. *Direito agrário.* Versado em trematologia.

TREM DE ATERRAGEM. *Direito aeronáutico.* Mecanismo que sustenta as rodas sobre as quais a aeronave pousa.

TREM DE VIDA. 1. Maneira pela qual uma pessoa, ou uma família, manipula as despesas. 2. Nível de vida econômico.

TREMEDAL. *Direito agrário.* 1. Pântano. 2. Vegetação flutuante sobre o rio.

TREMER. 1. Sentir arrepios causados por frio, medo, emoção etc. 2. Repercutir. 3. Oscilar. 4. Temer.

TREMOÇAL. *Direito agrário.* Plantação de tremoço.

TREMOFOBIA. *Medicina legal.* Pavor mórbido de tremer.

TREMÓFOBO. *Medicina legal.* Aquele que sofre de tremofobia.

TREMOR. *Medicina legal.* Agitação do corpo.

TREMOR DE TERRA. Terremoto.

TREMPE. *Direito marítimo.* Jangada formada com três paus.

TRÊMULO. **1.** Que treme. **2.** Indeciso; hesitante.

TRENA. Fita métrica.

TRENÓ. *Direito comparado.* Veículo sem rodas, puxado por animal, apropriado para deslizar no gelo.

TRENODE. *História do direito.* Carpideira assalariada, encarregada em cerimônia fúnebre de fazer as tradicionais lamentações.

TREPANAÇÃO. *Medicina legal.* Cirurgia que consiste na abertura do crânio com o auxílio do trépano.

TRÉPANO. *Medicina legal.* Instrumento cirúrgico, em forma de broca, que perfura ossos cranianos.

TRÉPASSÉ. *Termo francês.* Falecido.

TRÉPASSEMENT. *Termo francês.* Morte; falecimento.

TREPIDAÇÃO DO SOLO. Leve abalo de terra.

TRÉPLICA. **1.** *Direito processual penal.* Resposta da defesa à réplica do acusador, no Tribunal do Júri. Trata-se da segunda defesa ou ressustentação de uma defesa, desde que haja réplica do órgão acusatório. **2.** *Direito de propriedade industrial.* Refutação escrita, feita pelo impugnante de pedido de patente ou de registro de marca, àquilo que foi alegado pelo interessado em sua réplica à oposição ou ao recurso (José Náufel).

TREPLICAR. *Direito processual penal.* **1.** Responder à réplica. **2.** Empreender, havendo réplica, uma tréplica, no Tribunal do Júri. **3.** Refutar com tréplica.

TREPONEMÍASE. *Medicina legal.* **1.** Sífilis. **2.** Infecção causada por treponema.

TREPONEMOSE. *Medicina legal.* Moléstia provocada por treponema.

TREPSOLOGIA. Estudo voltado a nutrição.

TRESALVO. *Direito agrário.* Cavalo que tem um membro colorido e os outros três brancos.

TRESANDAR. **1.** Fazer andar para trás. **2.** Perturbar. **3.** Fazer recear. **4.** Exalar mau cheiro.

TRESDESTINAÇÃO. *Direito administrativo.* Ato legal ou administrativo que retira a destinação pública de um bem público, fazendo-o passar da categoria de uso comum ou especial à de bem dominical.

TRESDOBRAR. Triplicar.

TRESDOBRO. **1.** Triplo. **2.** O que é aumentado em três vezes.

TRESGASTADOR. *Direito civil.* **1.** Perdulário. **2.** Pródigo. **3.** Dissipador.

TRESGASTAR. *Direito civil.* Dissipar.

TRESLOUCADO. **1.** Louco. **2.** Demente.

TRESMALHADO. *Direito agrário.* **1.** Desgarrado. **2.** Animal perdido ou fugido.

TRESMALHAR. *Direito agrário.* **1.** Deixar um animal escapar. **2.** Desgarrar.

TRÊS NOVES. *Direito financeiro.* Diz-se do ouro que apresenta teor de pureza 999.

TRESPASS. *Termo inglês.* Esbulho.

TRESPASSAÇÃO. **1.** *Vide* TRESPASSE. **2.** *História do direito.* Ato de transferir posse ou propriedade a outrem.

TRESPASSAMENTO. *Vide* TRESPASSE.

TRESPASSE. **1.** *Vide* ALIENAÇÃO DE ESTABELECIMENTO. **2.** *Direito comercial.* Venda de estabelecimento empresarial.

TRESPASS QUARE CLAUSUM FREGIT. *Locução inglesa.* Ação de esbulho possessório.

TRESVARIADO. *Psicologia forense* e *medicina legal.* **1.** Que delira. **2.** O que está perturbado ou fora de si.

TRETA. **1.** *Direito desportivo.* Na esgrima, é a destreza na luta ou o estratagema planejado ou executado pelo contendor para desarmar o adversário. **2.** Nas *linguagens comum* e *jurídica*: a) ardil; b) artifício engenhoso; c) astúcia; d) palavreado empregado para iludir alguém.

TRETEIRO. Aquele que é dado a tretas, ou seja, a conversas conducentes a levar alguém a um engano.

TREU. *História do direito.* Vela latina que, outrora, era usada durante um temporal.

TREUHÄNDER. *Termo alemão.* Fiduciário.

TREUHANDERCHAFT. *Termo alemão.* Fidúcia.

TREU UND GLAUBEN. *Locução alemã.* **1.** Boa-fé ou lealdade. **2.** Dever de não trair a confiança alheia, tendo conduta leal. **3.** Boa-fé objetiva. **4.** Fidelidade. **5.** Confiança.

TREVAS. 1. Noite. **2.** Escuridão. **3.** Ignorância.

TREVAS DO NASCIMENTO. Origem desconhecida.

TREVAS DO TEMPO. A mais remota antigüidade (Laudelino Freire).

TREZADO. *História do direito.* Aquele que pertencia a uma entidade composta de treze membros.

TREZENA. Espaço de treze dias.

TREZÊNIO. Espaço de treze anos.

TRÍADE. Conjunto de três coisas ou pessoas.

TRIÁDICO. 1. Relativo a tríade. **2.** Que envolve uma tríade.

TRIAGEM. 1. Escolha ou separação de pessoas ou coisas. **2.** Local onde é feita tal seleção.

TRIAL. *Termo inglês.* Julgamento.

TRIAL JURY. *Locução inglesa.* Corpo de jurados.

TRIANGULAÇÃO. Divisão de um terreno em triângulos, por meio de cálculos trigonométricos, para levantar sua planta.

TRIANGULADOR. Aquele que faz triangulação.

TRIANGULAR. Fazer triangulação.

TRIÃO. *História do direito.* Boi de carro ou arado.

TRIARCA. *Ciência política.* Membro de uma triarquia.

TRIÁRIO. *História do direito.* Soldado veterano ou reformado que combatia na terceira fila do exército romano.

TRIARQUIA. *Ciência política.* **1.** Triunvirato. **2.** Governo exercido por três homens. **3.** União de três Estados.

TRIÁRQUICO. *Ciência política.* Referente a triarquia.

TRÍBADE. *Medicina legal.* Aquela que é dada à prática do tribadismo.

TRIBADIA. *Vide* TRIBADISMO.

TRIBADISMO. *Medicina legal.* **1.** Safismo. **2.** Homossexualismo feminino em que as parceiras se satisfazem sexualmente mediante o atrito clitoriano recíproco.

TRÍBADO. *Medicina legal.* O que diz respeito a tríbade.

TRIBAL. Relativo a tribo.

TRIBO. 1. *História do direito.* Cada um dos grupos em que se dividiam os povos na antigüidade. **2.** *Direito constitucional.* a) Comunidade indígena; b) conjunto de famílias índias; c) sociedade de civilização atrasada. **3.** *Sociologia jurídica.* a) Conjunto de famílias nômades que seguem um chefe; b) conjunto de famílias de descendência comum; clã; c) grupo étnico que vive comunitariamente sob o comando de um chefe.

TRIBOFAR. Na *gíria*, fazer combinações desonestas ou trapaças em jogos ou corridas de cavalos.

TRIBOFE. Na *gíria*, trapaça em jogo ou em páreos de corrida de cavalos.

TRIBOFEIRO. Na *gíria*, aquele que faz tribofe.

TRIBONIANISMO. *Direito romano.* Interpolação efetuada por juristas, orientados por Triboniano, na preparação das *Institutas*, do *Digesto* e do Código de Justiniano, introduzindo alterações no direito compilado (Othon Sidou).

TRIBULAÇÃO. 1. Aflição. **2.** Sofrimento. **3.** Perseguição.

TRIBUNA. 1. Púlpito ou local onde o orador fala. **2.** Eloqüência. **3.** Palanque.

TRIBUNA DA IMPRENSA. Jornal.

TRIBUNADO. *História do direito.* **1.** Cargo de tribuno. **2.** Exercício do cargo de tribuno. **3.** Período de duração desse cargo.

TRIBUNAIS DE JUSTIÇA DESPORTIVA. *Direito desportivo.* Unidades autônomas e independentes das entidades de administração do desporto de cada sistema que têm competência para processar e julgar, em última instância, as questões de descumprimento de normas relativas à disciplina e às competições desportivas, sempre assegurados a ampla defesa e o contraditório. Têm como primeira instância a Comissão Disciplinar (CD), integrada por três membros de sua livre nomeação, para a aplicação imediata das sanções decorrentes de infrações cometidas durante as disputas e as constantes das súmulas ou documentos similares dos árbitros, ou, ainda, decorrentes de infringência ao regulamento da respectiva competição. Compete aos Tribunais de Justiça Desportiva (TJD): 1. processar e julgar, originariamente: a) os seus auditores, os de suas Comissões Disciplinares e procuradores; b) os mandados de garantia contra atos dos poderes das entidades regionais de administração do desporto; c) os dirigentes da entidade regional de administração do desporto e das entidades de prática desportiva; d) a revisão de suas próprias decisões e as de suas Comissões Disciplinares; e) os pedidos de reabilitação; f) os pedidos de impugnação de partida, prova ou equivalente; 2. julgar em grau de recurso: a) as decisões de suas Comissões Disciplinares; b) os atos e despachos do presidente do Tribunal; c) as penalidades aplicadas pela entidade regional de administração do desporto e de prática desportiva que imponham sanção administrativa de suspensão, desfiliação ou desvinculação; 3. declarar os impedimentos e incompatibilidades de seus auditores e procuradores; 4. criar Comissões Disciplinares e indicar-lhes os auditores, podendo instituí-las para que funcionem junto às ligas constituídas na forma da legislação anterior; 5. declarar a incompatibilidade dos auditores das Comissões Disciplinares; 6. instaurar inquéritos; 7. requisitar ou solicitar informações para esclarecimento de matéria submetida a sua apreciação; 8. elaborar e aprovar o seu Regimento Interno; 9. deliberar sobre casos omissos.

TRIBUNAIS ECLESIÁSTICOS. *Direito canônico.* Órgãos jurisdicionais da Santa Sé que julgam causas contenciosas.

TRIBUNAIS REGIONAIS DE ÉTICA DO ADMINISTRADOR. Aqueles que têm competência para: a) julgar os processos disciplinares éticos das respectivas áreas de jurisdição; b) contribuir para a divulgação e cumprimento do Código de Ética Profissional do Administrador e das Recomendações do TSE. Os Tribunais Regionais de Ética dos Administradores constituir-se-ão de cinco Administradores de notório saber técnico-científico e ilibada reputação, com mais de dez anos de registro profissional, e eleitos pelo Plenário dos Conselhos Regionais de Administração. Cada Tribunal Regional de Ética do Administrador elegerá, entre si, o Presidente do órgão de direção do processo e das sessões plenárias. Não poderão integrar os Tribunais Regionais de Ética dos Administradores os Conselheiros, Efetivos e Suplentes, dos Conselhos Federal e Regionais de Administração.

TRIBUNAL. 1. Órgão coletivo pertencente ao Poder Judiciário que tem a incumbência de apreciar, em grau de recurso, as decisões dos juízes. Esse órgão é composto de número variável de magistrados, que exercem suas funções agrupados em câmaras ou turmas. **2.** Local onde os processos são apreciados e julgados. **3.** Jurisdição.

TRIBUNAL ADMINISTRATIVO. *Direito comparado.* Aquele que, composto por juízes não pertencentes ao Poder Judiciário, é encarregado, em certos países, como na França, de conhecer causas em que a Administração Pública é parte, prolatando decisão que faz coisa julgada (Othon Sidou). Sua jurisdição é administrativa.

TRIBUNAL *AD QUEM.* *Direito processual.* Órgão colegiado de segundo grau, pertencente ao Poder Judiciário, que tem competência para apreciar, em grau de recurso, decisão de juiz ou tribunal inferior, reformando-a ou mantendo-a.

TRIBUNAL *A QUO.* *Direito processual.* Aquele cuja decisão é objeto de recurso, sujeito a apreciação e julgamento do tribunal superior.

TRIBUNAL ARBITRAL. *Direito processual, direito internacional privado* e *direito internacional público.* **1.** Juízo arbitral. **2.** Órgão composto por árbitros nomeados pelas partes e confirmados pela corte de arbitragem da Câmara de Comércio Internacional, que, por sua vez, indicará um terceiro, que presidirá o tribunal. Esses juízes arbitrais têm poder para julgar certas questões, decidindo-as e prolatando a sentença arbitral. É o tribunal de arbitragem.

TRIBUNAL ARBITRAL DO COMÉRCIO (TRARBITRAL). *Direito comercial* e *direito processual.* Entidade não personificada, criada por convênio, com o fim de promover a arbitragem como meio de solução de controvérsias e litígios relativos a direitos patrimoniais disponíveis havidos entre pessoas jurídicas ou físicas capazes de contratar. Criado por convênio entre a Secretaria da Justiça e da Defesa da Cidadania do Estado de São Paulo, Junta Comercial, Federação do Comércio (Fecomércio-SP), Federação dos Contabilistas (Fecontesp), OAB-SP, Associação dos Peritos Judiciais e Câmara Ítalo-brasileira de Comércio, o Trarbitral visa resolver as questões com base na Lei da Arbitragem, sem passar pelo Judiciário, dentro do prazo máximo de seis meses. Cada um dos 43 árbitros é especializado em uma matéria (Direito, Economia, Arquitetura, Contabilidade etc.) e as sentenças têm a mesma força das da justiça comum, podendo, inclusive, ser executadas (Fernanda Vaz).

TRIBUNAL CIVIL. *Direito processual.* Aquele que tem competência para decidir questões cíveis, ficando fora de sua alçada as trabalhistas e as criminais.

TRIBUNAL COMERCIAL. *Direito comercial.* Junta Comercial na sua função de disciplinar as atividades empresariais.

TRIBUNAL COMUM. *Direito processual.* É o que tem competência genérica e extensiva às causas não reservadas, por lei, a um tribunal especial.

TRIBUNAL CONSTITUCIONAL. *Direito comparado.* Órgão judicial cuja composição varia de país a país, podendo ser formado por membros pertencentes aos três Poderes, que têm a competência para exercer o controle da constitucionalidade das leis.

TRIBUNAL CONSULTIVO. *Direito processual civil.* Juízo arbitral.

TRIBUNAL CORRECIONAL. *História do direito.* Tribunal popular que apreciava causa criminal de pouca importância.

TRIBUNAL DA CONGREGAÇÃO DOS RITOS. *Direito canônico.* Tribunal da cúria romana competente para tratar de causas de beatificação e canonização e dos rituais da missa e da administração dos sacramentos.

TRIBUNAL DA INCONFIDÊNCIA. *História do direito.* O que julgava crimes contra o Estado ou contra o soberano.

TRIBUNAL DA INQUISIÇÃO. *História do direito.* Tribunal que julgava e condenava os que eram contrários ao Catolicismo.

TRIBUNAL DA PENITENCIÁRIA. *Direito canônico.* Tribunal da cúria romana que julga causas do foro interno, solucionando, por exemplo, casos de dispensa de impedimentos.

TRIBUNAL DA SIGNATURA APOSTÓLICA. *Direito canônico.* Tribunal da cúria romana composto de sete cardeais, com a função de julgar danos causados pelas sentenças da rota, questões de nulidade, recursos de causas matrimoniais e conflitos de competência dos tribunais inferiores.

TRIBUNAL DE ALÇADA. *História do direito.* Tribunal da justiça estadual encarregado de julgar certos recursos, de matéria cível ou criminal, nos casos indicados em normas de organização judiciária, composto por juízes de carreira, sendo que um quinto de suas vagas era preenchido por membros do Ministério Público Estadual e por advogados, indicados pelo órgão de classe em lista sêxtupla e nomeados pelo governador do Estado: 1) competia ao Primeiro Tribunal de Alçada Civil apreciar e julgar, em grau de recurso, decisões oriundas de: a) ações derivadas de consórcios de veículos ou de outros bens móveis duráveis; b) ações relativas a bem móveis ou semoventes; c) usucapião de coisa móvel; d) condomínio: cobrança de tributos ou despesas condominiais; e) responsabilidade civil advinda de danos em prédio urbano ou rústico; f) seguros de vida ou de acidentes pessoais de que resulte morte ou incapacidade; g) reparação de dano causado em acidente de veículos, cobrança do valor do respectivo seguro facultativo ou obrigatório e ações regressivas de ressarcimento; h) comissão mercantil; i) compra e venda mercantil; j) condução e transporte e seguros correlativos; k) mandato; l) edição; m) depósito de mercadoria; n) direito de vizinhança, ações baseadas em postura edilícias e uso nocivo da propriedade; o) retribuição ou indenização a depositário ou leiloeiro; p) servidão de caminho e direito de passagem; q) ações relativas a honorários de profissionais liberais; r) ações ou execuções de natureza fiscal de interesse das Fazendas Municipais; s) ações discriminatórias de terras; t) venda a crédito com reserva de domínio; u) alienação fiduciária em garantia; v) ações possessórias, ressalvada a competência do Segundo Tribunal de Alçada Civil, quando derivadas de comodato; w) cobrança de crédito de serventuário da justiça, perito, intérprete e tradutor; x) execução por título extrajudicial em geral (letra de câmbio, nota promissória, duplicata, cheque, confissão de dívida, hipoteca, contrato de aplicação financeira, certificado de depósito bancário e outros) e ações correlatas para anulação, cancelamento e sustação de protesto e semelhantes. Ficava ressalvada a competência do Segundo Tribunal de Alçada Civil para ações e execução de contrato de locação; y) gestão de negócios. 2) Ao Segundo Tribunal de Alçada Civil apreciar, em grau de recurso, decisões decorrentes da propositura de: a) ações de acidente do trabalho; b) locação de imóveis, inclusive ações e execução de contrato de locação; c) arrendamento mercantil imobiliário; d) arrendamento rural; e) parceria agrícola; f) comodato, inclusive as possessórias dele derivadas. 3) E ao Tribunal de Alçada Criminal a apreciação, em grau de recurso, de decisões decorrentes de: a) ações penais relativas a infrações penais a que não seja cominada pena de reclusão, excluídas as referentes a crimes de responsabilidade de prefeitos e vereadores, a tóxicos ou entorpecentes, a crimes falimentares e as de competência do Tribunal do Júri; b) crimes contra o patrimônio, ressalvada a competência do Tribunal de Justiça quanto a crimes da mesma natureza com o evento morte. Com a extinção do Tribunal de Alçada, seus membros passaram a integrar o Tribunal de Justiça, respeitadas a antigüidade e classe de origem.

TRIBUNAL DE APELAÇÃO. *História do direito.* Antiga denominação do Tribunal de Justiça do Estado.

TRIBUNAL DE ARBITRAGEM. *Vide* TRIBUNAL ARBITRAL.

TRIBUNAL DE CIRCUITO. *Direito processual.* Designação dada aos Tribunais Regionais, que, embora sejam inferiores ao Supremo Tribunal Federal, julgam certas causas de sua competência para auxiliá-lo.

TRIBUNAL DE CÍRCULO. *Direito comparado.* Em Portugal, é o tribunal de primeira instância com jurisdição num círculo judicial (Ana Prata).

TRIBUNAL DE COMARCA. *Direito comparado.* Em Portugal, é o tribunal de primeira instância, com jurisdição comum em cada comarca, que tem competência em razão da matéria, estendendo-se a todas as causas cíveis ou criminais a que a lei não confira jurisdição especial (Ana Prata).

TRIBUNAL DE COMÉRCIO. *Vide* TRIBUNAL COMERCIAL.

TRIBUNAL DE CONFLITOS. *Direito comparado.* Órgão colegiado, próprio de países que têm o contencioso administrativo, com competência para decidir os conflitos de atribuição que surgirem entre as ordens administrativa e judiciária, ou melhor, entre o Conselho de Estado e a Corte de Cassação (José Cretella Jr.).

TRIBUNAL DE CONTAS. *Direito constitucional.* Órgão técnico colegiado e auxiliar direto do Poder Legislativo que tem a função de controlar externamente a administração financeira e fiscalizar o orçamento. Não só analisa as contas e a aplicação do dinheiro público como também julga e apura a responsabilidade dos incumbidos de sua guarda, sendo, por isso, uma instituição administrativo-política de auditoria e julgamento.

TRIBUNAL DE DISTRITO. *Direito comparado.* Em Portugal, é o tribunal de primeira instância com jurisdição na área de um distrito judicial (Ana Prata).

TRIBUNAL DE ECONOMIA POPULAR. *História do direito.* Júri que tinha competência para julgar os crimes contra a economia popular.

TRIBUNAL DE ÉTICA E DISCIPLINA. É o competente para orientar e aconselhar advogados sobre ética profissional, respondendo às consultas em tese, e julgar os processos disciplinares. O Tribunal reúne-se mensalmente ou em menor período, se necessário, e todas as sessões serão plenárias. Compete também ao Tribunal de Ética e Disciplina: a) instaurar, de ofício, processo competente sobre ato ou matéria que considere passível de configurar, em tese, infração a princípio ou norma de ética profissional; b) organizar, promover e desenvolver cursos, palestras, seminários e discussões a respeito de ética profissional, inclusive junto aos cursos jurídicos, visando à formação da consciência dos futuros profissionais para os problemas fundamentais da Ética; c) expedir provisões ou resoluções sobre o modo de proceder em casos previstos nos regulamentos e costumes do foro; d) mediar e conciliar nas questões que envolvam dúvidas e pendências entre advogados, partilha de honorários contratados em conjunto ou mediante substabelecimento, ou decorrente de sucumbência e controvérsias surgidas quando da dissolução de sociedade de advogados.

TRIBUNAL DE EXCEÇÃO. *Direito processual.* Tribunal especial instituído para julgar causas específicas, expressamente previstas em lei, inclusive as políticas. Por exemplo, o Tribunal Militar, que julga demanda que foge à justiça comum.

TRIBUNAL DE IMPOSTOS E TAXAS. *Direito administrativo* e *direito financeiro.* Órgão ligado ao secretário da Fazenda do Estado de São Paulo, com competência para apreciar e julgar, em última instância, processo administrativo alusivo a tributo estadual (Eduardo Marcial Ferreira Jardim).

TRIBUNAL DE JUSTIÇA. *Direito processual.* Órgão colegiado de segundo grau da justiça estadual, sediado na capital de cada Estado, composto por desembargadores, sendo um quinto de suas vagas preenchido por membros do Ministério Público Estadual e por advogados, indicados pelo órgão de classe em lista sêxtupla e nomeados pelo governador do Estado, e competente para julgar além dos recursos de matéria cível ou criminal, cuja apreciação competia aos extintos tribunais de alçadas: a) na *seção de direito privado*, os recursos das decisões oriundas de ações relativas às seguintes matérias: 1) direitos de autor e outros direitos da personalidade; 2) fundações, sociedades simples e empresárias, associações, entidades civis, comerciais e religiosas; 3) família, concubinato (união estável) e sucessões; 4) domínio, posse e direitos reais sobre coisa alheia, salvo quando se trate de desapropriação; 5) obrigações de direito privado em geral, ainda que oriundas de contrato do qual o Estado participe, ou de prestação de serviços que haja autorizado, delegado, permitido, ou concedido; 6) responsabilidade civil extracontratual, salvo a do Estado; 7) recuperação, anulação ou substituição de título ao portador; 8) patentes, marcas, denominações sociais e atos da Junta Comercial; 9) falência e recuperação judicial e extrajudicial; 10) insolvência civil fundada em título executivo judicial; 11) registros públicos em geral; 12) alienação judicial relacionada com matéria da própria seção; b) na *seção de direito público*, em grau de recurso, decisões advindas de ações relativas: 1) a concursos públicos, servidores públicos em geral e questões previdenciais; 2) controle e cumprimento de atos administrativos; 3) licitações e contratos administrativos; 4) desapropriações; 5) ensino; 6) contribuições sindicais; 7) responsabilidade civil do Estado, inclusive as decorrentes de apossamento administrativo e desistência de ato expropriatório; 8) ações e execuções de natureza fiscal ou parafiscal, de interesse da Fazenda do Estado ou de autarquias estaduais; 9) ação popular; c) na *seção criminal*, recursos de decisões decorrentes de: 1) ações penais relativas a crimes sujeitos a pena de reclusão, exceto delitos contra o patrimônio; 2) crimes contra o patrimônio apenas quando ocorra o evento morte; 3) infrações penais envolvendo tóxicos ou entorpecentes; 4) crimes falimentares; 5) crimes comuns e de responsabilidade de prefeitos. Compete à Seção Criminal, com a participação da maioria absoluta de seus membros: 1) processar e julgar os mandados de segurança contra atos de seus grupos; 2) julgar: a) os embargos declaratórios opostos a seus acórdãos; b) os agravos regimentais das decisões do Segundo Vice-Presidente, na função de juiz preparador, em matéria da competência que exceda à dos grupos. Compete a cada Grupo Criminal: 1) processar e julgar: a) os mandados de segurança contra atos de suas câmaras e respectivos juízes, inclusive do presidente da seção, na função de preparador; b) as revisões criminais de sentenças e acórdãos; 2) julgar: a) os embargos declaratórios a seus acórdãos; b) os agravos regimentais das decisões de seus juízes relatores ou do Vice-Presidente preparador. O Tribunal de Justiça poderá funcionar descentralizadamente, constituindo Câmaras regionais, a fim de assegurar o pleno acesso do jurisdicionado à justiça em todas as fases do processo. O Tribunal de Justiça instalará a justiça itinerante, com a realização de audiências e demais funções da atividade jurisdicional, nos limites territoriais da respectiva jurisdição, servindo-se de equipamentos públicos e comunitários. Para dirimir conflitos fundiários, o Tribunal de Justiça proporá a criação de varas especializadas, com competência exclusiva para questões agrárias.

TRIBUNAL DE JUSTIÇA DAS COMUNIDADES EUROPÉIAS (TJCE). *Direito internacional público.* Tribunal de Justiça supranacional, sediado em Luxemburgo, que, sendo um órgão independente dentro do conjunto das instituições comunitárias, patrocina e promove progressivamente a integração jurídica européia. Sua jurisprudência estável tem garantido o funcionamento do sistema institucional internacional, arbitrando, com decisões sancionadas com a coatividade, as tensões geradas pelo choque de interesses privados e públicos no âmbito das comunidades (Sidnei Agostinho Beneti).

TRIBUNAL DE NUREMBERG. *História do direito.* Aquele que, em 1945 e 1946, julgou os acusados de crimes contra a humanidade praticados durante a 2ª Guerra Mundial.

TRIBUNAL DE RELAÇÃO. *História do direito.* Tribunal de segunda instância que tinha competência para julgar recursos de agravo e apelação, procedentes de juiz de primeira instância.

TRIBUNAL DE SEGURANÇA NACIONAL. *História do direito.* Instituição que era mantida pelo Estado Novo, composta por cinco, e depois seis, juízes com competência para julgar crimes políticos, ou seja, atos contrários ao regime ditatorial.

TRIBUNAL DO JÚRI. *Direito processual penal.* **1.** Tribunal popular composto por juízes leigos (jurados) e presidido por um juiz de carreira, com competência para julgar crimes consumados ou tentados de: homicídio simples e qualificado; induzimento, instigação ou auxílio a suicídio; infanticídio e aborto. É o colegiado que compreende vinte e um jurados, dos quais sete serão sorteados para compor o Conselho de Sentença em cada sessão de julgamento, e o juiz-presidente, que irão decidir, com base no fato apresentado, pela absolvição ou condenação do acusado de ter praticado crime doloso contra a vida. **2.** *Vide* JÚRI.

TRIBUNAL DOS MORTOS. *Direito romano.* Designação dada ao método de decisão do direito em tese, aplicado pela *lex cita* dos imperadores Valentiniano II e Teodósio II, considerando como válidas tão-somente as opiniões de Papiniano, Paulo, Ulpiano, Gaio e Modestino (Othon Sidou).

TRIBUNAL DO TRABALHO. *Direito processual* e *direito do trabalho.* Órgão coletivo que tem competência para conhecer de recursos interpostos sobre sentença prolatada em Varas do Trabalho e acórdão dos Tribunais Regionais do Trabalho.

TRIBUNAL ECLESIÁSTICO. *Direito canônico.* É o que tem competência para resolver não só litígios entre católicos sobre assunto regido pelo Código de Direito Canônico, como também causas alusivas ao casamento religioso.

TRIBUNAL ECLESIÁSTICO DE SÃO PAULO. *Direito canônico.* Órgão competente para aplicar o Código de Direito Canônico, que contém 1.752 cânones, sediado no Colégio Sion.

TRIBUNAL ELEITORAL. *Direito eleitoral.* Órgão encarregado de administrar a Justiça Eleitoral, que é composta pelo Tribunal Superior Eleitoral, pelos Tribunais Regionais Eleitorais, pelos juízes eleitorais e pelas juntas eleitorais.

TRIBUNAL ESPECIAL. *Vide* TRIBUNAL DE EXCEÇÃO.

TRIBUNAL ESTADUAL. *Direito processual.* Aquele que exerce a justiça comum de segundo grau em cada Estado-Membro da Federação, julgando recursos e processando as causas que, por lei, são de sua competência (Décio Cretton).

TRIBUNAL ESTRANGEIRO. *Direito processual* e *direito internacional privado.* Aquele cuja decisão só pode ser executada no Brasil se preencher certos requisitos externos e internos, em razão de pertencer a país estrangeiro. Os requisitos externos dessa decisão exigidos para sua execução no território nacional são: a) ter obedecido às formalidades extrínsecas reclamadas para sua execução, segundo a lei do Estado em que foi proferida, por darem a garantia de sua autenticidade; b) estar traduzida, em língua portuguesa, por intérprete autorizado ou juramentado, em razão de ser imprescindível sua inteligibilidade; c) ser autenticada pelo cônsul brasileiro. Os requisitos internos para que se opere a executoriedade de sentença alienígena em nosso país são: a) haver sido prolatada por juiz competente, conforme a competência internacional, que será averiguada segundo o critério do *forum executionis.* Logo, a lei do país onde foi proferida a decisão não orienta o exame do requisito da competência geral, ressalvada a hipótese de convenção internacional. A competência especial regula-se pelo direito estrangeiro; b) terem sido citadas as partes ou verificada sua revelia, conforme a lei onde foi prolatada a decisão; c) ter transitado em julgado; d) não contrariar a ordem pública, a soberania nacional e os bons costumes; e) ter sido homologada pelo Supremo Tribunal Federal, com ouvida das partes e do procurador-geral da República. Todavia, independerá dessa homologação a que for meramente declaratória do estado das pessoas.

TRIBUNAL FEDERAL. *Direito processual.* Aquele que tem competência para apreciar causas relativas à União. São órgãos da justiça federal os Tribunais Regionais Federais e os juízes federais.

TRIBUNAL FEDERAL DE RECURSOS. *História do direito.* Tribunal de 2º grau da Justiça Federal extinto, surgindo em seu lugar o Tribunal Regional Federal.

TRIBUNAL INFERIOR. *Direito processual.* Aquele que exerce jurisdição em área restrita e não na nacional.

TRIBUNAL INTERNACIONAL. *Direito internacional público.* Aquele que é organizado pelos países para resolver controvérsias a eles afetas. Por exemplo, o Tribunal de Arbitragem, a Corte Internacional de Justiça etc.

TRIBUNAL JUDICIÁRIO. *Direito processual.* Aquele que tem jurisdição judicial.

TRIBUNAL MARÍTIMO. *Direito marítimo.* Órgão colegiado que conhece e soluciona questões decorrentes de relações marítimas, bem como as alusivas a acidentes e responsabilidades de capitão e oficiais da marinha mercante.

TRIBUNAL MILITAR. *Direito militar.* Espécie de tribunal de exceção que tem competência para apreciar e julgar questões e crimes de natureza militar definidos em lei. São órgãos da Justiça Militar o Superior Tribunal Militar e os tribunais e juízes militares.

TRIBUNAL NACIONAL. *Direito processual.* É o instituído no território brasileiro.

TRIBUNAL PENAL INTERNACIONAL. *Direito internacional.* É uma instituição permanente, com jurisdição sobre as pessoas responsáveis pelos crimes de maior gravidade com alcance internacional, e será complementar às jurisdições penais nacionais, sediado em Haia e com competência para julgar: a) crime de genocídio; b) crimes contra a humanidade; c) crimes de guerra; d) crime de agressão.

TRIBUNAL PLENO. *Direito processual.* Aquele que, em casos de alta relevância, reúne a totalidade de seus membros, não decidindo por turmas ou câmaras.

TRIBUNAL POPULAR. *Vide* TRIBUNAL DO JÚRI.

TRIBUNAL REGIONAL. *Direito processual.* Aquele que tem jurisdição em apenas uma determinada região do País. Por exemplo, cada um dos Tribunais Regionais Eleitorais ou dos Tribunais Regionais do Trabalho.

TRIBUNAL REGIONAL DO TRABALHO (TRT). *Direito processual* e *direito do trabalho.* É o composto de, no mínimo, sete juízes, recrutados, quando possível, na respectiva região, e nomeados pelo Presidente da República dentre brasileiros com mais de trinta e menos de sessenta e cinco anos, sendo: a) um quinto dentre advogados com mais de dez anos de efetiva atividade profissional e membros do Ministério Público do Trabalho com mais de dez anos de efetivo exercício; b) os demais, mediante promoção de juízes do trabalho por antiguidade e merecimento, alternadamente. Os Tribunais Regionais do Trabalho instalarão a justiça itinerante, com a realização de audiências e demais funções de atividade jurisdicional, nos limites territoriais da respectiva jurisdição, servindo-se de equipamentos públicos e comunitários. Os Tribunais Regionais do Trabalho poderão funcionar descentralizadamente, constituindo Câmaras regionais, a fim de assegurar o pleno acesso do jurisdicionado à justiça em todas as fases do processo. Em São Paulo, por exemplo, compete exclusivamente ao Tribunal Regional do Trabalho da 2ª Região processar, conciliar e julgar os dissídios coletivos nos quais a decisão a ser proferida deva produzir efeitos em área territorial alcançada, em parte, pela jurisdição desse mesmo tribunal e, em outra parte, pela jurisdição do Tribunal Regional do Trabalho da 15ª Região.

TRIBUNAL REGIONAL ELEITORAL (TRE). *Direito eleitoral.* Órgão de segunda instância da Justiça Eleitoral, existente na capital de cada Estado e no Distrito Federal, composto: a) mediante eleição, pelo voto secreto, de dois juízes dentre os desembargadores do Tribunal de Justiça e de dois magistrados, dentre juízes de direito, escolhidos pelo Tribunal de Justiça; b) de um juiz do Tribunal Regional Federal com sede na Capital do Estado ou no Distrito Federal, ou, não havendo, de juiz federal, escolhido, em qualquer caso, pelo Tribunal Regional Federal respectivo; c) por nomeação, pelo presidente da República, de dois juízes dentre seis advogados de notável saber jurídico e idoneidade moral, indicados pelo Tribunal de Justiça. Tem competência para apreciar, dentre outras, questões relativas a registro de partidos políticos, crimes eleitorais etc., e julgar recursos interpostos de atos e decisões prolatadas por juízes e juntas eleitorais. Das suas decisões somente caberá recurso quando: forem proferidas contra disposição constitucional ou legal; ocorrer divergência na interpretação de lei entre dois ou mais tribunais; versarem sobre inelegibilidade ou expedição de diplomas nas eleições federais ou estaduais; anularem diplomas ou decretarem a perda de mandatos eletivos federais ou estaduais; denegarem *habeas corpus,* mandado de segurança, *habeas data* ou mandado de injunção.

TRIBUNAL REGIONAL FEDERAL (TRF). *Direito processual.* Órgão da justiça federal composto de sete juízes, no mínimo, recrutados, quando possível, na respectiva região e nomeados pelo presidente da República, sendo um quinto dentre advogados com mais de dez anos de efetiva atividade profissional e membros do Ministério Público Federal com mais de dez anos de carreira, e os demais mediante promoção de juízes federais com mais de cinco anos de exercício, por antiguidade e merecimento. Compete-lhe processar e julgar, originariamente: a) os juízes federais da área de sua jurisdição, incluídos os da Justiça Militar e da Justiça do Trabalho, nos crimes comuns e de responsabilidade, e os membros do Ministério Público da União, ressalvada a competência da Justiça Eleitoral; b) as revisões criminais e as ações rescisórias de julgados seus ou dos juízes federais da região; c) os mandados de segurança e os *habeas data* contra ato do próprio tribunal ou de juiz federal; d) os *habeas corpus,* quando a autoridade coatora for juiz federal; e) os conflitos de competência entre juízes federais vinculados ao tribunal. Tem, além disso, competência para julgar, em grau de recurso, as causas decididas pelos juízes federais e pelos juízes estaduais no exercício da competência federal da área de sua jurisdição. Os Tribunais Regionais Federais das 1ª, 2ª, 3ª, 4ª e 5ª Regiões passam a ser compostos pelos seguintes números de membros: a) vinte e sete juízes, na 1ª Região; b) vinte e sete juízes, na 2ª Região; c) quarenta juízes, na 3ª Região; d) vinte e sete juízes, na 4ª Região; e) quinze juízes, na 5ª Região. São criados os seguintes quantitativos de cargos de juiz relacionados nesses tribunais: a) nove, na 1ª Região; b) quatro, na 2ª Região; c) quatro, na 4ª Região; d) cinco, na 5ª Região. Tais cargos serão providos por nomeação pelo Presidente da República mediante indicação, em lista tríplice, organizada pelos respectivos Tribunais Regionais Federais. Os Tribunais Regionais Federais instalarão a justiça itinerante, com a realização de audiências e demais funções da atividade jurisdicional, nos limites territoriais da respectiva jurisdição, servindo-se de equipamentos públicos e comunitários. Os Tribunais Regionais Federais poderão funcionar descentralizadamente, constituindo Câmaras regionais, a fim de assegurar o pleno acesso do jurisdicionado à justiça em todas as fases do processo.

TRIBUNAL SUPERIOR. *Direito processual.* Órgão colegiado de segundo grau, com jurisdição em todo o território nacional, integrante do Poder Judiciário, como o Supremo Tribunal Federal, o Superior Tribunal de Justiça, o Tribunal Superior do Trabalho, o Tribunal Superior Eleitoral e o Superior Tribunal Militar.

TRIBUNAL SUPERIOR DE ÉTICA DOS ADMINISTRADORES (TSEA). Órgão que integra a estrutura administrativa do Conselho Federal de Administração e com os Tribunais Regionais de Ética dos Administradores, órgãos integrantes da estrutura administrativa dos Conselhos Regionais de Administração, tem por finalidades, nos termos do Código de Ética Profissional do Administrador: a) assessorar os Conselhos Federal e Regionais de Administração na formulação e desenvolvimento de conceitos e práticas da deontologia da profissão; b) julgar as infrações éticas cometidas pelos Administradores e os casos omissos na legislação profissional. Compete ao Tribunal Superior de Ética do Administrador: a) julgar, em grau de recurso, os processos disciplinares éticos oriundos dos Tribunais Regionais de Ética; b) julgar, em primeiro e único grau de jurisdição, os Conselheiros Federais, Efetivos e Suplentes, por cometimento de falta ética no exercício do mandato; c) julgar, em segunda instância, os Conselheiros Regionais, por cometimento de falta ética em decorrência do exercício do mandato; d) contribuir para a divulgação e cumprimento do Código de Ética Profissional dos Administradores; e) expedir recomendações, homologadas pelo Plenário do Conselho Federal de Administração, relativas à deontologia. O Tribunal Superior de Ética dos Administradores constitui-se de cinco Administradores de notório saber e ilibada reputação, com mais de quinze anos de registro profissional, a partir da indicação dos Plenários dos Conselhos Regionais de Administração e dos Conselheiros Federais, e eleitos pelo Plenário do Conselho Federal de Administração, para mandato de dois anos, prorrogável uma vez por igual período. Os integrantes do Tribunal são denominados, honorificamente, de Ministros, que elegerão, entre si, o seu Presidente para direção do processo e das sessões plenárias. Não poderão integrar o Tribunal Superior de Ética dos Administradores os Conselheiros, Efetivos e Suplentes, dos Conselhos Federal e Regionais de Administração.

TRIBUNAL SUPERIOR DO TRABALHO (TST). *Direito processual* e *direito do trabalho.* Órgão colegiado máximo da Justiça do Trabalho, com jurisdição em todo o território nacional e competência para apreciar e julgar questões trabalhistas em única ou em última instância. Compõe-se de vinte e sete ministros, escolhidos dentre brasileiros com mais de trinta e cinco e menos de sessenta e cinco anos, nomeados pelo presidente da República, após aprovação pela maioria absoluta do Senado Federal, sendo: um quinto dentre advogados com mais de dez anos de efetiva atividade profissional e membros do Ministério Público do Trabalho com mais de dez anos de efetivo exercício, e os demais dentre juízes dos Tribunais Regionais do Trabalho, oriundos da magistratura da carreira, indicados pelo próprio Tribunal Superior. Funcionarão junto ao Tribunal Superior do Trabalho: a) a Escola Nacional de Formação e Aperfeiçoamento de Magistrados do Trabalho, cabendo-lhe, dentre outras funções, regulamentar os cursos oficiais para o ingresso e promoção na carreira; b) o Conselho Superior da Justiça do Trabalho, cabendo-lhe exercer, na forma da lei, a supervisão administrativa, orçamentária, financeira e patrimonial da Justiça do Trabalho de primeiro e segundo graus, como órgão central do sistema, cujas decisões terão efeito vinculante. A lei criará varas da Justiça do Trabalho, podendo, nas comarcas não abrangidas por sua jurisdição, atribuí-la aos juízes de direito, com recurso para o respectivo Tribunal Regional do Trabalho. A lei disporá sobre a constituição, investidura, jurisdição, competência, garantias e condições de exercício dos órgãos da Justiça do Trabalho. São órgãos do Tribunal Superior do Trabalho: a) Tribunal Pleno; b) Seção Administrativa; c) Seção Especializada em Dissídios Coletivos; d) Seção Especializada em Dissídios Individuais; e) as cinco Turmas; f) Presidência; g) Corregedoria-Geral; h) Conselho da Ordem do Mérito Judiciário do Trabalho.

TRIBUNAL SUPERIOR ELEITORAL (TSE). *Direito eleitoral* e *direito processual.* Órgão colegiado, sediado no Distrito Federal, que tem jurisdição em todo o território nacional e competência para conhecer e julgar questões de matéria eleitoral e de organização e funcionamento dos partidos políticos. Compõe-se de, no mínimo, sete membros, escolhidos: a) mediante eleição, pelo voto secreto, três juízes dentre os ministros do Supremo Tribunal Federal e dois juízes dentre os ministros do Superior Tribunal de Justiça; b) por nomeação do presidente da República, dois juízes dentre seis advogados de notável saber jurídico e idoneidade moral, indicados pelo Supremo Tribunal Federal.

TRIBUNAL SUPREMO. *Direito processual.* Designação dada ao Supremo Tribunal Federal.

TRIBUNATO. *Vide* TRIBUNADO.

TRIBUNI AERARII. *Direito romano.* Tribunos que, além das funções administrativas, eram encarregados da arrecadação dos impostos.

TRIBUNI CELERUM. *Direito romano.* Tribunos que comandavam a cavalaria.

TRIBUNÍCIO. Referente a tribuno.

TRIBUNI PLEBIS. *Direito romano.* Magistrados que defendiam os interesses dos plebeus perante os governantes patrícios, procurando a equiparação político-social entre plebeus e patrícios, constituindo um ponto de equilíbrio entre o poder consular patrício e os interesses dos plebeus romanos (De Martino, Cuq, Dulckeit, Schwarz e Mommsen).

TRIBUNO. 1. Na *linguagem comum*: a) orador eloqüente; b) aquele que profere discurso na tribuna; c) orador de comícios ou de assembléia política. **2.** *Direito romano.* Magistrado que era escolhido entre os plebeus como defensor dos direitos e interesses do povo junto ao Senado.

TRIBUNOCRACIA. *Ciência política.* **1.** Preponderância do poder judicial. **2.** Influência dos agentes subalternos dos tribunais (Laudelino Freire).

TRIBUNOCRÁTICO. *Ciência política.* Relativo a tribunocracia.

TRIBUNOS DA PLEBE. *Vide TRIBUNI PLEBIS.*

TRIBUNOS DO TESOURO. *Vide TRIBUNI AERARII.*

TRIBUNOS MILITARES. *Direito romano.* Aqueles que tinham poderes consulares.

TRIBUS. *Direito romano.* **1.** Divisão da antiga comunidade romana, anterior à cidade-Estado, em: ramnes, que correspondiam aos latinos, tities, relativos aos sabinos, e luceres, correspondentes aos etruscos (De Martino). **2.** Divisão territorial do *ager romanus* (Varrão). **3.** Repartição dos habitantes de Roma (De Martino).

TRIBUTABILIDADE. *Direito tributário.* Dualidade de tributável.

TRIBUTAÇÃO. *Direito tributário.* **1.** Ato ou efeito de tributar. **2.** Imposição de tributo. **3.** Ação estatal de exigir tributos para obter recursos (Geraldo Ataliba).

TRIBUTADO. *Direito tributário.* Que se tributou.

TRIBUTADOR. *Direito tributário.* Que impõe tributo.

TRIBUTAL. *Direito tributário.* **1.** Relativo a tributo. **2.** O que está onerado com tributo.

TRIBUTANDO. *Direito tributário.* Que deve ser tributado.

TRIBUTAR. 1. *Direito tributário.* a) Sujeitar a tributo; impor tributo; b) lançar ou cobrar tributo; c) contribuir pagando tributo; d) pagar como tributo. **2.** Na *linguagem comum*, prestar homenagem.

TRIBUTÁRIO. 1. *Direito tributário.* a) Contribuinte; aquele que paga tributo; b) o que está sujeito a tributo; c) condição daquilo sobre o qual incide o tributo; d) diz-se do conjunto de normas alusivas à instituição, arrecadação e fiscalização de tributos devidos pelos cidadãos ao governo. **2.** Na *linguagem geográfica*: a) afluente; b) rio que deságua em outro maior, perdendo sua individualidade.

TRIBUTARISTA. *Direito tributário.* Jurista que é versado em direito tributário.

TRIBUTÁVEL. *Direito tributário.* **1.** O que é suscetível de ser tributado. **2.** Ato, coisa ou fato que pode sujeitar-se a tributação.

TRIBUTEAR. *História do direito.* Pagar tributo.

TRIBUTEIRO. *História do direito.* Cobrador de tributo.

TRIBUTO. 1. Na *linguagem comum,* homenagem. **2.** *Direito romano.* Imposto a que estavam sujeitas as províncias romanas. **3.** *Direito internacional público.* a) Contribuição devida, em caso de guerra, pelo Estado vencido; b) aquilo que é pago por um Estado vassalo a outro em sinal de dependência. **4.** *Direito tributário.* a) Obrigação tributária *ex lege* que tem como sujeito ativo uma pessoa jurídica de direito público, como sujeito passivo uma pessoa subordinada a seu poder e por objeto a transferência de uma soma em dinheiro, ou melhor, é a obrigação jurídica pecuniária, *ex lege,* que se não constitui em sanção de ato ilícito, cujo sujeito ativo é uma pessoa pública, e cujo sujeito passivo é alguém nessa situação posto pela vontade da lei, obedecidos os desígnios constitucionais, explícitos ou implícitos (Geraldo Ataliba); b) prestação pecuniária que o Estado, ou um ente por ele autorizado, exige dos sujeitos econômicos que lhe estão submetidos (Blumenstein); c) pelo Código Tributário Nacional, é toda prestação pecuniária compulsória, em moeda ou cujo valor nela se possa exprimir, que não constitua sanção de ato ilícito, instituída em lei e cobrada mediante atividade administrativa plenamente vinculada, na forma de imposto, taxa e contribuição de melhoria, cada qual com sua destinação específica; d) receita derivada que o Poder Público, com base no seu poder fiscal, arrecada, segundo o previsto em lei, do patrimônio particular do contribuinte com o escopo de atender às despesas da administração e custear os serviços públicos.

TRIBUTO DE SANGUE. *Direito militar.* Dever que o cidadão tem de prestar, durante determinado tempo, o serviço militar.

TRIBUTO ESPECIAL. *Direito tributário.* Contribuição de melhoria (Geraldo Ataliba).

TRIBUTOS AMBIENTAIS. *Direito ambiental* e *direito comparado.* Instrumentos para que o valor monetário correspondente aos custos sociais sejam incorporados aos preços dos insumos, produtos e serviços que estão associados à degradação ambiental (Panayotou e Paulo Lucena de Menezes). P. ex., o sobre a emissão de SO_2 e de NOx (Polônia, Portugal, Holanda, Suécia e Dinamarca); o sobre descarga de produtos químicos no sistema hídrico (Alemanha, França e Holanda); o sobre a descarga de resíduos (Finlândia); o sobre emissão de resíduos de aeronaves (Suíça) (McMorran e Nellor, Eriksson, Gaines e Westin).

TRIBUTOS COMUNS. 1. *História do direito.* No Brasil-Colônia, eram constituídos pelos quintos, que gravavam a mineração, e pelos dízimos, que oneravam os produtos da terra e do mar. **2.** *Direito tributário.* Aqueles que podem ser criados por qualquer entidade política, sem caráter de concorrência e sem exclusão de um pelo outro (Geraldo Ataliba). Por exemplo: taxas e contribuições de melhoria.

TRIBUTOS CONCORRENTES. *Direito tributário.* São os que podem ser criados simultaneamente pela União e Estados (Geraldo Ataliba).

TRIBUTOS DE ADUANA. *Direito alfandegário.* São os incidentes nas importações, ou seja, nas mercadorias que entram num país.

TRIBUTOS DIRETOS. *Direito tributário.* Aqueles em que o próprio contribuinte suporta o encargo do gravame, por exemplo, o imposto sobre a renda (Eduardo M. Ferreira Jardim).

TRIBUTOS ESTADUAIS. *Direito tributário.* Aqueles que são instituídos pelos Estados e Distrito Federal em razão de competência que lhes foi outorgada por norma constitucional, como, por exemplo: a) impostos sobre: transmissão *causa mortis* e doação de quaisquer bens e direitos; operações relativas a circulação de mercadorias e sobre prestações de serviços de transporte interestadual e intermunicipal e de comunicação, ainda que as operações e as prestações se iniciem no exterior; propriedade de veículos automotores; b) taxas; e c) contribuições de melhoria.

TRIBUTOS EXTRAORDINÁRIOS. *História do direito.* No Brasil-Colônia, eram os exigidos transitoriamente, como as fintas destinadas a pagar obras ou serviços gerais imprevistos e a derrama para complementar, em certas atividades, o montante do volume previsto, com mira na mineração (Othon Sidou).

TRIBUTOS FEDERAIS. *Direito tributário.* São os instituídos pela União em razão de competência constitucional, como: a) impostos sobre importação de produtos estrangeiros, exportação de produtos nacionais ou nacionalizados, renda e proventos de qualquer natureza, produtos industrializados, operações de crédito, câmbio e seguro, ou relativas a títulos ou valores mobiliários, propriedade territorial rural e grandes fortunas; b) taxas; c) contribuições de melhoria; e d) contribuições sociais.

TRIBUTOS FIXOS. *Direito tributário.* Segundo Eduardo M. Ferreira Jardim, são os destituídos de base de cálculo, aparecendo o *quantum debeatur* desde logo traduzido na lei. Por exemplo, o imposto sobre serviço que incide sobre a atividade advocatícia, em que cada advogado paga um determinado valor anual que corresponde a um certo número de salários mínimos.

TRIBUTOS INDIRETOS. *Direito tributário.* Os que repercutem em terceira pessoa, como o IPI ou o ICMS, pois o contribuinte desses impostos (industrial ou comerciante) repassa o ônus tributário para o adquirente (Eduardo M. Ferreira Jardim).

TRIBUTOS MUNICIPAIS. *Direito tributário.* Aqueles que, por competência conferida pela Carta Magna, são instituídos pelos Municípios, como: a) impostos sobre propriedade predial e territorial urbana, transmissão *inter vivos*, a qualquer título, por ato oneroso, de bens imóveis, por natureza ou acessão física, e de direitos reais sobre imóveis, exceto os de garantia, bem como cessão de direitos e sua aquisição, e serviços de qualquer natureza; b) taxas; c) contribuições de melhoria.

TRIBUTOS NÃO VINCULADOS. *Direito tributário.* São os que independem de qualquer ação estatal ou atuação pública, tal, por exemplo, os impostos, pois sua hipótese de incidência é um fato qualquer, como a transferência de um bem e o pagamento ou o empréstimo de dinheiro (Geraldo Ataliba e Giannini).

TRIBUTOS PARAFISCAIS. *Direito tributário.* São aqueles destinados a sustentar as autarquias (Geraldo Ataliba).

TRIBUTOS PRIVATIVOS. *Direito tributário.* Aqueles que, segundo a norma constitucional, só podem ser instituídos pelas pessoas políticas com competência tributária para tanto.

TRIBUTOS PROGRESSIVOS. *Direito tributário.* Aqueles que têm alíquotas diferençadas, que se tornam mais altas na medida em que a base tributável também o for. Por exemplo, imposto sobre a renda (Eduardo M. Ferreira Jardim).

TRIBUTOS PROPORCIONAIS. *Direito tributário.* São os que têm alíquota fixa incidente sobre determinada base tributável. Por exemplo, imposto de comércio exterior e IPI (Eduardo M. Ferreira Jardim).

TRIBUTOS REGRESSIVOS. *Direito tributário.* Aqueles cujas alíquotas diferençadas tornam-se mais reduzidas na medida em que a base tributável seja mais elevada (Eduardo M. Ferreira Jardim).

TRIBUTOS VINCULADOS. *Direito tributário.* Aqueles cuja hipótese de incidência consiste numa atuação do Estado, como, por exemplo, na prestação de um serviço público, na dispensa estatal de um favor, no oferecimento de uma utilidade pelo Poder Público e na remoção de um obstáculo feita pelo Estado. Essa atuação pode ser diretamente referida ao obrigado e no relacionamento imediato entre o Poder Público e ele, ou só indiretamente atingi-lo, repousando, antes, numa conveniência do Estado ou numa conseqüência qualquer de sua atuação. Na primeira hipótese, tem-se a taxa e, na segunda, a contribuição de melhoria (Geraldo Ataliba).

TRICA. 1. Intriga. **2.** Trapaça.

TRICALCO. *História do direito.* Antiga moeda grega cujo valor era três oitavos do óbolo.

TRICAMPEÃO. *Direito desportivo.* Atleta ou time que conquista campeonato três vezes consecutivas.

TRICAMPEONATO. *Direito desportivo.* Campeonato que se vence pela terceira vez consecutiva.

TRICANGIECTASIA. *Medicina legal.* Dilatação dos vasos capilares.

TRICAUXE. *Medicina legal.* Hipertrofia dos pêlos.

TRICENAL. Que dura trinta anos.

TRICENÁRIO. *Direito romano.* Aquele que recebia, pelo cargo exercido, trezentos sestércios por ano.

TRICENTENÁRIO. Que tem trezentos anos.

TRICINQÜENTENÁRIO. Sesquicentenário; terceiro cinqüentenário.

TRICOCEFALÍASE. *Medicina legal.* Infecção causada por tricocéfalo, ou seja, verme nematóide que vive como parasito no intestino.

TRICOCEFALOSE. *Vide* TRICOCEFALÍASE.

TRICOCISTE. *Medicina legal.* Quisto piloso.

TRICOCRIPTOSE. *Medicina legal.* Doença dos folículos pilosos.

TRICODANGEÍTE. *Medicina legal.* Inflamação dos vasos capilares.

TRICOFAGIA. *Medicina legal.* Hábito mórbido de mascar cabelos.

TRICÓFAGO. *Medicina legal.* Aquele que sofre de tricofagia.

TRICOFIBROACANTOMA. *Medicina legal.* Tumor do epitélio dos folículos pilosos e da camada granulosa da pele (Laudelino Freire).

TRICOFIBROEPITELIOMA. *Medicina legal.* Fibroma do epitélio dos folículos pilosos.

TRICOFOBIA. *Medicina legal.* **1.** Repugnância mórbida de tocar veludo, seda etc. **2.** Pavor que certas mulheres têm de que lhes apareçam pêlos na face.

TRICÓFOBO. *Medicina legal.* Aquele que sofre de tricofobia.

TRICOGÊNEO. *Medicina legal.* Aquilo que faz o pêlo nascer.

TRICOGLOSSIA. *Medicina legal.* Língua coberta de pêlos.

TRICOLOGIA. *Medicina legal.* Estudo médico-legal dos pêlos, que constitui elemento valioso na seara criminalística para identificação do autor do delito ou para elucidação do crime.

TRICOMA. *Medicina legal.* Moléstia capilar que impossibilita o desembaraço dos cabelos sem sangramento.

TRICOMANIA. *Medicina legal.* Hábito mórbido de coçar o couro cabeludo.

TRICOMATOSE. *Vide* TRICOMA.

TRICOMICOSE. *Medicina legal.* Afecção dos cabelos ou dos pêlos causada por cogumelos parasitos.

TRICOPTILOMANIA. *Medicina legal.* Hábito mórbido que leva a pessoa a arrancar pêlos.

TRICOPTILOMANÍACO. *Medicina legal.* **1.** Referente a tricoptilomania. **2.** Aquele que sofre de tricoptilomania.

TRICOPTILOSE. *Medicina legal.* Moléstia que ocorre nos cabelos, secando-os e fazendo com que suas extremidades fendam.

TRICOSCOPIA. *Medicina legal.* Exame dos cabelos.

TRICOSE. *Medicina legal.* **1.** Desenvolvimento anormal de pêlos em região deles desprovida. **2.** Quisto sebáceo da conjuntiva que pode apresentar um ou dois pequenos pêlos.

TRICOTOMIA. **1.** Nas *linguagens comum* e *jurídica,* divisão em três partes ou espécies. **2.** *Direito agrário.* Divisão do caule em três galhos.

TRIDIMENSIONAL. O que tem três dimensões.

TRIDIMENSIONALISMO JURÍDICO. *Filosofia do direito.* Teoria de Miguel Reale que, ante a triplicidade dos aspectos do fenômeno jurídico (fato, valor e norma), afirma que a ciência jurídica deve estudar as normas sem abstrair os fatos e os valores presentes e condicionantes no seu surgimento e os supervenientes ao seu advento.

Com sua teoria integrativa, rejeita Miguel Reale todas as concepções setorizadas do direito. A essa doutrina que requer a integração dos três elementos constitutivos do direito numa unidade funcional e de processo, Miguel Reale chama de tridimensionalidade específica do direito, reclamando aquela integração em correspondência com os problemas complementares das validades social, ética e técnico-jurídica, e esclarecendo, ainda, que, quando se procuram combinar os três pontos de vista unilaterais (sociologismo jurídico, moralismo jurídico e normativismo abstrato), configura-se a tridimensionalidade genérica do direito. A ciência do direito é uma ciência histórico-cultural e compreensivo-normativa, por ter por objeto a experiência social na medida, e enquanto esta normativamente se desenvolve em função de fatos e valores para a realização ordenada da convivência humana.

TRIDUANO. O que dura três dias.

TRÍDUO. **1.** Prazo ou espaço de três dias. **2.** Aquilo que deve ser executado dentro de três dias.

TRIELCO. *Medicina legal.* Instrumento que contém três hastes e é usado para extrair corpos estranhos das feridas.

TRIENAL. **1.** Que dura três anos. **2.** Que serve por três anos. **3.** Que é nomeado por três anos. **4.** Relativo a três anos.

TRIENALIDADE. *Vide* TRIÊNIO.

TRIÊNIO. **1.** Espaço de três anos. **2.** Exercício de um cargo ou função por três anos.

TRIERA. *História do direito.* Na Grécia antiga, era o navio de guerra que possuía três ordens sobrepostas de remadores.

TRIERARCO. *História do direito.* Comandante da triera.

TRIERARQUIA. *História do direito.* **1.** Comando de uma triera. **2.** Obrigação que, na antigüidade grega, os ricos tinham de equipar a triera.

TRIETÉRICO. O que ocorre de três em três anos.

TRIFÁSICO. Que tem três fases.

TRIFOLIOSE. *Direito agrário.* Envenenamento do cavalo provocado pelo trevo-híbrido.

TRIFURCAR. **1.** Classificar triplicemente. **2.** Dividir algo em três partes.

TRIGA. *História do direito.* Carro puxado por três cavalos.

TRIGAL. *Direito agrário.* Plantação de trigo.

TRIGAMIA. 1. *Direito civil.* Estado daquele que se casou três vezes com pessoas diferentes, sendo nulo os dois últimos casamentos. **2.** *Direito penal.* Crime do que é trígamo.

TRÍGAMO. *Direito civil* e *direito penal.* Aquele que, por ter-se casado três vezes com pessoas diversas sem que haja dissolução de casamento algum, sofre as mesmas sanções do bígamo, sejam elas civis ou penais.

TRIGAUDER. *Termo francês.* **1.** Enganar. **2.** Dissimular.

TRIGÊMEO. *Medicina legal.* Cada uma das três crianças que nascem de um só parto.

TRIGLOTA. 1. Escrito ou composto em três línguas. **2.** Aquele que conhece e fala três idiomas.

TRILEMA. 1. Na *linguagem comum*, é a situação difícil da qual só se pode sair por um de três modos penosos. **2.** *Lógica.* Proposição formada de três temas disjuntivamente contraditórios e de tal maneira dispostos que, negada ou concedida qualquer das três, a conclusão permanece sempre firme contra o adversário.

TRILHA. 1. Rasto. **2.** Vereda; caminho. **3.** Exemplo.

TRILHADEIRA. *Direito agrário.* Máquina que debulha cereais.

TRILHAR. 1. *Direito agrário.* Debulhar cereais. **2.** Nas *linguagens comum* e *jurídica:* a) percorrer algo deixando rasto ou vestígio; b) seguir; c) sulcar.

TRILHO. Carril de ferro por onde passa trem, bonde etc.

TRILÍNGÜE. *Vide* TRIGLOTA.

TRILOGIA DOS PODERES. *Ciência política.* **1.** Concepção de Montesquieu que propugna a organização estatal baseada na tripartição do poder em: Executivo, Legislativo e Judiciário, independentes e harmônicos entre si, com o escopo de limitar os poderes e garantir as liberdades políticas. **2.** *Vide* SEPARAÇÃO DE PODERES.

TRIMENSAL. Que se realiza três vezes por mês.

TRIMESTRAL. Que dura três meses.

TRIMESTRALIDADE. 1. Qualidade de trimestral. **2.** O que é pago de três em três meses.

TRIMESTRE. 1. Espaço de três meses. **2.** *Quantum* que se deve pagar ou receber a cada três meses.

TRIMILÊNIO. Terceiro milênio.

TRIMMING. *Termo inglês.* Arrumação da carga.

TRINCA. 1. Rachadura. **2.** Fresta. **3.** Grupo de três coisas ou pessoas.

TRINCADO. 1. O que apresenta fenda. **2.** Partido.

TRINCAFIAR. Na *linguagem popular*, prender; encarcerar.

TRINCAFIO. *Direito marítimo.* Cabo delgado usado para amarrar.

TRINCANISES. *Direito marítimo.* Tábuas grossas que, colocadas por cima dos dormentes, servem de junção entre os tabuados do convés e a borda.

TRINCHEIRA. 1. *Direito militar.* Vala escavada num terreno que serve de parapeito aos soldados combatentes. **2.** *Direito agrário.* Obstáculo de madeira que visa proteger contra o fogo o cortador de folhas de erva-mate. **3.** *Direito comparado.* Na praça de touros, é o muro que separa a arena das bancadas onde ficam os espectadores.

TRINETO. *Direito civil.* Filho do bisneto; parente em linha reta descendente em quarto grau em relação ao trisavô.

TRINOCTIUM. *Direito romano.* Ausência da mulher do lar comum por três noites, interrompendo o *usus*.

TRINQUEVALE. *Direito militar.* Carreta usada no transporte de peças de artilharia.

TRINTENÁRIO. 1. O que ocorre em trinta anos. **2.** Período de trinta anos.

TRINTÍDIO. Espaço de trinta dias.

TRIÓBOLO. *História do direito.* Moeda grega que equivalia a três óbolos.

TRIOLISMO. *Medicina legal.* Perversão sexual em que mais de duas pessoas participam de práticas libidinosas.

TRIORQUIDIA. *Medicina legal.* Anomalia em que o indivíduo apresenta três testículos.

TRIPARTIÇÃO DE PODERES. *Vide* TRILOGIA DOS PODERES.

TRIPARTIDO. O que está dividido em três partes.

TRIPLICAÇÃO. Ato ou efeito de triplicar.

TRIPLICAR. Tornar triplo.

TRIPLICATA. 1. *Direito comercial.* Reprodução de duplicata mercantil ou de prestação de serviço, em hipótese de perda ou extravio. **2.** *Direito cambiário.* Terceira cópia de um título cambial ou de um documento.

TRÍPLICE. 1. Relativo a três. **2.** O que contém três partes. **3.** Lista que contém três nomes de candidatos para que um seja indicado pelo poder competente para ocupar um cargo.

TRIPLICIDADE. Qualidade de tríplice.

TRIPLIQUE. *Termo francês.* Tréplica.

TRIPLO. 1. O que contém três vezes certa quantidade. **2.** Tríplice. **3.** Relativo a três pessoas ou coisas. **4.** Tresdobro.

TRIPÓLIO. *Economia política.* Disputa do mercado por três vendedores ou grupos cartelizados que comercializam o mesmo produto.

TRIPOLOGIA. *Medicina legal.* Visão tríplice dos objetos.

TRIPÔNDIO. *Direito romano.* Peso que equivalia a três libras.

TRIPS. *Direito internacional público.* Abreviatura de *Trade Related Aspects of Intellectual Property Rights* (Acordo sobre Aspectos dos Direitos de Propriedade Intelectual Relacionados ao Comércio).

TRIPUDIAR. *Direito penal.* Viver no meio de imoralidades.

TRIPÚDIO. *Direito penal.* Libertinagem.

TRIPULAÇÃO. 1. *Direito marítimo.* Conjunto de pessoas embarcadas que prestam serviços num navio, como comandante, oficiais da marinha mercante, marinheiros, médicos, cozinheiros, copeiros, garçons, criados de quarto etc. **2.** *Direito aeronáutico.* Pessoal com habilitação para o exercício de funções a bordo de aeronaves, durante o vôo, como o comandante, o comissário, o rádio-operador etc.

TRIPULAÇÃO DE SEGURANÇA. *Direito marítimo.* É um número mínimo de tripulantes necessários à segurança da embarcação, da tripulação e da navegação; tal número é associado a uma distribuição quantitativa e qualitativa, que permita a operação segura de uma embarcação. A tripulação de segurança difere da lotação, que expressa o número máximo de pessoas autorizadas a embarcar, incluindo tripulação, passageiros e profissionais não tripulantes. A composição dessa tripulação é fixada no Cartão de Tripulação de Segurança (CTS) emitido pelas Capitanias, Delegacias ou Agências e ratificado pela DPC no caso das embarcações empregadas na navegação de longo curso, cabotagem, apoio marítimo e alto-mar. Por ocasião da solicitação de licença para a construção das embarcações, é emitido um CTS provisório com base nos seus planos, na navegação que irá executar, na arqueação bruta e nos serviços a que se destina. A tripulação de segurança, como foi dito, representa o número mínimo de profissionais necessários à condução segura da embarcação, diferindo da lotação, que expressa o número máximo de pessoas autorizadas a embarcar e que inclui tripulação, passageiros e profissionais não tripulantes (aqueles que prestam serviços a bordo não relacionados com a operação da embarcação, isto é, que não constam das categorias previstas no RTM). A tripulação de segurança será estabelecida em decorrência do Laudo Pericial para a Emissão de CTS, elaborado por uma Comissão de Vistoria da OM envolvida. Essa vistoria especial será solicitada pelo armador ou seu preposto, por ocasião do vencimento da validade do CTS, da realização de alterações na embarcação, de reclassificação etc. Na elaboração do laudo serão considerados os seguintes parâmetros: o porte da embarcação, classe de navegação, serviço ou atividade em que será empregada, os diversos sistemas de bordo e sua manutenção, peculiaridades do trecho a navegar e aspectos da operação propriamente dita. Em função desses parâmetros serão escolhidos os tripulantes por seu nível de habilitação, e elaborado o CTS. O rol de equipagem que relaciona nominalmente o pessoal que tripula cada embarcação deverá espelhar as necessidades mínimas previstas no CTS.

TRIPULANTE. *Direito marítimo* e *direito aeronáutico.* **1.** Aquele que faz parte da tripulação do navio ou da aeronave. **2.** É o profissional habilitado, inscrito em uma Capitania, Delegacia ou Agência e embarcado, que exerce funções na operação de uma embarcação. **3.** Trabalhador aquaviário, com vínculo empregatício, que exerça funções, embarcado, na operação da embarcação. **4.** É toda pessoa que está em serviço de aeronave, durante o percurso de uma viagem comercial ou militar.

TRIPULANTE EXTRA. *Direito aeronáutico.* Aeronauta em viagem, a serviço ou em qualquer deslocamento em vôo doméstico, utilizando o Passe de Tripulante.

TRIPULANTE ORGÂNICO. *Direito militar.* Militar da Aeronáutica habilitado para o desempenho de função específica a bordo, integrante de tripulação, designado para o cumprimento de determinada missão.

TRIPULANTE ORGÂNICO SUJEITO AO EXERCÍCIO CONTINUADO DA ATIVIDADE ESPECIAL DE VÔO. *Direito militar.* Oficial aviador e, além desse, o militar designado por autoridade competente para compor Quadro de Tripulantes de uma Organização.

TRIPULANTE PARA SERVIÇO DE RADIOTELEFONIA. *Direito marítimo.* É o tripulante da Seção de Convés, possuidor do Certificado de Operador de Radiotelefonia Restrito. As embarcações dotadas de radiotelefonia deverão lotar pelo menos um tripulante desse, sendo dispensadas desse dever as dotadas apenas de transceptor VHF.

TRIPULAR. *Direito marítimo* e *direito aeronáutico.* **1.** Prover navio, ou avião, de pessoal que nele preste serviços durante a viagem. **2.** Equipar embarcação ou avião. **3.** Dirigir uma embarcação ou aeronave.

TRIQUINOSE. *Medicina legal.* Moléstia provocada pela ingestão de carne de porco infetado por *Trichinella spiralis.*

TRIQUISMO. *Medicina legal.* Fratura filiforme de um osso.

TRIRREME. *História do direito.* Antiga galera que tinha três ordens de remos.

TRISANUAL. 1. Que dura três anos. **2.** O que aparece de três em três anos.

TRISARCA. *Ciência política.* Membro de trisarquia.

TRISARCADO. *Ciência política.* Dignidade e governo de trisarca.

TRISARQUIA. *Ciência política.* **1.** Governo que está constituído por três chefes. **2.** Cada uma das três províncias em que um Estado está dividido.

TRISÁRQUICO. *Ciência política.* O que se refere a trisarquia.

TRISAVÔ. *Direito civil.* Pai do bisavô, que em relação ao trineto é parente da linha reta ascendente em 4º grau.

TRISCEDECOFOBIA. *Medicina legal.* Pavor mórbido do número treze.

TRISCEDECÓFOBO. *Medicina legal.* Aquele que sofre de triscedecofobia.

TRISMEGISTO. 1. Três vezes máximo. **2.** Aquele que tem grandes méritos.

TRISMO. *Medicina legal.* Ato de cerrar a boca involuntariamente, em razão de contração muscular violenta, que é um dos sintomas do tétano.

TRISSECULAR. Que tem três séculos.

TRISSEMANAL. Que tem três semanas.

TRISSEMANÁRIO. *Direito autoral.* Publicação ou periódico que sai três vezes por semana.

TRISSEMESTRAL. 1. Que se dá três vezes por semestre. **2.** O que tem três semestres.

TRISTE. 1. Desgostoso. **2.** Descontente. **3.** Infeliz.

TRÍSTEGA. 1. Nas *linguagens comum* e *jurídica:* a) edifício de três andares; b) terceiro andar; c) eirado; d) mirante; e) águas-furtadas. **2.** *Direito marítimo.* Coberta de navio formada de três sobrados (Laudelino Freire).

TRISTEÓFIA. *Medicina legal.* Febre terçã intermitente.

TRISTEZA. 1. Melancolia. **2.** Descontentamento. **3.** Qualidade de triste.

TRISTIMANIA. *Medicina legal.* Tristeza habitual, sem que haja qualquer motivo.

TRISTIMANÍACO. *Medicina legal.* Aquele que tem tristimania.

TRITICULTOR. *Direito agrário.* Aquele que se dedica ao cultivo do trigo.

TRITICULTURA. *Direito agrário.* Cultura do trigo.

TRIUM NUMMORUM CAUSA HASTIS SUB FALAS SUBIRE. *Expressão latina.* Expor-se ao perigo por motivo fútil ou pequeno lucro.

TRIUMPHUM CANERE ANTE VICTORIAM. *Expressão latina.* Proclamar o triunfo antes da vitória.

TRIUNFANTE. 1. Vitorioso. **2.** Decisivo. **3.** Que triunfou.

TRIUNFAR. 1. Vencer. **2.** Prevalecer. **3.** Livrar-se de dificuldades. **4.** Ter êxito.

TRIUNFEMINATO. *Ciência política.* Governo exercido por três mulheres.

TRIUNFO. 1. *Psicologia forense.* Conduta que revela um conjunto de sentimentos e reações que acompanham e seguem espontaneamente o sucesso naquele que acaba de obtê-lo (Pierre Janet). **2.** Nas *linguagens comum* e *jurídica:* a) vitória; b) sucesso; c) êxito.

TRIUNVIRAL. *História do direito.* Relativo a triúnviro.

TRIUNVIRATO. 1. *História do direito.* Na antigüidade romana, era a magistratura exercida por três cidadãos, que tinham a incumbência de administrar os principais negócios da república. **2.** *Ciência política.* Governo exercido por três pessoas; triarquia.

TRIÚNVIRO. 1. *História do direito.* Cada um dos três magistrados que, na antiga Roma, formavam o triunvirato. **2.** *Ciência política.* Cada um dos membros da triarquia ou triunvirato.

TRIVIAL. 1. Notório. **2.** Comum. **3.** Simples.

TRIVIALIDADE. Qualidade de trivial.

TRÍVIO. *Vide TRIVIUM.*

TRIVIUM. *História do direito.* Na Idade Média, era o conjunto das três disciplinas relativas a eloqüência ministradas na universidade: gramática, retórica e dialética.

TROCA. 1. *Direito civil.* a) Contrato pelo qual as partes se obrigam a dar uma coisa por outra que não seja dinheiro (Clóvis Beviláqua); b) permuta. **2.** *Direito comercial.* Escambo mercantil que requer que um dos contratantes seja empresário e que uma das coisas trocadas (móveis ou semoventes) seja destinada a locação ou revenda. **3.** *Direito agrário.* Cooperativismo agrícola ou pastoril em que um trabalhador rural auxilia outro, que depois o paga do mesmo modo.

TROÇA. 1. *Direito marítimo.* Cabo usado para atracar as vergas aos mastros. **2.** Na *linguagem comum*: a) ato de zombar; b) vida desregrada; c) estopa de péssima qualidade. **3.** *Direito agrário.* Primeira aguardente extraída da destilação do bagaço.

TROCA A CRÉDITO. *Economia política* e *direito comercial.* Aquela em que uma das prestações é cumprida posteriormente à outra, no termo convencionado, por ter, por exemplo, por objeto um bem inexistente no momento em que o primeiro bem é entregue (Henri Guitton).

TROCABILIDADE. 1. Na *linguagem comum*, qualidade de trocável. **2.** *Economia política.* Grau das utilidades, no que atina a sua aptidão para atender às necessidades econômicas do homem.

TROCA COMPENSADA. *Direito internacional privado.* Trata-se da *compensation or buyback*, que é a venda de maquinário, equipamentos, tecnologia ou de uma fábrica de produção ou de transformação em troca de uma determinada quantidade do produto final como pagamento total ou parcial.

TROCA DE INSTRUMENTOS. *Direito internacional público.* **1.** Segundo Othon Sidou, é o ato formal pelo qual um país conclui a ratificação, a aceitação ou a aprovação de um tratado concluído com outro. **2.** *Vide* TROCA DE RATIFICAÇÃO.

TROCA DE NOTAS. *Direito internacional público.* **1.** Mecanismo convencional que gera acordo internacional entre duas potências, por ser um processo alternativo de negociação e conclusão de tratados bilaterais (Rezek). **2.** Conversação diplomática feita por meio do intercâmbio de notas escritas (Rezek), sendo mero meio de comunicação.

TROCA DE RATIFICAÇÃO. *Direito internacional público.* Permuta de cartas de ratificação de cada Estado signatário de Tratado, em solenidade no Ministério das Relações Exteriores de um dos contratantes, designado naquele contrato de direito internacional público, ou no local escolhido pelos contratantes. Uma ata, ou protocolo, lavrada em vias nos idiomas dos signatários, consignará a troca dos documentos, sendo assinada e selada pelos plenipotenciários indicados para tal fim. Tal troca de ratificação, utilizada em tratado bilateral, é que dá vigor ao tratado.

TROCADO. 1. O que foi objeto de permuta. **2.** O que foi confundido com outro. **3.** Dinheiro miúdo.

TROCADOR. 1. Na *linguagem jurídica* em geral: a) cobrador de veículo de transporte coletivo; b) aquele que troca. **2.** *História do direito.* Aquele que, em veículos de transporte, trocava moeda de maior valor por outras divisionárias, para facilitar a cobrança das passagens (De Plácido e Silva).

TROCA MERCANTIL. *Direito comercial.* **1.** Escambo. **2.** Troca de mercadorias, sendo um dos contratantes empresário; logo, uma das mercadorias trocadas deve destinar-se a revenda ou locação mercantil.

TROCA MUDA. *Sociologia jurídica.* Intercâmbio comercial usado por povos primitivos que consiste em colocar num determinado local certa mercadoria, retirando outra que lá foi deixada pelo interessado nesse negócio.

TROCAR. 1. Permutar. **2.** Dar uma coisa em troca de outra. **3.** Confundir.

TROCAR AS BOLAS. Enganar-se.

TROCAR DINHEIRO. Dar o equivalente a uma moeda por outra de espécie diversa.

TROCAS E BALDROCAS. Contratos fraudulentos e lesivos.

TROCÁVEL. O que se pode trocar.

TROCO. **1.** *Economia política, direito civil* e *direito comercial.* Soma em dinheiro entregue ao comprador pelo vendedor como diferença entre o preço desta e o valor da moeda dada em pagamento. É, portanto, como diz Othon Sidou, a diferença, em dinheiro, do que se pagou com moeda de valor superior, sobre o preço do bem adquirido ou do serviço prestado. **2.** Na *linguagem comum,* é a resposta a uma ofensa.

TROÇO. **1.** Na *gíria,* pessoa de grande importância. **2.** *Direito marítimo.* a) Obra de marinheiro feita de amarra ou cabos velhos; b) peça em que se fixam os degraus das escadas do navio. **3.** *Direito militar.* Parte de um corpo da tropa.

TROCOCARDIA. *Medicina legal.* Deslocamento do coração causado por movimento rotatório em volta do seu eixo.

TROCO–MALHO. Na *gíria*: a) aquele que falsifica bilhete de loteria; b) bilhete de loteria falso.

TRÖDELCONTRACT. *Termo alemão.* Contrato estimatório.

TRÖDELVERTRAG. *Termo alemão.* Venda em consignação.

TROFEDEMA. *Medicina legal.* Doença em que o paciente apresenta edema permanente dos pés ou das pernas.

TROFÉU. **1.** Nas *linguagens comum* e *jurídica*, é o objeto que constitui sinal de uma vitória. **2.** *História do direito.* Árvore com ramos esgalhados, nos quais se penduravam a bandeira, as armas ou os despojos tomados do inimigo (Laudelino Freire).

TROFONOSE. *Medicina legal.* Moléstia causada por problemas na nutrição.

TROGLODITA. *História do direito.* Homem que, na pré-história, vivia em cavernas.

TRÓIA. *Direito agrário.* Em São Paulo, é o nome dado a uma grande rede usada para pescar.

TRÓICA. **1.** *Ciência política* e *direito internacional público.* Conferência feita por estadistas de três potências para cuidar de interesse comum. **2.** *Direito comparado.* Na Rússia, é um trenó puxado por três cavalos.

TROJAN HORSES. *Direito virtual.* Programas que, instalados em computadores, abrem portas em seus micros, tornando possível o roubo de informações (Marco Antonio Zanellato).

TROLE. **1.** *História do direito.* Carruagem rústica que era usada na zona rural brasileira. **2.** *Direito comercial.* a) Pequeno carro descoberto, montado nos trilhos das ferrovias e movido pelos operários por meio de varas (Laudelino Freire); b) roldana metálica que liga bonde, trólebus ou locomotiva com o condutor aéreo, recebendo deste a energia necessária para sua movimentação.

TRÓLEBUS. *Direito comercial* e *direito administrativo.* Ônibus elétrico; carro elétrico de transporte coletivo.

TRÔLEUR. *Termo francês.* Vendedor ambulante.

TROLISTA. *Direito do trabalho.* Operário que, na ferrovia, coloca o trole em movimento.

TROMBADA. **1.** *Direito de trânsito.* Colisão de veículos. **2.** Na *gíria*, empurrão dado pelo assaltante na vítima para desviar sua atenção ou impedir sua resistência ao furto (Marcus Cláudio Acquaviva).

TROMBASTENIA. *Medicina legal.* Perturbação da coagulação do sangue.

TROMBO. *Medicina legal.* Coágulo de sangue, de pequena dimensão, situado na veia ou numa das cavidades do coração.

TROMBOFILIA. *Medicina legal.* Tendência à formação de trombos.

TROMBOSE. *Medicina legal.* Obstáculo à circulação sangüínea devido a formação de um coágulo.

TROMBOSE CORONÁRIA. *Medicina legal.* Oclusão da artéria coronária provocada pela presença de um coágulo.

TROMBÓTICO. *Medicina legal.* Relativo a trombose.

TROMPA DE EUSTÁQUIO. *Medicina legal.* Tubo auditivo; canal que liga a faringe ao ouvido médio.

TROMPA DE FALÓPIO. *Medicina legal.* Cada um dos dois tubos, ou canais, que liga os ovários ao útero. Tem a função de transportar o ovo fecundado ao útero ou o óvulo liberado a cada mês por um dos ovários.

TROMPA UTERINA. *Vide* TROMPA DE FALÓPIO.

TROMPE–L'OEIL. **1.** *Locução francesa.* Engana olho. **2.** *Direito autoral.* Pintura que provoca ilusão de objetos em relevo.

TROMPETA. **1.** Pessoa intrometida. **2.** Aquele que é desprezível.

TRONAR. *Direito comparado.* **1.** Ocupar o trono. **2.** Governar como soberano.

TRONCÁCIA. *História do direito.* Imposto que se pagava ao tronqueiro pelo peixe pescado em dias proibidos.

TRONCO. 1. *Direito civil.* Ancestral comum que dá origem a uma linha de descendência. **2.** *Medicina legal.* a) Grande vaso linfático; b) parte do corpo humano, que abrange tórax e abdômen, à qual se ligam a cabeça e os membros. **3.** *Direito agrário.* a) Caule lenhoso de árvores e arbustos; b) corredor estreito que se comunica com o curral e onde se prendem os animais para tosquia ou castração; c) coluna onde o animal fica preso para ser ferrado. **4.** Na *linguagem da mineração,* é o lugar separado por tapumes. **5.** *Direito marítimo.* Mastro do navio. **6.** *História do direito.* a) Pau fincado no solo onde os escravos eram amarrados para serem surrados; b) armação de pranchas de madeira com furos, onde se prendiam, em praça pública, as mãos, os pés ou o pescoço do delinqüente para castigá-lo. **7.** *Direito comercial* e *direito administrativo.* Ramo principal de uma ferrovia ou rodovia, do qual saem as linhas ou estradas secundárias.

TRONCO DE GERAÇÃO. *Direito civil.* Origem de uma família ou de uma linhagem.

TRONCULAR. *Medicina legal.* Ato de inocular anestesia no tronco nervoso.

TRONO. 1. *Direito comparado.* a) Cadeira onde se senta o monarca em atos de maior solenidade; b) autoridade do soberano. **2.** *Ciência política.* Poder monárquico.

TROPA. 1. *Direito militar.* a) Conjunto de forças militares; b) grupo de pessoas armadas ou de soldados; c) corpo militar. **2.** Na *linguagem comum:* a) ajuntamento de coisas ou pessoas; b) grupo. **3.** *Direito agrário.* a) Rebanho de gado vacum ou cavalar; b) comboio; caravana de animais de carga.

TROPA DE BARRO. Tropa irregular cujos membros são civis.

TROPA DE CACHIMBO. *Vide* TROPA DE BARRO.

TROPA DE GADO. *Direito agrário.* Caravana de gado que é conduzida pela estrada e levada para a zona de criação ou engorda para ser vendida, abatida ou consumida (Fernando Pereira Sodero).

TROPA DE LINHA. *Direito militar.* Grupo de soldados pertencentes ao exército e que formam um corpo de batalha.

TROPA DE RESGATE. *História do direito.* Grupo de pessoas que, na Amazônia, prendiam índios para escravizá-los.

TROPA MILICIANA. Aquela que não possui qualidades marciais.

TROPAS DE DESEMBARQUE. *Direito militar.* Aquelas que vão a bordo de um navio e que se destinam à realização de operações bélicas em terra.

TROPAS IRREGULARES. *Direito militar.* Aquelas que não fazem parte do exército.

TROPAS LIGEIRAS. *Direito militar.* Aquelas que carregam armas menos pesadas.

TROPAS MERCENÁRIAS. *Direito militar.* Aquelas em que as pessoas se alistam por dinheiro, sem se importarem com sua bandeira.

TROP DE ZÈLE. *Locução francesa.* Muito zelo; zelo que pode comprometer.

TROPEAR. *Direito agrário.* Exercer as funções de tropeiro.

TROPEÇOS DE MEMÓRIA. Embaraços provocados por falha da memória.

TROPEIRADA. *Direito agrário.* Grande número de tropeiros.

TROPEIRO. *Direito agrário.* Trabalhador rural que conduz o gado vacum ou cavalar.

TROPEL. 1. Balbúrdia. **2.** Grande confusão. **3.** Multidão de pessoas em desordem.

TROPELIA. 1. Perturbação da ordem pública causada por tumulto. **2.** Ofensa ao sossego alheio. **3.** Tumulto provocado por uma multidão.

TROPICALISTA. *Medicina legal.* Médico versado em doenças peculiares às regiões tropicais.

TROPONÔMICO. *Filosofia geral.* Ponto de vista que estuda as mudanças com o escopo de determinar as leis (Lalande).

TROPOS. *Filosofia geral.* Argumentos por meio dos quais os cépticos gregos: a) demonstravam a impossibilidade do estabelecimento de verdades absolutas; e b) sustentavam que se deve suspender todo juízo.

TROQUEL. Forma apropriada para cunhar moedas.

TROQUELAR. Cunhar moedas com troquel.

TROQUILHA. Na *linguagem comum:* a) troca de objetos de pouca importância; b) cigano que, em feiras, faz sucessivas trocas de animais.

TROTE. 1. *Direito agrário.* Modo de andar do cavalo, entre galope e passo ordinário. **2.** Nas *lingua-*

gens comum e *jurídica:* a) zombaria feita pelo telefone por pessoa que esconde sua identidade; b) troça que os estudantes veteranos impõem aos calouros.

TROTTOIR. *Termo francês.* Ato de a prostituta andar pelas ruas em busca de parceiro.

TROUVER LE JOINT. *Expressão francesa.* Encontrar o melhor meio para resolver um negócio.

TROUXA. **1.** Fardo que contém roupas. **2.** Grande pacote. **3.** Tolo.

TROVEJAR. **1.** Soar o trovão. **2.** Bradar.

TROVOADA. Tempestade com trovões.

TRT. *Direito processual.* Sigla do Tribunal Regional do Trabalho.

TRU. *Direito tributário.* Sigla de Taxa Rodoviária Única.

TRUÃO. **1.** Bobo. **2.** Palhaço. **3.** Saltimbanco.

TRUCIDAÇÃO. *Direito penal.* **1.** Homicídio em que se degola a vítima. **2.** Ato de assassinar alguém com requintes de crueldade.

TRUCIDADO. *Direito penal.* Aquele que foi cruelmente assassinado.

TRUCIDADOR. *Direito penal.* **1.** Aquele que trucida. **2.** Assassino cruel.

TRUCIDAR. *Direito penal.* **1.** Degolar. **2.** Matar empregando meio cruel e bárbaro.

TRUCK SYSTEM. **1.** *Locução inglesa.* Sistema de troca. **2.** *Direito do trabalho.* Forma de pagamento de salário por meio de entrega aos empregados de vales para serem trocados por produtos ou mercadorias nos armazéns do empregador. É, portanto, uma prática de pagamento da remuneração *in natura*, representada pelas utilidades de que trata a legislação trabalhista, em armazéns mantidos pelo empregador e mediante vales de circulação interna. Esse sistema é condenado juridicamente, pois o salário deve ser pago em dinheiro.

TRUCULÊNCIA. **1.** Crueldade. **2.** Atrocidade.

TRUCULENTO. **1.** Feroz. **2.** Cruel. **3.** Violento.

TRUE BILL. *Locução inglesa.* Pronúncia.

TRUFEIRO. *Direito comercial.* Aquele que vende trufas.

TRUFICULTOR. *Direito agrário.* Aquele que se volta à cultura de trufas.

TRUFICULTURA. *Direito agrário.* Cultura de trufas.

TRUÍSMO. *Lógica jurídica.* **1.** Proposição que não merece ser enunciada pela sua evidência ou por ser inutilmente tautológica (Leibniz e Lalande). **2.** Verdade evidente que não requer demonstração.

TRUÍSTA. *Lógica jurídica.* Relativo ao truísmo.

TRUÍSTICO. *Lógica jurídica.* Que diz respeito ao truísmo.

TRUNCADO. **1.** Separado. **2.** Cortado. **3.** Incompleto. **4.** Mutilado.

TRUNCAMENTO. Ato ou efeito de truncar.

TRUNCAR. **1.** Mutilar. **2.** Seccionar. **3.** Omitir alguma parte importante. **4.** Cortar. **5.** Tornar incompleto.

TRUNCHA. Na *gíria*, conjunto de instrumentos que os ladrões utilizam para efetuar o roubo.

TRUNKING. *Termo inglês* e *direito das comunicações.* **1.** Sistema de comunicação por rádio, explorado como alternativa à telefonia celular e usado por empresas ou grupos fechados. Permite conversa simultânea com outros sete aparelhos iguais ou, então, com dois da rede normal de telefones, e recebe chamada de qualquer telefone ou celular. Além disso, nesse sistema há menos interferência, maior segurança e nitidez. **2.** Serviço móvel especializado.

TRUQUE. **1.** *Direito desportivo.* Modalidade de bilhar. **2.** *Direito civil.* Mecanismo usado em representação teatral para fazer o cenário mover-se. **3.** *Direito comercial.* a) Plataforma com rodas sobre a qual, na ferrovia, se levantam bagagens ou carros; b) carro que transporta mercadorias, toras de madeira etc. **4.** Nas *linguagens comum* e *jurídica*, ardil.

TRUST. **1.** *Termo inglês.* a) Crédito pessoal; b) crença; c) fé; d) confiança. **2.** *Direito civil.* Negócio fiduciário pelo qual se transfere e se confia a outrem bem ou direito, para que o administre ou empregue com certa finalidade, sem ter disposição sobre ele (Othon Sidou). **3.** *Direito comercial.* Combinação econômico-financeira monopolística que gera coligação de empresas sob uma direção única, com o propósito de intervir no mercado.

TRUSTE. *Direito comercial* e *economia política.* **1.** *Holding.* **2.** Cartel. **3.** *Pool.* **4.** Organização econômico-financeira de empresas agrupadas que está sujeita a um centro decisório comum com o escopo de monopolizar o mercado e restringir a concorrência, controlando a produção e a venda de certos produtos e fixando diretrizes alusivas à sua distribuição e ao seu preço. **5.** É a combinação financeira que agrupa sob direção única várias empresas que perdem completamente sua independência (Henri Guitton).

TRUSTEAR. *Direito comercial.* Reunir em truste.

TRUSTEE. 1. *Direito civil.* Pessoa física ou jurídica que, num negócio fiduciário, assume o dever de administrar bem de propriedade alheia. **2.** *Termo francês.* Síndico; administrador.

TRUSTEESHIP. *Termo inglês.* Curadoria.

TRUSTE HORIZONTAL. *Direito comercial.* Aquele em que as empresas coligadas têm os mesmos objetivos ou finalidades similares (Pinto Ferreira).

TRUSTE INTEGRADO. *Direito comercial.* Coalização de empresas que possuem fins complementares e múltiplos (Pinto Ferreira).

TRUSTE VERTICAL. *Vide* TRUSTE INTEGRADO.

TRUST–OFFICE. *Locução inglesa.* Banco de depósitos.

TRUST RECEIPT. *Locução inglesa.* Crédito documentado.

TRUSTY. *Termo inglês.* **1.** Pessoa de confiança. **2.** Sentenciado que goza de certas regalias.

TRUTISMO. *Economia política* e *direito comercial.* **1.** Sistema econômico de trustes. **2.** Monopolismo. **3.** Predominância dos trustes.

TRUTISTA. *Economia política.* **1.** Monopolizador. **2.** Aquele que é adepto do trutismo.

TRYPANOSOMA CRUZI. *Medicina legal.* Agente causador da doença de Chagas.

TSAR. *História do direito.* Czar.

TSARISMO. *História do direito.* Czarismo.

TSE. *Direito processual.* Sigla do Tribunal Superior Eleitoral.

TST. *Direito processual.* Sigla do Tribunal Superior do Trabalho.

TSUNAMI. *Termo japonês.* Onda que atinge o porto.

TUA RES AGITUR. *Expressão latina.* **1.** É de teu interesse. **2.** É coisa sua.

TUBABDOMINAL. *Medicina legal.* Relativo à trompa de Falópio e ao abdômen.

TUBAGEM. *Medicina legal.* Introdução de tubos em canal ou cavidades do corpo humano, para fins terapêuticos ou para colher elementos para serem examinados.

TUBÁRIA. *Medicina legal.* Gravidez em que o feto se desenvolve na trompa de Falópio.

TUBÁRIO. *Medicina legal.* **1.** O que se refere à trompa de Falópio ou ao tubo dos brônquios. **2.** Ruído respiratório produzido pelos brônquios quando o pulmão está comprimido por algum derramamento.

TUBERCULICIDA. *Medicina legal.* O que destrói o bacilo da tuberculose.

TUBERCÚLIDE. *Medicina legal.* Afecção cutânea papuliforme que advém como reação alérgica à tuberculose.

TUBERCULOCELE. *Medicina legal.* **1.** Tumor de natureza tuberculosa. **2.** Moléstia tuberculosa do testículo.

TUBERCULODERMA. *Medicina legal.* Afecção tuberculosa da pele.

TUBERCULOFOBIA. *Medicina legal.* Pavor mórbido de contrair tuberculose.

TUBERCULÓFOBO. *Medicina legal.* Aquele que sofre de tuberculofobia.

TUBERCULOSE. *Medicina legal.* Moléstia infecciosa, causada pelo bacilo *Mycobacterium tuberculosis* (bacilo de Koch), que se caracteriza pela formação de nódulos arredondados em tecidos de qualquer parte do corpo humano tendo, no entanto, nítida predileção pelo pulmão.

TUBERCULOSE CEREBRAL. *Medicina legal.* Meningite tuberculosa.

TUBERCULOSE CUTÂNEA. *Medicina legal.* Tuberculose da pele.

TUBERCULOSE DA LARINGE. *Medicina legal.* Aquela que provoca ulceração das cordas vocais ou da laringe, causando tosse, hemoptise etc.

TUBERCULOSE INTESTINAL. *Medicina legal.* Aquela que se caracteriza pela formação de úlceras nos intestinos, acompanhada de diarréia.

TUBERCULOSE PULMONAR. *Medicina legal.* Aquela que ataca o pulmão, acarretando tosse, dispnéia, hemoptise, expectoração de matéria purulenta etc.

TUBERCULOSO. *Medicina legal.* **1.** Aquele que sofre de tuberculose. **2.** Relativo a tuberculose.

TUBO AUDITIVO. *Vide* TROMPA DE EUSTÁQUIO.

TUBO DE ENSAIO. *Medicina legal.* Proveta.

TUBOLIGAMENTOSO. *Medicina legal.* O que diz respeito às trompas de Falópio.

TUBOTIMPÂNICO. *Medicina legal.* Relativo ao tímpano ou à trompa de Eustáquio.

TUBOVAGINAL. *Medicina legal.* O que se refere às trompas de Falópio e à vagina.

TUBOVÁRICO. *Medicina legal.* Pertencente às trompas de Falópio e ao ovário.

TUBULIZAÇÃO. *Medicina legal.* Método para tratar nervo secionado ou lesado que consiste em isolá-lo em um tubo absorvível, que serve de guia para o novo crescimento.

TUBUTERINO. *Medicina legal.* O que diz respeito às trompas de Falópio e ao útero.

TUER. *Termo francês.* Assassino.

TUF. *Direito marítimo.* Abreviatura de Tarifa de Utilização de Faróis, exigida de embarcação estrangeira.

TUFÃO. **1.** Vendaval. **2.** Furacão.

TUGBOAT. *Termo inglês.* Rebocador.

TUGUE. *História do direito.* Membro de uma antiga confraria de assassinos e salteadores da Índia que, em razão de fanatismo religioso, estrangulava suas vítimas e oferecia um terço dos despojos à deusa Kali.

TUGUISMO. *História do direito.* Associação ou doutrina seguida pelos tugues.

TUGÚRIO. **1.** Habitação rústica. **2.** Abrigo.

TUIÇÃO. *História do direito.* **1.** Patrocínio de causa judicial para proteger direitos. **2.** Ação que era proposta para evitar o cumprimento de uma sentença antes da manifestação da superior instância, para quem se recorreu (De Plácido e Silva).

TUITAR. *História do direito.* Defender judicialmente.

TUITIVA. *História do direito.* Carta apelatória outorgada pelo desembargador do paço a alguém para conservar, na pendência da apelação, a posse ou o direito ou para livrá-lo da prisão, antes do julgamento da apelação.

TUITIVO. *História do direito.* **1.** Relativo a defesa judicial. **2.** Que defende.

TUKRICUC. *História do direito.* Na comunidade dos incas, era o chefe de uma tribo de dez mil famílias agrupadas em quatro *hunu* (Bacacorzo).

TULAREMIA. *Medicina legal.* Doença infecciosa, semelhante à peste bubônica, que se transmite por mordida de coelhos ou de outros roedores, picada de pulgas, piolhos, carrapatos etc.

TULHA. *Direito agrário.* **1.** Local onde os cereais em grão e o café em coco são guardados; celeiro. **2.** Terreno cercado onde se secam frutos.

TULHEIRO. *Direito agrário.* **1.** Que serve de tulha. **2.** O que é próprio para tulha.

TULIPÓFILO. *Direito agrário.* Aquele que se dedica ao cultivo de tulipas.

TULIT ALTER HONORES. *Expressão latina.* Outro teve as honras de trabalho alheio.

TUMBA. **1.** Na *linguagem comum*, túmulo. **2.** *Direito agrário.* Canteiro abaulado que se destina a plantação de cana-de-açúcar, inhame e batata doce. **3.** *Direito civil.* Ação de completar três quinas em cartão de loto.

TUMEFAÇÃO. *Medicina legal.* **1.** Inchação. **2.** Acúmulo de líquidos.

TUMEFACTO. *Medicina legal.* Inchado; dilatado.

TÚMIDO. *Medicina legal.* Inchado; o que aumentou de volume.

TUMOR. **1.** *Medicina legal.* a) Massa de células que se desenvolve progressivamente sem nenhuma função fisiológica útil; b) inchação mórbida. **2.** Na *linguagem comum*: a) local onde algo deixa de existir; b) lugar onde uma pessoa está confinada sem ter esperança de sair viva.

TUMOR BENIGNO. *Medicina legal.* Aquele que não tem efeito nocivo, pois apenas exerce pressão nos tecidos e, uma vez extirpado, não mais retorna.

TUMOR BRANCO. *Medicina legal.* Artrite tuberculosa crônica.

TUMOR DE WILMS. *Medicina legal.* Tumor maligno nos rins de criança, em regra menor de seis anos, que provoca vômitos e aparecimento de sangue na urina, trazendo fraqueza, sendo necessária a extirpação do rim, seguida de tratamento por radiação (Morris Fishbein).

TUMOR MADURO. *Medicina legal.* Aquele que está em supuração.

TUMOR MALIGNO. *Medicina legal.* Aquele que pressiona e destrói tecidos, podendo, ainda, produzir outros, chamados metástases, em outras partes do organismo, generalizando-se.

TUMULAR. Relativo a túmulo.

TÚMULO. **1.** Sepultura; construção em cemitério onde se inuma ou deposita o cadáver. **2.** Morte.

TUMULTO. *Direito penal.* **1.** Desordem; agitação. **2.** Perturbação da ordem ou da paz pública. **3.** Motim.

TUMULTO PROCESSUAL. *Direito processual.* **1.** Abuso ou erro no andamento do processo, lesando

TUMULTUADOR 743 **TUM**

direito de uma das partes, ao requerer diligências incabíveis, intentar ou inverter, despropositadamente, atos, estabelecendo confusão na ordem legal do processo. **2.** Ato de perturbar a marcha do processo.

TUMULTUADOR. *Direito penal.* Aquele que tumultua.

TUMULTUANTE. *Vide* TUMULTUADOR.

TUMULTUAR. *Direito penal.* **1.** Agitar. **2.** Amotinar. **3.** Rebelar. **4.** Sublevar.

TUMULTUÁRIO. *Direito penal.* **1.** Referente a tumulto. **2.** O que tem caráter de tumulto. **3.** Amotinado. **4.** Desordenado.

TUMULTUOSO. *Direito penal.* Em que há tumulto.

TUNA. Na *linguagem popular*, ociosidade.

TUNCUM. Na *gíria*, dinheiro.

TUNDA. **1.** Pancadaria; sova. **2.** Censura severa e violenta.

TUNDO. *Direito comparado.* Designação dada a doutor nas escolas do Japão.

TÚNEL. 1. *Direito administrativo.* a) Passagem aberta embaixo de rio ou em montanha; b) caminho subterrâneo. **2.** *Direito aeronáutico.* Corredor estreito pelo qual se comunicam dois compartimentos pressurizados de um avião. **3.** *Direito marítimo.* Corredor fechado situado no porão de um navio, onde passa o veio da hélice (Laudelino Freire).

TÚNEL AERODINÂMICO. *Direito aeronáutico* e *direito espacial.* Túnel pelo qual se sopra ar a uma certa velocidade, para determinar os efeitos da pressão do vento sobre o avião ou míssil dirigido.

TÚNEL SUBMARINO. *Direito marítimo.* Passagem por baixo de um braço do mar.

TUNGUETE. Na *gíria*: a) jogo desonesto; b) casa de jogo roubado.

TÚNICA. *Medicina legal.* Membrana externa que envolve órgãos ou vasos.

TUPAMARO. *História do direito.* Revolucionário pertencente ao movimento insurrecional, chefiado por José Gabriel Tupac Amaru, no século XVIII, no Peru.

TUPÉ. *Direito agrário.* É uma grande esteira, onde, no Nordeste, se secam alguns produtos da lavoura.

TUPU. *História do direito.* Cultivo da terra que era suficiente, no Império dos Incas, para alimentar uma família.

TU QUOQUE. *Locução latina.* **1.** Impossibilidade de o inadimplente negocial vir a alegar, posteriormente, o descumprimento do negócio pela outra parte com o escopo de rescindir o ato ou de pleitear indenização (Carlyle Popp). **2.** Regra pela qual a pessoa que violar lei não poderá, sem abuso, exercer a situação jurídica que esse mesmo dispositivo legal lhe tivesse atribuído (Menezes Cordeiro).

TURANISMO. *História do direito.* Movimento turaniano, que surgiu na Hungria e na Turquia, durante a Primeira Guerra Mundial, com o escopo de desenvolver a cooperação política e a cultura comum dos povos turcos e uralo-altaicos.

TURANISTA. *História do direito.* Prosélito das idéias do turanismo.

TURBA. **1.** Multidão em desordem. **2.** Povo.

TURBAÇÃO. **1.** *Direito civil* e *direito processual civil.* a) Ato ou efeito de turbar; b) impedimento ilegal do livre exercício de direitos alheios. **2.** Na *linguagem comum*: a) confusão; b) desordem; c) tumulto; d) inquietação; e) desassossego.

TURBAÇÃO DA POSSE. *Direito civil* e *direito processual civil.* **1.** Ato que embaraça o livre e normal exercício da posse, haja ou não dano, tenha ou não o turbador melhor direito sobre a coisa (Orlando Gomes). **2.** Ato ilegítimo que estorva o exercício da posse e dá o direito ao possuidor turbado de propor a ação de manutenção de posse.

TURBAÇÃO DE DIREITO. *Direito civil* e *direito processual civil.* Ato que embaraça a posse e que se opera judicialmente, quando, por exemplo, o réu contesta a posse do autor; ou por via administrativa, quando, por exemplo, há decisão das autoridades fixando largura a uma estrada, em detrimento da utilização da coisa.

TURBAÇÃO DE FATO. *Direito civil* e *direito processual civil.* Agressão material dirigida contra posse alheia, embaraçando seu exercício, como, por exemplo, rompimento de cercas, abertura de picadas etc.

TURBAÇÃO DIRETA. *Direito civil* e *direito processual civil.* Aquela que é exercida imediatamente sobre o bem objeto da posse, causando embaraço ao seu exercício, como, por exemplo, se o réu abrir um caminho no terreno do autor.

TURBAÇÃO INDIRETA. *Direito civil* e *direito processual civil.* É a praticada fora da coisa, mas que recai sobre ela, produzindo efeitos nocivos a sua posse. Por exemplo, se, em razão de palavras do turbador, o possuidor deixar de conseguir inquilino para seu prédio.

TURBAÇÃO NEGATIVA. *Direito civil* e *direito processual civil.* É aquela que impede o possuidor de praticar determinados atos, dificultando sua posse.

TURBAÇÃO POSITIVA. *Direito civil* e *direito processual civil.* É a resultante da prática de ato material equivalente ao exercício da posse sobre a coisa por parte do turbador, como corte de árvores, invasão de terreno alheio ou colocação de marcos divisórios.

TURBADO. 1. *Direito civil* e *direito processual civil.* Possuidor que sofreu turbação. **2.** Nas *linguagens comum* e *jurídica*: a) perturbado; b) desassossegado.

TURBADOR. 1. *Direito civil* e *direito processual civil.* Aquele que impede o livre e normal exercício da posse de bem alheio. **2.** Nas *linguagens comum* e *jurídica*: a) aquele que perturba a ordem; b) o que provoca desordens; agitador; c) quem impede o exercício de direito alheio.

TURBAMENTO. *Vide* TURBAÇÃO.

TURBAMULTA. Grande multidão em tumulto.

TURBAR. 1. Perturbar. **2.** Embaraçar. **3.** Pôr em desordem. **4.** Agitar.

TURBATIO SANGUINIS. 1. *Locução latina.* Confusão de sangue. **2.** *Direito civil.* Causa suspensiva de celebração de casamento ou impedimento matrimonial impediente ou proibitivo, para evitar *confusio sanguinis*, na hipótese de segundas núpcias, que degeneraria no conflito de paternidade. Por isso proíbe-se o casamento de viúva ou de mulher cujo matrimônio se desfez até dez meses depois do começo da viuvez ou da dissolução do vínculo conjugal, salvo se antes de findo esse prazo der à luz algum filho ou provar a inexistência de gravidez. A lei requer que a mulher que se encontre nas condições acima mencionadas, sob pena de ter de se casar em regime de separação de bens, aguarde a expiração daquele prazo antes de contrair novo casamento, pois incerta seria a paternidade do filho nascido no sétimo mês do segundo matrimônio, realizado três meses depois da morte do primeiro marido.

TURBATIVO. Que causa turbação.

TURBATOR POSSESSIONIS. *Locução latina.* Turbador da posse.

TÚRBIDO. Perturbado.

TURBILHÃO. 1. Torvelinho. **2.** O que arrasta. **3.** Multidão agitada.

TURBINA. *Direito comercial.* **1.** Máquina que separa cristais de açúcar dos elementos não cristalizados. **2.** Motor em que uma roda gira pelo impulso de água, vapor ou gás.

TURBOBOMBA. Bomba rotativa acionada por uma turbina.

TURBOPROPULSOR. *Direito aeronáutico.* Turboélice; motor a jato, em que o gás de combustão é levado à turbina, que aciona a hélice e o compressor, enquanto os gases de escape causam um jato de propulsão adicional.

TURBORREATOR. *Direito aeronáutico.* Turbojato; sistema propulsor de aeronave em que se usa a potência desenvolvida pela turbina para acionar um compressor que fornece ar a um combustor.

TURBULÊNCIA. 1. Tumulto. **2.** Motim. **3.** Sublevação. **4.** Perturbação da ordem pública.

TURBULENTO. 1. Revoltoso. **2.** O que causa desordem; desordeiro. **3.** Sedicioso. **4.** Em que há turbulência.

TURCISMO. *Sociologia geral.* Conjunto de costumes, crenças e instituições dos turcos.

TURCOFOBIA. *Medicina legal.* Aversão mórbida aos turcos.

TURFE. *Direito desportivo.* **1.** Esporte de corridas de cavalo. **2.** Hipódromo.

TURFISTA. *Direito desportivo.* **1.** Aquele que se interessa pelo turfe, acompanhando tudo o que é relativo a ele. **2.** Aquele que tem cavalos de corrida e realiza apostas.

TURFÍSTICO. *Direito desportivo.* Relativo ao turfe.

TURGESCÊNCIA. *Medicina legal.* Estado de turgescente.

TURGESCENTE. *Medicina legal.* Inchado; intumescido.

TÚRGIDO. *Medicina legal.* **1.** Dilatado. **2.** Túmido.

TURGIMÃO. *Direito comparado.* É, no Oriente, o intérprete profissional de árabe, turco etc. para turistas, embaixada e consulado.

TURISMO. *Direito comercial.* **1.** Agência que desempenha atividades para incentivo e promoção do deslocamento temporário da pessoa física, individualmente ou em grupo, de seu domicílio para outro local de seu país ou para o exterior, com fins recreativos, culturais, sociopolíticos, religiosos, industriais, comerciais ou econômicos. **2.** Realização de viagens de recreio, por meio de excursões. **3.** Processo que visa deslocar, transitoriamente, pessoas de um local a outro e que pode constituir fator de desenvolvimento social e econômico. **4.** Conjunto de turistas.

TURISMO ATIVO. *Vide* TURISMO EMISSIVO.

TURISMO DE MASSA. *Vide* TURISMO EM GRUPO.

TURISMO EM GRUPO. *Direito comercial.* Aquele em que mais de duas pessoas entram ou saem de um local, em caráter transitório e recreativo.

TURISMO EMISSIVO. *Direito comercial.* Fluxo de pessoas que, transitória e recreativamente, egressam de um país ou de um local. É a saída do turista de sua habitual residência para outro lugar dentro ou fora de seu país.

TURISMO INDIVIDUAL. *Direito comercial.* Aquele em que uma ou duas pessoas visitam recreativamente uma localidade.

TURISMO INTERNACIONAL. *Direito comercial.* Fluxo de pessoas que, por recreação, viaja para o exterior.

TURISMO INTERNO. *Direito comercial.* Promoção de viagens pelas diversas localidades do próprio país.

TURISMO NACIONAL. *Vide* TURISMO INTERNO.

TURISMO RECEPTIVO. *Direito comercial.* Fluxo de pessoas que, em caráter temporário e recreativo, ingressam num país ou numa localidade. É a entrada de turistas vindos de outros locais do próprio país ou de outro.

TURISTA. *Direito comercial.* Aquele que efetua viagens para conhecer outros lugares dentro ou fora de seu país ou para se divertir.

TURÍSTICO. *Direito comercial.* Relativo a turismo ou a turista.

TURMA. 1. *Direito romano.* Corpo de trinta e dois cavaleiros, na Milícia. **2.** Na *linguagem comum:* a) número de pessoas; b) grupo de estudantes; classe de alunos; c) grupo de pessoas que têm o hábito de freqüentar o mesmo local. **3.** *Direito processual.* Subdivisão de tribunal. **4.** *Direito do trabalho.* Grupo de trabalhadores que executam tarefa comum em certo horário e que se revezam com outros.

TURMA DE CONSERVA. *Direito do trabalho.* Grupo de empregados que estão encarregados de manter a linha férrea em bom estado de conservação.

TURMA DO TRIBUNAL. *Direito processual.* **1.** Grupo de magistrados organizado conforme os regimentos internos dos tribunais e a lei de organização judiciária. **2.** Câmara em que se subdivide um tribunal.

TURMEIRO. *Direito do trabalho.* Aquele que trabalha em turma.

TURNÁRIO. Relativo a turno.

TURN KEY. *Direito comercial. Vide COMMERCIAL ENGINEERING.*

TURNO. 1. *Direito do trabalho.* a) Ordem usada para o revezamento no desempenho de uma tarefa, sem haver solução de continuidade; b) cada período da jornada diária de trabalho realizado em turnos ininterruptos de revezamento, que não pode exceder de seis horas, salvo negociação coletiva de trabalho. **2.** *Direito eleitoral.* Cada etapa do processo de votação para eleição de candidatos de certos cargos eletivos, que se dá quando o candidato mais votado não consegue a maioria absoluta dos votos válidos. No primeiro turno tem-se uma votação para a qual concorrem todos os candidatos e, no segundo, apenas os dois primeiros colocados do turno anterior, desde que o mais votado não tenha alcançado a maioria absoluta. **3.** *Direito desportivo.* Etapa em que, na disputa de um campeonato, cada atleta ou equipe enfrenta uma vez os demais concorrentes. **4.** Na *linguagem escolar*, é cada período em que o estabelecimento funciona com diferentes grupos de alunos.

TURPILÓQUIO. *Direito penal.* **1.** Linguagem pornográfica. **2.** Dito obsceno e atentatório ao pudor.

TURPIS CAUSA. *Locução latina.* Motivo torpe.

TURPITUDE. Torpeza.

TURPITUDINEM SUAM ALLEGANS, NON EST AUDIENDUS. *Aforismo jurídico.* Ninguém pode alegar sua própria torpeza.

TURTLE EXCLUDER DEVICE (TED). *Direito ambiental.* Dispositivo de Escape para Tartarugas, que, obrigatoriamente, deve ficar incorporado às redes de arrasto utilizadas pelas embarcações industriais permissionadas para a pesca de camarões, no litoral brasileiro, independentemente da espécie a capturar. Estão isentas dessa obrigatoriedade as embarcações camaroneiras com comprimento até 11 m, bem como aquelas cujas redes de pesca sejam recolhidas exclusivamente por meio manual. O *Turtle Excluder Device* é um dispositivo incorporado às redes de arrasto utilizadas na pesca de camarões com o propósito de permitir o escape de tartarugas que venham a ser capturadas no transcurso das respectivas operações de pesca de arrasto, constituindo-se de grade instalada na respectiva panagem, flutuadores e sobrepano, podendo, em caráter opcional, dispor de um funil de aceleração, sendo permitidas adaptações, de acordo com as condições específicas de cada região de operação da embarcação. A instalação do TED na rede de arrasto utilizada nas operações de pesca de camarões, ressalvadas peculiaridades regionais, deve atender as especificações básicas de: a) inclinação da grade: 30º a 55º; b) espaçamento máximo entre as barras da grade: até 10 cm; c) abertura mínima de escape na panagem da rede: 70 cm no sentido transversal, avante da grade.

TURVAÇÃO. 1. Opacidade de vinho. **2.** Estado do que se encontra turvo.

TURVO. 1. Falta de transparência. **2.** Perturbado. **3.** Encoberto.

TUSD. Sigla de Tarifa de Uso dos Sistemas de Distribuição de Energia Elétrica.

TUSSÁ. *Direito agrário.* Filamento de seda conseguido de duas espécies de bichos-da-seda silvestres, uma da Índia e outra da China, próprio para fabricar veludo.

TUTANAGA. *História do direito.* Liga de estanho, chumbo e cobre que era importada do Oriente pelos portugueses.

TUTA SCELERA ESSE POSSUNT, SECURA NON POSSUNT. *Expressão latina.* Os crimes podem ficar impunes, mas não podem mais deixar tranqüilidade.

TUTELA. *Direito civil.* Instituto de caráter assistencial que tem por escopo substituir o poder familiar. Protege o menor não emancipado e seus bens, se seus pais faleceram ou foram suspensos ou destituídos do poder familiar, dando-lhe assistência e representação na órbita jurídica, ao investir pessoa idônea (tutor) nos poderes imprescindíveis para tanto. A tutela é, portanto, um complexo de direitos e obrigações conferido pela lei a um terceiro, para que administre os bens e proteja a pessoa de um menor que não se ache sob o poder familiar.

TUTELA ADMINISTRATIVA. *Direito administrativo.* **1.** Em sentido amplo, é o conjunto de poderes limitados, previstos em lei e conferidos pelo Estado aos órgãos centrais das pessoas jurídicas de direito público, para que fiscalizem os atos dos órgãos das pessoas jurídicas administrativas descentralizadas, garantindo-lhes a conveniência e a legalidade e assegurando a consecução dos interesses coletivos (José Cretella Jr.). **2.** Em sentido restrito, é o complexo de poderes limitados, expressos em lei e conferidos pelo Estado à União, aos Estados-Membros e aos Municípios, para que controlem os atos editados pelos órgãos autárquicos, garantindo-lhes o mérito e a legalidade e assegurando a consecução dos interesses coletivos (José Cretella Jr.).

TUTELA ANTECIPADA. *Direito processual civil.* **1.** Segundo Rosa Maria de Andrade Nery e Nelson Nery Jr. é a providência que tem natureza jurídica de execução *lato sensu*, com o objetivo de entregar ao autor, total ou parcialmente, a própria pretensão deduzida em juízo ou os seus efeitos. Tem caráter satisfativo, pois o autor não pretende evitar o dano decorrente da demora, mas obter, ainda que provisoriamente, a satisfação do direito. Tal tutela pode ser revogada ou modificada a qualquer tempo, em decisão fundamentada. **2.** Tutela que visa uma decisão de mérito exeqüível provisoriamente, antes do cumprimento de todos os trâmites procedimentais, possibilitando que, liminarmente, haja concessão total ou parcial do direito material. Tal decisão interlocutória não se sujeita a recurso com efeito suspensivo. Sua eficácia executiva é provisória. Para tanto, são necessários prévio requerimento da parte interessada, prova inequívoca e convencimento da verossimilhança das alegações, e risco da irreparabilidade do prejuízo. **3.** É a que também poderá ser concedida quando um ou mais dos pedidos cumulados, ou parcela deles, mostrar-se incontroverso. Se o autor, a título de antecipação de tutela, requerer providência de natureza cautelar, poderá o juiz, quando presentes os respectivos pressupostos, deferir a medida cautelar em caráter incidental do processo ajuizado. **4.** Em relação à Fazenda Pública, a sentença civil fará coisa julgada *erga omnes*, nos limites da competência territorial do órgão prolator, exceto se o pedido for julgado improcedente por insuficiência de provas, hipótese em que qualquer legitimado poderá intentar outra ação com idêntico fundamento, valendo-se de nova prova.

TUTELA ANTECIPATÓRIA DOS EFEITOS DA SENTENÇA DE MÉRITO. *Vide* TUTELA ANTECIPADA.

TUTELAÇÃO. *Vide* TUTELAGEM.

TUTELA CAUTELAR. *Direito processual.* **1.** Conjunto de medidas processuais que garantem o resultado do processo de cognição ou de execução (Geraldo Magela Alves). **2.** Visa assegurar, de imediato, a eficácia do processo, protegendo o direito substancial apenas indiretamente (Ada Pellegrini Grinover).

TUTELA DATIVA. *Direito civil.* É a que decorre de decisão judicial, pois, na falta de tutor testamentário ou legítimo, ou quando estes forem excluídos, escusados ou removidos da tutela, o juiz do lugar em que o menor vivia com os pais – ou do inventário, se deixarem bens que estão sendo inventariados – nomeia tutor àquele. A nomeação judicial recai sobre pessoa estranha, idônea e que resida no domicílio do menor.

TUTELA DE MENOR ABANDONADO. *Direito civil* e *direito da criança e do adolescente.* Aquela em que o menor abandonado fica sob a tutela de pessoa que, voluntária e gratuitamente, se dispuser a arcar com esse encargo, cuidando de sua criação e educação em lar substituto. Ou, ainda, quando o menor passa a ter tutor indicado pelo magistrado.

TUTELADO. *Direito civil.* **1.** Aquele que está sujeito a tutela. **2.** Pupilo.

TUTELADOR. *Direito civil.* Tutor.

TUTELA ESPECIAL. *Direito administrativo.* É aquela que a União exerce sobre os silvícolas, atendendo ao disposto em regulamentos especiais.

TUTELA ESPECÍFICA. *Direito processual civil.* Ação que tem por objetivo obter o resultado decorrente de obrigação de fazer ou de não fazer. É empregada: nas ações coletivas, inclusive ambientais; no Estatuto da Criança e do Adolescente; na execução para entrega de coisa na fase executiva de título extrajudicial; na tutela antecipada envolvendo entrega de coisa; na execução de obrigação de fazer e não fazer; na tutela antecipada etc. (William Santos Ferreira). Para sua efetivação o juiz poderá, *ex officio*, determinar medidas como: imposição de multa por tempo de atraso, busca e apreensão, remoção de pessoas e coisas, desfazimento de obras e impedimento de atividade nociva, se necessário com requisição de força policial. *Vide* TUTELA INIBITÓRIA.

TUTELAGEM. *Direito civil.* Encargo ou ato de tutelar, protegendo alguém.

TUTELA INIBITÓRIA. *Direito processual civil.* **1.** Visa impedir de modo imediato a violação de um direito ou a sua continuação. Requer o perigo da prática do ilícito ou de sua repetição, logo o dano não é pressuposto seu. A ação inibitória é um corolário de um princípio geral de prevenção (Luiz Guilherme Marinoni, Sérgio Martins Rston). **2.** Objetiva inibir certa conduta para prevenir ocorrência do ilícito (Ada Pellegrini Grinover). Observa Marinoni que a inibitória é admitida em virtude da necessidade de prevenção, derivada da inadequação da tutela do tipo repressivo para algumas situações do direito material. Pode tornar-se necessária sempre que se apresentar insuficiente a reintegração ou reparação de direito. **3.** É a que visa impedir, de forma imediata e definitiva, a violação de um direito material da parte. Pode ser ação inibitória positiva (obrigação de fazer) ou negativa (obrigação de não fazer), ou para tutela (obrigação de dar coisa certa ou incerta) e é preventiva e tem eficácia mandamental (Nelson Nery Jr., Spadoni e Marinoni).

TUTELA INTERNACIONAL. *Direito internacional.* Entrega, prevista na Carta da ONU, de um território não autônomo à administração de um Estado soberano, em nome da comunidade internacional, até tornar-se apto para sua independência. Por exemplo, as Ilhas do Pacífico, que estão sob a tutela dos Estados Unidos (Rezek e Othon Sidou).

TUTELA IRREGULAR. *Direito civil.* Aquela na qual não há propriamente uma nomeação, na forma legal, de modo que o suposto tutor zela pelo menor e por seus bens como se estivesse legitimamente investido de ofício tutelar. Deve ser regida como gestão de negócios.

TUTELA JURÍDICA. *Direito processual.* Proteção conferida pelo Estado aos direitos da pessoa, por meio dos órgãos do Poder Judiciário. Trata-se da tutela jurisdicional, que, no dizer de José Frederico Marques, é a exercida, processualmente, pelo Estado sobre relações intersubjetivas litigiosas, dando a cada um o que é seu mediante a aplicação do direito objetivo.

TUTELA JURÍDICA PERFEITA. *Direito processual.* É a que resulta de lei, tornando automaticamente sem efeito ato negocial desconforme aos preceitos normativos (Othon Sidou).

TUTELA JURISDICIONAL. *Vide* TUTELA JURÍDICA.

TUTELA JURISDICIONAL DIFERENCIADA. *Direito processual civil.* Tem por fim a busca de alternativas ao lento e inefetivo procedimento ordinário de cognição exauriente, que não contém, em regra, ordens ou atividades executivas ou mandamentais, em seu bojo, ficando dependente do ajuizamento de outra demanda (cautelar ou executiva) para tanto (Fernando F. Garjardoni) ou, ainda, a criação, em vista do direito material, de outros modelos processuais de cognição ampla, mas capazes de propiciar, através da abreviação procedimental, tutela jurisdicional adequada, ou melhor, tempestiva (Rogério A. Munhoz Soares). São modalidades de tutela jurisdicional diferenciada: a tutela antecipada e a tutela monitória.

TUTELA LEGAL. *Vide* TUTELA LEGÍTIMA.

TUTELA LEGÍTIMA. *Direito civil.* É a que se dá em falta da testamentária, ou melhor, é a deferida pela lei, ouvindo-se, se possível, o menor, aos parentes consangüíneos deste, quando inexistir tutor designado, por ato de última vontade, pelos pais, na seguinte ordem legalmente estabelecida: a) ascendentes, preferindo o de grau mais próximo ao mais remoto; b) os irmãos; e c) os tios, preferindo-se o mais próximo ao mais remoto e, no mesmo grau, o mais velho ao mais moço. Todavia, essa ordem pode ser alterada pelo magistrado, em benefício do menor e em atenção aos seus interesses, sempre tendo em vista a idoneidade do tutor, por exemplo, quando não houver laços afetivos ou quando o parente, com preferência legal, for inidôneo, sendo sua investidura inconveniente para o menor.

TUTELA MONITÓRIA. *Direito processual civil.* Processo de conhecimento especial, colocado à disposição de quem pretender, com base em prova escrita sem eficácia de título executivo, pagamento em dinheiro ou entrega de coisa. A cognição na ação monitória e o procedimento são sumários, dirigidos à emissão de um provimento jurisdicional mandamental, apto a converter-se em título executivo judicial, em casos de inércia do devedor. E o contraditório nesse procedimento é eventual e diferido (apenas para o caso em que o devedor interpuser embargos ao mandado monitório) (Paulo Henrique do S. Lucon, Cândido Rangel Dinamarco e Fernando F. Gajardoni).

TUTELANDO. *Direito civil.* **1.** Aquele que deve ficar sob tutela. **2.** Menor a quem se vai nomear tutor.

TUTELA PREVENTIVA. *Direito processual civil.* É a que visa impedir a consumação do ilícito ou evitar dano que decorre da ameaça de lesão a um direito. O interesse de agir decorre do perigo de prejuízo jurídico. É instrumento pré-ordenado à obtenção da efetividade da tutela jurisdicional, na medida em que preserva a eficácia do provimento jurisdicional, imunizando-o contra efeitos maléficos, quer do decurso do tempo, quer da conduta ilícita da parte que busca esvaziar o conteúdo do provimento judicial (Ada Pellegrini Grinover).

TUTELAR. *Direito civil.* **1.** Relativo a tutela. **2.** Que protege. **3.** Exercer tutela, orientando e representando menor que não está sob o poder familiar.

TUTELA RESSARCITÓRIA. *Direito processual civil.* Pretende ressarcimento do dano e proporcionar o resultado equivalente ao da situação que existiria se o prejuízo não tivesse ocorrido (Adolfo Di Majo).

TUTELA REPRESSIVA. *Direito processual civil.* Tem por fim eliminar dano produzido pela lesão do direito (Ada Pellegrini Grinover).

TUTELA TESTAMENTÁRIA. *Direito civil.* É a que se institui em virtude de nomeação de tutor aos menores, por ato de última vontade (testamento, codicilo ou outro documento autêntico, como, por exemplo, escritura pública) do pai ou da mãe, desde que tenham o poder familiar. É também chamada "tutela voluntária".

TUTELA VOLUNTÁRIA. *Vide* TUTELA TESTAMENTÁRIA.

TUTIORISMO. *Filosofia geral.* Atitude de acatar, como regra de conduta ou de crença, a teoria mais segura, mais exigente e mais provável (Lalande).

TUTÍSSIMO. **1.** Muito seguro. **2.** Prudentíssimo. **3.** O que está certíssimo.

TUTOR. *Direito civil.* **1.** Aquele que tem o encargo de dirigir a pessoa e administrar bens de menor que não está sob o poder familiar do pai ou da mãe, zelando pela sua criação, educação e haveres. Exerce, portanto, um múnus público, imposto pelo Estado, para atender a um interesse coletivo, possibilitando a efetivação do dever estatal de guardar e defender órfãos. **2.** Aquele que exerce a tutela, em virtude de lei, testamento ou determinação judicial.

TUTOR *AD HOC*. *Direito civil.* É o nomeado pelo juiz para representar o menor em negócio, se seus interesses colidirem com os de seu tutor legal ou dativo.

TUTORAGEM. *Direito civil.* **1.** Proteção. **2.** Ato ou efeito de tutorar.

TUTORAR. *Direito civil.* Exercer tutela.

TUTOR DATIVO. *Direito civil.* É o nomeado pelo juiz na ausência de nomeação testamentária ou de pessoa com qualidade legal para o exercício da tutela (De Plácido e Silva).

TUTOR DE FATO. *Direito civil.* Aquele que, sem ter sido nomeado, assume a direção da pessoa e a administração dos bens de menor.

TUTORIA. *Direito civil.* **1.** Conjunto de direitos e deveres do tutor. **2.** Encargo da tutela. **3.** Período de tempo em que o tutor exerce a tutela.

TUTORIAL. Material educativo.

TUTOR JUDICIAL. *Vide* TUTOR DATIVO.

TUTOR LEGAL. *Vide* TUTOR LEGÍTIMO.

TUTOR LEGÍTIMO. *Direito civil.* Aquele que, por lei, tem o encargo de exercer a tutela.

TUTOR NON REBUS DUNTAXAT SED ET MORIBUS PUPILLI PRAEPONITUR. *Expressão latina.* O tutor deve zelar não só pelos bens, mas também pela educação do pupilo.

TUTOR OFICIAL. *Direito civil.* É o tutor judicial ou dativo.

TUTOR TESTAMENTÁRIO. *Direito civil.* Aquele que é nomeado por testamento.

TV INTERATIVA. *Direito virtual.* Aparelho no qual o espectador pode alterar o teor da programação, mediante o uso de supercomputador.

TWO-WAY STREET. *Expressão inglesa.* Via de mão dupla.

TYING AGREEMENT. *Locução inglesa.* Venda casada.

TYPEWRITER. *Termo inglês.* Escrita à máquina.

TZAR. *História do direito.* Czar.

TZARISMO. *História do direito.* Czarismo.

U. *Lógica.* **1.** Símbolo da preposição modal em que tanto o *modus* como o *dictum* são negados (Ferrater Mora e Lalande). **2.** Símbolo da preposição toto-total (Hamilton e W. Thomson).

UALE. *Direito comparado.* Na Arábia, é a designação dada ao governador de província.

UBÁ. 1. Canoa. **2.** Pequena embarcação leve.

UBE. Sigla de União Brasileira de Escritores, entidade nacional, com personalidade jurídica e patrimônio próprio, constituindo fonte de consulta sobre os mais variados temas culturais.

UBERDADE. *Direito agrário.* **1.** Fertilidade da terra. **2.** Abundância de colheitas.

ÚBERE. *Direito agrário.* **1.** Fértil. **2.** Mama das fêmeas de animais mamíferos. **3.** Aparelho mamário dos mamíferos.

UBEROSO. *Direito agrário.* Animal que tem úbere grande e farto.

UBI. *Termo latino.* **1.** Local de residência. **2.** Domicílio.

UBI ACCEPTUM EST SEMEL JUDICIUM, IBI ET FINEM ACCIPERE DEBET. *Aforismo latino.* Uma vez aceito o juízo, nele deve concluir-se a causa.

UBI BENE, IBI PATRIA. *Expressão latina.* Onde se estiver bem, a pátria estará.

UBI COEPTA EST, IBI LIS EST FINIENDA. *Aforismo latino.* A causa deve terminar onde começou.

UBI COMMODA IBI INCOMMODA. *Expressão latina.* Quem tiver a comodidade, que tenha o incômodo.

UBÍCULO. 1. Pequena residência. **2.** Pequena vila onde se mora ou nasceu.

UBICUMQUE SIT RES, PRO DOMINO SUO CLAMAT. *Expressão latina.* Onde quer que esteja, a coisa clama pelo seu dono.

UBI EADEM RATIO, IBI EADEM LEGIS DISPOSITIO. *Aforismo jurídico.* Onde houver a mesma razão, deve prevalecer a mesma norma jurídica.

UBI EADEM RATIO, IBI IDEM JUS STATUENDO. *Aforismo jurídico.* Quando existe a mesma razão para decidir, aplica-se igual direito.

UBIEDADE. *Filosofia geral.* Maneira de existir em alguma parte, que pode ser: a) circunscritiva, alusiva ao que está no espaço; b) definitiva, a que está em tal ou qual espaço, sem ter lugar próprio ou preciso; e c) repletiva, que é a de Deus, que está em todo o Universo (Leibniz).

UBI EMOLUMENTUM, IBI ONUS. *Aforismo jurídico.* Onde está a vantagem, deve estar o encargo ou o ônus das despesas havidas.

UBI EST MAJOR, CESSAT MINOR. *Expressão latina.* Onde estiver o que tem mais autoridade, o menor deixa de ter poder.

UBI EST VERBORUM AMBIGUITAS, VALET QUOD ACTI EST. *Expressão latina.* Onde há ambigüidade de palavras, vale o que se tem feito.

UBI HOMO, IBI JUS. *Expressão latina.* Onde está o homem, está o direito.

UBI JUS DEFICIT, AEQUITAS SUPPLET. *Expressão latina.* Onde o direito é omisso, a eqüidade o supre.

UBI LEX NON DISTINGUIT, NEC NOS DISTINGUERE DEBEMUS. *Aforismo jurídico.* Onde a lei não distingue, não compete a nós distinguir.

UBI LEX VOLUIT DIXIT, UBI NOLUIT TACUIT. *Expressão latina.* Quando a lei quis falar, falou; quando não quis, calou.

UBI LIBERTAS, IBI PATRIA. *Aforismo jurídico.* Onde há liberdade, há pátria.

UBI MAIOR MINOR CESSAT. *Expressão latina.* Diante do superior o inferior anula-se.

UBI NON EST JUSTITIA, IBI NON POTEST ESSE JUS. *Aforismo jurídico.* Onde não existir justiça, não poderá haver direito.

UBI NON EST LEX NEC PRAEVARICATIO. *Brocardo latino.* Onde não há lei, não há delinqüência.

UBI NUMERUS TESTIUM NON ADIICITUR, ETIAM DUO SUFFICIENT. *Expressão latina.* Quando o número de testemunhas não estiver prescrito, bastam duas.

UBIQUAR. *Filosofia geral.* Ter o dom de estar simultânea e realmente em todo lugar.

UBIQUE PATRIA MEMOR. *Expressão latina.* Em toda parte a pátria é lembrada.

UBIQÜIDADE. *Filosofia geral.* Qualidade exclusiva de Deus de estar, concomitantemente, presente em toda a parte.

UBIQUITÄT DES GEBILDETEN. *Locução alemã.* Ubiqüidade do homem culto (F. Lassalle).

UBÍQUO. *Filosofia geral.* Onipresente.

UBI REM MEAM INVENIO, IBI VINDICO. *Aforismo jurídico.* Onde quer que se encontre o que me pertence, posso reivindicá-lo.

UBI SOCIETAS, IBI JUS. *Brocardo latino.* Onde há sociedade, há direito.

UBI SOCIETAS POLITICA, VEL POLITICE RELATA, IBI JUS. *Expressão latina.* Onde há sociedade política, ou politicamente ligada, há direito.

UBI SOLITUDINEM FACIUNT, PACEM APPELLANT. *Expressão latina.* Onde houver solidão, será estabelecida a paz.

UBI SUBLIMIOR EST PRAEROGATIVA, IBI MAJOR EST CULPA. *Expressão latina.* Quanto maior for a prerrogativa, mais grave será a culpa.

UBI UT JUS DUBIUM, NON INDUCITUR MALA FIDES. *Brocardo latino.* Onde o direito é duvidoso, não se induz a má-fé.

UBI VERITAS?. *Locução latina.* Onde está a verdade?

UBI VINCI NECESSE, EXPEDIT CEDERE. *Expressão latina.* Onde é necessário vencer, convém ceder.

UCASSE. *História do direito.* Decreto do czar no governo imperial russo.

UCHA. 1. *Direito agrário.* Tulha. **2.** *História do direito.* a) Arca; b) armário.

UCHÃO. *História do direito.* Despenseiro.

UCHARIA. *História do direito.* **1.** Despensa da casa real. **2.** Armazém. **3.** Depósito de mantimentos.

UCP. *Direito tributário.* Abreviatura de Unidade de Coordenação do Programa Nacional de Apoio à Administração Fiscal para os Estados Brasileiros.

UCRONIA. *Filosofia geral.* **1.** Hipótese de uma história diversa da real. **2.** Suposição histórica. **3.** Esboço histórico apócrifo do desenvolvimento da civilização européia, tal como não foi, tal como poderia ter sido (Renouvier).

UCRÔNICO. *Filosofia geral.* O que diz respeito a ucronia.

UE. *Direito internacional público.* Abreviação de União Européia.

UEE. *Direito internacional público.* Abreviação de União Econômica Européia.

UEO. *Direito internacional público.* Sigla de União da Europa Ocidental.

UEPS. *Direito comercial.* Nomenclatura para o método de armazenagem, em que o produto que é o último a entrar no estoque é o primeiro a sair (James G. Heim).

UFANIA. 1. Vaidade. **2.** Orgulho. **3.** Motivo de honra. **4.** Galhardia.

UFANISMO. Otimismo nacionalista.

UFANO. 1. Envaidecido. **2.** Orgulhoso.

UFIR. *História do direito.* Unidade Fiscal de Referência, que era fixada, trimestralmente, com base no IPCA — Série Especial, apurado e divulgado pela Fundação Instituto Brasileiro de Geografia e Estatística (FIBGE).

UGAR. Na *gíria*, gritar por socorro.

UHLENHUTH. *Medicina legal.* Reação biológica que permite caracterizar o sangue humano e determinar se a mancha encontrada no local do crime foi causada por ele.

UIOFOBIA. *Medicina legal.* Aversão pelo próprio filho.

UIOFÓBICO. *Medicina legal.* Relativo a uiofobia.

UIÓFOBO. *Medicina legal.* Aquele que tem uiofobia.

UIT. *Direito internacional público.* Sigla de União Internacional de Telecomunicações.

ULANO. *História do direito.* Cavaleiro do exército austríaco e alemão que se armava de lança.

ULATROFIA. *Medicina legal.* Atrofia das gengivas.

ÚLCERA. 1. Em *sentido figurado,* corrupção moral. **2.** *Medicina legal.* Lesão aberta e situada numa base inflamada, que pode aparecer na pele, na membrana mucosa ou em órgão interno (Morris Fishbein).

ULCERAÇÃO. *Medicina legal.* Processo ulceroso.

ULCERAÇÃO DO FILME. Defeito que surge na projeção do filme, em razão de riscos oriundos de detritos na película.

ULCERADO. 1. Em *sentido figurado,* corrompido. **2.** *Medicina legal.* Que tem úlceras.

ÚLCERA NEUROTRÓPICA. *Medicina legal.* É a provocada por doença nervosa.

ÚLCERA PÉPTICA. *Medicina legal.* Aquela que, pela ação do suco digestivo, causa inflamação nas paredes do estômago ou do duodeno.

ÚLCERA PUDENCIAL. *Medicina legal.* Granuloma inguinal.

ÚLCERA SIFILÍTICA. *Medicina legal.* Cancro.

ÚLCERA TÓRPIDA. *Medicina legal.* Lesão crônica que não tem tendência para se agravar ou se curar.

ÚLCERA TRAUMÁTICA. *Medicina legal.* É a provocada por ferimento local.

ULD RATES. *Direito internacional privado.* Tarifas de frete, elaboradas pela *International Air Transport Association* (IATA), calculadas para unidades de carga de determinado peso sem levar em conta o tipo de mercadoria transportada, estimulando o exportador a usar *pallets* ou *containers.*

ULEMÁ. *Direito comparado.* Doutor de teologia muçulmano.

ULEMORRAGIA. *Medicina legal.* Hemorragia gengival.

ULERITEMA. *Medicina legal.* Dermatose eritematosa que se caracteriza pela formação de cicatrizes e por atrofia.

ULNA. *História do direito.* Medida equivalente a uma braça.

ULOCACE. *Medicina legal.* Ulceração da gengiva.

ULOCARCINOMA. *Medicina legal.* Carcinoma da gengiva.

ULODERMATITE. *Medicina legal.* Inflamação da pele com formação de cicatrizes (Laudelino Freire).

ULONCIA. *Medicina legal.* Tumor da gengiva.

ULOSE. *Medicina legal.* Cicatrização.

ULTERIOR. 1. Posterior. **2.** O que se faz depois. **3.** Derradeiro. **4.** Futuro.

ULTERIORIDADE. Qualidade do que é anterior.

ÚLTIMA. Coisa que foi produzida no final.

ULTIMAÇÃO. 1. Conclusão. **2.** Término. **3.** Arremate. **4.** Aperfeiçoamento. **5.** Finalização. **6.** Ato ou efeito de completar.

ULTIMA DEROGANT PRIORIBUS. *Aforismo jurídico.* As últimas disposições derrogam as primeiras.

ULTIMADO. 1. Concluído. **2.** Terminado. **3.** Pronto. **4.** Perfeito e acabado. **5.** Arrematado.

ÚLTIMA EDIÇÃO. *Direito autoral.* Publicação mais recente de uma obra, não havendo nenhuma outra edição depois dela.

ÚLTIMA INSTÂNCIA. *Direito processual.* Estado da decisão irrecorrível, a não ser por meio de recurso ordinário e recurso especial ao Superior Tribunal de Justiça.

ÚLTIMA MORADA. Sepultura.

ÚLTIMA PALAVRA. 1. Limite das concessões. **2.** Última condição. **3.** Decisão definitiva. **4.** O mais moderno.

ULTIMAR. 1. Concluir. **2.** Fechar negócio. **3.** Arrematar. **4.** Completar. **5.** Terminar. **6.** Finalizar. **7.** Chegar ao fim. **8.** Dar prazo. **9.** Tomar as últimas providências.

ULTIMA RATIO. *Locução latina.* **1.** Última razão. **2.** Argumento decisivo. **3.** Razão conclusiva. **4.** Explicação final.

ULTIMA RATIO REGUM. *Expressão latina.* Último argumento dos reis.

ÚLTIMAS DECLARAÇÕES. *Direito civil.* Declarações finais do inventariante, complementando as primeiras, feitas após o laudo das avaliações dos bens do espólio e da resolução das impugnações suscitadas.

ÚLTIMAS NOTÍCIAS. 1. Comunicações recebidas até o momento presente. **2.** Notícias finais.

ULTIMATE ISSUE. *Locução inglesa.* Questão principal.

ULTIMATO. *Direito internacional público.* **1.** Comunicado feito por um comandante militar a outro em condição de inferioridade, durante as operações bélicas, pedindo a imediata rendição, sob pena de empregar meios mais violentos para consegui-la. **2.** Documento no qual uma potência pede a outra explicações ou garantia sobre uma questão ou faz uma proposta, impondo as últimas condições por ela exigidas e um prazo para tanto, sob pena de, não sendo atendida, romper relações diplomáticas, declarar estado de guerra ou empregar meios violentos como represália. **3.** Último aviso, preliminar à declaração de guerra.

ULTIMATUM. *Vide* ULTIMATO.

ÚLTIMA VONTADE. *Direito civil.* **1.** Vontade exarada para concluir um ato negocial. **2.** Ato volitivo que o testador manifesta no testamento ou no codicilo.

ÚLTIMO. 1. Que vem depois de todos; o que está em último lugar. **2.** Derradeiro. **3.** Final. **4.** Decisivo. **5.** Definitivo. **6.** Irrevogável. **7.** O mais desprezível. **8.** O melhor; o mais perfeito. **9.** Insignificante. **10.** O mais recente. **11.** Aquilo a que se chega por último numa análise regressiva. **12.** Categórico.

ÚLTIMO ATO. 1. Aquele que finalizou algo. **2.** Ato final. **3.** Aquele que, numa série de atos, foi o de encerramento ou conclusão. **4.** Ato praticado em certo momento, além do qual nenhum outro se deu (De Plácido e Silva).

ÚLTIMO DIA. *Direito civil.* **1.** *Dies ad quem.* **2.** É o do vencimento de um prazo. **3.** Aquele em que o prazo se escoa.

ÚLTIMO DOMICÍLIO. *Direito civil* e *direito internacional privado.* **1.** Domicílio atual. **2.** Derradeiro centro de negócios da pessoa. **3.** O que foi mantido ou ocupado no país, no momento em que a pessoa se transferiu para o exterior (De Plácido e Silva).

ULTIMOGÊNITO. *Direito civil.* Filho mais novo.

ÚLTIMO PRAZO. *Direito civil.* **1.** O dia do vencimento de um contrato. **2.** Dia em que termina um prazo.

ÚLTIMOS PAROXISMOS. Últimos instantes de vida.

ÚLTIMOS SACRAMENTOS. *Direito canônico.* Aqueles que o católico recebe na hora da morte: confissão, comunhão e extrema-unção.

ÚLTIMO SUSPIRO. Óbito.

ULTIMUM MORIENS. **1.** *Locução latina.* Último a morrer. **2.** *Medicina legal.* Aurícula direita do coração.

ULTIMUS DICITUR, QUEM NEMO SEQUITUR. *Aforismo jurídico.* Último se diz aquele que por ninguém é seguido.

ULTRA. **1.** Radical. **2.** Extremista. **3.** Excesso. **4.** O que vai além.

ULTRA-ATIVIDADE. Super atividade.

ULTRA-AUTÔNOMO. O que é excessivamente autônomo.

ULTRABÁSICO. Básico em extremo.

ULTRACIVILIZADO. Supercivilizado.

ULTRACOMPETENTE. Muito competente.

ULTRACONFIANÇA. Confiança em demasia.

ULTRACONSERVADOR. **1.** Tradicionalista demais. **2.** Aquele que é muito conservador.

ULTRACONSERVANTISMO. **1.** Qualidade de ultraconservador. **2.** Extremo conservantismo.

ULTRACONSERVANTISTA. O que se refere ao ultraconservantismo.

ULTRACORREÇÃO. Excessiva correção.

ULTRACURIOSO. Muito curioso.

ULTRADEMOCRATA. *Ciência política.* Democrata extremista ou radical.

ULTRA-ECONÔMICO. Demasiadamente econômico.

ULTRA-EXISTÊNCIA. *Direito canônico.* Existência além da morte.

ULTRAFALAZ. Muito mentiroso.

ULTRAFAMOSO. Aquele que é muito célebre.

ULTRAFANÁTICO. Extremamente fanático.

ULTRAFECUNDO. Muito fértil.

ULTRAFEDERALISTA. *Ciência política.* Federalista radical.

ULTRAFUNESTO. O que causa conseqüências muito trágicas.

ULTRAHAZARDOUS ACTIVITY. *Locução inglesa.* Trabalho de grande periculosidade.

ULTRA-HONESTO. Aquele que é muito escrupuloso.

ULTRA-HUMANO. O que está acima das forças humanas.

ULTRA-INFERNAL. Maquiavélico; mais do que diabólico.

ULTRA-INFRACOMPRIMIDO. Chapa prensada de cortiça, apropriada para isolar algo acusticamente.

ULTRAÍSMO. Ação extrema ou radical.

ULTRAÍSTA. **1.** Extremista. **2.** Radical.

ULTRAJADO. *Direito penal.* **1.** Ofendido. **2.** Quem sofreu ultraje.

ULTRAJADOR. *Direito penal.* **1.** Insultante. **2.** O que ofende a dignidade alheia com alegações difamatórias, caluniosas ou injuriosas. **3.** Infamante. **4.** Aquele que ultraja.

ULTRAJANTE. *Direito penal.* Que envolve ultraje.

ULTRAJAR. *Direito penal.* **1.** Ofender. **2.** Inflamar. **3.** Insultar. **4.** Vilipendiar. **5.** Desacatar.

ULTRAJE. *Direito penal.* **1.** Desrespeito acintoso. **2.** Afronta. **3.** Desacato. **4.** Infamação. **5.** Ação que atinge ofensivamente o bom nome, a reputação, a honra ou a dignidade de pessoa física ou jurídica ou de instituições. **6.** Desconsideração.

ULTRAJE À BANDEIRA E AOS SÍMBOLOS NACIONAIS. *Direito penal.* Desrespeito à bandeira nacional, ou à de nação amiga, e aos símbolos nacionais, destruindo-os ou praticando quaisquer atos ignominiosos, quando expostos em público.

ULTRAJE À MORAL PÚBLICA. *Vide* ULTRAJE PÚBLICO AO PUDOR.

ULTRAJE AO CULTO RELIGIOSO. *Direito penal.* Crime contra o sentimento religioso que consiste no: a) ato público ofensivo à ciência religiosa; b) ato de escárnio ou vilipêndio praticado publicamente, desconsiderando culto.

ULTRAJE PÚBLICO AO PUDOR. *Direito penal.* **1.** Prática de ato obsceno em local público ou exposto ao público. **2.** Importação, exportação, aquisição ou ato de ter a guarda, para fins de comércio, distribuição ou exposição pública, de escrito, desenho, pintura, estampa ou qualquer objeto obsceno.

ULTRAJOSO. *Direito penal.* Ultrajante.

ULTRAJUDICIAL. Extrajudicial.

ULTRALATINISTA. Aquele que tem gosto exagerado pelo latim.

ULTRALIBERAL. *Ciência política.* Liberalista extremista.

ULTRALIBERALISMO. *Ciência política.* Liberalismo radical.

ULTRALIBERALISTA. *Ciência política.* Adepto do ultraliberalismo.

ULTRAMAR. Região de além-mar.

ULTRAMARINO. O que é transoceânico.

ULTRAMILITARISMO. Militarismo exagerado.

ULTRAMODERNISMO. Modernismo excessivo.

ULTRAMODERNO. Recentíssimo.

ULTRA MODUM. *Locução latina.* Fora do comum.

ULTRA MODUM, SINE CAUSA. *Expressão latina.* Além dos limites, sem motivos.

ULTRAMONÁRQUICO. *Ciência política.* Monárquico em extremo.

ULTRAMONTANISMO. *História do direito.* Sistema da Idade Média defensor da autoridade absoluta do Papa no terreno temporal.

ULTRAMORAL. *Filosofia geral.* Um dos elementos componentes da filosofia prática do antigo Oriente que consiste em erigir em bens absolutos a abstenção, a renúncia, o sofrimento, quer com a esperança de uma outra vida compensadora, quer mesmo sem nenhuma esperança e sem outro objetivo que não o do aniquilamento da vida individual (Renouvier).

ULTRAMUNDANO. Mundano em excesso.

ULTRANACIONAL. *Direito internacional público.* **1.** Internacional. **2.** Fora do âmbito nacional.

ULTRANACIONALISMO. *Ciência política.* Nacionalismo extremo.

ULTRANATURAL. 1. Sobrenatural. **2.** O que vai além dos limites da natureza.

ULTRANATURALISMO. Naturalismo excessivo.

ULTRANEIDADE. Espontaneidade.

ULTRA–OCEÂNICO. *Vide* ULTRAMARINO.

ULTRA–ORIENTAL. O que é do extremo Oriente.

ULTRAPARADOXAL. Excessivamente paradoxal.

ULTRA–PARTES. *Locução latina.* Além das partes.

ULTRAPASSADO. 1. O que se ultrapassou. **2.** O que está em desuso.

ULTRAPASSADOR. O que ultrapassa.

ULTRAPASSAGEM. 1. *Direito militar.* Manobra rápida que visa avançar uma coluna à frente de outra, sem que haja prejuízo à marcha geral. **2.** *Direito de trânsito.* Ato de passar adiante de outro veículo que se desloca no mesmo sentido, em menor velocidade e na mesma faixa de tráfego, necessitando sair e retornar à faixa de origem.

ULTRAPASSANTE. *Vide* ULTRAPASSADOR.

ULTRAPASSAR. 1. Transpor. **2.** Passar à frente. **3.** Exceder limites.

ULTRAPASSE. Ação ou efeito de ultrapassar.

ULTRA PETITA. 1. *Locução latina.* Além do pedido. **2.** *Direito processual.* Sentença que decide a causa concedendo além do que foi solicitado pelo autor.

ULTRAPODEROSO. O que é muito poderoso.

ULTRA POSSE, NEMO OBLIGATUR. *Expressão latina.* Ninguém é obrigado além do que pode.

ULTRA POSSE NEMO TENETUR. *Expressão latina.* Ninguém é obrigado a cumprir o que está além de suas possibilidades.

ULTRAPROFUNDO. Profundíssimo.

ULTRAPROVADO. Muito bem comprovado.

ULTRAPROVAR. Provar solidamente.

ULTRAPULSE LASER. *Medicina legal.* Equipamento que, por meio do *laser*, é usado para transplantar cabelo, sem sangramento, facilitando a colocação dos enxertos e proporcionando uma rápida recuperação do paciente.

ULTRAPURITANO. Demasiadamente puritano.

ULTRAPURO. O que tem pureza absoluta.

ULTRA–RACIONAL. 1. Supra-racional. **2.** Aquilo que vai além das forças da razão.

ULTRA–RADICAL. Intransigente.

ULTRA–RADICALISMO. Intransigência.

ULTRA–REACIONÁRIO. Que é extremamente reacionário.

ULTRA–REALISMO. *Ciência política.* Teoria que propugna o absolutismo monárquico.

ULTRA–REALISTA. *Ciência política.* Adepto da monarquia absoluta.

ULTRA–REFORMA. *História do direito.* Movimento religioso-social que se seguiu à Reforma Protestante.

ULTRA–REGIONAL. O que passa dos limites de determinada região.

ULTRA–REPUBLICANISMO. *Ciência política.* Republicanismo extremado.

ULTRA–REVOLUCIONÁRIO. 1. Revolucionário exaltado. **2.** Aquilo que causa revolução violenta.

ULTRA–SECRETO. Dado ou informação referente à soberania e à integridade territorial nacionais, aos planos e às operações militares, às relações internacionais do País, aos projetos de pesquisa e desenvolvimento científico e tecnológico de interesse da defesa nacional e aos programas econômicos, cujo conhecimento não autorizado possa acarretar dano excepcionalmente grave à segurança da sociedade e do Estado. Competência para essa classificação: Presidente da República; Vice-Presidente da República; Ministros de Estado e autoridades com as mesmas prerrogativas; Comandantes da Marinha, do Exército e da Aeronáutica; e Chefes de Missões Diplomáticas e Consulares permanentes no exterior.

ULTRA-SECULAR. Antiqüíssimo.

ULTRA-SENSÍVEL. Muito sensível.

ULTRA-SÔNICO. *Direito aeronáutico* e *direito militar.* Aeronave ou projétil mais veloz do que o som.

ULTRA-SONOTERAPIA. *Medicina legal.* Emprego terapêutico de ultra-som.

ULTRATERRENO. 1. Extraterreno. **2.** Sobrenatural.

ULTRATERRITORIAL. 1. Extraterritorial. **2.** O que está fora ou além de um território ou dos limites de um Estado.

ULTRATIVIDADE DA LEI. *Teoria geral do direito.* Eficácia da norma, mesmo já revogada. Aplicação da lei, após a cessação de sua vigência, a casos que se constituíram sob sua égide. Trata-se da eficácia residual.

ULTRAVELOZ. Muito rápido; velocíssimo.

ULTRA VIRES. 1. *Locução latina.* Além das forças. **2.** *Direito comparado.* Na Inglaterra, é a doutrina do controle judicial, segundo a qual o poder administrativo não pode ultrapassar os limites previstos no estatuto.

ULTRA VIRES CONSENSUS. *Expressão latina.* Além das forças do consentimento.

ULTRA VIRES HEREDITATIS. 1. *Locução latina.* Além das forças da herança. **2.** *Direito civil.* Encargo da herança superior às suas forças e a que o herdeiro não responde.

ULTRA VIRES SOCIETATIS. 1. *Locução latina.* Além do conteúdo da sociedade. **2.** *Direito comercial.* Teoria que veda, na sociedade anônima, a prática pela administração de atos sociais que saiam dos limites contidos no estatuto como objeto social.

ULTRAVÍRUS. *Medicina legal.* Vírus causador de inúmeras moléstias.

ULTRAVISÃO. *Medicina legal.* Visão excepcional.

ULTRIZ. Aquele que se vinga.

ULTRONEAS PUTERE MERCES. *Expressão latina.* Mercadoria gratuita fede.

ULTRÔNEO. 1. Voluntário. **2.** Livre.

ULULAÇÃO. 1. Gritaria. **2.** Vociferação.

UMBIGO. *Medicina legal.* Cicatriz no centro do abdômen que resulta da queda do cordão umbilical.

UMBIGUEIRA. *Direito agrário.* Bicheira do umbigo do bezerro recém-nascido, que leva oito dias para ser curada.

UMBILICAL. *Medicina legal.* O que se refere ao umbigo.

UMPIRAGE. *Termo inglês.* Sentença arbitral.

UMWELTFOLGENPRÜFUNG. *Termo alemão.* Estudo de conseqüências ambientais.

UMWELTVER TRÄGLICHKEITSPRÜFUNG. *Termo alemão.* Estudo de compatibilidade ambiental.

UNABLE. *Termo inglês.* Inábil.

UNACCOMPLISHABLE. *Termo inglês.* Juridicamente impossível.

UNAFISCO SINDICAL. Sindicato Nacional dos Auditores Fiscais da Receita Federal.

UNA LECTIO NON FACIT DOCTOREM. *Expressão latina.* Uma única lição não basta para fazer um doutor.

UNANIMADOR. Que torna unânime.

UNANIMAR. Tornar unânime.

UNÂNIME. 1. O que resulta de acordo comum. **2.** Aprovação geral; o que foi acertado por todos, sem exceção. **3.** Que tem a mesma opinião de outrem; opinião comum sobre algo. **4.** Sem oposição.

UNANIMIDADE. Qualidade do que é unânime.

UNA SALUS VICTIS, NULLAM SPERARE SALUTEM. *Expressão latina.* A última salvação para os vencidos é não esperar salvação.

UNAUTHORIZED USE. *Locução inglesa.* Juridicamente impossível.

UNA VOCE. *Locução latina.* Unanimidade; a uma só voz; de comum acordo.

UNA VOCE, UNO ORE. *Expressão latina.* A uma só voz, todos falam por uma só boca.

UNAVOIDABLY UNSAFE PRODUCTS. *Expressão inglesa.* Margem inevitável de defeitos.

UNBESTIMMTE RECHTSBEGRIFFE. *Locução alemã.* Conceito jurídico indeterminado.

UNBIASSED. *Termo inglês.* **1.** Justo. **2.** Despreconceituoso. **3.** Imparcial.

UNCIA. *Termo latino.* Duodécima parte do asse, que era a unidade monetária romana.

UNCIÁRIO. *Direito romano.* Aquele que tinha direito à duodécima parte de uma herança.

UNCITRAL. *Direito internacional privado.* Sigla da Comissão das Nações Unidas para o Direito Comercial Internacional, criada pela Assembléia Geral da ONU em 1966, com a finalidade de reduzir disparidades entre os diferentes direitos nacionais que regulam o comércio internacional e que criam ou podem criar obstáculos ao fluxo do comércio internacional, deve desempenhar um papel ativo na remoção ou redução de obstáculos legais ao fluxo do comércio internacional, e promover a progressiva harmonização e unificação do direito do comércio internacional.

UNCLEANLY. *Termo inglês.* Obsceno.

UNCONDITIONAL DISCHARGE. *Locução inglesa.* Liberdade incondicional de quem cumpriu toda a pena.

UNCORE PRIST. *Locução inglesa.* Confissão e pagamento de dívida.

UNCONSCIONABLE CLAUSE. *Direito comparado.* Cláusula contra a consciência das partes pelo seu conteúdo e pelo seu resultado, que, nos EUA, é condenada pelo *Uniform Commercial Code* (Arnoldo Wald).

UNCTAD. *Direito internacional público.* Trata-se da Conferência das Nações Unidas sobre Comércio e Desenvolvimento, realizada, pela primeira vez, em 1964, em Genebra, Suíça, que hoje conta com 192 Estados-Membros. Tem por objetivo a integração dos países em desenvolvimento na economia mundial dentro de um ambiente propício para o desenvolvimento.

UNDAÇÃO. Enchente; inundação.

UNDECENVIRADO. *História do direito.* Tribunal ateniense que era composto por onze magistrados.

UNDECÊNVIRO. *História do direito.* Na Grécia antiga, era cada um dos onze magistrados incumbidos de julgar e condenar criminosos sujeitos a pena de morte.

UNDECUMANO. *Direito romano.* Soldado romano da décima primeira legião.

UNDEFILED. *Termo inglês.* Incorrupto.

UNDERGROUND. *Ciência política.* **1.** *Vide* QUINTA-COLUNA. **2.** Organização secreta que, em certo país, age ilicitamente, minando a ordem política vigente, a serviço de interesses internos ou externos (Othon Sidou).

UNDER LEASE. *Locução inglesa.* Sublocação.

UNDERLETTING. *Termo inglês.* Sublocação.

UNDERSELLING. *Termo inglês.* **1.** Venda momentânea com prejuízo para suplantar rival, também designada de *cutting of prices* (Henri Guitton). **2.** *Dumping*, que é a venda de produto abaixo do preço de custo com o intuito de lesar a concorrência (Antonio C. de Azevedo Sodré Filho e Lionel Zaclis).

UNDERWRITER. *Termo inglês, direito comercial* e *direito financeiro.* Instituição financeira autorizada a realizar operações de lançamento de ações no mercado primário, como bancos de investimento, sociedades corretoras etc. (Luiz Fernando Rudge).

UNDERWRITING. *Termo inglês* e *direito comercial.* Contrato prévio entre os fundadores e as instituições financeiras intermediárias, escritórios de consultores técnico-jurídicos etc., que, conjuntamente, fazem a operação de tomada de toda a emissão, destinada à oferta pública, encarregando-se de procedimentos regulamentares, de publicidade e lançamento ou distribuição no mercado de capitais, de valor superior a quinze mil vezes o salário mínimo vigente no País. É, portanto, o consórcio para lançamento público de títulos ou valores mobiliários no mercado de capitais.

UNDERWRITING BEST EFFORTS. *Locução inglesa* e *direito comercial.* Constituem subscrição em que instituição financeira se compromete a realizar os melhores esforços para colocar junto ao mercado as sobras do lançamento. A empresa assume o risco da aceitação ou não das ações lançadas por parte do mercado (Luiz Fernando Rudge).

UNDERWRITING DE STAND–BY. *Locução inglesa* e *direito comercial.* Subscrição em que a instituição financeira assume a obrigação de colocar as sobras junto ao público em certo espaço de tempo, para, depois dele, ela mesma subscrever o total das ações não colocadas (Luiz Fernando Rudge).

UNDERWRITING FIRME. *Direito comercial.* Subscrição em que a instituição financeira subscreve, integralmente, a emissão, para revendê-la posteriormente ao público (Luiz Fernando Rudge).

UNDESERVED. *Termo inglês.* **1.** Injusto. **2.** Não merecido.

UNDEVICESIMANO. *Direito romano.* Soldado da décima nona legião romana.

UNDISCLOSED FACTORING. *Direito comercial.* Contrato pelo qual o exportador vende suas mercadorias ao *factor*, que as revende, baseado em certo crédito.

UNDUE INFLUENCE. *Locução inglesa.* Vício de consentimento existente no direito inglês, consistente na influência indevida ou abuso de confiança, ou seja, na persuasão injusta ou imprópria de uma pessoa em relação a outra, usando sua posição de poder ou de dominação, com o escopo de efetivar contrato. Se o consentimento for obtido nessas condições, o contrato deverá ser anulado (Bryan A. Garner).

UNEMPLOYMENT. *Termo inglês.* **1.** Desemprego. **2.** Inatividade. **3.** Ociosidade.

UNEP. *Direito internacional público.* Sigla de Programa Ambiental para as Nações Unidas, ou seja, de *United Nations Environment Program.*

UNEQUAL. *Termo inglês.* **1.** Injusto. **2.** Desigual.

UNESCO. *Direito internacional público.* Sigla da Organização das Nações Unidas para Educação, Ciência e Cultura, criada em 1946, ligada à ONU e sediada em Paris. Esse organismo especializado, que visa a paz mundial e a segurança internacional, mediante a colaboração da sociedade internacional, tem como atribuições: a) tratar das questões sobre educação, ciência e cultura; b) fomentar o mútuo entendimento entre os povos; c) difundir a cultura e promover a educação do povo. Para tanto, como observa De Plácido e Silva, fomentará atividades científicas, artísticas e literárias, desenvolvendo a tradução de obras consideradas úteis e distribuindo-as, e estudará problemas oriundos das relações sociais, estimulando a colaboração entre cientistas para o progresso dos conhecimentos científicos e a ampliação de recursos materiais a povos menos adiantados.

UNETHICAL CONDUCT. *Locução inglesa.* Comportamento antiético.

UNFAIR COMPETITION. *Locução inglesa.* Concorrência desleal.

UNFAIRNESS. *Termo inglês.* **1.** Injustiça. **2.** Infidelidade. **3.** Falsidade. **4.** Denegação da justiça.

UNFAIR TRADE PRACTICE. *Expressão inglesa.* Atividade mercantil desleal.

UNGIDO. *Direito canônico.* **1.** Aquele que recebeu a extrema-unção ou os santos óleos. **2.** Aquele que foi ordenado padre. **3.** Rei ou bispo que recebeu a sagração.

UNGIR. *Direito canônico.* **1.** Aplicar óleo sagrado. **2.** Administrar o sacramento da extrema-unção. **3.** Sagrar alguém bispo ou rei, investindo-o da dignidade eclesiástica ou real.

UNGUIBUS ET ROSTRO. *Expressão latina.* Com unhas e dentes.

UNHA. 1. *Medicina legal.* a) Lâmina córnea, semitransparente e flexível que recobre a extremidade dos dedos das mãos e dos pés do homem; b) película que se desenvolve anormalmente no ângulo interno do olho. **2.** *Direito agrário.* Lasca do tronco da videira que, no esgalhamento, sai com a extremidade inferior do bacelo. **3.** *Direito marítimo.* Extremidade aguçada do braço da âncora que coincide com o vértice extremo da pata.

UNHADA. *Medicina legal.* Ferimento feito com unhas.

UNHADOR. *Direito agrário.* Aquele que esgalha videira e planta bacelos.

UNHAMENTO. *Direito agrário.* **1.** Plantio de mudas ou bacelos de videira. **2.** Local onde se unhou o bacelo. **3.** Parte unhada do bacelo que criou raízes.

UNHÃO. 1. *Direito marítimo.* Ato de trançar cabo partido, ligando com um fio novo as partes que se separaram. **2.** *Direito agrário.* Espécie de maçã.

UNHAR. 1. *Medicina legal.* Ferir com as unhas. **2.** *Direito agrário.* Colocar o bacelo na manta, aconchegando-o com terra no lugar onde deve criar raízes (Laudelino Freire).

UNHEIRA. *Direito agrário.* No Rio Grande do Sul, é a ferida de difícil cicatrização, ou quase incurável, provocada no lombo de cavalos pelo lombilho mal colocado.

UNHO. *Direito agrário.* **1.** Ato de plantar bacelos ou mudas de videira. **2.** Unhamento.

UNIÃO. 1. *Direito constitucional.* a) Pessoa jurídica de direito público interno da Administração direta, dotada de poder central, autonomia no âmbito interno do país e soberania na ordem internacional, na qual representa o Brasil; b) Federação brasileira; c) Estado brasileiro; d) nação em suas relações com os Estados federados que a compõem; e) organização política dos poderes nacionais (Clóvis Beviláqua); f) agrupamento de Estados-Membros da Federação submetido a um governo central. **2.** *Direito civil.* a) Associação; b) sociedade; c) vida em comum entre homem e mulher; companheirismo; união estável ou concubinato puro; d) casamento. **3.** Nas *linguagens comum* e *jurídica:* a) conexão; b) acordo; c) convergência; d) coligação; e) ato ou efeito de unir; f) adesão; g) reunião; h) concórdia; paz; bom entendimento; i) junção; ligação; j) grupo de pessoas que visam a mesma finalidade. **4.** *Direito internacional público.* a) Aliança; b) pacto; c) liga. **5.** *Teoria geral do Estado.* Confederação. **6.** *Psicologia forense.* Ligação afetiva e intelectual da pessoa com o objeto desejado, amado ou compreendido. **7.** *Filosofia geral.* Estado de dois ou mais seres diferentes que constituem um só todo, sob qualquer relação (Lalande, Malebranche e Descartes). **8.** *Direito do trabalho.* Contrato coletivo de trabalho (Duguit).

UNIÃO ADUANEIRA. *Direito alfandegário* e *direito internacional público.* **1.** Aquela que, para obter um mercado comum, aplica normas comuns no tratamento da importação de produtos provenientes de terceiros países, fixando tarifas externas comuns num bloco de mercado, onde há livre comércio. **2.** Trata-se do *Customs Union*, processo pelo qual as nações eliminam barreiras tarifárias e não tarifárias relativamente aos países-membros, dando tratamento uniforme às suas relações comerciais com terceiros países. P. ex., a Tarifa Externa Comum só é aplicável na importação de produtos de países não participantes do acordo.

UNIÃO DAS COROAS IBÉRICAS. *História do direito.* Reino composto por Portugal e suas colônias que, durante 60 anos, ficou sob o jugo da Coroa espanhola.

UNIÃO DE ESTADOS. 1. *Direito internacional público.* a) Protetorado; b) comunidade jurídica internacional, como a ONU; c) liga; d) reunião de Estados soberanos por força de tratado ou para defender interesses comuns (De Plácido e Silva). **2.** *Teoria geral do Estado.* Confederação de Estados para tratar de interesses comuns, sem que percam sua soberania.

UNIÃO DE POSSES. *Direito civil.* Soma do tempo de posse do atual possuidor com o de seus antecessores que se dá na hipótese de sucessão singular (compra e venda, doação, dação ou legado), ou melhor, quando o objeto adquirido constitui coisa certa ou determinada. O adquirente, nessa aquisição da posse a título singular, constitui para si uma nova posse, embora a receba de outrem. Isso ocorre porque a posse do sucessor singular é pessoal, nascendo, portanto, desligada da posse do alienante. O ad-

quirente está autorizado a unir, se quiser, ou se lhe convier, sua posse à do seu antecessor. Em regra, o direito de somar posses visa a aquisição da propriedade pela usucapião.

UNIÃO ESTÁVEL. *Direito civil* e *direito constitucional.* União respeitável entre homem e mulher que revela intenção de vida em comum, tem aparência de casamento e é reconhecida pela Carta Magna como entidade familiar. É a convivência duradoura, pública e contínua, de um homem e uma mulher, estabelecida com objetivo de constituição de família desde que não haja impedimento matrimonial.

UNIÃO EUROPÉIA. *Direito internacional público.* Integração econômica que alberga, p. ex., França, Alemanha, Bélgica, Países Baixos, Itália, Luxemburgo, Reino Unido, Grécia, Irlanda, Dinamarca, Espanha, Portugal, Finlândia, Áustria e Suécia. Firmada por tratado para atingir a livre circulação de pessoas, de bens, de capitais e serviços. Para tanto seus países-membros renunciaram parte de sua soberania em favor da Comissão Européia, dotada de poderes para promulgar atos europeus equivalentes à legislação nacional.

UNIÃO FEDERAL. *Direito constitucional.* Agrupamento de Estados-Membros de uma Federação sob a direção do poder central.

UNIÃO HOMOSSEXUAL. *Direito civil.* Relação duradoura entre pessoas do mesmo sexo que, em caso de dissolução, gera divisão do patrimônio, por ser sociedade de fato, mediante aferição do *quantum* da contribuição de cada um dos sócios, procedendo-se a partilha, que dará a cada um o que lhe for devido, na proporção do esforço que fez (Mônica Cristina Moreira Pinto).

UNIÃO INCORPORADA. *Direito internacional público.* Fusão de dois ou mais Estados soberanos para formar um novo, que virtualmente conserve os elementos formadores (A. Machado Paupério).

UNIÃO LEGAL. *Direito civil.* Casamento.

UNIÃO LIVRE. *Direito civil.* **1.** Concubinato impuro. **2.** União estável. **3.** Estado de homem e mulher que vivem como se fossem casados, requerendo para tanto fidelidade, notoriedade e continuidade das relações, não sendo necessária a convivência sob o mesmo teto.

UNIÃO PANAMERICANA. *Direito internacional público.* Entidade que originou a atual OEA e designa a Secretaria-Geral dessa organização.

UNIÃO PESSOAL. *Direito internacional público.* União de Estados que se dá quando, por escolha, eleição ou sucessão, dois países ficam sob a autoridade do mesmo chefe de Estado, mantendo cada um sua individualidade na organização interna, apresentando-se, externamente, sob uma mesma unidade.

UNIÃO POSTAL UNIVERSAL. *Direito internacional público.* Organismo especial da ONU, oriundo da Convenção de Paris de 1878, que abrange quase todos os países e que regula a remessa de cartas e documentos de um Estado a outro (Othon Sidou).

UNIÃO REAL. *Direito internacional público.* União de Estados que advém de tratado, em que dois ou mais países resolvem ficar sob o comando de um só soberano.

UNIBÁSICO. O que tem apenas uma base.

ÚNICA. 1. Coisa que não tem outra idêntica a si mesma. **2.** Que não é similar. **3.** Sem igual. **4.** Desacompanhada.

ÚNICA INSTÂNCIA. *Direito processual.* Diz-se da causa que se resolve em um só grau de jurisdição.

UNICAMERAL. *Ciência política.* Sistema político representativo que só admite uma Câmara Legislativa.

UNICAMERALIDADE. *Ciência política.* Qualidade ou caráter do sistema político unicameral.

UNICAMERALISMO. *Ciência política.* Teoria que propugna um sistema político em que a representação popular está reunida numa só Câmara Legislativa.

UNICAMERALISTA. *Ciência política.* **1.** Partidário do unicameralismo. **2.** O que diz respeito ao unicameralismo.

ÚNICA VIA. *Direito civil.* Instrumento ou documento original, do qual não se retira cópia.

UNICEF. *Direito internacional público.* Sigla da *United Nations International Children's Emergency Fund.*

UNICIDADE. Característica ou estado do que é único.

UNICISMO. 1. *Filosofia geral.* Teoria que explica o universo por meio de um único tipo de realidade. **2.** *Medicina legal.* Doutrina ultrapassada, que entendia que havia um só vírus ou agente para a sífilis, o cancro duro e o cancro mole.

UNICISTA. 1. Aquele que é sequaz do unicismo. **2.** Referente a unicismo.

ÚNICO. 1. Exclusivo. **2.** O melhor; a que nada se compara. **3.** Que não tem igual, sendo um só em seu gênero ou espécie. **4.** Excêntrico. **5.** Excepcional. **6.** Sem precedente. **7.** Singular.

UNICO ACTU PERFICITUR. *Expressão latina.* O que se perfaz com um só ato.

UNICO MOMENTO CONSUMMANTUR. *Expressão latina.* Negócio cuja realização se dá num só momento.

UNICUIQUE SUUM. *Locução latina.* O seu a seu dono.

UNICULTOR. *Direito agrário.* Monocultor.

UNICULTURA. *Direito agrário.* Monocultura.

UNIDADE. 1. Nas *linguagens comum* e *jurídica*: a) qualidade do que é único; b) identidade; c) uniformidade; d) objeto tomado como um todo singular; e) união; harmonia; f) paradigma; modelo; g) singularidade; h) membro de um conjunto; i) grupo considerado em sua totalidade. **2.** *Decreto militar.* Corpo de tropa com incumbência e manobras próprias. **3.** *Direito marítimo.* Cada navio de uma esquadra ou tropa. **4.** *Filosofia geral.* Mônada (Leibniz).

UNIDADE ALFANDEGÁRIA. *Direito alfandegário.* **1.** Instituição de um só regime aduaneiro, baseado em normas uniformes para os casos da mesma espécie. **2.** Existência de alfândegas sujeitas ao mesmo poder e regulamento (De Plácido e Silva).

UNIDADE AMBIENTAL FEDERAL. *Direito ambiental.* Unidade ambiental federal é a área destinada pelo governo da União para a proteção do meio ambiente.

UNIDADE ARMAZENADORA. *Direito agrário.* Edificações, instalações e equipamentos organizados funcionalmente para a guarda e conservação dos produtos agropecuários.

UNIDADE DE AÇÃO. Desenvolvimento de uma ação única, a que outras se subordinam.

UNIDADE DE ABASTECIMENTO DE AERONAVES (UAA). *Direito aeronáutico.* Denominação dos equipamentos de abastecimento de aeronaves, como Centro Técnico Aeroespacial (CTA), servidor de hidrante, carreta de hidrante e gabinete.

UNIDADE DE ATENDIMENTO DE COOPERATIVA (UAC). É aquela que atende efetivamente aos associados de uma cooperativa desenvolvendo atividades específicas, tais como unidade de armazenagem, embalagem, frigorificação, crédito, infra-estrutura, bem como armazéns-gerais alfandegários.

UNIDADE DE CARGA. *Direito comercial.* Equipamento apropriado à unitização de mercadorias a serem transportadas, suscetível de manipulação completa durante o percurso e em todos os meios de transporte utilizados (Othon Sidou). Pode ser: a mala, o saco de couro, pano ou plástico, ou contêiner, o palete, a pré-linga-da ou qualquer outro recipiente utilizado no transporte de remessas expressas pelas empresas de transporte expresso internacional.

UNIDADE DE CONSERVAÇÃO. *Direito ambiental.* Espaço territorial e seus recursos ambientais, incluindo as águas jurisdicionais, com características naturais relevantes, legalmente instituído pelo Poder Público, com objetivo de conservação e limites definidos, sob regime especial de administração, ao qual se aplicam garantias adequadas de proteção.

UNIDADE DE COORDENAÇÃO DE VIGILÂNCIA SANITÁRIA EM HOSPITAL. *Biodireito.* Órgão com competência para: a) propor, organizar, orientar, coordenar e executar as atividades do programa de vigilância nos hospitais, a partir das diretrizes estabelecidas pelo Comitê de Organização da Vigilância Sanitária Hospitalar; b) propor e celebrar convênios e contratos com os hospitais-sentinelas para a transferência de recursos na implantação e manutenção do programa de vigilância sanitária nos hospitais; c) monitorar, supervisionar e fornecer suporte técnico aos profissionais dos hospitais-sentinelas, denominados gerentes de risco, nas atividades do programa de vigilância sanitária nos hospitais; d) avaliar, participar da formação e atualizar os gerentes de risco; e) consolidar e analisar as informações coletadas nos relatórios periódicos enviados pelos gerentes de risco e propor melhorias no programa de vigilância sanitária nos hospitais; f) promover a continuidade das ações na sua área de competência.

UNIDADE DE COORDENAÇÃO DO PROGRAMA NACIONAL DE APOIO À ADMINISTRAÇÃO FISCAL PARA OS ESTADOS BRASILEIROS (UCP). *Direito financeiro.* É a que executa suas atribuições sob a supervisão direta do secretário executivo do Ministério da Fazenda. A UCP funciona em Brasília, junto à Secretaria Executiva do Ministério da Fazenda, podendo manter representantes técnicos regionais para prestar apoio direto e imediato aos Estados executores de projetos financiados com recursos do PNAFE (Programa Nacional de Apoio à Administração Fiscal para os Estados Brasileiros). Os representantes técnicos nas regiões ficam localizados em Delegacias de Administração do Ministério da Fazenda e estão tecnicamente vinculados à UCP. A UCP, como responsável pela coordenação da execução do PNAFE e das ações relacionadas ao Programa junto ao BID (Banco Interamericano de Desenvolvimento), ao Agente Financeiro e aos Estados executores de projetos financiados, tem as seguintes atribuições específicas: a) apoiar os Estados na elaboração de seus projetos específicos; b) coordenar a formalização dos contratos entre os Estados e o Agente Financeiro; c) coordenar as providências voltadas para a solicitação, ao BID, de desembolsos à conta do empréstimo; d) coordenar as medidas necessárias à efetivação de desembolsos ao Agente Financeiro à conta do empréstimo; e) supervisionar a execução dos contratos firmados entre os Estados e o Agente Financeiro; f) fomentar e coordenar as propostas de integração dos projetos em nível estadual e nacional; g) fomentar o intercâmbio de informações entre os projetos de cada Estado, em nível nacional e internacional, através de seminários e cursos, a fim de alcançar economias de escala; h) coordenar com o BID os procedimentos de elaboração e execução dos projetos de cada Estado e apoiar a avaliação periódica, que o BID realiza, de acordo com o estabelecido no Regulamento Operativo do Programa.

UNIDADE DE COORDENAÇÃO DO PROJETO DE ASSISTÊNCIA TÉCNICA PARA A MODERNIZAÇÃO DA PREVIDÊNCIA SOCIAL. *Direito previdenciário.* Financiada com recursos do Banco Internacional de Reconstrução e Desenvolvimento e vinculada à Secretaria Executiva do Ministério da Previdência Social tem as atribuições de: a) elaborar a programação semestral para execução do projeto; b) executar a programação para implementação do projeto, consoante as normas e procedimentos estabelecidos entre o Ministério da Previdência Social e o Banco Internacional de Reconstrução e Desenvolvimento; c) representar, por meio de funcionários designados para tal fim, o Ministério da Previdência Social nos atos relacionados à execução do projeto; d) gerenciar a execução, acompanhamento e avaliação do projeto; e) gerir os recursos do projeto tendo em vista sua execução nos prazos e orçamentos aprovados; f) acompanhar a implantação do projeto e promover os devidos relatórios e registros contábeis, patrimoniais e financeiros; g) acompanhar e auxiliar nos trabalhos de auditoria e avaliação do projeto.

UNIDADE DE FARMACOVIGILÂNCIA. *Direito do consumidor.* É a que tem competência para: a) sediar e dar suporte administrativo ao Centro Nacional de Monitorização de Medicamentos; b) estabelecer parcerias com instituições que desenvolvam atividade de monitoramento de medicamentos; c) gerenciar o banco de dados nacional de monitorização de medicamentos; d) incentivar a notificação de reações adversas a medicamentos por profissionais de saúde; e) dar suporte às atividades que visam aumentar a segurança no uso de medicamentos em hospitais; f) dar suporte para a melhoria da estrutura física e funcional das farmácias hospitalares; g) estimular o uso racional de medicamentos junto à população; h) propor a exclusão do mercado dos medicamentos de valor terapêutico nulo e de valor inaceitável; i) participar da formação e atualização de recursos humanos em farmacovigilância; j) monitorar atividades internacionais de farmacovigilância e produzir alertas; k) manter e aprimorar o relacionamento com a indústria farmacêutica na área de farmacovigilância; l) executar a revisão do material de orientação a consumidores e profissionais de saúde constantes da bula.

UNIDADE DE GERENCIAMENTO DE PROJETO (UGP). *Direito previdenciário.* Unidade técnico-administrativa do projeto de assistência técnica para modernização da Previdência Social, com a responsabilidade de planejamento, coordenação, implementação e acompanhamento de suas atividades.

UNIDADE DE INVENÇÃO. *Direito de propriedade industrial.* Princípio pelo qual o pedido de privilégio é cabível para apenas uma invenção, mesmo que o processo para chegar àquela invenção específica constitua-se de invenções plúrimas (Geraldo Magela Alves).

UNIDADE DE JUSTIÇA. *Direito processual.* Qualidade da única organização judiciária de um país.

UNIDADE DE LUGAR. *Direito civil.* Numa representação, é o ato de fazer com que todo o enredo se passe num mesmo cenário.

UNIDADE DE MANEJO. *Direito ambiental.* Perímetro definido a partir de critérios técnicos, socioculturais, econômicos e ambientais, localizado em florestas públicas, objeto de um Plano de Manejo Florestal Sustentável (PMFS), podendo conter áreas degradadas para fins de recuperação por meio de plantios florestais.

UNIDADE DE OBJETO. *Direito autoral.* A que devem apresentar as várias partes de uma obra didática.

UNIDADE DE PRODUTOS CONTROLADOS. *Direito comercial* e *direito internacional privado.* É a que tem competência para: a) elaborar e manter atualizadas as listas das substâncias entorpecentes, psicotrópicas, precursoras e outras sujeitas a controle especial; b) elaborar estatísticas brasileiras e consolidar dados das substâncias entorpecentes, psicotrópicas e precursoras, em cumprimento aos Acordos Internacionais ratificados pelo Brasil em face da Organização das Nações Unidas (ONU), Organização dos Estados Americanos (OEA), MERCOSUL e outros organismos internacionais; c) estabelecer quantidades de entorpecentes, psicotrópicos e precursores necessários ao consumo no país e fixar cotas a serem concedidas às empresas legalmente habilitadas e autorizadas a funcionar no território nacional; d) autorizar a importação e a exportação das substâncias entorpecentes, psicotrópicas, precursoras e outras sujeitas a controle especial; e) promover anuência prévia nas importações e exportações das substâncias entorpecentes, psicotrópicas, precursoras e outras a controle especial, bem como os medicamentos que as contenham, pelo Sistema Integrado de Comércio Exterior (SISCOMEX); f) propor normas e medidas regulatórias no âmbito nacional, sobre controle e fiscalização das substâncias entorpecentes, psicotrópicas, precursoras e outras sujeitas a controle especial, bem como os medicamentos que a contenham; g) observar e fazer cumprir a legislação relativa ao controle sanitário dos estoques, produções, importações, exportações, consumos e perdas das substâncias entorpecentes, psicotrópicas, precursoras e outras a controle especial, bem como os medicamentos que as contenham; h) monitorar o mercado brasileiro de substâncias entorpecentes, psicotrópicas, precursoras e outras a controle especial, bem como os medicamentos que as contenham.

UNIDADE DE RESPOSTA AUDÍVEL (URA). *Direito das comunicações.* Dispositivo eletrônico que, integrado entre a base de dados da concessionária e a operadora de serviço telefônico, pode interagir automaticamente com o solicitante, recebendo ou enviando informações, configurando o que se chama de auto-atendimento.

UNIDADE DE TECNOVIGILÂNCIA. É a que tem competência para: a) monitorar, agregar e analisar as notificações de queixas técnicas e ocorrência de eventos adversos com suspeita de envolvimento de equipamentos, produtos de diagnósticos de uso *in vitro* e materiais de uso em saúde em estabelecimentos sujeitos à vigilância sanitária; b) fomentar estudos epidemiológicos que envolvam equipamentos, produtos de diagnósticos de uso *in vitro* e materiais de uso em saúde; c) identificar e acompanhar a presença no mercado de equipamentos, produtos de diagnósticos de uso *in vitro* e materiais de uso em saúde tecnologicamente obsoletos que comprometam a segurança e a eficácia; d) municiar de informações, em tecnovigilância, o processo de registro de equipamentos, produtos de diagnósticos de uso *in vitro* e materiais de uso em saúde em aspectos de segurança e eficácia; e) dar suporte e manter a qualidade do sistema de informações da Gerência-Geral de Tecnologia de Produtos para a Saúde; f) dar suporte, organizar e capacitar as ações de tecnovigilância em estabelecimentos sujeitos à vigilância sanitária; g) participar da formação e atualização de recursos humanos em tecnovigilância; h) relacionar-se com os organismos internacionais no que tange a vigilância sanitária pós-comercialização de equipamentos, produtos de diagnósticos de uso *in vitro* e materiais de uso em saúde; i) monitorar atividades internacionais de tecnovigilância; j) relacionar-se com rede de laboratórios para fins de tecnovigilância; k) organizar e capacitar ações de tecnovigilância no mercado nacional de equipamentos, produtos de diagnósticos de uso *in vitro* e materiais de uso em saúde; l) avaliar a segurança de equipamentos, produtos de diagnósticos de uso *in vitro* e materiais de uso em saúde de forma proativa; m) monitorar a propaganda e o comércio de equipamentos, produtos de diagnósticos de uso *in vitro* e materiais de uso em saúde em desacordo com a legislação sanitária vigente.

UNIDADE DE TRANSPORTE. *Direito ambiental.* Conjunto de meios de transporte, sob chefia única, quando utilizado em proveito de projeto, atividade ou instalação nuclear.

UNIDADE DE TRATAMENTO DE DEJETOS E ÁGUAS RESIDUÁRIAS. *Direito ambiental.* É a instalação destinada a receber e tratar os dejetos e águas residuárias oriundas de aeronaves e/ou do terminal de passageiros.

UNIDADE DO ORÇAMENTO. *Direito financeiro.* Existência de um único orçamento, inscrevendo a receita e a despesa públicas.

UNIDADE DO PROCESSO. *Direito processual.* Unidade de normas e princípios processuais, válida para reger as ações movidas em todo o território nacional.

UNIDADE EXECUTANTE. A unidade postal autorizada a receber remessas destinadas ao exterior ou a entregar remessas aos destinatários.

UNIDADE GEOAMBIENTAL. *Direito ambiental.* Porção de território com elevado grau de similaridade entre as características físicas e bióticas, podendo abranger diversos tipos de ecossistemas com interações funcionais e forte interdependência.

UNIDADE HABITACIONAL NOVA. *Direito urbanístico.* Imóvel que, à data de entrega da documentação necessária à obtenção do financiamento, encontra-se numa das seguintes situações: a) conte com até seis meses da expedição do "habite-se"; b) conte com mais de seis e até doze meses da expedição do "habite-se" e ainda não tenha sido ocupado.

UNIDADE HABITACIONAL USADA. *Direito urbanístico.* Imóvel com "habite-se" já expedido, mas não nas condições da unidade habitacional nova.

UNIDADE HEMOTERÁPICA. *Vide* SERVIÇO DE MEDICINA TRANSFUSIONAL.

UNIDADE HOSPITALAR (UH). *Direito do consumidor.* Estabelecimento de saúde destinado a prestar assistência à população na promoção da saúde e na recuperação e reabilitação de doentes.

UNIDADE MONETÁRIA. *Economia política.* **1.** A moeda básica do sistema monetário nacional. **2.** Moeda padrão de valor inteiro. **3.** É a que se refere ao valor nominal ou legal da moeda colocada em circulação, outorgado pelo Estado no ato de sua emissão ou cunhagem.

UNIDADE MÓRBIDA. *Medicina legal.* Conjunto de sintomas que denunciam casos que pertencem ao mesmo grupo de moléstia.

UNIDADE MÓVEL DE FUMIGAÇÃO. Automóvel utilitário tipo *pick up* dotado, no mínimo, de: a) suporte metálico para cilindro provido de cintas de fixação; b) suporte para o volatilizador e dosador; c) gerador de energia capaz de sustentar os equipamentos instalados (mínimo de 5 KVA); d) dosador; e) volatilizador; f) cilindro de brometo de metila; g) sonda; h) escada; i) materiais de vedação; j) EPI e EPC; k) mangueira de aplicação.

UNIDADE NACIONAL. *Direito constitucional.* **1.** Integridade nacional, ou seja, união de Estados-Membros de uma Federação. **2.** Integridade político-territorial decorrente da união dos Estados numa Federação.

UNIDADE OPERACIONAL. *Direito ambiental.* Unidade cuja atividade se relaciona com a produção, utilização, processamento, reprocessamento, manuseio, transporte ou estocagem de materiais de interesse para o PNB (Programa Nuclear Brasileiro).

UNIDADE PADRÃO. Unidade de pesos e medidas usada como ponto de referência para as demais.

UNIDADE PROCESSUAL PENAL. *Direito processual penal.* Reunião de dois ou mais processos em virtude de conexão (Othon Sidou).

UNIDADE PRODUTIVA. *Direito agrário.* Objeto do contrato de arrendamento rural e um ponto de referência relativo à renda do trabalho na agricultura. Trata-se do módulo rural ou do índice GUT para avaliar o grau de produtividade da terra (Fábio Maria De Mattia).

UNIDADES ADMINISTRATIVAS REGIONAIS. *Direito administrativo* e *direito marítimo.* Têm por finalidade a fiscalização da prestação de serviços de transporte aquaviário, de apoio marítimo e de apoio portuário e da exploração da infra-estrutura aquaviária e portuária. São as seguintes as Unidades Administrativas Regionais da ANTAQ, com as suas respectivas áreas de jurisdição: a) Unidade Administrativa Regional de Manaus-AM, que abrange as Hidrovias da Amazônia Ocidental, Portos de Manaus, Itacoatiara, Tabatinga, Coari e Parintins e Terminais de Uso Privativo na Amazônia Ocidental; b) Unidade Administrativa Regional de Belém-PA, que abrange as Hidrovias da Amazônia Oriental, inclusive Araguaia/Tocantins, Portos de Belém, Vila do Conde, Santana, Santarém, Óbidos, Itaituba, Altamira, São Francisco e Terminais de Uso Privativo na Amazônia Oriental; c) Unidade Administrativa Regional de São Paulo-SP, que abrange as Hidrovias Tietê-Paraná, Portos de Santos, São Sebastião e Terminais de Uso Privativo na Hidrovia e no Estado de São Paulo; d) Unidade Administrativa Regional do Rio de Janeiro-RJ, que abrange os Portos do Rio de Janeiro, Itaguaí, Niterói, Angra dos Reis, Forno, Vitória e Terminais de Uso Privativo nos Estados do Rio de Janeiro e Espírito Santo; e) Unidade Administrativa Regional de Florianópolis-SC, que abrange os Portos de São Francisco do Sul, Itajaí, Imbituba, Laguna e Terminais de Uso Privativo no Estado de Santa Catarina; f) Unidade Administrativa Regional de Recife-PE, que abrange os Portos do Recife, Suape, Maceió, Cabedelo, Natal, Areia Branca e Terminais de Uso Privativo nos Estados de Alagoas; Pernambuco, Paraíba e Rio Grande do Norte; g) Unidade Administrativa Regional de Porto Velho-RO, que abrange a Hidrovia do Rio Madeira, Porto de Porto Velho e Terminais de Uso Privativo na Hidrovia.

UNIDADES DE CONSERVAÇÃO DE USO SUSTENTÁVEL. *Direito ambiental.* São as áreas de proteção ambiental, as áreas de relevante interesse ecológico, as florestas nacionais, as reservas extrativistas, as reservas de fauna, as reservas de desenvolvimento sustentável e as reservas particulares do patrimônio natural.

UNIDADES DE CONTAS. *Direito internacional privado* e *direito internacional público.* Modo ou forma de aplicação de cláusulas do tipo de câmbio. A cláusula de valor monetário em forma de unidades de contas compõe-se de importes fixos de diferente magnitude, denominados em várias unidades monetárias das respectivas moedas nacionais. Trata-se de um "cofre" de moedas ponderadas conforme seu significado econômico e monetário-político, determinando-se o valor global das cláusulas de valor monetário pela soma composta pelas partes das diversas moedas nacionais (Waldemar Hummer).

UNIDADE DE INFORMAÇÃO. Área de abrangência do fornecimento de água pelo sistema de abastecimento.

UNIDADES DE TERAPIA INTENSIVA DE ADULTOS. *Medicina legal* e *biodireito.* É um serviço de internação para pacientes críticos que requerem atenção médica e de enfermagem permanente, com dotação própria de pessoal técnico e profissional especializado, com equipamentos específicos próprios e outras tecnologias destinadas ao diagnóstico e ao tratamento. São considerados pacientes críticos aqueles com desequilíbrio de um ou mais dos principais sistemas fisiológicos, com perda de sua auto-regulação mais potencialmente reversíveis. Não serão considerados unidades de tratamento intensivo os serviços separados de unidades hospitalares.

UNIDADE SIMPLIFICADA DE LOTERIAS (USL). É o estabelecimento que, em cada Município, comercializa todas as loterias federais, os produtos assemelhados autorizados e atua, mediante autorização do Banco Central, na prestação de todos os serviços delegados pela Caixa Econômica Federal, desde que haja processo licitatório.

UNIDADES LEGAIS DE MEDIDA. São: a) as de comprimento, área, volume, massa, tempo, temperatura etc., prescritas pela legislação metrológica; b) o metro, o metro quadrado, o metro cúbico, o litro, o quilograma, o centígrado etc.; c) as mecânicas, como as de força, pressão, trabalho e energia.

UNIDADES NÃO-HOSPITALARES DE ATENDIMENTO ÀS URGÊNCIAS E EMERGÊNCIAS. Devem funcionar nas vinte e quatro horas do dia e estar habilitadas a prestar assistência correspondente ao primeiro nível de assistência da média complexidade (M1). Pelas suas características e importância assistencial, os gestores devem desenvolver esforços no sentido de que cada Município, sede de módulo assistencial, disponha de, pelo menos, uma dessas Unidades, garantindo, assim, assistência às urgências com observação até vinte e quatro horas para sua própria população ou para um agrupamento de Municípios para os quais seja referência. Essas Unidades, integrantes do Sistema Estadual de Urgências e Emergências e de sua respectiva rede assistencial, devem estar aptas a prestar atendimento resolutivo aos pacientes acometidos por quadros agudos ou crônicos agudizados. São estruturas de complexidade intermediária entre as unidades básicas de saúde e unidades de saúde da família e as Unidades Hospitalares de Atendimento às Urgências e Emergências, com importante potencial de complacência da enorme demanda que hoje se dirige aos pronto-socorros, além do papel ordenador dos fluxos da urgência. Assim, têm como principais missões: a) atender aos usuários do SUS portadores de quadro clínico agudo de qualquer natureza, dentro dos limites estruturais da unidade e, em especial, os casos de baixa complexidade, à noite e nos finais de semana, quando a rede básica e o Programa de Saúde da Família não estão ativos; b) descentralizar o atendimento de pacientes com quadros agudos de média complexidade; c) dar retaguarda às unidades básicas de saúde e de saúde da família; d) diminuir a sobrecarga dos hospitais de maior complexidade que hoje atendem esta demanda; e) ser entreposto de estabilização do paciente crítico para o serviço de atendimento pré-hospitalar móvel; f) desenvolver ações de saúde através do trabalho de equipe interdisciplinar, sempre que necessário, com o objetivo de acolher, intervir em sua condição clínica e referenciar para a rede básica de saúde, para a rede especializada ou para internação hospitalar, proporcionando uma continuidade do tratamento com impacto positivo no quadro de saúde individual e coletivo da população usuária (beneficiando os pacientes agudos e não-agudos e favorecendo, pela continuidade do acompanhamento, principalmente os pacientes com quadros crônico-degenerativos, com a prevenção de suas agudizações freqüentes); g) articular-se com unidades hospitalares, unidades de apoio diagnóstico e terapêutico, e com outras instituições e serviços de saúde do sistema loco-regional, construindo fluxos coerentes e efetivos de referência e contra-referência; h) ser observatório do sistema e da saúde da população, subsidiando a elaboração de estudos epidemiológicos e a construção de indicadores de saúde e de serviço que contribuam para a avaliação e planejamento da atenção integral às urgências, bem como de todo o sistema de saúde.

UNIDADE TÁTICA. *Direito militar.* Corpo de tropas que tem a incumbência de efetuar especiais manobras estratégicas.

UNIDADE UNIFICADA DE ADMINISTRAÇÃO DE PROJETOS (UAP/ABC). *Direito administrativo.* Unidade gerencial da ABC/MRE, por meio da qual será implementada a gestão administrativa, orçamentária, financeira, contábil e patrimonial dos projetos sob a modalidade de execução nacional, financiados por organismos internacionais, com vistas a assegurar visibilidade ainda maior dos atos administrativos aos órgãos executores de projetos e aos de controle interno e externo.

UNIDIRECIONAL. O que se desenvolve numa só direção.

UNIDO. 1. Ligado. **2.** Coeso. **3.** Muito próximo.

UNIDROIT. *Direito internacional público.* Sigla de *Institut International pour l'Unification du Droit Privé* (Instituto Internacional para a Unificação do Direito Privado), que tem por fim efetuar e analisar modelos de contratos mercantis.

UNIENTE. Que liga ou une.

UNIFICAÇÃO. 1. Nas *linguagens comum* e *jurídica* em geral, ato ou efeito de unificar. **2.** *Direito comercial.* Manipulação da carga em que se acondiciona a mercadoria em pequenos ou médios recipientes para que se possa aproveitar racionalmente o espaço vertical, que será mal utilizado se as unidades tiverem dimensões variadas.

UNIFICAÇÃO DE PENAS. *Direito penal.* Ato pelo qual o magistrado aplica a pena de um só dos crimes, se idênticas, ou a mais grave, se diversas, aumentada, em qualquer caso, de um sexto a dois terços, se houver a prática de mais de um delito da mesma espécie pelo agente, que, ante as circunstâncias de tempo e lugar, deve ser considerado como continuação do primeiro.

UNIFICAÇÃO DE RECURSOS. *Direito processual.* Adoção de um recurso para os casos processuais nos quais é admissível reapreciar decisão judicial.

UNIFICAÇÃO DO DIREITO. *Teoria geral do direito.* Codificação.

UNIFICAÇÃO DO DIREITO EXTRADICIONAL. *Direito internacional público.* Uniformização de normas que disciplinam a extradição, por meio de tratados-tipos.

UNIFICAÇÃO DO DIREITO PRIVADO. *Teoria geral do direito.* Elaboração de modelos normativos que sejam aplicáveis tanto ao direito civil como ao direito comercial, agrupando-os num só diploma legal.

UNIFICAÇÃO DO SUJEITO DE DIREITO. *Direito constitucional.* Expressão do princípio da isonomia, segundo o qual não se pode diferenciar o sujeito de direito em relação a sexo, religião, raça etc.

UNIFICAÇÃO EUROPÉIA. *Ciência política* e *direito internacional público.* Processo de formação da unidade pluralista das nações européias. União dos Estados da Europa Ocidental, no segundo pós-guerra, com o objetivo político-externo, caracterizando-se pela prevalência da necessidade de colaboração militar, política e econômica entre os governos, em relação às divisões nacionais. Com isso a Comunidade Européia tornou-se uma potência econômica, colocando em discussão a hegemonia dos Estados Unidos sobre o mundo ocidental e a ordem internacional (Lucio Levi).

UNIFICADOR. 1. Que reúne. 2. O que unifica.

UNIFICAR. 1. Dar unidade. 2. Tornar uno. 3. Reduzir vários objetos num só. 4. Reunir. 5. Dar forma única.

UNIFORMADOR. 1. Aquele que torna algo uniforme. 2. Uniformizador.

UNIFORM COMMERCIAL CODE. *Direito comparado.* 1. Código Comercial Uniforme dos Estados Unidos. 2. Código comercial adotado por todos os Estados dos EUA, com exceção da Louisiana.

UNIFORM DISPUTE RESOLUTION POLICY (UDRP). *Direito virtual.* Instituída pela *Internet Corporation for Assigned Names and Numbers* (ICANN) para solução de conflitos entre nomes de domínio e marcas por meio de procedimento arbitral internacional (Froomkim; Marcos Rolim Fernandes Fontes; Geist; Mueller). Tem sido eficiente para redução dos casos de pirataria virtual (seqüestro de nomes de domínios alheios, mediante registro de marcas de terceiro para revenda), possibilitando que os prejudicados recuperem seus nomes de domínio abusivamente registrados por terceiros.

UNIFORME. 1. Vestuário idêntico a todos que pertencem a uma entidade; farda. 2. Análogo; muito semelhante. 3. Regular. 4. Que tem a mesma forma.

UNIFORMIDADE. 1. Qualidade do que é uniforme. 2. Regularidade. 3. Conformidade.

UNIFORMIDADE GEOGRÁFICA. *Direito tributário* e *direito constitucional.* Princípio constitucional pelo qual os tributos federais são uniformes em todo o território nacional, admitindo excepcionalmente a concessão de incentivos fiscais para a promoção do equilíbrio socioeconômico das várias regiões do País, buscando a eqüidade que a Federação reclama (Eduardo M. Ferreira Jardim).

UNIFORMISMO. Estado do que é uniforme.

UNIFORMISTA. Defensor ou adepto do uniformismo.

UNIFORMIZAÇÃO. Ato ou efeito de uniformizar.

UNIFORMIZAÇÃO DE JURISPRUDÊNCIA. *Teoria geral do direito.* Ato pelo qual o tribunal transforma em súmula a interpretação fundamentada de seus pares, contida em decisões judiciais que versam sobre determinada questão controvertida. Esse fenômeno da uniformização das decisões judiciais, por força da norma processual e das súmulas dos tribunais superiores, faz com que a jurisprudência seja uma fonte jurídica valiosa, inclusive no preenchimento das lacunas. A atividade jurisprudencial é uma fonte do direito consuetudinário, pois a uniformização dá azo à positivação do costume judiciário.

UNIFORMIZADO. 1. Tornado uniforme. 2. Aquele que veste uniforme.

UNIFORMIZADOR. Que uniformiza.

UNIFORMIZAR. 1. Tornar uniforme. **2.** Padronizar. **3.** Estabelecer uso de uniforme. **4.** Vestir uniforme.

UNIFORM RESOURCE LOCATOR. Localizador Uniforme de Recursos, que permite localizá-los (arquivo, disco etc.) na Internet.

UNIGAMIA. *Direito civil.* Monogamia; casamento de um só homem com uma única mulher.

UNIGÂMICO. *Direito civil.* Monogâmico.

UNÍGAMO. *Direito civil.* Aquele que convola núpcias com uma só mulher; monógamo.

UNIGÊNITO. *Direito civil.* Filho único; aquele que não tem irmãos nem irmãs.

UNIGRÁVIDA. *Medicina legal.* **1.** Gestante pela primeira vez. **2.** A que engravidou só uma vez.

UNILATERAL. 1. *Medicina legal.* Que afeta um só lado. **2.** *Direito civil.* a) Contrato que impõe obrigações ou deveres a apenas uma das partes contratantes, de tal sorte que os efeitos são ativos de um lado e passivos do outro. Por exemplo, doação pura e simples; b) irmão apenas por parte de um dos genitores. **3.** *Direito processual.* O que não é imparcial. **4.** Nas *linguagens comum* e *jurídica* em geral: a) que tem um só lado; b) consideração que, por fazer referência a apenas um dos aspectos de uma determinada questão, traz uma conclusão parcial; c) o que está situado de um só lado.

UNILATERALIDADE. Estado ou condição do que é unilateral.

UNILÍNGÜE. 1. Que fala uma só língua. **2.** Escrito em uma língua.

UNIMETALISMO. *Economia política.* Monometalismo; sistema monetário que usa o ouro ou a prata para lastro ou como aferidor na cunhagem de moeda de curso legal.

UNIMETALISTA. 1. O que diz respeito ao unimetalismo. **2.** Aquele que adota o unimetalismo.

UNINOMINAL. 1. Nas *linguagens comum* e *jurídica* em geral: a) que tem apenas um nome; b) que se refere a um único nome. **2.** *Direito eleitoral.* Votação em que só se pode indicar um nome.

UNION CONTRACT. *Locução inglesa.* Contrato coletivo de trabalho.

UNIONISMO. Sistema que propugna a união de pessoas, Estados, forças etc.

UNIONISTA. 1. Adepto do unionismo. **2.** Membro de uma confederação. **3.** Relativo a unionismo.

UNIPESSOAL. Referente a uma única pessoa.

UNIPOLAR. O que diz respeito a um só pólo.

UNIPOLARIDADE. Qualidade de unipolar.

UNIPROPRIEDADE. *Direito civil.* Propriedade da coisa pertencente a uma só pessoa.

UNIR. 1. Ligar. **2.** Unificar. **3.** Anexar. **4.** Conciliar. **5.** Associar. **6.** Casar. **7.** Fazer aderir. **8.** Estabelecer comunicação.

UNIRREME. *Direito marítimo.* Embarcação que tem um só remo ou uma fileira de remos.

UNISSERIADO. 1. Ordenado em fila única. **2.** Composto de uma só série.

UNISSEXUALIDADE. *Medicina legal.* Homossexualidade.

UNISSONÂNCIA. 1. Unanimidade. **2.** Harmonia.

UNÍSSONO. 1. Unânime. **2.** Que se harmoniza com outro. **3.** Concorde.

UNITÁRIO. 1. Nas *linguagens comum* e *jurídica* em geral: a) que é um só; b) que se refere a unidade; c) o que é unido. **2.** *Ciência política.* Partidário do unitarismo. **3.** *Direito constitucional* e *teoria geral do Estado.* a) Estado que tem governo centralizado; b) governo único.

UNITARISMO. 1. *Filosofia geral.* Monismo filosófico. **2.** *Ciência política.* a) Sistema político em que o Estado centraliza todo o poder, tendo jurisdição em suas unidades não autônomas; b) sistema de organização política que propugna um único governo para várias nações. **3.** *Direito canônico.* Doutrina negadora do dogma da Santíssima Trindade.

UNITARISTA. Sequaz do unitarismo.

UNITED KINGDOM. *Locução inglesa.* Reino Unido.

UNITED NATIONS RELIEF REHABILITATION ADMINISTRATION (UNRRA). *História do direito.* Administração das Nações Unidas para socorro e reabilitação, organismo econômico internacional que, na Segunda Guerra Mundial, em 1943, foi fundado pelos quarenta e quatro países aliados, com o escopo de solucionar problemas de fome, doenças e desocupação de trabalhadores que foram retirados de sua pátria pelas tropas inimigas. Contribuiu para ajudar os países ocupados até 1949, quando se dissolveu.

UNITIVO. Que tem a função de unir.

UNITIZAÇÃO. *Direito comercial.* Acondicionamento de volumes de menor dimensão numa só unidade de carga, para facilitar seu transporte (Othon Sidou).

UNIT OWNERSHIP. *Locução inglesa.* Condomínio.

UNIUS DICTUR, DICTUS NULLIUS. *Aforismo jurídico.* Dito de um, dito de nenhum.

UNIUS MODI. *Locução latina.* Uniformidade no modo de pensar ou de agir.

UNÍVEL. Que pode ser unido.

UNIVERSAIS. *Filosofia geral.* **1.** São o gênero, a espécie, a diferença, o próprio e o acidente (Porfírio). **2.** Entidades abstratas; idéias. **3.** Noções genéricas (Ferrater Mora). **4.** Resultado de abstrações totais.

UNIVERSAL. 1. *Filosofia geral.* a) Que se estende a tudo o que existe no universo; b) o que abrange o conjunto de idéias consideradas; c) idéia geral de uma espécie de seres, abstraída da existência individual; validade do juízo para todos os seres. **2.** *Lógica jurídica.* a) Proposição que enuncia uma relação verdadeira de cada um dos indivíduos que compõem a extensão do sujeito (Port-Royal); b) o que tem universalidade lógica por não ser especial (Brochard); c) o que é expresso por um termo geral, podendo ser predicado de vários sujeitos (Aristóteles). **3.** *Psicologia forense.* O que é comum a todos os homens. **4.** *Direito civil.* a) Coisa constituída por várias outras singulares, consideradas em conjunto, formando um todo único, que passa a ter individualidade própria, distinta da dos seus objetos componentes, que conservam sua autonomia funcional; b) herdeiro que recebe a totalidade da herança ou parte ideal dela, sem que haja qualquer discriminação de bens. É herdeiro universal o que é chamado a suceder no todo ou numa quota-parte do patrimônio do *auctor successionis,* sub-rogando-se, abstratamente, na posição do falecido, como titular da totalidade ou de parte ideal daquele patrimônio, no que concerne ao ativo, e assumindo a responsabilidade relativamente ao passivo; c) sucessão em que há transferência da totalidade ou de parte indeterminada da herança, tanto no seu ativo como no passivo, para o herdeiro do *de cujus*; d) sociedade simples que abrange todos os bens presentes, ou todos os futuros, quer uns e outros na sua totalidade, quer somente os seus frutos e rendimentos. **5.** Nas *linguagens comum* e *jurídica* em geral: a) total; b) comum a todos; c) que é geral, por abranger todas as coisas; d) o que tem caráter de generalidade absoluta; e) o que é comum.

UNIVERSAL CONCRETO. 1. *Lógica jurídica.* a) Unidade de elementos lógicos anteriores de que o conceito é a síntese (Hegel); b) conceito verdadeiro (Croce). **2.** *Filosofia geral.* a) Unidade totalitária (Lalande); b) ser que apresenta o tipo ou o ideal que outros visam atingir (Boodin).

UNIVERSALIDADE. 1. *Direito civil.* a) Pluralidade de coisas que conservam sua autonomia funcional, mas não são unificadas em vista de uma particular valoração feita pelo sujeito ou reconhecida pelo direito (Sylvio Marcondes); b) patrimônio; c) massa de bens e direitos; d) associação e sociedade. **2.** *Lógica jurídica.* Caráter da proposição de sentido geral que se contrapõe à particularidade. **3.** Nas *linguagens comum* e *jurídica* em geral: a) totalidade; b) qualidade do que é universal; c) generalidade; d) reunião de várias coisas; e) característica do que é universal.

UNIVERSALIDADE DA JURISDIÇÃO. *Direito constitucional* e *direito processual.* Princípio pelo qual a lei não exclui da apreciação do Poder Judiciário lesão ou ameaça a direito.

UNIVERSALIDADE DE BENS. 1. *Direito administrativo.* Fundação pública que surge quando a lei individualiza um patrimônio a partir de bens pertencentes à pessoa jurídica de direito público, afetando-o à realização de um fim administrativo e dotando-o de organização adequada. **2.** *Direito civil.* Fundação particular, personalizada pela ordem jurídica, em consideração a um fim estipulado pelo fundador, sendo este objetivo imutável e seus órgãos servientes, pois todas as resoluções estão delimitadas pelo instituidor.

UNIVERSALIDADE DE COISAS. *Direito civil.* É a que abrange tanto a universalidade de fato como a de direito, conforme decorra da vontade ou da lei.

UNIVERSALIDADE DE DIREITO. *Direito civil.* É a constituída por bens singulares, corpóreos ou incorpóreos e heterogêneos, a que a norma jurídica, com o intuito de produzir certos efeitos, dá unidade, como, por exemplo, o patrimônio, a massa falida, a herança e o fundo de negócio.

UNIVERSALIDADE DE FATO. *Direito civil.* Conjunto de bens singulares, corpóreos e homogêneos, ligados entre si pela vontade humana para a consecução de um fim. Por exemplo, uma biblioteca, um rebanho e uma galeria de quadros. É denominada também universalidade do homem.

UNIVERSALIDADE DE PESSOAS. *Direito civil.* Conjunto de pessoas que apenas coletivamente gozam de certos direitos e os exercem por meio de uma vontade única, por exemplo, as associações e as sociedades simples ou empresárias (Clóvis Beviláqua).

UNIVERSALIDADE DO HOMEM. *Vide* UNIVERSALIDADE DE FATO.

UNIVERSALIDADE DO ORÇAMENTO. *Direito financeiro.* Complexo das atividades estatais na seara financeira, exercidas num mesmo período administrativo, alusivas à totalidade das despesas e das receitas.

UNIVERSALIDADE PÚBLICA. *Direito administrativo.* Complexo de bens que pertencem a uma determinada pessoa jurídica de direito público e estão afetos a uma destinação unitária ou a um mesmo fim de utilidade pública (Marcello Caetano e Marienhoff). Por exemplo, obras literárias de uma biblioteca pública.

UNIVERSALISMO. **1.** *Filosofia geral.* a) Teoria que aceita o consenso universal como critério da verdade; b) doutrina segundo a qual todos os homens destinam-se à salvação (Victor Hugo); c) tendência voltada à universalização de uma idéia; d) concepção do homem social ou do indivíduo agregado a um grupo (Max Scheler, Ribot, Tönnies e Vierkandt); e) consideração da realidade como um todo único. **2.** Na *linguagem jurídica* em geral: a) universalidade; b) cosmopolitismo.

UNIVERSALISMO SOCIOLÓGICO. *Sociologia geral.* **1.** Corrente proposta por Othmar Spann que vislumbra três estruturas no Estado: a dos operários, a dos artesãos intelectuais e a dos espíritos criadores. **2.** Subordinação do indivíduo às categorias sociais, como Estado, povo, nação e humanidade (Sílvio de Macedo).

UNIVERSALISTA. **1.** *Filosofia geral.* a) Relativo a universalismo; b) prosélito do universalismo; c) característica da teoria que se volta a todos os homens (Lalande). **2.** Na *linguagem jurídica* em geral, cosmopolita.

UNIVERSALITAE PUBLICAE. *Locução latina.* Universalidade pública.

UNIVERSALIZAÇÃO. **1.** Ato ou efeito de universalizar. **2.** Passagem do particular ao universal (Lalande e Lévy-Bruhl).

UNIVERSALIZAÇÃO DO DIREITO. *Sociologia do direito.* Aculturação jurídica, ou seja, tendência que se volta à intercomunicação dos povos, baseada

no fato de que os homens, sem embargo das diferenças culturais, raciocinam de modo similar (Othon Sidou).

UNIVERSALIZAÇÃO DO SERVIÇO PÚBLICO DE ENERGIA ELÉTRICA. *Direito administrativo* e *direito do consumidor.* Busca do fornecimento generalizado de energia elétrica, alcançando, progressivamente, o atendimento de consumidores impossibilitados de ser atendidos em face da distância em que se encontram das redes existentes ou da dificuldade em arcar com tarifas normais de fornecimento.

UNIVERSALIZAR. **1.** Tornar universal. **2.** Generalizar. **3.** Ser aceito por todos. **4.** Difundir.

UNIVERSIDADE. **1.** *Direito civil.* Universalidade de coisas de fato ou de direito. **2.** *Direito educacional*: a) instituição voltada ao ensino superior; b) conjunto de faculdades; c) corpo docente e discente de escola superior; d) conjunto de prédios onde funcionam as faculdades.

UNIVERSIDADE CATÓLICA. *Direito canônico.* É a fundada e dirigida pela Igreja, para contribuir para uma cultura mais profunda entre os homens e para uma promoção mais completa da pessoa humana e para cumprir o múnus que tem a Igreja de ensinar. Nenhuma universidade pode usar o nome de Universidade Católica a não ser com o consenso da competente autoridade eclesiástica.

UNIVERSI OMNES. *Locução latina.* Todos em geral.

UNIVERSITÁRIO. *Direito educacional.* **1.** Relativo a universidade. **2.** Membro do corpo discente ou docente da universidade.

UNIVERSITAS. *Termo latino.* Conjunto de pessoas ou bens dotado de personalidade jurídica.

UNIVERSITAS BONORUM. *Direito civil.* Patrimônio personalizado destinado a um fim que lhe dá unidade, por exemplo, a fundação. É uma universalidade de bens.

UNIVERSITAS FACTI. *Vide* UNIVERSALIDADE DE FATO.

UNIVERSITAS HOMINI. *Vide* UNIVERSALIDADE DE FATO.

UNIVERSITAS JURIS. *Vide* UNIVERSALIDADE DE DIREITO.

UNIVERSITAS PERSONARUM. *Vide* UNIVERSALIDADE DE PESSOAS.

UNIVERSITAS RERUM. **1.** *Direito civil.* Universalidade de coisas. **2.** *Direito administrativo.* Complexo de coisas móveis, ligadas entre si por um fim comum, ordenadas e classificadas em relação a esse objetivo (Zanobini).

UNIVERSITATES PERSONARUM. *Vide* UNIVERSALIDADE DE PESSOAS.

UNIVERSITATES RERUM. *Vide* UNIVERSALIDADE DE COISAS.

UNIVERSO. 1. *Filosofia geral.* a) Tudo o que existe no espaço e no tempo (Pascal e Leibniz); b) humanidade; c) mundo visível (Pascal); d) absoluto (Augusto Comte). **2.** Nas *linguagens comum* e *jurídica:* a) geral; b) todo composto de partes dispostas harmonicamente; c) conjunto de planetas, astros e satélites do espaço; cosmos.

UNIVERSO DO DISCURSO. *Lógica jurídica.* a) Conjunto de todos os pressupostos implicados por um juízo (Lalande); b) conjunto de idéias ou dos elementos lógicos considerados num juízo ou num raciocínio (Demorgan).

UNIVERSO MAL CONCEBIDO. *Lógica jurídica.* a) Sofisma ou questão mal colocada. Entre as suas formas correntes, encontra-se o erro, que consiste em raciocinar sobre um todo olvidando de uma de suas partes, ou sobre uma parte sem considerar sua dependência em relação ao todo a que pertence (Lalande); b) raciocínio que só é válido se as coisas de que se fala tiverem certas características ou determinadas relações, que, na verdade, inexistem (Aikins).

UNIVITELINO. *Direito civil* e *medicina legal.* Cada um dos gêmeos que advêm do mesmo ovo.

UNÍVOCA. 1. *Lógica jurídica.* Correspondência ou relação em que cada antecedente determina um conseqüente. Assim, se cada conseqüente tiver um só antecedente, a correspondência será unívoca. **2.** *Teoria geral do direito.* Palavra que apresenta apenas um sentido.

UNIVOCADO. *Teoria geral do direito.* É o que tem o mesmo sentido.

UNIVOCAR. *Teoria geral do direito.* **1.** Ter o mesmo sentido. **2.** Empregar univocidade.

UNIVOCIDADE. *Teoria geral do direito.* Qualidade do que é unívoco.

UNÍVOCO. *Teoria geral do direito.* **1.** Termo que tem o mesmo significado se aplicado em realidades distintas. **2.** O que apenas admite uma interpretação. **3.** O que é da mesma natureza.

UNIX. *Direito virtual.* Sistema operacional multivalente que permite a vários usuários o uso de recursos de um computador com a execução simultânea de múltiplos *softwares*.

UNLAWFUL ENTRY. *Locução inglesa.* Invasão domiciliar.

UNLICENSED. *Termo inglês.* **1.** Ilegal. **2.** Sem licença.

UNLIQUIDATED DEBT. *Locução inglesa.* Débito ilíquido.

UNO. 1. Unitário. **2.** Indiviso. **3.** Que é o único em seu gênero ou espécie. **4.** Que é um só. **5.** Idéia de unidade, enquanto princípio do ser ou do pensamento (Liard).

UNO ORE. *Locução latina.* Unanimemente.

UNO PRINCIPIO ILLICITO DATO, PLURA SEQUUNTUR. *Expressão latina.* Admitido um princípio ilícito, seguem-se muitos outros.

UNREASONABLY DANGEROUS. *Locução inglesa.* Alto grau de periculosidade ou nocividade.

UNREPAID. *Termo inglês.* **1.** Não reembolsado. **2.** Não indenizado.

UNRIGHTEOUSNESS. *Termo inglês.* Perversidade.

UNRRA. *História do direito.* Sigla da *United Nations Relief Rehabilitation Administration*.

UNSEAWORTHINESS. *Termo inglês. Direito marítimo* e *direito internacional privado.* Inavegabilidade.

UNSETTELED ACCOUNTS. *Locução inglesa.* Contas não pagas.

UNSHIP. *Termo inglês.* **1.** Descarregar navio. **2.** Desembarcar.

UNSINN. *Termo alemão.* Sem sentido.

UNSKILLED LABORERS. *Locução inglesa.* Operários não qualificados.

UNSOUNDNESS. *Termo inglês.* **1.** Corrupção. **2.** Vício.

UNTAR. Aplicar óleo ou ungüento.

UNTAR AS MÃOS. 1. Dar gorjeta. **2.** Subornar.

UNTAUSCHKAUF. *Termo alemão.* Venda com faculdade de troca.

UNTIED DIRECT LOANS. *Direito internacional privado.* Empréstimos diretos concedidos pelo Eximbank do Japão a entidades governamentais e a bancos multilaterais voltados a projetos de desenvolvimento e a programas de reestruturação econômica de nações em desenvolvimento.

UNTIMELY. *Termo inglês.* Intempestivo.

UNTOR. *Direito romano.* Escravo que tinha a função de untar banhistas que freqüentavam casas de banho.

UNTÓRIO. *Direito romano.* Sala das unções, nas casas de banho, onde banhistas aplicavam ungüentos ou perfumes no corpo, antes e depois do banho.

UNTURA. *Medicina legal.* Ungüento ou substância medicinal própria para friccionar região do corpo que esteja dolorida.

UNUM ET IDEM. *Expressão latina.* Uma só e mesma coisa.

UNUM SANE MAXIMUM, QUOD EXUL NON HABET DICENDI LIBERTATEM. *Expressão latina.* Nem falar livremente se atreva aquele que estiver em terra alheia.

UNUSQUISQUE SUUM QUAERIT HABERE PAREM. *Expressão latina.* Cada um com seu igual.

UNUS VIR HAUD CERNIT OMNIA. *Expressão latina.* Um só homem não pode ver tudo.

UNWRITTEN LAW. *Locução inglesa.* Direito não escrito.

UOMO DELINQUENTE. **1.** *Locução italiana.* Delinqüente. **2.** *Direito penal.* Aquele que era considerado pela escola positiva de Lombroso, Garofalo e Ferri como um ser anômalo, por possuir taras atávicas que o levavam à prática de delitos. Essa escola positiva do direito penal italiano, de orientação antropossociológica, procurou explicar o crime dentro de uma causalidade rigorosa. Tirou a tônica ética ao direito penal, ao apreender, na pessoa do delinqüente, estigmas reveladores da criminalidade e conceber a figura do criminoso nato, que, pela presença de anomalias anatômicas e fisiopsicológicas, seria propenso a praticar atos reprováveis, como o tipo selvagem. Assim, o criminoso seria uma cópia do homem primitivo, que surge pelo atavismo, no seio social civilizado, com muitos dos seus caracteres somáticos, com os mesmos instintos bárbaros, com igual ferocidade e falta de sensibilidade moral. A herança atávica explica, para essa corrente, a causa dos delitos.

UPC. *Direito financeiro.* Unidade padrão de capital, usada nas operações do Sistema Financeiro de Habitação, por ser moeda própria, de valor monetário atualizado trimestralmente, equivalente às Obrigações Reajustáveis do Tesouro Nacional (ORTN) (Luiz Fernando Rudge).

UP-GRADE. *Locução inglesa* e *direito aeronáutico.* Prática de acomodar passageiros, em transporte aéreo, portadores de bilhetes da classe turística, em classe executiva, pela inexistência de lugares na classe econômica (André Uchoa Cavalcanti).

UPIÚBA. *Direito agrário.* Árvore do Amazonas cuja madeira é própria para ser usada em construções.

UPLOAD. *Termo inglês* e *direito virtual.* Ato de transferir programas para outro computador.

UPPER BENCH. *Locução inglesa.* Tribunal Superior.

UPPERCUT. *Termo inglês.* Soco dado, no boxe, de baixo para cima, sob o queixo do adversário.

UPSET PRICE. *Locução inglesa.* Preço mínimo para a venda de um objeto em leilão.

UPSIDE POTENTIAL. *Locução inglesa.* **1.** Potencial em alta. **2.** Potencial de valorização de um ativo, título ou valor mobiliário, avaliado por um investidor ou analista de investimento (Luiz Fernando Rudge).

UQUIRANA. *Direito agrário.* Árvore leguminosa do Amazonas cuja madeira é ótima para construções.

ÚRACO. *Medicina legal.* Canal que liga, no feto, a alantóide à bexiga urinária e que persiste no adulto como ligamento umbilical médio, ou seja, como corda fibrosa que vai do fundo da bexiga ao umbigo.

URACRASIA. *Medicina legal.* Moléstia que causa incontinência urinária.

URACRÁSICO. *Medicina legal.* Referente a uracrasia.

URAGO. *História do direito.* Na Grécia antiga, era o comandante da retaguarda.

URANISCOPLASTIA. *Medicina legal.* Cirurgia plástica que corrige defeitos na abóbada palatina, principalmente o palato fendido.

URANISCOPLÁSTICO. *Medicina legal.* O que diz respeito a uraniscoplastia.

URANISMO. *Medicina legal.* **1.** Homossexualismo masculino. **2.** Pederastia.

URANISTA. *Medicina legal.* **1.** Homem que tem preferência sexual por outro homem. **2.** Pederasta.

URANOPLEGIA. *Medicina legal.* Paralisia da abóbada palatina.

URANOPLÉGICO. *Medicina legal.* **1.** Aquele que tem uranoplegia. **2.** Referente a uranoplegia.

URANOSTAFILOPLASTIA. *Medicina legal.* Operação plástica que repara defeito da parte óssea ou membranosa do céu da boca.

URARI. *Medicina legal.* *Curare*; veneno usado por índios em suas flechas.

URARTRITE. *Medicina legal.* Artrite gotosa.

URATEMIA. *Medicina legal.* Presença de sal de ácido úrico no sangue.

URATÚRIA. *Medicina legal.* Excesso de sal de ácido úrico na urina.

URBANA. *Direito civil* e *direito comercial.* **1.** Locação em que o locador, mediante aluguel pago pelo locatário, compromete-se a fornecer-lhe, durante certo lapso de tempo, determinado ou não, o uso e gozo de imóvel destinado a habitação, temporada ou atividade empresarial. **2.** Propriedade de bens imóveis destinados a moradia, comércio e indústria, qualquer que seja sua localização.

URBANICIANO. *Direito romano.* Soldado que participava da antiga guarnição romana.

URBANIDADE. **1.** *Direito administrativo.* Dever de cortesia que constitui obrigação de funcionário público em relação não só aos que se dirigem à repartição pública onde exerce suas funções, como também no trato de seus companheiros. **2.** Nas *linguagens comum* e *jurídica:* a) polidez; b) civilidade; c) qualidade do que é urbano.

URBANISMO. **1.** Nas *linguagens comum* e *jurídica:* a) delicadeza; b) arte de civilizar ou embelezar cidades; c) arquitetura urbana. **2.** *Direito urbanístico.* a) Ciência e arte que busca o desenvolvimento das cidades, preservando seu ambiente e procurando, por meio de recursos técnicos, melhorar a posição das vias de circulação dos meios de transporte, dos edifícios, inclusive históricos, das obras públicas e das habitações, para proporcionar o bem-estar da população (Mazzarolli, Giannini, Fragola, Martini, Morbidelli, Self, Granelle e Baschwitz); b) utilização racional da cidade e do solo, tendo por escopo o bem-estar público (Alastruey); c) conjunto de medidas estatais destinadas a organizar os espaços habitáveis (áreas em que se exerce as funções sociais: habitação, trabalho, circulação, recreação), propiciando melhores condições de vida ao homem na comunidade (Hely Lopes Meirelles); d) organização dos espaços habitáveis que visa a realização da qualidade de vida humana (José Afonso da Silva); e) ciência que cuida das aglomerações humanas e da organização territorial, visando a melhoria das condições de vida do homem na sociedade (Adilson de Abreu Dallari); f) planejamento, remodelação e embelezamento de edifícios, ruas e praças, bem como a sua adaptação ao aumento demográfico (Marcus Cláudio Acquaviva);

g) conjunto de providências técnico-jurídicas alusivas a higiene, proteção ambiental, administração, fornecimento de serviços públicos, arquitetura ou operações materiais que tem por fim desenvolver ordenadamente aglomerações populacionais e atender às necessidades públicas; h) arte de tornar a vida urbana mais agradável (Lúcia Valle Figueiredo). **3.** *Sociologia jurídica.* Fenômeno sociopolítico da atração urbana exercida sobre a população rural.

URBANISTA. *Direito urbanístico.* Técnico em urbanização.

URBANÍSTICA. *Direito urbanístico.* **1.** Arte de construir centros populacionais ou de melhorar as condições de vida de uma cidade. **2.** Ciência que tem por escopo desenvolver ordenada e sistematicamente uma cidade.

URBANÍSTICO. *Direito urbanístico.* **1.** O que se refere a urbanismo. **2.** Diz-se do conjunto de normas alusivas à utilização racional da cidade, ao seu desenvolvimento, à preservação de seu ambiente, à sua remodelação etc.

URBANITA. *Direito urbanístico.* Aquele que mora em uma cidade; citadino.

URBANIZAÇÃO. *Direito urbanístico.* **1.** Ciência ou técnica de edificar ou desenvolver ordenadamente uma cidade. **2.** Ato ou efeito de urbanizar. **3.** Processo pelo qual a população urbana cresce em proporção superior à população rural, podendo gerar desorganização social, desemprego, problemas de higiene e saneamento básico etc. (José Afonso da Silva).

URBANIZAÇÃO DE ÁREAS NÃO-OCUPADAS. *Direito urbanístico.* Modalidade de urbanização que contempla intervenções necessárias ao preparo de áreas não ocupadas, através de ações integradas que promovam a mobilização da comunidade, a execução de obras e serviços de infra-estrutura, equipamentos comunitários, construção de unidades habitacionais ou sanitárias e de apoio ao desenvolvimento comunitário, exclusivamente, para assentamento ou reassentamento de famílias originárias de áreas que: a) configurem situação de risco e/ou insalubridade; b) não tenham possibilidade de recuperação para uso habitacional; c) sejam objeto de legislação que defina a proibição de ocupação residencial.

URBANIZAÇÃO DE ÁREAS OCUPADAS POR SUB-HABITAÇÕES. *Direito urbanístico.* Modalidade de urbanização que contempla intervenções necessárias à segurança, salubridade e habitabilidade de áreas ocupadas por favelas, mocambos, palafitas ou outros tipos de aglomerados habitacionais inadequados, através de ações integradas que promovam a mobilização da comunidade, a execução de obras e serviços de infra-estrutura, equipamentos comunitários, construção de habitações, melhorias habitacionais e ações de apoio ao desenvolvimento comunitário. A melhoria de habitações compreende a realização de obras e serviços voltados à recuperação de edificações inadequadas para uso habitacional, executados exclusivamente em razão de: a) insalubridade e insegurança; b) inexistência do padrão mínimo de edificação e habitabilidade definido pelas posturas municipais; c) inadequação do número de moradores à quantidade de cômodos passíveis de serem utilizados como dormitórios na residência, considerando o número máximo de três pessoas por cômodo.

URBANIZADO. 1. Na *linguagem comum,* polido ou cortês. **2.** *Direito urbanístico.* a) Que se urbanizou; b) relativo a cidade; c) tornado próprio à cidade.

URBANIZAR. 1. *Direito urbanístico.* a) Melhorar as condições de vida de uma cidade; b) incorporar zona rural a um distrito urbano; c) tornar urbano. **2.** Na *linguagem comum:* a) ser polido; b) civilizar-se.

URBANO. 1. *Direito civil* e *direito comercial.* a) O que se refere a cidade; b) prédio destinado a moradia ou atividade empresarial. **2.** Na *linguagem comum,* polido ou cortês.

URBANOFILIA. Atração que a vida da cidade exerce em certas pessoas.

URBANOFÍLICO. Referente a urbanofilia.

URBE CONDITA. *Locução latina.* Depois de edificada a cidade.

URBÍCOLA. Aquele que é habitante de uma cidade.

URBI ET ORBI. 1. *Expressão latina.* À cidade e ao mundo. **2.** *Direito canônico.* Expressão que indica que o ato ou a comunicação do Sumo Pontífice dirige-se a toda comunidade cristã (Othon Sidou).

URBÍGENA. Que nasceu numa cidade.

URBIS LIBERTAS EST VITA CARIOR. *Expressão latina.* A liberdade da pátria é mais importante do que a vida.

URBS. *Termo latino.* Cidades.

URCA. *História do direito.* No século XVII, era a embarcação de grande calado.

URDIDEIRA. *Direito do trabalho.* Operária que trabalha em aparelho usado para tecer; tecelã.

URDIDOR. 1. *Direito do trabalho.* Tecelão. **2.** *Direito empresarial.* Jogo de barras com pinos que seguram bobinas com fio, muito usado em indústria têxtil. **3.** Na *linguagem comum,* aquele que faz intrigas.

URDIDURA. 1. *Direito empresarial.* Fios estendidos em tear, usados para tecelagem. **2.** Na *linguagem comum,* trama; tramóia.

URDIR. 1. *Direito empresarial.* Tecer. **2.** Na *linguagem comum,* maquinar cilada; tramar.

URDU. *Direito comparado.* Nome indígena do hindustani, que é a língua oficial do Paquistão, também falada na Índia.

UREDEMA. *Medicina legal.* Edema provocado pelo extravasamento de urina.

URÉIA. 1. *Medicina legal.* Composto cristalino nitrogenoso que é o produto final da decomposição da proteína do corpo, sendo componente sólido da urina. **2.** *Direito agrário.* Composto que é produzido sinteticamente e utilizado em fertilizantes e rações para animais.

URELCOSE. *Medicina legal.* Úlcera do aparelho urinário.

UREMIA. *Medicina legal.* Acúmulo no sangue de substância que deve ser excretada e filtrada pelos rins (Morris Fishbein).

URÊMICO. *Medicina legal.* **1.** Aquele que sofre de uremia. **2.** Relativo a uremia.

UREMÍGENO. *Medicina legal.* O que causa uremia.

UREOGENIA. *Medicina legal.* Produção de uréia no organismo.

UREOGÊNICO. *Medicina legal.* O que se refere a ureogenia.

UREOPOESE. *Vide* UREOGENIA.

URESIESTESE. *Medicina legal.* Impulso normal de urinar.

URETER. *Medicina legal.* Cada canal muscular que liga os rins à bexiga e pelo qual passa a urina.

URETERALGIA. *Medicina legal.* Dor em um ureter.

URETERÁLGICO. *Medicina legal.* O que diz respeito a ureteralgia.

URETERECTASIA. *Medicina legal.* Dilatação de um ureter.

URETERECTOMIA. *Medicina legal.* Resseção parcial ou total de um ureter.

URETERECTÔMICO. *Medicina legal.* O que se refere a ureterectomia.

URETERENFRÁCTICO. *Medicina legal.* Relativo a ureterenfraxia.

URETERENFRAXIA. *Medicina legal.* Obstrução do ureter.

URETERENTEROSTOMIA. *Medicina legal.* Operação de formar uma anastomose entre um ureter e o intestino.

URETÉRICO. *Medicina legal.* O que diz respeito ao ureter.

URETERITE. *Medicina legal.* Inflamação de um ureter.

URETEROCELE. *Medicina legal.* Hérnia de um ureter.

URETEROCISTONEOSTOMIA. *Medicina legal.* Operação para efetuar nova abertura na bexiga, para ligá-la ao ureter, em caso de fístula, ruptura e estreitamento.

URETEROCOLOSTOMIA. *Medicina legal.* Ato de implantar um ureter no cólon.

URETERODIÁLISE. *Medicina legal.* Ruptura do ureter.

URETEROFLEGMASIA. *Medicina legal.* Presença de muco no ureter.

URETEROLITÍASE. *Medicina legal.* Formação de cálculo no ureter.

URETEROLÍTICO. *Medicina legal.* Afecção causada pela existência de cálculo no ureter.

URETERÓLITO. *Medicina legal.* Cálculo que se aloja no ureter.

URETEROLITOTOMIA. *Medicina legal.* Remoção de cálculo do ureter por incisão deste.

URETERONEFRECTOMIA. *Medicina legal.* Extirpação de um rim e do seu ureter.

URETEROPÍICO. *Medicina legal.* Afecção provocada pela presença de pus no ureter.

URETEROPIOSE. *Medicina legal.* Inflamação supurativa do ureter.

URETRA. *Medicina legal.* Tubo que liga a bexiga ao meato urinário, por onde é excretada a urina e, no homem, também o sêmen.

URETRAL. *Medicina legal.* Referente a uretra.

URETRALGIA. *Medicina legal.* Dor na uretra.

URETRECTOMIA. *Medicina legal.* Extirpação parcial ou total da uretra.

URETRENFRAXIA. *Medicina legal.* Obstrução da uretra.

URETRITE. *Medicina legal.* Inflamação da uretra, que pode advir da gonorréia.

URETROBLENORRÉIA. *Medicina legal.* Corrimento de pus da uretra.

URETROCELE. *Medicina legal.* **1.** Divertículo que passa das paredes da uretra para a vagina. **2.** Prolapso de membrana mucosa uretral no meato urinário feminino.

URETROFINA. *Medicina legal.* Tumor uretral.

URETROLITÍASE. *Medicina legal.* Existência de cálculo na uretra.

URETROPIOSE. *Medicina legal.* Inflamação supurativa da uretra.

URETROPLASTIA. *Medicina legal.* Operação plástica para reparar lesão ou defeito da uretra.

URETRORRAGIA. *Medicina legal.* Hemorragia uretral.

URETROTROMBÓIDE. *Medicina legal.* **1.** Afecção uretral provocada por coágulo de sangue. **2.** Existência de coágulo de sangue na uretra.

URGÊNCIA. **1.** Condição do que deve ser imediatamente levado a efeito sem demora. **2.** Qualidade do que não pode ser protelado, sob pena de causar dano. **3.** Necessidade imediata.

URGÊNCIA NA DESAPROPRIAÇÃO. *Direito administrativo.* Premência do tempo, fundada em necessidade pública, utilidade pública ou interesse social, que leva o expropriante que a alega a imitir-se provisoriamente na posse do bem desapropriado, desde que preenchidos os requisitos legais.

URGENTE. **1.** Premente. **2.** O que não pode ser adiado, por não admitir delonga. **3.** Que tem de ser feito rapidamente.

URGIR. **1.** Ser imediatamente necessário. **2.** Estar iminente. **3.** Insistir. **4.** Compelir. **5.** Exigir.

URICEMIA. *Medicina legal.* Acúmulo de ácido úrico no sangue.

URICOPEXIA. *Medicina legal.* **1.** Formação de cálculo úrico. **2.** Existência de ácido úrico nos tecidos e nos rins.

URICOPOESE. *Medicina legal.* Formação de ácido úrico pelo organismo.

URICÚRIA. *Medicina legal.* Eliminação de ácido úrico pela urina.

URIDROSE. *Medicina legal.* Transpiração que, em razão de insuficiência renal, é similar à urina na sua composição e odor.

URINA. *Medicina legal.* Líquido que é segregado pelos rins, armazenado na bexiga e expelido pela uretra para fora do organismo.

URINÁRIO. *Medicina legal.* **1.** Que contém urina. **2.** Referente a urina.

URINOMA. *Medicina legal.* Quisto que contém urina.

URITE. *Medicina legal.* Irritação da pele provocada pelo calor.

URL. *Direito virtual.* Abreviatura de *Uniform Resource Locator.* Endereço na Internet que é o local usado para localizar informações desejadas (Afonso Celso F. de Rezende).

URNA. 1. *História do direito.* Medida de líquido na antigüidade romana. **2.** *Direito eleitoral.* Receptáculo usado para receber votos. **3.** Na *linguagem comum:* a) esquife; b) recipiente apropriado para guardar objetos.

URNADA. 1. Conteúdo de uma urna. **2.** Pleito eleitoral.

URNA ELEITORAL. *Direito eleitoral.* Caixa apropriada que se destina a recolher, durante as eleições, as cédulas, contendo os votos do eleitorado, de onde são retiradas pelos encarregados da apuração.

URNA ELETRÔNICA. *Direito eleitoral* e *direito virtual.* É a que contém recursos que, mediante assinatura digital, permitam o registro digital de cada voto e a identificação da urna em que foi registrado, resguardando o anonimato do eleitor.

URNA FUNERÁRIA. 1. Caixão onde se coloca o morto para ser sepultado. **2.** Recipiente onde as cinzas do cadáver são depositadas. **3.** Caixa ou recipiente resistente impermeável, provido em seu interior de material absorvente, usado para acondicionamento e transporte de restos mortais humanos.

URNÁRIO. 1. *Direito eleitoral.* Receptáculo de votos. **2.** *História do direito.* Mesa sobre a qual, na antigüidade romana, eram colocadas as urnas ou vasos para água.

URNAS. *Direito eleitoral.* Eleições.

UROBILINA. *Medicina legal.* Pigmento biliar existente na urina e na matéria fecal.

UROBILINEMIA. *Medicina legal.* Existência de urobilina no sangue.

UROCELE. *Medicina legal.* Tumor causado por infiltração de urina no escroto.

UROCÉLICO. *Medicina legal.* Que se refere a urocele.

UROCISTITE. *Medicina legal.* Inflamação da bexiga.

UROCLEPSIA. *Medicina legal.* Ato de urinar involuntariamente.

URODIÁLISE. *Medicina legal.* Paralisação parcial ou total das funções renais, que causa supressão da urina.

UROEMATONEFROSE. *Medicina legal.* Dilatação do rim com sangue e urina.

UROGENITAL. *Medicina legal.* Referente aos aparelhos urinário e genital.

UROLAGNIA. *Medicina legal.* Excitação sexual que se dá com o ato de urinar ou à vista de urina.

UROLITÍASE. *Medicina legal.* Formação de cálculo no trato urinário.

URÓLITO. *Medicina legal.* Cálculo urinário.

URONEFROSE. *Medicina legal.* Dilatação do canal urinário e do bacinete.

UROPATIA. *Medicina legal.* Moléstia do trato urinário.

UROPENIA. *Medicina legal.* Deficiência de secreção urinária.

UROQUEZIA. *Medicina legal.* Excreção de urina pelo ânus.

URORRÉIA. *Medicina legal.* Emissão involuntária de urina.

UROSE. *Medicina legal.* Moléstia das vias urinárias.

UROSQUESE. *Medicina legal.* Retenção urinária.

UROSTOMIA. *Medicina legal.* Também chamada desvio urinário, é a intervenção cirúrgica que consiste em desviar o curso normal da urina. À semelhança das ostomias intestinais, podem ser permanentes ou temporárias.

URSS. *História do direito.* União das Repúblicas Socialistas Soviéticas, que se baseava no regime federativo, de ideologia socialista-comunista, controlado pelo *Soviet* supremo.

URTEILSKRAFT. *Termo alemão.* Capacidade de juízo.

URTICÁRIA. *Medicina legal.* Erupção cutânea temporária que se caracteriza pela presença de placas levemente avermelhadas e elevadas e com prurido.

URTICÁRIA PIGMENTOSA. *Medicina legal.* Dermatose em que há lesões urticariformes pigmentadas, fazendo com que o paciente apresente histamina no sangue, na urina e na pele lesada (Morris Fishbein).

URUÇUI. *Direito agrário.* Pequena abelha amarela.

URUPUCA. *Direito agrário.* Armação de achas de lenha que se coloca em mudas de café recém-plantadas para protegê-las.

USADO. 1. Gasto pelo uso. 2. Que está em uso.

USAGE. *Termo francês.* 1. Uso. 2. Hábito.

USAGE OF TRADE. *Locução inglesa.* Uso ou praxe mercantil.

USAGER. *Termo francês.* Usuário.

USAGRE. *Medicina legal.* Impetigem.

USANÇA. 1. Na *linguagem jurídica* em geral: a) praxe; b) hábito tradicional e antigo; c) uso comercial; d) norma que advém da prática reiterada de um ato. 2. *Direito comparado.* Na França, é o mês imutável de trinta dias. 3. *História do direito.* Prazo de trinta dias para pagar letra de câmbio. 4. *Direito cambiário.* Sistema de pagamento diferido das letras de câmbio (Othon Sidou).

USANÇA DOBRADA. *História do direito.* Prazo de sessenta dias em que se podia pagar uma cambial.

USANTE. *Direito civil.* 1. Utente. 2. Usuário.

USAR. 1. Fazer uso. 2. Utilizar. 3. Fruir do bem. 4. Ser habitual ou freqüente. 5. Empregar por costume. 6. Gastar com o uso. 7. Retirar vantagem da coisa. 8. Ter o bem em condições de servir.

USÁVEL. O que pode ser usado.

USEIRO. Que tem o hábito de fazer algo.

USENET. *Direito virtual.* Abreviatura de *User Network.* Rede composta por diversos *news servers*, que permite a troca gratuita de mensagem e notícias de forma similar a um quadro de avisos. Trata-se da organização em rede particular.

USENET NEWSGROUPS. *Direito virtual.* São parecidos com os *e-mails*, mas permitem o envio de mensagem a um dos mais de 20 mil *bulletin boards* existentes, onde ela pode ser lida por qualquer um que compartilhe seu interesse por certo assunto.

USER. *Termo inglês* e *direito virtual.* Usuários dos serviços de um computador, registrados por meio de senha (Afonso Celso F. de Rezende).

USER NETWORK. *Expressão inglesa* e *direito virtual.* Rede usada para troca de mensagens acessíveis pela Internet entre grupos de interessados.

USHER. *Termo inglês.* Serventuário da justiça.

USINA. *Direito comercial.* Estabelecimento industrial de grandes proporções que produz ferro, aço, gás, eletricidade etc.

USINABILIDADE. *Direito comercial.* Qualidade de usinável.

USINADO. *Direito comercial.* O que é feito à máquina.

USINAGEM. Ato ou efeito de usinar.

USINA HIDRELÉTRICA. *Direito comercial.* É a que produz energia elétrica usando turbinas acionadas por corrente de água.

USINA NUCLEAR. *Direito comercial.* Aquela que tem por escopo industrializar e comerciar minérios nucleares.

USINA PILOTO. *Direito comercial.* Usina experimental voltada ao estudo de processos adequados ou apropriados a certa indústria.

USINA PROTÓTIPO. *Direito comercial.* Aquela que testa o método desenvolvido pela usina piloto.

USINAR. *Direito comercial.* Submeter material bruto à ação de uma máquina-ferramenta.

USINA TERMONUCLEAR. *Direito comercial.* Estabelecimento industrial que visa o aproveitamento prático da energia termonuclear.

USINÁVEL. *Direito comercial.* O que pode ser usinado.

USINEIRO. *Direito comercial.* 1. O que se refere a usina. 2. Proprietário de usina.

USISMO. *Medicina legal.* Intoxicação provocada pelo consumo de bebida licorosa, que afeta o sistema nervoso, causando embriaguez motora (Croce e Croce Jr.).

USITADO. O que está sendo utilizado ou usado.

USITAR. 1. Fazer uso habitual. 2. Ser conforme ao uso. 3. Ser costume.

USO. 1. *Direito civil.* a) Direito real de fruição sobre coisa alheia que, a título gratuito ou oneroso, autoriza uma pessoa a retirar daquela, temporariamente, todas as utilidades para atender as suas próprias necessidades e as de sua família; b) desmembramento da propriedade pelo qual o proprietário ou o titular do *jus utendi* podem tirar dela todos os serviços que ela pode prestar, sem modificação em sua substância; c) fato de servir-se de um bem conforme a sua destinação; d) utilidade direta e material da coisa (Clóvis Bevilàqua). 2. Nas *linguagens comum* e *jurídica*: a) ato ou efeito de usar; b) moda; c) costume; d) hábito local; e) emprego do que está à disposição de alguém; f) emprego particular de palavras ou frases em harmonia com o que a maioria das pessoas segue.

USO ABUSIVO DO DIREITO. *Direito civil.* Excesso no exercício regular do direito, que acarreta responsabilidade civil. Caem na órbita do abuso do direito os atos emulativos, os ofensivos aos bons costumes ou contrários à boa-fé e os praticados em desacordo com o fim social ou econômico do direito. Isto é assim porque nesses atos há intenção de lesar outrem, ausência de interesse sério e legítimo e exercício do direito fora de sua finalidade econômico-social.

USO ALTERNATIVO DO DIREITO. *Teoria geral do direito* e *filosofia do direito.* **1.** Uso que parte das normas jurídico-estatais, considerando sua efetiva função social, transformadora e emancipadora (Paulo Luiz Neto Lobo). **2.** É a utilização, por meio de interpretação diferenciada, de contradições, ambigüidades e lacunas do direito legislado em uma ótica democratizante (Amilton B. de Carvalho).

USO COMERCIAL. *Direito comercial.* Prática comum, admitida por lei, na área comercial que tem, entre os empresários locais ou de uma praça, força de norma consuetudinária, facilmente comprovada por certidão da Junta Comercial.

USO COMUM. 1. *Direito civil.* Utilização de um bem por todos os que pertencem a uma sociedade ou grupo que compõe um condomínio. **2.** *Direito administrativo.* Aquele bem que, embora pertença à pessoa jurídica de direito público interno, pode ser utilizado, sem restrição, gratuita ou onerosamente, por qualquer pessoa do povo, sem necessidade de permissão especial, como, por exemplo, o mar, a praia, os jardins públicos, as estradas etc.

USO COMUM DA TERRA. *Direito agrário.* Uso do espaço físico onde uma comunidade exerce atividade cultural, social e econômica, e que não pertence a nenhum grupo familiar individualmente considerado (Benatti e Maues).

USO DA BANDEIRA NACIONAL POR EMBARCAÇÃO. *Direito marítimo.* Toda embarcação inscrita nas capitanias e repartições subordinadas, quando navegando, deverá usar na popa a bandeira nacional. É proibido fazer uso da bandeira nacional que esteja fora das especificações previstas em lei e não se encontre em bom estado de conservação. Quando for determinado luto oficial, a embarcação nacional içará bandeira de popa a meia adriça.

USO DA FIRMA. *Direito comercial.* Poder conferido, pela lei ou pelo estatuto, ao empresário de usar a firma individual ou aos sócios de uma sociedade, havendo silêncio do contrato social, de utilizarem a firma social, ou ao sócio-gerente de assinar a razão social.

USO DA SERVIDÃO. *Direito civil.* Utilização da servidão para atender, exclusivamente, às necessidades do prédio dominante, evitando qualquer agravo ao encargo do serviente. Se for permitida a retirada de 10.000 litros de água de uma propriedade para consumo doméstico, não se poderá retirar mais do que o convencionado, ampliando seu uso para irrigação, por exemplo. Mas se, em caso de necessidade, houver excesso do uso da servidão, o dono do prédio serviente deve ser indenizado.

USO DE DOCUMENTO DE IDENTIDADE ALHEIA. *Direito penal.* Subtipo do crime de falsa identidade que consiste na utilização, como próprio, de passaporte, título de eleitor, caderneta de reservista ou qualquer documento de identidade alheia ou no ato de ceder a outrem, para que dele se utilize, documento dessa natureza, próprio ou de terceiro. Tal delito é punido com detenção e multa.

USO DE DOCUMENTO FALSO. *Direito penal.* Crime contra a fé pública que consiste em fazer uso de documento, judicial ou extrajudicial, falso como se fosse autêntico, para obter algum proveito.

USO DE GÁS TÓXICO OU ASFIXIANTE. *Direito penal.* Crime contra a incolumidade pública que consiste em expor a perigo a vida, a integridade física ou o patrimônio de outrem, utilizando gás tóxico ou asfixiante. Punido se doloso com reclusão e multa, e se culposo, com detenção.

USO DE RAZÃO. 1. *Direito canônico.* Capacidade presumivelmente adquirida pelos maiores de sete anos. **2.** *Direito civil.* Capacidade de discernimento (Othon Sidou).

USO DE RECURSOS HÍDRICOS. *Direito ambiental.* Toda e qualquer atividade que altere as condições qualitativas ou quantitativas, bem como o regime das águas superficiais ou subterrâneas, ou que interfiram em outros tipos de usos.

USO DE SELO OU SINAL FALSIFICADO. *Direito penal.* Crime contra a fé pública, punido com reclusão e multa, que consiste em utilizar selo ou sinal falsificado ou verdadeiro em prejuízo de terceiro ou para obter vantagem própria ou alheia.

USO DIRETO. *Direito ambiental.* Aquele que envolve coleta e uso, comercial ou não, dos recursos naturais.

USO ESPECIAL. 1. *Direito administrativo.* Faculdade que tem o Poder Público de utilizar um bem

USO

imóvel destinando-o ao serviço ou estabelecimento federal, estadual ou municipal, como prédio onde funciona um tribunal, um Ministério, um quartel etc. É aquele que tem uma destinação especial. **2.** *Direito civil.* Aproveitamento da coisa para fins específicos e por determinadas pessoas.

USO IMPRÓPRIO. *Direito civil.* Aquele que não atende à destinação específica do bem, indo além de sua finalidade.

USO INDEVIDO DE ARMA, BRASÕES E DISTINTIVOS PÚBLICOS. *Direito penal.* Crime punido com detenção ou multa que consiste na reprodução, total ou parcial, não autorizada ou na imitação de modo que induza em erro ou confusão armas, brasões ou distintivos públicos, nacionais ou alienígenas, em marca de indústria ou comércio. *Vide* CRIMES COMETIDOS POR MEIO DE MARCA, TÍTULO DE ESTABELECIMENTO E SINAL DE PROPAGANDA.

USO INDEVIDO DE ENTORPECENTE. *Direito penal.* Crime que consiste em utilizar, sem autorização ou em desacordo com determinação legal ou regulamentação, substância que causa dependência física ou psíquica, punido com detenção e multa.

USO INDEVIDO DE NOME COMERCIAL OU DE TÍTULO DE ESTABELECIMENTO. *Direito penal.* Crime de concorrência desleal punido com detenção ou multa que consiste no uso de firma ou de título de estabelecimento alheio.

USO INDEVIDO DE TERMOS RETIFICATIVOS. *Direito penal.* Crime de concorrência desleal punido com detenção ou multa, que consiste na utilização, em artigo ou produto, recipiente ou invólucro, em cinta, rótulo, fatura, circular, cartaz, de propaganda de termos retificativos como tipo, espécie, gênero, sistema, semelhante, sucedâneo, idêntico ou equivalentes, ressalvando ou não a verdadeira procedência do artigo ou produto.

USO INDIRETO. *Direito ambiental.* Aquele que não envolve consumo, coleta, dano ou destruição dos recursos naturais.

USO LEGÍTIMO. *Direito civil.* Utilização de um bem autorizada por lei ou que não fere direito alheio.

USO NOCIVO DA PROPRIEDADE. *Direito civil.* Mau uso da propriedade, ultrapassando os limites impostos à zona de garantia de cada um ao retirar da coisa suas vantagens, prejudicando vizinhos em sua segurança, sossego e saúde.

USO NORMAL DA PROPRIEDADE. *Direito civil.* Aquele que é regular por não ultrapassar os limites da normalidade.

US OPEN. *Direito desportivo.* Torneio masculino de golfe que se realiza, nos EUA, anualmente.

USO PRÓPRIO. *Direito civil.* **1.** Utilização da coisa conforme sua destinação e finalidade. **2.** Uso de prédio locado para nele morar pelo locador, cônjuge, companheiro ou descendente, que notifica a retomada do imóvel.

USO REGULAR. *Direito civil.* **1.** Aquele que não excede o uso normal do direito. **2.** Utilização da coisa dentro de sua finalidade e destinação.

USO REITERADO. *Teoria geral do direito.* Prática constante e uniforme de um ato.

USOS E COSTUMES. 1. *Direito civil* e *direito comercial.* Práticas habituais de empresários em uma localidade ou praça que se incorporam ao direito consuetudinário, constituindo-se em uma forma de comportamento coletivo e fonte subsidiária do direito civil e do direito comercial. **2.** *Direito agrário.* Normas consuetudinárias vinculadas à atividade agrária de determinada região.

USOS SOCIAIS. Normas de urbanidade ou trato social que não têm obrigatoriedade.

USO SUSTENTÁVEL. *Direito ambiental.* **1.** Utilização de componentes da diversidade biológica de modo e em ritmo tais que não levem, a longo prazo, à diminuição da diversidade biológica, mantendo assim seu potencial para atender às necessidades e aspirações das gerações presentes e futuras. **2.** Exploração do ambiente de maneira a garantir a perenidade dos recursos ambientais renováveis e dos processos ecológicos, mantendo a biodiversidade e os demais atributos ecológicos, de forma socialmente justa e economicamente viável.

USQUE. *Termo latino.* **1.** Até. **2.** Sem interrupção.

USQUE AB. *Locução latina.* Desde.

USQUE AD CAELUM ET USQUE AD INFEROS. *Expressão latina.* Até ao céu e até ao inferno. Indica a ilimitação da propriedade, no direito romano, abaixo e acima do solo.

USQUE AD FINEM. *Expressão latina.* Até o fim.

USQUE AD SATIETAEM. *Expressão latina.* À saciedade.

USQUE AD TERMINUM. *Expressão latina.* Até o final do prazo; até o termo.

USQUE EX. *Locução latina.* Desde.

USTÃO. *Medicina legal.* Cauterização.

USUAL. 1. Habitual. **2.** Que se usa comumente.

USUALIDADE. Qualidade de usual.

USUÁRIO. 1. *Direito civil.* Aquele em proveito de quem se cedeu o uso do bem, gravando-o de ônus real, e que por isso pode dele retirar suas utilidades, uma vez que tem o direito de uso de coisa alheia. **2.** *História do direito.* Era o escravo de que se tinha apenas o uso, mas não a propriedade. **3.** *Direito administrativo.* Utente, ou seja, cidadão que se utiliza dos bens ou serviços públicos (Marcello Caetano). **4.** *Direito previdenciário.* Órgão e servidor público, empregado, agente público, consultor, estagiário, entidade não-governamental ou empresa privada que utilize, de forma autorizada, informações da Previdência Social.

USUÁRIO DE SERVIÇO DE CONEXÃO À INTERNET. *Direito virtual.* Diz-se do usuário ou provedor de serviços de informações que utiliza o Serviço de Conexão à Internet (SCI).

USUÁRIO DE SERVIÇO DE INFORMAÇÕES. *Direito virtual.* Aquele que utiliza, por meio do Serviço de Conexão à Internet, as informações dispostas pelos provedores de serviço de informações.

USUARIUS. *Termo latino.* **1.** Coisa usada. **2.** Direito que resulta desse uso.

USUCAPIÃO. *Direito civil.* **1.** Modo de aquisição da propriedade e de outros direitos reais (usufruto, uso, habitação, servidão predial) pela posse prolongada da coisa com a observância dos requisitos legais. Tem por fundamento a consolidação da propriedade, dando juridicidade a uma situação de fato: a posse unida ao tempo. **2.** Prescrição aquisitiva de propriedade de coisa móvel ou imóvel.

USUCAPIÃO COLETIVA. *Direito administrativo* e *direito urbanístico.* Aquisição da propriedade pela posse de imóvel urbano com mais de 250 m², por população de baixa renda, que o ocupou, por cinco anos, para sua moradia, ininterruptamente e sem oposição.

USUCAPIÃO CONSTITUCIONAL RURAL. *Vide* USUCAPIÃO ESPECIAL RURAL.

USUCAPIÃO CONSTITUCIONAL URBANA. *Vide* USUCAPIÃO ESPECIAL URBANA.

USUCAPIÃO DE AERONAVE. *Direito civil.* Aquisição de avião pela posse ininterrupta e sem oposição, baseada em justo título e boa-fé durante cinco anos.

USUCAPIÃO DE IMÓVEL. *Direito civil.* Aquisição de imóvel pela posse pacífica e ininterrupta pelo prazo de quinze anos, independentemente de justo título e boa-fé, ou pela posse contínua e incontestada, havendo decurso do tempo de dez anos, com justo título e boa-fé.

USUCAPIÃO DE LIBERDADE. *Direito civil.* Extinção da hipoteca convencional após a decorrência do prazo de trinta anos de sua inscrição sem que haja renovação, não mais se admitindo qualquer prorrogação. Trata-se da perempção legal. Há liberação do imóvel onerado pelo discurso desse lapso de tempo. Escoado tal prazo, a hipoteca cessa de produzir seus efeitos, mesmo que os interessados o queiram, exceto a constituição de nova hipoteca, por novo título e nova inscrição.

USUCAPIÃO DE MÓVEIS. *Direito civil.* Modo de adquirir coisa móvel pela posse contínua e incontestada durante três anos, desde que haja justo título e boa-fé, ou por cinco anos, sem que se tenha justo título e boa-fé.

USUCAPIÃO DE TELEFONE. *Direito civil.* Aquisição de direito real de uso de linha telefônica, pelo seu exercício, em nome próprio, dentro do prazo legal de três ou cinco anos, por ser bem móvel para todos os efeitos legais, e, além disso, a sua transferência é possível por ter valor elevado e negociável (Benedito Silvério Ribeiro).

USUCAPIÃO ESPECIAL. *Vide* USUCAPIÃO ESPECIAL RURAL.

USUCAPIÃO ESPECIAL COLETIVA DE IMÓVEL URBANO. *Vide* USUCAPIÃO ESPECIAL URBANA.

USUCAPIÃO ESPECIAL RURAL. *Direito civil* e *direito constitucional.* Também designada de usucapião constitucional rural, usucapião especial ou *pro labore*, por encontrar sua justificação no fato de o usucapiente haver tornado, com seu trabalho, produtiva a terra, tendo nela sua morada. Para que se concretize a aquisição de terras por esse meio, será preciso que: a) o ocupante não seja proprietário de imóvel rural ou urbano, visto que esse instituto tem por escopo, atendendo a fins sociais, outorgar o domínio a quem, não possuindo propriedade, cultivou terra alheia abandonada, tornando-a produtiva com seu trabalho; b) a posse por ele exercida *animus domini* seja ininterrupta e sem oposição por cinco anos; c) o ocupante da área de terra rural a tenha tornado produtiva com seu trabalho agrícola, pecuário, agroindustrial etc.; d) o usucapiente tenha nela sua moradia habitual, isto porque o fim social perseguido pelo preceito constitucional, ao contemplar essa modalidade de usucapião, foi estimular a fixação do homem no campo; e) a área que se pretende usucapir não seja superior a 50 hectares; e f) a terra objeto dessa forma de usucapião não seja pública.

USUCAPIÃO ESPECIAL URBANA. *Direito civil* e *direito constitucional.* É aquela admitida pela Constituição Federal para atender aos reclamos de uma política urbana, pois o solo urbano não deve ficar sem aproveitamento adequado, reconhecendo, a quem o utilizar, desde que não seja imóvel público e que tenha a dimensão de até 250 m², mesmo não sendo seu, a possibilidade de adquirir-lhe o domínio, se não for proprietário de outro imóvel urbano ou rural e se tiver exercido sua posse, ininterruptamente, por cinco anos, sem oposição, destinando-o a sua moradia ou de sua família. Há uma presunção *juris et de jure* de boa-fé, não se exigindo prova de justo título. Somente será preciso comprovar a posse ininterrupta e pacífica, exercida com *animus domini*; o decurso do prazo de cinco anos; a dimensão da área (até 250 m²); a moradia e o fato de não ser proprietário de nenhum imóvel urbano ou rural. Além disso, será imprescindível a transcrição no registro imobiliário da sentença judicial que declare a aquisição da propriedade pelo usucapiente. É também designada de usucapião urbana, usucapião *pro misero*, usucapião especial individual em imóvel urbano, usucapião social urbana e usucapião constitucional urbana. O título de domínio será conferido ao homem ou à mulher, ou a ambos, independentemente do estado civil. Esse direito não será reconhecido ao mesmo possuidor mais de uma vez. O herdeiro legítimo continua, de pleno direito, a posse de seu antecessor, desde que já resida no imóvel por ocasião da abertura da sucessão. As áreas urbanas com mais de 250 m², ocupadas por população de baixa renda para sua moradia, por cinco anos, ininterruptamente e sem oposição, onde não for possível identificar os terrenos ocupados por cada possuidor, são susceptíveis de serem usucapidas coletivamente, desde que os possuidores não sejam proprietários de outro imóvel urbano ou rural. O possuidor pode, para o fim de contar o prazo exigido, acrescentar sua posse à de seu antecessor, contanto que ambas sejam contínuas.

A *usucapião especial coletiva de imóvel urbano* será declarada pelo juiz, mediante sentença, a qual servirá de título para registro no Cartório de Registro de Imóveis. Na sentença, o juiz atribuirá igual fração ideal de terreno a cada possuidor, independentemente da dimensão de terreno que cada um ocupe, salvo hipótese de acordo escrito entre os condôminos, estabelecendo frações ideais diferenciadas. O condomínio especial constituído é indivisível, não sendo passível de extinção, salvo deliberação favorável tomada por, no mínimo, dois terços dos condôminos, no caso de execução de urbanização posterior à constituição do condomínio. As deliberações relativas à administração do condomínio especial serão tomadas por maioria de votos dos condôminos presentes, obrigando também os demais, discordantes ou ausentes. Na pendência da ação de usucapião especial urbana, ficarão sobrestadas quaisquer outras ações, petitórias ou possessórias, que venham a ser propostas relativamente ao imóvel usucapiendo. São partes legítimas para a propositura da ação de usucapião especial urbana: a) o possuidor, isoladamente ou em litisconsórcio originário ou superveniente; b) os possuidores, em estado de composse; c) como substituto processual, a associação de moradores da comunidade, regularmente constituída, com personalidade jurídica, desde que explicitamente autorizada pelos representados. Na ação de usucapião especial urbana é obrigatória a intervenção do Ministério Público. O autor terá os benefícios da justiça e da assistência judiciária gratuita, inclusive perante o Cartório de Registro de Imóveis. A usucapião especial de imóvel urbano poderá ser invocada como matéria de defesa, valendo a sentença que a reconhecer como título para registro no Cartório de Registro de Imóveis. Na ação judicial de usucapião especial de imóvel urbano, o rito processual a ser observado é o sumário.

USUCAPIÃO EXTRAORDINÁRIA DE IMÓVEIS. *Direito civil.* Aquisição de imóvel pela posse pacífica, ininterrupta, exercida com *animus domini*, durante quinze anos, havendo presunção *juris et de jure* de boa-fé e justo título, que não só dispensam a exibição de documento, como também proíbem que se demonstre sua inexistência. O usucapiente só terá de provar sua posse. A sentença judicial declaratória da aquisição do domínio por usucapião, que constitui o título, deve ser levada ao registro imobiliário.

USUCAPIÃO EXTRAORDINÁRIA DE MÓVEIS

Todavia, o prazo reduzir-se-á a dez anos se o possuidor houver estabelecido no imóvel a sua morada habitual, ou nele realizado obras ou serviços de caráter produtivo.

USUCAPIÃO EXTRAORDINÁRIA DE MÓVEIS. *Direito civil.* Aquisição do domínio de coisa móvel pela posse ininterrupta e pacífica, pelo decurso do prazo de cinco anos, sem que haja justo título e boa-fé.

USUCAPIÃO INDUSTRIAL. *Direito comercial.* Condição adquirida pela coisa passível de ser objeto de propriedade, abrangendo a freguesia, o crédito e a reputação de um estabelecimento empresarial, quanto ao local onde atua, ininterruptamente, por um grande lapso temporal (Othon Sidou).

USUCAPIÃO ORDINÁRIA DE IMÓVEL. *Direito civil.* Aquisição da propriedade de imóvel desde que se apresentem os seguintes pressupostos: a) posse mansa, pacífica e ininterrupta, exercida com a intenção de dono; b) o decurso de tempo de dez anos; c) justo título, ainda que este contenha algum vício ou uma irregularidade, bem como boa-fé, ou seja, ignorância desses obstáculos ou defeitos que obstam sua aquisição; d) sentença judicial que lhe declare a aquisição do domínio, pois, embora o usucapiente já tenha o seu direito assentado em título preexistente, nada lhe impede de mover ação de usucapião para apagar dúvidas e tornar límpido seu direito, caso em que a sentença deve ter assento no registro imobiliário. Será de cinco anos tal prazo, se o imóvel houver sido adquirido onerosamente, com base no registro constante do respectivo cartório, cancelado posteriormente, desde que os possuidores nele tiverem estabelecido a sua morada, ou realizado investimentos de interesse social e econômico.

USUCAPIÃO ORDINÁRIA DE MÓVEIS. *Direito civil.* Aquisição da propriedade de coisa móvel quando alguém a possuir como sua, ininterruptamente e sem oposição, durante três anos. Para que se configure tal espécie de usucapião, não basta a mera posse; esta terá de ser contínua e pacífica, exercida com *animus domini* que tenha por base justo título e boa-fé.

USUCAPIÃO PRO LABORE. *Vide* USUCAPIÃO ESPECIAL RURAL.

USUCAPIÃO PRO MISERO. *Vide* USUCAPIÃO ESPECIAL URBANA.

USUCAPIÃO RURAL. *Vide* USUCAPIÃO ESPECIAL RURAL.

USUCAPIÃO RÚSTICA. *Vide* USUCAPIÃO ESPECIAL RURAL.

USUCAPIÃO SOCIAL URBANA. *Vide* USUCAPIÃO ESPECIAL URBANA.

USUCAPIÃO URBANA. *Vide* USUCAPIÃO ESPECIAL URBANA.

USUCAPIDO. *Direito civil.* Bem que foi adquirido pela posse prolongada por meio de usucapião; usucapto.

USUCAPIENTE. *Direito civil.* Aquele que adquiriu a propriedade de imóvel ou móvel por meio de usucapião.

USUCAPIO LIBERTATIS. *Locução latina.* Usucapião de liberdade.

USUCAPIR. *Direito civil.* Adquirir domínio por usucapião.

USUCAPÍVEL. *Direito civil.* O que pode ser adquirido por usucapião.

USUCAPTO. *Direito civil.* Adquirido por usucapião; usucapido.

USUFRUENDA. *Direito civil.* Coisa que é objeto de usufruto.

USUFRUIÇÃO. *Direito civil.* Ato ou efeito de usufruir.

USUFRUÍDO. *Direito civil.* Bem aproveitado em usufruto.

USUFRUIDOR. *Direito civil.* **1.** Usufrutuário. **2.** Aquele que usufrui de bem alheio. **3.** Que detém os poderes de usar e gozar da coisa, explorando-a economicamente.

USUFRUIR. *Direito civil.* **1.** Usufrutuar. **2.** Desfrutar de um bem, retirando suas utilidades pelo uso. **3.** Ter usufruto. **4.** Aproveitar-se pelo uso.

USUFRUTO. 1. *Direito civil.* a) Direito real conferido a alguém de retirar, temporariamente, de coisa alheia os frutos e utilidades que ela produz, sem alterar-lhe a substância. O proprietário, ao deferir a posse direta de seu bem, móvel ou imóvel, ao usufrutuário para que este dele desfrute, perde o *jus utendi* e o *jus fruendi*, mas não perde a substância, o conteúdo de seu direito de propriedade que lhe fica na nua-propriedade; b) usufruição; c) ato ou efeito de usufruir. **2.** *Direito processual civil.* Direito real de fruição sobre bem móvel ou imóvel do executado, concedido pelo juiz ao exeqüente, quando o reputar menos gravoso ao executado e eficiente para o recebimento do crédito. Decretado o usufruto, o executado perde o gozo do bem, até que o exeqüente seja pago do principal, juros, custas e honorários advocatícios. Tal usufruto terá eficácia, tanto em relação ao executado como a terceiro, a partir da publicação da decisão que o conceda.

USUFRUTO BENEFICIÁRIO. *Direito civil.* Aquele instituído, por benefício, em proveito do usufrutuário, sem que haja qualquer idéia de remuneração, sendo estabelecido por mera liberalidade.

USUFRUTO CONVENCIONAL. *Direito civil.* É aquele em que o direito de gozar e usar, temporariamente, dos frutos e das utilidades de uma coisa alheia advém de um ato jurídico *inter vivos*, unilateral ou bilateral (por exemplo, um contrato), ou de um ato jurídico *causa mortis* (por exemplo, um testamento), ou ainda de usucapião, desde que observados os pressupostos legais. O usufruto convencional possui duas formas: a) alienação, que se dá quando o proprietário concede, mediante atos *inter vivos* ou *causa mortis*, o usufruto a um indivíduo, conservando a nua-propriedade; b) retenção, que ocorre quando o dono do bem, somente mediante contrato, cede a nua-propriedade, reservando para si o usufruto.

USUFRUTO DE CRÉDITO. *Direito civil.* Trata-se do usufruto de título de crédito que consiste no direito de o usufrutuário cobrar dívidas respectivas, empregando como quiser o *quantum* recebido, aplicando-o, agindo em nome próprio e assumindo os riscos dessa aplicação, para, uma vez cessado o usufruto, restituí-lo em espécie ao proprietário que vier a recusar novos títulos.

USUFRUTO DE IMÓVEIS. *Direito civil.* É o que, não resultando do direito de família, recai sobre coisa imóvel, dependendo de inscrição no registro imobiliário.

USUFRUTO DE MINAS E FLORESTAS. *Direito civil.* É aquele em que o nu-proprietário e o usufrutuário devem, mediante acordo, estabelecer a extensão de seu gozo e a maneira de exploração, isto é, os limites a que o usufrutuário deve obedecer para usar e gozar dos rendimentos decorrentes da exploração de matas e de minas, observando os preceitos dos Códigos de Mineração e Florestal.

USUFRUTO DE MÓVEIS. *Direito civil.* É o que recai sobre bem móvel infungível e inconsumível, seja ele corpóreo ou incorpóreo; pode constituir-se sobre direitos autorais, patentes de invenção etc.

USUFRUTO DE PATRIMÔNIO. *Direito civil.* Aquele que tem por objeto um patrimônio, no todo ou em parte, o que, em regra, ocorre na sucessão testamentária, quando o testador grava parte dele com ônus real do usufruto, tendo-se, então, um legado de usufruto.

USUFRUTO DE TÍTULOS DE CRÉDITO. *Direito civil.* É o que consiste no direito de o usufrutuário cobrar débitos respectivos, empregando como quiser o *quantum* recebido, aplicando-o, agindo em nome próprio e assumindo os riscos dessa aplicação, para, uma vez cessado o usufruto, restituí-lo em espécie ao proprietário que vier a recusar novos títulos. O usufrutuário, portanto, terá direito de perceber os frutos até o vencimento do título de crédito, reaplicando-os, usufruindo dos frutos do capital até a extinção do usufruto, ocasião em que deverá entregar ao nu-proprietário novos títulos ou, se ele recusar, o capital. Daí a excelente observação de Lafayette de que o crédito é objeto de verdadeiro usufruto antes de ser pago; após a sua cobrança, com o recebimento do dinheiro oriundo do seu pagamento, ter-se-á, então, um quase-usufruto, ante a fungibilidade e consuntibilidade de seu objeto.

USUFRUTO DE VALORES. *Direito civil.* É o que grava direitos transmissíveis por recair em títulos nominativos endossáveis, como as ações de sociedade anônima e apólices de dívida pública federal, estadual ou municipal, cabendo ao usufrutuário a percepção dos frutos civis desses títulos, como a dos juros e dividendos, e para efetivar qualquer alienação ou cessão deverá fazer prévio acordo com o titular do direito sobre o valor por representar alteração na substância da coisa. Se se tratar de usufruto de apólices ao portador, ter-se-á um quase-usufruto, já que tais títulos equiparam-se à moeda, circuláveis que são.

USUFRUTO DO CÔNJUGE SOBREVIVENTE. *Vide* USUFRUTO VIDUAL.

USUFRUTO GERAL. O mesmo que USUFRUTO UNIVERSAL.

USUFRUTO IMPRÓPRIO. *Vide* QUASE-USUFRUTO.

USUFRUTO INSTITUÍDO EM FAVOR DE PESSOA JURÍDICA. *Direito civil.* Aquele que tem limitação de sua duração, pois o direito real extingue-se com a extinção da pessoa jurídica ou após trinta anos da data em que esta começou a exercê-lo.

USUFRUTO LEGAL. *Direito civil.* É o instituído por lei em benefício de determinadas pessoas, como, por exemplo, o do pai ou o da mãe sobre os bens dos filhos menores; o do cônjuge sobre os bens do outro quando lhe competir tal direito.

USUFRUTO MISTO. *Direito civil.* É aquele constituído por usucapião (Gomes e Muñoz).

USUFRUTO NORMAL. *Direito civil.* Trata-se do usufruto perfeito ou próprio que recai sobre coisas inconsumíveis e infungíveis, cujas substâncias podem ser conservadas e restituídas ao nu-proprietário.

USUFRUTO PARTICULAR. *Direito civil.* É o que recai sobre uma ou várias coisas individualmente determinadas, por exemplo, um prédio, um sítio, certo número de ações etc. Trata-se do usufruto singular.

USUFRUTO PERFEITO. *Vide* USUFRUTO NORMAL.

USUFRUTO PLENO. *Direito civil.* É o que abrange todos os frutos e utilidades, sem exceção, que a coisa sobre a qual incide produz.

USUFRUTO PRÓPRIO. *Vide* USUFRUTO NORMAL.

USUFRUTO REMUNERATÓRIO. *Direito civil.* É aquele em que o instituidor o confere a título oneroso ao usufrutuário para compensá-lo de algum serviço que lhe prestou.

USUFRUTO RESTRITO. *Direito civil.* Aquele concedido ao usufrutuário, excluindo algumas utilidades do gozo do bem onerado.

USUFRUTO SIMULTÂNEO. *Direito civil.* É o instituído para beneficiar várias pessoas, extinguindo-se, gradativamente, em relação a cada uma das que falecerem. De modo que, com a morte de cada usufruário, a nua-propriedade consolida-se, paulatinamente, atingindo sua plenitude por ocasião do óbito do último usufruário simultâneo. Tal é o que ocorre, salvo se no título constitutivo houver estipulação expressa de que a morte de um deles reverterá em favor dos sobreviventes, acrescendo aos quinhões destes a parte do falecido. Trata-se do direito de acrescer.

USUFRUTO SINGULAR. *Vide* USUFRUTO PARTICULAR.

USUFRUTO SUCESSIVO. *História do direito.* Era o instituído em favor de um indivíduo para que depois de sua morte se transmitisse a terceiro.

USUFRUTO TEMPORÁRIO. *Direito civil.* É aquele cuja duração se submete a prazo preestabelecido, extinguindo-se com sua verificação.

USUFRUTO TESTAMENTÁRIO. *Direito civil.* É o direito real de gozar e usar, temporariamente, dos frutos e das utilidades de coisa alheia que advém de ato jurídico *causa mortis*.

USUFRUTO UNIVERSAL. *Direito civil.* É o que recai sobre uma universalidade de bens, como o patrimônio, o fundo de comércio, ou sobre a parte alíquota desses bens. É também denominado usufruto geral.

USUFRUTO VIDUAL. *História do direito.* Era o direito de usufruto em favor de consorte supérstite, enquanto permanecesse viúvo, desde que não casado em regime de comunhão universal, estabelecido por lei, em quotas equivalentes à metade se não houvesse prole em concorrência com os ascendentes do falecido, e um quarto se houvesse filhos deste ou do casal e que ao tempo da morte do *de cujus* não estivesse dissolvida a sociedade conjugal. O consorte sobrevivente era, portanto, herdeiro sob condição resolutiva, no que atinasse ao usufruto. O mesmo se dizia do companheiro sobrevivente, desde que não viesse a constituir nova união.

USUFRUTO VITALÍCIO. *Direito civil.* É o que perdura até a morte do usufrutuário ou enquanto não sobrevier causa legal extintiva.

USUFRUTO VOLUNTÁRIO. *Vide* USUFRUTO CONVENCIONAL.

USUFRUTUAR. *Direito civil.* Usufruir.

USUFRUTUÁRIO. *Direito civil.* Aquele que tem direito de usufruto, possuindo o *jus utendi* e o *jus fruendi*, ou seja, o uso e gozo da coisa alheia, explorando-a economicamente, retirando frutos e utilidades. É também designado usufruidor.

USUFRUTUÁRIO CULPOSO. *Direito civil.* Aquele que aliena, deteriora ou deixa arruinar bens sob usufruto, não providenciando os reparos necessários para sua conservação, ou que, ainda, abusa da sua fruição, percebendo, imoderadamente, seus frutos. Ante essa sua atitude o nu-proprietário pode mover ação de extinção do usufruto.

USURA. **1.** *Economia política.* Desgaste de uma riqueza em virtude de seu uso. **2.** *Direito penal.* a) Cobrança de juros excessivos pelo capital mutuado; b) especulação ilícita que consiste em cobrar juros sobre empréstimo de dinheiro por taxa acima da estabelecida legalmente.

USURA DE LUCRO. *Vide* USURA REAL.

USURA PECUNIÁRIA. *Direito penal.* Exigência de juros superiores ao limite autorizado por lei.

USURAR. *Direito penal.* Praticar usura, estipulando juros exagerados, acima do permitido por lei.

USURA REAL. Estipulação de lucro excedente ao quinto do valor da prestação ou vantagem leonina somente para uma das partes, abusando da inexperiência ou da premente necessidade da outra.

USURÁRIO. *Direito penal.* **1.** Agiota; onzenário. **2.** Aquele que empresta dinheiro cobrando juros ilícitos ou extorsivos. **3.** Quem empresta com usura. **4.** Em que há usura.

USURA UNCIARIA. *Direito romano.* Empréstimo a juros.

USURECEPTIO. *Direito romano.* Retomada pelo uso.

USURECEPTIO FIDUCIAE. *Direito romano.* Recuperação da propriedade do bem alienado pelo alienante fiduciário, se ficava na posse dele pelo prazo de um ano, se móvel, ou de dois, se imóvel.

USURECEPTIO PRAEDIATURAE. *Direito romano.* Ato pelo qual o devedor para o Estado recuperava a propriedade dos bens vendidos se permanecesse na posse deles por determinado prazo (Sílvio Meira).

USUREIRO. O mesmo que USURÁRIO.

USURPAÇÃO. *Direito penal.* Crime pelo qual o agente, sem título legítimo, se apossa de bem que, por direito, pertence a outrem.

USURPAÇÃO DE ÁGUAS. *Direito penal.* Crime punido com detenção e multa que consiste no ato de desviar ou represar, em proveito próprio ou de terceiro, águas alheias.

USURPAÇÃO DE FUNÇÃO PÚBLICA. *Direito penal.* Crime contra a Administração Pública, punido com detenção e multa, ou com reclusão e multa, se o agente auferir vantagem, que consiste no fato de alguém, funcionário ou não, exercer função pública que não lhe compete, passando a realizar, indevidamente, atos inerentes ao ofício.

USURPAÇÃO DE MARCA. *Direito de propriedade industrial* e *direito penal.* Uso indevido, imitação ou violação de marca pertencente a outrem, fazendo o consumidor acreditar que se trata de produto individualizado pela mesma marca.

USURPAÇÃO DE NOME OU PSEUDÔNIMO ALHEIO. *Direito penal.* Crime contra o direito autoral, punido com detenção e multa, que consiste em atribuir falsamente a alguém, mediante o uso de nome, pseudônimo ou sinal por ele adotado para designar seus trabalhos, a autoria de obra literária, científica ou artística.

USURPAÇÃO DE PODER. 1. *Direito administrativo.* Desvio de poder pelo funcionário que atua além das suas atribuições. **2.** *Ciência política.* Ocupação de cargo, mediante emprego de violência, por quem não é o legítimo ocupante.

USURPAÇÃO OU INDEVIDA EXPLORAÇÃO DE MODELO OU DESENHO PRIVILEGIADO. *Direito de propriedade industrial* e *direito penal.* Abrange a reprodução, total ou parcial, por qualquer meio, sem a devida autorização, de desenho ou modelo de privilégio alheio; é a exposição, a venda ou introdução no país de coisa que imita modelo ou desenho privilegiado. *Vide* CRIME CONTRA PATENTE DE INVENÇÃO OU DE MODELO DE UTILIDADE.

USURPADO. *Direito penal.* **1.** O que foi tomado por usurpação. **2.** Vítima de usurpação.

USURPADOR. 1. *Direito penal.* a) Aquele que se apodera do que não lhe pertence por direito; b) quem usurpa. **2.** *Ciência política.* Aquele que, violenta, ilegítima ou injustamente, se apropria do poder.

USURPAR. 1. *Ciência política.* a) Apoderar-se, violentamente, de um governo; b) assumir, ilegitimamente, o poder. **2.** *Direito penal.* Apoderar-se, ilícita ou indevidamente, de coisa alheia. **3.** *Direito administrativo.* Ocupar ou exercer cargo, ou função pública, sem ter qualquer direito.

USURPATIO EST USUCAPIONIS INTERRUPTIO. *Expressão latina.* A usurpação é a interrupção da usucapião.

USURPATIO TRINOCTII. *Direito romano.* Três noites seguidas de interrupção da convivência, para evitar a consolidação do casamento pelo *usus.*

USURPATIVO. *Direito penal* e *ciência política.* Que envolve usurpação.

USURPATÓRIO. *Vide* USURPATIVO.

USUS. *Termo latino.* **1.** Uso. **2.** Direito de usar de coisa própria. **3.** Casamento pela convivência de homem e mulher livres durante um ano. Modalidade de casamento *cum manu*, por usucapião que se interrompia pela *usurpatio trinoctii.*

USUS FORENSIS. *Locução latina.* **1.** Praxe forense. **2.** Jurisprudência.

USUS FORI. *Locução latina.* Uso do foro.

USUS INNOXIUS. *Direito internacional público.* Direito de passagem inocente exercido por embarcação em águas territoriais de país que não é o de sua bandeira (Othon Sidou).

USUS LEGEM IMITAT. *Expressão latina.* O uso imita a lei.

USUS QUEM PENES ARBITRIUM EST ET JUS NORMA LOQUENDI. *Expressão latina.* O uso é o supremo arbítrio e o regulador da linguagem.

USUS TE PLURA DOCEBIT. *Expressão latina.* A prática te ensinará muitas coisas.

UT. *Termo latino.* Como; assim como.

UT DETUR. *Locução latina.* Para ser dada.

UTENSILIAR. Prover de utensílios.

UTENSÍLIO. 1. Nas *linguagens jurídica* e *comum*, qualquer objeto ou instrumento necessário ou útil à vida cotidiana ou ao exercício de uma profissão ou, ainda, para a consecução de certa finalidade. **2.** *Filosofia geral.* Instrumento conceitual (Dewey).

UTENSÍLIO DE TRABALHO. *Direito do trabalho.* Material imprescindível para a realização de um trabalho.

UTENSÍLIO PROFISSIONAL. Instrumento ou material necessário para o exercício de uma atividade profissional.

UTENTE. 1. *Direito civil.* Aquele que usa; usuário; titular do direito de uso. **2.** *Direito administrativo.* O cidadão que usa de bens públicos ou da prestação de serviços públicos (Marcello Caetano).

UTERALGIA. *Medicina legal.* Dor no útero.

UTERÁLGICO. *Medicina legal.* O que diz respeito à uteralgia.

UTEREMIA. *Medicina legal.* Congestão sangüínea do útero.

UTERINO. 1. *Medicina legal.* a) Referente ao útero; b) que afeta o útero. **2.** *Direito civil.* Qualidade do irmão pelo lado materno; cada filho da mesma mãe, apesar de pais diversos.

UTERITE. *Medicina legal.* Inflamação do útero.

UTERÍTICO. *Medicina legal.* O que se refere à uterite.

ÚTERO. *Medicina legal.* Órgão oco e elástico situado na pelve feminina, onde o feto se desenvolve por nove meses.

UTEROCELE. *Medicina legal.* Hérnia do útero.

UTEROMANIA. *Vide* NINFOMANIA.

UTEROMANÍACA. *Medicina legal.* Aquela que sofre de uteromania.

UTEROMANÍACO. *Medicina legal.* Relativo à uteromania.

UTEROPATIA. *Medicina legal.* Moléstia uterina.

UTEROPLACENTÁRIO. *Medicina legal.* Referente ao útero e à placenta.

UTERORRAGIA. *Medicina legal.* Hemorragia do útero.

UTEROSCLEROSE. *Medicina legal.* Esclerose do útero.

UTEROSCOPIA. *Medicina legal.* Exame visual do interior do útero.

UTEROSTENIA. *Medicina legal.* Estreitamento do útero.

UTEROSTÊNICO. *Medicina legal.* O que se refere a uterostenia.

UTEROTUBÁRIO. *Medicina legal.* O que diz respeito ao útero e às trompas.

UTEROVAGINAL. *Medicina legal.* Relativo ao útero e à vagina.

UTEROVARIANO. *Medicina legal.* Referente ao útero e ao ovário.

UTEROVESICAL. *Medicina legal.* O que se refere ao útero e à bexiga.

UT FAMA EST. *Expressão latina.* **1.** Conforme se diz. **2.** Como é fama. **3.** Segundo consta. **4.** Conforme é público e notório.

UT FATA TRAHUNT. *Expressão latina.* **1.** Ao acaso. **2.** Como os fatos conduzem.

ÚTIL. 1. Aquilo de que se pode tirar proveito. **2.** O que serve para alguma coisa. **3.** Vantajoso. **4.** O que traz comodidade. **5.** O que satisfaz uma necessidade. **6.** O que tem seu valor como meio para atingir um determinado fim.

UTILE DULCI. *Locução latina.* Unir o útil ao agradável.

UTILE NON DEBET PER INUTILE VITIARI. *Aforismo jurídico.* Não se deve prejudicar o útil com o inútil.

UTILE PER INUTILE NON VITIATUR. *Aforismo jurídico.* O útil não é invalidado pelo inútil.

UTILIDADE. 1. Nas *linguagens comum* e *jurídica*: a) característica do que é útil; b) qualidade do que atende às necessidades humanas; c) coisa ou pessoa útil; d) serventia. **2.** *Direito do trabalho.* Conjunto de prestações, *in natura*, como alimentação, vestuário, moradia etc., que é fornecido pelo empregador ao empregado.

UTILIDADE ECONÔMICA. *Economia política.* Também designada ofelimidade de um bem, é a intensidade do desejo que experimenta o indivíduo ao procurar para si tal bem em dado momento e em condições determinadas. A utilidade econômica de um pão para o faminto é considerável por ser objeto de intenso desejo, mas, uma vez saciado, aquele pão perde sua importância. Logo, essa utilidade econômica apresenta os seguintes caracteres: a) subjetividade; b) ligação ao caráter econômico dos bens, que é sua alienabilidade; c) quantidade do bem; d) intensidade da necessidade a satisfazer (Henri Guitton).

UTILIDADE MARGINAL. *Economia política.* É aquela do último exemplar de um bem composto de vários exemplares ou unidades que possa satisfazer uma necessidade menos intensa (Henri Guitton).

UTILIDADE PÚBLICA. 1. *Direito administrativo* e *direito civil.* a) Fundamento da desapropriação que abrange as seguintes hipóteses: segurança nacional; defesa do Estado; socorro público em caso de calamidade; salubridade pública; aproveitamento industrial de minas e jazidas; das águas e da energia hidráulica; assistência pública, obras de higiene e decoração; casas de saúde; abertura, conservação e melhoramento de vias ou logradouros públicos; funcionamento dos meios de transporte coletivo; preservação e conservação dos monumentos históricos e artísticos; construção de edifícios públicos, monumentos e cemitérios; criação de estádios, aeródromos ou campos de pouso para aeronaves; reedição e divulgação de obras ou inventos de natureza científica, artística ou literária etc.; b) maneira de ser daquilo cujo fim o governo reconhece como de interesse da coletividade e ao qual, por isso, concede certas vantagens. **2.** *Direito civil.* Associação que, pelos serviços socioassistenciais ou educacionais prestados gratuita e desinteressadamente à coletividade, faz jus a subsídios ou auxílios financeiros governamentais, desde que haja declaração de sua utilidade pública federal, estadual ou municipal, considerando preenchidas as rígidas condições que lhe são impostas, ficando, então, sujeita ao controle e à contínua fiscalização da Administração Pública competente, que vão muito além do mero poder de polícia. **3.** *Direito penal.* Objeto do crime contra a incolumidade pública que consiste em atentar contra a segurança ou o funcionamento de serviço de água, luz, força ou calor, punido com reclusão e multa. Para sua configuração basta qualquer ato atentatório a serviço de utilidade pública. **4.** *Direito ambiental.* Abrange: a) as atividades de segurança nacional e proteção sanitária; b) as obras essenciais de infraestrutura destinadas aos serviços públicos de transporte, saneamento e energia, declaradas pelo poder público federal ou dos Estados; c) demais obras, planos, atividades ou projetos em resolução do Conselho Nacional do Meio Ambiente (Conama).

UTILIOR PRORSUS PER ITER TIBI FIDUS AMICUS, QUAM SINT IN LOCULIS PLURIMA LUCRA TUIS. *Expressão latina.* Mais vale um amigo na praça que dinheiro na arca.

UTILISSIMUM SAEPE QUOD CONTEMNITUR. *Expressão latina.* Muitas vezes o mais útil é o que se despreza.

UTILITÁRIO. 1. O que se refere à utilidade. **2.** Ligado ao que é útil. **3.** Que professa o utilitarismo. **4.** *Direito de trânsito.* Veículo misto caracterizado pela versatilidade do seu uso, inclusive fora de estrada. **5.** *Direito virtual.* Programa que torna mais fácil a execução de certa tarefa no computador.

UTILITARISMO. 1. *Ciência política.* a) Sistema de ética normativa; b) sistema que conjuga o justo com o útil, com o escopo de valorizar o interesse como maior princípio do direito e da moral (Geraldo Magela Alves); c) teoria que faz do útil o princípio de todos os valores, na ordem do conhecimento e da ação (Lalande). **2.** *Economia política.* a) É a teoria que defende a expropriação coativa e a socialização dos meios de produção, assim como a abolição do mercado livre em favor de um sistema de economia planejada, que são medidas legítimas e obrigatórias quando conduzem a conseqüências melhores em relação a qualquer outra alternativa (Pontara); b) doutrina cujo valor supremo é a utilidade.

UTILITARISMO COMO MÉTODO DELIBERATIVO. *Ciência política.* Proposta das operações mentais que deve ser adotada pelo sujeito sempre que tiver de escolher entre duas ou mais alternativas (Brandt), devendo este, então, escolher aquela que apresentar a máxima utilidade esperada.

UTILITARISMO COMO PROCESSO DECISÓRIO. *Vide* UTILITARISMO COMO MÉTODO DELIBERATIVO.

UTILITARISMO COMO SISTEMA ÉTICO. *Ciência política.* Teoria que põe em relevo as conseqüências efetivas, identificando os princípios ou critérios do agir moralmente justificados, ou melhor, estabelecendo em que condições uma ação é moralmente reta, obrigatória ou proibida (Pontara).

UTILITARISMO COMO TEORIA ANALÍTICO-EXPLICATIVA. *Ciência política.* É a doutrina que analisa critérios do agir moral próprios da moral comum, tornando-os explícitos e explicando o motivo da existência das normas morais e das suas variações em épocas e culturas diferentes (Sidgwick).

UTILITARISMO COMO TEORIA METAÉTICA. *Ciência política.* Concepção doutrinária que visa a definição dos termos deontológicos por meio dos termos axiomáticos. (Moore e Pontara).

UTILITARISMO COMO TEORIA PSICOSSOCIAL. *Ciência política.* Doutrina propugnada por Hume que busca a compreensão da origem das atitudes morais na experiência de prazer e de dor, que se liga a certos tipos de comportamento, com base nos quais o ser humano desenvolve atitudes favoráveis aos que provocam conseqüências agradáveis e desfavoráveis relativamente àqueles que causam experiências dolorosas.

UTILITARISMO DA NORMA. *Ciência política.* Também designado utilitarismo restrito, é a teoria pela qual a justificação moral de uma ação depende de sua conformidade com certas normas, cuja validade depende de conseqüências de que sua aceitação deriva. Uma ação é moralmente reta e obrigatória apenas se seguir um dado sistema de normas, de maneira que sua aceitação geral conduz a conseqüências tão boas ou melhores do que a que conduziria a aceitação geral de qualquer sistema de normas alternativas (Urmson, Mill, Brandt e Rawls).

UTILITARISMO DO ATO. *Ciência política.* É a doutrina segundo a qual a justificação moral de uma ação particular depende do valor intrínseco relativo de suas conseqüências simples (Pontara).

UTILITARISMO EXTREMO. *Vide* UTILITARISMO DO ATO.

UTILITARISMO GENERALIZADO. *Ciência política.* Teoria pela qual a justiça e a obrigatoriedade de uma ação dependem do valor relativo das conseqüências que se verificariam se cada um, em uma situação relevante, fizesse e respectivamente não fizesse uma ação do gênero. Por essa doutrina, na situação de escolher entre ir votar e passar o dia na montanha, deve-se concluir pelo voto, porque se cada pessoa se abstivesse de votar as conseqüências seriam desastrosas (Harrison, Harrod e M. Singer).

UTILITARISMO HEDONÍSTICO. *Ciência política.* É a corrente que sustenta ser a única obrigação moral a de produzir o maior prazer possível sobre a dor. Deve-se maximizar a felicidade para obter ausência de dor (Verri, Benthon, Smart e Williams).

UTILITARISMO IDEAL. *Ciência política.* Concepção doutrinária que concebe como única obrigação moral a de produzir o máximo excedente possível de estados de consciência bons sobre os maus (G. E. Moore). É também designado "utilitarismo não hedonístico".

UTILITARISMO JURÍDICO. *Economia política.* Sistema que visa fazer com que em toda produção se obtenha o maior lucro possível (Bentham).

UTILITARISMO MÉDIO. *Ciência política.* É a teoria que considera como única obrigação moral a de maximizar a média de felicidade ou de bem (Sidgwick e Pontara).

UTILITARISMO MISTO. *Ciência política.* É o fundado na concepção axiológica que atribui valor intrínseco (positivo, respectivamente negativo) não só ao prazer e à dor, como também às preferências racionais ou formadas de maneira autônoma pelos indivíduos (J. Glover).

UTILITARISMO NÃO HEDONÍSTICO. *Vide* UTILITARISMO IDEAL.

UTILITARISMO NEGATIVO. *Ciência política.* Posição doutrinária segundo a qual a única obrigação moral é a de minimizar a dor ou o sofrimento (sempre que a privação do prazer não comporte um aumento da dor) enquanto a produção do prazer é tida como algo não estritamente obrigatório (K. Popper).

UTILITARISMO PESSIMISTA. *Biodireito.* Teoria que valoriza a vida a partir de seu uso social, defendendo seu término quando se tornar um peso (Pessini).

UTILITARISMO POSITIVO. *Ciência política.* Teoria segundo a qual aquilo que é tido como obrigatório ou é a minimização da dor (ou do mal) ou é a maximização do prazer ou do bem (Pontara).

UTILITARISMO PREFERENCIAL. *Ciência política.* É aquela que se funda no princípio axiológico segundo o qual o que tem valor intrínseco são os desejos ou as preferências da condição do ser sensível, ou, mais exatamente, a satisfação de tais preferências. A única obrigação moral é a maximização das satisfações (Hare, Naverson, Arrow e Pareto). Para essa corrente o ato de matar alguém contra sua vontade é uma ação moral negativa e errônea, pois priva a vítima da satisfação de uma sua preferência fundamental: a de continuar vivendo (Pontara).

UTILITARISMO RESTRITO. *Vide* UTILITARISMO DA NORMA.

UTILITARISMO TOTAL. *Ciência política.* Aquele que considera como única obrigação moral maximizar a felicidade ou o bem intrínseco (Sidgwick).

UTILITARISTA. *Ciência política.* **1.** Partidário do utilitarismo. **2.** Referente ao utilitarismo. **3.** O que se baseia no utilitarismo.

UTILITAS. *Termo latino.* Faculdade de fazer uso.

UTILITAS PUBLICA PRAEFERTUR PRIVATAE. *Aforismo jurídico.* A utilidade pública tem preferência sobre a privada.

UTILITER SERVIT NEMO DUOBUS HERIS. *Locução latina.* Ninguém pode servir a dois senhores.

UTILIUS TARDE QUAM NUNQUAM DISCERE VELLE. *Expressão latina.* Mais vale aprender tarde do que nunca.

UTILIZAÇÃO. **1.** Ato ou efeito de utilizar. **2.** Ato de tirar proveito ou lucro. **3.** Utilidade que se tira de um bem. **4.** Consumo da coisa.

UTILIZAÇÃO DA OBRA AUDIOVISUAL. *Direito autoral.* É a autorização do autor e do intérprete de obra literária, artística ou científica para produção audiovisual que implica, salvo disposição em contrário, consentimento para sua utilização econômica. A exclusividade da autorização depende de cláusula expressa e cessa dez anos após a celebração do contrato. Em cada cópia da obra audiovisual, mencionará o produtor: a) o título da obra audiovisual; b) os nomes ou pseudônimos do diretor e dos demais co-autores; c) o título da obra adaptada e seu autor, se for o caso; d) os artistas intérpretes; e) o ano de publicação; f) o seu nome ou marca que o identifique. O contrato de produção audiovisual deve estabelecer: a) a remuneração devida pelo produtor aos co-autores da obra e aos artistas intérpretes e executantes, bem como o tempo, lugar e forma de pagamento; b) o prazo de conclusão da obra; c) a responsabilidade do produtor para com os co-autores, artistas intérpretes ou executantes, no caso de co-produção. O participante da produção da obra audiovisual que interromper, temporária ou definitivamente, sua atuação, não poderá opor-se a que esta seja utilizada na obra nem a que terceiro o substitua, resguardados os direitos que adquiriu quanto à parte já executada.

UTILIZAÇÃO DA OBRA COLETIVA. *Direito autoral.* É a que requer que ao publicar a obra coletiva, o organizador mencione em cada exemplar: a) o título da obra; b) a relação de todos os participantes, em ordem alfabética, se outra não houver sido convencionada; c) o ano de publicação; d) o seu nome ou marca que o identifique.

UTILIZAÇÃO DA OBRA DE ARTE PLÁSTICA. *Direito autoral.* Aquela em que o autor de obra de arte plástica, salvo convenção em contrário, ao alienar o objeto em que ela se materializa, transmite o direito de expô-la, mas não transmite ao adquirente o direito de reproduzi-la. A autorização para reproduzir obra de arte plástica, por qualquer processo, deve se fazer por escrito e se presume onerosa.

UTILIZAÇÃO DE BASES DE DADOS. *Direito autoral.* É o direito exclusivo do titular do direito patrimonial sobre uma base de dados a respeito da forma de expressão da estrutura da referida base, de autorizar ou proibir: a) sua reprodução total ou parcial, por qualquer meio ou processo; b) sua tradução, adaptação, reordenação ou qualquer outra modificação; c) a distribuição do original ou cópias da base de dados ou a sua comunicação ao público; d) a reprodução, distribuição ou comunicação ao público dos resultados das operações mencionadas no item "b".

UTILIZAÇÃO DE DINHEIRO PÚBLICO. *Direito penal.* Crime de peculato, punido com reclusão ou multa, que consiste no fato de funcionário público apropriar-se de valor ou dinheiro, público ou particular, em razão do cargo ou de desviá-lo, em proveito próprio ou alheio.

UTILIZAÇÃO DE FONOGRAMA. *Direito autoral.* É a que requer que ao publicar o fonograma, o produtor mencione em cada exemplar: a) o título da obra incluída e seu autor; b) o nome ou pseudônimo do intérprete; c) o ano de publicação; d) o seu nome ou marca que o identifique.

UTILIZAÇÃO DE OBRA INTELECTUAL. *Direito autoral.* É o direito que tem o autor de obra de autorizar a sua exploração econômica e retirar dela os proventos econômicos que ela lhe proporciona (Carlos Alberto Bittar).

UTILIZAÇÃO ILÍCITA DE SELO OU SINAL VERDADEI-RO. *Direito penal.* Crime contra a fé pública, puní-vel com reclusão e multa, que consiste no uso indevido de selo ou sinal legítimo em prejuízo de outrem, ou em proveito próprio ou alheio.

UTILIZAÇÃO INDUSTRIAL. *Direito empresarial.* Consumo de objeto produzido.

UTILIZADO. 1. Aproveitado. **2.** Tornado útil.

UTILIZADOR. Que utiliza.

UTILIZAR. 1. Tornar útil. **2.** Aproveitar. **3.** Tirar proveito. **4.** Lucrar.

UTILIZÁVEL. O que pode ser utilizado.

UT INFRA. *Locução latina.* Como a seguir; como abaixo.

UTI, NON ABUTI. *Expressão latina.* Usar, não abusar.

UTI POSSIDETIS. 1. *Locução latina.* a) Interdito para proteção de posse de terras e construções; b) como possui agora; c) na condição em que se encontra. **2.** *Direito internacional público.* a) Princípio que prestigia a posição do possuidor efetivo de um espaço territorial contestado (Rezek). Visa a proteção do possuidor de imóvel contra pretensões de terceiros; b) acordo feito entre países beligerantes de manter, cessando as hostilidades, a situação vigente, no instante do acordo, para os territórios ocupados (Marcus Cláudio Acquaviva); c) princípio pelo qual prevalece a melhor posse provada de imóvel, havendo confusão de limites; d) fórmula diplomática que estabelece o direito de um país a um território, tendo por base a sua ocupação pacífica.

UTI SINGULI. *Locução latina.* **1.** Como um só. **2.** Coisas simples. **3.** Coisas compostas quando, embora reunidas, se consideram singular ou isoladamente. **4.** De forma singular.

UTI SUPRA. *Locução latina.* Como acima foi dito.

UTI VIA PÚBLICA NEMO RECTE PROHIBETUR. *Aforismo jurídico.* Ninguém pode ser, justamente, impedido de usar via pública.

UT MAGISTRATIBUS LEGES, ITA POPULO PRAESUNT MAGISTRATUS; VEREQUE, DICI POTEST MAGISTRATUM LEGEM ESSE LOQUENTEM, LEGEM AUTEM MUTUM MAGISTRATUM. *Expressão latina.* Assim como as leis são superiores ao magistrado que preside o povo, pode-se dizer que o magistrado é a lei que fala, e a lei é o juiz em silêncio.

UT OLIM FLAGITIIS, SIC NUN LEGIBUS LABORAMUS. *Expressão latina.* Sofremos hoje tanto com as leis como outrora com os crimes.

UTOPIA. *Ciência política.* **1.** Projeto irrealizável. **2.** O que, por estar fora da realidade, não pode realizar-se mesmo no futuro. **3.** O que não pode existir concretamente. **4.** Local imaginário onde o povo vive feliz, em completa harmonia, em razão das instituições ideais (Thomas Morus). É a descrição de uma sociedade supostamente perfeita em todos os sentidos. **5.** Plano teórico do governo, que, por calcular tudo para obter a completa felicidade de todos, é impossível de concretizar-se na prática. **6.** Ideal político-social impossível de se realizar. **7.** Mentalidade que pressupõe não só estar em contradição com a realidade presente, mas também romper os liames da ordem existente. É uma ideologia revolucionária que se realiza na ação dos grupos sociais (Karl Manheim).

UTÓPICA. Sociedade fechada, supostamente perfeita, sendo, por isso, insuscetível de qualquer melhoramento.

UTÓPICO. *Ciência política.* **1.** Referente a utopia. **2.** O que encerra utopia. **3.** O que constitui uma utopia. **4.** Procedente da utopia. **5.** O que não está em nenhum lugar. **6.** Todo ideal de sociedade humana. **7.** Modelar; perfeito.

UTOPISTA. 1. O que procede por utopia. **2.** Defensor da utopia.

UTOPÍSTICO. Próprio de utopista.

UT PAR EST. *Expressão latina.* Como é justo.

UT QUID? *Locução latina.* Por que razão?

UT QUIMUS QUANDO UT VOLUMUS NON LICET. *Expressão latina.* Quem não pode como quer deve querer como pode.

UT QUISQUE EST VIR OPTIMUS, ITA DIFFICILIME ESSE ALIOS IMPROBOS SUSPICIATUR. *Expressão latina.* Ao homem de bem custa muito suspeitar da probidade de outrem.

UTRAQUE SI PRAEMISSA NEGET, NIHIL INDE SEQUETUR. *Expressão latina.* Se, num silogismo, ambas as premissas são negativas, não se pode tirar nenhuma conseqüência.

UT RETRO. *Locução latina.* Como atrás; como já mencionado.

UTRIQUE FURES, ET QUI RECIPIT ET QUI FURATUR. *Expressão latina.* Tanto é ladrão o que furta como o que recebe a coisa furtada.

UT ROGAS. *Locução latina.* Como solicita.

UTRUBI. *Termo latino.* Interdito pelo qual o pretor ordenava que não se perturbasse a posse do litigante que estivesse mais tempo com a coisa móvel.

UT SINGULI. *Vide UTI SINGULI.*

UT SUPRA. *Locução latina.* Como acima citado.

UT UNIVERSI. *Locução latina.* O que deve ser tratado como universalidade; de forma conjunta.

UT UPTA. *Locução latina.* Por exemplo.

UVA. 1. *Direito agrário.* Fruto da videira. **2.** Na *gíria*, mulher bonita e moça.

UVAÇA. *Direito agrário.* Grande quantidade de uva.

ÚVULA. *Medicina legal.* Pequeno apêndice carnoso que fica suspenso no meio do véu palatino e na parte posterior da boca.

UVULAR. *Medicina legal.* O que diz respeito à úvula.

UVULITE. *Medicina legal.* Inflamação da úvula.

ÚXER. *História do direito.* Barco de carga, de remos e vela, que era usado para transportar cavalos.

UXÓRIA. *Direito civil.* **1.** Outorga dada pela mulher para que o marido possa efetuar, validamente, certos atos jurídicos. **2.** Qualidade de ato oriundo da mulher casada.

UXORIANO. *Vide* UXÓRIO.

UXORICIDA. *Direito penal.* **1.** Aquele que pratica ou concorre para o uxoricídio. **2.** Marido que assassina a mulher. **3.** O que se refere ao uxoricídio.

UXORICÍDIO. *Direito penal.* Assassinato da mulher praticado pelo seu próprio marido.

UXÓRICO. *Vide* UXÓRIO.

UXÓRIO. *Direito civil.* O que provém da mulher casada.

VACAGEM. *Direito agrário.* Lote de vacas.

VACAL. Indecente.

VACÂNCIA. 1. *Direito civil.* a) Estado da coisa que não se encontra ocupada; b) estado de bens jacentes não reclamados por ninguém dentro de um prazo legal. **2.** *Direito administrativo* e *direito do trabalho.* a) Cargo vago ou que está sem ocupante; b) período de tempo em que um cargo ou emprego não está preenchido.

VACÂNCIA DE BENS. *Direito civil.* **1.** Situação do imóvel abandonado arrecadado como bem vago e que passa ao domínio do Estado, do território ou do Distrito Federal se se achar nas respectivas circunscrições: três anos depois, quando se tratar de imóvel localizado em zona urbana ou rural. **2.** Estado dos bens da herança jacente que foram declarados vacantes ante o fato de, após a realização de todas as diligências legais, não ter aparecido nenhum herdeiro sucessível.

VACÂNCIA DE CARGO PÚBLICO. *Direito administrativo.* Situação do cargo público declarado vago enquanto não se promover um funcionário para preenchê-lo em razão de óbito, aposentadoria, promoção, demissão etc., de seu titular.

VACÂNCIA DE FUNÇÃO GRATIFICADA. *Direito administrativo.* Estado em que uma função fica vaga em razão de destituição ou dispensa de seu ocupante.

VACÂNCIA DERIVADA. *Direito administrativo.* Situação de um cargo que se tornou vago por ter seu titular dele se ausentado por qualquer motivo, devendo ser ocupado por meio da suplência, substituição ou delegação para evitar paralisação do serviço público (José Cretella Jr.).

VACÂNCIA DO TRABALHO. *Direito do trabalho.* **1.** Período de férias anuais remuneradas. **2.** Suspensão do trabalho.

VACÂNCIA ORIGINÁRIA. *Direito administrativo.* Estado de cargo que acabou de ser criado e está aparelhado para receber um titular mas que, contudo, encontra-se vago.

VACANCY. *Termo inglês.* **1.** Vacância. **2.** Lacuna.

VACANT. *Termo inglês.* **1.** Vago. **2.** Desocupado. **3.** Vazio. **4.** Fútil.

VACANTE. 1. *Direito civil.* a) Qualidade do bem que está sem dono ou que foi abandonado; b) herança em que não há herdeiros, sendo deferida ao Município, Distrito Federal ou União; c) prédio sem morador ou que está para ser locado. **2.**

Direito administrativo e *direito do trabalho.* Cargo que está para ser provido.

VACAR. 1. *Direito civil.* a) Ficar um bem vago ou sem dono, b) declarar a vacância da herança. **2.** *Direito administrativo.* Declarar um cargo oficialmente vago para que possa ser preenchido por um titular. **3.** *Direito do trabalho.* Entrar em férias, cessando temporariamente o trabalho.

VACARIA. *Direito agrário.* **1.** Gado vacum. **2.** Estábulo de vacas. **3.** Local onde são recolhidas e tratadas as vacas leiteiras.

VACATIO CONSTITUTIONALIS. *Direito constitucional.* Período temporal intercalar desde a publicação da Constituição até sua entrada em vigor. Por exemplo, o de dois meses, no Brasil, quando a Carta Magna de 24 de janeiro de 1967 foi publicada para entrar em vigor em 15 de março desse mesmo ano.

VACATIO LEGIS. 1. *Locução latina.* Vacância da lei. **2.** *Teoria geral do direito.* Intervalo entre a data da publicação da lei e sua entrada em vigor. Com o término da *vacatio legis* inicia-se a obrigatoriedade da lei nova. Antes do decurso da *vacatio* a lei nova não tem efetiva força obrigatória nem autoridade imperativa, mesmo que promulgada e publicada, por ainda estar em vigor a lei antiga. Por exemplo, o Código Civil, promulgado a 11 de janeiro de 2002, com início de vigência estabelecida para 11 de janeiro de 2003.

VACATIO LEGIS CONSTITUTIONALIS. O mesmo que *VACATIO CONSTITUCIONALIS.*

VACATION OF JUDGEMENT. *Locução inglesa.* Revogação de sentença.

VACATURA. *Vide* VACÂNCIA.

VACHER. *Medicina legal.* Reação que é um ensaio imuno-hematológico que se baseia na inibição da gamaglobulina encontrada no plasma ou soro sangüíneo mediante reação biológica de conglutinação (José Lopes Zarzuela).

VACILAÇÃO. 1. Hesitação. **2.** Ato ou efeito de vacilar.

VACILANTE. 1. Que vacila. **2.** Hesitante; irresoluto. **3.** Pouco firme.

VACILAR. 1. Titubear. **2.** Tornar irresoluto. **3.** Estar hesitante.

VACILATÓRIO. Que provoca vacilação.

VACINA. *Medicina legal.* **1.** Vírus atenuado, natural ou artificialmente, ou de antígeno, que, introduzido no organismo, nele estimula um estado de resistência, total ou parcial, contra

VAC 796

alguma infecção. **2.** Produto biológico, imunogênico, inócuo e específico, vivo ou inativado, elaborado a partir de unidade ou subunidade antigênica de cepas vacinais cultivadas em substratos especiais, e utilizado para combater e prevenir doença. **3.** Substância que, contendo microrganismos atenuados responsáveis por uma moléstia, sendo introduzida no organismo humano, imuniza-o contra aquele mal.

VACINA BCG. *Medicina legal.* Vacina do Bacilo de Calmette e Guérin que produz imunidade contra a tuberculose.

VACINAÇÃO. *Medicina legal.* Ato de inocular vacina para imunizar alguém contra moléstias.

VACINADO. *Medicina legal.* Aquele em que se inoculou vacina.

VACINADOR. *Medicina legal.* Aquele que vacina.

VACINAR. *Medicina legal.* Inocular vacina.

VACINA SABIN. *Medicina legal.* Aquela que, administrada oralmente, imuniza contra a poliomielite.

VACINAS AUTÓGENAS. *Direito agrário.* São vacinas monovalentes ou polivalentes, inativadas, imunogênicas, não tóxicas e inócuas, produzidas a partir de microorganismos isolados e identificados de animais sacrificados ou enfermos, em uma determinada propriedade na qual esteja ocorrendo enfermidades específicas, cultivadas em substratos especiais e utilizadas para controle ou prevenção de enfermidades na espécie-alvo, especificamente na propriedade-alvo ou propriedades adjacentes.

VACINÁVEL. *Medicina legal.* Que pode ser vacinado.

VACÍNIA. *Medicina legal.* **1.** Vacina. **2.** Reação apresentada pelo organismo ao vírus da vacina, que se manifesta por erupções pustulosas.

VACÍNICO. *Medicina legal.* **1.** O que se refere à vacina. **2.** Próprio da vacina.

VACINÍFERO. *Medicina legal* e *direito agrário.* Animal ou indivíduo do qual a vacina foi retirada.

VACINIFORME. *Medicina legal.* **1.** Similar à vacina. **2.** O que tem aspecto de pústula vacínica.

VACINOFOBIA. *Medicina legal.* Pavor à vacina.

VACINOFÓBICO. *Medicina legal.* Referente à vacina.

VACINÓFOBO. *Medicina legal.* Aquele que padece de vacinobofia.

VACINOGENIA. *Medicina legal.* Produção de vacina.

VACINÓIDE. *Medicina legal.* Vacina atenuada que evolui rapidamente naquele que já havia sido anteriormente vacinado.

VACINOSSÍFILIS. *Medicina legal.* Sífilis causada por inoculação de vacina impura.

VACINOTERAPIA. *Medicina legal.* Tratamento por meio de vacinas.

VACUIDADE. Situação do que está vazio.

VACUIDADE GÁSTRICA. *Medicina legal.* Estado em que se encontra o estômago vazio que pode acelerar, com o consumo de bebida alcoólica, a embriaguez.

VACUÍSMO. *Filosofia geral.* Teoria que admite a existência do vácuo na natureza e na filosofia.

VACUÍSTA. *Filosofia geral.* Adepto da VACUÍSTICA (*vide*).

VACUÍSTICA. *Filosofia geral.* Doutrina da existência do vazio.

VACUM. *Direito agrário.* Gado que abrange bois, vacas e novilhos.

VÁCUO. **1.** O que se encontra vazio. **2.** Período de tempo em que uma pessoa está desocupada. **3.** Enfado. **4.** Privação.

VACUUM FORMARUM. *Filosofia geral.* Inexistência do que poderia existir, cuja essência seria intermediária entre a de dois outros seres vizinhos (Leibniz).

VADEABILIDADE. Qualidade de vadeável.

VADEAÇÃO. Ato ou efeito de vadear.

VADEAR. Atravessar a pé ou a cavalo, uma corrente de água ou um rio.

VADEÁVEL. O que se pode vadear.

VADE IN PACE. *Direito canônico.* Ide em paz, que é a expressão proferida pelo padre confessor ao absolver o penitente.

VADEÍSMO. *Direito penal.* Vadiagem.

VADE MECUM. *Locução latina.* **1.** Vai comigo. **2.** Livro que, por conter noções indispensáveis e essenciais, é consultado amiúde, fazendo com que o consulente o traga sempre consigo, por lhe servir de guia. **3.** Repertório sistematizado de legislação de pronta consulta. (Othon Sidou).

VADES. *Termo inglês.* **1.** Penhor. **2.** Fiança. **3.** Caução.

VADIAÇÃO. *Direito penal.* Ato ou efeito de vadiar.

VADIAGEM. *Direito penal.* Contravenção penal que consiste na circunstância de alguém, tendo aptidão para o trabalho, entregar-se à ociosidade, abstendo-se de prover sua subsistência de modo lícito.

VADIANÇA. *Direito penal.* Vadiação.

VADIAR. *Direito penal.* Levar vida ociosa.

VADIISMO. *Direito penal.* Hábito de vadiar.

VADIMONIUM. *Direito romano.* No sistema da *Ordo iudiciorum privatorum*, era a fiança que algum parente ou amigo do réu ou o próprio demandado prestava para garantir seu comparecimento em juízo e para que não houvesse necessidade de uma nova citação, sob pena de pagar uma certa quantia ao autor.

VADIMONIUM CUM SATISDATIONE. *Direito romano.* Aquele que requeria a promessa do demandado e a atuação de terceiro que garantisse sua presença.

VADIMONIUM IUREIURANDO. *Direito romano.* Era o que requeria um juramento acessório do demandado, se idôneo.

VADIMONIUM PURUM. *Direito romano.* Era o que requeria apenas a promessa do demandado, se tivesse bens correspondentes à soma estipulada.

VADIMONIUM RECUPERATORIBUS SUPPOSITIS. *Direito romano.* Aquele em que, se realizada a promessa no tribunal e o réu não comparecesse, devia ser, de imediato, condenado pelos juízes.

VADIO. *Direito penal.* Aquele que se entrega à ociosidade habitual, voluntária e injustificada, ficando sem emprego e sem ocupação definida.

VAE QUI AEDIFICANT DOMUM SUAM IN INJUSTITIA. *Expressão latina.* Ai daquele que constrói sua casa sobre injustiça.

VAE SOLI! *Locução latina.* Ai de quem está só!

VAE VICTIS! *Locução latina.* Ai dos vencidos!

VAGA. **1.** *Direito marítimo.* Grande onda em mar alto e agitado. **2.** *Direito civil.* a) Vacância; b) ato ou efeito de vagar imóvel; c) espaço para estacionar veículo. **3.** *Direito administrativo.* Ausência de titular de cargo em repartição pública. **4.** *Direito penal.* Ócio. **5.** *Direito comercial.* Local vazio em hotel, que pode ser preenchido por hóspede. **6.** *Direito do trabalho.* Lugar vago em fábrica, escritório etc.

VAGABUNDAGEM. *Direito penal.* **1.** Situação daquele que tem vida ociosa, estando apto para o trabalho, provendo sua subsistência de forma ilícita, dormindo ao relento e fazendo mendicância. **2.** Vida de vagabundo. **3.** Vadiagem.

VAGABUNDANTE. *Direito penal.* Que vagabundeia.

VAGABUNDEAR. *Vide* VADIAR.

VAGABUNDO. *Direito penal.* **1.** Vadio. **2.** Aquele que, habitualmente, leva a vida vagueando, sem ocupação lícita.

VAGAÇÃO. *Vide* VACÂNCIA.

VAGÂMEN. Momento de ócio dedicado a uma agradável obra intelectual.

VAGÂNCIA. *Vide* VACÂNCIA.

VAGANTE. *Vide* VACANTE.

VAGANTIO. O que é inconstante.

VAGÃO. *Direito comercial.* Carro que em trens de estrada de ferro serve para transportar pessoas, mercadorias, gado etc.

VAGÃO-CORREIO. *Direito administrativo* e *direito comercial.* Transporte de correspondência ou de malas postais.

VAGÃO DE BAGAGENS. *Direito comercial.* Vagão do trem que conduz bagagens dos passageiros.

VAGÃO DE MERCADORIAS. *Direito comercial.* Aquele que efetua transporte de mercadorias.

VAGÃO-DORMITÓRIO. *Direito comercial.* Vagão-leito que contém camas e cabinas para dormir usadas pelos passageiros em viagem de longo percurso.

VAGÃO-FRIGORÍFICO. *Direito comercial.* Aquele que contém refrigeradores para possibilitar o transporte de carne, peixes, frutos etc.

VAGÃO-LEITO. *Vide* VAGÃO-DORMITÓRIO.

VAGÃO MISTO. *Direito comercial.* Aquele que em parte transporta passageiros e em parte condução de bagagens e mercadorias.

VAGÃO PARA PASSAGEIROS. *Direito comercial.* Aquele que é usado para transportar viajantes.

VAGÃO POSTAL. *Vide* VAGÃO-CORREIO.

VAGÃO-RESTAURANTE. *Direito comercial.* Aquele onde, num trem, são servidas as refeições aos passageiros.

VAGAR. **1.** *Direito penal.* Viver na ociosidade. **2.** *Direito civil* e *direito administrativo.* a) Estar desocupado; b) ficar vago. **3.** Nas *linguagens comum* e *jurídica*: a) demora; b) falta de pressa; c) percorrer sem rumo.

VAGAREZA. Lentidão.

VAGAR NOS ARES. Surgir boato sem se saber de onde.

VAGAROSO. **1.** Lerdo. **2.** Demorado. **3.** O que não tem desembaraço.

VAGATURA. *Vide* VACÂNCIA.

VAGEAR. *Direito agrário.* Produzir vagens.

VAGINA. *Medicina legal.* Canal musculomembranoso e dilatável que vai do útero à vulva.

VAGINAL. *Medicina legal.* **1.** O que diz respeito a vagina. **2.** Membrana ou túnica que envolve os testículos.

VAGINALITE. *Medicina legal.* Inflamação da túnica vaginal.

VAGÍNICO. *Vide* VAGINAL.

VAGINÍCOLA. *Medicina legal.* Microrganismo que vive na vagina.

VAGINÍSMICO. *Medicina legal.* O que se refere ao vaginismo.

VAGINISMO. *Medicina legal.* Contração involuntária e espasmódica dos músculos da vagina, podendo, ante a dor que causa, impedir o ato sexual, vindo a constituir caso de impotência feminina *coeundi* e, conseqüentemente, de nulidade relativa do casamento.

VAGINITE. *Medicina legal.* Inflamação da vagina.

VAGINOCELE. *Medicina legal.* Hérnia vaginal.

VAGINOCÉLICO. *Medicina legal.* Referente à vagina.

VAGINODINIA. *Medicina legal.* Dor na vagina.

VAGINODÍNICO. *Medicina legal.* Relativo à vaginodinia.

VAGINOFIXAÇÃO. *Medicina legal.* Cirurgia que visa fixar vagina anormalmente móvel. É também designada vaginopexia.

VAGINOMICOSE. *Medicina legal.* Afecção vaginal causada por microscópicos cogumelos ou fungos.

VAGINOPEXIA. *Vide* VAGINOFIXAÇÃO.

VAGINOSCOPIA. *Medicina legal.* Observação médica da vagina feita por meio de um espéculo vaginal, denominado vaginoscópio.

VAGINOTOMIA. *Medicina legal.* Incisão da vagina.

VAGINUTERINO. *Medicina legal.* Relativo à vagina e ao útero.

VAGITE. *Medicina legal.* Inflamação do vago.

VAGO. **1.** *Medicina legal.* Nervo pneumogástrico; cada nervo cranial que transmite sensação e impulso de movimento. **2.** *Direito civil* e *direito administrativo.* a) O que está abandonado; b) o que não tem morador, dono nem herdeiro conhecido; c) não ocupado; d) desabitado; e) não preenchido; f) vacante. **3.** *Direito penal.* Vadio. **4.** *Teoria geral do direito.* a) Indefinido; b) falta de clareza ou de precisão; c) incerto; d) indeterminado.

VAGONETE. *Direito comercial.* Pequeno vagão usado em grandes construções para transportar materiais, terra ou objetos removidos etc.

VAGOTOMIA. *Medicina legal.* Corte, feito por meio de cirurgia, do nervo vago.

VAGP. *Direito previdenciário.* Vida com Atualização Garantida e Performance, para designar planos que garantam aos segurados, durante o período de diferimento, por meio da contratação de índice de preços, apenas a atualização de valores e a reversão, parcial ou total, de resultados financeiros.

VAGUEZA. *Teoria geral do direito.* Qualidade do termo vago, impreciso etc.

VAGUIDADE. *Vide* VAGUEZA.

VAGULAÇÃO. *Direito romano.* Costume segundo o qual, havendo recusa da testemunha em prestar depoimento, o interessado ficava à frente de sua moradia durante três dias, insultando-a.

VAIA. Manifestação ruidosa de desagrado.

VAIADO. O que sofre a vaia.

VAIADOR. Aquele que dá vaia.

VAIAR. Dar vaias.

VAICIA. *Direito comparado.* Aquele que pertence à terceira casta hindu, que se constitui de comerciantes, agricultores e criadores.

VAIDADE. **1.** Ostentação. **2.** Desejo de merecer admiração dos outros. **3.** Característica do vaidoso. **4.** Qualidade do que é vão.

VAIDADE DE LÍNGUA. **1.** Jactância. **2.** Presunção (Laudelino Freire).

VAINCRE. *Termo francês.* Vencer.

VAINCU. *Termo francês.* Vencido.

VAINQUEUR. *Termo francês.* Vencedor.

VAIVÉM. **1.** *História do direito.* a) Máquina de guerra que derrubava muralhas e portas de cidades; b) intriga. **2.** Nas *linguagens comum* e *jurídica*: a) vicissitude; b) oscilação.

VAIVODA. *História do direito.* Título que tinham alguns governadores de certas províncias russas.

VALA. *Direito civil.* **1.** Escavação de profundidade média para receber e conduzir água pluvial a um escoadouro, para instalar encanamento ou esgoto etc. **2.** Rego. **3.** Tapume para impedir entrada em terrenos ou delimitar terras.

VALABLE. *Termo francês.* Válido.

VALA CABOCLA. *Direito civil.* Vala que marca os limites das terras.

VALA COMUM. *Direito administrativo.* Sepultura comum e gratuita de cadáveres não identificados ou de indigentes feita em caso de mortes provocadas por catástrofe.

VALADIO. *Direito civil.* **1.** Terreno que contém valas. **2.** Telhado de telhas soltas, sem argamassa.

VALADO. *Direito civil.* **1.** Vala que contém sebe ou tapume de terra. **2.** Regueira.

VALADOR. *Direito civil* e *direito agrário.* Aquele que abre valas.

VALADORA. *Direito agrário.* Máquina agrícola que abre valas.

VALADURA. *Direito civil* e *direito agrário.* Ato de abrir valas.

VALAGEM. *Direito civil.* Murar usando tapume de terra.

VALAR. **1.** *Direito agrário.* Espantar peixes com vara para que entrem na rede. **2.** *Direito civil* e *direito agrário.* a) Murar; b) abrir vala; c) o que se refere a vala.

VALA SÉPTICA. *Direito ambiental.* Vala escavada no solo, obedecendo a critérios de impermeabilização e outros procedimentos técnicos, que se destina ao aterramento de resíduos de serviços de saúde. Forma de disposição final para resíduos de serviços de saúde.

VALDEVINOS. *Direito penal.* **1.** Estróina. **2.** Traficante. **3.** Vadio.

VALE. **1.** *História do direito.* Nome que era dado ao governador árabe de território espanhol. **2.** Na *linguagem comum,* planície que se situa entre montanhas. **3.** *Direito comercial.* a) Documento de dívida a qual se pode suprir com mercadoria; b) escrito que atesta o recebimento adiantado de uma quantia em dinheiro ou de mercadoria. **4.** *Direito do trabalho.* Adiantamento de salário descontado no pagamento.

VALÉCULA. *Direito agrário.* Sulco.

VALE DE LÁGRIMAS. A vida que contém muitas dificuldades a vencer e atribulações.

VALEDIO. **1.** *Economia política.* Curso legal da moeda. **2.** Nas *linguagens comum* e *jurídica*: que tem valor.

VALEDOR. Aquele que ajuda outrem.

VALE FLUVIAL. O que é ocupado por um rio.

VALEGO. *História do direito.* Que tinha serventia.

VALEIRA. Pequena vala.

VALEIRO. Aquele que abre valas.

VALENCIANA. *Direito agrário.* Sistema de armação fixa de pesca.

VALENTE. **1.** Nas *linguagens comum* e *jurídica.* a) Que tem valor; b) corajoso; c) enérgico; d) forte. **2.** Na *gíria,* guarda noturno.

VALENTIA. **1.** Bravura. **2.** Coragem. **3.** Façanha. **4.** Força. **5.** Qualidade de quem é valente.

VALE-PEDÁGIO OBRIGATÓRIO. *Direito de trânsito.* É o que somente poderá ser comercializado para utilização por veículo de transporte rodoviário de carga, independentemente de tipo, porte ou categoria. O transportador rodoviário que transitar sem carga, por disposição contratual, terá direito à antecipação do Vale-Pedágio obrigatório, em todo o percurso contratado. Na realização de transporte com mais de um contratante, não há obrigatoriedade de antecipação do Vale-Pedágio, devendo ser observados os seguintes procedimentos: a) na contratação de transportador rodoviário autônomo, o valor do Vale-Pedágio obrigatório será calculado mediante rateio, para pagamento juntamente com o valor do frete; b) na contratação de empresa de transporte, o valor do Vale-Pedágio obrigatório será calculado mediante rateio por despacho, destacando-se seu valor no conhecimento para quitação, juntamente com o valor do frete. Não se aplicam as disposições do Vale-Pedágio obrigatório ao transporte rodoviário internacional de carga, para veículo habilitado a cruzar ponto de fronteira. Trata-se de taxa a ser paga pelo embarcador (proprietário da carga) ou pelo contratante do serviço do transporte rodoviário de carga, ou ainda pela empresa transportadora que subcontratar serviço de transporte de carga prestado por transportador autônomo, para utilização efetiva em despesas de deslocamento de carga por meio de transporte rodoviário. O valor do vale-pedágio não integra o do frete, nem será tido como receita operacional ou rendimento tributável, nem constituirá base de incidência de contribuições sociais ou previdenciárias. Tal vale deverá ser entregue ao transportador rodoviário autônomo no ato do embarque decorrente da contratação do serviço de transporte no valor necessário à livre circulação entre a sua origem e o destino.

VALE POSTAL. *Direito civil.* Ordem de pagamento feita por um particular a outro, de cujo cumprimento uma repartição postal se encarrega.

VALER. **1.** *Filosofia do direito.* a) Ter valor; b) ser válido; c) valor jurídico; d) ter validade. **2.** Na *linguagem jurídica* em geral: a) ser equivalente; b) ter certo preço; c) merecer; d) ter poder; e) granjear; f) ser útil; g) auxiliar; socorrer; h) significar.

VALER A PENA. Merecer algum sacrifício.

VALESIANA. *História do direito.* Seita do século III, fundada por Valésio, que praticava a castração por considerar crime a reprodução.

VALESIANO. *História do direito.* Adepto da seita valesiana.

VALETA. *Direito administrativo.* Pequena vala, em vias públicas, para escoamento de água.

VALETEAMENTO. *Direito administrativo.* Ato de abrir valetas em estradas, ruas e avenidas.

VALE-TRANSPORTE. *Direito do trabalho.* Benefício pelo qual o empregador antecipa ao empregado certa quantia para que este dela faça uso em despesas com transporte público coletivo ao se deslocar de sua residência para o local de trabalho e vice-versa. Essa quantia concedida pelo patrão não está incorporada na remuneração do trabalhador.

VALETUDINÁRIO. 1. Aquele que está doente. **2.** O que está continuamente sujeito a enfermidades. **3.** Mal convalescido de alguma moléstia. **4.** Inválido, sem recurso para subsistência, que se abandonado materialmente pode dar origem à responsabilidade penal; a deserdação se herdeiro necessário; revogação de doação por ingratidão do donatário etc.

VÁLGIO. *História do direito.* Instrumento rústico que servia para formar eiras.

VALGO. *Medicina legal.* Pé que se desvia para fora.

VALHACOUTO. *Direito penal.* Esconderijo ou refúgio de malfeitor para escapar da ação policial.

VALIA. 1. Valor inerente a um objeto. **2.** Merecimento. **3.** Proteção. **4.** Influência. **5.** Poder.

VALIDAÇÃO. 1. *Filosofia do direito.* a) Ato que torna algo válido, possibilitando a produção de efeitos jurídicos; b) ato de dar vigor ou força; c) conjunto de formalidades que levam à legalização ou legitimação de um ato. **2.** *Direito civil.* Ato de sanar negócio jurídico anulável. **3.** *Direito administrativo.* Ação de corrigir um ato administrativo. **4.** *Direito do consumidor.* Validação é um processo estabelecido por evidências documentadas que comprovam que uma atividade específica apresenta conformidade com as especificações predeterminadas e atende aos requisitos de qualidade.

VALIDADE. 1. *Filosofia geral.* Qualidade do que é válido. **2.** *Direito civil.* Qualidade do ato ou negócio jurídico que se realizou atendendo aos requisitos exigidos por lei.

VALIDADE CONDICIONAL. *Filosofia do direito.* Na pragmática, é a característica da norma se a autoridade legiferante for tecnicamente competente e se agiu de conformidade com as normas de sua competência legislativa.

VALIDADE CONSTITUCIONAL. *Filosofia do direito* e *direito constitucional.* É a que está intimamente relacionada à eficácia constitucional, por indicar que a disposição normativa é conforme às prescrições constitucionais. Assim, nesse sentido, válida é a norma que respeita um comando superior, ou seja, o preceito constitucional.

VALIDADE DA NORMA. *Filosofia do direito.* **1.** Complexo com aspectos de vigência, eficácia e fundamento (Miguel Reale). Esses três aspectos essenciais da validade são os requisitos para que a norma jurídica seja legitimamente obrigatória. **2.** Característica da norma cuja autoridade, ainda que o conteúdo não seja cumprido, é respeitada, sendo tecnicamente imune a qualquer descrédito (Tercio Sampaio Ferraz Jr.).

VALIDADE DE UM PRODUTO. Tempo de vida útil de um produto (James G. Heim).

VALIDADE DO ATO ADMINISTRATIVO. *Direito administrativo.* Qualidade do ato administrativo expedido de conformidade com os requisitos legais. É a adequação do ato às exigências normativas (Celso Antônio Bandeira de Mello).

VALIDADE ÉTICA. *Filosofia do direito.* Qualidade da norma de dever ser uma tentativa de realização dos valores, visando a consecução de fins necessários ao homem e à sociedade. É o fundamento axiológico da norma. A justiça que compendia todos os valores jurídicos é a *ratio juris*, ou seja, a razão de ser ou o fundamento da norma, ante a impossibilidade de se conceber uma norma jurídica desvinculada dos fins que legitimam sua vigência e eficácia.

VALIDADE FÁTICA. *Filosofia do direito.* **1.** Eficácia ou qualidade da norma que se refere a sua adequação em vista da produção concreta de efeitos. É a relação entre a ocorrência (concreta) dos fatos estabelecidos pela norma que condicionam a produção do efeito e a possibilidade de produzi-lo (Tercio Sampaio Ferraz Jr.). **2.** Mínimo de eficácia, ou seja, a possibilidade de a norma poder ser obedecida e não aplicada, desobedecida e aplicada. Esse mínimo de eficácia, para Hans Kelsen, é a condição de vigência da norma. **3.** Qualidade da norma efetiva, por ocorrer o comportamento que ela configura (hipótese de incidência) e a conseqüência jurídica (sanção) que ela prevê.

VALIDADE FINALÍSTICA.

VALIDADE FINALÍSTICA. *Filosofia do direito.* Sob o prisma da pragmática, é a característica da norma cuja autoridade legisladora agiu dentro dos fins estabelecidos pelo ordenamento (Tercio Sampaio Ferraz Jr.).

VALIDADE FORMAL. *Filosofia do direito.* **1.** Na concepção de Tercio Sampaio Ferraz Jr., sob o ponto de vista pragmático, é a qualidade da norma cuja relação autoridade/sujeito (cometimento) é imune, por estar ela conforme ao ordenamento, tanto quanto às condições como quanto aos fins por ele estabelecido. Fácil é denotar que para ser válida a norma precisa estar integrada no ordenamento, retirando sua validade de outras normas que condicionam a competência e/ou determinam os fins. **2.** Validade técnico-jurídica (vigência em sentido amplo) da norma que foi elaborada por órgão competente em obediência aos procedimentos legais. Não é uma qualidade própria da norma de direito, pois ela não é válida em si, por depender de sua relação com as demais normas.

VALIDADE IDEAL. *Filosofia do direito.* Característica da norma que se impõe para a solução de um conflito de interesses, em virtude de uma proposta de um autor nos quadros argumentativos de uma doutrina. Enfim, aprecia-se a validade ideal quando se discute a questão da doutrina como fonte jurídica. A discussão sobre legitimidade do direito, por ter relevância doutrinária, refere-se à validade ideal. Por exemplo, para afirmar a validade ideal da Constituição, as teorias apelam para certos critérios: o jusnaturalismo, para a natureza das coisas; o normativismo kelseniano, para a norma hipotética fundamental etc. Como se vê, tal discussão é doutrinária; a opção por uma ou outra teoria representa a validade ideal.

VALIDADE JURÍDICA. *Vide* VALIDADE DA NORMA.

VALIDADE PRAGMÁTICA. *Filosofia do direito.* Qualidade da norma cuja autoridade, ainda que o conteúdo não seja cumprido, é respeitada, sendo imune tecnicamente a qualquer descrédito, por ser tecnicamente competente e por ter agido conforme as normas de sua competência e dentro dos fins estabelecidos pelo ordenamento (Tercio Sampaio Ferraz Jr.).

VALIDADE SEMÂNTICA. *Filosofia do direito.* Para a teoria empírica de Alf Ross, que se concentra nos fatos do *ser*, interpretando os conceitos jurídicos como concepções da realidade social, é a validade jurídica que se apóia na realidade dos fatos, pois uma norma só vale se for efetivamente obedecida, porque é vivida como socialmente obrigatória pelo juiz e outras autoridades jurídicas, ao aplicar o direito. Com isso identifica a vigência (validade) com a eficácia, ou seja, com o fato de que a norma é aplicada pela autoridade porque se sente obrigado por ela, por reconhecer a competência do que cria o preceito normativo. Validade é um conceito relacional que manifesta a experiência social de um comportamento obrigatório.

VALIDADE SINTÁTICA. *Filosofia do direito.* Característica da norma que se funda em uma norma superior, reveladora da competência do órgão emissor e do processo para sua elaboração. A validade da norma indica uma propriedade das relações internormativas.

VALIDADE TÉCNICO-JURÍDICA. *Vide* VALIDADE FORMAL.

VALIDADOR. *Filosofia do direito.* Que valida.

VALIDAMENTE. De maneira válida.

VALIDAR. *Filosofia do direito.* **1.** Tornar válido. **2.** Restabelecer a validade. **3.** Legalizar. **4.** Tornar eficaz.

VALIDÁVEL. *Filosofia do direito.* O que pode ser validado.

VALIDEZ. *Filosofia do direito.* Qualidade de válido.

VALIDISMO. **1.** Condescendência com favorecidos. **2.** Ato de apoiar alguém injustamente.

VALIDITY. *Termo inglês.* Validez.

VALIDO. **1.** Protegido. **2.** Favorito.

VÁLIDO. **1.** *Teoria geral do direito.* a) Que tem validade; b) que está conforme ao direito; c) ato apto a produzir efeitos jurídicos. **2.** *Lógica jurídica.* Raciocínio que tem valor demonstrativo.

VALIMENTO. **1.** Valor. **2.** Ação ou efeito de valer; validade. **3.** Força de ato ou negócio jurídico que observou os requisitos legais. **4.** Vigor.

VALINA. Na *gíria.* Quarto; aposento.

VALIOSO. **1.** Que tem validade. **2.** Legal; conforme a lei. **3.** Que possui valor. **4.** Que tem importância ou mérito.

VALISA. Pequena mala portátil.

VALO. **1.** *História do direito.* Arena nos antigos torneios. **2.** *Direito civil* e *direito agrário.* a) Valado; b) escavação do solo que serve como cerca para evitar que o gado saia do pasto.

VALOR. **1.** *Filosofia geral.* a) Qualidade real de certos objetos ou coisas; b) idéia; c) objeto de uma experiência e de uma vivência (Hessen); d) qualidade de uma coisa que só pode pertencer-lhe em função de um sujeito dotado com uma certa consciência capaz de a registrar (Hessen). O valor é sempre valor para o sujeito. A referência a um sujeito é da essência do valor; e) característica do ser que é estimado mais ou menos por um grupo; f) finalidade intrínseca do ser (Othon Sidou); g) a conformidade, a coincidência do gesto, da atitude com os fins do ser (Armando Câmara). **2.** *Teoria geral do direito.* Qualidade do ato que produz efeito jurídico. **3.** *Direito cambiário:* a) papel representativo de dinheiro, como cheque, letra de câmbio etc.; b) título negociável. **4.** *Economia política.* a) Estimativa econômica da riqueza; b) apreciação feita pelo indivíduo de um bem, considerando sua utilidade e sua possibilidade de troca por quantidade maior ou menor de outros bens. É o grau de utilidade da coisa. **5.** *Direito civil* e *direito comercial.* Preço de uma coisa. **6.** Nas *linguagens comum* e *jurídica:* a) merecimento; b) qualidade do que tem força; c) talento; d) esforço de ânimo. **7.** *Ciência política.* O que a sociedade entende ser importante para a consecução dos fins estatais.

VALORAÇÃO. *Vide* VALORIZAÇÃO.

VALORAÇÃO IDEOLÓGICA. *Filosofia do direito.* É a que torna rígida a flexibilidade do momento valorativo. A ideologia tem o papel de neutralizar o valor, sendo um conceito axiológico, pois tem por objeto os próprios valores, atuando no sentido de função seletiva do valor. A valoração ideológica, portanto, é uma metacomunicação que valora as próprias valorações, seleciona as seleções ao dizer ao endereçado como este deve vê-las. A ideologia fixa a norma positivada, dando-lhe um cerne axiológico indisputável, de modo que ela não possa ser questionada, permitindo-se apenas sua discussão técnico-instrumental, pois a ideologia manifesta sua superioridade valoradora ao eliminar outras possibilidades. Com tal valoração ideológica o valor subjetivo passa a ser objetivo (Tercio Sampaio Ferraz Jr.).

VALOR ADICIONADO. **1.** *Direito comercial.* Demonstração de como uma empresa gerou riqueza e a distribuiu entre sócios financiadores, empregados e governo (Luiz Fernando Rudge). **2.** *Direito comparado.* Modalidade de imposto sobre vendas e circulação de mercadorias existente em alguns países (Luiz Fernando Rudge).

VALOR ADMITIDO PELAS NORMAS DA SECRETARIA DO PATRIMÔNIO DA UNIÃO. *Direito administrativo.* É o usado para a avaliação técnica de imóveis da União, que é o valor mais provável de mercado.

VALOR ADUANEIRO. *Direito alfandegário* e *direito tributário.* É a base de cálculo do Imposto de Importação. É o valor da mercadoria importada, conforme definido no Acordo Geral sobre Tarifas e Comércio (GATT). Toda mercadoria submetida a despacho de importação está sujeita ao controle do correspondente valor aduaneiro, consistente no procedimento de verificação da conformidade do valor aduaneiro declarado pelo importador. Na determinação do valor aduaneiro, independentemente do método de valoração aduaneira utilizado, serão incluídos os seguintes elementos: a) o custo de transporte das mercadorias importadas até o porto ou aeroporto alfandegado de descarga ou o ponto de fronteira alfandegado onde devam ser cumpridas as formalidades de entrada no território aduaneiro; b) os gastos relativos a carga, descarga e manuseio, associados ao transporte das mercadorias importadas, até a chegada aos locais referidos no item anterior; c) o custo do seguro das mercadorias durante as operações acima referidas.

VALOR AJUSTADO. *Direito civil.* Preço estabelecido por convenção das partes.

VALORAR. **1.** Valorizar. **2.** Fazer juízo de valor. **3.** Avaliar.

VALOR ARBITRADO. *Direito civil.* **1.** Preço fixado por avaliação de árbitros. **2.** Taxação de preço por terceiro, que não será um avaliador da coisa, mas um mandatário escolhido pelos contratantes, que não quiseram ou não puderam determinar o preço, de tal sorte que sua estimação equivalerá à determinação do preço pelos próprios contratantes, tornando-o por isso, obrigatório.

VALOR ATIVO. *Direito civil* e *direito comercial.* É o que representa a totalidade do patrimônio de uma pessoa natural ou jurídica.

VALOR ATUAL. **1.** Preço corrente. **2.** Preço da coisa fixado com base na taxa do mercado. **3.** Valor da letra de câmbio quando é descontada, representado pela diferença entre seu valor nominal e o do desconto (De Plácido e Silva).

VALOR CERTO. **1.** *Direito civil.* Aquele que é expresso em determinada quantia pecuniária. **2.**

Direito comercial. Aquele que é adotado nas operações mercantis.

VALOR CONTÁBIL. *Direito comercial.* **1.** É aquele que foi lançado nos livros da empresa. **2.** É o do capital em ações conforme indicado pelo excesso do ativo sobre o passivo.

VALOR CONVENCIONADO. *Vide* VALOR AJUSTADO.

VALOR CORRENTE. *Vide* VALOR ATUAL.

VALOR COTADO. *Direito comercial.* É o fixado na Bolsa de Valores para um título negociado em tal dia e lugar. Se a cotação variar na mesma data, prevalecerá o valor médio nesse dia.

VALOR DA AÇÃO. *Vide* VALOR DA CAUSA.

VALOR DA CAUSA. *Direito processual civil.* **1.** Importância pecuniária que representa a pretensão do autor deduzida em juízo e para determinar a competência dos juízes e a do rito do processo (Pontes de Miranda), e, além disso, serve como critério para a sucumbência, ou seja, para a fixação dos honorários advocatícios do vencedor e da taxa judiciária. **2.** Apreciação econômica da causa para determinar a alçada (Acquaviva).

VALOR DA EXECUÇÃO. *Direito processual civil.* Quantia que, por servir de base à execução, abrange o valor do débito consignado na decisão judicial, o dos juros e das custas devidas pelo executado (De Plácido e Silva).

VALOR DA SENTENÇA. *Direito processual civil.* Soma em dinheiro a que o vencido foi condenado por sentença a pagar ao vencedor.

VALOR DA TERRA NUA. *Direito agrário.* Quantia fixada para avaliar a terra, não abrangendo suas culturas nem benfeitorias. Tal valor é o vigente no mercado e não o venal para efeito fiscal. Trata-se do valor fundiário.

VALOR DE AFEIÇÃO. *Direito civil.* É a estimativa que se dá a bem pelo seu valor real que, por envolver lembranças ou o apreço de certas pessoas, é insuscetível de aferição econômica, uma vez que integra o âmbito da intimidade. O valor de afeição não pode ultrapassar o preço comum da coisa.

VALOR DE CÂMBIO. *Direito cambiário.* É o da moeda no mercado internacional.

VALOR DECLARADO. **1.** *Direito comercial.* Quantia em dinheiro que se menciona ao se expedir mercadoria, para determinar a indenização a ser paga em caso de extravio, avaria ou pere-

cimento. **2.** *Direito cambiário.* Valor nominal consignado em título de crédito.

VALOR DE CUSTO. *Vide* VALOR REAL.

VALOR DE ESTIMAÇÃO. **1.** *Vide* VALOR DE AFEIÇÃO. **2.** Valor estimado.

VALOR DE FACE. *Direito comercial.* **1.** Valor constante no título. **2.** Valor certo de resgate do título de crédito. **3.** Valor principal da obrigação (Luiz Fernando Rudge).

VALOR DE MERCADO. *Direito comercial.* **1.** Valor venal. **2.** Valor que, conforme a lei da oferta e da procura, um bem pode ser comercializado. **3.** Valor de cotação em Bolsa (Luiz Fernando Rudge).

VALOR DE RESGATE. *Direito comercial.* Valor da obrigação na data de seu vencimento (Luiz Fernando Rudge).

VALOR DE SALVADO. É o valor apurado com a venda do material resultante de uma demolição, descontado o custo da demolição. Tem o sentido de valor residual.

VALOR DE USO. Utilidade que advém do emprego do bem.

VALOR DE VENDA. *Direito comercial.* É o valor mercantil.

VALOR DE VERDADE. *Lógica jurídica.* Característica de uma proposição de ser verdadeira ou falsa. Trata-se do valor lógico que cai dentro do par de conceitos verdadeiro-falso (Hessen).

VALOR DISPONÍVEL. É o valor ativo ou recurso que pode ser imediatamente usado. Por exemplo, quantia pecuniária depositada em banco. Trata-se do valor em giro.

VALOR DO CONTRATO. *Direito civil.* Valor das prestações a serem pagas que, num contrato, foram assumidas pelo devedor.

VALOR DO MERCADO. *Direito comercial.* Soma do valor das ações emitidas para serem negociadas num certo mercado, valorizada a preço corrente (Luiz Fernando Rudge).

VALOR DOS EMOLUMENTOS. *Direito registrário.* O valor fixado para os emolumentos deverá corresponder ao efetivo custo e à adequada e suficiente remuneração dos serviços prestados. A lei dos Estados e do Distrito Federal levará em conta a natureza pública e o caráter social dos serviços notariais e de registro, atendidas ainda as seguintes regras: 1) os valores dos emolumentos constarão de tabelas e serão expressos em moeda corrente do País; 2) os atos comuns aos vários tipos de serviços notariais e de registro serão remunerados por emolumentos específicos, fixados para cada espécie de ato; 3) os atos específicos de cada serviço serão classificados em: a) atos relativos a situações jurídicas, sem conteúdo financeiro, cujos emolumentos atenderão às peculiaridades socioeconômicas de cada região; b) atos relativos a situações jurídicas, com conteúdo financeiro, cujos emolumentos serão fixados mediante a observância de faixas que estabeleçam valores mínimos e máximos, nas quais se enquadrará o valor constante do documento apresentado aos serviços notariais e de registro.

VALOR EM CAUÇÃO. *Direito civil.* Endosso pignoratício, ou melhor, cláusula de endosso que implica penhor de títulos, como garantia de empréstimo.

VALOR EM COBRANÇA. *Direito comercial.* Endosso de título, contendo menção a valor a cobrar, que se remete ao banco para cobrança. Trata-se do endosso-mandato, que é a cláusula colocada em título para conferir mandato especial para cobrança (De Plácido e Silva).

VALOR EM CONTA. *Direito civil* e *direito comercial.* Recebimento por conta ou o parcelado para ser levado a crédito de conta ou por conta de débito. Trata-se da amortização parcial da dívida.

VALOR EM GARANTIA. *Vide* VALOR EM CAUÇÃO.

VALOR EM GIRO. *Vide* VALOR DISPONÍVEL.

VALORES. 1. Bens. 2. Riquezas. 3. Títulos de créditos (públicos ou privados). 4. Bens disponíveis, representativos de dinheiro, suscetíveis de negociação (Luiz Fernando Rudge).

VALORES DA VIDA. *Vide* VALORES VITAIS.

VALORES DE EXPRESSÃO. *Vide* VALORES ESTÉTICOS.

VALORES DE UTILIDADE. *Filosofia geral.* Aqueles que, segundo Hessen, são relativos a tudo que atende à satisfação das necessidades humanas, como alimentação, habitação, vestuário etc. e aos instrumentos imprescindíveis para a produção dos bens acima referidos.

VALORES DO BELO. *Vide* VALORES ESTÉTICOS.

VALORES DO BEM MORAL. *Vide* VALORES ÉTICOS.

VALORES ECONÔMICOS. 1. *Filosofia geral.* Aqueles que se voltam a bens materiais. 2. *Vide* VALORES DE UTILIDADE.

VALORES EM GARANTIA. *Direito civil.* Valores dados pelo devedor ao credor para garantir o cumprimento das obrigações.

VALORES ESPIRITUAIS. *Filosofia geral.* São aqueles que, na teoria de Hessen, além de imateriais, têm uma absoluta e condicional validade, albergando os valores lógicos, os éticos, os estéticos e os religiosos.

VALORES ESTÉTICOS. *Filosofia geral.* Aqueles que se voltam ao belo e à arte, residindo na aparência, sendo, por isso, valores de expressão.

VALORES ÉTICOS. *Filosofia geral.* São os do bem moral que têm, na lição de Hessen, os seguintes caracteres: a) só se podem referir ou se dirigir a pessoas humanas, sendo universais; b) se aderem sempre a suportes reais; c) têm o caráter de exigências e imperativos absolutos ou categóricos, pois requerem que a consciência atenda ao que deve ou não deve ser feito; d) devem buscar sempre a ordem justa.

VALORES HEDÔNICOS. *Filosofia geral.* Aqueles que abrangem as sensações de prazer.

VALORES IMOBILIÁRIOS. *Direito comercial* e *direito civil.* São aqueles que os imóveis têm no mercado.

VALORES IMOBILIZADOS. *Direito comercial.* São os que integram o ativo fixo, como os representados por capitais aplicados em bens que, de imediato, são insuscetíveis de venda ou de transformação em dinheiro, não estando, portanto, em giro comercial (De Plácido e Silva), uma vez que servem, permanentemente, às atividades empresariais; por exemplo, máquinas.

VALORES JURÍDICOS. *Filosofia do direito.* 1. São aqueles que devem ser assegurados pelo Estado por serem supremos e por estarem fundados na harmonia social, perseguidos na ordem interna e internacional, para solucionar de modo pacífico as controvérsias, como a liberdade, a segurança, o bem-estar, o desenvolvimento, a igualdade e a justiça. 2. Pautas axiológicas ou ideais reais do ordenamento jurídico que devem servir como diretrizes para o jurista e aplicador do direito.

VALORES MOBILIÁRIOS. *Direito cambiário* e *direito comercial.* 1. São os créditos por dinheiro, bens móveis, ações, debêntures, obrigações, títulos negociáveis (Aurélio Buarque de Holanda), títulos emitidos pela sociedade anônima a critério do CMN etc. Servem de base nas operações de Bolsa e na distinção de sociedades anônimas abertas. Sua característica primordial é a sua negociação em mercado. **2.** Títulos de crédito negociáveis que representam direitos de sócios ou de mútuo ou empréstimos a longo prazo, que podem ser negociados em Bolsa (Ripert e Roblot). Trata-se dos títulos de Bolsa. **3.** Nos EUA, são as *securities* emitidas pelas companhias, como as *stocks* (*common stocks*; *stock which grants a preferer*) e as *debt securities*, em regra as *debentures* ou *bonds* (Waldirio Bulgarelli). **4.** São os títulos ou contratos de investimento coletivo, quando ofertados publicamente, que geram direito de participação, de parceria ou de remuneração, inclusive resultante de prestação de serviços, cujos rendimentos advêm do esforço do empreendedor ou de terceiros.

VALORES OBJETIVOS. *Vide* VALORES POSITIVOS.

VALORES POSITIVOS. *Filosofia do direito.* São aqueles vigentes na sociedade em uma dada época e local. São os valores objetivos, ou seja, os predominantes na sociedade positivados pela ordem jurídica.

VALORES RELIGIOSOS. *Filosofia geral.* Para Hessen não são um dever-ser, mas um ser, por constituírem uma realidade ou um *ens realissimum.* O santo ou o divino é: a) valor e ser, concomitantemente, sendo uma realidade-valor; b) uma particular e específica qualidade de valor; c) transcendente, pois só pode ser buscado além do domínio do ser terrenal; d) o sustentáculo de todos os valores autênticos.

VALORES SENSÍVEIS. *Filosofia geral.* Para Hessen são os que abrangem os valores hedônicos, os vitais e os de utilidade.

VALOR ESTIMADO. Cálculo de preço de um bem sobre o qual não há estipulação de um *quantum* certo nem base para determinar um valor real, que é, então, dado por estimativa do interessado.

VALOR ESTIMATIVO. *Vide* VALOR DE AFEIÇÃO.

VALORES TOTALITÁRIOS. *Vide* VALORES ÉTICOS.

VALORES VITAIS. *Filosofia geral.* São os valores de que a vida é portadora, como a força, a saúde etc. (Hessen). São considerados por Nietzsche como os mais elevados na escala de valores.

VALOR EXTRÍNSECO. 1. *Vide* VALOR CONVENCIONADO. **2.** *Economia política.* É o conferido pela lei à moeda sem considerar seu peso.

VALOR FICTÍCIO. É aquele que advém do arbítrio do interessado, não considerando o valor real do bem (De Plácido e Silva).

VALOR FUNDIÁRIO. *Direito agrário.* É o que se dá à terra nua, ou seja, a um imóvel rural, sem levar em conta a cultura e as benfeitorias.

VALOR INTRÍNSECO. *Vide* VALOR REAL.

VALORIZAÇÃO. 1. *Direito comercial.* Elevação fictícia no valor mercantil de uma mercadoria; majoração do preço. **2.** *Direito administrativo.* Imposição de preço pelo governo a determinados produtos para impedir sua depreciação. **3.** *Filosofia geral.* a) Ato de conferir um valor; b) aquisição de valor.

VALORIZADOR. 1. Que valoriza. **2.** Que aumenta o valor.

VALORIZAR. 1. Dar valor a algo. **2.** Avaliar. **3.** Aumentar o valor.

VALOR LÍQUIDO. Valor certo, expresso em quantia certa, impossibilitando qualquer impugnação.

VALOR LOCATIVO. 1. *Direito civil* e *direito comercial.* Aluguel de um imóvel devido pelo locatário ao locador. **2.** *Direito tributário.* Avaliação do aluguel de um prédio feita pela autoridade fiscal competente para lançamento de imposto.

VALOR LÓGICO. *Vide* VALOR DE VERDADE.

VALOR MAIS PROVÁVEL DE MERCADO. *Direito administrativo.* É o usado para avaliar tecnicamente os imóveis da União. Resulta tal valor da livre ação dos fatores e forças de mercado, pela lei da oferta e da procura. Salvo referência em contrário, esse valor é para pagamento à vista, considerando-se o imóvel livre e desembaraçado de quaisquer ônus, inclusive locação. O valor do imóvel será a soma das parcelas correspondentes ao terreno e às benfeitorias.

VALOR MERCANTE. *Vide* VALOR DE CÂMBIO.

VALOR MERCANTIL. *Direito comercial.* Justo preço da venda estabelecido pela lei da oferta e da procura.

VALOR NATURAL. É o que se confere aos bens que atendem às necessidades vitais, como vestuário, moradia, alimentação etc.

VALOR NOMINAL. 1. *Economia política.* Valor que, por convenção, é dado, na cunhagem, à moeda para atender às necessidades determinadas pelo comércio. **2.** *Direito cambiário.* É a quantia certa e determinada expressa num título de crédito que deve ser paga. **3.** *Direito comercial.* Valor da correspondência efetiva da parcela de capital social que a ação de sociedade anônima representa.

VALOR NOMINAL DA AÇÃO. *Direito comercial.* Preço mínimo que deve ser pago pelo subscritor da ação para obter sua aquisição.

VALOR OFICIAL. *Direito administrativo.* É o fixado pelo poder público como base para os preços de certos produtos.

VALOROSIDADE. Qualidade de valoroso.

VALOROSO. 1. O que tem valor. **2.** Valioso. **3.** Que tem valia.

VALOR PASSIVO. *Direito civil* e *direito comercial.* É o relativo à quantia representativa dos débitos. Trata-se da soma das dívidas.

VALOR PATRIMONIAL DA AÇÃO. *Direito comercial.* Resultado da divisão do patrimônio líquido pelo número de ações da empresa (Luiz Fernando Rudge).

VALOR POR CONTA. *Vide* VALOR EM CONTA.

VALOR REAL. 1. Na *linguagem jurídica*, em geral, é o valor da própria coisa, considerada em si mesma, independentemente de qualquer avaliação feita pelo arbítrio ou convenção das partes. **2.** *Economia política.* É o conferido à moeda com base no metal, sem considerar o indicado na cunhagem.

VALOR RECEBIDO. *Direito cambiário.* É o designado em cláusula inserida num título pelo credor para comprovação do recebimento da quantia nele expressa, operando-se a quitação do débito.

VALOR TRIBUTÁVEL. *Direito tributário.* **1.** Base de cálculo, ou base imponível, como prefere Geraldo Ataliba. **2.** *Quantum* sobre o qual o tributo incide.

VALOR VENAL. 1. Valor da venda do objeto. **2.** Preço que o bem pode alcançar no mercado. **3.** Valor mercantil.

VALUABLE CONSIDERATION. *Direito comparado* e *direito internacional privado.* É, no sistema de *common law*, um elemento que completa a oferta e a aceitação, fazendo com que haja intenção de produzir um vínculo jurídico válido, por ser condição da existência do contrato, uma vez que envolve um valor (Maristela Basso).

VALUABLE IMPROVEMENT. *Locução inglesa.* Benfeitoria dispendiosa.

VALUATION. *Termo inglês.* **1.** Avaliação. **2.** Procedimento para avaliar uma empresa. **3.** Estimação empírica do preço ou do valor de um ativo (Luiz Fernando Rudge).

VALUE. *Termo inglês.* **1.** Estimar. **2.** Avaliar. **3.** Preço. **4.** Importância. **5.** Valor.

VALUE ADDED NETWORK (VAN). Rede de valor agregado.

VALUE IN EXCHANGE. *Expressão inglesa.* Valor da troca.

VALUELESS. *Termo inglês.* **1.** Diz-se do que é desprovido de valor. **2.** Sem valor.

VALUE OF MATTER IN CONTROVERSY. *Expressão inglesa.* Valor da causa.

VALUE AT RISK. *Locução inglesa.* *Vide* VAR.

VÁLVULA. 1. *Direito marítimo.* A chapeleta nas bombas dos navios (Laudelino Freire). **2.** *Medicina legal.* Membrana que, nos vasos sangüíneos e linfáticos, tem a função de impedir, graduar ou dirigir o curso do líquido. **3.** Na *linguagem comum*, é o dispositivo condutor de corrente elétrica.

VÁLVULA AURÍCULO-VENTRICULAR. *Medicina legal.* Válvula entre um ventrículo e uma aurícula do coração; a esquerda designa-se válvula mitral, e a direita, válvula tricúspide.

VÁLVULA CONIVENTE. *Medicina legal.* No homem, é cada uma das pregas da mucosa intestinal.

VÁLVULA DE SEGURANÇA. Placa que, colocada em máquinas a vapor, evita a explosão.

VÁLVULA MITRAL. *Medicina legal.* É a que, situada entre a aurícula esquerda e o ventrículo esquerdo, impede o retorno do sangue do ventrículo à aurícula.

VÁLVULA SEMILUNAR. *Medicina legal.* É cada uma das válvulas das entradas para a aorta e para a artéria pulmonar.

VÁLVULA TRICÚSPIDE. *Medicina legal.* É a que controla a abertura da aurícula direita para o ventrículo direito.

VALVULITE. *Medicina legal.* Inflamação das válvulas cardíacas.

VAMP. *Termo inglês.* Mulher fatal, que, com sua astúcia e beleza, exerce influência nefasta sobre os homens.

VAMPÍRICO. *Medicina legal.* Referente a vampiro.

VAMPIRISMO. *Medicina legal.* Perversão sexual que leva o paciente a sugar o sangue, inclusive o menstrual, de sua parceira (Croce e Croce Jr.).

VAMPIRIZADOR. *Direito civil* e *direito penal.* Aquele que se enriquece, empregando meios ilícitos, à custa alheia.

VAMPIRO. 1. *Medicina legal.* Pervertido sexual que suga sangue de sua vítima. **2.** *Direito civil* e *direito penal. Vide* VAMPIRIZADOR.

VANA EST SINE VIRIBUS IRA. *Expressão latina.* É vã a cólera sem a força.

VANAE VOCES POPULI NON SUNT AUDIENDAE. *Aforismo jurídico.* As vãs palavras do povo não devem ser ouvidas.

VANCÃO. *História do direito.* Embarcação a remo que foi usada no Oriente.

VANDÁLICO. *Direção penal.* **1.** Cruel. **2.** Referente a vândalo.

VANDALISMO. *Direito penal.* **1.** Ação própria de vândalo. **2.** Destruição de obras de arte e do que deve ser respeitado.

VÂNDALO. 1. *Direito penal.* Aquele que destrói a arte ou a civilização. **2.** *História do direito.* Povo bárbaro que, devastando o sul da Europa, veio a estabelecer-se no norte da África.

VANGLÓRIA. 1. Jactância. **2.** Presunção sobre os próprios dotes pessoais. **3.** Vaidade.

VANGUARDA. 1. *Ciência política.* a) Grupo mais ativo de um movimento de massa, ligado à teoria marxista-leninista; b) partido do proletariado consciente e organizado que dirige a luta da classe operária (Vittorio Ancarani). **2.** *Direito militar.* Primeira linha de um exército, de uma esquadra (Laudelino Freire). **3.** Na *linguagem comum,* frente; dianteira.

VANGUARDISTA. Aquele que vem na frente.

VANIDADE. Qualidade do que é vão.

VANILISMO. *Medicina legal* e *medicina do trabalho.* Complexo de acidentes que se verificam com operários que lidam, diariamente, com vagens da baunilha.

VANILOQÜÊNCIA. Qualidade do discurso inútil, disparatado ou vão.

VANÍLOQUO. 1. Arrazoado sem utilidade. **2.** Conjunto de palavras ocas.

VANI TIMORIS NON EST JUSTA EXCUSATIO. *Aforismo jurídico.* Temor vão não é escusa justa.

VANTAGEM. 1. Benefício. **2.** Proveito obtido por alguém em razão de ato jurídico oneroso ou gratuito. **3.** Melhoria. **4.** Lucro. **5.** Qualidade do que está superior ou adiante. **6.** Utilidade. **7.** Prioridade. **8.** Bom resultado.

VANTAGEM DA APOSENTADORIA. *Direito previdenciário.* Benefícios que, por lei, auferem os aposentados.

VANTAGEM DA ATIVIDADE. *Direito administrativo.* Adicional; indenização a que faz jus o funcionário público, que não se incorpora aos seus vencimentos ou gratificação e que é incorporada àqueles proventos.

VANTAGEM DA GESTÃO. Ganho obtido durante uma gestão (De Plácido e Silva).

VANTAGEM DIRETA. Benefício obtido pelo interessado decorrente de um ato praticado por ele mesmo.

VANTAGEM DO MANDATO. *Direito civil.* Resultado proveitoso que se consegue com a execução do mandato.

VANTAGEM INDIRETA. Proveito advindo de ato de outrem.

VANTAGEM LEGAL. Benefício recebido por alguém em virtude de lei. Por exemplo, isenção tributária.

VANTAGEM PECUNIÁRIA. *Direito administrativo.* **1.** Adicional ou indenização a que tem direito o servidor público, que não está incorporado em seus proventos, exceto nos casos previstos legalmente. **2.** Gratificação incorporada àqueles vencimentos.

VANTAGEM PECUNIÁRIA ESPECIAL (VPE). *Direito militar.* Quantia devida mensal, regular e privativamente aos militares do Distrito Federal – Polícia Militar e Corpo de Bombeiros Militar, ativos e inativos e aos seus pensionistas, nos valores integrais estabelecidos na forma legal.

VANTAJAR. Ter vantagem.

VANTAJOSO. 1. O que é lucrativo. **2.** Proveitoso.

VANTE. *Direito marítimo.* **1.** Proa. **2.** Parte coberta do navio, situada ao lado da proa.

VANUM ARGUMENTANDUM. *Locução latina.* **1.** Argumento vão, irrelevante ou insuscetível de provar algo. **2.** Raciocínio sem fundamento.

VÃO. 1. Sem valor. **2.** Irreal. **3.** Vazio. **4.** Inútil. **5.** Frívolo; fútil. **6.** Que não tem fundamento. **7.** Espaço desocupado. **8.** Fresta. **9.** Seteira.

VAPOR. 1. Na *linguagem comum:* a) o estado gasoso que advém da transformação de um líquido; b) trem ou motor movido a vapor. **2.** *Direito marítimo.* Barco que se move por meio de máquina a vapor.

VAPORAR. **1.** Soltar vapor. **2.** Evaporar.

VAPORÁRIO. *História do direito.* Sala onde, na antiguidade romana, era produzido o vapor para aquecer balneário público.

VAPORIZAÇÃO. Mudança do estado líquido ao gasoso.

VAPORIZAR. Converter-se em vapor.

VAPULAÇÃO. *História do direito.* Flagelação.

VAQUEANAR. Guiar outrem pelos atalhos.

VAQUEANO. Aquele que, por ter habilidade e por conhecer bem uma dada região, serve de guia.

VAQUEIRAGEM. *Direito agrário.* Profissão de vaqueiro.

VAQUEIRAR. *Direito agrário.* Exercer a função de vaqueiro.

VAQUEIRO. *Direito agrário.* Trabalhador rural que se ocupa com o gado vacum.

VAQUEJADA. *Direito agrário.* Ato de reunir gado disperso.

VAQUILHONA. *Direito agrário.* No Rio Grande do Sul, é a novilha.

VAR. *Direito comercial.* Abreviação de *Value at Risk*, que constitui a medida da probabilidade de perda de certa aplicação em diversos setores da economia (Luiz Fernando Rudge).

VARA. **1.** *Direito desportivo.* Pau fino e comprido usado, no atletismo, no salto em altura. **2.** *História do direito.* a) Antiga medida de comprimento que equivalia a 1,10 m; b) açoite como punição; c) antiga insígnia de vereador, que era um bastão contendo as armas do Município, e do juiz, com as armas da Nação pintadas no alto. **3.** *Direito agrário.* Manada de porcos. **4.** *Direito processual.* a) Cargo ou função de juiz; b) autoridade judicial; c) cada divisão de uma jurisdição, na comarca onde há mais de um juiz; d) órgão de primeiro grau numa mesma comarca. **5.** *Direito administrativo.* Cargo em que se exerce uma autoridade. **6.** *Direito processual trabalhista.* Órgão do primeiro grau judicial singular que decide questões trabalhistas, sem qualquer representação classista, composta por juízes de fato, que foi excluída de nosso direito.

VARAÇÃO. *Direito marítimo.* **1.** Transporte de embarcações por terra, contornando cachoeiras ou trechos perigosos. **2.** Encalhe que projeta navio sobre uma praia ou baixio. **3.** Ato de, deliberadamente, colocar o navio em seco, isto é, nas margens do mar ou rio, havendo perigo de naufrágio.

VARA DE PORCOS. *Direito agrário.* Manada de gado suíno.

VARA DISTRITAL. *Vide* FORO REGIONAL.

VARADO. **1.** *Direito marítimo.* Navio encalhado em seco. **2.** *Direito comparado.* Uma das divisões eclesiásticas da Índia (Laudelino Freire).

VARADOR. Avaliador da capacidade dos tonéis, que os mede com vara.

VARADOURO. *Direito marítimo.* **1.** Caminho aonde a embarcação é arrastada para evitar acidente. **2.** Local onde se encalha o navio.

VARAL. **1.** *Direito agrário.* a) Armação de madeira onde se coloca o charque ao sol para secar; b) mesa de bambu sobre a qual se põe o peixe trazido da pescaria, onde fica ao relento até o dia seguinte; c) varas longas onde se secam as redes de pescar; d) cada vara que sai do veículo de duas rodas, ligando o carro ao animal que o puxa. **2.** Na *linguagem comum*, arame sustentado por postes apropriado para secar roupa lavada.

VARANDA. **1.** *Direito marítimo.* Sacada na popa do navio que se comunica com a câmara do comandante. **2.** *Direito agrário.* a) Primeiro dos três compartimentos do curral de peixe; b) barracão anexo ao paiol, apropriado para guardar carroças. **3.** *Direito civil.* a) Terraço que fica na frente de uma casa; b) eirado.

VARANDADO. *Direito agrário.* Alpendre colocado na frente e em volta de casas rústicas campestres.

VARANDIM. *Direito civil.* **1.** Varanda estreita. **2.** Grade baixa usada nas janelas.

VARANGOS. *História do direito.* Soldados francos ou normandos, mercenários, que faziam parte da guarda do imperador bizantino.

VARÃO. *Direito civil.* Aquele que pertence ao sexo masculino; homem adulto.

VARAR. **1.** *Direito marítimo.* a) Encalhar navio; b) transportar embarcação por terra; c) colocar no varadouro. **2.** *História do direito.* Flagelar.

VARAS DE FALÊNCIAS E RECUPERAÇÕES JUDICIAIS. *Direito processual* e *direito falimentar.* O Tribunal de Justiça do Estado de São Paulo (TJSP) instalou a 1ª e a 2ª Varas de Falências e Recuperações Judiciais da capital, e criou também a Câmara Especial de Falências e Recuperações Judiciais, que receberá os recursos e ações originárias relativos a falência, recuperação judicial e extrajudicial, excluídos os feitos de natureza penal, que permanecerão com a Seção Criminal.

VAREJADOR. *Direito comercial.* Quem faz varejo.

VAREJAMENTO. 1. *Direito tributário.* Busca em estabelecimento empresarial feita pela autoridade fiscal para averiguar se há extravio ou ocultação de bens, descaminho ou ato que enseja sonegação de imposto. **2.** *Direito processual penal.* Revista feita pela polícia no local do delito ou naquele em que supõe estar foragido o delinqüente.

VAREJANTE. *Direito comercial.* Aquele que vende a varejo.

VAREJÃO. 1. *Direito comercial.* Mercado de frutas, verduras e legumes que vende o quilo por preço único. **2.** *Direito marítimo.* Grande vara de madeira apropriada para impelir canoa ou barco.

VAREJAR. 1. *História do direito.* Flagelar; açoitar. **2.** *Direito marítimo.* Atacar com descarga de artilharia ou fuzilaria. **3.** *Direito tributário.* Dar busca. **4.** *Direito processual penal.* Revistar.

VAREJISTA. *Direito comercial.* **1.** Comerciante que vende a varejo. **2.** Retalhista. **3.** Referente a comércio a varejo.

VAREJO. 1. *Direito militar.* Fogo de artilharia ou fuzilaria. **2.** *Direito comercial.* Venda a retalho, em pequenas quantidades ou por miúdo.

VARGA. *Direito agrário.* Tipo de rede para pesca.

VARGUEIRO. *Direito agrário.* Quem pesca com varga.

VÁRIA. *Direito autoral.* Pequena notícia ou comentário de jornal.

VARIABILIDADE. 1. Inconstância. **2.** Qualidade de variável. **3.** Extensão da variação numa espécie.

VARIAÇÃO. 1. Mutação. **2.** Alteração. **3.** Processo pelo qual se podem diferenciar seres da mesma espécie. **4.** Diferença entre os preços de um título em dois momentos considerados (Luiz Fernando Rudge).

VARIAÇÃO CAMBIAL. *Direito cambiário.* Porcentual indicativo da variação da taxa de câmbio num dado período de tempo (Luiz Fernando Rudge).

VARIAÇÃO DA ORDEM DE VOCAÇÃO HEREDITÁRIA EM BENEFÍCIO DE CÔNJUGE OU DE FILHO BRASILEIRO. *Direito internacional privado* e *direito constitucional.* Não-aplicação do princípio de que a existência de herdeiro de uma classe exclui da sucessão os herdeiros da classe subseqüente, como dispõe a Carta Magna. Em caso de sucessão de bens de estrangeiro situados no País será regulada pela lei brasileira em benefício do cônjuge ou dos filhos brasileiros ou de quem os represente,

sempre que não lhes seja mais favorável a lei pessoal do *de cujus*. A aplicação da lei brasileira subordina-se, nesse caso, à existência de cônjuge ou de filho brasileiro ou de quem os represente e à lei pessoal do *de cujus*, que não lhes poderá ser mais favorável.

VARIAÇÃO NÃO ORÇAMENTÁRIA. *Direito financeiro.* É a que independe de execução orçamentária, como, por exemplo, inscrição de dívida ativa ou de outro crédito em benefício do Erário. Cancelamento de dívidas passivas ou ativas etc. (José Amado Nascimento).

VARIAÇÃO PATRIMONIAL. *Direito financeiro.* Alteração do patrimônio na qualidade e na quantidade monetária, em razão de investimentos, entradas e saídas etc.

VARIAGEM. *História do direito.* Antigo imposto aduaneiro.

VARIANTE. 1. *Direito administrativo.* a) Estrada que altera a direção de outra; b) ramal construído ao lado da antiga via ferroviária ou rodoviária, usado para encurtar trajeto comum ou para servir de desvio. **2.** *Direito autoral.* Diferença existente num texto de obra em diversas edições. **3.** *Direito civil.* Projeto de obra de construção que é apresentado para substituir a parte correspondente do plano aceito (Laudelino Freire). **4.** Nas *linguagens comum* e *jurídica*: a) o que substitui algo; b) volúvel; inconstante; c) grau de diferença; d) o que é mutável.

VARIAR. 1. Alterar. **2.** Diversificar. **3.** Ser inconstante. **4.** Experimentar mudança.

VARIAR DE AÇÃO. *Direito processual civil.* Alteração do pedido feito, pelo autor, na inicial que só se pode dar até a citação do réu.

VARIAR DE RECURSO. *Direito processual.* Alterar o pedido recursal, desde que dentro do prazo legal (De Plácido e Silva), desistindo de prosseguir com o pedido feito anteriormente.

VARIÁVEL. 1. *Lógica jurídica.* Termo indeterminado que pode ser, alternativamente, substituído por outros determinados, que são seus valores. **2.** Nas *linguagens comum* e *jurídica*: a) que pode variar; b) inconstante; c) sujeito a variação; d) quantidade que pode tomar, sucessivamente, diversos valores.

VARICELA. *Medicina legal.* Catapora, ou seja, doença infecto-contagiosa, aguda e febril, que se caracteriza por erupção superficial de bolhas ou vesículas planas, transparentes, que surgem aos grupos em diferentes partes do corpo, preferencialmente de crianças entre cinco e seis anos, sendo rara em maiores de vinte anos (Morris Fishbein).

VARICELIFORME. *Medicina legal.* Similar às vesículas da varicela.

VARICOBLÉFARO. *Medicina legal.* Tumefação varicosa da pálpebra.

VARICOCELE. *Medicina legal.* Tumor que se forma em virtude de dilatação das veias escrotais e do cordão espermático.

VARICÔNFALO. *Medicina legal.* Tumor varicoso do umbigo (Laudelino Freire).

VARICOSE. *Medicina legal.* Estado do que apresenta varizes.

VARIEDADE. 1. Qualidade do que é alterável. **2.** Existência de diferentes coisas que se podem substituir por pertencerem a um dado grupo. **3.** Multiplicidade. **4.** Instabilidade.

VARIEDADES. 1. *Direito autoral.* Mistura de vários assuntos em textos literários ou jornalísticos. **2.** Teatro que, num mesmo espetáculo, oferece ao público representações de gênero variado ou múltiplo.

VARIETAS DELECTAT. *Locução latina.* A variedade agrada.

VARINA. 1. *Direito comercial.* Vendedora ambulante de peixes. **2.** *Direito marítimo.* Pequena embarcação movida a vara.

VARINEL. *História do direito.* Embarcação de remos, muito comum no século XV.

VÁRIO. 1. Contraditório. **2.** Inconstante. **3.** Alternado.

VARÍOLA. *Medicina legal.* Moléstia contagiosa que provoca calafrios, dores, febre alta e erupção de pústulas que podem produzir cicatrizes.

VARIOLOSE. *Medicina legal.* Conjunto de doenças ligadas à varíola.

VARIOLOVACINAÇÃO. *Medicina legal.* Imunização contra varíola por meio de variolovacina.

VARIORUM. *Termo latino.* De vários.

VAROA. *Direito civil.* Mulher adulta.

VARONIA. *Direito civil.* **1.** Descendência masculina. **2.** Qualidade de varão.

VARONIL. 1. Pertencente a varão. **2.** Destemido.

VARONILIDADE. Qualidade de varonil.

VAROTE. *Direito agrário.* Erval novo, reservado para uma colheita futura.

VARRIÇÃO. *Direito agrário.* Levantamento do café seco, caído, naturalmente, no período anterior à derriça ou na derriça.

VÁRZEA. *Direito agrário.* **1.** Campina cultivada. **2.** Planície fértil.

VASA. *Sociologia jurídica.* **1.** Ralé. **2.** Camada degradada da sociedade.

VASÁRIO. *História do direito.* Ajuda de custo a que tinham direito, na antigüidade romana, os magistrados ao assumir seus cargos.

VASCULAR. *Medicina legal.* **1.** Relativo a vaso sangüíneo ou linfático. **2.** O que é formado de vasos sangüíneos.

VASCULARIZAÇÃO. *Medicina legal.* Conjunto de vasos arteriais e venosos existentes num tecido ou órgão (Croce e Croce Jr.).

VASCULHAR. Remexer para procurar algo.

VASCULITE. *Medicina legal.* Inflamação de vasos sangüíneos.

VASECTOMIA. *Medicina legal.* Esterilização masculina mediante cirurgia para ressecção bilateral do canal deferente, que, impedindo a passagem de espermatozóides, traz a impotência *generandi* (José Lopes Zarzuela).

VASILHA. 1. *Direito comercial.* a) Recipiente de tipo e tamanho variado, próprio para acondicionar mercadoria; b) conjunto de pipas ou tonéis. **2.** *História do direito.* Embarcação.

VASILHAME. *Direito comercial.* Conjunto de vasilhas existentes no estabelecimento para acondicionamento das mercadorias.

VASILHEIRO. Encarregado de conservar e limpar o vasilhame.

VASITE. *Medicina legal.* Inflamação do conduto deferente.

VASO. 1. *Medicina legal.* a) Veia arterial ou venosa por onde o sangue circula (Croce e Croce Jr.); b) vagina. **2.** *Direito comercial.* Receptáculo que serve para guardar algo. **3.** *Direito agrário.* Recipiente onde se coloca terra para cultivar planta ornamental.

VASO DE GUERRA. *Direito militar.* Navio de guerra.

VASOSPASMO. *Medicina legal.* Espasmo vascular.

VASSALAGEM. 1. *História do direito.* a) Condição de vassalo; b) obediência exigida pelo senhor feudal ao vassalo, que lhe devia fidelidade. **2.** Na *linguagem jurídica*, estado de sujeição. **3.** *Direito internacional público.* a) Complexo de deveres que tem o Estado vassalo, limitado em sua capacidade internacional em relação ao Estado suserano, que o representa na ordem internacional; b) dependência de um país relativamente a outro; c) condição de semi-soberania de um Estado, sujeito a um Estado protetor (Celso D. de Albuquerque Mello).

VASSALIDADE. *Vide* VASSALAGEM.

VASSALO. 1. *História do direito.* a) Aquele que dependia do senhor feudal, ao qual obedecia e prestava juramento de fidelidade; b) feudatário; c) súdito. **2.** Na *linguagem comum*: a) aquele que está subordinado a outrem; b) dependente. **3.** *Direito internacional público.* Estado semi-soberano sujeito ao Estado protetor.

VASTIDÃO. 1. Grande dimensão. **2.** Amplidão. **3.** Suma importância.

VASTO. 1. Enorme. **2.** Importante. **3.** Considerável. **4.** Amplo.

VATICANA FRAGMENTA IURIS ROMANI. *História do direito.* Coletânea de *leges* que, elaborada nos séculos III e IV, foi encontrada em 1821 na Biblioteca do Vaticano.

VATICANISMO. *Ciência política.* Sistema ou doutrina que enaltece os interesses materiais e morais do Papa.

VATICANISTA. *Ciência política.* Adepto do vaticanismo.

VATICANO. *Direito internacional público.* **1.** Governo ou Estado pontifício. **2.** Santa Sé, que é pessoa jurídica de Direito internacional público. **3.** Residência papal em Roma.

VATICÍNIO. 1. Prognóstico. **2.** Ato de adivinhar ou predizer algo.

VÁTIO. *Vide WATT.*

VAU. 1. Baixio. **2.** Local num rio onde é possível passar a pé.

VAUDEVILLE. *Termo francês.* Comédia teatral que contém pequenos coros.

VAUS DE ESCOTILHA. *Direito marítimo.* Aberturas longitudinais das escotilhas do navio.

VAZANTE. *Direito agrário.* No Nordeste, é a cultura ou horta feita no leito dos rios e nas margens dos açudes, no período da seca, à medida que o nível das águas vai baixando.

VAZANTEIRO. *Direito agrário.* No Nordeste, é o agricultor de vazante.

VAZÃO ECOLÓGICA. *Direito ambiental.* Vazão mínima necessária para garantir a preservação do equilíbrio natural e a sustentabilidade dos ecossistemas aquáticos.

VAZIO. 1. *Direito civil.* a) Imóvel desocupado ou vago; b) o que está sem mobília. **2.** *Teoria geral do direito.* a) Ausência de norma; b) lacuna. **3.** Nas *linguagens comum* e *jurídica*: a) fútil; b) destituído de inteligência; c) insignificante. **4.** *Lógica jurídica.* Falta de conteúdo em uma argumentação. **5.** *Medicina legal.* Flanco.

VEARIA. Casa onde a caça é guardada.

VECTIGAL. *Direito romano.* Imposto cobrado sob a forma de dízimo que recai sobre terras públicas ocupadas.

VEDAÇÃO. 1. *Direito civil.* a) Tapume; b) valado; c) sebe. **2.** *Teoria geral do direito.* Proibição. **3.** *Direito constitucional.* Veto. **4.** *Direito do consumidor.* É o processo pelo qual se obtém o estanque completo de forma a impedir a troca gasosa do interior da câmara com a atmosfera. Todas as vedações devem ser realizadas com fitas adesivas de polietileno ou lona de polietileno.

VEDAÇÃO À TRIBUTAÇÃO CONFISCATÓRIA. *Direito tributário* e *direito constitucional.* Proibição de utilizar tributo com efeito de confisco.

VEDAÇÕES AO INGRESSO NO SIMPLES NACIONAL. *Direito tributário.* Não poderão recolher os impostos e contribuições na forma do Simples Nacional a microempresa ou a empresa de pequeno porte: a) que explore atividade de prestação cumulativa e contínua de serviços de assessoria creditícia, gestão de crédito, seleção e riscos, administração de contas a pagar e a receber, gerenciamento de ativos (*asset management*), compras de direitos creditórios resultantes de vendas mercantis a prazo ou de prestação de serviços (*factoring*);b) que tenha sócio domiciliado no exterior; c) de cujo capital participe entidade da administração pública, direta ou indireta, federal, estadual ou municipal; d) que preste serviço de comunicação; e) que possua débito com o Instituto Nacional do Seguro Social (INSS), ou com as Fazendas Públicas Federal, Estadual ou Municipal, cuja exigibilidade não esteja suspensa; f) que preste serviço de transporte intermunicipal e interestadual de passageiros; g) que seja geradora, transmissora, distribuidora ou comercializadora de energia elétrica; h) que exerça atividade de importação ou fabricação de automóveis e motocicletas; i) que exerça atividade de importação de combustíveis; j) que exerça atividade de produção ou venda no atacado de bebidas alcoólicas, cigarros, armas, bem como de outros produtos, tributados pelo IPI com alíquota *ad valorem* superior a 20% ou com alíquota específica; k) que tenha por finalidade a prestação de serviços decorrentes do exercício de atividade intelectual, de natureza técnica, científica, desportiva, artística ou cultural, que constitua profissão regulamentada ou não, bem como a que preste serviços de instrutor, de corretor, de despachante ou de qualquer tipo de intermediação de negócios; l) que realize cessão ou locação de mão-de-obra; m) que realize atividade de consultoria; n) que se dedique ao loteamento e à incorporação de imóveis. As vedações relativas ao exercício de atividades acima mencionadas não se aplicam às pessoas jurídicas que se dediquem exclusivamente às atividades seguintes ou as exerçam em conjunto com outras atividades que não tenham sido objeto de vedação: a) creche, pré-escola e estabelecimento de ensino fundamental; b) agência terceirizada de correios; c) agência de viagem e turismo; d) centro de formação de condutores de veículos automotores de transporte terrestre de passageiros e de carga; e) agência lotérica; f) serviços de manutenção e reparação de automóveis, caminhões, ônibus, outros veículos pesados, tratores, máquinas e equipamentos agrícolas; g) serviços de instalação, manutenção e reparação de acessórios para veículos automotores; h) serviços de manutenção e reparação de motocicletas, motonetas e bicicletas; i) serviços de instalação, manutenção e reparação de máquinas de escritório e de informática; j) serviços de reparos hidráulicos, elétricos, pintura e carpintaria em residências ou estabelecimentos civis ou empresariais, bem como manutenção e reparação de aparelhos eletrodomésticos; k) serviços de instalação e manutenção de aparelhos e sistemas de ar condicionado, refrigeração, ventilação, aquecimento e tratamento de ar em ambientes controlados; l) veículos de comunicação, de radiodifusão sonora e de sons e imagens, e mídia externa; m) construção de imóveis e obras de engenharia em geral, inclusive sob a forma de subempreitada; n) transporte municipal de passageiros; o) empresas montadoras de estandes para feiras; p) escolas livres, de línguas estrangeiras, artes, cursos técnicos e gerenciais; q) produção cultural e artística; r) produção cinematográfica e de artes cênicas; s) cumulativamente administração e locação de imóveis de terceiros; t) academias de dança, de capoeira, de ioga e de artes marciais;

u) academias de atividades físicas, desportivas, de natação e escolas de esportes; v) elaboração de programas de computadores, inclusive jogos eletrônicos, desde que desenvolvidos em estabelecimento do optante; w) licenciamento ou cessão de direito de uso de programas de computação; x) planejamento, confecção, manutenção e atualização de páginas eletrônicas, desde que realizados em estabelecimento do optante; y) escritórios de serviços contábeis; z) serviço de vigilância, limpeza ou conservação.

VEDAÇÕES CONSTITUCIONAIS. *Direito constitucional.* São as proibições contidas em normas constitucionais com eficácia absoluta, que têm força paralisante total de qualquer legislação que, explícita ou implicitamente, vier a contrariá-las. Tais normas não só têm eficácia positiva, por terem incidência imediata e serem intangíveis, ou não poderem ser modificadas, por processo normal de emenda, como também têm eficácia negativa, por vedarem qualquer lei que lhes seja contrastante, daí sua força paralisante total e imediata, permanecendo não emendáveis, salvo, por exemplo, por meio de revolução, que, como um ato de força, pode destruí-las, criando outras, instaurando uma nova ordem jurídica.

VEDAÇÕES CONSTITUCIONAIS AOS MAGISTRADOS. *Direito constitucional.* Proibições impostas pela Carta Magna que têm por fim a preservação da imparcialidade da magistratura, tais como: a) a de exercer, mesmo que em disponibilidade, outro cargo ou função, exceto uma de magistério; b) a de receber, a qualquer título ou pretexto, custas ou participação em processo; c) a de dedicar-se à atividade político-partidária.

VEDAÇÕES CONSTITUCIONAIS PARLAMENTARES. *Direito constitucional.* Atos vedados pela Constituição aos parlamentares (deputados e senadores) sob pena de perda de mandato. Os deputados e senadores, por força de norma constitucional, não poderão: **1.** desde a expedição do diploma: a) firmar ou manter contrato com pessoa jurídica de direito público, autarquia, empresa pública, sociedade de economia mista ou empresa concessionária de serviço público, salvo quando o contrato obedecer a cláusulas uniformes; b) aceitar ou exercer cargo, função ou emprego remunerado, inclusive os de que sejam demissíveis *ad nutum*, naquelas entidades; **2.** desde a posse: a) ser proprietários, controladores ou diretores de empresa que goze de favor decorrente de contrato com pessoa jurídica de direito público, ou nela exercer função remunerada; b) ocupar cargo ou função de que sejam demissíveis *ad nutum*, nas entidades acima mencionadas; c) patrocinar causa em que seja interessada qualquer daquelas pessoas jurídicas de direito público; d) ser titulares de mais de um cargo ou mandato público eletivo.

VEDAÇÕES NA NEGOCIAÇÃO COLETIVA E NO DISSÍDIO COLETIVO. *Direito do trabalho.* Proibições legais que, na negociação coletiva e no dissídio coletivo, impedem: a estipulação ou a fixação de cláusula de reajuste ou correção salarial automática vinculada a índices de preços; a concessão a título de produtividade de aumento não amparado em indicadores objetivos aferidos por empresa.

VEDADO. 1. *Teoria geral do direito.* Proibido. **2.** *Direito civil.* a) Murado; b) o que tem tapume.

VEDAR. *Teoria geral do direito.* **1.** Proibir por meio de norma. **2.** Não permitir. **3.** Obstar.

VEDÁVEL. *Teoria geral do direito.* Que pode ser proibido.

VEDETA. *Direito militar.* **1.** Pequeno navio de guerra usado para observar movimentos do inimigo. **2.** Sentinela que avisa, rapidamente, o que descobriu. **3.** Sentinela que fica em local alto.

VEDETE. 1. É a artista principal em teatro de revista. **2.** Aquele que se destaca num grupo literário, político, científico ou desportivo etc.

VEDÓIA. No Norte: trapaceiro, caloteiro; traficante.

VEDOR. 1. *História do direito.* a) No Brasil, era o procurador dos feitos da Fazenda e da Coroa; b) fiscal ou intendente da coisa pública. **2.** *Direito agrário.* Aquele que consegue, por meio de uma varinha, detectar água subterrânea.

VEDORIA. *História do direito.* Repartição pública que ficava sob a direção de um vedor.

VEDRO. *História do direito.* Tapume que, outrora, se colocava em volta dos campos de lavoura (Laudelino Freire).

VEEIRO. 1. Na *linguagem dos garimpeiros*, o veio de ouro. **2.** *Direito agrário.* Em Goiás, é aquele que tem servidão de águas fluviais até o meio do rio.

VEEME. *História do direito.* Tribunal secreto que, na era medieval, existia na Alemanha.

VEEMÊNCIA. 1. Eloqüência. **2.** Energia. **3.** Empenho. **4.** Impetuosidade.

VEEMENTE. 1. Convincente. **2.** Eloqüente. **3.** Impetuoso. **4.** Indubitável.

VEÊMICO. *História do direito.* O que se refere a veeme.

VEGETAÇÃO. *Medicina legal.* Estado daquele que vive indiferente a tudo.

VEGETAÇÃO VENÉREA. *Medicina legal.* Condiloma acuminado.

VEGETALISMO. *Medicina legal.* Regime alimentar que inclui apenas vegetais.

VEGETAR. *Medicina legal.* Viver em completa inércia e indiferença.

VEGETARIANO. *Medicina legal.* Aquele que se alimenta, exclusivamente, de vegetais.

VEHICULAR HOMICIDE. *Locução inglesa.* Homicídio por atropelamento.

VEIA. 1. *Medicina legal.* Vaso sangüíneo. **2.** No garimpo: a) filão; b) veio; c) mina. **3.** Na *linguagem comum*: a) corrente de água; b) vocação; c) âmago.

VEIA VARICOSA. *Medicina legal.* Veia dilatada que forma nós na superfície da pele (Morris Fishbein).

VEICULAÇÃO. Viação por meio de veículos (Laudelino Freire).

VEICULAR. 1. Transportar. **2.** Difundir; propagar.

VEÍCULO. 1. Qualquer meio de transporte de coisas e de pessoas. **2.** O que é utilizado para divulgar algo.

VEÍCULO AÉREO NÃO TRIPULADO. *Direito militar.* É uma plataforma aérea de baixo custo operacional que pode ser operada por controle remoto ou executar perfis de vôo de forma autônoma podendo ser utilizada para: a) transportar cargas úteis convencionais, como sensores diversos e equipamentos de comunicação; b) servir como alvo aéreo; c) levar designador de alvo e cargas letais, sendo nesse caso empregado com fins bélicos.

VEÍCULO ANIMADO. *Medicina legal.* Animal que transporta agente etiológico, por exemplo, o *Triatoma infestans*, que causa a doença de Chagas (Morris Fishbein).

VEÍCULO ARTICULADO. *Direito de trânsito.* É a combinação de veículos acoplados, sendo um deles automotor.

VEÍCULO AUTOMOTOR. *Direito de trânsito.* Todo veículo a motor de propulsão que circule por seus próprios meios, e que serve normalmente para o transporte viário de pessoas e coisas, ou para a tração viária de veículos utilizados para o transporte de pessoas e coisas. O termo compreende os veículos conectados a uma linha elétrica e que não circulam sobre trilhos (ônibus elétrico).

VEÍCULO CARACTERIZADO. *Direito militar.* Veículo oficial ostentando pintura, identificação e marcação segundo as normas do Comando da Aeronáutica (COMAER).

VEÍCULO CONJUGADO. *Direito de trânsito.* Combinação de veículos, sendo o primeiro um veículo automotor e os demais reboques ou equipamentos de trabalho agrícola, construção, terraplenagem ou pavimentação.

VEÍCULO DE CARGA. *Direito de trânsito.* Veículo destinado ao transporte de carga, podendo transportar dois passageiros, exclusive o condutor.

VEÍCULO DE COLEÇÃO. *Direito de trânsito.* Aquele que, mesmo tendo sido fabricado há mais de trinta anos, conserva suas características originais de fabricação e possui valor histórico próprio.

VEÍCULO DE DIVULGAÇÃO. *Direito das comunicações.* Qualquer meio de comunicação visual ou auditiva suscetível de transmitir mensagens de propaganda ao público, desde que reconhecido pelas entidades de classe, ou seja, pelas associações locais e regionais de propaganda e pelos sindicatos de publicitários.

VEÍCULO DE GRANDE PORTE. *Direito de trânsito.* Veículo automotor destinado ao transporte de carga com peso bruto total máximo superior a dez mil quilogramas e de passageiros, superior a vinte passageiros.

VEÍCULO DE PASSAGEIROS. *Direito de trânsito.* Veículo destinado ao transporte de pessoas e suas bagagens.

VEÍCULO DE REPRESENTAÇÃO. *Direito militar.* Veículo destinado ao atendimento exclusivo do Comandante da Aeronáutica (CMTAER).

VEÍCULO DE SERVIÇO. *Direito militar.* Veículo destinado ao transporte de oficiais superiores que ocupem cargo de comando, direção ou chefia de OM e demais veículos empregados no atendimento das atividades logísticas e administrativas do Comando da Aeronáutica (COMAER).

VEÍCULO ESPACIAL. *Direito espacial.* Sistema espacial, tripulado ou não, construído com a finalidade de operar no espaço exterior, compreendendo o veículo lançador, foguete, carga útil, nave espacial e estação espacial.

VEÍCULO ESPECIAL. 1. *Direito de trânsito.* a) É o dotado de equipamentos integrados a ele, instalados dentro ou fora da carroceria ou, ainda, diretamente sobre o chassi do veículo, os quais se destinam à prestação de serviços especializados; b) é aquele constituído com características de construção especial destinado ao transporte de carga indivisível e excedente em peso e/ou dimensão, incluindo-se entre esses os reboques e semi-reboques dotados de mais de três eixos com suspensão mecânica, assim como aquele dotado de equipamentos para prestação de serviços especializados, que se configurem, como carga permanente, tais como: guindastes, perfuratrizes ou assemelhados. **2.** *Direito militar.* Veículo destinado ao atendimento de atividades peculiares do Comando da Aeronáutica (COMAER) no transporte de oficiais-generais.

VEÍCULO LANÇADOR. *Direito espacial.* Veículo espacial construído com a finalidade de colocar a carga útil no espaço exterior ou em trajetória suborbital.

VEÍCULO MISTO. *Direito de trânsito.* Veículo automotor destinado ao transporte simultâneo de carga e passageiro.

VEÍCULO TRANSPORTADOR MODULAR AUTOPROPELIDO. É o veículo modular com plataforma de carga própria, tendo suspensão e direção hidráulica e conjunto de eixos direcionais com força motora que propicie circular pelos seus próprios meios.

VEÍCULO TRATOR OU DE TRAÇÃO. É o veículo automotor projetado e fabricado para tracionar ou arrastar veículo(s) reboque(s) e semi-reboque(s) e/ou equipamento(s).

VEÍCULO URBANO DE CARGA (VUC). *Direito de trânsito.* Veículo utilizado para o transporte de carga em centros urbanos (James G. Heim).

VEIGA. *Direito agrário.* Planície fértil e cultivada.

VEIO. 1. *Direito agrário.* a) Riacho; b) listra que a madeira apresenta. **2.** No *garimpo*: a) filão; b) parte da mina que contém o minério. **3.** Na *linguagem comum*: a) ponto principal; b) base.

VEJEIRA. *Direito agrário.* Abelha silvestre produtora de mel.

VELA. 1. *Direito marítimo.* a) Conjunto de panos amarrados nas vergas para, ao receber a ação do vento, impelir a embarcação; b) embarcação que se move por força de panos amarrados nas vergas. **2.** Na *linguagem comum*: a) peça de cera, com pavio no centro, que, ao ser aceso, vem a iluminar algo; b) vigília; ação de velar.

VELAÇÃO. *Direito canônico.* Bênção nupcial.

VELACHO. *Direito marítimo.* Vela dos mastros da proa.

VELADO. 1. Na *linguagem comum*: a) oculto; b) encoberto; c) vigiado. **2.** *Direito agrário.* No Nordeste, coco que tem amêndoa solta na casca.

VELAME. *Direito marítimo.* Conjunto de velas de uma embarcação.

VELANTE. 1. Na *gíria*, guarda-noturno. **2.** Na *linguagem comum*, aquele que vela.

VELAR. 1. Encobrir. **2.** Ocultar. **3.** Tapar. **4.** Passar a noite em vigília. **5.** Vigiar. **6.** Zelar. **7.** Não se afastar do exercício das funções.

VELAS LATINAS. *Direito marítimo.* Aquelas que, de forma triangular ou quadrangular, se envergam ou servem no sentido de popa nas caranguejas ou correndo ao longo dos estais.

VELAS MESTRAS. *Direito marítimo.* São as quatro principais da embarcação: a grande, o traquete, a gávea e o velacho (Laudelino Freire).

VELAS REDONDAS. *Direito marítimo.* Aquelas que se envergam nas vergas, indo do bombordo ao estibordo.

VELEAR. *Direito marítimo.* Prover a embarcação de velas.

VELEIDADE. 1. Volição incompleta ou passageira que desaparece antes da execução (Lalande). **2.** Vontade malformada. **3.** Utopia. **4.** Inconstância nas decisões. **5.** Mutabilidade nas determinações.

VELEIRO. 1. *Direito marítimo.* a) Embarcação de velas que navega ligeiro; b) diz-se daquele que está apto para conduzir embarcação a vela sem propulsão a motor, nos limites da navegação interior. **2.** *Direito empresarial.* Fabricante de velas para navios. **3.** *Direito canônico.* Criado de frades que realiza serviços fora do convento.

VELEJAR. *Direito marítimo.* Navegar a vela.

VELHACARIA. 1. Patifaria. **2.** Qualidade de velhaco.

VELHACO. 1. Traiçoeiro. **2.** Libertino. **3.** Que emprega fraude para, propositalmente, enganar alguém.

VELHAQUEAR. 1. Enganar. **2.** Burlar.

VELHARIA. 1. O que é antiquado. **2.** Coisa antiga.

VELHICE. 1. Condição de velho; ancianidade. **2.** Idade avançada. **3.** Período da vida de uma pessoa que sucede à idade madura (Laudelino Freire).

VELHO. 1. Antigo. **2.** Que data de época remota. **3.** Gasto pelo uso. **4.** Aquele que já tem muita idade; idoso; aquele que tem mais de sessenta anos. **5.** O que há muito tempo já possui determinada qualidade. **6.** Aquele que exerce uma profissão durante anos.

VELHO MUNDO. Europa.

VELHORI. *Direito agrário.* Cavalo de cor acinzentada.

VELHO TESTAMENTO. *Direito canônico.* Antigo Testamento.

VEL INIQUISSIMAM PACEM JUSTISSIMO BELLO ANTEFERREM. *Expressão latina.* Deve-se preferir a paz mais iníqua à mais justa guerra.

VÉLITE. *História do direito.* **1.** Soldado romano de infantaria ligeira. **2.** Corpo de caçadores criado, na França, por Napoleão Bonaparte.

VELIT NOLIT. *Locução latina.* Queira ou não queira.

VELLE EST POSSE. *Expressão latina.* Querer é poder.

VELLE SUUM CUIQUE EST. *Expressão latina.* Cada um é senhor de sua vontade.

VELO. *Direito agrário.* Lã de carneiro.

VELOCIDADE. 1. Rapidez. **2.** Agilidade.

VELOCIDADE CRÍTICA. *Direito aeronáutico.* A velocidade mínima imprescindível para a sustentação da aeronave.

VELOCIDADE DE CRUZEIRO. *Direito marítimo* e *direito aeronáutico.* Velocidade de viagem.

VELOCIDADE DE LIBERAÇÃO. *Direito espacial.* Velocidade mínima que um foguete deve ter para escapar do campo gravitacional da Terra.

VELOCIDADE INICIAL. *Direito militar.* É a que tem o projétil ao sair da boca da arma de fogo.

VELOCIDADE RESTANTE. *Direito militar.* Velocidade do projétil de arma de fogo em um certo ponto de seu trajeto.

VELOCÍMETRO. 1. *Direito de trânsito.* Aparelho que mede a velocidade de veículos. **2.** *Direito militar.* Instrumento apropriado para medição da velocidade de projéteis de armas de fogo.

VELOCINO. *Direito agrário.* Pele de carneiro, com a lã.

VELÓRIO. **1.** Ato de velar defunto. **2.** Dependência de hospital ou local onde se realiza essa vigília.

VELOZ. **1.** Rápido. **2.** Ligeiro.

VENÁBULO. **1.** Meio de defesa. **2.** Expediente.

VENAL. **1.** *Direito penal.* Aquele que, no exercício de função pública, é passível de peita ou de suborno. **2.** *Direito comercial.* a) Valor da venda ou aquele que a mercadoria tem na praça; b) exposto à venda. **3.** *Direito civil.* a) Relativo à venda; b) suscetível de venda; c) o que está para vender.

VENALICIÁRIO. *História do direito.* Aquele que, na Antigüidade romana, negociava escravos.

VENALIDADE. *Direito penal.* **1.** Qualidade de venal ou daquele que se deixa subornar. **2.** Ato praticado por quem se deixa corromper, favorecendo alguém, no exercício de deveres funcionais, com o objetivo de obter proveito ou dádiva.

VENALISMO. Regime onde imperam os venais.

VENALISTA. O que é concernente ao venalismo.

VENALIZAR. Tornar venal.

VENÁRIO. *História do direito.* Camponês.

VENATÓRIO. *Direito civil.* Aquilo que se refere à caça.

VENCEDOR. Aquele que venceu.

VENCER. **1.** Obter resultado favorável. **2.** Triunfar. **3.** Persuadir. **4.** Convencer. **5.** Resistir. **6.** Realizar. **7.** Ganhar. **8.** Levar vantagem. **9.** Esgotar o prazo. **10.** Atingir o termo. **11.** Receber a título de ordenado. **12.** Ter direito. **13.** Contar; somar.

VENCER-SE A LETRA. *Direito cambiário.* Ter terminado o prazo para pagá-la.

VENCIDA. **1.** Derrota. **2.** Ação de ser vencido.

VENCIDO. **1.** Nas *linguagens comum* e *jurídica*: a) quem sofreu derrota; b) persuadido. **2.** *Direito processual.* a) Voto cujo fundamento foi rejeitado num julgamento; b) o autor ou réu que perdeu numa demanda; c) julgado que vai subsidiar o acórdão (Othon Sidou).

VENCILHO. *Direito agrário.* Corda de palha usada para atar feixes, empar videira etc.

VENCIMENTO. **1.** *Direito administrativo.* Remuneração a que tem direito o servidor público. **2.** *Direito civil.* a) Término do prazo para solver uma obrigação, tornando-a exigível pelo credor; b) último dia em que se deve cumprir a obriga-

ção assumida; c) termo final. **3.** *Direito cambiário.* Expiração do prazo para pagamento de uma letra de câmbio. **4.** *História do direito.* Nas Ordenações, era a evicção, tomada como evento ou chegada.

VENCIMENTO ANTECIPADO DA DÍVIDA. *Direito civil.* Reclamação do cumprimento do débito antes do prazo de seu vencimento pelo credor se: a) executado o devedor, abrir concurso creditório; b) os bens do devedor, hipotecados, empenhados ou dados em anticrese, forem penhorados em execução por outro credor; c) as garantias reais ou fidejussórias dadas pelo devedor cessarem ou forem insuficientes e se o devedor, intimado, se negar a reforçá-las.

VENCIMENTO ANTECIPADO DA DÍVIDA ASSEGURADA POR GARANTIA REAL. *Direito civil.* Exigência do pagamento do débito com garantia real antes do término do prazo para solvê-lo, nos casos previstos legalmente, como: a) desvalorização econômica ou deterioração do objeto dado em garantia; b) falência ou insolvência do devedor, devidamente provada; c) falta de pontualidade no pagamento das prestações; d) perecimento do objeto dado em garantia real e não substituído; e) desapropriação total do bem que o garante, depositando-se a parte do preço que for necessária para pagar o credor. Se parcial a expropriação da coisa onerada, tendo sido pago parcialmente o credor, o bem continua gravado pelo remanescente da dívida.

VENCIMENTO ANTECIPADO DA HIPOTECA. *Direito civil.* É o que só pode ocorrer se o sinistro ou a desapropriação recair sobre o bem hipotecado e a garantia não abranger outros, subsistindo, no caso contrário, a dívida reduzida, com a respectiva garantia sobre os demais bens, não desapropriados, danificados ou destruídos.

VENCIMENTO DA HIPOTECA. *Direito civil.* É o que se opera com o vencimento da própria dívida por ela garantida, uma vez que a hipoteca é acessória.

VENCIMENTO DA LETRA DE CÂMBIO. *Direito cambiário.* Data em que uma letra de câmbio pode ser exigida.

VENCIMENTO DA SOCIEDADE. *Direito civil.* Término do prazo estipulado para a duração de sociedade por tempo determinado.

VENCIMENTO DE JUROS. *Direito civil.* Fluência dos juros.

VENCIMENTO DO CONTRATO. *Direito civil.* Cessação da vigência do contrato, fazendo com que as obrigações dele oriundas possam ser exigidas pelo credor.

VENCIMENTO DO PRAZO. *Direito civil.* Termo final.

VENCIMENTO EXTRAORDINÁRIO. *Direito civil.* Vencimento antecipado da obrigação em razão de superveniência de fato anormal previsto em norma.

VENCIMENTO EXTRAORDINÁRIO DA LETRA DE CÂMBIO. *Direito cambiário.* Exigibilidade da cambial, antes do término do prazo, em razão de ocorrência de fato imprevisto ou anormal como falência do aceitante, falta ou recusa do aceite (Waldirio Bulgarelli).

VENCIMENTO MARCADO. *Direito civil* e *direito comercial.* Aquele termo certo estipulado pelas partes para o pagamento da obrigação.

VENCIMENTO ORDINÁRIO DA LETRA DE CÂMBIO. *Direito cambiário.* Exigibilidade da letra de câmbio em virtude da expiração do termo normal previsto; por exemplo, se for letra a dia certo, no dia indicado; à vista, na apresentação; a tempo certo de vista, no prazo indicado após o aceite; a tempo certo de data, no último dia referente ao término do período marcado (Waldirio Bulgarelli).

VENCÍVEL. 1. Que tem vencimento em prazo certo. **2.** O que se há de vencer.

VENDA. 1. *Direito civil. Vide* COMPRA E VENDA. **2.** *Direito comercial.* Empório onde se vendem secos e molhados. **3.** *Economia política.* Fase da troca consistente na entrega de riqueza que não seja moeda, mediante recebimento real ou figurado desta última. **4.** Na *linguagem comum*, faixa com que se cobrem os olhos.

VENDA A CONTADO. *Direito comercial* e *direito civil.* Venda a dinheiro; pagamento do preço, imediatamente, no ato da tradição da coisa pelo vendedor; logo, não se confunde com venda à vista, que permite o pagamento do preço em prazo exíguo, em regra, trinta dias.

VENDA A CONTENTO. *Vide* COMPRA E VENDA A CONTENTO.

VENDA A CRÉDITO. *Vide* COMPRA E VENDA A PRESTAÇÃO.

VENDA A CRÉDITO COM RESERVA DE DOMÍNIO. *Vide* COMPRA E VENDA COM RESERVA DE DOMÍNIO.

VENDA *AD CORPUS*. *Direito civil.* Alienação do imóvel pelo vendedor como corpo certo e determinado, não se podendo exigir implemento da área, pois, se o bem é individuado, o comprador o adquiriu pelo conjunto e não em atenção à área declarada, que assume caráter meramente enunciativo. Assim, pouco importará para o negócio jurídico se tem maior ou menor número de hectares, visto que não foi uma área o objeto do contrato, mas uma gleba caracterizada por suas confrontações, divisas, localização, área, denominação, como, por exemplo, o Rancho Santa Maria ou a Fazenda Palmeiras. Na venda *ad corpus* o preço é global, sendo pago pelo todo, abrangendo a totalidade do imóvel vendido, de modo que a referência às dimensões não descaracteriza esse tipo de venda, por não ter a função de condicionar o preço.

VENDA A DESCENDENTE. *Direito civil.* Aquela em que o ascendente vende coisa móvel ou imóvel a descendente, com a autorização expressa dos demais descendentes, e do cônjuge do alienante, sob a pena de anulação, por ser suscetível de confirmação, bastando que haja anuência *a posteriori* desses descendentes e do consorte.

VENDA A DESCOBERTO. *Direito comercial.* Aquela em que o vendedor se compromete, por não possuir a mercadoria vendida, a vendê-la e a entregá-la dentro do prazo avençado.

VENDA *AD GUSTUM*. *Vide* COMPRA E VENDA SOB PROVA OU DEGUSTAÇÃO.

VENDA A DINHEIRO. *Direito civil.* É a que abrange tanto a venda a contado como a venda à vista.

VENDA *AD MENSURAM*. *Direito civil.* É aquela em que se determina a área do imóvel vendido, estipulando-se o preço por medida de extensão. A especificação precisa da área do imóvel é elemento indispensável, pois ela é que irá determinar o preço total do negócio. O preço é fixado tendo por base cada unidade ou a medida de cada alqueire, hectare, metro quadrado ou metro de frente, como, por exemplo, quando o alienante diz: "Vendo 200 alqueires de terra a tanto o metro quadrado". Se o comprador verificar que o imóvel não corresponde às dimensões da escritura, pode exigir o complemento da área por meio da ação ordinária, denominada *ex empto*. E, se for impossível complementar a área, pode optar entre a rescisão contratual e o abatimento proporcional do preço.

VENDA ADMINISTRATIVA. *Direito civil.* Venda de bens públicos autorizada legalmente.

VENDA A ENTREGAR. *Direito comercial.* Operação a termo de mercadoria que se dá quando o vendedor não possui a mercadoria, estabelecendo o preço para entregá-la ao comprador em certo prazo, pagando na variação do preço, a fim de obter lucro.

VENDA A ESMO. *Vide* COMPRA E VENDA A ESMO.

VENDA À FIEIRA. *Direito comercial* e *direito comparado.* Operação a termo de mercadoria, também designada venda por enfiada, muito comum na França e na Itália. Consiste na transferência sucessiva do contrato inicial da venda, mas a mercadoria somente será entregue ao último comprador. A mercadoria, geralmente, fica guardada em armazém, alfândega ou depósito, sendo representada por um documento endossável, que é negociado sucessivamente.

VENDA A FUTURO. *Direito comercial.* Operação de venda de contrato no mercado futuro (Luiz Fernando Rudge).

VENDA ALEATÓRIA. *Direito civil.* É a venda de coisa futura que depende de um evento incerto; logo, pode ser: a) *emptio spei*, se um dos contratantes, na alienação de coisa futura, tomar a si o risco relativo à existência da coisa, ajustando um preço, que será devido integralmente, mesmo que nada se produza, sem que haja culpa do alienante; b) *emptio rei speratae*, que ocorre se a álea versar sobre quantidade maior ou menor da coisa esperada. O preço é devido ao alienante, desde que este não tenha culpa, mesmo que o objeto venha a existir em quantidade mínima ou irrisória. Basta que a coisa venha a existir em qualquer quantidade. Assim, se nada existir, nula é a venda, porque o contrato, nesse caso, não tem objeto.

VENDA AMIGÁVEL. *Direito civil.* Aquela venda extrajudicial feita voluntariamente, não sendo forçada, uma vez que não se processa em juízo. É, portanto, a realizada pela vontade do vendedor e do comprador.

VENDA A NOMEAR. *Direito civil.* É a venda para comprador a nomear. É a levada a efeito por pessoa que age como adquirente, em nome e por conta de um terceiro ainda a ser designado.

VENDA APLICADA. *Direito agrário.* Operação de comercialização vinculada à prestação de serviços de aplicação de agrotóxicos e afins, indicados em rótulo e bula.

VENDA A PRAZO. *Vide* COMPRA E VENDA A PRAZO.

VENDA A PRÊMIO. *Direito comercial.* Aquela em que, se estabelece uma taxa indenizatória ou um prêmio, a título de bonificação, em benefício do comprador, ou vendedor, se a outra parte desistir da operação. É, portanto, aquela que pode ser desfeita, pagando a parte desistente o prêmio à outra. Assim sendo, um ou ambos os contratantes podem desistir, desde que haja o efetivo pagamento daquele prêmio. A operação a prêmio ou com opção ocorre se um dos operadores, comprador ou vendedor, se reservar o direito de cancelar o contrato antes do termo, liberando-se de qualquer responsabilidade de pagar a soma previamente avençada, antevendo que no dia do vencimento poderá sofrer prejuízo, em razão de alta ou baixa. Trata-se da venda com opção, que é uma operação a termo verificada em Bolsas.

VENDA A REPORTE. *Direito comercial.* Operação a termo comum nas Bolsas, que consiste na compra à vista e revenda a prazo, entre as mesmas partes contratantes, dos mesmos títulos ou de outros da mesma espécie. É, na lição de Messineo, o contrato traslativo de títulos de crédito, de determinado gênero, pelo preço avençado, acompanhado da assunção da obrigação de retrocessão, no vencimento, de outros títulos da mesma espécie contra o reembolso do preço. O reportado adquire um direito de crédito à entrega de uma quantidade de títulos do mesmo gênero e não um direito real sobre certos títulos. A venda com reporte ou deporte é um tipo de operação de Bolsa, onde os contratantes procuram diminuir os riscos, mediante vendas sucessivas. O comprador que, na data da liquidação, não tiver condições de executar o contrato firmado, para evitar dano demonstrado entre o preço do ajuste e o da cotação daquele dia, pode efetivar nova operação, transferindo os títulos, efetuando pagamento à vista ou recomprando outros da mesma espécie para termo posterior, mantendo, assim, a sua posição de adquirente até a época seguinte da liquidação na Bolsa. É também designada venda com deporte.

VENDA A RETALHO. *Vide* COMPRA E VENDA A RETALHO.

VENDA A RETRATO. *Vide* RETROVENDA.

VENDA A *RETRO*. *Vide* RETROVENDA.

VENDA A TERMO. *Vide* COMPRA E VENDA A TERMO.

VENDA A VAREJO. *Direito comercial.* Compra e venda mercantil de pequena quantidade de objetos. *Vide* COMPRA E VENDA A RETALHO.

VENDA À VISTA. *Vide* COMPRA E VENDA À VISTA.

VENDA À VISTA DE AMOSTRA. *Vide* COMPRA E VENDA À VISTA DE AMOSTRA.

VENDA CASADA. *Direito penal* e *direito do consumidor.* Crime contra a economia popular que consiste em condicionar a venda de certo produto à de outro de maior procura; por exemplo, a venda de leite a quem levar pão.

VENDA CIVIL. *Direito civil.* É a operação de natureza civil, regida por lei civil, uma vez que não é praticada, habitualmente, com finalidade de lucro.

VENDA COM DEPORTE. *Vide* VENDA A REPORTE.

VENDA COM DUPLA OPÇÃO. *Direito comercial.* Segundo Carvalho de Mendonça, é a *stellages*, ou seja, uma operação a termo verificada em Bolsas, em que uma das partes, mediante prêmio, pode estipular a possibilidade de comprar ou vender à outra certo número de títulos, à medida que as cotações subirem ou baixarem, por determinado preço e dentro de prazo estipulado, sem que haja qualquer direito de desistência. Assim, conseqüentemente, até a data da opção não se saberá quem é o vendedor nem quem é o comprador, visto que a escolha entre as duas posições é daquele que pagou o prêmio.

VENDA COMERCIAL. *Vide* COMPRA E VENDA MERCANTIL.

VENDA COM FACULDADE DE TROCA. *Vide UNTAUSCHKAUF.*

VENDA COM FINS DE ADMINISTRAÇÃO. *Direito civil.* É a que ocorre quando o proprietário de uma coisa, não tendo condições de administrá-la, transfere a titularidade de direitos sobre ela para uma pessoa, que vai administrá-la até realizar a finalidade proposta, restituindo depois a coisa fiduciada. É uma figura negocial fiduciária.

VENDA COM FINS DE GARANTIA. *Direito civil.* Negócio fiduciário em que as partes aceitam uma garantia, sem que haja dação em pagamento. Quanto à transferência da propriedade, não extingue ela a dívida, apenas garante seu pagamento, para que, após esse fato, haja retrocessão da coisa fiduciada ao fiduciante. O adquirente fiduciário investe-se na propriedade da coisa, como garantia do seu crédito.

VENDA COM OPÇÃO. *Vide* VENDA A PRÊMIO.

VENDA COM PAGAMENTO ANTECIPADO. *Direito comercial.* Modalidade de venda a termo em que o pagamento é feito na data da conclusão do contrato, mas a entrega da mercadoria deve ser adiada, efetivando-se em dia prefixado.

VENDA COMPLETA. *Direito civil.* É aquela que, por estar já concluída e legalmente convencionada, pode produzir efeitos jurídicos, sendo, portanto, válida.

VENDA COMPLEXA. *Direito comercial.* É a que ocorre quando, na execução do contrato, há uma decomposição de várias vendas conexas e dependentes da que lhes deu origem (Waldirio Bulgarelli), como sucede com o contrato de assinatura e o de fornecimento.

VENDA COMPROMETIDA. *Direito civil.* É a que se opera mediante compromisso de compra e venda.

VENDA COMPULSÓRIA. *Direito civil.* Venda obrigatória por determinação legal, em razão, por exemplo, da natureza indivisível do bem que está em condomínio.

VENDA COM REFERÊNCIA A UM CATÁLOGO. *Vide* COMPRA E VENDA COM REFERÊNCIA A UM CATÁLOGO.

VENDA COM REPORTE. *Vide* VENDA A REPORTE.

VENDA COM RESERVA DE DOMÍNIO. *Vide* COMPRA E VENDA COM RESERVA DE DOMÍNIO.

VENDA CONDICIONAL. *Vide* COMPRA E VENDA CONDICIONAL.

VENDA CONJUNTA. *Direito civil.* Aquela em que o objeto alienado é uma universalidade; logo, o alienante terá responsabilidade por defeito oculto de um deles. Conseqüentemente, o comprador de coisas vendidas conjuntamente, havendo vício redibitório de uma, não pode rejeitar as demais.

VENDA CONTRA DOCUMENTOS. *Direito internacional privado.* É a que, decorrendo de usos e costumes, é muito usual nas vendas internacionais, ligando-se à técnica de pagamento denominada crédito documentado (Waldirio Bulgarelli). Substitui-se a tradição da coisa pela entrega de seu título representativo.

VENDA COOPERATIVA. É aquela em que o preço é pago por meio de cupões, em que os adquirentes remetem o *quantum* avençado; com isso há cooperação de várias pessoas para a aquisição da coisa.

VENDA DA COISA CERTA. *Vide* VENDA *AD CORPUS.*

VENDA DA COISA COMUM. *Vide* ALIENAÇÃO DO QUINHÃO.

VENDA DA COISA HEREDITÁRIA. *Direito civil.* Contrato em que se transfere a alguém coisa que pertence ao alienante na qualidade de herdeiro.

VENDA DA COISA INDIVISA. *Vide* ALIENAÇÃO DO QUINHÃO.

VENDA DA HIPOTECA. *Direito civil.* **1.** Cessão do crédito hipotecário. **2.** Venda do bem hipotecado, para solver o débito garantido pela hipoteca.

VENDA DE ASCENDENTE A DESCENDENTE. *Vide* COMPRA E VENDA DE ASCENDENTE A DESCENDENTE.

VENDA DE CARGO PÚBLICO. *História do direito.* Transferência, a título oneroso, a particular de cargo público vitalício e hereditário.

VENDA DE COISA ALHEIA. 1. *Direito civil.* É aquela que recai sobre objeto não pertencente ao vendedor, sendo anulável, embora suscetível de convalidação. Assim, se o vendedor estiver de boa-fé e vier a adquirir, posteriormente, o domínio do bem alienado, revalidar-se-á a transferência, e o efeito da tradição retroagirá ao momento em que se efetivou. **2.** *Direito comercial.* Venda de coisa de terceiro que, pelo fato de o contrato não transferir propriedade, ocorre com freqüência no meio mercantil, na Bolsa, nas operações a descoberto, no contrato estimatório etc. (Waldirio Bulgarelli).

VENDA DE COISA IMATERIAL. *Direito civil.* É a que tem por objeto o crédito, o direito ou a ação, sendo considerada como cessão.

VENDA DE DISPONÍVEL. *Direito comercial.* É a venda de mercadorias que se encontram à disposição do comprador no armazém do vendedor, que, então, poderá fazer a sua entrega imediata.

VENDA DE ESTABELECIMENTO COMERCIAL. *Vide* TRESPASSE.

VENDA DE FUMAÇA. 1. Ato praticado por traficante de influência para enganar simplório. **2.** Ato daquele que se gaba por ter muitos créditos. **3.** Uso de palavras atraentes, mas pouco significativas (Renzo Tosi).

VENDA DE IMÓVEL ENFITÊUTICO. *Direito civil.* **1.** Alienação, total ou parcial, a título oneroso, do domínio útil do bem enfitêutico feita pelo enfiteuta a terceiro, desde que comunique o fato, previamente, ao senhorio direto, para que

este exerça seu direito de opção sem direito à percepção do laudêmio, cuja cobrança não mais será admitida em direito, pelo novo Código Civil. Todavia, em caso de alienação fiduciária que tenha por objeto bem enfitêutico, será exigível o pagamento do laudêmio, se houver a consolidação do domínio útil no fiduciário. **2.** Venda do domínio direto do bem enfitêutico pelo senhorio direto, que, então, deverá notificar o enfiteuta para que este exerça sua preferência dentro de trinta dias, declarando-a por escrito.

VENDA DE MERCADORIA A CHEGAR. *Vide* COMPRA E VENDA DE MERCADORIA EM TRÂNSITO.

VENDA DE MERCADORIA A SER FABRICADA. *Direito comercial.* Aquela que é celebrada, devido ao alto custo da mercadoria (p. ex.: equipamento eletrônico e de computação, navios, veículos de transporte coletivo, maquinaria pesada etc.), antes de sua fabricação. É uma venda de coisa futura, pois a propriedade somente passará ao encomendador no ato de sua entrega, uma vez que só será produzida após o seu fabricante ter efetivado o contrato de compra e venda.

VENDA DE MERCADORIA EM TRÂNSITO. *Vide* COMPRA E VENDA DE MERCADORIA EM TRÂNSITO.

VENDA DE MERCADORIA ESPERADA. *Vide* COMPRA E VENDA DE MERCADORIA EM TRÂNSITO.

VENDA DE MERCADORIAS VIAJANTES. *Vide* COMPRA E VENDA DE MERCADORIA EM TRÂNSITO.

VENDA DE PRÉDIO LOCADO. *Direito civil.* Venda de imóvel locado que não rompe a locação para fins residenciais ou não, mas dá ao adquirente o direito de denunciar judicial ou extrajudicialmente, o contrato, dando prazo de noventa dias para desocupação, sem qualquer justificação, salvo se aquela avença locativa for por tempo determinado e contiver cláusula de vigência e estiver averbada no registro imobiliário junto à matrícula do prédio locado.

VENDA DE PRODUTO A FABRICAR. *Vide* VENDA DE MERCADORIA A SER FABRICADA.

VENDA DE SUBSTÂNCIA AVARIADA. *Direito penal.* Crime contra a saúde pública punido com detenção ou multa, que consiste em vender, dolosamente, substância alimentícia ou medicinal estragada.

VENDA DE SUBSTÂNCIA DESTINADA À FALSIFICAÇÃO. *Direito penal.* Crime contra a saúde pública punido com detenção e multa, que consiste em, dolosamente, vender ou expor à venda máquina, utensílio ou petrecho destinado a falsificar produto alimentício ou medicinal.

VENDA DE SUBSTÂNCIA NOCIVA À SAÚDE PÚBLICA. *Direito penal.* Crime contra a saúde pública que se for doloso é punido com detenção e multa, e, se for culposo, com detenção. Consiste no ato doloso ou culposo de vender coisa que possa causar dano físico ou psíquico à coletividade.

VENDA DE TERRA A ESTRANGEIRO. *Direito civil.* Venda de imóvel rural a estrangeiro domiciliado no País ou a pessoa jurídica estrangeira autorizada a funcionar no Brasil, que está submetida a certas restrições legais, pois: a) a pessoa física estrangeira não pode adquirir imóvel rural, em área contínua ou descontínua, excedente a cinqüenta módulos de exploração indefinida. Mas, se se tratar de área rural inferior a três módulos, pode adquiri-la independentemente de qualquer licença. Logo, a sua aquisição de imóvel rural entre três e cinqüenta módulos requer autorização do Instituto Nacional de Colonização e Reforma Agrária (INCRA); b) apenas a pessoa jurídica estrangeira autorizada a funcionar no País que se encontra regularmente constituída, sob a forma nominativa das ações de sociedade anônima, quando for o caso, é que pode adquirir terras no Brasil, desde que seu projeto, instruído com os documentos exigidos legalmente, seja aprovado pelo órgão competente.

VENDA DIRETA. *Direito civil* e *direito comercial.* É a que se opera entre comprador e vendedor sem que haja qualquer intermediário entre eles.

VENDADO. Aquele que está com os olhos tapados com venda.

VENDA DO PENHOR. *Direito civil.* Venda amigável ou judicial do bem empenhado com o escopo de resgatar o débito, desde que haja anuência do devedor ou do credor, e que esteja estipulada no contrato.

VENDA E COMPRA COM FINS DE GARANTIA. *Direito civil.* É o negócio fiduciário em que as partes aceitam uma garantia, sem que haja dação em pagamento. Quanto à transferência da propriedade, não extingue ela a dívida; apenas garante seu pagamento, para que, após esse fato, haja retrocessão da coisa fiduciada ao fiduciante. O adquirente fiduciário investe-se na propriedade da coisa, como garantia do seu crédito.

VENDA EM ALMOEDA. *Direito civil* e *direito processual civil.* 1. É a venda em leilão público. 2. Venda em hasta pública, ou em praça.

VENDA EM BLOCO. *Vide* COMPRA E VENDA A ESMO.

VENDA EM CONSIGNAÇÃO. *Vide* CONTRATO ESTIMATÓRIO.

VENDA EM CONTA FIRME. *Vide* VENDA FIRME.

VENDA EM GROSSO. *Direito comercial.* É a venda por atacado relativa a mercadorias negociadas em grande quantidade entre empresas, para efeito de revenda a retalho.

VENDA EM HASTA PÚBLICA. *Direito civil* e *direito processual civil.* Venda em praça, alienação de imóvel, realizada sob ordem judicial, à qual todos os que não estão impedidos legalmente podem comparecer para dar lanços.

VENDA EM LEILÃO PÚBLICO. *Direito processual civil.* Alienação judicial em processo judicial pela arrematação do bem, imóvel, móvel ou semovente, penhorado pelo maior lanço oferecido.

VENDA EM LIQUIDAÇÃO. *Direito falimentar.* Venda que se opera no processo de falência, na fase de liquidação, por meio de hasta pública ou leilão, para conversão do bem em quantia pecuniária destinada a solver os débitos do falido.

VENDA EM MARGEM. *Direito comercial.* Venda à vista, pelo investidor, de ações obtidas por empréstimo em uma sociedade corretora que opere em bolsa de valores (Luiz Fernando Rudge).

VENDA EM PRAÇA. *Vide* VENDA EM HASTA PÚBLICA.

VENDA EM PRESTAÇÕES PERIÓDICAS. *Direito civil.* Venda a crédito em que o adquirente do bem assume a obrigação de pagar o preço em parcelas periódicas.

VENDA ESPONTÂNEA. *Vide* VENDA VOLUNTÁRIA.

VENDA EXTRAJUDICIAL. *Vide* VENDA AMIGÁVEL.

VENDA FIDUCIÁRIA. *Direito civil.* Aquela em que o contrato de compra e venda contém pacto de retrovenda. Trata-se da venda a retrato. *Vide* RETROVENDA.

VENDA FIRME. *Direito comercial.* Aquela venda em conta firme que é feita irretratável e definitivamente, opondo-se à venda em consignação.

VENDA FORÇADA. **1.** *Vide* VENDA JUDICIAL. **2.** Aquela em que a pessoa, em razão de certas circunstâncias, é levada, por precisar de recursos monetários para saldar seus compromissos, a vender algo (De Plácido e Silva).

VENDA GARANTIDA. *Vide* VENDA SOB GARANTIA.

VENDAGEM. **1.** *Direito comercial.* Comissão ou percentagem sobre o preço da venda a que tem direito aquele que vende por conta alheia. **2.** *Direito civil.* a) Venda; b) ato ou efeito de vender. **3.** Na *linguagem comum,* ação de cobrir ou tapar os olhos com venda.

VENDA *IN DIEM ADDICTIO.* *História do direito.* Venda contendo pacto de melhor comprador.

VENDA INTERDITA. *Direito civil.* Aquela que está vedada em lei, que impõe restrições à capacidade dos contratantes, ao objeto ou à forma.

VENDA JUDICIAL. *Direito processual civil.* **1.** É a alienação que se dá em razão de ordem judicial, sob a forma de praça, hasta pública ou leilão judicial. **2.** Venda feita, com autorização judicial, por intermédio de particular.

VENDA LEGAL. *Direito civil* e *direito comercial.* Aquela compra e venda que observou as exigências e as formalidades legais.

VENDA-LOCAÇÃO. *Direito civil.* **1.** Contrato preliminar unilateral ou opção pactuada como cláusula de outro contrato, ao se conceder ao locatário, no contrato de locação, o direito de tornar efetiva a aquisição do imóvel dentro de determinado prazo. Na opção, o direito de adquirir é potestativo, visto que o seu titular, dentro do prazo fixado, poderá exigir a venda do imóvel, computando-se, no preço, os aluguéis pagos. **2.** Compra e venda com reserva de domínio.

VENDA MEDIANTE POUPANÇA. *Direito comercial.* É a que se desenvolve sob a forma de carnê, mediante pagamento de prestações, com direito a prêmios, em programas de televisão ou de rádio, podendo seu titular comprar as mercadorias na loja emitente do carnê. O adquirente antecipa ao vendedor o preço, pagando as prestações, recebendo a mercadoria somente quando a soma das quantias pagas corresponder ao preço avençado (Waldirio Bulgarelli).

VENDA MERCANTIL. *Vide* COMPRA E VENDA MERCANTIL.

VENDA PARA COMPRADOR A NOMEAR. *Vide* VENDA A NOMEAR.

VENDA PARA RECOMPOSIÇÃO DE PATRIMÔNIO. *Direito civil.* Negócio fiduciário em que o proprietário de um patrimônio onerado o transfere para pessoa capaz de livrá-lo do ônus, para depois de alcançado esse objetivo recobrar esse patrimônio livre e desimpedido.

VENDA PARCIAL. *Direito civil.* **1.** Venda que recai sobre parte de uma coisa. **2.** Venda feita por parcelas (De Plácido e Silva).

VENDA PARTICULAR. **1.** *Direito civil* e *direito comercial.* É a realizada pelo proprietário do bem. **2.** *Direito processual civil.* Alienação judicial feita por meio de particular com a autorização do magistrado, não sendo oportuna a hasta pública.

VENDA *PER AVERSIONEM.* *Vide* COMPRA E VENDA A ESMO.

VENDA PESSOAL. *Direito do consumidor.* Comunicação pela qual, face a face, o vendedor apresenta o produto aos consumidores em potencial (McCarthy).

VENDA POR AMOSTRA. *Vide* VENDA À VISTA DE AMOSTRA.

VENDA POR ATACADO. *Vide* VENDA EM GROSSO.

VENDA POR CONTAGEM. *Direito comercial.* Aquela em que se fixa por unidade o preço da mercadoria.

VENDA POR ENFIADA. *Vide* VENDA À FIEIRA.

VENDA POR MEDIÇÃO. *Direito comercial.* Aquela em que o preço da mercadoria é estabelecido por litro ou metro.

VENDA POR MEDIDA. *Vide* VENDA *AD MENSURAM.*

VENDA POR OPÇÃO. *Vide* VENDA A PRÊMIO.

VENDA POR PARTIDA. *Vide* VENDA A ESMO.

VENDA POR PESAGEM. *Direito comercial.* Aquela em que se fixa o preço da mercadoria por quilograma, arroba ou tonelada.

VENDA PROIBIDA. *Direito civil* e *direito comercial.* Aquela que não pode efetivar-se em razão de proibição legal. *Vide* VENDA INTERDITA.

VENDA PÚBLICA. *Direito processual civil.* **1.** Aquela em que há participação de várias pessoas, como compradoras, que pretendem adquirir o bem apresentando ofertas (licitação ou lanço), pois ele será vendido a quem oferecer o melhor preço. **2.** Aquela determinada judicialmente e que é divulgada por edital e feita com a observância das formalidades legais. *Vide* COMPRA E VENDA PÚBLICA.

VENDA PÚBLICA FORÇADA. *Vide* COMPRA E VENDA PÚBLICA FORÇADA.

VENDA PÚBLICA VOLUNTÁRIA. *Vide* COMPRA E VENDA PÚBLICA VOLUNTÁRIA.

VENDA PURA E SIMPLES. *Vide* COMPRA E VENDA PURA E SIMPLES.

VENDA SALVO CONFIRMAÇÃO. *Vide* SALVO CONFIRMAÇÃO.

VENDA SALVO VENDA. *Vide* SALVO VENDA.

VENDA SEM COMPROMISSO. *Direito civil* e *direito comercial.* É aquela que contém cláusula permitindo que o vendedor deixe de cumprir a avença, se o quiser.

VENDA SOB CONDIÇÃO DE EXAME. *Vide* COMPRA E VENDA SOB EXAME.

VENDA SOB CONDIÇÃO DE EXPERIMENTAÇÃO E ENSAIO. *Vide* COMPRA E VENDA SOB ENSAIO OU EXPERIMENTAÇÃO.

VENDA SOB CONDIÇÃO DE PESO, MEDIDA OU CONTAGEM. *Vide* COMPRA E VENDA POR CONTA, PESO OU MEDIDA.

VENDA SOB CONDIÇÃO DE PROVA OU DE DEGUSTAÇÃO. *Vide* COMPRA E VENDA SOB PROVA OU DEGUSTAÇÃO.

VENDA SOB ENCOMENDA. *Direito comercial.* Aquela em que comumente há ajuste do pagamento antecipado do preço da mercadoria encomendada, que ainda não se tem no presente.

VENDA SOB ENSAIO. *Vide* COMPRA E VENDA A CONTENTO.

VENDA SOB EXAME. *Vide* COMPRA E VENDA A CONTENTO.

VENDA SOB GARANTIA. *Direito civil.* **1.** É aquela em que o próprio bem vendido serve de garantia do preço, cujo pagamento não se dá, de imediato (De Plácido e Silva). **2.** É a que resulta de uma garantia ofertada pelo comprador, representada por fiança, penhor ou hipoteca (De Plácido e Silva).

VENDA SUJEITA A CONFIRMAÇÃO. *Vide* SALVO CONFIRMAÇÃO.

VENDA SUJEITA A PROVA. *Vide* COMPRA E VENDA SOB ENSAIO OU EXPERIMENTAÇÃO.

VENDA TOTAL. *Direito civil.* É a que recai sobre a totalidade do bem vendido.

VENDAVAL. Forte vento.

VENDÁVEL. **1.** *Direito civil.* O que pode ser vendido. **2.** *Direito comercial.* Produto que tem boa aceitação no mercado, sendo facilmente vendido.

VENDA VOLUNTÁRIA. *Direito civil.* É a levada a efeito espontaneamente pelo vendedor, que emite sua própria vontade.

VENDEDEIRA. Aquela que vende em público, nas praças ou nas portas das casas.

VENDEDOR. **1.** *Direito comercial.* a) Aquele cuja ocupação habitual é vender; b) balconista. **2.** *Direito civil.* a) Alienante; b) o que transfere a propriedade da coisa vendida ao comprador.

VENDEDOR AMBULANTE. *Direito comercial.* Aquele que vende produtos variados pelas feiras, ruas ou cidades.

VENDEDOR PRACISTA. *Direito comercial.* Aquele que exerce suas atividades, efetuando vendas de mercadorias em uma só praça.

VENDEDOR VIAJANTE. *Direito comercial.* Aquele que viaja de uma cidade a outra, ou de um país a outro, para expandir a empresa e comercializar seus produtos.

VENDEDOURO. **1.** Local público onde coisas são colocadas à venda. **2.** Suscetível de venda.

VENDEE. *Termo inglês.* Comprador.

VENDEIRO. *Direito comercial.* **1.** Dono de venda de secos e molhados. **2.** Merceeiro.

VENDEMIÁRIO. *História do direito.* Primeiro mês do calendário da Revolução Francesa (de 22 de setembro a 21 de outubro).

VENDER. **1.** *Direito civil* e *direito comercial.* a) Alienar algo mediante pagamento de um certo preço; b) negociar; c) ceder. **2.** *Direito penal.* a) Sacrificar algo por interesse; b) praticar ato indigno; c) deixar-se peitar ou subornar.

VENDER A PÁTRIA. Entregar a pátria ao inimigo.

VENDERE FUMOS. *Locução latina.* Vender fumaça.

VENDETTA. *Termo italiano.* Vingança.

VENDIDO. **1.** *Direito penal.* a) Corrompido; b) peitado; subornado. **2.** *Direito civil* e *direito comercial.* Objeto que foi comprado ou aquilo que se vendeu.

VENDING MACHINE. *Locução inglesa.* Máquina que vende produtos, mediante introdução de moeda (Amaro Moraes e Silva Neto).

VENDITA A RISPARMIO. *Locução italiana.* Venda mediante poupança.

VENDITA SU TIPO DI CAMPIONE. *Direito comparado.* Na Itália, é a venda em que a amostra serve apenas para indicar de modo aproximado a qualidade da mercadoria. Assim, somente pode ocorrer a rescisão contratual se a desconformidade com a amostra for de grande porte.

VENDITIO AD CORPUS. *Locução latina.* Venda conforme o estado atual.

VENDITIO AD MENSURAM. *Locução latina.* Venda conforme a medida.

VENDITIO DONATIONIS CAUSA PRETIO VILIORE FACTA. *Direito comparado.* No direito português, trata-se da doação mista, que se consubstancia em uma compra e venda em que o preço pedido pelo vendedor é muito inferior ao de mercado, porque, na verdade, sua *intentio* é realizar uma liberalidade ao comprador (Ana Prata).

VENDÍVEL. *Direito civil* e *direito comercial.* **1.** O que está à venda. **2.** Aquilo que é suscetível de venda. **3.** O que pode ser vendido, por ser coisa comercializável.

VENDOR. 1. *Termo inglês.* Vendedor. **2.** *Direito bancário.* Contrato pelo qual o banco paga ao distribuído o preço à vista das mercadorias vendidas ao distribuidor e cobra deste a prazo com acréscimos remuneratórios. Transfere-se, portanto, ao banco o funcionamento. Entre fornecedor e banco há uma operação de desconto e prestação de fiança, e entre colaborador e banco, um contrato de mútuo, que, às vezes, assume a forma de abertura de crédito. É uma opção mais barata de financiamento para o distribuidor, por ser menor a taxa de risco embutida nos juros, em razão do fato de serem as garantias (fiança ou aval) conferidas pelo distribuído (Fábio Ulhoa Coelho).

VENDOR MANAGED INVENTORY (VMI). *Direito virtual, direito comercial* e *direito do consumidor.* **1.** É o estoque administrado pelo fornecedor. **2.** Sistema de parceria em que o fornecedor, por iniciativa própria, repõe os estoques do cliente, tendo por base os níveis de estoque por ele informados por via eletrônica. Para tanto, é preciso um acordo entre as partes no que se refere aos limites superior e inferior dos estoques do cliente e sobre procedimentos de entrega e faturamento. Com isso, ter-se-á: a) redução dos custos para cliente e fornecedor e dos níveis de estoque; b) melhoria dos níveis de serviço ao cliente, pela redução das faltas, e melhoria do planejamento da produção do fornecedor, pela visibilidade adquirida pela variação dos estoques do cliente; c) minimização dos erros de entrada de dados em razão da comunicação computador a computador; d) formação de uma parceria genuína entre cliente e fornecedor (James G. Heim).

VENDOR'S LIEN. *Locução inglesa.* Direito de retenção do vendedor.

VENDRE. *Termo francês.* Vender.

VENDUE. *Termo inglês.* Venda em hasta pública ou em leilão.

VENDUE MASTER. *Locução inglesa.* Leiloeiro.

VENEFICIADO. *Medicina legal.* Envenenado.

VENEFICIAR. *Medicina legal.* Envenenar.

VENEFÍCIO. *Direito penal* e *medicina legal.* **1.** Crime de envenenamento consistente em administrar substância venenosa em alguém, provocando sua morte ou grave perturbação das funções vitais. **2.** Preparação de veneno.

VENÉFICO. *Direito penal* e *medicina legal.* **1.** Aquele que prepara veneno. **2.** Aquele que propina a outrem substância venenosa. **3.** Relativo a veneno. **4.** Venenoso.

VENENÍFERO. *Medicina legal.* **1.** Venenoso. **2.** Que tem veneno.

VENENO. 1. *Medicina legal.* a) Substância animal, vegetal ou química que pode causar a morte ou provocar graves distúrbios funcionais; b) produto tóxico; c) toda substância que, atuando química ou bioquimicamente sobre o organismo, lesa a integridade corporal ou a saúde do indivíduo, ou lhe produz a morte (A. Almeida Jr. e J. B. de O. e Costa Jr.). **2.** Nas *linguagens jurídica* e *comum:* a) o que é suscetível de produzir corrupção moral; b) má interpretação dada a um fato inocente; c) maledicência.

VENENO CARDÍACO. *Medicina legal.* Substância que causa lesões no coração, como a esparteína, a digitalina etc.

VENENO CEREBROSPINAL. *Medicina legal.* Substância que provoca efeito danoso no cérebro, como cocaína, ópio, cianeto, clorofórmio, morfina, ácido cianídrico etc.

VENENO HEMÁTICO. *Medicina legal.* Substância que pode lesar o sangue, como clorato de potássio; óxido de carbônio (A. Almeida Jr. e J. B. de O. e Costa Jr.).

VENENO PARENQUIMATOSO. *Medicina legal.* Aquele que atinge o tubo digestivo, causando lesões graves, como o arsênico, ou o fígado, como o fósforo (A. Almeida Jr. e J. B. de O. e Costa Jr.).

VENENOSIDADE. *Medicina legal.* Qualidade do que é venenoso.

VENENOSO. **1.** *Medicina legal.* a) Tóxico; b) nocivo à saúde; c) o que tem efeito letal. **2.** Nas *linguagens comum* e *jurídica*: a) caluniador; b) malévolo; c) aquele que corrompe moralmente; d) maledicente.

VENERA. *História do direito.* Insígnia de cavaleiro das antigas ordens militares.

VENERABILIDADE. Qualidade do que é venerável.

VENERAÇÃO. **1.** Respeito. **2.** Culto prestado às pessoas ou às coisas sagradas.

VENERADO. **1.** O que é alvo de consideração. **2.** Respeitado.

VENERALATO. *Direito civil.* Na Maçonaria, é o cargo de venerável.

VENERAL DISEASE. *Locução inglesa.* Doença venérea.

VENERANDO. O que deve ser respeitado ao acatado.

VENERAR. **1.** Render culto. **2.** Respeitar. **3.** Acatar.

VENERÁRIO. *Medicina legal.* O que diz respeito ao prazer sexual.

VENERÁVEL. **1.** Nas *linguagens comum* e *jurídica,* o que merece respeito. **2.** *Direito civil.* Presidente de loja maçônica.

VENÉREA. *Medicina legal.* Moléstia infecto-contagiosa causada por contato sexual, como blenorragia, sífilis, Aids, granuloma inguinal e cancro mole.

VENÉREO. *Medicina legal.* **1.** Relativo ao ato sexual. **2.** Erótico.

VENEREOFOBIA. *Medicina legal.* Pavor mórbido de contrair moléstia venérea.

VENEREOFÓBICO. *Medicina legal.* Referente à venereofobia.

VENEREÓFOBO. *Medicina legal.* Aquele que sofre de venereofobia.

VENEREOLOGIA. *Medicina legal.* Parte da medicina legal que se ocupa das doenças transmissíveis por contato sexual.

VENEREOLOGISTA. *Medicina legal.* Médico especialista em moléstias venéreas.

VENEREOPATIA. *Medicina legal.* Doença venérea.

VENETA. *Medicina legal.* **1.** Mania. **2.** Acesso de loucura.

VENI, VIDI, VICI. *Expressão latina.* Vim, vi e venci.

VÊNIA. **1.** Licença que, por deferência, se pede a alguém para não acatar sua opinião. **2.** Desculpa. **3.** Sinal de cortesia.

VENIA AETATIS. *Direito romano.* Benefício que, na antigüidade romana, o príncipe concedia a menor de vinte e cinco anos que o requeresse, dispensando-o da incapacidade civil.

VÊNIA CONJUGAL. *Direito civil.* Outorga do marido ou da mulher, legitimando a prática de certos atos ou negócios, principalmente dos que envolvem imóveis.

VENIAGA. **1.** *Direito comercial.* a) Comércio; b) mercadoria. **2.** *Direito penal.* a) Procedimento próprio de agiota; b) mau uso de função em razão de suborno.

VENIAGADOR. Aquele que faz comércio com o que não é vendível.

VÊNIA JUDICIAL. *Direito civil* e *direito processual civil.* Suprimento judicial do consentimento.

VENIAL. **1.** Nas *linguagens comum* e *jurídica:* a) perdoável; b) o que é suscetível de vênia. **2.** *Direito canônico.* Pecado leve que não faz perder a graça.

VENIALIDADE. Qualidade do que é venial.

VENIAM PETIMUS DAMUSQUE VICISSIM. *Expressão latina.* Pedimos e damos licença.

VENIA PERMISSA. *Locução latina.* Permissão concedida.

VENICÍDIO. *Direito penal.* Homicídio praticado por meio de administração de veneno à vítima.

VENIDA. **1.** *Direito militar.* Ataque imprevisto ao inimigo. **2.** *Direito desportivo.* Na esgrima, é o golpe de espada para ferir. **3.** *História do direito.* Vingança.

VENIREMAN. *Termo inglês.* Jurado.

VENISSEÇÃO. *Medicina legal.* Corte de veia.

VENIT VERITAS IN LUCEM, VEL NON QUAESITA. *Expressão latina.* A verdade sempre aparece, mesmo quando não procurada.

VENN. *Filosofia geral* e *lógica.* Diagrama que representa relações entre classes (Euler).

VENOSO. *Medicina legal.* Sangue carregado de gás carbônico.

VENTANÁRIO. *Direito comercial.* Marceneiro que faz portas e janelas.

VENTANISTA. Na *gíria*, é o ladrão que tem o hábito de entrar na casa alheia pela janela.

VENTANTE. *História do direito.* Tempo em que havia vento suficiente para a navegação.

VENTE. *Termo francês.* Venda.

VENTE-ÉPARGNE. *Locução francesa.* Venda mediante poupança.

VENTENA. Na *linguagem popular* é a meretriz ou prostituta.

VENTE PAR FALIÈRE. *Locução francesa.* Venda por enfiada.

VENTER PRAECEPTA NON AUDIT. *Expressão latina.* Estômago vazio não escuta regras.

VENTILABRO. *Direito agrário.* Pá ou peneira própria para limpar o trigo, retirando a palha.

VENTILAÇÃO. 1. *Direito civil.* a) Renovação de ar em construção; b) conservação de ar puro em recinto fechado, que pode gerar servidão de ar. **2.** Nas *linguagens comum* e *jurídica:* a) discussão relativa a um tema; b) dispositivo de veículo, que força a circulação de ar na parte mecânica, evitando seu excessivo aquecimento.

VENTILAR. 1. Fazer entrar ar. **2.** Debater. **3.** Levar algo ao conhecimento de outrem.

VENTISCA. Tempestade de vento e neve.

VENTISCO. Vento fraco.

VENTIS LOQUIS. *Locução latina.* Falar ao vento; perder tempo.

VENTIS TRADERE REM. *Expressão latina.* Entregar algo ao esquecimento.

VENTO. 1. Nas *linguagens comum* e *jurídica:* a) ar; b) coisa sem fundamento. **2.** Na *gíria,* dinheiro entre os ladrões. **3.** *Medicina legal.* a) Gás intestinal; b) diferença entre o diâmetro da arma de fogo e o do projétil.

VENTO FAVORÁVEL. *Direito marítimo.* Aquele que facilita a navegação.

VENTO PELO OLHO. *Direito marítimo.* Aquele que corta pelo meio da proa, totalmente em contrário ao rumo da embarcação.

VENTO PONTEIRO. *Direito marítimo.* O que sopra do lado contrário para onde se pretende navegar.

VENTO SALTEADO. *Direito marítimo.* É o que vem, de improviso, do mar.

VENTOSO. *História do direito.* Sexto mês do calendário da Revolução Francesa, que ia do dia 19 de fevereiro até o dia 20 de março.

VENTRE. 1. *Medicina legal.* Abdome. **2.** *Direito aeronáutico.* Superfície inferior externa da fuselagem da aeronave. **3.** *Direito civil.* Curador que protege direitos do nascituro.

VENTRE-LIVRE. *História do direito.* Lei que declarou, no Brasil, livres todos os filhos de escravos, gerados mas ainda não nascidos.

VENTRICULITE. *Medicina legal.* Meningite localizada nos ventrículos cerebrais.

VENTRÍLOQUO. Aquele que pode falar sem movimentar os lábios, dando a impressão, uma vez que altera sua voz, de que ela vem de outra fonte.

VENTUM SEMINABUNT ET TURBINEM METENT. *Expressão latina.* Quem semeia ventos colhe tempestades.

VENTURA. 1. Sorte; felicidade. **2.** Boa ou má fortuna. **3.** Risco.

VENTURE. *Termo inglês.* **1.** Empresa arriscada. **2.** Risco. **3.** Especulação.

VENTUREIRO. *História do direito.* Soldado voluntário.

VENTUROSO. 1. Feliz. **2.** Arriscado.

VENTUS POPULARIS. *Locução latina.* Popularidade.

VENUS NEFANDA. *Locução latina.* Cópula ectópica ou anormal.

VER. 1. Conhecer objeto por meio do sentido da visão. **2.** Notar. **3.** Estudar. **4.** Investigar. **5.** Inferir; deduzir; concluir.

VERACIDADE. 1. Qualidade do que é verdadeiro. **2.** Característica do que não é enganador (Lalande). **3.** Boa-fé daquele que fala e a verdade do que diz (Leibniz).

VERA-EFÍGIE. Cópia fiel e perfeita.

VERANEIO. Ação de passar o verão em algum lugar.

VERANISTA. Aquele que veraneia.

VERA RATIO. *Locução latina.* Razão verdadeira.

VERAS. 1. Realidade. **2.** Coisas verdadeiras.

VERAZ. 1. Em que há verdade. **2.** O que é verídico.

VERBA. 1. *Direito civil.* a) Manifestação da vontade expressa em cada cláusula de instrumento público ou particular; b) cada uma das disposições testamentárias; c) anotação; apontamento; d) consignação de soma pecuniária. **2.** *Direito tributário.* Tributo pago por verba (Othon Sidou). **3.** *Direito financeiro.* a) Soma destinada ao pagamento de uma despesa; b) renda pública. **4.** Na *linguagem jurídica* em geral: a) quantia em dinheiro; b) palavra oral.

VERBA CUM EFFECTU SUNT ACCIPIENDA. *Expressão latina.* Na lei não há palavras supérfluas; todas devem ser interpretadas como tendo algum efeito (Othon Sidou).

VERBA DUBIA CONTRA PROFERENTEM SUNT INTER-PRETANDA. *Aforismo jurídico.* Palavras duvidosas devem ser interpretadas contra quem as proferiu.

VERBA ET VOCES, PRAETEREAQUE NIHIL. *Expressão latina.* Palavras e vozes e nada mais.

VERBA FACIT EMORTUO. *Expressão latina.* Falar inutilmente.

VERBA FIUNT MORTUO. *Expressão latina.* Falar a um morto.

VERBA IN VENTOS DARE. *Locução latina.* Falar ao vento.

VERBA ITA SUNT INTERPRETANDA, NE SIBI INVICEM CONTRADICERE VIDEANTUR. *Aforismo jurídico.* As palavras devem ser interpretadas de modo que não se contradigam entre si.

VERBA JURIS. *Locução latina.* Palavras do direito.

VERBA JURIS CALUMNIARI. *Expressão latina.* Interpretar mal as palavras da lei.

VERBAL. 1. O que é feito oralmente. **2.** Aquilo que não está escrito. **3.** Palavra falada. **4.** Diz-se do que é firmado de viva voz ou por palavra. **5.** Oral.

VERBAL ASSAULT. *Locução inglesa.* Ofensa verbal.

VERBA LEGIS. *Locução latina.* Palavras da lei.

VERBA LEGUM, NON IN ABSTRACTO SED IN CONCRETO, INTELLIGI ET ACCIPI DEBENT. *Aforismo jurídico.* As palavras da lei devem ser entendidas em concreto e não em abstrato.

VERBALISER. *Termo francês.* Lavrar um auto.

VERBALISMO. 1. Característica do que é verbal. **2.** Transmissão de conhecimento por meio de explicações verbais ou orais. **3.** Excesso de rigor verbal.

VERBALISTA. Relativo ao verbalismo.

VERBALIZAÇÃO. Ato ou efeito de verbalizar.

VERBALIZAR. Tornar verbal.

VERBALIZÁVEL. Suscetível de verbalização.

VERBA MOLLIA ET EFFICACIA. *Expressão latina.* Bem falar pouco custa e muito vale.

VERBA MOVENT, EXEMPLA TRAHUNT. *Expressão latina.* As palavras movem, os exemplos arrastam.

VERBA NON MUTANT SUBSTANTIAM REI. *Aforismo jurídico.* As palavras não alteram a substância da coisa.

VERBA NON SUFFICIUNT, UBI OPUS EST FACTUM. *Aforismo jurídico.* As palavras não bastam onde os fatos são necessários.

VERBA SECUNDUM COMMUNE USUM LOQUENDI INTELLIGI DEBENT. *Aforismo jurídico.* As palavras devem ser entendidas conforme o costume de falar.

VERBA SECUNDUM NATURAM ACTUS DE QUO AGITUR, ACCIPI DEBENT. *Expressão latina.* As palavras devem ser interpretadas de acordo com a natureza do ato a que se relacionam.

VERBA SECUNDUM SIGNIFICATIONEM INTERPRETANDA SUNT. *Aforismo jurídico.* As palavras devem ser interpretadas em seu significado próprio.

VERBA SOLEMNIA. *Locução latina.* Palavras solenes.

VERBATIM. *Termo latino.* Literalmente.

VERBA VOLANT. *Locução latina.* As palavras voam.

VERBA VOLANT, SCRIPTA MANENT. *Expressão latina.* As palavras voam, o escrito permanece.

VERBEJAR. Pronunciar anexins ou brocardos.

VERBERAR. 1. *História do direito.* Flagelar; açoitar. **2.** Na *linguagem jurídica*: a) censurar; b) repreender.

VERBERATIVO. *História do direito.* O que era próprio à flagelação.

VERBETE. 1. Cada palavra com suas definições, que compõe um dicionário. **2.** Ficha onde se fazem apontamentos.

VERBI GRATIA. *Locução latina.* Por exemplo.

VERBINDLICHKEIT. *Termo alemão.* Obrigação.

VERBIS TANTUM. *Locução latina.* Somente com palavras.

VERBO. 1. Nas *linguagens jurídica* e *comum*: a) palavra; b) palavra de grande importância pela idéia nela contida. **2.** *Direito canônico*: a) sabedoria divina; b) segunda pessoa da Santíssima Trindade.

VERBO AD VERBUM. *Locução latina.* Palavra por palavra.

VERBOMANIA. *Medicina legal.* Desenvolvimento anormal da faculdade da fala (Ossip-Lourié), conducente a idéias falsas e sem consistência.

VERBOMANÍACO. *Medicina legal.* Aquele que sofre de verbomania.

VERBÔMANO. *Medicina legal.* Aquele que tem mania de falar excessivamente, sem refletir nas palavras.

VERBONEGE LUCKE. *Locução alemã.* Lacuna oculta.

VERBORRÁGICO. *Retórica jurídica.* Discurso que, apesar de abundante em palavras, contém poucas idéias.

VERBOSIDADE. Loquacidade.

VERBOSO. 1. Loquaz. **2.** Aquele que se exprime com grande facilidade.

VERBOTONAL. Adaptação da técnica audiovisual à educação de surdos.

VERBUM DE VERBO. *Expressão latina.* Palavra por palavra.

VERBUM NON AMPLIUS ADDAM. *Expressão latina.* Não acrescentarei palavra.

VERBUM PRO VERBO. *Locução latina.* Ao pé da letra; palavra por palavra.

VERDADE. 1. *Filosofia geral.* a) Aquilo que é (Aristóteles); b) realidade; c) perfeita adequação da inteligência à coisa ou ao ser (São Tomás de Aquino); d) conformidade do que se pensa ou se declara com a realidade; e) exatidão; f) axioma; g) dogma. **2.** *Lógica jurídica.* a) Proposição verdadeira (Leibniz); b) proposição que, racionalmente, não pode ser negada. **3.** *Direito processual.* O que efetivamente foi constatado pela testemunha que o relata. **4.** Nas *linguagens jurídica* e *comum:* a) caráter próprio; b) cópia ou descrição fiel.

VERDADE CIENTÍFICA. *Filosofia geral.* **1.** Verdade objetiva que reflete o mundo exterior. **2.** Descrição exata da realidade.

VERDADE DE FATO. *Filosofia geral.* É a contingente obtida pela opinião, e seu oposto é possível (Leibniz).

VERDADE DE RAZÃO. *Filosofia geral.* É a necessária, obtida por meio do saber rigoroso, e seu oposto é impossível (Leibniz).

VERDADE EPISTEMOLÓGICA. *Filosofia geral.* **1.** Não-contradição. **2.** É a própria do juízo, em que o pensamento desvenda o ser. É a verdade do conhecimento (Brugger).

VERDADE FACTUAL. *Filosofia geral.* Verdade de fato (Bunge).

VERDADE FORMAL. *Lógica jurídica.* É aquela que consiste no acordo de conhecimento consigo mesmo, fazendo inteira abstração de todos os objetos e de toda diferença entre eles (Kant).

VERDADE GNOSIOLÓGICA. *Vide* VERDADE EPISTEMOLÓGICA.

VERDADEIRO. 1. Verídico. **2.** Em que há verdade. **3.** O que é real. **4.** Não simulado. **5.** Autêntico. **6.** Certo; exato. **7.** Conforme a verdade. **8.** O que é tal como parece ser. **9.** O que realmente ocorreu. **10.** O que tem uma relação apropriada com o fato. **11.** Legítimo.

VERDADE LÓGICA. *Lógica jurídica.* **1.** Relação estabelecida pelo juízo, que reflete a existente entre as coisas (Goffredo Telles Jr.). **2.** *Vide* VERDADE EPISTEMOLÓGICA.

VERDADE MATERIAL. *Lógica jurídica.* **1.** Característica da proposição verdadeira em si mesma (Lalande). **2.** Verdade dos enunciados sintéticos, ou seja, das proposições sobre os fatos (Moritz Schlick).

VERDADE METAFÍSICA. *Vide* VERDADE ONTOLÓGICA.

VERDADE ÔNTICA. *Vide* VERDADE ONTOLÓGICA.

VERDADE ONTOLÓGICA. *Filosofia geral.* **1.** É a verdade do ser (Brugger). **2.** Conformidade do ser com o conhecimento intelectual. **3.** Verdade da coisa.

VERDADE SABIDA. 1. *Direito administrativo.* Conhecimento pessoal e direto da falta funcional por parte da autoridade competente para aplicar a pena (José Cretella Jr.). **2.** *Direito processual.* Conhecimento de fato público e notório que dispensa apresentação de provas.

VERDADE TRANSCENDENTAL. *Vide* VERDADE ONTOLÓGICA.

VERDAL. *Direito agrário.* Fruta que apresenta a cor verde mesmo depois de madura.

VERDE. 1. *Direito agrário.* a) O que não está maduro; b) vinho de sabor áspero feito com uvas mal sazonadas; c) alimento verde para o gado; d) pastagem que, com as primeiras chuvas, nasce após a queima do verde; e) campo; f) mata; g) planta que conserva a seiva. **2.** Nas *linguagens comum* e *jurídica:* a) referente aos primeiros anos de existência; b) inexperiente; c) débil; d) terno.

VERDE AGRÍCOLA. *Direito agrário.* **1.** Terreno destinado ao uso agrícola. **2.** Floresta (Virgilio Testa).

VERDEAR. *Direito agrário.* **1.** Dar ração de capim verde ao gado. **2.** Reverdecer do campo após a queima ou seca.

VERDEIO. *Direito agrário.* Forragem verde para o gado.

VERDE PRIVADO. *Direito civil.* Jardim de construção particular (Virgilio Testa).

VERDE PÚBLICO. *Direito administrativo.* Área que abrange os parques e os jardins públicos (Virgilio Testa).

VERDUGO. 1. *História do direito.* Carrasco. **2.** *Direito comparado.* Executor da pena de morte. **3.** *Direito marítimo.* Friso no costado do navio. **4.** Na *linguagem ferroviária*, é a parte saliente da chapa do trilho, nas rodas dos vagões, que evita seu descarrilamento.

VERDURA. 1. *Direito agrário.* a) Hortaliça; b) estado da madeira que não está bem seca; c) estado de frutas ainda não maduras. **2.** Na *linguagem comum*, inexperiência própria da mocidade.

VERDUREIRO. *Direito comercial.* Vendedor de hortaliças e frutas.

VEREAÇÃO. *Ciência política.* **1.** Tempo de duração do cargo de vereador. **2.** Edilidade. **3.** Cargo de vereador.

VEREADOR. *Ciência política.* **1.** Membro da Câmara Municipal, eleito pelo povo, encarregado da elaboração das leis municipais alusivas aos interesses peculiares da comunidade. **2.** Edil. **3.** Representante do povo na Câmara Municipal (Othon Sidou).

VEREANÇA. *Ciência política. Vide* VEREAÇÃO.

VEREAR. *Ciência política.* Exercer função de vereador.

VERECÚNDIA. Vergonha.

VEREDA. 1. Na *linguagem comum*: a) caminho; atalho; b) rumo; c) modo de vida. **2.** *Direito agrário.* a) Local fértil; b) mata cercada de campo.

VEREDEIRO. *Direito agrário.* No Piauí, é aquele que vive do cultivo da terra.

VEREDICTO. 1. *Direito processual penal.* Decisão do Conselho de Sentença do Júri, no que atina à inocência ou à culpabilidade do acusado. **2.** Na *linguagem jurídica*: a) ato judicial terminativo do processo; b) decisão judicial; c) opinião autorizada; d) pronunciamento sobre qualquer matéria; e) o que se declara como verdade; f) parecer.

VEREDICTUM. *Termo latino.* Veredito.

VEREIN. *Termo alemão.* Associação.

VEREINBARUNG. *Termo alemão.* Tratado-lei ou tratado normativo.

VERERBEN. *Termo alemão.* Herdeiro prévio ou fiduciário.

VERFASSUNGSÄNDERUNG. *Termo alemão.* Reforma constitucional.

VERFASSUNGSBESCHWERDE. *Termo alemão.* Instituto que, produzindo efeitos *erga omnes*, garante direitos individuais contra atos do Poder Público.

VERFASSUNGSKONFORMEAUSLEGUNG. *Termo alemão.* Interpretação conforme a Constituição.

VERFASSUNGSORGANE. *Termo alemão.* Órgãos constitucionais.

VERFASSUNGSWANDEL. *Termo alemão.* Mutação constitucional.

VERFASSUNGSWANDLUNG. *Termo alemão.* Mutação constitucional.

VERGA. *Direito marítimo.* Pau atravessado no mastro, que serve para prender a vela.

VERGAME. *Direito marítimo.* Conjunto de vergas da embarcação.

VERGAS PROLONGADAS. *Direito marítimo.* São as colocadas na direção da popa à proa para evitar impressão do vento nas velas por elas sustentadas (Laudelino Freire).

VERGASTA. *Medicina legal.* Chibata usada para açoite.

VERGASTADA. *Medicina legal.* Pancada com vergasta.

VERGOBRETO. *História do direito.* Aquele ditador que, em alguns povos da Gália, pronunciava a condenação à pena de morte.

VERGONHA. 1. Ato indecoroso. **2.** Receio de ser desconsiderado num meio social. **3.** Pudor. **4.** Indecência.

VERGONHOSO. 1. Que causa vergonha. **2.** Obsceno. **3.** Imoral. **4.** O que atinge o sentimento de honra. **5.** Indigno.

VERICHIP. *Direito virtual.* Dispositivo de rastreamento que permite identificar, por radiofreqüência (RFID), uma pessoa e levantar informações pessoais e médicas sobre ela. Funciona em conexão com um sistema de banco de dados mantido pela empresa que o comercializa. Essa empresa, além de exercer um monitoramento da vida da pessoa, por meio dos dados sobre a identidade e dos deslocamentos individuais registrados, controla muitas outras informações pessoais (Renato Sansone Rodrigues e Victor M. Barroso Lima).

VERIDICIDADE. 1. Qualidade ou caráter de verdadeiro. **2.** Veracidade.

VERÍDICO. 1. Exato. **2.** Em que há verdade. **3.** Verdadeiro. **4.** Digno de confiança.

VERIFICAÇÃO. 1. Averiguação de um caso particular. **2.** Exame ou procedimento para apurar a verdade de um fato. **3.** Cumprimento. **4.** Ato ou efeito de uma análise que leva ao reconhecimento da validade ou legalidade de um ato. **5.** Comprovação da verdade ou da falsidade de um enunciado.

VERIFICAÇÃO DA CONTA. 1. *Direito falimentar.* Exame pericial de livros empresariais do devedor, do credor ou de ambos para prova de alguma obrigação justificadora da falência. **2.** Na *linguagem jurídica,* em geral, exame de uma conta para averiguar sua exatidão.

VERIFICAÇÃO DA CULPA. *Direito processual.* Demonstração da culpa de alguém para responsabilizá-lo civil, ou criminalmente, pela prática de um ato.

VERIFICAÇÃO DA MERCADORIA. *Direito aduaneiro.* Consiste na identificação e quantificação da mercadoria feita, à vista das informações constantes do despacho e dos documentos, pelo auditor fiscal do Tesouro Nacional, na presença do importador, ou de quem o represente, e se estenderá a todos os volumes ou parte deles, segundo critérios de seleção e amostragem definidos pelo secretário da Receita Federal.

VERIFICAÇÃO DA MORTE. *Medicina legal.* Comprovação da ocorrência do óbito mediante presença de sinais abióticos imediatos (perda da consciência, ausência de sensibilidade, parada respiratória e cardíaca, palidez da pele, relaxamento dos esfíncteres etc.), consecutivos (livores cadavéricos, rigidez muscular, resfriamento do corpo) e transformativos (putrefação, mumificação, saponificação e maceração) (José Lopes Zarzuela).

VERIFICAÇÃO DA PERICULOSIDADE. *Direito processual penal.* Apuração de fatos que possam evidenciar se o delinquente é perigoso, ou não, tais como seus antecedentes, as circunstâncias do crime, os motivos que o levaram a perpetrá-lo etc.

VERIFICAÇÃO DE CRÉDITOS. 1. *Direito falimentar.* A verificação dos créditos será realizada pelo administrador judicial, com base nos livros contábeis e documentos comerciais e fiscais do devedor e nos documentos que lhe forem apresentados pelos credores, podendo contar com o auxílio de profissionais ou empresas especializadas. Procedimento pelo qual o juiz da falência ou recuperação judicial ou extrajudicial, após a análise das declarações de crédito das impugnações feitas pelos interessados, dos laudos periciais e do parecer do órgão do Ministério Público, admite, classifica ou exclui créditos. **2.** *Direito processual civil.* Na declaração judicial de insolvência, é o procedimento no qual os credores intimados devem alegar suas preferências, indicando fraudes, falsidades de débitos etc.

VERIFICAÇÃO DE ESCRITURA. *Direito processual civil.* Análise para apuração da autenticidade ou da falsidade de escritura.

VERIFICAÇÃO DE PESOS E MEDIDAS. *Direito administrativo* e *direito comercial.* **1.** Conferência de pesos e medidas usados no comércio com os dos padrões oficiais. **2.** Aferição (De Plácido e Silva).

VERIFICAÇÃO DE PODERES. 1. *Direito civil.* Constatação dos poderes que o mandante outorgou ao mandatário. **2.** *Ciência política* e *direito eleitoral.* Exame dos diplomas da eleição de parlamentares para averiguar se estão conformes aos termos da lei.

VERIFICADOR. 1. *Direito alfandegário.* Aquele que, na alfândega, verifica a aplicação de impostos às mercadorias a serem despachadas. **2.** Nas *linguagens comum* e *jurídica:* aquele que verifica.

VERIFICAR. 1. Examinar. **2.** Averiguar. **3.** Confirmar. **4.** Demonstrar. **5.** Descobrir a veracidade de fatos.

VERIFICATIVO. Próprio para verificar.

VERIFICÁVEL. Que se pode verificar.

VERIFIED COPY. *Locução inglesa.* Cópia autenticada.

VERIFIER. *Filosofia geral.* Comprovador, ou melhor, fato que torna a enunciação verdadeira (Bertrand Russell).

VERI JURIS GERMANAEQUE JUSTITIAE SOLIDAM ET EXPRESSAM EFFIGIEM NULLAM TENEMUS; UMBRA ET IMAGINIBUS UTIMUR. *Expressão latina.* Não há um modelo sólido e positivo de um verdadeiro direito ou de uma justiça perfeita; mas sim uma imagem ou sombra deles.

VERIL. *Direito marítimo.* Limites exteriores dos recifes.

VERINA. *Direito agrário.* Fumo oriundo da Venezuela.

VERISIMILE QUOD NON EST PRAESUMITUR FALSUM. *Aforismo jurídico.* Não sendo verossímil, presume-se falso.

VERÍSSIMO. 1. Exatíssimo. **2.** Muito verdadeiro.

VERITAS EST SUPRA OMNIA AMANDA ET SEQUENDA. *Aforismo jurídico.* A verdade deve ser querida e seguida sobre todas as coisas.

VERITAS EVIDENS NON PROBANDA. *Expressão latina.* Quando a verdade é manifesta, a prova não é necessária.

VERITAS FILIA TEMPORIS. *Expressão latina.* A verdade é filha do tempo.

VERITAS HABETUR PER RATIONEM. *Aforismo jurídico.* A verdade é alcançada pela razão.

VERITAS IMMUTABILIS EST, ET PERPETUA. *Expressão latina.* A verdade é imutável e perpétua.

VERITAS IN OMNEM SUI PARTEM SEMPER EADEM EST. *Expressão latina.* A verdade é sempre a mesma em todas as suas partes.

VERITAS ODIUM PARIT. *Expressão latina.* A verdade gera o ódio.

VERITAS REI NOSTRO AFFIRMARE, VEL NEGARE NON MUTATUR. *Aforismo jurídico.* A verdade da coisa não pode ser mudada pelo que afirmamos ou negamos.

VERITAS SAEPE EXAMINATA, MAGIS ELUCESCIT. *Aforismo jurídico.* Quanto mais se examinar a verdade, mais ela brilha.

VERITATEM APERIT DIES. *Expressão latina.* O tempo tudo descobre.

VERITÉ DE RAISON. *Expressão francesa.* Verdade de razão.

VERKEHRSSICHERUNGSPFLICHT. *Termo alemão.* Dever de segurança no tráfico mercantil.

VER LONGE. Ser perspicaz.

VERMINOSE. *Medicina legal.* Moléstia causada por grande quantidade de vermes nos intestinos.

VERNA. *História do direito.* **1.** Escravo nascido e criado na casa do seu senhor. **2.** Escravo de nascença.

VERNACULIDADE. Qualidade do que é vernáculo.

VERNACULISMO. Emprego de palavras sem mescla de estrangeirismo.

VERNÁCULO. 1. Idioma próprio de um país (Laudelino Freire) ou de um povo. **2.** Língua nacional. **3.** Sem mescla de estrangeirismo.

VERNAL. 1. *Direito agrário.* Planta que desabrocha na primavera. **2.** *História do direito.* Próprio de escravo.

VERNUNFT. *Termo alemão.* **1.** Razão pura. **2.** Razão sintética. **3.** Pensar da razão (Kant).

VERO. 1. Verdadeiro. **2.** Real.

VER-O-PESO. *História do direito.* Casa fiscal onde o peso dos gêneros destinados à venda era examinado.

VEROSSÍMIL. 1. Provável; plausível. **2.** Similar à verdade. **3.** O que tem possibilidade de ser verídico. **4.** Que parece ser verdadeiro.

VEROSSIMILHANÇA. 1. Qualidade de verossimilhante. **2.** Possibilidade de um fato não provado ser verdadeiro. **3.** Probabilidade.

VER PELOS OLHOS DE OUTREM. Julgar por informações.

VER POR SEUS OLHOS. Ser testemunha ocular.

VERRINA. 1. Acusação pública violenta. **2.** Forte crítica.

VERRUCAL. *Medicina legal.* Referente a verruga.

VERRUGA. *Medicina legal.* Pequena e dura excrescência cutânea, podendo ser dolorosa quando localizada na sola dos pés.

VERSADO. 1. Perito. **2.** Entendido de um assunto. **3.** Prático.

VERSÃO. 1. *Medicina legal.* Intervenção cirúrgica para mudar a posição do feto, colocando-o de maneira apropriada para o parto normal. **2.** Nas *linguagens comum* e *jurídica*: a) boato; b) tradução de uma língua para outra; c) interpretação dada a um fato; d) modo de entendimento; e) conhecimento dos fatos; f) compreensão de certo fato ocorrido.

VERSAR. 1. Ponderar. **2.** Estudar. **3.** Considerar. **4.** Tratar. **5.** Ter por objeto. **6.** Recair. **7.** Consistir.

VERSÁTIL. 1. Aquele que tem muitas qualidades. **2.** O que exerce atividades variadas. **3.** Volúvel.

VERSATILIDADE. Qualidade de versátil.

VERSICHERUNGSVEREINE AUF GEGENSEITIGKEIT. *Expressão alemã.* Refere-se a organizações de seguros mútuos formadas por pessoas que se unem, por meio de estatutos, com o propósito de repartir entre as associações a reparação do prejuízo que um possa vir a ter em razão de um sinistro. *Vide* ASSOCIAÇÃO DE AGENTES DE SEGURO.

VERSÍCULO. 1. *Direito canônico.* Trecho da Bíblia de duas ou três linhas, contendo um sentido completo. **2.** Nas *linguagens comum* e *jurídica*: a) divisão de artigo ou parágrafo (Laudelino Freire); b) pequeno verso.

VERSO. 1. *Direito autoral.* a) Reunião de palavras sujeitas a certa medida e cadência que compõem uma obra poética; b) poesia. **2.** Nas *linguagens comum* e *jurídica*: a) lado oposto ao anverso de um documento ou de uma página; b) página oposta à da frente.

VER SOBRE A CABEÇA. Recear.

VERSTA. *Termo russo.* Medida itinerária que equivale, na Rússia, a 1.067 metros.

VERSTAND. *Termo alemão.* **1.** Entendimento. **2.** Razão analítica. **3.** Intelecto. **4.** Conhecer do intelecto (Kant).

VERSTEHEN. *Termo alemão.* Compreender.

VERSUS. *Termo latino.* Contra.

VÉRTEBRA. *Medicina legal.* Cada um dos ossos que compõem a espinha dorsal.

VERTENTE. **1.** *Direito civil.* a) Superfície de um telhado; b) declive por onde descem as águas pluviais. **2.** *Direito processual.* O que é objeto de uma discussão, em juízo.

VERTER. Traduzir de uma língua para outra.

VERTERE OMNE IN FUMUM ET CINEREM. *Expressão latina.* Dissipar tudo, transformando-o em cinzas.

VÉRTICE. **1.** Ponto culminante. **2.** Ápice.

VERTICILO. *Medicina legal.* Segundo Vucetich, é a figura que, na impressão digital, se caracteriza pela presença de dois deltas, um à direita e outro à esquerda do observador do dactilograma.

VERTIGEM. *Medicina legal.* Repentina e passageira perturbação mental, em que o paciente tem a impressão de que os objetos giram ao seu redor.

VERTIGEM APOPLÉTICA. *Medicina legal.* Aquela em que o paciente, além da sensação de giro, apresenta obscurecimento da vista e obnubilação dos demais sentidos.

VERTIGEM AURICULAR. *Medicina legal.* É a que se dá em razão de hemorragia do labirinto, acompanhada de repentina surdez.

VERTIGEM MENTAL. *Psicologia forense.* **1.** Lei do ideal dinâmico, sobre a qual se funda a sugestão (Bernheim e Mentré). **2.** Auto-sugestão. **3.** O que acontece sob influência de uma forte emoção, podendo chegar à loucura (Renouvier).

VERTIGEM MORAL. *Vide* VERTIGEM MENTAL.

VERTIGEM UTERINA. *Medicina legal.* É a que ocorre em certos casos de desvio uterino.

VERTIGINOSO. **1.** *Medicina legal.* a) Que sofre vertigens; b) o que, por perturbar a mente, desencadeia a paixão humana, levando o paciente a praticar atos irrefletidos. **2.** Na *linguagem comum:* rápido.

VERUM. *Termo latino.* Verdadeiro.

VERUM CUM VERO PUGNARE NON POTEST. *Expressão latina.* O verdadeiro não se pode opor ao verdadeiro.

VERUM ESSE NON POTEST, QUOD FALSO PRINCIPIO INFIRMATUR. *Aforismo jurídico.* Verdadeiro não pode ser o que vem de falso princípio.

VERUM NON CONTINET NISI VERUM. *Expressão latina.* O verdadeiro não contém nada mais do que o verdadeiro.

VERUS DOMINUS. *Locução latina.* O verdadeiro dono.

VERVE. Vivacidade no falar ou no escrever.

VERWIRKUNG. *Termo alemão.* **1.** Criação jurisprudencial cujo efeito consiste na paralisação do exercício de um direito como meio de sancionar conduta torpe ou desleal (Bohemer). **2.** "Supressio" ou perda de um direito associado, pela lei, a determinados comportamentos do seu titular (Judith Martins-Costa; A. M. Menezes Cordeiro). **3.** *Vide* SUPRESSIO.

VESÂNIA. *Medicina legal.* **1.** Alienação mental. **2.** Insânia. **3.** Loucura.

VESANO. *Medicina legal.* Demente; insano.

VESGO. *Medicina legal.* Estrábico.

VESGUEIRA. *Medicina legal.* Estrabismo.

VESICAÇÃO. *Medicina legal.* Terceiro grau de queimadura, que se caracteriza pela presença de vesículas na pele.

VESÍCULA AUDITIVA. *Medicina legal.* No embrião, é o primeiro esboço do seu ouvido.

VESÍCULA BILIAR. *Medicina legal.* Parte inferior do fígado que acumula a bílis para ser usada na digestão.

VESÍCULA OCULAR. *Medicina legal.* Divertículo das vesículas cerebrais do embrião que forma as partes profundas do olho.

VESÍCULAS DE GRAAF. *Medicina legal.* Corpúsculos esféricos que, no ovário, encerram os óvulos.

VESÍCULA SEMINAL. *Medicina legal.* Cada uma das duas glândulas que, situadas atrás da bexiga, servem de reservatórios do sêmen.

VESICULITE. *Medicina legal.* Inflamação da vesícula seminal.

VESPEIRO. **1.** *Direito agrário.* Local onde habitam vespas. **2.** Em *sentido figurado*, o local onde se encontram insídias.

VÉSPERA. Tempo que antecede certo evento.

VESPERAL. *Direito civil.* Espetáculo que se realiza à tarde.

VESPERTINO. **1.** *Direito civil.* a) Vesperal; b) o que se refere à tarde. **2.** *Direito do autor.* Jornal que é publicado à tarde ou à noite.

VESSADA. *Direito agrário.* Terra fértil.

VESSAR. *Direito agrário.* **1.** Lavrar com regos, revolvendo bem a terra. **2.** Lavrar para sementeiras.

VESSEL. *Termo inglês.* **1.** Navio. **2.** Embarcação. **3.** Recipiente.

VESTED IN POSSESSION. *Locução inglesa.* Imitido na posse.

VESTED RIGHTS. *Locução inglesa.* Direitos adquiridos.

VESTE TALAR. *Direito processual.* **1.** Veste especial utilizada em sessão solene por magistrado, advogado e pelo representante do Ministério Público. **2.** Toga.

VESTIÁRIO. **1.** Compartimento apropriado para trocar roupas. **2.** Local, no Tribunal, onde os magistrados guardam suas vestes talares. **3.** Armário onde roupas são guardadas.

VESTIBULAR. Exame de seleção dos candidatos às escolas superiores.

VESTÍBULO. **1.** Átrio. **2.** Entrada de um edifício. **3.** Porta principal. **4.** Pátio.

VESTIDURA. *Direito canônico.* Cerimônia monástica, em que se toma o hábito religioso (Laudelino Freire).

VESTIGIAL. *Medicina legal.* **1.** Similar a vestígio. **2.** Relativo a um vestígio. **3.** Que é um vestígio.

VESTÍGIO. *Medicina legal.* **1.** Marca ou sinal deixado. **2.** Pegada. **3.** Elemento material encontrado no local ou no instrumento do crime, que pode provar a sua autoria ou a culpabilidade do acusado. **4.** Tudo que o criminalista consegue observar e aproveitar para fins de criminalística (Anuschat).

VESTING. *Termo inglês. Direito previdenciário.* **1.** Benefício proporcional diferido. **2.** Permissão de o participante optar pelo recebimento futuro de um benefício, proporcional às suas contribuições, em razão da cessação de seu vínculo empregatício ou associativo com o patrocinador ou instituidor, antes de preencher todos os requisitos regulamentares para o gozo de um benefício pleno (Rogerio Mollica). **3.** Garantia adicional para o recebimento de um benefício (mesmo proporcional), proteção contra despedida arbitrária e garantia de tratamento igualitário entre os participantes (Renato Mandaliti). **4.** Conjunto de cláusulas constante do contrato entre a sociedade seguradora e o estipulante-instituidor, a que o segurado, tendo expresso e

prévio conhecimento de suas disposições, está obrigado a cumprir para que lhe possam ser oferecidos e postos a sua disposição os recursos da provisão (ou provisões) decorrentes dos prêmios pagos pelo estipulante-instituidor.

VESTUÁRIO. **1.** Conjunto de peças de roupa para se vestir. **2.** Traje.

VETADO. *Ciência política.* Projeto de lei não acolhido pelo Executivo.

VETAR. **1.** *Ciência política.* Opor o veto a uma lei. **2.** *Teoria geral do direito.* Proibir.

VETERANO. **1.** *Direito militar.* a) Soldado que tem muitos anos de serviço; b) militar que, em campanha, ficou inválido. **2.** Na *linguagem comum*: a) experimentado; b) estudante que já há algum tempo freqüenta o estabelecimento de ensino.

VETERINÁRIO. Especialista em doenças de animais irracionais.

VETÉRRIMO. O que é muito antigo.

VETO. **1.** *Ciência política* e *direito constitucional.* Oposição ou recusa do Executivo ao projeto de lei por inconstitucionalidade, podendo ser total, se atingir todos os dispositivos; ou parcial, se abranger apenas certas disposições. Se o Executivo vetar o projeto, este volta ao Legislativo, que poderá aceitar ou rejeitar o veto. Se o acatar, finda-se o processo legislativo; se o recusar por maioria qualificada, o projeto volta ao titular da função executiva para promulgá-lo. O veto, portanto, apenas alonga o processo legislativo, impondo a reapreciação do projeto pelos parlamentares. **2.** *Direito internacional público.* Voto negativo de um membro permanente do Conselho de Segurança da ONU, no que diz respeito a questões de natureza não processual (Othon Sidou). **3.** *Termo latino.* Eu proíbo.

VETO ABSOLUTO. *Ciência política* e *história do direito.* Aquele que, definitivamente, recusa o projeto de lei, invalidando ou impossibilitando sua reapreciação pelo Legislativo. Está em franco desuso, mas foi usado em Roma pelos tribunos da plebe (Pinto Ferreira).

VETO JUDICIAL. *Direito processual.* Ato pelo qual o magistrado não aplica uma norma por considerá-la inconstitucional.

VETO PARCIAL. *Ciência política.* É aquele em que o Executivo não acata um artigo ou um parágrafo da lei vetada.

VETO POPULAR. *Ciência política.* **1.** A não-aprovação de um projeto de lei pelo eleitorado ao ser consultado em referendo. **2.** Ato pelo qual o eleitorado decide, dentro de sessenta a noventa dias, se um projeto aprovado pelo Legislativo deve, ou não, entrar em vigor (Dalmo de Abreu Dallari).

VETOR. *Medicina legal.* **1.** Hospedeiro, ou seja, o que serve de intermediário para germes patogênicos. **2.** Animal sinantrópico que transfere um agente infeccioso da fonte de infecção para um hospedeiro suscetível.

VETO RESTITUTÓRIO. *Ciência política.* Aquele em que cabe ao povo decidir a divergência existente entre o Legislativo e o Executivo sobre um projeto de lei (Pinto Ferreira).

VETO SUSPENSIVO. *Ciência política.* Veto do Executivo que, não tendo força para pôr um fim ao projeto de lei, o devolve ao Legislativo para que este faça nova apreciação. Tal veto pode ser total ou parcial.

VETO TOTAL. *Ciência política.* Recusa do Executivo ao texto integral do projeto de lei.

VETUSTAS VICEM LEGIS OBTINET. *Expressão latina.* A antiguidade dos costumes faz as vezes da lei.

VETUSTO. 1. Muito antigo. **2.** Respeitável pela idade avançada. **3.** O que sofreu deterioração pelo tempo.

VÉU. 1. Na *linguagem comum:* o que serve para envolver algo. **2.** *Direito agrário.* No Rio Grande do Sul, é a manta inteiriça de lã que se retira do carneiro ao tosquiá-lo, abrangendo o pescoço, lombo e flancos.

VEXAÇÃO. 1. Vexame. **2.** Ato ou efeito de vexar. **3.** Humilhação.

VEXADO. Envergonhado.

VEXADOR. 1. Que vexa. **2.** Vexatório.

VEXAME. 1. Nas *linguagens comum* e *jurídica:* a) vergonha; b) o que vexa; c) afronta. **2.** *Medicina legal.* a) Asma cardíaca; b) palpitação do coração.

VEXANTE. Que vexa.

VEXAR. 1. Molestar. **2.** Causar vergonha. **3.** Humilhar.

VEXATA QUAESTIO. *Locução latina.* **1.** Argumento acompanhado de longa discussão. **2.** Questão debatida e não resolvida. **3.** Questão controvertida. **4.** Problema crucial. **5.** Questão de impossível solução.

VEXATION. *Termo inglês.* Má-fé.

VEXATIOUS PROCEEDING. *Locução inglesa.* Lide temerária.

VEXATIVO. *Vide* VEXATÓRIO.

VEXATÓRIO. Que vexa.

VEXED QUESTION. *Locução inglesa.* Questão cuja solução é difícil.

VEXILO. 1. *História do direito.* Insígnia militar romana inferior à da águia. **2.** Na *linguagem comum:* bandeira.

VEXILOLOGIA. Estudo dos pavilhões ou das bandeiras.

VEZO. Costume censurável.

V. G. Abreviação de *verbi gratia.*

VGBL. *Direito previdenciário.* Vida Gerador de Benefício Livre. Designa planos que, durante o período de diferimento, tenham a remuneração da provisão matemática de benefícios a conceder baseada na rentabilidade da(s) carteira(s) de investimentos de FIE(s), no(s) qual(is) esteja(m) aplicada(s) a totalidade dos respectivos recursos, sem garantia de remuneração mínima e de atualização de valores e sempre estruturados na modalidade de contribuição variável.

VGM. *Direito ambiental.* Abreviação de Vegetal Geneticamente Modificado.

VIA. 1. *Direito romano.* a) Servidão rústica de passagem a carros pela propriedade alheia (Sílvio Meira); b) grande caminho. **2.** *Direito processual.* Modo de proceder no curso de uma ação; procedimento. **3.** *Direito civil* e *direito comercial.* a) Instrumento que formaliza um ato ou contrato; b) exemplar de um documento ou cópia de documento original; c) meio de transporte. **4.** *Direito administrativo.* a) Rua; b) estrada. **5.** Nas *linguagens comum* e *jurídica:* a) rumo; rota; b) causa; c) direção. **6.** *Direito de trânsito.* Superfície por onde transitam veículos, pessoas e animais, compreendendo a pista, a calçada, o acostamento, ilha e canteiro central.

VIA ADMINISTRATIVA. *Direito administrativo.* Trâmite a ser seguido num processo administrativo.

VIA AÉREA. *Direito aeronáutico.* Transporte aéreo.

VIA ARTERIAL. *Direito de trânsito.* Aquela caracterizada por intersecções em nível, geralmente controlada por semáforo, com acessibilidade aos lotes lindeiros e às vias secundárias e locais, possibilitando o trânsito entre as regiões da cidade.

VIA BANCÁRIA. *Direito bancário.* Locução indicativa de ato ou operação a ser feita por meio de banco.

VIABILIDADE. 1. Qualidade do que é viável. **2.** Suscetível de ser realizado. **3.** Aptidão para viver.

VIABILIDADE DE ESTRADA. *Direito administrativo.* Estado de boas condições de uma estrada, possibilitando o livre trânsito.

VIABILIDADE DE NEGÓCIO. *Direito civil.* Possibilidade de realização de um ato negocial.

VIABILIDADE DO NASCITURO. *Direito civil.* Possibilidade que tem o nascituro de viver, após o parto, extra-uterinamente (De Plácido e Silva).

VIAÇÃO. 1. *Direito administrativo.* Conjunto de estradas. **2.** *Direito comercial.* Serviço de veículos para transporte.

VIA COLETORA. *Direito de trânsito.* Aquela destinada a coletar e distribuir o trânsito que tenha necessidade de entrar ou sair das vias de trânsito rápido ou arteriais, possibilitando o trânsito dentro das regiões da cidade.

VIA DE COMUNICAÇÃO. *Direito comercial.* **1.** Caminho terrestre, aquático ou aéreo que, por meio de transporte, liga pontos geográficos (Othon Sidou). **2.** Rota marítima. **3.** Linha aérea.

VIA DE DIREITO. *Direito processual.* Meio legal para fazer valer, judicialmente, uma pretensão.

VIA DE EXECUÇÃO. *Direito processual civil.* Procedimento pelo qual aquele que venceu uma demanda promove a execução forçada.

VIA DE FATO ADMINISTRATIVA. *Direito administrativo.* Meio exorbitante ou irregular empregado pela Administração contra o direito de propriedade ou contra uma liberdade pública na prática de uma atividade material de execução (Laubadère).

VIA DE REGRA. 1. Comumente. **2.** Em geral.

VIA DE TRÂNSITO RÁPIDO. *Direito de trânsito.* Aquela caracterizada por acessos especiais com trânsito livre, sem intersecções em nível, sem acessibilidade direta aos lotes lindeiros e sem travessia de pedestres em nível.

VIADOR. 1. *História do direito.* Gentil-homem da câmara real. **2.** Na *linguagem jurídica*: a) transeunte; b) passageiro.

VIADUTO. 1. *Direito administrativo.* Obra pública que permite dar passagem a avenidas, estradas, ferrovias etc. **2.** *Direito de trânsito.* Obra de construção civil destinada a transpor uma depressão de terreno ou servir de passagem superior.

VIAE ITINERIS ACTUS AQUAE DUCTUS PARS IN OBLIGATIONEM DEDUCI NON POTEST, QUIA USUS EDRUM INDIVISUS EST. *Expressão latina.* Não pode ser objeto de uma obrigação uma parte da estrada, do caminho, da passagem com animais, do aqueduto, por ser indivisível o uso dessas servidões.

VIA FÉRREA. *Direito civil* e *direito comercial.* **1.** Estrada de ferro. **2.** Bem imóvel sujeito a hipoteca.

VIA FLUVIAL. *Direito comercial.* Transporte por meio de rio.

VIAGEIRO. Viajante.

VIAGEM. *Direito comercial.* **1.** Rota ou caminho que se percorre para chegar a algum lugar. **2.** Percurso entre o ponto de partida e o de chegada. **3.** Navegação aérea, fluvial ou marítima.

VIAGEM AÉREA. *Direito aeronáutico.* **1.** Navegação aérea. **2.** Transporte que se realiza pelo ar por meio de aeronave.

VIAGEM COSTEIRA. *Vide* VIAGEM DE CABOTAGEM.

VIAGEM DE ALTO-MAR. *Direito marítimo.* Viagem marítima de longo curso, que leva o navio a afastar-se das águas territoriais.

VIAGEM DE CABOTAGEM. *Direito marítimo.* Navegação costeira, sem se afastar das águas territoriais.

VIAGEM DE DESCOBERTA. *História do direito.* Navegação que tinha por escopo encontrar terras desconhecidas.

VIAGEM DE IDA. *Direito comercial.* É a que se realiza entre o ponto de partida (*a quo*) e o de chegada (*ad quem*).

VIAGEM DE LONGO CURSO. *Vide* VIAGEM DE ALTO-MAR.

VIAGEM DE VOLTA. *Direito comercial.* Aquela em que se regressa ao ponto de partida.

VIAGEM DIRETA. *Direito comercial.* É a realizada com o objetivo de atender exclusivamente os terminais da linha, visando suprir casos de maior demanda de transporte, sem prejuízo dos horários ordinários já estabelecidos.

VIAGEM DOMÉSTICA. *Direito comercial.* **1.** Aquela a ser efetuada pelo passageiro, tendo os pontos de partida, intermediário e de destino localizados no território brasileiro. **2.** É, ainda, considerada viagem doméstica aquela em que a aeronave, por motivo de força maior, faça escala no território estrangeiro estando, porém, em território brasileiro, os seus pontos de partida e destino.

VIAGEM INICIAL. *Direito comercial.* Primeira viagem de uma série.

VIAGEM INTERNACIONAL. *Direito internacional privado.* Aquela em que o ponto de partida do passageiro está situado no território brasileiro e a escala ou destino no estrangeiro, ou vice-versa.

VIAGEM MARÍTIMA. *Direito marítimo.* Navegação feita pelo mar, transportando carga e passageiros em navios.

VIAGEM RECREATIVA. Aquela feita a passeio ou de mero deleite, ou, ainda, para atender a fins turísticos.

VIAGEM REDONDA. *Direito comercial.* Viagem de ida e volta, sendo, portanto, completa.

VIAGEM SEGURADA. *Direito marítimo.* Navegação em que o navio é segurado pela viagem a ser por ele realizada.

VIAGEM SEMIDIRETA. *Direito comercial.* É a que atende, além dos terminais da linha de transporte, parte dos secionamentos, quando ocorrerem casos de maior demanda.

VIAGEM TERRESTRE. *Direito comercial.* Transporte feito por ferrovia ou rodovia.

VIAGEM ÚLTIMA. *Direito marítimo.* **1.** Aquela que antecede o desarmamento da embarcação, após uma expedição (De Plácido e Silva). **2.** Aquela que encerra uma série de várias viagens.

VIAJANTE. 1. *Direito comercial.* a) Representante de empresas que viaja a vários lugares, ofertando as mercadorias; b) caixeiro-viajante; c) viajante do comércio; vendedor ambulante; d) aquele que está viajando; e) passageiro e tripulante em viagem. **2.** *Direito do trabalho.* Trabalhador que viaja por profissão.

VIAJANTE COMERCIAL. 1. *Direito comercial.* Vendedor ambulante. **2.** *Direito do trabalho.* Vendedor que, em razão de contrato trabalhista, efetua negócios mercantis em diversas praças, percebendo, além do salário, diárias para viagem.

VIA LOCAL. *Direito de trânsito.* Aquela caracterizada por intersecções em nível não semaforizadas, destinada apenas ao acesso local ou a áreas restritas.

VIA MARÍTIMA. *Direito marítimo.* Transporte por mar.

VIA MILITAR. *Direito militar.* Estrada que serve de passagem para as tropas.

VIANDA. *Direito comercial.* No Rio Grande do Sul, a refeição que é fornecida em marmitas a domicílio.

VIANDANTE. Aquele que viaja a pé.

VIA ORDINÁRIA. *Direito processual civil.* Procedimento ordinário.

VIA PARENTERAL. *Medicina legal.* Acesso para administração de medicamentos que alcancem espaços internos do organismo, incluindo vasos sangüíneos, órgãos e tecidos.

VIA PARTICULAR. *Direito civil.* Caminho situado em imóvel particular, que pode ser objeto de servidão de passagem.

VIA PÚBLICA. *Direito administrativo.* Rua ou estrada que é bem de uso comum do povo.

VIÁRIO. *Direito comercial.* Leito de via férrea.

VIA RURAL. *Direito de trânsito.* Estradas e rodovias.

VIAS DE FATO. *Direito penal.* **1.** Atos de violência empregados contra uma pessoa. **2.** Agressões físicas. **3.** Contravenção penal em que há ofensa física, sem lesão corporal, como, por exemplo, bofetada, empurrão etc. (Acquaviva), punida com prisão simples e multa, sendo que a pena aumentará de 1/3 até a metade se a vítima for maior de sessenta anos.

VIAS E ÁREAS DE PEDESTRES. *Direito de trânsito.* Vias ou conjunto de vias destinadas à circulação prioritária de pedestres.

VIÁTICO. 1. *Direito do trabalho.* a) Provisão de dinheiro ou de gêneros para viagem de um trabalhador; b) diária de viagem. **2.** *Direito canônico.* Sacramento da Eucaristia que se fornece a doentes em sua residência.

VIATURA. 1. *Direito administrativo* e *direito comercial.* a) Meio de transporte; b) veículo. **2.** *Direito militar.* Carro para transportar artilharia.

VIATURA MILITAR OPERACIONAL DAS FORÇAS ARMADAS. *Direito militar.* É a fabricada com caracteres específicos para ser utilizada em operação de natureza militar, tática ou logística, de propriedade do governo, para atendimento de suas organizações militares.

VIA URBANA. *Direito de trânsito.* Ruas, avenidas, vielas, ou caminhos e similares abertos à circulação pública, situados na área urbana, caracterizados principalmente por possuírem imóveis edificados ao longo de sua extensão.

VIÁVEL. 1. Na *linguagem jurídica* em geral: a) realizável; b) aquilo que pode trazer bom resultado; c) transitável; d) quando se pode abrir passagem. **2.** *Medicina legal.* Feto suficientemente desenvolvido, que pode viver extra-uterinamente.

VIBA. *Direito agrário.* Cana-de-açúcar.

VÍBICE. *Medicina legal.* Equimose linear.

VIBORDO. *Direito marítimo.* **1.** Amurada. **2.** Prancha grossa que serve de parapeito a um navio.

VIBRAÇÃO. *Direito do trabalho* e *direito ambiental.* Tremor de ar que produz ruído, fazendo com que, no ambiente de trabalho, se deva tomar providência protetiva aos operários.

VIBRIÃO. *Vide* VÍBRIO.

VÍBRIO. *Medicina legal.* Bactéria móvel.

VIBRIOSE. *Direito agrário.* Doença venérea de bovinos e ovinos provocada pelo *vibrio foetus* que, ao atingir a mucosa uterina, causa inflamação no endométrio, trazendo como conseqüência o aborto.

VICARIAL. *Direito canônico.* Referente a vigário.

VICARIANTE. *Medicina legal.* Órgão cuja atividade supre um pouco a falta da ação de outro.

VICARIATO. **1.** *Direito canônico.* a) Cargo de vigário; b) exercício das funções próprias desse cargo; c) período de duração de tal cargo; d) residência do vigário; e) território que está sob a jurisdição do vigário. **2.** Na *linguagem jurídica* em geral: substituição no exercício de uma função.

VICARIATO APOSTÓLICO. *Direito canônico.* É determinada porção do povo de Deus não constituída em diocese, confiada a um vigário apostólico, que a governa em nome do Papa. É também designado prefeitura apostólica.

VICÁRIO. Aquele que faz as vezes de outro, substituindo-o.

VICARIOUS LIABILITY. *Locução inglesa.* Responsabilidade por ato de terceiro.

VICE. **1.** Indica a categoria imediatamente inferior a outra. **2.** Aquele que tem a condição de substituto.

VICE. *Termo inglês.* **1.** Vício. **2.** Libertinagem.

VICE-ALMIRANTADO. *Direito militar.* Cargo ou dignidade de vice-almirante.

VICE-ALMIRANTE. *Direito militar.* **1.** Na Marinha, é o que ocupa a posição hierárquica imediatamente superior à de contra-almirante e imediatamente inferior ao de almirante-de-esquadra. **2.** Navio que numa esquadra contém o pavilhão do vice-almirante.

VICE-CAMPEÃO. *Direito desportivo.* Atleta ou equipe esportiva que se classifica, num campeonato, em segundo lugar.

VICE-CHANCELER. **1.** *Direito canônico.* Cardeal que preside a cúria romana e despacha bulas e breves apostólicos. **2.** *Direito internacional público.* Aquele que substitui o chanceler em seus impedimentos.

VICE-CÔNSUL. *Direito internacional público.* Aquele que, por estar no posto imediatamente inferior ao cônsul, o substitui na sua eventual falta ou impedimento.

VICE-CONSULADO. *Direito internacional público.* **1.** Cargo de vice-cônsul. **2.** Local onde o vice-cônsul exerce suas funções. **3.** Território sob a jurisdição do vice-cônsul.

VICE-CONSULAR. *Direito internacional público.* O que diz respeito ao vice-cônsul.

VICE-DIRETOR. *Direito civil* e *direito comercial.* **1.** Subdiretor. **2.** Aquele que substitui o diretor em seus impedimentos.

VICE-GERENTE. *Direito comercial.* **1.** Aquele que substitui o gerente. **2.** Subgerente. **3.** Aquele que, sob a direção de um gerente, exerce funções auxiliares (De Plácido e Silva).

VICE-GOVERNADOR. *Ciência política.* Aquele que, eleito juntamente com o governador, o substitui em seus eventuais impedimentos, assumindo o governo temporariamente.

VICE-LEGAÇÃO. *Direito canônico.* **1.** Cargo de vice-legado. **2.** Prédio onde o vice-legado exerce suas funções.

VICE-LEGADO. *Direito canônico.* Prelado que substitui o legado em sua ausência ou impedimento.

VICE-LÍDER. **1.** *Ciência política.* Subchefe da representação parlamentar de um partido político. **2.** *Direito desportivo.* Atleta ou equipe esportiva que, num torneio, se classifica logo após o líder.

VICENAL. **1.** O que se renova a cada vinte anos. **2.** Referente ao vicênio.

VICENÁRIO. Relativo ao espaço de vinte anos.

VICÊNIO. Período de vinte anos.

VICE-PREFEITO. *Ciência política.* **1.** Subprefeito. **2.** Substituto eventual do prefeito, que com ele se elege.

VICE-PRESIDÊNCIA. *Direito civil, direito comercial* e *ciência política.* Cargo de vice-presidente.

VICE-PRESIDÊNCIA DA REPÚBLICA. *Direito administrativo.* Órgão integrado pela: a) Chefia de Gabinete; b) Assessoria Diplomática; c) Assessoria Militar; d) Assessoria de Comunicação Social; e) Assessoria Parlamentar; f) Assessoria Técnica; g) Assessoria Administrativa. Tem como estrutura básica o Gabinete, sete Assessorias e uma Ajudância-de-Ordens. Ao Gabinete do Vice-Presidente compete: a) assistir direta e imediatamente ao Vice-Presidente da República no desempenho de suas atribuições; b) exercer as atividades de coordenação da agenda e da secretaria particular do Vice-Presidente da República, diligenciando sobre os assuntos relacionados com sua correspondência pessoal e respectivo arquivo, incluindo a recepção e o controle dos convites oficiais; c) definir, com a aprovação do Vice-Presidente da República, a programação das suas viagens e visitas, no território nacional, transmitindo aos órgãos envolvidos nos eventos as orientações necessárias para a sua preparação e execução, bem como agendar as datas das viagens ao exterior de acordo com a programação aprovada; d) organizar o acervo documental privado do Vice-Presidente da República e dispensar adequado tratamento à correspondência a ele dirigida; e) assistir o Vice-Presidente da República na realização de eventos com representações e autoridades nacionais e internacionais; f) providenciar o atendimento às consultas e aos requerimentos formulados pelo Congresso Nacional; g) supervisionar e avaliar a execução das ações e atividades da Vice-Presidência da República; h) realizar outras atividades determinadas pelo Vice-Presidente da República. Às Assessorias cabe: a) assessorar direta e imediatamente o Vice-Presidente da República no desempenho de suas respectivas atribuições; b) subsidiar o Gabinete na preparação de material de informação e de apoio, de encontros e audiências do Vice-Presidente da República com autoridades e personalidades nacionais e estrangeiras; c) preparar a correspondência do Vice-Presidente da República para autoridades e personalidades estrangeiras; d) organizar, acompanhar e coordenar as audiências do Vice-Presidente da República com representantes diplomáticos, organizações internacionais e personalidades estrangeiras; e) zelar pela observância das normas do Cerimonial Público nas solenidades e viagens de que participe o Vice-Presidente da República; f) participar, juntamente com os demais órgãos competentes, do planejamento, preparação e execução das viagens de que participe o Vice-Presidente da República; g) coordenar a preparação das viagens e visitas do Vice-Presidente da República,

em conjunto com o Gabinete e em articulação com o Gabinete de Segurança Institucional da Presidência da República; h) zelar pela segurança da residência oficial do Vice-Presidente da República, bem como de sua segurança pessoal e de seus familiares, em articulação com o Gabinete de Segurança Institucional da Presidência da República; i) assistir o Vice-Presidente da República na comunicação com a sociedade e a imprensa; j) planejar, coordenar e supervisionar o desenvolvimento das atividades de comunicação social da Vice-Presidência da República; k) coordenar e supervisionar a integração e a articulação da Vice-Presidência da República com as Casas do Congresso Nacional, Assembléias Legislativas e Câmaras de Vereadores; l) elaborar estudos acerca de assuntos de natureza jurídica, de interesse da Vice-Presidência da República; m) coordenar e supervisionar a integração e a articulação da Vice-Presidência da República com os órgãos e unidades da Presidência da República e da Administração Pública Federal; n) planejar, coordenar e supervisionar a execução das atividades administrativas da Vice-Presidência da República, em articulação com a Secretaria de Administração da Casa Civil da Presidência da República; o) providenciar a publicação oficial e a divulgação das matérias relacionadas com a área de atuação da Vice-Presidência da República; p) realizar outras atividades determinadas pelo Vice-Presidente da República. À Ajudância-de-Ordens compete: a) prestar ao Vice-Presidente da República, em regime de atendimento permanente e ininterrupto, serviços de natureza pessoal; b) realizar outras atividades determinadas pelo Vice-Presidente da República.

VICE-PRESIDENTE. *Direito civil* e *direito comercial.* Substituto do presidente de sociedades de direito privado.

VICE-PRESIDENTE DA REPÚBLICA. *Ciência política.* Aquele que é eleito juntamente com o Presidente da República, para auxiliá-lo, substituí-lo em seus eventuais impedimentos e sucedê-lo em hipótese de vaga.

VICE-REI. *História do direito.* **1.** Aquele que governava país subordinado a um reino, tendo poderes quase que idênticos aos do rei. **2.** Governador do Brasil-Colônia.

VICE-REINADO. *História do direito.* **1.** Território governado por um vice-rei. **2.** Período de duração do cargo de vice-rei. **3.** Cargo de vice-rei.

VICE-REINO. *História do direito.* Reino governado por um vice-rei.

VICE-REITOR. *Direito educacional.* Aquele que, sendo de categoria imediatamente inferior à de reitor, exerce juntamente com ele suas funções.

VICE-REITORADO. *Vide* VICE-REITORIA.

VICE-REITORIA. *Direito educacional.* **1.** Cargo de vice-reitor. **2.** Período de duração desse cargo. **3.** Local onde o vice-reitor exerce suas funções.

VICE-SECRETÁRIO. Subsecretário que auxilia o secretário e o substitui em suas eventuais faltas.

VICE-VERSA. Reciprocamente.

VICIAÇÃO. *Direito penal.* **1.** Adulteração. **2.** Falsificação.

VICIADO. 1. *Direito penal.* a) Falsificado; b) adulterado; c) corrupto. **2.** *Direito civil.* a) Objeto que apresenta vício ou defeito; b) ato jurídico nulo ou anulável. **3.** *Medicina legal.* a) Toxicômano; b) aquele que faz uso de entorpecente, causando dependência física ou psíquica. **4.** *Direito do consumidor.* Que tem vício aparente ou oculto.

VICIADOR. Aquele que vicia.

VICIAMENTO. O mesmo que VICIAÇÃO.

VICIAR. 1. Adulterar. **2.** Falsificar. **3.** Corromper. **4.** Perverter. **5.** Drogar. **6.** Tornar nulo ou anulável. **7.** Invalidar.

VICINAL. 1. Que é vizinho. **2.** Relativo às cercanias. **3.** Caminho que liga povoados próximos.

VICINALIDADE. Qualidade do que é vicinal.

VICINDÁRIO. 1. Conjunto dos habitantes de um pequeno povoado. **2.** Grupos de casas situados longe de uma povoação, mas próximos uns dos outros.

VICINITY. *Termo inglês.* Vizinhança.

VICINUS VICINI FACTA SCIRE PRAESUMITUR. *Aforismo jurídico.* Presume-se que vizinho saiba do fato do vizinho.

VÍCIO. 1. *Direito civil.* a) Defeito do negócio jurídico que o torna anulável; b) imperfeição ou falha apresentada no objeto da relação jurídica; c) deterioração. **2.** *Direito administrativo.* Irregularidade do ato administrativo. **3.** *Direito comercial.* Avaria. **4.** *Lógica jurídica.* O que invalida um pensamento (Renouvier). **5.** *Medicina legal.* a) Deformidade; b) defeito físico; c) hábito de usar entorpecente, de fumar ou de consumir bebidas alcoólicas; d) degenerescência moral que leva o paciente a praticar, habitualmente, atos indecorosos, condenáveis ou censuráveis. **6.** *Direito penal.* Libertinagem.

VÍCIO APARENTE. *Direito do consumidor.* Defeito de produto ou serviço facilmente perceptível, que confere ao consumidor o direito de efetuar reclamação, dentro do prazo decadencial de trinta dias, se não-durável, ou de noventa dias, se durável, contado da data da entrega efetiva do produto ou do término da execução do serviço. Mas se o vício causar dano à incolumidade física do consumidor, o prazo prescricional será de cinco anos, contado do conhecimento do dano e da identificação da autoria.

VÍCIO CORPÓREO. *Direito civil.* **1.** Defeito que torna a coisa imprestável a sua finalidade ou que lhe diminui o valor. **2.** Aquele defeito que deteriora ou danifica a coisa.

VÍCIO DA COISA. *Direito civil.* Defeito próprio inerente ou intrínseco da coisa, em razão do qual ela pode deteriorar-se. É aquele vício que decorre da própria natureza do objeto.

VÍCIO DA POSSE. *Direito civil.* Defeito que incide sobre a posse, inquinando-a, por ter sido obtida por meio ilícito ou de má-fé.

VÍCIO DE CONSENTIMENTO. *Direito civil.* Defeito do negócio jurídico que o torna anulável em razão da vontade exteriorizada pelo agente não corresponder com aquela que quer manifestar. Esse vício é o erro, o dolo, a lesão, o estado de perigo ou a coação, que se funda no desequilíbrio da atuação volitiva, relativamente à sua declaração. É um vício que adere à vontade, penetrando-a, aparecendo sob forma de motivo, forçando a deliberação e estabelecendo divergência entre a vontade real, ou não permite que esta se forme (Clóvis Beviláqua). Há desavença entre a vontade real e a declarada.

VÍCIO DE CONSTITUIÇÃO. *Medicina legal.* Constituição orgânica que não apresenta as condições normais de salubridade (Laudelino Freire).

VÍCIO DE CONSTRUÇÃO. *Direito civil.* **1.** Defeito que afeta a solidez ou segurança do prédio em razão do material empregado ou da natureza do solo. **2.** Defeito advindo do descumprimento de normas técnicas para a segurança do prédio.

VÍCIO DE DOCUMENTO. *Direito civil* e *direito processual civil.* Defeito como rasura, emenda, entrelinha etc. que atinge um documento, tornando-o inautêntico, podendo justificar, na seara processual, o incidente de falsidade. Trata-se de vício material do documento.

VÍCIO DE FORMA. *Direito civil.* **1.** Falta de observância dos requisitos formais exigidos por lei para a validade de um ato jurídico. **2.** Defeito do ato por descumprimento de formalidade extrínseca requerida por lei.

VÍCIO DE FUNDO. *Direito civil.* O não-cumprimento das exigências legais atinentes à substância do ato jurídico. Por exemplo: incapacidade do agente, ilicitude ou impossibilidade do objeto etc.

VÍCIO DE QUALIDADE. *Direito do consumidor.* Defeito que torna o produto ou serviço impróprios ao consumo ou lhe diminui o valor.

VÍCIO DE QUANTIDADE. *Direito do consumidor.* Defeito em que o conteúdo do produto é menor que o indicado no recipiente, embalagem, rotulagem ou mensagem publicitária. Neste caso, pode o consumidor exigir alternativamente e à sua escolha: o abatimento proporcional do preço; a complementação do peso ou medida; a substituição do produto por outro da mesma espécie, marca ou modelo, sem os aludidos vícios; e a restituição imediata da quantia paga, monetariamente atualizada, sem prejuízo de eventuais perdas e danos.

VÍCIO DE SANGUE. *Medicina legal.* Anomalia do sangue que não apresenta condições para o funcionamento normal de um organismo sadio.

VÍCIO DO JUÍZO. *Direito processual.* Aquele que vicia o juízo como o decorrente de peita ou impedimento de magistrado ou de sua incompetência *ratione materiae*, podendo invalidar a decisão judicial.

VÍCIO DO PRODUTO. *Direito do consumidor.* Vício de qualidade ou de quantidade do produto.

VÍCIO FÍSICO. *Direito civil.* Defeito extrínseco ou intrínseco que pode afetar, corporeamente, a coisa, deteriorando-a, tornando-a imprestável ao seu uso. Trata-se do vício corpóreo.

VÍCIO INSANÁVEL. *Direito civil.* Aquele que por afetar a substância do ato, devido a não observância de requisitos essenciais impostos por lei, torna-o nulo e sem efeito.

VÍCIO INTRÍNSECO. *Vide* VÍCIO DA COISA.

VÍCIO JURÍDICO. *Direito civil.* Aquele vício de forma ou de fundo que inquina um ato jurídico, tornando-o inoperante.

VÍCIO MATERIAL DO DOCUMENTO. *Vide* VÍCIO DE DOCUMENTO.

VÍCIO MORAL. *Direito penal.* **1.** Desonestidade. **2.** Mau procedimento que atinge a fama da pessoa. **3.** Libertinagem.

VÍCIO OBJETIVO DA POSSE. *Direito civil.* Aquele que decorre da obtenção da posse por via ilícita, ou seja, por violência, clandestinidade e precariedade, caso em que se tem posse injusta.

VÍCIO OCULTO. 1. *Direito do consumidor.* Defeito do produto que não pode ser percebido com a diligência ordinária do consumidor, que, então, terá direito de reclamação dentro do prazo decadencial de trinta dias, se não-durável, ou de noventa dias, se durável, computado no instante em que evidenciar a falha. Mas se tal vício lesar a incolumidade física do consumidor, o prazo prescricional será de cinco anos, contado do conhecimento do dano e da identificação da autoria. **2.** *Direito civil.* Vício redibitório.

VÍCIO PRÓPRIO. *Vide* VÍCIO DA COISA.

VÍCIO RADICAL. Vício inveterado e de difícil correção (Laudelino Freire).

VÍCIO REDIBITÓRIO. *Direito civil.* Falha ou defeito oculto, existente na coisa alienada, objeto de contrato comutativo ou de doação gravada com encargo, não comum às congêneres, que a torna imprópria ao uso a que se destina ou lhe diminui sensivelmente o valor, de tal modo que o ato negocial não se realizaria se esse defeito fosse conhecido, dando ao adquirente ação para redibir o contrato ou para obter abatimento do preço.

VÍCIO SANÁVEL. *Direito civil.* Aquele que, por não afetar a substância do ato ou negócio jurídico, torna-o anulável, mas, por ser suscetível de ratificação, se for removido, revalida-o.

VÍCIOS DO ATO ADMINISTRATIVO. *Direito administrativo.* Defeitos que invalidam, total ou parcialmente, um ato administrativo, alusivos ao agente, ao conteúdo, ao motivo, à formalidade e à finalidade.

VICIOSIDADE. Qualidade de vicioso.

VICIOSO. 1. Defeituoso. **2.** Eivado de vício. **3.** Que tem vício. **4.** Depravado. **5.** Corrupto.

VÍCIO SOCIAL DO NEGÓCIO JURÍDICO. *Direito civil.* Ocorre quando se tem uma vontade que funciona normalmente, havendo até correspondência entre a vontade interna e sua manifestação; entretanto, ela desvia-se da lei ou da boa-fé, infringindo o direito e prejudicando terceiros, sendo, por isso, o negócio jurídico, que assim se apresentar, nulo ou anulável. A

VÍCIO SUBJETIVO DA POSSE 841 **VIC**

simulação e a fraude contra credores constituem vícios sociais que comprometem a ordem jurídica pela afronta à lisura, à honestidade e à regularidade.

VÍCIO SUBJETIVO DA POSSE. *Direito civil.* Aquele que inquina a posse ante o fato de o possuidor ter convicção de que a exerce ilegitimamente, uma vez que não ignora o obstáculo que o impede de tê-la; caso em que surge a posse de má-fé.

VICIOUS. *Termo inglês.* **1.** Defeituoso. **2.** Viciado. **3.** Corrompido.

VICISSITUDE. **1.** Instabilidade dos acontecimentos. **2.** Eventualidade.

VICISSITUDINÁRIO. O que está sujeito a vicissitudes.

VI CLAM AUT PRECARIO. *Expressão latina.* Privação da posse por esbulho, por violência, clandestinidade ou por precariedade.

VICO. *História do direito.* Prédio rústico, na antiguidade romana.

VICTIS HONOS. *Locução latina.* Honra aos vencidos.

VICTUALLING. *Termo inglês.* Fornecimento de víveres.

VICTURUS GENIUM DEBET HABERE LIBER. *Expressão latina.* Um livro para vencer precisa ser genial.

VIDA. **1.** *Direito autoral.* Animação em obra artística ou literária. **2.** *Direito civil.* a) Espaço de tempo entre o nascimento e a morte de uma pessoa; b) subsistência. **3.** *Direito do trabalho.* a) Profissão; b) principal ocupação; c) emprego. **4.** Nas *linguagens comum* e *jurídica* em geral: a) modo de viver; b) força interna que dá ânimo à pessoa e aos animais irracionais; c) existência; d) causa; e) origem; f) fundamento.

VIDA AIRADA. **1.** Vagabundagem. **2.** Vida de estróina.

VIDA CIVIL. *Direito civil* e *ciência política.* Atividade de uma pessoa, ou cidadão, no uso e gozo de seus direitos civis e políticos.

VIDA CRISTÃ. *Direito canônico.* Procedimento de conformidade com o cristianismo.

VIDA DE ARRASTO. Estado daquele que se encontra cheio de privações.

VIDA EM COMUM. *Direito civil.* Coabitação.

VIDA EXTERIOR. *Sociologia geral.* Relações sociais.

VIDA EXTRA-UTERINA. *Medicina legal.* Período da existência do ser humano que se inicia com a primeira inspiração.

VIDA INTRA-UTERINA. *Medicina legal.* Lapso temporal em que o feto permanece no útero.

VIDAMA. *História do direito.* Aquele que governava terras de um bispado ou que as possuía como feudo hereditário (Laudelino Freire).

VIDA MARITAL. *Direito civil.* Convivência *more uxorio* entre duas pessoas de sexo diferente, mesmo não sendo casadas.

VIDA MÉDIA. *Medicina legal.* É a estabelecida para uma coletividade de pessoas de diferentes idades (J. B. de O. e Costa Júnior).

VIDA MEDIANA. *Medicina legal.* É a que representa a soma da idade atual de um indivíduo mais a sua vida provável (J. B. de O. e Costa Jr.).

VIDAMIA. *História do direito.* Dignidade de vidama.

VIDA MUNDANA. Vida social.

VIDA NÔMADE. *Sociologia jurídica.* É aquela dos povos errantes.

VIDA NORMAL. *Medicina legal.* Limite máximo de idade atingido por um indivíduo (J. B. de O. e Costa Jr.).

VIDA NOVA. Estilo de viver assumido por uma pessoa, diverso do anterior.

VIDA ORGÂNICA. *Medicina legal.* Conjunto de funções vitais.

VIDA PREGRESSA. *Direito penal.* Antecedentes judiciários de uma pessoa.

VIDA PRIVADA. **1.** *Direito civil.* Vida particular da pessoa que gera o direito à intimidade, que é um dos direitos fundamentais do ser humano. **2.** *Ciência política.* Viver de homem público que não faz parte de suas atividades políticas.

VIDA PROVÁVEL. *Medicina legal.* Tempo que uma pessoa de determinada idade pode ainda viver (J. B. de O. e Costa Júnior).

VIDA PÚBLICA. *Ciência política.* É aquela levada por uma pessoa no exercício de cargo ou função estatal.

VIDAR. *Direito agrário.* Plantar vinha.

VIDA SOLTA. Vida dissoluta ou licenciosa (Laudelino Freire).

VIDA VOLANTE. *Direito civil.* É a própria daquele que não tem domicílio fixo.

VIDE. **1.** *Termo latino.* Veja. **2.** *Direito agrário.* a) Vara de videira; b) bacelo.

VIDEANT CONSULES NE QUID RES PUBLICA DETRI-MENTI CAPIAT. *Expressão latina.* Os cônsules zelam para que o Estado não seja prejudicado.

VIDEBIMUS INFRA. *Locução latina.* Veremos depois.

VIDEMENT. *Termo francês.* Despejo.

VIDENDUM EST, NON MODO QUID QUISQUE LO-QUATUR, SED ETIAM QUID QUISQUE SENTIAT, ATQUE ETIAM QUA DE CAUSA QUISQUE SENTIAT. *Expressão latina.* É preciso não ouvir apenas o que cada um diz, mas analisar, ainda, o que pensa e por que assim pensa.

VÍDEO. 1. Parte do aparelho de televisão onde aparecem as imagens. **2.** Método apropriado para gravar, em fitas magnéticas, imagens e sons.

VIDEOCASSETE. Aparelho em que, através de uma fita magnética, se gravam programas de televisão para reproduzi-los mais tarde.

VIDEOCONFERÊNCIAS. 1. *Direito virtual.* São as feitas com câmeras conectadas à Internet, permitindo que vários usuários tenham uma conversação em tempo real usando som e imagem. **2.** *Direito processual penal.* Recursos tecnológicos que aperfeiçoam o sistema processual penal, podendo consistir, p. ex., no interrogatório por videoconferência, que, segundo alguns autores, violaria direitos fundamentais do acusado por ferir o princípio da ampla defesa, que abrange o direito à defesa técnica, a ser desenvolvida por profissional habilitado, e o direito à autodefesa, em suas vertentes: direito à audiência e direito de presença. O STF, por unanimidade, entendeu que o interrogatório por videoconferência fere os princípios constitucionais do devido processo legal e da ampla defesa. A OAB já havia firmado posição contrária ao interrogatório de preso por videoconferência pelo fato de: a) cercear o contato pessoal do julgador com o réu, fundamental para a formação do convencimento do magistrado; b) não garantir a segurança do acusado durante a oitiva, realizada na prisão; c) dificultar o diálogo entre o advogado e seu cliente. Outros as defendem, entendendo que nada obsta que o acusado seja interrogado a distância, havendo fundado receio de comprometimento da eficiência do processo. O uso da tecnologia explica-se por razões de segurança pública colocada em risco pela transferência de presos ou, ainda, se o processo pela sua complexidade requer participação a distância para evitar atraso no seu andamento. Essas videoconferências não ferem preceitos constitucionais, pois a Carta Magna e os tratados internacionais não exigem interação física réu–julgador (Flávio Eduardo Turessi, Fábio R. Bechara, Claudia F. Mac Dowel).

VIDEOGAMES. Jogos para computador.

VIDEOGRAMA. *Direito autoral.* Fixação de imagem e som em suporte material (Othon Sidou).

VIDEOGRAVAÇÃO E REPRODUÇÃO. Gravação e reprodução de programas de televisão para vê-los mais tarde por um aparelho chamado videocassete.

VÍDEO *ON DEMAND* (VOD). Meio pelo qual o usuário de TV pode ligar, mediante pagamento, seu televisor por cabo telefônico a um banco de dados, escolhendo programas (Antônio Chaves, Alfonso Contaldo e Cardarelli).

VIDEO TAPE. *Locução inglesa.* Gravação simultânea de som e imagem em fita magnética que possibilita futura reprodução de cenas que podem passar como atuais relativamente ao momento da transmissão.

VIDEOTECA. Arquivo de material videográfico, devidamente organizado para consulta.

VIDETUR REM ALIENARE QUI EAM PATITUR USUCA-PI. *Aforismo jurídico.* Mostra que quer alienar o bem aquele que o deixa ser usucapido.

VIDRAÇA. Chapa de vidro para porta ou janela.

VIDRAÇARIA. *Direito comercial.* Estabelecimento mercantil onde se vendem vidros e vidraças.

VIDRACEIRO. 1. *Direito do trabalho.* Operário que trabalha em fábrica de vidro. **2.** *Direito comercial.* a) Aquele que fabrica vidros; b) vendedor de vidro.

VIDRACISTA. Pintor de vitrais.

VIDRADOR. *Direito do trabalho.* Operário que reveste artefatos de substância vitrificável.

VIDRARIA. *Direito comercial.* **1.** Vidraçaria. **2.** Depósito de vidros. **3.** Fábrica de vidros. **4.** Comércio de vidros.

VIDREIRO. *Direito comercial.* **1.** Relativo a vidro. **2.** Aquele que trabalha em vidro.

VIDUAL. *Direito civil.* O que diz respeito à viuvez ou à pessoa viúva.

VIDUITÉ. *Termo francês.* Viuvez.

VIEILLESSE. *Termo francês.* Velhice.

VIELA. 1. *Direito agrário.* Cada ferro com argola que existe no rodízio do moinho. **2.** *Direito administrativo.* a) Beco; b) rua estreita. **3.** *Direito civil.* Passagem que serve de acesso a moradias situadas no interior de um terreno, podendo constituir-se em servidão predial.

VIENT DE PARAITRE. *Locução francesa.* "Acaba de surgir." Tal expressão é muito usada no mercado de livros para anunciar as novidades literárias.

VIEW. *Termo inglês.* **1.** Inspeção. **2.** Opinião. **3.** Exame. **4.** Investigar.

VIEW OF AN INQUEST. *Expressão inglesa.* Inspeção ocular feita pelo júri do local do crime.

VI FORMAE. *Locução latina.* Por causa da forma.

VIGA. 1. *Direito civil.* a) Trave de madeira usada em construção; b) travessa de cimento armado utilizada como estrutura de prédios. **2.** *Direito comercial.* Acessório especial para transporte de cargas indivisíveis, também chamada *gôndola*.

VIGAIRARIA. *Direito canônico.* Cargo de vigário.

VIGAMENTO. *Direito civil.* Conjunto de vigas de uma construção.

VIGA MESTRA. *Direito civil.* **1.** Aquela que serve de esteio a um conjunto de vigas que constituem a armação de um telhado ou a base de um assoalho. **2.** Arquitrave.

VIGARICE. *Direito penal.* **1.** Conto-do-vigário. **2.** Logro.

VIGÁRIO. 1. *Direito canônico.* a) Pároco; b) o que tem poderes para substituir prelado ou exercer certa jurisdição no impedimento de seu superior. **2.** *História do direito.* a) Governador da diocese, no império romano; b) senhor de terra que exercia a função de oficial de justiça. **3.** Nas *linguagens comum* e *jurídica*: substituto.

VIGÁRIO ADMINISTRADOR. *Direito canônico.* Aquele padre que, temporariamente, rege a paróquia na ausência do pároco ou enquanto não se nomeia um substituto.

VIGÁRIO APOSTÓLICO. *Direito canônico.* Bispo encarregado pela Santa Sé da administração espiritual de uma região.

VIGÁRIO CAPITULAR. *Direito canônico.* Padre eleito pelo capítulo, que administra a diocese durante a vacância do bispado, em razão de impedimento ou falecimento de seu titular.

VIGÁRIO COADJUTOR. *Direito canônico.* Padre que auxilia o pároco, substituindo-o em seus eventuais impedimentos.

VIGÁRIO COOPERADOR. *Vide* VIGÁRIO COADJUTOR.

VIGÁRIO DA VARA. *Direito canônico.* Delegado do prelado em determinados distritos eclesiásticos.

VIGÁRIO DE CRISTO. *Direito canônico.* Sumo Pontífice.

VIGÁRIO DE FREIRAS. *Direito canônico.* Capelão de um convento de freiras.

VIGÁRIO FORÂNEO. *Direito canônico.* **1.** Padre que, ao receber delegação de restritos poderes, os exerce nos limites de sua jurisdição em certa parte da diocese, longe do local onde reside o bispo. **2.** Sacerdote, nomeado pelo bispo diocesano, colocado à frente do vicariato forâneo, se a diocese estiver dividida em foranias ou comarcas.

VIGÁRIO-GERAL. *Direito canônico.* Padre que representa o bispo na administração eclesiástica da diocese.

VIGÁRIO PAROQUIAL. *Vide* PÁROCO.

VIGARISTA. 1. *Direito penal.* a) Aquele que aplica o conto-do-vigário; b) chantagista; c) estelionatário. **2.** Na *gíria*, ladrão que se apodera de coisa alheia por meio de engodo.

VIGARIZAR. *Direito penal.* **1.** Ludibriar. **2.** Lograr ou enganar alguém por meio do conto-do-vigário.

VIGÊNCIA. *Teoria geral do direito.* **1.** Em sentido lato, é a validade formal de uma norma, significando que ela foi elaborada por órgão competente em obediência aos procedimentos legais. A vigência não é uma qualidade própria da norma, pois ela não é válida em si por depender de sua relação com outra, reveladora da competência do órgão emissor e do processo para a sua elaboração. **2.** Em sentido estrito, é a existência específica da norma em determinada época, caracterizando o preceito normativo que rege relações sociais aqui e agora. É o âmbito temporal de validade normativa. O conceito de vigência, em sentido estrito, está relacionado com o de eficácia, uma vez que da existência (vigência) da norma depende a produção de seus efeitos. **3.** Qualidade de vigente.

VIGÊNCIA DA LEI. *Teoria geral do direito.* Tempo durante o qual uma lei tem validade.

VIGÊNCIA DA SOCIEDADE. *Direito civil* e *direito comercial.* Existência da sociedade que está no pleno exercício de suas finalidades sociais, especificadas em normas estatutárias.

VIGÊNCIA DE LEI TRIBUTÁRIA. *Direito tributário.* Propriedade da norma tributária que tem aptidão para qualificar fatos e produzir efeitos jurídicos nos limites espácio-temporais estabelecidos pela ordem positiva (Paulo de Barros Carvalho).

VIGÊNCIA DETERMINADA. *Vide* VIGÊNCIA TEMPORÁRIA.

VIGÊNCIA DO ATO ADMINISTRATIVO. *Direito administrativo.* Existência do ato administrativo a partir da publicação, ocasião em que passa a ter obrigatoriedade.

VIGÊNCIA DO CONTRATO. *Direito civil.* É a que revela o fato de o contrato estar produzindo seus efeitos, alcançando os objetivos pretendidos pelos contratantes.

VIGÊNCIA DO COSTUME. *Teoria geral do direito.* Existência de um costume por estarem presentes as seguintes condições: sua continuidade, sua uniformidade, sua diuturnidade, sua moralidade e sua obrigatoriedade.

VIGÊNCIA DO TRATADO. *Direito internacional público.* Existência do tratado: a) contemporânea do consentimento, caso em que atua como norma jurídica no momento em que se perfizer como ato jurídico convencional; ou b) diferida por razões de ordem operacional, embora o vínculo convencional esteja perfeito pelo consenso dos Estados signatários, o tratado apenas passa a valer como norma após a *vacatio legis* (Rezek).

VIGÊNCIA ESPACIAL. *Teoria geral do direito.* Existência específica da norma num determinado território, onde irradia seus efeitos.

VIGÊNCIA ESPACIAL DA NORMA TRIBUTÁRIA. *Direito tributário.* Existência da norma tributária dentro dos limites geográficos do ente político (União, Estado ou Município) que a emitiu, alcançando os fatos que neles ocorrerem, podendo vigorar fora daqueles limites, desde que haja entre aquelas entidades a celebração de algum convênio, ou norma geral federal, reconhecendo sua extraterritorialidade.

VIGÊNCIA ESPÁCIO-TEMPORAL DA NORMA. *Teoria geral do direito.* Existência específica da norma em determinada época num território.

VIGÊNCIA SEM PRAZO DETERMINADO. *Teoria geral do direito.* Atuação da norma para o futuro sem prazo determinado, durando até que seja modificada ou revogada por outra de hierarquia igual ou superior. Não sendo temporária

a vigência, a norma não só atua, podendo ser invocada para produzir efeitos, mas também tem força vinculante (vigor) até sua revogação. Trata-se do princípio de continuidade, que assim se enuncia: não se destinando a vigência temporária, a norma estará em vigor enquanto não surgir outra que a altere ou revogue.

VIGÊNCIA SINCRÔNICA. *Teoria geral do direito.* Princípio pelo qual, não havendo estipulação de data certa para a entrada em vigor da lei, a duração da *vacatio legis* sujeita-se ao critério de prazo único e simultâneo em todo território nacional, que é o de 45 dias após sua publicação.

VIGÊNCIA TEMPORAL. *Teoria geral do direito.* Qualidade da norma jurídica atinente ao tempo de sua atuação, podendo ser invocada para produzir, concretamente, efeitos. É o prazo, como diz Arnaldo Vasconcelos, com o qual se demarca o tempo de validade da norma.

VIGÊNCIA TEMPORAL DA NORMA TRIBUTÁRIA. *Direito tributário.* Existência da norma tributária no tempo. Tal nome entra em vigor, não havendo disposição em contrário, quarenta e cinco dias depois de sua publicação; mas entra em vigor no primeiro dia do exercício seguinte àquele em que ocorra a sua publicação nos dispositivos legais alusivos a impostos sobre o patrimônio ou a renda que: a) instituem ou aumentam tais impostos; b) definem novas hipóteses de incidência; c) extinguem ou reduzem isenções, exceto se a lei dispuser de modo mais favorável ao contribuinte.

VIGÊNCIA TEMPORÁRIA. *Teoria geral do direito.* Vigência determinada da norma jurídica, pelo simples fato de seu elaborador ter fixado o tempo de sua duração. Por exemplo, a lei orçamentária, que fixa a despesa e a receita nacional pelo período de um ano; aquela que concede favor fiscal durante dez anos às indústrias que se estabelecerem em determinadas regiões; ou a que subordina sua duração a um fato: guerra, calamidade pública etc. Normas desse tipo desaparecem do cenário jurídico com o decurso do prazo estabelecido.

VIGENTE. *Teoria geral do direito.* 1. Que vige. 2. Que está em vigor.

VIGER. *Teoria geral do direito.* 1. Estar em vigor. 2. Ter vigor. 3. Vigorar. 4. Ter vigência. 5. Estar em execução ou em uso.

VIGIA. 1. *Direito marítimo.* a) Abertura circular que possibilita a entrada de luz nos camarotes;

b) corda que prende um barco a outro. **2.** *Direito do trabalho.* a) Trabalhador que numa empresa ou em casa presta serviços visuais, zelando pela sua incolumidade, devendo observar e comunicar, sempre que possível, qualquer irregularidade havida; b) guarda; vigilante. **3.** *Direito militar.* Sentinela. **4.** Na *linguagem comum:* a) ato ou efeito de vigiar; b) vigilância; c) aquele que cuida de obras durante sua construção.

VIGIADOR. Aquele que vigia.

VIGIA PORTUÁRIO. *Direito marítimo.* Guarda, subordinado ao capitão do porto, contratado para serviço de vigilância em navio.

VIGIAR. 1. Observar, com atenção. **2.** Velar. **3.** Cuidar. **4.** Precaver-se.

VIGIAS. *História do direito.* Orifícios que existiam nas paredes das prisões da Inquisição, por onde se vigiavam os presos.

VIGIEIRO. *História do direito.* Guarda campestre.

VÍGIL. 1. Que vigia. **2.** Que está velando. **3.** Que está em vigília.

VIGILADOR. 1. Que faz vigília. **2.** Que vela.

VIGILAMBULISMO. *Medicina legal.* Sonambulismo que aparenta vigília.

VIGILÂMBULO. *Medicina legal.* Aquele que sofre de vigilambulismo.

VIGILÂNCIA. 1. Nas *linguagens comum* e *jurídica:* a) diligência; b) cuidado; c) qualidade de vigilante; d) estado de quem vigia; e) precaução. **2.** *Direito administrativo.* a) Direito-dever do Estado não só de adotar medidas preventivas que venham a manter e garantir a ordem, a segurança, a saúde e a economia pública, mas também de assegurar o cumprimento de suas tarefas (Othon Sidou; Otto Mayer); b) fiscalização exercida pelo Estado sobre as entidades descentralizadas, nos limites estabelecidos pela lei (Rivero).

VIGILÂNCIA DA POLÍCIA. *Direito penal.* Dever da polícia, imposto por ordem judicial, de observar a conduta daquele que se encontra sob o regime de liberdade vigiada.

VIGILÂNCIA DA QUALIDADE DA ÁGUA PARA CONSUMO HUMANO. *Direito administrativo* e *direito ambiental.* Conjunto de ações adotado continuamente pela autoridade de saúde pública para verificar se a água consumida pela população atende ao disposto em lei ou pelo Ministério da Saúde, e para avaliar os riscos que os sistemas e as soluções alternativas de abastecimento de água representam para a saúde humana.

VIGILÂNCIA EPIDEMIOLÓGICA. *Direito administrativo* e *direito ambiental.* Conjunto de ações que proporcionam conhecimento, detecção ou prevenção de qualquer mudança nos fatores determinantes e condicionantes de saúde individual ou coletiva, com finalidade de recomendar e adotar as medidas de prevenção e de controle das doenças ou agravos.

VIGILÂNCIA SANITÁRIA. *Direito administrativo.* **1.** Conjunto de normas que regem a fabricação, venda e emprego de medicamentos, drogas, insumos farmacêuticos e correlatos, produtos de higiene, perfumaria e estética (Othon Sidou e Fernando Pereira Sodero). **2.** Conjunto de ações capaz de: a) eliminar, diminuir ou prevenir riscos e agravos à saúde do indivíduo e da coletividade; b) intervir nos problemas sanitários decorrentes da produção, distribuição, comercialização e uso de bens de capital e consumo, e da prestação de serviços de interesse da saúde; c) exercer fiscalização e controle sobre o meio ambiente e os fatores que interferem na sua qualidade, abrangendo os processos e ambientes de trabalho, a habitação e o lazer. Tais ações de vigilância sanitária incluem necessariamente: a) as medidas de interação da política de saúde com as políticas econômicas e sociais cujos resultados constituem fatores determinantes e condicionantes do nível de saúde da população; b) as medidas de interação dos profissionais de saúde em exercício nas atividades de vigilância sanitária com os órgãos e entidades, governamentais e não governamentais, de defesa do consumidor e da cidadania; c) o controle de todas as etapas e processos da produção ao uso de bens de capital e de consumo e de prestação de serviços que, direta ou indiretamente, se relacionam com a saúde, com vista à garantia da sua qualidade; d) as ações destinadas à promoção e proteção da saúde do trabalhador submetido aos riscos e agravos advindos dos processos e ambiente de trabalho.

VIGILANTE. 1. Aquele que exerce vigilância. **2.** Atento. **3.** Diligente. **4.** Cauteloso. **5.** Profissional capacitado pelos cursos de formação, empregado das empresas especializadas e das que possuem serviço orgânico de segurança, registrado no DPF, responsável pela execução das atividades de segurança privada.

VIGILANTIBUS, NON DORMIENTIBUS, JURA SUBVENIUNT. *Expressão latina.* As leis protegem os que estão vigilantes e não os que dormem.

VIGILARIT IUSTITIAE OCULUS. *Expressão latina.* **1.** O olho da justiça vigiava. **2.** O olho da justiça tudo vê. **3.** A justiça não dorme.

VIGILENGA. *Direito agrário.* Canoa de pesca quase arredondada, usada no Pará.

VIGILENGO. *Direito agrário.* Aquele que pesca na vigilenga.

VIGÍLIA. 1. Estado daquele que vela. **2.** Insônia. **3.** Desvelo.

VIGÍLIA DE ARMAS. *História do direito.* Noite em que o novo guerreiro passava orando numa igreja, na véspera do dia em que ia ser armado cavaleiro.

VIGINTIVIRATO. *História do direito.* Cargo de vigintíviro.

VIGINTÍVIRO. *História do direito.* Cada um dos vinte funcionários romanos, sendo que dez eram adjuntos do pretor e os demais estavam incumbidos da cunhagem da moeda, da política, limpeza das ruas e execução de criminosos (Laudelino Freire).

VIGOR. 1. Na *linguagem comum:* a) força; b) energia. **2.** *Teoria geral do direito.* a) Força vinculante de preceito legal; b) o que tem plena aplicação.

VIGORANTE. *Teoria geral do direito.* **1.** Que se encontra em vigor. **2.** Que vigora. **3.** Vigente. **4.** Que vige.

VIGORAR. *Teoria geral do direito.* **1.** Estar em vigor. **2.** Ser vigente.

VIGORITE. *Direito militar.* Explosivo feito de nitroglicerina e clorato de potássio.

VIGORIZAR. 1. *Teoria geral do direito.* Vigorar. **2.** *Medicina legal.* Fortalecer; robustecer.

VIGOR NORMATIVO. *Teoria geral do direito.* Qualidade da norma relativa à sua força vinculante, pois não haverá como subtrair-se ao seu comando. O vigor decorre da vigência da norma, uma vez que sua obrigatoriedade só surge com seu nascimento, perdurando enquanto a norma tiver existência específica. É preciso não olvidar, ainda, que uma norma não mais vigente, por ter sido revogada, poderá continuar vinculante, tendo vigor para casos anteriores à sua revogação, produzindo seus efeitos, ante o fato de que se deve respeitar o ato jurídico perfeito, o direito adquirido e a coisa julgada. Pode suceder, ainda, que uma norma inválida, por ter sido elaborada por órgão incompetente, e tecnicamente impossibilitada de atuar, por não ser vigente, possa ter vigor, sendo convalidada *a posteriori*.

VIGOROSO. 1. Enérgico. **2.** Robusto. **3.** Que é feito com vigor.

VIGUERIE. *História do direito.* Jurisdição do juiz, delegado do conde ou do rei, no sul da França, antes de 1789.

VIGUEUR. *Termo francês.* Vigor.

VIGUIER. *História do direito.* Juiz delegado de conde ou rei em determinadas províncias do sul da França, antes de 1789.

VIL. 1. *Direito civil* e *direito comercial.* O que se adquire por preço muito abaixo do valor mercadológico. **2.** *Direito penal.* a) Desprezível; b) torpe; c) infame; d) abjeto.

VILA. 1. *Direito administrativo.* a) Unidade administrativa que é um povoado menor que uma cidade, mas maior que uma aldeia; b) conjunto de habitantes desse povoado; c) conjunto de pequenas casas iguais situadas num corredor que se comunica com a rua. **2.** Na *linguagem comum:* a) elegante casa de campo própria para recreação; b) casa luxuosa, para fins de moradia, rodeada de jardins, localizada numa cidade.

VILAIETE. *Direito comparado.* Província turca.

VILAMENTO. *Direito administrativo.* Ato de elevar uma aldeia ou povoação à categoria de vila.

VILANAGEM. Vilania.

VILANESCO. 1. Relativo a vilão. **2.** Rude.

VILANIA. Qualidade do que é vilão.

VILÃO. 1. Desprezível. **2.** Aquele que comete ações más. **3.** Grosseiro. **4.** Sórdido.

VILAREJO. Pequena aldeia.

VILEGIATURA. Temporada em que os habitantes da cidade passam no campo ou em estação balneária.

VILEGIATURISTA. Aquele que anda em vilegiatura.

VILETÉ. *Termo francês.* Coisa de baixo preço.

VILEU. *Direito comparado.* Tipo de prisão chinesa.

VILEZA. 1. Ato vil. **2.** Baixeza. **3.** Qualidade do que é desprezível.

VILICAR. *Direito do trabalho.* Aquele que administra uma chácara como caseiro.

VILICO. *História do direito.* Regedor de pequena localidade, que arrecadava impostos e administrava a justiça (Laudelino Freire).

VILIFY. *Termo inglês.* **1.** Aviltar. **2.** Caluniar. **3.** Difamar.

VILIPENDIAÇÃO. *Direito penal.* Ato ou efeito de vilipendiar.

VILIPENDIAR. *Direito penal.* **1.** Tratar com vilipêndio. **2.** Desprezar.

VILIPÊNDIO. *Direito penal.* **1.** Menoscabo. **2.** Aviltação. **3.** Tratar com menosprezo. **4.** Desdém injurioso. **5.** Ultraje.

VILIPÊNDIO A CADÁVER. *Direito penal.* Crime contra o sentimento de respeito aos mortos, punido com detenção e multa, que consiste em ultrajar o cadáver ou suas cinzas.

VILIPÊNDIO PÚBLICO DE ATO OU OBJETO DE CULTO. *Direito penal.* Crime punido com detenção ou multa, que consiste em aviltar ou ultrajar, publicamente, cerimônia e prática religiosa e objeto sagrado de devoção pela religião e, como relíquia, imagens de santos, cálice etc. (Damásio E. de Jesus).

VILIPENDIOSO. *Direito penal.* **1.** Aquilo em que há vilipêndio. **2.** Que causa vilipêndio.

VILÓ. *Direito comparado.* Pequena foice muito usada na Índia para ceifar arroz.

VILOMA. *Medicina legal.* Tumor coberto de pêlos, situado no reto.

VILOSIDADE. *Medicina legal.* **1.** Conjunto de pêlos que cobrem uma superfície. **2.** Pequena saliência filiforme ou vascularizada da mucosa intestinal. **3.** Saliência do cório por onde passa a nutrição do embrião.

VILOSITE. *Medicina legal.* Inflamação das vilosidades da placenta.

VIMAIRE. *Termo francês.* **1.** Prejuízo. **2.** Injúria. **3.** Ultraje.

VI MATERIAE. *Locução latina.* Por causa da matéria.

VIM ENIM VI DEFENDERE OMNES LEGES OMNIAQUE JURA PERMITTUNT. *Expressão latina.* Todas as leis e direitos admitem que se defenda com violência contra a violência.

VIM FIERI VETO. *Direito romano.* Locução que era colocada no final do *interdictum*, contendo ordem do pretor proibindo a continuação do agravo ao direito tutelado (Othon Sidou).

VIMIEIRO. *Direito agrário.* Plantio de vimes.

VIMÍNEO. *Direito agrário.* O que está plantado de vimes.

VIM VI DEFENDERE, OMNES LEGES, OMNIAQUE JURA PERMITTUNT. *Expressão latina.* Todas as leis e o direito permitem que alguém se defenda da força com a força.

VIM VI REPELLERE LICET. *Expressão latina.* É permitido repelir a força com a força.

VINCENDO. *Direito civil.* **1.** O que está para vencer. **2.** O que, ainda, não se venceu. **3.** Não vencido.

VINCERE COR PROPRIUM PLUS EST, QUAM VINCERE MUNDUM. *Expressão latina.* Vencer a si mesmo é mais do que vencer o mundo.

VINCIT OMNIA VERITAS. *Expressão latina.* A verdade vence todas as coisas.

VINCULAÇÃO. 1. Ato ou efeito de vincular. **2.** Sujeição da coisa a uma certa condição, ônus ou encargo. **3.** Posição jurídica passiva a que corresponde um direito (Ana Prata). **4.** Dever jurídico. **5.** Obrigação.

VINCULAÇÃO À PREVIDÊNCIA SOCIAL. *Direito previdenciário.* Sujeição de empresas, em razão de lei, à Previdência Social, tendo o poder-dever de descontar dos empregados as contribuições previdenciárias e de recolhê-las, juntamente com as suas, ao Instituto Nacional do Seguro Social (INSS) (Marly A. Cardone).

VINCULAÇÃO DE ENTIDADES. 1. *Direito comercial.* a) Fusão de empresas; b) incorporação de empresas. **2.** *Direito administrativo.* Ligação de entidades de administração pública indireta a um Ministério ou Secretaria de Estado.

VINCULAÇÃO POR VONTADE UNILATERAL. *Direito civil.* Teoria pela qual a manifestação da vontade de uma só pessoa é suficiente para dar origem a uma obrigação que impenda sobre ela (Ana Prata).

VINCULADA. *Direito administrativo.* Entidade pública (autarquia, fundação pública, empresa pública, sociedade de economia mista) ligada a uma Secretaria de Estado ou Ministério.

VINCULADO. 1. O que está ligado por vínculo. **2.** Obrigado por contrato.

VINCULADOR. Que vincula.

VINCULAR. 1. Referente a vínculo. **2.** Sujeitar algo a uma condição, encargo ou ônus. **3.** Prender com vínculo. **4.** Obrigar. **5.** Ligar uma pessoa a outra. **6.** Constituir em vínculo. **7.** Gravar bens.

VINCULATIVO. 1. Que é próprio para vincular. **2.** Que estabelece vínculo.

VINCULATÓRIO. *Vide* VINCULATIVO.

VINCULÁVEL. Que pode ser vinculado.

VÍNCULO. 1. Na *linguagem jurídica* em geral: a) ônus; b) gravame; c) liame; elo; d) subordinação; dependência; e) sujeição; f) ligação moral; g) laço jurídico entre parentes e entre marido e mulher; h) aliança; i) comunhão; j) conexão entre coisas relacionadas; k) nexo. **2.** *História do direito.* Conjunto de bens inalienáveis que se transmitiam indivisivelmente. Tratava-se do morgado.

VÍNCULO DE ADOÇÃO. *Direito civil.* Relação de parentesco civil que se estabelece, pela adoção, entre adotante e adotado.

VÍNCULO DE AFINIDADE. *Direito civil.* Liame jurídico estabelecido entre um cônjuge, ou companheiro, e os parentes consangüíneos do outro nos limites previstos em lei. Em nosso direito, constitui impedimento matrimonial a afinidade em linha reta; assim, não podem casar genro e sogra, sogro e nora, padrasto e enteada, madrasta e enteado, mesmo depois do término da união estável ou da dissolução, por morte ou divórcio, do matrimônio que deu origem a esse parentesco por afinidade.

VÍNCULO DE PARENTESCO. *Direito civil.* Relação de parentesco não só entre pessoas que descendem umas das outras ou de um tronco comum, mas também entre o cônjuge, ou companheiro, e os parentes do outro e entre adotante e adotado.

VÍNCULO EMPREGATÍCIO. *Direito do trabalho.* Liame jurídico que se estabelece entre empregado e empregador, em virtude de contrato trabalhista.

VÍNCULO JURÍDICO. *Vide* RELAÇÃO JURÍDICA.

VÍNCULO MATRIMONIAL. *Direito civil.* Laço estabelecido, juridicamente, entre marido e mulher, em razão de casamento válido.

VÍNCULO OBRIGACIONAL. *Direito civil.* **1.** Liame jurídico que liga um sujeito ao cumprimento de um dever imposto por norma. **2.** Vínculo jurídico pelo qual alguém está adstrito a dar, fazer ou não fazer alguma coisa (Lacerda de Almeida). **3.** Relação jurídica consistente num dever de prestação, tendo valor patrimonial, do devedor ao credor (Dernburg). **4.** Relação jurídica, de caráter transitório, estabelecida entre devedor e credor e cujo objeto consiste numa prestação pessoal econômica, positiva ou negativa, devida pelo primeiro ao segundo, garantindo-lhe o adimplemento através de seu patrimônio (Washington de Barros Monteiro).

VÍNCULO REAL. *Direito civil.* É o liame existente entre a obrigação e a sua garantia (penhor, hipoteca e anticrese).

VÍNCULO SOCIAL. *Direito comercial* e *direito civil.* Trata-se da *affectio societatis*, que é a união estabelecida entre sócios, que compõem uma sociedade simples ou empresária, para a consecução do objetivo social.

VINCULUM IURIS. *Locução latina.* Vínculo de direito; vínculo jurídico.

VINCULUM SUBSTANTIALE. *Filosofia geral.* Realidade do composto enquanto composto, em toda parte onde houver organismo, síntese, *unum per se*, numa multiplicidade aparente (Leibniz).

VINDA. **1.** Chegada. **2.** Ato ou efeito de vir. **3.** Regresso.

VINDEMIÁRIO. *História do direito.* Primeiro mês do calendário da primeira República Francesa, com início em 22 de setembro e término em 21 de outubro.

VINDEX. *Direito romano.* **1.** Era aquele que, apesar de alheio à relação processual, se comprometia a responder pelo réu-devedor, comparecendo a juízo em seu lugar ou sustentando, judicialmente, a invalidade da execução, com isso o réu ficava fora da causa (Giffard). **2.** Fiador.

VINDICAÇÃO. **1.** *História do direito.* Vingança. **2.** *Direito processual civil.* a) Reivindicação de propriedade; b) postulação em juízo; c) reclamação judicial; d) pedido.

VINDICAÇÃO DO ESTADO. *Direito civil* e *direito processual civil.* Ato de exigir o reconhecimento de um estado civil.

VINDICANTE. *Direito processual civil.* **1.** Reivindicante de propriedade. **2.** Aquele que reclama algo judicialmente.

VINDICAR. **1.** *Direito processual civil.* a) Reivindicar; b) reclamar em juízo; c) exigir o reconhecimento de um direito ou a legalização de alguma coisa; d) defender por escrito. **2.** *História do direito.* a) Castigar; b) vingar. **3.** *Direito processual penal.* Defender alguém em juízo penal.

VINDICATIVO. **1.** *História do direito.* a) Punitivo; b) que vinga. **2.** *Direito processual civil.* a) Que tem o direito de reclamar judicialmente; b) que pode vindicar.

VÍNDICE. *História do direito.* **1.** Vingador. **2.** Aquele que se vingava.

VINDÍCIA. *Direito processual civil.* **1.** Ato ou efeito de reivindicar; pedido de reivindicação de propriedade. **2.** Defesa. **3.** Reclamação judicial.

VINDICO. **1.** Que é alheio ao local em que se encontra. **2.** O que veio de fora.

VINDICTAE CUPIDUS SIBI MALUM ARCESSIT. *Expressão latina.* Quem deseja vingar-se, procura seu próprio mal.

VINDIMA. *Direito agrário.* **1.** Colheita de uvas. **2.** Tempo de colher uvas.

VINDIMADO. 1. *Direito agrário.* Vinha cujas uvas foram colhidas. **2.** Na *gíria,* assassinado.

VINDIMADOR. *Direito agrário.* Aquele que colhe uvas.

VINDIMAL. *Direito agrário.* Relativo à vindima.

VINDIMAR. 1. *Direito agrário.* Colher uvas. **2.** Na *gíria,* assassinar.

VINDIMO. *Direito agrário.* **1.** Fruto do tempo da vindima. **2.** O que é próprio para a vindima. **3.** Cesto de vime apropriado para a colheita de uvas.

VINDITA. 1. Represália. **2.** Vingança. **3.** Castigo. **4.** Punição legal. **5.** Desforra. **6.** Reação da vítima que exige a aplicação de uma sanção ao criminoso. **7.** Desforço pessoal do ofendido contra o ofensor.

VINDITA PÚBLICA. *Direito processual.* **1.** Punição legal imposta pelo poder competente. **2.** Aplicação judicial da pena.

VINDO. 1. Proveniente. **2.** Que veio.

VINDOURO. 1. Que há de vir; o que está para acontecer. **2.** Aquele que não é natural da localidade.

VINGADOR. Aquele que vinga.

VINGANÇA. 1. Ato ou efeito de vingar-se. **2.** Desforra. **3.** Represália. **4.** Desforço que busca a reparação do mal causado. **5.** Punição.

VINGANÇA PRIVADA. 1. *História do direito.* a) Aplicação da lei de talião; b) justiça privada exercida, no antigo direito germânico, pelo grupo (Sippe) que recebeu a ofensa a um de seus membros, por parte de estranho ou de algum deles (Othon Sidou). **2.** *Direito civil.* a) Legítima defesa da posse; b) desforço imediato, pelo qual o esbulhado pode restituir-se, por sua própria força, à posse do bem.

VINGANTE. *Vide* VINGADOR.

VINGAR. 1. Infligir punição. **2.** Castigar. **3.** Promover a reparação de uma ofensa ou prejuízo. **4.** Prosperar. **5.** Sair vencedor. **6.** Ter bom êxito.

VINGATIVO. 1. Aquele que se vinga. **2.** Ato em que há vingança.

VINHA. *Direito agrário.* **1.** Plantação de videiras. **2.** Videira.

VINHAÇO. *Direito agrário.* Resíduo da pisa de uvas, que contém vinho.

VINHANÇA. *História do direito.* Acréscimo.

VINHATARIA. *Direito agrário.* **1.** Cultura de vinhas. **2.** Fabricação de vinho.

VINHATEIRO. *Direito agrário.* **1.** Referente à cultura de vinhas. **2.** Aquele que cultiva vinhas. **3.** Produtor de vinho.

VINHA VINDIMADA. *Direito agrário.* Videira cujas uvas já foram colhidas.

VINHEDO. *Direito agrário.* Grande número de videiras.

VINHEIRO. *Direito agrário.* Aquele que cultiva vinhas.

VINHETA. *Direito de propriedade industrial.* Desenho com feição própria e distintiva que pode compor marca de indústria e comércio para distinguir produtos.

VINHETISTA. Aquele que desenha vinhetas.

VINHO. *Direito agrário.* Bebida alcoólica decorrente da fermentação do sumo da uva ou de outros frutos.

VÍNICO. *Direito agrário.* O que provém do vinho.

VINÍCOLA. *Direito agrário.* Relativo à vinicultura.

VINICULTOR. *Direito agrário.* Aquele que cultiva vinha e fabrica vinho.

VINICULTURA. *Direito agrário.* **1.** Fabricação de vinho. **2.** Conjunto de processos usados para tratar o vinho.

VINÍFERO. *Direito agrário.* Que produz vinho.

VINIFICAÇÃO. *Direito agrário.* **1.** Fabrico de vinho. **2.** Processo para desenvolver a qualidade do vinho.

VINIFICAR. *Direito agrário.* Transformar uvas em vinho.

VINOLÊNCIA. Embriaguez.

VINTANEIRO. *História do direito.* Terreno que produzia certa planta de vinte em vinte anos.

VINTÉM. 1. *História do direito.* Moeda de cobre, que valia 20 réis. **2.** Na *linguagem comum,* dinheiro.

VINTENA. 1. *Direito civil.* Prêmio legal a que tem direito o testamenteiro, em remuneração pelos serviços prestados, desde que não seja herdeiro ou legatário, por não ser gratuito o exercício da testamentaria. Se o *quantum* da vintena não tiver sido fixado pelo próprio testador, o juiz arbitrá-lo-á conforme a importância da herança líquida, na base 1 a 5%, e as maiores ou menores dificuldades do encargo, deduzindo-se, obviamente, as dívidas do finado e as despesas funerárias. E, se houver herdeiro necessário, estimar-se-á a vintena apenas sobre a porção disponível, a fim de não prejudicar a legítima. Se os débitos absorverem toda a herança, o testamenteiro receberá a vintena assim mesmo, sendo arbitrada pelo magistrado. Quanto ao seu *quantum*, será tirado do monte, sendo pago excepcionalmente pelos credores. A vintena será paga em dinheiro, sendo ilícito seu pagamento com os bens do espólio, salvo se se tratar de testamenteiro meeiro. **2.** *História do direito.* a) Tributo de um por vinte ou da vigésima parte do rendimento ou produção; b) laudêmio, ou seja, um vigésimo do valor da venda do bem aforado que devia ser entregue ao senhorio direto; c) povoado de vinte casais; d) juiz que tinha jurisdição naquele povoado.

VINTENÁRIA. *Direito processual civil* e *direito civil.* Prescrição ordinária que se dava pelo decurso do prazo de vinte anos.

VINTENÁRIO. Período de vinte anos.

VINTENEIRA. *História do direito.* Recenseamento de homens aptos para, a bordo, pegar em armas, sendo que de cada vinte se tomava um.

VINTENEIRO. *História do direito.* Comandante de vinte homens.

VIOCURO. *Direito romano.* Magistrado encarregado da construção e conservação das vias.

VIOL. *Termo francês.* **1.** Estupro. **2.** Violação.

VIOLABILIDADE. Qualidade de violável.

VIOLAÇÃO. 1. Ofensa a norma jurídica que dá origem à aplicação de uma sanção ao infrator pelo poder competente. **2.** Atentado a um direito alheio. **3.** Infração à lei ou ao contrato. **4.** Desrespeito a uma coisa. **5.** Profanação. **6.** Devassa.

VIOLAÇÃO DA LEI. Inobservância do comando legal, que sujeita o infrator à reparação do dano ou à punição prevista em lei.

VIOLAÇÃO DE COMUNICAÇÃO TELEGRÁFICA, RADIOELÉTRICA OU TELEFÔNICA. *Direito penal.* Divulgação ou transmissão indevida de conteúdo de telegrama, radiograma ou telefonema alheios punida com detenção.

VIOLAÇÃO DE CORRESPONDÊNCIA. *Direito penal.* Crime contra a liberdade de comunicação de pensamento. Consiste em devassar o conteúdo de correspondência (carta, bilhete, telegrama etc.) particular ou oficial, que se encontra fechada e que se dirige a outrem. Tal crime é punido com detenção ou multa.

VIOLAÇÃO DE DEVER. Não cumprimento de um dever legal, por ação ou omissão, que gera a obrigação de reparar o dano.

VIOLAÇÃO DE DIREITO AUTORAL. 1. *Direito autoral.* Infração ao direito de autor como: imprimir ou publicar obra literária, científica ou artística sem permissão do autor; reproduzir obra com fraude; deixar de indicar o nome do autor etc. Enfim, é qualquer contrafação ou desrespeito ao direito de autor que gera responsabilidade civil e criminal para o ofensor. **2.** *Direito penal.* Crime contra a propriedade intelectual punido com detenção ou multa. Caso a violação consista em reprodução, com intuito de lucro, de obra intelectual, sem anuência do autor, ou em reprodução de fonograma ou videofonograma, sem o consenso do produtor, a pena será de reclusão e multa. Nessa mesma pena incorre quem vende, expõe à venda, aluga, introduz no País, adquire, oculta, empresta, troca ou tem em depósito, com intuito de lucro, original ou cópia de obra intelectual, fonograma ou videofonograma, produzidos ou reproduzidos com violação de direito autoral. Em caso de condenação, ao prolatar a sentença, o juiz determinará a destruição da produção ou reprodução criminosa.

VIOLAÇÃO DE DOMICÍLIO. *Direito penal.* Crime contra a tranquilidade doméstica, punido com detenção ou multa. Consiste em entrar ou permanecer, clandestina ou astuciosamente, ou contra a vontade expressa ou tácita de quem de direito, em casa alheia ou em suas dependências.

VIOLAÇÃO DE MARCA. *Direito de propriedade industrial.* **1.** Uso indevido de marca alheia. **2.** Imitação de marca de indústria ou comércio, ou seja, de sinal usado para distinguir produto ou serviço. *Vide* CRIME CONTRA O REGISTRO DE MARCA.

VIOLAÇÃO DE PRIVILÉGIO DE INVENÇÃO. 1. *Direito de propriedade industrial.* Desrespeito aos modelos de utilidade, aos desenhos industriais, aos inventos industriais, objetos de patente, às descobertas ou às produções de inventores, fabricando-os, expondo-os à venda etc., sem a devida licença. **2.** *Vide* CRIME CONTRA PATENTE DE INVENÇÃO OU DE MODELO DE UTILIDADE.

VIOLAÇÃO DE SEGREDO. *Direito penal.* Divulgação de conteúdo de documento particular ou confidencial, causando dano a alguém, punida com detenção ou multa.

VIOLAÇÃO DE SEGREDO DE EMPRESA. *Direito do trabalho.* Divulgação pelo empregado de qualquer fato técnico de seu conhecimento em razão do cargo que ocupa. Constitui motivo justo para rescisão do contrato trabalhista, sem ônus para o empregador, uma vez que houve quebra do dever de fidelidade.

VIOLAÇÃO DE SEGREDO PROFISSIONAL. *Direito penal.* Revelação, sem justa causa, de segredo de que se tem conhecimento em razão de função, ministério ou profissão, causando prejuízo a outrem, punida com detenção ou multa.

VIOLAÇÃO DE SEPULTURA. *Direito penal.* Crime contra o sentimento de respeito aos mortos. Consiste na profanação de sepultura ou urna funerária, punida com reclusão e multa.

VIOLAÇÃO DE SIGILO DE INSTITUIÇÃO FINANCEIRA. *Direito penal.* Divulgação de segredo bancário, revelando operações ativas ou passivas ou de serviço realizados pelas instituições financeiras.

VIOLAÇÃO DE SIGILO DE PROPOSTA DE CONCORRÊNCIA PÚBLICA. *Direito penal.* Devassa pelo funcionário de segredo de proposta de concorrência pública conhecendo, indevidamente, de seu conteúdo ou prática de ato que possibilite a terceiro o ensejo daquele devassamento, punido com detenção e multa.

VIOLAÇÃO DE SIGILO FUNCIONAL. *Direito penal.* Crime contra a Administração Pública, punido com detenção ou multa, que consiste no fato de o funcionário público revelar ou facilitar a divulgação de alguma coisa de que tem ciência em razão do cargo e que deve permanecer em segredo.

VIOLAÇÃO DO DIREITO. 1. Inobservância do disposto em lei ou contrato. **2.** Inadimplemento do dever legal.

VIOLAÇÃO DO PRIVILÉGIO POSTAL DA UNIÃO. *Direito penal.* Qualquer ato como coletar, transportar, transmitir ou distribuir objeto sujeito ao monopólio postal da União sem observância das condições legais.

VIOLAÇÃO DO SIGILO DE VOTO. *Direito autoral.* Crime que consiste em verificar o que se lançou em cédula, identificando quem nela votou (Walter Cruz Swensson).

VIOLAÇÃO DO TRATADO. *Direito internacional público.* Inobservância de um tratado por um signatá-

rio, atentando contra um dispositivo essencial à consecução de sua finalidade. Dá direito ao outro de suspender, no todo ou em parte, seu cumprimento ou de declará-lo extinto (Rezek).

VIOLAÇÃO EPISÓDICA DE DIREITOS HUMANOS. *Direito internacional.* Desvio ocasional, afetando um determinado grupo, praticado por sociedade que, em regra, respeita as normas atinentes aos direitos humanos (Steiner).

VIOLAÇÃO SISTEMÁTICA DE DIREITOS HUMANOS. *Direito internacional.* Violação a direitos humanos que atinge a vida social como um todo, refletindo a ordem político-jurídica do Estado, devendo ser remediada pela censura, publicidade e sanções do regime internacional de direitos humanos (Steiner).

VIOLADO. 1. Transgredido; infringido. **2.** Não observado. **3.** Profanado. **4.** Devassado.

VIOLADOR. 1. Quem comete violação. **2.** Infrator. **3.** Profanador. **4.** Divulgador de segredo.

VIOLAL. *Direito agrário.* Plantação de violetas.

VIOLAR. 1. Infringir. **2.** Descumprir. **3.** Atentar. **4.** Profanar. **5.** Devassar. **6.** Revelar algo indevidamente. **7.** Constranger mulher à prática do ato sexual.

VIOLATIS PACTIS TOLLITUR INTER HOMINES COMMERCIORUM USUS. *Expressão latina.* Infringida a palavra, cessam as relações entre homens.

VIOLÁTONO. 1. Em que há violação. **2.** Que determina violação.

VIOLATÓRIO. 1. Violador. **2.** Em que há violação.

VIOLÁVEL. 1. Suscetível de violação. **2.** O que pode ser violado.

VIOLÊNCIA. 1. Intervenção física voluntária de um indivíduo ou grupo contra outro, com o escopo de torturar, ofender ou destruir (Mario Stoppino). **2.** Ato de constranger, física ou moralmente, uma pessoa para obrigá-la a efetuar algo contra sua vontade. **3.** Força; emprego ilegal da força. **4.** Opressão. **5.** Qualidade de violento. **6.** Tirania. **7.** Ação violenta. **8.** Alteração danosa do estado físico da pessoa ou do grupo. **9.** Irascibilidade. **10.** Coação física ou moral.

VIOLÊNCIA ARBITRÁRIA. *Direito penal.* Crime contra a Administração Pública, apenado com detenção, além da pena correspondente à violência, cometido por funcionário público que, no exercício de função pública ou no pretexto de exercê-la, emprega meios violentos.

VIOLÊNCIA CARNAL. *Direito penal.* **1.** Crime contra os costumes, apenado com reclusão. Consiste em constranger mulher à prática do ato sexual, mediante emprego de violência ou grave ameaça. **2.** Estupro.

VIOLÊNCIA DIRETA. *Direito penal.* Aquela que atinge física e imediatamente a vítima.

VIOLÊNCIA DOMÉSTICA E FAMILIAR. *Direito penal.* **1.** Lesão corporal praticada contra ascendente, descendente, irmão, cônjuge ou companheiro, ou com quem conviva ou tenha convivido, ou, ainda, prevalecendo-se o agente das relações domésticas, de coabitação ou de hospitalidade, punido com detenção, de seis meses a um ano. Tal pena aumentará 1/3 se do ato advier morte, perigo de vida, incapacidade laborativa, aceleração de parto, enfermidade incurável, aborto, deformidade permanente etc. **2.** Qualquer ação ou omissão baseada no gênero que lhe cause morte, lesão, sofrimento físico, sexual ou psicológico e dano moral ou patrimonial no âmbito: a) da unidade doméstica, compreendida como o espaço de convívio permanente de pessoas, com ou sem vínculo familiar, inclusive as esporadicamente agregadas; b) da família, compreendida como a comunidade formada por indivíduos que são ou se consideram aparentados, unidos por laços naturais, por afinidade ou por vontade expressa; c) de qualquer relação íntima de afeto, na qual o agressor conviva ou tenha convivido com a ofendida, independentemente de coabitação. A violência doméstica e familiar contra a mulher constitui uma das formas de violação dos direitos humanos.

VIOLÊNCIA EFETIVA FÍSICA. *Direito penal.* Violência material que consiste no emprego de força ou de meios materiais para sujeitar alguém a efetuar o que não quer.

VIOLÊNCIA EFETIVA PSÍQUICA. *Direito penal.* Emprego de recursos que afetam as faculdades mentais da vítima, com o escopo de retirar-lhe a capacidade de defender-se. Tais recursos, por exemplo, são: administração de anestesia, ou drogas estupefacientes, redução da vítima ao estado de completa embriaguez, sugestão hipnótica etc.

VIOLÊNCIA FICTA. *Vide* VIOLÊNCIA PRESUMIDA.

VIOLÊNCIA INDIRETA. *Direito penal.* É aquela que altera o ambiente físico em que a vítima se en-contra, para forçá-la a realizar algo. Por exemplo, fechamento de todas as saídas de local em que ela está (Mario Stoppino).

VIOLÊNCIA JURÍDICA. *Teoria geral do direito* e *filosofia do direito.* **1.** Força, que é a essência do direito positivo (Henkel). **2.** Força declinante. **3.** Normativização dos fatores de força (*Machtsfaktoren*) para assegurar o ordenamento social e político. **4.** Forma de ordem social, ou seja, vida assegurada por normas disciplinadoras das relações sociais. **5.** Exercício da coação pelo monopólio estatal dos meios coercitivos que aplicam as sanções. **6.** Relação de força (*Machtsverhaeltnisse*) que se positiva no processo de legitimação do poder.

VIOLÊNCIA MATERIAL. *Vide* VIOLÊNCIA EFETIVA FÍSICA.

VIOLÊNCIA MORAL. *Direito penal* e *direito civil.* Emprego de meios intimidativos, como grave ameaça para levar a vítima a realizar o que não quer.

VIOLÊNCIA OU FRAUDE EM ARREMATAÇÃO JUDICIAL. *Direito penal.* Crime contra a Administração da Justiça, apenado com detenção ou multa, além da pena correspondente à violência. Consiste no ato de se impedir, perturbar ou fraudar arrematação judicial; afastar ou procurar afastar concorrente ou licitante, por meio de violência, grave ameaça, fraude ou oferecimento de vantagem.

VIOLÊNCIA PRESUMIDA. *Direito penal.* É a praticada contra pessoa incapaz de resistir contra agressão, por ser portadora de debilidade mental, moléstia etc.

VIOLÊNCIA SEXUAL. *Direito penal.* Ato violento, físico ou psíquico, praticado contra a vítima para constrangê-la à conjunção carnal, dando origem, se consumado, ao estupro, ou ao atentado violento ao pudor, quando resultar em atos libidinosos (Paulo Matos Peixoto).

VIOLÊNCIA SIMBÓLICA. *Filosofia do direito.* Poder capaz de impor significações como legítimas, dissimulando as relações de força. Não se trata de coação, pois pelo poder de violência simbólica o emissor não coage, isto é, não se substitui ao outro. Quem age é o receptor. Como o poder é controle, para que ele ocorra, o receptor precisa conservar suas possibilidades de ação, agindo conforme o sentido ou o esquema de ação do emissor. Por isso, o emissor, ao controlar, não elimina as alternativas de ação do receptor, mas as neutraliza (Tércio Sampaio Ferraz Jr. e Bourdieu e Passeron).

VIOLENTA. Morte causada por acidente, homicídio ou suicídio.

VIOLENTADO. 1. Violado. **2.** Infringido. **3.** Forçado. **4.** Constrangido.

VIOLENTADOR. Aquele que constrange outrem a praticar ato que não quer, empregando meios violentos.

VIOLENTA EMOÇÃO. *Direito penal.* Forte e súbito abalo psíquico que, perturbando o discernimento, leva a pessoa à prática do delito, sendo justificável a atenuação da pena que lhe é cabível.

VIOLENTAR. 1. Empregar força física ou psíquica sobre alguém para que venha realizar algo. **2.** Apossar-se de bem alheio por meio da força. **3.** Constranger. **4.** Coagir. **5.** Infringir. **6.** Estuprar.

VIOLENTO. 1. Que atua com força. **2.** Contrário ao direito, à moral e à justiça. **3.** Irascível. **4.** Que tem um caráter de violência. **5.** Impulso que escapa ao controle da vontade. **6.** O que é imposto a algo contrariamente a sua natureza.

VIOLENT OFFENSE. *Locução inglesa.* Crime qualificado.

VIPERINO. 1. Maldizente. **2.** Perverso. **3.** Venenoso.

VIR. 1. Transportar-se de um local para outro. **2.** Chegar. **3.** Comparecer. **4.** Regressar. **5.** Caminhar. **6.** Marchar contra. **7.** Ser trazido. **8.** Surgir. **9.** Emanar. **10.** Ocorrer. **11.** Tratar de um assunto. **12.** Ser alegado. **13.** Acudir ao espírito. **14.** Conservar-se; manter-se.

VIR A ACORDO. Ajustar.

VIR A CABO. Chegar ao fim almejado.

VIR À COLAÇÃO. *Direito civil.* Ser declarado o bem já recebido pelo herdeiro no inventário.

VIRADA. *Direito desportivo.* Reviravolta numa competição na qual o time ou o atleta, aparentemente, derrotado, alcança a vitória.

VIRADA DE RIO. *História do direito.* Canal lateral aberto pelos mineradores, em rio aurífero, para desviar o curso das águas para a retirada do cascalho do leito.

VIRADOR. *Direito marítimo.* Cabo usado no serviço de reboque.

VIRAGEM. *Direito de trânsito.* Mudança na direção do automóvel.

VIRAGINIDADE. *Medicina legal.* **1.** Homossexualismo feminino, em que a mulher, na prática do les-

bianismo, exerce função ativa. **2.** Presença de caracteres masculinos na mulher.

VIRAGO. *Medicina legal.* Mulher que tem modo varonil, identificando-se com o homem no seu agir e trajar.

VIRAGONIDADE. *Vide* VIRAGINIDADE.

VIRAL. *Medicina legal.* **1.** O que diz respeito a vírus. **2.** Causado por vírus.

VIR À MÃO. 1. Passar ao domínio de alguém. **2.** Chegar ao conhecimento.

VIR AO MUNDO. Nascer.

VIR À PRAÇA. Divulgar.

VIR À PROVA. Fazer ou sofrer alguma experiência.

VIRAR. 1. Voltar de um lado para outro. **2.** Pôr no sentido oposto. **3.** Mudar de posição ou de rumo. **4.** Dar voltas. **5.** Voltar. **6.** Apontar; dirigir. **7.** Recorrer à proteção de alguém. **8.** Entornar. **9.** Dobrar. **10.** Fazer mudar de opinião ou de partido. **11.** Rebelar-se.

VIRAR A CABEÇA. Ficar louco.

VIRAR A CASACA. Mudar de opinião.

VIRAR A PROA. *Direito marítimo.* Mudar de rumo.

VIRAR AS COSTAS. 1. Abandonar. **2.** Retirar-se.

VIR À RAZÃO. Deixar-se persuadir.

VIRAR DE QUERENA. *Direito marítimo.* Tombar o navio para que se possa fazer limpeza ou reparos no costado.

VIR A SAIR. 1. Custar. **2.** Valer.

VIR ÀS ARMAS. Travar guerra.

VIR A SUCEDER. Ser sucessor.

VIR A TEMPO. Chegar ou lembrar oportunamente.

VIR BEM. 1. Ser útil. **2.** Chegar a propósito.

VIR BONUS DICENDI PERITUS. *Expressão latina.* Homem de bem, perito no dizer.

VIREMENT. *Termo francês.* **1.** Transferência de crédito para efeito de pagamento ou compensação (Othon Sidou). **2.** Giro de letras. **3.** Lançamento de débito e crédito, ou seja, transposição de saldo de uma conta bancária para outra do mesmo titular e na mesma instituição financeira. **4.** Transferência de fundos da conta de uma pessoa para a de outra, quando elas têm conta com o banco (Capitant). **5.** Ato irregular que consiste na transferência do crédito de um orçamento para outro.

VIRGA–FÉRREA. 1. Açoite de ferro. **2.** Jugo extremamente opressivo e severo.

VIRGEM. 1. *Direito agrário.* a) Mata não explorada; b) terra não cultivada; c) primeiro azeite extraído da azeitona. **2.** Nas *linguagens comum* e *jurídica*: a) pessoa que ainda não teve cópula carnal; b) mulher que nunca praticou cópula vagínica.

VIRGENS. *Direito agrário.* Traves de madeira que, no chão, sustentam dormentes, no engenho de açúcar.

VIRGINAL. Relativo a virgem.

VIRGINDADE. Qualidade de quem é virgem.

VIRGÍNIA. *Direito agrário.* Espécie de tabaco.

VIRGINITAS, SEMEL AMISSA, RECUPERARI, AUT RESTITUI, NON POTEST. *Aforismo jurídico.* Virgindade perdida não pode ser recuperada nem restituída.

VIRGO INCORRUPTA. *Locução latina.* Virgem pura.

VIRGO INTACTA. *Locução latina.* Mulher virgem.

VIRICULTURA. *Sociologia geral.* Conjunto de regras que visam aperfeiçoar o homem.

VIRIL. 1. Relativo ao sexo masculino ou ao homem. **2.** Varonil. **3.** Próprio do homem. **4.** Idade que vai da adolescência à velhice.

VIRILESCÊNCIA. *Medicina legal.* Aparecimento de caracteres masculinos em mulher idosa.

VIRILIDADE. 1. Idade viril entre o final da adolescência e o início da velhice. **2.** Qualidade de viril.

VIRILISMO. *Medicina legal.* Presença de características físico-psíquicas masculinas na mulher.

VIRILIS PARS. *Locução latina.* **1.** Porção viril. **2.** Cota igual cabível a cada herdeiro.

VIRILIS PORTIO. *Vide VIRILIS PARS.*

VIRILIZADOR. Que viriliza.

VIRILIZAR. Tornar-se viril.

VIR IN DISCRIMINE APPARET. *Expressão latina.* Na ocasião se vê quem cada um é.

VIRIPOTENTE. *Direito civil.* **1.** Aquele que, sendo do sexo masculino, pode casar-se. **2.** Núbil.

VIRO ESURIENTE NECESSE EST FURARI. *Expressão latina.* A necessidade não tem leis.

VIROLA. *Direito agrário.* No Nordeste, é a peça adaptada ao centro das moendas nos engenhos de açúcar, para encaminhar a cana.

VIROSE. *Medicina legal.* Afecção aguda provocada por vírus.

VIRTUAL. 1. O que existe apenas em potência. **2.** O que é possível numa pessoa. **3.** O que já se encontra predeterminado. **4.** Potencial. **5.** Diz-se do conjunto de normas ou de atividades relativas à informática e às operações do comércio eletrônico. **6.** Relativo ao ciberespaço ou à internet.

VIRTUALIDADE. 1. Qualidade de virtual. **2.** Existência do estado virtual.

VIRTUALISMO. Poder que alguém tem, mas não o exerce.

VIRTUAL VENDOR. *Direito empresarial* e *direito virtual.* Sociedade de fomento mercantil que promove operações *business to business*, no tocante à comercialização de equipamentos, instrumentos descartáveis e insumos para hospitais, clínicas, laboratórios de análise, consultórios odontológicos etc., possibilitando comércio e cobrança eletrônica, automatizando processos de cobranças de contas, terceirizando serviços como avaliação e *rating* de crédito de fornecedores, serviços e produtos, de clientes ativos ou potenciais, processamento e digitação de documentos.

VIRTUAR. Fazer valer.

VIRTUDE. 1. Probidade. **2.** Conjunto de qualidades morais. **3.** Força moral. **4.** Propriedade da coisa, considerada como razão de seus efeitos. **5.** Hábito de fazer o bem. **6.** Modo de ser de alguma coisa.

VIRTUDE CATÁRTICA. *Vide* VIRTUDE PURIFICADORA.

VIRTUDE DIANOÉTICA. *Filosofia geral.* Virtude intelectual que decorre da instrução (Aristóteles).

VIRTUDE ÉTICA. *Filosofia geral.* Virtude moral derivada do hábito (Aristóteles).

VIRTUDE INFUSA. *Filosofia geral.* Boa qualidade da mente que leva a viver retamente, conferida por Deus à alma (Santo Agostinho).

VIRTUDE POLÍTICA. *Ciência política.* Amor às leis e à pátria, preferindo-se o interesse público ao particular (Montesquieu).

VIRTUDE PURIFICADORA. *Filosofia geral.* Aquela que guia o comportamento racional (Plotino).

VIRTUDES TEOLOGAIS. *Direito canônico.* São a fé, a esperança e a caridade.

VIRTUOSE. Aquele que possui invulgar habilidade técnica e talento.

VIRTUOSISMO. Qualidade de virtuose.

VIRTUOSO. 1. Valoroso. **2.** Excelente. **3.** Honesto. **4.** Que tem virtudes. **5.** Que pratica o bem.

VIRTUS EST IN MEDIO. *Expressão latina.* A virtude está no meio.

VIRTUS EST UBI OCCASIO ADMONET DISPICERE. *Expressão latina.* A discrição está em saber conhecer a oportunidade.

VIRTUS PROBANDI. *Locução latina.* Força da prova.

VIRTUTI FORTUNA COMES. *Expressão latina.* A fortuna é companheira do valor.

VIRTUTIS AMORE. *Locução latina.* Por amor à virtude.

VIRTUTIS ENIM LAUS OMNIS IN ACTIONE CONSISTIT. *Expressão latina.* A glória do valor está na ação.

VIRULÊNCIA. *Medicina legal.* **1.** Capacidade de um agente etiológico provocar moléstias graves ou benignas (Morris Fishbein). **2.** Qualidade de virulento.

VIRULENTO. *Medicina legal.* **1.** Causado por vírus. **2.** Que tem vírus. **3.** Germe com faculdades patogênicas exaltadas.

VÍRUS. 1. *Medicina legal.* Microrganismo causador de doenças infecciosas. **2.** *Direito virtual.* Diminutos programas que podem provocar danos e apagar dados dos arquivos do computador.

VÍRUS DE COMPUTADOR. *Direito virtual.* Programa parasita de computador que contamina outro.

VIS. *Termo latino.* **1.** Força. **2.** Violência.

***VISA.* 1.** *Termo francês.* a) Aprovação; b) visto. **2.** *Termo inglês.* a) Pôr visto; b) visar.

VIS ABSOLUTA. *Locução latina.* **1.** Constrangimento físico. **2.** Violência absoluta ou física.

VISADA. Ato de visar.

VIS ADJUVAT AEQUUM. *Expressão latina.* A força protege a justiça.

VISADO. 1. Que foi submetido a visto. **2.** Que recebeu visto. **3.** Que se visou. **4.** Examinado; certificado. **5.** Cheque em que o banco certificou a existência de fundos disponíveis. **6.** Autenticado.

VISAMENTO. 1. Ato de autenticar documento. **2.** Certificação aposta em cheque, atestando existência de fundos disponíveis. **3.** Ação ou efeito de visar. **4.** Reconhecimento.

VISÃO. 1. *Medicina legal.* a) Percepção pelo órgão da vista; b) sentido da vista. **2.** *Psicologia forense.* a) Alucinação; b) recordação; c) anseios. **3.** *Direito canônico.* a) Aparição sobrenatural; b) coisa que Deus faz ver ao espírito ou aos olhos.

VISAR. 1. Dirigir a vista. **2.** Mirar. **3.** Apontar arma de fogo. **4.** Apor sinal autenticador ou visto em documento. **5.** Pretender; objetivar. **6.** Reconhecer. **7.** Conferir. **8.** Autenticar.

VIS ATTRACTIVA. *Locução latina.* Força atrativa.

VIS-À-VIS. *Locução francesa.* Frente a frente.

VIS BONA. *Locução latina.* Ameaça não ilícita.

VISCARDIANA. *História do direito.* Carta aos espanhóis americanos redigida por Viscardo Y Guzmán, exaltando a independência dos povos da América (R. Limongi França e Gustavo Bacacorzo).

VÍSCERA. *Medicina legal.* Qualquer órgão situado no crânio, no tórax ou no abdômen.

VISCERÓTOMO. *Medicina legal.* Instrumento que seciona víscera de cadáver para retirar fragmento a ser examinado.

VIS COMPULSIVA. *Locução latina.* Coação moral; força compulsiva.

VISCONDADO. *Direito comparado.* **1.** Dignidade de visconde. **2.** Extensão da jurisdição de um visconde.

VISCONDE. *Direito comparado.* Título de nobreza inferior ao de conde e superior ao de barão.

VIS CORPORALIS. *Locução latina.* Violência física; coação física.

VISCOSO. *Psicologia forense.* Aquele que tem físico atlético, mas apresenta lentidão de espírito e amabilidade afetada (Kretschmer).

VISIBILIDADE. 1. *Direito canônico.* Caráter atribuído pelos teólogos à Igreja Católica que consiste no exercício exterior do seu culto e na clara profissão de seus dogmas. **2.** Na *linguagem comum*: qualidade de visível.

VISIGODO. *História do direito.* Relativo aos godos ocidentais. Povo bárbaro cujo direito exerceu influência na era medieval. Tal direito estava consignado no *Breviarium Alarici* e no *Liber Judiciorum.*

VISIONÁRIO. 1. Utopista. **2.** Aquele que tem forte imaginação. **3.** O que possui idéias excêntricas. **4.** O que pode perceber formas sobrenaturais.

VISIONICE. *Psicologia forense.* Fantasia criada pela mente.

VISITA. 1. *Direito civil.* Direito-dever, ou melhor, poder-dever que tem pai ou mãe não só de se encontrar e comunicar com os filhos menores nas condições determinadas judicialmente, desde que não se tenha enquadrado numa das hipóteses de perda de poder familiar e sempre que a guarda daqueles filhos for deferida ao outro cônjuge em razão de separação judicial ou extrajudicial, divórcio ou nulidade de casamento, mas também de velar pela sua mantença e educação. Também têm esse direito os avós, irmãos, padrasto e demais parentes, levando-se em conta a afeição. **2.** *Direito marítimo.* Inspeção a navio para averiguar o estado ou condição sanitária em que se encontra. **3.** *Direito alfandegário.* Fiscalização feita pelos empregados da alfândega em embarcações para averiguar se há contrabando a bordo. **4.** *História do direito.* Tributo que era pago pelo enfiteuta ao senhorio direto e que consistia em presentes ou dádivas de gêneros alimentícios. **5.** Nas *linguagens comum* e *jurídica*: a) ato de ir ver alguém por dever, cortesia ou afeição; b) exame minucioso por uma autoridade, ou por um delegado seu; c) pessoa cuja entrada foi admitida, em caráter excepcional, em área sigilosa.

VISITA ADUANEIRA. *Direito aduaneiro.* Ato de a autoridade aduaneira fiscalizar veículo procedente do exterior. Tal visita aduaneira será efetuada: a) à entrada da embarcação nos fundeadouros ou quando demandando o cais de atracação; b) quando o navio estiver ao largo, aguardando atracação, ou autorização para operar em carga ou descarga para embarcação ao costado; c) no cais. No ato da visita aduaneira, a fiscalização receberá do responsável pelo veículo apenas os documentos relativos a este, à sua carga e aos outros bens existentes a bordo, assim como lhe tomará todas as declarações que tiver a fazer. O responsável deverá, se for o caso, comunicar a existência, no veículo, de mercadorias ou de pequenos volumes de fácil extravio. No ato da visita aduaneira, o responsável pelo veículo deverá apresentar: a) a lista de sobressalentes e provisões de bordo; b) o manifesto da carga com cópia dos conhecimentos correspondentes. Se for o caso, o responsável pelo veículo deverá apresentar, ainda, à fiscalização aduaneira, por ocasião da visita: a) relação das unidades de carga vazias existentes a bordo; b) declaração de acréscimos de volume ou mercadoria em relação ao manifesto; c) outras declarações ou documentos de seu interesse. Na hipótese de visita a embarcações, serão exigidos ainda: a) declaração de bagagem dos viajantes, quando cabível; b) lista de pertences dos tripulantes, como tal entendida a relação de seus bens e objetos de uso pessoal; c) passe de saída do porto nacional de escala anterior. A não-apresentação desses documentos implica suspensão da visita, impedindo a realização, pela embarcação, de quaisquer operações portuárias. O responsável por embarcação operada por empresa nacional fica dispensado, quando da formalização da entrada da aludida embarcação, da apresentação da lista de sobressalentes, desde que constem de inventário mantido a bordo da embarcação e este seja colocado à disposição da fiscalização. A cada viagem deverá ser entregue à fiscalização a relação dos sobressalentes adquiridos no exterior. A visita será encerrada com a lavratura do termo de entrada do veículo, de acordo com modelo aprovado pelo Secretário da Receita Federal. Concluída a visita colocar-se-ão lacres nos compartimentos que contenham as mercadorias, podendo a fiscalização adotar outras medidas de controle fiscal.

VISITA ANUNCIADA. *Vide* VISITA OFICIAL.

VISITA AO NAVIO. *Direito marítimo.* Exame feito em navio que chegou ao porto para verificar suas condições sanitárias.

VISITA AO PRÉDIO. *Direito administrativo.* Inspeção ocular feita em prédio para averiguar suas condições de habitabilidade e sua segurança e solidez.

VISITAÇÃO. 1. *História do direito.* Tributo que, outrora, era pago ao rei ou ao senhorio. **2.** *Direito canônico.* Informação colhida pelo visitador do bispado sobre a comunidade e as igrejas, para transmiti-la ao prelado. **3.** Na *linguagem comum*: ato ou efeito de visitar alguém.

VISITA CONJUGAL. *Direito penitenciário.* Visita íntima permitida ao cônjuge ou companheiro de pessoa presa, em sua cela ou em local destinado a isso, para relação sexual.

VISITA DA SAÚDE. *Medicina legal.* Falsa melhora que antecede a morte.

VISITA DE SAÚDE. 1. *Direito administrativo.* Inspeção sanitária feita por médico para averiguar o estado de saúde de um local, resguardando a saúde pública. **2.** *Medicina legal.* Visita feita pelo médico ao seu paciente para verificar seu estado de saúde.

VISITADO. Aquele que recebe a visita.

VISITA DOMICILIÁRIA. *Direito processual.* Busca feita por ordem judicial no domicílio alheio.

VISITADOR. 1. *Direito administrativo.* a) Agente da saúde pública; b) aquele que tem o encargo de inspecionar repartição pública. **2.** Na *linguagem comum*: aquele que faz uma visita.

VISITADOR DE PRISÃO. *Direito penitenciário.* Aquele que, por filantropia, vai ao estabelecimento prisional levar conforto e apoio moral ao preso.

VISITADOR DO BISPADO. *Direito canônico.* Padre incumbido de visitar a diocese para conhecer suas necessidades, verificar a eficiência dos serviços divinos e o proceder dos párocos.

VISITA ÍNTIMA. *Vide* VISITA CONJUGAL.

VISITA MÉDICA. *Medicina legal.* Visita feita pelo médico ao paciente em sua própria residência ou em local diverso de seu consultório.

VISITA NÃO ANUNCIADA. *Direito marítimo* e *direito militar.* É a visita feita informalmente por autoridade militar ou civil, em razão de necessidades administrativas ou por simples cortesia individual. Tal visita requer apenas a prestação de honras de portaló.

VISITANTE. Aquele que visita.

VISITA OFICIAL. *Direito marítimo* e *direito militar.* É a também designada visita anunciada, visto ser a visita de caráter formal ou protocolar feita por uma autoridade a Oficial da Marinha.

VISITAR. 1. Procurar uma pessoa em sua residência para cumprimentá-la. **2.** Entrar em obra ou construção para fiscalizá-la. **3.** Ir ver alguém. **4.** Inspecionar. **5.** Percorrer um lugar, em viagem.

VISITA RESERVADA DE FAMILIARES DE PRESO. *Direito penitenciário.* Visita especial, em local apropriado, onde certos familiares (pais, irmãos, filhos), cônjuge ou convivente do preso podem vê-lo.

VISÍVEL. 1. Perceptível. **2.** Evidente. **3.** Que pode ser visto.

VISIVO. 1. Visível. **2.** Visual.

VIS LOQUI? DISCE TACERE PRIUS. *Expressão latina.* Queres falar? Aprende primeiro a calar.

VISLUMBRAR. 1. Ver indistintamente. **2.** Conjecturar. **3.** Entrever.

VISLUMBRE. 1. Conjectura. **2.** Idéia indistinta. **3.** Vestígio; sinal.

VIS MAJOR. *Locução latina.* Força maior.

VIS MINIMA. *Locução latina.* Lei do menor esforço.

VISO. 1. Indício. **2.** Aparência. **3.** Lembrança. **4.** Reminiscência.

VISOR. Dispositivo que possibilita avistar qualquer coisa.

VÍSPORA. *Direito penal* e *direito civil.* **1.** Jogo de azar onde cartões numerados vão sendo marcados pelos jogadores à medida que números correspondentes são sorteados. **2.** Loto.

VISTA. 1. *Medicina legal.* a) Sentido da visão; b) aparelho visual, que é composto dos olhos; c) possibilidade de ver. **2.** *Direito civil.* a) Paisagem; b) abertura por onde se pode contemplar algo; c) cenário teatral; d) fenda por onde se passa luz; e) servidão para que um imóvel possa estabelecer janelas, eirado ou terraço que possibilite ter acesso à paisagem ou à luz. **3.** Na *linguagem comum*: a) modo de encarar uma questão; b) o que se tem em mira ou o que se pretende alcançar. **4.** *Direito processual.* a) Exame; b) ação para ter ciência; c) testemunha ocular.

VISTA DOS AUTOS. 1. *Direito processual.* a) Diligência em que os autos são levados ao conhecimento dos interessados para que possam defender-se ou impugnar algo; b) ato pelo qual o advogado recebe os autos processuais para deles tomar ciência ou para pronunciamento. **2.** *Direito administrativo.* Direito público subjetivo do indiciado em processo administrativo de ter conhecimento dos autos (José Cretella Jr.).

VISTA EM CARTÓRIO. *Direito processual.* Simples exame ou consulta aos autos processuais, concedida ao representante judicial do interessado ou advogado no próprio cartório por onde corre o feito, por não haver permissão de sua retirada do local onde se encontram.

VISTAR. *História do direito.* Passar revista.

VISTO. 1. Nas *linguagens comum* e *jurídica*: a) conferido; b) cientificado; c) considerado; d) ato de reconhecimento; e) ato de aprovação; f) apurado. **2.** *Direito administrativo.* a) Ato pelo qual a Administração Pública aprova uma atividade ou a prática de certo ato; b) autorização dada a estrangeiro para entrar no país. **3.** *Direito processual.* Termo com que o magistrado, após exame do processo e conhecimento do relatório, pede designação do dia do julgamento do recurso (Othon Sidou).

VISTO DE CHEQUE. *Direito cambiário* e *direito bancário.* Reconhecimento e aceite de um cheque, após verificação da existência de fundos disponíveis.

VISTO DE DOCUMENTO. *Direito administrativo.* **1.** Aprovação e reconhecimento de um documento para que possa produzir efeitos jurídicos. **2.** Declaração escrita em documento, para comprovar que foi visado pela autoridade competente ou para lhe dar autenticidade.

VISTO DE TRÂNSITO. *Direito administrativo.* Permissão, lançada no passaporte, concedida a estrangeiro para transitar pelo país antes de chegar ao ponto de destino.

VISTO DE TURISTA. *Direito administrativo.* Autorização dada a estrangeiro para viagem de recreação ao Brasil, vedando-lhe o exercício de qualquer atividade remuneratória.

VISTO EM CHEQUE. *Vide* VISTO DE CHEQUE.

VISTO PERMANENTE. *Direito administrativo.* Autorização concedida a estrangeiro para fixar residência, com ânimo definitivo, no território nacional.

VISTOR. *História do direito.* Aquele que fazia vistorias.

VISTORIA. 1. *Direito processual civil.* a) Inspeção ocular necessária para comprovar fato relativo ao estado da coisa, muito empregada nas questões possessórias, nas demarcatórias e nas referentes ao vícios redibitórios; b) ato pelo qual o juiz, por meio de peritos, certifica-se, ocularmente, dos fatos controvertidos (Hugo Simas); c) fixação descritiva do local ou da coisa litigiosa com intuito probatório, determinando seu estado. **2.** *Direito civil.* Inspeção feita por perito para avaliar as condições do risco a ser segurado.

VISTORIA *AD PERPETUAM REI MEMORIAM.* *Direito processual civil.* É a que se dá, preventivamente, em processo cautelar, ante o fundado receio de desaparecimento de algum fato que precisa ser comprovado.

VISTORIA ADUANEIRA. *Direito aduaneiro.* É o procedimento fiscal que tem por objetivo identificar o responsável e apurar o crédito tributário, na ocorrência dos seguintes fatos: a) avaria de mercadoria entrada no território aduaneiro; b) extravio de mercadoria em volume igualmente descarregado. A vistoria será realizada a pedido, ou de ofício, sempre que a autoridade aduaneira tiver conhecimento de fato que a justifique. No caso de remessa postal, atenderá ainda às normas da legislação específica. Não será efetuada vistoria após a entrega da mercadoria ao importador. O volume que, ao ser descarregado, apresentar-se quebrado, com diferença de peso, com indícios de violação ou de qualquer modo avariado, deverá ser objeto de conserto e pesagem, fazendo-se, ato con-

tínuo, a devida anotação no registro de descarga. Sempre que o interesse fiscal o exigir, o volume deverá ser cintado, lacrado pela fiscalização aduaneira e isolado em local próprio do recinto alfandegado. Caberá ao depositário, logo após a descarga de volume avariado, lavrar termo de avaria, que será assinado também pelo transportador e visado pela fiscalização aduaneira. Na hipótese de o transportador não se encontrar presente ao ato ou recusar-se a assinar o termo de avaria, o depositário fará registro dessa circunstância em todas as vias do documento. No primeiro dia útil subseqüente à descarga, o depositário remeterá à repartição aduaneira a primeira via do termo de avaria, que será juntada à documentação do veículo transportador. Não será iniciada a verificação em volume que apresentar indícios de avaria ou falta de mercadoria, enquanto não for realizada a vistoria. Se a avaria ou falta for constatada no curso da verificação, esta será suspensa até a realização da vistoria, adotando-se, se necessário, as cautelas mencionadas em lei. Não havendo inconveniente, poderão ser entregues os demais volumes da partida. A vistoria deverá ser realizada com observância das precauções exigidas pela natureza da mercadoria. O volume cuja abertura, pela natureza do conteúdo, dependa da presença de outra autoridade pública somente será vistoriado com o atendimento dessa formalidade. Poderá ser dispensada a realização da vistoria se o importador assumir, por escrito, a responsabilidade pelos ônus decorrentes da desistência. O pedido de desistência poderá ser formulado na própria declaração de importação ou mediante requerimento, que será juntado à primeira via daquela. A desistência implicará a perda de benefício de isenção ou redução do imposto de importação, na proporção da avaria ou falta. Assistirão à vistoria: a) necessariamente, o depositário, o transportador e o importador ou seu representante legal; b) facultativamente, o segurador e qualquer pessoa que comprove legítimo interesse. Quando ficar comprovada, em ato de vistoria aduaneira, avaria de produtos nacionais ou nacionalizados a serem exportados, deverá a autoridade aduaneira competente comunicar tal fato à autoridade fiscal que jurisdiciona o estabelecimento exportador para adoção das providências cabíveis referentes ao imposto sobre produtos industrializados deixado de recolher. Não serão admitidos a despacho, ou desembaraçados, gêneros alimentícios ou outras mercadorias que, em conseqüência de avaria, venham a ser considerados nocivos à saúde pública pelos órgãos competentes, devendo ser, obrigatoriamente, destruídos ou inutilizados a expensas daquele a quem for imputada a responsabilidade pelo evento. Os elementos e informações apurados em decorrência do procedimento de vistoria serão consubstanciados no termo de vistoria aduaneira.

VISTORIA DA FAZENDA AVARIADA. *Direito processual civil.* Exame da fazenda avariada para averiguar o dano sofrido. *Vide* FAZENDA AVARIADA.

VISTORIA DE LICENCIAMENTO DE VEÍCULOS. *Direito de trânsito.* Fiscalização executada pelos Departamentos de Trânsito, por suas Circunscrições Regionais, entidades por eles devidamente credenciadas ou por agentes da autoridade de trânsito, com o escopo de verificar: a) a autenticidade da identificação do veículo e da sua documentação; b) a legitimidade da propriedade; c) se os veículos dispõem dos equipamentos obrigatórios, se atendem às especificações técnicas e se estão em perfeitas condições de funcionamento; d) se as características originais dos veículos, previstas no Regulamento do Código de Trânsito, e seus agregados não foram modificados, e se constatada alguma alteração, esta tenha sido autorizada, regularizada e constante do prontuário do veículo na repartição de trânsito. Tais vistorias serão realizadas pela ocasião do licenciamento anual e de forma contínua através da ação dos agentes da autoridade de trânsito. Para os fins de licenciamento dos veículos de transporte de carga, de transporte coletivo e individual de passageiros, os órgãos de trânsito poderão aceitar a vistoria procedida pelo respectivo poder concedente, desde que atendidas as exigências previstas na legislação de trânsito. As vistorias por ocasião da emissão do Certificado de Registro de Veículos (CRV) serão executadas, exclusivamente, pelos Departamentos de Trânsito e suas Circunscrições Regionais. A aprovação na vistoria de licenciamento é condição prévia para o licenciamento anual do veículo, que será realizado com a expedição do Certificado de Registro de Licenciamento do Veículo (CRLV).

VISTORIADO. *Direito processual civil.* O que foi inspecionado ocularmente.

VISTORIADOR. *Direito processual civil.* **1.** Aquele que faz inspeção ocular. **2.** Aquele que vistoria.

VISTORIA EM IMÓVEL RURAL DESTINADO À REFORMA AGRÁRIA. *Direito administrativo.* Ato de o órgão federal competente, devidamente autorizado, ingressar no imóvel rural, a ser desapropriado para fins de reforma agrária, para levantamento de dados e informações sobre sua produtividade e para avaliação da justa indenização que reflita o preço atual de mercado, incluindo a terra, acessões naturais, matas, florestas e benfeitorias indenizáveis, observados os seguintes aspectos: localização e dimensão do imóvel; aptidão agrícola; área ocupada e ancianidade de posses; funcionalidade; tempo de uso e estado de conservação das benfeitorias. A realização dessa vistoria deve ser comunicada à entidade representativa dos trabalhadores rurais e das classes produtoras, a fim de que cada entidade possa indicar um representante técnico para acompanhar o levantamento de dados e informações. Os laudos de vistoria, bem como as atualizações cadastrais resultantes, serão comunicados ao proprietário do imóvel rural, que poderá exercer, no prazo de quinze dias, direito de manifestação. O imóvel rural que venha a ser objeto de esbulho não será vistoriado, enquanto não cessada a ocupação, observados os termos e as condições estabelecidos em portaria do Presidente do Instituto Nacional de Colonização e Reforma Agrária (INCRA).

VISTORIAR. *Direito processual civil.* Fazer vistoria.

VISTORIA RURAL. *Direito agrário.* Constatação feita por técnico agrícola, *in loco*, de que a terra está sendo explorada, apontando seus caracteres, seus investimentos e sua capacidade empresarial. É ato administrativo da União, destinado a identificar o regime do uso do imóvel rural e de seu ocupante, visando sua alienação ou reconhecimento dominial (Benedito Antônio Leal de Mira).

VISTO TEMPORÁRIO. *Direito administrativo.* Autorização dada a um estrangeiro para entrar e permanecer, temporariamente, no território nacional, por se encontrar em negócios, estudos, missão cultural ou na condição de profissional a serviço do governo brasileiro (Othon Sidou).

VISUALIZAÇÃO. Transformação de abstrações em imagens reais.

VISUALIZAR. Tornar algo visível mentalmente.

VISUM. *Termo latino.* O que é visto.

VISUM ET REPERTUM. *Expressão latina.* Descrição completa do objeto da prova pericial, após inspeção ocular.

VIS UNITA FORTIOR. *Expressão latina.* A união faz a força.

VIS VI REPELLITUR. *Expressão latina.* A força deve ser repelida com a força.

VITAE QUID NOMEN HABET, RE IPSA LABOR EST. *Expressão latina.* O que se chama vida é apenas trabalho.

VITAL. **1.** Relativo à vida. **2.** O que dá força. **3.** Essencial; fundamental.

VITALICIAMENTO. *Direito constitucional.* Processo para promover condição de vitalício.

VITALICIAR. *Direito constitucional.* Tornar vitalício.

VITALICIEDADE. *Direito constitucional.* Garantia especial conferida pela Carta Magna aos magistrados para permanecer no cargo, do qual só pode ser afastado senão por meio de sentença judicial transitada em julgado ou quando atingir a idade prevista para a aposentadoria compulsória.

VITALÍCIO. **1.** *Direito constitucional.* O que tem a garantia da vitaliciedade. **2.** *Direito civil.* a) O que dura toda a vida; b) o que produz efeito durante a vida de uma pessoa.

VITALICISTA. *Direito civil.* Titular de renda vitalícia.

VITALIDADE. **1.** *Psicologia forense.* Característica da imagem de ocupar, com maior ou menor força, o campo da consciência (Foucault). **2.** *Medicina legal.* a) Conjunto de funções orgânicas; b) dualidade do que tem força vital.

VITALISMO. *Filosofia geral.* **1.** Doutrina pela qual há em cada indivíduo um princípio vital, distinto da alma pensante e das propriedades físico-químicas do corpo, que governa os fenômenos da vida (Lalande). **2.** Teoria que entende os fenômenos da vida como caracteres *sui generis* que os diferenciam dos fenômenos físicos e químicos (Bernard).

VITALISMO FÍSICO. Doutrina que defende o valor absoluto de manter a vida biológica, independentemente de outros valores, como a independência, a autonomia, a dignidade, a prevenção de dor etc. (Pessini).

VITALISTA. *Filosofia geral.* Prosélito do vitalismo.

VITA MANCIPIO NULLI DATUR, OMNIBUS USU. *Expressão latina.* A vida a ninguém é dada em plena propriedade e a todos em usufruto.

VITAM BREVEM ESSE, LONGAM ARTEM. *Expressão latina.* A vida é curta e a arte é longa.

VITAM IMPENDERE VERO. *Expressão latina.* Consagrar a vida à verdade.

VITAMINA. *Medicina legal.* Substância encontrada em alimentos de origem animal ou vegetal, indispensável à saúde e ao funcionamento normal do organismo (Morris Fishbein).

VITAMINOSE. *Medicina legal.* Moléstia causada pelo abuso de consumo de vitaminas.

VITATÓRIO. *História do direito.* Pregão que se soltava antes da execução do condenado.

VITÁVEL. O que pode ser evitado.

VITELA. *Direito agrário.* Novilha com menos de um ano.

VITELO. *Direito agrário.* Novilho com menos de um ano.

VITI. *Medicina legal.* Técnica de reprodução assistida que consiste na inseminação de espermatozóides direto na trompa, por via vaginal (Roger Abdelmassih).

VITIA OTII NEGOTIA DISCUTIENDA SUNT. *Expressão latina.* É pelo trabalho que se combate o vício do ócio.

VITIA QUI ALIORUM PUNIT, SUA PRIUS CORRIGERE DEBET. *Aforismo jurídico.* Deve primeiro corrigir os próprios vícios quem pune os alheios.

VITIATUR SED NON VITIAT. *Expressão latina.* A existência de um elemento viciado no negócio não implica defeito de todo negócio.

VITÍCOLA. *Direito agrário.* **1.** Viticultor. **2.** Referente à viticultura.

VITICULTOR. *Direito agrário.* Aquele que cultiva vinhas.

VITICULTURA. *Direito agrário.* Cultura de vinhas.

VITÍFERO. *Direito agrário.* **1.** O que é próprio para o cultivo de videiras. **2.** Coberto de vinhas.

VITILIGEM. *Medicina legal.* Anomalia da pigmentação cutânea que se caracteriza pela presença de manchas brancas na pele.

VITILIGO. *Vide* VITILIGEM.

VÍTIMA. **1.** *História do direito.* Pessoa ou animal que era imolado em oferenda a uma divindade. **2.** *Direito civil.* Ofendido que sofreu dano moral e/ou patrimonial suscetível de reparação civil.

3. *Direito penal.* a) Sujeito passivo do crime; b) aquele contra quem se perpetrou o delito ou contravenção. **4.** Na *linguagem comum:* aquele que sofre o resultado funesto de seus atos, dos de outrem ou do acaso.

VÍTIMA AGRESSORA. *Direito penal.* Pseudovítima; por ter sido autora do fato lesivo (Mendelsohn).

VÍTIMA COM LESÃO CORPORAL. *Direito civil* e *direito penal.* Pessoa ferida em decorrência direta de acidente ou de assalto, quando da prestação do serviço.

VÍTIMA FATAL. *Direito civil* e *direito penal.* A que for declarada morta no próprio local do acidente ou do assalto, ou que venha a falecer posteriormente em decorrência direta dos ferimentos que tenha sofrido nesses eventos.

VÍTIMA IMPRUDENTE. *Vide* VÍTIMA PROVOCADORA.

VÍTIMA INOCENTE. *Direito penal.* Aquela que não deu motivo para o crime (Geraldo Magela Alves) nem teve participação na ação delituosa.

VITIMAL. *Direito civil* e *direito penal.* Relativo a vítima.

VÍTIMA PROVOCADORA. *Direito penal.* Aquela que colabora, com sua imprudência, no fim almejado pelo agente (Mendelsohn).

VITIMAR. *Direito civil* e *direito penal.* **1.** Tornar vítima. **2.** Fazer de alguém vítima. **3.** Prejudicar. **4.** Inculcar-se como vítima.

VITIMÁRIO. **1.** *Direito civil* e *direito penal.* Referente a vítima. **2.** *História do direito.* a) Ministro dos sacrifícios; b) sacerdote que imolava pessoa ou animal a uma divindade. **3.** *Direito penal.* Aquele que pratica crime contra a vítima provocadora.

VÍTIMA SIMULADORA. *Vide* VÍTIMA AGRESSORA.

VITIMIZAÇÃO. *Direito civil* e *direito penal.* **1.** Ato de tornar alguém vítima. **2.** Ação ou efeito de vitimar pessoa ou grupo.

VITIMOLOGIA. **1.** *Psicologia forense.* a) Estudo científico da personalidade da vítima e de sua influência para a motivação e consumação do delito (Geraldo Magela Alves); b) ciência da vítima. **2.** *Direito penal.* Disciplina que estuda a influência exercida pela vítima na prática do crime (Acquaviva).

VITIVINÍCOLA. *Direito agrário.* O que diz respeito à vitivinicultura.

VITIVINICULTOR. *Direito agrário.* Aquele que, além de cultivar videiras, fabrica vinho.

VITIVINICULTURA. *Direito agrário.* Cultivo de vinhas e fabrico do vinho.

VITÓRIA. **1.** *Direito militar.* Ato de vencer o inimigo numa batalha ou guerra. **2.** *Direito desportivo.* Vantagem alcançada pelo atleta ou time numa competição. **3.** *Direito processual civil.* Favorecimento de decisão judicial, acatando a pretensão de um dos litigantes. **4.** Nas *linguagens comum* e *jurídica*: a) bom resultado num negócio; b) sucesso alcançado após certo esforço. **5.** *História do direito.* Carruagem descoberta, com quatro rodas.

VITORIOSO. **1.** Que obteve vitória. **2.** Aquele que venceu.

VITRINA. *Direito comercial.* **1.** Local onde ficam expostas as mercadorias destinadas a venda. **2.** Armário com vidraça móvel onde objetos à venda ficam resguardados.

VITRINISTA. Organizador e decorador de vitrinas.

VITRIOLADO. *Medicina legal.* **1.** Deformado pela ação do vitríolo. **2.** Aquele sobre o qual se jogou vitríolo.

VITRIOLADOR. *Medicina legal* e *direito penal.* Aquele que lança vitríolo em alguém para desfigurá-lo.

VITRIOLAGEM. **1.** *Direito penal.* Crime consistente em jogar, dolosamente, substância corrosiva em alguém para desfigurar seu rosto ou para causar deformação sexo-erótica. **2.** *Medicina legal.* a) Queimadura produzida por ácido ou cáustico; b) lesão cutânea ou visceral causada por substância corrosiva.

VITRIOLAGEM ACIDENTAL. *Direito do trabalho* e *medicina do trabalho.* Queimadura provocada no operário por substância cáustica, em razão de acidente de trabalho em indústria química pela ruptura de frasco.

VITRIOLAR. *Direito penal.* Atacar a vítima arremessando substâncias corrosivas para deformá-la.

VITRÍOLO. *Medicina legal.* Ácido sulfúrico.

VITUALHA. **1.** Víveres. **2.** Provisão alimentícia. **3.** Mantimentos. **4.** Conjunto de gêneros alimentícios destinados à manutenção de um grupo de pessoas, de tropas, da equipagem etc.

VITULAR. *Direito agrário.* Referente a vacas e a bezerros.

VITULÁRIA. *Direito agrário.* Febre que ataca a vaca após o parto.

VÍTULO. *Direito agrário.* Bezerro.

VITUPERAÇÃO. *Vide* VITUPÉRIO.

VITUPERADOR. *Direito civil* e *direito penal.* Aquele que vitupera.

VITUPERAR. *Direito civil* e *direito penal.* **1.** Injuriar. **2.** Ofender moralmente. **3.** Insultar. **4.** Ultrajar. **5.** Aviltar. **6.** Menoscabar.

VITUPERATIVO. *Direito civil* e *direito penal.* **1.** Que vitupera. **2.** Que contém vitupério.

VITUPERÁVEL. *Direito civil* e *direito penal.* **1.** Que merece vitupério. **2.** Suscetível de vitupério.

VITUPÉRIO. *Direito civil* e *direito penal.* **1.** Ato criminoso, vergonhoso ou infame. **2.** Insulto. **3.** Injúria. **4.** Menoscabo. **5.** Ofensa moral.

VITUPERIOSO. **1.** Vergonhoso. **2.** Injurioso. **3.** Insultante. **4.** Aviltante. **5.** Ofensivo.

VIÚVA. *Direito civil.* Aquela que, com o falecimento do marido, não se tornou a casar. Além disso, está impedida de convolar núpcias até dez meses depois da viuvez, a não ser que antes desse prazo venha a dar à luz algum filho ou prove que não se encontra em estado de gravidez.

VIÚVA–NEGRA. *Medicina legal.* Aranha americana cujo veneno, ao penetrar na pele humana, provoca intensa dor, inflamação e vermelhidão, causando fortes enjôos, tremor de pernas, cólicas estomacais, redução do ritmo cardíaco, dificuldade respiratória, debilidade na pulsação, delírio etc. Pode sua picada ser até mesmo fatal.

VIUVEZ. *Direito civil.* Estado de viúvo ou viúva.

VIÚVO. *Direito civil.* Consorte sobrevivente cujo estado mantém-se enquanto não contrair novas núpcias.

VIVA. *Direito civil.* **1.** Aquela que tem vida. **2.** Cerca ou sebe formada de arbustos.

VIVACIDADE. **1.** Qualidade do que é ativo. **2.** Brilhantismo. **3.** Energia.

VIVACIDADE DE ESPÍRITO. **1.** Penetração rápida do raciocínio. **2.** Prontidão em conceber fatos e coisas. **3.** Sagacidade. **4.** Perspicácia. **5.** Linguagem expressiva.

VIVA MARS. *Locução latina.* Viva quem vence.

VIVARIA. **1.** *Direito civil.* Porção de terra, cercada pelo dono, para confinamento de animais de caça, evitando sua apropriação por outras pessoas. **2.** *Direito agrário.* Viveiro de peixes.

VIVÁRIO. *História do direito.* Local onde, na antigüidade romana, os animais destinados aos jogos eram recolhidos.

VIVA VOZ. *Direito civil.* **1.** Palavra pronunciada pelo próprio interessado ao manifestar sua vontade. **2.** Palavra oral. **3.** Palavra falada.

VIVEIRO. **1.** *Direito agrário.* a) Local apropriado para criação, manutenção e reprodução de mudas de plantas e animais; b) aquário para criação de peixes, ostras etc.; pesqueiro; c) caixa com orifícios onde o pescador conserva vivos os peixes que vier a apanhar; d) curral de peixes; e) terreno onde se semeiam grãos para formar mudas de plantas, que depois são transplantadas para o local onde devem vingar (De Plácido e Silva). **2.** Na *linguagem comum.* É o estabelecimento que prepara pessoas para o exercício de uma profissão.

VIVE MEMOR QUAM SIS AEVI BREVIS. *Expressão latina.* Vivei e lembrai quão curta é a vida.

VIVÊNCIA. **1.** Experiência de vida. **2.** Existência. **3.** O que se viveu. **4.** Experiência psicológica interna. **5.** Experiência vivida, incluindo uma nota afetiva (A. Cuvillier). **6.** Modo de vida; hábito de vida.

VIVENDA. **1.** Morada. **2.** Habitação. **3.** Local onde se reside. **4.** Modo de viver.

VIVENTE. O que tem vida.

VIVER. **1.** Ter vida. **2.** Existir. **3.** Gozar a vida. **4.** Residir. **5.** Sustentar-se. **6.** Passar à posteridade. **7.** Ter convivência. **8.** Procurar meios para passar a vida.

VIVER À DISCRIÇÃO. Viver sem pensar no amanhã.

VIVER À LARGA. Ser desregrado nos gastos.

VIVER A SEU MODO. Viver conforme sua razão e gosto, sem se importar com a opinião alheia.

VIVER À SOMBRA. Ser protegido por alguém.

VIVER À SOMBRA DE ALGUÉM. Viver sob proteção alheia.

VIVER DA SUA AGÊNCIA. Ganhar a vida em diversos trabalhos que as circunstâncias trazem.

VIVER DA SUA INDÚSTRIA. Ter como renda o produto de seu trabalho.

VIVER DE ARRIBA. Viver à custa de outrem ou de expedientes.

VIVER DEBAIXO DO MESMO TETO. Viver na mesma casa.

VIVER DE EXPEDIENTES. Recorrer a burlas para obter meios de subsistência.

VIVER DE SUAS MÃOS. Sustentar-se com o produto de seu trabalho.

VIVERE IN DIEM. *Expressão latina.* Viver do presente.

VIVER EM APUROS. Ter poucos recursos.

VIVER EM FAMÍLIA. 1. Viver com familiares. **2.** Não freqüentar a sociedade.

VIVERE, MILITARE EST. *Expressão latina.* Viver é lutar.

VÍVERES. 1. Mantimento. **2.** Gêneros alimentícios.

VIVERE SI RECTE NESCIS DECEDE PERITIS. *Expressão latina.* Se não sabes viver, recorre a um experimentado.

VIVER EST COGITARE. *Expressão latina.* Viver é pensar.

VIVER FORA DO SEU SÉCULO. Ter idéias retrógradas.

VIVER NA MEMÓRIA. Ser lembrado depois de falecido.

VIVE VALEQUE. *Locução latina.* Viva e passe bem.

VIVICOMBÚRIO. *História do direito.* Condenação de alguém a ser queimado vivo, muito comum na Inquisição.

VI VICTA VIS. *Expressão latina.* A força vencida pela força.

VIVIDEZ. Característica de imagens que diferem pela sua intensidade na consciência (Rignano; Semon).

VIVIDO. 1. Que tem experiência da vida. **2.** Que viveu muito.

VÍVIDO. 1. Que tem vivacidade. **2.** Brilhante. **3.** Cheio de vida.

VIVIFICAR. 1. Reanimar. **2.** Infundir nova vida. **3.** Dar atividade.

VIVIFICATIVO. 1. Que vivifica. **2.** Vivificante.

VIVINATALIDADE. Estatística sobre crianças que nascem vivas.

VIVISSEÇÃO. *Direito ambiental.* Operação cirúrgica em animal vivo para estudo, tida como delituosa.

VIVITUR PARVO BENE. *Expressão latina.* Vive-se bem com pouco.

VIVO. 1. Que tem vida. **2.** Ativo. **3.** Persistente. **4.** Diligente. **5.** Brilhante. **6.** Esperto.

VIXIT. *Termo latino.* Está morto.

VIZINDÁRIO. 1. Arredores. **2.** Vizinhança. **3.** Conjunto daqueles que habitam as cercanias de um lugar.

VIZINHANÇA. *Direito civil.* **1.** Qualidade do que é vizinho. **2.** Situação do que é contíguo ou limítrofe. **3.** Conjunto de pessoas que habitam lugares vizinhos. **4.** Relação entre vizinhos. **5.** Contigüidade. **6.** Proximidade. **7.** Direito que impõe restrições ao exercício de propriedade para conciliar interesses de vizinhos.

VIZINHAR. 1. Ser vizinho. **2.** Confinar. **3.** Ser limítrofe. **4.** Conviver como vizinho.

VIZINHO. 1. Contíguo. **2.** Confinante; limítrofe. **3.** Aquele que reside perto de outro. **4.** Cada um dos moradores ou proprietários de imóveis que se limitam, estando, por isso, sujeitos ao direito de vizinhança. **5.** Próximo.

VIZIR. 1. *História do direito.* Na antigüidade egípcia, o mais alto funcionário, por ser o assessor direto do faraó (Arborio Mella). **2.** *Direito comparado.* Ministro de príncipe muçulmano, na Turquia, tendo enormes poderes, inclusive judiciais.

VIZIRADO. *Direito comparado.* **1.** Cargo de vizir. **2.** Período de duração desse cargo. **3.** Exercício do cargo de vizir.

VIZIRATO. *Vide* VIZIRADO.

VMI. *Vide VENDOR MANAGED INVENTORY.*

VOAGEM. *Direito agrário.* A limpadura de cereais debulhados no terreiro (Laudelino Freire).

VOAR. 1. Sustentar-se no ar. **2.** Elevar-se pelos ares. **3.** Viajar de avião. **4.** Correr com grande velocidade. **5.** Explodir. **6.** Propagar. **7.** Elevar-se em pensamento; ter arroubo intelectual.

VOAR DE BOCA EM BOCA. Tornar-se célebre; ganhar fama.

VOAR NAS ASAS DA FAMA. *Vide* VOAR DE BOCA EM BOCA.

VOBORDE. *Direito marítimo.* Amurada do navio.

VOCABULÁRIO. Relação, em ordem alfabética, de vocábulos de uma língua, ciência ou arte acompanhados, ou não, de sua significação.

VOCABULÁRIO JURÍDICO. Lista em ordem alfabética de termos e expressões usuais no direito, acompanhados de sua definição.

VOCABULARISTA. Aquele que escreve ou compila vocabulários.

VOCÁBULO. Termo considerado em seu aspecto material, ou seja, em sua escrita, pronúncia e sentido.

VOCAÇÃO. 1. *Direito civil* e *direito processual civil.* a) Ato de convocar alguém para assumir a titularidade de um direito; b) convocação para comparecer a juízo e para tomar certas providências. **2.** *Direito agrário.* No Rio de Janeiro, é o terreno onde a árvore se adapta bem. **3.** Nas *linguagens comum* e *jurídica*: a) talento; b) propensão para uma profissão. **4.** *Direito canônico.* Inclinação para o sacerdócio ou vida religiosa.

VOCAÇÃO HEREDITÁRIA. *Direito civil.* Convocação de certas pessoas para receber herança, estando aberta a sucessão legítima conforme ordem estabelecida legalmente que é: descendente, ascendente, consorte sobrevivente que poderá concorrer, ou não, com descendente ou ascendente do *de cujus*, e colateral até o 4º grau.

VOCACIONAL. O que se refere a vocação.

VOCAL. 1. Relativo a voz. **2.** Oral. **3.** Que serve para emissão de voz.

VOCATIO IN IUS. *Direito romano.* Antigamente, o chamamento de alguém a juízo, para que fosse processado e julgado.

VOCATIVO. 1. Que chama. **2.** Aquilo que serve para chamar.

VOCE MAXIMA CLAMARE. *Expressão latina.* Gritar com todas as forças.

VOCES INANES. *Locução latina.* Palavras sem sentido.

VOCIFERAÇÃO. Ato ou efeito de proferir palavras em voz alta e colérica.

VOCIFERADOR. Aquele que vocifera.

VOCIFERANTE. Que vocifera.

VOCIFERAR. Bradar colericamente.

VODCA. Aguardente de cereais originário da Rússia.

VODU. *Direito comparado.* Culto africano similar à macumba, comum nas Antilhas.

VOGA. 1. Nas *linguagens comum* e *jurídica*: a) moda; b) fama; popularidade. **2.** *Direito desportivo.* a) Remar; b) último remador, que marca o ritmo da remada.

VOGAL. 1. *História do direito.* Juiz leigo ou classista que representava a classe patronal ou a dos empregados nas Juntas de Conciliação e Julgamento, sob a presidência de um juiz togado. **2.** Na *linguagem jurídica* em geral: aquele que tem voto numa assembléia, câmara, conselho ou tribunal. **3.** *Direito processual.* Membro de tribunal que, no julgamento, tem direito de voto, sem ser relator ou revisor.

VOGAR. 1. *Direito marítimo* e *direito desportivo.* Navegar a remo. **2.** Na *linguagem comum:* a) estar em uso; b) propalar; divulgar. **3.** *História do direito.* Advogar.

VOIDABLE CONTRACT. *Locução inglesa.* Contrato anulável.

VOIDED CHECK. *Locução inglesa.* Cheque cancelado.

VOID JUDGEMENT. *Locução inglesa.* Decisão judicial sem eficácia.

VOID MARRIAGE. *Locução inglesa.* Casamento nulo.

VOIDNESS. *Termo inglês.* **1.** Vácuo. **2.** Nulidade. **3.** Invalidade. **4.** Inutilidade.

VOIEURISMO. *Medicina legal.* Aberração sexual em que o paciente atinge o orgasmo pela simples contemplação de pessoas desnudas do sexo oposto, em telas, revistas etc. *Vide* ESCOPTO-FILIA E MIXOSCOPIA.

VOIVODA. *História do direito.* **1.** Príncipe da Moldávia e da Valáquia. **2.** Cobrador de impostos, na Turquia. **3.** Chefe do Exército iugoslavo (Laudelino Freire).

VOIVODADO. *História do direito.* Território sob a autoridade do voivoda.

VOIVODIA. *História do direito.* **1.** Governo de um voivoda. **2.** País que era governado por um voivoda.

VOLANTE. 1. *Direito agrário.* a) Rede de um só pano, para emalhar pescados (Laudelino Freire); b) bóia-fria (Fernando P. Sodero). **2.** *Direito desportivo.* a) Condutor de automóvel de corrida; b) dardo. **3.** *História do direito.* a) Servo; b) destacamento policial que enfrentava os cangaceiros. **4.** *Direito militar.* a) Campo de tropas ligeiras, sem bagagens nem artilharia; b) turma de soldados sem ponto fixo. **5.** Na *propaganda:* o trabalho impresso de um ou de ambos os lados do papel, sem dobras, de pequeno formato, para distribuição ao público. **6.** Na *linguagem comum:* a) roda que comanda a direção de veículo automotor; b) motorista; c) móvel; d) que voa; e) flutuante; f) transitório. **7.** *Direito civil.* Aquele que não tem domicílio certo.

VOLAPUQUE. *História do direito.* Língua universal que, em 1879, foi criada por Schleyer, hoje substituída pelo esperanto.

VOLÁTIL. 1. Que voa. **2.** Inconstante. **3.** Que pode ser reduzido a vapor.

VOLATILIDADE. 1. Na *linguagem comum*, qualidade de volátil. **2.** *Direito comercial.* a) Intensidade e

VOLATILIZADOR 865

freqüência de variações bruscas da cotação de um ativo, título ou valor mobiliário; b) medida de risco apresentado por um fundo relativamente às cotas diárias (Luiz Fernando Rudge).

VOLATILIZADOR. *Direito comercial.* Equipamento destinado a promover a transformação do brometo de metila da fase líquida para a gasosa através de troca de calor. O volatilizador é constituído dos seguintes componentes: a) reservatório de água; b) serpentina metálica, com metragem suficiente para promover o aquecimento e a completa volatilização do produto nas quantidades a serem utilizadas; c) termômetro para controle da temperatura, sendo a temperatura recomendada de operação entre 70º e 90ºC, durante todo o processo de liberação do gás; d) resistência elétrica, com capacidade suficiente para manter o conjunto na temperatura recomendada; e) conexões e mangueiras de alta pressão, adequadas para a entrada e saída do gás.

VÔLEI. *Vide* VOLEIBOL.

VOLEIBOL. *Direito desportivo.* Jogo em que dois times, separados por uma rede suspensa, procuram passar com as mãos ou punho uma bola que deve bater no chão da quadra adversária.

VOLENS NOLENS. *Locução latina.* Querendo, não querendo.

VOLENTI NIHIL DIFFICILE. *Expressão latina.* Nada é difícil a quem quer.

VOLENTI NON FIT INJURIA. *Aforismo jurídico.* Não se comete injúria a quem consente.

VOLIBOL. *Vide* VOLEIBOL.

VOLIÇÃO. **1.** Manifestação da vontade, que abrange deliberação, decisão e execução (De Plácido e Silva). **2.** Ato de vontade.

VOLICIONAL. **1.** Relativo à vontade. **2.** O que resulta da manifestação da vontade.

VOLICIONALIDADE. Qualidade do ato pelo qual se manifesta a vontade.

VOLITIVO. *Vide* VOLICIONAL.

VOLITUM, DICTUM, FACTUM. *Expressão latina.* Quis, disse, fez.

VOLKSGEIST. *Termo alemão.* Convicção comum do povo.

VOLKSGESETZBUCH. *Termo alemão.* Código do Povo, que, segundo o nazismo, devia substituir o Código Civil alemão. Esse Código tinha como ponto central o ser humano enquanto parte integrante da comunidade popular (Celso Lafer).

VOLKS WIRTSCHAFT. *Locução alemã.* Economia social.

VOLLSTRECKUNGSCLAUSELN. *Termo alemão.* Cláusulas executórias.

VOLO, NON VALEO. *Expressão latina.* Quero, mas não posso.

VOLT. Unidade de potencial elétrico ou tensão elétrica. É a diferença de potencial elétrico que existe entre dois pontos de um condutor de resistência igual a um ampere.

VOLTA. **1.** *Direito civil.* Torna; reposição em dinheiro para compensar a diferença dos valores dos bens partilhados. **2.** Nas *linguagens comum* e *jurídica*: a) regresso; retorno; b) ato de virar; c) réplica; d) devolução; e) mudança de opinião; f) curva de rua; g) passeio; h) o que se dá para igualar uma troca; i) reposição.

VOLTA DO TEMPO. Decurso de um lapso temporal.

VOLTAGEM. Conjunto dos volts que funcionam num aparelho elétrico.

VOLTAR. **1.** Virar. **2.** Regressar. **3.** Retroceder. **4.** Hostilizar. **5.** Repetir. **6.** Reaparecer. **7.** Apontar. **8.** Devolver. **9.** Retrucar. **10.** Dar em saldo de contas.

VOLTAR À CARGA. Insistir.

VOLTAR A CASACA. *Vide* VIRAR A CASACA.

VOLTAR ATRÁS. **1.** Retornar ao ponto de partida. **2.** Arrepender-se. **3.** Deixar de cumprir. **4.** Faltar à palavra.

VOLTAR DA MORTE À VIDA. Salvar-se.

VOLTAR DE VELA. **1.** Dar novo rumo ao navio. **2.** Mudar de assunto.

VOLTÁRIO. **1.** Volúvel. **2.** Versátil.

VOLTAR OS PASSOS. Retroceder.

VOLTAR SOBRE SI. **1.** Reconhecer um erro cometido. **2.** Cair em si.

VOLTEADA. *Direito agrário.* Corrida feita no campo para recolher os animais.

VOLTEADOR. *Direito agrário.* Aquele que tange o gado em trânsito, evitando que se espalhe.

VOLUBILIDADE. **1.** Inconstância. **2.** Variabilidade. **3.** Versatilidade.

VOLUISSE NON PRAESUMITUR, QUID QUOD NON EXPRESSIT. *Aforismo jurídico.* Não se presume que quis quem não se expressou.

VOLUME. **1.** *Direito autoral.* a) Livro impresso; b) obra literária encadernada ou em brochura; c) tomo. **2.** *Direito comercial.* a) Pacote; b) invólucro onde as mercadorias estão acondicionadas para o transporte. **3.** Na *linguagem comum*: a) quantidade; b) porção de água de rio ou fonte; c) montante; d) soma total de coisas ou valores.

VOLUMOSO. 1. Que tem grandes dimensões. **2.** Que consta de muitos volumes.

VOLUNTARIADO. *Direito militar.* **1.** Qualidade de voluntário no exército. **2.** Classe dos voluntários.

VOLUNTARIEDADE. Espontaneidade.

VOLUNTÁRIO. 1. *Direito militar.* Aquele que, por sua própria vontade, se alista no exército. **2.** *Direito agrário.* Cavalo que está sempre pronto para marchar, sem precisar ser estimulado. **3.** *Direito civil.* a) O que se faz espontaneamente, por vontade própria, sem qualquer constrangimento; b) que se resulta de um ato volitivo; c) que tem vontade; d) ato executado com liberdade.

VOLUNTARIOSIDADE. Qualidade de voluntarioso.

VOLUNTARIOSO. 1. Aquele que satisfaz sua vontade. **2.** Obstinado; caprichoso. **3.** Aquele que só faz o que quer.

VOLUNTARISMO. 1. *Filosofia geral.* a) Teoria que considera a vontade como sendo a essência do Universo; b) doutrina que admite que o fundo das coisas deve ser concebido como tendência irracional da vontade (Schopenhauer); c) teoria que, sob o prisma dos valores, aceita a superioridade da ação e do sentimento sobre o pensamento (Nietzsche). **2.** *Psicologia forense.* Doutrina segundo a qual a representação e as funções intelectuais estão subordinadas às funções afetivas e ativas do espírito (Wundt).

VOLUNTARISTA. 1. O que se refere ao voluntarismo. **2.** Adepto do voluntarismo.

VOLUNTAS. *Termo latino.* Vontade.

VOLUNTAS, FACTO MAGIS, QUAM VERBIS, DECLARATUR. *Expressão latina.* A vontade se declara mais pelos fatos do que pelas palavras.

VOLUNTAS LEGIS. *Locução latina.* Intenção da lei; vontade da lei.

VOLUNTAS LEGISLATORIS. *Locução latina.* Vontade do legislador.

VOLUNTAS MALA. *Locução latina.* Vontade perversa; intenção de prejudicar ou de causar o mal.

VOLUNTAS MORTUI. *Locução latina.* Disposição testamentária.

VOLUNTAS NOCENDI. *Locução latina.* Ânimo de prejudicar.

VOLUNTAS POSTERIOR POTIUS HABERI DEBET. *Expressão latina.* A última vontade deve ter preferência.

VOLUNTAS PRO FACTO REPUTATUR. *Expressão latina.* A vontade é reputada como fato.

VOLUNTAS SCELERIS. *Locução latina.* Vontade deliberada; vontade intencional.

VOLÚPIA. *Medicina legal.* **1.** Grande prazer sexual. **2.** Prazer intenso, que corresponde aos instintos ou desejos. **3.** Prazer dos sentidos.

VOLUPTUÁRIA. *Direito civil.* **1.** Despesa supérflua. **2.** Benfeitoria de mero deleite ou recreio, que não aumenta o uso habitual da coisa, ainda que a torne mais agradável ou seja de elevado valor.

VOLUPTUÁRIO. 1. *Medicina legal.* a) O que diz respeito à volúpia; b) propenso a prazeres. **2.** *Direito civil.* a) Bem recreativo; b) relativo a divertimento; c) o que serve como adorno ou enfeite; d) o que faz para obter satisfação própria; e) ato realizado para tornar a coisa mais agradável.

VOLUPTUOSIDADE. *Medicina legal.* **1.** Qualidade de voluptuoso. **2.** Volúpia.

VOLUPTUOSO. *Medicina legal.* **1.** Sensual. **2.** Aquele que é dado aos prazeres sexuais ou à libertinagem.

VOLÚVEL. 1. Inconstante. **2.** Instável.

VOLVER. 1. Mudar para outra posição. **2.** Virar. **3.** Regressar. **4.** Transportar de volta. **5.** Retrucar. **6.** Pensar. **7.** Decorrer.

VOLVO. *Medicina legal.* Violenta cólica intestinal.

VÔMITO. *Medicina legal.* Ato de expelir em golfadas pela boca o conteúdo estomacal.

VONTADE. 1. Faculdade de querer, de fazer ou deixar de fazer algo. **2.** Processo de volição. **3.** Impulso para agir. **4.** Deliberação livre. **5.** Perseverança no querer. **6.** Pretensão. **7.** Intenção; propósito. **8.** Necessidade física ou moral. **9.** Desejo.

VONTADE DA LEI. *Vide* TEORIA OBJETIVA.

VONTADE DÉBIL. *Medicina legal.* É a que favorece a prática do delito, apresentando-se como: a) abulia ou supressão total da vontade em razão de, por exemplo, hipnose profunda; b) hipobulia, ou seja, diminuição maior ou menor do processo volitivo, provocada por subnutrição, carência de vitaminas, oligofrenia, psicose se-

VONTADE DECLARADA

nil, esquizofrenia etc., conduzindo o paciente a um estado de ociosidade ou apatia; c) volubilidade em que o processo volitivo apresenta-se em pequena intensidade e duração, levando a pessoa a agir superficialmente; d) irresolução, em que não há disposição para decidir ou escolher a ação ou o objeto proposto (J. B. de O. e Costa Jr.).

VONTADE DECLARADA. *Teoria geral do direito* e *direito civil.* Vontade resultante do sentido da declaração contida no negócio jurídico (Othon Sidou).

VONTADE DE CONSCIÊNCIA. *Filosofia geral.* Tendência de reduzir tudo a si, para se fazer o centro de gravitação; para se colocar assim perante os outros seres e para fazer dos outros seres meios de ação e de poder e de aumento de consciência. Mas a tendência egoísta, ao tornar-se consciente, envolve o germe da tendência altruísta (Fouillee).

VONTADE DE CRER. Vontade de acatar crença que não pode ser justificada racionalmente e cuja legitimidade só é provada pelas vantagens práticas que delas resultarem (William James).

VONTADE DE FERRO. Vontade inabalável.

VONTADE DE PODER. *Vide* VONTADE DE POTÊNCIA.

VONTADE DE POTÊNCIA. *Filosofia geral.* Excedente de potência; aquilo que o ser humano quer; moralidade em que os tipos médios têm mais valor do que os excepcionais; vontade para a acumulação da força; força impulsionadora (Nietzsche).

VONTADE DE VIVER. *Filosofia geral.* **1.** Vida orgânica (Bichat). **2.** Querer viver. **3.** Princípio universal em que, por instinto, todo ser humano luta para manter a forma de vida que é a sua (Schopenhauer).

VONTADE DO LEGISLADOR. *Teoria geral do direito.* Critério hermenêutico seguido pelo intérprete ao desvendar o sentido da norma, estudando a vontade histórico-psicológica do legislador expressa na norma. Para os prosélitos, como Savigny, Windscheid, Regelsberger, Enneccerus, Bierling, Heck, Stammler, Nawiasky, dessa teoria subjetiva a interpretação deve procurar compreender o pensamento do legislador (*mens legislatoris*), sendo, portanto, *ex tunc* (desde então, ou seja, desde o aparecimento da norma). *Vide* TEORIA SUBJETIVA.

VONTADE DOS ESTADOS. *Direito internacional público.* Consentimento dos Estados que constitui fundamento da validade de normas que obriguem indistintamente toda a sociedade internacional como o costume, tratado etc.

VONTADE ESTÁVEL. Vontade firme que não varia.

VONTADE EXPRESSA. *Direito civil.* É a manifestada por escrito ou verbalmente ou por gestos inequívocos, como, por exemplo, os dos surdos-mudos (Sílvio de Macedo), que venham a revelar a real *intentio.*

VONTADE GERAL. *Teoria geral do direito.* **1.** Vontade coletiva do corpo político que visa ao interesse comum. Tal vontade emana do povo, reunido em assembléia, expressando-se por meio da lei. Trata-se da vontade racional do Estado, juntamente com a vontade racional do povo e do indivíduo, cujo querer está em conformidade com o Estado (Jean-Jacques Rousseau). **2.** Consciência social que regula a lei e por ela é sustentada (Green). **3.** Lei. **4.** É a que visa ao bem comum (Manoel Gonçalves Ferreira Filho).

VONTADE IMPLÍCITA. Aquela que se manifesta mais por fatos do que por palavras (Laudelino Freire).

VONTADE PARTICULAR. É a que tende a atender a um interesse particular.

VONTADE PRESUMIDA. *Direito civil.* **1.** É aquela que se pode inferir da prática de determinados atos reputados por lei como formadores de sua manifestação (De Plácido e Silva). **2.** Aceitação predeterminada pela lei, pois a não-manifestação em contrário tem eficácia jurídica, desde que esteja prevista em lei (Sílvio de Macedo).

VONTADE REAL. *Teoria geral do direito.* É a vontade interna do agente, independentemente daquela por ele declarada.

VONTADE TÁCITA. *Direito civil.* **1.** É a oriunda do silêncio ou da abstenção de um ato (Sílvio de Macedo). **2.** É a resultante da prática de um ato que, indiretamente, indique a intenção daquele que o praticou (De Plácido e Silva).

VONTADE UNILATERAL. *Direito civil.* **1.** É a manifestada por uma das partes, sendo suscetível de produzir efeitos jurídicos. **2.** É a formulada sob a forma de promessa, em que se firma a intenção de sujeitar-se à outra vontade, que venha aderir à oferta, aceitando-a (De Plácido e Silva).

VONTADE VERBAL. *Direito civil.* É a que se manifesta oralmente.

VÔO. *Direito aeronáutico.* **1.** Ação de voar. **2.** Extensão percorrida pela aeronave. **3.** Intervalo de tempo que transcorre desde que são fechadas as portas da aeronave, antes da decolagem, até que sejam abertas na chegada.

VÔO DE EXPERIÊNCIA. *Direito aeronáutico.* O vôo executado em atendimento à determinação de ordem técnica da aeronave, após revisão ou serviço de manutenção, realizado na área de sua base.

VÔO DE FRETAMENTO TURÍSTICO (*CHARTER*). **1.** Doméstico: quando o equipamento contratado e os aeroportos forem nacionais. **2.** Internacional: quando o equipamento for estrangeiro e os aeroportos nacionais, ou, ainda, quando o equipamento for nacional e o destino estiver fora do país.

VÔO DE INSTRUÇÃO. *Direito aeronáutico.* Vôo de treinamento realizado por aeronave matriculada na Categoria Instrução, praticado por aeroclubes, escolas civis de aviação e outras entidades aerodesportivas, desde que devidamente credenciadas pelo Departamento de Aviação Civil (DAC), ou, ainda, o vôo de verificação de aptidão técnica da tripulação quando não transportando passageiro ou carga.

VÔO DE RETORNO. *Direito aeronáutico.* O vôo de regresso ao ponto de partida ou de prosseguimento para o aeródromo de alternativa autorizado, por motivo de ordem técnica ou meteorológica.

VÔO DOMÉSTICO. *Direito aeronáutico.* O vôo realizado por aeronave de matrícula brasileira, em que os pontos de partida, intermediário e de destino estão situados no território brasileiro, mesmo que, por motivo de força maior, faça escalas em território estrangeiro.

VÔO INTERNACIONAL. *Direito aeronáutico.* **1.** O vôo realizado por aeronave de matrícula brasileira ou estrangeira em que os pontos de partida e intermediário estão situados no exterior, e o de destino no Brasil, ou vice-versa. **2.** É o vôo executado por aeronave de matrícula: a) brasileira, quando procedente ou destinada ao exterior, ou, ainda, quando executando fretamento em complementação de vôo internacional; b) estrangeira, em qualquer situação.

VÔO RASANTE. *Direito militar.* Vôo de avião de guerra, a pouca altura, em certa missão de combate.

VÔOS DA IMAGINAÇÃO. Devaneios; elevação do pensamento.

VÔO TERMINADO. *Direito aeronáutico.* Vôo abortado por decisão do operador de segurança de vôo, ou por dispositivo embarcado, devido à ocorrência de imprevisto que apresente risco inaceitável.

VORACIDADE. **1.** Avidez. **2.** Atividade destruidora intensa. **3.** Desejo exagerado para obter algo.

VORAZ. **1.** Destruidor; o que aniquila. **2.** Ávido. **3.** Ambicioso.

VORSATZ. *Termo alemão.* Propósito.

VORSPARVERTRAG. *Termo alemão.* Venda mediante poupança.

VORVERTRAG. *Termo alemão.* Pré-contrato ou contrato preliminar.

VOTAÇÃO. **1.** *Direito eleitoral.* a) Recolhimento de votos; b) fase do processo eleitoral que consiste no ato ou efeito de votar; c) conjunto dos votos obtidos num pleito (De Plácido e Silva). **2.** *Direito civil* e *direito comercial.* a) Conjunto dos votos dados numa sociedade simples ou empresária; b) manifestação da vontade sobre um fato.

VOTAÇÃO NOMINAL. *Direito civil* e *direito comercial.* É a que se faz, por escrito ou oralmente, por chamada, indicando-se o nome do votante.

VOTAÇÃO POR ACLAMAÇÃO. *Direito civil* e *direito comercial.* Manifestação coletiva que, numa assembléia, toma uma deliberação por meio de gestos, levantando o braço em caso de aprovação.

VOTAÇÃO SECRETA. *Direito eleitoral.* É aquela que se efetiva por meio do escrutínio ou do sufrágio secreto, em que cada votante deposita seu voto em urna.

VOTAÇÃO SIMBÓLICA. *Vide* VOTAÇÃO POR ACLAMAÇÃO.

VOTAÇÃO UNÂNIME. *Direito civil* e *direito comercial.* Votação sem divergência (Geraldo Magela Alves).

VOTADO. *Direito eleitoral, direito civil* e *direito comercial.* **1.** Aprovado pela maioria. **2.** Que se votou. **3.** Aquele em que recaíram os votos.

VOTANTE. *Direito eleitoral, direito civil* e *direito comercial.* **1.** Aquele que exerce seu direito de voto. **2.** Aquele que vota. **3.** Eleitor.

VOTAR. *Direito eleitoral, direito civil* e *direito comercial.* **1.** Eleger alguém, por meio de voto, para ocupar cargo ou exercer certa função. **2.** Deliberar. **3.** Dar opinião. **4.** Sufragar. **5.** Aprovar por meio de voto. **6.** Dar voto. **7.** Acompanhar no voto a opinião de alguém. **8.** Indicar candidato de sua preferência.

VOTATIVO. Relativo a voto.

VOTÁVEL. Aquele em que se pode votar.

VOTELESS. *Termo inglês.* Sem direito a voto.

VOTING BY BALLOT. *Expressão inglesa.* Votação secreta.

VOTING TRUST. *Vide* ACORDO DE ACIONISTAS E SOCIEDADE DE CONTROLE.

VOTISMO. *Direito eleitoral.* Influência predominante do voto ou das eleições na organização da sociedade ou do Estado.

VOTIVO. **1.** Referente ao voto. **2.** Aquilo que se prometeu por voto.

VOTO. **1.** *Direito eleitoral, direito civil* e *direito comercial.* a) Exercício do sufrágio; b) modo de manifestar a vontade numa deliberação coletiva; c) ato do eleitorado para escolher aquele que vai ocupar certo cargo ou exercer uma função; d) meio pelo qual os eleitores selecionam, formalmente, os candidatos; e) opinião individual. **2.** *Direito canônico.* a) Promessa solene feita, livre e deliberadamente, a Deus, ao abraçar a vida religiosa; b) oferenda em gratidão a uma graça recebida; c) súplica a Deus.

VOTO ABERTO. Trata-se do voto a descoberto ou ostensivo em que o votante manifesta-se verbalmente ou por escrito em cédula contendo seu nome. No Congresso tal voto pode ser exercido: a) em cédula, com o nome do votante; b) em painel eletrônico, onde o nome do votante torna-se ostensivo; c) mediante chamada nominal; d) simbolicamente, caso em que vários votantes manifestam-se ostensiva e simultaneamente (Othon Sidou).

VOTO ABUSIVO. *Direito comercial.* Aquele exercido pelo acionista de sociedade anônima com o firme propósito de lesar a companhia ou os demais sócios.

VOTO CENSITÁRIO. *Ciência política* e *história do direito.* Aquele baseado na renda anual da pessoa.

VOTO CONSULTIVO. Aquele que visa a esclarecer algo, não tendo força deliberativa, constituindo-se num parecer que venha a orientar uma decisão a ser tomada.

VOTO CUMULATIVO. *Direito comparado.* Aquele em que o eleitor ou votante dispõe de mais de um voto, podendo dar ao mesmo candidato o número de votos que lhe possam ser atribuídos, nele cumulando os votos que poderiam ser distribuídos entre vários candidatos (De Plácido e Silva). É também chamado de voto plural. Trata-se de técnica usual entre fundadores de companhia ou sociedade anônima para nela manter sua posição dominante e atender aos seus interesses pessoais, uma vez que têm o maior número de ações. O votante dispõe de vários votos, conforme o número de suas ações, que são contados na decisão de um mesmo fato. É vedado no direito brasileiro.

VOTO DE CABRESTO. *História do direito.* Sistema pelo qual, de 1889 a 1930, os políticos latifundiários, chamados coronéis, mantinham-se no poder e decidiam em quem o povo devia votar, em troca de empregos e benefícios.

VOTO DE CASTIDADE. *Direito canônico.* Voto pronunciado por aquele que segue a vida religiosa: não contrair matrimônio nem se entregar aos prazeres sexuais.

VOTO DE CENSURA. *Direito comparado.* No parlamentarismo, é aquele em que o parlamento manifesta sua desconfiança no governo (Geraldo Magela Alves).

VOTO DECISÓRIO. *Direito civil* e *direito comercial.* Voto deliberativo, ou seja, aquele que, numa assembléia, é decisivo para a solução do fato ou da matéria discutida, uma vez que resulta numa deliberação.

VOTO DE CONFIANÇA. *Direito comparado.* No parlamentarismo, é aquele em que o parlamento manifesta seu apoio ao gabinete ou ao governo (Geraldo Magela Alves).

VOTO DE DESEMPATE. *Direito processual, direito civil* e *direito comercial.* É aquele que compete ao Presidente de órgão colegiado, ou seja, de tribunal, de assembléia, de sociedade ou de entidade, para fins de desempate. É também chamado voto de minerva ou de qualidade, ou, ainda, voto preponderante.

VOTO DELIBERATIVO. *Vide* VOTO DECISÓRIO.

VOTO DE LOUVOR. Elogio escrito feito a quem possui mérito.

VOTO DE MINERVA. *Vide* VOTO DE DESEMPATE.

VOTO DE OBEDIÊNCIA. *Direito canônico.* Aquele em que o religioso compromete-se a acatar as ordens de seu superior conforme as normas instituídas.

VOTO DE PESAR. Aquele feito a parentes de falecido; pêsames.

VOTO DE POBREZA. *Direito canônico.* Aquele em que o religioso renuncia a propriedade de bens terrenos (De Plácido e Silva).

VOTO DE QUALIDADE. *Vide* VOTO DE DESEMPATE.

VOTO DESTITUINTE. *Ciência política.* Voto para destituir parlamentar cuja representação venha a ferir os princípios éticos ou a fugir dos deveres e compromissos assumidos com os seus eleitores. Trata-se de uma tese defendida por Michel Temer, por não ferir a base do sistema democrático a possibilidade de a sociedade organizada pedir, por meio de abaixo-assinado, a destituição daquele que estiver traindo a representação, desde que se obtenha um número de assinaturas de cidadãos proporcional à densidade eleitoral da região. Para tanto, pleiteará a Mesa Diretora da Casa Legislativa a abertura de um processo para apurar os fatos desabonadores da vida parlamentar. Com isso, assevera aquele jurista, o povo passa a ter o controle sobre seus representantes, defendendo seus legítimos interesses, pressionando o Legislativo ao exigir correção ética e qualidade política. Dessa forma, os parlamentares procurarão cumprir seus compromissos e zelar pela boa conduta, prestando contas de seus atos e melhorando a qualidade da representação.

VOTO DIRETO. *Direito eleitoral.* Aquele em que o eleitor, diretamente, por meio de voto, escolhe o candidato de sua preferência.

VOTO DISTRITAL. *Direito eleitoral.* **1.** Aquele tomado em função da unidade política subdividida, sendo o resultado da apuração autônomo, para que a representatividade seja mais autêntica (Othon Sidou). **2.** Aquele em que o eleitor elege representante de atuação circunscrita ao seu distrito eleitoral (Marcus Cláudio Acquaviva).

VOTO DO PRESO. *Direito eleitoral.* Voto de eleitor preso provisoriamente, garantido constitucionalmente, pois só há suspensão ou privação temporária do direito político em caso de condenação criminal transitada em julgado enquanto durarem seus efeitos (Laertes de M. Torrens).

VOTO EM BRANCO. *Direito eleitoral.* Aquele em que o eleitor não manifesta preferência por nenhum dos candidatos.

VOTO EM SEPARADO. *Direito eleitoral.* Aquele que, em razão da identidade do eleitor, se recolhe sem misturá-lo aos demais votos, pois só pode ser computado após a resolução daquela dúvida.

VOTO FACULTATIVO. *Direito eleitoral.* Aquele não exigido por lei, que dispensa sua obrigatoriedade a maiores de setenta anos, aos maiores de dezesseis e menores de dezoito anos e aos analfabetos.

VOTO FEMININO. *História do direito* e *direito eleitoral.* Direito de voto conquistado pelas mulheres primeiramente na Grã-Bretanha, em 1918, para as que tivessem mais de trinta anos; e no Brasil a partir de 1934, sendo hoje esta conquista reconhecida mundialmente.

VOTO FLUTUANTE. *Direito eleitoral.* Voto imprevisível de eleitor que não tem preferência por qualquer partido político.

VOTO INDIRETO. *História do direito* e *direito comparado.* Aquele em que os eleitores elegem delegados que, por sua vez, escolherão aqueles que vão ocupar cargos políticos.

VOTO LIMITADO. *Direito eleitoral.* Aquele conferido ao eleitor para votar em um número de candidatos inferior ao número de cargos disputados na eleição (De Plácido e Silva).

VOTO MÉDIO. *Direito processual.* É o apurado na votação de órgãos colegiados dos tribunais, solucionando-se as diferenças quantitativas e qualitativas entre os votos dos magistrados para proclamação do resultado final do julgamento (Décio Cretton).

VOTO MÚLTIPLO. 1. *Direito eleitoral.* Aquele que é próprio de sistema eleitoral em que o eleitor pode, numa mesma eleição, votar em várias circunscrições. **2.** *Direito comercial.* É, na eleição do conselho de sociedade anônima, o assegurado aos acionistas que representam, no mínimo, um décimo do capital social, de atribuírem a cada ação tantos votos quantos forem os membros ou cargos do conselho, com o escopo de cumulá-los num único candidato ou distribuí-los entre vários deles (Othon Sidou). É usado para garantir a representatividade da minoria no órgão deliberativo da sociedade anônima.

VOTO NO EXTERIOR. *Direito eleitoral.* Aquele exercido pelo eleitor que se encontra no estrangeiro, na mesa eleitoral que funciona embaixada ou consulado-geral de seu País, para eleger o Presidente e o Vice-Presidente da República. A urna será enviada ao Brasil, onde os votos serão apurados.

VOTO NOMINAL. *Vide* VOTO ABERTO.

VOTO NULO. *Direito eleitoral.* Voto inválido que não pode ser computado por faltar assinatura do Presidente da mesa eleitoral, por conter expressões identificadoras do votante, por não corresponder ao critério exigido oficialmente etc.

VOTO OBRIGATÓRIO. *Direito eleitoral.* Aquele a que o eleitor está obrigado, não podendo, por ocasião das eleições, escusar-se de votar, desde que maior de 18 e menor de 70 anos, sem justa causa, sob pena de receber sanção pecuniária (multa) pelo seu não comparecimento às urnas.

VOTO OSTENSIVO. *Vide* VOTO ABERTO.

VOTO PESSOAL. *Direito eleitoral.* Aquele que só pode ser emitido, pelo próprio votante, não se admitindo que ele vote por meio de correspondência ou procurador munido com poderes especiais.

VOTO PLURAL. *Vide* VOTO CUMULATIVO.

VOTO POPULAR. *Ciência política.* Direito-dever do cidadão de manifestar sua vontade por meio do sufrágio direto, universal e secreto, de plebiscito e de referendo.

VOTO POR CORRESPONDÊNCIA. *Direito eleitoral.* Declaração da vontade do eleitor ausente do local onde se encontra a mesa eleitoral, enviada por meio de carta ao colégio eleitoral. É preciso que esteja impossibilitado, por algum motivo justo, de comparecer pessoalmente para votar. No Brasil é proibido nas eleições a cargos políticos.

VOTO POR PROCURAÇÃO. *Direito civil* e *direito comercial.* Aquele em que procurador ou mandatário, munido de procuração especial, com poderes expressos para tanto, vota pelo mandante-eleitor que não pode comparecer pessoalmente ao local das eleições.

VOTO PREPONDERANTE. *Vide* VOTO DE DESEMPATE.

VOTO PROPORCIONAL. *Direito eleitoral.* É o que assegura a cada partido político um número de representantes, conforme a expressão eleitoral (Othon Sidou). *Vide* QUOCIENTE ELEITORAL.

VOTO RESTRITO. *Direito eleitoral.* Aquele em que o direito de eleger é atribuído conforme a instrução ou a situação econômica do eleitor.

VOTO SECRETO. *Direito eleitoral.* É o que se dá mediante escrutínio, não podendo ser conhecido de terceiros seu conteúdo e o nome do votante que o proferiu.

VOTO SINGULAR. 1. *Direito eleitoral.* Aquele em que o eleitor só tem direito a um único sufrágio. **2.** *Direito comercial* e *direito civil.* Aquele em que o eleitor só tem direito a um voto, pouco importando o número de ações que tiver na sociedade, o valor com que entrou para o capital social ou sua posição na sociedade.

VOTOS RELIGIOSOS. *Direito canônico.* Aqueles que devem ser feitos pelos que abraçam a vida religiosa, abrangendo: o de pobreza, o de castidade e o de obediência.

VOTO VÁLIDO. *Direito eleitoral.* Aquele que seguiu todos os requisitos exigidos por lei.

VOTO VENCEDOR. *Direito processual.* É o aceito e acompanhado pela maioria dos magistrados componentes de órgão colegiado.

VOTO VENCIDO. *Direito processual.* É aquele bem fundamentado, dado em separado pelo membro de órgão judicate de tribunal, que diverge da opinião dos demais. É o voto contrário à maioria dos deliberantes, trazendo argumentos diversos aos dos votos vencedores.

VOUCH. *Termo inglês.* **1.** Certificar. **2.** Testemunhar. **3.** Atestar. **4.** Testemunho. **5.** Garantia.

VOUCHER. *Termo inglês.* **1.** Testemunha. **2.** Fiador. **3.** Prova documental. **4.** Certidão. **5.** Fiança.

VOVENTE. *Direito canônico.* Aquele que faz votos ou promessas.

VOW. *Termo inglês.* **1.** Voto. **2.** Promessa.

VOX CLAMANTIS IN DESERTO. *Expressão latina.* Voz que clama no deserto.

VOX ET PRAETEREA NIHIL. *Expressão latina.* Palavras e nada mais.

VOX FAUCIBUS HAESIT. *Expressão latina.* Forte emoção; a voz ficou presa na garganta.

VOX POPULI. *Locução latina.* Voz do povo.

VOX POPULI, VOX DEI. *Expressão latina.* Voz do povo, voz de Deus.

VOX UNIUS, VOX NULLIUS. *Expressão latina.* Voz de um, voz de nenhum.

VOYAGE. *Termo francês.* Viagem.

VOYAGE CHARTER. 1. *Vide CHARTER WITHOUT DEMISE.* **2.** *Locução inglesa.* Fretamento contratado por uma ou mais viagens, ficando o fretador com a gestão náutica e comercial.

VOYER. *Termo francês.* Fiscal de estrada.

VOYEURISMO. *Vide* VOIEURISMO.

VOYEUSES. *Medicina legal.* Aqueles que, em razão de perversão sexual, sentem prazer em contemplar cópula carnal e intimidades sexuais praticadas por terceiros (Croce e Croce Jr.).

VOZ. 1. Som com que a palavra é modulada. **2.** Palavra falada. **3.** Som produzido pelos órgãos da fonação. **4.** Faculdade de emitir som ou de falar. **5.** Comunicação verbal. **6.** Clamor. **7.** Poder para falar em nome de outrem. **8.** Aviso. **9.** Conselho. **10.** Boato. **11.** Fama. **12.** Súplica. **13.** Opinião. **14.** Faculdade de falar e votar em órgão deliberativo.

VOZ ATIVA. 1. Palavra emitida oralmente por quem tem autoridade. **2.** Aquele que impõe respeito, pela sua força de persuasão.

VOZ CONSULTIVA. 1. Parecer. **2.** Opinião. **3.** Informação que pode influir numa deliberação.

VOZ CORRENTE. 1. É a voz geral ou opinião que circula como sendo verdadeira ou certa. **2.** A que diz respeito ao que todos falam. **3.** Rumor.

VOZ DA CONSCIÊNCIA. Sentimento íntimo ou pessoal.

VOZ DE ADVERTÊNCIA. *Direito militar.* Primeira parte da voz de comando que indica o movimento que deve ser feito.

VOZ DE COMANDO. *Direito militar.* Ordem militar prolatada pelo comandante, de modo claro e em tom alto, à frente da tropa.

VOZ DELIBERATIVA. Voto ou opinião emitida por um órgão colegiado, decidindo uma questão.

VOZ DO POVO. *Vide* VOZ PÚBLICA.

VOZEARIA. Clamor de muitas vozes.

VOZEIO. Ato ou efeito de falar muito alto ou de emitir ordem ou vontade em voz alta.

VOZEIRO. 1. Nas *linguagens comum* e *jurídica:* aquele que fala demais. **2.** *História do direito.* a) Aquele que podia votar em nome de outrem; b) procurador; c) advogado, na época em que vigoravam as Ordenações.

VOZ GERAL. *Vide* VOZ CORRENTE.

VOZ POPULAR. *Vide* VOZ PÚBLICA.

VOZ PÚBLICA. 1. Rumor público. **2.** Aquela opinião popular ou comum que se forma a respeito de certo fato, tornando-o notório, ou relativamente à fama de uma pessoa. **3.** Aquela relativa ao que é de conhecimento de todos, fazendo com que o processo de comunicação perca sua individualização e se integre no processo de massificação (Sílvio de Macedo). **4.** Fama cor-

rente. **5.** O que todos comentam e transmitem de pessoa a pessoa (José Naufel). **6.** Boato. **7.** Opinião pública.

VRAC. *Termo francês.* Conjunto de mercadorias despachadas sem enfardamento.

VRG. *Direito comercial.* Abreviatura de Valor Residual Garantido, que é fixado em percentual sobre o valor de aquisição do bem arrendado, pago ao final do *leasing*, por ocasião da opção de compra do bem arrendatário.

VRGP. *Direito previdenciário.* Vida com Remuneração Garantida e Performance, para designar planos que garantam aos segurados, durante o período de diferimento, remuneração por meio da contratação de índice de atualização de valores e de taxas de juros e a reversão, parcial ou total, de resultados financeiros.

VRI. *Direito previdenciário.* Vida com Renda Imediata, para designar planos que, mediante prêmio único, garantam o pagamento de capital segurado sob a forma de renda imediata.

VRSA. *Direito previdenciário.* Vida com Remuneração Garantida e Performance sem Atualização, para designar planos que, sempre estruturados na modalidade de contribuição variável, garantam aos segurados, durante o período de diferimento, remuneração por meio da contratação de taxa de juros e a reversão, parcial ou total, de resultados financeiros.

V. U. *Direito processual.* Abreviação de votação unânime, colocada em autos processuais apreciados por tribunais.

VUC. Abreviação de Veículo Urbano de Carga.

VULCANIZADOR. *Direito do trabalho.* Operário que combina borracha com enxofre ou sulfetos, para torná-la mais resistente.

VULGACHO. *Sociologia geral.* **1.** Ralé. **2.** Camada mais inferior da sociedade.

VULGADO. 1. Divulgado. **2.** Notório.

VULGAR. 1. Nas *linguagens comum* e *jurídica:* a) o que diz respeito ao vulgo; b) comum; c) freqüente; d) ordinário; e) reles; f) medíocre; g) que não é significativo; h) popular. **2.** *História do direito.* Direito romano do período pós-clássico aplicado nas províncias ocidentais (Brunner). O direito romano vulgar caracterizou-se: a) pela ausência de jurisconsultos; b) pelo aumento da legislação cristã; c) pela pobreza de compilação de obras doutrinárias, como a *Pauli sententia*, *Vaticana fragmenta*, *Epitome Gai* etc.; d) pela introdução de institutos do povo germânico; e) pela burocratização dos órgãos imperiais; e f) pela pressão de forças econômicas (Gaudemet; Juan Iglesias; José Rogério Cruz e Tucci).

VULGAR DOS HOMENS. O comum dos homens.

VULGARIDADE. Qualidade de vulgar.

VULGARISMO. 1. Vulgaridade. **2.** O falar ou o pensar que é próprio do povo.

VULGARIZAÇÃO. Ato ou efeito de vulgarizar.

VULGARIZADO. 1. Comum. **2.** Que está ao alcance popular.

VULGARIZAR. 1. Tornar algo público. **2.** Pôr ao alcance do povo. **3.** Divulgar; dar publicidade.

VULGATA. 1. *Direito canônico.* Tradução latina da Bíblia, feita por São Jerônimo, reconhecida pela Igreja no Concílio de Trento. **2.** *História do direito.* Texto do *Digesto justinianeu* que foi analisado pelos glosadores de Bolonha, em fins do século XI. É também denominada *Littera boloniensis.*

VULGÍVAGO. 1. *Direito penal.* Quem se prostitui. **2.** Libertino.

VULGO. 1. Povo; massa social. **2.** O comum dos homens. **3.** Conforme o uso comum. **4.** Apelido.

VULGOCRACIA. *Ciência política.* Influência política da classe popular.

VULNERABILIDADE. 1. Na *linguagem comum*: qualidade de vulnerável. **2.** *Medicina legal, biodireito* e *psicologia forense.* Estado de pessoa que, por qualquer razão, tenha a sua capacidade de autodeterminação reduzida, principalmente no que se refere ao consentimento livre e esclarecido para participar de uma pesquisa que a envolva. São vulneráveis, por causas *biológicas,* as crianças, os deficientes e as pessoas hospitalizadas; *sociais,* os soldados e os prisioneiros; e *políticas,* os imigrantes ilegais e os refugiados políticos (Maria Carolina S. Guimarães e Sylvia C. Novaes).

VULNERABILIDADE EXTERNA. *Direito bancário.* Indicador do nível de risco que há ante a dimensão do déficit em conta corrente (Luiz Fernando Rudge).

VULNERABILIDADE FÁTICA. *Direito do consumidor.* Baixa condição socioeconômica do consumidor (Cláudia Lima Marques).

VULNERABILIDADE JURÍDICA. *Direito do consumidor.* Ausência de conhecimento jurídico, contábil ou econômico relacionado com o produto ou serviço contratado (Cláudia Lima Marques).

VULNERABILIDADE TÉCNICA. *Direito do consumidor.* Aquela em que o comprador ou consumidor não tem conhecimentos técnicos sobre o bem adquirido (Cláudia Lima Marques).

VULNERAÇÃO. 1. *Teoria geral do direito.* a) Ofensa; b) violação. **2.** *Medicina legal.* Ferida provocada por instrumento cirúrgico.

VULNERAÇÃO DA LEI. Infração legal.

VULNERADOR. 1. Ofensor. **2.** Violador. **3.** Infrator. **4.** Aquele que vulnera.

VULNERA NON DATUR AD MENSURAM. *Expressão latina.* As lesões corporais são praticadas sob medida.

VULNERANTE. *Vide* VULNERADOR.

VULNERAR. 1. Ofender muito. **2.** Ferir. **3.** Violar. **4.** Infringir.

VULNERÁRIO. *Medicina legal.* Medicamento próprio para a cura de feridas.

VULNERÁVEL. 1. Que dá presa à crítica ou à censura. **2.** Lado fraco de uma questão. **3.** Ponto em que uma pessoa pode ser ofendida. **4.** Que se pode vulnerar.

VULPINE. *Termo inglês.* **1.** Pessoa dissimulada. **2.** Astuto.

VULT ET NON VULT PIGER. *Expressão latina.* O vadio quer e não quer.

VULTO. 1. Semblante. **2.** Figura indistinta. **3.** Volume; grandeza. **4.** Pessoa notável ou de renome. **5.** Interesse.

VULTOSO. 1. De grande vulto. **2.** Volumoso.

VULTUOSIDADE. *Medicina legal.* Estado patológico comum no alcoolismo em que as faces e lábios estão tumefatos e rubros e os olhos congestionados e injetados (Croce e Croce Jr.).

VULTUOSO. *Medicina legal.* Rosto em que as faces e lábios estão vermelhos e inchados, e os olhos salientes, muito comum em alcoólatras.

VULTUS IMAGO ANIMI. *Expressão latina.* O rosto é a imagem da alma.

VULTUS QUOQUE HOMINUM FINGIT SCELUS. *Expressão latina.* O mal e o bem à face vêm.

VULVA. *Medicina legal.* Genitália externa feminina que contém o clitóris, pequenos e grande lábios, vestíbulo e o Monte de Vênus (José Lopes Zarzuela).

VULVITE. *Medicina legal.* Inflamação da vulva.

VULVOVAGINITE. *Medicina legal.* Inflamação simultânea da vulva e da vagina.

WA. *Vide WITH AVERAGE.*

WAGE. *Termo inglês.* **1.** Honorários. **2.** Salário. **3.** Soldo. **4.** Remuneração. **5.** Remuneração de empregado, incluindo salário, comissão e gratificação (Marcus Cláudio Acquaviva).

WAGE-CLAIM. *Locução inglesa.* Reivindicação salarial.

WAGE-FREEZE. *Termo inglês.* Congelamento de salário.

WAGNER LABOUR RELATIONS ACT. *Expressão inglesa.* Lei que, nos EUA em 1935, permitiu a organização dos sindicatos dos trabalhadores e a efetivação dos contratos coletivos de trabalho.

WAGON-LIT. *Locução francesa.* Vagão-leito; carro-leito.

WAIF. *Termo inglês.* Criança ou objeto abandonado.

WAITING PERIOD. *Locução inglesa.* Período de carência.

WAIVER. *Termo inglês.* **1.** Abandono. **2.** Desistência. **3.** Renúncia. **4.** Pedido de dispensa do cumprimento de cláusulas financeiras em contrato de empréstimo por inadequação contábil ou impossibilidade de pagamento no prazo estipulado (Luiz Fernando Rudge).

WAIWER OF IMMUNITY. *Expressão inglesa.* Renúncia voluntária da testemunha ao direito de não ser obrigada a prestar depoimento auto-acusatório (Marcus Cláudio Acquaviva).

WALLERIANO. *Medicina legal.* Método identificador da região das fibras nervosas pela observação da direção da degenerescência após o corte do nervo.

WALL-STREET. *Locução inglesa.* Bolsa de valores de Nova York.

WAL-MART. *Locução inglesa.* É a maior organização de varejo dos Estados Unidos.

WAMPUM. *História do direito.* Contas de conchas usadas, nos EUA, pelos índios como dinheiro.

WAN. *Direito virtual.* Abreviação de *Wide Area Network.* Rede de computadores que se estende por muitos quilômetros (Afonso Celso F. de Rezende).

WANTAGE. *Termo inglês.* **1.** Carência. **2.** Falta. **3.** Deficiência.

WANT OF CONSIDERATION. *Locução inglesa.* Falta de pagamento.

WANT OF JURISDICTION. *Locução inglesa.* Incompetência de jurisdição.

WANTON. *Termo inglês.* **1.** Negligente. **2.** Imprudente.

WAP. *Direito virtual.* **1.** Abreviação de *Wireless Application Protocol.* **2.** Padrão aprovado pelas indústrias de informática e de celulares para fins de acesso à Internet via telefones móveis. **3.** Uso da Internet por meio de telefone celular, sem necessidade de um computador (Dulaney).

WAR. *Termo inglês.* **1.** Guerra. **2.** Hostilidade. **3.** Combate.

WARD. *Termo inglês.* **1.** Pupilo. **2.** Custódia. **3.** Presídio. **4.** Bairro. **5.** Quarteirão. **6.** Distrito.

WARDEN. *Termo inglês.* **1.** Tutor. **2.** Diretor de presídio.

WARDER. *Termo inglês.* **1.** Zelador. **2.** Carcereiro.

WARDSHIP. *Termo inglês.* Tutela.

WARE. *Termo inglês.* **1.** Mercadoria. **2.** Artigo de comércio.

WAREHOUSE. *Termo inglês.* **1.** Armazém. **2.** Área destinada à guarda de mercadorias. **3.** Local coberto, onde os materiais ou produtos são recebidos, classificados, estocados e expedidos (James G. Heim).

WAREHOUSE-KEEPER'S WARRANT. *Direito cambiário.* *Warrants* emitidos por armazéns de depósito.

WAREHOUSE MANAGEMENT SYSTEM (WMS). *Expressão inglesa.* **1.** Sistema de Administração de Armazém ou melhor Sistema de Gerenciamento de Armazém (*Warehouse Management System* – WMS). **2.** *Software* aplicado à gestão de áreas de armazenagem, no que tange ao controle de entrada e saída de materiais, endereçamento, realização do FIFO e do FEFO, controle de estoque, formação de cargas para expedição (*picking*) etc. (James G. Heim). **3.** Sistema de Controle de Armazém (*Warehouse Control System* – WCS).

WAREHOUSE RECEIPT. *Locução inglesa.* Conhecimento de depósito.

WAREN. *Termo alemão.* Proibição de caça e pesca em áreas que constituíam privilégio dos senhores feudais.

WAREZ. *Vide* GAMEZ.

WARLIKE. *Termo inglês.* **1.** Bélico. **2.** Militar. **3.** Marcial. **4.** Guerreiro.

WARRANT. **1.** *Termo inglês.* a) Garantia; b) mandado; c) procuração. **2.** *Direito comercial* e *direito cambiário.* Título de crédito nominativo, com cláusula à ordem, transmissível por endosso em preto ou em branco e negociável. Emitido juntamente com o conhecimento de depósito pelos armazéns-gerais em favor daquele que deposita mercadorias em seus depósitos, como garantia pignoratícia sobre aquelas mercadorias. Trata-se do *warrant* de depósito, que é o documento apropriado para transferência da mercadoria armazenada. O *warrant* confere ao seu portador o direito real de penhor sobre as mercadorias depositadas e nele especificadas. É o instrumento de penhor sobre tais mercadorias.

WARRANTADO. *Direito cambiário* e *direito comercial.* O que está sujeito a *warrant.*

WARRANTAGEM. *Direito cambiário.* **1.** Efetuação de *warrant*, emitindo título e colocando-o em circulação. **2.** Garantia pignoratícia dada por meio do *warrant*. **3.** Ato ou efeito de garantir, por meio de *warrant*, o crédito de mercadorias, depositadas em armazéns-gerais ou empresas similares.

WARRANT AGRÍCOLA. *Direito agrário.* É o título à ordem emitido pelo agricultor àquele que lhe concedeu um empréstimo em dinheiro, sob garantia pignoratícia de seus produtos, colheitas, frutos pendentes etc., com a característica de não perder o emitente sua posse (Capitant).

WARRANT AGROPECUÁRIO (WA). *Direito agrário.* Título de crédito que confere direito de penhor sobre o produto descrito no Certificado de Depósito Agropecuário.

WARRANTAR. *Direito cambiário.* **1.** Garantir pignoraticiamente uma mercadoria armazenada por meio de *warrant*. **2.** Instituir penhor de mercadoria depositada por meio do *warrant*. **3.** Submeter a *warrant.*

WARRANTED FREE FROM CAPTURE AND SEIZURE. *Vide FREE OF CAPTURE AND SEIZURE.*

WARRANTER. *Termo inglês.* **1.** Fiador. **2.** Abonador.

WARRANT-HÔTELIER. *Direito comercial.* Título de crédito que tem por garantia real e pignoratícia os móveis que guarnecem o hotel, que é emitido pelo devedor-proprietário daqueles móveis, sem que a posse destes passe para o credor (Carvalho de Mendonça).

WARRANTLESS ARREST. *Locução inglesa.* Prisão sem mandado.

WARRANT OF ARREST. *Locução inglesa.* Ordem de prisão.

WARRANT OF COMMITMENT. *Locução inglesa.* Medida de segurança.

WARRANT OF MERCHANTABILITY. *Locução inglesa.* Garantia de fabricação.

WARRANT TO SUE AND DEFEND. *Expressão inglesa.* Procuração judicial.

WARSHIP. *Termo inglês.* Navio de guerra.

WASH SALE. *Locução inglesa.* Venda fictícia de títulos para alterar o mercado.

WASSERMANN. *Vide* REAÇÃO DE *WASSERMANN.*

WASTAGE. *Termo inglês.* **1.** Dissipação. **2.** Quebra. **3.** Ruína. **4.** Perda. **5.** Desgaste.

WASTEFULNESS. *Termo inglês.* Prodigalidade.

WASTER. *Termo inglês.* **1.** Esbanjador. **2.** Pródigo.

WASTING ASSETS. *Locução inglesa.* Bens consumíveis.

WATCH. *Termo inglês.* Vigília.

WATCHFULNESS. *Termo inglês.* **1.** Cautela. **2.** Vigilância.

WATCHMAN. *Termo inglês.* **1.** Vigia. **2.** Guarda.

WATER-CLOSET. *Locução inglesa.* Sua abreviação é W. C. e significa: a) latrina com descarga de água; b) reservado onde se encontram as instalações sanitárias; c) banheiro.

WATER HOUSE-FRIDERICHSEN. *Vide* SÍNDROME DE *WATER HOUSE-FRIDERICHSEN.*

WATERING. *Termo inglês.* Supercapitalização ou aguamento do capital.

WATER-POLO. *Locução inglesa.* Pólo-aquático.

WATT. *Termo inglês.* **1.** Vátio. **2.** Unidade de potência igual à de um joule por segundo.

WATT-HORA. Unidade de energia elétrica, consumida em uma hora.

WATTÍMETRO. Instrumento apropriado para medir potência elétrica.

WAVESON. *Termo inglês.* Conjunto de destroços de um naufrágio.

WAYBILL. *Termo inglês.* Documento de embarque.

WAYFARER. *Termo inglês.* **1.** Viajante. **2.** Transeunte.

WAYLAY. *Termo inglês.* Armar cilada.

WAYLEAVE. *Termo inglês.* Servidão de passagem.

WAYWARDNESS. *Termo inglês.* **1.** Perversidade. **2.** Impertinência. **3.** Desobediência. **4.** Capricho.

WEAKNESS. *Termo inglês.* **1.** Imbecilidade. **2.** Debilidade. **3.** Indecisão.

WEAK PERMISSION. *Locução inglesa.* Permissão de comportamento comissivo ou omissivo (Von Wright).

WEALTH. *Termo inglês.* **1.** Situação financeira. **2.** Fortuna.

WEAR AND TEAR. *Locução inglesa.* Desgaste natural do bem.

WEB. *Direito virtual.* Onde se localiza o conteúdo gráfico da Internet, ou seja, as *homepages* (Amaro Moraes e Silva Neto).

WEB CAM. *Direito virtual.* Câmera virtual onde, em tempo real, se pode manter contato auditivo e visual (Felipe Luiz Machado Barros).

WEBER. **1.** Na *linguagem comum:* unidade de fluxo de indução magnética. **2.** *Psicologia forense.* Lei criada por Ernst Heinrich Weber à observação psicológica de que a sensação varia conforme o grau de excitação sensorial (Fechner).

WEBMASTER. *Termo inglês* e *direito virtual.* **1.** Responsável pela administração de *sites* que estão na Rede Mundial (Afonso Celso F. de Rezende). **2.** Responsável técnico pela guarda e pelo conteúdo das informações do *Website.* **3.** Profissional especializado que presta serviços informáticos para manter o *site* em funcionamento, atualizando-o, conforme os interesses do seu proprietário.

WEBNAUTA. *Direito virtual.* **1.** Usuário. **2.** Internauta. **3.** Cibernauta.

WEB SERVICES. *Direito virtual* e *direito financeiro.* Meio de comunicação e troca de dados entre os sistemas do Tesouro Direto e do Agente de Custódia.

WEDDERLINGUE. *Termo alemão.* Associação em que seus partícipes unem forças, mercadorias e capitais para poder enfrentar as incertezas e perigos da expedição marítima (Geraldo Bezerra de Moura).

WEDDING. *Termo inglês.* Matrimônio.

WEDELIN. *Termo francês.* Pequeno barco fluvial formado de três tábuas.

WEDLOCK. *Termo inglês.* Matrimônio.

WEEKEND. *Locução inglesa.* **1.** Fim de semana. **2.** Descanso semanal.

WEIGH ANCHOR. *Locução inglesa.* Zarpar.

WEIGHING. *Termo inglês.* Pesagem.

WEITERVERWEISUNG. *Termo alemão.* Retorno de segundo grau, quando a norma de direito internacional privado do Estado "B" declara a aplicabilidade do direito de um terceiro país à relação jurídica.

WELFARE. *Termo inglês.* **1.** Prosperidade. **2.** Segurança. **3.** Bem-estar.

WELFARE STATE. **1.** *Locução inglesa.* Estado que, ao intervir na economia, busca o bem-estar social. **2.** *Vide* ESTADO DO BEM-ESTAR.

WELL-ADVISED. *Locução inglesa.* **1.** Bem-avisado. **2.** Prudente.

WELL-DOING. *Locução inglesa.* Beneficência.

WELL-MEANT. *Locução inglesa.* O que é feito com boa intenção.

WELTANSCHAUUNG. *Termo alemão.* **1.** Cosmovisão. **2.** Filosofia de vida de uma pessoa ou de um grupo de pessoas.

WELTRECH. *Termo alemão.* Direito mundial, propugnado por Zitelmann.

WERGELD. **1.** *Vide* PREÇO DO SANGUE. **2.** *Direito civil* e *direito processual civil.* Indenização de dano que deve ser paga pelo ofensor ao ofendido.

WERKVERTRAG. *Locução alemã.* Empreitada; contrato de obra.

WERKWERTE. *Termo alemão.* Valores de cultura.

WERT. *Termo alemão.* Valor.

WERTBEZIEHEND. *Termo alemão.* O que se refere a valores.

WERTENDES DENKEN. *Locução alemã.* Pensamento valorador.

WERTFÜHLEN. *Termo alemão.* Sentimento dos valores.

WERTGESTALTUNG. *Termo alemão.* Realização dos valores.

WERTIDEEN. *Termo alemão.* Idéias de valor.

WERTPAPIERE. *Termo alemão.* Valor mobiliário. Para Norbert Horn é o documento que representa um direito privado subjetivo, de modo que o seu exercício depende da posse do documento.

WERTPHILOSOPHIE. *Termo alemão.* Filosofia dos valores.

WERTSACHEVERHALTSERLEBEN. *Termo alemão.* Situação de fato valiosa.

WERTÜBERWINDEND. *Termo alemão.* O que supera valores.

WERTURTEI. *Termo alemão.* Juízo de valor.

WERTWIRKLICHKEIT. *Termo alemão.* Realidade valiosa.

WERTWISSENSCHAFTEN. *Termo alemão.* Ciências dos valores.

WESENSCHAU. *Termo alemão.* Intuição essencial.

WESLEYANO. 1. Relativo ao metodismo, seita protestante fundada por Wesley. **2.** Metodista.

WHARF. *Termo inglês.* **1.** Cais. **2.** Embarcadouro. **3.** Desembarcadouro.

WHARFAGE. *Termo inglês.* **1.** Direitos de cais. **2.** Acomodação no cais.

WHARFINGER'S WARRANT. *Direito cambiário.* Títulos lançados pelos armazéns de depósito do cais (Waldirio Bulgarelli).

WHEELAGE. *Termo inglês.* Pedágio.

WHETHER IN BERTH OR NOT. *Vide* CLÁUSULA *WHETHER IN BERTH OR NOT.*

WHIG. *Termo inglês.* **1.** Adepto do partido liberal. **2.** Escória; bandido.

WHIP. *Termo inglês.* Membro do parlamento inglês que tem a incumbência de coordenar as votações (Marcus Cláudio Acquaviva).

WHITE COLLAR CRIME. *Vide* CRIME DE COLARINHO BRANCO.

WHOLESALE. *Termo inglês.* Venda por atacado.

WHORE. *Termo inglês.* Meretriz.

WHOREDOM. *Termo inglês.* Prostituição.

WIDAL. *Vide* REAÇÃO DE WIDAL.

WIDERRUF. *Termo alemão.* Retratação.

WIDE-SPREAD. *Locução inglesa.* Divulgado.

WIDOW'S ALLOWANCE. *Locução inglesa.* Pensão paga pelo espólio à viúva.

WIEDERAUFNAHME DES VERFAHRENS. *Expressão alemã.* Ação rescisória.

WIFLENSMACHT. *Termo alemão.* Poder jurídico.

WIGWAG. *Termo inglês.* Transmissão de sinais com bandeiras.

WIHTIGO. *Medicina legal* e *psicologia forense.* Síndrome psiquiátrica comum em silvícolas e esquimós, que se caracteriza por insônia e depressão e, às vezes, por intenso desejo de praticar canibalismo, provocado pelo medo de ser enfeitiçado e transformado num grande esqueleto de gelo devorador de carne humana (Croce e Croce Jr.).

WILD. *Termo inglês.* **1.** Selvagem. **2.** Rústico. **3.** Desabitado. **4.** Rude. **5.** Violento. **6.** Licencioso. **7.** Louco.

WILDCAT. *Termo inglês.* **1.** Cavar poço petrolífero sem ter certeza da existência de petróleo. **2.** Arriscado. **3.** Inseguro.

WILDCAT STRIKE. *Locução inglesa.* Greve ilegal.

WILINESS. *Termo inglês.* Fraude.

WILL. *Termo inglês.* Testamento.

WILL CONTEST. *Locução inglesa.* Impugnação de testamento.

WILLENSENTS CHLIESSUNG. *Termo alemão.* Liberdade da vontade de resolução.

WILLESNHENSCHAFT. *Termo alemão.* Soberania da vontade.

WILLFUL MURDER. *Locução inglesa.* Homicídio doloso.

WILMS. *Vide* TUMOR DE WILMS.

WINCHESTER. *Direito virtual.* Disco rígido instalado na CPU, onde está a memória total.

WINTER SPORT. *Locução inglesa.* Esporte de inverno.

WIPO. Sigla de *World Intellectual Property Organization*, que é uma agência especializada das Nações Unidas para promover a proteção à propriedade intelectual.

WIRACOCHA. *História do direito.* Denominação dada no Peru a grandes personalidades, em lembrança a um mito inca que teria existido em fins do século XIV ou começo do século XV, chamado Wiracocha, que ampliou consideravelmente o império ao estabelecer guarnições em todos os territórios conquistados (Bacacorzo).

WIRELLES. *Direito virtual.* **1.** É a conexão sem fio, ou rede de computadores implementada sem o uso de cabos e canaletas para passagem dos fios por paredes, posto que a transmissão do sinal é feita por meio de adaptadores instalados nas máquinas onde o sinal será transmitido pelo espalhamento de espectro. **2.** Tecnologia que, sem fio, permite a conexão entre diferentes pontos sem a necessidade do uso de cabos (nem de telefonia, nem de TV a cabo, nem de fibra ótica), através da instalação de uma antena e de um rádio de transmissão (Fonte: Wikipédia).

WIRTSCHAFTLICHE. *Termo alemão.* Associação que pretende alcançar um fim econômico não lucrativo.

WITH AVERAGE. *Direito internacional privado.* Seguro das mercadorias no transporte marítimo, que cobre perda parcial superior a uma percentagem especificada do valor do carregamento assegurado, que, em regra, vai até 3% (Geraldo Bezerra de Moura).

WITHDRAWAL OF CHARGE. *Locução inglesa.* Desistência da ação.

WITH HOLDING OF EVIDENCE. *Locução inglesa.* Sonegação de provas.

WITH PARTICULAR AVERAGE (WPA). *Direito internacional privado.* Garantia no seguro de mercadorias no transporte marítimo que cobre os riscos de avaria comum e os sinistros resultantes do risco marítimo ou de força maior.

WITNESS. *Termo inglês.* Testemunha.

WITNESSES. *Termo inglês.* Testemunhas.

WITTINGLY. *Termo inglês.* Premeditadamente.

WOHLFART. *Termo alemão.* Bem-estar dos súditos.

WOLKER'S COMPENSATION INSURANCE. *Expressão inglesa.* Seguro de acidente do trabalho.

WORKABLE COMPETITION. *Locução inglesa.* Maior grau de concorrência possível.

WORKFLOW. *Termo inglês.* Processo no qual a informação flui por toda organização, de maneira rápida e ordenada, seguindo a seqüência pre-estabelecida de tramitação (James G. Heim).

WORKHOUSE. *Termo inglês.* Reformatório.

WORKING DAYS. *Vide* ESTADIA LABORATIVA.

WORKING INTEREST. *Locução inglesa.* Direito patrimonial do autor.

WORKSTATION. *Direito virtual.* Computador que, pela sua grande capacidade de processamento e pela maior quantidade de memória RAM, é usado na computação gráfica para filmes e televisão, nos serviços de meteorologia e previsão do tempo, nas aplicações científicas, nos sistemas bancários e hospitalares etc.

WORLD CUP. *Direito desportivo.* Torneio de times disputado por profissionais de golfe de mais de quarenta países.

WORLD-POWER. *Locução inglesa.* **1.** Potência mundial. **2.** Nação.

WORLD WIDE WEB. *Direito virtual.* **1.** Grande rede mundial de computadores. **2.** É o serviço disponível mais popular na Internet, por permitir o acesso e a visualização de textos, imagens e sons, sendo que sua *interface* gráfica é muito adequada para o intercâmbio de documentos multimídia. Esse serviço permite a obtenção de informações em qualquer parte do mundo.

WORTHLESS. *Termo inglês.* **1.** Vil. **2.** Indigno. **3.** Desprezível. **4.** Sem valor.

WORTHLESS CHECK. *Locução inglesa.* Cheque sem fundo.

WORTHY. *Termo inglês.* **1.** Pessoa respeitável e digna. **2.** Benemérito. **3.** Sumidade.

WPA. *Vide WITH PARTICULAR AVERAGE.*

WREATHING. *Termo inglês.* Coroação.

WRECK. *Termo inglês.* Naufrágio.

WRECKAGE. *Termo inglês.* Salvados do naufrágio.

WRIGHT. *Termo inglês.* **1.** Operário. **2.** Artífice.

WRIT. *Termo inglês.* **1.** Mandado. **2.** Instituto que visa à garantia e defesa de direitos privados ameaçados ou violados pelo poder público. **3.** Ordem escrita. **4.** Medida impetrada. **5.** Ordem judicial determinando que entidade pública ou privada faça ou se abstenha de fazer algo, por ter violado um direito ou praticado abuso de poder (Othon Sidou).

WRIT DE HOMINE REPLEGIANDO. *História do direito.* Instituto que vigorava no século XIII na Inglaterra e forçava o *sheriff* (funcionário administrativo incumbido de executar a lei e promover o andamento dos processos) a soltar, provisoriamente, o réu, para, mediante fiança, defender-se em liberdade.

WRIT DE ODIO ET ATIA. *História do direito.* Aquele que, na Inglaterra, permitia que se colocasse em liberdade quem fosse detido sob acusação de delito grave perpetrado com ódio e maldade.

WRITE OFF. *Locução inglesa.* Baixa contábil de um ativo ou título de dívida (Luiz Fernando Rudge).

WRITE-UP. *Locução inglesa.* Ampla reportagem.

WRIT OF ATTACHMENT. *Locução inglesa.* Mandado de arresto de bens.

WRIT OF CERTIORARI. *Direito comparado.* **1.** Nos países de *common law*, é o remédio apropriado para rever ato administrativo ou decisão de uma autoridade administrativa, com o escopo de anulá-la ou invalidá-la (Goodnow). **2.** Para Othon Sidou, é o instituto que visa à verificação do ato administrativo quanto à aplicabilidade e interpretação da lei e a capacidade funcional do agente.

WRIT OF COVENANT. *Locução inglesa.* Ação de perdas e danos por rescisão contratual.

WRIT OF EJECTMENT. *Locução inglesa.* Mandado de execução de despejo de imóvel.

WRIT OF ENTRY. *Locução inglesa.* Ação de reintegração de posse.

WRIT OF ERROR. *Direito comparado.* **1.** Recurso por erro. **2.** Remédio que, em países de *common law*, possibilita o reexame ou reapreciação de atos dos tribunais, pela Suprema Corte, apurando sua inconstitucionalidade (Othon Sidou).

WRIT OF ERROR CORAM NOBIS. *Direito comparado.* Veículo, previsto em alguns Estados dos EUA, para reabrir processo, havendo erro de fato.

WRIT OF HABEAS CORPUS. 1. *Direito comparado.* Em países de *common law*, é o instituto que visa preservar a liberdade corpórea do indivíduo (Othon Sidou). **2.** *Vide HABEAS CORPUS.*

WRIT OF INJUNCTION. *Direito comparado.* Nos países de *common law*, é a ordem judicial que serve para impedir ou vedar execução de ato ou lei que venha a violar um direito coletivo (Othon Sidou).

WRIT OF MAINPRIZE. *História do direito.* Aquele que, na Idade Média, era, na Inglaterra, empregado nos casos de prisão por crime afiançável. A fiança era apresentada por um terceiro que assumia o compromisso de apresentar o réu no dia e no local do julgamento, conduzindo-o pela mão (Othon Sidou).

WRIT OF MANDAMUS. 1. *Direito comparado.* É a ordem judicial escrita que, em países de *common law*, obriga uma autoridade a: a) executar dever previsto em norma, mas cujo exercício depende de regulamentação legal; b) fazer o que se negou; c) cumprir dever de ofício, restaurando direito lesado (Arnoldo Wald). **2.** *Direito constitucional* e *direito processual.* Mandado de injunção.

WRIT OF PREVENTION. *Locução inglesa.* Medida cautelar.

WRIT OF PROHIBITION. *Direito comparado.* Nos países de *common law*, é o instituto que tem por finalidade garantir os direitos coletivos, neutralizando a atuação administrativa ou judicial, quando invadir atribuição que não é de sua alçada (Othon Sidou).

WRIT OF REVIEW. *Locução inglesa.* Recurso judicial.

WRIT OF SUPERSEDEAS. *Locução inglesa.* Mandado de suspensão de execução da sentença, que é objeto do recurso.

WRIT QUO WARRANTO. *Direito comparado.* Instituto que vigora em países de *common law* contra o abuso de poder, já que garante direitos coletivos ao assegurar o exercício de função ou título legítimo integrado no grupo de direitos políticos (Othon Sidou).

WRITS CONSTITUCIONAIS. *Direito constitucional.* Remédios jurídicos previstos na Carta Magna para a defesa de lesão a direito individual por ato ou omissão ilegal ou inconstitucional. Por exemplo: mandado de segurança, mandado de injunção, *habeas corpus, habeas data* e ação popular.

WRONG. *Termo inglês.* **1.** Injúria. **2.** Ofensa. **3.** Ultraje. **4.** Dano. **5.** Injustiça. **6.** Erro.

WRONGDOER. *Termo inglês.* Aquele que pratica ato ilícito.

WRONG FUL ACT. *Locução inglesa.* Ato ilícito.

WRONGFUL BIRTH. *Locução inglesa.* Nascimento injusto.

WRONGFUL LIFE. *Locução inglesa.* Vida injusta.

WRONG FULLY INTENDING. *Locução inglesa.* **1.** Prática dolosa. **2.** Dolo.

WWW. *Direito virtual.* **1.** Abreviatura de *World Wide Web.* **2.** Rede de alcance mundial.

XÁ. *Direito comparado.* Título do soberano do Irã.

XADREZ. 1. *Direito desportivo.* Jogo em que duas pessoas devem mover, num tabuleiro com 64 casas, 16 peças pretas ou brancas, tentando dar xeque-mate ao rei do oponente. **2.** Na *gíria*: cadeia.

XANTELASMA. *Medicina legal.* Placa saliente e amarelada, na pálpebra, provocada por afecção hepática.

XANTELOMA. *Vide* XANTOMA.

XANTOCISTINA. *Medicina legal.* Substância que se encontra em tubérculos de cadáver.

XANTODERMO. *Medicina legal.* Pessoa pertencente à raça amarela.

XANTOFOSIA. *Medicina legal.* Distúrbio visual que leva o paciente a ver a cor amarela em objetos de outras cores.

XANTOMA. *Medicina legal.* Tumor amarelado que se desenvolve na superfície da pele, provocado por depósito de substância graxa não excretada pelo organismo.

XANTOPSIDRACIA. *Medicina legal.* Conjunto de vesículas amareladas que aparecem na pele.

XANTOSE. *Medicina legal.* **1.** Coloração amarelada da pele por causas anormais. **2.** Pigmentação amarela da mucosa do nariz que surge após uma hemorragia.

XARÁ. *Direito civil.* **1.** Homônimo. **2.** Pessoa que tem o mesmo nome.

XARIFADO. *História do direito.* **1.** Cargo ou função de xarife. **2.** Território onde o xarife exercia jurisdição.

XARIFE. *História do direito.* **1.** Príncipe mouro. **2.** Título honroso entre turcos. **3.** Descendente de Maomé.

XÁTRIA. 1. *Direito comparado.* Hindu que pertence a uma das atuais castas superiores. **2.** *História do direito.* Hindu que pertencia à segunda casta antiga e ocupava cargo militar ou governamental.

XAVECO. 1. Na *gíria*: a) chantagem com bicheiro; b) parada ganha no jogo de azar e esquecida, da qual alguém se apropria. **2.** *Direito comparado.* Pequena embarcação de três mastros e velas latinas, comum no Mediterrâneo. **3.** Na *linguagem comum*: barco ordinário, isto é, pequeno, velho e malfeito.

XÁVEGA. *Direito agrário.* **1.** Barco usado para pescar peixe miúdo com redes. **2.** Rede apropriada para pesca de peixes bem pequenos.

XECADO. *Direito comparado.* **1.** Cargo ou função de xeique. **2.** Duração desse cargo. **3.** Território onde o xeique exerce sua jurisdição.

XEIQUE. *Direito comparado.* Chefe de tribo árabe.

XELIM. *Direito comparado.* Moeda inglesa, de prata, equivalente à vigésima parte da libra esterlina.

XENACIA. *História do direito.* **1.** Questão relativa a estrangeiro. **2.** Comando de tropa composta por estrangeiros.

XENELASIA. *História do direito.* Lei espartana que, na antiguidade grega, vedava a entrada e a residência de estrangeiros na pólis, sem que estivessem autorizados para tanto.

XENÊNTESE. *Medicina legal.* Introdução de elemento estranho no organismo.

XENIA. Qualidade de estrangeiro.

XÊNIAS. *História do direito.* Presentes que, compulsoriamente, deviam ser dados, na era medieval, aos soberanos ou às igrejas.

XÊNIO. *História do direito.* **1.** Dádiva ofertada, na antiguidade romana e grega, a hóspede ou a embaixador estrangeiro. **2.** Estrangeiro. **3.** Contrato de hospitalidade.

XENISMO. Abuso do que é estrangeiro.

XENODIAGNÓSTICO. *Medicina legal.* Diagnóstico feito mediante utilização de um hospedeiro intermediário do organismo causador de doença, infeccionado pelo paciente, para evidenciar parasitas invisíveis no sangue.

XENODOQUIA. *História do direito.* Na Idade Média, era o hospital destinado a cura de estrangeiros, pobres e peregrinos.

XENOFILIA. *Medicina legal.* Gosto exagerado pelas pessoas e coisas estrangeiras.

XENOFÍLICO. *Medicina legal.* Referente à xenofilia.

XENÓFILO. *Medicina legal.* Aquele que tem paixão por tudo que é estrangeiro.

XENOFOBIA. *Medicina legal.* Aversão mórbida ao que é estrangeiro, em razão de um exacerbado patriotismo.

XENOFÓBICO. *Medicina legal.* O que diz respeito à xenofobia.

XENOFOBISMO. *Vide* XENOFOBIA.

XENÓFOBO. *Medicina legal.* Aquele que sofre de xenofobia.

XENOFONIA. *Medicina legal.* Distúrbio na fonação que leva a pessoa a apresentar sotaque estrangeiro.

XENOGLOSSIA. *Psicologia forense.* Poliglotismo de origem parapsicológica.

XENOMANIA. *Vide* XENOFILIA.

XENOMENIA. *Medicina legal.* Eliminação do fluxo menstrual por via anormal (Laudelino Freire).

XENOTRANSPLANTE. *Vide* HETEROTRANS-PLANTE.

XENXÉM. *História do direito.* Antiga moeda brasileira de cobre de dez réis.

XEQUE. *Vide* XEIQUE.

XERETA. 1. Bisbilhoteiro. **2.** Adulador.

XERIFE. *Direito comparado.* **1.** Nos EUA é o funcionário investido do poder de polícia que, em regra, é eleito pelo povo para zelar pela execução da lei e preservar a paz no município. **2.** Na Inglaterra, é o mais alto funcionário executivo de um condado.

XEROCÓPIA. Cópia de documento feita por processo mecânico de reprodução gráfica a seco.

XEROCOPIAR. Fazer xerocópia.

XERODERMA. *Medicina legal.* Moléstia cutânea que provoca secura, aspereza e escamação da pele.

XERODERMA PIGMENTOSA. *Medicina legal.* Doença fatal que se caracteriza pela presença de manchas marrons e úlceras na pele, com atrofia muscular e cutânea.

XEROFTALMIA. *Medicina legal.* Moléstia em que o globo ocular apresenta secura pela ausência de secreção lacrimal devida à degeneração da conjuntiva, por falta de vitamina A.

XEROMENIA. *Medicina legal.* Menstruação sem o fluxo.

XEROSE. *Medicina legal.* Secura cutânea anormal, provocada por deficiência de vitamina A.

XEROSTOMIA. *Medicina legal.* Moléstia que se manifesta pela secura anormal da boca, por insuficiência de secreção de saliva.

XEROX. Aparelho que tira xerocópias.

XIFOPAGIA. *Medicina legal.* **1.** Anormalidade em que duas pessoas nascem unidas desde o apêndice xifóide até o umbigo. **2.** Ligação de duas pessoas na região do tórax.

XIFÓPAGO. *Medicina legal.* Cada um dos seres humanos que estão ligados pelo umbigo.

XIITA. *Direito comparado.* Membro da seita religiosa que segue Ali, primo e genro de Maomé.

XILOGLIFIA. *Direito autoral.* Arte de esculpir caracteres em madeira.

XILÓGLIFO. *Direito autoral.* Escultor em madeira.

XILOGRAFIA. *Direito autoral.* **1.** Arte de entalhar desenho artístico em madeira. **2.** Arte de gravar em madeira.

XIMBO. *Direito agrário.* Cavalo cujo dono se desconhece.

XISPETEÓ. Excelente, o melhor de todos.

XISTARCO. *História do direito.* Na antigüidade grega era: a) oficial que dirigia os exércitos no ginásio; b) diretor do ginásio.

XISTARQUIA. *História do direito.* Na Grécia antiga era: a) cargo e função de xistarco; b) direção de um ginásio.

XÍSTICO. *História do direito.* Era o atleta grego que se exercitava no ginásio.

XISTO. *História do direito.* **1.** Em Roma, era a associação atlética. **2.** Na Grécia, ginásio.

XÓGUM. *História do direito.* No Japão, antes da revolução de 1868, era o governador militar que detinha poderes superiores aos do micado.

XOGUNAL. *História do direito.* Relativo a xógum.

XOGUNATO. *História do direito.* Cargo ou função de xógum.

XPTO. *Direito canônico.* Tetragrama sagrado usado pelos cristãos perseguidos, nos primórdios do cristianismo, para indicar, empregando a língua grega, Cristo.

XUCRO. *Direito agrário.* Animal bravo, não domesticado.

Y. *Lógica jurídica.* Símbolo da proposição parcitotal afirmativa (Thompson).

YACHTING. *Termo inglês.* **1.** Navegação em iate. **2.** Iatismo.

YALTA. *Direito internacional público.* Declaração em Yalta no ano de 1945, firmada por Roosevelt, Churchill e Stalin para auxiliar os povos livres do domínio do nazismo e os dos antigos Estados europeus do Eixo a solucionar seus problemas político-econômicos, permitindo-lhes escolher a forma de governo que desejassem e para zelar pela paz da humanidade.

YANACONAJE. *Direito comparado.* Contrato verbal, admitido no Peru, pelo qual uma pessoa, "yanaconizante", cede a outra, "yanacona", o uso e gozo temporário de três até seis anos de uma área de terra de quinze a trinta hectares, prestando serviços de agricultura mediante pagamento em dinheiro ou parte da colheita (Bacacorzo; Gazzolo; Pezet e Pozo).

YANG. *Psicologia forense.* Na China, é o princípio masculino, que se opõe ao feminino *yin.*

YARD. *Termo inglês.* **1.** Jarda que equivale a 91,4 m. **2.** Quintal. **3.** Pátio. **4.** Depósito de material (José Cretella Jr.).

YEAR AND DAY RULE. *Expressão inglesa.* Norma pela qual certos direitos prescrevem no prazo de ano e dia.

YEAR BOOKS. *Locução inglesa.* Livros do ano, que são editados uma só vez por ano, contendo informações ou estatísticas relativas ao comércio, indústria, esportes etc. (José Cretella Jr.).

YELLOW-DOG-CONTRACT. *Expressão inglesa.* Contratação de pessoas por condições inferiores à dos grevistas para levarem adiante o trabalho paralisado.

YELLOW JOURNALISM. *Locução inglesa.* Imprensa marrom.

YEOMAN. *História do direito.* Na Inglaterra, era o pequeno proprietário rural que detinha uma gleba foreira de certo valor por ano, que lhe conferia o direito de ser votante e jurado (José Cretella Jr.).

YEOMANRY. *Termo inglês.* **1.** Guarda Nacional Inglesa. **2.** Burguesia.

YIELD. *Termo inglês.* Taxa de retorno de um investimento de capital (Luiz Fernando Rudge).

YIELDING. *Termo inglês.* **1.** Rendição. **2.** Submissão. **3.** Ato de ceder.

YIELD TO MATURITY. *Locução inglesa.* Taxa de juros que iguala o fluxo de caixa do título até o vencimento ao seu preço de mercado (Luiz Fernando Rudge).

YIN. *Psicologia forense.* Entre os chineses, é o princípio feminino em contraposição ao princípio masculino *yang* (Lídia Reis de Almeida Prado).

YOGA. Filosofia que prega a prática de exercícios especiais que requerem concentração e flexibilidade, conducentes ao controle do corpo e a um estado de calma mental que levam a pessoa a uma melhor compreensão de si mesma e do mundo circundante.

YOKEFELLOW. *Termo inglês.* Parceira do trabalho.

YORK. *Direito internacional privado.* Conjunto de onze normas relativas a danos marítimos propostos, na Inglaterra, em York, no ano de 1864, por representantes de empresas de navegação.

YOS. *Termo védico.* Direito.

YOUTHFUL OFFENDER. *Locução inglesa.* Menor delinqüente.

ZABRA. *História do direito.* Embarcação a vela utilizada nos séculos XVI e XVII em Portugal e Espanha.

ZABURRO. *Direito agrário.* Variedade de milho da Índia, que possui grãos graúdos, muito usado para a alimentação de animais.

ZACATEQUE. *História do direito.* Povo que, outrora, existia no México.

ZAGA. *Direito desportivo.* Posição dos três ou quatro futebolistas da defesa, que ficam entre a linha média e o arco.

ZAGAL. *Direito agrário.* **1.** Aquele que auxilia o maioral encarregado do gado. **2.** Pastor.

ZAGUEIRO. *Direito desportivo.* Futebolista que joga na zaga.

ZAHLUNGSBEFEHL. *Termo alemão.* Ordem liminar de pagamento.

ZAIBATSU. *Direito comparado.* No Japão, é uma forma de concentração de empresas, controlada totalmente por um banco, que as financia e dirige.

ZAIMO. *História do direito.* Cavaleiro do exército turco.

ZAINO. *Direito agrário.* Cavalo de cor castanho-escura.

ZÂMBI. *História do direito.* Chefe do quilombo de escravos negros fugidos.

ZAMBO. *Sociologia geral.* Filho de negro com índia.

ZAMORI. *História do direito.* Título que, outrora, se dava, na Índia, ao soberano de Calecute.

ZAMORIM. *Vide* ZAMORI.

ZAMPARINA. *Medicina legal.* Moléstia epidêmica que, em 1780, ocorreu no Rio de Janeiro, causando alterações no sistema nervoso e locomotor de suas vítimas.

ZÂNGANO. 1. Na *linguagem comum:* agiota fraudulento. **2.** Na *gíria mercantil:* aquele que faz corretagem sem estar matriculado como corretor. É um corretor de negócio particular.

ZANGÃO. 1. *Direito agrário.* Macho da abelha. **2.** Na *gíria comercial:* a) atravessador ou intermediário; b) pracista ou aquele que percorre praças vendendo mercadorias mediante amostras para firmas comerciais; c) despachante; corretor de negócio particular que não se encontra matriculado; d) agente vendedor. **3.** Na *linguagem comum:* aquele que vive à custa alheia.

ZAPASLIVYJ LUSCE BOGATOGO. *Expressão russa.* Ser econômico é mais importante do que ser rico.

ZARAGATA. 1. *História do direito.* a) Policiamento preventivo; b) ronda. **2.** Na *linguagem comum:* a) desordem; b) rixa.

ZARCO. *Direito agrário.* Cavalo que tem mancha branca em volta de um ou dos dois olhos.

ZAROLHO. 1. Na *linguagem comum:* estrábico ou vesgo. **2.** *Direito agrário.* No Norte, o milho no início de sua maturação.

ZARPAR. *Direito marítimo.* **1.** Levantar âncora. **2.** Desatracar o navio do cais, para navegar.

ZARRO. 1. *Direito marítimo.* Cabo com pernadas fixas no terço da verga da gávea. **2.** Na *linguagem comum:* a) ébrio; b) ansioso; c) pessoa maçante.

ZARZUELA. *Direito comparado.* Na Espanha, modalidade de ópera-cômica.

ZASTRE. *Direito penal.* Corrupto.

ZEALOUS WITNESS. *Locução inglesa.* **1.** Testemunha que é parcial ao depor. **2.** Testemunha tendenciosa que favorece, indevidamente, uma das partes (Marcus Cláudio Acquaviva).

ZEBRA. Na *linguagem comum:* **1.** Pessoa de pouca inteligência. **2.** Estúpido; bronco. **3.** Eqüino selvagem da África, coberto de riscas pretas e brancas. **4.** Resultado inesperado em jogo.

ZEBRADO. *História do direito.* Uniforme que era usado pelos condenados a pena privativa de liberdade.

ZEBRUNO. *Direito agrário.* Cavalo de cor baia.

ZEBU. *Direito agrário.* Boi da Índia usado no Brasil para cruzamento com gado nativo.

ZEBUEIRO. *Direito agrário.* Criador de gado zebu.

ZEI. *Direito urbanístico.* Sigla de zona estritamente industrial.

ZEÍNA. *Direito agrário* e *direito empresarial.* Proteína do milho que é usada para fabricar fibras têxteis, tintas tipográficas, verniz, adesivos, matéria plástica etc.

ZELADOR. 1. *Direito do trabalho.* Empregado que toma conta de um prédio de apartamentos. **2.** Na *linguagem comum:* a) aquele que protege algo, fazendo cumprir regulamentos ou ordens; b) aquele que está investido do poder de tutela de direitos e obrigações (Dávio A. Prado Zarzana). **3.** *Direito administrativo.* Empregado fiscal do município.

ZELADORIA. *Direito do trabalho.* **1.** Função de zelador. **2.** Local onde o zelador exerce seu cargo.

ZELANTE. Que zela.

ZELAR. **1.** Ter zelo. **2.** Cuidar da limpeza, da ordem e conservação de um prédio. **3.** Administrar.

ZÉLATEUR. *Termo francês.* Zelador.

ZELO. **1.** *Direito administrativo.* Atenção ou diligência que o agente público deve ter no exercício de suas funções. **2.** Nas *linguagens comum* e *jurídica:* a) cuidado; b) dedicação; c) desvelo; d) empenho.

ZELO FUNCIONAL. *Direito administrativo.* Cuidado especial que o funcionário público deve ter no desempenho de seu cargo.

ZELOSO. **1.** Cuidadoso. **2.** Dedicado. **3.** Diligente.

ZELOTE. **1.** Na *linguagem comum:* a) ciumento; b) aquele que tem zelo falso (Antonio de Moraes Silva); c) partidário fanático. **2.** *História do direito.* Adepto do zelotismo.

ZELOTISMO. *História do direito.* Movimento que visava à libertação dos hebreus do jugo romano. Essa seita foi fundada por Judas, o Galileu, e Sadoc, o Sacerdote, no ano VI, perdurando até o ano 70 depois de Cristo.

ZEN. *Direito comparado.* Modalidade de budismo, existente no Japão, que consiste na prática da autodisciplina e forte meditação, para atingir, intuitivamente, as verdades transcendentais.

ZEN–BUDISMO. *Vide* ZEN.

ZENETA. *História do direito.* Tribo árabe que, no século VIII, invadiu a Espanha.

ZENONISMO. *Filosofia geral.* Teoria filosófica do estoicismo, fundada por Zenão de Cítio.

ZENONISTA. *Filosofia geral.* Prosélito do zenonismo.

ZEPELIM. *História do direito.* Balão dirigível com forma de charuto e armação de duralumínio, inventado por Zeppelin.

ZÉ-POVINHO. *Vide* ZÉ-POVO.

ZÉ-POVO. Homem do povo.

ZERAR. *Direito bancário.* Reduzir conta corrente a saldo igual a zero (Luiz Fernando Rudge).

ZERÊ. *Vide* ZAROLHO.

ZERMELO. *Filosofia geral.* Axioma de escolha que foi enunciado por Zermelo do seguinte modo: sendo dado um conjunto qualquer "E", é possível escolher de uma maneira única e determinada um elemento distinto em cada um dos subconjuntos "E" (Borel).

ZERO. **1.** Algarismo sem valor absoluto, mas que se colocado à direita de outro lhe dá valor décuplo. **2.** Nada. **3.** Coisa ou pessoa que não vale nada.

ZERO ABSOLUTO. É a mais baixa temperatura possível, equivalente a -273,15° C.

ZEROVALENTE. Que tem a valência zero.

ZETÉTICA. *Filosofia geral.* **1.** Método-análise empregado para desvendar a razão das coisas ou resolver um problema. **2.** Doutrina céptica considerada como pesquisa (Lalande). **3.** Pesquisa. **4.** Forma de análise, distinguida por Viète, que tem por objeto a invenção de soluções. **5.** Procedimento do método analítico que consiste em supor o problema resolvido, estabelecer as relações das condições sem distinguir entre as quantidades conhecidas e as desconhecidas e chegar, por eliminação, a uma relação final (Tannery). **6.** Teoria que se vale da pesquisa, procedendo pelo questionamento do problema (Luiz Fernando Coelho).

ZETÉTICA ANALÍTICA APLICADA. *Teoria geral do direito, filosofia do direito* e *lógica jurídica.* Zetética jurídica pela qual o teórico se ocupa, como diz Tércio Sampaio Ferraz Jr., com a instrumentalidade dos pressupostos últimos e condicionantes do fenômeno jurídico e seu conhecimento, quer nos aspectos formais, quer nos materiais. Abrange a teoria geral do direito e a lógica do raciocínio jurídico.

ZETÉTICA ANALÍTICA PURA. *Teoria geral do direito, lógica jurídica* e *filosofia do direito.* Zetética jurídica em que o teórico não só se volta aos pressupostos últimos e condicionantes, como também à crítica dos fundamentos formais e materiais do fenômeno jurídico e de seu conhecimento. Abrange a filosofia do direito, a lógica formal das normas e a metodologia jurídica (Tércio Sampaio Ferraz Jr.).

ZETÉTICA EMPÍRICA APLICADA. *Teoria geral do direito* e *filosofia do direito.* Zetética jurídica que faz com que o teórico estude o direito como um instrumento que, socialmente, atua dentro de certas condições. Abrange a psicologia forense, a criminologia, a penalogia, a medicina legal e a política legislativa (Tércio Sampaio Ferraz Jr.).

ZETÉTICA EMPÍRICA PURA. *Teoria geral do direito* e *filosofia do direito.* Zetética jurídica na qual o teórico visualiza o direito como regularidade de comportamento efetivo e como atitude e expectativa generalizadas que permitem a explicação dos diversos fenômenos sociais. Compreende a sociologia jurídica, a antropologia jurídica, a etnologia jurídica, a história do direito, a psicologia jurídica, a politologia jurídica e a economia jurídica (Tércio Sampaio Ferraz Jr.).

ZETÉTICA JURÍDICA. *Filosofia do direito.* **1.** Teoria zetética do direito (Popper; Bachelard). **2.** É, no pensamento tópico, a argumentação que, na relação entre pergunta e resposta, acentua o aspecto pergunta, colocando em dúvida os *topoi*, que permanecem em aberto. Metodologia cujo ponto de partida não é a norma para interpretar, mas o problema para solucionar. Busca o fundamento das normas jurídicas para além do dogma. Essa argumentação zetética apresenta-se em três níveis: análise, crítica e metacrítica. Na análise a norma jurídica é tomada como uma ação lingüística, envolvendo questões relativas ao seu autor (orador), ao seu destinatário (ouvinte) e a ela própria como técnica de comunicação (objeto). Concebe-se a norma como algo escrito, ou oral, que contém alguma intenção (vontade da lei ou do legislador). Esse questionamento analítico procede de uma separação entre *scriptum* e *vox* da *voluntas*, captando-os como alternativa, estabelecendo, assim, a possibilidade de haver incompatibilidade entre ambos. A análise busca a determinação da vontade. Mesmo na zetética o *scriptum* pode ser pressuposto de uma conjectura, procurando verificar a existência ou inexistência de uma *voluntas*. Pode ocorrer uma dúvida conjectural sobre o próprio *scriptum*, por exemplo, na hipótese de um princípio geral de direito que tenha de ser demonstrado de modo positivo, ou seja, quando não basta uma simples assertiva negativa de que tal princípio não é contraditório com o direito vigente para que seja reconhecido como algo imanente à ordem jurídica. O ataque mais forte afirma a vontade e a defesa mais forte a nega. Da incompatibilidade conjectural advém a *definitio*, que levanta o problema da determinação (histórica, sociológica, psicológica, econômica etc.) da *voluntas* e da possibilidade da sua ampliação analógica. Tal ampliação analógica nos leva ao nível da crítica. Na crítica a norma jurídica é articulada dentro de uma situação, examinada na sua estrutura, repertório e objetivos, sendo interrogada no seu próprio fundamento (dever de prova). A analogia faz da *definitio* uma tentativa de normativização da própria norma, surgindo, então, uma questão qualitativa. Nesse mesmo nível encontra-se o conflito entre normas, que, preliminarmente, é um desdobramento da análise, já que levanta a possibilidade de incompatibilidade entre dois *scripti* e *voluntates*. O conflito normativo contém, em si, um conflito de validade. Na crítica, uma norma é avaliada por outra, tendo-se em vista sua hierarquia e seu âmbito de incidência. O nível crítico introduz o pensamento problemático à metacrítica, na qual a norma é questionada no seu sentido metanormativo, além de sua vigência, ou melhor, na sua eficácia e fundamento axiológico. Na metacrítica prova-se o fundamento da norma, pois o que se pretende é sua justificação (Viehweg; Tércio Sampaio Ferraz Jr.). **3.** Argumentação teorética que se volta ao conteúdo social e ideológico das normas jurídicas. É uma teorização dos fatos da conduta social normativamente determinada ou passível de normação. É uma metadogmática porque seu compromisso fundamental não é a legitimação retórica de princípios dogmáticos, mas a transformação positiva do direito, num sentido de aperfeiçoamento que nunca cessa, pois o direito se aperfeiçoa à medida que o homem e a sociedade se aprimoram. As características da ciência do direito, segundo o prisma da zetética jurídica, consistem numa teorização crítica e prospectiva. Como teoria crítica, a ciência do direito é tida como uma ruptura com o pensamento dogmático a partir de uma superação de seus próprios obstáculos epistemológicos. Como teoria prospectiva, a ciência jurídica assume sua função político-ideológica, devendo ser considerada uma disciplina compromissada com a realidade social e voltada para a construção de uma ordem jurídico-social progressivamente melhor (Luiz Fernando Coelho).

ZETÉTICO. *Filosofia geral* e *filosofia do direito.* **1.** O que procede por pesquisas. **2.** Que investiga. **3.** Pesquisador.

ZEUGITA. 1. *Direito desportivo.* Remador da fila intermediária numa trirreme. **2.** *História do direito.* Na antiguidade grega, o cidadão da terceira classe da hierarquia civil e militar estabelecida por Sólon ao dividir os cidadãos atenienses.

ZFM. Sigla de Zona Franca de Manaus.

ZIFT. *Vide* MÉTODO ZIFT.

ZIGOMA. *Medicina legal.* Osso malar.

ZIGOTO. *Medicina legal.* **1.** Óvulo fecundado. **2.** Célula-ovo resultante da união do espermatozóide com o óvulo.

ZIMBO. *História do direito.* Concha de um molusco univalve que, no Congo, era usada como moeda.

ZIMBRADURA. 1. Na *linguagem comum:* a) castigo; b) sova. **2.** *Direito marítimo.* a) O balançar do navio; b) movimento do navio de popa à proa.

ZIMEOSE. *Direito agrário.* Doença do vinho, que lhe dá a aparência de azeite.

ZIMO. 1. Fermento. **2.** Fermentação.

ZIMOGÊNICA. *Medicina legal.* Célula estomacal que secreta pepsina, que intervém na digestão de proteínas (Morris Fishbein).

ZIMÓLISE. *Medicina legal.* Digestão por meio de enzima.

ZIMOTECNIA. *Direito agrário.* Produção e emprego de fermentação na fabricação de vinho, cerveja etc.

ZINA. 1. Energia. **2.** Auge. **3.** A maior força.

ZINCO. *Medicina legal.* Elemento natural metálico, conhecido com o nome de calamina, muito usado em compostos como cloreto e óxido de zinco no tratamento da pele (Morris Fishbein).

ZINGRAR. 1. Desdenhar. **2.** Iludir. **3.** Motejar.

ZIVILPROZESSORDNUNG. *Termo alemão.* Código de Processo Civil alemão.

ZLOTI. *Direito comparado.* Unidade monetária polonesa.

ZOANTROPIA. *Medicina legal* e *psicologia forense.* Moléstia mental que leva o paciente a crer que é um animal e a comportar-se como tal.

ZOILISMO. Crítica injusta.

ZOILO. Crítico injusto e, em regra, invejoso.

ZOLLVEREIN. *Direito internacional público.* União aduaneira pela qual países limítrofes, sem quebrar sua soberania, celebram acordo para não exigirem direitos alfandegários sobre as mercadorias estrangeiras que neles entrarem para permanência limitada ou sobre as que forem importadas e exportadas de um para outro. Por exemplo: a Benelux, firmada entre Bélgica, Holanda e Luxemburgo.

ZOMBADOR. 1. Aquele que faz chacota. **2.** Gracejador.

ZOMBAR. 1. Gracejar. **2.** Escarnecer.

ZOMBARIA. 1. Gracejo. **2.** Escárnio. **3.** Chacota.

ZOMBATÁRIO. 1. Que é relativo à zombaria. **2.** O que envolve zombaria.

ZOMBETEIRO. *Vide* ZOMBADOR.

ZONA. 1. Nas *linguagens comum* e *jurídica:* a) região; b) área ou faixa circundante; c) divisão de área feita para atender a certa finalidade;

d) conjunto de terrenos. **2.** Na *gíria*, rua ou área em que, numa cidade, encontra-se estabelecido o meretrício. **3.** *Direito administrativo:* a) divisão administrativa; b) parte do território onde determinada jurisdição é exercida ou que está sujeita a regime especial (De Plácido e Silva); c) faixa de terra vinculada ao Poder Público.

ZONA AÉREA INTERDITA. *Direito aeronáutico.* Espaço aéreo correspondente a uma área do solo, sobre o qual está vedado o sobrevôo.

ZONA AZUL. *Direito urbanístico.* Faixa em certas ruas e logradouros públicos sobre a qual a municipalidade cobra taxa para estacionamento de veículos.

ZONA COMERCIAL. *Direito administrativo.* Área que, na repartição territorial do município, ficou reservada ao comércio.

ZONA COMPLEMENTAR. *Vide* ZONA CONTÍGUA.

ZONA CONTÍGUA. 1. *Vide* ÁGUAS CONTÍGUAS. **2.** *Direito internacional público.* Faixa marítima que se estende das doze milhas de jurisdição plena às vinte e quatro milhas marítimas, onde o Brasil pode tomar medidas para evitar violação às leis aduaneiras, fiscais, de imigração ou sanitárias (Othon Sidou).

ZONA COSTEIRA. *Direito marítimo.* Espaço geográfico de interação do ar, do mar e da terra, incluindo seus recursos renováveis ou não, abrangendo uma faixa marítima e outra terrestre. A faixa marítima se estende mar afora, distando doze milhas marítimas das Linhas de Base estabelecidas de acordo com a Convenção das Nações Unidas sobre o Direito do Mar, compreendendo a totalidade do Mar Territorial; a faixa terrestre é a do continente formada pelos Municípios que sofrem influência direta dos fenômenos ocorrentes na Zona Costeira, a saber: 1) os Municípios defrontantes com o mar, assim considerados em listagem, estabelecida pelo Instituto Brasileiro de Geografia e Estatística (IBGE); 2) os Municípios contíguos às grandes cidades e às capitais estaduais litorâneas que apresentem processo de conturbação; 3) os Municípios próximos ao litoral, até 50 km da linha de costa, que aloquem, em seu território, atividades ou infra-estruturas de grande impacto ambiental sobre a Zona Costeira, ou ecossistemas costeiros de alta relevância; 4) os Municípios estuarinos-lagunares, mesmo que não diretamente defrontantes com o mar, dada a relevância destes ambientes para a dinâmica marítimo-litorânea; 5) os Municípios que,

ZONA COSTEIRA BRASILEIRA. *Direito marítimo.* Considerada patrimônio nacional, corresponde ao espaço geográfico de interação do ar, do mar e da terra, incluindo seus recursos renováveis ou não, abrangendo uma faixa marítima e uma faixa terrestre, com os seguintes limites: a) *faixa marítima*: espaço que se estende por doze milhas náuticas, medido a partir das linhas de base, compreendendo, dessa forma, a totalidade do mar territorial; b) *faixa terrestre*: espaço compreendido pelos limites dos municípios que sofrem influência direta dos fenômenos ocorrentes na zona costeira.

ZONA DE AMORTECIMENTO. *Direito ambiental.* O entorno de uma unidade de conservação onde as atividades humanas estão sujeitas a normas e restrições específicas, com o propósito de minimizar os impactos negativos sobre a unidade.

ZONA DE CHAMUSCAMENTO. *Medicina legal.* Área do corpo onde a pele, juntamente com os pêlos, nos tiros muito próximos, foi queimada por gases superaquecidos ou grânulos de pólvora.

ZONA DE COMBATE. *Direito militar.* **1.** Área territorial em que se dão as operações bélicas das forças militares ou os conflitos armados. **2.** Local onde o Exército prepara-se para atacar as tropas inimigas.

ZONA DE CONTORNO. *Medicina legal.* É aquela que surge em caso de tiro dado a pequena distância, como: a de chamuscamento, a de esfumaçamento e a de tatuagem. A presença dessa zona de contorno e o seu aspecto dependem não só da distância, mas também da arma e da qualidade da munição. Com um revólver de percussão central, calibre 7 e pólvora negra, obtém-se chamuscamento de no máximo 20 cm, esfumaçamento de 30 cm e tatuagem de 40 cm. Com um revólver similar, mas de calibre 9 e pólvora negra, a zona de chamuscamento chega a 25 cm, a de esfumaçamento, a 30 cm e a de tatuagem, a 60 cm (A. Almeida Jr. e J. B. de O. e Costa Júnior).

ZONA DE DEFESA DO PAÍS. *Direito internacional público.* Faixa de fronteira, isto é, área contígua aos limites nacionais com os de outros Estados, considerada essencial à segurança do país e aos seus interesses financeiros.

ZONA DE ENTORNO. *Direito ambiental.* É a área circundante de uma unidade de conservação, num raio de 10 quilômetros, onde qualquer atividade que possa afetar a biota deverá ser obrigatoriamente licenciada pelo órgão ambiental competente.

ZONA DE ESFUMAÇAMENTO. *Medicina legal.* Área coberta de fuligem advinda de pólvora queimada que se apresenta em volta do orifício de entrada do projétil de arma de fogo, cobrindo a zona de tatuagem, em caso de tiro a pequena distância. Há um depósito superficial de grânulos e poeiras, facilmente removido por lavagem.

ZONA DE FRONTEIRA. *Vide* ZONA DE DEFESA DO PAÍS.

ZONA DE GUERRA. *Direito internacional público* e *direito militar.* É tanto a que é ocupada pelas Forças Armadas para assegurar a posse do território conquistado ou por tática de guerra como aquela onde se dão as operações militares (De Plácido e Silva).

ZONA DE INFLUÊNCIA. 1. *Direito internacional público:* a) *hinterland* e "esfera de influência"; b) território em que se permite experiência política, econômica etc. de um outro país para estabelecer condições favoráveis. **2.** *Direito administrativo.* Privilégio de zona, isto é, exclusividade que o Estado confere ao concessionário para explorar serviço público em certa área (José Cretella Jr.).

ZONA DE LIVRE CÂMBIO. *Direito internacional público.* Zona *off-shore*, ou zona financeira livre, onde há redistribuição de recursos financeiros oriundos de vários países para financiar governo, entidade pública ou particular, projeto ou programa de desenvolvimento socioeconômico (Luiz Felizardo Barroso).

ZONA DE MARINHA. *Vide* ZONA MARÍTIMA.

ZONA DE OPERAÇÕES. *Vide* ZONA DE COMBATE.

ZONA DE OPERAÇÕES MILITARES. *Vide* ZONA DE COMBATE.

ZONA DE PESCA. *Direito internacional público.* Zona econômica onde os Estados costeiros têm direitos soberanos sobre a pesca e relativos à exploração de recursos renováveis ou não, encontrados nas águas, no leito e no subsolo (A. A. Meira Mattos).

ZONA DE PRATICAGEM. *Direito marítimo.* É a área geográfica delimitada pelo representante nacional da autoridade marítima, dentro da qual se realizam os serviços de praticagem.

ZONA DE PRATICAGEM FACULTATIVA. *Direito marítimo.* É a estabelecida: a) para os navios estrangeiros, de arqueação bruta inferior a 2.000, arrendados a empresa constituída sob as leis brasileiras e que tenha sua sede e administração no País, desde que estejam comandados por marítimos brasileiros, de categoria igual ou superior à de mestre de cabotagem, todos os portos nacionais; e b) para os navios de bandeira brasileira, de qualquer valor de arqueação bruta e para navios estrangeiros arrendados a empresa constituída sob as leis brasileiras e que tenha sua sede e administração no País, desde que estejam sob comando de marítimos brasileiros de categoria igual ou superior à de mestre de cabotagem, os portos seguintes: Maceió, AL; Terminal Portuário de Sergipe, SE; Terminal da Salgema, AL; Salvador, BA; Ilhéus, BA; Rio de Janeiro, RJ; Niterói, RJ; Ilha Guaíba, RJ; Angra dos Reis, RJ; São Sebastião, SP; Imbituba, SC.

ZONA DE PRATICAGEM OBRIGATÓRIA. *Direito marítimo.* É a fixada: a) para navios estrangeiros de qualquer arqueação bruta e para os navios petroleiros, propaneiros e transportadores de cargas explosivas, de bandeira brasileira, com arqueação bruta superior a 2.000, todos os portos e terminais nacionais, desde que incluídos na zona de praticagem a ser delimitada pela Diretoria de Portos e Costas; b) para embarcações brasileiras com arqueação bruta superior a 2.000 e classificadas de conformidade com o Regulamento para o Tráfego Marítimo (RTM), na navegação de longo curso, grande e pequena cabotagem, bem como de alto-mar, quando não aplicadas na pesca, as áreas do rio Guaíba, Lagoa dos Patos e da Bacia Amazônica, constituídas de todas as suas hidrovias e portos, abrangendo os rios tributários e confluentes dos rios Amazonas e Solimões, em território nacional; e c) para os navios de bandeira brasileira, de valor de arqueação bruta superior a 2.000, os portos seguintes: Belém, PA; Itaqui, MA; Alumar, MA; Ponta da Madeira, MA; Fortaleza, CE; Areia Branca (Termisa), RN; Natal, RN; Cabedelo, PB; Recife, PE; Suape, PE; Aracaju, SE; Redes, SE; Aratu, BA; São Roque, BA; Usina Siderúrgica da Bahia (USIBA), BA; Dow Química, BA; Alves Câmara (TEMADRE), BA; Vitória, ES; Tubarão, ES; Ubu, ES; Barra do Riacho, ES; Praia Mole, ES; Forno, RJ; Ilha Grande (TEBIG), RJ; Sepetiba, RJ; Almirante Barroso (TEBAR), SP; Santos, SP; Paranaguá, PR; Antonina, PR; São Francisco do Sul, SC; Itajaí, SC; Shell, SC; Dow Química, SC; Liquigás, SC; Rio Grande, RS; Santa Clara, RS; Canoas/Tergasul, RS; Pelotas, RS; Porto Alegre, RS.

ZONA DE PREFERÊNCIAS. *Direito aduaneiro.* Equivale a um conjunto de países que, entre si, estabelecem preferências alfandegárias, ou seja, a redução de tarifas (imposto de importação), em relação a terceiros países, para determinados produtos. Constitui-se, em geral, como o primeiro passo num processo de integração total (mercado comum).

ZONA DE PROTEÇÃO DO AEROPORTO. *Direito aeronáutico.* Área próxima a aeródromo ou aeroporto ou a instalação de auxílio à navegação aérea que sofre restrições legais quanto ao seu uso, para que não dificulte as operações aeronáuticas. Por exemplo: há norma preceituando que as construções nessa zona não podem exceder a certa altura, dentro do setor de aproximação dos aviões, para que não haja ameaça à segurança do vôo. As propriedades vizinhas ao aeródromo estão sujeitas, portanto, a restrições especiais relativas a edificações, instalações ou culturas agrícolas que possam embaraçar o pouso ou a decolagem das aeronaves.

ZONA DE QUEIMADURA. *Vide* ZONA DE CHAMUSCAMENTO.

ZONA DE RESPEITO. *Direito administrativo.* Distância que deve ser observada pelos particulares que têm propriedades perto de bens dominiais, como estradas de ferro, ferrovias, cemitérios (Vitta).

ZONA DE SEGURANÇA. *Direito internacional público.* Faixa marítima continental.

ZONA DE SEGURANÇA NACIONAL. *Direito constitucional.* Área considerada indispensável à segurança do País.

ZONA DE SERVIDÃO MILITAR. *Direito militar.* Área militar, submetida a regime especial, reservada para atender a fins de defesa nacional ou a operações militares de recrutamento, estudo de fronteiras e preparação para eventuais agressões. Por isso está sob a jurisdição de autoridade militar.

ZONA DE SILÊNCIO. *Direito administrativo* e *direito urbanístico.* Trecho de vias públicas próximas a hospitais em que o silêncio deve ser observado.

ZONA DESNUCLEARIZADA. *Direito internacional público* e *direito ambiental.* Área em que está vedada a produção ou instalação de armas nucleares.

ZONA DE TATUAGEM. *Medicina legal.* Área que, em caso de tiro dado a pequena distância, apresenta-se na pele, contendo grânulos de pólvora incrustados. Essa zona de contorno permite determinar a distância e direção do tiro, pois terá um diâmetro tanto menor e seus grânulos se apresentarão tanto mais acumulados quanto mais próxima do alvo estiver a arma, no instante do tiro (A. Almeida Jr. e. J. B. de Oliveira e Costa Jr.).

ZONA DE TOLERÂNCIA. Área onde há prostituição.

ZONA DE TRABALHO. *Direito comercial.* Praça que, por acordo feito entre empresário e vendedor (pracista), está reservada a este, que terá exclusividade para nela efetuar vendas.

ZONA DE VIGILÂNCIA ADUANEIRA. *Vide* ZONA FISCAL.

ZONADO. O que está marcado por zonas.

ZONA DO LITORAL. *Vide* ZONA MARÍTIMA.

ZONA ECONÔMICA EXCLUSIVA. *Direito ambiental* e *direito internacional público.* **1.** Faixa adjacente ao mar territorial que se estende das doze às duzentas milhas marítimas, contadas a partir das linhas de base que servem para medir a largura do mar territorial. O Brasil nela exerce seu poder soberano para explorar economicamente os seus recursos naturais. **2.** É a compreendida além do mar territorial, desde que não ultrapasse duzentas milhas marítimas, onde o Estado costeiro exerce sua soberania e tem jurisdição para fins de exploração e aproveitamento, conservação e gestão dos recursos naturais vivos e não vivos localizados nessa área (Celso A. P. Fiorillo e Marcelo A. Rodrigues), das águas sobrejacentes ao leito do mar, do leito do mar e seu subsolo. Tem direitos de soberania também no que se refere a outras atividades com vistas à exploração e ao aproveitamento da zona para fins econômicos.

ZONA ELEITORAL. *Direito eleitoral.* Cada divisão de circunscrição eleitoral, que se encontra sob a jurisdição de um juiz eleitoral.

ZONA EQUÓREA. *Direito internacional público.* Zona contígua ao mar jurisdicional, de até doze milhas marítimas, contadas da linha de base que serve de ponto de partida para medir o mar territorial, com destinação específica voltada ao Fisco, alfândega, saúde e imigração (A. A. Meira Mattos).

ZONA ERÓGENA. *Medicina legal.* Região do corpo humano revestida de tecido mucoso cutâneo que causa excitação sexual (Laplanche e Pontalis).

ZONA EXTERNA DE VIGILÂNCIA. *Direito agrário.* É a área estabelecida pelo serviço veterinário oficial, ao redor da zona interna de proteção, com um raio mínimo de dez quilômetros a partir do foco. *Vide* FOCO.

ZONA FECHADA. *Direito internacional público.* Área criada por ato unilateral de alguns países do Pacífico com o escopo de usá-la para experiências nucleares.

ZONA FINANCEIRA LIVRE. *Vide* ZONA DE LIVRE CÂMBIO.

ZONA FISCAL. *Direito alfandegário.* Zona de vigilância aduaneira, onde a circulação de mercadoria alienígena sujeita-se a medidas de controle fiscal.

ZONA FLORESTAL. *Direito ambiental.* Parte do território que contém florestas, regida por normas especiais que visam sua preservação ao proibirem o corte de árvores e ao imporem a obrigação do replantio, substituindo as que foram derrubadas (De Plácido e Silva).

ZONA FRANCA. *Direito tributário* e *direito alfandegário.* Região submetida a regime administrativo especial ou a tratamento aduaneiro privilegiado, onde, por convenção internacional, há livre comércio de mercadorias estrangeiras, sem incidência de tributo, observados os limites fixados em ato administrativo, como, por exemplo, o local onde estão os *free shops* nos aeroportos internacionais ou a cidade de Manaus. Nesta zona estão permitidas as operações de importação e exportação com a finalidade de obter seu desenvolvimento.

ZONA FRANCA DE MANAUS. *Direito alfandegário.* É uma área de livre comércio de importação e de exportação e de incentivos fiscais especiais, estabelecida com a finalidade de criar no interior da Amazônia um centro industrial, comercial e agropecuário, dotado de condições econômicas que permitam seu desenvolvimento, em face dos fatores locais e da grande distância a que se encontram os centros consumidores de seus produtos.

ZONA FRANQUEADA. *Vide* ZONA FRANCA.

ZONA GEOELÉTRICA. Subconjunto da rede elétrica que atende aos usuários localizados numa determinada área geográfica, sendo-lhe atribuído um valor de encargo pelo uso da transmissão. Cada zona será caracterizada por um conjunto de subestações.

ZONA INDUSTRIAL. *Direito administrativo.* Região de Município onde há permissão para instalação de indústria.

ZONA INTERNA DE PROTEÇÃO. *Direito agrário.* É a área circunvizinha a um foco cujos limites serão estabelecidos pelo serviço veterinário oficial, levando em conta fatores geográficos e epidemiológicos, com um raio mínimo de três quilômetros.

ZONA LIMÍTROFE. *Vide* ZONA DE DEFESA DO PAÍS.

ZONA LIVRE. *Vide* ZONA FRANCA.

ZONA MARÍTIMA. Parte do território nacional banhada pelo mar.

ZONA MILITAR. *Vide* ZONA DE SERVIDÃO MILITAR.

ZONA NEUTRA. *Direito internacional público.* Aquela que está, mesmo em caso de guerra, livre de qualquer influência externa e da ação das Forças Armadas de outras nações (De Plácido e Silva).

ZONA OFF-SHORE. *Vide* ZONA DE LIVRE CÂMBIO.

ZONA PRIMÁRIA. *Direito alfandegário.* Faixa interna de aeroporto ou de porto, recinto alfandegado ou local habilitado situado na fronteira terrestre onde se dão operações de carga e descarga de mercadoria estrangeira ou embarque e desembarque de passageiros vindos do exterior ou a ele destinados.

ZONA PRIORITÁRIA. *Direito agrário.* Aquela região crítica que apresenta grave tensão social, por conter muitos latifúndios e minifúndios, por admitir uso insatisfatório da terra e condições insuficientes de renda aos trabalhadores rurais, reclamando a tomada de medidas como a reforma agrária, a implantação de núcleos de colonização, o condicionamento da terra à função social, a prescrição de áreas de proteção à fauna e à flora etc.

ZONA PROIBIDA. *Direito aeronáutico.* Local onde é vedado o tráfego aéreo para garantir a segurança ou o interesse público (Othon Sidou).

ZONA RESIDENCIAL. *Direito administrativo.* Região do Município onde não são permitidos o comércio e a indústria.

ZONA RURAL. *Direito agrário.* Região destinada à agricultura, à pecuária ou à atividade agroindustrial ou extrativa.

ZONA SANITÁRIA. *Direito administrativo.* Área onde atua o serviço público de saúde para prevenir doenças, debelar uma epidemia, combater insetos, erradicar vegetais etc. (Fernando Pereira Sodero).

ZONAS DE LIVRE COMÉRCIO. *Direito alfandegário.* **1.** Conjunto de países que comercializam, entre si, 100% de seus produtos nacionais com isenção de imposto de importação. **2.** Integração econômica entre países, eliminando barreiras alfandegárias, sendo que cada país mantém suas próprias tarifas aduaneiras em relação às nações não-membros do acordo do livre comércio (Luiz Fernando Rudge).

ZONAS DE PREFERÊNCIAS. *Direito alfandegário.* Conjunto de países que estabelecem, entre si, preferências alfandegárias, isto é, a redução de tarifas de importação, em relação a terceiros países, para certos produtos.

ZONAS DE PROCESSAMENTO DE EXPORTAÇÕES. *Direito aduaneiro.* São áreas de livre comércio com o exterior, destinadas à instalação de empresas voltadas para a produção de bens a serem comercializados exclusivamente no exterior. São tidas como zonas primárias para efeito de controle aduaneiro. É vedada a instalação em zona de processamento de exportações, de empresas cujos projetos evidenciem a simples transferência de plantas industriais já instaladas no País. Não serão autorizadas, nas zonas de processamento de exportações, a produção, importação ou exportação de: a) armas ou explosivos de qualquer natureza, salvo com prévia autorização do Conselho de Defesa Nacional; b) material radioativo, salvo com prévia autorização da Comissão Nacional de Energia Nuclear; c) petróleo e seus derivados, lubrificantes e combustíveis sujeitos ao controle do Departamento Nacional de Combustíveis, do Ministério das Minas e Energia. As importações e exportações de empresa autorizada a operar em zona de processamento de exportações gozarão de isenção do imposto

ZONAS DE TRANSIÇÃO 901

de importação, independentemente de apuração de similaridade, do imposto sobre produtos industrializados e do adicional ao frete para renovação da marinha mercante. As importações e exportações de empresa autorizada a operar na zona de processamento de exportações estão sujeitas ao seguinte tratamento administrativo: a) dispensa da obtenção de licença ou autorização de órgãos federais, com exceção dos controles de ordem sanitária, de interesse da segurança nacional e de proteção do meio ambiente, vedadas quaisquer outras restrições à produção, operação, comercialização e importação de bens e serviços que não as impostas por lei. Tal dispensa de licença ou autorização não se aplicará a exportações de produtos destinados a países com os quais o Brasil mantenha convênios de pagamento, os quais se submeterão às disposições e controles estabelecidos na forma da legislação em vigor; sujeitos a regime de cotas aplicáveis às exportações do País, vigente na data de aprovação do projeto, ou que venha a ser instituído posteriormente; sujeitos ao imposto de exportação; b) somente são admitidas importações de equipamentos, máquinas, aparelhos, instrumentos, matérias-primas, componentes, peças e acessórios e outros bens, novos ou usados, necessários à instalação industrial ou que integrem o processo produtivo. É permitida a aplicação dos seguintes regimes aduaneiros especiais à mercadoria saída da zona de processamento de exportações: a) trânsito aduaneiro; b) admissão temporária; c) *drawback*, na modalidade de suspensão.

ZONAS DE TRANSIÇÃO. *Direito ambiental.* Áreas que incluem a água rasa e a área terrestre adjacente, caso estas integrem um mesmo levantamento de dados sísmicos.

ZONAS DE VIGILÂNCIA ADUANEIRA. *Direito aduaneiro.* Zonas demarcadas pelo ministro da Fazenda, na orla marítima ou faixa de fronteira, nas quais a existência de mercadorias ou a sua circulação e a de veículos, pessoas ou animais ficarão sujeitas às exigências fiscais, proibições e restrições legais.

ZONA SECUNDÁRIA. *Direito tributário.* Aquela na qual as mercadorias de origem estrangeira já foram objeto de internação (Eduardo Marcial Ferreira Jardim).

ZONA SUBURBANA. *Direito administrativo.* **1.** Parte do território de uma cidade situada fora do perímetro urbano (De Plácido e Silva). **2.** Subúrbio.

ZONA URBANA. *Direito administrativo.* **1.** Território do Município que está dentro do perímetro urbano. **2.** Área de edificação contínua (Geraldo Magela Alves). **3.** Área citadina.

ZONA VERDE. *Direito urbanístico* e *direito ambiental.* **1.** Área verde. **2.** Espaço livre, previsto, ou não, em plano urbanístico, destinado ao plantio de árvores, à preservação da arborização ou ao ajardinamento, procurando proporcionar, no interesse público, condições ambientais e paisagísticas (Helita Barreira Custódio).

ZONA–ZOSTER. *Medicina legal.* Herpes-zoster, que é uma moléstia causada por vírus e que se caracteriza pelo aparecimento na pele de grupos de bolhas dolorosas, podendo afetar os nervos e diminuir a resistência do organismo, causando coceira e transtornos digestivos e respiratórios (Morris Fishbein).

ZONEAMENTO. 1. *Direito administrativo.* Divisão da cidade, fundada no poder de polícia, em zonas ou circunscrições não só para a imposição de normas disciplinadoras das edificações e de restrições à propriedade privada como também para o estabelecimento da destinação precípua de cada uma, atendendo ao interesse coletivo e à melhoria das condições de bem-estar da população. **2.** *Direito agrário.* Determinação de áreas prioritárias ou regiões críticas que requerem a tomada de certas medidas para que venham a exercer sua função social, como, por exemplo, a reforma agrária, colonização, programa de desbravamento etc.

ZONEAMENTO AGRÍCOLA. *Direito agrário.* Demarcação de áreas rurais, indicando as apropriadas para o cultivo de certos produtos alimentícios.

ZONEAMENTO AMBIENTAL. *Direito ambiental.* **1.** É o que tem por escopo proteger o meio ambiente, limitando o uso do solo particular através das formas seguintes: a) zoneamento industrial, alusivo à localização de indústrias prejudiciais à saúde e ao meio ambiente, em áreas que diminuam o risco de poluição; b) zoneamento de pesquisas ecológicas, onde possam ser criadas estações ecológicas para proteção e conservação do meio ambiente; c) zoneamento em áreas de proteção ambiental, pelo qual se discriminem não só áreas de preservação e conservação da vida silvestre, como também zonas de uso agropecuário onde a utilização de produtos químicos lesivos ao meio ambiente seja proibida; d) zoneamento em parques públicos, para preservá-los; e e) zoneamento costeiro (Celso

A. P. Fiorillo e Marcelo A. Rodrigues). **2.** Definição de setores ou zonas em uma unidade de conservação com objetivos de manejo e normas específicos, com o propósito de proporcionar os meios e as condições para que todos os objetivos da unidade possam ser alcançados de forma harmônica e eficaz. **3.** Instrumento da Política Nacional de Meio Ambiente que objetiva a preservação, melhoria e recuperação da qualidade ambiental.

ZONEAMENTO DE USO DO SOLO URBANO. *Direito urbanístico.* Mecanismo estatal pelo qual, observando-se padrões de uso e ocupação do solo fixados genericamente, se reparte a cidade em zonas, estabelecendo as utilizações possíveis dentro de cada uma delas, a partir de dados como a natureza do uso (residencial, comercial, misto etc.), a taxa de ocupação (porcentagem do terreno ocupada pela construção), o índice de aproveitamento (a área construída total admitida pelo terreno), os recuos e o gabarito máximo (Carlos Ari Sundfeld).

ZONEAMENTO ECOLÓGICO-ECONÔMICO COSTEIRO (ZEEC). *Direito ambiental* e *direito marítimo.* Orienta o processo de ordenamento territorial, necessário para a obtenção das condições de sustentabilidade do desenvolvimento da zona costeira, em consonância com as diretrizes do Zoneamento Ecológico-Econômico do território nacional, como mecanismo de apoio às ações e monitoramento, licenciamento, fiscalização e gestão.

ZONEAMENTO ECOLÓGICO-ECONÔMICO DO BRASIL (ZEE). *Direito ambiental.* Instrumento da Política Nacional do Meio Ambiente que deve obedecer aos critérios mínimos estabelecidos em lei e aos princípios da função socioambiental da propriedade, da prevenção, da precaução, do poluidor-pagador, do usuário-pagador, da participação informada, do acesso eqüitativo e da integração. O ZEE, instrumento de organização do território a ser obrigatoriamente seguido na implantação de planos, obras e atividades públicas e privadas, estabelece medidas e padrões de proteção ambiental destinados a assegurar a qualidade ambiental, dos recursos hídricos e do solo e a conservação da biodiversidade, garantindo o desenvolvimento sustentável e a melhoria das condições de vida da população. O ZEE tem por objetivo geral organizar, de forma vinculada, as decisões dos agentes públicos e privados quanto a planos, programas, projetos e atividades que, direta

ou indiretamente, utilizem recursos naturais, assegurando a plena manutenção do capital e dos serviços ambientais dos ecossistemas. O ZEE, na distribuição espacial das atividades econômicas, levará em conta a importância ecológica, as limitações e as fragilidades dos ecossistemas, estabelecendo vedações, restrições e alternativas de exploração do território e determinando, quando for o caso, inclusive a relocalização de atividades incompatíveis com suas diretrizes gerais.

ZONEAMENTO FLORESTAL. *Direito ambiental.* Delimitação de zonas apropriadas para efetivação de projetos de reflorestamento.

ZONEAMENTO URBANO. *Direito administrativo* e *direito urbanístico.* **1.** Divisão da cidade em zonas, estabelecendo a destinação de cada uma, distinguindo-as em: comercial, industrial ou residencial. É a repartição das destinações de imóveis urbanos por zonas (Laubadère). **2.** Medida de poder de polícia que visa repartir o solo urbano municipal, designando seu uso. Assim, pode-se ter: a) zona de uso estritamente residencial; b) zona de uso predominantemente residencial; c) zona de uso misto; d) zona de uso estritamente industrial; e) zona de uso predominantemente industrial; f) zona de uso comercial; g) zona de uso de serviços; h) zona de uso institucional; i) zona de usos especiais; j) zona de uso turístico (Celso A. P. Fiorillo e Marcelo A. Rodrigues). **3.** Repartição da cidade e das zonas urbanizáveis, conforme sua destinação de uso e ocupação do solo (Hely Lopes Meirelles). **4.** Disciplina condicionadora do uso da propriedade imobiliária mediante delimitação de áreas categorizadas em vista das utilizações urbanas nelas admitidas (Celso Antônio Bandeira de Mello).

ZONE DE RETRAIT DES BAGAGES. *Expressão francesa.* Retirada de bagagem.

ZONING. *Termo inglês.* Zoneamento.

ZÔNULA. Pequena zona.

ZONZEIRA. Atordoamento.

ZONZO. Tonto; estonteado.

ZOOCULTURA. *Vide* ZOOTECNIA.

ZOOERASTA. *Medicina legal.* Aquele que pratica ato erótico com animais, sem chegar à cópula carnal.

ZOOERASTIA. *Medicina legal.* Relação erótica entre ser humano e animal, sem envolver o ato sexual (Pellegrini).

ZOOFILIA ERÓTICA. *Medicina legal.* **1.** Excitação sexual provocada por carícias, odor ou contato de animal (Bonnet; Pellegrini). **2.** Bestialidade (Flamínio Fávero).

ZOOFILISMO SEXUAL. *Medicina legal.* Perversão sexual realizada entre pessoa e animal que se manifesta sob a forma de: zoofilia erótica; zooerastia e bestialidade (Pellegrini).

ZOÓFILO. *Medicina legal.* Pervertido sexual que encontra o prazer em relações eróticas com animais.

ZOOFOBIA. *Medicina legal.* Pavor exagerado ou mórbido de qualquer animal, que chega a ser uma obsessão.

ZOÓFOBO. *Medicina legal.* Aquele que sofre de zoofobia.

ZOÓGENO. *Medicina legal.* Mal ou doença provocada por animais.

ZOOIATRIA. Medicina veterinária.

ZOOIÁTRICO. Referente à zooiatria.

ZOOLAGNIA. *Medicina legal.* Atração erótica por animais (Croce e Croce Jr.).

ZOÓLATRA. *Medicina legal.* Aquele que tem excessivo amor a animal doméstico.

ZOOLATRIA. 1. *Medicina legal.* Afeto excessivo a um animal doméstico. **2.** *História do direito.* Adoração religiosa de um determinado animal, que simbolizava a força da natureza ou a encarnação de alguma divindade.

ZOOLATRO. Veterinário.

ZOOLOGIA. Parte da biologia que se ocupa dos animais.

ZOOLÓGICO. 1. Parque onde animais selvagens vivem em cativeiro ou soltos em grandes áreas, expostos à visita do público. **2.** Relativo à vida animal. **3.** O que se refere à zoologia.

ZOOLOGISTA. *Vide* ZOÓLOGO.

ZOÓLOGO. 1. Aquele que é versado em zoologia. **2.** Cientista que estuda animais, classificando-os em grupos.

ZOOMANIA. *Medicina legal.* Amor mórbido aos animais.

ZOOMANÍACO. *Medicina legal.* **1.** O que diz respeito à zoomania. **2.** Aquele que tem zoomania.

ZOONOMIA. Conjunto de leis que regem a vida animal.

ZOONOMISTA. Cientista especializado em zoonomia.

ZOONOSE. 1. *Medicina legal.* a) Doença animal que se transmite ao ser humano; b) moléstia causada por parasitos de animais. **2.** *Direito agrário.* Doença dos animais.

ZOONÓTICO. *Medicina legal.* Relativo à zoonose.

ZOON POLITIKON. *Filosofia geral.* Locução aristotélica que designa o homem como um animal político, destinado a viver em sociedade.

ZOOPATOLOGIA. 1. Patologia animal. **2.** Ramo que trata das doenças de animais.

ZOOPEDIA. *Direito agrário.* Conjunto de técnicas apropriadas para domesticar animal.

ZOOPSIA. *Medicina legal.* Alucinação em que o paciente, alcoólatra ou toxicômano, julga ver animais.

ZOORÍSTICA. *Direito agrário.* Técnica para cálculo dos lucros e perdas que podem advir da criação ou especulação de animais domésticos (Ampère).

ZOOSTATÍSTICA. Método estatístico que auxilia o estudo das variações nos animais (Laudelino Freire).

ZOOTECNIA. *Direito agrário.* Arte de criar e aperfeiçoar animais domésticos (Laudelino Freire).

ZOOTÉCNICO. O mesmo que ZOOTECNISTA.

ZOOTECNISTA. *Direito do trabalho.* Profissional de nível universitário, versado em zootecnia.

ZOOTERAPÊUTICA. Terapêutica dos animais.

ZOOTOXINA. *Medicina legal.* Veneno de origem animal, como o das serpentes, escorpiões, aranhas etc.

ZOOTRÓFICO. O que diz respeito à nutrição dos animais.

ZOPEIRO. 1. Indolente. **2.** Acanhado.

ZOPISSA. *Direito marítimo.* Alcatrão extraído da quilha de embarcação velha.

ZORRA. 1. *Direito agrário.* Pequena rede usada na pesca de caranguejos. **2.** Na *linguagem comum,* é pessoa vagarosa. **3.** *Direito comercial.* Carro baixo, com quatro rodas, utilizado para transportar grandes pesos.

ZORRO. 1. *Direito comparado.* Em Portugal: a) filho natural; b) criança enjeitada ou abandonada em local ermo; c) criado velho. **2.** Na *linguagem comum:* a) aquele que é astuto, manhoso; b) pessoa velhaca; c) matreiro.

ZOSTER. 1. *Medicina legal.* Herpes-zoster. **2.** Na *linguagem comum:* a) faixa; b) zona.

ZOTE. 1. Idiota. **2.** Ignorante.

ZOTISMO. 1. Estupidez. **2.** Condição de zote.

ZPO. *Direito comparado.* Abreviatura de *Zivilprozessordnung* (Código de Processo Civil alemão).

ZU. *Direito administrativo.* Abreviatura de zona urbana.

ZUAVO. *Direito comparado.* Soldado argelino da infantaria ligeira ao serviço da França.

ZUKUENFTIGE SACHE. *Locução alemã.* Venda de produtos a fabricar; venda de coisa futura.

ZUMBRIR. 1. Humilhar-se. **2.** Dobrar-se à vontade de outrem.

ZUNGA. Na *gíria:* a) albergue de ínfima classe; b) mulher de má vida (Laudelino Freire).

ZUNGU. 1. Cortiço. **2.** Hospedaria reles.

ZUNZUM. Boato.

ZURECHNUNG. *Termo alemão.* **1.** Responsabilidade pela quantia devida. **2.** Princípio da imputação.

ZURECHNUNGSFÄHIGKEIT. *Termo alemão.* Responsabilidade pessoal; imputabilidade.

ZURETA. 1. Imbecil. **2.** Genioso. **3.** Aquele que está indignado.

ZURRACHA. *História do direito.* Antiga embarcação de carreira.

ZURRAPA. *Direito agrário.* Vinho estragado ou ruim.

ZURZIR. 1. Açoitar. **2.** Fustigar. **3.** Afligir. **4.** Magoar. **5.** Castigar. **6.** Criticar com violência e com grande severidade.

ZUSTIMMUNG. *Termo alemão.* Aprovação parlamentar do tratado.

ZWECKMÄSSIGKEIT. *Termo alemão.* Apropriação das coisas a um fim.

ZWISCHENPEDITEUR. *Termo alemão.* Interexpedidor a quem se envia o bem para expedição ao destinatário.

RR Donnelley

IMPRESSÃO E ACABAMENTO
Av Tucunaré 299 - Tamboré
Cep. 06460.020 - Barueri - SP - Brasil
Tel.: (55-11) 2148 3500 (55-21) 2286 8644
Fax: (55-11) 2148 3701 (55-21) 2286 8844

IMPRESSO EM SISTEMA CTP